Revisaço®

Carreiras Jurídicas

PROCURADORIA DO ESTADO

Procurador do Estado

Revisaço®

COORDENAÇÃO

ROGÉRIO SANCHES CUNHA

Carreiras Jurídicas

PROCURADORIA DO ESTADO

Procurador do Estado

TOMO 2
PROIBIDA A VENDA
apenas deste tomo

8ª edição | Revista atualizada ampliada

2024

EDITORA *Jus*PODIVM
www.editorajuspodivm.com.br

EDITORA
JusPODIVM
www.editorajuspodivm.com.br

Rua Canuto Saraiva, 131 – Mooca – CEP: 03113-010 – São Paulo – São Paulo
Tel: (11) 3582.5757
• Contato: https://www.editorajuspodivm.com.br/central-de-relacionamento

Diagramação: SBNigri Artes e Textos Ltda. *(sbnigri@centroin.com.br)*

Capa: Ana Caquetti

R454 Revisaço - Procuradoria do Estado - Mais de 2.000 Questões Comentadas / coordenado por Rogério Sanches Cunha e Ricardo Didier – 8.ed., rev., atual. e ampl, - São Paulo: Editora JusPodivm, 2023.
Tomo 2
1264 p. (Coleção Revisaço - Questões Comentadas)

Vários autores.
Inclui Bibliografia.
ISBN: 978-85-442-4330-5.

1. Procuradoria do estado. I. Cunha, Rogério Sanches. II. Didier, Ricardo. III. Título.

CDD 342.6821

BIBLIOTECÁRIA RESPONSÁVEL

Ana Carolina Ribeiro Mois – CRB7 – RJ 007348/0

Apresentação da Coleção Revisaço

"REVISAÇO" é a consagrada coleção de questões comentadas da *Editora Juspodivm*.

Com cuidado, pensamos num formato que fosse além dos comentários das questões. Algo que realmente pudesse ajudar o aluno no estudo de concursos ou Exames de Ordem, principalmente na revisão final.

Para isso, estabelecemos a seguinte estrutura **didática**:

- **Questões divididas por matéria e assunto, comentadas assertiva por assertiva, item por item**, demonstrando tanto o que está certo como o que está errado na questão;
- Sempre que possível, há uma "nota do autor" em cada questão trazendo **comentários que vão além do assunto abordado no exercício.**

Ao final das disciplinas apresentamos:

- **Dicas de estudo**, funcionando como verdadeiro resumo da matéria;
- **Súmulas dos Tribunais Superiores**;
- **Orientações Jurisprudenciais.**

A ideia, portanto, é apresentar a **prática do concurso ou Exame da Ordem** (questões), a **doutrina para estudo** (dicas) e a **jurisprudência** (súmulas e informativos), formando a tríade necessária para uma revisão (verdadeiro REVISAÇO!) rumo ao sucesso na aprovação.

Vários livros compõem a coleção e, para todos, chamamos grandes nomes, professores experientes, profissionais de destaque e especialistas em cada área para que organizassem as obras e comentassem as questões.

Acreditamos que essa coleção será bastante útil aos candidatos de concursos públicos e Exame de Ordem.

EDITORA JUSPODIVM

www.editorajuspodivm.com.br

Sobre os autores

HARRISON LEITE – *DIREITO TRIBUTÁRIO*

Especialista em processo civil pela Universidade Estadual de Santa Cruz (UESC) e em direito tributário pelo Podivm. Mestre em direito público. Doutor em direito tributário pela Universidade Federal do Rio Grande do Sul (UFRGS), com estágio desenvolvido na Universidade de Edimburgo (Escócia), bolsa concedida pela CAPES. Professor de direito tributário e direito financeiro da Universidade Federal da Bahia (UFBA), da UESC e em cursos de pós-graduação na região e na Capital do Estado da Bahia. Advogado.

harrison@harrisonleite.com

Instagram: @harrisonleite

IVAN KERTZMAN – *DIREITO PREVIDENCIÁRIO*

Auditor-Fiscal da Receita Federal do Brasil. Mestre e Doutorando em Direito Público – UFBA. Bacharel em Direito – Universidade Católica da Bahia. Administrador de Empresas – UFBA. Pós-Graduado em Finanças Empresariais pela USP. Professor Coordenador das Pós-graduações de Previdenciário, Trabalho e Tributário do IMADEC ON LINE. Professor Coordenador da Especialização em Direito Previdenciário da Faculdade Baiana de Direito – Salvador/BA. Professor Coordenador das Especializações em Direito Previdenciário do IMADEC – Belém/PA, Porto Seguro/BA e Ilhéus/BA. Professor Coordenador das Especializações em Direito do Trabalho e Previdenciário e de Direito Tributário da Faculdade Oito de Julho – Aracaju/SE. Professor Coordenador das Especializações em Direito do Trabalho e Previdenciário do IMADEC – São Luís.

Facebook: Ivan Kertzman

Instagram: ivankertzman

JOSÉ CAIRO JR. – *DIREITO DO TRABALHO – DIREITO PROCESSUAL DO TRABALHO*

Juiz do Trabalho do TRT da 5ª Região. Professor de Direito do Trabalho e Processo do Trabalho da Universidade Estadual de Santa Cruz – UESC. Mestre em Direito Privado pela Universidade Federal de Pernambuco – UFPE. Mestre em Direito Social pela Universidad de Castilla-La Mancha – Espanha.

josecairojunior@me.com

LUANA HORIUCHI – *DIREITO PREVIDENCIÁRIO*

Advogada. Mestra em Direito pela Universidade Federal da Bahia. Pós-graduada em Direito Previdenciário pela Podivm. Graduada em Direito pela Universidade Católica do Salvador. Autora de obras de Direito Previdenciário pela Editora Juspodivm. Coordenadora nas pós-graduações em Direito e Prática Previdenciária IMADEC Ilhéus e IMADEC Porto Seguro. Professora de Direito Previdenciário no Brasil Jurídico. Professora tutora da pós-graduação em Direito e Prática Previdenciária da Faculdade Baiana de Direito. Professora de Direito Previdenciário para concursos no Direção Concursos.

LUCAS DE SOUZA LEHFELD – *DIREITO DO CONSUMIDOR – DIREITO ECONÔMICO – DIREITO FINANCEIRO*

Advogado sócio do L&CB Advogados Associados. Pós-doutor em Direito pela Universidade de Coimbra, Portugal. Doutor em Direito pela Pontifícia Universidade Católica de São Paulo. Coordenador do curso de Direito do Centro Universitário Barão de Mauá, em Ribeirão Preto. Avaliador de cursos de Direito pelo Centro Universitário Barão de Mauá, em Ribeirão Preto. Avaliador de cursos de Direito pelo INEP/MEC. Docente do curso de mestrado em Direitos Coletivos e Cidadania da Universidade de Ribeirão Preto. Professor-orientador dos cursos de pós-graduação do LFG-Anhanguera.

MAURÍCIO FERREIRA CUNHA – *DIREITO PROCESSUAL CIVIL*

Juiz de Direito (TJMG). Doutor em Direito Processual (PUC/Minas). Mestre em Direito Processual Civil (PUC/Campinas). Professor dos cursos de graduação (provimento) e de pós-graduação "lato sensu" da Pontifícia Universidade Católica de Minas Gerais – "campus" Poços de Caldas. Membro da ABDPRO (Associação Brasileira de Direito Processual). Membro do IBDP (Instituto Brasileiro de Direito Processual).

RONALDO VIEIRA FRANCISCO – *DIREITO CIVIL*

Promotor de Justiça do Ministério Público do Estado de Mato Grosso do Sul. Mestre em Direito Civil pela Pontifícia Universidade Católica de São Paulo. Doutorando em Direito Empresarial pela Universidade Nove de Julho de São Paulo. Professor da Escola de Direito do Ministério Público – EDAMP. Membro auxiliar do Centro de Apoio Operacional das Promotorias de Justiça Cíveis (CAOCCI). Membro da Comissão de Falência e Recuperação da Unidade Nacional de Capacitação do Conselho Nacional do Ministério Público (CNMP). Foi Delegado de Polícia do Estado do Paraná.

THIANA CAIRO – *DIREITO TRIBUTÁRIO*

Bacharela em Direito e Economia pela Universidade Estadual de Santa Cruz - UESC. Especialista em Direito Tributário pelo Instituto Brasileiro em Direito Tributário - IBET e em Direito Público pela Universidade Anhanguera - UNIDERP. Mestra em Cultura e Turismo pela Universidade Estadual de Santa Cruz e Universidade Federal da Bahia (UFBA). Tem experiência com docência no Ensino Superior desde 2001 e na advocacia e consultoria tributária. É Professora do Curso de Direito da Universidade do Estado da Bahia - UNEB, Campus XV- Valença. Advogada.

Sumário

DIREITO ECONÔMICO........ 1247

Lucas de Souza Lehfeld

Direito Tributário

Harrison Leite e
Thiana Cairo

TABELA DE INCIDÊNCIA DE QUESTÕES

Distribuição das questões organizada por ordem didática de assuntos		
Assunto	**Número de Questões**	**Peso**
1. DIREITO TRIBUTÁRIO. ATIVIDADE FINANCEIRA DO ESTADO. TRIBUTO. ESPÉCIES	34	7,46%
2. DAS LIMITAÇÕES AO PODER DE TRIBUTAR: PRINCÍPIOS E IMUNIDADES	36	7,89%
3. SISTEMA TRIBUTÁRIO NACIONAL. COMPETÊNCIA TRIBUTÁRIA. NORMAS GERAIS DE DIREITO TRIBUTÁRIO	22	4,82%
4. LEGISLAÇÃO TRIBUTÁRIA. VIGÊNCIA, APLICAÇÃO E EFICÁCIA	12	2,63%
5. INTERPRETAÇÃO E INTEGRAÇÃO DA LEGISLAÇÃO TRIBUTÁRIA	6	1,32%
6. OBRIGAÇÃO TRIBUTÁRIA. FATO GERADOR	13	2,85%
7. SUJEIÇÃO PASSIVA E CONVENÇÕES PARTICULARES	1	0,22%
8. CAPACIDADE TRIBUTÁRIA PASSIVA	2	0,44%
9. RESPONSABILIDADE TRIBUTÁRIA. DENÚNCIA ESPONTÂNEA	35	7,68%
10. CRÉDITO TRIBUTÁRIO. LANÇAMENTO. SUSPENSÃO, EXTINÇÃO E EXCLUSÃO DO CRÉDITO TRIBUTÁRIO	77	16,89%
11. GARANTIAS E PRIVILÉGIOS DO CRÉDITO TRIBUTÁRIO	12	2,63%
12. ADMINISTRAÇÃO TRIBUTÁRIA. FISCALIZAÇÃO. DÍVIDA ATIVA. CERTIDÕES DE REGULARIDADE FISCAL	8	1,75%
13. DÍVIDA ATIVA	13	2,85%
14. IMPOSTOS FEDERAIS	3	0,66%
15. IMPOSTOS ESTADUAIS E DISTRITAIS	121	26,54%
16. IMPOSTOS MUNICIPAIS E DISTRITAIS	5	1,10%
17. PROCESSOS ADMINISTRATIVO E JUDICIAL TRIBUTÁRIO	46	10,09%
18. REPARTIÇÃO DE RECEITA TRIBUTÁRIA	2	0,44%
19. ILÍCITO PENAL TRIBUTÁRIO	2	0,44%
20. SIMPLES NACIONAL	6	1,32%
Total	**456**	**100%**

Direito Tributário

Harrison Leite e Thiana Cairo

✦ QUESTÕES

1. DIREITO TRIBUTÁRIO. ATIVIDADE FINANCEIRA DO ESTADO. TRIBUTO. ESPÉCIES

- CF, Título VI, Capítulo I, arts. 145 a 149-A; Arts. 153 a 156; art. 177, § 4º e 195.
- CTN, art. 3º e arts. 16 a 82

1.1. ATIVIDADE FINANCEIRA DO ESTADO

01. (Cespe – Procurador do Estado – CE/ 2008) Assinale a opção correta acerca dos benefícios fiscais.

a) A concessão de qualquer benefício de natureza tributária depende somente de uma decisão política e da aprovação de lei específica que preveja a medida.

b) A concessão de remissão de determinado tributo não se enquadra no conceito de renúncia de receita.

c) O benefício fiscal da diminuição de alíquota normal do ICMS não é considerado renúncia de receita, uma vez que essa medida atrai mais empresas para a legalidade e, com isso, aumenta a arrecadação.

d) O estado deverá observar diversas regras para a concessão de renúncia de receita, especialmente a que impõe que a concessão desse benefício esteja acompanhada de estimativa de impacto orçamentário-financeiro e atenda ao disposto na LDO.

e) Por atender condições individuais de seus beneficios, a isenção concedida em caráter não geral não é considerada uma forma de renúncia de receita.

COMENTÁRIOS

✪ **Nota dos autores:** A questão envolve tema afeto ao direito tributário e direito financeiro, demandando conhecimento de ambos pelo candidato. Assim, necessário o conhecimento de dispositivos da Lei de Responsabilidade Fiscal (LC 101/2000) sobre o tema renúncia de receita.

Alternativa "a": A redação acima demonstra que há, no mínimo, três requisitos para a concessão de benefícios fiscais, não sendo possível apenas para atender a uma decisão política.

Alternativa "b": Pelo § 1º do art. 14 da LRF, a "renúncia compreende anistia, remissão, subsídio, crédito presumido, concessão de isenção em caráter não geral, alteração de alíquota ou modificação de base de cálculo que implique redução discriminada de tributos ou contribuições, e outros benefícios que correspondam a tratamento diferenciado".

Alternativa "c": Como visto na alternativa "b", a alteração de alíquota que implique redução de tributo é considerada renúncia de receita.

Alternativa "d": Trata-se da redação disposta no art. 14 da LRF, *in verbis*: "Art. 14. A concessão ou ampliação de incentivo ou benefício de natureza tributária da qual decorra renúncia de receita deverá estar acompanhada de estimativa do impacto orçamentário-financeiro no exercício em que deva iniciar sua vigência e nos dois seguintes, atender ao disposto na lei de diretrizes orçamentárias e a pelo menos uma das seguintes condições: I – demonstração pelo proponente de que a renúncia foi considerada na estimativa de receita da lei orçamentária, na forma do art. 12, e de que não afetará as metas de resultados fiscais previstas no anexo próprio da lei de diretrizes orçamentárias; II – estar acompanhada de medidas de compensação, no período mencionado no *caput*, por meio do aumento de receita, proveniente da elevação de alíquotas, ampliação da base de cálculo, majoração ou criação de tributo ou contribuição".

Alternativa "e": Pela redação do § 1º citado na alternativa "b", a concessão de isenção em caráter não geral é forma de renúncia de receita.

Alternativa correta letra "d".

---

02. (Cespe – Procurador do Estado – PI/ 2008) Com o objetivo de possibilitar que mais empresas tivessem interesse em abrir filiais no estado em que governa, o governador encaminhou à respectiva casa legislativa projeto de lei sobre alteração da alíquota de ICMS.

Com base nessa situação, assinale a opção correta a respeito de renúncia de receita.

a) A renúncia de receita pode ser concedida, desde que prevista no orçamento geral do estado.

b) Estão isentos das restrições previstas na Lei de Responsabilidade Fiscal os cancelamentos de débitos cujo valor seja superior aos seus custos de cobrança.

c) Para concessão de qualquer benefício, é preciso estimar o impacto orçamentário-financeiro até o exercício seguinte.

d) Entre outros fatores, é preciso, inclusive, estimar o impacto orçamentário-financeiro no exercício inicial de vigência da lei que pode resultar do mencionado projeto e nos dois seguintes.

e) Para que entre em vigor a renúncia fiscal, basta prever compensação.

COMENTÁRIOS

✪ **Nota dos autores:** Para a resolução da questão, é preciso saber o inteiro teor do art. 14 da Lei de Responsabilidade Fiscal:

"Art. 14. A concessão ou ampliação de incentivo ou benefício de natureza tributária da qual decorra renúncia de receita deverá estar acompanhada de estimativa do impacto orçamentário-financeiro no exercício em que deva iniciar sua vigência e nos dois seguintes, atender ao disposto na lei de diretrizes orçamentárias e a pelo menos uma das seguintes condições:

I – demonstração pelo proponente de que a renúncia foi considerada na estimativa de receita da lei orçamentária, na forma do art. 12, e de que não afetará as metas de resultados fiscais previstas no anexo próprio da lei de diretrizes orçamentárias;

II – estar acompanhada de medidas de compensação, no período mencionado no caput, por meio do aumento de receita, proveniente da elevação de alíquotas, ampliação da base de cálculo, majoração ou criação de tributo ou contribuição.

§ 1º A renúncia compreende anistia, remissão, subsídio, crédito presumido, concessão de isenção em caráter não geral, alteração de alíquota ou modificação de base de cálculo que implique redução discriminada de tributos ou contribuições, e outros benefícios que correspondam a tratamento diferenciado.

§ 2º Se o ato de concessão ou ampliação do incentivo ou benefício de que trata o caput deste artigo decorrer da condição contida no inciso II, o benefício só entrará em vigor quando implementadas as medidas referidas no mencionado inciso.

§ 3º O disposto neste artigo não se aplica:

I – às alterações das alíquotas dos impostos previstos nos incisos I, II, IV e V do art. 153 da Constituição, na forma do seu § 1º;

II – ao cancelamento de débito cujo montante seja inferior ao dos respectivos custos de cobrança.

Alternativa "a": Pelo que se percebe, há dois requisitos obrigatórios para a renúncia de receita (descritos no *caput*) e dois alternativos, descritos nos incisos. O erro da assertiva está em exigir apenas um requisito.

Alternativa "b": O erro está na palavra "superior". Na verdade, estão isentos das restrições os cancelamentos de débitos cujo valor seja inferior aos custos de cobrança.

Alternativa "c": Na verdade, a análise do impacto é trienal, ou seja, no exercício atual e nos dois subsequentes.

Alternativa "d": Pela redação do *caput* do art. 14 acima citado, um dos requisitos da renúncia de receita é a estimativa do impacto orçamentário-financeiro da perda da receita no orçamento atual e nos dois subsequentes (estimativa trienal).

Alternativa "e": A compensação é um dos requisitos e não o único.

Alternativa correta: letra "d".

1.2. TRIBUTO. CONCEITO. ESPÉCIES

03. (Cespe – Procurador do Estado – PGE – RO/2022) O Código Tributário Nacional (CTN), ao apresentar as espécies do gênero dos tributos, adotou a chamada teoria tricotômica. Todavia, a Constituição Federal de 1988 menciona mais duas espécies tributárias não constantes no sistema de classificação adotado pelo CTN, que são

a) as taxas e as contribuições sociais.

b) o empréstimo compulsório e as contribuições sociais.

c) as taxas e o empréstimo compulsório.

d) as contribuições sociais e as contribuições de melhoria.

e) o empréstimo compulsório e as contribuições de melhoria.

COMENTÁRIOS

Alternativa "a": A Constituição Federal de 1988 menciona mais duas espécies tributárias – o empréstimo compulsório e as contribuições especiais – não constantes no sistema de classificação adotado pelo CTN.

Alternativa "b": Para o art. 5º do CTN, os tributos são impostos, taxas e contribuição de melhoria. No entanto, a jurisprudência e a doutrina são pacíficas no sentido de que, além dos mencionados no CTN, são tributos também os empréstimos compulsórios e as contribuições especiais (adoção da teoria pentapartida). Em verdade, a questão deveria ter mencionado contribuições especiais e não "sociais", sendo esta espécie daquela.

Alternativa "c": Segundo o CTN, os tributos são impostos, taxas e contribuição de melhoria. No entanto, a jurisprudência e a doutrina são pacíficas no sentido de que, além dos mencionados no CTN, são tributos também os empréstimos compulsórios e as contribuições especiais (adoção da teoria pentapartida).

Alternativa "d": Para o art. 5º do CTN, os tributos são impostos, taxas e contribuição de melhoria. No entanto, a jurisprudência e a doutrina são pacíficas no sentido de que, além dos mencionados no CTN, são tributos também os empréstimos compulsórios e as contribuições especiais (adoção da teoria pentapartida).

Alternativa "e": A Constituição Federal de 1988 menciona mais duas espécies tributárias – o empréstimo compulsório e as contribuições especiais – não constantes no sistema de classificação adotado pelo CTN (art. 5º) que cita impostos, taxas e contribuição de melhoria.

Alternativa correta letra "b".

04. (Cespe – Procurador do Estado – PGE – MS/2021) Assinale a opção que apresenta o valor finalístico da tributação que se refere ao "fenômeno jurídico que consiste na circunstância de a lei tributária nomear sujeito ativo diverso da pessoa que a expediu, atribuindo-lhe a disponibilidade dos recursos auferidos, para o implemento de seus objetivos peculiares" (Paulo de Barros Carvalho. Curso de Direito Tributário. 30.a ed. São Paulo: Saraiva Educação, 2019, p. 263).

a) A fiscalidade
b) parafiscalidade
c) operacionalidade
d) extrafiscalidade
e) confisco

COMENTÁRIOS

Alternativa "a": A fiscalidade tem como objetivo angariar recursos públicos (receita pública derivada – tributos) para que o Estado possa fazer frente às suas despesas. É o exercício da função primária e comum dos tributos: arrecadar recursos para fazer frente às despesas estatais.

Alternativa "b": A parafiscalidade é a possibilidade de uma pessoa de direito público instituir um tributo e atribuir a outrem as funções de fiscalização, arrecadação e destino. Possui como objetivo arrecadar recursos para entidades que atuam paralelamente ao Estado. Referida função está relacionada com a descentralização da atividade pública, a exemplo do que ocorre com a atuação no âmbito das contribuições especiais. Nessa seara, há uma delegação da capacidade administrativa (capacidade tributária ativa) para cobrar e fiscalizar tributos. Ex.: contribuições do "Sistema S" como Sesi, Sesc, Senai, Sebrae, Sest etc. (art. 240 da CFRB/88).

Alternativa "c": A operacionalidade não faz parte das funcionalidades e natureza jurídica dos tributos, mas sim da praticabilidade da tributação, ou seja, das técnicas que o Estado dispõe para facilitar e instrumentalizar a administração tributária (fiscalização e arrecadação). Não é corrente o uso dessa expressão na referência aos tributos.

Alternativa "d": A extrafiscalidade visa induzir comportamentos para estimular ou desestimular certas condutas por parte do contribuinte (normas direcionadoras e indutoras de conduta), sendo necessário, por vezes, que o Estado intervenha na atividade econômica – caráter regulatório –, a exemplo do que ocorre com os impostos aduaneiros (imposto de importação e imposto de exportação) que podem ter suas alíquotas alteradas pelo Poder Executivo para atender a certos fins de política econômica/fiscal (equilíbrio da balança comercial).

Alternativa "e": O confisco é fenômeno pelo qual o Estado se apropria de bens do particular sem o pagamento de indenização. No âmbito do Direito Tributário, a Constituição Federal no seu art. 15º, inciso IV, consagra o Princípio da proibição ao confisco ou da não confiscatoriedade, segundo o qual, o tributo não pode ser tão elevado de modo a impedir a continuidade da atividade empresarial do contribuinte ou levá-lo ao ponto de venda dos seus bens para o pagamento dos tributos incidentes sobre estes (garantia do mínimo vital).

Alternativa correta letra "b".

05. (FUNDATEC – Procurador do Estado – PGE – RS/2021) Em matéria tributária, a instituição e a majoração de tributos estão sob reserva legal. Pode-se dizer que a regra matriz de incidência tributária ou regra tributária impositiva pode ser subdividida em um antecedente e em um consequente normativos. O antecedente abarca os aspectos material, espacial e temporal, enquanto o consequente traz os aspectos pessoal e quantitativo. É correto afirmar que:

a) O aspecto subjetivo, no que diz respeito ao polo ativo, sempre corresponde ao ente político instituidor do tributo, não havendo espaço para que a lei delegue validamente essa condição de sujeito ativo a outra pessoa, ainda que de direito público.
b) O aspecto quantitativo é sempre representado por uma base de cálculo à qual é associada uma alíquota, não podendo ser um valor fixo.
c) O aspecto temporal, nos tributos com fato gerador continuado, pode ser definido por lei de modo que se considere ocorrido o fato gerador no primeiro dia de cada ano, situação comum nos estados e nos municípios em matéria de imposto sobre a propriedade de veículos automotores e de imposto sobre a propriedade predial e territorial urbana.
d) Apenas o aspecto material da hipótese de incidência é que precisa ser definido por lei, porquanto os demais aspectos podem ser dele deduzidos ou, no caso do aspecto quantitativo, definido por ato normativo infralegal, desde que fiquem aquém do patamar confiscatório.
e) O aspecto espacial frequentemente está implícito na lei instituidora do tributo, presumindo-se, tanto para os tributos da União quanto para os tributos dos Estados e dos Municípios, a extraterritorialidade, de modo que, salvo disposição em contrário, alcançam fatos geradores ocorridos inclusive no exterior, desde que praticados por brasileiros domiciliados no Brasil.

COMENTÁRIOS

✪ NOTA DOS AUTORES: Para resolução da questão, utilizaremos como base a obra do Professor Paulo de Barros Carvalho que discorre sobre a regra-matriz de incidência tributária. A regra-matriz de incidência tributária é uma norma jurídica em sentido estrito que corresponde a uma estrutura lógica hipotético-condicional que permite ao intérprete verificar os aspectos intrínsecos da fenomenologia da incidência dos tributos. Consoante Paulo de Barros Carvalho: a norma-padrão de incidência ou regra-matriz de incidência tributária "são normas que definem a incidência do tributo, equivale a dizer, descrevem fatos e estipulam os sujeitos da relação, como também os termos determinativos da dívida". (CARVALHO, Paulo de Barros. Curso de Direito Tributário. 17 ed. São Paulo: Saraiva, 2005, p. 241.). A regra-matriz possui uma estrutura composta por uma hipótese e uma consequência: a) Hipótese de incidência: descrição abstrata de uma conduta, onde se encontra um critério espacial (delimitação do espaço – local de incidência da norma), um critério material (conduta do contribuinte – verbo e complemento) e um critério temporal (momento da ocorrência do nascimento da relação jurídico-tributária); b) Consequência: A função do consequente normativo é prescrever os efeitos jurídicos que serão desencadeados quando ocorrer o evento cogitado no suposto normativo (antecedente da norma ou descritor). Ou seja, delineia a relação jurídica tributária instaurada com o advento do fato jurídico previsto no antecedente da norma. Enfim, o consequente normativo determina os sujeitos ativo e passivo da relação jurídica tributária e quantifica o objeto da prestação após a ocorrência do evento cogitado no descritor da norma. Em síntese, o descritor da hipótese de incidência compreende: o critério material, o critério temporal e o critério espacial. Já o prescritor, compreende o critério pessoal (sujeitos ativo e passivo) e o critério quantitativo (alíquota e base de cálculo). Confira:

Hipótese = { Critério material; Critério espacial; Critério temporal }

↓

Consequência = { Critério pessoal = { Sujeito Ativo; Sujeito Passivo }; Critério Quantitativo = { Base de Cálculo; Alíquota } }

Alternativa "a": A regra é que o detentor da competência tributária – ente instituidor do tributo – também exerça o poder de sua cobrança, nos termos do art. 119 do CTN: "Sujeito ativo da obrigação é a pessoa jurídica de direito público, titular da competência para exigir o seu cumprimento". No entanto, o CTN abre espaço para a delegação da cobrança, e, em ocorrendo, o sujeito ativo da cobrança poderá ser outra pessoa. Sobre o tema, vejamos a redação do art. 7º do CTN: "Art. 7º A competência tributária é indelegável, salvo atribuição das funções de arrecadar ou fiscalizar tributos, ou de executar leis, serviços, atos ou decisões administrativas em matéria tributária, conferida por uma pessoa jurídica de direito público a outra, nos termos do § 3º do artigo 18 da Constituição". Portanto, existe possibilidade de delegação da capacidade tributária ativa (que não se confunde com a competência tributária) a outra pessoa jurídica de direito público.

Alternativa "b": O critério quantitativo da regra-matriz de incidência tributária contempla a alíquota e base de cálculo. A base de cálculo é a grandeza instituída na consequência da regra-matriz tributária, e que se destina, primordialmente, a dimensionar a intensidade do comportamento inserto no núcleo do fato jurídico". "É quantificadora normativa do fáctico" (Paulo de Barros Carvalho). Ao lado da base de cálculo vem a alíquota, percentual da base de cálculo destinado ao Fisco. Pode ocorrer, no entanto, a cobrança do tributo em valores fixos, como se dá com Alvarás ou até impostos por estimativa, como o ISS fixo. Nesses casos não há relação de multiplicação entre base de cálculo e alíquota, dado que o valor é fixo.

Alternativa "c": O critério temporal da hipótese tributária é o conjunto de indicações que nos oferecem elementos para estabelecer precisamente em que instante ocorreu o fato descrito, dando origem à ligação jurídica entre credor e devedor, em função da prestação pecuniária. É o marco de tempo que assinala o direito subjetivo para o Estado e um dever jurídico para o sujeito passivo. No imposto sobre a propriedade de veículos automotores – IPVA, o critério temporal é definido por ficção em 1 de janeiro de cada exercício ou em data estabelecida na legislação estadual; No imposto sobre a propriedade predial e territorial urbana – IPTU, o critério temporal é também definido por ficção em 1 de janeiro de cada ano. Por conta dessas datas prefixadas, da sua repetição em intervalos fixos de tempo, com estabilidade no presente e no futuro, é que se diz tratarem de fato gerador continuado.

Alternativa "d": O princípio da legalidade estrita ou tipicidade cerrada determina que o fato gerador, base de cálculo, alíquota, sujeito passivo e multa demandam lei para a sua criação (art. 97 CTN). Portanto, não é apenas o critério material da hipótese de incidência que precisa ser definido por lei.

Alternativa "e": O critério espacial define o local da incidência da norma. De fato, há relação lógica entre o ente federativo e o ascpeto espacial do tributo, de sorte que os tributos municipais incidem na área geográfica do Município, o mesmo se dando com o Estado e com a União. Portanto, a regra é a territorialidade da incidência, não se falando em presunção de extraterritorialidade. Sobre o tema, ver o art. 102 do CTN: "Art. 102. A legislação tributária dos Estados, do Distrito Federal e dos Municípios vigora, no País, fora dos respectivos territórios, nos limites em que lhe reconheçam extraterritorialidade os convênios de que participem, ou do que disponham esta ou outras leis de normas gerais expedidas pela União"

Alternativa correta: letra "c".

06. (Cespe – Procurador do Estado – PGE – PE/2018) Considerando-se o que dispõe o CTN, é correto afirmar que, como regra geral, os tributos

a) são compulsórios, podendo a sua obrigatoriedade advir da lei ou do contrato.

b) podem ser pagos em pecúnia, in natura ou in labore.

c) são cobrados mediante atividade administrativa, a qual pode ser vinculada ou discricionária.

d) podem incidir sobre bens e rendimentos decorrentes de atos ilícitos, embora não possam ser utilizados como sanção.

e) têm por fato gerador uma situação jurídica abstrata, não sendo possível vincular um tributo a qualquer atividade estatal específica.

COMENTÁRIOS

✪ **Nota dos autores:** Para a resolução da questão é oportuno mencionar o conceito de tributo previsto no art. 3º do CTN: "Tributo é toda prestação pecuniária compulsória, em moeda ou cujo valor nela se possa exprimir, que não constitua sanção de ato ilícito, instituída em lei e cobrada mediante atividade administrativa plenamente vinculada".

Alternativa "a": O conceito de tributo previsto no art. 3º do CTN já demonstra o erro da assertiva, já que a cobrança da exação está adstrita ao princípio da legalidade tributária não podendo existir veiculação via contrato. Vejamos: art. 3º: "Tributo é toda prestação pecuniária compulsória, em moeda ou cujo valor nela se possa exprimir, que não constitua sanção de ato ilícito, instituída em lei e cobrada mediante atividade administrativa plenamente vinculada".

Alternativa "b": Nos termos do art. 3º do CTN, Tributo é toda prestação pecuniária compulsória, em moeda ou cujo valor nela se possa exprimir, que não constitua sanção de ato ilícito, instituída em lei e cobrada mediante atividade administrativa plenamente vinculada. A expressão "moeda" revela-se, nesse conceito, prescindível e redundante, já que o termo "pecuniária" encerra igual sentido. Na expressão "ou cujo valor nela se possa exprimir", o legislador ampliou o âmbito das prestações pecuniárias, admitindo o pagamento do tributo em outras formas que não apenas o dinheiro. É certo que nosso direito não aceita o pagamento de tributo in natura (bens) ou in labore (trabalho). No entanto, se houver lei específica do ente credor, os tributos podem ser pagos ou compensados com Títulos da Dívida Pública (TDP) ou Precatórios. Ademais, com o advento da LC 104/2001, foi inserido o inciso XI ao art. 156 do CTN, que faz referência à dação em pagamento em bens imóveis como forma de extinção do crédito tributário.

Alternativa "c": Nos termos do art. 3º o Tributo deve ser cobrado mediante atividade administrativa plenamente vinculada, ou seja, o Estado é obrigado a cobrar o tributo sempre que ocorra o fato jurídico tributário e dentro dos limites e condições estabelecidas em lei. Tal formalização ocorrerá através do instituto do lançamento tributário (art. 142 do CTN). A atividade de cobrança do tributo não pode ser arbitrária ou discricionária, mas apenas vinculada.

Alternativa "d": Com efeito, os tributos podem incidir sobre bens e rendimentos decorrentes de atos ilícitos, embora não possam ser utilizados como sanção. O tributo não é penalidade. Logo, não deve ser utilizado como sanção para o contribuinte. Ele se distingue da penalidade exatamente porque esta tem como hipótese de incidência um ato ilícito, enquanto a hipótese de incidência do tributo é sempre algo lícito. Ademais, o Princípio da Interpretação Objetiva do "Fato Gerador" (art. 118 c/c 126 CTN) – Cláusula *non olet* – pressupõe que o tributo "não fede e não cheira". Importa para o Estado arrecadar, angariar fundos para cobrir suas despesas (finalidade fiscal do tributo), não cabendo, nesse instante, aferir ilicitude do fato ocorrido. Em suma: o fato poderá ser ilícito, mas a hipótese de incidência (previsão normativa) jamais o será.

Alternativa "e": Está incorreto. As taxas, espécies de tributos, por exemplo, são vinculadas a uma atividade estatal específica nos termos do artigo 77 do CTN.

Alternativa correta: letra "d".

---

07. (Fepese – Procurador do Estado – PGE – SC/2018) Assinale a alternativa correta a respeito das espécies tributárias.

a) O serviço de iluminação pública pode ser remunerado mediante taxa.

b) É vedada a incidência da contribuição previdenciária sobre o 13° salário.

c) Os Municípios e o Distrito Federal estão autorizados a instituir contribuição para o custeio de serviços de iluminação pública e de pavimentação de ruas.

d) A contribuição de melhoria é instituída para fazer face ao custo de obras públicas ou privadas de que decorra valorização imobiliária.

e) O imposto é chamado de tributo não vinculado porque a obrigação dele decorrente tem por fato gerador uma situação independente de qualquer atividade estatal específica, relativa ao contribuinte.

COMENTÁRIOS

Alternativa "a": O serviço de iluminação pública não pode ser remunerado mediante taxa. Nesse sentido: "Súmula vinculante nº 41: "O serviço de iluminação pública não pode ser remunerado mediante taxa".

Alternativa "b": Nos termos do enunciado n. 688 da Súmula do STF: "é legítima a incidência da contribuição previdenciária sobre o 13º salário".

Alternativa "c": Está incorreto. Nos termos do art. 149-A do Texto Constitucional: "Os Municípios e o Distrito Federal poderão instituir contribuição, na forma das respectivas leis, para o custeio do serviço de iluminação pública". Assim, não há que se falar em contribuição para o custeio de pavimentação de ruas.

Alternativa "d": A contribuição de melhoria é instituída para fazer face ao custo de obras públicas, apenas. Não é possível em virtude de obras privadas. Nesse sentido é o teor do art. 81 do CTN: "Art. 81. A contribuição de melhoria cobrada pela União, pelos Estados, pelo Distrito Federal ou pelos Municípios, no âmbito de suas respectivas atribuições, é instituída para fazer face ao custo de obras públicas de que decorra valorização imobiliária, tendo como limite total a despesa realizada e como limite individual o acréscimo de valor que da obra resultar para cada imóvel beneficiado".

Alternativa "e": A alternativa traz a definição de imposto previsto no art. 16 do CTN: "Art. 16. Imposto é o tributo cuja obrigação tem por fato gerador uma situação independente de qualquer atividade estatal específica, relativa ao contribuinte." Entretanto, é importante lembrar que a não vinculação não é absoluta, pois o art. 167, IV da CRFB/88 traz hipóteses de vinculação de receita de impostos.

Alternativa correta: letra "e".

08. (FMP – Procurador do Estado – AC/ 2012) Dadas as assertivas abaixo, assinale a alternativa correta.

I. A destinação da receita do tributo não é relevante para caracterizar qualquer espécie tributária prevista no Sistema Tributário Nacional.

II. A taxa e o preço público podem ser instituídos, fiscalizados e cobrados por empresas privadas que tenham recebido concessão de serviço público.

III. Segundo o entendimento do Supremo Tribunal Federal existem três espécies tributárias em nosso Sistema Tributário Nacional: impostos, taxas e contribuição de melhoria.

IV. É vedada ao Distrito Federal a instituição do Imposto sobre a Propriedade Predial e Territorial Urbana.

a) Estão corretas apenas as assertivas I e II.

b) Estão corretas apenas as assertivas II e III.

c) Estão corretas apenas as assertivas III e IV.

d) Todas as assertivas estão incorretas.

COMENTÁRIOS

✪ **Nota dos autores:** A assertiva contempla questões básicas sobre classificação dos tributos, que tentam confundir o candidato na distinção entre as classificações legais, doutrinárias e jurisprudenciais. A atenção precípua está nesta distinção. Entre as classificações legais, doutrinárias e jurisprudenciais. A atenção precípua está nesta distinção.

Item I: Inicialmente confira o teor do art. 4º do CTN "A natureza jurídica específica do tributo é determinada pelo fato gerador da respectiva obrigação, sendo irrelevante para qualificá-lo: I – a denominação e demais características formais adotadas pela lei; II – a destinação legal do produto da sua arrecadação". À primeira vista, poderia se pensar que a assertiva estaria correta, nos termos do CTN. Porém, o referido dispositivo, segundo a doutrina moderna, capitaneada por Marco Aurélio Greco, está superado. Referido autor entende que o elemento "destinação da receita dos tributos" é, sim, essencial para definir algumas espécies tributárias, destacando-se aí as contribuições especiais. Num bom número de casos, registre-se, a natureza jurídica específica de um tributo não pode ser determinada exclusivamente pelo exame do seu fato gerador. Por exemplo, COFINS e ISS são tributos pagos sobre o faturamento. A destinação da sua receita é o elemento principal que os diferencia, dentre outros. Pelo que se observa, a Banca Examinadora seguiu esse entendimento (mais moderno) na assertiva, considerando-a incorreta, uma vez que o dispositivo supracitado não estaria recepcionado pela Carta Maior. Além disso, observe que a questão menciona o "Sistema Tributário Nacional", o que não limita a análise apenas ao texto legal previsto no CTN.

Item II: Apenas o preço público ou tarifa poderá ser instituído, fiscalizado e cobrado por empresas privadas que tenham recebido concessão de serviço público, dada a sua natureza contratual. A taxa, ao revés, por ser uma espécie de tributo, não permite tal delegação, mormente quanto a sua instituição, pois está submetida ao regime de direito público. Em outras palavras, taxa é tributo, logo a receita dela advinda é tributária. Decorre do exercício do poder de polícia ou da prestação de serviço público específico e divisível, quando diretamente a fiscalização e o serviço são prestados pelo Estado.

Item III: Não é verdade. Segundo o STF, além dos tributos mencionados no CTN (impostos, taxas e contribuição de melhoria), são também espécies, os empréstimos compulsórios e as contribuições especiais. Segundo entendimento majoritário, adotou-se a teoria *pentapartite* dos tributos.

Item IV: Assertiva incorreta, uma vez que o Distrito Federal possui competência cumulativa para instituição dos impostos municipais e estaduais. Logo, o IPTU, por ser imposto municipal, também poderá ser instituído pelo DF.

Alternativa correta: letra "d" Todas as assertivas estão incorretas.

09. (UEPA – Procurador do Estado – PA/ 2012) Analise as proposições a seguir:

I. No sistema constitucional tributário, as espécies tributárias são três: impostos, taxas e contribuições de melhoria.

II. A União poderá, mediante lei complementar, instituir impostos não expressamente previstos no texto constitucional, desde que sejam não cumulativos e não tenham fato gerador ou base de cálculo próprios dos discriminados no art. 153.

III. As espécies tributárias, salvo nas exceções do art. 167, IV, da CF não admitem destinação específica.

IV. No sistema constitucional tributário, os impostos de competência da União compreendem exaustivamente: Imposto sobre Importação de produtos estrangeiros, Imposto sobre Exportação, para o exterior de produtos nacionais ou nacionalizados, Imposto sobre Renda e proventos de qualquer natureza, Imposto sobre Produtos Industrializados, Imposto sobre Operações de crédito, câmbio e seguro, ou relativas a títulos ou valores mobiliários, Imposto sobre Propriedade Territorial Rural e Imposto sobre Grandes Fortunas.

De acordo com as proposições apresentadas, estão CORRETAS:

a) somente I

b) somente II

c) somente II e III

d) I, II, III e IV

e) somente I, III e IV

COMENTÁRIOS

✪ **Nota dos autores:** Apesar de possuir uma redação longa, a questão não se mostra de grande complexidade. A banca examinadora acaba exigindo tão somente conhecimentos sobre as disposições do sistema tributário constitucional, com pouca jurisprudência.

Item I: A assertiva está incorreta. No sistema jurídico pátrio, adota-se a teoria pentapartite e não a tripartite. A teoria pentapartite considera como tributo os impostos, as taxas, as contribuições de melhoria, empréstimo compulsório e as contribuições especiais, previstas no art. 149 e 149-A da Constituição Federal. Aliás, a teoria pentapartite é a adotada pelo Supremo Tribunal Federal, uma vez que, segundo sua jurisprudência, os empréstimos compulsórios e as contribuições especiais são espécies tributárias autônomas, ostentando natureza jurídica própria que as distingue dos impostos, taxas e contribuições de melhoria (Vide Recurso Extraordinário nº 111.954/PR, DJU 24/06/1988, AI-AgR 658576/RS, Relator Ministro Ricardo Lewandowski, 1ª Turma, Julgamento em 27/11/2007; AI-AgR 679355/RS, Relator Ministro Ricardo Lewandowski, 1ª Turma, Julgamento em 27/11/2007).

Item II: A assertiva se refere à redação do art. 154, I da Constituição Federal. De fato, a União detém a competência residual para a instituição de impostos não previstos na Constituição Federal de 1988, desde que estas exações sejam criadas por lei complementar, sejam não cumulativas e não possuam os mesmos fatos geradores dos impostos já discriminados na Carta Magna. Apesar de ser um dispositivo que permite o aumento da carga tributária por parte da União, até o presente momento não se viu a instituição de nenhum outro novel imposto.

Item III: A alternativa está incorreta. As espécies tributárias, a rigor, podem ter destinação específica, salvo na situação dos impostos, que são tributos, por essência, de arrecadação não vinculada. No caso do art. 167, IV da Constituição Federal – citado na questão –, as exceções ali previstas (ações e serviços públicos de saúde, para manutenção e desenvolvimento do ensino e para realização de atividades da administração tributária, como determinado, respectivamente, pelos arts. 198, § 2º, 212 e 37, XXII, e a prestação de garantias às operações de crédito por antecipação de receita) se referem apenas aos impostos, e não às demais espécies tributárias. As taxas podem ter destinação específica, conforme a lei de sua criação. As contribuições de melhoria, os empréstimos compulsórios e as contribuições especiais, necessariamente, devem ter destinação específica, pena de serem inconstitucionais.

Item IV: A alternativa arrola os sete impostos de competência da União previstos no art. 153 da CF. Desconsidera, no entanto, que a União poderá, mediante lei complementar, instituir impostos não expressamente previstos no texto constitucional, desde que sejam não cumulativos e não tenham fato gerador ou base de cálculo próprios dos já discriminados na Constituição Federal.

Alternativa correta: letra "b".

---

10. (PGE-GO – Procurador do Estado – GO/ 2013) Observado o conceito veiculado no art. 3º do Código Tributário Nacional, que indica tratar-se o tributo de prestação pecuniária instituída mediante lei que não constitua sanção de ato ilícito, está CORRETA a seguinte proposição:

a) A iniciativa de lei em matéria tributária é privativa do chefe do Poder Executivo, uma vez que se trata de matéria eminentemente orçamentária.

b) Medida provisória poderá regular matéria tributária só produzindo efeitos no exercício financeiro seguinte se houver sido convertida em lei até o último dia daquele em que foi editada.

c) As obrigações tributárias acessórias, do mesmo modo que as obrigações tributárias principais, somente podem ser estabelecidas em lei em sentido estrito, uma vez que estabelecem deveres instrumentais para o sujeito passivo, impondo a prática ou abstenção de ato no interesse da administração tributária.

d) A interdição de estabelecimento como meio para cobrança de tributo é admissível, desde que estabelecida em lei.

e) Em decorrência do princípio da legalidade tributária, o prazo para pagamento do tributo deve ser estabelecido em lei em sentido estrito, isto é, ato emanado do Poder Legislativo na medida em que consolidado, *no taxation without representation*.

COMENTÁRIOS

✪ **Nota dos autores:** Relembre-se o conceito de tributo previsto no art. 3º do CTN: "Tributo é toda prestação pecuniária compulsória, em moeda ou cujo valor nela se possa exprimir, que não constitua sanção de ato ilícito, instituída em lei e cobrada mediante atividade administrativa plenamente vinculada". Para além disso, as normas atinentes ao pagamento do crédito tributário (arts. 157-164 do CTN) foram importantes para a resolução da questão.

Alternativa "a": Está incorreto. A iniciativa de lei em matéria tributária não é privativa do chefe do Poder Executivo, tampouco se trata de matéria eminentemente orçamentária. Ao contrário, é matéria eminentemente tributária. Não há qualquer dispositivo constitucional proibindo o Legislativo de ter iniciativa nessa seara. Antes, o art. 48, I, da CF, permite o Congresso Nacional dispor sobre "sistema tributário, arrecadação e distribuição de rendas". O que o Legislativo não pode é criar leis que aumentem despesas nos projetos de iniciativa exclusiva do Executivo (art. 63, I, da CF), o que não é o caso.

Alternativa "b": A medida provisória poderá versar sobre matéria tributária, respeitando-se a anterioridade contada da sua conversão em lei, consoante preceito constitucional. Confira: "Art. 62. Em caso de relevância e urgência, o Presidente da República poderá adotar medidas provisórias, com força de lei, devendo submetê-las de imediato ao Congresso Nacional. (...) § 2º Medida provisória que implique instituição ou majoração de impostos, exceto os previstos nos arts. 153, I, II, IV, V, e 154, II, só produzirá efeitos no exercício financeiro seguinte se houver sido convertida em lei até o último dia daquele em que foi editada. Logo, a medida provisória pode criar tributo, exceto os reservados à lei complementar.

Alternativa "c": Está incorreto. A obrigação principal decorre da lei, enquanto a obrigação acessória decorre da legislação tributária, podendo ser veiculada através de decretos, portarias etc. Lembre-se que a obrigação acessória torna exigível ao sujeito passivo um fazer, não fazer ou tolerar que se faça (essas últimas configuram prestações negativas e a primeira – um fazer – prestação positiva), ou seja, deveres procedimentais que auxiliam o sujeito ativo na fiscalização e arrecadação fiscal.

Alternativa "d": Está incorreto. Doutrina e jurisprudência são no sentido contrário. De modo claro, o enunciado nº 70 da Súmula do STF dispõe que é inadmissível a interdição de estabelecimento como meio coercitivo para cobrança de tributo.

Alternativa "e": Prazo para pagamento do tributo não está adstrito à lei, podendo ser veiculado por ato infralegal. Observe que no art. 97 do CTN, o legislador não mencionou o prazo ou data de pagamento dentre as matérias específicas que demandam lei para a sua criação. Igualmente, o art. 160 do CTN, afirma que compete à legislação tributária fixar o tempo do pagamento do tributo. Por fim, o brocado *taxation without representation*, ou seja, não haverá cobrança de tributos sem representação, não é aplicável à hipótese em tela, pois contempla o princípio da legalidade tributária, enquanto o prazo para pagamento de tributo prescinde de lei.

Alternativa correta: letra "b".

---

11. (PGE-GO – Procurador do Estado – GO/ 2013) Considerando as determinações legais vigentes, acerca dos tributos, está CORRETA a seguinte proposição:

a) Adota-se atualmente a teoria pentapartida ou quinquipartida, reconhecida pelo Supremo Tribunal Federal, que distribui os tributos em cinco espécies: impostos, taxas, contribuições de melhoria, imposto extraordinário de guerra e contribuições diversas.

b) Os impostos são tributos não vinculados, cujo fato gerador consiste numa situação independente de qualquer atividade estatal específica em relação ao contribuinte.

c) As taxas e contribuições especiais são tributos contraprestacionais de referibilidade direta.

d) Os impostos residual e sobre grandes fortunas serão instituídos por meio de lei ordinária federal.

e) O ICMS é um típico imposto pessoal.

COMENTÁRIOS

✪ **Nota dos autores:** Questão sem qualquer dificuldade para um conhecimento ainda que raso em direito tributário. Trata das premissas da tributação, qual seja, a classificação dos tributos.

Alternativa "a": De fato, adota-se atualmente a teoria pentapartida ou quinquipartida. A assertiva elencou de forma errônea as espécies de tributos mencionando o "imposto extraordinário de guerra e contribuições diversas". O correto então seria: impostos, taxas, contribuições de melhoria, empréstimos compulsórios e contribuições especiais.

Alternativa "b": O imposto é o tributo cuja obrigação tem por fato gerador uma situação independente de qualquer atividade estatal específica, relativa ao contribuinte (art. 16 do CTN). Daí ser chamado de tributo não vinculado.

Alternativa "c": De fato, as taxas e as contribuições especiais são tributos contraprestacionais. Ocorre que nas taxas a contraprestação tem referibilidade direta com o contribuinte e nas contribuições a referibilidade é indireta, pois atrela-se a um conjunto de contribuintes e afeta a uma proporção indistinta de beneficiados.

Alternativa "d": Os impostos residuais e sobre grandes fortunas de competência da União serão instituídos por meio de lei complementar e não ordinária como menciona a assertiva.

Alternativa "e": No que concerne à classificação dos impostos, quanto ao objeto de incidência, eles poderão ser reais e pessoais. Imposto real é aquele que incide sobre o patrimônio e não leva em consideração as condições inerentes aos contribuintes. Imposto pessoal, ao contrário, leva em consideração as condições dos contribuintes, suas características, estabelecendo diferenças em função dessas condições (IRPF). De início, essa classificação não é inteiramente adequada ao ICMS, pois esse tributo não se "encaixa" claramente nesse escaninho classificatório. No entanto, se for para tentar encaixá-lo, o ICMS seria imposto real e não pessoal.

Alternativa correta: letra "b".

1.2.1. TAXAS

---

12. (Cespe – Procurador do Estado – PGE – AL/2021) Considerando-se as espécies tributárias e a jurisprudência do Supremo Tribunal Federal, é correto afirmar que taxas podem ser cobradas em decorrência de

a) serviços específicos e divisíveis prestados ou colocados à disposição do contribuinte, como as atividades de limpeza de logradouros públicos, por exemplo.

b) serviços específicos e divisíveis prestados ou colocados à disposição dos contribuintes, como as atividades de coleta de lixo domiciliar, por exemplo.

c) serviços específicos e divisíveis prestados ou colocados à disposição dos contribuintes, como a iluminação pública, por exemplo.

d) serviços específicos, desde que efetivamente utilizados pelos contribuintes, como ocorre com a taxa judiciária, por exemplo.

e) serviços específicos prestados ou colocados à disposição dos contribuintes, como prevenção e combate a incêndios, por exemplo.

COMENTÁRIOS

Alternativa "a": Atividades de limpeza de logradouros públicos envolvem serviços de caráter indivisível e universal, ou seja, prestados à população em geral. Para cobrança de taxa de serviço, necessário que estejam presentes os requisitos da especificidade e divisibilidade. Corroborando o exposto, já se manifestou o STF: "(...) Pacífica a jurisprudência desta Corte no sentido da inconstitucionalidade da referida taxa, quando vinculada a serviços em benefício da população em geral, como limpeza de vias e logradouros públicos. 2. O Tribunal a quo decidiu pela inconstitucionalidade da taxa exigida pelo município, uma vez que está vinculada à limpeza de logradouros públicos, em benefício da população geral. (...) (STF – RE: 583463 BA, Relator: Min. DIAS TOFFOLI, Data de Julgamento: 07/02/2012, Primeira Turma, Data de Publicação: ACÓRDÃO ELETRÔNICO DJe-050 DIVULG 08-03-2012 PUBLIC 09-03-2012).

Alternativa "b": O art. 145, inciso II, da Constituição Federal dispõe que: "Art. 145. A União, os Estados, o Distrito Federal e os Municípios poderão instituir os seguintes tributos: (...) II – taxas, em razão do exercício do poder de polícia ou pela utilização, efetiva ou potencial, de serviços públicos específicos e divisíveis, prestados ao contribuinte ou postos à sua disposição". Outrossim, o enunciado n.19 da Súmula Vinculante do STF preceitua: "A taxa cobrada exclusivamente em razão dos serviços públicos de coleta, remoção e tratamento ou destinação de lixo ou resíduos provenientes de imóveis, não viola o artigo 145, II, da Constituição Federal." Logo, a assertiva está correta.

Alternativa "c": O enunciado nº 41 da Súmula Vinculante do STF dispõe: "O serviço de iluminação pública não pode ser remunerado mediante taxa."

Alternativa "d": A assertiva contraria o disposto na Súmula nº 667 do STF: "viola a garantia constitucional de acesso à jurisdição a taxa judiciária calculada sem limite sobre o valor da causa."

Alternativa "e": No Tema nº 16, o STF fixou a seguinte Tese em Repercussão geral: "A segurança pública, presentes a prevenção e o combate a incêndios, faz-se, no campo da atividade precípua, pela unidade da Federação, e, porque serviço essencial, tem como a viabilizá-la a arrecadação de impostos, não cabendo ao Município a criação de taxa para tal fim" (RE 643247, Relator(a): MARCO AURÉLIO, Tribunal Pleno, julgado em 01/08/2017, ACÓRDÃO ELETRÔNICO REPERCUSSÃO GERAL – MÉRITO DJe-292 DIVULG 18-12-2017 PUBLIC 19-12-2017).

Alternativa correta: letra "b".

---

13. (FCC – Procurador do Estado – PGE – GO/2021) Suponha que tenha sido editado decreto do Chefe do Executivo majorando, acima da defasagem inflacionária, a partir da respectiva edição, o valor cobrado pelo órgão de trânsito do Estado para custear: i) expedição de Carteira Nacional de Habilitação-CNH e ii) registro de alienação fiduciária e outros gravames incidentes sobre veículo, por solicitação de instituições financeiras. Referido decreto foi contestado, sob o argumento de desobediência do princípio da reserva legal, da anterioridade e pela não observância do prazo de 90 dias para cobrança dos novos valores (noventena), sustentando-se que ambas as atividades somente podem ser remuneradas mediante instituição de taxas. A análise jurídica da questão posta deve considerar que

a) tanto taxas como preços públicos necessitam de lei para instituição ou majoração, porém apenas a taxa sujeita-se ao princípio da anterioridade, sendo a majoração do preço público sujeita apenas à observância da noventena, o que denota inviabilidade jurídica total da edição de decreto, para o item i, e a inadequação da vigência imediata, para o item ii.

b) atividades prestadas como expressão do exercício de poder de polícia ensejam a cobrança de taxa, que somente pode ser instituída ou majorada por lei com vigência para o exercício subsequente e observada a noventena, podendo-se concluir pela evidente inadequação da via eleita para a majoração indicada no item i.

c) quaisquer atividades estatais cujo custo possa ser individualizado são passíveis de cobrança mediante preço público, cabendo a cobrança de taxa somente para custeio de serviços não passíveis de fruição individual, o que denota a ausência de qualquer inadequação na via eleita.

d) atividades que representem serviço público fruível pelo usuário, independentemente de compulsoriedade, demandam a cobrança mediante taxa, porém apenas a instituição da taxa depende de edição de lei formal, podendo a majoração se dar mediante decreto, o que indica a ausência de desconformidade da via eleita para ambas as situações descritas.

e) descabe cobrança de taxas de pessoas jurídicas, as quais são sempre sujeitas ao pagamento de preço público, cujo regime afasta a necessidade de lei e a incidência dos princípios citados, sendo este o discrímen que afasta a inadequação da via eleita para a majoração indicada no item ii.

COMENTÁRIOS

Alternativa "a": O preço público ou tarifa não é tributo, logo a receita dela advinda não é tributária. Decorre de uma atividade desempenhada pelo Estado como se fosse particular. Não observa o princípio da anterioridade. Nesse sentido, o enunciado n. 545 da Súmula do STF dispõe: preços de serviços públicos e taxas não se confundem, porque estas, diferentemente daqueles, são compulsórias e têm sua cobrança condicionada à prévia autorização orçamentária, em relação à lei que as instituiu."

Alternativa "b": Com efeito, a assertiva está correta ao afirmar que as atividades prestadas como expressão do exercício de poder de polícia ensejam a cobrança de taxa e que há evidente inadequação da via eleita para a majoração indicada no item i. O fundamento legal encontra-se no artigo 77 do CTN. Vejamos: "Art. 77. As taxas cobradas pela União, pelos Estados, pelo Distrito Federal ou pelos Municípios, no âmbito de suas respectivas atribuições, têm como fato gerador o exercício regular do poder de polícia, ou a utilização, efetiva ou potencial, de serviço público específico e divisível, prestado ao contribuinte ou posto à sua disposição". Outrossim, a taxa deve ainda respeitar os princípios constitucionais, como a legalidade e anterioridade (anual e nonagesimal), dentre outros, segundo previsão constitucional (art. 150 da CF).

Alternativa "c": Nos termos do art. 77 do CTN: "As taxas cobradas pela União, pelos Estados, pelo Distrito Federal ou pelos Municípios, no âmbito de suas respectivas atribuições, têm como fato gerador o exercício regular do poder de polícia, ou a utilização, efetiva ou potencial, de serviço público específico e divisível, prestado ao contribuinte ou posto à sua disposição". Portanto, a assertiva está incorreta.

Alternativa "d": Conforme já dito no item "b" acima, a taxa deve obediência aos princípios constitucionais, como a legalidade e anterioridade (anual e nonagesimal), dentre outros, segundo previsão constitucional (art. 150 da CF). Por possuir natureza tributária a taxa é compulsória e deve respeitar a legalidade tributária, não podendo a majoração ser veiculada por Decreto. Nesse sentido, dispõe o art. 150, inciso I, da Constituição Federal: "Sem prejuízo de outras garantias asseguradas ao contribuinte, é vedado à União, aos Estados, ao Distrito Federal e aos Municípios: I – exigir ou aumentar tributo sem lei que o estabeleça"

Alternativa "e": Está incorreto afirmar que descabe cobrança de taxas de pessoas jurídicas, as quais são sempre sujeitas ao pagamento de preço público. Uma vez realizando atividades que se enquadrem no fato gerador das taxas, as pessoas jurídicas também serão obrigadas ao pagamento do tributo, figurando como sujeito passivo da relação jurídico-tributária.

Alternativa correta: letra "b".

---

14. (FCC – Procurador do Estado – RN/2014) Com base no disposto na Constituição Federal considere as afirmações abaixo.

I. Serviços públicos cuja exploração seja concedida a particulares por meio da concessão de serviços públicos prevista na Lei nº 8.987/1995, ou de parceria público-privada, regida pela Lei º 11.079/2005, passam a ser remunerados por tarifas, e não por taxas.

II. O exercício do direito de petição aos Poderes Públicos em defesa de direitos ou contra ilegalidade ou abuso de poder é protegido por meio de imunidade específica que impede a cobrança de taxas.

III. A redução do valor cobrado pelas taxas de serviços públicos poderá ser deferida por meio de decreto regulamentar.

Está correto o que se afirma APENAS em

a) I.

b) II.

c) III.

d) I e II.

e) II e III.

COMENTÁRIOS

Item I: De fato, quando o serviço público atende os requisitos do art. 145, II da CRFB/88, sua remuneração se dá por taxa, porque prestado diretamente pelo poder público. Quando prestado por particular, jamais poderia ser uma taxa. Poderá ser tarifa ou preço público. A lei n. 8.987/95, quando trata do serviço concedido, permite sua remuneração por tarifa: "Art. 6º (...) § 1º Serviço adequado é o que satisfaz as condições de regularidade, continuidade, eficiência, segurança, atualidade, generalidade, cortesia na sua prestação e modicidade das tarifas".

Item II: Com efeito, a CRFB/88 trata da imunidade da taxa, quando garante o direito de petição e à obtenção de certidões, independentemente do pagamento de taxas, no seu art. 5º, inciso XXXIV, nos seguintes termos: "são a todos assegurados, independentemente do pagamento de taxas: a) o direito de petição aos Poderes Públicos em defesa de direitos ou contra ilegalidade ou abuso de poder; b) a obtenção de certidões em repartições públicas, para defesa de direitos e esclarecimento de situações de interesse pessoal".

Item III: No ponto, sabido e consabido que o aumento ou a redução de qualquer tributo depende de lei, por força do art. 97, II do CTN e do art. 150, § 6º da CRFB/88.

Alternativa correta: letra "d": Estão corretos os itens I e II.

---

15. (Cespe – Procurador do Estado – CE/ 2008) Considerando que um estado da Federação resolva instituir a cobrança de um valor para a realização de fiscalização em estabelecimentos comerciais que possuem instalações sanitárias, assinale a opção correta.

a) A cobrança do serviço a ser prestado pelo ente público tem natureza de tarifa.

b) A instituição da referida cobrança poderá ser feita por meio de decreto, uma vez que se trata de preço público.

c) Trata-se, no caso, de taxa de serviço, uma vez que a fiscalização a ser feita nos estabelecimentos terá caráter efetivo e específico.

d) Trata-se, no caso, de cobrança de um tributo, da espécie taxa, o qual, por essa razão, só poderá ser instituído por lei.

e) A cobrança a ser instituída tem natureza de preço público, uma vez que deverá resultar de uma relação contratual.

COMENTÁRIOS

Alternativa "a": Assertiva evasiva. Um serviço, quando genérico, é remunerado por impostos. Quando específico, poderá ser remunerado por taxa ou tarifa, a depender do regime de direito público que esteja submetido e da sua natureza.

Alternativa "b": A tarifa pode ser instrumento para remunerar serviço público, a depender das peculiaridades, mas não para remunerar o exercício de poder de polícia (fiscalização), remunerado através de taxas, que demandam lei para a sua instituição.

Alternativa "c": Trata-se de taxa de fiscalização, tendo em vista o exercício do poder de polícia.

Alternativa "d": O fato gerador da taxa pode ser o exercício regular do poder de polícia (taxa de fiscalização), aplicável na espécie. Como se trata de tributo, só pode ser instituído mediante lei (art. 145, II da CF).

Alternativa "e": Como visto acima, não se trata de tarifa ou preço público, mas, sim, de taxa em virtude do exercício regular do poder de polícia (fiscalização).

Alternativa correta letra "d".

16. (Cespe – Procurador do Estado – CE/ 2008) Os serviços públicos justificadores da cobrança de taxas são considerados específicos quando

a) a sua utilização pode ser individualizada.

b) são divisíveis e de utilização compulsória.

c) há necessidade de os moradores de um bairro, por exemplo, se unirem para usufruir desses serviços.

d) podem ser usufruídos a qualquer título.

e) o contribuinte, ao pagar a taxa relativa a seu imóvel, sabe por qual serviço está recolhendo o tributo.

COMENTÁRIOS

Alternativa "a": A utilização individualizada do serviço caracteriza a divisibilidade da taxa e não sua especificidade (art. 79, III do CTN).

Alternativa "b": A assertiva tenta baralhar divisibilidade com especificidade. A questão busca saber em que hipótese o serviço é considerado específico. Por outro lado, a utilização compulsória não define a especificidade do serviço.

Alternativa "c": Eventual união de pessoas para o usufruto de serviços demonstra a sua generalidade e não a especificidade.

Alternativa "d": A especificidade não permite o usufruto do serviço a qualquer título, mas, tão somente quando o serviço possa ser destacado em unidades autônomas de intervenção, de utilidade ou de necessidade públicas.

Alternativa "e": A assertiva deixa clara a natureza de especificidade da cobrança em comento. Na medida em que o contribuinte sabe o serviço específico que recebe, surge, com isso, o campo propício para o pagamento da taxa.

Alternativa correta letra "e".

17. (COPS – Procurador do Estado – PR/ 2011) Dentre as alternativas abaixo, aponte aquela que estiver correta:

a) somente os impostos são classificados como tributos vinculados

b) as taxas são tributos que podem ser instituídos tanto em razão do exercício do poder de polícia quanto somente pela efetiva utilização de serviços públicos específicos e divisíveis;

c) as contribuições de melhoria são classificadas como tributos não vinculados porque não decorrem da utilização de serviços públicos, específicos e divisíveis, e sim de obras públicas;

d) compete à União, Estados, Distrito Federal e Municípios, instituir contribuições sociais, de intervenção no domínio econômico e de interesse das categorias profissionais ou econômicas, como instrumento de sua atuação nas respectivas áreas;

e) n. d. a.

COMENTÁRIOS

✪ **Nota dos autores:** A questão envolve conhecimento primário da classificação dos tributos em vinculados e não vinculados.

Alternativa "a": O inverso é verdadeiro: somente os impostos são classificados como tributos não vinculados, uma vez que o contribuinte não pode exigir do Estado uma prestação individual e específica pelo seu pagamento.

Alternativa "b": O erro está no "somente", uma vez que a utilização potencial do serviço público poderá ensejar o pagamento da taxa.

Alternativa "c": As contribuições de melhoria são tributos vinculados, pois se exige um agir do Estado (obras públicas) em prol do contribuinte.

Alternativa "d": As três contribuições citadas são espécies das contribuições especiais. Pela redação do art. 149 da CF, são de competência exclusiva da União.

Alternativa "e": Não há alternativa correta na questão.

Alternativa correta: letra "e".

18. (Cespe – Procurador do Estado – PI/ 2008) Considerando que determinado estado da Federação tenha instituído cobrança de valor para que determinado setor da atividade econômica fosse fiscalizado em virtude de comercializar alimentos, assinale a opção correta.

a) Nesse caso, a taxa é cobrada em função do poder de polícia, pois existe a utilização de serviço público por parte do contribuinte.

b) A taxa cobrada tem fundamento legal na utilização de serviço público e na sua especificidade.

c) Nesse caso, trata-se de preço público cobrado em função da escolha da atividade econômica explorada pelo contribuinte.

d) A cobrança enquadra-se tão somente no conceito de taxa, pelo exercício do poder de polícia do Estado.

e) A referida cobrança deve ser classificada como tarifa, uma vez que a utilização do serviço ficará disponível.

COMENTÁRIOS

✪ **Nota dos autores:** A dica é saber a diferença entre taxa e tarifa (ou preço público). Taxa é tributo (art. 77 do CTN) e preço público ou tarifa não. As taxas estão submetidas ao regime de direito tributário, enquanto as tarifas ou preços públicos ao regime de direito privado e têm natureza contratual.

Alternativa "a": a taxa é cobrada em função do poder de polícia, mas não é caso de utilização de serviço público por parte do contribuinte, uma vez que nesse caso haveria taxa de serviço público específico e divisível. A taxa é de fiscalização.

Alternativa "b": O fundamento legal da taxa cobrada no caso em tela é o exercício regular do poder de polícia, por se tratar de taxa de fiscalização.

Alternativa "c": Não se trata de preço público ou tarifa, mas de taxa de fiscalização. O preço público segue o regime de direito privado e tem natureza contratual. Portanto, não é tributo, logo a receita dele advinda não é tributária. Decorre de uma atividade desempenhada pelo Estado como se fosse particular.

Alternativa "d": Refere-se à taxa de fiscalização, cobrada em razão do exercício do poder de polícia do Estado. Relembre-se que há dois tipos de taxas: taxas de fiscalização e taxas de serviço público específico e divisível. Nos termos do art. 77 do CTN, as taxas cobradas pela União, pelos Estados, pelo Distrito Federal ou pelos Municípios, no âmbito de suas respectivas atribuições, têm como fato gerador *o exercício regular do poder de polícia*, ou a utilização, efetiva ou potencial, de serviço público específico e divisível, prestado ao contribuinte ou posto à sua disposição.

Alternativa "e": A referida cobrança ocorre em função do poder de polícia (taxa de fiscalização), não sendo aplicável o regime das tarifas (ou preços públicos).

Alternativa correta: letra "d".

---

19. (Cespe – Procurador do Estado – AL/ 2008) O valor cobrado pela prestação de um serviço público feito por uma concessionária ou permissionária corresponde

a) a um tributo.

b) a uma taxa.

c) a um tributo, na modalidade de taxa.

d) apenas a um imposto.

e) tão somente a um preço público.

COMENTÁRIOS

✪ **Nota dos autores:** O concursando deve saber a diferença entre taxa (que é tributo – art. 77 do CTN) e tarifa (ou preço público) que possui natureza contratual e está sob a égide do regime de direito privado.

Alternativa "a": Preço público ou tarifa não é tributo e não está submetido ao regime jurídico tributário.

Alternativa "b": Taxa é espécie de tributo e, portanto, não se enquadra no caso em tela, já que o serviço prestado tem natureza contratual e decorre de uma atividade pública desempenhada pelo particular.

Alternativa "c": O serviço prestado tem natureza contratual e o regime aplicável é de direito privado. Logo, só poderá ser cobrado mediante tarifa ou preço público.

Alternativa "d": O imposto é tributo unilateral, ou seja, não envolve uma contraprestação estatal específica ao contribuinte. É tributo não vinculado e que visa a custear despesas genéricas do ente. Em verdade, a questão se refere ao preço público ou tarifa que não possui natureza tributária, mas sim contratual.

Alternativa "e": O valor cobrado *in casu* só poderá corresponder a preço público ou tarifa. O preço público tem natureza contratual. Portanto, não é tributo, logo a receita dele advinda não é tributária. Decorre de uma atividade primariamente desempenhada pelo Estado, mas que o fez, no caso, por meio de particulares, através de concessionárias e permissionárias como menciona a questão.

Alternativa correta: letra "e".

---

20. (Cespe – Procurador do estado-AL/2009) Cobrança de emolumentos pelo Poder Judiciário enquadra-se na definição jurídica de

a) taxa pela prestação de serviço público.

b) taxa pelo poder de polícia.

c) preço público.

d) imposto.

e) tarifa pública.

COMENTÁRIOS

✪ **Nota dos autores:** Relembre-se que existem duas espécies de taxas: taxas de fiscalização e taxas de serviço público específico e divisível.

Alternativa "a": A taxa de serviço é cabível toda vez que o Estado, diretamente, presta serviço público específico e divisível ao contribuinte. Logo, a cobrança de emolumentos pelo Poder Judiciário enquadra-se na definição jurídica de taxa pela prestação de serviço público.

Alternativa "b": A taxa de fiscalização é cobrada quando há o exercício do poder de polícia, também chamado de poder de fiscalização. No caso em comento, existe a prestação de serviço público especifico e divisível ao contribuinte (taxa pela prestação de serviço público).

Alternativa "c": Preço público ou tarifa não é tributo e não está submetido ao regime jurídico tributário. Possui natureza contratual e a receita dele advinda não é tributária. Enfim, decorre de uma atividade desempenhada pelo Estado como se fosse particular.

Alternativa "d": Não se trata de imposto, já que este é um tributo unilateral (não vinculado), ou seja, não envolve uma contraprestação estatal específica ao contribuinte. Assim, se o serviço é genérico e indivisível, sua remuneração se dá através dos impostos. *In casu*, o serviço é específico e divisível e enquadra-se na definição jurídica de taxa pela prestação de serviço público.

Alternativa "e": A cobrança de emolumentos pelo Poder Judiciário enquadra-se na definição jurídica de taxa pela prestação de serviço público. Não se trata, portanto, de tarifa pública ou preço público que possui natureza contratual e está submetido ao regime jurídico de direito privado.

Alternativa correta: letra "a".

---

21. (Cespe – Procurador do Estado – AL/ 2008) Considerando que um município decida instituir a cobrança de determinado valor para autorização de instalação de estabelecimento comercial em determinado logradouro público, assinale a opção correta.

a) Trata-se de uma taxa de serviço, pois cobra-se pela autorização concedida.

b) Cuida-se de uma taxa de serviço, pois o serviço prestado pelo poder público é divisível.

c) Uma vez que se trata de serviço específico e divisível, a taxa cobrada corresponde ao exercício do poder de polícia.

d) O caso em apreço refere-se a uma taxa cobrada pelo exercício do poder de polícia, pois regula a prática de ato, em razão do interesse público, concernente ao exercício da atividade econômica dependente de autorização do poder público.

e) Trata-se de taxa de serviço, pois a cobrança depende da aceitação da parte contratante.

COMENTÁRIOS

Alternativa "a": Não se trata de taxa de serviço, mas sim de taxa de fiscalização cobrada pelo exercício do poder de polícia, uma vez que regula a prática de ato, em razão do interesse público, concernente ao exercício da atividade econômica dependente de autorização do poder público.

Alternativa "b": Não se refere à taxa de serviço, e sim de taxa de fiscalização cobrada pelo exercício do poder de polícia.

Alternativa "c": A questão se refere a uma taxa de fiscalização, cobrada em razão do exercício do poder de polícia. A taxa de serviço é cobrada em razão de um serviço específico e divisível prestado pelo poder público ao contribuinte. A assertiva mescla as duas taxas.

Alternativa "d": Trata-se de uma *taxa de fiscalização* cobrada em função do exercício do poder de polícia do ente público. Considera-se poder de polícia atividade da administração pública que, limitando ou disciplinando direito, interesse ou liberdade, regula a prática de ato ou abstenção de fato, em razão de interesse público concernente à segurança, à higiene, à ordem, aos costumes, à disciplina da produção e do mercado, ao exercício de atividades econômicas dependentes de concessão ou autorização do Poder Público, à tranquilidade pública ou ao respeito à propriedade e aos direitos individuais ou coletivos (art. 78 do CTN)

Alternativa "e": A questão se refere a uma taxa de fiscalização e não a taxa de serviço específico e divisível prestado pelo poder público ao contribuinte. Por outro lado, nenhum tributo está atrelado à vontade da parte em pagá-lo.

Alternativa correta: letra "d".

---

22. (FCC – Procurador do Estado – SP/ 2009) Lei publicada no Diário Oficial do Estado em 21.07.2009 institui, a partir de 01.01.2010, taxa de licenciamento de veículos, fixando como alíquota o percentual de 5% e tomando como base de cálculo o valor venal dos automóveis. Tal norma:

a) é inconstitucional, visto que já incide o IPVA sobre veículos, sendo vedada a criação de taxa anual para licenciamento do mesmo bem, pois isto configuraria bitributação.

b) fere o princípio da capacidade contributiva.

c) fere o princípio da estrita legalidade.

d) é inconstitucional, pois institui tributo com efeito confiscatório.

e) é inconstitucional, pois institui taxa, adotando base de cálculo própria de imposto.

COMENTÁRIOS

Alternativa "a": A norma é inconstitucional, pois institui taxa, adotando base de cálculo própria de imposto, o que é vedado nos termos do art. 145, § 2º da CF.

Alternativa "b": A lei é inconstitucional em razão de ofensa à norma trazida pelo art. 145, § 2º da Carta Magna que dispõe que as taxas não poderão ter base de cálculo própria de impostos. Relembre-se que o CTN também traz previsão no mesmo sentido no parágrafo único do art. 77.

Alternativa "c": A lei é inconstitucional em razão de ofensa à norma trazida pelo art. 145, § 2º da Carta Magna que dispõe que as taxas não poderão ter base de cálculo própria de impostos.

Alternativa "d": A norma é inconstitucional em virtude de ofensa à norma trazida pelo art. 145, § 2º da Carta Magna que dispõe que as taxas não poderão ter base de cálculo própria de impostos.

Alternativa "e": A norma é inconstitucional, pois institui taxa, adotando base de cálculo própria de imposto, o que é vedado pela Lei Maior no seu art. 145, § 2º nos seguintes termos: "as taxas não poderão ter base de cálculo própria de impostos". Relembre-se que o CTN também traz previsão no mesmo sentido no parágrafo único do seu art. 77.

Alternativa correta: letra "e".

---

23. (UEPA – Procurador do Estado – PA/ 2012) Analise as proposições a seguir:

I. Na Súmula 545, o Supremo Tribunal Federal proclamou a distinção entre taxas e preços públicos utilizando o critério da compulsoriedade.

II. Os serviços de fornecimento de água e energia elétrica têm sido considerados pelo STF e pelo STJ como sujeitos a preço público.

III. No entendimento consolidado do STJ, o prazo prescricional para o ajuizamento de ação de repetição de indébito de tarifas de água e esgoto é o estabelecido no Código Civil.

IV. Configurada determinada contraprestação de serviços como preço público, passará a ser regida pelas regras que regulamentam o respectivo setor, conforme o regime legal, mas não se sujeitará às limitações e institutos próprios do regime jurídico tributário.

De acordo com as proposições apresentadas, estão CORRETAS:

a) somente I, II e IV

b) somente I, II e III

c) somente II e III

d) I, II, III e IV

e) somente II, III e IV

COMENTÁRIOS

✪ **Nota dos autores:** A questão das diferenças entre taxas e preço público é um dos temas relevantes para o direito tributário, mas que, a rigor, está inserido no campo de estudo do direito financeiro. Assim, importante destacar que, quando o Estado presta um serviço público e opta pela sua remuneração por tarifa, tal receita é originária, uma vez que foi uma prestação de serviço do Estado aliado à exploração do seu patrimônio que gerou a receita.

Item I: Para a jurisprudência, o elemento diferenciador entre taxas e preço público é a compulsoriedade, muito embora haja várias outras distinções. Neste sentido, a súmula 545 do Supremo Tribunal Federal, que preconiza: "Preços de serviços públicos não se confundem, porque estas, diferentemente, daqueles, são compulsórias e têm sua cobrança condicionada à prévia autorização orçamentária, em relação às leis que as institui". No mesmo entendimento, o Superior Tribunal de Justiça entende que o serviço, por ser compulsório, seja ele prestado pelo Poder Público ou por particular, será sempre remunerado por taxa.

Item II: Em relação aos serviços de fornecimento de água e energia elétrica, se os mesmos não forem compulsórios, a sua remuneração será por tarifa (preço público), conforme entendimento da jurisprudência superior (AgRg no Resp 856.378/MG). De fato, esses dois serviços não podem ser cobrados pelo uso potencial, característico das taxas, e são geralmente prestados por concessionária ou permissionária, e não pelo Estado diretamente.

Item III: De fato, o item está em consonância com a redação da súmula 412 do Superior Tribunal de Justiça, *in verbis*: "A ação de repetição de indébito de tarifas de água e esgoto sujeita-se ao prazo prescricional estabelecido no Código Civil". Isto porque não há como se aplicar, na hipótese, o prazo do referido art. 27 do Código de Defesa do Consumidor. Também não se pode supor aplicável o prazo quinquenal estabelecido no Código Tributário Nacional para restituição de créditos tributários, eis que a tarifa (ou preço) não tem natureza tributária. Quanto a esse aspecto, há mais de um precedente do STJ (EResp 690.609, Min. Eliana Calmon, DJ 07/04/08; REsp 928.267, Min. Teori Albino Zavascki, DJ de 21/08/09). Não havendo norma específica a reger a hipótese, aplica-se o prazo prescricional estabelecido pela regra geral do Código Civil, ou seja: de 20 anos, previsto no art. 177 do Código Civil de 1916 ou de 10 anos, previsto no art. 205 do Código Civil de 2002, a depender do período a que se refira a restituição.

Item IV: Sendo a contraprestação caracterizada como preço público, não se poderá impor a ela o regime jurídico tributário, ante a diferença de naturezas jurídicas entre ambas, conforme visto acima.

Alternativa correta: letra "d".

---

24. (UEPA – Procurador do Estado – PA/ 2012) Analise as proposições a seguir:

I. É dever fundamental contribuir para as despesas públicas, sendo que o principal critério para a distribuição do ônus tributário, inspirado no ideal aristotélico da justiça distributiva, é a capacidade contributiva, nos moldes do Art. 145, § 1º, da CF 1988.

II. Em atenção ao princípio da justiça distributiva e da capacidade econômica do contribuinte, o STF entende pela constitucionalidade da cobrança de taxa de matrícula nas universidades públicas.

III. Em interpretação do Art. 145, § 2º, da CF 1988, o STF tem entendimento consolidado de que, no cálculo do valor de taxa, é constitucional a adoção de um ou mais elementos da base de cálculo própria de determinado imposto, à condição de que não haja plena coincidência entre uma base e outra.

IV. As taxas possuem cunho sinalagmático, com inspiração na ideia de justiça comutativa, destinando-se ao custeio de atividades estatais específicas, divisíveis e realizadas diretamente em face ou para determinado contribuinte que a provoca ou demanda.

De acordo com as proposições apresentadas, estão CORRETAS:

a) somente I e IV
b) somente I, III e IV
c) somente II e III
d) I, II, III e IV
e) somente II, III e IV

COMENTÁRIOS

✪ **Nota dos autores:** A questão mescla temas variados em um mesmo questionamento, inclusive noções de filosofia. No ponto, as lições de Aristóteles são importantes, muito bem sumarizadas pela Autora Maria Ferreira Neto, que relaciona os tipos de justiça com cada espécie tributária.

Aristóteles distingue a justiça particular em duas formas: uma baseada na honraria, no mérito e outra com o objetivo de se garantir o equilíbrio ou a retificação de uma transação que não foi equânime. Uma distributiva e outra corretiva. Assim, tem-se na justiça distributiva a atividade de distribuição na qual atribuem-se bens ou encargos aos cidadãos membros da comunidade de acordo com um critério de justificação racional que se escore em características particulares do próprio destinatário desta distribuição. São características marcantes dessa espécie de justiça particular tanto a necessidade de se promover uma correta qualificação das pessoas envolvidas na relação, quanto a possibilidade de se estabelecer um tratamento diferenciado entre elas. A cada um segundo seu mérito, sua necessidade ou seu status. A relação tributária que envolver uma exigência movida por um critério dessa natureza será aquela que admitir a imputação do encargo de acordo com uma qualificação específica daquele que se sujeita à tributação (capacidade contributiva). Enquanto alguns critérios se atêm apenas a esse requisito, não se pode dizer que esse seja o único meio de se promover a qualificação do contribuinte. Outros, como participar de determinada categoria, praticar uma atividade específica são aspectos relevantes da esfera jurídica do contribuinte e são pertinentes à justificação da natureza de inúmeras espécies. Daí poder utilizar-se do critério de cada um segundo o grupo social, profissional ou econômico que esteja inserido, de cada um segundo sua manifestação econômica e de cada um segundo a atividade econômica, dentre outros. Já a justiça comutativa ocupa-se das relações transacionais ou de troca, onde não são diferenciados pelas qualidades pessoais. Visa estabelecer uma igualdade entre coisas, não entre pessoas. Interessa apenas a manutenção do equilíbrio numérico. A distribuição interna dos bens e encargos deve ser equivalente em todas as situações e equânime a todos que a ela se sujeitam. A cada um a mesma coisa. No âmbito tributário, uma exigência deverá obrigatoriamente buscar sua justificação na necessidade de se preservar a equivalência estrita entre aquilo que foi entregue pelo Estado e a contraprestação arcada pelo particular, não podendo envolver uma atribuição de encargos fundada aleatoriamente em determinada característica circunstancial do contribuinte. É o que ocorre com os tributos tradicionalmente chamados de vinculados. Mas aqui não se prende à questão de ser tributo apenas e à sua imposição. Seu ponto fundamental é a manutenção da proporção aritmética interna à relação tributária. Na postura tradicional há um apego à forma. Aqui realça-se os reais motivos que justificam a imposição do tributo, com uma equivalência aritmética. Logo, a sua constitucionalidade não está em verificar apenas a base de cálculo para saber se representa ou não uma parcela da atividade do Estado, mas sim se há um parâmetro de tributação apto a preservar a equivalência aritmética entre a prestação fornecida e o montante arcado pelo contribuinte, independente da base de cálculo fixada na lei. Outros critérios poderiam ser levantados, mas esses são suficientes para o deslinde da questão.

Item I: De acordo com o art. 145, § 1º da Constituição Federal, "os impostos terão caráter pessoal e serão graduados segundo a capacidade econômica do contribuinte, facultado à administração tributária, especialmente para conferir efetividade a esses objetivos, identificar, respeitados os direitos individuais e nos termos da lei, o patrimônio, os rendimentos e as atividades econômicas do contribuinte". Apesar do referido dispositivo se referir expressamente apenas aos impostos, é cediço que o princípio da capacidade contributiva se estende a todas as espécies de tributos, atuando como um vetor de justiça tributária, onde a proporção do ônus a ser imposto será condizente com o poder econômico do sujeito passivo da exação, na linha da justiça distributiva acima apresentada.

Item II: O item está equivocado. De acordo com a súmula vinculante nº 12 do Supremo Tribunal Federal, "a cobrança de taxa de matrícula nas universidades públicas viola o disposto no art. 206, IV, da Constituição Federal". A justificativa da Corte Superior é no sentido de que a gratuidade de ensino público em estabelecimentos oficiais, conforme se lê no *caput* do art. 206, IV, configura um princípio. Um princípio que não encontra qual – quer limitação, no tocante aos distintos graus de formação acadêmica. Assim, não se mostra factível, do ponto de vista constitucional, que as universidades públicas, integralmente mantidas pelo Estado, criem obstáculos de natureza financeira para o acesso dos estudantes aos cursos que ministram, ainda que de pequena expressão econômica, a pretexto de subsidiar alunos carentes. Foge à razoabilidade que se cobre uma taxa de matrícula dos estudantes das universidades públicas, em especial das federais, visto que a Constituição, no art. 212, determina à União, que aplique, anualmente, nunca menos de 18% da receita resultante de impostos, na manutenção e desenvolvimento do ensino. (Vide RE 500.171/DJe 24.10.2008 – Relator Ministro Ricardo Lewandowski – Tribunal Pleno). Do ponto de vista da justiça distributiva, a mesma não é atendida quando há cobrança da taxa de pessoas nitidamente carentes, cujo acesso à educação seria restringido com a referida cobrança.

Item III: O item está correto. A assertiva está em consonância com a dicção da súmula vinculante nº 29, que prevê a possibilidade da adoção, no cálculo do valor de taxa, de um ou mais elementos da base de cálculo própria de determinado imposto, desde que não haja integral identidade entre uma base e outra. A edição da citada súmula decorreu do julgamento da constitucionalidade do custo da prestação do serviço público de coleta, remoção e destinação do lixo, no qual o legislador determinou como critério para a base de cálculo a metragem de área construída do imóvel, que pressupõe que um imóvel maior produza mais lixo do que um imóvel com metragem menor. Porém, a metragem do imóvel é o mesmo critério para a base de cálculo do Imposto Predial e Territorial Urbano (IPTU), e isso poderia ser uma ofensa ao aludido § 2º do art. 145 da CR/88. Daí, o Supremo Tribunal Federal, resolvendo a controvérsia, perfilhou o entendimento de que o "fato de um dos elementos utilizados na fixação da base de cálculo do IPTU – a metragem da área construída do imóvel – que é o valor do imóvel (CTN, art. 33), ser tomado em linha de conta na determinação da alíquota da taxa de coleta de lixo, não quer dizer que teria essa taxa base de cálculo igual à do IPTU: o custo do serviço constitui a base imponível da taxa" (RE 232.393/SP). Em outras palavras, "não se pode utilizar todos os elementos; não pode haver coincidência integral com a base de cálculo de um determinado tributo, mas pode-se pegar um ou outro elemento que sirva de adminículo para cobrar a taxa". (RE 576.321-8).

Item IV: A assertiva está correta, por tudo o acima exposto na nota dos autores. De mais a mais, a hipótese de incidência da taxa aponta que esta deve ser exigida em contraprestação ao exercício de uma atividade por parte do Estado referida ao contribuinte, concernente ao exercício do poder de polícia ou à prestação – efetiva ou potencial – de serviços públicos específicos e divisíveis. Desta forma, pode-se afirmar que a taxa é tributo vinculado a uma atuação estatal ou um tributo contraprestacional, ao contrário dos impostos. Em outras palavras, o fato gerador da taxa seria não um fato do contribuinte, mas sim um fato do Estado, que é o exercício do poder de polícia ou a prestação de serviço público específico e divisível.

Alternativa correta: letra "b".

---

25. (FMP – Procurador do Estado – AC/2014) Dadas as assertivas abaixo, assinale a alternativa correta.

I. Os impostos e as taxas podem ser instituídos por qualquer dos entes públicos que compõem a Federação, desde que haja, por parte de tais entes, a devida contraprestação em matéria de serviços públicos específicos e divisíveis.

II. A denominada "taxa de polícia" pode ser cobrada exclusivamente pelos estados-membros, os quais titulam competência constitucional de zelar pela segurança pública de toda a coletividade.

III. Segundo entendimento do Supremo Tribunal Federal a União, mediante lei complementar, pode instituir outras contribuições destinadas à manutenção ou expansão da seguridade social, além daquelas já previstas no art. 195, inciso I a IV, da Constituição Federal, desde que as novas contribuições sejam não cumulativas, e não tenham o mesmo fato gerador dos impostos já discriminados na Constituição Federal.

IV. A contribuição de melhoria está prevista na Constituição Federal e no Código Tributário Nacional, manifestando-se no poder positivo de exigir o tributo dos proprietários de bens imóveis valorizados com a realização de obra pública.

a) Apenas a assertiva I está correta.
b) Apenas a assertiva II está correta.
c) Apenas a assertiva III está correta.
d) Apenas a assertiva IV está correta.

COMENTÁRIOS

Item I: Incorreto. Imposto é tributo não vinculado e, portanto, independe de contraprestação estatal. Daí o erro da questão que tratou impostos e taxas de forma indistinta.

Item II: Incorreto. A taxa de polícia pode ser instituída por qualquer ente da federação e não apenas os Estados. Outro erro da questão diz respeito à menção da segurança pública, já que se trata de um serviço destinado a toda a coletividade (*uti universi*), não sendo, portanto, específico e divisível (ADI 1.942).

Item III: Incorreto. Com efeito, a União poderá via lei complementar instituir contribuições residuais para a seguridade social. O erro da assertiva está em um pequeno detalhe em sua parte final. Isso porque, novas contribuições devem ser não cumulativas e não devem possuir o mesmo fato gerador de outras contribuições já discriminadas na Constituição Federal. Observe que a questão menciona "impostos" e, portanto, está incorreta.

Item IV: Correta. Pela redação do art. 81 do CTN, contribuição de melhoria é tributo instituído para fazer face ao custo de obras públicas de que decorra valorização imobiliária, tendo como limite total a despesa realizada e como limite individual o acréscimo de valor que da obra resultar para cada imóvel beneficiado. Tal tributo está também previsto na Constituição Federal no seu art. 145, inciso III.

Alternativa correta: letra "d": Apenas a assertiva IV está correta.

1.2.2. CONTRIBUIÇÃO DE MELHORIA

26. (FCC – Procurador do Estado – PGE – AP/2018) O Código Tributário do Estado do Amapá, aprovado pela Lei estadual nº 400/1997, no Título IV de seu Livro Primeiro, estabelece regras atinentes à contribuição de melhoria. De acordo com essas regras,

a) o fato gerador deste tributo é a realização de obras públicas.
b) contribuinte é o proprietário do imóvel, ao tempo da ocorrência do fato gerador.
c) é isento da contribuição de melhoria o imóvel classificado como habitação popular, com área construída não superior a 36 m2, e área total não superior a 50 m2.
d) para fixação da contribuição devida, adotar-se-á como critério, dentre outros, o do imóvel estar ou não cadastrado como habitação coletiva, plurifamiliar, em área de zoneamento de baixa renda.
e) é responsável pelo pagamento deste tributo o legatário que recebe em transmissão a propriedade do imóvel beneficiado pela obra pública que deu ensejo à cobrança da contribuição de melhoria.

COMENTÁRIOS

Alternativa "a": Nos termos do art. 120 da Lei estadual nº 400/1997. "A contribuição de melhoria tem como fato gerador a realização de obras públicas de que decorram benefícios a bens imóveis". Portanto, está incorreta.

Alternativa "b": Segundo o art. 125 da Lei estadual nº 400/1997. "O contribuinte é o proprietário do imóvel ao tempo do lançamento do tributo". Incorreta.

Alternativa "c": Não há na lei Estadual previsão da hipótese ventilada na assertiva. Consoante dispõe o art. 124 da Lei estadual nº 400/1997. É isento da Contribuição de Melhoria o imóvel que constitua patrimônio: I – da União, dos Estados, do Distrito Federal, dos Municípios e suas respectivas autarquias: II – de partido político; III – de templo de qualquer culto; IV – de instituição de assistência social, educacional ou cultural, devidamente reconhecida como de atividade pública, pela União, pelo Estado ou por Município deste Estado.

Alternativa "d": Dispõe o art. 121 da Lei estadual nº 400/1997: "para fixação da contribuição devida adotar-se-á como critério o benefício resultante da obra, calculado através do rateio proporcional do seu custo total ou parcial, em relação às respectivas áreas de influência". Portanto, está incorreta.

Alternativa "e": Assertiva vai ao encontro do previsto no art. 126 da Lei estadual nº 400/1997: "é responsável pelo pagamento da Contribuição de Melhoria, o sucessor a qualquer título, sempre que decorra a transmissão da propriedade, do domínio útil ou da posse do imóvel".

Alternativa correta: letra "e".

27. (Cespe – Procurador do Estado – ES/ 2008) Acerca do direito tributário brasileiro, julgue os itens.

Caso certa entidade municipal leve a efeito a construção de uma ponte, no valor de R$ 7.200.000,00, que beneficie a população de duas cidades, uma vez que a distância percorrida pelas pessoas diminuirá de 30 km para 7 km, para efeitos de cobrança da contribuição de melhoria, a valorização dos imóveis beneficiados será presumida, cabendo aos contribuintes interessados fazer prova da inexistência da valorização imobiliária.

COMENTÁRIOS

Não caberá aos contribuintes fazer prova da inexistência da valorização imobiliária. O STJ já entendeu que cabe ao Poder Público e não ao contribuinte, provar que houve a valorização do bem em decorrência da obra estatal (REsp 169.131/SP). **ERRADO**

1.2.3. CONTRIBUIÇÕES ESPECIAIS

28. (Cespe – Procurador do Estado – PGE – PE/2018) Determinado município deseja criar um novo tributo com a finalidade específica de custear o serviço de iluminação pública. O valor arrecadado ficará afetado exclusivamente a esse tipo de despesa.

De acordo com a CF, nesse caso, o município deve criar

a) um imposto.

b) uma contribuição.

c) uma taxa.

d) um emolumento.

e) um preço público.

COMENTÁRIOS

Alternativas "a", "c", "d" e "e": O município deverá instituir uma contribuição para o custeio do serviço de iluminação pública com fulcro no art. 149-A da Constituição Federal. Lembre-se que a Taxa de Iluminação Pública foi declarada inconstitucional pelo STF (RREE 231.764 – RJ, rel. Min. Ilmar Galvão, 10.03.99, Súmula 670 do STF e Súmula Vinculante 41 do STF). Confira esta última: "STF – Súmula Vinculante 41 – O serviço de iluminação pública não pode ser remunerado mediante taxa".

Alternativa "b": O município deverá instituir uma contribuição para o custeio do serviço de iluminação pública com fulcro no art. 149-A da Constituição Federal inserido através da Emenda Constitucional 39, de 19 de dezembro de 2002. In verbis: "Art. 149-A Os Municípios e o Distrito Federal poderão instituir contribuição, na forma das respectivas leis, para o custeio do serviço de iluminação pública".

Alternativa correta: letra "b".

29. (FCC – Procurador do Estado – RN/2014) De acordo com a Constituição Federal, é INCORRETO afirmar:

a) É possível a instituição de contribuição de melhoria relativa à valorização imobiliária decorrente de obra pública realizada pela União, Estados, Distrito Federal e Municípios.

b) A instituição de taxas por parte dos Estados pressupõe o exercício efetivo do poder de polícia ou a utilização, efetiva ou potencial de serviços públicos específicos e divisíveis, prestados ao contribuinte ou postos à sua disposição.

c) A cobrança de ICMS sobre as importações de bens realizadas por pessoas físicas e por prestadores de serviços não contribuintes habituais do ICMS passou a ser possível em tese com a promulgação da Emenda Constitucional nº 33/2001, mas o exercício efetivo da respectiva competência permaneceu condicionado à prévia edição de lei complementar e leis estaduais aplicáveis.

d) Embora seja inconstitucional a cobrança de taxas de iluminação pública, por não se tratar de serviço específico e divisível, a Emenda Constitucional nº 39/2002, outorgou à União, Estados e Municípios a competência para a instituição de contribuição destinada ao custeio do serviço de iluminação pública.

e) As exigências aplicáveis à instituição de impostos não compreendidos na competência tributária da União também são aplicáveis à instituição de outras contribuições sociais destinadas ao custeio da Seguridade Social além das previstas nos incisos I a IV do art. 195 da Constituição Federal.

COMENTÁRIOS

✪ **Nota dos autores:** Observe que o examinador solicita a questão incorreta.

Alternativa "a": Pela redação do art. 81 do CTN, contribuição de melhoria é tributo instituído para fazer face ao custo de obras públicas de que decorra valorização imobiliária, tendo como limite total a despesa realizada e como limite individual o acréscimo de valor que da obra resultar para cada imóvel beneficiado. O ente responsável por obra que decorra valorização imobiliária em imóveis particulares está autorizado à cobrança da contribuição de melhoria, seja ele ente federal, estadual ou municipal. Daí se dizer que essa competência é comum a todos os entes.

Alternativa "b": Segundo o artigo 77 do CTN, as taxas têm como fato gerador o exercício regular do poder de polícia, ou a utilização, efetiva ou potencial, de serviço público específico e divisível, prestado ao contribuinte ou posto à sua disposição. Logo, há dois tipos de taxas: taxas de fiscalização e taxas de serviço público específico e divisível.

Alternativa "c": Com a promulgação da Emenda Constitucional nº 33/2001 o art. 155, § 2º, incisos IX e XII passou a ter a seguinte redação: "IX – incidirá também: a) sobre a entrada de bem ou mercadoria importados do exterior por pessoa física ou jurídica, ainda que não seja contribuinte habitual do imposto, qualquer que seja a sua finalidade, assim como sobre o serviço prestado no exterior, cabendo o imposto ao Estado onde estiver situado o domicílio ou o estabelecimento do destinatário da mercadoria, bem ou serviço"; XII – cabe à lei complementar: (...) i) fixar a base de cálculo, de modo que o montante do imposto a integre, também na importação do exterior de bem, mercadoria ou serviço.

Alternativa "d": Compete aos municípios e DF a instituição de contribuição destinada ao custeio do serviço de iluminação pública. Nesse sentido: Art. 149-A da CF: Os Municípios e o Distrito Federal poderão instituir contribuição, na forma das respectivas leis, para o custeio do serviço de iluminação pública, observado o disposto no art. 150, I e III.

Alternativa "e": Impostos e contribuições residuais devem atender às seguintes exigências: a) veiculação por lei complementar; b) não cumulativos; c) não tenham fato gerador ou base de cálculo próprios dos discriminados na Constituição. Confira os dispositivos da CRFB/88: "Art. 154. A União poderá instituir: I – mediante lei complementar, impostos não previstos no artigo anterior, desde que sejam não cumulativos e não tenham fato gerador ou base de cálculo próprios dos discriminados nesta Constituição; Art. 195, § 4º A lei poderá instituir outras fontes destinadas a garantir a manutenção ou expansão da seguridade social, obedecido o disposto no art. 154, I".

Alternativa incorreta: letra "d".

30. (COPS – Procurador do Estado – PR/ 2011) Em relação à disciplina constitucional das contribuições, enquanto subespécies tributárias, é correto afirmar:

a) a veiculação de notícia que anuncie a realização de obra pública e que com isso gere a valorização dos imóveis próximos a ela autoriza a cobrança de contribuição de melhoria, nos termos do art. 145, III da Constituição Federal;

b) a instituição das contribuições de intervenção no domínio econômico é de competência exclusiva da União e dos Estados;

c) estados, Municípios e Distrito Federal podem cobrar contribuição de iluminação pública, para custear o respectivo serviço, sendo facultada a cobrança na fatura de consumo de energia elétrica;

d) as receitas decorrentes de exportações e bem assim as importações de produtos e serviços são imunes à incidência de contribuições sociais e de intervenção no domínio econômico;

e) n. d. a.

COMENTÁRIOS

Alternativa "a": O erro está na cobrança da contribuição apenas pela veiculação de notícia que anuncie a realização da obra. Ora, a contribuição de melhoria carece de valorização imobiliária e tal só ocorre após a conclusão da obra.

Alternativa "b": Competência exclusiva da União (art. 149 da CF).

Alternativa "c": Apenas Municípios e Distrito Federal podem cobrar esse tributo (art. 149-A da CF).

Alternativa "d": Apenas as receitas decorrentes de exportações são imunes às contribuições sociais e de intervenção no domínio econômico (art. 149, § 2º, I da CF).

Alternativa "e": Todas assertivas erradas.

Alternativa correta letra "e".

31. (FEPESE – Procurador do Estado – SC/ 2010) Conforme disposto na Constituição Federal de 1988, é correto afirmar:

a) As contribuições sociais incidirão também sobre a importação de produtos estrangeiros ou serviços, mas não incidirão sobre as receitas decorrentes de exportação.

b) A União poderá instituir, mediante lei complementar, na iminência ou no caso de guerra externa, impostos extraordinários, compreendidos ou não em sua competência tributária, os quais serão suprimidos, gradativamente, cessadas as causas de sua criação.

c) Pertencem aos Estados e ao Distrito Federal cinquenta por cento do produto da arrecadação do imposto que a União instituir no exercício da competência residual.

d) Os Municípios e o Distrito Federal poderão instituir taxas, na forma das respectivas leis, para o custeio do serviço de iluminação pública.

e) Cabe à lei complementar a definição de tributos e de suas espécies, bem como, em relação aos impostos, a dos respectivos fatos geradores, bases de cálculo, alíquotas e contribuintes.

COMENTÁRIOS

Alternativa "a": Pela redação do art. 195, IV da CF, as contribuições sociais incidirão sobre as importações de bens ou serviços do exterior e, pela redação do art. 149, § 2º, I, da CF, as contribuições sociais e de intervenção no domínio econômico não incidirão sobre as receitas decorrentes de exportação.

Alternativa "b": O art. 154, II da CF não determina que os impostos extraordinários sejam criados através de lei complementar.

Alternativa "c": O art. 157, II da CF determina que pertencem aos Estados e ao DF 20% do produto da arrecadação do imposto que a União instituir no exercício da competência residual.

Alternativa "d": A antiga Taxa de Iluminação Pública (TIP) foi julgada inconstitucional. O art. 149-A da CF permite a criação da Contribuição de Iluminação Pública (CIP).

Alternativa "e": O erro da assertiva está em colocar as alíquotas como matéria restrita à lei complementar. O art. 146, III, "a" da CF não alcança essa delimitação.

Alternativa correta letra "a".

32. (Cespe – Procurador do Estado – ES/ 2008) Acerca do direito tributário brasileiro, julgue os itens.

O STF já decidiu que é ilegítima a incidência da contribuição para o financiamento da seguridade social (COFINS) sobre o faturamento das empresas distribuidoras de derivados de petróleo, pois as mesmas gozam de imunidade tributária.

COMENTÁRIOS

Não há qualquer norma na Constituição imunizante da COFINS sobre o faturamento de empresas distribuidoras de derivados de petróleo. Pela CF, art. 155, § 3º, "À exceção dos impostos de que tratam o inciso II do *caput* deste artigo e o art. 153, I e II, nenhum outro imposto poderá incidir sobre operações relativas a energia elétrica, serviços de telecomunicações, derivados de petróleo, combustíveis e minerais do País". **ERRADO**

33. (FMP – Procurador do Estado – AC/ 2012) Assinale a alternativa correta.

a) É vedado aos Municípios instituírem contribuição previdenciária a ser cobrada de seus servidores efetivos para custeio de regime próprio de previdência.

b) No Estado do Acre, de acordo com a Lei Complementar Estadual nº 154/2005, que institui o regime próprio de previdência dos servidores públicos estaduais, a alíquota da contribuição previdenciária para os segurados ativos é de onze por cento.

c) Às contribuições previdenciárias instituídas pelos Estados-membros não se aplicam os princípios constitucionais tributários.

d) De acordo com a Constituição Federal, a alíquota da contribuição previdenciária estabelecida nos regimes próprios de previdência deverá ser inferior à alíquota da contribuição previdenciária dos servidores titulares de cargos efetivos da União.

COMENTÁRIOS

✪ **Nota dos autores:** A questão demanda a leitura da Lei Complementar Estadual nº 154/2005 que dispõe sobre o valor da alíquota (percentual aplicável) da contribuição previdenciária para os segurados ativos do Estado do Acre. Entretanto, como as assertivas erradas poderiam ser resolvidas com base na Constituição Federal, o candidato, por eliminação, chegaria ao item correto.

Alternativa "a": Assertiva incorreta, pois é permitido aos Municípios instituírem contribuição previdenciária para custeio de regime próprio de previdência **dos seus servidores. É cediço que a** União possui competência exclusiva para instituir contribuições sociais, com a ressalva trazida no § 1º do art. 149, *in verbis*: "Os Estados, o Distrito Federal e os Municípios instituirão contribuição, cobrada de seus servidores, para o custeio, em benefício destes, do regime previdenciário de que trata o art. 40, cuja alíquota não será inferior à da contribuição dos servidores titulares de cargos efetivos da União".

Alternativa "b": No Estado do Acre, a alíquota da contribuição previdenciária para os segurados ativos vinculados ao regime próprio de previdência dos servidores públicos estaduais é de onze por cento (Lei Complementar Estadual nº 154/2005). Sobre o referido tema, relembre-se que a União possui competência exclusiva para instituir contribuições sociais, com a ressalva trazida no § 1º do art. 149, *in verbis*: "§ 1º A União, os Estados, o Distrito Federal e os Municípios instituirão, por meio de lei, contribuições para custeio de regime próprio de previdência social, cobradas dos servidores ativos, dos aposentados e dos pensionistas, que poderão ter alíquotas progressivas de acordo com o valor da base de contribuição ou dos proventos de aposentadoria e de pensões (redação dada pela EC 103/2019). Registre-se que a alíquota mínima dos servidores da União é de 11% (onze por cento), mesmo percentual da previdência do Estado.

Alternativa "c": Está incorreta, pois as contribuições previdenciárias instituídas pelos Estados-membros possuem natureza tributária e, portanto, se submetem aos princípios constitucionais tributários.

Alternativa "d": A parte final do § 1º do art. 149 da CF dispõe que a alíquota da contribuição previdenciária estabelecida nos regimes próprios de previdência não será inferior ao valor da contribuição dos servidores titulares de cargos efetivos da União. Registre-se que a alíquota mínima dos servidores da União é de 11% (onze por cento).

Alternativa correta: letra "b".

34. (UEPA – Procurador do Estado – PA/ 2012) Analise as proposições a seguir:

I. As contribuições só podem ser instituídas para atender às finalidades previstas no art. 149 e 149-A da Constituição: sociais, de intervenção no domínio econômico, do interesse das categorias profissionais ou econômicas e, ainda, de iluminação e segurança públicas.

II. No caso específico das contribuições sociais, não haverá juízo de referibilidade a condicionar a posição de contribuinte, já que o art. 195 da Constituição determinou o seu custeio por toda a sociedade.

III. No caso das contribuições de intervenção no domínio econômico e do interesse das categorias profissionais ou econômicas, o legislador ordinário pode desvincular livremente a destinação da arrecadação para atender a outras finalidades de interesse público.

IV. As contribuições do art. 149 da Constituição pressupõem atividade direta, específica e divisível do Poder Público, sendo orientadas por critérios comutativos, devendo o contribuinte pagar em contraprestação ao serviço utilizado.

De acordo com as proposições apresentadas, estão CORRETAS:

a) somente II

b) somente III e IV

c) somente II e III

d) somente III

e) somente I e IV

COMENTÁRIOS

✪ **Nota dos autores:** A questão exige conhecimento acerca das contribuições especiais, especialmente da doutrina especializada. É que, segundo esta, um dos critérios de classificação dos tributos é o grau de vinculação do Estado ao contribuinte. Por exemplo, nos impostos, não há qualquer vinculação do Estado em relação ao contribuinte. Nas taxas, o Estado fica vinculado a prestar um serviço individual e específico ou a realizar uma fiscalização. Nas contribuições, o critério determinante é a sua referibilidade em relação ao contribuinte. No entanto, essa referibilidade comporta diversas discussões, vistas adiante. Ainda, segundo o art. 149 da Constituição Federal de 1988, compete exclusivamente à União instituir contribuições sociais, de intervenção no domínio econômico e de interesse das categorias profissionais ou econômicas, como instrumento de sua atuação nas respectivas áreas, observadas as normas gerais de direito tributário, os princípios da legalidade, da irretroatividade e da anterioridade anual e nonagesimal, sem prejuízo da anterioridade especial (noventena), prevista no art. 195, § 6º, da Constituição Federal, para as contribuições da seguridade social. Com o escopo de melhorar a memorização do candidato quanto às espécies de contribuições, pode-se dividi-las da seguinte forma: a) contribuições sociais – contribuições para a seguridade social (arts. 195, I a IV, e 239 da CF/88), contribuições residuais para a seguridade social (art. 195, § 4º da CF/88) e contribuições sociais gerais (art. 212, § 5º, 240 da CF/88 e 62 da ADCT); b) contribuições de intervenção no domínio econômico (CIDE), cuja previsão constitucional está inserida no art. 149 e 177, § 4º; c) contribuição de interesse das categorias profissionais ou econômicas (arts. 8º, IV e 149 da CF/88).

Item I: O erro da questão está na inserção das contribuições de seguranças públicas, uma vez que tais exações inexistem no sistema tributário vigente.

Item II: A assertiva está correta, mas precisa ser analisada com cuidado, uma vez que a "referibilidade das contribuições sociais" é um tema que não encontra unanimidade doutrinária. Para Luciano Amaro, "(...) a atividade estatal, cuja execução se destina a receita arrecadada nas contribuições, não é necessariamente referível ao contribuinte, embora possa sê-lo, em maior ou menor grau, atualmente ou no futuro, efetiva ou eventualmente (...)" (AMARO, Luciano. Direito Tributário Brasileiro, 11.ª ed., São Paulo: Saraiva, 2005, p. 84). Para Leandro Paulsen "(...) nas contribuições, onde a autorização constitucional é para que sejam instituídos tributos voltados a atuações em áreas específicas, o pressuposto é que sejam chamados a contribuir pessoas relacionadas a tal atuação, advertindo, entretanto, que, diferentemente das demais contribuições especiais, as contribuições sociais destinadas à Seguridade Social, por força do *"caput"* do art. 195 do texto constitucional – que prescreve que a Seguridade Social será financiada por toda a sociedade – ostentam uma característica peculiar, qual seja, a de que todos poderão ser chamados a contribuir, independentemente de pertencerem a determinado grupo diretamente relacionado com a atuação estatal, o que positivaria o princípio da Solidariedade Social em matéria de custeio da Seguridade Social(...)". PAULSEN, Leandro. Contribuições no Sistema Tributário Brasileiro. Ed. Livraria do Advogado, p. 382). Assim, há contribuições com nítida referibilidade, como as contribuições de interesse das categorias profissionais ou econômicas, e outras que, pelo caráter amplo do destino da receita e dos seus contribuintes, a referibilidade fica mitigada ou anulada, como ocorre com as contribuições sociais.

Item III: As contribuições de intervenção no domínio econômico (CIDE) e as contribuições de interesse das categorias profissionais, como todas as demais contribuições, são tributos de arrecadação vinculada, razão pela qual o legislador ordinário não pode dispor livremente sobre o destino dos recursos arrecadados. No caso da CIDE, segundo a dicção do art. 177, § 4º da CF/88, os recursos serão destinados: a) ao pagamento de subsídios a preços ou transporte de álcool, gás natural e seus derivados e derivados de petróleo; b) financiamento de projetos ambientais relacionados com a indústria do petróleo e do gás; c) ao financiamento de programas de infraestrutura de transportes. Quanto às contribuições de interesse das categorias profissionais ou econômicas, os recursos arrecadados devem ser utilizados em atividades relacionadas ao interesse da classe profissional ou econômica. Houve a desvinculação de 20% do destino dessas contribuições (art. 76 do ADCT), mas tal se deu por Emenda Constitucional e não por lei infraconstitucional.

Item IV: A assertiva está equivocada. A redação do item confunde o conceito de taxa com o de contribuição social. As contribuições não são específicas e divisíveis, tampouco dotada de critério comutativo, típico das taxas.

Alternativas "b", "c" e "d": vide itens anteriores.

Alternativa correta: letra "a".

2. DAS LIMITAÇÕES AO PODER DE TRIBUTAR: PRINCÍPIOS E IMUNIDADES

- CF, Título VI, Capítulo I, Seção II, art. 150 a 152; art. 153, § 1º.
- CF, art. 5º, XXXIV; art. 150, VI; art. 155, § 2º, X, "a"; art. 156, § 2º, I; art. 153, § 3º, III; art. 195, § 7º.
- Título II, Capítulo II, Seções I e II do CTN

2.1. PRINCÍPIOS CONSTITUCIONAIS TRIBUTÁRIOS

35. (Cespe – Procurador do Estado – PGE – RO/2022) Um dos princípios basilares do direito tributário estabelece que o Estado deve tributar as pessoas de acordo com as suas capacidades econômicas, de modo que os mais ricos contribuam mais em relação aos mais pobres, de forma progressiva. Trata-se do princípio

a) do não confisco.

b) da capacidade contributiva.

c) da igualdade tributária.

d) da proporcionalidade.

e) da praticabilidade da tributação.

COMENTÁRIOS

Alternativa "a": A questão faz referência ao Princípio da capacidade contributiva (art. 145, § 1º da CRFB/88) e não ao Princípio da vedação ao confisco (art. 150, IV CF). De acordo com este último, o tributo não pode ser tão elevado de modo a impedir a continuidade da atividade empresarial do contribuinte ou levá-lo ao ponto de venda dos seus bens para o pagamento dos tributos incidentes sobre estes (garantia do mínimo vital). Já na capacidade contributiva os tributos serão graduados segundo a capacidade econômica do contribuinte.

Alternativa "b": A assertiva versa sobre o Princípio da capacidade contributiva. O art. 145, § 1º da CRFB/88 preceitua que: "Sempre que possível, os impostos terão caráter pessoal e serão graduados segundo a capacidade econômica do contribuinte, facultado à administração tributária, especialmente para conferir efetividade a esses objetivos, identificar, respeitados os direitos individuais e nos termos da lei, o patrimônio, os rendimentos e as atividades econômicas do contribuinte". Exemplo clássico de aplicação do referido princípio diz respeito ao imposto de renda. No caso do IR, as alíquotas progressivas irão variar em função do valor da riqueza tributável. Aqui vale a máxima: "quem ganha mais, paga mais e quem ganha menos, paga menos." Enfim, vale lembrar que, muito embora a CF faça alusão apenas aos impostos, a jurisprudência do STF admite o seu cabimento em relação às demais espécies tributárias.

Alternativa "c": A assertiva faz referência ao Princípio da capacidade contributiva, considerado subprincípio da isonomia tributária. Este último, consiste em tratar os iguais de modo igual (isonomia horizontal), e os desiguais de modo desigual (isonomia vertical), de modo que, na existência de desigualdade não suportada pela Constituição, deve-se buscar a igualdade pelo caminho do tratamento desigual.

Alternativa "d": A questão trata do Princípio da capacidade contributiva (art. 145, § 1º da CRFB/88). O princípio da proporcionalidade está ligado à ideia de razoabilidade, remetendo à noção de ponderação. O critério da proporcionalidade, por exemplo, é um elemento norteador para a cobrança de tributos. Também possui relação com os princípios da capacidade contributiva e vedação ao confisco. Quanto a este último – vedação ao confisco –, como não há uma definição constitucional do termo e, por se tratar de um conceito aberto, o princípio da proporcionalidade nesse caso, permitirá que o aplicador da norma jurídico-tributária proceda a uma avaliação dos excessos eventualmente praticados pelo Estado diante o caso concreto.

Alternativa "e": O ordenamento jurídico brasileiro não prevê expressamente o princípio da praticabilidade da tributação. Entende-se que este possui relação com o princípio da eficiência (art. 37, da CRFB/88) e não com a tributação de acordo com a capacidade econômica. Praticabilidade tem relação com técnicas do Estado, diante de suas prerrogativas no âmbito da arrecadação tributária, de se valer de instrumentos que facilitem a fiscalização e a cobrança do crédito tributário, buscando a maior eficácia possível. Exemplos: substituição tributária, regime tributário do lucro presumido no imposto de renda pessoa jurídica, Simples Nacional, dentre outros.

Alternativa correta: letra "b".

---

36. (Cespe – Procurador do Estado – PGE – CE/2021) A respeito das limitações ao poder de tributar, considerada a CF e a jurisprudência do STF, julgue os seguintes itens.

I. A vedação à limitação ao tráfego de pessoas ou mercadorias por meio de tributos não impõe que sejam as operações interestaduais imunes a qualquer tributação, mas impede o agravamento da carga fiscal apenas pelo fato de ser a operação interestadual.

II. A imunidade tributária recíproca alusiva aos entes federados não tem aplicação na cobrança do imposto sobre produtos industrializados (IPI), ou do imposto sobre a circulação de mercadorias e serviços (ICMS), no tocante aos bens por eles adquiridos.

III. O princípio da vedação ao confisco revela a impossibilidade de ter-se tributação com efeitos antieconômicos, isto é, que inviabilize o desenvolvimento de atividades econômicas geradoras de riquezas.

Assinale a opção correta.

a) Todos os itens estão certos.

b) Apenas os itens I e II estão certos.

c) Apenas os itens I e III estão certos.

d) Apenas os itens II e III estão certos.

COMENTÁRIOS

Item I: O Princípio da não limitação ao tráfego de pessoas e bens está previsto no art. 150, inciso V, da Constituição Federal que preceitua: "Art. 150. Sem prejuízo de outras garantias asseguradas ao contribuinte, é vedado à União, aos Estados, ao Distrito Federal e aos Municípios: (...) V – estabelecer limitações ao tráfego de pessoas ou bens, por meio de tributos interestaduais ou intermunicipais, ressalvada a cobrança de pedágio pela utilização de vias conservadas pelo Poder Público." A redação não impede que fatos geradores, decorrentes da transferência de propriedade, tenham suas cobranças exigidas nas fronteiras entre os Estados. Por exemplo, em se tratando do ICMS, pode ser cobrada a antecipação parcial na fronteira. Mas a cobrança não se dá pelo tráfego da mercadoria; se dá pela circulação da mercadoria (ICMS) que ocorre entre interessados situados em Estados distintos, sendo eleita a entrada no Estado como momento da antecipação de parte do tributo. Não poderia haver distinção entre Estados do seguinte modo: aplicação de alíquotas distintas impostas pelo Estado de destino ou de origem a depender do destino/origem do bem.

Item II: Conforme o tema nº 342 de Repercussão Geral – STF, "A imunidade tributária subjetiva aplica-se a seus beneficiários na posição de contribuinte de direito, mas não na de simples contribuinte de fato, sendo irrelevante para a verificação da existência do beneplácito constitucional a repercussão econômica do tributo envolvido." (STF – RE: 608872 MG, Relator: DIAS TOFFOLI, Data de Julgamento: 23/02/2017, Tribunal Pleno, Data de Publicação: 27/09/2017). No ponto, deveria ser correta a assertiva, se o contribuinte se encontrar na posição de contribuinte de fato. No entanto, se os entes federativos estiverem na posição de contribuinte de direito, a imunidade lhe é alcançada. Como a questão não menciona a posição do ente federado, deixou dúvidas quanto à sua correção, levando a crer que faz referência à hipótese em que se encontra como contribuinte de direito, para que seja considerada errada.

Item III: Com efeito, o princípio da vedação ao confisco "impõe ao poder público o dever de proteção à propriedade privada, de respeito à liberdade econômica e profissional e de observância do critério da razoabilidade (RE 754.554). Nesse sentido, o referido princípio como exposto na alternativa, revela a impossibilidade de ter-se tributação com efeitos antieconômicos, a ponto de inviabilizar o desenvolvimento de atividades econômicas geradoras de riquezas. Em verdade, o tributo não pode ser tão elevado de modo a impedir a continuidade da atividade empresarial do contribuinte ou levá-lo ao ponto de venda dos seus bens para o pagamento dos tributos incidentes sobre estes (garantia do mínimo vital). Sobre o tema da confiscatoriedade, o STF já decidiu que "a identificação do efeito confiscatório deve ser feita em função da totalidade da carga tributária, mediante verificação da capacidade de que dispõe o contribuinte considerado o montante de sua riqueza (renda e capital) para suportar e sofrer a incidência de todos os tributos que ele deverá pagar, dentro de determinado período, à mesma pessoa política que os houver instituído" (ADC-MC 8/DF, Rel. Min. Celso de Mello).

Alternativa correta: letra "c".

---

37. (FCC – Procurador do Estado – PGE – GO/2021) A respeito do princípio da anterioridade (anual e nonagesimal), nos termos da Constituição Federal e da jurisprudência do Supremo Tribunal Federal,

a) a medida provisória que altere o Imposto de Renda editada em determinado ano, produzirá efeitos no exercício seguinte, ainda que seja convertida em lei no dia 1° de janeiro desse exercício, desde que respeitada a anterioridade nonagesimal.

b) majoração da alíquota de IPTU não se submete a anterioridade nonagesimal, mas somente a anual.

c) a fixação da base de cálculo do IPVA não se submete a anterioridade nonagesimal, no que pode ser alterada em dezembro de determinado ano, sendo permitida a cobrança já em janeiro do ano seguinte.

d) o ICMS sobre petróleo, lubrificantes e combustíveis não se submete a anterioridade nonagesimal, mas somente a anual.

e) as contribuições previdenciárias devem observância a anterioridade anual e a nonagesimal.

COMENTÁRIOS

Alternativa "a": O art. 62, §2º, da Constituição Federal preconiza: Art. 62. Em caso de relevância e urgência, o Presidente da República poderá adotar medidas provisórias, com força de lei, devendo submetê-las de imediato ao Congresso Nacional. (...) § 2º Medida provisória que implique instituição ou majoração de impostos, exceto os previstos nos arts. 153, I, II, IV, V, e 154, II, só produzirá efeitos no exercício financeiro seguinte se houver sido convertida em lei até o último dia daquele em que foi editada. Ressalte-se que, no caso do imposto de renda, há uma exceção ao princípio da anterioridade nonagesimal, devendo respeitar apenas a anterioridade de exercício ou anual.

Alternativa "b": A majoração da alíquota de IPTU se submete a anterioridade nonagesimal e a anual. Muito cuidado nesse ponto, pois a fixação da base de cálculo do IPTU que é exceção ao princípio da anterioridade nonagesimal (art. 150, § 1ºCF).

Alternativa "c": Assertiva correta com fulcro no art. 150, §1º, da Constituição Federal. A fixação da base de cálculo do IPVA é exceção ao princípio da anterioridade nonagesimal, do mesmo modo que ocorre com o IPTU, como explicado no item anterior.

Alternativa "d": O ICMS sobre petróleo, lubrificantes e combustíveis é exceção ao princípio da anterioridade anual, mas se submete a anterioridade nonagesimal. Dispõe o art. 155, §4º, inciso IV, alínea "c", da Constituição Federal: "art. 155, (...) §4º Na hipótese do inciso XII, h, observar-se-á o seguinte: (...) IV – as alíquotas do imposto serão definidas mediante deliberação dos Estados e Distrito Federal, nos termos do § 2º, XII, g, observando-se o seguinte: (...) c) poderão ser reduzidas e restabelecidas, não se lhes aplicando o disposto no art. 150, III, b."

Alternativa "e": As contribuições para seguridade social são exceção ao princípio da anterioridade anual. No que tange a anterioridade, dispõe o art. 195, §6º do Texto Constitucional: "§ 6º As contribuições sociais de que trata este artigo só poderão ser exigidas após decorridos noventa dias da data da publicação da lei que as houver instituído ou modificado, não se lhes aplicando o disposto no art. 150, III, «b».

Alternativa correta letra "c".

---

38. (Cespe – Procurador do Estado – PGE – PE/2018) A técnica de tributação que observa o princípio da capacidade contributiva consiste em

a) diminuir a alíquota na proporção da ampliação da base de cálculo.

b) majorar a carga tributária conforme a essencialidade do produto tributado.

c) estabelecer teto máximo de valor para o pagamento de determinados tributos, mantendo-se a modicidade tributária.

d) fixar alíquotas percentualmente menores para os contribuintes que tenham menor patrimônio pessoal.

e) confiscar bens considerados supérfluos em relação aos contribuintes que apresentem sinais externos de riqueza excessiva.

COMENTÁRIOS

✪ **Nota dos autores:** O Princípio da Capacidade Contributiva – previsto no art. 145, § 1° da CRFB/88, considerado subprincípio da isonomia tributária, busca a justiça social/fiscal na medida em que procura tributar mais quem possui maior riqueza e tributar menos quem possui riqueza menor. Ademais, embora o Texto Constitucional se refira apenas aos impostos, a jurisprudência do Supremo Tribunal Federal admite o cabimento de tal princípio em relação às demais espécies tributárias.

Alternativa "a": A possibilidade de diminuição da alíquota na proporção da ampliação da base de cálculo ocasionaria um privilégio para aqueles que possuem renda maior, sendo a ideia contrária a tal princípio. A capacidade contributiva, conforme dito alhures, procura tributar mais quem possui maior riqueza e tributar menos quem possui riqueza menor. Temos o exemplo do imposto de renda, onde há aumento da alíquota na proporção da ampliação da base de cálculo, ou seja, quem ganha mais, paga mais.

Alternativa "b": Trata-se do princípio da seletividade e não da capacidade tributária. A seletividade consiste num critério de variação de alíquotas em função da essencialidade dos produtos, aplicada a impostos sobre o consumo. A Constituição Federal estabelece a observância do princípio da seletividade em dois impostos: o IPI (art. 153, §3º, I) e o ICMS (art. 155, §2º, III). Segundo a Carta Magna "o IPI será seletivo" ao passo que "o ICMS poderá ser seletivo". Confira: "Art. 153 da CF: Compete à União instituir impostos sobre: (...) IV – produtos industrializados; § 3º O imposto previsto no inciso IV: I – será seletivo, em função da essencialidade do produto; Art. 155. Compete aos Estados e ao Distrito Federal instituir impostos sobre: (...) II – operações relativas à circulação de mercadorias e sobre prestações de serviços de transporte interestadual e intermunicipal e de comunicação, ainda que as operações e as prestações se iniciem no exterior; § 2º O imposto previsto no inciso II atenderá ao seguinte: III – poderá ser seletivo, em função da essencialidade das mercadorias e dos serviços;

Alternativa "c": A assertiva não demonstra preocupação com o Princípio da capacidade contributiva, dado que o teto máximo refletiria ausência de observância do princípio em relação a contribuintes com maior capacidade econômica. Sendo assim, o estabelecimento de teto máximo de valor para o pagamento de determinados tributos não atende a tal princípio, já que não torna possível graduar o montante devido segundo a capacidade econômica do contribuinte.

Alternativa "d": É exatamente o que preconiza o princípio da capacidade contributiva: procura tributar mais quem possui maior riqueza e tributar menos quem possui riqueza menor. Portanto, fixar alíquotas percentualmente menores para os contribuintes que tenham menor patrimônio pessoal atende a justiça fiscal segundo preceitua a Constituição Federal. Nesse sentido: "Art. 145 da Constituição Federal: (...) § 1.º Sempre que possível, os impostos terão caráter pessoal e serão graduados segundo a capacidade econômica do contribuinte, facultado à administração tributária, especialmente para conferir efetividade a esses objetivos, identificar, respeitados os direitos individuais e nos termos da lei, o patrimônio, os rendimentos e as atividades econômicas do contribuinte.

Alternativa "e": A Carta Magna, por meio do Princípio da não confiscatoriedade (art. 150, IV, da CF), veda a União, Estados, Distrito Federal e Municípios utilizar tributo com efeito de confisco.

Alternativa correta: letra "d".

---

39. (Cespe – Procurador do Estado – PGE – PE/2018) As hipóteses de limitação ao poder de tributar decorrente do princípio constitucional da imunidade recíproca incluem

a) proibir a União de instituir impostos sobre o patrimônio de estados e municípios.
b) vedar as limitações ao tráfego de pessoas ou bens, por meio de tributos interestaduais ou intermunicipais.
c) proibir que estado estabeleça diferença tributária entre bens e serviços em razão do município de procedência ou de destino.
d) vedar isenções de tributos da competência de outros entes federativos.
e) proibir a instituição de tributo federal que não seja uniforme em todo o território nacional.

COMENTÁRIOS

Alternativa "a": A Imunidade Recíproca (CF, art. 150, VI, a e §§ 2º e 3º) consiste na vedação constitucional de se instituir imposto sobre o patrimônio, renda ou serviços dos entes federativos entre si. Assim dispõe o Texto Constitucional: "Art. 150, CRF/88. Sem prejuízo de outras garantias asseguradas ao contribuinte, é vedado à União, aos Estados, ao Distrito Federal e aos Municípios: (...) VI – instituir impostos sobre: a) patrimônio, renda ou serviços, uns dos outros. No caso, há inclusão da proibição da União nos termos da assertiva.

Alternativa "b": A assertiva diz respeito ao Princípio da não limitação ao tráfego de pessoas e bens (Art. 150, V, CF). Confira: "Art. 150, CRF/88. Sem prejuízo de outras garantias asseguradas ao contribuinte, é vedado à União, aos Estados, ao Distrito Federal e aos Municípios: (...) V – estabelecer limitações ao tráfego de pessoas ou bens, por meio de tributos interestaduais ou intermunicipais, ressalvada a cobrança de pedágio pela utilização de vias conservadas pelo Poder Público".

Alternativa "c": Refere-se ao Princípio da não discriminação baseada em procedência ou destino (Art. 152 CF). "Art. 152, CRF/88. É vedado aos Estados, ao Distrito Federal e aos Municípios estabelecer diferença tributária entre bens e serviços, de qualquer natureza, em razão de sua procedência ou destino".

Alternativa "d": A alternativa faz alusão ao Princípio da Vedação às Isenções Heterônomas (Art. 151, III, CF), uma vez que a norma que apregoa ser o poder de isentar ínsito ao poder de tributar. Ou seja, apenas pode conceder isenção quem tem o poder de tributação. Nesse sentido: "Art. 151. É vedado à União: III – instituir isenções de tributos da competência dos Estados, do Distrito Federal ou dos Municípios".

Alternativa "e": Assertiva faz referência ao Princípio da Uniformidade Geográfica da Tributação (Art. 151, I, CF). Confira: "Art. 151. É vedado à União: I – instituir tributo que não seja uniforme em todo o território nacional ou que implique distinção ou preferência em relação a Estado, ao Distrito Federal ou a Município, em detrimento de outro, admitida a concessão de incentivos fiscais destinados a promover o equilíbrio do desenvolvimento socioeconômico entre as diferentes regiões do País".

Alternativa correta: letra "a".

---

40. (FMP – Procurador do Estado – PGE – AC/2017) Sobre o princípio da isonomia é CORRETO afirmar:

a) A Emenda à Constituição Federal nº 42/2003 estabeleceu a possibilidade de estabelecerem-se "critérios especiais de tributação" no art. 146-A, flexibilizando o princípio da isonomia.
b) A "situação equivalente" mencionada no art. 150, II, do CTN é dependente de definição pelo legislador complementar, devido à sua imprecisão.

c) Devido às disparidades continentais do Brasil, os Estados estão autorizados a conceder benefícios e condições especiais tributárias aos seus administrados, independentemente dos outros Estados.

d) O princípio da isonomia tributária impacta diretamente os princípios da livre concorrência e da livre iniciativa, uma vez que o Estado deve garantir as mesmas regras do jogo para todos os contribuintes.

e) Ao se deparar com uma situação de privilégio e, portanto, anti-isonômica, a solução que a Justiça confere é a de estender o eventual privilégio a quem mais solicitar.

COMENTÁRIOS

Alternativa "a": Dispõe o art. 146-A da CRFB/88: "Lei complementar poderá estabelecer critérios especiais de tributação, com o objetivo de prevenir desequilíbrios da concorrência, sem prejuízo da competência de a União, por lei, estabelecer normas de igual objetivo". A norma referida, em verdade, corrobora o princípio da isonomia. Isso porque, a isonomia consiste em tratar os iguais de modo igual (isonomia horizontal), e os desiguais de modo desigual (isonomia vertical), de modo que, na existência de desigualdade não suportada pela Constituição, deve-se buscar a igualdade pelo caminho do tratamento desigual. Assim, com o objetivo de prevenir desequilíbrios da concorrência é possível estabelecer critérios especiais de tributação, pois este é o caminho de se buscar a igualdade.

Alternativa "b": Nenhuma legislação, doutrina ou jurisprudência caminha na direção do apontado na assertiva. Na verdade, não é necessária a edição de uma lei complementar para definir situação de equivalência, sendo esta constatada no âmbito dos fatos, dos fenômenos, e não por indicação legal. A expressão "situação equivalente" envolve uma gama de situações e hipóteses, detectáveis diante do caso concreto, não carecendo de conceituação legal.

Alternativa "c": O ICMS, por exemplo, de competência dos Estados, diferentemente dos demais impostos, tem regulação de suas isenções e benefícios fiscais definidos por ato do CONFAZ (Conselho Nacional de Política Fazendária), nos termos do art. 155, §2º, XII, "g": "art. 155 (...)§2º (...) XII – cabe à lei complementar: (...) g) regular a forma como, mediante deliberação dos Estados e do Distrito Federal, isenções, incentivos e benefícios fiscais serão concedidos e revogados. Portanto, os Estados não estão autorizados a conceder benefícios e condições especiais tributárias aos seus administrados, independentemente dos outros Estados. Em outras palavras, não há total liberdade dos Estados para conceder benefícios fiscais, mormente pelos seus reflexos nos demais Estados.

Alternativa "d": O princípio da isonomia está previsto no art. 150, II da Constituição Federal, nos seguintes termos: Art. 150. Sem prejuízo de outras garantias asseguradas ao contribuinte, é vedado à União, aos Estados, ao Distrito Federal e aos Municípios: (...) II – instituir tratamento desigual entre contribuintes que se encontrem em situação equivalente, proibida qualquer distinção em razão de ocupação profissional ou função por eles exercida, independentemente da denominação jurídica dos rendimentos, títulos ou direitos". Com a mesma carga tributária, contribuintes em situação equivalente poderão disputar o mercado com competitividade, sugerindo-se a ideia de neutralidade tributária, visto que o mercado não aceitará um produto ou rejeitará outro por conta da carga tributária. Nesse sentido, pode-se afirmar que a isonomia, se observada, é guardiã dos princípios da livre concorrência e da livre iniciativa, pois não dará privilégios ou situação de vantagem a qualquer dos concorrentes.

Alternativa "e": Privilégios fiscais não podem ser concedidos por decisão judicial, dada a estrita observância do princípio da legalidade na sua concessão. Para além disso, a justiça não pode ser utilizada como forma de liberar o pagamento de tributo devido, nos termos do art. 108, § 2º do CTN: "Art. 108. Na ausência de disposição expressa, a autoridade competente para aplicar a legislação tributária utilizará sucessivamente, na ordem indicada: (...) § 2º O emprego da equidade não poderá resultar na dispensa do pagamento de tributo devido".

Alternativa correta: letra "d".

---

41. (FMP – Procurador do Estado – PGE – AC/2017) A tributação dos atos ilícitos é tema sempre tormentoso. No atual estágio da doutrina e jurisprudência, é CORRETO afirmar que

a) não se pode tributar atos ilícitos sob pena de conferir uma pretensa legalidade para as operações.

b) deve-se proceder caso a caso, avaliando os prós e contras da tributação sobre a atividade ilícita, pois o Estado não pode perder de vista que os recursos a ingressar no Tesouro são imprescindíveis.

c) dependendo de qual for a atividade ilícita, a solução pode ser uma ou outra. Nos casos de mera contravenção penal, é plenamente aceitável a tributação. Já no tráfico de drogas, por exemplo, não é aceita.

d) se com a atividade ilícita há uma outra, lícita, pode-se proceder a autuação fiscal na parte lícita, como sonegação fiscal.

e) a atividade ilícita deve ser tributada e assim o permitem a Constituição Federal e o CTN.

COMENTÁRIOS

Alternativa "a": Incorreto. Conforme disposto no item acima é possível tributar atos ilícitos com base no Princípio da Interpretação Objetiva do "Fato Gerador", este considerado um subprincípio da isonomia tributária. Confira os artigos 118 e 126 do CTN: Art. 118. A definição legal do fato gerador é interpretada abstraindo-se: I – da validade jurídica dos atos efetivamente praticados pelos contribuintes, responsáveis, ou terceiros, bem como da natureza do seu objeto ou dos seus efeitos; II – dos efeitos dos fatos efetivamente ocorridos; e Art. 126. A capacidade tributária passiva independe: I – da capacidade civil das pessoas naturais; II – de achar-se a pessoa natural sujeita a medidas que importem privação ou limitação do exercício de atividades civis, comerciais ou profissionais, ou da administração direta de seus bens ou negócios; III – de estar a pessoa jurídica regularmente constituída, bastando que configure uma unidade econômica ou profissional. Por outro lado, a tributação de um ato ilícito não o torna lícito, pois o que se analisa é apenas a ocorrência do fato gerador do tributo e não os elementos fáticos prévios que permitiram a sua ocorrência. A tributação da renda, não legitima a sua origem. A tributação da propriedade, não legitima a sua aquisição ou algo do tipo.

Alternativa "b": Segundo exposições anteriores, a tributação sobre a atividade ilícita será possível com base nos princípios da isonomia tributária e da Interpretação Objetiva do "Fato Gerador". Uma vez ocorrido o evento previsto na hipótese de incidência normativa, caberá a tributação, não cabendo juízo discricionário da autoridade competente. Portanto, seria incorreto avaliação casuística ou avaliação dos prós e contras da tributação sobre a atividade ilícita, como afirmou a alternativa.

Alternativa "c": A ilicitude não difere crime e contravenção. Se a atividade for ilícita e dela resultar a subsunção do fato ao evento previsto na norma tributária, caberá a tributação. Portanto se, por exemplo, o sujeito "auferir renda" oriunda da atividade ilícita do jogo do bicho ou tráfico de drogas, deverá pagar o imposto de renda, pois a norma tributária prevê um acréscimo patrimonial de renda e proventos de qualquer natureza. Em suma: o fato poderá ser ilícito, mas a hipótese de incidência (previsão normativa) jamais o será.

Alternativa "d": Conforme exposto anteriormente, a tributação sobre a atividade ilícita será possível com base nos princípios da isonomia tributária e da Interpretação Objetiva do "Fato Gerador", independente da ocorrência de alguma atividade lícita nesse *iter* descrito na assertiva. Portanto, não caberia destrinchar as atividades (licita e ilícita) para fins de tributação.

Alternativa "e": O Princípio da Interpretação Objetiva do "Fato Gerador" previsto no art. 118 c/c 126 CTN consagra a *Cláusula non olet*, ou seja, o tributo "não fede e não cheira" respaldando, assim, a tributação de uma atividade ilícita. Importa para o Estado arrecadar, angariar fundos para cobrir suas despesas (finalidade fiscal do tributo), desde que ocorra o fato gerador do tributo, não cabendo, nesse instante, aferir ilicitude do fato ocorrido. Acerca da permissão constitucional, cite-se o princípio da isonomia tributária, permitindo-se a tributação sobre uma atividade lícita ou ilícita indistintamente. No código tributário, para além das normas citadas, tem-se que o próprio conceito de tributo, previsto no art. 3° do CTN, permite aludida interpretação. A título de exemplo, podemos citar a tributação do imposto de renda. Se um traficante de drogas apresenta um acréscimo patrimonial de renda e proventos de qualquer natureza (critério material do imposto de renda) oriundo de sua atividade ilícita, terá que pagar o referido imposto. Em suma: o fato poderá ser ilícito, mas a hipótese de incidência (previsão normativa) jamais o será. Portanto, se alguém que atua honestamente e com exercício de atividade lícita terá que pagar o tributo, com maior razão e por questões de isonomia e critérios de justiça, deverá aquele que se dedica a atividade ilícita também se submeter à tributação estatal.

Alternativa correta: letra "e".

42. (FMP – Procurador do Estado – PGE – AC/2017) Em matéria de direito constitucional tributário é CORRETO afirmar que

a) a proibição de confisco é adstrita aos tributos em si, conforme a letra da constituição, e não abarca as multas sancionatórias.
b) o princípio da isonomia tributária não é corolário do princípio da igualdade, sendo aquele, em razão do caráter tributário, bem mais restrito, exigindo-se duas situações exatamente idênticas para a comparação.
c) a lei complementar tributária é hierarquicamente superior à lei ordinária tributária.
d) a lei tributária pode ser editada com o objetivo de prevenir distorções de concorrência mercadológica.
e) a Constituição Federal define perfeitamente cada tributo, não havendo espaço para o legislador infraconstitucional definir os tributos.

COMENTÁRIOS

Alternativa "a": Embora o art. 150, IV da Constituição Federal proíba o "tributo com efeito confiscatório", a jurisprudência do STF é pacífica em afirmar que a proibição de confisco abrange os tributos e as multas sancionatórias. Confira: "É cabível, em sede de controle normativo abstrato, a possibilidade de o Supremo Tribunal Federal examinar se determinado tributo ofende, ou não, o princípio constitucional da não confiscatoriedade consagrado no art. 150, IV, da Constituição da República. Hipótese que versa o exame de diploma legislativo (Lei 8.846/94, art. 3º e seu parágrafo único) que instituiu multa fiscal de 300% (trezentos por cento). A proibição constitucional do confisco em matéria tributária — ainda que se trate de multa fiscal resultante do inadimplemento, pelo contribuinte, de suas obrigações tributárias — nada mais representa senão a interdição, pela Carta Política, de qualquer pretensão governamental que possa conduzir, no campo da fiscalidade, à injusta apropriação estatal, no todo ou em parte, do patrimônio ou dos rendimentos dos contribuintes, comprometendo-lhes, pela insuportabilidade da carga tributária, o exercício do direito a uma existência digna, ou a prática de atividade profissional lícita ou, ainda, a regular satisfação de suas necessidades vitais básicas. O Poder Público, especialmente em sede de tributação (mesmo tratando-se da definição do quantum pertinente ao valor das multas fiscais), não pode agir imoderadamente, pois a atividade governamental acha-se essencialmente condicionada pelo princípio da razoabilidade que se qualifica como verdadeiro parâmetro de aferição da constitucionalidade material dos atos estatais." (ADI 1.075-MC, Rel. Min. Celso de Mello, julgamento em 17-6-98, *DJ* de 24-11-06)".

Alternativa "b": A assertiva é falsa, pois intui distinção naquilo que é semelhante. Isonomia e igualdade são sinônimos enquanto princípios protetores do tratamento igual aos contribuintes que se situem em posição de igualdade, não se podendo sob hipótese alguma afirmar que a isonomia é bem mais restrita do que a igualdade. Não há a distinção nos apontados princípios como afirmado na questão.

Alternativa "c": Não existe hierarquia entre lei ordinária e lei complementar. Há, apenas, certas matérias reservadas a esta última, de modo que, se uma lei ordinária regular matéria adstrita à lei complementar, será ela inconstitucional, não por ferir suposta hierarquia, mas, sim, por regular matéria fora da sua competência.

Alternativa "d": A assertiva trata da neutralidade tributária e a proteção da concorrência. Reporta-se ao art. 146-A da CF/88 introduzido pela EC 42, nos seguintes termos: "Art. 146-A, CF. Lei complementar poderá estabelecer critérios especiais de tributação, com o objetivo de prevenir desequilíbrios da concorrência, sem prejuízo da competência de a União, por lei, estabelecer normas de igual objetivo." Em regra, a lei tributária deve ser neutra, visto que alterações na tributação não podem resultar em distorções no sistema de preços. As condições de competição devem ser iguais a todos, sem servir o tributo de instrumento que interfira no equilíbrio concorrencial. No entanto, pode haver política tributária indutora de determinados comportamentos, quando há imperfeições na concorrência que precisam ser corrigidas. É nesse sentido que se posiciona a norma constitucional acima descrita.

Alternativa "e": Apenas para tergiversar, não seria uma má ideia, para se evitar tanta inovação em matéria tributária. Mas esta não é a conclusão que se retira da leitura dos textos constitucionais. A Constituição Federal apenas atribui regras de competência, não sendo essa esfera normativa o campo propício para a definição de quaisquer conteúdos. A definição de alguns tributos está no Código Tributário Nacional, por força do art. 146, III, "a" da Constituição Federal que afirma: "Art. 146. Cabe à lei complementar: (...) III – estabelecer normas gerais em matéria de legislação tributária, especialmente sobre: a) definição de tributos e de suas espécies, bem como, em relação aos impostos discriminados nesta Constituição, a dos respectivos fatos geradores, bases de cálculo e contribuintes". Portanto, embora a Constituição forneça elementos importantes para a definição de tributos, é falsa a afirmativa no sentido de que nesse mesmo instrumento normativo esteja a definição perfeita de cada tributo.

Alternativa correta: letra "d".

---

43. (FMP – Procurador do Estado – PGE – AC/2017) Em relação ao princípio da capacidade contributiva do contribuinte é CORRETA a afirmação:

a) A Constituição Federal expressamente determina que seja observado o princípio da capacidade contributiva na estruturação de todos os tributos.

b) Para cumprir os objetivos do princípio da capacidade contributiva, é facultado à administração identificar o patrimônio, os rendimentos e as atividades econômicas do contribuinte.

c) É obrigatória à administração tributária a observação do princípio da capacidade contributiva, quando se tratam de impostos.

d) No que tange às contribuições sociais, a Constituição Federal determina que o princípio da capacidade contributiva seja aplicado respeitando as faixas de contribuição à previdência.

e) O princípio da capacidade contributiva deve ser avaliado também segundo a capacidade econômica futura de cada contribuinte.

COMENTÁRIOS

Alternativa "a": O Texto Constitucional faz alusão expressa apenas aos impostos: "Art. 145 (...) § 1º Sempre que possível, os **impostos** terão caráter pessoal e serão graduados segundo a capacidade econômica do contribuinte, facultado à administração tributária, especialmente para conferir efetividade a esses objetivos, identificar, respeitados os direitos individuais e nos termos da lei, o patrimônio, os rendimentos e as atividades econômicas do contribuinte." Logo, expressamente não há essa determinação constitucional, muito embora tenha se estendido esse raciocínio para todos os tributos em diversas decisões judiciais, inclusive do STF.

Alternativa "b": Assertiva em conformidade com o teor do Art. 145 (...) § 1º, da CRFB/88: "Art. 145 (...) § 1º Sempre que possível, os impostos terão caráter pessoal e serão graduados segundo a capacidade econômica do contribuinte, **facultado** à administração tributária, especialmente para conferir efetividade a esses objetivos, identificar, respeitados os direitos individuais e nos termos da lei, o patrimônio, os rendimentos e as ativid**ades econômicas do contribuinte**. Exemplo claro ocorre com o imposto de renda, hipótese em que no cumprimento da obrigação acessória de fazer a declaração de algumas informações, o contribuinte tem de levar a conhecimento do Fisco a relação dos seus bens, dos seus rendimentos, dentre tantas outras informações, apenas com o fim de identificar o seu patrimônio para fins de dar efetividade ao princípio da capacidade contributiva.

Alternativa "c": O Texto Constitucional, no §1º do art. 145 dispõe que "sempre que possível, os impostos terão caráter pessoal e serão graduados segundo a capacidade econômica do contribuinte". Isso porque há impostos com elevada dificuldade para identificação de sua pessoalidade de maneira direta, mas nem por isso impede que o ente federativo busque, de algum modo, a sua pessoalidade. Por esta razão, não se pode afirmar ser obrigatória a observância do aludido princípio para todos os impostos.

Alternativa "d": Consoante o Texto Constitucional o princípio da capacidade contributiva do contribuinte é expressamente previsto para os impostos, nada impedindo que haja sua observância quanto a todos os tributos. O erro da assertiva está na palavra "determina", tendo em vista inexistir essa obrigação ordenada pela Constituição.

Alternativa "e": Inexiste determinação constitucional para a aplicação da capacidade contributiva à capacidade econômica futura do contribuinte, até porque se trata de elemento incerto e difícil de ser previamente mensurado pelo legislador.

Alternativa correta: letra "b".

44. (FCC – Procurador do Estado – MT/2016) Tendo em vista calamidade pública, regularmente decretada pelo Governador do Estado, e a necessidade de elevação dos níveis de arrecadação de Imposto sobre operações relativas à circulação de mercadorias e prestações de serviços de transporte interestadual e intermunicipal e de comunicação – ICMS, Imposto sobre a propriedade de veículos automotores – IPVA e Imposto sobre transmissão causa *mortis* e doação – ITD é INCORRETA a adoção da seguinte medida:

a) aumento do ICMS sobre bens supérfluos, mediante lei estadual, para vigência após decorridos noventa dias da edição da lei correspondente.

b) revisão, mediante os atos infralegais pertinentes, das margens de valor adicionado utilizadas para o cálculo do ICMS devido no regime de antecipação tributária, para vigência imediata.

c) aumento, por meio de lei editada no mês de julho do ano corrente, das bases de cálculo do IPVA, para vigência no ano seguinte ao de sua edição.

d) antecipação dos prazos de recolhimento dos impostos estaduais, para vigência imediata.

e) elevação, por meio de lei, das alíquotas do ITD aplicáveis a partir dos fatos geradores ocorridos durante o ano-calendário 2017, respeitando-se o prazo mínimo de noventa dias contados da edição da lei.

COMENTÁRIOS

✪ **Nota dos autores:** A questão envolve conhecimento sobre o princípio da anterioridade tributária, previsto no artigo 150, II da CRFB/1988, e sobre os impostos de competência dos Estados, regulamentados pelo artigo 155 da Carta Maior. Ademais, observe que o examinador solicita a questão incorreta.

Alternativa "a": O aumento da alíquota do ICMS deve observar o princípio da anterioridade tributária nonagesimal e anual. Sendo assim, a lei que instituir o aumento da alíquota do ICMS só terá vigência no exercício financeiro seguinte, respeitado ainda o interstício de 90 (noventa dias) dias. Oportuno lembrar que a única ressalva diz respeito ao ICMS combustível ou monofásico que corresponde a uma exceção aos princípios da legalidade e anterioridade anual.

Alternativa "b": Nos termos do artigo 97, § 2º do CTN, não constitui majoração de tributo a atualização do valor monetário da respectiva base de cálculo, podendo ocorrer por ato infralegal e sem a necessidade de respeitar o princípio da anterioridade tributária anual e nonagesimal. Logo, a assertiva está correta.

Alternativa "c": nos termos do artigo 150, III, *b*, §1º da CRFB/1988, o aumento na base de cálculo do IPVA constitui exceção ao princípio da anterioridade nonagesimal e respeita apenas a anterioridade anual, ou seja, terá vigência no ano seguinte ao ano da edição da lei que instituiu o referido aumento.

Alternativa "d": Trata-se de exceção ao princípio da legalidade tributária, prevista na Súmula Vinculante nº 50, segundo a qual "norma legal que altera o prazo de recolhimento de obrigação tributária não se sujeita ao princípio da anterioridade".

Alternativa "e": afirma que o aumento das alíquotas do ITD deverá respeitar o princípio da anterioridade anual e nonagesimal.

Alternativa incorreta: letra "a".

45. (FCC – Procurador do Estado – MT/2016) O princípio da não cumulatividade é

a) um atributo exclusivo do ICMS e do IPI.

b) princípio de tributação por meio do qual se pretende evitar a assim chamada "tributação em cascata" que onera as sucessivas operações e prestações com bens e serviços sujeitos a determinado tributo.

c) técnica de tributação aplicável também aos impostos reais, tais como o ITR e o IPTU.

d) suscetível apenas de interpretação restritiva e literal, à medida que institui um benefício fiscal ao contribuinte.

e) um instrumento de transferência de riqueza indireta entre as Unidades da Federação inserido no pacto federativo, à medida que o crédito de ICMS a ser suportado pela Unidade da Federação de destino dos bens e serviços está limitado ao valor do imposto efetivamente recolhido em favor do Estado de origem.

COMENTÁRIOS

✪ **Nota dos autores:** A não cumulatividade, como se pode inferir, é norma constitucional que tem por finalidade evitar a tributação cumulativa de um mesmo tributo sobre determinado produto. Para tanto, a aquisição de um produto gera crédito e a sua venda gera débito, de modo que eles se compensem e a carga do tributo sobre o produto não seja computada diversas verses. Evita o "efeito cascata" ou o "efeito dominó" e visa desonerar o contribuinte das diversas incidências do tributo em cada etapa da cadeia produtiva. Tem expressa previsão constitucional, tanto para o IPI (art. 153, IV, § 3º), ICMS (art. 155, II, § 2º, I), quanto para as contribuições (art. 195, § 12).

Alternativa "a": as contribuições para o PIS e a COFINS são não cumulativas. Além disso, a CFRB/1988 estabelece que os impostos residuais, de competência da União, que poderão ser instituídos por lei complementar, serão não cumulativos.

Alternativa "b": se encontra em consonância com o entendimento do STJ conforme exposto no seguinte trecho da decisão: "(...) A não cumulatividade das contribuições e o consequente direito ao aproveitamento de créditos visam evitar a tributação em cascata. Desse modo, se ao produto importado não incide em seu país de origem a tributação de PIS e COFINS, e não houve incidência das contribuições na etapa anterior em respeito à própria não cumulatividade, não há o que creditar com a aquisição de bens importados (...)". (AgRg no AgRg nos EDcl no REsp

1314467/RS, Rel. Ministro HUMBERTO MARTINS, SEGUNDA TURMA, julgado em 07/05/2013, DJe 16/05/2013).

Alternativa "c": A assertiva está incorreta. O princípio da não cumulatividade se aplica aos tributos incidentes sobre o consumo. O IPTU e o ITR são impostos que incidem sobre o patrimônio e não possuem previsão legal para serem não cumulativos.

Alternativa "d": a não cumulatividade não se trata de um benefício fiscal. Confira a nota dos autores acima.

Alternativa "e": a afirmação apresentada na assertiva não se refere ao princípio da não cumulatividade, cujas características foram delineadas acima. Nesse sentido, confira o disposto na nota dos autores.

Alternativa correta: letra "b".

46. (FCC – Procurador do Estado – MT/2016) Considere o seguinte princípio constitucional:

> *"Art. 152 É vedado aos Estados, ao Distrito Federal e aos Municípios estabelecer diferença tributária entre bens e serviços, de qualquer natureza, em razão de sua procedência ou destino."*

Os Estados e o Distrito Federal estão impedidos de

a) cobrar o ICMS sobre a entrada de mercadorias oriundas de determinado país, em operação de importação, mas desonerar por completo esse imposto na saída de mercadorias tendo como destinatário o mesmo país.
b) exigir o ICMS pelas alíquotas interestaduais variáveis conforme o Estado de destino dos bens ou serviços, diferentemente das alíquotas praticadas às operações internas.
c) instituir isenções ou alíquotas diferenciadas do ITD tendo como fator de discriminação o domicílio do respectivo donatário dos bens doados.
d) estabelecer a não incidência do ITD sobre doações de imóveis situados em outras Unidades da Federação.
e) exigir o ICMS por alíquotas diferenciadas para mercadorias ou serviços diferentes.

COMENTÁRIOS

Alternativa "a": Segundo o art. 155, II, § 2º, IX, "a" da CF/88, o ICMS incide sobre a entrada de bem ou mercadoria importados do exterior, por pessoa física ou jurídica, portanto, não há qualquer vedação na cobrança do imposto nessa etapa. Na saída da mercadoria para o exterior, há imunidade, por força do art. 155, § 2º, X, "a" da CRFB/88.

Alternativa "b": A incidência do ICMS em operações entre Estados é regida por Resolução do Senado Federal, nos termos do art. 155, § 2º, IV da CF/88. Daí não ser possível ao Estado ter autonomia para exigir o ICMS por alíquotas interestaduais variáveis conforme o Estado de destino dos bens ou serviços. Nesse ponto, não lhe foi dada a competência. Por outro lado, reza o art. 155, § 2º, VI da CF/88 que "salvo deliberação em contrário dos Estados e do Distrito Federal, nos termos do disposto no inciso XII, "g", as alíquotas internas, nas operações relativas à circulação de mercadorias e nas prestações de serviços, não poderão ser inferiores às previstas para as operações interestaduais".

Alternativa "c": O art. 152 da CRFB/88 tem relação com a criação de qualquer elemento discriminatório levando em consideração a procedência ou o destino do bem. Tem larga aplicação na vedação de incentivos fiscais que ofendam o espírito federativo. Peculiar aplicação pode ter na assertiva analisada, na medida em que veda a aplicação de alíquotas diferenciadas do ITD em função do domicílio do donatário dos bens.

Alternativa "d": Não pode o Estado estabelecer qualquer regra diferente da prevista na Constituição Federal. Assim, nesse ponto, reza a CRFB/88 que em doações de imóveis sitos em outras unidades federativas, o ITD compete ao Estado da situação do bem, ou ao Distrito Federal. Por outro lado, o tema não tem qualquer relação com o art. 152 da CRFB/88.

Alternativa "e": Conforme a redação do art. 155, § 2º, III da CF/88, o ICMS poderá ser seletivo, em função da essencialidade das mercadorias e dos serviços. Portanto, poderá o ICMS ter alíquotas diferenciadas a depender da mercadoria ou do serviço.

Alternativa correta: letra "c".

47. (Fundatec – Procurador do Estado – RS/2015) Quanto aos princípios da legalidade e da anterioridade tributária, analise as assertivas abaixo:

I. O princípio da legalidade tributária aplica-se a todos os tributos, mas se admite a alteração da alíquota de certos impostos federais, de caráter extrafiscal, desde que sejam atendidas as condições e os limites estabelecidos em lei.
II. Reserva absoluta de lei tributária designa a exigência de que a Administração Tributária se paute rigorosamente pelos ditames legais, não adotando condutas contrárias à legislação tributária.
III. A anterioridade de exercício e a nonagesimal são aplicáveis a todos os tributos, de forma cumulativa, excetuadas hipóteses previstas taxativamente no texto constitucional.
IV. Majoração de alíquota do ICMS, determinada por lei publicada em 1° de novembro de um ano, pode ser aplicada em 1° de janeiro do ano subsequente.

Após a análise, pode-se dizer que:

a) Está correta apenas a assertiva I.
b) Estão corretas apenas as assertivas I e II.
c) Estão corretas apenas as assertivas I e III.
d) Estão corretas apenas as assertivas II e III.
e) Todas as assertivas estão corretas.

COMENTÁRIOS

Item I: Correto. O princípio da Legalidade estabelece que o tributo não pode ser instituído ou majorado senão através de lei. Entretanto a alteração de alíquotas para certos impostos federais, em razão da sua extrafiscalidade, excepciona tal princípio. Dessa forma, são exceções ao princípio da legalidade: Imposto de Importação – II; Imposto de exportação – IE; Imposto sobre produtos industrializados – IPI e Imposto sobre operações financeiras – IOF. Além desses impostos federais, entram também no rol de exceções o ICMS-Combustível e CIDE-Combustível.

Item II: Em direito tributário, imperiosa a distinção entre legislação tributária e lei tributária. Conforme redação do art. 96 do CTN, "A expressão "legislação tributária" compreende as leis, os tratados e as convenções internacionais, os decretos e as normas complementares que versem, no todo ou em parte, sobre tributos e relações jurídicas a eles pertinentes". Logo, a Administração Tributária se pauta na legislação, que compreende todas as normas que regem relações fiscais, aí incluindo-se a lei. A redação da assertiva, embora confusa, leva ao entendimento de que se a Administração tem reserva "absoluta" de lei, não poderia, portanto, se pautar pela legislação, que envolve decretos e normas complementares, como instruções normativas, portarias, dentre outras. Na verdade, não há reserva "absoluta" de lei, pois há vários temas tributários que não se exaurem no art. 97 do CTN que exige lei específica para algumas matérias.

Item III: Os princípios da anterioridade anual e nonagesimal estabelecem, respectivamente, que a instituição ou a majoração de tributo não pode ser cobrada no mesmo exercício em que a lei foi publicada, sendo observado o intervalo mínimo de 90 dias entre a lei que cria ou aumenta o tributo e o tempo da sua cobrança. Vejamos as exceções aos princípios citados previstas no Texto Constitucional de forma taxativa: I) Anterioridade anual – Exceções: Imposto de Importação – II; Imposto de exportação – IE; Imposto sobre produtos industrializados – IPI; Imposto sobre operações financeiras – IOF; Imposto extraordinário de Guerra; Empréstimo compulsório para calamidade pública ou guerra externa; ICMS-Combustível e CIDE-Combustível; Contribuições para a seguridade social. II) Princípio da anterioridade nonagesimal – Exceções: Imposto de Importação – II; Imposto de exportação – IE; Imposto sobre a renda e proventos de qualquer natureza – IR; Imposto sobre operações financeiras – IOF; Imposto extraordinário de Guerra; Empréstimo compulsório para calamidade pública ou guerra externa; Fixação de base de cálculo do IPTU e IPVA (art.150, §1° CF).

Item IV: Está incorreto. O ICMS está adstrito aos princípios da anterioridade anual e nonagesimal. Logo, a majoração de alíquota do ICMS deverá ser cobrada a partir de fevereiro do ano subsequente, ou seja, além da cobrança no exercício posterior, deve ser respeitado o intervalo de 90 dias.

Alternativa correta: letra "c". Estão corretos os itens I e III.

---

48. (FCC – Procurador do Estado – RN/2014) Em relação ao princípio constitucional da anterioridade, é correto afirmar:

a) Por sua natureza de remuneração de serviços públicos, a instituição ou majoração das taxas não está sujeita à aplicação do princípio da anterioridade.

b) A elevação de alíquota de tributo pela própria Constituição Federal ou Emenda à Constituição prescinde da observância do princípio da anterioridade.

c) A edição de lei que prorroga a aplicação de lei temporária que prevê a aplicação de alíquota majorada de ICMS não está sujeita ao princípio da anterioridade.

d) A exigência de tributo uma vez revogada uma isenção está sujeita ao princípio da anterioridade.

e) A prorrogação, por meio de lei complementar, do termo inicial para que contribuintes se beneficiem do creditamento amplo de ICMS relativo às aquisições de materiais de uso e consumo deve ser formalizada com o mínimo de 90 dias antes do término do ano-calendário para que possa surtir efeito a partir de 1º de Janeiro do ano-calendário seguinte.

COMENTÁRIOS

Alternativa "a": Não há qualquer respaldo legal a essa assertiva. A anterioridade é princípio que se aplica a todos os tributos, inclusive as taxas. A Constituição Federal não traz qualquer exceção quanto a este tributo.

Alternativa "b": A anterioridade é princípio erigido à categoria de cláusula pétrea, de modo a ser norma imodificável e intransponível, até mesmo por emenda constitucional. De outra banda, a regulação de alíquotas é matéria infraconstitucional, tendo em vista que a Constituição Federal preocupa-se apenas com a delimitação das competências e outros limites formais.

Alternativa "c": A assertiva está em conformidade com o entendimento do STF, segundo o qual o princípio da anterioridade não se aplica na hipótese de simples prorrogação de alíquota já aplicada anteriormente. Confira: TRIBUTÁRIO. ICMS. MAJORAÇÃO DE ALÍQUOTA. PRORROGAÇÃO. INAPLICABILIDADE DO PRAZO NONAGESIMAL (ARTIGO 150, III, C, DA CONSTITUIÇÃO FEDERAL). RECURSO EXTRAORDINÁRIO CONHECIDO E PROVIDO. 1. A Lei paulista 11.813/04 apenas prorrogou a cobrança do ICMS com a alíquota majorada de 17 para 18%, criada pela Lei paulista 11.601/2003. 2. O prazo nonagesimal previsto no art. 150, III, c, da Constituição Federal somente deve ser utilizado nos casos de criação ou majoração de tributos, não na hipótese de simples prorrogação de alíquota já aplicada anteriormente. 3. Recurso extraordinário conhecido e provido para possibilitar a prorrogação da cobrança do ICMS com a alíquota majorada. (RE 584100, Relator(a): Min. ELLEN GRACIE, Tribunal Pleno, julgado em 25/11/2009, REPERCUSSÃO GERAL – MÉRITO DJe-022 DIVULG 04-02-2010)

Alternativa "d": A jurisprudência tem entendimento de que a revogação de isenção de tributo não se equipara a aumento ou criação de novo tributo, portanto, não sujeito ao princípio da anterioridade 550.652/SC). Há muita polêmica sobre o tema, de doutrina e da jurisprudência, mormente por conta do teor do art. 104, III do CTN: "Art.

104. Entram em vigor no primeiro dia do exercício seguinte àquele em que ocorra a sua publicação os dispositivos de lei, referentes a impostos sobre o patrimônio ou a renda: (...) III – que extinguem ou reduzem isenções, salvo se a lei dispuser de maneira mais favorável ao contribuinte, e observado o disposto no artigo 178".

Alternativa "e": A prorrogação das restrições à utilização de créditos de ICMS não implica aumento de tributo. Esse o entendimento do STF no julgamento do AI 780.210/AP: "2. Como afirmado na decisão agravada, a Lei Complementar n. 122/2006 limitou-se a prorrogar as restrições à utilização de créditos de Imposto sobre Circulação de Mercadorias e Serviços previstas na Lei Complementar n. 114/2002, o que não importou em qualquer aumento de tributo, e sim em continuação de situação jurídica preexistente. Este Supremo Tribunal assentou que a prorrogação da data originariamente prevista para dimidiação de tributo não equivale a sua instituição ou majoração, razão pela qual a anterioridade nonagesimal não incide nesse caso".

Alternativa correta: letra "c".

49. (COPS – Procurador do Estado – PR/ 2011) Quanto aos princípios da anterioridade e da legalidade, é correto afirmar:

a) a anterioridade nonagesimal, prevista no art. 150, III, c, não se aplica aos empréstimos compulsórios instituídos para atender investimentos públicos de caráter urgente e de relevante interesse nacional, ao imposto de importação, ao imposto de exportação, ao imposto sobre a renda e proventos de qualquer natureza, ao imposto sobre operações de crédito, câmbio e seguro, ou relativas a títulos ou valores mobiliários e aos impostos extraordinários para atender guerra externa ou sua iminência;

b) por serem impostos extrafiscais, as desonerações dos impostos aduaneiros **(Imposto de Importação e Imposto de Exportação)** não estão sujeitas ao princípio da legalidade;

c) em observância ao princípio da legalidade, no que diz respeito ao ICMS, a concessão e revogação de isenções, incentivos e benefícios ficais deverá será regulada por lei ordinária;

d) a fixação da base de cálculo do IPTU não está sujeita à observância da anterioridade nonagesimal prevista no art. 150, III, c, da Constituição Federal;

e) n. d. a.

COMENTÁRIOS

Alternativa "a": O erro da assertiva está em colocar como exceção à anterioridade nonagesimal os empréstimos compulsórios para atender investimentos públicos. Os demais tributos estão corretos.

Alternativa "b": Desonerar significa diminuir a cobrança de tributo de alguma forma. Toda desoneração, na linha do art. 150, § 6º da CF, deve observar a legalidade. Aludidos impostos não observam o princípio da legalidade na hipótese de sua majoração.

Alternativa "c": O ICMS, diferentemente dos demais impostos, tem regulação de suas isenções e benefícios fiscais definidos por ato do CONFAZ, nos termos do art. 155, 2º, XII, "g".

Alternativa "d": Trata-se de literalidade do art. 150, § 1º da CF. A base de cálculo do IPTU e do IPVA não observam a anterioridade nonagesimal.

Alternativa correta letra "d".

50. (FCC – Procurador do Estado – MT/ 2011) A Constituição Federal fixa regras que limitam o exercício da competência tributária. Dentre elas podem ser citadas as regras da anterioridade anual e da anterioridade nonagesimal. Estas regras não são absolutas, comportando exceções. NÃO se submete às regras da anterioridade anual e nonagesimal, ao mesmo tempo, a majoração de alíquota do imposto sobre

a) produtos industrializados (IPI).

b) a renda e proventos de qualquer natureza (IR).

c) operações de crédito, câmbio e seguro, ou relativas a títulos ou valores mobiliários (IOF).

d) a propriedade territorial rural (ITR).

e) circulação de mercadorias e sobre prestação de serviços de transporte interestadual e intermunicipal e de comunicação (ICMS).

COMENTÁRIOS

De fato, o IOF é exceção às duas anterioridades. Importante relembrar as exceções aos princípios citados:

Anterioridade Anual:	Anterioridade nonagesimal:
Imposto de Importação – II;	Imposto de Importação – II;
Imposto de exportação – IE;	Imposto de exportação – IE;
Imposto sobre produtos industrializados – IPI;	–
–	Imposto de renda – IR;
Imposto sobre operações financeiras – IOF;	Imposto sobre operações financeiras – IOF;
Imposto Extraordinário de Guerra;	Imposto Extraordinário de Guerra;
Empréstimo compulsório para calamidade pública ou guerra externa, ICMS – combustível e CIDE – combustível.	Empréstimo compulsório para calamidade pública ou guerra externa;
– Contribuições para seguridade social	Alteração na base de cálculo do IPTU e IPVA (Art. 150, § 1º CF).
ATENÇÃO: o IPI é exceção à anterioridade anual, mas não à anterioridade nonagesimal.	

Alternativa correta letra "c".

51. (Cespe – Procurador do Estado – PB/ 2008) Acerca das limitações ao poder de tributar, assinale a opção correta.

a) Nos termos e limites fixados em lei complementar federal, o Poder Executivo estadual, mediante decreto, pode reduzir, com o objetivo de regular a demanda, as alíquotas de ICMS de determinados produtos, dada a natureza extra-fiscal desse tributo.

b) A imunidade referente a impostos sobre livros, jornais e periódicos de papel não alcança publicações veiculadas em meios digitais, tais como DVD, CD e fitas de vídeo.

c) À União, aos estados, ao DF e aos municípios é vedado estabelecer diferença tributária entre bens e serviços, de qualquer natureza, em razão de sua procedência ou destino.

d) A comprovação eficaz da demonstração de insuficiência econômico-financeira dispensa o sujeito passivo de suas obrigações tributárias, haja vista o princípio da capacidade contributiva.

e) Nos casos de investimento público de caráter urgente e de relevante interesse nacional, a União pode instituir empréstimo compulsório no mesmo exercício financeiro em que a lei seja publicada.

COMENTÁRIOS

Alternativa "a": Assertiva plenamente equivocada, uma vez que o ICMS não é exceção à legalidade.

Alternativa "b": O tema objeto da assertiva (imunidade do livro eletrônico) está em Repercussão Geral do STF (RE 330817). Por enquanto, vale a interpretação literal de que só livros impressos em papel gozariam da regra imunizante.

Alternativa "c": O erro está em incluir a União nessa vedação. A regra do art. 152 alcança apenas aos Estados, DF e Municípios.

Alternativa "d": Sem respaldo legal essa assertiva. A insuficiência econômico-financeira não serve de argumento para dispensar o tributo devido.

Alternativa "e": O investimento relatado não é exceção à anterioridade do exercício financeiro.

Alternativa correta letra "b".

52. (Cespe – Procurador do Estado – ES/ 2008) Acerca do direito tributário brasileiro, julgue os itens.

Considere que um decreto presidencial tenha majorado a alíquota do imposto sobre a importação de determinado bem de 10% para 200%. Nesse caso, por se tratar de tributo com função extrafiscal de controle da balança comercial, a referida majoração não fere o princípio do não confisco.

COMENTÁRIOS

A alíquota do imposto sobre a importação pode ser majorada via decreto do poder executivo, configurando-se como exceção aos princípios da legalidade e anterioridade anual e nonagesimal. Ademais, o referido imposto tem natureza extrafiscal, ou seja, afora a função fiscal (arrecadatória) presente em toda exação, o imposto de importação terá função regulatória na medida em que serve para intervir na atividade econômica e regular o mercado. Assim, no caso em tela, não haverá ofensa ao princípio do não confisco. **CERTO**

53. (FMP – Procurador do Estado – AC/ 2012) Assinale a alternativa correta.

a) Não fica imune ao IPTU (Imposto sobre a Propriedade Predial e Territorial Urbana) o imóvel pertencente a partido político alugado a terceiros, mesmo que o valor dos aluguéis seja aplicado nas atividades essenciais da aludida entidade.

b) O princípio constitucional da legalidade tributária impõe a adoção da espécie legislativa própria e prevista na Constituição Federal para a instituição de tributo, mas não exige que a norma criadora do tributo contenha todos os aspectos fundamentais da hipótese de incidência tributária (aspectos pessoal, material, temporal, espacial e quantitativo).

c) A imunidade recíproca alcança todas as espécies tributárias.

d) O princípio constitucional da anterioridade tributária anual, previsto no art. 150, inciso III, alínea "b", da Constituição Federal, é direito fundamental do contribuinte, razão pela qual não pode ser suprimido por Emenda Constitucional.

COMENTÁRIOS

✪ **Nota dos autores:** A questão em tela contempla tema dos mais importantes do Direito Tributário, qual seja, as "Limitações Constitucionais ao Poder de Tributar" que são os princípios e as imunidades tributárias. Dessa forma, o concursando deve realizar estudo atento do art. 150 da CRFB. Ademais, observe que a questão abordou a temática dos critérios que estruturam a regra-matriz de incidência tributária, razão pelo qual reportamos o leitor aos comentários do item "b" dessa questão.

Alternativa "a": É exatamente o contrário. O partido político gozará de imunidade referente ao imóvel alugado a terceiro se houver a aplicação do valor dos aluguéis nas suas atividades essenciais. Nesse sentido é o teor do Enunciado nº 724 da Súmula do STF: "Ainda quando alugado a terceiros, permanece imune ao IPTU o imóvel pertencente a qualquer das entidades referidas pelo art. 150, VI, "c", da Constituição, desde que o valor dos aluguéis seja aplicado nas atividades essenciais de tais entidades".

Alternativa "b": A questão está incorreta, pois é exigido, sim, que a norma criadora do tributo contenha todos os aspectos fundamentais da hipótese de incidência tributária, em abono ao Princípio da legalidade estrita ou cerrada. No art. 97 do CTN, o legislador mencionou as matérias específicas que demandam lei para a sua criação (fato gerador, base de cálculo, alíquota, sujeito passivo e multa). Observe que a questão abordou os critérios que estruturam a Regra-matriz de incidência tributária, razão pela qual sugerimos que o concursando, sobretudo àqueles que pretendem ingressar na carreira da Procuradoria, procedam a leitura da obra do Professor Paulo de Barros Carvalho que aborda tal instituto. Nas palavras de Paulo de Barros Carvalho (In: Curso de Direito Tributário. 17 ed. São Paulo: Saraiva, 2005, p. 241): "a norma-padrão de incidência ou regra-matriz de incidência tributária são normas que definem a incidência do tributo, equivale a dizer, descrevem fatos e estipulam os sujeitos da relação, como também os termos determinativos da dívida". A regra-matriz de incidência tributária possui uma estrutura composta por uma hipótese e uma consequência: a) Hipótese de incidência: é a descrição abstrata de uma conduta, onde se encontra um critério espacial (delimitação do espaço, ou seja, define o local da incidência da norma), um critério material (conduta do contribuinte, formada por um verbo e um complemento. Ex.: "ser proprietário"; "prestar serviço" etc.) e um critério temporal (momento da ocorrência do nascimento da relação jurídico-tributária, ou seja, o conjunto de indicações que nos oferecem elementos para estabelecer precisamente em que instante ocorreu o fato descrito); b) Consequência: A função do consequente normativo é prescrever os efeitos jurídicos que serão desencadeados quando ocorrer o evento cogitado no suposto normativo (antecedente da norma ou descritor). Ou seja, delineia a relação jurídica tributária instaurada com o advento do fato jurídico previsto no antecedente da norma. Enfim, o consequente normativo determina os sujeitos ativo e passivo da relação jurídica tributária e quantifica o objeto da prestação (critério quantitativo – alíquota e base de cálculo). Dúvida poderia surgir sobre a necessidade de o critério temporal observar ou não a legalidade, por conta do art. 160 do CTN, que trata do prazo do pagamento do tributo, visto que este artigo exige legislação e não lei em sentido estrito. Ocorre que o aspecto temporal não se adstringe à data do pagamento do tributo, mas, sim, à ocorrência do fato gerador, que são fatos distintos.

Alternativa "c": A imunidade tributária recíproca consiste na vedação constitucional de se instituir imposto sobre o patrimônio, renda ou serviços dos entes federativos entre si. Logo, alcança tão somente os impostos e não as demais espécies tributárias. Exemplo: Não incidirá sobre o prédio pertencente ao Estado o IPTU (de competência municipal), mas incidirá a Taxa de coleta e remoção do lixo.

Alternativa "d": O STF já decidiu que o princípio da anterioridade é direito fundamental do contribuinte. Ou seja, trata-se de cláusula pétrea e, como tal, não pode ser suprimida por emenda. Referido princípio tem como escopo evitar a tributação "de surpresa", sendo, portanto, corolário da segurança jurídica do contribuinte e do princípio da confiança. Nesse sentido: "O poder constituinte derivado não é ilimitado, visto que se submete ao processo consignado no art. 60, § 2º e § 3º, da CF, bem assim aos limites materiais, circunstanciais e temporais dos parágrafos 1º, 4º e 5º do aludido artigo. A anterioridade da norma tributária, quando essa é gravosa, representa uma das garantias fundamentais do contribuinte, traduzindo uma limitação ao poder impositivo do Estado." (RE 587.008, Rel. Min. Dias Toffoli. julgamento em 2-2-2011, Plenário, DJE de 6-5-2011, com repercussão geral).

Alternativa correta: letra "d".

54. (FMP – Procurador do Estado – AC/ 2012) Assinale a alternativa incorreta.

a) O IPI (Imposto sobre Produtos Industrializados) não está sujeito ao princípio da anterioridade tributária anual, mas se submete ao princípio da anterioridade tributária nonagesimal.

b) O IOF (Imposto sobre operações de Crédito, Câmbio, Seguro, Títulos e Valores Mobiliários) pode, nos limites da lei, ter suas alíquotas alteradas por ato do Poder Executivo.

c) O IR (Imposto sobre a Renda e Proventos de qualquer natureza) está sujeito ao princípio da anterioridade tributária anual, mas não se submete ao princípio da anterioridade tributária nonagesimal.

d) O II (Imposto sobre a Importação) é de competência da União Federal, mas poderá, nas hipóteses previstas na Constituição Federal, ser cobrado e fiscalizado pelos Estados-membros que se situam nas fronteiras do território nacional.

COMENTÁRIOS

✪ **Nota dos autores:** A questão contempla, em sua maioria, assertivas que abordam as exceções aos princípios da legalidade e anterioridade anual e nonagesimal. Reportamos o leitor às "Dicas" constantes neste capítulo, que trazem o rol com todas as exceções que devem ser memorizadas.

Alternativa "a": Assertiva correta, pois nos termos do art. § 1º do art. 150 da CRFB, o IPI não está sujeito ao princípio da anterioridade tributária anual, mas se submete ao princípio da anterioridade tributária nonagesimal. Contrário ao IPI é o **IR, sujeito** ao princípio da anterioridade tributária anual, mas não ao princípio da anterioridade tributária nonagesimal.

Alternativa "b": O IOF poderá ter suas alíquotas alteradas via ato (decreto ou outro instrumento normativo) do Poder Executivo, sendo, portanto, exceção ao Princípio da legalidade tributária. Lembre-se que referido imposto tem caráter extrafiscal, sendo, ainda, exceção aos princípios da anterioridade anual e nonagesimal.

Alternativa "c": Assertiva correta, pois nos termos do art. § 1º do art. 150 da CRFB, o IR está sujeito ao princípio da anterioridade tributária anual, mas não se submete ao princípio da anterioridade tributária nonagesimal. Contrário ao IPI é o **IR, sujeito** ao princípio da anterioridade tributária anual, mas não ao princípio da anterioridade tributária nonagesimal.

Alternativa "d": O II (Imposto sobre a Importação) é, sim, de competência da União, não havendo no texto constitucional a previsão da arrecadação e fiscalização desse imposto pelos Estados-membros. A capacidade tributária ativa, ou seja, a delegação das atividades de arrecadação e fiscalização (art. 7º do CTN) está prevista no Texto Constitucional para o ITR – imposto territorial rural, cuja atribuição é dirigida ao Município onde está situado o imóvel rural, caso este queira (Confira o art. 153, § 4º, inciso III da CF).

Alternativa incorreta: letra "d".

55. (FMP – Procurador do Estado – AC/2014) Segundo o entendimento do STF (Supremo Tribunal Federal) o princípio constitucional da vedação ao confisco:

a) é endereçado exclusivamente ao legislador.

b) aplica-se apenas aos tributos.

c) admite sejam estabelecidas multas que ultrapassam cinco vezes o valor do tributo devido.

d) resulta violado, sempre que o resultado das múltiplas incidências tributárias estabelecidas pela mesma entidade estatal afetar substancialmente, de maneira irrazoável, o patrimônio e/ou os rendimentos de determinado contribuinte.

COMENTÁRIOS

✪ **Nota dos autores:** O Princípio da Proibição ao Confisco ou da não confiscatoriedade está previsto no art. 150, IV da Constituição Federal: "Sem prejuízo de outras garantias asseguradas ao contribuinte, é vedada à União, aos Estados, ao Distrito Federal e aos Municípios: (...) IV – utilizar tributo com efeito de confisco". O tributo com efeito de confisco pressupõe a tributação excessiva, isto é, aquela tributação que vilipendia o patrimônio do devedor, esgotando sua riqueza tributável, em evidente menoscabo de sua capacidade contributiva e de seu direito de propriedade. Trata-se de princípio formado por palavra de difícil alcance, só delimitada diante do caso concreto.

Alternativa "a": O destinatário da norma que veda o confisco não é apenas o legislador, mas sim todos os aplicadores da norma jurídico-tributária.

Alternativa "b": O princípio da Proibição ao Confisco é igualmente aplicável às multas. Como é sabido, a multa não é tributo, mas sanção exigível perante o descumprimento de obrigação tributária. O próprio art. 3º do CTN anuncia que o tributo não constitui sanção de ato ilícito. Assim, em termos estritamente dogmáticos, não há de se aplicar o princípio da Vedação ao Confisco às multas, pois estas, por natureza, não são tributos. Todavia, cumpre alertar que jurisprudencialmente o STF tem aplicado o referido princípio às multas, conforme se percebe do julgamento da ADI 551/RJ de relatoria do Min. Ilmar Galvão, em virtude do "efeito confiscatório".

Alternativa "c": Conforme visto no item anterior, o princípio da Proibição ao Confisco é aplicável aos tributos e às multas. Assim, não pode a multa ser irrazoável a ponto de comprometer o patrimônio (mínimo vital) do contribuinte.

Alternativa "d": A assertiva contemplou trecho do julgado do STF. Confira: "(...) A identificação do efeito confiscatório deve ser feita em função da totalidade da carga tributária, mediante verificação da capacidade de que dispõe o contribuinte considerado o montante de sua riqueza (renda e capital) – para suportar e sofrer a incidência de todos os tributos que ele deverá pagar, dentro de determinado período, à mesma pessoa política que os houver instituído (a União Federal, no caso), condicionando-se, ainda, a aferição do grau de insuportabilidade econômico-financeira, à observância, pelo legislador, de padrões de razoabilidade destinados a neutralizar excessos de ordem fiscal eventualmente praticados pelo Poder Público. Resulta configurado o caráter confiscatório de determinado tributo, sempre que o efeito cumulativo – resultante das múltiplas incidências tributárias estabelecidas pela mesma entidade estatal – afetar, substancialmente, de maneira irrazoável, o patrimônio e/ou os rendimentos do contribuinte. O Poder Público, especialmente em sede de tributação (as contribuições de seguridade social revestem-se de caráter tributário), não pode agir imoderadamente, pois a atividade estatal acha-se essencialmente condicionada pelo princípio da razoabilidade." (ADC 8-MC, Rel. Min. Celso de Mello, julgamento em 13-10-1999, Plenário, DJ de 4-4-2003.) No mesmo sentido: ADI 2.551-MC-QO, Rel. Min. Celso de Mello, julgamento em 2-4-2003, Plenário, DJ de 20-4-2006.

Alternativa correta: letra "d".

56. (FMP – Procurador do Estado – AC/2014) Acerca dos princípios constitucionais tributários, assinale a afirmativa incorreta.

a) O princípio da capacidade contributiva, na atual visão do Supremo Tribunal Federal, impede o legislador estadual de estabelecer progressividade de alíquota para o Imposto sobre Transmissão Causa Mortis e Doação de quaisquer bens ou direitos.

b) O princípio da anterioridade especial ou nonagesimal não tem aplicação à fixação da base de cálculo do Imposto sobre a Propriedade Predial e Territorial Urbana.

c) A majoração do Imposto sobre a Propriedade Territorial Rural por medida provisória só produzirá efeitos no exercício financeiro seguinte se referida medida houver sido convertida em lei até o último dia daquele exercício em que foi editada.

d) Viola o princípio da isonomia tributária a lei que estabelecer distinção entre advogados e contadores, de modo a tributar de modo mais gravoso a renda auferida pelos primeiros.

COMENTÁRIOS

✪ **Nota dos autores:** Observe que o examinador pede ao candidato a questão incorreta.

Alternativa "a": Recente decisão do STF (RE 562045/RS) permitiu a progressividade de alíquota para o Imposto sobre Transmissão Causa Mortis e Doação de quaisquer bens ou direitos. Segundo o referido Tribunal, "o entendimento de que a progressividade das alíquotas do ITCD seria inconstitucional decorreria da suposição de que o § 1º do art. 145 da CF a admitiria exclusivamente para os impostos de caráter pessoal. Afirmou-se, entretanto, que todos os impostos estariam sujeitos ao princípio da capacidade contributiva, mesmo os que não tivessem caráter pessoal. Esse dispositivo estabeleceria que os impostos, sempre que possível, deveriam ter caráter pessoal. Assim, todos os impostos, independentemente de sua classificação como de caráter real ou pessoal, poderiam e deveriam guardar relação com a capacidade contributiva do sujeito passivo (...)".

Alternativa "b": Correta. A fixação da base de cálculo do Imposto sobre a Propriedade Predial e Territorial Urbana (IPTU) é exceção ao princípio da anterioridade nonagesimal (art. 150, § 1º da CRFB/88).

Alternativa "c": Assertiva correta. Está em conformidade com o art. art. 62, § 2º, do Texto Constitucional

Alternativa "d": Se os contribuintes possuem a mesma situação fática não há que existir diferenciação, sobretudo em razão da profissão. O art. 150, inciso II, dispõe que é vedado aos entres políticos "instituir tratamento desigual entre contribuintes que se encontrem em situação equivalente, proibida qualquer distinção em razão de ocupação profissional ou função por eles exercida, independentemente da denominação jurídica dos rendimentos, títulos ou direitos".

Alternativa correta: letra "a".

2.2. IMUNIDADE

57. (Cespe – Procurador do Estado – PGE – RO/2022) A regra tributária segundo a qual são vedadas a instituição e a cobrança de impostos sobre a venda de livros é uma hipótese de

a) remissão.

b) imunidade.

c) isenção.

d) não incidência.

e) anistia.

COMENTÁRIOS

Alternativa "a": A remissão fiscal é o perdão da dívida pelo Fisco, sendo uma hipótese de extinção do crédito tributário.

Alternativa "b": Trata-se da Imunidade dos livros, jornais, periódicos e o papel destinado à sua impressão (CF, art. 150, VI, d). Conhecida como imunidade cultural, consiste na proteção ao princípio da liberdade de expressão, bem como, do ponto de vista prático, na diminuição dos custos para tornar o acesso à cultura mais possível. Trata-se de imunidade objetiva, pois visa a alcançar o livro, enquanto bem tributável, e não a pessoa jurídica que o mercancia.

Alternativa "c": Isenção não se confunde com imunidade. Esta é uma norma constitucional que afasta a tributação. Difere-se da isenção porque nesta há a competência de tributar, mas não há o seu exercício. A isenção é uma forma de exclusão do crédito tributário (art. 176 ss do CTN) e ocorre no plano infraconstitucional.

Alternativa "d": Não se trata de hipótese de não incidência tributária, visto que esta se verifica nas hipóteses que não são previstas, tipificadas ou descritas in abstractum em lei, e, por isso, ficam fora do campo de incidência tributária. A não incidência consiste em hipótese sequer passível de tributação, por inexistir o elemento econômico que subjaz o tributo.

Alternativa "e": A anistia é uma forma de exclusão do crédito tributário que implica à exclusão ou dispensa da multa.

Alternativa correta: letra "b".

58. (FCC – Procurador do Estado – PGE – AM/2022) Apesar da inspiração laica, a Constituição Federal outorga imunidade tributária aos "templos de qualquer culto", por razões históricas e por reconhecer o trabalho filantrópico e social desenvolvido por grande parte das organizações religiosas. A respeito da imunidade dos "templos de qualquer culto", nos termos da Constituição Federal e da jurisprudência do Supremo Tribunal Federal, analise os itens a seguir:

I. A imunidade tributária religiosa abrange o ICMS importação, desde que comprovado que os bens importados pela organização religiosa se destinam à finalidade essencial da entidade.

II. A imunidade tributária religiosa abrange o ICMS, ainda que a organização religiosa seja somente contribuinte de fato na operação na qual o imposto poderia incidir.

III. A imunidade tributária religiosa impede a cobrança do IPTU do imóvel em que o templo se situe, ainda que locado de terceiro.

IV. Os imóveis utilizados como cemitérios confessionais, de propriedade de organizações religiosas, são imunes ao IPTU.

Está correto o que se afirma APENAS em

a) I, III e IV.

b) II e IV.

c) I, II e III.

d) I e II.

e) III e IV.

COMENTÁRIOS

Item I: As entidades religiosas podem se caracterizar como instituições de assistência social a fim de se beneficiarem da imunidade tributária prevista no art. 150, VI, 'c', da Constituição, que abrangerá não só os impostos sobre o seu patrimônio, renda e serviços, mas também os impostos sobre a importação de bens a serem utilizados na consecução de seus objetivos estatutários. STF. RE 630790/SP, Rel. Min. Roberto Barroso, jul. em 18/03/2022 (Repercussão Geral – Tema 336).

Item II: O STF fixou a seguinte tese (tema nº 342): "A imunidade tributária subjetiva aplica-se a seus beneficiários na posição de contribuinte de direito, mas não na de simples contribuinte de fato, sendo irrelevante, para a verificação da existência do beneplácito constitucional, a repercussão econômica do tributo envolvido". (STF, RE 608872, Relator(a): DIAS TOFFOLI, Tribunal Pleno, julgado em 23/02/2017, PROCESSO ELETRÔNICO REPERCUSSÃO GERAL – MÉRITO DJe-219. DIVULG 26-09-2017 PUBLIC 27-09-2017).

Item III: A Emenda Constitucional n. 116/2022 incluiu o § 1º-A ao art. 156 da CRFB/88 nos seguintes termos: Art.

156. Compete aos Municípios instituir impostos sobre: I – propriedade predial e territorial urbana; (...)§ 1º-A O imposto previsto no inciso I do caput deste artigo não incide sobre templos de qualquer culto, ainda que as entidades abrangidas pela imunidade de que trata a alínea "b" do inciso VI do caput do art. 150 desta Constituição sejam apenas locatárias do bem imóvel. Por fim, sobre o tema da locação, deve o estudante também recordar do enunciado n. 52 da Súmula Vinculante do STF: "Ainda quando alugado a terceiros, permanece imune ao IPTU o imóvel pertencente a qualquer das entidades referidas pelo art. 150, VI, c, da Constituição, desde que o valor dos aluguéis seja aplicado nas atividades essenciais de tais entidades".

Item IV: Segundo o STF, os cemitérios que consubstanciam extensões de entidades de cunho religioso estão abrangidos pela garantia contemplada no artigo 150 da Constituição do Brasil. (STF, RE 578562, Relator(a): EROS GRAU, Tribunal Pleno, julgado em 21/05/2008, DJe-172 DIVULG 11-09-2008 PUBLIC 12-09-2008 EMENT VOL-02332-05 PP-01070 RTJ VOL-00206-02 PP-00906 LEXSTF v. 30, n. 358, 2008, p. 334-340)

Alternativa correta: letra "a".

---

59. (FUNDATEC – Procurador do Estado – PGE – RS/2021) As imunidades tributárias costumam ser classificadas em objetivas e subjetivas. As imunidades subjetivas impedem que determinadas pessoas sejam colocadas como contribuintes de certos tributos. Essa classificação auxilia na interpretação das normas de imunidade, embora, por vezes, não seja suficiente para a identificação de todo o seu potencial normativo. É correto afirmar que:

a) A imunidade dos livros, jornais e periódicos, embora pareça uma imunidade objetiva, tem caráter subjetivo, protegendo os autores, editoras e livrarias da obrigação de pagar impostos sobre as suas atividades e rendimentos, porquanto vinculados à cultura.

b) A imunidade dos templos é considerada uma imunidade objetiva, alcançando apenas os tributos sobre a propriedade que recairiam sobre os prédios em que realizados os cultos.

c) A imunidade recíproca, que, nos termos da Constituição Federal alcança o patrimônio, a renda e os serviços dos entes políticos, bem como das suas autarquias e fundações instituídas e mantidas pelo Poder Público, também aproveita às empresas públicas prestadoras de serviços públicos.

d) A imunidade dos partidos políticos, inclusive suas fundações, das entidades sindicais dos trabalhadores, das instituições de educação e de assistência social sem fins lucrativos é considerada uma imunidade subjetiva, razão pela qual não compreende somente o patrimônio, a renda e os serviços, relacionados com as suas finalidades essenciais, mas todo e qualquer imposto que pudesse vir a ser exigido de tais entidades enquanto contribuintes, independentemente, inclusive, da aplicação dos respectivos recursos.

e) A imunidade recíproca, de caráter subjetivo, impede, inclusive, que os entes políticos sejam sujeitos passivos de relações de colaboração, figurando como substitutos ou responsáveis tributários.

COMENTÁRIOS

Alternativa "a": Trata-se de imunidade objetiva, pois visa a alcançar o livro, enquanto bem tributável, e não a pessoa jurídica que o mercancia. Vejamos o entendimento do STF nesse sentido: "(...) A imunidade dos livros, jornais e periódicos e do papel destinado a sua impressão não deve ser interpretada em seus extremos, sob pena de se subtrair da salvaguarda toda a racionalidade que inspira seu alcance prático, ou de transformar a imunidade em subjetiva, na medida em que acabaria por desonerar de todo a pessoa do contribuinte, numa imunidade a que a Constituição atribui desenganada feição objetiva. A delimitação negativa da competência tributária apenas abrange os impostos incidentes sobre materialidades próprias das operações com livros, jornais, periódicos e com o papel destinado a sua impressão. (RE 330817, Relator (a): DIAS TOFFOLI, Tribunal Pleno, julgado em 08/03/2017, ACÓRDÃO ELETRÔNICO REPERCUSSÃO GERAL – MÉRITO DJe-195 DIVULG 30-08-2017 PUBLIC 31-08-2017)

Alternativa "b": Trata-se de imunidade que não se limita aos templos de qualquer culto, mas alcança toda a entidade religiosa. O STF já decidiu que imóvel pertencente a entidade religiosa, embora alugado, não perderá a imunidade, desde que a receita auferida esteja vinculada às atividades essenciais. Corroborando o exposto, a Emenda Constitucional nº 116/2022 "Acrescenta § 1º-A ao art. 156 da Constituição Federal para prever a não incidência sobre templos de qualquer culto do Imposto sobre a Propriedade Predial e Territorial Urbana (IPTU), ainda que as entidades abrangidas pela imunidade tributária sejam apenas locatárias do bem imóvel.".

Alternativa "c": A imunidade recíproca consiste na vedação constitucional de se instituir imposto sobre o patrimônio, renda ou serviços dos entes federativos entre si. Alcança as autarquias e fundações públicas. No entanto, estas só gozam da imunidade se as suas atividades estiverem relacionadas com suas finalidades essenciais ou às delas decorrentes. Em regra, não alcança as empresas públicas e sociedades de economia mista. No entanto, quando estas prestam serviços públicos obrigatórios, exclusivos do Estado, a imunidade lhes é estendida (RE 407.099/RS – Caso clássico da imunidade dos Correios – ECT)

Alternativa "d": Esta imunidade é condicional. Deve atender aos requisitos do art. 14 do CTN. São eles: (i) não distribuírem qualquer parcela de seu patrimônio ou de suas rendas, a qualquer título; (ii) aplicarem integralmente, no País, os seus recursos na manutenção dos seus objetivos institucionais; (iii) manterem escrituração de suas receitas e despesas em livros revestidos de formalidades capazes de assegurar sua exatidão. Ademais, o art. 150, §4º, da Constituição Federal dispõe: "§ 4º – As vedações expressas no inciso VI, alíneas "b" e "c", compreendem somente o patrimônio, a renda e os serviços, relacionados com as finalidades essenciais das entidades nelas mencionadas.".

Alternativa "e": Errado, conforme dispõe o art. 9º, inciso IV, §1º, do CTN: "Art. 9º É vedado à União, aos Estados, ao Distrito Federal e aos Municípios: IV – cobrar imposto sobre: (...) § 1º O disposto no inciso IV não exclui a atribuição, por lei, às entidades nele referidas, da condição de responsáveis pelos tributos que lhes caiba reter na fonte, e não as dispensa da prática de atos, previstos em lei, assecuratórios do cumprimento de obrigações tributárias por terceiros".

Alternativa correta: letra "c".

60. (Fepese – Procurador do Estado – PGE – SC/2018) A respeito das limitações constitucionais do poder de tributar, assinale a alternativa correta.

a) É constitucionalmente proibida a instituição de impostos e de taxas sobre livros, jornais, periódicos e o papel destinado a sua impressão.

b) A imunidade recíproca é extensiva às autarquias e fundações instituídas e mantidas pelo Poder Público, no que se refere ao patrimônio, à renda e aos serviços, vinculados a suas finalidades essenciais ou às delas decorrentes.

c) A vedação de cobrar tributos antes de decorridos noventa dias da data em que haja sido publicada a lei que os instituiu ou aumentou não se aplica ao Imposto sobre Produtos Industrializados.

d) Norma legal que modifica o prazo de recolhimento da obrigação tributária sujeita-se ao princípio da anterioridade.

e) A imunidade do patrimônio, da renda ou dos serviços das instituições de educação e assistência social, sem fins lucrativos, é chamada autoaplicável, porque independe do atendimento de requisitos legais.

COMENTÁRIOS

Alternativa "a": É constitucionalmente proibida a instituição de impostos sobre livros, jornais, periódicos e o papel destinado a sua impressão, nos termos do art. 150, VI, alínea "d" da Constituição Federal que traz a referida hipótese de imunidade. O erro da questão diz respeito à proibição quanto a instituição de taxas, pois a imunidade do referido artigo abrange apenas os impostos. Confira: "Art. 150. Sem prejuízo de outras garantias asseguradas ao contribuinte, é vedado à União, aos Estados, ao Distrito Federal e aos Municípios: (...) VI – instituir impostos sobre: (...)d) livros, jornais, periódicos e o papel destinado a sua impressão.

Alternativa "b": Está em conformidade com o disposto no art. 150, §2º da CRFB/88 que estende a imunidade recíproca a tais entidades: "§2º A vedação do inciso VI, "a", é extensiva às autarquias e às fundações instituídas e mantidas pelo Poder Público, no que se refere ao patrimônio, à renda e aos serviços, vinculados a suas finalidades essenciais ou às delas decorrentes".

Alternativa "c": Aplica-se sim ao IPI a noventena (princípio da anterioridade nonagesimal). A exceção quanto ao IPI diz respeito apenas ao princípio da anterioridade anual ou de exercício.

Alternativa "d": Vai de encontro ao enunciado n. 50 da Súmula vinculante do STF: "Norma legal que altera o prazo de recolhimento de obrigação tributária não se sujeita ao princípio da anterioridade".

Alternativa "e": Está incorreta. Confira: "art. 150 – Sem prejuízo de outras garantias asseguradas ao contribuinte, é vedado à União, aos Estados, ao Distrito Federal e aos Municípios: (...) VI – instituir impostos sobre: c) patrimônio, renda ou serviços dos partidos políticos, inclusive suas fundações, das entidades sindicais dos trabalhadores, das instituições de educação e de assistência social, sem fins lucrativos, atendidos os requisitos da lei. Trata-se de imunidade condicionada, devendo tais entidades respeitarem os requisitos dispostos no art. 14 do CTN: (i) não distribuírem qualquer parcela de seu patrimônio ou de suas rendas, a qualquer título; (ii) aplicarem integralmente, no País, os seus recursos na manutenção dos seus objetivos institucionais; (iii) manterem escrituração de suas receitas e despesas em livros revestidos de formalidades capazes de assegurar sua exatidão.

Alternativa correta: letra "b".

61. (Cespe – Procurador do Estado – PGE – SE/2017) A principal distinção entre imunidade tributária e isenção tributária é que

a) as imunidades estão expressamente previstas na CF e nas leis; e as isenções se referem a fatos não abrangidos pela hipótese de incidência.

b) as imunidades estão previstas na CF; e as isenções, no texto infraconstitucional.

c) as isenções estão previstas na CF; e as imunidades, no texto infraconstitucional.

d) as imunidades se referem ao aspecto subjetivo do contribuinte; e as isenções, ao elemento objetivo do fato gerador.

e) as isenções se referem ao aspecto subjetivo do contribuinte; e as imunidades, ao elemento objetivo do fato gerador.

COMENTÁRIOS

Alternativa "a": Incorreto. Conforme exposto acima, a imunidade tem exclusivamente sede constitucional (hipótese de não incidência constitucionalmente qualificada) e a isenção está prevista no texto infraconstitucional (*ex vi* art. 175 do CTN). Ademais, na isenção há a competência para tributar, mas não há o seu exercício. É, portanto, uma hipótese de exclusão do crédito tributário. Os fatos não abrangidos pela hipótese de incidência estão no campo da "não incidência", o que não ocorre com a isenção.

Alternativa "b": Com efeito, a imunidade é uma limitação constitucional ao poder de tributar. É, portanto, norma constitucional que afasta a tributação. Difere-se da isenção porque nesta há a competência de tributar, mas não há o seu exercício. Esta última está prevista no texto infraconstitucional.

Alternativa "c": Incorreto. É justamente o contrário: as imunidades estão previstas na CF; e as isenções, no texto infraconstitucional.

Alternativa "d" (responde também a alternativa "e"): As assertivas tratam de classificação das imunidades e das isenções, que podem se distinguir tanto pelo aspecto subjetivo quanto pelo aspecto objetivo. Assim, a imunidade poderá ser subjetiva ou objetiva. A primeira dirige-se à proteção das pessoas, como ocorre nas hipóteses dirigidas aos partidos políticos e aos templos de qualquer culto. Por sua vez, a imunidade objetiva alcança os bens tributáveis e não a pessoa jurídica. Exemplo desta última é a imunidade dos livros, jornais, periódicos e o papel destinado à sua impressão (art. 150, VI, d da CRFB/88). Trata-se, portanto, de imunidade objetiva, pois visa a alcançar o livro, enquanto bem tributável, e não a pessoa jurídica que o mercancia. De mais a mais, no mesmo sentido, as isenções referem-se tanto a aspectos subjetivos quanto objetivos.

Alternativa correta: letra "b".

---

62. (Cespe – Procurador do Estado – PGE – SE/2017) Considerando-se as limitações ao poder de tributar previstas no texto constitucional, é juridicamente admissível que um ente público estadual institua a cobrança de

a) ICMS incidente sobre a comercialização de jornais impressos.
b) ICMS com alíquotas diferenciadas em razão da ocupação profissional do contribuinte.
c) taxa referente a um serviço prestado à União.
d) taxa a ser cobrada no mesmo exercício financeiro em que for publicada a lei que a instituir.
e) IPVA incidente sobre veículos terrestres pertencentes ao poder público municipal e utilizados para transportar autoridades.

COMENTÁRIOS

✪ **Nota dos autores:** As limitações constitucionais ao poder de tributar referem-se aos princípios constitucionais tributários e às imunidades. A Imunidade Recíproca, por sua vez, consiste na vedação constitucional de se instituir imposto sobre o patrimônio, renda ou serviços dos entes federativos entre si. Está prevista no art. 150, inciso VI, "a" da CRFB/88 e §§ 2º e 3º da CRFB/88).

Alternativa "a": Incorreto. Referida hipótese está abrangida pela imunidade tributária prevista no artigo 150, inciso VI, "d" da CRFB/88: "art. 150. Sem prejuízo de outras garantias asseguradas ao contribuinte, é vedado à União, aos Estados, ao Distrito Federal e aos Municípios (...) VI. instituir impostos sobre (...) d) livros, jornais, periódicos e o papel destinado a sua impressão". Em matéria de imunidade, os Estados não têm o poder de tributar.

Alternativa "b": Incorreto. O princípio da isonomia tributária veda à instituição pelos entes políticos de tratamento desigual entre contribuintes que se encontrem em situação equivalente, proibida qualquer distinção em razão de ocupação profissional ou função por eles exercida, independentemente da denominação jurídica dos rendimentos, títulos ou direitos.

Alternativa "c": A imunidade recíproca prevista no art. 150, inciso VI, "a" da CRFB/88 é aplicável apenas aos impostos. Portanto, é possível a cobrança pelo Estado de uma taxa referente a um serviço prestado à União. Confira o Texto Constitucional: Art. 150. Sem prejuízo de outras garantias asseguradas ao contribuinte, é vedado à União, aos Estados, ao Distrito Federal e aos Municípios: VI – instituir impostos sobre: a) patrimônio, renda ou serviços, uns dos outros;

Alternativa "d": O princípio da anterioridade veda a cobrança do tributo no mesmo exercício financeiro em que haja sido publicada a lei que os instituiu ou aumentou (*ex vi* art. 150, inciso III, alínea "a" da CRFB/88). Aludido princípio aplica-se também às taxas.

Alternativa "e": Incorreto. A imunidade recíproca prevista no art. 150, inciso VI, "a" da CRFB/88 impede a cobrança descrita na alternativa. Confira o Texto Constitucional: Art. 150. Sem prejuízo de outras garantias asseguradas ao contribuinte, é vedado à União, aos Estados, ao Distrito Federal e aos Municípios: (...) VI – instituir impostos sobre: a) patrimônio, renda ou serviços, uns dos outros". IPVA é um imposto sobre o patrimônio.

Alternativa correta: letra "c".

---

63. (Fundatec – Procurador do Estado – RS/2015) Quanto às imunidades tributárias, analise as assertivas abaixo:

I. Segundo a doutrina e a jurisprudência majoritárias, quando a Constituição da República diz que certas entidades são "isentas" e determina que tributos "não incidam" sobre certos fatos ou pessoas, o que está a fazer não é consagrar isenções e não incidências, mas verdadeiras imunidades.
II. Os Estados são imunes frente a contribuições previdenciárias, dada a imunidade tributária recíproca.
III. Segundo a jurisprudência do STF, as imunidades não se aplicam às entidades destinatárias quando estas sejam contribuintes de fato, mas não de direito.
IV. A imunidade das entidades beneficentes de assistência social deve, segundo a jurisprudência do STF, ser regulamentada inteiramente por lei complementar, por força do art. 146, inciso II, da Constituição Federal de 1988, visto se tratar de regulamentação de limitação constitucional ao poder de tributar.

Após a análise, pode-se dizer que:

a) Está correta apenas a assertiva I.
b) Está correta apenas a assertiva III.
c) Estão corretas apenas as assertivas I e III.
d) Estão corretas apenas as assertivas II e III.
e) Está incorreta apenas a assertiva IV.

COMENTÁRIOS

✪ **Nota dos autores:** Sobre o tema em comento, confira a tabela abaixo:

ISENÇÃO	IMUNIDADE	NÃO INCIDÊNCIA
Exclusão do crédito tributário; Ocorre no plano infraconstitucional da Lei ordinária ou complementar	Limitação Constitucional ao Poder de Tributar; É Norma constitucional; Hipótese de incompetência das pessoas políticas	Não subsunção do acontecimento fático com a hipótese de incidência da regra jurídica tributária. O legislador não contempla certas hipóteses. Não surge sequer obrigação tributária.

Item I: A Constituição Federal não apresenta a expressão "imunidade" no seu texto. Ela vem vertida em expressões constitucionais como "é vedado", "não incide tributos...", "são isentos...", dentre outras. Vale lembrar que a isenção é uma forma de exclusão do crédito tributário a partir de dispensa legal, que impossibilita a sua constituição. Enfim, na não incidência, o acontecimento fático não se subsume à hipótese de incidência tributária, ou seja, há imprevisibilidade fática.

Item II: A imunidade recíproca prevista no art. 150, inciso VI, "a" da CRFB/88 abrange tão somente os impostos.

Item III: Segundo a jurisprudência do STF, as imunidades não se aplicam às entidades destinatárias quando estas sejam contribuintes de fato. Nesse sentido, confira a ementa: "AGRAVO REGIMENTAL EM RECURSO EXTRAORDINÁRIO COM AGRAVO. IMUNIDADE PRETENDIDA PELO MUNICÍPIO NA CONDIÇÃO DE CONTRIBUINTE DE FATO. IMPOSSIBILIDADE. É pacífico o entendimento deste Supremo Tribunal Federal no sentido de que o município não pode ser beneficiário da imunidade recíproca nas operações em que figurar como contribuinte de fato. O repasse do ônus financeiro, típico dos tributos indiretos, não faz com que a condição jurídica ostentada pelo ente federativo na condição de sujeito passivo da relação jurídica tributária seja deslocada para a figura do consumidor da mercadoria ou serviço. Agravo regimental a que se nega provimento." (ARE 758886 AgR, Relator(a): Min. ROBERTO BARROSO, Primeira Turma, julgado em 09/04/2014, ACÓRDÃO ELETRÔNICO DJe-095 DIVULG 19-05-2014 PUBLIC 20-05-2014)

Item IV: Segundo a jurisprudência do STF, a imunidade das entidades beneficentes de assistência social não será regulamentada inteiramente por lei complementar. Confira: EMENTA: I. Imunidade tributária: entidade filantrópica: CF, arts. 146, II e 195, § 7º: delimitação dos âmbitos da matéria reservada, no ponto, à intermediação da lei complementar e da lei ordinária (ADI-MC 1802, 27.8.1998, Pertence, DJ 13.2.2004;RE 93.770, 17.3.81, Soares Muñoz, RTJ 102/304). A Constituição reduz a reserva de lei complementar da regra constitucional ao que diga respeito "aos lindes da imunidade", à demarcação do objeto material da vedação constitucional de tributar; mas remete à lei ordinária "as normas sobre a constituição e o funcionamento da entidade educacional ou assistencial imune". II. Imunidade tributária: entidade declarada de fins filantrópicos e de utilidade pública: Certificado de Entidade de Fins Filantrópicos: exigência de renovação periódica (L. 8.212, de 1991, art. 55). Sendo o Certificado de Entidade de Fins Filantrópicos mero reconhecimento, pelo Poder Público, do preenchimento das condições de constituição e funcionamento, que devem ser atendidas para que a entidade receba o benefício constitucional, não ofende os arts. 146, II, e 195, § 7º, da Constituição Federal a exigência de emissão e renovação periódica prevista no art. 55, II, da Lei 8.212/91. (RE 428815 AgR, Relator(a): Min. SEPÚLVEDA PERTENCE, Primeira Turma, julgado em 07/06/2005, DJ 24-06-2005 PP-00040 EMENT VOL-02197-07 PP-01247 RDDT n. 120, 2005, p. 150-153).

Alternativa correta: letra "c": Estão corretos os itens I e III.

64. (PUC – Procurador do Estado – PR/2015) Sobre as imunidades tributárias, à luz da jurisprudência do Supremo Tribunal Federal, assinale a alternativa CORRETA.

a) É vedada a instituição, por meio de Emenda à Constituição, de novas hipóteses de imunidades tributárias.

b) Não incide Imposto de Importação sobre as operações de importação de bens realizadas por Estado da Federação, salvo nos casos em que restar comprovada violação ao princípio da neutralidade concorrencial do Estado.

c) A imunidade tributária recíproca exonera o sucessor, desde que Ente Público integrante da Administração Direta, das obrigações tributárias relativas aos fatos jurídicos tributários ocorridos antes da sucessão.

d) Não incide o ICMS sobre o serviço de transporte de bens e mercadorias realizado pelas franqueadas da Empresa Brasileira de Correios e Telégrafos – ECT.

e) A Constituição Federal de 1988 contém hipóteses de imunidades de impostos e contribuições, mas não de taxas.

COMENTÁRIOS

Alternativa "a": É possível a veiculação de nova hipótese de imunidade através de emenda constitucional. Como exemplo, cite-se a recente imunidade musical, trazida pela Emenda Constitucional nº75/2013 que incluiu a alínea "e" no inciso VI do artigo 150 da Constituição Federal.

Alternativa "b": Trata-se de hipótese de imunidade que merece temperamentos quando outras normas constitucionais incidem sobre o caso concreto, tendo em vista que até mesmo as normas imunizantes, quando interpretadas, não são de aplicação absoluta. Assertiva vai ao encontro do entendimento do STF sobre o tema. Vejamos: "EMENTA: PROCESSUAL CIVIL. AGRAVO REGIMENTAL. CONSTITUCIONAL. TRIBUTÁRIO. IMPOSTO SOBRE OPERAÇÃO DE CIRCULAÇÃO DE MERCADORIAS E SERVIÇOS. ICMS. IMPORTAÇÃO. IMUNIDADE RECÍPROCA. APLICABILIDADE A MUNICÍPIO NA HIPÓTESE DE O ENTE FEDERADO OCUPAR POSIÇÃO PRÓPRIA DE CONTRIBUINTE (IMPORTADOR). RISCO À LIVRE-INICIATIVA E À CONCORRÊNCIA. NECESSI-

DADE DE PROVA. A imunidade tributária prevista no art. 150, VI, a da Constituição aplica-se às operações de importação de bens realizadas por municípios, quando o ente público for o importador do bem (identidade entre o "contribuinte de direito" e o "contribuinte de fato"). Compete ao ente tributante provar que as operações de importação desoneradas estão influindo negativamente no mercado, a ponto de violar o art. 170 da Constituição. Impossibilidade de presumir risco à livre-iniciativa e à concorrência. Agravo regimental ao qual se nega provimento. (AI 518405 AgR, Relator(a): Min. JOAQUIM BARBOSA, Segunda Turma, julgado em 06/04/2010, DJe-076 DIVULG 29-04-2010)

Alternativa "c": A imunidade tributária recíproca não exonera o sucessor na hipótese em tela. Confira a ementa do STF: "CONSTITUCIONAL. TRIBUTÁRIO. IMUNIDADE TRIBUTÁRIA RECÍPROCA. INAPLICABILIDADE À RESPONSABILIDADE TRIBUTÁRIA POR SUCESSÃO. ART. 150, inciso VI, "a" da Constituição. A imunidade tributária recíproca não exonera o sucessor das obrigações tributárias relativas aos fatos jurídicos tributários ocorridos antes da sucessão (aplicação "retroativa" da imunidade tributária). Recurso Extraordinário ao qual se dá provimento. (RE 599176, Relator(a): Min. JOAQUIM BARBOSA, Tribunal Pleno, julgado em 05/06/2014, ACÓRDÃO ELETRÔNICO REPERCUSSÃO GERAL – MÉRITO DJe-213 DIVULG 29-10-2014 PUBLIC 30-10-2014)."

Alternativa "d": Como é cediço, o STF entende que a Empresa Brasileira de Correios e Telégrafos – ECT goza de imunidade tributária recíproca, em virtude da prestação de serviço público em regime de exclusividade. O erro da assertiva foi mencionar as "franqueadas" da ECT no alcance da referida imunidade. Esse o entendimento do Plenário, que, por maioria, deu provimento a recurso extraordinário em que se discutia o alcance da imunidade tributária recíproca (CF, art. 150, VI, a) relativamente ao referido imposto, incidente sobre específica modalidade de serviço postal realizado pela ECT. (...) Esse transporte, que se daria entre unidades próprias da ECT, em nenhum momento ensejaria à empresa terceirizada a atividade de receber ou entregar as correspondências ou encomendas diretamente ao usuário do serviço postal. Por outro lado, sendo obrigatórias a regularidade do serviço postal e a garantia de sua continuidade, não seria despropositado que a ECT aproveitasse espaços ociosos nos veículos que utilizasse para exercer atividades afins. Não se estaria, assim, a criar determinada estrutura exclusivamente para competir com particulares, mas, meramente a aproveitar meios já disponíveis e utilizados, necessários ao serviço postal. Ademais, as atividades exercidas sob regime concorrencial existiriam para custear aquela exercida sob o regime constitucional de monopólio. Se assim não fosse, frustrar-se-ia o objetivo do legislador de viabilizar a integração nacional e dar exequibilidade à fruição do direito básico do indivíduo de se comunicar com outras pessoas ou instituições e de exercer outros direitos, com esse relacionados, fundados na própria Constituição (RE 627051/PE, Rel. Min. Dias Toffoli, In Inf.767).

Alternativa "e": A CF apresenta imunidade de taxas (art. 5º, XXXIV), impostos (art. 150, VI) e contribuições sociais (art. 195, § 7º).

Alternativa correta: letra "b".

65. (FEPESE – Procurador do Estado – SC/ 2010) De acordo com as disposições constitucionais acerca do Sistema Tributário Nacional, assinale a alternativa correta.

a) É vedado à União, aos Estados, ao Distrito Federal e aos Municípios instituírem isenções heterônomas, sem qualquer exceção.

b) É vedado à União cobrar imposto sobre renda e proventos de qualquer natureza antes de decorridos 90 (noventa) dias da data em que haja sido publicada a lei que o instituiu ou aumentou.

c) É vedado à União cobrar empréstimo compulsório, em caso de investimento público de caráter urgente e de relevante interesse nacional, no mesmo exercício financeiro em que haja sido publicada a lei que o instituiu ou aumentou.

d) É vedado à União, aos Estados, ao Distrito Federal e aos Municípios instituírem impostos sobre patrimônio, renda ou serviços dos partidos políticos, inclusive suas fundações, das entidades sindicais patronais, das instituições de educação e de assistência social, sem fins lucrativos, atendidos os requisitos da lei.

e) A imunidade recíproca é extensiva às autarquias, às sociedades de economia mista e às fundações instituídas e mantidas pelo Poder Público, no que se refere ao patrimônio, à renda e aos serviços, vinculados a suas finalidades essenciais ou às delas decorrentes.

COMENTÁRIOS

Alternativa "a": Pela regra geral, a assertiva está correta. No entanto, se a isenção for concedida através de Tratado Internacional, não há impedimento à União na concessão da isenção heterônoma, uma vez que, nesse caso, a União não age como ente federativo interno, mas, sim, representante da República Federativa do Brasil, e, nessa condição não há empecilho à concessão da isenção.

Alternativa "b": O imposto de renda é exceção ao princípio da noventena, não o sendo em relação ao princípio da anterioridade anual.

Alternativa "c": De fato, apenas o empréstimo compulsório em caso de despesas extraordinárias decorrentes de calamidade pública, guerra externa ou sua iminência é exceção aos princípios da anterioridade anual e nonagesimal.

Alternativa "d": O erro da assertiva está em substituir as "entidades sindicais dos trabalhadores" pelas "entidades sindicais patronais" (art. 150, VI, c da CF).

Alternativa "e": O erro está em colocar as sociedades de economia mista, sem ressalvas, no mesmo lugar das autarquias e fundações públicas. A regra é que as sociedades de economia mista não possuem imunidade (art. 150, § 3º da CF). Só quando prestadoras de serviços públicos é que sociedades de economia mista gozam de imunidade (STF – RE 407.099/RS).

Alternativa correta letra "c".

66. (FCC – Procurador do Estado – RO/ 2011) O Sindicato Patronal das Indústrias do Setor de Plásticos e Derivados, alegando como argumento o fato de constituir-se como sindicato, requereu imunidade constitucional tributária abrangendo a totalidade de seu patrimônio, renda e serviços. Com relação ao pleito e fundamentação apresentada,

a) aplica-se a imunidade tributária exclusivamente ao patrimônio do sindicato patronal.
b) aplica-se a imunidade exclusivamente para os serviços, em função do princípio da imunidade recíproca.
c) aplica-se a imunidade integral, abrangendo inclusive, taxas e contribuições, em razão da finalidade da entidade.
d) não se aplica a imunidade por se tratar de sindicato patronal.
e) não se aplica a imunidade, que é restrita, exclusivamente, aos templos de qualquer culto, às entidades de assistência social sem fins lucrativos e aos livros, jornais e periódicos.

COMENTÁRIOS

Alternativa "a": Não se aplica a imunidade tributária para os sindicatos patronais. Somente as entidades sindicais dos trabalhadores estão abarcadas pela norma imunizante (CF, art. 150, VI, c, e § 4º).

Alternativa "b": É inaplicável a imunidade tributária (patrimônio e/ou serviços) para os sindicatos patronais. Somente as entidades sindicais dos trabalhadores estão abarcadas pela norma imunizante (CF, art. 150, VI, c, e § 4º).

Alternativa "c": Sindicatos patronais não gozam de imunidade tributária. Somente as entidades sindicais dos trabalhadores estão abarcadas pela norma imunizante (CF, art. 150, VI, c, e § 4º).

Alternativa "d": A imunidade não se aplica por se tratar de sindicato patronal. Somente as entidades sindicais dos trabalhadores estão abarcadas pela norma imunizante, gozando de proteção da liberdade de associação sindical prevista no texto constitucional. (CF, art. 150, VI, c, e § 4º).

Alternativa "e": A questão está incorreta, não só porque a exclusividade *não* se limita aos templos de qualquer culto, às entidades de assistência social sem fins lucrativos e aos livros, jornais e periódicos, mas também pelo fato das entidades de sindicato patronal não gozarem de imunidade.

Alternativa correta: letra "d".

---

67. (UEPA – Procurador do Estado – PA/ 2012) Analise as afirmativas a seguir:

I. O gozo de imunidade não dispensa o contribuinte do cumprimento de obrigações acessórias nem da sujeição à fiscalização tributária.

II. Para fins de verificação da existência ou não de imunidade, a orientação atual do Supremo Tribunal Federal, na linha da Súmula 591, é a de que importa somente a posição de contribuinte de direito, não sendo alcançado o contribuinte de fato, nem sendo considerada a repercussão econômica do tributo.

III. . A imunidade tributária conferida a instituições de assistência social sem fins lucrativos pelo Art. 150, VI, c, da Constituição, somente alcança as entidades fechadas de previdência social fechada se não houver contribuição dos beneficiários.

IV. O Supremo Tribunal Federal entende que a imunidade recíproca dos entes políticos alcança as empresas públicas e as sociedades de economia mista prestadoras de serviço público típico em regime de monopólio.

De acordo com as afirmativas apresentadas, estão CORRETAS:

a) somente I, II, e III
b) somente II e III
c) I, II, III e IV
d) somente I, II e IV
e) somente I, II e IV

COMENTÁRIOS

✪ **Nota dos autores:** A banca examinadora, mais uma vez, cobra conhecimentos do candidato em relação à jurisprudência do Supremo Tribunal Federal. Não é repetitivo lembrar que para a resolução de provas de carreiras jurídicas de alto nível, a exemplo das procuradorias, faz-se necessário o acompanhamento dos informativos dos tribunais superiores, especialmente do Supremo Tribunal Federal.

Item I: A assertiva está correta. Para o Supremo Tribunal Federal, exigir de entidade imune a manutenção dos livros fiscais é consentâneo com o gozo da imunidade tributária. O entendimento é no sentido de que, no Direito Tributário, inexistiria a vinculação de o acessório seguir o principal, porquanto haveria obrigações acessórias autônomas e obrigação principal tributária (RE 250844/SP). A posição encontra respaldo na doutrina de Luciano Amaro, para o qual "a acessoriedade da obrigação dita 'acessória' não significa (como se poderia supor, à vista do princípio geral de que o acessório segue o principal) que a obrigação tributária assim qualificada dependa da existência de uma obrigação principal à qual necessariamente se subordine. As obrigações tributárias acessórias (ou formais ou, ainda, instrumentais) objetivam dar meios à fiscalização tributária para que esta investigue e controle o recolhimento de tributos (obrigação principal) a que o próprio sujeito passivo da obrigação acessória, ou outra pessoa, esteja, ou possa estar, submetido. Compreendem as obrigações de emitir documentos fiscais, de escriturar livros, de entregar declarações, de não embaraçar a fiscalização etc.". (AMARO, Luciano. Direito tributário. São Paulo: Saraiva, 1999, p.235).

Item II: O entendimento exposto na questão está correto, a exemplo do que ocorre com a imunidade recíproca. Segundo entendimento pacífico do Supremo Tribunal Federal, a imunidade tributária recíproca aplica-se tão somente às hipóteses em que o ente político seja contribuinte direto dos impostos, e não meramente contribuinte de fato, sendo que, nestes casos, deverá arcar com a repercussão financeira do imposto indireto. Neste sentido: "(...) 1. A jurisprudência do Supremo Tribunal Federal, que me parece juridicamente correta, entende que o Município não é contribuinte de direito do ICMS sobre serviços de energia elétrica, por isso não se aplica a imunidade tributária recíproca Constante na alínea "a" do inciso VI do art. 150 da Constituição Federal. Precedentes. 2. Agravo regimental desprovido. (STF, AI 844401, Rel. Min. Carlos Ayres Britto, p. 19/12/2011)". É que o contribuinte de fato, na verdade, não realiza o fato gerador do tributo, não sendo ele a pessoa cadastrada e tida como contribuinte perante o Fisco. Assim, muito embora haja repercussão econômica do tributo em relação ao contribuinte de fato, este não faz o fato gerador e, portanto, não poderá gozar da imunidade. Se um Município compra merenda escolar numa licitação, os produtos adquiridos no certame têm, na sua planilha de custo, o tributo ICMS embutido, que é suportado indiretamente pelo município, mas tem como contribuinte cadastrado no Estado a empresa que venceu a licitação e não o Município.

Item III: A imunidade, como regra de competência negativa, deve alcançar as situações específicas delimitadas pelo próprio texto constitucional, pois, nesse contexto, se compatibiliza com os demais princípios que a Constituição consagrou. Tal regra foi repetida pelo Constituinte, conforme previsto no art. 150, VI, "c" da Constituição Federal de 1988. Nesse sentido, para o Supremo Tribunal Federal, as entidades fechadas de previdência privada não se caracterizam como de caráter eminentemente social, não fazendo jus à imunidade constitucional na hipótese de existência de contraprestação, vale dizer, cobrança de contribuições de seus beneficiários, nos termos da Súmula nº 730 da própria Corte e de inúmeros outros precedentes (RE 165.460, Rel. Min. Sydney Sanches, 1ª Turma, DJ 19.9.1997; RE 102.542, Rel. Min. Djaci Falcão, 2ª Turma, DJ 27.9.1985; RE-AgR 593.550, Rel. Min. Eros Grau, 2ª Turma, DJe 27.2.2009; e AI-AgR 767.152, Rel. Min. Carmen Lúcia, 1ª Turma, DJe 5.2.2010).

Item IV: De fato, o Supremo Tribunal Federal firmou jurisprudência no sentido de que a imunidade recíproca se aplica aos entes que prestam serviços públicos em regime de monopólio. Foi o que ocorreu no julgamento dos Correios, conforme Ementa do RE nº 407.099/RS: A Empresa Brasileira de Correios e Telégrafos – ECT está abrangida pela imunidade tributária prevista no art. 150, VI, "a", da CF, haja vista tratar-se de prestadora d serviço público de prestação obrigatória e exclusiva do Estado [...] Com base nesse entendimento, a Turma reformou acórdão do TRF da 4ª Região que, em sede de embargos à execução opostos por Município, entendera que a atual Constituição não concedera tal privilégio às empresas públicas, tendo em conta não ser possível o reconhecimento de que o art. 12 do Decreto-Lei 509/69 garanta o citado benefício à ECT).

Em julgados posteriores, respectivamente em 2007 (RE 363412) e 2011 (RE 265749), através de sua 2ª Turma, o STF estendeu a imunidade tributária recíproca à Infraero (empresa pública federal) e à Codesp (sociedade de economia mista) que administra, em regime de monopólio, por delegação, os portos no estado de São Paulo. Decidiu o Pretório Excelso, em ambos os casos, sob a relatoria do Ministro Celso de Mello:

A INFRAERO, que é empresa pública, executa, como atividade-fim, em regime de monopólio, serviços de infraestrutura aeroportuária constitucionalmente outorgados à União Federal, qualificando-se, em razão de sua específica destinação institucional, como entidade delegatária dos serviços públicos a que se refere o art. 21, inciso XII, alínea 'c', da Lei Fundamental, o que exclui essa empresa governamental, em matéria de impostos, por efeito da imunidade tributária recíproca (CF, art. 150, VI, 'a'), do poder de tributar dos entes políticos em geral. Consequente inexigibilidade, por parte do Município tributante do ISS referente às atividades executadas pela INFRAERO na prestação dos serviços públicos de infraestrutura aeroportuária e daquelas necessárias à realização dessa atividade. [...] A submissão ao regime jurídico das empresas do setor privado, inclusive quanto aos direitos e obrigações tributárias, somente se justifica, como consectário natural do postulado da livre concorrência (CF, art. 1701, IV), se e quando as empresas governamentais explorarem atividade econômica em sentido estrito, não se aplicando, por isso mesmo, a disciplina prevista no art. 173, § 1º, da Constituição, às empresas públicas (caso da INFRAERO), às sociedades de economia mista e às suas subsidiárias que se qualifique como delegatárias de serviços públicos.

A CODESP, que é sociedade de economia mista, executa, como atividade-fim, em regime de monopólio, serviços de administração de porto marítimo constitucionalmente outorgados à União Federal, qualificando-se, em razão de sua específica destinação institucional, como entidade delegatária dos serviços públicos a que se refere o art. 21, inciso XII. Alínea f, da Lei Fundamental, o que exclui essa empresa governamental, em matéria de impostos, por efeito da imunidade tributária recíproca (CF, art. 150, VI, a), do poder de tributar dos entes políticos em geral, inclusive o dos Municípios. (Celso de Mello apud Paulsen, 2013, p. 103).

Alternativa correta: letra "c":

---

68. (FURMARC – Procurador do Estado – MG/ 2012) Assinale a alternativa correta quanto à Imunidade tributária:

a) Alcança apenas aos impostos;

b) Aplica-se ao imposto sobre operações relativas à circulação de mercadorias e sobre prestações de serviços de transporte interestadual e intermunicipal e de comunicação (ICMS) apenas na exportação de mercadorias industrializadas;

c) Aplica-se se ao imposto sobre operações relativas à circulação de mercadorias e sobre prestações de serviços de transporte interestadual e intermunicipal e de comunicação (ICMS sobre o ouro apenas se for considerado instrumento cambial;

d) Aplica-se ao imposto sobre produtos industrializados (IPI) na importação e exportação de produtos industrializados oriundos ou destinados ao exterior;

e) Aplica-se aos impostos incidentes sobre os templos de qualquer culto; limitada ao patrimônio, renda e os serviços relacionados com suas finalidades essenciais.

COMENTÁRIOS

✪ **Nota dos autores:** A imunidade é uma limitação Constitucional ao Poder de Tributar que corresponde a uma hipótese de incompetência das pessoas políticas para instituir tributos, ou seja, é norma constitucional que afasta a tributação. Em outras palavras, é hipótese de não incidência constitucionalmente qualificada.

Alternativa "a": Está incorreta, pois a CF apresenta imunidade de taxas (art. 5º, XXXIV), impostos (art. 150, VI) e contribuições sociais (art. 195, § 7º). **Cuidado:** O art. 150, VI que está limitado à espécie "imposto".

Alternativa "b": A imunidade específica do ICMS nas exportações não está adstrita apenas às mercadorias industrializadas. O § 2º do art. 155, inciso X, alínea "a" da CF, dispõe que o ICMS não incidirá: "a) sobre operações que destinem mercadorias para o exterior, nem sobre serviços prestados a destinatários no exterior, assegurada a manutenção e o aproveitamento do montante do imposto cobrado nas operações e prestações anteriores". Logo, o erro está na palavra "apenas".

Alternativa "c": A imunidade específica do ICMS prevista no § 2º do art. 155, inciso X, alínea "c" da CF prevê a não incidência sobre o ouro como ativo financeiro ou instrumento cambial. A assertiva menciona a palavra "apenas", tornando-a incorreta.

Alternativa "d": O IPI não incidirá sobre produtos industrializados destinados ao exterior. Essa é a imunidade específica do IPI prevista no art. 153, § 3º, inciso III da CF. O erro da assertiva é mencionar a aplicação na "importação".

Alternativa "e": É a denominada imunidade religiosa prevista no art. 150, VI, "b" **da CF que** tem como escopo proteger o direito de culto dos cidadãos. Trata-se de imunidade que não se limita aos templos de qualquer culto, mas alcança toda a entidade religiosa. O § 4º do art.150 do Texto Constitucional limita a aludida imunidade ao patrimônio, renda e os serviços relacionados com as finalidades essenciais da atividade religiosa.

Alternativa correta: letra "e".

---

69. (Cespe – Procurador do Estado – BA/2014) Com relação à imunidade, julgue os itens que se seguem.

I. A imunidade tributária recíproca não é extensiva às empresas públicas.

COMENTÁRIOS

✪ **Nota dos autores:** A assertiva abordou tema polêmico sobre a imunidade e da forma como posta, a nosso sentir, poderia ter sido anulada. Isso porque, o enunciado da questão não deixou claro se a assertiva deveria ser respondida à luz da Constituição Federal ou da jurisprudência dos Tribunais Superiores.

A Constituição Federal preceitua que a imunidade recíproca alcança os entes políticos (União, Estados, DF e Municípios), sendo também extensível às autarquias e fundações públicas (CF, art. 150, VI, a e §§ 2º e 3º). Nada diz a respeito das empresas públicas. A jurisprudência por sua vez, em diversos julgados, deixa claro que em regra, a imunidade recíproca não alcança as empresas públicas e sociedades de economia mista. No entanto, quando estas prestam serviços públicos obrigatórios, exclusivos do Estado, a imunidade lhes é estendida (RE 407.099/RS – Caso clássico da imunidade dos Correios – ECT). **ERRADO**

II. As taxas são alcançadas pelas imunidades constitucionais previstas para as entidades de educação.

COMENTÁRIOS

O art. 150, inciso VI, "c" da CRFB/88, aplicável as entidades de educação, contempla tão somente os impostos. Não é extensível, portanto, às taxas. **ERRADO**

---

70. (FMP – Procurador do Estado – AC/2014) Analise as assertivas abaixo.

I. O Supremo Tribunal Federal pacificou entendimento de que as empresas públicas, estando submetidas ao regime de direito privado, não fazem jus à imunidade tributária recíproca, ainda que suas atividades contemplem exclusivamente serviços públicos de competência da União, adotando interpretação que privilegia a estrutura jurídico-formal das referidas empresas.

II- Por força de imunidade constitucionalmente prevista, os municípios não podem exigir quaisquer impostos das entidades sindicais de empregados e de empregadores.

III- As operações de transferência de imóveis desapropriados para fins de reforma agrária estão ao abrigo de imunidade no que concerne aos impostos federais, estaduais e municipais.

IV- Embora o tema ainda aguarde julgamento pelo rito da repercussão geral, o entendimento que atualmente predomina no Supremo Tribunal Federal é no sentido de que a imunidade recíproca alcança as entidades imunes apenas na qualidade de contribuintes de direito do Imposto sobre operações relativas à Circulação de Mercadorias e sobre prestações de Serviços de transporte interestadual e intermunicipal e de comunicação, mas não quando assumem a qualidade de contribuintes de fato.

Quais delas estão corretas?

a) Apenas as assertivas I e II estão corretas.

b) Apenas as assertivas II e III estão corretas.

c) Apenas as assertivas I e IV estão corretas.

d) Apenas as assertivas III e IV estão corretas.

COMENTÁRIOS

Item I: Está incorreto. Em regra, a imunidade recíproca não alcança as empresas públicas e sociedades de economia mista. No entanto, quando estas prestam serviços públicos obrigatórios, exclusivos do Estado, a imunidade lhes é estendida. Vejamos ementa sobre o tema: "Tributário. Imunidade recíproca. (...) Extensão. Empresa pública prestadora de serviço público. Precedentes da Suprema Corte. Já assentou a Suprema Corte que a norma do art. 150 VI, a, da CF alcança as empresas públicas prestadoras de serviço público, como é o caso da autora, que não se confunde com as empresas públicas que exercem atividade econômica em sentido estrito. Com isso, impõe-se o reconhecimento da imunidade tributária prevista no art. 150, VI, a, da CF." (ACO 959, Rel. Min. Menezes Direito, julgamento em 17-3-2008, Plenário, DJE de 16-5-2008.).

Item II: Está incorreto. A imunidade contempla apenas as entidades sindicais de empregados e não de empregadores. Confira o art. 150, VI, alínea "c" da CRFB/88: "c) patrimônio, renda ou serviços dos partidos políticos, inclusive suas fundações, das entidades sindicais dos trabalhadores, das instituições de educação e de assistência social, sem fins lucrativos, atendidos os requisitos da lei".

Item III: Correto. O art. 184, § 5º da CRFB/88 dispõe que "São isentas de impostos federais, estaduais e municipais as operações de transferência de imóveis desapropriados para fins de reforma agrária". Em verdade, não são "isentas", mas sim imunes, já que se trata de previsão constitucional.

Item IV: Correto. Vejamos uma ementa do julgado do STF que contempla o exposto na assertiva: "Ementa: Agravo regimental em recurso extraordinário com agravo. Imunidade pretendida pelo município na condição de contribuinte de fato. Impossibilidade. É pacífico o entendimento deste Supremo Tribunal Federal no sentido de que o município não pode ser beneficiário da imunidade recíproca nas operações em que figurar como contribuinte de fato. O repasse do ônus financeiro, típico dos tributos indiretos, não faz com que a condição jurídica ostentada pelo ente federativo na condição de sujeito passivo da relação jurídica tributária seja deslocada para a figura do consumidor da mercadoria ou serviço. Agravo regimental a que se nega provimento".(ARE 758886 AgR, Relator(a): Min. ROBERTO BARROSO, Primeira Turma, julgado em 09/04/2014, ACÓRDÃO ELETRÔNICO DJe-095 DIVULG 19-05-2014 PUBLIC 20-05-2014).

Alternativa correta: letra "d": Apenas as assertivas III e IV estão corretas.

3. SISTEMA TRIBUTÁRIO NACIONAL. COMPETÊNCIA TRIBUTÁRIA. NORMAS GERAIS DE DIREITO TRIBUTÁRIO

- CF, Título VI, Capítulo I, art. 145 ss; art. 177, § 4º; art. 195.
- CTN, arts. 6º a 15; Livro Segundo Título I, Capítulos I a III, arts. 96 a 106.

3.1. SISTEMA TRIBUTÁRIO NACIONAL

71. (FMP – Procurador do Estado – PGE – AC/2017) No que tange ao direito tributário, é CORRETO dizer que cabe à lei complementar

a) resolver eventuais conflitos de competência que possam surgir entre a União, os Estados, o Distrito Federal e os Municípios.

b) estabelecer as limitações ao poder de tributar votadas pelo Congresso Nacional, além daquelas já previstas na Constituição Federal.

c) explicitar a definição dos tributos e suas espécies, tão somente.

d) estabelecer o teto máximo das multas tributárias.

e) determinar o percentual de partição das receitas tributárias entre os entes da federação.

COMENTÁRIOS

Alternativa "a": Assertiva em conformidade com o teor do art. 146, inciso I, da CRFB/88: "Art. 146. Cabe à lei complementar: I – dispor sobre conflitos de competência, em matéria tributária, entre a União, os Estados, o Distrito Federal e os Municípios".

Alternativa "b": Incorreto. O art. 146, inciso II da CRFB/88 dispõe que: "Art. 146. Cabe à lei complementar: (...) II – regular as limitações constitucionais ao poder de tributar". Portanto, a Constituição Federal estabelece as limitações constitucionais ao poder de tributar e a lei complementar irá regular a referida matéria. Não cabe à lei complementar "estabelecer as limitações ao poder de tributar".

Alternativa "c": Incorreto. Não apenas a definição dos tributos e suas espécies. Confira: "Art. 146. Cabe à lei complementar: (...) III – estabelecer normas gerais em matéria de legislação tributária, especialmente sobre: a) definição de tributos e de suas espécies, bem como, em relação aos impostos discriminados nesta Constituição, a dos respectivos fatos geradores, bases de cálculo e contribuintes".

Alternativa "d": Não há qualquer referência constitucional atribuindo à lei complementar o estabelecimento do teto máximo das multas tributárias. Esse tema tem sido decidido pelo Judiciário, com base no princípio que veda o efeito confiscatório nas cobranças tributárias. Por outro lado, vale registrar que a disciplina normativa acerca das multas é veiculada por lei ordinária, por força do art. 97, V, do CTN.

Alternativa "e": A repartição das receitas tributárias é tema de sede constitucional e está prevista nos artigos 157 a 162 da Carta Constitucional.

Alternativa correta: letra "a".

72. (PGE/PA – Procurador do Estado – PA/ 2009) No que se refere ao Sistema Constitucional Tributário, é INCORRETO afirmar:

a) As limitações ao poder de tributar são consideradas cláusulas pétreas, por isso insuscetíveis de supressão ou excepcionalização, mesmo que por Emenda Constitucional.

b) A legalidade constitucional constitui garantia fundamental do contribuinte, contudo a própria Constituição permite exceções como a alterações de alíquotas do ICMS pelo Poder Executivo.

c) As medidas provisórias, tendo força de lei, são aptas a instituição ou majoração de tributos para as quais se faça necessária lei ordinária, devendo ser submetidas, de imediato, ao Congresso Nacional.

d) Os tributos em geral submetem-se cumulativamente à anterioridade de exercício e à anterioridade mínima de 90 (noventa) dias, estabelecidas pela Constituição Federal, enquanto as contribuições da seguridade social submetem-se exclusivamente à anterioridade nonagesimal.

COMENTÁRIOS

Alternativa "a": Os princípios e as imunidades são considerados como limitações constitucionais ao poder de tributar. Diversas limitações constitucionais foram consideradas como cláusulas pétreas pelo STF, a exemplo do Princípio da anterioridade (art. 150, III, "b" e "c" CF), que veda a cobrança de tributos no mesmo exercício financeiro em que haja sido publicada a lei que os instituiu ou aumentou (ADIN 939-7 DF).

Alternativa "b": A questão está incorreta, pois a Constituição Federal não excepciona o Princípio da legalidade no que tange a alterações de alíquotas do ICMS pelo Poder Executivo. O Presidente da República pode, mediante decreto, *majorar ou reduzir (e não instituir)* as alíquotas dos seguintes tributos: Imposto de Importação – II; Imposto de exportação – IE; Imposto sobre produtos industrializados – IPI; Imposto sobre operações financeiras – IOF; ICMS – combustível e CIDE – Combustível.

Alternativa "c": A medida provisória pode fazer, em regra, o que lei ordinária pode fazer. Logo, se lei ordinária pode instituir tributo, medida provisória também pode. E ela segue o trâmite normal previsto no art. 62 quanto institui ou majora tributo, não se limitando a apenas iniciar o processo legislativo. Lembre-se que medida provisória não pode versar sobre matéria objeto de Lei Complementar (art. 62, § 1º, III da CF).

Alternativa "d": Os tributos em geral, salvo exceções descritas no art. 150, § 1º da CF, estão submetidos simultaneamente aos princípios da anterioridade anual e nonagesimal. As contribuições da seguridade social, por sua vez, submetem-se exclusivamente à anterioridade nonagesimal nos termos do art. 195, § 6º da CF.

Alternativa incorreta: letra "b".

---

73. (FMP – Procurador do Estado – AC/ 2012) Assinale a alternativa correta.

a) Mediante lei complementar, a União poderá instituir empréstimos compulsórios para atender despesas extraordinárias decorrentes de guerra externa ou sua iminência.

b) Somente a União pode cobrar contribuição de melhoria em razão de obras públicas.

c) Taxas, de acordo com o Código Tributário Nacional (CTN), podem ser cobradas em razão da prestação serviços públicos específicos e indivisíveis.

d) De acordo com a Constituição Federal, a União pode instituir, desde que por lei complementar, impostos extraordinários compreendidos ou não em sua competência tributária.

COMENTÁRIOS

✪ **Nota dos autores:** Sobre o tema objeto da assertiva correta, relembre-se que, em regra, os tributos serão veiculados por lei ordinária, sendo, porém, instituídos por lei complementar em quatro hipóteses: I) impostos sobre grandes fortunas; II) impostos residuais da União; III) contribuições residuais da seguridade social e IV) empréstimos compulsórios.

Alternativa "a": Os empréstimos compulsórios, de competência da União, só poderão ser instituídos por lei complementar, e em situações específicos, sendo a guerra externa ou sua iminência uma delas. Esse é o teor do art. 148 da Carta Maior, nos seguintes termos: A União, mediante lei complementar, poderá instituir empréstimos compulsórios: I – para atender a despesas extraordinárias, decorrentes de calamidade pública, de guerra externa ou sua iminência; II – no caso de investimento público de caráter urgente e de relevante interesse nacional, observado o disposto no art. 150, III, "b".

Alternativa "b": a competência para instituição da contribuição de melhoria é comum a todos os entes políticos (art. 145, III da CF c/c art. 81 do CTN).

Alternativa "c": Existem dois tipos de taxas: i) taxas de fiscalização e ii) taxas de serviço público específico e divisível. Segundo o artigo 77 do CTN, as taxas têm como fato gerador o exercício regular do poder de polícia, ou a utilização, efetiva ou potencial, de serviço público específico e divisível, prestado ao contribuinte ou posto à sua disposição. O erro da assertiva foi mencionar que a taxa de serviço é indivisível, quando na verdade é divisível. Serviços indivisíveis são custeados com os recursos dos impostos.

Alternativa "d": Os impostos extraordinários, previstos no art. 154, inciso II da CRFB são de competência da União e serão veiculados por lei ordinária, não exigindo, para tanto, lei complementar. Diferentemente, o empréstimo compulsório para guerra externa exige sempre lei complementar.

Alternativa correta: letra "a".

---

74. (UEPA – Procurador do Estado – PA/ 2012) Analise as proposições a seguir:

I. O Supremo Tribunal Federal entende que, excepcionalmente, o legislador poderá instituir tributos como sanção de ato ilícito.

II. As multas pelo descumprimento da legislação tributária, embora não constituindo tributos, são consideradas obrigação tributária principal ao lado dos tributos, o que permite que ambos sejam submetidos ao mesmo regime de constituição, decisão administrativa, inscrição em dívida ativa e execução.

III. Ao adotar o princípio da capacidade contributiva e a vedação ao confisco, a Constituição de 1988 explicitamente deixou de receber o conceito de tributo do Art. 3º do Código Tributário nacional.

IV. O crédito tributário regularmente constituído somente se modifica ou se extingue, ou tem sua exigibilidade suspensa ou excluída, nos casos previstos no Código Tributário Nacional, fora dos quais não podem ser dispensadas a sua efetivação e as respectivas garantias, sob pena de responsabilidade funcional.

De acordo com as proposições apresentadas, estão CORRETAS:

a) I e II
b) I e III
c) II e III
d) II, III e IV
e) II e IV

COMENTÁRIOS

✪ **Nota dos autores:** Seguindo a linha das provas mais recentes da Procuradoria Geral do Estado do Pará, a questão aborda assuntos que exigem dos candidatos conhecimentos aprofundados da jurisprudência superior e da "lei seca".

Item I: Errado. Conforme é cediço, o tributo não deve se constituir em sanção de ato ilícito, a teor do quanto disposto no art. 3º do Código Tributário Nacional. Este entendimento é referendado pela jurisprudência do Supremo Tribunal Federal, que tem sido firme no sentido de que o tributo, em nenhuma hipótese, pode se constituir como penalidade de uma situação ilícita, conforme disposto no RE 94001/SP. Dúvida poderia surgir com relação à multa, mas esta, ao contrário do tributo, tem por função precípua ser uma reprimenda a uma conduta irregular de um indivíduo e, cumpre relembrar, multa não é tributo.

Item II: Alternativa correta. Apesar de ambas (multa e tributo) serem consideradas como receitas derivadas, a multa é, por definição, justamente o que o tributo, também por definição, está proibido de ser: uma sanção. Entretanto, a multa também pode ser considerada obrigação principal, sendo submetida, consequentemente, ao mesmo regime de formalização e cobrança dos tributos. É que, como multa e tributo consistem em obrigação de "dar", ambas fazem parte do conceito de obrigação tributária principal e, conforme se depreende de autos de infração, a multa segue todo o trâmite de cobrança dos tributos.

Item III: A assertiva está equivocada. Apesar de eventuais críticas doutrinárias à sua redação deficiente, pode-se afirmar que o art. 3º do Código Tributário Nacional foi devidamente recepcionado pela Constituição Federal de 1988, não sendo correto o entendimento de que o princípio da capacidade contributiva e a vedação do confisco tenham permitido a não recepção explícita do conceito de tributo previsto no citado diploma tributário. Antes, e ao contrário, referidos princípios servem de norte para a própria performação dos tributos. Em nenhum momento há qualquer referência à capacidade contributiva e à vedação ao confisco no conceito de tributo.

Item IV: Trata-se da redação literal do art. 141 do Código Tributário Nacional, que prevê a inalterabilidade do crédito tributário – ou seja, a rigor, não será suspenso, excluído, extinto ou modificado – salvo nas hipóteses previstas no próprio diploma, tais como parcelamento, pagamento, remissão, moratória etc.

Alternativa correta: letra "e": itens II e IV.

75. (PGE-GO – Procurador do Estado – GO/ 2013) Sobre o Sistema Tributário Nacional, está CORRETA a seguinte proposição:

a) As limitações ao poder de tributação estão especificadas única e exclusivamente na seção constitucional "Das Limitações do Poder de Tributar".
b) As limitações ao poder de tributação do Estado não sofrem qualquer tipo de restrição material quanto à reforma constitucional, desde que atendidos os pressupostos formais e circunstanciais pertinentes.
c) A União pode, em regra, criar isenção heterônoma.
d) Conquanto tenham natureza diversa de tributo, as multas estão abarcadas, segundo forte entendimento doutrinário e jurisprudencial, pelo princípio da vedação ao confisco.
e) É de competência legiferante estadual o imposto sobre a transmissão gratuita, onerosa e causa mortis, de quaisquer bens ou direitos.

COMENTÁRIOS

✪ **Nota dos autores:** A questão é ampla e envolve conhecimento geral do direito tributário. O estudante que conhece os institutos da disciplina e está atualizado com jurisprudência, não se deixa levar pelos erros das assertivas.

Alternativa "a": As limitações ao poder de tributação não estão especificadas apenas na seção constitucional "Das Limitações do Poder de Tributar" (Seção II do Capítulo I do Título VI da CF). A CF está prenhe de artigos que tratam das limitações ao poder de tributar, sobretudo no seu Título II, que trata "Dos direitos e das garantias fundamentais". Para além disso, outras normas tributárias fora da Seção II constituem-se em verdadeiras limitações ao poder de tributar, tais como: Princípio da Não Cumulatividade (art. 155, § 2º, I da CF; art. 153, § 3º, II, art. 154, I da CF); Princípio da não afetação dos impostos (art. 167, inciso IV da Carta Magna); Princípio da capacidade contributiva (§ 1º do art. 145), dentre outros.

Alternativa "b": As limitações ao poder de tributação do Estado sofrem sim restrições materiais quanto à reforma constitucional. Diversos princípios tributários são cláusulas pétreas, e, por isso, imodificáveis. Exemplo disso é o princípio da anterioridade que foi considerado cláusula pétrea segundo o STF (ADI 939).

Alternativa "c": A isenção é forma de exclusão do crédito tributário. Apenas pode conceder isenção quem tem o poder de tributação (isenção autônoma ou autonômica).

Recorde-se que o princípio da vedação às isenções heterônomas (art. 151, III da CF), corolário do pacto federativo, apregoa ser o poder de isentar ínsito ao poder de tributar. Assim, a **criação de isenção heterônoma pela União é exceção e não a regra. Exemplo excepcional é quanto à possibilidade da União conceder através de lei complementar isenção heterônoma do ISS nas exportações de serviços para o exterior (art. 156,** § 3º, inciso II da CRFB). No que concerne à concessão de isenções de tributos estaduais e municipais pela União no bojo de tratados internacionais, vale salientar que, de acordo com o STF, tal hipótese, apesar de possível, não se caracteriza como uma isenção heterônoma (RE 229.096/RS).

Alternativa "d": As multas, segundo forte entendimento doutrinário e jurisprudencial, **estão sim adstritas ao princípio da vedação ao confisco. Confira**: "É cabível, em sede de controle normativo abstrato, a possibilidade de o Supremo Tribunal Federal examinar se determinado tributo ofende, ou não, o princípio constitucional da não confiscatoriedade consagrado no art. 150, IV, da Constituição da República. Hipótese que versa o exame de diploma legislativo (Lei 8.846/94, art. 3º e seu parágrafo único) que instituiu multa fiscal de 300% (trezentos por cento). A proibição constitucional do confisco em matéria tributária – ainda que se trate de multa fiscal resultante do inadimplemento, pelo contribuinte, de suas obrigações tributárias – nada mais representa senão a interdição, pela Carta Política, de qualquer pretensão governamental que possa conduzir, no campo da fiscalidade, à injusta apropriação estatal, no todo ou em parte, do patrimônio ou dos rendimentos dos contribuintes, comprometendo-lhes, pela insuportabilidade da carga tributária, o exercício do direito a uma existência digna, ou a prática de atividade profissional lícita ou, ainda, a regular satisfação de suas necessidades vitais básicas. O Poder Público, especialmente em sede de tributação (mesmo tratando-se da definição do quantum pertinente ao valor das multas fiscais), não pode agir imoderadamente, pois a atividade governamental acha-se essencialmente condicionada pelo princípio da razoabilidade que se qualifica como verdadeiro parâmetro de aferição da constitucionalidade material dos atos estatais." (ADI 1.075-MC, Rel. Min. Celso de Mello, julgamento em 17-6-98, DJ de 24-11-06).

Alternativa "e": É de competência legiferante estadual o imposto sobre a transmissão gratuita (doação) e causa mortis, de quaisquer bens ou direitos (ITCMD). A transmissão onerosa de bens imóveis compete ao município através do ITBI ou ITIV (Imposto sobre transmissão *inter vivos*, a qualquer título, por ato oneroso, de bens imóveis, por natureza ou acessão física, e de direitos reais sobre imóveis, exceto os de garantia, bem como cessão de direitos a sua aquisição).

Alternativa correta: letra "d".

---

76. (FMP – Procurador do Estado – AC/2014) Dadas as assertivas abaixo, assinale a alternativa correta.

a) Dentre as fontes do Direito Tributário, destaca-se o papel da lei complementar, espécie legislativa que deve regular o fato gerador, os contribuintes e a base de cálculo de todos os tributos discriminados na Constituição Federal.

b) Embora o Sistema Constitucional Tributário estabeleça a competência dos entes públicos para instituir impostos, é certo afirmar que os municípios podem delegar a instituição da contribuição para custeio da iluminação pública aos Estados-membros onde estiverem situados, sempre que a medida atender ao princípio da uniformidade tributária.

c) Compete ao Senado Federal, mediante a edição de decreto legislativo, estabelecer as alíquotas aplicáveis nas operações interestaduais sujeitas ao Imposto sobre operações relativas à Circulação de Mercadorias e sobre prestações de Serviços de transporte interestadual e intermunicipal e de comunicação.

d) A lei ordinária é instrumento de imposição tributária por excelência, tanto que, ressalvadas as exceções postas na Constituição Federal, os impostos federais são instituídos por meio da referida espécie legislativa.

COMENTÁRIOS

Alternativa "a": A lei complementar tem importância inegável na definição de diversos aspectos da incidência tributária, em especial, no estabelecimento de normas gerais. Nesse sentido é o teor do art. 146, inciso III, alínea "a" da CRFB/88: "Art. 146. Cabe à lei complementar: (...) III – estabelecer normas gerais em matéria de legislação tributária, especialmente sobre: a) definição de tributos e de suas espécies, bem como, em relação aos impostos discriminados nesta Constituição, a dos respectivos fatos geradores, bases de cálculo e contribuintes. O erro da questão está no detalhe: observe que a alínea "a" fala em impostos, enquanto a assertiva traz o termo genérico "tributos".

Alternativa "b": Não é verdade. Competência tributária é indelegável e indisponível. Apenas o município e o distrito federal possuem competência para instituir a contribuição para custeio da iluminação pública (CIP ou COSIP) nos termos do art. 149-A da Carta Magna: "Art. 149-A Os Municípios e o Distrito Federal poderão instituir contribuição, na forma das respectivas leis, para o custeio do serviço de iluminação pública, observado o disposto no art. 150, I e III". Sobre o tema, lembre-se ainda do que preceitua o art. 7º do CTN: "Art. 7º A competência tributária é indelegável, salvo atribuição das funções de arrecadar ou fiscalizar tributos, ou de executar leis, serviços, atos ou decisões administrativas em matéria tributária, conferida por uma pessoa jurídica de direito público a outra, nos termos do § 3º do artigo 18 da Constituição".

Alternativa "c": Será através de resolução do Senado Federal nos termos do art. 155, § 2º, inciso IV, da CRFB/88: "IV – resolução do Senado Federal, de iniciativa do Presidente da República ou de um terço dos Senadores, aprovada pela maioria absoluta de seus membros, estabelecerá as alíquotas aplicáveis às operações e prestações, interestaduais e de exportação".

Alternativa "d": Com efeito, a lei ordinária é principal instrumento normativo de imposição tributária. Apenas em quatro hipóteses haverá veiculação de tributos via lei complementar: (i) Empréstimos compulsórios (art. 148, I e II, da CF); (ii) Imposto sobre grandes fortunas (art. 153, VII, da CF); (iii) Impostos residuais (art. 154, I da CF) e (iv) Contribuições residuais da seguridade social (art. 195, § 4°, CF).

Alternativa correta: letra "d".

3.2. COMPETÊNCIA TRIBUTÁRIA

77. (Cespe – Procurador do Estado – PGE – AL/2021) Se o não uso da faixa de atribuições fosse perecível, o próprio Texto Supremo ficaria comprometido, posto na contingência de ir perdendo parcelas de seu vulto, à medida que o tempo fluísse e os poderes recebidos pelas pessoas políticas não viessem a ser acionados, por qualquer razão histórica que se queira imaginar. Paulo de Barros Carvalho. Curso de direito tributário. 30.a ed. São Paulo: Saraiva, 2019.

A característica da competência tributária abordada no texto apresentado diz respeito ao fato de ela ser

a) indelegável.
b) privativa.
c) de exercício facultativo.
d) irrenunciável.
e) incaducável.

COMENTÁRIOS

Alternativa "a": A alternativa está errada, por não ter relação com a possibilidade de delegação das atribuições de arrecadar e fiscalizar tributos. Sobre o tema, vejamos o disposto no art. 7º do CTN: "A competência tributária é indelegável, salvo atribuição das funções de arrecadar ou fiscalizar tributos, ou de executar leis, serviços, atos ou decisões administrativas em matéria tributária, conferida por uma pessoa jurídica de direito público a outra, nos termos do § 3º do artigo 18 da Constituição."

Alternativa "b": Privativa diz respeito a competência exclusiva de cada ente federativo quanto à instituição dos tributos. As competências estão dispostas de forma rígida na CF, de modo que os entes não poderão instituir qualquer outro tributo, a não ser os delimitados na CF (arts. 153; art. 155; arts. 156 e 147, parte final, CF; art. 148 CF, art. 149, caput CF; art. 149, § 1º, CF; art. 149-A).

Alternativa "c": A assertiva não diz respeito à facultatividade, pois o não exercício da competência não tem relação com a sua perda com o tempo. A facultatividade é, sim, característica da competência, dado que a Constituição não obriga o seu exercício. Entretanto, vale pontuar, o não exercício da competência possui repercussões no âmbito do direito financeiro, conforme preceitua o art. 11 da Lei de Responsabilidade Fiscal: "Art. 11. Constituem requisitos essenciais da responsabilidade na gestão fiscal a instituição, previsão e efetiva arrecadação de todos os tributos da competência constitucional do ente da Federação; Parágrafo único. É vedada a realização de transferências voluntárias para o ente que não observe o disposto no caput, no que se refere aos impostos."

Alternativa "d": A irrenunciabilidade é uma das características da competência tributária. Diz respeito a impossibilidade de se dispensar a aptidão conferida pelo Texto Constitucional aos entes políticos para criação dos tributos. Entretanto, o enunciado da questão aborda o fato dela ser imperecível e não irrenunciável.

Alternativa "e": A característica da competência tributária abordada diz respeito ao fato de ela ser incaducável. Note que o doutrinador fala que o seu não uso não implica na sua perda paulatina, no seu perecimento. O fundamento legal encontra-se no art. 8º do CTN: "O não exercício da competência tributária não a defere a pessoa jurídica de direito público diversa daquela a que a Constituição a tenha atribuído." A faculdade de criar o tributo não se exaure pelo não exercício no decurso do tempo. Se um município, por exemplo, não exerceu sua prerrogativa de criar uma contribuição de melhoria por um longo período de tempo, isso não implica que não poderá fazê-lo no futuro, já que tal aptidão não caducará.

Alternativa correta: letra "e".

78. (Vunesp – Procurador do Estado – PGE – SP/2018) Estado AB cria imposto sobre o valor das operações internas de circulação de mercadorias que ultrapassar o preço nacional médio do mesmo produto, conforme divulgado pela Administração Tributária local. Considerada a situação hipotética apresentada, e com base na Constituição Federal, assinale a alternativa correta.

a) O imposto é inconstitucional porque o Estado AB não tem competência residual para instituir tributos.
b) O imposto é constitucional por ser de competência tributária especial dos Estados para criar tributos com a finalidade de corrigir distorções concorrenciais, tendo como fato gerador e base de cálculo o desequilíbrio e o respectivo valor.
c) O imposto é constitucional, pois decorre da competência tributária residual do Estado para prevenir distorções concorrenciais, tendo por base de cálculo o valor do desequilíbrio concorrencial.
d) O imposto é inconstitucional porque, embora o Estado AB possa instituir tributo para corrigir distorções concorrenciais, a base de cálculo do novo tributo é própria do ICMS.
e) O imposto é inconstitucional porque, embora o Estado AB possa instituir tributo para corrigir distorções concorrenciais, está baseado em pauta fiscal, vedada pela Constituição Federal.

COMENTÁRIOS

Alternativa "a": Como se percebe da assertiva, o Estado criou imposto sobre fato gerador novo, não previsto na Constituição Federal. Sendo assim, trata-se de exercício da competência residual, o que é vedado pela Constituição. Vejamos, para tanto, o seu Art. 154. "A União poderá instituir: I – mediante lei complementar, impostos não previstos no artigo anterior, desde que sejam não cumulativos e não tenham fato gerador ou base de cálculo próprios dos discriminados nesta Constituição". Portanto, só a União tem competência residual para novos impostos.

Alternativas "b", "c", "d" e "e": Todas as demais assertivas padecem do mesmo erro, em claro confronto à redação do art. 154 acima posta.

Alternativa correta: letra "a".

79. (FMP – Procurador do Estado - PGE - AC/2017) Em referência à delegação de competência tributária assinale a alternativa CORRETA.

a) É possível delegar a competência tributária uma vez ao ano, por ocasião da produção da lei orçamentária.

b) As funções de fiscalização e arrecadação dos tributos podem ser delegadas, e também a produção de normas para definição dos tributos a serem arrecadados.

c) Somente a função de produção de normas tributárias pode ser delegada de um ente para outro.

d) Somente a prerrogativa de fiscalizar os tributos pode ser delegada.

e) Nenhuma das alternativas acima está correta.

COMENTÁRIOS

✪ **Nota dos autores**: Sobre o tema, confira o teor do art. 7º do CTN: "A competência tributária é indelegável, salvo atribuição das funções de arrecadar ou fiscalizar tributos, ou de executar leis, serviços, atos ou decisões administrativas em matéria tributária, conferida por uma pessoa jurídica de direito público a outra."

Alternativa "a": Competência tributária é indelegável (art. 7º do CTN). Apenas as funções de fiscalização e arrecadação dos tributos podem ser delegadas (capacidade tributária ativa). Ademais, a lei orçamentária não pode conter qualquer tema alheio às receitas e às despesas, por força do princípio da exclusividade (art. 165, § 8º da CF/88).

Alternativa "b": As funções de fiscalização e arrecadação dos tributos podem ser delegadas. A produção de normas para definição dos tributos a serem arrecadados não pode ser delegada.

Alternativa "c": É justamente tal função que não pode ser delegada. A Competência tributária (aptidão para produzir normas para definição dos tributos) é indelegável (art. 7º do CTN).

Alternativa "d": As funções de fiscalização e arrecadação dos tributos podem ser delegadas.

Alternativa "e": Nenhuma das alternativas acima está correta.

Alternativa correta: letra "e".

80. (FMP – Procurador do Estado - PGE - AC/2017) Analise as assertivas abaixo, regras para instituição de impostos, e marque a CORRETA.

a) O fato gerador da obrigação deve configurar uma situação que independa de uma atividade estatal especifica relativa ao contribuinte.

b) O imposto deve estar previsto na Constituição Federal ou ser instituído com base na competência residual da União, dentro das limitações constitucionais impostas, podendo ser, em razão disso, instituído por lei ordinária.

c) O imposto instituído com base na competência residual da União pode inclusive ter o mesmo fato gerador dos demais discriminados na Constituição, se a destinação for outra.

d) Quando a base de cálculo de dois impostos se sobrepõe, a solução jurídica é a aplicação da maior alíquota, dividida entre os dois tributos.

e) Todas as alternativas acima estão CORRETAS.

COMENTÁRIOS

Alternativa "a": Como a questão faz referência às regras para instituição de impostos, tem-se que a assertiva está em conformidade com o disposto no art. 16 do CTN: "Imposto é o tributo cuja obrigação tem por fato gerador uma situação independente de qualquer atividade estatal específica, relativa ao contribuinte".

Alternativa "b": A assertiva está correta até certo ponto. Seu erro está quando faz alusão à possibilidade de a competência residual da União ser exercida por meio de lei ordinária. Nesse item, tem-se que o imposto residual (ou novo) apenas poderá ser instituído por lei complementar. Confira o art. 154, inciso I, da CRFB/88: "Art. 154. A União poderá instituir: I – **mediante lei complementar**, impostos não previstos no artigo anterior, desde que sejam não cumulativos e não tenham fato gerador ou base de cálculo próprios dos discriminados nesta Constituição."

Alternativa "c": Incorreto. A União poderá instituir os impostos residuais desde que sejam não cumulativos e não tenham fato gerador ou base de cálculo próprios dos discriminados na Constituição. (art. 154, inciso I, da CRFB/88).

Alternativa "d": O tema não é solucionado com a facilidade que a assertiva apresenta. Há algumas hipóteses em que a base de cálculo de impostos se sobrepõem, inclusive com permissão constitucional, quando se dá com o IPI fazendo parte da base de cálculo do ICMS. A Constituição determina a sua exclusão na hipótese prevista no seu art. 155, § 2°, inciso XI, nos seguintes moldes: "Art. 155. § 2°., XI – não compreenderá, em sua base de cálculo, o montante do imposto sobre produtos industrializados, quando a operação, realizada entre contribuintes e relativa a produto destinado à industrialização ou à comercialização, configure fato gerador dos dois impostos". Em nenhum momento o legislador ou a jurisprudência previu a alternativa oferecida na assertiva.

Alternativa "e": A alternativa "a" é a correta.

Alternativa correta: letra "a".

81. (COPS – Procurador do Estado – PR/ 2011) Quanto ao exercício da competência tributária, é incorreto afirmar:

a) exceto no que diz respeito aos empréstimos compulsórios e aos impostos compreendidos na competência residual da União, os quais devem ser instituídos por lei complementar, todos os demais impostos, previstos no Sistema Constitucional Tributário, são instituídos por lei ordinária;

b) ao Distrito Federal cabem os impostos municipais;

c) os Estados não têm competência para tributar, por via de ICMS, as operações de exportação de mercadorias e serviços de transporte interestadual, intermunicipal e bem assim os serviços de comunicação;

d) dada a competência extraordinária da União para instituição de impostos, não se pode afirmar que as competências dos Estados e Municípios são privativas para instituição de impostos;

e) n. d. a.

COMENTÁRIOS

✪ **Nota dos autores:** Embora não seja de difícil compreensão, recomenda-se a leitura da assertiva "d" pois se afigura como complexa e ao mesmo tempo veiculadora de importantes informações.

Alternativa "a": O erro da assertiva está em não mencionar o Imposto sobre Grandes Fortunas como exceção, visto que este também é estabelecido por lei complementar.

Alternativa "b": Ao DF compreende a competência dos Estados e dos Municípios (art. 147, da CF).

Alternativa "c": A CF deu imunidade às operações que destinem mercadorias para o exterior e aos serviços prestados a destinatários no exterior (art. 155, § 2º, X, "a" da CF).

Alternativa "d": Trata-se de assertiva de difícil assimilação. De fato, como a União possui competência extraordinária para instituir impostos, compreendidos ou não em sua competência tributária, ela acaba tendo competência para instituir impostos municipais e estaduais, de modo que a competência destes entes não se torna mais privativa.

Alternativa correta letra "a".

82. (FCC – Procurador do Estado – MT/ 2011) Sobre competência tributária e capacidade tributária ativa, é correto afirmar:

a) A competência tributária é delegável por lei.

b) A capacidade tributária ativa indica o sujeito ativo da obrigação tributária principal.

c) O Código Tributário Nacional fixa as competências tributárias.

d) A capacidade tributária ativa é exclusiva do ente político definido na Constituição Federal.

e) Somente o ente político competente para instituir o tributo pode ser titular da capacidade tributária ativa.

COMENTÁRIOS

✪ **Nota dos autores:** A dica é não confundir capacidade tributária ativa com competência tributária. Na verdade, apenas a competência dá poderes para a criação do tributo. A capacidade adstringe-se à sua fiscalização e arrecadação. Esta é delegável a outras pessoas jurídicas de direito público, enquanto a primeira não.

Alternativa "a": Pelo art. 7º do CTN, a competência tributária é indelegável.

Alternativa "b": Pela redação do art. 119 do CTN, o sujeito ativo da obrigação é a pessoa jurídica de direito público titular da competência para exigir o seu cumprimento. Ora, se ter capacidade tributária ativa é poder cobrar o tributo, tal se iguala ao sujeito ativo da obrigação principal.

Alternativa "c": Compete à CF fixar as competências tributárias.

Alternativa "d": Pela redação do art. 7º do CTN, as atribuições de arrecadar e fiscalizar, atos delimitadores da capacidade tributária ativa, podem ser delegadas.

Alternativa "e": O ente competente para instituir o tributo pode delegar as atribuições de sua fiscalização e cobrança, ou seja, pode delegar a capacidade tributária (art. 7º do CTN).

Alternativa correta letra "b".

83. (Cespe – Procurador do Estado – PI/ 2008) A CF, ao disciplinar as competências tributárias das unidades da Federação, criou a competência residual. A respeito da competência tributária residual, assinale a opção correta.

a) A competência tributária residual é aquela que possibilita aos estados instituírem tributos já criados na esfera federal.

b) Esse tipo de competência rege a criação de tributos pela União na iminência de guerra externa.

c) A competência tributária residual tem origem no fato de ser possível a todas as unidades da Federação criar taxas.

d) A criação de novos tributos não previstos na CF depende de aprovação de lei complementar Federal.

e) A competência tributária residual é exclusiva da União, que pode criar tributos cumulativos.

COMENTÁRIOS

Alternativa "a": A competência tributária residual é apenas da União e só pode ser veiculada por lei complementar.

Alternativa "b": A alternativa tratou da competência extraordinária e não da residual. A CF previu, apenas para a União, a competência para criar imposto extraordinário de guerra, em casos de iminência ou guerra externa.

Alternativa "c": A competência tributária residual é apenas da União e só pode ser veiculada por lei complementar (criar novos impostos e contribuições sociais). No caso das taxas, trata-se de *competência comum*, ou seja, todos os entes poderão instituí-las.

Alternativa "d": A Competência Residual está prevista no art. 154, I e art. 195, § 4º, CF. Em que pese a competência privativa delimitar, com exaustão, o poder dos entes instituírem impostos, a CF determinou que **apenas a União pode, por lei complementar**, instituir novos impostos, desde que sejam não cumulativos e não tenham fato gerador ou base de cálculo próprios dos discriminados na CF. Igualmente, prevê que novas contribuições sociais apenas poderão ser criadas através do mesmo instrumento legal, qual seja, lei complementar.

Alternativa "e": A competência tributária residual é sim exclusiva da União, mas esta não pode criar tributos cumulativos. Confira os arts. 154, I e 195, § 4º, da CF.

Alternativa correta: letra "d".

---

84. (FCC – Procurador do Estado – SP/ 2009) Competência tributária.

I. É vedado à União instituir tributo que não seja uniforme em todo o território nacional, ou que implique distinção ou preferência em relação a Estado, ao Distrito Federal ou a Município, em detrimento de outro, admitida a concessão de incentivos fiscais a contribuintes hipossuficientes.

II. A competência legislativa dos Estados, em matéria tributária, é residual, podendo instituir outros impostos, além dos já previstos na Constituição Federal, desde que sejam não cumulativos e não tenham fato gerador ou base de cálculo próprios dos nela discriminados.

III. Inexistindo lei federal sobre normas gerais, os Estados exercerão sua competência legislativa plena, para atender a suas peculiaridades.

IV. Existindo norma geral da União, é facultado aos Estados legislar supletivamente em matéria tributária.

V. A competência legislativa dos Estados para instituir o IPVA depende da prévia edição de lei complementar, conforme já decidiu o Supremo Tribunal Federal.

Está correto o que se afirma em

a) ii e v, apenas.
b) iii e iv, apenas.
c) i, ii e iv, apenas.
d) i, iii e v, apenas.
e) i, ii, iii, iv e v.

COMENTÁRIOS

Item III: Inexistindo lei federal sobre normas gerais, os Estados exercerão competência legislativa plena nos termos do art. 24, § 3º da CF.

Item IV: Segundo o art. 24, § 2º da CF, a competência da União para legislar sobre normas gerais não exclui a competência suplementar dos Estados.

Alternativas "a", "c", "d" e "e": Estão corretos apenas os itens III e IV (vide comentários acima). Os itens I, II e V estão incorretos.

Item I: A parte final da alternativa que está incorreta. Isso porque, segundo o art. 151, inciso I da CF, é vedado à União instituir tributo que não seja uniforme em todo o território nacional ou que implique distinção ou preferência em relação a Estado, ao Distrito Federal ou a Município, em detrimento de outro, admitida a concessão de incentivos fiscais *destinados a promover o equilíbrio do desenvolvimento socioeconômico entre as diferentes regiões do País.*

Item II: A competência residual é apenas da União. A CF determinou que apenas a União pode, por lei complementar, instituir novos impostos, desde que sejam não cumulativos e não tenham fato gerador ou base de cálculo próprios dos discriminados na CF.

Item V: É bem verdade que não existem normas gerais relativas ao IPVA veiculadas por lei complementar federal. É hipótese, portanto, onde o Estado e Distrito Federal exercem competência legislativa plena, podendo versar sobre contribuintes, fato gerador e base de cálculo. Sobre o tema, o Supremo Tribunal Federal decidiu que a instituição da exação pelos Estados não depende da prévia edição de lei complementar. (STF – RE 262643 AgR / MG – 1ª. Turma – Rel. Min. Dias Toffoli – julg. 06/04/2010).

Alternativa correta: letra "b": Estão corretos apenas os itens III e IV.

---

85. (FMP – Procurador do Estado – AC/ 2012) Dadas as assertivas, assinale a alternativa correta.

I. A competência tributária pode ser delegada pelos entes públicos.

II. A capacidade ativa tributária identifica-se com o poder de arrecadar e fiscalizar tributos.

III. De acordo com o entendimento do STJ, o inadimplemento da obrigação tributária pela sociedade não gera, por si só, a responsabilidade solidária do sócio-gerente.

IV. Não pode haver, segundo o entendimento do STJ, o redirecionamento da execução fiscal para o sócio-gerente quando a empresa deixar de funcionar no seu domicílio fiscal sem a devida comunicação aos órgãos administrativos competentes.

a) Estão corretas apenas as assertivas I e II.
b) Estão corretas apenas as assertivas I e IV.
c) Estão corretas apenas as assertivas II e III.
d) Estão corretas apenas as assertivas II e IV.

COMENTÁRIOS

✪ **Nota dos autores:** A questão contempla temas diversos. O cerne dos dois primeiros itens é saber diferençar os institutos da competência e capacidade tributária. A primeira refere-se à atribuição de criar o tributo, e, consequentemente, à de fiscalizá-lo e cobrá-lo. Caracteriza-se pelos "três IIIs": indelegável, intransferível e irrenunciável. Na capacidade tributária, no entanto, há apenas a atribuição da atividade de arrecadar e fiscalizar tributos. Nos demais itens foram cobrados o conhecimento das Súmulas do STJ quando ao redirecionamento da execução.

Item I: Está incorreta. Isso porque a competência tributária é indelegável. Confira o artigo 7º CTN: "A competência tributária é indelegável, salvo atribuição das funções de arrecadar ou fiscalizar tributos, ou de executar leis, serviços, atos ou decisões administrativas em matéria tributária, conferida por uma pessoa jurídica de direito público a outra (...)". Ela é um dos atributos dos entes políticos, dados pela Constituição, que não permitiu sua delegação.

Item II: está correta, pois na **capacidade tributária ativa** há apenas a atribuição da atividade de arrecadar e fiscalizar tributos. Difere, portanto, da competência tributária, que se refere à atribuição de criar o tributo, e, consequentemente, a de fiscalizá-lo e cobrá-lo. Em suma, competência tributária é mais ampla do que capacidade. Confira os artigos 7º e 8º do CTN

Item III: está correta. Para a jurisprudência do STJ, o simples não pagamento do tributo não configura, por si só, hipótese de responsabilidade dos sócios, ao contrário da hipótese de dissolução irregular da sociedade, em que a responsabilidade é manifesta. Nesse sentido é o teor do enunciado da Súmula nº 430 do STJ.

Item IV: O STJ no enunciado da Súmula nº 435 firmou o entendimento que é possível redirecionar a execução fiscal para o administrador quando há mudança de endereço da empresa sem comunicação ao fisco. Nesse entender, trata-se de hipótese de dissolução irregular de pessoa jurídica, a permitir o redirecionamento.

Alternativa correta: letra "c": Estão corretas apenas as assertivas II e III.

---

86. (Cespe – Procurador do Estado – DF/ 2013) Considerando que uma autarquia federal que não vise à exploração da atividade econômica e não cobre tarifa ou preço por serviços prestados tenha adquirido um prédio para instalação de sua administração no DF, julgue os itens que se seguem, relativos a essa situação hipotética, à competência tributária e às regras de limitação dessa competência.

I. Caso o prédio em questão seja vendido para uma pessoa física, essa operação ficará sujeita ao pagamento de ITBI, uma vez que a limitação do poder de tributar não mais se aplicará.

COMENTÁRIOS

Como o contribuinte geralmente é o adquirente do bem imóvel, haverá a incidência do tributo. É que a imunidade é aplicável à autarquia federal não sendo, portanto, extensível ao adquirente do bem no caso de alienação. Logo, haverá incidência do ITBI em razão da transmissão do bem imóvel, não incidindo regra imunizante. **CERTO**

II. O DF pode instituir contribuições parafiscais, inclusive destinadas à intervenção no domínio econômico, desde que o faça por lei complementar.

COMENTÁRIOS

A competência para instituição das contribuições parafiscais, mormente as de intervenção no domínio econômico (espécie de contribuição especial), é exclusiva da União, nos termos do art. 149 da CRFB. Assim, não caberá ao DF instituí-la. **ERRADO**

III. O DF pode conceder remissão de ICMS a empresários, de forma autônoma e independente de autorização de qualquer órgão federal, dado que a CF lhe garantiu competência plena.

COMENTÁRIOS

O ICMS, diferentemente dos demais impostos, têm regulação de suas isenções e benefícios fiscais definidos por ato do CONFAZ, nos termos do art. 155, § 2º, XII, "g". Assim, qualquer concessão de benefício fiscal precisa de aprovação do CONFAZ, falecendo ao DF competência absoluta nessa matéria. **ERRADO**

IV. Na hipótese considerada, o DF não poderá cobrar IPTU do prédio da autarquia federal em razão do princípio da uniformidade.

COMENTÁRIOS

A primeira parte da assertiva é verdadeira, mas a conclusão é falsa. Da premissa não se retira a conclusão. Assim, a não incidência do IPTU se dá em razão da imunidade tributária e não do princípio da uniformidade. A hipótese em tela refere-se à imunidade recíproca (classificada como imunidade ontológica) aplicável às autarquias nos termos do art. 150, § 2º, da CRFB. **ERRADO**

---

87. (Cespe – Procurador do Estado – DF/ 2013) Devido à necessidade de atender às despesas extraordinárias decorrentes de calamidade pública, o DF promulgou lei instituindo empréstimo compulsório incidente sobre a transmissão de bens incorporados ao patrimônio de pessoa jurídica em realização de capital. Com base nessa situação hipotética, julgue os itens subsequentes.

I. Os contribuintes atingidos com a exação poderão fazer uso da ação declaratória de inexistência de obrigação tributária para a suspensão do crédito tributário, admitindo-se a possibilidade de antecipação de tutela judicial ou do depósito integral e em dinheiro.

COMENTÁRIOS

A competência para instituição do empréstimo compulsório é apenas da União e não do DF. Assim, dada a gritante situação de invasão de competência e ilegitimidade da cobrança da exação, é possível o contribuinte ajuizar ação declaratória de inexistência de obrigação tributária para a suspensão do crédito tributário. **CERTO**

II. Se, em lugar do empréstimo compulsório, o DF instituísse, em idêntica situação, a incidência de ITBI, tal tributação seria adequada do ponto de vista constitucional.

COMENTÁRIOS

Com respaldo constitucional, não é possível a incidência do ITBI sobre a transmissão de bens incorporados ao patrimônio de pessoa jurídica em realização de capital. Sobre o tema confira o que dispõe o art. 156, § 2º, inciso I da CF que trata de imunidade específica do ITBI: "O imposto previsto no inciso II (ITBI): I – não incide sobre a transmissão de bens ou direitos incorporados ao patrimônio de pessoa jurídica em realização de capital, nem sobre a transmissão de bens ou direitos decorrente de fusão, incorporação, cisão ou extinção de pessoa jurídica, salvo se, nesses casos, a atividade preponderante do adquirente for a compra e venda desses bens ou direitos, locação de bens imóveis ou arrendamento mercantil (...)". **ERRADO**

III. O MP poderá propor ação civil pública para a defesa de interesses individuais homogêneos dos contribuintes atingidos com a exação, argumentando a inconstitucionalidade *incidenter tantum* do ato normativo.

COMENTÁRIOS

Para o STF, o Ministério Público não tem legitimidade processual para requerer, por meio de ação civil pública, pretensão de natureza tributária em defesa dos contribuintes, visando questionar a constitucionalidade de tributo (Recurso Extraordinário com Agravo (ARE) 694294). Segundo o Ministro Luiz Fux, "falece ao Ministério Público legitimidade ativa *ad causam* para deduzir em juízo pretensão de natureza tributária em defesa dos contribuintes, visando a questionar a constitucionalidade/legalidade de tributo". **ERRADO**

88. (Cespe – Procurador do Estado – PI/2014) A respeito das competências tributárias, assinale a opção correta.

a) Por ser tributo vinculado, a contribuição de melhoria somente pode ser exigida quando realizada obra pública que proporcione a valorização de imóvel de propriedade do contribuinte, estando sua cobrança limitada pelo valor global da obra pública e, concomitantemente, pelo valor do benefício econômico auferido pelo contribuinte.

b) As contribuições sociais gerais são fundadas na CF e, diferentemente das contribuições sociais de financiamento da seguridade social, devem ser instituídas por meio de leis complementares.

c) As taxas de serviço podem ser exigidas em virtude da mera disponibilidade do serviço público específico e divisível e, no caso de serviços de natureza compulsória, a sua cobrança independe da efetiva prestação da atividade pelo Estado ao contribuinte.

d) A denominação do tributo, assim como a destinação do produto da sua arrecadação, é irrelevante para a identificação da espécie tributária e do regime jurídico a ela aplicável.

e) São pressupostos dos empréstimos compulsórios a ocorrência de calamidade pública, guerra, investimento público urgente e de relevante interesse nacional, e uma conjuntura econômica que exija a absorção temporária de poder aquisitivo, exigindo – se, em todos os casos, aprovação por lei complementar.

COMENTÁRIOS

Alternativa "a": Pela redação do art. 81 do CTN, contribuição de melhoria é tributo instituído para fazer face ao custo de obras públicas de que decorra valorização imobiliária, tendo como limite total a despesa realizada e como limite individual o acréscimo de valor que da obra resultar para cada imóvel beneficiado. Sobre a sua base de cálculo, o STJ é pacífico de que esta consiste na "efetiva valorização imobiliária, a qual é aferida mediante a diferença entre o valor do imóvel antes do início da obra e após a sua conclusão, sendo inadmissível a sua cobrança com base somente no custo da obra pública realizada". (REsp 1.076.948-RS, Rel. Min. Luiz Fux, julgado em 4/11/2010). Enfim, é tributo vinculado, pois sua instituição, conforme já dito, é para fazer face ao custo de obras públicas.

Alternativa "b": As contribuições especiais, gênero na qual se incluem contribuições sociais gerais e contribuições sociais de financiamento da seguridade social, regra geral, são instituídas via lei ordinária. As contribuições residuais da seguridade social (art. 195, § 4°, CF) que deverão ser instituídas por lei complementar.

Alternativa "c": A taxa de serviço é cabível toda vez que o Estado, diretamente, presta serviço público específico e divisível, de utilização potencial ou efetiva pelo contribuinte. No caso de serviços de natureza compulsória a sua utilização pode ser potencial, mas não a sua disponibilização ao contribuinte. Logo a expressão "independe" na assertiva a tornou incorreta.

Alternativa "d": Dispõe o art. 4º do CTN: "Art. 4º A natureza jurídica específica do tributo é determinada pelo fato gerador da respectiva obrigação, sendo irrelevantes para qualificá-la: I – a denominação e demais características formais adotadas pela lei; II – a destinação legal do produto da sua arrecadação." Pelo artigo, a destinação da receita é irrelevante para a determinação da natureza jurídica do tributo, mas não para o regime jurídico a ele aplicável. Logo, o erro da assertiva está na parte final onde cita o "regime jurídico a ela aplicável". Sobre o tema, cabe alertar que para a doutrina majoritária o referido artigo está superado. Isso porque, é possível verificar em diversas situações, que a natureza jurídica específica de um tributo não pode ser determinada exclusivamente pelo exame do seu fato gerador. O destino da arrecadação tem sido elemento igualmente importante. É o que ocorre, por exemplo, na identificação das contribuições.

Alternativa "e": A conjuntura econômica que exija a absorção temporária de poder aquisitivo não é mais pressuposto do empréstimo compulsório. O art. 15, inciso III, do CTN que previa tal hipótese não foi recepcionado pela Carta Magna. Daí o erro da questão. Enfim, os empréstimos compulsórios (art. 148, I e II, da CF) são veiculados sim por lei complementar.

Alternativa correta: letra "a".

3.3. NORMAS GERAIS DE DIREITO TRIBUTÁRIO

89. (FUNDATEC – Procurador do Estado – PGE – RS/2021) O Direito Tributário envolve diversas fontes normativas. Nesse sentido, o Art. 96 do Código Tributário Nacional traz um conceito amplo de legislação tributária, que abrange, inclusive, as normas complementares de que trata seu Art. 100. Ao cuidar do Sistema Tributário Nacional, o Art. 2° do CTN estabelece que é regido não só pela Constituição, mas por leis complementares, resoluções do Senado Federal, leis federais, leis estaduais e municipais. A Constituição Federal atribui ao Senado Federal, efetivamente, determinadas competências normativas em matéria de impostos estaduais, que são exercidas mediante a edição de Resoluções do Senado Federal, cabendo-lhe:

a) Dispor sobre normas gerais em matéria de impostos estaduais, sem que, para tanto, exista limite material definido constitucionalmente, podendo abranger a fixação de alíquotas mínimas e máximas dos respectivos impostos, regras de substituição tributária e de tributação monofásica, porquanto o Senado é casa legislativa formada por três senadores de cada estado federado, cabendo-lhe definir as diretrizes relativamente a tais impostos, prevenir e solver os conflitos de competência entre esses entes federados.

b) Estabelecer as alíquotas máximas do imposto sobre a propriedade de veículos automotores, protegendo os contribuintes de uma tributação demasiadamente onerosa sobre o patrimônio.

c) Fixar as alíquotas máximas do imposto sobre transmissão causa mortis e doação de quaisquer bens e direitos (ITCMD), de modo que, mesmo se os estados adotarem a progressividade atualmente admitida pelo Supremo Tribunal Federal para tal imposto, não poderá implicar alíquota máxima que extrapole o limite fixado pelo Senado.

d) Estabelecer as alíquotas aplicáveis às operações internas e às operações interestaduais do imposto sobre operações relativas à circulação de mercadorias, de modo que o imposto seja, sempre, uniforme em todo o país.

e) Regular a forma como isenções, incentivos e benefícios fiscais serão concedidos e revogados.

COMENTÁRIOS

Alternativa "a": As normas gerais em matéria de impostos devem ser definidas por lei complementar, nos termos do art. 146 da CF. Por outro lado, quanto às resoluções, bem como todos os demais veículos normativos, existem sim limites materiais, previstos no Texto Constitucional, a exemplo dos dispositivos citados nos itens abaixo.

Alternativa "b": Dispõe o Art. 155 § 6º da CRFB/88: O imposto previsto no inciso III: I – terá alíquotas mínimas fixadas pelo Senado Federal.

Alternativa "c": Assertiva em conformidade com o preceito constitucional: Art. 155. Compete aos Estados e ao Distrito Federal instituir impostos sobre: I – transmissão causa mortis e doação, de quaisquer bens ou direitos; (...) § 1º O imposto previsto no inciso I: (...) IV – terá suas alíquotas máximas fixadas pelo Senado Federal.

Alternativa "d": A matéria demanda lei complementar: Art. 155. § 2º CRFB/88: O imposto previsto no inciso II atenderá ao seguinte: IV – resolução do Senado Federal, de iniciativa do Presidente da República ou de um terço dos Senadores, aprovada pela maioria absoluta de seus membros, estabelecerá as alíquotas aplicáveis às operações e prestações, interestaduais e de exportação.

Alternativa "e": Dispõe o Art. 155. §2º, XII, g, da CRFB/88: "cabe à lei complementar: g) regular a forma como, mediante deliberação dos Estados e do Distrito Federal, isenções, incentivos e benefícios fiscais serão concedidos e revogados.

Alternativa correta letra "c".

90. (FMP – Procurador do Estado – PGE – AC/2017) Observe os enunciados abaixo e marque a alternativa CORRETA.

a) Em razão de sua especificidade, o direito tributário deve utilizar os conceitos de direito privado da forma que mais traga efetividade à tributação, desde que não fira direitos individuais.

b) A Constituição Estadual é soberana para estabelecer normas sobre obrigação tributária, base de cálculo e fato gerador dos tributos estaduais.

c) A Constituição Estadual pode isentar determinadas operações dos tributos de competência estadual, devido à sua hierarquia perante a lei instituidora do tributo.

d) A Constituição Federal prevê, em situações excepcionais, que sejam estabelecidas condições de enquadramento em regime especial tributário diferenciadas por Estado.

e) Tanto a União quanto os Estados podem instituir contribuições de interesse de categorias econômicas.

COMENTÁRIOS

Alternativa "a": O correto entendimento da sobreposição havida no direito tributário depende da compreensão do art. 109 do CTN. Vejamos a sua redação: "Os princípios gerais de direito privado utilizam-se para pesquisa da definição, do conteúdo e do alcance de seus institutos, conceitos e formas, **mas não para definição dos respectivos efeitos tributários".** Por esta redação, tem-se que o direito tributário deve respeitar os conceitos de direito privado, sem alterar o seu alcance com o fito exclusivo de trazer efetividade à tributação, sob pena de se desnaturar aludido instituto. Pode o legislador tributário alterar os seus efeitos, mas aí depende de autorização legislativa e não de simples ato interpretativo que module os conceitos de direito privado com vistas à efetividade da tributação.

Alternativa "b": O estabelecimento de normas gerais em matéria de legislação tributária será mediante Lei complementar nacional. Nesse sentido é o que dispõe a Carta Magna: "Art. 146. Cabe à **lei complementar: (...)** III – estabelecer normas gerais em matéria de legislação tributária, especialmente sobre: a) definição de tributos e de suas espécies, bem como, em relação aos impostos discriminados nesta Constituição, a dos respectivos fatos geradores, bases de cálculo e contribuintes; b) obrigação, lançamento, crédito, prescrição e decadência tributários."

Alternativa "c": Incorreto, tendo em vista algumas limitações constitucionais às políticas de benefícios fiscais. No que concerne ao ICMS, por exemplo, a concessão de isenções e benefícios fiscais serão definidos por ato do CONFAZ (Conselho Nacional de Política Fazendária), nos termos do art. 155, §2º, XII, "g": "art. 155 (...)§2º (...) XII – cabe à lei complementar: (...) g) regular a forma como, mediante deliberação dos Estados e do Distrito Federal, isenções, incentivos e benefícios fiscais serão concedidos e revogados.

Alternativa "d": Assertiva em conformidade com o disposto no Texto Constitucional. Confira: "Art. 146. Cabe à lei complementar: (...) III – estabelecer normas gerais em matéria de legislação tributária, especialmente sobre: (...) d) definição de tratamento diferenciado e favorecido para as microempresas e para as empresas de pequeno porte, inclusive regimes especiais ou simplificados no caso do imposto previsto no art. 155, II, das contribuições previstas no art. 195, I e §§ 12 e 13, e da contribuição a que se refere o art. 239. Parágrafo único. A lei complementar de que trata o inciso III, d, também poderá instituir um regime único de arrecadação dos impostos e contribuições da União, dos Estados, do Distrito Federal e dos Municípios, observado que: (...) II – **poderão ser estabelecidas condições de enquadramento diferenciadas por Estado**."

Alternativa "e": A competência para aludido tributo é somente da União. Confira: Art. 149. Compete exclusivamente à União instituir contribuições sociais, de intervenção no domínio econômico e de **interesse das categorias profissionais ou econômicas**, como instrumento de sua atuação nas respectivas áreas, observado o disposto nos arts. 146, III, e 150, I e III, e sem prejuízo do previsto no art. 195, § 6º, relativamente às contribuições a que alude o dispositivo.

Alternativa correta: letra "d".

---

91. (Cespe – Procurador do Estado – CE/2008) Acerca das normas referentes ao Sistema Tributário Nacional, assinale a opção correta.

a) Cabe a lei complementar estabelecer normas gerais em matéria de legislação tributária.

b) A lei complementar estabelece normas gerais acerca do crédito tributário, fazendo que os estados, caso queiram alterá-las, aprovem lei específica nesse sentido.

c) O lançamento tributário, a prescrição e a decadência podem ser regulamentados pelos estados, sem necessidade de se observarem as regras gerais dispostas na lei complementar federal.

d) A lei complementar estabelece normas gerais a respeito do adequado tratamento tributário a ser dado à comercialização de produtos pelas sociedades de economia mista.

e) Lei complementar deve dispor acerca da definição de tributos, suas espécies e fatos geradores, mas não, acerca da definição de bases de cálculo.

COMENTÁRIOS

Alternativa "a": Redação clara do art. 146, III da CF.

Alternativa "b": Se há lei complementar traçando norma geral sobre legislação tributária, não pode o Estado alterá-la através de lei específica (art. 24 e §§ da CF).

Alternativa "c": O art. 146, III, "b" da CF reza que "obrigação, lançamento, crédito, prescrição e decadência tributários" são temas adstritos à lei complementar, não podendo, por isso, serem regulamentados pelos Estados sem observância do quanto disposto na lei complementar de regência.

Alternativa "d": Não há essa competência à lei complementar dada pela CF. O art. 146 contempla outras hipóteses.

Alternativa "e": Pelo art. 146, III, "a" da CF, cabe à lei complementar estabelecer normas gerais em matéria de legislação tributária, especialmente sobre definição de tributos e de suas espécies, bem como, em relação aos impostos discriminados na Constituição, a dos respectivos fatos geradores, bases de cálculo e contribuintes.

Alternativa correta letra "a".

---

92. (Cespe – Procurador do Estado – PB/ 2008) De acordo com a CF, constitui exigência de lei complementar, no âmbito do direito tributário, a

a) instituição de contribuição social sobre a remuneração paga aos autônomos.

b) concessão de isenção pela União no caso de imposto sobre circulação de mercadorias e serviços.

c) instituição de contribuição de melhoria quando a obra pública que implique valorização imobiliária referir-se a localidade que beneficie dois estados da Federação.

d) instituição de empréstimo compulsório por estado da Federação com o objetivo de atender despesas extraordinárias decorrentes de calamidade pública.

e) instituição, pela União, de imposto sobre grandes fortunas.

COMENTÁRIOS

✪ **Nota dos autores:** Em regra, a lei ordinária é instituidora de tributo. Excepcionalmente será instituído por Lei Complementar: I) imposto sobre grandes fortunas; II) impostos residuais da União, III) contribuições previdenciárias residuais e IV) empréstimos compulsórios.

Alternativa "a": Como a sua materialidade está descrita na CF (art. 195, II da CF), o tributo poderá ser instituído por lei ordinária.

Alternativa "b": A União, do ponto de vista interno, não poderá conceder isenção de tributo estadual. A hipótese prevista no art. 155, § 2º, XII, "e" da CF foi suplantada pela prevista no inciso X, "a" do mesmo parágrafo.

Alternativa "c": Este tributo pode ser criado por lei ordinária.

Alternativa "d": Estado da federação não tem competência para instituir empréstimo compulsório.

Alternativa "e": Conforme afirmado, confira-se com o art. 153, VII da CF.

Alternativa correta: letra "e".

4. LEGISLAÇÃO TRIBUTÁRIA. VIGÊNCIA, APLICAÇÃO E EFICÁCIA

▸ CTN, arts. 96 a 106

93. (Fepese – Procurador do Estado – PGE SC/2018) Com base nas disposições do Código Tributário Nacional, assinale a alternativa correta acerca da legislação tributária.

a) A lei tributária aplica-se a ato ou fato pretérito, tratando-se de ato não definitivamente julgado, quando deixe de defini-lo como infração.

b) Salvo disposição em contrário, os atos normativos expedidos pelas autoridades administrativas entram em vigor 30 dias após a data da sua publicação.

c) Interpreta-se de modo mais favorável ao contribuinte a legislação tributária que disponha sobre suspensão ou exclusão do crédito tributário.

d) A legislação tributária aplica-se imediatamente aos fatos jurídicos passados, futuros e pendentes.

e) A observância estrita das normas complementares de direito tributário não afasta a imposição de penalidades, a cobrança de juros de mora e a atualização do valor monetário da base de cálculo do tributo.

COMENTÁRIOS

Alternativa "a": Está em conformidade com o art. 106, inciso II, alínea "a", do CTN, a saber: "Art. 106 do CTN. A lei aplica-se a ato ou fato pretérito: (...) II – tratando-se de ato não definitivamente julgado: a) quando deixe de defini-lo como infração."

Alternativa "b": Os atos normativos expedidos pelas autoridades administrativas entram em vigor na data da sua publicação Essa é a análise conjunta dos artigos 100 e 103, do CTN. Vejamos: "Art. 100 do CTN. São normas complementares das leis, dos tratados e das convenções internacionais e dos decretos: I – os atos normativos expedidos pelas autoridades administrativas; Art. 103. Salvo disposição em contrário, entram em vigor: I – os atos administrativos a que se refere o inciso I do artigo 100, na data da sua publicação.

Alternativa "c": Trata-se de interpretação literal. Confira: "Art. 111 do CTN. Interpreta-se literalmente a legislação tributária que disponha sobre: I – suspensão ou exclusão do crédito tributário."

Alternativa "d": Nos termos do art. 105 do CTN: "A legislação tributária aplica-se imediatamente aos fatos geradores futuros e aos pendentes, assim entendidos aqueles cuja ocorrência tenha tido início, mas não esteja completa nos termos do artigo 116".

Alternativa "e": Consoante o art. 100, parágrafo único, do CTN: "A observância das normas referidas neste artigo exclui a imposição de penalidades, a cobrança de juros de mora e a atualização do valor monetário da base de cálculo do tributo".

Alternativa correta: letra "a".

94. (COPS – Procurador do Estado – PR/ 2011) Dentre as alternativas abaixo, aponte aquela que estiver correta:

a) a expressão "legislação tributária" compreende as leis, os tratados e as convenções internacionais, exclusive decretos e normas complementares, que versem, no todo ou em parte, sobre tributos e relações jurídicas a eles pertinentes;

b) as decisões dos órgãos singulares ou coletivos de jurisdição administrativa, a que a lei atribua eficácia normativa, são consideradas normas complementares das leis, dos tratados e convenções internacionais e dos decretos;

c) a legislação tributária interna revoga ou modifica os tratados e as convenções internacionais, e será observada pelos que lhe sobrevenha;

d) as práticas reiteradamente observadas pelas autoridades administrativas, por sua vez, não são consideradas normas complementares da legislação tributária;

e) o conteúdo e o alcance dos decretos não se restringem aos das leis em função das quais sejam expedidos, podendo ser também determinados pelas regras de interpretação da legislação tributária.

COMENTÁRIOS

✪ **Nota dos autores:** Trata-se de conhecimento puro e simples das disposições gerais acerca da legislação tributária (arts. 96 a 100 do CTN)

Alternativa "a": O erro está no "exclusive". Deveria ser "inclusive" (art. 96 do CTN).

Alternativa "b": Trata-se de repetição do art. 100, II do CTN, que elenca as normas complementares das leis, dos tratados e das convenções internacionais e dos decretos.

Alternativa "c": Há uma inversão da redação do art. 98 do CTN. Na verdade, são os tratados e as convenções internacionais que revogam ou modificam a legislação tributária interna.

Alternativa "d": Diferentemente do que afirma o enunciado, as práticas reiteradamente observadas pelas autoridades administrativas são normas complementares (art. 100, III do CTN).

Alternativa "e": Comezinho afirmar que os decretos são adstritos às leis (art. 99 do CTN).

Alternativa correta: letra "b".

95. (FCC – Procurador do Estado – MT/ 2011) Viger é ter força para disciplinar, para reger, cumprindo a norma seus objetivos finais. A vigência é propriedade das regras jurídicas que estão prontas para propagar efeitos, tão logo aconteçam, no mundo fático, os eventos que elas descrevem. (CARVALHO, Paulo de Barros. Curso de direito tributário. 23. ed. São Paulo: Saraiva, 2011, p. 116-117) Sobre vigência das normas complementares, de acordo com o Código Tributário Nacional, é correto afirmar que

a) os atos normativos expedidos pelas autoridades administrativas entram em vigor 45 dias a contar de sua publicação.

b) as decisões dos órgãos singulares ou coletivos de jurisdição administrativa, a que a lei atribuir eficácia normativa, entram em vigor 30 dias após a data de sua publicação, salvo disposição em contrário.

c) os convênios que entre si celebram a União, os Estados, o Distrito Federal e os Municípios entram em vigor 30 dias após a data de sua publicação, salvo disposição em contrário.

d) as práticas reiteradamente observadas pelas autoridades administrativas entram em vigor na data de sua publicação, salvo disposição de lei em sentido contrário.

e) os atos normativos expedidos pelas autoridades administrativas e as decisões dos órgãos singulares ou coletivos de jurisdição administrativa a que a lei atribuir eficácia normativa, entram em vigor na data de sua publicação, salvo disposição de lei em sentido contrário.

COMENTÁRIOS

Alternativa "a": A assertiva tenta confundir o estudante apresentando o período de vacância geral, dado pela LINDB (45 dias). No caso, pela redação do art. 103, I, do CTN, os atos administrativos, salvo disposição em contrário, entram em vigor na data de sua publicação.

Alternativa "b": Trata-se de redação do art. 103, II do CTN.

Alternativa "c": Pela redação do art. 103, III, do CTN, os convênios entram em vigor na data neles prevista.

Alternativa "d": O art. 103 do CTN não trata da vigência das práticas reiteradas, até porque, por óbvio, não se pode precisar o momento de sua vigência.

Alternativa "e": Pelo visto, os atos administrativos entram em vigor na data de sua publicação, ao passo que as decisões dos órgãos singulares ou coletivos, 30 dias após a data de sua publicação.

Alternativa correta letra "b".

96. (Cespe – Procurador do Estado – PB/ 2008) Assinale a opção correta quanto à aplicação da legislação tributária.

a) A lei tributária que extinguir ou reduzir isenção entra em vigor no prazo de noventa dias, ressalvada a hipótese de dispor de maneira mais favorável ao contribuinte.

b) No regime hermenêutico tributário, interpretação e integração evidenciam, para o intérprete, a mesma dimensão jurídica quanto aos aspectos teleológicos e axiológicos.

c) A lei tributária pode alterar a definição, o conteúdo e o alcance de institutos, conceitos e formas de direito privado, utilizados, expressa ou implicitamente, pela CF, pelas constituições dos estados, ou pelas leis orgânicas do DF ou dos municípios.

d) A concessão de isenções e a dispensa das obrigações acessórias devem ser interpretadas literalmente.

e) A aplicação retroativa da legislação tributária ocorre apenas nos casos em que a lei posterior seja expressamente interpretativa, excluída a aplicação de penalidade a infração dos dispositivos interpretados.

COMENTÁRIOS

Alternativa "a": Pela redação do art. 104, III do CTN, entram em vigor no primeiro dia do exercício seguinte àquele em que ocorra a sua publicação os dispositivos de lei que extinguem ou reduzem isenções, salvo se a lei dispuser de maneira mais favorável ao contribuinte. Em sentido contrário, é o posicionamento do STF pela desnecessidade de observância da anterioridade na revogação de isenção, tornando-se o tributo imediatamente exigível (STF – RE 204062/ES – 2ª. Turma – Rel. Min. Carlos Velloso – julg. 27/09/96).

Alternativa "b": Segundo a doutrina, e de modo bem comezinho, afirma-se que quando há dispositivo legal a ser aplicado, a hipótese é de interpretação da legislação tributária. Na ausência de dispositivo legal, deve-se valer da integração.

Alternativa "c": O art. 110 do CTN afirma o inverso: "A lei tributária não pode alterar a definição, o conteúdo e o alcance de institutos, conceitos e formas de direito privado, utilizados, expressa ou implicitamente, pela Constituição Federal, pelas Constituições dos Estados, ou pelas Leis Orgânicas do Distrito Federal ou dos Municípios, para definir ou limitar competências tributárias".

Alternativa "d": Redação do art. 111 do CTN. De fato, interpretam-se literalmente (i) a suspensão ou exclusão do crédito tributário; (ii) a outorga de isenção; e (iii) a dispensa do cumprimento de obrigações tributárias acessórias.

Alternativa "e": O art. 106 do CTN vai além, ao dispor que "A lei aplica-se a ato ou fato pretérito: I – em qualquer caso, quando seja expressamente interpretativa, excluída a aplicação de penalidade à infração dos dispositivos interpretados; II – tratando-se de ato não definitivamente julgado: a) quando deixe de defini-lo como infração; b) quando deixe de tratá-lo como contrário a qualquer exigência de ação ou omissão, desde que não tenha sido fraudulento e não tenha implicado em falta de pagamento de tributo; c) quando lhe comine penalidade menos severa que a prevista na lei vigente ao tempo da sua prática".

Alternativa correta letra "d".

97. (Cespe – Procurador do Estado – PI/ 2008) Um estado majorou tributo de sua competência, por meio de lei publicada em 28 de dezembro de 2007, sem que nela constasse a data de sua vigência. Nesse caso,

a) a majoração entra em vigor na data da publicação da lei.

b) a lei entrou em vigor no primeiro dia útil do ano de 2008, em virtude do princípio da anterioridade.

c) a lei terá eficácia após 60 dias da publicação.

d) a eficácia somente se dará quando corrigida a referida falha.

e) a eficácia da lei ocorrerá após 45 dias, contados da publicação.

COMENTÁRIOS

✪ **Nota dos autores:** A **questão foi anulada** pela Banca Examinadora. Em verdade, não há nenhuma alternativa correta. Sobre o tema, lembre-se que a vigência da legislação tributária é estudada em relação ao espaço e ao tempo (art. 101 do CTN). As disposições gerais estão previstas na LINDB, de modo que, quanto à vigência no tempo, prevalecem as disposições das normas jurídicas em geral (vide arts. 1º e 2º da LINDB). Em relação à eficácia da norma, no entanto, se esta se referir à criação ou majoração de tributos, deve-se observar o princípio da anterioridade tributária.

Alternativa "a": A majoração de tributos deve observar o princípio da anterioridade tributária (anual e nonagesimal), salvo as exceções previstas no texto constitucional (art. 150, § 1º CF).

Alternativa "b": Quanto à vigência no tempo, prevalecem as disposições das normas jurídicas em geral (vide arts. 1º e 2º da LINDB). Em relação à eficácia da norma (criação ou majoração de tributos) deve-se observar o princípio da anterioridade tributária. Referida Lei não entra em vigor no primeiro dia útil do ano. O prazo de vigência da lei é de 45 dias, contados da publicação (vide art. 1º da LINDB).

Alternativa "c": a lei teria *eficácia* após 90 dias (anterioridade nonagesimal). Também seria respeitado o princípio da anterioridade anual. Destaque-se que a questão não fez alusão a nenhum tributo que seja exceção a tais princípios (art. 150, § 1º CF).

Alternativa "d": A eficácia da norma (no caso, a majoração) deve observar o princípio da anterioridade tributária, conforme prevê a Constituição Federal.

Alternativa "e": Não é a eficácia, mas sim a vigência da lei que ocorrerá após 45 dias contados da publicação (art. 1º da LINDB). A eficácia da norma (criação ou majoração de tributos) deve observar o princípio da anterioridade tributária.

98. (Cespe – Procurador do Estado – AL/ 2008) Com relação ao direito tributário, considerando que seja editada a lei ordinária Y, esclarecendo como deverá ser aplicada a lei vigente X, que possui penalidades para as infrações a seus dispositivos, assinale a opção correta.

a) A lei Y só poderá ser aplicada a ato e fato futuro ou pendente, como rege o CTN.

b) A lei Y sempre terá aplicação a ato ou fato pretérito, quando houver a imposição de penalidades às infrações dos dispositivos interpretados.

c) A lei X foi revogada, pois a lei Y regulamentou a mesma matéria.

d) Em qualquer caso, quando for expressamente interpretativa, a lei Y aplicar-se-á a ato ou fato pretérito.

e) Fato gerador ocorrido antes da vigência da lei Y não será por ela atingido, em virtude do princípio da irretroatividade.

COMENTÁRIOS

✪ **Nota dos autores:** Pelo que se pode perceber, a lei ordinária Y é lei interpretativa, e, como tal, a ela é aplicado o art. 106, I do CTN: "A lei aplica-se a ato ou fato pretérito: I – em qualquer caso, quando seja expressamente interpretativa, excluída a aplicação de penalidade à infração dos dispositivos interpretados".

Alternativa "a": Está incorreta, pois, como a lei é expressamente interpretativa, ela se aplica a ato ou fato *pretérito* em qualquer caso.

Alternativa "b": O art. 106 do CTN dispõe que a lei aplica-se a ato ou fato pretérito em qualquer caso, quando seja expressamente interpretativa, *excluída* a aplicação de penalidade à infração dos dispositivos interpretados.

Alternativa "c": A lei ordinária Y (lei interpretativa) esclareceu como deverá ser aplicada a lei vigente X, não a revogando.

Alternativa "d": Pela redação do art. 106 do CTN, a lei aplica-se a ato ou fato pretérito em qualquer caso, quando seja expressamente interpretativa, excluída a aplicação de penalidade à infração dos dispositivos interpretados.

Alternativa "e": O caso em tela traz uma exceção ao princípio da irretroatividade. Com efeito, o art. 106 do CTN dispõe que a *lei aplica-se a ato ou fato pretérito* em qualquer caso, quando seja expressamente interpretativa, excluída a aplicação de penalidade à infração dos dispositivos interpretados.

Alternativa correta: letra "d".

99. (Cespe – Procurador do Estado – AL/ 2008) Caso lei instituindo o tributo de ISS em determinado município tenha sido publicada em 20/12/2008, sem indicar a data de sua vigência,

a) o tributo poderá ser cobrado a partir de 1º/1/2009, em função do princípio da anterioridade.

b) o tributo de ISS, por estar sendo instituído no município, poderá ser cobrado a partir da publicação da lei.

c) o ISS poderá ser cobrado somente após 40 dias, contados da publicação da lei que não determinou a data de sua vigência.

d) a aplicação da lei ocorrerá na data de sua vigência, que se dará 30 dias após sua publicação.

e) a lei terá aplicação no exercício seguinte ao da sua publicação, mas se terá de esperar 45 dias para sua entrada em vigor.

COMENTÁRIOS

✪ **Nota dos autores:** A banca examinadora considerou a alternativa "e" como correta, desconsiderando o princípio da anterioridade nonagesimal. No ponto, cumpre lembrar que, embora a lei entrará em vigor 45 após a sua publicação, para possuir eficácia, deverá esperar os 90 dias (anterioridade nonagesimal).

Alternativa "a": A alternativa está incorreta, já que o tributo terá que respeitar simultaneamente os princípios da anterioridade anual (exercício seguinte, no caso, o ano de 2009) e nonagesimal (lapso de 90 dias da data da publicação da lei)

Alternativa "b": Não poderá ser cobrado a partir da publicação, pois iria de encontro aos princípios da anterioridade anual e nonagesimal.

Alternativa "c": o tributo terá que respeitar os princípios da anterioridade anual (exercício seguinte – 2009) e nonagesimal (lapso de 90 dias). Logo, não poderá ser cobrado após 40 dias como afirma a alternativa.

Alternativa "d": A vigência da lei ocorrerá 45 dias após sua publicação e sua eficácia após 90 dias, em respeito aos princípios da anterioridade anual (exercício seguinte) e nonagesimal (90 dias após publicada).

Alternativa "e": Como a lei instituiu tributo, e o ISS não é exceção da anterioridade, ela terá de observar os princípios da anterioridade anual e nonagesimal (lapso de 90 dias da data em que a lei foi publicada). Sendo assim, ela terá aplicação no ano seguinte, entrando em vigor 45 dias após sua publicação, mas possuindo eficácia apenas 90 dias após sua publicação. A assertiva é deficiente na completude desses elementos.

Alternativa correta: letra "e".

---

100. (Cespe – Procurador do Estado – PE/ 2009) O montante da arrecadação tributária de um município estava abaixo do estabelecido para os gastos públicos pela LRF, o que levou o subsecretário da receita a tomar as decisões seguintes, visando o combate à sonegação e ao inadimplemento dos compromissos tributários.

- Por portaria, majorou a multa aplicada a empresas pelo atraso no pagamento e antecipou o dia para recolhimento dos tributos, além de estabelecer correção monetária da base de cálculo sempre que o recolhimento do tributo ocorrer após vencido o prazo.
- Por instrução normativa, estabeleceu multas por descumprimento de obrigações acessórias.
- Suspendeu a fruição da isenção tributária nas atividades que enumera, pelo prazo de 90 dias.

Com relação a essa situação hipotética, assinale a opção correta.

a) Por afetar diretamente o planejamento físico e financeiro das empresas, a portaria não poderia alterar o dia do vencimento da obrigação tributária principal.

b) A matéria veiculada pelo subsecretário é legislação tributária, não importando os meios utilizados para estabelecer as obrigações impostas.

c) Tratando-se de suspensão de isenção tributária e não de seu indeferimento, tal ato é passível de veiculação por ato administrativo.

d) As penalidades por descumprimento de obrigações acessórias podem ser estabelecidas por atos infralegais.

e) A correção monetária da base de cálculo não implica majoração ou imposição tributária, sendo desnecessária a edição de lei para sua instituição.

COMENTÁRIOS

Alternativa "a": O prazo de pagamento de tributos não está adstrito ao princípio da legalidade estrita (rol de matérias taxativas trazidas no art. 97 do CTN). Portanto, a portaria poderia sim alterar o dia do vencimento da obrigação tributária principal.

Alternativa "b": Muito embora o gabarito oficial seja essa assertiva, é de se crer que a mesma possui algumas incoerências. Assim, ao nosso sentir, não poderia um ato infralegal estabelecer multa ou suspender a fruição de isenção. O gabarito não corresponde ao que se depreende da legislação.

Alternativa "c": Matéria que verse sobre isenção só pode ser veiculada através de lei e não de um ato administrativo.

Alternativa "d": As penalidades por descumprimento de obrigações acessórias só podem ser veiculadas por lei. Assim, a multa somente pode ser estatuída por lei (Princípio da Legalidade Estrita).

Alternativa "e": A *atualização* do valor monetário da base de cálculo do tributo excepciona a legalidade estrita, podendo assim ser veiculado por ato infralegal. Porém, não se deve confundir referida hipótese com o aumento da base de cálculo, já que a assertiva fala, ao final, em "sua instituição".

Alternativa correta: letra "b".

---

101. (Cespe – Procurador do Estado – PE/ 2009) Com relação aos fatos, atos e negócios jurídicos, assinale a opção correta.

a) A legislação tributária estabelece hierarquia entre as leis instituidoras de tributos federais, estaduais e municipais.

b) Se, em procedimento administrativo fiscal houver, discussão sobre o alcance de uma norma impositiva, e, em face disso, tiver sido editada lei explicitando o sentido da referida norma, essa lei terá efeito retroativo.

c) A lei que estabeleça redução de alíquota de tributo terá efeito retroativo, desde que o procedimento administrativo não tenha sido definitivamente julgado, por ser mais benéfica ao contribuinte.

d) Uma nova lei que estabeleça redução de multa punitiva retroagirá em benefício do contribuinte, o que não ocorre quando se tratar de multa moratória.

e) Na integração da norma tributária, poderá ser utilizada a analogia, a interpretação analógica e a interpretação extensiva.

COMENTÁRIOS

Alternativa "a": Não há hierarquia entre as leis instituidoras de tributos federais, estaduais e municipais. Lembre-se que, em regra, os tributos são instituídos por lei ordinária e excepcionalmente por lei complementar em quatro hipóteses: Impostos residuais, contribuições sociais residuais, impostos sobre grandes fortunas e empréstimos compulsórios. Enfim, segundo os Tribunais Superiores não existe hierarquia entre lei ordinária e lei complementar.

Alternativa "b": O caso em tela trata de uma exceção ao princípio da irretroatividade. Com efeito, o art. 106 do CTN dispõe que a *lei aplica-se a ato ou fato pretérito* em qualquer caso, quando seja expressamente interpretativa. Observe que o enunciado da questão dispõe que foi editada lei explicitando o *sentido da referida norma*. Portanto, tal lei retroagirá.

Alternativa "c": Não é verdade. Isso porque, não haverá efeito retroativo em virtude de redução de alíquota, ainda que mais benéfica ao contribuinte. As situações que excepcionam o Princípio da irretroatividade tributária estão previstas no art. 106 do CTN. Não confunda a hipótese em tela, com a situação de retroatividade oriunda de lei posterior que comine *penalidade* menos severa que a prevista na lei vigente ao tempo da sua prática.

Alternativa "d": Seja multa punitiva, seja moratória, se a nova lei estabelecer redução da penalidade, haverá retroação em benefício do contribuinte. Confira o teor do art. 106, II, "c", do CTN.

Alternativa "e": Na integração da legislação tributária utiliza-se os seguintes institutos, na forma hierarquizada a seguir disposta: (i) analogia; (ii) princípios gerais de direito tributário; (iii) princípios gerais de direito público e (iv) equidade. Não há interpretação analógica e a interpretação extensiva como mencionou a alternativa. Importante lembrar que a analogia não se confunde com a interpretação extensiva. Enquanto a primeira se refere a uma hipótese não imaginada pelo legislador, que deverá ser resolvida através da aplicação de uma norma jurídica que rege caso semelhante, a segunda consiste apenas em ampliar o alcance de uma norma para abarcar situações outrora não previstas. O mesmo se diga quanto à interpretação analógica. Nesta espécie, o significado que se busca é extraído do próprio dispositivo (existe norma a ser aplicada ao caso concreto). O intérprete leva em conta expressões genéricas e abertas que permite encontrar outros casos que se assemelham. Memorize: Interpretação extensiva e analógica: existe lei. Analogia: não existe lei. Só esta última é hipótese de integração da legislação tributária **Alternativa correta: letra "b".**

---

102. (FCC – Procurador do Estado – RO/ 2011) Em 2010 foi editada lei estadual em relação ao IPVA para 2011, observando todos os princípios constitucionais, sendo constatado, entretanto, a ausência normativa com relação ao prazo de vencimento. Diante de tal cenário, a Secretaria da Fazenda resolve encaminhar o carnê para pagamento do IPVA, com vencimento para 45 dias após a data da efetiva notificação do lançamento. O procedimento adotado pela Secretaria está

a) incorreto, uma vez que deveria observar o princípio da anterioridade nonagesimal entre o lançamento e o vencimento do tributo.

b) correto, considerando que o Código Tributário Nacional estabelece o prazo de vencimento de 30 dias da notificação do lançamento, na ausência de disposição legal.

c) incorreto, na medida em que o prazo legal de vencimento deve estar previsto em lei complementar.

d) correto, por se tratar de poder discricionário do sujeito ativo de relação jurídico-tributário.

e) correto, tendo como fundamento o prazo de vigência das leis, prevista na Lei de Introdução ao Código Civil, atual Lei de Introdução às normas do Direito Brasileiro.

COMENTÁRIOS

Alternativa "a": Entre o lançamento e o vencimento não se respeita a anterioridade. Esta é para a criação ou majoração de tributos.

Alternativa "b": Segundo o art. 160 do CTN, "Quando a legislação tributária não fixar o tempo do pagamento, o vencimento do crédito ocorre trinta dias depois da data em que se considera o sujeito passivo notificado do lançamento".

Alternativa "c": Pela redação do art. 160 acima (alternativa "b"), o prazo para vencimento do tributo pode ser previsto pela legislação tributária, nos termos do art. 96 do CTN.

Alternativa "d": Não há discricionariedade nas relações jurídico-tributárias. Há observância à lei.

Alternativa "e": A LINDB é aplicada nas hipóteses em que não há regulamentação específica no CTN, o que não é caso.

Alternativa correta: letra "b".

---

103. (Cespe – Procurador do Estado – ES/ 2008) Acerca do direito tributário brasileiro, julgue os itens.

No direito tributário brasileiro, há um desnivelamento hierárquico entre os tratados internacionais e a legislação tributária interna, pois, quando em vigor, os tratados internacionais revogam ou modificam a legislação tributária interna e devem ser observados pela que lhes sobrevenha.

COMENTÁRIOS

O CTN no art. 98 afirma que os tratados e as convenções internacionais revogam ou modificam a legislação tributária interna, e serão observados pela que lhes sobrevenha. Entretanto, houve uma imprecisão na redação da norma o que poderia ensejar o entendimento equivocado que no direito tributário brasileiro, há um desnivelamento hierárquico entre os tratados internacionais e a legislação tributária interna. Na verdade, eventuais conflitos que surjam entre tratados internacionais e a legislação tributária interna serão resolvidos pelo Princípio da Especialidade, aplicando-se a norma especial em detrimento da norma geral. Logo, não há preferência do Tratado sobre a lei interna, devendo-se casuisticamente verificar qual delas será aplicada (norma específica). Lembrar que os tratados entram no *status* de lei ordinária no ordenamento brasileiro. **ERRADO**

104. (FMP – Procurador do Estado – AC/ 2012) Dada a situação hipotética abaixo descrita, assinale a alternativa correta, de acordo com o Código Tributário Nacional.

A Secretaria da Fazenda de um dos Estados da Federação editou instrução normativa orientando a todos os contribuintes do ICMS a recolherem referido imposto pela alíquota de doze por cento nas saídas internas de produtos alimentícios industrializados. Passados oito meses, o mesmo órgão público constatou equívoco na orientação exarada por meio da referida instrução, visto que a lei estadual previa para tais operações a alíquota de treze por cento. Houve, assim, a revogação da instrução normativa. Nessas circunstâncias, os contribuintes que observaram a instrução normativa revogada.

a) deverão recolher a diferença do ICMS, acrescida de juros de mora, mas sem atualização monetária.
b) deverão recolher a diferença do ICMS, acrescida de juros de mora e das penalidades cabíveis pelo atraso.
c) deverão recolher a diferença do ICMS, sem a imposição de penalidades, sem a cobrança de juros de mora e sem qualquer atualização do valor monetário da base de cálculo do tributo.
d) deverão recolher a diferença do ICMS, acrescida das penalidades cabíveis pelo atraso, mas sem juros de mora.

COMENTÁRIOS

✪ **Nota dos autores:** Para elucidar a questão, cabe inicialmente a leitura do art. 100 do CTN e seu parágrafo único: "Art. 100: São normas complementares das leis, dos tratados e das convenções internacionais e dos decretos: I – os atos normativos expedidos pelas autoridades administrativas; II – as decisões dos órgãos singulares ou coletivos de jurisdição administrativa, a que a lei atribua eficácia normativa; III – as práticas reiteradamente observadas pelas autoridades administrativas; IV – os convênios que entre si celebrem a União, os Estados, o Distrito Federal e os Municípios. Parágrafo único. A observância das normas referidas neste artigo exclui a imposição de penalidades, a cobrança de juros de mora e a atualização do valor monetário da base de cálculo do tributo".

Alternativas "a" (responde também as alternativas "b" e "d"): os contribuintes que observaram a instrução normativa revogada deverão recolher a diferença do ICMS, sem a imposição de penalidades, sem a cobrança de juros de mora e sem qualquer atualização do valor monetário da base de cálculo do tributo com fulcro no art. 100, inciso I e seu parágrafo único. Confira o comentário acima.

Alternativa "c": O art. 100, inciso I, do CTN, estabelece que são normas complementares das leis, dos tratados e das convenções internacionais e dos decretos, os atos normativos expedidos pelas autoridades administrativas. **Dentre esses atos normativos editados, pode-se citar as portarias, instruções normativas, dentre outros, muito corriqueiros no âmbito da administração tributária. Observe que na situação hipotética, o contribuinte, seguindo instrução normativa expedida pela administração, pagou a exação com aplicação de alíquota menor. Como a Lei** estadual previa para tais operações a alíquota maior, esta deverá prevalecer, já que a instrução normativa, veículo de hierarquia menor, entrou em choque com aquela (Princípio da hierarquia das normas). Assim, **a administração, verificando o equívoco (repita-se**: instrução normativa extrapolando a lei), pode rever e/ou anular seus próprios atos, revogando-os (poder de autotutela), cabendo ao contribuinte recolher a diferença do ICMS, sem a imposição de penalidades, sem a cobrança de juros de mora e sem qualquer atualização do valor monetário da base de cálculo do tributo, já que in casu não deu causa a tal equívoco. O fundamento legal para exclusão das penalidades está previsto no parágrafo único do art. 100 do CTN: "A observância das normas referidas neste artigo (leia-se, as instruções normativas no caso em tela) exclui a imposição de penalidades, a cobrança de juros de mora e a atualização do valor monetário da base de cálculo do tributo".

Alternativa correta: letra "c".

5. INTERPRETAÇÃO E INTEGRAÇÃO DA LEGISLAÇÃO TRIBUTÁRIA

105. (Fepese – Procurador do Estado – PGE – SC/2018) Assinale a alternativa correta a respeito das normas gerais de direto tributário e sua interpretação.

a) Na falta de eleição pelo sujeito passivo, o domicílio tributário das pessoas naturais será, inicialmente, o centro habitual de suas atividades.
b) A lei pode atribuir de maneira expressa a responsabilidade pelo crédito tributário a terceira pessoa, vinculada ou desvinculada do fato gerador da respectiva obrigação.
c) É vedado à autoridade administrativa recusar o domicílio fiscal eleito pelo sujeito passivo, ainda que dificulte a fiscalização do tributo.
d) A capacidade tributária passiva dimana da ocorrência do fato gerador, mas depende da capacidade civil das pessoas naturais.
e) Em situações de sucessão empresarial, a responsabilidade da sucessora abrange não somente os tributos devidos pela sucedida, mas igualmente as multas moratórias ou punitivas referentes a fatos geradores ocorridos até a data da sucessão.

COMENTÁRIOS

Alternativa "a": Nos termos do art. 127, I, CTN será o da residência habitual. "Art. 127. Na falta de eleição, pelo contribuinte ou responsável, de domicílio tributário, na forma da legislação aplicável, considera-se como tal: I – quanto às pessoas naturais, a sua residência habitual, ou, sendo esta incerta ou desconhecida, o centro habitual de sua atividade."

Alternativa "b": Consoante o art. 128, CTN, deve ser vinculada (e não desvinculada). In verbis: "Art. 128. Sem prejuízo do disposto neste capítulo, a lei pode atribuir de modo expresso a responsabilidade pelo crédito tributário a terceira pessoa, vinculada ao fato gerador da respectiva obrigação, excluindo a responsabilidade do contribuinte ou atribuindo-a a este em caráter supletivo do cumprimento total ou parcial da referida obrigação".

Alternativa "c": Pode sim ocorrer recusa pela autoridade administrativa. Confira o §2º do art. 127 do CTN: "§ 2º A autoridade administrativa pode recusar o domicílio eleito, quando impossibilite ou dificulte a arrecadação ou a fiscalização do tributo, aplicando-se então a regra do parágrafo anterior".

Alternativa "d": A capacidade tributária passiva independe da capacidade civil das pessoas naturais. É a inteligência do art. 126, inciso I, CTN.

Alternativa "e": Está em conformidade com o enunciado n. 554 da Súmula do STJ: Em situações de sucessão empresarial, a responsabilidade da sucessora abrange não somente os tributos devidos pela sucedida, mas igualmente as multas moratórias ou punitivas referentes a fatos geradores ocorridos até a data da sucessão.

Alternativa correta: letra "e".

---

106. (FCC – Procurador do Estado – MT/ 2011) Diante da ausência de disposição expressa, a autoridade competente poderá aplicar a legislação tributária e utilizar métodos de integração previstos no Código Tributário Nacional. Sobre os métodos de integração é correto afirmar:

a) A autoridade competente poderá aplicar, alternativamente, conforme a necessidade, a analogia, os costumes, a equidade e os princípios gerais de direito.

b) O emprego da analogia só terá cabimento se for impossível a aplicação dos princípios gerais de direito.

c) Não se admite o emprego da equidade, que é reservado exclusivamente a membro do Poder Judiciário no exercício da jurisdição.

d) Os princípios gerais de direito privado são utilizados sucessivamente após ter restado insuficiente o emprego da analogia e dos princípios gerais de direito público.

e) Se com o emprego da analogia resultar exigência de tributo não previsto em lei, deve a autoridade aplicar, sucessivamente, os princípios gerais de direito tributário.

COMENTÁRIOS

✪ **Nota dos autores:** Questão capciosa. Para acertá-la, deve-se saber quais são os institutos da integração e que os mesmos devem ser utilizados de forma sucessiva. Além disso, deve-se atentar à proibição do uso da analogia para cobrar tributo não previsto.

Alternativa "a": Pela redação do *caput* do art. 108, a aplicação dos institutos da integração deve ser utilizada de forma sucessiva.

Alternativa "b": Pela sequência, a analogia é o primeiro instituto a ser utilizado para a integração da legislação tributária.

Alternativa "c": O *caput* do art. 108 do CTN afirma que a equidade poderá ser utilizada pela autoridade competente, que poderá ser tanto membro do Executivo (Auditores Fiscais, Conselheiros, dentre outros), quanto membros do Poder Judiciário.

Alternativa "d": Na lista dos institutos da integração não estão presentes os princípios gerais do direito privado.

Alternativa "e": O art. 108, § 1º do CTN afirma que o emprego da analogia não poderá resultar na exigência de tributo não previsto em lei. Sendo assim, já que a analogia não poderia ser utilizada, porque se feriria esse parágrafo, a alternativa restante seria valer-se do instrumento de integração seguinte, qual seja, os princípios gerais de direito tributário, uma vez que o *caput* do art. 108 determina que esses institutos devem ser utilizados de forma sucessiva.

Alternativa correta: letra "e".

---

107. (FCC – Procurador do Estado – MT/ 2011) A legislação tributária que disponha sobre dispensa do cumprimento de obrigações tributárias acessórias interpreta-se

a) literalmente.

b) sistematicamente.

c) teleologicamente.

d) retroativamente.

e) historicamente.

COMENTÁRIOS

Alternativa "a": Trata-se de literalidade do art. 111, III do CTN.

Alternativas "b" (responde também as alternativas "c", "d" e "e"): Os métodos de interpretação dessas assertivas, à exceção da letra "d", não são descritos pelo legislador tributário.

Alternativa correta letra "a".

---

108. (FEPESE – Procurador do Estado – SC/ 2010) De acordo com o Código Tributário Nacional, assinale a alternativa correta.

a) É dispensada a exigência de lei para o estabelecimento de modificação da base de cálculo do tributo, ainda que importe em torná-lo mais oneroso.

b) Salvo disposição em contrário, as decisões dos órgãos singulares ou coletivos de jurisdição administrativa, a que a lei atribua eficácia normativa, entram em vigor, quanto a seus efeitos, na data da sua publicação.

c) A lei tributária aplica-se a ato ou fato pretérito quando seja expressamente interpretativa, sem prejuízo de aplicação da penalidade à infração dos dispositivos interpretados.

d) Interpreta-se literalmente a legislação tributária que disponha sobre extinção, suspensão ou exclusão do crédito tributário.

e) A lei tributária que define infrações, ou lhe comina penalidades, interpreta-se da maneira mais favorável ao acusado, em caso de dúvida quanto à autoria, imputabilidade, ou punibilidade.

COMENTÁRIOS

Alternativa "a": A assertiva contraria o art. 97, IV do CTN.

Alternativa "b": Pela redação do art. 103, II, do CTN, as decisões citadas na assertiva entram em vigor 30 (trinta) dias após a data da sua publicação.

Alternativa "c": A assertiva contraria o art. 106, I, do CTN, quando afirma que a "A lei aplica-se a ato ou fato pretérito: I – em qualquer caso, quando seja expressamente interpretativa, excluída a aplicação de penalidade à infração dos dispositivos interpretados".

Alternativa "d": O erro está em incluir a extinção do crédito tributário como hipótese que demanda interpretação literal (art. 111, I do CTN).

Alternativa "e": Trata-se da redação do art. 112 do CTN.

Alternativa correta letra "e".

109. (Cespe – Procurador do Estado – PB/ 2008) A interpretação de qualquer regra jurídica deve seguir o caminho traçado pelos princípios que fornecem coesão ao sistema jurídico. Nesse sentido, conclui-se que a integração da norma tributária não deve ser feita por meio

a) dos princípios gerais de direito tributário.

b) dos costumes.

c) da eqüidade.

d) da analogia.

e) dos princípios gerais de direito público.

COMENTÁRIOS

Alternativas "a" (responde também as alternativas "c", "d" e "e"): Confira comentário acima.

Alternativa "b": Pela redação do art. 108 do CTN, a integração da legislação tributária compreende (i) a analogia, (ii) os princípios gerais de direito tributário; (iii) os princípios gerais de direito público e (iv) a equidade. Os costumes não fazem parte dos institutos da integração tributária.

Alternativa correta letra "b".

110. (PGE-GO – Procurador do Estado – GO/ 2013) A propósito da interpretação e da aplicação das fontes do direito tributário, é CORRETO afirmar que

a) o costume administrativo não tem aptidão para excluir a imposição de penalidades no direito tributário considerando a imperatividade da observância do princípio da legalidade.

b) os tratados internacionais em matéria tributária, considerando seu caráter infraconstitucional, não revogam ou modificam a legislação interna.

c) em respeito ao princípio da irretroatividade da norma tributária, a lei não se aplica a ato ou fato pretérito, ainda quando seja expressamente interpretativa.

d) o direito tributário serve-se de institutos, conceitos e formas do direito privado, podendo a lei tributária alterar a definição, o conteúdo e o alcance para definir ou limitar competências tributárias.

e) interpreta-se literalmente a legislação tributária que disponha sobre a suspensão do crédito tributário.

COMENTÁRIOS

✪ **Nota dos autores:** A questão trata da interpretação e aplicação das fontes do direito tributário, demandando leitura dos artigos 96 a 112 do CTN, já que o examinador do concurso exigiu conhecimento do texto da lei.

Alternativa "a": O costume administrativo tem aptidão para excluir a imposição de penalidades no direito tributário, além da cobrança de juros de mora e a atualização do valor monetário da base de cálculo do tributo nos termos do parágrafo único do art. 100 do CTN.

Alternativa "b": Nos termos do art. 98 do CTN, os tratados e as convenções internacionais revogam ou modificam a legislação tributária interna, e serão observados pela que lhes sobrevenha.

Alternativa "c": Consoante dispõe o art. 106, inciso I do CTN, a lei aplica-se a ato ou fato pretérito, em qualquer caso, quando seja expressamente interpretativa. É exceção ao princípio da irretroatividade da norma tributária.

Alternativa "d": Segundo o art. 110 do CTN, a lei tributária não pode alterar a definição, o conteúdo e o alcance de institutos, conceitos e formas de direito privado, utilizados, expressa ou implicitamente, pela Constituição Federal, pelas Constituições dos Estados, ou pelas Leis Orgânicas do Distrito Federal ou dos Municípios, para definir ou limitar competências tributárias.

Alternativa "e": A assertiva transcreve o teor do art. 111, inciso I do CTN: "Art. 111. Interpreta-se literalmente a legislação tributária que disponha sobre: I – suspensão ou exclusão do crédito tributário".

Alternativa correta: letra "e".

6. OBRIGAÇÃO TRIBUTÁRIA. FATO GERADOR

▸ CTN, Título II, Capítulos I a IV, arts. 113 a 118.

6.1. OBRIGAÇÃO TRIBUTÁRIA

111. (Cespe – Procurador do Estado – PGE – PE/2018) Considerando o que dispõe o CTN, assinale a opção correta a respeito das obrigações tributárias.

a) A obrigação tributária surge apenas com a ocorrência da hipótese de incidência do tributo.

b) A obrigação acessória é convertida em obrigação principal na hipótese de sua inobservância.

c) O fato gerador deve ser o mesmo tanto para a obrigação principal quanto para a obrigação acessória.

d) O sujeito ativo da obrigação acessória é denominado responsável tributário.

e) Uma vez modificado o crédito tributário, deve ser igualmente alterada a obrigação tributária dele originada.

COMENTÁRIOS

Alternativa "a": É cediço que a obrigação tributária é principal ou acessória. Outrossim, segundo o artigo 113, § 1º do CTN, a obrigação principal surge com a ocorrência do fato gerador, tem por objeto o pagamento de tributo ou penalidade pecuniária e extingue-se juntamente com o crédito dela decorrente. Ademais, a obrigação acessória decorre da legislação tributária e tem por objeto as prestações, positivas ou negativas, nela previstas no interesse da arrecadação ou da fiscalização dos tributos. (§ 2º do art. 113 do CTN).

Alternativa "b": A assertiva se coaduna com o disposto no art. 113, § 3º do CTN: "A obrigação acessória, pelo simples fato da sua inobservância, converte-se em obrigação principal relativamente à penalidade pecuniária".

Alternativa "c": Está incorreto. Vejamos o teor dos artigos 114 e 115 do CTN, in verbis: "Art. 114 do CTN. Fato gerador da obrigação principal é a situação definida em lei como necessária e suficiente à sua ocorrência"; e "Art. 115 do CTN. Fato gerador da obrigação acessória é qualquer situação que, na forma da legislação aplicável, impõe a prática ou a abstenção de ato que não configure obrigação principal".

Alternativa "d": Sujeito ativo da obrigação é a pessoa jurídica de direito público, titular da competência para exigir o seu cumprimento (Art. 119 do CTN).

Alternativa "e": O crédito tributário modificado não afeta a obrigação tributária que lhe deu origem. Segundo o art. 140 do CTN "As circunstâncias que modificam o crédito tributário, sua extensão ou seus efeitos, ou as garantias ou os privilégios a ele atribuídos, ou que excluem sua exigibilidade não afetam a obrigação tributária que lhe deu origem".

Alternativa correta: letra "b".

112. (FCC – Procurador do Estado – MT/2016) A obrigação tributária acessória, relativamente a um determinado evento que constitua, em tese, fato gerador de um imposto,

a) não poderá ser instituída, em relação a um mesmo fato jurídico, por mais de uma pessoa política distinta.

b) não pode ser exigida de quem é imune ao pagamento do imposto.

c) pode ser exigida de quem é isento do imposto.

d) poderá ser exigida de quaisquer pessoas designadas pela lei tributária que disponham de informação sobre os bens, serviços, rendas ou patrimônio de terceiros, independentemente de cargo, ofício, função, ministério, atividade ou profissão por aqueles exercidas.

e) não é exigível no caso de não incidência tributária, pois inexiste interesse da arrecadação ou fiscalização tributárias a justificar a imposição acessória.

COMENTÁRIOS

Alternativa "a": Assertiva errada. Há critérios quantitativos que servem como base de cálculo de mais de um tributo. Por exemplo, o faturamento é base de cálculo do ISS e também das contribuições PIS/COFINS. A importação é base de cálculo para o II, ICMS, IPI, PIS/COFINS, dentre outras cobranças. Portanto, mais de uma pessoa jurídica distinta poderá instituir obrigação acessória sobre um mesmo evento que constitua fato gerador dos seus respectivos tributos.

Alternativa "b": A assertiva está incorreta, tendo em vista que a imunidade tributária dispensa o contribuinte apenas do cumprimento da obrigação tributária principal. Inclusive esse é o entendimento do STF sobre o tema: "A orientação da Corte é no sentido de que a imunidade tributária, por si só, não autoriza a exoneração de cumprimento das obrigações acessórias impostas por lei" (AG. RG. no ARE n. 709.980-SP).

Alternativa "c": A dispensa legal de cumprir com a obrigação principal em razão da isenção (pagamento do tributo) não exonera o contribuinte de cumprir a obrigação acessória. No direito tributário não é válida a regra do direito civil segundo a qual o "acessório segue o principal". Nesse sentido, confira o teor do art. 175, parágrafo único. A exclusão do crédito tributário não dispensa o cumprimento das obrigações acessórias dependentes da obrigação principal cujo crédito seja excluído, ou dela consequente.

Alternativa "d": A assertiva está incorreta, tendo em vista que o artigo 197, parágrafo único, do CTN estabelece que a obrigação tributária assessoria, com relação aos bens, negócios ou atividades de terceiros, não abrange a prestação de informações quanto a fatos sobre os quais o informante esteja legalmente obrigado a observar segredo em razão de cargo, ofício, função, ministério, atividade ou profissão.

Alternativa "e": O item está incorreto, pois existem hipóteses de não incidência de tributos em que o contribuinte permanece obrigado a cumprir as obrigações assessorias. Por exemplo, a imunidade tributária é uma hipótese de não incidência constitucionalmente qualificada, na qual o contribuinte deve cumprir as obrigações acessórias.

Alternativa correta: letra "c".

---

113. (COPS – Procurador do Estado – PR/ 2011) Dentre as alternativas abaixo, aponte aquela que estiver correta:

a) a obrigação tributária é principal ou acessória, em ambos os casos surgindo com a ocorrência do fato gerador e tendo por objeto o pagamento de tributo ou penalidade pecuniária, extinguindo-se juntamente com o crédito dela decorrente;

b) a obrigação tributária acessória, pelo simples fato de sua inobservância, converte-se em obrigação principal relativamente à penalidade pecuniária;

c) além do contribuinte, o responsável também é qualificado como sujeito passivo tributário, eis que tem relação pessoal e direta com a situação que de regra constitui o respectivo fato gerador;

d) na relação jurídica tributária, o sujeito ativo é titular do dever de recolher o tributo, ao passo que, o sujeito passivo corresponde ao titular do direito de receber o montante devido;

e) n. d. a.

COMENTÁRIOS

Alternativa "a": A assertiva iguala o conceito de obrigação principal com acessória. O conceito dado é o de obrigação principal.

Alternativa "b": Redação do art. 113, § 3º do CTN.

Alternativa "c": A primeira parte está correta. No entanto, cumpre lembrar que apenas o contribuinte tem relação pessoal e direta com o fato gerador.

Alternativa "d": Houve inversão das funções dos sujeitos ativo e passivo. O sujeito ativo tem a prerrogativa de receber o montante devido e o passivo o dever de recolher o tributo.

Alternativa correta letra "b".

---

114. (Cespe – Procurador do Estado – CE/ 2008) Acerca da obrigação tributária, assinale a opção correta.

a) É excluída pela isenção.

b) É principal quando decorre da legislação tributária.

c) As obrigações acessórias decorrem de penalidade prevista no julgamento administrativo.

d) A acessória converte-se em principal.

e) É acessória quando decorre do fato gerador.

COMENTÁRIOS

Alternativa "a": A isenção exclui o crédito tributário (art. 175, I do CTN).

Alternativa "b": É principal quando decorre da lei e não da legislação.

Alternativa "c": A obrigação principal é que tem por objeto o pagamento de penalidade pecuniária (art. 113, § 1º do CTN).

Alternativa "d": Pela redação do art. 113, § 3º, a obrigação acessória, pelo simples fato da sua inobservância, converte-se em obrigação principal relativamente a penalidade pecuniária.

Alternativa "e": Tanto a obrigação acessória quanto a principal possuem fatos geradores, embora distintos (arts. 114 e 115 do CTN).

Alternativa correta letra "d".

---

115. (Cespe – Procurador do Estado – PE/ 2009) Por dois exercícios consecutivos, a empresa Alfa e Ômega Ltda. deixou de recolher o ICMS declarado nos respectivos documentos de informação econômico-fiscal, além de tê-los preenchido com diversas irregularidades.

Nessa situação, considerando a legislação estadual vigente em Pernambuco, assinale a opção correta.

a) Somente deve ser aplicada multa pelo descumprimento das obrigações principais.

b) Nessa situação, configura-se reincidência e, portanto, circunstância agravante geral.

c) O descumprimento da obrigação acessória presume o descumprimento da principal.

d) Sobre cada irregularidade no preenchimento do mesmo documento de informação econômico-fiscal incide multa.

e) Inadimplência reiterada decorrente do ICMS declarado nos documentos de informação econômico-fiscal e não recolhido não configura reincidência ou repetição pura e simples.

COMENTÁRIOS

Alternativa "a": O descumprimento de obrigação acessória também leva ao pagamento de multa.

Alternativa "b": Sem lei específica, não se pode conceituar a "reincidência".

Alternativa "c": Em direito tributário, o acessório não segue o principal.

Alternativa "d": Só com a lei para se analisar cada hipótese específica de multa, bem como se há cumulatividade das mesmas ou não.

Alternativa "e": Apenas de posse da legislação do Estado para se responder essa assertiva com presteza.

Alternativa correta: letra "e".

---

116. (FCC – Procurador do Estado – SP/ 2012) No tocante à obrigação tributária,

a) a criação de obrigação acessória independe da competência tributária.

b) a obrigação acessória tem o mesmo destino da obrigação principal. Somente pode existir em razão dela e, uma vez extinta a obrigação principal, extinta estará também a obrigação acessória.

c) contribuinte desobrigado de cumprimento da obrigação principal, por imunidade ou isenção, não pode ser compelido a cumprir a respectiva obrigação acessória.

d) a não emissão de nota fiscal, por contribuinte a ela obrigado, configura descumprimento de obrigação principal, já que a emissão de referido documento é de suma importância para a fiscalização tributária.

e) o descumprimento da obrigação acessória pode dar ensejo ao nascimento de uma obrigação principal.

COMENTÁRIOS

✪ **Nota dos autores:** A obrigação tributária poderá ser principal (de dar/prestação pecuniária) ou acessória (de fazer, não fazer ou tolerar que se faça). A obrigação acessória torna exigível ao sujeito passivo deveres procedimentais que auxiliam o sujeito ativo na fiscalização e arrecadação fiscal (poder de polícia da administração fiscal). Enquanto a obrigação principal decorre da lei, a obrigação acessória decorre da legislação tributária, podendo ser veiculada através de decretos, portarias etc.

Alternativa "a": A criação da obrigação acessória depende da competência tributária, pois quem não pode criar um tributo sequer pode criar obrigações relativas a algo que não se pode cobrar. Por outro lado, se a obrigação acessória, pelo simples fato da sua inobservância, converte-se em obrigação principal, não faz jus a criação de obrigação tributária acessória sem a competência para a criação da obrigação principal.

Alternativa "b": A obrigação tributária poderá ser principal (de dar/prestação pecuniária) ou acessória (de fazer, não fazer ou tolerar que se faça), lembrando que as palavras "principal" e "acessória" não guardam relação com o previsto no direito civil, não sendo possível afirmar que, em direito tributário, o acessório segue o principal (teoria da gravitação jurídica). Os destinos de ambas são distintos: a principal visa a carrear recursos aos cofres públicos enquanto a acessória visa a nortear o Fisco na correta direção para o exercício de suas atribuições, mas que, por fim, sempre terá como objetivo a cobrança do tributo.

Alternativa "c": Conforme mencionado no item acima, a obrigação acessória no direito tributário não segue a principal. Assim, ainda que o contribuinte não pague o tributo (em razão de isenção e/ou imunidade) não o dispensará de cumprir a obrigação acessória. O direito tributário não segue a teoria da gravitação jurídica do direito civil onde "o acessório segue o principal".

Alternativa "d": A não emissão de nota fiscal, por contribuinte a ela obrigado, configura descumprimento de obrigação acessória (obrigação de fazer) e não principal.

Alternativa "e": A questão contém diversos enunciados, alguns com pequena complexidade, mas traz como alternativa verdadeira tema bastante simples. Confira o art. 113, § 3º do CTN "A obrigação acessória, pelo simples fato da sua inobservância, converte-se em obrigação principal relativamente à penalidade pecuniária".

Alternativa correta: letra "e".

117. (Cespe – Procurador do Estado – BA/2014) De acordo com determinada norma tributária, a venda de mercadoria gera a necessidade de registro contábil e do pagamento do tributo devido. A respeito desse tema, julgue os itens seguintes.

I. O tributo não pago converte-se imediatamente em obrigação principal.

COMENTÁRIOS

É cediço que a obrigação principal surge com a ocorrência do fato gerador e tem por objeto o pagamento de tributo ou penalidade pecuniária (multa) e extingue-se juntamente com o crédito dela decorrente. Por sua vez, a obrigação acessória decorre da legislação tributária e tem por objeto as prestações, positivas ou negativas, nela previstas no interesse da arrecadação ou da fiscalização dos tributos. A obrigação acessória, pelo simples fato da sua inobservância, converte-se em obrigação principal relativamente à penalidade pecuniária. A obrigação de pagar tributo é obrigação principal não havendo a referida conversão mencionada na questão. Assim, o examinador buscou confundir obrigação principal e acessória, já que nessa última há conversão em obrigação principal no caso de inobservância. **ERRADO**

II. O registro da referida venda é uma obrigação tributária, mas não o fato gerador do tributo.

COMENTÁRIOS

✪ **Nota dos autores:** A obrigação tributária é classificada como principal ou acessória. A obrigação principal tem como objeto, um dever de pagamento do tributo ou penalidade pecuniária (multas). É, portanto, intuito pecúnia, uma prestação positiva na modalidade de obrigação de dar. A obrigação acessória, por sua vez, torna exigível ao sujeito passivo um fazer, não fazer (ou tolerar que se faça), ou seja, deveres procedimentais que auxiliam o sujeito ativo na fiscalização e arrecadação fiscal (poder de polícia da administração fiscal).

O fato gerador ocorreu com a venda da mercadoria, ou seja, no momento em que houve a mudança de titularidade do bem. Tal transação dá ensejo à cobrança do ICMS-mercadorias. Portanto, o registro da referida venda é tão somente uma obrigação acessória do contribuinte. **CERTO**

III. O pagamento do tributo extingue toda obrigação tributária existente, incluindo-se a necessidade de registro contábil.

COMENTÁRIOS

A obrigação tributária consiste num vínculo jurídico (relação jurídica) que une, de um lado, o sujeito passivo (contribuinte ou responsável) e, de outro, o sujeito ativo, em torno de uma prestação tributária, cabendo ao último exigir alguma prestação do primeiro. A obrigação tributária poderá ser principal (de dar/prestação) ou acessória (de fazer, não fazer ou tolerar que se faça), lembrando que as palavras "principal" e "acessória" não guardam relação com o previsto no direito civil, não sendo possível afirmar que, em direito tributário, o acessório segue o principal (teoria da gravitação jurídica). Portanto, ainda que haja a extinção da obrigação principal (pagamento do tributo), subsiste a obrigação acessória (registro contábil), uma vez que, conforme dito alhures, no direito tributário o acessório não segue o principal. **ERRADO**

IV. Suponha que aquele que esteja diretamente vinculado ao fato gerador não realize o registro, mas pague o tributo. Nessa situação, caso seja aplicada pena pecuniária pelo descumprimento da obrigação referente ao registro contábil, por meio de lançamento tributário definitivo, fica constituído o crédito tributário.

COMENTÁRIOS

Como é sabido, a obrigação acessória, pelo simples fato da sua inobservância (in casu o descumprimento da obrigação referente ao registro contábil), converte-se em obrigação principal relativamente à penalidade pecuniária (art. 113, § 3º, CTN). O lançamento realizado em razão de tal inobservância constitui o crédito tributário. **CERTO**

V. O sujeito passivo diretamente ligado com o fato gerador é denominado responsável tributário.

COMENTÁRIOS

✪ **Nota dos autores:** Lembre-se que o sujeito passivo da relação jurídico-tributária é o contribuinte ou responsável. Para o CTN, a sujeição passiva pode ser direta (contribuinte – art. 121, parágrafo único, I, CTN) ou indireta (Responsável – art. 121, parágrafo único, II, CTN). Contribuinte é quem realiza o fato gerador e responsável é aquele que, embora não tendo feito o fato gerador, a lei lhe atribui o dever de pagar o tributo.

O sujeito passivo diretamente ligado com o fato gerador é denominado contribuinte e não o responsável. Este último é aquele que, embora não tendo realizado o fato gerador, a lei lhe atribui o dever de pagar o tributo. **errado**

6.2. FATO GERADOR

---

118. (FCC – Procurador do Estado – RN/2014) Segundo o Código Tributário Nacional, a definição legal do fato gerador é interpretada abstraindo-se da validade jurídica dos atos efetivamente praticados, da natureza do seu objeto e seus efeitos, bem como dos efeitos dos fatos efetivamente ocorridos. Diante disso,

a) somente os negócios juridicamente válidos podem ser definidos como fato gerador de tributos.

b) a hipótese de incidência pode ter em seu aspecto material fatos ilícitos, desde que compatíveis com a regra-matriz de incidência prevista na Constituição Federal.

c) somente os negócios jurídicos com agente capaz, objeto lícito e forma prevista ou não proibida em lei serão fatos geradores de tributos.

d) a circulação de mercadoria objeto de contrabando não pode ser fato gerador do ICMS, tendo em vista que o objeto do negócio, qual seja, a mercadoria, é ilícita.

e) o recolhimento de ITCD incidente sobre doação de bem imóvel em fraude contra credores é válido, mesmo diante de anulação do negócio jurídico por decisão judicial irrecorrível.

COMENTÁRIOS

Alternativa "a": O enunciado da questão que trata da interpretação objetiva do fato gerador (art. 118 c/c 126 CTN).

Alternativa "b": A hipótese de incidência (descrição normativa) do tributo deve contemplar fatos lícitos. Confira o comentário da letra "e".

Alternativa "c": Segundo o art. 104 do Código Civil, os requisitos de validade do negócio jurídico são (i) agente capaz, (ii) objeto lícito, possível, determinado ou determinável e (iii) forma prescrita ou não defesa em lei. No entanto, esses requisitos não são necessários para a validade dos fatos geradores de tributos, nos termos do enunciado da questão.

Alternativa "d": No mesmo sentido do que foi abordado na letra "e" acima, vigora no direito tributário o Princípio da Interpretação Objetiva do "Fato Gerador" (art. 118 c/c 126 CTN). Mesmo que o fato seja ilícito (contrabando), a hipótese de incidência (previsão normativa que é a circulação de mercadoria) é lícita. Com base nesse raciocínio, a banca concluiu que, no contrabando (atividade ilícita), ocorre sim o fato gerador do ICMS, considerando incorreta a alternativa, que afirmava não ocorrer o fato gerador. Atenção, porém, para a existência de atos normativos de alguns Estados afastando a lavratura de Auto de Infração para exigência do imposto relativo à mercadoria considerada objeto de contrabando ou descaminho. Um exemplo de norma nesse sentido é encontrado na legislação tributária do Estado de São Paulo (Portaria CAT 95/2006, art. 32, § 3º).

Alternativa "e": Na hipótese em tela, aplica-se o Princípio da Interpretação Objetiva do "Fato Gerador" (art. 118 c/c 126 CTN) ou Cláusula non olet (o tributo "não fede e não cheira"). Em verdade, ainda que o fato seja ilícito (fraude contra credores), a hipótese de incidência (previsão normativa) é lícita (doação de bem imóvel que se subsume na norma padrão de incidência do ITCD). Ademais, recorde-se que o art. 3° do CTN traz a definição de tributo e menciona que este não constitui sanção de ato ilícito. Assim, o tributo não é penalidade e dela se distingue exatamente porque a penalidade tem como hipótese de incidência um ato ilícito, enquanto a hipótese de incidência do tributo é sempre algo lícito.

Alternativa correta: letra "e".

---

119. (Cespe – Procurador do Estado – PB/ 2008) No que se refere à ocorrência do fato gerador e ao surgimento da obrigação tributária, assinale a opção incorreta.

a) Quando um negócio jurídico é fato gerador de um tributo e é celebrado sob condição resolutiva, a ocorrência deve ser considerada desde a celebração do negócio.

b) O fato gerador da obrigação principal é a situação definida em lei como necessária e suficiente para a sua ocorrência.

c) Quando o negócio jurídico expressa uma situação fática, a ocorrência somente deve ser caracterizada quando presentes todos os elementos essenciais para que a situação produza os efeitos que lhes são peculiares.

d) Quando um negócio jurídico é fato gerador de um tributo e é celebrado sob condição suspensiva, a ocorrência somente deve ser considerada quando se realiza a condição.

e) O fato gerador da obrigação acessória é a situação definida em lei que obriga o sujeito passivo às prestações de fazer ou não fazer que constituam objeto da obrigação.

COMENTÁRIOS

Alternativa "a": Trata-se da redação do art. 117, II do CTN.

Alternativa "b": Definição clara do fato gerador da obrigação principal constante do art. 114 do CTN.

Alternativa "c": Redação do art. 116, I do CTN.

Alternativa "d": Redação do art. 117, I do CTN.

Alternativa "e": Pela redação do art. 115 do CTN, o fato gerador da obrigação acessória é definido na forma da "legislação tributária" e não apenas da "lei" tributária.

Alternativa correta: letra "e".

---

120. (Cespe – Procurador do Estado – AL/ 2008) Assinale a opção correta a respeito de fato gerador.

a) O fato gerador da obrigação acessória é qualquer situação que, na forma da legislação tributária, impõe a prática ou a abstenção de ato que não configure obrigação principal.

b) O fato gerador da obrigação principal é a situação definida na legislação tributária que impõe uma sanção administrativa.

c) Considera-se, via de regra, caracterizado o fato gerador quando da verificação, pelo fisco, da ocorrência do mesmo.

d) Tratando-se de situação jurídica, considera-se ocorrido o fato gerador e existentes seus efeitos, após declarada pelo fisco a validade do ato.

e) O fato gerador de um imposto pode ser definido por meio de lei ordinária.

COMENTÁRIOS

Alternativa "a": A obrigação acessória torna exigível ao sujeito passivo um fazer ou não fazer (prática ou a abstenção de ato), ou seja, deveres procedimentais que auxiliam o sujeito ativo na fiscalização e arrecadação fiscal. O art. 113, § 2º do CTN dispõe *in verbis*: "A obrigação acessória decorre da legislação tributária e tem por objeto as prestações, positivas ou negativas, nela previstas no interesse da arrecadação ou da fiscalização dos tributos".

Alternativa "b": A obrigação principal não tem como fato gerador a situação definida na *legislação tributária* que impõe uma sanção administrativa. Na verdade, a obrigação principal surge com a ocorrência do fato gerador e depende sempre de *lei*. Não pode surgir da legislação tributária. Enfim, tal obrigação tem como objeto um dever de pagamento do tributo ou penalidade pecuniária (multa) e extingue-se juntamente com o crédito dela decorrente (art. 113, § 1º do CTN).

Alternativa "c": Nos termos do art. 116 do CTN, salvo disposição de lei em contrário, considera-se ocorrido o fato gerador e existentes os seus efeitos: I) tratando-se de situação de fato, desde o momento em que o se verifiquem as circunstâncias materiais necessárias a que produza os efeitos que normalmente lhe são próprios; II) tratando-se de situação jurídica, desde o momento em que esteja definitivamente constituída, nos termos de direito aplicável. Não precisa a verificação do Fisco para a ocorrência do fato gerador.

Alternativa "d": Tratando-se de situação jurídica considera-se ocorrido o fato gerador desde o momento em que esteja definitivamente constituída, nos termos de direito aplicável (art. 116, inciso II do CTN)

Alternativa "e": O fato gerador de um imposto só pode ser definido por lei complementar, à luz do que prevê o art. 146, inciso III, alínea "a" da CF, a saber: Cabe à lei complementar estabelecer normas gerais em matéria de legislação tributária, especialmente sobre a definição de tributos e de suas espécies, bem como, *em relação aos impostos discriminados nesta Constituição, a dos respectivos fatos geradores*, bases de cálculo e contribuintes.

Alternativa correta: letra "a".

---

121. (FCC – Procurador do Estado – RO/ 2011) Em 15/08/2008 a empresa "ASSEM TOS" realizou a venda de 300 cadeiras executivas, sendo que não declarou tal operação à Fazenda Estadual e, tampouco promoveu o recolhimento do ICMS sobre a referida operação. Em 23/10/2009 teve início fiscalização tributária estadual na empresa, sendo que em 25/03/2010 foi lavrado o auto de infração, promovendo o lançamento sobre a mencionada operação. Em análise à legislação tributária, constata-se que a alíquota de ICMS incidente sobre tais operações sofreu variações, sendo de 12% para o ano de 2008; 17% para o ano de 2009 e 7% para o ano de 2010. Com base em tais informações, a imposição tributária deve se dar com a aplicação da alíquota de

a) 12%, adotando-se por base a data do fato gerador.

b) 17%, considerando a data do início de fiscalização, após a qual não se admite a denúncia espontânea.

c) 7%, uma vez que o efetivo lançamento tributário ocorreu em 2010, com o auto de infração.

d) 17%, uma vez que a sonegação praticada pelo contribuinte impõe a adoção da alíquota mais elevada.

e) 7% em função do princípio da retroatividade benéfica em matéria tributária.

COMENTÁRIOS

Alternativa "a": A imposição tributária deve se dar com a aplicação da alíquota de 12%, adotando-se por base a data do fato gerador. Lembre-se que a obrigação principal surge com a ocorrência do fato gerador. O lançamento posterior realizado através do auto de infração não modifica a obrigação tributária ocorrida anteriormente. Isso porque, o lançamento reporta-se à data da ocorrência do fato gerador da obrigação e rege-se pela lei então vigente, ainda que posteriormente modificada ou revogada (art. 144 do CTN). Em suma, a alíquota aplicável será a da ocasião do fato gerador e por conseguinte, do nascimento da obrigação tributária.

Alternativa "b": Não será aplicável a alíquota de 17%, mas sim a de 12% adotando-se por base a data do fato gerador. A obrigação principal surge com a ocorrência do fato gerador. O lançamento, por sua vez reporta-se à data da ocorrência do fato gerador da obrigação e rege-se pela lei então vigente, ainda que posteriormente modificada ou revogada. Em suma, a alíquota aplicável será a da ocasião do fato gerador e por conseguinte, do nascimento da obrigação tributária.

Alternativa "c": Não será aplicável a alíquota de 7%, mas sim a de 12% adotando-se por base a data do fato gerador. A obrigação principal surge com a ocorrência do fato gerador. O lançamento, por sua vez reporta-se à data da ocorrência do fato gerador da obrigação e rege-se pela lei então vigente, ainda que posteriormente modificada ou revogada.

Alternativa "d": Será aplicável a alíquota de 12% adotando-se por base a data do fato gerador. A obrigação principal surge com a ocorrência do fato gerador. O lançamento realizado posteriormente via auto de infração não modifica a obrigação tributária surgida com a ocorrência do fato gerador. Assim, será aplicável a alíquota vigente nesse instante, já que o lançamento reporta-se à data da ocorrência do fato gerador da obrigação e rege-se pela lei então vigente, ainda que posteriormente modificada ou revogada.

Alternativa "e": Não será aplicável a alíquota de 7%, mas sim a de 12% adotando-se por base a data do fato gerador. Lembre-se que a obrigação principal surge com a ocorrência do fato gerador. O lançamento, por sua vez reporta-se à data da ocorrência do fato gerador da obrigação e rege-se pela lei então vigente, ainda que posteriormente modificada ou revogada. Em suma, a alíquota aplicável será a da ocasião do fato gerador e, por conseguinte, do nascimento da obrigação tributária.

Alternativa correta: letra "a".

---

122. (Cespe – Procurador do Estado – ES/ 2008) Acerca do direito tributário brasileiro, julgue os itens.

A doutrina designa fato gerador continuado aquele cuja realização ocorre ao longo de um espaço de tempo, como no caso do imposto sobre a renda e proventos de qualquer natureza.

COMENTÁRIOS

Para a maioria da doutrina, o fato gerador do IR não é continuado, o que daria ideia de algo que se repete ao longo do tempo, mas, sim, complexo ou complexivo, por compreender um fato gerador (disponibilidade econômica) que vai se formando ao longo de determinado espaço de tempo. **errado**

---

123. (FMP – Procurador do Estado – AC/ 2012) Dadas as assertivas abaixo, assinale a alternativa correta, de acordo com o Código Tributário Nacional:

I. A obrigação tributária principal surge com a ocorrência do fato gerador, tendo por objeto prestações positivas ou negativas no interesse da fiscalização dos tributos.

II. A definição legal do fato gerador deve ser interpretada considerando-se a validade jurídica dos atos praticados pelos contribuintes.

III. Fato gerador da obrigação principal é a situação definida em lei como necessária e suficiente a sua ocorrência.

IV. A autoridade administrativa poderá desconsiderar negócios jurídicos praticados com a finalidade de dissimular a ocorrência do fato gerador, observados os procedimentos a serem definidos em lei ordinária.

a) Estão corretas apenas as assertivas I e II.
b) Estão corretas apenas as assertivas I e III.
c) Estão corretas apenas as assertivas III e IV.
d) Estão corretas apenas as assertivas II e IV.

COMENTÁRIOS

✪ **Nota dos autores:** A questão aborda dispositivos do CTN, a saber: artigos 113, 114, 116 e 118, todos de fácil aplicação, sem demandar maiores digressões jurídicas.

Item I: De fato, a obrigação tributária principal surge com a ocorrência do fato gerador (§ 1º do art. 113 do CTN). Porém, a assertiva embaralhou os conceitos de obrigação tributária principal e acessória, razão pela qual tornou-se incorreta. Segundo o § 2º do art. 113 do CTN, a obrigação acessória decorre da legislação tributária e tem por objeto as prestações, positivas ou negativas, nela previstas no interesse da arrecadação ou da fiscalização dos tributos.

Item II: Dispõe o art. 118, inciso I do CTN: "art. 118: A definição legal do fato gerador é interpretada abstraindo-se: I – da validade jurídica dos atos efetivamente praticados pelos contribuintes, responsáveis, ou terceiros, bem como da natureza do seu objeto ou dos seus efeitos (...)". A norma consagra o princípio do non olet (tributo não tem cheiro), pois a validade jurídica dos atos praticados pelos contribuintes é irrelevante. Por exemplo, se um traficante "aufere renda" da atividade ilícita, deve pagar o imposto de renda; se um "bicheiro", de igual forma, "aufere renda", também se sujeitará a exação.

Item III: A assertiva transcreve literalmente o art. 114 do CTN, a saber: "Fato gerador da obrigação principal é a situação definida em lei como necessária e suficiente à sua ocorrência". Relembre-se que a obrigação principal consiste em um "dar" à Administração.

Item IV: A assertiva traz a denominada norma geral de antielisão fiscal prevista no parágrafo único do art. 116 do CTN. Confira: "A autoridade administrativa poderá desconsiderar atos ou negócios jurídicos praticados com a finalidade de dissimular a ocorrência do fato gerador ou a natureza dos elementos constitutivos da obrigação tributária, observados os procedimentos a serem definidos em lei ordinária". Sobre o tema, oportuno mencionar que há divergência doutrinária acerca da validade da referida norma. Alguns defendem sua inconstitucionalidade, invocando os princípios da legalidade e tipicidade. Outros, favoráveis à norma, recorrem aos princípios da isonomia e da capacidade contributiva, respaldando-se na doutrina que permite a interpretação econômica do fato gerador, "privilegiando a essência econômica dos fatos em detrimento das características meramente formais" (In: ALEXANDRE, Ricardo. Direito tributário esquematizado. 7 ed. rev. e atual, SP: Método, 2013, p. 273).

Alternativa correta: letra "c": Estão corretas apenas as assertivas III e IV.

7. SUJEIÇÃO PASSIVA E CONVENÇÕES PARTICULARES

▸ Art. 121 a 123 CTN

124. (Cespe – Procurador do Estado – PI/ 2008) Um estado, ao firmar contrato com uma empresa privada, desobrigando-a de recolher tributo devido pela sua atividade, passou a ser responsável pelo seu pagamento.

A partir dessa situação, assinale a opção correta.

a) O contrato firmado é válido, uma vez que estipulado pelo ente da Federação competente para cobrar tributos.

b) O sujeito passivo continuará sendo a empresa, já que, para alteração de sua definição, é preciso edição de decreto.

c) Caso não haja disposição de lei em contrário, nenhuma convenção ou contrato tem validade para alterar o sujeito passivo de obrigação tributária perante a fazenda pública.

d) A responsabilidade atribuída ao estado, no pagamento do tributo devido pela empresa, fere o princípio da anterioridade.

e) Somente se houvesse lei nesse sentido é que seria possível a responsabilização do estado no pagamento desse tributo.

COMENTÁRIOS

Alternativa "a": A questão tenta induzir o estudante a erro. Primeiro, o tributo que o Estado desobrigou a empresa de pagar, assumindo a sua responsabilidade, só pode ser, por óbvio, tributo de outro ente da federação. Segundo, somente essa possibilidade é visualizada, uma vez que o Estado não pode se tornar responsável de um tributo de sua competência, tributando a si mesmo por responsabilidade. Terceiro, como visto no art. 123, o contrato não tem o condão de alterar a sujeição passiva. Logo, quem realizou o contrato não foi o ente da federação competente para cobrar o tributo objeto do contrato, e, sim, ente distinto. O exemplo que se visualiza é o Estado firmar contrato de locação com particular e assumir o ônus de pagar o IPTU.

Alternativa "b": Para modificar a definição legal do sujeito passivo das obrigações tributárias, o veículo normativo cabível é apenas a lei, não podendo ser veiculado através de decreto.

Alternativa "c": A alternativa aborda o tema da sujeição passiva e convenções particulares. O art. 123 do CTN, dispõe que "salvo disposições de lei em contrário, *as convenções particulares, relativas à responsabilidade pelo pagamento de tributos, não podem ser opostas à Fazenda Pública*, para modificar a definição legal do sujeito passivo das obrigações tributárias correspondentes".

Alternativa "d": Não se cogita da aplicação do princípio da anterioridade na espécie, uma vez que não está se tratando da criação ou majoração de tributo.

Alternativa "e": A lei referida no art. 123 é para permitir que os contratos particulares tenham poder de modificar o sujeito passivo da obrigação tributária e não para dar ao Estado a sujeição passiva de determinado tributo.

Alternativa correta: letra "c".

8. CAPACIDADE TRIBUTÁRIA PASSIVA

▸ CTN, art. 126

125. (Cespe – Procurador do Estado – AL/ 2008) Dois amigos resolveram se juntar e abrir uma sociedade que começou a funcionar sem ter sido constituída formalmente perante os órgãos públicos. Ocorre que um deles foi preso e encontra-se privado de exercer atividades da vida civil.

Acerca dessa situação hipotética, assinale a opção correta.

a) A pessoa jurídica, por não ter sido constituída formalmente, não possui capacidade tributária passiva, apenas os seus sócios.

b) Apenas o sócio que não foi preso possui capacidade tributária passiva.

c) A sociedade comercial e os seus sócios possuem capacidade tributária passiva.

d) Os sócios são solidariamente responsáveis, mas há o benefício de ordem.

e) Os sócios são subsidiariamente responsáveis e possuem capacidade tributária ativa.

COMENTÁRIOS

Alternativa "a": A pessoa jurídica ainda que não constituída regularmente perante os órgãos públicos figurará como sujeito passivo na relação jurídico-tributária, tendo, portanto, capacidade tributária passiva. Isso porque a capacidade tributária independe da capacidade civil. O art. 126, III do CTN dispõe que a capacidade tributária passiva independe de *estar a pessoa jurídica regularmente constituída*, bastando que configure uma unidade econômica ou profissional. No caso sob análise a sociedade comercial e os seus sócios possuem capacidade tributária passiva.

Alternativa "b": Ambos possuem capacidade tributária passiva. O sócio preso também será sujeito passivo da relação jurídico-tributária. Segundo dispõe o art. 126, inciso II, do CTN, a capacidade tributária passiva independe de achar-se a pessoa natural sujeita a medidas que importem *privação ou limitação do exercício de atividades civis*, comerciais ou profissionais, ou da administração direta de seus bens ou negócios.

Alternativa "c": O regramento do direito privado sobre a capacidade civil é irrelevante para definição e alcance da capacidade tributária passiva, esta entendida como a aptidão para figurar como sujeito passivo na relação jurídico – tributária. No âmbito do *direito empresarial*, relembre-se que, quando uma sociedade não está constituída regularmente perante os órgãos públicos, esta será considerada um ente despido de personalidade jurídica (denominada sociedade em comum nos termos do art. 986 CC) e não haverá separação patrimonial entre a sociedade irregular e os sócios (afasta-se o Princípio da autonomia patrimonial da pessoa jurídica). No *direito tributário*, o art. 126, incisos II e III do CTN dispõe que a capacidade tributária passiva *independe*: i) de achar-se a pessoa natural sujeita a medidas que importem *privação ou limitação do exercício de atividades civis*, comerciais ou profissionais, ou da administração direta de seus bens ou negócios; e ii) de *estar a pessoa jurídica regularmente constituída*, bastando que configure uma unidade econômica ou profissional. Visto tais hipóteses, resta claro que no caso sob análise a sociedade comercial e os seus sócios possuem capacidade tributária passiva, sendo irrelevante a não constituição da sociedade perante os órgãos públicos, bem como o fato de um dos sócios se encontrar privado de exercer atividades da vida civil. Assim, se o fato gerador ocorrer, a exação será devida e a administração tributária poderá cobrar inclusive, o tributo na pessoa dos sócios, já que não haverá separação patrimonial destes com a sociedade irregular (ente não personificado)

Alternativa "d": Quando uma sociedade não está constituída regularmente perante os órgãos públicos, esta será considerada um ente despido de personalidade jurídica (denominada sociedade em comum nos termos do art. 986 CC) e não haverá separação patrimonial entre a sociedade irregular e os sócios (afasta-se o Princípio da autonomia patrimonial da pessoa jurídica). Relembre-se que, no âmbito do **direito empresarial**, a responsabilidade será ilimitada e subsidiária dos sócios em geral e será ilimitada e direta apenas do sócio que contratou pela sociedade (art. 990 do CC). Todavia, acerca da sujeição passiva tributária, no caso em tela, a sociedade comercial e os seus sócios possuem capacidade tributária passiva e a administração tributária poderá cobrar o tributo na pessoa dos sócios, já que não haverá separação patrimonial destes com a sociedade irregular. Logo, não há que se falar em solidariedade dos sócios. Ainda que houvesse, na solidariedade tributária não se fala em benefício de ordem.

Alternativa "e": A sociedade comercial e os seus sócios possuem capacidade tributária *passiva* (a questão mencionou "ativa") e a administração tributária poderá cobrar o tributo *na pessoa dos sócios*, já que não haverá separação patrimonial destes com a sociedade irregular (ente não personificado). Assim, os sócios não serão subsidiariamente responsáveis pelo pagamento dos tributos, mas sim responsáveis diretos (não separação patrimonial da pessoa jurídica). Por outro lado, despiciendo afirmar que os amigos e a empresa possuem capacidade tributária ativa.

Alternativa correta: letra "c".

---

126. (Cespe – Procurador do Estado – PI/2014) Assinale a opção correta com base nas disposições do Código Tributário Nacional (CTN).

a) A definição do fato gerador da obrigação principal e da obrigação acessória submete-se à reserva de lei em sentido formal: na primeira espécie obrigacional, a sua ocorrência dá ensejo a uma obrigação de dar; na segunda, há o surgimento de uma obrigação de fazer e não fazer.

b) A responsabilidade solidária em direito tributário pode ser classificada em natural – quando determinadas pessoas têm interesse comum na situação retratada no fato gerador da obrigação tributária – ou legal – quando expressamente determinada por lei –, sendo o benefício de ordem admitido para ambas as hipóteses.

c) A sociedade em comum detém capacidade tributária passiva, pois essa condição independe de estar a pessoa jurídica regularmente constituída, tornando-se sujeito passivo da obrigação tributária principal, ainda que, por convenção particular, seja prevista a responsabilidade pessoal dos sócios pelo pagamento de tributos.

d) A responsabilidade por infrações é elidida pela denúncia espontânea do contribuinte acompanhada do pagamento, ainda que parcial, do crédito tributário devido, não se considerando espontânea a denúncia da prática infracional ocorrida após o início de qualquer procedimento administrativo ou medida de fiscalização.

e) A capacidade tributária ativa não se confunde com a competência tributária, pois aquela pode ser delegada a qualquer pessoa jurídica de direito público ou privado, o que implica a transferência das prerrogativas de cobrança, fiscalização e arrecadação do crédito tributário.

COMENTÁRIOS

Alternativa "a": Enquanto a obrigação principal decorre da lei, a obrigação acessória decorre da legislação tributária, podendo ser veiculada através de decretos, portarias etc. Essa última (obrigação acessória), registre-se, torna exigível ao sujeito passivo um fazer ou não fazer, ou seja, deveres procedimentais que auxiliam o sujeito ativo na fiscalização e arrecadação fiscal. O erro da assertiva foi afirmar que ambas (obrigação principal e acessória) submetem-se à reserva de lei em sentido formal.

Alternativa "b": Em qualquer das hipóteses (solidariedade natural ou legal) não se admite benefício de ordem. Confira o dispositivo do CTN: "Art. 124. São solidariamente obrigadas: I – as pessoas que tenham interesse comum na situação que constitua o fato gerador da obrigação principal; II – as pessoas expressamente designadas por lei. Parágrafo único. A solidariedade referida neste artigo não comporta benefício de ordem".

Alternativa "c": A sociedade em comum (sociedade de fato ou irregular) possui previsão no art. 986 e seguintes do Código Civil. Trata-se de sociedade não personificada, em razão da ausência de constituição regular, ou seja, é a sociedade que não foi registrada no órgão competente (Junta Comercial). Não se trata de tipo societário, mas de uma situação de irregularidade. Para o direito tributário a capacidade tributária passiva independe de estar a pessoa jurídica regularmente constituída, bastando que configure uma unidade econômica ou profissional. (art. 126, inciso III, do CTN). Logo, a sociedade em comum possui capacidade tributária passiva.

Alternativa "d": O pagamento deve ser total e contemplar, inclusive, os juros de mora. Confira o art. 138 do CTN: "Art. 138. A responsabilidade é excluída pela denúncia espontânea da infração, acompanhada, se for o caso, do pagamento do tributo devido e dos juros de mora, ou do depósito da importância arbitrada pela autoridade administrativa, quando o montante do tributo dependa de apuração. Parágrafo único. Não se considera espontânea a denúncia apresentada após o início de qualquer procedimento administrativo ou medida de fiscalização, relacionados com a infração".

Alternativa "e": De fato, capacidade tributária ativa e competência tributária não se confundem. A competência tributária refere-se ao poder dos entes políticos na instituição de tributos. Por sua vez, na capacidade tributária ativa há apenas a atribuição da atividade de arrecadar e fiscalizar tributos. A questão pode ser resolvida com texto da lei. Confira o art. 7º do CTN: "Art. 7º A competência tributária é indelegável, salvo atribuição das funções de arrecadar ou fiscalizar tributos, ou de executar leis, serviços, atos ou decisões administrativas em matéria tributária, conferida por uma pessoa jurídica de direito público a outra, nos termos do § 3º do artigo 18 da Constituição.

Alternativa correta: letra "c".

9. RESPONSABILIDADE TRIBUTÁRIA. DENÚNCIA ESPONTÂNEA

▸ CTN, arts. 124 a 127 e Capítulo V, arts. 128 a 138 do CTN

9.1. RESPONSABILIDADE TRIBUTÁRIA

127. (Cespe – Procurador do Estado – PGE – AL/2021) Segundo o Código Tributário Nacional, ainda que os créditos não sejam correspondentes a obrigações tributárias resultantes de atos praticados com excesso de poderes ou infração de lei, contrato social ou estatutos, haverá responsabilidade pessoal

a) dos tabeliães, escrivães e demais serventuários de ofício pelos tributos devidos sobre os atos praticados por eles, ou perante eles, em razão do seu ofício.

b) dos administradores de bens de terceiros pelos tributos devidos por estes.

c) do síndico pelos tributos devidos pela massa falida.

d) do espólio pelos tributos devidos pelo de cujus até a data da abertura da sucessão.

e) dos sócios no caso de liquidação de sociedade de pessoas.

COMENTÁRIOS

Alternativa "a": O art. 134, inciso VI, do CTN dispõe que: Art. 134. Nos casos de impossibilidade de exigência do cumprimento da obrigação principal pelo contribuinte, respondem solidariamente com este nos atos em que intervierem ou pelas omissões de que forem responsáveis: (...) VI – os tabeliães, escrivães e demais serventuários de ofício, pelos tributos devidos sobre os atos praticados por eles, ou perante eles, em razão do seu ofício. Logo, haverá responsabilidade solidária e não pessoal.

Alternativa "b": O art. 134, inciso III, do CTN dispõe: Art. 134. Nos casos de impossibilidade de exigência do cumprimento da obrigação principal pelo contribuinte, respondem solidariamente com este nos atos em que intervierem ou pelas omissões de que forem responsáveis: (...) III – os administradores de bens de terceiros, pelos tributos devidos por estes. Portanto, a responsabilidade não será pessoal.

Alternativa "c": Dispõe o art. 134, inciso V, do CTN: "Art. 134. Nos casos de impossibilidade de exigência do cumprimento da obrigação principal pelo contribuinte, respondem solidariamente com este nos atos em que intervierem ou pelas omissões de que forem responsáveis: (...) V – o síndico e o comissário, pelos tributos devidos pela massa falida ou pelo concordatário". Assim, haverá responsabilidade solidária e não pessoal.

Alternativa "d": A assertiva está em conformidade com o disposto no art. 131, inciso III, do CTN: "São pessoalmente responsáveis: (...) III – o espólio, pelos tributos devidos pelo de cujus até a data da abertura da sucessão."

Alternativa "e": Dispõe o art. 134, inciso VII, do CTN: "Nos casos de impossibilidade de exigência do cumprimento da obrigação principal pelo contribuinte, respondem solidariamente com este nos atos em que intervierem ou pelas omissões de que forem responsáveis: (...) VII – os sócios, no caso de liquidação de sociedade de pessoas." Portanto, a responsabilidade não será pessoal.

Alternativa correta: letra "d".

128. (FCC – Procurador do Estado – PGE – GO/2021) BMM Indústria Ltda. adquire estabelecimento comercial de LTC Indústria Ltda. Após tal aquisição, BMM Indústria Ltda. permanecem na mesma atividade do estabelecimento. LTC Indústria Ltda. também continua a exercer a sua atividade. Após a aquisição, a fiscalização apura débitos tributários e infrações do estabelecimento adquirido, com fatos geradores anteriores ao trespasse. Nesse caso, nos termos do Código Tributário Nacional e da jurisprudência do Superior Tribunal de Justiça, a BMM Indústria Ltda.

a) não fica responsável em nenhuma hipótese pelos tributos, juros de mora e multas do estabelecimento adquirido, caso a aquisição tenha se dado em processo de recuperação judicial de LTC Indústria Ltda.
b) somente fica responsável em caso de lançamentos tributários e multas regularmente formalizados antes da aquisição do estabelecimento.
c) fica solidariamente responsável pelos débitos tributários e juros de mora dos tributos do estabelecimento adquirido, mas não é responsável pelas multas punitivas tributárias, por terem caráter pessoal.
d) fica subsidiariamente responsável pelos débitos tributários e juros de mora dos tributos do estabelecimento adquirido, com exceção das multas punitivas, por terem caráter pessoal.
e) fica subsidiariamente responsável pelos débitos tributários, juros de mora e multas moratórias ou punitivas do estabelecimento adquirido.

COMENTÁRIOS

Alternativa "a": Alternativa vai de encontro ao teor da Súmula 554 do STJ: "Na hipótese de sucessão empresarial, a responsabilidade da sucessora abrange não apenas os tributos devidos pela sucedida, mas também as multas moratórias ou punitivas referentes a fatos geradores ocorridos até a data da sucessão"

Alternativa "b": A assertiva não se coaduna com o disposto no art. 133 do CTN: "Art. 133. A pessoa natural ou jurídica de direito privado que adquirir de outra, por qualquer título, fundo de comércio ou estabelecimento comercial, industrial ou profissional, e continuar a respectiva exploração, sob a mesma ou outra razão social ou sob firma ou nome individual, responde pelos tributos, relativos ao fundo ou estabelecimento adquirido, devidos até à data do ato: I – integralmente, se o alienante cessar a exploração do comércio, indústria ou atividade; II – subsidiariamente com o alienante, se este prosseguir na exploração ou iniciar dentro de seis meses a contar da data da alienação, nova atividade no mesmo ou em outro ramo de comércio, indústria ou profissão."

Alternativa "c": A questão fere o teor da súmula 554 do STJ: "Na hipótese de sucessão empresarial, a responsabilidade da sucessora abrange não apenas os tributos devidos pela sucedida, mas também as multas moratórias ou punitivas referentes a fatos geradores ocorridos até a data da sucessão"

Alternativa "d": O erro está na parte final da assertiva: "com exceção das multas punitivas, por terem caráter pessoal". Confira o teor da Súmula 554 do STJ supracitada. As multas, de mora ou punitivas, são repassadas ao adquirente do estabelecimento.

Alternativa "e": Está em conformidade com o art. 133, inciso II, do CTN: Art. 133. A pessoa natural ou jurídica de direito privado que adquirir de outra, por qualquer título, fundo de comércio ou estabelecimento comercial, industrial ou profissional, e continuar a respectiva exploração, sob a mesma ou outra razão social ou sob firma ou nome individual, responde pelos tributos, relativos ao fundo ou estabelecimento adquirido, devidos até à data do ato: II – subsidiariamente com o alienante, se este prosseguir na exploração ou iniciar dentro de seis meses a contar da data da alienação, nova atividade no mesmo ou em outro ramo de comércio, indústria ou profissão.

Alternativa correta: letra "e".

129. (FUNDATEC – Procurador do Estado – PGE – RS/2021) No Direito Tributário, temos relações contributivas e colaborativas. As leis instituidoras de impostos e contribuições colocam pessoas que revelam capacidade contributiva como contribuintes e ainda podem estabelecer casos específicos de responsabilidade tributária por substituição ou por transferência, colocando terceiros com capacidade colaborativa na condição de substitutos ou de responsáveis tributários. Quanto às relações contributivas e colaborativas, é correto afirmar que:

a) O Código Tributário Nacional, ao abrir a possibilidade de a lei estabelecer hipóteses de responsabilidade tributária, não exige nenhum vínculo da terceira pessoa, responsável tributário, com o fato gerador da respectiva obrigação nem com o contribuinte.
b) Contribuinte, substituto e responsável tributário são, todos, sujeitos passivos cujas obrigações decorrem, direta e exclusivamente, do fato gerador que corresponde à hipótese de incidência do tributo.
c) O responsável tributário figura como sujeito passivo na regra matriz de incidência tributária, compondo seu aspecto pessoal ao lado do contribuinte, caracterizando-se por também guardar relação direta com o fato gerador e revelar capacidade contributiva.
d) Os casos de responsabilidade tributária sempre são marcados pela subsidiariedade, não sendo permitido ao legislador estabelecer solidariedade entre contribuinte e terceiro responsável, na medida em que a solidariedade não é admitida no Direito Tributário.
e) O responsável tributário é sujeito passivo de relação jurídica própria, instituída por regra matriz de responsabilidade tributária, definida por dispositivo legal inconfundível com o que define a regra matriz de incidência tributária.

COMENTÁRIOS

Alternativa "a": A assertiva não se coaduna com o disposto no art. 128 do CTN, segundo o qual, na responsabilidade tributária, a lei atribui de modo expresso a responsabilidade pelo crédito tributário a terceira pessoa, vinculada ao fato gerador da respectiva obrigação. Destarte, o responsável tributário é sujeito passivo da obrigação tributária principal por força de lei (art. 121, parágrafo único, inciso II, do CTN).

Alternativa "b": Com efeito, contribuinte, substituto e responsável tributário são, todos, sujeitos passivos da relação jurídico-tributária. Mas há diferenças: a) O contribuinte é o sujeito passivo da obrigação tributária em sentido estrito. É a pessoa que realizou o fato gerador e encontra-se no polo passivo da relação obrigacional; b) Substituto tributário é uma terceira pessoa – diferente do contribuinte – que, por imposição da lei, se exige uma prestação tributária. É o sujeito passivo da relação obrigacional tributária que cumpre uma prestação no lugar do contribuinte; c) Responsável tributário: é um terceiro vinculado juridicamente ao contribuinte que passa a integrar o polo passivo da relação jurídica-tributária, com intuito de viabilizar o crédito tributário devido ao Fisco. Consoante o CTN, o responsável é aquele que, sem revestir a condição de contribuinte, sua obrigação decorra de disposição expressa de lei." (art. 121, parágrafo, inciso II, CTN).

Alternativa "c": No mesmo sentido do item anterior, o responsável tributário figura como sujeito passivo da relação jurídico-tributária por força de lei. O art. 121, parágrafo, inciso II, CTN corrobora tal afirmação: "Parágrafo único. O sujeito passivo da obrigação principal diz-se: (...) II – responsável, quando, sem revestir a condição de contribuinte, sua obrigação **decorra de disposição expressa de lei. "**

Alternativa "d": Está incorreta, pois o CTN revela algumas situações de solidariedade. Vejamos: Art. 124. São solidariamente obrigadas: I – as pessoas que tenham interesse comum na situação que constitua o fato gerador da obrigação principal; II – as pessoas expressamente designadas por lei; art. 134 do CTN: Nos casos de impossibilidade de exigência do cumprimento da obrigação principal pelo contribuinte, respondem solidariamente com este nos atos em que intervierem ou pelas omissões de que forem responsáveis: I – os pais, pelos tributos devidos por seus filhos menores; II – os tutores e curadores, pelos tributos devidos por seus tutelados ou curatelados; III – os administradores de bens de terceiros, pelos tributos devidos por estes; IV – o inventariante, pelos tributos devidos pelo espólio; V – o síndico e o comissário, pelos tributos devidos pela massa falida ou pelo concordatário; VI – os tabeliães, escrivães e demais serventuários de ofício, pelos tributos devidos sobre os atos praticados por eles, ou perante eles, em razão do seu ofício; VII – os sócios, no caso de liquidação de sociedade de pessoas.

Alternativa "e": A assertiva está correta. É que o responsável tributário é sujeito passivo da obrigação tributária, nos termos do art. 121, parágrafo único, inciso II, CTN: "Parágrafo único. O sujeito passivo da obrigação principal diz-se: (...) II – responsável, quando, sem revestir a condição de contribuinte, sua obrigação decorra de disposição expressa de lei." Segundo, é que essa sujeição depende de disposição expressa em lei; não é presumida. Terceiro, porque o art. 97, III do CTN define que o sujeito passivo só pode ser estabelecido por lei. Sendo assim, há uma regra matriz específica, que define a responsabilidade tributária, que não se confunde com a regra matriz de incidência do tributo.

Alternativa correta: letra "e".

---

130. (Cespe – Procurador do Estado – PGE – CE/2021) João e Ricardo eram donos de uma loja de roupas em Fortaleza – CE. Devido a entraves operacionais, decidiram vender a empresa para Manoel, que, como condição, impôs cláusula segundo a qual João e Ricardo deveriam arcar com os tributos a serem recolhidos no primeiro ano após a concretização da negociação. A respeito da responsabilidade tributária nessa situação hipotética, assinale a opção correta.

a) Em relação aos impostos cujo fato gerador seja a propriedade do bem imóvel, Manoel se sub-roga em relação aos créditos tributários, desde que constituídos anteriormente ao aperfeiçoamento da venda da empresa.

b) Se a venda da empresa foi acompanhada da certidão de quitação dos tributos apresentada por João e Ricardo, caso venham a ser constituídos créditos tributários de IPTU relativos a fatos geradores anteriores à alienação, não caberá cogitar da responsabilidade tributária de Manoel.

c) No caso das taxas decorrentes da prestação de serviços relativas à loja, não há sub-rogação do adquirente, porquanto a cobrança deve ser imputada ao proprietário do imóvel que aproveitou o serviço prestado.

d) No primeiro ano após a venda da empresa, em caso de inadimplência dos tributos, se for cobrado pelo fisco, Manoel poderá opor a cláusula segundo a qual a responsabilidade das obrigações tributárias é de João e Ricardo.

COMENTÁRIOS

Alternativa "a": A questão é um pouco confusa e merece atenção. De fato, reza o art. 130 do CTN: "Os créditos tributários relativos a impostos cujo fato gerador seja a propriedade, o domínio útil ou a posse de bens imóveis, e bem assim os relativos a taxas pela prestação de serviços referentes a tais bens, ou a contribuições de melhoria, sub-rogam-se na pessoa dos respectivos adquirentes, salvo quando conste do título a prova de sua quitação" Portanto, em relação aos impostos sujo fato gerador seja a propriedade do bem imóvel, Manoel se sub-roga em relação aos créditos tributários. No entanto, há uma observação no final do artigo não destacada na questão, que é a prova da quitação. A questão assinala outra desnecessária: "desde que constituídos anteriormente...". Ora, só há sub-rogação no que é constituído para outro, no caso, em tempo pretérito, e não constituído por si (Manoel). Os créditos constituídos após a venda já serão de Manoel; portanto, não se fala em sub-rogação. Assim, a alternativa está incorreta.

Alternativa "b": O art. 130 do CTN dispõe que "os créditos tributários relativos a impostos cujo fato gerador seja a propriedade, o domínio útil ou a posse de bens imóveis, e bem assim os relativos a taxas pela prestação de serviços referentes a tais bens, ou a contribuições de melhoria, sub-rogam-se na pessoa dos respectivos adquirentes, salvo quando conste do título a prova de sua quitação." Logo, a alternativa está correta.

Alternativa "c": O art. 130 do CTN dispõe que "os créditos tributários relativos a impostos cujo fato gerador seja a propriedade, o domínio útil ou a posse de bens imóveis, e bem assim os relativos a taxas pela prestação de serviços referentes a tais bens, ou a contribuições de melhoria, sub-rogam-se na pessoa dos respectivos adquirentes, salvo quando conste do título a prova de sua quitação." Logo, a alternativa está incorreta.

Alternativa "d": Dispõe o art. 123 do CTN: "Salvo disposições de lei em contrário, as convenções particulares, relativas à responsabilidade pelo pagamento de tributos, não podem ser opostas à Fazenda Pública, para modificar a definição legal do sujeito passivo das obrigações tributárias correspondentes." Portanto, a alternativa está incorreta.

Alternativa correta: letra "b".

131. (Cespe – Procurador do Estado – PGE – MS/2021) João, com 15 anos de idade, montou informalmente negócio de venda de veículos usados, tendo auferido, após várias operações comerciais, lucro em determinado período. Após diligência de fiscalização, a administração tributária constatou não ter havido o recolhimento de qualquer tributo em relação àquelas atividades. Nessa situação hipotética, a cobrança dos tributos devidos, em desfavor de João,

a) será legítima, ainda que ele seja absolutamente incapaz para exercer os atos da vida civil, cabendo aos seus pais a responsabilidade subsidiária pelo pagamento de todos os tributos devidos pelo filho.

b) não será legítima, considerada a incapacidade absoluta dele para exercer os atos da vida civil, cabendo aos seus pais a responsabilidade pelo pagamento de todo e qualquer tributo relativo aos atos por ele praticados.

c) não será legítima, considerada a incapacidade absoluta dele para exercer os atos da vida civil, cabendo aos seus pais a responsabilidade pelo pagamento apenas dos tributos relativos aos atos em que tenham intervindo ou pelas omissões de que tenham sido responsáveis.

d) será legítima, ainda que ele seja absolutamente incapaz para exercer os atos da vida civil, cabendo aos seus pais, no caso de impossibilidade do cumprimento da obrigação tributária por João, a responsabilidade pelo pagamento dos tributos relativos aos atos em que tenham intervindo ou pelas omissões de que tenham sido responsáveis.

e) será legítima, ainda que ele seja absolutamente incapaz para exercer os atos da vida civil, cabendo aos seus pais a responsabilidade solidária pelo pagamento dos tributos relativos aos atos em que tenham intervindo ou pelas omissões de que tenham sido responsáveis, independentemente de benefício de ordem.

COMENTÁRIOS

Alternativa "a": A alternativa está errada de acordo com o previsto no art. 134, inciso I, do CTN: Art. 134. Nos casos de impossibilidade de exigência do cumprimento da obrigação principal pelo contribuinte, respondem solidariamente com este nos atos em que intervierem ou pelas omissões de que forem responsáveis: I – os pais, pelos tributos devidos por seus filhos menores.

Alternativa "b": Acerca da incapacidade absoluta do menor para exercer os atos da vida civil, vale lembrar que no âmbito do direito tributário, a capacidade tributária passiva independe da capacidade civil das pessoas naturais (art. 126, inciso I, do CTN). Para além disso, o art. 134, inciso I, do CTN preceitua que: "Nos casos de impossibilidade de exigência do cumprimento da obrigação principal pelo contribuinte, respondem solidariamente com este nos atos em que intervierem ou pelas omissões de que forem responsáveis: I – os pais, pelos tributos devidos por seus filhos menores".

Alternativa "c": Conforme mencionado no item anterior, no campo do direito tributário, a capacidade tributária passiva independe da capacidade civil das pessoas naturais (art. 126, inciso I, do CTN). Ademais, o art. 134, inciso I, do CTN preceitua que: "Nos casos de impossibilidade de exigência do cumprimento da obrigação principal pelo contribuinte, respondem solidariamente com este nos atos em que intervierem ou pelas omissões de que forem responsáveis: I – os pais, pelos tributos devidos por seus filhos menores".

Alternativa "d": Está de acordo com o disposto no art. 134, inciso I, do CTN: Art. 134. Nos casos de impossibilidade de exigência do cumprimento da obrigação principal pelo contribuinte, respondem solidariamente com este nos atos em que intervierem ou pelas omissões de que forem responsáveis: I – os pais, pelos tributos devidos por seus filhos menores. O examinador exigiu a literalidade do texto de lei, embora a doutrina, de modo geral, entenda que seria uma hipótese de responsabilidade subsidiária.

Alternativa "e": O art. 134, inciso I, do CTN preceitua que: "Nos casos de impossibilidade de exigência do cumprimento da obrigação principal pelo contribuinte, respondem solidariamente com este nos atos em que intervierem ou pelas omissões de que forem responsáveis: I – os pais, pelos tributos devidos por seus filhos menores". Vale lembrar que na responsabilidade solidária não há que se falar em benefício de ordem, como dito na parte final da assertiva. Enfim, conforme exposto no item anterior, o examinador exigiu a literalidade do texto de lei (letra "d" acima), embora a doutrina, de modo geral, entenda que seria uma hipótese de responsabilidade subsidiária.

Alternativa correta: letra "d".

132. (FCC – Procurador do Estado – PGE – AP/2018) A "Indústria de Balanças Peso Pesado", cujos sócios são Carlos e Danilo, tem 5 estabelecimentos no Estado, sendo uma matriz e quatro filiais. A empresa está em processo de recuperação judicial há três meses. Quando foi divulgada a notícia de que será promovida a alienação judicial de um de seus estabelecimentos, várias pessoas, naturais e jurídicas, se interessaram por adquiri-lo:

1. Marcos, marido da prima de Carlos;
2. a "Fábrica de Balanças Equilíbrio", sociedade empresarial concorrente;
3. "Empresa de Ferragens Brasil", que é controlada pela "Indústria de Balanças Peso Pesado";
4. Sebastião, rico empresário e marido da tia de Carlos.

Considerando que a "Indústria de Balanças Peso Pesado" vai continuar explorando sua atividade industrial por tempo indeterminado, mesmo depois da venda do referido estabelecimento, de acordo com o Código Tributário Nacional, caso a referida filial venha a ser adquirida

a) por Marcos, ele responderá integralmente pelos tributos relativos ao estabelecimento adquirido, devidos até a data do ato de aquisição.
b) pela "Fábrica de Balanças Equilíbrio", esta não responderá, nem integral, nem subsidiariamente, pelos tributos, relativos ao estabelecimento adquirido, devidos até a data do ato de aquisição.
c) pela "Empresa de Ferragens Brasil", esta responderá integralmente pelos tributos relativos ao estabelecimento adquirido, devidos até a data do ato de aquisição.
d) por Sebastião, ele não responderá, nem integral, nem subsidiariamente, pelos tributos relativos ao estabelecimento adquirido, devidos até a data do ato de aquisição.
e) pela "Empresa de Ferragens Brasil", esta não responderá, nem integral, nem subsidiariamente, pelos tributos relativos ao estabelecimento adquirido, devidos até a data do ato de aquisição.

COMENTÁRIOS

✪ **Nota dos autores:** Para resolução da questão importante conhecer o teor do artigo 133 do CTN e seus parágrafos que trata do tema em apreço. Vejamos: "Art. 133. A pessoa natural ou jurídica de direito privado que adquirir de outra, por qualquer título, fundo de comércio ou estabelecimento comercial, industrial ou profissional, e continuar a respectiva exploração, sob a mesma ou outra razão social ou sob firma ou nome individual, responde pelos tributos, relativos ao fundo ou estabelecimento adquirido, devidos até à data do ato: I – integralmente, se o alienante cessar a exploração do comércio, indústria ou atividade; II – subsidiariamente com o alienante, se este prosseguir na exploração ou iniciar dentro de seis meses a contar da data da alienação, nova atividade no mesmo ou em outro ramo de comércio, indústria ou profissão. § 1º O disposto no caput deste artigo não se aplica na hipótese de alienação judicial: I – em processo de falência; II – de filial ou unidade produtiva isolada, em processo de recuperação judicial. 2º Não se aplica o disposto no § 1º deste artigo quando o adquirente for: I – sócio da sociedade falida ou em recuperação judicial, ou sociedade controlada pelo devedor falido ou em recuperação judicial; II – parente, em linha reta ou colateral até o 4º (quarto) grau, consangüíneo ou afim, do devedor falido ou em recuperação judicial ou de qualquer de seus sócios; ou III – identificado como agente do falido ou do devedor em recuperação judicial com o objetivo de fraudar a sucessão tributária."

Alternativa "a": Marcos, como marido da prima do sócio, é parente por afinidade em quarto grau deste. Assim, sua responsabilidade seria subsidiária, considerando que após a venda do estabelecimento a "Indústria de Balanças Peso Pesado" seguirá explorando a atividade, conforme artigos 133, §2º, II cumulado com 133, II do Código Tributário Nacional.

Alternativa "b": A "Fábrica de Balanças Equilíbrio" não responderá pelos tributos devidos tendo em vista que a aquisição se deu em sede de recuperação judicial e não há aplicação de qualquer exceção do §2º do art. 133 c/c art. 133, §1º, II, ambos do CTN.

Alternativa "c": A "Empresa de Ferragens Brasil" como controlada pela "Indústria de Balanças Peso Pesado" responderá subsidiariamente com o alienante, novamente considerando que haverá prosseguimento na atividade, em atenção ao art. 133, § 2º, I c/c 133, II do CTN.

Alternativa "d": Sebastião, marido da tia, é parente por afinidade em terceiro grau, respondendo de forma subsidiária, tal qual a assertiva "a", consoante art. 133, § 2º, II c/c 133, II do CTN.

Alternativa "e": "Empresa de Ferragens Brasil" responderá como subsidiária por tratar-se de controlada. Vide comentário da assertiva "c" acima.

Alternativa correta: letra "b".

---

133. (Vunesp – Procurador do Estado – PGE – SP/2018) Assinale a alternativa correta sobre a sucessão tributária, conforme o Código Tributário Nacional.

a) É excluída em casos de impostos que tenham por fato gerador a propriedade.
b) É tipo de sanção por ato ilícito do sucessor.
c) Não se aplica à pessoa jurídica resultante de fusão, pois esta é nova em relação às sociedades fundidas.
d) É responsabilidade que se aplica a fatos geradores ocorridos até a data do ato ou fato de que decorre a sucessão.
e) É responsabilidade que se aplica exclusivamente aos créditos tributários definitivamente constituídos à data do ato ou fato de que decorre a sucessão.

COMENTÁRIOS

Alternativa "a": Assertiva incorreta dado que contradiz a redação do art. 130 do CTN, in verbis: "Os créditos tributários relativos a impostos cujo fato gerador seja a propriedade, o domínio útil ou a posse de bens imóveis, e bem assim os relativos a taxas pela prestação de serviços referentes a tais bens, ou a contribuições de melhoria, sub-rogam-se na pessoa dos respectivos adquirentes, salvo quando conste do título a prova de sua quitação". Portanto, há sucessão tributária nos impostos sobre a propriedade.

Alternativa "b": A sucessão não se caracteriza como sanção por ato ilícito, embora a sucessão abranja também as multas (Súmula 554 STJ), dado que advém de fatos geradores praticados por um antecessor em conformidade com o direito.

Alternativa "c": A pessoa jurídica resultante de fusão é responsável por sucessão pelos tributos devidos pelo alienante. É o que se observa da redação do art. 132 do CTN: "A pessoa jurídica de direito privado que resultar de fusão, transformação ou incorporação de outra ou em outra é responsável pelos tributos devidos até à data do ato pelas pessoas jurídicas de direito privado fusionadas, transformadas ou incorporadas".

Alternativa "d": A data do ato ou fato que decorre a sucessão é o marco temporal para a responsabilidade tributária. Sobre o tema, já definiu o STJ: "é a identificação do momento da ocorrência do fato gerador, que faz surgir a obrigação tributária, e do ato ou fato originador da sucessão, sendo desinfluente, como restou assentado no aresto embargado, que esse crédito já esteja formalizado por meio de lançamento tributário, que apenas o materializa".(AgInt no AREsp 233.528/PB, Rel. Ministro NAPOLEÃO NUNES MAIA FILHO, PRIMEIRA TURMA, DJe 05/12/2017)

Alternativa "e": Como visto acima, o marco temporal para a sucessão é a data do fato gerador. Esse entendimento é reforçado pelo art. 129 do CTN: "O disposto nesta Seção aplica-se por igual aos créditos tributários definitivamente constituídos ou em curso de constituição à data dos atos nela referidos, e aos constituídos posteriormente aos mesmos atos, desde que relativos a obrigações tributárias surgidas até a referida data".

Alternativa correta: letra "d".

---

134. (Cespe – Procurador do Estado – PGE – PE/2018) Em 2014, quando do falecimento de Anísio, um de seus veículos automotores de passeio permaneceu na posse de seu amigo Bruno. Os herdeiros não tinham conhecimento do veículo e o bem não integrou a partilha, tendo permanecido registrado em nome do de cujus. Em 2018, a PGE/PE verificou que o IPVA referente ao exercício de 2016 não havia sido pago.

Nessa situação hipotética, conforme disposições da Lei estadual n. 10.849/1992, Bruno

a) possui responsabilidade subsidiária em relação ao valor do imposto.

b) é o contribuinte do tributo.

c) não possui responsabilidade em relação ao valor do imposto, devendo o espólio figurar em dívida ativa.

d) possui responsabilidade solidária em relação ao valor do tributo.

e) não possui responsabilidade, pois o veículo não está registrado em seu nome no órgão de fiscalização de trânsito.

COMENTÁRIOS

Alternativas "a", "b", "c" e "e": Haverá responsabilidade solidária de Bruno com fulcro no art. 10, inciso II, da Lei estadual nº 10.849/1992.

Alternativa "d". Bruno possui responsabilidade solidária em relação ao valor do tributo segundo dispõe o art. 10, inciso II, da Lei estadual nº 10.849/1992. Confira: "Art. 10. São responsáveis, solidariamente, pelo pagamento do IPVA e acréscimos devidos: (...) II – o titular do domínio ou o possuidor a qualquer título (...).

Alternativa correta: letra "d".

---

135. (FCC – Procurador do Estado – PGE – AP/2018) Cássio, tio de João, doou para o jovem sobrinho, em fevereiro de 2017, a motocicleta que recebeu de herança de seu pai, em março de 2015, mês em que este último faleceu. Embora João tivesse apenas 15 anos na data em que a doação foi feita, Oswaldo, viúvo, pai e responsável legal por João, praticou os atos necessários de aceitação da doação, em nome de seu filho, aceitação esta sem a qual o contrato de doação não teria se aperfeiçoado. Todas essas pessoas residiam no Município de Laranjal do Jari/AP. Todos os atos relacionados com as transmissões de propriedade acima mencionadas foram praticados junto aos órgãos competentes, poucas semanas após a ocorrência dos respectivos fatos geradores.

Ocorre, porém, que a referida motocicleta, que sempre esteve licenciada em Laranjal do Jari, tinha débito de IPVA referente a 2014, 2015 e 2018. Consta, ainda, que, relativamente a este veículo, havia débito de ITCD, referente à transmissão causa mortis ocorrida em 2015. Por fim, identificou-se, ainda, novo débito de ITCD, relativamente à doação feita em 2017. Todos os impostos acima mencionados foram objeto de lançamento tributário, por ocasião da ocorrência dos respectivos fatos geradores.

Tendo em consideração o disposto no Código Tributário do Estado do Amapá, aprovado pela Lei estadual nº 400/1997, no Código Tributário Nacional e na Lei de Execuções Fiscais, a ação de execução fiscal

a) poderia ser promovida contra Cássio, para reclamar o crédito tributário referente ao IPVA devido em 2018.

b) poderia ser promovida contra Oswaldo, na condição de responsável, para reclamar o crédito tributário referente ao ITCD devido em razão da doação que foi feita a seu filho, desde que não fosse possível exigir o cumprimento da obrigação pelo próprio donatário, pois Oswaldo interveio no recebimento da doação, aceitando-a em nome de seu filho.

c) não poderia ser promovida contra João, na condição de contribuinte, para reclamar o crédito tributário referente ao ITCD devido em razão da doação que lhe foi feita, pois ele era absolutamente incapaz.

d) não poderia ser promovida contra João, na condição de responsável, para reclamar o crédito tributário referente ao IPVA devido em relação aos exercícios de 2014 e 2015, pois, além de ser menor de idade, não era proprietário do veículo naqueles dois exercícios.

e) não poderia mais ser proposta, porque ocorreu a decadência.

COMENTÁRIOS

Alternativa "a": A doação foi realizada em 2017 e, portanto, no ano seguinte, Cássio não poderia mais figurar na ação de execução fiscal, seja como contribuinte, seja como responsável. O enunciado da questão menciona que todos os impostos foram objeto de lançamento tributário, por ocasião da ocorrência dos respectivos fatos geradores (doação/transmissão realizada em 2017). Confira o dispositivo legal a respeito: "Art.121 CTN, Parágrafo único. "O sujeito passivo da obrigação principal diz-se: I – contribuinte, quando tenha relação pessoal e direta com a situação que constitua o respectivo fato gerador". Assim, não é possível o fisco estadual reclamar o crédito tributário referente ao IPVA devido em 2018 ao doador do bem. Para além disso, a Lei Estadual no 400/1997 traz os seguintes dispositivos que demonstram o desacerto da alternativa. Vejamos: "Art. 73. Para efeito do artigo anterior considera-se ocorrido o fato gerador: (...) II – na data da formalização do ato ou negócio jurídico: a) na doação"; Art. 79. O contribuinte do imposto é: (...) II – nas doações, os donatários. Por fim, conforme se verá linhas abaixo, a ação de execução fiscal poderia ser promovida contra Oswaldo, na condição de responsável, para reclamar o crédito tributário referente ao ITCD devido em razão da doação que foi feita a seu filho João.

Alternativa "b": Oswaldo, pai de João, responderá de forma subsidiária pelo tributo com fulcro no art. 134 do CTN. Confira: "Art. 134 do CTN – Nos casos de impossibilidade de exigência do cumprimento da obrigação principal pelo contribuinte, respondem solidariamente com este nos atos em que intervierem ou pelas omissões de que forem responsáveis: I – os pais, pelos tributos devidos por seus filhos menores." Observe que, embora o art. 134 fale em responsabilidade solidária, trata-se, na verdade, de responsabilidade subsidiária. Em outras palavras, diferentemente do que diz a norma, quando atribui a responsabilidade solidária, na verdade, a responsabilidade é subsidiária.

Alternativa "c": Está incorreta, uma vez que no Direito Tributário, a capacidade tributária independe da capacidade civil das pessoas naturais (art. 126, I do CTN)

Alternativa "d": Poderia sim ser promovida contra João na condição de contribuinte, uma vez que a capacidade tributária independe da capacidade civil das pessoas naturais (art. 126, I do CTN); ou contra Oswaldo, pai de João, que responderia de forma subsidiária pelo tributo com fulcro no art. 134 do CTN.

Alternativa "e": Não há que se falar em decadência, pois o lançamento já foi realizado por ocasião da ocorrência dos respectivos fatos geradores e, portanto, dentro do prazo de cinco anos nos termos do art.173 do CTN. O prazo para propor a execução fiscal é prescricional e não decadencial. Em suma, decadência é a perda do direito ao lançamento, enquanto a prescrição é a perda do prazo para propositura da execução fiscal (cobrança do crédito tributário).

Alternativa correta: letra "b".

136. (FMP – Procurador do Estado – PGE – AC/2017) Segundo o CTN, no que tange à responsabilidade tributária, é CORRETO afirmar que

a) o adquirente, em leilão judicial, de estabelecimento comercial ou fundo de comércio em processo de falência, é pessoalmente responsável por tributos devidos até a data da aquisição.

b) o cônjuge e o sucessor a qualquer título ficam responsáveis pelos tributos devidos pelo de cujus até a data da partilha ou adjudicação, limitada a responsabilidade ao montante da herança.

c) o alienante de bem imóvel é responsável pelo IPTU, no caso de ter assumido em escritura pública a obrigação por tributo relativo a fato gerador acontecido antes da transmissão, quando não houver prova de quitação de tributos.

d) o arrematante de bem imóvel, no caso de arrematação em hasta pública, é responsável pelos tributos devidos por fatos geradores anteriores à arrematação.

e) Nenhuma das alternativas acima está correta.

COMENTÁRIOS

Alternativa "a": O fundamento legal encontra-se disposto no art. 133, § 1°, inciso I, do CTN: "Art. 133. A pessoa natural ou jurídica de direito privado que adquirir de outra, por qualquer título, fundo de comércio ou estabelecimento comercial, industrial ou profissional, e continuar a respectiva exploração, sob a mesma ou outra razão social ou sob firma ou nome individual, responde pelos tributos, relativos ao fundo ou estabelecimento adquirido, devidos até à data do ato: I – integralmente, se o alienante cessar a exploração do comércio, indústria ou atividade; II – subsidiariamente com o alienante, se este prosseguir na exploração ou iniciar dentro de seis meses a contar da data da alienação, nova atividade no mesmo ou em outro ramo de comércio, indústria ou profissão. § 1° **O disposto no caput deste artigo não se aplica na hipótese de alienação judicial: I – em processo de falência.**"

Alternativa "b": Consoante dispõe o art. 131, inciso II, do CTN: "Art. 131. São pessoalmente responsáveis: (...) II – o sucessor a qualquer título e o cônjuge meeiro, pelos tributos devidos pelo de cujus até a data da partilha ou adjudicação, limitada_esta responsabilidade_ao montante do quinhão do legado ou da meação."

Alternativa "c": Dispõe o Art. 130 do CTN: "Os créditos tributários relativos a impostos cujo fato gerador seja a propriedade, o domínio útil ou a posse de bens imóveis, e bem assim os relativos a taxas pela prestação de serviços referentes a tais bens, ou a contribuições de melhoria, **sub-rogam-se na pessoa dos respectivos adquirentes, salvo quando conste do título a prova de sua quitação**". Por outro lado, a assunção em escritura pública de eventual passivo tributário não tem o condão de alterar a sujeição passiva tributária, nos termos do art. 123 do CTN.

Alternativa "d": Nos termos do parágrafo único do art. 130 do CTN: "No caso de arrematação em hasta pública, a sub-rogação ocorre sobre o respectivo preço". Ou seja, o adquirente não recebe qualquer ônus fiscal.

Alternativa "e": A assertiva "b" é a correta.

Alternativa correta: letra "b".

---

137. (FMP – Procurador do Estado – PGE – AC/2017) Se uma determinada Sociedade Limitada retira-se de seu domicílio fiscal sem comunicar ao Fisco, e sendo caso de cobrança de débitos fiscais, é correto afirmar:

a) O fato é considerado dissolução irregular da empresa, expondo todos os bens de todos os sócios à eventual execução fiscal.

b) Como entende o STJ, o mero fato de se ausentar do domicílio fiscal não é suficiente para caracterizar dissolução irregular e a execução fiscal fica restrita à pessoa jurídica.

c) Considera-se dissolução irregular, mas somente os bens dos sócios-gerentes estarão expostos a eventual execução fiscal.

d) Se o não pagamento se deu por interpretação da lei tributária, considera-se sonegação e todos os sócios responderão.

e) Só o fato do não pagamento, aliado à retirada da empresa de seu domicílio fiscal implica sonegação, expondo todos os bens de todos os sócios à execução fiscal.

COMENTÁRIOS

Alternativa "a": Conforme exposto acima, o fato é considerado dissolução irregular da empresa, porém, o redirecionamento da execução fiscal será para o sócio-gerente e não para todos os sócios como mencionou a assertiva. O mero sócio quotista, sem poderes de administração, não tem responsabilidade pessoal em eventual redirecionamento.

Alternativa "b": Segundo o STJ, se uma empresa retira-se de seu domicílio fiscal sem comunicar ao Fisco, presume-se que houve dissolução irregular e, portanto, será cabível o redirecionamento da execução fiscal para o sócio-gerente (Súmula 435 do STJ).

Alternativa "c": Se uma determinada Sociedade Limitada retira-se de seu domicílio fiscal sem comunicar ao Fisco, presume-se que houve dissolução irregular da empresa e, portanto, será cabível o redirecionamento da execução fiscal para o sócio-gerente. Aplicável ao caso em tela o teor do enunciado n. 435 da Súmula do STJ: "Presume-se dissolvida irregularmente a empresa que deixar de funcionar no seu domicílio fiscal, sem comunicação aos órgãos competentes, legitimando o redirecionamento da execução fiscal para o sócio-gerente". Dúvida restaria se apenas os bens dos sócios-gerentes estariam expostos a eventual execução fiscal ou também os bens da sociedade. No ponto, a assertiva foi tida como correta pois o redirecionamento se deu com supedâneo na Súmula 435 do STJ e no art. 135 do CTN, hipótese que trata da responsabilidade "pessoal". Se a responsabilidade é da pessoa, deixaria de sê-lo também da empresa. O tema é controverso, mas esse o sentido literal do art. 135 do CTN.

Alternativa "d": Algumas ponderações na assertiva. Em primeiro lugar, o mero inadimplemento do tributo, ainda que desvinculado de interpretação distinta da lei tributária, não é considerado infração, não permitindo o redirecionamento da execução fiscal para o administrador (Súmula n. 430 STJ). Em segundo, o não pagamento em razão da interpretação da lei tributária não pode ser considerado sonegação, pois sonegação é tipo penal definido em lei específica (Lei n. 4.729/65), geralmente voltado a práticas como declarações falsas, alteração de documentos, dentre outras, que não se compaginam diretamente com o não pagamento oriundo de interpretação da legislação tributária.

Alternativa "e": Conforme mencionado na letra "a" acima, o mero não pagamento do tributo não gera responsabilidade pessoal e, além disso, o redirecionamento da execução fiscal será para o sócio-gerente e não para todos os sócios.

Alternativa correta: letra "c".

---

138. (FMP – Procurador do Estado – PGE – AC/2017) O art. 134, VII, do CTN menciona que são solidariamente responsáveis com o contribuinte em caso de impossibilidade de exigência os sócios, no caso de liquidação de sociedades de pessoas. Sobre isso, assinale a alternativa CORRETA.

a) As sociedades limitadas são sociedades de pessoas e, portanto, os sócios deste tipo societário são solidariamente responsáveis em caso de liquidação.

b) Os sócios serão responsáveis apenas em caso de falência e, mesmo assim, apenas os sócios-gerentes.

c) Esta responsabilidade de todos os sócios somente ocorre em caso de falência fraudulenta e de forma automática.

d) O CTN está a referir apenas os sócios de sociedades de pessoas cujo tipo societário não seja o de responsabilidade limitada.

e) A responsabilidade limitada é instituto de direito comercial que não se aplica ao Fisco.

COMENTÁRIOS

Alternativa "a": A sociedade ilimitada é que é sociedade de pessoas, e a ela faz referência o art. 134, inciso VII, do CTN. Confira o item anterior. Portanto, redundante dizer, na sociedade limitada há limitação da responsabilidade. Nela vige, como regra, a não responsabilização pessoal dos sócios pelas dívidas da sociedade.

Alternativa "b": A falência não é hipótese de responsabilização pessoal dos sócios, pois não se configura como ato contrário à lei, ao estatuto ou ao contrato social, hipótese de redirecionamento prevista no art. 135, III do CTN. Por outro lado, conforme exposto na letra "d", há referência às sociedades de responsabilidade ilimitada e, portanto, os sócios deste tipo societário é que são solidariamente responsáveis em caso de liquidação.

Alternativa "c": Conforme já dito, as sociedades ilimitadas são sociedades de pessoas e os sócios deste tipo societário são solidariamente responsáveis em caso de liquidação. Nas sociedades limitadas, havendo redirecionamento, o mesmo só alcança os sócios com poderes de gerência. Por outro lado, em caso de falência, há, sim, redirecionamento aos sócios, na hipótese de ocorrência de crime falimentar ou de inobservância da lei, do contrato social ou do estatuto. Não há a responsabilização de forma automática e essa alcança apenas os sócios-gerentes.

Alternativa "d": Dispõe o Art. 134, inciso VII do CTN: "Art. 134. Nos casos de impossibilidade de exigência do cumprimento da obrigação principal pelo contribuinte, respondem solidariamente com este nos atos em que intervierem ou pelas omissões de que forem responsáveis: (...) VII – os sócios, no caso de liquidação de sociedade de pessoas"**.** O referido dispositivo legal ao tratar da "sociedade de pessoas" faz referência às sociedades de responsabilidade ilimitada, onde os sócios, por possuírem tal qualidade, respondem pelos débitos da empresa ilimitadamente. Em outras palavras, os sócios deste tipo societário são solidariamente responsáveis em caso de liquidação e responderão ilimitadamente pelas dívidas sociais da empresa, inclusive as tributárias, na hipótese de impossibilidade de pagamento pela sociedade. Na sociedade de responsabilidade limitada, não há a transferência automática da dívida tributária da sociedade para os sócios na hipótese de impossibilidade de exigência do pagamento do tributo pela sociedade.

Alternativa "e": A responsabilidade limitada é instituto de direito comercial que **se aplica ao Fisco** dada a sobreposição de conceitos existente no direito tributário, por força dos artigos 109 e 110 do CTN.

Alternativa correta: letra "d".

---

139. (FCC – Procurador do Estado – MT/2016) A pessoa jurídica DAMALINDA, dedicada ao varejo de vestuários, é composta por dois sócios, um dos quais assumiu a administração da empresa conforme previsto em seus atos constitutivos. Em razão de dificuldades financeiras, essa empresa passou a interromper os recolhimentos do ICMS, visando a obter recursos para o pagamento de seus empregados e fornecedores. Não obstante a inadimplência, a empresa continuou a declarar o valor mensalmente devido. Após certo período de tempo, a atividade se revelou efetivamente inviável, e o administrador optou por encerrar suas atividades e fechou todas as lojas, leiloando em um site de internet todo o saldo de estoques. A decisão deste administrador

I. foi acertada, pois se a empresa estava em dificuldades não haveria motivo para continuar com as atividades e incrementar ainda mais seu passivo tributário.

II. foi incorreta, pois ao simplesmente fechar as portas das lojas ficou caracterizada a dissolução irregular, o que poderá justificar o futuro redirecionamento de execuções fiscais à pessoa física dos sócios.

III. foi incorreta, pois o administrador poderia ter recorrido a remédios legais para a proteção de empresas em dificuldade, tais como a recuperação de empresas e a falência, ao invés de simplesmente encerrar suas atividades sem a comunicação aos órgãos administrativos competentes.

IV. não alterou a situação legal do outro sócio no tocante à respectiva responsabilidade pelo crédito tributário, uma vez que todos os sócios respondem pelos débitos fiscais da sociedade.

Está correto o que se afirma APENAS em

a) I e IV.

b) II e III.

c) II.

d) III.

e) IV.

COMENTÁRIOS

✪ **Nota dos autores:** A questão envolve conhecimento sobre a responsabilidade tributária, nos termos 135 do CTN da Súmula 435 do STJ.

Item "I": A decisão não foi acertada porque o administrador não tomou cautela quanto ao correto procedimento para o encerramento das atividades da empresa. Da forma como realizada, ocorreu a dissolução irregular e tal é suficiente para a tração da Súmula 435 do STJ: "Presume-se dissolvida irregularmente a empresa que deixar de funcionar no seu domicílio fiscal, sem comunicação aos órgãos competentes, legitimando o redirecionamento da execução fiscal para o sócio-gerente".

Item "II": O item está incorreto, pois a responsabilidade pela dissolução irregular da pessoa jurídica recai sobre o sócio-gerente, e não de qualquer sócio indistintamente, conforme se depreende da Súmula 435 do STJ e artigo 135 do CTN.

Item "III": O item está correto. Inclusive a lei nº 11.101/2005, que regula a recuperação judicial, a extrajudicial e a falência do empresário e da sociedade empresária, dispõe, no seu artigo 47, que "a recuperação judicial tem por objetivo viabilizar a superação da situação de crise econômico-financeira do devedor, a fim de permitir a manutenção da fonte produtora, do emprego dos trabalhadores e dos interesses dos credores, promovendo, assim, a preservação da empresa, sua função social e o estímulo à atividade econômica".

Item "IV": O item está incorreto, pois a responsabilidade pela dissolução irregular da pessoa jurídica recai sobre o sócio-gerente, que praticar atos com excesso de poderes ou infração de lei, contrato social ou estatutos, conforme se depreende da Súmula 435 do STJ e artigo 135 do CTN.

Alternativa correta: letra "d".

---

140. (Fundatec – Procurador do Estado – RS/2015) Quanto à responsabilidade tributária, analise as assertivas abaixo:

I. A infração ao dever legal de recolher tempestivamente os tributos enseja a responsabilização pessoal dos sócios-gerentes.

II. A dissolução irregular da empresa enseja a responsabilização pessoal daqueles que, no momento da dissolução, atuavam efetivamente na condição de sócios-gerentes.

III. Em alienação de estabelecimento comercial ocorrida em processo de falência, o adquirente responde pelos tributos, relativos ao estabelecimento adquirido, devidos até a data do ato, de forma integral ou subsidiária, se for parente em linha reta do devedor falido.

IV. O adquirente é pessoalmente responsável pelos tributos relativos aos bens adquiridos.

Após a análise, pode-se dizer que:

a) Estão corretas apenas as assertivas I e II.
b) Estão corretas apenas as assertivas II e III.
c) Estão corretas apenas as assertivas III e IV.
d) Estão corretas apenas as assertivas II, III e IV.
e) Todas as assertivas estão corretas.

COMENTÁRIOS

✪ **Nota dos autores:** Tema bastante corriqueiro nos concursos públicos diz respeito à responsabilidade tributária. Portanto, deve o estudante ficar atento às hipóteses previstas no artigo 128 e seguintes do Código Tributário Nacional.

Item I: Incorreto. O mero inadimplemento não permite o redirecionamento da obrigação tributária ao sócio-administrador da empresa, uma vez que, segundo o artigo 135, inciso III, do CTN, para que haja responsabilização pessoal do sócio-administrador, é preciso que ele tenha agido com "excesso de poderes ou infração de lei, contrato social ou estatuto". O mero inadimplemento, segundo o STJ, não é considerado excesso de poder, nem infração à lei, tampouco infração ao contrato social (AgRg no REsp 1273450/SP).

Item II: Assertiva muito discutida, com jurisprudência oscilante ao longo dos últimos anos, muito embora com predominância nas mais recentes decisões do STJ: "O redirecionamento da execução fiscal contra o sócio-gerente da empresa é cabível quando ficar demonstrado que ele agiu com excesso de poderes, infração à lei ou contra o estatuto, ou, ainda, no caso de dissolução irregular da empresa" (...). (AgRg no AREsp 710.440/RS, Rel. Ministro MAURO CAMPBELL MARQUES, SEGUNDA TURMA, julgado em 23/06/2015, DJe 30/06/2015)"

Item III: Assertiva em conformidade com o disposto no art. 133, § 2° inciso II, do CTN. Confira: "Art. 133. A pessoa natural ou jurídica de direito privado que adquirir de outra, por qualquer título, fundo de comércio ou estabelecimento comercial, industrial ou profissional, e continuar a respectiva exploração, sob a mesma ou outra razão social ou sob firma ou nome individual, responde pelos tributos, relativos ao fundo ou estabelecimento adquirido, devidos até à data do ato: (...) § 1° O disposto no caput deste artigo não se aplica na hipótese de alienação judicial (...) I – em processo de falência (...) § 2° Não se aplica o disposto no § 1° deste artigo quando o adquirente for: (...) II – parente, em linha reta ou colateral até o 4° (quarto) grau, consangüíneo ou afim, do devedor falido ou em recuperação judicial ou de qualquer de seus sócios."

Item IV: Refere-se ao teor do art. 131, inciso I, do CTN, *in verbis*: "Art. 131. São pessoalmente responsáveis: I – o adquirente ou remitente, pelos tributos relativos aos bens adquiridos ou remidos".

Alternativa correta: letra "d": Estão corretas apenas as assertivas II, III e IV. Vejamos cada um deles:

---

141. (FCC – Procurador do Estado – RN/2014) A antecipação dos efeitos do fato gerador

a) está expressamente autorizada na Constituição Federal.
b) trata-se de substituição tributária para trás.
c) acontece nos tributos sujeitos a lançamento por homologação, quando ocorre o pagamento antecipado.
d) não é reconhecida pelo direito pátrio, pois só existirá crédito tributário a partir do momento em que ocorrer o fato gerador.
e) tem cabimento nas hipóteses de fato gerador pretérito.

COMENTÁRIOS

✪ **Nota dos autores:** A questão aborda o tema da responsabilidade tributária por substituição. A substituição tributária poderá ser regressiva/para trás (diferimento) ou progressiva/para frente. No primeiro caso o fato gerador ocorreu no passado "para trás" e o pagamento será posterior (diferido) e no segundo, o fato gerador ainda não aconteceu e o pagamento é realizado em momento anterior, ocorrendo uma hipótese de fato gerador presumido (art. 150, §7.º da CRFB/88).

Alternativa "a": A questão trata da substituição tributária "para frente" ou progressiva, ou seja, o pagamento ocorre em momento anterior à ocorrência do fato gerador nos termos do que dispõe o art. 150, §7.º da Carta Magna: "A lei poderá atribuir a sujeito passivo de obrigação tributária a condição de responsável pelo pagamento de imposto ou contribuição, cujo fato gerador deva ocorrer posteriormente, assegurada a imediata e preferencial restituição da quantia paga, caso não se realize o fato gerador presumido". Lembre-se, por fim, que a substituição tributária "para trás", ao contrário da progressiva, não está prevista no Texto Constitucional.

Alternativa "b": trata-se de substituição tributária para frente ou progressiva, ou seja, o pagamento ocorre em momento anterior à ocorrência do fato gerador. Na substituição tributária regressiva ou para trás (diferimento) o fato gerador ocorreu no passado (para trás) e o pagamento será posterior (diferido).

Alternativa "c": Não há que se confundir o lançamento por homologação e o instituto da substituição tributária para frente. Por outro lado, na substituição regressiva, também conhecida como diferimento, o pagamento ocorre após o fato gerador e não antecipado. Este se dá na substituição para frente.

Alternativa "d": Conforme visto no item "a" acima, a substituição tributária "para frente" está prevista no art. 150, §7.º da Carta Magna.

Alternativa "e": Quando o fato gerador ocorreu no passado (para trás) e o pagamento for posterior (diferido) é caso de substituição tributária regressiva ou para trás. A questão aborda o instituto da substituição tributária "para frente" ou progressiva, ou seja, o pagamento ocorre em momento anterior à ocorrência do fato gerador.

Alternativa correta: letra "a".

142. (COPS – Procurador do Estado – PR/ 2011) Dentre as alternativas abaixo, aponte aquela que estiver correta:

a) a lei, e excepcionalmente as normas complementares, podem atribuir de modo expresso a responsabilidade pelo crédito tributário a terceira pessoa, vinculada ao fato gerador da respectiva obrigação tributária, excluindo a responsabilidade tributária do contribuinte ou atribuindo-a a este em caráter supletivo do cumprimento total ou parcial da referida obrigação;

b) o sucessor a qualquer título e o cônjuge meeiro são pessoalmente responsáveis pelos tributos devidos pelo *de cujus* até a data da partilha ou adjudicação, independentemente do montante do quinhão, do legado ou da meação;

c) a pessoa jurídica de direito privado que resultar de fusão, transformação ou incorporação de outra ou em outra não é considerada responsável pelos tributos devidos pelas pessoas jurídicas fusionadas, transformadas ou incorporadas;

d) o inventariante é pessoalmente responsável pelos tributos devidos pelo espólio nas hipóteses de atos praticados com excesso de poderes ou infração de lei;

e) em qualquer hipótese a responsabilidade tributária por infrações independe da intenção do agente ou do responsável, assim como da efetividade, natureza e extensão dos efeitos do ato.

COMENTÁRIOS

Alternativa "a": O erro está na expressão "normas complementares", uma vez que apenas a lei pode atribuir a responsabilidade tributária a terceira pessoa (art. 128 do CTN).

Alternativa "b": O erro está na expressão "independentemente do montante do quinhão...", uma vez que o art. 131, II do CTN limita a responsabilidade ao montante do quinhão, legado ou meação.

Alternativa "c": A assertiva contraria o art. 132 do CTN, que afirma exatamente o contrário. O erro está na palavra "não".

Alternativa "d": Trata-se de aplicação conjunta do art. 135, I c/c art. 134, IV, ambos do CTN. É que, pela redação dos artigos, são pessoalmente responsáveis pelos créditos correspondentes a obrigações tributárias resultantes de atos praticados com excesso de poderes ou infração de lei, contrato social ou estatutos, todas as pessoas enumeradas no art. 134, hipótese em que se encontra o inventariante.

Alternativa "e": A redação do art. 136 do CTN começa afirmando que lei poderá dispor o contrário sobre a responsabilidade objetiva.

Alternativa correta letra "d".

143. (FCC – Procurador do Estado – MT/ 2011) Estando em curso execução fiscal, se a empresa de responsabilidade limitada, ora executada, deixar de funcionar em seu domicílio fiscal sem comunicar tal fato aos órgãos competentes, segundo jurisprudência pacífica do STJ, tal fato presume dissolução irregular da empresa, autorizando o redirecionamento de execução fiscal em curso para

a) todos os sócios, em virtude da responsabilidade solidária dos sócios pelos créditos correspondentes a obrigações tributárias resultantes de atos praticados com infração de lei, em caso de liquidação de sociedade de pessoas.

b) os sócios majoritários, em virtude da responsabilidade solidária dos sócios pelos créditos correspondentes a obrigações tributárias resultantes de atos praticados com excesso de poderes, em caso de liquidação de sociedade de pessoas.

c) os diretores, gerentes ou representantes da empresa, em virtude de responsabilidade pessoal pelos créditos correspondentes a obrigações tributárias resultantes de atos praticados com infração de lei.

d) os diretores, gerentes ou representantes da empresa, desde que sócios, em virtude da responsabilidade subsidiária por todos os créditos tributários em caso de liquidação irregular presumida de sociedade de pessoas.

e) os sócios diretores, gerentes ou representantes da empresa, em virtude de responsabilidade subsidiária por sucessão, desde que haja continuidade da exploração da atividade, sob a mesma ou outra razão social, ou sob firma ou nome individual.

COMENTÁRIOS

✪ **Nota dos autores:** A questão aborda o tema da responsabilidade tributária, bastante recorrente na jurisprudência. O concursando deve ficar sempre atento aos casos de redirecionamento de execução.

Alternativas "a" (responde também "b": Para a jurisprudência, apenas os sócios com poderes de gerência ou direção poderão ser responsabilizados pessoalmente. A responsabilidade, no caso, não é solidária.

Alternativa "c": Pela jurisprudência pacífica do STJ, aplica-se o art. 135, III do CTN na hipótese de a empresa executada deixar de funcionar em seu domicílio fiscal sem comunicar tal fato aos órgãos competentes.

Alternativa "d": A questão insiste em afirmar que a sociedade limitada é de pessoas, além de afirmar que a responsabilidade é subsidiária. Pela redação do art. 135, a responsabilidade é pessoal.

Alternativa "e": A assertiva tenta confundir com a hipótese da responsabilidade por sucessão empresarial (art. 133 do CTN), o que não é o caso.

Alternativa correta letra "c".

---

144. (FEPESE – Procurador do Estado – SC/ 2009) Analise as seguintes situações, quanto à alienação de estabelecimento empresarial e aos tributos a ele relativos, e tendo em vista as disposições do Código Tributário Nacional e normas correlatas.

Assinale a alternativa correta:

a) O empresário individual, que adquiriu um estabelecimento empresarial, assume a condição de responsável, integralmente, pelos tributos relativos ao estabelecimento devidos até o ato da alienação, se o alienante também era empresário individual e iniciou outra atividade empresarial, nos quatro meses subsequentes ao ato da alienação.

b) No processo de falência de uma sociedade limitada, foi determinada a alienação judicial do único estabelecimento, e o sócio controlador está orientando seu neto, jovem administrador, a ser o adquirente. Nesse caso, o adquirente não será responsável pelos tributos relativos ao estabelecimento e devidos pela falida.

c) No processo de recuperação judicial de uma sociedade limitada, foi determinada a alienação judicial do estabelecimento empresarial correspondente a uma filial, conforme previsão no Plano de Recuperação. Se o adquirente for o neto de um sócio minoritário não integrante da administração, ele não será responsável pelos tributos devidos relativos à filial adquirida.

d) A pessoa jurídica que adquirir o estabelecimento empresarial de outra pessoa jurídica será responsável pelos tributos relativos ao estabelecimento, devidos até a data do trespasse, desde que já tenham sido lançados, embora ainda não definitivamente constituídos. A responsabilidade poderá ser integral ou subsidiária, nas condições e regras previstas no Código Tributário Nacional.

e) Uma sociedade anônima de economia mista adquiriu um estabelecimento empresarial, há um ano, e continuou a desenvolver a atividade que ali ocorria, de fabricação de postes e outros artefatos, atuando no mercado agora sob seu nome empresarial. Tendo o alienante iniciado a exploração de uma indústria de móveis, nos cinco meses após o ato de alienação, a adquirente tornou-se responsável, subsidiariamente, pelos tributos relativos ao estabelecimento, devidos até o ato de alienação, mesmo os não lançados antes do ato.

COMENTÁRIOS

✪ **Nota dos autores:** Trata-se de aplicação clara do art. 133 do CTN, suas exceções e as peculiaridades em caso de falência e recuperação judicial. O estudante deve ficar atento às hipóteses de responsabilidade subsidiária e integral.

Alternativa "a": Como visto no art. 133, o fato de o alienante continuar na exploração de atividade empresarial torna o adquirente responsável subsidiário.

Alternativa "b": Em hipóteses que tais, o adquirente não se torna responsável pelos tributos devidos pela empresa falida. No entanto, para esse benefício ocorrer, o adquirente não pode ser (i) sócio da sociedade falida ou sociedade controlada pelo devedor falido, (ii) parente em linha reta ou colateral até o quarto grau, consanguíneo ou afim, do devedor falido ou de seus sócios, bem como (iii) identificado como agente do falido. Na hipótese, como o neto foi o adquirente, a responsabilidade lhe será repassada.

Alternativa "c": Pela redação do art. 133, § 2º, II, se o adquirente for parente, em linha reta ou colateral até o 4º (quarto) grau, consanguíneo ou afim, do devedor falido ou em recuperação judicial ou de qualquer dos sócios, haverá, sim, a sucessão da responsabilidade. Logo, neto do sócio minoritário é alcançado pela sucessão da dívida tributária.

Alternativa "d": Pela redação do art. 133, *caput*, do CTN, não há necessidade de ter havido lançamento para que haja a responsabilidade por sucessão. Basta que tenha havido o fato gerador.

Alternativa "e": Trata-se da aplicação do art. 133 do CTN, em sua inteireza. Pela redação, "A pessoa natural ou jurídica de direito privado que adquirir de outra, por qualquer título, fundo de comércio ou estabelecimento comercial, industrial ou profissional, e continuar a respectiva exploração, sob a mesma ou outra razão social ou sob firma ou nome individual, responde pelos tributos, relativos ao fundo ou estabelecimento adquirido, devidos até à data do ato: I – integralmente, se o alienante cessar a exploração do comércio, indústria ou atividade; II – subsidiariamente com o alienante, se este prosseguir na exploração ou iniciar dentro de seis meses a contar da data da alienação, nova atividade no mesmo ou em outro ramo de comércio, indústria ou profissão". No caso, como o alienante iniciou a exploração de outro ramo dentro de cinco meses da data da alienação, o adquirente torna-se responsável subsidiário.

Alternativa correta letra "e".

---

145. (FEPESE – Procurador do Estado – SC/ 2010) Conforme disposto no Código Tributário Nacional, é correto afirmar:

a) A eleição do domicílio tributário, pelo contribuinte ou responsável, não poderá ser recusada pela autoridade administrativa.

b) O espólio é pessoalmente responsável pelos tributos devidos pelo de cujus até a data da abertura da sucessão.

c) Salvo disposição de lei em contrário, considera-se ocorrido o fato gerador e existentes os seus efeitos, tratando-se de situação de fato, desde o momento em que esteja definitivamente constituída, nos termos de direito aplicável.

d) A capacidade tributária passiva depende de estar a pessoa jurídica regularmente constituída, não bastando que configure uma unidade econômica ou profissional.

e) São pessoalmente responsáveis o síndico e o comissário, em relação aos tributos devidos pela massa falida ou pelo concordatário.

COMENTÁRIOS

Alternativa "a": Reza o art. 127, § 2º do CTN que "A autoridade administrativa pode recusar o domicílio eleito, quando impossibilite ou dificulte a arrecadação ou a fiscalização do tributo, aplicando-se então a regra do parágrafo anterior".

Alternativa "b": Redação clara do art. 131, III do CTN.

Alternativa "c": A assertiva destoa da redação do art. 116, I do CTN: "Salvo disposição de lei em contrário, considera-se ocorrido o fato gerador e existentes os seus efeitos: I – tratando-se de situação de fato, desde o momento em que o se verifiquem as circunstâncias materiais necessárias a que produza os efeitos que normalmente lhe são próprios".

Alternativa "d": A questão substitui "independe", presente no art. 126, III do CTN, por "depende", no que está o seu erro.

Alternativa "e": A assertiva cria nova hipótese de responsabilidade, o que não é possível. Pela redação do art. 134, o síndico e o comissário são responsáveis subsidiários pelos tributos devidos pela massa falida ou pelo concordatário.

Alternativa correta letra "b".

---

146. (Cespe – Procurador do Estado – PB/ 2008) Com referência aos aspectos legais da responsabilidade tributária, assinale a opção correta.

a) No caso de infrações tributárias que também configurem ilícitos penais, a responsabilidade pela multa eventualmente aplicada é pessoal e pertence à pessoa que tenha praticado o ato ilícito, respondendo, solidariamente, a pessoa jurídica pelo valor a ser pago.

b) Considere-se que João tenha adquirido em hasta pública uma casa cujo proprietário anterior deixara de pagar, em vários exercícios, o IPTU. Nessa situação, os créditos tributários decorrentes de impostos cujo fato gerador seja a propriedade de bens imóveis sub-rogam-se na pessoa do adquirente.

c) Antes da conclusão de procedimento de transformação de uma empresa limitada em sociedade anônima, deve-se quitar a dívida tributária, haja vista a impossibilidade legal de esta vir a ser cobrada da nova empresa.

d) Considere-se que um contribuinte, ao preencher sua declaração de imposto de renda, tenha omitido rendimentos auferidos no exercício e que, ao receber pedido de esclarecimentos formulado pela administração tributária, tenha preferido corrigir a declaração inicial e pagar o valor do imposto apurado com os acréscimos legais. Nessa situação, o fisco não pode aplicar qualquer sanção ao contribuinte, haja vista a caracterização da denúncia espontânea.

e) A extinta CPMF é exemplo de responsabilidade tributária por substituição, visto que, embora o fato gerador do tributo fosse a movimentação bancária e o contribuinte, era o correntista que movimentava os próprios recursos financeiros, a lei determinava às instituições financeiras o dever de recolher o tributo.

COMENTÁRIOS

Alternativa "a": A assertiva não contém elementos para se chegar à conclusão aventada. Não há se confundir a infração tributária com o ilícito penal. A multa, fruto da infração tributária, será da pessoa jurídica, exceto se ficar provado que a pessoa que praticou o ato ilícito o fez com excesso de poderes ou infração de lei, contrato social ou estatuto, hipótese em que a responsabilidade será pessoal. Não há previsão legal de solidariedade entre pessoa física e jurídica em relação à multa. Em havendo ilícito penal, a responsabilidade é pessoal ao agente.

Alternativa "b": Pela redação do art. 130, parágrafo único do CTN, "No caso de arrematação em hasta pública, a sub-rogação ocorre sobre o respectivo preço". Sendo assim, nenhuma dívida se sucede ao adquirente.

Alternativa "c": Pela redação do art. 132 do CTN, a transformação (empresa limitada transmudada para sociedade anônima) implica transferência da dívida tributária à pessoa jurídica transformada.

Alternativa "d": O art. 138 do CTN veda a denúncia espontânea após o início de qualquer procedimento administrativo ou medida de fiscalização relacionados com a infração (parágrafo único do art. 138 do CTN). No caso, o pedido de esclarecimentos formulado pelo Fisco é impeditivo para a denúncia espontânea.

Alternativa "e": O exemplo da CPMF é mais uma das "n" hipóteses de retenções de tributos na fonte. De fato, na substituição, uma pessoa faz o fato gerador (o contribuinte), mas outra, desde o início da relação tributária, é obrigada a recolher o tributo ao Fisco (o responsável). A retenção do Imposto de Renda é outro típico exemplo: o empregado faz o fato gerador do IR (aufere renda), mas a empresa tem o dever de reter o IR e recolhê-lo ao Fisco.

Alternativa correta letra "e".

---

147. (Cespe – Procurador do Estado – PI/ 2008) Assinale a opção correta acerca de norma tributária que estabeleceu que, em determinadas circunstâncias, terceira pessoa vinculada ao fato gerador da respectiva obrigação será o sujeito passivo da obrigação tributária de ICMS, mesmo ainda não tendo ocorrido o fato gerador.

a) A esse fenômeno tributário dá-se o nome de responsabilidade de terceiros.

b) A referida norma tributária estabeleceu a imediata restituição da quantia paga pelo terceiro responsável, no caso de o contribuinte de direito não conseguir vender o produto pelo preço presumido.

c) O fenômeno descrito acima é o da substituição tributária, matéria sobre a qual somente lei complementar pode dispor.

d) A responsabilidade nesse caso é pessoal e não poderá ser imputada ao substituído.

e) O fenômeno descrito acima não tem amparo em nenhuma norma tributária ou constitucional.

COMENTÁRIOS

✪ **Notas dos autores:** Trata-se do instituto da substituição tributária, prevista inclusive na CF (Art. 150, § 7º), na modalidade 'substituição progressiva', em que a cobrança do tributo se dá antes da ocorrência do fato gerador, chamado 'fato gerador presumido'.

Alternativa "a": Responsabilidade de terceiros está descrita nos arts. 134-135 do CTN e não possui qualquer relação com o enunciado da questão.

Alternativa "b": Veja-se a redação do art. 150, § 7º da CF: "A lei poderá atribuir a sujeito passivo de obrigação tributária a condição de responsável pelo pagamento de imposto ou contribuição, cujo fato gerador deva ocorrer posteriormente, assegurada a imediata e preferencial restituição da quantia paga, caso não se realize o fato gerador presumido". O enunciado baralha as figuras do contribuinte e do responsável. Na verdade, a restituição imediata se dará ao contribuinte, pois este foi quem desembolsou os valores alusivos ao fato gerador que não aconteceu. A quantia não foi "paga pelo terceiro responsável", mas, sim, pelo contribuinte.

Alternativa "c": Para o tema, deve-se atentar à redação do art. 150, § 7º da CF, que permite a cobrança do tributo antes da ocorrência do fato gerador, bem como para a redação do art. 155, § 2º, XII, "b", da CF, que delimita a substituição tributária como tema adstrito à lei complementar.

Alternativa "d": Trata-se de responsabilidade imputada ao substituído. O substituto é o contribuinte e o substituído o responsável.

Alternativa "e": Conforme visto, o fenômeno tem amparo no art. 150, § 7º da CF.

Alternativa correta letra "c".

---

148. (Cespe – Procurador do Estado – AL/ 2008) Se, em uma empresa, um gerente administrativo, que não faça parte da sociedade, infringir, por sua conta e risco, regra do estatuto da empresa e cometer infração à legislação tributária, é correto afirmar que

a) tal gerente será responsabilizado juntamente com os sócios da empresa.

b) os sócios serão os únicos responsáveis pela infração tributária, uma vez que o gerente não é proprietário da sociedade.

c) o gerente será responsabilizado, caso aja com intenção de cometer a infração tributária.

d) os sócios serão responsabilizados pela infração tributária, pois são culpados em razão de terem escolhido mal o gerente da empresa.

e) a responsabilidade será pessoal e independerá da intenção do agente.

COMENTÁRIOS

Alternativa "a": O gerente administrativo terá responsabilidade pessoal nos termos do art. 137, III, "c", do CTN, bem como pelo art. 135, III do CTN.

Alternativa "b": No presente caso, a responsabilidade do gerente será pessoal e independerá da sua intenção (confira o art. 137, III, "c", c/c 135, III, ambos do CTN).

Alternativa "c": A responsabilidade por infrações independe da intenção do agente. Logo, o gerente responderá pela infração cometida.

Alternativa "d": No presente caso, o gerente administrativo terá responsabilidade pessoal nos termos do art. 137, III, "c", do CTN.

Alternativa "e": No caso em tela, a responsabilidade por infrações independe da intenção do agente e será pessoal nos termos do art. 135, III, do CTN.

Alternativa correta: letra "e".

---

149. (PGE/PA – Procurador do Estado – PA/ 2009) No que tange à sujeição passiva da obrigação tributária, analise as proposições abaixo e assinale a alternativa CORRETA:

I. As hipóteses de responsabilidade pelo crédito tributário, já reguladas pelo Código Tributário Nacional, não podem ser alteradas em seu regime pelo legislador ordinário.

II. Respondem pessoalmente aqueles que representam a pessoa jurídica quando agem com excesso de poderes ou infração de lei, contrato social ou estatutos. Assim com a decretação da responsabilidade do sócio, esse é considerado como executado e contra ele também corre a execução, inclusive já decidiu, recentemente, o Superior Tribunal de Justiça, que a simples indicação na Certidão de Dívida Ativa – CDA, do nome do responsável, confere ao indicado a condição de legitimado passivo para relação processual executiva.

III. A responsabilidade tributária por infrações depende de alguns requisitos como: a intenção do agente ou do responsável e da efetividade do ato, salvo se a lei dispuser ao contrário.

IV. É pessoalmente responsável, o adquirente, pelo pagamento de impostos, taxas e demais espécies de tributos relativos ao bem móvel adquirido por ele.

a) São verdadeiros apenas os itens I, II e IV.

b) Todos os itens são verdadeiros.

c) São verdadeiros os itens apenas II, III e IV.

d) Todos os itens são falsos.

COMENTÁRIOS

Item I: está correto porque, conforme posicionamento pacífico do Judiciário, não pode lei ordinária criar novas formas de responsabilidade do crédito tributário, além das previstas no CTN, a exemplo da responsabilidade solidária entre empresa e sócios das contribuições da seguridade social, previstas na Lei nº 8.620/93, julgada como inconstitucional.

Item II: está correto. Na sua primeira parte refere-se ao artigo 135 do CTN que trata das hipóteses de responsabilidade pessoal por atos praticados com excesso de poderes ou infração de lei, contrato social ou estatutos. Quanto à segunda parte, já decidiu o STJ: "Portanto, a indicação, na CDA, do nome do responsável ou do corresponsável, confere ao indicado a condição de legitimado passivo para a relação processual executiva, autorizando que, contra ele, se promova ou se peça o redirecionamento da execução" (REsp 900.372/SP, 1a T., rel. Min. Teori Zavascki, DJe 02.06.2008).

Item III: está incorreto, pois a responsabilidade por infrações da legislação tributária ***independe*** da intenção do agente ou do responsável (responsabilidade objetiva) e da efetividade, natureza e extensão dos efeitos do ato, salvo se a lei dispuser ao contrário (art. 136 do CTN).

Item IV: está correto e traduz o disposto no art. 131, inciso I, do CTN que preceitua que são pessoalmente responsáveis o *adquirente* ou remitente, pelos *tributos* relativos aos *bens adquiridos* (leia-se, bens móveis) ou remidos.

Alternativa correta: letra "a". São verdadeiros apenas os itens I, II e IV.

---

150. (FCC – Procurador do Estado – AM / 2010) Em caso de falecimento, a responsabilidade pelos tributos devidos pelo *de cujus* será:

a) do inventariante, exclusivamente, até a conclusão do inventário, com o trânsito em julgado.

b) do espólio até a data da abertura da sucessão. Dos sucessores e do cônjuge meeiro até a data da partilha ou adjudicação.

c) dos herdeiros, que respondem de forma integral e ilimitada pelos tributos devidos.

d) apenas dos herdeiros, que poderão transferir a responsabilidade pelo pagamento dos tributos a terceiros, desde que com o aval da Fazenda Pública.

e) encerrada com seu falecimento, não se aplicando, neste caso, a responsabilidade tributária.

COMENTÁRIOS

Alternativa "a": A responsabilidade será exclusiva do espólio, pelos tributos devidos pelo *de cujus* até a data da abertura da sucessão (nesse caso o espólio será o contribuinte e o inventariante o responsável) e será responsável o sucessor a qualquer título e o cônjuge meeiro, pelos tributos devidos pelo *de cujus* até a data da partilha ou adjudicação.

Alternativa "b": A questão trata dos incisos II e III do art. 131 do CTN que traz as hipóteses de sucessão *mortis causa*. Invertendo a leitura dos incisos para melhor compreensão, o "III" menciona que a responsabilidade será exclusiva do **espólio**, pelos tributos devidos pelo *de cujus* até a **data da abertura da sucessão** (nesse caso o espólio será o contribuinte e o inventariante o responsável) e no inciso II será responsável o **sucessor a qualquer título e o cônjuge meeiro**, pelos tributos devidos pelo *de cujus* até a **data da partilha ou adjudicação**, limitada esta responsabilidade ao montante do quinhão do legado ou da meação.

Alternativa "c": A responsabilidade pelos tributos devidos pelo *de cujus* será do espólio até a data da abertura da sucessão e dos sucessores e do cônjuge meeiro até a data da partilha ou adjudicação.

Alternativa "d": A responsabilidade será exclusiva do espólio, pelos tributos devidos pelo *de cujus* até a data da abertura da sucessão (nesse caso o espólio será o contribuinte e o inventariante o responsável) e será responsável o sucessor a qualquer título e o cônjuge meeiro, pelos tributos devidos pelo *de cujus* até a data da partilha ou adjudicação.

Alternativa "e": É aplicável sim o instituto da responsabilidade tributária consoante previsão do art. 131, incisos II e III do CTN.

Alternativa correta: letra "b".

---

151. (FCC – Procurador do Estado – AM / 2010) Sr. Alzuiro adquiriu em licitação mercadorias que haviam sido apreendidas pela Receita Federal do Brasil em virtude de sonegação fiscal. Nesse contexto:

a) o tributo será devido pelo importador e subsidiariamente pelo Sr. Alzuiro.

b) o tributo foi extinto em função da apreensão da mercadoria pela Receita Federal.

c) o tributo será devido pelo importador original, não atingindo o Sr. Alzuiro uma vez que se trata de pessoa física e não promove a importação com habitualidade.

d) o Sr. Alzuiro será responsável pelo recolhimento dos tributos devidos.

e) o tributo deverá ser dividido entre o importador original e o Sr. Alzuiro.

COMENTÁRIOS

Alternativa "a": Com o leilão, o Fisco cobra os tributos cabíveis do adquirente da mercadoria, conforme art. 10 da Portaria da RFB de 29 de junho de 2011.

Alternativa "b": Não há essa hipótese de extinção do crédito tributário. A dívida tributária é repassada ao responsável.

Alternativa "c": Ao importador foi aplicada a pena de perdimento, passando a dívida ao adquirente da mercadoria.

Alternativa "d": O Sr. Alzuiro será responsável pelo recolhimento dos tributos devidos, em aplicação do art. 131, I do CTN.

Alternativa "e": A dívida é repassada ao adquirente da mercadoria, nos termos do art. 131, I do CTN.

Alternativa correta: letra "d".

152. (FURMARC – Procurador do Estado – MG/ 2012) Quanto à responsabilidade tributária no Código Tributário Nacional (Lei Federal nº 5.172/1966) assinale a resposta correta:

a) Respondem solidariamente o adquirente ou remitente pelos tributos relativos aos bens adquiridos ou remidos

b) Nos casos de impossibilidade de exigência do cumprimento da obrigação acessória pelos tutelados e curatelados respondem os tutores e curadores, solidariamente, com estes, nos atos em que intervirem ou pelas omissões de que forem responsáveis;

c) A responsabilidade é excluída pela denúncia espontânea da infração, sempre acompanhada do pagamento do tributo devido e dos juros de mora, ou do depósito da importância arbitrada pela autoridade administrativa, quando o montante do tributo dependa de apuração;

d) A lei pode atribuir de modo expresso a responsabilidade pelo crédito tributário a terceira pessoa, vinculada ou não ao fato gerador da respectiva obrigação, excluindo a responsabilidade do contribuinte ou atribuindo-a a este em caráter supletivo do cumprimento total ou parcial da referida obrigação;

e) Salvo disposição de lei em contrário, a responsabilidade por infrações da legislação tributária independe da intenção do agente ou do responsável e da efetividade, natureza e extensão dos efeitos do ato.

COMENTÁRIOS

✪ **Nota dos autores:** A questão demanda conhecimento literal de dispositivos do CTN sobre o tema "Responsabilidade Tributária". O examinador mudou nas assertivas algumas palavras para induzir o candidato a erro.

Alternativa "a": Respondem pessoalmente (e não solidariamente) o adquirente ou remitente pelos tributos relativos aos bens adquiridos ou remidos (confira art. 131, I do CTN).

Alternativa "b": Os tutores e curadores respondem nos casos de impossibilidade de exigência do cumprimento da obrigação principal e não a acessória como mencionou a assertiva (vide art. 134, II do CTN).

Alternativa "c": A responsabilidade é excluída pela denúncia espontânea da infração, acompanhada, se for o caso (a assertiva menciona "sempre"), do pagamento do tributo devido e dos juros de mora, ou do depósito da importância arbitrada pela autoridade administrativa, quando o montante do tributo dependa de apuração. (art. 138 do CTN).

Alternativa "d": Refere-se ao art. 138 do CTN. O erro da questão está na expressão "vinculada ou não ao fato gerador". É que não se pode, por ilação lógica, atribuir a qualquer pessoa a responsabilidade pelo crédito tributário, devendo esta possuir, ao menos, uma relação com o fato gerador. Confira o texto correto: "Art. 128. Sem prejuízo do disposto neste capítulo, a lei pode atribuir de modo expresso a responsabilidade pelo crédito tributário a terceira pessoa, vinculada ao fato gerador da respectiva obrigação, excluindo a responsabilidade do contribuinte ou atribuindo-a a este em caráter supletivo do cumprimento total ou parcial da referida obrigação".

Alternativa "e": É o teor do art. 136 do CTN que trata da responsabilidade por infrações.

Alternativa correta: letra "e".

153. (FCC – Procurador do Estado – SP/ 2012) Em se tratando de responsabilidade tributária,

a) na substituição tributária para frente, há uma postergação do pagamento do tributo, transferindo-se a obrigação de reter e recolher o montante devido, que seria do vendedor, ao adquirente dos produtos e serviços.

b) os pais respondem pelos tributos devidos por seus filhos menores e, em matéria de penalidades, somente às de caráter moratório.

c) "Beltrano" faleceu deixando herdeiros e tributos não pagos. Deixou bens em valor inferior ao valor dos tributos devidos. O sucessor a qualquer título e o cônjuge meeiro são responsáveis pelo valor total dos tributos devidos pelo de cujus até a data da partilha ou adjudicação.

d) comerciante arrependido por ter feito várias operações comerciais sem a emissão de nota fiscal, comparece à repartição fiscal e, de forma espontânea, confessa as infrações cometidas. Ao analisar a conduta do contribuinte, desacompanhada de qualquer outra providência, o fisco pode relevar a infração.

e) pessoa que não tenha praticado o fato gerador não pode ser sujeito passivo da relação tributária.

COMENTÁRIOS

✪ **Nota dos autores:** A questão envolve, basicamente, temas alusivos à responsabilidade tributária, incluindo a denúncia espontânea. Muito embora o estudante consiga resolvê-la com o conteúdo apenas do art. 134 do CTN (responsabilidade de terceiros), a questão exige um pouco mais de atenção em algumas assertivas.

Alternativa "a": A Substituição tributária para frente, progressiva ou subsequente ocorre através da escolha de uma terceira pessoa para recolher o tributo antes da ocorrência do fato jurídico tributário. Consoante a EC nº 3/93 (art. 150, § 7º, in fine, da CF): "A Lei poderá atribuir a condição de responsável pelo pagamento de imposto ou contribuição, cujo fato gerador deva ocorrer posteriormente, assegurada a imediata e preferencial restituição da quantia paga, caso não se realize o fato gerador presumido". O STF entendeu ser constitucional o instituto na ADI 1.851/AL. Por outro lado, a substituição tributária para trás ou regressiva (denominada de diferimento) caracteriza-se pela ocorrência do fato jurídico tributário em um momento anterior ao pagamento do tributo. Logo, a questão embaralha os institutos acima, pois é na substituição tributária para trás que há a postergação do pagamento do tributo.

Alternativa "b": Trata-se de responsabilidade de terceiros prevista no art. 134, inciso I do CTN, a saber: "Nos casos de impossibilidade de exigência do cumprimento da obrigação principal pelo contribuinte, respondem solidariamente com este nos atos em que intervierem ou pelas omissões de que forem responsáveis: I – os pais, pelos tributos devidos por seus filhos menores". (...). O final da assertiva refere-se ao teor do parágrafo único do mesmo dispositivo legal. Confira: "O disposto neste artigo só se aplica, em matéria de penalidades, às de caráter moratório". Embora o *caput* do artigo leva a entender tratar-se de responsabilidade subsidiária (impossibilidade de exigência de alguns...), a literalidade afirma tratar-se de responsabilidade solidária e é esta a que sobressai de questões desse jaez.

Alternativa "c": A responsabilidade do sucessor estará limitada ao montante do quinhão do legado ou da meação. Esse é o teor do Art. 131, inciso II do CTN. "Art. 131. São pessoalmente responsáveis: (...) II – o sucessor a qualquer título e o cônjuge meeiro, pelos tributos devidos pelo de cujus até a data da partilha ou adjudicação, limitada esta responsabilidade ao montante do quinhão do legado ou da meação.

Alternativa "d": O caso em tela traz uma hipótese de obrigação acessória (emissão de nota fiscal), o que dá ensejo ao pagamento de multas de infração, bem como ao pagamento do tributo, visto o mesmo não ter ocorrido. O contribuinte, para ter o benefício da denúncia espontânea, deve recolher o tributo devido, o que não foi feito. Nessa hipótese, não pode o fisco relevar a infração, cabendo-lhe a cobrança do tributo e seus acréscimos. Deve-se lembrar, ainda, que segundo o STJ, o instituto da denúncia espontânea (art. 138 do CTN) não se aplica às obrigações acessórias autônomas (são desvinculadas da obrigação principal). Confira: TRIBUTÁRIO. MULTA MORATÓRIA. ART. 138 DO CTN. ENTREGA EM ATRASO DA DECLARAÇÃO DE RENDIMENTOS. 1. A denúncia espontânea não tem o condão de afastar a multa decorrente do atraso na entrega da declaração de rendimentos, uma vez que os efeitos do artigo 138 do CTN não se estendem às obrigações acessórias autônomas. Precedentes. 2. Recurso especial não provido." (STJ, Segunda Turma, RESP 1129202, Data da Publicação: 29/06/2010). **Logo, o fisco não poderá relevar a infração.**

Alternativa "e": Poderão figurar no polo passivo da relação jurídico-tributária o (i) Contribuinte: aquele que tem relação pessoal e direta com a situação que constitua o respectivo fato gerador; e/ou o (ii) Responsável, quando, sem revestir a condição de contribuinte, sua obrigação decorra de disposição expressa de lei (art. 121, parágrafo único do CTN). Logo, a assertiva está incorreta, pois o responsável, embora não tenha praticado o fato gerador, vai figurar como sujeito passivo da relação tributária.

Alternativa correta: letra "b".

154. (PGE – GO – Procurador do Estado – GO/ 2013) A respeito da responsabilidade tributária, está CORRETA a seguinte proposição:

a) O legislador pode, com ampla liberdade, atribuir a qualquer pessoa a responsabilidade pelo cumprimento da obrigação tributária, exonerando total ou parcialmente o contribuinte.

b) O adquirente ou remitente respondem supletivamente pelos tributos relativos aos bens adquiridos ou remidos.

c) A responsabilidade dos sucessores é exemplo típico de responsabilidade por transferência.

d) Na responsabilidade por substituição, o substituto assume desde a ocorrência do fato gerador a posição do contribuinte; entretanto, seu papel resume-se ao cumprimento da obrigação tributária primária ou principal.

e) O sócio-gerente de uma pessoa jurídica é alcançado pela responsabilidade tributária apenas no caso de inadimplemento do tributo, ocasião em que se tornará pessoalmente responsável por tal obrigação.

COMENTÁRIOS

✪ **Nota dos autores:** Nos termos do art. 128 do CTN é possível verificar duas espécies de Responsabilidade: a) por substituição (ou originária) e b) por transferência (ou derivada ou por sucessão). Na Responsabilidade por substituição (que pode ser regressiva ou progressiva), o legislador, de forma prévia, já afasta o contribuinte e o substitui pelo responsável (terceiro). Por sua vez, na responsabilidade por transferência, o legislador modifica o polo passivo da relação jurídica tributária em virtude um fato novo. Nesta última hipótese, a responsabilidade ocorrerá por solidariedade, sucessão ou por terceiros.

Alternativa "a": Não há essa ampla liberdade de atribuir a responsabilidade a qualquer pessoa, conforme menciona a assertiva, mas sim àquela vinculada ao fato gerador. Segundo dispõe o art. 128 do CTN a lei pode atribuir de modo expresso a responsabilidade pelo crédito tributário a terceira pessoa, vinculada ao fato gerador da respectiva obrigação, excluindo a responsabilidade do contribuinte ou atribuindo-a a este em caráter supletivo do cumprimento total ou parcial da referida obrigação. Logo, deve haver uma mínima vinculação da pessoa ao fato gerador.

Alternativa "b": Assertiva incorreta, pois não responde supletivamente, mas sim pessoalmente. Dispõe o art. 131, inciso I, do CTN: "Art. 131. São pessoalmente responsáveis: I – o adquirente ou remitente, pelos tributos relativos aos bens adquiridos ou remidos.".

Alternativa "c": Na responsabilidade por transferência, o legislador modifica o polo passivo da relação jurídica tributária em virtude de um fato novo, isto, é, um evento futuro ao surgimento da obrigação. Logo, existe o contribuinte figurando como sujeito passivo, mas o ônus tributacional será transferido a um terceiro em razão de um fato imprevisto. A responsabilidade por transferência ocorrerá por: a) solidariedade, b) sucessão ou c) por terceiros. Logo, a assertiva está correta ao afirmar que a responsabilidade dos sucessores é exemplo típico de responsabilidade por transferência. Relembre-se que a responsabilidade de sucessores ocorre quando há transferência de algum bem, em que não houve pagamento de tributo, de modo que o seu adquirente se tornará o responsável, uma vez que o contribuinte não pagou o tributo no tempo devido. Sobre o tema, confira o teor dos artigos 130 a 133 que disciplina a responsabilidade dos sucessores.

Alternativa "d": A parte inicial da assertiva está correta ao afirmar que "na responsabilidade por substituição, o substituto assume desde a ocorrência do fato gerador a posição do contribuinte". Errônea, portanto, é a sua parte final ao restringir a responsabilidade à obrigação principal. Há diversas obrigações acessórias atribuídas ao substituto vinculadas ao fato gerador.

Alternativa "e": Para o sócio-gerente, a responsabilidade será pessoal e direta caso venha agir com excesso de poderes ou com infração à lei, ao contrato social ou aos estatutos (art. 135 do CTN). Por outro lado, para a jurisprudência do STJ, o simples não pagamento do tributo não configura, por si só, hipótese de responsabilidade dos sócios. Enfim, vale salientar que o mero inadimplemento do tributo não é considerado infração, não permitindo o redirecionamento da execução fiscal para ao administrador (Súmula nº 430 STJ).

Alternativa correta: letra "c".

---

155. (Cespe – Procurador do Estado – DF/ 2013) Paulo e Jorge, residentes em Goiânia – GO e sem endereço fixo no DF, iniciaram um negócio de vendas de veículos em uma sala no DF para moradores tanto do DF quanto de outros estados, sendo as operações comerciais todas feitas a pedido de clientes que deixavam seus veículos para venda. Após denúncia, o fisco do DF constatou que as operações de venda dos veículos estavam sendo feitas sem o pagamento do respectivo tributo e que não havia inscrição no cadastro fiscal de qualquer sociedade empresária para a realização de tais operações.

Considerando a situação hipotética acima apresentada, julgue os seguintes itens.

I. O domicílio tributário de Paulo e Jorge será em Goiânia – GO, uma vez que eles não possuem residência no DF.

COMENTÁRIOS

O domicílio tributário será no DF, local das operações de venda realizadas por Paulo e Jorge. Nos termos do art. 127, inciso II do CTN, na falta de eleição, pelo contribuinte ou responsável, de domicílio tributário, na forma da legislação aplicável, considera-se como tal: " (...) II – quanto às pessoas jurídicas de direito privado ou às firmas individuais, o lugar da sua sede, ou, em relação aos atos ou fatos que derem origem à obrigação, o de cada estabelecimento". Ademais, dispõe o § 1º do mesmo preceptivo sob análise que "Quando não couber a aplicação das regras fixadas em qualquer dos incisos deste artigo, considerar-se-á como domicílio tributário do contribuinte ou responsável o lugar da situação dos bens ou da ocorrência dos atos ou fatos que deram origem à obrigação". Importa, no caso, o domicílio do fato gerador do tributo e não a residência dos sócios de fato. **ERRADO**

II. A espécie de tributo gerado em função da operação, inclusive da venda de veículos para pessoas de fora do DF, é o ICMS, dada a existência efetiva de circulação de mercadorias.

COMENTÁRIOS

O fato gerador do ICMS-mercadorias é a circulação de mercadorias que pressupõe mudança de titularidade (circulação jurídica). Assim, a venda de veículo se enquadra na hipótese de incidência da exação. E pouco importa a formalização da pessoa jurídica, pois, para o direito tributário, a capacidade tributária independe de a pessoa jurídica estar regularmente constituída, bastando que configure uma unidade econômica ou profissional (art. 126, III do CTN). **CERTO**

III. Entre Paulo e Jorge haverá solidariedade que não comporta o benefício de ordem, podendo qualquer deles ser cobrado pelo valor integral do tributo, em função de se tratar de interesse comum na situação que constitua o fato gerador.

COMENTÁRIOS

✪ **Nota dos autores:** Para resolução do item confira o teor do art. 124 e seu parágrafo único do CTN: "Art. 124. São solidariamente obrigadas: I – as pessoas que tenham interesse comum na situação que constitua o fato gerador da obrigação principal; II – as pessoas expressamente designadas por lei. Parágrafo único. A solidariedade referida neste artigo não comporta benefício de ordem."

A assertiva está em consonância com o art. 124 do CTN e seu parágrafo único que trata da solidariedade. Com efeito, na solidariedade estarão obrigadas, na qualidade de responsável tributário, as pessoas que tenham interesse comum na situação que constitua o fato gerador da obrigação principal (solidariedade natural ou de fato), bem como àquelas expressamente designadas por lei (solidariedade legal). A solidariedade pressupõe que cada devedor responderá pelo montante total da obrigação perante o fisco. Cumpre ressaltar, por fim, que é incabível invocar benefício de ordem (sequência para pagamento do tributo). **CERTO**

IV. Paulo e Jorge são responsáveis tributários em razão da infração, visto que eles não podem ser considerados contribuintes ou sujeitos passivos diretos.

COMENTÁRIOS

Na verdade, Paulo e Jorge são contribuintes porque eles fizeram pessoal e diretamente o fato gerador dos tributos. A infração gera o pagamento de multas e não transferência de responsabilidades, uma vez que não houve pessoa jurídica formal envolvida. **ERRADO**

---

156. (Cespe – Procurador do Estado – BA/2014) Suponha que determinado empresário tenha adquirido o imóvel de um estabelecimento comercial completamente vazio e tenha dado continuidade à exploração, sob outra razão social, do mesmo ramo do comércio, e que os alienantes tenham prosseguido na exploração da atividade a partir do quinto mês após a alienação. Considerando essa situação hipotética e aspectos gerais da sucessão empresarial, julgue os itens que se seguem.

I. Os créditos ainda não constituídos até a data do ato da sucessão empresarial, ainda que se refiram a obrigações tributárias surgidas até aquela data, não podem ser imputados aos adquirentes.

COMENTÁRIOS

✪ **Nota dos autores:** Segundo o art. 133 do CTN, o adquirente de fundo de comércio ou estabelecimento comercial, industrial ou profissional que mantiver a exploração do mesmo ramo de atividade (sob o mesmo nome ou não) responderá pelos tributos relativos ao fundo de comércio ou estabelecimento comercial e devidos pelo antecessor até a data da transação. A responsabilidade será integral, se o alienante cessar a exploração do comércio, indústria ou qualquer outra atividade, ou subsidiária se o alienante prosseguir na exploração de alguma atividade, ou se, no prazo de seis meses, contados da alienação, iniciar nova atividade.

Consoante exposto na nota dos autores acima, os créditos ainda não constituídos até a data do ato da sucessão empresarial, ainda que se refiram a obrigações tributárias surgidas até aquela data, podem sim ser imputados aos adquirentes. No caso em tela, o adquirente terá responsabilidade subsidiária, já que o alienante prosseguiu na exploração de atividade comercial (observe que o enunciado da questão diz que os alienantes continuaram a exploração da atividade a partir do quinto mês após a alienação). Logo, há subsunção ao que dispõe o art. 133, inciso II, do CTN. **ERRADO**

II. O alienante deixa de ser responsável pelos tributos devidos até a data do ato de sucessão empresarial, passando a responsabilidade a ser integral do adquirente.

COMENTÁRIOS

✪ **Nota dos autores:** Confira o teor do art. 133 do CTN: "Art. 133. A pessoa natural ou jurídica de direito privado que adquirir de outra, por qualquer título, fundo de comércio ou estabelecimento comercial, industrial ou profissional, e continuar a respectiva exploração, sob a mesma ou outra razão social ou sob firma ou nome individual, responde pelos tributos, relativos ao fundo ou estabelecimento adquirido, devidos até à data do ato: I – integralmente, se o alienante cessar a exploração do comércio, indústria ou atividade; II – subsidiariamente com o alienante, se este prosseguir na exploração ou iniciar dentro de seis meses a contar da data da alienação, nova atividade no mesmo ou em outro ramo de comércio, indústria ou profissão".

No caso em tela, a responsabilidade do adquirente será subsidiária (art. 133, inciso II, do CTN) e não integral. Isso porque o alienante prosseguiu na exploração de atividade comercial a partir do quinto mês após a alienação, conforme exposto no enunciado da questão. **ERRADO**

III. O adquirente responde solidariamente pelos tributos devidos até a data do ato de sucessão empresarial.

COMENTÁRIOS

O adquirente responde subsidiariamente (e não solidariamente) pelos tributos devidos até a data do ato de sucessão empresarial com fulcro no art. 133, inciso II, do CTN. **ERRADO**

IV. O alienante continua responsável pelos tributos devidos até a data do ato de sucessão empresarial, podendo a dívida integral ser cobrada do adquirente, observando-se o benefício de ordem.

COMENTÁRIOS

Por se tratar de responsabilidade subsidiária (art. 133, inciso II, do CTN) haverá o benefício de ordem, ou seja, a dívida é cobrada primeiro do alienante e, na hipótese de não pagamento, cobra-se do adquirente-sucessor. **CERTO**

V. A sucessão empresarial é uma forma de responsabilidade tributária por transferência, haja vista que a obrigação tributária nasce com o contribuinte, mas é transferida ao responsável.

COMENTÁRIOS

✪ **Nota dos autores:** Na responsabilidade por transferência a terceira pessoa, eleita pela Lei, deverá pagar a exação, após a ocorrência do fato gerador. Tal responsabilidade ocorrerá por: solidariedade, sucessão e por terceiros.

Conforme exposto na nota dos autores acima, a sucessão empresarial é uma forma de responsabilidade tributária por transferência. Nesta, o legislador modifica o polo passivo da relação jurídica tributária em virtude um fato novo, isto, é, um evento futuro ao surgimento da obrigação. Logo, existe o contribuinte figurando como sujeito passivo, mas o ônus tributacional será transferido a um terceiro (responsável). **CERTO**

VI. No caso do tributo de ICMS, a substituição tributária para trás corresponde a uma espécie de responsabilidade de terceiros por transferência.

COMENTÁRIOS

✪ **Nota dos autores:** Existem duas espécies de Responsabilidade: por substituição (ou originária) e por transferência (ou derivada ou por sucessão). No primeiro caso, o legislador já afasta o praticante do fato gerador e coloca o terceiro no polo passivo da relação jurídico tributária, ou seja, de forma prévia, a lei afasta o contribuinte e o substitui pelo responsável (terceiro). É o que ocorre, por exemplo, na hipótese do imposto de renda retido na fonte, onde caberá ao empregador efetuar o recolhimento do gravame devido pelo empregado. No segundo caso – responsabilidade por transferência –, o legislador modifica o polo passivo da relação jurídica tributária em virtude um fato novo, isto, é, um evento futuro ao surgimento da obrigação. Logo, existe o contribuinte figurando como sujeito passivo, mas o ônus tributacional será transferido a um terceiro.

No caso do tributo de ICMS, a substituição tributária para trás corresponde a uma espécie de responsabilidade por substituição. Lembre-se que a Substituição tributária para trás (regressiva ou antecedente) caracteriza-se pela ocorrência do fato jurídico tributário em um momento anterior ao pagamento do tributo. É o chamado diferimento (postergação, adiamento do pagamento). **ERRADO**

---

157. (Cespe - Procurador do Estado - PI/2014) A Assembleia Legislativa do estado X aprovou modalidade de substituição tributária para o setor supermercadista, atribuindo a responsabilidade tributária aos fornecedores de produtos e mercadorias. Em decorrência da norma recém-publicada, o governador do estado editou decreto específico para a fixação de obrigações acessórias aplicáveis aos substitutos tributários e para alteração da data de vencimento da obrigação principal de recolhimento do ICMS, suprindo lacuna verificada na lei reguladora em relação à operacionalização do regime de substituição tributária. Considerando essa situação hipotética, assinale a opção correta.

a) A modalidade de responsabilidade por substituição atende ao princípio da praticidade e independe de qualquer vínculo jurídico ou fático entre o substituto tributário e o substituído, assegurando à administração tributária um método menos oneroso de fiscalização do cumprimento das obrigações do sujeito passivo.

b) O substituto tributário deve realizar o recolhimento do crédito tributário com base na presunção de ocorrência do fato gerador, e, caso esse fato ou situação fática não se concretize, o próprio responsável tributário deverá solicitar a imediata e preferencial restituição do valor pago indevidamente, observado o prazo decadencial de cinco anos.

c) A previsão de obrigações acessórias para essa hipótese de responsabilidade por substituição aplicável ao ICMS demanda prévio convênio entre os estados, consoante expressa previsão na CF.

d) O referido decreto é qualificado como norma complementar e, diante da ausência de determinação específica, entra em vigor trinta dias após a sua publicação.

e) A definição de obrigações acessórias e a alteração da data de vencimento da obrigação principal por meio de decreto executivo não configuram violação ao princípio da reserva de lei em matéria tributária.

COMENTÁRIOS

✪ **Nota dos autores:** Para melhor compreensão da assertiva correta, confira o teor do art. 97 do CTN: "Art. 97. Somente a lei pode estabelecer: I – a instituição de tributos, ou a sua extinção; II – a majoração de tributos, ou sua redução, ressalvado o disposto nos artigos 21, 26, 39, 57 e 65; III – a definição do fato gerador da obrigação tributária principal, ressalvado o disposto no inciso I do § 3º do artigo 52, e do seu sujeito passivo; IV – a fixação de alíquota do tributo e da sua base de cálculo, ressalvado o disposto nos artigos 21, 26, 39, 57 e 65; V – a cominação de penalidades para as ações ou omissões contrárias a seus dispositivos, ou para outras infrações nela definidas; VI – as hipóteses de exclusão, suspensão e extinção de créditos tributários, ou de dispensa ou redução de penalidades.

Alternativa "a": O erro da questão está na expressão "independe de qualquer vínculo jurídico ou fático entre o substituto tributário e o substituído". Corroborando o exposto, confira o teor do art. 128 do CTN: "Art. 128. Sem prejuízo do disposto neste capítulo, a lei pode atribuir de modo expresso a responsabilidade pelo crédito tributário a terceira pessoa, vinculada ao fato gerador da respectiva obrigação, excluindo a responsabilidade do contribuinte ou atribuindo-a a este em caráter supletivo do cumprimento total ou parcial da referida obrigação".

Alternativa "b": O início da assertiva está correta, pois vai ao encontro do teor do art. 150, § 7º da CRFB/88, *in verbis*: "(...) § 7º. A lei poderá atribuir a sujeito passivo de obrigação tributária a condição de responsável pelo pagamento de imposto ou contribuição, cujo fato gerador deva ocorrer posteriormente, assegurada a imediata e preferencial restituição da quantia paga, caso não se realize o fato gerador presumido". No entanto, quem tem o direito de exigir a imediata e preferencial restituição do valor pago indevidamente é o contribuinte e não o responsável. Até porque o responsável não sabe se o fato gerador ocorrerá posteriormente ou não.

Alternativa "c": A necessidade de convênios pelos Estados quanto ao ICMS diz respeito a isenções, incentivos e benefícios fiscais nos termos do art. 155, § 2º, inciso VII, alínea "g" da CRFB/88. Não contempla, portanto, as obrigações acessórias.

Alternativa "d": Da análise conjunta do art. 100, inciso I e art. 103, I, do CTN, conclui-se que no caso em tela o decreto entraria em vigor na data de sua publicação e não em trinta dias. Confira: "CTN Art. 100. São normas complementares das leis, dos tratados e das convenções internacionais e dos decretos: I – os atos normativos expedidos pelas autoridades administrativas"; e "Art. 103. Salvo disposição em contrário, entram em vigor: I – os atos administrativos a que se refere o inciso I do artigo 100, na data da sua publicação".

Alternativa "e": As obrigações acessórias e a alteração da data de vencimento da obrigação principal não estão adstritas ao princípio da legalidade estrita. Ambos os casos, poderão ser veiculados mediante decreto, já que não estão abrangidos no art. 97 do CTN. A jurisprudência caminha em igual sentido: EMENTA: ICMS. DECRETO Nº 33.707/91-SP: ANTECIPAÇÃO DO PRAZO DE RECOLHIMENTO. ALEGADA OFENSA AOS PRINCÍPIOS CONSTITUCIONAIS DA LEGALIDADE, ANTERIORIDADE E DA VEDAÇÃO DE PODERES LEGISLATIVOS. Não se compreendendo no campo reservado à lei a definição de vencimento das obrigações tributárias, legítimo o Decreto nº 33.707/91, que modificou a data de vencimento do ICMS. Improcedência da alegação no sentido de infringência ao princípio da anterioridade e da vedação de delegação legislativa. Recurso extraordinário não conhecido. (RE 203684, Relator (a): Min. ILMAR GALVÃO, Primeira Turma, julgado em 20/05/1997, DJ 12-09-1997 PP-43740 EMENT VOL-01882-08 PP-01470).

Alternativa correta: letra "e".

9.2. DENÚNCIA ESPONTÂNEA

158. (FCC – Procurador do Estado – PGE – AP/2018) As legislações tributárias das pessoas jurídicas de direito público interno brasileiras prestigiam, em geral, os contribuintes que, tendo cometido infrações aos seus dispositivos, procuram sanear o ato infracional, de modo espontâneo, antes de qualquer ação da Administração Tributária para apurar a ocorrência de tais infrações. O próprio Código Tributário do Estado do Amapá prestigia essa atitude do contribuinte, quando, no § 7º do seu art. 161, estabelece os contribuintes que, antes de qualquer procedimento fiscal, procurarem espontaneamente a repartição fazendária de seu domicílio para sanar irregularidade, não sofrerão penalidades, salvo quando se tratar de falta de lançamento ou de recolhimento do imposto, caso em que ficarão sujeitos... a acréscimos de natureza moratória, apenas. De acordo com o mesmo Código, ainda, esta espontaneidade do contribuinte é excluída no momento em que a Administração Tributária dá início ao procedimento fiscal.

Com base nas regras do Código Tributário do Estado do Amapá, o procedimento fiscal para apuração das infrações à legislação tributária considera-se iniciado, e a espontaneidade do sujeito passivo é excluída,

a) com o licenciamento de veículo automotor em unidade federada diversa daquela em que o proprietário tem domicílio, com o intuito de evitar sua tributação pelo IPVA.
b) com a aquisição de mercadoria ou bem sem documento fiscal, sempre que esta aquisição estiver sujeita ao recolhimento antecipado do ICMS, por meio de substituição tributária.
c) com a sonegação de bens ao processo de inventário, com o intuito de evitar sua partilha com os demais herdeiros, bem como sua tributação pelo ITCD.
d) com a lavratura do Termo de Início de Fiscalização.
e) com a lavratura do Termo de Apreensão de Mercadorias, exceto quando se tratar de mercadoria isenta, não tributada, desonerada de tributação em razão de imunidade, ou ainda, quando o sujeito passivo estiver beneficiado pela disciplina específica do Simples Nacional.

COMENTÁRIOS

Alternativas "a", "b", "c" e "e": O art. 148 da Lei estadual nº 400/1997 menciona as hipóteses que se considera iniciado o procedimento fiscal para apuração das infrações à Legislação Tributária e, portanto, ocasiona a perda da espontaneidade do sujeito passivo. Vale lembrar que o enunciado da questão trata do instituto da denúncia espontânea, também previsto no Código Tributário Nacional (art. 138, parágrafo único). In verbis: Art. 148 Considera-se iniciado o procedimento fiscal para apuração das infrações à Legislação Tributária: I – com a lavratura do Termo de Início de Fiscalização; II – com a lavratura do Termo de Apreensão de Mercadorias e Documentos Fiscais ou de intimação para sua apresentação; III – com qualquer outro ato escrito lavrado por servidor auditor ou fiscal, mencionados no caput, próprio de sua atividade funcional, a contar da data da cientificação do contribuinte ou preposto; IV – com a ciência dos atos encaminhados através de comunicação eletrônica, por meio do Domicílio Tributário Eletrônico – DT-e. Portanto, nenhuma das assertivas se coaduna com as hipóteses previstas na Lei estadual citada.

Alternativa "d": Assertiva está em conformidade com o disposto no art. 148 da Lei estadual nº 400/1997. Considera-se iniciado o procedimento fiscal para apuração das infrações à Legislação Tributária: I – com a lavratura do Termo de Início de Fiscalização. No mesmo sentido, vale ressaltar que o Código Tributário Nacional no parágrafo único do art. 138 ao tratar do instituto da denúncia espontânea, dispõe que "Não se considera espontânea a denúncia apresentada após o início de qualquer procedimento administrativo ou medida de fiscalização, relacionados com a infração".

Alternativa correta: letra "d".

159. (FCC – Procurador do Estado – RN/2014) Segundo o Código Tributário Nacional, a denúncia espontânea

a) é causa de extinção do crédito tributário.
b) tem lugar antes de qualquer procedimento administrativo ou medida de fiscalização relacionados com a infração.
c) alcança a obrigação principal e a obrigação acessória, acarretando a exclusão do crédito tributário.
d) só pode ser realizada nos tributos sujeitos a lançamento por homologação, desde que não tenha havido apresentação de declaração, quando exigida.
e) impede a constituição do crédito tributário relativamente aos juros de mora e à multa moratória.

COMENTÁRIOS

✪ **Nota dos autores:** A denúncia espontânea é um instituto que tem como escopo motivar o contribuinte a regularizar sua situação junto ao fisco antes do conhecimento da prática da infração cometida. Assim, o sujeito passivo confessa a prática de infrações antes de qualquer procedimento fiscal. Consoante dispõe o art. 138 do CTN: "A responsabilidade é excluída pela denúncia espontânea da infração, acompanhada, se for o caso, do pagamento do tributo devido e dos juros de mora, ou do depósito da importância arbitrada pela autoridade administrativa, quando o montante do tributo dependa de apuração".

Alternativa "a": A denúncia espontânea não é causa de extinção do crédito tributário (confira o rol do art. 156 do CTN).

Alternativa "b": A assertiva está em conformidade com o parágrafo único do art. 138 do CTN. Confira: "Art. 138. (...) Parágrafo único. Não se considera espontânea a denúncia apresentada após o início de qualquer procedimento administrativo ou medida de fiscalização, relacionados com a infração". Em se tratando de denúncia espontânea, a tempestividade na comunicação ao fisco é imprescindível para a produção de efeitos. Logo, deverá ocorrer antes de qualquer procedimento fiscal.

Alternativa "c": Não há a exclusão do crédito tributário na totalidade. Lembre-se que o CTN prevê duas hipóteses de exclusão do crédito tributário: a isenção e a anistia. Na denúncia espontânea não há um ou outro. Atenção à aplicação do instituto às obrigações acessórias, tendo em vista a divergência da doutrina sobre o tema. Aqueles que se posicionam pela aplicação do instituto, defende que o descumprimento das obrigações acessórias constitui infração tributária, portanto, passível de ser retirada na denúncia espontânea. O STJ, por sua vez, já se manifestou pela não aplicação da denúncia espontânea nas chamadas obrigações acessórias autônomas, ou seja, aquelas que estão desvinculadas da obrigação principal. Nesse sentido: TRIBUTÁRIO. MULTA MORATÓRIA. ART. 138 DO CTN. ENTREGA EM ATRASO DA DECLARAÇÃO DE RENDIMENTOS. 1. A denúncia espontânea não tem o condão de afastar a multa decorrente do atraso na entrega da declaração de rendimentos, uma vez que os efeitos do artigo 138 do CTN não se estendem às obrigações acessórias autônomas. Precedentes. 2. Recurso especial não provido. (REsp 1129202/SP, Rel. Ministro CASTRO MEIRA, SEGUNDA TURMA, julgado em 17/06/2010, DJe 29/06/2010)

Alternativa "d": Consoante o enunciado da Súmula n. 360 do STJ: "O benefício da denúncia espontânea não se aplica aos tributos sujeitos a lançamento por homologação regularmente declarados, mas pagos a destempo."

Alternativa "e": A denúncia espontânea não impede a constituição do crédito tributário relativamente aos juros de mora e à multa moratória. Nesse sentido: "Art. 138. A responsabilidade é excluída pela denúncia espontânea da infração, acompanhada, se for o caso, do pagamento do tributo devido e dos juros de mora, ou do depósito da importância arbitrada pela autoridade administrativa, quando o montante do tributo dependa de apuração.

Alternativa correta: letra "b".

---

160. (PGE/PA – Procurador do Estado – PA/ 2009) Analise as proposições abaixo e assinale a alternativa CORRETA:

a) O parcelamento, para o Superior Tribunal de Justiça, atualmente, não é considerado pagamento integral. Assim, é devida a multa de mora na confissão da dívida acompanhada de pedido de parcelamento, ainda que se antecipando a qualquer ação fiscalizatória da Fazenda Pública.

b) A mera declaração da prática do ilícito pelo contribuinte, ou seja, confissão da dívida, exclui a responsabilidade pela infração, vez que caracterizada fica a denúncia espontânea prevista no Código Tributário Nacional.

c) O simples termo de início de fiscalização não enseja a perda da espontaneidade, ou seja, o contribuinte pode efetuar o pagamento e se beneficiar da denúncia espontânea prevista no artigo 138 do Código Tributário Nacional.

d) A espontaneidade somente fica afastada com a notificação do contribuinte para apresentar impugnação ou pagamento do tributo, acompanhada do Auto de Infração lavrado contra ele.

COMENTÁRIOS

Alternativa "a": O STJ entende que a multa de mora será devida na confissão da dívida acompanhada de pedido de parcelamento realizado pelo sujeito passivo, ainda que se antecipando a qualquer ação fiscalizatória da Fazenda Pública.

Alternativa "b": Apenas a confissão da dívida pura e simples (denúncia espontânea) não afasta a responsabilidade da infração. Esta será excluída pela denúncia se for *acompanhada, conforme o caso, do pagamento do tributo devido e dos juros de mora, ou do depósito da importância arbitrada pela autoridade administrativa*, quando o montante do tributo dependa de apuração. Logo, será necessário o pagamento ou depósito para afastar tal responsabilidade.

Alternativa "c": Não se considera espontânea a denúncia apresentada *após o início de qualquer procedimento administrativo ou medida de fiscalização*, relacionados com a infração. Assim, o simples termo de início de fiscalização enseja a perda da espontaneidade.

Alternativa "d": Não é apenas a notificação do contribuinte para apresentar impugnação ou pagar o tributo que afasta a espontaneidade. *Qualquer procedimento administrativo ou medida de fiscalização* relacionados com a infração, afasta a espontaneidade da denúncia.

Alternativa correta: letra "a".

---

161. (FCC – Procurador do Estado – RO/ 2011) Empresa CÉU AZUL realizou a devida apuração do ICMS incidente nas suas operações, efetuou toda a escrituração fiscal, bem como promoveu a regular entrega de suas declarações ao Fisco Estadual. Entretanto, embora venha adotando tal conduta regular, com habitualidade, por falta de recursos financeiros não vem provendo o recolhimento do ICMS. Com o fechamento de um grande contrato com um cliente e o ingresso de receitas, pretende promover a quitação dos valores em atraso, requerendo o benefício denominado "denúncia espontânea". O referido benefício

a) é cabível uma vez que resta presente a boa-fé do contribuinte.

b) é cabível, uma vez que será promovido o pagamento parcial do tributo.

c) não é cabível, uma vez que este benefício se aplica apenas aos tributos federais.

d) não é cabível uma vez que o contribuinte já havia promovido o lançamento/declaração do tributo devido.

e) é cabível, uma vez que a legislação adota a redução sempre que o contribuinte pretende regularizar sua situação.

COMENTÁRIOS

Alternativas "a" (responde as alternativas "b" e "e"): boa-fé do contribuinte, pagamento parcial e mera intenção de regularizar, isoladamente considerados nas citadas alternativas, não são pressupostos suficientes à configuração da denúncia espontânea, consoante se depreende da interpretação do artigo 138 do CTN.

Alternativa "c": não justifica a impossibilidade da denúncia espontânea, pois, diverso do que afirmado, ela não se restringe aos tributos federais.

Alternativa "d": Não é cabível o instituto da denúncia espontânea no presente caso. Lembre-se que o ICMS é tributo sujeito ao lançamento por homologação e a declaração realizada pelo contribuinte constitui o crédito tributário. Ademais, segundo o Enunciado de Súmula nº 360 STJ: "O benefício da denúncia espontânea **não se aplica aos tributos sujeitos a lançamento por homologação** regularmente declarados, mas pagos a destempo."

Alternativa correta: letra "d".

10. CRÉDITO TRIBUTÁRIO. LANÇAMENTO. SUSPENSÃO, EXTINÇÃO E EXCLUSÃO DO CRÉDITO TRIBUTÁRIO

▸ CTN, Título III arts. 139 a 182

10.1. CRÉDITO TRIBUTÁRIO

162. (Cespe – Procurador do Estado – PGE – MS/2021) Cleber, comerciante, após a venda de mercadorias acompanhadas da declaração dos tributos, por meio de guia de informação e apuração do ICMS, não recolheu os respectivos impostos no prazo devido. Com relação à cobrança dos créditos inadimplidos nessa situação hipotética, é correto afirmar que a inscrição dos débitos em dívida ativa

a) não será possível sem que o fisco reveja a declaração eventualmente apresentada pelo contribuinte, ainda que por meio de procedimento simplificado.

b) não será possível sem o procedimento administrativo e sem a notificação prévia do contribuinte.

c) não será possível sem o procedimento administrativo, dispensada apenas a notificação prévia do contribuinte.

d) será possível mesmo sem o procedimento administrativo, exigida apenas a notificação prévia do contribuinte.

e) será possível independentemente de processo administrativo e de notificação prévia do contribuinte.

COMENTÁRIOS

Alternativa "a": A inscrição dos débitos em dívida ativa no presente caso poderá ser efetivada, pois o contribuinte declarou o ICMS e, portanto, constituiu o crédito tributário. Como se trata de um tributo sujeito ao lançamento por homologação, aplica-se o Enunciado n. 436 da Súmula do STJ que dispõe: "A entrega de declaração pelo contribuinte reconhecendo débito fiscal constitui o crédito tributário, dispensada qualquer outra providência por parte do fisco". Assim, não será necessário um processo administrativo, bem como a notificação prévia do contribuinte.

Alternativa "b": Como dito no item anterior, como o ICMS é um tributo sujeito ao lançamento por homologação, aplica-se o Enunciado n. 436 da Súmula do STJ que dispõe: "A entrega de declaração pelo contribuinte reconhecendo débito fiscal constitui o crédito tributário, dispensada qualquer outra providência por parte do fisco". Assim, Assim, não será necessário um processo administrativo, bem como a notificação prévia do contribuinte.

Alternativa "c": Do mesmo modo que foi exposto acima, aplica-se o Enunciado n. 436 da Súmula do STJ que dispõe: "A entrega de declaração pelo contribuinte reconhecendo débito fiscal constitui o crédito tributário, dispensada qualquer outra providência por parte do fisco". Nesse sentido, não será necessário um processo administrativo, bem como a notificação prévia do contribuinte.

Alternativa "d": O ICMS é um tributo sujeito ao lançamento por homologação e, portanto, aplica-se o Enunciado n. 436 da Súmula do STJ que dispõe: "A entrega de declaração pelo contribuinte reconhecendo débito fiscal constitui o crédito tributário, dispensada qualquer outra providência por parte do fisco". Dessa forma, não será necessário um processo administrativo, bem como a notificação prévia do contribuinte.

Alternativa "e": O ICMS é um tributo sujeito ao lançamento por homologação, dispensando-se, in casu, a instauração de processo administrativo, bem como a notificação prévia do contribuinte. Aplica-se o Enunciado n. 436 da Súmula do STJ que dispõe: "A entrega de declaração pelo contribuinte reconhecendo débito fiscal constitui o crédito tributário, dispensada qualquer outra providência por parte do fisco". Assim, não será necessário um processo administrativo, bem como a notificação prévia do contribuinte.

Alternativa correta: letra "e".

163. (Cespe – Procurador do Estado – PI/ 2008) Assinale a opção correta acerca de crédito tributário.

a) As circunstâncias que modificam o crédito tributário, sua extensão ou seus efeitos afetam a obrigação tributária que lhe deu origem.

b) As circunstâncias que modificam o crédito tributário, sua extensão ou seus efeitos ou as garantias ou os privilégios a eles atribuídos, ou que excluem a sua exigibilidade, podem afetar o seu lançamento, mas não, a obrigação que lhe deu origem.

c) As circunstâncias que modificam o crédito tributário, sua extensão ou seus efeitos ou as garantias ou os privilégios a eles atribuídos, ou que excluem a sua exigibilidade, não afetam o lançamento que lhe deu origem, apenas a obrigação.

d) As circunstâncias que modificam o crédito tributário, sua extensão ou seus efeitos podem modificar a obrigação tributária apenas no que diz respeito aos seus elementos principais.

e) A autoridade administrativa não pode, mesmo amparada na lei, extinguir o crédito tributário devidamente constituído.

COMENTÁRIOS

Alternativa "a": A obrigação tributária não é afetada com a modificação do crédito (vide art. 140 do CTN).

Alternativa "b": A questão traz o teor do art. 140 do CTN que assim dispõe: "As circunstâncias que modificam o crédito tributário, sua extensão ou seus efeitos, ou as garantias ou os privilégios a ele atribuídos, ou que excluem sua exigibilidade **não afetam a obrigação tributária que lhe deu origem**". Referidas alterações podem afetar apenas o lançamento, já que este tem o condão de constituir o crédito tributário.

Alternativa "c": As circunstâncias que modificam o crédito tributário, sua extensão ou seus efeitos, ou as garantias ou os privilégios a ele atribuídos, ou que excluem sua exigibilidade não afetam a obrigação tributária que lhe deu origem (art. 140 do CTN).

Alternativa "d": A modificação do crédito tributário não afeta a obrigação tributária.

Alternativa "e": A autoridade administrativa pode extinguir o crédito tributário devidamente constituído. Lembre-se que a decisão administrativa irreformável (favorável ao contribuinte) extingue o crédito tributário (hipótese prevista no art. 156, IX do CTN).

Alternativa correta: letra "b".

164. (Cespe – Procurador do Estado – AL/ 2008) Um contribuinte foi autuado por ter praticado infração tributária. Assim, contra ele foi lavrado auto de infração cobrando o tributo sonegado e estipulando as penalidades. Após a defesa administrativa, ele conseguiu diminuir o valor referente à multa aplicada.

Na situação hipotética acima descrita,

a) o crédito tributário foi alterado, ficando intacta a obrigação tributária.

b) o fato gerador foi modificado e, por isso, também foi modificado o crédito tributário.

c) uma vez que o crédito tributário tem origem na obrigação tributária, a modificação feita em um, causa alteração no outro.

d) o crédito tributário faz nascer a obrigação tributária e, por esse motivo, qualquer modificação no crédito altera a obrigação.

e) a multa alterada modifica o fato gerador e, portanto, o crédito tributário.

COMENTÁRIOS

Alternativa "a": A alternativa traduz o disposto no art. 140 do CTN: "As circunstâncias que modificam o crédito tributário, sua extensão ou seus efeitos, ou as garantias ou os privilégios a ele atribuídos, ou que excluem sua exigibilidade *não afetam a obrigação tributária que lhe deu origem*".

Alternativa "b": No caso em tela foi modificado o crédito tributário e tal alteração não afeta a obrigação tributária que lhe deu origem (confira o art. 140 do CTN).

Alternativa "c": O crédito tributário não tem origem na obrigação tributária. O CTN trata os institutos de forma apartada onde, primeiro, nasce a obrigação e, após, com o lançamento, ocorre a constituição do crédito tributário. Ressalte-se que esta sistemática é, inclusive, objeto de crítica por uma parcela da doutrina que entende os institutos como incindíveis. O nascimento da obrigação tributária para o contribuinte ocorre com o surgimento do fato gerador. Este, pressupõe a realização concreta do evento previsto na norma. O crédito tributário, conforme dito alhures, surge com o lançamento tributário. Pela redação do art. 139 do CTN percebe-se que a obrigação tributária nasce independentemente do crédito tributário, muito embora a recíproca não seja verdadeira. Em suma, havendo alguma alteração formal no crédito tributário, a obrigação tributária fica intocável, pois o seu nascimento decorreu apenas do fato gerador.

Alternativa "d": O nascimento da obrigação tributária para o contribuinte ocorre com o surgimento do fato gerador. O crédito tributário surge com o lançamento tributário. Assim, o crédito tributário não faz nascer a obrigação tributária. Ademais, qualquer modificação no crédito não altera a obrigação nos termos do que preceitua o art. 140do CTN.

Alternativa "e": A multa não modifica o fato gerador (que faz nascer a obrigação tributária e não o crédito), mas altera o crédito tributário. Advirta-se que a alteração do crédito não afeta a obrigação tributária que lhe deu origem (confira o art. 140 do CTN).

Alternativa correta: letra "a".

165. (Cespe – Procurador do Estado – PI/2014) No que diz respeito à obrigação principal e acessória, assinale a opção correta com base na jurisprudência atual do STJ.

a) A presunção de legitimidade assegurada à certidão da dívida ativa não afasta a possibilidade de discussão judicial da condição de responsável tributário indicada no título executivo por meio da exceção de pré-executividade, visto que não há, nessa hipótese, a necessidade de dilação probatória.

b) À administração tributária não interessa levar a protesto a certidão da dívida ativa, título executivo extrajudicial que já goza de presunção de certeza e liquidez e confere publicidade à inscrição do débito na dívida ativa.

c) A declaração do contribuinte exigida por lei constitui o próprio crédito tributário, sendo desnecessária qualquer atividade subsequente da administração tributária para a formalização do lançamento fiscal ou a notificação do contribuinte para pagamento.

d) A responsabilidade do sócio-administrador pelos tributos devidos pela pessoa jurídica demanda a comprovação da prática de atos ultra vires ou com infração à lei, ou a dissolução irregular da empresa, e, nessa última hipótese, a responsabilização alcança o sócio-administrador que tenha consentido com o ato de dissolução irregular e todos os demais sócios-administradores que, durante o exercício da administração, tenham inadimplido o crédito tributário.

e) Ao comerciante de boa-fé não é permitido o aproveitamento dos créditos de ICMS decorrentes de nota fiscal posteriormente declarada inidônea, ainda que demonstrada a veracidade da compra e venda.

COMENTÁRIOS

✪ **Nota dos autores:** A questão demanda do candidato o conhecimento da jurisprudência do STJ.

Alternativa "a": A exceção de pré-executividade é admissível na execução fiscal relativamente às matérias conhecíveis de ofício que não demandem dilação probatória (Súmula 393 do STJ). São exemplos: os pressupostos processuais, as condições da ação, a decadência, a prescrição, dentre outras. Saber, a priori, se a condição de responsável é matéria que demanda ou não dilação probatória é precipitado por conta das várias modalidades de responsabilidade, o que não afasta, na maioria dos casos, a necessidade de adentrar em temas não permitidos pela via da pré-executividade.

Alternativa "b": O STJ revisitando a matéria, passou a admitir que é possível o protesto da Certidão de Dívida Ativa (CDA). Confira alguns trechos do julgado: "(...) 2. Merece destaque a publicação da Lei 12.767/2012, que promoveu a inclusão do parágrafo único no art. 1º da Lei 9.492/1997, para expressamente consignar que estão incluídas "entre os títulos sujeitos a protesto as certidões de dívida ativa da União, dos Estados, do Distrito Federal, dos Municípios e das respectivas autarquias e fundações públicas". 3. Não bastasse isso, mostra-se imperiosa a superação da orientação jurisprudencial do STJ a respeito da questão. 4. No regime instituído pelo art. 1º da Lei 9.492/1997, o protesto, instituto bifronte que representa, de um lado, instrumento para constituir o devedor em mora e provar a inadimplência, e, de outro, modalidade alternativa para cobrança de dívida, foi ampliado, desvinculando-se dos títulos estritamente cambiariformes para abranger todos e quaisquer "títulos ou documentos de dívida". Ao contrário do afirmado pelo Tribunal de origem, portanto, o atual regime jurídico do protesto não é vinculado exclusivamente aos títulos cambiais. (...)13. A possibilidade do protesto da CDA não implica ofensa aos princípios do contraditório e do devido processo legal, pois subsiste, para todo e qualquer efeito, o controle jurisdicional, mediante provocação da parte interessada, em relação à higidez do título levado a protesto. (...) (REsp 1126515/PR, Rel. Ministro HERMAN BENJAMIN, SEGUNDA TURMA, julgado em 03/12/2013, DJe 16/12/2013)

Alternativa "c": A assertiva vai ao encontro do teor do enunciado nº 436 da Súmula do STJ: "A entrega de declaração pelo contribuinte reconhecendo débito fiscal constitui o crédito tributário, dispensada qualquer outra providência por parte do fisco".

Alternativa "d": A responsabilização não alcança todos os sócios-administradores, mas apenas aquele que agiu com excesso de poderes, infração à lei ou ao estatuto, ou no caso de dissolução irregular da empresa, não se incluindo o simples inadimplemento de obrigações tributárias. Nesse sentido, válido lembrar o teor da Súmula nº 430 do STJ: "O inadimplemento da obrigação tributária pela sociedade não gera, por si só, a responsabilidade solidária do sócio-gerente". Corroborando o exposto confira o julgado: "TRIBUTÁRIO. EXECUÇÃO FISCAL. REDIRECIONAMENTO PARA OS SÓCIOS. SÓCIOS QUE NÃO INTEGRAVAM A GERÊNCIA DA SOCIEDADE À ÉPOCA DO FATO GERADOR E DA OCORRÊNCIA DA DISSOLUÇÃO IRREGULAR DA EMPRESA. IMPOSSIBILIDADE. 1. O redirecionamento da execução fiscal para o sócio--gerente da empresa é cabível apenas quando demonstrado que este agiu com excesso de poderes, infração à lei ou ao estatuto, ou no caso de dissolução irregular da empresa, não se incluindo o simples inadimplemento de obrigações tributárias.2. "O pedido de redirecionamento da execução fiscal, quando fundado na dissolução irregular da sociedade executada, pressupõe a permanência de determinado sócio na administração da empresa no momento da ocorrência dessa dissolução, que é, afinal, o fato que desencadeia a responsabilidade pessoal do administrador. Ainda, embora seja necessário demonstrar quem ocupava o posto de gerente no momento da dissolução, é necessário, antes, que aquele responsável pela dissolução tenha sido também, simultaneamente, o detentor da gerência na oportunidade do vencimento do tributo. É que só se dirá responsável o sócio que, tendo poderes para tanto, não pagou o tributo (daí exigir-se seja demonstrada a detenção de gerência no momento do vencimento do débito) e que, ademais, conscientemente, optou pela irregular dissolução da sociedade (por isso, também exigível a prova da permanência no momento da dissolução irregular)" (EDcl nos EDcl no AgRg no REsp 1009997/SC, Rel. Ministra DENISE ARRUDA, PRIMEIRA TURMA, julgado em 2/4/2009, DJe 4/5/2009-grifo nosso).3. Hipótese em que à época dos fatos geradores a agravada não integrava o quadro societário da sociedade executada e não detinha poderes de gerência. Impossibilidade de redirecionamento da execução fiscal. Agravo regimental improvido. (AgRg no AREsp 527.515/SP, Rel. Ministro HUMBERTO MARTINS, SEGUNDA TURMA, julgado em 12/08/2014, DJe 19/08/2014)

Alternativa "e": A questão vai de encontro ao teor da Súmula nº 509 do STJ: "É lícito ao comerciante de boa-fé aproveitar os créditos do ICMS decorrentes de nota fiscal posteriormente declarada inidônea, quando demonstrada a veracidade da compra e venda".

Alternativa correta: letra "c".

10.2. LANÇAMENTO

166. (FCC – Procurador do Estado – PGE – AM/2022) Empresa omite operação tributável pelo ICMS ocorrida em 03/05/2010. O Fisco, ao tomar conhecimento dessa operação, lança o valor devido em 01/06/2015. Em grau de recurso administrativo, o lançamento é anulado por vício formal em decisão definitiva de 01/07/2020. Nos termos do Código Tributário Nacional, o Fisco

a) não pode lançar o tributo novamente, em razão do trânsito em julgado administrativo da matéria.
b) pode lançar o tributo novamente até 30/06/2022.
c) não pode lançar o tributo novamente, pois houve decadência.
d) não pode lançar o tributo novamente, pois houve prescrição.
e) pode lançar o tributo novamente até 30/06/2025.

COMENTÁRIOS

✪ **NOTA DOS AUTORES:** Para resolução da questão, importante lembrar que nos tributos sujeitos ao lançamento por homologação (a exemplo do ICMS), se não houve declaração e pagamento da exação por parte do sujeito passivo, aplica-se o enunciado n. 555 da Súmula do STJ: "Quando não houver declaração do débito, o prazo decadencial quinquenal para o Fisco constituir o crédito tributário conta-se exclusivamente na forma do art. 173, I, do CTN, nos casos em que a legislação atribui ao sujeito passivo o dever de antecipar o pagamento sem prévio exame da autoridade administrativa"

Alternativa "a": Haverá sim a possibilidade de lançar o tributo novamente. O lançamento foi anulado por vício formal em decisão definitiva de 01/07/2020. Assim, aplica-se o art. 173, inciso II, do CTN segundo o qual o direito de a Fazenda Pública constituir o crédito tributário extingue-se após 5 (cinco) anos, contados da data em que se tornar definitiva a decisão que houver anulado, por vício formal, o lançamento anteriormente efetuado.

Alternativa "b": Como o lançamento foi anulado por vício formal em decisão definitiva de 01/07/2020, aplica-se o art. 173, inciso II, do CTN (confira o teor no item anterior). Assim, o lançamento tributário pode ser efetuado pela autoridade fiscal até 30/06/2025.

Alternativa "c": O lançamento foi anulado por vício formal em decisão definitiva de 01/07/2020. Dessa forma, aplica-se o art. 173, inciso II, do CTN. A autoridade fiscal poderá lançar o tributo até 30/06/2025, sob pena de decadência.

Alternativa "d": No mesmo sentido do item anterior, como o lançamento foi anulado por vício formal em decisão definitiva de 01/07/2020, aplica-se o art. 173, inciso II, do CTN. A autoridade fiscal poderá lançar o tributo até 30/06/2025, sob pena de decadência (e não prescrição).

Alternativa "e": Preliminarmente vale lembrar que o ICMS é tributo sujeito ao lançamento por homologação. Nesses casos, se o contribuinte não declara e não paga, o início do prazo de decadência será o primeiro dia do exercício seguinte ao que o lançamento poderia ter sido efetuado (Art. 173, inciso I, CTN). No mesmo sentido é o enunciado n. 555 da Súmula do STJ: "Quando não houver declaração do débito, o prazo decadencial quinquenal para o Fisco constituir o crédito tributário conta-se exclusivamente na forma do art. 173, I, do CTN, nos casos em que a legislação atribui ao sujeito passivo o dever de antecipar o pagamento sem prévio exame da autoridade administrativa". Assim, como a empresa omitiu a operação tributável pelo ICMS ocorrida em 03/05/2010, a contagem terá início em 01/01/2011 e, portanto, não houve decadência em 01/06/2015. Ademais, a assertiva menciona que em grau de recurso administrativo, o lançamento foi anulado por vício formal em decisão definitiva de 01/07/2020. Aplica-se então o art. 173, inciso II, do CTN segundo o qual o direito de a Fazenda Pública constituir o crédito tributário extingue-se após 5 (cinco) anos, contados da data em que se tornar definitiva a decisão que houver anulado, por vício formal, o lançamento anteriormente efetuado. Dessa forma, considerando o termo a quo a decisão ocorrida em 01.07.2020, o lançamento tributário pode ser efetuado pela autoridade fiscal até 30/06/2025, sob pena de decadência.

Alternativa correta: letra "e".

167. (FUNDATEC – Procurador do Estado – PGE – RS/2021) Embora o Código Tributário Nacional, no capítulo em que dispõe sobre a constituição do crédito tributário, só discipline o lançamento, "assim entendido o procedimento administrativo tendente a verificar a ocorrência do fato gerador da obrigação correspondente, determinar a matéria tributável, calcular o montante do tributo devido, identificar o sujeito passivo e, sendo caso, propor a aplicação da penalidade cabível", discute-se, há muito, sobre outros modos de constituição ou formalização do crédito tributário. A respeito, é correto afirmar que:

a) entrega de declaração pelo contribuinte reconhecendo débito fiscal constitui o crédito tributário, dispensada qualquer outra providência por parte do fisco.
b) O lançamento é o único modo válido de constituição do crédito tributário, considerando-se realizado assim que lavrado pelo agente fiscal, independentemente de notificação ao contribuinte.
c) O lançamento é o único modo válido de constituição do crédito tributário, considerando-se realizado com a notificação ao contribuinte, sem o que ele não se aperfeiçoa e não produz efeitos, não surgindo a obrigação tributária.
d) Sempre que há entrega de declaração pelo contribuinte reconhecendo débito fiscal ocorre o lançamento na modalidade lançamento por declaração, conforme regulado na lei complementar de normas gerais de direito tributário.
e) O lançamento por homologação só ocorre com homologação expressa por ato da autoridade fiscal devidamente formalizado, em atenção ao princípio documental.

COMENTÁRIOS

Alternativa "a": A alternativa vai ao encontro do enunciado n. 436 da Súmula do STJ: "A entrega de declaração pelo contribuinte reconhecendo débito fiscal constitui o crédito tributário, dispensada qualquer outra providência por parte do fisco".

Alternativas "b" e "c": A comunicação do contribuinte ao fisco do tributo apurado é suficiente para a constituição do crédito, como aduz a Súmula 436 do STJ: "A entrega de declaração pelo contribuinte reconhecendo débito fiscal constitui o crédito tributário, dispensada qualquer outra providência por parte do fisco".

Alternativa "d": O lançamento será por homologação e não por declaração. Nos tributos sujeitos ao lançamento por homologação a entrega de declaração pelo contribuinte reconhecendo débito fiscal constitui o crédito tributário, dispensada qualquer outra providência por parte do fisco (Súmula n. 436 do STJ).

Alternativa "e": No lançamento por homologação ou "autolançamento", o contribuinte auxilia ostensivamente a Fazenda Pública na atividade de lançar, cabendo a esta, entretanto, efetuar a homologação de forma expressa ou tácita. O art. 150, §4º, do CTN dispõe que: "§ 4º Se a lei não fixar prazo a homologação, será ele de cinco anos, a contar da ocorrência do fato gerador; expirado esse prazo sem que a Fazenda Pública se tenha pronunciado, considera-se homologado o lançamento e definitivamente extinto o crédito, salvo se comprovada a ocorrência de dolo, fraude ou simulação."

Alternativa correta: letra "a".

---

168. (Cespe – Procurador do Estado – PGE – MS/2021) Um contribuinte de ICMS efetuou o registro e a emissão dos devidos documentos fiscais relativos às operações realizadas em abril de 2020; em maio de 2020, efetuou o registro e a emissão dos devidos documentos fiscais apenas de parte das operações desse mês; em junho de 2020, não efetuou o registro nem a emissão dos documentos fiscais do imposto.

A respeito dessa situação hipotética, assinale a opção correta.

a) Ainda que efetuados o registro e a emissão dos documentos fiscais do mês de abril, o ICMS não pode ser cobrado sem o lançamento pela administração tributária.

b) Para cobrar todos os períodos de ICMS, a administração tributária deve efetuar o lançamento de ofício de parte do mês de maio e da totalidade do mês de junho em até cinco anos, contados do primeiro dia do exercício de 2021.

c) O registro e a emissão de documentos feitos de modo parcial pelo contribuinte constituíram o crédito na parte registrada, mas não na parte omitida, que deve ser objeto de lançamento de ofício pela administração tributária, em até cinco anos, contados de cada fato gerador.

d) Em face da ausência de vontade na relação tributária, o registro e a emissão de documentos fiscais do ICMS não constituem o crédito tributário nem importam confissão.

e) Para ser cobrado o ICMS de todos os períodos, é necessário que a administração tributária efetue o lançamento.

COMENTÁRIOS

Alternativa "a": Na presente hipótese não é necessário o lançamento de ofício pela administração tributária. Isso porque, nos tributos sujeitos ao lançamento por homologação, a declaração do sujeito passivo constitui o crédito tributário. Em reforço, o Enunciado n. 436 da Súmula do STJ dispõe que: "A entrega de declaração pelo contribuinte reconhecendo débito fiscal constitui o crédito tributário, dispensada qualquer outra providência por parte do fisco".

Alternativa "b": Com efeito, o fisco deve efetuar o lançamento de ofício de parte do mês de maio e da totalidade do mês de junho em até cinco anos, contados do primeiro dia do exercício de 2021. É que, havendo dolo, fraude ou simulação, o prazo de cinco anos é o previsto no art. 173, I e não o do art. 150, § 4º do CTN. O Enunciado n. 555 do STJ corrobora esse entendimento: "Quando não houver declaração do débito, o prazo decadencial quinquenal para o Fisco constituir o crédito tributário conta-se exclusivamente na forma do CTN, art. 173, I nos casos em que a legislação atribui ao sujeito passivo o dever de antecipar o pagamento sem prévio exame da autoridade administrativa."

Alternativa "c": O lançamento de ofício pela administração tributária deverá ser realizado em até cinco anos, contados do primeiro dia do exercício de 2021 (e não do fato gerador), com fulcro no art. 173, inciso I, do CTN. Isso pela adequação dos fatos ao previsto no final do art. 150, § 4º do CTN.

Alternativa "d": No caso em tela, o registro e a emissão de documentos fiscais do ICMS constituem sim o crédito tributário. O Enunciado n. 436 da Súmula do STJ dispõe: "A entrega de declaração pelo contribuinte reconhecendo débito fiscal constitui o crédito tributário, dispensada qualquer outra providência por parte do fisco".

Alternativa "e": No mês de abril, o ICMS pode ser cobrado sem o lançamento de ofício pela administração tributária, pois o crédito tributário foi constituído (Súmula 436 do STJ). O fisco precisa efetuar o lançamento de ofício apenas de parte do mês de maio e da totalidade do mês de junho em até cinco anos, contados do primeiro dia do exercício de 2021 (Súmula 555 do STJ), dado que não houve confissão desse período pelo contribuinte.

Alternativa correta: letra "b".

---

169. (FCC – Procurador do Estado – PGE – TO/2018) O Código Tributário Nacional, em seu art. 145, estabelece, de modo indireto, a definitividade do lançamento regularmente notificado ao sujeito passivo. O referido dispositivo estabelece, expressamente, que o lançamento regularmente notificado ao sujeito passivo só pode ser alterado em virtude de: I – impugnação do sujeito passivo; II – recurso de ofício; III – iniciativa de ofício da autoridade administrativa, nos casos previstos no artigo 149.

De acordo com o artigo 149 do CTN, a revisão do lançamento só pode ser iniciada

a) quando o processo administrativo tributário tiver corrido à revelia das autoridades fazendárias.
b) enquanto não transcorrido o prazo decadencial.
c) enquanto não transcorrido o prazo prescricional.
d) quando se comprove que a autoridade fiscal, ou terceiro em benefício daquela, agiu com dolo, fraude ou simulação.
e) quando se comprove omissão ou inexatidão, por parte da pessoa legalmente obrigada, no exercício da atividade de auto aplicação de penalidade pecuniária – lançamento de penalidade por homologação.

COMENTÁRIOS

✪ **Nota dos autores:** Para resolução da questão, confira o teor do art.149 do CTN: "Art. 149. O lançamento é efetuado e revisto de ofício pela autoridade administrativa nos seguintes casos: I – quando a lei assim o determine; II – quando a declaração não seja prestada, por quem de direito, no prazo e na forma da legislação tributária; III – quando a pessoa legalmente obrigada, embora tenha prestado declaração nos termos do inciso anterior, deixe de atender, no prazo e na forma da legislação tributária, a pedido de esclarecimento formulado pela autoridade administrativa, recuse-se a prestá-lo ou não o preste satisfatoriamente, a juízo daquela autoridade; IV – quando se comprove falsidade, erro ou omissão quanto a qualquer elemento definido na legislação tributária como sendo de declaração obrigatória; V – quando se comprove omissão ou inexatidão, por parte da pessoa legalmente obrigada, no exercício da atividade a que se refere o artigo seguinte; VI – quando se comprove ação ou omissão do sujeito passivo, ou de terceiro legalmente obrigado, que dê lugar à aplicação de penalidade pecuniária; VII – quando se comprove que o sujeito passivo, ou terceiro em benefício daquele, agiu com dolo, fraude ou simulação; VIII – quando deva ser apreciado fato não conhecido ou não provado por ocasião do lançamento anterior; IX – quando se comprove que, no lançamento anterior, ocorreu fraude ou falta funcional da autoridade que o efetuou, ou omissão, pela mesma autoridade, de ato ou formalidade especial. Parágrafo único. A revisão do lançamento só pode ser iniciada enquanto não extinto o direito da Fazenda Pública.

Alternativa "a": As hipóteses que ensejam revisão do lançamento tributário foram previstas no art. 149 do CTN, conforme transcrito acima, não estando inclusa no referido rol, a situação descrita nesta assertiva.

Alternativa "b": De acordo com o parágrafo único do art. 149 do CTN, a revisão do lançamento só pode ser iniciada enquanto não estiver extinto o direito da Fazenda Pública (pela decadência).

Alternativa "c": No Direito Tributário, a prescrição está relacionada à perda do direito à cobrança do crédito tributário. Portanto, não faz sentido relacionar tal prazo à revisão do lançamento.

Alternativa "d": De acordo com o art. 149, VII, do CTN, a revisão pode ocorrer quando se comprove que o sujeito passivo ou terceiro em benefício daquele (e não a autoridade fiscal), agiu com dolo, fraude ou simulação.

Alternativa "e": Na realidade, o art. 149, V, do CTN, prevê que o lançamento pode ser revisto de ofício quando se comprove omissão ou inexatidão, por parte da pessoa legalmente obrigada, no exercício da atividade de antecipação do pagamento do tributo lançado por homologação.

Alternativa correta: letra "b".

170. (Fepese – Procurador do Estado – PGE SC/2018) Sobre o lançamento tributário e o crédito dele decorrente, é correto afirmar:

a) O benefício da denúncia espontânea aplica-se aos tributos sujeitos a lançamento por homologação regularmente declarados, embora pagos a destempo.
b) Sendo declarado e não pago o débito tributário pelo contribuinte, é ilegal a recusa de expedição de certidão negativa ou positiva com efeito de negativa.
c) Em relação aos tributos sujeitos ao lançamento por homologação, se não houver declaração do débito, o prazo decadencial quinquenal para o Fisco constituir o crédito tributário conta-se exclusivamente do primeiro dia do exercício seguinte àquele em que o lançamento poderia ter sido efetuado.
d) A entrega de declaração pelo contribuinte, reconhecendo débito fiscal, não exime o Fisco de adotar as providências necessárias para a constituição do crédito tributário.
e) A atividade de lançamento é obrigatória, muito embora discricionária, sob pena de responsabilidade funcional.

COMENTÁRIOS

Alternativa "a": A assertiva está em desacordo com o enunciado n. 360 da Súmula do STJ que assim preceitua: "O benefício da denúncia espontânea não se aplica aos tributos sujeitos a lançamento por homologação regularmente declarados, mas pagos a destempo".

Alternativa "b": Segundo a Súmula 446 do STJ: "Declarado e não pago o débito tributário pelo contribuinte, é legítima a recusa de expedição de certidão negativa ou positiva com efeito de negativa".

Alternativa "c": Alternativa está de acordo com o enunciado n. 555 da Súmula do STJ: Quando não houver declaração do débito, o prazo decadencial quinquenal para o Fisco constituir o crédito tributário conta-se exclusivamente na forma do art. 173, I, do CTN, nos casos em que a legislação atribui ao sujeito passivo o dever de antecipar o pagamento sem prévio exame da autoridade administrativa.

Alternativa "d": A entrega de declaração pelo contribuinte reconhecendo débito fiscal constitui o crédito tributário, dispensada qualquer outra providência por parte do fisco. É o teor da Súmula 436 do STJ.

Alternativa "e": Nos termos do parágrafo único do art. 142, CTN: "A atividade administrativa de lançamento é vinculada e obrigatória, sob pena de responsabilidade funcional".

Alternativa correta: letra "c".

171. (Vunesp – Procurador do Estado – PGE – SP/2018) Após a ocorrência do fato gerador, inovação legislativa amplia os poderes de investigação da Administração Tributária. Nessa circunstância, de acordo com o Código Tributário Nacional, é correto afirmar:

a) a autoridade poderá aplicar amplamente a lei nova, inclusive para alterar o lançamento, até a extinção do crédito tributário.

b) a autoridade poderá aplicar os novos critérios de apuração exclusivamente em casos de lançamento por homologação.

c) a lei nova apenas poderá ser aplicada pela autoridade se, e somente se, seus critérios resultarem em benefício para o contribuinte.

d) a autoridade competente não poderá aplicar a lei nova ao fato gerador pretérito, ocorrido anteriormente à sua vigência.

e) a lei nova será aplicada pela autoridade competente na apuração do crédito tributário respectivo até a finalização do lançamento.

COMENTÁRIOS

Alternativa "a": A aplicação de lei nova sofre temperamentos pelo Código Tributário, bem como pela própria Constituição Federal, por força tanto da irretroatividade, quanto da segurança jurídica, assegurada pelo ato jurídico perfeito. Assim é que lei nova após o fato gerador não pode retroagir para alterar lançamento tributário. É o que se nota da redação do art. 144 do CTN: "O lançamento reporta-se à data da ocorrência do fato gerador da obrigação e rege-se pela lei então vigente, ainda que posteriormente modificada ou revogada".

Alternativa "b": Aliado aos comentários acima, tem-se que a nova legislação só pode ser aplicada ao lançamento tributário quando ampliar novos critérios de apuração, mas não limitada ao lançamento por homologação. Vejamos o teor do art. 144 e parágrafos do CTN: "Art. 144 § 1º Aplica-se ao lançamento a legislação que, posteriormente à ocorrência do fato gerador da obrigação, tenha instituído novos critérios de apuração ou processos de fiscalização, ampliado os poderes de investigação das autoridades administrativas, ou outorgado ao crédito maiores garantias ou privilégios, exceto, neste último caso, para o efeito de atribuir responsabilidade tributária a terceiros. § 2º O disposto neste artigo não se aplica aos impostos lançados por períodos certos de tempo, desde que a respectiva lei fixe expressamente a data em que o fato gerador se considera ocorrido".

Alternativa "c": Pela redação do art. 144 do CTN, não há qualquer limitação na aplicação da lei nova para ser aplicada apenas se houver benefício ao contribuinte. Vejamos a redação correlata: "Art. 144 § 1º Aplica-se ao lançamento a legislação que, posteriormente à ocorrência do fato gerador da obrigação, tenha instituído novos critérios de apuração ou processos de fiscalização, ampliado os poderes de investigação das autoridades administrativas, ou outorgado ao crédito maiores garantias ou privilégios, exceto, neste último caso, para o efeito de atribuir responsabilidade tributária a terceiros. § 2º O disposto neste artigo não se aplica aos impostos lançados por períodos certos de tempo, desde que a respectiva lei fixe expressamente a data em que o fato gerador se considera ocorrido".

Alternativa "d": Como dito, a lei nova poderá ser aplicada nos estritos termos do art. 144 do CTN: "Art. 144 § 1º Aplica-se ao lançamento a legislação que, posteriormente à ocorrência do fato gerador da obrigação, tenha instituído novos critérios de apuração ou processos de fiscalização, ampliado os poderes de investigação das autoridades administrativas, ou outorgado ao crédito maiores garantias ou privilégios, exceto, neste último caso, para o efeito de atribuir responsabilidade tributária a terceiros".

Alternativa "e": Esse o entendimento que melhor se coaduna com a redação do art. 144 do CTN. Lei que amplia os poderes da autoridade na apuração do crédito tributário será aplicada até o término do lançamento: "Art. 144 § 1º Aplica-se ao lançamento a legislação que, posteriormente à ocorrência do fato gerador da obrigação, tenha instituído novos critérios de apuração ou processos de fiscalização, ampliado os poderes de investigação das autoridades administrativas, ou outorgado ao crédito maiores garantias ou privilégios, exceto, neste último caso, para o efeito de atribuir responsabilidade tributária a terceiros".

Alternativa correta: letra "e".

172. (FCC – Procurador do Estado – MT/2016) Considere:

I. A modalidade de lançamento a ser aplicada pelo fisco por ocasião da constituição do crédito tributário é a que impõe o menor ônus ao contribuinte, inclusive quanto às opções fiscais relativas a regimes de apuração, créditos presumidos ou outorgados e demais benefícios fiscais que o contribuinte porventura não tenha aproveitado.

II. A modalidade de lançamento por declaração é aquela na qual o contribuinte, tendo efetivado o cálculo e recolhimento do tributo devido com base na legislação, apresenta à autoridade fazendária a declaração dos valores correspondentes à base de cálculo, alíquota, tributo devido e recolhimento efetuado.

III. O pagamento antecipado efetivado pelo contribuinte poderá ser efetuado mediante guia de recolhimentos, compensação ou depósito judicial.

IV. O lançamento de ofício é o formalizado quando a autoridade fazendária identifica diferenças no crédito tributário constituído espontaneamente pelo contribuinte.

Está correto o que se afirma APENAS em

a) IV.

b) II e III.

c) III e IV.

d) I.

e) I e II.

COMENTÁRIOS

Item "I": O item está incorreto, uma vez que a modalidade de lançamento não é definida isoladamente conforme o ônus que recairá sobre o contribuinte. No caso, aplica-se a modalidade de lançamento que estiver definida na legislação tributária, que melhor se adéque às características do tributo, e isso não implica, necessariamente, menor ônus para o contribuinte. Além disso, quando o contribuinte não colaborar com a administração tributária, consoante detalhamento do artigo 149 do CTN, poderá haver lançamento de ofício.

Item "II": O item está incorreto porque confunde os conceitos de lançamento por homologação e lançamento por declaração. Nos termos do artigo 147 do CTN, "O lançamento é efetuado por declaração do sujeito passivo ou de terceiro, quando um ou outro, na forma da legislação tributária, presta à autoridade administrativa informações sobre matéria de fato, indispensáveis à sua efetivação". O lançamento por homologação, por sua vez, que "ocorre quanto aos tributos cuja legislação atribua ao sujeito passivo o dever de antecipar o pagamento sem prévio exame da autoridade administrativa, opera-se pelo ato em que a referida autoridade, tomando conhecimento da atividade assim exercida pelo obrigado, expressamente a homologa", nos termos do artigo 150 do CTN.

Item "III": O item está incorreto porque confunde as modalidades de extinção e suspensão do crédito tributário, sendo, por exemplo, compensação diferente de pagamento e depósito uma modalidade de suspensão da exigibilidade do crédito. Além disso, nos termos do artigo 162 do CTN, o pagamento é efetuado em moeda corrente, cheque ou vale postal; e nos casos previstos em lei, em estampilha, em papel selado, ou por processo mecânico.

Item "IV": O item está correto, nos termos do artigo 149, V, do CTN: o lançamento é efetuado e revisto de ofício pela autoridade administrativa nos seguintes casos: (...) V – quando se comprove omissão ou inexatidão, por parte da pessoa legalmente obrigada, no exercício da atividade a que se refere o artigo seguinte.

Alternativa correta: letra "a": Correto o item IV.

---

173. (COPS – Procurador do Estado – PR/ 2011) Dentre as alternativas abaixo, aponte aquela que estiver correta:

a) o lançamento reporta-se à data da ocorrência do fato gerador da obrigação tributária e, também, rege-se pela lei então vigente, ainda que posteriormente modificada ou revogada;

b) dependendo da natureza do fato gerador, a atividade administrativa de lançamento pode ser classificada em vinculada ou discricionária, não resultando, nesta segunda hipótese, em possível pena de responsabilidade funcional;

c) o lançamento por arbitramento, que ocorre quanto aos tributos cuja legislação atribua ao sujeito passivo o dever de antecipar o pagamento sem prévio exame da autoridade administrativa, opera-se pelo ato em que a referida autoridade, tomando conhecimento da atividade assim exercida pelo obrigado, se manifesta expressamente pela sua concordância ou não pelo crédito tributário lançado;

d) o lançamento é efetuado e revisto de ofício pela autoridade administrativa em qualquer hipótese;

e) o lançamento por homologação é efetuado com base nas informações do sujeito passivo ou de terceiro, quando um ou outro, na forma da legislação tributária, apresenta à autoridade administrativa, dados e elementos sobre matéria de fato, indispensáveis à sua efetivação.

COMENTÁRIOS

✪ **Nota dos autores:** A questão exige conhecimento das espécies de lançamento.

Alternativa "a": Trata-se da redação do art. 144 do CTN.

Alternativa "b": A atividade administrativa do lançamento é sempre vinculada, nunca discricionária (Art. 142, parágrafo único do CTN).

Alternativa "c": O enunciado tenta confundir lançamento por homologação com arbitramento. Esse último é espécie de lançamento de ofício, previsto no art. 148 do CTN, que é realizado pela administração tributária na hipótese de inexistência de elementos para a exata quantificação do crédito tributário.

Alternativa "d": O art. 149 enumera 9 (nove) hipóteses em que o lançamento pode ser efetuado e revisto pela autoridade administrativa. O erro está em "qualquer hipótese".

Alternativa "e": O conceito do enunciado refere-se ao lançamento por declaração.

Alternativa correta letra "a".

---

174. (FCC – Procurador do Estado – MT/ 2011) Segundo jurisprudência pacífica do STJ, quando compete ao contribuinte o pagamento antecipado do tributo e este não o faz, mas cumpre com obrigação tributária acessória de entrega de declaração reconhecendo o débito fiscal,

a) haverá lançamento de ofício, através da lavratura de Auto de Infração e Imposição de Multa, para constituir o crédito tributário respectivo.

b) haverá lavratura de Auto de Infração e Imposição de Multa para constituir crédito tributário referente ao tributo e à multa por descumprimento da obrigação tributária principal.

c) o prazo decadencial de cinco anos passará a ser contado a partir da entrega da declaração para a constituição do crédito tributário decorrente da obrigação tributária principal para o Fisco constituir o crédito tributário.

d) o prazo prescricional de cinco anos passará a ser contado a partir da entrega da declaração para a constituição do crédito tributário decorrente da obrigação tributária principal para o Fisco constituir o crédito tributário.

e) haverá constituição do crédito tributário, dispensada qualquer outra providência por parte do Fisco.

COMENTÁRIOS

✪ **Nota dos autores:** Segundo entendimento do STJ, nos tributos sujeitos ao lançamento por homologação, a declaração do sujeito passivo ou ainda o depósito integral, constitui o crédito tributário, dispensada, para esse efeito, qualquer outra providência por parte do Fisco. (EREsp 686479-RS, Rel. Min. Denise Arruda, DJe 22/09/2008). Em suma, a entrega da declaração reconhecendo o débito fiscal constitui o crédito tributário. Ademais, segundo o STJ (REsp nº 576.661-RS), a falta de recolhimento, no devido prazo, do valor correspondente ao crédito tributário assim regularmente constituído acarreta, entre outras consequências, as de (a) autorizar a sua inscrição em dívida ativa; (b) fixar o termo *a quo* do prazo de prescrição para a sua cobrança; (c) inibir a expedição de certidão negativa do débito; e (d) afastar a possibilidade de denúncia espontânea.

Alternativas "a" (responde também a alternativa "b"): Como visto acima, no lançamento por homologação, havendo declaração do contribuinte, não há necessidade de lavratura de Auto de Infração, pois a entrega da declaração constitui o crédito tributário.

Alternativa "c": Com a entrega da declaração para a constituição do crédito tributário se iniciará a contagem do prazo prescricional. O prazo decadencial é contado a partir da ocorrência do fato gerador.

Alternativa "d": O início da assertiva está correto, mas o seu final a baralha e a torna sem sentido.

Alternativa "e": Trata-se de tributo sujeito a lançamento por homologação. Logo, a declaração do contribuinte constitui o crédito tributário, não havendo necessidade de constituição do crédito tributário pelo Fisco através de Auto de Infração.

Alternativa correta letra "e".

---

175. (FCC – Procurador do Estado – MT/ 2011) Dispõe o art. 144, do CTN que "o lançamento reporta-se à data da ocorrência do fato gerador da obrigação e rege-se pela lei então vigente, ainda que posteriormente modificada ou revogada". Esta regra legal encontra fundamento de validade no princípio constitucional da

a) irretroatividade da lei tributária.

b) anterioridade anual.

c) anterioridade nonagesimal.

d) legalidade.

e) vedação ao confisco.

COMENTÁRIOS

Alternativa "a": É que, baseado na expressão latina "tempus regit actum", o correto é aplicar a lei vigente ao tempo da ocorrência do fato gerador. E é isso o que rege a irretroatividade tributária: a lei não pode retroagir para alcançar um fato ocorrido antes da sua vigência.

Alternativa "b" (responde as alternativas "c", "d" e "e"): As demais assertivas não alcançam o art. 144 do CTN, uma vez que a anterioridade nada diz com a proibição de aplicação a lei a um fato pretérito, tampouco a legalidade ou a proibição ao confisco.

Alternativa correta letra "a".

---

176. (FEPESE – Procurador do Estado – SC/ 2010) Com fundamento no Código Tributário Nacional, assinale a alternativa incorreta.

a) A ação para a cobrança do crédito tributário prescreve em cinco anos, contados da data da ocorrência do fato gerador.

b) O lançamento constitui atividade administrativa vinculada e obrigatória, sob pena de responsabilidade funcional.

c) A isenção, salvo se concedida por prazo certo e em função de determinadas condições, pode ser revogada ou modificada por lei, a qualquer tempo.

d) É possível a alteração do lançamento regularmente notificado ao sujeito passivo, por iniciativa da autoridade administrativa, quando necessária a apreciação de fato não conhecido ou não provado por ocasião do lançamento anterior.

e) Presume-se fraudulenta a alienação ou oneração de bens ou rendas, ou seu começo, por sujeito passivo em débito para com a Fazenda Pública, por crédito tributário regularmente inscrito como dívida ativa, salvo na hipótese de terem sido reservados, pelo devedor, bens ou rendas suficientes ao total pagamento da dívida inscrita.

COMENTÁRIOS

✪ **Nota dos autores:** A questão abaixo revela o que se tem comprovado ao longo das demais questões: necessidade de se conhecer com profundidade a legislação tributária, pois o seu texto é cobrado na maioria esmagadora das assertivas.

Alternativa "a": De fato, o art. 174 do CTN afirma que a ação para a cobrança do crédito tributário prescreve em cinco anos, contados da data da sua constituição definitiva e não da ocorrência do fato gerador.

Alternativa "b": Trata-se da redação do art. 142, parágrafo único do CTN.

Alternativa "c": Redação do art. 178 do CTN.

Alternativa "d": O art. 145, III do CTN permite a alteração do lançamento regularmente notificado ao sujeito passivo, por iniciativa de ofício da autoridade administrativa, nas hipóteses do art. 149 do CTN.

Alternativa "e": Redação do art. 185 do CTN.

Alternativa correta letra "a".

177. (Cespe – Procurador do Estado – CE/ 2008) Um contribuinte, tendo de prestar declarações à autoridade administrativa tributária, o fez desobedecendo ao prazo e à forma previstos na legislação vigente. Considerando essa situação hipotética, assinale a opção correta acerca da modalidade de lançamento desse ato do referido contribuinte.

a) O contribuinte estará sujeito ao lançamento por homologação.

b) Deverá ser realizado o autolançamento.

c) Essa é a única situação em que o lançamento é efetuado e revisto de ofício pela autoridade administrativa.

d) A administração deve utilizar o lançamento misto ou por declaração.

e) A hipótese levantada é a de lançamento direto ou de ofício.

COMENTÁRIOS

Alternativa "a": Se verificado no enunciado, não há referência ao pagamento antecipado do tributo, mas tão somente à prestação de informações. No lançamento por homologação, o contribuinte antecipa o pagamento do tributo sem prévio exame da autoridade administrativa (art. 150, *caput*, do CTN), o que não é o caso.

Alternativa "b": Autolançamento é sinônimo de lançamento por homologação. No caso, aplica-se o raciocínio do item anterior.

Alternativa "c": O art. 149 enumera nove hipóteses em que o lançamento é efetuado e revisto de ofício pela autoridade administrativa.

Alternativa "d": Pelas razões acima expostas, mormente a da alternativa "e", a hipótese é de lançamento de ofício.

Alternativa "e": Reza o art. 149 do CTN que o lançamento direto ou de ofício ocorre quando, dentre as nove hipóteses descritas, o contribuinte não presta a declaração no prazo e na forma prevista na legislação tributária (art. 149, inciso II do CTN).

Alternativa correta letra "e".

178. (Cespe – Procurador do Estado – PI/ 2008) Assinale a opção correta em relação a lançamento.

a) O lançamento regularmente notificado ao sujeito passivo não pode ser modificado.

b) O lançamento por homologação deve ser feito no prazo de cinco anos, a contar do primeiro ano seguinte ao fato.

c) O lançamento é regido pela lei vigente à data da ocorrência do fato gerador, desde que ela não seja revogada posteriormente.

d) O lançamento é o ato que dá origem à obrigação tributária.

e) O lançamento pode ser alterado por impugnação do sujeito passivo.

COMENTÁRIOS

Alternativa "a": O lançamento regularmente notificado ao sujeito passivo poderá ser alterado nas hipóteses previstas no art. 145 do CTN: i) impugnação do sujeito passivo; ii) recurso de ofício e iii) iniciativa de ofício da autoridade administrativa nos termos do art. 149 do CTN.

Alternativa "b": Conta-se da ocorrência do fato gerador e não do primeiro ano seguinte ao fato. No lançamento por homologação ou "autolançamento", o contribuinte auxilia ostensivamente a Fazenda Pública na atividade de lançar, cabendo a esta, entretanto, efetuar a homologação. Tal modalidade constitui o crédito tributário. Poderá ser expresso (art. 150 do CTN) ou tácito nos termos do § 4º do art. 150: § 4º Se a lei não fixar prazo à homologação, *será ele de cinco anos, a contar da ocorrência do fato gerador*; expirado esse prazo sem que a Fazenda Pública se tenha pronunciado, considera-se homologado o lançamento e definitivamente extinto o crédito, salvo se comprovada a ocorrência de dolo, fraude ou simulação.

Alternativa "c": O lançamento reporta-se à data da ocorrência do fato gerador da obrigação e rege-se pela lei então vigente, *ainda que posteriormente modificada ou revogada*. (art. 144 do CTN).

Alternativa "d": É a obrigação tributária que se constitui pela ocorrência do fato gerador. Em outras palavras, o nascimento da obrigação tributária para o contribuinte ocorre com o surgimento do fato gerador. Este pressupõe a realização concreta do evento previsto na norma. O lançamento por sua vez, constitui o crédito tributário (art. 142 do CTN). Em suma: O lançamento é o ato que dá origem ao crédito tributário.

Alternativa "e": O lançamento regularmente notificado ao sujeito passivo poderá ser alterado nas hipóteses do art. 145 do CTN, dentre elas, a impugnação do sujeito passivo.

Alternativa correta: letra "e".

179. (Cespe – Procurador do Estado – AL/ 2008) O lançamento de obrigação tributária regularmente notificado ao sujeito passivo só pode ser alterado em virtude de

a) impugnação de terceiro interessado.

b) recurso interposto pela procuradoria fiscal.

c) iniciativa de ofício da autoridade administrativa, nos casos previstos no CTN.

d) interesse do sujeito passivo.

e) impugnação do sujeito ativo.

COMENTÁRIOS

Alternativa "a" (responde também as alternativas "b", "d" e "e"): Nenhuma das hipóteses trazidas nas alternativas poderá modificar o lançamento. Isso porque, o lançamento regularmente notificado ao sujeito passivo só poderá ser alterado por iniciativa de ofício da autoridade administrativa, pela impugnação do sujeito passivo e através de recurso de ofício (art. 145 do CTN).

Alternativa "c": O lançamento regularmente notificado ao sujeito passivo poderá ser alterado por iniciativa de ofício da autoridade administrativa e ainda nos casos previstos no art. 145 do CTN, a saber: impugnação do sujeito passivo e recurso de ofício.

Alternativa correta: letra "c".

180. (Cespe – Procurador do Estado – PE/ 2009) Fiscais da fazenda estadual compareceram à sede de uma distribuidora de gêneros alimentícios, onde lavraram termo de início de fiscalização, arrecadaram documentos que estavam espalhados no departamento de contabilidade e notificaram o sócio-gerente para apresentar os livros e os documentos fiscais da empresa.

Ao examinar a documentação encontrada na empresa, os auditores constataram a existência de livros com a descrição de vendas à vista, vendas a prazo, vendas por cheque e vendas por cartão de crédito, seguida da discriminação de datas e de números semelhantes a valores monetários.

A empresa mostrou os livros de registro de entrada e saída de mercadoria e de apuração do ICMS. No entanto, ao verificar que os valores lançados nos livros fiscais diferenciavam-se dos encontrados nos livros arrecadados, os fiscais notificaram a sociedade comercial para apresentar seus livros diário e razão analítico, pedido que não foi atendido.

Em razão disso, os fiscais lavraram termo de verificação e responsabilidade tributária apontando atos ilícitos de responsabilidade dos sócios, dando-lhes de tudo ciência, e auto de infração pela diferença do ICMS, acrescida de multa por sonegação fiscal e correção monetária, notificando a sociedade comercial e indicando-a como devedora do tributo para apresentar defesa, ou pagar o valor apurado.

O fisco verificou os documentos dos últimos cinco anos da empresa, demorando cinco meses para lavrar o auto de infração e dois meses para notificar a empresa, que apresentou defesa administrativa, cujo procedimento encerrou-se passados seis anos da defesa apresentada. O executivo fiscal foi ajuizado quatro anos após o julgamento definitivo na esfera administrativa.

Findo o procedimento fiscal, os sócios alienaram o fundo de comércio e alugaram o imóvel a terceiro, que constituiu nova empresa no mesmo ramo de comércio anteriormente desenvolvido no local.

A respeito da situação hipotética descrita no texto, assinale a opção correta.

a) A lavratura do auto de infração dá início ao lançamento fiscal, impedindo o transcurso do prazo de decadência.

b) Por tratar-se de tributo apurado como sonegação fiscal, o valor não será objeto de revisão.

c) O lançamento fiscal foi realizado por arbitramento.

d) A notificação da sociedade comercial do auto de infração constitui condição de eficácia do lançamento fiscal, pressuposto de validade e exigibilidade do crédito tributário.

e) O lançamento feito pela empresa (por homologação) e não recolhido no prazo estipulado deve integrar o cálculo do tributo devido no auto de infração, sem o qual não é possível sua cobrança por meio de executivo fiscal.

COMENTÁRIOS

✪ **Nota dos autores:** Observe que o enunciado da questão é extenso e o desafio para o concursando é ter tranquilidade e não se amedrontar com alternativas dessa natureza. O mesmo enunciado do problema, conforme se verá, foi também utilizado nas duas questões subsequentes para abordar os diversos temas nele contidos.

Alternativa "a": Como se trata de lançamento por homologação, a declaração do contribuinte consiste em lançamento e não apenas o Auto de Infração. Segundo o STJ, a declaração (GIA) do sujeito passivo constitui o crédito tributário.

Alternativa "b": O valor apurado será sim objeto de revisão. Lavrado o auto de infração o contribuinte será notificado para apresentar documentos, pagar o tributo ou ainda apresentar defesa administrativa. Caso entenda que o valor deverá ser revisto, isso será realizado no decorrer do processo administrativo tributário ou mais tarde no bojo do executivo fiscal.

Alternativa "c": No caso em tela, foi realizado o lançamento de ofício pela autoridade fiscal em virtude das diferenças apuradas do imposto (foi lavrado o auto de infração que nada mais é do que um lançamento acrescido de multa). Lembre-se que o ICMS é tributo sujeito a lançamento por homologação. No entanto, pelo teor do art. 149, do CTN, quando o sujeito passivo não cumpre com sua obrigação como a de emitir notas, escriturar os livros e recolher o tributo, o Fisco exerce a fiscalização, corporificada num auto de infração, que é um lançamento de ofício acompanhado de multa.

Alternativa "d": É certo que o lançamento tributário constitui o crédito tributário. O auto de infração, no entanto, é um lançamento acrescido da multa, logo, ele também constitui o crédito tributário. Assim, uma vez lavrado o auto de infração pela autoridade fiscal, o contribuinte deve ser devidamente notificado para proceder ao pagamento do tributo ou, caso assim entenda, apresentar defesa administrativa. Resposta aparentemente simples e desconexa com o que se espera da questão.

Alternativa "e": O lançamento feito pela empresa não é de inclusão obrigatória no cálculo do tributo. Deve-se separar os fatos geradores e valores declarados pelo contribuinte daqueles constatados pelo Fisco, que serão objeto de lançamento de ofício em separado.

Alternativa correta: letra "d".

181. (Cespe – Procurador do Estado – PE/ 2009) Fiscais da fazenda estadual compareceram à sede de uma distribuidora de gêneros alimentícios, onde lavraram termo de início de fiscalização, arrecadaram documentos que estavam espalhados no departamento de contabilidade e notificaram o sócio-gerente para apresentar os livros e os documentos fiscais da empresa.

Ao examinar a documentação encontrada na empresa, os auditores constataram a existência de livros com a descrição de vendas à vista, vendas a prazo, vendas por cheque e vendas por cartão de crédito, seguida da discriminação de datas e de números semelhantes a valores monetários.

A empresa mostrou os livros de registro de entrada e saída de mercadoria e de apuração do ICMS. No entanto, ao verificar que os valores lançados nos livros fiscais diferenciavam-se dos encontrados nos livros arrecadados, os fiscais notificaram a sociedade comercial para apresentar seus livros diário e razão analítico, pedido que não foi atendido.

Em razão disso, os fiscais lavraram termo de verificação e responsabilidade tributária apontando atos ilícitos de responsabilidade dos sócios, dando-lhes de tudo ciência, e auto de infração pela diferença do ICMS, acrescida de multa por sonegação fiscal e correção monetária, notificando a sociedade comercial e indicando-a como devedora do tributo para apresentar defesa, ou pagar o valor apurado.

O fisco verificou os documentos dos últimos cinco anos da empresa, demorando cinco meses para lavrar o auto de infração e dois meses para notificar a empresa, que apresentou defesa administrativa, cujo procedimento encerrou-se passados seis anos da defesa apresentada. O executivo fiscal foi ajuizado quatro anos após o julgamento definitivo na esfera administrativa.

Findo o procedimento fiscal, os sócios alienaram o fundo de comércio e alugaram o imóvel a terceiro, que constituiu nova empresa no mesmo ramo de comércio anteriormente desenvolvido no local.

Considerando a situação hipotética descrita no texto, assinale a opção correta.

a) O tempo que decorreu entre a notificação do auto de infração e a decisão final da impugnação corre contra o contribuinte, que responderá pelo débito originário acrescido de juros e correção monetária caso seja mantida a exigência.
b) Com o tempo transcorrido entre a lavratura do auto de infração e a constituição definitiva do crédito tributário, ocorreu a perempção do direito de constituir definitivamente o débito tributário.
c) A lavratura do termo de início da fiscalização interrompeu o curso do prazo prescricional.
d) Uma vez proposta a execução fiscal, e tendo sido determinada a citação do executado, o prazo decadencial foi interrompido.
e) O crédito tributário já existe a partir da lavratura do auto de infração, não cabendo discussão sobre perda de direito da fazenda pública.

COMENTÁRIOS

Alternativa "a": Realizado o auto de infração, o tempo entre a defesa do contribuinte e o julgamento final pela instância superior administrativa, normalmente Conselho de Contribuintes, não é computado para fins de prescrição, uma vez que o recurso administrativo suspende o prazo. Assim, esse tempo corre contra o contribuinte, que responderá pelo débito originário acrescido de juros e correção monetária.

Alternativa "b": Não há que se falar em perempção do direito de constituir definitivamente o débito tributário. Na seara administrativa, não há previsão desse instituto processual. Sequer pode-se falar em prescrição intercorrente administrativa.

Alternativa "c": A lavratura do termo de início da fiscalização não interrompe o curso do prazo prescricional. Segundo o parágrafo único, do art. 174 do CTN, ocorre a interrupção da prescrição: I) pelo despacho do juiz que ordenar a citação em execução fiscal; II) pelo protesto judicial; III) por qualquer ato judicial que constitua em mora o devedor e IV) por qualquer ato inequívoco ainda que extrajudicial, que importe em reconhecimento do débito pelo devedor.

Alternativa "d": Haverá interrupção do prazo *prescricional* (e não decadencial) pelo despacho do juiz que ordenar a citação em execução fiscal nos termos do que dispõe o parágrafo único do art. 174, inciso I do CTN. O prazo decadencial não se interrompe ou suspende.

Alternativa "e": O crédito já existe desde o momento da declaração (GIA) do sujeito passivo, pois o ICMS é tributo sujeito ao lançamento por homologação e, segundo o STJ, a referida declaração constitui o crédito tributário. No entanto, havendo lançamento suplementar, através de auto de infração, diz-se que só há crédito tributário após a sua constituição definitiva e não a partir da lavratura do auto.

Alternativa correta: letra "a".

182. (Cespe – Procurador do Estado – PE/ 2009) Fiscais da fazenda estadual compareceram à sede de uma distribuidora de gêneros alimentícios, onde lavraram termo de início de fiscalização, arrecadaram documentos que estavam espalhados no departamento de contabilidade e notificaram o sócio-gerente para apresentar os livros e os documentos fiscais da empresa.

Ao examinar a documentação encontrada na empresa, os auditores constataram a existência de livros com a descrição de vendas à vista, vendas a prazo, vendas por cheque e vendas por cartão de crédito, seguida da discriminação de datas e de números semelhantes a valores monetários.

A empresa mostrou os livros de registro de entrada e saída de mercadoria e de apuração do ICMS. No entanto, ao verificar que os valores lançados nos livros fiscais diferenciavam-se dos encontrados nos livros arrecadados, os fiscais notificaram a sociedade comercial para apresentar seus livros diário e razão analítico, pedido que não foi atendido.

Em razão disso, os fiscais lavraram termo de verificação e responsabilidade tributária apontando atos ilícitos de responsabilidade dos sócios, dando-lhes de tudo ciência, e auto de infração pela diferença do ICMS, acrescida de multa por sonegação fiscal e correção monetária, notificando a sociedade comercial e indicando-a como devedora do tributo para apresentar defesa, ou pagar o valor apurado.

O fisco verificou os documentos dos últimos cinco anos da empresa, demorando cinco meses para lavrar o auto de infração e dois meses para notificar a empresa, que apresentou defesa administrativa, cujo procedimento encerrou-se passados seis anos da defesa apresentada. O executivo fiscal foi ajuizado quatro anos após o julgamento definitivo na esfera administrativa.

Findo o procedimento fiscal, os sócios alienaram o fundo de comércio e alugaram o imóvel a terceiro, que constituiu nova empresa no mesmo ramo de comércio anteriormente desenvolvido no local.

Ainda considerando a situação hipotética descrita no texto, assinale a opção correta.

a) Por tratar-se de sociedade por cota de responsabilidade limitada, a responsabilidade dos sócios pela dívida tributária é solidária, mas limitada ao valor que restou para integralização do capital.

b) A pessoa jurídica que continuar as atividades no local responderá pelas dívidas tributárias contraídas anteriormente.

c) A responsabilidade tributária é da empresa e somente subsidiariamente poderá ser responsabilizado o sócio.

d) Os sócios da empresa são pessoalmente responsáveis pelos débitos tributários, por terem interesse comum na situação que constitui o fato gerador.

e) A responsabilidade subsidiária do sócio somente será admitida no caso em exame porque os funcionários públicos lavraram termo de verificação e responsabilidade tributária dos atos ilícitos e deram ciência aos sócios.

COMENTÁRIOS

Alternativa "a": O enunciado da questão não traz elementos suficientes para afirmar que se trata de uma sociedade por cota de responsabilidade limitada. Entretanto, admitida tal premissa, ainda assim a questão estaria incorreta, porque a responsabilidade dos sócios pela dívida tributária não estaria limitada ao valor que restou para integralização do capital. O STJ já decidiu que a responsabilidade tributária dos sócios não está adstrita à proporcionalidade das cotas.

Alternativa "b": O enunciado da questão não traz elementos suficientes para afirmar se o adquirente responderá pelas dívidas anteriores. Isso porque, nessas hipóteses de alienação (contrato de trespasse), tudo dependerá da atitude do *alienante* para verificar se o adquirente responderá *subsidiariamente ou integralmente* pelas dívidas anteriores. Assim, o adquirente: a) Responderá **subsidiariamente** com o alienante: se este **prosseguir** na exploração ou **iniciar** dentro de **seis meses** a contar da data da alienação, nova atividade no mesmo ou em outro ramo de comércio, indústria ou profissão; b) Responderá **integralmente**: se o alienante **cessar** a exploração do comércio, indústria ou atividade.

Alternativa "c": Quando há infração da lei, contrato social ou estatutos, a responsabilidade é pessoal dos sócios e não subsidiária (art. 135 do CTN).

Alternativa "d": Tendo em vista terem agido com infração da lei, os sócios são pessoalmente responsáveis. Inadequada a conclusão da premissa, pois não é o interesse comum apenas, hipótese de solidariedade, que levaria à responsabilidade dos sócios. Os arts. 135 e 137 levantam outras hipóteses de responsabilidade pessoal.

Alternativa "e": Como afirmado, a responsabilidade dos sócios não será subsidiária, mas, sim, pessoal.

Alternativa correta: letra "d".

---

183. (FCC – Procurador do Estado – SP/ 2009) I. O lançamento reporta-se à data da ocorrência do fato gerador da obrigação e rege-se pela lei vigente à época, salvo se lei superveniente for mais benéfica ao contribuinte do tributo.

II. A apresentação de recurso administrativo, o depósito do valor integral e a celebração de acordo de parcelamento são hipóteses de suspensão da exigibilidade do crédito tributário.

III. A remissão e a anistia são hipóteses de exclusão do crédito tributário.

IV. O prazo de recolhimento de um imposto só pode ser fixado por meio de lei.

V. A norma contida no art. 138 do CTN, que trata da denúncia espontânea da infração, não autoriza o contribuinte do ICMS, que declarou o imposto e não o recolheu tempestivamente, efetuar, após a data do vencimento, o pagamento do tributo, acrescido de juros de mora, mas sem a multa moratória.

Está correto o que se afirma em

a) ii e v, apenas.

b) iii e iv, apenas.

c) i, ii e iv, apenas.

d) i, iii e v, apenas.

e) i, ii, iii, iv e v.

COMENTÁRIOS

Item I: O lançamento reporta-se à data da ocorrência do fato gerador da obrigação e rege-se pela lei então vigente, ainda que posteriormente modificada ou revogada (art. 140 CTN). Se lei superveniente for mais benéfica ao contribuinte do tributo ainda assim não se aplicará a fato gerador ocorrido anteriormente, exceto nas hipóteses de retroatividade das leis expressamente interpretativas e as que versem sobre infrações e sejam mais benéficas para os *infratores*. Por exemplo, se uma multa for mais benéfica para o contribuinte esta retroagirá.

Item II: Todos são hipóteses de suspensão da exigibilidade do crédito tributário nos termos do art. 151 do CTN.

Item III: A remissão é hipótese de extinção do crédito tributário (art. 156, IV do CTN) e a anistia é hipótese de exclusão do crédito tributário (art. 175, II do CTN).

Item IV: O prazo de recolhimento de um imposto não está adstrito ao Princípio da Legalidade Estrita, podendo ser veiculado por ato infralegal.

Item V: O ICMS é tributo sujeito ao lançamento por homologação e a declaração realizada pelo contribuinte constitui o crédito tributário. Segundo o Enunciado de Súmula nº 360 STJ: *"O benefício da denúncia espontânea* ***não se aplica aos tributos sujeitos a lançamento por homologação*** *regularmente declarados, mas pagos a destempo." Logo inaplicável tal instituto ao ICMS.*

Alternativa correta: letra "a": Estão corretas apenas as alternativas II e V.

184. (FURMARC – Procurador do Estado – MG/ 2012) Assinale a alternativa que, nos termos do Código Tributário Nacional (Lei Federal nº 5.172/1966), NÃO corresponde à matéria reservada ao lançamento tributário:

a) Identificar o sujeito passivo do crédito tributário;
b) Estabelecer os critérios para a revisão de ofício pela autoridade administrativa do crédito tributário decorrente;
c) Calcular o montante do tributo devido;
d) Verificar a ocorrência do fato gerador da obrigação tributária correspondente;
e) Aplicar, se for o caso, a penalidade cabível.

COMENTÁRIOS

✪ **Nota dos autores:** Para resolução da questão, confira o teor do art.142 do CTN que trata do lançamento tributário: " Compete privativamente à autoridade administrativa constituir o crédito tributário pelo lançamento, assim entendido o procedimento administrativo tendente a verificar a ocorrência do fato gerador da obrigação correspondente, determinar a matéria tributável, calcular o montante do tributo devido, identificar o sujeito passivo e, sendo caso, propor a aplicação da penalidade cabível".

Alternativa "a" (responde também as alternativas "c", "d" e "e"): Todas as assertivas estão contempladas no art. 142 do CTN: "(...) a ocorrência do fato gerador da obrigação correspondente ("d"), determinar a matéria tributável, calcular o montante do tributo devido ("c"), identificar o sujeito passivo ("a") e, sendo caso, propor a aplicação da penalidade cabível ("e")

Alternativa "b": A referida matéria não faz parte do conteúdo obrigatório do lançamento tributário, a teor do art. 142 acima transcrito. O art. 149 do CTN é que define os casos de revisão de ofício do lançamento.

Alternativa correta: letra "b".

185. (FCC – Procurador do Estado – SP/ 2012) "Fulano de Tal", viúvo, faleceu, deixando um herdeiro, no dia 30/10/1968, na vigência de Lei Estadual de 1966, que dispunha a respeito do imposto sobre transmissão de bens imóveis e direitos a eles relativos. Referida norma estabelecia que não eram tributadas as heranças, desde que a parte de cada herdeiro não ultrapassasse o valor de Cr$ 500.000,00 (quinhentos mil cruzeiros). O inventário dos bens deixados por "Fulano de Tal" foi ajuizado no dia 31/01/12, na vigência da Lei Estadual nº 1.0.705/00, com as alterações introduzidas pela Lei Estadual nº 1.0.992/01, e prevê a isenção do patrimônio total do espólio cujo valor não ultrapassar 7.500 UFESPs. Não há, ainda, qualquer manifestação jurisdicional do processo. Ambas as normas contêm previsão estabelecendo que o prazo para o recolhimento somente passa a correr a partir da intimação judicial para pagamento do imposto devido.

Dados:

I. Cr$ 700.000,00 (setecentos mil cruzeiros) era o valor total do espólio, constituído de um imóvel.
II. Hoje, o valor total do espólio soma R$ 400,00 (quatrocentos reais).
III. Atualmente, 7.500 (UFESPs representam R$ 138.300,00 (cento e trinta e oito mil e trezentos reais). Referida transmissão de bens

a) não será tributada, pois incide a isenção tipificada na lei de 1966.
b) não será tributada, por conta da retroatividade benéfica da Lei nº 1.0.705/00.
c) será tributada, pela aplicabilidade da lei de 1966 com a isenção prevista na Lei nº 1.0.705/00.
d) não será tributada, pois ocorreu a prescrição.
e) será tributada, por conta da ultra-atividade da lei de 1966.

COMENTÁRIOS

✪ **Nota dos autores:** À primeira vista, a questão poderia ser considerada complexa pelo candidato devido a quantidade de informações, a referência a valores antigos, a menção a três leis que regeram os fatos, dentre outros pontos. No entanto, ela se resolve com a simples aplicação de temas básicos do direito tributário, a exemplo do lançamento (art.144 do CTN) e aplicação da norma tributária (art. 106 do CTN).

Alternativa "a": Haverá a tributação com base na Lei de 1966. Isso porque, o valor total do espólio era de Cr$ 700.000,00 (setecentos mil cruzeiros), ultrapassando, portanto, o valor de operações não tributadas, cujo teto era de Cr$ 500.000,00 (quinhentos mil cruzeiros). Logo, **a transmissão de bens** será sim tributada com aplicação da Lei Estadual de 1966, já que o momento da ocorrência do fato gerador (transmissão causa mortis) se deu em 30/10/1968.

Alternativa "b": Não há que se falar em retroatividade benéfica da Lei nº 1.0.705/00**, pois a hipótese discutida não se refere à aplicação de infrações ou cominação de penalidades, tampouco às demais situações previstas no art. 106 do CTN. Confira**: "Art. 106. A lei aplica-se a ato ou fato pretérito: I – em qualquer caso, quando seja expressamente interpretativa, excluída a aplicação de penalidade à infração dos dispositivos interpretados; II – tratando-se de ato não definitivamente julgado: a) quando deixe de defini-lo como infração; b) quando deixe de tratá-lo como contrário a qualquer exigência de ação ou omissão, desde que não tenha sido fraudulento e não tenha implicado em falta de pagamento de tributo; c) quando lhe comine penalidade menos severa que a prevista na lei vigente ao tempo da sua prática. Em reforço: como se trata de tributo e não de penalidade, não haverá **retroatividade benéfica**

Alternativa "c": A transmissão de bens será tributada pela aplicabilidade da lei de 1966, já que o valor total do espólio era de Cr$ 700.000,00 (setecentos mil cruzeiros), ultrapassando, portanto, o valor de operações não tributadas, cujo teto era de Cr$ 500.000,00 (quinhentos mil cruzeiros). Incabível, portanto, a isenção prevista na Lei nº 1.0.705/00, posterior à ocorrência do fato gerador e, portanto, não aplicável.

Alternativa "d": Não há que se falar em prescrição. Observe que o enunciado da questão menciona que "Não há, ainda, qualquer manifestação jurisdicional do processo" e que "ambas as normas contêm previsão estabelecendo que o prazo para o recolhimento somente passa a correr a partir da intimação judicial para pagamento do imposto devido". Como o Fisco não tinha conhecimento da situação configuradora do fato gerador (já que o inventário só foi ajuizado em 2012) não houve o decurso de prazo para extinção do crédito tributário, seja pela decadência (não houve o lançamento e, portanto, não constituiu em definitivo o crédito tributário), seja da prescrição (como não constituiu em definitivo o crédito tributário não teve início a contagem do prazo).

Alternativa "e": No caso em tela, a transmissão de bens será tributada, por conta da ultra-atividade da lei de 1966. A ultra-atividade significa que, mesmo a lei não estando mais em vigor, ela se aplicará aos fatos geradores ocorridos sob a sua vigência. **Nos termos do art. 144 do CTN,** "o lançamento reporta-se à data da ocorrência do fato gerador da obrigação e rege-se pela lei então vigente, ainda que posteriormente modificada ou revogada". O fato gerador do ITCMD é a transmissão de propriedade de quaisquer bens ou cessão de direitos em decorrência de falecimento do titular ou cessão e transmissão gratuitas. Embora o inventário dos bens só tenha sido ajuizado no dia 31/01/12, deve-se observar, todavia, que o falecimento se deu em 30/10/1968 (momento da ocorrência do fato gerador que é a transmissão causa mortis), ou seja, na vigência da Lei Estadual de 1966. Ademais, como à época o valor total do espólio era de Cr$ 700.000,00 (setecentos mil cruzeiros), esse montante ultrapassava o limite de operações não tributadas, cujo teto era de Cr$ 500.000,00 (quinhentos mil cruzeiros). Logo, **a transmissão de bens** será tributada com aplicação da Lei Estadual de 1966.

Alternativa correta: letra "e".

---

186. (PGE-GO – Procurador do Estado – GO/ 2013) Acerca do lançamento tributário, é CORRETO afirmar que

a) consiste em procedimento administrativo vinculado, o qual se reporta à data da ocorrência do fato gerador da obrigação e rege-se pela lei então vigente, desde que não modificada ou revogada.

b) quando regularmente notificado ao sujeito passivo, não poderá ser alterado em virtude de impugnação deste.

c) eventuais erros contidos na declaração não poderão ser retificados de ofício pela autoridade administrativa, no caso de lançamento por declaração.

d) sua revisão poderá ser iniciada a qualquer tempo, independentemente da extinção do direito da Fazenda Pública.

e) não influem sobre a obrigação tributária quaisquer atos anteriores à homologação, praticados pelo sujeito passivo, ou por terceiro, visando à extinção total ou parcial do crédito, no caso de lançamento por homologação.

COMENTÁRIOS

✪ **Nota dos autores:** A questão exige conhecimento literal do texto de lei sobre o tema lançamento tributário.

Alternativa "a": Está incorreta. Segundo o art. 144 do CTN, "o lançamento reporta-se à data da ocorrência do fato gerador da obrigação e rege-se pela lei então vigente, ainda que posteriormente modificada ou revogada".

Alternativa "b": Poderá sim ocorrer alteração em virtude de impugnação. Com efeito, o lançamento regularmente notificado ao sujeito passivo só pode ser alterado em virtude, dentre outras hipóteses, de impugnação do sujeito passivo. É o teor do art. 145, inciso I do CTN.

Alternativa "c": O lançamento poderá sim ser retificado de ofício pela autoridade na hipótese de ocorrência de eventuais erros contidos na declaração. **É o que dispõe o art. 147, § 2º**: "Os erros contidos na declaração e apuráveis pelo seu exame serão retificados de ofício pela autoridade administrativa a que competir a revisão daquela".

Alternativa "d": A revisão do lançamento só pode ser iniciada enquanto não extinto o direito da Fazenda Pública, nos termos do parágrafo único do art. 149 do CTN: "A revisão do lançamento só pode ser iniciada enquanto não extinto o direito da Fazenda Pública".

Alternativa "e": A assertiva transcreve o teor do art. 150, § 2º do CTN que, dispondo sobre o lançamento por homologação, preceitua: "Não influem sobre a obrigação tributária quaisquer atos anteriores à homologação, praticados pelo sujeito passivo ou por terceiro, visando à extinção total ou parcial do crédito".

Alternativa correta: letra "e".

---

187. (Cespe – Procurador do Estado – DF/ 2013) Determinado contribuinte praticou fraude nas suas declarações feitas ao fisco e, com isso, conseguiu suprimir tributo de ICMS do erário público no mês de novembro de 2008. O fisco conseguiu constatar tal supressão apenas em dezembro de 2013, tendo lavrado o respectivo auto de infração.

Com relação a essa situação hipotética, julgue os itens, que tratam de lançamento, decadência e prescrição.

I. No caso descrito, houve decadência no direito do fisco de lançar o tributo, pois a verificação ocorreu após cinco anos da data do fato gerador.

COMENTÁRIOS

✪ **Nota dos autores:** A jurisprudência do STJ é no sentido de que a decadência, nos tributos sujeitos ao lançamento por homologação, como o ICMS, conta-se a partir da ocorrência do fato gerador (art. 150, § 4º do CTN). No entanto, quando há dolo, fraude ou simulação, na linha da redação final do § 4º do art. 150 do CTN, a jurisprudência é unânime que deve se aplicar a contagem do prazo decadencial descrita no art. 173, I, do CTN, que posterga o prazo para o primeiro dia do exercício seguinte àquele em que o lançamento poderia ter sido efetuado.

Nos termos da jurisprudência do STJ acima citada, observa-se que não houve decadência, uma vez que quando há fraude deve se aplicar a contagem do prazo decadencial descrita no art. 173, I, do CTN, que posterga o prazo para o primeiro dia do exercício seguinte àquele em que o lançamento poderia ter sido efetuado. **ERRADO**

II. A prescrição ocorreu em virtude de o contribuinte já ter realizado o lançamento e o estado não ter efetivado sua cobrança judicial.

COMENTÁRIOS

In casu, o fisco em dezembro de 2013 lavrou o auto de infração e constituiu o crédito tributário. Portanto, não há que se falar em prescrição do valor autuado corretamente. O lançamento corretamente efetuado com o respectivo pagamento não cabe discussão, até porque os valores foram pagos. Quanto ao mês de novembro de 2008, uma vez que não houve pagamento e a competência foi fiscalizada e autuada, ainda sequer iniciou o prazo para a prescrição, pois não houve constituição definitiva do crédito tributário. **ERRADO**

10.3. SUSPENSÃO DO CRÉDITO TRIBUTÁRIO

188. (Cespe – Procurador do Estado – PGE – RO/2022) Considere que um contribuinte, devedor de crédito tributário inscrito em dívida ativa, tenha aderido a um programa de parcelamento e que, preenchidos todos os requisitos legais, tenha efetuado o pagamento da primeira parcela do programa. Nesse caso,

a) o crédito tributário será parcialmente compensado.
b) a inscrição do crédito tributário na dívida ativa será cancelada.
c) o crédito tributário será integralmente extinto.
d) a exigibilidade do crédito tributário será suspensa.
e) o crédito tributário será excluído da dívida ativa.

COMENTÁRIOS

Alternativa "a": O crédito tributário será suspenso em virtude do parcelamento realizado pelo contribuinte (art. 151, inciso VI, do CTN).

Alternativa "b": A exigibilidade do crédito tributário será suspensa em virtude do parcelamento tributário (art. 151, inciso VI, do CTN).

Alternativa "c": O crédito tributário será suspenso e não integralmente extinto. Isso porque o parcelamento é modalidade de suspensão do crédito tributário (art. 151, inciso VI, do CTN).

Alternativa "d": Na presente hipótese, a exigibilidade do crédito tributário será suspensa, já que parcelamento é modalidade de suspensão do crédito tributário (art. 151, inciso VI, do CTN).

Alternativa "e": O crédito tributário será suspenso em virtude do parcelamento (art. 151, inciso VI, do CTN).

Alternativa correta: letra "d".

189. (Cespe – Procurador do Estado – PGE – AL/2021) Suspende a exigibilidade do crédito tributário

a) o pagamento.
b) a compensação.
c) a transação.
d) a consignação em pagamento.
e) a moratória.

COMENTÁRIOS

Alternativa "a": Pagamento é hipótese de extinção do crédito tributário. O art. 156, inciso I, do CTN dispõe: "Art. 156. Extinguem o crédito tributário: I – o pagamento".

Alternativa "b": A assertiva está errada, com base no art. 156, inciso II, do CTN: "Extinguem o crédito tributário: (...) II – a compensação."

Alternativa "c": Conforme dispõe o art. 156, inciso III, do CTN: "Extinguem o crédito tributário: (...) III – a transação"

Alternativa "d": O art. 156, inciso VIII, do CTN dispõe que: "Extinguem o crédito tributário: (...) VIII – a consignação em pagamento, nos termos do disposto no § 2º do artigo 164;". Logo, a assertiva está errada.

Alternativa "e": A assertiva está correta com fulcro no art. 151, inciso I, do Código Tributário Nacional: "Art. 151. Suspendem a exigibilidade do crédito tributário: I – moratória"

Alternativa correta: letra "e".

190. (FCC – Procurador do Estado – MT/2016) Constituem modalidades de suspensão da exigibilidade, exclusão e de extinção do crédito tributário, respectivamente,

a) a moratória, a isenção condicional e o parcelamento.
b) a remissão, a anistia e o pagamento.
c) o depósito do montante integral, a liminar em mandado de segurança e a novação.
d) a isenção condicional, o fato gerador enquanto pendente condição suspensiva e o parcelamento.
e) a impugnação administrativa, a isenção condicional e a conversão de depósito em renda.

COMENTÁRIOS

✪ **Nota dos autores:** A questão trata sobre as hipóteses de suspensão, extinção e exclusão do crédito tributário, previstas nos artigos 151, 156 e 175 do CTN.

Alternativa "a": Estabelece o CTN: moratória (hipótese de suspensão, artigo 151, I do CTN); isenção condicional (exclusão, artigo 175, I e 176 do CTN); parcelamento (hipótese de suspensão, artigo 151, VI do CTN).

Alternativa "b": Estabelece o CTN: remissão (hipótese de extinção, artigo 156, IV do CTN); anistia (hipótese de exclusão, artigo 175, II do CTN); pagamento (hipótese de extinção, artigo 156, I do CTN).

Alternativa "c": o depósito do montante integral (hipótese de suspensão, artigo 151, II do CTN); a liminar em mandado de segurança (hipótese de suspensão, artigo 151, IV do CTN); e a novação (hipótese de extinção da obrigação civil, prevista no artigo 360 do Código Civil).

Alternativa "d": isenção condicional (hipótese de exclusão, artigo 175, I e 176 do CTN); o fato gerador enquanto pendente de condição suspensiva (previsto no artigo 117, I do CTN, não se enquadra entre as hipóteses de suspensão, extinção e exclusão do crédito tributário); e o parcelamento (hipótese de suspensão, artigo 151, VI do CTN).

Alternativa "e": Estabelece o CTN: impugnação administrativa (hipótese de suspensão, artigo 151, III do CTN); isenção condicional (hipótese de exclusão, nos termos dos artigos 175, I e 176 do CTN); conversão de depósito em renda (hipótese de extinção, artigo 156, VI do CTN).

Alternativa correta: letra "e".

---

191. (FCC – Procurador do Estado – RN/2014) Das modalidades de suspensão da exigibilidade do crédito tributário, é correto afirmar:

a) o oferecimento de fiança bancária para garantia de débitos objeto de ação de execução fiscal assegura a emissão da Certidão Positiva de Débitos com Efeitos de Negativa.

b) a lei que concede a moratória pode ser determinada em relação a determinada região do território da pessoa jurídica de direito público, ou a determinada classe ou categoria de sujeitos passivos.

c) a Consignação em Pagamento tem o efeito de depósito judicial para o fim de suspender a exigibilidade do crédito tributário.

d) em virtude da compensação devidamente autorizada por lei, o Fisco não poderá exigir a cobrança do crédito tributário objeto da compensação até a ulterior homologação da compensação.

e) a decisão judicial transitada em julgado é causa de suspensão da exigência do crédito tributário.

COMENTÁRIOS

Alternativa "a": A Lei n. 6.830/80 permite ao executado oferecer em garantia à execução a fiança bancária (art. 9º, II). Ocorre que a mesma não está elencada dentro do rol das hipóteses do art. 151 como causa suspensiva da exigibilidade do crédito tributário. Daí o erro da questão. No entanto, a jurisprudência tem aceitado essa garantia como causa suficiente para a emissão da CP-EN: "DIREITO TRIBUTÁRIO. CAUÇÃO PARA EXPEDIÇÃO DE CERTIDÃO POSITIVA COM EFEITOS DE NEGATIVA. O contribuinte pode, após o vencimento de sua obrigação e antes da execução fiscal, garantir o juízo de forma antecipada mediante o oferecimento de fiança bancária, a fim de obter certidão positiva com efeitos de negativa. De fato, a prestação de caução mediante o oferecimento de fiança bancária, ainda que no montante integral do valor devido, não se encontra encartada nas hipóteses elencadas no art. 151 do CTN, não suspendendo a exigibilidade do crédito tributário. Entretanto, tem o efeito de garantir o débito exequendo em equiparação ou antecipação à penhora, permitindo-se, neste caso, a expedição de certidão positiva com efeitos de negativa. AgRg no Ag 1.185.481-DF, Rel. Min. Napoleão Nunes Maia Filho, julgado em 14/10/2013.". Malgrado esse entendimento, deve-se lembrar do enunciado da questão: "Das modalidades de suspensão da exigibilidade do crédito tributário...".

Alternativa "b": Esse é o entendimento do parágrafo único do art. 152 do CTN: "Parágrafo único. A lei concessiva de moratória pode circunscrever expressamente a sua aplicabilidade à determinada região do território da pessoa jurídica de direito público que a expedir, ou a determinada classe ou categoria de sujeitos passivos."

Alternativa "c": As hipóteses de suspensão da exigibilidade do crédito tributário estão elencadas no art. 151 do CTN, delas não constando a consignação em pagamento.

Alternativa "d": A redação da assertiva não está contemplada na lei. De fato, quando trata da compensação, o CTN afirma que é uma modalidade de extinção do crédito tributário. Assim sendo, não apenas suspende a sua cobrança, pois o crédito não poderá mais ser pedido.

Alternativa "e": Sabido e consabido que a decisão judicial transitada em julgado é causa de extinção do crédito tributário.

Alternativa correta: letra "b".

---

192. (Cespe – Procurador do Estado – CE/ 2008) Assinale a opção correta acerca do instituto tributário denominado parcelamento.

a) O parcelamento é causa de extinção do crédito tributário.

b) O parcelamento é causa de suspensão da obrigação tributária.

c) Ao parcelamento aplicam-se, subsidiariamente, as normas relativas à anistia.

d) O parcelamento do crédito tributário será concedido na forma e na condição estabelecidas em lei específica.

e) O parcelamento suspende o crédito tributário, mas não pode ser concedido por lei específica do estado da Federação.

COMENTÁRIOS

Alternativa "a": O parcelamento é causa de suspensão da exigibilidade do crédito tributário.

Alternativa "b": Com o parcelamento suspende-se a exigibilidade do crédito e não da obrigação tributária.

Alternativa "c": Ao parcelamento aplicam-se subsidiariamente as disposições relativas à moratória.

Alternativa "d": Essa a redação do art. 155-A do CTN: "O parcelamento será concedido na forma e condição estabelecidos em lei específica".

Alternativa "e": O inverso do descrito no art. 155-A do CTN.

Alternativa correta letra "d".

193. (Cespe – Procurador do Estado – PB/ 2008) A suspensão do crédito tributário não ocorre em casos de

a) consignação em pagamento.

b) reclamações e recursos interpostos nos processos tributários administrativos.

c) depósito do montante integral.

d) concessão de medida liminar em mandado de segurança.

e) parcelamento.

COMENTÁRIOS

Alternativa "a": A consignação em pagamento é hipótese de extinção do crédito tributário.

Alternativa "b" (responde também as alternativas "c", "d" e "e"): o art. 151 elenca seis hipóteses de suspensão da exigibilidade do crédito tributário: moratória; o depósito do seu montante integral; as reclamações e os recursos, nos termos das leis reguladoras do processo tributário administrativo; a concessão de medida liminar em mandado de segurança; a concessão de medida liminar ou de tutela antecipada, em outras espécies de ação judicial; e o parcelamento.

Alternativa correta: letra "a".

194. (Cespe – Procurador do Estado – PI/ 2008) Considerando que o órgão fazendário competente tenha deferido pedido de contribuinte devedor de determinado tributo já vencido para realizar o pagamento de dívida, principal e juros, mensalmente, assinale a opção correta.

a) Nesse caso, houve moratória, uma vez que o pagamento será feito em prestações.

b) O instituto tributário aplicado ao caso é o da anistia, já que não será cobrada penalidade.

c) O procedimento administrativo deferido pelo órgão fazendário causa a extinção do crédito tributário.

d) O instituto tributário aplicado, nesse caso, denomina-se parcelamento e é causa de suspensão do crédito tributário.

e) O crédito tributário poderá ser cobrado judicialmente, por meio de execução fiscal, uma vez que o contribuinte declarou ser devedor do referido tributo.

COMENTÁRIOS

Alternativa "a": Na moratória, há uma lei que dilarga o prazo do pagamento do tributo, demonstrando as condições de sua concessão, o número de prestações, as garantias para a sua concessão, o que não se deu no presente caso.

Alternativa "b": Na anistia há o perdão das infrações, o que não foi demonstrado no presente caso.

Alternativa "c": O parcelamento é causa de suspensão da exigibilidade do crédito tributário.

Alternativa "d": Não há outra melhor definição para o caso do que o parcelamento (art. 155-A do CTN). De fato, o pagamento de tributo vencido, com principal e juros, de forma mensal, é o conhecimento parcelamento ordinário.

Alternativa "e": Enquanto o parcelamento estiver em vigor, há suspensão da exigibilidade do crédito tributário, não podendo o mesmo ser cobrado judicialmente.

Alternativa correta: letra "d.

195. (Cespe – Procurador do Estado – AL/ 2008) O comércio de Santa Catarina, em virtude das enchentes e dos consequentes desastres ocorridos na região, está requerendo ao estado que prorrogue o prazo para pagamento do ICMS já vencido, parcelando o valor em determinado período sem cobrança de juros de mora. Nessa situação, o atendimento do pleito caracterizará o instituto

a) da isenção, uma vez que não se pagará o tributo no prazo devido.

b) da moratória, pois haverá a dilatação de prazo para o pagamento do tributo devido.

c) do parcelamento, uma vez que a dívida já estava vencida.

d) da transação, por meio da qual será viabilizado o pagamento da dívida vencida.

e) da remissão da dívida, uma vez que esta será paga após o seu vencimento.

COMENTÁRIOS

✪ **Nota dos autores:** O cuidado maior na questão é não confundir os institutos da moratória e parcelamento, ambas as causas de suspensão do crédito tributário.

Alternativa "a": Não se trata de isenção, mas sim de moratória. A isenção é forma de *exclusão* do crédito tributário (art. 176 *ss* do CTN). É dispensa legal (concedida por meio de lei) do pagamento de tributo devido. No caso, o tributo será pago, mas de forma prorrogada.

Alternativa "b": O caso em tela refere-se ao instituto da moratória, causa de suspensão do crédito tributário (art. 151, I do CTN). A moratória corresponde à dilação legal (lei ordinária) de pagamento de tributo concedida em caráter geral ou individual. Observe-se que na questão os contribuintes requereram ao Estado a prorrogação do pagamento da exação sem cobrança de juros de mora. Assim, a moratória poderá permitir que o sujeito passivo pague o tributo em cota única ou de forma parcelada, mas de forma diferida.

Alternativa "c": O parcelamento é causa de suspensão do crédito tributário (art. 151, VI do CTN) que possibilita ao sujeito passivo adimplir o tributo de forma parcelada (em prestações), porém sem exclusão da incidência de multa e de juros, nos termos do art. 155-A, § 1º do CTN. Há forte semelhança entre os institutos e há autores, inclusive, que afirmam serem semelhantes. O STJ já afirmou que o parcelamento reverte-se da natureza de uma moratória (EdREsp 137.388) e parte da doutrina também caminha no mesmo sentido. Daí o cuidado em diferençar os institutos.

Alternativa "d": Não se trata de transação, mas sim de moratória. A transação (art. 171 do CTN) é hipótese de extinção do crédito tributário. Tratam-se de concessões recíprocas (ônus e vantagens) que põem fim ao litígio, dependendo de lei autorizativa.

Alternativa "e": Não se trata de remissão, mas sim de moratória. A remissão é hipótese de *extinção* do crédito tributário. É o perdão da dívida pelo Fisco. Na moratória, a dívida não é perdoada, mas, sim, postergada.

Alternativa correta: letra "b".

---

196. (FCC – Procurador do Estado – RO/ 2011) De acordo com o Código Tributário Nacional são modalidades de suspensão da exigibilidade do crédito tributário:

a) moratória, depósito judicial integral e prescrição.

b) parcelamento, pagamento e compensação.

c) medida liminar, transação e parcelamento.

d) anistia, moratória e recurso administrativo.

e) concessão de medida liminar ou tutela antecipada e depósito do montante integral.

COMENTÁRIOS

Alternativa "a": Moratória e depósito judicial integral são hipóteses de suspensão (art. 151 do CTN) e prescrição é hipótese de extinção (art. 156, V, do CTN).

Alternativa "b": Parcelamento é hipótese de suspensão (art. 151 do CTN), pagamento e compensação são hipóteses de extinção (art. 156, I e II do CTN).

Alternativa "c": medida liminar e parcelamento são hipóteses de suspensão (art. 151 do CTN) e a transação é hipótese de extinção (art. 156, III, do CTN).

Alternativa "d": Moratória e recurso administrativo são hipóteses de suspensão (art. 151 do CTN) e a anistia é hipótese de exclusão (art. 175, II, do CTN).

Alternativa "e": As hipóteses de suspensão da exigibilidade do crédito tributário estão previstas no art. 151 do CTN, dentre as quais se incluem a concessão de medida liminar ou tutela antecipada e depósito do montante integral.

Alternativa correta: letra "e".

---

197. (FCC – Procurador do Estado – RO/ 2011) Empresa NEW CO ingressou com Mandado de Segurança preventivo, versando sobre ICMS, com o objetivo de assegurar a não incidência do referido tributo em suas operações. Na petição inicial requereu a concessão de medida liminar com o objetivo de suspender a exigibilidade do crédito tributário, a qual foi deferida. Com isso, a empresa não vem promovendo nenhum recolhimento ou depósito judicial. Diante desse cenário, a fiscalização fazendária estadual

a) estará impedida de lavrar auto de infração para constituir o crédito tributário em razão da medida liminar deferida.

b) não estará impedida de lavrar auto de infração, que terá apenas o condão de promover o lançamento do tributo questionado judicialmente.

c) estará impedida de lavrar auto de infração, uma vez que o processo não transitou em julgado.

d) não estará impedida de lavrar o auto, podendo, inclusive, promover a execução total do crédito tributário, até a sua efetiva satisfação.

e) poderá apenas notificar a empresa, requerendo que declare os valores discutidos em juízo.

COMENTÁRIOS

Alternativas "a" (responde também as alternativas "c", "d" e "e"): Não estará impedida de lavrar o auto de infração, mas não poderá promover a execução total do crédito tributário em virtude da suspensão da exigibilidade do crédito tributário obtida no presente caso através da concessão da medida liminar em mandado de segurança (art. 151, IV do CTN). O auto de infração objetivará apenas promover o lançamento do tributo questionado judicialmente.

Alternativa "b": A suspensão da exigibilidade do crédito tributário obtida no presente caso através da concessão da medida liminar em mandado de segurança (art. 151, IV do CTN) não impede a Fazenda Pública de lavrar auto de infração, que terá apenas o condão de promover o lançamento do tributo questionado judicialmente.

Alternativa correta: letra "b".

---

198. (FCC – Procurador do Estado – SP/ 2012) Nos termos do disposto na Lei Estadual nº 1.2.799/08, o registro do devedor no Cadastro Informativo dos Créditos não Quitados de Órgãos e Entidades Estaduais – CADIN ESTADUAL, decorrente de débito tributário vencido e não pago, será suspenso no caso de

a) comprovação da regularização da pendência que deu causa à inclusão.

b) oposição de embargos à execução fiscal ajuizada para cobrança do crédito motivador da inclusão do registro no CADIN.

c) garantia em bens livres, ofertados à penhora e aceitos na execução fiscal ajuizada para cobrança do crédito motivador da inclusão do registro no CADIN.

d) pagamento em parcelas mensais e consecutivas, nos termos da legislação pertinente.

e) protocolo de pedido administrativo de retificação da guia de recolhimento que foi feito de forma equivocada causador da inclusão no cadastro.

COMENTÁRIOS

✪ **Nota dos autores:** A questão abordou a legislação específica do Estado de São Paulo – Lei Estadual nº 1.2.799/08. Assim, recomenda-se que o candidato sempre verifique no edital do concurso a legislação estadual que será objeto de avaliação. Em termos gerais, e na linha da legislação federal, CADIN é um cadastro em que se lança todo inadimplente do governo, cujo valor foi apurado devidamente, servindo, assim, de fase preparatória para a execução fiscal. Inscrito no CADIN, alguns contribuintes passam a ter restrições, de benefícios fiscais às bancarias, o que se torna verdadeira medida coercitiva ao pagamento do tributo.

Alternativas "a" (responde também as alternativas "b", "c" e "e"): Conforme o comentário acima, as hipóteses de suspensão da exigibilidade do crédito tributário (art. 151 do CTN) acarretarão a suspensão do registro do devedor no CADIN Estadual. Dessa forma, as alternativas trazidas nos itens sob apreço não são **causas de suspensão da exigibilidade do crédito tributário nos termos do art. 151 do CTN, e tampouco novas formas poderiam ser criadas por lei estadual, visto que as mesmas estão elencadas em lei complementar nacional. Enfim, restou apenas como correta a hipótese do parcelamento.**

Alternativa "d": O art. 8º da Lei Estadual nº 1.2.799/08 dispõe que "O registro do devedor no CADIN ESTADUAL ficará suspenso na hipótese de suspensão da exigibilidade da pendência objeto do registro, nos termos da lei". Ou seja, as hipóteses de suspensão da exigibilidade do crédito tributário (art. 151 do CTN) acarretarão a suspensão do registro do devedor no CADIN Estadual. Assim, dentre as alternativas trazidas no enunciado da questão, observa-se que a hipótese do pagamento em parcelas mensais e consecutivas, ou seja, o **parcelamento, é causa de suspensão da exigibilidade do crédito tributário com fulcro no art. 151, inciso VI do CTN. No ponto, mesmo desconhecedor da legislação específica, o aluno acertaria a questão por conta da teoria geral do direito tributário.**

Alternativa correta: letra "d".

---

199. (Cespe – Procurador do Estado – BA/2014) Determinado contribuinte solicitou parcelamento de dívida logo após a lavratura do auto de infração pelo Fisco contra ele, no qual lhe fora imputada fraude em razão de práticas fiscais que acarretaram a supressão de tributos. Com base nessa situação hipotética, julgue os itens subsequentes.

I. O pedido de parcelamento gera o benefício da espontaneidade para o contribuinte, que se verá livre das multas aplicadas pelo descumprimento das normas tributárias, especialmente aquela correspondente à fraude praticada.

COMENTÁRIOS

✪ **Nota dos autores:** É cediço que o parcelamento é causa de suspensão do crédito tributário nos termos do art. 151, inciso VI, do CTN. Tal instituto não se confunde com a denúncia espontânea (art. 138 e parágrafo único, do CTN).

A espontaneidade resta descaracterizada, já que o enunciado da questão deixa claro que houve a lavratura do auto de infração, ou seja, o início de procedimento fiscalizatório. Nesse sentido as multas são devidas, em especial, no que concerne à fraude praticada. Para além disso, não há que se confundir o instituto do parcelamento (art. 151, inciso VI, do CTN) com a denúncia espontânea (art. 138 e parágrafo único, do CTN). Nesse sentido é a jurisprudência do STJ: TRIBUTÁRIO – ICMS – PARCELAMENTO DO DÉBITO – Não CONFIGURAÇÃO DE DENÚNCIA ESPONTÂNEA – IMPOSSIBILIDADE DE EXCLUSÃO DA MULTA MORATÓRIA. 1. Julgamento afetado à Seção de Direito Público à época em que se encontrava controvertida a matéria relativa a denúncia espontânea, no tocante à exclusão da multa moratória no caso de parcelamento de débito. 2. É assente o entendimento nesta Corte no sentido de ser cabível multa moratória, no caso de parcelamento de débito, decorrente de crédito tributário. 3. A Primeira Seção deste Tribunal, no julgamento do REsp 378.795/GO, firmou o entendimento de que a simples confissão de dívida, acompanhada do seu pedido de parcelamento, não configura denúncia espontânea (Súmula 208/STF). Recurso especial improvido. (REsp 331.277/SP, Rel. Ministro HUMBERTO MARTINS, PRIMEIRA SEÇÃO, julgado em 24/10/2007, DJ 19/11/2007, p. 180). **ERRADO**

II. Na situação apresentada, o parcelamento gera a suspensão da obrigação tributária.

COMENTÁRIOS

Na situação apresentada, o parcelamento gera a suspensão do crédito tributário e não da obrigação (art. 151, inciso VI, do CTN). **ERRADO**

III. Nesse caso, o parcelamento tem o mesmo efeito sobre o crédito tributário que o pedido de compensação.

COMENTÁRIOS

O parcelamento é causa de suspensão da exigibilidade do crédito tributário (art. 151, inciso VI, do CTN) e a compensação é hipótese de extinção do crédito tributário (art. 156, II, do CTN). **ERRADO**

IV. O parcelamento requerido pelo contribuinte deve ser negado, uma vez que a prática de fraude na relação com o Fisco impede a concessão de parcelamento, de acordo com o Código Tributário Nacional.

COMENTÁRIOS

O texto legal (CTN) responde à questão em comento. Senão vejamos: "Art. 155-A. (...) § 2º Aplicam-se, subsidiariamente, ao parcelamento as disposições desta Lei, relativas à moratória. Nesse sentido, confira o teor do art. 154 do mesmo diploma legal: "Art. 154. Salvo disposição de lei em contrário, a moratória somente abrange os créditos definitivamente constituídos à data da lei ou do despacho que a conceder, ou cujo lançamento já tenha sido iniciado àquela data por ato regularmente notificado ao sujeito passivo. Parágrafo único. A moratória não aproveita aos casos de dolo, fraude ou simulação do sujeito passivo ou do terceiro em benefício daquele". Portanto, como houve fraude, não há que se falar em possibilidade de parcelamento pelo contribuinte. **CERTO**

10.4. EXTINÇÃO DO CRÉDITO TRIBUTÁRIO

200. (FCC – Procurador do Estado – PGE – AM/2022) Em demanda judicial em que se discute a inconstitucionalidade da cobrança de determinado tributo no ano de 2005, o contribuinte efetua o depósito do valor em discussão. A demanda transita em julgado em 2011 e, por demora da serventia, antes da conversão do depósito em favor do Fisco, sobrevém lei de 02/01/2012 que concede remissão do tributo em favor dos contribuintes. O contribuinte, autor da demanda, apresenta petição ao juiz, pleiteando que não haja a conversão em renda para o Fisco, mas levantamento do depósito em seu favor. O juiz deve decidir que o valor seja levantado em favor do

a) contribuinte, em razão da retroatividade da lei mais benéfica ao contribuinte.

b) contribuinte, pois houve decadência do direito de o Fisco lançar o tributo.

c) Fisco, em respeito à coisa julgada e à boa-fé objetiva.

d) contribuinte, considerando a remissão posterior à coisa julgada.

e) Fisco, pois a concessão da remissão é ato privativo da autoridade fazendária.

COMENTÁRIOS

Alternativa "a": O juiz deve decidir que o valor seja levantado em favor do contribuinte, considerando a remissão posterior à coisa julgada. O tema 485 do STJ firmou a tese no seguinte sentido: "De acordo com o art. 156, I, do CTN, o pagamento extingue o crédito tributário. Se o pagamento por parte do contribuinte ou a transformação do depósito em pagamento definitivo por ordem judicial (art. 1º, § 3º, II, da Lei n. 9.703/98) somente ocorre depois de encerrada a lide, o crédito tributário tem vida após o trânsito em julgado que o confirma. Se tem vida, pode ser objeto de remissão e/ou anistia neste ínterim (entre o trânsito em julgado e a ordem para transformação em pagamento definitivo, antiga conversão em renda) quando a lei não exclui expressamente tal situação do seu âmbito de incidência".

Alternativa "b": No mesmo sentido do item anterior, o juiz deve decidir que o valor seja levantado em favor do contribuinte, considerando a remissão posterior à coisa julgada. Confira os comentários acima.

Alternativa "c": O juiz deve decidir que o valor seja levantado em favor do contribuinte, considerando a remissão posterior à coisa julgada. O tema 485 do STJ firmou a tese no seguinte sentido: "De acordo com o art. 156, I, do CTN, o pagamento extingue o crédito tributário. Se o pagamento por parte do contribuinte ou a transformação do depósito em pagamento definitivo por ordem judicial (art. 1º, § 3º, II, da Lei n. 9.703/98) somente ocorre depois de encerrada a lide, o crédito tributário tem vida após o trânsito em julgado que o confirma. Se tem vida, pode ser objeto de remissão e/ou anistia neste ínterim (entre o trânsito em julgado e a ordem para transformação em pagamento definitivo, antiga conversão em renda) quando a lei não exclui expressamente tal situação do seu âmbito de incidência".

Alternativa "d": A assertiva contempla o tema 485 do STJ onde firmou-se a tese no seguinte sentido: "De acordo com o art. 156, I, do CTN, o pagamento extingue o crédito tributário. Se o pagamento por parte do contribuinte ou a transformação do depósito em pagamento definitivo por ordem judicial (art. 1º, § 3º, II, da Lei n. 9.703/98) somente ocorre depois de encerrada a lide, o crédito tributário tem vida após o trânsito em julgado que o confirma. Se tem vida, pode ser objeto de remissão e/ou anistia neste ínterim (entre o trânsito em julgado e a ordem para transformação em pagamento definitivo, antiga conversão em renda) quando a lei não exclui expressamente tal situação do seu âmbito de incidência". Dessa forma, o juiz deve decidir que o valor seja levantado em favor do contribuinte, considerando a remissão posterior à coisa julgada.

Alternativa "e": Nos termos do item anterior, o juiz deve decidir que o valor seja levantado em favor do contribuinte, considerando a remissão posterior à coisa julgada.

Alternativa correta: letra "d".

201. (Cespe – Procurador do Estado – PGE – CE/2021) A respeito da extinção do crédito tributário, assinale a opção correta.

a) São hipóteses de extinção do crédito tributário a remissão e a anistia.

b) A extinção do crédito tributário obsta a possibilidade de novo lançamento, isto é, de constituir-se novo crédito.

c) A transação é modalidade de extinção do crédito tributário que depende de previsão legal, somente podendo ser realizada após a instauração do litígio.

d) Uma vez extinto o crédito tributário, não é possível a restituição do valor adimplido, ainda que o pagamento tenha sido indevido.

COMENTÁRIOS

Alternativa "a": A anistia é hipótese de exclusão do crédito tributário conforme dispõe o art. 175, inciso II do CTN. No caso em tela, apenas a remissão é modalidade de extinção do crédito tributário (art. 156, inciso IV, do CTN).

Alternativa "b": Essa a regra: extinto o crédito tributário, não poderá haver novo lançamento. No entanto, há exceção. Nos termos do art. 173, inciso II, do CTN, "o direito de a Fazenda Pública constituir o crédito tributário extingue-se após 5 (cinco) anos, contados: (...) II – da data em que se tornar definitiva a decisão que houver anulado, por vício formal, o lançamento anteriormente efetuado". Ora, decisão administrativa irreformável (art. 156, inciso IX, do CTN) é causa de extinção do crédito tributário. Portanto, se é possível constituir crédito tributário após uma causa extintiva, a assertiva está errada.

Alternativa "c": Com fulcro no art. 171 do CTN: "A lei pode facultar, nas condições que estabeleça, aos sujeitos ativo e passivo da obrigação tributária celebrar transação que, mediante concessões mútuas, importe em determinação de litígio e consequente extinção de crédito tributário." Vale lembrar que a transação foi recentemente regulamentada pela Lei 13.988/2020.

Alternativa "d": Em caso de adimplemento de valor indevido, é possível restituição do indébito tributário com fundamento no art. 165, inciso I, CTN: "O sujeito passivo tem direito, independentemente de prévio protesto, à restituição total ou parcial do tributo, seja qual for a modalidade do seu pagamento, ressalvado o disposto no § 4º do artigo 162, nos seguintes casos: I – cobrança ou pagamento espontâneo de tributo indevido ou maior que o devido em face da legislação tributária aplicável, ou da natureza ou circunstâncias materiais do fato gerador efetivamente ocorrido (...)". Logo, a alternativa está incorreta.

Alternativa correta: letra "c".

202. (Cespe – Procurador do Estado – PGE – PE/2018) Segundo o CTN, a conversão do depósito judicial em renda é considerada uma modalidade de

a) remissão do crédito tributário.
b) suspensão do crédito tributário.
c) extinção do crédito tributário.
d) exclusão do crédito tributário.
e) dispensa do crédito tributário.

COMENTÁRIOS

Alternativa "a": A remissão é hipótese de extinção do crédito tributário. Dispõe o Código Tributário Nacional: "Art. 156 do CTN. Extinguem o crédito tributário: (...) IV – remissão.

Alternativa "b": A conversão do depósito judicial em renda é considerada uma modalidade de extinção do crédito tributário e não de suspensão. De acordo com art. 151 do CTN: "Suspendem a exigibilidade do crédito tributário: I – moratória; II – o depósito do seu montante integral; III – as reclamações e os recursos, nos termos das leis reguladoras do processo tributário administrativo; IV – a concessão de medida liminar em mandado de segurança. V – a concessão de medida liminar ou de tutela antecipada, em outras espécies de ação judicial; VI – o parcelamento.

Alternativa "c": A conversão do depósito judicial em renda é considerada uma modalidade de extinção do crédito tributário. Confira: "Art. 156 do CTN. Extinguem o crédito tributário: (...) VI – a conversão de depósito em renda.

Alternativa "d": Não se trata de hipótese de exclusão do crédito tributário. Nos termos do Código Tributário Nacional: "Art. 175 do CTN. Excluem o crédito tributário: I – a isenção; II – a anistia."

Alternativa "e": Conforme já dito linhas acima, a conversão do depósito judicial em renda é considerada uma modalidade de extinção do crédito tributário (art. 156, inciso VI, do CTN). A dispensa do crédito tributário é sinônimo de isenção tributária.

Alternativa correta: letra "c".

203. (Cespe – Procurador do Estado – PGE – SE/2017) Uma lei estadual indicou autoridade competente para estabelecer condições que possibilitassem ao contribuinte e à fazenda pública estadual negociar o encerramento de litígios judiciais e administrativos acerca de determinada questão tributária. A referida norma estabeleceu que as partes deveriam fazer determinadas concessões mútuas com o objetivo de alcançar a extinção do crédito tributário.

A negociação objeto da situação hipotética apresentada é um exemplo de

a) compensação.
b) anistia.
c) moratória.
d) remissão.
e) transação.

COMENTÁRIOS

Alternativa "a": A compensação é hipótese de extinção do crédito tributário (art. 156, II, do CTN). Segundo o diploma civil: "Se duas pessoas forem ao mesmo tempo credor e devedor uma da outra, as duas obrigações extinguem-se, até onde se compensarem (art. 368 do CC).

Alternativa "b": A anistia é hipótese de exclusão do crédito tributário (art. 175, II do CTN), sendo um instituto que perdoa as punições, ou seja, implica na exclusão ou dispensa da multa.

Alternativa "c": A moratória é hipótese de suspensão do crédito tributário (art. 151, I do CTN) e consiste em uma dilatação no prazo de pagamento de tributos advindo da lei e não da vontade do contribuinte.

Alternativa "d": A remissão é hipótese de extinção do crédito tributário (art. 156, IV do CTN) e consiste no perdão da dívida tributária (vide art. 172 do CTN).

Alternativa "e": A transação é hipótese de extinção do crédito tributário (art. 156, III, do CTN) e consiste na possibilidade das partes prevenirem ou terminarem o litígio mediante concessões mútuas. Dispõe o art. 171 do CTN: "Art. 171. A lei pode facultar, nas condições que estabeleça, aos sujeitos ativo e passivo da obrigação tributária celebrar transação que, mediante concessões mútuas, importe em determinação de litígio e conseqüente extinção de crédito tributário. Parágrafo único. A lei indicará a autoridade competente para autorizar a transação em cada caso".

Alternativa correta: letra "e".

204. (FCC – Procurador do Estado – RN/2014) Uma lei estadual que autorize o Procurador do Estado a não ingressar com Execução Fiscal para cobrança de créditos tributários inferiores a um determinado valor, renunciando, portanto a esta receita, está prevendo hipótese de

a) suspensão da exigibilidade do crédito tributário, na modalidade moratória específica.
b) exclusão do crédito tributário, na modalidade isenção em caráter específico.
c) extinção do crédito tributário, na modalidade remissão.

d) suspensão da exigibilidade do crédito tributário, na modalidade anistia.

e) extinção do crédito tributário, na modalidade transação.

COMENTÁRIOS

✪ **Nota dos autores:** Para relembrar, oportuno citar as hipóteses de extinção do crédito tributário previstas no art. 156 do CTN: "Art. 156. Extinguem o crédito tributário: I – o pagamento; II – a compensação; III – a transação; IV – remissão; V – a prescrição e a decadência; VI – a conversão de depósito em renda; VII – o pagamento antecipado e a homologação do lançamento nos termos do disposto no artigo 150 e seus §§ 1º e 4º; VIII – a consignação em pagamento, nos termos do disposto no § 2º do artigo 164; IX – a decisão administrativa irreformável, assim entendida a definitiva na órbita administrativa, que não mais possa ser objeto de ação anulatória; X – a decisão judicial passada em julgado; XI – a dação em pagamento em bens imóveis, na forma e condições estabelecidas em lei. Ademais, para melhor compreensão, verifique a tabela abaixo que traz alguns institutos mencionados na questão:

Remissão	Isenção	Anistia
Hipótese de extinção do crédito tributário	Hipótese de exclusão do crédito tributário	Hipótese de exclusão do crédito tributário
Crédito Tributário = Tributo + penalidade	Tributo	Penalidade
Crédito tributário constituído	Crédito tributário não constituído, segundo corrente majoritária	Crédito tributário não constituído, segundo corrente majoritária
Instituição através de Lei	Instituição através de Lei	Instituição através de Lei

Alternativa "a": A questão trata da remissão, hipótese de extinção do crédito tributário. A moratória é hipótese de suspensão do crédito tributário e refere-se à dilação legal de pagamento do tributo. Tal instituto é concedido por lei ordinária e poderá ser geral ou individual (confira o art. 152 CTN).

Alternativa "b": Não se trata de isenção específica, hipótese de exclusão do crédito, mas sim de remissão, instituto jurídico que extingue o crédito tributário. A isenção contempla apenas os tributos, enquanto a remissão abrange tributo + penalidade.

Alternativa "c": A remissão é hipótese de extinção do crédito tributário e corresponde ao perdão da dívida (tributo + penalidade) pelo fisco. Conforme exposto na questão, tal instituto depende de lei autorizativa e pressupõe a existência de crédito tributário já constituído. Confira o art. 172 do CTN: "Art. 172. A lei pode autorizar a autoridade administrativa a conceder, por despacho fundamentado, remissão total ou parcial do crédito tributário, atendendo: I – à situação econômica do sujeito passivo; II – ao erro ou ignorância excusáveis do sujeito passivo, quanto a matéria de fato; III – à diminuta importância do crédito tributário; IV – a considerações de eqüidade, em relação com as características pessoais ou materiais do caso; V – a condições peculiares a determinada região do território da entidade tributante."

Alternativa "d": Não se trata de anistia, hipótese de exclusão do crédito, mas sim de remissão, instituto jurídico que extingue o crédito tributário. A anistia é o perdão legal de penalidade pecuniária. Abrange infrações ocorridas em período anterior à vigência da lei concessiva, podendo ser geral ou limitada (art. 181 CTN).

Alternativa "e": Não é caso de transação, mas sim de remissão que também é hipótese de extinção do crédito tributário. A remissão corresponde ao perdão da dívida pelo fisco e a transação corresponde a concessões recíprocas que põe fim ao litígio, dependendo, também, de lei autorizativa.

Alternativa correta: letra "c".

---

205. (FCC – Procurador do Estado – RN/2014) Contribuinte faz pagamento de crédito tributário mediante cheque, que não é pago por insuficiência de fundos. Neste caso, o Fisco deverá

a) promover a execução do cheque.

b) protestar o cheque.

c) inscrever o débito em Dívida Ativa.

d) realizar o lançamento do crédito tributário e notificar o contribuinte a pagar.

e) propor ação ordinária de cobrança, pois o crédito foi extinto com o pagamento, se o cheque estiver prescrito.

COMENTÁRIOS

✪ **Nota dos autores:** Sobre o pagamento do tributo através de cheque o art. 162, § 2º, do CTN dispõe que: "§ 2º O crédito pago por cheque somente se considera extinto com o resgate deste pelo sacado".

O não pagamento do tributo conduz à inscrição em dívida ativa. Nos termos do art. 201 do Código Tributário Nacional "constitui dívida ativa tributária a proveniente de crédito dessa natureza, regularmente inscrita na repartição administrativa competente, depois de esgotado o prazo fixado, para pagamento, pela lei ou por decisão final proferida em processo regular".

Alternativa correta: letra "c".

---

206. (COPS – Procurador do Estado – PR/ 2011) Dentre as alternativas abaixo, aponte aquela que estiver correta:

a) unicamente o pagamento extingue o crédito tributário, até porque o tributo é denominado pela legislação tributária vigente como uma prestação pecuniária;

b) a compensação tributária, quando objeto de contestação judicial, e desde que autorizada em lei, independe do trânsito em julgado da respectiva demanda;

c) sujeitos ativo e passivo da relação jurídica tributária podem, a qualquer tempo e condição, celebrar transação que, mediante concessões mútuas, importe em terminação do litígio e consequente extinção do crédito tributário;

d) a remição, total ou parcial, poderá extinguir o crédito tributário, desde que observada a condição da existência de despacho fundamentado por parte da autoridade administrativa;

e) a dação em pagamento em bens imóveis, excluídos os móveis, na forma e condições estabelecidas em lei, extinguem o crédito tributário.

COMENTÁRIOS

Alternativa "a": O art. 156 do CTN enumera 12 (doze) hipóteses de extinção do crédito tributário em 11 (onze) incisos.

Alternativa "b": O art. 170-A do CTN afirma que "É vedada a compensação mediante o aproveitamento de tributo, objeto de contestação judicial pelo sujeito passivo, antes do trânsito em julgado da respectiva decisão judicial".

Alternativa "c": Pela redação do art. 171 do CTN, compete à lei indicar em que tempo poderá haver transação entre sujeitos passivo e ativo.

Alternativa "d": O erro está em utilizar um instituto do direito processual, "remição", e não do direito tributário, "remissão".

Alternativa "e": Trata-se de norma trazida com a LC nº 104/2001 que acresceu a dação em pagamento em bens imóveis como forma extintiva do crédito tributário.

Alternativa correta: letra "e".

207. (FCC – Procurador do Estado – MT/ 2011) São causas de extinção do crédito tributário que dependem de lei específica do ente político competente para serem aplicadas:

a) moratória e parcelamento.

b) transação e compensação.

c) isenção e remissão.

d) conversão do depósito em renda e decadência.

e) dação em pagamento de bem móvel e prescrição.

COMENTÁRIOS

✪ **Nota dos autores:** Sobre o assunto, o concursando deverá lembrar das hipóteses de i) Suspensão do Crédito Tributário (CTN, arts. 151 a 155-A); ii) Extinção do Crédito Tributário (arts. 156 a 174 do CTN) e iii) Exclusão do Crédito Tributário (arts. 175 a 182 do CTN).

Alternativa "a": São hipóteses de suspensão da exigibilidade do crédito tributário.

Alternativa "b": O art. 156 do CTN enumera 12 hipóteses de extinção do crédito tributário em 11 incisos, dentre elas a transação e a compensação.

Alternativa "c": A isenção é forma de exclusão do crédito tributário, ao passo que a remissão, forma de extinção.

Alternativa "d": Ambas são formas de extinção do crédito tributário, mas não dependem de lei específica do ente competente para serem aplicadas.

Alternativa "e": a lei não prevê a "dação em pagamento de bem móvel" como forma de extinção do crédito, mas, sim, a "dação em pagamento de bem imóvel".

Alternativa correta letra "b".

208. (FEPESE – Procurador do Estado – SC/ 2010) De acordo com a Lei Estadual nº 15.300, de 13 de setembro de 2010, que dispõe sobre a compensação de dívida da Fazenda Pública decorrente de precatório pendente de pagamento com crédito tributário e outros créditos, constitui condicionante legal à compensação, exceto:

a) que crédito tributário a ser compensado não esteja parcelado.

b) que o precatório não seja expedido contra autarquia ou fundação do Estado.

c) que crédito tributário a ser compensado seja liquidado integralmente pelo precatório apresentado.

d) que o crédito tributário a ser compensado tenha sido inscrito em Dívida Ativa até 31 de dezembro de 2009.

e) que o precatório não seja objeto de qualquer impugnação ou recurso judicial ou, em sendo, haja a expressa renúncia.

COMENTÁRIOS

✪ **Nota dos autores:** O STJ definiu que só poderá haver compensação de tributos com precatórios se lei do ente federativo autorizar aludida compensação. Não há compensação automática, exceto na hipótese do art. 97, § 10, II do ADCT.

Trata-se de lei específica do Estado de SC, que pode estabelecer com liberdade as hipóteses de compensação de tributos com precatórios, observadas as regras do art. 100 da CF e do art. 97 do ADCT.

Alternativa correta letra "b".

209. (Cespe – Procurador do Estado – CE/ 2008) Assinale a opção correta acerca do instituto tributário do pagamento de certo crédito tributário.

a) Quando o pagamento é realizado parcialmente, importa em presunção de pagamento das prestações em que se decomponha.

b) Quando o pagamento é total, importa em presunção de pagamento de todos os outros créditos.

c) Quando o pagamento é total, não importa em presunção de pagamento de outros créditos, mas apenas de créditos referentes a outros tributos.

d) Quando o pagamento é parcial, importa na presunção de pagamento de créditos referentes a outros tributos.

e) Quando o pagamento é total, não importa na presunção de pagamento de outros créditos referentes ao mesmo tributo ou a outros.

COMENTÁRIOS

Alternativa "a": Pelo visto, o pagamento parcial não importa em presunção de pagamento das prestações em que se decomponha.

Alternativa "b" (responde também as alternativas "c" e "d"): Analisar alternativa "e".

Alternativa "e": Para tanto, basta verificar a redação do art. 158 do CTN: "Art. 158. O pagamento de um crédito não importa em presunção de pagamento: I – quando parcial, das prestações em que se decomponha; II – quando total, de outros créditos referentes ao mesmo ou a outros tributos".

Alternativa correta: letra "e".

---

210. (Cespe – Procurador do Estado – PI/ 2008) O governador de determinado estado encaminhou à casa legislativa projeto de lei que perdoava o débito tributário principal, bem como suas penalidades, de determinados contribuintes. O projeto foi aprovado, e, posteriormente, transformado em lei.

Assinale a opção correta acerca dessa situação.

a) Uma vez que foi perdoada a dívida, incluindo-se as penalidades, é correto afirmar que se trata de isenção.

b) Nesse caso, houve moratória, já que foi perdoado débito tributário principal.

c) A lei pode autorizar o referido perdão, desde que atendido o único fundamento possível, que é a situação econômica do sujeito passivo.

d) Trata-se, nesse caso, de anistia, uma vez que todo o débito está sendo perdoado.

e) Somente o instituto da remissão pode se enquadrar nesse exemplo.

COMENTÁRIOS

✪ **Nota dos autores:** Para a questão, importante relembrar os institutos da isenção, remissão, anistia e moratória.

Alternativa "a": Como houve o perdão da dívida, incluindo-se as penalidades, é correto afirmar que se trata de remissão e não de isenção. A isenção é forma de exclusão do crédito tributário (art. 176 *ss* do CTN), ou seja, é dispensa legal do pagamento de tributo devido e não da penalidade. Esse é o conceito estritamente legal, uma vez que a doutrina entende de maneira diferente: na isenção, sequer há a ocorrência do fato gerador, pois a norma de incidência é excepcionada.

Alternativa "b": A moratória é uma dilatação no prazo de pagamento de tributos advindo da lei. É causa de suspensão do crédito tributário (art. 151, I do CTN). Relembre-se que a moratória alcança apenas os créditos definitivamente constituídos à data da lei ou do despacho que a conceder, ou cujo lançamento já tenha sido iniciado, salvo disposição de lei em contrário (art. 154 do CTN).

Alternativa "c": A situação econômica do sujeito passivo não é o único fundamento da remissão. Existem outras hipóteses previstas no art. 172 do CTN, a saber: erro ou ignorância escusáveis do sujeito passivo, quanto à matéria de fato; diminuta importância do crédito tributário; considerações de equidade, em relação com as características pessoais ou materiais do caso; e condições peculiares a determinada região do território da entidade tributante.

Alternativa "d": Na remissão há o perdão de todo o crédito tributário, envolvendo, aí, o tributo e a multa. Quanto à anistia, o perdão alcança apenas a multa.

Alternativa "e": O enunciado da questão menciona que o projeto de lei perdoava o débito tributário principal, bem como suas penalidades. Diante dessa informação, é possível concluir que se trata do instituto da remissão. Isso porque, a remissão é hipótese de extinção do crédito tributário. É o perdão total da dívida pelo Fisco (a expressão crédito tributário refere-se a *tributos e multas*) que depende de lei autorizativa.

Alternativa correta: letra "e".

---

211. (Cespe – Procurador do Estado – AL/ 2008) Lei sancionada em uma unidade da Federação autorizou a administração fazendária a conceder perdão sobre a parcela do principal do crédito tributário, constituído pela falta de pagamento no prazo correto, seguindo os requisitos legais.

A situação acima descrita caracteriza o instituto da

a) anistia, já que uma parcela do crédito tributário será perdoada.

b) isenção, pois parcela do crédito não será lançada.

c) anistia, em virtude de se perdoar apenas a parcela do principal do crédito tributário.

d) remissão, pois esta pode ser concedida parcialmente e recai sobre a parcela do principal da dívida.

e) moratória tributária.

COMENTÁRIOS

Alternativa "a": Não é caso de anistia, mas sim de remissão. A *anistia* (arts. 180 a 182 CTN) é hipótese de *exclusão* do crédito tributário. É perdão legal de infrações realizada antes do lançamento (antes da constituição do crédito tributário)

Alternativa "b": Como houve o perdão da dívida é correto afirmar que se trata de remissão e não de isenção. A isenção, do ponto de vista legal, é forma de exclusão do crédito tributário (art. 176 *ss* do CTN), ou seja, é dispensa legal do pagamento de tributo devido e não da penalidade.

Alternativa "c": Não se trata de anistia, mas do instituto da remissão. A *anistia* (arts. 180 a 182 CTN) é perdão legal de infrações realizada antes do lançamento (antes da constituição do crédito tributário).

Alternativa "d": A remissão é o instituto de que trata a questão. É hipótese de *extinção* do crédito tributário pelo perdão da dívida pelo Fisco. Nos termos do art. 172 do CTN, a lei pode autorizar a autoridade administrativa a conceder, por despacho fundamentado, remissão *total ou parcial* do crédito tributário.

Alternativa "e": A questão trata da remissão e não da moratória. Esta é uma dilatação no prazo de pagamento de tributos advindo da lei. É causa de suspensão do crédito tributário (art. 151, I do CTN).

Alternativa correta: letra "d".

---

212. (FMP – Procurador do Estado – AC/ 2012) Dadas as assertivas abaixo, assinale a alternativa correta.

I. De acordo com o entendimento do STJ, o contribuinte pode optar por receber, por meio de precatório ou por compensação, o indébito tributário certificado por sentença declaratória transitada em julgado.

II. Conforme entendimento do STJ é incabível o mandado de segurança para convalidar a compensação tributária realizada pelo contribuinte.

III. O ajuizamento da ação anulatória de auto de lançamento não prescinde do depósito prévio do montante integral do crédito tributário.

IV. O mandado de segurança constitui ação adequada para a declaração do direito à compensação tributária.

a) Estão corretas apenas as assertivas I e II.

b) Estão corretas apenas as assertivas II e III.

c) Estão corretas apenas as assertivas II, III e IV.

d) Estão corretas apenas as assertivas I, II e IV.

COMENTÁRIOS

✪ **Nota dos autores:** A questão demanda o conhecimento dos enunciados das Súmulas e jurisprudências dos Tribunais Superiores.

Item I: Transcreve o enunciado nº 461 da Súmula do STJ: "O contribuinte pode optar por receber, por meio de precatório ou por compensação, o indébito tributário certificado por sentença declaratória transitada em julgado".

Item II: É o teor da Súmula nº 460 do STJ: "É incabível o mandado de segurança para convalidar a compensação tributária realizada pelo contribuinte".

Item III: Está incorreta. O ajuizamento da ação anulatória de auto de lançamento prescinde do depósito prévio do montante integral do crédito tributário. A diferença é que, sem o depósito, não haverá suspensão da exigibilidade do crédito tributário e, por sua vez, da execução fiscal. Com o depósito, nada impede o ajuizamento da execução fiscal. No ponto, cumpre lembrar o enunciado nº 28 da Súmula Vinculante do STF dispõe: "É inconstitucional a exigência de depósito prévio como requisito de admissibilidade de ação judicial na qual se pretenda discutir a exigibilidade do crédito tributário."

Item IV: É a transcrição da Súmula nº 213 do STJ: "O mandado de segurança constitui ação adequada para a declaração do direito à compensação tributária".

Alternativa correta: letra "d": Estão corretas apenas as assertivas I, II e IV.

---

213. (FCC – Procurador do Estado – SP/ 2012) Considere as seguintes afirmações:

I. No Código Tributário Nacional há uma causa de extinção do crédito tributário que, cronologicamente, ocorre antes de sua própria constituição.

II. O parcelamento, por ser forma de pagamento, é causa de extinção do crédito tributário.

III. Isenção e remissão são cronologicamente anteriores ao nascimento do crédito tributário.

IV. A lei que dispensa o pagamento de valor de multa decorrente de auto de infração configura anistia, causa de exclusão do crédito tributário já constituído, nos termos do disposto no Código Tributário Nacional.

V. Na normatização brasileira, não há possibilidade de extinção do crédito tributário mediante a entrega ao fisco de algo que não seja dinheiro.

Está correto APENAS o que se afirma em

a) I e IV.

b) IV e V.

c) II, III e IV.

d) II e IV.

e) III e V.

COMENTÁRIOS

✪ **Nota dos autores:** A questão abordou em sua inteireza os temas da exclusão, suspensão e extinção do crédito tributário.

Item I: A causa de extinção do crédito tributário que, cronologicamente, ocorre antes de sua própria constituição é a decadência. Lembre-se que tal instituto obsta o direito de lançar, ou seja, de constituir o crédito tributário. Logo, no Código Tributário Nacional há sim uma causa de extinção do crédito tributário que, cronologicamente, ocorre antes de sua própria constituição: a decadência.

Item II: O parcelamento é causa de suspensão da exigibilidade do crédito tributário, segundo o art. 151, inciso VI, do CTN e não causa de extinção como mencionado na assertiva.

Item III: A Isenção, hipótese de exclusão do crédito tributário, é cronologicamente posterior ao nascimento do crédito. Só se exclui o que já existe. A remissão, ou seja, o perdão da dívida pelo fisco, é hipótese de extinção do crédito tributário, e, portanto, posterior também à sua constituição.

Item IV: Anistia, segundo o CTN (art. 180), é o perdão das infrações cometidas anteriormente à vigência da lei que a concede. Dito isso, é verdadeiro afirmar que a lei que dispensa o pagamento de valor de multa decorrente de auto de infração configura anistia, causa de exclusão do crédito tributário já constituído.

Item V: Nos termos do art. 156, XI do CTN, incluído pela LC n.104/2001, é possível a extinção do crédito tributário com bem que não seja dinheiro, através do instituto denominado dação em pagamento. Tal modo extintivo poderá ser realizado através da entrega de um bem imóvel (e não dinheiro) para saldar a dívida tributária. Registre-se, porém, que tal possibilidade deve ser regulada em lei.

Alternativa correta: letra "a": Estão corretos os itens I e IV.

10.4.1. PRESCRIÇÃO E DECADÊNCIA

214. (FCC – Procurador do Estado – PGE – AM/2022) O Supremo Tribunal Federal reconheceu ser inconstitucional a majoração de determinado tributo com decisão transitada em julgado em 25/10/2019. Ao perceber que tinha recolhido tributo a maior em pagamento de 26/10/2015, Heitor Fortificações Ltda. efetua compensação tributária correspondente em 23/12/2020, deixando de recolher o tributo na mesma data. Ao ser contestado por autoridades fazendárias, Heitor Fortificações Ltda. imediatamente ingressa com mandado de segurança em 25/10/2021. De acordo com o Código Tributário Nacional e a jurisprudência do Superior Tribunal de Justiça,

a) houve decadência do direito à impetração do mandado de segurança e do direito de repetir o indébito tributário.
b) o mandado de segurança é instrumento adequado à hipótese e houve prescrição do direito de repetir o indébito tributário.
c) o mandado de segurança não é instrumento adequado à hipótese e houve prescrição do indébito tributário.
d) o mandado de segurança é instrumento adequado à hipótese e não houve prescrição do indébito tributário.
e) o mandado de segurança é instrumento adequado à hipótese e houve decadência do direito a repetir o indébito tributário.

COMENTÁRIOS

Alternativa "a": Restou configurada a prescrição do indébito tributário, pois o pagamento se deu em 26/10/2015 e o prazo é de cinco anos a contar do pagamento. No tema 142, o STJ firmou a seguinte tese: "O prazo de prescrição quinquenal para pleitear a repetição tributária, nos tributos sujeitos ao lançamento de ofício, é contado da data em que se considera extinto o crédito tributário, qual seja, a data do efetivo pagamento do tributo. A declaração de inconstitucionalidade da lei instituidora do tributo em controle concentrado, pelo STF, ou a Resolução do Senado (declaração de inconstitucionalidade em controle difuso) é despicienda para fins de contagem do prazo prescricional tanto em relação aos tributos sujeitos ao lançamento por homologação, quanto em relação aos tributos sujeitos ao lançamento de ofício". Portanto, seu direito a compensar estava prescrito quando ele o fez. Quanto ao mandado de segurança, o prazo é de 120 dias contados do ato impugnado.

Alternativa "b": Sobre o tema, vale lembrar que "o mandado de segurança constitui ação adequada para a declaração do direito à compensação tributária (Súmula 213 do STJ). Entretanto, "é incabível mandado de segurança para convalidar compensação tributária realizada pelo contribuinte". (Súmula n. 460 do STJ). Apenas a parte final da assertiva está correta, pois houve prescrição do direito de repetir o indébito tributário.

Alternativa "c": Nos termos do enunciado n. 460 da Súmula do STJ "É incabível mandado de segurança para convalidar compensação tributária realizada pelo contribuinte". No que concerne à prescrição, o termo inicial para a repetição do indébito de tributo declarado inconstitucional será da data do pagamento do tributo lançado por homologação. No passado, o STJ entendia que o prazo prescricional para efeito do ajuizamento da ação deveria ser contado a partir da declaração de inconstitucionalidade pelo STF ou a data da resolução do Senado. No tema 142, no entanto, o STJ firmou a seguinte tese: "O prazo de prescrição quinquenal para pleitear a repetição tributária, nos tributos sujeitos ao lançamento de ofício, é contado da data em que se considera extinto o crédito tributário, qual seja, a data do efetivo pagamento do tributo. A declaração de inconstitucionalidade da lei instituidora do tributo em controle concentrado, pelo STF, ou a Resolução do Senado (declaração de inconstitucionalidade em controle difuso) é despicienda para fins de contagem do prazo prescricional tanto em relação aos tributos sujeitos ao lançamento por homologação, quanto em relação aos tributos sujeitos ao lançamento de ofício".

Alternativas "d" e "e": Conforme exposto no item anterior, é incabível mandado de segurança para convalidar compensação tributária realizada pelo contribuinte (Súmula n. 460 do STJ). Restou ainda configurada a prescrição do indébito tributário.

Alternativa correta: letra "c".

215. (FCC – Procurador do Estado – PGE – GO/2021) Em tributo sujeito à homologação, a empresa Ecológica Engenharia Ltda. declara ao Fisco tributos no valor de R$ 5.000,00. Todavia, por problemas financeiros, não efetua o pagamento do valor na data do vencimento. Passados 2 anos do vencimento, o Fisco inscreve o valor em dívida ativa. Após 6 anos do vencimento, Ecológica Engenharia Ltda. confessa o débito, aproveitando vantagem tributária outorgada pela legislação, com abatimento do valor devido em 50%, e inicia o processo de parcelamento em 10 parcelas mensais. A empresa paga 6 parcelas corretamente e deixa de pagar as demais. O Fisco, assim, rescinde o parcelamento e inicia a ação de execução fiscal, pelo valor remanescente, considerando o abatimento outorgado pela legislação do parcelamento. Nesse contexto, nos termos do Código Tributário Nacional e da jurisprudência do Superior Tribunal de Justiça, o Fisco está

a) incorreto, pois o débito está prescrito, mas não deve devolver o valor já pago pelo contribuinte.
b) incorreto, pois o débito está prescrito, e deve devolver as parcelas já pagas pelo contribuinte.
c) correto, uma vez que a constituição definitiva do crédito tributário se deu no momento da inscrição em dívida ativa.
d) correto, considerando que a inscrição em dívida ativa e o pedido de parcelamento interromperam o prazo prescricional.
e) incorreto, pois deveria cobrar o valor atual da dívida, desconsiderando a vantagem de 50% do parcelamento rescindido, mas abatendo os valores pagos.

COMENTÁRIOS

Alternativa "a": O débito está prescrito, porém o fisco deve devolver o valor já pago pelo contribuinte. Confira o entendimento do STJ: (...) o parcelamento postulado depois de transcorrido o prazo prescricional não restabelece a exigibilidade do crédito tributário. Isso por que (a) não é possível interromper a prescrição de crédito tributário já prescrito; e (b) a prescrição tributária não está sujeita à renúncia, uma vez que ela não é causa de extinção apenas do direito de ação, mas, sim, do próprio direito ao crédito tributário (art. 156, V do CTN). (STJ – AgInt no AREsp: 1156016 SE 2017/0208225-7, Relator: Ministro NAPOLEÃO NUNES MAIA FILHO, Data de Julgamento: 01/06/2020, T1 – PRIMEIRA TURMA, Data de Publicação: DJe 04/06/2020) "

Alternativa "b": O crédito tributário não nasce da vontade do contribuinte, através do parcelamento, mas da vontade da lei. Portanto, dívida prescrita, ainda que parcelada, não se torna exigível. Desse modo, qualquer pagamento feito deve ser devolvido, nos termos do AREsp 1156016 abaixo. Deve o fisco restituir os pagamentos realizados pelo contribuinte via parcelamento. A prescrição no direito tributário enseja a repetição do indébito tributário, ou seja, no caso de pagamento indevido pelo contribuinte é cabível a restituição dos valores. A respeito, confira o entendimento do STJ: (...) o parcelamento postulado depois de transcorrido o prazo prescricional não restabelece a exigibilidade do crédito tributário. Isso por que (a) não é possível interromper a prescrição de crédito tributário já prescrito; e (b) a prescrição tributária não está sujeita à renúncia, uma vez que ela não é causa de extinção apenas do direito de ação, mas, sim, do próprio direito ao crédito tributário (art. 156, V do CTN). (STJ – AgInt no AREsp: 1156016 SE 2017/0208225-7, Relator: Ministro NAPOLEÃO NUNES MAIA FILHO, Data de Julgamento: 01/06/2020, T1 – PRIMEIRA TURMA, Data de Publicação: DJe 04/06/2020) "

Alternativa "c": Nos tributos sujeitos ao lançamento por homologação, a declaração do sujeito passivo constitui o crédito tributário. O Enunciado n. 436 da Súmula do STJ dispõe que: "A entrega de declaração pelo contribuinte reconhecendo débito fiscal constitui o crédito tributário, dispensada qualquer outra providência por parte do fisco". Logo, a contagem do prazo prescricional se deu no momento da declaração da empresa, restando claro que na ocasião da propositura do executivo fiscal, o crédito já estava extinto pela prescrição.

Alternativa "d": A inscrição em dívida ativa não interrompe o prazo prescricional. O artigo 2º, § 3º, da Lei de Execuções Fiscais – LEF (Lei 6.830/80), dispõe que a inscrição do débito, ato de controle administrativo da legalidade, será feita pelo órgão competente para apurar a liquidez e certeza do crédito e suspenderá a prescrição, para todos os efeitos de direito, por 180 dias, ou até a distribuição da execução fiscal, se esta ocorrer antes de findo aquele prazo. Ocorre que, o STJ também considera que, no caso de execuções fiscais de dívida ativa tributária, a prescrição deve ser regulada pelo CTN (recepcionado pela Carta Constitucional de 1988 como lei complementar) e não pela LEF (lei ordinária), já que o artigo 146, inciso III, alínea "b", da CF reserva à lei complementar a disciplina da prescrição tributária. Veja a seguinte ementa: "TRIBUTÁRIO. AGRAVO REGIMENTAL. EXECUÇÃO FISCAL. PRESCRIÇÃO. AUSÊNCIA DE CITAÇÃO. NÃO INTERRUPÇÃO DO PRAZO PRESCRICIONAL. ART. 174 DO CTN. PREVALÊNCIA SOBRE O ART. 2º, § 3º, DA LEI 6.830/1980. 1. A suspensão do lapso prescricional de 180 (cento e oitenta) dias prevista no art. 2º, § 3º, da Lei 6.830 somente é aplicável às dívidas de natureza não tributária. Em hipóteses como a dos autos, em que se trata de execução de crédito relativo a Imposto de Renda, a matéria é regulada pelo art. 174 do Código Tributário Nacional. 2. Agravo Regimental não provido" (STJ – AgRg no Ag 1054859/SP).

Alternativa "e": Conforma exposto nos itens acima, o crédito tributário já estava extinto pelo decurso do prazo prescricional no momento da propositura do executivo fiscal (art. 174 do CTN).

Alternativa correta: letra "b".

---

216. (Cespe – Procurador do Estado – PGE – PE/2018) Determinado tributo deveria ter sido lançado no dia 5 de setembro de 2016, uma segunda-feira, mas o contribuinte não providenciou a declaração do débito. A legislação desse tributo atribuiu ao sujeito passivo o dever de antecipar o pagamento sem prévio exame da autoridade administrativa.

Nessa situação hipotética, considerando-se a posição majoritária do STJ, a data correta para o início da contagem do prazo quinquenal para a fazenda pública constituir o crédito tributário é o

a) dia 5 de setembro de 2016.

b) dia 6 de setembro de 2016.

c) último dia útil de setembro de 2016.

d) primeiro dia útil de outubro de 2016.

e) dia 1° de janeiro de 2017.

COMENTÁRIOS

Alternativas "a", "b", "c" e "d": O dia 1° de janeiro de 2017 é a data correta para o início da contagem do prazo quinquenal para a fazenda pública constituir o crédito tributário. É a inteligência do Enunciado da Súmula n. 555 do STJ cumulado com o art. 173, inciso I, do CTN. Confira o comentário abaixo.

Alternativa "e": Conforme dito acima, o dia 1° de janeiro de 2017 é a data correta para o início da contagem do prazo quinquenal para a fazenda pública constituir o crédito tributário. Como o contribuinte não providenciou a declaração do débito (tributo sujeito ao lançamento por homologação), o Fisco terá 5 anos para realizar o lançamento de ofício, ou seja, a Administração Tributária fará o lançamento direto substitutivo (art. 149, V, do CTN). O fundamento da questão encontra-se no Enunciado da Súmula n. 555 do STJ cumulado com o art. 173, inciso I, do CTN. Confira: Súmula 555-STJ: "Quando não houver declaração do débito, o prazo decadencial quinquenal para o Fisco constituir o crédito tributário conta-se exclusivamente na forma do art. 173, I, do CTN, nos casos em que a legislação atribui ao sujeito passivo o dever de antecipar o pagamento sem prévio exame da autoridade administrativa. Outrossim, dispõe o art. 173 do CTN: "Art. 173 CTN. O direito de a Fazenda Pública constituir o crédito tributário extingue-se após 5 (cinco) anos, contados: I - do primeiro dia do exercício seguinte àquele em que o lançamento poderia ter sido efetuado;

Alternativa correta: letra "e".

217. (FCC - Procurador do Estado - PGE - AP/2018) Um determinado Estado concedeu desconto de 80% sobre as multas moratórias aplicáveis aos contribuintes devedores do ICMS, desde que eles (1) requeressem esse benefício até o dia 30/06/2010, (2) confessassem expressamente o débito do imposto e dos encargos incidentes sobre ele, e (3) efetuassem o pagamento de todo o crédito tributário devido, com o referido desconto, em, no máximo, 12 parcelas consecutivas. O não pagamento de qualquer parcela, na data de vencimento, autorizaria a Fazenda Pública estadual a romper o acordo e a ingressar, imediatamente, com ação de execução fiscal, para cobrança do valor remanescente, objeto de confissão.

Determinada empresa requereu o benefício em 25/10/2010, relativamente a um débito líquido e certo, constituído definitivamente no mês de maio de 2006, confessou o débito na mesma data, mas só pagou a primeira das 12 parcelas. Em razão disso, foi proposta a ação de execução fiscal, e a empresa em questão foi regularmente citada em 10/02/2014. Ao oferecer seus embargos à execução, dias depois de sua citação, ela alegou, entre outras coisas, a ocorrência de prescrição. A decisão de primeira instância só foi proferida em março de 2016. A tramitação do processo nunca parou.

Tendo em vista as normas do Código Tributário Nacional acerca desta matéria, na data em que foi proferida a referida sentença,

a) ainda não tinha ocorrido a prescrição.
b) já tinha ocorrido a prescrição, em maio de 2011.
c) já tinha ocorrido a prescrição, em junho de 2015.
d) ainda não tinha ocorrido a prescrição, mas tinha ocorrido a decadência.
e) já tinha ocorrido a prescrição, na data do oferecimento dos embargos pelo executado.

COMENTÁRIOS

Alternativa "a": É cediço que o parcelamento suspende a exigibilidade do crédito tributário nos termos do art. 151, inciso VI, do CTN. Outrossim, o parágrafo único do art. 174 CTN prescreve que a prescrição se interrompe por qualquer ato inequívoco ainda que extrajudicial, que importe em reconhecimento do débito pelo devedor. Nesse sentido, entende o STJ que "o pedido de parcelamento interrompe o prazo prescricional, por constituir reconhecimento inequívoco do débito, nos termos do art. 174, parágrafo único, IV, do CTN" (STJ, REsp 1.493.115/SP, Rel. Ministro MAURO CAMPBELL MARQUES, SEGUNDA TURMA, DJe de 25/09/2015). Portanto, como o contribuinte confessou a dívida, a prescrição foi interrompida a partir deste ato que, conforme visto alhures importa em reconhecimento da dívida. Logo, o prazo prescricional começou a correr a partir do dia 25/10/2010, se exaurindo no dia 25/10/2015. Assim, a dívida não estava prescrita.

Alternativas "b", "c", "d" e "e": Segundo demonstrado linhas acima, na data em que foi proferida a referida sentença, ainda não tinha ocorrido o advento da prescrição. Confira os comentários do item anterior.

Alternativa correta: letra "a".

218. (Fundatec - Procurador do Estado - RS/2015) Quanto à decadência e à prescrição tributárias, analise as assertivas abaixo:

I. O direito de pleitear a restituição do indébito extingue-se com o decurso do prazo de 5 (cinco) anos, contados da data do pagamento, ressalvada a hipótese de reforma, anulação, revogação ou rescisão de decisão condenatória.

II. O parcelamento do débito tributário implica a interrupção da prescrição da pretensão fazendária à sua cobrança.

III. A ação anulatória da decisão administrativa que denegar a restituição prescreve em 5 (cinco) anos.

IV. O direito de a Fazenda Pública constituir o crédito tributário extingue-se após 5 (cinco) anos, contados da data em que se tornar definitiva a decisão que houver anulado, por vício material, o lançamento anteriormente efetuado.

Após a análise, pode-se dizer que:

a) Estão corretas apenas as assertivas I e II.
b) Estão corretas apenas as assertivas I, II e III.
c) Estão corretas apenas as assertivas I, II e IV.
d) Estão corretas apenas as assertivas II, III e IV.
e) Todas as assertivas estão corretas.

COMENTÁRIOS

Item I: Assertiva em conformidade com o disposto no art. 168, inciso II, do CTN, confira: "Art. 168. O direito de pleitear a restituição extingue-se com o decurso do prazo de 5 (cinco) anos, contados: I – nas hipóteses dos incisos I e II do artigo 165, da data da extinção do crédito tributário; II – na hipótese do inciso III do artigo 165, da data em que se tornar definitiva a decisão administrativa ou passar em julgado a decisão judicial que tenha reformado, anulado, revogado ou rescindido a decisão condenatória".

Item II: Conforme previsto no CTN, no seu art. 174, parágrafo único, inciso IV, "a ação para a cobrança do crédito tributário prescreve em cinco anos, contados da data da sua constituição definitiva. Parágrafo único. A prescrição se interrompe: (...) IV – por qualquer ato inequívoco ainda que extrajudicial, que importe em reconhecimento do débito pelo devedor." Assim, o parcelamento do débito tributário pode ser considerado causa de interrupção da prescrição, pois há nítido reconhecimento da dívida pelo contribuinte.

Item III: Incorreto. Vejamos o que dispõe o CTN: "Art. 169. Prescreve em dois anos a ação anulatória da decisão administrativa que denegar a restituição". Observe que o referido prazo não se confunde com o disposto no art. 168 do CTN que prevê o prazo de 5 (cinco) anos para pleitear a restituição. Nesse sentido, confira o "Item I" acima citado.

Item IV: O erro da assertiva está na expressão "por vício material". Confira o CTN: "Art. 173. O direito de a Fazenda Pública constituir o crédito tributário extingue-se após 5 (cinco) anos, contados: (...) II – da data em que se tornar definitiva a decisão que houver anulado, por vício formal, o lançamento anteriormente efetuado.

Alternativa correta: letra "a": Estão corretos os itens I e II. Vejamos cada um deles:

---

219. (PUC – Procurador do Estado – PR/2015) Sobre a prescrição e a decadência em matéria tributária, assinale a alternativa CORRETA.

a) A suspensão da exigibilidade do crédito tributário na via judicial não impossibilita a Fazenda Pública de proceder à regular constituição do crédito tributário com vistas a prevenir a decadência do direito de lançar.

b) Declarado e não pago o tributo sujeito a lançamento por homologação, tem-se como início do prazo decadencial de 05 (cinco) anos o dia do vencimento da obrigação.

c) O protesto de certidão de dívida ativa é causa interruptiva da prescrição tributária.

d) O termo inicial da prescrição tributária é a data da constituição definitiva do crédito, que se dá, nos casos de lançamento de ofício, no primeiro dia do exercício financeiro seguinte ao do lançamento.

e) O direito de a Fazenda Pública constituir o crédito tributário extingue-se após 05 (cinco) anos, contados da data em que se tornar definitiva a decisão que houver anulado, por vício material, o lançamento anteriormente efetuado.

COMENTÁRIOS

Alternativa "a": Já se manifestou o STJ pela possibilidade de a Fazenda Pública realizar o lançamento do crédito tributário, mesmo quando verificada uma das hipóteses previstas no citado art. 151 do CTN. Confira: "TRIBUTÁRIO. EMBARGOS DE DIVERGÊNCIA. LANÇAMENTO POR HOMOLOGAÇÃO. DECADÊNCIA. PRAZO QUINQUENAL. MANDADO DE SEGURANÇA. MEDIDA LIMINAR. SUSPENSÃO DO PRAZO. IMPOSSIBILIDADE. 1. Nas exações cujo lançamento se faz por homologação, havendo pagamento antecipado, conta-se o prazo decadencial a partir da ocorrência do fato gerador (art. 150, § 4º, do CTN), que é de cinco anos. 2. Somente quando não há pagamento antecipado, ou há prova de fraude, dolo ou simulação é que se aplica o disposto no art. 173, I, do CTN. 3. A suspensão da exigibilidade do crédito tributário na via judicial impede o Fisco de praticar qualquer ato contra o contribuinte visando à cobrança de seu crédito, tais como inscrição em dívida, execução e penhora, mas não impossibilita a Fazenda de proceder à regular constituição do crédito tributário para prevenir a decadência do direito de lançar. 4. Embargos de divergência providos. (EREsp 572.603/PR, Rel. Ministro CASTRO MEIRA, PRIMEIRA SEÇÃO, julgado em 08/06/2005, DJ 05/09/2005, p. 199)

Alternativa "b": Nos tributos sujeitos ao lançamento por homologação, quando há declaração e o pagamento não é realizado, conta-se o prazo prescricional (e não decadencial), consoante enunciado n. 436 da Súmula do STJ: *"A entrega de declaração pelo contribuinte, reconhecendo o débito fiscal, constitui o crédito tributário, dispensada qualquer outra providencia por parte do Fisco"*. Confira a tabela abaixo tratando da decadência e prescrição nos tributos sujeitos ao lançamento por homologação:

Tributos sujeitos ao lançamento por homologação		
Houve Declaração	Houve Pagamento	Efeito
Sim	Sim (total ou parcial)	Decadência – Data da ocorrência do fato gerador (Art. 150, §4º)
Sim	Não	Ocorre a constituição do crédito tributário – Ocorre a Prescrição / Súmula 436 do STJ: *"A entrega de declaração pelo contribuinte, reconhecendo o débito fiscal, constitui o crédito tributário, dispensada qualquer outra providencia por parte do Fisco"*
Não	Não	Decadência – Art. 173, I – 1º dia do exercício seguinte àquele que o lançamento poderia ter sido efetuado. Súmula 555 do STJ: "Quando não houver declaração do débito, o prazo decadencial quinquenal para o Fisco constituir o crédito tributário conta-se exclusivamente na forma do CTN, art. 173, I nos casos em que a legislação atribui ao sujeito passivo o dever de antecipar o pagamento sem prévio exame da autoridade administrativa."
Fraude, Dolo, Simulação		Decadência – Art. 173, I – 1º dia do exercício seguinte àquele que o lançamento poderia ter sido efetuado.

Alternativa "c": As hipóteses de interrupção da prescrição estão descritas no parágrafo único do art.174 CTN, não contemplando, portanto, o protesto de certidão de dívida ativa como causa interruptiva. Confira: "Art. 174. (...) Parágrafo único. A prescrição se interrompe: I – pelo despacho do juiz que ordenar a citação em execução fiscal; II – pelo protesto judicial; III – por qualquer ato judicial que constitua em mora o devedor; IV – por qualquer ato inequívoco ainda que extrajudicial, que importe em reconhecimento do débito pelo devedor.

Alternativa "d": Apenas a primeira parte da assertiva está correta e em conformidade com o art. 174 do CTN:

"Art. 174. A ação para a cobrança do crédito tributário prescreve em cinco anos, contados da data da sua constituição definitiva". Ocorre que nos tributos sujeitos ao lançamento de ofício, a data da constituição definitiva depende: (i) da interposição ou não de recurso antes da data de vencimento do pagamento do tributo: (ii) do vencimento do pagamento do tributo sem qualquer recurso; e (iii) do julgamento definitivo do recurso, quando interposto no prazo. Sendo assim, apenas após análise de cada hipótese específica é que se pode afirmar, com precisão, do termo a quo da contagem do prazo prescricional.

Alternativa "e": O direito de a Fazenda Pública constituir o crédito tributário extingue-se após 05 (cinco) anos, contados da data em que se tornar definitiva a decisão que houver anulado, por vício formal (e não material), o lançamento anteriormente efetuado (art. 173, inciso II, do CTN).

Alternativa correta: letra "a".

---

220. (FEPESE – Procurador do Estado – SC/ 2009) Em relação ao prazo para a Fazenda Pública constituir o crédito tributário, conforme o Código Tributário Nacional, analise os seguintes fatos relativos a um contribuinte do imposto sobre operações relativas à circulação de mercadorias e sobre prestações de serviços de transporte interestadual e intermunicipal e de comunicação (ICMS).

1) Situação 1: Em março de 2005 realizou vendas, mas, utilizando-se do expediente de constar valor inferior ao da venda real nas vias das notas fiscais destinadas ao fisco e ao registro fiscal e contábil, não pagou imposto relativo a essas diferenças.
2) Situação 2: Realizou ainda, em 15 de maio de 2005, vendas que foram devidamente registradas em todos os livros obrigatórios, à disposição do fisco, porém, efetuou apenas pagamento parcial.

Foi realizada fiscalização em março de 2007, mas, por falta funcional da autoridade fiscal, não foram constatadas vendas não registradas nem insuficiência de pagamento de imposto. Não foi efetuado lançamento direto.

Observe que: para a resposta dessa questão não poderá ser aplicada interpretação que aceitaria conjugar um prazo de cinco anos e mais cinco para decadência.

Assinale a alternativa correta:

a) A contagem do prazo de decadência é reiniciada em março de 2007.

b) A data de início de contagem do prazo de decadência é, nas duas situações, o primeiro dia do ano de 2006.

c) A data de início de contagem do prazo de decadência é, nas duas situações, a do fato gerador.

d) Na data da fiscalização ocorreu a homologação, com a extinção do direito de proceder a outro lançamento em relação a possíveis débitos anteriores.

e) A data de início da contagem do prazo de decadência é o primeiro dia do ano de 2006, na primeira situação, e 15 de maio de 2005, na segunda.

COMENTÁRIOS

✪ **Nota dos autores:** A questão exige conhecimento da jurisprudência consolidada do STJ, apesar dos desencontros da doutrina sobre o tema.

Alternativa "a": A realização da fiscalização não tem o condão de reiniciar o prazo da decadência.

Alternativa "b": Como explicado no item "e", só se posterga o início do prazo decadencial nos tributos sujeitos a lançamento por homologação nas hipóteses de dolo, fraude ou simulação, o que se deu apenas na Situação 1.

Alternativa "c": Em caso de dolo, fraude ou simulação, a jurisprudência do STJ é no sentido de postergar a data de início do prazo prescricional para o primeiro dia do exercício seguinte à ocorrência do fato gerador.

Alternativa "d": A questão não permite afirmar que houve homologação expressa da autoridade administrativa, até porque, pela redação do art. 150, § 4º do CTN, só se fala em homologação expressa quando há o efetivo pagamento do tributo devido, fato inocorrido na espécie.

Alternativa "e": A jurisprudência do STJ é no sentido de que a decadência, nos tributos sujeitos ao lançamento por homologação, como o ICMS, conta-se a partir da ocorrência do fato gerador (art. 150, § 4º do CTN). Assim, na hipótese em que o contribuinte antecipa o pagamento do tributo, ainda que parcial, como se deu na Situação 2, como houve declaração correta do fato gerador, considera-se o prazo decadencial a partir da ocorrência do fato gerador. No entanto, quando há dolo, fraude ou simulação, na linha da redação final do § 4º do art. 150 do CTN, a jurisprudência é unânime que deve se aplicar a contagem do prazo decadencial descrita no art. 173, I, do CTN, que posterga o prazo para o primeiro dia do exercício seguinte àquele em que o lançamento poderia ter sido efetuado. Assim, para o fato gerador de março de 2005, Situação 1, tem-se o prazo decadencial iniciado a partir do primeiro dia do ano de 2006.

Alternativa correta letra "e".

---

221. (FEPESE – Procurador do Estado – SC/ 2009) O lançamento tributário, exigindo imposto devido e não pago, foi realizado em 30.01.2003, sendo que o contribuinte apresentou impugnação administrativa em 28.02.2003. Decisão administrativa irrecorrível, mantendo o ato fiscal, deu-se em 28.02.2004, e considere-se a ciência do contribuinte regularmente ocorrida na mesma data. O crédito tributário foi inscrito em dívida ativa em 30.09.2004 e ajuizada ação de execução fiscal em 20.02.2009. O juiz, mediante despacho, ordenou a citação do executado em 03.03.2009, o qual foi efetivamente citado em 06.03.2009.

De acordo com esses dados assinale a alternativa correta:

a) A impugnação administrativa interrompeu a prescrição.

b) A inscrição em dívida ativa interrompeu a prescrição.

c) A ação de execução foi ajuizada indevidamente, pois já estava prescrita.

d) Ocorreu a interrupção da prescrição a partir de 03.03.2009.

e) Ocorreu a interrupção da prescrição a partir de 06.03.2009.

COMENTÁRIOS

✪ **Nota dos autores:** A questão chama a atenção para a contagem do prazo de prescrição com a alteração dada pela LC nº 118/05.

Alternativa "a": Enquanto o crédito não pode ser exigido, não se pode falar em prazo de prescrição. Assim, com a impugnação administrativa foi suspensa a exigibilidade do crédito tributário (art. 151, III do CTN), mas não se tinha, até então, o início do prazo prescricional, pois esse só é contado a partir da constituição definitiva do crédito tributário.

Alternativa "b": A inscrição em dívida ativa não interrompe a prescrição. Sobre o tema é bom lembrar que a referida inscrição não dá início a contagem de prazo prescricional, sendo, consoante entendimento do STJ, uma mera providência burocrática. (REsp 605.037/MG, Rel. Min. Eliana Calmon, DJ 07.06.2004).

Alternativa "c": A ação foi ajuizada em tempo, visto que o seu prazo é de cinco anos a contar da constituição definitiva do crédito tributário. Como tal se deu em 28.02.2004 e a ação foi ajuizada em 20.02.2009, não se havia ultrapassado o prazo de cinco anos (art. 174 do CTN).

Alternativa "d": Segundo a redação do art. 174, parágrafo único, inciso I, o despacho do juiz que ordena a citação em execução fiscal é ato interruptivo da prescrição. Essa redação foi dada pela LC nº 118/05, visto que, até o advento da novel lei, apenas a citação válida interrompia a prescrição.

Alternativa "e": O despacho do juiz que ordena a citação é suficiente para a interrupção da prescrição, sendo desnecessário se comprovar a efetiva citação.

Alternativa correta letra "d".

---

222. (FCC – Procurador do Estado – RO/ 2011) A ação para a cobrança do crédito tributário prescreve no prazo de cinco anos, sendo que ocorre a interrupção do referido prazo, segundo o Código Tributário Nacional, desde

a) a notificação do lançamento tributário ao contribuinte.

b) a penhora dos bens pelo devedor.

c) a inscrição do tributo na dívida ativa pelo ente tributante.

d) o julgamento em 1a instância do recurso administrativo.

e) o despacho do juiz que ordenar a citação em execução fiscal.

COMENTÁRIOS

Alternativa "a": A notificação do lançamento tributário ao contribuinte não interrompe a prescrição. Segundo o parágrafo único, do art. 174 do CTN, ocorre a interrupção da prescrição: I) pelo despacho do juiz que ordenar a citação em execução fiscal; II) pelo protesto judicial; III) por qualquer ato judicial que constitua em mora o devedor e IV) por qualquer ato inequívoco ainda que extrajudicial, que importe em reconhecimento do débito pelo devedor.

Alternativa "b": A penhora dos bens pelo devedor não interrompe a prescrição. Segundo o parágrafo único, do art. 174 do CTN, ocorre a interrupção da prescrição: I) pelo despacho do juiz que ordenar a citação em execução fiscal; II) pelo protesto judicial; III) por qualquer ato judicial que constitua em mora o devedor e IV) por qualquer ato inequívoco ainda que extrajudicial, que importe em reconhecimento do débito pelo devedor.

Alternativa "c": A inscrição do tributo na dívida ativa pelo ente tributante não interrompe a prescrição. Sobre o tema é bom lembrar que a referida inscrição não dá início a contagem de prazo prescricional, sendo, consoante entendimento do STJ, uma mera providência burocrática. (REsp 605.037/MG, Rel. Min. Eliana Calmon, DJ 07.06.2004). Ademais, segundo o parágrafo único, do art. 174 do CTN, ocorre a interrupção da prescrição: I) pelo despacho do juiz que ordenar a citação em execução fiscal; II) pelo protesto judicial; III) por qualquer ato judicial que constitua em mora o devedor e IV) por qualquer ato inequívoco ainda que extrajudicial, que importe em reconhecimento do débito pelo devedor.

Alternativa "d": O julgamento em 1ª instância do recurso administrativo não interrompe a prescrição. Segundo o parágrafo único, do art. 174 do CTN, ocorre a interrupção da prescrição: I) pelo despacho do juiz que ordenar a citação em execução fiscal; II) pelo protesto judicial; III) por qualquer ato judicial que constitua em mora o devedor e IV) por qualquer ato inequívoco ainda que extrajudicial, que importe em reconhecimento do débito pelo devedor.

Alternativa "e": O despacho do juiz que ordenar a citação em execução fiscal interrompe a prescrição nos termos do que prevê o parágrafo único do art. 174 do CTN. As demais causas são: pelo protesto judicial; por qualquer ato judicial que constitua em mora o devedor e por qualquer ato inequívoco ainda que extrajudicial, que importe em reconhecimento do débito pelo devedor.

Alternativa correta: letra "e".

---

223. (Cespe – Procurador do Estado – ES/ 2008) Acerca do direito tributário brasileiro, julgue os itens.

Considere a seguinte situação hipotética. Em razão do pagamento a menor do imposto sobre operações relativas à circulação de mercadorias (ICMS), a autoridade fazendária competente lavrou auto de infração contra a Êxito Papelaria Ltda., em maio de 1995. Regularmente notificada, a contribuinte apresentou defesa, que foi julgada em 15/10/1999, sendo que o edital de notificação da contribuinte foi publicado em 20/1/2000. O débito foi devidamente inscrito em dívida ativa em 10/1/2001 e o aforamento da ação de execução fiscal ocorreu em 12/5/2004. Ao tomar conhecimento da ação de execução fiscal, a Êxito Papelaria Ltda. opôs exceção de préexecutividade, alegando a prescrição, em 10/1/2005. Nessa situação, o juízo competente deve acolher as alegações da Êxito Papelaria Ltda., uma vez que ocorreu a prescrição do crédito tributário.

COMENTÁRIOS

Não houve a prescrição do crédito tributário. Observa-se que com a lavratura do auto de infração houve a constituição do crédito, ou seja, o lançamento acrescido da multa. Após apresentar a defesa administrativa ao auto de infração, houve o julgamento e o edital de notificação do contribuinte foi publicado em 20/1/2000. O cuidado do concursando é não firmar o termo *a quo* da contagem do prazo prescricional na data da inscrição na dívida ativa, em 10/1/2001, o que poderia levar a erro. Advirta-se que a referida inscrição do crédito na dívida ativa é mera providência burocrática, sem força para marcar termo prescricional (REsp 605.037/MG, Rel. Min. Eliana Calmon, DJ 07.06.2004).

errado

224. (FMP – Procurador do Estado – AC/ 2012) Assinale a alternativa incorreta, de acordo com o Código Tributário Nacional.

a) A responsabilidade por infrações da legislação tributária, salvo disposição de lei em contrário, independe da intenção do agente ou do responsável.
b) O benefício da denúncia espontânea não se aplica aos tributos sujeitos a lançamento por homologação, regularmente declarados, mas pagos a destempo.
c) O prazo decadencial para lavratura do auto de lançamento sempre terá início no primeiro dia do exercício seguinte àquele em que o lançamento poderia ter sido efetuado.
d) O sujeito passivo da obrigação principal diz-se contribuinte quando tenha relação pessoal e direta com a situação que constitua o respectivo fato gerador.

COMENTÁRIOS

✪ **Nota dos autores:** Olhe com desconfiança e tenha muito cuidado com questões que contemplam palavras como "sempre", "todos", "nenhum", "nunca" etc. Foi o caso da assertiva incorreta abaixo.

Alternativa "a": É o teor do art. 136 do CTN: "Salvo disposição de lei em contrário, a responsabilidade por infrações da legislação tributária independe da intenção do agente ou do responsável e da efetividade, natureza e extensão dos efeitos do ato".

Alternativa "b": Refere-se ao Enunciado de Súmula nº 360 STJ: "O benefício da denúncia espontânea não se aplica aos tributos sujeitos a lançamento por homologação regularmente declarados, mas pagos a destempo."

Alternativa "c": Não é "sempre" que a contagem do prazo decadencial para lavratura do auto de lançamento terá início no primeiro dia do exercício seguinte àquele em que o lançamento poderia ter sido efetuado. Essa é apenas uma das hipóteses previstas no art. 173 do CTN, especificamente no seu inciso I. Existe, ainda, o inciso II do mesmo dispositivo: "II – da data em que se tornar definitiva a decisão que houver anulado, por vício formal, o lançamento anteriormente efetuado". Para além disso, nas hipóteses do lançamento por homologação, há de se observar o art. 150, § 4º do CTN, que toma como marco inicial a ocorrência do fato gerador, salvo nas hipóteses de dolo, fraude ou simulação, em que a jurisprudência do STJ definiu como marco o prazo fixado no art. 173, I do CTN.

Alternativa "d": Transcrição do art. 121, parágrafo único, inciso I do CTN que define o sujeito passivo da obrigação principal. Lembre-se que o responsável tributário (inciso II do mesmo dispositivo) é aquele quando, sem revestir a condição de contribuinte, sua obrigação decorra de disposição expressa de lei.

Alternativa incorreta: letra "c".

225. (FCC – Procurador do Estado – SP/ 2012) A prescrição, no Direito Tributário,

a) atinge o direito material do fisco ao crédito tributário.
b) impede o lançamento do crédito tributário.
c) atinge apenas o direito processual de cobrança do crédito tributário.
d) tem os mesmos efeitos da prescrição no Direito Civil.
e) não é passível de interrupção do curso de seu prazo.

COMENTÁRIOS

✪ **Nota dos autores:** A prescrição tributária é causa extintiva do crédito tributário, assim como a decadência. Ambas as hipóteses estão previstas no art. 156, inciso V do CTN. Sobre o instituto da prescrição confira o art. 174 e seu parágrafo único do Código Tributário Nacional.

Alternativa "a": A assertiva induz o estudante a erro, por conta da confusão entre prescrição na teoria geral do direito e a prescrição tributária, revestida de especialidade. Assim, nos termos do art. 156, V, do CTN, a prescrição tributária é causa extintiva do crédito tributário, atingindo, portanto, o direito material do fisco ao crédito e, ainda, pressupõe a perda da pretensão para sua cobrança pela Fazenda Pública. Neste sentido, vale conferir a lição do professor Hugo de Brito Machado: "Na Teoria Geral do Direito a prescrição é a morte da ação que tutela o direito, pelo decurso do tempo previsto em lei para esse fim. O direito sobrevive, mas sem proteção. Distingue-se, neste ponto, da decadência, que atinge o próprio direito. O CTN, todavia, diz expressamente que a prescrição extingue o crédito tributário (art. 156, V). Assim, nos termos do Código, a prescrição não atinge apenas a ação para o crédito tributário, mas o próprio crédito, vale dizer, a relação material tributária" (In: Curso de Direito Tributário, 19ª ed., São Paulo: Malheiros, 2001, p. 182).

Alternativa "b": Consoante preceitua o art. 174 do CTN, "a ação para a cobrança do crédito tributário prescreve em cinco anos, contados da data da sua constituição definitiva". Logo, o termo a quo da contagem do prazo prescricional ocorre da data da constituição definitiva, ou seja, do lançamento tributário. Enfim, é a decadência tributária que obsta o direito de lançar o crédito e não a prescrição, conforme mencionou a assertiva. Em reforço: o prazo para a Fazenda Pública constituir (lançar) o crédito tributário é de natureza decadencial (art. 173 do CTN). Na prescrição há a perda do direito de cobrança do crédito tributário (art. 174 do CTN) e a extinção do próprio crédito (art. 156, V do CTN).

Alternativa "c": Com o advento da prescrição ocorre a perda do direito material do fisco (extinção do crédito tributário) e não apenas o direito processual de cobrança do crédito segundo mencionou a assertiva. Em verdade, a prescrição fulmina a pretensão que emerge do crédito tributário, ou seja, há a extinção do crédito (art. 156, V do CTN) e a perda do direito de ação para sua cobrança (art. 174 do CTN).

Alternativa "d": A prescrição tributária não tem os mesmos efeitos da prescrição no direito civil. Conforme é cediço, a prescrição em matéria tributária não é regulada pelo Código Civil, mas sim pelas disposições previstas no CTN, por força do art. 146 da CF, razão pela qual merece tratamento jurídico diferenciado. Com efeito, segundo a dicção do art. 156, inciso V, do CTN, a prescrição enseja a extinção da ação e do próprio crédito tributário. No que concerne aos efeitos da prescrição no direito civil, a regra disposta no seu artigo 882 segundo a qual "Não se pode repetir o que se pagou para solver dívida prescrita, ou cumprir obrigação judicialmente inexigível" não é aplicável em matéria tributária. Isso porque, a partir de uma interpretação conjunta dos artigos 156, inciso V, (que considera a prescrição como uma das formas de extinção do crédito tributário) e 165, inciso I, (que trata a respeito da restituição de tributo) do CTN, ressoa inequívoco o direito do contribuinte à repetição do indébito em caso de pagamento de débito prescrito, o qual se consubstancia no montante pago a título de crédito fiscal inexistente, posto fulminado pela prescrição à luz da legislação tributária. O Superior Tribunal de Justiça tem encampado o mesmo posicionamento, inclusive, conforme REsp 1210340/RS, Resp 646328/RS, REsp 636.495/RS e REsp 1004747/RJ.

Alternativa "e": É sim possível a interrupção da prescrição tributária. Confira o teor do parágrafo único do art. 174 do CTN: "A prescrição se interrompe: I – pelo despacho do juiz que ordenar a citação em execução fiscal; II – pelo protesto judicial; III – por qualquer ato judicial que constitua em mora o devedor; IV – por qualquer ato inequívoco ainda que extrajudicial, que importe em reconhecimento do débito pelo devedor".

Alternativa correta: letra "a".

---

226. (PGE-GO – Procurador do Estado – GO/ 2013) A empresa "Bem me quer LTDA." foi autuada pelo FISCO estadual em março de 2000, após a constatação de diferenças entre o ICMS declarado/recolhido e aquele que deveria efetivamente ter sido recolhido em virtude de circulação de mercadorias no período de 1º a 30 de janeiro de 1995, não declaradas – omissão na declaração da existência de operação comercial e não recolhimento da exação devida. A constatação de referida diferença ocorreu pelo exame de dados contábeis que estavam em caderno avulso e escondido há anos, encontrado pelo FISCO em um procedimento de fiscalização no estabelecimento comercial.

Após passar pelos trâmites processuais administrativos, com utilização de todos os recursos e meios de defesa previstos na lei adequada, houve decisão administrativa definitiva em abril de 2005. O processo administrativo tributário foi remetido à divisão da dívida ativa do Estado, para inscrição, em maio de 2005.

O Estado intentou a competente execução fiscal em abril de 2009, consolidando-se o despacho de citação do magistrado no mesmo mês.

Considerando o histórico acima, é CORRETO afirmar que

a) ocorreu decadência do direito de lançamento do FISCO, ante o transcurso do lustro entre a data do fato gerador e a autuação fiscal.
b) ocorreu prescrição tributária pela demora do credor em promover a cobrança judicial do crédito, porquanto entre a data da autuação e a efetiva propositura da ação transcorreram mais de cinco anos.
c) o tipo de lançamento do caso apresentado é aquele denominado de autolançamento ou lançamento por homologação.
d) o despacho do magistrado determinando a citação da empresa não tem qualquer efeito tributário.
e) não ocorreu a decadência tributária em virtude da natureza oficiosa do lançamento, de modo que o prazo quinquenal previsto no CTN tem como termo inicial o primeiro dia útil do exercício seguinte àquele em que ocorreu o fato gerador.

COMENTÁRIOS

✪ **Nota dos autores: A questão foi anulada** pela Banca Examinadora. Muito embora tenha havido informações suficientes para diversos questionamentos, os examinadores foram silentes em elementos essenciais para a confirmação da decadência, tendo em vista as variantes da ocorrência de dolo, simulação ou fraude.

Alternativa "a": A assertiva poderia ser correta, a depender do entendimento acerca da omissão na declaração da existência de operação comercial e do seu não recolhimento, além do fato de que o caderno avulso estava escondido, apenas encontrado por procedimento de fiscalização. Sendo esse fato considerado dolo, fraude ou simulação, o prazo decadencial conta, não da ocorrência do fato gerados, mas, sim, do primeiro dia do exercício seguinte, na linha da jurisprudência do STJ. Para o Tribunal, a decadência nos tributos sujeitos ao lançamento por homologação, como o ICMS, conta-se a partir da ocorrência do fato gerador (art. 150, § 4º do CTN). No entanto, quando há dolo, fraude ou simulação, na linha da redação final do § 4º do art. 150 do CTN, deve se aplicar a contagem do prazo decadencial descrita no art. 173, I, do CTN, que posterga o prazo para o primeiro dia do exercício seguinte àquele em que o lançamento poderia ter sido efetuado. Considerando-se que essa hipótese não configura fraude, a dívida estaria decaída.

Alternativa "b": Alternativa errada. A prescrição, segundo o art. 174 do CTN, é de cinco anos contados da constituição definitiva do crédito tributário. Como tal se deu em abril de 2005 e a cobrança foi proposta em abril de 2009, não se fala em prescrição.

Alternativa "c": Alternativa correta. Trata-se de hipótese de lançamento por homologação. No lançamento por homologação ou "Autolançamento", o contribuinte auxilia ostensivamente a Fazenda Pública na atividade de lançar, cabendo a esta, entretanto, efetuar a homologação. A dúvida ocorre pois não se sabe que tipo de lançamento a assertiva se refere, se o efetuado pelo contribuinte em relação ao ICMS, ou o efetuado pelo Fisco, na autuação, que é o lançamento de ofício.

Alternativa "d": Alternativa errada. O despacho do magistrado determinando a citação da empresa é causa de interrupção da prescrição tributária (art. 174, parágrafo único, inciso I do CTN).

Alternativa "e": Trata-se de alternativa confusa. Faz menção à natureza oficiosa do lançamento, expressão inexistente na legislação e, na doutrina, sem qualquer relação com o caso concreto. Por conta também dessa assertiva, tem-se a anulação da questão. De fato, como descrito na alternativa "a", há a possibilidade de o prazo decadencial ser contado a partir do exercício subsequente. Basta ter havido dolo, fraude ou simulação, o que não ficou claro na questão. No entanto, a regra do lançamento por homologação é a contagem do prazo decadencial a partir da ocorrência do fato gerador, diferentemente do afirmado na assertiva.

---

227. (FMP – Procurador do Estado – AC/2014) Assinale a alternativa incorreta, considerando o CTN (Código Tributário Nacional).

a) A anistia, mesmo quando não concedida em caráter geral, depende de lei autorizadora.

b) O protesto judicial não interrompe a prescrição da ação de cobrança do crédito tributário.

c) A prescrição e a decadência extinguem o crédito tributário.

d) Admite-se como modalidade de extinção do crédito tributário a dação em pagamento de bens imóveis, na forma e condições estabelecidas em lei.

COMENTÁRIOS

✪ **Nota dos autores:** Observe que o examinador solicita a questão incorreta.

Alternativa "a": A anistia, quando não concedida em caráter geral, é efetivada, em cada caso, por despacho da autoridade administrativa, em requerimento com a qual o interessado faça prova do preenchimento das condições e do cumprimento dos requisitos previstos em lei para sua concessão. (art. 182 do CTN).

Alternativa "b": O protesto judicial interrompe sim a prescrição. É o que dispõe o parágrafo único, inciso II, do art. 173, do CTN.

Alternativa "c": É o que dispõe o art. 156, inciso V, do CTN.

Alternativa "d": É a hipótese de extinção do crédito tributário prevista no art. 156, inciso XI, do CTN.

Alternativa correta: letra "b".

10.4.2. PAGAMENTO INDEVIDO. AÇÃO DE REPETIÇÃO DO INDÉBITO TRIBUTÁRIO

---

228. (FCC – Procurador do Estado – MT/ 2011) O prazo para propositura da ação para repetição do indébito será de

a) dois anos, a contar do trânsito em julgado da decisão judicial que anulou o crédito tributário já pago.

b) dois anos, a contar da constituição definitiva do crédito tributário pela declaração do sujeito passivo, nos tributos sujeitos a lançamento por declaração.

c) cinco anos, a contar do primeiro do exercício seguinte ao do pagamento indevido, nos tributos sujeitos a lançamento de ofício.

d) cinco anos, a contar da ação anulatória da decisão administrativa que denegar a restituição.

e) cinco anos, a contar do pagamento antecipado, nos tributos sujeitos a auto lançamento.

COMENTÁRIOS

Alternativas "a" (responde também as alternativas "b", "c" e "d"): Pela redação do art. 168, I, do CTN o prazo para a propositura da ação de repetição de indébito é de cinco anos a contar do pagamento indevido ou da data em que se tornar definitiva a decisão administrativa ou passar em julgado a decisão judicial que tenha reformado, anulado, revogado ou rescindido a decisão condenatória. No entanto, o prazo será de dois anos para a ação anulatória da decisão administrativa que denegar a restituição.

Alternativa "e": Segundo a redação do art. 168, I do CTN, o direito de pleitear a restituição extingue-se com o decurso do prazo de 5 (cinco) anos, contados da data da extinção do crédito tributário na hipótese de lançamento por homologação. Ora, com o pagamento, extingue-se o crédito. Logo, o prazo é cinco anos a contar do pagamento antecipado.

Alternativa correta letra "e".

---

229. (FEPESE – Procurador do Estado – SC/ 2009) Um contribuinte do imposto sobre operações relativas à circulação de mercadorias e sobre prestações de serviços de transporte interestadual e intermunicipal e de comunicação (ICMS) realizou vendas, em julho de 2005, devidamente registradas, mas efetuou o pagamento do valor de imposto fora do prazo regulamentar, em dezembro de 2005. Ocorre que, em setembro de 2006, auditoria contábil interna constatou que o valor das vendas registradas foi superior ao das vendas efetivas, e que ocorreu, por isso, um pagamento de imposto em valor maior do que o devido.

Nessas condições, quanto ao direito à restituição do valor pago a maior, assinale a alternativa correta:

a) O prazo para pleitear a restituição, na esfera administrativa ou judicial, é de cinco anos, contados da data de extinção do crédito tributário, ou seja, dezembro de 2005.

b) O prazo para pleitear a restituição, na esfera administrativa ou judicial, é de cinco anos, contados da data de ocorrência do fato gerador.

c) No caso de ser apresentado primeiramente pedido administrativo, prevê o Código Tributário Nacional que o prazo para propor ação judicial de restituição se suspende até a decisão administrativa.

d) Na situação descrita ocorreu a transferência do ônus financeiro e, por isso, esse contribuinte somente terá direito à restituição do tributo se comprovar que o consumidor, como contribuinte de fato, expressamente o autoriza a recebê-lo.

e) O prazo para pleitear a restituição, na esfera administrativa ou judicial, é de cinco anos, contados da data de extinção do crédito tributário que, para efeito de restituição, ocorre com a homologação tácita ou expressa do lançamento.

COMENTÁRIOS

Alternativa "a": A assertiva tem respaldo no art. 168 do CTN que assegura o direito de pleitear a restituição de tributo pago a maior dentro do prazo de cinco anos, a contar da data da extinção do crédito tributário, ou seja, da data do pagamento. Como o pagamento se deu em dezembro de 2005, é a partir dessa data que se conta o prazo para o pedido de restituição.

Alternativa "b": Pela redação do art. 168 do CTN, o prazo conta-se a partir da extinção do crédito tributário, ou seja, a partir do pagamento a maior.

Alternativa "c": A redação do inciso II do art. 168 do CTN é no sentido de que o prazo é de cinco anos a partir da data em que se tornar definitiva a decisão administrativa que tenha reformado, anulado, revogado ou rescindido a decisão condenatória. Como o prazo começa a contar do início, após a decisão, tem-se hipótese de interrupção do prazo prescricional e não de sua suspensão.

Alternativa "d": Não se trata de ônus repassado ao contribuinte de fato, mas, sim, de vendas efetivas menores do que as declaradas. Logo, inocorreu o fato gerador de algumas vendas, cabendo a restituição, sem se falar em repasse do ônus ao contribuinte de fato.

Alternativa "e": De fato, o prazo para pleitear a restituição é de cinco anos, contados, não da homologação tácita ou expressa do lançamento, mas da extinção do crédito tributário, que se dá com o pagamento antecipado acompanhado da homologação do lançamento (art. 156, VII do CTN).

Alternativa correta letra "a".

230. (PGE/PA – Procurador do Estado – PA/ 2009) Analise as proposições abaixo e assinale a alternativa CORRETA:

I. É cediço que os tributos ditos indiretos, dentre eles, o ICMS, sujeitam-se, em caso de restituição, à demonstração dos pressupostos previstos no Código Tributário Nacional, porque o contribuinte de direito é o consumidor, sendo a empresa o contribuinte de fato.

II. A substituição tributária para frente depende de previsão em lei. Assim ocorre relativo à cobrança do ICMS com a inclusão do seu valor no preço devido pelos revendedores nas suas futuras operações de revenda. O STF, não obstante inúmeras divergências doutrinárias, entendeu que nesses casos o contribuinte somente tem direito à repetição de valores recolhidos na hipótese de não ocorrência do fato gerador, sendo irrelevante o fato do preço de venda ser superior ou inferior à base de cálculo presumida.

III. Após a declaração de inconstitucionalidade da hipótese da retroatividade da lei trazida pela Lei Complementar 118/05, por não configurar norma meramente interpretativa, cuja retroação é permitida, deve-se entender que o início de fluência do prazo prescricional para pedir a restituição de pagamentos indevidos deve ser contado a partir da vigência da referida Lei Complementar (09.06.05). Assim o prazo de cinco anos para a repetição do indébito a contar da data do pagamento, somente se deve aplicar a pagamentos efetuados a partir da sua vigência.

IV. A restituição do tributo não implica a restituição dos juros de mora e das penalidades pecuniárias.

a) Estão CORRETOS apenas os itens I, II e III.

b) Todos os itens estão INCORRETOS.

c) Estão CORRETOS apenas os itens II e III.

d) Todos os itens estão CORRETOS.

COMENTÁRIOS

Item I: o erro da alternativa está na parte final, pois o contribuinte de direito é a empresa e o contribuinte de fato é o consumidor, pois esse último suporta o ônus fiscal do imposto embutido no preço final dos produtos adquiridos no mercado.

Item II: A Substituição tributária para frente ou progressiva ou subsequente ocorre através da escolha de uma terceira pessoa para recolher o tributo **antes** da ocorrência do fato jurídico tributário. Consoante a EC nº 3/93 (art. 150, § 7º, *in fine*, da CF): "A Lei poderá atribuir a condição de responsável pelo pagamento de imposto ou contribuição, cujo *fato gerador deva ocorrer posteriormente, assegurada a imediata e preferencial restituição da quantia paga*, caso não se realize o fato gerador presumido". O STF entendeu ser constitucional o instituto na ADI 1.851/AL.

Item III: A repetição do indébito tributário (arts. 165 a 169 CTN) diz respeito ao direito do contribuinte reaver o pagamento (seja total ou parcial, seja na via administrativa ou judicial) efetuado a maior ou indevidamente à Fazenda Pública, evitando-se, portanto, o enriquecimento sem causa. O art. 168 do CTN dispõe que o direito de pleitear a restituição extingue-se com o decurso do prazo de 5 (cinco) anos, contados: I – nas hipóteses dos incisos I e II do art. 165, da data da extinção do CT; II – nas hipóteses do inciso III, da data em que se tornar definitiva a decisão administrativa ou passar em julgado a decisão judicial que tenha reformado, anulado, revogado ou rescindido a decisão condenatória. Ocorre que, com o advento da LC 118/2005, no seu art. 3º, a prescrição para pleitear a repetição, nos tributos sujeitos ao lançamento por homologação, de acordo com o STJ **deve ser contada da seguinte forma**: *"relativamente aos pagamentos efetuados a partir da sua vigência (que ocorreu em 9/6/2005), o prazo para a ação de repetição de indébito é de cinco anos a contar da data do pagamento*; relativamente aos pagamentos anteriores, a prescrição obedece ao regime previsto no sistema anterior, limitada, porém, ao prazo máximo de cinco anos a contar da vigência da lei nova". *Em suma*: a partir da vigência da referida Lei Complementar (09.06.05) o prazo de cinco anos para a repetição do indébito a contar da data do pagamento, somente se deve aplicar a pagamentos efetuados a partir da sua vigência. (Precedentes: EREsp 435.835-SC, DJ 4/6/2007; EREsp 644.736-PE, DJ 29/8/2005; **AgRg no** Ag 1.105.057-SP)

Item IV: também é incorreto, pois a restituição do tributo implica a restituição dos juros de mora e das penalidades pecuniárias. Segundo o art. 167 do CTN: "A restituição total ou parcial do tributo dá lugar à restituição, na mesma proporção, dos juros de mora e das penalidades pecuniárias, salvo as referentes a infrações de caráter formal não prejudicadas pela causa da restituição".

Alternativa correta: letra "c": Estão CORRETOS apenas os itens II e III.

231. (Cespe – Procurador do Estado – ES/ 2008) Acerca do direito tributário brasileiro, julgue os itens.

I. Considere que, em virtude de erro na determinação da alíquota do imposto sobre serviços (ISS), certo contribuinte tenha efetuado o pagamento a maior do tributo e, em razão disso, ajuizou ação de repetição de indébito contra a fazenda pública municipal, tendo sido julgado procedente o pedido do contribuinte. Nesse caso, os juros moratórios serão devidos a partir do trânsito em julgado da decisão que conceder a repetição do indébito.

COMENTÁRIOS

A questão traz o conteúdo do parágrafo único do art. 167 do CTN: "A restituição vence juros não capitalizáveis, *a partir do trânsito em julgado da decisão definitiva* que a determinar". **CERTO**

II. Considere que certo contribuinte decida promover ação de repetição de indébito em razão do recolhimento indevido do ICMS, cujo fato gerador ocorreu em janeiro de 2007. Nesse caso, conforme a jurisprudência do STJ, o prazo para o contribuinte propor ação de repetição de indébito tributário será de dez anos a contar da ocorrência do fato gerador.

COMENTÁRIOS

Com o advento da LC 118/2005, no seu art. 3º, a prescrição para pleitear a repetição, nos tributos sujeitos ao lançamento por homologação, de acordo com o STJ **deve ser contada da seguinte forma**: *"relativamente aos pagamentos efetuados a partir da sua vigência (que ocorreu em 9/6/2005), o prazo para a ação de repetição de indébito é de* ***cinco anos*** *a contar da data do pagamento*; relativamente aos pagamentos anteriores, a prescrição obedece ao regime previsto no sistema anterior, limitada, porém, ao prazo máximo de cinco anos a contar da vigência da lei nova". *Em suma*: a partir da vigência da referida Lei Complementar (09.06.05) o prazo de cinco anos para a repetição do indébito a contar da data do pagamento, somente se deve aplicar a pagamentos efetuados a partir da sua vigência (Precedentes: EREsp 435.835-SC, DJ 4/6/2007; EREsp 644.736-PE, DJ 29/8/2005; **AgRg no** Ag 1.105.057-SP). **errado**

10.5. EXCLUSÃO DO CRÉDITO TRIBUTÁRIO

232. (Fepese – Procurador do Estado – PGE – SC/2018) Assinale a alternativa correta sobre a disciplina legal das isenções tributárias.

a) Interpreta-se literalmente a legislação tributária que disponha sobre a outorga de isenção.

b) As isenções tributárias concedidas sob condição onerosa poderão ser livremente suprimidas.

c) Nas hipóteses de solidariedade tributária, a isenção de crédito sempre exonera todos os coobrigados, mesmo que outorgada pessoalmente a apenas um deles.

d) Tal como a remissão e a anistia, a isenção é forma de extinção do crédito tributário.

e) Como disciplina geral, a isenção outorgada aos impostos será extensiva às taxas e às contribuições de melhoria.

COMENTÁRIOS

Alternativa "a": Consoante dispõe o art. 111, inciso II, do CTN: "Interpreta-se literalmente a legislação tributária que disponha sobre: (...) II – outorga de isenção".

Alternativa "b": A isenção, salvo se concedida por prazo certo e em função de determinadas condições, pode ser revogada ou modificada por lei, a qualquer tempo, observado o disposto no inciso III do art. 104. É o que dispõe art. 178 do CTN.

Alternativa "c": Segundo o art. 125, inciso II, do CTN: "Salvo disposição de lei em contrário, são os seguintes os efeitos da solidariedade: (...) II – a isenção ou remissão de crédito exonera todos os obrigados, salvo se outorgada pessoalmente a um deles, subsistindo, nesse caso, a solidariedade quanto aos demais pelo saldo".

Alternativa "d": Anistia e isenção excluem o crédito tributário. Na remissão há extinção. Nesse sentido: "Art. 175 do CTN. Excluem o crédito tributário: I – a isenção; II – a anistia.

Alternativa "e": Nos termos do art. 177, inciso I, do CTN: "art. 177. Salvo disposição de lei em contrário, a isenção não é extensiva: I – às taxas e às contribuições de melhoria."

Alternativa correta: letra "a".

---

233. (Vunesp – Procurador do Estado – PGE – SP/2018) No que diz respeito à isenção, conforme o Código Tributário Nacional, é correto afirmar:

a) é causa excludente do crédito tributário, mas não dispensa o cumprimento das obrigações acessórias dependentes da obrigação principal cujo crédito tenha sido excluído.

b) é causa extintiva do crédito tributário, sendo extensiva às taxas e contribuições que tenham por fato gerador o mesmo fato jurídico relevante do crédito tributário extinto.

c) é causa excludente do crédito tributário e pode ser livremente suprimida, mesmo quando concedida sob condição onerosa.

d) é causa extintiva do crédito tributário e depende, em qualquer hipótese, de despacho, genérico ou particular, de autoridade administrativa competente para a verificação.

e) é causa excludente do crédito tributário e só pode ser concedida em caráter geral, nos termos da lei, pela isonomia tributária, mas deve sofrer, em qualquer caso, restrições temporais por meio de regulamento.

COMENTÁRIOS

Alternativa "a": A isenção, nos termos do CTN, exclui o crédito tributário. Por outro lado, não dispensa o cumprimento das obrigações acessórias também nos termos legais. Vejamos: Art. 175 do CTN. "Excluem o crédito tributário: I – a isenção; II – a anistia. Parágrafo único. A exclusão do crédito tributário não dispensa o cumprimento das obrigações acessórias dependentes da obrigação principal cujo crédito seja excluído, ou dela consequente".

Alternativa "b": A isenção não extingue o crédito tributário. Ela é causa excludente do crédito. Por outro lado, ela não é extensiva às taxas e contribuições, nos termos do Art. 177 do CTN: "Salvo disposição de lei em contrário, a isenção não é extensiva: I – às taxas e às contribuições de melhoria";

Alternativa "c": Embora seja causa excludente do crédito tributário, ela não pode ser livremente suprimida, mormente em casos condicionais. Vejamos o teor do art. 178 do CTN: "A isenção, salvo se concedida por prazo certo e em função de determinadas condições, pode ser revogada ou modificada por lei, a qualquer tempo, observado o disposto no inciso III do art. 104".

Alternativa "d": A isenção não é causa extintiva do crédito tributário. Além disso, pode ser concedida em caráter geral ou específico. Vejamos o art. 179 do CTN: "A isenção, quando não concedida em caráter geral, é efetivada, em cada caso, por despacho da autoridade administrativa, em requerimento com o qual o interessado faça prova do preenchimento das condições e do cumprimento dos requisitos previstos em lei ou contrato para sua concessão".

Alternativa "e": De fato, é causa excludente, mas pode ser concedida em caráter geral ou específica, e pode ser por tempo indeterminado, como ocorre hoje com a faixa de isenção do imposto sobre a renda, por exemplo. No ponto, vejamos a redação do Art. 176 do CTN: "A isenção, ainda quando prevista em contrato, é sempre decorrente de lei que especifique as condições e requisitos exigidos para a sua concessão, os tributos a que se aplica e, sendo caso, o prazo de sua duração".

Alternativa correta: letra "a".

---

234. (FCC – Procurador do Estado – MT/2016) O perdão parcial de multa pecuniária regularmente constituída mediante o lançamento de ofício do qual o contribuinte tenha sido devidamente notificado, em decorrência da adesão voluntária, por parte do contribuinte, a um "programa de regularização fiscal" criado por lei, consiste em:

a) suspensão da exigibilidade do crédito tributário, na modalidade parcelamento com desconto.

b) exclusão do crédito tributário, na modalidade remissão de débitos.

c) exclusão do crédito tributário, na modalidade parcelamento de débitos.

d) exclusão do crédito tributário, na modalidade anistia.

e) extinção do crédito mediante desconto condicional.

COMENTÁRIOS

✪ **Nota dos autores:** A questão trata sobre as hipóteses de suspensão, extinção e exclusão do crédito tributário previstas no CTN.

Alternativa "a": A assertiva está incorreta. Apesar do parcelamento ser uma hipótese de suspensão da exigibilidade do crédito tributário, nos termos do artigo 151, VI do CTN, não constitui perdão do crédito. Pelo contrário, o contribuinte se compromete a realizar o pagamento dos tributos, juros e multas, só que de forma parcelada.

Alternativa "b": A assertiva está incorreta, tendo em vista que a remissão é uma hipótese de extinção do crédito tributário, nos termos do artigo 156, IV do CTN.

Alternativa "c": A assertiva está incorreta, uma vez que o parcelamento é hipótese de suspensão da exigibilidade do crédito tributário, nos termos do artigo 151, VI do CTN.

Alternativa "d": Assertiva está correta. Nos termos do artigo 175, II e artigo 180 do CTN, a anistia é uma hipótese de exclusão do crédito tributário, que abrange exclusivamente as infrações cometidas anteriormente à vigência da lei que a concede.

Alternativa "e": A assertiva está incorreta, pois não há previsão legal para "desconto condicional" dentre as modalidades de suspensão, extinção e exclusão do crédito tributário nos termos dos artigos 151, 156 e 175 do CTN.

Alternativa correta: letra "d".

---

235. (FEPESE – Procurador do Estado – SC/ 2009) Analise as afirmativas abaixo e, tendo em vista o disposto no Código Tributário Nacional, verifique quais institutos de direito tributário, de acordo com sua efetiva natureza jurídica, correspondem às seguintes situações ou hipóteses.

I. Uma lei nova determinou que não será objeto de lançamento nem, portanto, exigido, o imposto sobre as operações relativas às vendas de certos produtos, que serão realizadas pelas empresas que se instalarem no Estado, após vigência dessa lei.

II. Uma lei nova determinou que não será exigido pagamento do imposto, nem da multa aplicada, incidente sobre operações já realizadas, que tenha sido objeto de lançamento não contestado no prazo legal, anteriormente à vigência da lei.

III. Uma lei nova determinou que não será efetuado lançamento tributário relacionado aos atos contrários a certa lei anterior, praticados antes da lei nova, quanto às multas a que estavam sujeitos, mas ainda sem a formalização do crédito tributário correspondente.

Assinale a alternativa com a sequência que indica corretamente os institutos relativos às situações descritas nas assertivas I, II e III.

a) isenção, remissão, anistia.
b) isenção, anistia, remissão.
c) remissão, isenção, anistia.
d) remissão, anistia, remissão.
e) remissão, remissão, anistia.

COMENTÁRIOS

Item I corresponde a isenção porque, embora controverso na doutrina, se a hipótese constitucionalmente permitida é de incidência, mas o ente federativo por lei não lança o tributo, configura-se, aqui, situação isencional. Cumpre lembrar que, pela redação do art. 175 do CTN, na isenção há a exclusão do crédito e só se fala em crédito com o prévio lançamento. Mas, para a doutrina, na isenção sequer ocorre o lançamento.

Item II: refere-se à remissão porque ela alcança o crédito tributário como um todo, incluindo tributo e multa.

Item III: refere-se à anistia porque esta consiste justamente no perdão dos "atos contrários a certa lei" e das multas.

Alternativa correta: letra "a".

---

236. (Cespe – Procurador do Estado – PB/ 2008) Constituem modalidades de exclusão do crédito tributário a

a) isenção e a anistia.
b) transação e a conversão do depósito em renda.
c) remissão e o pagamento.
d) moratória e a compensação.
e) decadência e a prescrição.

COMENTÁRIOS

Alternativa correta letra "a": Redação do art. 175 do CTN.

Alternativa "b" (responde também as alternativas "c", "d" e "e"): Cumpre lembrar que há apenas duas hipóteses de exclusão do crédito tributário (anistia e isenção), seis hipóteses de suspensão da exigibilidade do crédito tributário (art. 151 do CTN) e doze hipóteses em onze incisos de extinção do crédito tributário (art. 156 do CTN).

Alternativa correta letra "a".

---

237. (FCC – Procurador do Estado – RO/ 2011) Nos termos do Código Tributário Nacional, a isenção concedida por prazo certo e em função de determinadas condições

a) não pode ser revogada a qualquer tempo.
b) somente pode ser revogada após o prazo decadencial de 5 anos.
c) pode ser revogada a qualquer momento, na medida em que a isenção é mera faculdade do sujeito ativo, não se confundindo com a imunidade.
d) pode ser revogada, desde que observado o prazo de 90 dias, em respeito ao princípio da anterioridade nonagesimal.
e) não pode ser revogada porque não existe a possibilidade de concessão de isenção por prazo determinado.

COMENTÁRIOS

Alternativa "a": A isenção concedida por prazo certo e em função de determinadas condições não pode ser revogada a qualquer tempo. O Enunciado de Súmula 544 do STF dispõe: "isenção tributária concedida sob condição onerosa não pode ser livremente suprimida". Observe ainda o teor do art. 178 do CTN: "A isenção, *salvo se* concedida por prazo certo e em função de determinadas condições, pode ser revogada ou modificada por lei, a qualquer tempo".

Alternativa "b": A isenção concedida por prazo certo e em função de determinadas condições não pode ser revogada a qualquer tempo. (confira o art. 178 do CTN).

Alternativa "c": No presente caso não pode ser revogada a qualquer momento. O Enunciado de Súmula 544 do STF dispõe: "isenção tributária concedida sob condição onerosa não pode ser livremente suprimida"

Alternativa "d": A isenção concedida por prazo certo e em função de determinadas condições não pode ser revogada a qualquer tempo. O Enunciado de Súmula 544 do STF dispõe: "isenção tributária concedida sob condição onerosa não pode ser livremente suprimida". Cuidado: Segundo o STF as isenções não onerosas não respeitam o Princípio da anterioridade tributária, uma vez que pode ser revogada a qualquer tempo.

Alternativa "e": Existe sim a possibilidade de concessão de isenção por prazo determinado (vide arts. 176 e 178 do CTN).

Alternativa correta: letra "a".

---

238. (Cespe – Procurador do Estado – PI/2014) Assinale a opção correta em relação à extinção, suspensão e exclusão do crédito tributário.

a) A compensação é uma modalidade indireta de extinção do crédito tributário mediante o confronto entre créditos e débitos de pessoas reciprocamente credoras e devedoras, podendo ser deferida em caráter liminar pelo juiz quando requerida em sede de ação judicial.

b) A prescrição tributária, modalidade de caducidade de direitos, impede o exercício da pretensão fazendária por meio da propositura da ação de execução fiscal e, assim, transforma a obrigação tributária em obrigação natural, de modo que o seu pagamento ocorrerá por exclusivo interesse do devedor.

c) Na transação, admite-se a concessão recíproca de ônus e vantagens, aplicável em direito tributário apenas em relação aos valores relativos às penalidades pecuniárias e aos juros, pois o crédito tributário objeto da obrigação principal é indisponível.

d) A isenção, norma tributária que dispensa o pagamento de determinado tributo, deve estar prevista em lei específica e ser interpretada restritivamente, inviabilizando-se a utilização de métodos integrativos da legislação tributária, como a analogia.

e) A anistia consiste na liberação graciosa, por expressa autorização legal, da obrigação tributária principal surgida com a realização do fato gerador pelo contribuinte.

COMENTÁRIOS

Alternativa "a": Como a compensação é modalidade de extinção do crédito tributário, a sua concessão no bojo de medida liminar a tornaria irreversível. Nesse sentido é o teor da Súmula 212 do STJ: "A compensação de créditos tributários não pode ser deferida por medida liminar."

Alternativa "b": A prescrição é modalidade de extinção do crédito tributário. Não há transformação em uma obrigação natural. Isso porque, diferente do direito civil cujo pagamento de dívida prescrita é irrepetível e tem natureza de obrigação natural, no direito tributário, o pagamento de dívida prescrita é indevida e pode ensejar restituição pelo fisco. Até porque o próprio art. 156 do CTN afirma ser extinto o crédito tributário de dívida prescrita.

Alternativa "c": Nos termos do art. 171 do CTN: "Art. 171. A lei pode facultar, nas condições que estabeleça, aos sujeitos ativo e passivo da obrigação tributária celebrar transação que, mediante concessões mútuas, importe em determinação de litígio e conseqüente extinção de crédito tributário". Logo, a transação pode contemplar o crédito tributário objeto da obrigação principal. Não está adstrita às penalidades.

Alternativa "d": A isenção é um favor legal consubstanciado na dispensa de pagamento de tributo devido, isto é, a autoridade legislativa evita que o sujeito passivo da obrigação tributária se submeta ao tributo. A isenção é sempre decorrente de lei (art. 176 do CTN). Ademais, nos termos do art. 111, inciso II, do CTN, interpreta-se literalmente a legislação tributária que disponha sobre a outorga de isenção.

Alternativa "e": A anistia implica a exclusão ou dispensa da multa, ou seja, abrange exclusivamente as infrações cometidas anteriormente à vigência da lei que a concede e não contempla a obrigação tributária principal (vide art. 180 do CTN).

Alternativa correta: letra "d".

11. GARANTIAS E PRIVILÉGIOS DO CRÉDITO TRIBUTÁRIO

▸ CTN, Capítulo VI, arts. 183 a 193.

---

239. (FCC – Procurador do Estado – PGE – AM/2022) Considere que empresa devedora de ICMS, com execução fiscal em curso, tenha ingressado em juízo com pedido de recuperação judicial. Referido débito tributário

a) confere ao Estado a possibilidade de votar em assembleia de credores, em condições de igualdade com os demais, porém com direito de vetar o plano de recuperação, caso não assegurada a satisfação do crédito tributário.

b) seguirá sendo cobrado no âmbito da execução fiscal, não estando obstados atos constritivos para sua satisfação, eis que referido crédito não se sujeita à recuperação judicial ou falência.

c) obstará o deferimento da recuperação judicial, salvo se previamente quitado ou garantido o juízo da execução fiscal.

d) deve ser habilitado no plano de recuperação judicial, possuindo precedência em relação aos demais créditos, exceto em face dos trabalhistas.

e) não influenciará o procedimento de recuperação judicial, ao qual não se submete, estando sujeito ao concurso de credores apenas caso o procedimento seja convolado em falência.

COMENTÁRIOS

Alternativa "a": Sobre a questão, vale pontuar que a cobrança judicial do crédito tributário não é sujeita a concurso de credores ou habilitação em falência, recuperação judicial, concordata, inventário ou arrolamento (art. 187 do CTN). Portanto, desnecessário o voto em assembleia de credores já que não há condições de igualdade com os demais. O Estado Fiscal possui certos privilégios quando concorre em execuções coletivas de dívidas com outros créditos, a exemplo do processo falimentar.

Alternativa "b": A cobrança judicial do crédito tributário não estará sujeita ao juízo falimentar, como ocorrem com os créditos de outra natureza. Nesse ponto, o art. 187 do CTN, disciplina que: "A cobrança judicial do crédito tributário não é sujeita a concurso de credores ou habilitação em falência, recuperação judicial, concordata, inventário ou arrolamento". Esse também é o teor do art. 29 da Lei nº 6.830/80. Entretanto, avançando ainda mais no tema, vale salientar que o STJ já se manifestou que "a interpretação sistemática dos arts. 5º, 29 e 38 da Lei n. 6.830/1980, do art. 187 do CTN e do art. 76 da Lei n. 11.101/2005 revela que a execução fiscal e o pedido de habilitação de crédito no juízo falimentar coexistem, a fim de preservar o interesse maior, que é a satisfação do crédito, não podendo a prejudicialidade do processo falimentar ser confundida com falta de interesse de agir do ente público". Ademais, fixou a seguinte tese 1092: "É possível a Fazenda Pública habilitar em processo de falência crédito objeto de execução fiscal em curso, mesmo antes da vigência da Lei n. 14.112/2020 e desde que não haja pedido de constrição no juízo executivo". REsp n. 1.872.759/SP, relator Ministro Gurgel de Faria, Primeira Seção, julgado em 18/11/2021, DJe de 25/11/2021

Alternativa "c": A cobrança judicial do crédito tributário não estará sujeita ao juízo falimentar, como ocorrem com os créditos de outra natureza. Nesse ponto, o art. 187 do CTN, disciplina que: "A cobrança judicial do crédito tributário não é sujeita a concurso de credores ou habilitação em falência, recuperação judicial, concordata, inventário ou arrolamento".

Alternativa "d": Conforme dito linhas acima, a cobrança judicial do crédito tributário não é sujeita a concurso de credores ou habilitação em falência, recuperação judicial, concordata, inventário ou arrolamento (art. 187 CTN). Observe-se ainda que o art. 76 da Lei nº 11.101/05 dispõe que "o juízo de falência é indivisível e competente para conhecer todas as ações sobre bens, interesses e negócios do falido, ressalvadas as causas trabalhistas, fiscais e aquelas não reguladas nesta Lei em que o falido figurar como autor ou litisconsorte ativo."

Alternativa "e": De fato, o débito tributário não influenciará o procedimento de recuperação judicial, ao qual não se submete. Porém, a cobrança judicial do crédito tributário não é sujeita a concurso de credores ou habilitação em falência, recuperação judicial, concordata, inventário ou arrolamento (art. 187 CTN). Enfim, no que concerne à ordem de preferência e classificação dos créditos, bem como à posição ocupada pelo crédito tributário no processo falimentar, importante o concursando realizar a leitura atenta dos artigos 83 e 84 da Lei 11.101/2005 (Lei de Falência).

Alternativa correta: letra "b".

---

240. (FCC – Procurador do Estado – PGE – AP/2018) Relativamente às "Garantias e Privilégios do Crédito Tributário", o Código Tributário Nacional estabelece algumas regras de preferência, inclusive para o caso de empresas em processo falimentar. De acordo com este Código,

a) são extraconcursais os créditos tributários decorrentes de fatos geradores ocorridos até o 60o dia que antecedeu o início do processo de falência, e no curso de processo de recuperação judicial.
b) os créditos extraconcursais não poderão ser pagos, no curso de processo de falência da empresa, com recursos oriundos da sua alienação judicial.
c) são extraconcursais os créditos tributários referentes a impostos cujos fatos geradores tiverem ocorrido no curso do processo de falência.
d) somente os créditos extraconcursais poderão ser pagos, no curso de processo de falência da empresa, com recursos oriundos da sua alienação judicial.
e) são extraconcursais os créditos tributários decorrentes de fatos geradores ocorridos até o 30o dia que antecedeu o início do processo de falência.

COMENTÁRIOS

✪ **Nota dos autores:** Créditos extraconcursais são aqueles surgidos no curso do processo falimentar ou de recuperação judicial, como decorrência da administração da massa falida. Nos termos do art. 84 da Lei 11.101/2005 (Lei de Falência) serão pagos com precedência sobre os mencionados no art. 83 da mesma lei, ou seja, não entram no concurso de créditos. O art. 188, caput, do CTN prescreve que "são extraconcursais os créditos decorrentes de fatos geradores ocorridos no curso do processo de falência"

Alternativas "a", "b", "d" e "e": Consoante exposto na nota dos autores, créditos extraconcursais são aqueles surgidos no curso do processo falimentar ou de recuperação judicial, como decorrência da administração da massa falida. O art. 188, caput, do CTN prescreve que "são extraconcursais os créditos decorrentes de fatos geradores ocorridos no curso do processo de falência".

Alternativa "c": Assertiva vai ao encontro do art. 188 do CTN: "São extraconcursais os créditos tributários decorrentes de fatos geradores ocorridos no curso do processo de falência".

Alternativa correta: letra "c".

---

241. (Cespe – Procurador do Estado – PGE – SE/2017) Um devedor tributário, devidamente citado em execução fiscal, não pagou nem apresentou bens à penhora no prazo legal.

Nesse caso, considerando-se as garantias e os privilégios do crédito tributário, a declaração da indisponibilidade dos bens do devedor prevista no CTN dependerá da demonstração do esgotamento das diligências para a localização de bens penhoráveis.

Segundo a jurisprudência do STJ, o esgotamento dessas diligências caracteriza-se pela

a) comprovação da tentativa ou consumação de alienação ou oneração de bens ou rendas após a inscrição em dívida ativa, como acontece na medida cautelar fiscal.
b) diligência da fazenda pública em demonstrar ter realizado buscas razoavelmente exigíveis, já que inexiste na jurisprudência um rol mínimo de diligências a serem realizadas.
c) existência de pedido e determinação, nos autos, de constrição sobre ativos financeiros via Bacen-Jud, expedição de ofícios aos registros públicos do domicílio do executado e ao Departamento Nacional — ou estadual — de Trânsito.
d) existência de pedido e determinação, nos autos, de constrição sobre ativos financeiros via Bacen-Jud, expedição de ofícios aos registros de imóveis do local de residência do executado e da sede da comarca e da capital da respectiva unidade da Federação.
e) simples inexistência de pagamento ou de oferecimento de bens à penhora no prazo legal da contestação, como ocorre na medida cautelar fiscal.

COMENTÁRIOS

Alternativa "a" (responde também as alternativas "b", "d" e "e"): Aplica-se ao caso em tela o teor do enunciado n. 560 da Súmula do STJ: "A decretação da indisponibilidade de bens e direitos, na forma do art. 185-A do CTN, pressupõe o exaurimento das diligências na busca por bens penhoráveis, o qual fica caracterizado quando infrutíferos o pedido de constrição sobre ativos financeiros e a expedição de ofícios aos registros públicos do domicílio do executado, ao Denatran ou Detran".

Alternativa "c": A assertiva vai ao encontro do enunciado n. 560 da Súmula do STJ: "A decretação da indisponibilidade de bens e direitos, na forma do art. 185-A do CTN, pressupõe o exaurimento das diligências na busca por bens penhoráveis, o qual fica caracterizado quando infrutíferos o pedido de constrição sobre ativos financeiros e a expedição de ofícios aos registros públicos do domicílio do executado, ao Denatran ou Detran".

Alternativa correta: letra "c".

242. (Fundatec – Procurador do Estado – RS/2015) Quanto às garantias e privilégios do crédito tributário, analise as assertivas abaixo:

I. A totalidade dos bens e das rendas do sujeito passivo responde pelo pagamento do crédito tributário, inclusive os bens gravados por ônus real e declarados, pela lei civil, relativa e absolutamente impenhoráveis.
II. Presume-se fraudulenta a alienação ou oneração de bens por sujeito passivo em débito para com a Fazenda Pública, desde o momento em que o contribuinte é notificado do lançamento de ofício.
III. O crédito tributário prefere a qualquer outro, ressalvados apenas os decorrentes da legislação do trabalho ou do acidente do trabalho.
IV. Na falência, o crédito tributário não prefere aos créditos hipotecários, se não for ultrapassado o valor do bem gravado.

Após a análise, pode-se dizer que:

a) Está correta apenas a assertiva I.
b) Está correta apenas a assertiva II.
c) Estão corretas apenas as assertivas II e III.
d) Estão corretas apenas as assertivas III e IV.
e) Todas as assertivas estão corretas.

COMENTÁRIOS

✪ **Nota dos autores:** No que concerne à ordem de preferência e classificação dos créditos, bem como à posição ocupada pelo crédito tributário no processo falimentar, importante o estudante realizar a leitura atenta dos artigos 83 e 84 da Lei 11.101/2005 (Lei de Falência), bem como o artigo 186 e parágrafo único do CTN.

Item I: Incorreto. Dispõe o art. 184 do CTN: "Sem prejuízo dos privilégios especiais sobre determinados bens, que sejam previstos em lei, responde pelo pagamento do crédito tributário a totalidade dos bens e das rendas, de qualquer origem ou natureza, do sujeito passivo, seu espólio ou sua massa falida, inclusive os gravados por ônus real ou cláusula de inalienabilidade ou impenhorabilidade, seja qual for a data da constituição do ônus ou da cláusula, excetuados unicamente os bens e rendas que a lei declare absolutamente impenhoráveis".

Item II: Incorreto. A presunção ocorre no instante em que o crédito tributário é regularmente inscrito como dívida ativa e não da notificação do lançamento de ofício. Confira o Art. 185 do CTN: "Presume-se fraudulenta a alienação ou oneração de bens ou rendas, ou seu começo, por sujeito passivo em débito para com a Fazenda Pública, por crédito tributário regularmente inscrito como dívida ativa".

Item III: Correto. Refere-se ao teor do art. 186 do CTN: "Art. 186. O crédito tributário prefere a qualquer outro, seja qual for sua natureza ou o tempo de sua constituição, ressalvados os créditos decorrentes da legislação do trabalho ou do acidente de trabalho".

Item IV: Correto. Confira o parágrafo único, inciso I, do art. 186 do CTN: "Parágrafo único. Na falência: I – o crédito tributário não prefere aos créditos extraconcursais ou às importâncias passíveis de restituição, nos termos da lei falimentar, nem aos créditos com garantia real, no limite do valor do bem gravado".

Alternativa correta: letra "d": Estão corretos os itens III e IV.

243. (PUC – Procurador do Estado – PR/2015) Sobre as garantias e os privilégios do crédito tributário, assinale a alternativa CORRETA.

a) O reconhecimento da fraude à execução fiscal de dívida tributária depende do registro da penhora do bem alienado ou da prova de má-fé do terceiro adquirente.

b) A indisponibilidade de bens e direitos do devedor depende do preenchimento dos seguintes requisitos: (i) citação do devedor, (ii) inexistência de pagamento ou apresentação de bens à penhora no prazo legal e (iii) não localização de bens penhoráveis após o esgotamento das diligências realizadas pela Fazenda Pública, ficando referido esgotamento caracterizado quando houver nos autos pedido de acionamento de Bacen Jud e consequente determinação pelo magistrado e expedição de ofício aos registros públicos do executado.

c) O Estado do Paraná pode instituir, por meio de lei, novas hipóteses de garantias do crédito tributário, diversas daquelas previstas no Código Tributário Nacional.

d) O crédito tributário prefere a qualquer outro, seja qual for sua natureza ou o tempo de sua constituição, ressalvados os créditos decorrentes da legislação do trabalho ou do acidente de trabalho e os créditos garantidos com garantia real até o limite do valor do bem gravado.

e) A natureza das garantias atribuídas ao crédito tributário altera a natureza deste, mas não a da obrigação tributária a que corresponda.

COMENTÁRIOS

Alternativa "a": Incorreto. Presume-se fraudulenta a alienação ou oneração de bens ou rendas, ou seu começo, por sujeito passivo em débito para com a Fazenda Pública, por crédito tributário regularmente inscrito como dívida ativa (art. 185 do CTN).

Alternativa "b": Sobre o tema, o STJ firmou o entendimento no sentido de que "a indisponibilidade de bens e direitos autorizada pelo art. 185-A do CTN depende da observância dos seguintes requisitos: (i) citação do devedor tributário; (ii) inexistência de pagamento ou apresentação de bens à penhora no prazo legal; e (iii) a não localização de bens penhoráveis após esgotamento das diligências realizadas pela Fazenda, caracterizado quando houver nos autos (a) pedido de acionamento do Bacen Jud e consequente determinação pelo magistrado e (b) a expedição de ofícios aos registros públicos do domicílio do executado e ao Departamento Nacional ou Estadual de Trânsito – DENATRAN ou DETRAN." (REsp 1377507/SP, Rel. Ministro OG FERNANDES, PRIMEIRA SEÇÃO, julgado em 26/11/2014, DJe 02/12/2014). Acreditamos que a assertiva está incorreta, porque deixou de mencionar a expedição de ofício ao Departamento Nacional ou Estadual de Trânsito – DENATRAN ou DETRAN e por se referir aos "registros públicos do executado", expressão igualmente incorreta.

Alternativa "c": Preceitua o art. 183 do CTN: "Art. 183. A enumeração das garantias atribuídas neste Capítulo (CAPÍTULO VI – Garantias e Privilégios do Crédito Tributário) ao crédito tributário não exclui outras que sejam expressamente previstas em lei, em função da natureza ou das características do tributo a que se refiram". Assim, com fulcro no CTN, é possível que o Estado institua, por meio de lei, novas hipóteses de garantias do crédito tributário.

Alternativa "d": Confira o Art. 186 do CTN: "O crédito tributário prefere a qualquer outro, seja qual for sua natureza ou o tempo de sua constituição, ressalvados os créditos decorrentes da legislação do trabalho ou do acidente de trabalho". Na falência, o crédito tributário não prefere aos créditos extraconcursais ou às importâncias passíveis de restituição, nos termos da lei falimentar, nem aos créditos com garantia real, no limite do valor do bem gravado. (parágrafo único, inciso I, do art. 186, do CTN).

Alternativa "e": Incorreto. A natureza das garantias atribuídas ao crédito tributário não altera a natureza deste nem a da obrigação tributária a que corresponda (teor do parágrafo único do art. 183 do CTN).

Alternativa correta: letra "c".

244. (FCC – PGE/MT-Procurador-2011) Em processo de falência, a ordem de preferência do crédito tributário constituído antes da decretação da falência de determinado contribuinte que deve também créditos trabalhistas anteriores à quebra, equivalentes a vinte mil reais; créditos trabalhistas anteriores à quebra, cedidos a terceiros, equivalentes a quinze mil reais; crédito garantido com hipoteca até o limite do valor do bem gravado; remuneração devida ao administrador judicial equivalente a cinco mil reais, corresponderá ao

a) primeiro pagamento.

b) segundo pagamento.

c) terceiro pagamento.

d) quarto pagamento.

e) quinto pagamento.

COMENTÁRIOS

✪ **Nota dos autores:** A assertiva abaixo foi respondida com base nos artigos 83 e 84 da Lei 11.101/2005 vigente à época do certame. É válido esclarecer ao Leitor que tais dispositivos foram recentemente alterados através da Lei 14.112/2020 que, por exemplo, retiraram da ordem de preferência e classificação dos créditos aqueles com privilégio especial e os créditos com privilégio geral.

De fato, pela redação do art. 186, *caput*, "O crédito tributário prefere a qualquer outro, seja qual for sua natureza ou o tempo de sua constituição, ressalvados os créditos decorrentes da legislação do trabalho ou do acidente de trabalho". O seu parágrafo único afirma que, na falência, "o crédito tributário não prefere aos créditos extraconcursais ou às importâncias passíveis de restituição, nos termos da lei falimentar, nem aos créditos com garantia real, no limite do valor do bem gravado". Todavia, para resolução da questão, importante, ainda, a leitura dos artigos 83 e 84 da Lei 11.101/2005 (Lei de Falências e Recuperação de empresas). Assim temos: I) Primeiro pagamento: remuneração devida ao administrador judicial equivalente a cinco mil reais com respaldo no art. 84, I da Lei 11.101/2005; II) Segundo pagamento: créditos trabalhistas anteriores à quebra, equivalentes a vinte mil reais (art. 83, I); III) Terceiro pagamento – crédito garantido com hipoteca até o limite do valor do bem gravado (art. 83, II); IV) Quarto Pagamento: crédito tributário constituído antes da decretação da falência de determinado contribuinte (art. 83, III) e V) Quinto Pagamento: créditos trabalhistas anteriores à quebra, cedidos a terceiros, equivalentes a quinze mil reais (vide art. 83, § 4º da 11.101/2005 que considera tais créditos como quirografários).

Alternativa correta: letra "d".

245. (FEPESE – Procurador do Estado – SC/ 2009) A Fábrica de Doces Martinica Ltda não pagou uma dívida tributária, face a dificuldades financeiras. O sócio administrador, em seguida, conseguiu realizar a venda do único imóvel da sociedade, visando obter recursos para investir em aumento de produção e de faturamento, embora ficando a sociedade, momentaneamente, sem renda ou bens suficientes para pagar a dívida.

Nessas condições, de acordo com o Código Tributário Nacional, essa alienação será considerada:

a) Fraudulenta, desde que o crédito tributário esteja em fase de execução.
b) Operação regular, se o débito estiver apenas inscrito em dívida ativa.
c) Fraudulenta, desde que o crédito tributário esteja devidamente constituído, após decisão administrativa não contestada.
d) Fraudulenta, desde que o crédito tributário esteja regularmente inscrito como dívida ativa.
e) Fraudulenta, desde que tenha sido proposta a ação de execução fiscal, se provada a efetiva intenção do devedor.

COMENTÁRIOS

Alternativa "a" (responde também as alternativas "b", "c" e "e"): Até o advento da LC nº 118/05, presumia-se fraudulenta a alienação ou oneração de bens ou rendas por sujeito passivo com dívida tributária em fase de execução. Em virtude das dificuldades e da demora da proposição de algumas execuções fiscais, a nova redação do art. 185 antecipou esse momento para a inscrição em dívida ativa. Logo, todas as demais alternativas estão erradas.

Alternativa "d": Na linha da redação do art. 185 do CTN, presume-se fraudulenta a alienação ou oneração de bens ou rendas, ou seu começo, por sujeito passivo em débito para com a Fazenda Pública, por crédito tributário regularmente inscrito como dívida ativa.

Alternativa correta letra "d".

246. (FEPESE – Procurador do Estado – SC/ 2009) Analise as alternativas abaixo relativas à quitação de tributos e à sujeição passiva, tendo em vista o que dispõe o Código Tributário Nacional e normas correlatas, e assinale a correta:

a) O despacho do juiz deferindo o início do processo de recuperação judicial depende da apresentação de quitação de todos os tributos.
b) Pelos tributos devidos até a morte, mas que somente foram constatados após a partilha e, por isso, não foram quitados, o "de cujus" é considerado o contribuinte e tanto os sucessores como o cônjuge meeiro são pessoalmente responsáveis, se não decorrido o prazo de decadência.
c) Na concessão de recuperação judicial, caso não seja apresentada a prova de quitação de todos os tributos, estes devem ser pagos nos termos do Plano de Recuperação Judicial.
d) De acordo com o Código Tributário Nacional, para ser proferida a sentença de julgamento da partilha, é suficiente que o imposto sobre transmissão "causa mortis" e doação, de quaisquer bens ou direitos (ITCMD) esteja quitado, visto terem os herdeiros responsabilidade tributária em relação aos demais tributos devidos pelo "de cujus" e ainda não quitados.
e) Os tributos relativos a fatos geradores ocorridos no curso do processo de falência, sem contestação administrativa ou judicial, devem ser pagos após a quitação dos créditos extra – concursais, ou o juiz mandará reservar bens para a extinção dos créditos tributários.

COMENTÁRIOS

Alternativa "a": De fato, o art. 191-A do CTN afirma que a concessão da recuperação judicial depende da apresentação da prova de quitação de todos os tributos. No entanto, permite que a concessão da recuperação judicial se o crédito tributário estiver suspenso (art. 151 do CTN) ou se se puder apresentar uma Certidão Positiva com Efeito de Negativa (CP-EN), consoante os arts. 205 e 206 do CTN.

Alternativa "b": A questão baralha os institutos do contribuinte e do responsável. De fato, contribuinte é quem faz o fato gerador e, sendo assim, pelos tributos devidos até a morte, o "de cujus" é o contribuinte, pois ele fez o fato gerador. No entanto, como só foram constatados após a partilha, os sucessores e o meeiro são pessoalmente responsáveis, na linha do art. 131, II do CTN.

Alternativa "c": Ver resposta apresentada à alternativa "a".

Alternativa "d": Pela redação do art. 192, não basta a quitação do ITCMD. Veja-se: "Nenhuma sentença de julgamento de partilha ou adjudicação será proferida sem prova da quitação de todos os tributos relativos aos bens do espólio, ou às suas rendas".

Alternativa "e": Os tributos relativos a fatos geradores ocorridos no curso do processo de falência são denominados de créditos extraconcursais (art. 188 do CTN). Pela redação do art. 186, parágrafo único, I do CTN, estes devem ser pagos antes dos créditos tributários.

Alternativa correta letra "b".

247. (Cespe – Procurador do Estado – PI/ 2008) Com relação à cobrança dos créditos tributários na falência, assinale a opção correta.

a) O processo falimentar envolve o crédito tributário, mas exclui a multa tributária.

b) As execuções fiscais em curso serão suspensas com a decretação de falência, consoante a lei processual que disciplina a cobrança do crédito tributário.

c) A propositura de execução fiscal posterior à decretação de falência ocorrerá no juízo falimentar.

d) A decretação da falência interrompe o prazo de prescrição do crédito tributário.

e) Os créditos tributários serão adimplidos após realizado o pagamento dos créditos com garantia real, até o limite do apurado com os bens gravados.

COMENTÁRIOS

Alternativa "a": Pela redação do art. 186, parágrafo único, III, a multa tributária também faz parte do processo falimentar. Elas preferem apenas aos créditos subordinados.

Alternativa "b": Segundo a jurisprudência do STJ, a decretação da falência não paralisa o processo de execução fiscal, nem desconstitui a penhora (REsp. 188.148-RS).

Alternativa "c": Segundo o art. 5º da LEF, "A competência para processar e julgar a execução da Dívida Ativa da Fazenda Pública exclui a de qualquer outro Juízo, inclusive o da falência, da concordata, da liquidação, da insolvência ou do inventário".

Alternativa "d": As causas de interrupção da prescrição do crédito tributário estão elencadas no art. 174 do CTN, não se incluindo aí a decretação da falência.

Alternativa "e": De fato, com a alteração da LC nº 118/05, os créditos tributários não preferem os créditos com garantia real, no limite do bem gravado (art. 186, parágrafo único, I do CTN).

Alternativa correta letra "e".

---

248. (Cespe – Procurador do Estado – PI/ 2008) Assinale a opção correta a respeito da preferência dos créditos em caso de falência.

a) O crédito tributário tem preferência sobre qualquer outro, seja qual for a natureza da sua constituição.

b) Os créditos com direitos reais de garantia têm preferência sobre os créditos fiscais.

c) Os créditos trabalhistas têm preferência sobre os créditos fiscais.

d) A cobrança judicial do crédito tributário está sujeita a concurso de credores.

e) O concurso de preferência só se dá entre entidades de direito público e de direito privado.

COMENTÁRIOS

✪ **Nota dos autores:** A **questão foi anulada** pela Banca Examinadora. Entende-se não haver alternativa correta.

Alternativa "a": O crédito tributário prefere a qualquer outro, seja qual for sua natureza ou o tempo de sua constituição, ***ressalvados*** os créditos decorrentes da legislação do trabalho ou do acidente de trabalho (art. 186 do CTN).

Alternativa "b": Com o advento da LC 118/2005, o parágrafo único do art. 186 do CTN estabeleceu uma regra específica para o processo de falência, dentre elas, a de que o crédito tributário não prefere aos créditos com garantia real, **no limite do valor do bem gravado.** Entretanto, a questão não enfatizou que a garantia real *se limita ao valor do bem gravado* para gozar da preferência sobre os créditos fiscais.

Alternativa "c": Os créditos decorrentes da legislação do trabalho ou do acidente de trabalho (art. 186 do CTN) têm sim preferência aos créditos fiscais. Entretanto, no caso dos créditos derivados da legislação do trabalho, a preferência está limitada a 150 (cento e cinquenta) salários mínimos por credor, nos termos do que dispõe o art. 83 da Lei 11.101/2005.

Alternativa "d": A cobrança judicial do crédito tributário não estará sujeita ao juízo falimentar, como ocorre com os créditos de outra natureza e, fatalmente, não está sujeita ao juízo de credores. Ou seja, o juízo universal da falência não atrai todas as ações de conteúdo patrimonial referentes ao devedor falido ou à massa falida. Nesse ponto, o art. 187 do CTN, disciplina que: "A cobrança judicial do crédito tributário *não é sujeita a concurso de credores* ou habilitação em falência, recuperação judicial, concordata, inventário ou arrolamento".

Alternativa "e": O concurso de preferência ocorre apenas entre as pessoas jurídicas de direito público (confira o art. 187 do CTN).

---

249. (FMP – Procurador do Estado – AC/2014) Analise as assertivas abaixo.

I – O CTN (Código Tributário Nacional) determina que a norma prevendo isenção seja interpretada de modo a abranger o maior número de situações fáticas possível, afastando a interpretação literal.

II – Considerando que a obrigação tributária principal nasce contra o sujeito passivo indicado em lei, nos termos do CTN (Código Tributário Nacional), a pessoa jurídica de direito privado que resultar de fusão não pode ser responsabilizada pelos tributos devidos até a data do ato pelas pessoas jurídicas fusionadas.

III – Segundo o entendimento do Superior Tribunal de Justiça, os créditos das autarquias federais preferem aos créditos da Fazenda estadual, desde que coexistam penhoras sobre o mesmo bem.

IV – Nos termos do CTN (Código Tributário Nacional) presume-se fraudulenta a alienação ou oneração de bens ou rendas, ou seu começo, por sujeito passivo em débito para com a Fazenda Pública, por crédito tributário regularmente inscrito em dívida ativa, salvo se o devedor reservar bens ou rendas suficientes ao pagamento total da dívida inscrita.

Assinale a afirmativa correta.

a) Apenas as assertivas I e II estão corretas.

b) Apenas as assertivas II e III estão corretas.

c) Apenas as assertivas I e IV estão corretas.

d) Apenas as assertivas III e IV estão corretas.

COMENTÁRIOS

Item I: Incorreto. Segundo o CTN, a outorga de isenção deve ser interpretada de forma literal. Confira: "Art. 111. Interpreta-se literalmente a legislação tributária que disponha sobre: (...) II – outorga de isenção."

Item II: Incorreto. Segundo o art. 132 do CTN: "A pessoa jurídica de direito privado que resultar de fusão, transformação ou incorporação de outra ou em outra é responsável pelos tributos devidos até à data do ato pelas pessoas jurídicas de direito privado fusionadas, transformadas ou incorporadas."

Item III: Correto. A assertiva contempla o teor da Súmula nº 497 do STJ: "Os créditos das autarquias federais preferem aos créditos da Fazenda estadual desde que coexistam penhoras sobre o mesmo bem."

Item IV: Correto. É o teor do art. 185 do CTN: "Presume-se fraudulenta a alienação ou oneração de bens ou rendas, ou seu começo, por sujeito passivo em débito para com a Fazenda Pública, por crédito tributário regularmente inscrito como dívida ativa".

Alternativa correta: letra "d": Apenas as assertivas III e IV estão corretas.

---

250. (FMP – Procurador do Estado – AC/2014) Assinale a alternativa correta.

a) Na falência, o crédito tributário não prefere aos créditos extraconcursais.

b) Os créditos tributários relativos a impostos cujo fato gerador seja a transmissão da propriedade de bens imóveis sub-rogam-se nas pessoas dos respectivos adquirentes.

c) A dívida ativa regularmente inscrita goza da presunção de certeza e liquidez, presunção essa que não admite prova em contrário.

d) De acordo com o entendimento do Superior Tribunal de Justiça, considerando que a apresentação de embargos do executado à execução fiscal não prescinde da garantia do juízo, não é necessário verificar a relevância da fundamentação (fumus boni juris) e perigo de dano irreparável ou de difícil reparação (*periculum in mora*) para atribuir-se efeito suspensivo à referida ação de embargos.

COMENTÁRIOS

Alternativa "a": Dispõe o art. 186 do CTN: "O crédito tributário prefere a qualquer outro, seja qual for sua natureza ou o tempo de sua constituição, ressalvados os créditos decorrentes da legislação do trabalho ou do acidente de trabalho. Parágrafo único. Na falência: I – o crédito tributário não prefere aos créditos extraconcursais ou às importâncias passíveis de restituição, nos termos da lei falimentar, nem aos créditos com garantia real, no limite do valor do bem gravado. Recorde-se que os créditos extraconcursais são aqueles surgidos no curso do processo falimentar ou de recuperação judicial, como decorrência da administração da massa falida. Nos termos do art. 84 da Lei 11.101/2005 serão pagos com precedência sobre os mencionados no art. 83 da mesma lei, ou seja, não entram no concurso de créditos.

Alternativa "b": Segundo o art.130 do CTN, os créditos tributários relativos a impostos cujo fato gerador seja a propriedade, o domínio útil ou a posse de bens imóveis, e bem assim os relativos a taxas pela prestação de serviços referentes a tais bens, ou a contribuições de melhoria, sub-rogam-se na pessoa dos respectivos adquirentes, salvo quando conste do título a prova de sua quitação. A questão está incompleta, pois não apenas os impostos se sub-rogam, mas também as taxas de prestação de serviços referentes a tais bens. Caberia recurso da mesma.

Alternativa "c": Admite sim prova em contrário. A presunção é relativa e não absoluta.

Alternativa "d": É sim necessário verificar a relevância da fundamentação (fumus boni juris) e perigo de dano irreparável ou de difícil reparação (*periculum in mora*) para atribuir efeito suspensivo à ação de embargos.

Alternativa correta: letra "a".

12. ADMINISTRAÇÃO TRIBUTÁRIA. FISCALIZAÇÃO. DÍVIDA ATIVA. CERTIDÕES DE REGULARIDADE FISCAL

- CF, art. 5º, XXXIII; art. 37, XXII; art145, § 1º.
- CTN, Título IV, arts. 194 a 208; arts. 9º e 11 da Lei 6.830/80 – LEF.

12.1. FISCALIZAÇÃO

---

251. (Cespe – Procurador do Estado – PGE – CE/2021) Jorge, auditor fiscal da receita, em rotina de fiscalização, visitou estabelecimento de Mauro, tendo em vista denúncias de sonegação fiscal. Mauro, por sua vez, evocando determinado decreto estadual veiculando restrições à exibição dos livros comerciais e fiscais, se recusou a fornecê-los, empreendendo ofensas contra o auditor. Requisitado auxílio de força pública estadual, Jorge, examinando os documentos, constatou o não recolhimento de tributos.

Com relação a essa situação hipotética, assinale a opção correta.

a) autoridade fiscal não pode requisitar o auxílio da força pública, quando o ato de embaraço ao exercício de suas funções não constitua crime ou contravenção penal.

b) A conduta de Jorge foi ilegal, considerada a existência de disposição normativa estadual limitativa do direito de examinar os livros comerciais e fiscais, oponível à administração tributária.

c) Independentemente de os créditos tributários estarem, ou não, prescritos, Mauro é obrigado a conservar os livros comerciais e fiscais alusivos àqueles créditos.

d) O início do procedimento de fiscalização deve ser documentado pela autoridade fiscal, sendo esse o momento decisivo para aferição da configuração, ou não, de denúncia espontânea para efeitos de exclusão de responsabilidade.

COMENTÁRIOS

Alternativa "a": As autoridades administrativas federais poderão requisitar o auxílio da força pública federal, estadual ou municipal, e reciprocamente, quando vítimas de embaraço ou desacato no exercício de suas funções, ou quando necessário à efetivação de medida prevista na legislação tributária, ainda que não se configure fato definido em lei como crime ou contravenção. É o teor do art. 200 CTN.

Alternativa "b": O artigo 195 do CTN traz a seguinte redação: "Para os efeitos da legislação tributária, não têm aplicação quaisquer disposições legais excludentes ou limitativas do direito de examinar mercadorias, livros, arquivos, documentos, papéis e efeitos comerciais ou fiscais, dos comerciantes industriais ou produtores, ou da obrigação destes de exibi-los". Portanto, a assertiva está incorreta.

Alternativa "c": Dispõe o parágrafo único, do art. 195 CTN: "Os livros obrigatórios de escrituração comercial e fiscal e os comprovantes dos lançamentos neles efetuados serão conservados até que ocorra a prescrição dos créditos tributários decorrentes das operações a que se refiram".

Alternativa "d": O art. 196 do CTN assim preceitua: "Art. 196. A autoridade administrativa que proceder ou presidir a quaisquer diligências de fiscalização lavrará os termos necessários para que se documente o início do procedimento, na forma da legislação aplicável, que fixará prazo máximo para a conclusão daquelas". No que concerne à denúncia espontânea, o parágrafo único do 138 do CTN dispõe: "Não se considera espontânea a denúncia apresentada após o início de qualquer procedimento administrativo ou medida de fiscalização, relacionados com a infração".

Alternativa correta: letra "d".

252. (FMP – Procurador do Estado – PGE – AC/2017) Os Estados costumam apreender mercadorias e não permitir a emissão de notas fiscais a quem deve para o Fisco. Examine as assertivas abaixo e assinale a CORRETA.

a) O procedimento de apreensão é o correto, pois muitas vezes se a fiscalização permitir que a mercadoria passe, mesmo com tributo recolhido a menor, poderá ocorrer de o Estado não mais conseguir cobrar.

b) Estes procedimentos são ilegais e se denominam sanções políticas, pois muitas vezes são utilizados para perseguição dos inimigos políticos dos governantes.

c) São inconstitucionais os procedimentos referidos, já assim declarados mais de uma vez pelo STF.

d) Apreender as mercadorias é correto, mas impedir a empresa de emitir notas fiscais ou vender produtos não.

e) Nenhuma das alternativas acima é CORRETA.

COMENTÁRIOS

Alternativa "a": Conforme dito no item anterior, o procedimento de apreensão é incorreto, pois configura um meio coercitivo para pagamento de tributos nos termos da Súmula 323 do STF.

Alternativa "b": Os procedimentos referidos são inconstitucionais e de fato se denominam como sanções políticas. Entretanto, não possuem o propósito de perseguir inimigos políticos, muito embora a expressão "sanção política". Na verdade, trata-se de uma política fiscal rejeitada pelo ordenamento jurídico, pois é um meio coercitivo para o pagamento de tributos.

Alternativa "c": A conduta descrita de apreender mercadorias e não permitir a emissão de notas fiscais é caracterizada como meio coercitivo para pagamento de tributos e, portanto, vedada pelo ordenamento jurídico. É também chamada de sanção política. Nesse sentido é o enunciado n. 323 da Súmula do STF: "É inadmissível a apreensão de mercadorias como meio coercitivo para pagamento de tributos". Outras súmulas andam na mesma direção, como as súmulas 70 (É inadmissível a interdição de estabelecimento como meio coercitivo para cobrança de tributo) e 547 ("Não é lícito à autoridade proibir que o contribuinte em débito adquira estampilhas, despache mercadorias nas alfândegas e exerça suas atividades profissionais").

Alternativa "d": Tanto o procedimento da apreensão, como o impedimento de emissão das notas fiscais são incorretos e vedados pelo direito.

Alternativa "e": A alternativa "c" é a correta.

Alternativa correta: letra "c".

253. (PUC – Procurador do Estado – PR/2015) Entende-se por sanções políticas tributárias as restrições não razoáveis ou desproporcionais ao exercício de atividade econômica ou profissional lícita, utilizadas como meio de indução ou coação a pagamento de tributos.

Sobre as sanções políticas tributárias, assinale a alternativa CORRETA.

a) O protesto de certidão de dívida ativa, nos termos da jurisprudência mais recente do Superior Tribunal de Justiça, configura sanção política.

b) A exigência de Certidão Negativa de Débitos Tributários – CND como requisito prévio à participação em licitações é exemplo de sanção política.

c) De acordo com entendimento pacífico do Superior Tribunal de Justiça, a Fazenda Pública tem legitimidade e interesse para requerer a falência da empresa insolvente devedora de tributos.

d) A retenção de mercadoria pelo tempo estritamente necessário à lavratura do auto de infração não configura sanção política.

e) Segundo recente entendimento do Supremo Tribunal Federal, não se admite o cancelamento da inscrição da empresa no cadastro de contribuintes de determinado imposto em razão de dívidas tributárias, ainda que comprovados intuito deliberado de não pagar o imposto e violação à livre concorrência.

COMENTÁRIOS

✪ **Nota dos autores:** A sanção política é uma expressão utilizada no âmbito do direito tributário para consignar medidas restritivas ou proibitivas aos contribuintes como meio coercitivo para pagamento de tributos. Podemos citar, dentre outros exemplos, a retenção de mercadorias, interdição do estabelecimento empresarial etc. Ademais, importante lembrar o teor das seguintes Súmulas do STF:

> *Súmula n. 70: "É inadmissível a interdição de estabelecimento como meio coercitivo para cobrança de tributo."*
>
> *Súmula n. 323: "É inadmissível a apreensão de mercadorias como meio coercitivo para pagamento de tributos".*
>
> *Súmula n. 547: "Não é lícito a autoridade proibir que o contribuinte em débito adquira estampilhas, despache mercadorias nas alfândegas e exerça suas atividades profissionais."*

Alternativa "a": Nos termos da jurisprudência mais recente do Superior Tribunal de Justiça, o protesto de certidão de dívida ativa não configura sanção política. No bojo do REsp 1126515/PR (Rel. Ministro HERMAN BENJAMIN, SEGUNDA TURMA, julgado em 03/12/2013, DJe 16/12/2013), o referido Tribunal se manifestou no seguinte sentido: "Dada a natureza bifronte do protesto, não é dado ao Poder Judiciário substituir-se à Administração para eleger, sob o enfoque da necessidade (utilidade ou conveniência), as políticas públicas para recuperação, no âmbito extrajudicial, da dívida ativa da Fazenda Pública". Ademais, foi dito que: "A possibilidade do protesto da CDA não implica ofensa aos princípios do contraditório e do devido processo legal, pois subsiste, para todo e qualquer efeito, o controle jurisdicional, mediante provocação da parte interessada, em relação à higidez do título levado a protesto". Enfim, vale lembrar a Lei 12.767/2012, promoveu a inclusão do parágrafo único no art. 1º da Lei 9.492/1997, para expressamente consignar que estão incluídas "entre os títulos sujeitos a protesto as certidões de dívida ativa da União, dos Estados, do Distrito Federal, dos Municípios e das respectivas autarquias e fundações públicas".

Alternativa "b": Não constitui sanção política, a exigência de Certidão Negativa de Débitos Tributários – CND como requisito prévio à participação em licitações. A regularidade fiscal do licitante pode sim ser exigida, inclusive com fundamento na Lei n. 8.666/93. O art.29, inciso III, da referida Lei assim dispõe: "Art. 29. A documentação relativa à regularidade fiscal e trabalhista, conforme o caso consistirá em: (...) III – prova de regularidade para com a Fazenda Federal, Estadual e Municipal do domicílio ou sede do licitante, ou outra equivalente, na forma da lei." Ademais, o CTN, no art. 193, dispõe no seguinte sentido: "Art. 193. Salvo quando expressamente autorizado por lei, nenhum departamento da administração pública da União, dos Estados, do Distrito Federal, ou dos Municípios, ou sua autarquia, celebrará contrato ou aceitará proposta em concorrência pública sem que o contratante ou proponente faça prova da quitação de todos os tributos devidos à Fazenda Pública interessada, relativos à atividade em cujo exercício contrata ou concorre". Enfim, o STJ já se manifestou no seguinte sentido: ADMINISTRATIVO. RECURSO ORDINÁRIO EM MANDADO DE SEGURANÇA. LICITAÇÃO. ESTADO-MEMBRO. EXIGÊNCIA DE DEMONSTRAÇÃO DE REGULARIDADE FISCAL PERANTE O INSS E O FGTS. CABIMENTO. ART. 193 DO CTN. INEXISTÊNCIA DE OFENSA.

1. A recorrente impetrou mandado de segurança com o fito de atacar ato tido por coator consistente na exigência da apresentação de certificados de regularidade fiscal perante o INSS e o FGTS que demonstrem o cumprimento dos encargos sociais, em procedimento licitatório realizado pelo Estado de Sergipe. 2. Não há incompatibilidade entre o ato tido por coator e o art. 193 do CTN, visto que essa norma apenas estabelece um requisito mínimo – e ainda assim contornável por meio de lei específica – de que o ente federado não pode contratar com empresa que lhe deve tributos. 3. Inexiste qualquer impedimento ao acréscimo de outras exigências pertinentes às finalidades da licitação, notadamente uma que salvaguarde o ente federado de celebrar avenças com concorrente que possui idoneidade questionável em razão do histórico de dívidas com a seguridade social e o FGTS, protegendo o erário de eventuais novas pendências nas quais seria devedor solidário, como também afastando do certame empresa que não recolhe contribuições intrinsecamente ligadas a direitos de seus empregados e, em última análise, da coletividade. 4. Não há violação ao princípio federativo e à repartição de competências tributárias, mas simplesmente uma defesa do Estado-membro para evitar responder a dívidas futuras combinada com o repúdio a empresas que não realizam o pagamento oportuno de quantias de manifesta importância para seus empregados e para a sociedade em geral, tudo com respaldo na Lei nº 8.666/93 e na própria Carta Magna. 5. Recurso ordinário não provido. (RMS 30.320/SE, Rel. Ministro CASTRO MEIRA, SEGUNDA TURMA, julgado em 04/05/2010, DJe 21/05/2010).

Alternativa "c": O tema não é pacífico no âmbito do Superior Tribunal de Justiça. Confira a ementa: "PROCESSO CIVIL. PEDIDO DE FALÊNCIA FORMULADO PELA FAZENDA PÚBLICA COM BASE EM CRÉDITO FISCAL. ILEGITIMIDADE. FALTA DE INTERESSE. DOUTRINA. RECURSO DESACOLHIDO. I – Sem embargo dos respeitáveis fundamentos em sentido contrário, a Segunda Seção decidiu adotar o entendimento de que a Fazenda Pública não tem legitimidade, e nem interesse de agir, para requerer a falência do devedor fiscal. II – Na linha da legislação tributária e da doutrina especializada, a cobrança do tributo é atividade vinculada, devendo o fisco utilizar-se do instrumento afetado pela lei à satisfação do crédito tributário, a execução fiscal, que goza de especificidades e privilégios, não lhe sendo facultado pleitear a falência do devedor com base em tais créditos. (REsp 164.389/MG, Rel. Ministro CASTRO FILHO, Rel. p/ Acórdão Ministro SÁLVIO DE FIGUEIREDO TEIXEIRA, SEGUNDA SEÇÃO, julgado em 13/08/2003, DJ 16/08/2004, p. 130)

Alternativa "d": Consoante entendimento do STF, não configura sanção política a retenção de mercadoria pelo tempo estritamente necessário à lavratura do auto de infração. Trata-se, em verdade, para o referido Tribunal, de medida acauteladora com finalidade probatória quando realizada por um período estritamente necessário para documentar a infração tributária. O excesso de A retenção da mercadoria por tempo indeterminado, ao revés, que configuraria uma sanção política. Confira: EMENTA: AGRAVO REGIMENTAL EM RECURSO EXTRAORDINÁRIO. TRIBUTÁRIO. RIO GRANDE DO SUL. LEIS ESTADUAIS 6.537/73 E 8.820/89. ICMS. APREENSÃO DE MERCADORIAS POR TEMPO INDETERMINADO E EM DESACORDO COM A FINALIDADE LEGAL. SANÇÃO POLÍTICA. Agravo regimental a que se nega provimento. (RE 633239 AgR, Relator(a): Min. JOAQUIM BARBOSA, Segunda Turma, julgado em 22/03/2011, DJe-065 DIVULG 05-04-2011 PUBLIC 06-04-2011 EMENT VOL-02497-02 PP-00367).

Alternativa "e": Segundo recente entendimento do Supremo Tribunal Federal é possível o cancelamento da inscrição da empresa no cadastro de contribuintes quando comprovado intuito deliberado de não pagar o imposto e violação à livre concorrência. A matéria foi objeto de análise no bojo do RE 550769 de relatoria do Ministro Joaquim Barbosa onde foi dito que "Não haveria se falar em sanção política se as restrições à prática de atividade econômica combatessem estruturas empresariais que se utilizassem da inadimplência tributária para obter maior vantagem concorrencial". Segue ementa: "EMENTA: CONSTITUCIONAL. TRIBUTÁRIO. SANÇÃO POLÍTICA. Não PAGAMENTO DE TRIBUTO. INDÚSTRIA DO CIGARRO. REGISTRO ESPECIAL DE FUNCIONAMENTO. CASSAÇÃO. DECRETO-LEI 1.593/1977, ART. 2º, II. 1. Recurso extraordinário interposto de acórdão prolatado pelo Tribunal Regional Federal da 2ª Região, que reputou constitucional a exigência de rigorosa regularidade fiscal para manutenção do registro especial para fabricação e comercialização de cigarros (DL 1.593/1977, art. 2º, II). 2. Alegada contrariedade à proibição de sanções políticas em matéria tributária, entendidas como qualquer restrição ao direito fundamental de exercício de atividade econômica ou profissional lícita. Violação do art. 170 da Constituição, bem como dos princípios da proporcionalidade e da razoabilidade. 3. A orientação firmada pelo Supremo Tribunal Federal rechaça a aplicação de sanção política em matéria tributária. Contudo, para se caracterizar como sanção política, a norma extraída da interpretação do art. 2º, II, do Decreto-lei 1.593/1977 deve atentar contra os seguintes parâmetros: (1) relevância do valor dos créditos tributários em aberto, cujo não pagamento implica a restrição ao funcionamento da empresa; (2) manutenção proporcional e razoável do devido processo legal de controle do ato de aplicação da penalidade; e (3) manutenção proporcional e razoável do devido processo legal de controle da validade dos créditos tributários cujo não pagamento implica a cassação do registro especial. 4. Circunstâncias que não foram demonstradas no caso em exame. 5. Recurso extraordinário conhecido, mas ao qual se nega provimento. (RE 550769, Relator(a): Min. JOAQUIM BARBOSA, Tribunal Pleno, julgado em 22/05/2013, ACÓRDÃO ELETRÔNICO DJe-066 DIVULG 02-04-2014 PUBLIC 03-04-2014)

Alternativa correta: letra "d".

254. (FEPESE – Procurador do Estado – SC/ 2009) Analise as seguintes alternativas relacionadas ao sigilo fiscal e, tendo em vista o disposto no Código Tributário Nacional e em normas correlatas, assinale a correta:

a) Autoridade administrativa, no interesse da administração pública, pode solicitar à Fazenda Pública informações sobre a situação econômica ou financeira de sujeito passivo, obtidas em razão de fiscalização, desde que essas informações sejam necessárias para dar início a processo administrativo, no órgão requerente, para investigar a prática de infração administrativa por aquele sujeito passivo.

b) Os Estados e o Distrito Federal poderão permutar informações com quaisquer Estados estrangeiros, sendo suficiente a prévia solicitação específica fundamentada em interesse relacionado à arrecadação e à fiscalização de tributos.

c) A mútua assistência para fiscalização dos respectivos tributos e para permuta de informações entre a Fazenda Pública da União e as dos Estados, do Distrito Federal e dos Municípios independe de forma estabelecida previamente em lei ou convênio.

d) Visando a garantia da preservação do sigilo, no caso de intercâmbio de informações sigilosas, no âmbito da Administração Pública, a entrega da informação à autoridade solicitante deve ser feita pessoalmente, mediante recibo, e desde que exista processo regularmente instaurado.

e) A divulgação de informações relativas às inscrições na Dívida Ativa da Fazenda Pública é vedada de forma expressa e incondicional pelo Código Tributário Nacional.

COMENTÁRIOS

Alternativa "a": Ao contrário do que afirma o examinador, nos termos do artigo 198, § 1º, inciso II, do CTN, para a prestação de informações, é necessário que seja comprovada a instauração regular de processo administrativo, não sendo possível solicitar à Fazenda informações para fundamentar a instauração de um processo administrativo.

Alternativa "b": A troca de informações com Estados estrangeiros é tema do direito internacional público e não do direito tributário. O CTN permite a troca de informações entre as Fazendas Públicas dos entes federativos e não com Estados estrangeiros (art. 199 do CTN). Para os Estados estrangeiros, o parágrafo único do art. 199 reza que apenas a Fazenda Pública da União é que poderá, na forma estabelecida em tratados, acordos ou convênios, permutar informações.

Alternativa "c": O art. 199 do CTN reza justamente o contrário: "A Fazenda Pública da União e as dos Estados, do Distrito Federal e dos Municípios prestar-se-ão mutuamente assistência para a fiscalização dos tributos respectivos e permuta de informações, na forma estabelecida, em caráter geral ou específico, por lei ou convênio".

Alternativa "d": Trata-se de aplicação do art. 198, § 2º do CTN: "O intercâmbio de informação sigilosa, no âmbito da Administração Pública, será realizado mediante processo regularmente instaurado, e a entrega será feita pessoalmente à autoridade solicitante, mediante recibo, que formalize a transferência e assegure a preservação do sigilo".

Alternativa "e": O art. 198 do CTN veda a divulgação, por parte da Fazenda Pública ou de seus servidores, de informação obtida em razão do ofício sobre a situação econômica ou financeira do sujeito passivo ou de terceiros e sobre a natureza e o estado de seus negócios ou atividades. No entanto, não veda a divulgação de informações relativas a inscrições na dívida ativa da Fazenda Pública, representações fiscais para fins penais e parcelamento ou moratória (art. 198, § 3º e incisos do CTN).

Alternativa correta letra "d".

---

255. (FEPESE – Procurador do Estado – SC/ 2010) Assinale a alternativa correta.

a) O servidor público que se utilizar indevidamente do acesso restrito às informações protegidas por sigilo fiscal será punido com pena de suspensão de até cento e oitenta dias.

b) É vedada a divulgação de informações, por parte da Fazenda Pública ou de seus servidores, relativas a parcelamento ou moratória.

c) As punições de demissão, destituição de cargo em comissão e cassação de disponibilidade ou de aposentadoria, previstas aos casos de violação de sigilo fiscal, incompatibilizam o ex-servidor público para novo cargo, emprego ou função pública em órgão ou entidade da administração pública federal, pelo prazo de três anos.

d) É permitida a divulgação, por parte da Fazenda Pública, de informação obtida em razão do ofício sobre a situação econômica ou financeira do sujeito passivo, mediante requisição de autoridade judiciária no interesse da justiça.

e) O contribuinte poderá, por instrumento público ou particular, conferir poderes a terceiros para, em seu nome, praticar atos perante órgão da administração pública que impliquem fornecimento de dado protegido pelo sigilo fiscal, vedado o substabelecimento.

COMENTÁRIOS

Alternativa "a": A legislação tributária não trata da sanção aplicada ao servidor que utiliza indevidamente o acesso restrito às informações protegidas por sigilo fiscal.

Alternativa "b": O art. 198, § 3º, III, do CTN, não veda a divulgação de informações referentes ao parcelamento ou moratória.

Alternativa "c": A legislação tributária não trata das punições aplicáveis ao servidor que viola o sigilo bancário. A LC 105/2001, por sua vez, no art. 10, afirma que a quebra do sigilo, fora das hipóteses legais, constitui crime e sujeita os responsáveis à pena de reclusão, de um a quatro anos, e multa. De mais a mais, o art. 11 da mesma lei afirma que o servidor público que utilizar ou viabilizar a utilização de qualquer informação obtida em decorrência da quebra de sigilo de que trata a LC nº 105/2001, responde pessoal e diretamente pelos danos decorrentes.

Alternativa "d": Trata-se da clara hipótese de quebra do sigilo fiscal, permitida pela CF na hipótese de autorização judicial (art. 5º, XII, da CF, c/c art. 198, § 1º do CTN).

Alternativa "e": Não há norma na legislação tributária que vede o substabelecimento para o fornecimento de informações como as mencionadas na assertiva.

Alternativa correta letra "d".

---

256. (Cespe – Procurador do Estado – ES/ 2008) Quanto à administração tributária e à dívida ativa tributária, julgue os itens seguintes.

O servidor público da secretaria de fazenda estadual que obtiver, em razão de seu ofício, informações acerca da situação econômica de certo contribuinte tem o dever de sigilo quanto aos dados do contribuinte, exceto nos casos de solicitações de outras autoridades administrativas no interesse da administração pública.

COMENTÁRIOS

Nos termos do art. 198 do CTN, é vedada a divulgação, por parte da Fazenda Pública ou de seus servidores, de informação obtida em razão do ofício sobre a situação econômica ou financeira do sujeito passivo ou de terceiros e sobre a natureza e o estado de seus negócios ou atividades. Será excetuado o referido sigilo nas solicitações de autoridade administrativa no interesse da Administração Pública, **desde que** seja comprovada a instauração regular de processo administrativo, no órgão ou na entidade respectiva, com o objetivo de investigar o sujeito passivo a que se refere a informação, por prática de infração administrativa. **ERRADO**

---

257. (PGE-GO – Procurador do Estado – GO/ 2013) Acerca da administração tributária, está CORRETA a seguinte proposição:

a) As fazendas públicas dos estados prestar-se-ão assistência mútua para a fiscalização dos tributos respectivos e a permuta de informações, na forma estabelecida, em caráter geral ou específico, por lei ou convênio.

b) A expedição de certidão positiva com efeito de negativa (CPEN) não se realizará quando da pendência de débitos tributários em cobrança executiva, independentemente de penhora ou suspensão de exigibilidade.

c) Em respeito ao sigilo fiscal do contribuinte, é vedada a divulgação de informação relativa a inscrições na Dívida Ativa da Fazenda Pública.

d) A autoridade administrativa tributária encontra-se autorizada a proceder à interdição de estabelecimento comercial, quando da inadimplência contumaz do contribuinte.

e) As entidades imunes não se submetem ao poder de fiscalização das administrações tributárias.

COMENTÁRIOS

✪ **Nota dos autores:** A Administração Tributária é a atividade estatal voltada para a fiscalização e arrecadação tributária. No que se refere à fiscalização, importante leitura do art. 194 e seguintes do CTN e das Súmulas do STF de números 70, 323 e 547.

Alternativa "a": A assertiva contempla o teor do art. 199 do CTN: "A Fazenda Pública da União e as dos Estados, do Distrito Federal e dos Municípios prestar-se-ão mutuamente assistência para a fiscalização dos tributos respectivos e permuta de informações, na forma estabelecida, em caráter geral ou específico, por lei ou convênio".

Alternativa "b": A expedição de certidão positiva com efeito de negativa (CPEN) será devida nas hipóteses de penhora ou suspensão de exigibilidade do crédito tributário. Confira o art. 206 do CTN: "Tem os mesmos efeitos previstos no artigo anterior (que trata da certidão negativa) a certidão de que conste a existência de créditos não vencidos, em curso de cobrança executiva em que tenha sido efetivada a penhora, ou cuja exigibilidade esteja suspensa".

Alternativa "c": Não é vedada a divulgação de informações relativas a inscrições na Dívida Ativa da Fazenda Pública (§ 3º, inciso II do art. 198 do CTN).

Alternativa "d": Está incorreto, pois é inadmissível a interdição de estabelecimento como meio coercitivo para cobrança de tributo. (STF Súmula 70).

Alternativa "e": Está incorreto. Mesmo imune (não há a obrigação principal de pagar o tributo), as entidades não estão dispensadas do cumprimento das obrigações acessórias, a exemplo da possibilidade de fiscalização pelas administrações tributárias. Lembre-se que, no direito tributário, a obrigação acessória não segue a principal (teoria da gravitação jurídica) como ocorre no âmbito do direito civil.

Alternativa correta: letra "a".

---

258. (Cespe – Procurador do Estado – DF/ 2013) Considerando que o agente da autoridade da administração tributária lavre auto de infração e apreensão, com retenção de bens, contra determinada empresa, julgue os seguintes itens.

I. No futuro processo de execução fiscal, será possível o afastamento da presunção de certeza e liquidez da certidão de débito fiscal se a empresa alegar a ausência de notificação do lançamento, recaindo nesse caso, o ônus da prova sobre a parte contrária, por configurar fato negativo.

COMENTÁRIOS

A simples alegação de ausência de notificação do lançamento não é suficiente para afastar a presunção de certeza e liquidez do débito fiscal. Por outro lado, incumbe ao embargante o ônus da prova do fato negativo, relativo à desconstituição do título executivo, face à presunção da CDA. A presunção de certeza e liquidez da dívida ativa regularmente inscrita é **relativa** e pode ser ilidida por prova inequívoca, a cargo do sujeito passivo ou do terceiro a que aproveite (CTN, art. 204, parágrafo único). **ERRADO**

II. Conforme entendimento do STF, na hipótese narrada, a lavratura de auto de infração e apreensão, com retenção de bens, configura meio coercitivo admissível para a cobrança de tributo.

COMENTÁRIOS

Não é admissível a retenção de bens como meio coercitivo para pagamento do tributo. Nesse sentido é o enunciado nº 323 da Súmula do STF: "É inadmissível a apreensão de mercadorias como meio coercitivo para pagamento de tributos". **ERRADO**

III. Ainda que a administração tributária não efetive o ato de lançamento da penalidade e cobrança do tributo, a empresa não poderá questionar a legalidade da apreensão de seus bens.

COMENTÁRIOS

A empresa poderá sim questionar a legalidade da apreensão de seus bens. Qual o sentido da apreensão de seus bens sem a existência do ato de lançamento? Qual norma estar-se-ia ferindo? Que instrumento jurídico feito pela administração validaria a apreensão de mercadorias? Sem lançamento, não há linguagem competente para assegurar a apreensão dos bens. Frise-se que não é necessário o esgotamento da via administrativa para propositura da ação judicial. Ou seja, não há impedimento para que o contribuinte ingresse na esfera judicial, ainda que não encerrada a fase administrativa (princípio da inafastabilidade da jurisdição). Entretanto, tal medida, tratando-se de situação fática e fundamento legal idênticos, implicará em renúncia de eventual processo administrativo em curso (Lei 6.830/80, art. 38, parágrafo único). **ERRADO**

IV. A situação narrada representa o começo da fase contenciosa do processo administrativo tributário, devendo haver a intimação do sujeito passivo da obrigação tributária.

COMENTÁRIOS

A situação narra o ato de fiscalização que é a apreensão de bens. A fase contenciosa inicia-se com a impugnação da exigência prevista na autuação (lançamento de ofício que constitui o crédito tributário), como bem preceitua o artigo 14 do Decreto 70.235/72. **ERRADO**

13. DÍVIDA ATIVA

---

259. (Cespe – Procurador do Estado – PGE – AL/2021) Integram a dívida ativa tributária os valores advindos de

a) contribuição de melhoria.

b) custas processuais.

c) aluguel e taxa de ocupação.

d) contribuição especial.

e) empréstimos compulsórios.

COMENTÁRIOS

✪ **NOTA DOS AUTORES:** Na dívida ativa são lançados os créditos a favor dos entes públicos, de natureza tributária ou não, oriundos de valores a ele devidos, cuja certeza e liquidez foram apuradas, por não terem sido efetivamente recebidos nas datas aprazadas. O artigo 39, §2º da Lei n. 4.320/64 define a dívida ativa, separando a dívida ativa tributária da não tributária, da forma como sumarizada no quadro abaixo:

Dívida Ativa Tributária	Dívida Ativa Não Tributária
Imposto, adicionais e suas multas	Empréstimos compulsórios e suas multas
Taxas, adicionais e suas multas	Contribuições Especiais e suas multas
Contribuição de Melhoria, adicionais e suas multas	Multas de qualquer origem (exceto as tributárias)

Fonte: LEITE, Harrison. Direito financeiro. 11. ed. Salvador: Juspodivm, 2022.

Observação – Todas as demais cobranças estão inclusas no rol da dívida ativa não tributária: Foros, Laudêmios, Aluguéis, Taxas de Ocupação, custas processuais, preços de serviços prestados por estabelecimentos públicos, indenizações, reposições, restituições, alcances dos responsáveis definitivamente julgados, bem assim os créditos decorrentes de obrigações em moeda estrangeira, de sub-rogação de hipoteca, fiança, aval ou outra garantia, de contratos em geral ou de outras obrigações legais

Alternativa "a": Correto, em razão do disposto no art. 39, §2º, da lei 4.320/64: "Art. 39 (...) § 2º – Dívida Ativa Tributária é o crédito da Fazenda Pública dessa natureza, proveniente de obrigação legal relativa a tributos e respectivos adicionais e multas, e Dívida Ativa não Tributária são os demais créditos da Fazenda Pública, tais como os provenientes de empréstimos compulsórios, contribuições estabelecidas em lei, multa de qualquer origem ou natureza, exceto as tributárias, foros, laudêmios, alugueis ou taxas de ocupação, custas processuais, preços de serviços prestados por estabelecimentos públicos, indenizações, reposições, restituições, alcances dos responsáveis definitivamente julgados, bem assim os créditos decorrentes de obrigações em moeda estrangeira, de sub-rogação de hipoteca, fiança, aval ou outra garantia, de contratos em geral ou de outras obrigações legais."

Alternativa "b": As custas processuais integram a dívida ativa não tributária. A alternativa está errada, em razão da legislação citada acima (art. 39, §2º, da lei 4.320/64).

Alternativa "c": Aluguéis ou taxas de ocupação integram a dívida ativa não tributária, com fulcro no art. 39, §2º, da lei 4.320/64.

Alternativa "d": As contribuições estabelecidas em lei integram a dívida ativa não tributária (art. 39, §2º, da lei 4.320/64). Muito cuidado nesse ponto, pois as contribuições especiais são tributos para o direito tributário, embora não o sejam para o direito financeiro.

Alternativa "e": Empréstimos compulsórios estão contemplados na dívida ativa não tributária, consoante o art. 39, §2º, da lei 4.320/64. Deve o estudante ter o máximo de atenção, pois os empréstimos compulsórios e as contribuições especiais, como exposto no item acima, são tributos para o direito tributário, embora não o sejam para o direito financeiro.

Alternativa correta: letra "a".

260. (Cespe – Procurador do Estado – PGE – AL/2021) Um procurador de estado verificou erro na certidão de dívida ativa (CDA) que havia instruído o executivo fiscal e, visando corrigir o equívoco observado, propôs a substituição da CDA. Nessa situação hipotética, conforme a Lei n. º 6.830/1980 e a jurisprudência do Superior Tribunal de Justiça, é possível a substituição da CDA com a finalidade de

a) alterar o sujeito passivo da obrigação tributária até a decisão de primeira instância.

b) realizar nova apuração do tributo até a decisão de primeira instância.

c) realizar a imputação de pagamento, ocorrida anteriormente à inscrição do débito, até a decisão de primeira instância.

d) alterar fundamento legal do lançamento até a decisão em primeira instância.

e) corrigir o número do processo administrativo ou do auto de infração até a decisão em primeira instância.

COMENTÁRIOS

Alternativa "a": Nos termos do enunciado nº 392 da Súmula do STJ: "A Fazenda Pública pode substituir a certidão de dívida ativa (CDA) até a prolação da sentença de embargos, quando se tratar de correção de erro material ou formal, vedada a modificação do sujeito passivo da execução." Portanto, a alternativa está incorreta.

Alternativa "b": Conforme entendimento do STJ: (...) não é possível corrigir, na certidão, vícios do lançamento e/ou da inscrição. A emenda ou substituição da CDA é admitida diante da existência de erro material ou formal, não sendo cabível, entretanto, quando os vícios decorrem do próprio lançamento ou da inscrição (Súmula 392/STJ). O referido entendimento já foi firmado em recurso repetitivo (art. 543-C do CPC/1973), quando a Primeira Seção promoveu o julgamento do REsp 1.045.472/BA, relatoria do Min. Luiz Fux. 8. Agravo conhecido para não se conhecer do Recurso Especial. (STJ – AREsp: 1545782 SP 2019/0214782-2, Relator: Ministro HERMAN BENJAMIN, Data de Julgamento: 22/10/2019, T2 – SEGUNDA TURMA, Data de Publicação: DJe 29/10/2019)

Alternativa "c": A assertiva está incorreta com fulcro no Enunciado n. 392 da Súmula do STJ que dispõe acerca da vedação da alteração da CDA em caso de vícios que decorram do próprio lançamento ou da inscrição.

Alternativa "d": A alternativa está incorreta com fulcro no Enunciado n. 392 da Súmula do STJ que dispõe acerca da vedação da alteração da CDA em caso de vícios que decorram do próprio lançamento ou da inscrição.

Alternativa "e": Correto, em razão do disposto no art. 2º, §5º, VI, e §8º da Lei 6.830/80. Vejamos: "Art. 2º – Constitui Dívida Ativa da Fazenda Pública aquela definida como tributária ou não tributária na Lei nº 4.320, de 17 de março de 1964, com as alterações posteriores, que estatui normas gerais de direito financeiro para elaboração e controle dos orçamentos e balanços da União, dos Estados, dos Municípios e do Distrito Federal. (...) § 5º – O Termo de Inscrição de Dívida Ativa deverá conter: VI – o número do processo administrativo ou do auto de infração, se neles estiver apurado o valor da dívida. (...) § 8º – Até a decisão de primeira instância, a Certidão de Dívida Ativa poderá ser emendada ou substituída, assegurada ao executado a devolução do prazo para embargos."

Alternativa correta: letra "e".

---

261. (FCC – Procurador do Estado – PGE – AP/2018) Em uma situação hipotética, a empresa Silva e Silva S/A, com estabelecimento único, localizado na cidade em Macapá, deve ao Estado do Amapá R$ 1.000,00, a título de ICMS, R$ 100,00 a título de multa sobre o ICMS não pago, e R$ 10,00 de juros de mora pelo não pagamento deste imposto. Deve, ainda, ao mesmo Estado, R$ 2.000,00 por aluguéis não pagos, R$ 250,00, a título de multa sobre os aluguéis não pagos, e R$ 30,00 de juros de mora pelo não pagamento dos referidos aluguéis. De acordo com o que dispõe a Lei federal no 6.830/80, constitui Dívida Ativa da Fazenda Pública, de natureza

a) tributária, aquela referente aos R$ 1.000,00 de ICMS e, não tributária, todas as demais.

b) tributária, aquela referente aos R$ 1.000,00 devidos a título de ICMS, bem como aos R$ 100,00 referentes à multa devida pelo não pagamento do ICMS.

c) não tributária, tanto a multa pelo não pagamento do ICMS, como a multa pelo não pagamento dos aluguéis.

d) não tributária, aquela referente aos juros de mora incidentes sobre o ICMS não pago e sobre os aluguéis igualmente não pagos.

e) tributária, todas as verbas devidas pela empresa e mencionadas no enunciado, exceto a relacionada com o ICMS, no valor de R$ 1.000,00.

COMENTÁRIOS

✪ **Nota dos autores:** Para resolução da questão importante a leitura do §2º do artigo 39, da Lei 4.320/64 que conceitua a dívida ativa tributária e não tributária: "(...) § 2º – Dívida Ativa Tributária é o crédito da Fazenda Pública dessa natureza, proveniente de obrigação legal relativa a tributos e respectivos adicionais e multas, e Dívida Ativa não Tributária são os demais créditos da Fazenda Pública, tais como os provenientes de empréstimos compulsórios, contribuições estabelecidas em lei, multa de qualquer origem ou natureza, exceto as tributárias, foros, laudêmios, aluguéis ou taxas de ocupação, custas processuais, preços de serviços prestados por estabelecimentos públicos, indenizações, reposições, restituições, alcances dos responsáveis definitivamente julgados, bem assim os créditos decorrentes de obrigações em moeda estrangeira, de sub-rogação de hipoteca, fiança, aval ou outra garantia, de contratos em geral ou de outras obrigações legais.

Alternativa "a": Dívida Ativa da Fazenda Pública, de natureza tributária é aquela descrita no §2º do artigo 39, da Lei 4320/64, ou seja, é o crédito da Fazenda Pública dessa natureza, proveniente de obrigação legal relativa a tributos e respectivos adicionais e multas. Logo, se enquadra nessa descrição a dívida referente aos R$ 1.000,00 devidos a título de ICMS, bem como aos R$ 100,00 referentes à multa devida pelo não pagamento do ICMS.

Alternativa "b": Dispõe §2º do artigo 39, da Lei 4320/64: "(...) § 2º – Dívida Ativa Tributária é o crédito da Fazenda Pública dessa natureza, proveniente de obrigação legal relativa a tributos e respectivos adicionais e multas, e Dívida Ativa não Tributária são os demais créditos da Fazenda Pública, tais como os provenientes de empréstimos compulsórios, contribuições estabelecidas em lei, multa de qualquer origem ou natureza, exceto as tributárias, foros, laudêmios, alugueis ou taxas de ocupação, custas processuais, preços de serviços prestados por estabelecimentos públicos, indenizações, reposições, restituições, alcances dos responsáveis definitivamente julgados, bem assim os créditos decorrentes de obrigações em moeda estrangeira, de sub-rogação de hipoteca, fiança, aval ou outra garantia, de contratos em geral ou de outras obrigações legais. Portanto, a assertiva está correta.

Alternativas "c", "d" e "e": Conforme dito alhures, a dívida ativa da Fazenda Pública, de natureza tributária é aquela descrita no §2º do artigo 39, da Lei 4320/64, ou seja, é o crédito da Fazenda Pública dessa natureza, proveniente de obrigação legal relativa a tributos e respectivos adicionais e multas. Logo, se enquadra nessa descrição a dívida referente aos R$ 1.000,00 devidos a título de ICMS, bem como aos R$ 100,00 referentes à multa devida pelo não pagamento do ICMS. Por derradeiro, dívidas oriundas de alugueis, bem como as multas de qualquer origem ou natureza, exceto as tributárias são enquadradas como dívida ativa de natureza não tributária.

Alternativa correta: letra "b".

---

262. (Cespe – Procurador do Estado – PGE – PE/2018) Em relação aos créditos de natureza tributária, a inscrição em dívida ativa

a) interrompe o prazo de prescrição da ação para a cobrança do crédito.

b) suspende o prazo de prescrição da ação para a cobrança do crédito.

c) interrompe o prazo prescricional para o lançamento do crédito.

d) suspende o prazo prescricional para o lançamento do crédito.

e) não interrompe nem suspende o prazo prescricional da ação para a cobrança do crédito.

COMENTÁRIOS

✪ **Nota dos autores:** Importante lembrar as hipóteses em que ocorre a interrupção do prazo prescricional de acordo com o CTN: Art. 174. A ação para a cobrança do crédito tributário prescreve em cinco anos, contados da data da sua constituição definitiva. Parágrafo único. A prescrição se interrompe: I – pelo despacho do juiz que ordenar a citação em execução fiscal; II – pelo protesto judicial; III – por qualquer ato judicial que constitua em mora o devedor; IV – por qualquer ato inequívoco ainda que extrajudicial, que importe em reconhecimento do débito pelo devedor. Observe, desde logo, que o CTN não prevê a inscrição em dívida ativa como causa interruptiva da prescrição. Ademais, conforme se verá abaixo, a suspensão da prescrição com a inscrição na dívida ativa por 180 dias nos termos do art. Art. 2º, § 3º da Lei de Execução Fiscal – LEF é inaplicável aos créditos de natureza tributária, sendo válida apenas para os créditos não tributários, conforme entendimento pacificado do STJ.

Alternativas "a", "b", "c" e "d": A inscrição em dívida ativa não interrompe nem suspende o prazo prescricional da ação para a cobrança do crédito tributário. O CTN não vislumbra tal hipótese.

Alternativa "e": A inscrição em dívida ativa não interrompe nem suspende o prazo prescricional da ação para a cobrança do crédito tributário. Não há tal previsão no Código Tributário Nacional. Isso ocorre, apenas, para créditos de natureza não tributária nos termos da Lei de Execução Fiscal – LEF. Com efeito, o art. 2º, §3º da Lei de Execuções Fiscais (lei 6.830/80) dispõe que, ipsis litteris: "Art. 2º, § 3º – A inscrição, que se constitui no ato de controle administrativo da legalidade, será feita pelo órgão competente para apurar a liquidez e certeza do crédito e suspenderá a prescrição, para todos os efeitos de direito, por 180 dias, ou até a distribuição da execução fiscal, se esta ocorrer antes de findo aquele prazo". Registre-se que, muito embora o texto normativo citado traga previsão expressa de suspensão da prescrição com a inscrição na dívida ativa por 180 dias, o STJ (REsp 1.055.259), firmou o entendimento que prevalece o CTN (onde inexiste tal hipótese de suspensão), não ocorrendo assim a suspensão do prazo de prescrição. Logo, referida suspensão só é válida para os créditos não tributários.

Alternativa correta: letra "e".

263. (Cespe – Procurador do Estado – CE/ 2008) A fazenda pública de um estado da Federação, ao realizar a inscrição do crédito tributário na dívida ativa, não fez constar do termo de inscrição o domicílio conhecido do devedor.

Considerando essa situação hipotética, assinale a opção correta acerca da omissão de requisito legal no termo de inscrição mencionado.

a) A hipótese de omissão de requisito legal no termo de inscrição de crédito tributário na dívida ativa é causa de nulidade absoluta.

b) Qualquer omissão de requisito legal no termo de inscrição de crédito tributário na dívida ativa pode ser sanada, desde que essa falha seja sanada até a decisão de primeira instância.

c) A omissão de requisitos legais no termo de inscrição de crédito tributário na dívida ativa é passível de ser sanada, a qualquer tempo.

d) Considerando-se a omissão identificada como causa de nulidade, esta não poderá ser sanada.

e) O termo de inscrição, por ser ato administrativo, não está sujeito a nulidade absoluta e, portanto, poderá ser alterado a qualquer tempo.

COMENTÁRIOS

Alternativas "a" (responde também as alternativas "c", "d" e "e"): Conforme previsto no art. 203, acima descrito, a falta encontrada, embora seja causa de nulidade, pode ser sanada até a decisão de primeira instância.

Alternativa "b": Conforme reza o art. 203 do CTN, "A omissão de quaisquer dos requisitos previstos no artigo anterior, ou o erro a eles relativo, são causas de nulidade da inscrição e do processo de cobrança dela decorrente, mas a nulidade poderá ser sanada até a decisão de primeira instância, mediante substituição da certidão nula, devolvido ao sujeito passivo, acusado ou interessado o prazo para defesa, que somente poderá versar sobre a parte modificada".

Alternativa correta letra "b".

264. (Cespe – Procurador do Estado – PI/ 2008) A respeito da dívida ativa, assinale a opção correta.

a) Constitui dívida ativa tributária a proveniente de crédito de natureza tributária regularmente inscrita, cujo prazo para pagamento esteja esgotado.

b) A fazenda pública está impedida de cobrar juros de mora de débito inscrito em dívida pública.

c) Crédito tributário regularmente constituído pelo lançamento implica inscrição na dívida ativa.

d) Auto de infração lavrado pelo fisco contra contribuinte justifica a sua inscrição na dívida pública.

e) Inscrição na dívida ativa é mero procedimento administrativo e, por isso, não tem conseqüências jurídicas sobre a liquidez e certeza do crédito.

COMENTÁRIOS

Alternativa "a": Este é o conceito de dívida ativa tributária descrito no art. 201 do CTN: "Constitui dívida ativa tributária a proveniente de crédito dessa natureza, regularmente inscrita na repartição administrativa competente, depois de esgotado o prazo fixado, para pagamento, pela lei ou por decisão final proferida em processo regular".

Alternativa "b": Faz parte da certidão da dívida ativa (CDA) conter os juros de mora e a forma do seu cálculo (art. 202, II do CTN).

Alternativa "c": Só haverá inscrição na dívida ativa do crédito tributário regularmente constituído não pago no prazo fixado.

Alternativa "d": Auto de infração lavrado, por si só, não justifica sua inscrição em dívida ativa. Tal só se dará após a constituição definitiva do crédito tributário, e se o mesmo não for pago no prazo fixado.

Alternativa "e": Segundo o art. 204 do CTN, a dívida regularmente inscrita goza de presunção de liquidez e certeza.

Alternativa correta letra "a".

265. (PGE/PA – Procurador do Estado – PA/ 2009) No que se refere à cobrança administrativa da Dívida Ativa no Estado do Pará, é CORRETO afirmar:

a) O não pagamento do tributo declarado ou constante de auto de infração em relação ao qual não caiba mais impugnação ou recurso na esfera administrativa acarretará a imediata suspensão de todos os incentivos e benefícios fiscais concedidos sob condição de regularidade fiscal, contudo não poderá, em hipótese alguma, ser cancelada a inscrição do contribuinte, por ser um direito deste.

b) É vedado ao devedor remisso, ou seja, aquele cujo crédito tributário tenha sido inscrito em dívida ativa, receber o pagamento de quaisquer créditos que envolva repartições públicas estaduais, inclusive autarquias, em virtude da existência de proibição de transacionar, o devedor remisso, com o Estado.

c) As incorreções ou omissões do auto de infração, mesmo que conste elementos para determinar a natureza da infração e a pessoa do infrator, acarretarão a nulidade do referido auto.

d) As notificações e intimações, no processo administrativo fiscal do Estado, serão feitas de forma pessoal, por edital ou por hora certa.

COMENTÁRIOS

✪ **Nota dos autores:** A questão demanda conhecimento da legislação específica do Pará. Como a mesma não foi objeto de análise, as respostas se darão com base na legislação federal que rege a matéria.

Alternativa "a": O erro da questão está na sua parte final ao mencionar que "não poderá, *em hipótese alguma*, ser cancelada a inscrição do contribuinte, por ser um direito deste". A lei estadual poderá prever diferentemente.

Alternativa "b": Conforme definido na assertiva, devedor remisso é a pessoa que teve dívida fiscal inscrita no livro competente da respectiva repartição. Não há regra no CTN que trate da vedação de pessoa inscrita em dívida ativa receber seus créditos frente órgãos públicos. O art. 193 do CTN prevê a necessidade de se exigir certidão (CND ou CN-EP) para celebrar contrato com a Administração. Por certo, há lei interna do Estado do Pará prevendo tal medida.

Alternativa "c": Se o auto de infração constar elementos que se possa determinar a natureza e a pessoa do infrator não haverá nulidade, ainda que constem certas incorreções ou omissões.

Alternativa "d": A legislação do Estado, por certo, não prevê a notificação por hora certa. Só de posse dessa norma específica se pode afirmar o acerto da questão.

Alternativa correta: letra "b".

266. (Cespe – Procurador do Estado – ES/ 2008) Quanto à administração tributária e à dívida ativa tributária, julgue os itens seguintes.

I. Constitui dívida ativa tributária apenas o crédito proveniente de obrigação legal relativa a tributos, respectivos adicionais e multas.

COMENTÁRIOS

Na linha do art. 201 do CTN, constitui dívida ativa tributária a proveniente de crédito dessa natureza. Assim, como o crédito tributário inclui os adicionais e multas, a assertiva encontra-se correta. **CERTO**

II. Quanto à administração tributária e à dívida ativa tributária, julgue os itens seguintes.

É lícita à fazenda pública federal e estadual a permuta de informações com Estados estrangeiros no interesse da arrecadação e da fiscalização dos tributos.

COMENTÁRIOS

No presente caso, apenas a Fazenda Pública da União poderá realizar a permuta de informações com Estados Estrangeiros. Nesse sentido, prevê o parágrafo único do art. 199 do CTN: A Fazenda Pública da União, na forma estabelecida em tratados, acordos ou convênios, poderá permutar informações com Estados estrangeiros no interesse da arrecadação e da fiscalização de tributos. **ERRADO**

267. (FCC – Procurador do Estado – SP/ 2012) NÃO é requisito de validade da certidão da dívida ativa

a) a autenticação da autoridade competente.

b) a indicação do livro e da folha de inscrição do débito.

c) a memória discriminada e atualizada do cálculo, a fim de que o devedor possa exercer, na sua plenitude, o mandamento constitucional da ampla defesa.

d) o valor originário da dívida, bem como o termo inicial e a forma de calcular os juros de mora e demais encargos previstos em lei ou contrato.

e) a disposição legal em que seja fundado o crédito.

COMENTÁRIOS

✪ **Nota dos autores:** Para resolução da questão, confira o teor do art. 202 do CTN e seu parágrafo único: "Art. 202. O termo de inscrição da dívida ativa, autenticado pela autoridade competente, indicará obrigatoriamente: I – o nome do devedor e, sendo caso, o dos co-responsáveis, bem como, sempre que possível, o domicílio ou a residência de um e de outros; II – a quantia devida e a maneira de calcular os juros de mora acrescidos; III – a origem e natureza do crédito, mencionada especificamente a disposição da lei em que seja fundado; IV – a data em que foi inscrita; V – sendo caso, o número do processo administrativo de que se originar o crédito. Parágrafo único. A certidão conterá, além dos requisitos deste artigo, a indicação do livro e da folha da inscrição".

Alternativa "a": Confira o *caput* do art. 202 do CTN que traz a expressão "autenticado pela autoridade competente".

Alternativa "b": Parágrafo único do art. 202: "A certidão conterá, além dos requisitos deste artigo, a indicação do livro e da folha da inscrição".

Alternativa "c": Por mera exclusão das hipóteses previstas no art. 202 do CTN, não é requisito de validade da certidão da dívida ativa a memória discriminada e atualizada do cálculo, a fim de que o devedor possa exercer, na sua plenitude, o mandamento constitucional da ampla defesa. Basta a menção à dívida devida e a maneira de calcular os juros de mora.

Alternativa "d": Confira o art. 202, inciso II acima citado.

Alternativa "e": É o teor do art. 202, inciso III.

Alternativa correta: letra "c".

13.1. CERTIDÕES DE REGULARIDADE FISCAL

268. (FCC – Procurador do Estado – PGE – GO/2021) A lei pode exigir certidões de regularidade fiscal para a realização de algumas finalidades. A respeito da Certidão Negativa de Débito (CND) ou Certidão Positiva de Débitos com Efeitos de Negativa (CPD/EN), a legislação vigente estabelece:

a) Ainda que ausente a penhora ou outro meio assecuratório, proposta ação de anulatória de débito tributário por Município contra outro ente público, o Município tem direito a CPD/EN em relação ao débito discutido.

b) A fiança bancária se equipara ao depósito do valor integral da dívida em discussão, para a finalidade de expedição de CND ou CPD/EN.

c) A medida liminar em Mandado de Segurança somente permite a expedição de CND ou CPD/EN, se precedida de depósito prévio do valor em discussão.

d) É exigível CND ou CPD/EN para a realização de baixa de pessoas jurídicas, nos cadastros estaduais de contribuintes.

e) Nos tributos sujeitos ao lançamento por homologação, declarado o débito pelo contribuinte sem o pagamento respectivo, é possível o contribuinte exigir a expedição CND ou CPD/EN enquanto não apurado o valor devido pelo Fisco.

COMENTÁRIOS

Alternativa "a": Trata-se de tese firmada no Tema 273 do STJ: "A Fazenda Pública, quer em ação anulatória, quer em execução embargada, faz jus à expedição da certidão positiva de débito com efeitos negativos, independentemente de penhora, posto inexpropriáveis os seus bens".

Alternativa "b": A assertiva contraria o Tema repetitivo 378 do STJ: A fiança bancária não é equiparável ao depósito integral do débito exequendo para fins de suspensão da exigibilidade do crédito tributário, ante a taxatividade do art. 151 do CTN e o teor do Enunciado Sumular n. 112 desta Corte".

Alternativa "c": Sobre o tema, decidiu o STF: "O juiz tem a faculdade de exigir caução, fiança ou depósito para o deferimento de medida liminar em mandado de segurança, quando verificada a real necessidade da garantia em juízo, de acordo com as circunstâncias do caso concreto (art. 7º, III, da Lei nº 12.016/2019). STF. Plenário. ADI 4296/DF, Rel. Min. Marco Aurélio, redator do acórdão Min. Alexandre de Moraes julgado em 9/6/2021 (Info 1021).

Alternativa "d": O tema foi objeto da LC n. 147 que alterou a Lei n. 11.598/07, nos seguintes termos: Art. 7º-A. O registro dos atos constitutivos, de suas alterações e extinções (baixas), referentes a empresários e pessoas jurídicas em qualquer órgão dos 3 (três) âmbitos de governo, ocorrerá independentemente da regularidade de obrigações tributárias, previdenciárias ou trabalhistas, principais ou acessórias, do empresário, da sociedade, dos sócios, dos administradores ou de empresas de que participem, sem prejuízo das responsabilidades do empresário, dos titulares, dos sócios ou dos administradores por tais obrigações, apuradas antes ou após o ato de extinção."

Alternativa "e": A declaração da dívida pelo contribuinte implica confissão, não carecendo fiscalização sobre esses fatos. Nesse sentido o teor da Súmula 446 – STJ – "Declarado e não pago o débito tributário pelo contribuinte, é legítima a recusa de expedição de certidão negativa (CND) ou positiva com efeito de negativa (CPD/EN)".

Alternativa correta letra "a".

269. (Fepese – Procurador do Estado – PGE – SC/2018) Assinale a alternativa correta com base nas disposições legais sobre a Administração Tributária.

a) A dívida regularmente inscrita goza da presunção absoluta de certeza e liquidez e tem o efeito de prova pré-constituída.

b) Tem os mesmos efeitos da certidão negativa de débitos a certidão de que conste a existência de créditos tributários em curso de cobrança executiva, quando ainda não tenha sido efetivada a penhora.

c) Os livros obrigatórios de escrituração comercial e fiscal e os comprovantes dos lançamentos neles efetuados serão conservados pelo prazo de trinta anos a contar das operações a que se refiram.

d) As certidões negativas expedidas com dolo ou fraude, que contenham erro contra o Fisco, responsabilizam pessoalmente os funcionários que as expedirem, pelo crédito tributário e os juros de mora acrescidos.

e) É proibida a divulgação, por parte da Fazenda ou de seus servidores, de informação obtida em razão do ofício sobre a situação econômica ou financeira do sujeito passivo ou de terceiros, inclusive mediante requisição de autoridade judiciária no interesse da justiça.

COMENTÁRIOS

Alternativa "a": Segundo o art. 204, parágrafo único, do CTN: "art. 204. A dívida regularmente inscrita goza da presunção de certeza e liquidez e tem o efeito de prova pré-constituída. Parágrafo único. A presunção a que se refere este artigo é relativa e pode ser ilidida por prova inequívoca, a cargo do sujeito passivo ou do terceiro a que aproveite".

Alternativa "b": Tem os mesmos efeitos previstos no artigo anterior (certidão negativa de débitos) a certidão de que conste a existência de créditos não vencidos, em curso de cobrança executiva em que tenha sido efetivada a penhora, ou cuja exigibilidade esteja suspensa. É o teor do art. 206 do CTN que versa sobre as certidões positivas com efeito de negativa.

Alternativa "c": Consoante o parágrafo único do art. 195 do CTN, os livros obrigatórios de escrituração comercial e fiscal e os comprovantes dos lançamentos neles efetuados serão conservados até que ocorra a prescrição (5 anos) dos créditos tributários decorrentes das operações a que se refiram.

Alternativa "d": Dispõe o art. 208 do CTN: "A certidão negativa expedida com dolo ou fraude, que contenha erro contra a Fazenda Pública, responsabiliza pessoalmente o funcionário que a expedir, pelo crédito tributário e juros de mora acrescidos. Parágrafo único. O disposto neste artigo não exclui a responsabilidade criminal e funcional que no caso couber".

Alternativa "e": Consoante a redação do art. 198 e § 1º, inciso I, do CTN: "Sem prejuízo do disposto na legislação criminal, é vedada a divulgação, por parte da Fazenda Pública ou de seus servidores, de informação obtida em razão do ofício sobre a situação econômica ou financeira do sujeito passivo ou de terceiros e sobre a natureza e o estado de seus negócios ou atividades. § 1º Excetuam-se do disposto neste artigo, além dos casos previstos no art. 199, os seguintes: I – requisição de autoridade judiciária no interesse da justiça."

Alternativa correta: letra "d".

---

270. (Cespe – Procurador do Estado – PGE – SE/2017) Uma certidão positiva com efeitos de negativa consiste em

a) documento administrativo que indica a existência de créditos inexigíveis ou que já estão garantidos, embora não sirva para a comprovação de regularidade do pagamento de tributos.

b) certidão judicial que indica a existência de créditos exigíveis e não garantidos, apesar de não servir para a comprovação de regularidade do pagamento de determinado tributo.

c) certidão judicial usada para a comprovação de regularidade do pagamento de determinado tributo, ainda que indique a existência de créditos vencidos e exigíveis.

d) documento administrativo utilizado para a comprovação de regularidade do pagamento de determinado tributo, ainda que indique a existência de créditos garantidos ou inexigíveis.

e) certidão administrativa ou judicial que serve para a comprovação de regularidade do pagamento de determinado tributo e que certifica a existência de créditos exigíveis e não adimplidos, mesmo sem garantia.

COMENTÁRIOS

Alternativas "a"(responde também as alternativas "b", "c" e "e"): Consoante exposto no item anterior, as certidões positivas com efeito de negativa – CPEN verifica-se que não há necessariamente quitação de tributos, mas sim, uma situação de regularidade fiscal em face da presença de alguma das hipóteses de suspensão de exigibilidade do crédito tributário, previstas no art. 151 do CTN ou pela ocorrência de efetivação da penhora nos termos do que dispõe o art. 206 do Código Tributário Nacional.

Alternativa "d": Nas certidões positivas com efeito de negativa – CPEN verifica-se que não há necessariamente quitação de tributos, mas sim, uma situação de regularidade fiscal em face da presença de alguma das hipóteses de suspensão de exigibilidade do crédito tributário, previstas no art. 151 do CTN ou pela ocorrência de efetivação da penhora (garantia de juízo em execução fiscal). Ou seja, através dessa certidão, o contribuinte não comprova uma situação de quitação da exação, mas sim, a existência de um débito inexigível, uma que vez que a Fazenda Pública estará obstada de cobrá-lo ou ainda formalizá-lo. Confira o CTN: Art. 205. A lei poderá exigir que a prova da quitação de determinado tributo, quando exigível, seja feita por certidão negativa, expedida à vista de requerimento do interessado, que contenha todas as informações necessárias à identificação de sua pessoa, domicílio fiscal e ramo de negócio ou atividade e indique o período a que se refere o pedido; Art. 206. **Tem os mesmos efeitos previstos no artigo anterior a certidão de que conste a existência de créditos não vencidos, em curso de cobrança executiva em que tenha sido efetivada a penhora ou cuja exigibilidade esteja suspensa.**

Alternativa correta: letra "d".

---

271. (FCC – Procurador do Estado – AM / 2010) Quanto ao prazo legal para fornecimento de certidão negativa de débitos tributários, é correto afirmar que:

a) a repartição possui o prazo de 30 dias para sua emissão, se não for constatado nenhum débito tributário.

b) a repartição possui o prazo de 10 dias para sua emissão, contados da data da entrada do requerimento na repartição.

c) não existe prazo legal para o fornecimento, devendo, contudo, ser observada a ordem de chegada dos pedidos formulados.

d) o prazo de 30 dias para emissão é contado a partir da quitação do último débito tributário inscrito na dívida ativa.

e) o prazo é de até 90 dias, de acordo com o Código Tributário Nacional.

COMENTÁRIOS

Alternativas "a" (responde também as alternativas "c", "d" e "e"): O prazo para o fornecimento de certidão negativa de débitos tributários é de 10 (dez) dias a partir da data do requerimento na repartição tributária nos termos do art. 205, parágrafo único do CTN.

Alternativa "b": A certidão negativa de débitos tributários deve ser fornecida no prazo de 10 (dez) dias a partir da data do requerimento (art. 205, parágrafo único do CTN).

Alternativa correta: letra "b".

14. IMPOSTOS FEDERAIS

272. (Fepese – Procurador do Estado – PGE – SC/2018) Considerando-se os critérios tradicionais de classificação dos tributos, são características gerais do Imposto sobre Renda e Proventos de Qualquer Natureza da Pessoa Física:

a) regressivo – fixo – indireto.

b) regressivo – proporcional – indireto.

c) progressivo – proporcional – direto.

d) progressivo – fixo – indireto.

e) progressivo – fixo – direto.

COMENTÁRIOS

Alternativas "a", "b", "d" e "e": O Imposto sobre Renda e Proventos de Qualquer Natureza da Pessoa Física é progressivo, proporcional e direto. Confira os comentários abaixo.

Alternativa "c": O IRPF é progressivo, proporcional e direto. Progressivo: a alíquota do IR aumenta de acordo com o aumento da base de cálculo, em clara observância do mandamento constitucional (art. 153, § 2º, I da CF); Proporcional: a base de cálculo do IR pode variar de modo que é pago proporcionalmente à renda. Tanto contribuinte de alta renda, quanto contribuinte de menor renda pagam a mesma fração de sua renda; Direto: o contribuinte real do tributo é o próprio sujeito passivo da obrigação tributária principal, ou seja, quem aufere renda é quem irá arcar com o montante do IR, não existindo repasse do tributo.

Alternativa correta: letra "c".

273. (FCC – Procurador do Estado – SP/ 2009) Os impostos que possuem as características de seletividade, em função da essencialidade, e de não cumulatividade são:

a) IPI e ICMS.

b) IOF e IPI.

c) ICMS e ISS.

d) IPI e ISS.

e) IPI, ICMS e ISS.

COMENTÁRIOS

Alternativa "a": Refere-se ao IPI e ICMS. Lembre-se que a seletividade corresponde a técnica de fixação de alíquotas segundo a essencialidade do produto, a exemplo da incidência maior sobre produtos considerados supérfluos. O art. 153, § 3º, inciso I da CF, dispõe acerca da seletividade do IPI e o art. 155, § 2º, inciso III dispõe acerca da seletividade do ICMS. O detalhe acerca da seletividade é saber que a CF determina que o ICMS **poderá** ser seletivo e o IPI **será** seletivo. Cuidado com essa "pegadinha" nos concursos.

Alternativa "b": Os impostos que possuem as características de seletividade são o IPI (art. 153, § 3º, inciso I da CF) e o ICMS (art. 155, § 2º, inciso III). O IOF não possui tal peculiaridade.

Alternativa "c": A CF determina que o IPI *será* seletivo (art. 153, § 3º, inciso I da CF) e o ICMS *poderá* ser seletivo (art. 155, § 2º, inciso III). Logo, o ISS não possui tal peculiaridade.

Alternativa "d": Os impostos que possuem as características de seletividade são o IPI (art. 153, § 3º, inciso I da CF) e o ICMS (art. 155, § 2º, inciso III). O ISS não possui tal peculiaridade.

Alternativa "e": A CF determina que o IPI *será* seletivo (art. 153, § 3º, inciso I da CF) e o ICMS *poderá* ser seletivo (art. 155, § 2º, inciso III). Logo, o ISS não possui tal peculiaridade.

Alternativa correta: letra "a".

274. (Cespe – Procurador do Estado – PB/ 2008) Com referência ao Sistema Tributário Nacional, assinale a opção correta.

a) O imposto sobre transmissão inter vivos, a qualquer título, por ato oneroso, de bens imóveis, por natureza ou acessão física, e de direitos reais sobre imóveis, exceto os de garantia, bem como cessão de direitos a sua aquisição, compete ao estado da Federação em que o bem esteja situado.

b) As alíquotas mínimas e máximas do imposto sobre serviços de qualquer natureza são fixadas por lei ordinária.

c) O imposto sobre propriedade territorial rural é fiscalizado e cobrado pelos municípios, apesar de permanecer com a União a competência para instituí-lo.

d) As operações relativas a derivados de petróleo, combustíveis e minerais do País submetem-se apenas à incidência dos impostos sobre circulação de mercadorias e serviços, importação de produtos estrangeiros e exportação.

e) O imposto sobre produtos industrializados relativo às exportações submete-se, tanto quanto os demais tributos, aos princípios da seletividade e não cumulatividade.

COMENTÁRIOS

Alternativa "a": O imposto em comento, ITIV, é de competência dos Municípios (art. 156, II da CF).

Alternativa "b": Quanto ao ISS, reza o art. 156, § 3º da CF que suas alíquotas máximas e mínimas serão fixadas por lei complementar.

Alternativa "c": Diferentemente do descrito na assertiva, o ITR poderá ser fiscalizado pelos Municípios, hipótese em que estes terão 100% de sua arrecadação (art. 153, § 4º, III da CF).

Alternativa "d": Aplicação clara da regra contida no art. 155, § 3º da CF.

Alternativa "e": Apenas o ICMS e o IPI submetem-se à não cumulatividade constitucional, sendo que o ICMS poderá ser seletivo e o IPI deverá ser seletivo. As Contribuições sociais PIS/COFINS também são não cumulativas, em algumas hipóteses específicas, em observância ao teor do § 12 do art. 195 da CF.

Alternativa correta letra "d".

15. IMPOSTOS ESTADUAIS E DISTRITAIS

▸ CF, art. 155

15.1. ITCMD

275. (FCC – Procurador do Estado – PGE – AM/2022) O ITCMD é tributo estadual devido em transferência de bens causa mortis. A respeito do assunto, nos termos da Constituição Federal, do Código Tributário Nacional e da jurisprudência do Supremo Tribunal Federal e do Superior Tribunal de Justiça:

a) os Estados podem instituir, por lei, o ITCMD sobre transmissão causa mortis de bens situados no exterior, desde que haja previsão em lei complementar federal.

b) o ITCMD incide uma única vez, sobre o valor global dos bens transferidos, independentemente da quantidade de herdeiros ou legatários.

c) o ITCMD não pode ter alíquotas progressivas, de acordo com o valor dos bens transferidos na herança.

d) o prazo decadencial de lançamento do tributo é contado da data do protocolo do pedido de inventário, sendo irrelevante a data da ciência do Fisco.

e) o juiz responsável pelo inventário é competente para o reconhecimento da isenção do ITCMD, inclusive nas hipóteses de arrolamento sumário.

COMENTÁRIOS

Alternativa "a": O STF fixou no Tema 825 em repercussão geral a Tese no seguinte sentido: **É vedado aos estados e ao Distrito Federal instituir o ITCMD nas hipóteses referidas no art. 155, § 1º, III, da Constituição Federal sem a intervenção da lei complementar exigida pelo referido dispositivo constitucional.** (STF, RE 851108, Relator(a): DIAS TOFFOLI, Tribunal Pleno, julgado em 01/03/2021, PROCESSO ELETRÔNICO REPERCUSSÃO GERAL – MÉRITO DJe-074 DIVULG 19-04-2021 PUBLIC 20-04-2021). Assim, resta claro que os Estados podem instituir, por lei, o ITCMD sobre transmissão causa mortis de bens situados no exterior, desde que haja previsão em lei complementar federal.

Alternativa "b": Nas transmissões causa mortis, ocorrem tantos fatos geradores distintos quantos sejam os herdeiros ou legatários (art. 35, parágrafo único do CTN).

Alternativa "c": O ITCMD pode ter alíquotas progressivas, de acordo com o valor dos bens transferidos na herança. Segundo o STF, a progressividade do ITCMD não é incompatível com a Constituição Federal nem fere o princípio da capacidade contributiva. No tema 21 o STF fixou a seguinte tese: É constitucional a fixação de alíquota progressiva para o Imposto sobre Transmissão Causa Mortis e Doação — ITCD. (RE 562045, Relator(a): RICARDO LEWANDOWSKI, Relator(a) p/ Acórdão: CÁRMEN LÚCIA, Tribunal Pleno, julgado em 06/02/2013, REPERCUSSÃO GERAL – MÉRITO DJe-233 DIVULG 26-11-2013 PUBLIC 27-11-2013 EMENT VOL-02712-01 PP-00001 RTJ VOL-00228-01 PP-00484)

Alternativa "d": O Superior Tribunal de Justiça tem entendimento pacificado no sentido de que, no caso do Imposto de Transmissão Causa Mortis e Doação – ITCMD, a contagem do prazo decadencial tem início no primeiro dia do exercício seguinte àquele em que o lançamento poderia ter sido efetuado, observado o fato gerador, em conformidade com os artigos 144 e 173, I, ambos do CTN, sendo irrelevante a data em que o fisco teve conhecimento da ocorrência do fato gerador (AgInt no REsp 1.690.263/MG, Rel. Ministro Francisco Falcão, SEGUNDA TURMA, julgado em 10/9/2019, DJe 16/9/2019).

Alternativa "e": "O juízo do inventário, na modalidade de arrolamento sumário, não detém competência para apreciar pedido de reconhecimento da isenção do ITCMD (Imposto sobre Transmissão Causa Mortis e Doação de quaisquer Bens ou Direitos), à luz do disposto no caput do artigo 179, do CTN". (Tema 391 STJ). (REsp n. 1.150.356/SP, relator Ministro Luiz Fux, Primeira Seção, julgado em 9/8/2010, DJe de 25/8/2010.)

Alternativa correta: letra "a".

276. (Cespe – Procurador do Estado – PGE – MS/2021) Considere as seguintes situações.

I. João, domiciliado em Roma, doou imóvel localizado em Recife.

II. Paula subscreveu capital em pessoa jurídica com imóvel localizado em Campo Grande.

III. Joaquim herdou um carro na sucessão provisória de seu genitor.

IV. Um partido político herdou de antigo presidente o imóvel em que se situa sua sede.

V. Mariana alienou imóvel de sua propriedade a Jonas.

Nessas situações hipotéticas, são apresentados fatos geradores do ITCMD apenas nos itens

a) I e II.

b) I e III.

c) II e IV.

d) III e V.

e) IV e V.

COMENTÁRIOS

Assertiva I: A assertiva está correta, conforme dispõe o art. 155, §1º, inciso I, Constituição Federal. Vejamos: "Art. 155. Compete aos Estados e ao Distrito Federal instituir impostos sobre: (...) § 1º O imposto previsto no inciso I: I – relativamente a bens imóveis e respectivos direitos, compete ao Estado da situação do bem, ou ao Distrito Federal."

Assertiva II: A situação em tela é hipótese que exclui a incidência do ITBI, imposto municipal e distrital em virtude de imunidade específica. Confira: O art. 156, §2º, inciso I, da Constituição Federal preceitua que: "art. 156. Compete aos Municípios instituir impostos sobre: (...) § 2º O imposto previsto no inciso II: I – não incide sobre a transmissão de bens ou direitos incorporados ao patrimônio de pessoa jurídica em realização de capital, nem sobre a transmissão de bens ou direitos decorrente de fusão, incorporação, cisão ou extinção de pessoa jurídica, salvo se, nesses casos, a atividade preponderante do adquirente for a compra e venda desses bens ou direitos, locação de bens imóveis ou arrendamento mercantil;".

Assertiva III: A assertiva está correta, conforme dispõe o art. 155, §1º, inciso I, Constituição Federal. Vejamos: "Art. 155. Compete aos Estados e ao Distrito Federal instituir impostos sobre: (...) § 1º O imposto previsto no inciso I: II – relativamente a bens móveis, títulos e créditos, compete ao Estado onde se processar o inventário ou arrolamento, ou tiver domicílio o doador, ou ao Distrito Federal;"

Assertiva IV: Trata-se de hipótese de imunidade tributária, ou seja, de uma norma constitucional que afasta a tributação. O art. 150, inciso VI, alínea "c", da Constituição Federal preceitua que: "art. 150. Sem prejuízo de outras garantias asseguradas ao contribuinte, é vedado à União, aos Estados, ao Distrito Federal e aos Municípios: (...) VI – instituir impostos sobre: (...) c) patrimônio, renda ou serviços dos partidos políticos, inclusive suas fundações, das entidades sindicais dos trabalhadores, das instituições de educação e de assistência social, sem fins lucrativos, atendidos os requisitos da lei".

Assertiva V: Haverá incidência do ITBI ou ITIV, imposto municipal e distrital, e não do ITCMD. O art. 156, inciso II, da Constituição Federal preceitua que: "compete aos Municípios instituir impostos sobre: (...) II – transmissão "inter vivos", a qualquer título, por ato oneroso, de bens imóveis, por natureza ou acessão física, e de direitos reais sobre imóveis, exceto os de garantia, bem como cessão de direitos a sua aquisição."

Alternativa correta: letra "b".

277. (FCC – Procurador do Estado – PGE – GO/2021) O contribuinte paga ITCD pautado em disposição expressa de instrução normativa expedida por autoridade competente para a cobrança de ITCD. Após algum tempo, a autoridade competente percebe que a instrução normativa é ilegal. Assim, o Fisco estadual efetua o lançamento de ofício da diferença do imposto devido, em desfavor do contribuinte, com multa e demais encargos legais. Nos termos do Código Tributário Nacional, a atitude do Fisco, nesse caso, é

a) incorreta. O lançamento não poderia ocorrer, ainda que realizado para se adequar à Lei, em respeito ao princípio da segurança jurídica.

b) incorreta. O ITCD é tributo que deve ser lançado por homologação.

c) correta. O Fisco deve obedecer a Lei e não a instrução normativa.

d) parcialmente correta. O tributo pode ser exigido, mas sem a multa, os juros e a atualização monetária da base de cálculo do tributo.

e) parcialmente correta. Somente a multa não poderia ser cobrada.

COMENTÁRIOS

Alternativa "a": No presente caso, por fidelidade à lei, deve prevalecer a previsão em lei e não o previsto em norma infralegal. Sobre o tema, ver o art. 100 do CTN e seu parágrafo único: "Art. 100. São normas complementares das leis, dos tratados e das convenções internacionais e dos decretos: I) os atos normativos expedidos pelas autoridades administrativas; II) as decisões dos órgãos singulares ou coletivos de jurisdição administrativa, a que a lei atribua eficácia normativa; III) as práticas reiteradamente observadas pelas autoridades administrativas; IV) os convênios que entre si celebrem a União, os Estados, o Distrito Federal e os Municípios. Parágrafo único. A observância das normas referidas neste artigo exclui a imposição de penalidades, a cobrança de juros de mora e a atualização do valor monetário da base de cálculo do tributo". Portanto, é correto fazer o lançamento, agora não nos moldes previstos na questão.

Alternativa "b": O ITCD é tributo lançado por declaração e não por homologação.

Alternativa "c": Em parte. Na verdade, a postura do Fisco foi parcialmente correta, dado que ele pode lançar o tributo, nos termos da lei, mas sem a imposição da penalidade, nos termos do parágrafo único do art. 100 acima.

Alternativa "d": Correto, conforme dispõe o art. 155, inciso I, da Constituição Federal e art. 100, parágrafo único do CTN. O primeiro pauta a legalidade e o segundo o comportamento do Fisco diante de normas infralegais: "Art. 155. Compete aos Estados e ao Distrito Federal instituir impostos sobre: I – transmissão causa mortis e doação, de quaisquer bens ou direitos; (...) Art. 100., Parágrafo único. A observância das normas referidas neste artigo exclui a imposição de penalidades, a cobrança de juros de mora e a atualização do valor monetário da base de cálculo do tributo."

Alternativa "e": Parcialmente correta. Mas, nos termos do parágrafo único, a multa, os juros e a atualização não deveriam ser cobrados.

Alternativa correta: letra "d".

278. (FCC – Procurador do Estado – PGE – GO/2021) Nos termos da Constituição Federal, do Código Tributário Nacional e do Código Tributário do Estado de Goiás, o Imposto de Transmissão sobre Causa Mortis e Doações (ITCD) do Estado de Goiás

a) tem como alíquota aplicável a vigente na data do protocolo do pedido de arrolamento de bens perante a autoridade judicial.
b) decai no prazo de 5 anos do término do processo de inventário.
c) incide sobre herança vacante, ainda que sem herdeiros habilitados.
d) incide sobre doações efetuadas a templos religiosos.
e) é progressivo, considerando o valor do bem ou direito transmitido causa mortis ou por doação.

COMENTÁRIOS

Alternativa "a": O tema da alíquota aplicável no ITCMD foi definido pelo STF na Súmula 112, que diz: "O imposto de transmissão "causa mortis" é devido pela alíquota vigente ao tempo da abertura da sucessão".

Alternativa "b": Decadência em matéria de ITCMD é tema dos mais conflitantes. O fato gerador é o evento morte e, sobre isso, há duas súmulas do STF, a 112, acima citada, e a 113 (O imposto de transmissão causa mortis é calculado sobre o valor dos bens na data de avaliação) que definem alguns dos seus aspectos. Na prática, porém, nada o Estado pode fazer para fiscalizar e cobrar o tributo antes do inventário e do arrolamento. Sendo assim, a regra é a declaração do contribuinte – lançamento por declaração –, a se reputar lógica não haver cômputo do tempo contra o Estado antes que o imposto possa ser calculado e cobrado. No ponto, aplica-se o art. 173, inciso I, do CTN: "Art. 173. O direito de a Fazenda Pública constituir o crédito tributário extingue-se após 5 (cinco) anos, contados: I – do primeiro dia do exercício seguinte àquele em que o lançamento poderia ter sido efetuado;"

Alternativa "c": Quando há herança vacante os bens pertencem aos Municípios, ou DF, ou ainda à União (caso os bens estejam situados em territórios federais). Sendo assim, há imunidade recíproca prevista no art. 150, inciso VI, alínea "a", Constituição Federal: ""Art. 150. Sem prejuízo de outras garantias asseguradas ao contribuinte, é vedado à União, aos Estados, ao Distrito Federal e aos Municípios: VI – instituir impostos sobre: a) patrimônio, renda ou serviços, uns dos outros;". Portanto, não há incidência do ITCMD.

Alternativa "d": Pela mesma razão acima a assertiva está errada. Como os bens vão para os templos, há imunidade tributária religiosa art. 150, inciso VI, alínea "b", da Constituição Federal: "Art. 150. Sem prejuízo de outras garantias asseguradas ao contribuinte, é vedado à União, aos Estados, ao Distrito Federal e aos Municípios: VI – instituir impostos sobre: b) templos de qualquer culto;".

Alternativa "e": Em 2013, o STF decidiu pela constitucionalidade da progressividade da alíquota do ITCMD (RE 562045). Portanto, é constitucional a sua progressividade. Ao lado disso, o art. 78 do Código Tributário Estadual (Lei 11654/91) traz expressamente esta previsão.

Alternativa correta: letra "e".

279. (Cespe – Procurador do Estado – PGE – MS/2021) Considerando-se o aspecto temporal da norma de incidência tributária, é correto afirmar que a incidência do ITCMD no caso de doação de imóvel cujos efeitos somente se iniciarão após o nascimento do filho do donatário configura hipótese de

a) fato gerador complexivo, submetido a condição resolutória.
b) fato gerador instantâneo, submetido a condição resolutória.
c) fato gerador continuado, submetido a condição suspensiva.
d) fato gerador continuado, submetido a condição resolutória.
e) fato gerador instantâneo, submetido a condição suspensiva.

✪ **NOTA DOS AUTORES.** Para melhor compreensão ideal identificar os itens acima: a) fato gerador complexivo = como o nome dá a entender, aquele que leva em consideração diversos aspectos e fatores para a sua concretização, como se dá com o IR e a CSLL; b) fato gerador instantâneo = aquele que se concretiza num ato único sem periodicidade, pois depende de um fato autônomo, como o ITCMD e o ITBI; c) fato gerador continuado = aquele que ocorre de tempos em tempos, conforme definido em lei (IPTU e IPVA); d) condição resolutória = aquela em que o direito é regularmente exercido até que ocorra o implemento da condição; e e) condição suspensiva = aquela em que o direito só é exercido quando a condição ocorrer, evento futuro e incerto. Para tanto, importa também ver a redação do art. 117 do CTN: "Art. 117. Para os efeitos do inciso II do artigo anterior e salvo disposição de lei em contrário, os atos ou negócios jurídicos condicionais reputam-se perfeitos e acabados: I) sendo suspensiva a condição, desde o momento de seu implemento; II) sendo resolutória a condição, desde o momento da prática do ato ou da celebração do negócio". Com essas premissas, é possível responder as assertivas abaixo.

COMENTÁRIOS

Alternativas "a", "b", "c" e "d": Ver a nota dos autores acima.

Alternativa "e": O ITCMD é instantâneo, porque ocorre num ato único, sem regularidade, e submete-se a condição suspensiva, qual seja, o nascimento do filho.

Alternativa correta: letra "e".

280. (Cespe – Procurador do Estado – PGE – PE/2018) Cláudio declarou à Receita Federal, para fins de imposto de renda, o recebimento de R$ 40.000 em espécie no dia 1.°/12/2016, a título de doação recebida de familiar vivo. Este foi o único valor que recebeu por doação durante o ano. Em 1°/5/2017, verificou-se não ter havido recolhimento de ITCMD referente a essa operação.

Nessa situação hipotética, conforme disposições da Lei estadual n. 13.974/2009, sobre a operação descrita

a) não há incidência do ITCMD, tendo em vista o valor mínimo fixado em lei.
b) há incidência do ITCMD, devendo-se efetuar o lançamento de ofício e aplicar-se a multa de 100% sobre o valor do tributo.
c) há incidência do ITCMD, mas não será possível a aplicação de multa se ainda se estiver no prazo legal para a declaração do contribuinte.
d) há incidência do ITCMD, devendo-se efetuar o lançamento de ofício e aplicar-se multa de 30% sobre o valor do tributo.
e) há isenção do ITCMD, em razão do valor mínimo fixado em lei.

COMENTÁRIOS

Alternativas "a", "b", "c" e "d": Conforme disposições da Lei estadual n. 13.974/2009 modificada pela Lei n° 15.601, de 30 de setembro de 2015, haverá isenção do ITCMD, em razão do valor mínimo fixado em lei, que a partir de 1º de janeiro de 2016, passou a ser R$ 50.000,00 (cinquenta mil reais). Portanto, como o recebimento foi de R$ 40.000 em espécie no dia 1°/12/2016 há enquadramento na hipótese de isenção prevista no Texto Legal (Art. 3º, inciso X, alínea "b").

Alternativa "e": O fundamento legal encontra-se no art. 3º Lei estadual n. 13.974/2009 com redação dada pela Lei n° 15.601, de 30 de setembro de 2015. In verbis: "Art. 3º São isentas do ICD as transmissões causa mortis ou doações dos seguintes bens ou direitos, observado o disposto no art. 21 desta Lei, relativamente à atualização de valores expressos em moeda corrente, quando for o caso: (...) X – Bens móveis ou direitos, adquiridos por meio de doação, cujo valor não ultrapasse o limite anual de: a) até 31 de dezembro de 2015, R$ 5.000,00 (cinco mil reais); e b) a partir de 1º de janeiro de 2016, R$ 50.000,00 (cinquenta mil reais).

Alternativa correta: letra "e".

281. (FCC – Procurador do Estado – PGE – AP/2018) De acordo com as normas da Constituição Federal, o ITCD, imposto de competência estadual, tem como sujeito ativo o Estado federado

a) em que esteja situado o bem imóvel transmitido, no caso de transmissão causa mortis de bem de propriedade de pessoa falecida que tivesse domicílio e residência em país estrangeiro.
b) de domicílio do doador, tratando-se de transmissão por doação, em que o bem imóvel esteja situado em Estado diverso daquele em que o doador está domiciliado.
c) de domicílio do donatário, tratando-se de transmissão por doação, em que o doador seja domiciliado e residente em país estrangeiro, e o bem móvel doado se encontre igualmente em país estrangeiro.
d) de domicílio do legatário, tratando-se de bem móvel, em que o autor da herança fosse domiciliado no Estado "A" (onde tramitou o processo de inventário), o bem objeto do legado se encontrasse no Estado "B" e o legatário fosse domiciliado no Estado "C".
e) em que esteja situado o bem móvel transmitido, tratando-se de doação em que o doador e donatário tenham domicílios e residências em diferentes países estrangeiros, mas o objeto da doação esteja em território nacional.

COMENTÁRIOS

✪ **Nota dos autores:** Para resolução da questão, vejamos o teor do art. 155, § 1º, da CRFB/88: "Art. 155. Compete aos Estados e ao Distrito Federal instituir impostos sobre: I – transmissão causa mortis e doação, de quaisquer bens ou direitos (...) § 1º O imposto previsto no inciso I: I – relativamente a bens imóveis e respectivos direitos, compete ao Estado da situação do bem, ou ao Distrito Federal; II – relativamente a bens móveis, títulos e créditos, compete ao Estado onde se processar o inventário ou arrolamento, ou tiver domicílio o doador, ou ao Distrito Federal; III – terá competência para sua instituição regulada por lei complementar: a) se o doador tiver domicilio ou residência no exterior; b) se o de cujus possuía bens, era residente ou domiciliado ou teve o seu inventário processado no exterior.

Alternativa "a": A assertiva vai ao encontro do que dispõe a Constituição Federal: "Art. 155. Compete aos Estados e ao Distrito Federal instituir impostos sobre: I – transmissão causa mortis e doação, de quaisquer bens ou direitos (...) § 1º O imposto previsto no inciso I: I – relativamente a bens imóveis e respectivos direitos, compete ao Estado da situação do bem, ou ao Distrito Federal.

Alternativa "b": Em se tratando de bens imóveis e respectivos direitos, o ITCD compete ao Estado da situação do bem, ou ao Distrito Federal (art. 155, § 1º, inciso I, da CRFB/88). Essa regra vale tanto para a transmissão causa mortis como para os casos de doação envolvendo imóveis.

Alternativa "c": Segundo a Constituição, o ITCMD terá competência para sua instituição regulada por lei complementar se o doador tiver domicílio ou residência no exterior (art. 155, § 1º, inciso III, alínea "a" da CRFB/88). No presente caso, como tanto o doador quanto o bem encontram-se no exterior, a situação será regulada por lei complementar, mas não necessariamente será o domicílio do donatário.

Alternativa "d": Sobre a hipótese, bom lembrar que, pela Constituição, relativamente a bens móveis, títulos e créditos, compete o imposto ao Estado onde se processar o inventário ou arrolamento. (art. 155, § 1º, inciso II, da CRFB/88). Logo, o imposto é do Estado onde se processa o inventário.

Alternativa "e": Como visto, o ITCD terá competência para sua instituição regulada por lei complementar se o doador tiver domicílio ou residência no exterior (art. 155, § 1º, inciso III, alínea "a" da CRFB/88), o que não é possível ter a certeza afirmada na questão.

Alternativa correta: letra "a".

282. (FCC – Procurador do Estado – PGE – TO/2018) Por meio de uma única escritura pública de doação, lavrada em Tabelião da cidade de Palmas/TO, em dezembro de 2017, João, domiciliado em Araguaína/TO, doou a seu irmão José, domiciliado em Salvador/BA, os seguintes bens: 1 – um terreno, localizado à beira mar, em Pernambuco, cujo valor era de R$ 200.000,00; 2 – uma coleção de livros raros, no valor de R$ 500.000,00; 3 – uma fazenda, localizada no Município de Gurupi/TO, no valor de R$ 350.000,00; e 4 – R$ 1.000.000,00 em dinheiro. De acordo com o Código Tributário do Estado do Tocantins, relativamente ao imposto devido ao Estado de Tocantins, a alíquota aplicável à doação desse conjunto de bens é de

a) 8%

b) 1%

c) 2%

d) 4%

e) 6%

COMENTÁRIOS

Alternativas "a", "b", "c" e "d": Será aplicável a alíquota de 6%, segundo o disposto no art. 61, inciso III do Código Tributário do Estado do Tocantins (Lei nº 1.287, de 28/12/2001). Vejamos: "Art. 61 – As alíquotas do ITCD são: I – 2%, quando a base de cálculo for superior a R$ 25.000,00 e até R$ 100.000,00; II – 4%, quando a base de cálculo for superior a R$ 100.000,00 e até R$ 500.000,00; III – 6%, quando a base de cálculo for superior a R$ 500.000,00 e até R$ 2.000.000,00; IV – 8%, quando a base de cálculo for superior a R$ 2.000.000,00".

Alternativa "e": O percentual da alíquota será de 6%, aplicando o disposto no art. 61, inciso III do Código Tributário do Estado do Tocantins (Lei nº 1.287, de 28/12/2001). Vejamos: "Art. 61 – As alíquotas do ITCD são: I – 2%, quando a base de cálculo for superior a R$ 25.000,00 e até R$ 100.000,00; II – 4%, quando a base de cálculo for superior a R$ 100.000,00 e até R$ 500.000,00; III – 6%, quando a base de cálculo for superior a R$ 500.000,00 e até R$ 2.000.000,00; IV – 8%, quando a base de cálculo for superior a R$ 2.000.000,00". Vale ressaltar que a incidência do ITCD alcança a transmissão ou a doação que se referir à imóvel situado no Estado de Tocantins, inclusive o direito a ele relativo; e a doação, cujo doador tenha domicílio em Tocantins relativo a bem móvel, direito, título e crédito (art. 53, § 4º do Código Tributário do Estado do Tocantins). Portanto, restou excluído do pagamento do imposto para o Estado de Tocantins o terreno, localizado à beira mar, em Pernambuco, no valor de R$ 200.000,00, por se tratar de bem imóvel situado fora do Estado.

Alternativa correta: letra "e".

283. (Fepese – Procurador do Estado – PGE – SC/2018) Analise as afirmativas abaixo a respeito do Imposto sobre Transmissão "Causa Mortis" e Doação de Quaisquer Bens ou Direitos (ITCMD), com base na legislação catarinense.

1. Fica sujeito à multa de cinquenta por cento do valor do imposto, aquele que deixar de abrir, dentro de prazo legal, processo de inventário ou partilha.
2. O imposto também incide na sucessão provisória, garantido o direito de restituição, caso apareça o ausente.
3. A alíquota para a cobrança do imposto é dois por cento sobre a parcela da base de cálculo igual ou inferior a R$ 20.000,00.
4. É isento do pagamento do imposto o donatário ou cessionário, qualquer que seja o valor dos bens ou direitos, em se tratando de sociedade civil sem fins lucrativos, devidamente reconhecida como de utilidade pública estadual.

Assinale a alternativa que indica todas as afirmativas corretas.

a) São corretas apenas as afirmativas 1 e 3.

b) São corretas apenas as afirmativas 2 e 4.

c) São corretas apenas as afirmativas 1,2 e 4.

d) São corretas apenas as afirmativas 2,3 e 4.

e) São corretas as afirmativas 1,2,3 e 4.

COMENTÁRIOS

Item 1 – O tema envolve literalidade da legislação estadual. No ponto, está equivocado por conta do teor do Art. 13 da Lei 13.136, de 25 de novembro de 2004, que reza: Fica sujeito à multa: I – de vinte por cento do valor do imposto, aquele que deixar de: a) abrir, dentro de prazo legal, processo de inventário ou partilha;

Item 2 – O imposto incide sobre sucessão, ainda que seja provisória, e, em todo o caso, garante-se o direito de restituição, caso apareça o ausente.

Item 3 – Igualmente, trata-se de literalidade do art. 9º da Lei 13.136, de 25 de novembro de 2004, que reza: "As alíquotas para a cobrança do imposto são: I – um por cento sobre a parcela da base de cálculo igual ou inferior a R$ 20.000,00 (vinte mil reais)";

Item 4 – É isento do pagamento do imposto o donatário ou cessionário, qualquer que seja o valor dos bens ou direitos, em se tratando de sociedade civil sem fins lucrativos, devidamente reconhecida como de utilidade pública estadual.

Alternativa correta: letra "b".

284. (Vunesp – Procurador do Estado – PGE – SP/2018) Consideradas as disposições da Constituição Federal e da Lei Paulista no 10.705, de 2000, sobre o Imposto sobre a Transmissão Causa Mortis e Doações – ITCMD – assinale a alternativa correta.

a) É contribuinte do ITCMD, em caso de doação, o donatário residente no Estado de São Paulo.

b) Compete ao Estado de domicílio do de cujus o ITCMD incidente na transmissão causa mortis de bens imóveis.

c) Em caso de imóveis, o ITCMD incide somente por transmissão causa mortis e, em caso de outros bens e direitos, o imposto incide sobre a transmissão a qualquer título.

d) A instituição do ITCMD pelos Estados depende de lei complementar federal que regule os aspectos específicos da incidência em qualquer hipótese de transmissão ou de qualquer bem, independentemente da situação do contribuinte ou responsável.

e) A doação com encargos não se sujeita à incidência do ITCMD.

COMENTÁRIOS

Alternativa "a": O tema da doação ainda é carente de lei complementar nacional que reja os principais aspectos do tributo ali incidente. Sendo assim, compete às legislações estaduais tratarem da matéria. No caso do Estado de São Paulo, de acordo com a Lei 10.705/2000 de São Paulo: Artigo 7º – São contribuintes do imposto: III – na doação: o donatário;

Alternativa "b": Quando a transmissão é de bens imóveis e respectivos direitos, o ITCMD compete ao Estado da situação do bem ou ao Distrito Federal, nos termos expressos da CF, art. 155, § 1º, I.

Alternativa "c": Segundo o art. 155, I, da CF/1988, os Estados e o Distrito Federal podem instituir imposto sobre a transmissão causa mortis e doação de quaisquer bens ou direitos. Portanto, em relação aos imóveis o ITCMD incide, seja na transmissão em razão da morte ou em razão de doação.

Alternativa "d": Segundo o art. 155, § 1º, III, da CF/1988, o imposto terá competência para sua instituição regulada por lei complementar se o doador tiver domicílio ou residência no exterior ou se o de cujus possuía bens, era residente ou domiciliado ou teve o seu inventário processado no exterior. Como a lei complementar reclamada pelo dispositivo ainda não foi editada, os Estados têm se utilizado da autorização do art. 24, § 3º, da CF/1988, e exercido a competência legislativa plena, disciplinando a situação por lei própria. Portanto, não há limitação no exercício da competência tributária pelos Estados pela ausência da legislação federal.

Alternativa "e": A lei do Estado de São Paulo, Lei nº 10.705/00, no § 3º do art. 2º incluiu a doação com encargo no campo de abrangência do fato gerador do ITCMD. Ainda que haja encargo, o caráter de liberalidade permanece, a atrair o imposto em testilha.

Alternativa correta: letra "a".

285. (FMP – Procurador do Estado – PGE – AC/2017) No que se refere ao Imposto sobre Transmissão "causa mortis" e doação, de competência do Estado, assinale a alternativa CORRETA.

a) Incide sobre a transmissão de direitos reais ou do domínio útil de bens imóveis a título oneroso.

b) Incide sobre a cessão de direitos relativos às transmissões da propriedade, seja onerosa ou não.

c) Incide sobre a transmissão de direitos reais de garantia, onerosa ou não.

d) Incide sobre a cessão de direitos relativos às transmissões de direitos reais sobre bens móveis tanto a título gratuito quanto oneroso.

e) Nenhuma das alternativas acima está CORRETA.

COMENTÁRIOS

✪ **Nota dos autores**: Para resolução da questão, confira o teor do art. 155, §1º do Texto Constitucional: "Art. 155. Compete aos Estados e ao Distrito Federal instituir impostos sobre: I – transmissão causa mortis e doação, de quaisquer bens ou direitos; (...) § 1º O imposto previsto no inciso I: I – relativamente a bens imóveis e respectivos direitos, compete ao Estado da situação do bem, ou ao Distrito Federal; II – relativamente a bens móveis, títulos e créditos, compete ao Estado onde se processar o inventário ou arrolamento, ou tiver domicílio o doador, ou ao Distrito Federal; III – terá competência para sua instituição regulada por lei complementar: a) se o doador tiver domicilio ou residência no exterior; b) se o de cujus possuía bens, era residente ou domiciliado ou teve o seu inventário processado no exterior; IV – terá suas alíquotas máximas fixadas pelo Senado Federal."

Alternativas "a" (responde também as alternativas "b", "c" e "d"): Consoante descrito na nota dos autores, o imposto sobre a transmissão *causa mortis* e doação, de quaisquer bens ou direitos incidirá nas hipóteses previstas no § 1º do art. 155 do Texto Constitucional. Válido ressaltar que a transmissão no ITCMD terá caráter gratuito (doação) e, uma vez sendo onerosa (transmissão inter vivos), incidirá o ITBI (imposto sobre a transmissão "inter vivos", a qualquer título, por ato oneroso, de bens imóveis, por natureza ou acessão física, e de direitos reais sobre imóveis, exceto os de garantia, bem como cessão de direitos a sua aquisição), imposto de competência dos municípios e DF. Ademais, tratando de transmissão causa mortis caberá também o ITCMD. Enfim, observe que o examinador pretendeu confundir o candidato trazendo em alguns pontos a materialidade do ITBI e não do ITCMD.

Alternativa "e": Nenhuma das alternativas acima está CORRETA.

Alternativa correta: letra "e".

286. (FCC – Procurador do Estado – MT/2016) O imposto de transmissão causa *mortis* e doação de quaisquer bens ou direitos, de competência estadual,

a) incide sobre a transmissão de bens, realizada entre pessoas jurídicas, em decorrência da transferência da propriedade de bem imóvel em virtude de aumento de capital aprovada pelos órgãos societários das pessoas jurídicas envolvidas.

b) onera atos jurídicos relativos à constituição de garantias reais sobre imóveis.

c) será devido em favor do Estado do Mato Grosso, em relação às doações de dinheiro, sempre que o donatário estiver domiciliado nessa Unidade da Federação, ou no Distrito Federal.

d) não incidirá sobre as transmissões ou doações em que figurarem como herdeiros, legatários ou donatários, os partidos políticos e suas fundações, respeitados os requisitos de lei.

e) tem lançamento apenas na modalidade "por declaração".

COMENTÁRIOS

✪ **Nota dos autores:** A questão exige conhecimento sobre as normas constitucionais que tratam sobre ITCMD, o ITIV e sobre imunidade tributária.

Alternativa "a": Não se deve confundir, o ITIV ou ITBI, imposto que tem como fato gerador a transmissão de bens imóveis *inter vivos*, de competência dos Municípios e DF, com o ITCMD, imposto que tem como fato gerador a doação e a transmissão de bens causa *mortis*, de competência dos Estados e DF. No caso, a assertiva apresenta uma hipótese de imunidade do ITIV, prevista no artigo 156, §2º da CRFB/88, segundo a qual: O ITIV "não incide sobre a transmissão de bens ou direitos incorporados ao patrimônio de pessoa jurídica em realização de capital, nem sobre a transmissão de bens ou direitos decorrente de fusão, incorporação, cisão ou extinção de pessoa jurídica, salvo se, nesses casos, a atividade preponderante do adquirente for a compra e venda desses bens ou direitos, locação de bens imóveis ou arrendamento mercantil". Portanto, a assertiva está incorreta.

Alternativa "b": Trata de outra hipótese de imunidade do ITBI, segundo a qual o imposto não incide sobre a transmissão de direitos de garantia sobre bens imóveis, nos termos do artigo 156 da CRFB/1988.

Alternativa "c": Nos termos do artigo 155, §1º da CRFB/1988, tratando-se de transmissão de bens móveis, o ITCMD será devido no Estado onde se processar o inventário ou arrolamento, ou tiver domicílio o doador, ou ao Distrito Federal. A assertiva está incorreta, pois afirma que o imposto será devido no domicílio do donatário.

Alternativa "d": O artigo 150, VI da CRFB/1988 estabelece que é vedado à União instituir impostos sobre o patrimônio, renda ou serviços dos partidos políticos, inclusive suas fundações, das entidades sindicais dos trabalhadores, das instituições de educação e de assistência social, sem fins lucrativos, atendidos os requisitos da lei. Trata-se de uma hipótese de imunidade subjetiva. Portanto, caso haja uma transmissão causa *mortis* ou doação para os partidos políticos, que são fatos geradores do ITCMD, não haverá a incidência do referido imposto, em razão da imunidade tributária prevista na CRFB/1988.

Alternativa "e": Apesar de a modalidade de lançamento do ITCMD ser em regra por declaração, poderá ser de ofício nas hipóteses previstas no artigo 149 do CTN, por exemplo, quando a declaração não seja prestada, por quem de direito, no prazo e na forma da legislação tributária; quando se comprove falsidade, erro ou omissão quanto a qualquer elemento definido na legislação tributária como sendo de declaração obrigatória; quando se comprove que o sujeito passivo, ou terceiro em benefício daquele, agiu com dolo, fraude ou simulação; dentre outras hipóteses previstas no artigo 149 do CTN. Sendo assim, a assertiva está incorreta.

Alternativa correta: letra "d".

287. (Fundatec – Procurador do Estado – RS/2015) Quanto ao ITCD, analise as assertivas abaixo, considerando o entendimento jurisprudencial:

I. Pode ser progressivo.

II. Sua alíquota máxima, fixada pelo Senado Federal, é de 8%.

III. É cobrado, no Estado do Rio Grande do Sul, com base nas alíquotas de 3% e 4%, aplicáveis, respectivamente, para a sucessão causa mortis e para as doações.

IV. Calcula-se sobre o saldo credor da promessa de compra e venda de imóvel, no momento da abertura da sucessão do promitente vendedor.

Após a análise, pode-se dizer que:

a) Estão corretas apenas as assertivas I e II.

b) Estão corretas apenas as assertivas I e III.

c) Estão corretas apenas as assertivas II e III.

d) Estão corretas apenas as assertivas I, II e IV.

e) Todas as assertivas estão corretas.

COMENTÁRIOS

Item I: Segundo recente decisão do STF, a progressividade do ITCMD não é incompatível com a Constituição Federal nem fere o princípio da capacidade contributiva: "Por maioria dos votos, o Plenário do Supremo Tribunal Federal (STF) proveu o Recurso Extraordinário (RE) 562045, julgado em conjunto com outros nove processos que tratam da progressividade na cobrança do Imposto sobre a Transmissão Causa Mortis e Doações (ITCD). O governo do Rio Grande do Sul, autor de todos os recursos, contestou decisão do Tribunal de Justiça do estado (TJ-RS), que entendeu inconstitucional a progressividade da alíquota do ITCD (de 1% a 8%) prevista no artigo 18, da Lei gaúcha 8.821/89, e determinou a aplicação da alíquota de 1%. O tema tem repercussão geral reconhecida". Por fim, o STF fixou a Tese 21 no seguinte sentido: É constitucional a fixação de alíquota progressiva para o Imposto sobre Transmissão Causa Mortis e Doação – ITCD.

Item II: Segundo o art. 155, § 1º, IV da CF/88, compete ao Senado Federal fixar as alíquotas máximas do ITCMD. Tal foi definida na Resolução n. 09/1992 do Senado, em no máximo 8%.

Item III: A Resolução n. 09/92 do Senado apenas define a alíquota máxima. Compete ao Estado definir sua alíquota mínima. No caso, compete ao estudante inteirar-se da legislação do Estado do respectivo concurso.

Item IV: Trata-se de repetição *ipsis litteris* da Súmula n. 590 do STF: "Calcula-se o imposto de transmissão causa mortis sobre o saldo credor da promessa de compra e venda de imóvel, no momento da abertura da sucessão do promitente vendedor". Dito de outro modo: se alguém celebrou uma promessa de compra e venda e morreu sem a sua plena concretização com crédito a receber. Esse crédito, do promitente vendedor, servirá de base de cálculo do ITCMD com base na alíquota do momento da abertura da sucessão.

Alternativa correta: letra "d". Estão corretos os itens I, II e IV.

288. (FCC – Procurador do Estado – RN/2014) Em relação ao Imposto sobre Transmissão Causa Mortis e Doação, de quaisquer bens ou direitos:

a) na doação de bens imóveis, compete ao Estado onde tiver domicílio o doador.

b) terá suas alíquotas mínimas fixadas por Resolução do Congresso Nacional.

c) na doação de bens móveis, a competência para a sua instituição deverá ser regulada por lei complementar no caso em que o donatário tenha domicílio no exterior.

d) incidirá sobre doações realizadas por pessoas jurídicas.

e) terá suas alíquotas máximas reguladas por Convênio entre os Estados e o Distrito Federal.

COMENTÁRIOS

✪ **Nota dos autores:** O §1º do art. 155 da CRFB/88 traz solução para as assertivas: Art. 155. Compete aos Estados e ao Distrito Federal instituir impostos sobre: I – transmissão causa mortis e doação, de quaisquer bens ou direitos. §1º O imposto previsto no inciso I: I – relativamente a bens imóveis e respectivos direitos, compete ao Estado da situação do bem, ou ao Distrito Federal; II – relativamente a bens móveis, títulos e créditos, compete ao Estado onde se processar o inventário ou arrolamento, ou tiver domicílio o doador, ou ao Distrito Federal; III – terá competência para sua instituição regulada por lei complementar: a) se o doador tiver domicilio ou residência no exterior; b) se o de cujus possuía bens, era residente ou domiciliado ou teve o seu inventário processado no exterior; IV – terá suas alíquotas máximas fixadas pelo Senado Federal.

Alternativa "a": Pela redação do art. 155, I, § 1º, inciso I, da CRFB/88, o imposto é devido ao Estado da situação do bem, ou ao Distrito Federal.

Alternativa "b": Pela redação do art. 155, § 1º, IV da CF, terá suas alíquotas máximas fixadas pelo Senado Federal.

Alternativa "c": O erro está na troca de "donatário" por "doador". Pela redação do art. 155, III da CF, terá competência para sua instituição regulada por lei complementar se o doador tiver domicílio ou residência no exterior.

Alternativa "d": De fato, o ITCMD incide sobre transmissões causa mortis e doações, de quaisquer bens ou direitos, nos termos do art. 155, I da CF, seja de pessoa física ou jurídica. Não há exceção constitucional às pessoas jurídicas.

Alternativa "e": Como visto acima, compete ao Senado Federal fixar suas alíquotas máximas.

Alternativa correta: letra "d".

289. (PUC – Procurador do Estado – PR/2015) Nos termos da Constituição Federal de 1988, compete aos Estados e ao Distrito Federal instituir impostos sobre transmissão causa mortis e doação, de quaisquer bens ou direitos – ITCMD (CF/88, art. 155, I). No Estado do Paraná, o ITCMD é regido pela Lei n. 8.927/1988. Sobre o assunto, assinale a alternativa CORRETA.

a) No Estado do Paraná, é dispensado o pagamento do ITCMD incidente sobre o excesso de partilha decorrente de divórcio.

b) O termo a quo do prazo decadencial para lançamento do ITCMD causa mortis, tratando-se de processo de inventário, é o primeiro dia do exercício financeiro seguinte ao da homologação judicial do cálculo do referido inventário.

c) A previsão de alíquotas progressivas do ITCMD afronta a Constituição Federal de 1988.

d) Nas doações com reserva do usufruto ou na sua instituição gratuita a favor de terceiros realizadas no Estado do Paraná, o valor dos direitos reais do usufruto, uso ou habitação, vitalício e temporário, será igual a um terço do valor do total do bem, correspondendo o valor restante à sua propriedade separada daqueles direitos.

e) Em se tratando de processo de arrolamento sumário, a discussão relativa à correção de valores recolhidos a título de ITCMD deve se dar no curso da referida ação judicial.

COMENTÁRIOS

✪ **Nota dos autores:** Questão com alto grau de dificuldade, pois demanda conhecimento da jurisprudência do Superior Tribunal de Justiça – STJ. Para além disso, exigiu-se do candidato, conhecimento da Lei n. 8.927/1988 do Estado do Paraná, vigente à época do certame, porém, revogada pela Lei n. 18.573/2015. Portanto, fica a ressalva para o Leitor, que as assertivas foram respondidas à luz da legislação anterior e que estava vigente no momento da prova.

Alternativa "a": Não há previsão da dispensa do pagamento do imposto na hipótese abordada, nos termos do art. 4° da Lei n. 8.927/1988. Além disso, no caso em apreço, deve ser analisado a que título se deu o excesso de meação – se oneroso ou gratuito. Isto porque, em sendo a título oneroso, ou seja, o excedente foi compensado por outras transferências ocorridas quando da partilha, configura-se a hipótese de incidência do ITBI, imposto municipal. Por outro lado, se o excesso se deu a título gratuito, está configurada a hipótese de incidência do ITCMD.

Alternativa "b": A assertiva está em conformidade com o entendimento do STJ, segundo o qual, o termo inicial do prazo de decadência para lançamento do ITCMD causa mortis, tratando-se de processo de inventário, é o primeiro dia do exercício financeiro seguinte ao da homologação judicial do cálculo do referido inventário. Confira a ementa: "TRIBUTÁRIO. IMPOSTO SOBRE TRANSMISSÃO CAUSA MORTIS E DOAÇÃO. DECADÊNCIA. TERMO INICIAL. ARROLAMENTO. HOMOLOGAÇÃO DA PARTILHA. AUSÊNCIA DE PAGAMENTO. ART. 173, I, DO CTN. 1. Cuida-se de Agravo Regimental interposto contra decisão que negou seguimento ao Recurso Especial no qual se discute o termo inicial da decadência para o lançamento do Imposto sobre Transmissão Causa Mortis e Doação – ITCMD. 2. Tendo as instâncias ordinárias consignado que não houve pagamento antecipado do imposto, aplica-se à decadência o art. 173, I, do CTN, de modo que o seu termo inicial é o primeiro dia do exercício seguinte àquele em que o lançamento poderia ter sido efetuado, tal como pacificado pela Primeira Seção no regime dos recursos repetitivos (REsp 973.733/SC, Rel. Ministro Luiz Fux, Primeira Seção, julgado em 12.8.2009, DJe 18.9.2009). 3. Na sistemática de apuração do ITCMD, há que observar, inicialmente, o disposto no art. 35, parágrafo único, do CTN, segundo o qual, nas transmissões causa mortis, ocorrem tantos fatos geradores distintos quantos sejam os herdeiros ou legatários. 4. Embora a herança seja transmitida, desde logo, com a abertura da sucessão (art. 1.784 do Código Civil), a exigibilidade do imposto sucessório fica na dependência da precisa identificação do patrimônio transferido e dos herdeiros ou legatários, para que sejam apurados os "tantos fatos geradores distintos" a que alude o citado parágrafo único do art. 35, sendo essa a lógica que inspirou a edição das Súmulas 112, 113 e 114 do STF. 5. O regime do ITCMD revela, portanto, que apenas com a prolação da sentença de homologação da partilha é possível identificar perfeitamente os aspectos material, pessoal e quantitativo da hipótese normativa, tornando possível a realização do lançamento (cf. REsp 752.808/RJ, Rel. Ministro Teori Albino Zavascki, Primeira Turma, julgado em 17.5.2007, DJ 4.6.2007, p. 306; AgRg no REsp 1257451/SP, Rel. Ministro Humberto Martins, Segunda Turma, julgado em 6.9.2011, DJe 13.9.2011). 6. Não houve aplicação retroativa do art. 1.031, § 2°, com a redação dada pela Lei 9.280/1996, porquanto a referência a este dispositivo serviu apenas para mostrar que a positivação dessa regra é consequência da *ratio* contida no art. 35, parágrafo único, do CTN. Trata-se, em verdade, de típica adequação da técnica processual às exigências do direito material. 7. Na hipótese dos autos, a homologação da partilha data de 1°.11.1994, de maneira que o termo inicial da decadência foi 1°.1.1995, em consonância com o art. 173, I, do CTN. Tendo sido o auto de infração lavrado em 18.6.1999, não se operou o transcurso do prazo decadencial quinquenal. 8. Agravo Regimental não provido. (AgRg no REsp 1274227/MS, Rel. Ministro HERMAN BENJAMIN, SEGUNDA TURMA, julgado em 07/02/2012, DJe 13/04/2012).

Alternativa "c": O STF passou a admitir a progressividade de alíquotas do ITCMD. Confira: "Em conclusão, o Plenário, por maioria, deu provimento a recurso extraordinário, interposto pelo Estado do Rio Grande do Sul, para assentar a constitucionalidade do art. 18 da Lei gaúcha 8.821/89, que prevê o sistema progressivo de alíquotas para o imposto sobre a transmissão causa mortis de doação – ITCD – v. Informativos 510, 520 e 634. Salientou-se, inicialmente, que o entendimento de que a progressividade das alíquotas do ITCD seria inconstitucional decorreria da suposição de que o § 1º do art. 145 da CF a admitiria exclusivamente para os impostos de caráter pessoal. Afirmou-se, entretanto, que todos os impostos estariam sujeitos ao princípio da capacidade contributiva, mesmo os que não tivessem caráter pessoal. Esse dispositivo estabeleceria que os impostos, sempre que possível, deveriam ter caráter pessoal. Assim, todos os impostos, independentemente de sua classificação como de caráter real ou pessoal, poderiam e deveriam guardar relação com a capacidade contributiva do sujeito passivo. Aduziu-se, também, ser possível aferir a capacidade contributiva do sujeito passivo do ITCD, pois, tratando-se de imposto direto, a sua incidência poderia expressar, em diversas circunstâncias, progressividade ou regressividade direta. Asseverou-se que a progressividade de alíquotas do imposto em comento não teria como descambar para o confisco, porquanto haveria o controle do teto das alíquotas pelo Senado Federal (CF, art. 155, § 1º, IV). Ademais, assinalou-se inexistir incompatibilidade com o Enunciado 668 da Súmula do STF ("É inconstitucional a lei municipal que tenha estabelecido, antes da Emenda Constitucional 29/2000, alíquotas progressivas para o IPTU, salvo se destinada a assegurar o cumprimento da função social da propriedade urbana"). Por derradeiro, esclareceu-se que, diferentemente do que ocorreria com o IPTU, no âmbito do ITCD não haveria a necessidade de emenda constitucional para que o imposto fosse progressivo. (RE 562045/RS). 06.02.2013".

Alternativa "d": Incorreto. Confira o teor do art. 14 da Lei n. 8.927/1988 do Estado do Paraná: "Nas doações com reserva do usufruto ou na sua instituição gratuita a favor de terceiros realizadas no Estado do Paraná, o valor dos direitos reais do usufruto, uso ou habitação, vitalício e temporário, será igual à metade do valor do total do bem, correspondendo o valor restante à sua propriedade separada daqueles direitos.

Alternativa "e": Incorreto. Em se tratando de processo de arrolamento sumário, a discussão relativa à correção de valores recolhidos a título de ITCMD deve ocorrer na via administrativa. Confira o entendimento do STJ: "PROCESSUAL CIVIL E TRIBUTÁRIO. ARROLAMENTO SUMÁRIO. IMPOSTO DE TRANSMISSÃO CAUSA MORTIS. HOMOLOGAÇÃO DE PARTILHA. ENTREGA DE DOCUMENTOS À RECEITA ESTADUAL. INEXIGIBILIDADE. 1. No processo de arrolamento sumário, processado com base nos arts. 1.031 e seguintes do CPC, cabível quando todos os herdeiros forem maiores e capazes e estiverem de acordo com a partilha, somente é possível examinar se o inventariante comprovou a quitação dos tributos relativos aos bens do espólio e às suas rendas. 2. Para a homologação da partilha pelo juiz são dispensadas certas formalidades exigidas no inventário, entre elas a intervenção da Fazenda Pública para verificar a correção do pagamento dos tributos devidos pelo espólio. Assim, a discussão de supostas diferenças pagas a menor deverão ser resolvidas na esfera administrativa, a teor do disposto no art. 1.034 do CPC. 3. Feito o pagamento do imposto e juntado o comprovante aos autos, não pode o juiz condicionar a homologação da partilha em processo de arrolamento sumário à entrega de documentos à Receita estadual necessários ao cálculo do imposto. Ainda que o pagamento não esteja completo ou tenha o inventariante calculado mal o imposto, essas questões não podem ser tratadas e discutidas em arrolamento sumário. 4. Recurso especial não provido.

(REsp 927.530/SP, Rel. Ministro CASTRO MEIRA, SEGUNDA TURMA, julgado em 12/06/2007, DJ 28/06/2007, p. 897)

Alternativa correta: letra "b".

---

290. (COPS – Procurador do Estado – PR/ 2011) Assinale a alternativa correta:

a) o imposto de transmissão causa-mortis e doação de quaisquer bens ou direitos, no que diz respeito aos bens imóveis e respectivos direitos, compete ao Estado ou ao Distrito Federal do domicílio onde se processar o inventário ou arrolamento, ou tiver domicílio o doador;

b) o ITCMD e o ICMS têm suas alíquotas máximas e mínimas fixadas pelo Senado Federal;

c) é facultado ao Senado Federal fixar alíquotas máximas para o IPVA;

d) pertencem aos municípios vinte por cento (20%) do produto da arrecadação do imposto do Estado sobre operações relativas à circulação de mercadorias e sobre prestações de serviços de transporte interestadual e intermunicipal e de comunicação e também do imposto sobre propriedade de veículos automotores licenciados em seu território;

e) a União entregará aos Estados e ao Distrito Federal dez por cento (10%) do produto da arrecadação do IPI, proporcionalmente ao valor das respectivas exportações de produtos industrializados.

COMENTÁRIOS

✪ **Nota dos autores:** A questão exige conhecimento da repartição das receitas e da influência do Senado Federal na fixação das alíquotas dos impostos estaduais.

Alternativa "a": Pela redação do art. 155, § 1º, inciso I, da CF, o ITCMD, relativamente aos bens imóveis e respectivos direitos, compete ao Estado da situação do bem, ou ao Distrito Federal.

Alternativa "b": Apenas o ICMS está dentro do afirmado na assertiva. O ITCMD tem sua alíquota máxima definida pelo Senado Federal (art. 155, § 1º, IV).

Alternativa "c": Quanto ao IPVA, terá alíquotas mínimas fixadas pelo Senado Federal (art. 155, § 6º da CF).

Alternativa "d": O percentual é 25% para o ICMS (art. 158, IV da CF) e 50% para o IPVA (art. 158, III da CF).

Alternativa "e": Tema da repartição das receitas tributárias. Trata-se da redação do art. 159, II da CF.

Alternativa correta: letra "e".

291. (FCC – Procurador do Estado – MT/ 2011) Na sucessão causa mortis, em arrolamento de bens extrajudicial por escritura pública lavrada em Tabelionato de Notas de Belo Horizonte, foro do domicílio do autor da herança, a transmissão objeto deste arrolamento, referente a bens imóveis situados no município de Cuiabá/ MT, sujeita-se ao Imposto de Transmissão Causa Mortis e Doação – ITCD, cuja competência será

a) do Estado de Minas Gerais.

b) do Estado de Mato Grosso.

c) do Município de Belo Horizonte.

d) do Município de Cuiabá.

e) concorrente dos Estados de Minas Gerais e Mato Grosso.

COMENTÁRIOS

A redação do art. 155, § 1º, incisos I e II da CF é clara em afirmar que, havendo bem imóvel, o ITCMD pertence ao Estado da situação do bem. Quanto aos bens móveis, títulos e créditos, o ITCMD compete ao Estado onde se processar o inventário ou arrolamento, ou tiver domicílio o doador, ou ao DF. No caso, como o bem imóvel estava em Cuiabá, o ITCMD será pago ao Estado de Mato Grosso.

Alternativa correta: letra "b".

292. (FEPESE – Procurador do Estado – SC/ 2010) De acordo com a Constituição Federal de 1988, é correto afirmar:

a) O imposto sobre transmissão causa mortis e doação, de quaisquer bens ou direitos, terá suas alíquotas mínimas e máximas fixadas pelo Senado Federal.

b) O imposto sobre transmissão causa mortis e doação, de quaisquer bens ou direitos, relativamente a bens imóveis e respectivos direitos, compete ao Estado da situação do bem, ou ao Distrito Federal.

c) No caso do imposto sobre operações relativas à circulação de mercadorias e sobre prestações de serviços de transporte interestadual e intermunicipal e de comunicação, a isenção, salvo determinação em contrário da legislação, não acarretará a anulação do crédito relativo às operações anteriores.

d) Cabe à lei complementar disciplinar os regimes de compensação e de parcelamento do imposto sobre operações relativas à circulação de mercadorias e sobre prestações de serviços de transporte interestadual e intermunicipal e de comunicação.

e) O imposto sobre propriedade de veículos automotores terá alíquotas máximas fixadas pelo Senado Federal.

COMENTÁRIOS

✪ **Nota dos autores:** Para a questão, bom lembrar que o ICMS terá alíquotas mínimas e máximas fixadas pelo Senado Federal, ao passo que o IPVA terá apenas alíquotas mínimas e o ITCMD apenas alíquotas máximas fixadas pelo Senado.

Alternativa "a": Pela redação do art. 155, § 1º, IV da CF, o ITCMD terá apenas suas alíquotas máximas fixadas pelo Senado Federal.

Alternativa "b": Trata-se de redação do art. 155, § 1º, I da CF, quando afirma que o ITCMD "relativamente a bens imóveis e respectivos direitos, compete ao Estado da situação do bem, ou ao Distrito Federal".

Alternativa "c": O art. 155, § 2º, II, "b", da CF, reza justamente o inverso.

Alternativa "d": Pela redação dos arts. 155-A e 170 do CTN, compete à lei ordinária disciplinar essas matérias.

Alternativa "e": O art. 155, § 6º, I da CF informa que o IPVA terá alíquotas mínimas fixadas pelo Senado Federal.

Alternativa correta letra "b".

293. (FEPESE – Procurador do Estado – SC/ 2010) Com fundamento na legislação referente ao imposto sobre transmissão causa mortis e doação, de quaisquer bens ou direitos (ITCMD), é correto afirmar:

a) O imposto não incide na hipótese de sucessão provisória.
b) O crédito tributário do imposto poderá ser parcelado em até vinte e quatro prestações, quando exigido por notificação fiscal.
c) São isentos do pagamento do imposto o herdeiro, o legatário ou o donatário, quando o valor dos bens ou direitos recebidos não exceder ao equivalente a R$ 20.000,00 (vinte mil reais).
d) A alíquota para a cobrança do imposto será de cinco por cento sobre a parcela da base de cálculo que exceder a R$ 20.000,00 (vinte mil reais) e for igual ou inferior a R$ 50.000,00 (cinquenta mil reais).
e) A base de cálculo do imposto não poderá ser superior aos valores constantes do formal de partilha.

COMENTÁRIOS

Lei estadual pode dispor sobre parcelamento do crédito tributário, inexistindo norma federal que trate de normas gerais sobre a matéria além do art. 155-A do CTN. O Estado deve adstringir-se às normas constitucionais que tratam da matéria.

Alternativa correta letra "b".

294. (Cespe – Procurador do Estado – PB/ 2008) Acerca do imposto sobre transmissão causa mortis e doação, julgue os seguintes itens.

I. Esse imposto incide sobre as transmissões onerosas.
II. De acordo com o ordenamento jurídico, esse imposto é progressivo.
III. Se o doador tiver domicílio ou residência no exterior, a competência para a cobrança desse imposto é regulada por lei complementar.
IV. Esse imposto possui natureza fiscal, incidindo, inclusive, nas aquisições originárias, como é o caso do usucapião.
V. Na transmissão causa mortis, o fato gerador é único em razão da universalidade dos bens da herança.

A quantidade de itens certos é igual a

a) 1.
b) 2.
c) 3.
d) 4.
e) 5.

COMENTÁRIOS

Item I: está correto porque as doações, ainda que com encargos, sujeitam-se ao ITCMD.

Item II: está incorreto porque os únicos impostos progressivos são o IR, ITR e IPTU.

Item III: está correto, nos termos do art. 155, § 1º, III, "a" da CF.

Item IV: está incorreto porque o ITCMD não incide sobre aquisições originárias, tampouco o ITIV, nos termos da jurisprudência do STJ.

Item V: está incorreto porque nas transmissões *causa mortis* ocorrem tantos fatos geradores distintos quantos sejam os herdeiros ou legatários.

Alternativa correta letra "b": Apenas dois itens estão corretos e são os itens I e III.

295. (Cespe – Procurador do Estado – PI/ 2008) Assinale a opção correta a respeito da cobrança do imposto sobre transmissão causa mortis e doação de quaisquer bens ou direitos.

a) São imunes ao referido imposto as transmissões e doações feitas para os partidos políticos, incluindo as suas fundações.
b) Para o cálculo do valor do imposto devido pelo fideicomissário, deve ser considerado o valor do bem ou do direito na data em que for aberta a sucessão.
c) A base de cálculo do tributo cobrado na transmissão causa mortis será o valor venal dos bens e direitos na data da abertura da sucessão.
d) Quando o beneficiário preenche a condição prevista em lei, o tributo incide sobre as doações de bens ou direitos de valor igual ou inferior a sessenta unidades fiscais do estado.
e) Tratando-se de bens imóveis e de direitos a eles relativos, considera-se local da transmissão ou doação o local onde ocorrer o óbito ou o indicado no documento que formaliza a doação.

COMENTÁRIOS

Alternativa "a": De fato, os partidos políticos e suas fundações gozam de imunidade tributária, nos termos do art. 150, VI, "c" da CF.

Alternativa "b": Algumas leis estaduais preveem a cobrança do ITCMD na instituição do fideicomisso e fixam como base de cálculo o valor do bem no ato da sua instituição e não da abertura da sucessão. O STJ definiu que não é devido o ITCMD na extinção de fideicomisso (REsp. 606.133-RJ).

Alternativa "c": Embora a Súmula 113 do STF estabeleça que o referido imposto é calculado sobre o valor dos bens na data da avaliação, a jurisprudência posterior daquela Corte assentou ser possível a fixação de tal momento na data da transmissão dos bens. (STJ, 2ª Turma, REsp nº 15.071/RJ, Rel. Min. José de Jesus Filho, DJ de 10 de outubro de 1994, pág. 27.141). E ainda: REsp nº 2.263/RJ, 1ª Turma, Relator Ministro Armando Rolemberg, DJ de 18 de junho de 1990, pág. 5.681. No entanto, em que pese a existência desta corrente de interpretação, o Plenário do Supremo Tribunal Federal, reunido recentemente para revisão de suas súmulas, confirmou a vigência da Súmula de nº 113: "O ITCMD é calculado sobre o valor dos bens na data da avaliação".

Alternativa "d": Apenas lei estadual poderá tratar da matéria. Não há norma federal sobre o tema.

Alternativa "e": Sobre o tema, reza o art. 155, § 1º e incisos da CF: "O imposto previsto no inciso I: I – relativamente a bens imóveis e respectivos direitos, compete ao Estado da situação do bem, ou ao Distrito Federal; II – relativamente a bens móveis, títulos e créditos, compete ao Estado onde se processar o inventário ou arrolamento, ou tiver domicílio o doador, ou ao Distrito Federal".

Alternativa correta letra "a".

296. (Cespe – Procurador do Estado – PI/ 2008) Considerando que um indivíduo milionário tenha resolvido doar ações de empresas para uma fundação sem fins lucrativos, assinale a opção correta.

a) Essa doação não será tributada, uma vez que a fundação é entidade isenta do pagamento do tributo de transmissão.

b) A referida doação será objeto de tributação do imposto de propriedade, uma vez que o domínio útil é o fato gerador do imposto de transmissão na doação.

c) Os direitos reais sobre móveis transmitidos, mesmo que onerosos, serão objeto de tributação na doação.

d) Na doação de bens móveis, direitos, títulos e créditos, a qualquer título, considera-se ocorrido o fato gerador do imposto de doação na data da tradição ou transcrição, ou na data do contrato.

e) Considera-se doação qualquer ato ou fato, oneroso ou não, que importe transmissão de quaisquer bens ou direitos.

COMENTÁRIOS

Alternativa "a": A questão não fornece elementos suficientes para afirmar que a doação não seria tributada, portanto, haverá a tributação. É que, quanto ao sujeito passivo, a legislação estadual poderá eleger qualquer das partes envolvidas na doação (doador ou donatário) para figurar como contribuinte da exação. Assim, pelo instituto da imunidade, não se pode afirmar inexistir a tributação, pois não se sabe quem será o contribuinte. Destaque-se, ademais, que o legislador também terá a faculdade de eleger o responsável tributário.

Alternativa "b": O domínio útil não faz parte da materialidade (fato gerador/aspecto material) do ITCMD, como acontece com o IPTU. Não há imposto sobre a simples propriedade de ações.

Alternativa "c": A assertiva se equivoca quando trata dos direitos reais sobre "móveis". Por outro lado, a doação pressupõe transmissão "gratuita" de bens. É ato de liberalidade. A transmissão *inter vivos*, a qualquer título, *por ato oneroso*, de bens imóveis, por natureza ou acessão física, e de *direitos reais sobre imóveis*, exceto os de garantia, fazem parte da materialidade do ITBI.

Alternativa correta: letra "d": O critério temporal do ITCMD é o momento da transmissão (art. 35 do CTN), seja pela tradição ou transcrição, *ou* como estabelecer a lei ordinária estadual.

Alternativa "e": Para fins de incidência do ITCMD, a doação é *gratuita* (ato de liberalidade), estando incorreta a alternativa ao mencionar a expressão "oneroso *ou não*".

Alternativa correta: letra "d".

297. (Cespe – Procurador do Estado – PE/ 2009) A respeito dos bens e da posse, assinale a opção correta.

a) No estado de Pernambuco, a diferença do montante partilhado em virtude de separação judicial é isento do pagamento do ITCMD, desde que o casamento tenha ocorrido sob o regime de comunhão de bens.

b) As sociedades anônimas sediadas em Pernambuco devem recolher o ITCMD incidente sobre transferência de ações, quando o montante da alienação for passível de tributação, sob pena de não ser averbada.

c) O ITCMD é imposto de natureza pessoal, em razão do que a legislação pernambucana estabeleceu validamente a progressividade do tributo, observando o princípio da capacidade contributiva.

d) Apenas após o encerramento do processo de inventário é que o estado de Pernambuco está legitimado para cobrança do ITCMD.

e) O ITCMD estabelecido pela legislação pernambucana sobre a morte presumida é legítimo.

COMENTÁRIOS

✪ **Nota dos autores:** Embora a questão cite a legislação pernambucana, o que demandaria leitura específica pelo concursando, é possível nesse caso em particular tentar resolvê-la pelos conhecimentos gerais referentes ao ITCMD.

Alternativa "a": A diferença do montante partilhado em virtude de separação judicial não é isento do pagamento do ITCMD, exceto se houver lei específica no caso. Se o excesso da meação for gratuito incidirá o imposto. Ao revés, se o excesso for oneroso, incidirá o imposto municipal, ITBI.

Alternativa "b": A hipótese aventada, transferência de ações, não é passível da tributação do imposto em referência.

Alternativa "c": O ITCMD é imposto de natureza real e não pessoal. Sobre o tema da progressividade do imposto, vale lembrar que o STF, no bojo do RE 562045/RS, em 06.02.2013, foi favorável à possibilidade de instituição de alíquotas progressivas do ITCD. Nesse sentido, afirmou que "(...) o entendimento de que a progressividade das alíquotas do ITCD seria inconstitucional decorreria da suposição de que o § 1º do art. 145 da CF a admitiria exclusivamente para os impostos de caráter pessoal. Afirmou-se, entretanto, que todos os impostos estariam sujeitos ao princípio da capacidade contributiva, mesmo os que não tivessem caráter pessoal (...)".

Alternativa "d": Diferentemente do que reza a questão, o inventário não ficará concluído se não houver, previamente, o pagamento de todos os tributos, nos termos do art. 192 do CTN.

Alternativa "e": O ITCMD estabelecido sobre a morte presumida é legítimo. O Enunciado nº 331 da Súmula do STF dispõe que: "É legítima a incidência do imposto de transmissão "causa mortis" no inventário por morte presumida".

Alternativa correta: letra "e".

---

298. (FCC – Procurador do Estado – AM / 2010) Sr. João da Silva, natural do Estado do Amazonas, sempre possuiu domicílio em seu Estado, nele vindo a falecer. Com a abertura da sucessão, constatou-se, no inventário que tramita na Justiça de seu Estado natal, que seu patrimônio era constituído de 5 casas no Estado do Amazonas, recursos financeiros em uma conta poupança no Estado do Rio de Janeiro e um apartamento no Estado de São Paulo. A cobrança do ITCMD sobre os referidos bens compete:

a) aos Estados do Amazonas, do Rio de Janeiro e de São Paulo, respectivamente.

b) somente ao Estado do Amazonas, uma vez que seu inventário foi processado no próprio Estado.

c) somente ao Estado do Amazonas, uma vez que o de cujus tinha domicílio no Estado.

d) ao Estado do Amazonas, em relação às 5 casas e à conta poupança, e ao Estado de São Paulo, em relação ao apartamento.

e) aos três Estados, devendo ser repartido de forma igual para cada Ente da Federação.

COMENTÁRIOS

Alternativa "a": Caberá o ITCMD ao Estado do Amazonas, em relação às 5 casas e à conta poupança, e ao Estado de São Paulo, em relação ao apartamento. O art. 155, § 1º, incisos I e II da CF dispõe que: I – relativamente a bens imóveis e respectivos direitos, compete ao Estado da situação do bem, ou ao Distrito Federal; II – relativamente a bens móveis, títulos e créditos, compete ao Estado onde se processar o inventário ou arrolamento, ou tiver domicílio o doador, ou ao Distrito Federal.

Alternativa "b": Será devido o ITCMD ao Estado do Amazonas, em relação às 5 casas e à conta poupança, e ao Estado de São Paulo, em relação ao apartamento. O art. 155, § 1º, incisos I e II da CF dispõe que: I – relativamente a bens imóveis e respectivos direitos, compete ao Estado da situação do bem, ou ao Distrito Federal; II – relativamente a bens móveis, títulos e créditos, compete ao Estado onde se processar o inventário ou arrolamento, ou tiver domicílio o doador, ou ao Distrito Federal.

Alternativa "c": Caberá o ITCMD ao Estado do Amazonas, em relação às 5 casas e à conta poupança, e ao Estado de São Paulo, em relação ao apartamento. O art. 155, § 1º, incisos I e II da CF dispõe que: I – relativamente a bens imóveis e respectivos direitos, compete ao Estado da situação do bem, ou ao Distrito Federal; II – relativamente a bens móveis, títulos e créditos, compete ao Estado onde se processar o inventário ou arrolamento, ou tiver domicílio o doador, ou ao Distrito Federal.

Alternativa "d": Caberá o ITCMD ao Estado do Amazonas, em relação às 5 casas e à conta poupança, e ao Estado de São Paulo, em relação ao apartamento. Isso porque, nos termos do art. 155, § 1º, incisos I e II da CF, caberá o imposto: a) relativamente a **bens imóveis** e respectivos direitos, compete ao **Estado da situação do bem**; e b) relativamente a **bens móveis, títulos e créditos** (poupança), compete ao **Estado onde se processar o inventário ou arrolamento** que no caso em tela foi o Estado do Amazonas.

Alternativa "e": Será devido o ITCMD ao Estado do Amazonas, em relação às 5 casas e à conta poupança, e ao Estado de São Paulo, em relação ao apartamento. O art. 155, § 1º, incisos I e II da CF dispõe que: I – relativamente a bens imóveis e respectivos direitos, compete ao Estado da situação do bem, ou ao Distrito Federal; II – relativamente a bens móveis, títulos e créditos, compete ao Estado onde se processar o inventário ou arrolamento, ou tiver domicílio o doador, ou ao Distrito Federal.

Alternativa correta: letra "d".

---

299. (FCC – Procurador do Estado – RO/ 2011) Sr. Gabriel Khalil possuía o seguinte patrimônio: um apartamento onde residia em Rondônia (RO); uma aplicação na caderneta de poupança em agência bancária situada na Cidade de São Paulo (SP); um imóvel comercial no Rio de Janeiro (RJ); e uma fazenda no Mato Grosso (MT). Em viagem de turismo em Minas Gerais (MG) veio a falecer naquele estado. Aberta a sucessão, seu inventário tramita na Justiça de Rondônia, local de seu domicílio. De acordo com as normas da Constituição Federal, será cabível o

a) ITCMD, devido exclusivamente para o estado no qual o de cujus faleceu.

b) ITBI, devido ao estado em que se processar o inventário.

c) ITCMD, pertencente ao estado RO sobre o imóvel residencial e aplicação financeira em SP; ao estado RJ sobre o imóvel comercial; e ao estado do MT em relação à fazenda.

d) ITCMD, devido aos estados RO, SP, RJ e MT, partilhado pro rata conforme o valor total do patrimônio do de cujus.

e) ITBI sobre os bens imóveis, havendo a incidência do ITCMD sobre os valores de aplicações financeiras.

COMENTÁRIOS

Alternativa "a": O estado no qual o *de cujus* faleceu é irrelevante para resolver a questão. Isso porque, o ITCMD será cabível ao estado RO sobre o imóvel residencial e aplicação financeira em SP; ao estado RJ sobre o imóvel comercial; e ao estado do MT em relação à fazenda. O art. 155, § 1º, incisos I e II da CF dispõe que: I – relativamente a bens imóveis e respectivos direitos, compete ao Estado da situação do bem, ou ao Distrito Federal; II – relativamente a bens móveis, títulos e créditos, compete ao Estado onde se processar o inventário ou arrolamento, ou tiver domicílio o doador, ou ao Distrito Federal.

Alternativa "b": A transmissão *causa mortis* é fato gerador do ITCMD e não do ITBI, já que este incide sobre transmissões *inter vivos* de caráter oneroso.

Alternativa "c": Será cabível o ITCMD ao estado RO sobre o imóvel residencial e aplicação financeira em SP; ao estado RJ sobre o imóvel comercial; e ao estado do MT em relação à fazenda. O art. 155, § 1º, incisos I e II da CF dispõe que: I – relativamente a bens imóveis e respectivos direitos, compete ao Estado da situação do bem, ou ao Distrito Federal; II – relativamente a bens móveis, títulos e créditos, compete ao Estado onde se processar o inventário ou arrolamento, ou tiver domicílio o doador, ou ao Distrito Federal.

Alternativa "d": O ITCMD será cabível ao estado RO sobre o imóvel residencial e aplicação financeira em SP; ao estado RJ sobre o imóvel comercial; e ao estado do MT em relação à fazenda. O art. 155, § 1º, incisos I e II da CF dispõe que: I – relativamente a bens imóveis e respectivos direitos, compete ao Estado da situação do bem, ou ao Distrito Federal; II – relativamente a bens móveis, títulos e créditos, compete ao Estado onde se processar o inventário ou arrolamento, ou tiver domicílio o doador, ou ao Distrito Federal.

Alternativa "e": O ITBI incide sobre transmissões *inter vivos* de caráter oneroso. A transmissão *causa mortis* é fato gerador do ITCMD. Logo, como a transmissão dos bens imóveis e os valores de aplicações financeiras foram oriundas de transmissão *causa mortis*, não há que se falar em incidência do ITBI.

Alternativa correta: letra "c".

---

300. (FCC – Procurador do Estado – SP/ 2009) ITCMD.

I. Lei estadual pode estabelecer diferenciação de alíquotas do imposto, adotando como critério o grau de parentesco.

II. Na hipótese de a ação de inventário tramitar em uma Comarca do Estado de São Paulo, é devido a este Estado o imposto incidente sobre a transmissão causa mortis de valor depositado em conta corrente do autor da herança, ainda que a agência bancária seja situada em outro Estado da Federação.

III. É devido ao Estado de São Paulo o imposto incidente sobre a transmissão causa mortis de imóvel situado no Município de Campinas, ainda que a ação de inventário tramite em outro Estado da Federação.

IV. Considerando a ocorrência de um óbito em 2007, quando estava em vigor a Lei "A", revogada pela Lei "B", que entrou em vigor em 2008, é correto afirmar que a transmissão de bens por sucessão causa mortis será regida pela Lei "A", ainda que a ação de inventário tenha sido ajuizada em 2009 e que a Lei "B" estabeleça uma alíquota inferior à fixada pela Lei "A".

V. É devido ao Estado de São Paulo o imposto incidente sobre a transmissão causa mortis de direitos autorais, se o autor da herança era domiciliado na cidade de São Paulo, ainda que a escritura pública do inventário e da partilha extrajudiciais seja lavrada perante um tabelião de notas de outro Estado da Federação.

Está correto o que se afirma em

a) ii e v, apenas.

b) iii e iv, apenas.

c) i, ii e iv, apenas.

d) i, iii e v, apenas.

e) i, ii, iii, iv e v.

COMENTÁRIOS

Item I: Embora não haja previsão constitucional, as leis estaduais fazem aludida distinção e não se conhece de decisão no STF a esse respeito. Não há vedação nesse sentido.

Item II: Caberá o ITCMD ao Estado de São Paulo, local onde tramita a ação de inventário. O art. 155, § 1º, II, da CF dispõe que relativamente a bens móveis, títulos e *créditos*, o ITCMD compete ao Estado onde se processar o inventário ou arrolamento.

Item III: É devido ao Estado de São Paulo o ITCMD de imóvel situado no Município de Campinas, ainda que a ação de inventário tramite em outro Estado da Federação. Isso porque, o art. 155, § 1º, incisos I da CF dispõe que relativamente a *bens imóveis* e respectivos direitos, compete ao Estado da situação do bem, ou ao Distrito Federal.

Item IV: Aplicável a Lei "A", pois esta vigorava em 2007, na ocasião da ocorrência do óbito. A transmissão *causa mortis* (fato gerador) se dá em decorrência do falecimento do titular (ocorrência da abertura da sucessão), momento este que define a lei aplicável. Relembre-se que a Súmula 112 do STF dispõe que o imposto de transmissão "causa mortis" é devido pela alíquota vigente ao tempo da abertura da sucessão.

Item V: Aplicação do art. 155, § 1º, II, da CF.

Alternativa correta: letra "e": Todas as alternativas estão corretas.

---

301. (Cespe – Procurador do Estado – ES/ 2008) Acerca dos tributos estaduais, julgue os itens que se seguem.

Considere que Joaquina tenha adquirido, por herança, um imóvel localizado no estado do Espírito Santo que será destinado exclusivamente para a sua moradia, pois não possui outro imóvel. Nesse caso, a operação de transferência do imóvel para Joaquina está isenta do imposto sobre transmissão causa mortis e doações de quaisquer bens ou direitos (ITCD).

COMENTÁRIOS

Não há uma norma geral que trate da matéria, seja na CF, seja no CTN. Na verdade, as legislações estaduais geralmente dão isenção na transferência de único imóvel por herança, atendendo a capacidade contributiva. **CERTO**

302. (FMP – Procurador do Estado – AC/ 2012) Considerando a Lei Complementar Estadual 112/2005, que rege o Imposto sobre a Transmissão Causa Mortis e Doação de Bens ou Direitos (ITCMD) no Estado do Acre, assinale a alternativa correta.

a) O ITCMD não incide sobre a instituição de usufruto vitalício.

b) Nas transmissões por doação, o contribuinte do ITCMD é o doador.

c) Nas transmissões causa mortis, a alíquota do ITCMD é progressiva, variando de quatro por cento a oito por cento.

d) É isenta do ITCMD a doação de imóvel rural com o objetivo de implantar programa da reforma agrária.

COMENTÁRIOS

✪ **Nota dos autores:** A questão demanda conhecimento da legislação específica do Estado do Acre. Recomenda-se que o candidato sempre verifique no edital do concurso a legislação estadual que será objeto de avaliação. Contudo, buscar-se-á tecer aqui os comentários das assertivas com fundamento no Sistema Tributário Nacional.

Alternativa "a": O usufruto "pode ser conceituado **como sendo o direito real de usar e fruir temporariamente de uma coisa alheia móvel ou imóvel, bem como sobre uma universalidade ou parte dela, que pode ser constituído de forma gratuita ou onerosa (In**: Tartuce, F; SIMÃO, J.F. Direito civil: direito das coisas, 4 ed. rev. e atual, SP: Método, 2012, p. 358). A classificação do usufruto quanto à duração pode ser temporário ou vitalício. O primeiro é feito a termo (estabelece o prazo de duração), enquanto o segundo (usufruto vitalício), é estipulado sem prazo de duração, extinguindo-se com a morte do usufrutuário. Em certos Estados, a instituição do usufruto de forma não onerosa constitui o fato gerador do ITCMD, devendo ser recolhida a exação pelo usufrutuário. Entende-se que nessa hipótese haveria, a rigor, uma doação, ensejando, portanto, a incidência do imposto estadual. Todavia, é necessário que o candidato leia a legislação do Estado do Acre, reforçando, por fim, que a assertiva está incorreta.

Alternativa "b": Nos termos do artigo 42 do CTN, o contribuinte do imposto é qualquer das partes na operação tributada, como dispuser a lei. Logo, cada ente elegerá se recairá o imposto na figura do doador ou do donatário. Como a questão é incorreta, percebe-se que se elegeu o donatário, o que é mais comum nas legislações referentes ao ITCMD, salvo hipóteses excepcionais atribuíveis ao doador. No caso em tela, a leitura da Lei Complementar Estadual 112/2005 pelo concursando seria necessária.

Alternativa "c": O art. 39 do CTN preceitua que a "alíquota do imposto não excederá os limites fixados em resolução do Senado Federal (...)". No mesmo sentido é a previsão do § 1º, inciso IV da CRFB, na qual o ITCMD terá suas alíquotas máximas fixadas pelo senado Federal. A alíquota do ITCMD será estipulada conforme legislação estadual, sendo que o seu valor máximo foi fixado no percentual de 8% (oito por cento) consoante a Resolução 9/92 do Senado. Acredita-se que a questão tenha sido considerada incorreta em razão da previsão de progressividade das alíquotas, o que até então carecia de posicionamento dos Tribunais Superiores. Nesse ponto, reportamos o leitor à decisão recente do STF, de 06.02.2013, no bojo do RE 562045/RS, que acatou o sistema progressivo de alíquotas para o imposto em tela. Vejamos um trecho da decisão: "(...) Asseverou-se que a progressividade de alíquotas do imposto em comento não teria como descambar para o confisco, porquanto haveria o controle do teto das alíquotas pelo Senado Federal (CF, art. 155, § 1º, IV). Ademais, assinalou-se inexistir incompatibilidade com o Enunciado 668 da Súmula do STF ("É inconstitucional a lei municipal que tenha estabelecido, antes da Emenda Constitucional 29/2000, alíquotas progressivas para o IPTU, salvo se destinada a assegurar o cumprimento da função social da propriedade urbana"). Por derradeiro, esclareceu-se que, diferentemente do que ocorreria com o IPTU, no âmbito do ITCD não haveria a necessidade de emenda constitucional para que o imposto fosse progressivo".

Alternativa "d": Como a isenção só pode ser concedida por quem tem o poder de tributação, no caso em tela, apenas lei do Estado do Acre poderia tratar da matéria. Geralmente, quando se tratam de medidas que visem à implantação do programa de reforma agrária, os entes políticos concedem um tratamento diferenciado e mais benéfico para atender a tal fim (política agrícola). Exemplo disso é a previsão constante no art. 184, § 5º da Constituição Federal que dispõe: "São isentas (leia-se são imunes) de impostos federais, estaduais e municipais as operações de transferência de imóveis desapropriados para fins de reforma agrária". No caso em tela, a leitura da Lei Complementar Estadual 112/2005 pelo concursando seria necessária.

Alternativa correta: letra "d".

303. (PGE-GO – Procurador do Estado – GO/ 2013) Acerca do perfil constitucional do ITCD, aliado à jurisprudência do Supremo Tribunal Federal, está CORRETA a seguinte proposição:

a) O ITCD terá alíquotas mínimas e máximas fixadas pelo Senado Federal, de modo a assegurar que os estados não extrapolem seu poder de tributar com alíquotas de caráter confiscatório.

b) O ITCD poderá ter alíquotas progressivas como decorrência do princípio da capacidade contributiva independentemente de previsão expressa na Constituição Federal.

c) O ITCD será devido pela alíquota vigente ao tempo da conclusão da ação judicial do inventário.

d) O ITCD é calculado sobre o valor dos bens na data da abertura da sucessão.

e) A competência tributária relativamente a bens imóveis é do estado no qual se processar o inventário ou o arrolamento.

COMENTÁRIOS

✪ **Nota dos autores:** A questão abordou tema bem recente acerca da progressividade do ITCD, objeto de decisão do STF no bojo do RE 562045/RS: "(...) o entendimento de que a progressividade das alíquotas do ITCD seria inconstitucional decorreria da suposição de que o § 1º do art. 145 da CF a admitiria exclusivamente para os impostos de caráter pessoal. Afirmou-se, entretanto, que todos os impostos estariam sujeitos ao princípio da capacidade contributiva, mesmo os que não tivessem caráter pessoal. Esse dispositivo estabeleceria que os impostos, sempre que possível, deveriam ter caráter pessoal. Assim, todos os impostos, independentemente de sua classificação como de caráter real ou pessoal, poderiam e deveriam guardar relação com a capacidade contributiva do sujeito passivo. Aduziu-se, também, ser possível aferir a capacidade contributiva do sujeito passivo do ITCD, pois, tratando-se de imposto direto, a sua incidência poderia expressar, em diversas circunstâncias, progressividade ou regressividade direta".

Alternativa "a": O ITCD terá alíquotas máximas fixadas pelo Senado Federal (art. 155, § 1º, inciso IV da CRFB). A Resolução 9/92 do Senado Federal fixou o percentual de 8% (oito por cento).

Alternativa "b": O STF, ao julgar o RE 562045/RS, esclareceu que, no âmbito do ITCD (diferentemente do que ocorreria com o IPTU), não haveria a necessidade de emenda constitucional para que o imposto fosse progressivo. Logo, a referida exação poderá ter alíquotas progressivas como decorrência do princípio da capacidade contributiva independentemente de previsão expressa na Constituição Federal e da sua natureza, se real ou pessoal. Importar reler trecho da decisão acima.

Alternativa "c": Não será aplicável a alíquota vigente ao tempo da conclusão do inventário, mas sim a vigente ao tempo de sua abertura. Nesse sentido é o enunciado nº 112 da Súmula do STF: "O imposto de transmissão "causa mortis" é devido pela alíquota vigente ao tempo da abertura da sucessão".

Alternativa "d": O teor da Súmula nº 113 do STF afirma que o momento é distinto: "O imposto de transmissão "causa mortis" é calculado sobre o valor dos bens na data da avaliação". Logo, a **base de cálculo do ITCD é o** valor venal dos bens ou direitos transmitidos e da doação no momento da data da avaliação e não na data da abertura da sucessão.

Alternativa "e": O ITCD relativamente a bens imóveis e respectivos direitos, compete ao Estado da situação do bem, ou ao Distrito Federal. Não é, portanto, o local onde se processar o inventário ou o arrolamento.

Alternativa correta: letra "b".

---

304. (PGE-GO – Procurador do Estado – GO/ 2013) A respeito do imposto sobre a transmissão causa mortis e doação de quaisquer bens ou direitos, é CORRETO afirmar que

a) a decadência do direito de lançamento pelo FISCO Estadual tem como termo inicial o evento morte, em função do princípio da saisine.

b) a participação fazendária restringe-se à atuação direta de auditor fiscal da receita estadual nos feitos judiciais e extrajudiciais, a fim de aferir a regularidade do recolhimento do tributo.

c) tem alíquotas máximas definidas em lei complementar nacional.

d) a jurisprudência do STJ sedimenta-se no sentido de que, em se tratando de inventário, o juiz de direito investe-se da qualidade de agente lançador do tributo e, ao julgar o valor do imposto no seio do procedimento especial, acaba por efetuar a constituição do crédito tributário.

e) no caso de bens imóveis, compete ao Estado onde se processar o inventário ou arrolamento, ou tiver domicílio o doador, ou ao Distrito Federal.

COMENTÁRIOS

Alternativa "a": É sabido que a transferência ocorre com a abertura da sucessão (CC, art. 1.784), na data do óbito. Logo, aqui ocorre o fato gerador, como dito na assertiva. No entanto, o termo inicial ocorre, não com o evento morte, mas, sim, do primeiro dia do exercício subsequente àquele em que o lançamento poderia ter sido efetuado, nos termos do art. 173, I do CTN. (REsp 973.733/SC, Rel. Ministro Luiz Fux, Primeira Seção, julgado em 12.8.2009, DJe 18.9.2009).

Alternativa "b": A questão está incorreta, porque restringe a participação da autoridade fazendária. Na verdade, como só há a transmissão após o regular pagamento do tributo, a atuação da autoridade fazendária se dá de forma a auxiliar os responsáveis pelo recolhimento do tributo na fase anterior de abertura do inventário e sua regularidade, concordância ou não da base de cálculo, verificação de passivos fiscais, dentre outros, no sentido de fazer com que o processo chegue à fase de pagamento do tributo.

Alternativa "c": O ITCMD terá suas alíquotas máximas fixadas pelo Senado Federal (art. 155, § 1º, inciso IV da CRFB).

Alternativa "d": Segundo o STJ, "(...) tratando-se de inventário, compete ao juiz, depois de ouvida a Fazenda Pública, proceder ao cálculo do imposto de transmissão causa mortis, conforme dispõem os arts. 1.012 e 1.013 do CPC. Consequentemente, enquanto não homologado o cálculo do inventário, não há como efetuar a constituição definitiva do tributo, porque incertos os valores inventariados sobre o qual incidirá o percentual da exação, haja vista as possíveis modificações que os cálculos sofrerão ante questões a serem dirimidas pelo magistrado, nos termos dos arts. 1.003 a 1.011 do CPC (...)" (STJ, T2, AgRg no REsp 1257451 / SP, Rel. Min. Humberto Martins, DJe 13/09/2011).

Alternativa "e": Relativamente a bens imóveis e respectivos direitos, compete ao Estado da situação do bem, ou ao Distrito Federal (art. 155, § 1º, inciso I da CRFB).

Alternativa correta: letra "d".

15.2. ICMS

305. (FCC – Procurador do Estado – PGE – AM/2022) ABC S.A., empresa de telefonia móvel, cobra tarifa de seus usuários para a habilitação de chip, e tarifa de assinatura básica mensal, com franquia de minutos em que o usuário paga determinado valor, ainda que não utilize o serviço. Nesse contexto, de acordo com a jurisprudência do Supremo Tribunal Federal, o Fisco Estadual pode cobrar o ICMS

a) somente sobre a habilitação do chip.
b) sobre a habilitação do chip e sobre a tarifa de assinatura básica mensal, desde que, nesse último caso, o usuário utilize os minutos correspondentes à franquia.
c) sobre a habilitação do chip e sobre a tarifa de assinatura básica mensal, independentemente da efetiva utilização dos minutos pelo usuário.
d) somente sobre a assinatura básica mensal, desde que o usuário efetivamente utilize os minutos correspondentes à franquia.
e) somente sobre a assinatura básica mensal, independentemente da utilização dos minutos da franquia pelo usuário.

COMENTÁRIOS

Alternativa "a": O STF aprovou a seguinte tese de repercussão geral (Tema 827 STF): "O Imposto de Circulação de Mercadorias e Serviços (ICMS) incide sobre a tarifa de assinatura básica mensal cobrada pelas prestadoras de serviço de telefonia, independentemente da franquia de minutos conferida ou não ao usuário".

Alternativa "b": O Plenário do Supremo Tribunal Federal, no julgamento do RE 572.020 (Rel. Min. MARCO AURÉLIO, Rel. p/ acórdão Min. LUIZ FUX, DJe de 13/10/2014), assentou que "o ICMS não incide sobre serviços preparatórios aos de comunicação, tais quais o de habilitação, instalação, disponibilidade, assinatura (= contratação do serviço), cadastro de usuário e equipamento, etc., já que tais serviços são suplementares ou configuram atividade-meio". Ademais, o STF aprovou a seguinte tese de repercussão geral (Tema 827 STF): "O Imposto de Circulação de Mercadorias e Serviços (ICMS) incide sobre a tarifa de assinatura básica mensal cobrada pelas prestadoras de serviço de telefonia, independentemente da franquia de minutos conferida ou não ao usuário".

Alternativa "c": Conforme já dito linhas acima, o STF aprovou a seguinte tese de repercussão geral (Tema 827 STF): "O Imposto de Circulação de Mercadorias e Serviços (ICMS) incide sobre a tarifa de assinatura básica mensal cobrada pelas prestadoras de serviço de telefonia, independentemente da franquia de minutos conferida ou não ao usuário".

Alternativa "d": O STF no Tema 827 aprovou a seguinte tese de repercussão geral: "O Imposto de Circulação de Mercadorias e Serviços (ICMS) incide sobre a tarifa de assinatura básica mensal cobrada pelas prestadoras de serviço de telefonia, independentemente da franquia de minutos conferida ou não ao usuário".

Alternativa "e": Segundo entendimento do STF, o ICMS não incide sobre serviços preparatórios aos de comunicação, configurando-se como uma atividade-meio. "A tarifa de assinatura básica mensal não é serviço (muito menos serviço preparatório), mas sim a contraprestação pelo serviço de comunicação propriamente dito prestado pela concessionárias de telefonia, consistente no fornecimento, em caráter continuado, das condições materiais para que ocorra a comunicação entre o usuário e terceiro, o que atrai a incidência do ICMS. Ficou aprovada pelo Tribunal a seguinte tese de repercussão geral (Tema 827 STF): "O Imposto de Circulação de Mercadorias e Serviços (ICMS) incide sobre a tarifa de assinatura básica mensal cobrada pelas prestadoras de serviço de telefonia, independentemente da franquia de minutos conferida ou não ao usuário". (RE 912888, Relator(a): TEORI ZAVASCKI, Tribunal Pleno, julgado em 13/10/2016, ACÓRDÃO ELETRÔNICO REPERCUSSÃO GERAL – MÉRITO DJe-097 DIVULG 09-05-2017 PUBLIC 10-05-2017)

Alternativa correta: letra "e".

---

306. (FCC – Procurador do Estado – PGE – AM/2022) O ICMS é um tributo estadual, mas com nítida feição nacional. Nos termos da Constituição Federal, da jurisprudência do Supremo Tribunal Federal e da legislação sobre a matéria, o ICMS incide sobre

a) o deslocamento de mercadorias entre estabelecimentos da mesma pessoa jurídica situados em estados diversos da Federação.
b) o valor pago em arrendamento mercantil internacional.
c) a importação de veículos, ainda que por pessoas físicas não empresárias.
d) a locação de bens móveis, considerando a alteração física da detenção do bem.
e) os valores de serviços de buffet, no qual haja fornecimento de mercadorias, adquiridas pelo cliente diretamente de terceiros.

COMENTÁRIOS

Alternativa "a": No tema 1.099 do STF em repercussão geral foi fixada a seguinte Tese: Não incide ICMS no deslocamento de bens de um estabelecimento para outro do mesmo contribuinte localizados em estados distintos, visto não haver a transferência da titularidade ou a realização de ato de mercancia". (ARE 1255885 RG, Relator(a): MINISTRO PRESIDENTE, Tribunal Pleno, julgado em 14/08/2020, PROCESSO ELETRÔNICO REPERCUSSÃO GERAL – MÉRITO DJe-228 DIVULG 14-09-2020 PUBLIC 15-09-2020)

Alternativa "b": Segundo entendimento consolidado do STF "não incide o ICMS na operação de arrendamento mercantil internacional, salvo na hipótese de antecipação da opção de compra, quando configurada a transferência da titularidade do bem (Tema 297). Consectariamente, se não houver aquisição de mercadoria, mas mera posse decorrente do arrendamento, não se pode cogitar de circulação econômica." (RE 540829, Relator(a): GILMAR MENDES, Relator(a) p/ Acórdão: LUIZ FUX, Tribunal Pleno, julgado em 11/09/2014, PROCESSO ELETRÔNICO REPERCUSSÃO GERAL – MÉRITO DJe-226 DIVULG 17-11-2014 PUBLIC 18-11-2014)

Alternativa "c": Nos termos do art. 155, §2º, inciso IX, alínea "a" da CRFB/88: O ICMS incidirá sobre a entrada de bem ou mercadoria importados do exterior por pessoa física ou jurídica, ainda que não seja contribuinte habitual do imposto, qualquer que seja a sua finalidade, assim como sobre o serviço prestado no exterior, cabendo o imposto ao Estado onde estiver situado o domicílio ou o estabelecimento do destinatário da mercadoria, bem ou serviço. Outrossim, o art. 2°, § 1°, inciso I, da Lei 87/96 preceitua: O imposto incide sobre: I – sobre a entrada de mercadoria ou bem importados do exterior, por pessoa física ou jurídica, ainda que não seja contribuinte habitual do imposto, qualquer que seja a sua finalidade.

Alternativa "d": Um dos requisitos para a ocorrência do fato gerador do ICMS é a mudança de titularidade do bem. Esse o sentido da palavra "circular" contida na sua materialidade. Como na locação não há mudança de titularidade, não há ICMS. O final da assertiva tente induzir erro, mas em nada altera o sentido da locação, pois houve mudança da detenção, retenção ou posse; não da propriedade. Bom lembrar que a locação, durante um tempo, foi objeto de incidência do ISSQN. Mas o STF no tema 212 fixou a seguinte Tese: É inconstitucional a incidência do Imposto sobre Serviços de Qualquer Natureza – ISS sobre operações de locação de bens móveis, dissociada da prestação de serviço. Portanto, não incide ISS ou ICMS na mera locação de bem móvel (RE 626706, Relator(a): GILMAR MENDES, Tribunal Pleno, julgado em 08/09/2010, REPERCUSSÃO GERAL – MÉRITO DJe-179 DIVULG 23-09-2010 PUBLIC 24-09-2010 EMENT VOL-02416-07 PP-01547 RTJ VOL-00223-01 PP-00650).

Alternativa "e": A prestação de serviço de Buffet é hipótese de incidência do ISS consoante o item 17.11 da lista anexa da LC 116/03: "17.11 – Organização de festas e recepções; bufê (exceto o fornecimento de alimentação e bebidas, que fica sujeito ao ICMS)".

Alternativa correta: letra "c".

---

307. (Cespe – Procurador do Estado – PGE – CE/2021) Acerca da cobrança do diferencial de alíquota (DIFAL) de ICMS relativo a operações interestaduais nas quais são destinadas mercadorias a consumidor final não contribuinte do ICMS, localizado em outros estados da Federação, conforme introduzido pela EC n° 87/2015, assinale a opção correta de acordo com a legislação e a jurisprudência do STF.

a) A cobrança do DIFAL-ICMS se perfaz com a edição de legislação estadual e convênio no âmbito do CONFAZ, pois a própria EC n. ° 87/2015, ao disciplinar a cobrança do tributo, exauriu os elementos da regra matriz daquela relação jurídico-tributária, tornando prescindível a edição de lei complementar.

b) As alterações promovidas pela EC n. ° 87/2015 se resumiram à promoção de nova repartição de receitas no tocante ao ICMS, não havendo a instituição de nova relação jurídica que exigisse a edição de lei complementar.

c) A cobrança do DIFAL-ICMS pressupõe a edição de lei complementar veiculando normais gerais, pois a EC n. ° C 87/2015 criou nova relação jurídico-tributária entre o remetente do bem ou serviço e o estado de destino nas operações com bens e serviços destinados a não contribuintes do ICMS.

d) Não obstante tenham as alterações promovidas pela EC n. ° 87/2015 implicado a edição de nova relação jurídica entre o remente do bem ou serviço e o estado de destino nas operações com bens e serviços destinados a não contribuintes do ICMS, a Lei Complementar n. ° 87/1996 (Lei Kandir) permite extrair todos os aspectos gerais da relação jurídica inaugurada (temporal, espacial, pessoal, quantitativo etc.), viabilizando a cobrança do tributo.

COMENTÁRIOS

Alternativa "a": A situação em tela pressupõe edição de lei complementar veiculando normas gerais. O plenário do STF deu provimento ao RE 1287019/DF, com repercussão geral reconhecida, para fixar a seguinte tese (tema 1.093): "A cobrança do diferencial de alíquota alusivo ao ICMS, conforme introduzido pela Emenda Constitucional n. 87/2015, pressupõe edição de lei complementar veiculando normas gerais." Outrossim, o fundamento está disposto nos artigos 146, inciso III, alíneas "a" e "b"; e art. 155, §2°, inciso XII, ambos da Constituição Federal: "Art. 146. Cabe à lei complementar: (...) III – estabelecer normas gerais em matéria de legislação tributária, especialmente sobre: a) definição de tributos e de suas espécies, bem como, em relação aos impostos discriminados nesta Constituição, a dos respectivos fatos geradores, bases de cálculo e contribuintes; b) obrigação, lançamento, crédito, prescrição e decadência tributários;" Art. 155. Compete aos Estados e ao Distrito Federal instituir impostos sobre: (...) § 2° O imposto previsto no inciso II atenderá ao seguinte: (...) XII – cabe à lei complementar (...)".

Alternativa "b": Segundo o entendimento do STF, "a EC n° 87/15 criou uma nova relação jurídico-tributária entre o remetente do bem ou serviço (contribuinte) e o estado de destino nas operações com bens e serviços destinados a consumidor final não contribuinte do ICMS. Houve, portanto, substancial alteração na sujeição ativa da obrigação tributária". Outrossim, o plenário do STF deu provimento ao RE 1287019/DF, com repercussão geral reconhecida, para fixar a seguinte tese (tema 1.093): "A cobrança do diferencial de alíquota alusivo ao ICMS, conforme introduzido pela Emenda Constitucional n. 87/2015, pressupõe edição de lei complementar veiculando normas gerais." (RE 1287019, Relator(a): MARCO AURÉLIO, Relator(a) p/ Acórdão: DIAS TOFFOLI, Tribunal Pleno, julgado em 24/02/2021, PROCESSO ELETRÔNICO REPERCUSSÃO GERAL – MÉRITO DJe-099 DIVULG 24-05-2021 PUBLIC 25-05-2021)

Alternativa "c": Assertiva em conformidade com o entendimento do STF. "(...) Especificamente no que diz respeito ao ICMS, o texto constitucional consigna caber a lei complementar, entre outras competências, definir os contribuintes do imposto, dispor sobre substituição tributária, disciplinar o regime de compensação do imposto, fixar o local das operações, para fins de cobrança do imposto e de definição do estabelecimento responsável e fixar a base de cálculo do imposto (art. 155, § 2°, XII, a, b, c, d e i). 4. A EC n° 87/15 criou uma nova relação jurídico-tributária entre o remetente do bem ou serviço (contribuinte) e o estado de destino nas operações com bens e serviços destinados a consumidor final não contribuinte do ICMS. Houve, portanto, substancial alteração na sujeição ativa da obrigação tributária. O ICMS incidente nessas operações e prestações, que antes era devido totalmente ao estado de origem, passou a ser dividido entre dois sujeitos ativos, cabendo ao estado de origem o ICMS calculado com base na alíquota interestadual e ao estado de destino, o diferencial entre a alíquota interestadual e sua alíquota interna. 5. Convênio interestadual não pode suprir a ausência de lei complementar dispondo sobre obrigação tributária, contribuintes, bases de cálculo/alíquotas e créditos de ICMS nas operações ou prestações interestaduais com consumidor final não contribuinte do imposto, como fizeram as cláusulas primeira, segunda, terceira e sexta do Convênio ICMS nº 93/2015. (...)" (STF, ADI 5469, Relator (a): DIAS TOFFOLI, Tribunal Pleno, julgado em 24/02/2021, PROCESSO ELETRÔNICO DJe-099 DIVULG 24-05-2021 PUBLIC 25-05-2021) e (STF, RE 1287019, Relator(a): MARCO AURÉLIO, Relator(a) p/ Acórdão: DIAS TOFFOLI, Tribunal Pleno, julgado em 24/02/2021, PROCESSO ELETRÔNICO REPERCUSSÃO GERAL – MÉRITO DJe-099 DIVULG 24-05-2021 PUBLIC 25-05-2021). (Tema 1093)

Alternativa "d": Conforme decidido pelo STF e já exposto nas linhas acima, a EC nº 87/15 criou uma nova relação jurídico-tributária entre o remetente do bem ou serviço (contribuinte) e o estado de destino nas operações com bens e serviços destinados a consumidor final não contribuinte do ICMS. O plenário do STF deu provimento ao RE 1287019/DF, com repercussão geral reconhecida, para fixar a seguinte tese (tema 1.093): "A cobrança do diferencial de alíquota alusivo ao ICMS, conforme introduzido pela Emenda Constitucional n. 87/2015, pressupõe edição de lei complementar veiculando normas gerais." Portanto, a primeva Lei Complementar n. º 87/1996 (Lei Kandir) não permite extrair todos os aspectos gerais da relação jurídica inaugurada (temporal, espacial, pessoal, quantitativo etc.), sendo necessária a edição de lei complementar veiculando normas gerais sobre o caso aqui tratado.

Alternativa correta: letra "c".

---

308. (Cespe – Procurador do Estado – PGE – MS/2021) Conforme as disposições constitucionais pertinentes à circulação de mercadorias, sobre uma operação com mercadorias em que o estado de São Paulo venda para consumidor do estado do Mato Grosso do Sul um aparelho celular

a) incidirá somente a alíquota interna do estado do Mato Grosso do Sul, tendo em vista que o consumidor está localizado em seu território.
b) incidirá a alíquota interestadual, mas o diferencial de alíquota será devido ao estado de São Paulo, tendo em vista que o estabelecimento contribuinte está localizado em seu território.
c) incidirá a alíquota interestadual, mas o diferencial de alíquota será devido ao estado de Mato Grosso do Sul, tendo em vista que o consumidor está localizado em seu território.
d) incidirão a alíquota interestadual e a alíquota interna.
e) não incidirá o ICMS, tendo em vista que a operação se deu entre contribuinte e não contribuinte do imposto.

COMENTÁRIOS

Alternativa "a": Conforme a CF, com a redação da EC n. 87/15, nesse tipo de operação haverá incidência da alíquota interestadual e caberá ao Estado de localização do destinatário o imposto correspondente à diferença entre a alíquota interna do Estado destinatário e a alíquota interestadual (art. 155, § 3º, VII da CF/88).

Alternativa "b": Na verdade, o diferencial de alíquota irá para o Estado de destino, qual seja, Mato Grosso do Sul.

Alternativa "c": Perfeito, conforme dicção constitucional citada: § 2º. O imposto previsto no inciso II atenderá ao seguinte: VII) nas operações e prestações que destinem bens e serviços a consumidor final, contribuinte ou não do imposto, localizado em outro Estado, adotar-se-á a alíquota interestadual e caberá ao Estado de localização do destinatário o imposto correspondente à diferença entre a alíquota interna do Estado destinatário e a alíquota interestadual;

Alternativa "d": Na verdade, incidirão a alíquota interestadual e a diferença entre a interna e a interestadual.

Alternativa "e": A situação hipotética consiste em fato gerador do ICMS.

Alternativa correta: letra "c".

---

309. (FCC – Procurador do Estado – PGE – GO/2021) O ICMS é reconhecido como o tributo com maior arrecadação do Brasil. Isso se dá em razão de sua abrangência e por ser cobrado sobre o consumo, atingindo virtualmente a todos. Mesmo durante a pandemia, no primeiro quadrimestre de 2021, a arrecadação do ICMS no Brasil aumentou 16,06% em relação ao quadrimestre do período anterior, sendo que Goiás teve o maior avanço da arrecadação.

Nos termos da Constituição Federal, das Leis Complementares e da jurisprudência sobre a matéria, o ICMS incide

a) na prestação de serviços de composição gráfica, personalizada e sob encomenda a consumidor final, ainda que envolva o fornecimento de mercadorias.
b) no fornecimento de materiais produzidos pelo prestador de serviços de reforma de edificações, desde que produzidos fora do local da prestação de serviços.
c) sobre transportes de passageiros de ônibus urbanos.
d) sobre operações envolvendo ouro, ainda que ativo financeiro.
e) sobre operações que destinem petróleo, lubrificantes e combustíveis a outros estados.

COMENTÁRIOS

Alternativa "a": No caso, fere a Súmula n. 156 do STJ, que reza: "A prestação de serviço de composição gráfica, personalizada e sob encomenda, ainda que envolva fornecimento de mercadorias, está sujeita, apenas, ao ISS". Portanto, errada a assertiva.

Alternativa "b": Trata-se de hipótese prevista na legislação do ISS, LC n. 116, art. 1º, § 2º, item 7.05:

> *Art. 1º. § 1º. § 2º. Ressalvadas as exceções expressas na lista anexa, os serviços nela mencionados não ficam sujeitos ao Imposto Sobre Operações Relativas à Circulação de Mercadorias e Prestações de Serviços de Transporte Interestadual e Intermunicipal e de Comunicação – ICMS, ainda que sua prestação envolva fornecimento de mercadorias. 7.05 – Reparação, conservação e reforma de edifícios, estradas, pontes, portos e congêneres (exceto o fornecimento de mercadorias produzidas pelo prestador dos serviços, fora do local da prestação dos serviços, que fica sujeito ao ICMS)."*

Alternativa "c": A hipótese é de incidência do ISS. Incide o ICMS apenas nas operações intermunicipais e interestaduais.

Alternativa "d": O ouro, como ativo financeiro, é fato gerador do IOF: Art. 153. [...]. § 5º. O ouro, quando definido em lei como ativo financeiro ou instrumento cambial, sujeita-se exclusivamente à incidência do imposto de que trata o inciso V do "caput" deste artigo, devido na operação de origem; a alíquota mínima será de um por cento, assegurada a transferência do montante da arrecadação nos seguintes termos: I) trinta por cento para o Estado, o Distrito Federal ou o Território, conforme a origem; II) setenta por cento para o Município de origem."

Alternativa "e": Trata-se de hipótese de imunidade, portanto, com previsão constitucional: "Art. 155, § 2º, X – não incidirá: b) sobre operações que destinem a outros Estados petróleo, inclusive lubrificantes, combustíveis líquidos e gasosos dele derivados, e energia elétrica;".

Alternativa correta letra "b".

---

310. (FUNDATEC – Procurador do Estado – PGE – RS/2021) Os incentivos fiscais constituem instrumentos para induzir determinadas condutas consideradas desejáveis. Em regra, surgem como desonerações através de créditos presumidos, isenções, diferimentos, reduções de base de cálculo, alíquotas zero e outros instrumentos. Estão no campo da extrafiscalidade e se justificam quando promovam fins amparados constitucionalmente, como o desenvolvimento econômico, a proteção ambiental, políticas de pleno emprego etc. De qualquer modo, como constituem renúncia de receita e podem implicar, inclusive, concorrência entre entes da federação, há requisitos e condicionamentos constitucionais e em sede de lei complementar a serem observados para que tenham validade. Sobre os incentivos, é correto afirmar que:

a) A isenção de ICMS configura causa de exclusão do crédito tributário, dependendo de dispositivo de lei que a estabeleça, enquanto os créditos presumidos de ICMS, a serem contabilizados e utilizados para abatimento quando do pagamento do imposto por força da saída de mercadorias, podem ser criados por decreto estadual, quando da regulamentação da sistemática de não cumulatividade desse tributo.

b) A legalidade tributária aplica-se para a instituição ou majoração de tributo, como garantia constitucional dos contribuintes, mas as desonerações constituem liberalidade do sujeito ativo credor, podendo ser concedidas, em qualquer caso e para todos os tributos, por simples ato do Poder Executivo, seja por decreto ou por normas tributárias complementares como portarias ou instruções normativas, desde que inequívocas.

c) Qualquer subsídio ou isenção, redução de base de cálculo, concessão de crédito presumido, anistia ou remissão, relativos aos impostos, taxas e contribuições estaduais, só poderá ser concedido mediante lei complementar que regule exclusivamente a desoneração.

d) As isenções, incentivos e benefícios fiscais de ICMS são concedidos e revogados mediante lei estadual, mas sua validade depende de autorização por deliberação dos estados (Convênio CONFAZ), nos termos em que a matéria é regulamentada por lei complementar.

e) Isenções, créditos presumidos, diferimentos, remissões e anistias dependem de lei específica, mas subsídios na forma de incentivos financeiros, ainda que a fundo perdido ou com longo prazo para pagamento e em valor correspondente aos encargos fiscais, independem de lei específica, podendo ser concedidos mediante simples abertura de linhas de crédito em bancos estatais.

COMENTÁRIOS

Alternativa "a": A primeira parte da assertiva está correta ao afirmar que "a isenção de ICMS configura causa de exclusão do crédito tributário, dependendo de dispositivo de lei que a estabeleça" (art. 176 do CTN). Todavia, em matéria de ICMS, como os créditos presumidos são desonerações a tal imposto, não podem ser veiculados por decreto estadual, sob pena de ofensa ao dispositivo constitucional que preceitua que cabe à lei complementar regular a forma como, mediante deliberação dos Estados e do Distrito Federal, isenções, incentivos e benefícios fiscais serão concedidos e revogados (155, §2º, inciso XII, alínea "g"). Portanto, assertiva incorreta.

Alternativa "b": Com respaldo no Texto Constitucional, "qualquer subsídio ou isenção, redução de base de cálculo, concessão de crédito presumido, anistia ou remissão, relativos a impostos, taxas ou contribuições, só poderá ser concedido mediante lei específica, federal, estadual ou municipal, que regule exclusivamente as matérias acima enumeradas ou o correspondente tributo ou contribuição, sem prejuízo do disposto no art. 155, § 2.º, XII, g (Art. 150, §6º, da CRFB/88). Portanto, as desonerações não podem ser veiculadas por instrumentos infralegais, como mencionado na questão, o que a torna incorreta.

Alternativa "c": De acordo com a Constituição Federal: "qualquer subsídio ou isenção, redução de base de cálculo, concessão de crédito presumido, anistia ou remissão, relativos a impostos, taxas ou contribuições, só poderá ser concedido mediante lei específica, federal, estadual ou municipal, que regule exclusivamente as matérias acima enumeradas ou o correspondente tributo ou contribuição, sem prejuízo do disposto no art. 155, § 2.º, XII, g" (Art. 150, §6º, da CRFB/88).

Alternativa "d": Com efeito, os incentivos citados dependem de autorização por deliberação dos estados (Convênio CONFAZ), nos termos em que a matéria é regulamentada por lei complementar. A alternativa tem fundamento nos artigos 150, §6º e 155, §2º, inciso XII, alínea "g", da Constituição Federal. Confira: "Art. 150, (...) § 6º Qualquer subsídio ou isenção, redução de base de cálculo, concessão de crédito presumido, anistia ou remissão, relativos a impostos, taxas ou contribuições, só poderá ser concedido mediante lei específica, federal, estadual ou municipal, que regule exclusivamente as matérias acima enumeradas ou o correspondente tributo ou contribuição, sem prejuízo do disposto no art. 155, § 2.º, XII, g; e Art. 155. Compete aos Estados e ao Distrito Federal instituir impostos sobre: (...) II – operações relativas à circulação de mercadorias e sobre prestações de serviços de transporte interestadual e intermunicipal e de comunicação, ainda que as operações e as prestações se iniciem no exterior; (...) § 2º O imposto previsto no inciso II atenderá ao seguinte: (...) XII – cabe à lei complementar: g) regular a forma como, mediante deliberação dos Estados e do Distrito Federal, isenções, incentivos e benefícios fiscais serão concedidos e revogados.

Alternativa "e": A assertiva vai de encontro ao teor do 150, §6º do Texto Constitucional: "Art. 150 (...) § 6º Qualquer subsídio ou isenção, redução de base de cálculo, concessão de crédito presumido, anistia ou remissão, relativos a impostos, taxas ou contribuições, só poderá ser concedido mediante lei específica, federal, estadual ou municipal, que regule exclusivamente as matérias acima enumeradas ou o correspondente tributo ou contribuição, sem prejuízo do disposto no art. 155, § 2.º, XII, g".

Alternativa correta letra "d".

---

311. (Cespe – Procurador do Estado – PGE – MS/2021) Com relação à incidência do ICMS e do ISSQN, assinale a opção correta.

a) Incide ICMS sobre a venda de bilhetes e demais produtos de loteria, bingos, cartões, pules ou cupons de apostas, sorteios e prêmios.

b) As operações de composição gráfica de impressos personalizados e sob encomenda, por envolverem o fornecimento de mercadorias, estão sujeitas à incidência de ICMS e não à do ISSQN.

c) As operações relativas ao licenciamento ou à cessão do direito de uso de software, seja ele padronizado ou elaborado por encomenda, devem sofrer a incidência do ISSQN, e não a do ICMS.

d) Incide ISS sobre as operações de venda de medicamentos de prateleira preparados por farmácias de manipulação.

e) As operações relativas ao licenciamento ou à cessão do direito de uso de software, caso ele seja padronizado — software de prateleira — deve sofrer a incidência do ICMS e não a do ISSQN.

COMENTÁRIOS

Alternativa "a": Haverá incidência do ISS e não do ICMS. O STF, no Tema 700, decidiu que "é constitucional a incidência de ISS sobre serviços de distribuição e venda de bilhetes e demais produtos de loteria, bingos, cartões, pules ou cupons de apostas, sorteios e prêmios (item 19 da Lista de Serviços Anexa à lei Complementar 116/2003). Nesta situação, a base de cálculo do ISS é o valor a ser remunerado pela prestação do serviço, independentemente da cobrança de ingresso, não podendo corresponder ao valor total da aposta". (RE 634764, Relator(a): GILMAR MENDES, Tribunal Pleno, julgado em 08/06/2020, PROCESSO ELETRÔNICO REPERCUSSÃO GERAL – MÉRITO DJe-165 DIVULG 30-06-2020 PUBLIC 01-07-2020). Logo, a alternativa está errada.

Alternativa "b": Conforme enunciado n. 156 da Súmula do STJ "a prestação de serviço de composição gráfica, personalizada e sob encomenda, ainda que envolva fornecimento de mercadorias, está sujeita, apenas, ao ISS". Portanto, a alternativa está incorreta.

Alternativa "c": O Tema 590 do STF dispõe que: "é constitucional a incidência do ISS no licenciamento ou na cessão de direito de uso de programas de computação desenvolvidos para clientes de forma personalizada, nos termos do subitem 1.05 da lista anexa à LC 116/03". A alternativa está correta.

Alternativa "d": Conforme entendimento do STF, incide o ICMS sobre os medicamentos de prateleira ofertados ao público consumidor e produzidos por farmácias de manipulação. Foi fixada a seguinte tese para o Tema nº 379 da Gestão por temas de repercussão geral: "Incide ISS sobre as operações de venda de medicamentos preparados por farmácias de manipulação sob encomenda. Incide ICMS sobre as operações de venda de medicamentos por elas ofertados aos consumidores em prateleira." (STF – RE: 605552 RS, Relator: DIAS TOFFOLI, Data de Julgamento: 05/08/2020, Tribunal Pleno, Data de Publicação: 06/10/2020)

Alternativa "e": O Tema 590 do STF dispõe que: "é constitucional a incidência do ISS no licenciamento ou na cessão de direito de uso de programas de computação desenvolvidos para clientes de forma personalizada, nos termos do subitem 1.05 da lista anexa à LC 116/03". Portanto, a assertiva está incorreta.

Alternativa correta letra "c".

---

312. (Cespe – Procurador do Estado – PGE – AL/2021) Segundo a jurisprudência do Supremo Tribunal Federal, em uma operação interestadual de mercadorias, se o estado de origem conceder crédito presumido de ICMS, sem prévia aprovação em convênio celebrado no âmbito do CONFAZ,

a) será válido ao estado de destino glosar totalmente os créditos fiscais atribuídos ao estabelecimento recebedor das mercadorias.

b) será válido ao estado de destino glosar proporcionalmente os créditos fiscais atribuídos ao estabelecimento recebedor das mercadorias.

c) não será válido ao estado de destino glosar os créditos fiscais, exceto se houver deliberação no âmbito do CONFAZ.

d) não será válido ao estado de destino glosar os créditos fiscais em nenhuma hipótese, porquanto não facultado à administração pública deste declarar a nulidade de lei concessiva de benefício tributário editada pelo estado de origem.

e) não será válido ao estado de destino glosar os créditos fiscais, exceto se o estado de origem ressarcir o contribuinte pelos prejuízos ocasionados.

COMENTÁRIOS

Alternativa "a": Será válido ao Estado de destino glosar proporcionalmente (e não totalmente) os créditos fiscais atribuídos ao estabelecimento recebedor das mercadorias. O STF no Tema 490 se manifestou no seguinte sentido: "O estorno proporcional de crédito de ICMS efetuado pelo Estado de destino, em razão de crédito fiscal presumido concedido pelo Estado de origem sem autorização do Conselho Nacional de Política Fazendária (CONFAZ), não viola o princípio constitucional da não cumulatividade. (RE 628075, Relator (a): EDSON FACHIN, Relator (a) p/ Acórdão: GILMAR MENDES, Tribunal Pleno, julgado em 18/08/2020, PROCESSO ELETRÔNICO REPERCUSSÃO GERAL – MÉRITO DJe-240 DIVULG 30-09-2020 PUBLIC 01-10-2020)

Alternativa "b": A alternativa vai ao encontro do entendimento jurisprudencial firmado pelo STF: "O estorno proporcional de crédito de ICMS efetuado pelo Estado de destino, em razão de crédito fiscal presumido concedido pelo Estado de origem sem autorização do Conselho Nacional de Política Fazendária (CONFAZ), não viola o princípio constitucional da não cumulatividade. (Tema 490 da repercussão geral). (RE 628075, Relator (a): EDSON FACHIN, Relator (a) p/ Acórdão: GILMAR MENDES, Tribunal Pleno, julgado em 18/08/2020, PROCESSO ELETRÔNICO REPERCUSSÃO GERAL – MÉRITO DJe-240 DIVULG 30-09-2020 PUBLIC 01-10-2020)

Alternativas "c", "d" e "e": Conforme exposto no item anterior, será válido ao estado de destino glosar proporcionalmente os créditos fiscais atribuídos ao estabelecimento recebedor das mercadorias. O STF no Tema 490 se manifestou no seguinte sentido: "O estorno proporcional de crédito de ICMS efetuado pelo Estado de destino, em razão de crédito fiscal presumido concedido pelo Estado de origem sem autorização do Conselho Nacional de Política Fazendária (CONFAZ), não viola o princípio constitucional da não cumulatividade. (RE 628075, Relator (a): EDSON FACHIN, Relator (a) p/ Acórdão: GILMAR MENDES, Tribunal Pleno, julgado em 18/08/2020, PROCESSO ELETRÔNICO REPERCUSSÃO GERAL – MÉRITO DJe-240 DIVULG 30-09-2020 PUBLIC 01-10-2020)

Alternativa correta letra "b".

313. (FUNDATEC – Procurador do Estado – PGE – RS/2021) A Constituição Federal determina que o ICMS seja não cumulativo, em atenção ao princípio da neutralidade, e admite que possa ser seletivo. Esses critérios, técnicas de tributação ou princípios, orientam a instituição e a aplicação do ICMS. É correto afirmar que:

a) A não cumulatividade assegura que seja compensado o que for devido em cada operação relativa à circulação de mercadorias ou prestação de serviços com o montante cobrado nas anteriores relativamente à aquisição da mercadoria para revenda ou de qualquer outro produto utilizado na atividade econômica, mesmo que na atividade meio.

b) A isenção ou não incidência, salvo determinação em contrário da legislação, não implicará crédito para compensação com o montante devido nas operações ou prestações seguintes e acarretará a anulação do crédito relativo às operações anteriores.

c) A imunidade das operações de exportação implica a anulação do crédito relativo às operações e prestações anteriores.

d) A seletividade implica a utilização de alíquotas maiores conforme aumente a base de cálculo, correspondendo ao que se denomina de progressividade gradual.

e) A seletividade pode se dar por qualquer critério e não necessariamente em razão da essencialidade das mercadorias e dos serviços, o que justifica alíquota mais elevada sobre energia, combustíveis e comunicações.

COMENTÁRIOS

Alternativa "a": Não é possível a incidência do ICMS na atividade meio. Corroborando o exposto já se manifestou o STJ: (...) A prestação de serviços conexos ao de comunicação por meio da telefonia móvel (que são preparatórios, acessórios ou intermediários da comunicação) não se confunde com a prestação da atividade fim processo de transmissão (emissão ou recepção) de informações de qualquer natureza, esta sim, passível de incidência pelo ICMS. Desse modo, a despeito de alguns deles serem essenciais à efetiva prestação do serviço de comunicação e admitirem a cobrança de tarifa pela prestadora do serviço (concessionária de serviço público), por assumirem o caráter de atividade meio, não constituem, efetivamente, serviços de comunicação, razão pela qual não é possível a incidência do ICMS. (...) (STJ – REsp: 1176753 RJ 2010/0013333-6, Relator: Ministro NAPOLEÃO NUNES MAIA FILHO, Data de Julgamento: 28/11/2012, S1 – PRIMEIRA SEÇÃO, Data de Publicação: DJe 19/12/2012 RSTJ vol. 229 p. 104).

Alternativa "b": A alternativa está em conformidade com o disposto no art. 155, §2º, inciso II, da Constituição Federal: "Art. 155. Compete aos Estados e ao Distrito Federal instituir impostos sobre: (...) § 2º O imposto previsto no inciso II atenderá ao seguinte: (...) II – a isenção ou não incidência, salvo determinação em contrário da legislação: a) não implicará crédito para compensação com o montante devido nas operações ou prestações seguintes; b) acarretará a anulação do crédito relativo às operações anteriores."

Alternativa "c": A assertiva vai de encontro ao preceito constitucional: Art. 155. §2º. X – não incidirá: a) sobre operações que destinem mercadorias para o exterior, nem sobre serviços prestados a destinatários no exterior, assegurada a manutenção e o aproveitamento do montante do imposto cobrado nas operações e prestações anteriores.

Alternativa "d": A alternativa diz respeito ao conceito da progressividade tributária. A seletividade consiste num critério de variação de alíquotas em função da essencialidade dos produtos, aplicada a impostos sobre o consumo.

Alternativa "e": Como exposto no item anterior, a seletividade consiste num critério de variação de alíquotas em função da essencialidade dos produtos, aplicada a impostos sobre o consumo. O Texto Constitucional dispõe que: "Art. 155. Compete aos Estados e ao Distrito Federal instituir impostos sobre: (...) § 2º O imposto previsto no inciso II atenderá ao seguinte: (...) III – poderá ser seletivo, em função da essencialidade das mercadorias e dos serviços".

Alternativa correta letra "b".

---

314. (FUNDATEC – Procurador do Estado – PGE – RS/2021) Em operações com duplo objeto negocial, de fornecimento de mercadorias com prestação de serviços, chamadas operações mistas, o ICMS incide

a) tão somente sobre a circulação das mercadorias, independentemente de o serviço ser ou não tributado pelo ISS, devendo, a pessoa jurídica contribuinte, invariavelmente, segregar o valor das mercadorias para o destaque do ICMS correspondente.

b) sobre o fornecimento de mercadorias com prestação de serviços não compreendidos na competência tributária dos Municípios.

c) sobre o fornecimento de mercadorias com prestação de serviços, sendo o valor arrecadado pelo estado, que repassará 50% do montante ao Município onde prestado o serviço.

d) sobre o fornecimento de mercadorias com prestação de serviços sujeitos ao imposto sobre serviços (ISS), de competência dos Municípios, independentemente de a lei complementar atinente ao ISS expressamente o sujeitar à incidência do imposto estadual.

e) operações mistas são proibidas, porquanto afrontariam as normas tributárias, sendo que tais negócios devem, sempre, estar representados separadamente, por instrumentos negociais e documentos fiscais próprios para o fornecimento de mercadorias, de um lado, e para a prestação de serviços, de outro, cada qual sujeito à tributação correspondente ao seu objeto e natureza.

COMENTÁRIOS

Alternativa "a": As operações mistas podem estar sujeitas a ICMS, ISS ou ambos, conforme cada caso. O art. 3º, inciso V, da LC 87/96 prevê: "Art. 3º O imposto não incide sobre: V – operações relativas a mercadorias que tenham sido ou que se destinem a ser utilizadas na prestação, pelo próprio autor da saída, de serviço de qualquer natureza definido em lei complementar como sujeito ao imposto sobre serviços, de competência dos Municípios, ressalvadas as hipóteses previstas na mesma lei complementar". Outrossim, a LC 116/2003 preceitua: Art. 1o O Imposto Sobre Serviços de Qualquer Natureza, de competência dos Municípios e do Distrito Federal, tem como fato gerador a prestação de serviços constantes da lista anexa, ainda que esses não se constituam como atividade preponderante do prestador. (...) § 2o Ressalvadas as exceções expressas na lista anexa, os serviços nela mencionados não ficam sujeitos ao Imposto Sobre Operações Relativas à Circulação de Mercadorias e Prestações de Serviços de Transporte Interestadual e Intermunicipal e de Comunicação – ICMS, ainda que sua prestação envolva fornecimento de mercadorias. Portanto, nas operações mistas o ICMS não incide apenas sobre a circulação das mercadorias: depende principalmente de o serviço ser autônomo e previsto na lista anexa da LC n. 116/03.

Alternativa "b": Conforme dispõe o art. 155, § 2º, IX, "b" da Constituição, o ICMS incide "sobre o valor total da operação, quando mercadorias forem fornecidas com serviços não compreendidos na competência tributária dos Municípios". Havendo fornecimento de mercadorias com prestação de serviços, haverá incidência apenas do ICMS, desde que os serviços não sejam alcançados pelo ISS.

Alternativa "c": O ICMS incide sobre o fornecimento de mercadorias com prestação de serviços não compreendidos na competência tributária dos Municípios. No que tange a repartição de receita tributária, o valor arrecadado pelo estado será repassado aos municípios no percentual de 25% nos termos art. 158, IV e parágrafo único da CF, que estabeleceu critério distinto do previsto na questão.

Alternativa "d": No caso em tela, necessário analisar se existe alguma ressalva ou não na LC 116/2003 sobre as mercadorias entregues juntamente com o serviço. Há hipóteses expressas na lista anexa da LC 116 que destacam a incidência do ICMS num parte e do ISS em outra. Portanto a resposta depende do tratamento dado pela lei específica do ISS. Em suma pode-se dizer o seguinte: se o item constar na lista anexa da LC 116/03, sem trazer exceção, incidirá o ISS sobre produto e serviço; se houver ressalva, incidirá ISS sobre serviço e ICMS sobre o produto. Caso o item não conste na Lista anexa haverá incidência tão somente do ICMS.

Alternativa "e": É praticamente impossível separar a entrega pura de mercadoria, sem serviço, ou a pura prestação de serviço, sem qualquer material envolvido. Em quase todas as hipóteses há mercadorias e serviços juntos. Essas operações são chamadas de mistas e não há qualquer óbice na sua realização. Logo, não há vedação e afronta as normas tributárias. Como exemplo, cite-se o enunciado n. 163 da Súmula STJ: O fornecimento de mercadorias com a simultânea prestação de serviços em bares, restaurantes e estabelecimentos similares constitui fato gerador do ICMS a incidir sobre o valor total da operação.

Alternativa correta letra "b".

315. (Fepese – Procurador do Estado – PGE – SC/2018) Assinale a alternativa correta a respeito do Imposto sobre Operações Relativas à Circulação de Mercadorias e sobre Prestações de Serviços de Transporte Interestadual e Intermunicipal e de Comunicação (ICMS).

a) Incide o ICMS sobre a alienação de salvados de sinistro pelas seguradoras.

b) Empresas do ramo da construção civil estão obrigadas a pagar ICMS sobre mercadorias adquiridas como insumos em operações interestaduais.

c) É legítima a cobrança de ICMS com base no valor da mercadoria submetido ao regime de pauta fiscal.

d) Os descontos incondicionais em operações mercantis não se incluem na base de cálculo do ICMS.

e) O deslocamento de bens ou mercadorias entre estabelecimentos de uma mesma empresa constitui fato gerador do ICMS.

COMENTÁRIOS

Alternativa "a": Trata-se de tema conflitante na jurisprudência, mas pacificado pelo STF, através da Súmula Vinculante 32: "O ICMS não incide sobre alienação de salvados de sinistro pelas seguradoras."

Alternativa "b": Tema que variou na jurisprudência até ser sumulado em sentido contrário a assertiva: "Súmula 432 STJ – As empresas de construção civil não estão obrigadas a pagar ICMS sobre mercadorias adquiridas como insumos em operações interestaduais."

Alternativa "c": O tema foi decidido há um bom tempo pelo STF e sumulado do seguinte modo: "Súmula 431 STJ – É ilegal a cobrança de ICMS com base no valor da mercadoria submetido ao regime de pauta fiscal".

Alternativa "d": O tema é pacífico na jurisprudência do STJ, inclusive teor da Súmula 457: "Os descontos incondicionais nas operações mercantis não se incluem na base de cálculo do ICMS." Por outro lado, a LC 87/96 é clara ao afirmar que os descontos sob condição integram a sua base de cálculo: "Art. 13 § 1º Integra a base de cálculo do imposto, inclusive na hipótese do inciso V do caput deste artigo: II – o valor correspondente a: a) seguros, juros e demais importâncias pagas, recebidas ou debitadas, bem como descontos concedidos sob condição;"

Alternativa "e": Como a essência do fato gerador do ICMS é a transferência de titularidade da mercadoria, esse fato não há em deslocamento entre estabelecimentos de uma mesma empresa. Nesse sentido é a Súmula 166, STF – 'Não constitui fato gerador do ICMS o simples deslocamento de mercadoria de um para outro estabelecimento do mesmo contribuinte".

Alternativa correta: letra "d".

316. (Vunesp – Procurador do Estado – PGE – SP/2018) Lei estadual confere benefício fiscal previamente aprovado pelos Estados e pelo Distrito Federal, nos termos do art. 155, parágrafo 2º, XII, letra g, da Constituição Federal. O benefício é de redução de base de cálculo do ICMS para operações internas com produtos de limpeza, de forma que a carga final do imposto fica reduzida a 50% da incidência normal. A empresa Delta usufrui do benefício em todas as suas operações internas, pois comercializa exclusivamente produtos de limpeza. Não há, na legislação tributária, qualquer outra previsão de benefício que Delta possa usufruir. Todas as operações interestaduais de Delta sofrem tributação normal do imposto. Todos os seus fornecedores estão estabelecidos na mesma unidade da federação que Delta e nenhum deles goza de benefício fiscal. Considerada essa situação hipotética, a empresa Delta

a) não deve anular os créditos do imposto, relativamente às aquisições de produtos objeto de posteriores operações internas e interestaduais, pois goza de benefício fiscal.

b) deve anular integralmente o crédito do imposto pago na aquisição de produtos destinados a operações internas, desde que, no mesmo período de apuração, tenha operações interestaduais, pois estas são integralmente tributadas.

c) deve anular parcialmente os créditos do imposto incidente em todas as aquisições de produtos, desconsiderando a incidência de benefícios nas operações posteriores, por força do regime periódico de apuração a que se sujeita o ICMS.

d) deve anular integralmente os créditos do imposto incidente em todas as aquisições de bens revendidos, independentemente de redução de base de cálculo, com fundamento na não cumulatividade do imposto.

e) deve anular parcialmente o crédito do imposto, relativamente aos bens adquiridos para posteriores operações beneficiadas, na mesma proporção da redução da base de cálculo, pois tal benefício corresponde à isenção parcial.

COMENTÁRIOS

Alternativa "a": O princípio essencial do ICMS é a não cumulatividade. Por este princípio, deve ser compensado o que for devido em cada operação relativa à circulação de mercadorias ou prestação de serviços com o montante cobrado nas anteriores pelo mesmo ou outro Estado ou pelo Distrito Federal. Ocorre que, afirma o art. 155, § 2º da CF, a isenção ou não incidência, salvo determinação em contrário da legislação, não implicará crédito para compensação com o montante devido nas operações ou prestações seguintes e acarretará a anulação do crédito relativo às operações anteriores. Baseado nesse entendimento tem-se que como a empresa Delta goza de benefício fiscal de modo que sua carga final fica reduzida a 50%, ela deve anular proporcionalmente os créditos de ICMS nas operações internas.

Alternativa "b": Como visto acima, a anulação dos créditos deve ser proporcional à isenção, na linha do entendimento esposado pelo STF no julgamento do RE 635688/RS, Min. Gilmar Mendes, julgado em 16/10/2014 (repercussão geral) (Info 763). Para o STF, a redução da base de cálculo de ICMS equivale à hipótese de isenção parcial, a acarretar a anulação proporcional de crédito desse mesmo imposto, relativo às operações anteriores, salvo disposição em lei estadual em sentido contrário.

Alternativa "c": No ponto, não se pode esquecer que os créditos de ICMS devem, sim, levar em consideração a incidência de benefícios nas operações posteriores, dada a possibilidade de sua anulação.

Alternativa "d": O erro está em anular integralmente os créditos, independente da redução da base de cálculo, dado que a anulação se dá justamente pelo benefício fiscal na etapa posterior.

Alternativa "e": A assertiva é consentânea com o entendimento dado pelo STF sobre o tema, quando da anulação parcial dos créditos por força do benefício fiscal. Para o STF, a redução da base de cálculo de ICMS equivale à hipótese de isenção parcial, a acarretar a anulação proporcional de crédito desse mesmo imposto, relativo às operações anteriores, salvo disposição em lei estadual em sentido contrário. Assim, reduzida a base de cálculo, tem-se impossibilitado o creditamento integral, sem que se possa falar em ofensa ao princípio da não cumulatividade (art. 155, § 2º, II, "b", da CF/88). Portanto, a redução de base de cálculo deve ser considerada como se fosse uma "isenção parcial" e também acarreta a anulação proporcional do crédito do ICMS relativo às operações anteriores, salvo disposição em lei estadual em sentido contrário. Assim, se foi reduzida a base de cálculo do ICMS, não será permitido que a empresa faça o creditamento integral, sem que se possa falar em ofensa ao princípio da não cumulatividade (CF, art. 155, § 2º, II, "b"). Em outras palavras, se houver redução na base de cálculo em uma das operações da cadeia de circulação de mercadorias, aplica-se a regra do art. 155, § 2º, II, "b", da CF/88. (STF. Plenário. RE 635688/RS, Min. Gilmar Mendes, julgado em 16/10/2014, repercussão geral, Info 763). Na mesma linha, STF. Plenário. RE 477323/RS, Rel. Min. Marco Aurélio, julgado em 16/10/2014 (Info 763).

Alternativa correta: letra "e".

---

317. (Vunesp – Procurador do Estado – PGE – SP/2018) Tendo em mente as disposições constitucionais sobre a fixação de alíquotas do ICMS, assinale a alternativa correta.

a) A alíquota do ICMS aplicável às operações ou prestações interestaduais, que destinem a bens ou serviços a consumidor final, é aquela do Estado de origem.

b) A alíquota do ICMS aplicável às operações ou prestações interestaduais é a do Estado de destino, somente no caso em que o adquirente for contribuinte do imposto.

c) As alíquotas internas máximas do ICMS não podem ser fixadas pelo Senado Federal em hipótese alguma.

d) O ICMS pode ter alíquotas mínimas para operações internas fixadas pelo Senado Federal.

e) A alíquota do ICMS incidente em operações de exportação não pode ser fixada pelo Senado Federal.

COMENTÁRIOS

Alternativa "a": Dada a guerra fiscal entre os Estados oriunda do e-commerce, a redação do art. 155, § 2º, incisos VII e VIII foi alterada, para contemplar também o Estado destinatário da mercadoria. Vejamos a redação: "O imposto previsto no inciso II (ICMS) atenderá ao seguinte: VII – nas operações e prestações que destinem bens e serviços a consumidor final, contribuinte ou não do imposto, localizado em outro Estado, adotar-se-á a alíquota interestadual e caberá ao Estado de localização do destinatário o imposto correspondente à diferença entre a alíquota interna do Estado destinatário e a alíquota interestadual".

Alternativa "b": Conforme entendimento esposado acima, há uma divisão entre as alíquotas do ICMS para Estado de origem e Estado destinatário, nos seguintes termos: "Art. 155 § 2º O imposto previsto no inciso II (ICMS) atenderá ao seguinte: VII – nas operações e prestações que destinem bens e serviços a consumidor final, contribuinte ou não do imposto, localizado em outro Estado, adotar-se-á a alíquota interestadual e caberá ao Estado de localização do destinatário o imposto correspondente à diferença entre a alíquota interna do Estado destinatário e a alíquota interestadual".

Alternativa "c": A redação contradiz expressamente texto constitucional que prevê solução distinta: "CF Art. 155 § 2º, inciso V – é facultado ao Senado Federal: b) fixar alíquotas máximas nas mesmas operações para resolver conflito específico que envolva interesse de Estados, mediante resolução de iniciativa da maioria absoluta e aprovada por dois terços de seus membros".

Alternativa "d": Alternativa em concordância com o texto constitucional, que afirma: "CF, Art. 155 § 2º, inciso V – é facultado ao Senado Federal: a) estabelecer alíquotas mínimas nas operações internas, mediante resolução de iniciativa de um terço e aprovada pela maioria absoluta de seus membros".

Alternativa "e": Embora haja imunidade do ICMS nas operações de exportação, o texto constitucional continua em vigor quanto ao poder do Senado nessa matéria. Vejamos: "CF Art. 155 § 2º, inciso IV – resolução do Senado Federal, de iniciativa do Presidente da República ou de um terço dos Senadores, aprovada pela maioria absoluta de seus membros, estabelecerá as alíquotas aplicáveis às operações e prestações, interestaduais e de exportação;".

Alternativa correta: letra "d".

---

318. (Cespe – Procurador do Estado – PGE – PE/2018) Determinada empresa de revenda de veículos usados aceitou automóvel de passeio em consignação com o objetivo de intermediar a venda. Dada a pouca demanda dos clientes pelo veículo, resolveu transportá-lo para uma de suas filiais, dentro do mesmo estado, com maior visibilidade de mercado.

No que se refere a essa situação hipotética, considere as asserções apresentadas a seguir.

I. O ICMS incide sobre a operação de transferência entre as filiais, mas não sobre a operação de consignação.

II. Para a incidência do ICMS exige-se a transferência física da mercadoria.

Assinale a opção correta.

a) As asserções I e II são falsas.

b) A asserção I é verdadeira, e a II, falsa.

c) A asserção I é falsa, e a II, verdadeira.

d) As asserções I e II são verdadeiras, e a II é justificativa da I.

e) As asserções I e II são verdadeiras, e a II não é uma justificativa da I.

COMENTÁRIOS

Item I: Não incide ICMS na operação de transferência entre as filiais. É o que dispõe o enunciado n. 166 da Súmula do STJ: "Não constitui fato gerador do ICMS o simples deslocamento de mercadoria de um para outro estabelecimento do mesmo contribuinte".

Item II: O fato imponível do ICMS é a mudança de titularidade da mercadoria, ou seja, a circulação jurídica que promova a transferência da propriedade para outro titular. Portanto, a transferência física da mercadoria de per si não se subsume a hipótese de incidência do referido tributo, sendo necessário, conforme dito alhures, a circulação jurídica da mercadoria com a transferência da propriedade. Nesse sentido já se manifestou o STJ: "(...) a mera consignação do veículo cuja venda deverá ser promovida por agência de automóveis não representa circulação jurídica da mercadoria, porquanto não induz à transferência da propriedade ou da posse da coisa, inexistindo, dessa forma, troca de titularidade a ensejar o fato gerador do ICMS (...)" (REsp 1321681/DF, Rel. Ministro BENEDITO GONÇALVES, PRIMEIRA TURMA, julgado em 26/02/2013, DJe 05/03/2013)

Alternativa correta: letra "a".

---

319. (FCC – Procurador do Estado – PGE – AP/2018) Um importante estabelecimento atacadista adquiriu um lote grande de papel toalha. Considerando que tais produtos, naquele Estado, não estão sujeitos à retenção antecipada do ICMS por substituição tributária, e considerando que toda essa mercadoria foi adquirida com a intenção de ser revendida, o referido estabelecimento creditou-se corretamente do ICMS destacado nos documentos de aquisição dela. Ocorre, porém, que, parte desta mercadoria foi: (1) efetivamente revendida com tributação normal a sua clientela, dentro e fora do Estado; (2) exportada para país vizinho, sem incidência do ICMS; (3) utilizada no próprio estabelecimento, para limpeza em geral; (4) revendida com redução de base de cálculo; e (5) revendida com isenção.

Tendo em vista que a tributação de todas estas saídas de mercadoria foi feita de acordo com as normas da legislação do ICMS do Estado, e levando em conta também as normas do Código Tributário do Estado do Amapá, o crédito do imposto feito por ocasião da entrada da mercadoria no estabelecimento

a) deverá ser estornado, integralmente, em relação às mercadorias que foram exportadas para o exterior.

b) deverá ser estornado, integralmente, relativamente às mercadorias revendidas com tributação normal a sua clientela dentro e fora do Estado e às revendidas com isenção do ICMS.

c) poderá ser integralmente mantido, relativamente às mercadorias efetivamente revendidas a sua clientela, dentro e fora do Estado, exportadas para país vizinho, utilizadas no próprio estabelecimento, para limpeza em geral, revendidas com redução de base de cálculo e revendidas com isenção.

d) deverá ser estornado, integralmente, relativamente às mercadorias utilizadas no próprio estabelecimento, para limpeza em geral, e em relação às mercadorias revendidas com redução de base de cálculo.

e) poderá ser integralmente mantido, relativamente às mercadorias exportadas para país vizinho, sem incidência do ICMS, mas deverá ser estornado, proporcionalmente à redução da base de cálculo promovida, relativamente às mercadorias que saíram com a referida redução.

COMENTÁRIOS

Alternativa "a": Segundo o art. 21, § 2º da LC 87/96: "não se estornam créditos referentes a mercadorias e serviços que venham a ser objeto de operações ou prestações destinadas ao exterior ou de operações com o papel destinado à impressão de livros, jornais e periódicos.". A manutenção do crédito é também imperativo constitucional (art. 155, § 2º, X, "a" da CF).

Alternativa "b": A lógica do ICMS é uma conta corrente do tributo entre entradas e saídas de mercadorias, com o cômputo de créditos e débitos. Portanto, nas mercadorias revendidas com tributação normal, o crédito deve ser assegurado, tanto dentro quanto fora do Estado. Por sua vez, para as mercadorias revendidas com isenção, deverá haver o estorno do tributo, dado que a isenção acarreta a anulação do crédito relativos às operações anteriores, nos termos do art. 155, § 2º, II, "b" da Constituição.

Alternativa "c": De fato, o crédito poderá ser integralmente mantido relativamente às mercadorias efetivamente revendidas a sua clientela, dentro e fora do Estado, exportadas para país vizinho e utilizadas no próprio estabelecimento, para limpeza em geral. É que, em todos esses fatos, a legislação assegura-lhe o crédito. No entanto, o mesmo não vale para as mercadorias revendidas com redução de base de cálculo ou com isenção. Nos termos do art. 21, inciso II da LC 87/96: "o sujeito passivo deverá efetuar o estorno do imposto de que se tiver creditado sempre que o serviço tomado ou a mercadoria entrada no estabelecimento "I – for objeto de saída ou prestação de serviço não tributada ou isenta, sendo esta circunstância imprevisível na data da entrada da mercadoria ou da utilização do serviço". No caso, havendo redução de base de cálculo, o estorno há de ser proporcional ao crédito do imposto.

Alternativa "d": A Fazenda Pública pode exigir estorno proporcional do crédito de ICMS quando há redução de base de cálculo do imposto na saída da mercadoria.

No entanto, nas mercadorias utilizadas no próprio estabelecimento, o crédito é mantido.

Alternativa "e": Quando há venda ao exterior (exportação), é imperativo constitucional a imunidade, ou seja, o não pagamento do ICMS, assegurando-se a manutenção do crédito da etapa anterior (art. 155, § 2º, X, "a" da CF). Por outro lado, quando há redução de base de cálculo, o crédito deve ser utilizado na proporção do tributo a ser pago, de modo que será estornado proporcionalmente à redução da base de cálculo (art. 21, da LC 87/96).

Alternativa correta: letra "e".

---

320. (FCC – Procurador do Estado – PGE – AP/2018) Dentre as regras essenciais para o lançamento e cobrança do ICMS, encontram-se aquelas que dizem respeito ao local da operação ou da prestação, à definição do estabelecimento responsável, ao momento da ocorrência do fato gerador e à determinação de sua base de cálculo. De acordo com a Lei Complementar federal no 87/1996, local da operação, para os efeitos da cobrança do imposto e definição do estabelecimento responsável é, tratando-se de mercadoria ou bem,

a) o do estabelecimento que transfira a propriedade de mercadoria por ele adquirida no país, e que por ele não tenha transitado; a base de cálculo é o valor da aquisição da mercadoria, acrescida de um IVA de até 20%, e considera-se ocorrido o fato gerador no momento da transmissão da sua propriedade.

b) importado do exterior, o do local em que se encontrar a repartição que processar o despacho aduaneiro; a base de cálculo é o valor da operação, podendo ser aplicado um IVA de até 80% sobre esse valor, em substituição aos impostos e encargos incidentes na importação, e considera-se ocorrido o fato gerador no momento da saída da mercadoria da repartição aduaneira que processou o despacho e desembaraçou a mercadoria.

c) importado do exterior, o do domicílio do adquirente, quando não estabelecido; a base de cálculo é o valor da operação, determinado com base no valor da mesma mercadoria, ou de mercadoria equivalente, no local do desembaraço aduaneiro, e considera-se ocorrido o fato gerador no momento do seu efetivo recebimento pelo adquirente, ou da entrega da mercadoria em seu domicílio.

d) aquele onde seja realizada a licitação, no caso de arrematação de mercadoria importada do exterior e apreendida; a base de cálculo é o valor da operação acrescido do valor dos impostos de importação e sobre produtos industrializados e de todas as despesas cobradas ou debitadas ao adquirente e considera-se ocorrido o fato gerador no momento do desembaraço aduaneiro.

e) o do Estado onde estiver localizado o adquirente, nas operações interestaduais com energia elétrica, quando não destinada à industrialização ou à comercialização; a base de cálculo é o valor da operação de que decorrer essa entrada, e considera-se ocorrido o fato gerador no momento da entrada da energia elétrica no território do Estado do adquirente.

COMENTÁRIOS

Alternativa "a": A assertiva não está totalmente correta. Vejamos cada parte: O do estabelecimento que transfira a propriedade de mercadoria por ele adquirida no país, e que por ele não tenha transitado. (correto, ex vi do art. 11, inciso I, alínea "c" da LC 87/96); a base de cálculo é o valor da aquisição da mercadoria, acrescida de um IVA de até 20% (Errado: é o valor da operação nos termos do art. 13, I, da LC 87/96); e considera-se ocorrido o fato gerador no momento da transmissão da sua propriedade. (correto, ex vi do art. 12, inciso IV, da LC 87/96).

Alternativa "b": A assertiva está totalmente incorreta. Vejamos cada parte: importado do exterior, o do local em que se encontrar a repartição que processar o despacho aduaneiro; (errado, Art. 11, inciso I, alíneas "d" e "e" da LC 87/96 – Art. 11. O local da operação ou da prestação, para os efeitos da cobrança do imposto e definição do estabelecimento responsável, é: I – tratando-se de mercadoria ou bem: d) importado do exterior, o do estabelecimento onde ocorrer a entrada física; e) importado do exterior, o do domicílio do adquirente, quando não estabelecido); a base de cálculo é o valor da operação, podendo ser aplicado um IVA de até 80% sobre esse valor, em substituição aos impostos e encargos incidentes na importação (incorreto. Confira art. 13, inciso V, da LC 87/96); e considera-se ocorrido o fato gerador no momento da saída da mercadoria da repartição aduaneira que processou o despacho e desembaraçou a mercadoria (errado, art. 12, IX c/c §3º da LC 87/96).

Alternativa "c": Apenas a primeira parte da assertiva está correta. Confira cada parte: importado do exterior, o do domicílio do adquirente, quando não estabelecido (correto, art.11, I, "e", da LC 87/96); a base de cálculo é o valor da operação, determinado com base no valor da mesma mercadoria, ou de mercadoria equivalente, no local do desembaraço aduaneiro (incorreto: 13, inciso V, da LC 87/96); e considera-se ocorrido o fato gerador no momento do seu efetivo recebimento pelo adquirente, ou da entrega da mercadoria em seu domicílio (incorreto. Art. 12, inciso IX c/c §3º da LC 87/96 (vai ser a entrega se antes do desembaraço aduaneiro).

Alternativa "d": A parte final da assertiva está incorreta. Vejamos: aquele onde seja realizada a licitação, no caso de arrematação de mercadoria importada do exterior e apreendida (correto art.11, inciso I, alínea "f" da LC 87/96); a base de cálculo é o valor da operação acrescido do valor dos impostos de importação e sobre produtos industrializados e de todas as despesas cobradas ou debitadas ao adquirente (correto. Art. 13, inciso VII da LC 87/96) e considera-se ocorrido o fato gerador no momento do desembaraço aduaneiro (incorreto. É da aquisição na licitação, art.12, inciso XI da LC 87/96).

Alternativa "e": Nos termos do art. 11, inciso I, alínea "g" da Lei Complementar federal no 87/1996, local da operação, para os efeitos da cobrança do imposto e definição do estabelecimento responsável é, tratando-se de mercadoria ou bem, o do Estado onde estiver localizado o adquirente, inclusive consumidor final, nas operações interestaduais com energia elétrica e petróleo, lubrificantes e combustíveis dele derivados, quando não destinados à industrialização ou à comercialização; Ademais, a base de cálculo é o valor da operação de que decorrer essa entrada (art. 13, inciso VIII da LC 87/96); Por fim, considera-se ocorrido o fato gerador no momento da entrada da energia elétrica no território do Estado do adquirente (ex vi do art. 12, inciso XII, do mesmo diploma legal citado).

Alternativa correta: letra "e".

321. (FCC – Procurador do Estado – PGE – TO/2018) A figura do "estabelecimento" é elemento essencial na legislação do ICMS. De acordo com o Código Tributário do Estado do Tocantins, o

a) veículo será considerado estabelecimento interestadual de depósito fechado, quando prestar serviço de transporte interestadual de gado bovino ou suíno, confinado em jornadas de longa duração, nos termos fixados em decreto.

b) local em que tenha sido efetuada a operação de circulação de mercadorias pode ser considerado estabelecimento, desde que este local não seja público, mas seja edificado.

c) local poderá ser considerado estabelecimento, desde que nele não se exerçam atividades em caráter apenas temporário.

d) veículo será considerado estabelecimento, quando utilizado na captura de pescado, ainda que em vias fluviais.

e) local não será considerado estabelecimento, se for público e não edificado.

COMENTÁRIOS

Alternativa "d": Nos termos do art. 19, inciso III, da Lei nº 1.287, de 28/12/2001 (Código Tributário do Estado do Tocantins): "Art. 19. Para efeito desta Lei, estabelecimento é o local privado ou público, edificado ou não, próprio ou de terceiro, onde pessoas físicas ou jurídicas exerçam suas atividades em caráter temporário ou permanente, bem como onde se encontrem armazenadas mercadorias, observado, ainda, o seguinte: I – na impossibilidade de determinação do estabelecimento, considera-se como tal o local em que tenha sido efetuada a operação ou prestação, encontrada a mercadoria ou constatada a prestação; II – é autônomo cada estabelecimento do mesmo titular; III – considera-se também estabelecimento autônomo o veículo usado no comércio ambulante e na captura de pescado; IV – respondem pelo crédito tributário todos os estabelecimentos da mesma pessoa jurídica. Ademais, existe previsão similar no art. Art. 11, § 3º, inciso III da LC 87/1996 (Lei Kandir) in verbis: o local da operação ou da prestação, para os efeitos da cobrança do imposto e definição do estabelecimento responsável, é: § 3º Para efeito desta Lei Complementar, estabelecimento é o local, privado ou público, edificado ou não, próprio ou de terceiro, onde pessoas físicas ou jurídicas exerçam suas atividades em caráter temporário ou permanente, bem como onde se encontrem armazenadas mercadorias, observado, ainda, o seguinte: I – na impossibilidade de determinação do estabelecimento, considera-se como tal o local em que tenha sido efetuada a operação ou prestação, encontrada a mercadoria ou constatada a prestação; II – é autônomo cada estabelecimento do mesmo titular; III – considera-se também estabelecimento autônomo o veículo usado no comércio ambulante e na captura de pescado; IV – respondem pelo crédito tributário todos os estabelecimentos do mesmo titular.

Alternativas "a", "b", "c" e "e": As assertivas não se coadunam com o art. 19 da Lei nº 1.287, de 28/12/2001 (Código Tributário do Estado do Tocantins): "Art. 19. Para efeito desta Lei, estabelecimento é o local privado ou público, edificado ou não, próprio ou de terceiro, onde pessoas físicas ou jurídicas exerçam suas atividades em caráter temporário ou permanente, bem como onde se encontrem armazenadas mercadorias, observado, ainda, o seguinte: I – na impossibilidade de determinação do estabelecimento, considera-se como tal o local em que tenha sido efetuada a operação ou prestação, encontrada a mercadoria ou constatada a prestação; II – é autônomo cada estabelecimento do mesmo titular; III – considera-se também estabelecimento autônomo o veículo usado no comércio ambulante e na captura de pescado; IV – respondem pelo crédito tributário todos os estabelecimentos da mesma pessoa jurídica. Parágrafo único. Quando a mercadoria for remetida para armazém geral ou para depósito fechado do próprio contribuinte, no mesmo Estado, a posterior saída considerar-se-á ocorrida no estabelecimento do depositante, salvo se para retornar ao estabelecimento remetente.

Alternativa correta: letra "d".

322. (FCC – Procurador do Estado – PGE – TO/2018) Uma distribuidora de combustíveis da Bahia vende gasolina para um posto de gasolina de Tocantinópolis/TO, que vai comercializar o produto, e para uma empresa prestadora de serviços de transporte intramunicipal de Porto Nacional/TO, que vai utilizá-lo nas suas prestações de serviço de transporte intramunicipais. De acordo com a Lei Complementar n. 87/1996, nas remessas que a distribuidora baiana fizer para essas duas empresas, a remetente

a) não se debitará nem recolherá o ICMS para o Estado da Bahia, nem os adquirentes tocantinenses deverão debitar ou recolher o imposto aos cofres de Tocantins, pela entrada da gasolina neste Estado, relativamente às aquisições feitas em operações interestaduais.

b) deverá se debitar e recolher o ICMS para o Estado da Bahia, mas somente o posto de gasolina poderá se creditar do imposto anteriormente cobrado.

c) não se debitará nem recolherá o ICMS para o Estado da Bahia, mas, na qualidade de contribuinte, deverá debitar e recolher o imposto a favor dos cofres de Tocantins, pela entrada do combustível neste Estado, relativamente às aquisições feitas pelas duas empresas.

d) deverá, de um lado, se debitar e recolher o ICMS para o Estado da Bahia, e, de outro lado, deverá, na qualidade de contribuinte, debitar e recolher o imposto a favor dos cofres de Tocantins, pela entrada do combustível neste Estado, relativamente às aquisições feitas pelo posto de gasolina.

e) não se debitará nem recolherá o ICMS para o Estado da Bahia, mas o prestador de serviços de transporte intramunicipal, na qualidade de contribuinte, deverá pagar o imposto ao Estado de Tocantins, pela entrada do combustível neste Estado, relativamente às aquisições efetuadas por ele.

COMENTÁRIOS

Alternativas "a", "b", "c", "d": Assertivas não se coadunam com os artigos 2°, § 1º, inciso III; art. 3°, inciso III e art. 4°, parágrafo único, inciso IV da Lei Complementar n. 87/1996 (Lei Kandir). Confira os comentários abaixo.

Alternativa "e": De acordo com a Lei Complementar n. 87/1996 (Lei Kandir), os artigos 2°, § 1º, inciso III; art. 3°, inciso III e art. 4°, parágrafo único, inciso IV trazem o fundamento da presente alternativa: "Art. 2° O imposto incide sobre: (...) § 1º O imposto incide também: (...) III – sobre a entrada, no território do Estado destinatário, de petróleo, inclusive lubrificantes e combustíveis líquidos e gasosos dele derivados, e de energia elétrica, quando não destinados à comercialização ou à industrialização, decorrentes de operações interestaduais, cabendo o imposto ao Estado onde estiver localizado o adquirente. Art. 3º O imposto não incide sobre: (...) III – operações interestaduais relativas a energia elétrica e petróleo, inclusive lubrificantes e combustíveis líquidos e gasosos dele derivados, quando destinados à industrialização ou à comercialização; Art. 4º Contribuinte é qualquer pessoa, física ou jurídica, que realize, com habitualidade ou em volume que caracterize intuito comercial, operações de circulação de mercadoria ou prestações de serviços de transporte interestadual e intermunicipal e de comunicação, ainda que as operações e as prestações se iniciem no exterior. Parágrafo único. É também contribuinte a pessoa física ou jurídica que, mesmo sem habitualidade ou intuito comercial (...) IV – adquira lubrificantes e combustíveis líquidos e gasosos derivados de petróleo e energia elétrica oriundos de outro Estado, quando não destinados à comercialização ou à industrialização".

Alternativa correta: letra "e".

323. (FCC – Procurador do Estado – PGE – TO/2018) O ICMS é um imposto não cumulativo, por expressa determinação constitucional. A Lei complementar no 87/1996 estabelece, no caput de seu art. 23, que o direito de crédito, para efeito de compensação com débito do imposto, reconhecido ao estabelecimento que tenha recebido as mercadorias ou para o qual tenham sido prestados os serviços, está condicionado à idoneidade da documentação e, se for o caso, à escrituração nos prazos e condições estabelecidos na legislação.

De acordo com o parágrafo único do artigo adrede mencionado, o direito de utilizar o crédito do ICMS extingue-se depois de decorridos

a) cinco anos, contados do primeiro dia do exercício seguinte àquele em que a mercadoria ou o serviço foram recebidos.

b) três anos, contados da data da entrada da mercadoria no estabelecimento ou do recebimento do serviço.

c) cinco anos, contados da data de emissão do documento.

d) três anos, contados da data em que saiu do estabelecimento a mercadoria que deu suporte ao crédito.

e) três anos, contados da data da ocorrência do fato gerador.

COMENTÁRIOS

Alternativas "a", "b", "d" e "e": Nos termos do art. 23, parágrafo único, da Lei Complementar 87/1996: "Art. 23. O direito de crédito, para efeito de compensação com débito do imposto, reconhecido ao estabelecimento que tenha recebido as mercadorias ou para o qual tenham sido prestados os serviços, está condicionado à idoneidade da documentação e, se for o caso, à escrituração nos prazos e condições estabelecidos na legislação. Parágrafo único. O direito de utilizar o crédito extingue-se depois de decorridos cinco anos contados da data de emissão do documento.

Alternativa "c": Nos termos parágrafo único do art. 23 da LC 87/1996: "Parágrafo único. O direito de utilizar o crédito extingue-se depois de decorridos cinco anos contados da data de emissão do documento".

Alternativa correta: letra "c".

324. (FMP – Procurador do Estado – PGE – AC/2017) Em relação ao ICMS e sua base constitucional, assinale a alternativa CORRETA.

a) Quando a Constituição Federal alude à mercadoria, faz isso *lato sensu*, ou seja, refere-se a qualquer produto vendido por um contribuinte do ICMS a outra pessoa, seja ela física ou jurídica.

b) A acepção "mercadoria", por não ser unívoca, é conceito a ser esclarecido em lei complementar, por não ser suficiente o conteúdo que se possa extrair do texto constitucional.

c) Em razão de advir da mercancia, cabe unicamente à lei comercial definir o que seja mercadoria, não podendo a lei tributária definir por si só o conceito.

d) Um bem do ativo imobilizado de uma determinada empresa é sempre considerado mercadoria, ainda mais se for, por exemplo, um automóvel, bem inequivocamente presente no comércio.

e) As leis complementares estaduais podem estabelecer sobre quais bens deverá incidir o ICMS e quais não.

COMENTÁRIOS

Alternativa "a": Assertiva incorreta, visto que mercadoria não se confunde com produto. Toda mercadoria é produto, mas nem todo produto é mercadoria. Para sê-lo, precisa observar o quanto acima descrito, qual seja, o produto deve ser posto na mercancia, deve ser objeto de um contrato de compra e venda, deve ser adquirido para a venda e não para o consumo.

Alternativas "b": Conforme acima explicado, o conceito de mercadoria foi incorporado pela CF/88 do conceito corrente utilizado pelo direito comercial. O tema carece maiores divagações. É que a nossa CF/88 estabelece as regras para o direito tributário, especialmente as competências. Quando ela põe um conceito, em geral não o define, mas a) incorpora um conceito infraconstitucional anterior – no caso do ICMS, o Código Comercial diz que mercadoria é um bem de valor econômico vendido por comerciante, antes de 1988; ou b) ou por delimitação do conceito por divisão de competência. Os conceitos devem ser os do direito pré-constitucional e infraconstitucional, de modo que não se aplicam ao texto constitucional as mudanças de conceitos posteriores à sua promulgação. Isto visa evitar que o legislador ordinário altere a CF/88, forte na segurança jurídica. O art.110 do CTN acaba por limitar outras alterações para além do âmbito do direito privado. Desse modo, pode-se afirmar que o direito tributário segue a regulação da matéria não apenas do direito privado, mas do direito infra e pré-constitucional.

Alternativa "c": O termo mercadoria para fins de incidência do ICMS vincula-se ao conceito de mercancia (ato jurídico mercantil), regido pelo direito comercial. Para Roque A. Carrazza (In: O ICMS na Constituição. SP: Malheiros, 2002, p.37), para que um ato configure uma operação mercantil, é *mister* que: a) seja regido pelo Direito Comercial, b) tenha por finalidade o lucro; c) tenha por objeto uma mercadoria. Em outras palavras o conceito de mercadoria dado pelo Direito Privado é vinculante ao Direito Tributário, *ex vi* do art. 110 do CTN: "A lei tributária não pode alterar a definição, o conteúdo e o alcance de institutos, conceitos e formas de direito privado, utilizados, expressa ou implicitamente, pela Constituição Federal, pelas Constituições dos Estados, ou pelas Leis Orgânicas do Distrito Federal ou dos Municípios, para definir ou limitar competências tributárias". Note-se que a lei tributária não pode definir conceito diverso porque aludido termo foi utilizado pela Constituição quando da definição da competência tributária. Eventual alteração oriunda de lei tributária implicaria alteração indireta da própria Constituição, o que não é permitido.

Alternativas "d": Um produto pode se tornar mercadoria ou não, a depender da sua finalidade. Se posto no comércio, será mercadoria. Se utilizado, será produto, pois foi consumido sem o intuito de compra para a venda. Desse modo, um bem do ativo imobilizado de uma empresa não é mercadoria, pois foi adquirido para consumo e não para revenda.

Alternativa "e": A incidência correta do ICMS requer a observância de um conjunto de normas, aí incluídas a Constituição Federal, resoluções do Senado e uma série de leis complementares nacionais, que impedem a liberdade dos Estados em estabelecerem a incidência sobre determinados bens a não incidência sobre outros bens. Trata-se de imposto deveras restrito pelas normas federais.

Alternativa correta: letra "c".

---

325. (FCC – Procurador do Estado – MT/2016) No que concerne ao Imposto sobre operações relativas à circulação de mercadorias e prestações de serviços de transporte interestadual e intermunicipal e de comunicação – ICMS, considere:

I. O ICMS incide sobre operações relativas à circulação de mercadorias, inclusive sobre operações de transferência de propriedade de estabelecimento contribuinte.

II. Armazém-geral, embora prestador de serviços sujeito ao Imposto Municipal sobre Serviços de Qualquer Natureza, é insuscetível de ser colocado na condição de sujeito passivo do ICMS.

III. Convênio que autorize a isenção do ICMS sobre o fornecimento de bens e mercadorias destinados à operação de serviços de transporte metroferroviário de passageiros, inclusive por meio de Veículo Leve sobre Trilhos, dá amparo legal à concessão de isenção do ICMS sobre a energia elétrica destinada à alimentação dos trens do VLT.

IV. A base de cálculo, para fins de substituição tributária, em relação às operações ou prestações subsequentes, será obtida pelo somatório das parcelas seguintes: (i) valor da operação ou prestação própria realizada pelo substituto tributário ou pelo substituto intermediário; (ii) montante dos valores de seguro, de frete e de outros encargos cobrados ou transferíveis aos adquirentes ou tomadores de serviço, (iii) margem de valor agregado, inclusive lucro, relativa às operações ou prestações subsequentes.

Está correto o que se afirma APENAS em

a) I e II.

b) II e III.

c) I.

d) III e IV.

e) IV.

COMENTÁRIOS

Item "I": O ICMS índice sobre transferência de mercadorias, transmissão de propriedade de mercadoria, e não sobre transferência de propriedade de estabelecimento. Para tanto, importa a redação do art. 3º, II, da Lei Complementar n. 87/96: "Art. 3º O imposto não incide sobre: (...) VI – operações de qualquer natureza de que decorra a transferência de propriedade de estabelecimento industrial, comercial ou de outra espécie".

Item "II": Para a ocorrência do fato gerador do ICMS importa a circulação de mercadoria, esta entendida como a transferência de sua titularidade. No caso, valendo-se o contribuinte da estratégia de um armazém geral, se a saída de mercadoria deste estabelecimento importar em transferência de titularidade, há a incidência do tributo. Nesse sentido, confira o art. 12 da LC n. 87/96: "Art. 12. Considera-se ocorrido o fato gerador do imposto no momento: (...) III – da transmissão a terceiro de mercadoria depositada em armazém geral ou em depósito fechado, no Estado do transmitente". Lembre-se que a saída interna de mercadoria destinada a armazém-geral ou depósito fechado do próprio contribuinte, para mero depósito em nome do remetente, bem como o respectivo retorno ao estabelecimento depositante, por não implicar alteração de sua titularidade, é caso de não incidência do imposto;

Item "III": As isenções são interpretadas literalmente (art. 111, II do CTN). Mas isso não quer dizer que as normas que as veiculam não carecem ser interpretadas. Portanto, se há isenção do ICMS sobre fornecimento de bens e mercadorias destinados ao VLT, nada impede a isenção sobre a energia elétrica que alimenta os trens, tendo em vista que energia elétrica é considerada mercadoria para fins deste tributo, e a isenção foi para os bens e mercadorias destinadas à operação desse serviço. Sem energia, o serviço não é operacionalizado. Apenas para especificar o caso em testilha, quando se analisa a legislação específica do Estado de Mato Grosso, nota-se que a Lei Estadual nº 7098/98 instituiu a aludida isenção no seu art. 5º-B, nos seguintes termos: "Ficam isentas do ICMS: I – as operações de aquisição de combustível destinados ao abastecimento de veículos de transporte coletivo urbano na Região Metropolitana; II – a energia elétrica destinada à alimentação dos trens do Veículo Leve sobre Trilhos"

Item "IV": O item encontra correspondência com o artigo 8º, inciso II, da LC nº 87/1996, segundo o qual "A base de cálculo, para fins de substituição tributária, será: II – em relação às operações ou prestações subseqüentes, obtida pelo somatório das parcelas seguintes: a) o valor da operação ou prestação própria realizada pelo substituto tributário ou pelo substituído intermediário; b) o montante dos valores de seguro, de frete e de outros encargos cobrados ou transferíveis aos adquirentes ou tomadores de serviço; c) a margem de valor agregado, inclusive lucro, relativa às operações ou prestações subsequentes". Portanto, o item está correto.

Alternativa correta: letra "d".

---

326. (Fundatec – Procurador do Estado – RS/2015) Quanto à regulamentação constitucional do ICMS, analise as assertivas abaixo:

I. As alíquotas das operações interestaduais são fixadas pelo Senado Federal, por resolução.

II. Salvo determinação em contrário da legislação, a isenção, na operação de venda, acarretará a anulação do crédito relativo às operações anteriores.

III. Consoante a dicção constitucional, o ICMS terá de ser seletivo, em função da essencialidade das mercadorias e dos serviços.

IV. As exportações são imunes e acarretam a anulação do crédito relativo às operações anteriores, salvo determinação em contrário da legislação.

Após a análise, pode-se dizer que:

a) Está correta apenas a assertiva I.
b) Está correta apenas a assertiva II.
c) Estão corretas apenas as assertivas I e II.
d) Estão corretas apenas as assertivas I, II e III.
e) Todas as assertivas estão corretas.

COMENTÁRIOS

✪ **Nota dos autores:** A questão tratou de dispositivos previstos no §2° do art. 155 do Texto Constitucional, cuja leitura é indispensável em matéria de ICMS, sobretudo para os concursos da Procuradoria do Estado.

Item I: A assertiva está em conformidade com o teor do art. 155, §2°, inciso IV, da CRFB/88: § 2.º O imposto previsto no inciso II (ICMS) atenderá ao seguinte: (...) IV – resolução do Senado Federal, de iniciativa do Presidente da República ou de um terço dos Senadores, aprovada pela maioria absoluta de seus membros, estabelecerá as alíquotas aplicáveis às operações e prestações, interestaduais e de exportação.

Item II: Refere-se ao art. 155, §2°, inciso II, alínea "b" da CRFB/88, *in verbis*: II – a isenção ou não incidência, salvo determinação em contrário da legislação: (...) b) acarretará a anulação do crédito relativo às operações anteriores.

Demais alternativas: Estão corretos os itens I e II, conforme explicado acima. Vejamos os itens incorretos:

Item III: A Constituição Federal determina que "o ICMS poderá ser seletivo" ao passo que. "o IPI será seletivo". Nesse sentido dispõe o art. 155, §2°, inciso III, da CRFB/88: § 2.º O imposto previsto no inciso II (ICMS) atenderá ao seguinte: (...) III – poderá ser seletivo, em função da essencialidade das mercadorias e dos serviços;

Item IV: A assertiva não se coaduna com o disposto no art. 155, §2°, inciso X, alínea "a" da CRFB/88, *in verbis*: 2.º O imposto previsto no inciso II (ICMS) atenderá ao seguinte: (...) X – não incidirá: a) sobre operações que destinem mercadorias para o exterior, nem sobre serviços prestados a destinatários no exterior, assegurada a manutenção e o aproveitamento do montante do imposto cobrado nas operações e prestações anteriores". Logo, não gera anulação do crédito das operações anteriores.

Alternativa correta: letra "c": Estão corretos os itens I e II.

---

327. (PUC – Procurador do Estado – PR/2015) A Lei Complementar n. 24, de 7 de janeiro de 1975, regula a forma como, mediante deliberação dos Estados e do Distrito Federal, isenções, incentivos e benefícios fiscais referentes ao ICMS serão concedidos e revogados.

O diploma legal em comento confere efetividade à norma constante do art. 155, § 2º, XII, g, da Constituição de 1988 e tem por objetivo mitigar os efeitos da guerra fiscal entre os Estados.

Sobre as isenções, incentivos e benefícios fiscais referentes ao ICMS, assinale a alternativa CORRETA.

a) O regime de substituição tributária para trás (diferimento) enquadra-se na categoria dos benefícios fiscais, logo, deve ser objeto de convênio do Confaz.
b) Surge inconstitucional lei do Estado que, para mitigar pronunciamento do STF, implica, quanto ao recolhimento do tributo, dispensa de acessórios – juros e multa de mora – e parcelamento, sem prévia autorização do Confaz.

c) É válido dispositivo de lei que confere ao Chefe do Poder Executivo do Ente Federativo o direito de conceder unilateralmente incentivos fiscais sempre que outro Estado proceder dessa maneira.

d) A isenção do ICMS incidente sobre operações de aquisição de energia elétrica por entidade religiosa viola a Constituição quando realizada sem autorização do Confaz.

e) Se Estado diverso concede benefícios fiscais de ICMS sem observância das regras da LC 24/75 e sem autorização do Confaz, cabe ao Estado lesado o estorno do tributo porventura suprimido pela empresa beneficiária do benefício indevido.

COMENTÁRIOS

✪ **Nota dos autores:** Sobre o tema em comento, recorde-se que o ICMS, diferentemente dos demais impostos, tem regulação de suas isenções e benefícios fiscais definidos por ato do CONFAZ, nos termos do art. 155, 2º, XII, "g" do Texto Constitucional. Nesse sentido, "pacífico o entendimento jurisprudencial no sentido de que a concessão unilateral de benefícios fiscais relativos ao ICMS, sem a prévia celebração de convênio intergovernamental, nos termos do que dispõe a LC 24/75, afronta ao disposto no artigo 155, 2º, XII, g, da Constituição Federal" (ADI 3312, Relator Min. Eros Grau, Tribunal Pleno, DJ de 09.03.2007).

Alternativa "a": A questão aborda o tema da responsabilidade tributária por substituição. Lembre-se que a substituição tributária poderá ser regressiva/para trás (diferimento) ou progressiva/para frente. No primeiro caso o fato gerador ocorreu no passado "para trás" e o pagamento será posterior (diferido) e no segundo, o fato gerador ainda não aconteceu e o pagamento é realizado em momento anterior, ocorrendo uma hipótese de fato gerador presumida (art. 150, §7.º da CRFB/88). O regime de substituição tributária para trás (diferimento), abordado na assertiva, não deve ser objeto de convênio do Confaz e não se enquadra como um benefício fiscal. Conforme dito alhures, trata-se de diferimento do pagamento do tributo em momento posterior à ocorrência do fato jurídico-tributário.

Alternativa "b": Assertiva transcreve ipsis litteris o entendimento do STF sobre o tema. Confira: "GUERRA FISCAL" – PRONUNCIAMENTO DO SUPREMO – DRIBLE. Surge inconstitucional lei do Estado que, para mitigar pronunciamento do Supremo, implica, quanto a recolhimento de tributo, dispensa de acessórios – multa e juros da mora – e parcelamento. Inconstitucionalidade da Lei nº 3.394, de 4 de maio de 2000, regulamentada pelo Decreto nº 26.273, da mesma data, do Estado do Rio de Janeiro. (ADI 2906, Relator(a): Min. MARCO AURÉLIO, Tribunal Pleno, julgado em 01/06/2011, DJe-123)

Alternativa "c": Incorreto. Com fulcro no art. 150, §6º, do Texto Constitucional, em matéria de ICMS, "Qualquer subsídio ou isenção, redução de base de cálculo, concessão de crédito presumido, anistia ou remissão, relativos a impostos, taxas ou contribuições, só poderá ser concedido mediante lei específica, federal, estadual ou municipal, que regule exclusivamente as matérias acima enumeradas ou o correspondente tributo ou contribuição, sem prejuízo do disposto no art. 155, § 2.º, XII, g". Esta norma destina-se ao legislador ordinário que possui o péssimo hábito de introduzir em qualquer tipo de lei um artigo específico concedendo benesses fiscais, que servia, inclusive, no processo de negociação legislativa como instrumento de coação ou de barganha para esse efeito. Desta forma o objetivo da norma é claro: evitar as improvisações e os oportunismos por meio dos quais, certos grupos parlamentares introduziam favores em leis estranhas ao tema tributário, aprovadas pelo silêncio ou desconhecimento da maioria. Enfim, ainda sobre o tema abordado, confira a "Nota dos Autores" acima.

Alternativa "d": Não há violação ao Texto Constitucional. Entendeu o STF que a isenção de ICMS concedida através de lei sem a realização de convênio no CONFAZ não seria inconstitucional, pois tal benefício seria incapaz de estimular a guerra fiscal. Assim, na ADI 3421, o relator, Ministro Marco Aurélio fundamentou no seguinte sentido: "a disciplina legal em exame apresenta peculiaridade e merece reflexão para concluir estar configurada ou não a denominada guerra fiscal", ressaltou o ministro Marco Aurélio, relator, no início de seu voto. Ele destacou que, conforme o artigo 150, inciso VI, alínea "b", da Constituição Federal, os templos de qualquer culto estão imunes a impostos. Com base no parágrafo 4º, do citado artigo, o ministro afirmou que a isenção limita-se ao patrimônio, à renda e aos serviços relacionados com as finalidades essenciais das entidades nela mencionadas. O ministro Marco Aurélio ressaltou que a lei complementar relativa à disciplina da matéria é a 24/75. "Nela está disposto que as peculiaridades do ICMS – benefícios fiscais – hão de estar previstos em instrumento formalizado por todas as unidades da federação", disse. De acordo com ele, a disciplina não revela isenção alusiva a contribuinte de direito, isto é, aquele que esteja no mercado, mas a contribuinte de fato, "de especificidade toda própria", presentes igrejas e templos de qualquer crença quanto à serviços públicos estaduais próprios, delegados, terceirizados ou privatizados de água, luz, telefone e gás. O relator salientou que a proibição de introduzir benefício fiscal sem o assentimento dos demais estados tem como causa evitar competição entre as unidades da federação e, conforme o ministro Marco Aurélio, isso não acontece na hipótese. "Está-se diante de opção político-normativa possível, não cabendo cogitar de discrepância com as balizas constitucionais referentes ao orçamento, sendo irrelevante o cotejo buscado com a lei de responsabilidade fiscal, isso presente o controle abstrato de constitucionalidade", disse.

"No caso, além da repercussão quanto à receita, há o enquadramento da espécie na previsão da primeira parte do parágrafo 6º do artigo 150, da Carta Federal, o que remete a isenção à lei específica", ressaltou o relator. O voto dele, pela improcedência da ação, foi seguido por unanimidade". (Fonte: Notícias STF, em 05.05.2010)

Alternativa "e": Segundo a jurisprudência do STF, o Estado lesado deve propor ADI para declarar a inconstitucionalidade da lei. O estorno do crédito configuraria usurpação do poder judiciário, não cabendo tal medida pelo ente. Confira a seguinte ementa: "TRIBUTÁRIO. MANDADO DE SEGURANÇA. ICMS. OPERAÇÃO INTERESTADUAL. CON-

CESSÃO DE CRÉDITO PRESUMIDO AO FORNECEDOR NA ORIGEM. PRETENSÃO DOESTADO DE DESTINO DE LIMITAR O CREDITAMENTO DO IMPOSTO AO VALOREFETIVAMENTE PAGO NA ORIGEM. DESCONSIDERAÇÃO DO BENEFÍCIO FISCALCONCEDIDO. IMPOSSIBILIDADE. COMPENSAÇÃO. LEI. AUTORIZAÇÃO. AUSÊNCIA.1. O *mandamus* foi impetrado contra ato do Secretário de Estado da Fazenda, com o objetivo de afastar a exigência do Fisco de, com base no Decreto Estadual 4.504/04, limitar o creditamento de ICMS, em decorrência de incentivos ou benefícios fiscais concedidos pelo Estado de origem da mercadoria. Deve-se destacar que a discussão travada na lide não diz respeito à regularidade do crédito concedido na origem, mas à possibilidade de o ente estatal de destino obstar diretamente esse creditamento, autuando o contribuinte que agiu de acordo com a legislação do outro ente federativo. 2. Admite-se o mandado de segurança quando a impugnação não se dirige contra a lei em tese, mas contra os efeitos concretos derivados do ato normativo, o qual restringe o direito do contribuinte de efetuar o creditamento do ICMS.3. Na hipótese, o Secretário de Estado da Fazenda possui legitimidade para figurar no feito, porquanto, nos termos do art. 22 da Lei Complementar Estadual nº 14/92, compete-lhe proceder à arrecadação e à fiscalização da receita tributária, atribuições que se relacionam diretamente com a finalidade buscada na ação mandamental.4. O benefício de crédito presumido não impede o creditamento pela entrada nem impõe o estorno do crédito já escriturado quando da saída da mercadoria, pois tanto a CF/88 (art. 155, § 2º, II) quanto a LC 87/96 (art. 20, § 1º) somente restringem o direito de crédito quando há isenção ou não tributação na entrada ou na saída, o que deve ser interpretado restritivamente. Dessa feita, o creditamento do ICMS em regime de não cumulatividade prescinde do efetivo recolhimento na etapa anterior, bastando que haja a incidência tributária.CF/88875. Se outro Estado da Federação concede benefícios fiscais de ICMS sem a observância das regras da LC 24/75 e sem autorização do CONFAZ, cabe ao Estado lesado obter junto ao Supremo, por meio de ADIn, a declaração de inconstitucionalidade da lei ou ato normativo de outro Estado – como aliás foi feito pelos Estados de São Paulo e Amazonas nos precedentes citados pela Ministra Eliana Calmon – e não simplesmente autuar os contribuintes sediados em seu território. Vide ainda: ADI 3312, Rel. Min. Eros Grau. DJ. 09.03.07 e ADI3389/MC, Rel. Min. Joaquim Barbosa. DJ. 23.06.06).24: ADI 33126. A compensação tributária submete-se ao princípio da legalidade estrita. Dessa feita, não havendo lei autorizativa editada pelo ente tributante, revela-se incabível a utilização desse instituto. Precedentes. 7. Recurso ordinário em mandado de segurança provido em parte. (31714 MT 2010/0044507-3, Relator: Ministro CASTRO MEIRA, Data de Julgamento: 03/05/2011, T2 – SEGUNDA TURMA, Data de Publicação: DJe 19/09/2011)

Alternativa correta: letra "b".

---

328. (FCC – Procurador do Estado – RN/2014) Sobre a base de cálculo do ICMS, é correto afirmar:

a) Embora persistam divergências doutrinárias e jurisprudenciais sobre a incidência, ou não, do ICMS nas transferências entre estabelecimentos de mesma titularidade, prevê a legislação complementar que o ICMS será calculado sobre o valor de venda a consumidor final na operação mais recente nas operações de transferências interestaduais entre estabelecimentos de mesma titularidade.

b) Compreenderá o montante do imposto sobre produtos industrializados nas importações e também quando a operação interna ou interestadual realizada entre contribuintes configure fato gerador dos dois impostos.

c) Poderá ser livremente reduzida pela Unidade da Federação mediante a edição de lei.

d) Compreenderá o valor de venda das mercadorias, excluída a parcela de serviços cobrada pelo fornecedor a título de frete, seguro, instalação e montagem.

e) Será o valor da prestação no Estado de origem, em relação à utilização, por contribuinte, de serviço cuja prestação se tenha iniciado em outro Estado e não esteja vinculada à operação ou prestação subsequente.

COMENTÁRIOS

✪ **Nota dos autores:** Questão de alto nível de dificuldade em virtude da exigência de conhecimentos minuciosos de lei infraconstitucional em sua literalidade.

Alternativa "a": O erro da assertiva está sobre o cálculo do ICMS, que não será sobre o valor de venda a consumidor final, mas, sim, sobre o valor da entrada mais recente da mercadoria. Vejamos o art. 13, § 4º, III da LC n. 87/96: Art. 13. A base de cálculo do imposto é: (...) § 4º Na saída de mercadoria para estabelecimento localizado em outro Estado, pertencente ao mesmo titular, a base de cálculo do imposto é: I – o valor correspondente à entrada mais recente da mercadoria;"

Alternativa "b": A assertiva está errada, pois vai na contramão da CRFB/88 e da Lei que rege a matéria, a LC n. 87/96. Da CF, no art. 155, § 2º, inciso XI: "XI – não compreenderá, em sua base de cálculo, o montante do imposto sobre produtos industrializados, quando a operação, realizada entre contribuintes e relativa a produto destinado à industrialização ou à comercialização, configure fato gerador dos dois impostos; e da LC n. 87/96 no "Art. 13. § 2º Não integra a base de cálculo do imposto o montante do Imposto sobre Produtos Industrializados, quando a operação, realizada entre contribuintes e relativa a produto destinado à industrialização ou à comercialização, configurar fato gerador de ambos os impostos".

Alternativa "c": A CF veda a isenção do ICMS unilateralmente por cada Estado, pelos efeitos que esses benefícios geram aos entes da federação. Assim, repassou à LC o papel de disciplinar como as isenções deveriam ocorrer, retirando do Estado essa condição, como se percebe da redação do art. 155, XII, "g" da CF: "XII – cabe à lei complementar: g) regular a forma como, mediante deliberação dos Estados e do Distrito Federal, isenções, incentivos e benefícios fiscais serão concedidos e revogados."

Alternativa "d": A literalidade dos artigos 8º e 13 da Lei Kandir exige interpretação distinta: "Art. 8º A base de cálculo, para fins de substituição tributária, será: (...) II – em relação às operações ou prestações subseqüentes, obtida pelo somatório das parcelas seguintes: a) o valor da operação ou prestação própria realizada pelo substituto tributário ou pelo substituído intermediário; b) o montante dos valores de seguro, de frete e de outros encargos cobrados ou transferíveis aos adquirentes ou tomadores de serviço". Igualmente a redação do art. 13, § 1º "Integra a base de cálculo do imposto, inclusive na hipótese do inciso V do caput deste artigo: b) frete, caso o transporte seja efetuado pelo próprio remetente ou por sua conta e ordem e seja cobrado em separado".

Alternativa "e": Nos casos de prestação de serviço, a base de cálculo do ICMS será sempre o valor do serviço, nos termos do art. 13, III da LC n. 87/96: "Art. 13. A base de cálculo do imposto é: (...) III – na prestação de serviço de transporte interestadual e intermunicipal e de comunicação, o preço do serviço". Agora, quanto à ocorrência do fato gerador, o art. 12, XIII da mesma lei afirma que tal se dá no momento "da utilização, por contribuinte, de serviço cuja prestação se tenha iniciado em outro Estado e não esteja vinculada a operação ou prestação subseqüente.". A questão misturou os dois entendimentos, bastando ater-se que a base de cálculo não sofre alteração a depender do momento da ocorrência do fato gerador.

Alternativa correta: letra "e".

---

329. (FCC – Procurador do Estado – RN/2014) Por meio do Convênio ICMS nº 94/2012 os Estados e o Distrito Federal foram autorizados a instituir a isenção de ICMS sobre operações com bens e mercadorias destinados à implantação de projetos de mobilidade urbana de passageiros relativos ao modal metroferroviário. No Estado de São Paulo, a isenção foi incorporada à legislação estadual por meio dos Decretos nº 58.492/2012, o qual prevê a isenção para as operações internas de mercadorias em geral destinadas à manutenção de trens, locomotivas e vagões, e nº 58.491/2012, o qual prevê a isenção para as operações internas de trens, locomotivas e vagões destinadas às redes de transportes sobre trilhos de passageiros. Empresa situada no Rio Grande do Norte sente-se prejudicada com a restrição, pois ao adquirir tais mercadorias de fornecedores paulistas, não será beneficiada com a isenção fiscal. A limitação da isenção fiscal às operações internas é:

I. Constitucional, o ente federativo pode conceder isenções limitando-se apenas às operações realizadas em seu território.

II. Inconstitucional, pois por meio da restrição às operações internas, o Estado de São Paulo estabeleceu diferença tributária entre bens em razão de sua procedência e destino.

III. Constitucional, pois é admitido que União, Estados e Municípios instituam incentivos fiscais que não sejam uniformes ao território nacional com o objetivo de promover o equilíbrio do desenvolvimento socioeconômico entre as diferentes Regiões do País.

Está correto o que se afirma APENAS em

a) I.
b) II.
c) III.
d) I e III.
e) II e III.

COMENTÁRIOS

Item I: Como dito acima, qualquer concessão de isenção pelos entes federativos carece de aprovação no CONFAZ, envolvendo todos os outros Estados, nos termos do art. 155, XII, "g" da CF: "XII – cabe à lei complementar: g) regular a forma como, mediante deliberação dos Estados e do Distrito Federal, isenções, incentivos e benefícios fiscais serão concedidos e revogados." Logo, o ente federativo não pode conceder isenções no seu território isoladamente.

Item II: A inconstitucionalidade dos decretos do Estado de São Paulo vai além do previsto na assertiva. De fato, qualquer concessão de isenção pelos entes federativos carece de aprovação no CONFAZ, nos termos do art. 155, XII, "g" da CF: "XII – cabe à lei complementar: g) regular a forma como, mediante deliberação dos Estados e do Distrito Federal, isenções, incentivos e benefícios fiscais serão concedidos e revogados." Logo, não poderiam o Estado de São Paulo e o Distrito Federal deliberarem isoladamente. Após, tem-se que isentar as operações internas de mercadorias destinadas à manutenção de trens, locomotivas e vagões, e as operações internas de trens, locomotivas e vagões destinadas às redes de transportes sobre trilhos de passageiros, também fere o art. 155, § 2º, VI da CF, que proíbe alíquotas internas menores que as alíquotas interestaduais. Por fim, fere o art. 152 da CF, pois trata diferentemente bens oriundos do próprio Estado de bens advindos de outros Estados: "Art. 152. É vedado aos Estados, ao Distrito Federal e aos Municípios estabelecer diferença tributária entre bens e serviços, de qualquer natureza, em razão de sua procedência ou destino".

Item III: Não há qualquer possibilidade de os entes federativos concederem incentivos fiscais para além do seu espaço territorial, a consistir nisso o maior erro da assertiva. Por outro, o art. 151, I, quando trata do tema, aborda apenas a União, lembrando que este ente, por óbvio, só pode dispor dos tributos de sua competência: "Art. 151. É vedado à União: I – instituir tributo que não seja uniforme em todo o território nacional ou que implique distinção ou preferência em relação a Estado, ao Distrito Federal ou a Município, em detrimento de outro, admitida a concessão de incentivos fiscais destinados a promover o equilíbrio do desenvolvimento sócio-econômico entre as diferentes regiões do País".

Alternativa correta: letra "b". Correto apenas o item II.

---

330. (FCC – Procurador do Estado – RN/2014) Tendo sido reconhecida a inconstitucionalidade da cobrança do ICMS sobre os serviços de transporte aéreo de passageiros, as empresas do setor passaram a pleitear o reconhecimento do indébito tributário. A restituição do ICMS deverá ser deferida:

I. Caso as empresas continuem em operação normal, vedada a restituição àquelas empresas que interromperam suas operações por qualquer razão.

II. Apenas se a companhia aérea ajuizou ação judicial individual pleiteando o reconhecimento da inexigibilidade do ICMS sobre a prestação de serviços de transporte aéreo de passageiros.

III. Caso as empresas aéreas apresentem comprovação de que não transferiram aos passageiros os encargos relativos ao ICMS.

Está correto o que se afirma APENAS em

a) I.

b) II.

c) III.

d) I e II.

e) II e III.

COMENTÁRIOS

Item I: Mesmo empresas com operações interrompidas fazem jus à restituição do tributo, pois o pagamento indevido, para sua devolução, não se atém ao critério de funcionamento regular da empresa na prática do fato gerador. Importa que o fato gerador tenha ocorrido na data em que a empresa ainda estava ativa. Proibir a repetição conduz ao enriquecimento sem causa, o que é vedado pelo direito.

Item II: Se a lei foi julgada inconstitucional, inegável o direito à devolução do valor pago indevidamente até mesmo àqueles que não alegaram a inconstitucionalidade autonomamente. O ICMS já é inexigível e nunca deveria ter sido cobrado. Basta, para tanto, uma sentença condenando o Estado a repetir o indébito tributário.

Item III: Quando se trata de tributo indireto, o CTN exige prova, para a sua restituição, de que o ônus não foi assumido pelo consumidor, a fim de que seja assegurada a sua restituição. Essa a redação do art. 166: "Art. 166. A restituição de tributos que comportem, por sua natureza, transferência do respectivo encargo financeiro somente será feita a quem prove haver assumido o referido encargo, ou, no caso de tê-lo transferido a terceiro, estar por este expressamente autorizado a recebê-la."

Alternativa correta: letra "c": Correto o item III.

---

331. (FCC – Procurador do Estado – RN/2014) O regime de substituição tributária com antecipação dos efeitos do fato gerador do ICMS

a) nas operações internas, depende de lei especificando as mercadorias ou serviços sujeitos ao regime, e disciplinando a respectiva base de cálculo.

b) nas operações interestaduais, depende de Protocolo entre os Estados envolvidos, e de previsão em lei do Estado de Origem.

c) é inconstitucional, pois representa a cobrança sobre fato gerador futuro e incerto.

d) não é aplicável às operações realizadas com consumidor final.

e) poderá ser aplicado nas operações com consumidor final e nas operações com insumos destinados à industrialização por parte do respectivo adquirente.

COMENTÁRIOS

Alternativa "a": A legalidade cerrada determina, com minúcias, o quando preceituado na assertiva. É a conclusão a que se chega da leitura do art. 6º e seus parágrafos da LC n. 87/96: "Art. 6º Lei estadual poderá atribuir a contribuinte do imposto ou a depositário a qualquer título a responsabilidade pelo seu pagamento, hipótese em que assumirá a condição de substituto tributário. § 1º A responsabilidade poderá ser atribuída em relação ao imposto incidente sobre uma ou mais operações ou prestações, sejam antecedentes, concomitantes ou subseqüentes, inclusive ao valor decorrente da diferença entre alíquotas interna e interestadual nas operações e prestações que destinem bens e serviços a consumidor final localizado em outro Estado, que seja contribuinte do imposto. § 2º A atribuição de responsabilidade dar-se-á em relação a mercadorias, bens ou serviços previstos em lei de cada Estado".

Alternativa "b": No ponto, reza o art. 9º da Lei Complementar n. 87/96: "Art. 9º A adoção do regime de substituição tributária em operações interestaduais dependerá de acordo específico celebrado pelos Estados interessados".

Alternativa "c": Errado. O STF declarou constitucional o regime, após a sua inserção na CF, art. 150, § 7º: "§ 7º A lei poderá atribuir a sujeito passivo de obrigação tributária a condição de responsável pelo pagamento de imposto ou contribuição, cujo fato gerador deva ocorrer posteriormente, assegurada a imediata e preferencial restituição da quantia paga, caso não se realize o fato gerador presumido"

Alternativa "d": Não há qualquer restrição à substituição tributária nessa hipótese. Ao contrário, o produto com substituição tributária, ao final, é destinado ao consumidor

Alternativa "e": A questão trata da substituição tributária com antecipação dos efeitos do fato gerador. Logo, trata-se da substituição progressiva. A assertiva, por sua vez, trata das "operações com insumos destinados à industrialização por parte do respectivo adquirente." A hipótese aqui é típica de substituição regressiva e não progressiva.

Alternativa correta: letra "a".

---

332. (Fundatec – Procurador do Estado – RS/2015) Quanto ao entendimento jurisprudencial em matéria tributária, assinale a alternativa INCORRETA.

a) Nota fiscal declarada inidônea não autoriza o aproveitamento dos créditos de ICMS, mesmo que o comerciante esteja de boa-fé e demonstre a veracidade da compra e venda.

b) A reunião de execuções fiscais contra o mesmo devedor constitui faculdade do Juiz.

c) Os descontos incondicionais nas operações mercantis não se incluem na base de cálculo do ICMS.

d) O ICMS incide sobre o valor da venda a prazo constante da nota fiscal.

e) Em execução fiscal, a prescrição ocorrida antes da propositura da ação pode ser decretada de ofício.

COMENTÁRIOS

✪ **Nota dos autores:** Atenção: O examinador solicitou do candidato a assertiva incorreta.

Alternativa "a": Está na contramão do entendimento sumulado pelo STJ da seguinte forma: "Súmula 509. É lícito ao comerciante de boa-fé aproveitar os créditos do ICMS decorrentes de nota fiscal posteriormente declarada inidônea, quando demonstrada a veracidade da compra e venda"

Alternativa "b": Trata-se de prescrição contida no art. 28 da Lei n. 6.830/80 combinado com a Súmula 515 do STJ: "Art. 28 – 0 Juiz, a requerimento das partes, poderá, por conveniência da unidade da garantia da execução, ordenar a reunião de processos contra o mesmo devedor". "Súmula 515: A reunião de execuções fiscais contra o mesmo devedor constitui faculdade do Juiz".

Alternativa "c": Assevera a Súmula 457 do STJ que "Os descontos incondicionais nas operações mercantis não se incluem na base de cálculo do ICMS".

Alternativa "d": Afirma a súmula n. 395 do STJ: "O ICMS incide sobre o valor da venda a prazo constante na nota fiscal".

Alternativa "e": Matéria de todos sabido, constante da Súmula n. 409 do STJ: "Em execução fiscal, a prescrição ocorrida antes da propositura da ação pode ser decretada de ofício"

Alternativa incorreta: letra "a".

---

333. (PUC – Procurador do Estado – PR/2015) O Imposto sobre operações relativas à circulação de mercadorias e sobre prestações de serviços de transporte interestadual e intermunicipal e de comunicação – ICMS é o tributo com o maior número de dispositivos positivados no texto da Constituição. Trata-se, ademais disso, da maior fonte de recursos para os diversos Estados da Federação.

Em âmbito nacional, o ICMS é regido pela Lei Complementar n. 87, de 13/09/96. No Estado do Paraná, é a Lei Estadual n. 11.580, de 14/11/96, que dispõe sobre o tributo. Sobre o assunto, assinale a alternativa CORRETA.

a) Para fins tributários, a jurisprudência tem equiparado os serviços de telecomunicação à indústria, admitindo o creditamento de ICMS decorrente da entrada de energia elétrica consumida pela empresa, vez que essencial ao desempenho de suas atividades.

b) O legislador complementar adotou o regime de crédito financeiro, segundo o qual admite-se o creditamento incondicionado do ICMS decorrente da entrada de mercadorias destinadas ao ativo permanente da empresa.

c) A inclusão do montante do imposto na sua própria base de cálculo (ICMS por dentro) viola a Constituição Federal de 1988.

d) Por força de imunidade tributária específica, não incide ICMS sobre a operação de compra e venda de álcool combustível celebrada entre uma distribuidora sediada no Estado do Paraná e um posto de combustível situado no Estado de Santa Catarina.

e) Nas operações de arrendamento mercantil financeiro internacional, incide o ICMS a partir da entrada da mercadoria no território nacional, independentemente do exercício efetivo da opção de compra.

COMENTÁRIOS

Alternativa "a": O tema é antigo, pois remonta a legislação anterior à Constituição Federal, mas foi recentemente confirmado pela jurisprudência do STJ, no sentido de que os serviços de telecomunicação são equiparados à indústria básica, para todos os efeitos legais do ICMS. Nesse sentido, decidiu o STJ em sede de repetitivo (REsp 1.201.635/MG): "1. A disposição prevista no art. 1º do Decreto 640/62, equiparando os serviços de telecomunicações à indústria básica, para todos os efeitos legais, é válida e compatível com a legislação superveniente e atual, continuando em vigor, já que não houve revogação formal do aludido decreto. 2. A Primeira Seção do STJ, no julgamento do REsp 842.270/RS, firmou compreensão no sentido de que o ICMS incidente sobre a energia elétrica consumida pelas empresas de telefonia, que promovem processo industrial por equiparação, pode ser creditado para abatimento do imposto devido quando da prestação de serviços. Inteligência dos arts. 33, II, b, da Lei Complementar 87/96, e 1 o do Decreto 640/62.(...) 5. "O art. 33, II, da LC 87/96 precisa ser interpretado conforme a Constituição, de modo a permitir que a não cumulatividade alcance os três núcleos de incidência do ICMS previstos no Texto Constitucional, sem restringi-la à circulação de mercadorias, sem dúvida a vertente central, mas não única hipótese de incidência do imposto " (REsp 842.270/RS, Rel. Ministro LUIZ FUX, Rel. p/ Acórdão Ministro CASTRO MEIRA, PRIMEIRA SEÇÃO, julgado em 23/05/2012, DJe 26/06/2012).

Alternativa "b": Falso. Para a assertiva, importa distinguir o crédito físico do crédito financeiro. Segundo a teoria do crédito físico, poderá ser aproveitado somente aquele ICMS incidente sobre os insumos que foram incorporados à mercadoria durante o seu processo industrial e de comercialização. Assim, o crédito físico atém-se ao abatimento do ICMS cobrado sobre as mercadorias e componentes físicos do produto, tais como, matéria-prima, embalagens e produtos intermediários, entrados no período de apuração. Não alcança todas as operações tributáveis, permitindo algumas restrições. O método da dedução financeira, por sua vez, admite que todas as operações tributáveis geram crédito, seja qual for seu objeto. Por este sistema, não se estabelece confronto entre o imposto incidente sobre os bens ou serviços adquiridos, com o imposto incidente sobre a posterior saída do produto: a não cumulatividade do imposto é única. Por este raciocínio admite-se até crédito de imposto nas aquisições de bens incorpóreos, que não integram fisicamente o produto final, tais como, serviços de transporte, comunicação e inclusive energia elétrica. Não há que se falar em restrições de ICMS. De fato, embora ainda não definida a jurisprudência, a LC n. 87/96 limitou a possibilidade de crédito integral na entrada de mercadorias destinadas ao ativo permanente da empresa. Vejamos a redação do art. 20, § 5º: Art. 20. Para a compensação a que se refere o artigo anterior, é assegurado ao sujeito passivo o direito de creditar-se do imposto anteriormente cobrado em operações de que tenha resultado a entrada de mercadoria, real ou simbólica, no estabelecimento, inclusive a destinada ao seu uso ou consumo ou ao ativo permanente, ou o recebimento de serviços de transporte interestadual e intermunicipal ou de comunicação. (...) § 5º Para efeito do disposto no caput deste artigo, relativamente aos créditos decorrentes de entrada de mercadorias no estabelecimento destinadas ao ativo permanente, deverá ser observado: I – a apropriação será feita à razão de um quarenta e oito avos por mês, devendo a primeira fração ser apropriada no mês em que ocorrer a entrada no estabelecimento; II – em cada período de apuração do imposto, não será admitido o creditamento de que trata o inciso I, em relação à proporção das operações de saídas ou prestações isentas ou não tributadas sobre o total das operações de saídas ou prestações efetuadas no mesmo período;" Nota-se que não há permissivo legal para o creditamento incondicionado do ICMS em todos os casos.

Alternativa "c": Segundo o entendimento do STF, a inclusão de Imposto sobre Circulação de Mercadorias e Serviços – ICMS em sua própria base de cálculo é constitucional. No julgamento do RE 582461 (Relator(a): Min. GILMAR MENDES, Tribunal Pleno, julgado em 18/05/2011, REPERCUSSÃO GERAL – MÉRITO DJe-158 DIVULG 17-08-2011) restou decidido que "(...) A base de cálculo do ICMS, definida como o valor da operação da circulação de mercadorias (art. 155, II, da CF/1988, c/c arts. 2º, I, e 8º, I, da LC 87/1996), inclui o próprio montante do ICMS incidente, pois ele faz parte da importância paga pelo comprador e recebida pelo vendedor na operação. A Emenda Constitucional nº 33, de 2001, inseriu a alínea "i" no inciso XII do § 2º do art. 155 da Constituição Federal, para fazer constar que cabe à lei complementar "fixar a base de cálculo, de modo que o montante do imposto a integre, também na importação do exterior de bem, mercadoria ou serviço". Ora, se o texto dispõe que o ICMS deve ser calculado com o montante do imposto inserido em sua própria base de cálculo também na importação de bens, naturalmente a interpretação que há de ser feita é que o imposto já era calculado dessa forma em relação às operações internas. Com a alteração constitucional a Lei Complementar ficou autorizada a dar tratamento isonômico na determinação da base de cálculo entre as operações ou prestações internas com as importações do exterior, de modo que o ICMS será calculado "por dentro" em ambos os casos (...)".

Alternativa "d": Incorreta. A leitura do art. 155, § 2º, X, "a" não alcança o álcool combustível: "Art. 155. § 2º O imposto previsto no inciso II atenderá ao seguinte: (...) X – não incidirá: (...) b) sobre operações que destinem a outros Estados petróleo, inclusive lubrificantes, combustíveis líquidos e gasosos dele derivados, e energia elétrica". Nesse sentido, vejamos o entendimento do STJ: "TRIBUTÁRIO E CONSTITUCIONAL. AGRAVO REGIMENTAL NO RECURSO ESPECIAL. EMBARGOS À EXECUÇÃO. ICMS. IMUNIDADE DO PETRÓLEO E SEUS DERIVADOS. EXTENSÃO AO ÁLCOOL ANIDRO. FUNDAMENTO EMINENTEMENTE CONSTITUCIONAL. REVISÃO NA VIA ELEITA. IMPOSSIBILIDADE.

1. A controvérsia do recurso especial reside no direito de estorno de crédito de ICMS decorrente da entrada de álcool anidro adicionado à gasolina, tendo em vista a imunidade concedida aos derivados de petróleo. Ocorre que o Tribunal local negou provimento ao apelo com fundamentação eminentemente constitucional, haja vista a interpretação dada ao artigo 155, § 2º, X, "b", da Constituição Federal no sentido de excluir os combustíveis de origem vegetal (álcool anidro) da imunidade constitucional do petróleo, lubrificantes, combustíveis líquidos e gasosos e energia elétrica. 2. O fundamento constitucional assentado pelo acórdão recorrido afasta a possibilidade de revisão do julgado na via do recurso especial, por sua competência ser restrita à uniformização do direito infraconstitucional. No contrário, estar-se-ia usurpando a atribuição exclusiva do Supremo Tribunal Federal disciplinada no art. 102, III, da Carta Política de 1988. 3. Agravo regimental não provido. (AgRg no REsp 1185691/PI, Rel. Ministro BENEDITO GONÇALVES, PRIMEIRA TURMA, julgado em 27/09/2011, DJe 30/09/2011).

Alternativa "e": Não incide o ICMS importação na operação de arrendamento mercantil internacional, salvo na hipótese de antecipação da opção de compra na medida em que o arrendamento mercantil não implica, necessariamente, transferência de titularidade sobre o bem (STF, RE 540829/SP, red. p/ ac. Min. Luiz Fux, 11.9.2014. Repercussão geral – mérito. Pleno. (Info 758)

Alternativa correta: letra "a".

---

334. (FCC – Procurador do Estado – MT/ 2011) De acordo a Lei do ICMS do Estado de Mato Grosso (Lei nº 7.098/98) e a legislação federal acerca do ICMS, analise os itens a seguir:

I. Incide sobre a entrada, no território do Estado, de petróleo, inclusive lubrificantes e combustíveis líquidos e gasosos dele derivados, e de energia elétrica, quando não destinados à comercialização ou à industrialização e decorrente de operações interestaduais.

II. Não incide sobre serviço prestado no exterior ou cuja prestação se tenha iniciado no exterior.

III. Incide sobre operações e prestações que destinem ao exterior mercadorias.

IV. Incide sobre a entrada no estabelecimento de contribuinte de bem ou mercadoria destinada a uso, consumo ou ativo permanente.

V. Não incide sobre a prestação de serviço de transporte intramunicipal, por qualquer via, de pessoas, bens, mercadorias ou valores.

Está correto APENAS o que se afirma nos itens

a) I e II.
b) I e IV.
c) III e V.
d) I, IV e V.
e) II, IV e V.

COMENTÁRIOS

✪ **Nota dos autores:** Muito embora não se tenha conhecimento específico da legislação mencionada na questão, esta será respondida apenas com base na CF e na legislação federal que trata da matéria.

Item I: está correto porque, na operação descrita, se a mesma é destinada à comercialização ou à industrialização, será hipótese de imunidade, descrita no art. 155, § 2º, X, "b" da CF, c/c art. 3º, III da LC 87/96.

Item II: está incorreto porque, pela redação do art. 155, § 2º, IX, "a" da CF, o ICMS incidirá sobre o serviço prestado no exterior.

Item III: está incorreto porque o art. 155, § 2º, X, "a" da CF prevê a não incidência do ICMS sobre operações que destinem mercadorias para o exterior, hipótese de imunidade.

Item IV: está correto porque o contribuinte, quando adquire mercadoria para o seu uso, consumo ou ativo permanente, estará na posição de destinatário final sujeito à tributação, conforme se depreende do art. 155, § 2º, VII, "a" da CF (vigente à época do certame), c/c art. 20 da Lei nº 87/96. Vale ressaltar que o dispositivo constitucional – alínea "a" – foi revogado pela EC 87/2015 que deu nova redação ao inciso VII supracitado.

Item V: está correto porque a hipótese é de tributação pelo o ISS.

Alternativa correta letra "d": I, IV e V estão corretas.

---

335. (FCC – Procurador do Estado – MT/ 2011) A forma como os Estados e o Distrito Federal podem deliberar sobre concessão de isenções, incentivos e benefícios fiscais do ICMS deve ser regulada em

a) Lei complementar.
b) Lei ordinária de cada Estado e do Distrito Federal.
c) Decreto legislativo do Congresso Nacional.
d) Resolução do Senado Federal.
e) Convênio celebrado entre os Estados e o Distrito Federal.

COMENTÁRIOS

Alternativa "a": Literalidade do art. 155, § 2º, XII, "g" da CF.

Alternativa "b" (responde também as alternativas "c", "d" e "e"): Importante saber o conteúdo reservado pela CF à lei complementar em matéria tributária, a exemplo dos arts. 146 e 155, § 2º, XII, "g" da CF (este último sobre ICMS).

Alternativa correta letra "a".

---

336. (FEPESE – Procurador do Estado – SC/ 2009) Conforme estabelece a Constituição Federal quanto à deliberação dos Estados e do Distrito Federal em relação ao imposto sobre operações relativas à circulação de mercadorias e sobre prestações de serviços de transporte interestadual e intermunicipal e de comunicação (ICMS), através da celebração de convênios, nos termos da Lei Complementar nº 2.4 de 7.01.1975, e o disposto na Lei nº 1.0.297, de 26.12.1996, de Santa Catarina, analise as alternativas abaixo a respeito daquele imposto e indique a correta:

a) O Estado de Santa Catarina tem competência para a fixação de alíquotas nas operações internas inferiores às previstas para as operações interestaduais, independentemente de prévia celebração de convênios.
b) De acordo com a lei catarinense, um convênio firmado para instituir a adoção da redução da base de cálculo quanto a certas operações sujeitas ao imposto, somente produzirá efeitos no Estado após homologado pela Assembleia Legislativa.
c) A concessão de crédito presumido do imposto em relação a operações de saída de mercadorias cuja entrada ocorreu com isenção e, portanto, sem direito ao crédito pelo adquirente, visa corrigir distorção na tributação e, por isso, não depende de prévia celebração de convênio.
d) Os convênios celebrados produzem efeitos, quanto à instituição de isenção, a partir da data da publicação do decreto de ratificação do Poder Executivo e, quanto à revogação do benefício, se não instituído com prazo certo, após decorridos 45 dias da publicação do decreto de ratificação do convênio de revogação.
e) Os Estados e o Distrito Federal têm competência para, mediante celebração de convênios, fixar as alíquotas interestaduais segundo critérios que visem a redução das desigualdades entre as Regiões do país.

COMENTÁRIOS

✪ **Notas dos autores:** Muito embora a questão demande conhecimento específico da legislação citada, a mesma será respondida com base apenas na CF e na legislação federal que trata do ICMS, o que é plenamente possível.

Alternativa "a": Pela redação do art. 155, § 2º, VI da CF, "salvo deliberação em contrário dos Estados e do Distrito Federal, nos termos do disposto no inciso XII, "g", as alíquotas internas, nas operações relativas à circulação de mercadorias e nas prestações de serviços, não poderão ser inferiores às previstas para as operações interestaduais".

Alternativa "b": Não há nenhum impedimento constitucional para que um convênio, antes de surtir seus efeitos, seja homologado pelo Legislativo. Na verdade, trata-se de maior proteção aos contribuintes pela força democrática que o Parlamento possui.

Alternativa "c": A concessão de crédito presumido, por ser benefício fiscal, depende de prévia celebração de convênio (art. 155, § 2º, XII, "g" da CF).

Alternativa "d": Pela regra geral do CTN, os convênios produzem efeitos na data neles prevista (art. 103, III do CTN). Regra distinta poderá ser disciplinada pelo Estado.

Alternativa "e": Não há esse permissivo constitucional. Na verdade, as alíquotas interestaduais são fixadas por resolução do Senado Federal (art. 155, § 2º, IV da CF).

Alternativa correta: letra "b".

337. (FEPESE – Procurador do Estado – SC/ 2009) De acordo com o disposto na Constituição Federal, no Código Tributário Nacional, na Lei Complementar nº 116, de 31.07.2003, e em normas correlatas, analise as alternativas abaixo e assinale a correta:

a) Compete aos municípios a instituição de impostos sobre serviços de qualquer natureza, definidos em lei complementar, incluindo-se os serviços de transporte e os serviços de comunicação, quando prestados nos limites territoriais do município, ficando afastada a competência dos Estados e do Distrito Federal.

b) Sempre que ocorrer a aplicação de mercadorias na prestação dos serviços relacionados na Lista de Serviços anexa à Lei Complementar nº 116/03, incide o imposto sobre operações relativas à circulação de mercadorias e sobre prestações de serviços de transporte interestadual e intermunicipal e de comunicação (ICMS) sobre o valor das mercadorias e, também, incide o imposto sobre serviços de qualquer natureza (ISS), sobre o valor do serviço, salvo as exceções previstas na Lista, quando incidirá apenas o ISS, e a base de cálculo corresponderá ao valor da prestação do serviço e das mercadorias.

c) Dentre os impostos, somente o imposto sobre operações relativas à circulação de mercadorias e sobre prestações de serviços de transporte interestadual e intermunicipal e de comunicação – (ICMS), o imposto sobre a importação de produtos estrangeiros (II), e o imposto sobre a exportação (IE) podem incidir sobre operações relativas a derivados de petróleo, combustíveis e minerais do País, mas não é inconstitucional a incidência de outros tributos, como no caso de contribuição de intervenção no domínio econômico, em relação a essas atividades.

d) Compete exclusivamente à União instituir contribuições sociais e, portanto, os Estados não têm competência para instituir contribuições, com natureza jurídica de tributo, para o custeio de regime de previdência em benefício dos seus funcionários.

e) Compete à União, aos Estados e ao Distrito Federal legislar concorrentemente sobre direito tributário, em relação ao qual, existindo lei federal sobre normas gerais, os Estados exercerão competência legislativa plena apenas quanto às suas peculiaridades.

COMENTÁRIOS

Alternativa "a": O erro da assertiva está em incluir os serviços de comunicação como objetos de tributação do ISS. Comunicação é tributada pelo ICMS.

Alternativa "b": A assertiva tenta induzir a erro, quando afirma existir incidência do ICMS sempre que houver aplicação de mercadorias na prestação de serviços relacionados na LC nº 116/03. Ora, em contraposição, reza o § 2º do art. 1º da LC nº 116/03 que, com ressalvas das exceções previstas na lista anexa à lei, os serviços nela mencionados não ficam sujeitos ao ICMS, ainda que sua prestação envolva fornecimento de mercadoria. Quase todo serviço envolve mercadoria, mas, nem por isso, passará a ser objeto do alcance do ICMS. A lei prevê expressamente as hipóteses em que os dois tributos devem incidir, no caso de entrega considerável de mercadoria juntamente com o serviço, como ocorre nas oficinas mecânicas.

Alternativa "c": Trata-se da aplicação do § 3º do art. 155 da CF, que reza a impossibilidade de algum outro imposto, que não o ICMS, o II e o IE, incidir sobre operações relativas à energia elétrica, serviços de telecomunicações, derivados de petróleo, combustíveis e minerais do País. Como a CF proibiu a incidência de outros impostos, permitiu a incidência de contribuições, a exemplo da CIDE-combustíveis (art. 177, § 4º da CF).

Alternativa "d": A assertiva contém justamente a exceção convertida em regra. O § 1º do art. 149 da CF afirma que os Estados, DF e Municípios podem instituir contribuição, cobrada de seus servidores, para o custeio do regime previdenciário. Essa contribuição tem natureza de tributo.

Alternativa "e": A primeira parte da assertiva está correta. No entanto, cumpre lembrar, existindo lei federal sobre normas gerais, os Estados exercerão competência legislativa suplementar (art. 24, § 3º da CF).

Alternativa correta: letra "c".

338. (FEPESE – Procurador do Estado – SC/ 2009) Quanto à base de cálculo do imposto sobre operações relativas à circulação de mercadorias e sobre prestações de serviços de transporte interestadual e intermunicipal e de comunicação (ICMS), analise as afirmativas abaixo:

I. A sociedade empresária "A" realizou uma venda de produtos por ela industrializados, diretamente a um condomínio em edifício de apartamentos, que está reformando o prédio. Nesse caso, integra a base de cálculo do ICMS o valor do imposto sobre produtos industrializados (IPI) que também incide na mesma operação.

II. A sociedade empresária " A" realizou uma venda de produtos que industrializou, para a sociedade empresária "B", que os utiliza como elementos e componentes de produtos de sua fabricação. Nessa hipótese, o valor do imposto sobre produtos industrializados (IPI), incidente nessa operação, integra a base de cálculo do ICMS devido pela sociedade empresária vendedora.

III. A sociedade empresaria "A", atacadista, realizou vendas com a promoção seguinte: o consumidor que adquirir mercadorias em valor superior a um mil reais terá desconto de 20%, sobre o valor total se, nos 30 dias seguintes, voltar à loja e realizar nova compra, com valor superior a dois mil reais. Nesse caso, se for realizado o pagamento com o desconto, a base de cálculo para incidência do ICMS adotada deve ser reduzida do valor correspondente ao desconto efetivamente concedido.

Assinale a alternativa que indica todas as afirmativas corretas.

a) Está correta apenas a afirmativa I.
b) Está correta apenas a afirmativa III.
c) Estão corretas as afirmativas I e II.
d) Estão corretas as afirmativas I e III.
e) Estão corretas as afirmativas II e III.

COMENTÁRIOS

Assertiva I: está correta em virtude da redação do art. 155, § 2º, XI da CF, quando afirma que, no ICMS, "não compreenderá, em sua base de cálculo, o montante do imposto sobre produtos industrializados, quando a operação, realizada entre contribuintes e relativa a produto destinado à industrialização ou à comercialização, configure fato gerador dos dois impostos". No caso em apreço, como a operação seguinte não compreende fato gerador dos dois impostos, o IPI fará parte da base de cálculo do ICMS.

Assertiva II: está errada porque na operação há inclusão do IPI na base de cálculo do ICMS, hipótese que não deveria ocorrer em virtude de que a operação seguinte configura fato gerador dos dois impostos.

Assertiva III: está errada porque apenas os descontos incondicionais podem ser abatidos da base de cálculo do ICMS. Os descontos concedidos sob condição integram a base de cálculo (LC nº 87/96, art. 13, § 1º, II, "b").

Alternativa correta: letra "a".

339. (FEPESE – Procurador do Estado – SC/ 2009) Tendo em vista a Constituição Federal, o Código Tributário Nacional, a Lei Complementar nº 87 de 13.09.1996, a Lei nº 10.297 de 26.12.1996, de Santa Catarina, que dispõe sobre o imposto sobre operações relativas à circulação de mercadorias e sobre prestações de serviços de transporte interestadual e intermunicipal e de comunicação (ICMS), assinale a alternativa correta:

a) Nos termos da lei catarinense que disciplina o ICMS, os prazos de recolhimento do imposto somente poderão ser alterados mediante lei específica publicada no ano anterior àquele em que serão aplicados os novos prazos.
b) Mediante deliberação dos Estados e Distrito Federal, no âmbito do Conselho Nacional de Política Fazendária (CONFAZ), nos termos da Constituição Federal, poderão ser reduzidas, restabelecidas e aumentadas as alíquotas do imposto (ICMS) incidente, uma única vez, sobre os combustíveis e lubrificantes definidos na forma prevista na Constituição.
c) A adoção do regime de substituição tributária em operações interestaduais dependerá de acordo específico celebrado entre os Estados e o Distrito Federal com interesse na sua implementação, conforme determina a Lei Complementar nº 87/96.
d) É vedado ao Poder Executivo Estadual atualizar o valor monetário da base de cálculo do imposto sobre propriedade de veículos automotores (IPVA), mediante decreto, nos termos do que dispõe a respeito o Código Tributário Nacional.
e) É vedada a utilização de medida provisória para o aumento, pela União, de alíquota de contribuição social incidente sobre o lucro líquido de sociedades empresárias (CSLL).

COMENTÁRIOS

Alternativa "a": Pelo art. 160 do CTN, o prazo para pagamento do tributo é regulado pela legislação tributária. Ou seja, o ente federativo tem amplitude normativa para desenhar a data do pagamento do tributo, não sendo coerente submeter essa determinação aos princípios da legalidade e da anterioridade.

Alternativa "b": A assertiva é controversa. Na hipótese do ICMS-monofásico, conforme reza o art. 155, § 4º, IV e alíneas da CF, as alíquotas do ICMS serão definidas mediante deliberação dos Estados e DF (CONFAZ). A questão fala que as alíquotas podem ser "reduzidas, restabelecidas e aumentadas", ao passo que a CF fala apenas em "definidas". Em regra, quem define determina se a definição implicou redução, restabelecimento ou majoração. No entanto, o gabarito foi considerado errado para tal assertiva.

Alternativa "c": A substituição tributária (ST) ocorre quando a lei elege uma pessoa como responsável pela retenção dos tributos devidos pelo contribuinte em operação tributável realizada ou a se realizar. Para sua eficácia, inegavelmente deve haver acordo entre os Estados. Nesse sentido, reza o art. 9º da LC nº 87/96: "A adoção do regime de substituição tributária em operações interestaduais dependerá de acordo específico celebrado pelos Estados interessados".

Alternativa "d": O art. 97, § 2º do CTN afirma que "Não constitui majoração de tributo, para os fins do disposto no inciso II deste artigo, a atualização do valor monetário da respectiva base de cálculo". Logo, se a atualização da base de cálculo não constitui majoração de tributo, ela não precisa observar a legalidade, podendo ser realizada por decreto.

Alternativa "e": A regra é que medida provisória pode fazer tudo que lei ordinária pode fazer. Assim, se a alíquota da CSLL pode ser majorada por lei ordinária, igualmente poderá sê-lo por medida provisória.

Alternativa correta letra "c".

340. (FEPESE – Procurador do Estado – SC/ 2010) Considerando a legislação que trata do imposto sobre operações relativas à circulação de mercadorias e sobre prestações de serviços de transporte interestadual e intermunicipal e de comunicação (ICMS), é correto afirmar:

a) O imposto não incide sobre o serviço prestado no exterior ou cuja prestação se tenha iniciado no exterior.

b) O imposto incide sobre operações com ouro, quando definido em lei como ativo financeiro ou instrumento cambial.

c) Na hipótese de prestação de serviço de transporte interestadual e intermunicipal e de comunicação, a base de cálculo do imposto é o preço do serviço.

d) Considera-se ocorrido o fato gerador do imposto no momento da saída de mercadoria de estabelecimento de contribuinte, salvo quando destinado para outro estabelecimento do mesmo titular.

e) Não é contribuinte do imposto a pessoa física ou jurídica que, sem habitualidade ou intuito comercial, importe bens ou mercadorias do exterior, qualquer que seja a sua finalidade.

COMENTÁRIOS

Alternativa "a": Pela redação do art. 155, § 2º, IX, "a" da CF, o ICMS incidirá sobre o serviço prestado no exterior.

Alternativa "b": A redação do art. 155, § 2º, X, "c", da CF, afirma que o ICMS não incidirá sobre o ouro quando definido em lei como ativo financeiro ou instrumento cambial.

Alternativa "c": O art. 13, inciso III da LC nº 87/96, que traça as normas gerais em matéria do ICMS, descreve que a base de cálculo na prestação de serviço de transporte interestadual e intermunicipal e de comunicação é o preço do serviço.

Alternativa "d": A assertiva contradiz o descrito no art. 12, inciso I da LC nº 87/96: "Considera-se ocorrido o fato gerador do imposto no momento: I – da saída de mercadoria de estabelecimento de contribuinte, ainda que para outro estabelecimento do mesmo titular". No entanto, está em acordo com a Súmula 166 do STJ: "Não constitui fato gerador do ICMS o simples deslocamento de mercadoria de um para outro estabelecimento do mesmo contribuinte". Prevaleceu a literalidade do artigo.

Alternativa "e": A EC nº 33/01 acrescentou a hipótese de tributação do ICMS quando há importação de bens ou mercadorias do exterior por pessoa física, ainda que não seja contribuinte habitual do imposto (art. 155, § 2º, IX, "a" da CF).

Alternativa correta letra "c".

---

341. (Cespe – Procurador do Estado – CE/ 2008) O governador de um estado da Federação decidiu, para atrair mais investimentos para o seu estado, promover uma política de incentivos fiscais, por meio da concessão de créditos presumidos no recolhimento do ICMS.

Com base na situação hipotética apresentada acima, assinale a opção correta acerca das normas que regem as renúncias de receitas.

a) O estado poderá instituir a referida política de incentivos após aprovação de lei com essa finalidade, sem necessidade de deliberação entre os demais estados e o DF.

b) Esse estado poderá implantar a política fiscal por meio de decreto, pelo qual a concessão para cada contribuinte será feita administrativamente mediante contrato.

c) Qualquer subsídio ou incentivo fiscal depende única e exclusivamente da vontade do governo de cada estado e, portanto, a referida política de incentivos fiscais poderá ser implantada por meio de portaria.

d) Qualquer renúncia de receita deverá constar das leis orçamentárias e a política proposta somente poderá ser implantada após deliberação entre os estados e o DF.

e) O ICMS é o único tributo que, para sua renúncia, independe de deliberação entre os estados e o DF.

COMENTÁRIOS

✪ **Nota dos autores:** A questão demanda conhecimentos de direito tributário e financeiro.

Alternativa "a": Eventual incentivo fiscal relativo ao ICMS sem aprovação do CONFAZ fere o art. 155, § 2º, XII, "g" da CF.

Alternativa "b": Pela regra geral, a concessão de benefícios fiscais demanda lei específica (art. 150, § 6º da CF). No caso do ICMS, o regramento é mais rígido, pois deve-se observar o art. 155, § 2º, XII, "g" da CF, com a anuência obrigatória do CONFAZ.

Alternativa "c": As respostas às assertivas "a" e "b" demonstram o erro dessa colocação.

Alternativa "d": Rege o art. 14 da Lei de Responsabilidade Fiscal (LC nº 101/2000), que qualquer concessão ou ampliação de incentivo ou benefício fiscal da qual decorra renúncia de receita deve constar das leis orçamentárias (LDO e LOA). Para além disso, como o tributo em análise é o ICMS, necessária a manifestação do CONFAZ a respeito.

Alternativa "e": O correto é justamente o inverso: O ICMS é o único tributo que, para sua renúncia, depende de deliberação entre estados e DF.

Alternativa correta letra "d".

---

342. (Cespe – Procurador do Estado – CE/ 2008) Com a finalidade de aprimorar a legislação estadual específica do ICMS, principalmente no que se refere à forma pela qual são concedidos e revogados os benefícios fiscais, as isenções e outras outorgas para esse tributo, o Poder Legislativo de uma localidade aprovou a alteração de vários dispositivos constantes da lei complementar federal que regulamenta a matéria.

Considerando a situação hipotética apresentada acima, assinale a opção correta.

a) A legislação estadual aprovada é constitucional, porque o assunto é de competência exclusiva do estado.

b) A legislação aprovada é inconstitucional, uma vez que a Casa legislativa não poderia aprovar lei específica para tratar de assunto referente a benefício fiscal concedido a nenhum tributo.

c) A lei aprovada é inconstitucional, uma vez que somente lei complementar federal, por imposição constitucional, pode regulamentar os benefícios fiscais a serem concedidos ao ICMS.

d) O benefício fiscal concedido ao ICMS é constitucional, pois a matéria é de competência concorrente entre o estado e os municípios.

e) É constitucional a alteração legislativa aprovada, desde que haja previsão dessa competência na lei complementar estadual.

COMENTÁRIOS

Alternativa "a": Pela regra geral, a CF prevê hipóteses tributáveis, a LC traça as normas gerais em matéria de tributos, com especificidades em relação aos impostos, e a LO institui os impostos. Assim, para o ICMS, bem como para a maioria dos impostos, há sempre uma lei complementar traçando as suas normas gerais, competindo à União legislar as normas gerais e os Estados e DF as normas suplementares. Não se trata, por isso, de competência exclusiva do Estado.

Alternativa "b": A regra é que o Legislativo do Estado tem competência para tratar de benefício fiscal dos tributos estaduais. A exceção está justamente no ICMS, tendo em vista que, por conta da possível barafunda envolvendo a sua alteração pelos Estados, aprouve o legislador constituinte deixar à lei complementar o papel de traças normas visando à instituição de benefícios fiscais.

Alternativa "c": O acerto da assertiva diz respeito à redação do art. 155, § 2º, XII, "g" da CF.

Alternativa "d": Municípios não têm competência concorrente para tratar de direito tributário (art. 24 da CF).

Alternativa "e": Lei complementar estadual não tem o condão de dispor mais do que a CF.

Alternativa correta letra "c".

343. (Cespe – Procurador do Estado – PB/ 2008) Em relação às normas constitucionais aplicáveis ao imposto sobre circulação de mercadorias e serviços (ICMS), assinale a opção correta.

a) O ICMS é obrigatoriamente não cumulativo e seletivo.

b) No ICMS, de forma geral, não há aproveitamento de eventual crédito presumido, contudo a lei pode dispor de maneira diferente.

c) O Senado Federal tem competência exclusiva para estabelecer, por meio de resolução aprovada por um terço dos senadores, as alíquotas aplicáveis às operações e prestações interestaduais e de exportação.

d) É facultado ao Senado Federal estabelecer as alíquotas mínimas e máximas nas operações internas do ICMS, mediante resolução de iniciativa de um terço e aprovada pela maioria absoluta de seus membros. As alíquotas máximas, contudo, somente serão definidas para resolver conflito específico que envolta interesse de estados membros.

e) Nas operações e prestações que destinem bens e serviços a consumidor final localizado em outro estado da Federação, adota-se a alíquota interestadual, se o destinatário não for contribuinte do imposto e a alíquota interna, se o destinatário for contribuinte dele.

COMENTÁRIOS

Alternativa "a": A não cumulatividade é obrigatória ("será não cumulativo..." – art. 155, § 2º, I da CF), mas a seletividade é facultativa ("poderá ser seletivo..." – art. 155, § 2º, III da CF).

Alternativa "b": O texto está mal redigido. O crédito presumido, na verdade, é uma espécie de benefício fiscal em que o contribuinte, na conta-corrente do ICMS, possui um crédito no mesmo valor do débito apurado. Esse benefício poderia sofrer as mesmas consequências constitucionais da isenção (art. 155, § 2º, II da CF), mas lei pode dispor de forma diferente.

Alternativa "c": Pela redação do art. 155, § 2º, IV da CF, "resolução do Senado Federal, de iniciativa do Presidente da República ou de um terço dos Senadores, aprovada pela maioria absoluta de seus membros, estabelecerá as alíquotas aplicáveis às operações e prestações, interestaduais e de exportação". Portanto, a iniciativa não é exclusiva do Senado Federal.

Alternativa "d": o art. 155, § 2º, V e alíneas da CF afirma que "é facultado ao Senado Federal: a) estabelecer alíquotas mínimas nas operações internas, mediante resolução de iniciativa de um terço e aprovada pela maioria absoluta de seus membros; e b) fixar alíquotas máximas nas mesmas operações para resolver conflito específico que envolva interesse de Estados, mediante resolução de iniciativa da maioria absoluta e aprovada por dois terços de seus membros". O erro está no quórum da aprovação das resoluções.

Alternativa "e": O erro está no destinatário, pois a alíquota interestadual só é aplicável se o destinatário for contribuinte do imposto, conforme redação do art. 155, § 2º, VII e alíneas da CF: "em relação às operações e prestações que destinem bens e serviços a consumidor final localizado em outro Estado, adotar-se-á: a) a alíquota interestadual, quando o destinatário for contribuinte do imposto; b) a alíquota interna, quando o destinatário não for contribuinte dele". Nesse ponto, oportuno alertar que a assertiva foi respondida à luz do Texto Constitucional vigente à época do certame. Assim, a EC 87/2015 deu nova redação ao art. 155, § 2º, inciso VII supracitado, com a revogação de suas alíneas.

Alternativa correta letra "b".

344. (Cespe – Procurador do Estado – PB/ 2008) O regulamento do ICMS do estado da Paraíba prevê situações de não incidência do ICMS. Essas situações não incluem

a) operações e prestações que destinem ao exterior mercadorias, inclusive os produtos primários e produtos industrializados e semi-elaborados, e serviços.

b) operações de qualquer natureza decorrentes da transferência de bens móveis salvados de sinistro para companhia seguradora.

c) operações com ouro definidas por lei como ativo financeiro ou instrumento cambial.

d) operações interestaduais relativas a energia elétrica e petróleo, inclusive lubrificantes e combustíveis sólidos, líquidos e gasosos dele derivados, quando destinados à industrialização ou comercialização.

e) operações com impressos personalizados promovidas por estabelecimentos gráficos a usuário final.

COMENTÁRIOS

✪ **Nota dos autores:** Muito embora a questão busque uma resposta com base do regulamento do ICMS da Paraíba, é possível compreendê-la com base nos dispositivos constitucionais e na jurisprudência sobre a matéria. A assertiva indicada como correta, no entanto, aparenta haver equívoco.

Alternativa "a": As operações que destinam ao exterior mercadorias, ainda que semielaboradas, conforme redação anterior à EC nº 42/03, estão imunes à tributação do ICMS. Nesse caso, é perfeitamente possível o regulamento do ICMS colocar essa hipótese como não incidência.

Alternativa "b": Segundo a jurisprudência, transferência de bens móveis salvados de sinistro para companhia seguradora não está compreendida dentro do alcance do ICMS, até porque não é esta a atividade primordial das seguradoras.

Alternativa "c": A própria CF afirma que ouro, quando definido em lei como ativo financeiro ou instrumento cambial, sujeita-se ao IOF e não ao ICMS (art. 153, § 5º da CF).

Alternativa "d": O art. 155, § 2º, X, "b" da CF, afirma que o ICMS não incide sobre operações que destinem a outros Estados petróleo, inclusive lubrificantes, combustíveis líquidos e gasosos dele derivados, e energia elétrica. Em regra, essa operação deveria ser imune ao ICMS.

Alternativa "e": Nesse caso, a jurisprudência do STJ é no sentido de que incide o ISS e não o ICMS.

Alternativa correta: letra "d".

---

345. (Cespe – Procurador do Estado – PI/ 2008) Assinale a opção correta a respeito do imposto sobre circulação de mercadorias e serviços (ICMS).

a) O estado do Piauí possui autonomia para instituir e cobrar o ICMS como lhe aprouver, inclusive impondo diferenciações no regime de sua cobrança em relação ao disposto na CF, uma vez que se trata de competência concorrente.

b) Os princípios e as normas gerais do ICMS estão previstos tanto em lei complementar federal quanto em lei estadual.

c) Cabe a lei complementar federal dispor sobre a substituição tributária do ICMS.

d) Cabe, exclusivamente, a lei estadual regular a forma como benefícios fiscais serão concedidos e revogados quando se tratar de ICMS.

e) O ICMS não é o único tributo para o qual é necessário prévio acordo entre os estados e o DF, no caso de concessão de incentivo fiscal.

COMENTÁRIOS

Alternativa "a": Muito embora matéria de direito tributário seja tema de competência concorrente, os Estados não possuem autonomia para disporem sobre os seus impostos, se houver lei complementar dispondo sobre a matéria (art. 146, III, "a" da CF), muito menos sobre temas delineados pela própria CF.

Alternativa "b": As normas gerais do ICMS estão dispostas em lei complementar federal, não em lei estadual.

Alternativa "c": Conforme dispõe o art. 155, § 2º, XII, "b".

Alternativa "d": Segundo o art. 155, § 2º, XII, "g" da CF, cabe à lei complementar regular esse tema.

Alternativa "e": Pelo descrito na CF, o ICMS é o único tributo que demanda acordo entre os Estados e DF para a concessão de incentivos fiscais (Art. 155, § 2º, XII, "g" da CF).

Alternativa correta letra "c".

---

346. (Cespe – Procurador do Estado – PI/ 2008) O governador de um estado, a fim de conceder isenção de ICMS para atacadistas de sua unidade da Federação, enviou projeto de lei para a casa legislativa, que acolheu o pleito e editou lei contendo vários dispositivos, incluindo matéria distinta da referente à isenção.

Com referência a essa situação, assinale a opção correta.

a) Não compete ao governador enviar ao Poder Legislativo projeto de lei contendo matéria referente a renúncia de receita.

b) O governador desse estado não poderia ter enviado para a casa legislativa projeto contendo matéria sobre isenção de ICMS sem que antes houvesse deliberação sobre o assunto por parte dos outros estados e do DF, que deveriam anuir com a concessão.

c) Na referida concessão da isenção do ICMS, observaram-se as normas pertinentes à concessão de benefícios legais.

d) Para qualquer isenção de tributo, mesmo não sendo para o ICMS, é necessária deliberação no Conselho Fazendário (CONFAZ).

e) O fato de a lei editada pela casa legislativa incluir assuntos não – relacionados à isenção de ICMS não configura descumprimento de qualquer princípio tributário, já que todo o processo legislativo foi respeitado.

COMENTÁRIOS

Alternativa "a": A regra é que compete aos entes federativos disporem sobre os tributos de sua competência, inclusive da matéria referente a renúncia de receita, com observância dos requisitos legais. No entanto, em se tratando especificamente do ICMS, a norma constitucional disposta no art. 155, § 2º, XII, "g", determina que a matéria de isenção, incentivos e benefícios fiscais, em virtude dos efeitos do benefício concedido em um Estado para com os demais, só possa ser concedido após aprovação dos Estados e do DF, através do CONFAZ.

Alternativa "b": Conforme redação do art. 155, § 2º, XII, "g" da CF, a concessão de isenção e demais benefícios fiscais em matéria de ICMS deve, previamente, ser aprovada pelos demais Estados e DF, através do CONFAZ, a fim de que possam surgir seus efeitos.

Alternativa "c": Na hipótese aventada, não houve observância das normas pertinentes.

Alternativa "d": Só é necessária a deliberação do CONFAZ para o ICMS.

Alternativa "e": Pela redação do art. 150, § 6º da CF, a concessão de isenção, bem como de outros benefícios, só poderá ser concedida mediante lei específica, federal, estadual ou municipal, o que não foi o caso.

Alternativa correta letra "b".

---

347. (Cespe – Procurador do Estado – PI/ 2008) Uma empresa contribuinte de ICMS, em função do porte do estabelecimento, apura o referido tributo em parcelas mensais, calculado por estimativa, por determinado período.

A respeito dessa situação, é correto afirmar que

a) não existe a possibilidade de estado da Federação estabelecer esse regime diferenciado de apuração de ICMS, pois, se o fizesse, estaria desrespeitando o princípio da não cumulatividade.

b) existe a possibilidade de estado da Federação implementar esse regime de apuração diferenciado, desde que a empresa não utilize os créditos das operações de compra realizadas.

c) não há essa possibilidade na apuração de ICMS, apesar de haver, para outros tributos.

d) existe essa possibilidade na apuração de ICMS, desde que haja ajuste dos valores ao final do período estipulado.

e) existe essa possibilidade na apuração de ICMS, desde que a diferença apurada durante o período estipulado não seja compensada nos períodos posteriores.

COMENTÁRIOS

✪ **Nota dos autores:** Trata-se de questão estritamente técnica, que exige conhecimento da legislação específica do ICMS, mormente da LC nº 87/96.

Alternativa "a": Pela redação do art. 26 e seus parágrafos, da LC nº 87/96, nota-se que, no regime de estimativa, ao fim do período, será feito o ajuste com base na escrituração regular do contribuinte, que pagará a diferença apurada, se positiva; caso contrário, a diferença será compensada com o pagamento referente ao período ou períodos imediatamente seguintes. Sendo assim, não há desrespeito ao princípio da não cumulatividade.

Alternativa "b": Conforme se nota da redação do § 1º do art. 26 da LC nº 87/96, não há qualquer impedimento para o contribuinte utilizar os créditos das operações de compra realizadas.

Alternativa "c": Ficou comprovada pela redação do art. 26 da LC nº 87/96 a possibilidade de utilização do pagamento do tributo por estimativa.

Alternativa "d": O art. 26, inciso III da LC nº 87/96 afirma que, em função do porte ou da atividade do estabelecimento, o ICMS poderá ser pago em parcelas periódicas e calculado por estimativa, em substituição à sua forma normal de apuração, qual seja, a compensação dos saldos credores e devedores.

Alternativa "e": Conforme visto, a diferença apurada pode ser compensada pelos períodos seguintes. Eis a redação do § 1º do art. 26 da LC nº 87/96: " § 1º Na hipótese do inciso III, ao fim do período, será feito o ajuste com base na escrituração regular do contribuinte, que pagará a diferença apurada, se positiva; caso contrário, a diferença será compensada com o pagamento referente ao período ou períodos imediatamente seguintes".

Alternativa correta: letra "d".

---

348. (PGE/PA – Procurador do Estado – PA/ 2009) De acordo com o entendimento do Supremo Tribunal Federal, assinale a alternativa INCORRETA:

a) É inconstitucional a cobrança de taxa de matrícula nas universidades públicas por violar o artigo 206, inciso IV da Constituição Federal, conforme dispõe súmula vinculante.

b) A imunidade tributária prevista no artigo 150, inciso VI, alínea d, da Constituição Federal que trata da imunidade dos livros, jornais e periódicos não abrange os filmes e os papéis fotográficos necessários à publicação dos jornais e periódicos.

c) Não incide ICMS na importação de bens por pessoas físicas ou jurídicas que não seja contribuinte do imposto.

d) Na entrada de mercadoria importada do exterior, é legítima a cobrança do ICMS por ocasião do desembaraço aduaneiro.

COMENTÁRIOS

Alternativa "a": A alternativa refere-se ao Enunciado da Súmula Vinculante nº 12 do STF: "A cobrança de taxa de matrícula nas universidades públicas viola o disposto no art. 206, IV, da Constituição Federal".

Alternativa "b": A alternativa está incorreta, pois o STF definiu que a imunidade, além do papel, alcança os filmes destinados à produção de capas de livros e os filmes fotográficos. Nesse sentido, o teor do Enunciado da Súmula nº 657 do STF: "A imunidade prevista no art. 150, VI, d, da CF abrange os filmes e papéis fotográficos necessários à publicação de jornais e periódicos".

Alternativa "c": Muito embora haja a súmula nº 660 do STF ("Não incide ICMS na importação de bens por pessoas físicas ou jurídicas que não seja contribuinte do imposto"), após a EC nº 33/01, foi alterada a redação do art.

155, § 2º, IX, "a" da CF, prevendo a incidência do ICMS na importação de bem ou mercadoria importados do exterior por pessoa física ou jurídica, ainda que não seja contribuinte habitual do imposto.

Alternativa "d": Refere-se à Súmula nº 661 do STF: "Na entrada de mercadoria importada do exterior, é legítima a cobrança do ICMS por ocasião do desembaraço aduaneiro".

Alternativa incorreta: letra "b".

349. (Cespe – Procurador do Estado – PE/ 2009) Quanto ao ICMS, assinale a opção correta.

a) O ICMS pode incidir sobre a importação de produto do exterior, sendo legítima a sua cobrança antes de o produto circular no território nacional.

b) O ICMS incide nas operações de exportação de mercadorias, cabendo o tributo ao estado de origem da mercadoria, sendo indiferente o estado de saída da mesma.

c) A concessão de isenção do ICMS pelo estado está condicionada apenas à edição de lei complementar.

d) A incidência ou não do ICMS sobre o serviço de transporte interno é de competência dos estados e independente de celebração de convênio.

e) O estado pode efetuar o diferimento da incidência do ICMS da primeira para a próxima alienação, situação em que terá direito o adquirente original ao crédito do imposto de acordo com o princípio da não cumulatividade.

COMENTÁRIOS

Alternativa "a": Nos termos do art.155, § 2º, inciso IX, alínea "a", da CF, o ICMS incidirá sobre a entrada de bem ou mercadoria importados do exterior. Por sua vez, o Enunciado da Súmula nº 661 do STF dispõe que "Na entrada de mercadoria importada do exterior, é legítima a cobrança do ICMS por ocasião do desembaraço aduaneiro." Assim, será legítima a cobrança da exação antes de o produto circular no território nacional ou seja, no momento do desembaraço aduaneiro.

Alternativa "b": O ICMS não incide nas operações de exportação de mercadorias, sendo hipótese de imunidade específica do referido imposto, consoante prevê o art. 155, § 2º, X, "a", da CF.

Alternativa "c": A concessão de isenção do ICMS pelo estado está condicionada à edição de lei complementar. Mas não apenas isso. Com efeito, é necessário ainda a prévia deliberação dos Estados e do Distrito Federal, cuja decisão é tomada no âmbito do CONFAZ (Conselho de Fazenda dos Estados).

Alternativa "d": O ICMS tem como fato gerador as prestações de serviços de transporte *interestadual e intermunicipal*, ou seja, serviços de transporte que ultrapassem os limites territoriais do Município e do Estado. Logo, o serviço de transporte interno não faz parte do critério material do ICMS.

Alternativa "e": A questão não deixa claro quem seria o adquirente original na cadeia. De fato, o Estado pode permitir o diferimento na incidência do ICMS. No entanto, o adquirente original, sendo o primeiro da cadeia, não faz jus a algum crédito, uma vez ter inocorrido operação anterior.

Alternativa correta: letra "a".

350. (Cespe – Procurador do Estado – PE/ 2009) Acerca do ICMS, assinale a opção correta.

a) O DF tem competência para instituir o ICMS sobre operações relativas à circulação de mercadorias, salvo se as referidas operações se iniciarem no exterior.

b) O referido imposto incide sobre operações de que decorra transferência de propriedade de estabelecimento industrial.

c) A lei veda a cobrança do ICMS por ocasião do desembaraço aduaneiro de mercadoria importada do exterior por pessoa física.

d) Não incide ICMS na importação de automóveis por pessoa jurídica que não seja contribuinte do imposto.

e) O ICMS não incide no caso de simples deslocamento de mercadorias, como móveis e eletrodomésticos, de um estabelecimento para outro, do mesmo contribuinte.

COMENTÁRIOS

Alternativa "a": O ICMS incidirá sobre operações relativas à circulação de mercadorias, ainda que se iniciem no exterior (art. 155, inciso II da CF). Portanto, o DF tem competência para instituir o ICMS em tais operações.

Alternativa "b": A aquisição de estabelecimento industrial (fundo de comércio) não é objeto de incidência de ICMS. Não se trata de "mercadoria".

Alternativa "c": O enunciado da Súmula nº 661 do STF dispõe: "Na entrada de mercadoria importada do exterior, é legítima a cobrança do ICMS por ocasião do desembaraço aduaneiro".

Alternativa "d": O 155, § 2º, IX, "a" da CF dispõe que o ICMS incidirá sobre a entrada de bem ou mercadoria importados do exterior por pessoa física *ou jurídica, ainda que não seja contribuinte habitual do imposto*, qualquer que seja a sua finalidade, assim como sobre o serviço prestado no exterior, cabendo o imposto ao Estado onde estiver situado o domicílio ou o estabelecimento do destinatário da mercadoria, bem ou serviço. Cumpre lembrar antes da redação acima descrita, advinda com a EC nº 33/01, o STF fez publicar a Súmula nº 660, com a seguinte redação: "Não incide ICMS na importação de bens por pessoas físicas ou jurídicas que não seja contribuinte do imposto".

Alternativa "e": O enunciado nº 166 da Súmula do STJ dispõe que: "Não constitui fato gerador do ICMS o simples deslocamento de mercadoria de um para outro estabelecimento do mesmo contribuinte".

Alternativa correta: letra "e".

351. (Cespe – Procurador do Estado – PE/ 2009) Ainda no que se refere ao ICMS, assinale a opção correta.

a) O contribuinte tem direito à restituição de 50% do valor do ICMS recolhido por força de substituição tributária, correspondente ao fato gerador presumido que não se realizar.

b) A base de cálculo do ICMS, na hipótese de fornecimento de alimentação e bebidas em restaurante, é a soma do valor das mercadorias fornecidas.

c) Não integra a base de cálculo do ICMS o valor correspondente a descontos concedidos ao contribuinte sob condição.

d) É garantido ao sujeito passivo efetuar o estorno do ICMS que se tiver creditado na hipótese de a mercadoria que tiver entrado no estabelecimento extraviar-se.

e) Ocorrendo prestação de serviços, com fornecimento de mercadorias, sem que haja preço previamente determinado, a base de cálculo do ICMS será o valor corrente do serviço no DF.

COMENTÁRIOS

Alternativa "a": A restituição não se limita a apenas 50%. Isso porque, consoante o art. 150, § 7º, *in fine*, da CF, com a redação dada pela EC nº 3/93: "A Lei poderá atribuir a condição de responsável pelo pagamento de imposto ou contribuição, cujo fato gerador deva ocorrer posteriormente, *assegurada a imediata e preferencial restituição da quantia paga, caso não se realize o fato gerador presumido*"

Alternativa "b": O fornecimento de mercadorias com a simultânea prestação de serviços em bares, restaurantes e estabelecimentos similares constitui fato gerador do ICMS a incidir sobre *o valor total da operação*. (Súmula 163 do STJ)

Alternativa "c": Os descontos incondicionais nas operações mercantis que não se incluem na base de cálculo do ICMS (Súmula 457 do STJ)

Alternativa "d": Para incidir o ICMS, deve haver a "circulação de mercadoria". Ora, se houve extravio da mesma, não houve a transferência da sua titularidade, inexistindo a tributação pelo ICMS.

Alternativa "e": Ao contrário do descrito, a base de cálculo do ICMS será o valor da mercadoria e não o do serviço.

Alternativa correta: letra "d".

352. (Cespe – Procurador do Estado – PE/ 2009) Assinale a opção correta acerca da concessão de isenções do ICMS.

a) Em convênios celebrados para a concessão de isenção do ICMS, é lícita a existência de cláusulas que se apliquem apenas a certa unidade da Federação.

b) As concessões de isenções do ICMS efetivam-se nos termos de convênios celebrados entre os estados e o DF, mas a revogação das referidas isenções independe de convênio.

c) Aos estados que se abstiverem de publicar decreto ratificando ou não os convênios celebrados, no prazo legal, não se aplicam os termos do ajuste.

d) Os convênios sobre isenção do ICMS obrigam apenas as unidades da Federação que, regularmente convocadas, tenham participado da respectiva reunião.

e) Cabe aos municípios conceder redução da base de cálculo do ICMS no que se refere à sua parcela na receita do referido imposto.

COMENTÁRIOS

Alternativa "a": O Regimento Interno do CONFAZ (Convênio ICMS 133/97) permite a hipótese aventada.

Alternativa "b": Segundo o art. 3 do Convênio ICMS 133/97, compete ao Conselho promover a celebração de convênios inclusive para a revogação de isenções.

Alternativa "c": Segundo a redação do art. 36 do Convênio nº 133/97, "Dentro do prazo de quinze dias, contados da publicação a que se refere o artigo anterior e independentemente de qualquer outra comunicação, o Poder Executivo de cada Estado e do Distrito Federal publicará Decreto ratificando ou não os convênios celebrados. § 1º Considera-se ratificação tácita a falta de manifestação no prazo assinalado." Logo, se não houver expressa publicação pela não ratificação do convênio, haverá a ratificação tácita.

Alternativa "d": Segundo o § 3º do art. 36 do Convênio acima afirmado, " § 3º O disposto neste artigo e seus parágrafos também se aplica aos Estados e ao Distrito Federal cujos representantes não tenham comparecido à reunião em que tenham sido celebrados os convênios". Logo, mesmo não tendo participado da reunião, os convênios vinculam.

Alternativa "e": Como o tributo é estadual, só o Estado pode conceder benefícios fiscais, atento ao quanto predito pelo CONFAZ.

Alternativa correta: letra "a".

353. (Cespe – Procurador do Estado – PE/ 2009) A respeito do ICMS e das obrigações tributárias a ele relativas, assinale a opção correta.

a) Ao emitir nota fiscal, o responsável pelo recolhimento do ICMS pratica obrigação tributária principal.

b) Reputa-se acessória a obrigação tributária imposta ao contribuinte, no sentido de tolerar atividades de fiscalização do recolhimento do ICMS.

c) A obrigação tributária consistente no dever de manter escrita contábil referente ao ICMS decorre sempre da lei stricto sensu.

d) Os contribuintes isentos do recolhimento do ICMS são dispensados de manter documentos fiscais relativos ao mencionado imposto.

e) A abstenção de prestação de informações requeridas pelo fisco converte-se em obrigação tributária acessória, com relação à eventual penalidade pecuniária.

COMENTÁRIOS

Alternativa "a": A emissão de nota fiscal constitui uma obrigação acessória por parte do contribuinte, tendo por conteúdo "um fazer" que auxilia a administração tributária na arrecadação e fiscalização dos tributos.

Alternativa "b": A obrigação acessória tem por conteúdo um fazer ou um não fazer (ou tolerar) do contribuinte, ou seja, envolve prestações *positivas ou negativas* que auxiliam a administração tributária na arrecadação e fiscalização dos tributos.

Alternativa "c": O dever de manter escrita contábil é uma obrigação tributária acessória e, portanto, decorre da *legislação tributária* e não de lei *stricto sensu*, esta exigível das obrigações principais.

Alternativa "d": Não se dispensa as obrigações acessórias pelo contribuinte quando há isenção do tributo. Em matéria tributária, advirta-se, não se aplica a Teoria da Gravitação Jurídica na qual "o acessório segue o principal" à semelhança do direito civil. Portanto, ainda que haja dispensa legal do pagamento do tributo (obrigação principal) o ente não se eximirá de manter documentos fiscais relativos ao ICMS (obrigação acessória).

Alternativa "e": Haverá conversão em obrigação tributária principal e não acessória. Nos termos do art. 113, § 3º do CTN: "A obrigação acessória, pelo simples fato da sua inobservância, converte-se em obrigação principal relativamente à penalidade pecuniária".

Alternativa correta: letra "b".

---

354. (FCC – Procurador do Estado – AM / 2010) Em não havendo disposição legal em contrário, a isenção não onerosa, para o ICMS, concedida mediante lei:

a) exige a manutenção dos créditos do ICMS para operações subsequentes.

b) pode ser revogada mediante Decreto, desde que com fundamento jurídico.

c) não implica crédito para compensação com o imposto devido nas operações subsequentes.

d) gera direito adquirido, não podendo ser revogada a qualquer tempo.

e) não gera direito adquirido, devendo ser revogado por Emenda Constitucional.

COMENTÁRIOS

Alternativa "a": Não haverá a manutenção dos créditos do ICMS para operações subsequentes. Isso porque, nos termos do art. 155, § 2º inciso II, alínea "a" da CF, a isenção ou não incidência do ICMS, salvo determinação em contrário da legislação, não implicará crédito para compensação com o montante devido nas operações ou prestações seguintes.

Alternativa "b": Isenção só poderá ser concedida ou revogada mediante lei (arts. 176 e 178 do CTN). No caso do ICMS, importante a leitura pelo concursando do art. art. 155, § 2º inciso XII, alínea "g" da CF.

Alternativa "c": A isenção ou não incidência do ICMS, salvo determinação em contrário da legislação, não implicará crédito para compensação com o montante devido nas operações ou prestações seguintes. (art. 155, § 2º inciso II, alínea "a" da CF)

Alternativa "d": O enunciado da questão menciona que a isenção concedida para o ICMS foi não onerosa. Logo, não gera direito adquirido e pode ser revogada a qualquer tempo. Ao revés, nos termos do Enunciado de Súmula 544 do STF: "isenção tributária concedida sob condição *onerosa* não pode ser livremente suprimida". Acerca do tema, relembre-se ainda que o STF entende que as isenções não onerosas não respeitam o Princípio da anterioridade tributária, uma vez que pode ser revogada a qualquer tempo.

Alternativa "e": Não gera direito adquirido, porém, pode ser revogada a qualquer tempo através de lei e não emenda constitucional.

Alternativa correta: letra "c".

---

355. (FCC – Procurador do Estado – AM / 2010) Nas operações interestaduais entre contribuintes do ICMS, via de regra:

a) a alíquota interestadual é inferior a alíquota interna.

b) a alíquota interna é inferior a alíquota interestadual.

c) as alíquotas devem ser idênticas.

d) as alíquotas serão sempre variáveis, dependendo do Estado de origem.

e) existe apenas uma alíquota interestadual, aprovada pelo Senado Federal.

COMENTÁRIOS

Alternativa "a": a alíquota interestadual é inferior à alíquota interna. Confira o art. 155, § 2º inciso VI da CF.

Alternativa "b": Ao contrário. A alíquota interestadual é inferior à alíquota interna. Confira o art. 155, § 2º inciso VI da CF.

Alternativa "c": Nos termos do art. 155, § 2º inciso VI da CF, a alíquota interestadual será inferior a alíquota interna. Logo, não devem ser idênticas.

Alternativa "d": As alíquotas serão estabelecidas pelo legislador ordinário de cada Estado e do Distrito Federal. Vale ressaltar, que caberá ao Senado Federal, fixar as alíquotas mínimas e máximas em operações internas e Resolução do Senado Federal estabelecerá alíquotas aplicáveis às operações interestaduais. Nos termos do art. 155, § 2º inciso VI da CF, a alíquota interestadual será inferior a alíquota interna.

Alternativa "e": Existem alíquotas internas e interestaduais. Nos termos do art. 155, § 2º inciso VI da CF, a alíquota interestadual será inferior a alíquota interna. Caberá ao Senado Federal, fixar as alíquotas mínimas e máximas em operações internas e Resolução do Senado Federal estabelecerá alíquotas aplicáveis às operações interestaduais.

Alternativa correta: letra "a".

356. (FCC – Procurador do Estado – RO/ 2011) Sr. Jorge, empresário do setor de calçados promove a importação de um veículo esportivo de luxo, proveniente da Itália, que será de sua utilização pessoal e exclusiva, sendo que todo processo fiscal de importação foi realizado em seu nome. Diante dessa operação, o ICMS

a) será devido, ainda que o adquirente não seja contribuinte habitual do ICMS.

b) não será devido, uma vez que o adquirente (pessoa física) não é contribuinte do ICMS, não realizando a aquisição do veículo com habitualidade.

c) não será devido, uma vez que o veículo está sendo adquirido para uso pessoal e exclusivo, não sendo destinado à revenda ou locação.

d) será devido em razão do princípio da capacidade contributiva por se tratar de artigo de luxo.

e) será devido, uma vez que o adquirente é proprietário de empresa comercial, sendo esta contribuinte do ICMS.

COMENTÁRIOS

Alternativa "a": O ICMS será devido. O Enunciado de Súmula nº 198 do STJ dispõe que na importação de veículo por pessoa física, destinado a uso próprio, incide o ICMS.

Alternativa "b": O imposto é devido. Na importação de veículo por pessoa física, destinado a uso próprio, incide o ICMS (Súmula nº 198 do STJ)

Alternativa "c": Será devido o imposto. Na importação de veículo por pessoa física, destinado a uso próprio, incide o ICMS (Súmula nº 198 do STJ)

Alternativa "d": O ICMS será devido, mas não pela razão mencionada. O Enunciado de Súmula nº 198 do STJ dispõe que na importação de veículo por pessoa física, destinado a uso próprio, incide o ICMS.

Alternativa "e": O imposto será devido, mas não pela razão citada. O Enunciado de Súmula nº 198 do STJ dispõe que na importação de veículo por pessoa física, destinado a uso próprio, incide o ICMS.

Alternativa correta: letra "a".

357. (FCC – Procurador do Estado – SP/ 2009) Em relação ao ICMS é correto afirmar:

a) Nas operações interestaduais, o ICMS é devido integralmente ao Estado onde se localizar o destinatário da mercadoria.

b) Compete ao Conselho Nacional de Política Fazendária (CONFAZ) estabelecer as alíquotas do ICMS aplicáveis às operações e às prestações internas e interestaduais.

c) É vedado aos Estados estabelecer o regime de substituição tributária para o ICMS, visto que o imposto é inexigível antes da ocorrência do fato gerador.

d) Salvo deliberação em contrário dos Estados e do Distrito Federal, por meio de convênio, as alíquotas internas, nas operações relativas ao ICMS, não poderão ser inferiores às previstas para as operações interestaduais.

e) É vedado à lei complementar estabelecer que o valor do ICMS integre a sua base de cálculo, inclusive na importação de bens, mercadorias e serviços do exterior.

COMENTÁRIOS

Alternativa "a": Nas operações interestaduais que destinem bens e serviços a consumidor final adotar-se-á a alíquota interestadual, quando o destinatário for contribuinte do imposto, cabendo ao Estado da localização do destinatário o imposto *correspondente à diferença entre a alíquota interna e a interestadual*. Ademais, lembre-se que será adotada a alíquota interna, quando o destinatário não for contribuinte do ICMS, cabendo nesse caso o imposto ao Estado de origem. Assim, nessa última hipótese, as alíquotas interestadual e interna do Estado de Destino serão irrelevantes para o cálculo da exação.

Alternativa "b": Caberá ao Senado Federal, fixar as alíquotas mínimas e máximas em operações internas e Resolução do Senado Federal estabelecerá alíquotas aplicáveis às operações interestaduais.

Alternativa "c": É possível o estabelecimento do regime de substituição tributária para o ICMS, devendo a Lei Complementar dispor sobre tal matéria. Recorde-se que existem os regimes de substituição *para frente e para trás* do ICMS. A Substituição tributária para frente ou progressiva ocorre através da escolha de uma terceira pessoa para recolher o tributo antes da ocorrência do fato jurídico tributário. Por outro lado, a substituição tributária para trás ou regressiva (denominada de diferimento) caracteriza-se pela ocorrência do fato jurídico tributário em um momento anterior ao pagamento do tributo.

Alternativa "d": Nos termos do art. 155, § 2º inciso VI da CF, salvo deliberação em contrário dos Estados e do Distrito Federal as alíquotas internas, nas operações relativas à circulação de mercadorias e nas prestações de serviços, não poderão ser inferiores às previstas para as operações interestaduais.

Alternativa "e": Pelo contrário. Caberá a Lei Complementar fixar a base de cálculo do ICMS, de modo que o montante do imposto a integre, também na importação do exterior de bem, mercadoria ou serviço (art. 155, § 2º inciso XII, alínea "i" da CF).

Alternativa correta: letra "d".

358. (FCC – Procurador do Estado – SP/ 2009) ICMS.

I. A isenção ou a não incidência do ICMS acarreta a anulação do crédito relativo às operações anteriores, salvo na hipótese de determinação em contrário da legislação, mas é assegurada a manutenção do crédito no caso de operações que destinem mercadorias para o exterior ou de serviços prestados a destinatários no exterior, embora não incida o imposto nestas hipóteses.

II. É vedado aos Estados exigir o ICMS sobre fornecimento de refeições por restaurantes, exceto se o consumo for realizado fora do estabelecimento, visto que não há circulação de mercadorias quando o consumo é realizado in loco.

III. O ICMS é devido na importação de bem por pessoa física ou jurídica, ainda que ela não seja contribuinte habitual do imposto.

IV. Nas operações interestaduais com combustível derivado de petróleo, o ICMS é devido integralmente ao Estado produtor.

V. O princípio da não cumulatividade propicia que o montante a pagar pelo contribuinte resulte da diferença a maior, em determinado período, entre o imposto devido pelas saídas de mercadorias do estabelecimento e o que foi pago pelas que nele entraram, evitando a incidência em 'cascata'.

Está correto o que se afirma em

a) ii e v, apenas.
b) iii e iv, apenas.
c) i, ii e iv, apenas.
d) i, iii e v, apenas.
e) i, ii, iii, iv e v.

COMENTÁRIOS

Item I: Refere-se ao teor do art. 155, § 2º inciso II, "b" e também o inciso X, "a", da CF. Lembre-se que o ICMS não incide nas operações de exportação de mercadorias, sendo, portanto, um exemplo de imunidade específica do referido imposto.

Item II: O ICMS é devido pelos restaurantes. A Súmula 163 do STJ assim dispõe: "O fornecimento de mercadorias com a simultânea prestação de serviços em bares, restaurantes e estabelecimentos similares constitui fato gerador do ICMS a incidir sobre o valor total da operação".

Item III: O ICMS incide sobre a entrada de bem ou mercadoria importados do exterior por pessoa física ou jurídica, ainda que não seja contribuinte habitual do imposto nos termos do art. 155, § 2º, inciso IX, "a" da CF.

Item IV: Pela redação do art. 155, § 2º, X, "b", o ICMS não incidirá "sobre operações que destinem a outros Estados petróleo, inclusive lubrificantes, combustíveis líquidos e gasosos dele derivados, e energia elétrica". Logo, na hipótese da assertiva, não há ICMS para o Estado produtor.

Item V: O Princípio da não cumulatividade consiste em método previsto na CF que evita o Fisco de cobrar o tributo na totalidade sobre o valor apurado em cada etapa da cadeia, visto que o imposto deve recair apenas sobre a parcela do preço do bem que foi agregado em cada etapa. Assim, em cada operação, o imposto deve recair apenas sobre o valor que o agente agregou, evitando-se, portanto a tributação em "cascata".

Alternativa correta: letra "d": Estão corretas apenas as alternativas I, III e V.

359. (Cespe – Procurador do Estado – ES/ 2008) Acerca dos tributos estaduais, julgue os itens que se seguem.

I. É lícita, no território do estado do Espírito Santo, a incidência do ICMS nas operações de entrada de petróleo que não seja destinado à comercialização ou à industrialização, decorrente de operação interestadual.

COMENTÁRIOS

A CF, no art. 155, § 2º, X, "b" afirma que o ICMS não incidirá "sobre operações que destinem a outros Estados petróleo, inclusive lubrificantes, combustíveis líquidos e gasosos dele derivados, e energia elétrica". Ou seja, a CF cria uma hipótese de imunidade toda vez que o petróleo é vendido do estado produtor para o consumidor e seja destinado à comercialização ou à industrialização. Em situação diversa, se o petróleo não for destinado à comercialização ou à industrialização, não haverá a incidência do ICMS. Nesse sentido é a redação do art. 2º, § 1º, III da LC nº 87/96, quando afirma incidir o ICMS "sobre a entrada, no território do Estado destinatário, de petróleo, inclusive lubrificantes e combustíveis líquidos e gasosos dele derivados, e de energia elétrica, quando não destinados à comercialização ou à industrialização, decorrentes de operações interestaduais, cabendo o imposto ao Estado onde estiver localizado o adquirente". Eis a razão da assertiva ser verdadeira. **CERTO**

II. Constitui hipótese de isenção do ICMS a saída de embalagens quando não forem computadas no valor das mercadorias que acondicionam, desde que devam retornar ao estabelecimento remetente.

COMENTÁRIOS

Na verdade, quando analisado o fato gerador do ICMS, percebe-se que, para a sua ocorrência, um dos requisitos é a transferência de titularidade com *animus* definitivo. A embalagem, quando destinada apenas a acondicionar a mercadoria que será vendida, mas de retorno certo ao estabelecimento remetente, não sofrerá alteração de proprietário, inocorrendo, por esse motivo, a incidência do ICMS. Melhor seria enquadrar o fato como hipótese de não incidência. **CERTO**

360. (FMP – Procurador do Estado – AC/ 2012) Dadas as assertivas abaixo, assinale a alternativa correta.

I. De acordo com a jurisprudência do Superior Tribunal de Justiça, incide o Imposto sobre operações relativas à Circulação de Mercadorias e sobre prestações de Serviços de transporte interestadual e intermunicipal e de comunicação (ICMS) na transferência de mercadorias entre estabelecimentos do mesmo titular.

II. A adoção do regime de substituição tributária em operações interestaduais submetidas ao ICMS depende apenas de previsão em lei estadual.

III. É admitida a transferência de saldo credor do ICMS por estabelecimentos que destinarem mercadorias ao exterior, na proporção que essas saídas representem do total das saídas realizadas pelo estabelecimento.

IV. O ICMS não incide sobre operações de arrendamento mercantil, não compreendida a venda do bem ao arrendatário.

a) Estão corretas apenas as assertivas I e II.

b) Estão corretas apenas as assertivas III e IV.

c) Todas as assertivas estão corretas.

d) Todas as assertivas estão incorretas.

COMENTÁRIOS

✪ **Nota dos autores:** Como é grande o número de questões envolvendo o ICMS nos concursos da Procuradoria do Estado, além da leitura atenta do § 2º do art. 155 da CRFB, deverá ainda o candidato ler a Lei Complementar 87/96 (Lei Kandir). Na questão abaixo a maioria das assertivas exigia o conhecimento de dispositivos dessa última.

Item I: Está incorreta. Na hipótese da transferência de mercadorias entre estabelecimentos do mesmo titular não haverá incidência do ICMS. Lembre-se que o fato gerador do ICMS-mercadorias é a realização de operações relativas à circulação de mercadorias, ainda que importadas do exterior. A Circulação de mercadoria pressupõe circulação jurídica, ou seja, a mudança de titularidade. Nesse sentido, confira o teor do enunciado da Súmula nº 166 do STJ: "Não constitui fato gerador do ICMS o simples deslocamento de mercadoria de um para outro estabelecimento do mesmo contribuinte."

Item II: Está incorreta. A adoção do regime de substituição tributária depende, primeiramente, de Lei Complementar traçando as normas gerais, nos termos do art. 155, § 2º, XII, "b" da CRFB. Essa lei complementar já existe, que é a LC 87/96 (Lei Kandir). Ocorre que, não basta lei estadual instituir a substituição tributária em operações estaduais, pois um Estado não pode se submeter à lei de outro Estado. Assim é que, entre Estados, há de haver um convênio ou termo específico, para a substituição tributária começar a vigorar. É a conclusão que se retira do teor do art. 9º da Lei Complementar nº 87/96: "A adoção do regime de substituição tributária em operações interestaduais dependerá de acordo específico celebrado pelos Estados interessados.

Item III: De início, deve-se lembrar que, no caso de exportação, em que há imunidade do ICMS, a CRFB assegura aos contribuintes do tributo o direito à manutenção do crédito obtido nas operações anteriores. Esse entendimento está vertido no art. 155, § 2º, X, "a" da CRFB, quando dispõe que o ICMS não incidirá sobre operações que destinem mercadorias para o exterior, nem sobre serviços prestados a destinatários no exterior, assegurada a manutenção e o aproveitamento do montante do imposto cobrado nas operações e prestações anteriores. Confirmando o desiderato constitucional, o art. 25, § 1º da LC 87/96 afirma: Saldos credores acumulados a partir da data de publicação desta Lei Complementar por estabelecimentos que realizem operações e prestações de que tratam o inciso II do art. 3º e seu parágrafo único (operações e prestações que destinem ao exterior mercadorias, inclusive produtos primários e produtos industrializados semielaborados, ou serviços) podem ser, na proporção que estas saídas representem do total das saídas realizadas pelo estabelecimento: I – imputados pelo sujeito passivo a qualquer estabelecimento seu no Estado; II – havendo saldo remanescente, transferidos pelo sujeito passivo a outros contribuintes do mesmo Estado, mediante a emissão pela autoridade competente de documento que reconheça o crédito". Tem sido muito comum a venda de créditos de ICMS por empresas exportadoras.

Item IV: A assertiva transcreve o teor do art. 3º, inciso VIII, da Lei Complementar 87/96, *in verbis*: "art. 3º O imposto não incide sobre: VIII – operações de arrendamento mercantil, não compreendida a venda do bem arrendado ao arrendatário". O tema também é pacífico na jurisprudência, uma vez que o fato gerador do tributo tem como um dos elementos principais a "circulação" de mercadorias, o que não ocorre sem a venda do bem ao arrendatário.

Alternativa correta: letra "b". Estão corretas apenas as assertivas III e IV.

---

361. (FMP – Procurador do Estado – AC/ 2012) A empresa MRLC Ltda. atua no ramo de venda de material de escritório (papéis, canetas, lápis, etc.). Suas vendas ocorrem exclusivamente no balcão da loja, sendo submetidas à tributação pelo ICMS. A fim de reduzir a carga tributária mensal, a empresa, a partir de maio de 2010, passou a lançar na conta corrente fiscal créditos do ICMS pela entrada de serviços de comunicação e de energia elétrica. Considerando a Lei Complementar 87/96, assinale a alternativa correta.

a) É ilícita a apropriação de créditos.

b) É lícita apenas a apropriação dos créditos pela entrada de energia elétrica.

c) É lícita apenas a apropriação dos créditos pela entrada dos serviços de comunicação.

d) É lícita a apropriação de ambos os créditos.

COMENTÁRIOS

✪ **Nota dos autores:** Observe que a questão demandou conhecimento específico da LC 87/96 (lei Kandir), razão pela qual recomendamos ao candidato a leitura do referido diploma local, muito cobrado nos concursos para Procuradoria do Estado. Basta lembrar que o ICMS representa a maior receita estadual, portanto, a maior fonte de recursos dentre as receitas próprias, o que demanda conhecimento aprofundado da espécie.

Alternativa "a": No caso em tela inexiste o direito da empresa creditar-se do imposto, pois não se enquadra nas restritas hipóteses previstas na LC 87/96, que não assegura os créditos aos contribuintes de ICMS do ramo do comércio pura e simplesmente.

Referida Lei autoriza o crédito pela entrada de serviços de energia elétrica **e de** comunicação apenas **nas situações previstas no art. 33, incisos II e IV, respectivamente, a saber:**

> **Art. 33, II** – *somente dará direito a crédito a entrada de energia elétrica no estabelecimento: a) quando for objeto de operação de saída de energia elétrica (aplicável àquele que a comercializa); b) quando consumida no processo de industrialização (aplicável ao industrial); c) quando seu consumo resultar em operação de saída ou prestação para o exterior,*

na proporção destas sobre as saídas ou prestações totais (aplicável às empresas exportadoras o que não se coaduna com a questão já que esta menciona expressamente que "suas vendas ocorrem exclusivamente no balcão da loja"); e d) a partir de 1º de janeiro de 2020 nas demais hipóteses.

Art. 33, IV: *somente dará direito a crédito o recebimento de serviços de comunicação utilizados pelo estabelecimento: a) ao qual tenham sido prestados na execução de serviços da mesma natureza (aplicável às empresas que prestam serviços de comunicação); b) quando sua utilização resultar em operação de saída ou prestação para o exterior, na proporção desta sobre as saídas ou prestações totais (aplicável às empresas exportadoras, o que não se coaduna com a questão já que esta menciona expressamente que "suas vendas ocorrem exclusivamente no balcão da loja"); e c) a partir de 1º de janeiro de 2020 nas demais hipóteses.*

Em suma, a situação delineada na questão não se amolda às hipóteses legais acima descritas, estando, portanto, fora do âmbito de sua incidência.

Alternativa "b" (responde também as alternativas "c" e "d"): Conforme visto alhures, é ilícita a apropriação de créditos pela entrada de serviços de comunicação e de energia elétrica no caso hipotético descrito, consoante o art. 33, incisos II e IV da LC 87/96.

Alternativa correta: letra "a".

362. (FURMARC – Procurador do Estado – MG/ 2012) Assinale a alternativa correta. Segundo a Lei Complementar Federal nº 87 de 1996, poderá ser contribuinte do imposto sobre operações relativas à circulação de mercadorias e sobre prestações de serviços de transporte interestadual e intermunicipal e de comunicação (ICMS) a pessoa física ou jurídica que, mesmo sem habitualidade ou intuito comercial:

a) Seja destinatária de serviço prestado integralmente no exterior;
b) Adquira lubrificantes e combustíveis líquidos e gasosos derivados de petróleo e energia elétrica oriundos de outro Estado, quando não destinados à comercialização ou industrialização;
c) Adquira, com ou sem licitação mercadorias ou bens apreendidos ou abandonados;
d) Importe ou exporte mercadorias ou bens do exterior, qualquer que seja sua finalidade;
e) Importe mercadorias ou bens do exterior necessariamente voltados à futura comercialização.

COMENTÁRIOS

✪ **Nota dos autores: A questão foi anulada** pela Banca Examinadora. Para sua resolução, confira o teor do parágrafo único do art. 4º da LC 87/96: "Art. 4º (...) Parágrafo único. É também contribuinte a pessoa física ou jurídica que, mesmo sem habitualidade ou intuito comercial: I – importe mercadorias ou bens do exterior, qualquer que seja a sua finalidade; II – seja destinatária de serviço prestado no exterior ou cuja prestação se tenha iniciado no exterior; III – adquira em licitação mercadorias ou bens apreendidos ou abandonados; IV – adquira lubrificantes e combustíveis líquidos e gasosos derivados de petróleo e energia elétrica oriundos de outro Estado, quando não destinados à comercialização ou à industrialização.

Alternativa "a": Assertiva incorreta, pois é dito que o serviço deve ser prestado integralmente no exterior. **Confira o parágrafo único do art.** 4º, inciso II da LC 87/96: "seja destinatária de serviço prestado no exterior ou cuja prestação se tenha iniciado no exterior"

Alternativa "b": Está correta. É o teor do parágrafo único do art. 4º, inciso IV da LC 87/96, acima citado.

Alternativa "c": Está incorreta. Deve existir licitação e a questão menciona "com ou sem licitação". Confira o parágrafo único do art. 4º, inciso III da LC 87/96: "III – adquira em licitação mercadorias ou bens apreendidos ou abandonados".

Alternativa "d": Está incorreta, pois a assertiva menciona a palavra "exporte" e deveria constar apenas "importe". Verifique o parágrafo único do art. 4º, inciso I da LC 87/96 acima citado.

Alternativa "e": Está incorreta. A assertiva condiciona a importação à futura comercialização utilizando a expressão "necessariamente". **Porém, o parágrafo único do art.** 4º, inciso I da LC 87/96 menciona que será contribuinte a pessoa física ou jurídica que, mesmo sem habitualidade ou intuito comercial importe mercadorias ou bens do exterior, qualquer que seja a sua finalidade".

363. (UEPA – Procurador do Estado – PA/ 2012) Analise as afirmativas a seguir:

I. Na Súmula 457, o STJ considerou que os descontos incondicionais nas operações mercantis não se incluem na base de cálculo do ICMS.
II. A Súmula 433 do STJ afirma que o produto semi-elaborado, para fins de incidência de ICMS, é aquele que preenche ao menos dois dos três requisitos do art. 1º da Lei Complementar nº 65/1991.
III. Na Súmula 432, o STJ consolidou o entendimento de que as empresas de construção civil não estão obrigadas a pagar ICMS sobre mercadorias adquiridas como insumos em operações interestaduais.
IV. A teor da Súmula 431 do STJ, é legal a cobrança de ICMS com base no valor da mercadoria submetido ao regime de pauta fiscal.

De acordo com as afirmativas apresentadas, estão CORRETAS:

a) somente I, II e III
b) somente III e IV
c) somente II, III e IV
d) somente I, II e IV
e) somente I e III

COMENTÁRIOS

✪ **Nota dos autores:** A questão é complexa e exige memorização desnecessária. É que o aluno pode até conhecer a matéria e ter certeza do acerto ou não do tema, mas, por certo, ficará receoso se a relação entre o assunto e o número da súmula coincidem. Exagero da banca.

Item I: A assertiva está correta. A recente súmula do Superior Tribunal de Justiça evidencia entendimento já consolidado no âmbito da Corte no sentido de que os descontos incondicionais nas operações mercantis não se incluem na base de cálculo do ICMS. Com fulcro nos arts. 146, inciso III, alínea "a", e 155, inciso II, ambos da Constituição Federal, bem como no art. 13, I da Lei Complementar nº 87/96, o STJ entende que a literalidade da lei é suficiente para concluir que a base de cálculo do ICMS nas operações mercantis é a aquela efetivamente realizada, não se incluindo os "descontos concedidos de forma incondicional". Com efeito, a base de cálculo do ICMS não comportaria a inclusão de valores estranhos à operação mercantil realizada. Os descontos são meros instrumentos para o fomento de vendas sem que haja qualquer operação comercial ou desconto condicional, comuns também em diversos outros ramos mercantis. Em outras palavras, "a bonificação é uma modalidade de desconto que consiste na entrega de uma maior quantidade de produto vendido em vez de conceder uma redução do valor da venda. Dessa forma, o provador das mercadorias é beneficiado com a redução do preço médio de cada produto, mas sem que isso implique redução do preço do negócio" (Resp 1111156). A doutrina de Hugo de Brito Machado corrobora o entendimento da Corte, ao ensinar que: "os valores concernentes aos descontos ditos promocionais, assim como os de descontos para pagamento à vista, ou de quaisquer outros descontos cuja efetivação não fique a depender de evento futuro e incerto, não integram a base de cálculo do ICMS, porque não fazem parte do valor da operação da qual decorre a saída da mercadoria " (Curso de Direito Tributário, Hugo de Brito Machado, Malheiros, p. 327, 30ª Ed., 2009). Para melhor compreensão do tema, vide as decisões exaradas no Resp 873203, Resp 975373, Resp 63838 e Resp 721243.

Item II: A assertiva está equivocada. Para a súmula 433 do Superior Tribunal de Justiça, "o produto semi-elaborado, para fins de incidência de ICMS, é aquele que preenche cumulativamente os três requisitos do art. 1º da Lei Complementar nº 65/1991". O posicionamento da Corte decorreu da resolução de controvérsias acerca do que seja um produto semielaborado, uma vez que tal categoria de produtos, embora classificados como industrializados, eram excluídos pela Constituição Federal (artigo 155, § 2º, X, "a") da imunidade em relação ao ICMS, ou seja, ao contrário dos produtos industrializados "elaborados", os "semielaborados" sofriam a incidência do ICMS na operação de exportação para o exterior, tema resolvido com a EC nº 42/2003, visto que, na atualidade, pouco importa ser o produto elaborado ou semielaborado, a imunidade lhe alcançará. Anteriormente, a doutrina apontava que os produtos industrializados podiam ser elaborados ou semielaborados. Para o STJ, "estes últimos, no caso de exportação, não gozam da imunidade tributária prevista para os elaborados pela Constituição Federal" (Resp 681660). Conforme dispõe o artigo 155, § 2º, X, "a", da Constituição, cabe à Lei Complementar definir o que seja produto semielaborado, ou seja, a Constituição apenas menciona a expressão, deixando para a legislação infraconstitucional a definição, que, evidentemente, não pode fugir do sentido natural do termo utilizado. Isso significa que não pode ser enquadrado como semielaborado um produto pronto e acabado, que não necessite para seu pleno uso de submissão a qualquer processo industrial. Com efeito, no art. 1º da Lei Complementar nº 65/1991, encontram-se os requisitos necessários à caracterização dos produtos semielaborados, sendo que o produto deve preencher os requisitos de forma cumulativa, sob pena de incidência do ICMS. A rigor, a caracterização dos produtos como elaborados ou semielaborados, no âmbito judicial, se dava mediante perícia, que avalia o enquadramento do produto nos critérios estabelecidos legalmente.

Item III: A assertiva está correta. Segundo o Superior Tribunal de Justiça, as empresas do ramo da construção civil, por serem contribuintes do ISS, quando adquirem de outro estado da federação materiais necessários à prestação do serviço, não estão sujeitas ao pagamento da diferença de alíquota interestadual do ICMS para o estado destinatário. Em outras palavras, para a Corte, as empresas de construção civil, quando adquirem bens necessários ao desenvolvimento de sua atividade-fim, não são contribuintes do ICMS. Consequentemente, "há de se qualificar a construção civil como atividade de pertinência exclusiva a serviços, pelo que as pessoas (naturais ou jurídicas) que promoverem a sua execução, sujeitar-se-ão exclusivamente à incidência de ISS, em razão de que quaisquer bens necessários a essa atividade (como máquinas, equipamentos, ativo fixo, materiais, peças, etc.) não devem ser tipificados como mercadorias sujeitas a tributo estadual" (EREsp 149.946/MS). De fato, a súmula acabou por afastar definitivamente a pretensão dos estados destinatários de cobrar das construtoras o "diferencial de alíquotas" do ICMS, quando da aquisição de insumos provenientes de outros Estados, que encontra guarida no artigo 155, parágrafo 2º, inciso VII, alínea 'a' da Constituição Federal.

Item IV: Incorreto. A pauta fiscal é uma estimativa da base de cálculo do tributo. São valores mínimos que o Estado estabelece para determinado tipo de serviço ou mercadoria. O Superior Tribunal de Justiça, analisando a pertinência da utilização da pauta fiscal, sufragou o entendimento na súmula 431 de que "é ilegal a cobrança de ICMS com base no valor da mercadoria submetido ao regime de pauta fiscal", uma vez que se trata de uma presunção fiscal que, a rigor, desconsidera o valor real da operação de circulação de mercadoria. Contudo, a própria Corte excepcionou como legal a utilização da pauta fiscal nos casos previstos no art. 148 do Código Tributário Nacional e art. 18 da Lei Complementar nº 87/96, ou seja, se forem inidôneos os documentos emitidos pelo contribuinte ou responsável tributário.

Alternativa correta: letra "e".

---

364. (UEPA – Procurador do Estado – PA/ 2012) Analise as proposições a seguir:

I. Nas operações com cartão de crédito, os encargos relativos ao financiamento são considerados no cálculo do ICMS é o entendimento expresso na Súmula 237 do STJ.

II. o fornecimento de mercadorias com a simultânea prestação de serviços em bares, restaurantes e estabelecimentos similares não constitui fato gerador do ICMS a incidir sobre o valor total da operação, segundo o entendimento do STJ na Súmula 163.

III. o exportador adquire o direito de transferência de crédito do ICMS quando estoca a matéria-prima e não ao realizar a exportação do produto, segundo sustenta a Súmula 129 do STJ.

IV. Ainda prevalece o entendimento da Súmula 152 do STJ, que afirma não incidir o ICMS na venda pelo segurador de bens salvados de sinistros.

De acordo com as afirmativas apresentadas, assinale a alternativa CORRETA:

a) todas as proposições estão corretas
b) apenas uma das proposições está correta
c) apenas duas proposições estão corretas
d) apenas três proposições estão corretas
e) todas as proposições estão incorretas.

COMENTÁRIOS

✪ **Nota dos autores:** A banca examinadora cobra, de novo, o conhecimento sobre a redação das súmulas do Superior Tribunal de Justiça e seu posicionamento quanto à incidência ou não do ICMS. Alerta-se para a necessidade de memorização dos respectivos enunciados e o teor dos julgados que deram origem a consolidação da respectiva jurisprudência.

Item I: A assertiva está equivocada. A súmula 237 do Superior Tribunal de Justiça prevê que, nas operações com cartão de crédito, os encargos relativos ao financiamento não são considerados no cálculo do ICMS. O ICMS incide sobre a saída de mercadorias e sua base de cálculo é o valor da operação de que decorrer a saída da mercadoria. Logo, não incide sobre o financiamento, até porque este não é certo que sempre ocorra. **A venda a prazo difere da venda com cartão de crédito, em que ocorre apenas uma operação, cujo preço é pago em mais de uma parcela diretamente pelo comprador. Não se deve aplicar o mesmo raciocínio na operação com cartão de crédito, pois na venda a prazo há acréscimos decorrentes do tempo que integram a base de cálculo do ICMS, o que não se dá no cartão de crédito, cuja venda é considerada à vista (diferença entre o preço à vista e a prazo) (EREsp 550.382/SP, Rel. Min. Castro Meira). O próprio Supremo Tribunal Federal já observara que, nesta modalidade, há um único negócio jurídico, que incorpora o preço normal da mercadoria e o eventual acréscimo decorrente da venda a prazo, diversamente do que ocorre com hipótese de venda financiada, que se desdobra em dois negócios jurídicos (ADI 84-5-MG, Rel. Min. Ilmar Galvão).**

Item II: A assertiva está errada. De acordo com a súmula 163 do Superior Tribunal de Justiça, "o fornecimento de mercadorias com simultânea prestação de serviços em bares, restaurantes e estabelecimentos similares constitui fato gerador do ICMS a incidir sobre o valor total da operação". Logo, não incide ISS na venda de refeições em bares e restaurantes, ainda que haja relevância no serviço prestado.

Item III: Errado. Segundo a súmula 129 do Superior Tribunal de Justiça, "o exportador adquire o direito de transferência de crédito do ICMS quando realiza a exportação do produto e não ao estocar a matéria-prima". Isto porque, o objetivo do legislador, ao incentivar as exportações é trazer divisas para o Brasil, mas isso somente acontece com a efetiva exportação, e não com a estocagem do produto ou matéria-prima. De mais a mais, com a venda (saída, exportação), ocorreu o fato gerador e assegura o direito à utilização do crédito, e não com a simples estocagem.

Item IV: A proposição está confusa e induz o candidato a erro. De fato, o Superior Tribunal de Justiça cancelou o enunciado da Súmula 152, mas o verbete dispunha que "na venda pelo segurador de bens salvados de sinistros, incide o ICMS". A mudança se deu no julgamento do Recurso Especial 72.204/RJ, onde foi adotado o entendimento de que a operação de venda de bens sinistrados, por compor o contrato de seguro, não pode ser objeto de tributação por lei estadual, estando, por conseguinte, fora do alcance de incidência do Imposto Sobre Circulação de Mercadorias (ICMS). Esse não é o objeto das seguradas, a compra e venda de veículos.

Alternativa correta: letra "e":

---

365. (FURMARC – Procurador do Estado – MG/ 2012) Assinale a opção correta:

a) O poder executivo do Estado Membro poderá, por decreto, aumentar, reduzir e restabelecer as alíquotas do imposto sobre circulação de mercadorias e prestação de serviço de comunicação e transportes intermunicipal e interestadual, incidentes sobre a circulação de combustíveis e lubrificantes, não se lhes aplicando o disposto no art. 150, III, "b", do texto constitucional federal;

b) Somente por lei poderá o Estado Membro aumentar, reduzir e restabelecer as alíquotas do imposto sobre circulação de mercadorias e prestação de serviço de comunicação e transportes, incidentes sobre a circulação de combustíveis e lubrificantes, não se lhes aplicando o disposto no artigo 150, III, "b e "c", do texto constitucional federal;

c) O Poder Executivo do Estado Membro poderá, por decreto, aumentar, reduzir e restabelecer as alíquotas do imposto sobre circulação de mercadorias e prestação de serviço de comunicação e transportes, incidentes sobre a circulação de combustíveis e lubrificantes, não se lhes aplicando o disposto no art. 150, III, "b" e "c", do texto constitucional federal;

d) Somente por lei poderá o Estado Membro reduzir e restabelecer as alíquotas do imposto sobre circulação de mercadorias e prestação de serviço de comunicação e transportes interestadual e intermunicipal, incidentes sobre a circulação de combustíveis e lubrificantes, não se lhes aplicando o disposto no art. 150, III, "b", do texto constitucional federal;

e) Somente por lei poderá o Estado Membro aumentar, reduzir e restabelecer as alíquotas do imposto sobre circulação de mercadorias e prestação de serviço de comunicação e transportes, incidentes sobre a circulação de combustíveis e lubrificantes, não se lhes aplicando o disposto no art. 150, III, "b", do texto constitucional federal.

COMENTÁRIOS

✪ **Nota dos autores: A questão foi anulada** pela Banca Examinadora. Em verdade, não há nenhuma alternativa correta.

Alternativas "a", "b", "c", "d" e "e": Lembre-se que o ICMS-Combustível é exceção aos princípios da legalidade e anterioridade anual (e não a anterioridade nonagesimal). Logo, poderá ter suas alíquotas alteradas por decreto (exceção ao princípio da legalidade) e ser exigido no mesmo exercício financeiro (exceção ao princípio da anterioridade anual). O art. 155, § 4º, Inciso IV, alínea "c" dispõe que as alíquotas do ICMS-Combustível poderão ser "reduzidas e restabelecidas" (não menciona o seu aumento). Assim, por exclusão, todas as assertivas que dispõem "somente por lei" já poderiam ser descartadas pelo candidato ("b", "d" e "e"). Nas demais ("a" e "c") foi dito que as alíquotas poderiam ser aumentadas e pelo Texto Constitucional aludido, só cabe restabelecer ou reduzir a alíquota. Além disso, a assertiva "c" também estaria incorreta pelo fato de mencionar que não se aplicaria o disposto no art. 150, III, "b" e "c", da CF. Ocorre que, conforme dito, o ICMS-Combustível não é exceção ao princípio da anterioridade nonagesimal, mas apenas a anterioridade anual.

---

366. (FURMARC – Procurador do Estado – MG/ 2012) Quanto ao princípio da não cumulatividade, assinale a alternativa INCORRETA:

a) Tem previsão expressa na Constituição Federal para o imposto sobre operações relativas à circulação de mercadorias e sobre prestações de serviços de transporte interestadual e intermunicipal e de comunicação (ICMS) e o imposto sobre produtos industrializados (IPI);

b) A tributação não cumulativa reduz a carga tributária final incidente sobre bens de consumo;

c) O princípio da não cumulatividade, quando implementado pela técnica do crédito físico, gera crédito para todos os custos, em sentido amplo, que vierem onerados por aquele imposto;

d) A isenção ou não incidência, salvo determinação em contrário da legislação, acarretará a anulação do crédito do imposto sobre operações relativas à circulação de mercadorias e sobre prestações de serviços de transporte interestadual e intermunicipal e de comunicação (ICMS) relativo às operações anteriores;

e) É vedado o crédito do imposto sobre operações relativas à circulação de mercadorias e sobre prestações de serviços de transporte interestadual e intermunicipal e de comunicação (ICMS) para integração ou consumo em processo de industrialização ou produção rural, quando a saída do produto resultante não for tributada ou estiver isenta do imposto, exceto se trata-se de saída para o exterior.

COMENTÁRIOS

✪ **Nota dos autores:** O concursando deve lembrar que o ICMS é o imposto de maior incidência nos concursos para Procuradoria do Estado. Sugerimos, em casos que tais, a leitura da Legislação Estadual do ICMS.

Alternativa "a": O princípio da não cumulatividade no ICMS está previsto expressamente no art. 155, § 2º, Inciso I da CF e a do IPI no art. 153, § 3º, inciso II, da CF.

Alternativa "b": É justamente essa a finalidade da tributação não cumulativa: reduzir a carga tributária final incidente sobre bens de consumo, ou seja, evitar a tributação "em cascata". Para tanto, a não cumulatividade evita que o Fisco cobre o tributo na totalidade sobre o valor apurado em cada etapa da cadeia, visto que o imposto deve recair apenas sobre a parcela do preço do bem que foi agregado em cada etapa. Assim, em cada operação, o imposto deve recair apenas sobre o valor que o agente agregou.

Alternativa "c": Segundo doutrina e jurisprudência, o ICMS pode ser analisado pela técnica do "crédito físico x crédito financeiro". No primeiro caso, há restrição ao direito ao crédito, o que inexiste no segundo. É que, pela técnica do crédito físico, só se fala em uso do crédito do ICMS sobre as mercadorias e componentes físicos dos produtos utilizados como matéria-prima, embalagens e produtos intermediários na produção final. Por sua vez, a técnica do crédito financeiro permite o creditamento sem qualquer restrição, sendo irrelevante que as aquisições que geram crédito refiram-se ou não às mesmas mercadorias ou serviços que saíram. Assim, pela técnica do crédito financeiro, todas as operações tributáveis com o ICMS geram crédito, independente do objeto. A não cumulatividade do imposto é única e total. O crédito físico, diferentemente, não permite a recuperação do imposto pago sobre mercadorias e serviços necessários ao processo de produção quando estes não entram fisicamente no produto ou não sejam consumidos no processo de produção. Logo, a assertiva "c" refere-se à técnica do crédito financeiro e não do crédito físico.

Alternativa "d": É a regra trazida pelo art. 155, § 2º, Inciso II, alínea "b" da CF.

Alternativa "e": Segundo o art. 155, § 2º, II, alínea "a" da CF, não haverá crédito de ICMS se houver saída de mercadoria isenta, exceto na exportação, em que se permite o acúmulo do crédito do tributo.

Alternativa incorreta: letra "c".

---

367. (UEPA – Procurador do Estado – PA/ 2012) Analise as afirmativas a seguir:

I. Na Súmula 395, o STJ considerou que o ICMS incide sobre o valor da venda a prazo constante da nota fiscal.

II. A Súmula 391 do STJ define que o ICMS incide sobre o valor da tarifa de energia elétrica correspondente à demanda de potência efetivamente utilizada.

III. Na Súmula 350, o STJ consolidou o entendimento de que o ICMS não incide sobre o serviço de habilitação de telefone celular.

IV. A teor da Súmula 334 do STJ, o ICMS não incide no serviço dos provedores de acesso à Internet.

De acordo com as afirmativas apresentadas, assinale a alternativa CORRETA:

a) todas as proposições estão corretas
b) apenas uma das proposições está correta
c) apenas duas proposições estão corretas
d) apenas três proposições estão corretas
e) todas as proposições estão incorretas.

COMENTÁRIOS

✪ Nota dos autores: A questão exige conhecimentos sobre as redações das súmulas do Superior Tribunal de Justiça no que se refere ao ICMS. De fato, o método utilizado pela banca examinadora não é dos mais elogiáveis, tendo em vista que privilegia a memorização de enunciados jurisprudenciais em detrimento da interpretação. Contudo, não se pode deixar de alertar ao candidato sobre a necessidade da leitura dos verbetes sumulares e de sua aplicação nos temas tributários.

Item I: A assertiva está correta. Na venda a prazo, as partes já se acertaram em relação ao preço, cujo pagamento deverá se dar em data(s) determinada(s) previamente. Em que pese na fixação do preço o empresário já tenha contabilizado o valor relativo à falta do seu recebimento, tal elemento é considerado parte integrante do preço. Segundo o Superior Tribunal de Justiça, a venda a prazo "revela-se modalidade de negócio jurídico único, o de compra e venda, no qual o vendedor oferece ao comprador o pagamento parcelado do produto, acrescendo-lhe o preço final, razão pela qual o valor esta operação constitui a base de cálculo do ICMS, na qual se incorpora, assim, o preço normal da mercadoria (preço de venda à vista), e o acréscimo decorrente do parcelamento". (EDCL nos ED em Resp 255.553/SP, 1ª Seção, Rel. Min. Luiz Fux). É preciso, entretanto, diferenciar a venda a prazo da operação com cartão de crédito, cujo preço é pago em mais de uma parcela diretamente pelo comprador. Desta forma, para José Eduardo Soares de Mello, "(...) não se deve aplicar o mesmo raciocínio na operação com cartão de crédito, para excluir os encargos de financiamento (diferença entre preço à vista e a prazo), decorrentes de venda a prazo que, em verdade, se traduzem em elevação do valor de saída da mercadoria do estabelecimento comercial". (Paulsen. Leandro. Mello, José Eduardo Soares de. Impostos Federais, Estaduais e Municipais, Ed. Livraria do Advogado, 6ª Ed., 2011, p. 261). O STJ sufraga o mesmo entendimento do referido autor (EREsp 550. 382-SP, 1ª Seção, Rel. Min. Castro Meira).

Item II: Correto. De fato, o Superior Tribunal de Justiça pacificou o entendimento de que para efeito de base de cálculo de ICMS, que supõe sempre o efetivo consumo, a fixação do valor da tarifa de energia deve levar em conta a demanda de potência efetivamente utilizada, como tal considerada a demanda medida no correspondente período de faturamento, independentemente de ser ela menor, igual ou maior que a demanda contratada. Em outras palavras, na esteira da jurisprudência da referida Corte, a partir do julgamento do REsp 222.810/MG, entende-se que "o ICMS não é imposto incidente sobre tráfico jurídico, não sendo cobrado, por não haver incidência, pelo fato de celebração de contratos", razão pela qual, no que se refere à contratação de demanda de potência elétrica, a só formalização desse tipo de contrato de compra ou fornecimento futuro de energia elétrica não caracteriza circulação de mercadoria. Ou seja, o ICMS deve incidir sobre o valor da energia elétrica efetivamente consumida, isto é, a que for entregue ao consumidor, a que tenha saído da linha de transmissão e entrado no estabelecimento da empresa. Desta forma, para o STJ, não há hipótese de incidência do ICMS sobre o valor do contrato referente à garantia de demanda reservada de potência". Por outro lado, há hipótese de incidência de ICMS sobre a demanda de potência elétrica efetivamente utilizada pelo consumidor.

Item III: A assertiva está correta. Para o Superior Tribunal de Justiça, no ato de habilitação de aparelho móvel celular inocorre qualquer serviço efetivo de telecomunicação, senão de disponibilização do serviço, de modo a assegurar ao usuário a possibilidade de fruição do serviço de telecomunicações. Desta forma, o ICMS incide, tão somente, na atividade final, que é o serviço de telecomunicação propriamente dito, e não sobre o ato de habilitação do telefone celular, que se afigura como atividade meramente intermediária. Neste sentido, além da súmula 350, recomenda-se a leitura do quanto decidido no AgRg no Resp nº 514.073/SP.

Item IV: Correto. Para o Superior Tribunal de Justiça, o serviço de conexão à Internet, por si só, não possibilita a emissão, transmissão ou recepção de informações, deixando de enquadrar-se, por isso, no conceito de serviço comunicacional. Para ter acesso à Internet, o usuário deve conectar-se a um sistema de telefonia ou outro meio eletrônico, este sim, em condições de prestar o serviço de comunicação, ficando sujeito à incidência do ICMS. O provedor, portanto, precisa de uma terceira pessoa que efetue esse serviço, servindo como canal físico, para que, desse modo, fique estabelecido o vínculo comunicacional entre o usuário e a Internet. É esse canal físico (empresa de telefonia ou outro meio comunicacional) o verdadeiro prestador de serviço de comunicação, pois é ele quem efetua a transmissão, emissão e recepção de mensagens. A atividade exercida pelo provedor de acesso à Internet configura, para a referida Corte, um "serviço de valor adicionado", pois aproveita um meio físico de comunicação preexistente, a ele acrescentando elementos que agilizam o fenômeno comunicacional (AgRg nos EDcl no Ag 883278 / RJ, 1ª Turma, Rel. Min Luiz Fux).

Alternativa correta: letra "a".

368. (PGE-GO – Procurador do Estado – GO/ 2013) Acerca do perfil constitucional do ICMS, está CORRETA a seguinte proposição:

a) O imposto será não cumulativo, compensando-se o que for devido em cada operação relativa à circulação de mercadoria ou prestação de serviço com o montante cobrado nas anteriores pelo mesmo ou outro estado ou pelo Distrito Federal, desde que o tributo haja sido efetivamente recolhido.

b) O princípio da seletividade não é de observância obrigatória, uma vez que a Constituição dispõe que o ICMS "poderá ser seletivo, em função da essencialidade das mercadorias e dos serviços".

c) Em relação às operações que destinem mercadorias a consumidor final localizado em outro estado, adota-se um critério misto quando o destinatário for contribuinte do imposto, de modo que o tributo é recolhido, parcela na origem e parcela no destino.

d) A cobrança do ICMS importação pressupõe que a pessoa física ou jurídica importadora seja contribuinte habitual do imposto.

e) Resolução do Senado Federal, de iniciativa do presidente da República ou de um terço dos senadores, aprovada pela maioria absoluta de seus membros, estabelecerá as alíquotas aplicáveis às operações interestaduais e de exportação.

COMENTÁRIOS

✪ **Nota dos autores: A questão foi anulada** pela Banca Examinadora por possuir mais de uma assertiva correta.

Alternativa "a": Alternativa incorreta. O art. 155, § 2º, inciso I da CRFB dispõe que o ICMS será não cumulativo, compensando-se o que for devido em cada operação relativa à circulação de mercadorias ou prestação de serviços com o montante cobrado nas anteriores pelo mesmo ou outro Estado ou pelo Distrito Federal. O erro da questão está na sua parte final: "desde que o tributo haja sido efetivamente recolhido". Não há essa exigência constitucional.

Alternativa "b": Alternativa correta. O art. 155, § 2º, inciso III da CRFB dispõe que o ICMS poderá ser seletivo, em função da essencialidade das mercadorias e dos serviços. Observe que, com relação ao ICMS, ele poderá ser seletivo, diferente do IPI, que deverá ser seletivo.

Alternativa "c": Assertiva correta. Em relação às operações e prestações que destinem bens e serviços a consumidor final localizado em outro Estado, adotar-se-á a alíquota interestadual, quando o destinatário for contribuinte do imposto (art. 155, § 2º, inciso VII, alínea "a" da CRFB). Sendo assim, recolherá a alíquota interestadual para o Estado de origem da mercadoria e a diferença entre alíquota interna e interestadual para o Estado de destino. Nesse ponto, oportuno alertar que a assertiva foi respondida à luz do Texto Constitucional vigente à época do certame. Assim, a EC 87/2015 deu nova redação ao art. 155, § 2º, inciso VII supracitado, com a revogação de suas alíneas.

Alternativa "d": Assertiva errada. O ICMS incidirá sobre a entrada de bem ou mercadoria importados do exterior por pessoa física ou jurídica, ainda que não seja contribuinte habitual do imposto, qualquer que seja a sua finalidade, assim como sobre o serviço prestado no exterior, cabendo o imposto ao Estado onde estiver situado o domicílio ou o estabelecimento do destinatário da mercadoria, bem ou serviço (art. 155, § 2º, inciso IX, alínea "a" da CRFB).

Alternativa "e": Assertiva correta. Resolução do Senado Federal, de iniciativa do Presidente da República ou de um terço dos Senadores, aprovada pela maioria absoluta de seus membros, estabelecerá as alíquotas aplicáveis às operações e prestações, interestaduais e de exportação (art. 155, § 2º, inciso IV da CRFB). No ponto, lembrar que as exportações passaram a ser imunes do ICMS.

---

369. (PGE-GO – Procurador do Estado – GO/ 2013) A propósito das isenções tributárias de ICMS, é CORRETO afirmar que

a) a dispensa legal do pagamento do tributo implica, por conseguinte, a dispensa do cumprimento das obrigações acessórias.

b) a isenção não poderá ser restrita a determinada região do estado, sob o risco de ofensa ao princípio da igualdade tributária.

c) a revogação da isenção poderá se realizar, de acordo com a jurisprudência do STF, a qualquer tempo, independentemente da observância do princípio da anterioridade tributária.

d) a concessão dos incentivos fiscais de ICMS demanda autorização unânime dos estados da Federação perante o Conselho Nacional de Política Fazendária (CONFAZ).

e) a isenção concedida é extensiva às taxas e contribuições de melhoria independentemente de previsão em lei.

COMENTÁRIOS

✪ **Nota dos autores: A questão foi anulada** pela Banca Examinadora.

Alternativa "a": Alternativa errada. A dispensa legal do pagamento do tributo (leia-se a isenção) não implica a dispensa do cumprimento das obrigações acessórias. No direito tributário a obrigação acessória não segue a principal (teoria da gravitação jurídica) como ocorre no âmbito do direito civil. Assim, por exemplo, mesmo gozando de uma isenção (não há obrigação principal quanto ao pagamento do tributo), não haverá dispensa da obrigação acessória de manutenção da escrituração de livros ficais ou mesmo a possibilidade de fiscalização pelas administrações tributárias, etc.

Alternativa "b": Alternativa errada. A isenção pode ser restrita a determinada região do território da entidade tributante, em função de condições a ela peculiares, não se vislumbrando ofensa ao princípio da isonomia (Parágrafo único do art. 176 do CTN).

Alternativa "c": Alternativa correta. Para o STF, a revogação de isenção não observa o princípio da anterioridade, exceto nas hipóteses do art. 104, III do CTN. Todavia, isenções tributárias concedidas, sob condição onerosa, não podem ser livremente suprimidas (Súmula 544 do STF). Como a questão não especificou o tipo de isenção, entende-se tratar de isenção pura e simples.

Alternativa "d": Alternativa correta. Nos termos do art. 2º da Lei Complementar nº 24/75, "A concessão de benefícios dependerá sempre de decisão unânime dos Estados representados".

Alternativa "e": Alternativa errada. Para que a isenção contemple taxas e contribuições de melhoria, faz-se mister previsão de lei expressa nesse sentido. Vejamos o teor do art. 177, inciso I, do CTN: "Salvo disposição de lei em contrário, a isenção não é extensiva às taxas e às contribuições de melhoria".

370. (Cespe – Procurador do Estado – DF/ 2013) Julgue os seguintes itens, a respeito do IPTU, do ICMS e de isenção tributária.

I. Se um bem imóvel for vendido e a transferência for acompanhada de prova de quitação dos débitos tributários, o antigo proprietário será responsável pelo pagamento de IPTU anterior ao negócio jurídico que venha a ser descoberto.

COMENTÁRIOS

✪ **Nota dos autores:** Sobre o tema da assertiva, confira o teor do art. 130 do CTN, *in verbis*: "Os créditos tributários relativos a impostos cujo fato gerador seja a propriedade, o domínio útil ou a posse de bens imóveis, e bem assim os relativos a taxas pela prestação de serviços referentes a tais bens, ou a contribuições de melhoria, sub-rogam-se na pessoa dos respectivos adquirentes, salvo quando conste do título a prova de sua quitação".

O adquirente do imóvel, munido da prova de quitação dos débitos tributários (certidão negativa de débitos, p. ex.) se desonera de eventuais débitos anteriores ao negócio jurídico segundo preceitua o art. 130 do CTN acima citado. **CERTO**

II. Conforme jurisprudência do STJ, admite-se, no processo administrativo, a fixação da base de cálculo do ICMS no valor da mercadoria submetido ao regime de pauta fiscal.

COMENTÁRIOS

É inviável a cobrança do ICMS com base em pauta fiscal segundo já decidiu o STJ (REsp 1041216). A Ministra Eliana Calmon, enumerou vários precedentes no sentido de que "é inadmissível a fixação da base de cálculo de ICMS com supedâneo [base] em pautas de preços ou valores, as chamadas pautas fiscais, as quais se baseiam em valores fixados prévia e aleatoriamente para a apuração da base de cálculo do tributo". No mesmo sentido, é o enunciado da Súmula nº 431 do STJ: "É ilegal a cobrança de ICMS com base no valor da mercadoria submetido ao regime de pauta fiscal". **ERRADO**

III. É inconstitucional a isenção de tributo estadual fundada em tratado internacional ratificado pelo presidente da República.

COMENTÁRIOS

É constitucional. Isso porque, se a isenção de tributo estadual for concedida através de Tratado Internacional, não há impedimento à União na sua concessão, uma vez que, nesse caso, a referida pessoa política não age como ente federativo interno, mas, sim, como representante da República Federativa do Brasil, atuando como sujeito de direito na ordem internacional. Ademais, segundo o STF, no âmbito do direito internacional, o Presidente da República não subscreve tratados como Chefe de Governo, mas como Chefe de Estado, o que descaracteriza a existência de uma isenção heterônoma, vedada pelo art. 151, inc. III, da Constituição (RE 229.096-RS). **ERRADO**

371. (Cespe – Procurador do Estado – BA/2014) A respeito da concessão, pelos entes da Federação, de benefício fiscal em relação ao ICMS, julgue os itens subsecutivos.

Não há obrigatoriedade de a concessão de benefícios fiscais ser feita por lei complementar estadual.

COMENTÁRIOS

✪ **Nota dos autores:** Vejamos o teor do Texto Constitucional: "Art.155 (...) § 2º. O imposto previsto no inciso II atenderá ao seguinte: (...) XII – cabe à lei complementar: (...) g) regular a forma como, mediante deliberação dos Estados e do Distrito Federal, isenções, incentivos e benefícios fiscais serão concedidos e revogados".

A obrigatoriedade é quanto à lei complementar federal e não estadual. Assim, a LC referida é a de nº 24/75 que dispõe sobre os convênios para a concessão de isenções do imposto sobre operações relativas à circulação de mercadorias, e dá outras providências. Nesse sentido, os Estados podem firmar convênios entre si, que devem ser aprovados no âmbito do Conselho Nacional de Política Fazendária – CONFAZ. **CERTO**

II. Consideram-se benefícios fiscais as imunidades previstas na CF.

COMENTÁRIOS

Imunidade não é benefício fiscal, mas sim uma hipótese de incompetência das pessoas políticas para instituir tributos. É, portanto, norma constitucional que afasta a tributação. **ERRADO**

III. De acordo com a CF, cabe a lei complementar regular a forma como, mediante deliberação dos estados e do DF, isenções, incentivos e benefícios fiscais serão concedidos e revogados.

COMENTÁRIOS

Questão em conformidade com a Constituição Federal. Confira: "Art.155 (...) § 2º. O imposto previsto no inciso II atenderá ao seguinte: (...) XII – cabe à lei complementar: (...) g) regular a forma como, mediante deliberação dos Estados e do Distrito Federal, isenções, incentivos e benefícios fiscais serão concedidos e revogados". **CERTO**

IV. Sendo o ICMS um tributo estadual, a concessão de benefícios fiscais a ele relacionada deve ser feita por meio de atos administrativos normativos, como decretos.

COMENTÁRIOS

Conforme já dito nos itens anteriores, cabe a lei complementar regular a forma como, mediante deliberação dos Estados e do Distrito Federal, isenções, incentivos e benefícios fiscais serão concedidos e revogados. Por sua vez, a LC nº 24/75, no seu art. 1º, preceitua que as isenções do imposto sobre operações relativas à circulação de mercadorias serão concedidas ou revogadas nos termos de convênios celebrados e ratificados pelos Estados e pelo Distrito Federal, no âmbito do Conselho Nacional de Política Fazendária – CONFAZ. **ERRADO**

V. Por ser um tributo de importância nacional, o ICMS só pode ser concedido pelos entes da Federação mediante autorização do Senado Federal, ao qual cabe, inclusive, prescrever suas alíquotas em determinados casos.

COMENTÁRIOS

Os Estados e Distrito Federal têm competência tributária para instituição do ICMS (art. 155, inciso II, da CF) não dependendo, portanto, de autorização do Senado Federal. Caberá a este, por sua vez, consoante dispõe a Carta Magna, estabelecer alíquotas aplicáveis ao ICMS nos seguintes termos: art. 155 (...) § 2º. (...) IV – resolução do Senado Federal, de iniciativa do Presidente da República ou de um terço dos Senadores, aprovada pela maioria absoluta de seus membros, estabelecerá as alíquotas aplicáveis às operações e prestações, interestaduais e de exportação; e V – é facultado ao Senado Federal: a) estabelecer alíquotas mínimas nas operações internas, mediante resolução de iniciativa de um terço e aprovada pela maioria absoluta de seus membros; b) fixar alíquotas máximas nas mesmas operações para resolver conflito específico que envolva interesse de Estados, mediante resolução de iniciativa da maioria absoluta e aprovada por dois terços de seus membros. **ERRADO**

372. (FMP – Procurador do Estado – AC/2014) Analise as assertivas abaixo.

I. O Imposto sobre operações relativas à Circulação de Mercadorias e sobre prestações de Serviços de transporte interestadual e intermunicipal e de comunicação incide sobre prestações de serviço de transporte realizadas no âmbito do território do município, quando não houver legislação municipal instituindo o Imposto sobre Serviços de qualquer natureza.

II. Segundo o entendimento do Supremo Tribunal Federal incide o Imposto sobre operações relativas à Circulação de Mercadorias e sobre prestações de Serviços de transporte interestadual e intermunicipal e de comunicação, presentes os requisitos legais e constitucionais, nas operações de industrialização por encomenda de embalagens destinadas à integração ou utilização direta em processo subsequente de industrialização ou de circulação de mercadoria.

III. O Imposto sobre serviços de qualquer natureza incide sobre os serviços de qualquer natureza definidos em lei ordinária federal.

IV O Imposto sobre operações relativas à Circulação de Mercadorias e sobre prestações de Serviços de transporte interestadual e intermunicipal e de comunicação incide sobre serviços de comunicação, razão pela qual, segundo o Superior Tribunal de Justiça, referido tributo alcança todas as parcelas cobradas do usuário dos serviços, inclusive aquelas referidas à troca de titularidade de aparelho celular e emissão de conta detalhada.

Assinale a alternativa correta.

a) Apenas a assertiva I está correta.
b) Apenas a assertiva II está correta.
c) Apenas a assertiva III está correta.
d) Apenas a assertiva IV está correta.

COMENTÁRIOS

✪ **Nota dos autores:** A questão demanda conhecimento da jurisprudência dos Tribunais Superiores. O candidato não pode se furtar da leitura diária das notícias dos Tribunais.

Item I: Incorreto. O ICMS tem como hipótese de incidência as prestações de Serviços de transporte interestadual e intermunicipal, afastando, portanto, a incidência do ISS. Cabe ao município tributar através deste imposto (ISS) o serviço de transporte intramunicipal, ou seja, dentro do mesmo município. Enfim, nos termos da Constituição, caberá ao município instituir impostos sobre serviços de qualquer natureza, não compreendidos no âmbito de incidência do ICMS (referente aos serviços de comunicação e transporte interestadual e intermunicipal), consoante definido em lei complementar.

Item II: Correto. Esse é o entendimento do STF: "EMENTA: CONSTITUCIONAL. TRIBUTÁRIO. CONFLITO ENTRE IMPOSTO SOBRE SERVIÇOS DE QUALQUER NATUREZA E IMPOSTO SOBRE OPERAÇÃO DE CIRCULAÇÃO DE MERCADORIAS E DE SERVIÇOS DE COMUNICAÇÃO E DE TRANSPORTE INTERMUNICIPAL E INTERESTADUAL. PRODUÇÃO DE EMBALAGENS SOB ENCOMENDA PARA POSTERIOR INDUSTRIALIZAÇÃO (SERVIÇOS GRÁFICOS). AÇÃO DIRETA DE INCONSTITUCIONALIDADE AJUIZADA PARA DAR INTERPRETAÇÃO CONFORME AO O ART. 1º, *CAPUT* E § 2º, DA LEI COMPLEMENTAR 116/2003 E O SUBITEM 13.05 DA LISTA DE SERVIÇOS ANEXA. FIXAÇÃO DA INCIDÊNCIA DO ICMS E NÃO DO ISS. MEDIDA CAUTELAR DEFERIDA. Até o julgamento final e com eficácia apenas para o futuro (ex nunc), concede-se medida cautelar para interpretar o art. 1º, *caput* e § 2º, da Lei Complementar 116/2003 e o subitem 13.05 da lista de serviços anexa, para reconhecer que o ISS não incide sobre operações de industrialização por encomenda de embalagens, destinadas à integração ou utilização direta em processo subseqüente de industrialização ou de circulação de mercadoria. Presentes os requisitos constitucionais e legais, incidirá o ICMS. (ADI 4389 MC, Relator(a): Min. JOAQUIM BARBOSA, Tribunal Pleno, julgado em 13/04/2011, PROCESSO ELETRÔNICO DJe-098 DIVULG 24-05-2011 PUBLIC 25-05-2011 RDDT nº 191, 2011, p. 196-206 RT v. 100, nº 912, 2011, p. 488-505)". (Grifou-se)

Item III: Incorreto. O texto constitucional limitou a competência do município ao reservar algumas matérias afetas ao ISS a serem disciplinadas por Lei Complementar (LC 116/2003) e não lei ordinária.

Item IV: Incorreto. Dada a importância do tema, passamos a transcrever a ementa: "PROCESSUAL CIVIL. RECURSO ESPECIAL. TRIBUTÁRIO. ICMS. SERVIÇOS CONEXOS (SUPLEMENTARES) AO DE COMUNICAÇÃO (TELEFONIA MÓVEL): TROCA DE TITULARIDADE DE APARELHO CELULAR; CONTA DETALHADA; TROCA DE APARELHO; TROCA DE NÚMERO; MUDANÇA DE ENDEREÇO DE COBRANÇA DE CONTA TELEFÔNICA; TROCA DE ÁREA DE REGISTRO; TROCA DE PLANO DE SERVIÇO; BLOQUEIO DDD E DDI; HABILITAÇÃO; RELIGAÇÃO. NÃO INCIDÊNCIA DO ICMS. 1. A incidência do ICMS, no que se refere à prestação dos serviços de comunicação, deve ser extraída da Constituição Federal e da LC 87/96, incidindo o tributo sobre os serviços de comunicação prestados de forma onerosa, através de qualquer meio, inclusive a geração, a emissão, a recepção, a transmissão, a retransmissão, a repetição e a ampliação de comunicação de qualquer natureza (art. 2º, III, da LC 87/96). 2. A prestação de serviços conexos ao de comunicação por meio da telefonia móvel (que são preparatórios, acessórios ou intermediários da comunicação) não se confunde com a prestação da atividade fim processo de transmissão (emissão ou recepção) de informações de qualquer natureza, esta sim, passível de incidência pelo ICMS. Desse modo, a despeito de alguns deles serem essenciais à efetiva prestação do serviço de comunicação e admitirem a cobrança de tarifa pela prestadora do serviço (concessionária de serviço público), por assumirem o caráter de atividade meio, não constituem, efetivamente, serviços de comunicação, razão pela qual não é possível a incidência do ICMS. 3. Não merece reparo a decisão que admitiu o ingresso de terceiro no feito, pois o art. 543-C, § 4º, do CPC autoriza que o Ministro Relator, considerando a relevância da matéria tratada em recurso especial representativo da controvérsia, admita a manifestação de pessoas, órgãos ou entidades com interesse na questão jurídica central. 4. Agravo regimental de fls. 871/874 não provido. Recurso especial não provido. Acórdão sujeito ao regime previsto no art. 543-C do CPC, c/c a Resolução 8/2008 – Presidência/STJ. (REsp 1176753/RJ, Rel. Ministro NAPOLEÃO NUNES MAIA FILHO, Rel. p/ Acórdão Ministro MAURO CAMPBELL MARQUES, PRIMEIRA SEÇÃO, julgado em 28/11/2012, DJe 19/12/2012)". (Grifou-se).

Alternativa correta: letra "b": Apenas a assertiva II está correta.

---

373. (FMP – Procurador do Estado – AC/2014) Assinale a alternativa correta.

a) Segundo entendimento do Superior Tribunal de Justiça, as empresas prestadoras de serviços de comunicações não fazem jus ao crédito do ICMS relativo à energia elétrica consumida na prestação dos serviços referidos.

b) De acordo com o entendimento do Superior Tribunal de Justiça, o comerciante de boa-fé que adquire mercadoria, cuja nota fiscal (emitida pela empresa vendedora) posteriormente seja declarada inidônea, pode realizar o aproveitamento do crédito do ICMS pelo princípio da não cumulatividade, uma vez demonstrada a veracidade da compra e venda efetuada, porquanto o ato declaratório da inidoneidade somente produz efeitos a partir de sua publicação.

c) Segundo a Lei Complementar 87/96, gera crédito do ICMS os veículos adquiridos para o transporte pessoal dos sócios da empresa contribuinte.

d) De acordo com a Constituição Federal as exportações de mercadorias são imunes ao ICMS, razão pela qual os créditos do aludido imposto registrados em razão da entrada de matéria-prima utilizada em produto posteriormente exportados devem ser estornados.

COMENTÁRIOS

✪ **Nota dos autores:** A questão demanda conhecimento da jurisprudência dos Tribunais Superiores.

Alternativa "a": Segundo o STJ, as empresas prestadoras de serviços de comunicações fazem jus ao crédito do ICMS relativo à energia elétrica consumida na prestação dos serviços referidos. Confira:

> *"TRIBUTÁRIO. SERVIÇOS DE TELECOMUNICAÇÃO. ENERGIA ELÉTRICA. CREDITAMENTO. POSSIBILIDADE. ART. 33, II, "B", DA LC 87/96. DECRETO 640/62. EQUIPARAÇÃO À INDÚSTRIA BÁSICA PARA TODOS OS EFEITOS LEGAIS. VALIDADE E COMPATIBILIDADE COM O ORDENAMENTO JURÍDICO ATUAL. ORDEM EM MANDADO DE SEGURANÇA CONCEDIDA. RECURSO ESPECIAL NÃO PROVIDO.*
>
> *1. O art. 1º do Decreto nº 640/62, que equiparou, para todos os efeitos legais, os serviços de telecomunicação à indústria básica, é compatível com o ordenamento jurídico vigente, em especial com a Lei Geral de Telecomunicações, com o Regulamento do IPI e com o Código Tributário Nacional. 2. O art. 33, II, "b", da LC 87/96 autoriza o creditamento do imposto incidente sobre energia elétrica quando "consumida no processo de industrialização". Como o art. 1º do Decreto 640/62 equipara, para todos os efeitos legais, a atividade de telecomunicações ao processo industrial, faz jus a impetrante ao creditamento pretendido. 3. Segundo a regra do art. 155, II, da CF/88, o ICMS comporta três núcleos distintos de incidência: (i) circulação de mercadorias; (ii) serviços de transporte; e (iii) serviços de comunicação. 4. O princípio da não cumulatividade, previsto no § 2º do art. 155 da CF/88, abrange os três núcleos de incidência, sem exceção, sob pena de tornar o imposto cumulativo em relação a um deles. 5. No caso dos serviços de telecomunicação, a energia elétrica, além de essencial, revela-se como único insumo, de modo que impedir o creditamento equivale a tornar o imposto cumulativo, em afronta ao texto constitucional. 6. O art. 33, II, da LC 87/96 precisa ser interpretado conforme a Constituição, de modo a permitir que a não cumulatividade alcance os três núcleos de incidência do ICMS previstos no Texto Constitucional, e não apenas a circulação de mercadorias, vertente central, mas não única da hipótese de incidência do imposto. 7. O ICMS incidente sobre a energia elétrica consumida pelas empresas de telefonia, que promovem processo industrial por equiparação, pode ser creditado para abatimento do imposto devido quando da prestação dos serviços. 8. Recurso especial não provido. (REsp 842.270/RS, Rel. Ministro LUIZ FUX, Rel. p/ Acórdão Ministro CASTRO MEIRA, PRIMEIRA SEÇÃO, julgado em 23/05/2012, DJe 26/06/2012)*

Alternativa "b": A questão vai ao encontro do entendimento do STJ. Confira trechos da decisão: "(...) A jurisprudência do Superior Tribunal de Justiça pacificou-se no sentido de que o adquirente de boa-fé não pode ser responsabilizado pela inidoneidade de notas fiscais emitidas pela empresa vendedora. Nesse caso, é possível o aproveitamento de crédito de ICMS relativo às referidas notas fiscais. Todavia, para tanto, é necessário que o contribuinte demonstre, pelos registros contábeis, que a operação de compra e venda efetivamente se realizou, incumbindo-lhe, portanto, o ônus da prova. (...) (EDcl nos EDcl no REsp 623.335/PR, Rel. Ministra DENISE ARRUDA, PRIMEIRA TURMA, julgado em 11/03/2008, DJe 10/04/2008)

Alternativa "c": Vejamos o que diz a LC 87/96 no seu art. 20, § 2º: "Art. 20 Para a compensação a que se refere o artigo anterior, é assegurado ao sujeito passivo o direito de creditar-se do imposto anteriormente cobrado em operações de que tenha resultado a entrada de mercadoria, real ou simbólica, no estabelecimento, inclusive a destinada ao seu uso ou consumo ou ao ativo permanente, ou o recebimento de serviços de transporte interestadual e intermunicipal ou de comunicação. (...) § 2º "Salvo prova em contrário, presumem-se alheios à atividade do estabelecimento os veículos de transporte pessoal".

Alternativa "d": Nos termos do art. 155, § 2º, inciso II da CRFB/88: "II – a isenção ou não incidência, salvo determinação em contrário da legislação: a) não implicará crédito para compensação com o montante devido nas operações ou prestações seguintes; b) acarretará a anulação do crédito relativo às operações anteriores."

Alternativa correta: letra "b".

374. (FMP – Procurador do Estado – AC/2014) Analise as assertivas abaixo.

I. No entendimento do Superior Tribunal de Justiça, as empresas de construção civil não estão obrigadas a pagar ICMS sobre mercadorias adquiridas como insumos em operações interestaduais.

II. De acordo com entendimento atual do Superior Tribunal de Justiça, basta o pedido de parcelamento para configurar a denúncia espontânea.

III. Nos termos do CTN (Código Tributário Nacional), a denúncia espontânea pode ser realizada a qualquer tempo, desde que antes da inscrição em dívida ativa do crédito tributário oriundo de lançamento de ofício.

IV. De acordo com entendimento do Superior Tribunal de Justiça, declarado e não pago o débito tributário pelo contribuinte, é legítima a recusa de expedição de certidão negativa ou positiva com efeito de negativa.

Assinale a afirmativa correta.

a) Apenas as assertivas I e II estão corretas.
b) Apenas as assertivas III e IV estão corretas.
c) Apenas as assertivas I e IV estão corretas.
d) Todas as assertivas estão incorretas.

COMENTÁRIOS

Item I: Correto. Assertiva contempla o teor do enunciado nº 432 da Súmula do STJ: As empresas de construção civil não estão obrigadas a pagar ICMS sobre mercadorias adquiridas como insumos em operações interestaduais".

Item II: Incorreto. Segundo o STJ, o instituto da denúncia espontânea (art. 138 do CTN) não se aplica aos casos de parcelamento do débito tributário. (STJ, REsp 1.102.577-DF, Rel. Min. Herman Benjamin, julgado em 22/4/2009).

Item III. Incorreto. A denúncia espontânea não pode ser realizada a qualquer tempo, mas sim antes do início de processo administrativo ou medida de fiscalização. Esse é o teor do parágrafo único do art. 138 do CTN. *In verbis*: "Parágrafo único. Não se considera espontânea a denúncia apresentada após o início de qualquer procedimento administrativo ou medida de fiscalização, relacionados com a infração".

Item IV: Correto. Assertiva transcreve o teor da Súmula nº 446 do STJ: "Declarado e não pago o débito tributário pelo contribuinte, é legítima a recusa de expedição de certidão negativa ou positiva com efeito de negativa".

Alternativa correta: letra "c": Apenas as assertivas I e IV estão corretas.

375. (FMP – Procurador do Estado – AC/2014) Considerando a Lei Complementar Estadual 55/97, que rege o ICMS no Estado do Acre, assinale a alternativa correta.

a) As isenções do ICMS somente serão concedidas ou revogadas, nos termos da Lei Complementar n. 24, de 7 de janeiro de 1975, por meio de convênios celebrados e ratificados pelas unidades federadas e pelo Distrito Federal, representado pelo Secretário da Fazenda, sendo dispensados aludidos Convênios para concessão de reduções de base de cálculo.

b) O ICMS não incide sobre operação de qualquer natureza, dentro do território do Estado do Acre, de que decorra transferência de propriedade de estabelecimento industrial, comercial, ou de outra espécie, ou mudança de endereço.

c) O ICMS incide sobre a saída de mercadoria com destino a armazém geral ou para depósito fechado do próprio contribuinte, no Estado do Acre, para guarda em nome do remetente e o seu retorno ao estabelecimento do depositante.

d) O ICMS devido será pago nos prazos estabelecidos em lei ordinária estadual.

COMENTÁRIOS

✪ **Nota dos autores:** A questão exigiu conhecimento da legislação específica do Estado (Lei Complementar Estadual 55/97).

Alternativa "a": A Lei Complementar n. 24, de 7 de janeiro de 1975 dispõe sobre os convênios para a concessão de isenções do imposto sobre operações relativas à circulação de mercadorias, e dá outras providências. O art. 1º da referida lei dispõe que "as isenções do imposto sobre operações relativas à circulação de mercadorias serão concedidas ou revogadas nos termos de convênios celebrados e ratificados pelos Estados e pelo Distrito Federal, segundo esta Lei". O parágrafo único do preceptivo sob análise preceitua que "o disposto neste artigo também se aplica: I – à redução da base de cálculo". Portanto, não são dispensados a celebração de Convênios para concessão de reduções de base de cálculo do ICMS.

Alternativa "b": A assertiva tem como respaldo legal o teor do art. 3º, inciso VI, da Lei Complementar Estadual 55/97: "O Imposto não incide sobre: (...) VI – operação de qualquer natureza, dentro do território do Estado do Acre, de que decorra transferência de propriedade de estabelecimento industrial, comercial ou de outra espécie, ou mudança de endereço."

Alternativa "c": É hipótese de não incidência. O art. 3º, inciso X, da Lei Complementar Estadual 55/97 dispõe que o imposto não incide sobre: (...) X – a saída de mercadoria com destino a armazém geral ou para depósito fechado do próprio contribuinte, no Estado do Acre, para guarda em nome do remetente e o seu retorno ao estabelecimento do depositante.

Alternativa "d": O art. 46 da Lei Complementar Estadual 55/97 dispõe que o imposto devido será pago na forma e nos prazos estabelecidos no regulamento.

Alternativa correta: letra "b".

15.3. IPVA

376. (FCC – Procurador do Estado – PGE – GO/2021) Miguel vende o seu carro a Ramon entregando-o imediatamente. Contratualmente, Ramon se obriga a efetuar a transferência formal e arcar com todos os débitos incidentes sobre o veículo, inclusive os anteriores a alienação. Miguel não notifica a autoridade de trânsito, obrigação prevista no Código de Trânsito Brasileiro. Ramon descumpre a sua obrigação, no que Miguel passa a ser cobrado por multas de trânsito e IPVA. Nesse caso, considerando o disposto no Código Tributário Nacional e a jurisprudência do Superior Tribunal de Justiça,

a) Ramon não poderá ser cobrado pelo Fisco pelo IPVA devido no período anterior à alienação, pois não era proprietário do veículo.

b) Somente Miguel poderá ser cobrado pelo Fisco pelo IPVA, pois as autoridades administrativas não foram formalmente informadas da alienação.

c) Miguel não pode ser cobrado pelo IPVA incidente sobre o veículo posteriormente à data de entrega do veículo a Ramon, exceto se houver tal previsão em lei estadual.

d) Miguel e Ramon sempre são solidariamente responsáveis pelo IPVA devido, tanto posterior quando anteriormente à alienação.

e) Miguel e Ramon não são solidariamente responsáveis pelo IPVA, uma vez que pactuaram em sentido diverso.

COMENTÁRIOS

Alternativa "a": A assertiva está errada, pois contraria entendimento sumulado pelo STJ nº 585: "a responsabilidade solidária do ex-proprietário, prevista no art. 134 do Código de Trânsito Brasileiro – CTB, não abrange o IPVA incidente sobre o veículo automotor, no que se refere ao período posterior à sua alienação."

Alternativa "b": A assertiva está errada, pois contraria entendimento sumulado pelo STJ nº 585.

Alternativa "c": A assertiva está correta com base na Súmula 585 do STJ: "a responsabilidade solidária do ex-proprietário, prevista no art. 134 do Código de Trânsito Brasileiro – CTB, não abrange o IPVA incidente sobre o veículo automotor, no que se refere ao período posterior à sua alienação."

Alternativa "d": A assertiva está errada, pois contraria entendimento sumulado citado no item acima.

Alternativa "e": A alternativa está errada em razão do disposto no art. 123 do CTN: "Salvo disposições de lei em contrário, as convenções particulares, relativas à responsabilidade pelo pagamento de tributos, não podem ser opostas à Fazenda Pública, para modificar a definição legal do sujeito passivo das obrigações tributárias correspondentes."

Alternativa correta letra "c".

377. (FCC – Procurador do Estado – PGE – TO/2018) De acordo com o Código Tributário do Estado do Tocantins, o fato gerador do IPVA ocorre

a) na data da incorporação do veículo ao ativo permanente do importador.

b) na data em que o consumidor final adquirir veículo novo ou usado de empresa revendedora de veículos.

c) na data do desembaraço aduaneiro, em relação a veículo importado do exterior, diretamente por empresa revendedora de veículos, com a finalidade de comercialização.

d) no primeiro dia útil de janeiro, em relação a veículo adquirido em exercício anterior.

e) na data em que o veículo tiver sido inscrito no Cadastro de Veículos do Estado do Tocantins, em relação a veículo transferido de outra unidade federada, sendo o imposto devido pro rata die.

COMENTÁRIOS

✪ **Nota dos autores:** Para resolução da questão, importante a leitura do art. 76 da Lei nº 1.287, de 28/12/2001 – Código Tributário do Estado de Tocantins: "Art. 76. Ocorre o fato gerador do IPVA: I – na data da primeira aquisição do veículo novo por consumidor final; II – na data da montagem do veículo pelo consumidor ou por conta e ordem deste; III – na data do desembaraço aduaneiro, em relação a veículo importado do exterior, diretamente ou por meio de *trading company*, por consumidor final; IV – na data da incorporação de veículo ao ativo permanente do fabricante, do revendedor ou do importador; V – na data em que ocorrer a perda da isenção ou da não incidência; VI – no dia 1º de janeiro de cada ano, em relação a veículo adquirido em exercício anterior; VII – no primeiro dia do ano subsequente, em relação a veículo transferido de outra unidade federada. Parágrafo único. A perda da isenção de que trata o inciso V do caput deste artigo ocorre quando o contribuinte ou responsável, usufruindo do benefício da isenção ou da não incidência, transmitir a propriedade do veículo no mesmo exercício da obtenção.

Alternativa "a": A alternativa vai ao encontro do art. 76, inciso IV do Código Tributário do Estado de Tocantins: "Art. 76. Ocorre o fato gerador do IPVA: (...) IV. na data da incorporação de veículo ao ativo permanente do fabricante, do revendedor ou do importador."

Alternativa "b": Assertiva incorreta. Confira o art. 76, inciso I: "Art. 76. Ocorre o fato gerador do IPVA: I – na data da primeira aquisição do veículo novo por consumidor final".

Alternativa "c": Assertiva está em desconformidade com art. 76, inciso III do Código Tributário do Estado de Tocantins: "Art. 76. Ocorre o fato gerador do IPVA: (...) III – na data do desembaraço aduaneiro, em relação a veículo importado do exterior, diretamente ou por meio de *trading company*, por consumidor final.

Alternativa "d": Incorreta. Confira o art. 76, inciso VI do Código Tributário do Estado de Tocantins: "Art. 76. Ocorre o fato gerador do IPVA: (...) VI – no dia 1º de janeiro de cada ano, em relação a veículo adquirido em exercício anterior.

Alternativa "e": Alternativa vai de encontro ao art. 76, inciso VII do Código Tributário do Estado de Tocantins: "Art. 76. Ocorre o fato gerador do IPVA: (...) VII – no primeiro dia do ano subsequente, em relação a veículo transferido de outra unidade federada.

Alternativa correta: letra "a".

---

378. (FCC – Procurador do Estado – PGE – TO/2018) Em 16 de novembro de 2016 foi publicada lei estadual, que produziu efeitos a partir da data de sua publicação, e que alterou a lei do IPVA de um determinado Estado brasileiro. As alterações promovidas implicaram a fixação da

I. alíquota das motocicletas em percentual superior ao anteriormente fixado.

II. alíquota dos veículos de carga, tipo caminhão, em percentual inferior ao anteriormente fixado.

III. base de cálculo de veículos de passeio importados do exterior, em valor superior ao anteriormente fixado.

De acordo com a disciplina constitucional, a norma relacionada com a situação mencionada acima, no item

a) I já pôde ser aplicada desde 16 de novembro de 2016.

b) I já pôde ser aplicada desde 1º de janeiro de 2017.

c) II só pôde ser aplicada a partir de 1º de janeiro de 2017.

d) III só pôde ser aplicada a partir de 1º de janeiro de 2017.

e) III só pôde ser aplicada a partir de 15 de fevereiro de 2017.

COMENTÁRIOS

Alternativas "a" e "b": A fixação da alíquota das motocicletas em percentual superior ao anteriormente fixado deve ser aplicada a partir de 15 de fevereiro de 2017, em respeito aos princípios da anterioridade anual e nonagesimal.

Alternativa "c": A alíquota dos veículos de carga, tipo caminhão, em percentual inferior ao anteriormente fixado, não precisa observar a anterioridade, dado que o princípio é norma protetiva do contribuinte contra a criação ou o aumento do tributo, mas não para a sua diminuição. Logo, pode ser aplicado imediatamente após a sua publicação.

Alternativa "d": A mudança na base de cálculo do IPVA não necessita obedecer ao princípio da anterioridade nonagesimal, prevista no artigo 150, inciso III, alínea "c", da Constituição Federal. O § 1º do referido dispositivo constitucional excetua tal hipótese. Portanto, a base de cálculo de veículos de passeio importados do exterior, em valor superior ao anteriormente fixado só pôde ser aplicada a partir de 1º de janeiro de 2017 em respeito apenas ao princípio da anterioridade anual.

Alternativa "e": Conforme dito acima, a mudança na base de cálculo do IPVA não necessita obedecer ao princípio da anterioridade nonagesimal, mas apenas a anterioridade anual. Portanto, só pôde ser aplicada a partir de 1º de janeiro de 2017.

Alternativa correta: letra "d".

---

379. (Fepese – Procurador do Estado – PGE – SC/2018) Analise as afirmativas abaixo a respeito do Imposto sobre a Propriedade de Veículos Automotores (IPVA), com base na legislação catarinense.

1. Não se exigirá o imposto sobre a propriedade de ambulância.
2. É contribuinte do IPVA o proprietário do veículo automotor.
3. O imposto é devido no município em que o veículo deva ser registrado, matriculado ou licenciado.
4. No caso de exigência do IPVA por notificação fiscal, a multa será de 30% do valor corrigido do imposto.

Assinale a alternativa que indica todas as afirmativas corretas.

a) São corretas apenas as afirmativas 1,2 e 3.

b) São corretas apenas as afirmativas 1,2 e 4.

c) São corretas apenas as afirmativas 1,3 e 4.

d) São corretas apenas as afirmativas 2,3 e 4.

e) São corretas as afirmativas 1,2, 3 e 4.

COMENTÁRIOS

Item 01: Nos termos do art. 8°, inciso V, alínea "a" da Lei 7543/88: "Art.8° Não se exigirá o imposto: (...) V – sobre a propriedade; a) de ambulância."

Item 02: Dispõe o art. 3° da Lei catarinense 7543/88: É contribuinte do IPVA o proprietário do veículo automotor.

Item 03: Segundo o art. 7° da Lei 7543/88: O imposto é devido no município em que o veículo deva ser registrado, matriculado ou licenciado.

Item 04: Dispõe o art. 10 da Lei 7543/88: "O pagamento do IPVA fora do prazo será efetuado com o acréscimo de multa de mora de 0,3% (três décimos por cento) ao dia até o limite de 20% (vinte por cento) do valor corrigido do imposto".

Alternativa correta: letra "a".

---

380. (Vunesp – Procurador do Estado – PGE – SP/2018) Consideradas as disposições da Constituição Federal e da Lei Paulista no 13.296, de 2008, sobre o Imposto sobre a Propriedade de Veículos Automotores – IPVA, é correto afirmar:

a) o adquirente de veículo usado, com IPVA inadimplido, é responsável, exclusivamente, pelo débito relativo ao exercício em que ocorrer a compra e venda.

b) considera-se ocorrido o fato gerador do IPVA no dia 1º de janeiro de cada ano para veículos usados e na data da primeira aquisição pelo consumidor para veículos novos.

c) a incorporação de veículo novo ao ativo permanente do fabricante do bem não é fato gerador do IPVA, por não implicar transferência de propriedade.

d) o recolhimento do IPVA incidente na aquisição de veículo novo fica diferido para o dia 1º de janeiro subsequente à aquisição.

e) a base de cálculo do IPVA é o valor de mercado do veículo, usado ou novo, conforme fixado por autoridade no lançamento.

COMENTÁRIOS

Alternativa "a": Pelo texto da legislação específica, a responsabilidade é solidária e não exclusiva. Vejamos: Lei n° 13.296, de 2008, do Estado de São Paulo. Artigo 6º – São responsáveis pelo pagamento do imposto e acréscimos legais: I – o adquirente, em relação ao veículo adquirido sem o pagamento do imposto e acréscimos legais do exercício ou exercícios anteriores; § 2º – A responsabilidade prevista nos incisos I, II, III, VII, VIII, IX, X, XI e XII deste artigo é solidária e não comporta benefício de ordem.

Alternativa "b": A assertiva está em consonância com a Lei n° 13.296, de 2008, do Estado de São Paulo, Artigo 3º, que reza: "Considera-se ocorrido o fato gerador do imposto: I – no dia 1º de janeiro de cada ano, em se tratando de veículo usado; II – na data de sua primeira aquisição pelo consumidor, em se tratando de veículo novo".

Alternativa "c": Se uma empresa adquire um veículo e o incorpora ao seu ativo permanente, será ela a proprietária do mesmo, fazendo jus ao pagamento do imposto. Nesse sentido é a redação da Lei n° 13.296, de 2008, do Estado de São Paulo. Artigo 3º – Considera-se ocorrido o fato gerador do imposto: IV – na data da incorporação do veículo novo ao ativo permanente do fabricante, do revendedor ou do importador;

Alternativa "d": Assertiva contraria expresso dispositivo legal. Vejamos: Lei n° 13.296, de 2008, do Estado de São Paulo. Artigo 3º – Considera-se ocorrido o fato gerador do imposto: II – na data de sua primeira aquisição pelo consumidor, em se tratando de veículo novo;

Alternativa "e": Na prática, fica difícil deixar à autoridade administrativa, em cada caso, fixar a base de cálculo dos veículos. Por esta razão, a maioria deles vale-se de outros recursos, como tabela fixa elaborada por instituições específicas na área. Nesse sentido é a Lei n° 13.296, de 2008, do Estado de São Paulo. Artigo 7º – A base de cálculo do imposto é: I – na hipótese dos incisos I, V, IX e X, alíneas "a" e "b", do artigo 3º desta lei, o valor de mercado do veículo usado constante da tabela de que trata o § 1º deste artigo.

Alternativa correta: letra "b".

---

381. (FCC – Procurador do Estado – RN/2014) Analise os itens abaixo.

I. O IPVA é um imposto de competência dos Estados e do Distrito Federal, mas pode ser instituído pelos Municípios na ausência de legislação estadual.

II. As alíquotas mínimas para o IPVA são fixadas por Resolução do Senado Federal.

III. O IPVA pode ter alíquotas diferenciadas em função do tipo e da utilização dos veículos.

IV. O IPVA pode ter alíquotas progressivas em razão do valor venal do veículo, conforme disposição expressa na Constituição Federal.

Está correto o que se afirma APENAS em

a) I e II.

b) II e III.

c) III e IV.

d) I e III.

e) II e IV.

COMENTÁRIOS

✪ **Nota dos autores:** Sobre o IPVA, recorde a sua regra-matriz de incidência: O fato gerador do imposto é ter a propriedade de veículo automotor (critério material). No que se refere ao aspecto espacial, será o local onde o veículo é registrado e licenciado, inscrito ou matriculado e o aspecto temporal será 1 de janeiro de cada exercício ou data estabelecida na legislação estadual. O sujeito passivo é o proprietário do veículo automotor que poderá ser pessoa física ou jurídica. Enfim, quanto ao aspecto quantitativo, a base de cálculo é valor venal do veículo ou preço comercial (valor de mercado) e a alíquota será estabelecida pela lei ordinária estadual.

Item I: O IPVA é um imposto de competência dos Estados e do Distrito Federal (art. 155, inciso III, da CRFB/88).

Item II: As alíquotas mínimas para o IPVA são fixadas por Resolução do Senado Federal segundo prevê o art. 155, § 6º, inciso I, da CRFB/88)

Item III: O IPVA pode ter alíquotas diferenciadas em função do tipo e da utilização dos veículos. Isso é o que dispõe o art. 155, § 6º, inciso II, da CRFB/88

Item IV: Incorreto. Não há tal previsão no Texto Constitucional. Consoante exposto alhures (Item III), o IPVA pode ter alíquotas diferenciadas em função do tipo e da utilização dos veículos (art. 155, § 6º, inciso II, da CRFB/88).

Alternativa correta: letra "b": Estão corretos os itens II e III.

---

382. (PUC – Procurador do Estado – PR/2015) Nos termos do art. 155, III, da Constituição de 1988, compete aos Estados e ao Distrito Federal instituir o Imposto sobre a Propriedade de Veículos Automotores – IPVA. No Estado do Paraná, o IPVA é regido pela Lei n. 14.260, de 23 de dezembro de 2003. Sobre o IPVA, assinale a alternativa CORRETA.

a) O IPVA terá alíquotas mínimas e máximas fixadas pelo Senado Federal.

b) No Estado do Paraná, o IPVA incide sobre a propriedade de automóveis e lanchas, mas não de aeronaves, ainda que de pequeno porte.

c) O IPVA poderá ter alíquotas diferenciadas em função da marca e da utilização.

d) No Estado do Paraná, considera-se ocorrido o fato gerador do IPVA, tratando-se de veículo automotor usado, transferido de outra unidade federada, no primeiro dia do ano subsequente.

e) No Estado do Paraná, o lançamento do IPVA dar-se-á anualmente por declaração.

COMENTÁRIOS

✪ **Nota dos autores:** Quanto ao IPVA, lembre-se que os Estados podem exercer a competência legislativa plena nos termos do que dispõe o art. 24, §3.º, da Carta Magna, uma vez que inexistem normas gerais editadas pela União.

Alternativa "a": Apenas as alíquotas mínimas são fixadas por Resolução do Senado Federal segundo prevê o art. 155, § 6º, inciso I, da CRFB/88.

Alternativa "b": O fato gerador do IPVA é ter a propriedade de veículo automotor (critério material). A jurisprudência afirma que no campo de incidência do IPVA não se incluem as embarcações e as aeronaves (STF, RE 255.11-2, Pleno, 24.10.2002). Nesse sentido, o parágrafo único do art. 1º da Lei Estadual n. 14.260, de 23 de dezembro de 2003 dispõe que: "Parágrafo Único – Para efeito da incidência do imposto, considera-se veículo automotor qualquer veículo terrestre dotado de força motriz própria de qualquer tipo, ainda que complementar, destinado ao transporte de pessoas e coisas".

Alternativa "c": O IPVA pode ter alíquotas diferenciadas em função do tipo e da utilização dos veículos. Isso é o que dispõe o art. 155, § 6º, inciso II, da CRFB/88

Alternativa "d": Assertiva em conformidade com o art. 2º, §2º, alínea "b", da Lei Estadual n. 14.260, de 23 de dezembro de 2003 dispõe que: "§ 2º – Considera-se ocorrido o fato gerador, tratando-se de veículo automotor usado: (...) b) transferido de outra unidade federada, no primeiro dia do ano subseqüente".

Alternativa "e": No Estado do Paraná, o lançamento do IPVA dar-se-á anualmente por homologação ou de ofício. (Art. 9º da Lei Estadual n. 14.260, de 23 de dezembro de 2003).

Alternativa correta: letra "d".

---

383. (FCC – Procurador do Estado – MT/ 2011) Sobre o IPVA – Imposto sobre a Propriedade de Veículos Automotores é correto afirmar que

a) tem seu fato gerador, base de cálculo e contribuintes definidos no Código Tributário Nacional.

b) a majoração de alíquota não se submete à regra da anterioridade nonagesimal.

c) terá alíquotas mínimas fixadas por resolução do Senado Federal.

d) considera-se veículo automotor, para fins de incidência do IPVA, apenas os de circulação terrestre.

e) segundo entendimento do Supremo Tribunal Federal, pode ter alíquotas progressivas em razão do valor venal do veículo automotor.

COMENTÁRIOS

Alternativa "a": O IPVA é um típico imposto que não tem norma geral regrado por lei complementar, o que, pela redação do art. 24, § 3º da CF, dá ao Estado o poder de legislar sobre essa matéria plenamente.

Alternativa "b": Apenas a majoração de sua base de cálculo é que não se submete à regra da anterioridade nonagesimal (art. 150, § 1º da CF).

Alternativa "c": Trata-se de redação do art. 155, § 6º, I da CF. Norma posta com a finalidade de reduzir potencial guerra fiscal entre os Estados quanto às alíquotas reduzidas do IPVA.

Alternativa "d": Trata-se de tema controvertido. A CF não delimitou esse alcance. No entanto, a jurisprudência afirma que no campo de incidência do IPVA não se incluem as embarcações e as aeronaves (RE 255.11-2, Pleno, 24.10.2002).

Alternativa "e": O IPVA não é imposto progressivo. Pela CF, apenas o IR, ITR e IPTU podem ser progressivos. O IPVA poderá ter alíquotas diferenciadas em função do tipo e utilização (art. 155, § 6º, II da CF).

Alternativa correta: letra "c".

---

384. (FCC – Procurador do Estado – MT/ 2011) As alíquotas do IPVA do Estado de Mato Grosso, de acordo com a Lei Estadual nº 7.301/2000, podem ser classificadas como

a) seletivas, em função do tipo e utilização do veículo.

b) progressivas, em razão do tipo e da utilização do veículo.

c) fixas, independente do tipo de veículo.

d) progressivas, em razão do valor venal do veículo.

e) proporcionais, em função do modelo do veículo.

COMENTÁRIOS

Alternativa "a": Trata-se do permissivo constitucional, quando afirma que o IPVA poderá ter alíquotas diferenciadas em função do tipo e utilização (art. 155, § 6º, II da CF).

Alternativa "b" (responde também as alternativas "c", "d" e "e"): Sobre a alíquota do IPVA a CF apenas afirma o quanto descrito acima. A CF não fala de alíquotas fixas ou proporcionais. Trata das alíquotas progressivas, delimitando-as apenas ao IR, IPTU e ITR.

Alternativa correta letra "a".

---

385. (FEPESE – Procurador do Estado – SC/ 2009) Analise as alternativas abaixo, relacionadas ao imposto sobre propriedade de veículos automotores (IPVA), tendo em vista o disposto na Constituição Federal, no Código Tributário Nacional, na Lei nº 7.543, de 30.12.1988, de Santa Catarina, que institui esse imposto, e em normas correlatas. Assinale a alternativa correta:

a) Se uma pessoa natural, na condição de arrematante, adquiriu, em leilão judicial, em consequência de ação de execução fiscal, um veículo automotor, deve agora, além do valor da arrematação, pagar os valores relativos ao IPVA e as multas que o proprietário não havia pago.

b) De acordo com a Constituição Federal, a lei que fixar a base de cálculo do IPVA pode prever que será aplicada e produzirá todos os efeitos a partir do primeiro dia de 2010, se for devidamente publicada até o último dia de dezembro do ano de 2009.

c) O proprietário de uma bicicleta não é sujeito passivo do IPVA porque a propriedade de tal veículo, não dotado de força-motriz própria, é alcançada pela imunidade.

d) O imposto sobre a propriedade de veículos automotores poderá ter alíquotas diferenciadas em função do tipo, da utilização e da importação, quando fabricados no exterior do país, nos termos da expressa autorização constitucional.

e) De acordo com a lei estadual catarinense sobre o IPVA, e conforme a Constituição Federal, serão destinados 50% do produto da arrecadação desse tributo aos municípios, proporcionalmente ao número de veículos que, em média, efetivamente circulam nos seus territórios.

COMENTÁRIOS

Alternativa "a": Pela redação do art. 130, parágrafo único do CTN, "No caso de arrematação em hasta pública, a sub-rogação ocorre sobre o respectivo preço", ou seja, o adquirente de bem, móvel ou imóvel, em leilão judicial não fica obrigado ao pagamento dos tributos incidentes sobre o bem arrematado, uma vez que aludida dívida deve recair sobre o respectivo preço.

Alternativa "b": Com efeito, a majoração da base de cálculo do IPVA e do IPTU constituem exceção à anterioridade nonagesimal, na linha do art. 150, § 1º da CF. Essas bases de cálculo devem observar a anterioridade anual, o que se deu no caso em tela.

Alternativa "c": Não se trata de hipótese imunizada, mas, sim, de hipótese de não incidência. A bicicleta não atende ao arquétipo constitucional do IPVA, inclusive por não ser "veículo automotor".

Alternativa "d": O STF definiu que não poderá haver alíquotas diferenciadas do IPVA em razão da origem ou destino. A CF apenas permite a utilização de alíquotas diferenciadas em função do tipo e utilização (art. 155, § 6º, II da CF).

Alternativa "e": De fato, 50% do produto da arrecadação do IPVA destinam-se aos municípios. No entanto, não se extrai da CF que tal se dá proporcionalmente ao número de veículos que efetivamente circulam nos seus territórios

Alternativa correta: letra "b".

---

386. (FEPESE – Procurador do Estado – SC/ 2010) De acordo com a legislação relativa ao imposto sobre a propriedade de veículos automotores (IPVA), é correto afirmar:

a) A alíquota do imposto é 2% (dois por cento) para veículos terrestres de três rodas.

b) O imposto será devido anualmente e recolhido nos prazos fixados em regulamento, sendo proibido ao contribuinte liquidar seu débito de modo antecipado.

c) O recolhimento do imposto fora do prazo regulamentar será efetuado com o acréscimo de multa, calculada sobre o valor corrigido do imposto, na proporção de 50% (cinquenta por cento), no caso de exigência de ofício.

d) Considera-se ocorrido o fato gerador na data da aquisição, em relação a veículos importados.

e) O adquirente de veículo automotor não é responsável pelo pagamento do imposto e demais acréscimos legais quanto aos débitos do proprietário anterior.

COMENTÁRIOS

Trata-se de abordagem sobre a legislação específica do Estado de SC. Como não há lei complementar traçando as normas gerais sobre o IPVA, o Estado assumiu a competência plena sobre este tributo. Adstringe-se tão somente às normas descritas no art. 155 da CF.

Alternativa correta letra "c".

---

387. (Cespe – Procurador do Estado – PB/ 2008) Em relação ao imposto sobre a propriedade de veículos automotores (IPVA), julgue os itens subseqüentes.

I. As alíquotas mínimas desse imposto são fixadas pelo Senado Federal.

II. A modalidade de lançamento praticada em relação ao IPVA é o lançamento de ofício.

III. A incidência do IPVA só alcança os veículos terrestres, de acordo com a jurisprudência do STF.

IV. Quanto à autorização para alíquotas diferenciadas conforme o tipo de veículo, é possível diferenciação entre carros nacionais e importados.

V. Não se aplica o princípio da anterioridade nonagesimal em relação ao aumento da base de cálculo desse imposto.

A quantidade de itens certos é igual a

a) 1.

b) 2.

c) 3.

d) 4.

e) 5.

COMENTÁRIOS

Item I: está correto, nos termos do art. 155, § 6º, I da CF.

Item II: está correto, nos termos do art. 149 do CTN.

Item III: está correto, de acordo com a jurisprudência do STF. Assim, aeronaves e embarcações não estão sujeitas a esse tributo.

Item IV: está incorreto pois a CF não permite que Estados diferenciem bens em razão da sua procedência (art. 152 da CF).

Item V: está correto nos termos do art. 150, § 1º da CF.

Alternativa correta letra "d". Apenas o item IV está incorreto.

---

388. (Cespe – Procurador do Estado – PI/ 2008) A respeito do imposto sobre a propriedade de veículo automotor (IPVA), assinale a opção correta.

a) Ser proprietário de veículo automotor é o fato gerador do IPVA, que é um imposto pessoal.

b) Como o IPVA é um imposto real, sua cobrança recai sobre a capacidade contributiva.

c) O veículo garante o pagamento do IPVA em caso de inadimplência do contribuinte.

d) Esse imposto pode ser majorado por decreto, mesmo em caso de alteração de alíquota.

e) O destinatário do IPVA é o estado em que o veículo automotor é comprado, mesmo que seu proprietário o registre em outro estado.

COMENTÁRIOS

✪ **Nota dos autores: Questão anulada** pela banca examinadora.

Alternativa "a": Errada, porque para a doutrina, o IPVA é um imposto real.

Alternativa "b": Errada, e talvez seja essa a questão polêmica, porque nem sempre os impostos reais têm compatibilidade com a capacidade contributiva.

Alternativa "c": Não há essa permissão legal.

Alternativa "d": O IPVA não é exceção à legalidade.

Alternativa "e": O destinatário dos recursos do IPVA é o Estado em que o veículo foi licenciado, que nem sempre é o mesmo em que o veículo foi comprado.

---

389. (Cespe – Procurador do Estado – PE/ 2009) O governador de determinado estado da Federação enviou projeto de lei ao legislativo local estabelecendo acréscimo de 10% no valor do IPTU, a título de multa tributária, sempre que o adquirente deixar de registrar o contrato de compra e venda de um imóvel. O governador também enviou projeto relativo ao IPVA, prevendo desconto ao condutor de veículo automotor e embarcação que, no exercício anterior, não tiver cometido infração de trânsito ou na via marítima; além do aumento no valor do referido imposto, proporcional ao número de infrações cometidas, e multa tributária por cada ano em que não houver registro da transferência de propriedade do veículo, autorizando o secretário de fazenda a atualizar anualmente o valor venal dos automóveis.

A respeito dessa situação hipotética, assinale a opção correta.

a) O projeto referente ao IPVA trata de extrafiscalidade tributária.

b) Ao estado é vedado legislar acerca de multa incidente sobre o IPTU, por ser esta de competência do município em razão de ter natureza tributária.

c) Por falta de legislação complementar federal relativa ao IPVA, o estado pode estabelecer normas gerais acerca de tal tributo, como fato gerador, base de cálculo e contribuinte, e, consequentemente, sua incidência ou não sobre embarcações.

d) As questões referentes ao IPVA, por se tratar de legislação sobre trânsito, são de competência da União, não podendo ser exercidas pelo governador.

e) O valor venal do automóvel é a base de cálculo do IPVA, entretanto, sua atualização não está sujeita ao princípio da legalidade estrita estabelecida para as normas tributárias.

COMENTÁRIOS

Alternativa "a": Muito embora haja tratamento extrafiscal no tema, a mesma não pode subsistir uma vez que o IPVA, imposto real, não pode ter como variação as infrações cometidas pelo condutor.

Alternativa "b": A primeira parte está correta, muito embora da premissa não se retire a consequência posta. O que proíbe o Estado de legislar sobre multa incidente no IPTU não é o fato da sua natureza tributária, mas, sim, porque lhe falece competência constitucional para tratar da matéria.

Alternativa "c": É bem verdade que não existem normas gerais relativas ao IPVA veiculadas por lei complementar federal. É hipótese, portanto, onde o Estado e Distrito Federal exercem competência legislativa plena, podendo versar sobre contribuintes, fato gerador e base de cálculo. No entanto, o STF pacificou o entendimento da não incidência do IPVA sobre embarcações, sob o entendimento de que os mesmos não se adequam no arquétipo constitucional de "veículo automotor" (RE 134.509/AM, Pleno, Rel. Min. Sepúlveda Pertence, j. 29-05-2002; RE 255.111-2, Pleno, de 24-10-2002).

Alternativa "d": O IPVA é imposto de competência privativa do Estado e Distrito Federal e sua regulamentação não se confunde com a atividade estrita da legislação sobre trânsito (art. 22, XI da CF).

Alternativa "e": A base de cálculo do IPVA é valor venal do veículo. Relembre-se que o princípio da legalidade estrita estabelecida para as normas tributárias, denominada como tipicidade fechada (regrada ou cerrada), pressupõe a necessidade da lei instituidora do tributo contemplar elementos obrigatórios para uma cobrança válida (vide art. 97 do CTN). Assim, a lei tributária deverá trazer em seu bojo: fato gerador, sujeito passivo, multa e os elementos quantitativos que são a base de cálculo e alíquota. No entanto, pela redação do § 2º do art. 97 do CTN, "Não constitui majoração de tributo a atualização do valor monetário da respectiva base de cálculo". É o que ocorre com o IPVA. Destaque-se, por fim, que a **alteração** da base de cálculo do IPVA é exceção ao princípio da anterioridade nonagesimal.

Alternativa correta: letra "e".

390. (FCC – Procurador do Estado – AM / 2010) Em relação às alíquotas do IPVA, a legislação tributária do Estado poderá estabelecer:

a) alíquotas diferentes em função do tipo e utilização, desde que observe a alíquota mínima fixada pelo Senado Federal.
b) apenas a base de cálculo, devendo adotar a mesma alíquota dos demais Estados, em função do princípio da uniformidade geográfica.
c) alíquotas diferentes em função do tipo e utilização, desde que observe a alíquota máxima fixada pelo Senado Federal.
d) alíquotas em função do tipo, utilização e marca, aplicando-se apenas os limites estabelecidos na Lei Orgânica do Estado.
e) apenas valores venais distintos, não podendo alterar as alíquotas.

COMENTÁRIOS

Alternativa "a": Refere-se ao teor do § 6º do art. 155 da CF que dispõe que o IPVA terá alíquotas mínimas fixadas pelo Senado Federal e poderá ter alíquotas diferenciadas em função do tipo e utilização.

Alternativa "b": No que se refere ao IPVA, os Estados exercem competência legislativa plena, já que a referida exação não está prevista no CTN. Assim, as alíquotas serão estabelecidas por lei ordinária estadual, respeitando-se o teor do § 6º do art. 155 da CF que dispõe que o imposto terá alíquotas mínimas fixadas pelo Senado Federal e poderá ter alíquotas diferenciadas em função do tipo e utilização. Logo, a alternativa está incorreta.

Alternativa "c": Não é a alíquota máxima, mas sim a mínima (§ 6º, inciso I do art. 155 da CF) a ser fixada pelo Senado Federal.

Alternativa "d": O imposto poderá ter alíquotas diferenciadas em função do tipo e utilização e não da marca. Além disso, as alíquotas serão estabelecidas por lei ordinária estadual, respeitando-se, ainda, o teor do § 6º, inciso I do art. 155 da CF que dispõe que o imposto terá alíquotas mínimas fixadas pelo Senado Federal.

Alternativa "e": A base de cálculo do imposto será o valor venal do veículo (preço de mercado) e as alíquotas serão estabelecidas por lei ordinária estadual, respeitando-se o teor do § 6º do art. 155 da CF que dispõe que o imposto terá alíquotas mínimas fixadas pelo Senado Federal e poderá ter alíquotas diferenciadas em função do tipo e utilização.

Alternativa correta: letra "a".

391. (FCC – Procurador do Estado – SP/ 2009) Julgue os itens subsequentes:

I. Em virtude da sua competência legislativa e diante das normas gerais do CTN sobre o assunto, cabe aos Estados disciplinar o parcelamento relativo aos seus tributos.
II. Com base no art. 185-A do CTN, o juiz pode determinar a indisponibilidade de bens do devedor, se preenchidos determinados requisitos legais.
III. Quando mais benéficos, os efeitos da lei tributária retroagem, atingindo fatos geradores ocorridos antes da sua vigência, se pendente o recolhimento do tributo.
IV. Lei estadual que disciplina o IPVA pode atribuir ao sujeito passivo o dever de antecipar o pagamento do tributo, sem prévio exame da autoridade administrativa, configurando, nesta hipótese, o lançamento por homologação.
V. A atualização do valor monetário da base de cálculo constitui majoração do tributo, devendo ser estabelecida por meio de lei.

Está correto o que se afirma em

a) ii e v, apenas.
b) iii e iv, apenas.
c) i, ii e iv, apenas.
d) i, iii e v, apenas.
e) i, ii, iii, iv e v.

COMENTÁRIOS

Item I: Cabe aos Estados disciplinar o parcelamento relativo aos seus tributos. Nesse sentido, o art. 155-A do CTN dispõe que o parcelamento será concedido na forma e condição estabelecidas em lei específica. Não há uma lei nacional traçando normas gerais de parcelamento, a não ser o art. 155-A do CTN.

Item II: O art. 185-A do CTN, dispõe que na hipótese de o devedor tributário, devidamente citado, não pagar nem apresentar bens à penhora no prazo legal e não forem encontrados bens penhoráveis, o juiz determinará a indisponibilidade de seus bens e direitos, comunicando a decisão, preferencialmente por meio eletrônico, aos órgãos e entidades que promovem registros de transferência de bens, especialmente ao registro público de imóveis e às autoridades supervisoras do mercado bancário e do mercado de capitais, a fim de que, no âmbito de suas atribuições, façam cumprir a ordem judicial.

Item III: Ainda que mais benéficos não haverá retroação da lei tributária já que a CF consagra o Princípio da irretroatividade da lei tributária. Referido princípio será excetuado, todavia, nas hipóteses de retroatividade das leis expressamente interpretativas e as que versem sobre infrações e sejam mais benéficas para os infratores.

Item IV: No que concerne ao IPVA, como não há lei nacional traçando suas normas gerais, os Estados podem exercer sua competência legislativa plena, sendo possível ao ente atribuir ao sujeito passivo o dever de antecipar o pagamento do tributo, sem prévio exame da autoridade administrativa, hipótese em que será configurado o lançamento por homologação.

Item V: A atualização do valor monetário da base de cálculo do tributo excepciona a legalidade estrita, podendo assim ser veiculado por ato infralegal. Porém, não se deve confundir referida hipótese com a majoração da base de cálculo, já que esta se reserva à Lei.

Alternativa correta: letra "c": Estão corretas apenas as alternativas I, II e IV.

392. (FCC – Procurador do Estado – SP/ 2009). IPVA.

I. Segundo o Supremo Tribunal Federal, é constitucional a lei estadual que institui o imposto sobre a propriedade de aeronaves e embarcações náuticas.

II. Lei estadual pode fixar alíquotas diversas do IPVA para dois automóveis com as mesmas características e faixa de valor, caso um deles seja nacional e o outro importado.

III. Lei estadual pode fixar alíquotas diversas do IPVA para dois automóveis com as mesmas características e faixa de valor, caso um deles seja movido a gasolina e o outro a álcool.

IV. Lei estadual pode fixar alíquotas diversas do IPVA para dois automóveis com a mesma potência e faixa de valor, caso um deles seja destinado ao transporte coletivo de passageiros e o outro seja caracterizado como automóvel de passeio.

V. Lei federal pode instituir isenção do IPVA aos portadores de deficiência física que necessitem de veículos adaptados.

Está correto o que se afirma em

a) ii e v, apenas.
b) iii e iv, apenas.
c) i, ii e iv, apenas.
d) i, iii e v, apenas.
e) i, ii, iii, iv e v.

COMENTÁRIOS

Alternativas "a" responde também as alternativas "c", "d" e "e"): Estão corretos os itens III e IV (vide comentários acima). Os itens I, II e V estão incorretos. **Item I:** Na ausência de Lei complementar para versar sobre tal matéria, não pode ocorrer incidência do IPVA sobre aeronaves e embarcações náuticas, tendo em vista os mesmos não se adequarem no arquétipo constitucional da cobrança (IPVA – Imposto sobre Propriedade de Veículos Automotores: campo de incidência que não inclui embarcações e aeronaves. RE 134.509/AM, Pleno, rel. Min. Sepúlveda Pertence, j. 29-05-2002; RE 255.111-2, Pleno, de 24-10-2002) **Item II:** O STF já definiu ser inconstitucional lei estadual que dá tratamento diferenciado em alíquota do IPVA para carro importado, por violar o art. 152 da CF. **Item V:** A isenção será através de lei estadual e não federal. A CF veda a isenção heterônoma, ou seja, a possibilidade de algum ente da federação conceder isenção de tributo que não possui a competência para instituí-lo. Tal princípio se retira do art. 151, III da CF.

Alternativa "b": Estão corretos os itens III e IV. A CF permite a aplicação de alíquotas diferenciadas para o IPVA em função do tipo e utilização. Assim, sendo o combustível um critério para definir tipo ou utilização do imóvel, poderá haver a mencionada diferenciação. Do mesmo modo, como veículos para transporte coletivo são distintos de veículos para passeio, a diferenciação de alíquota é permitida.

Alternativa correta: letra "b".

393. (Cespe – Procurador do Estado – ES/ 2008) Acerca dos tributos estaduais, julgue os itens que se seguem.

Os proprietários dos veículos automotores terrestres com mais de dez anos de fabricação, licenciados no território do estado do Espírito Santo, estão isentos do pagamento do IPVA.

COMENTÁRIOS

O tema das isenções de IPVA, por inexistir norma geral que trate da matéria, ficou livre para o legislador estadual, com observância dos lindes constitucionais. Como na CF não há norma proibitiva acerca da matéria, os Estados normalmente concedem isenção de IPVA para veículos com mais de 15 anos de fabricação, em homenagem ao princípio da igualdade. Tal deve ser a norma que regre o caso concreto. **ERRADO**

394. (FURMARC – Procurador do Estado – MG/ 2012) Assinale a alternativa INCORRETA quanto à hipótese de isenção do imposto sobre propriedade de veículos automotores (IPVA) em Minas Gerais para:

a) Veículo de turista estrangeiro, durante a sua permanência no País, por período superior a um ano, desde que tal veículo não esteja sujeito a registro, matrícula nem licenciamento no Estado;
b) Veículo de entidade filantrópica declarada de utilidade pública pelo Estado, desde que utilizado exclusivamente para a consecução dos objetivos da entidade;
c) Embarcação cujo proprietário seja pescador profissional e a utilize e sua atividade pesqueira;
d) Veículo sinistrado com perda total, conforme disposto em regulamento, a partir da data da ocorrência do sinistro;
e) Veículo declarado de valor histórico pela Fundação, Instituto Estadual do Patrimônio Histórico e Artístico de Minas Gerais – IEPHA-MG.

COMENTÁRIOS

✪ **Nota dos autores:** A questão demanda conhecimento específico da Legislação Estadual de Minas Gerais. Recorde-se que, no que tange ao IPVA, não existem normas gerais em legislação federal. Assim, o STF entendeu que os Estados devem exercer a competência legislativa plena. Como a isenção é tema específico de cada ente federativo, torna-se imperioso o conhecimento da legislação para o acerto.

Alternativa "a": O art. 3º, inciso IV **da Lei Mineira nº 14.937/2003 dispõe que será isento o "** veículo de turista estrangeiro, durante a sua permanência no País, por período nunca superior a um ano, desde que tal veículo não esteja sujeito a registro, matrícula nem licenciamento no Estado".

Alternativa "b": É a isenção prevista no art. 3º, inciso I da Lei Mineira nº 14.937/2003.

Alternativa "c": Refere-se ao art. 3º, inciso XIV da Lei Mineira nº 14.937/2003.

Alternativa "d": Teor do art. 3º, inciso IX da Lei Mineira nº 14.937/2003.

Alternativa "e": Confira o art. 3º, inciso VII da Lei Mineira nº 14.937/2003.

Alternativa incorreta: letra "a".

395. (FCC – Procurador do Estado – SP/ 2012) Com relação ao Imposto sobre a Propriedade de Veículos Automotores paulista, Lei nº 1.3.296/08, é correto afirmar:

a) O proprietário de veículo que tiver sido perdido em decorrência de acidente com perda total, incêndio ou outras circunstâncias, ou que foi definitivamente desmontado, está automaticamente desobrigado do recolhimento do imposto sobre a propriedade de veículos automotores.

b) O contribuinte pode obter até 3 (três) parcelamentos, sendo 1 (um) em até 12 parcelas, 1 (um) em até 24 parcelas e 1 (um) em até 36 parcelas.

c) Para determinação da base de cálculo, é levado em consideração o estado de conservação do veículo.

d) Se o fato gerador ocorreu em 2010, após a inscrição em dívida ativa, os acréscimos moratórios corresponderão a 1 (uma) vez o valor do imposto.

e) Veículo ferroviário está sujeito ao pagamento do imposto.

COMENTÁRIOS

✪ **Nota dos autores:** A questão abordou a legislação específica do Estado de São Paulo – Lei nº 1.3.296/08 e temas da teoria geral do imposto. Assim, recomenda-se que o candidato sempre verifique no edital do concurso a legislação estadual que será objeto de avaliação, pois, no caso da presente questão, só com o conhecimento específico poderia haver acerto. No ponto, vale a pena lembrar que não há uma lei complementar tratando do IPVA, como há com os demais tributos, na linha do art. 146 da CF. Sendo assim, por força do art. 24 e §§ da CF, os Estados assumiram competência plena para legislarem sobre a matéria.

Alternativa "a": Não será desobrigado automaticamente. Isso porque o § 2º do art. 14 da Lei Paulista dispõe que "O Poder Executivo poderá dispensar o pagamento do imposto incidente a partir do exercício seguinte ao da data da ocorrência do evento nas hipóteses de perda total do veículo por furto ou roubo ocorridos fora do território paulista, por sinistro ou por outros motivos, previstos em regulamento, que descaracterizem o domínio ou a posse.

Alternativa "b": O art. 21 da Lei Paulista dispõe que "o imposto do veículo usado será devido anualmente na data da ocorrência do fato gerador, e deverá ser pago à vista no mês de fevereiro ou em três parcelas mensais, iguais e consecutivas, vencíveis nos meses de janeiro, fevereiro e março, desde que a primeira seja recolhida integralmente no respectivo vencimento no mês de janeiro e o valor de cada parcela seja equivalente a, no mínimo, 2 (duas) UFESPs do mês do recolhimento".

Alternativa "c": Confira o teor do § 6º do art. 7ºda Lei "Para determinação da base de cálculo é irrelevante o estado de conservação do veículo".

Alternativa "d": Confira o artigo 27 e seu parágrafo único da Lei Paulista nº 1.3.296/08: "O imposto não recolhido no prazo determinado nesta lei estará sujeito a acréscimos moratórios correspondentes a 0,33% (trinta e três centésimos por cento) por dia de atraso, até o limite de 20% (vinte por cento), calculados sobre o valor do imposto. Parágrafo único – Após a inscrição em dívida ativa, os acréscimos moratórios corresponderão a 1 (uma) vez o valor do imposto".

Alternativa "e": O art.13, inciso II da Lei Paulista preceitua que "é isenta do IPVA a propriedade: (...) II – de veículo ferroviário".

Alternativa correta: letra "d".

16. IMPOSTOS MUNICIPAIS E DISTRITAIS

16.1. IPTU

396. (Cespe – Procurador do Estado – PGE – SE/2017) Os tributos cuja instituição compete aos municípios incluem o

a) ITBI, o IPI e o IPVA.

b) ITR, o ITCMD e o IPI.

c) ITBI, o IPVA e o ITCMD.

d) IPTU, o ITR e o ISSQN.

e) IPTU, o ITBI e o ISSQN.

COMENTÁRIOS

✪ **Nota dos autores:** Vale lembrar que o Distrito Federal também possui competência para instituição dos impostos municipais: IPTU, o ITBI e o ISSQN.

Alternativa "a": Incorreto. IPI é imposto de competência da União (art. 153, IV da CRFB/88) e o IPVA dos Estados e DF (art. 155, III da CRFB/88).

Alternativa "b": Incorreto. IPI e ITR são impostos de competência da União (art. 153, IV e VI da CRFB/88) e o ITCMD dos Estados e DF (art. 155, I da CRFB/88).

Alternativa "c": Incorreto. IPVA e ITCMD são impostos de competência dos Estados e DF (art. 155, I e III da CRFB/88).

Alternativa "d": Incorreto. ITR é imposto de competência da União (art. 153, VI da CRFB/88).

Alternativa "e": Assertiva em conformidade com o disposto no art. 156 do Texto Constitucional: "Art. 156. Compete aos Municípios instituir impostos sobre: I – propriedade predial e territorial urbana; II – transmissão "inter vivos", a qualquer título, por ato oneroso, de bens imóveis, por natureza ou acessão física, e de direitos reais sobre imóveis, exceto os de garantia, bem como cessão de direitos a sua aquisição; e III – serviços de qualquer natureza, não compreendidos no art. 155, II, definidos em lei complementar.

Alternativa correta: letra "e".

397. (FURMARC – Procurador do Estado – MG/ 2012) Assinale a alternativa em que a progressividade tributária, retratada na Constituição Federal, se revela corretamente:

a) O imposto predial e territorial urbano (IPTU|) poderá, se progressivo, ter caráter fiscal ou extrafiscal;

b) A progressividade do imposto territorial rural (ITR) tem caráter fiscal;

c) O Senado Federal poderá fixar alíquotas progressivas para o imposto de veículos automotores (IPVA);

d) Há previsão expressa para progressividade do imposto causa mortis e doação, de quaisquer bens ou direitos (ITCD);

e) A progressividade do imposto de renda (IR) tem caráter extrafiscal.

COMENTÁRIOS

✪ **Nota dos autores:** Sobre o tema, lembre-se que a progressividade fiscal busca realizar o princípio da capacidade contributiva, sendo uma medida de justiça fiscal. A progressividade extrafiscal, diferentemente, tem outro fim, que não analisar a capacidade contributiva. No IPTU, por exemplo, tem como objetivo o estímulo ou inibição de certas condutas para fins de política urbana. Em cada espécie há um fim distinto.

Alternativa "a": O IPTU possui dupla progressividade: fiscal e extrafiscal. Com a promulgação da Emenda Constitucional nº 29/2000, alterou-se o art. 156, § 1º, da CF/88, permitindo-se sua progressividade fiscal, ou seja, a alíquota passou a variar segundo os critérios da localização, valor e uso do imóvel. Antes das modificações promovidas pela citada Emenda, o Supremo Tribunal Federal manifestou-se pela inconstitucionalidade da aplicação de alíquotas progressivas para o IPTU (Súmula 668 do STF). Concerne à progressividade extrafiscal no IPTU (progressividade no tempo), haverá incidência do imposto para fins de efetivação da política urbana e em abono ao princípio da função social da propriedade. Nesse sentido, confira o art. 182, § 4º, inciso II da CRFB e art. 7º da Lei 10.257/2001 (Estatuto da Cidade).

Alternativa "b": A progressividade do imposto territorial rural (ITR) tem caráter extrafiscal para fins de política agrária, a exemplo do combate aos latifúndios improdutivos (quanto menor a produtividade, maior será a alíquota do imposto), nos termos do art. 153 CF, § 4º, inciso I da CF: "será progressivo e terá suas alíquotas fixadas de forma a desestimular a manutenção de propriedades improdutivas".

Alternativa "c": O Senado Federal fixará as alíquotas mínimas do IPVA. Lembre-se, ainda, que a alíquota do IPVA irá variar em razão do tipo e utilização do veículo e será estabelecida pela lei ordinária estadual. Não há progressividade, portanto.

Alternativa "d": Não há previsão expressa para progressividade do imposto causa mortis e doação, de quaisquer bens ou direitos (ITCD). Vale destacar, todavia, o julgamento recente do STF, no bojo do RE 562.045, em que se reconheceu a constitucionalidade na fixação de alíquotas progressivas para o ITCD, com base no valor dos bens sujeitos à tributação. No referido Julgado, afirmou-se que todos os impostos estariam sujeitos ao princípio da capacidade contributiva, mesmo os que não tivessem caráter pessoal, o que permite, assim, a progressividade fiscal mesmo que não expressa. Isto porque, antes do aludido julgamento, a progressividade só era admitida se expressa no texto constitucional.

Alternativa "e": A progressividade do imposto de renda (IR) tem caráter fiscal. Busca-se alcançar a justiça fiscal com a máxima de que "quem ganha mais, paga mais, quem ganha menos, paga menos".

Alternativa correta: letra "a".

398. (Cespe – Procurador do Estado – DF/ 2013) Decreto distrital X estipulou alíquota de IPTU em 0,3% para imóveis edificados com fins exclusivamente residenciais. Posteriormente, em razão da valorização do mercado imobiliário, foi editado o decreto distrital Y, que majorou o valor venal dos imóveis e alterou a alíquota de IPTU para 0,5%.

Com base nessa situação hipotética, julgue os itens seguintes.

I. A hipótese em questão se refere a imposto cobrado com base em aspectos subjetivos do contribuinte, isto é, com base em elementos que dimensionam sua capacidade econômica para contribuir.

COMENTÁRIOS

O IPTU é imposto classificado como real e não pessoal. Ou seja, o imposto real é aquele que incide sobre o patrimônio e não leva em consideração as condições econômicas inerentes aos contribuintes. **ERRADO**

II. A alíquota de 0,5% será exigível no exercício financeiro seguinte e desde que decorridos noventa dias da publicação do decreto Y, ainda que a lei regulamentada previsse a alteração anual da base de cálculo de 0,3% para 0,5%.

COMENTÁRIOS

A alteração de alíquota e base de cálculo do IPTU só poderá ser veiculada por lei (e não decreto) em abono ao princípio da tipicidade cerrada (art. 97 do CTN). A alteração na base de cálculo é exceção ao princípio da anterioridade nonagesimal, não se estendendo, todavia, à alteração de alíquota que deve respeito a tal princípio. **ERRADO**

III. Se a alteração da base de cálculo do IPTU em apreço decorresse de simples atualização monetária do valor venal do imóvel, não haveria infringência ao princípio da reserva legal.

COMENTÁRIOS

✪ **Nota dos autores:** Sobre o tema, observe o teor da Súmula 160 do STJ: "É defeso, ao Município, atualizar o IPTU, mediante decreto, em percentual superior ao índice oficial de correção monetária".

Simples atualização monetária do valor venal do imóvel não implica majoração do tributo e, portanto, não haveria no caso em tela infringência ao princípio da reserva legal. É o que se depreende da leitura do art. 97, § 2º do CTN. **CERTO**

16.2. ISS

399. (FCC – Procurador do Estado – PGE – AP/2018) A morte de Adélia, em sua casa, causou grande tristeza e surpresa no bairro. Em sua homenagem, seus amigos contrataram o serviço de funeral completo, incluindo caixão, transporte do corpo cadavérico, fornecimento de flores, coroas e outros paramentos, desembaraço de certidão de óbito, fornecimento de véu e embelezamento do cadáver, porque Adélia sempre foi muito vaidosa. Ela foi enterrada no cemitério que fica no mesmo bairro onde residia.

Considerando as informações acima e as regras das Leis Complementares federais no 87/1996 e no 116/2003, são tributados, pelo

a) ISS, o transporte do corpo cadavérico, o desembaraço de certidão de óbito e o embelezamento do cadáver; e, pelo ICMS, o caixão, o fornecimento de flores e coroas e o fornecimento de véu.

b) ICMS, o caixão, o transporte do corpo cadavérico, o fornecimento de flores e coroas, o desembaraço de certidão de óbito, o fornecimento de véu e o embelezamento do cadáver.

c) ISS, o desembaraço de certidão de óbito e o embelezamento do cadáver; e, pelo ICMS, o caixão, o transporte do corpo cadavérico, o fornecimento de flores e coroas e o fornecimento de véu.

d) ISS, o caixão, o transporte do corpo cadavérico, o fornecimento de flores e coroas, o desembaraço de certidão de óbito, o fornecimento de véu e o embelezamento do cadáver.

e) ISS, o transporte do corpo cadavérico, o fornecimento de flores e coroas, o desembaraço de certidão de óbito e o embelezamento do cadáver; e, pelo ICMS, o caixão e o fornecimento de véu.

COMENTÁRIOS

Alternativas "a", "b", "c" e "e": Na presente hipótese, haverá incidência do ISS com fulcro no art. 1º, §2º e o item 25.01 da lista anexa da LC 116/2003. In verbis: "Art. 1º O Imposto Sobre Serviços de Qualquer Natureza (ISSQN), de competência dos Municípios e do Distrito Federal, tem como fato gerador a prestação de serviços constantes da lista anexa, ainda que esses não se constituam como atividade preponderante do prestador. (...) §2º Ressalvadas as exceções expressas na lista anexa, os serviços nela mencionados não ficam sujeitos ao Imposto Sobre Operações Relativas à Circulação de Mercadorias e Prestações de Serviços de Transporte Interestadual e Intermunicipal e de Comunicação – ICMS, ainda que sua prestação envolva fornecimento de mercadorias; "**Item 2**5.01 da lista anexa da LC 116/2003 – Funerais, inclusive fornecimento de caixão, urna ou esquifes; aluguel de capela; transporte do corpo cadavérico; fornecimento de flores, coroas e outros paramentos; desembaraço de certidão de óbito; fornecimento de véu, essa e outros adornos; embalsamento, embelezamento, conservação ou restauração de cadáveres".

Alternativa "d": Haverá incidência do ISS. Assertiva de acordo com a LC 116/2003: "Art. 1º O Imposto Sobre Serviços de Qualquer Natureza (ISSQN), de competência dos Municípios e do Distrito Federal, tem como fato gerador a prestação de serviços constantes da lista anexa, ainda que esses não se constituam como atividade preponderante do prestador. (...) §2º Ressalvadas as exceções expressas na lista anexa, os serviços nela mencionados não ficam sujeitos ao Imposto Sobre Operações Relativas à Circulação de Mercadorias e Prestações de Serviços de Transporte Interestadual e Intermunicipal e de Comunicação – ICMS, ainda que sua prestação envolva fornecimento de mercadorias.

ITEM 25.01 DA LISTA ANEXA – Funerais, inclusive fornecimento de caixão, urna ou esquifes; aluguel de capela; transporte do corpo cadavérico; fornecimento de flores, coroas e outros paramentos; desembaraço de certidão de óbito; fornecimento de véu, essa e outros adornos; embalsamento, embelezamento, conservação ou restauração de cadáveres.

Alternativa correta: letra "d".

400. (Vunesp – Procurador do Estado – PGE – SP/2018) Empresa Alfa, com estabelecimento único no Município de Diadema, contrata a empresa Beta, com estabelecimento único no Município de São Bernardo do Campo, para a demolição de edifício localizado no Município de São Caetano do Sul. Consideradas as regras sobre o aspecto espacial do Imposto Sobre Serviços de Qualquer Natureza – ISSQN, conforme a Lei Complementar Federal no 116, de 2003, é correto afirmar que o ISSQN será devido

a) para o Município de São Caetano do Sul, local da prestação do serviço, se, e somente se, o prestador do serviço lá estiver inscrito.

b) para o Município de Diadema, local do estabelecimento tomador do serviço, se, e somente se, houver previsão na lei municipal de responsabilização do tomador do serviço.

c) para o Município de São Caetano do Sul, local da prestação do serviço.

d) para o Município de Diadema, local do estabelecimento tomador do serviço.

e) para o Município de São Bernardo do Campo, local do estabelecimento prestador do serviço.

COMENTÁRIOS

✪ **Nota dos autores:** O tema da sujeição ativa do ISS foi objeto de discussões no âmbito do STJ por longas décadas, até a chegada da LC n. 116/03, que definiu o estabelecimento prestador como o local devido do pagamento do tributo. No entanto, em 23 hipóteses, definiu o local da prestação do serviço como critério definidor da sujeição ativa. No ponto, importa saber se o serviço "demolição de edifício" encontra-se nas exceções. Se sim, o ISS será devido no local da sua prestação.

Alternativa "a": No ponto, a ocorrência do fato gerador num determinado município não depende da prévia inscrição do contribuinte no cadastro municipal. Portanto, a condicionante não é válida.

Alternativa "b": As hipóteses que definem o local do fato gerador do ISS e, por consequência, o seu sujeito ativo, não podem ser definidas em lei municipal, mas lei nacional, como é o caso da LC n. 116/03.

Alternativa "c": No presente caso, como o serviço de demolição é exceção da regra do estabelecimento prestador, será no local da demolição que o ISS deve ser pago. No ponto, reza a LC 116/03. Art. 3º – O serviço considera-se prestado, e o imposto, devido, no local do estabelecimento prestador ou, na falta do estabelecimento, no local do domicílio do prestador, exceto nas hipóteses previstas nos incisos I a XXV, quando o imposto será devido no local: IV – da demolição, no caso dos serviços descritos no subitem 7.04 da lista anexa;

Alternativa "d": No caso do serviço de demolição, o ISS é devido onde o serviço foi prestado.

Alternativa "e": Conforme demonstrado acima, para solucionar questões envolvendo o local do fato gerador do ISS, importa saber a regra geral e suas exceções. O serviço de demolição é exceção à regra geral.

Alternativa correta: letra "c".

17. PROCESSOS ADMINISTRATIVO E JUDICIAL TRIBUTÁRIO

401. (Cespe – Procurador do Estado – PGE – RO/2022) Uma pessoa jurídica recebeu um mandado de citação relativa a uma execução fiscal, com ordem para pagar, em até cinco dias, débitos de ICMS já inscritos em dívida ativa. Como não houve o pagamento tempestivo, foi ordenada a penhora de bens. Nessa situação hipotética, considerando-se a jurisprudência do STJ, o prazo para a apresentação dos embargos à execução fiscal deve ser contado a partir

a) do ato de inscrição do crédito tributário em dívida ativa.

b) da juntada aos autos do mandado de citação.

c) do fim do prazo para o pagamento do crédito em execução.

d) da efetiva intimação da penhora.

e) da juntada aos autos do mandado de penhora cumprido.

COMENTÁRIOS

Alternativa "a": O termo inicial para a oposição dos Embargos à Execução Fiscal é a data da efetiva intimação da penhora, e não a da juntada aos autos do mandado cumprido. (Tema 131 STJ). (REsp n. 1.112.416/MG, relator Ministro Herman Benjamin, Primeira Seção, julgado em 27/5/2009, DJe de 9/9/2009.)

Alternativa "b": O termo inicial para a oposição dos Embargos à Execução Fiscal é a data da efetiva intimação da penhora. Confira o item anterior.

Alternativa "c": O termo inicial para a oposição dos Embargos à Execução Fiscal é a data da efetiva intimação da penhora, e não a da juntada aos autos do mandado cumprido. (Tema 131 STJ).

Alternativa "d": O STJ fixou a seguinte Tese em recurso repetitivo (Tema 131): "O termo inicial para a oposição dos Embargos à Execução Fiscal é a data da efetiva intimação da penhora, e não a da juntada aos autos do mandado cumprido". (REsp n. 1.112.416/MG, relator Ministro Herman Benjamin, Primeira Seção, julgado em 27/5/2009, DJe de 9/9/2009.)

Alternativa "e": Conforme exposto no item anterior o termo inicial para a oposição dos Embargos à Execução Fiscal é a data da efetiva intimação da penhora, e não a da juntada aos autos do mandado cumprido. (STJ, REsp n. 1.112.416/MG, relator Ministro Herman Benjamin, Primeira Seção, julgado em 27/5/2009, DJe de 9/9/2009.)

Alternativa correta: letra "d".

402. (FCC – Procurador do Estado – PGE – AM/2022) Joaquim, Caíque e Juliana eram sócios de JCJ Serviços de Limpeza Ltda. Joaquim e Caíque eram administradores. Juliana era mera sócia cotista. Em 11/10/2018, em virtude de crise financeira, JCJ declarou fato gerador de tributo sujeito a lançamento por homologação, ocorrido em 28/09/2018. Não houve o pagamento. Joaquim retirou-se da sociedade em 14/01/2019. A Fazenda propõe ação de execução fiscal em 13/01/2020. Após tentativas de citação da pessoa jurídica, o oficial de justiça certifica que JCJ Serviços de Limpeza Ltda. não mais exerce qualquer atividade no local de sua sede, desde 12/01/2021, e que este fato não foi comunicado pela empresa, ou pelos sócios, aos órgãos competentes. De acordo com o entendimento consolidado do Superior Tribunal de Justiça, a execução fiscal

a) poderá ser redirecionada somente contra Caíque e Juliana, únicos sócios da empresa, no momento da propositura da execução fiscal.

b) poderá ser redirecionada somente contra Caíque, único sócio administrador quando da cessação da atividade da empresa.
c) não poderá ser redirecionada, pois o patrimônio da pessoa jurídica é distinto do patrimônio dos sócios.
d) poderá ser redirecionada contra Joaquim, Caíque e Juliana, pois eram sócios proprietários de JCJ na época do fato gerador.
e) poderá ser redirecionada somente contra Joaquim e Caíque, que eram sócios administradores de JCJ, no momento da ocorrência do fato gerador.

COMENTÁRIOS

Alternativa "a": De acordo com o entendimento consolidado do Superior Tribunal de Justiça (Tema 962): "O redirecionamento da execução fiscal, quando fundado na dissolução irregular da pessoa jurídica executada ou na presunção de sua ocorrência, não pode ser autorizado contra o sócio ou o terceiro não sócio que, embora exercesse poderes de gerência ao tempo do fato gerador, sem incorrer em prática de atos com excesso de poderes ou infração à lei, ao contrato social ou aos estatutos, dela regularmente se retirou e não deu causa à sua posterior dissolução irregular, conforme art. 135, III, do CTN." (REsp n. 1.377.019/SP, relatora Ministra Assusete Magalhães, Primeira Seção, julgado em 24/11/2021, DJe de 29/11/2021). Em suma, a execução fiscal poderá ser redirecionada somente contra Caíque, único sócio administrador quando da cessação da atividade da empresa.

Alternativa "b": O STJ firmou a seguinte Tese jurídica (Tema 962): "O redirecionamento da execução fiscal, quando fundado na dissolução irregular da pessoa jurídica executada ou na presunção de sua ocorrência, não pode ser autorizado contra o sócio ou o terceiro não sócio que, embora exercesse poderes de gerência ao tempo do fato gerador, sem incorrer em prática de atos com excesso de poderes ou infração à lei, ao contrato social ou aos estatutos, dela regularmente se retirou e não deu causa à sua posterior dissolução irregular, conforme art. 135, III, do CTN." (REsp n. 1.377.019/SP, relatora Ministra Assusete Magalhães, Primeira Seção, julgado em 24/11/2021, DJe de 29/11/2021). Enfim, para o caso sob análise, importa a qualidade de sócio administrador no momento da dissolução irregular e não da ocorrência do fato gerador.

Alternativa "c": A execução fiscal poderá ser redirecionada somente contra Caíque, único sócio administrador quando da cessação da atividade da empresa. Isso porque, consoante entendimento do STJ, o redirecionamento da execução fiscal, quando fundado na dissolução irregular da pessoa jurídica executada ou na presunção de sua ocorrência, não pode ser autorizado contra o sócio ou o terceiro não sócio que, embora exercesse poderes de gerência ao tempo do fato gerador, sem incorrer em prática de atos com excesso de poderes ou infração à lei, ao contrato social ou aos estatutos, dela regularmente se retirou e não deu causa à sua posterior dissolução irregular, conforme art. 135, III, do CTN (Tema 962 do STJ).

Alternativa "d": No mesmo sentido do item anterior, a execução fiscal poderá ser redirecionada somente contra Caíque, único sócio administrador quando da cessação da atividade da empresa. Isso porque, consoante entendimento do STJ, o redirecionamento da execução fiscal, quando fundado na dissolução irregular da pessoa jurídica executada ou na presunção de sua ocorrência, não pode ser autorizado contra o sócio ou o terceiro não sócio que, embora exercesse poderes de gerência ao tempo do fato gerador, sem incorrer em prática de atos com excesso de poderes ou infração à lei, ao contrato social ou aos estatutos, dela regularmente se retirou e não deu causa à sua posterior dissolução irregular, conforme art. 135, III, do CTN (Tema 962 do STJ).

Alternativa "e": No caso em tela, importa a qualidade de sócio administrador no momento da dissolução irregular e não da ocorrência do fato gerador. Assim, a execução fiscal poderá ser redirecionada somente contra Caíque, único sócio administrador quando da cessação da atividade da empresa. Isso porque, consoante entendimento do STJ, o redirecionamento da execução fiscal, quando fundado na dissolução irregular da pessoa jurídica executada ou na presunção de sua ocorrência, não pode ser autorizado contra o sócio ou o terceiro não sócio que, embora exercesse poderes de gerência ao tempo do fato gerador, sem incorrer em prática de atos com excesso de poderes ou infração à lei, ao contrato social ou aos estatutos, dela regularmente se retirou e não deu causa à sua posterior dissolução irregular, conforme art. 135, III, do CTN (Tema 962 do STJ).

Alternativa correta: letra "b".

---

403. (Cespe – Procurador do Estado – PGE – CE/2021) A respeito do processo executivo fiscal, observada a Lei n. 6.830/1980 e a jurisprudência do STJ, julgue os seguintes itens.

I. Embora não seja possível a emenda ou substituição da certidão de dívida ativa após a decisão de primeira instância, o acolhimento em parte dos embargos à execução não impede o prosseguimento do feito executivo se a cobrança se referir a parcelas autônomas.
II. Não cabe exceção de pré-executividade para arguição de ilegitimidade passiva em execução fiscal proposta contra sócio da pessoa jurídica devedora incluído como responsável na certidão de dívida ativa.
III. É necessária a instrução da petição inicial da execução fiscal com o demonstrativo de cálculo, sob pena de rejeição preliminar da peça.

Assinale a opção correta.

a) Todos os itens estão certos.
b) Apenas os itens I e II estão certos.
c) Apenas os itens I e III estão certos.
d) Apenas os itens II e III estão certos.

COMENTÁRIOS

Assertiva I: A assertiva está em conformidade com o Enunciado n. 392 da Súmula do STJ: "A Fazenda Pública pode substituir a certidão de dívida ativa (CDA) até a prolação da sentença de embargos, quando se tratar de correção de erro material ou formal, vedada a modificação do sujeito passivo da execução". Após a decisão, não é mais possível substituí-la, exceto quando se tratar de erros materiais ou defeitos formais, permitindo o prosseguimento da execução em relação a parcelas que não foram suprimidas quando do julgamento dos embargos.

Assertiva II: A questão está correta e se coaduna com o entendimento do STJ no seguinte sentido: "(...) No julgamento do REsp nº 1.110.925/SP, Rel. Min. Teori Albino Zavascki, julgado sob o regime do art. 543-C do CPC, a Primeira Seção deixou assente que não cabe exceção de pré-executividade em execução fiscal promovida contra sócio que figura como responsável na Certidão de Dívida Ativa, porque a demonstração de inexistência da responsabilidade tributária cede à presunção de legitimidade assegurada à CDA, sendo inequívoca a necessidade de dilação probatória a ser promovida no âmbito dos embargos à execução. 7. Sendo os embargos o meio próprio de defesa na execução fiscal, só há margem para discutir a ilegitimidade passiva em exceção de pré-executividade nas situações em que o nome dos sócios não constam da CDA e desde que não haja necessidade de dilação probatória." (...) (STJ, AgRg no REsp n. 1.512.277/ES, relatora Ministra Marga Tessler (juíza Federal Convocada do TRF 4ª Região), Primeira Turma, julgado em 7/5/2015, DJe de 15/5/2015).

Assertiva III: A assertiva vai de encontro ao teor do Enunciado n. 559 da Súmula do STJ: "Em ações de execução fiscal, é desnecessária a instrução da petição inicial com o demonstrativo de cálculo do débito, por tratar-se de requisito não previsto no art. 6º da Lei n. 6830/1980."

Alternativa correta: letra "b".

404. (FCC – Procurador do Estado – PGE – GO/2021) O Fisco ingressa com ação de execução fiscal em face de André, microempresário individual. André, por outro lado, pretende se defender da cobrança alegando que não realizou determinado fato gerador, fato que pretende demonstrar em perícia contábil. De acordo com a Lei Federal nº 6.830/1980 (Lei de Execução Fiscal) e o entendimento do Superior Tribunal de Justiça, André poderá discutir o lançamento em

a) exceção de pré-executividade, que impedirá atos constritivos na execução.

b) embargos a execução fiscal, que deverão ser opostos no prazo de 15 (quinze) dias da intimação da penhora realizada pelo SISBAJUD.

c) exceção de pré-executividade, desde que apresentada dentro do prazo de 15 (quinze) dias, contados da juntada aos autos da carta/mandado de citação positivo.

d) ação anulatória de débito tributário, devendo garantir o valor em discussão.

e) embargos a execução fiscal, no prazo de 30 (trinta) dias, contados da juntada da prova da fiança bancária ou do seguro garantia.

COMENTÁRIOS

Alternativa "a": O manejo da exceção de pré-executividade tem limites, nos termos da Súmula 393 do STJ: "a exceção de pré-executividade é admissível na execução fiscal relativamente às matérias conhecíveis de ofício que não demandem dilação probatória". Sendo assim, não é possível discutir a sujeição passiva nesse tipo de ação.

Alternativa "b": O tema é passível de discussão em sede de execução fiscal. No entanto, o prazo da assertiva não está correto. Vejamos a redação do art. 16 da Lei 6.830/80 – LEF: "Art. 16 – O executado oferecerá embargos, no prazo de 30 (trinta) dias".

Alternativa "c": Conforme visto acima, há limites materiais para o ajuizamento da exceção de pré-executividade. Portanto, alternativa incorreta nos moldes da Súmula 393 do STJ.

Alternativa "d": Como já há execução fiscal em andamento, não há mais razão para a ação anulatória, que deverá ser compreendida como verdadeiro embargo à execução, dado que lhe é permitido alcançar toda matéria. Vejamos a redação do art. 38 da Lei 6.830/80 – LEF: Art. 38 – A discussão judicial da Dívida Ativa da Fazenda Pública só é admissível em execução, na forma desta Lei, salvo as hipóteses de mandado de segurança, ação de repetição do indébito ou ação anulatória do ato declarativo da dívida, esta precedida do depósito preparatório do valor do débito, monetariamente corrigido e acrescido dos juros e multa de mora e demais encargos. Parágrafo Único – A propositura, pelo contribuinte, da ação prevista neste artigo importa em renúncia ao poder de recorrer na esfera administrativa e desistência do recurso acaso interposto.

Alternativa "e": Após a execução fiscal, a maneira de André se defender é através dos embargos à execução fiscal, nos termos do art. 16 da Lei 6.830/80 – LEF-, inciso II: "Art. 16 – O executado oferecerá embargos, no prazo de 30 (trinta) dias, contados: II – da juntada da prova da fiança bancária ou do seguro garantia; "

Alternativa correta: letra "e".

405. (FUNDATEC – Procurador do Estado – PGE – RS/2021) Há diversos institutos jurídicos que preservam o direito dos credores de buscar, no patrimônio dos devedores, a satisfação dos seus créditos. Nas execuções fiscais, a matéria é recorrente. Acerca dos institutos da fraude contra credores, da fraude à execução e da fraude à dívida ativa, é correto afirmar que:

a) As fraudes contra credores, à dívida ativa e à execução estão, todas, disciplinadas no mesmo diploma legislativo e implicam presunção relativa, passível de ser afastada mediante a demonstração da boa-fé do terceiro adquirente.

b) A alienação ou a oneração de bem é considerada fraude à execução, por exemplo, quando, ao tempo da alienação ou da oneração, tramitava contra o devedor ação capaz de reduzi-lo à insolvência, mas deve ser reconhecida em ação anulatória própria ajuizada pelo exequente e distribuída por dependência à execução, com a citação do devedor e do terceiro adquirente.

c) Os contratos onerosos do devedor insolvente são nulos de pleno direito por presunção absoluta, independentemente da má-fé do adquirente e de já ter sido ou não constituído o crédito tributário, dispensando, inclusive, o ajuizamento de ação anulatória.

d) A alienação de bem na pendência de crédito inscrito em dívida ativa contra o alienante já sob execução é eficaz também em relação ao exequente, a menos que seja demonstrado que se trata de negócio simulado, de modo que o bem tenha continuado na posse do alienante, ainda que colocado em nome de terceiro laranja.

e) Presume-se fraudulenta a alienação ou oneração de bens ou rendas, ou seu começo, por sujeito passivo em débito para com a Fazenda Pública, por crédito tributário regularmente inscrito como dívida ativa, presunção essa, porém, que não se aplica na hipótese de terem sido reservados, pelo devedor, bens ou rendas suficientes ao total pagamento da dívida inscrita.

COMENTÁRIOS

Alternativa "a": As fraudes contra credores, à dívida ativa e à execução não estão disciplinadas no mesmo diploma normativo. Estão previstas, respectivamente, nos artigos 158 do Código Civil; art. 185 do CTN e art. 792 do Código de Processo Civil. Vejamos: "Art. 158 CC. Os negócios de transmissão gratuita de bens ou remissão de dívida, se os praticar o devedor já insolvente, ou por eles reduzido à insolvência, ainda quando o ignore, poderão ser anulados pelos credores quirografários, como lesivos dos seus direitos"; "Art. 185 CTN Presume-se fraudulenta a alienação ou oneração de bens ou rendas, ou seu começo, por sujeito passivo em débito para com a Fazenda Pública, por crédito tributário regularmente inscrito como dívida ativa."; "Art. 792 CPC. A alienação ou a oneração de bem é considerada fraude à execução: I – quando sobre o bem pender ação fundada em direito real ou com pretensão reipersecutória, desde que a pendência do processo tenha sido averbada no respectivo registro público, se houver; II – quando tiver sido averbada, no registro do bem, a pendência do processo de execução, na forma do art. 828 ; III – quando tiver sido averbado, no registro do bem, hipoteca judiciária ou outro ato de constrição judicial originário do processo onde foi arguida a fraude; IV – quando, ao tempo da alienação ou da oneração, tramitava contra o devedor ação capaz de reduzi-lo à insolvência; V – nos demais casos expressos em lei."

Alternativa "b": O art. 792, inciso IV, §1º, CPC dispõe: "Art. 792. A alienação ou a oneração de bem é considerada fraude à execução: IV – quando, ao tempo da alienação ou da oneração, tramitava contra o devedor ação capaz de reduzi-lo à insolvência; § 1º A alienação em fraude à execução é ineficaz em relação ao exequente." Até aí, tudo certo. No entanto, para o STJ, no caso de fraude à execução, "não é necessária ação anulatória própria para declarar a ineficácia do negócio jurídico em relação ao exequente". (REsp. 1.845.558-SP, Relator Marco Aurélio Bellizze, DJe 07.06.2021.

Alternativa "c": Dispõe o art. 185 do CTN: "Presume-se fraudulenta a alienação ou oneração de bens ou rendas, ou seu começo, por sujeito passivo em débito para com a Fazenda Pública, por crédito tributário regularmente inscrito como dívida ativa.". Trata-se de presunção, e, além disso, requer a constituição do crédito tributário. Logo, a alternativa está incorreta.

Alternativa "d": Segundo o art. 185 do CTN que: "Presume-se fraudulenta a alienação ou oneração de bens ou rendas, ou seu começo, por sujeito passivo em débito para com a Fazenda Pública, por crédito tributário regularmente inscrito como dívida ativa.". Portanto, a venda de bem não é eficaz quando o alienante está inscrito em dívida ativa. Alternativa está errada.

Alternativa "e": A assertiva encontra fundamento no art. 185 do CTN: "Presume-se fraudulenta a alienação ou oneração de bens ou rendas, ou seu começo, por sujeito passivo em débito para com a Fazenda Pública, por crédito tributário regularmente inscrito como dívida ativa.". Parágrafo único. O disposto neste artigo não se aplica na hipótese de terem sido reservados, pelo devedor, bens ou rendas suficientes ao total pagamento da dívida inscrita.

Alternativa correta: letra "e".

---

406. (Cespe – Procurador do Estado – PGE – MS/2021) A respeito do processo executivo fiscal, julgue os itens a seguir, à luz da Lei n.º 6.830/1980 e da jurisprudência dos tribunais superiores.

I. No caso de dissolução irregular de empresa, ainda que se trate de execução fiscal de dívida ativa não tributária, é possível o redirecionamento da dívida ao sócio-gerente.

II. O termo inicial para a oposição dos embargos à execução fiscal é a data da efetiva intimação da penhora, e não a da juntada aos autos do mandado cumprido.

III. Não é possível ao fisco, no âmbito da execução fiscal, recusar a substituição do bem penhorado por precatório quando este for emitido contra a própria fazenda exequente.

Assinale a opção correta.

a) Apenas o item I está certo.

b) Apenas o item III está certo.

c) Apenas os itens I e II estão certos.

d) Apenas os itens II e III estão certos.

e) Todos os itens estão certos.

COMENTÁRIOS

Item I: O item está correto, pois vai ao encontro do seguinte julgado do STJ: Tema repetitivo 962: O redirecionamento da execução fiscal, quando fundado na dissolução irregular da pessoa jurídica executada ou na presunção de sua ocorrência, não pode ser autorizado contra o sócio ou o terceiro não sócio que, embora exercesse poderes de gerência ao tempo do fato gerador, sem incorrer em prática de atos com excesso de poderes ou infração à lei, ao contrato social ou aos estatutos, dela regularmente se retirou e não deu causa à sua posterior dissolução irregular, conforme art. 135, III, do CTN.

Item II: O item está correto, com base no art. 16, inciso III, da Lei 6830/80: "Art. 16 – O executado oferecerá embargos, no prazo de 30 (trinta) dias, contados: (..) III – da intimação da penhora."

Item III: A questão vai de encontro ao Enunciado n. 406 da Súmula do STJ: "A Fazenda Pública pode recusar a substituição do bem penhorado por precatório".

Alternativa correta: letra "c".

407. (FUNDATEC – Procurador do Estado – PGE – RS/2021) Constituído o crédito tributário mediante lançamento de ofício pela autoridade fiscal, abre-se a oportunidade de o sujeito passivo oferecer defesa, ainda na esfera administrativa, inaugurando a fase litigiosa do processo administrativo fiscal. Na esfera administrativa, há, ainda, a oportunidade de recurso para um tribunal administrativo fiscal. É correto afirmar que:

a) O processo administrativo fiscal é regido por lei federal, porquanto compete à União legislar privativamente sobre a matéria.

b) É constitucional a exigência de depósito em dinheiro ou arrolamento prévio de bens como condição de admissibilidade do recurso no processo administrativo fiscal.

c) A propositura, pelo contribuinte, da ação judicial tributária com o mesmo objeto da discussão administrativa, importa em renúncia ao poder de recorrer na esfera administrativa e desistência do recurso acaso interposto.

d) As reclamações e os recursos, nos termos das leis reguladoras do processo tributário administrativo, tem efeito suspensivo da exigibilidade do crédito tributário por 360 dias, após os quais os créditos retomam a sua exigibilidade, podendo ser inscritos em dívida ativa, protestados e cobrados judicialmente, mesmo na pendência de uma decisão final no contencioso administrativo tributário que, sobrevindo em favor do contribuinte, implicará nulidade dos atos praticados.

e) O processo administrativo fiscal não comporta instrução probatória, somente se prestando para as teses defensivas comprováveis de plano, mediante prova documental previamente constituída, que deve instruir a defesa do contribuinte.

COMENTÁRIOS

Alternativa "a": Não se trata de competência privativa da União. O art. 24, inciso I, da Constituição Federal dispõe: Art. 24. Compete à União, aos Estados e ao Distrito Federal legislar concorrentemente sobre: I – direito tributário, financeiro, penitenciário, econômico e urbanístico; Logo, a alterativa está errada.

Alternativa "b": Errado, em razão da Súmula Vinculante 21 do STF: "É inconstitucional a exigência de depósito ou arrolamento prévios de dinheiro ou bens para admissibilidade de recurso administrativo."

Alternativa "c": A alternativa está correta, em razão do art. 38, parágrafo único, da Lei nº 6.830/80: "Art. 38 – A discussão judicial da Dívida Ativa da Fazenda Pública só é admissível em execução, na forma desta Lei, salvo as hipóteses de mandado de segurança, ação de repetição do indébito ou ação anulatória do ato declarativo da dívida, esta precedida do depósito preparatório do valor do débito, monetariamente corrigido e acrescido dos juros e multa de mora e demais encargos. Parágrafo Único – A propositura, pelo contribuinte, da ação prevista neste artigo importa em renúncia ao poder de recorrer na esfera administrativa e desistência do recurso acaso interposto."

Alternativa "d": Dispõe o art. 151 do CTN: "Art. 151. Suspendem a exigibilidade do crédito tributário: III – as reclamações e os recursos, nos termos das leis reguladoras do processo tributário administrativo". Portanto, inexiste o prazo de 360 dias mencionado na questão.

Alternativa "e": É possível sim a instrução probatória no processo administrativo fiscal, sob pena de ofensa aos princípios do contraditório e ampla defesa do contribuinte.

Alternativa correta: letra "c".

408. (FCC – Procurador do Estado – PGE – AP/2018) Ignácio, proprietário de um valioso imóvel, decidiu doá-lo a seu filho Cláudio, incluindo nessa doação as valiosíssimas obras de arte que adornavam o referido imóvel, e que valiam mais do que o próprio imóvel. Quando ambos procuraram o tabelião local para fazer a escritura de doação, foi-lhes informado que, como o imóvel estava localizado em unidade federada diversa da unidade federada em que Ignácio tinha seu único domicílio, tanto a Administração Tributária do Estado da localização do imóvel, como Administração Tributária do Estado de domicílio de Ignácio, queriam receber a totalidade do ITCD incidente sobre o total da transmissão, ou seja, sobre a soma do valor do bem imóvel e dos bens móveis (obras de arte) que nele se encontravam.

Tendo consultado um advogado especialista, este os informou, com base no Código Tributário Nacional, que o ITCD incidente sobre o bem imóvel deveria ser pago ao Estado em que se localizava este bem, enquanto que o ITCD incidente sobre os bens móveis deveria ser pago ao Estado em que estava domiciliado Ignácio, mas que, diante da insistência de ambos os Estados em receber a totalidade do ITCD incidente sobre a referida transmissão, só restaria a eles,

a) relativamente ao valor que se propõem a pagar, ingressar, judicialmente, com ação direta de inconstitucionalidade, em razão da tentativa de bitributação.

b) pagar a cada um dos Estados o valor integral por eles exigido e, em seguida, ingressar com ação de repetição do indébito preventiva, para assegurar o recebimento, de imediato, em devolução, do valor pago ao Estado que não venha a ser considerado sujeito ativo do crédito tributário.

c) pagar a cada um dos Estados o valor integral por eles exigido e, em seguida, ingressar com ação de anulação de débito fiscal preventiva, para assegurar o recebimento, de imediato, em devolução, do valor pago ao Estado que não venha a ser considerado sujeito ativo do crédito tributário.

d) relativamente ao valor que se propõem a pagar, ingressar, judicialmente, com ação de consignação em pagamento, que, se julgada procedente, implicará reconhecimento de que o pagamento foi feito e fará com que a importância consignada seja convertida em renda, com a consequente extinção do crédito tributário.

e) pagar a cada um dos Estados o valor integral por eles exigido e, em seguida, ingressar, cumulativamente, com ação indenizatória preventiva, para assegurar o recebimento, de imediato, em devolução, do valor pago ao Estado que não venha a ser considerado sujeito ativo do crédito tributário, e ação direta de inconstitucionalidade, em razão da tentativa de bitributação.

COMENTÁRIOS

Alternativas "a", "b", "c" e "e": A medida judicial cabível no presente caso é a ação de consignação em pagamento em virtude da exigência, por mais de uma pessoa jurídica de direito público, de tributo idêntico sobre um mesmo fato gerador (art. 164, inciso III, do CTN). Após julgada procedente, a importância consignada será convertida em renda (§2° do art. 164 do CTN), com a consequente extinção do crédito tributário (art. 156, inciso VIII, do CTN). Vejamos os dispositivos citados respectivamente: "Art. 164 do CTN – A importância de crédito tributário pode ser consignada judicialmente pelo sujeito passivo, nos casos: (...) III – de exigência, por mais de uma pessoa jurídica de direito público, de tributo idêntico sobre um mesmo fato gerador"; art. 164, §2° Julgada procedente a consignação, o pagamento se reputa efetuado e a importância consignada é convertida em renda; julgada improcedente a consignação no todo ou em parte, cobra-se o crédito acrescido de juros de mora, sem prejuízo das penalidades cabíveis"; e "Art. 156. Extinguem o crédito tributário: (...) VIII – a consignação em pagamento, nos termos do disposto no § 2º do artigo 164."

Alternativa "d": A assertiva está em conformidade com o disposto no art. 164, inciso III e §1° e §2° do CTN. Confira: "Art. 164 do CTN – A importância de crédito tributário pode ser consignada judicialmente pelo sujeito passivo, nos casos: (...) III – de exigência, por mais de uma pessoa jurídica de direito público, de tributo idêntico sobre um mesmo fato gerador. §1° A consignação só pode versar sobre o crédito que o consignante se propõe a pagar. §2° Julgada procedente a consignação, o pagamento se reputa efetuado e a importância consignada é convertida em renda; julgada improcedente a consignação no todo ou em parte, cobra-se o crédito acrescido de juros de mora, sem prejuízo das penalidades cabíveis".

Alternativa correta: letra "d".

---

409. (Cespe – Procurador do Estado – PGE – PE/2018) De acordo com a Lei n. 6.830/1980, a PGE/PE pode promover execução fiscal contra

a) o devedor e o interessado economicamente na ocorrência do fato gerador.

b) o fiador e o administrador judicial da massa falida.

c) o depositário e o espólio.

d) o fiador e o responsável tributário.

e) o administrador judicial da massa falida e o responsável tributário.

COMENTÁRIOS

Alternativas "a", "b", "c" e "e": Dispõe o art. 4º da Lei 6.830/80 (Lei de Execução Fiscal – LEF): "A execução fiscal poderá ser promovida contra: I – o devedor; II – o fiador; III – o espólio; IV – a massa; V – o responsável, nos termos da lei, por dívidas, tributárias ou não, de pessoas físicas ou pessoas jurídicas de direito privado; e VI – os sucessores a qualquer título. As assertivas estão incorretas, pois mencionaram a promoção da execução fiscal contra sujeitos não contemplados no referido dispositivo da LEF.

Alternativa "d": Nos termos do art. 4º, incisos II e V, da Lei 6830/80: "A execução fiscal poderá ser promovida contra: (...) II – o fiador; V – o responsável, nos termos da lei, por dívidas, tributárias ou não, de pessoas físicas ou pessoas jurídicas de direito privado (...)".

Alternativa correta: letra "d".

---

410. (Cespe – Procurador do Estado – PGE – PE/2018) Nos termos da Lei estadual n. 10.654/1991, a partir da data da protocolização do processo na Secretaria da Fazenda, a consulta sobre a interpretação e a aplicação da legislação relativa aos tributos estaduais direcionada ao Tribunal Pleno do Tribunal Administrativo Tributário do Estado produzirão como efeitos

a) a suspensão do curso do prazo para cumprimento de obrigação tributária e o impedimento de aproveitar o crédito fiscal objeto da petição.

b) a suspensão do curso do prazo para cumprimento de obrigação tributária e a suspensão da ocorrência do fato gerador do tributo em questão.

c) o impedimento para o início de procedimento fiscal de apuração do fato e a suspensão de execução fiscal sobre o fato em consulta.

d) o impedimento de aproveitar o crédito fiscal objeto da consulta e a suspensão dos efeitos da certidão positiva de débito fiscal.

e) a suspensão dos efeitos da certidão positiva de débito fiscal e a suspensão do curso do prazo para cumprimento de todas as obrigações tributárias do contribuinte.

COMENTÁRIOS

Alternativa "a": O fundamento da assertiva encontra-se no art. 60, incisos I e III da Lei Estadual n.º 10.654/1991: "Art. 60. A apresentação da consulta na repartição fazendária produz os seguintes efeitos: I – suspende o curso do prazo para cumprimento de obrigação tributária, em relação ao caso sobre o qual se pede a interpretação da legislação da legislação tributária aplicável; II – impede, até o termino do prazo legal para que o consulente adote a orientação contida na resposta, o início de qualquer procedimento fiscal destinado à apuração de fato relacionado com a matéria consultada; III – impede, antes da resposta, o aproveitamento do crédito fiscal objeto da consulta".

Alternativas "b", "c", "d" e "e": As assertivas não encontram correspondência na sua inteireza com o disposto no art. 60 da Lei Estadual n.º 10.654/1991: "Art. 60. A apresentação da consulta na repartição fazendária produz os seguintes efeitos: I – suspende o curso do prazo para cumprimento de obrigação tributária, em relação ao caso sobre o qual se pede a interpretação da legislação da legislação tributária aplicável; II – impede, até o termino do prazo legal para que o consulente adote a orientação contida na resposta, o início de qualquer procedimento fiscal destinado à apuração de fato relacionado com a matéria consultada; III – impede, antes da resposta, o aproveitamento do crédito fiscal objeto da consulta".

Alternativa correta: letra "a".

---

411. (FCC – Procurador do Estado – PGE – AP/2018) Tarcísio recebeu doação de um imóvel situado em Santana/AP e, lançado o tributo por homologação, pagou espontaneamente o ITCD incidente sobre esta transmissão. Seis meses após este pagamento, refazendo os cálculos do tributo devido, considerou ter feito pagamento a maior que o devido, em face da legislação aplicável. Por orientação de amigos e familiares, foi desaconselhado de tentar reaver, pela via administrativa, o valor pago a maior, pois todos recomendaram que ele procurasse, de imediato, a via judicial. De acordo com as regras do Código de Processo Civil e do Código Tributário Nacional, pode

a) Tarcísio ingressar com ação de repetição de indébito, podendo pedir a restituição do valor do ITCD pago a maior, bem como, proporcionalmente, tanto dos juros de mora, como das penalidades pecuniárias eventualmente pagas em razão de atraso.

b) Tarcísio ingressar com ação de dação em pagamento, cujo prazo decadencial é de dois anos, comportando a recuperação proporcional de multas pagas, inclusive por infração de natureza formal, não prejudicadas pela causa da restituição.

c) Tarcísio ingressar com ação de consignação em pagamento, no prazo prescricional de dois anos.

d) Tarcísio ingressar com ação de execução contra a Fazenda Pública, no prazo de trinta e seis meses, desde que comprove não ter transferido o respectivo encargo financeiro a terceiro, ou, no caso de o ter feito, estar por este terceiro expressamente autorizado a pleitear tal valor.

e) ser interposta ação de devolução de tributo, pela Fazenda Pública, a fim de evitar seu enriquecimento ilícito, sendo que o prazo prescricional para isso é de dois anos contados da data do pagamento indevido.

COMENTÁRIOS

Alternativa "a": Tarcísio poderá ingressar com ação de repetição de indébito em virtude do pagamento a maior que o devido, com fulcro nos artigos 165, inciso I e 167 do Código Tributário Nacional. Confira: "Art. 165. O sujeito passivo tem direito, independentemente de prévio protesto, à restituição total ou parcial do tributo, seja qual for a modalidade do seu pagamento, ressalvado o disposto no § 4º do artigo 162, nos seguintes casos: I – cobrança ou pagamento espontâneo de tributo indevido ou maior que o devido em face da legislação tributária aplicável, ou da natureza ou circunstâncias materiais do fato gerador efetivamente ocorrido (...)"; "art. 167 CTN. A restituição total ou parcial do tributo dá lugar à restituição, na mesma proporção, dos juros de mora e das penalidades pecuniárias, salvo as referentes a infrações de caráter formal não prejudicadas pela causa da restituição".

Alternativa "b": No presente caso não á cabível a ação de dação em pagamento, mas sim a ação de repetição de indébito em virtude do pagamento a maior que o devido, com fulcro nos artigos 165, inciso I e 167 do Código Tributário Nacional. A dação em pagamento, nos termos da Lei Civil, se dá com o consentimento do credor em receber coisa diversa da prestação que lhe é devida. Recorde-se quanto ao tema que, com o advento da LC 104/2001, foi inserido o inciso XI ao art. 156 do CTN, que faz referência à dação em pagamento em bens imóveis como forma de extinção do crédito tributário. Porém, conforme dito, a hipótese ventilada não é caso para a propositura de tal medida judicial.

Alternativa "c": Na situação em tela, conforme dito linhas acima será cabível a ação de repetição de indébito e não ação de consignação em pagamento. Lembre-se que a consignação em pagamento é hipótese de extinção do crédito tributário. As hipóteses de cabimento estão previstas no 164 do CTN, a saber: "Art. 164. A importância de crédito tributário pode ser consignada judicialmente pelo sujeito passivo, nos casos: I – de recusa de recebimento, ou subordinação deste ao pagamento de outro tributo ou de penalidade, ou ao cumprimento de obrigação acessória; II – de subordinação do recebimento ao cumprimento de exigências administrativas sem fundamento legal; III – de exigência, por mais de uma pessoa jurídica de direito público, de tributo idêntico sobre um mesmo fato gerador.

Alternativa "d": Segundo já exposto nos itens anteriores, Tarcísio poderá ingressar com ação de repetição de indébito em virtude do pagamento a maior que o devido, com fulcro nos artigos 165, inciso I e 167 do Código Tributário Nacional. Portanto, é incabível a propositura de ação de execução contra a Fazenda Pública. Ademais, quanto à parte final da assertiva que trata da restituição de tributos que comportem, por sua natureza, transferência do respectivo encargo financeiro a terceiros, vale recordar o teor do art. 166 do Código Tributário Nacional: "A restituição de tributos que comportem, por sua natureza, transferência do respectivo encargo financeiro somente será feita a quem prove haver assumido o referido encargo, ou, no caso de tê-lo transferido a terceiro, estar por este expressamente autorizado a recebê-la".

Alternativa "e": Na hipótese em tela será cabível a ação de repetição de indébito com fulcro nos artigos 165, inciso I e 167 do Código Tributário Nacional. Outrossim, dispõe o art. 168 do Código Tributário Nacional: "O direito de pleitear a restituição extingue-se com o decurso do prazo de 5 (cinco) anos, contados: I – nas hipóteses dos incisos I e II do artigo 165, da data da extinção do crédito tributário; II – na hipótese do inciso III do artigo 165, da data em que se tornar definitiva a decisão administrativa ou passar em julgado a decisão judicial que tenha reformado, anulado, revogado ou rescindido a decisão condenatória".

Alternativa correta: letra "a".

---

412. (FCC – Procurador do Estado – PGE – AP/2018) O Código Tributário Nacional contempla uma regra geral atinente à contagem de prazos, que está inserida em dispositivo específico de suas "Disposições Finais e Transitórias", regra esta que determina que os prazos sejam contínuos, excluindo-se, na sua contagem, o dia de início e incluindo-se o de vencimento. De acordo com o CTN, esta regra é aplicável

a) apenas aos prazos fixados no próprio CTN, salvo disposição de lei em contrário.

b) apenas aos prazos fixados na legislação tributária.

c) tanto aos prazos fixados no próprio CTN, como na legislação tributária em geral.

d) apenas aos prazos fixados na legislação tributária, salvo disposição de lei em contrário.

e) apenas aos prazos fixados no próprio CTN.

COMENTÁRIOS

Alternativa "a": A regra disposta no art. 210 do CTN aplica-se tanto aos prazos fixados no próprio CTN, como na legislação tributária em geral. Confira: art. 210 do CTN "Os prazos fixados nesta Lei ou legislação tributária serão contínuos, excluindo-se na sua contagem o dia de início e incluindo-se o de vencimento".

Alternativa "b": O disposto no art. 210 do CTN aplica-se tanto aos prazos fixados no próprio CTN, como na legislação tributária em geral.

Alternativa "c": Dispõe o art. 210 do CTN: "Os prazos fixados nesta Lei ou legislação tributária serão contínuos, excluindo-se na sua contagem o dia de início e incluindo-se o de vencimento". Portanto, resta claro que a referida regra é aplicável tanto aos prazos fixados no próprio CTN, como na legislação tributária em geral.

Alternativa "d": O disposto no art. 210 do CTN aplica-se tanto aos prazos fixados no próprio CTN, como na legislação tributária em geral.

Alternativa "e": A regra prevista no art. 210 do CTN que determina que os prazos sejam contínuos, excluindo-se, na sua contagem, o dia de início e incluindo-se o de vencimento, aplica-se tanto aos prazos fixados no próprio CTN, como na legislação tributária em geral.

Alternativa correta: letra "c".

---

413. (FCC – Procurador do Estado – PGE – AP/2018) A fábrica de cadeiras "JJ e Silva", localizada em Oiapoque/AP, entendendo que pagou o ICMS a maior, ingressou, administrativamente, em tempo hábil, com pedido de restituição do imposto que entendeu ter pagado a maior do que o devido. Depois de alguns meses da protocolização do referido pedido, foi publicada a decisão administrativa, denegando a restituição pleiteada, porque a Administração Tributária estadual entendeu que não houve o alegado pagamento a maior.

Em razão disso, e com base nas regras do CTN,

a) não é possível propor ação anulatória de decisão administrativa que denegue restituição de tributo.

b) é possível propor ação anulatória de decisão administrativa, mas o prazo prescricional não sofre interrupção, pois se trata de hipótese em que a Fazenda Pública é ré.

c) é possível propor ação anulatória de decisão administrativa, observado o prazo prescricional de dois anos para essa proposição.

d) é possível propor ação anulatória de decisão administrativa, observado o prazo prescricional de cinco anos, que é interrompido pelo início da ação judicial, recomeçando o seu curso, por metade, a partir da data da intimação validamente feita ao representante judicial da Fazenda Pública interessada.

e) é possível propor ação anulatória de decisão administrativa, observado o prazo decadencial de três anos, que é interrompido pelo início da ação judicial, recomeçando o seu curso, por três quartos do prazo, a partir da data da intimação validamente feita ao representante judicial da Fazenda Pública interessada.

COMENTÁRIOS

Alternativa "a": A assertiva está incorreta, pois é sim possível a propositura de ação anulatória de decisão administrativa que denegue restituição de tributo, consoante inteligência do artigo 169 do CTN: "Prescreve em dois anos a ação anulatória da decisão administrativa que denegar a restituição."

Alternativa "b": É possível propor ação anulatória de decisão administrativa, mas o prazo prescricional sofre sim interrupção. Vejamos: Parágrafo único do artigo 169. "O prazo de prescrição é interrompido pelo início da ação judicial, recomeçando o seu curso, por metade, a partir da data da intimação validamente feita ao representante judicial da Fazenda Pública interessada".

Alternativa "c": A alternativa está correta, pois o pedido administrativo denegando a restituição pleiteada não obsta que o contribuinte possa ingressar posteriormente na via judicial com a ação anulatória para discutir a cobrança pelo fisco estadual. Nesse sentido, dispõe o art. 169 do CTN: "Prescreve em dois anos a ação anulatória da decisão administrativa que denegar a restituição".

Alternativa "d": É possível propor ação anulatória de decisão administrativa, observado o prazo prescricional de dois anos para essa proposição. "Art. 169 CTN. Prescreve em dois anos a ação anulatória da decisão administrativa que denegar a restituição. Parágrafo único: "O prazo de prescrição é interrompido pelo início da ação judicial, recomeçando o seu curso, por metade, a partir da data da intimação validamente feita ao representante judicial da Fazenda Pública interessada".

Alternativa "e": Conforme já exposto nas assertivas acima, é possível propor ação anulatória de decisão administrativa, observado o prazo prescricional de dois anos para essa proposição. "Art. 169 CTN. Prescreve em dois anos a ação anulatória da decisão administrativa que denegar a restituição. Parágrafo único: "O prazo de prescrição é interrompido pelo início da ação judicial, recomeçando o seu curso, por metade, a partir da data da intimação validamente feita ao representante judicial da Fazenda Pública interessada".

Alternativa correta: letra "c".

---

414. (FCC – Procurador do Estado – PGE – TO/2018) A Lei estadual nº 1.288/2001, dispõe sobre o contencioso administrativo-tributário estadual e sobre os procedimentos administrativo-tributários. De acordo com o artigo 5º dessa lei, a Representação Fazendária funcionará junto ao Conselho de Contribuintes e Recursos Fiscais – COCRE, especialmente para

a) fazer-se presente às sessões de julgamento, vedada a apresentação de sustentação oral.
b) arguir a nulidade de procedimentos fiscais que, notoriamente, atentarem contra normas constitucionais.
c) manifestar-se nos pedidos de restituição do indébito tributário de competência originária do COCRE.
d) ter vista dos autos pelo prazo de 60 dias, antes da manifestação das partes a respeito de inconstitucionalidade de dispositivo de lei.
e) sugerir a realização de nova auditoria quando declarada a nulidade do lançamento por vício formal, bem como suscitar a declaração de ilegalidade de norma regulamentar ou infrarregulamentar.

COMENTÁRIOS

Alternativas "a", "b", "d" e "e": As assertivas estão em desacordo com o art. 5º Lei estadual nº 1.288/2001. Vejamos o seu teor na íntegra: "Art. 5º A Representação Fazendária funcionará junto ao COCRE, especialmente para: I – acompanhar os processos em julgamento; II – contra-arrazoar recursos voluntários e impugnações que se opuserem ao COCRE; III – manifestar-se: a) pela confirmação ou reforma das decisões recorridas; b) nos pedidos de restituição do indébito tributário de competência originária do COCRE; IV – propor diligências ao COCRE em processos administrativo-tributários; V – produzir sustentação oral das legítimas pretensões fazendárias em sessões de julgamento. § 1º A Representação Fazendária requisitará às repartições estaduais os documentos necessários à instrução dos procedimentos de que obtenha vista. § 2º O Secretário de Estado da Fazenda define o número de Auditores Fiscais da Receita Estadual – 4a Classe que devem compor a Representação Fazendária. § 3º O regulamento disporá sobre o funcionamento da Representação Fazendária.

Alternativa "c": Assertiva vai ao encontro do art. 5º, inciso III, alínea "b" Lei estadual nº 1.288/2001 – A Representação Fazendária funcionará junto ao COCRE, especialmente para: I – acompanhar os processos em julgamento; II – contra-arrazoar recursos voluntários e impugnações que se opuserem ao COCRE; III – manifestar-se: a) pela confirmação ou reforma das decisões recorridas; b) nos pedidos de restituição do indébito tributário de competência originária do COCRE (...).

Alternativa correta: letra "c".

---

415. (FCC – Procurador do Estado – PGE – TO/2018) O art. 35, caput, inciso I da Lei estadual nº 1.288/2001, que dispõe sobre o Contencioso Administrativo-Tributário e os Procedimentos Administrativo-Tributários, estabelece que o Auto de Infração formaliza a exigência do crédito tributário. Desse modo, o Auto de Infração é o instrumento legal que materializa o lançamento de ofício do tributo no Estado do Tocantins. Em seu art. 41, a mesma lei estabelece que a fase contenciosa do procedimento de que trata este Capítulo inicia-se com a apresentação de impugnação ao lançamento formalizado por auto de infração. De acordo com o Código Tributário Nacional, essa impugnação, se apresentada tempestivamente pelo sujeito passivo, suspende

a) o direito de o sujeito passivo extinguir o crédito tributário.
b) a exigibilidade do crédito tributário.
c) o direito de a Fazenda Pública realizar procedimentos de fiscalização no sujeito passivo.
d) a fluência do prazo decadencial, desde que seja efetuado o depósito integral do crédito tributário questionado.
e) a fluência do prazo decadencial.

COMENTÁRIOS

Alternativas "a", "c", "d" e "e": A impugnação apresentada tempestivamente pelo sujeito passivo suspende a exigibilidade do crédito tributário nos termos do art. 151, inciso III do CTN: "Art. 151 do CTN. Suspendem a exigibilidade do crédito tributário: (...) III – as reclamações e os recursos, nos termos das leis reguladoras do processo tributário administrativo".

Alternativa "b": Assertiva correta com fulcro no art. 151, inciso III do CTN: "Art. 151 do CTN. Suspendem a exigibilidade do crédito tributário: (...) III – as reclamações e os recursos, nos termos das leis reguladoras do processo tributário administrativo".

Alternativa correta: letra "b".

---

416. (Fepese – Procurador do Estado – PGE – SC/2018) Identifique abaixo as afirmativas verdadeiras (V) e as falsas (F) em relação à ação de execução fiscal, prevista na Lei 6830/80.

( ) A certidão de dívida ativa é o documento que atesta a liquidez, a certeza e a exigibilidade do crédito, tributário ou não, devido à Fazenda Pública.

( ) É possível a Fazenda Pública substituir a certidão de dívida ativa até a prolação da sentença de embargos, quando se tratar de correção de erro material ou formal, modificando, inclusive, o sujeito passivo da execução.

( ) Nos termos da lei que rege as execuções fiscais, a oposição de embargos à execução depende da garantia do juízo, o que não foi alterado pelo novo Código de Processo Civil.

( ) A descrição do fato é elemento essencial da certidão de dívida ativa. Se houver menção apenas genérica no tocante à origem do débito, sem a descrição do fato constitutivo da obrigação, a certidão será nula por violação do princípio da ampla defesa.

( ) O juízo a respeito da higidez da certidão de dívida ativa constitui matéria de ordem pública, razão pela qual sobre ela não se opera a preclusão, devendo, inclusive, ser conhecida de ofício.

Assinale a alternativa que indica a sequência correta, de cima para baixo.

a) V – V – V – V-V

b) V – F V – V-V

c) V – F – F – F-F

d) F – V – F – F-F

e) F- F – F – V–V

COMENTÁRIOS

Alternativa I: É verdadeira e encontra seu fundamento no art. 2º e § 3º da Lei 6830/80: "Art. 2º – Constitui Dívida Ativa da Fazenda Pública aquela definida como tributária ou não tributária na Lei nº 4.320, de 17 de março de 1964, com as alterações posteriores, que estatui normas gerais de direito financeiro para elaboração e controle dos orçamentos e balanços da União, dos Estados, dos Municípios e do Distrito Federal.(...) § 3º – A inscrição, que se constitui no ato de controle administrativo da legalidade, será feita pelo órgão competente para apurar a liquidez e certeza do crédito e suspenderá a prescrição, para todos os efeitos de direito, por 180 dias, ou até a distribuição da execução fiscal, se esta ocorrer antes de findo aquele prazo.

Alternativa II: É falsa, pois vai de encontro ao teor do enunciado n. 392 da Súmula do STJ: "A Fazenda Pública pode substituir a certidão de dívida ativa (CDA) até a prolação da sentença de embargos, quando se tratar de correção de erro material ou formal, vedada a modificação do sujeito passivo da execução".

Alternativa III: Consoante dispõe o art. 16, § 1º da Lei 6830/80: Não são admissíveis embargos do executado antes de garantida a execução. Portanto, a assertiva é verdadeira.

Alternativa IV: Verdadeira. Confira a ementa: "TRIBUTÁRIO – EXECUÇÃO FISCAL – CDA – AUSÊNCIA DE DESCRIÇÃO DO FATO CONSTITUTIVO DA INFRAÇÃO – PREJUÍZO À AMPLA DEFESA – NULIDADE. 1. A CDA é título formal, cujos elementos devem estar bem delineados, a fim de dar efetividade ao princípio constitucional da ampla defesa do executado. 2. Diante disso, torna-se obrigatória a descrição do fato constitutivo da infração, não sendo suficiente a menção genérica a "multa de post geral", como origem do débito a que se refere o art. 2º, § 5º, III, da Lei 6.830/80. 3. Recurso especial não provido. (REsp 965.223/SP, Rel. Ministra ELIANA CALMON, SEGUNDA TURMA, julgado em 18/09/2008, DJe 21/10/2008)

Alternativa V: Está verdadeira. Confira o entendimento do STJ: "O juízo acerca da higidez da Certidão de Dívida Ativa constitui matéria de ordem pública, pois a nulidade do título fulmina pressuposto de validade da correspondente execução fiscal, motivo pelo qual sobre tal questão não se opera a preclusão, devendo, inclusive, ser conhecida de ofício pelas instâncias ordinárias, nos termos do art. 267, § 3º, do CPC (...)". (STJ, AgRg no REsp 1209061/SC, Rel. Ministro BENEDITO GONÇALVES, PRIMEIRA TURMA, julgado em 28/02/2012, DJe 09/03/2012).

Alternativa correta: letra "b".

417. (Fepese – Procurador do Estado – PGE – SC/2018) Assinale a alternativa correta sobre a execução fiscal.

a) Não é admitida a citação por edital em execução fiscal, ainda que frustradas as demais modalidades.

b) Em execução fiscal, a prescrição ocorrida antes da propositura da ação pode ser decretada de ofício.

c) Em execução fiscal, quando não localizados bens penhoráveis, suspende-se o processo por seis meses, findo o qual se inicia a contagem do prazo da prescrição quinquenal intercorrente.

d) A exceção de pré-executividade não é cabível em execução fiscal, nem mesmo em relação às matérias conhecíveis de ofício e que não demandam dilação probatória.

e) Em ações de execução fiscal, a petição inicial poderá ser indeferida de plano sob o argumento de ausência de indicação do CPF e/ou RG ou CNPJ da parte executada.

COMENTÁRIOS

Alternativa "a": Consoante o enunciado n. 414 da Súmula do STJ: A citação por edital na execução fiscal é cabível quando frustradas as demais modalidades.

Alternativa "b": Dispõe o enunciado n. 409 da Súmula STJ: Em execução fiscal, a prescrição ocorrida antes da propositura da ação pode ser decretada de ofício (art. 219, § 5.º,do CPC).

Alternativa "c": Em execução fiscal, não localizados bens penhoráveis, suspende-se o processo por um ano, findo o qual se inicia o prazo da prescrição quinquenal intercorrente. É a inteligência do enunciado n. 314 da Súmula do STJ.

Alternativa "d": Segundo o enunciado n. 393 da Súmula do STJ: A exceção de pré-executividade é admissível na execução fiscal relativamente às matérias conhecíveis de ofício que não demandem dilação probatória.

Alternativa "e": Nos termos do enunciado n. 558 da Súmula do STJ: Em ações de execução fiscal, a petição inicial não pode ser indeferida sob o argumento da falta de indicação do CPF e/ou RG ou CNPJ da parte executada.

Alternativa correta: letra "b".

---

418. (Vunesp – Procurador do Estado – PGE – SP/2018) Em execução fiscal, Antônio, sócio-gerente de empresa contribuinte encerrada de forma irregular, é responsabilizado, nos termos do art. 135, III, do Código Tributário Nacional, por crédito tributário, cujo fato gerador ocorrera quatro anos antes da citação pessoal de Antônio. Como defesa, Antônio aduz, em exceção de pré-executividade, que o inadimplemento do crédito tributário exequendo não decorreu de fato que lhe pudesse ser imputado.

Com base na jurisprudência do Superior Tribunal de Justiça, é correto afirmar que a exceção de pré-executividade

a) é cabível para excluir o sócio, pois a execução fiscal fora ajuizada contra a empresa contribuinte, sendo inviável a responsabilização posterior ao ajuizamento.

b) não é cabível, pois, em se tratando de matéria de defesa do sócio responsabilizado, pode ser aduzida somente por meio de recurso contra o despacho que o incluiu no polo passivo da execução.

c) é cabível, pois, em se tratando de responsabilidade do sócio, todos os fundamentos do responsabilizado podem ser apreciados de ofício pelo juiz.

d) é cabível, desde que o crédito exequendo tenha sido constituído de ofício, circunstância em que a ausência de culpa do responsável pode ser alegada por qualquer meio processual.

e) não é cabível, pois tem por causa matéria de fato, insuscetível de conhecimento de ofício pelo juiz, demandando prova que não pode ser produzida pelo meio processual utilizado.

COMENTÁRIOS

✪ **Notas dos autores.** O tema do cabimento da exceção de pré-executividade tem assumido ares de pacificação, desde que sumulado pelo STJ nos seguintes termos: "Súmula 393 STJ: A exceção de pré-executividade é admissível na execução fiscal relativamente às matérias conhecíveis de ofício que não demandem dilação probatória". Portanto, importa saber quais são as matérias aceitáveis, havendo jurisprudência para hipóteses como Compensação Tributária, Prescrição e Decadência do Crédito Tributário, Reconhecimento de Imunidade Tributária, Ilegitimidade Passiva, Crédito Executado Com Exigibilidade Suspensa, Declaração de Inconstitucionalidade da Norma Tributária e Nulidade de Citação. Em todos esses, a exceção de pré-executividade se mostra via legitima para tal arguição, devendo o estudante analisar o caso paradigmático, a fim de que o caso concreto não demande dilação probatória.

Alternativa "a": Na hipótese, pretender por via de exceção de pré-executividade a exclusão de responsabilidade tributária sob o argumento da assertiva demonstra que a via foi equivocada, dado que há necessidade de exame probatória para se aferir o quanto alegado. Sobre o tema, já decidiu o STJ: "PROCESSUAL CIVIL. RECURSO ESPECIAL SUBMETIDO À SISTEMÁTICA PREVISTA NO ART. 543-C DO CPC. EXECUÇÃO FISCAL. INCLUSÃO DOS REPRESENTANTES DA PESSOA JURÍDICA, CUJOS NOMES CONSTAM DA CDA, NO PÓLO PASSIVO DA EXECUÇÃO FISCAL. POSSIBILIDADE. MATÉRIA DE DEFESA. NECESSIDADE DE DILAÇÃO PROBATÓRIA. EXCEÇÃO DE PRÉ-EXECUTIVIDADE. INVIABILIDADE. RECURSO ESPECIAL DESPROVIDO.1. A orientação da Primeira Seção desta Corte firmou-se no sentido de que, se a execução foi ajuizada apenas contra a pessoa jurídica, mas o nome do sócio consta da CDA, a ele incumbe o ônus da prova de que não ficou caracterizada nenhuma das circunstâncias previstas no art. 135 do CTN, ou seja, não houve a prática de atos "com excesso de poderes ou infração de lei, contrato social ou estatutos".2. Por outro lado, é certo que, malgrado serem os embargos à execução o meio de defesa próprio da execução fiscal, a orientação desta Corte firmou-se no sentido de admitir a exceção de pré-executividade nas situações em que não se faz necessária dilação probatória ou em que as questões possam ser conhecidas de ofício pelo magistrado, como as condições da ação, os pressupostos processuais, a decadência, a prescrição, entre outras.3. Contudo, no caso concreto, como bem observado pelas instâncias ordinárias, o exame da responsabilidade dos representantes da empresa executada requer dilação probatória, razão pela qual a matéria de defesa deve ser aduzida na via própria (embargos à execução), e não por meio do incidente em comento. 4. Recurso especial desprovido. Acórdão sujeito à sistemática prevista no art. 543-C do CPC, c/c a Resolução 8/2008 – Presidência/STJ. (REsp 1104900/ES, Rel. Ministra DENISE ARRUDA, PRIMEIRA SEÇÃO, julgado em 25/03/2009, DJe 01/04/2009)".

Alternativa "b": Na verdade, a via processual adequada são os embargos à execução.

Alternativa "c": A Súmula 393 do STJ é clara em restringir o alcance da exceção a hipóteses que podem ser apreciadas de ofício pelo juiz e que não demandem dilação probatória, o que não é o caso.

Alternativa "d": Assertiva carente de qualquer fundamento legal, a começar com a relação entre o tipo de lançamento (de ofício) e o cabimento do incidente. Os requisitos da exceção são outros.

Alternativa "e": De fato, o entendimento da assertiva está em consonância com o entendimento pacífico do STJ, no sentido de que a exceção não é cabível, pois tem por causa matéria de fato, insuscetível de conhecimento de ofício pelo juiz, demandando prova que não pode ser produzida pelo meio processual utilizado.

Alternativa correta: letra "e".

---

419. (Fepese – Procurador do Estado – PGE – SC/2018) Com base na legislação, assinale a alternativa correta a respeito do processo administrativo fiscal federal.

a) Os prazos processuais serão contínuos, incluindo-se na sua contagem o dia do início e excluindo-se o do vencimento.

b) Apenas o sujeito passivo poderá formular consultas sobre dispositivos da legislação tributária aplicáveis a fato determinado, sendo vedada a formulação de consultas por órgãos da Administração e por entidades representativas de categorias econômicas ou profissionais.

c) Na hipótese de decisão definitiva favorável ao sujeito passivo, cumpre à autoridade preparadora, de ofício, exonerá-lo dos gravames decorrentes do litígio.

d) O auto de infração será lavrado por servidor competente, no local da verificação da falta, e conterá obrigatoriamente o montante do crédito tributário, além do prazo para recolhimento ou impugnação.

e) A impugnação da exigência, que instaura a fase litigiosa do procedimento fiscal, deverá ser apresentada ao órgão preparador no prazo de quinze dias, contados da data em que for feita a intimação da exigência.

COMENTÁRIOS

Alternativa "a": Nos termos do art. 5º do Decreto nº 70.235/72 que dispõe sobre o processo administrativo fiscal, e dá outras providências: "art. 5º os prazos serão contínuos, excluindo-se na sua contagem o dia do início e incluindo-se o do vencimento".

Alternativa "b": Segundo o parágrafo único do art. 46 do Decreto nº 70.235/72: "Os órgãos da administração pública e as entidades representativas de categorias econômicas ou profissionais também poderão formular consulta". Portanto, está incorreta.

Alternativa "c": Assertiva em conformidade com o art. 45 do Decreto nº 70.235/72: "No caso de decisão definitiva favorável ao sujeito passivo, cumpre à autoridade preparadora exonerá-lo, de ofício, dos gravames decorrentes do litígio".

Alternativa "d": Consoante o art. 10 do Decreto nº 70.235/72: O auto de infração será lavrado por servidor competente, no local da verificação da falta, e conterá obrigatoriamente: I – a qualificação do autuado; II – o local, a data e a hora da lavratura; III – a descrição do fato; IV – a disposição legal infringida e a penalidade aplicável; V – a determinação da exigência e a intimação para cumpri-la ou impugná-la no prazo de trinta dias; VI – a assinatura do autuante e a indicação de seu cargo ou função e o número de matrícula.

Alternativa "e": A impugnação, formalizada por escrito e instruída com os documentos em que se fundamentar, será apresentada ao órgão preparador no prazo de trinta dias, contados da data em que for feita a intimação da exigência. É o que dispõe o art. 15 do Decreto nº 70.235/72.

Alternativa correta: letra "c".

---

420. (Fepese – Procurador do Estado – PGE – SC/2018) Assinale a alternativa correta acerca do processo tributário.

a) É lícita a exigência de depósito prévio como requisito de admissibilidade de ação judicial na qual se pretenda discutir a exigibilidade de crédito tributário.

b) O mandado de segurança não constitui via processual adequada para a declaração do direito à compensação tributária.

c) É admitida a impetração de mandado de segurança para convalidação de compensação tributária realizada pelo contribuinte.

d) Em ações de execução fiscal, é obrigatória a instrução da petição inicial com o demonstrativo de cálculo do débito, por se tratar de requisito previsto em lei.

e) O contribuinte pode escolher por receber, por meio de precatório ou de compensação, o indébito tributário certificado por sentença declaratória transitada em julgado.

COMENTÁRIOS

Alternativa "a": Nos termos do enunciado n. 28 da Súmula Vinculante do STF: "É inconstitucional a exigência de depósito prévio como requisito de admissibilidade de ação judicial na qual se pretenda discutir a exigibilidade do crédito tributário".

Alternativa "b": O mandado de segurança constitui ação adequada para a declaração do direito à compensação tributária. É o que dispõe o enunciado n. 231 da Súmula do STJ.

Alternativa "c": Segundo a Súmula nº 460 do STJ: "É incabível o mandado de segurança para convalidar a compensação tributária realizada pelo contribuinte".

Alternativa "d": Dispõe o enunciado n. 559 da Súmula do STJ: "Em ações de execução fiscal, é desnecessária a instrução da petição inicial com o demonstrativo de cálculo do débito, por tratar-se de requisito não previsto no artigo 6º da Lei n. 6830/80". Com efeito, o artigo 6º da LEF dispõe que "A petição inicial indicará apenas: I – o Juiz a quem é dirigida; II – o pedido; e III – o requerimento para a citação.

Alternativa "e": Consoante o enunciado nº 461 da Súmula do STJ: "O contribuinte pode optar por receber, por meio de precatório ou por compensação, o indébito tributário certificado por sentença declaratória transitada em julgado".

Alternativa correta: letra "e".

---

421. (FMP – Procurador do Estado – PGE – AC/2017) Sobre eventual mandado de segurança em matéria tributária, é CORRETO afirmar que

a) só cabe para discutir eventos futuros, pois é proibida sua utilização como substitutivo da ação de repetição de indébito.

b) é possível utilizar-se para desconstituir auto de infração, mas somente até 120 dias do ato coator, ou seja, da autuação fiscal, mesmo que haja recurso administrativo.

c) a liminar pode suspender a exigibilidade do tributo, mas desde que se tenham esgotado todas as tentativas de anulação auto de infração administrativamente.

d) caso o pedido seja de compensação com pagamento indevido usualmente inadmitido pelo Fisco, o *mandamus* é preventivo porque o ato coator, a negativa, ainda está por ocorrer, não se computando o prazo decadencial de 120 dias.

e) nenhuma das alternativas acima está CORRETA.

COMENTÁRIOS

Alternativa "a": O mandado de segurança é cabível tanto em casos de violação a um direito (tutela reparatória) bem como na ocorrência de um justo receio de sofrer violação (tutela preventiva). Nesse sentido é o teor do art. 1° da Lei 12.016/2009: "Conceder-se-á mandado de segurança para proteger direito líquido e certo, não amparado por habeas corpus ou habeas data, sempre que, ilegalmente ou com abuso de poder, qualquer pessoa física ou jurídica sofrer violação ou houver justo receio de sofrê-la por parte de autoridade, seja de que categoria for e sejam quais forem as funções que exerça".

Alternativa "b": Não caberá mandado de segurança na hipótese da existência de ato do qual caiba recurso administrativo com efeito suspensivo. Confira: Art. 5º, inciso I da Lei 12.016/2009: "Não se concederá mandado de segurança quando se tratar: I – de ato do qual caiba recurso administrativo com efeito suspensivo, independentemente de caução".

Alternativa "c": Não é possível condicionar o esgotamento de um processo na esfera administrativa para ter acesso ao Judiciário. Nesse sentido é o teor do art. 5º. XXV, da CRFB/88: "a lei não excluirá da apreciação do Poder Judiciário lesão ou ameaça a direito". Logo, embora a liminar possa suspender a exigibilidade do tributo, não há necessidade de esgotamento de todas as vias administrativas para esse fim.

Alternativa "d": Como se sabe, o mandado de segurança pode ser repressivo ou preventivo. O repressivo tem a idoneidade de cessar a lesão. O preventivo, por sua vez, busca esteio direto no justo receio e indireto na ameaça a direito, pautado no art. 5°, XXXV da CF/88. Este, por sua vez, não pode ser confundido com o mandado de segurança contra a lei em tese, inadmitido pela jurisprudência (Súmula 266 do STF). No presente caso, tem-se o pedido de compensação com tributo que o contribuinte entende indevido, o que não é reconhecido usualmente pelo Fisco. Não há um auto de infração ou um ato coator já cometido pela autoridade a ser retirado. Por outro lado, há uma negativa certa à pretensão do Impetrante na hipótese de levar o caso no âmbito administrativo. Portanto, possível a hipótese do seu cabimento preventivamente, não se computando o prazo decadencial de 120 dias. Sobre o tema, o TRF já se posicionou do seguinte modo: "DIREITO TRIBUTÁRIO. PROCESSUAL CIVIL. PIS E COFINS NÃO CUMULATIVOS. PRESTADORA DE SERVIÇO. CRÉDITO SOBRE INSUMOS DA ATIVIDADE. ADI Nº 4/2007. **COMPENSAÇÃO COM TRIBUTOS DIVERSOS. MANDADO DE SEGURANÇA. CARÁTER PREVENTIVO. CABIMENTO.** 1. No deslinde do cabimento da via mandamental para compensação tributária é preciso ter em mente, por um lado, que a compensação é procedimento cabível em sede administrativa e, por outro, que o resultado nessa via, à vista do ato normativo invocado, é certo pelo indeferimento e, mesmo que fosse positivo à contribuinte, não atenderia integralmente às suas pretensões, em especial a compensação com tributos de outras espécies. Ainda, que se busca tanto o direito de compensar (sem restrições impostas administrativamente) quanto a abstenção de atos coatores contra o exercício desse direito. 2. **Impetração que se caracteriza como preventiva, uma vez que a questão não se volta a eximir-se a Impetrante de atos já cometidos pela autoridade, mas a se forrar de uma negativa certa à pretensão se levada diretamente ao âmbito administrativo**. 3. O ato coator no caso não é o ADI nº 4/2007, mas o que pode vir a autoridade a cometer com base nele. Não se está, portanto, diante de mandado de segurança contra norma em tese, visto como a Apelante demonstra que está direta e concretamente atingida pela situação nele prevista. 4. Tem interesse de agir a Impetrante, vez que não há impedimento processual ao exame da pretensão por mandado de segurança, desde que pré-constituída a prova documental do direito alegado. 5. Cabimento da via. Súmula nº 213, do e. STJ. 6. A legalidade do Ato Declaratório e o direito ao crédito sobre os insumos são temas de mérito. O indeferimento liminar da exordial impede que se avance nessas questões. 7. Apelação parcialmente provida. (TRF3. Apelação em Mandado de Segurança 2102/SP. 3ª Turma. Relator Juiz Convocado Cláudio Santos. Julgado em 07/07/2011)".

Alternativa "e": A alternativa "d" está correta.

Alternativa correta: letra "d".

---

422. (Fundatec – Procurador do Estado – RS/2015) Quanto ao entendimento jurisprudencial em matéria tributária, assinale a alternativa correta.

a) Proposta ação anulatória pela Fazenda Estadual, esta fará jus à expedição da certidão positiva com efeitos de negativa apenas naquelas hipóteses em que a expedição seria cabível se a ação fosse ajuizada pelo contribuinte.

b) Declarado e não pago o tributo, é legítima a recusa de expedição da certidão negativa de débito, independentemente de lançamento de ofício ou de inscrição em dívida ativa.

c) A fiança bancária é equiparável ao depósito integral do débito exequendo para fins de suspensão da exigibilidade do crédito tributário, nos termos do art. 151, do CTN.

d) A sentença declaratória que reconhece o direito do contribuinte à compensação tributária não constitui título executivo para a repetição do indébito.

e) É cabível a cobrança de crédito tributário constituído por documento de confissão de dívida tributária, mesmo que o documento tenha sido assinado após a ocorrência da decadência.

COMENTÁRIOS

Alternativa "a": Há hipóteses em que a Fazenda Estadual poderá propor ação anulatória, por exemplo, quanto a dívidas tributárias frente à União ou ao Município, por óbvio, de tributos que não detém a imunidade. Nesses casos, há privilégios maiores do que o contribuinte, pois, para este, apenas o depósito, em regra, garantiria a certidão positiva com efeitos de negativa. Para a Fazenda, no entanto, há maiores garantias, conforme definiu o STJ no julgamento do REsp 601.313/RS: "Ajuizados os embargos ou a anulatória pela Fazenda Pública, está o crédito tributário com a sua exigibilidade suspensa, porquanto as garantias que cercam o crédito devido pelo ente público são de ordem tal que prescindem de atos assecuratórios da eficácia do provimento futuro, sobressaindo, inclusive, o direito de ser obtida certidão positiva com efeitos de negativa" (REsp 601.313/RS). Logo, cabível ação anulatória, a Fazenda faz jus à CP-EN.

Alternativa "b": Trata-se de entendimento pacificado na doutrina e na jurisprudência, inclusive objeto de Súmula n. 446 do STJ: "Declarado e não pago o débito tributário pelo contribuinte, é legítima a recusa de expedição de certidão negativa ou positiva com efeito de negativa".

Alternativa "c": As hipóteses de suspensão da exigibilidade do crédito tributário estão elencadas no art. 151 do CTN, dela não constando a fiança bancária. Inclusive, esse é o entendimento do STJ, estampado no REsp 1114404/MG: PROCESSUAL CIVIL. TRIBUTÁRIO. VALIDADE DE FIANÇA BANCÁRIA POR TEMPO DETERMINADO. PRAZO DE VALIDADE ESCOADO. EXECUÇÃO DA GARANTIA. PERDA DO OBJETO. 5. Improcedente ainda a alegação da agravante de que "no período em que há garantia do crédito, a exigibilidade fica suspensa e o contribuinte pode, inclusive, ter acesso a certidões positivas com efeito de negativas", pois "a fiança bancária não é equiparável ao depósito integral do débito exequendo para fins de suspensão da exigibilidade do crédito tributário, ante a taxatividade do art. 151 do CTN e o teor do Enunciado Sumular n. 112 desta Corte" (REsp 1123669/RS, Rel. Ministro LUIZ FUX, PRIMEIRA SEÇÃO, julgado em 9/12/2009, DJe 1º/2/2010 – submetido ao rito dos recursos repetitivos). Agravo regimental improvido. (AgRg no REsp 1462823/SC, Rel. Ministro HUMBERTO MARTINS, SEGUNDA TURMA, julgado em 06/11/2014, DJe 17/11/2014)

Alternativa "d": Sobre esse tema, afirmou o STJ: PROCESSUAL CIVIL E TRIBUTÁRIO. SENTENÇA DECLARATÓRIA DO DIREITO À COMPENSAÇÃO DE INDÉBITO TRIBUTÁRIO. POSSIBILIDADE DE REPETIÇÃO POR VIA DE PRECATÓRIO OU REQUISIÇÃO DE PEQUENO VALOR. FACULDADE DO CREDOR. RECURSO ESPECIAL REPRESENTATIVO DE CONTROVÉRSIA. ART. 543-C, DO CPC.

> *1."A sentença declaratória que, para fins de compensação tributária, certifica o direito de crédito do contribuinte que recolheu indevidamente o tributo, contém juízo de certeza e de definição exaustiva a respeito de todos os elementos da relação jurídica questionada e, como tal, é título executivo para a ação visando à satisfação, em dinheiro, do valor devido" (REsp n. 614.577/SC, Ministro Teori Albino Zavascki). 2. A opção entre a compensação e o recebimento do crédito por precatório ou requisição de pequeno valor cabe ao contribuinte credor pelo indébito tributário, haja vista que constituem, todas as modalidades, formas de execução do julgado colocadas à disposição da parte quando procedente a ação que teve a eficácia de declarar o indébito. Precedentes da Primeira Seção: REsp.796.064 – RJ, Primeira Seção, Rel. Min. Luiz Fux, julgado em 22.10.2008; EREsp. Nº 502.618 – RS, Primeira Seção, Rel. Min. João Otávio de Noronha, julgado em 8.6.2005; EREsp. N. 609.266 – RS, Primeira Seção, Rel. Min. Teori Albino Zavascki, julgado em 23.8.2006. 3. Recurso especial provido. Acórdão submetido ao regime do art. 543-C do CPC e da Resolução STJ 08/2008. (REsp 1114404/MG, Rel. Ministro MAURO CAMPBELL MARQUES, PRIMEIRA SEÇÃO, julgado em 10/02/2010, DJe 01/03/2010)*

Alternativa "e": A decadência é forma extintiva do crédito tributário. Ocorrida, não poderá ser ressuscitada por documento de confissão de dívida tributária.

Alternativa correta: letra "b".

---

423. (PUC – Procurador do Estado – PR/2015) Em execução fiscal de dívida ativa superior a R$ 100.000,00 (cem mil reais), a Procuradoria Geral do Estado do Paraná conseguiu ver penhorados, via BacenJud, apenas R$ 85.000,00 (oitenta e cinco mil reais), constantes das contas bancárias do executado.

Sobre a situação hipotética discriminada acima, bem como sobre os processos de execução fiscal e embargos à execução fiscal, assinale a alternativa CORRETA.

a) Nos processos de execução fiscal, opostos embargos pelo devedor, os atos que importem levantamento de depósito pela Fazenda Pública só poderão ser realizados após o trânsito em julgado da decisão a ela favorável.
b) A penhora, em execução fiscal, deve se limitar ao montante que o executado entende como devido.
c) Conforme entendimento mais recente do Superior Tribunal de Justiça, são admissíveis os embargos antes de garantida a execução nos casos em que o embargante for beneficiário da assistência judiciária gratuita.
d) A insuficiência da penhora impede a admissão dos embargos à execução fiscal.
e) Não é admissível a utilização de embargos à execução fiscal com o objetivo de ver declarada extinta a execução fiscal em razão de compensação já deferida e homologada definitivamente na via administrativa.

COMENTÁRIOS

Alternativa "a": A assertiva está em conformidade com o entendimento do STJ, segundo o qual os atos que importem levantamento de depósito pela Fazenda Pública só poderão ser realizados após o trânsito em julgado da decisão a ela favorável. Sobre o tema, confira a ementa: "PROCESSUAL CIVIL. EMBARGOS DE DIVERGÊNCIA NO RECURSO ESPECIAL.TRIBUTÁRIO. EXECUÇÃO FISCAL. EXECUÇÃO GARANTIDA POR MEIO DE DEPÓSITO EM DINHEIRO. COBRANÇA DO TRIBUTO QUESTIONADA EM

SEDE DE EMBARGOS À EXECUÇÃO. LEVANTAMENTO OU CONVERSÃO EM RENDA QUE SE SUJEITA AO TRÂNSITO EM JULGADO DA DECISÃO QUE RECONHEÇA OU AFASTE A LEGITIMIDADE DA EXAÇÃO. 1. Por força da regra contida no art. 32, § 2º, da Lei 6.830/80, o levantamento de depósito judicial ou a sua conversão em renda da Fazenda Pública, sujeita-se ao trânsito em julgado da decisão que reconheceu ou afastou a legitimidade da exação. 2. O art. 32, § 2º, da Lei 6.830/80 é norma especial, que deve prevalecer sobre o disposto no art. 587 do CPC, de modo que a conversão em renda do depósito em dinheiro efetuado para fins de garantia da execução fiscal somente é viável após o trânsito em julgado da decisão que reconheceu a legitimidade da exação. Em virtude desse caráter especial da norma, não há falar na aplicação do entendimento consolidado na Súmula 317/STJ. 3. Embargos de divergência providos. (EREsp 734.831/MG, Rel. Ministro MAURO CAMPBELL MARQUES, PRIMEIRA SEÇÃO, julgado em 10/11/2010, DJe 18/11/2010). De mais e mais, confira ainda o § 2º do art. 32 da LEF (Lei 6.830/80) que dispõe sobre o tema: "Art. 32 – Os depósitos judiciais em dinheiro serão obrigatoriamente feitos:(...) § 2º – Após o trânsito em julgado da decisão, o depósito, monetariamente atualizado, será devolvido ao depositante ou entregue à Fazenda Pública, mediante ordem do Juízo competente".

Alternativa "b": A penhora, em execução fiscal, não deve se limitar ao montante que o executado entende como devido, mas sim o valor que foi inscrito em dívida ativa pela Fazenda Pública. A garantia da execução, nos termos do art. 9º da LEF, deve contemplar o valor da dívida, juros e multa de mora e encargos indicados na Certidão de Dívida Ativa.

Alternativa "c": Sobre a garantia do juízo nas execuções fiscais pelo beneficiário da justiça gratuita, já se manifestou o STJ que a referida garantia é condição de procedibilidade dos embargos de devedor, devendo, in casu, prevalecer o princípio da especialidade das leis com a aplicação Lei de Execuções Fiscais-LEF. Confira a ementa: "TRIBUTÁRIO. PROCESSUAL CIVIL. AUSÊNCIA DE VIOLAÇÃO DO ART. 535 DO CPC. EMBARGOS À EXECUÇÃO FISCAL. GARANTIA DO JUÍZO. BENEFICIÁRIO DA JUSTIÇA GRATUITA. PRINCÍPIO DA ESPECIALIDADE DAS LEIS. 1. Não há violação do art. 535 do CPC quando a prestação jurisdicional é dada na medida da pretensão deduzida, com enfrentamento e resolução das questões abordadas no recurso. 2. Discute-se nos autos a possibilidade de oposição de embargos à execução fiscal sem garantia do juízo pelo beneficiário da justiça gratuita. 3. Nos termos da jurisprudência do STJ, a garantia do pleito executivo fiscal é condição de procedibilidade dos embargos de devedor nos exatos termos do art. 16, § 1º, da Lei n. 6.830/80. 4. O 3º, inciso VII, da Lei n. 1.060/50 não afasta a aplicação do art. 16, § 1º, da LEF, pois o referido dispositivo é cláusula genérica, abstrata e visa à isenção de despesas de natureza processual, não havendo previsão legal de isenção de garantia do juízo para embargar. Ademais, em conformidade com o princípio da especialidade das leis, a Lei de Execuções Fiscais deve prevalecer sobre a Lei n. 1.060/50. Recurso especial improvido. (REsp 1437078/RS, Rel. Ministro HUMBERTO MARTINS, SEGUNDA TURMA, julgado em 25/03/2014, DJe 31/03/2014)

Alternativa "d": É possível reforço ulterior da garantia em qualquer fase do processo. O art. 15, inciso II da Lei 6.830/80-LEF dispõe: "Art. 15 – Em qualquer fase do processo, será deferida pelo Juiz: (...) II – à Fazenda Pública, a substituição dos bens penhorados por outros, independentemente da ordem enumerada no artigo 11, bem como o reforço da penhora insuficiente." Corroborando o exposto, também já se manifestou o STJ: PROCESSO CIVIL. EMBARGOS À EXECUÇÃO. PENHORA INSUFICIENTE. ADMISSÃO DOS EMBARGOS, SEM PREJUÍZO DAS PROVIDÊNCIAS PARA REFORÇO DA GARANTIA. 1. Efetivada a penhora e dela sendo intimado o devedor, atendido estará o requisito de garantia para a oposição de embargos à execução. A eventual insuficiência da penhora será suprida por posterior reforço, que pode se dar "em qualquer fase do processo" (Lei 6.830/80, art. 15, II), sem prejuízo do regular processamento dos embargos. Precedente. 2. Recurso especial improvido. (REsp 1115414/SP, Rel. Ministro TEORI ALBINO ZAVASCKI, PRIMEIRA TURMA, julgado em 17/05/2011, DJe 26/05/2011)

Alternativa "e": Em sede de embargos do devedor é possível alegar toda matéria útil à defesa, inclusive eventual compensação já deferida e homologada definitivamente na via administrativa. O art. 16, § 2º da LEF dispõe que "no prazo dos embargos, o executado deverá alegar toda matéria útil à defesa, requerer provas e juntar aos autos os documentos e rol de testemunhas, até três, ou, a critério do juiz, até o dobro desse limite". Ademais, malgrado o §3º do art. 16 vede a compensação, há mitigação da referida norma pelo STJ, possibilitando, conforme dito alhures, a utilização de embargos à execução fiscal com o objetivo de ver declarada extinta a execução fiscal em razão de compensação realizada administrativamente. Confira decisão: "TRIBUTÁRIO – EMBARGOS À EXECUÇÃO FISCAL – COMPENSAÇÃO – MATÉRIA DE DEFESA – POSSIBILIDADE – CRÉDITO Não HOMOLOGADO NA VIA ADMINISTRATIVA – INCERTEZA. 1. Ao Poder Judiciário compete declarar o direito à compensação quando sobre ele paire dúvida jurídica, mas o procedimento administrativo que conduz à extinção do crédito tributário é de competência da Administração tributária. 2. O art. 16, § 3º, da Lei de Execuções Fiscais deve ser entendido de forma a preservar-lhe a constitucionalidade, admitindo-se a utilização da compensação de créditos líquidos e certos pelo contribuinte como matéria de defesa na execução fiscal. Entendimento da Seção de Direito Público Pedido de compensação não homologado não extingue o crédito tributário. 3. Pedido de compensação não homologada, ainda em discussão na esfera administrativa, não se mostra certo para utilização na via da execução fiscal. 4. Recurso especial não provido. (REsp 1010142/SP, Rel. Ministra ELIANA CALMON, SEGUNDA TURMA, julgado em 02/10/2008, DJe 29/10/2008)

Alternativa correta: letra "a".

---

424. (FCC – Procurador do Estado – RN/2014) A medida cautelar fiscal

a) somente pode ser preparatória da execução fiscal.
b) é ação voltada para o arrolamento de bens de devedor tributário ou não tributário, desde que o débito ultrapasse o limite de seu patrimônio conhecido.

c) tem lugar apenas quando o devedor pratica atos que caracterizam fraude à execução, como forma de suspender os efeitos das alienações levadas a efeito.

d) decretada produz, de imediato, a indisponibilidade dos bens do requerido, até o limite da satisfação da obrigação.

e) é ação de iniciativa do contribuinte visando a suspensão da exigibilidade do crédito tributário a partir da concessão da liminar.

COMENTÁRIOS

✪ **Nota dos autores:** A questão exige do candidato conhecimento da Lei 8.397/1992 que institui medida cautelar fiscal e dá outras providências.

Alternativa "a": Incorreto. A medida cautelar fiscal pode ser preparatória ou incidental. Nesse sentido, confira o art. 1° da Lei 8.397/1992: O procedimento cautelar fiscal poderá ser instaurado após a constituição do crédito, inclusive no curso da execução judicial da Dívida Ativa da União, dos Estados, do Distrito Federal, dos Municípios e respectivas autarquias.

Alternativa "b": Incorreto. Confira o dispositivo da Lei 8.397/1992 Art. 2º A medida cautelar fiscal poderá ser requerida contra o sujeito passivo de crédito tributário ou não tributário, quando o devedor: (...) VI – possui débitos, inscritos ou não em Dívida Ativa, que somados ultrapassem trinta por cento do seu patrimônio conhecido.

Alternativa "c": Incorreto. Não é cabível apenas na hipótese citada. Vejamos o teor do art. 2º da Lei 8.397/1992: "Art. 2º A medida cautelar fiscal poderá ser requerida contra o sujeito passivo de crédito tributário ou não tributário, quando o devedor: I – sem domicílio certo, intenta ausentar-se ou alienar bens que possui ou deixa de pagar a obrigação no prazo fixado; II – tendo domicílio certo, ausenta-se ou tenta se ausentar, visando a elidir o adimplemento da obrigação; III – caindo em insolvência, aliena ou tenta alienar bens; IV – contrai ou tenta contrair dívidas que comprometam a liquidez do seu patrimônio; V – notificado pela Fazenda Pública para que proceda ao recolhimento do crédito fiscal: a) deixa de pagá-lo no prazo legal, salvo se suspensa sua exigibilidade; b) põe ou tenta por seus bens em nome de terceiros; VI – possui débitos, inscritos ou não em Dívida Ativa, que somados ultrapassem trinta por cento do seu patrimônio conhecido; VII – aliena bens ou direitos sem proceder à devida comunicação ao órgão da Fazenda Pública competente, quando exigível em virtude de lei; VIII – tem sua inscrição no cadastro de contribuintes declarada inapta, pelo órgão fazendário; IX – pratica outros atos que dificultem ou impeçam a satisfação do crédito.

Alternativa "d": Nos termos do art. 4° da Lei 8.397/1992, a decretação da medida cautelar fiscal produzirá, de imediato, a indisponibilidade dos bens do requerido, até o limite da satisfação da obrigação.

Alternativa "e": A medida cautelar fiscal é ação de iniciativa do fisco e não do contribuinte.

Alternativa correta: letra "d".

425. (FCC – Procurador do Estado – RN/2014) Sujeito passivo em débito com a Fazenda Pública Estadual deixou de realizar o pagamento de um determinado tributo por entender que o mesmo é inconstitucional. Considerando que o prazo para impugnação administrativa do lançamento já transcorreu, para evitar ter o crédito cobrado judicialmente por meio de execução fiscal deverá

a) fazer o depósito do montante integral do crédito e formular consulta administrativa.

b) propor ação declaratória de inexistência de obrigação tributária, pois a partir da citação válida da Fazenda Pública o crédito tem sua exigibilidade suspensa.

c) fazer a consignação judicial em pagamento do crédito tributário, pois a partir do depósito o crédito tem sua exigibilidade suspensa.

d) obter uma liminar em sede de mandado de segurança repressivo, desde que tenha sido o mesmo impetrado no prazo legal, como forma de suspender a exigibilidade do crédito.

e) declarar a moratória, através de procedimento administrativo próprio, que é causa de suspensão da exigibilidade do crédito tributário.

COMENTÁRIOS

Alternativa "a": De fato, o depósito do montante integral teria o condão de suspender a exigibilidade do crédito tributário. No entanto, não cabe a consulta administrativa na espécie, pois o interessado está sob procedimento fiscal que fora iniciado antes de sua apresentação. Por fim, a consulta não pode adentrar no aspecto da (in) constitucionalidade de lei.

Alternativa "b": A mera propositura da ação declaratória de inexistência de obrigação tributária, bem como a citação válida da Fazenda Pública não têm o condão de suspender a exigibilidade do crédito tributário. Observe que o art. 151 do CTN, no seu inciso IV, permite a suspensão quando for concedida medida liminar ou de tutela antecipada, em outras espécies de ação judicial.

Alternativa "c": Na consignação judicial em pagamento do crédito tributário, o contribuinte realiza o depósito do montante que ele entende ser devido. Não há suspensão da exigibilidade do crédito tributário com a simples consignação sem antes de manifestação judicial. Até porque, apenas o depósito integral do valor realmente devido suspende a exigibilidade. Ao final da medida e se julgada procedente, ocorrerá a extinção do crédito tributário em razão da conversão do depósito em renda.

Alternativa "d": Das opções apresentadas, a única que se afigura viável ao sujeito passivo é essa. De fato, a liminar em mandado de segurança é hipótese de suspensão da exigibilidade do crédito tributário prevista no art. 151, IV, do CTN. A impetração do *mandamus* deve respeitar o prazo decadencial de 120 dias, nos termos da Lei 12.016/2009. Como ocorreu o lançamento tributário o contribuinte deverá impetrar o mandado de segurança repressivo. Vale lembrar que o impetrante deve demonstrar o seu direito líquido e certo, ou seja, apresentar na exordial fatos incontroversos. No que tange à liminar, caberá demonstrar a presença dos requisitos do fumus boni juris (fumaça do bom direito) e o periculum in mora (perigo da demora).

Alternativa "e": A moratória é causa de suspensão da exigibilidade do crédito tributário, mas deve ser concedida por Lei (art. 153 do CTN). Logo não é declarada em procedimento administrativo como mencionou a assertiva.

Alternativa correta: letra "d".

---

426. (FCC – Procurador do Estado – RN/2014) Julgada procedente e transitada em julgada a sentença declaratória em ação para repetição do indébito, o contribuinte

a) recebe imediatamente os valores pagos indevidamente, com juros e correção monetária.

b) terá que fazer execução contra a Fazenda Pública para receber por meio de precatório, obrigatoriamente.

c) terá o prazo de dois anos, a contar da decisão, para cobrar o valor pago indevidamente.

d) poderá optar entre fazer compensação ou receber por meio de precatório.

e) terá que fazer obrigatoriamente a compensação com débitos devidos ao mesmo ente.

COMENTÁRIOS

A assertiva vai ao encontro do enunciado n. 461 da Súmula do STJ: "O contribuinte pode optar por receber, por meio de precatório ou por compensação, o indébito tributário certificado por sentença declaratória transitada em julgado".

Demais alternativas: Conforme exposto no item anterior, o contribuinte pode optar por receber, por meio de precatório ou por compensação, o indébito tributário certificado por sentença declaratória transitada em julgado (Súmula n. 461 do STJ).

Alternativa correta: letra "d".

---

427. (FEPESE – Procurador do Estado – SC/ 2009) Tendo em vista o disposto na Lei nº 6.830, de 22.09.1980, que trata da execução fiscal, não ocorrendo o pagamento nem a garantia da execução legalmente prevista, a penhora poderá recair:

a) em qualquer bem do executado, exceto, unicamente, os bens e rendas que a lei declara absolutamente impenhoráveis.

b) em qualquer bem do executado, exceto, unicamente, os bens e rendas que a lei ou o ato voluntário do particular, formalizado anteriormente ao ajuizamento da execução, declarem impenhoráveis.

c) em qualquer bem do executado, exceto os bens gravados por ónus real ou cláusula de impenhorabilidade em data anterior ao ajuizamento da execução.

d) em qualquer bem do executado, ficando afastada qualquer previsão legal específica de impenhorabilidade, em norma de direito material ou processual.

e) em qualquer bem do executado, excluídos os bens inalienáveis e os declarados, por ato voluntário, não sujeitos à execução, nos termos do Código de Processo Civil.

COMENTÁRIOS

De acordo com a redação do art. 10 da Lei nº 6.830/80: "Não ocorrendo o pagamento, nem a garantia da execução de que trata o artigo 9º, a penhora poderá recair em qualquer bem do executado, exceto os que a lei declare absolutamente impenhoráveis".

Alternativa correta: letra "a".

---

428. (FEPESE – Procurador do Estado – SC/ 2010) De acordo com a Lei Complementar nº 465, de 3 de dezembro de 2009, que cria o Tribunal Administrativo Tributário do Estado de Santa Catarina, é correto afirmar:

a) As autoridades julgadoras do Tribunal Administrativo Tributário são competentes para declarar a inconstitucionalidade ou ilegalidade de lei, decreto ou ato normativo de Secretário de Estado.

b) A segunda instância do Tribunal Administrativo Tributário é constituída por cinco Câmaras de Julgamento, compostas por seis Conselheiros cada uma e respectivos Presidentes.

c) É indispensável a presença do Procurador do Estado em qualquer sessão de julgamento junto ao Tribunal Administrativo Tributário, sob pena de nulidade da mesma, fato que implica em sua ciência e intimação, quanto a tudo que ali for decidido.

d) A fase contenciosa do processo administrativo inicia-se com a apresentação de reclamação, pelo sujeito passivo, contra notificação fiscal, no prazo de 15 (quinze) dias contados da ciência do ato fiscal impugnado.

e) O acesso, por meio eletrônico, à íntegra do processo administrativo, não afasta a exigência de notificação pessoal do interessado.

COMENTÁRIOS

O Estado tem liberdade para disciplinar o seu Processo Administrativo Fiscal (PAF), respeitadas as garantias constitucionais. O Decreto 70.235/72, que rege o PAF relativo aos créditos tributários da União, serve apenas de parâmetro, mas não é vinculativo aos entes federativos. A jurisprudência é no sentido que a Lei nº 9.784/99, que regula o processo administrativo em geral, é aplicada subsidiariamente aos PAFs.

Alternativa correta: letra "c".

---

429. (FEPESE – Procurador do Estado – SC/ 2010) Conforme o Decreto nº 70.235, de 06 de março de 1972, que dispõe sobre o processo administrativo fiscal, assinale a alternativa correta.

a) A impugnação da exigência instaura a fase litigiosa do procedimento administrativo fiscal.

b) O sujeito passivo poderá formular consulta sobre dispositivos da legislação tributária aplicáveis a fato determinado, sendo vedada a formulação de consulta pelos órgãos da administração pública.

c) A notificação de lançamento será expedida pelo órgão que administra o tributo e conterá obrigatoriamente a descrição do fato.

d) Da decisão de primeira instância cabe pedido de reconsideração.

e) As seções do Conselho Administrativo de Recursos Fiscais serão especializadas por matéria e constituídas por câmaras, não se admitindo a divisão destas em turmas.

COMENTÁRIOS

Alternativa "a": Trata-se da redação do art. 14 do Decreto 70.235/72. De fato, com a impugnação, inegável a instauração da fase litigiosa do PAF.

Alternativa "b": O parágrafo único do art. 46 do RPAF reza que "Os órgãos da administração pública e as entidades representativas de categorias econômicas ou profissionais também poderão formular consulta".

Alternativa "c": Pela redação do art. 11 do RPAF, "A notificação de lançamento será expedida pelo órgão que administra o tributo e conterá obrigatoriamente: I – a qualificação do notificado; II – o valor do crédito tributário e o prazo para recolhimento ou impugnação; III – a disposição legal infringida, se for o caso; IV – a assinatura do chefe do órgão expedidor ou de outro servidor autorizado e a indicação de seu cargo ou função e o número de matrícula". Logo, não se lê a necessidade de conter a descrição do fato.

Alternativa "d": O art. 36 do RPAF é taxativo em afirmar que "Da decisão de primeira instância não cabe pedido de reconsideração".

Alternativa "e": O § 4º do art. 25 do RPAF afirma que "As câmaras poderão ser divididas em turmas".

Alternativa correta: letra "a".

---

430. (FEPESE – Procurador do Estado – SC/ 2010) Conforme a Lei nº 6.830/80, que dispõe sobre a cobrança judicial da Dívida Ativa da Fazenda Pública, assinale a alternativa correta.

a) A produção de provas pela Fazenda Pública deve ser requerida na petição inicial.

b) A nomeação de bens à penhora faz cessar a responsabilidade pela atualização monetária e juros de mora.

c) O executado oferecerá embargos, no prazo de 15 (quinze) dias, contados do depósito, da juntada da prova da fiança bancária ou da intimação da penhora.

d) A competência para processar e julgar a execução da Dívida Ativa da Fazenda Pública exclui a de qualquer outro Juízo, salvo o da falência e do inventário.

e) A propositura, pelo contribuinte, de ação anulatória do ato declarativo da dívida, importa em renúncia ao poder de recorrer na esfera administrativa e desistência do recurso acaso interposto.

COMENTÁRIOS

Alternativa "a": A produção de provas pela Fazenda Pública, na linha do § 3º do art. 6º da LEF, independe de requerimento na petição inicial.

Alternativa "b": Pela redação do § 4º do art. 9º da LEF, somente o depósito em dinheiro faz cessar a responsabilidade pela atualização monetária e juros de mora.

Alternativa "c": Pela redação do art. 16 da LEF, o executado oferecerá embargos no prazo de 30 (trinta) dias, nas hipóteses mencionadas na assertiva.

Alternativa "d": O art. 5º da LEF é claro em afirmar que "A competência para processar e julgar a execução da Dívida Ativa da Fazenda Pública exclui a de qualquer outro Juízo, inclusive o da falência, da concordata, da liquidação, da insolvência ou do inventário".

Alternativa "e": Redação do art. 38, parágrafo único da LEF (Lei de Execução Fiscal).

Alternativa correta letra "e".

---

431. (FEPESE – Procurador do Estado – SC/ 2010) Assinale a alternativa correta.

a) É admitida a substituição da medida cautelar fiscal decretada, a qualquer tempo, pela prestação de garantia correspondente ao valor da prestação da Fazenda Pública.

b) O procedimento cautelar fiscal poderá ser instaurado antes da constituição do crédito quando o devedor contrai ou tenta contrair dívidas que comprometam a liquidez do seu patrimônio.

c) A medida cautelar fiscal será requerida ao Juiz competente para a execução judicial da Dívida Ativa da Fazenda Pública, mesmo se a execução judicial estiver em Tribunal.

d) O Juiz concederá liminarmente a medida cautelar fiscal, mediante prestação de caução pela Fazenda Pública.

e) Quando a medida cautelar fiscal for concedida em procedimento preparatório, deverá a Fazenda Pública propor a execução judicial da Dívida Ativa no prazo de trinta dias, contados da data em que a exigência se tornar irrecorrível na esfera administrativa.

COMENTÁRIOS

✪ **Nota dos autores:** As questões que envolvem legislação específica dispensam maiores comentários. Cobra-se, apenas, a literalidade dos artigos.

Alternativa "a": A redação do art. 10 da Lei nº 8.397/92, que instituiu a medida cautelar fiscal, afirma que "A medida cautelar fiscal decretada poderá ser substituída, a qualquer tempo, pela prestação de garantia correspondente ao valor da prestação da Fazenda Pública".

Alternativa "b": A regra é a instauração do procedimento cautelar fiscal após a constituição do crédito. Duas são as exceções: a) quando o devedor notificado pela Fazenda Pública para que proceda ao recolhimento do crédito fiscal põe ou tenta por seus bens em nome de terceiros; e b) quando o devedor aliena bens ou direitos sem proceder à devida comunicação ao órgão da Fazenda Pública competente, quando exigível em virtude de lei (Parágrafo único do art. 1º da Lei nº 8.397/92).

Alternativa "c": Pelo parágrafo único do art. 5º da Lei nº 8.397/92, "Se a execução judicial estiver em Tribunal, será competente o relator do recurso".

Alternativa "d": Pelo art. 7º da Lei nº 8.397/92, "O Juiz concederá liminarmente a medida cautelar fiscal, dispensada a Fazenda Pública de justificação prévia e de prestação de caução".

Alternativa "e": Pela redação do art. 11 da Lei sob comento, "Quando a medida cautelar fiscal for concedida em procedimento preparatório, deverá a Fazenda Pública propor a execução judicial da Dívida Ativa no prazo de sessenta dias, contados da data em que a exigência se tornar irrecorrível na esfera administrativa".

Alternativa correta letra "a".

432. (Cespe – Procurador do Estado – PB/ 2008) Com relação ao processo administrativo tributário estadual, assinale a opção correta.

a) As ações propostas contra a Fazenda Pública estadual sobre matéria tributária, inclusive mandados de segurança contra atos de autoridades estaduais, importam em desistência da esfera administrativa.

b) Constatada, no processo administrativo tributário, ocorrência de crime contra a ordem tributária, após proferida decisão final na esfera administrativa acerca da exigência fiscal do crédito correspondente, os elementos comprobatórios da infração penal tributária serão remetidos ao Ministério Público.

c) Os órgãos julgadores devem atuar na estrita observância dos ditames legais e, na ausência de norma expressa, aplicar juízo de eqüidade.

d) Das decisões contrárias aos contribuintes caberá recurso voluntário, com efeito suspensivo, para o Conselho de Recursos Fiscais, no prazo de 15 dias, contados da intimação da sentença de primeira instância.

e) A intervenção do contribuinte é feita por seu representante legal, assim compreendido advogado com mandado regularmente outorgado.

COMENTÁRIOS

Alternativa "a": Num primeiro momento, a questão poderia ser considerada correta em virtude da aplicação do art. 38, parágrafo único da LEF. Ocorre que o examinador aplicou a legislação específica do Estado da Paraíba (Lei 6.379 de 1996) que dispõe no seu art. 100 que "as ações propostas contra a Fazenda Estadual, sobre matéria tributária, inclusive mandados de segurança contra atos de autoridades estaduais, não prejudicarão o julgamento dos respectivos processos administrativos tributários.

Alternativa "b": Consiste em aplicação da SV nº 24 do STF: "Não se tipifica crime material contra a ordem tributária, previsto no art. 1º, incisos I a IV, da Lei nº 8.137/90, antes do lançamento definitivo do tributo". É razoável a legislação conter esse artigo.

Alternativa "c": Dificilmente um órgão julgador aplica juízo de equidade, sem, antes, observar as outras formas de integração da legislação tributária prevista no art. 108 do CTN.

Alternativa "d": Não há parâmetro de norma federal para o caso.

Alternativa "e": Não é necessário advogado para representar o contribuinte na esfera administrativa.

Alternativa correta letra "b".

433. (Cespe – Procurador do Estado – PE/ 2009) Assinale a opção correta quanto ao processo administrativo tributário previsto na legislação estadual de Pernambuco.

a) O processo administrativo tributário inicia-se de ofício mediante consulta sobre a legislação tributária aplicável à situação concreta e de interesse do consulente.

b) A realização de diligências e de perícia somente é determinada pela autoridade julgadora se houver pedido da parte interessada.

c) O contribuinte interessado dispõe de prazo de trinta dias para apresentar pedido de revisão de lançamento referente à notificação de débito.

d) Legislação estadual específica dispõe que, nos casos de processo de ofício, o processo administrativo deve ser formado mediante autuação dos documentos referentes ao objeto do pedido do contribuinte.

e) A autoridade administrativa julgadora a quem estiver submetido o processo administrativo tributário não tem competência para reabrir prazos.

COMENTÁRIOS

✪ **Nota dos autores:** A questão demanda do candidato conhecimento da legislação específica do Estado de Pernambuco.

Alternativa "a": A consulta é ato do contribuinte e não do Fisco. Logo, o início não é de ofício.

Alternativa "b": A legislação pode prever de maneira diferente, inclusive dando aos julgadores a prerrogativa de solicitarem a prova pericial.

Alternativa "c": O prazo para apresentar pedido de revisão de lançamento referente à notificação de débito é normalmente de *trinta dias* nos termos das legislações que tratam da matéria.

Alternativa "d": Não há parâmetro em legislação federal para responder a assertiva.

Alternativa "e": Legislação do Estado pode dar tratamento diferenciado.

Alternativa correta: letra "c".

434. (Cespe – Procurador do Estado – PE/ 2009) Ainda acerca do processo administrativo tributário estadual, no âmbito de Pernambuco, assinale a opção correta.

a) O contribuinte domiciliado em outra unidade da Federação deve ser intimado das decisões dos órgãos julgadores mediante publicação, no diário oficial do estado, de seu domicílio.

b) As irregularidades, incorreções e omissões sempre importarão em nulidade, não podendo ser sanadas de ofício.

c) A reforma de decisão condenatória desfavorável ao contribuinte acarreta o direito à restituição da quantia paga indevidamente, desde que haja prévio protesto do interessado.

d) A lei garante ao sujeito passivo o direito de formular consulta acerca da aplicação da legislação relativa a tributo estadual, sendo inadmissível a formulação de consulta quanto a matérias diversas ou sem conexão, sob pena de arquivamento.

e) Compete a qualquer fiscal fazendário estadual responder à consulta formulada sobre a interpretação da legislação tributária estadual.

COMENTÁRIOS

✪ **Nota dos autores:** A questão demandava que o candidato tivesse lido a legislação específica do Estado de Pernambuco.

Alternativa "a": A legislação pode prever formas distintas.

Alternativa "b": Pelo CTN, art. 203, até a decisão de primeira instância os vícios podem ser sanados.

Alternativa "c": Pela lei federal, não precisa haver protesto para o exercício desse direito.

Alternativa "d": Na esteira da legislação federal que trata do Procedimento administrativo fiscal (PAF), qual seja, Decreto 70.235, o contribuinte tem direito à consulta e há na lei razões que justificam o arquivamento. O mesmo deve se repetir nas outras esferas políticas.

Alternativa "e": Normalmente, há órgãos específicos para responder as consultas.

Alternativa correta: letra "d".

435. (FCC – Procurador do Estado – AM / 2010) Empresa "Promo" foi autuada em relação a uma exigência do ICMS, apresentando recurso administrativo, protocolado em 05 de março de 2010, no qual pleiteia o cancelamento da autuação com base em determinado fundamento. Em 25 de maio de 2010, com base em argumento idêntico, ingressa com ação anulatória perante a Justiça Estadual para cancelar a exigência tributária questionada administrativamente, muito embora ainda não tenha sido proferida nenhuma decisão administrativa. Com base nesse cenário:

a) o contribuinte está impedido de ingressar na via judicial, pois ainda aguarda decisão administrativa.

b) a opção pela via judicial não implica em renúncia à via administrativa, uma vez que os fundamentos jurídicos são relevantes.

c) a opção pela via judicial implica renúncia à via administrativa, considerando que a lide versa sobre a mesma situação fática e fundamento legal.

d) a opção pela via judicial garantirá ao contribuinte escolher entre a decisão administrativa ou judicial, aplicando-se a que lhe for mais benéfica.

e) valerá a decisão que for primeiro proferida, não se aplicando a decisão posterior.

COMENTÁRIOS

Alternativa "a": Não é necessário o esgotamento da via administrativa para propositura da ação judicial. Ou seja, não há impedimento para que o contribuinte ingresse na esfera judicial, ainda que não encerrada a fase administrativa (princípio da inafastabilidade da jurisdição). Entretanto, tal medida, tratando-se de situação fática e fundamento legal idênticos, implicará em renúncia do processo administrativo em curso.

Alternativa "b": A opção pela via judicial implica sim em renúncia na via administrativa.

Alternativa "c": O enunciado da questão menciona que o contribuinte ingressou com ação anulatória perante a Justiça Estadual para cancelar a exigência tributária questionada administrativamente. Assim, dada a similitude da situação fática e do fundamento legal, a propositura da ação na via judicial implica sim em renúncia na esfera administrativa. A propositura, pelo contribuinte de ação importa em renúncia ao poder de recorrer na esfera administrativa e desistência do recurso acaso interposto (Lei 6.830/80, art. 38, parágrafo único).

Alternativa "d": Não é possível a referida escolha. Isso porque, uma vez proposta a ação judicial e tratando-se de situação fática e fundamento legal idênticos ao do recurso já proposto pelo contribuinte, isso implicará em renúncia do processo administrativo em curso. Relembre-se ainda que, o processo judicial tem como "plus", que é a possibilidade de fazer coisa julgada, o que não ocorre na via administrativa.

Alternativa "e": Não é verdade. Haverá *in casu* renúncia ao processo administrativo e a ação anulatória fará coisa julgada, o que não aconteceria no âmbito administrativo.

Alternativa correta: letra "c".

436. (FCC – Procurador do Estado – AM / 2010) Contribuinte "ED" praticou a comercialização de mercadorias, dentro do próprio Estado, no exercício de 2007, sem promover a emissão do documento fiscal e o recolhimento do ICMS. Durante procedimento de fiscalização, iniciado no final do exercício de 2009 foi constatada tal conduta, sendo lavrado o respectivo Auto de Infração no início do exercício de 2010. O prazo para a propositura de execução fiscal, em não havendo impugnação, tem sua contagem iniciada:

a) da data da fabricação da mercadoria, objeto da tributação.

b) da data do fato gerador, no exercício de 2007.

c) da data do início da fiscalização, no exercício de 2009.

d) do 1º dia do exercício seguinte ao fato gerador, ou seja, em 2008.

e) da data da lavratura do Auto de Infração, no exercício de 2010.

COMENTÁRIOS

Alternativa "a": O prazo para a propositura de execução fiscal, em não havendo impugnação, tem sua contagem iniciada da data da lavratura do Auto de Infração, no exercício de 2010. Isso porque, o lançamento constitui o crédito tributário e o auto de infração nada mais é do que um lançamento acompanhado da penalidade.

Alternativa "b": A contagem será iniciada da data da lavratura do Auto de Infração em 2010. Isso porque, o lançamento constitui o crédito tributário e o auto de infração nada mais é do que um lançamento acompanhado da penalidade.

Alternativa "c": A data da lavratura do Auto de Infração em 2010 inicia o prazo para a propositura de execução fiscal, em não havendo impugnação. Isso porque, o lançamento constitui o crédito tributário e o auto de infração nada mais é do que um lançamento acompanhado da penalidade.

Alternativa "d": O lançamento constitui o crédito tributário e o auto de infração nada mais é do que um lançamento acompanhado da penalidade. Logo, o auto de infração constitui o crédito tributário. Assim, a contagem será iniciada da data da lavratura do Auto de Infração em 2010.

Alternativa "e": O lançamento, quando acompanhado da penalidade, é denominado Auto de Infração. Logo, se o lançamento constitui o crédito tributário, o auto de infração também. Assim, o prazo para a propositura de execução fiscal, em não havendo impugnação, tem sua contagem iniciada da data da lavratura do Auto de Infração, no exercício de 2010. Isso nos termos do artigo 174 do CTN, segundo o qual a prescrição é contatada da data da constituição definitiva do crédito tributário, que corresponde à data da lavratura do Auto de Infração quando não impugnação do contribuinte.

Alternativa correta: letra "e".

---

437. (FCC – Procurador do Estado – AM / 2010) Contribuinte "ABC" ingressa com medida judicial na qual obtém medida liminar para suspender a exigibilidade do crédito tributário. No decurso do processo, a medida liminar vem a ser cassada pelo referido Juízo. Nesse contexto:

a) a suspensão da exigibilidade do crédito tributário será mantida até o julgamento final do processo em 1ª instância.

b) a suspensão da exigibilidade do crédito tributário será mantida até o julgamento do agravo de instrumento, independentemente dos efeitos de seu recebimento.

c) a liminar não pode suspender a exigibilidade do crédito tributário, mas apenas a tutela antecipada.

d) os efeitos da sentença somente serão aplicáveis após 90 dias de sua publicação, com base no princípio constitucional da anterioridade mitigada.

e) a suspensão da exigibilidade do crédito tributário não mais será aplicável, exceto se o contribuinte promover o depósito judicial do montante integral.

COMENTÁRIOS

Alternativa "a": Uma vez cassada a medida liminar concedida, cessa de imediato a suspensão da exigibilidade do crédito tributário.

Alternativa "b": A suspensão da exigibilidade do crédito tributário não será mantida até o julgamento do agravo de instrumento. Isso porque, uma vez cassada a medida liminar concedida, cessa de imediato a suspensão da exigibilidade do crédito tributário.

Alternativa "c": Tanto a concessão de liminar como a tutela antecipada são hipóteses de suspensão da exigibilidade do crédito tributário nos termos do art. 151, inciso V, do CTN.

Alternativa "d": Não há *in casu* à aplicação do referido princípio constitucional. Uma vez cassada a medida liminar concedida, cessa de imediato a suspensão da exigibilidade do crédito tributário.

Alternativa "e": Conforme sabido, a medida liminar concedida gera a suspensão da exigibilidade do crédito tributário (art. 151 do CTN). Uma vez cassada, não mais subsistirá a aludida suspensão do crédito. Entretanto, se o contribuinte promover o depósito judicial do montante integral haverá a suspensão da exigibilidade do crédito tributário, já que trata também de uma das hipóteses previstas no art. 151 do CTN, especificamente no inciso II.

Alternativa correta: letra "e".

---

438. (FCC – Procurador do Estado – SP/ 2009) É correto afirmar:

a) Em obediência aos princípios da ampla defesa e do contraditório, é obrigatório, antes de inscrever um débito no cadastro da dívida ativa, instaurar um procedimento administrativo, ainda que se trate de débito declarado pelo próprio contribuinte e não tenha sido recolhido no prazo legal.

b) O ajuizamento de ação anulatória de débito fiscal impede a sua inscrição no cadastro da dívida ativa, pois tem a aptidão de suspender a exigibilidade do crédito tributário.

c) Por se tratar de medida excepcional, a penhora *online* de dinheiro em depósito ou aplicação financeira, em execução fiscal, somente pode ser deferida pelo juiz depois de esgotadas todas as possibilidades de localização de outros bens do devedor.

d) Na hipótese de encerramento irregular de sociedade limitada, é possível redirecionar a execução fiscal em face dos sócios que exerciam a gerência à época em que esse fato ocorreu.

e) É facultado ao executado defender-se por meio de 'exceção de pré-executividade', a fim de questionar a legalidade do imposto apurado por auto de infração, que deu origem à execução fiscal.

COMENTÁRIOS

Alternativa "a": Quando o débito é declarado pelo próprio contribuinte e não recolhido no prazo legal é dispensável nesse caso instaurar um procedimento administrativo, já que o crédito tributário já foi constituído pela declaração realizada.

Alternativa "b": O ajuizamento de ação anulatória de débito fiscal não suspende a exigibilidade do crédito tributário e, portanto, não impede a sua inscrição no cadastro da dívida ativa.

Alternativa "c". O art. 185-A do CTN, dispõe que na hipótese de o devedor tributário, devidamente citado, não pagar nem apresentar bens à penhora no prazo legal e não forem encontrados bens penhoráveis, o juiz determinará a indisponibilidade de seus bens e direitos, comunicando a decisão, preferencialmente por meio eletrônico, aos órgãos e entidades que promovem registros de transferência de bens, especialmente ao registro público de imóveis e às autoridades supervisoras do mercado bancário e do mercado de capitais, a fim de que, no âmbito de suas atribuições, façam cumprir a ordem judicial. A jurisprudência do STJ é no sentido de que não se precisa esgotar todas as possibilidades de localização de outros bens do devedor.

Alternativa "d": A dissolução irregular da pessoa jurídica, enquadra-se, segundo o entendimento do STJ, como infração à lei. Dessa forma, legítima a execução pessoal e direta contra o administrador.

Alternativa "e": A exceção de pré-executividade é espécie de ação antiexacional cabível quando atendidos *dois requisitos*, um de ordem material e outro formal: a matéria ser suscetível de conhecimento de ofício pelo juiz e não haver necessidade de dilação probatória (REsp 1.110.925-SP, Rel. Min. Teori Albino Zavascki, julgado em 22/4/2009). Em regra, deve o executado defender-se por meio de embargos à execução fiscal consoante dispõe o art. 16 da LEF (Lei 6.830/80). Como, pelo enunciado, haverá discussão que demande dilação probatória, além de outras análises, não é cabível a medida aventada.

Alternativa correta: letra "d".

439. (Cespe – Procurador do Estado – ES/ 2008) Julgue os itens seguintes, acerca do processo tributário e da responsabilidade tributária.

I. Caso a fazenda pública do estado de Goiás ajuíze ação de execução fiscal contra certo contribuinte e não sejam localizados bens penhoráveis, o processo deve ser suspenso por um ano, findo o qual se iniciará o prazo da prescrição qüinqüenal intercorrente.

COMENTÁRIOS

A prescrição intercorrente tem como termo inicial de sua contagem (5 anos), a decisão que ordenou o arquivamento do processo fiscal, por não terem sido encontrados o devedor ou bens penhoráveis, podendo ser decretada de ofício pelo juiz, depois de ouvida a Fazenda Pública. Inteligência do artigo 40 da Lei 6.830/80. **CERTO**

II. Se, no curso de ação de execução fiscal, certo contribuinte adquirir, em leilão judicial, um veículo automotor cujo antigo proprietário não tenha quitado as dívidas do imposto sobre a propriedade de veículos automotores (IPVA) e de multas por excesso de velocidade, nesse caso, a arrematação terá o efeito de extinguir os ônus que incidem sobre o bem arrematado, passando este ao arrematante livre e desembaraçado dos encargos tributários.

COMENTÁRIOS

Pela redação do art. 130, parágrafo único, "No caso de arrematação em hasta pública, a sub-rogação ocorre sobre o respectivo preço". Tal quer dizer que, na aquisição do veículo em leilão judicial, todas as dívidas tributárias existentes deverão ser pagas com o valor da arrematação do bem, não passando qualquer dívida tributária para o adquirente. **CERTO**

440. (FMP – Procurador do Estado – AC/ 2012) Considerando a situação hipotética que segue, assinale a alternativa correta.

Empresa atacadista do ramo de cosméticos costuma conceder a seus clientes descontos incondicionais nas vendas que realiza a clientes varejistas. Em tais operações mercantis, sempre inclui base de cálculo do ICMS o valor dos aludidos descontos. Segundo o advogado da empresa, tais descontos incondicionais não integram a base de cálculo do ICMS. Diante disso, a empresa pretende propor ação judicial que lhe assegure para o futuro a não inclusão na base de cálculo do ICMS do valor dos descontos incondicionais. Nessa situação, assinale a assertiva correta.

a) É cabível ação declaratória, visto que, segundo o entendimento do STJ, os descontos incondicionais nas operações mercantis não se incluem na base de cálculo do ICMS.
b) É cabível ação anulatória de débito fiscal, visto que, segundo o entendimento do STJ, os descontos incondicionais nas operações mercantis não se incluem na base de cálculo do ICMS.
c) É cabível ação de consignação em pagamento, visto que, segundo o entendimento do STJ, os descontos incondicionais nas operações mercantis não se incluem na base de cálculo do ICMS.
d) Descabe qualquer ação judicial, visto que, segundo o STJ, é legítima a inclusão dos descontos incondicionais nas operações mercantis na base de cálculo do ICMS.

COMENTÁRIOS

✪ **Nota dos autores:** Importante recordar o teor do enunciado nº 457 da Súmula do STJ: "Os descontos incondicionais nas operações mercantis não se incluem na base de cálculo do ICMS".

Alternativa "a": A ação declaratória no caso em tela tem como escopo declarar a inexistência de determinada relação jurídico-tributária. Assim, a propositura de tal ação é cabível pela empresa com fulcro no enunciado nº 457 da Súmula do STJ: "Os descontos incondicionais nas operações mercantis não se incluem na base de cálculo do ICMS". Assim, a empresa terá assegurada para o futuro nas suas operações a não inclusão pretendida. Em suma, em hipóteses destinadas ao futuro, a fim de se evitar novas cobranças e a continuidade do abuso pelo fisco, a ação declaratória é a melhor alternativa.

Alternativa "b": A parte final da assertiva transcreve corretamente o teor da Súmula 457 do STJ. Porém, não é cabível in casu a ação anulatória de débito fiscal, pois o momento adequado à sua propositura ocorre após a constituição do crédito tributário, ou seja, em momento ulterior ao lançamento fiscal. Observe que o enunciado da questão menciona que "pretende propor ação judicial que lhe assegure para o futuro (...)". Isso significa que não houve o lançamento tributário e, para além disso, que se busca a não cobrança para frente, sendo cabível, portanto, a ação declaratória e não anulatória.

Alternativa "c": Mais uma vez, a parte final da assertiva transcreve corretamente o teor da Súmula 457 do STJ. Entretanto é incabível a ação de consignação em pagamento, pois não se enquadra em nenhuma das hipóteses previstas no art. 164 do CTN.

Alternativa "d": Cabível a ação declaratória, pois, segundo o STJ, "Os descontos incondicionais nas operações mercantis não se incluem na base de cálculo do ICMS" (Súmula 457)

Alternativa correta: letra "a".

---

441. (FMP – Procurador do Estado – AC/ 2012) Dada a situação hipotética a seguir, considerando o Código Tributário Nacional, assinale a alternativa correta. A empresa GLOF Indústria de Cabos Elétricos Ltda., em agosto de 2005, foi notificada de auto de lançamento contra si lavrado em virtude de sonegação fiscal do ICMS que perpetrou em novembro de 2000. Em julho de 2008, ajuizou ação anulatória de auto de lançamento, mas não obteve tutela antecipada para suspender a exigibilidade do crédito tributário. Em novembro de 2009, aproveitando-se de lei estadual que autorizava parcelamento, firmou pedido de parcelamento do crédito tributário. No mesmo pedido, havia cláusula pela qual a empresa se confessava devedora do mencionado crédito tributário, reconhecendo sua liquidez e certeza. Entretanto pagou apenas a primeira parcela, em novembro de 2009, deixando sem pagamento as demais. Diante disso, em agosto de 2011, a

Fazenda Pública ajuizou ação de execução fiscal para a cobrança do crédito tributário. Diante dessa situação hipotética, assinale a afirmativa correta.

a) A ação de execução fiscal não poderia ter sido ajuizada, uma vez que ocorrida a decadência do direito de constituir o crédito tributário.

b) A ação de execução fiscal foi legitimamente ajuizada, uma vez que não decorrido o prazo de prescrição.

c) A ação de execução fiscal não poderia ter sido ajuizada, uma vez que consumada a prescrição da ação.

d) A ação de execução não poderia ter sido ajuizada em virtude do ajuizamento de ação anulatória do lançamento.

COMENTÁRIOS

✪ **Nota dos autores:** A questão exige conhecimentos acerca do processo administrativo e judicial tributários, especialmente no que se refere aos marcos temporais para se aferir a existência de prescrição ou decadência tributária.

Alternativa "a": No direito tributário, a constituição formal do crédito tributário pelo lançamento é o ponto culminante da distinção entre a decadência do direito de lançar e a prescrição do direito de o Fisco cobrar o crédito. Desta forma, com o surgimento do fato gerador, e antes de ser constituído formalmente, somente se pode falar em prazo decadencial. Em outras palavras, a decadência é a regra que se refere ao prazo para o Fisco constituir o crédito tributário pelo lançamento ou prazo para o lançamento do tributo, e não ao prazo de cobrança do crédito tributário. No caso em comento, verifica-se que houve a efetiva constituição do crédito tributário no exercício de 2005, razão pela qual não há que se falar em perda do prazo decadencial.

Alternativa "b": De fato, a ação de execução fiscal foi proposta dentro do prazo prescricional para a cobrança. É que, a despeito da existência de o débito ter sido oriundo do exercício financeiro de 2000, sendo a empresa notificada em agosto de 2005, houve o parcelamento do crédito tributário em 2009, fato este que proporcionou a interrupção do prazo prescricional para o ajuizamento da ação respectiva. Isto porque a confissão da dívida, por meio do parcelamento, interrompe a prescrição, nos termos do art. 174, IV, do Código Tributário Nacional, ou configura sua renúncia tácita para o art. 191 do Código Civil, desde que, logicamente, o Fisco não exija o crédito tributário nos casos em que o parcelamento foi realizado após o decurso do prazo prescricional, conforme entendimento sedimentado do Superior Tribunal de Justiça (Resp nº 1.278.212/MG 2011/0162003-2). Seguindo os prazos previstos em lei, sem os detalhes dos meses, sendo o fato gerador de 2000 e o lançamento por homologação, o fisco tinha até 2005 para homologar ou lançar de ofício. No caso, houve lançamento de ofício em 2005, portanto, dentro do prazo. Após o lançamento definitivo o fisco tem mais 5 anos para o ajuizamento da ação, logo, até 2010. Mas antes disso, em 2009, o contribuinte parcelou. Com o parcelamento houve a interrupção da prescrição, sendo, portanto, legítima o seu ajuizamento até 2014. Como foi ajuizada em 2011, observou os prazos previstos em lei.

Alternativa "c": Como acima afirmado, com o parcelamento, em 2009, interrompeu-se o prazo prescricional, voltando a correr a partir desse ano, exaurindo-se apenas em 2014.

Alternativa "d": Alternativa errada. É possível a suspensão do crédito tributário em virtude da antecipação dos efeitos da tutela jurisdicional pleiteada em ação anulatória de débito fiscal proposta antes da ação executiva, conforme previsto no art. 151, V, do Código Tributário Nacional

(CTN) (REsp. nº 758.655/RS, DJ de 28.5.2007). Entretanto, no presente caso, não houve deferimento de liminar para a suspensão do crédito tributário. Desta forma, não se pode afirmar que o mero ajuizamento da ação anulatória de débito fiscal, desacompanhado de qualquer hipótese que suspenda o crédito tributário, tenha o condão de impedir a cobrança do crédito pela via executiva.

Alternativa correta: letra "b".

---

442. (FCC – Procurador do Estado – SP/ 2012) Ao ser citado para responder à execução fiscal, no dia 10/10/11, diante da inexistência de bens para oferecer à penhora, "Cicrano", por seu advogado, no dia 10/01/12, por simples petição, sem a observância dos requisitos de uma petição inicial, interpôs exceção de pré-executividade. Seu principal argumento reside em prova testemunhal que seria capaz de atestar a não realização de determinada operação comercial tributada. Ao final da petição de exceção, postulou pela produção de prova oral e ofertou o rol de testemunhas. A exceção foi encaminhada ao juízo competente. Diante desse contexto, observando a doutrina e a jurisprudência majoritárias, a exceção deve ser

a) recebida e, após a oitiva das testemunhas, deve ser julgada.
b) rejeitada, já que desrespeitou os requisitos de uma petição inicial.
c) rejeitada, já que foi oposta intempestivamente.
d) rejeitada, já que é inadmissível a dilação probatória no rito de tal instrumento processual.
e) recebida e processada nos moldes dos embargos à execução fiscal, regulados pela Lei nº 6.830/80.

COMENTÁRIOS

✪ **Nota dos autores:** A exceção de pré-executividade é cabível quando a lide versar sobre matéria de ordem pública que possa ser conhecida de ofício pelo Juiz da causa. Poderá ser apresentada por uma simples petição no bojo da execução fiscal, sem necessidade de garantia do Juízo. Na exceção de pré-executividade é inadmissível dilação probatória.

Alternativa "a" (responde também as alternativas "b", "c" e "e"): A exceção de pré-executividade deve ser rejeitada, pois é incabível a dilação probatória nos termos do Enunciado nº 393 do STJ acima citado. Logo, as demais assertivas estão incorretas. Registre-se que, a assertiva "b" poderia gerar certa dúvida ao candidato ao mencionar que a exceção deve ser rejeitada, pois desrespeitou os requisitos de uma petição inicial. Entretanto, lembre-se que a exceção de pré-executividade pode ser incidentalmente proposta no processo de execução fiscal através de uma simples petição. Não há prazo para seu ajuizamento e não segue qualquer rito procedimental.

Alternativa "d": A exceção de pré-executividade deve ser rejeitada, pois é incabível a dilação probatória. Nesse sentido é o teor do Enunciado nº 393 do STJ: "A exceção de pré-executividade é admissível na execução fiscal relativamente às matérias conhecíveis de ofício que não demandem dilação probatória".

Alternativa correta: letra "d".

---

443. (FCC – Procurador do Estado – SP/ 2012) Nos termos do disposto na Lei de Execução Fiscal – Lei nº 6.830/80, é INCORRETO afirmar:

a) Podem ser cobrados créditos de natureza não tributária.
b) O executado será citado para, no prazo de 3 (três) dias, pagar a dívida com os juros e multa de mora e encargos indicados na certidão da dívida ativa ou garantir a execução.
c) O devedor citado somente poderá oferecer defesa mediante garantia do juízo.
d) Faculta-se ao credor a substituição dos bens penhorados por qualquer outro, em qualquer fase do processo e, ao executado, tão somente a substituição da penhora por depósito em dinheiro ou fiança bancária.
e) Dependendo do valor da causa, o recurso interposto pelo fisco contra a procedência de embargos à execução poderá ser analisado tão somente pelo mesmo juiz prolator da sentença.

COMENTÁRIOS

✪ **Nota dos autores:** A questão em tela demanda conhecimento literal da Lei nº 6.830/80 (lei de Execução Fiscal – LEF), razão pela qual recomendamos ao candidato a sua leitura. Trata-se de lei que revela os diversos privilégios do crédito inscrito em dívida ativa, sendo manual essencial a qualquer procurador.

Alternativa "a": Está correta, pois na execução fiscal podem ser cobrados créditos de natureza tributária e não tributária. O fundamento legal está no art. 2º da LEF *in verbis:* "Constitui Dívida Ativa da Fazenda Pública aquela definida como tributária ou não tributária na Lei nº 4.320, de 17 de março de 1964, com as alterações posteriores, que estatui normas gerais de direito financeiro para elaboração e controle dos orçamentos e balanços da União, dos Estados, dos Municípios e do Distrito Federal.

Alternativa "b": O prazo é de cinco dias e não três, como mencionou a assertiva. Confira o art. 8º da LEF: "O executado será citado para, no prazo de 5 (cinco) dias, pagar a dívida com os juros e multa de mora e encargos indicados na Certidão de Dívida Ativa, ou garantir a execução (...)"

Alternativa "c": Com respaldo no art. 16, § 1º da LEF: Não são admissíveis embargos do executado antes de garantida a execução."

Alternativa "d": É o teor do art. 15 da LEF, confira: "Em qualquer fase do processo, será deferida pelo Juiz: I – ao executado, a substituição da penhora por depósito em dinheiro ou fiança bancária; e II – à Fazenda Pública, a substituição dos bens penhorados por outros, independentemente da ordem enumerada no artigo 11, bem como o reforço da penhora insuficiente."

Alternativa "e": Refere-se ao art. 34, § 2º da LEF: "Art. 34 – Das sentenças de primeira instância proferidas em execuções de valor igual ou inferior a 50 (cinquenta) Obrigações Reajustáveis do Tesouro Nacional – ORTN, só se admitirão embargos infringentes e de declaração. (...) § 2º – Os embargos infringentes, instruídos, ou não, com documentos novos, serão deduzidos, no prazo de 10 (dez) dias perante o mesmo Juízo, em petição fundamentada".

Alternativa incorreta: letra "b".

444. (FMP – Procurador do Estado – AC/2014) A empresa IC Materiais de Construção Ltda., no período de maio de 2006, recolheu ICMS na venda de tijolos pela alíquota de 12 %, por entender que seus produtos faziam jus a benefício fiscal destinado a produtos básicos de construção civil. No entanto, a Fazenda Pública Estadual, no dia 30.11.2011, lavrou auto de lançamento contra a empresa, exigindo a diferença entre a alíquota de 17% e a que efetivamente foi paga (12%). Para a Fazenda Pública os tijolos vendidos, por serem de material especial e impermeabilizado, não faziam jus ao aludido benefício fiscal de redução de alíquota. A empresa, na data de 12.1.2012, ajuizou ação anulatória sustentando a ocorrência de decadência. Considerando o entendimento do Superior Tribunal de Justiça, assinale a alternativa correta.

a) A ação anulatória deve ser julgada procedente, uma vez que, em se tratando de tributo sujeito a lançamento por homologação, o prazo decadencial tem como termo inicial o momento do fato gerador, nos termos do art. 150, par. 4°, parte inicial, do CTN (Código Tributário Nacional).

b) A ação anulatória deve ser julgada improcedente, visto que tem aplicação na espécie o art. 173, inciso I, do CTN (Código Tributário Nacional), segundo o qual o prazo decadencial, na hipótese, tem início em 1.1.2007 e término no dia 31.12.2011.

c) A ação deve ser julgada procedente, visto que ocorreu a prescrição do crédito tributário, a teor do art. 174 do CTN (Código Tributário Nacional).

d) A ação deve ser julgada improcedente, visto que o prazo para lançamento do tributo é de 10 (dez) anos, a teor dos arts. 150, par. 4°, e173, inciso I, ambos do CTN (Código Tributário Nacional).

COMENTÁRIOS

✪ **Nota dos autores:** Nos tributos sujeitos ao lançamento por homologação, a decadência é definida nos seguintes termos: I) Se o tributo não for declarado e não for efetuado o pagamento: segue a regra do art. 173, inciso I, do CTN, que define o termo inicial o primeiro dia do exercício seguinte ao fato gerador; II) Se o tributo for declarado e o pagamento antecipado for a menor: Segue a regra do art. 150, § 4º, parte inicial, do CTN, segundo a qual o termo inicial é contado da data de ocorrência do fato gerador; III) Tributo foi declarado e não foi efetuado o pagamento: Não se fala em decadência, mas sim em prescrição, já que a declaração pelo contribuinte constitui o crédito tributário.

Alternativa "a": O termo inicial do prazo decadencial para o tributo declarado e pago a menor será o momento da ocorrência do fato gerador. Assim, eventual lançamento suplementar a ser realizado pelo fisco deverá considerar como termo a quo a data da ocorrência do fato gerador. Essa é a regra do tributo sujeito a lançamento por homologação prevista no art. 150, § 4º, parte inicial, do CTN: " § 4º Se a lei não fixar prazo a homologação, será ele de cinco anos, a contar da ocorrência do fato gerador; expirado esse prazo sem que a Fazenda Pública se tenha pronunciado, considera-se homologado o lançamento e definitivamente extinto o crédito, salvo se comprovada a ocorrência de dolo, fraude ou simulação".

Alternativa "b (responde também as alternativas "c" e "d"): Confira a resposta anterior. In casu, a ação anulatória deve ser julgada procedente, uma vez que, em se tratando de tributo sujeito a lançamento por homologação, o prazo decadencial tem como termo inicial o momento do fato gerador, nos termos do art. 150, par. 4°, parte inicial, do CTN (Código Tributário Nacional).

Alternativa correta: letra "a".

445. (FMP – Procurador do Estado – AC/2014) A empresa VHT Hotéis Ltda. ajuizou ação para obter a restituição dos valores de ICMS relativos à demanda contratada e não utilizada de energia elétrica, valores esses que compunham o total da fatura de energia elétrica emitida mensalmente pela concessionária encarregada de prestar serviço de energia elétrica. Considerando o entendimento do Superior Tribunal de Justiça, assinale a alternativa correta.

a) A ação será julgada procedente, uma vez que o Superior Tribunal de Justiça admite a legitimidade do contribuinte de fato para pleitear a restituição do indébito em se tratando o contribuinte de direito, no caso em exame, de concessionária de serviço público e, no mérito, entende que a base de cálculo do ICMS alcança apenas a energia elétrica efetivamente consumida.

b) A ação será extinta sem resolução do mérito, uma vez que a empresa autora é contribuinte de fato e, assim, não detém legitimidade para pleitear a restituição do indébito do ICMS no caso em exame.

c) A ação deve ser julgada improcedente, visto que, no entendimento do Superior Tribunal de Justiça, a demanda contratada de energia elétrica, ainda que não utilizada, está sujeita à incidência do ICMS.

d) A ação deve ser julgada improcedente, uma vez que, de acordo com o Superior Tribunal de Justiça, a empresa faz jus ao crédito de ICMS de energia elétrica em função de sua atividade de prestadora de serviços de hotelaria.

COMENTÁRIOS

Alternativa "a": In casu, o contribuinte de fato tem legitimidade para pleitear a restituição do indébito. Confira: "RECURSO ESPECIAL. REPRESENTATIVO DA CONTROVÉRSIA. ART. 543-C CÓDIGO DE PROCESSO CIVIL. CONCESSÃO DE SERVIÇO PÚBLICO. ENERGIA ELÉTRICA.INCIDÊNCIA

DO ICMS SOBRE A DEMANDA "CONTRATADA E NÃO UTILIZADA". LEGITIMIDADE DO CONSUMIDOR PARA PROPOR AÇÃO DECLARATÓRIA C/C REPETIÇÃO DE INDÉBITO. Diante do que dispõe a legislação que disciplina as concessões de serviço público e da peculiar relação envolvendo o Estado-concedente, a concessionária e o consumidor, esse último tem legitimidade para propor ação declaratória c/c repetição de indébito na qual se busca afastar, no tocante ao fornecimento de energia elétrica, a incidência do ICMS sobre a demanda contratada e não utilizada. (...) (REsp 1299303/SC, Rel. Ministro CESAR ASFOR ROCHA, PRIMEIRA SEÇÃO, julgado em 08/08/2012, DJe 14/08/2012)".

Alternativa correta: letra "a".

446. (FMP – Procurador do Estado – AC/2014) Assinale a alternativa correta.

a) A ação de consignação em pagamento tem como objetivo primordial a obtenção do pagamento parcelado do crédito tributário, visto que a sentença de procedência supre eventual ausência de lei autorizadora.

b) De acordo com entendimento do Supremo Tribunal Federal, controvérsia acerca de questão de direito impede a concessão demandado de segurança na matéria tributária.

c) O ajuizamento de ação declaratória de inexistência de relação jurídico tributária suspende a exigibilidade do crédito tributário questionado.

d) Na ação de execução fiscal, o Superior Tribunal de Justiça firmou o entendimento de que, conquanto seja possível a penhora ou a substituição de bens penhorados por precatórios judiciais, a Fazenda Pública pode recusar essa nomeação por quaisquer das causas previstas no art. 656 do Código de Processo Civil ou nos arts. 11 e 15 da Lei de Execuções Fiscais (Lei nº 6.830/80).

COMENTÁRIOS

Alternativa "a": Está incorreto. Segundo o art. 164 do CTN, a importância de crédito tributário pode ser consignada judicialmente pelo sujeito passivo, nos casos: I – de recusa de recebimento, ou subordinação deste ao pagamento de outro tributo ou de penalidade, ou ao cumprimento de obrigação acessória; II – de subordinação do recebimento ao cumprimento de exigências administrativas sem fundamento legal; III – de exigência, por mais de uma pessoa jurídica de direito público, de tributo idêntico sobre um mesmo fato gerador. Portanto, seu objetivo primordial não é a obtenção do pagamento parcelado do crédito tributário.

Alternativa "b": Consoante enunciado da súmula do STF nº 625, controvérsia sobre matéria de direito não impede concessão de mandado de segurança.

Alternativa "c": Não é o ajuizamento de ação declaratória de inexistência de relação jurídico tributária que suspende a exigibilidade do crédito tributário, mas sim a concessão de eventual antecipação de tutela (art. 151, inciso V, do CTN).

Alternativa "d": Consolidou-se na jurisprudência que o precatório judicial equivale à penhora de crédito prevista no art. 11, VIII, da Lei de Execução Fiscal e no art. 655, XI, do Código de Processo Civil, e não à penhora de dinheiro. Por essa razão, é imprescindível a anuência do credor com a penhora do precatório judicial, sem distinção se decorrente de primeira penhora ou de substituição, podendo a recusa ser justificada por quaisquer das causas previstas no art. 656 do Código de Processo Civil (na espécie, por desobediência à ordem legal). STJ – AgRg no AREsp: 307446 RS 2013/0060368-9, Relator: Ministro HUMBERTO MARTINS, Data de Julgamento: 26/11/2013, T2 – SEGUNDA TURMA, Data de Publicação: DJe 09/12/2013. A matéria é também objeto da Súmula nº 406 do STJ: "A Fazenda Pública pode recusar a substituição do bem penhorado por precatório".

Alternativa correta: letra "d".

18. REPARTIÇÃO DE RECEITA TRIBUTÁRIA

447. (Fepese – Procurador do Estado – PGE – SC/2018) Assinale a alternativa correta de acordo com as regras constitucionais de repartição das receitas tributárias.

a) Pertence aos Estados e ao Distrito Federal cinquenta por cento do produto da arrecadação do imposto que a União instituir no exercício da competência residual.

b) Pertence aos Municípios vinte e cinco por cento do produto da arrecadação do imposto do Estado sobre a propriedade de veículos automotores licenciados em seus territórios.

c) A União entregará, do produto da arrecadação do imposto sobre produtos industrializados, quinze por cento aos Estados e ao Distrito Federal, proporcionalmente ao valor das respectivas exportações de produtos industrializados.

d) Pertence aos Estados, ao Distrito Federal e aos Municípios o produto da arrecadação do imposto da União sobre renda e proventos de qualquer natureza, incidente na fonte, sobre os rendimentos pagos, a qualquer título, por eles, suas autarquias e pelas fundações que instituírem e mantiverem.

e) Pertence aos Municípios cinquenta por cento do produto da arrecadação do imposto do Estado sobre operações relativas à circulação de mercadorias e sobre prestações de serviços de transporte interestadual e intermunicipal e de comunicação.

COMENTÁRIOS

Alternativa "a": Nos termos do artigo 157, inciso II, da CRFB/88, pertence aos Estados e ao DF vinte por cento do produto da arrecadação do imposto que a União instituir no exercício da competência que lhe é atribuída pelo art. 154, I (competência residual da União).

Alternativa "b": De acordo com o artigo 158, inciso III, da CRFB/88, pertence aos Municípios cinquenta por cento do produto da arrecadação do imposto do Estado sobre a propriedade de veículos automotores licenciados em seus territórios.

Alternativa "c": O artigo 159, inciso II, da CRFB/88 prevê que a União entregará, do produto da arrecadação do imposto sobre produtos industrializados, dez por cento aos Estados e ao Distrito Federal, proporcionalmente ao valor das respectivas exportações de produtos industrializados.

Alternativa "d": é o que dispõe os artigos 157, inciso I, e 158, inciso I, da CRFB/88.

Alternativa "e": De acordo com o artigo 158, IV, da CRFB/88, pertence aos municípios vinte e cinco por cento do produto da arrecadação do imposto do Estado sobre operações relativas à circulação de mercadorias e sobre prestações de serviços de transporte interestadual e intermunicipal e de comunicação.

Alternativa correta: letra "d".

---

448. (Cespe – Procurador do Estado – PB/ 2008) O imposto cujo produto da arrecadação não pertence apenas ao ente que o tenha instituído é o imposto sobre

a) transmissão causa mortis e doações.

b) importação.

c) propriedade de veículos automotores.

d) transmissão inter vivos, a qualquer título, por ato oneroso, de bens imóveis, por natureza ou acessão física, e de direitos reais sobre imóveis, exceto os de garantia, bem como cessão de direitos a sua aquisição.

e) grandes fortunas.

COMENTÁRIOS

Alternativa "a" (responde também as alternativas "b", "d" e "e"): Todos os tributos mencionados nas alternativas constituem receitas exclusivas dos entes que os arrecadam.

Alternativa "c": De fato, segundo a CF (art. 158, III), 50% do produto da arrecadação do IPVA pertencem aos Municípios.

Alternativa correta letra "c".

19. ILÍCITO PENAL TRIBUTÁRIO

449. (Cespe – Procurador do Estado – PGE – SE/2017) Pedro, contribuinte do ICMS, omitiu a venda de certas mercadorias na declaração prestada ao fisco, referente ao lançamento desse tributo. Dessa forma, deixou de recolher o ICMS devido no prazo legal.

Efetuado o lançamento definitivo do tributo, permanecendo Pedro inadimplente, o auditor responsável elaborou uma representação fiscal para fins penais, enquadrando a conduta de Pedro como crime contra a ordem tributária, previsto na legislação pertinente (Lei n. 8.137/1990).

Em sua defesa, Pedro alegou a inconstitucionalidade da referida normativa, sustentando que a CF veda a prisão por dívida, com a única exceção do devedor de alimentos.

Nessa situação hipotética, conforme a jurisprudência do STF, o argumento de defesa apresentado por Pedro é

a) apropriado, já que a CF se opõe à criminalização do contribuinte pela simples omissão de rendimentos.

b) adequado, pois a CF proíbe a aplicação de pena de prisão a mero inadimplemento cível, a ser cobrado mediante execução fiscal.

c) inconsistente, em razão da constitucionalidade da Lei n. 8.137/1990, que prevê a prisão apenas por crimes materiais.

d) inconsistente, em razão da constitucionalidade da Lei n. 8.137/1990, que autoriza a prisão pela natureza penal dos crimes contra a ordem tributária, não sendo esse fato hipótese de prisão civil por dívida.

e) adequado, uma vez que a CF veda a prisão criminal por dívida, mesmo que esta seja oriunda de não pagamento de tributo.

COMENTÁRIOS

Alternativa "a": A omissão de rendimentos é conduta tipificada na Lei n. 8.137/1990 sendo, portanto, aplicável ao caso em tela à criminalização do contribuinte.

Alternativa "b": Consoante exposto na letra "d", a conduta de Pedro está tipificada na Lei n. 8.137/1990 que trata dos crimes contra a ordem tributária. Não há que se falar, portanto, em hipótese de prisão civil.

Alternativa "c": A Lei n. 8.137/1990 prevê a prisão por crimes materiais e formais. O art. 1° da referida lei, por exemplo, nos incisos I a IV contempla hipóteses de crimes materiais e no inciso V descreve um crime formal (o crime se considera consumado independentemente do resultado), assim como ocorre com o art. 2° da mesma lei. O delito previsto no artigo 2º, por exemplo, é espécie de crime formal, pois independe da consumação do resultado naturalístico correspondente à aferição de vantagem ilícita em desfavor do Fisco. Segundo entendimento do STF, nos crimes formais é desnecessário a conclusão do procedimento administrativo para a persecução penal, ou seja, é dispensável encerrar a fase administrativa para configurar a justa causa legitimadora da persecução (STF, Tribunal Pleno, RHC 90532 ED – CE, Rel. Min. Joaquim Barbosa, julgamento em 23.09.2009, DJe 208, publicado em 06.11.2009). Por outro lado, o artigo 1º, incisos I a IV, da Lei 8.137/90 estabelece como requisito fundamental para a adequação típica a ocorrência efetiva da redução de tributo pelas condutas descritas no tipo, ou seja, por se tratar de crime material se faz imprescindível o encerramento do procedimento administrativo para posterior persecução penal. Nesse sentido: "É pacífica a jurisprudência do Supremo Tribunal Federal quanto à necessidade do exaurimento da via administrativa para a validade da ação penal, instaurada para apurar infração aos incisos I a IV do art. 1º da Lei 8.137/1990. (Precedentes: HC 81.611, da relatoria do ministro Sepúlveda Pertence) (Plenário)". Ainda sobre o tema e corroborando o exposto, confira o teor do enunciado n. 24 da Súmula Vinculante do STF: "Não se tipifica crime material contra a ordem tributária, previsto no art. 1º, incisos I a IV, da Lei nº 8.137/90, antes do lançamento definitivo do tributo".

Alternativa "d": O argumento exposto por Pedro é inconsistente, pois houve tipicidade na sua conduta, se subsumindo na previsão da Lei n. 8.137/1990 que autoriza a prisão pela natureza penal dos crimes contra a ordem tributária, não sendo hipótese de prisão civil por dívida. De mais a mais, "O Supremo Tribunal Federal (STF) reafirmou a jurisprudência no sentido de que a criminalização de sonegação fiscal (prevista na Lei 8.137/1990) não viola o artigo 5º, inciso LXVII, da Constituição Federal (CF), em virtude de ter caráter penal e não se relacionar com a prisão civil por dívida. A decisão foi tomada pelo Plenário Virtual na análise do Recurso Extraordinário com Agravo (ARE) 999425, que teve repercussão geral reconhecida" (Notícias STF, 20.03.2017).

Alternativa "e": Consoante exposto nos itens acima, a conduta de Pedro está tipificada na Lei n. 8.137/1990 que trata dos crimes contra a ordem tributária. O argumento de Pedro é, portanto, inconsistente, em razão da constitucionalidade da Lei n. 8.137/1990, que autoriza a prisão pela natureza penal dos crimes contra a ordem tributária.

Alternativa correta: letra "d".

---

450. (Cespe – Procurador do Estado – BA/2014) Suponha que um contribuinte, de forma consciente e voluntária, tenha deixado de realizar determinada obrigação acessória, o que lhe tenha possibilitado a supressão de tributo sem que o fisco tomasse conhecimento da prática ilícita. Em face dessa situação hipotética, julgue os itens seguintes.

I. Segundo a Lei n. 8.137/1990, para que os ilícitos tributários sejam puníveis na esfera penal, exige-se a comprovação de dolo ou culpa do agente.

COMENTÁRIOS

Os ilícitos tributários previstos na Lei n. 8.137/1990 contemplam tão somente tipos penais dolosos. Na referida lei os crimes contra as relações de consumo que preveem a modalidade culposa. **ERRADO**

II. Por ter praticado elisão fiscal, que constitui ilícito administrativo-tributário, o referido contribuinte só poderá ser punido na esfera administrativa.

COMENTÁRIOS

Elisão fiscal é conduta permitida e não constitui ilícito administrativo-tributário. Através do planejamento tributário, o contribuinte se vale de medidas idôneas para reduzir a carga tributária. Tal hipótese não se confunde com evasão fiscal (ações fraudulentas para reduzir ou suprimir tributo), cuja ilicitude é rechaçada pela lei. **ERRADO**

III. O contribuinte praticou ilícito, estando, portanto, sujeito à punição pelos ilícitos administrativo e penal praticados.

COMENTÁRIOS

O enunciado da questão deixou clarividente que o contribuinte, de forma consciente e voluntária (dolosa), não realizou determinada obrigação acessória tendo possibilitado a supressão de tributo. Logo, estará sujeito à punição pelos ilícitos administrativo e penal praticados. **CERTO**

20. SIMPLES NACIONAL

---

451. (Cespe – Procurador do Estado – PGE – RO/2022) Em se tratando de empresa dedicada ao comércio de bens, o Regime Especial Unificado de Arrecadação de Tributos e Contribuições devidos pelas Microempresas e Empresas de Pequeno Porte (SIMPLES Nacional) permite o recolhimento unificado dos seguintes tributos.

a) contribuição previdenciária a cargo do trabalhador, contribuição previdenciária patronal, IPI e ICMS
b) ICMS, IRPJ, FGTS e ITR
c) COFINS, IPI, ITR e contribuição previdenciária a cargo do trabalhador
d) CSLL, contribuição previdenciária patronal, FGTS e COFINS
e) IRPJ, CSLL, ICMS e contribuição previdenciária patronal

COMENTÁRIOS

✪ **NOTA DOS AUTORES:** O regime de tributação do Simples Nacional constitui exigência de diversos editais, razão pela qual recomendamos ao estudante conferir o texto da Lei complementar 123/2006. Merecem destaque as alterações estatuídas por intermédio da Lei complementar 155/2016.

Alternativa "a": O erro da assertiva consiste na alusão a contribuição previdenciária a cargo do trabalhador. O Simples Nacional prevê a contribuição previdenciária patronal.

Alternativa "b": O FGTS e ITR não estão contemplados pelo regime de tributação do Simples Nacional.

Alternativa "c": ITR e contribuição previdenciária a cargo do trabalhador não estão contemplados pelo regime de tributação do Simples Nacional.

Alternativa "d": O erro da assertiva consiste na menção ao FGTS.

Alternativa "e": A assertiva tem como fundamento o art. 13 da LC 123/2006. O recolhimento unificado contemplará: IRPJ, CSLL, ICMS e contribuição previdenciária patronal. Observa-se que por se tratar de uma empresa dedicada ao comércio de bens, incidirá ICMS e não ISS.

Alternativa correta: letra "e".

---

452. (FCC – Procurador do Estado – PGE – AM/2022) O Estado do Amazonas celebrou contrato com a empresa Brilha Brilha Estrelinha, optante pelo Simples Nacional, para manutenção dos Serviços de Iluminação das rodovias estaduais, após a mesma ser vencedora de licitação pública. Conforme jurisprudência sumulada do

STJ, o Estado do Amazonas, na qualidade de tomador dos serviços,

a) poderá reter a contribuição para a seguridade social até o limite de 6%, pelo fato de a prestadora ser optante pelo Simples Nacional.

b) deverá reter a contribuição para a seguridade social no importe de 6%.

c) deverá reter a contribuição para a seguridade social no importe de 8%.

d) não poderá reter a contribuição para a seguridade social pelo fato de a prestadora ser optante pelo Simples Nacional.

e) poderá reter a contribuição para a seguridade social até o limite de 8%, pelo fato de a prestadora ser optante pelo Simples Nacional.

COMENTÁRIOS

Alternativa "a": A assertiva está incorreta. A retenção da contribuição para a seguridade social pelo tomador do serviço não se aplica às empresas optantes pelo Simples (Súmula 425 do STJ).

Alternativa "b": Como a empresa Brilha Brilha Estrelinha é optante do Simples Nacional não será aplicável a retenção da contribuição para a seguridade social.

Alternativa "c": Nos mesmos termos do item anterior, como a empresa é optante do Simples Nacional não será aplicável a retenção da contribuição para a seguridade social.

Alternativa "d": Está em conformidade com o enunciado n. 425 da Súmula do STJ: "A retenção da contribuição para a seguridade social pelo tomador do serviço não se aplica às empresas optantes pelo Simples".

Alternativa "e": A retenção da contribuição para a seguridade social pelo tomador do serviço não se aplica às empresas optantes pelo Simples (Súmula 425 do STJ).

Alternativa correta: letra "d".

---

453. (Cespe – Procurador do Estado – PGE – MS/2021) Determinada administração estadual recebeu consulta de contribuinte que deseja ingressar no Regime Especial Unificado de Arrecadação de Tributos e Contribuições Devidos pelas Microempresas e Empresas de Pequeno Porte – Simples Nacional. A pessoa jurídica em questão dedica-se à importação de produtos estrangeiros, possui um sócio domiciliado nos Estados Unidos da América, tem débitos constituídos de imposto sobre a importação de produtos estrangeiros e IPTU, ambos com a exigibilidade suspensa. Nessa situação hipotética,

a) para aderir ao Simples Nacional, a pessoa jurídica deve quitar os débitos existentes.

b) para aderir ao Simples Nacional, a pessoa jurídica deve quitar os débitos existentes e excluir o sócio domiciliado no exterior.

c) para aderir ao Simples Nacional, a pessoa jurídica deve excluir o sócio domiciliado no exterior e quitar o IPTU.

d) para aderir ao Simples Nacional, a pessoa jurídica deve excluir o sócio domiciliado no exterior.

e) a pessoa jurídica está apta a ingressar no Simples Nacional.

COMENTÁRIOS

Alternativa "a": Dispõe o art. 17, inciso V, da LC 123/06: "Não poderão recolher os impostos e contribuições na forma do Simples Nacional a microempresa ou empresa de pequeno porte: (...) V – que possua débito com o Instituto Nacional do Seguro Social – INSS, ou com as Fazendas Públicas Federal, Estadual ou Municipal, cuja exigibilidade não esteja suspensa". Ou seja, o fato de possuir débitos com exigibilidade suspensa permite a adesão ao Simples Nacional não sendo necessária a quitação para o ingresso no benefício fiscal. No caso em tela, o impedimento diz respeito a presença do sócio domiciliado no exterior (art. 17, inciso II, da LC 123/06).

Alternativa "b": O art. 17, inciso V, da LC 123/06 preceitua que: "Não poderão recolher os impostos e contribuições na forma do Simples Nacional a microempresa ou empresa de pequeno porte: (...) V – que possua débito com o Instituto Nacional do Seguro Social – INSS, ou com as Fazendas Públicas Federal, Estadual ou Municipal, cuja exigibilidade não esteja suspensa." Como dito no item anterior, o fato de possuir débitos com exigibilidade suspensa permite a adesão ao Simples Nacional não sendo necessária a quitação para o ingresso no benefício fiscal. Em verdade, o impedimento para adesão da empresa diz respeito a presença do sócio domiciliado no exterior (art. 17, inciso II, da LC 123/06).

Alternativa "c": Para aderir ao Simples Nacional, a pessoa jurídica deve excluir o sócio domiciliado no exterior. Os débitos tributários com exigibilidade suspensa permitem adesão ao Simples Nacional. (art. 17, incisos II e V da LC 123/06).

Alternativa "d": Para aderir ao Simples Nacional, a pessoa jurídica deve excluir o sócio domiciliado no exterior, conforme previsto no art. 17, inciso II, da LC 123/06. Vejamos: "Não poderão recolher os impostos e contribuições na forma do Simples Nacional a microempresa ou empresa de pequeno porte: (...) II – que tenha sócio domiciliado no exterior"

Alternativa "e": Tal afirmativa fere o disposto no caput do art. 17 da LC 123/06. No caso em tela, para ingressar no Simples Nacional, deve a empresa excluir o sócio domiciliado no exterior, conforme previsto no art. 17, inciso II, da LC 123/06.

Alternativa correta: letra "d".

---

454. (FCC – Procurador do Estado – PGE – GO/2021) O Simples Nacional é um sistema de arrecadação, cobrança e fiscalização de tributos simplificado, aplicável a microempresas e empresas de pequeno porte, previsto na Lei Complementar nº 123/2006. Abrange tributos de competência da União, Estados, Distrito Federal e Municípios. Nos termos da referida Lei,

a) a opção pelo Simples Nacional da pessoa jurídica enquadrada na condição de microempresa e empresa de pequeno porte é irretratável para todo o ano-calendário.

b) a opção pelo Simples Nacional abrange o recolhimento do IPVA.

c) o recolhimento único mensal devido ao Simples Nacional abrange também o ICMS devido no desembaraço aduaneiro.

d) a opção pelo Simples Nacional pode ser feita por pessoa jurídica com sócio residente no exterior.

e) a empresa que explore a atividade de factoring pode optar pelo Simples Nacional.

COMENTÁRIOS

Alternativa "a": Correta, conforme o art. 16 da LC 123/06. Vejamos: "Art. 16. A opção pelo Simples Nacional da pessoa jurídica enquadrada na condição de microempresa e empresa de pequeno porte dar-se-á na forma a ser estabelecida em ato do Comitê Gestor, sendo irretratável para todo o ano-calendário."

Alternativa "b": O IPVA não está contemplado no art. 13 da LC 123/06: "Art. 13. O Simples Nacional implica o recolhimento mensal, mediante documento único de arrecadação, dos seguintes impostos e contribuições: I – Imposto sobre a Renda da Pessoa Jurídica – IRPJ; II – Imposto sobre Produtos Industrializados – IPI, observado o disposto no inciso XII do § 1o deste artigo; III – Contribuição Social sobre o Lucro Líquido – CSLL; IV – Contribuição para o Financiamento da Seguridade Social – COFINS, observado o disposto no inciso XII do § 1o deste artigo; V – Contribuição para o PIS/Pasep, observado o disposto no inciso XII do § 1o deste artigo; VI – Contribuição Patronal Previdenciária – CPP para a Seguridade Social, a cargo da pessoa jurídica, de que trata o art. 22 da Lei nº 8.212, de 24 de julho de 1991, exceto no caso da microempresa e da empresa de pequeno porte que se dedique às atividades de prestação de serviços referidas no § 5º-C do art. 18 desta Lei Complementar; VII – Imposto sobre Operações Relativas à Circulação de Mercadorias e Sobre Prestações de Serviços de Transporte Interestadual e Intermunicipal e de Comunicação – ICMS; VIII – Imposto sobre Serviços de Qualquer Natureza – ISS.

Alternativa "c": A assertiva está errada, em razão do que dispõe o art. 13, §1º, inciso XIII, alínea "d", da LC 123/06: "art. 13 (...) § 1o O recolhimento na forma deste artigo não exclui a incidência dos seguintes impostos ou contribuições, devidos na qualidade de contribuinte ou responsável, em relação aos quais será observada a legislação aplicável às demais pessoas jurídicas: (...) XIII – ICMS devido (...) d) por ocasião do desembaraço aduaneiro".

Alternativa "d": A alternativa está errada, pois o art. 17, inciso II, da LC 123/06 dispõe que: "Art. 17. Não poderão recolher os impostos e contribuições na forma do Simples Nacional a microempresa ou empresa de pequeno porte: II – que tenha sócio domiciliado no exterior;"

Alternativa "e": A assertiva está errada, pois fere o art. 17, inciso I, da LC 123/06: Art. 17. Não poderão recolher os impostos e contribuições na forma do Simples Nacional a microempresa ou empresa de pequeno porte: I – que explore atividade de prestação cumulativa e contínua de serviços de assessoria creditícia, gestão de crédito, seleção e riscos, administração de contas a pagar e a receber, gerenciamento de ativos (asset management) ou compra de direitos creditórios resultantes de vendas mercantis a prazo ou de prestação de serviços (factoring) ou que execute operações de empréstimo, de financiamento e de desconto de títulos de crédito, exclusivamente com recursos próprios, tendo como contrapartes microempreendedores individuais, microempresas e empresas de pequeno porte, inclusive sob a forma de empresa simples de crédito."

Alternativa correta: letra "a".

---

455. (Cespe – Procurador do Estado – PGE – PE/2018) Desde 2016, Lia é microempreendedora individual no ramo de venda de calçados nacionais e opta pelo recolhimento dos impostos e contribuições abrangidos pelo Simples Nacional em valores fixos mensais. Em 2017, ela auferiu renda bruta anual de R$ 80.500 e estima, para 2018, o crescimento dessa renda em mais de R$ 1.000 em relação ao ano anterior. Neste ano, ela pretende expandir seu comércio com a abertura de mais um ponto de venda e participar, como sócia, em empresa de sua irmã, cuja atividade é a venda a varejo de roupas.

Nessa situação hipotética, à luz da Lei Complementar n. 123/2006, Lia será desenquadrada do atual regime de recolhimento caso

I. sua renda bruta aumente conforme o esperado em 2018;

II. se torne sócia da empresa de sua irmã;

III. abra o novo estabelecimento.

Assinale a opção correta.

a) Apenas o item I está certo.

b) Apenas o item II está certo.

c) Apenas os itens I e III estão certos.

d) Apenas os itens II e III estão certos.

e) Todos os itens estão certos.

COMENTÁRIOS

Alternativa "e": Todos os itens estão certos. O fundamento legal das assertivas encontra-se disposto nos §1º e § 4º do Art. 18-A da LC 123/2006. Confira: "§ 1º: "Para os efeitos desta Lei Complementar, considera-se MEI o empresário individual que se enquadre na definição do art. 966 da Lei nº 10.406, de 10 de janeiro de 2002 – Código Civil, ou o empreendedor que exerça as atividades de industrialização, comercialização e prestação de serviços no âmbito rural, que tenha auferido receita bruta, no ano-calendário anterior, de até R$ 81.000,00 (oitenta e um mil reais), que seja optante pelo Simples Nacional e que não esteja impedido de optar pela sistemática prevista neste artigo". Ademais: "(...) § 4º Não poderá optar pela sistemática de recolhimento prevista no caput deste artigo o MEI: (...) II – que possua mais de um estabelecimento; III – que participe de outra empresa como titular, sócio ou administrador.(...)"

Alternativa correta: letra "e".

456. (Cespe – Procurador do Estado – PGE – SE/2017) Considerando as normas do regime tributário do SIMPLES Nacional e o disposto no Estatuto da Microempresa e da Empresa de Pequeno Porte — Lei Complementar n. 123/2006 —, julgue os itens a seguir.

I. A empresa individual de responsabilidade limitada não pode ser enquadrada como microempresa para efeito de adesão ao SIMPLES Nacional.

II. Para o enquadramento como microempresa ou empresa de pequeno porte, a sociedade empresária deve, em cada ano-calendário, ter receita bruta inferior a determinado montante legal, excluídas as vendas canceladas e os descontos incondicionais eventualmente concedidos.

III. O recolhimento de tributo pelo regime especial unificado de arrecadação do SIMPLES Nacional não exclui a incidência do ICMS devido nas operações sujeitas ao regime de substituição tributária.

Assinale a opção correta.

a) Apenas o item I está certo.

b) Estão certos apenas os itens I e II.

c) Estão certos apenas os itens I e III.

d) Estão certos apenas os itens II e III.

e) Todos os itens estão certos.

COMENTÁRIOS

Item I: Incorreto. É permitido o enquadramento da empresa individual de responsabilidade limitada – EIRELI no Simples Nacional, desde que faça a opção por este regime de tributação e atenda aos requisitos legais da LC 123/06. Assim, a EIRELI pode optar pelo Simples Nacional na condição de microempresa (ME) ou de empresa de pequeno porte (EPP) desde que, nos termos do art. 3° da referida Lei complementar, aufira, em cada ano-calendário, receita bruta igual ou inferior a R$ 360.000,00 (trezentos e sessenta mil reais) no caso de ME ou no caso de empresa de pequeno porte aufira, em cada ano-calendário, receita bruta superior a R$ 360.000,00 (trezentos e sessenta mil reais) e igual ou inferior a R$ 4.800.000,00 (quatro milhões e oitocentos mil reais).

Item II: Correto. Vejamos o teor do art. 3° da LC 123/06 e seu § 1º: "Art. 3º Para os efeitos desta Lei Complementar, consideram-se microempresas ou empresas de pequeno porte, a sociedade empresária, a sociedade simples, a empresa individual de responsabilidade limitada e o empresário a que se refere o art. 966 da Lei nº 10.406, de 10 de janeiro de 2002 (Código Civil), devidamente registrados no Registro de Empresas Mercantis ou no Registro Civil de Pessoas Jurídicas, conforme o caso, desde que: (...) § 1º Considera-se receita bruta, para fins do disposto no caput deste artigo, o produto da venda de bens e serviços nas operações de conta própria, o preço dos serviços prestados e o resultado nas operações em conta alheia, **não incluídas as vendas canceladas e os descontos incondicionais concedidos.**

Item III: Correto. Confira o teor da LC 123/06: "Art. 13 (...) § 1º O recolhimento na forma deste artigo não exclui a incidência dos seguintes impostos ou contribuições, devidos na qualidade de contribuinte ou responsável, em relação aos quais será observada a legislação aplicável às demais pessoas jurídicas: (...) XIII – ICMS devido: a) **nas operações sujeitas ao regime de substituição tributária**, tributação concentrada em uma única etapa (monofásica) e sujeitas ao regime de antecipação do recolhimento do imposto com encerramento de tributação (...)".

Alternativa correta: letra "d": Estão certos apenas os itens II e III. Vejamos cada um deles.

Direito Tributário

Harrison Leite e Thiana Cairo

✦ DICAS (RESUMO)

1. TRIBUTO. ESPÉCIES

– Antes de tratar das espécies de tributos, importante o estudante rememorar o conceito previsto no art. 3º do CTN nos seguintes termos: "Tributo é toda prestação pecuniária compulsória, em moeda ou cujo valor nela se possa exprimir, que não constitua sanção de ato ilícito, instituída em lei e cobrada mediante atividade administrativa plenamente vinculada".

a) **Prestação pecuniária compulsória** – pressupõe um comportamento obrigatório de prestação em dinheiro. Ou seja, efetivado o fato previsto na norma, o pagamento do tributo será obrigatório, independentemente da vontade do contribuinte.

b) **Em moeda ou cujo valor nela se possa exprimir** – a expressão "moeda" revela-se, nesse conceito, prescindível e redundante, já que o termo "pecuniária" encerra igual sentido. Na expressão "ou cujo valor nela se possa exprimir", o legislador ampliou o âmbito das prestações pecuniárias, admitindo o pagamento do tributo em outras formas que não apenas o dinheiro. É certo que nosso direito não aceita o pagamento de tributo *in natura* (bens) ou *in labore* (trabalho). No entanto, se houver lei específica do ente credor, os tributos podem ser pagos ou compensados com Títulos da Dívida Pública (TDP) ou Precatórios. Ademais, com o advento da LC 104/2001, foi inserido o inciso XI ao art. 156 do CTN, que faz referência à dação em pagamento em bens imóveis como forma de extinção do crédito tributário. Por fim, em tempos de Pandemia do Covid-19, o Estado da Bahia, por exemplo, regulamentou a compensação de precatórios com tributos estaduais através da Portaria conjunta PGE/SEFAZ n.001 de 01.06.2020.

c) **Que não constitua sanção de ato ilícito** – tributo não é penalidade. Logo, não deve ser utilizado como sanção para o contribuinte. Ele se distingue da penalidade exatamente porque esta tem como hipótese de incidência um ato ilícito, enquanto **a hipótese de incidência do tributo é sempre algo lícito**. Ademais, o Princípio da Interpretação Objetiva do "Fato Gerador" (art. 118 c/c 126 CTN) – *Cláusula non olet* – pressupõe que o tributo "não fede e não cheira". Importa para o Estado arrecadar, angariar fundos para cobrir suas despesas (finalidade fiscal do tributo), não cabendo, nesse instante, aferir ilicitude do fato ocorrido. Em suma: **o fato poderá ser ilícito, mas a hipótese de incidência (previsão normativa) jamais o será.**

d) **Instituída em lei** – A obrigação tributária só pode resultar da lei, em abono ao Princípio da Estrita Legalidade. Em regra, a **lei ordinária é instituidora de tributo**. Excepcionalmente será instituído por **Lei Complementar**: I) impostos sobre grandes fortunas; II) impostos residuais da União; III) contribuições residuais da seguridade social e IV) empréstimos compulsórios. Ressalte-se que Medida Provisória poderá instituir e majorar impostos, exceto os reservados à lei complementar (art. 62, § 1º, III e § 2º da CF).

e) **Cobrada mediante atividade administrativa plenamente vinculada** – O Estado é obrigado a cobrar o tributo sempre que ocorra o fato jurídico tributário e dentro dos limites e condições estabelecidas em lei. Tal formalização ocorrerá através do instituto do lançamento tributário (art. 142 do CTN). A atividade de cobrança do tributo não pode ser arbitrária ou discricionária, mas apenas vinculada.

– **Espécies:** Para o art. 5º do CTN, os tributos são impostos, taxas e contribuição de melhoria. No entanto, a jurisprudência e a doutrina são pacíficas no sentido de que, além dos mencionados no CTN, são tributos também os empréstimos compulsórios e as contribuições especiais.

Teoria Pentapartida CF
- **Teoria Tripartida CTN**
  - Impostos
  - Taxas
  - Contribuições de Melhoria
- Empréstimos Compulsórios
- Contribuições especiais

Tributos e espécies tributárias
(baseado no julgamento da ADI 447 pelo STF – DJ de 05/03/93)

<table>
<tr><td colspan="3">TRIBUTO
(gênero)
Art.3º do CTN</td></tr>
<tr><td colspan="3">ESPÉCIES TRIBUTÁRIAS:</td></tr>
<tr><td colspan="3">1) IMPOSTOS
▸ Art. 145, I, CF/88
▸ Art. 16, CTN</td></tr>
<tr><td colspan="3">2) TAXAS
▸ Art. 145, II, CF/88
▸ Art. 77, CTN</td></tr>
<tr><td rowspan="3">3) CONTRIBUIÇÕES</td><td colspan="2">3.1) DE MELHORIA
▸ Art. 145, III, CF/88
▸ Art. 81, CTN</td></tr>
<tr><td rowspan="2">3.2) SOCIAIS:
Art. 149, CF/88</td><td>3.2.1) DE SEGURIDADE SOCIAL
Art. 195 e § 4º, CF/88</td></tr>
<tr><td>3.2.2) SALÁRIO EDUCAÇÃO
Art. 212, § 5º, CF/88</td></tr>
</table>

TRIBUTO (gênero) *Art.3° do CTN*		
3) CONTRIBUIÇÕES	**3.3) ESPECIAIS:**	**3.3.1) DE INTERVENÇÃO NO DOMÍNIO ECONÔMICO** *Art. 149, CF/88*
	3.3) ESPECIAIS:	**3.3.2) DE INTERESSE DE CATEGORIAS PROFISSIONAIS OU ECONÔMICAS** *Art. 149, CF/88*
4) EMPRÉSTIMOS COMPULSÓRIOS *Art. 148, CF/88*		

- "Os tributos, nas suas diversas espécies, compõem o Sistema Constitucional Tributário brasileiro, que a Constituição dispõe nos seus artigos 145 a 162. Tributo, sabemos todos, encontra definição no art. 3° do CTN, definição que se resume, em termos jurídicos, no constituir ele uma obrigação que a lei impõe às pessoas, de entrega de uma certa importância em dinheiro ao Estado. As obrigações são voluntárias ou legais. As primeiras decorrem da vontade das partes, assim, do contrato; as legais resultam da lei, por isso são denominadas obrigações *ex lege* e podem ser encontradas tanto no direito público quanto no direito privado. A obrigação tributária, obrigação *ex lege*, a mais importante do direito público, 'nasce de um fato qualquer da vida concreta, que antes havia sido qualificado pela lei como apto a determinar o seu nascimento.' (Geraldo Ataliba, '*Hermenêutica e Sistema Constitucional Tributário*', in '*Diritto e pratica tributaria*', volume L, Padova, Cedam, 1979). As diversas espécies tributárias, determinadas pela hipótese de incidência ou pelo fato gerador da respectiva obrigação (CTN, art. 4°), são a) os impostos (CF, art. 145, I, arts. 153, 154, 155 e 156), b) as taxas (CF, art. 145, II), c) as contribuições, que são c.l) de melhoria (CF, art. 145, III), c.2) sociais (CF, art. 149), que, por sua vez, podem ser c.2.1) de seguridade social (CF, art. 195, CF, 195, § 4°) e c.2.2) salário educação (CF, art. 212, § 5°) e c.3) especiais: c.3.1.) de intervenção no domínio econômico (CF, art. 149) e c.3.2) de interesse de categorias profissionais ou econômicas (CF, art. 149). Constituem, ainda, espécie tributária, d) os empréstimos compulsórios (CF, art. 148)." (ADI 447, Rel. Min. Octavio Gallotti, voto do Min. Carlos Velloso, julgamento em 5-6-1991, Plenário, *DJ* de 5-3-1993).

1.1. IMPOSTOS

- É o tributo cuja obrigação tem por fato gerador uma situação independente de qualquer atividade estatal específica, relativa ao contribuinte (art. 16 do CTN). Daí ser chamado de tributo não vinculado.
- Além de não ser vinculado a uma atividade estatal específica em relação ao contribuinte, ele também é tributo de receita não vinculada a órgão, fundo ou despesa, nos termos do art. 167, IV, da CRFB/88, com algumas exceções constitucionais.
- Seu fato gerador está descrito na Constituição Federal, conforme a classificação abaixo. Apenas a União poderá criar novos impostos, no exercício de sua competência residual.

IMPOSTOS FEDERAIS (art. 153 e 154 da CF)	IMPOSTOS ESTADUAIS (art. 155 da CF)	IMPOSTOS MUNICIPAIS (art. 156 da CF)
Imposto sobre importação de produtos estrangeiros – II	Imposto sobre transmissão "causa mortis" e doação de quaisquer bens ou direitos – ITCMD	Imposto sobre a propriedade predial e territorial urbana – IPTU
Imposto sobre exportação, para o exterior, de produtos nacionais ou nacionalizados – IE		
	Imposto sobre operações relativas à circulação de mercadorias e sobre prestações de serviços de transporte interestadual e intermunicipal e de comunicação, ainda que as operações e as prestações se iniciem no exterior – ICMS	Imposto sobre a transmissão "inter vivos", a qualquer título, por ato oneroso, de bens imóveis, por natureza ou acessão física, e de direitos reais sobre imóveis, exceto os de garantia, bem como cessão de direitos a sua aquisição – ITBI ou ITIV
Imposto sobre a renda e proventos de qualquer natureza – IR	Imposto sobre a propriedade de veículos automotores – IPVA	Imposto sobre serviços de qualquer natureza serviços de qualquer natureza, não compreendidos no art. 155, II, definidos em lei complementar – ISS ou ISQN
Imposto sobre produtos industrializados – IPI	–	–
Imposto sobre operações de crédito, câmbio e seguro, ou relativas a títulos ou valores mobiliários – IOF	–	–

IMPOSTOS FEDERAIS (art. 153 e 154 da CF)	IMPOSTOS ESTADUAIS (art. 155 da CF)	IMPOSTOS MUNICIPAIS (art. 156 da CF)
Imposto sobre a propriedade territorial rural – ITR	–	–
Imposto sobre grandes fortunas	–	–
Impostos residuais	–	–
Impostos extraordinários	–	–

- Os impostos possuem a seguinte classificação:
- Quanto à alíquota: **fixos ou progressivos.** Fixos são aqueles em que a alíquota não aumenta com o aumento da base de cálculo. Progressivos, ao contrário, a alíquota aumenta com o aumento da base de cálculo. São progressivos o IR, ITR e o IPTU.
- Quanto à forma de percepção: **diretos e indiretos.** Será direto quando o contribuinte real do tributo é o próprio sujeito passivo da obrigação tributária principal, como se dá com o IR. Será indireto quando o contribuinte real do tributo é o consumidor da mercadoria ou do serviço objeto da operação (contribuinte de fato) e o sujeito passivo da obrigação tributária principal (contribuinte de direito) repassa, no preço da mercadoria ou serviço, o imposto devido, como se dá com o IPI e o ICMS. Neste caso, quando o legislador altera a alíquota do tributo, tem em mira o consumidor (contribuinte de fato) e não o empresário (contribuinte de direito).
- Quanto ao objeto de incidência: **reais e pessoais.** Imposto real é aquele que incide sobre o patrimônio e não leva em consideração as condições inerentes aos contribuintes (ex.: IPTU, ITIV). Imposto pessoal, ao contrário, leva em consideração as condições dos contribuintes, suas características, estabelecendo diferenças em função dessas condições (IRPF).

1.1.2. TAXAS

- Segundo o artigo 77 do CTN, as taxas têm como fato gerador o exercício regular do poder de polícia, ou a utilização, efetiva ou potencial, de serviço público específico e divisível, prestado ao contribuinte ou posto à sua disposição. Logo, há dois tipos de taxas: taxas de fiscalização e taxas de serviço público específico e divisível.

TAXAS (art. 77 do CTN)
- **Taxa de Polícia:** No exercício regular do poder de polícia
- **Taxa de Serviço:** Na prestação ao contribuinte, ou colocação à disposição deste, de serviço público específico e divisível, sendo a utilização efetiva ou potencial.

- A taxa de fiscalização é cobrada quando há o exercício do poder de polícia, também chamado de poder de fiscalização. Têm-se como exemplos a Taxa de Vigilância Sanitária, a Taxa de Licença e Funcionamento (Alvará de Funcionamento) etc. Não é possível cobrar taxa de fiscalização pelo uso potencial (STF, RREE 140.278).
- O art. 78 do CTN define poder de polícia: "Art. 78. Considera-se poder de polícia atividade da administração pública que, limitando ou disciplinando direito, interesse ou liberdade, regula a prática de ato ou a abstenção de fato, em razão de interesse público concernente à segurança, à higiene, à ordem, aos costumes, à disciplina da produção e do mercado, ao exercício de atividades econômicas dependentes de concessão ou autorização do Poder Público, à tranquilidade pública ou ao respeito à propriedade e aos direitos individuais ou coletivos."
- A taxa de serviço é cabível toda vez que o Estado, diretamente, presta serviço público específico e divisível ao contribuinte. Assim, se o serviço é genérico e indivisível, sua remuneração se dá através dos impostos. Se é específico e divisível, pelo princípio da justiça fiscal, seu pagamento deve ser cobrado apenas dos que recebem o serviço, situação em que se cobra a taxa.

ART. 79 CTN	
UTILIZAÇÃO	**Efetiva**: quando por ele usufruídos a qualquer título
	Potencial: quando, sendo de utilização compulsória, sejam postos à sua disposição mediante atividade administrativa em efetivo funcionamento
SERVIÇOS PÚBLICOS	**Específicos**: quando possam ser destacados em unidades autônomas de intervenção, de utilidade ou de necessidade públicas
	Divisíveis: quando suscetíveis de utilização, separadamente, por parte de cada um dos seus usuários

- O STF já decidiu serem constitucionais as Taxas de Lixo, de Esgoto, de Expedição de Certidões. São inconstitucionais a Taxa de Iluminação Pública (RREE 231.764 – RJ, rel. Min. Ilmar Galvão, 10.03.99, Súmula 670 do STF e Súmula Vinculante 41 do STF) e a Taxa de limpeza pública e de conservação de vias e logradouros públicos (RE 204.827; RE 188.391-SP, rel. Min. Ilmar Galvão, 15.06.2000).
- O art. 145, § 2º da CF afirma que "As taxas não poderão ter base de cálculo própria de impostos". No entanto, pela dificuldade de mensurar uma base à sua cobrança, a Súmula Vinculante nº 29 afirma que "É constitucional a adoção, no cálculo do valor de taxa, de um ou mais elementos da base de cálculo própria de determinado imposto, desde que não haja integral identidade entre uma base e outra".

- Sua base de cálculo deve guardar relação com os custos da atividade, o que nem sempre é fácil mensurar.
- É tributo (i) vinculado a uma atuação estatal em relação ao contribuinte, e (ii) de receita vinculada a órgão, fundo ou despesa, sem ser essa vinculação um requisito para a sua validade. **Pode** ter a receita vinculada ou não, diferentemente da contraprestação ao contribuinte, que **deve** ser vinculada.

1.1.2.1. TAXA X TARIFA

- É muito comum ser cobrada a diferença entre taxa e tarifa. Eis os pontos principais entre ambas:

Tarifa ou Preço	Taxa
Não é tributo, logo a receita dela advinda não é tributária. Decorre de uma atividade desempenhada pelo Estado como se fosse particular.	É tributo, logo a receita dela advinda é tributária. Decorre do exercício do poder de polícia ou da prestação de serviço público específico e divisível.
Receita originária	Receita derivada
Natureza contratual	Natureza legal
Não observa o princípio da anterioridade	Observa o princípio da anterioridade
Só pode ser cobrado pelo uso efetivo	O uso potencial permite a sua cobrança
A relação com o usuário é regida pelo direito do consumidor	A relação com o contribuinte é tributária
Pode haver duas relações jurídicas: Estado – concessionário/permissionário – consumidor	Só há uma relação jurídica: Estado – contribuinte
Resultado de um ato de vontade das partes	Resultado da vontade da lei
Prescrição decenal, regida pelo Direito Privado (Código Civil). Confere REsp 1117903	Prescrição quinquenal, regida pelo Direito Público (Código Tributário Nacional)
Créditos oriundos do não pagamento são inscritos na Dívida Ativa não tributária.	Créditos oriundos do não pagamento são inscritos na Dívida Ativa tributária.
Ação de repetição de indébito sujeita-se ao prazo prescricional estabelecido no Código Civil.	Ação de repetição de indébito sujeita-se ao prazo previsto no CTN.

As taxas e o STF

TAXA	JULGADA	RESUMO	Nº STF
Coleta/remoção/tratamento/ destinação de lixo proveniente dos imóveis	Constitucional	Remunera serviço público específico e divisível (prestado ou a disposição)	Súmula vinculante 19
Fiscalização dos mercados de títulos e valores mobiliários (instituída pela Lei 7.940/89) "taxa da CVM"	Constitucional	Em razão do exercício do Poder de Polícia atribuído à Comissão de Valores Mobiliários (CVM)	Súmula 665
Iluminação pública	Inconstitucional	É um serviço destinado a toda a coletividade (*uti universi*), não é específico e divisível	Súmula 670
Classificação de produtos vegetais (instituída pelo Decreto-Lei 1.899/81)	Constitucional	Em razão do exercício do Poder de Polícia (padrão de qualidade dos produtos vegetais que entram no país)	RE 511.584-AgR e outros
Fiscalização/localização e funcionamento	Constitucional	Em razão do exercício do Poder de Polícia (desde que efetivo, não bastando a mera existência do órgão administrativo)	RE 588.322 e outros
Incêndio	Inconstitucional	"A segurança pública, presentes a prevenção e o combate a incêndios, faz-se, no campo da atividade precípua, pela unidade da Federação, e, porque serviço essencial, tem como a viabilizá-la a arrecadação de impostos, não cabendo ao Município a criação de taxa para tal fim".	RE 643247
IBAMA	Constitucional	Em razão do exercício do Poder de Polícia (fiscalização das atividades poluidoras e utilizadoras de recursos ambientais)	RE 416.601 e outros
Segurança (policiamento preventivo)	Inconstitucional	É um serviço destinado a toda a coletividade (*uti universi*), não é específico e divisível	ADI 1.942 e outros
Municipal de conservação de estradas de rodagem	Inconstitucional	Base de cálculo idêntica à do ITR	Súmula 595

1.1.3. CONTRIBUIÇÃO DE MELHORIA

- Pela redação do art. 81 do CTN, contribuição de melhoria é tributo instituído para fazer face ao custo de obras públicas de que decorra valorização imobiliária, tendo como **limite total** a despesa realizada e como **limite individual** o acréscimo de valor que da obra resultar para cada imóvel beneficiado.
- É regida pelo Decreto-Lei nº 195/67.
- Sobre a sua base de cálculo, o STJ é pacífico de que esta consiste na "efetiva valorização imobiliária, a qual é aferida mediante a diferença entre o valor do imóvel antes do início da obra e após a sua conclusão, sendo inadmissível a sua cobrança com base somente no custo da obra pública realizada". (REsp 1.076.948-RS, Rel. Min. Luiz Fux, julgado em 4/11/2010).
- Obra pública inacabada também não autoriza a cobrança de contribuição de melhoria (REsp 647.134-SP)
- O CTN, no art. 82, enumera uma lista de requisitos mínimos para a cobrança do tributo, de modo que não poderá ser cobrado sem a observância dessas formalidades legais que constituem o pressuposto do seu lançamento.

1.1.4. EMPRÉSTIMOS COMPULSÓRIOS

- São tributos cobrados exclusivamente pela União em duas hipóteses: a) atender a despesas extraordinárias, decorrentes de calamidade pública e de guerra externa efetiva ou iminente; e b) investimento público de caráter urgente e de relevante interesse nacional.
- Exige lei complementar (que definirá o fato gerador) e a competência, conforme dito acima, é exclusiva da União.
- Possui intrínseca relação com os Impostos extraordinários (Art. 154, II).

Empréstimos compulsórios para guerra externa	Imposto extraordinário de guerra
Cabível *também* na iminência ou no caso de guerra externa efetiva	Cabível na iminência ou no caso de guerra externa efetiva
Pode-se utilizar qualquer fato gerador de tributo para a sua cobrança	Pode-se utilizar qualquer fato gerador de tributo para a sua cobrança
Demanda lei complementar	Não exige lei complementar. Pode ser lei ordinária ou até medida provisória
Exceção às duas anterioridades	Exceção às duas anterioridades
É tributo restituível	Não é tributo restituível

1.1.5. CONTRIBUIÇÕES ESPECIAIS

- Consistem em tributos de receita vinculada, cobrados em sua maioria pela União, que devem atender a quatro pressupostos para a sua validade: a) Finalidade adequada ao Texto Magno; b) Existência de um grupo ou setor que receberá a atuação do destino do tributo; c) Entidade específica para o setor beneficiado; e d) Arrecadação destinada à finalidade.
- São de competência exclusiva da União, com duas exceções: (i) União, Estados, DF e Municípios podem instituir, por meio de lei, contribuições para custeio de regime próprio de previdência social cobradas dos servidores ativos, dos aposentados e dos pensionistas (art. 149, § 1° da CF); e Município e DF podem instituir Contribuição de Iluminação Pública, para o custeio do serviço de iluminação pública (art. 149-A, da CF).
- Podem ser classificadas da seguinte forma:

Contribuições Especiais:
1) Contribuições sociais – STF – (art. 240 CRFB): A) Contribuições sociais gerais (não destinadas à seguridade – salário– educação (art. 212, § 5º); "Sistema "S"; B) Contribuições de Seguridade Social – "nominadas"– art. 195, I a IV CRFB; C) Outras contribuições sociais – residuais – art. 195, § 4°, CRFB.
2) De intervenção no domínio econômico (art. 149)
3) De interesse às categorias profissionais ou econômicas (art. 149). (V. art. 8º, IV CFRB/1988)
4) Contribuição de Iluminação Pública (Art. 149-A)

1.1.5.1. CONTRIBUIÇÕES SOCIAIS

- Segundo o STF (RE 138.284), as contribuições sociais podem ser gerais ou específicas. Específicas são as descritas no art. 195 da CF, cuja materialidade já foi definida pelo legislador constituinte e destinam-se a financiar a seguridade social. Gerais são todas as outras contribuições que dizem respeito aos direitos sociais, mas não estão delimitadas dentro do art. 195, portanto, não financiam a seguridade social. São as que podem ser criadas com base no art. 149 da CF, que deixou a materialidade das contribuições aberta. Têm-se como exemplos as contribuições do salário-educação (art. 212, § 5º da CF), contribuições do "Sistema S" como SESI, SESC, SENAI, SEBRAE, SEST etc. (art. 240 da CF).

Contribuições Seguridade Social "nominadas" Art. 195 CRFB

I. **Do empregador/empresa: (a)** Folha de salários e demais rendimentos (autônomos e empresários); **(b)** Receita ou faturamento (PIS/CONFINS); **(c)** Lucro (CSLL).
II. **Do trabalhador**
III. **Receita de concursos de prognósticos**
IV. **Do importador (PIS importação e CONFINS importação)**

- As contribuições de intervenção no domínio econômico (CIDE) caracterizam-se pela finalidade interventiva. Guardam semelhança com os impostos ditos regulatórios, daí serem tributos extrafiscais.
- São de competência exclusiva da União e podem ser criadas por lei ordinária.
- O seu principal exemplo é a CIDE incidente sobre a Importação e a Comercialização de Petróleo e seus Derivados, também chamada de CIDE-Combustíveis. Presente na CF, no art. 177, § 4º, esta contribuição é exceção ao princípio da legalidade (sua alíquota pode ser reduzida e restabelecida por ato do Poder Executivo) e ao princípio da anterioridade anual (não se lhe aplica o disposto no art. 150, III, *b*, da CF).
- Outros exemplos de CIDEs são: a) Contribuição para o Fundo de Universalização dos Serviços de Telecomunicações (FUST). Lei nº 9.998/00 – 1% sobre a receita da prestação de serviços de telecomunicação; b) Contribuição ao Fundo para o Desenvolvimento Tecnológico das Telecomunicações (Funttel). Lei 10.0/00 – 0,5% sobre a receita bruta das empresas; c) Contribuição para o Financiamento do Programa de Estímulo à Interação Universidade-Empresa. Lei 10.168/00; d) Contribuição para o Desenvolvimento da Indústria Cinematográfica Nacional (Condecine). Lei 10.454/02.
- Por fim, há as *contribuições de interesse de categorias profissionais ou econômicas,* conhecidas como contribuições profissionais ou corporativas. Caracterizam-se por serem instituídas em favor de categorias profissionais ou econômicas, sendo vinculadas a entidades representativas desses segmentos sociais. Têm-se como exemplos CRM, CREA, CORECON, CRO, dentre outras.
- Com a Reforma Trabalhista aprovada em 2017, a CLT, lei instituidora da contribuição sindical, passou a estabelecer no seu artigo 578 que: "As contribuições devidas aos sindicatos pelos participantes das categorias econômicas ou profissionais ou das profissões liberais representadas pelas referidas entidades serão, sob a denominação de contribuição sindical, pagas, recolhidas e aplicadas na forma estabelecida neste Capítulo, desde que prévia e expressamente autorizadas." E, com isso, o desconto da contribuição em relação a trabalhadores e o pagamento por parte dos empregadores e profissionais liberais passa a ter caráter facultativo (CLT, arts. 579/587). Com a alteração promovida, a contribuição sindical deixa de ter caráter tributário, uma vez perder uma característica essencial do conceito de tributo estabelecido no artigo 3º do CTN, que é a natureza compulsória. Em outras palavras, tornando-se facultativa, a contribuição sindical passa a ter natureza trabalhista e ser objeto do direito coletivo do trabalho. Exatamente como ocorre com as outras cobranças sindicais facultativas, tais como as contribuições confederativa e assistencial, bem como as taxas associativas (Súmula Vinculante 40). De qualquer forma, permanece vigente a competência da União para instituição de contribuições de interesse de categorias profissionais, estabelecida no artigo 149 da CF/88. Consequentemente, a contribuição sindical poderá retomar a sua natureza tributária caso a sua obrigatoriedade, futuramente, venha a ser restabelecida em lei, por exemplo, por uma eventual nova alteração da CLT.
- Em relação à OAB, entende-se que não se trata de apenas um conselho de fiscalização de profissão, mas, além disso, possui finalidade institucional, como defender a Constituição e a justiça. Logo, a natureza da sua cobrança não é igual à dos demais Conselhos. Este debate tem gerado dúvidas sobre a natureza jurídica do valor cobrado pela OAB, tendo o STJ se posicionado no sentido de que este não possui natureza tributária (EREsp 495.918/SC). O tema ainda não foi pacificado pelo STF.
- Enfim, no que concerne a CSLL, o STF firmou a seguinte tese no bojo do RE 591340: "É constitucional a limitação do direito de compensação de prejuízos fiscais do IRPJ e da base de cálculo negativa da CSLL." (RE 591340, Relator(a): MARCO AURÉLIO, Relator(a) p/ Acórdão: ALEXANDRE DE MORAES, Tribunal Pleno, julgado em 27/06/2019, ACÓRDÃO ELETRÔNICO REPERCUSSÃO GERAL – MÉRITO DJe-019 DIVULG 31-01-2020 PUBLIC 03-02-2020)

2. DAS LIMITAÇÕES AO PODER DE TRIBUTAR: PRINCÍPIOS E IMUNIDADES

- As Limitações Constitucionais ao Poder de Tributar referem-se aos Princípios e Imunidades.

2.1. PRINCÍPIOS CONSTITUCIONAIS TRIBUTÁRIOS

- É preciso que o estudante leia atentamente os dispositivos do texto constitucional que versam sobre os principais princípios, a saber:
- **Princípio da legalidade** (art. 150, I CF c/c art. 97 CTN). A legalidade tributária é chamada de tipicidade cerrada, uma vez que no art. 97 do CTN o legislador mencionou as matérias específicas que demandam lei para a sua criação (fato gerador, base de cálculo, alíquota, sujeito passivo e multa).

Princípio da legalidade Cerrada – art. 97 CTN *Numerus clausus*	
	▸ Fato gerador
	▸ Alíquota
	▸ Base de cálculo
	▸ Sujeito passivo
	▸ Multa

- Se é necessária lei para criar tributo, é igualmente necessária lei para a sua redução ou isenção (art. 150, § 6º da CF);
- Os tributos, geralmente, são instituídos por lei ordinária. Em quatro hipóteses, contudo, necessita-se de lei complementar:

Tributos veiculados por LC:
(i) Empréstimos compulsórios (art. 148, I e II, da CF)
(ii) Imposto sobre grandes fortunas (art. 153, VII, da CF)
(iii) Impostos residuais (art. 154, I da CF)
(iv) Contribuições residuais da seguridade social (art. 195, § 4°, CF)

- Medida Provisória pode criar impostos, exceto os reservados à lei complementar (art. 62, § 1°, III e § 2° da CF).

- Multa também precisa de lei para a sua criação, conforme já visto.
- Enfim, no que concerne a CSLL, o STF firmou a seguinte tese no bojo do RE 591340: "É constitucional a limitação do direito de compensação de prejuízos fiscais do IRPJ e da base de cálculo negativa da CSLL." (RE 591340, Relator(a): MARCO AURÉLIO, Relator(a) p/ Acórdão: ALEXANDRE DE MORAES, Tribunal Pleno, julgado em 27/06/2019, ACÓRDÃO ELETRÔNICO REPERCUSSÃO GERAL – MÉRITO DJe-019 DIVULG 31-01-2020 PUBLIC 03-02-2020)

EXCEÇÕES À LEGALIDADE TRIBUTÁRIA	
	Imposto de Importação – II
	Imposto de exportação – IE
	Imposto sobre produtos industrializados – IPI
	Imposto sobre operações financeiras – IOF
	ICMS-Combustível
	CIDE-Combustível

- Cabe observar que o ICMS-Combustível e CIDE-combustível poderão ter suas alíquotas reduzidas e restabelecidas por ato do Poder Executivo e não majoradas (artigo 155, § 4º, IV, "c" e artigo 177, § 4º, I, "b", da CRFB/88, respectivamente).
- A atualização monetária da base de cálculo pode ser realizada através de ato normativo do Poder Executivo, desde que não ultrapasse os índices oficiais de correção monetária. Nesse sentido, preceitua a Súmula 160 do STJ: É defeso, ao Município, atualizar o IPTU, mediante decreto, em percentual superior ao índice oficial de correção monetária.
- **Princípio da Isonomia Tributária ou Igualdade** (art. 150, II CF). Possui como subprincípios a Interpretação Objetiva do "Fato Gerador" (art. 118 c/c 126 CTN) – *cláusula non olet (tributo não tem cheiro)* – e o Princípio da Capacidade Contributiva (art. 145, § 1° da CF). Consiste em tratar os iguais de modo igual (isonomia horizontal), e os desiguais de modo desigual (isonomia vertical), de modo que, na existência de desigualdade não suportada pela Constituição, deve-se buscar a igualdade pelo caminho do tratamento desigual. Assim, por serem desiguais, empresas pequenas e grandes podem ser submetidas a tratamento tributário diferenciado, pois este é o caminho de se buscar a igualdade entre elas. No ponto, o STF decidiu ser constitucional o tratamento diferenciado entre empresas sujeitas ao SIMPLES Nacional e os profissionais liberais, muito embora com faturamento que lhes permitissem optar pelo pagamento diferenciado de tributos, por entender que as sociedades civis de prestação de serviços profissionais relativos ao exercício de profissão regulamentada têm condições de disputar o mercado de trabalho sem assistência do Estado (ADI 1.643/DF).
- Em relação à **capacidade contributiva**, muito embora a CF faça alusão apenas aos impostos, a jurisprudência do STF admite o seu cabimento em relação às demais espécies tributárias. O final do § 1° do art. 145 da CF faculta à administração tributária "identificar, respeitados os direitos individuais e nos termos da lei, o patrimônio, os rendimentos e as atividades econômicas do contribuinte". Nesse espeque, a LC nº 105/01 dá poderes ao Fisco de requisitar diretamente às instituições financeiras informações dos contribuintes, protegidas por sigilo, sem necessidade de ordem judicial. Nesse sentido, o STF já se manifestou sobre a constitucionalidade da referida norma que permite ao Fisco acesso a dados bancários dos contribuintes sem necessidade de autorização judicial. Por maioria de votos – 9 a 2 –, prevaleceu o entendimento de que a norma não resulta em quebra de sigilo bancário, mas sim em transferência de sigilo da órbita bancária para a fiscal, ambas protegidas contra o acesso de terceiros. A transferência de informações é feita dos bancos ao Fisco, que tem o dever de preservar o sigilo dos dados, portanto não há ofensa à Constituição Federal. (ADIs 2390, 2386 e 2397, com julgamento em 24 de fevereiro de 2016).
- **Princípio da Irretroatividade** (art. 150, III, "a", CF c/c art. 106 e 144 CTN). Proíbe a retroatividade de lei nova gravosa alcançar fatos ocorridos antes da sua vigência. No ponto, destaque para a retroatividade das leis expressamente interpretativas e as que versem sobre infrações e sejam mais benéficas para os infratores. Estas últimas cumprem lembrar, não retroagirão se já houver coisa julgada.
- **Princípio da Anterioridade** (anual e nonagesimal) ou da não surpresa (art. 150, III, "b" e "c" CF). A instituição ou a majoração de tributo não pode ser cobrada no mesmo exercício em que a lei foi publicada, sendo observado o intervalo mínimo de 90 dias entre a lei que cria ou aumenta o tributo e o tempo da sua cobrança. Enfim, a anterioridade não se aplica nas situações de alteração de prazo recolhimento do tributo.

EXCEÇÕES ANTERIORIDADE ANUAL	
	Imposto de Importação – II;
	Imposto de exportação – IE;
	Imposto sobre produtos industrializados – IPI;
	Imposto sobre operações financeiras – IOF;
	Imposto Extraordinário de Guerra
	Empréstimo compulsório para calamidade pública ou guerra externa
	ICMS – Combustível monofásico
	CIDE-combustível
	Contribuições para seguridade social

EXCEÇÕES ANTERIORIDADE NONAGESIMAL (90 dias)	
	Imposto de Importação – II;
	Imposto de exportação – IE;
	Imposto de Renda – IR;
	Imposto sobre operações financeiras – IOF;
	Imposto Extraordinário de Guerra
	Empréstimo compulsório para calamidade pública ou guerra externa
	Fixação da base de cálculo do IPTU e IPVA (ART. 150, § 1°CF)

- **Princípio da Proibição ao Confisco ou da Não confiscatoriedade** (art. 150, IV CF). Trata-se de princípio formado por palavra de difícil alcance, só delimitada diante do caso concreto. Pela norma, o tributo não pode ser tão elevado de modo a impedir a continuidade da atividade empresarial do contribuinte ou levá-lo ao ponto de venda dos seus bens para o pagamento dos tributos incidentes sobre estes (garantia do mínimo vital). O STF já decidiu que "A identificação do efeito confiscatório deve ser feita em função da totalidade da carga tributária, mediante verificação da capacidade de que dispõe o contribuinte considerado o montante de sua riqueza (renda e capital) para suportar e sofrer a incidência de todos os tributos que ele deverá pagar, dentro de determinado período, à mesma pessoa política que os houver instituído" (ADC-MC 8/DF, Rel. Min. Celso de Mello). Esse princípio é igualmente aplicável às taxas e às multas.
- **Princípio da não limitação ao tráfego de pessoas e bens** (art. 150, V). Por este inciso, proíbe-se "estabelecer limitações ao tráfego de pessoas ou bens, por meio de tributos interestaduais ou intermunicipais, ressalvada a cobrança de pedágio pela utilização de vias conservadas pelo Poder Público". Por este princípio não está vedada a cobrança do ICMS nas fronteiras dos Estados, visto que o fato gerador em questão não é o trânsito da mercadoria, mas, sim, a sua compra e venda. Quanto ao pedágio, o STF revisitou a matéria recentemente no bojo da ADI 800/RS (Informativo nº 750 de 09 a 13 de junho de 2014) e entendeu que tal cobrança não teria natureza tributária (taxa), mas sim de preço público, não estando sujeito à legalidade estrita. Confira um trecho da decisão: "O Plenário sublinhou que seria irrelevante também, para a definição da natureza jurídica do pedágio, a existência, ou não, de via alternativa gratuita para o usuário trafegar. Reconheceu que a cobrança de pedágio poderia, indiretamente, limitar o tráfego de pessoas. Observou, todavia, que essa restrição seria agravada quando, por insuficiência de recursos, o Estado não construísse rodovias ou não conservasse adequadamente as existentes. Ponderou que, diante dessa realidade, a Constituição autorizara a cobrança de pedágio em rodovias conservadas pelo Poder Público, inobstante a limitação de tráfego que essa cobrança pudesse eventualmente acarretar. Registrou, assim, que a contrapartida de oferecimento de via alternativa gratuita como condição para a cobrança de pedágio não seria uma exigência constitucional, tampouco estaria prevista em lei ordinária. Consignou que o elemento nuclear para identificar e distinguir taxa e preço público seria o da compulsoriedade, presente na primeira e ausente na segunda espécie. Nesse sentido, mencionou o Enunciado 545 da Súmula do STF ("Preços de serviços públicos e taxas não se confundem, porque estas, diferentemente daqueles, são compulsórias e têm sua cobrança condicionada à prévia autorização orçamentária, em relação à lei que as instituiu"). ADI 800/RS, rel. Min. Teori Zavascki, 11.6.2014. (ADI-800).
- **Princípio da seletividade e da progressividade.** A seletividade consiste num critério de variação de alíquotas em função da essencialidade dos produtos, aplicada a impostos sobre o consumo. A CF determina que "o IPI será seletivo" ao passo que "o ICMS poderá ser seletivo". Quanto à progressividade, a alíquota também varia, seja em função da elevação da base de cálculo, buscando a aplicação da capacidade contributiva, seja em função de um caráter sancionatório. A progressividade sanção é aplicada ao IPTU e ao ITR, quando não há a correta destinação do imóvel. A progressividade em função do aumento da base de cálculo está presente no IR e IPTU. Segundo a CF, eles podem ter alíquotas progressivas em função do valor da riqueza tributável. Por fim, o IPTU pode ter alíquotas variáveis em função do local ou uso do imóvel e o IPVA em razão do tipo e utilização do veículo.
- **Princípio da Uniformidade Geográfica ou Uniformidade Tributária** (art. 151, I, CF c/c art. 19, III, *in fine*, da CF). A CF veda a União instituir tributo que não seja uniforme em todo o território nacional ou que implique distinção ou preferência em relação a Estado, ao Distrito Federal ou a Município, exceto se a diferenciação for para diminuir as diferenças socioeconômicas no país.
- **Princípio da Não Cumulatividade** (art. 155, § 2°, I da CF; art. 153, § 3°, II, art. 154, I da CF). Tido por alguns autores como princípio, a não cumulatividade consiste em método previsto na CF que evita o Fisco de cobrar o tributo na totalidade sobre o valor apurado em cada etapa da cadeia, visto que o imposto deve recair apenas sobre a parcela do preço do bem que foi agregado em cada etapa. Assim, em cada operação, o imposto deve recair apenas sobre o valor que o agente agregou. Está presente no IPI e no ICMS.
- **Princípio da vedação às isenções heterônomas** (art. 151, III da CF). É clássica a norma que apregoa ser o poder de isentar ínsito ao poder de tributar. Ou seja, apenas pode conceder isenção quem tem o poder de tributação, o que torna válida a isenção autônoma. Em contrapartida, **é proibido conceder isenção aquele que não tem o poder de tributação**. Logo, se o ICMS é um tributo estadual, apenas o Estado pode conceder isenção, ficando vedado tal poder à União, ou seja, fica proibida a isenção heterônoma ou heterotópica, novidade esta trazida pela CF/88. Porém, há exceções à regra. Como exemplo, cite-se a possibilidade da União conceder, através de lei complementar, isenção heterônoma do ISS nas exportações de serviços para o exterior (art. 156, § 3°, inciso II da CRFB). Ademais, cumpre lembrar que, se a isenção de tributos estaduais e municipais for concedida através de Tratado Internacional, não há impedimento à União na sua concessão, uma vez que, nesse caso, a referida pessoa política não age como ente federativo interno, mas, sim, como representante da República Federativa do Brasil, atuando como sujeito de direito na ordem internacional. Segundo o STF (RE 229.096-RS): "(...) No direito internacional apenas a República Federativa do Brasil tem com-

petência para firmar tratados (art. 52, § 2º, da Constituição da República), dela não dispondo a União, os Estados-membros ou os Municípios. O Presidente da República não subscreve tratados como Chefe de Governo, mas como Chefe de Estado, o que **descaracteriza a existência de uma isenção heterônoma**, vedada pelo art. 151, inc. III, da Constituição."

- **Princípio da não discriminação baseada em procedência ou destino** (art. 152 CF). Por este princípio, ficam os Estados, Distrito Federal e Municípios vedados de estabelecer diferenças tributárias entre bens e serviços de qualquer natureza em razão de sua procedência ou destino. A procedência pode ser externa ou interna.
- **Princípio da não afetação dos impostos:** Está disciplinado no art. 167, inciso IV da Carta Magna e dispõe acerca da vedação de vinculação de receita de impostos, ressalvadas as seguintes hipóteses:

▸ Repartição constitucional dos impostos (art. 167, IV, da CF/88)
▸ Destinação de recursos para a saúde (art. 167, IV, da CF/88)
▸ Destinação de recursos para o desenvolvimento do ensino (art. 167, IV, da CF/88)
▸ Destinação de recursos para a atividade de administração tributária (art. 167, IV, da CF/88)
▸ Prestação de garantias às operações de crédito por antecipação de receita (art. 167, IV, da CF/88)
▸ Garantia, contragarantia à União e pagamento de débitos para com esta (art. 167, § 4º, da CF/88)

2.2. IMUNIDADES

- A imunidade é uma limitação Constitucional ao Poder de Tributar. Corresponde a uma hipótese de incompetência das pessoas políticas para instituir tributos. É, portanto, norma constitucional que afasta a tributação. Difere-se da isenção porque nesta há a competência de tributar, mas não há o seu exercício.
- A CF não apresenta a expressão "imunidade" no seu texto. Ela vem vertida em expressões constitucionais como "é vedado", "não incide tributos...", "são isentos...", dentre outras.
- A CF apresenta imunidade de taxas (art. 5º, XXXIV), impostos (art. 150, VI) e contribuições sociais (art. 195, § 7º).
- Afora as imunidades genéricas previstas no art. 150, VI, do texto constitucional, a Carta Magna traz ainda outras situações que configuram hipóteses de imunidades que são denominadas *Imunidades Específicas*. Citemos apenas algumas a título exemplificativo: art. 155, § 2º, inciso X, "a" da CF (ICMS); art. 156, § 2º, inciso I, da CF (ITBI); art. 153, § 3º, inciso III da CF (IPI), dentre outras.
- O art. 150, VI, da CF veda à União, aos Estados, ao Distrito Federal e aos Municípios instituir *impostos* em algumas situações, o que dá ensejo à classificação das imunidades. Assim, neste inciso, há as chamadas "Imunidades Genéricas". São elas:

a) **Imunidade Recíproca** (CF, art. 150, VI, "a" e §§ 2º e 3º). Consiste na vedação constitucional de se instituir imposto sobre o patrimônio, renda ou serviços dos entes federativos entre si.

i. Alcança as autarquias e fundações públicas. No entanto, estas só gozam da imunidade se as suas atividades estiverem relacionadas com suas finalidades essenciais ou às delas decorrentes.

ii. Em regra, não alcança as empresas públicas e sociedades de economia mista. No entanto, quando estas prestam serviços públicos obrigatórios, exclusivos do Estado, a imunidade lhes é estendida (RE 407.099/RS – Caso clássico da imunidade dos Correios – ECT)

b) **Imunidade Religiosa** (CF, art. 150, VI, "b"). Consiste em garantia que protege o direito de culto dos cidadãos. Trata-se de imunidade que não se limita aos templos de qualquer culto, mas alcança toda a entidade religiosa. O STF já decidiu que imóvel pertencente a entidade religiosa, embora alugado, não perderá a imunidade, desde que a receita auferida esteja vinculada às atividades essenciais. Corroborando o exposto, a Emenda Constitucional nº 116/2022 "Acrescenta § 1º-A ao art. 156 da Constituição Federal para prever a não incidência sobre templos de qualquer culto do Imposto sobre a Propriedade Predial e Territorial Urbana (IPTU), ainda que as entidades abrangidas pela imunidade tributária sejam apenas locatárias do bem imóvel.".

c) **Imunidade dos partidos políticos inclusive suas fundações, das entidades sindicais dos trabalhadores, das instituições de educação e de assistência social, sem fins lucrativos, atendidos os requisitos da lei** (CF, art. 150, VI, "c", e § 4º). No caso dos partidos políticos, a finalidade é não coibir o pluralismo partidário. As entidades sindicais dos trabalhadores, igualmente, têm proteção da liberdade de associação sindical. E as últimas, instituições de educação e assistência social, como secundam o Estado naquilo que este deveria realizar, correta a não cobrança de impostos no exercício dessas atividades.

i. Como visto, esta última imunidade é **condicional** e, pela redação do art. 146, II, da CF, só lei complementar pode "regular as limitações constitucionais ao poder de tributar". Essas limitações estão contempladas no art. 14 do CTN e seus incisos, que disciplinam os requisitos para o gozo da imunidade. São eles: (i) não distribuírem qualquer parcela de seu patrimônio ou de suas rendas, a qualquer título; (ii) aplicarem integralmente, no País, os seus recursos na manutenção dos seus objetivos institucionais; (iii) manterem escrituração de suas receitas e despesas em livros revestidos de formalidades capazes de assegurar sua exatidão.

ii. A ausência de finalidade lucrativa não impede a empresa de auferir lucro. Importante é, no ponto, não haver distribuição do resultado auferido entre os diretores, gerentes ou pessoas responsáveis.

iii. Os entes imunes, ainda que desempenhem outras atividades lucrativas, poderão gozar do benefício da imunidade, desde que os resultados positivos obtidos sejam aplicados na finalidade principal do empreendimento. No ponto, até mesmo o ICMS, imposto indireto, não pode ser cobrado, desde que o contribuinte direto seja o ente imune. Quando este está na posição de contribuinte indireto, o imposto é cobrado.

d) **Imunidade dos livros, jornais, periódicos e o papel destinado à sua impressão** (CF, art. 150, VI, "d"). Conhecida como imunidade cultural, consiste na proteção ao princípio da liberdade de expressão, bem como, do ponto de vista prático, na diminuição dos custos para tornar o acesso à cultura mais possível. Trata-se de imunidade objetiva, pois visa a alcançar o livro, enquanto bem tributável, e não a pessoa jurídica que o mercancia. Assim, há imunidade do II, ICMS e do IPI e não do IPTU do imóvel ou do IR da pessoa jurídica. Não é dado ao Fisco analisar o conteúdo do material veiculado para atestar o alcance da imunidade. Na verdade, pouco importa o conteúdo e a relevância das informações veiculadas para que a imunidade seja deferida.

i. O STF já definiu que a imunidade, além do papel, alcança os filmes destinados à produção de capas de livros e os filmes fotográficos. No que concerne aos livros eletrônicos, o STF (RE 330817, Relator(a): Min. DIAS TOFFOLI, Tribunal Pleno, julgado em 08/03/2017, ACÓRDÃO ELETRÔNICO DJe-195 DIVULG 30-08-2017 PUBLIC 31-08-2017) aprovou a seguinte tese em repercussão geral (tema nº 593 da Gestão por Temas da Repercussão Geral do portal do STF): "A imunidade tributária constante do art. 150, VI, d, da CF/88 aplica-se ao livro eletrônico (e-book), inclusive aos suportes exclusivamente utilizados para fixá-lo." Ainda sobre o tema, o STF aprovou o Enunciado n. 57 da Súmula Vinculante nos seguintes termos: "A imunidade tributária constante do art. 150, VI, d, da CF/88 aplica-se à importação e comercialização, no mercado interno, do livro eletrônico (ebook) e dos suportes exclusivamente utilizados para fixá-los, como leitores de livros eletrônicos (e-readers), ainda que possuam funcionalidades acessórias".

e) **Imunidade sobre os fonogramas e videofonogramas musicais produzidos no Brasil contendo obras musicais ou literomusicais de autores brasileiros e/ou obras em geral interpretadas por artistas brasileiros bem como os suportes materiais ou arquivos digitais que os contenham, salvo na etapa de reprodução industrial de mídias ópticas de leitura a laser.**

– A Emenda Constitucional nº 75/2013, originária da chamada "PEC da música", proposta com o objetivo de propiciar competitividade em preços no mercado musical e, assim, fazer frente à pirataria, trouxe mais uma imunidade geral, do tipo objetiva, ao incluir a alínea "e" no inciso VI do artigo 150 da CF, que veda aos entes federativos instituir impostos sobre:

TEXTO CONSTITUCIONAL	EXPLICAÇÕES / EXEMPLOS
Fonogramas e videofonogramas musicais produzidos no Brasil contendo obras musicais ou literomusicais de autores brasileiros	isto é, álbuns, videoclipes, espetáculos literomusicais contendo composições musicais de autores brasileiros
e/ou	
Fonogramas e videofonogramas musicais produzidos no Brasil contendo obras em geral interpretadas por artistas brasileiros	ou seja, músicas e vídeos musicais nos quais o intérprete seja brasileiro (aqui não é necessário que o autor seja brasileiro, só o intérprete)
bem como	
os suportes materiais ou arquivos digitais que os contenham	tais como CDs, DVDs, *blu-rays* e os próprios *downloads* de músicas e *ringtones* comercializados pela *internet*
salvo (exceção)	
na etapa de replicação industrial de mídias ópticas de leitura a laser	não há a imunidade em relação aos impostos devidos pela indústria de CDs, DVDs, *blu-rays* e outras mídias ópticas de leitura a laser que vierem a surgir com a evolução tecnológica

3. COMPETÊNCIA TRIBUTÁRIA. LEGISLAÇÃO TRIBUTÁRIA. VIGÊNCIA, APLICAÇÃO E EFICÁCIA

3.1. COMPETÊNCIA TRIBUTÁRIA

– A competência tributária refere-se ao poder dos entes políticos na instituição de tributos, tendo como fundamento maior o Princípio do Federalismo (art. 60, § 4º, I, CF). Consiste na atribuição constitucional do poder de instituir tributos. É que a CF não cria tributos, apenas dá poderes.

– Impõe advertir que existe diferença entre Competência Tributária e Capacidade Tributária Ativa (artigos 7° e 8° do CTN). A primeira refere-se à atribuição de criar o tributo, e, consequentemente, a de fiscalizá-lo e cobrá-lo. Caracteriza-se pelos *"três III's"*: *indelegável, intransferível e irrenunciável.* Na capacidade tributária, no entanto, há apenas a atribuição da atividade de *arrecadar e fiscalizar* tributos. A competência tem natureza política enquanto a capacidade tem natureza administrativa.

COMPETÊNCIA TRIBUTÁRIA	CAPACIDADE TRIBUTÁRIA
▸ INDELEGÁVEL, ▸ INTRANSFERÍVEL ▸ IRRENUNCIÁVEL	▸ ARRECADAÇÃO ▸ FISCALIZAÇÃO

– **Competência – Classificação:**

– Em relação aos tributos, a seguinte classificação pode ser concebida:

a) Competência Privativa (arts. 153; art. 155; arts. 156 e 147, parte final, CF; art. 148 CF, art. 149, caput CF; art. 149, § 1º, CF; art. 149-A). São as competências dos entes federativos quanto à instituição dos tributos. Os artigos acima delineados indicam as competências de cada ente federativo, dispostas de forma rígida na CF, de modo que os entes não poderão instituir qualquer outro tributo, a não ser os delimitados na CF.

b) Competência Comum (taxas e contribuições de melhoria – arts. 79, I e II CTN e art. 81 CTN). Esses tributos dependem de uma atuação estatal que pode ser desenvolvida por qualquer ente federativo, sem necessidade da expressa previsão constitucional sobre o fato específico a ser realizado. Assim é que, o ente que prestar um serviço público específico e divisível, segundo os ditames da CF, está autorizado à cobrança da taxa. De igual forma, o ente responsável por obra que decorra valorização imobiliária em imóveis particulares está autorizado à cobrança da contribuição de melhoria, seja ele ente federal, estadual ou municipal. Daí se dizer que essa competência é comum a todos os entes. Nesse sentido, o STF, 2ª Turma, decidiu no RE 602089 AgR, em 24/04/2012 que, "Por não serem mutuamente exclusivas, as atividades de fiscalização ambiental exercidas pela União e pelo estado não se sobrepõem e, portanto, não ocorre bitributação".

c) Competência Cumulativa (art. 147 CF). Estudada, quanto à União, apenas do ponto de vista teórico, uma vez que não há mais territórios. Assim, afirma a CF que competem à União, em Território Federal, os impostos estaduais e, se o Território não for dividido em Municípios, cumulativamente, os impostos municipais; ao Distrito Federal cabem os impostos municipais.

d) Competência Especial (empréstimos compulsórios – art. 148 CF e as contribuições sociais – art. 149 CF) obs. Súmula 418 STF (perdeu eficácia). No ponto, viu-se que apenas a União tem competência para instituir empréstimos compulsórios e contribuições especiais, ressalvada a competência dos Estados, do Distrito Federal e dos Municípios para instituírem a cobrança da contribuição previdenciária dos seus servidores, e, no caso do Distrito Federal e dos Municípios, além desta contribuição, a chamada Contribuição de Iluminação Pública (art. 149-A).

e) Competência Residual (art. 154, I e art. 195, § 4º, CF). Em que pese a competência privativa delimitar, com exaustão, o poder dos entes instituírem impostos, a CF determinou que apenas a União pode, por lei complementar, instituir novos impostos, desde que sejam não cumulativos e não tenham fato gerador ou base de cálculo dos discriminados na CF. Igualmente, prevê que novas contribuições sociais apenas poderão ser criadas através do mesmo instrumento legal, qual seja, lei complementar.

f) Competência Extraordinária (IEG – art. 154, II CF c/c art. 76 CTN). A CF previu, apenas para a União, a competência para criar imposto extraordinário de guerra, em casos de iminência ou guerra externa. Esses impostos estão compreendidos ou não na competência tributária da União e devem suprimidos, gradativamente, cessadas as causas de sua criação.

3.2. LEGISLAÇÃO TRIBUTÁRIA. VIGÊNCIA, APLICAÇÃO E EFICÁCIA

– Para falar da vigência da legislação tributária, antes, é preciso falar do alcance da **legislação tributária**. Para tanto, a redação do art. 96 do CTN afirma: "A expressão "legislação tributária" compreende as leis, os tratados e as convenções internacionais, os decretos e as normas complementares que versem, no todo ou em parte, sobre tributos e relações jurídicas a eles pertinentes". Logo, todo ato normativo que verse sobre direito tributário faz parte da "legislação tributária". Os dispositivos que tratam da legislação tributária pressupõem a ideia de hierarquia, segundo o qual as normas superiores ditam as regras de validade das inferiores. São as fontes formais principais do direito tributário.

– Pela redação acima, nota-se que importante fonte da legislação tributária é a **lei**. No sentido restrito, consiste num ato do Poder Legislativo que, dotado de autoridade democrática, representa cada cidadão na autorização da cobrança de tributos. O princípio da legalidade, já explicitado nessa obra, demonstra o alcance dessa fonte. Legislação tributária, por sua vez, significa lei em sentido amplo, alcançando os tratados, as convenções internacionais, os decretos e as normas complementares. O concursando deve ficar atento ao art. 97 do CTN que elenca o rol de matérias reservadas à lei em sentido restrito.

– Para o direito tributário, importante é a distinção entre **lei ordinária** e **lei complementar**. Elas se diferem na forma e na matéria. Quanto à forma, lei complementar exige maioria absoluta para a sua aprovação, enquanto a lei ordinária exige maioria simples. Quanto à matéria, o conteúdo da lei complementar é expressa ou implicitamente delimitado na CF, enquanto a lei ordinária não tem matéria reservada na Carta Maior, possuindo caráter residual. Para o STF, não há hierarquia entre lei complementar e lei ordinária. Assim, toda vez que uma lei complementar for aprovada sobre matéria de lei ordinária, poderá ser modificada por lei ordinária. Quando a lei ordinária tratar de um assunto de lei complementar, ela será inconstitucional.

– Quanto aos **tratados e convenções internacionais** (art. 98 do CTN), após a sua incorporação ao sistema interno, através de decreto legislativo, eles têm força de lei. Pela redação do art. 98 do CTN, os tratados e as convenções internacionais revogam ou modificam a legislação tributária interna e serão observados pela que lhes sobrevenha. Houve imprecisão ao afirmar que o tratado revoga ou modifica a legislação tributária interna. Na verdade, os tratados prevalecem sobre a legislação tributária, suspendendo a eficácia da legislação naquilo que for conflitante. Quando incorporados ao direito interno, os tratados possuem *status* de lei ordinária, não podendo, por isso, adentrar em matéria reservada à lei complementar.

– Em relação aos **decretos**, o art. 99 do CTN afirma que o seu conteúdo e alcance deve se adstringir aos das leis. Assim, duas conclusões são claras: (i) decretos não criam direitos, obrigações, deveres ou restrições aos contribuintes; e (ii) decreto, outra face do regulamento, deve guardar estreita relação de compatibilidade com a lei. Em matéria tributária admite-se apenas o decreto regulamentar e não o autônomo.

– Por fim, as **normas complementares**, que não se confundem com leis complementares. Destinam-se a completar o texto das leis, dos tratados e convenções internacionais e decretos. Não podem inovar o texto que complementam. Pela redação do art. 100 do CTN, são normas complementares: (i) os atos normativos expedidos pelas autoridades administrativas; (ii) as decisões dos órgãos singulares ou coletivos de jurisdição administrativa, a que a lei atribua eficácia normativa; (iii) as práticas reiteradamente observadas pelas autoridades administrativas; e (iv) os convênios que entre si celebrem a União, os Estados, o Distrito Federal e os Municípios. Importante destacar que a observância das normas complementares exclui a imposição de penalidades, a cobrança de juros de mora e a atualização do valor monetário da base de cálculo do tributo.

– No intuito de facilitar a memorização, sugere-se a leitura do quadro a seguir:

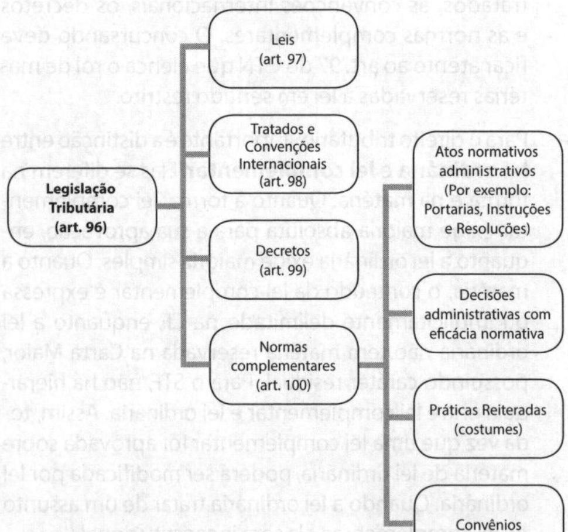

a) VIGÊNCIA

– A vigência da legislação tributária é estudada em relação ao espaço e ao tempo. Pela norma do art. 101 do CTN, "A vigência, no espaço e no tempo, da legislação tributária rege-se pelas disposições legais aplicáveis às normas jurídicas em geral, ressalvado o previsto neste Capítulo". As disposições gerais estão previstas na Lei de Introdução às normas do Direito Brasileiro – LINDB, de modo que, quanto à vigência no tempo, prevalecem as disposições das normas jurídicas em geral (Vide arts. 1° e 2° da LINDB). Em relação à eficácia da norma, no entanto, se esta se referir à criação ou majoração de tributos, deve-se observar o princípio da anterioridade tributária. Quanto à vigência da legislação tributária no espaço, vigora, como regra, o Princípio da territorialidade e excepcionalmente o Princípio da extraterritorialidade. (V. art. 102 CTN).

– Bom salientar que a legislação brasileira não admite a repristinação automática. Ela só ocorre se houver expressa previsão legal.

– O quadro abaixo resume a ideia da vigência da lei tributária no tempo.

Art. 100	Art. 103
São normas complementares das leis, dos tratados e das convenções internacionais e dos decretos: I – os atos normativos expedidos pelas autoridades administrativas; **(DATA DA PUBLICAÇÃO)** II – as decisões dos órgãos singulares ou coletivos de jurisdição administrativa, a que a lei atribua eficácia normativa; **(30 DIAS)** III – as práticas reiteradamente observadas pelas autoridades administrativas; **(SEM DATA PARA A VIGÊNCIA)** IV – os convênios que entre si celebrem a União, os Estados, o Distrito Federal e os Municípios. **(NA DATA NELES PREVISTA).**	Salvo disposição em contrário, entram em vigor: I – os atos administrativos a que se refere o inciso I do artigo 100, na data da sua publicação; II – as decisões a que se refere o inciso II do artigo 100 quanto a seus efeitos normativos, 30 (trinta) dias após a data da sua publicação; III – os convênios a que se refere o inciso IV do artigo 100 na data neles prevista.

– Regra especial de vigência – art. 104 CTN

Art. 104 – Entram em vigor no primeiro dia do exercício seguinte àquele em que ocorra a sua publicação os dispositivos de lei, referentes a impostos sobre o patrimônio ou a renda:

I – que instituem ou majoram tais impostos;

II – que definem novas hipóteses de incidência;

III – que extinguem ou reduzem isenções, salvo se a lei dispuser de maneira mais favorável ao contribuinte, e observado o disposto no Art. 178.

– Muito embora esse dispositivo colida com o princípio da anterioridade, cumpre lembrar que o mesmo é considerado válido em algumas provas. Importa saber, portanto, o enunciado da questão, a fim de separar a aplicação da vigência e da eficácia da legislação tributária. Em todos os casos, quando o tema é criação ou majoração de tributo, deve-se observar a regra constitucional da anterioridade. Esse é o entendimento aplicável aos incisos I e II. O inciso III é estudado no tema das isenções. O que, por ora, deve ser lembrado é que, como a isenção é benéfica para o contribuinte, ela começa a viger desde o momento descrito na lei, devendo esperar o exercício seguinte na hipótese de sua extinção ou redução.

b) APLICAÇÃO

– Está relacionada com a operacionalidade das normas tributárias em relação aos fatos geradores que suscitam a sua incidência.

– **Aplicação aos fatos geradores pendentes** – Primeira dúvida que poderia haver é em relação à redação do art. 105 do CTN que preconiza a aplicação da legislação tributária aos fatos geradores futuros e pendentes: "Art. 105 – A legislação tributária aplica-se imediatamente aos fatos geradores futuros e aos pendentes, assim entendidos aqueles cuja ocorrência tenha tido início, mas não esteja completa nos termos do 116". Isso porque, enquanto o princípio da irretroatividade preconiza que a lei não deve retroagir para alcançar o fato gerador consumado, o art. 105 afirma que ela se aplica aos fatos geradores futuros e pendentes.

- A ideia foi alcançar aqueles fatos geradores que se iniciam sob a vigência de determina lei e terminam sob a vigência de lei nova. O caso clássico é o Imposto de Renda, pois, o seu aspecto temporal se inicia em 1º de janeiro e termina apenas em 31 de dezembro. Sendo assim, lei que aumente esse tributo dentro de um exercício, por estar o fato gerador pendente, seria aplicada imediatamente.
- O tema merece maior atenção por conta da Súmula nº 584 do STF: "Ao imposto de renda calculado sobre os rendimentos do ano-base, aplica-se a lei vigente no exercício financeiro em que deve ser apresentada a declaração". De discutida constitucionalidade, por ferir o princípio da irretroatividade, a súmula 584 tem sido aplicada pelo STF, o que reflete a vigência do 105 do CTN. O STJ em diversos julgados afastou referida súmula, bem como a doutrina em peso, muito embora o tema não tenha sido ainda fortemente debatido no STF.

– **Aplicação retroativa da lei tributária**

- A lei tributária é aplicada retroativamente em duas hipóteses: (i) quando for expressamente interpretativa e (ii) quando for mais benéfica. A primeira hipótese é justificada pelo enorme número de normas em matéria tributária, que pode induzir o contribuinte a seguir interpretações equivocadas, de modo que lei com interpretação autêntica deve retroagir para dirimir dúvidas e declarar direitos já assegurados. O ponto de destaque na doutrina é saber se realmente é possível haver lei puramente interpretativa, uma vez que toda lei acaba inovando o direito, deixando de ser meramente interpretativa para ser modificativa. E, sendo modificativa, ela terá caráter normativo e não retroagirá. Na segunda hipótese, em caso de lei benéfica, o art. 106 elenca as hipóteses em que ela retroage, desde que não alcance atos definitivamente julgados: a) quando deixe de defini-lo como infração; b) quando deixe de tratá-lo como contrário a qualquer exigência de ação ou omissão, desde que não tenha sido fraudulento e não tenha implicado em falta de pagamento de tributo; c) quando lhe comine penalidade menos severa que a prevista na lei vigente ao tempo da sua prática. A expressão "definitivamente julgados" significa o trânsito em julgado. Assim, enquanto não extinto o processo na sua plenitude (após a arrematação, adjudicação ou remição) a lei nova mais benéfica poderá retroagir. Cumpre lembrar que a retroação da lei ocorre apenas nas hipóteses de redução de penalidades e não alcança diminuição do tributo.

4. INTERPRETAÇÃO E INTEGRAÇÃO DA LEGISLAÇÃO TRIBUTÁRIA

- Quando o CTN fala em interpretação da legislação tributária, ele se refere à busca, dentro do conjunto de textos tributários, de algum comando jurídico que, interpretado, produza uma norma capaz de resolver o litígio em discussão. É a possibilidade de o intérprete construir a norma a partir de textos contidos no arcabouço legislativo tributário. No entanto, quando o tema é integração da legislação tributária, a doutrina, ainda que de modo simplista, afirma que houve lacuna no direito tributário, e, como os litígios não podem ficar sem solução, a única alternativa é preencher esses espaços através da integração, adiante estudada.
- Portanto, a integração consiste na tarefa de colmatar lacunas, mediante a qual a legislação é aplicada com o auxílio de critérios para suprir situações sobre as quais a legislação deixou de dispor. No direito tributário, a integração é tarefa de qualquer autoridade competente para aplicação da legislação tributária, seguindo critérios sucessivos estabelecidos no artigo 108 do CTN. Já a interpretação diz respeito ao raciocínio lógico jurídico desenvolvido para compreensão do conteúdo e alcance de uma norma jurídica ou de um conjunto dessas normas, visando à correta aplicação da legislação. Em matéria tributária, os artigos 109 a 112 do CTN estabelecem inúmeras regras de interpretação normativa.
- A "legislação tributária" apresenta critérios de integração para suprimento de lacunas que são diversos daqueles utilizados pelo restante da legislação (demais normas que não as tributárias). O artigo 108 do CTN determina que, na ausência de disposição normativa expressa, o aplicador da norma utilize, suces-

sivamente (nesta ordem), a analogia (que não pode resultar na exigência de um tributo não previsto em lei), os princípios gerais de direito tributário, os princípios gerais de direito público e a equidade (que não pode resultar na dispensa de um tributo devido). Já a Lei de Introdução às Normas do Direito Brasileiro, em seu artigo 4°, estipula que "quando a lei for omissa, o juiz decidirá o caso de acordo com a analogia, os costumes e os princípios gerais de direito". Perceba que, exceto a analogia, os demais critérios de integração são diferentes. Ainda, para a integração das demais normas (exceto a "legislação tributária"), não há ordem sucessiva de critérios a ser seguida. Adiante *encontra*-se o quadro comparativo:

INTEGRAÇÃO DA LEGISLAÇÃO TRIBUTÁRIA	INTEGRAÇÃO DAS DEMAIS NORMAS
Art. 108 do CTN	Art. 4° da Lei de Introdução às Normas do Direito Brasileiro (Decreto-Lei 4.657/42)
Os quatro critérios abaixo obedecem a uma ordem sucessiva.	Os três critérios não estão sujeitos a uma ordem de aplicação.
1°) Analogia (O emprego da analogia não poderá resultar na exigência de tributo não previsto em lei)	**Analogia**
2°) Princípios Gerais de Direito Tributário	**Costumes**
3°) Princípios Gerais de Direito Público	**Princípios Gerais de Direito**
4°) Equidade (O emprego da equidade não poderá resultar na dispensa do pagamento de tributo devido)	–

- A interpretação das normas tributárias não foge das teorias gerais de interpretação, possuindo algumas poucas especificidades. É que os critérios de interpretação fazem parte da teoria geral do direito e só apresentam alguma variação quando o próprio legislador demanda interpretação diferenciada para algumas situações específicas.
- Assim, valendo-se da teoria geral do direito, pode-se dizer que a interpretação varia quanto à fonte e quanto ao meio. No primeiro caso, ela pode ser (i) autêntica; (ii) jurisprudencial e (iii) doutrinária. Quanto ao meio, ela poderá ser (i) gramatical; (ii) histórica; (iii) lógica; (iv) teleológica ou (v) finalística.
- Tratando-se das especificidades em matéria tributária, o legislador determinou dois tipos de interpretação: (i) literal e (ii) benigna. A interpretação literal, muito embora possua aparente reducionismo interpretativo, é devida em hipóteses que visam a dar maior rigidez no alcance das normas, com o fim de evitar interpretações extensivas ou analogias que, em regra, fariam sucumbir o sistema tributário. Pelo art. 111 do CTN, a interpretação literal deve ocorrer nas hipóteses de (i) suspensão ou exclusão do crédito tributário; (ii) outorga de isenção e (iii) dispensa do cumprimento de obrigações tributárias acessórias. Não é que a teoria geral da interpretação das normas jurídicas será afastada nessas hipóteses. A finalidade é tão somente evitar ampliações nos institutos cuja interpretação literal foi exigida.
- Quanto à interpretação benigna, trata-se de similitude do direito tributário com o direito penal. Se neste ramo é indubitável a aplicação da técnica interpretativa *in dubio pro reo*, no direito tributário, quando o tema é penalidade e está-se diante de dúvida, aplica-se a técnica *in dubio pro contribuinte*. O artigo 112 define as hipóteses em que este entendimento deve ser visto:

> *Art. 112. A lei tributária que define infrações, ou lhe comina penalidades, interpreta-se da maneira mais favorável ao acusado, em caso de dúvida quanto: I – à capitulação legal do fato; II – à natureza ou às circunstâncias materiais do fato, ou à natureza ou extensão dos seus efeitos; III – à autoria, imputabilidade, ou punibilidade; IV – à natureza da penalidade aplicável, ou à sua graduação.*

- Resta ainda analisar o papel dos princípios de direito privado e de direito público na interpretação dos institutos do direito tributário. Tal análise é devida porque o direito tributário, diferentemente de alguns ramos mais tradicionais, é relativamente novo e inegavelmente se vale de diversos conceitos e institutos de outros ramos do direito, mormente do direito privado. Como exemplo, a instituição do IPTU demanda o conhecimento dos institutos da propriedade, posse e domínio útil. Por outro lado, a incidência do ITCMD exigirá o conhecimento de contratos, bem como do tema de sucessões. Enfim, não há como despregar o direito tributário de outros ramos igualmente importantes do direito.
- Assim é que, ao estudar o direito tributário, o operador do direito deve ter em mente o conhecimento desses institutos, estando certo que, na seara tributária, a lei pode prever efeitos distintos dos previstos na lei privada. É o que reza o art. 109 do CTN. No entanto, se os institutos de direito privado foram utilizados pelo legislador constituinte, sequer o legislador tributário infraconstitucional poderá realizar qualquer alteração do seu alcance, visto que, se assim o fizesse, estaria alterando a própria CF (art. 110 do CTN).
- Por fim, tem-se a integração da legislação tributária. A sua razão decorre da inexistência de texto legal capaz de solucionar a celeuma (lacuna), o que leva o operador do direito a valer-se dos seguintes institutos, na forma hierarquizada a seguir disposta: (i)

analogia; (ii) princípios gerais de direito tributário; (iii) princípios gerais de direito público e (iv) equidade. Importante lembrar que a analogia não se confunde com a interpretação extensiva. Enquanto a primeira se refere a uma hipótese não imaginada pelo legislador, que deverá ser resolvida através da aplicação de uma norma jurídica que rege caso semelhante, a segunda consiste apenas em ampliar o alcance de uma norma para abarcar situações outrora não previstas.

- Ainda em relação a esses institutos, importante lembrar que "O emprego da analogia não poderá resultar na exigência de tributo não previsto em lei" e que "O emprego da eqüidade não poderá resultar na dispensa do pagamento de tributo devido".
- Os tratados e convenções internacionais, relacionados com tributo, são fontes formais primárias do Direito Tributário (art. 96 do CTN) e ingressam em nosso ordenamento jurídico através de decreto legislativo. A competência para resolver definitivamente sobre internalização desses diplomas normativos é exclusiva do Congresso Nacional (CF, art. 49, I). Logo, o instrumento normativo hábil é o decreto legislativo que, nos termos do artigo 109, inciso II do Regimento Interno da Câmara dos Deputados e do artigo 213, II do Regimento Interno do Senado Federal, é o veículo normativo destinado a matérias de competência exclusiva do Congresso Nacional, isto é, aquelas que independem de sanção do Presidente da República. Além disso, o artigo 172, inciso II, alínea "c" do Regimento Interno do Senado Federal também faz expressa menção ao decreto legislativo referente a tratado, convênio ou acordo internacional.
- O § 3° do artigo 5° da CF estipula que a equivalência dos tratados e convenções internacionais aprovados pelo Congresso Nacional com as Emendas Constitucionais está restrita àqueles que versem sobre direitos humanos (e não sobre combate à sonegação).
- A fixação do prazo de recolhimento de tributo não é matéria que deve, necessariamente, estar prevista em lei. As matérias reservadas à previsão em lei são aquelas elencadas no artigo 97 do CTN (Princípio da Estrita Legalidade Tributária).
- O STJ em várias oportunidades posicionou-se pela inaplicabilidade da analogia para concessão de isenção (por exemplo, no RESP 1.089.952/RJ).
- O STJ já decidiu que o "art. 111 do CTN, que prescreve a interpretação literal da norma, não pode levar o aplicador do direito à absurda conclusão de que esteja ele impedido, no seu mister de apreciar e aplicar as normas de direito, de valer-se de uma equilibrada ponderação dos elementos lógico-sistemático, histórico e finalístico ou teleológico, os quais integram a moderna metodologia de interpretação das normas jurídicas" (RESP 192.531/RS).
- Portanto, resumindo os posicionamentos do STJ retrocitados tem-se que é admitida uma interpretação mais ampla na outorga de isenções (tais como os elementos lógico-sistemático, histórico e teleológico), porém não se aplica a analogia para estender a aplicação delas.
- O STJ decidiu que "a isenção tributária revela conveniência política, insuscetível, neste aspecto, de controle pelo Poder Judiciário, na concretização de interesses econômicos e sociais, estimulando e beneficiando determinadas situações merecedoras de tratamento privilegiado (artigo 176, CTN). Os critérios ensejadores de sua concessão, em consequência, não alteram nem identificam, necessariamente, com os elementos caracterizadores do tributo" (RESP 44.495/RJ).
- Vários são os julgados do STF que apregoam que os requisitos de relevância e urgência para edição de medida provisória são de apreciação discricionária do chefe do Poder Executivo, não cabendo, salvo os casos de excesso de poder, seu exame pelo Poder Judiciário (ADI 2150).
- O artigo 106, inciso II, alínea "c", do CTN apregoa que a "lei aplica-se a ato ou fato pretérito, tratando-se de ato não definitivamente julgado, quando lhe comine penalidade menos severa que a prevista na lei vigente ao tempo da sua prática". A leitura não permite qualquer restrição da expressão "ato não definitivamente julgado" aos processos administrativos. Mesmo no caso de processos judiciais em andamento (por exemplo, numa ação anulatória de lançamento de débito fiscal, cujo objetivo é desconstituir o crédito tributário), uma lei nova que comine penalidade menos severa deve ser aplicada retroativamente. É a posição do STJ (REsp 295.762/RS).
- O CTN, embora seja formalmente uma lei ordinária anterior à Constituição de 1988 (Lei 5.172/66), foi recepcionado com *status* de lei complementar pela ordem constitucional vigente (lei materialmente complementar), porque compatível com a mesma, com fundamento no artigo 34, § 5° do ADCT. O CTN trata de matérias que a Constituição Federal reservou à lei complementar de caráter nacional. Isso porque, além de versar sobre normas gerais de direito tributário (CF, art. 146, III), ainda regula no plano infraconstitucional várias limitações ao poder de tributar (CF, art. 146, II).
- O regime de tributação do Simples Nacional constitui exigência de diversos editais, razão pela qual se recomenda conferir o texto da Lei complementar 123/2006. Merecem destaque as recentíssimas alterações estatuídas por intermédio da Lei complementar 155/2016. Por serem recentes e muito importantes, crescem as expectativas de que sejam bastante cobradas nos próximos concursos públicos. As principais delas são as seguintes: i) Novo limite de receita bruta anual para Empresas de Pequeno Porte – EPP: aumento de R$ 3.600.000,00 para R$ 4.800.000,00, a partir de 2018. Obs. 1: Contribuinte que ultrapassar o limite de R$ 3.600.000,00 no exercício de 2016, estará excluída do regime do

Simples Nacional. Porém, se isso ocorrer em 2017, até o limite de R$ 4.800.000,00, a EPP será automaticamente enquadrada no regime, salvo opção em contrário. Obs. 2: Na faixa de R$ 3.600.000,01 e R$ 4.800.000,00, o recolhimento unificado ficará restrito aos tributos federais do Simples Nacional (IRPJ, IPI, PIS/PASEP, COFINS e Contribuição Previdenciária Patronal – CPP). Ficam excluídos dessa faixa, portanto, o ICMS dos Estados e o ISS dos Municípios, impostos que serão apurados e recolhidos pelos seus respectivos regimes normais; ii) Novo limite de receita bruta anual para Microempreendedores Individuais – MEI: aumento de R$ 60.000,00 para R$ 81.000,00; iii) Inclusão de atividades de produção e comércio atacadista de bebidas alcoólicas: o recolhimento de impostos e contribuições no âmbito do Simples Nacional, antes totalmente vedado às empresas que exercessem a produção ou venda no atacado de bebidas alcoólicas, passa a ser permitido às seguintes microempresas e empresas de pequeno porte: 1) micro e pequenas cervejarias; 2) micro e pequenas vinícolas; 3) produtores de licores; 4) micro e pequenas destilarias; iv) Novas tabelas de alíquotas e faixas de receita bruta anual: as atuais 5 tabelas e 20 faixas, a partir de 2018, passarão a ser 6 tabelas de alíquotas e 6 faixas de receita bruta anual; v) Nova sistemática de cálculo dos tributos: o valor devido mensalmente no âmbito do Simples Nacional passa ser calculado pela aplicação sobre a base de cálculo das alíquotas efetivas, calculadas a partir de alíquotas nominais constantes das novas tabelas (Anexos I a V) e determinadas utilizando-se a receita bruta acumulada nos doze meses anteriores ao período de apuração. Obs.: a fórmula de cálculo de alíquota efetiva é definida no § 1º-A do artigo 18 da Lei complementar 123/2006, com a redação dada pela Lei complementar 155/2016; vi) Parcelamento de débitos vencidos até maio/2016: em até 120 (cento e vinte) meses, com parcela mínima de R$ 300,00 e incidência de juros SELIC por ocasião do pagamento de cada parcela. Obs.: o pedido de parcelamento implicará desistência compulsória e definitiva do parcelamento anterior, sem restabelecimento dos parcelamentos rescindidos caso não seja efetuado o pagamento da primeira prestação.

- De acordo com o contexto da previsão constitucional, a lei complementar aprovada pelo Congresso Nacional poderá ter caráter *federal* (aplicável apenas no âmbito da União) ou *nacional* (aplicável a todos os entes da Federação, a todos os Estados ou a todos os Municípios).
- São de caráter federal as leis complementares exigidas para instituição de alguns tributos de competência da União, quais sejam: imposto sobre grandes fortunas (CF, art. 153, VII), empréstimos compulsórios (CF, art. 148); impostos de competência residual da União (CF, art. 154, I) e contribuições sociais para custeio da seguridade social de competência residual da União (CF, art. 195, § 4° c/c art. 154, I).
- Já as leis complementares de caráter nacional são aplicáveis a todos os entes da federação (União, Estados, Distrito Federal e Municípios). O Código Tributário Nacional, por exemplo, além de versar sobre normas gerais de direito tributário (CF, art. 146, III), ainda regula no plano infraconstitucional várias limitações ao poder de tributar (CF, art. 146, II).
- Tipicamente, os decretos veiculam os regulamentos das leis tributárias que instituem tributos, como é o caso do Decreto federal n° 7.212/2010, que aprova o Regulamento do IPI – RIPI, e do Decreto estadual paulista n° 45.490/2000, que aprova o Regulamento do ICMS do Estado de São Paulo – RICMS/SP.
- Em face do princípio da legalidade tributária, somente as práticas administrativas que estiverem de acordo com a legislação podem ser admitidas no campo tributário. Dessa forma, as práticas reiteradamente observadas pelas autoridades administrativas (CTN, art. 100, III) são usos e costumes administrativos observados na interpretação e aplicação da legislação tributária. Nessa linha, já decidiu o STJ que, se em várias situações idênticas, a autoridade fazendária afastou os acréscimos legais do tributo e cobrou apenas o imposto de renda devido, o procedimento se caracteriza como prática reiterada na aplicação da legislação tributária (STJ – REsp 142280 / SC – 2ª. Turma – Rel. Min. Hélio Mossimann – Julg. 23/03/2003).

5. OBRIGAÇÃO TRIBUTÁRIA. FATO GERADOR. SUJEITO ATIVO E PASSIVO. CAPACIDADE TRIBUTÁRIA

5.1. OBRIGAÇÃO TRIBUTÁRIA. FATO GERADOR

- Consiste num vínculo jurídico (relação jurídica) que une, de um lado, o sujeito passivo (contribuinte ou responsável) e, de outro, o sujeito ativo, em torno de uma prestação tributária, cabendo ao último exigir alguma prestação do primeiro. A obrigação tributária poderá ser principal (de dar/prestação) ou acessória (de fazer, não fazer ou tolerar que se faça).
- A **obrigação principal** tem como objeto, um **dever de pagamento** do tributo ou penalidade pecuniária (multas). É, portanto, *intuito pecunia*, uma prestação positiva na modalidade de obrigação de dar. A **obrigação acessória**, por sua vez, torna exigível ao sujeito passivo um **fazer, não fazer** (ou tolerar que se faça), ou seja, deveres procedimentais que auxiliam o sujeito ativo na fiscalização e arrecadação fiscal (poder de polícia da administração fiscal).
- Por fim, enquanto a obrigação principal decorre da lei, a obrigação acessória decorre da legislação tributária, podendo ser veiculada através de decretos, portarias etc. Confira a tabela abaixo com suas diferenças:

OBRIGAÇÃO TRIBUTÁRIA PRINCIPAL	OBRIGAÇÃO TRIBUTÁRIA ACESSÓRIA
Natureza: de dar	Natureza: de fazer ou não fazer
Objeto: pagar tributo ou penalidade pecuniária	Objetos: prestações positivas ou negativas por parte do contribuinte que interessem à arrecadação e à fiscalização de tributos (exemplos: declaração de ajuste anual de Imposto de Renda, emissão de notas fiscais, escrituração fiscal)
Prevista na lei (estrita legalidade)	Prevista na legislação tributária
–	Inobservância pelo contribuinte: converte-se em obrigação principal relativamente à penalidade pecuniária

- À luz do art. 113 do CTN, verifica-se que a relação jurídica obrigacional surge com a ocorrência do fato gerador (fato jurídico tributário). O **fato gerador**, por sua vez, é a **realização concreta do evento previsto na norma.** Logo, há de existir uma norma jurídica (hipótese de incidência) e a ocorrência de um evento semelhante à norma (fato gerador), para que esta incida sobre o fato e surja a obrigação tributária. Nessa linha, o fato gerador é a gênese da obrigação tributária.

– A obrigação tributária, sob um ponto de vista dinâmico, nasce com a ocorrência do fato gerador (CTN, art. 114) e extingue-se com eventos definidos como extintivos do crédito tributário (CTN, art. 156). Entre o nascimento e a extinção, a obrigação pode, ainda, sofrer vicissitudes, com destaque para as causas suspensivas de exigibilidade (CTN, art. 151) e também para algumas exonerações, como é o caso da anistia (CTN, art. 175, II).

- Já sob um ponto de vista estático, como toda obrigação, constitui uma relação jurídica entre sujeito ativo e sujeito passivo, com referência a um objeto, que é a prestação tributária (o pagamento do tributo).

- No Direito Tributário, a expressão "fato gerador" é ambígua, haja vista que contempla ora a descrição legal (significando a hipótese de incidência), ora o fato concreto (significando o fato jurídico-tributário), cuja subsunção deste naquela dá origem à obrigação tributária. De acordo com o artigo 114 do CTN, "Fato gerador da obrigação principal é a situação definida em lei como necessária e suficiente à sua ocorrência", ou seja, a partir da subsunção do fato (fato gerador concreto ou fato jurídico-tributário) à norma (fato gerador abstrato ou hipótese de incidência), nasce a obrigação tributária ou, noutras palavras, constitui-se a relação tributária (vínculo entre devedor e credor tributários).

- Uma sutil diferença entre obrigação tributária principal e acessória diz respeito ao tipo de norma instituidora. A obrigação tributária principal tem, necessariamente, que estar prevista em lei (CTN, art. 97, III), daí sujeitar-se ao princípio da estrita legalidade. Já a obrigação tributária acessória decorre da "legislação tributária" (CTN, art. 113, § 2°), expressão esta que compreende as leis, os tratados e as convenções internacionais, os decretos e as normas complementares que versem, no todo ou em parte, sobre tributos e relações jurídicas a eles pertinentes (CTN, art. 96). Concluindo, enquanto a obrigação tributária principal deve necessariamente ser prevista numa lei (estrita legalidade), a obrigação acessória decorre da legislação tributária (ideia mais ampla que compreende não só leis, mas também decretos e outros tipos normativos).

- As obrigações tributárias principais e acessórias são independentes entre si, na medida em que no Direito Tributário não se aplica a máxima jurídica muito difundida no Direito Civil, segundo a qual "o acessório segue a sorte do principal" (Teoria da gravitação jurídica). Pode ocorrer uma situação em que um contribuinte possua obrigações acessórias a adimplir (por exemplo, emitir documentos fiscais aos seus clientes e escriturar seus livros fiscais e contábeis) e, ao mesmo tempo, não possua obrigação principal de pagar tributo, como no caso de ser um contribuinte do ICMS que comercialize apenas mercadorias isentas.

- Muito embora haja a distinção, para a doutrina, entre hipótese de incidência e fato gerador, sendo a primeira a previsão abstrata do fato imponível, e a segunda a ocorrência *in concreto* do quanto previsto na norma, cabe ressaltar que em alguns concursos continua a valer a definição do art. 114 do CTN, que baralha os dois momentos, restringindo-os ao conceito simplista de fato gerador: "fato gerador da obrigação principal é a situação prevista em lei como necessária e suficiente à sua ocorrência".

- "O ente federado competente pode autuar o contribuinte pelo descumprimento de obrigação acessória consistente na exigência de nota fiscal para deslocamento de bens do ativo imobilizado e de bens de uso e consumo entre estabelecimentos da mesma instituição financeira, operação que, em tese, não caracteriza hipótese de incidência do ICMS (Súmula 166/STJ). Ressaltou-se que a obrigação acessória é autônoma e pode ser instituída pelo ente legiferante no interesse da arrecadação ou da fiscalização tributária nos termos do § 2° do art. 113 do CTN, ainda que a obrigação principal não exista, obedecendo-se aos princípios da razoabilidade e da proporcionalidade" (STJ – REsp 1.116.792 – 1ª Seção – Rel. Min. Luiz Fux – julg. 24.11.10).

- A norma antielisão, como é popularmente conhecido o parágrafo único do artigo 116 do CTN, estabelece que a "autoridade administrativa poderá desconsiderar atos ou negócios jurídicos praticados com a finalidade de dissimular a ocorrência do fato gerador do tributo ou a natureza dos elementos constitutivos da obrigação tributária, observados os procedimentos a serem estabelecidos em lei ordinária". Da simples leitura percebe-se que não há exigência de prévia ordem judicial para amparar a desconsideração dos atos e negócios jurídicos por parte da autoridade administrativa.

- A relação jurídica tributária refere-se não só à obrigação tributária *stricto sensu*, como ao plexo de deveres instrumentais, (positivos ou negativos) que gravitam em torno do tributo, colimando facilitar a aplicação exata da norma jurídica que o previu. (...) Todos estes deveres, repita-se, não possuem, em si mesmos, cunho patrimonial. (Roque Antônio CARRAZZA. Curso de direito constitucional tributário. 23. ed. São Paulo: Malheiros, 2007, p. 331-332).
- O artigo 116 do CTN dispõe sobre o momento da ocorrência do fato jurídico tributário. Nos termos do inciso I, tratando-se de *situação de fato*, considera ocorrido o fato gerador desde o momento em que se verifiquem as circunstâncias materiais necessárias a que produza os efeitos que normalmente lhe são próprios, como por exemplo a saída da mercadoria no ICMS. Mas se o fato gerador for uma *situação jurídica*, como ocorre nos impostos sobre a propriedade (IPTU, IPVA e ITR), considera-se ocorrido desde o momento em que a situação jurídica estiver definitivamente constituída (inciso II).
- O artigo 117 do CTN considera que os atos e negócios submetidos a condições suspensivas ou resolutórias que constituam fatos geradores de tributos reputam-se perfeitos e acabados: i) na condição suspensiva, desde o momento de sua implementação, como por exemplo na doação condicionada à formatura do donatário, hipótese na qual somente se considera ocorrido o fato gerador quando da efetiva colação de grau (inciso I); ii) na condição resolutória, desde o momento da prática do ato ou da celebração do negócio, como seria o caso da compra e venda de um imóvel com cláusula de rescisão condicionada a evento futuro e incerto consubstanciado, por exemplo, na hipótese de uma brusca desvalorização do bem no mercado imobiliário no período de três anos posteriores ao negócio.

5.2. SUJEITOS ATIVO E PASSIVO

Sujeito ativo é o detentor da competência tributária de cobrar o tributo (art. 119 do CTN) e sujeito passivo aquele que tem o dever de pagar o tributo. Acerca das diferenças entre competência e capacidade tributária ativa, válido lembrar que a competência é o poder dos entes políticos (sujeitos ativos) na instituição de tributos, e, consequentemente, a de fiscalizá-lo e cobrá-lo, enquanto a capacidade tributária ativa há apenas a atribuição da atividade de *arrecadar e fiscalizar* tributos. (artigos 7° e 8° do CTN).

- Para o CTN, a sujeição passiva pode ser **direta** (contribuinte – art. 121, parágrafo único, I, CTN) ou indireta (Responsável – art. 121, parágrafo único, II, CTN). Contribuinte é quem faz o fato gerador e responsável é aquele que, embora não tendo feito o fato gerador, a lei lhe atribui o dever de pagar o tributo.
- Conforme dito alhures, a sujeição passiva está disciplinada pelo artigo 121 do CTN. O sujeito passivo da obrigação principal é a pessoa obrigada ao pagamento do tributo ou da penalidade pecuniária e diz-se contribuinte ou responsável. O contribuinte tem relação pessoal e direta com a situação que constitua o fato gerador. Já o responsável, que não se reveste da situação de contribuinte, tem a obrigação decorrente de disposição expressa em lei.
- O contribuinte e o responsável são sujeitos passivos (gênero) da relação tributária. Numa classificação doutrinária entre sujeito passivo direto e indireto, o primeiro seria o contribuinte (que tem relação pessoal e direta com o fato gerador) e o segundo seria o responsável (com obrigação decorrente de lei).
- As convenções entre particulares (acordos ou contratos) relativas à responsabilização para pagamento de tributos, salvo disposição de lei em contrário, "não podem ser opostas à Fazenda Pública, para modificar a definição legal do sujeito passivo das obrigações tributárias correspondentes" (CTN, art. 123).
- O credor, na obrigação tributária (polo ativo), é a pessoa jurídica de direito público, titular da competência para exigir seu cumprimento (CTN, art. 119).
- A capacidade tributária ativa, entendida como as prerrogativas de arrecadar ou fiscalizar tributos, ou de executar leis, serviços, atos ou decisões administrativas em matéria tributária, é delegável, ou seja, pode ser conferida por uma pessoa jurídica de direito público a outra (CTN, art. 7°).
- Como o tema da responsabilidade tributária demanda maiores digressões, ele será tratado com mais pormenores abaixo.

5.3. CAPACIDADE TRIBUTÁRIA

Conforme já estudado anteriormente, na capacidade tributária *ativa* há apenas a transferência da atividade de arrecadar e fiscalizar tributos. Difere, portanto da Competência Tributária. Vale ainda lembrar, que a capacidade tributária *passiva* em matéria tributária independe da capacidade civil das pessoas naturais nos termos do que dispõe o art. 126, inciso I do CTN.

6. SOLIDARIEDADE. DOMICÍLIO TRIBUTÁRIO. RESPONSABILIDADE TRIBUTÁRIA. DENÚNCIA ESPONTÂNEA

6.1. SOLIDARIEDADE

- O Direito tributário só admite a solidariedade passiva e não a ativa, pois caso esta fosse admitida, consagrar-se-ia o instituto da bitributação, que, diga-se de passagem, só é possível na hipótese excepcional do Imposto extraordinário de guerra – IEG em sede da competência extraordinária da União.

- Na solidariedade estarão obrigadas, na qualidade de responsável tributário, as pessoas que tenham interesse comum na situação que constitua o fato gerador da obrigação principal (solidariedade natural ou de fato), bem como aquelas expressamente designadas por lei (solidariedade legal).

Solidariedade	
	▸ Natural ou de fato (art. 124, I)
	▸ Legal (art. 124, II)

- A solidariedade pressupõe que cada devedor responderá pelo montante total da obrigação perante o fisco. Cumpre ressaltar, de pronto, que é incabível invocar benefício de ordem (sequência para pagamento do tributo) nos termos do parágrafo único do art. 124 do CTN.
- Outro ponto a se destacar é que o legislador sistematizou o tema da Solidariedade em capítulo pertinente à obrigação tributária, reservando o tema da responsabilidade por sucessão, de terceiros e por infrações em capítulo apartado (na responsabilidade tributária). Em outras palavras, o tema da solidariedade ficou fora do capítulo da responsabilidade, figurando no item "obrigação tributária".
- Por derradeiro, são efeitos da solidariedade:

a) O pagamento efetuado por um dos obrigados aproveita aos demais;

b) A isenção ou remissão de crédito exonera todos os obrigados, salvo se outorgada pessoalmente a um deles, subsistindo, nesse caso, a solidariedade quanto aos demais pelo saldo;

c) A interrupção da prescrição, em favor ou contra um dos obrigados, favorece ou prejudica aos demais.

6.2. DOMICÍLIO TRIBUTÁRIO

Acerca do tema, é importante a leitura atenta do teor do art. 127 do Código Tributário Nacional.

> *Art. 127. Na falta de eleição, pelo contribuinte ou responsável, de domicílio tributário, na forma da legislação aplicável, considera-se como tal:*
>
> *I. quanto às pessoas naturais, a sua residência habitual, ou, sendo esta incerta ou desconhecida, o centro habitual de sua atividade;*
>
> *II. quanto às pessoas jurídicas de direito privado ou às firmas individuais, o lugar da sua sede, ou, em relação aos atos ou fatos que derem origem à obrigação, o de cada estabelecimento;*
>
> *III. quanto às pessoas jurídicas de direito público, qualquer de suas repartições no território da entidade tributante.*
>
> *§ 1º Quando não couber a aplicação das regras fixadas em qualquer dos incisos deste artigo, considerar-se-á como domicílio tributário do contribuinte ou responsável o lugar da situação dos bens ou da ocorrência dos atos ou fatos que deram origem à obrigação.*
>
> *§ 2º A autoridade administrativa pode recusar o domicílio eleito, quando impossibilite ou dificulte a arrecadação ou a fiscalização do tributo, aplicando-se então a regra do parágrafo anterior.*

Regra Geral	Ausência de Eleição	Recusa da Administração ou inviabilidade de aplicação dos incisos
Domicílio de Eleição	Art. 127, I, II e III CTN	Art. 127, § 1º, CTN

- Agora, uma apresentação mais analítica:

<table>
<tr><td colspan="3">Regra geral: domicílio eleito pelo contribuinte</td></tr>
<tr><td>Exceção: contribuinte não elege seu domicílio</td><td rowspan="2">ou</td><td rowspan="2">Negativa: do Fisco ao domicílio eleito</td></tr>
<tr><td>Aplicam-se, então, os critérios dos incisos I, II e III do art. 127 do CTN</td></tr>
<tr><td colspan="3">Na possibilidade de aplicação dos critérios dos incisos I, II e III ou na negativa do fisco ao domicílio eleito: considera-se domicílio o lugar da situação dos bens ou da ocorrência dos atos ou fatos que deram origem à obrigação</td></tr>
</table>

6.3. RESPONSABILIDADE TRIBUTÁRIA

- Nos termos do art. 128 do CTN é possível verificar duas espécies de Responsabilidade: por substituição (ou originária) e por transferência (ou derivada ou por sucessão). No primeiro caso, o legislador já afasta o praticante do fato gerador e coloca o terceiro no polo passivo da relação jurídico tributária, ou seja, de forma prévia, a lei afasta o contribuinte e o **substitui pelo responsável (terceiro)**. É o que ocorre, por exemplo, na hipótese do imposto de renda retido na fonte, onde caberá ao empregador efetuar o recolhimento do gravame devido ao empregado.
- Em suma, na responsabilidade por substituição, a terceira pessoa é eleita pelo legislador de forma originária para pagar a exação, antes mesmo da ocorrência do fato gerador.
- Na substituição tributária para frente, a responsabilidade é atribuída ao substituído, assegurada a imediata e preferencial restituição da quantia paga,

caso não se realize o fato gerador presumido (CF, art. 150, § 7º, in fine). Nesse contexto, porém, tema objeto de infindáveis polêmicas sempre foi a possibilidade de restituição da diferença entre a quantia paga de acordo com a base de cálculo presumida e o valor da efetiva operação de venda. Depois de muitas decisões em sentido contrário, no julgamento do Recurso Extraordinário 593.849, o Supremo Tribunal Federal exarou decisão com repercussão geral no seguinte sentido: "É devida a restituição da diferença do Imposto sobre Circulação de Mercadorias e Serviços (ICMS) pago a mais no regime de substituição tributária para a frente se a base de cálculo efetiva da operação for inferior à presumida." Os efeitos dessa decisão também foram modulados pela Corte, de modo que atingirão os casos futuros e apenas os pretéritos que já estejam tramitando na Justiça. Na mesma ocasião e de acordo com o mesmo entendimento, também foram julgadas improcedentes as ADIs 2675 e 2777, que questionavam a constitucionalidade de leis dos Estados de São Paulo e Pernambuco que autorizavam a restituição em questão.

- No segundo caso – responsabilidade por transferência –, o legislador modifica o polo passivo da relação jurídica tributária em virtude um **fato novo**, isto, é, um evento futuro ao surgimento da obrigação. Logo, existe o contribuinte figurando como sujeito passivo, mas o ônus tributacional será transferido a um terceiro em razão de um fato imprevisto. Como exemplo, é possível citar a sucessão *causa mortis*, onde o sujeito passivo, em razão do seu falecimento (evento futuro/novo), é sucedido em um primeiro momento pelo espólio e a *posteriori* pelos sucessores e cônjuge meeiro.
- Sintetizando: na responsabilidade por transferência a terceira pessoa, eleita pela Lei, deverá pagar a exação, após a ocorrência do fato gerador.
- Destaque-se, ademais, que a responsabilidade por transferência ocorrerá por: solidariedade, sucessão e por terceiros. A responsabilidade por substituição, por sua vez, poderá ser regressiva (diferimento) ou progressiva. Este último está previsto no art. 150, § 7º da CF.

<table>
<tr><td rowspan="4">RESPONSABILIDADE</td><td colspan="2">a) POR SUBSTITUIÇÃO
– Regressiva
– Progressiva</td></tr>
<tr><td rowspan="3">b) POR TRANSFERÊNCIA</td><td>b.1) solidariedade
(arts. 124 e 125)</td></tr>
<tr><td>b.2) sucessores
(art. 130 a 133)</td></tr>
<tr><td>b.3) terceiros
(arts. 134 e 135)</td></tr>
</table>

- **A responsabilidade de sucessores** ocorre quando há transferência de algum bem, em que não houve pagamento de tributo, de modo que o seu adquirente se tornará o responsável, uma vez que o contribuinte não pagou o tributo no tempo devido.
- Aqui entram os créditos tributários relativos a bens móveis e imóveis que são transferidos aos seus adquirentes, salvo se contar do título de aquisição a prova de sua quitação (arts. 129-131). Vale lembrar, que na arrematação de imóvel a transferência da responsabilidade se dará sobre o respectivo preço, ou seja, sobre o valor do lance (art. 130, parágrafo único).
- No caso de sucessão *causa mortis*, o sucessor a qualquer título e o cônjuge meeiro respondem pelos tributos devidos pelo falecido até a data da partilha ou adjudicação. A responsabilidade se dá até o limite do quinhão, legado ou meação. Ao espólio caberá a responsabilidade pelos tributos devidos até a data da abertura da sucessão (art. 131 do CTN).
- Segundo o art. 133 do CTN, o adquirente de fundo de comércio ou estabelecimento comercial, industrial ou profissional que mantiver a exploração do mesmo ramo de atividade (sob o mesmo nome ou não) responderá pelos tributos relativos ao fundo de comércio ou estabelecimento comercial e devidos pelo antecessor até a data da transação. A responsabilidade será **integral**, se o alienante cessar a exploração do comércio, indústria ou qualquer outra atividade, ou **subsidiária** se o alienante prosseguir na exploração de alguma atividade, ou se, no prazo de seis meses, contados da alienação, iniciar nova atividade. Recente alteração no CTN informou que inexiste transferência de responsabilidade ao sucessor na hipótese de a aquisição do estabelecimento ser efetivada em alienação judicial realizada no processo de falência, bem como na aquisição de filial ou unidade produtiva isolada, em processo de recuperação judicial. Esta exceção, contudo, não se aplica quando o adquirente for: I – sócio da sociedade falida ou em recuperação judicial, ou sociedade controlada pelo devedor falido ou em recuperação judicial; II – parente, em linha reta ou colateral até o 4º grau, consanguíneo ou afim, do devedor falido ou em recuperação judicial ou de qualquer de seus sócios; ou III – identificado como agente do falido ou do devedor em recuperação judicial com o objetivo de fraudar a sucessão tributária.

– A **responsabilidade de terceiros** ocorre quando o contribuinte, instado a pagar o tributo, não cumpre a obrigação tributária, hipótese em que esta recai sobre o terceiro que tenha intervindo no fato gerador, ou sobre o terceiro que, pela sua omissão, tornou-se responsável pelo tributo (art. 134 do CTN).

- Diferentemente do que diz a norma, quando atribui a responsabilidade solidária, na verdade, a responsabilidade é subsidiária. Cumpre lembrar que os terceiros não são responsáveis pelas multas decorrentes de infrações praticadas pelos contribuintes (normalmente decorrentes do descumprimento das obrigações acessórias), mas estão sujeitos às sanções de caráter moratório.

- Por fim, a responsabilidade é pessoal e direta para aqueles que agiram com excesso de poderes ou em infração à lei, ao contrato social ou aos estatutos (art. 135 do CTN), hipótese em que os sócios-gerentes geralmente são enquadrados (despersonalização da pessoa jurídica).

- Para a jurisprudência do STJ, o simples não pagamento do tributo não configura, por si só, hipótese de responsabilidade subsidiária dos sócios, ao contrário da hipótese de dissolução irregular da sociedade, em que a responsabilidade é manifesta.

6.4. DENÚNCIA ESPONTÂNEA (ART. 138 CTN)

> *Art. 138. A responsabilidade é excluída pela denúncia espontânea da infração, acompanhada, se for o caso, do pagamento do tributo devido e dos juros de mora, ou do depósito da importância arbitrada pela autoridade administrativa, quando o montante do tributo dependa de apuração.*
>
> *Parágrafo único. Não se considera espontânea a denúncia apresentada após o início de qualquer procedimento administrativo ou medida de fiscalização, relacionados com a infração.*

– Preliminarmente, cabe advertir que a denúncia espontânea (leia-se confissão) não extingue a obrigação de adimplir o tributo, mas tão somente a multa. Ademais, não veda a aplicação dos juros de mora e correção monetária.

– No que concerne às multas, entende-se que a exclusão se extensível às multas moratórias (em virtude do atraso no pagamento) e multas punitivas (fiscais).

– Advirta-se que a confissão e o parcelamento da dívida não importa em exclusão da multa. Nesse sentido:

> *RECURSO REPETITIVO. DENÚNCIA ESPONTÂNEA. PARCELAMENTO. DÉBITO TRIBUTÁRIO. A Seção, ao julgar recurso representativo de controvérsia (art. 543-C do CPC e Resolução nº 8/2008 do STJ), reafirmou que o instituto da denúncia espontânea (art. 138 do CTN) não se aplica aos casos de parcelamento do débito tributário. Precedentes citados: REsp 284.189-SP, DJ 26/5/2003; AgRg nos EREsp 1.045.661-RS, DJ 16/2/2009; AgRg na Pet 6.231-SP, DJ 1º/9/2008; AgRg no REsp 1.020.268-PR, DJe 17/4/2008, e AgRg no REsp 989.026-ES, DJe 17/2/2009. REsp 1.102.577-DF,* **Rel. Min. Herman Benjamin, julgado em 22/4/2009.**

– Outro ponto relevante diz respeito aos tributos sujeitos a lançamento por homologação. Vejamos o teor do Enunciado de Súmula nº 360 STJ: *"O benefício da denúncia espontânea não se aplica aos tributos sujeitos a lançamento por homologação regularmente declarados, mas pagos a destempo."*

– Verifica-se que, com fulcro no enunciado acima, não houve fiscalização ou cobrança do tributo, porém, é inaplicável o instituto da denúncia espontânea, pois o contribuinte declarou a dívida e não pagou.

Responsabilidade tributária na jurisprudência

- "A responsabilidade do adquirente de boa-fé reside na exigência, no momento da celebração do negócio jurídico, da documentação pertinente à assunção da regularidade do alienante, cuja verificação de idoneidade cabe ao Fisco, razão pela qual não incide o art. 136 do CTN, aplicável ao alienante. A boa-fé do adquirente em relação às notas fiscais declaradas inidôneas após a celebração do negócio jurídico realizado, uma vez que caracterizada, legitima o aproveitamento dos créditos do ICMS" (STJ – REsp 1.148.444 – 1ª. Seção – Rel. Min. Luiz Fux – julg. 14.4.10).

- "Na hipótese dos autos, a emissão da nota fiscal somente ocorreu após o início da fiscalização, o que afasta a presunção de boa-fé, não havendo falar no benefício do art. 138 (denúncia espontânea), parágrafo único, do CTN. Ainda que assim não fosse, é pacífico o entendimento de que as sanções por infrações formais (entrega de declarações, emissão de documentos fiscais) não são afastadas pela denúncia espontânea. A reprovabilidade da conduta é avaliada pelo legislador ao quantificar a penalidade prevista na lei. É por essa razão que às situações que envolvam fraude ou má-fé são fixadas, não raro, multas muito mais gravosas que os 30% previstos pela legislação local" (STJ – REsp 1.142.739 – 2ª Turma – Rel. Min. Herman Benjamin – julg. 16.3.10).

- O mero inadimplemento não permite o redirecionamento da obrigação tributária ao sócio-administrador da empresa, uma vez que, segundo o artigo 135, inciso III, do CTN, para que haja responsabilização pessoal do sócio-administrador, é preciso que ele tenha agido com "excesso de poderes ou infração de lei, contrato social ou estatuto". O mero inadimplemento, segundo o STJ, não é considerado excesso de poder, nem infração à lei, tampouco infração ao contrato social (AgRg no REsp 1273450 / SP).

- "A primeira Seção firmou o entendimento de que, mesmo em face da responsabilidade da fonte pagadora pelo recolhimento do IRPF incidente sobre as verbas trabalhistas recebidas em cumprimento de decisão judicial, o contribuinte não deixa de ser também responsável para tanto, uma vez que, ante a inércia da fonte pagadora, deve informar em sua declaração de ajuste anual os valores recebidos e, caso não o faça, será o sujeito passivo da exação"

(AgRg nos EREsp 413106/SC, Rel. Ministra DENISE ARRUDA, DJ 23.10.2006).

- "A responsabilidade do contribuinte só seria excluída se houvesse comprovação de que a fonte pagadora reteve o Imposto de Renda a que estava obrigado, mesmo que não houvesse feito o recolhimento" (EREsp 644223/SC, Rel. Ministro JOSÉ DELGADO, DJ 20.2.2006).
- Não obstante a existência de entendimento contrário das Fazendas Públicas, a jurisprudência e a doutrina coincidem no entendimento de que mera inadimplência ou mora não são suficientes para a responsabilização pessoal dos terceiros de que trata o artigo 135. Para a referida responsabilização, é imprescindível que se comprove o excesso de poder ou a infração à lei, condutas que, no campo empresarial, ficam restritas às pessoas com poderes de gestão (STJ – REsp 841561/RJ – 2.ª Turma – Rel.ª Min.ª Eliana Calmon – julg. 21/08/2008).
- "A caracterização de má-fé do terceiro adquirente, ou mesmo a prova do conluio, não é necessária para caracterização da fraude à execução fiscal. A natureza jurídica do crédito tributário conduz a que a simples alienação de bens pelo sujeito passivo por quantia inscrita em dívida ativa, sem a reserva de meios para quitação do débito, gere a presunção absoluta de fraude à execução. A alienação havida até 8.6.2005 exige que tenha ocorrido prévia citação no processo judicial para caracterizar a fraude de execução; se o ato translativo foi praticado a partir de 9.6.2005, data de início da vigência da Lei Complementar nº 118/2005, basta a efetivação da inscrição em dívida ativa para a configuração da figura da fraude" (STJ, AgRg no AREsp 241691/PE).

7. CRÉDITO TRIBUTÁRIO. LANÇAMENTO. SUSPENSÃO, EXCLUSÃO E EXTINÇÃO DO CRÉDITO TRIBUTÁRIO

7.1. CRÉDITO TRIBUTÁRIO E LANÇAMENTO

- O crédito tributário (CT) é o direito subjetivo do sujeito ativo de uma obrigação tributária, exigir do sujeito passivo determinada prestação pecuniária. A constituição do CT ocorre através do lançamento tributário. São três as modalidades: Lançamento de ofício, por declaração (ou misto) e por homologação.

LANÇAMENTO TRIBUTÁRIO	
	▸ De Ofício
	▸ Por declaração
	▸ Por homologação

I. Lançamento de ofício: pressupõe ação isolada do fisco, ou seja, não há participação do contribuinte na prestação de informações para à constituição do crédito tributário. Ex.: IPTU.

II. Lançamento por Declaração ou Misto: pressupõe a ação conjugada entre o fisco e o contribuinte, restando àquele o trabalho privativo de lançar. Está cada vez mais em desuso. Ex.: Declaração de bagagem acompanhada.

III. Lançamento por homologação ou "Autolançamento": o contribuinte auxilia ostensivamente a Fazenda Pública na atividade de lançar, cabendo a esta, entretanto, efetuar a homologação (vide arts.147 e 150 do CTN). Ex.: IRPF

– Por fim, vale salientar que para o STJ, a constituição do crédito tributário poderá ocorrer via declaração do sujeito passivo ou através do depósito integral pelo contribuinte. Confira:

– "Segundo jurisprudência pacífica do STJ, a apresentação, pelo contribuinte, de Declaração de Débitos e Créditos Tributários Federais – DCTF (instituída pela IN-SRF 129/86, atualmente regulada pela IN8 SRF 395/2004, editada com base no art. 5º do DL 2.124/84 e art. 16 da Lei 9.779/99) ou de Guia de Informação e Apuração do ICMS – GIA, ou de outra declaração dessa natureza, prevista em lei, **é modo de constituição do crédito tributário**, dispensada, para esse efeito, qualquer outra providência por parte do Fisco. Precedentes da 1ª Seção: AgRg nos ERESP 638.069/SC, DJ de 13.06.2005; AgRg nos ERESP 509.950/PR, DJ de 13.06.2005. (**REsp nº 576.661-RS)**".

– "No caso de tributos sujeitos a lançamento por homologação, o contribuinte, ao realizar o depósito judicial com vistas à suspensão da exigibilidade do crédito tributário, promove a constituição deste nos moldes do que dispõe o art. 150 e parágrafos do CTN. Isso, porque verifica a ocorrência do fato gerador, calcula o montante devido e, em vez de efetuar o pagamento, deposita a quantia aferida, a fim de impugnar a cobrança da exação. Assim, o crédito tributário é constituído por meio da declaração do sujeito passivo, não havendo falar em decadência do direito do Fisco de lançar, caracterizando-se, com a inércia da autoridade fazendária apenas a homologação tácita da apuração anteriormente realizada. Não há, portanto, necessidade de ato formal de lançamento por parte da autoridade administrativa quanto aos valores depositados. 2. Precedentes da Primeira Seção: EREsp 464.343/DF, Rel. Min. José Delgado, DJ de 29.10.2007; EREsp 898.992/PR, Rel. Min. Castro Meira, DJ de 27.8.2007". (STJ, EREsp 686479-RS, Rel. Min. Denise Arruda, DJe 22/09/2008).

7.2. EXCLUSÃO, SUSPENSÃO E EXTINÇÃO DO CRÉDITO TRIBUTÁRIO

- O quadro abaixo traz o rol das hipóteses de exclusão, suspensão e extinção do crédito tributário previstos no Código Tributário Nacional.

EXCLUSÃO (arts. 175 a 182 CTN)	SUSPENSÃO (151 CTN)	EXTINÇÃO (arts. 156 a 174 CTN)
Anistia Isenção	Moratória	Pagamento
	Depósito do seu montante integral	Compensação
	Reclamações e recursos, nos termos das leis reguladoras do processo tributário administrativo	Transação
	Concessão de medida liminar em mandado de segurança	Remissão
	Concessão de medida liminar ou de tutela antecipada, em outras espécies de ação judicial	Prescrição e decadência
	Parcelamento	Conversão de depósito em renda
		Pagamento antecipado e a homologação do lançamento
		Consignação de pagamento
		Decisão administrativa irreformável
		Decisão judicial passada em julgado
		Dação em pagamento

- **Suspensão da exigibilidade do crédito tributário**
- As hipóteses de suspensão da exigibilidade do crédito tributário estão previstas no artigo 151 do CTN:

Art. 151 CTN inciso	Hipóteses	Resumo
I	Moratória	Postergação do momento do pagamento do crédito tributário
II	Depósito de seu montante integral	Depósito, pelo contribuinte, do valor do crédito tributário discutido
III	Defesas e recursos no âmbito do processo administrativo fiscal (PAF)	Atos de defesa do contribuinte face ao lançamento de ofício, conforme previsão nas leis que regem ao PAF
IV	Liminar em mandado de segurança	Ordem judicial concedida no início do procedimento do mandado de segurança, em geral, sem ouvir a parte contrária
V	Liminar/tutela antecipada em outras espécies de ações judiciais	Ordem judicial concedida no início da ação, em geral, sem ouvir a parte contrária
VI	Parcelamento	Acordo de quitação em parcelas de um crédito tributário reconhecido e confessado pelo contribuinte, conforme diretrizes fixadas em lei

- Os efeitos das causas de suspensão da exigibilidade do crédito tributário (CTN, art. 151) atingem apenas a obrigação tributária principal. Isso porque, nos termos do parágrafo único do artigo 151 do CTN, a suspensão da exigibilidade não dispensa o cumprimento das obrigações acessórias dependentes da obrigação principal cujo crédito seja suspenso, ou dela consequentes.
- "A suspensão da exigibilidade do crédito tributário na via judicial impede o Fisco de praticar qualquer ato contra o contribuinte visando à cobrança de seu crédito, tais como inscrição em dívida, execução e penhora, mas não impossibilita a Fazenda de proceder à regular constituição do crédito tributário para prevenir a decadência do direito de lançar" (STJ, REsp 260.040).
- Na hipótese legal de suspensão da exigibilidade do crédito tributário concernente ao depósito do

montante integral do tributo, deve-se deixar claro que a expressão "montante integral" diz respeito ao valor do tributo segundo o entendimento da Fazenda Pública e não do contribuinte (STJ – AgRg no REsp 969579/SP – 2.ª Turma – Rel. Min. Castro Meira – 31/10/2007).

- Quando promovido no âmbito judicial, o depósito do montante integral é feito no bojo de uma ação em que se discute o crédito tributário (anulatória ou declaratória). Nesse caso, a execução fiscal não poderá ser ajuizada ou, quando já proposta, terá sua tramitação suspensa até decisão final da ação. Se o contribuinte lograr êxito na impugnação, terá direito a levantar o depósito efetuado. Mas se a Fazenda Pública sair vitoriosa na lide, ela converterá o depósito em renda e extinguirá o crédito tributário respectivo (CTN, art. 156, VI).
- Suspensa a exigibilidade do crédito tributário definitivamente constituído, o prazo prescricional também deixará de fluir (STJ – RESP 267437-MG, 2ª. T., Relª. Minª. Eliana Calmon – DJU 17.06.2002)
- No que diz respeito à incidência de juros e de multa de mora, os efeitos da suspensão da exigibilidade do crédito tributário dependerão da causa suspensiva. No caso de parcelamento, salvo disposição de lei em contrário, o parcelamento do crédito tributário não exclui a incidência de juros e multas (CTN, art. 155-A, § 1.º). Nas liminares, dependerá da sentença ou acórdão transitado em julgado; em caso de procedência da ação e manutenção da liminar, o crédito tributário será extinto (CTN, art. 156, X); mas se a liminar for revogada e a ação julgada improcedente, o crédito tributário poderá ser exigido acrescido de todos os consectários da mora. Por fim, o depósito do montante integral afasta a incidência de juros moratórios e de correção monetária a partir da sua efetivação (STJ – RESP 853552 / PR – 1ª. Turma – Rel. Min. Luiz Fux – DJ 24/09/2007).
- EXTINÇÃO e exclusão DO CRÉDITO TRIBUTÁRIO.
- Da mesma forma que decorre da obrigação principal (CTN, art. 139), o crédito tributário desaparece juntamente com o vínculo obrigacional, diante de acontecimentos previstos como hipóteses de extinção no artigo 156 do CTN.

Art. 156 CTN inciso	Hipóteses	Resumo
I	Pagamento	Adimplemento voluntário pelo sujeito passivo com entrega de pecúnia, em geral via rede bancária
II	Compensação	Os polos da relação jurídica são, ao mesmo tempo, devedores e credores reciprocamente
III	Transação	Concessões mútuas (devedor e credor tributários) que importem em terminação de litígio. Foi regulamentada pela Lei 13.988/2020.
IV	Remissão	Perdão legal do crédito tributário existente
V	Prescrição	Perda pelo decurso de prazo, por parte do sujeito ativo, do direito de promover a execução fiscal face ao sujeito passivo
VI	Decadência	Perda pelo decurso de prazo, por parte do sujeito ativo, do direito de constituir o crédito tributário
VII	Conversão de depósito em renda	Transformação do depósito feito pelo sujeito passivo em renda para sujeito ativo
VIII	Pagamento antecipado e homologação de lançamento	Pagamento realizado pelo sujeito passivo a partir da apuração feita por ele próprio, sem participação do fisco num primeiro momento (por isso o pagamento é tido por antecipado), sendo que que a homologação fiscal pode ser expressa ou tácita (decurso de prazo)
IX	Consignação em pagamento	Diante de obstáculo ao pagamento criado pelo sujeito ativo (Hipóteses do artigo 164 do CTN), o sujeito passivo ingressa com a ação para consignar o crédito tributário em pagamento (depositando-o)

Art. 156 CTN inciso	Hipóteses	Resumo
X	Decisão administrativa irreformável	Decisão administrativa favorável ao sujeito passivo sobre a qual não caiba mais recurso
XI	Decisão judicial transitada em julgado	Decisão judicial favorável ao sujeito passivo sobre a qual não caiba mais recurso
XII	Dação em pagamento de bens imóveis	Espontâneo oferecimento de bens imóveis pelo devedor (ao invés de pecúnia), ao credor, como forma de extinguir dívida

- Segundo o Código Civil, são bens imóveis "o solo e tudo quanto se lhe incorporar natural ou artificialmente" (artigo 79) e bens móveis aqueles "suscetíveis de movimento próprio, ou de remoção por força alheia, sem alteração da substância ou da destinação econômico-social" (artigo 82). Tal distinção é muito útil no Direito Tributário, na medida em que são determinantes, inclusive, para a fixação de competências tributárias, como, por exemplo, no ITBI municipal, que incide sobre "transmissão *inter vivos*, a qualquer título, por ato oneroso, de bens imóveis, por natureza ou acessão física, e de direitos reais sobre imóveis, exceto os de garantia, bem como cessão de direitos a sua aquisição" (artigo 156, inciso II, da CF). A dação em pagamento é considerada uma hipótese de extinção do crédito tributário desde que se refira a bens imóveis.

- O instituto jurídico da "dação em pagamento" foi incluído pela Lei Complementar 104/2001 no CTN como hipótese de extinção do crédito tributário. Por dação em pagamento entende-se o espontâneo oferecimento de bens pelo devedor (ao invés de pecúnia), ao credor, como forma de extinguir a dívida. No Direito Tributário, para extinguir o crédito tributário, admite-se apenas a dação em pagamento de bens imóveis, na forma e condições estabelecidas em lei. Constitui, assim, na aceitação, pela Fazenda Pública, de um imóvel, como forma de extinguir o crédito tributário devido pelo sujeito passivo, respeitando-se a forma e as condições estabelecidas em lei (CTN, art. 156, XI).

- O STJ considera que, no caso de execuções fiscais de dívida ativa tributária, a prescrição deva ser regulada pelo CTN (recepcionado pela Carta Constitucional de 1988 como lei complementar) e não pela LEF (lei ordinária), já que o artigo 146, inciso III, alínea "b", da CF reserva à lei complementar a disciplina da prescrição tributária. Veja a seguinte ementa: "TRIBUTÁRIO. AGRAVO REGIMENTAL. EXECUÇÃO FISCAL. PRESCRIÇÃO. AUSÊNCIA DE CITAÇÃO. Não INTERRUPÇÃO DO PRAZO PRESCRICIONAL. ART. 174 DO CTN. PREVALÊNCIA SOBRE O ART. 2°, § 3°, DA LEI 6.830/1980. 1. A suspensão do lapso prescricional de 180 (cento e oitenta) dias prevista no art. 2°, § 3°, da Lei 6.830 somente é aplicável às dívidas de natureza não tributária. Em hipóteses como a dos autos, em que se trata de execução de crédito relativo a Imposto de Renda, a matéria é regulada pelo art. 174 do Código Tributário Nacional. 2. Agravo Regimental não provido" (STJ – AgRg no Ag 1054859/SP).

- O artigo 174 do CTN, em seu parágrafo único, ao disciplinar a prescrição, elenca algumas hipóteses de interrupção do prazo. Interrupção é diferente de suspensão. Na interrupção, caso cesse a sua causa, é iniciado uma nova contagem do prazo (ou seja, começa "do zero") e na suspensão, caso cesse a sua causa, o prazo volta a correr a partir do momento em que seu cômputo estava quando da ocorrência da suspensão.

- "Tanto no regime constitucional atual (CF, art. 146, III, b), quanto no regime constitucional anterior (art. 18, § 1° da EC 01/69), as normas sobre prescrição e decadência de crédito tributário estão sob reserva de lei complementar. Assim, são ilegítimas, em relação aos créditos tributários, as normas estabelecidas no § 2°, do art. 8° e do § 3° do art. 2° da Lei 6.830/80, que, por decorrerem de lei ordinária, não podiam dispor em contrário às disposições anteriores, previstas em lei complementar" (STJ – AI no Ag 1.037.765 – Corte Especial Rel. Min. Teori Zavascki – julg. 2.3.2011).

- "O prazo prescricional quinquenal para o Fisco exercer a pretensão da cobrança judicial do crédito tributário conta-se da data estipulada como vencimento da obrigação tributária declarada, nos casos de tributos sujeitos a lançamento por homologação, em que o contribuinte cumpriu o dever instrumental de declarar a exação mediante declaração de débitos e créditos tributários federais (DCTF) ou guia de informação de apuração do ICMS (GIA), entre outros, mas não adimpliu a obrigação principal, de pagamento antecipado, nem sobreveio qualquer causa interruptiva da prescrição ou impeditiva da exigibilidade do crédito" (STJ – REsp 1.120.295 – 1ª Seção – Rel. Min. Luiz Fux – julg. 12.5.10).

- Entre a declaração (obrigação acessória) e o vencimento do tributo, não há que se falar em prescrição da pretensão de cobrança por dois motivos. Primeiro, por não estar revestida da exigibilidade (um débito fiscal não vencido, também chamado de vincendo, não é passível de ser exigido judicialmente pela Fazenda Pública. Em resumo, para a Fazenda Pública executar um crédito tributário é preciso que este esteja inscrito na dívida ativa e, para tal, segundo o artigo 201 do CTN, é preciso que tenha se esgotado o prazo fixado para pagamento). E segundo, pelo fato de que o *dies a quo* da prescrição (data do início da contagem do prazo) é a constituição definitiva do crédito (nunca antes de seu vencimento).

- Para o estudo da temática "restituição de tributos indiretos" é imprescindível conhecer o teor do artigo 166 do CTN, segundo o qual "a restituição de tributos que comportem, por sua natureza, transferência do respectivo encargo financeiro, somente será feita a quem prove haver assumido o referido encargo, ou, no caso de tê-lo transferido a terceiro, estar por este expressamente autorizado a recebê-la". Os tributos indiretos são aqueles em que o contribuinte repassa o encargo financeiro (valor do tributo) no preço da mercadoria, afetando o próximo elo da cadeia. Nessas situações, o contribuinte (vendedor) é tido como "contribuinte de direito" e o adquirente, que suporta o ônus tributário no preço do produto, é o "contribuinte de fato".

- A exigência, por mais de um ente tributante, de tributo idêntico sobre um mesmo fato gerador é o típico caso de cabimento da consignação judicial em pagamento, nos termos do artigo 164, inciso III, do CTN. A consignação só pode versar sobre o crédito que o consignante se propõe pagar (CTN, art. 164, § 1°). A ação de consignação em pagamento julgada procedente implica no pagamento, de forma que a importância consignada é convertida em renda (CTN, art. 164, § 2°). Assim, a consignação em pagamento julgada procedente extingue o crédito tributário (CTN, art. 156, VIII).

- O pagamento das últimas referências de cada imposto não implica em presunção de quitação das referências anteriores (CTN, art. 158).

- No curso do processo administrativo fiscal, não flui o prazo de prescrição (cujo início é a data da decisão final proferida em favor da Fazenda Pública no referido processo), nem o de decadência, cujo prazo flui até a data da lavratura do auto de infração (o auto de infração inicia o processo administrativo fiscal). Em relação à chamada prescrição intercorrente (que operar-se-ia no curso do processo), em geral a mesma não é admitida no processo administrativo fiscal (veja o exemplo do Estado de São Paulo, em que há uma Súmula do Tribunal de Impostos e Taxas no mesmo sentido – Súmula TIT n°04/2003 – segundo a qual "não é admissível a prescrição intercorrente no processo administrativo tributário").

- Entretanto, no âmbito dos processos judiciais, a prescrição intercorrente está prevista no art. 40 da Lei de Execução Fiscal – LEF – nos seguintes termos:

  Art. 40 – O Juiz suspenderá o curso da execução, enquanto não for localizado o devedor ou encontrados bens sobre os quais possa recair a penhora, e, nesses casos, não correrá o prazo de prescrição.

  § 1° Suspenso o curso da execução, será aberta vista dos autos ao representante judicial da Fazenda Pública.

  § 2° Decorrido o prazo máximo de 1 (um) ano, sem que seja localizado o devedor ou encontrados bens penhoráveis, o Juiz ordenará o arquivamento dos autos.

  § 3° Encontrados que sejam, a qualquer tempo, o devedor ou os bens, serão desarquivados os autos para prosseguimento da execução.

  § 4° Se da decisão que ordenar o arquivamento tiver decorrido o prazo prescricional, o juiz, depois de ouvida a Fazenda Pública, poderá, de ofício, reconhecer a prescrição intercorrente e decretá-la de imediato.

  § 5º A manifestação prévia da Fazenda Pública prevista no § 4º deste artigo será dispensada no caso de cobranças judiciais cujo valor seja inferior ao mínimo fixado por ato do Ministro de Estado da Fazenda.

- Com efeito, a paralisação processual pelo período superior a 5 (cinco) anos, enseja o reconhecimento da prescrição de ofício pelo magistrado. Isso porque, a inércia do exequente em promover o eficiente andamento da execução pelo período de tempo previsto no art. 174 do CTN, desencadeia a extinção do executivo fiscal.

- O estudo do tema "exclusão do crédito tributário" consiste, basicamente, em conhecer os contornos normativos (artigos 175 a 182 do CTN) e jurisprudenciais de dois institutos jurídicos, a isenção e a anistia. Duas de suas principais diferenças estão no quadro a seguir:

ISENÇÃO	ANISTIA
Implica a exclusão ou dispensa do tributo	Implica a exclusão ou dispensa da multa
Alcança somente fatos geradores ocorridos após a lei	Alcança somente fatos geradores ocorridos antes da lei

- Sob a ótica do CTN, a isenção exclui o crédito tributário, ou seja, há a obrigação tributária decorrente da subsunção do fato (fato jurídico-tributário) à norma (hipótese de incidência), entretanto, a constituição do crédito tributário fica inviabilizada pela norma isentiva.

- As isenções podem ser revogadas ou modificadas por lei, a qualquer tempo, exceto quando concedidas por prazo certo e em funções de determinadas condições (artigo 178 do CTN). Nesses casos, em geral, a doutrina apregoa a irrevogabilidade do benefício isencional em prestígio ao direito adquirido. O assunto está sumulado pelo STF (Súmula 544: "Isenções tributárias concedidas, sob condição onerosa, não podem ser livremente suprimidas").

- Segundo o artigo 181 do CTN, além de poder ser concedida em caráter geral, a anistia também pode ser concedida limitadamente em relação (i) às infrações da legislação relativa a determinado tributo; (ii) às infrações punidas com penalidades pecuniárias até determinado montante, conjugadas ou não com penalidades de outra natureza; (iii) a determinada região do território da entidade tributante, em função de condições a ela peculiares; e (iv) sob condição do pagamento de tributo no prazo fixado pela lei que a conceder, ou cuja fixação seja atribuída pela mesma lei à autoridade administrativa.

- A isenção heterotópica, também denominada de isenção heterônoma, é aquela concedida por ente federativo tributante diferente daquele que teria por regra competência para instituí-la. O artigo 151, inciso III, da CF proibiu tal tipo de isenção ao vedar à União instituir isenções de tributos da competência dos Estados, do Distrito Federal ou dos Municípios.
- Em regra, "qualquer subsídio ou isenção, redução de base de cálculo, concessão de crédito presumido, anistia ou remissão, relativos a impostos, taxas ou contribuições, só poderá ser concedido mediante lei específica, federal, estadual ou municipal, que regule exclusivamente as matérias acima enumeradas ou o correspondente tributo" (CF, art. 150, § 6°). Entretanto, o citado dispositivo ressalva expressamente o caso do ICMS, que, segundo o artigo 155, § 2°, inciso XII, alínea "g", da CF, cabe à lei complementar "regular a forma como, mediante deliberação dos Estados e do Distrito Federal, isenções, incentivos e benefícios fiscais serão concedidos ou revogados". A Lei Complementar em questão é a 24/75 (recepcionada pela CF/88), que apregoa que os benefícios fiscais concernentes ao ICMS serão concedidos ou revogados nos termos de convênios celebrados e ratificados pelos Estados e pelo Distrito Federal.
- O CONFAZ é um órgão colegiado estabelecido pela Lei Complementar n° 24/75. É composto pelos Secretários da Fazenda de todos os Estados e do Distrito Federal e pelo Ministro da Fazenda (representando o Governo Federal). A competência principal do CONFAZ é promover a celebração de convênios, para efeito de concessão ou revogação de isenções, incentivos e benefícios fiscais no âmbito do ICMS, de acordo com o previsto no artigo 155, § 2°, inciso XII, alínea "g", da CF e na Lei Complementar n° 24, de 7 de janeiro de 1975.
- O STF já se posicionou no sentido de que "a lei, de modo unilateral, que disciplina benefício fiscal do ICMS, sem observar a prévia exigência de celebração de convênio entre os Estados-membros e o Distrito Federal para a concessão de isenções, incentivos e benefícios fiscais do imposto, ofende o artigo 155, § 2°, inciso XII, alínea "g", da CF" (STJ – ADI 1247 – Pleno – Rel. Min. Dias Toffoli – julg. 1°.6.2011).
- "A isenção não é privilégio de classe ou de pessoas, mas uma política de aplicação da regra da capacidade contributiva ou de incentivos de determinadas atividades, que o Estado visa a incrementar pela conveniência pública" (BALEEIRO, Aliomar. *Direito Tributário Brasileiro*. 11 ed. p. 931). A eventual inconstitucionalidade de uma isenção dar-se-ia com a estipulação de discriminação que afronta a razoabilidade, tangenciando o interesse público que é objeto da norma isentiva. Inclusive, oportuno se faz mencionar o teor do parágrafo único do artigo 176 do CTN, segundo o qual "a isenção pode ser restrita a determinada região do território da entidade tributante, em função de condições a ela peculiares".

8. GARANTIAS E PRIVILÉGIOS DO CRÉDITO TRIBUTÁRIO

- As garantias do crédito tributário têm como escopo proteger a entidade impositora, viabilizando o recebimento da dívida a que faz *jus* pelo sujeito passivo da relação jurídico-tributária. Por outro lado, os privilégios se relacionam com a posição do crédito tributário em execuções coletivas de dívidas frente a outros créditos de natureza diversa.

8.1. GARANTIAS DO CRÉDITO TRIBUTÁRIO

– Oportuno iniciar o referido tema, citando o teor, *ipsis litteris* do art. 183 do CTN:

> *Art. 183. A enumeração das garantias atribuídas neste Capítulo ao crédito tributário não exclui outras que sejam expressamente previstas em lei, em função da natureza ou das características do tributo a que se refiram.*
>
> *Parágrafo único. A natureza das garantias atribuídas ao crédito tributário não altera a natureza deste nem a da obrigação tributária a que corresponda.*

– À luz do dispositivo citado, percebe-se que o objetivo do legislador foi cobrir o sujeito ativo da relação jurídico-tributária de *garantias* para o efetivo cumprimento da obrigação por parte do contribuinte.

– Além do rol previsto no CTN, de forma **exemplificativa**, diga-se de passagem, é possível que outras garantias sejam criadas por lei, com intuito de resguardar e acautelar ainda mais a entidade impositora, detentora do crédito tributário.

– Ademais, o parágrafo único do preceptivo ora sob análise, demonstra que "a natureza das garantias atribuídas ao crédito tributário não altera a natureza deste nem a da obrigação tributária a que corresponda".

– De mais a mais, o teor do art. 184 do CTN deixa clarividente que o legislador buscou, sem brechas, submeter todo o patrimônio do particular (salvo privilégios especiais sobre determinados bens, que sejam previstos em lei ou aqueles declarados legalmente como absolutamente impenhoráveis, a exemplo do bem de família) aos anseios arrecadatórios do Fisco, colocando este último em posição de superioridade na relação jurídico-tributária.

– Observa-se que, responde pelo pagamento do crédito tributário, a totalidade dos bens e das rendas de qualquer origem ou natureza do sujeito passivo, do espólio ou massa falida, inclusive os bens gravados por ônus real ou cláusula de inalienabilidade ou impenhorabilidade. Portanto, de forma coloquial poder-se-ia dizer "não tem para onde correr!". Vejamos:

> *Art. 184. Sem prejuízo dos privilégios especiais sobre determinados bens, que sejam previstos em lei, responde pelo pagamento do crédito tributário a totalidade dos bens e das rendas, de qualquer origem ou natureza, do sujeito passivo, seu espólio ou sua massa falida, inclusive os gravados por ônus real ou cláusula de inalienabilidade ou impenhorabilidade, seja qual for a data da constituição do ônus ou da cláusula, excetuados unicamente os bens e rendas que a lei declare absolutamente impenhoráveis.*

– Ainda referente ao tema, o art. 10 da Lei 6.830/80 – LEF dispõe que "Não ocorrendo o pagamento, nem a garantia da execução de que trata o artigo 9º, a penhora poderá recair em qualquer bem do executado, **exceto os que a lei declare absolutamente impenhoráveis**". Logo, a parte final do dispositivo supracitado, em idêntica previsão ao art. 184 do CTN, reforça a mitigação na afetação da totalidade do patrimônio do sujeito passivo para pagamento do crédito tributário. Ou seja, não serão alcançados: **a) os bens que possuam privilégios especiais, previstos em lei; b) Os bens declarados legalmente como absolutamente impenhoráveis.**

– Das exceções mencionadas, vale registrar que, um bem declarado impenhorável por ato voluntário e não legal, estará sujeito a uma eventual penhora no bojo de uma execução fiscal, sendo, portanto, ineficaz frente à dívida ativa.

– Atrelado ao tema ora abordado, oportuno transcrever o teor do art. 185, com a redação dada pela LC 118/2005, *in verbis*: "Presume-se fraudulenta a alienação ou oneração de bens ou rendas, ou seu começo, por sujeito passivo em débito para com a Fazenda Pública, por crédito tributário regularmente inscrito como dívida ativa".

– O artigo citado busca coibir eventuais manobras fraudulentas e artifícios do devedor para esquivar-se de sua obrigação de quitar o tributo devido perante o sujeito ativo. Assim, ocorrendo a inscrição regular do crédito tributário na dívida ativa com a ciência prévia/notificação do sujeito passivo, qualquer ato posterior de alienação ou oneração de bens ou rendas será caracterizado como fraude. Em síntese, **haverá presunção de fraude a partir da inscrição regular do crédito tributário em dívida ativa** e não da data de propositura da ação de execução fiscal.

– Destarte, o parágrafo único do art. 185 traz a hipótese em que o devedor reserva bens ou rendas suficientes para pagamento total da dívida inscrita. Nesse caso, advirta-se, havendo tal reserva, inaplicável será o *caput* do artigo ora estudado.

– Prescreve o parágrafo único do art. 185 CTN: " O disposto neste artigo não se aplica na hipótese de terem sido reservados, pelo devedor, bens ou rendas suficientes ao total pagamento da dívida inscrita." Em outras palavras, não será considerada fraudulenta a alienação ou oneração de bens ou rendas quando, após garantia da execução fiscal (penhora), o sujeito passivo permaneça em situação de solvência – possibilidade do pagamento do débito – perante o fisco.

– Outrossim, com intuito de aumentar as garantias do sujeito ativo, a LC nº 118/2005 inseriu o art. 185-A que dispõe:

> *Art. 185-A. Na hipótese de o devedor tributário, devidamente citado, não pagar nem apresentar bens à penhora no prazo legal e não forem encontrados bens penhoráveis, o juiz determinará a indisponibilidade de seus bens e direitos, comunicando a decisão, preferencialmente por meio eletrônico, aos órgãos e entidades que promovem registros de transferência de bens, especialmente ao registro público de imóveis e às autoridades supervisoras do mercado bancário e do mercado de capitais, a fim de que, no âmbito de suas atribuições, façam cumprir a ordem judicial.*
>
> *§ 1º A indisponibilidade de que trata o caput deste artigo limitar-se-á ao valor total exigível, devendo o juiz determinar o imediato levantamento da indisponibilidade dos bens ou valores que excederem esse limite.*
>
> *§ 2º Os órgãos e entidades aos quais se fizer a comunicação de que trata o caput deste artigo enviarão imediatamente ao juízo a relação discriminada dos bens e direitos cuja indisponibilidade houverem promovido.*

– O artigo acima e seus parágrafos tratam do instituto da **penhora** online, cabível quando já esgotados todos os meios possíveis de localização dos bens do devedor. Nesse caso, o magistrado determinará a indisponibilidade de bens e direitos do executado, limitado, contudo, ao valor total exigível.

– Uma vez realizada a indisponibilidade dos bens e direitos, os órgãos e entidades enviarão imediatamente ao juízo a relação discriminada dos bens e direitos cuja indisponibilidade houverem promovido.

– Finalmente, registre-se que existe uma hipótese de garantia ao crédito tributário não prevista no Código Tributário Nacional que é a **medida cautelar fiscal** prevista na lei 8.397/92, cujo objetivo é decretar a indisponibilidade de bens e direitos do sujeito passivo tributário. Referida medida cautelar fiscal não precisa aguardar o ajuizamento da execução fiscal, podendo, portanto, ser ajuizada logo após o lançamento tributário.

8.2. PRIVILÉGIOS DO CRÉDITO TRIBUTÁRIO

– Além das garantias do crédito tributário, segundo exposto alhures, cabe a este também certos privilégios quando concorre em execuções coletivas de dívidas com outros créditos, a exemplo do processo falimentar.

– Vejamos o teor do *caput* do art. 186 do CTN, com a redação dada pela LC 118/2005, *ipsis litteris*: "O crédito tributário prefere a qualquer outro, seja qual for sua natureza ou o tempo de sua constituição, ressalvados os créditos decorrentes da legislação do trabalho ou do acidente de trabalho".

– Inicialmente, verifica-se que o crédito tributário não possui caráter absoluto, uma vez que o artigo sob análise **ressalva os créditos decorrentes da legislação do trabalho ou do acidente de trabalho**, dados a sua natureza alimentícia.

Outrossim, com o advento da LC 118/2005, o parágrafo único do art. 186 do CTN estabeleceu uma regra específica para o processo de falência:

> *Art. 186, parágrafo único. Na falência:*
>
> *I. o crédito tributário não prefere aos créditos extraconcursais ou às importâncias passíveis de restituição, nos termos da lei falimentar, nem aos créditos com garantia real, no limite do valor do bem gravado;*
>
> *II. a lei poderá estabelecer limites e condições para a preferência dos créditos decorrentes da legislação do trabalho; e*
>
> *III. a multa tributária prefere apenas aos créditos subordinados.*

– A falência pode ser conceituada, segundo a doutrina (RAMOS, 2009, p. 597)[1], como "a execução concursal do devedor empresário". Logo, referido instituto faz parte do regime jurídico empresarial e como tal, é aplicável aos devedores empresários, diversamente do que ocorre com o devedor civil que submete-se ao concurso de credores.

– A Lei 11.101/05 denominada como Lei de Recuperação de Empresas, na qual consagrou, registre-se, o Princípio da Preservação da Empresa, trouxe alterações significativas no processo falimentar, dentre as quais destaca-se, dada a relevância para o tema em comento, as mudanças na ordem de classificação dos créditos e a previsão de créditos extraconcursais.

– No que concerne à ordem de preferência e classificação dos créditos, bem como à posição ocupada pelo crédito tributário no processo falimentar, importante o concursando realizar a leitura atenta dos artigos 83 e 84 da Lei 11.101/2005 (Lei de Falência).

– Assim, no bojo do processo falimentar (após análise conjunta dos arts. 186, parágrafo único do CTN e artigos 83 e 84 da Lei nº 11.101/2005) a ordem de preferência do crédito tributário fica assim demonstrada:

1 RAMOS, André Luiz Souza Cruz. **Curso de direito empresarial**. 2.ed. Salvador: Juspodivm, 2009.

Créditos Extraconcursais (Pagos com precedência – art. 83 da Lei 11.101/2005);
1) Créditos trabalhistas e acidentários, não extraconcursais/antes da falência (art. 83 da Lei 11.101/2005);
2) Importâncias passíveis de restituição, nos termos da lei falimentar e os créditos gravados com direito real de garantia até o limite do valor do bem gravado;
3) Créditos Tributários (não extraconcursais)
4) Créditos quirografários
5) Multas contratuais e pecuniárias
6) Créditos subordinados
7) Os juros vencidos após a decretação da falência

Ademais, buscando uma análise conjunta do CTN e da Lei de Falência, com maiores detalhamentos, a ordem seria assim estabelecida:

1. Os créditos trabalhistas de natureza estritamente salarial vencidos nos 3 (três) meses anteriores à decretação da falência, até o limite de 5 (cinco) salários-mínimos por trabalhador, serão pagos tão logo haja disponibilidade em caixa. (Art. 151 da Lei 11.101/2005)
2. Importâncias passíveis de restituição, nos termos da lei falimentar (art. 149 da Lei 11.101/2005)
3. Créditos Extraconcursais (Pagos com precedência – art. 83 da Lei 11.101/2005)
4. Créditos trabalhistas e acidentários (art. 186 CTN);
5. Créditos com garantia real, no limite do valor do bem gravado (art. 186 do CTN);
6. Créditos Tributários (não extraconcursais)
7. Créditos quirografários
8. Multas contratuais e pecuniárias
9. Créditos subordinados
10. Os juros vencidos após a decretação da falência

Cabem algumas observações:

– Créditos extraconcursais são aqueles surgidos no curso do processo falimentar ou de recuperação judicial, como decorrência da administração da massa falida. Nos termos do art. 84 da Lei 11.101/2005 serão pagos com precedência sobre os mencionados no art. 83 da mesma lei, ou seja, não entram no concurso de créditos.

– O art. 188, *caput*, do CTN prescreve que "são extraconcursais os créditos decorrentes de fatos geradores ocorridos no curso do processo de falência"

– Caso os créditos trabalhistas, acidentários e tributários (este com fato gerador posterior – art. 188, *caput*, do CTN) surgirem *após* a decretação da falência ficarão na condição de créditos extraconcursais, gozando de preferência absoluta;

- Créditos trabalhistas e acidentários, por apresentarem natureza alimentar prefere aos demais, conforme já visto;
- Importâncias passíveis de restituição, nos termos da lei falimentar, referem-se aos bens e direitos de terceiros que foram arrecadados no processo falimentar ou se encontram em poder do devedor falido no momento da decretação da falência.
- Há severa crítica doutrinária ao fato do crédito tributário estar posicionado após os créditos com garantia real na ordem de preferência no processo de falência, pois haveria supostamente um privilégio para as instituições financeiras (bancos).
- As multas tributárias só possuem preferência apenas aos créditos subordinados (parágrafo único do art. 186 do CTN)
- Para além disso, vale destacar que a cobrança judicial do crédito tributário não estará sujeita ao juízo falimentar, como ocorrem com os créditos de outra natureza. Nesse ponto, o art. 187 do CTN, disciplina que: "A cobrança judicial do crédito tributário não é sujeita a concurso de credores ou habilitação em falência, recuperação judicial, concordata, inventário ou arrolamento".
- No mesmo sentido, fortalecendo-se o caráter não absoluto da universalidade do juízo falimentar, observe-se ainda que o art. 76 da Lei nº 11.101/05 dispõe que "o juízo de falência é indivisível e competente para conhecer todas as ações sobre bens, interesses e negócios do falido, ressalvadas as causas trabalhistas, fiscais e aquelas não reguladas nesta Lei em que o falido figurar como autor ou litisconsorte ativo."
- Interessa-nos aqui a **exceção** referente às causas fiscais. Conforme se observou, a Fazenda Pública não se submeterá a concurso de credores. Ademais, a execução fiscal contra a massa falida não se suspende, devendo percorrer seu curso normal, segundo entendimento do STJ. (CC 63919/PE, Rel. Min Humberto Martins, DJ 12.02.2007, p.219)
- O STJ fixou a tese 1092 no seguinte sentido: "É possível a Fazenda Pública habilitar em processo de falência crédito objeto de execução fiscal em curso, mesmo antes da vigência da Lei n. 14.112/2020 e desde que não haja pedido de constrição no juízo executivo". (STJ, REsp n. 1.872.759/SP, relator Ministro Gurgel de Faria, Primeira Seção, julgado em 18/11/2021, DJe de 25/11/2021)

9. ADMINISTRAÇÃO TRIBUTÁRIA. FISCALIZAÇÃO. DÍVIDA ATIVA. DAS CERTIDÕES DE REGULARIDADE FISCAL

9.1. ADMINISTRAÇÃO TRIBUTÁRIA

- A Administração Tributária é a atividade estatal voltada para a *fiscalização e arrecadação* tributária.
- No que se refere à fiscalização, importante leitura do art. 194 e seguintes do CTN e das Súmulas do STF de números 70, 323 e 547.

9.2. DÍVIDA ATIVA

- Nos termos do art. 201 do Código Tributário Nacional "constitui dívida ativa tributária a proveniente de crédito dessa natureza, regularmente inscrita na repartição administrativa competente, depois de esgotado o prazo fixado, para pagamento, pela lei ou por decisão final proferida em processo regular".
- Segundo o artigo 2º da LEF, a dívida ativa é aquela conceituada pela Lei 4.320, de 17 de março de 1964 *in verbis*:

> *Art. 39 § 2º: "dívida ativa tributária é o crédito da Fazenda Pública dessa natureza, proveniente de obrigação legal relativa a tributos e respectivos adicionais e multas, e dívida ativa não tributária são os demais créditos da Fazenda Pública, tais como os provenientes de empréstimos compulsórios, contribuições estabelecidas em lei, multa de qualquer origem ou natureza, exceto as tributárias, foros, laudêmios, aluguéis ou taxas de ocupação, custas processuais, preços de serviços prestados por estabelecimentos públicos, indenizações, reposições, restituições, alcances dos responsáveis definitivamente julgados, bem assim os créditos decorrentes de obrigações em moeda estrangeira, de sub-rogação de hipoteca, fiança, aval ou outra garantia, de contratos em geral ou de outras obrigações legais".*

- A Dívida ativa é, portanto, a consolidação do débito tributário, cujo requisito é a constituição definitiva do crédito tributário. Referida dívida, advirta-se, uma vez regularmente inscrita, goza da **presunção relativa de certeza e liquidez** e tem o efeito de prova pré-constituída (art. 204 do CTN).
- O art. 202 do CTN, traz o conteúdo mínimo da inscrição da dívida ativa. Nesse sentido, a ausência de um dos requisitos implica na nulidade da inscrição em dívida ativa.
- Destarte, oportuno mencionar que a "Certidão da Dívida Ativa" – CDA é um reflexo da inscrição em dívida ativa. Dessa forma, a CDA conterá todos os elementos (materiais e formais) da inscrição em dívida ativa (art. 202 do CTN). Além disso, deverá indicar o livro e a folha da inscrição respectiva. (Art. 202, parágrafo único, CTN).
- É possível a modificação da CDA, cuja nulidade poderá ser sanada até decisão de primeira instância, mediante substituição de certidão nula, devolvido ao sujeito passivo, acusado ou interessado, o prazo para defesa, que somente poderá versar sobre a parte modificada (art. 203 do CTN).
- Dessa forma, o objetivo da CDA é servir de título executivo para a promoção da execução fiscal.

9.3. DAS CERTIDÕES DE REGULARIDADE FISCAL

– É cediço que o direito à obtenção de certidões junto aos órgãos públicos é matéria assegurada constitucionalmente. A Constituição Federal, no seu art. 5º, XXXIII, preceitua que todos têm direito a receber dos órgãos públicos informações de seu interesse particular, ou de interesse coletivo ou geral, que serão prestadas no prazo da lei, sob pena de responsabilidade, ressalvadas aquelas cujo sigilo seja imprescindível à segurança da sociedade e do Estado.

- Por sua vez, o Código Tributário Nacional, dispondo acerca das certidões negativas e certidões positivas com efeito de negativa preconiza *in verbis*:

> *Art. 205 – A lei poderá exigir que a prova da quitação de determinado tributo, quando exigível, seja feita por certidão negativa, expedida à vista de requerimento do interessado, que contenha todas as informações necessárias à identificação de sua pessoa, domicílio fiscal e ramo de negócio ou atividade e indique o período a que se refere o pedido.*
>
> *Art. 206 – Tem os mesmos efeitos previstos no artigo anterior a certidão de que conste a existência de créditos não vencidos, em curso de cobrança executiva em que tenha sido efetivada a penhora, ou cuja exigibilidade esteja suspensa.*

– As **certidões negativas** objetivam comprovar a inexistência de débito fiscal pelo contribuinte perante as entidades impositoras. Por outro lado, **nas certidões positivas com efeito de negativa**, verifica-se que não há necessariamente quitação de tributos, mas sim, uma situação de regularidade fiscal em face da presença de alguma das hipóteses de suspensão de exigibilidade do crédito tributário previstas no art. 151 do CTN ou pela ocorrência de efetivação da penhora. Ou seja, através dessa certidão, o contribuinte não comprova uma situação de quitação da exação, mas sim, a existência de um débito inexigível, uma que vez que a Fazenda Pública estará obstada de cobrá-lo ou ainda formalizá-lo.

Certidões de Débitos Fiscais

ABREVIATURA	NOME	CARACTERÍSTICA
CND	**C**ertidão **N**egativa de **D**ébitos	Comprova a **inexistência** de débitos fiscais em nome do contribuinte, em relação à Fazenda Pública que emite a certidão
CPD	**C**ertidão **P**ositiva de **D**ébitos	Comprova a **existência** de débitos fiscais em nome do contribuinte, em relação à Fazenda Pública que emite a certidão
CPD-EN	**C**ertidão **P**ositiva de **D**ébitos, com **E**feitos de **N**egativa	Comprova a **existência** de débitos fiscais em nome do contribuinte, em relação à Fazenda Pública que emite a certidão, **porém**, poderá ser utilizada pelo contribuinte para os mesmos fins que seria utilizada a CND

O CONTRIBUINTE FAZ JUS À CPD-EN CASO APRESENTE:		
Débitos fiscais vincendos (ou seja, que ainda estão no prazo para pagamento)	Débitos fiscais em curso de cobrança executiva em que tenha sido efetivada a penhora (hipótese de garantia à execução fiscal)	Débitos fiscais cuja exigibilidade esteja suspensa nos termos do artigo 151 do CTN. São causas de suspensão da exigibilidade: **a)** Moratória; **b)** Depósito do montante integral; **c)** Defesas e recursos no âmbito do processo administrativo fiscal; **d)** Concessão de liminar em mandado de segurança; **e)** Concessão de liminar ou antecipação de tutela em outas espécies de ação judicial; **f)** Parcelamento.

- As autoridades tributárias poderão requisitar o auxílio de força policial, quando vítimas de embaraço ou de desacato no exercício de suas funções, ou ainda, quando tal auxílio for necessário à efetivação de medida prevista na legislação tributária (art. 200 do CTN).

- A presunção de liquidez e certeza de que goza o débito fiscal regularmente inscrito em dívida ativa é relativa (e não absoluta), isto é, admite prova em contrário do sujeito passivo ou de terceiro que aproveite tal prova.

- A tendência jurisprudencial de oficiar a Receita Federal para apresentação de declaração de renda do devedor para fins de identificar bens penhoráveis destaca como requisito o prévio esgotamento, pelo exequente, de todos os meios a ele disponíveis para o recebimento das informações relativas ao devedor e a seus bens, e que, ainda assim, seu esforço tenha sido inútil (STJ – REsp nº 707.026/SP – 1ª Turma).

- Nos termos do artigo 205 do CTN, a Certidão Negativa de Débitos (CND) deverá conter todas as informações necessárias à identificação de sua pessoa, domicílio fiscal e ramo de negócio ou atividade e indique o período a que se refere o pedido.

- A violação de sigilo fiscal por parte de servidor público poderá ensejar a apuração do cometimento de crime de violação de sigilo funcional (artigo 325 do Código Penal), como bem apregoado pelo artigo 198 do CTN.
- "É legítima a recusa do Fisco de fornecer certidão de regularidade fiscal (Certidão Negativa de Débitos – CND), em virtude da existência, por si só, de irregularidade em guias de recolhimento do FGTS e informações à Previdência Social (GFIPs), a despeito da ausência de lançamento de ofício da suposta diferença constatada" (STJ – REsp 1.143.094 – 1ª Seção – Rel. Min. Luiz Fux – julg. 9.12.2009).
- Em regra, a Fazenda Pública e seus servidores estão proibidos de divulgar qualquer informação obtida no desenvolvimento dos trabalhos próprios da fiscalização tributária, que se refira aos sujeitos passivos (contribuintes e responsáveis) ou a terceiros que com estes se relacionam, seja em relação à situação econômica ou financeira, seja no tocante à natureza e ao estado de seus negócios ou atividades. Trata-se do chamado "sigilo fiscal" (CTN, art. 198, caput, do CTN).
- O CTN traz uma série de exceções ao sigilo fiscal, cujas respectivas ocorrências não são consideradas "quebras de sigilo". Dentre tais exceções encontram-se, por exemplo, aquelas previstas no § 3° do artigo 198, quais sejam, a autorização de divulgação de informações pelo Fisco relativas a: (i) representações fiscais para fins penais; (ii) inscrições na dívida ativa da Fazenda Pública e (iii) parcelamento ou moratória.
- Segundo o artigo 203 do CTN, eventual nulidade da certidão da dívida ativa poderá ser sanada até a decisão de primeira instância da execução fiscal (cobrança judicial). Assim, a inscrição na dívida ativa tributária, que é considerada o ato de controle administrativo da legalidade, não é a última oportunidade de se alterar a respectiva certidão.
- É dominante o entendimento de que pode o juiz, nos autos de uma execução fiscal, atender a pedido do exequente para oficiar à Secretaria da Receita Federal do Brasil solicitando cópia da declaração de bens e renda do executado, de modo a permitir a identificação de bens penhoráveis. O caso é bem retratado na seguinte ementa (STJ, AgRg no REsp 1135568/PE): "AGRAVO REGIMENTAL. PROCESSUAL CIVIL. PROCESSO DE EXECUÇÃO. SIGILO FISCAL. EXPEDIÇÃO DE OFÍCIO À RECEITA FEDERAL. MEDIDA EXCEPCIONAL. 1. O STJ firmou entendimento de que a quebra de sigilo fiscal ou bancário do executado para que o exequente obtenha informações sobre a existência de bens do devedor inadimplente é admitida somente após terem sido esgotadas as tentativas de obtenção dos dados na via extrajudicial. 2. Agravo regimental provido".
- O órgão fazendário, quando solicitado pelo contribuinte, deve emitir certidão (documento) que retrate a existência ou inexistência de débitos fiscais. Tal certidão é utilizada pelo contribuinte como documento probatório em várias situações exigidas por lei como, por exemplo, para participação em concorrência pública. A certidão é tida como negativa de débitos (CND) quando o contribuinte não tiver dívidas tributárias. Ao contrário, será positiva quando o contribuinte apresentar dívidas tributárias. Entretanto, há situações em que o contribuinte possui débitos fiscais, porém a certidão tem os mesmos efeitos da negativa, ou seja, o contribuinte poderá utilizá-la, seguindo o exemplo já citado, para habilitá-lo numa concorrência pública. Trata-se da CPD-EN – certidão positiva de débitos fiscais, com efeitos de negativa (CTN, art. 206). São três situações que ensejam a emissão da CPD-EN: (i) a existência de débitos fiscais ainda não vencidos (ainda no prazo para pagamento); (ii) a existência de débitos fiscais em curso de cobrança executiva em que tenha sido efetivada a penhora; e (iii) a existência de débitos fiscais cuja exigibilidade esteja suspensa, nos termos do artigo 151 do CTN, a saber: (a) moratória; (b) depósito do montante integral; (c) defesas e recursos no âmbito do processo administrativo fiscal; (d) liminar em mandado de segurança; (e) liminar ou tutela antecipada em outras espécies de ações judiciais; e (f) parcelamento.
- O artigo 6° da Lei complementar 105/2001 não exige autorização judicial para que os fazendários tenham acesso aos dados bancários. Segundo tal dispositivo normativo, "as autoridades e os agentes fiscais tributários da União, dos Estados, do Distrito Federal e dos Municípios somente poderão examinar documentos, livros e registros de instituições financeiras, inclusive os referentes a contas de depósitos e aplicações financeiras, quando houver processo administrativo instaurado ou procedimento fiscal em curso e tais exames sejam considerados indispensáveis pela autoridade administrativa competente". Importante destacar que, segundo tal norma, são dois os requisitos essenciais para que os agentes fiscais tenham acesso aos dados bancários: (i) a existência de processo administrativo instaurado ou procedimento fiscal em curso e (ii) que os exames dos dados bancários sejam considerados imprescindíveis pela autoridade administrativa competente.
- A Câmara Superior do Tribunal de Impostos e Taxas (TIT) de São Paulo, em recentíssima sessão, decidiu que são válidos os autos de infração lavrados durante a Operação Cartão Vermelho, deflagrada em 2007 pela Fazenda Paulista. Foram julgados, em bloco, 17 processos administrativos. O placar foi de dez votos a seis. Na operação, o Fisco cruzou informações sobre as vendas realizadas por empresas – obtidos por meio das administradoras de cartões de crédito e débito – com as declaradas pelas companhias. Nos casos em que os dados não estavam iguais, autuou os contribuintes por sonegação de Imposto sobre a Circulação e Mercadorias e Serviços (ICMS). Ao recorrer das autuações, os contribuintes buscaram a aplicação da Lei Complementar n° 105, de 2001, que trata

do sigilo das operações de instituições financeiras. O artigo 6° da norma estabelece que a União, Estados e municípios só podem quebrar o sigilo fiscal quando houver um processo administrativo instaurado. Nos casos analisados, argumentaram as empresas, os processos de investigação foram deflagrados apenas após o cruzamento dos dados. A tese, entretanto, não foi acatada pela maioria dos julgadores. Prevaleceu o entendimento de que as informações solicitadas pela Fazenda paulista não são sigilosas. "Entendeu-se que as informações são de natureza financeira, pois não é individualizado quem comprou ou o que foi comprado", afirma o presidente da Câmara Superior do TIT, José Paulo Neves. De acordo com o posicionamento majoritário, a questão seria regulada pela Lei n° 12.294, de 2006, que trata do ICMS no Estado de São Paulo. O artigo 75 da norma tornou obrigatório às administradoras de cartões de crédito ou débito o fornecimento de dados ao Fisco. "A maioria dos juízes entendeu que, ainda que se aplicasse a Lei Complementar 105, o artigo 6° é destinado às instituições financeiras e não aos contribuintes" diz Neves (MENGARDO, Bárbara. Valor Econômico, edição de 19/09/2012).

- O respeito aos direitos constitucionais e os termos legais devem sempre permear a atividade fiscalizatória. Segundo o § 1° do artigo 145 da CF, "sempre que possível, os impostos terão caráter pessoal e serão graduados segundo a capacidade econômica do contribuinte, facultado à administração tributária, especialmente para conferir efetividade a esses objetivos, identificar, respeitados os direitos individuais e nos termos da lei, o patrimônio, os rendimentos e as atividades econômicas do contribuinte".
- "Fiscalização tributária. Apreensão de livros contábeis e documentos fiscais realizada, em escritório de contabilidade, por agentes fazendários e policiais federais, sem mandado judicial. Inadmissibilidade. Espaço privado, Não aberto ao público, Sujeito à proteção constitucional da Inviolabilidade domiciliar (CF, art. 5°, XI). Subsunção ao conceito normativo de 'casa'. Necessidade de ordem judicial. Administração pública e fiscalização tributária. Dever de observância, por parte de seus órgãos e agentes, dos limites jurídicos impostos pela constituição e pelas leis da República. Impossibilidade de utilização, pelo Ministério Público, de prova obtida com transgressão à garantia de inviolabilidade domiciliar. Prova ilícita. Inidoneidade jurídica (...). Administração tributária. Fiscalização. Poderes. Necessário respeito aos direitos e garantias individuais dos contribuintes e terceiros. Aos direitos e garantias individuais dos contribuintes e de terceiros. Não são absolutos os poderes de que se acham investidos os órgãos e agentes da administração tributária, pois o Estado, em tema de tributação, inclusive em matéria de fiscalização tributária, está sujeito à observância de um complexo de direitos e prerrogativas que assistem, constitucionalmente, aos contribuintes e aos cidadãos em geral. Na realidade, os poderes do Estado encontram, nos direitos e garantias individuais, limites intransponíveis, cujo desrespeito pode caracterizar ilícito constitucional. A administração tributária, por isso mesmo, embora podendo muito, não pode tudo. É que, ao Estado, é somente lícito atuar, 'respeitados os direitos individuais e nos termos da lei' (CF, art. 145, § 1°), consideradas, sobretudo, e para esse específico efeito, as limitações jurídicas decorrentes do próprio sistema instituído pela Lei Fundamental, cuja eficácia – que prepondera sobre todos os órgãos e agentes fazendários – restringe-lhes o alcance do poder de que se acham investidos, especialmente quando exercido em face do contribuinte e dos cidadãos da República, que são titulares de garantias impregnadas de estatura constitucional e que, por tal razão, não podem ser transgredidas por aqueles que exercem a autoridade em nome do Estado. A garantia da inviolabilidade domiciliar como limitação constitucional ao poder do Estado em tema de fiscalização tributária. Conceito de 'casa' para efeito de proteção constitucional. Amplitude dessa noção conceitual, que também compreendem os espaços privados não abertos ao público, onde alguém exerce atividade profissional: necessidade, em tal hipótese, de mandado judicial (CF, art. 5°, XI)" (HC 93.050, Rel. Min. Celso de Mello, julgamento em 10-6-2008, Segunda Turma, DJE de 1°-8-2008).

10. IMPOSTOS FEDERAIS

- O quadro abaixo sintetiza as principais características dos impostos federais:

IMPOSTO DA UNIÃO	ASPECTOS GERAIS
Imposto de Importação – II	É excepcional aos princípios da legalidade e da anterioridade (anual e nonagesimal). Segundo a Constituição, o Poder Executivo, nos termos e limites fixados em lei, poderá alterar suas alíquotas.
Imposto de Exportação – IE	É excepcional aos princípios da legalidade e da anterioridade (anual e nonagesimal). Segundo a Constituição, o Poder Executivo, nos termos e limites fixados em lei, poderá alterar suas alíquotas.

IMPOSTO DA UNIÃO	ASPECTOS GERAIS
Imposto sobre a Renda e Proventos de Qualquer Natureza – IR	É exceção à anterioridade nonagesimal. O IR deve observar os critérios (princípios) da generalidade, da universalidade e da progressividade – GUP. Entende-se que generalidade significa a incidência do imposto sobre todas as pessoas. Por universalidade, entende-se a incidência sobre todos os tipos de rendimentos. A progressividade do imposto de renda toma a base de cálculo como critério para a variação de alíquotas. A Emenda Constitucional nº 20, de 1998, revogou a regra constitucional que estabelecia a não incidência do imposto de renda, nos termos e limites fixados em lei, sobre rendimentos provenientes de aposentadoria e pensão, pagos pela previdência social da União, dos Estados, do Distrito Federal e dos Municípios, a pessoa com idade superior a sessenta e cinco anos, cuja renda total fosse constituída, exclusivamente, de rendimentos do trabalho. O STF decidiu que a antiga regra constitucional não era auto-aplicável (MS 22.584). Assim, como a exoneração tributária não decorria diretamente da Constituição não poderia ser elencada entre as imunidades.
Imposto sobre Produtos Industrializados – IPI	É excepcional aos princípios da legalidade e da anterioridade anual (Obs.: não é exceção à anterioridade nonagesimal). Segundo a Constituição, o Poder Executivo, nos termos e limites fixados em lei, poderá alterar suas alíquotas. O IPI *deve ser* seletivo em função da essencialidade do produto. Assim, as alíquotas do imposto devem ser menores para os produtos essenciais e maiores para os produtos enquadrados na categoria de consumo supérfluo ou desaconselhável. O IPI também deve observar a técnica da não cumulatividade. Segundo o STF (RE 168.750), "o princípio da não cumulatividade objetiva tão somente permitir que o imposto incidente sobre a mercadoria, ao final do ciclo produção-distribuição-consumo, não ultrapasse, em sua soma, percentual superior à alíquota máxima prevista em lei". Não haverá incidência de IPI (imunidade) sobre produtos industrializados destinados ao exterior. O objetivo claro da regra é desonerar a atividade de exportação, não remetendo tributos para o exterior.
Imposto sobre Operações Financeiras – IOF	É excepcional aos princípios da legalidade e da anterioridade (anual e nonagesimal). Segundo a Constituição, o Poder Executivo, nos termos e limites fixados em lei, poderá alterar suas alíquotas. O IOF somente pode incidir sobre operações de crédito, câmbio, seguro e relativas a títulos ou valores mobiliários. Neste sentido, o STF já considerou possível a cobrança de IOF sobre operações de *factoring* (desconto de títulos de crédito para disponibilizar recursos para as empresas) (ADInMC 1.763) e impossível a incidência sobre saques em cadernetas de poupança (RE 232.467). O ouro, quando definido em lei como ativo financeiro ou instrumento cambial, sujeita-se exclusivamente à incidência do IOF, devido na operação de origem. A alíquota mínima será de 1% (um por cento), sendo assegurada a transferência do montante da arrecadação nos seguintes termos: a) trinta por cento para o Estado, o Distrito Federal ou o Território, conforme a origem e b) setenta por cento para o Município de origem. Por ser regra de incidência exclusiva, veicula imunidade para todos os outros tributos. Registre-se que o ouro como simples mercadoria sofre a incidência tributária normal de todos os tributos do sistema.
Imposto Territorial Rural – ITR	As alíquotas do ITR devem ser fixadas de forma a desestimular a manutenção das propriedades improdutivas. Temos aqui um bom exemplo de progressividade extrafiscal. Por outro lado, o ITR não incidirá (imunidade) sobre pequenas glebas rurais quando as explore, só ou com sua família, o proprietário que não possua outro imóvel. A Constituição remete a lei a definição do que deve ser entendido por "pequenas glebas rurais". Poderá ser cobrado e fiscalizado pelo Município, o que lhe dará a receita total do imposto (art. 153, § 4º, III da CF).
Imposto sobre Grandes Fortunas	O imposto sobre grandes fortunas deverá ser instituído por lei complementar, ainda não editada.
Impostos Residuais	A Constituição reservou à União, e somente a esta, a possibilidade de criar impostos novos (além dos já elencados). Para o exercício desta competência exige o Texto Maior: a) utilização de lei complementar, b) adoção da técnica da não cumulatividade e c) que o imposto novo não tenha fato gerador ou base de cálculo próprios dos impostos já discriminados. Esta competência é conhecida como residual. Ainda segundo a Lei Maior, 20% (vinte por cento) do produto da arrecadação dos impostos residuais pertencem aos Estados e ao Distrito Federal (art. 157, inciso II).

IMPOSTO DA UNIÃO	ASPECTOS GERAIS
Impostos Extraordinários	Na iminência ou no caso de guerra externa, a União, e somente esta, poderá criar impostos extraordinários. Estes impostos podem estar ou não compreendidos em sua competência e serão suprimidos, gradativamente, cessadas as causas da instituição. O art. 76 do CTN fixa o prazo máximo de cinco anos, contados da celebração da paz, para a supressão gradativa dos impostos extraordinários. O exercício da chamada competência extraordinária da União não precisa observar o princípio da anterioridade (art. 150, § 1º da Constituição).

11. IMPOSTOS ESTADUAIS E DISTRITAIS

- O quadro abaixo sintetiza as principais características dos impostos estaduais/distritais.

IMPOSTOS DOS ESTADOS E DF	ASPECTOS GERAIS
ICMS – Imposto sobre operações relativas à circulação de mercadorias e sobre prestações de serviços de transporte interestadual e intermunicipal e de comunicação, ainda que as operações e as prestações se iniciem no exterior	Em virtude de maior incidência nos concursos públicos, iremos nos ater aos principais aspectos do ICMS-mercadorias. O fato gerador do ICMS-mercadorias é a realização de operações relativas à circulação de mercadorias, ainda que importadas do exterior. A Circulação de mercadoria pressupõe circulação jurídica, ou seja, a mudança de titularidade. No ICMS-mercadorias a base de cálculo será o valor da operação mercantil realizada e as alíquotas serão estabelecidas pelo legislador ordinário de cada Estado e do Distrito Federal. Vale ressaltar, que caberá ao Senado Federal, fixar as alíquotas mínimas e máximas em operações internas e Resolução do Senado Federal estabelecerá alíquotas aplicáveis às operações interestaduais. Enfim, a alíquota será um percentual sobre o valor da operação mercantil realizada.
ITCMD Imposto sobre transmissão Causa Mortis e Doação de quaisquer bens ou direitos	O fato gerador da exação é a transmissão de propriedade de quaisquer bens ou cessão de direitos em decorrência de falecimento do titular ou cessão e transmissão gratuitas. O tributo será devido no Estado da situação do bem ou DF (bens imóveis e respectivos direitos) – (art. 155, § 1º, I da CF); ou o Estado onde se processar o inventário ou arrolamento, ou tiver domicílio o doador, ou ao DF – bens móveis, títulos e créditos (art. 155, § 1º, II da CF). No que concerne ao aspecto temporal será o momento da transmissão (art. 35 do CTN) ou como estabelecer a lei ordinária estadual. O Sujeito Passivo é o herdeiro, legatário ou qualquer das partes ligadas à doação (doador ou donatário) na forma da lei. A Base de Cálculo é o valor venal dos bens ou direitos transmitidos e da doação (art. 35 CTN). Enfim, a alíquota será estabelecida conforme legislação estadual (obs. alíquota máxima fixada pelo Senado Federal – Resolução 9/92 – 8%). A EC n. 126, de 2022, inseriu o inciso V no § 1º do art. 155 da CRFB/88, na qual estabeleceu que o ITCMD não incidirá sobre as doações destinadas, no âmbito do Poder Executivo da União, a projetos socioambientais ou destinados a mitigar os efeitos das mudanças climáticas e às instituições federais de ensino. A EC n. 126, de 2022, inseriu o inciso V no § 1º do art. 155 da CRFB/88, na qual estabeleceu que o ITCMD não incidirá sobre as doações destinadas, no âmbito do Poder Executivo da União, a projetos socioambientais ou destinados a mitigar os efeitos das mudanças climáticas e às instituições federais de ensino.
IPVA Imposto sobre propriedade de veículos automotores	O fato gerador é ter a propriedade de veículo automotor. No que se refere ao aspecto espacial, será o local onde o veículo é registrado e licenciado, inscrito ou matriculado e o aspecto temporal será 1º de janeiro de cada exercício ou data estabelecida na legislação estadual. O Sujeito Passivo é o proprietário do veículo automotor que poderá ser pessoa física ou jurídica. A Base de Cálculo é valor venal do veículo ou preço comercial (valor de mercado) e a Alíquota será estabelecida pela lei ordinária estadual.

12. IMPOSTOS MUNICIPAIS E DISTRITAIS

- O quadro abaixo sintetiza as principais características dos impostos municipais/distritais.

IMPOSTOS DOS MUNICÍPIOS E DF	ASPECTOS GERAIS
IPTU Imposto sobre propriedade predial e territorial urbana	O fato gerador do IPTU é a propriedade (art. 1.228 do CC), o domínio útil (ex.: enfiteuta) ou a posse (art. 1.196 CC) de bem imóvel. No que concerne ao aspecto espacial recai sobre imóveis localizados na zona urbana ou urbanizável do município (Vide §§ 1 ° e 2° do art. 32 do CTN). A alteração da base de cálculo constitui exceção ao princípio da anterioridade nonagesimal. A incidência (critério temporal) ocorrerá no dia 1º de janeiro de cada ano (por ficção jurídica). O Sujeito passivo da exação é o proprietário do imóvel, o titular do domínio útil ou seu possuidor (art. 34 do CTN). A base de cálculo é o valor venal do imóvel e as alíquotas variarão consoante o valor, uso e localização do imóvel. Importante o estudo acerca da Dupla Progressividade do IPTU (fiscal e extrafiscal): a) Fiscal: Com o advento da EC nº 29/2000 alterou-se o art. 156, § 1º, da CF/88, permitindo-se a progressividade fiscal do IPTU, ou seja, sua alíquota passou a variar segundo os critérios da localização, valor e uso. Antes das modificações promovidas pela Emenda citada, o Supremo Tribunal Federal, se manifestou no sentido da inconstitucionalidade da aplicação de alíquotas progressivas para o IPTU (Súmula 668). b) Extrafiscal: O objetivo de tal progressividade é estimular ou inibir certas condutas que se coadunem com a função social da propriedade (para fins de política urbana). Confira o art. 182, § 4º, inciso II, da CRFB/88 e o art. 7° da Lei 10.257/2001 – Estatuto da Cidade. É tributo sujeito a lançamento de ofício. Nos termos do Enunciado da Súmula nº 397 do STJ: "O contribuinte do IPTU é notificado do lançamento pelo envio do carnê ao seu endereço".
ITBI (ou ITIV) Imposto sobre transmissão *inter vivos*, a qualquer título, por ato oneroso, de bens imóveis, por natureza ou acessão física, e de direitos reais sobre imóveis, exceto os de garantia, bem como cessão de direitos a sua aquisição.	O fato gerador é transmissão *inter vivos*, a qualquer título, por ato oneroso, de bens imóveis, por natureza ou acessão física, e de direitos reais sobre imóveis, exceto os de garantia, bem como cessão de direitos a sua aquisição. No que concerne ao Aspecto/critério espacial, é o território do Município da situação do bem. No caso do DF, como não há divisão em municípios, o tributo caberá a este. É irrelevante que a escritura tenha sido lavrada em outro Município. Não há diferença de zona urbana para zona rural, como ocorre no ITR e IPTU. O Critério temporal é o momento da transmissão ou da cessão. Ou seja, é o instante que ocorre o negócio jurídico, porém apurável no momento da transcrição do instrumento translativo do domínio no *Registro Imobiliário*. Assim já decidiu o STJ: "A propriedade imobiliária apenas se transfere com o registro do respectivo título (CC, art. 530). **O registro imobiliário é o fato gerador do Imposto de Transmissão de Bens Imóveis.** Assim, a pretensão de cobrar o ITBI antes do registro imobiliário contraria o Ordenamento Jurídico" (STJ – REsp 12.546-0 – RJ – 1ª T – Rel. Min. Gomes de Barros – DJU 30.11.92, *in* RJ 184/87). Ressalte-se que o STJ também entende que nos casos de promessa de compra e venda não registrada, não haverá a ocorrência do fato gerador do ITBI. O Sujeito Passivo é qualquer das partes da operação tributária de transmissão de bem imóvel (art. 42 do CTN), podendo ser o transmitente ou o adquirente. A Base de Cálculo é o valor venal dos bens imóveis transmitidos em percentagem única sobre a base de cálculo. As alíquotas proporcionais serão estabelecidas pela lei municipal. Destaque-se duas hipóteses de imunidades específicas: a) Imunidade objetiva: prevista no art. 156, § 2º, I CF (busca fomentar o crescimento das empresas); b) Imunidade sobre imóveis desapropriados para fins de reforma agrária – art. 184, § 5º da CF. É tributo sujeito a lançamento por declaração. Consoante a Súmula 656 STF: "É inconstitucional a lei que estabelece alíquotas progressivas para o imposto de transmissão inter vivos de bens imóveis – ITBI com base no valor venal do imóvel".

IMPOSTOS DOS MUNICÍPIOS E DF	ASPECTOS GERAIS
ISS Imposto Sobre Serviços De Qualquer Natureza	O fato gerador é a prestação de serviço por pessoa física ou jurídica com ou sem estabelecimento físico dos serviços constantes na lista anexa da LC 116/2003, cujo rol é taxativo. A expressão 'serviços de qualquer natureza' no direito tributário vincula-se ao conceito dado pelo direito privado consoante o art. 110 do CTN. Logo serviço significará um bem econômico imaterial, fruto de esforço humano, resultante de uma obrigação de fazer. O Critério espacial é o limite territorial do Município. A matéria do local do pagamento do ISSQN (Local da efetiva prestação do serviço ou local de estabelecimento do prestador) é tema dos mais controvertidos no direito tributário. Importante a leitura das decisões do STJ nesse sentido. O critério temporal é o momento da efetiva prestação do serviço. O Sujeito Passivo é o prestador de serviço, empresa ou profissional autônomo. A base de cálculo é o valor do serviço prestado e a alíquota poderá ser fixa ou proporcional, consoante legislação municipal. Por fim, é prevista a substituição tributária e a imunidade dos Serviços destinados ao Exterior (LC 116/2003 no seu art. 2º, I).

- **Visão analítica dos impostos federais, estaduais e municipais**

– Agora os mesmos impostos de competência da União, dos Estados, do Distrito Federal e dos Municípios, apresentados de forma analítica.

Quadro sinótico da legislação aplicável aos impostos federais[2]

	II	IE	IR	IPI	IOF	ITR
CF/88	art. 153, I	art. 153, II	art. 153, III	art. 153, IV	art. 153, V	art. 153, VI
Lei Complementar	CTN (arts. 19-22)	CTN (arts. 23-28)	CTN (arts. 43-45)	CTN (arts. 46-51)	CTN (arts. 63-67)	CTN (arts. 29-31)
Lei Ordinária	DL 37/66 (DL 2.472/88)	DL 1.578/77	Lei 7.713/88, Leis 9.249/95 e 9.430/96 e alterações posteriores	Lei 4.502/64	Lei 5.143/66	Lei 9.393/96
Decreto	6.759/09	6.759/09	9.580/2018	7.212/10	6.306/07	4.382/02

Quadro comparativo dos principais aspectos dos impostos federais[3]

	Fato Gerador	Principal Contribuinte	Principal Base de Cálculo	Observações Constitucionais
II	Entrada de mercadoria estrangeira no território aduaneiro	Importador	Valor Aduaneiro	Exceção aos Princípios da Anterioridade e da Legalidade
IE	Saída de mercadoria nacional ou nacionalizada do território aduaneiro	Exportador	Valor da mercadoria em condições de livre concorrência internacional	Idem

2 *In:* MARTINS, Alan; SCARDOELLI, Dimas Yamada. **Direito Tributário**– curso rápido e didático para estudos e revisões.Leme: Editora JH Mizuno, 2012, p. 68.

3 MARTINS, Alan; SCARDOELLI, Dimas Yamada. **Direito Tributário**– curso rápido e didático para estudos e revisões.Leme: Editora JH Mizuno, 2012, p. 69.

	Fato Gerador	Principal Contribuinte	Principal Base de Cálculo	Observações Constitucionais
IR	Aquisição de disponibilidade econômica ou jurídica de: Renda: produto do capital, do trabalho ou de ambos; Proventos: outros acréscimos patrimoniais que não sejam rendas	Pessoas físicas e jurídicas titulares das disponibilidades econômicas ou jurídicas de rendas e proventos	Montante real, arbitrado ou presumido da renda e dos proventos tributáveis	Deve observar os critérios da generalidade (todas as pessoas), universidade (tudo ou todas as rendas e proventos) e da progressividade (alíquotas progressivas). Também é exceção ao Princípio da Anterioridade nonagesimal
IPI	Saída de produto industrializado do estabelecimento industrial	Industrial	Valor da operação de saída do estabelecimento industrial	Exceção aos Princípios da Legalidade e da Anterioridade do exercício. Seletivo em função da essencialidade. Não cumulativo. Imunidade na exportação de produtos industrializados. Terá reduzido seu impacto na aquisição de bens de capital
IOF	Efetivação das operações de crédito, câmbio, seguro e relativas a títulos e valores mobiliários	Tomadores de crédito, compradores e vendedores de moeda estrangeira, os segurados e os adquirentes de títulos ou valores mobiliários e titulares de aplicações financeiras	Operações de crédito: valor da obrigação (principal mais juros). Operações de câmbio: montante em moeda nacional (recebida ou entregue). Operações de Seguro: valor do prêmio. Operações de transmissão de títulos e valores mobiliários: preço ou valor da cotação em bolsa de valores	Exceção aos Princípios da Anterioridade e da Legalidade
ITR	A propriedade, o domínio útil e a posse a qualquer título de imóvel rural	Proprietário, titular do domínio útil ou possuidor a qualquer título de imóvel rural	Valor da terra nua tributável (VTNt)	Progressividade para desestimular propriedades improdutivas. Imunidades de pequenas glebas. Possibilidade de ser cobrado e fiscalizado pelos Municípios que assim optarem na forma da lei (repasse de 100% neste caso)

Quadro sinótico da legislação aplicável aos impostos estaduais[4]

	ITCMD/ITCD	ICMS	IPVA
CF/88	CF, art. 155, I, c/c § 1°	CF, art. 155, II, c/c, §§ 2° a 5°	CF, art. 155, III, c/c § 6°
Leis complementares	Competência do art. 155, § 1°, III (*vide* ADO 67)	LC 87/96 – Lei Kandir LC 24/75 – Convênios, Confaz e concessão de benefícios fiscais	Não há
Leis ordinárias	Leis estaduais	Leis estaduais	Leis estaduais
Decretos	Decretos estaduais	Decretos estaduais	Decretos estaduais

4 MARTINS, Alan; SCARDOELLI, Dimas Yamada. **Direito Tributário** – curso rápido e didático para estudos e revisões. Leme: Editora JH Mizuno, 2012, p. 71 (tabela adaptada e atualizada).

Quadro comparativo dos principais aspectos dos impostos estaduais[5]

	Fato Gerador	Principais Contribuintes	Principal Base de Cálculo	Observações Constitucionais
ITCMD/ ITCD	Transmissão *causa mortis*na sucessão legítima outestamentária; doações e outras transmissões não onerosas (usufrutos, renúncias translativas a heranças, atribuiçãode bens e direitos acima da meação ou quinhão na divisão de patrimônio comum, partilha ou adjudicação etc.)	Herdeiro, legatário ou donatário	Valor dos bens e direitos transmitidos	Bens imóveis – imposto compete ao Estado de situação do bem. Bens móveis, títulos e direitos – imposto compete ao Estado onde se processar o inventário ou tiver domicílio o doador. Doador ou *de cujus* domiciliado ou residente no exterior ou se *de cujus* tinha bens no exterior – competência conforme lei complementar. Alíquotas máximas fixadas pelo Senado Federal
ICMS	Operações relativas à circulação de mercadorias; prestações de serviços de transporte interestadual e intermunicipal; prestações onerosas de serviços de comunicação; fornecimento de mercadorias com prestação de serviços não compreendidos na competência tributária dos Municípios ou sujeitos ao imposto sobre serviços, quando a lei complementar aplicável expressamente o sujeitar à incidência do imposto estadual; entrada de mercadorias ou bens importados do exterior; serviços prestados no exterior ou cuja prestação tenha se iniciado no exterior; entrada no Estado de petróleo e derivados quando não destinados à comercialização ou industrialização	Pessoa física ou jurídica que realize, com habitualidade ou em volume que caracterize intuito comercial, operações ou prestações sujeitas à incidência do imposto; qualquer pessoa física ou jurídica que importe mercadorias ou bens, seja destinatária de serviço prestado no exterior ou cuja prestação tenha sido iniciada no exterior, adquira em licitação mercadorias ou bens apreendidos, adquira lubrificantes combustíveis derivados do petróleo e energia elétrica de outro Estado, quando não destinados à comercialização ou industrialização	Valor da operação de circulação de mercadoria ou da prestação de serviço. Inclusão do próprio imposto na base de cálculo (chamado "cálculo por dentro")	Imposto não cumulativo. Seletividade em função da essencialidade das mercadorias e serviços. Competência do Senado para fixar alíquotas interestaduais e alíquotas internas mínimas, e, em alguns casos, máximas. Previsão, como regra, de tributação no Estado de origem, salvo direito do Estado de destino a diferencial de alíquota nas operações destinadas a contribuintes do imposto. Imunidade nas operações de exportação, saídas para outros Estados de combustíveis e lubrificantes, ouro como ativo financeiro e comunicação gratuita na modalidade de radiodifusão de sons e imagens. Cabe à lei complementar definir contribuintes, dispor sobre substituição tributária, disciplinar regime de compensação, regular a

5 Ibidem, p. 72.

	Fato Gerador	Principais Contribuintes	Principal Base de Cálculo	Observações Constitucionais
				forma como, mediante deliberação entre os Estados (convênios), benefícios fiscais serão concedidos ou revogados, entre outras matérias
IPVA	Propriedade de veículo automotor novo (na aquisição), importado (no desembaraço aduaneiro) ou de veículo usado (em 1º de janeiro de cada exercício)	Proprietário	Valor do veículo	Pode ter alíquotas mínimas fixadas pelo Senado Federal e alíquotas diferenciadas em razão do tipo e utilização

Quadro sinótico da legislação aplicável aos impostos municipais[6]

	IPTU	ITBI	ISS
CF/88	CF, art. 156, I, c/c § 1º	CF, art. 156, II, c/c § 2º	CF, art. 156, III c/c § 3º
Leis complementares	CTN, arts. 32 a 34	CTN, arts. 35 a 42	LC 116/03
Leis ordinárias	Leis municipais	Leis municipais	Leis municipais
Decretos	Decretos municipais	Decretos municipais	Decretos municipais

Quadro comparativo dos principais aspectos dos impostos municipais[7]

	Fato Gerador	Principais Contribuintes	Principal Base de Cálculo	Observações Constitucionais
IPTU	A propriedade, o domínio útil e a posse a qualquer título de imóvel urbano	Proprietário, titular do domínio útil ou possuidor a qualquer título de imóvel urbano	Valor venal do imóvel	Poderá ser progressivo em função do tempo e em razão do valor do imóvel, além de ter alíquotas diferentes de acordo com a localização e o uso do imóvel
ITBI	O fato gerador é transmissão *inter vivos*, a qualquer título, por ato oneroso, de bens imóveis, por natureza ou acessão física, e de direitos reais sobre imóveis, exceto os de garantia, bem como cessão de direitos a sua aquisição.	Qualquer das partes na operação tributada (em geral, o adquirente)	Valor venal do imóvel ou do direito transmitido	Imunidades na transmissão de bens ou direitos incorporados à pessoa jurídica como integralização do capital social, na transmissão de bens ou direitos decorrentes de fusão, incorporação, cisão ou extinção de pessoa jurídica (salvo se a atividade preponderante do

6 MARTINS, Alan; SCARDOELLI, Dimas Yamada. **Direito Tributário** – curso rápido e didático para estudos e revisões. Leme: Editora JH Mizuno, 2012, p. 74.

7 Ibidem, 2012, p. 75 (tabela adaptada).

	Fato Gerador	Principais Contribuintes	Principal Base de Cálculo	Observações Constitucionais
ITBI				adquirente for a compra e venda desses bens ou direitos, locação de bens imóveis ou arrendamento mercantil)
ISS	Prestação de serviços constantes na lista anexa à LC 116/2003, ainda que esses não se constituam como atividade preponderante do prestador	Prestador de serviços	Preço do serviço	Imunidade sobre exportações de serviços para o exterior

- O princípio da seletividade segundo a essencialidade do produto é de observância obrigatória em relação ao IPI, que "**será** seletivo" (CF, art. 153, § 3°, I). O mesmo não ocorre em relação ao ICMS que "**poderá ser** seletivo em função da essencialidade das mercadorias e dos serviços" (CF, art. 155, § 2°, III).

- Com relação a não cumulatividade do IPI, oportuno ressaltar que o STF editou o enunciado n. 58 da Súmula Vinculante nos seguintes termos: "Inexiste direito a crédito presumido de IPI relativamente à entrada de insumos isentos, sujeitos à alíquota zero ou não tributáveis, o que não contraria o princípio da não cumulatividade".

- A progressividade constitucional delineada para o IPTU pode ser subdividida em: i) **progressividade fiscal**, cujo único objetivo é a arrecadação, em razão do valor do imóvel (CF, art. 156, § 1°, I); ii) **progressividade extrafiscal**, que tem por objetivo promover a função social da propriedade, estabelecendo a progressividade no tempo do IPTU para o proprietário de imóvel subutilizado ou não utilizado que deixar de promover o seu adequado aproveitamento, nos termos do plano diretor do Município (CF, art. 182, § 4°, II).

- "O ICMS pode incidir sobre *softwares* (bens incorpóreos) adquiridos por meio de transferência eletrônica de dados, da mesma forma que incide sobre bens incorpóreos vendidos por meio de bens materiais (*softwares* de prateleira veiculados em disquete, CD ou DVD)" (ADI 1945 MC – Pleno – red. p/ ac. Min. Gilmar Mendes – julg. 26/10/2010).

- Nos termos do artigo 155, § 2°, VII, da CF, as construtoras, via de regra, são contribuintes do ISS. Assim, "empresas de construção civil que adquirem material em Estado-membro que cobra alíquota mais favorável de ICMS não estão compelidas, uma vez empregadas as mercadorias em obra daquela pessoa jurídica, ao recolhimento da diferença em virtude de alíquota maior do Estado-membro destinatário." (STF – RE 248830 AgR-ED – 1ª Turma – Rel. Min. Marco Aurélio – julg. 7.6.2011).

- O chamado "cálculo por dentro", isto é, inclusão do ICMS na sua própria base de cálculo é constitucional. Fundamento: CF, art. 155, § 2°, XII, "i" (STF – RE 58246 – Pleno – Rel. Min. Gilmar Mendes – julg. 18.5.2011 – Repercussão Geral).

- Há duas bases de incidência na importação de produtos mediante contrato de arrendamento mercantil, a prestação de serviço (*leasing*) e a própria importação. Com base nessa premissa, em recente acórdão, o STF decidiu não existir bitributação em se exigir o IPI na importação mediante *leasing* (STF – RE 42930 – Rel. Min. Joaquim Barbosa – 2ª Turma – julg. 1.2.2011).

- Verdade que o artigo 155, § 2°, inciso IV, da CF atribui competência ao Senado Federal para estabelecer as alíquotas do ICMS aplicáveis às operações e prestações, interestaduais e de exportação. Porém, em relação às alíquotas de exportação, essa norma passou a constituir "letra morta" após a promulgação da Emenda Constitucional 42/2003, que alterou a redação do artigo 155, § 2°, inciso X, alínea "a", da CF, contemplando com imunidade todas as operações que destinem mercadorias para o exterior, inclusive, assegurando a manutenção e o aproveitamento do montante do imposto cobrado nas operações anteriores.

- Para não se esquecer da regra do artigo 155, § 2°, inciso II, alíneas "a" e "b", da CF de que a isenção ou não incidência, salvo determinação em contrário da legislação, não implicará crédito para compensação com o montante devido nas operações ou prestações seguintes e acarretará a anulação do crédito relativo às operações anteriores, basta pensar o quanto seria ilógico permitir-se a compensação de um imposto que não foi pago anteriormente ou se manter o crédito para abater-se, na operação subsequente, em que não haverá tributação.

- Embora operações que destinem a outros Estados petróleo, inclusive lubrificantes, combustíveis líquidos e gasosos dele derivados e energia elétrica sejam imunes ao ICMS (CF, art. 155, § 2°, X, "b"), cabe à lei complementar definir os combustíveis e lubrificantes sobre os quais o imposto incidirá uma única vez, qualquer que seja a sua finalidade, hipótese em que não se aplicará a imunidade (CF, art. 155, § 2°, XII, "h"). Trata-se do ICMS-combustíveis monofásico, cuja tributação deve observar as disposições do § 4° do artigo 155 da CF.

- As vendas de salvados pelas companhias seguradoras não se enquadram no conceito de operações relativas à circulação de mercadorias, não se sujeitando ao ICMS. Constituem sim atividade integrante das operações de seguro, cuja tributação se sujeitaria à competência da União estabelecida no artigo 153, inciso V da CF (STF – ADI 1648 – Pleno – Rel. Min. Gilmar Mendes – julg. 16.2.2011).
- As operações isentas e não tributadas não apenas não dão direito ao crédito do ICMS para as operações e prestações seguintes (CF, art. 155, § 2°, II, "a"), como acarretam a anulação do crédito relativo às operações e prestações anteriores (CF, art. 155, § 2°, II, "b").
- De acordo com a competência estabelecida no artigo 155, § 2°, inciso XII, alínea "g", da CF, a forma como, mediante deliberação dos Estados e Distrito Federal, serão concedidos e revogados isenções, incentivos e benefícios fiscais (CF, art. 155, § 2°, XII, "g"), está regida, atualmente, pela Lei complementar 24/75, recepcionada pela CF nos termos do artigo 34, § 5° do ADCT, que prevê a celebração de convênio no âmbito do Confaz.
- O art. 88 do ADCT dispõe que: "Art.88. Enquanto lei complementar não disciplinar o disposto nos incisos I e III do § 3º do art. 156 da Constituição Federal, o imposto a que se refere o inciso III do caput do mesmo artigo: I – terá alíquota mínima de dois por cento, exceto para os serviços a que se referem os "itens 32, 33 e 34 da Lista de Serviços anexa ao Decreto-Lei nº 406, de 31 de dezembro de 1968; II – não será objeto de concessão de isenções, incentivos e benefícios fiscais, que resulte, direta ou indiretamente, na redução da alíquota mínima estabelecida no inciso I". Durante muito tempo, esse dispositivo produziu seus efeitos, pois, a Lei Complementar nº 116, de 2003, que veio posteriormente a dispor sobre o ISSQN, não estabelecia alíquota mínima, nem regulava a forma e as condições para a concessão, pelos Municípios, de isenções, incentivos e benefícios fiscais no que diz respeito ao imposto. O cenário, porém, mudou com o advento da Lei Complementar nº 157, de 2016, que incluiu na Lei complementar nº 116, de 2003 o artigo 8º-A, com a seguinte redação: "Art. 8º-A: A alíquota mínima do Imposto sobre Serviços de Qualquer Natureza é de 2% (dois por cento). § 1º O imposto não será objeto de concessão de isenções, incentivos ou benefícios tributários ou financeiros, inclusive de redução de base de cálculo ou de crédito presumido ou outorgado, ou sob qualquer outra forma que resulte, direta ou indiretamente, em carga tributária menor que a decorrente da aplicação da alíquota mínima estabelecida no caput, exceto para os serviços a que se referem os subitens 7.02, 7.05 e 16.01 da lista anexa a esta Lei Complementar. § 2º É nula a lei ou o ato do Município ou do Distrito Federal que não respeite as disposições relativas à alíquota mínima previstas neste artigo no caso de serviço prestado a tomador ou intermediário localizado em Município diverso daquele onde está localizado o prestador do serviço. § 3º A nulidade a que se refere o § 2º deste artigo gera, para o prestador do serviço, perante o Município ou o Distrito Federal que não respeitar as disposições deste artigo, o direito à restituição do valor efetivamente pago do Imposto sobre Serviços de Qualquer Natureza calculado sob a égide da lei nula". Quanto às exceções à vedação à concessão de isenções, incentivos ou benefícios (§ 2º), referem-se elas aos seguintes serviços: 7.02. Execução, por administração, empreitada ou subempreitada, de obras de construção civil, hidráulica ou elétrica e de outras obras semelhantes, inclusive sondagem, perfuração de poços, escavação, drenagem e irrigação, terraplanagem, pavimentação, concretagem e a instalação e montagem de produtos, peças e equipamentos (exceto o fornecimento de mercadorias produzidas pelo prestador de serviços fora do local da prestação dos serviços, que fica sujeito ao ICMS); 7.05. Reparação, conservação e reforma de edifícios, estradas, pontes, portos e congêneres (exceto o fornecimento de mercadorias produzidas pelo prestador dos serviços, fora do local da prestação dos serviços, que fica sujeito ao ICMS); 16.01. Serviços de transporte coletivo municipal rodoviário, metroviário, ferroviário e aquaviário de passageiros.
- O imposto de importação é considerado pela doutrina um imposto regulatório, de caráter extrafiscal, na medida em que a alteração de sua carga tributária, permitida ao Poder Executivo (CF art. 153, § 1º), pode influir no domínio econômico, inibindo as exportações na majoração, como ocorreu recentemente em relação aos automóveis, ou incentivando-as na redução, como aconteceu na década de 90 em relação à mesma espécie de produto.
- Os impostos extraordinários, instituídos pela iminência ou no caso de guerra externa, serão suprimidos, gradativamente, cessadas as causas de sua criação (CF, art. 154, II).

– Durante a Pandemia do Coronavírus (Covid-19), algumas medidas foram tomadas pelo Poder Público Federal com relação aos tributos federais, sendo oportuno citar algumas delas: I) Redução da alíquota do IOF em operações específicas, conforme art. 1º do Decreto 10.305/2020; ii) Decretos 10.285/2020 e 10.302/2020 – reduziram temporariamente a zero por cento a alíquota do IPI incidentes sobre diversos produtos que auxiliam no combate ao COVID; iii) Resolução CAMEX n. 17/2020 – alterou para 0% a alíquota do II de produtos médicos, hospitalares e de limpeza usados no combate a COVID até 30.09.2020; iv) Ocorreu prorrogação do prazo de entrega da declaração do Imposto de Renda (prorrogado por 60 dias) através da Instrução normativa Nº 1.930, de 1º de abril de 2020; v) Portaria ME n. 245 de 15 de junho de 2020 – prorrogou prazo de pagamento de tributos federais; Vi) Postergação do prazo para pagamento da contribuição previdenciária patronal, PIS/PASEP e da COFINS através da Portaria ME nº 139, de 3 de abril de 2020; dentre outras medidas.

13. REPARTIÇÃO CONSTITUCIONAL DE RECEITAS TRIBUTÁRIAS

- A repartição das receitas tributárias tem como objetivo minorar o desequilíbrio existente dos entes políticos no que concerne aos impostos sob suas competências tributárias. É fácil perceber de pronto, que a União detém um número maior de impostos (nove) em detrimento dos Estados (três) e Municípios (três). Dessa forma, as transferências ocorrem dos entes estatais "maiores" para os "menores". Ou seja: A União repassa para Estados, Municípios e Distrito Federal; os Estados repassam para os Municípios; e os Municípios e Distrito Federal, por sua vez, não repassam suas receitas, figurando apenas na condição de beneficiados.
- "A doutrina comumente classifica a repartição das receitas em Direta e Indireta. Entende-se a repartição direta como aquela que não perpassa por nenhum fundo ou por nenhuma intermediação, para onde os recursos vão e de lá são retornados aos entes federativos. Esse tipo de repetição não conta com a interferência de qualquer índice de forma a distribuir um valor maior a quem mais necessita e menor a quem menos necessita. Parte, portanto, de critérios meramente percentuais sem atentar a qualquer variação em virtude da maior ou menor necessidade do destinatário de recurso. A repartição indireta, por sua vez, demanda sempre que, ao ser repassado o recurso, analise-se alguns critérios, como o índice de produtividade, como se dá com parte do índice do ICMS, como o número de alunos matriculados, como se dá com o FUNDEB, como o Índice de Desenvolvimento Humano, como se dá para o FPM e o FPE, além do número populacional, dentre outros. Assim, a repartição indireta, na maioria das vezes, se dá por intermédio de um Fundo, que é uma mera individualização contábil destinando recursos a fins específicos, com o fim de organizar e permitir a repartição, na conformidade dos critérios estabelecidos." (In: LEITE, Harrison. **Manual de direito financeiro**. Salvador: Juspodivm, 2012, p. 151).
- Vale ressaltar, que a Constituição Federal veda, em regra, condicionamentos, restrições ou retenções das transferências dos recursos a serem repartidos. As **exceções** admissíveis decorrem:

a) da existência de débitos;

b) do condicionamento à aplicação de recursos mínimos no financiamento da saúde pública.

- Ressalte-se ademais, que o Princípio da não afetação dos impostos mostra-se mitigado em virtude de tal temática. Isso porque, o art. 167, IV, da CRFB ressalva a vinculação de receita de impostos nos casos de repartição do produto da arrecadação dos impostos a que se referem os arts. 158 e 159 do Texto Maior.
- Para fins de Concursos Públicos recomenda-se aos leitores o estudo atento dos arts. 158 a 162, da CRFB, uma vez que é comum a cobrança de questões que reproduzem o texto constitucional. Confira a tabela abaixo:

Repartição de receitas tributárias[8]

Legenda:

- O = origem (ente que detém a competência tributária).
- D = destino (ente que recebe o repasse da receita).
- % = percentual de receita repassada.

Tributo	União	Est/DF	Mun.	Outros	%	CF/88	Observações constitucionais (CF/88)
IR – retido na fonte	O	D			100	157, I	Pagamentos efetuados pelos Estados.
Imposto Residual	O	D			20	157, II	Ver art. 154, I.
IR – retido na fonte	O		D		100	158, I	Pagamentos efetuados pelos Municípios.
ITR	O		D		50	158, II	Imóveis rurais situados nos Municípios. O repasse pode chegar a 100%, nos termos do art. 153, § 4°, III.

8 *In*: MARTINS, Alan; SCARDOELLI, Dimas Yamada. **Direito Tributário**: curso rápido e didático para estudos e revisões. Leme: Editora JH Mizuno, 2012, p. 64.

Tributo	União	Est/DF	Mun.	Outros	%	CF/88	Observações constitucionais (CF/88)
IPVA		O	D		50	158, III	Critério: local do licenciamento.
ICMS		O	D		25	158, IV	Critério: índice de participação. Ver parágrafo único do art. 158.
IR/IPI	O			D	48	159, I	Outros: Fundos de Participações dos Estados (21,5%) e dos Municípios (22,5%), Programas de Financiamento regiões N, NE e CO (3%) e, novamente, Fundo de Participação dos Municípios (1%) para entrega no primeiro decêndio do mês de dezembro de cada ano.
IPI	O	D			10	159, II	Proporcional às exportações de produtos industrializados. Do valor recebido pelos Estados/DF (nunca superior a 20%), serão entregues 25% aos Municípios pelo critério idêntico ao ICMS.
CIDE combust.	O	D			29	159, III	Os Estados e o DF destinarão 25% do valor recebido aos Municípios.
IOF ouro	O	D			30	153, § 5º, I	Ouro como ativo financeiro ou instrumento cambial. Critério: origem
IOF ouro	O		D		70	153, § 5º, II	Ouro como ativo financeiro ou instrumento cambial. Critério: origem

De forma mais sintética:

União para Estado e DF	União e Estado para Município
IR-fonte 100% I. Residuais 20% IR e IPI – 49% sendo: 21,5% (FPE/DF) 3% (N/NO/CO) 22,5 % FPM 1% FPM (dez) 1% FPM (julho)	IR – fonte 100% FPM 22,5% FPM 1% FPM 1%
IPI – 10%	IPI – 25%
CIDE – 29%	CIDE – 25%
	ITR 50% ou 100%
IOF sobre Ouro – 30%	IOF sobre ouro 70%
–	IPVA 50%
–	ICMS 25%

14. PROCESSO TRIBUTÁRIO

- Apenas o proprietário do imóvel tem legitimidade ativa para propor ação de repetição de indébito de IPTU. A relação tributária estabelecida entre a Fazenda e o proprietário do imóvel (art. 34 do CTN) prevalece sobre qualquer estipulação contratual que determine que terceiro arcará com o pagamento de IPTU, pois a referida avença não é oponível à Fazenda. (STJ – AgRg no AgRg no AREsp 143.631, 1ª Turma, Rel. Min. Benedito Gonçalves, j. 4.10.12.). Lembre-se que, nos termos do artigo 123 do CTN, salvo disposições de lei em contrário, as convenções particulares, relativas à responsabilidade pelo pagamento de tributos, não podem ser opostas à Fazenda Pública, para modificar a definição legal do sujeito passivo das obrigações tributárias correspondentes.
- A repetição do indébito tributário (arts. 165 a 169 CTN) diz respeito ao direito de o contribuinte reaver o pagamento (seja total ou parcial, seja na via administrativa ou judicial) efetuado a maior ou indevidamente à Fazenda Pública, evitando-se, portanto, o enriquecimento sem causa. O art. 168 do CTN dispõe que o direito de pleitear a restituição extingue-se com o decurso do prazo de 5 (cinco)

anos, contados: I – nas hipóteses dos incisos I e II do art. 165, da data da extinção do CT; II – nas hipóteses do inciso III, da data em que se tornar definitiva a decisão administrativa ou passar em julgado a decisão judicial que tenha reformado, anulado, revogado ou rescindido a decisão condenatória. Em virtude da possibilidade de se pedir a restituição relativa aos últimos 10 anos (tese dos 5 mais 5), adveio a LC 118/2005, que traçou novo entendimento sobre o prazo prescricional, embora muito conflitante para a jurisprudência. Pelo seu art. 3º, a prescrição para pleitear a repetição, nos tributos sujeitos ao lançamento por homologação, de acordo com o STJ (Precedentes: EREsp 435.835-SC, DJ 4/6/2007; EREsp 644.736-PE, DJ 29/8/2005; AgRg no Ag 1.105.057-SP) deve ser contada da seguinte forma: "relativamente aos pagamentos efetuados a partir da sua vigência (que ocorreu em 9/6/2005), o prazo para a ação de repetição de indébito é de cinco anos a contar da data do pagamento; relativamente aos pagamentos anteriores, a prescrição obedece ao regime previsto no sistema anterior, limitada, porém, ao prazo máximo de cinco anos a contar da vigência da lei nova".

- O prazo para propositura da ação para repetição do indébito será de cinco anos, a contar do pagamento antecipado, nos tributos sujeitos a auto lançamento. Segundo a redação do art. 168, I do CTN, o direito de pleitear a restituição extingue-se com o decurso do prazo de 5 (cinco) anos, contados da data da extinção do crédito tributário na hipótese de lançamento por homologação. Ora, com o pagamento, extingue-se o crédito. Logo, o prazo é cinco anos a contar do pagamento antecipado. Atenção: o prazo será de dois anos para a ação anulatória da decisão administrativa que denegar a restituição.

- A Fazenda Pública não é isenta do pagamento de emolumentos cartorários, havendo, apenas, o diferimento deste para o final do processo, quando deverá ser suportado pelo vencido. (STJ – AgRg no REsp 1.276.844-RS, 1ª Turma, Rel. Min. Napoleão Nunes Maia Filho, julgado em 5/2/2013. (Info 516). Esses emolumentos possuem natureza de taxa e, assim, não se incluem na imunidade recíproca do artigo 150, inciso VI, alínea "a", que se refere a impostos sobre patrimônio, rendas e serviços.

- Sobre a reavaliação de bens penhorados em execução fiscal, ainda que a avaliação original tenha sido efetivada por oficial de justiça, caso o exame seja objeto de impugnação pelas partes antes de publicado o edital de leilão, é necessária a nomeação de avaliador oficial para que proceda à reavaliação. Entendimento que decorre da redação do art. 13, § 1º, da Lei nº 6.830/1980, estando consagrado na jurisprudência do Superior Tribunal de Justiça (STJ – REsp 1.352.055-SC, 2ª Turma, Rel. Min. Mauro Campbell Marques, julgado em 6/12/2012).

- Em demanda na qual se pleiteie a restituição de contribuição previdenciária indevidamente arrecadada, o sujeito que apenas arrecada o tributo em nome do sujeito ativo da relação jurídico-tributária não tem legitimidade passiva, ou seja, a ação não pode ser ajuizada em face dele. Pertence ao sujeito ativo da relação jurídico-tributária, e não ao sujeito que apenas arrecada a contribuição previdenciária em nome do sujeito ativo, a legitimidade para figurar no polo passivo de demanda em que se pleiteie a restituição do tributo indevidamente arrecadado. *AREsp 199.089-PE, Rel. Min. Arnaldo Esteves Lima, julgado em 5/2/2013. 1ª Turma. (Info 513)*

- É cabível a repetição do indébito tributário no caso de pagamento de contribuição para custeio de saúde considerada inconstitucional em controle concentrado, independentemente de os contribuintes terem usufruído do serviço de saúde prestado pelo Estado. A declaração de inconstitucionalidade de lei que instituiu contribuição previdenciária é suficiente para justificar a repetição dos valores indevidamente recolhidos. Além do mais, o fato de os contribuintes terem usufruído do serviço de saúde prestado pelo Estado não retira a natureza indevida da exação cobrada. O único pressuposto para a repetição do indébito é a cobrança indevida de tributo, conforme dispõe o art. 165 do CTN. (STJ – AgRg no AREsp 242.466-MG, 2ª Turma, Rel. Min. Castro Meira, julgado em 27/11/2012). Essa decisão reflete entendimento que se aplica a todo e qualquer contribuição instituída indevidamente sobre serviço público.

- Na execução fiscal, embora seja admissível a substituição da penhora por depósito em dinheiro ou fiança bancária (art. 15, I, da Lei nº 6.830/1980), quando for garantida por penhora sobre o dinheiro, torna-se inviável a substituição do bem por fiança bancária, tendo em vista que aquela confere maior liquidez ao processo executivo. Com efeito, o poder de substituição concedido ao devedor só pode ser exercido para melhorar a liquidez da garantia, não sendo possível que uma garantia privilegiada por expressa disposição legal, e líquida por excelência, seja substituída por outra menos benéfica ao credor. Assim, uma vez realizada a penhora em dinheiro, torna-se incabível sua substituição por outro bem, ainda que por fiança bancária, porquanto a execução fiscal tem seu regime jurídico próprio com prerrogativa fazendária (STJ – REsp 1.049.760-RJ, 1ª Turma, Rel. Min. Luiz Fux, julgado em 1º/6/2010). Assim, pela jurisprudência do STJ, na execução fiscal, a ordem de preferência na penhora, que segue o critério da liquidez, deve prevalecer sobre pretensão do devedor de substituir o bem para lhe tornar a execução menos gravosa.

- A substituição da penhora pelo executado depende de anuência da Fazenda. A concordância só é dispensável na hipótese de oferecimento de dinheiro ou fiança bancária em substituição ao bem penhorado, nos termos do art. 15, I, da LEF (STJ – AgRg no AREsp 12.394-RS, 1ª Turma, Rel. Min. Arnaldo Esteves Lima, julgado em 4/10/2012).

- A constituição definitiva do crédito tributário inaugura o decurso do prazo prescricional de cinco anos para o Fisco cobrá-lo judicialmente. Nos casos em que o Fisco constitui o crédito tributário mediante lançamento, inexistindo quaisquer causas de suspensão da exigibilidade ou de interrupção da prescrição, o prazo prescricional conta-se da data em que o contribuinte for regularmente notificado do lançamento tributário (arts. 145 e 174 do CTN) (STJ – *REsp 1.107.339-SP, 1ª Turma, Rel. Min. Luiz Fux, julgado em 1º/6/2010).*

- Ainda nos casos em que Fisco constitui o crédito tributário mediante lançamento, sobrevindo causa de suspensão de exigibilidade antes do vencimento do prazo para pagamento do crédito tributário formalizado pelo contribuinte (em se tratando de tributos sujeitos a lançamento por homologação) ou lançado pelo Fisco, não tendo sido reiniciado o prazo *ex vi* do parágrafo único do art. 174 do CTN, o *dies a quo* da regra da prescrição desloca-se para a data do desaparecimento jurídico do obstáculo à exigibilidade (STJ – REsp 1.107.339-SP, 1ª Turma, Rel. Min. Luiz Fux, julgado em 1º/6/2010).

- Uma vez acolhida a exceção de pré-executividade para extinguir execução fiscal, é cabível a condenação da Fazenda Pública em honorários advocatícios. Esse entendimento é adotado pelo Superior Tribunal de Justiça, merecendo destaque o fato de que foi consolidado em julgamento de recurso especial submetido ao regime do artigo 543-C do CPC c/c a Resolução 8/2008-STJ (STJ – REsp 1.185.036-PE, 1ª Seção, Rel. Min. Herman Benjamin, julgado em 8/9/2010).

- Em outro julgamento de recurso especial submetido ao regime do artigo 543-C do CPC c/c a Resolução 8/2008-STJ, também ficou assentado que a reunião de demandas executivas fiscais contra o mesmo devedor constitui uma faculdade do magistrado, não um dever, conforme dispõe o art. 28 da Lei nº 6.830/1980 (Lei de Execução Fiscal – LEF). Para que essa cumulação superveniente possa ocorrer, devem estar preenchidos tanto os requisitos do mencionado dispositivo da Lei de Execuções Fiscais quanto aqueles dispostos no artigo 573 do CPC, a saber: identidade das partes, requerimento da medida por, pelo menos, uma delas, competência do juízo e feitos em fases processuais análogas (STJ – *REsp 1.158.766-RJ, 1ª Seção, Rel. Min. Luiz Fux, julgado em 8/9/2010).*

- Diferente da cumulação superveniente tratada na dica anterior, na chamada cumulação inicial de pedidos (feita pelo exequente na petição inicial), é direito subjetivo do exequente de reunir, em uma única ação executiva fiscal, diversas certidões de dívida ativa. (STJ – *REsp 1.158.766-RJ, 1ª Seção, Rel. Min. Luiz Fux, julgado em 8/9/2010).*

- Pela teoria da encampação é admissível que o superior hierárquico da autoridade coatora, quando apontada pelo impetrante no polo passivo do mandado de segurança, assuma a posição de impetrado e preste suas informações sobre o mérito da impetração. Mas, para que essa teoria seja aplicável ao mandado de segurança, é necessário o preenchimento dos seguintes requisitos: existência de vínculo hierárquico entre a autoridade que prestou informações e a que ordenou a prática do ato impugnado, ausência de modificação de competência estabelecida na CF/1988 e manifestação a respeito do mérito nas informações prestadas. Na ausência de quaisquer desses requisitos, segundo jurisprudência do STJ, o *mandamus* deve ser denegado por carência de ação e o feito extinto sem julgamento de mérito (STJ – MS 12.779-DF, RMS 21.775-RJ, Rel. Min. Luiz Fux, 1ª Turma, julgado em 16/11/2010).

- Por força do disposto no artigo 32, § 2º, da Lei de Execuções Fiscais, o levantamento de depósito judicial ou a sua conversão em renda da Fazenda Pública sujeita-se ao trânsito em julgado da decisão que reconheceu ou afastou a legitimidade da exação. Segundo entendimento do Superior Tribunal de Justiça, o dispositivo legal citado constitui norma especial que deve prevalecer sobre o disposto no art. 587 do CPC, redação anterior à vigência da Lei nº 11.382/2006. Em face desse caráter especial da norma, também não há que se falar, no caso, em aplicação da Súmula 317 do STJ *(STJ – EREsp 734.831-MG, 1ª Seção, Rel. Min. Mauro Campbell Marques, julgados em 10/11/2010).*

- Em julgamento de recurso especial submetido ao regime do art. 543-C do CPC c/c a Resolução 8/2008-STJ, consolidou-se entendimento já consagrado em vários precedentes, de que o reforço da penhora não pode ser determinado de ofício pelo juízo, visto ser imprescindível o requerimento do interessado, nos termos dos arts. 15, II, da Lei nº 6.830/1980 (Lei de Execuções Fiscais) e 685 do CPC (STJ – REsp 1.127.815-SP, 1ª Seção, Rel. Min. Luiz Fux, julgado em 24/11/2010).

- Por ser o espólio responsável tributário na forma do art. 131, III, do CTN, a demanda originalmente ajuizada contra o devedor com citação válida pode ser redirecionada àquele quando a morte ocorre no curso do processo de execução. O mesmo não se dá, porém, quando na data em que foi proposta a ação executiva, o devedor já havia falecido. Nessa última hipótese, o processo deve ser extinto sem resolução de mérito por carência de ação, nos termos do artigo 267, inciso VI, do CPC. (STJ – REsp 1.222.561-RS, 2ª Turma, Rel. Min. Mauro Campbell Marques, julgado em 26/4/2011).

- É possível a penhora *online* do saldo total de conta-corrente conjunta para garantir a execução fiscal, ainda que apenas um dos correntistas seja o responsável pelo pagamento do tributo. De acordo com decisão do STJ, os titulares da conta são credores solidários dos valores nela depositados, solidariedade estabelecida pela própria vontade deles no momento em que optam por essa modalidade de depósito. (STJ – REsp 1.229.329-SP, 2ª Turma, Rel. Min. Humberto Martins, julgado em 17/3/2011).

- O termo *a quo* (termo inicial) para opor embargos à execução fiscal é a data da efetiva intimação da penhora. *Para que o prazo realmente flua, deve-se observar o* § 1° do artigo 16 da Lei nº 6.830/1980 (Lei de Execuções Fiscais), segundo o qual não são admissíveis embargos do executado antes de garantida a execução. Assim, havendo pendência judicial acerca da efetivação da penhora por discordância sobre o bem objeto da constrição, fica obstado o início da contagem a abertura do termo *a quo* do prazo para embargos, que só começará a contar quando superada essa questão incidente e, de fato, efetivada a penhora (STJ – REsp 1.126.307-MT, 1ª Turma, Rel. Min. Luiz Fux, julgado em 1°/3/2011).

- Constitui entendimento majoritário do Superior Tribunal de Justiça que o artigo 4°, § 2°, da Lei nº 8.397/1992 autoriza o requerimento da medida cautelar fiscal para tornar indisponível o patrimônio de terceiro, desde que ele tenha adquirido bens do sujeito passivo (contribuinte ou responsável) em condições que sejam capazes de frustrar a satisfação do crédito pretendido, condições essas que podem ser visualizadas nas seguintes hipóteses: fraude à execução tributária nos termos do artigo 185 do CTN com a nova redação dada pela Lei complementar 118/2005 e fraude contra credores, desde que, nesse último caso, conforme posição também adotada pelo STJ, a cautelar esteja atrelada a uma ação pauliana ou revocatória – ajuizada no prazo do artigo 11 da Lei nº 8.397/1992 – que declare o vício do negócio jurídico (STJ – REsp 962.023-DF, 2ª Turma, Rel. Min. Mauro Campbell Marques, julgado em 17/5/2011).

- É jurisprudência no Superior Tribunal de Justiça que não é cabível a suspensão das execuções de natureza fiscal em razão do deferimento da recuperação judicial, mas nelas é vedado ao juiz praticar atos que comprometam o patrimônio do devedor ou excluam parte dele do processo de recuperação (STJ – EDcl no AgRg no CC 110.764-DF, 2ª Seção, Rel. Min. Luis Felipe Salomão, julgados em 11/5/2011).

- Não viola o artigo 187 do CTN a concessão de parcelamento a uma empresa em recuperação judicial, porquanto o crédito não perde seus privilégios, apenas passa a ser recolhido de modo diferido a fim de que a sociedade empresária possa adimplir a obrigação tributária de forma íntegra, com a exigibilidade do crédito suspensa. À luz da doutrina e da legislação atuais, às sociedades empresárias, mesmo em recuperação judicial, deve ser assegurado o direito de acesso aos planos de parcelamento fiscal, mantendo, com isso, seu ciclo produtivo, os empregos gerados e a satisfação de interesses econômicos e de consumo da comunidade (STJ – EDcl no AgRg no CC 110.764-DF, 2ª Seção, Rel. Min. Luis Felipe Salomão, julgados em 11/5/2011).

- De acordo com reiteradas decisões, o artigo 174 do CTN deve ser interpretado em conjunto com o disposto no art. 219, § 1°, do CPC, de modo que a interrupção da prescrição pelo despacho que ordena a citação do executado retroage à data do ajuizamento da execução. Em termos mais exatos, a propositura da ação constitui o *dies ad quem* do prazo prescricional e, simultaneamente, o termo inicial para sua recontagem sujeita às causas interruptivas previstas no art. 174, parágrafo único, do CTN (prescrição intercorrente) (STJ – AgRg no REsp 1.293.997-SE, 2ª Turma, Rel. Min. Humberto Martins, julgado em 20/3/2012).

- A incompetência para julgamento de medida cautelar fiscal é relativa e, portanto, deve ser arguida por meio de exceção, no prazo da resposta, sob pena de preclusão e, consequentemente, prorrogação da competência para o juízo de propositura da ação (STJ – REsp 1.272.414-SC, 2ª Turma, Rel. Min. Mauro Campbell Marques, julgado em 24/4/2012).

- O parcelamento requerido após a penhora em execução fiscal ajuizada não afeta o interesse de agir do fisco, isto é, não pode o crédito tributário ficar sem garantia alguma, nos casos em que a constrição for realizada antes mesmo do pedido de parcelamento e quando já houver execução fiscal em curso (STJ – REsp 1.272.414-SC, 2ª Turma, Rel. Min. Mauro Campbell Marques, julgado em 24/4/2012).

- A citação por edital é cabível após uma única tentativa de citação por oficial de justiça quando o executado não é localizado no seu domicílio fiscal, sendo o fato certificado pelo referido auxiliar da justiça. Não é necessário o exaurimento de todos os meios para localização do paradeiro do executado para se admitir a citação por edital, sobretudo porque tal exigência não decorre do art. 8°, inciso III, da Lei 6.830/1980 (STJ – AgRg no AREsp 206.770-RS, 1ª Turma, Rel. Min. Benedito Gonçalves, julgado em 13/11/2012).

- De acordo com o artigo 6°, § 1°, da Lei de Execução Fiscal, basta que a execução fiscal seja instruída com a Certidão de Dívida Ativa – CDA. É inexigível a instrução com o Termo de Inscrição em Dívida Ativa do crédito executado (STJ – AgRg no AREsp 198.239-MG, 1ª Turma, Rel. Min. Napoleão Nunes Maia Filho, julgado em 13/11/2012).

- Segundo vários precedentes jurisprudenciais do STJ, o ajuizamento de mandado de segurança interrompe e suspende o fluxo do prazo prescricional de ação de cobrança de parcelas pretéritas à impetração, somente se reiniciando após o trânsito em julgado do *mandamus* (STJ – AgRg no REsp 1.161.472-SC, *Ag*Rg no REsp 1.294.191-GO, 2ª Turma, Relª. Minª. Diva Malerbi, julgado em 13/11/2012).

- O reconhecimento da inexigibilidade parcial de crédito representado na certidão da dívida ativa (CDA) não exige a emenda ou a substituição do título para o prosseguimento da execução fiscal quando a quantia indevida puder ser prontamente abatida por meros cálculos aritméticos. O excesso de execução não implica a decretação da nulidade do título executivo extrajudicial, mas tão somente a redução do montante ao valor tido como devido, quando o valor remanescente puder ser apurado por simples cálculos aritméticos (STJ – AgRg no REsp 941.809-PE, 1ª Turma, Rel. Min. Napoleão Nunes Maia Filho, julgado em 4/10/2012).

- Não é possível a decretação de indisponibilidade de bens prevista no art. 185-A do CTN aos feitos executivos decorrentes de dívida não tributária. O fato de a Lei de Execução Fiscal afirmar que os débitos de natureza não tributária compõem a dívida ativa da Fazenda Pública não faz que tais débitos passem a ter natureza tributária apenas em razão de sua inscrição na dívida ativa. O art. 185-A do CTN aplica-se apenas às execuções fiscais de dívidas tributárias, já que o caput faz referência ao devedor tributário. (STJ – *REsp 1.347.317-PR, 2ª Turma, Rel. Min. Humberto Martins, julgado em 6/11/2012*).

- A ação de consignação em pagamento não é uma via adequada para forçar a concessão de parcelamento e discutir a exigibilidade e a extensão do crédito tributário. Diversamente, sua finalidade é a desoneração do devedor mediante o depósito do valor correspondente ao crédito. (STJ – AgRg no REsp 1.270.034-RS, 2ª Turma, Min. Mauro Campbell Marques, julgado em 23/10/2012).

- É vedado o ajuizamento de execução fiscal antes do julgamento definitivo do recurso administrativo, pois o recurso administrativo suspende a exigibilidade do crédito tributário, conforme previsto no artigo 151, inciso III, do CTN (STJ – *AgRg no AREsp 170.309-RJ, 1ª Turma, Rel. Min. Benedito Gonçalves, julgado em 4/10/2012*).

- Para fins de mandado de segurança, autoridade coatora é aquela que pratica, ordena ou omite a prática do ato impugnado e tem o dever funcional de responder pelo seu fiel cumprimento, além de dispor da competência para corrigir eventual ilegalidade (STJ – *AgRg no AREsp 242.466-MG, 2ª Turma, Rel. Min. Castro Meira, julgado em 27/11/2012*).

- Com a morte do devedor, cabe ao exequente realizar diligências para a correção do polo passivo, verificando a existência de inventário, partilha ou bens sobre os quais possa recair a execução. Nesses casos, o maior interessado é o ente público em razão do crédito que tem a receber. Todavia, existindo mais de um devedor, todos coobrigados, o falecimento de um deles no curso da demanda não impede o prosseguimento da execução contra os demais. Segundo reiterada jurisprudência do STJ, verificado o litisconsórcio passivo, deve-se mitigar a necessidade de suspensão automática do processo por falecimento de uma das partes, em face dos princípios da segurança jurídica e da celeridade processual, sobretudo diante da ausência de comprovado prejuízo (STJ – REsp 1.328.760-MG, 1ª Turma, Rel. Min. Napoleão Nunes Maia Filho, julgado em 26/2/2013).

✦ SÚMULAS APLICÁVEIS

1. SÚMULAS DO STF

1.1. TRIBUTO. ESPÉCIES

1.1.1. TAXAS

- STF – Súmula Vinculante 41 – O serviço de iluminação pública não pode ser remunerado mediante taxa.

- STF – Súmula Vinculante 29 – É constitucional a adoção, no cálculo do valor de taxa, de um ou mais elementos da base de cálculo própria de determinado imposto, desde que não haja integral identidade entre uma base e outra.

- STF – Súmula Vinculante 19 – A taxa cobrada exclusivamente em razão dos serviços públicos de coleta, remoção e tratamento ou destinação de lixo ou resíduos provenientes de imóveis, não viola o art. 145, II, da Constituição Federal.

- STF – Súmula Vinculante 12 – A cobrança de taxa de matrícula nas universidades públicas viola o disposto no art. 206, IV, da Constituição Federal.

- STF Súmula 670 – O serviço de iluminação pública não pode ser remunerado mediante taxa.

- STF Súmula 667 – Viola a garantia constitucional de acesso à jurisdição a taxa judiciária calculada sem limite sobre o valor da causa.

- STF Súmula 665 – É constitucional a taxa de fiscalização dos mercados de títulos e valores mobiliários instituída pela Lei 7.940/89.

- STF Súmula 595 – É inconstitucional a taxa municipal de conservação de estradas de rodagem cuja base de cálculo seja idêntica à do imposto territorial rural.

1.1.2. CONTRIBUIÇÕES

- Súmula Vinculante 53 – A competência da Justiça do Trabalho prevista no art. 114, VIII, da Constituição Federal alcança a execução de ofício das contribuições previdenciárias relativas ao objeto da condenação constante das sentenças que proferir e acordos por ela homologados.

- STF Súmula 732 – É constitucional a cobrança da contribuição do salário-educação, seja sob a Carta de 1969, seja sob a CF/1988, e no regime da Lei 9.424/96.

- STF Súmula 666 – A contribuição confederativa de que trata o art. 8º, IV, da Constituição, só é exigível dos filiados ao sindicato respectivo.

- STF Súmula 659 – É legítima a cobrança da Cofins, do PIS e do Finsocial sobre as operações relativas a energia elétrica, serviços de telecomunicações, derivados de petróleo, combustíveis e minerais do país.

1.2. DAS LIMITAÇÕES AO PODER DE TRIBUTAR: PRINCÍPIOS E IMUNIDADES

1.2.1. PRINCÍPIOS CONSTITUCIONAIS TRIBUTÁRIOS

- STF Súmula Vinculante 50: Norma legal que altera o prazo de recolhimento de obrigação tributária não se sujeita ao princípio da anterioridade.
- STF Súmula 669 – Norma legal que altera o prazo de recolhimento da obrigação tributária não se sujeita ao princípio da anterioridade.
- STF Súmula 667 – Viola a garantia constitucional de acesso à jurisdição a taxa judiciária calculada sem limite sobre o valor da causa.
- STF Súmula 239 – Decisão que declara indevida a cobrança do imposto em determinado exercício não faz coisa julgada em relação aos posteriores.
- STF Súmula 69 – A Constituição Estadual não pode estabelecer limite para o aumento de tributos municipais.

1.2.2. IMUNIDADES

- STF Súmula Vinculante 57: "A imunidade tributária constante do art. 150, VI, d, da CF/88 aplica-se à importação e comercialização, no mercado interno, do livro eletrônico (ebook) e dos suportes exclusivamente utilizados para fixá-los, como leitores de livros eletrônicos (e-readers), ainda que possuam funcionalidades acessórias".
- STF Súmula Vinculante 52: Ainda quando alugado a terceiros, permanece imune ao IPTU o imóvel pertencente a qualquer das entidades referidas pelo art. 150, VI, c, da CF, desde que o valor dos aluguéis seja aplicado nas atividades para as quais tais entidades foram constituídas.
- STF Súmula 730 – A imunidade tributária conferida a instituições de assistência social sem fins lucrativos pelo art. 150, VI, c, da Constituição, somente alcança as entidades fechadas de previdência social privada se não houver contribuição dos beneficiários.
- STF Súmula 724 – Ainda quando alugado a terceiros, permanece imune ao IPTU o imóvel pertencente a qualquer das entidades referidas pelo art. 150, VI, "c", da Constituição, desde que o valor dos aluguéis seja aplicado nas atividades essenciais de tais entidades.
- STF Súmula 657 – A imunidade prevista no art. 150, VI, d, da CF abrange os filmes e papéis fotográficos necessários à publicação de jornais e periódicos.
- STF Súmula 591 – A imunidade ou a isenção tributária do comprador não se estende ao produtor, contribuinte do imposto sobre produtos industrializados.
- STF Súmula 336 – A imunidade da autarquia financiadora, quanto ao contrato de financiamento, não se estende à compra e venda entre particulares, embora constantes os dois atos de um só instrumento.
- STF Súmula 324 – A imunidade do art. 31, V, da Constituição Federal não compreende as taxas.
- STF Súmula 76 – As sociedades de economia mista não estão protegidas pela imunidade fiscal do art. 31, V, "a", Constituição Federal.
- STF Súmula 75 – Sendo vendedora uma autarquia, a sua imunidade fiscal não compreende o imposto de transmissão "inter vivos", que é encargo do comprador.

1.3. CRÉDITO TRIBUTÁRIO

- STF Súmula Vinculante 8 – São inconstitucionais o parágrafo único do art. 5º do Decreto-lei nº 1.569/1977 e os artigos 45 e 46 da Lei nº 8.212/1991, que tratam de prescrição e decadência de crédito tributário.
- STF Súmula 546 – Cabe a restituição do tributo pago indevidamente, quando reconhecido por decisão, que o contribuinte "de jure" não recuperou do contribuinte "de facto" o "quantum" respectivo.

1.3.1. ISENÇÃO

- STF Súmula 581 – A exigência de transporte em navio de bandeira brasileira, para efeito de isenção tributária, legitimou-se com o advento do Decreto-lei 666, de 02.7.69.
- STF Súmula 544 – Isenções tributárias concedidas, sob condição onerosa, não podem ser livremente suprimidas.
- STF Súmula 539 – É constitucional a lei do Município que reduz o imposto predial urbano sobre imóvel ocupado pela residência do proprietário, que não possua outro.

1.3.2. DEPÓSITO

- STF Súmula Vinculante nº 28: "É inconstitucional a exigência de depósito prévio como requisito de admissibilidade de ação judicial na qual se pretenda discutir a exigibilidade do crédito tributário."

1.4. ADMINISTRAÇÃO TRIBUTÁRIA

- STF Súmula 547 – Não é lícito à autoridade proibir que o contribuinte em débito adquira estampilhas, despache mercadorias nas alfândegas e exerça suas atividades profissionais.

- STF Súmula 542 – Não é inconstitucional a multa instituída pelo Estado-membro, como sanção pelo retardamento do início ou da ultimação do inventário.
- STF Súmula 439 – Estão sujeitos à fiscalização tributária ou previdenciária quaisquer livros comerciais, limitado o exame aos pontos objeto da investigação.
- STF Súmula 323 – É inadmissível a apreensão de mercadorias como meio coercitivo para pagamento de tributos.
- STF Súmula 70 – É inadmissível a interdição de estabelecimento como meio coercitivo para cobrança de tributo.

1.5. IMPOSTOS FEDERAIS

1.5.1. IOF

- STF Súmula 664 – É inconstitucional o inciso V do art. 1º da Lei 8.033/90, que instituiu a incidência do imposto nas operações de crédito, câmbio e seguros – IOF sobre saques efetuados em caderneta de poupança.

1.5.2. IPI

- STF Súmula Vinculante 58: Inexiste direito a crédito presumido de IPI relativamente à entrada de insumos isentos, sujeitos à alíquota zero ou não tributáveis, o que não contraria o princípio da não cumulatividade.
- STF Súmula 591 – A imunidade ou a isenção tributária do comprador não se estende ao produtor, contribuinte do imposto sobre produtos industrializados.

1.5.3. IR

- STF Súmula 587 – Incide imposto de renda sobre o pagamento de serviços técnicos contratados no exterior e prestados no Brasil.
- STF Súmula 586 – Incide imposto de renda sobre os juros remetidos para o exterior, com base em contrato de mútuo.
- STF Súmula 584 – Ao imposto de renda calculado sobre os rendimentos do ano-base, aplica-se a lei vigente no exercício financeiro em que deve ser apresentada a declaração.
- STF Súmula 93 – Não está isenta do imposto de renda a atividade profissional do arquiteto.

1.6. IMPOSTOS ESTADUAIS

1.6.1. ICMS

- STF Súmula Vinculante 48: Na entrada de mercadoria importada do exterior, é legítima a cobrança do ICMS por ocasião do desembaraço aduaneiro.
- STF Súmula Vinculante 32 – O ICMS não incide sobre alienação de salvados de sinistro pelas seguradoras.
- STF Súmula 662 – É legítima a incidência do ICMS na comercialização de exemplares de obras cinematográficas, gravados em fitas de videocassete.
- STF Súmula 661 – Na entrada de mercadoria importada do exterior, é legítima a cobrança do ICMS por ocasião do desembaraço aduaneiro.
- STF Súmula 575 – À mercadoria importada de país signatário do GATT, ou membro da ALALC, estende-se a isenção do imposto sobre circulação de mercadorias concedida a similar nacional.
- STF Súmula 573 – Não constitui fato gerador do imposto de circulação de mercadorias a saída física de máquinas, utensílios e implementos a título de comodato.

1.6.2. ITCMD

- STF Súmula 590 – Calcula-se o imposto de transmissão "causa mortis" sobre o saldo credor da promessa de compra e venda de imóvel, no momento da abertura da sucessão do promitente vendedor.
- STF Súmula 331 – É legítima a incidência do imposto de transmissão "causa mortis" no inventário por morte presumida.
- STF Súmula 115 – Sobre os honorários do advogado contratado pelo inventariante, com a homologação do juiz, não incide o imposto de transmissão "causa mortis".
- STF Súmula 114 – O imposto de transmissão "causa mortis" não é exigível antes da homologação do cálculo.
- STF 113 – O imposto de transmissão "causa mortis" é calculado sobre o valor dos bens na data da avaliação.
- STF Súmula 112 – O imposto de transmissão "causa mortis" é devido pela alíquota vigente ao tempo da abertura da sucessão.

1.7. IMPOSTOS MUNICIPAIS

1.7.1. IPTU

- STF Súmula 724 – Ainda quando alugado a terceiros, permanece imune ao IPTU o imóvel pertencente a qualquer das entidades referidas pelo art. 150, VI, c, da Constituição, desde que o valor dos aluguéis seja aplicado nas atividades essenciais de tais entidades.
- STF Súmula 668 – É inconstitucional a lei municipal que tenha estabelecido, antes da Emenda Constitucional 29/2000, alíquotas progressivas para o IPTU, salvo se destinada a assegurar o cumprimento da função social da propriedade urbana.
- STF Súmula 589 – É inconstitucional a fixação de adicional progressivo do imposto predial e territo-

- rial urbano em função do número de imóveis do contribuinte.
- STF Súmula 583 – Promitente-comprador de imóvel residencial transcrito em nome de autarquia é contribuinte do imposto predial territorial urbano.
- STF Súmula 539 – É constitucional a lei do município que reduz o imposto predial urbano sobre imóvel ocupado pela residência do proprietário, que não possua outro.

1.7.2. ISS

- STF Súmula Vinculante 31 – É inconstitucional a incidência do Imposto sobre Serviços de Qualquer Natureza – ISS sobre operações de locação de bens móveis.
- STF Súmula 663 – Os §§ 1º e 3º do art. 9º do DL 406/68 foram recebidos pela Constituição.
- STF Súmula 588 – O imposto sobre serviços não incide sobre os depósitos, as comissões e taxas de desconto, cobrados pelos estabelecimentos bancários.

1.7.3. ITBI

- STF Súmula 656 – É inconstitucional a lei que estabelece alíquotas progressivas para o imposto de transmissão inter vivos de bens imóveis – ITBI com base no valor venal do imóvel.
- STF Súmula 75 – Sendo vendedora uma autarquia, a sua imunidade fiscal não compreende o imposto de transmissão "inter vivos", que é encargo do comprador.

1.8. PROCESSO JUDICIAL TRIBUTÁRIO

- **Súmula vinculante 28:** "É inconstitucional a exigência de depósito prévio como requisito de admissibilidade de ação judicial na qual se pretenda discutir a exigibilidade do crédito tributário".

2. SÚMULAS DO STJ

2.1. TAXAS

- STJ Súmula 178 – O INSS não goza de isenção do pagamento de custas e emolumentos, nas ações acidentárias e de benefícios, propostas na justiça estadual.

2.2. SIMPLES

- STJ Súmula 448 – A opção pelo Simples de estabelecimentos dedicados às atividades de creche, pré-escola e ensino fundamental é admitida somente a partir de 24.10.2000, data de vigência da Lei nº 10.034/2000.
- STJ Súmula 425 – A retenção da contribuição para a seguridade social pelo tomador do serviço não se aplica às empresas optantes pelo Simples.

2.3. CONTRIBUIÇÕES

- STJ Súmula 584 – As sociedades corretoras de seguros, que não se confundem com as sociedades de valores mobiliários ou com os agentes autônomos de seguro privado, estão fora do rol de entidades constantes do art. 22, § 1º, da Lei n. 8.212/1991, não se sujeitando à majoração da alíquota da Cofins prevista no art. 18 da Lei n. 10.684/2003.
- STJ Súmula 516 – A contribuição de intervenção no domínio econômico para o Incra(Decreto-Lei n. 1.110/1970), devida por empregadores rurais e urbanos, não foi extinta pelas Leis ns. 7.787/1989, 8.212/1991 e 8.213/1991, não podendo ser compensada com a contribuição ao INSS.
- STJ Súmula 508 – A isenção da Cofins concedida pelo artigo 6º, II, da LC 70/91 às sociedades civis de prestação de serviços profissionais foi revogada pelo artigo 56 da Lei 9.430/96.
- STJ Súmula 499 – As empresas prestadoras de serviços estão sujeitas às contribuições ao Sesc e Senac, salvo se integradas noutro serviço social.
- STJ Súmula 423 – A Contribuição para Financiamento da Seguridade Social – Cofins incide sobre as receitas provenientes das operações de locação de bens móveis.

2.4. CRÉDITO TRIBUTÁRIO

- STJ Súmula 653: O pedido de parcelamento fiscal, ainda que indeferido, interrompe o prazo prescricional, pois caracteriza confissão extrajudicial do débito.
- STJ Súmula 622: A notificação do auto de infração faz cessar a contagem da decadência para a constituição do crédito tributário; exaurida a instância administrativa com o decurso do prazo para a impugnação ou com a notificação de seu julgamento definitivo e esgotado o prazo concedido pela administração para o pagamento voluntário, inicia-se o prazo prescricional para a cobrança judicial.
- STJ Súmula 446 – Declarado e não pago o débito tributário pelo contribuinte, é legítima a recusa de expedição de certidão negativa ou positiva com efeito de negativa.
- STJ Súmula 436 – A entrega de declaração pelo contribuinte reconhecendo débito fiscal constitui o crédito tributário, dispensada qualquer outra providência por parte do fisco.
- STJ Súmula 555 – Quando não houver declaração do débito, o prazo decadencial quinquenal para o

Fisco constituir o crédito tributário conta-se exclusivamente na forma do art. 173, I, do CTN, nos casos em que a legislação atribui ao sujeito passivo o dever de antecipar o pagamento sem prévio exame da autoridade administrativa.

2.5. DEPÓSITO

- STJ Súmula 373 – É ilegítima a exigência de depósito prévio para admissibilidade de recurso administrativo.
- STJ Súmula 112 – O depósito somente suspende a exigibilidade do crédito tributário se for integral e em dinheiro.

2.6. REPETIÇÃO DO INDÉBITO

- STJ Súmula 625: O pedido administrativo de compensação ou de restituição não interrompe o prazo prescricional para a ação de repetição de indébito tributário de que trata o artigo 168 do CTN nem o da execução de título judicial contra a Fazenda Pública.
- STJ Súmula 188 – Os juros moratórios, na repetição do indébito tributário, são devidos a partir do trânsito em julgado da sentença.
- STJ Súmula 162 – Na repetição de indébito tributário, a correção monetária incide a partir do pagamento indevido.

2.7. REFIS

- STJ Súmula 437 – A suspensão da exigibilidade do crédito tributário superior a quinhentos mil reais para opção pelo Refis pressupõe a homologação expressa do comitê gestor e a constituição de garantia por meio do arrolamento de bens.
- STJ Súmula 355 – É válida a notificação do ato de exclusão do programa de recuperação fiscal do Refis pelo Diário Oficial ou pela Internet.

2.8. COMPENSAÇÃO

- STJ Súmula 464 – A regra de imputação de pagamentos estabelecida no art. 354 do Código Civil não se aplica às hipóteses de compensação tributária.
- STJ Súmula 461 – O contribuinte pode optar por receber, por meio de precatório ou por compensação, o indébito tributário certificado por sentença declaratória transitada em julgado.
- STJ Súmula 460 – É incabível o mandado de segurança para convalidar a compensação tributária realizada pelo contribuinte.
- STJ Súmula 213 – O mandado de segurança constitui ação adequada para a declaração do direito à compensação tributária.

2.9. RESPONSABILIDADE TRIBUTÁRIA. DENÚNCIA ESPONTÂNEA

- STJ Súmula 360 – O benefício da denúncia espontânea não se aplica aos tributos sujeitos a lançamento por homologação regularmente declarados, mas pagos a destempo.
- STJ, Súmula 430 – O inadimplemento da obrigação tributária pela sociedade não gera, por si só, a responsabilidade solidária do sócio-gerente.
- STJ, Súmula 435 – Presume-se dissolvida irregularmente a empresa que deixar de funcionar no seu domicílio fiscal, sem comunicação aos órgãos competentes, legitimando o redirecionamento da execução fiscal para o sócio-gerente.
- STJ, Súmula 554 – Na hipótese de sucessão empresarial, a responsabilidade da sucessora abrange não apenas os tributos devidos pela sucedida, mas também as multas moratórias ou punitivas referentes a fatos geradores ocorridos até a data da sucessão.

2.10. IMPOSTOS FEDERAIS

2.10.1. IOF

- STJ Súmula 185 – Nos depósitos judiciais, não incide o imposto sobre operações financeiras.

2.10.2. IPI

- STJ Súmula 495 A aquisição de bens integrantes do ativo permanente da empresa não gera direito a creditamento de IPI.
- STJ Súmula 494 O benefício fiscal do ressarcimento do crédito presumido do IPI relativo às exportações incide mesmo quando as matérias-primas ou os insumos sejam adquiridos de pessoa física ou jurídica não contribuinte do PIS/PASEP.
- STJ Súmula 411 – É devida a correção monetária ao creditamento do IPI quando há oposição ao seu aproveitamento decorrentes de resistência ilegítima do Fisco.

2.10.3. IR

- STJ Súmula 627: O contribuinte faz jus à concessão ou à manutenção da isenção do Imposto de Renda, não se lhe exigindo a demonstração da contemporaneidade dos sintomas da doença nem da recidiva da enfermidade.
- STJ Súmula 590 – Constitui acréscimo patrimonial a atrair a incidência do imposto de renda, em caso de liquidação de entidade de previdência privada, a quantia que couber a cada participante, por rateio do patrimônio, superior ao valor das respectivas contribuições à entidade em liquidação, devidamente atualizadas e corrigidas.

- STJ Súmula 556 – É indevida a incidência de imposto de renda sobre o valor da complementação de aposentadoria pago por entidade de previdência privada e em relação ao resgate de contribuições recolhidas para referidas entidades patrocinadoras no período de 1º/1/1989 a 31/12/1995, em razão da isenção concedida pelo art. 6º, VII, b, da Lei n. 7.713/1988, na redação anterior à que lhe foi dada pela Lei n. 9.250/1995.
- STJ Súmula 498 – Não incide imposto de renda sobre a indenização por danos morais.
- STJ Súmula 463 – Incide imposto de renda sobre os valores percebidos a título de indenização por horas extraordinárias trabalhadas, ainda que decorrentes de acordo coletivo.
- STJ Súmula 447 – Os Estados e o Distrito Federal são partes legítimas na ação de restituição de imposto de renda retido na fonte proposta por seus servidores.
- STJ Súmula 386 – São isentas de imposto de renda as indenizações de férias proporcionais e o respectivo adicional.
- STJ Súmula 262 – Incide o imposto de renda sobre o resultado das aplicações financeiras realizadas pelas cooperativas.
- STJ Súmula 215 – A indenização recebida pela adesão a programa de incentivo à demissão voluntária não está sujeita à incidência do imposto de renda.
- STJ Súmula 136 – O pagamento de licença-prêmio não gozada por necessidade do serviço não está sujeito ao imposto de renda.
- STJ Súmula 125 – O pagamento de férias não gozadas por necessidade do serviço não está sujeito à incidência do imposto de renda.

2.11. IMPOSTOS ESTADUAIS

2.11.1. ICMS

- STJ Súmula 649 – Não incide ICMS sobre o serviço de transporte interestadual de mercadorias destinadas ao exterior.
- STJ Súmula509 – É lícito ao comerciante de boa-fé aproveitar os créditos de ICMS decorrentes de nota fiscal posteriormente declarada inidônea, quando demonstrada a veracidade da compra e venda.
- STJ Súmula 457 – Os descontos incondicionais nas operações mercantis não se incluem na base de cálculo do ICMS.
- STJ Súmula 433 – O produto semielaborado, para fins de incidência de ICMS, é aquele que preenche cumulativamente os três requisitos do art. 1º da Lei Complementar nº 65/1991.
- STJ Súmula 395 – O ICMS incide sobre o valor da venda a prazo constante da nota fiscal.
- STJ Súmula 391 – O ICMS incide sobre o valor da tarifa de energia elétrica correspondente à demanda de potência efetivamente utilizada.
- STJ Súmula 350 – O ICMS não incide sobre o serviço de habilitação de telefone celular.
- STJ Súmula 334 – O ICMS não incide no serviço dos provedores de acesso à internet.
- STJ Súmula 237 – Nas operações com cartão de crédito, os encargos relativos ao financiamento não são considerados no cálculo do ICMS.
- STJ Súmula 198 – Na importação de veículo por pessoa física, destinado a uso próprio, incide o ICMS.
- STJ Súmula 166 – Não constitui fato gerador do ICMS o simples deslocamento de mercadoria de um para outro estabelecimento do mesmo contribuinte.
- STJ Súmula 163 – O fornecimento de mercadorias com a simultânea prestação de serviços em bares, restaurantes e estabelecimentos similares constitui fato gerador do ICMS a incidir sobre o valor total da operação.
- STJ Súmula 155 – O ICMS incide na importação de aeronave, por pessoa física, para uso próprio.
- STJ Súmula 135 – O ICMS não incide na gravação e distribuição de filmes e videoteipes.
- STJ Súmula 95 – A redução da alíquota do imposto sobre produtos industrializados ou do imposto de importação não implica redução do ICMS.
- STJ Súmula 20 – A mercadoria importada de país signatário do GATT é isenta do ICM, quando contemplado com esse favor o similar nacional.

2.11.2. IPVA

STJ Súmula 585 – A responsabilidade solidária do ex-proprietário, prevista no art. 134 do Código de Trânsito Brasileiro CTB, não abrange o IPVA incidente sobre o veículo automotor, no que se refere ao período posterior à sua alienação.

2.12. IMPOSTOS MUNICIPAIS

2.12.1. IPTU

- STJ Súmula 626: A incidência do IPTU sobre imóvel situado em área considerada pela lei local como urbanizável ou de expansão urbana não está condicionada à existência dos melhoramentos elencados no artigo 32, parágrafo 1º, do CTN.
- STJ, Súmula 614: O locatário não possui legitimidade ativa para discutir a relação jurídico-tributária de IPTU e de taxas referentes ao imóvel alugado nem para repetir indébito desses tributos.
- STJ Súmula 399 – Cabe à legislação municipal estabelecer o sujeito passivo do IPTU.

- STJ Súmula 397 – O contribuinte do IPTU é notificado do lançamento pelo envio do carnê ao seu endereço.
- STJ Súmula 160 – É defeso, ao Município, atualizar o IPTU, mediante decreto, em percentual superior ao índice oficial de correção monetária.

2.12.2. ISS

- STJ Súmula 524: No tocante à base de cálculo, o ISSQN incide apenas sobre a taxa de agenciamento quando o serviço prestado por sociedade empresária de trabalho temporário for de intermediação, devendo, entretanto, englobar também os valores dos salários e encargos sociais dos trabalhadores por ela contratados nas hipóteses de fornecimento de mão de obra.
- STJ Súmula 424 – É legítima a incidência de ISS sobre os serviços bancários congêneres da lista anexa ao DL nº 406/1968 e à LC nº 56/1987.
- STJ Súmula 274 – O ISS incide sobre o valor dos serviços de assistência médica, incluindo-se neles as refeições, os medicamentos e as diárias hospitalares.
- STJ Súmula 167 – O fornecimento de concreto, por empreitada, para construção civil, preparado no trajeto até a obra em betoneiras acopladas a caminhões, é prestação de serviço, sujeitando-se apenas à incidência do ISS.
- STJ Súmula 156 – A prestação de serviço de composição gráfica, personalizada e sob encomenda, ainda que envolva fornecimento de mercadorias, está sujeita, apenas, ao ISS.
- STJ Súmula 138 – O ISS incide na operação de arrendamento mercantil de coisas móveis.

2.13. CERTIDÃO DE DÍVIDA ATIVA

- STJ Súmula 392 – A Fazenda Pública pode substituir a certidão de dívida ativa (CDA) até a prolatação da sentença de embargos, quando se tratar de correção de erro material ou formal, vedada a modificação do sujeito passivo da execução.
- STJ Súmula 569 – Na importação, é indevida a exigência de nova certidão negativa de débito no desembaraço aduaneiro, se já apresentada a comprovação da quitação de tributos federais quando da concessão do benefício relativo ao regime de drawback.

2.14. PROCESSO JUDICIAL TRIBUTÁRIO

- **Súmula 58, do STJ:** "Proposta a execução fiscal, a posterior mudança de domicílio do executado não desloca a competência já fixada".
- **Súmula 66, do STJ:** "Compete à Justiça Federal processar e julgar execução fiscal promovida por conselho de fiscalização profissional".
- **Súmula 121, do STJ:** "Na execução fiscal o devedor deverá ser intimado, pessoalmente, do dia e hora da realização do leilão".
- **Súmula 128, do STJ:** "Cabe à Procuradoria da Fazenda Nacional propor execução fiscal para cobrança de crédito relativo ao ITR".
- **Súmula 153, do STJ:** "A desistência da execução fiscal, após o oferecimento dos embargos, não exime o exequente dos encargos da sucumbência".
- **Súmula 190, do STJ:** "Na execução fiscal, processada perante a Justiça Estadual, cumpre à Fazenda Pública antecipar o numerário destinado ao custeio das despesas com o transporte dos oficiais de justiça".
- **Súmula 251, do STJ:** "A meação só responde pelo ato ilícito quando o credor, na execução fiscal, provar que o enriquecimento dele resultante aproveitou ao casal".
- **Súmula 314, do STJ:** "Em execução fiscal, não localizados bens penhoráveis, suspende-se o processo por um ano, findo o qual se inicia o prazo da prescrição quinquenal intercorrente".
- **Súmula 393, do STJ:** "A exceção de pré-executividade é admissível na execução fiscal relativamente às matérias conhecíveis de ofício que não demandem dilação probatória".
- **Súmula 409, do STJ:** "Em execução fiscal, a prescrição ocorrida antes da propositura da ação pode ser decretada de ofício (art. 219, § 5º, do CPC)".
- **Súmula 414, do STJ:** "A citação por edital na execução fiscal é cabível quando frustradas as demais modalidades".
- **Súmula 435, do STJ:** "Presume-se dissolvida irregularmente a empresa que deixar de funcionar no seu domicílio fiscal, sem comunicação aos órgãos competentes, legitimando o redirecionamento da execução fiscal para o sócio-gerente".
- **Súmula 515, do STJ**: A reunião de execuções fiscais contra o mesmo devedor constitui faculdade do juiz.
- **Súmula 521, do STJ:** A legitimidade para a execução fiscal de multa pendente de pagamento imposta em sentença condenatória é exclusiva da Procuradoria da Fazenda Pública.
- **Súmula 523, do STJ:**A taxa de juros de mora incidente na repetição de indébito de tributos estaduais deve corresponder à utilizada para cobrança do tributo pago em atraso, sendo legítima a incidência da taxa Selic, em ambas as hipóteses, quando prevista na legislação local, vedada sua cumulação com quaisquer outros índices.
- **Súmula 558, do STJ:** Em ações de execução fiscal, a petição inicial não pode ser indeferida sob o argumento da falta de indicação do CPF e/ou RG ou CNPJ da parte executada.

- **Súmula 559, do STJ:** Em ações de execução fiscal, é desnecessária a instrução da petição inicial com o demonstrativo de cálculo do débito, por tratar-se de requisito não previsto no art. 6º da Lei n. 6.830/1980.

- **Súmula 560, do STJ:** A decretação da indisponibilidade de bens e direitos, na forma do art. 185-A do CTN, pressupõe o exaurimento das diligências na busca por bens penhoráveis, o qual fica caracterizado quando infrutíferos o pedido de constrição sobre ativos financeiros e a expedição de ofícios aos registros públicos do domicílio do executado, ao Denatran ou Detran.

- **STJ Súmula 583:** O arquivamento provisório previsto no art. 20 da Lei n. 10.522/2002, dirigido aos débitos inscritos como dívida ativa da União pela Procuradoria-Geral da Fazenda Nacional ou por ela cobrados, não se aplica às execuções fiscais movidas pelos conselhos de fiscalização profissional ou pelas autarquias federais.

2.15. BENEFÍCIO FISCAL

- **STJ, Súmula 640:** O benefício fiscal que trata do Regime Especial de Reintegração de Valores Tributários para as Empresas Exportadoras (REINTEGRA) alcança as operações de venda de mercadorias de origem nacional para a Zona Franca de Manaus, para consumo, industrialização ou reexportação para o estrangeiro.

3. CARF – CONSELHO ADMINISTRATIVO DE RECURSOS FISCAIS

3.1. TRIBUTOS EM ESPÉCIE

- **Súmula 15, do CARF 15:** "A base de cálculo do PIS, prevista no artigo 6º da Lei Complementar nº 7, de 1970, é o faturamento do sexto mês anterior, sem correção monetária".

- **Súmula 16, do CARF:** "O direito ao aproveitamento dos créditos de IPI decorrentes da aquisição de matérias-primas, produtos intermediários e material de embalagem utilizados na fabricação de produtos cuja saída seja com isenção ou alíquota zero, nos termos do art. 11 da Lei nº 9.779, de 1999, alcança, exclusivamente, os insumos recebidos pelo estabelecimento do contribuinte a partir de 1º de janeiro de 1999".

- **Súmula 18, do CARF:** "A aquisição de matérias-primas, produtos intermediários e material de embalagem tributados à alíquota zero não gera crédito de IPI".

- **Súmula 19, do CARF:** "Não integram a base de cálculo do crédito presumido da Lei nº 9.363, de 1996, as aquisições de combustíveis e energia elétrica uma vez que não são consumidos em contato direto com o produto, não se enquadrando nos conceitos de matéria-prima ou produto intermediário".

- **Súmula 20, do CARF:** "Não há direito aos créditos de IPI em relação às aquisições de insumos aplicados na fabricação de produtos classificados na TIPI como NT".

- **Súmula 39, do CARF:** "Os valores recebidos pelos técnicos residentes no Brasil a serviço da ONU e suas Agências Especializadas, com vínculo contratual, não são isentos do Imposto sobre a Renda da Pessoa Física".

- **Súmula 42, do CARF:** "Não incide o imposto sobre a renda das pessoas físicas sobre os valores recebidos a título de indenização por desapropriação".

- **Súmula 43, do CARF:** "Os proventos de aposentadoria, reforma ou reserva remunerada, motivadas por acidente em serviço e os percebidos por portador de moléstia profissional ou grave, ainda que contraída após a aposentadoria, reforma ou reserva remunerada, são isentos do imposto de renda".

- **Súmula 45, do CARF:** "O Imposto sobre a Propriedade Territorial Rural não incide sobre áreas alagadas para fins de constituição de reservatório de usinas hidroelétricas".

- **Súmula 62, do CARF:** "A base de cálculo das contribuições previdenciárias será o valor total fixado na sentença ou acordo trabalhista homologado, quando as parcelas legais de incidência não estiverem discriminadas".

- **Súmula 63, do CARF:** "Para gozo da isenção do imposto de renda da pessoa física pelos portadores de moléstia grave, os rendimentos devem ser provenientes de aposentadoria, reforma, reserva remunerada ou pensão e a moléstia deve ser devidamente comprovada por laudo pericial emitido por serviço médico oficial da União, dos Estados, do Distrito Federal ou dos Municípios".

- **Súmula 64, do CARF:** "Não incidem contribuições previdenciárias sobre as verbas concedidas aos segurados empregados a título de auxílio-creche, na forma do artigo 7º, inciso XXV, da Constituição Federal, em face de sua natureza indenizatória".

- **Súmula 68, do CARF:** "A Lei nº 8.852, de 1994, não outorga isenção nem enumera hipóteses de não incidência de Imposto sobre a Renda da Pessoa Física".

- **Súmula 70, do CARF:** "É imune ao ITR o imóvel pertencente às entidades indicadas no artigo 150, VI, "c", da Constituição, que se encontra arrendado, desde que a receita assim obtida seja aplicada nas atividades essenciais da entidade".

- **Súmula CARF nº 87:** "O imposto de renda não incide sobre as verbas recebidas regularmente por parlamentares a título de auxílio de gabinete e hospedagem, exceto quando a fiscalização apurar a utilização dos recursos em benefício próprio não relacionado à atividade legislativa".

- **Súmula CARF nº 89:** "A contribuição social previdenciária não incide sobre valores pagos a título de vale-transporte, mesmo que em pecúnia".
- **Súmula CARF nº 95:** "A presunção de omissão de receitas caracterizada pelo fornecimento de recursos de caixa à sociedade por administradores, sócios de sociedades de pessoas, ou pelo administrador da companhia, somente é elidida com a demonstração cumulativa da origem e da efetividade da entrega dos recursos".
- **Súmula 115 CARF:** "A sistemática de cálculo do "Método do Preço de Revenda menos Lucro com margem de lucro de sessenta por cento (PRL 60)" prevista na IN SRF nº 243/2002, não afronta o disposto no art. 18, II, da Lei nº 9.430/1996, com a redação dada pela Lei nº 9.959/2000".
- **Súmula 117 CARF:** "A indedutibilidade de despesas com royalties prevista no art. 71, parágrafo único, "d", da Lei nº 4.506/1964, não é aplicável à apuração da CSLL".
- **Súmula 118 CARF:** "Caracteriza ganho tributável por pessoa jurídica domiciliada no país a diferença positiva entre o valor das ações ou quotas de capital recebidas em razão da transferência do patrimônio de entidade sem fins lucrativos para entidade empresarial e o valor despendido na aquisição de título patrimonial".
- **Súmula 124 CARF:** "A produção e a exportação de produtos classificados na Tabela de Incidência do IPI (TIPI) como "não tributados" não geram direito ao crédito presumido de IPI de que trata o art. 1º da Lei nº 9.363/1996".
- **Súmula 125 CARF:** "No ressarcimento da COFINS e da contribuição para o PIS não cumulativas não incide correção monetária ou juros, nos termos dos arts. 13 e 15, VI, da Lei nº 10.833/2003".
- **Súmula 127 CARF:** "A incidência da Contribuição de Intervenção no Domínio Econômico (CIDE) na contratação de serviços técnicos prestados por residentes ou domiciliados no exterior prescinde da ocorrência de transferência de tecnologia".
- **Súmula 128 CARF:** "No cálculo do crédito presumido de IPI, de que tratam a Lei nº 9.363/1996 e a Portaria MF nº 38/1997, as receitas de exportação de produtos não industrializados pelo contribuinte incluem-se na composição tanto da Receita de Exportação (RE), quanto da Receita Operacional Bruta (ROB), refletindo nos dois lados do coeficiente de exportação (numerador e denominador)".
- **Súmula CARF nº 135:** A antecipação do recolhimento do IRPJ e da CSLL, por meio de estimativas mensais, caracteriza pagamento apto a atrair a aplicação da regra decadencial prevista no art. 150, §4º do CTN.
- **Súmula CARF nº 136:** Os ajustes decorrentes de superveniências e insuficiências de depreciação, contabilizados pelas instituições arrendadoras em obediência às normas do Banco Central do Brasil, não causam efeitos tributários para a CSLL, devendo ser neutralizados extracontabilmente mediante exclusão das receitas ou adição das despesas correspondentes na apuração da base de cálculo da contribuição.
- **Súmula CARF nº 137:** Os resultados positivos decorrentes da avaliação de investimentos pelo método da Equivalência Patrimonial não integram a base de cálculo do IRPJ ou da CSLL na sistemática do lucro presumido.
- **Súmula CARF nº 138:** Imposto de renda retido na fonte incidente sobre receitas auferidas por pessoa jurídica, sujeitas a apuração trimestral ou anual, caracteriza pagamento apto a atrair a aplicação da regra decadencial prevista no art. 150, §4º do CTN.
- **Súmula CARF nº 139:** Os descontos e abatimentos, concedidos por instituição financeira na renegociação de créditos com seus clientes, constituem despesas operacionais dedutíveis do lucro real e da base de cálculo da CSLL, não se aplicando a essa circunstância as disposições dos artigos 9º a 12 da Lei nº 9.430/1996.
- **Súmula CARF nº 140:** Aplica-se retroativamente o disposto no art. 11 da Lei nº 13.202, de 2015, no sentido de que os acordos e convenções internacionais celebrados pelo Governo da República Federativa do Brasil para evitar dupla tributação da renda abrangem a CSLL.
- **Súmula CARF nº 141:** As aplicações financeiras realizadas por cooperativas de crédito constituem atos cooperativos, o que afasta a incidência de IRPJ e CSLL sobre os respectivos resultados.
- **Súmula CARF nº 143:** A prova do imposto de renda retido na fonte deduzido pelo beneficiário na apuração do imposto de renda devido não se faz exclusivamente por meio do comprovante de retenção emitido em seu nome pela fonte pagadora dos rendimentos.
- **Súmula CARF nº 145:** A partir da 01/10/2002, a compensação de crédito de saldo negativo de IRPJ ou CSLL, ainda que com tributo de mesma espécie, deve ser promovida mediante apresentação de Declaração de Compensação – DCOMP.
- **Súmula CARF nº 146:** A variação cambial ativa resultante de investimento no exterior avaliado pelo método da equivalência patrimonial não é tributável pelo IRPJ e CSLL.
- **Súmula CARF nº 149:** Não integra o salário de contribuição a bolsa de estudos de graduação ou de pós-graduação concedida aos empregados, em período anterior à vigência da Lei nº 12.513, de 2011, nos casos em que o lançamento aponta como único motivo para exigir a contribuição previdenciária o fato desse auxílio se referir a educação de ensino superior.
- **Súmula CARF nº 153**: As receitas decorrentes das vendas de produtos efetuadas para estabelecimen-

tos situados na Zona Franca de Manaus equiparam-se às receitas de exportação, não se sujeitando, portanto, à incidência das contribuições para o PIS/Pasep e para a COFINS.

- **Súmula CARF nº 154**: Constatada a oposição ilegítima ao ressarcimento de crédito presumido do IPI, a correção monetária, pela taxa Selic, deve ser contada a partir do encerramento do prazo de 360 dias para a análise do pedido do contribuinte, conforme o art. 24 da Lei nº 11.457/07.
- **Súmula CARF nº 158**: O Imposto de Renda Retido na Fonte – IRRF incidente sobre valores pagos, creditados, entregues, empregados ou remetidos, a cada mês, a residentes ou domiciliados no exterior, a título de remuneração pelas obrigações contraídas, compõe a base de cálculo da Contribuição de Intervenção no Domínio Econômico – CIDE de que trata a Lei nº 10.168/2000, ainda que a fonte pagadora assuma o ônus financeiro do imposto retido.
- **Súmula CARF nº 159**: Não é necessária a realização de lançamento para glosa de ressarcimento de PIS/Pasep e Cofins não cumulativos, ainda que os ajustes se verifiquem na base de cálculo das contribuições.
- **Súmula CARF nº 176**: O imposto de renda pago por sócio pessoa física, em tributação definitiva de ganho de capital, pode ser deduzido do imposto de renda exigido de pessoa jurídica em razão da requalificação da sujeição passiva na tributação da mesma operação de alienação de bens ou direitos.
- **Súmula CARF nº 177**: Estimativas compensadas e confessadas mediante Declaração de Compensação (DCOMP) integram o saldo negativo de IRPJ ou CSLL ainda que não homologadas ou pendentes de homologação.
- **Súmula CARF nº 182**: O seguro de vida em grupo contratado pelo empregador em favor do grupo de empregados, sem que haja a individualização do montante que beneficia a cada um deles, não se inclui no conceito de remuneração, não estando sujeito à incidência de contribuições previdenciárias, ainda que o benefício não esteja previsto em acordo ou convenção coletiva de trabalho.

3.2. OBRIGAÇÃO TRIBUTÁRIA. SUJEITOS (ATIVO/PASSIVO), RESPONSABILIDADE, CAPACIDADE E DOMICÍLIO TRIBUTÁRIO

- **Súmula CARF nº 9**: "É válida a ciência da notificação por via postal realizada no domicílio fiscal eleito pelo contribuinte, confirmada com a assinatura do recebedor da correspondência, ainda que este não seja o representante legal do destinatário".
- **Súmula CARF nº 27**: "É valido o lançamento formalizado por Auditor-Fiscal da Receita Federal do Brasil de jurisdição diversa da do domicílio tributário do sujeito passivo".
- **Súmula CARF nº 49**: "A denúncia espontânea (art. 138 do Código Tributário Nacional) não alcança a penalidade decorrente do atraso na entrega de declaração".
- **Súmula CARF nº 65**: "Inaplicável a responsabilidade pessoal do dirigente de órgão público pelo descumprimento de obrigações acessórias, no âmbito previdenciário, constatadas na pessoa jurídica de direito público que dirige".
- **Súmula CARF nº 71**: "Todos os arrolados como responsáveis tributários na autuação são parte legítima para impugnar e recorrer acerca da exigência do crédito tributário e do respectivo vínculo de responsabilidade".
- **Súmula CARF nº 75**: "A recuperação da espontaneidade do sujeito passivo em razão da inoperância da autoridade fiscal por prazo superior a sessenta dias aplica-se retroativamente, alcançando os atos por ele praticados no decurso desse prazo".
- **Súmula CARF nº 130**: A atribuição de responsabilidade a terceiros com fundamento no art. 135, inciso III, do CTN não exclui a pessoa jurídica do pólo passivo da obrigação tributária.
- **Súmula CARF nº 142**: Até 31.12.2008 são enquadradas como serviços hospitalares todas as atividades tipicamente promovidas em hospitais, voltadas diretamente à promoção da saúde, mesmo eventualmente prestadas por outras pessoas jurídicas, excluindo-se as simples consultas médicas.
- **Súmula CARF nº 144**: A presunção legal de omissão de receitas com base na manutenção, no passivo, de obrigações cuja exigibilidade não seja comprovada ("passivo não comprovado"), caracteriza-se no momento do registro contábil do passivo, tributando-se a irregularidade no período de apuração correspondente.
- **Súmula CARF nº 148**: No caso de multa por descumprimento de obrigação acessória previdenciária, a aferição da decadência tem sempre como base o art. 173, I, do CTN, ainda que se verifique pagamento antecipado da obrigação principal correlata ou esta tenha sido fulminada pela decadência com base no art. 150, § 4º, do CTN.
- **Súmula CARF nº 174**: Lançamento de multa por descumprimento de obrigação acessória submete-se ao prazo decadencial previsto no art. 173, inciso I, do CTN.
- **Súmula CARF nº 185**: O Agente Marítimo, enquanto representante do transportador estrangeiro no País, é sujeito passivo da multa descrita no artigo 107 inciso IV alínea "e" do Decreto-Lei 37/66.
- **Súmula CARF nº 187**: O agente de carga responde pela multa prevista no art. 107, IV, "e" do DL nº 37, de 1966, quando descumpre o prazo estabelecido pela Receita Federal para prestar informação sobre a desconsolidação da carga.

3.3. CRÉDITO TRIBUTÁRIO: CONSTITUIÇÃO, GARANTIAS, PRIVILÉGIOS, SUSPENSÃO, EXCLUSÃO E EXTINÇÃO

- **Súmula CARF nº 5:** "São devidos juros de mora sobre o crédito tributário não integralmente pago no vencimento, ainda que suspensa sua exigibilidade, salvo quando existir depósito no montante integral".
- **Súmula CARF nº 6:** "É legítima a lavratura de auto de infração no local em que foi constatada a infração, ainda que fora do estabelecimento do contribuinte".
- **Súmula CARF nº 7:** "A ausência da indicação da data e da hora de lavratura do auto de infração não invalida o lançamento de ofício quando suprida pela data da ciência".
- **Súmula CARF nº 8:** "O Auditor Fiscal da Receita Federal é competente para proceder ao exame da escrita fiscal da pessoa jurídica, não lhe sendo exigida a habilitação profissional de contador".
- **Súmula 10 CARF (Revisada):** "Para fins de contagem do prazo decadencial para a constituição de crédito tributário relativo a lucro inflacionário diferido, deve-se levar em conta o período de apuração de sua efetiva realização ou o período em que, em face da legislação, deveria ter sido realizado, ainda que em percentuais mínimos"
- **Súmula CARF nº 12:** "Constatada a omissão de rendimentos sujeitos à incidência do imposto de renda na declaração de ajuste anual, é legítima a constituição do crédito tributário na pessoa física do beneficiário, ainda que a fonte pagadora não tenha procedido à respectiva retenção".
- **Súmula CARF nº 17:** "Não cabe a exigência de multa de ofício nos lançamentos efetuados para prevenir a decadência, quando a exigibilidade estiver suspensa na forma dos incisos IV ou V do art. 151 do CTN e a suspensão do débito tenha ocorrido antes do início de qualquer procedimento de ofício a ele relativo".
- **Súmula CARF nº 21:** "É nula, por vício formal, a notificação de lançamento que não contenha a identificação da autoridade que a expediu".
- **Súmula 37 CARF (Revisada):** "Para fins de deferimento do Pedido de Revisão de Ordem de Incentivos Fiscais (PERC), a exigência de comprovação de regularidade fiscal deve se ater aos débitos existentes até a data de entrega da Declaração de Rendimentos da Pessoa Jurídica na qual se deu a opção pelo incentivo, admitindo-se a prova da regularidade em qualquer momento do processo administrativo, independentemente da época em que tenha ocorrido a regularização, e inclusive mediante apresentação de certidão de regularidade posterior à data da opção"
- **Súmula CARF nº 46:** "O lançamento de ofício pode ser realizado sem prévia intimação ao sujeito passivo, nos casos em que o Fisco dispuser de elementos suficientes à constituição do crédito tributário".
- **Súmula CARF nº 48:** "A suspensão da exigibilidade do crédito tributário por força de medida judicial não impede a lavratura de auto de infração".
- **Súmula CARF nº 50:** "É cabível a exigência de multa de ofício se a decisão judicial que suspendia a exigibilidade do crédito tributário perdeu os efeitos antes da lavratura do auto de infração".
- **Súmula CARF nº 68:** "A Lei nº 8.852, de 1994, não outorga isenção nem enumera hipóteses de não incidência de Imposto sobre a Renda da Pessoa Física".
- **Súmula CARF nº 72:** "Caracterizada a ocorrência de dolo, fraude ou simulação, a contagem do prazo decadencial rege-se pelo art. 173, inciso I, do CTN".
- **Súmula 84 CARF (Revisada):** "É possível a caracterização de indébito, para fins de restituição ou compensação, na data do recolhimento de estimativa"
- **Súmula 91 CARF:** "Ao pedido de restituição pleiteado administrativamente antes de 9 de junho de 2005, no caso de tributo sujeito a lançamento por homologação, aplica-se o prazo prescricional de 10 (dez) anos, contado do fato gerador"
- **Súmula CARF nº 99:** "Para fins de aplicação da regra decadencial prevista no art. 150, § 4º, do CTN, para as contribuições previdenciárias, caracteriza pagamento antecipado o recolhimento, ainda que parcial, do valor considerado como devido pelo contribuinte na competência do fato gerador a que se referir a autuação, mesmo que não tenha sido incluída, na base de cálculo deste recolhimento, parcela relativa a rubrica especificamente exigida no auto de infração".
- **Súmula 100 CARF:** "O Auditor-Fiscal da Receita Federal do Brasil tem competência para fiscalizar o cumprimento dos requisitos do regime de drawback na modalidade suspensão, aí compreendidos o lançamento do crédito tributário, sua exclusão em razão do reconhecimento de benefício, e a verificação, a qualquer tempo, da regular observação, pela importadora, das condições fixadas na legislação pertinente"
- **Súmula 101 CARF:** "Na hipótese de aplicação do art. 173, inciso I, do CTN, o termo inicial do prazo decadencial é o primeiro dia do exercício seguinte àquele em que o lançamento poderia ter sido efetuado".
- **Súmula 104 CARF:** "Lançamento de multa isolada por falta ou insuficiência de recolhimento de estimativa de IRPJ ou de CSLL submete-se ao prazo decadencial previsto no art. 173, inciso I, do CTN".
- **Súmula 106 CARF:** "Caracterizada a ocorrência de apropriação indébita de contribuições previdenciárias descontadas de segurados empregados e/ou contribuintes individuais, a contagem do prazo decadencial rege-se pelo art. 173, inciso I, do CTN".

- **Súmula 107 CARF:** "A receita da atividade própria, objeto da isenção da Cofins prevista no art. 14, X, c/c art. 13, III, da MP nº 2.158-35, de 2001, alcança as receitas obtidas em contraprestação de serviços educacionais prestados pelas entidades de educação sem fins lucrativos a que se refere o art. 12 da Lei nº 9.532, de 1997".
- **Súmula 114 CARF:** "O Imposto de Renda incidente na fonte sobre pagamento a beneficiário não identificado, ou sem comprovação da operação ou da causa, submete-se ao prazo decadencial previsto no art. 173, I, do CTN".
- **Súmula 116 CARF:** "Para fins de contagem do prazo decadencial para a constituição de crédito tributário relativo a glosa de amortização de ágio na forma dos arts. 7º e 8º da Lei nº 9.532/1997, deve-se levar em conta o período de sua repercussão na apuração do tributo em cobrança".
- **Súmula 121 CARF:** "A isenção do imposto de renda prevista no art. 6º, XIV, da Lei nº 7.713/1988, referente à cegueira, inclui a cegueira monocular".
- **Súmula 123 CARF:** "Imposto de renda retido na fonte relativo a rendimentos sujeitos a ajuste anual caracteriza pagamento apto a atrair a aplicação da regra decadencial prevista no art. 150, § 4º, do CTN".
- **Súmula CARF nº 131:** Inexiste vedação legal à aplicação de multa de ofício na constituição de crédito tributário em face de entidade submetida ao regime de liquidação extrajudicial.
- **Súmula CARF nº 132:** No caso de lançamento de ofício sobre débito objeto de depósito judicial em montante parcial, a incidência de multa de ofício e de juros de mora atinge apenas o montante da dívida não abrangida pelo depósito.
- **Súmula CARF nº 147:** Somente com a edição da Medida Provisória nº 351/2007, convertida na Lei nº 11.488/2007, que alterou a redação do art. 44 da Lei nº 9.430/1996, passou a existir a previsão específica de incidência da multa isolada na hipótese de falta de pagamento do carnê-leão (50%), sem prejuízo da penalidade simultânea pelo lançamento de ofício do respectivo rendimento no ajuste anual (75%).
- **Súmula CARF nº 150:** A inconstitucionalidade declarada por meio do RE 363.852/MG não alcança os lançamentos de sub-rogação da pessoa jurídica nas obrigações do produtor rural pessoa física que tenham como fundamento a Lei nº 10.256, de 2001.
- **Súmula CARF nº 156**: No regime de drawback, modalidade suspensão, o termo inicial para contagem do prazo quinquenal de decadência do direito de lançar os tributos suspensos é o primeiro dia do exercício seguinte ao encerramento do prazo de trinta dias posteriores à data limite para a realização das exportações compromissadas, nos termos do art. 173, I, do CTN.
- **Súmula CARF nº 157**: O percentual da alíquota do crédito presumido das agroindústrias de produtos de origem animal ou vegetal, previsto no art. 8º da Lei nº 10.925/2004, será determinado com base na natureza da mercadoria produzida ou comercializada pela referida agroindústria, e não em função da origem do insumo que aplicou para obtê-lo.
- **Súmula CARF nº 164:** A retificação de DCTF após a ciência do despacho decisório que indeferiu o pedido de restituição ou que não homologou a declaração de compensação é insuficiente para a comprovação do crédito, sendo indispensável a comprovação do erro em que se fundamenta a retificação.
- **Súmula CARF nº 165:** Não é nulo o lançamento de ofício referente a crédito tributário depositado judicialmente, realizado para fins de prevenção da decadência, com reconhecimento da suspensão de sua exigibilidade e sem a aplicação de penalidade ao sujeito passivo.
- **Súmula CARF nº 166:** Inexiste vedação legal à aplicação de juros de mora na constituição de crédito tributário em face de entidade submetida ao regime de liquidação extrajudicial.
- **Súmula CARF nº 170:** A homologação tácita não se aplica a pedido de compensação de débito de um sujeito passivo com crédito de outro.
- **Súmula CARF nº 171**: Irregularidade na emissão, alteração ou prorrogação do MPF não acarreta a nulidade do lançamento.
- **Súmula CARF nº 172**: A pessoa indicada no lançamento na qualidade de contribuinte não possui legitimidade para questionar a responsabilidade imputada a terceiros pelo crédito tributário lançado.
- **Súmula CARF nº 178**: A inexistência de tributo apurado ao final do ano-calendário não impede a aplicação de multa isolada por falta de recolhimento de estimativa na forma autorizada desde a redação original do art. 44 da Lei nº 9.430, de 1996.
- **Súmula CARF nº 179**: É vedada a compensação, pela pessoa jurídica sucessora, de bases de cálculo negativas de CSLL acumuladas por pessoa jurídica sucedida, mesmo antes da vigência da Medida Provisória nº 1.858-6, de 1999.
- **Súmula CARF nº 181**: No âmbito das contribuições previdenciárias, é incabível lançamento por descumprimento de obrigação acessória, relacionada à apresentação de informações e documentos exigidos, ainda que em meio digital, com fulcro no caput e parágrafos dos artigos 11 e 12, da Lei nº 8.218, de 1991.
- **Súmula CARF nº 183**: O valor das aquisições de matérias-primas, produtos intermediários, materiais de embalagem, energia elétrica e combustíveis, empregados em atividades anteriores à fase industrial do processo produtivo, não deve ser incluído na base de cálculo do crédito presumido do IPI, de que tratam as Leis nºs 9.363/96 e 10.276/01.
- **Súmula CARF nº 184**: O prazo decadencial para aplicação de penalidade por infração aduaneira é

de 5 (cinco) anos contados da data da infração, nos termos dos artigos 138 e 139, ambos do Decreto-Lei n.º 37/66 e do artigo 753 do Decreto n.º 6.759/2009.

3.4. ADMINISTRAÇÃO TRIBUTÁRIA

- **Súmula 22 CARF (Revisada):** "É nulo o ato declaratório de exclusão do Simples Federal, instituído pela Lei nº 9.317/1996, que se limite a consignar a existência de pendências perante a Dívida Ativa da União ou do INSS, sem a indicação dos débitos inscritos cuja exigibilidade não esteja suspensa".
- **Súmula 26 CARF:** "A presunção estabelecida no art. 42 da Lei nº 9.430/96 dispensa o Fisco de comprovar o consumo da renda representada pelos depósitos bancários sem origem comprovada".
- **Súmula 29 CARF (Revisada):** "Os co-titulares da conta bancária que apresentem declaração de rendimentos em separado devem ser intimados para comprovar a origem dos depósitos nela efetuados, na fase que precede à lavratura do auto de infração com base na presunção legal de omissão de receitas ou rendimentos, sob pena de exclusão, da base de cálculo do lançamento, dos valores referentes às contas conjuntas em relação às quais não se intimou todos os co-titulares"
- **Súmula CARF nº 30:** "Na tributação da omissão de rendimentos ou receitas caracterizada por depósitos bancários com origem não comprovada, os depósitos de um mês não servem para comprovar a origem de depósitos havidos em meses subsequentes".
- **Súmula CARF nº 31:** "Descabe a cobrança de multa de ofício isolada exigida sobre os valores de tributos recolhidos extemporaneamente, sem o acréscimo da multa de mora, antes do início do procedimento fiscal".
- **Súmula CARF nº 32:** "A titularidade dos depósitos bancários pertence às pessoas indicadas nos dados cadastrais, salvo quando comprovado com documentação hábil e idônea o uso da conta por terceiros".
- **Súmula CARF nº 33:** "A declaração entregue após o início do procedimento fiscal não produz quaisquer efeitos sobre o lançamento de ofício".
- **Súmula CARF nº 34:** "Nos lançamentos em que se apura omissão de receita ou rendimentos, decorrente de depósitos bancários de origem não comprovada, é cabível a qualificação da multa de ofício, quando constatada a movimentação de recursos em contas bancárias de interpostas pessoas".
- **Súmula CARF nº 35:** "O art. 11, § 3º, da Lei9.311/96, com a redação dada pela Lei 10.174/2001, que autoriza o uso de informações da CPMF para a constituição do crédito tributário de outros tributos, aplica-se retroativamente".
- **Súmula CARF nº 49:** "A denúncia espontânea (art. 138 do Código Tributário Nacional) não alcança a penalidade decorrente do atraso na entrega de declaração".
- **Súmula CARF nº 134:** A simples existência, no contrato social, de atividade vedada ao Simples Federal não resulta na exclusão do contribuinte, sendo necessário que a fiscalização comprove a efetiva execução de tal atividade.
- **Súmula CARF nº 151**: Aplica-se retroativamente o inciso II do § 4º do art. 1º da Lei 11.945/2009, referente a multa pela falta ou atraso na apresentação da "DIF Papel Imune" devendo ser cominada em valor único por declaração não apresentada no prazo trimestral, e não mais por mês calendário, conforme anteriormente estabelecido no art. 57 da MP nº 2.158-35/ 2001, consagrando-se a retroatividade benéfica nos termos do art. 106, do Código Tributário Nacional.
- **Súmula CARF nº 152**: Os créditos relativos a tributos administrados pela Receita Federal do Brasil (RFB), reconhecidos por sentença judicial transitada em julgado que tenha permitido apenas a compensação com débitos de tributos da mesma espécie, podem ser compensados com débitos próprios relativos a quaisquer tributos administrados pela Receita Federal do Brasil, observada a legislação vigente por ocasião de sua realização.
- **Súmula CARF nº 155**: A multa prevista no art. 33 da Lei nº 11.488/07 não se confunde com a pena de perdimento do art. 23, inciso V, do Decreto Lei nº 1.455/76, o que afasta a aplicação da retroatividade benigna definida no art. 106, II, "c", do Código Tributário Nacional.
- **Súmula CARF nº 160**: A aplicação da multa substitutiva do perdimento a que se refere o § 3º do art. 23 do Decreto-lei nº 1.455, de 1976 independe da comprovação de prejuízo ao recolhimento de tributos ou contribuições.
- **Súmula CARF nº 161**: O erro de indicação, na Declaração de Importação, da classificação da mercadoria na Nomenclatura Comum do Mercosul, por si só, enseja a aplicação da multa de 1%, prevista no art. 84, I da MP nº 2.158-35, de 2001, ainda que órgão julgador conclua que a classificação indicada no lançamento de ofício seria igualmente incorreta.
- **Súmula CARF nº 173**: A intimação por edital realizada a partir da vigência da Lei nº 11.196, de 2005, é válida quando houver demonstração de que foi improfícua a intimação por qualquer um dos meios ordinários (pessoal, postal ou eletrônico) ou quando, após a vigência da Medida Provisória nº 449, de 2008, convertida na Lei nº 11.941, de 2009, o sujeito passivo tiver sua inscrição declarada inapta perante o cadastro fiscal.
- **Súmula CARF nº 175**: É possível a análise de indébito correspondente a tributos incidentes sobre o lucro sob a natureza de saldo negativo se o sujeito passivo demonstrar, mesmo depois do despa-

cho decisório de não homologação, que errou ao preencher a Declaração de Compensação – DCOMP e informou como crédito pagamento indevido ou a maior de estimativa integrante daquele saldo negativo.

- **Súmula CARF nº 180**: Para fins de comprovação de despesas médicas, a apresentação de recibos não exclui a possibilidade de exigência de elementos comprobatórios adicionais.
- **Súmula CARF nº 186**: A retificação de informações tempestivamente prestadas não configura a infração descrita no artigo 107, inciso IV, alínea "e" do Decreto-Lei nº 37/66.

3.5. PROCESSO TRIBUTÁRIO

- **Súmula 1 CARF:** "Importa renúncia às instâncias administrativas a propositura pelo sujeito passivo de ação judicial por qualquer modalidade processual, antes ou depois do lançamento de ofício, com o mesmo objeto do processo administrativo, sendo cabível apenas a apreciação, pelo órgão de julgamento administrativo, de matéria distinta da constante do processo judicial".
- **Súmula 2 CARF:** "O CARF não é competente para se pronunciar sobre a inconstitucionalidade de lei tributária".
- **Súmula 11 CARF:** "Não se aplica a prescrição intercorrente no processo administrativo fiscal".
- **Súmula 28 CARF:** "O CARF não é competente para se pronunciar sobre controvérsias referentes a Processo Administrativo de Representação Fiscal para Fins Penais".
- **Súmula 84 CARF (Revisada):** "É possível a caracterização de indébito, para fins de restituição ou compensação, na data do recolhimento de estimativa".
- **Súmula 103 CARF:** Para fins de conhecimento de recurso de ofício, aplica-se o limite de alçada vigente na data de sua apreciação em segunda instância.
- **Súmula 106 CARF:** "Caracterizada a ocorrência de apropriação indébita de contribuições previdenciárias descontadas de segurados empregados e/ ou contribuintes individuais, a contagem do prazo decadencial rege-se pelo art. 173, inciso I, do CTN".
- **Súmula 108 CARF:** "Incidem juros moratórios, calculados à taxa referencial do Sistema Especial de Liquidação e Custódia (SELIC), sobre o valor correspondente à multa de oficio".
- **Súmula 109 CARF:** "O órgão julgador administrativo não é competente para se pronunciar sobre controvérsias referentes a arrolamento de bens".
- **Súmula 110 CARF:** "No processo administrativo fiscal, é incabível a intimação dirigida ao endereço de advogado do sujeito passivo".
- **Súmula 111 CARF:** "O Mandado de Procedimento Fiscal supre a autorização, prevista no art. 906 do Decreto nº 3.000/1999, para reexame de período anteriormente fiscalizado".
- **Súmula CARF nº 129:** Constatada irregularidade na representação processual, o sujeito passivo deve ser intimado a sanar o defeito antes da decisão acerca do conhecimento do recurso administrativo.
- **Súmula CARF nº 133:** A falta de atendimento a intimação para prestar esclarecimentos não justifica, por si só, o agravamento da multa de ofício, quando essa conduta motivou presunção de omissão de receitas ou de rendimentos.
- **Súmula CARF nº 162:** O direito ao contraditório e à ampla defesa somente se instaura com a apresentação de impugnação ao lançamento.
- **Súmula CARF nº 163:** O indeferimento fundamentado de requerimento de diligência ou perícia não configura cerceamento do direito de defesa, sendo facultado ao órgão julgador indeferir aquelas que considerar prescindíveis ou impraticáveis.
- **Súmula CARF nº 167**:O art. 76, inciso II, alínea "a" da Lei nº 4.502, de 1964, deve ser interpretado em conformidade com o art. 100, inciso II do CTN, e, inexistindo lei que atribua eficácia normativa a decisões proferidas no âmbito do processo administrativo fiscal federal, a observância destas pelo sujeito passivo não exclui a aplicação de penalidades.
- **Súmula CARF nº 168**: Mesmo após a ciência do despacho decisório, a comprovação de inexatidão material no preenchimento da DCOMP permite retomar a análise do direito creditório.
- **Súmula CARF nº 169**: O art. 24 do decreto-lei nº 4.657, de 1942 (LINDB), incluído pela lei nº 13.655, de 2018, não se aplica ao processo administrativo fiscal.

Direito Civil

Ronaldo Vieira Francisco

TABELA DE INCIDÊNCIA DE QUESTÕES

Distribuição das questões organizada por ordem didática de assuntos		
Assunto	**Número de Questões**	**Peso**
I. LEI DE INTRODUÇÃO ÀS NORMAS DO DIREITO BRASILEIRO		
1. VIGÊNCIA	1	0,49%
2. REVOGAÇÃO DA LEI	2	0,99%
3. REPRISTINAÇÃO	1	0,49%
4. INTEGRAÇÃO OU COLMATAÇÃO DAS LEIS	3	1,48%
5. CONFLITO DE LEIS NO TEMPO	2	0,99%
6. EFICÁCIA DAS LEIS NO ESPAÇO	1	0,49%
7. SEGURANÇA JURÍDICA NA INTERPRETAÇÃO DAS NORMAS JURÍDICAS	1	0,49%
II. PARTE GERAL		
1. PESSOAS NATURAIS	6	2,96%
2. PESSOAS JURÍDICAS	5	2,46%
3. DOMICÍLIO	1	0,49%
4. BENS	11	5,42%
5. FATOS JURÍDICOS, ATO JURÍDICO E NEGÓCIO JURÍDICO.	29	14,29%
6. ATOS JURÍDICOS LÍCITOS	1	0,49%
7. ATOS ILÍCITOS	2	0,99%
8. PRESCRIÇÃO E DECADÊNCIA	9	4,43%
III. PARTE ESPECIAL DIREITO DAS OBRIGAÇÕES		
1. MODALIDADES DAS OBRIGAÇÕES	12	5,91%
2. TRANSMISSÃO DAS OBRIGAÇÕES	3	1,48%
3. ADIMPLEMENTO DAS OBRIGAÇÕES	4	1,97%
4. EXTINÇÃO DAS OBRIGAÇÕES SEM PAGAMENTO	5	2,46%
5. INADIMPLEMENTO DAS OBRIGAÇÕES	6	2,96%
CONTRATOS EM GERAL		
1. PROIBIÇÃO DO PACTO SUCESSÓRIO	1	0,49%
2. FORMAÇÃO DOS CONTRATOS	1	0,49%
3. VÍCIOS REDIBITÓRIOS	2	0,99%
4. EVICÇÃO	3	1,48%
5. CONTRATOS ALEATÓRIOS	1	0,49%

6. CONTRATO PRELIMINAR	1	0,49%
7. EXTINÇÃO DO CONTRATO	6	2,96%
CONTRATOS EM ESPÉCIE		
1. COMPRA E VENDA	3	1,48%
2. DOAÇÃO	1	0,49%
3. COMODATO	2	0,99%
4. PRESTAÇÃO DE SERVIÇOS	1	0,49%
5. EMPREITADA	1	0,49%
6. DEPÓSITO	2	0,99%
7. MANDATO	1	0,49%
8. TRANSPORTE DE PESSOAS	2	0,99%
9. SEGURO	2	0,99%
10. FIANÇA	2	0,99%
11. TRANSAÇÃO	1	0,49%
ATOS UNILATERAIS		
1. PROMESSA DE RECOMPENSA	1	0,49%
2. PAGAMENTO INDEVIDO	3	1,48%
3. ENRIQUECIMENTO SEM CAUSA	1	0,49%
RESPONSABILIDADE CIVIL		
1. LEGITIMIDADE DO ESPÓLIO	1	0,49%
2. ATIVIDADE LÍCITA DE RISCO	2	0,99%
3. RESPONSABILIDADE DO INCAPAZ	3	1,48%
4. RESPONSABILIDADE DO EMPREGADOR	1	0,49%
5. RESPONSABILIDADE DAQUELE QUE PARTICIPA DO PRODUTO DO CRIME	1	0,49%
6. REDUÇÃO EQUITATIVA DA INDENIZAÇÃO	1	0,49%
DIREITOS DAS COISAS		
1. POSSE	9	4,43%
2. PROPRIEDADE	5	2,46%
3. DIREITOS DE VIZINHANÇA	1	0,49%
4. CONDOMÍNIO	3	1,48%
5. DIREITOS REAIS SOBRE COISAS ALHEIAS	8	3,94%
6. DIREITOS REAIS DE GARANTIA	5	2,46%
DIREITO DE FAMÍLIA		
1. CASAMENTO	1	0,49%
2. EFICÁCIA DO CASAMENTO	1	0,49%
3. REGIME MATRIMONIAL ENTRE OS CÔNJUGES	3	1,48%
4. RELAÇÕES DE PARENTESCO	2	0,99%
5. ALIMENTOS	1	0,49%
6. UNIÃO ESTÁVEL	1	0,49%
DIREITO DAS SUCESSÕES		
1. SUCESSÃO EM GERAL	2	0,99%
2. SUCESSÃO LEGÍTIMA	6	2,96%
3. SUCESSÃO TESTAMENTÁRIA	1	0,49%
4. INVENTÁRIO E PARTILHA	2	0,99%
Total	**203**	**100%**

Direito Civil

Ronaldo Vieira Francisco

✦ QUESTÕES

I. LEI DE INTRODUÇÃO ÀS NORMAS DO DIREITO BRASILEIRO

1. VIGÊNCIA

01. (FCC – Procurador do Estado – MT/2011) É correto afirmar que,

a) salvo disposição contrária, a lei começa a vigorar em todo o País, 45 (quarenta e cinco) dias depois de oficialmente promulgada.

b) nos Estados estrangeiros, a obrigatoriedade da lei brasileira, quando admitida, se inicia 90 (noventa) dias depois de oficialmente promulgada.

c) se antes de entrar a lei em vigor, ocorrer nova publicação de seu texto, destinada a correção, o prazo de início de sua vigência começará a correr da data da primeira publicação.

d) não se destinando à vigência temporária, a lei terá vigor até que outra a modifique ou a revogue.

e) a lei nova, que estabeleça disposições gerais ou especiais a par das já existentes, sempre revoga a anterior.

COMENTÁRIOS

✪ **Nota do Autor:** as disposições sobre a vigência e a eficácia das leis no tempo são disciplinas pelos arts. 1º e 2º da Lei de Introdução às Normas do Direito Brasileiro.

Alternativa "a": salvo disposição contrária, a lei começa a vigorar em todo o país 45 dias depois de oficialmente **publicada**. O termo inicial do período de *vacatio legis* é a publicação. A promulgação é o instrumento que declara a **existência** da lei e **ordena** sua execução. As emendas constitucionais são promulgadas pelas Mesas da Câmara e do Senado, em sessão solene do Congresso. Já a promulgação das leis complementares e ordinárias é feita pelo presidente da república e ocorre simultaneamente com a sanção. No caso de sanção tácita, o próprio presidente da República é quem deve promulgar a lei. Caso não o faça, a promulgação fica a cargo do presidente do Senado. O presidente da República também promulga os projetos de lei cujos vetos são derrubados pelo Congresso. Não o fazendo, a atribuição se desloca para o presidente do Senado, e, se este se omitir, para o 1º vice-presidente. Os decretos legislativos são promulgados pelo presidente do Senado, bem como as resoluções adotadas pela Casa e pelo Congresso Nacional. As resoluções da Câmara dos Deputados são promulgadas pelo seu presidente.

Alternativa "b": nos Estados estrangeiros, a obrigatoriedade da lei brasileira, quando admitida, se inicia **03 meses** depois de oficialmente publicada. O prazo é fixado em meses e não em dias, na LINDB.

Alternativa "c": estabelece a LINDB/art. 1°, § 3º se, antes de entrar a lei em vigor, ocorrer **nova** publicação de seu texto, destinada a **correção**, os prazos de vigência das leis **começarão** a correr da nova publicação. Nesse caso, há reinicio da contagem do prazo de *vacatio legis*. Assim, a primeira publicação é simplesmente descartada.

Alternativa "d": é a asserção correta. Afirma a LINDB/art. 2°, *caput*: *"não se destinando à vigência temporária, a lei terá vigor até que outra a* ***modifique*** *ou* ***revogue****"*. Trata-se da consagração do *"princípio da continuidade ou permanência das leis"*.

Alternativa "e": a lei nova, que estabeleça disposições gerais ou especiais a par das já existentes, não revoga nem modifica a lei anterior (LINDB/art. 2°, § 2°).

Alternativa correta: letra "d".

2. REVOGAÇÃO DA LEI

02. (FEPESE – Procurador do Estado – SC/2010) Com relação à Lei Introdução ao Código Civil, assinale a alternativa correta.

a) A lei revogada, automaticamente restaura seus efeitos, quando a lei revogadora perder a vigência.

b) A Lei de Introdução ao Código Civil é de aplicação restrita aos ramos do direito privado, em especial, ao Direito Civil.

c) A revogação de uma lei pode ser total (derrogação), pode ser parcial (ab-rogação), pode ser expressa (indicação do dispositivo legal revogado) ou tácita (incompatibilidade entre as leis antiga e nova).

d) O texto de lei já em vigor pode ser corrigido a qualquer momento, sem que as correções sejam caracterizadas lei nova.

e) A lei nova que estabeleça disposições gerais ou especiais a par das já existentes, não revoga nem modifica a lei anterior.

COMENTÁRIOS

✪ **Nota do Autor:** a revogação, nas palavras de Carlos Roberto Gonçalves, é a "supressão da força obrigatória da lei, retirando-lhe a eficácia, o que só pode ser feito por outra lei, da **mesma hierarquia ou de hierarquia superior**". Para Maria Helena Diniz, revogar consiste em "tornar sem efeito uma norma, retirando sua obrigatoriedade. Revogação é um termo genérico, que indica a ideia da cessação da existência da norma obrigatória" (Direito Civil 1, Esquematizado, Saraiva, São Paulo, 2012, pág. 66). Uma lei, em regra, tem efeito permanente, ou seja, mantém-se em vigor até que outra a modifique ou revogue. Trata-se do princípio da continuidade. Vale anotar, ainda, que nosso sistema é fundado na supremacia da lei escrita. Logo, o costume e o desuso não revogam as leis. Há exceções a essa regra, todavia, como as leis de vigência temporária, as quais são extintas por causas intrínsecas, que ocorrem com o decurso do prazo, o implemento da condição resolutiva e a consecução de seus fins. Sendo assim, em função do princípio da hierarquia das leis, a revogação deve emanar da mesma fonte que aprovou o ato revogado. No entanto, apesar de um decreto revogar-se por outro, uma lei pode revogar um decreto, mas não o contrário. O que significa dizer que **não necessariamente** a norma é extinta do sistema jurídico por **outro** ato normativo da mesma espécie, admitindo-se a revogação por espécie normativa diversa. Ademais, em sentido amplo, a revogação, que significa "perda da eficácia", compreende a decretação da inconstitucionalidade pelo Supremo Tribunal Federal, cabendo ao Senado Federal suspender-lhe a execução (CF, art. 52, X), diz Carlos Roberto Gonçalves (op. cit., pág. 67).

Alternativa "a": a repristinação é reconhecida na LINDB. Todavia, é exceção, e não regra. O cânone da Lei de Introdução assim dispõe: *"Salvo disposição em contrário, a lei revogada não se restaura por ter a lei revogadora perdido a vigência"* (art. 2º, § 3º). Dessa forma, sua eficácia **não** é automática, pois depende de expressa determinação legal para que ocorra.

Alternativa "b": a Lei de Introdução às Normas do Direito Brasileiro possui aplicação aos diversos ramos do direito, e não somente ao Direito Civil.

Alternativa "c": fizemos uma abordagem prévia na nota do autor, em que traçamos os conceitos de derrogação e ab-rogação. O erro da alternativa são os conceitos trocados de derrogação (**parcial**) e ab-rogação (**total**). Por outro lado, estão corretas as explicações conceituais de revogação expressa e tácita.

Alternativa "d": a Lei entra em vigor imediatamente ou depois da *vacatio legis*. As correções que se fizerem a texto de lei já em vigor consideram-se **lei nova**, exatamente o contrário da afirmação que consta do enunciado.

Alternativa "e": a LINDB, art. 2º, § 2º, afirma: *"lei nova, que estabeleça disposições gerais ou especiais a par das já existentes, não revoga nem modifica a lei anterior"*.

Alternativa correta: letra "e".

---

03. (Cespe – Procurador do Estado – AL/2008) A respeito da vigência e aplicação da lei, assinale a correta.

a) A lei posterior revoga a anterior se for com ela incompatível, ou se estabelecer disposições gerais a par das já existentes.

b) Em que pese lei em vigor ter efeito imediato e geral, deverá ser respeitado o direito adquirido, que se traduz naquele que já foi consumado segundo a lei vigente ao tempo em que se efetuou.

c) Como não pode deixar de decidir, quando a lei for omissa, o juiz deverá atentar para os fins sociais a que ela se dirige e decidir o caso de acordo com a analogia, os costumes e os princípios gerais do direito.

d) Considerando que ninguém pode se escusar de cumprir a lei, esta começa a vigorar a partir da sua publicação, salvo disposição em contrário, tanto no Brasil como nos Estados estrangeiros.

e) A derrogação torna sem efeito parte de uma norma, de forma que a norma não perderá sua vigência, pois apenas os dispositivos alcançados é que não terão mais obrigatoriedade.

COMENTÁRIOS

Alternativa "a": a lei nova que estabeleça disposições gerais ou especiais a par das já existentes não revoga nem modifica a lei anterior (LINDB/art. 2°, § 2°).

Alternativa "b": consideram-se adquiridos assim os direitos que o seu titular, ou alguém por ele, possa exercer, como aqueles cujo começo do exercício tenha termo pré-fixo ou condição pré-estabelecida inalterável, a arbítrio de outrem (LINDB/art. 6°, § 2°); é incorreta porque o enunciado trouxe o conceito de ato jurídico perfeito (LINDB/art. 6°, § 1°).

Alternativa "c": quando a lei for omissa, o juiz decidirá o caso de acordo com a analogia, os costumes e os princípios gerais de direito (LINDB/art. 4°).

Alternativa "d": diz a LINDB/art. 1° que, salvo disposição contrária, a lei começa a vigorar em todo o país quarenta e cinco dias depois de oficialmente publicada; nos Estados estrangeiros, a obrigatoriedade da lei brasileira, quando admitida, se inicia três meses depois de oficialmente publicada (LINDB/art. 1°, § 1°); é importante lembrar que a Lei Complementar n°. 95, de 26 de fevereiro de 1998, dispõe sobre a elaboração, a redação, a alteração e a consolidação das leis, conferindo eficácia ao parágrafo único do art. 59 da Constituição Federal.

Alternativa "e": correta; a derrogação importa na revogação parcial.

Alternativa correta: letra "e".

3. REPRISTINAÇÃO

04. (FCC – Procurador do Estado – SP/2009) No que diz respeito à vigência da norma jurídica:

a) a revogação de uma lei opera efeito repristinatório automático em caso de lacuna normativa.

b) a lei não pode ter vigência temporária.

c) a lei começa a vigorar em todo país, salvo disposição contrária, 40 (quarenta) dias depois de oficialmente publicada, denominando-se período de *vacatio legis*.

d) a ab-rogação é a supressão parcial da norma anterior, enquanto a derrogação vem a ser a supressão total da norma anterior.

e) os efeitos da lei revogada poderão ser restaurados se houver previsão expressa na lei revogadora.

COMENTÁRIOS

✪ **Nota do Autor:** a ***repristinação*** é admitida excepcionalmente no ordenamento jurídico, pois, **salvo disposição em contrário**, a lei revogada **não** se restaura por ter a lei revogadora perdido a vigência. Não se trata de um fenômeno natural da revogação. Exige pronunciamento legal expresso. Assim, é vedada a repristinação, como regra, significando que a lei antiga não se revalidará pelo aniquilamento da lei revogadora, uma vez que não restitui a vigência da que ela revogou. A outro giro, admitida a repristinação, a restauração da lei antiga possui efeitos *ex nunc*, desde que haja disposição expressa nesse sentido (Maria Helena Diniz, Código Civil Anotado, 16ed, São Paulo, Saraiva, 2012). Por outro lado, a repristinação não se confunde com o **efeito repristinatório**. Segundo o art. 2º, § 3º, da LINDB *"salvo disposição em contrário, a lei revogada não se restaura por ter a lei revogadora perdido a vigência"*. O preceito em tela dispõe a respeito da repristinação, que é admitida e reconhecida no sistema brasileiro, não como regra geral, mas por exceção. Exige-se disposição legal expressa para que ocorra. A outro giro, a inconstitucionalidade de uma lei faz com as leis eventualmente revogadas sejam restauradas. Dessa forma, a lei anterior revogada por lei posterior declarada inconstitucional tem a vigência restabelecida, porém, nessa situação, fala-se que houve *"efeito repristinatório"*, conforme já decidiu o STJ (STJ: REsp. 445.455 – BA, DJ 5/12/2005). Para o STF, *"...declaração de inconstitucionalidade de uma lei alcança, inclusive, os atos pretéritos com base nela praticados, eis que o reconhecimento desse supremo vício jurídico, que inquina de total nulidade os atos emanados do Poder Público, desampara as situações constituídas sob sua égide e inibe – ante a sua inaptidão para produzir efeitos jurídicos válidos... A declaração de inconstitucionalidade em tese encerra um juízo de exclusão, que, fundado numa competência de rejeição deferida ao Supremo Tribunal Federal, consiste em remover do ordenamento positivo a manifestação estatal inválida e desconforme ao modelo plasmado na Carta Política, com todas as consequências daí decorrentes, inclusive a plena restauração de eficácia das leis e das normas afetadas pelo ato declarado inconstitucional"* (STF: ADIn 652-5 – MA). Para o Ministro Celso de Mello (ADIn 2.215/PE), *"Já se afirmou, no início desta decisão, que a declaração de inconstitucionalidade in abstracto, de um lado, e a suspensão cautelar de eficácia do ato reputado inconstitucional, de outro, importam – considerado o efeito repristinatório que lhes é inerente – em restauração das normas estatais revogadas pelo diploma objeto do processo de controle normativo abstrato. Esse entendimento – hoje é expressamente consagrado em nosso sistema de direito positivo (Lei nº 9.868/99, art. 11, § 2º) ..."*. Por fim, há **exceção** ao efeito repristinatório. Para o STF, tal efeito será afastado se a norma anterior padecer do mesmo vício de inconstitucionalidade (STF: ADIn nº 2.574/AP).

Alternativa "a": a repristinação **não** possui efeitos automáticos, pois não é a regra do sistema. Para que atue, a repristinação deve vir expressa em disposição legal específica. Caso contrário, na omissão do legislador, entende-se que não foi invocada. **Note-se bem**: é admitida a repristinação, mas por via de exceção.

Alternativa "b": em regra, as leis são permanentes e contínuas, e vigem até que outras as revoguem. No entanto, as leis temporárias estão previstas, são admitidas, é certo, como **exceção**. A conclusão deriva da LINDB, que apregoa: *"**Não se destinando à vigência temporária**, a lei terá vigor até que outra a modifique ou revogue"* (art. 2º, *caput*).

Alternativa "c": admite-se disposição especial a respeito da *vacatio legis*, que pode ser estipulada pelo legislador na nova lei em anos, meses, dias ou imediatamente (LC, 95/98, art. 8º). Sem disposição em contrário, o prazo de *vacatio legis* será de **45 dias**, observado o **critério do prazo único**, ou seja, valerá para todo território nacional.

Alternativa "d": a revogação é o gênero do qual a *ab-rogação e derrogação* são as espécies. Ab-rogar é suprimir por inteiro uma norma do sistema normativo, ao passo que derrogar é fazê-lo em parte. A incorreção reside na inversão de conceitos.

Alternativa "e": De fato, a repristinação é admitia, mas apenas quando **expressamente** dispor a lei revogadora, com fundamento na LINDB, art. 2°, § 3°. Não há, assim, repristinação tácita.

Alternativa correta: letra "e".

4. INTEGRAÇÃO OU COLMATAÇÃO DAS LEIS

05. (FMP – Procurador do Estado – AC/2012) Assinale a alternativa CORRETA.

a) Antinomia jurídica ocorre quando há lacuna legislativa.

b) No Direito brasileiro, a equidade possui apenas função interpretativa.

c) A analogia, assim como o costume e os princípios gerais de direito, tem função integrativa no sistema jurídico brasileiro.

d) O critério ou princípio hierárquico – *lex superior derogat legi inferiori* – visa a solucionar o problema da necessidade de integração de lacunas axiológicas.

COMENTÁRIOS

✪ **Nota do Autor:** o ordenamento jurídico deveria ser perfeito e pleno, não havendo nele contradições, lacunas ou falhas. Todavia, em sua aplicação prática, a lei poderá ser omissa. Por melhor que seja, por mais previdente que sejam seus preceitos, a lei não conseguirá regular todos os fatos que surgirão no meio social. Por outro lado, o princípio da inafastabilidade da jurisdição e da regra do art. 126 do CPC, que veda ao juiz pronunciar o *non liquet*, impõe ao magistrado o dever de julgar a demanda a ele submetida, não lhe sendo uma opção deixar de decidi-la sob a justificativa de que não existe lei para a resolução da contenda que lhe foi submetida. O Novo CPC, no art. 140, *caput*, também dispõe a respeito, afirmando que "O juiz não se exime de decidir sob a alegação de lacuna ou obscuridade do ordenamento jurídico". Para superar eventual lacuna ou omissão da lei, o operador do direito deve se valer dos mecanismos de integração indicados no art. 4º da LINDB, quais sejam: analogia, costumes e princípios gerais de direito. A **analogia** é o mecanismo de aplicação, ao caso não contemplado de modo direto e específico na lei, de uma norma prevista para um caso semelhante à hipótese omissa. Em relação às espécies, a analogia legis consiste na aplicação de uma norma existente, destinada a reger e caso semelhante ao previsto, é a analogia propriamente dita. Na analogia iuris não uma norma, mas um conjunto delas ou o próprio sistema normativo, ou de parte dele, é que fornecem os elementos que possibilitam a integração do caso concreto não contemplado. Os **costumes** são supletivos, subsidiários, e de plano secundário em relação à lei e à analogia. Caracterizam-se pela prática uniforme, constante, pública e geral de determinado ato, com convicção de necessidade. São os usos ou práticas reiteradas de um comportamento (elemento externo ou material) que diferente da lei, que tem a forma escrita, o costume é direito não escrito. Os **princípios gerais do direito** são reconhecidos como as máximas ou regras não ditadas de forma expressa nas normas, mas contidos de forma inseparável no ordenamento jurídico, tratando-se da terceira via no preenchimento das lacunas, quando falhas a analogia e os costumes.

Alternativa "a": a antinomia decorre da existência de duas ou mais normas conflitantes relativas ao mesmo caso, imputando-lhe soluções logicamente incompatíveis (Carlos Roberto Gonçalves). Possui critérios de solução do conflito, entre os quais o cronológico, o da especialidade e o hierárquico. Por fim, a antinomia poderá ser aparente ou real.

Alternativa "b": a equidade não é meio supletivo de lacuna da lei, nem interpretativo, sendo mero recurso auxiliar da aplicação da lei; quando a lei a admite expressamente, o juiz pode aplicar a norma mais adequada ao caso concreto, conforme o art. 140, parágrafo único, do Novo CPC. São espécies de equidade a legal e a judicial.

Alternativa "c": pelo art. 4º da LINDB, quando a lei for omissa, o juiz decidirá o caso de acordo com a analogia, os costumes e os princípios gerais de direito. O rol de mecanismo de integração é taxativo e funda-se no princípio da plenitude lógica do sistema.

Alternativa "d": *lacuna axiológica* é ausência de norma justa, isto é, existe um preceito normativo, mas, se for aplicado, sua solução será insatisfatória ou injusta; *lacuna ontológica* é a ausência de norma correspondente aos fatos sociais; o *critério ou princípio hierárquico* é um dos métodos de solução das antinomias, e significa que a norma superior prevalece sobre a inferior. Nesse caso, não há lacuna, mas normas conflitantes, duas ou mais, relativas ao mesmo fato, com imputação de soluções desconformes.

Alternativa correta: letra "c".

06. (FCC – Procurador do Estado – RO/2011) Quando a lei for omissa, o juiz decidirá o caso com o emprego da:

a) analogia, dos costumes e dos princípios gerais do direito.

b) equidade em quaisquer casos, dos costumes e dos princípios gerais do direito.

c) analogia, da equidade e dos costumes, apenas.

d) interpretação, dos costumes, da equidade e dos princípios gerais do direito.

e) interpretação, da analogia e dos princípios gerais do direito.

COMENTÁRIOS

Alternativa "a": quando a lei for omissa, o juiz decidirá o caso de acordo com a analogia, os costumes e os princípios gerais de direito (LINDB, art. 4º).

Alternativa "b": o uso da equidade ou da "justiça do caso concreto" só é admitido quando a lei expressamente consignar a possibilidade de seu uso pelo juiz (NCPC, art. 140, parágrafo único). A equidade poderá ser legal, quando a norma permite ao juiz diversas soluções, entre duas ou mais possíveis (CC, art. 1.584, § 5º), ou judicial, quando não há opções de resolução, mas uma cláusula aberta, um espaço, que lhe permite julgar da melhor forma (CC, art. 1.740, II). Não se deve confundir a decisão *"por equidade"* e a *"com equidade"*. Esta última é o primado da justiça, norte de todas as decisões. A primeira, os espaços de decisão previstos na norma, segundo o permissivo legal.

Alternativa "c": reportamos o candidato aos comentários feitos na **alternativa "b"**; vimos que a equidade não é mecanismo de integração de lacuna por omissão legislativa; ao contrário, a equidade, seja legal, seja judicial, é um espaço previsto na lei para que o juiz aplique a "justiça do caso concreto"; logo, é uma lacuna por permissão legislativa.

Alternativa "d": interpretar é descobrir o sentido e o alcance da norma jurídica. A respeito da equidade, abordamos totalmente seus contornos nas alternativas letras "b" e "c", para as quais remetemos o candidato.

Alternativa "e": quando o fato é típico e se enquadra perfeitamente na norma jurídica, ocorre a *subsunção*. Se não houver norma aplicável pelo juiz, haverá *integração normativa*. Para descobrir qual norma é aplicável ao caso concreto, ou se não há lei para a situação apresentada, a ponto de lançar mão dos mecanismos de integração, o juiz deve *interpretar* para descobrir o sentido e alcance das normas. Assim, interpreta-se para alcançar a subsunção e a integração, quando for o caso.

Alternativa correta: letra "a".

4.1. EQUIDADE

07. (Cespe – Procurador do Estado – PGE – PE/2018) Ao autorizar o juiz a regular de maneira diferente dos critérios legais a situação dos filhos em relação aos pais, em caso de haver motivos graves, o Código Civil permite o uso

a) da analogia.

b) da interpretação sistemática.

c) dos princípios gerais do direito.

d) dos costumes.

e) da equidade.

COMENTÁRIOS

Alternativa "a": a analogia, forma de integração da norma jurídica, é aplicação de uma norma próxima ou de um conjunto de normas próximas, não havendo uma norma prevista para um determinado caso concreto. Como se vê, a analogia não se coaduna com a regra do art. 1.586 do CC.

Alternativa "b": a interpretação sistemática consiste no processo sistemático em comparar o dispositivo sujeito a exegese com outros do mesmo repositório ou de leis diversas, mas referentes ao mesmo objeto. A interpretação sistemática considera que a norma não pode ser vista de forma isolada, pois o direito existe como sistema, de forma ordenada e com certa sincronia. Assim, nenhuma pertinência essa intepretação tem com a aplicabilidade do art. 1.586 do CC.

Alternativa "c": os princípios gerais do direito são regras de conduta que norteiam o juiz na intepretação da norma, do ato ou negócio jurídico. Tais princípios não se encontram positivados no sistema normativo. São regras estáticas que carecem de concreção. Têm como função auxiliar o juiz no preenchimento de lacunas, nos termos do art. 4º da LINDB.

Alternativa "d": assim como vimos em relação à analogia e princípios gerais, os costumes também têm a função de completar as lacunas normativas (art. 4º da LINDB); logo, são inaplicáveis à situação enunciada. Importante lembrarmos o conceito de costumes, que são as práticas e usos reiterados com conteúdo lícito e relevância jurídica.

Alternativa "e": a equidade pode ser definida como a justiça do caso concreto, ou seja, o julgamento com a convicção do que é justo. O julgamento por equidade é tido, em caso excepcionais, como fonte do direito, quando a própria lei atribui ao juiz a possibilidade de julgar conforme os seus ditames. É o que acontece no art. 1.586 do CC, pelo qual "havendo motivos graves, poderá o juiz, em qualquer caso, a bem dos filhos, regular de maneira diferente da estabelecida nos artigos antecedentes a situação deles para com os pais".

Alternativa correta: letra "e".

5. CONFLITO DE LEIS NO TEMPO

08. (FCC – Procurador do Estado – MT/2016) De acordo com a Lei de Introdução às Normas do Direito Brasileiro, a lei nova possui efeito

a) imediato, por isto atingindo os fatos pendentes, mas devendo respeitar a coisa julgada, o ato jurídico perfeito e o direito adquirido, incluindo o negócio jurídico sujeito a termo ou sob condição suspensiva.

b) retroativo, por isto atingindo os fatos pendentes, mas devendo respeitar a coisa julgada, o ato jurídico perfeito e o direito adquirido, ao qual não se equiparam, para fins de direito intertemporal, o negócio jurídico sujeito a termo ou sob condição suspensiva.

c) retroativo, por isto atingindo os fatos pendentes, mas devendo respeitar a coisa julgada, o ato jurídico perfeito e o direito adquirido, ao qual se equipara, para fins de direito intertemporal, o negócio jurídico sujeito a termo, porém não o negócio jurídico sob condição suspensiva.

d) imediato, por isto atingindo os fatos pendentes, ainda que se caracterizem como coisa julgada, ato jurídico perfeito ou direito adquirido.

e) imediato, por isto atingindo os fatos pendentes, mas devendo respeitar a coisa julgada, o ato jurídico perfeito e o direito adquirido, ao qual se equiparam as faculdades jurídicas e as expectativas de direito.

COMENTÁRIOS

✪ **Nota do Autor:** segundo as lições de Carlos Roberto Gonçalves, "as leis são elaboradas para disciplinar as relações futuras. Contudo, quando ocorre a modificação de uma lei, ou sua revogação, durante o período de sua vigência, relações jurídicas se formam, podendo ocorrer o conflito entre as normas revogadas e as vigentes, quando surge a seguinte indagação: Será aplicada a lei nova às situações anteriormente constituídas? Para solucionar esta questão são utilizados dois critérios: **(a)** o das disposições transitórias; **(b)** o da irretroatividade das normas. Quanto a este último, a **lei irretroativa** é a que não se aplica às situações constituídas anteriormente à sua existência. Trata-se de uma garantia de segurança jurídica, certeza e estabilidade do ordenamento jurídico. A irretroatividade das leis não é um critério absoluto, mas relativo, tendo em vista que razões de política legislativa admitem que os efeitos dos atos praticados sob a égide da lei revogada sejam atingidos pela nova lei. Logo, a irretroatividade é a regra, admitindo-se a retroatividade em certos casos. Acolheu-se, assim, tanto na CF/88 quanto na LINDB a "teoria subjetiva de Gabba", segundo a qual a lei é irretroativa, admitindo-se, excepcionalmente, que opere retroativamente, desde que respeite o ato jurídico perfeito, o direto adquirido e a coisa julgada. **Em resumo**, portanto, a lei nova aplica-se aos fatos: **(a)** pendentes; **(b)** futuros **(c)** consumados, desde que, em relação a estes: **(c.1)** não ofendam o ato jurídico perfeito, o direito adquirido e a coisa julgada; **(c.2)** se o legislador determinar que a lei nova aplica-se a eles".

(Direito Civil Esquematizado, vol. 1, 2012, 2ª ed., Saraiva, pág. 81).

Alternativa "a": correta; de acordo com o art. 6º, *caput*, da LINDB, "a Lei em vigor terá efeito imediato e geral, respeitados o ato jurídico perfeito, o direito adquirido e a coisa julgada". O direito brasileiro adota a irretroatividade das leis como regra e o da retroatividade como exceção. Acolheu-se, assim, a teoria subjetiva de Gabba, de completo respeito ao ato jurídico perfeito, ao direito adquirido e à coisa julgada (CF, art. 5º, XXXVI). Assim, como regra, a lei nova aplica-se aos fatos pendentes e aos futuros, só podendo ser retroativa para atingir fatos já consumados, ou pretéritos, quando não ofender o ato jurídico, o direito adquirido e a coisa julgada. De acordo com o art. 6º, § 1º, da LINDB, "consideram-se adquiridos assim os direitos que o seu titular, ou alguém por ele, possa exercer, como aqueles cujo começo do exercício tenha termo pré-fixo, ou condição pré-estabelecida inalterável, a arbítrio de outrem". Segundo o escólio de Silvio de Salvo Venosa, "termo e condição podem ser trazidos à baila nessa matéria, são temas estudados como elementos acidentais do negócio jurídico; *Condição* é cláusula que subordina o efeito do ato a evento futuro e incerto. O *termo* é certo, porque joga com o tempo. O termo pode ser inicial ou final. O termo inicial suspende o exercício, mas não a aquisição de um direito. A condição que suspende os efeitos de um ato faz com que o direito ainda não esteja plenamente adquirido. Mas essa condição suspensiva caracteriza já um direito eventual (ou *direito expectativo*) que não se confunde com mera expectativa de direito. A expectativa de direito nada representa no mundo jurídico" (VENOSA, Silvio de Salvo. *Direito Civil – Parte Geral*. 13ª ed. Atlas. 2013. São Paulo, p. 123).

Alternativa "b": o efeito da nova lei é imediato, diz o art. 6º da LINDB.

Alternativa "c": além de imediato o efeito da nova lei, esta não pode retroagir para atingir os negócios sob condição suspensiva (LINDB, art. 6º, § 2º).

Alternativa "d": os efeitos da nova lei não imediatos, não atingindo os atos acobertados ato jurídico perfeito, o direito adquirido e a coisa julgada (LINDB, art. 6º, *caput*).

Alternativa "e": a lei nova tem efeito imediato, devendo respeitar ato jurídico perfeito, o direito adquirido e a coisa julgada. Não se equiparam ao direito adquirido as *faculdades jurídicas* e as *expectativas de direito*; aqui se tem a mera possibilidade ou esperança de adquirir um direito; e lá o poder que o sujeito possui de obter, por ato próprio, um resultado jurídico independentemente de outrem.

Alternativa correta: letra "a".

---

09. (Cespe – Procurador do Estado – PI/2014) De acordo com a Lei de Introdução às Normas do Direito Brasileiro (LINDB), assinale a correta.

a) Há direito adquirido quando já tiverem sido praticados todos os atos ou realizados todos os fatos exigidos pela lei para a obtenção do direito pretendido. Nesse contexto, é correto afirmar que nem todo direito adquirido surge de uma relação jurídica, a exemplo do direito de apropriar-se de coisa sem dono.

b) O sistema jurídico brasileiro admite que, devido ao desuso, uma lei possa deixar de ser aplicada.

c) Na situação em que uma lei anterior e especial esteja em confronto com outra lei geral posterior, tem-se uma antinomia de primeiro grau, perfeitamente solucionável com as regras previstas na LINDB.

d) A proibição de desconhecimento da lei imposta pela LINDB é absoluta.

e) A lacuna ontológica ocorre quando existe texto legal que soluciona uma situação concreta, mas que contraria os princípios e os axiomas norteadores da própria ideia de justiça.

COMENTÁRIOS

Alternativa "a": correta; segundo o art. 6º, § 2º, da LINDB: "Consideram-se adquiridos assim os direitos que o seu titular, ou alguém por ele, possa exercer, como aqueles cujo começo do exercício tenha termo pré-fixo, ou condição pré-estabelecida inalterável, a arbítrio de outrem". Para R. Limongi França, o direito adquirido "a consequência de uma lei, por via direta ou por intermédio de fato idôneo; consequência que, tendo passado a integrar o patrimônio material ou moral do sujeito, não se fez valer antes da vigência da lei nova sobre o mesmo objeto [...] é o limite da atuação da regra do efeito imediato da nova lei". Por sua vez, afirma Gabba que o "direito adquirido seria todo direito que é consequência de um fato idôneo para gerá-lo em razão de lei vigorante ao tempo em que tal fato teve lugar, muito embora a ocasião em que ele possa vir a atuar ou a valer ainda não se tenha apresentado antes da entrada em vigor de uma nova norma relativa ao mesmo assunto e que, nos termos da lei nova sob o império da qual o fato aconteceu, tenha ele (o direito originado do fato acontecido) entrado, imediatamente, a fazer parte do patrimônio de quem o adquiriu". Neste mesmo sentido, Agostinho Alvim define o direito adquirido como a "consequência de um ato idôneo a produzi-lo, em virtude da lei do tempo em que esse fato foi realizado, embora a ocasião de o fazer valer não se tivesse apresentado antes da existência de uma lei nova sobre o mesmo, e que, nos termos da lei sob o império da qual se deu o fato de que se originou, tenha entrado imediatamente para o patrimônio de quem o adquiriu". Arremata Manuel A. Domingues de Andrade "que o patrimônio vem a ser o conjunto das relações jurídicas (direitos e obrigações), efetivamente constituídas, como valor econômico, da atividade de uma pessoa física ou jurídica de direito privado ou público. Portanto, o que não pode ser atingido pelo império da lei nova é apenas o direito adquirido e jamais o direito in fieri ou em potência, *aspers juris* ou simples expectativa de direito". (Diniz, Maria Helena, Lei de Introdução ao Código Civil Brasileiro Interpretada, pág. 185-6).

Alternativa "b": uma lei não pode deixar de ser aplicada pelo desuso. A lei permanecerá vigente – princípio da continuidade – até que outra a modifique ou revogue (LINDB, art. 2º, *caput*, 2ª parte). Logo, como regra, impera o caráter de permanência das leis. Segundo Carlos Roberto Gonçalves, "em um regime que se assenta na supremacia da lei escrita, como a do direito brasileiro, o costume não tem força para revogar a lei, nem esta perde sua eficácia pelo não uso. Em alguns casos, especiais, todavia, a lei pode ter vigência temporária e cessará, então, por causas intrínsecas, como o advento do termo fixado para sua duração, implemento de condição resolutiva e consecução de seus fins" (Direito Civil Esquematizado, vol. 1, Saraiva, 2012, pág. 65-6).

Alternativa "c": antinomia é a presença de duas ou mais normas relativas ao mesmo caso, mas que apresentam soluções conflitantes. Os critérios para a resolução dos conflitos são: (a) cronológico; (b) especialidade; (c) hierárquico. Caso se lance mão de um dos critérios para solucionar o conflito, ter-se-á **antinomia de 1º grau**. Se dois dos critérios forem utilizados, a **antinomia será de 2º grau**. Na situação em que uma lei anterior-especial esteja em confronto com outra lei geral-posterior, prevalecerá o **critério da especialidade**, aplicando-se a primeira norma, caso de antinomia aparente de primeiro grau. É importante esclarecer. As **antinomias aparentes** podem ser resolvidas pelos critérios acima, o que não ocorre com as **antinomias reais**, as quais encontram a solução por meio dos mecanismos destinados a suprir as lacunas da lei (LINDB, arts. 4º e 5º).

Alternativa "d": pelo art. 3º da LINDB: "Ninguém se escusa de cumprir a lei, alegando que não a conhece". O preceito consagra o princípio da obrigatoriedade das leis, que, com fundamento na teoria da necessidade social, visa garantir a eficácia global do sistema jurídico, que ficaria seriamente comprometido se admitida a alegação de ignorância de lei vigente. Tal princípio, todavia, não é absoluto. Não se aplicando, por exemplo, ao direito municipal, estadual, estrangeiro ou consuetudinário (NCPC, art. 376).

Alternativa "e": Segundo Maria Helena Diniz, três são as principais espécies de lacunas: (1ª) normativa, quando se tiver ausência de norma sobre determinado caso; (2ª) ontológica, se houver norma, mas ela não corresponder aos fatos sociais, (por exemplo, o grande desenvolvimento das relações sociais e o progresso técnico acarretarem o ancilosamento da norma positiva); e (3ª) axiológica, no caso de ausência de norma justa, ou seja, quando existe um preceito normativo, mas, se for aplicado, sua solução será insatisfatória ou injusta" (Lei de Introdução ao Código Civil Brasileiro Interpretada, Saraiva, 2000, 6ª ed., pág. 99). Desse modo, o ideal de justiça não alcançado pela norma está relacionado à lacuna axiológica, e não ontológica.

Alternativa correta: letra "a".

6. EFICÁCIA DAS LEIS NO ESPAÇO

10. (UEPA – Procurador do Estado – PA/2012) Analise as proposições a seguir:

I. A atuação culposa do mandatário no exercício dos poderes que lhe foram conferidos pelo mandante, em razão da qual o negócio não vem a surtir o esperado efeito, elide a obrigação do mandante de pagar ao mandatário a remuneração ajustada, mas não as despesas da execução do mandato.

II. Ação relativa a imóvel situado no Brasil somente pode ser julgada por autoridade judiciária brasileira, ainda que autor e réu sejam estrangeiros e mesmo que ambos sejam residentes e domiciliados fora do Brasil.

III. A alteração do estatuto da fundação, para o fim de rever a finalidade desta, exige deliberação de dois terços dos competentes para gerir e representar a pessoa jurídica e ainda aprovação pelo órgão do Ministério Público, passível a denegação desta de suprimento judicial.

IV. Configura erro substancial o silêncio intencional de uma das partes a respeito de fato ou qualidade que a outra parte haja ignorado, desde que se prove que sem ele o negócio não se teria celebrado.

De acordo com as proposições apresentadas, assinale a alternativa CORRETA:

a) todas as proposições estão corretas
b) apenas uma das proposições está correta
c) apenas duas proposições estão corretas
d) apenas três proposições estão corretas
e) todas as proposições estão incorretas

COMENTÁRIOS

✪ **Nota do Autor:** os artigos 7º a 19 da Lei de Introdução às Normas do Direito Brasileiro, informam a disciplina de direito internacional público e privado. Em resumo, temos as seguintes regras:

Eficácia as leis no espaço (1)	
Em relação à pessoa	– a lei do país em que domiciliada *(ex domicilli)* a pessoa determina as regras sobre o começo e o fim da personalidade, o nome, a capacidade e os direitos de família; – quando a pessoa não tiver domicílio, considerar-se-á domiciliada no lugar de sua residência ou naquele em que se encontre.
Em relação ao casamento	– realizando-se o casamento no Brasil, será aplicada a lei brasileira quanto aos impedimentos dirimentes e às formalidades da celebração *(jus loci celebrationis)*, ou seja, a lei brasileira adota a regra do local da celebração; – o casamento de estrangeiros poderá celebrar-se perante autoridades diplomáticas ou consulares do país de ambos os nubentes. Tendo os nubentes domicílio conjugal, vale a regra no caso de inexistência, nulidade e anulabilidade; – o regime de bens, legal ou convencional, obedeça a lei do país em que tiverem os nubentes domicílio, e, se este for diverso, a do primeiro domicílio conjugal *(lex domicilli);* – o estrangeiro casado, que se naturalizar brasileiro, pode, mediante expressa anuência de seu cônjuge, requer ao juiz, no ato de entrega do decreto de naturalização, se apostile ao mesmo a doação do regime de comunhão parcial de bens, respeitados os direitos de terceiros e dada esta adoção ao competente.

Eficácia as leis no espaço (1)	
Em relação aos bens	– para qualificar os bens e regular as relações a eles concernentes, aplicar-se-á a lei do país em que estiverem situados *(lex rei sitae);* – para os bens imóveis, bens móveis permanentes e todos os direitos reais (à exceção do penhor), também se aplica a *lex rei sitae;* – aplicar-se-á a lei do país em que for domiciliado o proprietário, quanto aos bens moveis que ele trouxer ou se destinarem a transporte para outros lugares *(mobilia sequuntur personam);* – o penhor regula-se pela lei do domicilio que tiver a pessoa, em cuja posse se encontre a coisa apenhada *(ficto juris).*

Eficácia as leis no espaço(2)	
Em relação às obrigações	– para qualificar e reger as obrigações, aplicar-se-á a lei do país em que se constituírem *(locus regit actum).* Assim, vale a regra para as obrigações convencionais e as decorrentes de atos unilaterais, desde que entre presentes *(Maria Helena Diniz);* – destinando-se a obrigação a ser executada no Brasil e dependendo de forma essencial, será esta observada, admitias as peculiaridades da lei estrangeira quanto aos requisitos extrínsecos do ato *(lex loci executionis);* – a obrigação resultante do contrato reputa-se constituída no lugar em que residir o proponente. Trata-se da regra aplicável entre ausentes (*inter absentes*). Não importa o local da constituição da obrigação, mas somente a sede da residência do proponente.
Em relação à sucessão	– a sucessão por morte ou por ausência obedece à lei do país em que domiciliado o defunto ou o desaparecido, qualquer que seja a natureza e a situação dos bens. Trata-se de regra aplicável para qualquer modo de sucessão, legitima ou testamentária. *(lex domicilli do de cujus);* – a lei do domicílio do herdeiro ou legatário regula a capacidade para suceder *(lex domicilli);* – pode ocorrer variação da ordem de vocação hereditária *(princípio do prevèlement)* quanto à sucessão de bens de estrangeiros, situados no País, que poderá ser regulada pela lei brasileira em benefício do cônjuge ou dos filhos brasileiros, ou quem os represente, sempre que não lhes seja mais favorável a lei pessoal do de cujus. Assim, a ordem de vocação estabelecida no art. 1.829 do CC pode ser alterada nestas condições.
Proibição do retorno	– segundo o art. 16 da LINDB, " Quando, nos termos dos artigos precedentes, se houver de aplicar a lei estrangeira, ter-se-á a vista a disposição desta, sem considerar-se qualquer remissão por ela feita a outra lei"; – o artigo acima contém proibição expressa ao retorno, para a solução de conflitos entre normas de direito internacional privado. O retorno (reenvio ou devolução) é o modo de interpretar a norma de direito internacional privado, mediante substituição da lei nacional pela estrangeira, desprezando o elemento de conexão apontado pela ordenação nacional, para dar preferência à indicada pelo ordenamento jurídico alienígena *(Maria Helena Diniz, op. cit.).*

Item I: é **incorreta**; é obrigado o mandante a pagar ao mandatário a remuneração ajustada e as despesas da execução do mandato, ainda que o negócio não surta o esperado efeito, salvo tendo o mandatário culpa; a culpa **ilide** o **pagamento das despesas**, se o negócio malograr em razão da culpa; a remuneração será paga.

Item II: é a única assertiva correta; só à autoridade judiciária brasileira compete conhecer das ações relativas a imóveis situados no Brasil (LINDB, art. 12, § 1º).

Item III: é **incorreta**; é admitida a alteração do estatuto das fundações, conforme os arts. 67 e ss do CC, todavia, os **fins** e **objetivos** para os quais foi instituída **não podem** ser modificados, nem mesmo pela vontade unânime de seus dirigentes. A inalterabilidade dos fins justifica-se porque somente o instituidor pode especificá-los e sua vontade deve ser prestigiada, nos termos do art. 62 do CC (Carlos Roberto Gonçalves).

Item IV: é **incorreta**; o silêncio **intencional** caracteriza-se por omissão **dolosa**; nos negócios jurídicos bilaterais, o silêncio intencional de uma das partes a respeito de fato ou qualidade que a outra parte haja ignorado constitui omissão dolosa, provando-se que sem ela o negócio não se teria celebrado (CC, art. 147); assim, diz respeito ao dolo, e não ao erro.

Alternativa correta: letra "b".

7. SEGURANÇA JURÍDICA NA INTERPRETAÇÃO DAS NORMAS JURÍDICAS

11. (Fepese – Procurador do Estado – PGE – SC/2018) A Lei de Introdução às Normas do Direito Brasileiro, Decreto-Lei nº 4.657, de 4 de setembro de 1942, foi acrescida de disposições sobre segurança jurídica e eficiência na criação e na aplicação do direito público pela Lei Federal nº 13.655, de 25 de abril de 2018.

Assinale a alternativa que tem a redação correta de dispositivo legal da Lei 13.655/2018.

a) Na aplicação da lei, o juiz atenderá aos fins sociais a que ela se dirige e às exigências do bem comum.

b) A decisão que, nas esferas administrativa ou judicial, decretar a invalidação de ato, processo ou norma administrativa deverá indicar de modo expresso suas consequências jurídicas.

c) As leis, atos e sentenças de outro país, bem como quaisquer declarações de vontade, não terão eficácia no Brasil, quando ofenderem a soberania nacional, a ordem pública e os bons costumes.

d) A revisão, nas esferas administrativa, controladora ou judicial, quanto à validade de ato, processo ou norma administrativa cuja produção já se houver completado, levará em conta as orientações específicas da época, sendo autorizado que, com base em mudança posterior de orientação específica, se declarem inválidas situações plenamente constituídas.

e) A decisão administrativa, controladora ou judicial que estabelecer interpretação ou orientação nova sobre norma de conteúdo indeterminado, impondo novo dever ou novo condicionamento de direito, deverá prever regime de transição quando indispensável para que o novo dever ou condicionamento de direito seja cumprido de modo proporcional, equânime eficiente e sem prejuízo aos interesses gerais.

COMENTÁRIOS

Alternativa "a": a disposição prevista nesta assertiva não tem relação com a nova lei de 2018, sendo prevista na LINDB desde 1942, no art. 5º.

Alternativa "b": tal opção não possui redação completa em relação ao novo art. 21 da LINDB, que assim está previsto: "a decisão que, nas esferas administrativa, controladora ou judicial, decretar a invalidação de ato, contrato, ajuste, processo ou norma administrativa deverá indicar de modo expresso suas consequências jurídicas e administrativas".

Alternativa "c": aqui temos o art. 17 da LINDB, já previsto na LINDB antes da Lei de 2018, "as leis, atos e sentenças de outro país, bem como quaisquer declarações de vontade, não terão eficácia no Brasil, quando ofenderem a soberania nacional, a ordem pública e os bons costumes".

Alternativa "d": contrariamente do que afirma o novo art. 24, incluído na LINDB pela Lei n. 13.655, de 2018, a revisão levará em conta as orientações gerais da época, e não as específicas, sendo vedado que, com base em mudança posterior de orientação geral, se declarem inválidas situações plenamente constituídas.

Alternativa "e": de acordo com o novo art. 23 da LINDB, incluído pela L. 13.655, de 2018, "a decisão administrativa, controladora ou judicial que estabelecer interpretação ou orientação nova sobre norma de conteúdo indeterminado, impondo novo dever ou novo condicionamento de direito, deverá prever regime de transição quando indispensável para que o novo dever ou condicionamento de direito seja cumprido de modo proporcional, equânime e eficiente e sem prejuízo aos interesses gerais". Atualmente o artigo em destaque é regulamentado pelo Decreto n. 9.830, de 10 de junho de 2019, no art. 5º.

Alternativa correta: letra "e".

II. PARTE GERAL

1. PESSOAS NATURAIS

1.1. INCAPAZES

12. (Fepese – Procurador do Estado – PGE – SC/2018) De acordo com o Código Civil, são incapazes, relativamente a certos atos ou à maneira de os exercer:

a) os maiores de dezesseis e menores de dezoito anos, os ébrios habituais e os viciados em tóxico, aqueles que, por causa transitória ou permanente, não puderem exprimir sua vontade e os pródigos.

b) os maiores de dezesseis e menores de dezoito anos, os que, por enfermidade ou deficiência mental, não tiverem o necessário discernimento para a prática desses atos, os excepcionais, sem desenvolvimento mental completo, os pródigos.

c) os maiores de dezesseis e menores de dezoito anos, os que, mesmo por causa transitória, não puderem exprimir sua vontade, os ébrios habituais, os viciados em tóxico, os que, por deficiência mental, tenham o discernimento reduzido e os pródigos.

d) os maiores de dezesseis e menores de dezoito anos, os excepcionais, sem desenvolvimento mental completo, os ébrios habituais, os viciados em tóxico e os pródigos.

e) os maiores de dezesseis e menores de dezoito anos, os ébrios habituais e os viciados em tóxico, aqueles que, por causa transitória ou permanente, não puderem exprimir sua vontade, os que, por enfermidade ou deficiência mental, não tiverem o necessário discernimento para a prática desses atos e os pródigos.

COMENTÁRIOS

✪ **Nota do Autor:** as pessoas portadoras da capacidade de direito ou de aquisição de direitos, mas não possuidoras da de fato ou de ação, têm capacidade limitada e são chamadas de incapazes. Supre-se a incapacidade, conforme o grau de imaturidade, pela representação ou assistência. Não há incapacidade de direito, mas somente a incapacidade de fato ou de exercício. *Incapacidade* é a restrição legal ao exercício dos atos da vida civil, imposta por lei somente aos que, excepcionalmente, necessitam de proteção, pois a capacidade é a regra (Carlos Roberto Gonçalves). Diferencia o CC/2002 nos artigos 3º e 4º, os absolutamente e os relativamente incapazes. A Lei 13.146/15 (Estatuto da Pessoa com Deficiência) determinou profundas mudanças nos preceitos acima, conforme mostram as dicas ao final. Em sua redação nova, o art. 3º, *caput*, afirma: são absolutamente incapazes de exercer pessoalmente os atos da vida civil os menores de 16 (dezesseis) anos. O art. 4º, I a IV, por sua vez, são incapazes, relativamente a certos atos, ou à maneira de os exercer: (a) os maiores de dezesseis e menores de dezoito anos; (b) os ébrios habituais e os viciados em tóxico; (c) aqueles que, por causa transitória ou permanente, não puderem exprimir sua vontade; (d) os pródigos. Em seu parágrafo único, o art. 4º dispõe que a capacidade dos **indígenas** será regulada por legislação especial. As mudanças são decorrentes da Convenção de Nova York Sobre os Direitos das Pessoas com Deficiência, promulgada pelo Decreto 6.949/2009, conforme o procedimento do art. 5º, § 3º, da CF/88. De acordo com o art. 85 do Novo Estatuto, a deficiência não é causa de incapacidade civil, nem absoluta, nem relativa. Consagra-se, assim, a plena capacidade civil destas pessoas. Ainda se permite a interdição, mas limitada aos casos expressos nos dispositivos acima, excluídos, a partir de agora, os deficientes e excepcionais, que figuravam outrora.

Alternativa "a": os relativamente incapazes estão previstos no art. 4º do CC, cuja redação foi modificada em 2015, pelo Estatuto da Pessoa com Deficiência. De acordo com os incisos I a IV, são incapazes, relativamente a certos atos ou à maneira de os exercer: (a) os maiores de dezesseis e menores de dezoito anos; (b) os ébrios habituais e os viciados em tóxico; (c) aqueles que, por causa transitória ou permanente, não puderem exprimir sua vontade; (d) os pródigos.

Alternativa "b": como decorrência da Convenção de Nova Iorque, o Estatuto da Pessoa com Deficiência retirou do rol de incapazes os deficientes e os excepcionais, que antes figuravam nos incisos II e III. Isso porque segundo o art. 6º, *caput*, do Estatuto, a deficiência não afeta a plena capacidade civil da pessoa.

Alternativa "c": a menção aos deficientes está em desacordo com o art. 4º do CC, diante da supressão destes incapazes do inc. II em alteração promovida pelo Estatuto da Pessoal com Deficiência.

Alternativa "d": pela mesma razão acima, os excepcionais não mais figuram no inc. III do art. 4º, como consequência da alteração promovida em 2015.

Alternativa "e": a enfermidade sequer figurava no antigo art. 4º; era uma das causas que levavam à incapacidade absoluta, prevista no art. 3º. Hoje não temos nem essa expressão e nem tampouco a menção aos deficientes em ambos os artigos, diante das novas regras surgidas com o Estatuto da Pessoa com Deficiência.

Alternativa correta: letra "a".

1.2. CESSAÇÃO DA INCAPACIDADE

1.2.1. EMANCIPAÇÃO

13. (COPS – Procurador do Estado – PR/2011) Não é hipótese de cessação da incapacidade para os menores:

a) a concessão dos pais, se o menor tiver pelo menos 14 anos de idade;

b) o casamento;

c) o exercício de emprego público efetivo;

d) a existência de relação de emprego em função da qual o menor, com 16 anos de idade, tenha economia própria;

e) a colação de grau em curso de ensino superior.

COMENTÁRIOS

✪ **Nota do Autor:** antes da maioridade legal, que ocorre aos 18 anos completos, tendo o menor atingido 16 anos, poderá haver outorga de capacidade civil por concessão dos pais, ou de um deles, na falta do outro, mediante escritura pública, independentemente de homologação judicial. Se os pais não acordarem em relação à concessão ou não da emancipação, é possível o suprimento judicial (CC, art. 1.638, parágrafo único). Além da *emancipação voluntária* ou *direta* dos pais, admite-se a *emancipação judicial* se o menor com 16 anos completos estiver sob tutela, ouvido o tutor. Em ambos os casos, a emancipação está sujeita à desconstituição por vício de vontade (**Enunciado 397**). Por fim, haverá *emancipação tácita ou legal* nos casos que o art. 5º, parágrafo único, I a V do CC, entre os quais o casamento.

Alternativa "a": conforme anotamos, a emancipação pela concessão dos pais, por instrumento público, exige que o menor possua 16 anos completos; trata-se de *emancipação voluntária ou direta*.

Alternativa "b": o casamento é um dos casos de *emancipação tácita ou legal* (CC, art. 5º, parágrafo único, II).

Alternativa "c": o exercício de emprego público efetivo também emancipa. Todavia, o efeito jurídico da emancipação **não** é alcançado pelo exercício de função pública transitória (CC, art. 5º, parágrafo único, III).

Alternativa "d": a relação de emprego, desde que, em função dele, o menor com **16 anos completos** tenha economia própria, é causa de *emancipação tácita* (CC, art. 5º, parágrafo único, V).

Alternativa "e": a colação de grau em curso de ensino superior é causa de emancipação legal (CC, art. 5º, parágrafo único, IV).

Alternativa correta: letra "a".

1.3. EXTINÇÃO DA PESSOA NATURAL

1.3.1. MORTE PRESUMIDA SEM DECLARAÇÃO DE AUSÊNCIA

14. (FCC – Procurador do Estado – RO/ 2011) Pode ser declarada a morte presumida, sem decretação de ausência

a) quando o ausente deixar mandatário que não queira ou não possa exercer ou continuar o mandato, ou se os seus poderes forem insuficientes.

b) da pessoa desaparecida há mais de um ano e que não tenha deixado mandatário para representá-la nos atos da vida civil.

c) se alguém, desaparecido em campanha ou feito prisioneiro, não for encontrado até o término da guerra.

d) se a pessoa não residir no Brasil e for apresentado atestado de óbito firmado por oficial de nação estrangeira, ainda que não traduzido.

e) se for extremamente provável a morte de quem estava em perigo de vida.

COMENTÁRIOS

✪ **Nota do Autor: segundo o art. 6º do Código Civil,** "A existência da pessoa natural termina com a morte; presume-se esta, quanto aos ausentes, nos casos em que a lei autoriza a abertura de sucessão definitiva". Além disso, estabelece o art. 7º, I e II do CC: "Pode ser declarada a morte presumida, sem decretação de ausência: (I) se for extremamente provável a morte de quem estava em perigo de vida; (II) se alguém, desaparecido em campanha ou feito prisioneiro, não for encontrado até dois anos após o término da guerra. Parágrafo único. A declaração da morte presumida, nesses casos, somente poderá ser requerida depois de esgotadas as buscas e averiguações, devendo a sentença fixar a data provável do falecimento". A morte real é comprovada mediante certidão de óbito, e se verifica no momento que ocorre a cessação da atividade encefálica (Lei 9.434/97, art. 3º). A morte presumida com declaração de ausência é requerida para que se reconheça apenas que o ausente se encontra desaparecido, autorizando-se a abertura da sucessão provisória e, depois, a definitiva (Carlos Roberto Gonçalves, op. cit.). A morte presumida sem declaração de ausência ocorre quando se pretende reconhecer a morte de quem provavelmente tenha falecido porque estava em situação de "perigo de vida". As circunstâncias envolvam acidentes, naufrágios, incêndios ou desastres, nas quais se verifica altíssima probabilidade de certeza da morte. Outrossim, se alguém, desaparecido em campanha ou feito prisioneiro, não for encontrado até **02 anos** após o término da guerra. Em todas as situações, o óbito deverá ser **justificado** em juízo, devendo a sentença fixar a data provável do falecimento (Lei 6.015/73, art. 88; CC, art. 2.041). Os efeitos da decisão, que não faz coisa julgada material, são *erga omnes*. Se o declarado morto retornar, volta ao *status quo ante*, e a sentença declaratória judicial do seu falecimento deixará de ter existência *ex tunc*.

Alternativa "a": a situação descrita na assertiva refere-se ao art. 23 do CC, que dispõe a respeito da curadoria dos bens do ausente, um dos pressupostos que poderá resultar na morte presumida *com* declaração de ausência.

Alternativa "b": deixar mandatário que não queira ou não possa exercer o mandato, ou continuá-lo, ou se os poderes forem insuficientes, etc., são situações alheias à morte presumida sem a decretação de ausência, porque se ligam à curadoria dos bens do ausente (CC, art. 23).

Alternativa "c": a morte presumida sem decretação de ausência é prevista no art. 7º, I e II do CC. A assertiva relaciona-se ao inciso II. A incorreção diz respeito ao requisito *temporal*, pois, se alguém, desaparecido em campanha ou feito prisioneiro não for encontrado até **dois anos** após o término da guerra, é que, aí sim, teremos por preenchidas as exigências legais.

Alternativa "d": se a pessoa não tiver domicílio no Brasil, as regras sobre o começo e o fim da personalidade regem-se por seu estatuto pessoal, baseado na *lex domicilii* (LINDB, art. 7º, *caput*). Se for apresentado atestado de óbito, a situação será de morte real, e não presumida. Por fim, os documentos redigidos em língua estrangeira serão traduzidos para o português para ter efeitos legais no País (CC, art. 224).

Alternativa "e": segundo o art. 7°, I do CC, pode ser declarada a morte presumida, sem decretação de ausência, se for extremamente provável a morte de quem estava em perigo de vida.

Alternativa correta: letra "e".

1.3.2. COMORIÊNCIA

15. (Cespe – Procurador do Estado – PI/2014) A respeito da pessoa natural, da pessoa jurídica e dos bens, assinale a correta.

a) A vontade humana não constitui elemento da personificação da pessoa jurídica.

b) O atual Código Civil adotou a teoria ultra vires como regra; assim, a pessoa jurídica sempre responde pelos atos que seus administradores praticarem com excesso dos poderes conferidos a eles pelos atos constitutivos.

c) O direito à sucessão aberta é bem móvel por determinação legal.

d) Atento ao princípio da dignidade da pessoa, o Código Civil em vigor exige, para a aquisição da personalidade, que o sujeito tenha vida viável, forma humana e condição social.

e) Comoriência corresponde à simultaneidade do falecimento de duas ou mais pessoas, sendo impossível determinar-se qual delas morreu primeiro. Nesse contexto, é dispensável que as mortes decorram do mesmo evento fático, sendo essencial apenas o momento dos óbitos.

COMENTÁRIOS

✪ **Nota do Autor:** segundo o CC, art. 8º, "Se dois ou mais indivíduos falecerem na mesma ocasião, não se podendo averiguar se algum dos comorientes precedeu aos outros, presumir-se-ão simultaneamente mortos". Não é necessário que as mortes ocorram no mesmo acidente, mas sim no mesmo instante. É comum no mesmo evento pessoas da mesma família desfalecerem, mas o Código Civil vai além, prescrevendo a presunção de comoriência para as mortes que acontecem numa determinada marca de tempo, sem qualquer atender a qualquer ordem diversa, como a idade ou sexo das vítimas. Só há interesse saber qual morte precedeu a outra se houver relação sucessória, porque reconhecida a comoriência, uma pessoa não herda de outra, pelo que não há transferência de bens entre eles. Trata-se de presunção relativa ou *juris tantum*, pois é admitida a prova em sentido contrário. Assim, a *morte simultânea* ou *comoriência* é situação de morte real de herdeiros entre si na qual numa mesma ocasião (mesmo momento, e não mesmo evento) não se podendo aferir qual morte precedeu ou antecedeu a outra, presumindo-se, de forma relativa (juris tantum), que ocorreram em um só instante e sem transmissão de bens entre os falecidos (CC/art. 8º).

Alternativa "a": resumidamente, são requisitos para a constituição da pessoa jurídica: **(A) vontade humana**; (B) observância das condições legais (1 – elaboração do estatuto; 2 – registro do ato constitutivo); (C) licitude de seu objetivo. Segundo Carlos Roberto Gonçalves, "a vontade humana, que significa a intenção de criar uma entidade distinta da de seus membros, materializa-se no ato de constituição, que deve ser escrito. São necessárias duas e mais pessoas com vontade convergente, ligadas por uma intenção comum – *affectio societatis*" (Direito Civil Esquematizado, vol. 1, 2ª ed., 2012, pág. 187). Portanto, a vontade humana é um dos elementos da personificação da pessoa jurídica.

Alternativa "b": de acordo com o art. 47 do CC: "Obrigam a pessoa jurídica os atos dos administradores, exercidos nos limites de seus poderes definidos no ato constitutivo". Os atos 'ultra vires' são aqueles praticados com excesso de poder e fora do objeto da pessoa jurídica.

Como regra, os atos praticados com excesso não obrigam a pessoa jurídica, exceto quando relacionar-se a terceiro de boa-fé, caso em que ficará obrigada. Nesse sentido, diz o STJ que, "em linha de princípio, tem-se reconhecido que a pessoa jurídica se obriga perante terceiros de boa-fé por atos praticados por seus administradores com excesso de poder". (STJ: REsp 1349233 / SP). Pelo **Enunciado 145**, "O art. 47 não afasta a aplicação da teoria da aparência".

Alternativa "c": de acordo com o art. 80, II, do CC, consideram-se **imóveis** para os efeitos legais, o direito à sucessão aberta.

Alternativa "d": estabelece o art. 2º do CC: "A personalidade civil da pessoa começa do nascimento com vida; mas a lei põe a salvo, desde a concepção, os direitos do nascituro". Segundo o modelo adotado pelo Código Civil do Brasil, o nascimento com vida marca o início da personalidade, respeitando-se, desde a concepção, os direitos do nascituro. Logo, para se dizer que nasceu com vida, é necessário que tenha respirado, pois, se não o fizer, será natimorto e, nessa condição biológica, não se adquire a personalidade. O nascimento com vida não se verifica quando a criança é retirada do ventre materno, ou que o cordão umbilical tenha sido rompido, desfazendo-se a unidade orgânica. Para se afirmar que nasceu com vida, é imprescindível que ocorra a respiração. Se respirou, ainda que em seguida pereça, viveu, mesmo que por alguns segundos. Difere nosso diploma, nesse ponto, do Código Civil da Espanha que exige, para a aquisição da personalidade, que o feto tenha a figura humana e sobreviva por 24 horas após a separação do corpo materno. O exame clínico que determina se há ar nos pulmões e atesta o nascimento com vida chama-se "docimasia hidrostática de Galeno". Se a criança nasceu e respirou, extraídos os pulmões e imersos em água, flutuam. Caso contrário, com as paredes alveolares encostadas, sem ar, eles afundam, caso em que constata que nasceu morto (natimorto).

Alternativa "e": dispõe o art. 8º do CC: "Se dois ou mais indivíduos falecerem na mesma ocasião, não se podendo averiguar se algum dos comorientes precedeu aos outros, presumir-se-ão simultaneamente mortos". Nas lições de Maria Helena Diniz, "a comoriência é a morte de duas ou mais pessoas na mesma ocasião e, em regra, em razão do mesmo acontecimento. Embora o problema da comoriência alcance casos de morte conjunta ocorrida no mesmo acontecimento, ele se coloca, com igual relevância, no que atina a efeitos dependentes de sobrevivência, à hipótese de pessoas falecidas em locais e acontecimentos distintos, mas em datas e horas simultâneas ou muito próximas. A expressão 'na mesma ocasião' não requer que o mesmo evento morte se tenha dado na mesma localidade, basta que seja inviável a exata apuração da ordem cronológica dos óbitos" (Código Civil Anotado, 16ª ed., 2012, Saraiva, pág.76). A presunção de comoriência é relativa ou *juris tantum*, pois se admite a prova da premoriência. Segundo as lições de Washington de Barros Monteiro: "Muitas vezes, porém, impossível será apurar quem primeiro se finou. No direito romano, cuidando-se de pais e filhos impúberes, presumia-se terem estes expirado antes daqueles; se púberes, presumia-se que haviam sobrevivido aos genitores (Enneccerus-Kipp-Wolff, Derecho Civil, citado in Curso de Direito Civil, vol. 1, pág. 92) [...] Se a morte atingia simultaneamente marido e mulher, entendia-se ter-se esta extinguido primeiro. No atual direito inglês, a presunção é de que o mais jovem falece depois do mais velho. O direito francês estabelece uma série de presunções legais, seguindo, pois, a velha esteira do direito romano. A lei pátria, a exemplo do Código alemão, abandonou a tradição das presunções, para adotar regra diferente [...] Sendo impossível determinar a precedência, presume o Código a simultaneidade das mortes [...] Não haverá transmissão de bens entre os comorientes" (Curso de Direito Civil, vol. 1, 44ª ed., Saraiva, pág. 92).

Alternativa correta: letra "e".

1.4. DIREITOS DA PERSONALIDADE

1.4.1. DISPOSIÇÃO DO CORPO PARA DEPOIS DA MORTE

16. (FCC – Procurador do Estado – SP/ 2012) Sobre os direitos da personalidade, é correto afirmar:

a) O uso de imagem de pessoa pública com fim jornalístico depende de sua prévia autorização.

b) É inconstitucional ato de disposição que tenha por objeto o exercício de direitos da personalidade, por serem, sem exceção, intransmissíveis e irrenunciáveis.

c) É lícito ato altruístico de disposição do próprio corpo, total ou parcialmente, para depois da morte.

d) Herdeiro não pode pleitear perdas e danos por violação de direito da personalidade de pessoa morta, por se tratar de direito personalíssimo, intransmissível e que se extingue com a morte.

e) O pseudônimo não goza de proteção legal em razão da proibição constitucional ao anonimato.

COMENTÁRIOS

✪ **Nota do Autor:** é válida, com objetivo científico, ou altruístico, a **disposição gratuita** do próprio corpo, no todo ou em parte, para depois da morte. Uma das características desse ato é sua *revogabilidade*, que pode ocorrer a qualquer tempo ou *"sine die"*. (CC, art. 14, parágrafo único). A disposição do corpo para depois da morte consagra o *princípio do consenso afirmativo*, pelo qual toda pessoa capaz pode manifestar *expressamente* sua vontade de dispor gratuitamente do corpo para depois da morte. A Lei 9.434/97, arts. 4 e ss., no *silêncio* do doador, disciplina a respeito do destino do corpo. Pelo **Enunciado 277**, *"O art. 14 do Código Civil, ao afirmar a validade da disposição gratuita do próprio corpo, com objetivo científico ou altruístico, para depois da morte, determinou que a manifestação expressa do doador de órgãos em vida prevalece sobre a vontade dos familiares, portanto, a aplicação do art. 4º da Lei nº 9.434/97 ficou restrita à hipótese de silêncio do potencial doador"*.

Alternativa "a": não constitui ato ilícito apto à produção de danos morais a matéria jornalística sobre pessoa notória, que independe de autorização (CC, art. 20; STJ –

Info 212). Todavia, ainda que se trate de pessoa pública, o uso não autorizado da sua imagem, com fins exclusivamente econômicos e publicitários, gera danos morais. A jurisprudência do STJ firmou-se no sentido de que a indenização pela publicação não autorizada de imagem de pessoa com fins econômicos ou comerciais independe de prova do prejuízo (STJ – 403). Assim, a obrigação de indenizar, tratando-se de direito à imagem, decorre do próprio uso indevido desse direito, não havendo, ademais, que se cogitar de prova da existência de prejuízo. Cuida-se, portanto, de dano *in re ipsa*, sendo irrelevante que se trate de pessoa notória (STJ – Info 509).

Alternativa "b": a disponibilidade dos direitos da personalidade é relativa. Em regra, são indisponíveis. Todavia, a característica em apreço comporta temperamentos legais ou não, exemplificando com os direitos de imagem, os direitos autorais e a integridade física para fins de transplante (CC, 13, parágrafo único; Lei 9.434/97; Lei 9.610/98). A respeito, o **Enunciado 4**, pelo qual *"O exercício dos direitos da personalidade pode sofrer limitação voluntária, desde que não seja permanente nem geral"*. E ainda, o **Enunciado 139**: *"Os direitos da personalidade podem sofrer limitações, ainda que não especificamente previstas em lei, não podendo ser exercidos com abuso de direito de seu titular, contrariamente à boa-fé objetiva e aos bons costumes"*.

Alternativa "c": é válida, com objetivo científico ou altruístico, a disposição gratuita do próprio corpo, no todo ou em parte, para depois da morte. Uma das características desse ato é sua *revogabilidade*, que pode ocorrer a qualquer tempo ou *"sine die"*. (CC, art. 14). A disposição do corpo para depois da morte consagra o *princípio do consenso afirmativo*, pelo qual toda pessoa capaz pode manifestar *expressamente* sua vontade de dispor gratuitamente do corpo para depois da morte. A Lei 9.434/97, arts. 4 e ss., no *silêncio* do doador, disciplina a respeito do destino do corpo. Também o fazem os **Enunciados 277 e 402**.

Alternativa "d": consagra o art. 12, parágrafo único do CC, a situação dos lesados indiretos. Quando se tratar de lesão a interesses econômicos, o lesado indireto será aquele que sofre um prejuízo em interesse patrimonial próprio, resultante de dano causado a um bem jurídico alheio, podendo a vítima estar falecida ou declarada ausente. Assim, o lesado indireto reclama por direito próprio, por prejuízos que sofra, e age de forma *concorrente* e *autônoma*. É o que ocorre na situação do dano a ricochete (*préjudice d'affection*). Os legitimados previstos legalmente são o cônjuge sobrevivente, os parentes em linha reta ou colateral até o **4º grau**. No **Enunciado 275**, amplia-se o rol de legítimos incluindo companheiro. A respeito do tema, conferir os **Enunciados 398 a 400**.

Alternativa "e": o pseudônimo adotado para atividades lícitas goza da proteção que se dá ao nome (CC, art. 19). Trata-se do nome fictício, adotado por artistas, escritores, etc., desde que a atividade onde ocorre seja lícita. Há de ser incluída na proteção a heteronímia, como fazia Fernando Pessoa, que ora assinava por nomes heterônomos, como Álvaro de Campos, Alberto Caeiro, Ricardo Reis, etc. (Gustavo Tepedino).

Alternativa correta: letra "c".

1.4.2. PUBLICAÇÃO DE IMAGEM NÃO AUTORIZADA

17. (Fepese – Procurador do Estado – PGE – SC/2018) Segundo entendimentos sumulados do Superior Tribunal de Justiça em relação ao dano moral, assinale a alternativa correta.

a) A pessoa jurídica não é passível de dano moral.

b) Independe de prova do prejuízo a indenização pela publicação não autorizada de imagem de pessoa com fins econômicos ou comerciais.

c) São inacumuláveis as indenizações por dano material e dano moral oriundos do mesmo fato.

d) É indevida a cumulação das indenizações de dano estético e dano moral.

e) A simples devolução indevida de cheque não caracteriza dano moral.

COMENTÁRIOS

Alternativa "a": contrariamente à assertiva, afirma-se na Súmula 227 do STJ: "A pessoa jurídica pode sofrer dano moral".

Alternativa "b": segundo a Súmula 403 do STJ, "Independe de prova do prejuízo a indenização pela publicação não autorizada de imagem de pessoa com fins econômicos ou comerciais".

Alternativa "c": compreende-se da Súmula 37 do STJ: "São cumuláveis as indenizações por dano material e dano moral oriundos do mesmo fato".

Alternativa "d": outro equívoco, pois garante a Súmula 387 do STJ: "É lícita a cumulação das indenizações de dano estético e dano moral".

Alternativa "e": para a Súmula 388 do STJ, "A simples devolução indevida de cheque caracteriza dano moral".

Alternativa correta: letra "b".

2. PESSOAS JURÍDICAS

2.1. PESSOAS JURÍDICAS DE DIREITO PÚBLICO INTERNO

18. (Fepese – Procurador do Estado – PGE – SC/2018) Segundo o Código Civil, são pessoas jurídicas de direito público interno:

a) a União, os Estados, o Distrito Federal e os Territórios, os Municípios, as autarquias, inclusive as associações públicas, as fundações.

b) a União, os Estados, o Distrito Federal e os Territórios, os Municípios, as autarquias, as associações, as fundações, as organizações religiosas, os partidos políticos.

c) a União, os Estados, o Distrito Federal e os Territórios, os Municípios, as autarquias, inclusive as associações públicas, as demais entidades de caráter público criadas por lei.

d) a União, os Estados, o Distrito Federal e os Territórios, os Municípios, as autarquias, inclusive as associações públicas, as fundações, as demais entidades de caráter público criadas por lei.

e) as associações, as sociedades, as fundações, as organizações religiosas, os partidos políticos e as empresas individuais de responsabilidade limitada.

COMENTÁRIOS

Alternativa "a": as fundações são pessoas jurídicas de direito privado, dispõe o art. 44, inciso I, do CC.

Alternativa "b": as associações, fundações, as organizações religiosas e os partidos políticos são pessoas jurídicas de direito privado, segundo o art. 44, I, III, IV e V, todos do CC.

Alternativa "c": trata-se da alternativa correta, porquanto compreende todos os entes de direito público interno previstos no art. 41, incisos I a V, do CC.

Alternativa "d": temos que as fundações são pessoas jurídicas de direito privado, afirma o art. 44, I, do CC.

Alternativa "e": todos os entes desta opção são de direito privado, consoante o art. 44, I a V, do CC. As empresas individuais de responsabilidade limitada não constam mais do art. 44 do CC, dada a revogação do VI pela Lei 14.382/2022.

Alternativa correta: letra "c".

2.2. PESSOAS JURÍDICAS DE DIREITO PRIVADO

19. (FCC – Procurador do Estado – PGE – AP/2018) São pessoas jurídicas de direito privado

a) o condomínio edilício e as fundações.

b) o empresário individual e as sociedades.

c) as empresas individuais de responsabilidade limitada e as associações.

d) as organizações religiosas e a massa falida.

e) os partidos políticos e os espólios.

COMENTÁRIOS

✪ **Nota do Autor:** os arts. 40 a 78 dispõem sobre a pessoa jurídica. Podem ser classificadas em relação ao país de origem: nacional ou estrangeira; quanto à órbita de atuação ou função, são classificadas em de direito público externo (regidas pelo direito internacional público, ONU, OMC, Santa Sé, entre outras, CC/art. 42) e direito público interno, divididas em administração direta (União, Estados, Municípios, Distrito Federal e Territórios) e indireta (autarquias, associações públicas, e demais entidades de caráter público criadas por lei); ainda nesta classificação, as pessoas de direito privado serão corporações (associações, sociedades simples e empresárias, organizações religiosas, partidos políticos, empresas individuais de responsabilidade limitada) e fundações particulares; de acordo com a CF/88, art. 173, § 1º, II, as empresas públicas e as sociedades de economia mista, e suas subsidiárias, se sujeitam a regime jurídico próprio das empresas privadas.

Alternativa "a": o condomínio edilício não é considerado pessoa jurídica, porque não detém personalidade, ainda que possua capacidade judiciária (CPC, art. 75, XI).

Alternativa "b": o empresário individual não é relacionado no art. 42 do CC. Mesmo assim, é importante lembrarmos do Enunciado 144 da III Jornada de Direito Civil, pelo qual "a relação das pessoas jurídicas de direito privado constante do art. 44, incs. I a V, do Código Civil não é exaustiva". Esse verbete foi aprovado em 2004, antes da inclusão do inciso VI, ocorrida em 2011.

Alternativa "c": segundo o ar. 42, incisos I e VI, do CC, as associações e as empresas individuais de responsabilidade limitada, nessa ordem, são pessoas jurídicas de direito privado.

Alternativa "d": a massa falida não dispõe de personalidade jurídica, a exemplo dos condomínios edilícios, mas possui capacidade judiciária, segundo o art. 75, V, do CPC.

Alternativa "e": os espólios não são pessoas jurídicas, embora possam ser parte em juízo (CPC, art. 75, VII).

Alternativa correta: letra "c".

20. (FMP – Procurador do Estado – AC/2014) Não são pessoas jurídicas de direito privado:

a) as associações.

b) os partidos políticos.

c) as sociedades de economia mista.

d) as autarquias.

COMENTÁRIOS

Alternativa "a": as associações são pessoas jurídicas de direito privado (CC, art. 44, I). São constituídas "de pessoas que reúnem os seus esforços para a realização de fins não econômicos" (Gonçalves, Carlos Roberto, Direito Civil Esquematizado, vol. 1, Saraiva, 2ª ed., pág. 197). Por seu lado, as associações públicas são pessoas jurídicas de direito público interno (CC, art. 41, IV).

Alternativa "b": os partidos políticos também são pessoas jurídicas de direito privado (CC, art. 44, V). Os partidos políticos são regidos pela Lei 9.096/95, e possuem natureza jurídica própria, de fins políticos. Segundo Carlos Roberto Gonçalves, os partidos políticos "não podem ser associações, nem fundações, porque não tem fim cultural, assistencial, moral ou religioso" (Direito Civil Esquematizado, vol. 1, Saraiva, 2ª ed., pág. 207). Contudo, diz o **Enunciado 142**, "Os partidos políticos, os sindicatos e as associações religiosas possuem natureza associativa, aplicando-se-lhes o Código Civil".

Alternativa "c": estabelece o art. 173, § 1º, II, da CF/88: "A lei estabelecerá o estatuto jurídico da empresa pública, da sociedade de economia mista e de suas subsidiárias que explorem atividade econômica de produção ou comercialização de bens ou de prestação de serviços, dispondo sobre a **sujeição ao regime jurídico próprio das empre-**

sas privadas, inclusive quanto aos direitos e obrigações civis, comerciais, trabalhistas e tributários".

Alternativa "d": as pessoas jurídicas são classificadas quanto à função ou órbita de sua atuação em: (a) pessoas jurídicas de direito público (interno e externo) e (b) pessoas jurídicas de privado. As autarquias não são pessoas jurídicas de direito privado, mas pessoas jurídicas de direito público interno. Segundo o art. 41, I a V, do CC, são pessoas jurídicas de direito público interno: (1) a União; (2) os Estados, o Distrito Federal e os Territórios; (3) os Municípios; (4) as autarquias, inclusive as associações públicas; (5) as demais entidades de caráter público criadas por lei.

Alternativa correta: letra "d".

2.3. REGISTRO DA PESSOA JURÍDICA

21. (FCC – Procurador do Estado – MT/ 2011) O registro da pessoa jurídica no órgão competente tem eficácia

a) resolutiva.

b) declaratória.

c) rescisória.

d) discriminatória.

e) constitutiva.

COMENTÁRIOS

✪ **Nota do Autor:** de acordo com o CC, art. 45, começa a existência legal das pessoas jurídicas de direito privado com a inscrição do ato constitutivo no respectivo registro, precedida, quando necessário, de autorização ou aprovação do Poder Executivo, averbando-se no registro todas as alterações por que passar o ato constitutivo. O registro confere à pessoa jurídica o início de sua personalidade, assim, a eficácia de tal ato é constitutiva. A constituição da pessoa jurídica passa por duas fases: 1ª ato constitutivo; 2ª registro. Por fim, decai em **três anos** o direito de anular a constituição das pessoas jurídicas de direito privado, por defeito do ato respectivo, contado o prazo da **publicação** de sua inscrição no registro.

Alternativa "a": o registro marca o início da existência da pessoa jurídica, e não o encerramento dela.

Alternativa "b": a pessoa jurídica terá personalidade assim que registrado o ato de constituição, motivo pelo qual o registro não é declaratório, como ocorre em relação à pessoa natural. Para recordar, as pessoas jurídicas de *fato* ou *irregular* não possuem registro, mas diferem em relação ao contrato ou estatuto, inexistente para a *de fato*.

Alternativa "c": o registro dos contratos ou estatutos da pessoa jurídica confere-lhe existência legal, com eficácia constitutiva.

Alternativa "d": o registro não possui função discriminatória, conceito estranho à inscrição do ato constitutivo das pessoas jurídicas.

Alternativa "e": o da pessoa jurídica possui função constitutiva. É o momento a partir do qual inicia sua existência legal, precedida, quando necessário, de autorização ou aprovação do Poder Executivo (CC, art. 45). Sem ele, trata-se de sociedade de fato ou personificada. A sociedade empresária é registrada na Junta Comercial. As demais pessoas jurídicas, no Cartório de Registro Civil das Pessoas Jurídicas (CC, art. 1.150 e 114 e seg. da LRP). Não é assim para as pessoas naturais, pois o registro de nascimento é meramente declaratório, uma vez que a personalidade começa do nascimento com vida (CC, art. 2º).

Alternativa correta: letra "e".

22. (FCC – Procurador do Estado – RO/ 2011) A eficácia do registro da pessoa jurídica é

a) declaratória.

b) constitutiva.

c) resolutiva.

d) suspensiva.

e) devolutiva.

COMENTÁRIOS

Alternativa "a": o registro da pessoa jurídica possui função constitutiva. Com relação às pessoas físicas, o registro de nascimento é declaratório, uma vez que a personalidade começa do nascimento com vida (CC, art. 2º).

Alternativa "b": começa a existência legal das pessoas jurídicas de direito privado com a **inscrição** do ato constitutivo no **respectivo registro**, precedida, quando necessário, de autorização ou aprovação do Poder Executivo, averbando-se no registro todas as alterações por que passar o ato constitutivo (CC, art. 45).

Alternativa "c": o registro é o marco legal do início da existência da pessoa jurídica. A resolução, pelo contrário, relaciona-se à extinção.

Alternativa "d": o registro não é suspensivo da pessoa jurídica, pois, antes dele, sequer existe legalmente. Assim, o registro constitui o início de sua existência.

Alternativa "e": a eficácia devolutiva não é pertinente à eficácia do registro da pessoa jurídica.

Alternativa correta: letra "b".

3. DOMICÍLIO

3.1. ESPÉCIES DE DOMICÍLIO

23. (FMP – Procurador do Estado – AC/ 2012) Assinale a alternativa INCORRETA.

a) O Código Civil em vigor admite a pluralidade de domicílios.

b) A pessoa jurídica de direito privado tem como domicílio a sua sede indicada no estatuto, ou, na falta de previsão estatutária, o lugar onde funciona sua sede ou administração.

c) Tendo a pessoa jurídica de direito privado vários estabelecimentos em lugares diferentes, cada um deles será considerado domicílio para os atos nele praticados.

d) O foro de eleição, previsto em contrato escrito, é válido entre as partes, e pode, conforme o caso, afastar a aplicabilidade de normas de ordem pública.

COMENTÁRIOS

✪ **Nota do Autor:** *domicílio* é sede jurídica da pessoa, onde ela se presume presente para efeitos de direito e onde exerce ou pratica, habitualmente, seus atos e negócios jurídicos. Por sua vez, *residência* é o lugar em que habita, com intenção de permanecer, mesmo que dele se ausente temporariamente. Na *habitação* ou *moradia*, tem-se uma mera relação de fato, ou seja, é o local em que a pessoa permanece acidentalmente, sem o ânimo de ficar. O *domicílio* é um conceito jurídico, por ser o local onde a pessoa responde, permanentemente, por seus negócios e atos jurídicos (Maria Helena Diniz; Código Civil Anotado, 16ª edição, Saraiva, SP).

Alternativa "a": a pluralidade de domicílios é admitida no art. 71 do CC, em relação às pessoas naturais, e no art. 75, § 1º, quando às jurídicas. Assim, a pluralidade de domicílios é admitida em nossa legislação.

Alternativa "b": as demais pessoas jurídicas, o lugar onde funcionarem as respectivas diretorias e administrações, ou onde elegerem domicílio especial no seu estatuto ou atos constitutivos, é a dicção do art. 75, IV, do CC.

Alternativa "c": conforme já antecipamos na alternativa "a", admite-se a pluralidade de domicílios, tanto para a pessoa natural, quanto para a jurídica. Para estas, se tiverem diversos estabelecimentos em lugares diferentes, cada um deles será considerado domicílio para os atos nele praticados.

Alternativa "d": nos contratos escritos, poderão os contratantes especificar domicílio onde se exercitem e cumpram os direitos e obrigações deles resultantes. Trata-se do *domicílio voluntário* que poderá ser *geral* ou *especial*. O *domicílio contratual* ou de *eleição* **não** pode afastar o *domicílio necessário ou legal*, porque em relação a este vigem regras de ordem pública. Mas o domicílio legal poderá, conforme o caso, não excluir o voluntário, segundo o art. 71 do CC.

Alternativa incorreta: letra "d".

4. BENS

4.1. CONSIDERADOS EM SI MESMOS

4.1.1. IMÓVEIS E MÓVEIS

24. (FMP – Procurador do Estado – AC/2014) Consideram-se bens móveis:

a) o que for artificialmente incorporado ao solo.
b) as ações que versarem sobre bens imóveis.
c) os materiais destinados a uma construção enquanto não forem utilizados.
d) os materiais provisoriamente separados de um prédio para nele se reempregarem.

COMENTÁRIOS

✪ **Nota do Autor:** *"considerados em si mesmos"* os bens são: (1) imóveis; (2) móveis; (3) fungíveis; (4) consumíveis; (5) divisíveis; (6) singulares e; (7) coletivos. Para que os conceitos não sejam confundidos, porque não raro colocados lado a lado em questões de concursos, *"reciprocamente considerados"* os bens são: (1) bens principais e; (2) acessórios (produtos, frutos, benfeitorias e pertenças)

Alternativa "a": são bens imóveis o solo e tudo quanto se lhe incorporar natural ou artificialmente (CC, art. 79).

Alternativa "b": consideram-se imóveis para os efeitos legais os direitos reais sobre imóveis e as ações que os asseguram (CC, art. 80, I).

Alternativa "c": de acordo com o art. 84 do CC: "Os materiais destinados a alguma construção, enquanto não forem empregados, conservam sua qualidade de móveis; readquirem essa qualidade os provenientes da demolição de algum prédio". Segundo Maria Helena Diniz, "os materiais empregados numa construção, como madeira, telhas, esquadrias, pedras, azulejos, tijolos, enquanto não aderirem ao prédio, constituindo parte integrante do imóvel, conservarão a natureza de bens móveis por natureza. Se alguma edificação for demolida, os materiais de construção readquirirão a qualidade de móveis, porque não mais participação da natureza do principal [...] se o material de construção separar-se temporariamente do prédio que está sendo reformado, p. ex, continuará sendo bem imóvel, uma vez que a destinação é continuar a fazer parte do mesmo edifício (CC, art. 81, II)" (Código Civil Anotado, 16ª ed., Saraiva, 2012, pág. 160).

Alternativa "d": não perdem o caráter de imóveis os materiais provisoriamente separados de um prédio, para nele se reempregarem (CC, art. 81, II).

Alternativa correta: letra "c".

25. (FURMARC – Procurador do Estado – MG/ 2012) Assinale, dentre as alternativas abaixo, qual se refere a bem imóvel:

a) os direitos reais sobre objetos móveis e as ações correspondentes
b) os direitos pessoais de caráter patrimonial e respectivas ações
c) as energias que tenham valor econômico
d) o direito à sucessão aberta
e) os bens suscetíveis de movimento próprio ou de remoção por força alheia, sem alteração da substância ou destinação econômico-social

COMENTÁRIOS

Alternativa "a": os bens móveis, logicamente, não são imóveis, até mesmo pela sede diversa de tratamento, conforme os arts. 79 a 81 e 82 a 84 do CC.

Alternativa "b": os direitos pessoais de caráter patrimonial e respectivas ações são bens móveis por determinação legal (CC, art. 83, III).

Alternativa "c": as energias que tenham valor econômico são bens móveis por determinação legal (CC, art. 83, I).

Alternativa "d": a respeito dos bens imóveis dispõe os arts. 79 a 81 do CC. São classificados em: 1) imóveis por natureza; 2) imóveis por acessão física artificial; 3) imóveis por determinação legal, que compreende: 3.1) os *direitos reais sobre imóveis e as ações que os asseguram*; **3.2) o *direito à sucessão aberta*.**

Alternativa "e": são móveis os bens suscetíveis de movimento próprio ou de remoção por força alheia, sem alteração da substância ou da destinação econômico-social; *semoventes* são os bens móveis; *propriamente ditos*, aqueles sujeitos à remoção por força alheia. Classificam-se, ainda, em: 1) móveis por natureza; 2) móveis por antecipação; 3) móveis por determinação legal.

Alternativa correta: letra "d".

26. (FCC – Procurador do Estado – AM / 2010) São imóveis por definição legal:

a) o direito à sucessão aberta e os direitos reais sobre bens imóveis.

b) somente os direitos reais sobre bens imóveis e as ações que os asseguram.

c) tudo quanto se incorpora natural ou artificialmente ao solo.

d) os materiais separados de um prédio para nele ou em outro prédio serem reempregados.

e) somente os bens móveis pertencentes à herança, enquanto não for partilhada.

COMENTÁRIOS

Alternativa "a": a respeito dos bens imóveis disciplinam os arts. 79 a 81 do CC. São eles classificados em: 1) imóveis por natureza; 2) imóveis por acessão física artificial; 3) imóveis por determinação legal, que compreende: 3.1) **os direitos reais sobre imóveis** e **as ações que os asseguram; 3.2) o direito à sucessão aberta**. Portanto, os direitos grafados em negrito são imóveis por definição legal.

Alternativa "b": ficou de fora desta asserção o direito a sucessão aberta (CC/art. 80, I).

Alternativa "c": são (1ª – *bens imóveis o solo*) e (2ª – *tudo quanto se lhe incorporar natural ou artificialmente*); na **1ª parte**, são os bens imóveis por sua natureza; na **2ª**, por acessão física ou artificial (CC, art. 79). Assim, nem uma e nem outra classe pertence aos imóveis por definição legal os quais, aliás, constam de preceito diverso (CC, art. 80, I e II).

Alternativa "d": por ficção, os materiais provisoriamente separados de um prédio, para **nele** se reempregarem, não perdem o caráter de imóvel; se os materiais forem empregados em outro prédio, haverá mobilização, por perder, temporariamente, sua imobilidade.

Alternativa "e": o direito à sucessão aberta, ainda que formado por bens móveis, por definição legal, será considerado imóvel; é incorreta a alternativa, porque o advérbio *"somente"* excluiu a existência de outros bens imóveis por lei.

Alternativa correta: letra "a".

27. (PGE/PA – Procurador do Estado – PA/2009) Analise as proposições abaixo e assinale a alternativa CORRETA:

a) Os bens pertencentes a sociedades de economia mista são considerados como privados, salvo expressa disposição legal em contrário.

b) São pertenças as máquinas utilizadas em uma fábrica, pois se destinam, de modo duradouro, ao serviço, de tal sorte que os negócios jurídicos que digam respeito ao principal as abrangem, salvo manifestação expressa em contrário das partes.

c) Constitui benfeitoria útil a construção de um galpão, contíguo à casa, para ser utilizado como depósito.

d) Consideram-se bens móveis, para os efeitos legais, as energias que tenham valor econômico, os direitos reais sobre objetos móveis e as ações correspondentes, bem como os direitos pessoais de caráter patrimonial e as respectivas ações.

COMENTÁRIOS

Alternativa "a": as sociedades de economia mista segundo a CF/art. 173, § 1º, II, sujeitam-se ao regime jurídico próprio das empresas privadas; apesar disso, de acordo com o CC, art. 99, parágrafo único, não dispondo a lei em contrário, consideram-se dominicais os bens pertencentes às pessoas jurídicas de direito público a que se tenha dado estrutura de direito privado.

Alternativa "b": a *regra da gravitação jurídica* segundo a qual o acessório segue o principal não se aplica às pertenças; assim, os negócios jurídicos que dizem respeito ao bem principal não abrangem as pertenças, salvo se o contrário resultar da lei, da manifestação de vontade ou das circunstâncias do caso (CC, art. 94).

Alternativa "c": benfeitorias *úteis* são as que aumentam ou facilitam o uso do bem; *voluptuárias*, as de mero deleite ou recreio, que não aumentam o uso habitual do bem, ainda que o tornem mais agradável ou sejam de elevado valor, ou seja, têm por escopo dar comodidade; assim, tal galpão constitui benfeitoria voluptuária (CC/art. 96, §§ 1º e 2º).

Alternativa "d": os bens móveis por determinação, definição ou efeito legal são: 1) as energias que tenham valor econômico; 2) os direitos reais sobre objetos móveis e as ações correspondentes; 3) os direitos pessoais de caráter patrimonial e respectivas ações (CC, art. 83, I a III).

Alternativa correta: letra "d".

28. (Cespe – Procurador do Estado – PI/2008) Em relação aos bens jurídicos, assinale a correta.

a) O direito à sucessão aberta é considerado como bem imóvel, ainda que a herança seja formada por bens móveis ou abranja apenas direitos pessoais.

b) São pertenças os bens acessórios que se incorporam ao bem principal para que este atinja suas finalidades. Os negócios jurídicos que dizem respeito ao bem principal abrangem as pertenças, pois essas não podem ser negociadas autonomamente.

c) Infungíveis são os bens móveis que não se identificam pela sua individualidade, mas pela quantidade. Por isso, podem ser fracionados em partes distintas, sem alteração de suas qualidades essenciais e sem prejuízo ao uso a que se destinam.

d) Bens móveis por antecipação são aqueles que eram imóveis, mas que foram mobilizados por uma intervenção humana. Essa mudança de natureza, no entanto, não dispensa os requisitos para a transmissão da propriedade imóvel.

e) Os bens dominicais são bens públicos disponíveis à utilização direta e imediata do povo ou dos usuários de serviços, não se submetendo a qualquer tipo de discriminação ou fruição.

COMENTÁRIOS

Alternativa "a": a respeito dos bens imóveis dispõe os arts. 79 a 81 do CC. São classificados em: 1) imóveis por natureza; 2) imóveis por acessão física artificial; 3) imóveis por determinação legal, que compreende: 3.1) os *direitos reais sobre imóveis e as ações que os asseguram*; **3.2) o *direito à sucessão aberta*.**

Alternativa "b": na lição de Nelson Nery Junior e Rosa Maria de Andrade Nery, *"pertenças são as coisas auxiliares das outras, e não se confundem, necessariamente, com as coisas acessórias, visto que a definição de pertença não pressupõe que sua existência esteja subordinada à do principal"* (Junior, Nelson Nery e outra – Código Civil Comentado – RT – 8ª edição – São Paulo – 2011). A *regra da gravitação jurídica*, segundo a qual o acessório segue o principal, não é válida quanto às pertenças. As pertenças são *autônomas* e *individuais* em relação à coisa principal, e se destinam, de modo duradouro, ao uso, ao serviço ou ao aformoseamento de outro. Assim, os negócios jurídicos que dizem respeito ao bem principal **não** abrangem as pertenças, salvo se o contrário resultar da lei, da manifestação de vontade ou das circunstâncias do caso (CC, art. 94).

Alternativa "c": infungíveis são os móveis ou imóveis que em razão da qualidade individual não se podem substituir por outro da mesma espécie, qualidade e quantidade (CC/art. 85). O fracionamento é uma característica dos bens divisíveis e indivisíveis.

Alternativa "d": *bens móveis por antecipação* são aqueles imóveis mobilizados pela vontade humana, em função de uma finalidade econômica, por exemplo, árvores, frutos, pedras e metais, aderentes ao imóvel, são imóveis; separados, para fins humanos, tornam-se móveis (Maria Helena Diniz). Assim, sua alienação pode ocorrer por instrumento particular, sem a necessidade de se levar ao Registro Imobiliário ou de outorga uxória.

Alternativa "e": os bens públicos dominicais são os que constituem o patrimônio das pessoas jurídicas de direito público, como objeto de direito pessoal, ou real, de cada uma dessas entidades; tais bens não se confundem com os de uso comum do povo, como as praças e as ruas, ou com aqueles de uso especial, afetados ao serviço ou estabelecimento da administração federal, estadual, territorial ou municipal, inclusive os de suas autarquias (CC/ art. 99, I, II e III). Quanto ao titular do domínio, os bens são classificados entre público e privado.

Alternativa correta: letra "a".

4.1.2. DIVISÍVEIS E INDIVISÍVEIS

29. (Cespe – Procurador do Estado – AL/ 2008) No que tange às disposições legais sobre os bens, assinale a correta.

a) Entre os critérios utilizados pela lei para definir o bem indivisível encontra-se o do valor econômico.

b) Embora o Código Civil distinga bens móveis de imóveis, tal distinção não comporta importância prática.

c) Os bens coletivos podem constituir-se em universalidade de fato, mas não em universalidade de direito.

d) Embora as pertenças não se destinem, de modo duradouro, ao uso, ao serviço, ou ao aformoseamento de um bem, constituem partes integrantes do bem.

e) Os frutos e produtos somente poderão ser objeto de negócio jurídico após separados do bem principal, sob pena de nulidade.

COMENTÁRIOS

Alternativa "a": *bens divisíveis* são os que se podem fracionar sem alteração na sua substância, diminuição considerável de valor ou prejuízo do uso a que se destinam. Os bens divisíveis podem perder essa característica, tornando-se indivisíveis, por determinação legal ou vontade das partes. Classificam-se, assim, os *bens indivisíveis*, por sua: 1) *natureza*; 2) *determinação legal* ou 3) *vontade das partes*; de fato, um dos critérios para se aferir a indivisibilidade do bem é sua perda econômica.

Alternativa "b": ia distinção dos bens entre móveis e imóveis possui importância prática, tendo em vista que se diferenciam especialmente quanto aos modos de aquisição, perda e outras características individuais de cada um.

Alternativa "c": os bens coletivos ou universais podem ser: 1) *universalidade de fato*: que significa a pluralidade de bens singulares que, pertinentes à mesma pessoa, tenham destinação unitária, observando-se que tais bens podem ser objeto de relações jurídicas próprias; 2) *universalidade de direito*: caracterizado como o complexo de relações jurídicas de uma pessoa, dotadas de valor econômico. Recordamos o teor do **Enunciado 288:** *"A pertinência subjetiva não constitui requisito imprescindível para a configuração das universalidades de fato e de direito".*

Alternativa "d": ao contrário do que consta da assertiva, pertenças **são** os bens que, **não** constituindo partes integrantes, se destinam, de modo duradouro, ao uso, ao serviço ou ao aformoseamento de outro (CC, art. 93).

Alternativa "e": apesar de ainda não separados do bem principal, os frutos e produtos **podem** ser objeto de negócio jurídico. (CC, art. 95).

Alternativa correta: letra "a".

4.2. BENS RECIPROCAMENTE CONSIDERADOS

4.2.1. FRUTOS

30. (Cespe – Procurador do Estado – PGE – SE/2017) De acordo com a classificação doutrinária dos bens, o valor pago a título de aluguel ao proprietário de um imóvel é denominado

a) fruto.
b) pertença.
c) benfeitoria.
d) imóvel por acessão.
e) produto.

COMENTÁRIOS

Alternativa "a": os aluguéis são considerados *frutos civis* porque decorrem de uma relação jurídica ou econômica, de natureza privada, e são ora também denominados de *rendimentos*. Além do aluguel de um imóvel, podem ser lembrados os juros de capital, de dividendo de ações.

Alternativa "b": *pertença* são os bens destinados a servir um outro bem principal.

Alternativa "c": *benfeitoria* são os bens acessórios introduzidos em um bem móvel ou imóvel, visando a sua conservação ou melhora da sua utilidade.

Alternativa "d": *imóvel por acessão física industrial ou artificial* são aqueles formados por tudo o que o homem incorporar permanentemente ao solo, não podendo removê-lo sem a sua destruição ou deterioração. Tais bens imóveis em origem em construções e plantações, situações em que ocorre a intervenção humana.

Alternativa "e": *produto* são bens acessórios que saem da coisa principal, diminuindo a sua quantidade e substância.

Alternativa correta: letra "a".

4.2.2. PERTENÇAS

31. (Fundatec – Procurador do Estado – RS/2015) Assinale a alternativa INCORRETA

a) Trata-se de universalidade de direito o complexo das relações jurídicas dotadas de valor econômico.
b) Bens naturalmente divisíveis são aqueles passíveis de fracionamento, muito embora possam se tornar indivisíveis por vontade das partes.
c) Salvo se o contrário resultar da lei, quando relacionados ao bem principal, os negócios jurídicos não abrangem as pertenças.
d) Readquirem a qualidade de bens móveis os provenientes da demolição de algum prédio.
e) São pertenças os bens que, constituindo partes integrantes, se destinam ao aformoseamento de outro.

COMENTÁRIOS

✪ **Nota do Autor:** ainda no rol dos bens acessórios, as **pertenças** são os bens móveis que, não constituindo parte integrante, como são os frutos, produtos e benfeitorias, estão afetados, de modo duradouro, ao uso, ao serviço ou ao aformoseamento de outro, como um trator de uma propriedade rural (CC, art. 93). Pelo art. 94 do CC, os negócios jurídicos que dizem respeito ao bem principal **não abrangem** as pertenças, salvo se o contrário resultar da lei, da manifestação de vontade, ou das circunstâncias do caso; logo, a regra de que o acessório segue o principal não se aplica às pertenças. As pertenças são bens acessórios que se acrescem à coisa principal, daí serem consideradas como *res anexa* (coisa anexada). Assim, são bens acessórios *sui generis* destinados, de modo duradouro, a conservar ou facilitar o uso ou prestar serviço ou, ainda, a servir de adorno do bem principal sem ser parte integrante. Desta forma, não integram fisicamente o bem, apenas melhoram seu aproveitamento, utilidade ou aparência. Mesmo que acessório, as pertenças conservam sua individualidade, e autonomia. As **partes integrantes** são acessórios que, unidos ao principal, formam com ele um todo, sendo desprovidos de existência material própria, embora mantenham sua identidade, como por exemplo, as rodas de um veículo.

Alternativa "a": pelo art. 91 do CC: "Constitui universalidade de direito o complexo de relações jurídicas, de uma pessoa, dotadas de valor econômico". Desse modo, a herança é um exemplo de universalidade de direito, pois embora se constituam ou não de bens materiais e de créditos, esses bens são considerados unificados para sua expressão econômica, que é o valor.

Alternativa "b": proclama o art. 88 do CC: "Os bens naturalmente divisíveis podem tornar-se indivisíveis por determinação da lei ou por vontade das partes". Os *bens indivisíveis* são aqueles que não podem ser fracionados, sem alteração da substância, ou seja, se divididos serão danificados, perdendo a identidade e o valor econômico; *bens divisíveis* admitem o fracionamento. Os bens podem ser indivisíveis: (a) por sua natureza; (b) por determinação legal; (c) por vontade das partes.

Alternativa "c": é o que diz ao art. 94 do CC, pelo qual: "Os negócios jurídicos que dizem respeito ao bem principal não abrangem as pertenças, salvo se o contrário resultar da lei, da manifestação de vontade, ou das circunstâncias do caso". As pertenças não são partes integrantes e, desse modo, os negócios jurídicos não as alcançarão, exceto se o contrário resultar de disposição normativa, vontade das partes ou das circunstâncias do caso.

Alternativa "d": os materiais destinados a alguma construção, enquanto não forem empregados, conservam sua qualidade de móveis; readquirem essa qualidade os provenientes da demolição de algum prédio (CC, art. 84). A demolição é um estado definitivo dos materiais. Assim, a mera separação provisória dos materiais de um prédio, para nele se reempregarem, não altera o caráter de imóveis que possuem (CC, art. 81, II).

Alternativa "e": o vigente Código de 2002, secundado no diploma italiano, refere-se às pertenças no capítulo que trata dos bens reciprocamente considerados, art. 93, que assim dispõe: "São pertenças os bens que, não constituindo partes integrantes, se destinam, de modo duradouro, ao uso, ao serviço ou ao aformoseamento de outro". Na lição de Carlos Roberto Gonçalves, "o novo Código Civil incluiu, no rol dos bens acessórios, as *pertenças*, ou seja, os bens móveis que, **não** constituindo *partes integrantes*, (como o são os frutos, produtos e benfeitorias), estão afetados por forma duradoura, ao serviço ou ornamentação de outro, como os tratores destinados a uma melhor exploração de propriedade agrícola e os objetos de decoração de uma residência" (GONÇALVES, Carlos Roberto. *Direito Civil Esquematizado*, vol. 1. 2ª ed. 2012. São Paulo: Saraiva, p. 244). O art. 94 do CC mostra a diferença de natureza entre *parte integrante* (frutos, produtos e benfeitorias) e *pertenças*, nos seguintes termos: "Os negócios jurídicos que dizem respeito ao bem principal não abrangem as pertenças, salvo se o contrário resultar da lei, da manifestação de vontade, ou das circunstâncias do caso". Assim, a *regra da gravitação jurídica*, segundo a qual o "acessório segue o principal" só se aplica às partes integrantes, não sendo aplicável, assim, às pertenças. Conforme o Enunciado 535 da VI Jornada de Direito Civil: "Para a existência da pertença, o art. 93 do Código Civil não exige elemento subjetivo como requisito para o ato de destinação".

Alternativa correta: letra "e".

4.3. QUANTO AO TITULAR DO DOMÍNIO

4.3.1. BENS PÚBLICOS

32. (Fepese – Procurador do Estado – PGE – SC/2018) Sobre os bens públicos, dispõe o Código Civil:

1. São públicos os bens do domínio nacional pertencentes às pessoas jurídicas de direito público interno; todos os outros são particulares, seja qual for a pessoa a que pertencerem.
2. Os bens públicos de uso comum do povo e os de uso especial são inalienáveis, enquanto conservarem a sua qualificação, na forma que a lei determinar.
3. O uso comum dos bens públicos deve ser gratuito, conforme for estabelecido legalmente pela entidade a cuja administração pertencerem.
4. São bens públicos dominicais os que constituem o patrimônio das pessoas jurídicas de direito público, como objeto de direito pessoal, ou real, de cada uma dessas entidades.

Assinale a alternativa que indica todas as afirmativas corretas.

a) São corretas apenas as afirmativas 1,2 e 3.

b) São corretas apenas as afirmativas 1,2 e 4.

c) São corretas apenas as afirmativas 1,3 e 4.

d) São corretas apenas as afirmativas 2,3 e 4.

e) São corretas as afirmativas 1,2, 3 e 4.

COMENTÁRIOS

✪ **Nota do Autor:** são públicos os bens do domínio nacional pertencentes às pessoas jurídicas de direito público interno; todos os outros são particulares, seja qual for a pessoa a que pertencerem (CC, art. 98). São bens públicos, de acordo com o art. 99, I a III, do Código Civil: (a) os de uso comum do povo, tais como rios, mares, estradas, ruas e praças; (b) os de uso especial, tais como edifícios ou terrenos destinados a serviço ou estabelecimento da administração federal, estadual, territorial ou municipal, inclusive os de suas autarquias; (c) os dominicais, que constituem o patrimônio das pessoas jurídicas de direito público, como objeto de direito pessoal, ou real, de cada uma dessas entidades. Esta classificação, por sua vez, não é exaustiva. O sistema normativo reconhece a natureza pública de outros bens. A exemplo, o art. 176, *caput*, da Constituição Federal, segundo o qual as *"jazidas, em lavra ou não, e demais recursos minerais e os potenciais de energia hidráulica constituem propriedade distinta da do solo, para efeito de exploração ou aproveitamento, e pertencem à União, garantida ao concessionário a propriedade do produto da lavra"*.

Alternativa "a": o uso comum dos bens públicos pode ser gratuito ou retribuído, conforme for estabelecido legalmente pela entidade a cuja administração pertencerem, afirma o art. 103 do CC. Logo, o item 3 é incorreto.

Alternativa "b": no item 1 tem-se a regra do art. 98 do CC, qual seja: "são públicos os bens do domínio nacional pertencentes às pessoas jurídicas de direito público interno; todos os outros são particulares, seja qual for a pessoa a que pertencerem"; no item 2, o preceito do art. 100: "os bens públicos de uso comum do povo e os de uso especial são inalienáveis, enquanto conservarem a sua qualificação, na forma que a lei determinar"; por último, o item 4, que contemplou a redação literal do art. 101: "os bens públicos dominicais podem ser alienados, observadas as exigências da lei".

Alternativa "c": de acordo com o art. 103 do CC, o uso comum dos bens públicos pode ser gratuito ou retribuído, conforme for estabelecido legalmente pela entidade a cuja administração pertencerem, afirma o art. 103 do CC. Assim, o item 3, ao não prever a retribuição para o uso do bem comum, é incorreta.

Alternativa "d": esta opção traz o mesmo erro de todas que contemplaram o item 3, ou seja, pelo o art. 103 do CC, o uso comum dos bens públicos pode ser gratuito ou retribuído, conforme for estabelecido legalmente pela entidade a cuja administração pertencerem.

Alternativa "e": conforme as demais assertivas que trouxeram o mesmo item, pelo art. 103 do CC, o uso comum dos bens públicos pode ser gratuito ou retribuído, conforme for estabelecido legalmente pela entidade a cuja administração pertencerem.

Alternativa correta: letra "b".

33. (Fundatec – Procurador do Estado – RS/2015) Assinale a alternativa correta.

a) De acordo com o Código Civil, são bens públicos aqueles pertencentes às pessoas jurídicas integrantes da Administração Pública.

b) Os bens públicos de uso comum, de uso especial e dominicais são insuscetíveis de alienação.

c) Os bens pertencentes às empresas estatais prestadoras de serviços públicos em regime de exclusividade são impenhoráveis, se a lei assim determinar.

d) Os bens públicos podem ser adquiridos por usucapião urbano, desde que não estejam afetados a serviço público.

e) Os bens públicos imóveis podem ser gravados com hipoteca, desde que em garantia de dívidas da Fazenda Pública com credores públicos.

COMENTÁRIOS

Alternativa "a": são públicos os bens pertencentes às pessoas jurídicas de direito público interno (CC, art. 41, I a V), segundo o art. 98 do CC.

Alternativa "b": os bens públicos de uso comum do povo e os de uso especial são inalienáveis, enquanto conservarem a sua qualificação, na forma que a lei determinar. Os bens públicos dominicais podem ser alienados, observadas as exigências da lei (CC, arts. 100 e 101).

Alternativa "c": de acordo com o art. 98 do CC: "São públicos os bens do domínio nacional pertencentes às pessoas jurídicas de direito público interno; todos os outros são particulares, seja qual for a pessoa a que pertencerem". A classificação dos bens quanto aos sujeitos a que pertencem coloca de um lado os *bens públicos*, porque pertencentes àquelas pessoas do art. 41, I a V, do CC (União, Estados, Municípios, etc.) e de outro os *bens particulares*, quando o titular do domínio for pessoa natural ou jurídica de direito privado. Contudo, segundo o Enunciado 287 da IV Jornada de Direito Civil, "O critério da classificação de bens indicado no art. 98 do Código Civil não exaure a enumeração dos bens públicos, podendo ainda ser classificado como tal o bem pertencente a pessoa jurídica de direito privado que esteja afetado à prestação de serviços públicos".

Alternativa "d": os bens públicos não estão sujeitos a usucapião, independentemente da modalidade (CC, art. 102).

Alternativa "e": hipoteca é o direito real de garantia que consiste em reservar o bem gravado para cumprimento de determinada obrigação pecuniária. Assim, a hipoteca vincula um imóvel à execução de uma obrigação, é a garantia desta. A regra da inalienabilidade impõe a vedação de sujeitar os bens públicos a garantias reais, como a hipoteca e o penhor. O Código Civil estabelece a inalienabilidade dos bens de uso comum do povo e especial (art. 100) e os dominicais podem ser alienados, observadas as exigências legais (art. 101). Mais à frente, o diploma veda a hipoteca de bens inalienáveis (art. 1420). Assim, dada a impossibilidade de oneração e penhora dos bens públicos, existindo disciplina específica de execução movida contra a Fazenda Pública, é impossível a excussão e alienação em hasta de bens públicos para adimplemento da dívida com o produto desta venda judicial, afastando-se, assim, a hipoteca de bem público.

Alternativa correta: letra "c".

34. (COPS – Procurador do Estado – PR/2011) No que se refere aos bens públicos, assinale a alternativa correta:

a) os bens dominicais constituem o patrimônio das pessoas jurídicas de direito público, constituindo-se objeto de direito real de cada uma delas;

b) a alienação dos bens públicos somente acontece quando houver interesse social, independentemente de sua condição de uso pela administração;

c) os bens públicos dominicais não podem ser alienados, tendo em vista que potencialmente úteis à função pública;

d) se não houver disposição contrária de lei, consideram-se dominicais os bens pertencentes às pessoas jurídicas de direito público a que se tenha dado estrutura de direito privado;

e) o uso comum dos bens públicos pode ser gratuito ou retribuído, conforme for estabelecido por ato administrativo da entidade a que pertencerem.

COMENTÁRIOS

Alternativa "a": os bens dominicais ou dominiais, segundo o CC/art. 99, III, constituem o patrimônio das pessoas jurídicas de direito público, como **objeto de direito pessoal**, ou real, de cada uma dessas entidades; os bens públicos dominicais podem ser alienados, observadas as exigências da lei (CC/art. 101).

Alternativa "b": bens públicos de uso comum do povo e os de uso especial são inalienáveis, enquanto conservarem a sua qualificação, na forma que a lei determinar; em relação aos bens públicos dominicais, podem ser alienados, desde que observadas as exigências da lei (CC/art. 100 e 101).

Alternativa "c": os bens públicos dominicais **podem** ser alienados, desde que observadas as exigências da lei (CC/art. 100).

Alternativa "d": de acordo com o CC/art. 99, parágrafo único, não dispondo a lei em contrário, consideram-se dominicais os bens pertencentes às pessoas jurídicas de direito público a que se tenha dado estrutura de direito privado.

Alternativa "e": o uso comum dos bens públicos pode ser gratuito ou retribuído, conforme for estabelecido **legalmente e não administrativamente** pela entidade a cuja administração pertencerem (CC/art. 103).

Alternativa correta: letra "d".

5. FATOS JURÍDICOS, ATO JURÍDICO E NEGÓCIO JURÍDICO.

5.1. ATO-FATO JURÍDICO

35. (Cespe - Procurador do Estado - BA/2014) Acerca dos negócios jurídicos, julgue o item a seguir: A compra e venda de merenda escolar por pessoa absolutamente incapaz constitui o que a doutrina denomina ato-fato jurídico real ou material.

COMENTÁRIOS

✪ **Nota do Autor:** *fato jurídico em sentido amplo* ou *jurígeno* é todo acontecimento da vida e que tenha importância para o direito, mesmo que seja fato ilícito, compreendendo os fatos naturais (fatos jurídicos em sentido estrito) e os fatos humanos (atos jurídicos em sentido amplo). Os fatos naturais (ou fatos jurídicos em sentido estrito) classificam-se em: (a) fatos ordinários (nascimento, morte, etc.) e; (b) fatos extraordinários (tempestade, tsunami, etc.). Os fatos humanos dividem-se em: (a) ilícitos; (b) lícitos. Estes ainda subdividem-se em: (b.1) ato jurídico em sentido estrito ou meramente lícito (o efeito da manifestação da vontade está predeterminado na lei) (b.2) negócio jurídico (a ação humana visa diretamente alcançar um fim prático) (b.3) ato-fato jurídico (o efeito do ato não leva em consideração a vontade de praticá-lo). No ato jurídico em sentido estrito, como o efeito da manifestação da vontade está predeterminado na lei, não há qualquer dose de escolha da categoria jurídica. A ação humana se baseia não numa vontade qualificada, como sucede no negócio jurídico, mas em simples intenção (Carlos Roberto Gonçalves, op. cit.). Alguns autores os classificam em: (a) atos materiais ou reais; (b) participações. Em relação ao ato-fato jurídico, o efeito não é buscado nem imaginado pelo agente, mas decorre de uma conduta socialmente reconhecida ou sancionada pela lei, como acontece, por exemplo, no caso na pessoa que acha, casualmente, um tesouro. A conduta do agente não tinha por intenção adquirir-lhe a metade, mas tal acaba ocorrendo, por força do art. 1.264 do CC. O negócio jurídico, por seu turno, exige vontade qualificada, que tem a finalidade de criar, modificar ou extinguir direitos. Logo, possui natureza negocial. É, em regra, bilateral. Todavia, há negócios jurídicos unilaterais, em que se ocorre o seu aperfeiçoamento com uma única manifestação de vontade e, mesmo assim, se criam situações jurídicas. Temos como exemplo o testamento e a instituição de fundação. Desse modo, o CC/2002 adotou a teoria dualista, do *sistema alemão*, que diferencia o ato do negócio jurídico, pelo que abandonou a unidade conceitual seguida pelo CC/1916, sectário do *sistema francês*.

Análise da questão: em princípio, a compra e venda seria um negócio jurídico, pois estaria a exigir, como em todos os negócios jurídicos, uma ação humana voltada diretamente para alcançar um fim prático permitido na lei. Por este motivo, exige-se a vontade qualificada, sem vícios. O Ato-fato jurídico são aquelas "ações humanas que a lei encara como fato, sem levar em consideração a vontade, a intenção ou a consciência do agente, demandando apenas o ato material. O efeito do ato não é buscado nem imagino pelo agente, mas decorre de uma conduta e é sancionado pela lei, como no caso da pessoa que acha, casualmente, um tesouro" (Direito Civil Esquematizado, vol. 1, 2ª ed., Saraiva, pág. 259). Para Silvio de Salvo Venosa, "alguns autores, a propósito, preocupam-se com que denominam ato-fato jurídico. O ato-fato jurídico, nessa classificação, é um fato jurídico qualificado pela atuação humana. Nesse caso, é irrelevante para o direito se a pessoa teve ou não intenção de praticá-lo. O que se leva em conta é o efeito resultante do ato que pode ter repercussão jurídica, inclusive ocasionando prejuízos a terceiros. Como dissemos, toda seara da teoria dos atos e negócios jurídicos é doutrinária, com muitas opiniões a respeito. Nesse sentido, **costuma-se chamar à exemplificação os atos praticados por uma criança, na compra e venda de pequenos efeitos**. Não se nega, porém, que há um sentido de negócio jurídico do infante que compra confeitos em um botequim. Ademais, em que pese a excelência dos doutrinadores que sufraguem essa doutrina" (Direito Civil, 13ª ed., Atlas, 2013, pág. 341). Stolze Gagliano e Pamplona Filho, afirmam: "em alguns momentos, torna-se bastante difícil diferenciar o ato-fato jurídico do ato jurídico em sentido estrito categoria abaixo analisada. Isso porque, nesta última, a despeito de atuar a vontade humana, os efeitos produzidos pelo ato encontram-se previamente determinadas pela lei, não havendo espaço para a autonomia da vontade" (citado in: Direito Civil, 13ª ed., Atlas, 2013, pág. 341). Pelo **Enunciado 138**, "A vontade dos absolutamente incapazes, na hipótese do inc. I do art. 3º é juridicamente relevante na concretização de situações existenciais a eles concernentes, desde que demonstrem discernimento bastante para tanto". **(certo)**

5.2. FATO JURÍDICO EM SENTIDO ESTRITO

36. (FCC - Procurador do Estado - RO/2011) O recente terremoto ocorrido no Japão em 11 de março de 2011, sob o ponto de vista da teoria geral do direito, pode ser classificado como:

a) ato jurídico em sentido estrito.

b) ato jurídico em sentido amplo.

c) negócio jurídico.

d) fato jurídico em sentido estrito.

e) fato ilícito em sentido estrito.

COMENTÁRIOS

✪ **Nota do Autor:** os fatos jurídicos em sentido amplo compreendem os fatos naturais e os fatos humanos. Os

fatos naturais são também denominados de **fatos jurídicos em sentido estrito**, que se dividem em: (a) **fatos ordinários**; (b) **fatos extraordinários**. Aqueles são acontecimentos esperados, previsíveis, como o nascimento, a morte. Estes os imprevisíveis, como o caso fortuito e a força maior, um terremoto, tsunami, etc.

Alternativa "a": nos *atos jurídicos em sentido estrito ou meramente lícitos*, os efeitos da manifestação da vontade estão previamente descritos na lei, sem ingerência da autonomia das partes; citamos como exemplo a tradição, na qual a autonomia da vontade, em regra, é afastada.

Alternativa "b": os *fatos humanos* ou *ato jurídico em sentido amplo* são ações humanas de criação, modificação ou extinção de direitos; se dividem em *lícitos e ilícitos*.

Alternativa "c": os *negócios jurídicos* exigem vontade qualificada da parte; assim, são exigidos requisitos de validade, como a *capacidade do agente* (condição subjetiva), o *objeto lícito, possível, determinado ou determinável* (condição objetiva) e a *forma prescrita* ou *não defesa em lei* (CC/art. 104, I a III).

Alternativa "d": os *fatos naturais (fato jurídico em sentido estrito)* podem ser *ordinários* (nascimento, morte) *e extraordinários* (terremoto, tempestade). O terremoto, assim, pertence a esta categoria.

Alternativa "e": *fato ilícito em sentido estrito* é o praticado em desacordo com o ordenamento jurídico, e como tal seus efeitos são involuntários; não criam direitos, mas deveres; são atos humanos, não naturais.

Alternativa correta: letra "d".

5.3. CLASSIFICAÇÃO DOS NEGÓCIOS JURÍDICOS

5.3.1. NEGÓCIO JURÍDICO UNILATERAL

37. (Cespe – Procurador do Estado – BA/2014) Acerca dos negócios jurídicos, julgue o item a seguir: No negócio jurídico unilateral, está presente apenas uma declaração de vontade, sendo desnecessária a aceitação de outrem para que produza efeitos.

COMENTÁRIOS

Análise da questão: segundo Carlos Roberto Gonçalves, "há alguns negócios jurídicos unilaterais, em que ocorre o seu aperfeiçoamento com uma única manifestação de vontade. Podem ser citados, à guisa de exemplos, o testamento, a instituição de fundação, a renúncia da herança, a procuração, a confissão de dívida e outros, porque nesses casos o agente procura obter determinados efeitos jurídicos, isto é, criar situações jurídicas, com sua manifestação de vontade [...] negócios jurídicos unilaterais são os que se aperfeiçoam com uma única manifestação de vontade [...] a doação, sento um contrato (aperfeiçoa-se com a aceitação) não é negócio jurídico unilateral, mas bilateral, malgrado a doutrina a classifique como contrato unilateral quanto aos efeitos, porque gera obrigação somente para o doador, sendo pura [...] Assim, quanto número de declarantes ou manifestantes de vontade necessários ao seu aperfeiçoamento, os negócios jurídicos classificam-se em unilaterais, bilaterais e plurilaterais" (Direito Civil Esquematizado, vol. 1, 2ª ed., Saraiva, pág. 266). **RESUMO: (a) negócios unilaterais**: se aperfeiçoam com uma única manifestação de vontade. Subdividem-se em: **(a.1) receptícios**: a declaração única, para produzir efeitos, deve chegar ao conhecimento do destinatário, como sucede na denúncia ou resilição; **(a.2) não receptícios:** são aqueles que o conhecimento por parte de outras pessoas é indiferente, como no testamento. **(b) bilaterais:** são os que se completam com duas manifestações de vontade, pelo que se chama de consentimento mútuo ou acordo de vontades. Subdivide-se em: **(b.1) simples:** apenas uma das partes aufere vantagens, e a outra fica com o ônus; **(b.2) sinalagmáticos:** aqueles que importam em ônus e vantagens recíprocas. **(c) plurilaterais:** são os contratos em que figuram duas ou mais, como aqueles de sociedade e consórcio. **(certo)**

5.4. INTEPRETAÇÃO DO NEGÓCIO JURÍDICO

38. (FMP – Procurador do Estado – PGE – AC/2017) Considere as seguintes afirmativas sobre o tema dos negócios jurídicos no âmbito do Código Civil.

I - A incapacidade relativa de uma das partes pode ser provocada pela outra em benefício próprio, aproveitando aos cointeressados capazes, exceto quando, neste caso, for indivisível o objeto do direito ou da obrigação comum.

II - Os negócios jurídicos benéficos e a renúncia interpretam-se estritamente.

III - São anuláveis os negócios jurídicos, quando as declarações de vontade emanarem de erro substancial que poderia ser percebido por pessoa de diligência normal, em face das circunstâncias do negócio.

IV - É nulo o negócio jurídico simulado, mas subsistirá o que se dissimulou, se válido for na substância e na forma.

Estão CORRETAS apenas as alternativas

a) I e II.
b) II e III
c) II e IV.
d) I, III e IV.
e) II, III e IV.

COMENTÁRIOS

Item I: incorreto; diferentemente do conteúdo da assertiva, o art. 105 do CC deixa claro que a "incapacidade relativa de uma das partes não pode ser invocada pela outra em benefício próprio, nem aproveita aos cointeressados capazes, salvo se, neste caso, for indivisível o objeto do direito ou da obrigação comum".

Item II: correto; por expressa disposição legal, "os negócios jurídicos benéficos e a renúncia interpretam-se estritamente" (CC, art. 114).

Item III: correto; a resposta é o texto literal do art. 138 do CC, vejamos: "são anuláveis os negócios jurídicos, quando as declarações de vontade emanarem de erro substancial que poderia ser percebido por pessoa de diligência normal, em face das circunstâncias do negócio".

Item IV: correto; mais uma vez, pelo texto do Cód. Civil, art. 167, segundo o qual "é nulo o negócio jurídico simulado, mas subsistirá o que se dissimulou, se válido for na substância e na forma".

Alternativa correta: letra "e".

---

39. (FCC – Procurador do Estado – RN/2014) Não basta, porém, ao julgador fixar os elementos materiais externos do negócio jurídico, para a solução do problema hermenêutico. E, por outro lado, não pode entrar no âmago da consciência do agente para buscar a expressão íntima da vontade. Esta, na verdade, se manifesta por um veículo que é a declaração da vontade traduzida na linguagem reveladora. (PEREIRA, Caio Mário da Silva. Instituições de Direito Civil. v. I, p. 499. 20. ed. – atualizadora Maria Celina Bodin de Moraes, Editora Forense, 2004).

Segundo esse texto,

a) nas declarações de vontade se atenderá mais à intenção nelas consubstanciadas do que ao sentido literal da linguagem.
b) a manifestação de vontade não deve subsistir se o seu autor fizer a reserva mental de não querer o que manifestou.
c) a boa-fé não é critério de interpretação dos negócios jurídicos, mas apenas uma conduta esperada das partes.
d) na interpretação dos negócios jurídicos deverão sempre ser perquiridos os motivos determinantes, ainda que não revelados pelo agente.
e) nas declarações de vontade se atenderá mais ao sentido literal da linguagem do que à intenção nelas consubstanciadas.

COMENTÁRIOS

Alternativa "a": pelo art. 112 do CC: "Nas declarações de vontade se atenderá mais à intenção nelas consubstanciada do que ao sentido literal da linguagem". Comenta Silvio de Salvo Venosa: "a declaração de vontade é constituída por dois elementos: o *elemento externo* (a declaração propriamente dita) e o *elemento interno* (o substrato da declaração; a vontade real). O ideal é que haja coincidência entre a vontade interna e a declaração, aspecto externo. Pode ocorrer, porém, divergência ou equivoco entre a vontade real e a declarada, por falta ou desvio os elementos em que se desdobra a primeira. Nesse caso, impõe a interpretação, isto é, a busca do sentido que trará efeitos jurídicos" (VENOSA, Silvio de Salvo. *Direito Civil*. Parte Geral. 13 ed. São Paulo: Atlas, p. 388). Desse modo, na interpretação declaratória, deve-se buscar a vontade real das partes, sem se ater, unicamente, ao exame gramatical do negócio. Deve-se perquirir mais a verdadeira intenção dos declarantes, em comparação com o conteúdo linguístico do ato negocial. Procura-se, assim, extrair dos elementos contidos na declaração a vontade realmente existente.

Alternativa "b": a manifestação de vontade subsiste ainda que o seu autor haja feito a reserva mental de não querer o que manifestou, salvo se dela o destinatário tinha conhecimento (CC, art. 110). Na lição de Nelson Nery Jr., "a reserva mental é a emissão de uma intencional declaração não querida em seu conteúdo, tampouco em seu resultado, pois o declarante tem por único objetivo enganar o declaratário". Em razão da inconsonância entre a declaração externa e a vontade interna do agente, em relação ao ato, só deixará de subsistir a manifestação da vontade se o destinatário tinha ciência daquela divergência lesiva, material ou moralmente ao declaratário, aproveitando-se da situação. Portanto, a reserva mental desconhecida pelo declaratário não terá relevância jurídica.

Alternativa "c": prescreve o art. 113, *caput*, do CC: "Os negócios jurídicos devem ser interpretados conforme a boa-fé e os usos do lugar de sua celebração". Por consequência, a boa-fé é, sim, um critério de interpretação dos negócios jurídicos. Pelo Enunciado 409 da V Jornada de Direito Civil do CJF/STJ: "Os negócios jurídicos devem ser interpretados não só conforme a boa-fé e os usos do lugar de sua celebração, mas também de acordo com as práticas habitualmente adotadas entre as partes". E ainda, pelo Enunciado 421 do CJF: "Os contratos coligados devem ser interpretados segundo os critérios hermenêuticos do Código Civil, em especial os dos arts. 112 e 113, considerada a sua conexão funcional".

Alternativa "d": os motivos determinantes dos negócios jurídicos são variados, e sua perquirição, em regra, não tem relevância jurídica. Todavia, podem acontecer situações de falso motivo expresso como razão determinante do negócio (CC, art. 140), ou que o motivo determinante ilícito seja comum a ambas as partes (CC, art. 166, III). Estes casos são exemplos de situações em que há qualificação jurídica do motivo, tornando-se necessário, assim, a investigação e a prova do motivo.

Alternativa "e": nas declarações de vontade se atenderá mais à intenção nelas consubstanciada do que ao sentido literal da linguagem (CC, art. 112).

Alternativa correta: letra "a".

5.5. ELEMENTOS DO NEGÓCIO JURÍDICO

5.5.1. RESERVA MENTAL

---

40. (FEPESE – Procurador do Estado – SC/2009) Assinale a alternativa correta:

a) A anulação do negócio jurídico é a única consequência que pode surgir do reconhecimento judicial da lesão.
b) A manifestação de vontade subsiste ainda que o seu autor haja feito a reserva mental de não querer

o que manifestou, salvo se dela o destinatário tinha conhecimento.

c) As condições física ou juridicamente impossíveis, quando suspensivas, são consideradas como inexistentes e não invalidam o negócio jurídico a elas subordinado.

d) O objeto lícito não é um dos requisitos de validade do negócio jurídico.

e) A exceção e a pretensão prescrevem em prazos distintos.

COMENTÁRIOS

✪ **Nota do Autor:** de acordo com o art. 110 do Código Civil: "A manifestação de vontade subsiste ainda que o seu autor haja feito a reserva mental de não querer o que manifestou, salvo se dela o destinatário tinha conhecimento". Verifica-se a *reserva mental* quando um dos declarantes oculta a sua verdadeira intenção, isto é, quando não quer o efeito jurídico que declara querer. Tem por objetivo enganar o outro contratante ou declaratário (Carlos Roberto Gonçalves, Direito Civil Esquematizado 2, Saraiva, 2013, São Paulo). Não prevista no diploma de 1916, a reserva mental é *"uma declaração não querida em seu conteúdo, tampouco em seu resultado, tendo por único objetivo enganar o declaratário"* (Nelson Nery Junior). A *reserva mental pode ser lícita e ilícita*; **(A)** se for **lícita**, o negócio jurídico subsiste, porque o destinatário desconhece que a outra parte não quer o que manifestou, em função do princípio da boa-fé; assim, é irrelevante a reserva desconhecida; **(B)** se for **ilícita**, ou seja, conhecida da outra parte, não torna nula a declaração de vontade; esta **inexiste**, e, em consequência, não se forma o negócio jurídico, uma vez que não havia intenção de criar direito, mas apenas de iludir o declaratário.

Alternativa "a": o defeito da lesão é causa de nulidade relativa (CC/art. 171, II); anulado o negócio jurídico, restituir-se-ão as partes ao estado em que antes dele se achavam, e, não sendo possível restituí-las, serão indenizadas com o equivalente. (CC/art. 182).

Alternativa "b": a manifestação de vontade subsiste ainda que o seu autor haja feito a reserva mental de não querer o que manifestou, salvo se dela o destinatário tinha conhecimento; trata-se da reserva mental, sobre a qual anotamos acima.

Alternativa "c": invalidam os negócios jurídicos que lhes são subordinados a condições física ou juridicamente impossíveis, quando suspensivas (CC, art. 123, I).

Alternativa "d": a validade do negócio jurídico requer **objeto lícito**, possível, determinado ou determinável (CC/art. 104, III); assim, o objeto lícito é um dos requisitos de validade do negócio jurídico.

Alternativa "e": a pretensão prescreve no mesmo prazo da exceção (CC/art. 190). Aliás, de acordo com a **Súmula 150 do STF**: *"Prescreve a execução no mesmo prazo de prescrição da ação"*.

Alternativa correta: letra "b".

---

41. (Cespe – Procurador do Estado – CE/2008) Acerca dos fatos jurídicos, assinale a correta.

a) Configura-se o estado de perigo quando uma pessoa, por inexperiência, ou sob premente necessidade, obriga-se a prestação manifestamente desproporcional ao valor da prestação oposta, gerando lucro exagerado ao outro contratante. Nessa situação, a pessoa pode demandar a nulidade do negócio jurídico, dispensando-se a verificação de dolo ou má-fé da parte adversa.

b) A fraude contra a execução é um defeito do negócio jurídico, caracterizando-se como vício de consentimento e viciando, como consequência, a declaração de vontade dos partícipes do negócio jurídico.

c) A simulação relativa é um vício social que acarreta a nulidade do negócio jurídico, que não pode subsistir, mesmo que seja válido na substância e na forma.

d) O negócio jurídico realizado com infração a norma de ordem pública, mesmo depois de declarado nulo por sentença judicial, por se tratar de direito patrimonial e, portanto, disponível, pode ser ratificado pelas partes, convalidando-se, assim, o ato negocial.

e) A reserva mental caracteriza-se pela não-coincidência entre a vontade real e a declarada, com o propósito de enganar a outra parte. Se for desconhecida pelo destinatário, a manifestação de vontade subsiste ainda que o seu autor haja feito a reserva mental de não querer o que manifestou.

COMENTÁRIOS

Alternativa "a": configura-se o estado de perigo quando alguém, premido da necessidade de salvar-se, ou a pessoa de sua família, de grave dano conhecido pela outra parte, assume obrigação excessivamente onerosa; tratando-se de pessoa não pertencente à família do declarante, o juiz decidirá segundo as circunstâncias. O **conhecimento** do risco pela parte beneficiada é um dos elementos do estado de perigo. Além disso, o defeito em destaque é causa de **anulabilidade** do negócio jurídico (CC, art. 171, II).

Alternativa "b": a fraude à execução não é um defeito do negócio jurídico. Ocorre quando se der a alienação de bens do devedor, já comprometidos por obrigação sua, desde que esteja em curso alguma ação movida contra ele e desde que a execução recaia futuramente sobre esses bens. Trata-se de ineficácia em relação ao processo, conforme os arts. 790, V, e 792, todos do NCPC.

Alternativa "c": a simulação relativa admite o aproveitamento (CC, art. 167, *caput*, 2ª parte). Ainda, de acordo com o **Enunciado 153 da III Jornada de Direito Civil**: *"Na simulação relativa, o negócio simulado (aparente) é nulo, mas o dissimulado será válido se não ofender a lei nem causar prejuízos a terceiros"*; por sua vez, o **Enunciado 293 da IV Jornada de Direito Civil**, afirma que *"Na simulação relativa, o aproveitamento do negócio jurídico dissimulado não decorre tão-somente do afastamento do negócio jurídico simulado, mas do necessário preenchimento de todos os requisitos substanciais e formais de validade daquele"*.

Alternativa "d": o negócio praticado com infração a preceito de ordem pública é nulo (CC, art. 166). O negócio jurídico nulo não é suscetível de confirmação, nem convalesce pelo decurso do tempo (CC, art. 169).

Alternativa "e": de acordo com o CC/art. 110, a manifestação de vontade subsiste ainda que o seu autor haja feito a reserva mental de não querer o que manifestou, salvo se dela o destinatário tinha conhecimento.

Alternativa correta: letra "e".

5.5.2. SILÊNCIO

42. (Cespe – Procurador do Estado – BA/2014) Acerca dos negócios jurídicos, julgue os itens a seguir: O silêncio de uma das partes pode, excepcionalmente, representar anuência, se as circunstâncias ou os usos o autorizarem e não for necessária a declaração expressa de vontade.

COMENTÁRIOS

Estabelece o art. 111 do CC: "O silêncio importa anuência, quando as circunstâncias ou os usos o autorizarem, e não for necessária a declaração de vontade expressa". Conforme as lições de Carlos Roberto Gonçalves, "em regra não se aplica ao direito o provérbio 'quem cala consente'. Normalmente, o silêncio nada significa, por constituir total ausência de manifestação de vontade e, como tal, não produzir efeitos. Todavia, excepcionalmente, em determinadas circunstâncias, pode ter um significado relevante e produzir efeito [...] portanto, o silêncio pode ser interpretado como manifestação tácita de vontade quando a lei conferir a ele tal efeito (CC, arts. 539, 658 e 659), quando tal efeito ficar convencionado em um pré-contrato ou ainda resultar dos usos e costumes (CC, art. 432)" (Direito Civil Esquematizado, vol. 1, Saraiva, 2ª ed., 2012, pág. 282). **(certo)**

5.6. ELEMENTOS ACIDENTAIS DO NEGÓCIO JURÍDICO

5.6.1. CONDIÇÃO

43. (Cespe – Procurador do Estado – PGE – SE/2017) Assinale a opção que apresenta o conceito de condição, no âmbito dos negócios jurídicos.

a) Cláusula que sujeita o negócio ao emprego das técnicas de domínio do devedor.

b) Cláusula que submete a eficácia do negócio jurídico a determinado acontecimento.

c) Acontecimento futuro e certo que suspende a eficácia de um negócio jurídico.

d) Imposição de obrigação ao beneficiário de determinada liberalidade.

e) Cláusula que visa eliminar um risco que pesa sobre o credor.

COMENTÁRIOS

✪ **Nota do Autor:** condição é a cláusula que, derivando **exclusivamente** da vontade das partes, subordina o efeito do negócio jurídico a evento futuro e incerto. **Seus requisitos**: **(1)** aceitação voluntaria; **(2)** futuridade do evento; **(3)** incerteza do acontecimento. **São espécies de condição**: **(A)** em relação à licitude: lícita e ilícitas, art. 122, 1ª parte; **(B) em relação à possibilidade**: possíveis e impossíveis (fisicamente impossível e juridicamente impossíveis); **ATENÇÃO**: as condições impossíveis invalidam os negócios jurídicos que lhe são subordinados, quando suspensivas, assim como as ilícitas, incompreensíveis e contraditórias (CC, art. 123, I a III). Tem-se por inexistente as condições impossíveis, quando resolutivas (CC, art. 124); **(C) em relação à fonte de onde promanam**: casuais, potestativas (puramente potestativas ou simplesmente potestativas) e mistas. As condições promíscuas são as inicialmente puramente potestativas, mas que, por fato superveniente, convertem-se em simplesmente potestativas; (d) em relação ao modo de atuação: suspensivas e resolutivas. Se for resolutiva a condição, enquanto esta se não realizar, vigorará o negócio jurídico, podendo exercer-se desde a conclusão deste o direito por ele estabelecido. Logo, a condição é de ineficácia. Por outro lado, subordinando-se a eficácia do negócio jurídico à condição suspensiva, enquanto esta se não verificar, não se terá adquirido o direito, a que ele visa. Por fim, as condições subordinadas a evento passado ou presente são denominadas condições impróprias.

Alternativa "a": a condição está sujeita a um evento futuro e incerto. Este acontecimento não pode se sujeitar ao puro arbítrio de uma das partes (*condições puramente potestativas*), sendo isto vedado pelo art. 122 do CC.

Alternativa "b": o art. 121 do Cód. Civil bem define o conceito de condição, ao afirmar: "considera-se condição a cláusula que, derivando exclusivamente da vontade das partes, subordina o efeito do negócio jurídico a evento futuro e incerto".

Alternativa "c": o evento que se relaciona às condições é futuro e incerto (CC, art. 121).

Alternativa "d": a condição não impõe uma obrigação; desta natureza são os encargos. Aliás, segundo o art. 136 do CC, "o encargo não suspende a aquisição nem o exercício do direito, salvo quando expressamente imposto no negócio jurídico, pelo disponente, como condição suspensiva".

Alternativa "e": a eliminação de riscos está intimamente relacionado às garantias pessoais e reais, e não as condições, cláusulas acessórias de eficácia (suspensiva) ou ineficácia (resolutiva) de negócios jurídicos.

Alternativa correta: letra "b".

44. (FCC – Procurador do Estado – SP/2009) A condição resolutiva subordina a:

a) eficácia do negócio jurídico a um evento futuro e incerto, enquanto o termo final subordina a eficácia a um acontecimento futuro e certo.

b) eficácia do negócio jurídico a um evento futuro e incerto, enquanto a condição suspensiva subordina a eficácia a um evento futuro e certo.

c) eficácia do negócio jurídico a um evento futuro e certo, enquanto a condição suspensiva subordina a ineficácia a um acontecimento futuro e incerto.

d) ineficácia do negócio jurídico a um evento futuro e incerto, enquanto a condição suspensiva subordina a eficácia a um acontecimento futuro e incerto.

e) ineficácia do negócio jurídico a um acontecimento futuro e certo, enquanto a condição suspensiva subordina a eficácia a um acontecimento futuro e certo.

COMENTÁRIOS

Alternativa "a": a condição **suspensiva** condiciona a eficácia do negócio até a realização do evento futuro e incerto; o termo final não subordina a eficácia do negócio jurídico, mas sua ineficácia, porque peremptório e resolutório.

Alternativa "b": os efeitos da condição resolutiva e suspensiva são diversos; enquanto a **resolutiva** subordina a **ineficácia** a um evento futuro e incerto, a **suspensiva** subordina a eficácia a um evento futuro e incerto, ou seja, pendente, não se terá direito adquirido, mas expectativa de direito ou direito eventual.

Alternativa "c": foram invertidos os efeitos do implemento do evento futuro e incerto. Para a condição resolutiva, o implemento do evento é causa de ineficácia. Para a suspensiva, de eficácia.

Alternativa "d": o aperfeiçoamento do evento futuro e incerto na condição resolutiva resulta a *ineficácia do negócio jurídico*, enquanto na condição suspensiva, a *eficácia*.

Alternativa "e": em quaisquer das condições, resolutiva ou suspensiva, tem-se a presença de uma cláusula segundo a qual os efeitos do negócio jurídico estão sujeitos ao evento futuro e **incerto.**

Alternativa correta: letra "d".

---

45. (Cespe – Procurador do Estado – ES/2008) – Julgue o item a seguir, acerca dos negócios jurídicos. Condição é a cláusula, voluntariamente aposta a um negócio jurídico, que subordina o nascimento ou a extinção de um direito à ocorrência de evento futuro e certo. Quando se tratar de condição resolutiva, enquanto não se verificar essa condição, o negócio não produzirá qualquer efeito.

COMENTÁRIOS

Um dos requisitos das condições é a **incerteza** do acontecimento. Noutra banda, em se tratando de condição resolutiva, enquanto não verificado o implemento do evento futuro e incerto, vigorará o negócio jurídico, podendo exercer-se, desde a conclusão, o direito por ele estabelecido (CC/art. 127). A condição resolutiva subordina a *ineficácia* do negócio jurídico. Sobrevindo a condição, extingue-se, para todos os efeitos, o direito a que ela se opõe. Todavia, nos negócios de execução continuada ou periódica, a efetivação da condição não atingirá os atos já praticados, exceto se houver disposição em contrário. **(errado)**

5.7. DEFEITOS DO NEGÓCIO JURÍDICO

5.7.1. DOLO

---

46. (FCC – Procurador do Estado – MT/2016) Pedro adquiriu de João veículo que, segundo afirmou o vendedor, a fim de induzir o comprador em erro, seria do tipo "flex", podendo ser abastecido com gasolina ou com álcool. Mas Pedro não fazia questão desta qualidade, e teria realizado o negócio ainda que o veículo não fosse bicombustível. No entanto, em razão do que havia afirmado João, Pedro acabou por abastecer o veículo com combustível inapropriado, o que causou avaria no motor. O negócio jurídico

a) é anulável e obriga às perdas e danos, em razão do vício denominado dolo, não importando tratar-se de dolo acidental.

b) é nulo, em razão de vício denominado dolo.

c) é nulo, em razão de vício denominado lesão.

d) é anulável, em razão do vício denominado dolo, mas não obriga às perdas e danos, por tratar-se de dolo acidental.

e) não é passível de anulação, pois o dolo acidental só obriga às perdas e danos.

COMENTÁRIOS

✪ **Nota do Autor:** dolo é o artifício ou expediente astucioso empregado para induzir alguém à prática de um ato que o prejudique e aproveite o autor do dolo ou terceiro (Clóvis Beviláqua). Consiste em sugestões ou manobras maliciosamente levadas a efeito por uma das partes a fim de conseguir da outra uma emissão de vontade que lhe traga proveito ou a terceiro (Caio Mario da Silva Pereira). Difere do erro, porque este é espontâneo, enquanto o dolo provocado intencionalmente. Dentre as várias espécies de dolo, destacam-se (Carlos Roberto Gonçalves): principal e acidental; *dolus bonus* e *dolus malus*; positivo e negativo (omissão dolosa); do outro contratante e de terceiro; da própria parte e do representante; unilateral e bilateral; dolo de aproveitamento. Talvez a classificação mais importante seja aquela que diferencia o dolo principal (*dolus causam dans*) e o dolo acidental (*dolus incidens*), sobretudo em função dos efeitos de um e de outro. Somente o **dolo principal** vicia o negócio jurídico, porque determinante da declaração de vontade. O negócio somente ocorre em razão do convencimento astucioso e da manobra insidiosa. O **dolo acidental** influencia somente sobre as condições estipuladas, tornando-as mais onerosas e menos vantajosas, sem afetar a declaração de vontade quanto à celebração do negócio, que ocorreria, independentemente das manobras ardilosas. A omissão dolosa, por outro lado, é descrita no art. 147 do CC. Nos seguintes negócios jurídicos bilaterais, "o silêncio intencional de uma das partes a respeito de fato ou qualidade que a outra parte haja ignorado, constitui omissão dolosa, provando-se que sem ela o negócio não se teria celebrado". O dolo pode ser comissivo (positivo) ou omissivo (negativo). O dolo positivo é o artifício astucioso decorrente de ato comissivo em que a outra parte é levada a contratar por força de afirmações falsas sobre a qualidade da coisa. O dolo negativo vem a ser a manobra astuciosa que constitui omissão dolosa ou reticente apara induzir um dos contratantes a realizar o negócio. Ocorrerá quando uma das partes vier a ocultar algo que a outra deveria saber e se sabedora não teria efetivado o ato negocial. O dolo negativo acarretará a anulação do negócio se for principal, acatando-se o princípio da boa-fé objetiva (CC, art. 422) (Maria Helena Diniz, Código Civil Anotado, 16ª ed., Saraiva, São Paulo). São **requisitos do dolo negativo**: (a) contrato bilateral; (b) intenção de induzir a outra parte à prática do negócio; (c) silêncio intencional de uma das partes a respeito de fato ou qualidade que a outra parte haja ignorado; (d) nexo de causalidade entre a omissão e o negócio realizado; (e) que o ato omissivo seja da outra parte, e não de terceiro; (f) prova de que o negócio não seria celebrado caso o fato ou qualidade fosse conhecida da outra parte. (Maria Helena Diniz, Código Civil Anotado, 16ª ed., Saraiva, São Paulo).

Alternativa "a": o dolo acidental não é considerado vício de vontade, porque não atua como causa determinante da declaração; logo, não é considerado defeito do negócio jurídico. Sendo assim, o negócio não se anula por dolo acidental, que só obriga à satisfação das perdas e danos (CC, art. 146).

Alternativa "b": o negócio que contenda dolo acidental não é nulo e nem anulável. Nesse caso, por interferir o dolo acidental apenas nas condições do negócio, este só obriga ao pagamento das perdas e danos, diz o art. 146 do CC.

Alternativa "c": não é inválido o negócio praticado com dolo acidental, sendo que este acaba influindo apenas nas condições estipuladas (CC, art. 146).

Alternativa "d": o dolo principal torna anulável o negócio jurídico por ser a causa determinante da declaração de vontade, ou seja, o negócio não teria ocorrido sem o convencimento astucioso ou a manobra insidiosa. O dolo acidental obriga às perdas e danos, pois influi diretamente nas condições do negócio (CC, art. 146).

Alternativa "e": de acordo com o art. 146 do CC, "o dolo acidental só obriga à satisfação das perdas e danos, e é acidental quando, a seu despeito, o negócio seria realizado, embora por outro modo". O *dolo acidental* diz respeito às *condições do negócio*, de maneira que este se realizaria, apesar da malícia empregada pela parte ou terceiro, mas em circunstâncias mais favoráveis ao agente. Por essa razão, o dolo acidental não vicia o negócio, mas obriga à satisfação de perdas e danos. Logo, o dolo acidental influência apenas nas condições estipuladas, como ato ilícito, não permitindo a postulação de invalidade do contrato, mas somente a exigir a reparação do dano experimentado, correspondente entre o preço pago e o real valor do bem.

Alternativa correta: letra "e".

---

47. (FMP – Procurador do Estado – AC/2014) O dolo:

a) só pode gerar a anulabilidade do negócio, mesmo que seja acidental.

b) pode gerar a indenização por perdas e danos caso seja acidental.

c) não comporta a modalidade bilateral.

d) deve ser sempre próprio não comportando o dolo de terceiro.

COMENTÁRIOS

Alternativa "a": de acordo com o art. 146 do CC, "O dolo acidental só obriga à satisfação das perdas e danos, e é acidental quando, a seu despeito, o negócio seria realizado, embora por outro modo". O "dolus causam dans contract é o dolo principal, também chamado de dolo essencial, dolo determinante ou dolo causal; é aquele que é a causa eficiente do negócio jurídico, sua única razão, o que origina, sem o qual ele não se teria concluído. O *dolus incidens* (dolo incidente ou incidental) é aquele que leva a vítima a realizar o negócio jurídico, porém em condições mais onerosas ou menos vantajosas" (De Barros Monteiro, Washington, Curso de Direito Civil, vol. 1, Saraiva, 44ª ed., 2012, pág. 255).

Alternativa "b": consoante o art. 146 do CC: "O dolo acidental só obriga à satisfação das perdas e danos, e é acidental quando, a seu despeito, o negócio seria realizado, embora por outro modo". Segundo Maria Helena Diniz, "o dolo acidental ou *dolus incidens* (dolo incidente) é o que leva a vítima a realizar o negócio, porém, em condições mais onerosas ou menos vantajosas, não afetando sua declaração de vontade, embora venha a provocar desvios, não se constituindo vício de consentimento, por não influir diretamente na realização do ato negocial que se teria praticado independentemente do emprego das manobras astuciosas [...] o dolo acidental, por não ser vício de consentimento nem causa do contrato, não acarretará a anulação do negócio, obrigando apenas à satisfação de perdas e danos ou a uma redução da prestação convencionada" (Código Civil Anotado, 16ª ed., Saraiva, pág. 205).

Alternativa "c": pelo art. 150 do CC: "Se ambas as partes procederem com dolo, nenhuma pode alegá-lo para anular o negócio, ou reclamar indenização". O dolo será unilateral se exercido por uma das partes; e bilateral ou recíproco se por ambas as partes. Trata-se da torpeza bilateral, em que há compensação ou neutralidade dos ilícitos praticados; ainda que se trate de um dolo principal e de outro acidental, a ninguém caberá, por ausência de boa-fé, se aproveitar do próprio dolo ou da própria torpeza. Desse modo, no caso de dolo bilateral, afasta-se a possibilidade de anulação ou indenização do negócio jurídico.

Alternativa "d": admite-se o dolo de terceiro, prescreve o art. 148 do CC, nestes termos: "Pode também ser anulado o negócio jurídico por dolo de terceiro, se a parte a quem aproveite dele tivesse ou devesse ter conhecimento; em caso contrário, ainda que subsista o negócio jurídico, o terceiro responderá por todas as perdas e danos da parte a quem ludibriou". O dolo de terceiro é o praticado por quem é alheio ao negócio jurídico. Pode apresentar-se das seguintes maneiras: (a) o terceiro atua com dolo em cumplicidade com uma das partes; (b) o terceiro age com dolo, mas o terceiro a quem aproveita o artifício conhece ou o deva conhecer; (c) o dolo do terceiro não é conhecido pela parte a quem aproveita. Nos itens (a) e (b), o negócio é anulável, se o dolo for principal (*dolus causam dans*) e proveitoso. No item (c), o negócio é válido, mas o terceiro responderá por todas as perdas e danos da parte a quem ludibriou.

Alternativa correta: letra "b".

5.7.2. ESTADO DE PERIGO

48. (Vunesp – Procurador do Estado – PGE – SP/2018) O ato de assumir obrigação excessivamente onerosa, premido pela necessidade de salvar-se ou a pessoa de sua família, de grave dano conhecido pela outra parte, caracteriza:

a) lesão, sujeita ao prazo prescricional de 4 anos para declaração da sua nulidade, contado da cessação do risco.
b) lesão, sujeita ao prazo decadencial de 4 anos para sua desconstituição, contado da data da celebração do negócio jurídico.
c) lesão, que torna o negócio jurídico ineficaz enquanto não promovido o reequilíbrio econômico do contrato em sede judicial.
d) estado de perigo, sujeito ao prazo decadencial de 4 anos para declaração da sua nulidade, contado da cessação do risco.
e) estado de perigo, sujeito ao prazo decadencial de 4 anos para sua desconstituição, contado da data da celebração do negócio jurídico.

COMENTÁRIOS

✪ **Nota do autor:** o estado de perigo, vício de consentimento, configura-se quando alguém, premido da necessidade de salvar-se, ou a pessoa de sua família, de grave dano conhecido pela outra parte, assume obrigação excessivamente onerosa. Tratando-se de pessoa não pertencente à família do declarante, o juiz decidirá segundo as circunstâncias, proclama o art. 156 do CC.

Alternativa "a": o enunciado da questão diz respeito ao vício do estado de perigo. Além disso, ainda que se tratasse da lesão, sua presença torna o negócio jurídico anulável, e não nulo. Por fim, sua desconstituição está sujeita a prazo decadencial.

Alternativa "b": no vício da lesão inexiste o risco pessoal; seus elementos são premente necessidade (ex: despejo), ou a inexperiência (vivência negocial). Sua natureza é objetiva, ou seja, independe do conhecimento ou culpabilidade do outro contratante (beneficiado). Não se exige, portanto, o dolo de aproveitamento (Enunciado 150 da III Jornada de Direito Civil).

Alternativa "c": a situação descreve o vício do estado de perigo. No vício da lesão, por outro lado, verifica-se a anulabilidade do negócio. Acrescente-se, ainda, que não se decretará a anulação do negócio, se for oferecido suplemento suficiente, ou se a parte favorecida concordar com a redução do proveito, diz ao art. 157, § 2º, do CC.

Alternativa "d": no estado de perigo, o termo *a quo* da contagem do prazo decadencial de 4 anos conta-se da celebração do negócio, e não da cessação do risco (CC, art. 178, II).

Alternativa "e": previsto no art. 156 do CC, o estado de perigo caracteriza-se como o vício que afeta a manifestação da vontade, em função do temor grave de dano moral ou material indireto à própria pessoa ou a parente seu, que compele o declarante a concluir contrato, mediante prestação exorbitante. Nestas condições, o lesado efetiva negócio bilateral ou unilateral excessivamente oneroso em razão de um risco pessoal (perigo de vida, lesão à saúde, à integridade física ou psíquica) que diminui sua capacidade de dispor livre e conscientemente. Vejamos o que dispõe o preceito em tela: "Configura-se o estado de perigo quando alguém, premido da necessidade de salvar-se, ou a pessoa de sua família, de grave dano conhecido pela outra parte, assume obrigação excessivamente onerosa". Vale uma última observação. A de que em se tratando de pessoa não pertencente à família do declarante, o juiz decidirá segundo as circunstâncias (CC, art. 156, parágrafo único). Com relação ao prazo decadencial, é de 4 anos o prazo de para pleitear-se a anulação do negócio jurídico, contado, no caso de estado de perigo, do dia em que se realizou o negócio jurídico (CC, art. 178, II).

Alternativa correta: "e".

5.7.3. LESÃO

49. (Cespe – Procurador do Estado – PGE – PE/2018) Quando alguém obtém lucro exagerado, desproporcional, aproveitando-se da situação de necessidade real e notória do outro contratante, configura-se o vício do negócio jurídico denominado

a) abuso de direito.
b) lesão.
c) dolo de aproveitamento.
d) coação.
e) estado de perigo.

COMENTÁRIOS

✪ **Nota do Autor:** ocorre lesão, defeito do negócio jurídico comutativo (de prestação certa e determinada), quando uma pessoa, sob premente necessidade, ou por inexperiência, se obriga a prestação manifestamente desproporcional ao valor da prestação oposta (CC/art. 157, *caput*). A desproporção das prestações é apurada de acordo com os valores então vigentes por ocasião da formação ou celebração do negócio jurídico. Quanto aos requisitos, independe do conhecimento da outra parte da situação de extrema necessidade ou de inexperiência do lesado, bastando a existência do prejuízo (requisito objetivo). Difere, portanto, do estado de perigo (CC/art. 156), já que neste é **exigido** o conhecimento do beneficiário da situação do premido de salvar-se, ou a pessoa de sua família e a terceiro não pertencente à família do declarante, que assume obrigação excessivamente onerosa (requisito subjetivo). Preceitua o CC/art. 171, II, que o negócio jurídico resultante de lesão é anulável, e o CC/art. 178, II, afirma o prazo decadencial será de **04 anos** para pleitear-lhe a anulação, contado do dia em que se realizou. Vejamos alguns Enunciados da III e IV Jornadas de Direito Civil do Conselho da Justiça Federal pertinente ao tema: **E/149,** "em atenção ao princípio da conservação dos contratos, a verificação da lesão deverá conduzir, sempre que possível, à revisão judicial do negócio jurídico e não à sua anulação, sendo dever do magistrado incitar os contratantes a seguir as regras do art. 157, § 2º, do Código Civil de 2002"; **E/150,** "a lesão de que trata o art. 157 do Código Civil não exige dolo de aproveitamento"; **E/290,** "a lesão acarretará a anulação do negócio jurídico quando verificada, na formação deste, a desproporção manifesta entre as prestações assumidas pelas partes, não se presumindo a premente necessidade ou a inexperiência do lesado"; **E/291,** "nas hipóteses de lesão previstas no art. 157 do Código Civil, pode o lesionado optar por não pleitear a anulação do negócio jurídico, deduzindo, desde logo, pretensão com vista à revisão judicial do negócio por meio da redução do proveito do lesionador ou do complemento do preço".

Alternativa "a": o abuso de direito ou exercício irregular do direito, previsto no art. 187 do CC, consiste em um ato jurídico de objeto lícito, mas cujo exercício, levado a efeito sem a devida regularidade, acarreta um resultado que se considera ilícito. Como se vê, não é um vício do consentimento, porque não afeta a manifestação da vontade na formação do negócio.

Alternativa "b": ocorre a lesão subjetiva (CC, art. 157 e ss.) quando uma pessoa, sob premente necessidade, ou por inexperiência, se obriga a prestação manifestamente desproporcional ao valor da prestação oposta. Trata-se de vício do consentimento que não exige o *dolo de aproveitamento*, ou seja, a situação de necessidade ou inexperiência seja de conhecimento da outra parte (Enunciado 150 da III Jornada de Direito Civil). Ademais, a desproporção deve ser aferida no momento da celebração do negócio.

Alternativa "c": o dolo de aproveitamento não se compatibiliza com o enunciado, porquanto este é o artifício ardiloso empregado com a finalidade de obter lucro, como na lesão usuária, algo não presente na questão.

Alternativa "d": verifica-se a coação (física ou moral) apta a viciar a declaração da vontade quando incutir sobre ao contratante de um ato negocial fundado temor de dano iminente e considerável à sua pessoa, à sua família, ou aos seus bens (CC, art. 151 e ss.).

Alternativa "e": por último, tem-se o estado de perigo quando alguém, premido da necessidade de salvar-se, ou a pessoa de sua família, de grave dano conhecido pela outra parte, assume obrigação excessivamente onerosa (CC, art. 156).

Alternativa correta: letra "b".

---

50. (Cespe – Procurador do Estado – BA/2014) Acerca dos negócios jurídicos, julgue o item a seguir: Ocorre a lesão quando uma pessoa, em premente necessidade ou por inexperiência, se obriga a prestação manifestamente desproporcional ao valor da prestação oposta, exigindo-se, para a sua configuração, ainda, o dolo de aproveitamento, conforme a doutrina majoritária.

COMENTÁRIOS

Segundo o art. 157 do CC: "Ocorre a lesão quando uma pessoa, sob premente necessidade, ou por inexperiência, se obriga a prestação manifestamente desproporcional ao valor da prestação oposta". Para Silvio de Salvo Venosa, "a lesão, em linhas gerais, consiste no prejuízo que um contratante experimenta em contrato comutativo quando não recebe da outra parte valor igual ou proporcional ao da prestação que forneceu. Nos contratos aleatórios apenas excepcionalmente pode ser tipificada a lesão, quando a vantagem obtida é frontalmente superior à álea do contrato. A lesão tem seu campo de atuação, de fato, como modalidade de aplicação da decantada boa-fé objetiva nos contratos sinalagmáticos [...] o requisito objetivo configura-se pelo lucro exagerado, pela desproporção das prestações que fornece um dos contratantes [...] o requisito subjetivo consiste no que a doutrina chama de dolo de aproveitamento e afigura-se, como dizem os diplomas legislativos, na circunstância de uma das partes aproveitar-se da outra pela inexperiência, leviandade ou estado de premente necessidade. Tais situações psicológicas são aferidas no momento do contrato. Não há necessidade de o agente induzir a vítima à prática do ato, nem é necessária a intenção de prejudicar. Basta que o agente se aproveite dessa situação de inferioridade em que é colocada a vítima, auferindo lucro desproporcional e anormal" (Direito Civil, 13ª ed., Atlas, 2013, pág. 451). Por outro lado, ensina Maria Helena Diniz que a lesão "é especial, objetiva, por ocorrer independentemente da culpabilidade do beneficiado. Não se exige que este tenha prévio conhecimento da necessidade por que passa o outro contratante ou mesmo de sua inexperiência (falta de vivência negocial). O lesado deverá tão somente provar que o ato se deu em caso de premência de necessidade ou por inexperiência". (Código Civil Anotado, 16ª ed., Saraiva, 2012, pág. 212). Nesse sentido o **Enunciado 150**, "A lesão de que trata o art. 157 do Código Civil não exige dolo de aproveitamento". **(errado)**

---

51. (FEPESE – Procurador do Estado – SC/2010) Quando determinada pessoa, sob premente necessidade ou por inexperiência, se obriga a prestação manifestadamente desproporcional ao valor da prestação oposta, ocorre:

a) dolo.
b) lesão.
c) coação.
d) estado de necessidade.
e) fraude contra credores.

COMENTÁRIOS

Alternativa "a": dolo é o emprego de um artifício astucioso para induzir alguém à prática de um ato negocial que o prejudica e aproveita ao autor do dolo ou a terceiro (CC/art. 145).

Alternativa "b": ocorre *lesão*, defeito do negócio jurídico comutativo *(de prestação certa e determinada)*, quando uma pessoa, sob premente necessidade ou por inexperiência, se obriga a prestação manifestamente desproporcional ao valor da prestação oposta (CC/art. 157, *caput*); a desproporção das prestações é avaliada segundo os valores vigentes ao tempo em que foi celebrado o negócio jurídico; *quanto aos requisitos*, independe do conhecimento da outra parte da situação extrema do lesado ou de sua inexperiência, bastando a existência do prejuízo *(requisito objetivo)*. Segundo Maria Helena Diniz que a lesão "é especial, objetiva, por ocorrer independentemente da culpabilidade do beneficiado. Não se exige que este tenha prévio conhecimento da necessidade por que passa o outro contratante ou mesmo de sua inexperiência (falta de vivência negocial). O lesado deverá tão somente provar que o ato se deu em caso de premência de necessidade ou por inexperiência". (Código Civil Anotado, 16ª ed., Saraiva, 2012, pág. 212). Nesse sentido o **Enunciado 150**, "A lesão de que trata o art. 157 do Código Civil não exige dolo de aproveitamento". Difere, portanto, do *estado de perigo* (CC/art. 156), já que nele é exigido o *conhecimento do beneficiário da situação de premência* porque passa aquele que assume a obrigação excessivamente onerosa *(requisito subjetivo)*. Estabelece o CC/art. 171, II, que o negócio jurídico resultante de vício de consentimento de lesão é anulável, e o CC/art. 178, II, afirma o prazo decadencial de **04 anos** para pleitear a anulação do negócio jurídico, contado do dia em que se realizou o negócio jurídico.

Alternativa "c": a coação é a pressão física (*vis absoluta*) ou moral (*vis compulsiva*) exercida que, para viciar a declaração da vontade, há de ser tal que incuta ao paciente fundado temor de dano iminente e considerável à sua pessoa, à sua família ou aos seus bens. (CC/art. 151).

Alternativa "d": o estado de necessidade não é defeito do negócio, mas ato lesivo não ilícito. Trata-se da ofensa ao direito alheio para remover perigo iminente, quando as circunstâncias o tornarem absolutamente necessários e quando não exceder os limites do indispensável para a remoção do perigo (CC/art. 188, II, parágrafo único).

Alternativa "e": a fraude contra credores é o defeito pelo qual o devedor desfalca o seu patrimônio a fim de prejudicar créditos alheios; seus elementos são o objetivo *(eventus damni)* e o subjetivo *(consilium fraudis)*.

Alternativa correta: letra "b".

---

52. (Cespe – Procurador do Estado – PI/2008) Acerca do negócio jurídico, assinale a correta.

a) Condição é elemento acidental do ato ou negócio jurídico que faz o mesmo depender de evento futuro e incerto. A condição resolutiva é requisito e pressuposto de validade de negócio, suspendendo-o, no plano da sua eficácia, até a ocorrência da condição estabelecida.

b) Se, no ato negocial, ambos os contratantes procederem dolosamente, o negócio celebrado será eivado de nulidade por representar declaração enganosa da vontade dos contratantes. Essa nulidade pode ser requerida por qualquer uma das partes.

c) A lesão inclui-se entre os vícios de consentimento e acarreta a anulabilidade do negócio, permitindo-se, porém, para evitá-la, a oferta de suplemento suficiente, ou, se o favorecido concordar, a redução da vantagem, aproveitando-se, assim, o negócio.

d) A fraude contra credores consiste na alienação de bens pelo devedor com o intuito de escusar-se do pagamento de sua dívida ao credor. Tal ato de alienação é válido, porém ineficaz em face do credor prejudicado.

e) A falta de capacidade de uma das partes do negócio jurídico não pode ser a causa alegada pela outra parte para justificar a nulidade do negócio. Entretanto, a parte incapaz poderá alegar tal condição para invalidar o negócio, ainda que dela tivesse consciência, uma vez que o instituto da incapacidade protege os seus direitos.

COMENTÁRIOS

Alternativa "a": a condição é elemento acidental dos negócios jurídicos; se resolutiva, o implemento importa a ineficácia do negócio jurídico. Assim, o negócio vigora desde a conclusão, podendo exercer-se desde a conclusão o direito por ele estabelecido (CC/art. 127).

Alternativa "b": se ambas as partes procederem com dolo, nenhuma pode alegá-lo para anular o negócio ou reclamar indenização (CC/art. 150); trata-se do dolo recíproco, pelo qual há neutralização e compensação dos ilícitos e em razão disso, nenhum dos contratantes poderá se aproveitar da própria torpeza. Ademais, o dolo é causa de anulabilidade, **não** nulidade.

Alternativa "c": no defeito lesão, conforme já anotamos, não se decretará a anulação do negócio, se for oferecido suplemento suficiente ou se a parte favorecida concordar com a redução do proveito (CC/art. 157, § 2º).

Alternativa "d": a fraude contra credores ocorre mediante o desfalque patrimonial do devedor que, em função disso, torna-se insolvente; compõe-se dos elementos objetivo *(eventus damni)* e subjetivo *(consilium fraudis)*. Não é exigido a *scientia fraudis*. Ainda que o devedor ou o beneficiário ignore que em razão dos atos ocorra a redução de garantia ou a incursão no estado de insolvência do devedor, o ato será anulável por fraude contra credores. A causa da anulação é *objetiva*.

Alternativa "e": o menor, entre dezesseis e dezoito anos, não pode, para eximir-se de uma obrigação, invocar a sua idade se dolosamente a ocultou quando inquirido pela outra parte, ou se, no ato de obrigar-se, declarou-se maior (CC, art. 180).

Alternativa correta: letra "c".

5.7.4. FRAUDE CONTRA CREDORES

53. (PUC – Procurador do Estado – PR/2015) Levando em conta a temática dos defeitos do negócio jurídico, considere as seguintes asserções:

I. Suponha que Tício beneficia Caio pela doação de bem imóvel e isso acaba por desfalcar seu patrimônio de forma tal que suas dívidas passam a superar os ativos. Neste caso, os credores quirografários de Tício podem valer-se da ação pauliana visando à anulação da doação. A ação seria dirigida contra Tício e Caio, ainda que este ignorasse o fato de que a liberalidade de Tício havia reduzido-o ao estado de insolvência, porque neste caso não se exige a comprovação da intenção de fraudar para o uso da ação revocatória.
II. Em um negócio jurídico constata-se manifesta desproporção entre prestação e contraprestação decorrente de manifesta inexperiência de uma das partes. Esta não pode invocar a própria inexperiência como causa para anulação do negócio jurídico por lesão, já que isto configuraria *venire contra factum proprium*.
III. Tício aliena um imóvel a Caio para que este o transmita a seu filho Mévio. Constatando-se que a intenção de Tício sempre fora transferir o bem a Mévio, prescindindo da autorização dos demais descendentes, a venda poderá ser invalidada por configurar negócio simulado mediante a interposição de pessoa.

Assinale a alternativa CORRETA.

a) Somente a afirmativa III é verdadeira.
b) Somente as afirmativas I e III são verdadeiras
c) Somente as afirmativas II e III são verdadeiras.
d) Somente a afirmativa I é verdadeira.
e) As afirmativas I, II e III são verdadeiras.

COMENTÁRIOS

✪ **Nota do Autor:** a *fraude contra credores* constitui a prática maliciosa, pelo devedor, de atos que desfalcam seu patrimônio, com o fim de colocá-lo a salvo de uma execução por dívidas em detrimento dos direitos creditórios alheios. Dois são seus elementos: **(A) objetivo** *(eventus damni)*, que é todo ato prejudicial ao credor, por tornar o devedor insolvente ou por ter sido realizado em estado de insolvência, ainda quando o ignore, ou ante o fato de a garantia torna-se insuficiente depois de executada; e **(B) subjetivo** *(consilium fraudis)*, que é a má-fé do terceiro adquirente, ou seja, a ciência deste da situação de insolvência do alienante. Não mais se exige a *scientia fraudis* para anular o negócio gratuito celebrado com a fraude contra credores. Logo, não é necessário que o adquirente esteja mancomunado ou conluiado com o alienante para lesar os credores deste. Se ignorava a insolvência do alienante nem tinha motivos para conhecê-la, conserva-se o negócio jurídico. Assim, basta a prova da ciência do status de insolvência. A causa da anulação é **objetiva** (estado de insolvente). (Maria Helena Diniz, Código Civil Anotado, 16ª ed., Saraiva, São Paulo, pág. 158). Pelo art. 159 do Código Civil, *"Serão igualmente anuláveis os contratos onerosos do devedor insolvente, quando a insolvência for* ***notória****, ou* ***houver motivo para ser conhecida*** *do outro contratante"* (grifo nosso). Nestes casos, **presume-se** a má-fé do adquirente. Também é **presumida** a fraude dos atos de transmissão gratuita de bens ou remissão de dívida (CC, art. 158), assim como **presumem-se** fraudatórias dos direitos dos outros credores as garantias de dívidas que o devedor insolvente tiver dado a algum credor (CC, art. 163). Nos demais casos, a *consilium fraudis* deve ser demonstrada pelo credor, ou seja, este somente logrará êxito na **ação revocatória** ou **paulina** se provar a má-fé do adquirente, isto é, se ficar evidenciado que este era ciente da posição insolvente do alienante. Por conseguinte, a fraude contra credores pode ocorrer nas transmissões *gratuitas* e *onerosas*: (i) transmissão gratuita de bens; (ii) remissão de dívida; (iii) pagamento antecipado de dívida; (iv) concessão fraudulenta de garantias (CC, arts. 158 e seguintes). A **ação revocatória** ou **paulina** possui natureza desconstitutiva, pois acarreta a anulabilidade do negócio jurídico. São **legitimados ativos** para sua propositura: (1) os credores quirografários primitivos; (2) os seus sucessores, a título singular ou universal; ***Nota:** só os credores que já o eram ao tempo da alienação fraudulenta podem manejar a ação, pois aqueles que se tornaram credores após a alienação já encontraram o patrimônio do credor que a relação jurídica sejam credores ao tempo da alienação fraudulenta. São **legitimados passivos**: em litisconsórcio necessário, o (1) o devedor insolvente; (2) o adquirente que com ele celebrou a estipulação considerada fraudulenta; (3) os terceiros adquirentes que procedam de má-fé, se o bem alienado pelo devedor já houver sido transmitido a outrem.

Afirmativa I: verdadeira; de acordo com o art. 158 do CC: "Os negócios de transmissão gratuita de bens ou remissão de dívida, se os praticar o devedor já insolvente, ou por eles reduzido à insolvência, ainda quando o ignore, poderão ser anulados pelos credores quirografários, como lesivos dos seus direitos". Verifica-se a fraude contra credores nos atos de transmissão gratuita de bens e, nesses casos, diferentemente dos atos de transmissão onerosa, os credores não precisam demonstrar o conluio fraudulento (*consilium fraudis*), pois a lei presume a existência do propósito de fraude. O *eventus damini,* o prejuízo ou ato prejudicial ao credor decorrente da insolvência, deve ser provado. A ação anulatória do negócio jurídico praticado com fraude contra credores chama-se *revocatória ou pauliana.* Possui legitimidade ativa para manejá-la os credores quirografários ao tempo da alienação fraudulenta (CC, art. 158, *caput*, e § 2º). Os credores com garantia especial também podem manejá-la, apenas se a garantia se tornar insuficiente (CC, art. 158, §1º). Não podem manejar a ação aqueles que se tornaram credores depois da alienação do devedor insolvente, ou que se tornou insolvente, pois estes já encontraram o patrimônio desfalcado. Pelo Enunciado 292 da IV Jornada de Direito Civil do CJF/STJ: "Para os efeitos do art. 158, § 2º, a anterioridade do crédito é determinada pela causa que lhe dá origem, independentemente de seu reconhecimento por decisão judicial".

Afirmativa II: falsa; segundo o art. 157 do CC, ocorre a lesão quando uma pessoa, sob premente necessidade, ou por inexperiência, se obriga a prestação manifestamente desproporcional ao valor da prestação oposta. São dois os elementos da lesão, um *objeto* (manifesta desproporção entre as prestações recíprocas ao tempo da celebração do negócio) e outro *subjetivo* (inexperiência e premente necessidade). A premente necessidade é impossibilidade de evitar o contrato; enquanto a inexperiência a falta de conhecimento técnico ou habilidade em relação à natureza da transação. Desse modo, a inexperiência pode ser invocada como causa de anulabilidade dos contratos, em caso de lesão, sem que isso configure atuar contra os próprios atos.

Afirmativa III: verdadeira; a simulação é uma declaração falsa da vontade que visa aparentar negócio diverso do efetivamente querido. É o engano, o fingimento de um negócio aparente diverso do real. Não é um vício do consentimento, porque não atinge a vontade dos contratantes; pelo contrário, estes emitem declaração fictícia, irreal, e desconforme a intenção, voluntariamente. Portanto, é considerada um vício social, porque a declaração é conscientemente realizada para enganar terceiros ou fraudar a lei, em acordo com a outra parte a quem ela se destina. A simulação em regra é praticada em negócios bilaterais, mas também é possível que ocorra em negócios unilaterais em que exista declaração receptícia. A assertiva envolve a simulação relativa, pois as partes para esconder o negócio real (doação), realizaram outro (compra e venda), esta simulada, aparente, destinada a enganar; aquela oculta, mas verdadeiramente querida. Por conseguinte, o negócio simulado serviu apenas para esconder a efetiva intenção dos contratantes, o negócio real. Para Maria Helena Diniz, a simulação relativa *subjetiva ou ad personam* ocorre se a parte contratante não tira proveito do negócio, por ser sujeito aparente. O negócio não é efetuado pelas próprias partes, mas por pessoa interposta ficticiamente. Pelo enunciado 153 do CJF: "Na simulação relativa, o negócio simulado (aparente) é nulo, mas o dissimulado será válido se não ofender a lei nem causar prejuízos a terceiros"; pelo enunciado 293 do CJF: "Na simulação relativa, o aproveitamento do negócio jurídico dissimulado não decorre tão somente do afastamento do negócio jurídico simulado, mas do necessário preenchimento de todos os requisitos substanciais e formais daquele".

Alternativa correta: letra "b".

54. (FMP – Procurador do Estado – AC/2012) Assinale a alternativa INCORRETA.

a) A fraude contra credores exige a existência de um crédito, seja ele com garantia real ou quirografário.

b) A arguição da nulidade de um negócio jurídico, ao contrário da arguição da anulabilidade, não está sujeita a prazo.

c) Se a impossibilidade do objeto de um negócio jurídico for inicial, mas relativa, o negócio é válido.

d) A simulação invalida o negócio aparente. O negócio que se pretendeu esconder, dissimular, no entanto, se for válido, na substância e na forma, subsistirá.

COMENTÁRIOS

Alternativa "a": incorreta; são dois os elementos da fraude contra credores: 1) *objetivo (eventus damni)* e 2) *subjetivo (consilium fraudis)*. A *anterioridade* do crédito ao ato fraudulento, a outro giro, é requisito da ação pauliana ou revocatória; a respeito, diz o **Enunciado 292**: *"Para os efeitos do art. 158, § 2º, a anterioridade do crédito é determinada pela causa que lhe dá origem, independentemente de seu reconhecimento por decisão judicial"*.

Alternativa "b": correta; a nulidade pode ser invocada a qualquer tempo, não se sujeitando a prazos decadenciais. O negócio jurídico nulo não é suscetível de confirmação, nem convalesce pelo decurso do tempo (CC, art. 169). Há **exceção**, no art. 1.859 do CC, pelo qual o testamento convalescerá, senão impugnado, pelo decurso do prazo de **cinco anos**, contado da data do seu registro.

Alternativa "c": correta; a impossibilidade inicial do objeto não invalida o negócio jurídico se for relativa. Trata-se da prestação que pode ser realizada por outrem, embora não o seja pelo devedor. Caso a impossibilidade seja absoluta, o negócio será nulo (CC, art. 106, 1ª parte).

Alternativa "d": correta; simulação é o vício social praticado quando, no negócio jurídico, há desacordo intencional entre a vontade interna e a declarada para criar, **aparentemente**, um ato negocial que inexiste, ou para ocultar, sob determinada **aparência**, o negócio querido, enganando terceiro, acarretando a nulidade do negócio e sua imprescritibilidade (Maria Helena Diniz). É **nulo** o negócio jurídico simulado, mas subsistirá o que se dissimulou, se válido for na substância e na forma. Pelo **Enunciado 293**: *"Na simulação relativa, o aproveitamento do negócio jurídico dissimulado não decorre tão-somente do afastamento do negócio jurídico simulado, mas do necessário preenchimento de todos os requisitos substanciais e formais de validade daquele"*.

Alternativa correta: letra "a".

55. (FCC – Procurador do Estado – SP/2012) Celebrado negócio jurídico não oneroso pelo devedor, que o reduza à insolvência, será ele considerado

a) ineficaz por fraude contra credores, por se tratar de ato gratuito.

b) nulo por fraude à execução, por presunção absoluta de *consilium fraudis*.

c) anulável por fraude à execução, ante a clara intenção de frustrar o cumprimento das suas obrigações.

d) nulo por fraude contra credores, por revelar ato atentatório contra a dignidade da justiça.

e) anulável por fraude contra credores, por iniciativa do credor quirografário com crédito anterior à alienação.

COMENTÁRIOS

Alternativa "a": a fraude contra credores é um dos defeitos do negócio jurídico. Seu reconhecimento importa a anulabilidade do negócio jurídico (CC, art. 158 e 171, II).

Alternativa "b": todos os defeitos resultam a anulabilidade do negócio jurídico, entre os quais a fraude contra credores (CC, art. 171, II).

Alternativa "c": a fraude à execução não é um defeito do negócio jurídico. Ocorre quando se der a alienação de bens do devedor, já comprometidos por obrigação sua, desde que esteja em curso alguma ação movida contra ele e desde que a execução recaia futuramente sobre esses bens. Trata-se de **ineficácia** em relação ao processo, conforme os arts. 790, V, e 792, todos do NCPC.

Alternativa "d": a fraude é causa de nulidade relativa e não absoluta do negócio jurídico (CC, art. 171, II).

Alternativa "e": a fraude contra credores importa a nulidade do negócio jurídico; o reconhecimento judicial do defeito se dá por meio da *ação pauliana* ou *revocatória*, promovida pelos credores quirografários, como lesivos dos seus direitos, e pelos credores cuja garantia se tornar insuficiente, observada a *anterioridade* do crédito ao ato fraudulento; diz o **Enunciado 292**: *"Para os efeitos do art. 158, § 2º, a anterioridade do crédito é determinada pela causa que lhe dá origem, independentemente de seu reconhecimento por decisão judicial".*

Alternativa correta: letra "e".

5.8. INVALIDADE DO NEGÓCIO JURÍDICO

5.8.1. NULIDADE

56. (PUC – Procurador do Estado – PR/2015) Assinale a alternativa CORRETA.

a) A emancipação do menor com 16 anos completos, concedida por ambos os pais por escritura pública, depende, para a sua validade, de homologação judicial.

b) A atuação do mandatário que age extrapolando os limites da procuração que lhe foi outorgada é inválida e não produz quaisquer efeitos jurídicos.

c) Os efeitos da declaração de nulidade do negócio jurídico retroagem ao momento da sua celebração, sendo que ele nunca convalesce, não pode ser confirmado e nem ratificado. Poderá, todavia, subsistir convertido em outro negócio jurídico cujos requisitos de validade estiverem presentes, se atingir o fim visado pelas partes.

d) A relativa incapacidade do menor entre 16 e 18 anos autoriza-o a invocar a anulabilidade de negócio jurídico realizado sem assistência, mesmo que tenha se declarado maior no momento de sua celebração.

e) A fixação de condição resolutiva física ou juridicamente impossível invalida todo o negócio jurídico.

COMENTÁRIOS

✪ **Nota do Autor:** *nulidade* é a sanção imposta pela norma jurídica, que determina a privação dos efeitos jurídicos do ato negocial em desobediência ao que prescreve (Maria Helena Diniz, Código Civil Anotado, 16ed, 2012, Saraiva, São Paulo). As nulidades absolutas são muito mais graves do que as relativas, pois atentam contra a ordem pública. O legislador reprime-as de modo mais enérgico, aplicando-lhes a sanção mais severa. **Como se distingue** a *nulidade absoluta* da *relativa*: **(1)** a anulabilidade é decretada no interesse privado da pessoa prejudicada, ou no de um grupo de pessoas determinadas; a nulidade é de ordem pública, de alcance geral e decretada no interesse da própria coletividade; **(2)** a anulabilidade pode ser suprida pelo juiz a requerimento das partes, ou sanada, expressa ou tacitamente, pela ratificação; a nulidade não pode ser suprida pelo juiz, embora a pedido de todos interessados; **(3)** a anulabilidade há de ser pronunciada mediante provocação da parte, não podendo ser decretada de ofício pelo juiz; a nulidade pode e deve ser decretada de ofício; **(4)** a anulabilidade pode ser alegada e promovida pelos prejudicados com o ato, ou por seu legítimos representantes; a nulidade pode ser decretada não só a pedido dos interessados como também do órgão Ministério Público, quando lhe caiba intervir; **(5)** a anulabilidade está sujeita a prazos decadenciais, convalescendo-se depois de expirados; a nulidade não se convalesce pelo decurso do tempo; **(6)** a anulação deve ser sempre pleiteada mediante ação judicial; a nulidade, quase sempre, opera pleno jure (Washington de Barros Monteiro, Curso de Direito Civil, Parte Geral, 44ª ed., Saraiva, 2012). De acordo com o CC, art. 166, I a VII, é **nulo** o negócio jurídico quando: **(A)** celebrado por pessoa absolutamente incapaz; **(B)** for ilícito, impossível ou indeterminável o seu objeto; **(C)** o motivo determinante, comum a ambas as partes, for ilícito; **(D)** não revestir a forma prescrita em lei; **(E)** for preterida alguma solenidade que a lei considere essencial para a sua validade; **(F)** tiver por objetivo fraudar lei imperativa; **(G)** a lei taxativamente o declarar nulo, ou proibir-lhe a prática, sem cominar sanção; e ainda, de acordo com o CC/art. 167, é nulo o negócio jurídico simulado, mas subsistirá o que se dissimulou, se válido for na substância e na forma. Para *Orlando Gomes*, o **negócio jurídico nulo possui as seguintes características**: **(A)** *imediato* (vicia o negócio desde a formação); **(B)** *absoluto*, as nulidades podem ser alegadas por qualquer interessado, ou pelo Ministério Público, quando lhe couber intervir, e devem ser pronunciadas pelo juiz, quando conhecer do negócio jurídico ou dos seus efeitos e as encontrar provada; **(C)** *incurável*, as partes não podem saná-las, e não é permitido ao supri-las, ainda que a requerimento das partes; **(D)** *perpétuo*, não se convalescem pelo decurso do tempo. *(Introdução ao Direito Civil, 12ª edição, Rio de Janeiro, Forense, 1.996, pag. 474)*. O **negócio jurídico anulável**, em um paralelo distintivo, possui os seguintes traços: **(A)** *não é imediato*, porquanto a anulabilidade não tem efeito antes de julgada por sentença; a ineficácia é *ex nunc*, o que significa respeito às consequências já verificadas (CC/art. 177, primeira parte); **(B)** *não é absoluto*, pois só os interessados a podem alegar, e aproveita exclusivamente aos que a alegarem, salvo o caso de solidariedade ou indivisibilidade (CC/art. 177, segunda parte); **(C)** é *curável*, pois o negócio anulável pode ser confirmado pelas partes, salvo direito de terceiro (CC/art. 172). O CC/1916 continha redação diversa, falava em ratificação. O ato de *confirmar* significa aproveitar o negócio inválido, integrando-o e retroagindo à data do ato; torna-o válido na origem, pelo que deverá conter a mesma forma, conforme CC/art. 173; **(D)** não é *perpétuo*, pois se convalesce com o decurso do tempo previsto ou, se omisso tal prazo, em 02 anos. (CC/art. 178, 179, p. ex.). Pelo **Enunciado 538,** *"No que diz respeito a terceiros eventualmente prejudicados, o prazo decadencial de que trata o art. 179 do Código Civil não se conta da celebração* *do negócio jurídico, mas da ciência que dele tiverem"*. Noutro passo, o negócio jurídico será *válido* quando observar os preceitos pertinentes para cada um dos elementos do negócio jurídico (CC/art. 104 e seguintes); por outro lado, será *inválido*, se contiver algum vício. Se o vício atentar contra a ordem pública e social, o negócio jurídico será nulo; se atingir o interesse particular ou privado, será anulável. As **consequências do negócio jurídico nulo e do anulável são diversas**. Vejamos: **se nulo**: **(A)** celebrado, o vício o contamina desde a origem; os efeitos da decisão que declara a nulidade são *ex tunc*; **(B)** pode ser alegado por qualquer interessado, e pelo Ministério Público, quando couber intervir; **(C)** não se admite a confirmação, mas a conversão; **(D)** não se convalida, pois a nulidade absoluta é perpetua; **(E)** o juiz deverá conhecer de ofício, e não poderá supri-lo, ainda que a requerimento; **se anulável**: **(A)** celebrado, produz efeitos até que decretada a anulabilidade; seus efeitos, portanto, são *ex nunc*; **(B)** só os interessados podem alegar, e aproveita exclusivamente aos que a invocarem, salvo no caso de solidariedade ou indivisibilidade; **(C)** podem ser confirmados, salvo direito de terceiro; vale lembrar que o ato de confirmação deve conter a substância do negócio celebrado e a vontade expressa de mantê-lo; **(D)** aqui ocorre o convalescimento pelo decurso do tempo, de acordo com os prazos decadenciais previstos (**4 anos**, incapacidade relativa, erro, dolo, coação, estado de perigo, lesão e fraude contra credores), ou em **02 anos**, se não houver prazo estabelecido legalmente para o pleito de anulação; **(E)** ao juiz não é dado pronunciar a nulidade relativa de ofício. **NOTA**: segundo o art. 182 do CC, anulado o negócio jurídico (nulo ou anulável), restituir-se-ão as partes ao estado em que antes dele se achavam (status quo ante), e, não sendo possível restituí-las, serão indenizadas com o equivalente. Pelo **Enunciado 536,** *"Resultando do negócio jurídico nulo consequências patrimoniais capazes de ensejar pretensões, é possível, quanto a estas, a incidência da prescrição"*; por sua vez, o **Enunciado 537,** *"A previsão contida no art. 169 não impossibilita que, excepcionalmente, negócios jurídicos nulos produzam efeitos a serem preservados quando justificados por interesses merecedores de tutela"*.

Alternativa "a": a emancipação voluntária, pela concessão dos pais, ou de um deles na falta do outro, mediante instrumento público, independe de homologação judicial (CC, art. 5º, parágrafo único, I).

Alternativa "b": de acordo com o art. 665 do CC: "O mandatário que exceder os poderes do mandato, ou proceder contra eles, será considerado mero gestor de negócios, enquanto o mandante lhe não ratificar os atos". Tem-se que os atos do representante só vinculam o representado quando praticados em seu nome e dentro dos limites do mandato. Se o ato praticado pelo mandatário for além dos poderes do contrato, o mandante só ficará vinculado ao cumprimento se ratificá-los. O procurador que exceder os limites do mandato ao assumir obrigações com terceiros, sem que haja ratificação, ficará obrigado a responder, perante ele, pelo excesso, e será considerado mero gestor de negócios. Portanto, é válida a atuação que extrapola os limites, e produz efeitos jurídicos.

Alternativa "c": o negócio jurídico nulo não é suscetível de confirmação, nem convalesce pelo decurso do tempo, ou seja, é imprescritível (CC, art. 169). Todavia, há exceção no art. 1.859 do CC-2002, pois o testamento nulo se convalidará se não for pleiteada sua invalidação dentro do prazo decadencial de 5 anos, contado a partir do seu registro. O termo "ratificação" era utilizado pelo CC-1916. O negócio nulo não produz efeito algum, ou pelo menos aqueles que normalmente lhe pertencem. A decisão judicial que reconhece a nulidade é declaratória, e alcança a declaração da vontade no momento da emissão; logo, atua com efeitos *ex tunc*. Admite-se, por fim, a conversão do ato negocial nulo, na forma do art. 170 do CC-2002, em homenagem ao princípio da conservação do negócio jurídico, permitindo-se que as partes transformem um negócio em outro, quando estiverem presentes os requisitos daquele a ser convertido, desde que não haja proibição em lei, e seja esta a intenção das partes (*aspecto subjetivo*). E ainda, pelo Enunciado 13 da I Jornada de Direito Civil do CJF, "O aspecto objetivo da conversão requer a existência do suporte fático no negócio a converter-se".

Alternativa "d": o menor, entre dezesseis e dezoito anos, não pode, para eximir-se de uma obrigação, invocar a sua idade se dolosamente a ocultou quando inquirido pela outra parte, ou se, no ato de obrigar-se, declarou-se maior (CC, art. 180). Assim, o menor relativamente incapaz está proibido de alegar a menoridade para eximir-se de obrigação assumida se maliciosamente se apresentou como maior, reconhecendo-se, assim, que ninguém pode tirar proveito da própria torpeza.

Alternativa "e": invalidam os negócios jurídicos que lhes são subordinados às condições física ou juridicamente impossíveis, quando suspensivas (CC, art. 123, I).

Alternativa correta: letra "c".

---

57. (Cespe – Procurador do Estado – BA/2014) Acerca dos negócios jurídicos, julgue o item a seguir: É anulável o negócio jurídico se a lei proibir a sua prática, sem cominar sanção.

COMENTÁRIOS

Análise da questão: de acordo com o art. 166, VII, do Código Civil, é nulo o negócio jurídico quando a lei taxativamente o declarar nulo, ou **proibir-lhe a prática, sem cominar sanção**. Determinando a nulidade do negócio por determinação da lei, diz-se que a nulidade é expressa ou textual (ex: arts. 489, 548, 549, 1.428, 1.475, 1.548). Quanto a lei não declara expressamente a nulidade, mas proíbe-lhe a prática, como "não se admite" (CC, art. 380), "ficará sem efeito" (CC, art. 483 e 485), ter-se-á a nulidade virtual ou implícita. **(errado)**

---

58. (FCC – Procurador do Estado – MT/2011) É nulo o negócio jurídico

a) simulado, mas subsistirá o que se dissimulou, salvo se válido for na substância ou na forma.
b) celebrado por pessoa relativamente incapaz.
c) celebrado por vício resultante de erro, dolo, coação, estado de perigo, lesão ou fraude contra credores.

d) não revestido da forma escrita, ainda que a lei não exija tal formalidade.

e) celebrado por pessoa que, mesmo por causa transitória, não puder exprimir sua vontade.

COMENTÁRIOS

Alternativa "a": admite-se a conservação do negócio jurídico dissimulado ou oculto, se válido for na substância e na forma; o aproveitamento é cabível somente na *simulação relativa* ou *dissimulação*, pois na *simulação absoluta* não há intenção de realizar negócio algum. A respeito, diz o **Enunciado 293**: *"Na simulação relativa, o aproveitamento do negócio jurídico dissimulado não decorre tão-somente do afastamento do negócio jurídico simulado, mas do necessário preenchimento de todos os requisitos substanciais e formais de validade daquele".*

Alternativa "b": o negócio praticado por relativamente incapaz é anulável (CC/art. 171, I).

Alternativa "c": é anulável o negócio jurídico praticado com defeitos (CC/art. 171, II).

Alternativa "d": é nulo o negócio jurídico se for preterida alguma solenidade que a lei considere essencial para a sua validade (CC, art. 104, III, e 166, IV); todavia, não haverá nulidade a ser cogitada quando para a validade do negócio jurídico não se exigir, expressamente em lei, forma especial (CC, art. 107).

Alternativa "e": é absolutamente incapaz aquele que, mesmo por causa transitória, não puder exprimir sua vontade (CC/art. 3º); disso decorre que, celebrado o negócio por quem esteja nessa condição, haverá nulidade, conforme o CC/art. 166, I.

Alternativa correta: letra "e".

5.8.2. CONVERSÃO

59. (Cespe – Procurador do Estado – PB/2008) Assinale a correta acerca dos negócios jurídicos.

a) Pode alegar lesão qualquer das partes contratantes quando verificada, na conduta do outro, a presença do dolo de aproveitamento, por ter este se prevalecido de seu estado de necessidade.

b) No ato negocial, o fato de um dos contratantes agir dolosamente, silenciando alguma informação que devesse revelar ao outro contratante, constitui vício de consentimento, que acarreta a nulidade do negócio jurídico.

c) Caso um imóvel valioso seja vendido por meio de contrato celebrado entre pessoas maiores e capazes, por instrumento particular, o negócio é considerado nulo; contudo, se as partes quiserem, é possível converter esse negócio nulo em contrato preliminar ou compromisso bilateral de contrato.

d) Se, no ato negocial, ambos os contratantes procederem dolosamente, haverá compensação de dolos e o negócio será considerado nulo em virtude de ambos os partícipes terem agido de má-fé.

e) Considere-se que um menor de 15 anos de idade oculte dolosamente sua idade e firme contrato de prestação de serviços, tendo como objeto um curso de inglês. Nessa situação, o negócio jurídico é anulável, visto que o menor não estava regularmente assistido por seus representantes legais.

COMENTÁRIOS

✪ **Nota do autor** de acordo com o art. 170 do CC: "Se, porém, o negócio jurídico nulo contiver os requisitos de outro, subsistirá este quando o fim a que visavam as partes permitir supor que o teriam querido, se houvessem previsto a nulidade". O negócio jurídico nulo não é suscetível de confirmação, nem se convalesce pelo decurso do tempo (CC, art. 169), mas admite-se sua conversão, desde que presentes dois requisitos: **(1) objetivo:** o segundo negócio, em que se converteu o nulo, deve ter por suporte os mesmos elementos fáticos do primeiro; **(2) subjetivo:** as partes devem ter a vontade, a intenção, de obter o efeito do negócio em que se converteu o inválido. Pelo **Enunciado 13**, "O aspecto objetivo da conversão requer a existência do suporte fático no negócio a converter-se".

Alternativa "a": segundo o **Enunciado 150**: *"a lesão de que trata o art. 157 do Código Civil não exige dolo de aproveitamento".*

Alternativa "b": preceitua o CC/art. 147 que, nos negócios jurídicos bilaterais, o silêncio intencional de uma das partes a respeito de fato ou qualidade que a outra parte haja ignorado, constitui omissão dolosa, provando-se que sem ela o negócio não se teria celebrado; o negócio praticado com dolo negativo é **anulável.**

Alternativa "c": se o negócio jurídico nulo contiver os requisitos de outro, subsistirá este quando o fim a que visavam as partes permitir supor que o teriam querido, se houvessem previsto a nulidade (CC/art. 170). O dispositivo em tela prevê a conversão do negócio jurídico, que nada mais é do que a transformação de um negócio inválido em outro válido, mas de natureza diversa, quando presentes os requisitos deste; exige que as partes do negócio queiram o novo negócio (*aspecto subjetivo*), ainda que requerido por terceiro, estranho ao negócio, mas prejudicado pela nulidade. Não é admitida a conversão *de ofício* pelo juiz. A esse respeito, diz o **Enunciado 13**: *"O aspecto objetivo da conversão requer a existência do suporte fático no negócio a converter-se".*

Alternativa "d": o tratamento legal do *dolo recíproco* ou *torpeza bilateral* é dado pelo art. 150 do CC, pelo qual nenhuma das partes pode alegá-lo para anular o negócio ou reclamar indenização. Ambos os ilícitos são neutralizados e compensados, mantendo-se íntegro e válido o negócio jurídico.

Alternativa "e": o menor de 16 anos é absolutamente incapaz, e os negócios por ele praticados são nulos; é inaplicável ao caso, relembre-se, a proibição de alegação da menoridade para eximir-se da obrigação assumida, que é admitida aos menores entre 16 e 18 anos (CC, art. 3º, I; 166, I, e 180).

Alternativa correta: letra "c".

5.8.3. SIMULAÇÃO

60. (COPS – Procurador do Estado – PR/2011) Assinale a alternativa incorreta:

a) os atos jurídicos praticados com dolo puramente acidental não são anuláveis;

b) a simulação é causa de anulabilidade do negócio jurídico;

c) dentre outras razões, são anuláveis os atos jurídicos praticados por erro, em estado de perigo e por coação relativa;

d) o falso motivo somente vicia a declaração de vontade quando for, expressamente, sua razão determinante;

e) o negócio jurídico anulável pode ser confirmado pelas partes.

COMENTÁRIOS

✪ **Nota do Autor:** no CC/1916 a simulação acarretava a nulidade relativa do negócio jurídico, mas no CC/2002 passou a ser causa de nulidade absoluta. O ato de simular ocorre quando há um desacordo intencional entre a vontade interna e a declarada para criar, aparentemente, um negócio jurídico inexistente, ou para ocultar, sob determinada ilusão, o negócio querido, enganando terceiro, acarretando a nulidade do negócio e sua não convalescência no tempo (imprescritível). A simulação pode ser alegada por uma parte contra a outra (**Enunciado 294**) e mesmo que inocente, é invalidante (**Enunciado 152**). Será **nulo** o negócio, sempre. **Vejamos as espécies: (A) simulação absoluta**: não há negócio algum. Não admite aproveitamento; **(B) simulação relativa:** são dois negócios. Um aparente (simulado), e outro real (dissimulado e oculto). O aparente é nulo, mas o real poderá ser aproveitado, se válido for na substância e na forma. A **simulação relativa poder ser**: **(B.1) simulação subjetiva ou *ad personam*** (por interposição de pessoa): quando o negócio é real, mas a parte que dele participa é aparente, sendo denominada de testa de ferro, homem de palha ou presta-nome; **(B.2) simulação objetiva**: se contiver declaração fictícia sobre a natureza do negócio, o objeto, ou um dos seus elementos contratuais, como ocorre na aposição de preço inferior em uma escritura de compra e venda. Pelo **Enunciado 293,** "Na simulação relativa, o aproveitamento do negócio jurídico dissimulado não decorre tão-somente do afastamento do negócio jurídico simulado, mas do necessário preenchimento de todos os requisitos substanciais e formais de validade daquele".

Alternativa "a": nos termos do CC/art. 146, o dolo acidental só obriga à satisfação das perdas e danos, e é acidental quando, a seu despeito, o negócio seria realizado, embora por outro modo. O *"dolus incidens"* é o que leva a vítima a praticar o negócio, porém em condições mais onerosas ou menos vantajosas, não afetando sua declaração de vontade, motivo pelo qual não é vício de consentimento, por não influir diretamente sobre a realização do negócio.

Alternativa "b": o negócio jurídico simulado é nulo, conforme o CC, art. 167. Detalhamos o instituto nas anotações do autor.

Alternativa "c": *coação relativa é a coação moral ou compulsiva*, com emprego de ameaça; a *coação absoluta ou física* é realizada com emprego de constrangimento corporal; tanto uma, como a outra, são invalidantes, resultando a anulabilidade do negócio jurídico. Um detalhe: na *coação absoluta* ou *física*, se o constrangimento retirar toda a capacidade de querer de uma das partes, acarretando ausência total de consentimento, haverá nulidade absoluta.

Alternativa "d": o falso motivo só vicia a declaração de vontade quando **expresso** como razão determinante; o erro quanto ao fim ou motivos (razão subjetiva) da efetivação do negócio, seja de fato ou de direito, **em regra**, não é considerado essencial, logo, não torna anulável o negócio jurídico. Todavia, **por exceção**, quanto expresso como causa (razão objetiva) do negócio, passa a integrá-lo, e nesse caso será essencial e determinante, a ponto de viciar o negócio se for falso.

Alternativa "e": o negócio anulável pode ser confirmado pelas partes, salvo direito de terceiro. Trata-se do ato jurídico pelo qual uma pessoa faz desaparecer os vícios dos quais se encontra inquinada uma obrigação contra a qual era possível prover-se por via de anulabilidade (Serpa Lopes). Sua forma é a mesma do negócio jurídico, ou seja, se o negócio foi realizado por escritura pública, a confirmação também deverá ser. Além disso, admite-se a confirmação *expressa* e a *tácita* quando o negócio é cumprido em parte pelo devedor. Por fim, a confirmação importa a renúncia ou desistência ao direito de anular o negócio, sendo irrevogável. Os efeitos da confirmação são *ex tunc*, retroagindo à data do ato. O negócio nulo **não** é suscetível de confirmação, em função do interesse público.

Alternativa incorreta: letra "b".

61. (FURMARC – Procurador do Estado – MG/2012) Assinale a alternativa que NÃO contempla um vício que determina a anulabilidade do negócio jurídico:

a) erro

b) dolo

c) coação

d) simulação

e) estado de perigo

COMENTÁRIOS

Alternativa "a": o vício do consentimento ou defeito do erro importa a anulabilidade do negócio jurídico, conforme o art. 171, II, do CC.

Alternativa "b": o dolo também é o vício que, presente no negócio jurídico, o faz anulável (CC, art. 171, II).

Alternativa "c": é anulável o negócio jurídico celebrado mediante coação (CC, art. 171, II).

Alternativa "d": é nulo o negócio jurídico simulado, mas subsistirá o que se dissimulou, se válido for na substância e na forma (CC, art. 167). A respeito das espécies de simulação, anotamos na questão número 01, acima.

Alternativa "e": o negócio jurídico no qual a parte celebre em estado de perigo é anulável, segundo o CC, art. 171, II.

Alternativa correta: letra "d".

5.8.4. ANULABILIDADE

62. (FURMARC – Procurador do Estado – MG/2012) Assinale a alternativa que completa corretamente a frase "É anulável o negócio jurídico quando."

a) o motivo determinante, comum a ambas as partes, for ilícito
b) não se revestir da forma prescrita em lei
c) praticado em fraude contra credores
d) for preterida alguma solenidade que a lei considere essencial para sua validade
e) tiver por objeto fraudar lei imperativa

COMENTÁRIOS

✪ **Nota do Autor:** nulidade relativa ou anulabilidade, segundo as lições de Clóvis Beviláqua, são "... negócios que se acham inquinados de vício capaz de lhes determinar a ineficácia, mas que poderá ser eliminado, restabelecendo-se a sua normalidade". A nulidade relativa tem eficácia ex nunc, atingindo os efeitos do negócio anulado apenas a partir do instante da declaração judicial de sua anulabilidade (CC, art. 177). A anulabilidade não se pronuncia de ofício; só os interessados a podem alegar, e aproveita **exclusivamente** aos que a alegarem, **salvo** o caso de solidariedade ou indivisibilidade. Quando a anulabilidade do ato resultar da falta de autorização de terceiro, será validado se este a der posteriormente. O negócio anulável pode ser confirmado pelas partes, salvo direito de terceiro, bem como se convalesce, pelo decurso do tempo. **São causas de anulabilidade dos negócios jurídicos: (A) aqueles viciados por:** erro, dolo, coação, estado de perigo, lesão e fraude contra credores; **(B)** quando a lei assim o declarar, tendo em vista a situação particular em que se encontra determinada pessoa. O **prazo decadencial para pleitear a nulidade relativa será de: 4 anos:** contado: **(a)** no caso de coação, do dia em que ela cessar; **(b)** no de erro, dolo, fraude contra credores, estado de perigo ou lesão, do dia em que se realizou o negócio jurídico; **(c)** no de atos de incapazes, do dia em que cessar a incapacidade; **2 anos**: a contar da data da conclusão do ato, quando a lei dispuser que determinado ato é anulável, sem estabelecer prazo para pleitear-se a anulação.

Alternativa "a": é **nulo** o negócio jurídico quando o motivo determinante, comum a ambas as partes, for ilícito.

Alternativa "b": é **nulo** o negócio jurídico quando não se revestir da forma prescrita em lei.

Alternativa "c": é anulável o negócio jurídico por vício resultante de fraude contra credores (CC, art. 171, II).

Alternativa "d": é **nulo** o negócio jurídico quando for preterida alguma solenidade que a lei considere essencial para a sua validade.

Alternativa "e": é **nulo** o negócio jurídico quando tiver por objeto fraudar lei imperativa.

Alternativa correta: letra "c".

5.8.5. CONFIRMAÇÃO

63. (Cespe – Procurador do Estado – ES/2008) – Julgue o item que se segue, acerca dos negócios jurídicos: Um negócio jurídico anulável não pode ser confirmado pelas partes, e a declaração judicial de ineficácia do ato negocial retroage à data de sua celebração.

COMENTÁRIOS

✪ **Nota do Autor:** a confirmação é admitida para o negócio anulável, salvo direito de terceiro. Caracteriza-se como o ato jurídico pelo qual uma pessoa faz desaparecer os vícios dos quais se encontra inquinada uma obrigação contra a qual era possível prover-se por via de anulabilidade (Serpa Lopes). Deve observar a mesma forma do negócio jurídico, ou seja, se este foi realizado por escritura pública, a confirmação também o será. A confirmação pode ser *expressa* ou *tácita*. Será desta última quando o negócio é cumprido em parte pelo devedor. Os efeitos da confirmação são *ex tunc*, retroagindo à data do ato. Uma vez feita, a confirmação importa renúncia ou desistência ao direito de anular o negócio. Assim, é **irrevogável**. O negócio nulo é insuscetível de confirmação, em função do interesse público.

O negócio jurídico anulável pode ser confirmado pelas partes e, além disso, se convalesce em função do decurso do tempo. A outro giro, a declaração judicial de nulidade relativa possui efeitos *ex nunc*, respeitando as consequências geradas antes da declaração. Quanto ao objeto da prestação, determina o art. 182 do CC que as partes retornem ao estado anterior ao da efetivação do negócio jurídico anulado, ou que sejam indenizadas no equivalente, se não for possível. **(errado)**

6. ATOS JURÍDICOS LÍCITOS

64. (Fundatec – Procurador do Estado – RS/2015) Assinale a alternativa correta.

a) O dano exclusivamente moral, provocado por omissão voluntária, não permite a caracterização de um ilícito civil.
b) Aos atos jurídicos lícitos, que não sejam negócios jurídicos, aplicam-se as disposições pertinentes aos defeitos do negócio jurídico.
c) Para a caracterização do ato ilícito por abuso de direito previsto no Código Civil é necessária a aferição de culpa do autor do fato.
d) Só é considerado ilícito o ato que, exercido em excesso manifesto aos limites impostos pelos bons costumes, necessariamente causar dano a alguém.
e) Constitui ilicitude civil a conduta de destruir coisa alheia para remover perigo iminente.

COMENTÁRIOS

Alternativa "a": diz o art. 186 do CC: "Aquele que, por ação ou omissão voluntária, negligência ou imprudência, violar direito e causar dano a outrem, ainda que exclusivamente moral, comete ato ilícito". Assim, o dano, mesmo que unicamente moral, pode decorrer de ação ou omissão voluntária. Não só o Código Civil contempla o dano moral, conservando sua feição própria em relação ao dano material. A CF de 1988, no art. 5º, V, estabelece: "é assegurado o direito de resposta, proporcional ao agravo, além da indenização por dano material, moral ou à imagem". Também as Súmulas 37/STJ ("São cumuláveis as indenizações por dano material e dano moral oriundos do mesmo fato") e 387/STJ ("É lícita a cumulação das indenizações de dano estético e dano moral") colocam em evidência que o dano moral é destacado do material.

Alternativa "b": de acordo com o art. 185 do CC: "Aos atos jurídicos lícitos, que não sejam negócios jurídicos, aplicam-se, no que couber, as disposições do Título anterior". Assim, as disposições dos negócios jurídicos aplicam-se, no que couber, aos atos jurídicos lícitos, arts. 104 a 184 do CC. A disciplina dos defeitos dos negócios jurídicos figura nos arts. 138 a 165. Para lembrar, *atos jurídicos lícitos* "são os atos humanos a que a lei defere os efeitos almejados pelo agente. Praticados em conformidade com o ordenamento jurídico, produzem os efeitos jurídicos voluntários, por ele esperados" (GONÇALVES, Carlos Roberto. *Direito Civil Esquematizado*, vol. 1. 2ª ed. 2012. São Paulo: Saraiva, p. 383). Os *atos jurídicos em sentido amplo ou fatos humanos* dividem-se em: (a) *ato jurídico em sentido estrito ou meramente lícito*: o efeito da manifestação da vontade está predeterminado na lei, como ocorre com a notificação, que constitui em mora o devedor, o reconhecimento do filho, a tradição, a ocupação, não há vontade qualificada, mas simples intenção; (b) *negócio jurídico*: a ação humana visa buscar alcançar um fim permitido na lei, como num contrato de compra e venda; (c) *ato-fato jurídico*: para que ocorram os efeitos legais, não se leva em consideração a vontade de realizar o ato, pois muitas vezes o resultado do ato não é perseguido, nem imaginado pelo agente, mas decorre do próprio ato material da conduta. Notadamente algumas ações humanas são consideradas fatos, independentemente da vontade, intenção ou consciência do agente.

Alternativa "c": previsto no art. 187 do CC, o abuso de direito ou exercício irregular do direito, que é ato ilícito, caracteriza-se quando o titular de um direito, ao exercê-lo, excede manifestamente os limites impostos pelo seu fim econômico ou social, pela boa-fé ou pelos bons costumes. Essa responsabilização independe de culpa, e fundamenta-se somente no critério objetivo-finalístico (Enunciado 37 da I Jornada de Direito Civil). Vale lembrar o Enunciado 539 da VI Jornada de Direito Civil: "O abuso de direito é uma categoria jurídica autônoma em relação à responsabilidade civil. Por isso, o exercício abusivo de posições jurídicas desafia controle independentemente de dano".

Alternativa "d": o exercido abusivo de uma posição jurídica desafia controle independente de dano. É o que foi aprovado no verbete do Enunciado 539 da VI Jornada de Direito Civil: "O abuso de direito é uma categoria jurídica autônoma em relação à responsabilidade civil. Por isso, o exercício abusivo de posições jurídicas desafia controle independentemente de dano". O ato ilícito surge a partir do momento em que o uso do direito, poder ou coisa além do permitido ou extrapolando as limitações jurídicas, lesa alguém, trazendo como efeito do dever de indenizar. Sob a aparência de um ato lícito, esconde um ato ilícito, no resultado, porque atenta contra os princípios da boa-fé, dos bons costumes ou por desvio de finalidade para o qual o direito foi criado.

Alternativa "e": não constitui ato ilícito a deterioração ou destruição da coisa alheia, ou a lesão a pessoa, a fim de remover perigo iminente (CC, art. 188, II). No caso do estado de necessidade, o ato será legítimo somente quando as circunstâncias o tornarem absolutamente necessário, não excedendo os limites do indispensável para a remoção do perigo (CC, art. 188, parágrafo único). Muito embora lícita a conduta de quem de atua em estado de necessidade, o dever de indenizar remanesce para o autor, se se o dono da coisa não for culpado do perigo, admitindo-se, todavia, o direito de regresso, caso o perigo tenha sido causado por terceiro (CC, arts. 929 e 930).

Alternativa correta: letra "b".

7. ATOS ILÍCITOS

7.1. ABUSO DE DIREITO OU EXERCÍCIO IRREGULAR DE DIREITO

65. (Cespe – Procurador do Estado – PI/2008) Quanto aos atos ilícitos e ao abuso de direito, assinale a correta.

a) Para se configurar a responsabilidade por ato ilícito, ainda que não tenha causado efetivo prejuízo, é necessária, no momento da conduta, a verificação de dolo ou culpa por parte do agente, bem como a verificação da gradação da culpa em grave, leve ou levíssima.

b) Quando inúmeras causas sucessivas contribuem para a produção do efeito danoso, qualquer dessas causas pode ser considerada suficiente para demonstrar o nexo de causalidade e imputar ao seu autor o dever de indenizar.

c) Os atos ilícitos praticados em legítima defesa ou no exercício regular de um direito, que provoquem deterioração ou destruição da coisa alheia ou lesão a pessoa, não geram o dever de indenizar.

d) O abuso de direito, que é uma das fontes de obrigações, caracteriza-se não pela incidência da violação formal a direito, mas pela extrapolação dos limites impostos pelo ordenamento jurídico para o seu exercício.

e) O abuso de direito configura-se como ato ilícito e a responsabilidade dele decorrente depende de dolo ou culpa, tendo, portanto, natureza subjetiva. Assim, para o reconhecimento desse ato ilícito, é imprescindível que o agente tenha a intenção de prejudicar um terceiro, que, por sua vez, ao exercer determinado direito, tenha excedido manifestamente os limites impostos pela finalidade econômica ou social, pela boa-fé ou pelos bons costumes.

COMENTÁRIOS

✪ **Nota do Autor:** ato ilícito é o praticado em desacordo com a ordem jurídica, violando direito subjetivo individual (Maria Helena Diniz, op. cit.). É o praticado com infração ao dever legal de não lesar a outrem (Carlos Roberto Gonçalves, op. cit.). Ou ainda, se alguém, por culpa ou dolo, ofender a direito de outrem, rompe com a ordem jurídica, pratica um ato ilícito, deve reparação. Ato ilícito é, portanto, o que, praticado sem direito, causa dano a outrem (Clóvis Beviláqua). O ato ilícito é fonte de obrigações, pois todo aquele que o pratica, fica obrigado à reparação civil (CC, art. 927). A responsabilidade civil pode advir do contrato (contratual) e do descumprimento do dever legal de conduta (extracontratual). O Código Civil acolheu a teoria dualista de responsabilidades, afastando-se da unitária. Apesar da consequência natural de ressarcir o prejuízo causado, comum tanto para quem infringe um dever contratual (perdas e danos), como um dever legal (reparação), a disciplina legal da responsabilidade contratual e da extracontratual é diversa. O inadimplemento ou a inexecução das obrigações gera responsabilidade fundada nos arts. CC, art. 389 e 395 e ss. do CC, enquanto a responsabilidade aquiliana é alicerçada nos arts. 186, 187 e 927, todos do CC. O dano causando pode ser material ou moral. Pelo **Enunciado 159**, "O dano moral, assim compreendido todo dano extrapatrimonial, não se caracteriza quando há mero aborrecimento inerente a prejuízo material". Pelo **Enunciado 411**, "O descumprimento de contrato pode gerar dano moral quando envolver valor fundamental protegido pela Constituição Federal de 1988". Por outro lado, o uso de um direito, poder ou coisa além do permitido, extrapolando as limitações jurídicas, lesando alguém, traz como efeito o dever de indenizar. Realmente, sob a aparência de um ato legal ou lícito, esconde-se a ilicitude (ou melhor, antijuridicidade sui generis) no resultado, por atentado ao princípio da boa-fé e aos bons costumes ou por desvio da finalidade socioeconômica para a qual o direito foi estabelecido. No ato abusivo há violação da finalidade econômica ou social (Maria Helena Diniz, op. cit.). O ato abusivo é uma conduta lícita, mas desconforme, ora à finalidade socioeconômica pretendida pela norma ao prescrever uma situação ou um direito, ora ao princípio da boa-fé objetiva. (Ripert). O ato abusivo, abuso do direito, ou o exercício irregular do direito, é disciplinado no art. 187 do Código Civil, nestes termos: "Também comete ato ilícito o titular de um direito que, ao exercê-lo, excede manifestamente os limites impostos pelo seu fim econômico ou social, pela boa-fé ou pelos bons costumes". Se o titular de um direito, ao exercê-lo, exagera nos limites econômico, social, da boa-fé ou dos bons costumes, lesando alguém, obriga-se, em função do excesso, a indenizar. Trata-se de ilicitude objetiva, pois independe de culpa ou dolo. A lei coíbe os resultados com excessos, não exigindo o elemento subjetivo de prejudicar, mas que o uso do direito seja distorcido. Estão inseridos nesta categoria os atos emulativos, os atos ofensivos aos bons costumes ou contrários à boa-fé e os atos praticados em desacordo com o fim social ou econômico do direito subjetivo. Pelo **Enunciado 37,** "A responsabilidade civil decorrente do abuso do direito independe de culpa e fundamenta-se somente no critério objetivo-finalístico". Segundo o **Enunciado 539,** "O abuso de direito é uma categoria jurídica autônoma em relação à responsabilidade civil. Por isso, o exercício abusivo de posições jurídicas desafia controle independentemente de dano". E arremata o **Enunciado 414**: "A cláusula geral do art. 187 do Código Civil tem fundamento constitucional nos princípios da solidariedade, devido processo legal e proteção da confiança, e aplica-se a todos os ramos do direito".

Alternativa "a": são elementos essenciais da responsabilidade civil: 1) fato lesivo voluntário, causado pelo agente, por ação ou omissão, negligência ou imprudência; 2) ocorrência de um dano patrimonial ou moral; 3) nexo de causalidade entre o dano e o comportamento do agente (Maria Helena Diniz). O dano material ou moral é um dos elementos da responsabilidade, assim como a lesão a um *"interesse"*, como ocorre na perda de uma chance ou na teoria do desamor. Sem que ocorra um dano material, extrapatrimonial ou a um interesse, não há responsabilidade civil. A propósito, para o STJ: *"... o dano potencial ou incerto, no espectro da responsabilidade civil, em regra, não é indenizável"* (Info 398). Noutra seara, admite-se a responsabilidade civil objetiva, seja *típica* (fundada em preceito legal) ou *geral* (fundada no risco da atividade), na qual a culpa é um elemento estranho, pois, ainda que inexistente, surgirá o dever de indenizar. Por fim, a gradação da culpa pode servir para eventual redução equitativa da indenização, na etapa reparatória. No entanto, a culpa, ainda que levíssima, obriga a indenizar.

Alternativa "b": *concausalidade* é a concorrência de causas de determinado resultado. Elas podem ser: *concomitantes* ou *sucessivas*. Quando as concausas são *simultâneas ou concomitantes* a questão resolve-se com a regra do art. 942, que estipula responsabilidade solidária de todos aqueles que concorram para o resultado danoso. Nas concausas sucessivas, há **três teorias**: da *equivalência das condições* ou dos *antecedentes ou conditio sine qua non* estipulando que existindo várias circunstâncias que poderiam ter causado o prejuízo, qualquer delas poderá ser considerada causa eficiente, ou seja, se suprimida alguma delas, o resultado danoso não teria ocorrido. Por exemplo: se uma pessoa é atropelada, a causa pode ser a imperícia do condutor, mas também a constituição débil da vítima, a natureza do pavimento sobre o qual esta foi projetada, a demora de seu transporte para o hospital, a falta de meios adequados para o seu tratamento, etc. Aplicada de forma isolada leva a resultados absurdos por provocar responsabilidades infinitas; da *causalidade adequada*, exige que a causa seja por si mesma, apta para produzir o resultado danoso, excluindo danos decorrentes de circunstâncias extraordinárias, ou seja, o efeito deve se ajustar perfeitamente à causa; *causalidade imediata ou dos danos diretos e imediatos*, exige a presença entre o fato e o dano, de uma natural relação de causa e efeito, direta e imediata. É a adotada pelo nosso ordenamento, no art. 403 do CC. Será, assim, a causa do dano aquela que está mais próxima deste, imediatamente (sem intervalo) e diretamente (sem intermediário). De acordo com a teoria adotada e sufragada pelo STJ, não é "qualquer causa" que pode ser considerada propulsora do dano, mas aquela apta a produção do resultado, segundo a teoria da causalidade adequada e dos danos diretos e imediatos da conduta.

Alternativa "c": os atos lesivos, mas não ilícitos, obrigam a indenizar, desde que a pessoa lesada ou o dono da coisa não forem culpados do perigo ou da situação a exigir o exercício regular do direito. O responsável pela indenização será o autor do prejuízo, que terá ação regressiva contra aquele que provocou o prejuízo (autor do perigo). A mesma ação competirá contra aquele em defesa de quem se causou o dano. (CC, arts. 188, 929 e 930).

Alternativa "d": também comete ato ilícito o titular de um direito que, ao exercê-lo, excede manifestamente os limites impostos pelo seu fim econômico ou social, pela boa-fé ou pelos bons costumes (CC/art. 187); o ato abusivo possui natureza objetiva, e será aferido independentemente de dolo ou culpa; entram nessa categoria os atos emulativos, os ofensivos aos bons costumes ou contrários à boa-fé, os atos praticados em desacordo com o fim social ou econômico do direito subjetivo. Anotamos sobre o instituto acima.

Alternativa "e": o abuso do direito prescinde de dolo ou culpa; a esse respeito, **Enunciado 37 da I Jornada de Direito Civil do CJF**: *"A responsabilidade civil decorrente do abuso do direito independe de culpa e fundamenta-se somente no critério objetivo-finalístico"*.

Alternativa correta: letra "d".

---

66. (PGE/PA – Procurador do Estado – PA/2009) Analise as proposições abaixo e assinale a alternativa INCORRETA:

a) O incapaz responde pelos prejuízos que causar, se as pessoas por ele responsáveis não tiverem obrigação de fazê-lo ou não dispuserem de meios suficientes.

b) Consoante a jurisprudência do STJ, o dano reflexo enseja a responsabilidade civil do infrator, desde que seja demonstrado o prejuízo à vítima indireta.

c) A compensação devida à vítima do dano, ainda que este resulte de dolo do devedor, deverá incluir os danos emergentes e os lucros cessantes decorrentes diretamente da conduta infracional, excluídos os danos remotos.

d) A configuração do abuso de direito, consoante o Código Civil de 2002, é essencial a prova de que o agente tinha a intenção de prejudicar terceiro.

COMENTÁRIOS

Alternativa "a": a responsabilidade civil do incapaz é *subsidiária e mitigada*, porque somente responde pelos prejuízos que causar se as pessoas por ele responsáveis não tiverem obrigação de fazê-lo ou não dispuserem de meios suficientes. A indenização, que deverá ser equitativa, não terá lugar se privar do necessário o incapaz ou as pessoas que dele dependem (CC, art. 928, parágrafo único).

Alternativa "b": admitem-se os danos morais reflexos, ou seja, embora o ato tenha sido praticado diretamente contra determinada pessoa, seus efeitos acabam por atingir, indiretamente, a integridade moral de terceiros. É o chamado dano moral por ricochete ou *préjudice d'affection*, cuja reparação constitui direito personalíssimo e autônomo dos referidos autores (**STJ – Info 459**)

Alternativa "c": preceitua o CC/art. 403: *"ainda que a inexecução resulte de dolo do devedor, as perdas e danos só incluem os prejuízos efetivos e os lucros cessantes por efeito dela* ***direto e imediato****, sem prejuízo do disposto na lei processual"*. Trata-se da adoção da teoria dos danos direitos e imediatos, pela qual não são indenizáveis o prejuízo eventual ou potencial.

Alternativa "d": o abuso do direito prescinde de dolo ou culpa; a esse respeito, **Enunciado 37**: *"A responsabilidade civil decorrente do abuso do direito independe de culpa e fundamenta-se somente no critério objetivo-finalístico"*.

Alternativa correta: letra "d".

8. PRESCRIÇÃO E DECADÊNCIA

8.1. PRESCRIÇÃO EM GERAL

---

67. (FCC – Procurador do Estado – PGE – TO/2018) Em 20/03/2017 a Fazenda Pública do Estado de Tocantins ajuizou ação indenizatória em face do causador de um acidente de trânsito, ocorrido em 20/02/2014, do qual resultou a destruição de uma viatura oficial. Na sentença, de ofício, reconheceu-se que o prazo prescricional para a pretensão de reparação civil era de 3 anos, razão por que se julgou improcedente o pedido. Em recurso de apelação, poderá o Procurador do Estado alegar a não ocorrência de prescrição,

a) se estiver demonstrado que, desconsiderados os períodos em que houve suspensão dos prazos processuais, o prazo trienal não se consumou.

b) exclusivamente pela impossibilidade de seu reconhecimento de ofício, por ser a autora a Fazenda Pública.

c) fundando-se no Decreto nº 20.910/1932, aplicável por isonomia, o qual estabelece que o prazo prescricional nas ações contra a Fazenda Pública é quinquenal, existindo recentes julgados do Superior Tribunal de Justiça neste sentido.

d) se estiver demonstrado que, descontado o tempo em que tramitou sindicância interna para apuração de responsabilidade do condutor da viatura oficial, não se completou o triênio prescricional.

e) se estiver demonstrado que desde a notificação extrajudicial do réu, por meio da qual solicitou o pagamento da indenização, não se completou o triênio prescricional.

COMENTÁRIOS

Alternativa "a": conforme entendimento sedimentado pelo STJ, a pretensão das ações de ressarcimento da Fazenda Pública é de 5 anos, sendo aplicável, no caso, o Decreto n. 20.910/32.

Alternativa "b": o reconhecimento da prescrição pelo juiz, de ofício, é admitido no ordenamento jurídico pátrio, não se fazendo necessário ouvir a parte contrária quando se tratar de improcedência liminar do pedido, nos termos do ar. 332, § 1º, do CPC.

Alternativa "c": de acordo com o STJ, no julgamento do REsp 1.251.993/PR, submetido à sistemática dos recursos repetitivos, aplica-se o prazo prescricional quinquenal (previsto do Decreto n. 20.910/32) nas ações indenizatórias ajuizadas contra a Fazenda Pública, em detrimento do prazo trienal contido do Código Civil de 2002. Por aplicação do princípio da isonomia, é também quinquenal o prazo prescricional da pretensão de ressarcimento da Fazenda Pública.

Alternativa "d": novamente é apontado o prazo prescricional de 3 anos, previsto no art. 206, § 3º, V, do CC, como regente da pretensão enunciada, quando, conforme intepretação do STJ, deve ser aplicado o prazo prescricional do Decreto n. 20.910/32, ou seja, de 5 anos.

Alternativa "e": nesta última assertiva, invoca-se o prazo trienal para a prescrição das pretensões deduzida pela Fazenda Pública em face de particulares, em detrimento do prazo quinquenal, este sim acertado, conforme entendimento sedimentado pelo STJ.

Alternativa correta: letra "c".

68. (FMP – Procurador do Estado – PGE – AC/2017) Considere as seguintes afirmativas sobre os temas da prescrição e da decadência no âmbito do Código Civil. Assinale a alternativa CORRETA.

a) Os prazos de prescrição podem ser alterados por acordo das partes.

b) A prescrição iniciada contra uma pessoa continua a correr contra o seu sucessor.

c) Corre a prescrição, ainda que pendente ação de evicção.

d) A interrupção da prescrição por um credor aproveita aos outros.

e) A prescrição ocorre em vinte anos, quando a lei não lhe haja fixado prazo menor.

COMENTÁRIOS

✪ **Nota do Autor:** a *prescrição* é fator de extinção da pretensão, ou seja, do poder de exigir uma prestação devida em razão da inércia, deixando escoar o prazo legal. A violação do direito subjetivo cria para o seu titular a pretensão, ou seja, o poder de fazer valer em juízo, por meio de uma ação (em sentido material), a prestação (positiva ou negativa) devida, o cumprimento da norma legal ou contratual infringida ou a reparação do mal causado, dentro de um prazo legal. Basicamente, para que se reconheça a prescrição são necessários: (1) a existência de um direito exercitável; (2) a violação desse direito (*actio nata*); (3) a ciência da violação desse direito; (4) a inércia do titular do direito; (5) o decurso do prazo previsto em lei; (6) a ausência de causa interruptiva, impeditiva ou suspensiva. Os prazos de prescrição não podem ser alterados pelas partes. Mas a renúncia, expressa ou tácita, e sem prejuízo a terceiros, valerá depois que a prescrição se consumar. Por outro lado, a prescrição pode ser alegada em qualquer grau de jurisdição, pela parte a quem aproveita. O juiz deve reconhecer de ofício a prescrição, o que *"não retira do devedor a possibilidade de renúncia admitida no art. 191 do texto codificado"* **(Enunciado 295).** Os relativamente incapazes e as pessoas jurídicas têm ação contra os seus assistentes ou representantes legais, que derem causa à prescrição, ou não a alegarem oportunamente. Ademais, a prescrição iniciada contra uma pessoa continua a correr contra o seu sucessor, universal ou singular (*princípio da acessio temporis*). A exceção e a pretensão possuem o mesmo prazo de prescrição da pretensão **(Súmula 150 do STF e art. 190 do CC).** Por fim, o Código Civil dispõe a respeito das causas que impedem, suspendem e interrompem a prescrição, bem como dos prazos da *prescrição ordinária ou comum* (10 anos) e da *prescrição especial* (01, 02, 03, 04 e 05 anos). O Novo Código de Processo Civil (Lei 13.105/15) trouxe algumas novidades no campo da prescrição e da decadência. Cita-se aqui a regra do parágrafo 1º do art. 332 do NCPC, segundo a qual o juiz poderá julgar o processo improcedente, mesmo antes da citação, quando verificar, desde logo, a ocorrência de decadência ou de prescrição. Todavia, pelo Enunciado 581 da VII Jornada de Direito Civil do CJF/STJ: *"Em complemento ao Enunciado 295, a decretação ex officio da prescrição ou da decadência deve ser precedida de oitiva das partes".* Em complemento a essa regra, o parágrafo único do art. 487 do NCPC diz o seguinte: "ressalvada a hipótese do § 1º do art. 332, a prescrição e a decadência não serão reconhecidas sem que antes seja dada às partes oportunidade de manifestar-se." Esta última disposição está relacionada com o dever de cooperação das partes, novidade do NCPC, bem como princípios da ampla defesa e contraditório.

Alternativa "a": Os prazos de prescrição não podem ser alterados por acordo das partes (CC, art. 193).

Alternativa "b": a prescrição iniciada contra uma pessoa *continua* (e não recomeça) a correr contra o seu sucessor tanto a título universal (herdeiro) como a título singular (cessionário ou legatário), salvo se for absolutamente incapaz (CC, art. 198, I). Com isso, consagra-se o princípio da *acessio temporis* (CC, art. 196).

Alternativa "c": não corre a prescrição pendendo ação de evicção (CC, art. 198, III).

Alternativa "d": como regra, a interrupção da prescrição por um credor não aproveita aos outros; semelhantemente, a interrupção operada contra o codevedor, ou seu herdeiro, não prejudica aos demais coobrigados, diz o art. 204, *caput*, do CC.

Alternativa "e": a prescrição ocorre em 10 anos, quando a lei não lhe haja fixado prazo menor (CC, art. 205).

Alternativa correta: letra "b".

69. (PUC – Procurador do Estado – PR/2015) Por exigências de segurança do tráfico jurídico, de certeza nas relações jurídicas e de paz social, a ordem jurídica fixa prazos prescricionais dentro dos quais o titular do direito deve exercê-lo, sob pena de ficar impedido de fazê-lo. Quanto à prescrição, é CORRETO afirmar:

a) As pretensões de reparação civil contra o Estado têm prazo prescricional de três anos, conforme disposto no artigo 206, § 3º, V, do Código Civil Brasileiro.
b) A prescrição não pode ser decretada de ofício pelo juiz, salvo no caso de interesses de incapazes.
c) Nas relações de trato sucessivo, como o pagamento de salários ou vencimentos, o prazo prescricional conta-se a partir do ato ou omissão que gerou o pagamento a menor. Quando transcorrido tal prazo, a prescrição atinge, simultaneamente, todas as parcelas vencidas.
d) A prescrição das dívidas passivas dos Estados só pode ser interrompida uma vez e recomeça a correr pela metade do prazo.
e) Os prazos prescricionais são fixados por lei e só podem ser reduzidos por disposições contratuais quando versarem sobre direitos disponíveis.

COMENTÁRIOS

Alternativa "a": a jurisprudência do STJ firmou-se no sentido de que a prescrição contra a Fazenda Pública é quinquenal, mesmo em ações indenizatórias, uma vez que é regida pelo Decreto 20.910/32, norma especial que prevalece sobre lei geral (AgRg no AREsp 768400 / DF).

Alternativa "b": o CPC-1973 consagra a possibilidade de o juiz reconhecer de ofício a prescrição, sem qualquer limitação (art. 219, § 5º). Constava da redação original do CC disposição que vedava ao juiz declarar a prescrição, de ofício, exceto quando favorecesse absolutamente incapaz. O art. 194 do CC, contudo, foi revogado em 2006, pela L. 11.280. O Novo CPC-2015 inovou em matéria de prescrição. Determina o art. 487, § 1º, que a prescrição e a decadência não serão reconhecidas sem que antes seja dada às partes oportunidade de manifestar-se, exceto quando o juiz julgar liminarmente improcedente o pedido ao verificar, desde logo, a ocorrência de decadência ou de prescrição (NCPC, art. 332, § 1º). O novíssimo Enunciado 581 da VII Jornada de Direito Civil diz o seguinte: "Em complemento ao Enunciado 295, a decretação *ex officio* da prescrição ou da decadência deve ser precedida de oitiva das partes".

Alternativa "c": fala-se em *prescrição de fundo de direito* (nuclear) quando o direito subjetivo é violado por um ato único, começando aí a correr o prazo prescricional para que a pessoa lesada exija do devedor a prestação. Esgotado esse prazo, extingue-se a pretensão e o credor não mais poderá exigir nada do devedor. Por outras palavras, é aquela que atinge a exigibilidade do direito como um todo. Nisso difere-se da *prescrição parcelar*, que ocorre quando a obrigação é de trato sucessivo, ou seja, contínua, em que o devedor, periodicamente, deve fornecer aquela prestação ao credor. Toda vez que não o faz, ele viola o direito do credor e este tem a pretensão de exigir o cumprimento. É aquela que atinge apenas as parcelas (e não o direito como um todo). A respeito, a Súmula 85/STJ: "Nas relações jurídicas de trato sucessivo em que a fazenda pública figure como devedora, quando não tiver sido negado o próprio direito reclamado, a prescrição atinge apenas as prestações vencidas antes do quinquênio anterior a propositura da ação".

Alternativa "d": segundo os arts. 8º e 9º do Decreto 20.910, de 06 de janeiro de 1932, que dispõe sobre as dívidas passivas da União, dos Estados e dos Municípios, a prescrição somente poderá ser interrompida uma vez, sendo que, uma vez interrompida recomeça a correr pela metade do prazo, da data do ato que a interrompeu ou do último ato ou termo do respectivo processo. Todavia, o lustro (prazo de cinco) anos deverá ser respeitado. Pela Súmula 383/STF: "A prescrição em favor da Fazenda Pública recomeça a correr, por dois anos e meio, a partir do ato interruptivo, mas não fica reduzida aquém de cinco anos, embora o titular do direito a interrompa durante a primeira metade do prazo". O STJ tem entendimento jurisprudencial no sentido de que o prazo prescricional da Fazenda Pública deve ser o mesmo prazo previsto no Decreto 20.910/32, em razão do princípio da isonomia.

Alternativa "e": a prescrição não pode ser alterada por acordo de vontades, quer majorando, quer reduzindo seus prazos (CC, art. 192).

Alternativa correta: letra "d".

---

70. (FMP – Procurador do Estado – AC/2014) É causa interruptiva da prescrição:

a) a pendência de condição suspensiva.
b) o fato de a dívida ainda não estar vencida.
c) o protesto cambial.
d) pendência de ação de evicção.

COMENTÁRIOS

Alternativa "a": a pendência de condição suspensiva é uma causa impeditiva da prescrição (CC, art. 199, I). As causas impeditivas e suspensivas da prescrição diferem-se das interruptivas, porque são circunstâncias que impedem que seu curso se inicie ou paralisam seu curso, aproveitando ou computando o tempo já decorrido, no caso de suspensão, sem inutilizar, assim, o prazo já consumado.

Alternativa "b": o fato de a dívida não estar vencida é uma causa de impedimento da prescrição, nos termos do art. 199, II, do CC. É assim, nas palavras de Maria Helena Diniz, porque "impedida estará a prescrição não estando vencido o prazo, pois o titular da relação jurídica submetida a termo não vencido não poderá acionar ninguém para efetivar seu direito [...] assim, enquanto não nascer a ação, não pode ela prescrever" (Código Civil Anotado, 16ª ed., Saraiva, pág. 249).

Alternativa "c": correta; estabelece o art. 202, III, do CC, que a interrupção da prescrição, que somente poderá ocorrer uma vez, dar-se-á, entre outros modos, por protesto cambial. A interrupção da prescrição inutiliza o prazo iniciado, de modo que há o reinício do lapso prescricional a correr da data do ato que a interrompeu. O protesto cambial, com o Código Civil de 2002, passou a ser uma causa interruptiva da prescrição, sem perder o efeito de constituir em mora o devedor. Noutro giro, para o STJ, "Não se deve ter por causa interruptiva, antes da vigência do Código Civil de 2002, o protesto cambial realizado, porquanto este não se equipara ao protesto judicial realizado com o objetivo de interrupção do prazo prescricional. Incidência, na época, da **Súmula STF/153**: "Simples protesto cambiário não interrompe a prescrição" (STJ: REsp 1400282 / SP). Desse modo, de acordo com o vigente Código Civil, art. 202, III, a interrupção da prescrição, que somente poderá ocorrer uma vez, dar-se-á por protesto cambial.

Alternativa "d": segundo Maria Helena Diniz, "se pender ação de evicção, suspende-se a prescrição em andamento; somente depois de ela ter sido definitivamente decidida, resolvendo-se o destino da coisa evicta, o prazo prescritivo volta a correr" (Código Civil Anotado, 16ª ed., Saraiva, pág. 249). Por conseguinte, afirma o at. 199, III, do CC, que "Não corre igualmente a prescrição pendendo ação de evicção".

Alternativa correta: letra "c".

---

71. (Cespe – Procurador do Estado – BA/2014) Acerca da responsabilidade civil, julgue o item subsequente, à luz da jurisprudência dominante do STJ: Na hipótese de indenização por danos morais ou materiais decorrentes do falecimento de ente querido, o termo inicial da contagem do prazo prescricional é a data do óbito, independentemente da data da ação ou da omissão.

COMENTÁRIOS

De acordo com o STJ, "O termo inicial da contagem do prazo prescricional na hipótese em que se pleiteia indenização por danos morais e/ou materiais decorrentes do falecimento de ente querido é a data do óbito, independentemente da data da ação ou omissão. Não é possível considerar que a pretensão à indenização em decorrência da morte nasça antes do evento que lhe deu causa. Diferentemente do que ocorre em direito penal, que considera o momento do crime a data em que é praticada a ação ou omissão que lhe deu causa, no direito civil a prescrição é contada da data da "violação do direito". REsp 1.318.825-SE, Rel. Min. Nancy Andrighi, julgado em 13/11/2012" (STJ, Informativo 509). **(certo)**

8.2. PRAZOS ESPECIAIS DE PRESCRIÇÃO

---

72. (Fepese – Procurador do Estado – PGE – SC/2018) Nos termos do art. 189 do Código Civil, "violado o direito, nasce para o titular a pretensão, a qual se extingue, pela prescrição".

Assinale a alternativa em que todos os casos o prazo de prescrição é de três anos.

a) A pretensão de ressarcimento de enriquecimento sem causa; a pretensão de reparação civil; pretensão relativa à tutela, a contar da data da aprovação das contas; a pretensão dos tabeliães, auxiliares da justiça, serventuários judiciais, árbitros e peritos pela percepção de emolumentos, custas e honorários.

b) A pretensão de ressarcimento de enriquecimento sem causa; a pretensão de reparação civil; a pretensão dos profissionais liberais em geral, procuradores judiciais, curadores e professores pelos seus honorários, contado o prazo da conclusão dos serviços, da cessação dos respectivos contratos ou mandato; a pretensão relativa a aluguéis de prédios urbanos ou rústicos.

c) A pretensão de restituição dos lucros ou dividendos recebidos de má-fé, correndo o prazo da data em que foi deliberada a distribuição; a pretensão para haver juros, dividendos ou quaisquer prestações acessórias, pagáveis, em períodos não maiores de um ano, com capitalização ou sem ela; a pretensão para receber prestações vencidas de rendas temporárias ou vitalícias; a pretensão relativa a aluguéis de prédios urbanos ou rústicos.

d) A pretensão de ressarcimento de enriquecimento sem causa; a pretensão de reparação civil; a pretensão para haver prestações alimentares, a partir da data em que se vencerem; a pretensão de cobrança de dívidas líquidas constantes de instrumento público ou particular.

e) A pretensão de restituição dos lucros ou dividendos recebidos de má-fé, correndo o prazo da data em que foi deliberada a distribuição; a pretensão dos tabeliães, auxiliares da justiça, serventuários judiciais, árbitros e peritos pela percepção de emolumentos, custas e honorários; a pretensão para receber prestações vencidas de rendas temporárias ou vitalícias; a pretensão relativa a aluguéis de prédios urbanos ou rústicos.

COMENTÁRIOS

Alternativa "a": são dois erros nesta opção, quais sejam: (a) prescreve em **1 ano** a pretensão dos tabeliães, auxiliares da justiça, serventuários judiciais, árbitros e peritos, pela percepção de emolumentos, custas e honorários (art. 206, § 1º, III); (b) prescreve em **4 anos** a pretensão relativa à tutela, a contar da data da aprovação das contas (art. 206, § 4º).

Alternativa "b": prescreve em **5 anos** a pretensão dos profissionais liberais em geral, procuradores judiciais, curadores e professores pelos seus honorários, contado o prazo da conclusão dos serviços, da cessação dos respectivos contratos ou mandato (art. 206, § 5º, II).

Alternativa "c": o enunciado da questão pretendeu que as hipóteses de prescrição especial de 3 anos, previstas no art. 206, § 3º, I a VII, do CC, fossem identificadas. As hipóteses previstas na resposta correta são aquelas previstas nos incisos I, II III e VI. Seguem todas as hipóteses que estão compreendidas sob a prescrição trienal do Código Civil: (a) a pretensão relativa a aluguéis de prédios urbanos ou rústicos; (b) a pretensão para receber prestações vencidas de rendas temporárias ou vitalícias; (c) a pretensão para haver juros, dividendos ou quaisquer prestações acessórias, pagáveis, em períodos não maiores de um ano, com capitalização ou sem ela; (d) a pretensão de ressarcimento de enriquecimento sem causa; (e) a pretensão de reparação civil; (f) a pretensão de restituição dos lucros ou dividendos recebidos de má-fé, correndo o prazo da data em que foi deliberada a distribuição; (g) a pretensão contra as pessoas em seguida indicadas por violação da lei ou do estatuto, contado o prazo: (i) para os fundadores, da publicação dos atos constitutivos da sociedade anônima; (ii) para os administradores, ou fiscais, da apresentação, aos sócios, do balanço referente ao exercício em que a violação tenha sido praticada, ou da reunião ou assembleia geral que dela deva tomar conhecimento; (iii) para os liquidantes, da primeira assembleia semestral posterior à violação;

Alternativa "d": prescreve em **2 anos** a pretensão para haver prestações alimentares, a partir da data em que se vencerem. Por outro lado, prescreve em **5 anos** a pretensão de cobrança de dívidas líquidas constantes de instrumento público ou particular (CC, art. 206, §§ 2º e 5º, I).

Alternativa "e": prescreve em **1 ano** a pretensão dos tabeliães, auxiliares da justiça, serventuários judiciais, árbitros e peritos, pela percepção de emolumentos, custas e honorários (art. 206, § 1º, III).

Alternativa correta: letra "c".

8.3. DECADÊNCIA

73. (FCC – Procurador do Estado – RO/ 2011) A decadência consiste na perda

a) do direito de regresso em face de outro devedor solidário em razão de seu não exercício após um mês da condenação.
b) do direito de se cobrar o cumprimento de uma obrigação vincenda em razão do não exercício dessa faculdade em determinado prazo.
c) do direito de ver o devedor processado judicialmente por uma dívida ainda não vencida em razão do decurso do tempo.
d) da pretensão de ver a dívida paga em hipóteses expressamente previstas em lei em razão do decurso do tempo, o que autoriza a repetição do indébito caso o pagamento tenha ocorrido após o seu advento.
e) do direito em razão do decurso do tempo em hipóteses expressamente previstas em lei, o que autoriza a repetição do indébito caso o pagamento tenha ocorrido após o seu advento.

COMENTÁRIOS

✪ Nota do Autor: *decadência* é a extinção do direto potestativo pela falta de exercício dentro do prazo prefixado, atingindo indiretamente a ação, enquanto a prescrição extingue a pretensão, fazendo desaparecer, por via obliqua, o direito por ela tutelado que não tinha tempo fixado para ser exercido. O prazo decadencial pode ser estabelecido por *lei* ou pela vontade *unilateral* ou *bilateral*. Se for *legal*, permite-se ao juiz reconhecê-la de *ofício*, sendo *nula* a renúncia das partes, antes e depois de consumada. Se for *convencional*, o juiz *não* pode conhecer de ofício, mas é aceita a renúncia. A prescrição é legal, sempre. Os prazos decadenciais não podem ser diminuídos ou aumentados por vontade das partes, em razão do interesse público que os norteiam. Em regra, a decadência corre contra todos, não admitindo interrupção ou suspensão, salvo disposição legal em contrário. Conforme anotações já realizadas quando do estudo da **prescrição** (CC, arts. 189 a 206), a **decadência** (CC, arts. 207 a 211) com ela não se confunde, **diferenciando-se**, porque: **(A)** quando o prazo para o exercício de ação se origina *simultaneamente* com direito, fala-se em decadência; **(B)** se a ação se origina em época distinta do direito, fala-se em prescrição, segundo critério baseado na origem da ação de *Silvio Rodrigues (Direito Civil, 32. ed. São Paulo, Saraiva, 2002, v. I, p. 329)*; **(C)** o tempo tem influência na perda de direitos em ambos os institutos; verificada a prescrição, extingue-se a *pretensão e a exceção* prescreve no mesmo prazo em que a pretensão (CC/art. 189 e 190); vale lembrar que prescreve a *execução* no mesmo prazo de prescrição da ação, segundo a ***Súmula 150 do STF***; já a decadência extingue o *direito potestativo*, conhecido por direito sem contestação, ou poder que a lei confere a determinada pessoa de, mediante a manifestação da vontade, influir na situação jurídica de outra, independentemente da vontade desta; **(D)** são *requisitos comuns* da prescrição e da decadência a *inércia* e o *decurso do tempo*; **(E)** a *decadência* decorre da lei, contrato ou testamento, ou seja, a decadência pode ser *legal* ou *convencional*; de sua parte, a prescrição será sempre *legal*; **(F)** o curso da *prescrição* pode ser *impedido, suspenso* ou *interrompido*; os efeitos da *interrupção* da prescrição são pessoais, *exceto* na solidariedade, ativa ou passivo, e no direito indivisível, quando se tratar de devedor solidário (CC/art. 204, §§ 1º e 2º); *suspensa* a prescrição em favor de um dos credores solidários, só aproveitam os outros se a obrigação for indivisível (CC/art. 201). Por sua vez, salvo **disposição legal** em contrário, não se aplicam à *decadência* as normas que impedem, suspendem ou interrompem a prescrição (CC, art. 207); **(G)** não admite que o juiz conheça, de oficio, sem alegação, a *decadência convencional* (CC/art. 211), o que não ocorre em relação à *prescrição* (CPC/art. 219. § 5º) e à *decadência legal* (CC/art. 210); **(H)** os prazos de prescrição **não podem** ser alterados por acordo das partes, que também não podem criar motivos diversos dos legais para interromper, impedir ou suspender o lapso prescricional; **(I)** a renúncia da prescrição pode ser expressa ou tácita, e só valerá, sendo feita, sem prejuízo de terceiro, **depois** que a prescrição se consumar; tácita é a renúncia quando se presume de fatos do interessado, incompatíveis com a prescrição; de sua parte, é **nula** a renúncia à decadência fixada em lei; logo, admite-se, unicamente, a renúncia à decadência convencional. **Algumas regras de prescrição e decadência em relação à classificação das ações são importantes: (1)** as ações declaratórias puras são imprescritíveis; **(2)** as ações condenatórias, estão sujeitas a prescrição; **(3)** as ações constitutivas representam meios de exercício de direitos potestativos (que não são suscetíveis de violação) e, portanto, estão sujeitos à decadência, quando não tiverem prazo especial fixado em lei (Silvio Rodrigues); **(4)** são perpétuas (imprescritíveis) as ações constitutivas que não têm prazo especial de exercício fixado em lei (Silvio Rodrigues); **(5)** as ações condenatória-constitutiva, estão sujeitas à prescrição (STJ – REsp1346864); **(6)** as ações declaratórias com carga constitutiva, como é o caso da constitutiva negativa, estão sujeitas à prescrição (STJ: REsp

748966/RJ). O Novo Código de Processo Civil também traz novidades em relação à decadência, permitindo que o juiz decida liminarmente improcedente o pedido se verificar, desde logo, a ocorrência de **decadência** ou de prescrição (CC, art. 332, § 1º). O art. 487, II, e parágrafo único, admitem que o juiz conheça de oficio da decadência; não será reconhecida, porém, sem que antes seja dada às partes oportunidade de manifestar-se. A decadência legal tem previsão no CC de que pode ser conhecida de ofício (CC, art. 210), mas para a voluntária existe vedação (CC, art. 211). O preceito do art. 211 é regra especial, e deve prevalecer na falta de disciplina específica do Novo CPC, de maneira que nada muda a respeito. Assim, o juiz não pode, de oficio, conhecer da decadência voluntária.

Alternativa "a": o direito de regresso, se cabível, é pretensão, nos termos do CC/art. 189.

Alternativa "b": obrigação vincenda é aquela que está por vencer; relaciona-se à prescrição. Aliás, não corre a prescrição não estando vencido o prazo.

Alternativa "c": não corre a prescrição enquanto não vencido o prazo. Assim, a assertiva refere-se à prescrição (CC, art. 199, II).

Alternativa "d": *prescrição* é fator de extinção da pretensão, ou seja, do poder de exigir uma prestação devida em razão da inércia, deixando escoar o prazo legal (CC/art. 189).

Alternativa "e": na decadência legal, perde-se o direito em função da inércia e o transcurso do tempo.

Alternativa correta: letra "e".

---

74. (FEPESE – Procurador do Estado – SC/2010) Com relação à prescrição e à decadência, assinale a alternativa incorreta, de acordo com o Código Civil Brasileiro.

a) A prescrição iniciada contra uma pessoa continua a correr contra o seu sucessor.

b) Os prazos de prescrição não podem ser alterados por acordo das partes.

c) Pendendo ação de evicção, não corre o prazo prescricional.

d) Se a decadência for convencional, a parte a quem aproveita pode alegá-la em qualquer grau de jurisdição, mas o juiz não pode suprir a alegação.

e) Quando a lei dispuser que determinado ato é anulável, sem, contudo, estabelecer prazo para pleitear-se a anulação, será este de 4 (quatro) anos, a contar da data da conclusão.

COMENTÁRIOS

Alternativa "a": a prescrição iniciada contra uma pessoa continua a correr contra o seu sucessor (universal ou singular); não há qualquer interrupção ou suspensão, o prazo é absolutamente contínuo. Trata-se do princípio da *accessio temporis*.

Alternativa "b": os prazos de prescrição **não** podem ser alterados por acordo das partes; os prazos legais de prescrição são de ordem pública, sendo vedada, portanto, qualquer alteração, quer para aumentar, quer para diminuir. A outro giro, não podem ser criados motivos convencionais diversos daqueles legais de suspensão ou interrupção da prescrição. Trata-se da *condição de prescribente* (Maria Helena Diniz).

Alternativa "c": pendendo ação de evicção, não corre a prescrição, que somente voltará ao curso normal quando julgado em definitivo o destino da coisa evicta.

Alternativa "d": a decadência poderá ser *legal* ou *convencional*; se for *convencional*, parte a quem aproveita pode alegá-la em qualquer grau de jurisdição, mas o juiz não pode suprir a alegação, entendendo-se que houve renúncia. Noutra via, se a decadência for *legal*, o juiz pode reconhecê-la *ex oficio*, sendo **nula**, por outro lado, a renúncia pelas partes, antes ou depois de consumada. Por fim, a renúncia à prescrição é admitida, com limites, de não prejudicar terceiros e depois de consumada.

Alternativa "e": nos casos de nulidade relativa determinada por lei com omissão do prazo para pleitear-se a anulação, será este de 02 anos, a contar da data da conclusão do ato (CC/art. 179).

Alternativa correta: letra "e".

---

75. (PGE/PA – Procurador do Estado – PA/2009) Analise as proposições abaixo e assinale a alternativa INCORRETA:

a) Prescrita a obrigação jurídica, converte-se em obrigação natural, não podendo ser exigida coercitivamente, mas persistindo o direito de ação em si.

b) Apesar da independência entre a jurisdição penal e a civil, no caso de cometimento de um homicídio, enquanto não houver sentença criminal definitiva, a prescrição não correrá contra os herdeiros da vítima, no que toca à reparação civil.

c) A decadência decorrente de prazo legal pode ser pronunciada, de ofício, pelo juiz, independentemente da arguição do interessado, enquanto que a prescrição das ações patrimoniais não pode ser decretada *ex officio* pelo magistrado.

d) Consoante súmula do STF, a prescrição em favor da Fazenda Pública recomeça a correr, por dois anos e meio, a partir do ato interruptivo, mas não fica reduzida aquém de cinco anos, embora o titular do direito a interrompa durante a primeira metade do prazo.

COMENTÁRIOS

Alternativa "a": a obrigação natural se caracteriza em função da inexigibilidade judicial, mas remanesce a causa jurídica (CC, art. 882).

Alternativa "b": quando a ação se originar de fato que deva ser apurado no juízo criminal, não correrá a prescrição antes da respectiva sentença definitiva. O prazo prescricional depois do trânsito em julgado terá curso. A doutrina diverge se a questão prejudicial é uma causa impeditiva (Maria Helena Diniz) ou suspensiva da prescrição (Carlos Roberto Gonçalves e Nestor Duarte).

Alternativa "c": o juiz pode conhecer de *ofício* da decadência *legal* e da prescrição (CC, art. 210 e NCPC/art.

487, II, 1ª parte). Tratando-se de decadência *convencional*, o juiz não pode suprir a alegação (CC, art. 211). Com o Novo CPC, porém, o reconhecimento de ofício da prescrição ou decadência deve ser precedido da manifestação das partes, exceto no caso de improcedência liminar do pedido (NCPC, arts. 487, parágrafo único, e 332, § 1º).

Alternativa "d": de acordo com a **Súmula 383 do STF**: *"A prescrição em favor da Fazenda Pública recomeça a correr, por dois anos e meio, a partir do ato interruptivo, mas não fica reduzida aquém de cinco anos, embora o titular do direito a interrompa durante a primeira metade do prazo"*.

Alternativa incorreta: letra "c".

III. PARTE ESPECIAL

✦ DIREITO DAS OBRIGAÇÕES

1. MODALIDADES DAS OBRIGAÇÕES

1.1. OBRIGAÇÕES DE DAR COISA CERTA E INCERTA

76. (FCC – Procurador do Estado – PGE – AP/2018) ... não há a possibilidade de perecimento, e, portanto, subsiste a obrigação, cabendo, ao devedor, o direito de escolha, se outra coisa não for convencionada. Este seu direito, porém, não poderá ir ao ponto de preferir a coisa pior da espécie, assim como não terá o credor a faculdade de exigir o melhor, quando lhe for conferido o direito de escolha. (Clóvis Beviláqua. Direito das Obrigações. p. 56. 9ª ed. Livraria Francisco Alves, 1957)

A conclusão a que acima se chegou pode ter como antecedente o seguinte texto:

a) Se o objeto a dar corresponde a obrigação alternativa,
b) Se o objeto a dar for incerto, isto é, apenas determinado pelo gênero,
c) Se se tratar de obrigação de dar coisa certa,
d) Se o objeto a dar for coisa divisível,
e) Se o objeto a dar for bem corpóreo, fungível ou infungível,

COMENTÁRIOS

✪ **Nota do Autor:** relacionado à obrigação de dar, prestação do obrigado é essencial à constituição ou transferência do direito real sobre a coisa. Pelo Enunciado 160 da III Jornada de Direito Civil do CJF, "A obrigação de creditar dinheiro em conta vinculada de FGTS é obrigação de dar, obrigação pecuniária, não afetando a natureza da obrigação a circunstância de a disponibilidade do dinheiro depender da ocorrência de uma das hipóteses previstas no art. 20 da Lei nº 8.036/90". A *obrigação de dar coisa certa* se caracteriza quando seu objeto for constituído por um corpo certo e determinado, estabelecendo entre as partes da relação obrigacional um vínculo em que o devedor fará a entrega ao credor de uma coisa individualizada. Por sua vez, a *obrigação de dar coisa incerta*, ou *obrigação genérica*, consiste na relação obrigacional em que o objeto, indicado de forma genérica no início da relação, vem a ser determinado mediante um ato de escolha, por ocasião do adimplemento (Maria Helena Diniz, Código Civil Anotado, 16ª ed., Saraiva, São Paulo). Sendo assim, um de seus elementos, a prestação ou o objeto material, é indeterminado, somente indicado pelo gênero e quantidade (CC, arts. 243 a 246). Sem o gênero ou quantidade, a indeterminação seria absoluta. Com a escolha, ato pelo qual o objeto se torna certo e determinado, as normas pertinentes às obrigações de dar coisa certa passam a vigorar. O ato de escolha se chama *concentração* e para que tenha efeitos é necessário que o credor seja cientificado (NCPC, arts. 811 a 813).

Alternativa "a": não se trata de obrigação alternativa é a que contém duas ou mais prestações com objetos distintos, da qual o devedor se libera com o cumprimento de uma só delas, mediante escolha sua ou dor credor (CC, art. 252). Nas obrigações alternativas, qualquer das prestações pode perecer.

Alternativa "b": nas obrigações de dar coisa incerta há indicação do objeto a ser prestado ao menos pelo gênero e pela quantidade, ou seja, a coisa não é individuada no momento da formação da obrigação, mas depois, no momento do cumprimento. Nesta modalidade de obrigação a escolha pertence ao devedor, se o contrário não resultar do título da obrigação. Devedor ou credor (quando a escolha couber a ele) não poderá dar a coisa pior, nem será obrigado a prestar a melhor (CC, arts. 243 e 244). Por último, antes da escolha, não poderá o devedor alegar perda ou deterioração da coisa, ainda que por força maior ou caso fortuito, porque o gênero não perece (*genus nunquam perit*).

Alternativa "c": nas obrigações de dar coisa certa o objeto pode perecer, antes da tradição, conforme estabelece o art. 234 do CC. Isto porque a coisa já é certa e determinada desde o momento em que formada a obrigação.

Alternativa "d": obrigação divisível é aquela cuja prestação é suscetível de cumprimento parcial, sem prejuízo de sua substância e de seu valor (CC, art. 257). Nesta modalidade de obrigação não há escolha a ser feita.

Alternativa "e": obrigação fungível é aquela que qualquer um pode cumprir, enquanto a obrigação infungível só pode ser cumprida pelo devedor, estão relacionadas, portanto, às obrigações de fazer (CC, art. 247 e ss.).

Alternativa correta: letra "b".

77. (FMP – Procurador do Estado – AC/2014) Na obrigação de dar coisa certa, se a coisa se perder sem culpa do devedor:

a) antes da tradição resolve-se a obrigação.
b) o credor pode resolver a obrigação ou pedir indenização pelo prejuízo.
c) após a tradição o credor pode pedir indenização.
d) é dele a opção entre resolver ou pagar a indenização.

COMENTÁRIOS

Alternativa "a": pelos termos do art. 234 do CC, 1ª parte, no caso de obrigação para a entrega de coisa certa, se, a coisa se perder, sem culpa do devedor, antes da tradição, ou pendente a condição suspensiva, fica resolvida a obrigação para ambas as partes. Desse modo, "não havendo culpa do devedor e perdida a coisa por caso fortuito ou força maior, antes de efetuada a tradição ou pendente a condição suspensiva, resolver-se-á a obrigação para ambos os contratantes, sendo que o devedor deverá restituir ao credor o quantum recebido pelo preço ajustado, na obrigação de dar coisa certa" (Diniz, Maria Helena, Código Civil Anotado, 16ª ed., 2012, pág. 284).

Alternativa "b": na obrigação para a entrega de coisa certa, perdida a coisa, sem culpa do devedor, antes da tradição ou pendente a condição suspensiva, fica resolvida a obrigação para ambas as partes (CC, art. 234, 1ª parte). Não há indenização a ser paga. Ao devedor caberá, todavia, restituir ao credor o quantum recebido referente ao preço.

Alternativa "c": as obrigações de dar coisa certa cumprem-se mediante entrega (ex. compra e venda) ou restituição (ex. comodato). Todavia, podem não ser cumpridas, caso antes da entrega ou da restituição ocorra o perecimento (perda total) ou deterioração da coisa (perda parcial). No que diz respeito à responsabilidade pelos prejuízos decorrentes do perecimento ou deterioração da coisa – teoria dos riscos – o princípio geral, de origem romana, é o de que a "coisa perece para o dono" (*res perit domino*). Logo, o contratante que ainda não for dono, ou aquele que deixou de ser, nada perde com o perecimento da coisa. Portanto, "se transferido o bem, ou a mercadoria, os riscos recaem na pessoa do adquirente, ou credor, a menos que decorrentes os danos ou a perda de vício interno, ou vício redibitório" (Rizzardo, Arnaldo, Direito das Obrigações, 7ª ed., 2013, Forense, pág. 84).

Alternativa "d": nas lições de Arnaldo Rizzardo, "havendo a perda antes da tradição, ou da passagem da coisa do poder do devedor para o poder do credor, e sem culpa daquele, resolve-se o contrato para ambas as partes, ou seja, não decorrem responsabilidades. Ficando desconstituído o ato, ou o contrato, é como se nada houvesse sido estipulado. O obrigado arcará unicamente com os prejuízos da perda da coisa. Não suportará qualquer indenização pelo não uso de parte do credor [...] Mas, se recebeu o valor da obrigação? Caberá restituição? Obviamente, a resposta é afirmativa. Embora não chegando ainda o momento de dar, ou para a entrega, ao constar que fica resolvida a obrigação para ambas as partes, entende-se que deve haver o retorno ao estado anterior, ou considerar a situação como se não tivesse existido o negócio" (Rizzardo, Arnaldo, Direito das Obrigações, 7ª ed., 2013, Forense, pág. 83).

Alternativa correta: letra "a".

1.1.1. OBRIGAÇÃO DE RESTITUIR

78. (FURMARC – Procurador do Estado – MG/2012) Assinale a alternativa correta:

a) na obrigação de dar coisa certa, se esta se perder, sem culpa do devedor, antes da tradição, sofrerá a perda o credor

b) na obrigação de dar coisa incerta, se esta se perder, sem culpa do devedor, antes da tradição, sofrerá a perda o credor

c) na obrigação de dar coisa certa, deteriorada a coisa sem culpa do devedor, poderá o credor exigir o equivalente ou aceitar a coisa no estado em que acha, podendo reclamar, em ambos os casos, perdas e danos

d) na obrigação de dar coisa incerta, resolve-se a obrigação se, antes da escolha, sobrevier perda decorrente de caso fortuito ou força maior

e) na obrigação de restituir, deteriorada a coisa sem culpa do devedor, o credor é obrigado a recebê-la tal como se encontra, sem direito a indenização

COMENTÁRIOS

✪ **Nota do Autor:** a obrigação de restituir "não tem por finalidade a transferência de propriedade, destinando-se apenas a proporcionar, temporariamente, o uso, fruição ou posse direta da coisa. Incidem nessa obrigação o locatário, o mutuário, o depositário, o comodatário, o mandatário, pois, findo o contrato, deverão devolver a coisa ao credor, que é o seu proprietário, sob pena de cometerem esbulho, competindo ao titular a posse, em caso de não devolução do bem, a ação de reintegração de posse" (Diniz, Maria Helena, Código Civil Anotado, 16ª ed., 2012, 286).

Alternativa "a": nas obrigações de dar coisa certa, se a coisa se perder, **sem culpa do devedor**, antes da tradição, ou pendente a condição suspensiva, fica resolvida a obrigação para ambas as partes.

Alternativa "b": nas obrigações para a entrega de coisa incerta e perda da coisa pode ocorrer antes ou depois da escolha ou concentração. **Antes da escolha**, vige o princípio *"genus nunquam perit"* (gênero não perece), pelo qual não poderá o devedor alegar perda ou deterioração da coisa, ainda que por força maior ou caso fortuito. **Depois da escolha**, valem as regras das obrigações para a entrega de coisa certa (CC, art. 245), pela qual, se a coisa se perder, **sem culpa do devedor**, antes da tradição ou pendente a condição suspensiva, fica resolvida a obrigação para ambas as partes.

Alternativa "c": nas obrigações de dar coisa certa, se a coisa se perder, **sem culpa do devedor**, antes da tradição ou pendente a condição suspensiva, fica resolvida a obrigação para ambas as partes.

Alternativa "d": nas obrigações para a entrega de coisa incerta, se a coisa se perder **antes da escolha ou concentração,** vige o princípio *"genus nunquam perit"* (gênero não perece), em função do qual não poderá o devedor alegar perda ou deterioração da coisa, ainda que por força maior ou caso fortuito.

Alternativa "e": anotamos sobre as obrigações de restituir. Pelo art. 240 do CC, se a coisa restituível se deteriorar **sem culpa do devedor**, recebê-la-á o credor, tal qual se ache, sem direito a indenização. Se **por culpa do devedor**, responderá este pelo equivalente mais perdas e danos.

Alternativa correta: letra "e".

79. (Cespe – Procurador do Estado – ES/2008) Acerca do direito das obrigações, julgue o item subsequente: No caso de obrigação de restituir coisa certa, vindo esta a se perder, sem culpa do devedor, antes da tradição, a obrigação resolve-se automaticamente, sem qualquer direito ao credor de receber indenização ou de exigir a restituição da coisa.

COMENTÁRIOS

Na obrigação de restituir não há transferência da propriedade, mas apenas a sua utilização temporária; se a coisa se perder, **sem culpa do devedor**, o credor recebê-la-á o credor, tal qual se ache, sem direito a indenização. Se **por culpa do devedor**, responderá este pelo equivalente, mais perdas e danos. **(certo)**

1.2. OBRIGAÇÕES DE FAZER E NÃO FAZER

80. (Fundatec – Procurador do Estado – RS/2015) Em relação às modalidades das obrigações, analise as seguintes assertivas:

I. Aquele que se recusar ao cumprimento de uma obrigação de fazer instituída em caráter personalíssimo, incorre na obrigação de indenizar perdas e danos.

II. O credor pode exigir o desfazimento de obrigação realizada por devedor a cuja abstenção se obrigou.

III. Em hipótese de urgência, o credor pode desfazer, independentemente de autorização judicial, a obrigação realizada por devedor a cuja abstenção se obrigou.

IV. Na solidariedade passiva, a proposta de ação pelo credor contra qualquer um dos devedores importa em renúncia da solidariedade.

Quais estão corretas?

a) Apenas I e III.

b) Apenas I e IV.

c) Apenas II e III.

d) Apenas II e IV.

e) Apenas I, II e III.

COMENTÁRIOS

✪ **Nota do Autor:** a *obrigação de fazer* abrange o serviço humano em geral, seja material ou imaterial, a realização de obras e artefatos, ou a prestação de fatos que tenham utilidade para o credor. A prestação consiste, assim, em atos ou serviços a serem executados pelo devedor. Pode-se afirmar, em síntese, que qualquer forma de atividade humana lícita, possível e vantajosa pode constituir objeto da obrigação. A obrigação de fazer pode ser: **(A)** infungível, personalíssima ou intuito personae; **(B)** fungível ou impessoal; **(C)** declaratória de vontade (*pacto de contrahendo*). Por sua vez, a *obrigação de não fazer ou negativa*, impõe ao devedor um dever de abstenção, o de não praticar o ato que poderia livremente fazer caso não se houvesse obrigado (Carlos Roberto Gonçalves, Direito Civil Esquematizado, 2ª ed., 2012, Saraiva, São Paulo, pag. 494).

Item I: correto; segundo o art. 247 do CC: "Incorre na obrigação de indenizar perdas e danos o devedor que recusar a prestação a ele só imposta, ou só por ele exequível". A obrigação de fazer será infungível em razão da natureza ou contrato, quando somente o obrigado poderá executá-la, devido a sua habilidade, técnica, cultura, reputação, idoneidade, etc. Nestes casos a obrigação é *personalíssima* ou *intuito personae*, sendo que o credor não é obrigado a aceitar substituto ao primitivo devedor. Se este de recusar a cumprir o avençado, voluntariamente, o credor não poderá obter a execução direta, pois ninguém pode ser coagido diretamente a praticar o ato a que se obrigara. Preserva-se a liberdade do devedor, mas este incorrerá no dever de indenizar em perdas e danos.

Item II: correto; prescreve o art. 251, *caput*, do CC: "Praticado pelo devedor o ato, a cuja abstenção se obrigara, o credor pode exigir dele que o desfaça, sob pena de se desfazer à sua custa, ressarcindo o culpado perdas e danos. Parágrafo único. Em caso de urgência, poderá o credor desfazer ou mandar desfazer, independentemente de autorização judicial, sem prejuízo do ressarcimento devido". Ocorre o inadimplemento culposo do devedor, nas obrigações de não fazer, quando realiza, por negligência ou interesse, ato que não podia. Em consequência, poderá o credor pedir ao juiz que o desfaça, sob pena de o próprio credor o fazer, cobrando do devedor o ressarcimento do *quantum* despendido e mais as perdas e danos, salvo quando a reposição ao estado anterior o satisfazer totalmente.

Item III: correto; pelo art. 251, parágrafo único, do CC: "Em caso de urgência, poderá o credor desfazer ou mandar desfazer, independentemente de autorização judicial, sem prejuízo do ressarcimento devido". Em caso de urgência, o credor pode desfazer ou mandar desfazer, sem prévia autorização judicial, e à sua custa, o ato a que o devedor não se absteve, sem prejuízo do ressarcimento posterior, em razão dos gastos e dos eventuais danos. Neste caso, a *urgência* refere-se a fatos não consolidados.

Item IV: incorreto; o art. 275, parágrafo único, do CC, afirma: "Não importará renúncia da solidariedade a propositura de ação pelo credor contra um ou alguns dos devedores". O credor pode acionar um, alguns ou todos os devedores de uma obrigação solidária, e não importará a renúncia da solidariedade caso mova a ação em relação a parte dos devedores, deixando de fazê-lo em relação aos demais. Se aqueles contra os quais demandou não apresentarem condições econômicas, por exemplo, poderá cobrar dos outros o débito, em outro momento, até porque a interrupção da prescrição contra um devedor solidário alcança os restantes codevedores (CC, art. 204, § 1º).

Alternativa correta: letra "e".

1.3. OBRIGAÇÕES ALTERNATIVAS

81. (FMP – Procurador do Estado – PGE – AC/2017) Considere as seguintes afirmativas sobre o tema das obrigações no âmbito do Código Civil. Assinale a alternativa INCORRETA.

a) Se a obrigação for de restituir coisa certa, e esta, sem culpa do devedor, se perder antes da tradição, sofrerá o credor a perda, c a obrigação se resolverá, ressalvados os seus direitos até o dia da perda.

b) Incorre na obrigação de indenizar perdas e danos o devedor que recusar a prestação a ele só imposta, ou só por ele exequível.

c) Extingue-se a obrigação de não fazer, desde que sem culpa do devedor, se lhe torne impossível abster-se do ato que se obrigou a não praticar.

d) Nas obrigações alternativas, a escolha cabe ao credor, se outra coisa não se estipulou.

e) A obrigação é indivisível quando a prestação tem por objeto uma coisa ou um fato não suscetível de divisão, por sua natureza, por motivo de ordem econômica ou pela razão determinante do negócio jurídico.

COMENTÁRIOS

✪ **Nota do Autor:** quando a obrigação tem por objeto uma só prestação ou um só sujeito ativo e um só sujeito passivo, diz-se que ela é simples. Havendo pluralidade de prestação, a obrigação é **complexa** ou **composta** e se desdobra, então, nas *obrigações cumulativa, alternativa* ou *facultativa.* Na **(1) obrigação cumulativa *ou* conjuntiva**, há pluralidade de prestações e **todas devem ser solvidas**, sem exclusão de qualquer delas, sob pena de se haver por não cumprida. Nela, há tanto obrigações distintas quanto prestações devidas. As prestações devidas estão ligadas pela partícula ou conjunção copulativa **"e"**. Efetiva-se o seu cumprimento somente pela prestação de todos eles. A **(2) obrigação alternativa *ou* disjuntiva** é de maior complexidade que a anteriormente citada. Tem por conteúdo duas ou mais prestações, das quais **uma somente será escolhida** para pagamento ao credor e liberação do devedor. Os objetos estão ligados pela disjuntiva **"ou"**, podendo haver duas ou mais opções. Tal modalidade de obrigação exaure-se com a simples prestações de um dos objetos que a compõem. A **(3) obrigação facultativa**, por sua vez, constitui obrigação simples, em que é devida uma única prestação, ficando, porém, facultado ao devedor exonerar-se mediante o cumprimento de prestação diversa e predeterminada (Carlos Roberto Gonçalves, op. cit.).

Alternativa "a": se a obrigação for de restituir coisa certa, e esta, sem culpa do devedor, se perder antes da tradição, sofrerá o credor a perda, e a obrigação se resolverá, ressalvados os seus direitos até o dia da perda (CC, art. 238).

Alternativa "b": nas obrigações de fazer *intuito personae* ou personalíssimas, incorre na obrigação de indenizar perdas e danos o devedor que recusar a prestação a ele só imposta, ou só por ele exequível (CC, art. 247).

Alternativa "c": diz expressamente o art. 250 do CC, "extingue-se a obrigação de não fazer, desde que, sem culpa do devedor, se lhe torne impossível abster-se do ato, que se obrigou a não praticar".

Alternativa "d": nas obrigações alternativas, a escolha cabe ao devedor, se outra coisa não se estipulou (CC, art. 252, *caput*).

Alternativa "e": mais uma vez o texto de lei, art. 258 do CC., pelo qual "a obrigação é indivisível quando a prestação tem por objeto uma coisa ou um fato não suscetível de divisão, por sua natureza, por motivo de ordem econômica, ou dada a razão determinante do negócio jurídico".

Alternativa incorreta: letra "d".

82. (FURMARC – Procurador do Estado – MG/2012) Assinale a alternativa INCORRETA:

a) nas obrigações alternativas, a escolha cabe ao credor, se outra coisa não se estipulou

b) se uma de duas obrigações alternativas não puder ser objeto da obrigação ou se tornada inexeqüível, subsistirá o débito quanto à outra

c) no silêncio do contrato, a obrigação que A, B e C têm de pagar a D R$9.000,00 é considerada divisível

d) perde a qualidade de indivisível a obrigação que se resolver em perdas e danos

e) na obrigação indivisível, se a coisa se perder por culpa de um dos devedores, os demais ficarão exonerados das perdas e danos, respondendo por estas só o culpado

COMENTÁRIOS

Alternativa "a": nas obrigações alternativas, a escolha cabe ao devedor, se outra coisa não se estipulou. Quando a obrigação for de prestações periódicas, a faculdade de opção poderá ser exercida em cada período. No caso de pluralidade de optantes, não havendo acordo unânime entre eles, decidirá o juiz, findo o prazo por este assinado para a deliberação. Por fim, se o título deferir a opção a terceiro e este não quiser ou não puder exercê-la, caberá ao juiz a escolha se não houver acordo entre as partes.

Alternativa "b": se uma das duas prestações não puder ser objeto de obrigação ou se tornada inexequível, subsistirá o débito quanto à outra. Trata-se de concentração automática ou *ex re ipsa*. A disposição também é aplicável para a *obrigação alternativa múltipla*, quando a obrigação comportar mais de duas prestações possíveis.

Alternativa "c": se houver multiplicidade de devedores ou de credores, em obrigação divisível, haverá **presunção legal** (*juris tantum*) de que a obrigação está dividida em tantas obrigações, iguais e distintas, quantos forem os credores ou devedores. Dessa presunção decorre o princípio *concursu partes fiunt*, pelo qual cada credor ou cada devedor não pode exigir, e nem está obrigado, senão pela sua parte.

Alternativa "d": pelo art. 263, *caput*, do CC, perde a qualidade de indivisível a obrigação que se resolver em perdas e danos.

Alternativa "e": perde a qualidade de indivisível a obrigação que se resolver em perdas e danos. Nesse caso, se houver culpa de **todos** os devedores, responderão **todos** por partes iguais, vale dizer, pela prestação devida mais as perdas e danos. Mas se for de **um** só a culpa, ficarão exonerados os outros, respondendo só esse pelas perdas e danos. A prestação continua devida por todos, mas pelas perdas e danos só responde o culpado (CC, art. 263, §§ 1º e 2º).

Alternativa incorreta: letra "a".

---

83. (Cespe – Procurador do Estado – PB/2008) A respeito do direito das obrigações, assinale a correta.

a) Com a assunção de dívida, subsistem o débito originário com os seus acessórios e garantias especiais, assumindo o terceiro a posição de devedor, independentemente da concordância do credor, salvo se o débito for garantido com hipoteca; nesse caso, exige-se que o consentimento seja expresso, sendo interpretado o silêncio como recusa.

b) Em se tratando de obrigações alternativas, o devedor somente se libera prestando a coisa devida, pois o objeto, embora inicialmente plúrimo e indeterminado, feita a escolha, torna-se irrevogável porque individuado o objeto, salvo se houver direito de arrependimento entre as partes.

c) Tratando-se de obrigação em dinheiro, se duas pessoas são reciprocamente devedora e credora uma da outra, sendo uma dívida decorrente de um contrato de compra e venda e a outra, em razão de empréstimo pessoal, ainda que estas sejam líquidas, certas e vencidas, não ocorre a compensação em razão da diversidade de causa, ou seja, as dívidas não são fungíveis entre si.

d) Ocorre a novação quando uma pessoa estranha à relação contratual assume a obrigação do devedor em mora, liberando-o do pagamento e, por isso, ele sucede o devedor originário na obrigação principal e acessória, independentemente do consentimento do credor.

e) Para que o devedor incorra de pleno direito na multa contratual, exigem-se a alegação e a demonstração do efetivo prejuízo pelo credor até o limite previsto na cláusula, e a conduta culposa do devedor pela inexecução da obrigação ou pela mora. Embora a multa, em regra, seja imutável, poderá o credor exigir indenização suplementar quando o prejuízo exceder ao previsto na cláusula penal.

COMENTÁRIOS

Alternativa "a": é facultado ao terceiro (cessionário) assumir a obrigação do devedor (cedente), com o consentimento **expresso** do credor (cedido), ficando exonerado o devedor primitivo, salvo se aquele (terceiro ou cessionário), ao tempo da assunção, era **insolvente** e o credor o ignorava. **Salvo** assentimento expresso do devedor primitivo, consideram-se **extintas**, a partir da assunção da dívida, as *garantias especiais ou pessoais* (aval, fiança, etc.) por ele originariamente dadas ao credor. As *garantias reais* (hipoteca, penhor, etc.) permanecem intactas, sobrevivem à cessão, salvo renúncia do credor.

Alternativa "b": feita a escolha ou contração, ela é irrevogável, salvo se houver direito de arrependimento.

Alternativa "c": a diversidade de causas **não impede** a compensação, salvo se: 1) provier de esbulho, furto ou roubo; 2) se uma se originar de comodato, depósito ou alimentos; 3) se uma for de coisa não suscetível de penhora.

Alternativa "d": novação vem a ser o ato que cria uma nova obrigação destinada a extinguir a precedente, substituindo-a. Admite-se a *novação objetiva ou real* e a *subjetiva ou pessoal*. Em relação à última, pode ser *subjetiva passiva* ou *ativa*. Na passiva, permite-se a novação por *delegação* ou *expromissão*. Da primeira, a substituição do devedor ocorre com anuência do credor, que anui com o terceiro indicado pelo devedor, que resgata do débito. A novação por *expromissão* ocorre sem que o devedor consinta, mas é necessário que o credor anua. A novação extingue os acessórios e garantias, salvo estipulação em contrário. Caso a garantia seja dada por terceiro, que não participou da novação, a convenção em contrário não o vincula.

Alternativa "e": incorre de pleno direito o devedor na cláusula penal, desde que, **culposamente**, deixe de cumprir a obrigação ou se constitua em **mora**. Para exigir a pena convencional ou cláusula penal, **não** é necessário que o credor alegue prejuízo. Ainda que o prejuízo exceda ao previsto na cláusula penal, não pode o credor exigir **indenização suplementar** se assim não foi **convencionado**. Se o tiver sido, a pena vale como **mínimo** da indenização, competindo ao credor provar o **prejuízo excedente**.

Alternativa correta: letra "b".

---

84. (Cespe – Procurador do Estado – ES/2008) Acerca do direito das obrigações, julgue o item subsequente: Na obrigação alternativa, ocorre a estipulação de várias prestações. Essa multiplicidade de prestações, no entanto, manifesta-se de maneira disjuntiva, pois o devedor se libera da obrigação satisfazendo apenas uma delas.

COMENTÁRIOS

Análise da questão: *obrigações disjuntivas ou alternativas* caracterizam-se pela multiplicidade de objetos ou prestações possíveis, das quais somente **uma** será a escolhida para pagamento ao sujeito ativo; diferem-se das *obrigações cumulativas ou conjuntivas* porque nestas **todas** as múltiplas prestações deverão ser cumpridas; nessas obrigações a *concentração ou escolha* da prestação cabe ao devedor, salvo se estipulado diversamente (CC/art. 252). **(certo)**

1.4. OBRIGAÇÕES DIVISÍVEIS E INDIVISÍVEIS

---

85. (FCC – Procurador do Estado – SP/2012) Havendo pluralidade de credores de obrigação indivisível,

a) o devedor pode se exonerar pagando a um dos credores, dispensada a ratificação dos demais.

b) poderá cada um deles exigir o todo da obrigação, desde que haja expressa previsão contratual autorizadora.

c) cada um deles pode exigir a totalidade da obrigação, exceto se convertida em perdas e danos.

d) a remissão da dívida por um dos credores não prejudica os demais, que podem exigir toda a obrigação sem desconto ou compensação, dada a impossibilidade de cisão do seu objeto.

e) só poderão exigir a cota parte que lhes couber, mas se um deles receber a prestação por inteiro, deverá ressarcir os demais na medida de suas respectivas participações.

COMENTÁRIOS

✪ **Nota do Autor:** *obrigação divisível* é aquela cuja prestação é suscetível de cumprimento parcial, sem prejuízo de sua substância e de seu valor. Se houver multiplicidade de devedores ou de credores em obrigação divisível, haverá presunção legal, *juris tantum*, de que a obrigação está dividida em tantas obrigações, iguais e distintas, quantos forem os credores ou devedores. Dessa presunção legal decorre o princípio do *"concursu partes fiunt"*, pelo qual, no concurso de participantes, nenhum credor poderá pedir senão a sua parte, e nenhum devedor está obrigado senão pela parte (Maria Helena Diniz). Por outro lado, *obrigação indivisível* é aquela cuja prestação, tendo por objeto coisa ou fato não suscetível de divisão, só pode ser cumprida por inteiro, por sua natureza, por motivo de ordem econômica ou dada a razão determinante do negócio jurídico, não comportando sua cisão em várias obrigações parceladas distintas, pois, uma vez cumprida parcialmente a prestação, o credor não obtém nenhuma utilidade ou obtém a que não representa a parte exata da que resultaria do adimplemento integral. A indivisibilidade poderá ser *física*, *judicial* ou convencional (Maria Helena Diniz, op. cit.).

Alternativa "a": nas obrigações indivisíveis, o devedor ou devedores se desobrigarão, pagando a todos os credores **conjuntamente** ou a **um**, dando este caução de **ratificação** dos outros credores.

Alternativa "b": a indivisibilidade da obrigação permite, se a pluralidade for dos credores, que cada um destes possa exigir a dívida inteira, conforme previsão legal, ainda que nada disponha o contrato.

Alternativa "c": nas obrigações indivisíveis com multiplicidade de credores, cada um pode exigir a dívida por inteiro, exceto se convertida em perdas e danos, evento que repercute na perda da indivisibilidade da obrigação.

Alternativa "d": a remissão da dívida por um dos credores não extingue a obrigação para com os outros; mas estes só a poderão exigir **descontada** a quota do credor remitente. Os efeitos da remissão são pessoais, pois abrange apenas o que perdoou.

Alternativa "e": nas obrigações indivisíveis cada um dos múltiplos credores pode exigir a obrigação por inteiro. Se um dos credores receber a prestação por inteiro, a cada um dos outros assistirá o direito de exigir dele em dinheiro a parte que lhe caiba no total.

Alternativa correta: letra "c".

86. (FEPESE – Procurador do Estado – SC/2009) Assinale a alternativa correta.

a) Perde a qualidade de indivisível a obrigação que se resolver em perdas e danos.

b) A anuência por parte do cedido é requisito de validade da cessão de crédito.

c) Ocorrendo várias cessões do mesmo crédito, prevalece a que apresentar robusta prova testemunhal.

d) Na assunção de dívida, o consentimento expresso do devedor não se faz necessário.

e) Na solidariedade passiva, o credor não poderá exigir parcialmente a dívida de um dos devedores solidários.

COMENTÁRIOS

Alternativa "a": perde a qualidade de indivisível a obrigação que se resolver em perdas e danos. Cessada a indivisibilidade pela conversão da obrigação no seu equivalente pecuniário, a obrigação torna-se divisível. Se houver culpa de **todos** os devedores, responderão todos por partes iguais pelas perdas e danos. Se for de **um só** a culpa, os outros respondem apenas pela prestação devida, sendo que o culpado também arcará pelas perdas e danos.

Alternativa "b": na cessão de crédito o credor transfere a terceiro seus direitos em uma relação obrigacional. Trata-se de negócio jurídico bilateral, envolvendo bem *incorpóreo* ou um *crédito*. O terceiro que não participa da cessão, o devedor, chamado de *cedido*, deve ser *notificado* da *cessão* para que possa pagar a obrigação; porém, sua anuência é desnecessária (CC, art. 286). Todavia, podem ocorrer impedimentos legais e contratuais à cessão. A *cláusula proibitiva* da cessão não poderá ser oposta ao cessionário de boa-fé, se não constar do instrumento da obrigação.

Alternativa "c": ocorrendo várias cessões do mesmo crédito, prevalece a que se completar com a tradição do título do crédito cedido (CC, art. 291). Os demais cessionários poderão pleitear perdas e danos. O devedor não notificado das várias cessões do mesmo crédito fica desobrigado, pagando àquele cessionário que lhe mostrar, com o instrumento da cessão, o título da obrigação (CC, art. 292)

Alternativa "d": na assunção de dívida ou cessão de débito ocorre a *"transmissão das obrigações"*, sem, contudo, havê-las por cumpridas; dessa forma, não se verifica a extinção do crédito originário, mas sua manutenção, dependendo, para que ocorra, do **consentimento expresso** do credor (CC/art. 299, *caput*).

Alternativa "e": na solidariedade passiva, o credor tem direito a exigir e receber de um ou de alguns dos devedores, **parcial** ou **totalmente**, a dívida comum; se o pagamento tiver sido parcial, todos os demais devedores continuam obrigados solidariamente pelo resto. Não importará renúncia da solidariedade a propositura de ação pelo credor contra um ou alguns dos devedores.

Alternativa correta: letra "a".

1.5. OBRIGAÇÕES SOLIDÁRIAS

87. (FURMARC – Procurador do Estado – MG/2012) Com relação à solidariedade, marque a alternativa correta:

a) na solidariedade ativa, a remissão integral da dívida pode ser feita por apenas um dos credores solidários.

b) convertendo-se a obrigação em perdas e danos, desaparece, para todos os efeitos, a solidariedade.

c) impossibilitando-se a prestação por culpa de um dos devedores solidários, subsiste para todos o encargo de pagar o equivalente e as perdas e danos.

d) importa renúncia da solidariedade a propositura de ação pelo credor contra um ou alguns dos devedores.

e) sendo A, B e C credores solidários de D da importância de R$30.000,00, falecendo A, seus dois herdeiros poderão cobrar, cada um deles, individualmente, o valor total da obrigação.

COMENTÁRIOS

✪ **Nota do Autor:** *obrigação solidária* é aquela em que, havendo multiplicidade de credores ou de devedores, ou de uns e outros, cada credor terá direito à totalidade da prestação, como se fosse o único credor, ou cada devedor estará obrigado pelo débito todo, como se fosse o único devedor. O pagamento do débito a um dos credores exonera o devedor da cobrança dos demais. Se um dos devedores pagar a dívida ao credor, ter-se-á a quitação dos outros. O credor, que vier a receber, deverá entregar a parte cabível aos cocredores, e o devedor, que solver o débito, deverá exigir dos outros as suas partes. Há, portanto, unidade de prestação e multiplicidade de sujeitos (Maria Helena Diniz, Código Civil Anotado, 16ª ed., Saraiva, São Paulo). Ocorre solidariedade, portanto, quando numa mesma obrigação concorre mais de um credor, ou mais de um devedor, cada um com direito, ou obrigado, à dívida toda (CC, art. 265). Logo, **são espécies** de solidariedade: (1) ativa ou de credores; (2) passiva ou de devedores; (3) recíproca ou mista. Podemos resumir as **características das obrigações solidárias**: (A) pluralidade de sujeitos ativos ou passivos; (B) multiplicidade de vínculos; (C) unidade de prestação; (D) corresponsabilidade dos interessados (Carlos Roberto Gonçalves, *op. cit.*); (E) não se presume; resulta da **lei** ou da **vontade** das partes. Noutro giro, a obrigação solidária pode ser pura e simples para um dos cocredores ou codevedores, e condicional, ou a prazo, ou pagável em lugar diferente, para o outro (CC, arts. 265 e 266). Assim, são **princípios** afetos às obrigações solidárias: (1) *princípio da inexistência de solidariedade presumida*; (2) *princípio de a solidariedade não ser igual para a pluralidade de sujeitos* (Carlos Roberto Gonçalves, *op. cit.*). Diferenciam-se as **obrigações indivisíveis** das **solidárias**, mas possuem um ponto em comum. O credor pode exigir de um só devedor a dívida por inteiro. As **dessemelhanças** são os seguintes: (A) na solidariedade cada devedor é responsável pela dívida toda, e na indivisibilidade ele o é por uma quota-parte, e a possibilidade da exigência pela totalidade da dívida ocorre porque o objeto não se pode fracionar; (B) convertendo-se a prestação em perdas e danos, subsiste, para todos os efeitos, a solidariedade; todavia, perde a qualidade de indivisível a obrigação que se resolver em perdas e danos; (C) a solidariedade possui conotação subjetiva, porque recai sobre as próprias pessoas, ao passo que a indivisibilidade é tipicamente objetiva, pois decorre da natureza do objeto da prestação; (D) a solidariedade é um reforço à prestação do credor e a indivisibilidade uma consequência do objeto da prestação (não admite fracionamento), que torna possível o cumprimento unitário da obrigação. Com o Novo CPC-2015, o art. 274 do CC sofrerá mudança de redação, nestes termos: "O julgamento contrário a um dos credores solidários não atinge os demais, mas o julgamento favorável aproveita-lhes, sem prejuízo de exceção pessoal que o devedor tenha direito de invocar em relação a qualquer deles".

Alternativa "a": o credor que tiver remitido a dívida ou recebido o pagamento responderá aos outros pela parte que lhes caiba. Nas relações internas, o credor poderá perdoar a dívida inteira, mas ante o princípio da comunidade de interesses, responderá aos outros pelas partes que lhes caiba. Nas *obrigações indivisíveis*, pelo art. 262 do CC, se um dos credores remitir a dívida, a obrigação **não** ficará extinta para com os outros; mas estes só a poderão exigir, descontada a quota do credor remitente.

Alternativa "b": convertendo-se a prestação em perdas e danos, subsiste, para todos os efeitos, a solidariedade, quanto ao principal e juros.

Alternativa "c": impossibilitando-se a prestação por ato culposo de um dos devedores solidários, subsiste para **todos** o encargo de pagar o equivalente; mas pelas perdas e danos só responde o culpado.

Alternativa "d": não importará renúncia da solidariedade a propositura de ação pelo credor contra um ou alguns dos devedores. Trata-se de direito do credor acionar qualquer codevedor solidário.

Alternativa "e": se um dos credores solidários falecer deixando herdeiros, cada um destes só terá direito a **exigir e receber** a **quota do crédito** que corresponder ao seu **quinhão hereditário**, salvo se a obrigação for **indivisível**; a obrigação em dinheiro é divisível. Trata-se da *refração do crédito*.

Alternativa correta: letra "a".

2. TRANSMISSÃO DAS OBRIGAÇÕES

2.1. CESSÃO DE CRÉDITO

88. (FEPESE – Procurador do Estado – SC/2010) No que concerne à transmissão das obrigações, assinale a alternativa incorreta, de acordo com o Código Civil Brasileiro.

a) Ocorrendo várias cessões do mesmo crédito, prevalece, via de regra, a que se completar por último.

b) Na assunção de dívida, o novo devedor não pode opor ao credor as exceções pessoais que competiam ao devedor primitivo.

c) Na cessão de crédito, o devedor pode opor ao cessionário as exceções que lhe competirem, bem como as que, no momento em que veio a ter conhecimento da cessão, tinha contra o cedente.

d) O cessionário de crédito hipotecário tem o direito de fazer averbar a cessão no registro do imóvel.

e) Independentemente do conhecimento da cessão pelo devedor, pode o cessionário exercer os atos conservatórios do direito cedido.

COMENTÁRIOS

✪ **Nota do Autor:** *cessão de crédito* é um negócio jurídico bilateral, gratuito ou oneroso, pelo qual o credor de uma obrigação (cedente) transfere, no todo ou em parte, a terceiro (cessionário), independente do consenso do devedor (cedido), sua posição na relação obrigacional, com todos os acessórios e garantias, salvo disposição em contrário, sem que se opere a extinção do vínculo obrigacional. Esclarece Luiz Manoel Telles de Menezes Leitão que para haver a cessão de crédito será necessário o cumprimento dos seguintes requisitos: *a)* existência de negócio jurídico estabelecendo a transmissão total ou parcial do crédito; *b)* inexistência de impedimentos legais ou contratuais a essa transferência e; *c)* não ligação do crédito à pessoa do credor como decorrência da própria natureza da prestação (Maria Helena Diniz). A outro giro, a *cessão de débito* ou *assunção de dívida* é um negócio jurídico bilateral pelo qual o devedor (cedente), com a anuência expressa do credor, transfere a um terceiro (assuntor ou cessionário) os encargos obrigacionais, de como que este assume sua posição na relação obrigacional, substituindo-o, responsabilizando-se pela dívida, que subsiste com todos os seus acessórios. Ter-se-á *assunção de cumprimento*, que libera totalmente o devedor primitivo, passando a responsabilidade pela dívida a terceiros. O débito ordinário permanece, portanto, inalterado. A esse respeito, **Enunciado 16** da I Jornada de Direito Civil do CJF: *"O art. 299 do Código Civil não exclui a possibilidade da assunção cumulativa da dívida quando dois ou mais devedores se tornam responsáveis pelo débito com a concordância do credor"*. (Maria Helena Diniz, op. cit.)

Alternativa "a": ocorrendo várias *cessões do mesmo crédito*, prevalece a que se completar com a tradição do título do crédito cedido (CC/art. 291). Ocorrendo a pluralidade de cessões, o cessionário que tiver o título é o legítimo; os demais somente poderão pleitear perdas e danos.

Alternativa "b": na *assunção de dívida*, o novo devedor não pode opor ao credor as exceções pessoais que competiam ao devedor primitivo. Todavia, poderá opor as exceções pessoais preexistentes, como pagamento, ou decorrentes da própria relação jurídica.

Alternativa "c": na *cessão de crédito*, o devedor pode opor ao cessionário as exceções que lhe competirem, bem como as que, no momento em que veio a ter conhecimento da cessão, tinha contra o cedente.

Alternativa "d": na *cessão de crédito*, o cessionário de crédito hipotecário tem o direito de fazer averbar a cessão no registro do imóvel, para assegurar os direitos transferidos pela cessão, garantindo sua eficácia *erga omnes*.

Alternativa "e": na *cessão de crédito*, independentemente do conhecimento da cessão pelo devedor, pode o cessionário exercer os atos conservatórios do direito cedido, como a interrupção do prazo prescricional. Isso ocorre porque a cessão produz os mesmos efeitos *inter partes* desde a celebração, e o cessionário tem os mesmos direitos do credor a quem substituiu na obrigação, com todos os seus acessórios, vantagens e ônus.

Alternativa incorreta: letra "a".

89. (Cespe – Procurador do Estado – PI/2008) Acerca do direito das obrigações, assinale a correta.

a) Nas arras penitenciais, se a parte que as recebeu não cumprir o contrato, a outra parte poderá considerá-lo resolvido e exigir a devolução do sinal, somado ao equivalente, com atualização monetária, juros e indenização por perdas e danos.

b) Na cessão do crédito onerosa, voluntária ou convencional, o cedente ficará responsável pela existência do crédito transferido no momento da cessão, embora não responda pela solvabilidade do devedor.

c) O credor, para exigir o pagamento da cláusula penal convencional, deverá provar a culpa do devedor pelo inadimplemento e o prejuízo efetivamente sofrido. Se tal prejuízo exceder o previsto na cláusula penal, o credor poderá exigir indenização suplementar.

d) A assunção de dívida é um negócio bilateral, não condicionado à anuência do credor, pelo qual o devedor transfere a um terceiro os seus encargos obrigacionais. Nesse negócio, ocorre a substituição do sujeito passivo da relação de crédito, sendo extinta a obrigação primitiva e surgindo a solidariedade obrigacional entre os devedores.

e) O inadimplemento absoluto de uma obrigação se dá quando essa não for cumprida no tempo, no lugar e na forma devidos. Nesse caso, o credor deverá exigir do inadimplente o recebimento do valor devido ou a prestação a que o devedor se obrigou, acrescida da multa contratual.

COMENTÁRIOS

Alternativa "a": as arras podem ser *confirmatórias ou penitenciais*; aquelas obrigam e estas admitem o direito de arrependimento; as arras penitenciais constituem a predeterminação das perdas e danos e quando presentes não haverá direito a indenização suplementar (CC/art. 420); os efeitos constantes da assertiva referem-se às arras confirmatórias, de que trata o CC/art. 418.

Alternativa "b": na *cessão pro solvendo* o cedente responde pela existência do crédito, mas não responde pela solvência do devedor, salvo estipulação em contrário. (CC/art. 295).

Alternativa "c": para exigir a pena convencional ou cláusula penal, não é necessário que o credor alegue prejuízo. Ainda que o prejuízo exceda ao previsto na cláusula penal, não pode o credor exigir indenização suplementar se assim **não foi convencionado**. Se o tiver sido, a pena vale como mínimo da indenização, competindo ao credor provar o prejuízo excedente.

Alternativa "d": na assunção de dívida, exige-se o consentimento **expresso** do credor (CC/art. 299).

Alternativa "e": o inadimplemento será *absoluto* quando a obrigação não foi e não poderá ser cumprida total ou parcial; o inadimplemento é *relativo* quando a obrigação não é cumprida no tempo, lugar e forma devidos, mas ainda se reconhece o proveito, apesar da mora, ao credor.

Alternativa correta: letra "b".

2.2. ASSUNÇÃO DE DÍVIDA

90. (Fundatec - Procurador do Estado - RS/2015) Assinale a alternativa INCORRETA.

a) O devedor pode opor ao cessionário as exceções que tinha contra o cedente no momento em que conhece da cessão.

b) Fala-se em ausência de eficácia em relação ao devedor quanto à cessão realizada sem a sua notificação.

c) Quando estipulado, o cedente pode responder pela solvência do devedor.

d) Havendo concordância do devedor originário, podem as garantias oferecidas por este ao negócio jurídico permanecerem válidas a partir da assunção da dívida.

e) Não se interpreta como recusa o silêncio do credor quando assinado prazo para consentir na assunção da dívida.

COMENTÁRIOS

✪ **Nota do Autor:** a *assunção de dívida ou cessão de débito* pode ser conceituada como negócio jurídico bilateral, pelo qual o devedor (cedente), com anuência expressa do credor, transfere a um terceiro (assuntor ou cessionário) os encargos obrigacionais, de modo que este assume sua posição na relação obrigacional, substituindo-o, responsabilizando-se pela dívida, que subsiste em todos os seus acessórios. Ter-se-á a assunção de cumprimento, que libera totalmente o devedor primitivo, passando a responsabilidade pela dívida a terceiro. O débito originário permanece, portanto, inalterado.

Alternativa "a": de acordo com o art. 294 do CC, que dispõe sobre a cessão de crédito, o devedor pode opor ao cessionário as exceções que lhe competirem, bem como as que, no momento em que veio a ter conhecimento da cessão, tinha contra o cedente. Portanto, o devedor cedido não perderá, com a cessão de crédito, o direito de opor ao cessionário as exceções (defesas) que lhe competiam e as que tinha contra o cedente no instante da notificação da cessão. As defesas surgidas depois da notificação da cessão ao cedido devem ser manejadas contra o novo titular do crédito, pois o antigo, com a notificação, não mais se vincula à relação obrigacional.

Alternativa "b": afirma-se no art. 290 do CC: "A cessão do crédito não tem eficácia em relação ao devedor, senão quando a este notificada; mas por notificado se tem o devedor que, em escrito público ou particular, se declarou ciente da cessão feita". Por conseguinte, para que a cessão tenha eficácia em relação ao devedor, este deverá ser notificado, para se evitar que pegue ao credor primitivo. Se, apesar de notificado, o devedor pagar indevidamente ao antigo credor, responderá pelas consequências. A notificação pode ser judicial ou extrajudicial. Porém, se o devedor declarar em escrito público ou particular, que tem conhecimento da cessão feita, dispensa-se a notificação.

Alternativa "c": proclama o art. 296 do CC: "Salvo estipulação em contrário, o cedente não responde pela solvência do devedor". A cessão de crédito pode ser: (a) *pro soluto*: o cedente responde pela existência e legalidade do crédito, mas não responde pela solvência do devedor; (b) *pro solvendo:* além das obrigações anteriores, o cedente responde também pela solvência do devedor. Na cessão *pro soluto* com a transferência ocorre a quitação do débito do cedente para com o cessionário, exonerando-se este, o que não se verifica na cessão *pro solvendo*, que não extingue imediatamente o débito, mas apenas no momento em que o crédito for efetivamente cobrado.

Alternativa "d": conforme o art. 300 do CC: "Salvo assentimento expresso do devedor primitivo, consideram-se extintas, a partir da assunção da dívida, as garantias especiais por ele originariamente dadas ao credor". São dois os Enunciados das Jornadas de Direito Civil sobre o preceito, o 352 da IV Jornada de Direito Civil, "Salvo expressa concordância dos terceiros, as garantias por eles prestadas se extinguem com a assunção de dívida; já as garantias prestadas pelo devedor primitivo somente são mantidas no caso em que este concorde com a assunção"; e o 422 da V Jornada: "A expressão "garantias especiais" constante do art. 300 do CC/2002 refere-se a todas as garantias, quaisquer delas, reais ou fidejussórias, que tenham sido prestadas voluntária e originariamente pelo devedor primitivo ou por terceiro, vale dizer, aquelas que dependeram da vontade do garantidor, devedor ou terceiro para se constituírem".

Alternativa "e" a cessão de débito requer consentimento *expresso e inequívoco* do credor, tendo em vista que a pessoa do devedor é importante, pois o pagamento do débito depende de sua solvência ou idoneidade patrimonial, não se mostrando conveniente ao credor ver pessoa com boa capacidade de pagamento e solvente ser substituída por outra sem essas qualidades quanto à solvabilidade da obrigação. Vale lembrar que a assunção de dívida pode ser *cumulativa ou de reforço*, quando, ao tempo da assunção, o novo devedor era insolvente e o credor o ignorava, caso em que o antigo devedor não se libera da obrigação, pois continuará obrigado ao cumprimento do débito, conjuntamente com quem veio assumi-lo. Expressamente dispõe o art. 299, parágrafo único, do CC, que qualquer das partes pode assinar prazo, judicial ou extrajudicial, ao credor para que consinta na assunção da dívida, interpretando-se o seu silêncio, durante o prazo, como recusa na substituição do antigo devedor pelo terceiro.

Alternativa incorreta: letra "e".

3. ADIMPLEMENTO DAS OBRIGAÇÕES

3.1. DAQUELES A QUEM SE DEVE PAGAR

91. (FURMARC – Procurador do Estado – MG/2012) Com relação ao adimplemento das obrigações, assinale a alternativa correta:

a) o pagamento feito de boa-fé a credor putativo é inválido

b) o pagamento feito cientemente a incapaz é válido se o devedor provar que em benefício dele efetivamente reverteu

c) o terceiro não interessado, que paga a dívida em seu próprio nome, tem direito de reembolsar-se do que pagar, sub-rogando-se nos direitos do credor.

d) efetuar-se-á o pagamento no domicílio do credor, salvo se as partes convencionarem diversamente

e) todas as alternativas acima estão corretas

COMENTÁRIOS

✪ **Nota do Autor:** (*accipiens*) ... o pagamento deverá ser feito ao credor, ao cocredor, ou a quem o represente legal, judicial ou convencionalmente, podendo também ser feito aos seus sucessores *causa mortis* (herdeiros ou legatários) ou *inter vivos* (cessionário do crédito, sub-rogado no direito creditório), que são os credores derivados. Pelo **Enunciado 424**: "A comprovada ciência de que o reiterado pagamento é feito por terceiro no interesse próprio produz efeitos equivalentes aos da notificação de que trata o art. 303, segunda parte". Se o pagamento não for feito ao credor ou a seu legitimo representante, será inválido e não terá força liberatória, exceto se: a) o credor ratificar tal pagamento; b) o pagamento aproveitar ao credor (Maria Helena Diniz, Código Civil Anotado, 16ª ed., Saraiva, São Paulo, pág. 325).

Alternativa "a": o pagamento feito de boa-fé ao credor putativo é válido, ainda provado depois que não era credor. Credor putativo é o aparente, que se apresenta aos olhos de todos como verdadeiro, embora não o seja, apesar de estar na posse do título obrigacional. Exige-se, como requisitos de validade do pagamento: *a)* boa-fé de quem paga; *b)* reconhecimento do erro, apesar da cautela empregada.

Alternativa "b": não vale o pagamento cientemente feito ao credor incapaz de quitar, se o devedor não provar que em benefício dele efetivamente reverteu. A quitação dada por incapaz é inválida, nula ou anulável, conforme o caso, se inexistir assistência ou representação. Abre-se exceção, desde que o *solvens* prove que houve benefício econômico ou vantagem ao credor-incapaz.

Alternativa "c": o terceiro não interessado, que paga a dívida em seu próprio nome, por meio de ação *"in rem verso"*, tem direito a reembolsar-se do que pagar; mas **não** se sub-roga nos direitos do credor.

Alternativa "d": em *regra*, o lugar do pagamento da dívida é o domicílio do devedor, ou seja, por presunção legal, a dívida é quesível *(quérable)*, salvo se a convenção, a lei, a natureza da obrigação ou das circunstâncias indicarem o contrário. A *dívida portável* (*portable*) é a estipulada para pagamento no domicílio do credor.

Alternativa "e": a alternativa correta é a de letra "b"; assim, apenas uma das alternativas acima é correta, não todas.

Alternativa correta: letra "b".

3.2. OBJETO DO PAGAMENTO E SUA PROVA

92. (PUC – Procurador do Estado – PR/2015) Observe as assertivas a seguir:

I. Mesmo que se constate a ocorrência de motivos imprevisíveis e supervenientes que alterem o equilíbrio da relação contratual, o juiz só pode alterar o valor das prestações mediante requerimento do interessado.

II. A cessão de crédito opera-se entre credor cedente e terceiro cessionário, produzindo efeitos entre eles assim que concluído o negócio, independentemente do consentimento do devedor. Mas se o devedor pagar ao cedente antes de ter sido notificado da cessão de crédito, ele ficará desobrigado, já que a cessão de crédito não tinha ainda eficácia perante o devedor.

III. As pessoas jurídicas integrantes da Administração Pública tomadoras de serviços de mão de obra terceirizada são solidariamente responsáveis pelos créditos trabalhistas dos empregados das empresas prestadoras de serviços no que se refere ao período em que estes empregados prestaram serviços em suas sedes.

IV. Adimplemento substancial é o adimplemento parcial em nível suficiente a afastar as consequências da mora e liberar o devedor do pagamento das prestações residuais, tendo em vista que a obrigação, apesar de não ter sido cumprida de modo integral, atendeu à sua função social.

Assinale alternativa que apresenta a sequência CORRETA, de cima para baixo (considere V para verdadeira, e F para falsa):

a) V – V – V – F.

b) F – V – V – F.

c) V – F – V – V.

d) F – V – F – F.

e) V – V – F – F.

COMENTÁRIOS

✪ **Nota do Autor:** o objeto do pagamento e sua prova são disciplinados nos arts. 313 a 326 do CC. O **(*) objeto do pagamento** é a prestação convencionada. Por este motivo, o credor não é obrigado a receber prestação diversa da que lhe é devida, ainda que mais valiosa. Trata-se da proibição do "solvere aliud pro alio". Sendo assim, o devedor, para exonerar-se da obrigação, tem o dever de entregar exatamente a prestação pela qual se convencionou. Se o credor aceitar uma coisa por outra, admitindo "aliud pro alio" haverá dação em pagamento (CC, art. 356 a 359). As dívidas em dinheiro deverão ser pagas no vencimento, em moeda corrente e pelo valor nominal, salvo o disposto nos preceitos subsequentes, diz o art. 315 do CC. Por este preceito, foi adotado o princípio do nominalismo, pelo qual se considera o **valor nominal** da moeda. A dívida pode ser de dinheiro ou de valor. Será de dinheiro se o objeto da prestação é o dinheiro. Por outro lado, será de valor se o dinheiro for apenas um parâmetro do montante da prestação. É admitida a convenção que estabeleça o aumento progressivo das prestações sucessivas, chamada cláusula de atualização de valores ou cláusula de escala móvel. Desde que judicialmente, permite-se a correção ou revisão dos contratos, quando sobrevier desproporção manifesta entre o valor da prestação devida e o do momento de sua execução. Ainda, são **nulas** as convenções de pagamento em ouro ou em moeda estrangeira, inclusive para compensar a diferença entre o valor desta e o da moeda nacional, exceto os casos previstos na legislação especial (Decreto-Lei 857/69, art. 2º). Relacionado à **(*) prova do pagamento**, o devedor que paga tem direito a quitação regular, e pode reter o pagamento, enquanto não lhe seja dada. A quitação é o documento em que o credor ou seu representante, reconhece ter recebido o pagamento de seu crédito, com poder exoneratório do devedor da obrigação. Pelo **Enunciado 18**, "A "quitação regular" referida no art. 319 do novo Código Civil engloba a quitação dada por meios eletrônicos ou por quaisquer formas de "comunicação a distância", assim entendida aquela que permite ajustar negócios jurídicos e praticar atos jurídicos sem a presença corpórea simultânea das partes ou de seus representantes". O Código Civil estabelece algumas presunções juris tantum relacionadas à quitação, quais sejam: **(A)** quando o pagamento for em quotas periódicas, a quitação da **última** estabelece, até prova em contrário, a presunção de estarem solvidas as anteriores; **(B)** sendo a quitação do capital **sem** reserva dos juros, estes presumem-se pagos; **(C)** a entrega do título ao devedor firma a presunção do pagamento. Todavia, ficará sem efeito a quitação assim operada se o credor provar, em **60 dias**, a falta do pagamento; **(D)** presumem-se a cargo do devedor as despesas com o pagamento e a quitação; se ocorrer aumento por fato do credor, suportará este a despesa acrescida; **(E)** se o pagamento se houver de fazer por medida, ou peso, entender-se-á, no silêncio das partes, que aceitaram os do lugar da execução.

Item I: verdadeiro; segundo o art. 317 do CC: "Quando, por motivos imprevisíveis, sobrevier desproporção manifesta entre o valor da prestação devida e o do momento de sua execução, poderá o juiz corrigi-lo, a pedido da parte, de modo que assegure, quanto possível, o valor real da prestação". Para a doutrina, "cumpre atribuir ao art. 317 o significado que a sua redação autoriza, qual seja, a possibilidade, no direito brasileiro, de revisão contratual por onerosidade excessiva. De fato, ao se referir a **motivos imprevisíveis** que causem desproporção manifesta entre o valor da prestação devida e o momento de sua execução, o dispositivo contemplou, de forma mais ou menos consciente, os pressupostos da chamada teoria da imprevisão. E ao conceder ao juiz o poder de corrigir o valor da prestação, abriu portas do ordenamento jurídico comum para a ideia de revisão contratual, já presente em sede consumerista. Assim, é possível sustentar que o desequilíbrio das prestações autoriza, no direito brasileiro, duas soluções: (i) a resolução do contrato, na forma do art. 478 do CC; (ii) a sua revisão, com alteração do valor da prestação (incluindo juros, indexação, prazo, etc.). **A opção por uma ou outra via dependerá do pedido (requerimento) e do interesse das partes envolvidas**". (TEPEDINO, Gustavo. Código Civil Comentado. Vol. IV. 1. ed. São Paulo: Atlas: 2008, p. 219). Para o STF, a teoria da imprevisão é aplicável aos contratos administrativos, *in verbis*: "No Brasil, doutrina e jurisprudência **admitem**, embora com cautela principalmente por parte desta, o princípio que vem da antiga cláusula 'rebus sic stantibus' e que modernamente se apresenta em modalidades como a da 'teoria da imprevisão' ou a da 'onerosidade excessiva', afastando-se, quando ocorrem seus requisitos, a imutabilidade do pactuado nos contratos comutativos de trato sucessivo, para admitir sua resolução ou, às vezes, sua revisão. Civilistas e publicistas salientam que essas teorias só se aplicam a tais contratos quando se verificarem os requisitos assim arrolados por CAIO MÁRIO DA SILVA PEREIRA ("Instituição de Direito Civil", vol. III, 5ª ed., nº 216, p. 141, Forense, Rio de Janeiro, 1981): 'Para que se possa, sob fundamento na teoria da imprevisão, atingir o contrato, é necessário ocorram requisitos de apuração certa: (a) vigência de um contrato de execução diferida ou sucessiva; (b) alteração radical das condições econômicas objetivas no momento da execução, em confronto com o ambiente objetivo da celebração; (c) onerosidade excessiva para um dos contratantes e benefício exagerado para o outro; (d) imprevisibilidade daquela modificação". E HELY LOPES MEIRELLES ("Direito Administrativo Brasileiro, 23ª ed., p. 212, Malheiros Editores, São Paulo, 1998) acentua que a teoria da imprevisão 'é a aplicação da velha cláusula 'rebus sic stantibus' aos contratos administrativos, a exemplo do que ocorre nos ajustes privados, a fim de que sua execução se realize sem a ruína do contratado, na superveniência de fatos não cogitados pelas partes, criando ônus excessivo para uma delas, com vantagem desmedida para a outra' (STF: Pet 1665 MC, Relator(a): Min. MOREIRA ALVES, julgado em 15/02/1999, publicado em DJ DATA-24-02-99 P-00058).

Item II: verdadeiro; a cessão de crédito pode ser realizada sem o consentimento do devedor ou cedido, que não participa da cessão. Verifica-se a cessão quando o credor (*cedente*) chega ao acordo de vontades para transferir seus direitos ao terceiro (*cessionário*), que assume a posição obrigacional do primeiro, independentemente da anuência do devedor, estranho ao negócio. Trata-se de contrato consensual, que pode vir a ser real, nos casos em que a entrega do título for exigência na natureza do negócio (ex: títulos de crédito). Pelo art. 290 do CC, "A cessão do crédito não tem eficácia em relação ao devedor, senão quando a este notificada; mas por notificado se tem o devedor que, em escrito público ou particular, se declarou ciente da cessão feita". O devedor-cedido, embora não participe da cessão, deverá ser notificado judicial ou extrajudicialmente para que a cessão de crédito seja eficaz. Com a ciência, evita-se que pague ao credor primitivo. Logo, uma vez cientificado, deverá pagar ao cessionário, sob pena de arcar com as consequências do pagamento feito indevidamente. A lei presume a notificação se o devedor declarar expressamente, em escrito público ou particular, que tem conhecimento da cessão feita, caso em que se dispensa a notificação formal.

Item III: falso; de acordo com o entendimento consolidado no Enunciado 331 do TST, "O inadimplemento das obrigações trabalhistas, por parte do empregador, implica a responsabilidade **subsidiária** do tomador dos serviços, quanto àquelas obrigações, inclusive quanto aos órgãos da administração direta, das autarquias, das fundações públicas, das empresas públicas e das sociedades de economia mista, desde que hajam participado da relação processual e constem também do título executivo judicial (art. 71 da Lei n. 8.666, de 21.06.1993)".

Item IV: falso; de acordo com o STJ, "(...) a teoria do substancial adimplemento visa impedir o uso desequilibrado do direito de resolução por parte do credor, preterindo desfazimentos desnecessários em prol da preservação da avença, com vistas à realização dos aludidos princípios. Assim, tendo ocorrido um adimplemento parcial da dívida muito próximo do resultado final, daí a expressão "adimplemento substancial", limita-se o direito do credor, pois a resolução direta do contrato mostrar-se-ia um exagero, uma demasia. Dessa forma, fica preservado o direito de crédito, limitando-se apenas a forma como pode ser exigido pelo credor, que não pode escolher diretamente o modo mais gravoso para o devedor, que é a resolução do contrato. Dessarte, diante do substancial adimplemento da avença, o credor poderá valer-se de meios menos gravosos e proporcionalmente mais adequados à persecução do crédito remanescente, mas não a extinção do contrato..." (STJ – Info 500).

Alternativa correta: letra "e".

93. (Cespe – Procurador do Estado – BA/2014) Com relação ao direito das obrigações, julgue o item que se segue: Em regra, as obrigações pecuniárias somente podem ser quitadas em moeda nacional e pelo seu valor nominal.

COMENTÁRIOS

Análise da questão: de acordo com o art. 315 do CC: "As dívidas em dinheiro deverão ser pagas no vencimento, em moeda corrente e pelo valor nominal, salvo o disposto nos artigos subsequentes". Por seu turno, diz o art. 318 do CC: "São nulas as convenções de pagamento em ouro ou em moeda estrangeira, bem como para compensar a diferença entre o valor desta e o da moeda nacional, excetuados os casos previstos na legislação especial". O Código Civil de 2002, no art. 315, "adotou o princípio do nominalismo, pelo qual se considera o valor da moeda o valor nominal que lhe é atribuído pelo Estado, no ato de emissão ou cunhagem. De acordo com o referido princípio, o devedor de uma quantia em dinheiro libera-se entregando a quantidade de moeda nele mencionada no contrato ou título da dívida e em curso no lugar do pagamento, ainda que desvalorizada pela inflação, ou seja, mesmo que referida quantidade não seja suficiente para a compra dos mesmos bens que podiam ser adquiridos quando contraída a obrigação. Para contornar os efeitos maléficos decorrentes da desvalorização da moeda, o Código Civil de 1916 permitiu o pagamento em moeda estrangeira, mais forte que a nacional (art. 947, § 1º) e, em ouro e prata (1.258), mas somente até 27 de novembro de 1933, quando passou a ver vedado pelo Decreto nº 23.501, posteriormente substituído pelo Decreto-Lei nº 857, de 01 de setembro de 1969. Com o passar do tempo, buscaram os credores outros meios para fugir dos efeitos ruinosos da inflação, dentre eles a adoção da cláusula de escala móvel, pela qual o valor da prestação deve variar segundo os índices de custo de vida" (Gonçalves, Carlos Roberto, Direito Civil Esquematizado, vol. 1, 2ª ed., 2012, pág. 596). Ademais, as dívidas devem ser pagas em moeda nacional. "Condena-se, assim, tanto a fixação de preço em moeda estrangeira como indexador ou elemento referencial em moeda estrangeira, salvo hipóteses estabelecidas em legislação especial. Deveras, o art. 2º do Decreto-Lei 857/69, apresenta exceções em que é permitido o pagamento em moeda estrangeira: contrato de exportação e importação de mercadorias..." (Código Civil Anotado, 16ª ed., saraiva, 2012, pág. 331). Assim, a 'moeda de curso forçado' (não se confunde com 'moeda de curso legal') é a "única admitida pela lei como meio de pagamento no país. A partir do Decreto nº 23.501, de 27 de novembro de 1933, instaurou-se o curso forçado, não podendo o pagamento ser efetuado em outro padrão monetário, salvo algumas poucas exceções, como consignado no Decreto-Lei nº 857/69" (Gonçalves, Carlos Roberto, Direito Civil Esquematizado, vol. 1, 2ª ed., 2012, pág. 595). **(certo)**

3.3. LUGAR DO PAGAMENTO

94. (UEPA – Procurador do Estado – PA/2012) Analise as proposições a seguir:

I. Designados dois ou mais lugares para a ocorrência do pagamento, cabe ao credor escolher entre eles.

II. Permite-se ao credor pignoratício que se aproprie dos frutos da coisa empenhada que se encontra em seu poder, imputando o valor respectivo, em primeiro lugar, nas despesas de guarda e conservação por ele efetuadas.

III. A emancipação judicial não prescinde da exigência de idade mínima, estando sujeita a registro público de caráter constitutivo da capacidade do emancipado.

IV. Têm-se por não escritas e, portanto, inexistentes as condições ilícitas, ou de fazer coisa ilícita.

De acordo com as proposições apresentadas, assinale a alternativa CORRETA:

a) todas as proposições estão corretas
b) apenas uma das proposições está correta
c) apenas duas proposições estão corretas
d) apenas três proposições estão corretas
e) todas as proposições estão incorretas

COMENTÁRIOS

✪ **Nota do Autor:** o lugar do pagamento é o local do cumprimento da obrigação. Pelo art. 327, *caput*, e parágrafo único, do CC, efetuar-se-á o pagamento no **domicílio do devedor**, salvo se as partes convencionarem diversamente, ou se o contrário resultar da lei, da natureza da obrigação ou das circunstâncias. Em função do princípio *favor debitoris*, se as partes nada convencionarem, a norma supletiva acima determina a dívida quesível (quérable), traduzindo-se na presunção legal de que o pagamento deverá ser buscado pelo credor no domicílio do devedor. Se houver **convenção expressa** de que o cumprimento da obrigação se faça no domicílio do credor, a dívida é portável (*portable*). Designados dois ou mais lugares, cabe ao credor escolher entre eles (local alternativo). **Regras legais: (A)** se o pagamento consistir na tradição de um imóvel, ou em prestações relativas a imóvel, far-se-á no lugar onde situado o bem (CC, art. 328); **(B)** ocorrendo motivo grave para que se não efetue o pagamento no lugar determinado, poderá o devedor fazê-lo em outro, sem prejuízo para o credor (CC, art. 329); **(C)** o pagamento reiteradamente feito em outro local faz presumir **renúncia do credor** relativamente ao previsto no contrato (CC, art. 330).

Item I: correto; designados dois ou mais lugares, cabe ao credor escolher entre eles, ainda que mais oneroso ao devedor. Trata-se do local alternativo, referente ao qual compete ao credor a escolha que mais lhe aprouver.

Item II: correto; são direitos do credor pignoratício apropriar-se dos frutos da coisa empenhada que se encontra em seu poder; mas são obrigações, entre outras, imputar o valor dos frutos, de que se apropriar, nas despesas de guarda e conservação, nos juros e no capital da obrigação garantida, **sucessivamente**.

Item III: correta; admite-se a *emancipação judicial* se o menor, com **16 anos**, estiver sob tutela, ouvido o tutor (CC, art. 5º). Pelo **Enunciado 397**: *"A emancipação por concessão dos pais ou por sentença do juiz está sujeita à desconstituição por vício de vontade"*.

Item IV: incorreta; invalidam os negócios jurídicos que lhes são subordinados as condições ilícitas ou de fazer coisa ilícita. Essas condições são condenadas pela norma jurídica, pela moral e pelos bons costumes, e por isso invalidam o negócio jurídico a que forem opostas.

Alternativa correta: letra "d".

4. EXTINÇÃO DAS OBRIGAÇÕES SEM PAGAMENTO

4.1. NOVAÇÃO

95. (Cespe – Procurador do Estado – PGE – PE/2018) Uma obrigação foi extinta em virtude da constituição de uma nova obrigação — com novo devedor — que ocupou o lugar da primeira.

Nesse caso,

a) a nova obrigação será inválida se o débito primitivo estiver sujeito a termo.

b) a nova obrigação representará renúncia a sua invocação se estiver prescrito o débito primitivo.

c) será lícito ao novo devedor alegar as exceções que beneficiariam o devedor anterior.

d) a dívida será satisfeita pelo devedor primitivo em caso de insolvência do novo devedor.

e) a exigência do primeiro débito ficará suspensa até a extinção da dívida atual.

COMENTÁRIOS

✪ **Nota do Autor:** novação vem a ser o ato que cria uma nova obrigação destinada a extinguir a precedente, substituindo-a. A **novação objetiva ou real** é a que ocorre quando se alterar o objeto da relação obrigacional, mantendo-se as mesmas partes. Será **novação subjetiva ou pessoal** a aquela que o elemento novo (*aliquid novi*) diz respeito aos sujeitos da obrigação, alterando ora o sujeito passivo, ou o ativo. Ter-se-á, então: **(A)** novação subjetiva passiva, quando se tiver a intervenção de um novo devedor, pela delegação ou expromissão. Pela delegação, a substituição do devedor será feita com a anuência do devedor primitivo, que indicará uma terceira pessoa para resgatar o seu débito, com o que concorda o credor. Pela expromissão, a mudança se dá sem o consenso do devedor; **(B)** novação subjetiva ativa, quando o credor originário, por meio de uma nova obrigação, deixa a relação obrigacional e um outro o substitui, ficando o devedor quite com o antigo credor. Para que se tenha novação será necessário que as partes queiram expressa ou tacitamente, de forma inequívoca, a criação da nova obrigação, extinguindo o antigo liame obrigacional. Se não tiver a intenção de novar, a nova obrigação apenas confirma a antiga (Maria Helena Diniz, Código Civil Anotado, 16ª ed., Saraiva, São Paulo, 2012). Assim, são **requisitos da novação**: **(1)** obrigação anterior; **(2)** formação de nova obrigação, substancialmente diferente da antiga; **(3)** *animus novandi* (Cristiano Vieira Sobral Pinto, Direito Civil Sistematizado, 4ª edição, Forense, Rio de Janeiro, 2012).

Alternativa "a": o termo não é causa de invalidade dos negócios jurídicos. Quando presente, suspende o exercício, mas não a aquisição do direito (CC, art. 131).

Alternativa "b": segundo o art. 367 do CC, "salvo as obrigações simplesmente anuláveis, não podem ser objeto de novação obrigações nulas ou extintas". Por outro lado, não há óbice à novação das obrigações naturais, como as prescritas, salvo vedação legal e específica (CC, art. 814, § 1º).

Alternativa "c": com a novação subjetiva passiva a obrigação primitiva é extinta, não mais subsistindo as exceções favoráveis ao devedor primitivo, assim como ocorre em relação à assunção de dívida (CC, art. 302).

Alternativa "d": se o novo devedor for insolvente, não tem o credor, que o aceitou, ação regressiva contra o primeiro, salvo se este obteve por má-fé a substituição, conforme o art. 363 do CC.

Alternativa "e": o principal efeito da novação consiste na extinção da obrigação primitiva, que é substituída por outra, constituída exatamente para provocar a referida extinção. Além disso, a novação é um modo extintivo não satisfatório das obrigações, pois não produz a satisfação imediata do crédito (tal como, por exemplo, o pagamento).

Alternativa correta: letra "b".

96. (UEPA – Procurador do Estado – PA/2012) Analise as proposições a seguir:

I. Chama-se expromissão a novação subjetiva passiva efetuada independentemente de consentimento do devedor.

II. O mútuo é contrato translativo do domínio, razão por que a ele se aplica o princípio da *res perit domino*, correndo por conta do mutuário todos os riscos da coisa emprestada desde a tradição.

III. Perde a qualidade de solidária a obrigação que se resolver em perdas e danos, sendo que, havendo culpa de todos os devedores pelo perecimento da coisa, responderão todos por partes iguais.

IV. A vedação da estipulação de pacto comissório na hipoteca não se estende à dação em pagamento da coisa hipotecada após o vencimento da dívida garantida.

De acordo com as proposições apresentadas, assinale a alternativa CORRETA:

a) todas as proposições estão corretas
b) apenas uma das proposições está correta
c) apenas duas proposições estão corretas
d) apenas três proposições estão corretas
e) todas as proposições estão incorretas

COMENTÁRIOS

Item I: correto; a novação subjetiva passiva por *expromissão* ocorre por substituição do devedor antigo, independentemente do seu consentimento, por simples ato de vontade do credor, que o afasta, sobrevindo o novo devedor.

Item II: correto; mútuo é o empréstimo de coisas fungíveis e, em regra, consumíveis, que ocorre mediante a transferência do domínio do bem emprestado, mediante simples tradição. O mutuário pode usar a coisa como lhe aprouver. No entanto, se o bem se perder ou deteriorar, ainda que por caso fortuito ou de força maior, o mutuário arcará com as consequências, sofrendo o prejuízo em função do princípio *res perit domino*. Os riscos **anteriores** à tradição são do mutuante.

Item III: incorreto; convertendo-se a prestação em perdas e danos, subsiste, para todos os efeitos, a solidariedade, mesmo em relação aos juros e às demais obrigações acessórias.

Item IV: correto; entende-se que *pacto comissório* é a possibilidade de o credor ficar com o bem dado em garantia, quando ocorre a inadimplência do devedor em relação à obrigação principal do contrato. É *nula* a cláusula de *pacto comissório* no penhor, anticrese ou hipoteca, que permite ao credor ficar com o bem dado em garantia se a obrigação não for paga no vencimento. Todavia, após o vencimento, o devedor, se quiser, poderá dar o bem em pagamento da dívida (*pacto marciano*).

Alternativa correta: letra "d".

97. (Cespe – Procurador do Estado – CE/2008) Acerca do direito das obrigações, assinale a correta.

a) Em um contrato em que as partes estipularam cláusula penal para o caso de descumprimento total ou do retardamento da obrigação, se ocorrer o inadimplemento, o credor pode, ao recorrer às vias judiciais, exigir o recebimento da multa e o cumprimento da obrigação.

b) Nas obrigações de dar coisa incerta, se a coisa a ser entregue ainda não tiver sido individualizada e se ocorrer perda ou deterioração da coisa, o devedor pode exonerar-se da obrigação, quando essa perda ou deterioração tenha se dado por caso fortuito ou força maior.

c) A cessão de crédito é um negócio jurídico por meio do qual o credor transmite total ou parcialmente o seu crédito a terceiro, com expressa anuência do devedor, o que acarreta a extinção da relação obrigacional primitiva com esse devedor. Para que seja eficaz em relação a terceiros, a cessão deve ser celebrada mediante instrumento público.

d) Tratando-se de obrigação de dar coisa certa e incerta ou de dívida fiscal, sendo duas pessoas reciprocamente credora e devedora, as duas obrigações se extinguem, até onde se compensarem e independentemente da vontade do credor, se as dívidas se originarem da mesma causa.

e) Novação é a extinção de uma obrigação mediante a constituição de nova obrigação, que substitui a anterior. Se a obrigação é solidária, a novação celebrada entre o credor e apenas um dos devedores exonera os demais, de modo que somente sobre os bens do que contrair a nova obrigação remanescem as garantias do crédito novado.

COMENTÁRIOS

Alternativa "a": a cláusula penal compensatória na hipótese de total descumprimento da obrigação é convertida em alternativa a benefício do credor, diz o CC/art. 410.

Alternativa "b": nas obrigações de dar coisa incerta, antes da escolha, não poderá o devedor alegar perda ou deterioração da coisa, ainda que por força maior ou caso fortuito (CC/art. 246).

Alternativa "c": para que a cessão de crédito se complete, o credor (cedente) pode transferir, no todo ou em parte, a terceiro (cessionário), ainda que sem anuência ou consenso do devedor (cedido), sua posição obrigacional, com todos os acessórios e garantias, salvo disposição em contrário, não se verificando a extinção do vínculo obrigacional (CC, art. 286). De outro lado, para que tenha eficácia *erga omnes*, ou em relação a terceiros, a transmissão de um crédito deverá celebrar-se mediante instrumento público ou instrumento particular, revestido das solenidades do § 1º do art. 654 do CC, que são as seguintes: (1) indicação do lugar onde foi passado; (2) a qualificação do outorgante e do outorgado; (3) a data, objeto e a extensão da cessão.

Alternativa "d": na compensação, a diversidade de causa das dívidas não a impede (CC/art. 373).

Alternativa "e": operada a novação entre o credor e um dos devedores solidários, somente sobre os bens do que contrair a nova obrigação subsistem as preferências e garantias do crédito novado. Os outros devedores solidários ficam por esse fato exonerados. Com a novação, ao extinguir a dívida, ocorre a liberação dos codevedores do vínculo obrigacional, que não ficarão vinculados à nova obrigação, que passará para a responsabilidade daquele codevedor que a assumiu; as garantias e preferências que recaiam sobre seus bens desaparecerão e somente poderão ressurgir se eles concordarem com isso.

Alternativa correta: letra "e".

98. (Cespe – Procurador do Estado – ES/2008) – Acerca do direito das obrigações, julgue os itens subsequentes: Quando o devedor contrai com o credor nova obrigação, visando extinguir e substituir obrigação nula ou extinta, verifica-se a novação. Da mesma forma, verifica-se novação se surgir novo devedor, sucessor do anterior, hipótese em que este fica desobrigado, transmitindo ao novo devedor a obrigação pela qual, até então, era o responsável.

COMENTÁRIOS

Análise da questão: salvo as obrigações simplesmente anuláveis, não podem ser objeto de novação obrigações nulas ou extintas. As obrigações nulas ou extintas não geram efeitos jurídicos. Já as obrigações anuláveis poderão ser confirmadas pela novação. Além disso, as obrigações anuláveis não têm efeito antes de julgadas por sentença (CC, art.177, 1ª parte). **(errado)**

4.2. CONFUSÃO

99. (FEPESE – Procurador do Estado – SC/2009) Assinale a alternativa correta.

a) Na consignação em pagamento, o depósito é feito no lugar de escolha do devedor.

b) A compensação efetua-se entre dívidas líquidas, vencidas e de coisas infungíveis.

c) Extingue-se a obrigação, desde que na mesma pessoa se confundam as qualidades de credor e devedor.

d) Em hipótese de dação em pagamento, se o credor for evicto da coisa recebida em pagamento não se restabelecerá a obrigação primitiva.

e) A pessoa obrigada por dois ou mais débitos da mesma natureza, a um só credor, tem o direito de indicar a qual deles oferece pagamento, bastando que todos os débitos sejam líquidos.

COMENTÁRIOS

✪ **Nota do Autor:** "*confusão*, no direito obrigacional, é a aglutinação em uma única pessoa e relativamente à mesma relação jurídica, das qualidades de credor e devedor, por ato *inter vivos* ou *causa mortis*, operando a extinção do crédito" (Diniz, Maria Helena, Código Civil Anotado, 16ª ed., 2012, Saraiva, pág. 365).

Alternativa "a": o depósito, na consignação em pagamento, deverá proceder-se no lugar convencionado para o pagamento, que pode ser o domicílio do devedor, do credor ou de terceiros.

Alternativa "b": a compensação recai sobre dívidas líquidas, vencidas e de **coisas** fungíveis (CC/art. 369). Não há compensação de obrigação de fazer, ainda que fungíveis, pois o preceito legal admite apenas para "coisas".

Alternativa "c": extingue-se a obrigação, desde que na mesma pessoa se confundam as qualidades de credor e devedor. A confusão pode ocorrer sobre toda a dívida ou parte dela. Operada em caso de solidariedade, só extingue a obrigação até a concorrência da respectiva parte no crédito, ou na dívida, subsistindo quanto ao mais a solidariedade. Cessando a confusão, para logo se restabelece, com todos os seus acessórios, a obrigação anterior, pelo que ocorre uma *"pós-ineficacização da confusão"* (Pontes de Miranda).

Alternativa "d": na dação em pagamento, se o credor for evicto da coisa recebida em pagamento, restabelecer-se-á a obrigação primitiva, ficando sem efeito a quitação dada, ressalvados os direitos de terceiros (CC/art. 359).

Alternativa "e": na imputação do pagamento, a pessoa obrigada por dois ou mais débitos da mesma natureza, a um só credor, tem o direito de indicar a qual deles oferece pagamento, se todos forem líquidos e **vencidos**. (CC/art. 352).

Alternativa correta: letra "c".

5. INADIMPLEMENTO DAS OBRIGAÇÕES

5.1. MORA

100. (UEPA – Procurador do Estado – PA/2012) Analise as proposições a seguir:

I. Provado que os juros de mora não cobrem o prejuízo, mesmo havendo pena convencional, pode o juiz conceder ao credor indenização suplementar.

II. Aquele que tiver prometido fato de terceiro responderá por perdas e danos, quando este não o executar, obrigação que se estende àquele que se comprometer por outrem, se este, depois de se ter obrigado, faltar à prestação.

III. O conhecimento do vício ou defeito da coisa pelo alienante ou pelo adquirente não obstaculiza a responsabilização daquele pelos vícios redibitórios, apenas sendo importante para determinar a extensão dessa responsabilidade.

IV. Em obrigação alternativa, no caso de pluralidade de optantes, havendo divergência entre estes, prevalecerá a deliberação da maioria quanto à concentração da prestação que vai ser adimplida.

De acordo com as proposições apresentadas, assinale a alternativa CORRETA:

a) todas as proposições estão corretas
b) apenas uma das proposições está correta
c) apenas duas proposições estão corretas
d) apenas três proposições estão corretas
e) todas as proposições estão incorretas

COMENTÁRIOS

✪ Nota do Autor: os contratos devem ser cumpridos, pois a vontade uma vez que manifestada obriga o declarante. O contrato faz lei entre as partes (*pacta sunt servanda*), e não pode ser modificado pelo Judiciário, exceto nos casos de revisão ou de onerosidade excessiva, fundada na cláusula *rebus sic stantibus* e na teoria da imprevisão (CC, art. 478). O inadimplemento das obrigações pode advir de: (1) ato culposo do devedor; (2) acontecimento a ele não imputável ou inadimplemento fortuito. São espécies de inadimplemento: (a) absoluto (total ou parcial), quando a prestação se tornou inútil ao credor; (b) relativo, no caso de mora, quando há cumprimento imperfeito da obrigação, com inobservância do tempo, lugar e forma convencionada (CC, art. 394); (c) violação positiva do contrato, quando não se observam os deveres laterais ou anexos do contrato, com ofensa à boa-fé objetiva, também caracterizando inadimplemento do contrato. Pelo Enunciado 24, "Em virtude do princípio da boa-fé, positivado no art. 422 do novo Código Civil, a violação dos deveres anexos constitui espécie de inadimplemento, independentemente de culpa". O inadimplemento presume-se culposo, incumbindo ao inadimplente elidir a presunção, demonstrando a ocorrência de caso fortuito ou de força maior. A mora ou inadimplemento relativo da obrigação, portanto, é o atraso no cumprimento da prestação, bem como a execução realizada fora do lugar e de forma diferente da ajustada, mas ainda com utilidade para o credor. Também haverá mora na infração legal, a partir da prática do ato ilícito (CC, art. 398). Pelo Enunciado 162, "A inutilidade da prestação que autoriza a recusa da prestação por parte do credor deverá ser aferida objetivamente, consoante o princípio da boa-fé e a manutenção do sinalagma, e não de acordo com o mero interesse subjetivo do credor". Quanto às espécies de mora: (A) mora do devedor ou de pagar (*mora solvendi ou debendi*) ocorre quando o devedor não cumprir, por culpa sua, a prestação devida na forma, tempo e lugar estipulados em disposição legal ou contratual (Maria Helena Diniz, op. cit.); Divide-se em: (A.1) mora ex re; (A.2) mora ex persona; 2) mora do credor ou de receber (*mora accipiendi, credendi* ou *creditoris*) é a que decorre da injusta recusa do credor de aceitar o cumprimento da obrigação no tempo, lugar e forma que a lei ou a convenção estabelecer. Se a mora for de ambos os polos da relação obrigacional, a mora é simultânea ou sucessiva. Com o Novo CPC os arts. 397 e 398 do Código Civil não foram revogados. Apenas são objeto de remissão no art. 240, caput. Assim, a mora "ex re", previstas nos artigos remetidos, aquela em que o devedor nela incorre automaticamente, em razão de termo pré-fixo, pela pratica de ato ilícito ou quando, por escrito, declara que não cumprira a obrigação, permanecerão vigentes, quando entrar em vigor o estatuto processual civil, que apenas foram confirmados.

Item I: incorreto; provado que os juros da mora não cobrem o prejuízo, e **não havendo pena convencional**, pode o juiz conceder ao credor indenização suplementar. Ainda que o prejuízo exceda ao **previsto** na cláusula penal, não pode o credor exigir indenização suplementar se assim **não** foi **convencionado.** Se o tiver sido, a pena vale como **mínimo** da indenização, competindo ao credor provar o prejuízo excedente. Lembramos que, salvo no caso do prejuízo excedente como indenização suplementar, para exigir a pena convencional, **não** é necessário que o credor alegue prejuízo (CC, arts. 404, 415 e 416).

Item II: incorreto; aquele que tiver prometido fato de terceiro responderá por perdas e danos, quando este o não executar. Todavia, **nenhuma obrigação haverá** para quem se comprometer por outrem, se este, depois de se ter obrigado, faltar à prestação. Tal efeito ocorre porque o próprio terceiro, uma vez que anua à obrigação, passa a ser responsável por ela, rompendo-se o vínculo obrigacional em relação ao promitente.

Item III: incorreta; o conhecimento do vício pelo alienante do vício ou defeito da coisa amplia sua responsabilidade, pois deverá restituir o que recebeu, mais as perdas e danos; se o não conhecia, tão somente restituirá o valor recebido, mais as despesas do contrato. O vício redibitório deve ser oculto, assim conceituado como aquele que não poderia ser detectado por uma pessoa de cautela ordinária. Sendo o vício de fácil constatação, ou até mesmo do conhecimento do adquirente, presume-se que houve desídia do contratante quando da contratação. O adquirente omisso ou relapso que posteriormente invoca o vício comete abuso de direito, na modalidade *venire contra factum proprium*, na medida em que o exercício da pretensão atual é incompatível com a sua conduta originária, sobremaneira pelas expectativas legitimamente criadas no alienante (Nelson Rosenvald).

Item IV: incorreta; nas obrigações alternativas, no caso de pluralidade de optantes, não havendo acordo **unânime** entre eles, **decidirá o juiz**, findo o prazo por este **assinado** para a deliberação.

Alternativa correta: letra "e".

---

101. (FMP – Procurador do Estado – AC/2012) Assinale a alternativa INCORRETA.

a) Há previsão expressa de responsabilidade extracontratual solidária no Código Civil brasileiro.
b) Na responsabilidade extracontratual, como na contratual, se exige constituição em mora.
c) A responsabilidade solidária não se presume, resultando da lei ou da vontade das partes.
d) Haverá responsabilidade civil objetiva, no sistema do Código Civil, quando houver expressa determinação legal ou quando a atividade habitual do agente, por sua natureza, implicar risco para o direito de outrem, o que não exclui outros subsistemas de responsabilidade civil objetiva.

COMENTÁRIOS

Alternativa "a": pelo art. 942, parágrafo único, do CC, são **solidariamente** responsáveis com os **autores os coautores** e as **pessoas designadas no art. 932**. Nesse caso, trata-se de responsabilidade por fato de outrem, a qual é *objetiva e solidária*. Não em relação ao incapaz, pois a responsabilidade dele é, apesar de solidária em tais casos, *subsidiária e mitigada* (CC, art. 928; Enunciado 660 da IX Jornada de Direito Civil).

Alternativa "b": relacionado à *responsabilidade contratual*, a mora pode ser *"ex re"* ou *"ex persona"*. Ter-se-á mora *"ex re"* se a mora do devedor decorrer de lei, resultando do próprio fato do descumprimento da obrigação, positiva e liquida, independendo de provocação do credor, ante a aplicação da regra *dies interpellat pro homine*, ou seja, o termo interpela em lugar do credor, pois a lei ou o termo assumirão o papel de interpelação. A mora será *"ex persona"* se não houver estipulação de prazo ou termo para a execução da obrigação, exigindo que o credor o interpele, judicial ou extrajudicialmente, para que o devedor seja constituído em mora. Com relação à *responsabilidade extracontratual*, considera-se em mora o devedor desde a prática do ato ilícito (*ex re*).

Alternativa "c": a solidariedade não se presume; resulta da **lei** ou da **vontade das partes**. Trata-se do *princípio da **não** presunção da solidariedade*, pelo qual o Direito Civil pátrio não admite solidariedade presumida.

Alternativa "d": haverá obrigação de reparar o dano, independentemente de culpa, nos casos especificados em lei ou quando a atividade normalmente desenvolvida pelo autor do dano implicar, por sua natureza, risco para os direitos de outrem. Os subsistemas do CDC, Lei da Política Nacional do Meio e outros não foram excluídos pelo atual sistema de responsabilidade civil.

Alternativa incorreta: letra "b".

---

102. (FURMARC – Procurador do Estado – MG/2012) Assinale a alternativa correta:

a) a remissão de dívida é forma extintiva da obrigação e não depende de aceitação do devedor

b) nas obrigações provenientes de ato ilícito, considera-se o devedor em mora desde que o praticou, e não desde a citação inicial

c) o valor da cláusula penal compensatória pode exceder o da obrigação principal

d) a presunção de prejuízo que enseja a cobrança da cláusula pena é juris tantum

e) nas arras penitenciais, é possível à parte inocente pedir indenização complementar se houver prova de prejuízo.

COMENTÁRIOS

Alternativa "a": a remissão da dívida, **aceita pelo devedor**, extingue a obrigação, mas sem prejuízo de terceiro. Trata-se do perdão da dívida pelo credor (remitente), dispondo do seu crédito, não mais podendo exigir o cumprimento da obrigação. É liberação graciosa da dívida, mas exige consenso inequívoco, expresso ou tácito, do devedor, e que não resulte qualquer dano a direito de terceiros.

Alternativa "b": nas obrigações provenientes de ato ilícito, considera-se o devedor em mora, desde que o praticou. Trata-se de mora *"ex re"*, automática, portanto. A outro giro, a expressão ato ilícito abrange o ato abusivo. É irrelevante indagar-se sobre a liquidez da obrigação, pois a norma se aplica às obrigações líquidas bem como às ilíquidas (Nelson Nery Junior).

Alternativa "c": o valor da cominação imposta na cláusula penal **não** pode exceder o da obrigação principal. Há limite máximo para a cláusula penal. Por se tratar de uma estimativa das perdas e danos que deverão ser pagos ao devedor, para o caso de descumprimento do contrato, as partes possuem a liberdade ou a autonomia de inseri-la entre as cláusulas contratuais, porém, quanto ao valor, o teto ou limite é aquele estipulado para a obrigação principal.

Alternativa "d": para exigir a pena convencional, não é necessário que o credor alegue prejuízo. Para tanto, o credor terá de demonstrar a ocorrência do inadimplemento da obrigação e a constituição do devedor em mora. Assim, a presunção de prejuízo é absoluta (*juris et de jure*). Noutra via, admite-se, desde que expresso no contrato, a indenização suplementar, quando o prejuízo exceder ao valor da cláusula penal. Nesse caso, a pena vale como mínimo da indenização, competindo o credor provar o prejuízo excedente.

Alternativa "e": arras é a quantia em dinheiro, ou outro bem móvel, dada por um contratante ao outro para concluir o contrato e, excepcionalmente, assegurar o pontual cumprimento da obrigação. Podem ser *confirmatórias* ou *penitenciais*. Se for desta última, admite-se o direito de arrependimento para qualquer das partes, como forma de atenuar a força obrigatória do contrato, quando as arras ou sinal terão função unicamente indenizatória. Não há direito de indenização **suplementar** nas *arras penitenciais*.

Alternativa correta: letra "b".

---

103. (FEPESE – Procurador do Estado – SC/2010) Sobre o inadimplemento das obrigações, pode-se afirmar que:

a) Para se exigir o cumprimento da pena convencional, o credor deverá demonstrar o prejuízo sofrido.

b) No inadimplemento da obrigação, positiva e líquida, no seu termo, a mora se constitui mediante protesto judicial ou extrajudicial.

c) Os juros moratórios fluem a partir do evento danoso, em caso de responsabilidade extracontratual.

d) Na sistemática adotada pelo Código Civil, apenas o devedor pode incidir em estado de mora.

e) A cláusula penal, quando convencionada em separado e por meio de manifestação expressa, pode exceder ao valor da obrigação principal.

COMENTÁRIOS

Alternativa "a": para exigir a pena convencional, não é necessário que o credor alegue prejuízo; a inexecução da obrigação, total ou parcialmente, é o que basta para sua exigibilidade, conforme o CC/art. 408; lembramos que a pena convencional poderá ser compensatória e moratória.

Alternativa "b": a mora pode ser *"ex re"* e *"ex persona"*; ter-se-á mora *"ex re"* se a mora do devedor decorrer de lei, resultando do próprio fato do descumprimento da obrigação, positiva e liquida, independendo de provocação do credor, ante a aplicação da regra *dies interpellat pro homine*, ou seja, o termo interpela em lugar do credor, pois a lei ou o termo assumirão o papel de interpelação. A mora será *"ex persona"* se não houver estipulação de prazo ou termo para a execução da obrigação, exigindo que o credor o interpele, judicial ou extrajudicialmente, para que o devedor seja constituído em mora. Com relação à *responsabilidade extracontratual*, considera-se em mora o devedor desde a prática do ato ilícito (*ex re*). Assim, a mora nas obrigações a termo independe de interpelação.

Alternativa "c": em relação aos atos ilícitos, a mora será *ex re*; preceitua o CC/art. 398: *"nas obrigações provenientes de ato ilícito, considera-se o devedor em mora, **desde que o praticou**"*.

Alternativa "d": admite-se a mora do devedor (*debendi, solvendi* ou *debitoris*) e a mora do credor (*accipiendi ou creditoris*), pois considera-se em **mora o devedor** que não efetuar o pagamento e o credor que **não quiser recebê-lo** no tempo, lugar e forma que a lei ou a convenção estabelecer.

Alternativa "e": o valor da cominação imposta na cláusula penal **não** pode exceder o da obrigação principal. Há **limite máximo** para a cláusula penal. Por se tratar de uma estimativa das perdas e danos que deverão ser pagos ao devedor, para o caso de descumprimento do contrato, as partes possuem a liberdade ou a autonomia de inseri-la entre as cláusulas contratuais, porém, quanto ao valor, o teto ou limite é aquele estipulado para a obrigação principal. Todavia, admite-se que, por estipulação expressa, seja convencionada indenização suplementar, para o caso do prejuízo extrapolar o valor da cláusula penal. A cláusula, nesse caso, servirá como mínimo da indenização, competindo ao credor provar o prejuízo excedente.

Alternativa correta: letra "c".

5.2. CLÁUSULA PENAL

104. (FCC – Procurador do Estado – PGE – AP/2018) Incorre de pleno direito o devedor na cláusula penal, desde que,

a) culposamente, deixe de cumprir a obrigação ou se constitua em mora e, sendo indivisível a obrigação, todos os devedores, caindo em falta um deles, incorrerão na pena; mas esta só se poderá demandar integralmente do culpado, respondendo cada um dos outros somente pela sua quota, contudo, a penalidade deve ser reduzida equitativamente pelo juiz se a obrigação principal tiver sido cumprida em parte, ou se o montante da penalidade for manifestamente excessivo, tendo-se em vista a natureza e a finalidade do negócio.

b) independentemente de culpa ou dolo, deixe de cumprir a obrigação e, sendo indivisível a obrigação, todos os devedores, caindo em falta um deles, incorrerão na pena, todavia, o valor da sanção imposta na cláusula penal não pode exceder o da obrigação principal.

c) independentemente de culpa ou dolo, deixe de cumprir a obrigação e, sendo solidária a obrigação, todos os devedores, caindo em falta um deles, incorrerão na pena, todavia, o valor da soma imposta na cláusula penal não pode exceder o da obrigação principal e a penalidade deve ser reduzida equitativamente pelo juiz se a obrigação principal tiver sido cumprida em parte, ou se o montante da penalidade for manifestamente excessivo, tendo-se em vista a natureza e a finalidade do negócio.

d) culposamente, deixe de cumprir a obrigação ou se constitua em mora, e, quando se estipular a cláusula penal para o caso de total inadimplemento da obrigação, esta converter-se-á em alternativa a benefício do credor, poderá exceder o valor da obrigação principal e o juiz não poderá reduzi-la.

e) culposamente, deixe de cumprir a obrigação ou se constitua em mora e, se o prejuízo exceder ao previsto na cláusula penal, independentemente de estipulação no contrato, o credor poderá exigir indenização suplementar, até o montante do prejuízo e, neste caso, o juiz poderá reduzir o valor estabelecido a título de pena contratual.

COMENTÁRIOS

Alternativa "a": segundo o art. 408 do CC, "incorre de pleno direito o devedor na cláusula penal, desde que, culposamente, deixe de cumprir a obrigação ou se constitua em mora". A cláusula penal ou multa convencional é o pacto acessório feito pelas partes pela qual estipulam a pena pecuniária para o caso de inexecução ou atraso no cumprimento de uma obrigação. Mais adiante, o art. 414 do CC diz o seguinte: "sendo indivisível a obrigação, todos os devedores, caindo em falta um deles, incorrerão na pena; mas esta só se poderá demandar integralmente do culpado, respondendo cada um dos outros somente pela sua quota". A pena convencional representa as perdas e danos; desse modo, ainda que um só codevedor descumpra a obrigação, todos os demais pagarão a multa. No entanto, a dívida por inteiro só pode ser exigida do faltoso; se o credor optar por cobrar os demais não faltosos, estes apenas estarão sujeitos à respectiva quota-parte, mas ainda assim poderá pleitear, via regressiva, contra o culpado, para haver o *quantum* que pagou. Por último, afirma o art. 413 do CC: "a penalidade deve ser reduzida equitativamente pelo juiz se a obrigação principal tiver sido cumprida em parte, ou se o montante da penalidade for manifestamente excessivo, tendo-se em vista a natureza e a finalidade do negócio".

Alternativa "b": incide a cláusula penal quando verificado o inadimplemento culposo da obrigação, conforme o art. 408 do CC.

Alternativa "c": o mesmo erro apontado acima se repete nesta assertiva, ou seja, de que sem dolo ou culpa ocorre o implemento da cláusula penal, o que está em contradição com o art. 408 do CC.

Alternativa "d": o valor da cominação imposta na cláusula penal não pode exceder o da obrigação principal, sendo permitido que o juiz, por outro lado, reduza equitativamente seu valor se a obrigação principal tiver sido cumprida em parte, ou se o montante da penalidade for manifestamente excessivo, tendo-se em vista a natureza e a finalidade do negócio, proclamam as arts. 412 e 413 do CC.

Alternativa "e": segundo o art. 416, parágrafo único, do CC, se o prejuízo exceder ao previsto na cláusula penal, não pode o credor exigir indenização suplementar se assim não foi convencionado. Se o tiver sido, a pena vale como mínimo da indenização, competindo ao credor provar o prejuízo excedente. A exigência de convenção expressa quanto à indenização suplementar não se aplica aos contratos de adesão, conforme o Enunciado 429 da V Jornada de Direito Civil.

Alternativa correta: letra "a".

5.3. ARRAS OU SINAL

105. (Cespe – Procurador do Estado – ES/2008) Se no contrato forem estipuladas arras penitenciais, a inexecução deste facultará à parte inocente pedir indenização suplementar, se provar que o seu prejuízo foi maior que o valor das arras. A parte inocente também poderá exigir a execução do contrato, acrescido de perdas e danos.

COMENTÁRIOS

✪ **Nota do Autor:** as arras ou sinal são reguladas nos arts. 417 a 420 do Código Civil. Trata-se da quantia em dinheiro ou o bem móvel conferido por um contratante a outro, para concluir o contrato e, excepcionalmente, assegurar o pontual cumprimento da obrigação (Maria Helena Diniz, Código Civil Anotado, 16ª ed., Saraiva, São Paulo, 2012, pág. 390). As arras são de duas espécies: **(A)** arras confirmatórias: a principal função das arras é confirmar o contrato, que se torna obrigatório após a sua entrega. Estas provam o acordo de vontades, não mais sendo lícito a qualquer dos contratantes rescindi-los unilateralmente. Quem o fizer, responderá por perdas e danos, segundos os arts. 418 e 419 do Código Civil são as prestadas para evitar o arrependimento; **(B)** arras penitenciais: podem, contudo, as partes, convencionar o direito de arrependimento. Neste caso, as arras denominam-se penitenciais, porque atuam como pena convencional, como sanção à parte que se vale dessa faculdade. Acordado o arrependimento, o contrato torna-se resolúvel, respondendo o que se arrepender, porém, pelas perdas e danos prefixados modicamente pela lei (Carlos Roberto Gonçalves, Direito Civil Esquematizado 1, 2ª ed., Saraiva, São Paulo, 2012, pág. 696). Pelo art. 420 do CC, uma vez estipuladas, valem como indenização completa, sem direto a indenização suplementar.

Nas *arras penitenciais* não se admite indenização suplementar, reconhecendo a quantia entregue a natureza de predeterminação das perdas e danos (CC/art. 420). **(errado)**

IV. CONTRATOS EM GERAL

1. PROIBIÇÃO DO PACTO SUCESSÓRIO

106. (FMP – Procurador do Estado – PGE – AC/2017) Considere as seguintes afirmativas sobre o tema dos contratos no âmbito do Código Civil.

I - Não pode ser objeto de contrato a herança de pessoa viva.

II - Se o contrato for aleatório, por dizer respeito a coisas ou fatos futuros, cujo risco de não virem a existir um dos contratantes assuma, terá o outro direito de receber integralmente o que lhe foi prometido, mesmo que de sua parte tenha agido com dolo ou culpa, ainda que nada do avençado venha a existir.

III - O contrato preliminar, exceto quanto à forma, deve conter todos os requisitos essenciais ao contrato a ser celebrado.

IV - No momento da conclusão do contrato, pode uma das partes reservar-se a faculdade de indicar a pessoa que deve adquirir os direitos e assumir as obrigações dele decorrentes.

Estão CORRETAS apenas as alternativas

a) I e II.

b) II e III.

c) II e IV.

d) I, III e IV.

e) II, III e IV.

COMENTÁRIOS

Item I: correto; veda-se no art. 426 do CC o contrato que tenha por objeto herança de pessoa viva (pacto de abutres ou *corvinae*). A proibição do pacto sucessório é a impossibilidade legal ou jurídica de se estipular qualquer conteúdo contratual sobre patrimônio de pessoa para o caso de seu falecimento, tal como é a promessa de transferência de direitos sucessórios.

Item II: incorreto; proclama expressamente o art. 458 do CC: "se o contrato for aleatório, por dizer respeito a coisas ou fatos futuros, cujo risco de não virem a existir um dos contratantes assuma, terá o outro direito de receber integralmente o que lhe foi prometido, desde que de sua parte não tenha havido dolo ou culpa, ainda que nada do avençado venha a existir". Os contratos podem ser aleatórios por *natureza* (jogo, aposta) ou *acidentalmente* (objeto ou valor incertos). Em todo caso, é inaplicável a teoria da lesão, não estando sujeitos, ademais, aos efeitos de vícios, arras ou outros institutos de equilíbrio contratual. Na *emptio spei*, portanto, um dos contratantes, na alienação de coisa futura, toma para si o risco relativo à existência da coisa, ajustando um preço, que será devido integralmente, mesmo que nada se produza, sem que haja culpa ou dolo do alienante.

Item III: correto; conforme o art. 462 do CC, "o contrato preliminar, exceto quanto à forma, deve conter todos os requisitos essenciais ao contrato a ser celebrado". Entende-se por essa modalidade contratual aquela em que uma ou ambas as partes se comprometem a concluir, no futuro, um contrato definitivo. Exemplo: promessa de compra e venda. Lembra o Enunciado 434 do CJF: "o contrato de promessa de permuta de bens imóveis é título passível de registro na matrícula imobiliária".

Item IV: correto; pelo contrato com pessoa a declarar, no momento da conclusão da avença, pode uma das partes reservar-se a faculdade de indicar a pessoa que deve adquirir os direitos e assumir as obrigações dele decorrentes (CC, art. 467). Essa modalidade contratual é incompatível com contratos personalíssimos, e comum em compromissos de compra e venda de imóveis, no qual o compromissário-comprador reserva para si a faculdade de indicar terceiro para figurar na escritura pública.

Alternativa correta: letra "d".

2. FORMAÇÃO DOS CONTRATOS

107. (FEPESE – Procurador do Estado – SC/2010) Assinale a alternativa correta, de acordo com o Código Civil Brasileiro.

a) Nas coisas vendidas conjuntamente, o defeito oculto de uma autoriza a rejeição de todas.

b) A proposta de contrato aceita fora do prazo, com adições, restrições, ou modificações, importará nova proposta.

c) Não é lícito às partes celebrarem contratos atípicos; contudo, em decorrência do princípio da liberdade contratual, elas podem eleger qualquer uma das espécies contratuais reguladas pelo Código Civil e pelas leis especiais.

d) O vendedor de coisa imóvel pode reservar-se o direito de recobrá-la no prazo máximo de decadência de 5 (cinco) anos.

e) Não se permite em hipótese alguma a venda de ascendente a descendente.

COMENTÁRIOS

✪ **Nota do Autor:** os contratos são fontes de obrigações, como são as declarações unilaterais de vontade e os atos ilícitos. O Código Civil contempla 23 contratos nominados, 05 declarações unilaterais de vontade e 01 título dos atos ilícitos. A *proposta e a aceitação* são as duas manifestações de vontade do contrato. A *proposta (oferta, policitação ou oblação)* não possui forma especial, e por vezes, é antecipada da fase da *puntuação (conversas preliminares), que não é vinculativa, pois não passa de meras sondagens, estudos, sem força obrigatória. Desde que séria e consciente,* a proposta vincula o ofertante, porque definitiva, salvo se o contrário resultar dos termos dela *(clausula de arrependimento)*, da natureza do negócio, ou das circunstâncias do caso. Para Orlando Gomes, a proposta "é uma declaração receptícia de vontade, dirigida por uma pessoa a outra (com quem pretende celebrar um contrato), por força da qual a primeira manifesta sua intenção de se considerar vinculada, se a outra parte aceitar" (Gomes, Orlando, Contratos, Forense, Rio de Janeiro). Pelo art. 429 do CC: "A oferta ao público equivale a proposta quando encerra os requisitos essenciais ao contrato, salvo se o contrário resultar das circunstâncias ou dos usos. Parágrafo único. Pode revogar-se a oferta pela mesma via de sua divulgação, desde que ressalvada esta faculdade na oferta realizada". A aceitação é a concordância com os termos da proposta. Trata-se da manifestação sem a qual o contrato não se forma. Para que a aceitação seja aderente à proposta, deverá ser *pura e simples*; se realizada fora do prazo, com adições, restrições, ou modificações, importará nova proposta ou contraproposta (CC/art. 431). Quanto às espécies, a aceitação pode ser expressa ou tácita (CC, art. 432). Relacionado ao **momento da conclusão do contrato**, tem-se duas situações: **(1ª)** contratos entre presentes (*inter praesentes*): para estes contratos, as partes estarão vinculadas à avença no instante da aceitação da proposta; **(2ª)** contratos entre ausentes (*inter absentes*): nestas avenças, efetivadas por correspondência epistolar, telegráfica, fax, e-mail, etc., a resposta que traz em si a aceitação demora certo tempo para chegar ao conhecimento do proponente. Em função disto, há divergência a respeito do momento da conclusão do contrato, surgindo as seguintes teorias: **(A)** teoria da informação ou da cognição: é necessário que a aceitação chegue ao efetivo conhecimento do proponente; **(B)** teoria da declaração ou da agnição, que subdivide-se em: **(B.1)** teoria da declaração propriamente dita: a aceitação ocorreria no instante de sua confecção ou da escrita; **(B.2)** teoria da expedição: não é suficiente a redação, sendo necessário que a aceitação tenha sido expedida; **(B.3)** teoria da recepção: exige que, além de escrita e expedida, a resposta tenha sido entregue ao destinatário. Pelo art. 434 do CC: "Os contratos entre ausentes tornam-se perfeitos desde que a aceitação é expedida, exceto: I – no caso do artigo antecedente (art. 433: "Considera-se inexistente a aceitação, se antes dela ou com ela chegar ao proponente a retratação do aceitante"; II – se o proponente se houver comprometido a esperar resposta; III – se ela não chegar no prazo convencionado". A cabeça do dispositivo contempla a "teoria da expedição", mas a exceção do inciso I, que deixa em aberto a possibilidade da retratação a qualquer tempo, indica o acolhimento da "teoria da recepção". Por fim, o **lugar da celebração** do contrato, é dado pelo art. 435 do CC: "Reputar-se-á celebrado o contrato no lugar em que foi proposto".

Alternativa "a": nos contratos de compra e venda, nas coisas vendidas conjuntamente, o defeito oculto de uma **não** autoriza a rejeição de todas (CC, art. 503). Trata-se do vício redibitório na venda de coisas conjuntas. O alienante possui responsabilidade na venda de coisas conjuntas ou universalidade, mas pela existência desse complexo, não respondendo individualmente pelos objetos que o compõem.

Alternativa "b": a aceitação fora do prazo, com adições, restrições ou modificações, importará nova proposta. A aceitação deve ser pontual e integral. Se for extemporânea e contiver adições, restrições ou modificações será nova proposta ou contraproposta.

Alternativa "c": os contratos atípicos ou inominados são admitidos no CC/art. 425; atípicos são os contratos não previstos de maneira expressa no CC/2002, mas admitidos em função da autonomia da vontade e a doutrina do número *apertus*, desde que observadas as regras gerais estabelecidas pelo CC (função social, boa-fé objetiva, etc.), isto é, não contrariem a ordem pública, os costumes e os princípios gerais do direito

Alternativa "d": na cláusula especial de compra e venda, chamada de *retrovenda*, o vendedor de coisa **imóvel** pode reservar-se ao direito de recobrá-la no prazo máximo de decadência de **três anos**, restituindo o preço recebido e reembolsando as despesas do comprador, inclusive as que, durante o período de resgate, se efetuaram com a sua autorização escrita ou para a realização de benfeitorias necessárias.

Alternativa "e": é anulável a venda de ascendente a descendente, **salvo** se os outros descendentes e o cônjuge do alienante expressamente houverem consentido; assim, será válida a compra e venda de ascendente a descendente se o consentirem os demais e o cônjuge do alienante (CC, art. 496).

Alternativa correta: letra "b".

3. VÍCIOS REDIBITÓRIOS

108. (FCC – Procurador do Estado – MT/2016) Isac vendeu seu veículo a Juliano, por preço bem inferior ao de mercado, fazendo constar, no contrato de compra e venda, que o bem estava mal conservado e poderia apresentar vícios diversos e graves. Passados quarenta dias da realização do negócio, o veículo parou de funcionar. Juliano ajuizou ação redibitória contra Isac, requerendo a restituição do valor pago, mais perdas e danos. A pretensão de Juliano

a) improcede, porque, embora a coisa possa ser enjeitada, em razão de vício redibitório, as perdas e danos apenas seriam devidas se Isac houvesse procedido de má-fé.

b) procede, porque a coisa recebida em virtude de contrato comutativo pode ser enjeitada por vícios ou defeitos ocultos, que a tornem imprópria ao uso a que é destinada, ou lhe diminuam o valor.

c) improcede, porque firmou contrato comutativo, assumindo o risco de que o bem viesse a apresentar avarias.

d) improcede, porque não configurados os elementos definidores do vício redibitório e o comprador assumiu o risco de que o bem viesse a apresentar avarias.

e) procede, porque a coisa recebida em virtude de contrato comutativo pode ser enjeitada por vícios ou defeitos ocultos, que a tornem imprópria ao uso a que é destinada, ou lhe diminuam o valor, mas está prescrita, porque se passaram mais de 30 dias da realização do negócio.

COMENTÁRIOS

✪ **Nota do Autor:** vícios redibitórios conceituam-se como os defeitos ocultos existentes na coisa alienada, objeto de contrato comutativo ou de doação onerosa (ou com encargo), não comum às congêneres, que a tornam imprópria ao uso a que se destina ou lhe diminuem sensivelmente o valor, de tal modo que o negócio não se realizaria se esses defeitos fossem conhecidos, dando ao adquirente ação para redibir o contrato ou para obter abatimento no preço (Diniz, Maria Helena, Código Civil Anotado, 16ª ed., 2012, São Paulo). Seus **requisitos** são os seguintes: (A) que a coisa tenha sido recebida e virtude de contrato comutativo ou de doação onerosa ou remuneratória; (B) que os defeitos sejam ocultos; (C) que existam ao tempo da alienação; (D) que sejam desconhecidos do adquirente; (E) que sejam graves a ponto de prejudicar o uso da coisa ou diminuir-lhe o valor. A teoria mais aceita a respeito dos vícios redibitórios é a "teoria do inadimplemento contratual, assentada no princípio da garantia", segundo o qual todo alienante deve assegurar, ao adquirente a título oneroso, o uso da coisa por ele adquirida e para os fins a que é destinada. Preenchidos os requisitos dos vícios redibitórios, ao adquirente da coisa defeituosa abrem-se duas opções, segundo o art. 442 do CC: **(1ª)** rejeitar a coisa, rescindindo o contrato, mediante ação redibitória; **(2ª)** conservar a coisa, apesar do defeito, reclamando o abatimento do preço pela ação *quanti minoris* ou estimatória. Em qualquer caso, devem ser observados os seguintes prazos decadenciais: **(A) 30 dias – móveis; (B) 1 ano – imóveis**. Os prazos contam-se da tradição. Todavia, se já estava na posse, da alienação, reduzido à metade. Quando o vício, por sua natureza, só puder ser conhecido mais tarde, o prazo contar-se-á do momento em que dele tiver ciência. Neste caso, os prazos serão decadenciais, até o máximo de: **(A) 180 dias móveis; (B) 1 ano, para os imóveis**. Tratando-se de venda de animais, os prazos de garantia por vícios ocultos serão os estabelecidos em lei especial, ou, na falta desta, pelos usos locais, aplicando-se estes últimos prazos se não houver regras disciplinando a matéria. **Não são cabíveis as ações edilícias: (A)** nas coisas vendidas conjuntamente, o defeito oculto de uma não autoriza a rejeição de todas, salvo se formarem um todo inseparável; **(B)** nos casos de inadimplemento contratual, de entrega de uma coisa por outra; **(C)** naqueles casos de erro quanto às qualidades essenciais do objeto, que é de natureza subjetiva.

Alternativa "a": os vícios redibitórios só serão reconhecidos se presentes os seguintes requisitos: (a) que a coisa seja recebida em virtude de contrato comutativo; (b) que os defeitos sejam ocultos; (c) que existam no momento da celebração do contrato; (d) que sejam desconhecidos do adquirente; (e) que sejam graves. Logo, se o defeito não é oculto, ou mesmo se este vier a ser informado ao adquirente, não se caracterizará os vícios redibitórios.

Alternativa "b": o vício aparente, ou mesmo o oculto, mas informado ao adquirente, não é considerado vício redibitório. Se este contrata mesmo sabendo do defeito, há renúncia da garantia legal.

Alternativa "c": o defeito deve existir ao tempo da celebração do negócio, e perdurar até a reclamação. Porém, se o vício é do conhecimento do adquirente, e mesmo assim contrata, esse comportamento importa em renúncia da garantia legal.

Alternativa "d": de acordo com o art. 441 do CC, "a coisa recebida em virtude de contrato comutativo pode ser enjeitada por vícios ou defeitos ocultos, que a tornem imprópria ao uso a que é destinada, ou lhe diminuam o valor". Os *vícios redibitórios* são defeitos ocultos existentes na coisa alienada, objeto do contrato comutativo ou de doação onerosa ou com encargo, que a torne imprópria ao uso a que se destina ou lhe diminuem sensivelmente o valor. Se o defeito não é oculto, e ainda seja do conhecimento do adquirente, que assume os riscos da coisa, presume-se que renunciou à garantia.

Alternativa "e": o contexto descrito na assertiva não contempla situação de vício redibitório, pois o defeito da coisa era conhecido do adquirente.

Alternativa correta: letra "d".

109. (FMP – Procurador do Estado – AC/2014) Quanto aos vícios redibitórios é correto afirmar que só dão direito:

a) à ação redibitória ou à estimatória, se houver conhecimento do vício pelo alienante.

b) à pretensão indenizatória por perdas e danos, se houver conhecimento do vício pelo alienante.

c) à opção pela ação estimatória, se forem vícios de fácil percepção.

d) à ação redibitória, se forem vícios de fácil percepção.

COMENTÁRIOS

Alternativa "a": tanto a ação redibitória (para rejeitar a coisa, rescindir o contrato e pedir a devolução do preço pago), quanto a ação estimatória (para conservar a coisa, apesar do defeito, porém com abatimento no preço), podem ser propostas contra o alienante, conheça ele ou não os vícios da coisa. Segundo o art. 441 do CC: "A coisa recebida em virtude de contrato comutativo pode ser enjeitada por vícios ou defeitos ocultos, que a tornem imprópria ao uso a que é destinada, ou lhe diminuam o valor. Parágrafo único. É aplicável a disposição deste artigo às doações onerosas". O alienante, de acordo com a teoria do inadimplemento contratual, deve assegurar ao adquirente, a título oneroso, e nas doações onerosas, o uso da coisa, em função do princípio da garantia. Desse modo, o alienante é o garantidor dos vícios redibitórios e, presentes os requisitos destes, estará sujeito às consequências das ações vistas acima.

Alternativa "b": estabelece o art. 443 do CC: "Se o alienante conhecia o vício ou defeito da coisa, restituirá o que recebeu com perdas e danos; se o não conhecia, tão-somente restituirá o valor recebido, mais as despesas do contrato". Segundo Carlos Roberto Gonçalves, "Vícios redibitórios são defeitos ocultos em coisa recebida em virtude de contrato comutativo, que a tornam imprópria ao uso a que se destina ou lhe diminuam o valor [...] a ignorância dos vícios elo alienante não o exime da responsabilidade. No sistema do Código Civil de 1916, a responsabilidade do alienante na hipótese de ignorância sobre o vício podia ser afastada por cláusula contratual exoneratória (art. 1.102). No entanto, assinala de modo percuciente Mônica Bierwagem, 'como esse dispositivo não foi reproduzido pelo Novo Código Civil – até porque destoa da nova leitura dada aos princípios da boa-fé e da vedação ao enriquecimento sem causa –, a inclusão de cláusula dessa natureza só pode ser nula, não operando efeitos". Nada impede, todavia, que as partes convencionem a ampliação dos limites da garantia, em benefício do adquirente, elevando, por exemplo, o valor a ser restituído na hipótese de enjeitar a coisa defeituosa. Se o alienante não conhecia o vício ou defeito, isto é, se agiu de boa-fé, tão somente restituirá o valor recebido, mais as despesas do contrato. Mas, se agiu de má-fé, porque conhecia o defeito, além de restituir o que recebeu, responderá também por perdas e danos" (Direito Civil Esquematizado, vol. 1, Saraiva, 2012, 2ª ed., pág. 788).

Alternativa "c": cabe ao adquirente a opção entre uma ou outra ação, ou seja, compete a ele decidir pela ação redibitória ou pela estimatória (também chamada de *quanti minoris*), afirma o art. 442 do CC. Todavia, "os vícios de fácil percepção" afastam o reconhecimento dos vícios redibitórios. Não é qualquer defeito que pode ser considerado "vícios redibitórios". São exigidos cinco requisitos: (1) que a coisa tenha sido recebida em decorrência de contrato comutativo; (2) que os defeitos sejam ocultos; (3) que os defeitos já existam no momento da formação do contrato e assim permaneçam até a reclamação; (4) que os defeitos sejam desconhecidos do adquirente; (5) que os defeitos sejam graves. Em relação ao segundo requisito, os defeitos que podem ser facilmente verificáveis, em um simples exame, ou alguma diligência normal, não são considerados ocultos. Nesse caso, "presume-se que o adquirente já os conhecia e que não os julgou capazes de impedir a aquisição, renunciando, assim, à garantia legal da redibição" (Monteiro, Washington de Barros, Direito das Obrigações, vol. 5, 40ª ed., Saraiva, pág. 71-2).

Alternativa "d": os vícios de fácil percepção não são redibitórios. Assim, "não basta a simples existência daqueles defeitos; é preciso ainda sejam eles ocultos; se não eram ocultos, se estavam a vista, impressionando diretamente os sentidos, se conhecidos do outro contratante, ou facilmente verificáveis, sem esforço, com a vulgar diligência e atenção de uma pessoa prudente, a um simples e rápido exame, não mais se pode falar em vício redibitório. Presume-se então que o adquirente já os conhecia e que não os julgou capazes de impedir a aquisição, renunciando, assim, à garantia legal da redibição" (Monteiro, Washington de Barros, Direito das Obrigações, vol. 5, 40ª ed., Saraiva, pág. 71-2).

Alternativa correta: letra "b".

4. EVICÇÃO

110. (Fundatec – Procurador do Estado – RS/2015) Em relação aos contratos, analise as seguintes assertivas:

I. Nos contratos civis, podem as partes, de forma expressa, reforçar, diminuir ou excluir a responsabilidade pela evicção.

II. Em contratos de adesão, são consideradas inválidas as cláusulas que estipulem renúncia antecipada do aderente a direito resultante da própria natureza do negócio jurídico.

III. Descabe, por disposição de última vontade, ao que estipula em favor de terceiro reservar-se o direito de substituição do terceiro designado no contrato.

IV. Exceto quanto à forma, o contrato preliminar deve conter todos os requisitos essenciais ao contrato a ser celebrado.

Quais estão corretas?

a) Apenas I e II.

b) Apenas I e IV.

c) Apenas I, II e III.

d) Apenas I, II e IV.

e) Todas as assertivas estão corretas.

COMENTÁRIOS

✪ **Nota do Autor**: *evicção* é a perda da coisa para outrem decorrente de *decisão judicial* e em razão da causa jurídica anterior ao contrato. É baseada no *princípio da garantia* da coisa alienada contra os defeitos do direito transferido. Decorre da *lei* em todo *contrato oneroso* pelo qual se transfere o domínio, a posse e o uso; nos *contratos gratuitos* inexiste a evicção (CC, art. 552), exceto na doação *modal*, conforme art. 441, parágrafo único, do CC (onerosa ou com encargo). Existem *três personagens* na evicção, o *alienante, o evicto (adquirente vencido na demanda) e o evictor (terceiro vencedor na demanda, o reivindicante)*. A evicção poderá ser *total ou parcial*; de acordo com o CC, art. 455; se a evicção for parcial, mas *considerável*, poderá o *evicto* optar entre a rescisão do contrato e a restituição da parte do preço correspondente ao desfalque sofrido; se *não for considerável*, caberá somente direito à indenização. Subsiste para o alienante esta obrigação, ainda que a coisa alienada esteja deteriorada, exceto havendo dolo do adquirente. Outrossim, podem as partes, por cláusula expressa, reforçar, diminuir ou excluir a responsabilidade pela evicção. Contudo, não obstante a cláusula que exclui a garantia contra a evicção, se esta se der, tem direito o evicto a receber o preço que pagou pela coisa evicta, se não soube do risco da evicção, ou, dele informado, não o assumiu. Para poder exercitar o direito que da evicção lhe resulta, o adquirente notificará do litígio o alienante imediato, ou qualquer dos anteriores, quando e como lhe determinarem as leis do processo (CC, art. 456). Segundo o **Enunciado 29 do CJF,** *"A interpretação do art. 456 do novo Código Civil permite ao evicto a denunciação direta de qualquer dos responsáveis pelo vício"*; e ainda, pelo **Enunciado 434 do CJF,** *"A ausência de denunciação da lide ao alienante, na evicção, não impede o exercício de pretensão reparatória por meio de via autônoma"*. Sendo assim, **são requisitos da evicção**: **(a)** perda total ou parcial da propriedade, posse ou uso da coisa alienada; (b) onerosidade da aquisição; (c) ignorância, pelo adquirente, da litigiosidade da coisa; (d) anterioridade do direito; (e) denunciação da lide. O Novo CPC-2015 altera a sistemática da denunciação da lide, de obrigatória para "admissível". O legislador foi sensível ao entendimento do STJ, já sedimentado, no sentido de que a denunciação era facultativa, e não obrigatória (STJ, AgRg 917.314/PR). O Enunciado 434 da V Jornada de Direito Civil do CJF/STJ também expressava que: *"A ausência de denunciação da lide ao alienante, na evicção, não impede o exercício de pretensão reparatória por meio de via autônoma"*. Com a revogação do art. 456, *caput*, do CC, suprime-se a denunciação da lide por saltos ou *"per saltum"*, que permitia a convocação para o processo de qualquer um dos alienantes da cadeia de alienações do bem, em razão da propriedade anterior. Todavia, admite o NCPC a *"denunciação sucessiva"*, apena uma vez, promovida pelo denunciado, contra seu antecessor imediato na cadeia dominial ou quem seja responsável por indenizá-lo (NCPC, art. 125, § 2º). A revogação do parágrafo único do art. 456 não altera os efeitos da denunciação quando a evicção for manifesta. Segundo o art. 128, II, do NCPC: "se o denunciado for revel, o denunciante pode deixar de prosseguir com sua defesa, eventualmente oferecida, e abster-se de recorrer, restringindo sua atuação à ação regressiva".

Item I: correta; é o que determina o art. 448 do CC: "Podem as partes, por cláusula expressa, reforçar, diminuir ou excluir a responsabilidade pela evicção". Permite-se às partes modificar a responsabilidade do alienante pela evicção, desde que o façam por cláusula expressa. A cláusula de reforço pode estipular indenização em dobro, por exemplo. Se, não obstante a cláusula que exclui a garantia contra a evicção, se esta se der, tem direito o evicto a receber o preço que pagou pela coisa evicta, se não soube do risco da evicção, ou, dele informado, não o assumiu (CC, art. 449). Logo, a cláusula *"non praestanda evictione"* ou cláusula de irresponsabilidade, por si só, ou seja, desacompanhada da ciência de reivindicatória em andamento, apenas exclui a obrigação do alienante indenizar todas as verbas mencionadas no art. 450 do CC, mas não de restituir o preço recebido. Para que se exclua a responsabilidade do alienante inclusive sobre o preço, é necessário que o evicto tenha sido informado do risco da evicção e assumido suas consequências, e dessa forma renunciado à garantia legal. Portanto, a cláusula de exclusão não é absoluta. Para que ocorra isenção total da responsabilidade, o adquirente deve assumir o risco específico que recai sobre a coisa. A cláusula expressa de exclusão, genérica, sem declaração do conhecimento do risco, ou mesmo com a informação de que o risco é conhecido, mas não assumido, afasta tão somente o dever de o alienante indenizar, mas não o de restituir o preço recebido do evicto.

Item II: correta; é a redação do art. 424 do CC: "Nos contratos de adesão, são nulas as cláusulas que estipulem a renúncia antecipada do aderente a direito resultante da natureza do negócio". Pelo Enunciado 171 da III Jornada de Direito Civil: "O contrato de adesão, mencionado nos arts. 423 e 424 do novo Código Civil, não se confunde com o contrato de consumo". Pelo Enunciado 172: "As cláusulas abusivas não ocorrem exclusivamente nas relações jurídicas de consumo. Dessa forma, é possível a identificação de cláusulas abusivas em contratos civis comuns, como, por exemplo, aquela estampada no art. 424 do Código Civil de 2002". Por último, o Enunciado 433 da V Jornada: "A cláusula de renúncia antecipada ao direito de indenização e retenção por benfeitorias necessárias é nula em contrato de locação de imóvel urbano feito nos moldes do contrato de adesão".

Item III: incorreta; prescreve o art. 438 do CC: "O estipulante pode reservar-se o direito de substituir o terceiro designado no contrato, independentemente da sua anuência e da do outro contratante. Parágrafo único. A substituição pode ser feita por ato entre vivos ou por disposição de última vontade". Na estipulação em favor de terceiro, pode-se convencionar por cláusula expressa a substituição do beneficiário, por ato *inter vivos* ou *causa mortis*.

Item IV: correta; segundo o art. 462 do CC: "O contrato preliminar, exceto quanto à forma, deve conter todos os requisitos essenciais ao contrato a ser celebrado". Na lição de Carlos Roberto Gonçalves, "o contrato preliminar tem sempre por objeto a efetivação de um contrato definitivo. Contrato preliminar ou *pactum de contrahendo* (como era denominado no direito romano), ou ainda, contrato-promessa, é aquele que tem por objeto a celebração de um contrato definitivo. Tem, portanto, um único objeto. Não visam os contraentes, ao celebrar um contrato preliminar, modificar efetivamente sua situação, mas apenas criar obrigação de um futuro *contrahere*. Podem eles achar conveniente protelar a produção dos efeitos e a assunção das obrigações definitivas, mas "fechando", ao mesmo tempo, o negócio" (GONÇALVES, Carlos Roberto. *Direito Civil Esquematizado* vol. 1. 2 ed. São Paulo: 2012: Saraiva, p.820). Os requisitos de validade do contrato preliminar são os mesmos do contrato definitivo, tais com objeto, capacidade, etc. (requisitos objetivos e subjetivos). Todavia, não se exige os mesmos requisitos formais do contrato definitivo a ser celebrado, caracterizando uma disposição legal em contrário àquela prevista no art. 108 do CC, se o negócio for daqueles de direitos reais sobre imóveis.

Alternativa correta: letra "d".

---

111. (FEPESE – Procurador do Estado – SC/ 2010) Assinale a alternativa correta, de acordo com o Código Civil Brasileiro.

a) Não atendendo o alienante à denunciação da lide, e sendo manifesta a procedência da evicção, pode o adquirente deixar de oferecer contestação, ou usar de recursos.

b) Verificada a evicção, o contrato será declarado nulo de pleno direito, devendo o alienante restituir o preço integral correspondente ao desfalque sofrido pelo adquirente, acrescido de juros e correção monetária.

c) A fim de exercer o direito que da evicção lhe resulta, o adquirente pode, apenas, denunciar a lide ao alienante imediato.

d) A garantia contra a evicção não abrange a aquisição que se tenha realizado em hasta pública.

e) A doação, mesmo que típica, está sujeita às disposições pertinentes aos vícios redibitórios.

COMENTÁRIOS

Alternativa "a": para poder exercitar o direito que da evicção lhe resulta, o adquirente notificará do litígio o alienante imediato, ou qualquer dos anteriores, quando e como lhe determinarem as leis do processo. Não atendendo o alienante à denunciação da lide, e sendo manifesta a procedência da evicção, pode o adquirente deixar de oferecer contestação, ou usar de recursos. Pelo **Enunciado 29** do CJF: *"A interpretação do art. 456 do novo Código Civil permite ao evicto a denunciação direta de qualquer dos responsáveis pelo vício"*. Por sua vez, o **Enunciado 434** do CJF: *"A ausência de denunciação da lide ao alienante, na evicção, não impede o exercício de pretensão reparatória por meio de via autônoma"*.

Alternativa "b": não ocorre a nulidade do contrato, mas a perda da coisa por direito anterior; **salvo estipulação em contrário**, tem direito o evicto (adquirente), além da restituição integral do preço ou das quantias que pagou, à indenização dos frutos que tiver sido obrigado a restituir; à indenização pelas despesas dos contratos e pelos prejuízos que diretamente resultarem da evicção; às custas judiciais e aos honorários do advogado por ele constituído. O preço, seja a evicção total ou parcial, será o do valor da coisa, na **época** em que se evenceu, e **proporcional** ao desfalque sofrido, no caso de evicção parcial.

Alternativa "c": para poder exercitar o direito que da evicção lhe resulta, o adquirente notificará do litígio o **alienante imediato** ou **qualquer dos anteriores**, quando e como lhe determinarem as leis do processo. Pelo **Enunciado 29**: *"A interpretação do art. 456 do novo Código Civil permite ao evicto a denunciação direta de qualquer dos responsáveis pelo vício"*.

Alternativa "d": subsiste a garantia da evicção ainda que a aquisição se tenha realizado em hasta pública (CC/ art. 447, parte final).

Alternativa "e": os vícios redibitórios **são** admitidos nos contratos comutativos e nas doações onerosas ou com encargo. Com relação às *doações pura, simples ou típicas*, **não** são aplicáveis as disposições dos vícios redibitórios.

Alternativa correta: letra "a".

---

112. (Cespe – Procurador do Estado – ES/2008) – A respeito dos contratos regidos pelo Código Civil, julgue o próximo item: Caracterizada a evicção parcial, não sendo esta considerável, o evicto não pode valer-se da opção entre a rescisão contratual e o abatimento no preço, assistindo-lhe apenas o direito a indenização.

COMENTÁRIOS

✪ **Nota do Autor:** *evicção parcial* é aquela que resulta numa perda de uma fração ou parte material ou ideal do bem, ou de seus acessórios, ou mera limitação do direito de propriedade. Se parcial, mas ***considerável***, for a evicção, poderá o evicto **optar** entre a rescisão do contrato e o abatimento do preço proporcionalmente à parte subtraída a seu domínio. Se ***não for considerável***, caberá somente direito a indenização proporcional ao desfalque econômico sofrido, sem direito à rescisão do contrato.

Se parcial a evicção, mas ***não considerável***, caberá ao evicto, adquirente ou evencido o direito à indenização pelo desfalque econômico sofrido, não lhe assistindo qualquer direito à opção pela rescisão contratual. **(certo)**

5. CONTRATOS ALEATÓRIOS

113. (Cespe – Procurador do Estado – PB/2008) Com relação aos contratos, assinale a correta.

a) Nos contratos aleatórios, as prestações de uma ou ambas as partes são incertas, por dependerem de risco capaz de provocar variação; por isso, poderá ocorrer desequilíbrio entre as prestações dos contratantes, dependendo do risco contratado.

b) Pela teoria da imprevisão, é motivo de resolução do contrato a onerosidade excessiva decorrente de evento imprevisto e extraordinário, tais como a força maior ou caso fortuito, que dificulte o adimplemento da obrigação de uma das partes.

c) O comodato, se remuneratório, equivale ao mútuo, por isso transfere o domínio da coisa e assegura ao proprietário proteção possessória quando vencido o prazo ajustado, bem como assegura o direito de resolver o contrato se o comodatário deixar de pagar a retribuição pelo uso do bem.

d) Na venda de imóveis por extensão, se o comprador verificar que a área existente não corresponde às dimensões dadas pelo vendedor, o comprador poderá obter redução proporcional do preço, em razão de vício oculto, que lhe diminua o valor.

e) Na doação com cláusula de reversão, bens doados voltarão ao patrimônio do doador ou de um terceiro, se o donatário falecer antes do doador; essa cláusula configura condição resolutiva que, atuando, desfaz todos os atos realizados pelo donatário, mesmo que tenha alienado o bem a um terceiro de boa-fé.

COMENTÁRIOS

✪ **Nota do Autor:** *contrato aleatório* é aquele em que a prestação de uma ou ambas as partes depende de um risco futuro e incerto, não se podendo antecipar seu montante. O contrato pode ser aleatório em razão de sua natureza (jogo, aposta, seguro) ou, acidentalmente, em decorrência de ter por objeto coisas de existência ou valor incertos (p. ex., contrato de exploração de petróleo a risco, de garimpo ou de compra de colheita). Aos contratos aleatórios não é aplicável a *teoria da lesão*, não estando sujeitos, ademais, aos efeitos de vícios, arras, revisão contratual por imprevisão, ou outros institutos voltados ao equilíbrio do contrato (Maria Helena Diniz, op. cit.). De acordo com o **Enunciado 440**: *"É possível a revisão ou resolução por excessiva onerosidade em contratos aleatórios, desde que o evento superveniente, extraordinário e imprevisível não se relacione com a álea assumida no contrato"*.

Alternativa "a": se o contrato for aleatório, por dizer respeito a coisas ou fatos futuros, cujo risco de não virem a existir um dos contratantes assuma, terá o outro direito de receber integralmente o que lhe foi prometido, desde que de sua parte não tenha havido dolo ou culpa, ainda que nada do avençado venha a existir.

Alternativa "b": a resolução por *onerosidade excessiva* ocorre nos contratos de execução continuada ou diferida, se a **prestação de uma das partes se tornar excessivamente onerosa, com extrema vantagem para a outra**, em virtude de acontecimentos extraordinários e imprevisíveis, quando poderá o devedor pedir a resolução do contrato. Trata-se do motivo legal de resolução contratual, por se considerar subentendida a cláusula *rebus sic stantibus*. Pelo **Enunciado 366**: *"O fato extraordinário e imprevisível causador de onerosidade excessiva é aquele que não está coberto objetivamente pelos riscos próprios da contratação"*. O CC adotou a **teoria da equivalência contratual e a da imprevisão**. Sendo assim, o desequilíbrio contratual é analisado objetivamente, quando uma prestação, de forma excessiva e onerosa, causa extrema vantagem para uma em detrimento de outra parte. Nesses casos, permite-se não só a resolução, como ainda a revisão do contrato (CC, art. 317). Aliás, o *princípio da conservação do negócio jurídico* é admitido mesmo quando se busca a resolução por onerosidade excessiva (CC, art. 480 e **Enunciado 367**). Assim, a mera dificuldade do adimplemento não é requisito objetivo da resolução por onerosidade excessiva.

Alternativa "c": o comodato é o contrato unilateral, a título, pelo qual alguém entrega a outrem a coisa (imóvel ou móvel) infungível, para ser usada temporariamente e depois restituída. Entretanto, pode versar bem fungível e consumível, se houver sido contratado *ad pompam vel ostentationem*, como, p. ex., se se emprestar uma cesta de frutas tropicais exóticas para ornamentação de um salão de festa (Washington de Barros Monteiro). Decorre da própria natureza do comodato que seja *gratuito*, pois se confundiria com a locação, se fosse *oneroso*.

Alternativa "d": na venda *ad mensuram*, se esta não corresponder, em qualquer dos casos, às dimensões dadas, o comprador terá o direito de exigir: 1) **o complemento da área**, e, não sendo isso possível; 2) **o de reclamar a resolução do contrato** ou **abatimento proporcional ao preço** (CC, art. 500).

Alternativa "e": a cláusula de reversão ou retorno da doação é pessoal e não prevalece em favor de terceiro, não se admitindo a doação sucessiva (CC, art. 547, parágrafo único). A outro giro, o bem retorna ao patrimônio do doador se este sobreviver ao donatário, mas os frutos pertencerão ao donatário. Logo, não poderá prevalecer a cláusula de reversão em favor do terceiro.

Alternativa correta: letra "a".

6. CONTRATO PRELIMINAR

114. (Cespe – Procurador do Estado – BA/2014) Com relação ao direito das obrigações, julgue o item que se segue:

De acordo com o entendimento do STJ, havendo cláusula de arrependimento em compromisso de compra e venda, a devolução do sinal, por quem o deu, ou a sua restituição em dobro, por quem o recebeu, exclui indenização maior a título de perdas e danos, salvo os juros moratórios e os encargos do processo.

COMENTÁRIOS

✪ **Nota do Autor:** *contrato preliminar* é conceituado como aquele que vincula as partes a confeccionarem um segundo contrato, este o definitivo e principal. A diferença entre o contrato preliminar e o definitivo é o objeto da prestação. No contrato preliminar, a prestação será o segundo contrato, e neste a obrigação de dar, fazer, por exemplo. Se do contrato preliminar constar cláusula expressa de arrependimento, a parte poderá resilir o contrato, notificando a parte contrária (CC/art. 473). A outro giro, o contrato preliminar (*pactum de contrahendo*) não é uma simples negociação, por ser um contrato que traça os contornos de um contrato final que se pretende efetivar no momento oportuno. As partes assumem a obrigação de um contrato futuro e definitivo. É uma promessa de contratar, que deve conter os requisitos do contrato definitivo, com exceção da forma, que não precisa ser a mesma. Pelo **Enunciado 435**, "O contrato de promessa de permuta de bens imóveis é título passível de registro na matrícula imobiliária".

A respeito, diz a **Súmula 412/STF:** "No compromisso de compra e venda com cláusula de arrependimento, a devolução do sinal, por quem o deu, ou a sua restituição em dobro, por quem o recebeu, exclui indenização maior, a título de perdas e danos, salvo os juros moratórios e os encargos do processo". **(certo)**

7. EXTINÇÃO DO CONTRATO

7.1. DISTRATO

115. (Cespe – Procurador do Estado – AL/2008) O supermercado Sua Casa celebrou contrato com a empresa Suco Mais por prazo indeterminado, cujo objeto consiste no fornecimento de cem caixas de um litro de suco de uva natural por semana, ao custo de R$ 1,00 cada caixa. Ficou acertado que o pagamento ocorrerá a cada dois meses. Com base na situação hipotética acima, assinale a correta.

a) Caso a empresa verifique que não tem mais condições de dar cumprimento ao contrato, poderá promover a resilição unilateral, por meio de denúncia feita ao supermercado.

b) Se a empresa tiver feito investimentos consideráveis para a execução do contrato, o supermercado somente poderá denunciar unilateralmente o contrato após um ano.

c) Caso a empresa deixe de entregar o suco por mais de quatro semanas, o supermercado poderá pedir a resolução do contrato ou, se preferir, exigir-lhe o cumprimento, caso em que não caberá indenização por perdas e danos.

d) Se a empresa efetuar a denúncia unilateral do contrato, a resilição operará efeitos *ex tunc*.

e) Qualquer das partes poderá promover a resolução do contrato com base na teoria da imprevisão, desde que estejam configurados os requisitos autorizadores da sua aplicação ao caso concreto, que consistem em um acontecimento extraordinário, imprevisível e excessivamente oneroso para uma das partes.

COMENTÁRIOS

✪ **Nota do Autor:** *distrato ou resolução bilateral é um negócio jurídico que rompe o vínculo contratual, mediante a declaração de vontade de ambos os contraentes de pôr fim ao contrato que firmaram. Produz efeito ex nunc, visto que não atinge consequências pretéritas nem direitos adquiridos por terceiros. As formas do distrato são aquelas mesmas dos contratos em geral. Isto significa que, se o contrato exigir forma especial, como a escritura pública ou o instrumento particular, o distrato também o será. Admite-se, assim, que o distrato seja verbal ou mediante a entrega da coisa. A resilição unilateral é a exceção dos contratos, quando admitida por lei expressa ou implicitamente, porque o princípio da obrigatoriedade da convenção impossibilita, em regra, que os contratos sejam rompidos unilateralmente. Como exemplos de contratos que admitem a resilição, o mandato, o depósito. (Maria Helena Diniz, Código Civil Anotado, 16ª ed., 2012, Saraiva, São Paulo). Para Nelson Rosenvald, contudo, o "(...) direito a resilição é concretizado convencionalmente, mediante cláusula contratual, inclusive com a imposição de prazos decadenciais para o seu exercício (CC, art. 211). Mas, em certos casos, a própria lei veicula o acesso à denúncia contratual, como na revogação do mandato (...)", admite. Para Orlando Gomes, a resilição unilateral é cabível: (a) nos contratos de execução continuada, periódica, ou de trato sucessivo; (b) naqueles sem prazo determinado (ou indeterminados); (c) nos contratos em geral, cuja execução não tenha começado; (d) nos contratos benéficos; (e) e nos contratos de atividade. Admitida a resilição unilateral ou denúncia, os seus efeitos operam-se ex nunc, ou seja, preserva-se a incolumidade daquilo que já foi cumprido. A resilição unilateral independe de pronunciamento judicial. Por outro lado, não deriva de inadimplemento contratual, mas, sim, da manifestação da vontade. De fato, estabelece o art. 473, caput, do CC: "A resilição unilateral, nos casos em que a lei expressa ou implicitamente o permita, opera mediante denúncia notificada à outra parte" (grifamos). Destaque-se que a resilição é um direito potestativo de um dos contratantes, de impor a extinção do contrato, sem que o outro possa a isso se opor, eis que esteja situado em posição de sujeição. Nas palavras de Nelson Rosenvald, "(...) o legislador adotou o vocábulo denúncia como sinônimo de resilição unilateral e procedimento pelo qual ela se comunica à outra parte (...)" (Rosenvald, Nelson, Código Civil Comentado, 6ª ed., 2012, Manole, São Paulo, pag. 536). Sendo assim, é suficiente para que ocorra a notificação, produzindo efeitos a partir do momento em que chega ao conhecimento da outra parte. É, assim, uma declaração receptícia da vontade (Carlos Roberto Gonçalves, op. cit.). A princípio, diz Carlos Roberto Gonçalves, "(...) não precisa ser justificada, mas em certos contratos exige-se que obedeça à justa causa. Nestas hipóteses, a inexistência de justa causa impede a resilição do contrato, mas a parte que o resiliu injustamente fica obrigada às perdas e danos". Ademais, segundo o parágrafo único do art.473 do CC: "Se, porém, dada a natureza do contrato, uma das partes houver feito investimentos consideráveis para a sua execução, a denúncia unilateral só produzirá efeito depois de transcorrido prazo compatível com a natureza e o vulto dos investimentos". Pelo Enunciado 584 da VII Jornada de Direito Civil,*

"Desde que não haja forma exigida para a substância do contrato, admite-se que o distrato seja pactuado por forma livre".

Alternativa "a": em razão da natureza de alguns contratos, como no de trato sucessivo por tempo indeterminado, admite-se *resilição unilateral*, como exceção ao princípio da obrigatoriedade; a resilição unilateral opera-se mediante denúncia. (CC, art. 473).

Alternativa "b": se, porém, dada a natureza do contrato, uma das partes houver feito investimentos consideráveis para a sua execução, a denúncia unilateral só produzirá efeito depois de transcorrido prazo compatível com a natureza e o vulto dos investimentos (CC, art. 473, parágrafo único). Nesse caso, a eficácia da resilição é postergada.

Alternativa "c": o inadimplemento da obrigação pode ser *absoluto/definitivo* ou *relativo*; da primeira espécie é a prestação totalmente frustrada ao credor, ou seja, ele nada recebe, porque a prestação se perdeu por completo; da segunda espécie é a prestação parcialmente entregue, porque realizada com atraso, incompleta ou defeituosa. Fala-se, ainda, em *inadimplemento positivo do contrato*, quando há violação dos *deveres anexos, laterais ou satelitários*, decorrentes do princípio da boa-fé objetiva. O inadimplemento relativo pode se tornar absoluto quando o cumprimento parcial atingir o interesse do credor a ponto de a prestação torna-se imprestável. Pelo **Enunciado 162**: *"A inutilidade da prestação que autoriza a recusa da prestação por parte do credor deverá ser aferida objetivamente, consoante o princípio da boa-fé e a manutenção do sinalagma, e não de acordo com o mero interesse subjetivo do credor"*. A outro giro, apesar do inadimplemento, pelo **Enunciado 361**: *"O **adimplemento substancial** decorre dos princípios gerais contratuais, de modo a fazer preponderar a função social do contrato e o princípio da boa-fé objetiva, balizando a aplicação do art. 475"*. Assim, o devedor em mora será obrigado ao pagamento dos prejuízos a que a mora der causa, mais juros e a atualização dos valores monetários, segundo os índices oficiais, e honorários de advogado, sem prejuízo da prestação (CC, art. 395, *caput*). Caso opte por enjeitá-la, por inutilidade, poderá exigir a satisfação por perdas e danos (CC, art. 395, parágrafo único). Os prejuízos, ainda que opte o credor pela prestação, contempla o que ele efetivamente perdeu (*dano emergente*) e o que razoavelmente deixou de lucrar (*lucro cessante*).

Alternativa "d": os efeitos da resilição unilateral nos contratos de trato sucessivo são *ex nunc*, preservando os efeitos jurídicos já produzidos.

Alternativa "e": a resolução por onerosidade excessiva, segundo o art. 478 do CC, possui os seguintes requisitos: *1)* contrato de execução continuada ou diferida; *2)* que a prestação de **uma** das partes se torne excessivamente onerosa, com extrema vantagem **para** a outra; *3)* que a desproporção das prestações decorra de acontecimentos supervenientes *extraordinários e imprevisíveis*. Dessa forma, exige-se um desequilíbrio econômico, violando drasticamente o sinalagma funcional, ou seja, verifica-se quando há desproporção entre as prestações, e não somente a uma delas.

Alternativa correta: letra "a".

7.2. CLÁUSULA RESOLUTIVA

116. (Cespe – Procurador do Estado – PI/2008) Quanto aos contratos, segundo as disposições do Código Civil, assinale a correta.

a) No contrato comutativo, as prestações de uma das partes, bem como a extensão da contraprestação, são incertas porque dependem de fato futuro. Por ser de execução diferida ou de trato sucessivo, a prestação pode ser desproporcional ao valor da contraprestação.

b) A responsabilidade pela evicção depende de cláusula expressa no contrato, em que um dos contratantes se obriga a indenizar ou não aquele que se tornar evicto. Assim, verificada a evicção da coisa adquirida, havendo cláusula expressa de exclusão da garantia, o evicto não poderá recobrar o preço que pagou por ela, pois assumiu o risco ao excluir a garantia.

c) Os vícios redibitórios são defeitos ocultos em coisa alienada que impedem ou dificultam o uso a que a coisa se destina, autorizando o comprador a devolvê-la, e obrigando o alienante a ressarcir o valor recebido, acrescido de perdas e danos, ainda que não conheça o defeito.

d) O contrato preliminar é o compromisso para uma futura declaração de vontade, ou seja, um contrato que gera a obrigação de contratar. Trata-se de documento preparatório para um negócio definitivo, devendo ser observada, sob pena de nulidade, a forma do contrato a ser celebrado.

e) O inadimplemento de uma obrigação pelo devedor é causa de resolução do contrato, podendo a parte prejudicada pleitear, além da resolução do contrato, a indenização pelos prejuízos, que abrangem o dano emergente e o lucro cessante.

COMENTÁRIOS

✪ **Nota do Autor:** a execução do contrato é o modo normal de extinção do vínculo contratual, comprovando-se o pagamento mediante a prova da quitação dada pelo credor, ou seu representante legal (CC, art. 320). Algumas causas extinguem o vínculo contratual sem o cumprimento, e por isso são chamados de modos anormais de extinção dos contratos. As causas podem ser anteriores, contemporâneas ou supervenientes à formação do contrato. (i) são anteriores e contemporâneas: todos os vícios que importam a invalidade do negócio, tanto a nulidade absoluta, quanto relativa, como a ausência dos requisitos subjetivos (capacidade, vícios do consentimento), os requisitos de forma dos atos, o implemento de condição resolutiva expressa ou tácita, o exercício do direito de arrependimento; (b) são supervenientes: a resolução por inexecução do contrato, voluntária ou involuntária, ou por onerosidade excessiva; a resilição, que pode ser bilateral (distrato) ou unilateral (opera-se mediante denúncia unilateral; assume variadas formas, como de revogação, renúncia ou resgate); a morte de uma das partes nos vínculos contratuais personalíssimos ou intuito personae, nos quais os efeitos são ex nunc; a rescisão (lesão, estado de perigo), etc. O adimplemento substancial tem sido apontado como impedimento à resolução unilateral do contrato, uma vez que o cumprimento quase completo ou integral das obrigações assumidas viria contra a razoabilidade e a função social do contrato se se permitisse o reconhecimento de sua extinção sem cumprimento, pois, neste caso, a inexecução é insignificante (CC, arts. 421, 422 e 475). Pelo Enunciado 361 da IV Jornada de Direito Civil: "O adimplemento substancial decorre dos princípios gerais contratuais, de modo a fazer preponderar a função social do contrato e o princípio da boa-fé objetiva, balizando a aplicação do art. 475"; por outro lado, o Enunciado 437 da V Jornada de Direito Civil, interpretando o CC, art. 475, contempla que "A resolução da relação jurídica contratual também pode decorrer do inadimplemento antecipado". A resolução é consequência do inadimplemento contratual de uma das partes, em contrato bilateral. Possui a importância de corrigir o desequilíbrio contratual superveniente, mediante o direito potestativo ao desfazimento da relação jurídica e o retorno à situação originária (Nelson Rosenvald, op. cit.). Há duas espécies de resolução contratual: (a) a cláusula resolutiva expressa e; (b) a cláusula resolutiva tácita. A cláusula expressa é a que permite a imediata resolução do contrato em caso de inadimplemento da parte, de pleno direito, sujeitando o faltoso às perdas e danos, sem a necessidade de interpelação judicial. Pelo Enunciado 436 do CJF, "A cláusula resolutiva expressa produz efeitos extintivos independentemente de pronunciamento judicial". De sua parte, a cláusula resolutiva tácita está subentendida em todos os contratos bilaterais ou sinalagmáticos, e neste caso, o inadimplemento e a rescisão devem ser reconhecidos judicialmente, não operando de pleno direito. A parte lesada pelo inadimplemento pode pedir a resolução do contrato, se não preferir exigir-lhe o cumprimento, cabendo, em qualquer dos casos, indenização por perdas e danos.

Alternativa "a": contrato *comutativo* é o de prestações certas e determinadas. As partes podem antever as vantagens e os sacrifícios, que geralmente se equivalem decorrentes de sua celebração, porque não envolvem nenhum risco. (Carlos Roberto Gonçalves). Na ideia da comutatividade se insere, de certo modo, a de equivalência das prestações. É normal que, nas convenções de intuito lucrativo, cada parte só consista num sacrifício se aquilo que obtém em troca lhe for equivalente. Contrato *aleatório* é aquele em que a prestação de uma ou mais partes depende do risco, futuro e incerto, que não se pode antecipar o seu quantum (Silvio de Salvo Venosa). As prestações são incertas em razão da extensão ou quantidade, a depender da verificação de fato ignorado pelas partes.

Alternativa "b": a garantia da evicção é legal e não contratual (CC, art. 447). Todavia, podem as partes, por cláusula expressa, reforçar, diminuir ou excluir a responsabilidade pela evicção (CC, art. 448).

Alternativa "c": nos vícios redibitórios, a coisa recebida pode ser enjeitada ou ter o preço abatido; se o alienante **conhecia** o vício ou defeito da coisa, restituirá o que recebeu com perdas e danos; se o **não conhecia**, tão somente restituirá o valor recebido, mais as despesas do contrato (CC, arts. 441 a 443).

Alternativa "d": o contrato preliminar (*pactum de contrahendo*) não é simples negociação, por ser um contrato que traça os contornos de um contrato final que se pretende efetivar no momento oportuno. As partes assumem a obrigação de um contrato futuro e definitivo. É uma promessa de contratar. A outro giro, o contrato preliminar deve conter os requisitos do contrato definitivo, com exceção da **forma**, que **não** precisa ser a mesma.

Alternativa "e": o inadimplemento de uma obrigação convencionada permite a resolução do contrato, respondendo o devedor por perdas e danos, mais juros e atualização monetária segundo índices oficiais regularmente estabelecidos, e honorários de advogado. As *perdas e danos* devidas ao credor abrangem, além do que ele efetivamente perdeu, o que razoavelmente deixou de lucrar. Assim, estão cobertos os danos emergentes e os lucros cessantes. O CC/2002 adotou a *teoria dos danos* ou da *causalidade direta e imediata*, afastado o dano remoto, eventual ou potencial.

Alternativa correta: letra "e".

7.3. INADIMPLEMENTO SUBSTANCIAL

117. (Cespe – Procurador do Estado – BA/2014) Com relação ao direito das obrigações, julgue o item que se segue: A teoria do adimplemento substancial impõe limites ao exercício do direito potestativo de resolução de um contrato.

COMENTÁRIOS

✪ **Nota do Autor:** segundo o STJ, a teoria do substancial adimplemento visa impedir o uso desequilibrado do direito de resolução por parte do credor, preterindo desfazimentos desnecessários em prol da preservação da avença, com vistas à realização dos aludidos princípios. Assim, tendo ocorrido um adimplemento parcial da dívida muito próximo do resultado final, daí a expressão "adimplemento substancial", limita-se o direito do credor, pois a resolução direta do contrato mostrar-se-ia um exagero, uma demasia. Dessa forma, fica preservado o direito de crédito, limitando-se apenas a forma como pode ser exigido pelo credor, que não pode escolher diretamente o modo mais gravoso para o devedor, que é a resolução do contrato. Dessarte, diante do substancial adimplemento da avença, o credor poderá valer-se de meios menos gravosos e proporcionalmente mais adequados à persecução do crédito remanescente, mas não a extinção do contrato (STJ – Info 500). Pelo **Enunciado 361** do CJF, "O adimplemento substancial decorre dos princípios gerais contratuais, de modo a fazer preponderar a função social do contrato e o princípio da boa-fé objetiva, balizando a aplicação do art. 475".

Pela teoria do adimplemento substancial do contrato, tem-se que o cumprimento de uma obrigação é tão próximo do resultado final que, tendo-se em vista os princípios da boa-fé e função social dos contratos, seria iníquo e injusto admitir-se a resolução. O inadimplemento é mínimo, razão pela qual se rejeita a resolução do vínculo, ante a pouca relevância do descumprimento parcelar do contrato. De acordo com o STJ, "a *teoria do substancial adimplemento* visa impedir o uso desequilibrado do direito de resolução por parte do credor, preterindo desfazimentos desnecessários em prol da preservação da avença, com vistas à realização dos aludidos princípios. Assim, tendo ocorrido um adimplemento parcial da dívida muito próximo do resultado final, daí a expressão 'adimplemento substancial', limita-se o direito potestativo do credor, pois a resolução direta do contrato mostrar-se-ia um exagero, uma demasia. Dessa forma, fica preservado o direito de crédito, limitando-se apenas a forma como pode ser exigido pelo credor, que não pode escolher diretamente o modo mais gravoso para o devedor, que é a resolução do contrato. Destarte, diante do substancial adimplemento da avença, o credor poderá valer-se de meios menos gravosos e proporcionalmente mais adequados à persecução do crédito remanescente, mas não a extinção do contrato" (STJ – Info 500). Dispõe o **Enunciado 361**: *"O adimplemento substancial decorre dos princípios gerais contratuais, de modo a fazer preponderar a função social do contrato e o princípio da boa-fé objetiva, balizando a aplicação do art. 475".* **(certo)**

7.4. EXCEÇÃO DO CONTRATO NÃO CUMPRIDO

118. (Cespe – Procurador do Estado – ES/2008) – Nos contratos em que as obrigações assumidas pelas partes são recíprocas e simultâneas, o inadimplemento de uma permite à outra parte opor a exceção do contrato não cumprido, deixando de efetuar a sua prestação enquanto a outra parte não efetuar a respectiva contraprestação.

COMENTÁRIOS

✪ **Nota do Autor:** de acordo com o art. 476 do Código Civil, "Nos contratos bilaterais, nenhum dos contratantes, antes de cumprida a sua obrigação, pode exigir o implemento da do outro". Nos contratos bilaterais, nenhum dos contratantes, antes de cumprida a sua obrigação, pode exigir o implemento da do outro. Há nestes contratos obrigações simultâneas e recíprocas entre o credor e o devedor. A *exceptio non adimpleti contractus* é a cláusula resolutiva tácita que se prende ao contrato bilateral. Isto é assim porque o contrato bilateral requer que as duas prestações sejam cumpridas simultaneamente, de forma que nenhum dos contratantes poderá, antes de cumprir sua obrigação, exigir o implemento da do outro. Também pertinente ao tema que o sinalagma genético ou funcional liga-se à exceção do contrato não cumprido, pois a defesa do contrato não cumprido somente tem aplicação quando há origem comum das obrigações recíprocas (sinalagma genético ou funcional) e quando há nexo de causalidade entre as prestações assumidas pelas partes no contrato bilateral, ou seja, a interdependência e reciprocidade entre as prestações devidas, de modo que o contratante só pode cumprir sua parte no ajuste se e quando o outro também o fizer. Por outro lado, dispõe o art. 477 do Código Civil: "Se, depois de concluído o contrato, sobrevier a uma das partes contratantes diminuição em seu patrimônio capaz de comprometer ou tornar duvidosa a prestação pela qual se obrigou, pode a outra recusar-se à prestação que lhe incumbe, até que aquela satisfaça a que lhe compete ou dê garantia bastante de satisfazê-la". De acordo com o ***Enunciado 438 da V Jornada de Direito Civil***, pelo qual "A exceção de inseguridade, prevista no art. 477, também pode ser oposta à parte cuja conduta põe, manifestamente em risco, a execução do programa contratual".

Considerando que nos contratos bilaterais o credor e o devedor possuem direitos e obrigações recíprocos, a *exceptio non adimpleti contractus* é cláusula resolutiva tácita, que se justifica na simultaneidade das prestações, de forma que nenhum dos contratantes poderá exigir o cumprimento da obrigação pelo outro enquanto não realizar a própria. **(certo)**

7.5. ONEROSIDADE EXCESSIVA

119. (FMP – Procurador do Estado – AC/2012) Assinale a alternativa INCORRETA:

a) A cláusula *rebus sic stantibus* – teoria da imprevisão – está fundada, assim como a lesão, na ocorrência de onerosidade excessiva. Sua ocorrência e aferição, no entanto, são posteriores à formação do vínculo, pois nesse momento o que se dá é a possibilidade de ocorrência e aferição da lesão.

b) Ambas, teoria da imprevisão e lesão, são causas de anulabilidade do negócio jurídico.

c) A lesão é causa de anulabilidade do negócio jurídico apenas se a parte favorecida pelo desequilíbrio do contrato não concordar em restabelecer o equilíbrio contratual.

d) Estado de perigo e lesão são causas de anulabilidade que se diferenciam, dentre outros aspectos, porque a lesão se refere à iminência de dano patrimonial, enquanto o estado de perigo exige a ocorrência de risco pessoal.

COMENTÁRIOS

✪ **Nota do Autor:** a resolução por onerosidade excessiva ocorre nos contratos de execução continuada ou diferida, se a prestação de uma das partes se tornar excessivamente onerosa, com extrema vantagem para a outra, em virtude de acontecimentos extraordinários e imprevisíveis, quando poderá o devedor pedir a resolução do contrato. Trata-se do motivo legal de resolução contratual, por se considerar subentendida a cláusula rebus sic stantibus, pela qual nos contratos de trato sucessivo ou a termo, o vínculo obrigatório ficará subordinado, a todo tempo, ao estado de fato vigente à época da estipulação (Maria Helena Diniz, Código Civil Anotado, 16ª ed., Saraiva, São Paulo). Pelo **Enunciado 366**, "O fato extraordinário e imprevisível causador de onerosidade excessiva é aquele que não está coberto objetivamente pelos riscos próprios da contratação". O CC adotou a **teoria da equivalência contratual e a da imprevisão**. Sendo assim, o desequilíbrio contratual é analisado objetivamente, quando uma prestação, de forma excessiva e onerosa, causa extrema vantagem para uma em detrimento de outra parte. Nestes casos, permite-se não só a resolução, como ainda a revisão do contrato (CC, art. 317). Aliás, o princípio da conservação do negócio jurídico é admitido mesmo quando se busca a resolução por onerosidade excessiva (CC, art. 480; Enunciado 367 da IV Jornada de Direito Civil). Assim, a mera dificuldade do adimplemento não é requisito objetivo da resolução por onerosidade excessiva, a qual exige alteração radical das condições.

Alternativa "a": a *teoria da lesão*, enquanto defeito do negócio jurídico, é justificada na desproporção das prestações obrigacionais e a necessidade de efetivação do princípio da solidariedade, ao tempo da formação ou celebração do negócio. Por sua vez, as *teorias da imprevisão* e *da onerosidade excessiva*, também se revestem do desequilíbrio das prestações, porém, seu momento é posterior à formação do vínculo contratual, uma vez que ocorrem durante a execução das prestações, nas avenças de trato sucessivo ou execução continuada.

Alternativa "b": a lesão é um dos defeitos do negócio jurídico, causa de anulabilidade. A *teoria da imprevisão* pode ser aplicada para revisão contratual (CC, art. 317) ou na *onerosidade excessiva*, para resolução do contrato (CC, ar. 478).

Alternativa "c": não se decretará a anulação do negócio, viciado pela lesão, se for oferecido suplemento suficiente, ou se a parte favorecida concordar com a redução do proveito (CC, art. 157, § 2º). Trata-se do reconhecimento dos *princípios da conservação, da equivalência material dos contratos e da boa-fé objetiva*, como forma de manter o equilíbrio do contrato entre as partes.

Alternativa "d": verifica-se o *estado de perigo* quando alguém, premido da necessidade de *salvar-se*, ou a *pessoa de sua família*, de grave dano conhecido pela outra parte, assume obrigação excessivamente onerosa (perigo de dano moral ou material à vida, à saúde, à integridade física, etc.). Ocorre a *lesão* quando uma pessoa, sob premente necessidade ou por inexperiência, se obriga a prestação manifestamente desproporcional ao valor da prestação oposta (perigo de dano patrimonial). A lesão **não** exige dolo de aproveitamento (**Enunciado 150**).

Alternativa incorreta: letra "b".

120. (Cespe – Procurador do Estado – AL/2008) Considerando a disciplina do direito das obrigações, assinale a correta.

a) Caso o devedor esteja em mora, por não ter efetuado o pagamento na forma estabelecida para cumprimento da obrigação, o credor não poderá enjeitá-la, se o devedor estiver disposto a cumpri-la acrescida de perdas e danos.

b) Qualquer interessado na extinção da dívida pode pagá-la em seu próprio nome, ficando sub-rogado nos direitos do credor.

c) Considerando os requisitos legais exigidos para o reconhecimento da onerosidade excessiva, é possível afirmar que a regra se aplica às relações obrigacionais de execução diferida ou sucessiva.

d) O pagamento de boa-fé feito ao credor putativo somente será inválido se, posteriormente, restar provado que não era credor.

e) A quitação, além de conter certos requisitos, como valor da dívida, quem pagou, tempo e lugar do pagamento e assinatura do credor, deverá revestir-se da mesma forma do contrato.

COMENTÁRIOS

Alternativa "a": nos termos do CC/art. 395, parágrafo único, se a prestação, devido à mora, se tornar inútil **ao credor**, este poderá enjeitá-la e exigir a satisfação das perdas e danos. Mesmo que o devedor queira entregar prestação, permite-se ao credor que a rejeite, se em função do atraso, cumprimento parcial ou defeituoso. Cabe ao credor provar a inutilidade da prestação. Pelo **Enunciado 162**: *"A inutilidade da prestação que autoriza a recusa da prestação* ***por parte do credor*** *deverá ser aferida objetivamente, consoante o princípio da boa-fé e a manutenção do sinalagma, e não de acordo com o mero interesse subjetivo do credor".*

Alternativa "b": o terceiro não interessado que paga a dívida em seu próprio nome tem direito a reembolsar-se do que pagar; mas não se sub-roga nos direitos do credor (CC/art. 305).

Alternativa "c": nos contratos de **execução continuada ou diferida** ou de **trato sucessivo**, se a prestação de uma das partes se tornar excessivamente onerosa, com extrema vantagem para a outra, em virtude de acontecimentos extraordinários e imprevisíveis, poderá o devedor pedir a resolução do contrato. Os efeitos da sentença que a decretar retroagirão à data da citação. Assim, são *requisitos da onerosidade excessiva*: *1)* contrato comutativo de execução continuada; *2)* onerosidade excessiva para um dos contratantes e benefício exagerado a outro; *3)* imprevisibilidade e extraordinariedade daquela modificação. Conferir a respeito do instituto os **Enunciados 175, 176, 365, 366, 438 e 439.**

Alternativa "d": o pagamento feito de boa-fé ao credor putativo ou aparente é válido, ainda provado depois que não era credor. (CC/art. 309).

Alternativa "e": a quitação, que sempre poderá ser dada por instrumento particular ou público, designará o valor e a espécie da dívida quitada, o nome do devedor, ou quem por este pagou, o tempo e o lugar do pagamento, com a assinatura do credor, ou do seu representante. Ainda que falte um ou outro desses requisitos, valerá a quitação, se de seus termos ou das circunstâncias resultar haver sido paga a dívida. Por outro lado, não exige a mesma forma do contrato. Por exemplo, apesar de referir-se a imóvel, pode ser dada por instrumento particular (CC/art. 320).

Alternativa correta: letra "c".

V. CONTRATOS EM ESPÉCIE

1. COMPRA E VENDA

121. (UEPA – Procurador do Estado – PA/2012) Analise as proposições a seguir:

I. Na venda *ad mensuram* presume-se de modo absoluto que a referência às dimensões não foi simplesmente enunciativa, quando a diferença encontrada exceder a 5% (cinco por cento) da área total enunciada.

II. Segundo jurisprudência sumulada do Superior Tribunal de Justiça (Súmula 132), a ausência de registro de transferência implica a responsabilidade do antigo proprietário por dano resultante de acidente que envolva o veículo alienado.

III. A prescrição suspensa recomeça a correr da data do ato que a suspendeu, ou do último ato do processo que a suspender.

IV. Havendo capital e juros, o pagamento imputar-se-á primeiro no capital, e depois nos juros vencidos, salvo estipulação em contrário, ou se o credor passar a quitação por conta dos juros.

De acordo com as proposições apresentadas, assinale a alternativa CORRETA:

a) todas as proposições estão corretas

b) apenas uma das proposições está correta

c) apenas duas proposições estão corretas

d) apenas três proposições estão corretas

e) todas as proposições estão incorretas

COMENTÁRIOS

✪ **Nota do Autor:** compra e venda é contrato pelo qual um dos contratantes se obriga a transferir o domínio de certa coisa, e o outro, a pagar-lhe certo preço em dinheiro. O contrato não opera, por si, a transferência da propriedade, que só se perfaz com a tradição (bens móveis) ou pelo assento do título aquisitivo no registro imobiliário (bem imóvel). A compra e venda pura (sem condição ou termo) será obrigatória e perfeita quando as partes acordarem o objeto e o preço. Poderá ter por objeto coisa atual ou futura, mas ficará sem efeito o contrato se esta não vier a existir, salvo se a intenção das partes era de concluir contrato aleatório. É **nulo** o contrato de compra e venda, quando se deixa ao arbítrio exclusivo de uma das partes a fixação do preço. Mas a fixação pode ser feita por terceiro, à taxa de mercado, índices ou parâmetros, ou preço corrente nas vendas habituais do vendedor, quando não adotado critério algum de fixação. Neste caso, na falta de acordo, por ter havido diversidade de preço, prevalecerá o termo médio. As despesas de tradição são do vendedor, e as de escritura e registro do comprador. Nas vendas à vista, o devedor pode reter a entrega da coisa até que receba o preço. Nas vendas a crédito, porém, o vendedor mesmo não tendo recebido todo o preço, entrega a coisa ao comprador, após a concessão do crédito. Até a tradição, os riscos da coisa são do vendedor, e os do preço, do comprador. Mas serão do comprador os riscos quando a coisa estiver à sua disposição, ou se estiver em mora. Por outro lado, salvo disposição **expressa** em contrário, a tradição da coisa vendida ocorre onde ela se encontrava no momento da venda. É **anulável** a venda de ascendente a descendente, **salvo** se os outros descendentes e o cônjuge do alienante **expressamente** houverem consentido. Em ambos os casos, dispensa-se o consentimento do cônjuge se o regime de bens for o da separação obrigatória. Mas é lícita a compra e venda entre os cônjuges, em relação aos bens excluídos da comunhão. Há ainda diversas regras de restrição à liberdade de contratar, por razões de moralidade e estabilidade da ordem pública. Por exemplo, a compra feita pelos tutores dos bens confiados à sua guarda. Por fim, venda ad mensuram é aquela que determina a área do imóvel vendido, ou o preço por medida de extensão. Nesta venda, há presunção juris tantum de que a referência às dimensões foi simplesmente enunciativa, quando a diferença encontrada **não exceder** de um **1/20** (um vigésimo) da área total enunciada, ressalvado ao comprador o direito de provar que, em tais circunstâncias, não teria realizado o negócio. A venda ad corpus é a alienação do imóvel como corpo certo e determinado, sendo que a menção à área é meramente enunciativa. Resumidamente, o contrato de compra e possui as seguintes características: **(A)** é bilateral ou sinalagmático (de obrigações recíprocas); **(B)** consensual (é perfeito mediante acordo de vontades); **(C)** oneroso (com proveito recíprocos); **(D)** em regra comutativo (de prestações certas, o que representa o conhecimento das partes das vantagens e sacrifícios) e excepcionalmente aleatório (quando a prestação é futura e sujeita a risco); **(E)** em regra, não solene (de forma livre), e excepcionalmente solene (exige forma especial, CC/art. 108, imóveis de valor superior a trinta vezes o maior salário mínimo vigente no País.).

Item I: incorreto; a venda *ad mensuram* é a que estipula o preço por medida de extensão ou se determina a respectiva área. Se esta não corresponder, em qualquer dos casos, às dimensões dadas, o comprador terá o direito de exigir o complemento da área, e, não sendo isso possível, o de reclamar a resolução do contrato ou abatimento proporcional ao preço. Todavia, presume-se que a referência às dimensões foi **simplesmente enunciativa**, quando a diferença encontrada **não exceder** de **1/20** (um vigésimo) ou **5%** (cinco por cento) da área total enunciada, **ressalvado** ao comprador o direito de provar que, em tais circunstâncias, não teria realizado o negócio. Com a ressalva de prova em sentido contrário, fica evidente a natureza de *presunção relativa* ou *juris tantum* a respeito da menção enunciativa da área.

Item II: incorreto; **STJ – 132**: *"A ausência de registro da transferência **não** implica a responsabilidade do antigo proprietário por dano resultante de acidente que envolva o veículo alienado"*.

Item III: incorreto; a prescrição suspensa tem seu curso paralisado. Superada a causa suspensiva, seu fluxo é retomado, computado o tempo decorrido antes dele. A prescrição interrompida **recomeça** seu curso, por inteiro. É um novo percurso, sem que o período anterior seja aproveitado.

Item IV: incorreto; relacionado à imputação do pagamento, em regra, ocorre quando há dois ou mais débitos, da mesma natureza, a um só credor. Por exceção, é admitida para a dívida única, se houver juros compensatórios ou moratórios. Assim, havendo capital e juros, o pagamento imputar-se-á primeiro nos **juros vencidos**, e **depois no capital**, **salvo estipulação em contrário**, ou se o credor **passar a quitação por conta do capital**.

Alternativa correta: letra "e".

1.1. CLÁUSULA ESPECIAL DE RETROVENDA

122. (Cespe – Procurador do Estado – PGE – SE/2017) O direito que o vendedor de um imóvel guarda de reavê-lo, no prazo máximo previsto no Código Civil, restituindo ao comprador o valor recebido e reembolsando-lhe as despesas — entre elas, as que se efetuaram mediante autorização escrita do proprietário bem como aquelas destinadas à realização de benfeitorias necessárias —, constitui a

a) venda a contento.

b) resolução potestativa.

c) retrovenda.

d) preempção.

e) reserva de domínio.

COMENTÁRIOS

✪ **Nota do Autor:** são cláusulas especiais do contrato de compra e venda: (1) *a retrovenda* (CC, arts. 505 a 508); (2) *a venda a contento e da sujeita à prova* (CC, arts. 509 a 512); (3) *a preempção ou preferência* (CC, arts. 513 a 520); (4) *a venda com reserva de domínio* (CC, arts. 521 a 528); (5) *a venda sobre documentos* (CC, arts. 529 a 532).

Alternativa "a": na venda feita a contento do comprador entende-se realizada sob condição suspensiva, ainda que a coisa lhe tenha sido entregue; e não se reputará perfeita, enquanto o adquirente não manifestar seu agrado (CC, art. 509).

Alternativa "b": *condição potestativa* são as que decorrem da vontade de uma das partes. Estas podem ser: (a) *puramente potestativas*: aquelas que sujeitam todo o efeito do ato ao puro arbítrio de uma das partes, sem a influência de qualquer fato externo. É uma condição ilícita (CC, art. 122); (b) *simplesmente potestativas*: dependem não só da manifestação de vontade de uma das partes como também de algum acontecimento ou circunstância exterior que escapa ao seu controle. Estas condições não são consideradas ilícitas; (c) *condições mistas*: são as condições que dependem simultaneamente da vontade de uma das partes e da vontade de um terceiro.

Alternativa "c": segundo o art. 505 do CC, o vendedor de coisa imóvel pode reservar-se o direito de recobrá-la no prazo máximo de decadência de *3 anos*, restituindo o preço recebido e reembolsando as despesas do comprador, inclusive as que, durante o período de resgate, se efetuaram com a sua autorização escrita, ou para a realização de benfeitorias necessárias.

Alternativa "d": a preempção, ou preferência, impõe ao comprador a obrigação de oferecer ao vendedor a coisa que aquele vai vender, ou dar em pagamento, para que este use de seu direito de prelação na compra, tanto por tanto (CC, art. 513).

Alternativa "e": na venda de coisa móvel, pode o vendedor reservar para si a propriedade, até que o preço esteja integralmente pago (CC, art. 521).

Alternativa correta: letra "c".

123. (Cespe – Procurador do Estado – PI/2008) Ainda acerca dos contratos, assinale a correta.

a) O pacto de retrovenda é uma cláusula acessória aposta no contrato de compra e venda de imóvel, que consiste no direito que se reserva o vendedor de resolver o contrato, recuperando a coisa, desde que pague ao comprador o preço original, monetariamente corrigido, as despesas por ele suportadas e o valor equivalente às benfeitorias necessárias, bem como as benfeitorias úteis e voluptuárias expressamente consentidas, na forma escrita.

b) Na fiança, o garantidor se responsabiliza por assegurar o cumprimento da prestação prometida pelo devedor. Por isso, o garantidor não pode, para se eximir da obrigação, alegar que o devedor tem bens suficientes para saldar a dívida por ele garantida.

c) Pelo contrato de depósito voluntário, o depositário recebe um objeto móvel ou imóvel para guardá-lo ou conservá-lo, até que o depositante o reclame; enquanto não for pedida a restituição da coisa, essa se incorpora ao patrimônio do depositário. Em caso de inadimplemento da obrigação por parte do depositário, o contrato resolve-se em perdas e danos.

d) No contrato de empreitada de mão-de-obra, por se tratar de obrigação de meio, o empreiteiro tem o direito de exigir do proprietário que, uma vez concluída a obra nos termos contratuais, ele a aceite, pois, nesse tipo de empreitada, todos os riscos correm por conta do dono.

e) O direito do promissário comprador à adjudicação compulsória não se condiciona ao registro do compromisso de compra e venda no cartório de imóveis; mas, se o contrato particular for devidamente registrado, confere ao promitente comprador direito real de propriedade.

COMENTÁRIOS

Alternativa "a": o pacto de retrovenda ou *pactum de retrovendendo* é cláusula acessória inserida no contrato de compra e venda, pela qual o vendedor se reserva o direito de reaver, em certo prazo, o **imóvel** alienado, restituindo ao comprador o preço mais as despesas por ele realizadas, mesmo durante o período de resgate, com sua autorização escrita, para as *benfeitorias úteis e voluptuárias*. Pelo valor das *benfeitorias necessárias* não se exige o consentimento escrito. O prazo para resgate do imóvel é máximo, improrrogável e decadencial de **três anos**, contados do dia da conclusão do contrato.

Alternativa "b": previsto no CC, arts. 818 a 839, o contrato de fiança ou caução fidejussória é uma promessa de satisfação de uma obrigação caso o devedor não o faça; nele se reconhece o benefício da ordem ou da excussão, pelo qual ao fiador é conferido o direito de exigir que primeiro sejam executados os bens do devedor (CC, art. 827).

Alternativa "c": no contrato de depósito, o depositário recebe o **bem móvel** do depositante, obrigando-se a guardá-lo até ser reclamada a restituição; o contrato é gratuito e temporário (CC, arts. 627 a 652).

Alternativa "d": o contrato de empreitada pode ser de *lavor* (só mão de obra) ou *mista* (mão de obra + materiais). De fato, concluída a obra de acordo com o ajuste, ou o costume do lugar, o dono é obrigado a recebê-la. Poderá, porém, rejeitá-la, se o empreiteiro se afastou das instruções recebidas e dos planos dados, ou das regras técnicas em trabalhos de tal natureza. Também é certo que na empreitada de lavor os riscos da obra são do dono (ou comitente), salvo culpa do empreiteiro. Todavia, a empreitada é *obrigação de resultado*, pois é esperada a entrega de um produto final que atenda às legitimas expectativas do dono da obra quanto à qualidade almejada.

Alternativa "e": segundo o CC, art. 1.417, mediante promessa de compra e venda, em que não se pactuou arrependimento, celebrada por instrumento público ou particular **e registrada no Cartório de Registro de Imóveis**, adquire o promitente comprador direito real à aquisição do imóvel. Pelo **Enunciado 253**: *"O promitente comprador, titular de direito real (art. 1.417), tem a faculdade de reivindicar de terceiro o imóvel prometido a venda"*.

Alternativa correta: letra "a".

2. DOAÇÃO

124. (FCC – Procurador do Estado – SP/2009) A doação pode ser revogada:

a) por inexecução do encargo se o donatário incorrer em mora.

b) por ingratidão se feita a título de remuneração, prejudicando os direitos adquiridos por terceiros.

c) por ingratidão se feita para compensar serviços prestados.

d) se o doador sobreviver ao donatário, prevalecendo eventual cláusula de reversão em favor de terceiro, a exemplo do fideicomisso.

e) por ingratidão se onerada com encargo já cumprido e em cumprimento de obrigação natural.

COMENTÁRIOS

✪ **Nota do Autor:** *doação* é o contrato que, por liberalidade, se transfere a alguém parte do patrimônio formado de bens ou vantagens (CC, art. 538); é um contrato solene, unilateral, consensual (com aceitação expressa, tácita ou presumida) e em regra gratuito; exige-se o *animus donandi* (vontade de doar). A doação poder ser: pura ou simples (CC, art. 538); onerosa (gravada, com encargo ou modal, CC, art. 553); em contemplação ou remuneratória (CC, art. 540); feita ao nascituro (CC, art. 542); em forma de subvenção periódica (CC, art. 545); em contemplação de casamento futuro ou *propter nuptias* (CC, art. 546); entre cônjuges (CC, art. 544 c/ art. 1.829); conjuntiva (CC, art. 551); de ascendente a descente (CC, art. 544 c/c art. 2.004); com clausula de retorno ou reversão (CC, art. 547); manual, a qual é de natureza real, pois exige a tradição (CC, art. 541, parágrafo único) e feita a entidade futura (CC, art. 554). A outro giro, há restrições legais quanto a doar todo o patrimônio, chamada de doação universal (CC, art. 548); de o devedor dispor gratuitamente quando já insolvente, em razão da fraude contra credores (CC, art. 158); de se doar além do que poderia dispor em testamento, atingindo a legítima, chamada de doação inoficiosa (CC, art. 549); e, por fim, proíbe-se a doação do cônjuge adúltero ao seu cúmplice ou doação extraconjugal (CC, art. 550). Por último, a doação poderá ser revogada por ingratidão do donatário (CC, arts. 555 a 557); e pelo descumprimento do encargo (CC, art. 562).

Alternativa "a": a doação onerosa pode ser revogada por inexecução do encargo, se o donatário incorrer em mora. Não havendo prazo para o cumprimento, o doador poderá notificar judicialmente o donatário, assinando-lhe prazo razoável para que cumpra a obrigação assumida.

Alternativa "b": não se revogam por ingratidão as doações puramente remuneratórias (CC, art. 564, I).

Alternativa "c": a doação remuneratória é aquela feita em razão de serviços prestados, sendo assim, a resposta é a mesma da alternativa anterior.

Alternativa "d": o doador poderá inserir cláusula estipulando que o bem doado retorne ao seu patrimônio se sobreviver ao donatário, hipótese em que se terá doação sob condição resolutiva, de cujo implemento resultará a devolução do bem doado, mas os frutos permanecerão ao donatário. A cláusula não prevalece em favor de terceiro, porque nosso direito **não** reconhece o fideicomisso que outrora se permitia que fosse constituído *inter vivos*. Assim, está vedada a doação sucessiva, uma vez que tal cláusula é personalíssima ou *intuito personae*.

Alternativa "e": não se revogam por ingratidão as doações oneradas com encargo já cumprido ou as que se fizerem em cumprimento de obrigação natural.

Alternativa correta: letra "a".

3. COMODATO

125. (FCC – Procurador do Estado – MT/2016) Acerca do comodato, considere:

I. O comodato é contrato real, perfazendo-se com a tradição do objeto.

II. O comodatário constituído em mora, além de por ela responder, pagará, até restituí-la, o aluguel da coisa que for arbitrado pelo comodante.

III. O comodatário responde pelo dano decorrente de caso fortuito ou força maior se, correndo risco o objeto do comodato, juntamente com os seus, antepuser a salvação destes, abandonando o do comodante.

IV. Se o comodato não tiver prazo convencional, o comodante poderá, a qualquer momento, suspender o uso e gozo da coisa emprestada, independentemente de decisão judicial e da finalidade do negócio.

Está correta o que ser afirma em

a) I, II e III, apenas.

b) II e III, apenas.

c) II e IV, apenas.

d) I, III e IV, apenas.

e) I, II, III e IV.

COMENTÁRIOS

✪ **Nota do Autor:** o comodato é o contrato unilateral, a título, pelo qual alguém entrega a outrem a coisa infungível (imóvel ou móvel), para ser usada temporariamente e depois restituída. Entretanto, pode versar bem fungível e consumível, se houver sido contratado *ad pompam vel ostentationem*, como, p. ex., se se emprestar uma cesta de frutas tropicais exóticas para ornamentação de um salão de festa (Washington de Barros Monteiro). Decorre da própria natureza do comodato que seja gratuito, pois se confundiria com a locação, se fosse oneroso. Trata-se de contrato real, pois só se completa com a tradição do objeto, ou seja, com a entrega do bem emprestado ao comodatário, que passará a ter a posse direta, ficando a indireta com o comandante. Contudo, o comodato é direito pessoal, não se confundindo com o direito real de uso (Maria Helena Diniz, Código Civil anotado, 16ª ed., 2012, Saraiva, São Paulo).

Item I: correto; o comodato é contrato real, pois só se aperfeiçoa com a tradição do objeto, ou seja, com a entrega do bem emprestado ao comodatário, que assim passa a ter a posse direta, ficando a indireta com o comodante (CC, art. 579).

Item II: correto; segundo o art. 582, 2ª parte, do CC, o comodatário constituído em mora, além de por ela responder, pagará, até restituí-la, o aluguel da coisa que for arbitrado pelo comodante. Portanto, o comodatário responde pela mora, e responde pelos riscos da perda ou deterioração da coisa, bem como a pagar aluguel arbitrado pelo comodante, até a restituição da coisa. O comodatário não passa em razão do aluguel a ser locatário, pois a natureza jurídica desse aluguel é de pena pela mora.

Item III: correto; prescreve o art. 583 do CC: "se, correndo risco o objeto do comodato juntamente com outros do comodatário, antepuser este a salvação dos seus abandonando o do comodante, responderá pelo dano ocorrido, ainda que se possa atribuir a caso fortuito, ou força maior". A responsabilidade pelos riscos da coisa é do comodatário, no caso de perda ou deterioração por culpa sua. O caso fortuito ou de força maior não obriga o comodatário a arriscar sua vida para salvar a coisa emprestada, e nesse caso o comodante, por ser proprietário, fica com o ônus do risco da coisa. Porém, se o comodatário tiver a opção entre salvar seus bens e a coisa emprestada, deverá escolher esta, sob pena de pagar o prejuízo.

Item IV: incorreto; dispõe o art. 581 do CC: "se o comodato não tiver prazo convencional, presumir-se-lhe-á o necessário para o uso concedido; não podendo o comodante, salvo necessidade imprevista e urgente, reconhecida pelo juiz, suspender o uso e gozo da coisa emprestada, antes de findo o prazo convencional, ou o que se determine pelo uso outorgado". O contrato de comodato é temporário, e pode ter o prazo escrito ou não. Caso o prazo seja indeterminado, aplica-se a regra tempo presumido (*ad usum*), ou seja, o empréstimo durará o necessário para que o comodatário possa servir-se da coisa para o fim a que se destina. A devolução, todavia, pode ser antecipada, tanto se houver *prazo convencional*, como se o *prazo for presumido*. Porém, essa devolução antecipada que importa a suspensão do uso e gozo da coisa depende de dois requisitos, quais sejam: (a) necessidade imprevista e urgente do comodante; (b) decisão judicial.

Alternativa correta: letra "a".

---

126. (FCC – Procurador do Estado – SP/2009) É correto afirmar:

a) O comodato, empréstimo de coisa fungível, não comporta cobrança por parte do comodatário das despesas ordinárias com o uso da coisa emprestada.

b) Se duas ou mais pessoas forem simultaneamente comodatárias de uma coisa, ficarão subsidiariamente responsáveis para com o comodante.

c) O comodatário que estiver em mora arcará com as consequências da deterioração ou perda da coisa emprestada e pagará o aluguel arbitrado pelo comodante até restituí-la.

d) O comodatário que estiver em mora suportará os riscos e pagará o aluguel arbitrado pelo comodante, passando à condição de locatário.

e) O comodatário pode recobrar do comodante as despesas deitar com o uso da coisa emprestada.

COMENTÁRIOS

Alternativa "a": vimos que o comodato é empréstimo de uso de bem infungível, que uma pessoa dele se serve para depois restituir (CC/art. 579). A outro giro, de fato o comodatário **não** poderá jamais recobrar do comodante as *despesas ordinárias* feitas com o uso e gozo da coisa emprestada. Mas poderá cobrar pelas despesas extraordinárias e necessárias feitas em caso de urgência.

Alternativa "b": se duas ou mais pessoas forem simultaneamente comodatárias de uma coisa, ficarão **solidariamente** responsáveis para com o comodante (CC/art. 585).

Alternativa "c": o comodatário constituído em **mora**, além de por ela responder, pagará, até restituí-la, o aluguel da coisa que for arbitrado pelo comodante. O comodatário deve guardar e conservar a coisa, como se fosse sua, sob pena de pagar indenização. Além disso, os desvios de uso para fins alheios ao contrato ou à natureza da coisa podem resultar em perdas e danos, sem prejuízo da rescisão do contrato.

Alternativa "d": o pagamento do aluguel é decorrente da mora do comodatário, e corresponde à pena da mora, não se alterando a natureza do comodato para a locação.

Alternativa "e": o comodatário não poderá jamais recobrar do comodante as despesas ordinárias feitas com o uso e gozo da coisa emprestada, mas poderá recobrar os dispêndios *não relacionados com a fruição* daquele bem e as *despesas extraordinárias e necessárias* (CC/art. 584).

Alternativa correta: letra "c".

4. PRESTAÇÃO DE SERVIÇOS

127. (Cespe – Procurador do Estado – CE/2008) Quanto aos contratos, assinale a correta.

a) Nos contratos onerosos ou gratuitos, o alienante responde pela evicção. Essa responsabilidade depende de cláusula expressa, na qual as partes podem convencionar, ainda, o seu reforço ou diminuição, sendo que, no caso de evicção parcial, não sendo esta considerável, o alienante pode escolher entre a rescisão contratual e a retenção da coisa com a restituição proporcional do preço.

b) Se o contrato de prestação de serviço for omisso quanto à retribuição devida ao prestador de serviço e houver discordância das partes quanto à remuneração, a sua fixação será feita por meio de arbitramento, que atenderá aos costumes locais, ao tempo e à qualidade do serviço prestado.

c) Se, no contrato, as partes convencionarem arras penitenciais, a inexecução do contrato faculta à parte inocente pedir indenização suplementar, se provar que seu prejuízo foi maior que o valor das arras, e exigir a devolução da quantia paga, corrigida monetariamente.

d) O mandato em causa própria extingue-se com a revogação ou com a morte do outorgante. Se a cláusula for condição do negócio, ou tiver sido estipulada no interesse do mandatário, a revogação será eficaz, mas o mandante responderá por perdas e danos.

e) A fiança prestada por duas ou mais pessoas para garantir o cumprimento de contrato acarreta a solidariedade entre fiadores e devedor principal. Assim, se o devedor principal não pagar o débito, poderá o credor executar tanto os fiadores quanto o devedor principal e, se forem penhorados bens de todos, os fiadores terão o direito de exigir que o bem do devedor principal seja leiloado primeiro.

COMENTÁRIOS

✪ **Nota do Autor:** o contrato de *prestação de serviço* é aquele pelo qual uma das partes (prestador) se obriga para com outra (tomador) a prestar-lhe, eventualmente, uma atividade lícita, material ou imaterial, mediante remuneração. A outro giro, o contrato de trabalho, que pressupõe a continuidade, a dependência econômica e a subordinação, não aboliu a prestação civil de serviços. Com o advento da legislação trabalhista, temos o contrato individual de trabalho, tanto para o trabalho urbano quanto para o rural, e o contrato de trabalho avulso. O contrato civil de prestação de serviço sobrevive, não obstante venha sofrendo invasões do direto do trabalho. Somente onde ainda não penetrou a concepção própria do direito trabalhista é que perdura a prestação de serviço (Maria Helena Diniz, op. cit.).

Alternativa "a": nos contratos **onerosos**, translativos de domínio e posse, o alienante responde pela evicção. Subsiste essa garantia ainda que a aquisição se tenha realizado em hasta pública. Trata-se de garantia **legal**. Nas coisas adquiridas a título gratuito, **não** existe a garantia da evicção, pois não há qualquer prejuízo patrimonial experimentado, mas tão somente se deixa de auferir um lucro.

Alternativa "b": no contrato de prestação de serviço, não se tendo estipulado, nem chegado a acordo as partes, fixar-se-á por **arbitramento a retribuição**, segundo o costume do lugar, o tempo de serviço e sua qualidade.

Alternativa "c": arras é a quantia em dinheiro, ou outro bem móvel, dada por um dos contratantes a outro para concluir o contrato e, excepcionalmente, assegurar o pontual cumprimento da obrigação. *Arras confirmatórias* são aquelas feitas em sinal de firmeza do contrato, tornando-o obrigatório e visando impedir o arrependimento de qualquer das partes, pois em caso de execução deverão ser restituídas ou computadas na prestação devida, se do mesmo gênero da principal. **Permitem** indenização *suplementar*, em favor da parte inocente, desde que provado maior prejuízo do que as arras podem suportar. *Arras penitenciais* são as que estipulam, de forma expressa, o direito de arrependimento ou desistência do negócio. **Não** permitem indenização *suplementar*, por serem suficientes na predeterminação das perdas e danos à parte inocente.

Alternativa "d": conferido o mandato com a cláusula "em causa própria" (*in rem propriam* ou *in rem suam*), converte o mandatário em dono do negócio, dando-lhe poderes para administrá-lo como coisa própria, auferindo todas as vantagens ou benefícios dele resultantes, atuando em seu nome e por sua conta; logo, fica o mandatário dispensado de prestar contas. A revogação do mandato "em causa própria" não produz efeitos, uma vez que o mandato foi outorgado no interesse exclusivo do mandatário. A outro giro, não se extinguirá pela morte de qualquer das partes, transmitindo-se a obrigação aos herdeiros.

Alternativa "e": a fiança conjuntamente prestada a um só débito por mais de uma pessoa importa na **solidariedade** entre os **cofiadores.** Admite-se disposição **expressa** em contrário, estabelecendo os fiadores o *benefício de divisão*, pelo qual cada um deles responderá *pro rata*, ou seja, o valor do pagamento será dividido em tantas cotas quantos sejam os fiadores.

Alternativa correta: letra "b".

5. EMPREITADA

128. (FCC – Procurador do Estado – PGE – TO/2018) Nos contratos de empreitada de edifício, o empreiteiro de materiais e execução responderá, durante o prazo

a) irredutível de 3 anos pela solidez e segurança do trabalho, assim em razão dos materiais, como do solo, mas o dono da obra decairá desse direito que lhe é assegurado, se não propuser a ação contra o empreiteiro, nos 180 dias seguintes ao aparecimento do vício ou do defeito.

b) irredutível de 5 anos pela solidez e segurança do trabalho, assim em razão dos materiais, como do solo, mas o dono da obra decairá desse direito que lhe é assegurado, se não propuser a ação contra o empreiteiro, nos 180 dias seguintes ao aparecimento do vício ou do defeito.

c) de 5 anos, prorrogável ou redutível por acordo entre as partes, pela solidez e segurança do trabalho, assim em razão dos materiais, como do solo, mas o dono da obra decairá desse direito que lhe é assegurado, se não propuser a ação contra o empreiteiro, nos 180 dias seguintes ao aparecimento do vício ou do defeito.

d) prescricional de 10 anos pela solidez e segurança do trabalho, assim em razão dos materiais, como do solo, mas o dono da obra decairá desse direito que lhe é assegurado, se não propuser a ação contra o empreiteiro, nos 180 dias seguintes ao aparecimento do vício ou do defeito.

e) de garantia de 5 anos, pela solidez e segurança do trabalho, assim em razão dos materiais, como do solo, desde que comprovada sua culpa.

COMENTÁRIOS

Alternativa "a": o prazo de garantia do art. 618 do CC, pela solidez e segurança da obra, é de 5 anos, e não 3.

Alternativa "b": de acordo com o art. 618 do CC, nos contratos de empreitada de edifícios ou outras construções consideráveis (pontes, viadutos, etc.), o empreiteiro de materiais, caso os tenha fornecido, e execução, responderá, durante o prazo irredutível de 5 anos, pela solidez e segurança do trabalho, assim em razão dos materiais, como do solo. No parágrafo único do art. 618, afirma-se que decairá do direito assegurado neste artigo o dono da obra que não propuser a ação contra o empreiteiro, nos 180 dias seguintes ao aparecimento do vício ou defeito. Conforme o Enunciado 180 da III Jornada de Direito Civil, "o prazo referido no art. 618, parágrafo único, do Código Civil refere-se unicamente à garantia prevista no caput, sem prejuízo de poder o dono da obra, com base no mau cumprimento do contrato de empreitada, demandar perdas e danos".

Alternativa "c": esse prazo de 5 anos do art. 618 do CC, como garantia legal, é irredutível, ou seja, não pode ser alterado pela vontade das partes.

Alternativa "d": quanto à natureza jurídica do prazo quinquenal de garantia, não é ele prescricional, mas sim decadencial. A mesma natureza possui o prazo do parágrafo único do art. 618.

Alternativa "e": a responsabilidade consagrada no art. 618 do CC independe de culpa.

Alternativa correta: letra "b".

6. DEPÓSITO

6.1. DEPÓSITO VOLUNTÁRIO

129. (Cespe – Procurador do Estado – ES/2008) – A respeito dos contratos regidos pelo Código Civil, julgue o próximo item:

No contrato de depósito voluntário de bens fungíveis, o bem depositado pode ser utilizado pelo depositário, que assume a obrigação de reembolsar o depositante e restituí-lo a qualquer tempo.

COMENTÁRIOS

✪ **Nota do Autor:** *depósito* é o contrato pelo qual um dos contratantes (depositário) recebe do outro (depositante) um bem móvel corpóreo, obrigando-se a guardá-lo, temporária e gratuitamente, para restituí-lo quando lhe for exigido. Em regra, é contrato gratuito, mas admite-se convenção em contrário para fazê-lo oneroso. A retribuição que não constar da lei ou ajuste será determinada pelos usos do lugar, e, na falta destes, por arbitramento. O depositário deve guardar e conservar a coisa como se fosse sua, bem como a restituí-la com todos os frutos e acrescidos. Quanto à perda e à deterioração, responde o depositário a título de culpa. Por fim, *depósito irregular* é aquele que recai sobre *bens fungíveis* e *consumíveis*, diferenciando-se, ainda, pelo fato da restituição ocorrer por outros bens do mesmo gênero, qualidade e quantidade. Regula-se pelo disposto acerca do mútuo. O *depósito regular* é o alusivo a bens *individualizados, infungíveis e inconsumíveis*, os quais são restituídos *in natura*. Tem-se, ainda, o *depósito necessário, legal* e *miserável*. O depósito necessário não se presume gratuito (Maria Helena Diniz, op. cit.) Pelo teor da **Súmula Vinculante 25 do STF**: *"É ilícita a prisão civil de depositário infiel, qualquer que seja a modalidade do depósito"*.

No contrato de depósito o depositante entrega o bem móvel ao depositário para que o guarde por **certo tempo** e gratuitamente. Poder ser das seguintes espécies: *depósito irregular* de bem fungível e consumível, quando o dever de restituir não recai sobre o mesmo objeto depositado, mas em outra coisa do mesmo gênero, qualidade e quantidade; e *depósito regular*, no qual o bem individualizado, infungível e inconsumível é que deverá ser restituído (CC/art. 645). Apesar de irregular, o depositário deve restituir em objetos ou coisa, do mesmo gênero, qualidade e quantidade, e não a qualquer tempo, ou quando queira, mas **até que o depositante o reclame. (errado)**

6.2. DEPÓSITO NECESSÁRIO OU OBRIGATÓRIO

130. (FCC – Procurador do Estado – PGE – TO/2018) Em razão de fortes chuvas que ocasionaram inundação, os habitantes de certa área ribeirinha tiveram de depositar seus móveis e utensílios nos armazéns e galpões particulares que se situavam em lugares não atingidos pela calamidade. Esse depósito qualifica-se como

a) contrato inominado, por faltar disposição legal sobre ele, podendo ser gratuito ou oneroso.

b) voluntário e se presume gratuito, exceto se houver convenção em contrário.

c) necessário e se presume gratuito.

d) legal e sujeita o depositário que se recusar a devolver os bens, cessados os efeitos da calamidade, à prisão e ao ressarcimento dos prejuízos.

e) miserável, mas não se presume gratuito.

COMENTÁRIOS

Alternativa "a": ainda que previsto no art. 425 do CC a possibilidade dos contratos atípicos, que se sujeitam às regras gerais dos contratos em geral, a situação enunciada é de um contrato típico, conhecido por depósito miserável.

Alternativa "b": o contrato acima é obrigatório e não se presume gratuito, proclama o art. 651, 1ª parte, do CC.

Alternativa "c": o contrato de depósito necessário pode ser legal ou miserável. O texto que consta do enunciado da questão atrai a incidência da 2ª espécie.

Alternativa "d": realmente o art. 652 do CC prevê tais consequências pelo inadimplemento, ou seja, prisão e ressarcimento dos prejuízos. A prisão é até mesmo prevista no art. 5º, LXVII, da CF-1988. No entanto, pelo teor da Súmula Vinculante n. 25 do STF, "É ilícita a prisão civil de depositário infiel, qualquer que seja a modalidade de depósito". Esse enunciado foi publicado no dia 23/12/2009.

Alternativa "e": o deposito necessário ou obrigatório pode ser legal ou miserável, conforme o art. 647, I e II. Será miserável o que se efetua por ocasião de alguma calamidade, como o incêndio, a inundação, o naufrágio ou o saque, por exemplo. Os depósitos necessários, legal e miserável, não se presumem gratuito, estabelece o art. 651, 1ª parte, do CC.

Alternativa correta: letra "e".

7. MANDATO

131. (COPS - Procurador do Estado - PR/2011) Assinale a alternativa incorreta:

a) o chamado "contrato consigo mesmo" é anulável, salvo se ele for permitido pela lei ou pelo representado;

b) se a procuração for dada por instrumento público, os poderes podem ser substabelecidos por instrumento particular;

c) a revogação do mandato pode ser desmotivada;

d) a revogação do mandato "em causa própria" é ineficaz;

e) o mandatário pode compensar os prejuízos a que deu causa com os proveitos que tenha alcançado para o mandante.

COMENTÁRIOS

✪ **Nota do Autor:** os arts. 115 a 120 do CC dispõem a respeito da representação, que pode ser legal ou voluntária. A representação voluntária é organizada na parte especial do Código Civil, no capítulo dedicado ao ***mandato*** (CC, arts. 653 a 692). Diz o CC, art. 653: "opera-se o mandato quando alguém recebe de outrem poderes para, em seu nome, praticar atos ou administrar interesses. A procuração é o instrumento do mandato". O contrato de mandato é consensual, bastando acordo de vontades para a sua formação. Pode ser expresso, tácito, verbal ou escrito. Será escrito quando outorgado mediante instrumento particular ou público, designado procuração. O mandato, ainda, pode ser geral a todos os negócios, ou especial para certos e determinados negócios. Os atos praticados sem mandato são ineficazes, salvo se ratificados, expressa ou tacitamente, com efeitos *ex tunc*. A procuração é uma autorização representativa, feita por instrumento particular, exigindo em casos excepcionais o instrumento público, como no caso dos incapazes, cegos e analfabetos (Maria Helena Diniz, Código Civil Anotado, 16ed, 2012, São Paulo, Saraiva). A procuração por instrumento particular exige o reconhecimento da firma para que tenha validade erga omnes, ou em relação a terceiros. Ainda que o mandato se outorgue por instrumento público, pode substabelecer-se mediante instrumento particular. A forma do mandato está sujeita à forma exigida por lei para o ato a ser praticado. Não se admite mandato verbal se o ato deva ser praticado por escrito. A aceitação do mandato pode ser escrita ou tácita. Neste caso, resulta do começo de execução. O CC/2002 não adotou a chamada teoria da separação, acolhida no Código Civil Português e no Código Civil Alemão. Por tal teoria, o poder de representação não nasce do mandato, mas do negócio jurídico unilateral, autônomo e abstrato, que é a "procuração". O mandato, portanto, pela teoria da separação, é a relação subjacente à procuração. Segundo o art. 149 do CC, inserido no capítulo que dispõe sobre os defeitos do negócio jurídico, "O dolo do representante legal de uma das partes só obriga o representado a responder civilmente até a importância do proveito que teve; se, porém, o dolo for do **representante convencional**, o representado responderá **solidariamente** com ele por perdas e danos". Por fim, destacamos os seguintes Enunciados das Jornadas de Direito Civil: **E/182:** "O mandato outorgado por instrumento público previsto no art. 655 do Código Civil somente admite substabelecimento por instrumento particular quando a forma pública for facultativa e não integrar a substância do ato"; **E/183:** "Para os casos em que o parágrafo primeiro do art. 661 exige poderes especiais, a procuração deve conter a identificação do objeto"; e por fim, **E/184:** "Arts. 664 e 681: Da interpretação conjunta desses dispositivos, extrai-se que o mandatário tem o direito de reter, do objeto da operação que lhe foi cometida, tudo o que lhe for devido em virtude do mandato, incluindo-se a remuneração ajustada e o reembolso de despesas".

Alternativa "a": salvo se o permitir a **lei** ou o **representado**, é anulável o negócio jurídico que o representante, no seu interesse ou por conta de outrem, "celebrar consigo mesmo". Para esse efeito, tem-se como celebrado pelo representante o negócio realizado por aquele em quem os poderes houverem sido substabelecidos, pois, nesse caso, não há transmissão do poder, mas mera outorga. Vale lembrar que **não** há substabelecimento na representação legal.

Alternativa "b": ainda quando se outorgue mandato por instrumento público, pode substabelecer-se mediante instrumento particular.

Alternativa "c": se o mandante não tiver interesse no negócio ou se cessar a confiança, poderá revogar o mandato a qualquer tempo (*ad nutum*), sem qualquer motivação. Trata-se de resilição unilateral, com efeitos *ex nunc*.

Alternativa "d": o mandato com a cláusula "em causa própria" (*in rem propriam* ou *in rem suam*) converte o mandatário em dono do negócio, dando-lhe poderes para administrá-lo como coisa própria, auferindo todas as vantagens ou benefícios dele resultantes, atuando em seu nome e por sua conta; logo, fica o mandatário dispensado de prestar contas. A revogação do mandato "em causa própria" não produz efeitos ou eficácia, uma vez que o mandato foi outorgado no interesse exclusivo do mandatário. A outro giro, não se extinguirá pela morte de qualquer das partes, transmitindo-se a obrigação aos herdeiros.

Alternativa "e": o mandatário não pode compensar os prejuízos a que deu causa com os proveitos que, por outro lado, tenha granjeado ao seu constituinte. Trata-se da proibição de compensação dos prejuízos, pois esta requer a existência de dois créditos recíprocos, líquidos e exigíveis, e as vantagens não são créditos em favor do procurador, mas do mandante; consequentemente nada haverá que possa ser compensado (Maria Helena Diniz).

Alternativa incorreta: letra "e".

8. TRANSPORTE DE PESSOAS

132. (FCC – Procurador do Estado – PGE – TO/2018) Em transporte gratuito de pessoa, a responsabilidade civil do transportador é regulada pela seguinte regra, extraída da lei e da jurisprudência:

a) No transporte desinteressado, de simples cortesia, o transportador só será civilmente responsável por danos causados ao transportado quando incorrer em dolo ou culpa grave.

b) O transportador não responde em nenhuma hipótese pelos danos causados à pessoa transportada, mas responde pelos danos causados à sua bagagem, salvo motivo de força maior ou fortuito interno.

c) Subordina-se às normas do contrato de transporte aquele realizado gratuitamente por amizade ou cortesia.

d) Não se considera gratuito o transporte apenas se o transportador receber remuneração em dinheiro, não desnaturando a gratuidade o recebimento de vantagem indireta, como o pagamento de pedágio e alimentação do transportador.

e) É vedado o transporte de menores desacompanhados dos pais ou responsáveis, sujeitando essa infração à responsabilidade objetiva do transportador.

COMENTÁRIOS

✪ **Nota do Autor:** pelo *contrato de transporte* alguém se obriga, mediante retribuição, a transportar, de um lugar para outro, pessoas ou coisas animadas ou inanimadas, por via terrestre, aquaviária, ferroviária e aérea, assumindo os riscos decorrentes desse empreendimento. Nos contratos de transporte **cumulativo**, cada transportador se obriga a cumprir o contrato relativamente ao respectivo percurso, respondendo pelos danos nele causados a pessoas e coisas. Nesse caso, a responsabilidade entre os diversos transportadores é **solidária**, por ser difícil determinar, entre eles, o faltoso. O dano, resultante do atraso ou da interrupção da viagem, será determinado em razão da totalidade do percurso, e não uma ou outra etapa, tratando-se de **obrigação de resultado**. Se houver substituição de algum dos transportadores no decorrer do percurso, a responsabilidade solidária estender-se-á ao substituto. Dizem as **Súmulas**: **STF/161**: *"Em contrato de transporte, é inoperante a cláusula de não indenizar"*; **STF/187**: *"A responsabilidade contratual do transportador, pelo acidente com o passageiro, não é elidida por culpa de terceiro, contra o qual tem ação regressiva"*; **STJ/145**: *"No transporte desinteressado, de simples cortesia, o transportador só será civilmente responsável por danos causados ao transportado quando incorrer em dolo ou culpa grave"*. Afirmam os **Enunciados**: **E/369**: *"Diante do preceito constante no art. 732 do Código Civil, teleologicamente e em uma visão constitucional de unidade do sistema, quando o contrato de transporte constituir uma relação de consumo, aplicam-se as normas do Código de Defesa do Consumidor que forem mais benéficas a este"*. Pelo **E/559**: *"Observado o Enunciado 369 do CJF, no transporte aéreo, nacional e internacional, a responsabilidade do transportador em relação aos passageiros gratuitos, que viajarem por cortesia, é objetiva, devendo atender à integral reparação de danos patrimoniais e extrapatrimoniais"*.

Alternativa "a": de acordo com o art. 736 do CC, "não se subordina às normas do contrato de transporte o feito gratuitamente, por amizade ou cortesia". Logo, o transporte nestas condições refoge das normas legais sobre o contrato em questão, e por isso não acarreta responsabilidade objetiva do transportador. Se o passageiro conduzido gratuitamente vier a sofrer alguma lesão, o motorista só terá responsabilidade subjetiva, fundada na culpa ou dolo (CC, art. 927). É ainda o teor da Súmula 145 do STJ: "no transporte desinteressado, de simples cortesia, o transportador só será civilmente responsável por danos causados ao transportado quando incorrer em dolo ou culpa grave". Aos idosos, é assegurado o transporte gratuito em lei especial, mas a gratuidade aqui não é por amizade ou cortesia, mas assegurada por determinação legal. Assim, tais transportes subordinam-se à responsabilidade objetiva.

Alternativa "b": no transporte desinteressado o se admite a responsabilidade civil por culpa grave ou dolo, conforme o art. 927 do CC e a Súmula 145 do STJ.

Alternativa "c": o transporte gratuito desinteressado, ou seja, quando realizado por cortesia ou amizade, não se submete à disciplina do contrato de transporte.

Alternativa "d": as vantagens percebidas pelo transportador, diretas ou indiretas, modifica a natureza do contrato, que deixa de ser desinteressado, conforme afirma o art. 736, parágrafo único, do CC, vejamos: "não se considera gratuito o transporte quando, embora feito sem remuneração, o transportador auferir vantagens indiretas".

Alternativa "e": o transporte de menor, gratuito ou não, pode sujeitar o infrator à sanção especial do art. 251 do ECA, quando realizado sem a observâncias dos arts. 83 a 85 do mesmo diploma, sem prejuízo da responsabilidade civil extracontratual subjetiva.

Alternativa correta: letra "a".

133. (Cespe – Procurador do Estado – PI/2008) Assinale a correta a respeito da responsabilidade civil.

a) Para o reconhecimento da responsabilidade civil exige-se a plena capacidade de discernimento da pessoa a quem se imputa a prática do ato danoso. Assim, o incapaz não pode ser responsabilizado civilmente, respondendo por ele, objetivamente, o seu representante legal.

b) O empregador responde objetivamente por danos decorrentes de acidente de trabalho, independentemente do benefício previdenciário, ainda que incorra em culpa, em razão de ter assumido os riscos da atividade econômica ou de risco.

c) A responsabilidade civil pela atividade profissional dos médicos, hospitais ou clínicas médicas é subjetiva, independentemente da natureza da obrigação assumida por esses profissionais.

d) No contrato de transporte de pessoas, o transportador assume uma obrigação de resultado e responde objetivamente pelos danos causados aos passageiros e às suas bagagens, salvo motivo de força maior.

e) O dano proveniente de coisas que caírem ou forem lançadas de um prédio é de natureza objetiva, devendo responder por ele o proprietário do prédio. Assim, ainda que o imóvel esteja alugado a terceiro, a ação deve ser proposta contra o proprietário e não contra o inquilino, pois a locação não transfere para o locatário a responsabilidade pelos acidentes ocorridos no imóvel.

COMENTÁRIOS

Alternativa "a": incorreta; é expresso o CC, art. 928 quanto à responsabilidade civil do incapaz, que é *subsidiária e mitigada*.

Alternativa "b": incorreta; de acordo com o **STJ – Informativo 496**, é subjetiva a responsabilidade do empregador por acidente do trabalho, cabendo ao empregado provar o nexo causal entre o acidente de que foi vítima e o exercício da atividade laboral.

Alternativa "c": incorreta; de acordo com o **STJ – Informativo 472**, a incidência da regra de exceção do § 4º do art. 14 do CDC, da responsabilidade subjetiva, restringe-se à responsabilidade civil dos profissionais liberais, não se estendendo aos demais fornecedores, inclusive aos hospitais e clínicas médicas, a quem se aplica a regra geral da responsabilidade objetiva, dispensando a comprovação de culpa.

Alternativa "d": correta; segundo o art. 734 do CC, o transportador responde pelos danos causados às pessoas transportadas e suas bagagens, salvo motivo de força maior, sendo nula qualquer cláusula excludente da responsabilidade. Trata-se de *responsabilidade objetiva* pelos danos causados pelos viajantes e suas bagagens, oriundos de desastres não provocados por força maior. As bagagens, por sua vez, podem ter limite de fixação da indenização, desde que o transportador exija declaração do seu valor, o que é lícito. Nem mesmo culpa de terceiro exclui a responsabilidade do transportador, contra o qual tem ação regressiva. Tal regime de responsabilidade objetiva não se aplica ao transporte gratuito, por amizade ou cortesia, quando a responsabilidade do motorista é *subjetiva*. Não se considera gratuito o transporte quando, embora feito sem remuneração, o transportador auferir *vantagens indiretas*.

Alternativa "e": incorreta; trata-se da responsabilidade *"effusis et dejectis"*, pela qual é responsável o **morador** do prédio (proprietário, locatário, comodatário, usufrutuário, etc.), ou de parte dele, pelos prejuízos resultantes de coisas sólidas (*dejectis*) ou liquidas (*effusis*) que dele caírem ou dele forem lançadas. Trata-se de responsabilidade objetiva de quem quer que habite o prédio.

Alternativa correta: letra "d".

9. SEGURO

134. (PGE/PA – Procurador do Estado – PA/2009) Analise as proposições abaixo e assinale a alternativa INCORRETA:

a) O adquirente de imóvel locado não é obrigado a respeitar o contrato, a não ser que dele conste cláusula dispondo sobre sua vigência no caso de alienação, devidamente registrada no Registro de Imóveis.

b) Salvo estipulação em contrário, o empreiteiro deve executar a obra de acordo com o projeto original, sem possibilidade de exigir acréscimo no preço, ainda que realize serviços extraordinários, excepcionados os casos em que estes resultem de instruções escritas do dono da obra ou de sua autorização tácita.

c) Consoante jurisprudência do STJ, o segurado perderá o direito à garantia se, por sua culpa exclusiva ou de seu preposto, agravar intencionalmente o risco objeto do contrato.

d) A fiança é modalidade de garantia que visa ao interesse do credor, de tal sorte que o devedor não pode opor-se à sua estipulação.

COMENTÁRIOS

✪ **Nota do Autor:** o contrato de seguro é a convenção pela qual alguém adquire, mediante pagamento de um prêmio, o direito de exigir da outra parte uma indenização, caso ocorra risco futuro assumido. Tem por objeto garantir o interesse (jurídico ou econômico) legitimo do segurado, relativo à pessoa ou coisa, contra riscos predeterminados. Segurador é aquele que suporta o risco, mediante o recebimento do prêmio. Segurado é o que, tendo capacidade para a prática dos atos jurídicos, adquire, por simples adesão, apólice, pagando prêmio ao segurador, para obter a indenização de certo risco nela predeterminado. Beneficiário é a pessoa física (capaz ou incapaz) ou jurídica que fará jus à indenização (Maria Helena Diniz, Código Civil Anotado, 16ª ed., 2012, Saraiva, São Paulo).

Alternativa "a": se a coisa for alienada durante a locação, o adquirente não ficará obrigado a respeitar o contrato, se nele não for consignada a **cláusula da sua**

vigência no caso de alienação e não constar de registro. O registro será o de Títulos e Documentos do domicílio do locador, quando a coisa for móvel; e será o Registro de Imóveis da respectiva circunscrição, quando imóvel.

Alternativa "b": haverá empreitada por *preço fixo* ou *marché à forfait* se a retribuição for estipulada para a obra inteira, sem considerar o fracionamento da atividade. A empreitada pode ser, ainda, a preço *fixo absoluto* se **não** for admitida qualquer alteração na remuneração, e a *preço fixo relativo* se a variação do preço em função de algum componente da obra, ou alterações, estiver programada por influência de fatos previsíveis. A regra da imutabilidade do preço da empreitada, portanto, não é absoluta, pois se admite a aplicação da *"rebus sic stantibus"*, decorrente de autorização escrita ou tácita do comitente que permita a modificação do projeto original.

Alternativa "c": De acordo com o STJ: *"A perda do seguro em virtude do agravamento dos riscos exige procedimento imputável ao **próprio segurado**"* **(STJ – Info 110)**. O art. 768 do CC dispõe que: *"O segurado perderá o direito à garantia se agravar intencionalmente o risco objeto do contrato"*. Assim, o segurado deve agir com cautela e terá de abster-se de tudo que possa aumentar o risco, objeto do contrato, sob pena de perder o direito à garantia securitária. Não concorrendo o segurado direta e intencionalmente para o agravamento do risco, não se cogita do perdimento à garantia.

Alternativa "d": pode-se estipular a fiança, ainda que **sem consentimento** do devedor ou contra a sua vontade (CC/art. 820). A fiança ou relação jurídica fidejussória ocorre entre o credor e o fiador. Em relação ao afiançado, portanto, é contrato *res inter alios*.

Alternativa incorreta: letra "c".

---

135. (FEPESE – Procurador do Estado – SC/2009) Assinale a alternativa correta.

a) Nos seguros de dano, a garantia prometida pode ultrapassar o valor do interesse segurado no momento da conclusão do contrato.

b) Nos casos regulados pela responsabilidade objetiva, a vítima não necessita provar o nexo de causalidade entre o dano e a ação ou omissão do agente.

c) O contrato de mandato deve ser expresso.

d) Salvo disposição em contrário, o seguro de um interesse por menos do que valha acarreta a redução proporcional da indenização, no caso de sinistro parcial.

e) Aquele que aliciar pessoas obrigadas em contrato escrito a prestar serviço a outrem pagará a este a importância que ao prestador de serviços, pelo ajuste desfeito, houvesse de caber durante cinco anos.

COMENTÁRIOS

Alternativa "a": no contrato de seguro de dano, a garantia prometida não pode ultrapassar o valor do interesse segurado no momento da conclusão do contrato, sob pena de perder o direito à garantia, além de ficar obrigado ao prêmio vencido, sem prejuízo da ação penal que no caso couber. (CC/art. 778).

Alternativa "b": não se perquire culpa ou dolo na responsabilidade objetiva, o que não afasta a necessidade de provar o nexo de causalidade, lembrando que culpa exclusiva da vítima, o caso fortuito e o de força maior excluem o nexo.

Alternativa "c": o contrato de mandato pode ser expresso ou tácito, verbal ou escrito.

Alternativa "d": salvo disposição em contrário, o seguro de um interesse por menos do que valha acarreta a redução proporcional da indenização, no caso de sinistro parcial. Assim, está consagrada a redução proporcional da indenização, tendo havido sinistro parcial.

Alternativa "e": o aliciamento de executores, no contrato de prestação de serviço, é admitido para aquele que aliciar pessoas obrigadas em contrato escrito a prestar serviço a outrem, a quem pagará a importância que ao prestador de serviço, pelo ajuste desfeito, houvesse de caber durante **dois anos** (CC/art. 608).

Alternativa correta: letra "d".

10. FIANÇA

---

136. (Cespe – Procurador do Estado – PGE – PE/2018) Em determinado contrato, uma pessoa garantiu satisfazer ao credor uma obrigação assumida pelo devedor. A dívida é futura e o devedor não anuiu ao contrato.

Nessa situação, se o devedor não cumprir a obrigação,

a) o contrato será passível de invalidação.

b) será admitida a interpretação extensiva para beneficiar o devedor.

c) o contrato será nulo.

d) o garantidor poderá utilizar o benefício de ordem.

e) será restabelecida a garantia diante da evicção da coisa dada em pagamento.

COMENTÁRIOS

✪ **Nota do Autor:** pelo contrato de fiança ou caução fidejussória uma ou mais pessoas se comprometem a satisfazer o credor por uma obrigação assumida pelo devedor, caso este não a cumpra. A fiança é, portanto, o contrato pelo qual alguém se obriga a pagar ao credor o que a este deve determinada pessoa. Um terceiro, denominado **fiador**, obriga-se perante o credor, garantindo com seu patrimônio a satisfação do crédito deste, caso não o solva o devedor. A fiança constitui garantia fidejussória, de natureza pessoal, diferente da caução real, que se caracteriza pela vinculação de determinado bem ao cumprimento da obrigação (penhor, hipoteca). Difere-se do aval, declaração unilateral de direito cambiário, de responsabilidade sempre solidária (Carlos Roberto Gonçalves, op. cit.). A fiança dar-se-á por **escrito**, e **não** admite interpretação **extensiva**. Pode-se estipular a fiança sem o **consentimento** do devedor ou **contra** a sua vontade, já que se trata de negócio entre o fiador e o credor, ficando o devedor (afiançado) de fora dessa relação jurídica (CC, art. 820). As dívidas **futu-**

ras podem ser objeto de fiança; mas o fiador, neste caso, não será demandado senão depois que se fizer certa e líquida a obrigação do principal devedor. **Não** sendo **limitada**, a fiança compreenderá todos os acessórios da dívida principal, inclusive as despesas judiciais, desde a citação do fiador. Assim sendo, a fiança é ilimitada, abrangendo todos os acessórios da dívida, salvo se declarada pelo fiador que é limitada (CC, art. 822). As obrigações **nulas** não são suscetíveis de fiança, exceto se a nulidade resultar apenas de incapacidade pessoal do devedor. Neste caso, seja a incapacidade absoluta ou relativa, a fiança será válida, porque nascida em proveito do credor. A exceção estabelecida não abrange o caso de mútuo feito a menor (CC, art. 588). O contrato de fiança é acessório e subsidiário de uma obrigação principal, aplicando-se a máxima de que nula a obrigação principal o acessório segue a mesma sorte, com a exceção do mútuo feito a menor (CC, art. 824, parágrafo único). Se admite a fiança solidária, segundo o CC, art. 828, II, que dispõe a respeito do benefício da ordem. De acordo com o ***Enunciado 364***: "No contrato de fiança é nula a cláusula de renúncia antecipada ao benefício de ordem quando inserida em contrato de adesão". Neste passo, o benefício da ordem ou da excussão não se confunde com o benefício da divisão; o primeiro é o direito do fiador de exigir que o credor excuta em primeiro lugar os bens do devedor (CC, art. 827), enquanto o segundo é o direito dos fiadores conjuntos estipularem a responsabilidade de cada um (pro rata) na obrigação principal, reconhecendo-se por solidários se omisso o contrato de fiança dessa divisão (CC, art. 829). O valor da fiança pode ser menor que a obrigação principal, e possuir condições menos onerosas, sendo que, convencionada em valor superior a obrigação, o que exceder não será válido, mantendo-se livre de vícios o equivalente da obrigação afiançada (CC, art. 823). A fiança, ressalta-se, é unilateral, escrita ou solene (CC, arts. 818 e 819), em regra gratuita, e por exceção onerosa, de interpretação estrita (CC, arts. 114 e 819), admitindo-se que seja convencional, legal (p. ex. CC, art. 1.400) ou judicial (NCPC/art. 533, § 2º, e 835, § 2º). Em relação aos cônjuges, a outorga é exigida, salvo no regime da separação de bens (CC, arts. 1.647, III e 1.649). Nesta esteira, a ***Súmula STJ/332***: "A anulação de fiança prestada sem outorga uxória implica a ineficácia total da garantia". A extinção da fiança ocorre, entre outros motivos, se o credor conceder moratória ao devedor, sem o consentimento do fiador (CC, art. 838). Pelo ***Enunciado 547 da VI Jornada de Direito Civil:*** "Na hipótese de alteração da obrigação principal sem o consentimento do fiador, a exoneração deste é automática, não se aplicando o disposto no art. 835 do Código Civil quanto à necessidade de permanecer obrigado pelo prazo de 60 (sessenta) dias após a notificação ao credor, ou de 120 (cento e dias) dias no caso de fiança locatícia".

Alternativa "a": o contrato de fiança do modo como realizado é válido e eficaz, sendo seus contornos previstos nos arts. 818 a 826 do CC. De acordo com o art. 818 do CC, "pelo contrato de fiança, uma pessoa garante satisfazer ao credor uma obrigação assumida pelo devedor, caso este não a cumpra". As **dívidas atuais e futuras** podem ser objeto de fiança, mas o fiador, neste caso, não será demandado senão depois que se fizer certa e líquida a obrigação do principal devedor (CC, art. 821).

Alternativa "b": o contrato de fiança não admite interpretação extensiva, por expressa disposição legal (CC, art. 819).

Alternativa "c": não há qualquer nulidade no contrato de fiança enunciado na questão, ausentes que estão quaisquer das causas que importam a nulidade dos negócios jurídicos, consoante o art. 166 do CC. Vale observar, ademais, que as obrigações nulas não podem ser afiançadas (CC, art. 824, *caput*), com exceção do mútuo feito a menor.

Alternativa "d": o fiador/garantidor pode se valer do benefício da ordem ou da excussão, que é o direito de exigir do credor que acione, em primeiro lugar, o devedor principal, ou seja, que seus bens sejam executados antes dos seus (CC, art. 827).

Alternativa "e": proclama o art. 838, III, do CC, que o fiador ficará desobrigado "se o credor, em pagamento da dívida, aceitar amigavelmente do devedor objeto diverso do que este era obrigado a lhe dar, ainda que depois venha a perdê-lo por evicção". Logo, verificando-se a evicção da coisa dada em pagamento (CC, art. 359), a obrigação primitiva se restabelece, mas o fiador é liberado, ou seja, o efeito da evicção na dação em pagamento não alcança a fiança.

Alternativa correta: letra "d".

---

137. (FCC – Procurador do Estado – SP/2012) No contrato de fiança,

a) é nula cláusula de renúncia ao benefício de ordem.
b) o fiador tem legitimidade para dar andamento à execução iniciada e abandonada, sem justa causa, pelo credor.
c) havendo pluralidade de fiadores, cada qual responde pela parte que proporcionalmente lhe couber no pagamento, exceto se expressamente pactuada a solidariedade.
d) a responsabilidade dos herdeiros do fiador se limita ao tempo decorrido até a abertura de inventário ou arrolamento, e não pode ultrapassar as forças da herança.
e) o fiador pode se exonerar desde que notifique o credor, ficando responsável por todos os efeitos da fiança durante noventa dias a contar da comunicação.

COMENTÁRIOS

Alternativa "a": o *benefício da ordem* ou da *excussão* é o direito assegurado ao fiador de exigir do credor que acione, em primeiro lugar, o devedor principal, isto é, que os bens deste sejam executados antes dos seus. O **benefício é renunciável** no próprio instrumento da fiança, numa das cláusulas ou em documento separado. Pelo **Enunciado 364**: *"No contrato de fiança é nula a cláusula de renúncia antecipada ao benefício de ordem quando inserida em contrato de adesão"*.

Alternativa "b": quando o credor, **sem justa causa**, demorar a execução iniciada contra o devedor, poderá o fiador promover-lhe o andamento, para evitar que sua responsabilidade se prolongue e tenha que arcar com eventuais responsabilidades advindas da demora.

Alternativa "c": a fiança conjuntamente prestada a um só débito por mais de uma pessoa importa o compromisso de solidariedade entre elas, se **declaradamente** não se reservarem o benefício de divisão. Estipulado este benefício, cada fiador responde unicamente pela parte que, em proporção, lhe couber no pagamento. Assim, em **regra**, a responsabilidade dos cofiadores é solidária. Por **exceção**, mediante estipulação expressa, aplica-se o *benefício da divisão*, segundo o qual cada fiador responde *pro rata*, ou seja, na exata parte que resultar da divisão do débito pelo número de fiadores.

Alternativa "d": a obrigação do fiador passa aos herdeiros; mas a responsabilidade da fiança se limita ao tempo decorrido **até a morte do fiador**, e não pode ultrapassar as forças da herança. Trata-se do princípio da irresponsabilidade dos herdeiros *ultra vires hereditatis*. Assim, a responsabilidade do fiador cessa a partir do óbito.

Alternativa "e": o fiador poderá exonerar-se da fiança que tiver assinado **sem limitação de tempo**, sempre que lhe convier, ficando obrigado por todos os efeitos da fiança, durante **60 dias** após a notificação do credor. Se a fiança for **com limitação de tempo**, não haverá possibilidade do fiador dela desligar-se antes do vencimento do prazo determinado. Pela **Súmula 214 do STJ**: *"O fiador na locação não responde por obrigações resultantes de aditamento ao qual não anuiu"*.

Alternativa correta: letra "b".

11. TRANSAÇÃO

138. (FCC – Procurador do Estado – AM /2010) Transação é:

a) contrato consensual, que tem força de coisa julgada, não permitindo ao que se sentir prejudicado o ajuizamento de ação anulatória, mas apenas se lhe faculta a ação rescisória.

b) modo de extinção das obrigações, que substitui o pagamento, de natureza extracontratual, só podendo ser anulada por erro de direito.

c) contrato real que previne ou termina litígio mediante concessões mútuas, tendo, necessariamente, de ser homologada pelo Juiz.

d) contrato pelo qual os interessados previnem ou terminam litígio mediante concessões mútuas, e só se anula por dolo, coação, ou erro essencial quanto à pessoa ou coisa controversa.

e) modo de extinção de obrigações, pelo qual uma obrigação anterior é substituída por outra obrigação da mesma natureza, entre as mesmas partes, e é anulável em razão de qualquer vício de consentimento.

COMENTÁRIOS

✪ **Nota do Autor:** a transação é negócio jurídico bilateral pelo qual as partes previnem ou extinguem relações jurídicas marcadas por controvérsias e dúvidas, mediante concessões mútuas. A conciliação é o momento processual no qual eventualmente é celebrada a transação, instituto esse de direito civil. Quanto à forma, a transação far-se-á por escritura pública, nas obrigações em que a lei o exige, ou por instrumento particular, nas em que ela o admite (transação extrajudicial); se recair sobre direitos contestados em juízo, será feita por escritura pública, ou por termo nos autos, assinado pelos transigentes e homologado pelo juiz (transação judicial). Destacamos que haverá nulidade relativa se a transação estiver viciada por dolo, coação ou erro essencial quanto à pessoa ou coisa controvertida (CC, art. 849). Por outro lado, diferente dos negócios jurídicos, nos quais o erro de direito é causa de nulidade relativa (CC, art. 139, III), a transação somente o será por erro de fato (CC, art. 849, parágrafo único). A transação também poderá ser nula. Afirma o CC, art. 850: "É nula a transação a respeito do litígio decidido por sentença passada em julgado, se dela não tinha ciência algum dos transatores, ou quando, por título ulteriormente descoberto, se verificar que nenhum deles tinha direito sobre o objeto da transação". Assim, são duas as causas de nulidade absoluta da transação: **(A)** quando o direito deixa de ser duvidoso por sentença sem o conhecimento dos transatores; **(B) ocorrer** a descoberta de título anterior a transação, mas de conhecimento posterior a ela, que indique a inexistência do direito duvidoso em relação as partes transatoras, as quais são as únicas legitimadas para o ajuizamento da ação pertinente. A transação sujeita-se ao princípio da indivisibilidade. Preceitua o art. 848 do CC: "Sendo nula qualquer das cláusulas da transação, nula será esta". Contudo, há exceção, "Quando a transação versar sobre diversos direitos contestados, independentes entre si, o fato de não prevalecer em relação a um não prejudicará os demais" (CC, art. 848, parágrafo único). A transação concernente a obrigações resultantes de delito não extingue a ação penal pública (CC, art. 846). Finalmente, diz o ***Enunciado 549 da VI Jornada de Direito Civil do CJF:*** "A promessa de doação no âmbito da transação constitui obrigação positiva e perde o caráter de liberalidade previsto no art. 538 do Código Civil".

Alternativa "a": a transação pode ser *extrajudicial* ou *judicial*. Se for *judicial*, pode ser feita por termo nos autos ou escritura pública, com força de coisa julgada, forjando título executivo judicial (NCPC, art. 487, III, b). Todavia, admite-se ação anulatória da transação, por dolo, coação ou erro essencial quanto à pessoa ou coisa controversa. A transação **não** se anula por erro de direito a respeito das questões que foram objeto de controvérsia entre as partes.

Alternativa "b": A transação só se anula por dolo, coação ou erro essencial quanto à pessoa ou coisa controversa. A transação **não** se anula por erro de direito a respeito das questões que foram objeto de controvérsia entre as partes. (CC, art. 849).

Alternativa "c": a transação pode ser *extrajudicial* e *judicial*. Na *extrajudicial*, pode ser feita por escritura pública nas obrigações que a lei exige, ou por instrumento particular nas em que ela o admite. Já quanto à *judicial*, permite-se por escritura pública ou termo dos autos. Sendo assim, dispensa-se a homologação judicial quando a transação for preventiva de litígios.

Alternativa "d": é lícito aos interessados prevenirem ou terminarem o litígio mediante concessões mútuas; a transação só se anula por dolo, coação ou erro essencial quanto à pessoa ou coisa controversa; mas **não** se anula por **erro de direito** a respeito das questões que **foram objeto de controvérsia** entre as partes.

Alternativa "e": na transação há concessões mútuas; e não é qualquer vício que anula a transação, mas somente aqueles decorrentes de dolo, coação, ou erro essencial quanto à pessoa ou coisa controversa. Ademais, **não** se anula por **erro de direito** a respeito das questões que **foram objeto de controvérsia** entre as partes.

Alternativa correta: letra "d".

VI. ATOS UNILATERAIS

1. PROMESSA DE RECOMPENSA

139. (Cespe – Procurador do Estado – PI/2008) Assinale a correta a respeito dos atos unilaterais.

a) A gestão de negócio é a administração autorizada de negócios alheios, feita independentemente de obrigação legal ou convencional. O gestor responde pelos prejuízos resultantes de qualquer culpa na gestão, bem como pelo caso fortuito, quando fizer operação que cause risco ao negócio.

b) Aquele que quitou dívida prescrita ou natural poderá exigir a restituição daquilo que pagou, ainda que não o tenha feito por erro ou involuntariamente. Nessa situação, o pagamento é indevido e gera, para aquele que o recebeu indevidamente, a obrigação de restituí-lo.

c) A promessa de recompensa adquire sua eficácia vinculante no momento em que a vontade do promitente é tornada pública, independentemente de aceitação, caracterizando-se, assim, como uma obrigação pela manifestação unilateral do promitente.

d) Se o ato contemplado na promessa de recompensa foi praticado por mais de uma pessoa, ainda que não tenha sido simultânea a execução, a recompensa será dividida em partes iguais entre aqueles que executaram a ação recompensável.

e) Na gestão de negócio alheio, se o dono da coisa desaprovar a gestão por considerá-la contrária aos seus interesses, ele deverá resilir a avença e indenizar o gestor pelas despesas que efetuou, acrescidas de juros e correção monetária.

COMENTÁRIOS

✪ **Nota do Autor:** as declarações unilaterais de vontade são fontes de obrigação e resultam da vontade de uma só pessoa, formando-se no instante em que o agente se manifesta com a intenção de se obrigar, independentemente da existência ou não de uma relação creditória, que poderá surgir posteriormente (Maria Helena Diniz, op. cit.). A *promessa de recompensa* é uma declaração unilateral de vontade, feita por anúncio público; por ela é ofertada uma gratificação a quem se encontrar em certa situação ou praticar determinado ato, independentemente do consentimento do eventual credor, e obrigando-se por ela.

Alternativa "a": aquele que, **sem autorização** do interessado, intervém na gestão de negócio alheio, dirigi-lo-á segundo o interesse e a vontade presumível de seu dono, ficando responsável a este e às pessoas com que tratar. A gestão de negócios não possui natureza contratual. A responsabilidade do gestor é direta com o dono do negócio e terceiros com que contratar. Deve agir com diligência habitual, ressarcindo o dono o prejuízo resultante de qualquer culpa na gestão. Se atuar contra a vontade expressa ou presumível do interessado, responderá o gestor até pelos casos fortuitos, não provando que teriam sobrevindo, ainda quando se houvesse abstido.

Alternativa "b": relacionado ao pagamento indevido, não se pode repetir o que se pagou para solver dívida prescrita ou cumprir obrigação judicialmente inexigível (CC, art. 882).

Alternativa "c": aquele que, por anúncios públicos, se comprometer a recompensar ou gratificar a quem preencha certa condição ou desempenhe certo serviço, **contrai obrigação de cumprir o prometido.**

Alternativa "d": se o ato contemplado na promessa for praticado por mais de um indivíduo, terá direito à recompensa o que **primeiro o executou**. (CC, art. 857); **sendo simultânea** a execução, a cada um tocará quinhão igual na recompensa; se esta **não for divisível**, conferir-se-á por sorteio, e o que obtiver a coisa dará ao outro o valor de seu quinhão. (CC, art. 858).

Alternativa "e": na gestão de negócios, a recusa da ratificação só é possível se o *dominus negotii* tornar evidente que a gestão foi contrária a seus interesses, hipótese em que o gestor não só responderá até pelo caso fortuito, se não provar que teriam ocorrido os prejuízos ainda que houvesse abstido, mas também pelos danos da gestão que excederem o seu proveito, devendo restituir as coisas ao estado anterior ou indenizar a diferença. Se o gestor atuou no firme propósito de evitar *prejuízos iminentes*, trazendo proveito ao dono do negócio ou da coisa, o *dominus* não poderá desaprovar a gestão (Maria Helena Diniz).

Alternativa correta: letra "c".

2. PAGAMENTO INDEVIDO

140. (Cespe – Procurador do Estado – PGE – SE/2017) Aquele que receber, de forma indevida, mas de boa-fé, pagamento relativo a um contrato

a) responderá pela deterioração da coisa.

b) não terá direito de retenção de valores relativos às benfeitorias necessárias.

c) estará desobrigado de restituir a coisa caso o indébito tenha natureza objetiva.

d) fará jus aos frutos decorrentes da coisa recebida.

e) não terá direito à indenização por benfeitorias úteis.

COMENTÁRIOS

✪ **Nota do Autor:** o *pagamento indevido* é uma das formas de enriquecimento ilícito, consistente no ganho sem causa, por decorrer de prestação feita, espontaneamente, por alguém com o intuito de extinguir uma obrigação erroneamente pressuposta, gerando ao *accipiens*, por imposição legal, o dever de restituir, uma vez estabelecido que a relação obrigacional não existia, tinha cessado de existir ou que o devedor não era o *solvens* ou que o *accipiens* não era credor. Tal obrigação de restituir baseia-se no princípio de que ninguém pode locupletar-se com o alheio (Maria Helena Diniz, op. cit.). O *direito de repetição* é aquele de exigir a restituição do que se pagou indevidamente. Todavia, por haver *causa jurídica*, não é repetível o pagamento feito para solver dívida prescrita ou obrigação judicialmente inexigível. *A prova* do pagamento com erro compete àquele que voluntariamente pagou.

Alternativa "a": quem recebeu coisa indevida de boa-fé não responderá pela perda ou deterioração da coisa ocorrida sem culpa (CC, art. 1.217).

Alternativa "b": com relação às benfeitorias, quem recebeu coisa indevida de boa-fé deve ser indenizado relativamente a benfeitorias úteis e necessárias que fez, retendo-as até ser pago. E poderá levantar as voluptuárias, desde que não altere a substância da coisa (CC, art. 1.219).

Alternativa "c": configura-se *pagamento objetivamente* indevido quando alguém vier a pagar dívida inexistente. Nesse caso, remanesce a obrigação de restituir, porém, exige-se a prova do erro. Por outras palavras, quem voluntariamente pagou prestação errônea incumbe demonstrar de que estava convencido da existência do débito, quando, na verdade, nada haveria a pagar (CC, art. 877).

Alternativa "d": correta; todo aquele que recebeu o que lhe não era devido fica obrigado a restituir. Segundo o art. 878 do CC, "aos frutos, acessões, benfeitorias e deteriorações sobrevindas à coisa dada em pagamento indevido, aplica-se o disposto neste Código sobre o possuidor de boa-fé ou de má-fé, conforme o caso". Logo, quem recebeu de boa-fé deverá restituir o que recebeu indevidamente, mas terá direito de conservar os frutos percebidos. Os frutos pendentes ao tempo em que cessar a boa-fé devem ser restituídos, depois de deduzidas as despesas da produção e custeio; devem ser também restituídos os frutos colhidos com antecipação (CC, art. 1.214).

Alternativa "e": quem recebeu coisa indevida de boa-fé deve ser indenizado relativamente a benfeitorias úteis e necessárias, podendo exercer o direito de retenção por elas, até que seja pago (CC, art. 1.219).

Alternativa correta: letra "d".

141. (FCC – Procurador do Estado – MT/2016) Francisco tomou R$ 300.000,00 (trezentos mil reais) emprestados de Eduardo e não pagou no prazo avençado. Eduardo, por sua vez, deixou de ajuizar ação no prazo legal, dando azo à prescrição. Não obstante, Francisco pagou Eduardo depois de escoado o prazo prescricional. Depois de realizado o pagamento, Francisco ajuizou ação contra Eduardo para reaver a quantia paga. A alegação

a) procede, porque a prescrição atinge o próprio direito de crédito e sua renúncia somente é admitida, se realizada de maneira expressa, depois que se consumar, desde que sem prejuízo de terceiro.
b) procede, porque, embora a prescrição atinja não o direito, mas a pretensão, sua renúncia somente é admitida quando realizada de maneira expressa, antes de se consumar, desde que feita sem prejuízo de terceiro.
c) improcede, porque a prescrição atinge não o direito, mas a pretensão, além de admitir renúncia, de maneira expressa ou tácita, depois que se consumar, desde que feita sem prejuízo de terceiro.
d) improcede, porque, embora apenas a decadência admita renúncia, a prescrição atinge não o direito, mas a pretensão.
e) procede, porque a prescrição atinge o próprio direito de crédito e não admite renúncia.

COMENTÁRIOS

Alternativa "a": a prescrição alcança a pretensão, e não o direito. Aquele que paga por dívida prescrita não pode pedir a devolução. A outro giro, a renúncia à prescrição pode ser expressa ou tácita.

Alternativa "b": a renúncia à prescrição pode ser expressa ou tácita, conforme o art. 191 do CC.

Alternativa "c": segundo o art. 882 do CC, "não se pode repetir o que se pagou para solver dívida prescrita, ou cumprir obrigação judicialmente inexigível". Isso porque a dívida prescrita ou a obrigação natural, apesar de inexigíveis juridicamente, não conferem direito à devolução, uma vez que não há enriquecimento indevido daquele que recebe (credor), uma vez que há causa jurídica. Sob outro aspecto, a prescrição pode ser renunciada, expressa ou tacitamente, desde que sem prejuízo de terceiro, depois que a prescrição se consumar. O pagamento feito por Francisco equivale a *renúncia tácita*, que se presume de fatos do interessado, incompatíveis com a prescrição (CC, art. 191).

Alternativa "d": a decadência legal é irrenunciável, nem antes e nem depois de consumada, sob pena de nulidade (CC, art. 209). Os prazos decadenciais que decorram de convenção das partes são suscetíveis de renúncia, por dizerem respeito a direitos disponíveis. Não apenas decadência convencional admite renúncia, mas também a prescrição, diz o art. 191 do CC.

Alternativa "e": a prescrição atinge apenas a pretensão, e admite renúncia, expressa ou tácita (CC, art. 191).

Alternativa correta: letra "c".

142. (PGE/PA – Procurador do Estado – PA/2009) Analise as proposições abaixo e assinale a alternativa CORRETA:

I. No caso de pagamento indevido para a obtenção de fim ilícito, imoral ou proibido por lei, a repetição reverterá em favor de entidade local de beneficência.
II. O reivindicante tem a obrigação de indenizar as benfeitorias ao possuidor de má-fé, quer as neces-

sárias, quer as voluptuárias, podendo optar entre o seu valor atual e o seu custo.

III. O devedor pode invocar a proteção ao bem de família legal mesmo se a penhora de seu imóvel residencial houver sido ordenada antes da entrada em vigor da Lei nº 8.009/90.

IV. A contagem do prazo para a entrada em vigor das leis que estabeleçam período de vacância far-se-á com a exclusão da data da publicação e do último dia do prazo, entrando em vigor no dia subsequente à sua consumação integral.

a) I e II estão corretas.
b) III e IV estão corretas.
c) I e III estão corretas.
d) II e IV estão corretas.

COMENTÁRIOS

Item I: correto; não terá direito à repetição aquele que deu alguma coisa para obter fim ilícito, imoral ou proibido por lei. Nesse caso, o que se deu reverterá em favor de estabelecimento local de beneficência, a critério do juiz. Trata-se da proibição de se pleitear a devolução alegando a própria torpeza. Mas o que se deu, a critério do juiz, reverterá em favor de entidade beneficente situada no foro em que o ato foi praticado.

Item II: incorreto; ao possuidor de má-fé serão indenizadas somente as **benfeitorias necessárias**; não lhe assiste o direito de retenção pela importância destas, nem o de levantar as voluptuárias. O reivindicante, obrigado a indenizar as benfeitorias ao possuidor de **má-fé**, tem o direito de **optar** entre o seu valor atual e o seu custo. Ao possuidor de **boa-fé**, indeniza-se pelo valor atual (CC, arts. 1.220 e 1.222).

Item III: correto; de acordo com a **Súmula 205 do STJ**: *"A lei 8.009/90 aplica-se a penhora realizada antes de sua vigência"*.

Item IV: incorreta; a contagem dos prazos para o início de vigência das leis deverá observar o que dispõe a Lei Complementar 95, de 26 de fevereiro de 1998, art. 8º, § 1º, segundo o qual *"a contagem do prazo para entrada em vigor das leis que estabeleçam período de vacância far-se-á com a **inclusão** da data da publicação e do último dia do prazo, entrando em vigor no dia subsequente à sua consumação integral"*.

Alternativa correta: letra "c".

3. ENRIQUECIMENTO SEM CAUSA

143. (FEPESE – Procurador do Estado – SC/2009) Assinale a alternativa correta.

a) O ato que gera o enriquecimento injustificado é, necessariamente, ilícito.
b) A pessoa jurídica não pode sofrer dano moral.
c) O novo Código Civil não regulou casos específicos de enriquecimento injustificado, mas contém uma norma geral sobre enriquecimento sem causa.
d) Segundo o novo Código Civil, não há possibilidade de se responsabilizar o incapaz pelos prejuízos que este der causa.
e) A restituição é devida, não somente quando não tenha havido causa que justifique o enriquecimento sem causa, mas também se esta deixou de existir.

COMENTÁRIOS

✪ **Nota do Autor:** pelo princípio do *enriquecimento sem causa*, ninguém pode enriquecer à custa de outra pessoa, sem causa que o justifique. Assim, todo aquele que receber o que lhe era devido terá o dever de restituir o auferido, feita a atualização dos valores monetários, conforme os índices monetários oficiais, para se obter o reequilíbrio patrimonial. Se esse aumento do patrimônio se deu à custa do de outrem, impõe-se a devolução da coisa certa ou determinada a quem de direito, e se esta deixou de existir, a devolução far-se-á pelo equivalente em dinheiro, ou seja, pelo seu valor na época em que foi exigida. Logo, a dívida será de valor, e não de dar coisa (Maria Helena Diniz, op. cit.). Pelo **Enunciado 35**: *"A expressão "se enriquecer à custa de outrem" do art. 886 do novo Código Civil não significa, necessariamente, que deverá haver empobrecimento"*. Pelo **Enunciado 188**: *"A existência de negócio jurídico válido e eficaz é, em regra, uma justa causa para o enriquecimento"*.

Alternativa "a": não é pressuposto do enriquecimento que sua causa seja ilícita; exige-se, no CC/art. 884, que o enriquecimento ocorra sem justa causa.

Alternativa "b": conforme a **Súmula 227 do STJ**: *"A pessoa jurídica pode sofrer dano moral"*.

Alternativa "c": o pagamento indevido e o enriquecimento sem causa, devidamente disciplinados pelo CC/2002, nos arts. 876 a 886, infirmam e apontam a incorreção da assertiva.

Alternativa "d": a responsabilidade civil do incapaz é *subsidiária e mitigada*, segundo o art. 928, parágrafo único.

Alternativa "e": a restituição é devida não só quando não tenha havido causa que justifique o enriquecimento, mas também se esta deixou de existir.

Alternativa correta: letra "e".

VII. RESPONSABILIDADE CIVIL

1. LEGITIMIDADE DO ESPÓLIO

144. (Cespe – Procurador do Estado – BA/2014) Acerca da responsabilidade civil, julgue o item subsequente, à luz da jurisprudência dominante do STJ: O espólio tem legitimidade para postular indenização pelos danos materiais e morais supostamente experimentados pelos herdeiros.

COMENTÁRIOS

"O espólio não tem legitimidade para postular indenização pelos danos materiais e morais supostamente experimentados pelos herdeiros, ainda que se alegue que os referidos danos teriam decorrido de erro médico de que fora vítima o falecido. Nessa situação, debatem as partes em torno de bens cuja titularidade é dos herdeiros por direito próprio, e não sobre bem jurídico de titularidade originária do falecido que tenha sido transmitido por efeito hereditário. Assim, não havendo coincidência entre o postulante e o titular do direito pleiteado, configura-se hipótese de ilegitimidade *ad causam*. Precedentes citados: REsp 869.970-RJ, Quarta Turma, DJe 11/2/2010, e REsp 913.131-BA, Quarta Turma, DJe 6/10/2008. REsp 1.143.968-MG, Rel. Min. Luis Felipe Salomão, julgado em 26/2/2013" (STJ, Informativo 517). **(errado)**

2. ATIVIDADE LÍCITA DE RISCO

145. (FCC – Procurador do Estado – MT/2016) Marcelo exerce, com habitualidade, atividade que, por sua natureza, implica risco para os direitos de outrem. Se desta atividade advier dano, Marcelo responderá de maneira

a) subjetiva, não sendo necessária a comprovação do elemento culpa, mas se exigindo, em regra, a existência de nexo de causalidade.

b) subjetiva, a qual exige, em regra, a comprovação de nexo de causalidade e culpa.

c) objetiva, não sendo necessária, em regra, a comprovação dos elementos culpa ou nexo de causalidade.

d) objetiva, não sendo necessária a comprovação do elemento culpa, mas se exigindo, em regra, a existência de nexo de causalidade.

e) objetiva, a qual exige, em regra, a comprovação de nexo de causalidade e culpa.

COMENTÁRIOS

✪ **Nota do Autor:** a teoria clássica, também chamada de teoria da culpa ou subjetiva, pressupõe a culpa como fundamento da responsabilidade civil. Não havendo culpa, não há responsabilidade. Em determinadas situações e para algumas pessoas, todavia, a lei impõe o dever de indenizar ainda que o evento ocorra sem culpa. Quando isso ocorre, a *responsabilidade é legal ou objetiva*, porque prescinde de culpa. Uma das teorias que procuram justificar a responsabilidade objetiva é a teoria do risco, segundo a qual toda pessoa que exerce alguma atividade cria um risco de dano para terceiros e deve ser obrigada a repará-lo, ainda que sua conduta seja isenta de culpa. O risco pode ser analisado sob a ótica do "risco-proveito", "risco-criado", "risco-profissional". O Código Civil de 2002 filiou-se à **teoria subjetiva**, como regra, conforme o art. 186 do CC. Já a **responsabilidade objetiva**, independentemente de culpa, também foi acolhida, quando prevista em lei, ou nas atividades quem importem risco. De acordo com o art. 927, parágrafo único, do Código Civil: *"Haverá obrigação de reparar o dano, independentemente de culpa, nos casos especificados em lei, ou quando a atividade normalmente desenvolvida pelo autor do dano implicar, por sua natureza, risco para os direitos de outrem"*. A responsabilidade civil por atividade de risco ocorre quando o desempenho daquela cria ou oferece risco a terceiros. A obrigação de indenizar é consequência do dano oriundo de atividade lícita. Trata-se de responsabilidade objetiva, que obriga ao ressarcimento do prejuízo independentemente de culpa, em função do potencial risco da atividade para os direitos de outrem. A respeito, conferir os Enunciados das Jornadas de Direito Civil n. 38, 377, 443, 446, 448 e 555.

Alternativa "a": a responsabilidade por atividade lícita de risco é objetiva, diz o art. 927, parágrafo único, 2ª parte, do CC.

Alternativa "b": a atividade lícita que envolva risco a direito de outrem, em caso de dano, permitirá a responsabilização objetiva do lesante (CC, art. 927, parágrafo único).

Alternativa "c": o regime de responsabilidade previsto no art. 927, parágrafo único, 2ª parte, do CC, é objetiva. Isso porque o causar do dano responde pelo prejuízo sem culpa. Todavia, é necessário demonstrar o nexo de causalidade entre o dano suportado e a atividade lícita de risco desempenhada.

Alternativa "d": estabelece o art. 927, parágrafo único, do CC: "haverá obrigação de reparar o dano, independentemente de culpa, nos casos especificados em lei, ou *quando a atividade normalmente desenvolvida pelo autor do dano implicar, por sua natureza, risco para os direitos de outrem*". A parte final do dispositivo consagra a responsabilidade objetiva que impõe o ressarcimento do prejuízo, independentemente de culpa, quando a atividade do causador do dano importar, por sua natureza, potencial risco para os direitos de outrem. Conforme o Enunciado 38 da I Jornada de Direito Civil, "a responsabilidade fundada no risco da atividade, como prevista na segunda parte do parágrafo único do art. 927 do novo Código Civil, configura-se quando a atividade normalmente desenvolvida pelo autor do dano causar a pessoa determinada um ônus maior do que aos demais membros da coletividade". Para o Enunciado 377 da IV Jornada, "o art. 7º, inc. XXVIII, da Constituição Federal não é impedimento para a aplicação do disposto no art. 927, parágrafo único, do Código Civil quando se tratar de atividade de risco". O Conselho da Justiça Federal, na V Jornada, aprovou os seguintes enunciados sobre o tema: (a) 443: "o caso fortuito e a força maior somente serão considerados como excludentes da responsabilidade civil quando o fato gerador do dano não for conexo à atividade desenvolvida"; (b) 444: "a responsabilidade civil pela perda de chance não se limita à categoria de danos extrapatrimoniais, pois, conforme as circunstâncias do caso concreto, a chance perdida pode apresentar também a natureza jurídica de dano patrimonial. A chance deve ser séria e real, não ficando adstrita a percentuais apriorísticos"; (c) 445: "a dano moral indenizável não pressupõe necessariamente a verificação de sentimentos humanos desagradáveis como dor ou sofrimento"; (d) 446: "a responsabilidade civil prevista na segunda parte do parágrafo único do art. 927 do Código Civil deve levar em consideração não apenas a proteção da vítima e a atividade do ofensor, mas também a prevenção e o interesse da sociedade"; (e) 447: "as agremiações esportivas são objetivamente responsáveis por danos causados a terceiros pelas torcidas organizadas, agindo nessa qualidade, quando, de qualquer modo, as financiem ou custeiem, direta ou indiretamente, total ou parcialmente"; (f) 448: "a regra do art. 927, parágrafo único, segunda parte, do CC aplica-se sempre que a atividade normalmente desenvolvida, mesmo sem defeito e não essencialmente perigosa, induza, por sua natureza, risco especial e diferenciado aos direitos de outrem. São critérios de avaliação desse risco, entre outros, a estatística, a prova técnica e as máximas de experiência".

Alternativa "e": a responsabilidade objetiva por atividade lícita de risco independe da comprovação de culpa apenas. Logo, o nexo causal deve existir.

Alternativa correta: letra "d".

---

146. (PUC – Procurador do Estado – PR/2015) Com relação à responsabilidade civil no direito civil brasileiro contemporâneo, é CORRETO afirmar que:

a) O abuso do direito pressupõe logicamente a existência do direito, embora o titular se exceda no exercício dos poderes que o integram. Assim, quem alega a ausência de direito não pode validamente alegar a existência de abuso de direito. E quem pretende indenização pelos danos decorrentes do exercício abusivo de direito deve comprovar a culpa neste exercício abusivo de um direito existente.

b) Como a responsabilidade civil da Administração Pública é objetiva, não se lhe aplicam as excludentes de responsabilidade por ausência de nexo de causalidade entre a conduta e o dano ou por inexistência de dano.

c) Em regra, o fundamento da responsabilidade civil extracontratual no direito brasileiro é uma atuação culposa. Excepcionalmente, poderá haver imputação pelo risco.

d) Na responsabilidade civil contratual, a violação de deveres laterais impostos pelo princípio da boa-fé, tais como os deveres mútuos de proteção, lealdade, informação e assistência, não gera o dever de indenizar perdas e danos, mas tão somente a anulação do contrato.

e) Nos casos de deferimento judicial de indenização por danos morais decorrentes de ato ilícito, os juros de mora contam-se a partir da citação.

COMENTÁRIOS

Alternativa "a": incorreta; conforme o Enunciado 37 da I Jornada de Direito Civil: "A responsabilidade civil decorrente do abuso do direito independe de culpa e fundamenta-se somente no critério objetivo-finalístico".

Alternativa "b": incorreta; a responsabilidade civil da Administração Pública é objetiva, com a adoção da teoria do *risco-administrativo* no art. 37, § 6º, da CF de 1988, *in verbis*: "As pessoas jurídicas de direito público e as de direito privado prestadoras de serviços públicos responderão pelos danos que seus agentes, nessa qualidade, causarem a terceiros, assegurado o direito de regresso contra o responsável nos casos de dolo ou culpa". Desse modo, por não depender de prova da culpa, a responsabilidade civil das pessoas jurídicas de direito público exige apenas a demonstração do prejuízo, do nexo causal e da autoria. Se não existirem – nexo e o dano – não há falar em dever indenizar.

Alternativa "c": correta; a teoria clássica da responsabilidade civil, teoria da culpa ou subjetiva, pressupõe a culpa como fundamento da responsabilidade civil. Não havendo culpa, não há responsabilidade. É a regra do Código Civil. Todavia, alguns casos, ou para determinadas pessoas, a lei impõe o dever de indenizar ainda que o evento não seja culposo. Nestes casos, a responsabilidade é legal ou objetiva, não se exige culpa. Segundo o art. 927, parágrafo único, do CC: "Haverá obrigação de reparar o dano, independentemente de culpa, nos casos especificados em lei, ou quando a atividade normalmente desenvolvida pelo autor do dano implicar, por sua natureza, risco para os direitos de outrem". Na lição de Miguel Reale, "Pois bem, quando a estrutura ou natureza de um negócio – como o de transporte, ou de trabalho, só para lembrar os exemplos mais conhecidos – implica a existência de riscos inerentes à atividade desenvolvida, impõe-se a responsabilidade objetiva de quem dela tira proveito, haja ou não culpa. Ao reconhecê-lo, todavia, leva-se em conta a participação culposa da vítima, a natureza gratuita ou não de sua participação no evento, bem como o fato de terem sido tomadas as necessárias cautelas, fundadas em critérios de ordem técnica. Eis aí como problema é posto, com a devida cautela, o que quer dizer, com a preocupação de considerar a totalidade dos fatores operantes, numa visão integral e orgânica, num balanceamento prudente de motivos e valores" (citado in: GONÇALVES, Carlos Roberto. Direito Civil Brasileiro. Responsabilidade Civil. 8ª ed. Vol. 4. São Paulo: Saraiva, p. 51). Pelo Enunciado 38 da I Jornada de Direito Civil do CJF/STJ: "A responsabilidade fundada no risco da atividade, como prevista na segunda parte do parágrafo único do art. 927 do novo Código Civil, configura-se quando a atividade normalmente desenvolvida pelo autor do dano causar a pessoa determinada um ônus maior do que aos demais membros da coletividade". E ainda, o Enunciado 377 da IV Jornada: "O art. 7º, inc. XXVIII, da Constituição Federal não é impedimento para a aplicação do disposto no art. 927, parágrafo único, do Código Civil quando se tratar de atividade de risco". Importantes sobre o tema são os Enunciados da V Jornada de Direito Civil: 443: "O caso fortuito e a força maior somente serão considerados como excludentes da responsabilidade civil quando o fato gerador do dano não for conexo à atividade desenvolvida"; 446: "A responsabilidade civil prevista na segunda parte do parágrafo único do art. 927 do Código Civil deve levar em consideração não apenas a proteção da vítima e a atividade do ofensor, mas também a prevenção e o interesse da sociedade". Por fim, os da VI Jornada: 554: "Independe de indicação do local específico da informação a ordem judicial para que o provedor de hospedagem bloqueie determinado conteúdo ofensivo na internet"; 555: "Os direitos de outrem" mencionados no parágrafo único do art. 927 do Código Civil devem abranger não apenas a vida e a integridade física, mas também outros direitos, de caráter patrimonial ou extrapatrimonial".

Alternativa "d": incorreta; a boa-fé objetiva enseja a caracterização de inadimplemento, ainda que não haja mora ou inadimplemento absoluto. Modernamente, quando a prestação é realizada, mas o contratante deixa de cumprir os deveres anexos dos contratos, que são os comportamentos ofensivos à boa-fé objetiva, deixando de exercer o dever de esclarecimento, de proteção, de conservação, cooperação, etc., ocorre o que se denomina a violação positiva do contrato, resultando em dever de indenizar perdas e danos. Pelo Enunciado 24 da I Jornada de Direito Civil do CJF/STJ: "Em virtude do princípio da boa-fé, positivado no art. 422 do novo Código Civil, a violação dos deveres anexos constitui espécie de inadimplemento, independentemente de culpa".

Alternativa "e": incorreta; os juros de mora contam-se desde o evento danoso, nas hipóteses de responsabilidade civil extracontratual (Súmula 54/STJ).

Alternativa correta: letra "c".

3. RESPONSABILIDADE DO INCAPAZ

147. (Vunesp – Procurador do Estado – PGE – SP/2018) Assinale a alternativa correta.

a) Decisão criminal absolutória por insuficiência de provas impede rediscussão, em âmbito civil, de pretensão de reparação de danos.

b) O incapaz responderá pelos danos que causar, se as pessoas por ele responsáveis não tiverem a obrigação de fazê-lo ou não dispuserem de meios suficientes.

c) O magistrado, em caso de excessiva desproporção entre a gravidade da culpa e o dano, poderá reduzir o valor da indenização em até 2/3 do valor originalmente fixado.

d) Pai que ressarce o dano causado por filho relativamente capaz pode buscar reembolso no prazo de 3 anos, contados da cessação da menoridade.

e) Em caso de concurso de agentes causadores de dano, cada qual responde na medida da sua culpabilidade.

COMENTÁRIOS

✪ **Nota do Autor:** a responsabilidade civil do incapaz é **subsidiária e mitigada**. Pelo art. 928 do CC, o incapaz responde pelos prejuízos que causar, se as pessoas por ele responsáveis não tiverem obrigação de fazê-lo ou não dispuserem de meios suficientes. A indenização, neste caso, deverá ser equitativa, pois não terá lugar se privar do necessário o incapaz ou as pessoas que dele dependem. É **subsidiária** porque o representante legal é quem responde em primeiro lugar. Se não tiver meios econômico-financeiros de fazê-lo, o lesante é chamado ao pagamento da indenização, que deverá ser **equitativa**. Pelo **Enunciado 39**, "A impossibilidade de privação do necessário à pessoa, prevista no art. 928, traduz um dever de indenização equitativa, informado pelo princípio constitucional da proteção à dignidade da pessoa humana. Como consequência, também os pais, tutores e curadores serão beneficiados pelo limite humanitário do dever de indenizar, de modo que a passagem ao patrimônio do incapaz se dará não quando esgotados todos os recursos do responsável, mas se reduzidos estes ao montante necessário à manutenção de sua dignidade". Em se tratando de menor, a responsabilidade **subsidiária e mitigada**, como vimos acima, pode vir a ser **solidária**, caso aquele seja **emancipado** (voluntária ou concedida) ou em caso de **ato infracional com reflexos patrimoniais**. Pelo **Enunciado 41**, "A única hipótese em que poderá haver responsabilidade solidária do menor de 18 anos com seus pais é ter sido emancipado nos termos do art. 5º, parágrafo único, inc. I, do novo Código Civil". Pelo **Enunciado 40**, "O incapaz responde pelos prejuízos que causar de maneira subsidiária ou excepcionalmente como devedor principal, na hipótese do ressarcimento devido pelos adolescentes que praticarem atos infracionais nos termos do art. 116 do Estatuto da Criança e do Adolescente, no âmbito das medidas socioeducativas ali previstas". Nota-se que o art. 942, parágrafo único, do CC, afirma que são solidariamente responsáveis com os autores os coautores e as pessoas designadas no art. 932 do CC. No entanto, tratando-se de menor, **não emancipado voluntariamente**, prevalece a regra do art. 928, parágrafo único, do CC. Por conseguinte, se o **menor for emancipado voluntariamente**, sobressai o disposto no art. 942 do CC. Todavia, no caso de **emancipação legal ou tácita**, resulta a responsabilidade **exclusiva** e **direta** do emancipado, excluindo-se os pais de qualquer responsabilidade. Para o STJ, a emancipação voluntária, diversamente da operada por força de lei, não exclui a responsabilidade civil dos pais pelos atos praticados por seus filhos menores (STJ: AgRg no Ag 1239557 / RJ; REsp 122573 / PR). Para a Corte Superior, a outro giro, a concessão de emancipação, seja ela **direta**, seja mediante o **fornecimento de recursos** para que o menor se estabeleça, faz com que os pais outorguem ao filho plena capacidade civil, mas evidentemente não lhes retira a responsabilidade que lhes é atribuída por lei (STJ: REsp 505110). Por outro lado, aquele que ressarcir o dano causado por outrem pode reaver o que houver pago daquele por quem pagou, salvo se o causador do dano for **descendente** seu, **absoluta ou relativamente incapaz** (CC, art. 934). Assim, o tutor que pagou por um dano praticado pelo pupilo, poderá manejar ação de regresso para reembolsar-se. Já os pais não poderão fazê-lo se repararem o dano cometido pelo filho menor. **TABELA RESUMO: RESPONSABILIDADE CIVIL DO MENOR:**

RESPONSABILIDADE CIVIL DO MENOR
menor absoluta ou relativamente incapaz = responsabilidade subsidiária e mitigada;
menor cuja emancipação foi voluntária (direta) ou concedida (indireta) = responsabilidade solidária;
menor autor de ato infracional = responsabilidade subsidiária ou principal, no âmbito das medidas socioeducativas
menor emancipado legal ou tacitamente = responsabilidade exclusiva e direta.

Alternativa "a": a rediscussão da responsabilidade civil não é afastada por decisão criminal absolutória por falta de provas. É o que se dessume do 935 do CC, pelo qual "a responsabilidade civil é independente da criminal, não se podendo questionar mais sobre a existência do fato, ou sobre quem seja o seu autor, quando estas questões se acharem decididas no juízo criminal".

Alternativa "b": a responsabilidade do incapaz é *subsidiária e mitigada*. Isto porque só será chamado a indenizar os prejuízos se as pessoas por ele responsáveis não tiverem obrigação de fazê-lo ou não dispuserem de meios suficientes. E além disso, a indenização deverá ser *equitativa*, podendo não ter lugar se *privar do necessário* o incapaz ou as pessoas que dele dependem, afirma o art. 928 do CC.

Alternativa "c": em sendo verificada a *excessiva* desproporção entre a gravidade da culpa e o dano, poderá o juiz reduzir, equitativamente, a indenização. Não é previsto, no art. 945, parágrafo único, do CC, uma fração fixa de redução.

Alternativa "d": como regra geral, aquele que ressarcir o dano causado por outrem pode reaver o que houver pago daquele por quem pagou. No entanto, se o causador do dano for descendente seu, absoluta ou relativamente incapaz, essa possibilidade é afastada, tendo em vista o que dispõe o art. 934 do CC.

Alternativa "e": em caso de concurso de agentes (autores e coautores), a responsabilidade pelo dano é solidária (CC, art. 942, parágrafo único).

Alternativa correta: "b".

---

148. (Fundatec – Procurador do Estado – RS/2015) Em relação à obrigação de indenizar, analise as seguintes assertivas:

I. O incapaz pode responder, equitativamente, por prejuízos por ele causados.

II. O pai pode ressarcir-se perante o filho, relativamente incapaz, pela indenização paga a terceiro por ato cometido pelo seu descendente.

III. A obrigação de prestar reparação transmite-se com a herança.

IV. A responsabilidade civil independe da criminal, podendo se questionar quanto à existência do fato mesmo quando esta questão se achar decidida no juízo criminal.

Quais estão corretas?

a) Apenas I e III.

b) Apenas II e III.

c) Apenas I, II e III.

d) Apenas I, II e IV.

e) Apenas I, III e IV.

COMENTÁRIOS

Item I: correto; a regra da responsabilidade civil do incapaz é *subsidiária e mitigada*, conforme o art. 928 do CC: "O incapaz responde pelos prejuízos que causar, se as pessoas por ele responsáveis não tiverem obrigação de fazê-lo ou não dispuserem de meios suficientes. Parágrafo único. A indenização prevista neste artigo, que deverá ser equitativa, não terá lugar se privar do necessário o incapaz ou as pessoas que dele dependem".

Item II: incorreto; proclama o art. 934 do CC: "Aquele que ressarcir o dano causado por outrem pode reaver o que houver pago daquele por quem pagou, salvo se o causador do dano for descendente seu, absoluta ou relativamente incapaz". O Código Civil determina, nos arts. 932, I, e 933, que os pais são responsáveis, objetivamente, pela reparação civil em decorrência de atos praticados pelos filhos menores que estiverem sob sua autoridade e em sua companhia. Também se prevê no art. 932 do CC outros responsáveis por atos de terceiros, nos incisos seguintes. Com relação a estes, reparado o dano, poderão reaver o que pagou, reembolsando-se da soma indenizatória, respeitando-se, todavia, o art. 928, pois o incapaz (tutelado e curatelado) não poderá ser privado de meios para sua subsistência. O direito de regresso só deixa de existir por efeito direito do art. 934 do CC, quando causador do dano for descendente absoluta ou relativamente incapaz, resguardando-se, assim, o princípio da solidariedade moral e econômica da família. Pelo Enunciado 44 da I Jornada de Direito Civil do CJF/STJ: "Na hipótese do art. 934, o empregador e o comitente somente poderão agir regressivamente contra o empregado ou preposto se estes tiverem causado dano com dolo ou culpa".

Item III: correto; o direito de exigir reparação e a obrigação de prestá-la transmitem-se com a herança (CC, art. 943). Portanto, no caso de responsabilidade civil, se o lesado vier a falecer, seus herdeiros têm legitimidade para sucedê-lo na ação intentada e para propor a pretensão cabível. Todavia, já decidiu o STJ pela intransmissibilidade quando se tratar de direito personalíssimo (STJ, Resp. 302.029, 3ª Turma, Ministra Nancy Andrighi). É importante lembrar a regra dos arts. 12, parágrafo único, e 20, parágrafo único, ambos do CC, que dispõem sobre a legitimidade dos lesados indiretos em relação à violação dos direitos da personalidade e da imagem do morto. Em todo caso, a obrigação de reparar o dano também é transmissível aos herdeiros do lesante, porém, dentro das forças da herança (CC, arts. 1.792 e 1.997). Conforme o Enunciado 454 da V Jornada de Direito Civil do CJF/STJ: "O direito de exigir reparação a que se refere o art. 943 do Código Civil abrange inclusive os danos morais, ainda que a ação não tenha sido iniciada pela vítima".

Item IV: incorreto; pelo art. 935 do CC: "A responsabilidade civil é independente da criminal, não se podendo questionar mais sobre a existência do fato, ou sobre quem seja o seu autor, quando estas questões se acharem decididas no juízo criminal". O dispositivo consagra o *princípio da independência da responsabilidade civil relativamente à criminal*, não se poderá questionar mais sobre a própria existência do fato, ou sobre quem seja o seu autor, quando estas questões se acharem decididas no juízo criminal (CC, art. 935). Assim, a independência das instâncias não é absoluta, mas relativa. Pelo Enunciado 45 da I Jornada de Direito Civil do CJF/STJ: "No caso do art. 935, não mais se poderá questionar a existência do fato ou quem seja o seu autor se essas questões se acharem categoricamente decididas no juízo criminal".

Alternativa correta: letra "a".

---

149. (FMP – Procurador do Estado – AC/2014) É caso de responsabilidade subjetiva:

a) a dos pais, pelos filhos menores que estiverem sob sua autoridade e em sua companhia.

b) a do tutor pelo pupilo que estiverem sob sua autoridade e em sua companhia.

c) a dos que gratuitamente houverem participado nos produtos do crime, até a concorrente quantia.

d) a do incapaz se as pessoas por ele responsáveis não tiverem obrigação de fazê-lo ou não dispuserem de meios suficientes.

COMENTÁRIOS

Alternativa "a": de acordo com o art. 933 do CC, "As pessoas indicadas nos incisos I a V do artigo antecedente, ainda que não haja culpa de sua parte, responderão pelos atos praticados pelos terceiros ali referidos". Por sua vez, diz o art. 932, I, do CC: "São também responsáveis pela reparação civil: os pais, pelos filhos menores que estiverem sob sua autoridade e em sua companhia". A responsabilidade indireta daqueles indicados nos incisos do art. 932 do CC é objetiva, consoante o **Enunciado 451**, que afirma: "A responsabilidade civil por ato de terceiro funda-se na responsabilidade objetiva ou independente de culpa, estando superado o modelo de culpa presumida".

Alternativa "b": estabelece o art. 932, II, do CC, que são também responsáveis pela reparação civil o tutor e o curador, pelos pupilos e curatelados, que estiverem sob sua autoridade e em sua companhia. Também na forma do art. 933 do CC, o tutor e o curador, ainda que não haja culpa de sua parte, responderão pelos atos praticados pelos pupilos e curatelados. Por conseguinte, e observado o Enunciado 451 acima referido, a responsabilidade do tutor e do curador é objetiva.

Alternativa "c": prescreve o art. 932, V, do CC, que são também responsáveis pela reparação civil os que gratuitamente houverem participado nos produtos do crime, até a concorrente quantia. Segundo Maria Helena Diniz, "aquele que, embora não tenham participado do delito, receberam o seu produto deverão restituí-lo, por estar vedado o enriquecimento ilícito" (Código Civil Anotado, 16ª ed., 2012, pág. 661).

Alternativa "d": a responsabilidade do incapaz é subsidiária, mitigada e subjetiva. Reza o art. 928 do CC: "O incapaz responde pelos prejuízos que causar, se as pessoas por ele responsáveis não tiverem obrigação de fazê-lo ou não dispuserem de meios suficientes. Parágrafo único. A indenização prevista neste artigo, que deverá ser equitativa, não terá lugar se privar do necessário o incapaz ou as pessoas que dele dependem". Segundo as lições de Carlos Roberto Gonçalves, na clássica obra sobre Responsabilidade Civil, "No art. 928, retrotranscrito, refere-se ao 'incapaz' de forma geral, abrangendo tanto os privados do necessário discernimento para a prática dos atos da vida civil como os menores de 18 anos, que passam a ter responsabilidade mitigada e subsidiária [...] Em primeiro lugar, a obrigação de indenizar cabe às pessoas responsáveis pelo incapaz (amental ou menor de 18 anos). Este só será responsabilizado se aquelas não dispuserem de meios suficientes para o pagamento. Mas a indenização, nesse caso, que deverá ser equitativa, não terá lugar se privar do necessário o incapaz, ou as pessoas que dele dependam. Não mais se admite que os responsáveis pelo menor, pais e tutores, se exonerem da obrigação de indenizar provando que não foram negligentes na guarda, porque, como já mencionado, o art. 933 do novo diploma dispõe que a responsabilidade dessas pessoas independe de culpa" (Direito Civil Brasileiro, vol. 4, Saraiva, 2013, 8ª ed., pág. 39). Complementa Fábio Ulhôa Coelho, em comentários ao art. 933 do CC: "o prejudicado deve provar a culpa do causador, mas não a do responsável [...] Se não houve culpa do filho pelo dano que sofreu, a vítima não terá direito ao crédito pela indenização em face do pai. Somente a responsabilidade deste último é objetiva" (Curso de Direito Civil, vol. 2, 6ª ed., Saraiva, São Paulo, pág. 386). Desse modo, a responsabilidade do incapaz é subjetiva, ou seja, deve ser provada sua culpa para a eclosão do evento danoso, quer para chamar a responsabilidade indireta dos pais (CC, art. 933), quer quando responda subsidiariamente pelo dano (CC, art. 928, parágrafo único).

Alternativa correta: letra "d".

4. RESPONSABILIDADE DO EMPREGADOR

150. (Cespe – Procurador do Estado – PGE – PE/2018) Em razão da premente necessidade da entrega das mercadorias que transportava, o motorista contratado pela empresa de transporte conduziu o veículo de carga em alta velocidade, vindo a colidir com outro veículo, o que causou a morte do condutor desse veículo.

Nesse caso, a responsabilidade do empregador é objetiva,

a) desde que provado que o empregado estava em horário de trabalho.

b) mas depende da prova da culpa in elegendo.

c) mas depende da prova da culpa in vigilando.

d) estando de acordo com a teoria da substituição.

e) independentemente de prova da conduta culposa do empregado.

COMENTÁRIOS

✪ **Nota do Autor:** a responsabilidade civil por ato ou fato de terceiro do empregador ou comitente, por seus empregados, serviçais (domésticas) e prepostos (que cumpre ordens), no exercício do trabalho que lhes competir, ou em razão dele, é prevista no art. 932, III, do Código Civil. Será responsável pela reparação civil o empregador ou comitente, pessoa física ou jurídica, por seus empregados, serviçais e prepostos, no exercício do trabalho que lhes competir, ou em razão dele, que nessa qualidade causem dano a outrem. Trata-se de responsabilidade objetiva e solidária, pois o empregador ou comitente, ainda que não haja culpa de sua parte, responderão pelos atos praticados pelos terceiros referidos acima (CC, art. 934). Pelo **Enunciado 191**, "A instituição hospitalar privada responde, na forma do art. 932, III, do Código Civil, pelos atos culposos praticados por médicos integrantes de seu corpo clínico". Pelo **Enunciado 44**, "Na hipótese do art. 934, o empregador e o comitente somente poderão agir regressivamente contra o empregado ou preposto se estes tiverem causado dano com dolo ou culpa". A outro giro, o Código Civil de 2002 abandonou definitivamente as presunções, adotando a responsabilidade objetiva pelos atos praticados por terceiros, conforme se observa do art. 933 (Cristiano Vieira Sobral Pinto, Direito Civil Sistematizado, 4ª ed., Forense, 2012, Rio de Janeiro). Pelo **Enunciado 451**, "A responsabilidade civil por ato de terceiro funda-se na responsabilidade objetiva ou independente de culpa, estando superado o modelo de culpa presumida".

Alternativa "a": segundo art. 932, III, do CC, é responsável o empregador ou comitente, por seus empregados, serviçais e prepostos, no exercício do trabalho que lhes competir, ou em razão dele. Nota-se, portanto, que a responsabilidade ocorre mesmo que o empregado esteja fora do horário de trabalho, o que é aceito na jurisprudência.

Alternativa "b": a responsabilidade das pessoas indicadas no art. 932, incisos I a V, ainda que não haja culpa de sua parte, responderão pelos os praticados pelos terceiros ali referidos, incluindo-se, assim, o empregador.

Alternativa "c": consoante alternativa anterior, a responsabilidade do empregador é objetiva, fundada na teoria do risco-proveito, inteligência dos arts. 932, III, e 933.

Alternativa "d": pela *teoria da substituição*, patrão ao se valer de um preposto ou de um empregado, está, na verdade, prolongando sua própria atividade, com o que o patrão ou preponente assume a posição de garante da indenização perante o terceiro ofendido. Esta modalidade de responsabilização também está de acordo com essa teoria.

Alternativa "e": faz-se necessário demonstrar a conduta culposa do empregado para que o empregador seja chamado à responsabilidade como garantidor.

Alternativa correta: letra "d".

5. RESPONSABILIDADE DAQUELE QUE PARTICIPA DO PRODUTO DO CRIME

151. (FEPESE – Procurador do Estado – SC/2010) No que concerne à responsabilidade civil, dispõe o Código Civil Brasileiro que:

1) Aquele que gratuitamente houver participado nos produtos do crime é responsável civilmente até a concorrente quantia.
2) O grau de culpa apurado é a base para a análise da extensão do dano.
3) Quando a ofensa extinguir ou reduzir a capacidade laboral, o prejudicado, se preferir, poderá exigir que a indenização seja arbitrada e paga de uma só vez.
4) Aquele que ressarcir o dano causado por outrem pode reaver o que houver pago daquele por quem pagou, salvo se o causador do dano for descendente seu, absoluta ou relativamente incapaz.

Assinale a alternativa que indica todas as afirmativas corretas.

a) São corretas apenas as afirmativas 2 e 3.
b) São corretas apenas as afirmativas 3 e 4.
c) São corretas apenas as afirmativas 1, 2 e 4.
d) São corretas apenas as afirmativas 1, 3 e 4.
e) São corretas as afirmativas 1, 2, 3 e 4.

COMENTÁRIOS

Item 1: correto; são também responsáveis pela reparação civil os que gratuitamente houverem participado nos produtos do crime, até a concorrente quantia. Trata-se daqueles que não participaram do delito, mas que receberam o seu produto, que deverá ser restituído. A outro giro, se o dano tiver mais de um autor, todos serão **solidariamente** responsáveis pela reparação, assim como os coautores ou cúmplices.

Item 2: incorreto; o grau da culpa é previsto no CC/ art. 944, parágrafo único, como parâmetro de fixação equitativa da indenização quando houver excessiva desproporção entre a gravidade da culpa e o dano, até mesmo moral; assim, o grau da culpa não é a base para análise da extensão do dano, mas um critério legal para a fixação da indenização. Assim, em regra, a extensão do dano é a base da reparação. **Ver informativos 46, 380, 456 e 457 das Jornadas de Direito Civil do CJF.**

Item 3: correto; se da ofensa resultar defeito pelo qual o ofendido não possa exercer o seu ofício ou profissão, ou se lhe diminua a capacidade de trabalho, a indenização, além das despesas do tratamento e lucros cessantes até ao fim da convalescença, incluirá pensão correspondente à importância do trabalho para que se inabilitou, ou da depreciação que ele sofreu. O prejudicado, se preferir, poderá exigir que a indenização seja arbitrada e paga de **uma só vez.**

Item 4: correto; aquele que ressarcir o dano causado por outrem pode reaver o que houver pago daquele por quem pagou, **salvo** se o causador do dano for **descendente** seu, **absoluta** ou **relativamente incapaz**. Pelo **Enunciado 44**: *"Na hipótese do art. 934, o empregador e o comitente somente poderão agir regressivamente contra o empregado ou preposto se estes tiverem causado dano com dolo ou culpa".*

Alternativa correta: letra "d".

6. REDUÇÃO EQUITATIVA DA INDENIZAÇÃO

152. (FEPESE – Procurador do Estado – SC/2009) Assinale a alternativa incorreta.

a) A indenização mede-se pela extensão do dano.
b) A teoria do dano direto e imediato é aplicável ao sistema de responsabilidade civil brasileiro.
c) De acordo com o Novo Código Civil, o grau de culpa do agente nunca poderá influenciar na quantificação do prejuízo.
d) O fato exclusivo da vítima e o caso fortuito e de força maior são excludentes da causalidade.
e) De acordo com o Novo Código Civil, a responsabilidade civil dos pais pelos atos dos filhos é regulada pela teoria da responsabilidade objetiva.

COMENTÁRIOS

✪ **Nota do Autor:** a reparação do dano ou a fixação da indenização tem por função recompor a lesão sofrida pela vítima, na extensão do prejuízo que lhe foi causado. Excepcionalmente, e baseado no princípio da eticidade, se houver um dano excessivamente desproporcional à gravidade da culpa do ofensor, poderá o juiz reduzir, equitativamente, a indenização. O disposto no CC/art. 944, parágrafo único, é inovação no CC/2002, e segundo dispõe *"se houver excessiva desproporção entre a gravidade da culpa e o dano, poderá o juiz reduzir, equitativamente, a indenização"*. Como sabemos, os graus da culpa são divididos em: (A) *lata ou grave; (B) leve ou média e (C) levíssima.* A classificação leva em consideração a possibilidade de se evitar a eclosão do evento danoso segundo a diligência empregada. No sistema vigente, a culpa, mesmo que levíssima, obriga ao reparo do dano de acordo com sua extensão (CC/art. 944, *caput*). Não obstante, há situações que se afiguram desproporcionais o grau da culpa e o dano verificado, material ou moral. Assim, o grau da culpa é um dos fatores a serem levados em consideração quando da quantificação da indenização. Pelo **Enunciado 457**, *"A redução equitativa da indenização tem caráter excepcional e somente será realizada quando a amplitude do dano extrapolar os efeitos razoavelmente imputáveis à conduta do agente"*. **Pelo Enunciado 458**, *"O grau de culpa do ofensor, ou a sua eventual conduta intencional, deve ser levado em conta pelo juiz para a quantificação do dano moral"*. Pelo **Enunciado 379**, *"O art. 944, caput, do Código Civil não afasta a possibilidade de se reconhecer a função punitiva ou pedagógica da responsabilidade civil"*. Pelo **Enunciado 456**, *"A expressão "dano" no art. 944 abrange não só os danos individuais, materiais ou imateriais, mas também os danos sociais, difusos, coletivos e individuais homogêneos a serem reclamados pelos legitimados para propor ações coletivas"*. Por fim, pelos **Enunciados 46 e 380**, *"A possibilidade de redução do montante da indenização em face do grau de culpa do agente, estabelecida no parágrafo único do art. 944 do novo Código Civil, deve ser interpretada restritivamente, por representar uma exceção ao princípio da reparação integral do dano"*.

Alternativa "a": segundo o art. 944, *caput*, do CC, a indenização mede-se pela extensão do dano.

Alternativa "b": pois a teoria do dano direto e imediato foi adotada pelo CC/2002, no art. 403, afastando-se o dano remoto do dever de indenizar.

Alternativa "c": reconhece o CC/art. 944, parágrafo único, que, se houver excessiva desproporção entre a gravidade da culpa e o dano, poderá o juiz reduzir, equitativamente, a indenização. Assim, o grau da culpa poderá servir de critério para a fixação da indenização, como exceção, pois a regra é a reparação pela extensão do dano.

Alternativa "d": o nexo de causalidade também é afastado mesmo na responsabilidade objetiva, nos casos de culpa exclusiva da vítima ou do terceiro, caso fortuito ou de força maior, exceto se se tratar de responsabilidade objetiva fundada na *teoria do risco integral*, como ocorre em relação ao dano ambiental.

Alternativa "e": a responsabilidade objetiva dos pais pelos atos dos filhos é reconhecida no art. 933 do CC, pelo qual aqueles respondem pelos atos praticados por estes, ainda que não haja culpa de sua parte.

Alternativa incorreta: letra "c".

VIII. DIREITOS DAS COISAS

1. POSSE

1.1. COMPOSSE

153. (Cespe – Procurador do Estado – CE/2008) Em relação ao direito das coisas, assinale a correta.

a) O usufruto é constituído intuito personae, ou seja, é intransferível, seja entre vivos ou por causa de morte. Assim, se for vitalício e constituído em favor de duas pessoas, se extinguirá, em sua totalidade, com o falecimento de um dos usufrutuários, restabelecendo-se, assim, a propriedade plena do nu-proprietário.

b) Para a concessão do direito real de servidão de trânsito, exige – se que os dois imóveis sejam contíguos, pertencentes ou não ao mesmo dono, e que o imóvel dominante seja encravado, ou seja, que não possua saída pela via pública, fonte ou porto. A servidão é contínua quando esse direito só se exterioriza com o ato humano de transitar pelo prédio serviente.

c) Composse é modalidade de posse exercida concomitantemente por mais de um titular sobre o mesmo bem que se encontra em estado de indivisão. Nesse caso, cada possuidor terá uma parte ideal, já que não se determina qual parcela compete a cada um.

d) O proprietário de um imóvel hipotecado não poderá aliená-lo sem quitar o crédito hipotecário, sendo, inclusive, cláusula válida e obrigatória, no referido contrato, a proibição de o proprietário alienar o imóvel hipotecado.

e) O direito de uso conferido a uma pessoa transfere-se, por morte do usuário, aos seus sucessores, obedecida a ordem de vocação hereditária.

COMENTÁRIOS

✪ **Nota do Autor:** compossessão ou simplesmente composse é a situação jurídica segundo a qual duas ou mais pessoas exercem os direitos possessórios sobre a coisa a um só tempo. Sobre o instituto dispõe o CC, art. 1.199: "Se duas ou mais pessoas possuírem coisa indivisa, poderá cada uma exercer sobre ela atos possessórios, contanto que não excluam os dos outros compossuidores". Não se deve confundir compossessão com posses paralelas, sobreposição ou concorrência de posses, pois, enquanto na composse todos os possuidores exercem o poder de fato sobre a mesma coisa, na concorrência há o desdobramento em posse direta e indireta, ou seja, há fenômenos possessórios sobre o mesmo bem, mas de natureza diversa. A composse pode ser *pro diviso* (não há repartição de direito, mas de fato, e cada compossuidor já possui parte certa) ou *pro indiviso* (não há qualquer divisão, e cada pessoa possui uma parte ideal). Assim, são pressupostos da composse: (1) pluralidade de sujeitos; (2) coisa indivisa.

Alternativa "a": o usufruto é previsto no CC, arts. 1.390 a 1.411; de fato, o usufruto é intransferível e inalienável. Com a morte do usufrutuário é extinto (CC, arts. 1.393 e 1.410, I); no entanto, constituído o usufruto em favor de duas ou mais pessoas, extinguir-se-á a parte em relação a cada uma das que falecerem, salvo se, por estipulação expressa, o quinhão desses couber ao sobrevivente (CC, art. 1.411).

Alternativa "b": a servidão de trânsito não se confunde com a passagem forçada, pertencente aos direitos de vizinhança, na qual o prédio dominante é encravado (CC, art. 1.285); disso decorre que a servidão proporciona utilidade para o prédio dominante, e grava o prédio serviente, que pertence a donos diversos, e constitui-se mediante declaração expressa dos proprietários, ou por testamento, e subsequente registro no Cartório de Registro de Imóveis. (CC, art. 1.378)

Alternativa "c": se duas ou mais pessoas possuírem coisa indivisa, poderá cada uma exercer sobre ela atos possessórios, contanto que não excluam os dos outros compossuidores. A composse pode ser *pro diviso* (não há repartição de direito, mas de fato, e cada compossuidor já possui parte certa) ou *pro indiviso* (não há qualquer divisão, e cada pessoa possui uma parte ideal).

Alternativa "d": é nula a cláusula que proíbe ao proprietário alienar imóvel hipotecado, mas pode convencionar-se que vencerá o crédito hipotecário, se o imóvel for alienado. (CC, art. 1.475).

Alternativa "e": o uso assim como o usufruto é intransferível por alienação ou morte (CC, arts. 1.413, 1.393 e 1.410, I).

Alternativa correta: letra "c".

1.2. AQUISIÇÃO E PERDA DA POSSE

154. (Fundatec – Procurador do Estado – RS/2015) Em relação à posse analise as seguintes assertivas:

I. O possuidor de má-fé responde, em qualquer caso, pela deterioração da coisa, salvo se acidental.

II. A posse é transmitida ao legatário do possuidor com as mesmas características da posse originária.

III. É de boa-fé a posse adquirida pelo possuidor que ignora o obstáculo que impede a aquisição da coisa.

IV. A alegação de propriedade não impede a reintegração na posse.

Quais estão corretas?

a) Apenas I e IV.

b) Apenas II e III.

c) Apenas I, II e III.

d) Apenas I, II e IV.

e) Apenas II, III e IV.

COMENTÁRIOS

✪ **Nota do Autor:** adquire-se a posse desde o momento em que se torna possível o exercício, em nome próprio, de qualquer dos poderes inerentes à propriedade (CC, art. 1.204). O art. 1.196 do CC acolheu a teoria objetiva da posse, de Ihering, afirmando: "Considera-se possuidor todo aquele que tem de fato o exercício, pleno ou não, de algum dos poderes inerentes à propriedade". Para a teoria de Ihering o *animus* é elemento já contido no *corpus*, porque a posse já exterioriza aquela intenção de agir como dono. Tem posse quem se comporta como se fosse dono, e nesse comportamento já se considera o *animus*. É que a conduta de dono já manifesta o elemento psíquico de agir como proprietário (*affectio tenedi*), pouco importando se quem assim se apresenta externa e visualmente quer ser dono, no seu íntimo (*animus domini*). Por conseguinte, não há fórmula ou rol de situações em *numerus clausus* previstas. Todo aquele que se apresenta como dono, será possuidor. Adquire-se a posse, por exemplo, pelo constituto possessório (ou *clausula constituti*), espécie de tradição ficta, pela qual se transfere a posse indireta, ou seja, possuindo em nome próprio, passa-se a possuir em nome de terceiro; é o caso de alguém vender um apartamento e nele continuar, mas agora com locatário. Não se confunde com a *traditio brevi manu*, que segue o caminho inverso, ou seja, possuindo em nome de terceiro, passa-se então a possuir em nome próprio; no exemplo acima, o locatário adquire o apartamento. Há modos de aquisição originário (sem relação de causalidade) e derivado (ou com relação de causalidade à posse anterior). Assim, são exemplos colhidos na doutrina de aquisição da posse: (A) a apreensão: apropriação unilateral de coisa sem dono, porque abandonada ou não pertencente a ninguém – *res derelicta* ou *res nullius*; (B) o exercício do direito; (C) a disposição da coisa; na tradição, real, simbólica ou ficta; (D) o constituto possessório (*clausula constituti*); (E) a *traditio brevi manu*, etc. A posse pode ser adquirida: (1) pela **própria pessoa** que a pretende ou por seu **representante**; (2) por **terceiro sem mandato**, dependendo de **ratificação**. A posse ***transmite-se*** aos herdeiros ou legatários do possuidor com os mesmos caracteres (CC, art. 1.206). Na *sucessio possessionis* verifica-se a transferência legal ou *ex lege* da posse, como se dá na sucessão *causa mortis* do herdeiro, do legatário ou pelo casamento. (CC, art. 1.207, primeira parte). Já na *acessio possessionis* há mera faculdade de unir a posse (CC, art. 1.207, segunda parte). Não induzem posse os atos de mera permissão ou tolerância assim como não autorizam a sua aquisição os atos violentos, ou clandestinos, senão depois de cessar a violência ou a clandestinidade. A posse do imóvel faz presumir, até prova contrária, a das coisas móveis que nele estiverem. Por outro lado, perde-se a posse quando cessa, embora contra a vontade do possuidor, o poder sobre o bem, ao qual se refere o art. 1.196 ("Considera-se possuidor todo aquele que tem de fato o exercício, pleno ou não, de algum dos poderes inerentes à propriedade"). Para o Código Civil de Miguel Reale, adepto da teoria objetiva da posse, de Ihering, assim como para outros diplomas que a acolheram, não é necessário especificar caso a caso todas as situações ou modos de perda da posse. Por exemplo, perde-se a posse pelo abandono, pela tradição, pela destruição, etc.

Item I: incorreto; o possuidor de má-fé responde pela perda, ou deterioração da coisa, ainda que acidentais, salvo se provar que de igual modo se teriam dado, estando ela na posse do reivindicante (CC, art. 1.218). Logo, a má-fé não pode aproveitar a ninguém; todavia, se o possuidor de má-fé comprovar que a perda, ou deterioração da coisa, se daria de igual modo, mesmo que o bem estivesse em poder do reivindicante, o Código Civil o exonera da responsabilidade de indenizar o dano.

Item II: correto; conforme o art. 1.206 do CC: "A posse transmite-se aos herdeiros ou legatários do possuidor com os mesmos caracteres". Com a abertura da sucessão, a posse da herança é transferida por efeito da lei, sendo que os herdeiros e legatários tomam o lugar do *de cujus* continuando sua posse, com os mesmos caracteres, tais como vícios, qualidades, etc.

Item III: correto; informa a dicção do art. 1.201 do CC: "É de boa-fé a posse, se o possuidor ignora o vício, ou o obstáculo que impede a aquisição da coisa". O que diferencia a *posse de boa-fé* da *posse de má-fé*, são os fundamentos psicológicos que as informam, o critério é subjetivo. Na primeira, o possuidor tem a crença de que sua posse é legítima, ignorando a existência de vício; na segunda, o vício é de seu conhecimento. Por outro lado, o critério para verificar se uma posse é justa ou injusta é objetivo, ou seja, analisa-se a existência ou não dos vícios.

Item IV: correto; pelo art. 1.210, § 2º, do CC: "Não obsta à manutenção ou reintegração na posse a alegação de propriedade, ou de outro direito sobre a coisa". A alegação de propriedade ou de qualquer outro direito sobre a coisa não impede a manutenção, nem a reintegração da posse. É que no julgamento da posse, enquanto direito que detém autonomia, não se pode cogitar da propriedade, como defesa. Pelo Enunciado 78 da I Jornada de Direito Civil, "Tendo em vista a não-recepção pelo novo Código Civil da *exceptio proprietatis* (art. 1.210, § 2º) em caso de ausência de prova suficiente para embasar decisão liminar ou sentença final ancorada exclusivamente no *ius possessionis*, deverá o pedido ser indeferido e julgado improcedente, não obstante eventual alegação e demonstração de direito real sobre o bem litigioso". E ainda, pelo Enunciado 79, "A *exceptio proprietatis*, como defesa oponível às ações possessórias típicas, foi abolida pelo Código Civil de 2002, que estabeleceu a absoluta separação entre os juízos possessório e petitório".

Alternativa correta: letra "e".

---

155. (FMP – Procurador do Estado – AC/2012) Assinale a alternativa INCORRETA.

a) Posse e detenção caracterizam-se, no sistema jurídico brasileiro, como poder de fato, que se exerce sobre a coisa, diferenciando-se, dentre outros fatores, porque a posse recebe proteção interdital e pode conduzir à aquisição da propriedade, enquanto a detenção nem recebe proteção interdital, nem conduz à aquisição da propriedade.

b) Na *traditio brevi manu* o adquirente da posse do bem já o tem em seu poder; apenas, por convenção, muda-se o título da ocupação.

c) A posse não se transfere com seus caracteres. Assim, se for violenta, na origem, pode convalar-se em posse legítima, se o sucessor estiver de boa-fé.

d) A posse se transfere por mera tradição, isto é, porque a pessoa passou a exercer poder fático sobre a coisa.

COMENTÁRIOS

Alternativa "a": a posse e a detenção diferenciam-se, porque o detentor tem apenas a *naturalis possessio* ou mera custódia da coisa, não tendo o direito de invocar a proteção possessória, uma vez que o elemento econômico da posse está afastado. Para Ihering, por outro lado, a posse é a exteriorização do domínio, ou seja, a relação exterior intencional existente normalmente entre a pessoa e a coisa, tendo em vista a função econômica. Seus elementos, assim, são os seguintes: *1)* o *corpus*; *2)* o *animus* ou *affectio tenendi*, já incluído no corpus. Pelo **Enunciado 492**: *"A posse constitui direito autônomo em relação à propriedade e deve expressar o aproveitamento dos bens para o alcance de interesses existenciais, econômicos e sociais merecedores de tutela"*. Pelo **Enunciado 493**: *"O detentor (art. 1.198 do Código Civil) pode, no interesse do possuidor, exercer a autodefesa do bem sob seu poder"*.

Alternativa "b": a *posse natural* é aquela que decorre da relação material entre a pessoa e a coisa; *posse civil* é aquela que decorre da lei. É forma de aquisição da posse civil a *traditio breve manu*, que consista naquela situação em que o possuidor de uma coisa em nome alheio ou com mera posse direta passa a possuir ou em nome próprio ou com posse plena, sem a necessidade de se promover o ato físico de entrega da coisa. Difere-se da *traditio longa manu*, em que o possuidor da coisa, apesar de não ter tido disponibilidade material plena, por ficção, passa a tê-la (ex.: adquire-se uma fazenda de vários hectares; presume-se que, se o adquirente tomar posse de apenas uma pequena área, estará tomando posse de toda a área, ficticiamente). Também se adquire a posse civil por meio do *constituto possessório*, por meio da *cláusula constituti*, que deve ser expressa, por meio da qual o possuidor que possuía em nome próprio passa a possuir em nome alheio ou do adquirente.

Alternativa "c": na transmissão da posse por *"causa mortis"*, denominada *sucessio possessionis*, a posse do de cujus incorpora-se na posse dos herdeiros e legatários com todos os seus caracteres, ou seja, com as mesmas qualidades, vícios ou limitações. Há continuação da posse do antecessor, de modo que o herdeiro simplesmente fica no lugar do defunto. Assim, se o herdeiro ignorar eventuais vícios, tal fato não é levado em conta se o autor da herança os conhecia.

Alternativa "d": adquire-se a posse desde o momento em que se torna possível o exercício, em nome próprio, de qualquer dos poderes inerentes à propriedade; entre os modos, inclui-se a tradição, que é a entrega material da coisa (tradição real), podendo consistir também no ato representativo da transferência, em que não há real entrega do objeto ou da coisa a ele equivalente (tradição simbólica), ou quando se realizada pelo *constituto possessório*, hipótese em que o transmitente continua na posse da coisa alienada, não mais em seu nome, mas em nome do adquirente (tradição ficta). Pelo **Enunciado 77**: *"A posse* *das coisas móveis e imóveis também pode ser transmitida pelo constituto possessório".*

Alternativa correta: letra "c".

156. (COPS – Procurador do Estado – PR/2011) Assinale a alternativa incorreta:

a) quando alguém conserva a posse em nome e em cumprimento de ordens de outrem, de quem está em relação de dependência, ele é considerado simples detentor;

b) o direito brasileiro admite a bipartição da posse em posse direta e posse indireta;

c) a propriedade não pode ser discutida nas ações possessórias;

d) o possuidor de boa-fé tem direito aos frutos percebidos, mas deve restituir os frutos colhidos com antecipação;

e) a posse somente pode ser adquirida pessoalmente, não se admitindo a aquisição da posse por representante.

COMENTÁRIOS

Alternativa "a": considera-se simples detenção ou custódia a situação do fâmulo da posse, do qual dispõe o CC, art. 1.198, a quem, todavia, é reconhecida a *posse natural*. Pelo **Enunciado 493 da V Jornada de Direito Civil do CJF**: *"O detentor (art. 1.198 do Código Civil) pode, no interesse do possuidor, exercer a autodefesa do bem sob seu poder".*

Alternativa "b": a posse direta, de pessoa que tem a coisa em seu poder, temporariamente, em virtude de direito pessoal, ou real, não anula a indireta, de quem aquela foi havida, podendo o possuidor direto defender a sua posse contra o indireto. Trata-se da *sobreposição da posse*, admitida no art. 1.197 do CC.

Alternativa "c": no juízo possessório não se admite a inovação do direito de propriedade (CC, art. 1.210, § 2º).

Alternativa "d": quando aos efeitos da posse, possuidor de boa-fé tem direito, enquanto ela durar, aos **frutos percebidos**. Os **frutos pendentes** ao tempo em que cessar a boa-fé devem ser restituídos, depois de deduzidas as despesas da produção e custeio; devem ser também restituídos os **frutos colhidos com antecipação**.

Alternativa "e": a posse pode ser adquirida pela própria pessoa que a pretende ou por seu representante; admite-se, ainda, a aquisição por terceiro sem mandato, dependendo de ratificação. (CC, art. 1.205).

Alternativa incorreta: letra "e".

1.3. EFEITOS DA POSSE

1.3.1. TUTELA DA POSSE

157. (FCC – Procurador do Estado – SP/2012) Tício celebra contrato de locação de imóvel com Caio. Em razão de férias, Caio se ausenta do lar por 90 dias, e neste período Lúcio invade o imóvel, fato que chega ao imediato conhecimento de Tício. Neste caso, Tício

a) e Caio têm legitimidade para pleitear proteção possessória.

b) pode dar o contrato de locação por resolvido, e mover ação de despejo em face de Lúcio, mais célere que a possessória.

c) não poderá pleitear reintegração de posse, pois apenas Caio tem interesse jurídico em fazer cessar o esbulho.

d) poderá pleitear reintegração de posse, desde que notifique previamente Lúcio para que desocupe o imóvel no prazo de 30 dias.

e) pode pleitear reintegração de posse para fazer cessar o esbulho, desde que previamente autorizado por Caio.

COMENTÁRIOS

✪ **Nota do Autor:** os efeitos da posse são aqueles que lhe garantem cunho jurídico, distinguindo da mera detenção. Podem ser sistematizados esses efeitos com base no direito positivo (CC, arts. 1.210 a 1.222 e 1.238 e ss.), afirmando-se que cinco são os mais "evidentes": (a) proteção possessória, abrangendo a autodefesa e a invocação dos interditos; (b) a percepção dos frutos; (c) a responsabilidade pela perda ou deterioração da coisa; (d) a indenização pelas benfeitorias e o direito de retenção; (e) a usucapião (Carlos Roberto Gonçalves, Direito Civil Esquematizado 2, Saraiva, São Paulo, 2012). **(1º efeito: proteção possessória):** o desforço imediato (destina-se ao esbulho) e a legitimada defesa da posse (voltada à turbação) são mecanismos de autodefesa ou autotutela, com previsão no CC, art. 1.210, § 1º, onde se lê: "O possuidor turbado, ou esbulhado, poderá manter-se ou restituir-se por sua própria força, contanto que o faça logo; os atos de defesa, ou de desforço, não podem ir além do indispensável à manutenção, ou restituição da posse". As ações possessórias típicas são chamadas de heterotutela (reintegração, manutenção e interdito proibitório) e se sujeitam ao rito do NCPC, arts. 554 a 567, lembrando que se diferenciam no procedimento as ações de posse nova e de posse velha em razão do transcurso ou não de ano e dia em que molestada a posse; segundo o CC, art. 1.212, o possuidor pode intentar a ação de esbulho, ou a de indenização, contra o terceiro, que recebeu a coisa esbulhada sabendo que o era. **(2º efeito: frutos):** decorre do CC, art. 1.214, que o possuidor de boa-fé tem direito, enquanto ela durar, aos frutos percebidos. Os frutos pendentes ao tempo em que cessar a boa-fé devem ser restituídos, depois de deduzidas as despesas da produção e custeio; devem ser restituídos, ainda, os frutos colhidos com antecipação. Os frutos naturais e industriais reputam-se colhidos e percebidos, logo que são separados; os civis reputamse percebidos dia por dia (CC, art. 1.215). Se o possuidor for de má-fé (aquele que conhece os vícios que macula a posse), responde por todos os frutos colhidos e percebidos, bem como pelos que, por culpa sua, deixou de perceber, desde o momento em que se constituiu de má-fé, mas tem direito às despesas da produção e custeio; assim, responde por todos os frutos, restando-lhe unicamente as despesas mencionadas. **(3º efeito: perda ou deterioração da coisa):** pelo CC, art. 1.217, o possuidor de boa-fé não responde pela perda ou deterioração da coisa, a que não der causa; já o CC, art. 1.218 afirma que o possuidor de má-fé responde pela perda, ou deterioração da coisa, ainda que acidentais, salvo se provar que de igual modo se teriam dado, estando ela na posse do reivindicante. **(4º efeito: benfeitorias):** por sua vez, o CC, art. 1.219 diz que o possuidor de boa-fé tem direito à indenização das benfeitorias necessárias e úteis, bem como, quanto às voluptuárias, se não lhe forem pagas, a levantá-las, quando o puder sem detrimento da coisa, e poderá exercer o direito de retenção pelo valor das benfeitorias necessárias e úteis; quando de má-fé, ao possuidor serão ressarcidas somente as benfeitorias necessárias; não lhe assiste o direito de retenção pela importância destas, nem o de levantar as voluptuárias, é categórico o CC, art. 1.220. Relacionado à usucapião, veremos mais adiante, quando das questões referentes à aquisição da propriedade imóvel.

Alternativa "a": a posse se desdobra em direta e indireta; o possuidor direto ou indireto esbulhado é o que se vê despojado na posse, injustamente, por violência, clandestinidade e por precariedade. Nesses casos, admite-se que seja manejada ação de reintegração da posse.

Alternativa "b": não há relação contratual de locação entre Tício e Lúcio, motivo pelo qual é incabível a ação de despejo, nos termos do art. 5º da Lei 8.245/91.

Alternativa "c": também Tício possui interesse jurídico, pois é igualmente possuidor.

Alternativa "d": não há qualquer limitação ao exercício dos direitos relacionado às ações possessórias, conforme o art. 1.210 e ss. do CC.

Alternativa "e": o exercício do direito de ação possessória do possuidor indireto não está sujeito a qualquer autorização prévia do possuidor direto para que possa manejar a heterotutela contra terceiro que venha a esbulhar a posse (CC, art. 1.197).

Alternativa correta: letra "a".

158. (Cespe – Procurador do Estado – AL/2008) A respeito da posse, assinale a correta.

a) Diz-se de boa-fé a posse que não se reveste de clandestinidade, violência ou precariedade.

b) O locatário poderá defender a posse do imóvel locado, em caso de ameaça da posse, ou de efetiva turbação ou esbulho, mas não poderá adquirir a propriedade pela usucapião, haja vista que a sua posse é *ad interdicta*.

c) A boa-fé mostra-se essencial para o uso das ações possessórias.

d) Considerando que a posse é situação de fato protegida pelo direito, não é possível a sua aquisição por intermédio de representante.

e) Caso mais de uma pessoa se diga possuidora, será mantida provisoriamente no imóvel a que comprovar a posse de boa-fé.

COMENTÁRIOS

✪ **Nota do Autor:** a *legítima defesa da posse* e o *desforço imediato* são modos de proteção da posse com previstos no art. 1.210, § 1º; do CC; são mecanismos de autodefesa, defesa direta, ou autotutela; não se confundem com as *ações possessórias*, que são formas de heterotutela porquanto demandam provocação judicial. Ao possuidor *turbado* admite-se a legitima defesa, quanto ao *esbulhado*, o desforço imediato. A autotutela não afasta a possibilidade do auxílio de terceiros, como empregados e seguranças. Igualmente, por ser um recurso da posse natural, poderá fazer uso da autotutela o detentor. Pelo **Enunciado 493**: *"O detentor (art. 1.198 do Código Civil) pode, no interesse do possuidor, exercer a autodefesa do bem sob seu poder"*. Os requisitos comuns à legitima defesa da posse e ao desforço imediato são os seguintes: *1)* que se faça logo depois de sofrer os atos de lesão a posse *(requisito temporal)*; 2) não ir além do indispensável à manutenção ou restituição da posse *(requisito da proporcionalidade)*.

Alternativa "a": a posse será de boa-fé se o possuidor ignora o vício ou o obstáculo que impede a aquisição da coisa. (CC, art. 1.201).

Alternativa "b": *ad interdicta* é a posse que pode ser defendida pelos mecanismos de autotutela (*desforço e legitima defesa*) e heterotutela, *ação de interdito proibitório* (preventivo nos casos de ameaça de turbação ou esbulho), *manutenção na posse* (turbação) e *reintegração da posse* (esbulho). Trata-se de ações para a preservação do direito à posse. A posse *ad usucapionem ou usucapível* difere daquela na medida em que permite a aquisição da propriedade pela usucapião, quando presentes os requisitos legais. Quanto ao locatário, sua posse é precária, razão porque não admite a usucapião.

Alternativa "c": não é requisito para a proteção possessória que a posse seja de boa-fé. Seus requisitos, assim, são: *1)* posse atual do autor; *2)* ameaça de esbulho ou de turbação, ou que ocorra esbulho ou turbação.

Alternativa "d": admite-se a aquisição da posse: *1)* pela própria pessoa que a pretende; *2)* por seu representante e; *3)* por terceiro sem mandato, dependendo de ratificação. (CC, art. 1.205).

Alternativa "e": a posse provisória é conferida a quem tiver a coisa, salvo se estiver manifesto que a obteve de modo violento, clandestino ou precário; trata-se do reconhecimento da melhor posse até que se resolva em definitivo a ação possessória.

Alternativa correta: letra "b".

1.3.2. RESPONSABILIDADE PELA DETERIORAÇÃO

159. (FMP – Procurador do Estado – AC/2014) O possuidor de boa-fé:

a) é aquele cuja posse não é precária.

b) tem direito à indenização das benfeitorias necessárias, úteis e voluptuárias.

c) não responde pela perda ou deterioração da coisa a que não der causa.

d) tem direito de retenção quanto às benfeitorias, mas não tem direito aos frutos percebidos.

COMENTÁRIOS

Alternativa "a": pelo art. 1.201 do CC: "É de boa-fé a posse, se o possuidor ignora o vício, ou o obstáculo que impede a aquisição da coisa". Por seu turno, diz o art. 1.200 do CC: "É justa a posse que não for violenta, clandestina ou precária". Desse modo, a posse que não for precária é justa. A posse de boa-fé baseia-se em critério subjetivo, em dados psicológicos, enquanto a posse justa funda-se em critério objetivo, pois examina-se a existência ou não dos vícios.

Alternativa "b": estabelece o art. 1.219 do CC: "O possuidor de boa-fé tem direito à indenização das benfeitorias necessárias e úteis, bem como, quanto às voluptuárias, se não lhe forem pagas, a levantá-las, quando o puder sem detrimento da coisa, e poderá exercer o direito de retenção pelo valor das benfeitorias necessárias e úteis". Assim, "o possuidor de boa-fé **tem direito a ser indenizado** pelas benfeitorias necessárias e úteis, uma vez que elas valorizaram ou tornaram o bem mais útil, contribuindo ainda para a sua conservação e impedindo sua deterioração ou perda [...] O possuidor de boa-fé que realizou no bem benfeitoria voluptuária **poderá** ser indenizado por ela. Porém, se o reivindicante não pagar a devida indenização, terá então, direito de retirar ou levantar a benfeitoria voluptuária, quando o puder, sem prejuízo ou detrimento da coisa. Como se vê, o possuidor de boa-fé não terá direito a nenhuma ação judicial que obrigue o proprietário a indenizar a benfeitoria voluptuária ou a restituí-la; logo, se for impossível sua retirada sem causar dano à coisa, o possuidor perdê-la-á" (Diniz, Maria Helena, Código Civil Anotado, 16ª ed., Saraiva, 2012, pág. 866).

Alternativa "c": segundo o art. 1.201 do Código Civil: "É de boa-fé a posse, se o possuidor ignora o vício, ou o obstáculo que impede a aquisição da coisa". Haverá posse de **boa-fé** se o possuidor estiver convicto de que a coisa, realmente, lhe pertence, ignorando que está prejudicando direito de outra pessoa, por não saber da existência de vício que lhe impede a aquisição da coisa. Decorre da consciência de se ter adquirido a posse por meios legítimos. O seu conceito, portanto, funda-se em dados psicológicos, em critério subjetivo (Carlos Roberto Gonçalves, Direito Civil Esquematizado, vol. 2, Saraiva, pág. 369). Assim, a crença do possuidor é fundamental para determinar se a posse é de boa ou má-fé. Se ignora o vício, a posse é de boa-fé; se conhece, tem ciência do vício que a macula, a posse é de **má-fé**. Logo, diferentemente da posse justa e injusta, onde o critério de aferição é objetivo, a posse de boa-fé ou de má-fé é ponderada subjetivamente. Para Silvio Rodrigues, "o que distingue uma posse da outra é a posição psicológica do possuidor. Se sabe da existência do vício, sua posse é de má-fé. Se ignora o vício que a macula, sua posse é de boa-fé. Cumpre, entretanto, notar, que não se pode considerar de boa-fé a posse de quem, por erro inescusável ou ignorância grosseira, desconhece o vício que mina sua posse" (Rodrigues, Silvio, Direito Civil, V. 5, Saraiva, São Paulo, 27ª ed., pag. 31). Notadamente quanto aos efeitos da posse, pode-se dizer que são aqueles que lhe garantem cunho jurídico, distinguindo da mera detenção. Podem ser sistematizados esses efeitos com base no direito positivo (CC, arts. 1.210 a 1.222 e 1.238 e ss.), afirmando-se que cinco são os mais "evidentes": (A) proteção possessória, abrangendo a autodefesa e a invocação dos interditos; (B) a percepção dos frutos; (C) a responsabilidade pela perda ou deterioração da coisa; (D) a indenização pelas benfeitorias e o direito de retenção; (E) a usucapião (Roberto Gonçalves, Carlos, Direito Civil Esquematizado 2, Saraiva, São Paulo, 2012). Pelo art. 1.217 do CC: "O possuidor de boa-fé não responde pela perda ou deterioração da coisa, a que não der causa". Nas lições de Carlos Roberto Gonçalves, "a expressão 'a que não der causa', contida na parte final, equivale a dizer que a responsabilidade do possuidor não se caracteriza, a menos que tenha agido com dolo ou culpa" (Carlos Roberto Gonçalves, Direito Civil Esquematizado 2, Saraiva, São Paulo, 2012, pág. 473).

Alternativa "d": estabelece o art. 1.219 do CC: "O possuidor de boa-fé tem direito à indenização das benfeitorias necessárias e úteis, bem como, quanto às voluptuárias, se não lhe forem pagas, a levantá-las, quando o puder sem detrimento da coisa, e poderá exercer o direito de retenção pelo valor das benfeitorias necessárias e úteis". Por conseguinte, o direito de retenção, meio direito de defesa, limita-se às benfeitorias necessárias e úteis. Com relação às voluptuárias, pode ser indenizado, ou levantá-las, mas descabe exercer o "jus retentionis". Pelo **Enunciado 81**, "O direito de retenção previsto no art. 1.219 do Código Civil, decorrente da realização de benfeitorias necessárias e úteis, também se aplica às acessões (construções e plantações) nas mesmas circunstâncias". Com relação aos frutos, outro dos efeitos da posse, afirma o art. 1.214, *caput*, do CC: "O possuidor de boa-fé tem direito, enquanto ela durar, aos **frutos percebidos**". Vale acrescentar que o termo 'frutos percebidos' também compreende os produtos, como os aluguéis e juros.

Alternativa correta: letra "c".

1.3.3. BENFEITORIAS

160. (Cespe – Procurador do Estado – PB/2008) Com relação ao direito das coisas, assinale a correta.

a) Entre as causas de perda da propriedade inclui-se a usucapião, que, sendo extraordinária e rural, exige justo título, boa fé e moradia do possuidor e de sua família no imóvel pelo prazo de cincos anos ininterruptos, sem que haja oposição por parte do proprietário.

b) A servidão predial, que tem como pressuposto a existência de dois prédios vizinhos – o serviente e o dominante –, pertencentes a donos diversos ou não, consiste na obrigação de possibilitar a utilização mais cômoda do prédio dominante.

c) Se o possuidor houver adquirido a posse de uma casa por meio de comodato verbal, essa posse é caracterizada como justa e de boa-fé. Configurada a boa-fé do possuidor que tenha realizado, no imóvel alheio, benfeitorias ou acessões, impõe-se ao titular do domínio obrigação de indenizá-las, bem como direito à retenção da coisa pelo possuidor.

d) O interdito proibitório é medida preventiva utilizada pelo possuidor que tenha fundado receio de que a sua posse sobre um imóvel seja prejudicada em sua natureza por obra em construção.

e) O constituto possessório acarreta a perda da posse, pois o possuidor modifica a relação possessória, passando a possuir em nome próprio aquilo que possuía em nome alheio, ou seja, o possuidor direto adquire a posse plena.

COMENTÁRIOS

Alternativa "a": de fato, a usucapião é uma causa de perda da posse. Todavia, a usucapião extraordinária não exige justo título, posse de boa-fé, e o prazo é de **15 anos**, salvo se o possuidor houver estabelecido no imóvel a sua moradia habitual, ou nele realizado obras ou serviços de caráter produtivo, caso em que o prazo é reduzido a **10 anos**. Tratando-se da usucapião constitucional rural, também não é exigido justo título ou boa-fé, mas outros requisitos, como prazo de **cinco anos**, área rural de até 50 hectares, não ser proprietário de outro imóvel, rural ou urbano, e tornar área produtiva pelo trabalho do interessado e/ou de sua família, servindo de moradia (CF, art. 191, CC, arts. 1.238 e 1.239).

Alternativa "b": a servidão pressupõe que os prédios pertençam a donos diversos, pois não há servidão sobre bem próprio (CC, art. 1.378).

Alternativa "c": o possuidor de boa-fé tem direito à indenização das **benfeitorias necessárias e úteis**, bem como, quanto às **voluptuárias**, se não lhe forem pagas, a levantá-las, quando o puder sem detrimento da coisa, e poderá exercer o **direito de retenção** pelo valor das benfeitorias **necessárias e úteis**. Em relação às acessões, aquele que semeia, planta ou edifica em terreno alheio perde, em proveito do proprietário, as sementes, plantas e construções; **se procedeu de boa-fé**, terá direito a indenização.

Alternativa "d": o interdito proibitório é manejado para a salvaguarda preventiva da posse, decorrente do justo receio da ameaça de turbação ou esbulho (NCPC/art. 567 e 568). O interdito não se confunde com a ação de nunciação de obra nova, de cuja competência dispõe o art. 47, § 1º, do NCPC. Esta ação repercute no exercício da posse, mas indiretamente. A nova obra infringe leis ou convenções, tais como regras de vizinhança, e por isso deve ser combatida. Essa ação tem o objetivo de impedir a continuidade da obra, paralisando seu prosseguimento. Caso a obra já tenha sido concluída, essa ação não será cabível, sendo necessário, nesse caso, ajuizar ação *demolitória* para que a coisa seja desfeita. Em três casos era admitida, como procedimento de jurisdição voluntária, no art. 934 do CPC-1973, quais sejam: (i) pelo proprietário ou possuidor para impedir edificações em imóvel vizinho que cause prejuízo ao seu direito; (ii) pelo condômino para evitar obras que prejudiquem a coisa alheia; (iii) pelo município para evitar obras contra as determinações legais. Como o Novo CPC excluiu o procedimento de jurisdição voluntária relacionada à ação de nunciação de obra nova, a partir de agora, quem tiver legítimo interesse, deverá valer-se do procedimento comum e das tutelas provisória, cabíveis em situação de urgência e evidência (NCPC, arts. 294 e 318).

Alternativa "e": o *constituto possessório (ou clausula consituti) é* espécie de *tradição ficta* na qual se transfere a posse indireta, ou seja, possuindo em nome próprio, passa-se a possuir em nome de terceiro; é o caso de alguém vender um apartamento e nele continuar, mas agora com locatário. A assertiva refere-se à *traditio brevi manu*, que segue o caminho inverso, ou seja, possuindo em nome de terceiro ou com mera posse direta, passa-se então a possuir em nome próprio ou com posse plena.

Alternativa correta: letra "c".

161. (Cespe – Procurador do Estado – ES/2008) – Em relação aos direitos reais, julgue o item a seguir: O direito de retenção, seja por acessões ou por benfeitorias, exige, para o seu reconhecimento, a demonstração da coexistência da posse de determinado bem imóvel e a prova da propriedade dos bens a serem indenizados.

COMENTÁRIOS

O direito de retenção é assegurado como um dos efeitos da posse de boa-fé, em relação às **benfeitorias necessárias e úteis**. Pelo **Enunciado 81**: *"O direito de retenção previsto no art. 1.219 do Código Civil, decorrente da realização de benfeitorias necessárias e úteis, também se aplica às acessões (construções e plantações) nas mesmas circunstâncias"*. O *"jus retentionis"* é um meio direto de defesa que a lei, excepcionalmente, confere ao possuidor de boa-fé para conservar em suas mãos coisa alheia além do momento em que deveria devolver como garantia de pagamento de despesas feitas com o bem, apuradas mediante perícia. É autotutela. Dessa maneira, sua função precípua consiste em induzir o devedor a cumprir sua obrigação, ficando privado da posse do bem que lhe pertence enquanto não a satisfizer (Arnoldo Medeiros da Fonseca). O direito é exercitável mesmo quando haja dúvida sobre a liquidez do crédito. A coexistência da posse e da propriedade dos bens a serem indenizados são seus requisitos. Na lição da doutrina, os requisitos do direito de retenção podem ser assim classificados: *1)* detenção de uma coisa alheia originada de uma causa normal e lícita; *2)* conservação dessa detenção, pois o direito de retenção desaparece se se der a sua perda; *3)* um crédito exigível do retentor em relação de conexidade com a coisa retida; *4)* inexistência de exclusão consensional ou legal do direito de retenção (Serpa Lopes). O erro do item é limitar o direito de retenção aos bens imóveis, quando os móveis também podem ser retidos por efeito da posse, já que o art. 1.219 do CC não distingue. Ademais, as benfeitorias podem recair sobre os bens móveis ou imóveis, já que o art. 93 do CC não distingue. **(errado)**

2. PROPRIEDADE

2.1. DIREITOS REAIS

162. (FURMARC – Procurador do Estado – MG/2012) Assinale a alternativa que completa a frase: "Segundo o Código Civil Brasileiro, são direitos reais, EXCETO."

a) A anticrese,

b) O direito do promitente comprador do imóvel.

c) A posse.

d) A concessão de direito real de uso.

e) A concessão de uso especial para fins de moradia.

COMENTÁRIOS

✪ **Nota do Autor:** *direito real* é a relação jurídica em virtude da qual o titular pode retirar da coisa, de modo exclusivo e contra todos, as utilidades que ela é capaz de produzir (Washington de Barros Monteiro). Caracteriza-se como a relação entre a pessoa (natural ou jurídica) e coisa, apresentando os seguintes caracteres jurídicos: *1)* oponibilidade *erga omnes*; *2)* direito de sequela; *3)* aderência imediata; *4)* suscetibilidade de abandono; *5)* de posse; *6)* usucapião; *7)* obediência ao *numerus clausus*. Os direitos reais não podem ser objeto de livre convenção das partes, que não podem, por si mesmas, criá-los, por estarem vinculados aos tipos jurídicos que a norma jurídica colocou à sua disposição. Estão limitados e regulados expressamente por norma jurídica, constituindo essa especificação da lei um *numerus clausus* (CC, art. 1.225, I a XIII). (Maria Helena Diniz). Por sua vez, o *direito real sobre coisa alheia* é o de receber, por meio de norma jurídica, a permissão do seu proprietário para usá-la ou tê-la como se fosse sua, em determinadas circunstâncias, ou sob condição de acordo com a lei e com o que foi estabelecido em contrato válido (Godofredo da Silva Telles Jr). Os *direitos reais limitados de gozo ou de fruição* são aqueles que o titular tem a autoridade de usar e gozar ou tão somente usar da coisa alheia, como a servidão, o usufruto. Por fim, nos *direitos reais de garantia*, a coisa é dada como garantia de débito, tais como a hipoteca, a anticrese, etc.

Alternativa "a": a anticrese é um direito real.

Alternativa "b": o direito do promitente comprador do imóvel é um direito real.

Alternativa "c": a posse não é um direito real.

Alternativa "d": o uso é um direito real.

Alternativa "e": concessão de uso especial para fins de moradia é um direito real.

Alternativa incorreta: letra "c".

2.1.1. DIREITO DE LAJE

163. (Vunesp – Procurador do Estado – PGE SP/2018) Sobre o direito real de laje, é correto afirmar:

a) pressupõe a coexistência de unidades imobiliárias, autônomas ou não, de titularidades distintas e situadas na mesma área, de modo a permitir que o proprietário ceda a superfície de sua construção a outrem para que ali construa unidade distinta daquela originalmente construída sobre o solo.

b) a ruína da construção-base não implica extinção do direito real de laje se houver sua reconstrução no prazo de 10 anos.

c) as unidades autônomas constituídas em matrícula própria poderão ser alienadas por seu titular sem necessidade de prévia anuência do proprietário da construção-base.

d) confere ao seu titular o direito de sobrelevações sucessivas, mediante autorização expressa ou tácita do proprietário da construção-base, desde que observadas as posturas edilícias e urbanísticas vigentes.

e) contempla espaço aéreo e subsolo, tomados em projeção vertical, atribuindo ao seu titular fração ideal de terreno que comporte construção.

COMENTÁRIOS

Alternativa "a": segundo o art. 1.510-A do CC, o proprietário de uma construção-base poderá ceder a superfície superior ou inferior de sua construção a fim de que o titular da laje mantenha unidade distinta daquela originalmente construída sobre o solo. Como se vê, não se trata a laje de unidades que compartilham da mesma área, mas da relação existente em que o titular da construção-base cede a superfície (laje) para que o titular perfaça unidade autônoma.

Alternativa "b": a ruina da construção-base não implica a extinção do direito real de laje se houver sua reconstrução em 5 anos, afirma o art. 1.510-E, II, do CC.

Alternativa "c": os titulares da laje, unidade imobiliária autônoma constituída em matrícula própria, poderão dela usar, gozar e dispor, sem qualquer anuência do proprietário da construção-base, a quem, todavia, é conferido o *direito de preferência na aquisição*, em igualdade de condições com terceiros, razão pela qual devem ser *cientificados* por escrito, para que se manifestem no prazo de **30 dias**, salvo se o contrato dispuser de modo diverso. O mesmo direito é conferido aos eventuais outros titulares de laje (CC, art. 1.510-D).

Alternativa "d": as sobrelevações são admitidas, mas sempre precedidas de autorização expressa do titular da construção-base e das lajes existentes, dispõe o art. 1.510-A, § 6º, do CC: "o titular da laje poderá ceder a superfície de sua construção para a instituição de um sucessivo direito real de laje, desde que haja autorização expressa dos titulares da construção-base e das demais lajes, respeitadas as posturas edilícias e urbanísticas vigentes".

Alternativa "e": a instituição do direito real de laje não implica a atribuição de fração ideal de terreno ao titular da laje ou a participação proporcional em áreas já edificadas, deixa claro o art. 1.510-A, § 4º, do CC.

Alternativa correta: letra "c".

2.2. AQUISIÇÃO DA PROPRIEDADE IMÓVEL

2.2.1. USUCAPIÃO

164. (FCC – Procurador do Estado – MT/2016) José, embora sem justo título nem boa-fé, exerceu, por dez anos, sem interrupção, nem oposição, a posse de imóvel registrado em nome de Caio, menor impúbere, nele estabelecendo sua moradia habitual. De acordo com o Código Civil,

a) ocorreu usucapião ordinária, porque o prazo desta, de quinze anos, é reduzido a dez quando o possuidor estabelece no imóvel sua moradia habitual.

b) ocorreu usucapião extraordinária, porque o prazo desta, de quinze anos, é reduzido a dez quando o possuidor estabelece no imóvel sua moradia habitual.

c) não ocorreu usucapião, porque esta ocorre somente se o possuidor tiver justo título.

d) não ocorreu usucapião, porque se aplicam à usucapião as causas que obstam, suspendem ou interrompem a prescrição.

e) não ocorreu usucapião, porque esta ocorre somente se o possuidor tiver boa-fé.

COMENTÁRIOS

✪ **Nota do Autor: usu***capião* é um dos modos de aquisição da propriedade, sabendo-se que pode recair sobre bens móveis e imóveis. Neste caso, tem-se as seguintes: extraordinária, ordinária, familiar, especial ou constitucional rural, especial ou constitucional urbana, indígena e usucapião urbana individual ou coletivo do Estatuto da Cidade. São **pressupostos** da usucapião: (1) coisa hábil ou suscetível de usucapião; (2) posse; (3) decurso do tempo; (4) justo título; (5) boa-fé. Os três primeiros são comuns a todas as espécies de usucapião. O **justo título e a boa-fé** são específicos da usucapião ordinária. A sentença não é pressuposto da usucapião, já que não possui natureza constitutiva, mas declaratória, tanto que pode ser arguido em defesa, nas ações reivindicatórias, antes mesmo que eventual sentença aprecie, via ação, a prescrição aquisitiva. Pela **Súmula STF/237**: *"O usucapião pode ser arguido em defesa"*. O Novo CPC (Lei 13.105/2015), no art. 1.071, passa a permitir a usucapião pela via extrajudicial, em sintonia com o viés de desjudicialização dos conflitos civis. A aquisição originária da propriedade pela via administrativa não é inédita, pois foi inaugurada pelo art. 60 da Lei 11.977/2009, a Lei Minha Casa, Minha Vida, por meio da qual se permite requerer, ao oficial de registro de imóveis, a conversão do título de legitimação de posse em usucapião especial ou constitucional urbana. Com o Novo CPC, qualquer modalidade de usucapião pode tramitar na via administrativa, tratando-se de uma faculdade do interessado. A rejeição da via extrajudicial não impede o ajuizamento da ação de usucapião (art. 216-A, e § 9º, da Lei 6.015/73). Estabelece-se, ainda, a necessidade de representação por advogado. Caso o "interessado" (e não a "parte") seja necessitado, a defensoria pública fará esse papel (NCPC, art. 185).

Alternativa "a": na situação descrita, a causa impeditiva da usucapião prevista no art. 198, I, do CC, obstou que José adquirisse a propriedade do bem.

Alternativa "b": contra o absolutamente incapaz não corre a usucapião, estabelecem os arts. 1.244 e 198, I, do CC. Desse modo, José não adquiriu a propriedade do bem pela usucapião, pois Caio é absolutamente incapaz.

Alternativa "c": a usucapião é admitida a quem tenha ou não justo título. O ponto central que levou José a não adquirir o bem é a incapacidade absoluta de Caio, pois, contra estes, está obstada a usucapião (CC, arts. 1.244 e 198, I).

Alternativa "d": segundo o art. 1.244 do CC, "estende-se ao possuidor o disposto quanto ao devedor acerca das causas que obstam, suspendem ou interrompem a prescrição, as quais também se aplicam à usucapião". Desse modo, estendem ao possuidor as disposições da prescrição pertinentes ao devedor, todas previstas nos arts. 197 a 204 do CC. Assim, as *causas impeditivas da usucapião* obstam que seu curso inicie; as *suspensivas* são as que paralisam temporariamente o seu curso, enquanto as *interruptivas* inutilizam o tempo já decorrido. Contra os menores de 16 anos não corre a prescrição, diz o art. 198, I, do CC. Logo, José não teve em favor de si o início da prescrição aquisitiva.

Alternativa "e": a posse é fundamental para a configuração da prescrição aquisitiva, e deve conter dois requisitos essenciais: (a) deve ser *"ad usucapionem"*, "o ânimo de dono"; (b) mansa e pacífica. A boa-fé nem sempre é pressuposto da usucapião, exemplo é a usucapião extraordinária (CC, art. 1.238). Na situação versada a incapacidade absoluta do titular do domínio que obstou José de adquirir o bem.

Alternativa correta: letra "d".

2.3. AQUISIÇÃO DA PROPRIEDADE MÓVEL

2.3.1. TRADIÇÃO

165. (FEPESE – Procurador do Estado – SC/2009) Assinale a alternativa correta.

a) O possuidor turbado ou esbulhado na sua posse não poderá, em nenhuma hipótese, manter-se ou restituir-se por sua própria força.

b) Os frutos naturais e industriais reputam-se colhidos e percebidos, logo que são separados; os civis reputam-se percebidos semanalmente.

c) Feita por quem não seja proprietário, a tradição não aliena a propriedade, exceto se a coisa, oferecida ao público, em leilão ou estabelecimento comercial, for transferida em circunstâncias tais que, ao adquirente de boa-fé, como a qualquer pessoa, o alienante se afigurar dono.

d) O usufrutuário tem direito à posse, uso e administração, mas não pode perceber os frutos.

e) Não pode o condômino eximir-se do pagamento das despesas e dívidas, mesmo renunciando à parte ideal.

COMENTÁRIOS

✪ **Nota do Autor:** a *tradição* é um dos modos de aquisição da propriedade móvel, versada nos arts. 1.267 e 1.268 do Código Civil. Caracteriza-se como a entrega material da coisa (*tradição real*), podendo consistir também no ato representativo da transferência, em que não há real entrega do objeto ou da coisa a ele equivalente (*tradição simbólica*), ou quando se realizada pelo constituto possessório, hipótese e em que o transmitente continua na posse da coisa alienada, não mais em seu nome, mas em nome do adquirente (*tradição ficta*). Feita por quem **não seja proprietário**, a tradição não aliena a propriedade, **exceto** se a coisa, oferecida ao público, em leilão ou estabelecimento comercial, for transferida em circunstâncias tais que, ao adquirente de boa-fé, como a qualquer pessoa, o alienante se afigurar dono. A outro giro, mesmo que não adquirida em leilão ou estabelecimento empresarial, se o adquirente estiver de **boa-fé** e o alienante **adquirir depois** a propriedade, considera-se realizada a transferência desde o momento em que ocorreu a tradição, ou seja, neste caso os efeitos são *"ex tunc"* (*aquisição a non domino e a teoria da aparência*). Por fim, não transfere a propriedade pela tradição quando tiver por título um negócio jurídico **nulo**.

Alternativa "a": admite-se a defesa da posse pela *legítima defesa* e pelo *desforço imediato*; ambos são mecanismos de autodefesa, defesa direta, ou autotutela; não se confundem com as *ações possessórias*, que são formas de heterotutela, porquanto demandam provocação judicial (NCPC/arts. 554 e seguintes). Ao possuidor turbado é conferida a legitima defesa; ao esbulhado, o desforço imediato. A outro giro, muito embora sejam autotutelas, não se afasta o auxílio de terceiros, como empregados e seguranças. Os requisitos comuns a ambos são: *1)* que se faça logo depois de sofrer os atos de lesão a posse *(requisito temporal)*; *2)* não ir além do indispensável à manutenção ou restituição da posse *(requisito da proporcionalidade)*.

Alternativa "b": os frutos naturais e industriais reputam-se colhidos e percebidos, **logo que são separados**; os civis reputam-se percebidos **dia por dia**.

Alternativa "c": *tradição* é a entrega material da coisa (tradição real), podendo consistir também no ato representativo da transferência, em que não há real entrega do objeto ou da coisa a ele equivalente (tradição simbólica), ou quando se realizada pelo constituto possessório, hipótese em que o transmitente continua na posse da coisa alienada, não mais em seu nome, mas em nome do adquirente (tradição ficta). Feita por quem **não seja proprietário**, a tradição não aliena a propriedade, **exceto** se a coisa, oferecida ao público em leilão ou estabelecimento comercial, for transferida em circunstâncias tais que, ao adquirente de boa-fé como a qualquer pessoa, o alienante se afigurar dono. A outro giro, mesmo que não adquirida em leilão ou estabelecimento empresarial, se o adquirente estiver de **boa-fé** e o alienante **adquirir depois** a propriedade, considera-se realizada a transferência desde o momento em que ocorreu a tradição, ou seja, nesse caso, os efeitos são *"ex tunc"*. Por fim, não transfere a tradição não transfere a propriedade, quando tiver por título um negócio jurídico **nulo**.

Alternativa "d": é da natureza do usufruto a percepção dos frutos e utilidades dos bens móveis ou imóveis, em um patrimônio inteiro ou parte dele, segundo o CC, art. 1.390; assim, é incorreta.

Alternativa "e": decorre expressamente do art. 1.316 do CC que pode o condômino eximir-se do pagamento das despesas e dívidas, renunciando à parte ideal.

Alternativa correta: letra "c".

2.4. PERDA DA PROPRIEDADE

166. (COPS – Procurador do Estado – PR/2011) No que se refere às descrições do Código Civil acerca da Desapropriação, assinale a alternativa incorreta:

a) o proprietário pode ser privado da coisa na hipótese de necessidade ou utilidade pública;

b) o proprietário pode ser privado da coisa em casos de interesse social;

c) o proprietário pode ser privado da coisa se o imóvel de sua propriedade consistir em extensa área, na posse ininterrupta e de boa-fé, por mais de cinco anos, de considerável número de pessoas, e estas nela houverem realizado obras e serviços considerados pelo juiz de interesse social e econômico relevante;

d) a sentença é o título para o registro de imóveis, em casos de desapropriação declarada pelo juiz como de interesse coletivo relevante, a partir de obras realizadas por esta mesma coletividade, em imóvel de terceiro;

e) o proprietário pode ser privado da coisa, nos casos de desapropriação, na hipótese de perigo público iminente.

COMENTÁRIOS

✪ **Nota do Autor:** o direito de propriedade, sendo perpétuo, só será perdido pela: **(A)** vontade do dono ou **(B)** por alguma causa legal. Pelo não uso, sem o abandono, não se perde a propriedade, salvo se alguém possuir o bem por determinado tempo, observadas as espécies de cada usucapião. Pelo art. 1.275, I a V, do CC, são enumerados alguns casos de perda da propriedade. Além de outras causas previstas no Código Civil, perde-se a propriedade pela alienação; pela renúncia; por abandono; por perecimento da coisa; por desapropriação. Nos casos de alienação e renúncia, os efeitos da perda da propriedade imóvel serão subordinados ao registro do título transmissivo ou do ato renunciativo no Registro de Imóveis. Sendo assim, há modos **(1)** voluntários (alienação, renúncia, abandono) **e (2)** involuntários de perda da propriedade (desapropriação, perecimento). A enumeração do art. 1.275 do CC não é taxativa, pois há outras causas de perda não especificadas no aludido preceito.

Alternativa "a": o proprietário pode ser privado da coisa, nos casos de desapropriação, por **necessidade** ou **utilidade pública** ou **interesse social**, bem como no de **requisição**, em caso de perigo público iminente. (CC/art. 1.228, § 3º). A desapropriação administrativa é uma modalidade especial de perda da propriedade, por meio de ato unilateral, que importa o despojamento de alguém de certo bem, fundada em necessidade pública, utilidade pública ou interesse social, mediante prévia e justa indenização, pagável em dinheiro ou títulos da dívida pública.

Alternativa "b": valem aqui os mesmos fundamentos expendidos nos comentários acima.

Alternativa "c": o proprietário também pode ser privado da coisa se o **imóvel** reivindicado consistir em

extensa área, na **posse ininterrupta** e **de boa-fé**, por **mais** de **cinco anos**, de **considerável** número de pessoas, e estas nela houverem realizado, em **conjunto** ou **separadamente**, obras e serviços considerados pelo juiz de **interesse social** e **econômico relevante**. Nesse caso, o juiz **fixará** a **justa indenização** devida ao proprietário; pago o preço, **valerá** a sentença como título para o registro do imóvel em nome dos possuidores. A desapropriação judicial requer a atuação do MP (**Enunciado 305**); enseja a improcedência do pedido reivindicatório (**Enunciado 306**); poderá o juiz determinar a intervenção dos órgãos públicos competentes para o licenciamento ambiental e urbanístico (**Enunciado 307**); é medida constitucional (**Enunciado 82**); interpreta-se extensivamente a expressão "imóvel reivindicado" (art. 1.228, § 4º), abrangendo pretensões tanto no juízo petitório quanto no possessório (**Enunciado 310**); caso não seja pago o preço fixado para a desapropriação judicial e ultrapassado o prazo prescricional para se exigir o crédito correspondente, estará autorizada a expedição de mandado para registro da propriedade em favor dos possuidores (**Enunciado 311**); a justa indenização devida ao proprietário em caso de desapropriação judicial (art. 1.228, § 5º) somente deverá ser suportada pela Administração Pública no contexto das políticas públicas de reforma urbana ou agrária, em se tratando de possuidores de baixa renda e desde que tenha havido intervenção daquela nos termos da lei processual. Não sendo os possuidores de baixa renda, aplica-se a orientação do Enunciado 84 da I Jornada de Direito Civil (**Enunciado 308**); a justa indenização a que alude o § 5º do art. 1.228 não tem como critério valorativo, necessariamente, a avaliação técnica lastreada no mercado imobiliário, sendo indevidos os juros compensatórios (**Enunciado 240**); o conteúdo do art. 1.228, §§ 4º e 5º, pode ser objeto de ação autônoma, não se restringindo à defesa em pretensões reivindicatórias (**Enunciado 496**); o registro da sentença em ação reivindicatória, que opera a transferência da propriedade para o nome dos possuidores, com fundamento no interesse social (art. 1.228, § 5º), é condicionado ao pagamento da respectiva indenização, cujo prazo será fixado pelo juiz (**Enunciado 241**); a defesa fundada no direito de aquisição com base no interesse social (art. 1.228, §§ 4º e 5º, do novo Código Civil) deve ser arguida pelos réus da ação reivindicatória, eles próprios responsáveis pelo pagamento da indenização (**Enunciado 84**); nas ações reivindicatórias propostas pelo Poder Público, não são aplicáveis as disposições constantes dos §§ 4º e 5º do art. 1.228 do novo Código Civil. (Alterado pelo Enunciado 304 – IV Jornada) (**Enunciado 83**); são aplicáveis as disposições dos §§ 4º e 5º do art. 1.228 do Código Civil às ações reivindicatórias relativas a bens públicos dominicais, mantido, parcialmente, o Enunciado 83 da I Jornada de Direito Civil, no que concerne às demais classificações dos bens públicos (**Enunciado 304**).

Alternativa "d": o juiz fixará a justa indenização devida ao proprietário; pago o preço, **valerá a sentença como título** para o registro do imóvel em nome dos possuidores. (CC/art. 1.228, § 5º).

Alternativa "e": pela CF, art. 5, XXV, no caso de iminente perigo público, a autoridade competente poderá usar de propriedade particular, assegurada ao proprietário indenização *ulterior*, se houver dano. No CC, art. 1.228, § 3º, parte final, é ditado legal que o proprietário pode ser privado da coisa no caso de **requisição**, em caso de perigo público iminente. Assim, **não** se trata de desapropriação, mas de direito de requisição.

Alternativa incorreta: letra "e".

3. DIREITOS DE VIZINHANÇA

3.1. USO ANORMAL DA PROPRIEDADE

167. (FCC – Procurador do Estado – RN/2014) João é vizinho de uma indústria poluente, tendo ajuizado ação de natureza cominatória, para fazer cessar a emissão de gazes, julgada improcedente, porque a indústria se localiza em local permitido e não haveria como diminuir os incômodos. A sentença transitou em julgado, mas passados alguns anos, surgiram equipamentos capazes de eliminar drasticamente a poluição. Nesse caso, João

a) não poderá exigir a redução das emissões poluentes, porque prevalece a coisa julgada a favor da proprietária da indústria.

b) poderá, inclusive judicialmente, exigir a redução ou eliminação das emissões poluentes.

c) só poderá exigir a redução das emissões poluentes se ressarcir a proprietária da indústria dos gastos com aquisição dos equipamentos.

d) poderá exigir a redução das emissões poluentes, mediante representação a autoridades ambientais, mas não poderá exigi-la judicialmente.

e) não poderá exigir a redução das emissões poluentes, mas se alienar seu imóvel, o novo proprietário poderá formular essa pretensão, inclusive judicialmente.

COMENTÁRIOS

✪ **Nota do Autor:** os *direitos de vizinhança* são limitações impostas por normas jurídicas a propriedades individuais, com o escopo de conciliar interesses de proprietários vizinhos, reduzindo os poderes inerentes ao domínio e de modo a regular a convivência social (Daibert). Pelo **Enunciado 319**, *"A condução e a solução das causas envolvendo conflitos de vizinhança devem guardar estreita sintonia com os princípios constitucionais da intimidade, da inviolabilidade da vida privada e da proteção ao meio ambiente"*. Notadamente sobre o *uso anormal da propriedade*, pelo art. 1.277 do CC, "O proprietário ou o possuidor de um prédio tem o direito de fazer cessar as interferências prejudiciais à segurança, ao sossego e à saúde dos que o habitam, provocadas pela utilização de propriedade vizinha". O mau uso é o uso anormal do direito, que cause dano a alguém, mesmo que não haja a *intentio* de incomodar ou prejudicar (Maria Helena Diniz; Código Civil Anotado, 16ª edição, Saraiva, SP).

Alternativa "a": a coisa julgada alcança a "tolerância às interferências"; logo, não exclui a possibilidade de o vizinho exigir a redução ou a eliminação das interferências, quando estas se tonarem possíveis, (CC, art. 1.279).

Alternativa "b": conforme o art. 1.279 do CC: "Ainda que por decisão judicial devam ser toleradas as interferências, poderá o vizinho exigir a sua redução, ou eliminação, quando estas se tornarem possíveis". Surgida nova tecnologia que permita melhorar o uso da propriedade, diminuindo a poluição gerada por indústria instalada no local, João, o vizinho, poderá exigir, também na via judicial, a redução ou eliminação da emissão de poluentes, mesmo que as interferências lesivas à segurança, saúde ou sossego tiverem de ser por ele toleradas em virtude de decisão judicial. A determinação anterior para que o vizinho tolere tais intromissões não o impede de pleitear a diminuição ou mesmo o afastamento completo destas, sobretudo quando tornarem possível por surgirem novos equipamentos.

Alternativa "c": o art. 1.279 do CC em momento algum condiciona o direito potestativo de exigir a redução ou eliminação das interferências a indenização, prévia ou posterior.

Alternativa "d": o direito de exigir a redução ou eliminação das interferências poderá ser exercido judicial ou extrajudicialmente. Caberá ao vizinho prejudicado a via que lhe pareça mais adequada.

Alternativa "e": o proprietário ou possuidor, vizinho atual ou futuro, pouco importa. Os direitos de vizinhança são limitações impostas por normas jurídicas a propriedades individuais. Assim, o direito de exigir a redução ou eliminação das interferências pode ser exercido, judicial ou extrajudicialmente, pelo atual ou futuro proprietário (CC, art. 1.279).

Alternativa correta: letra "b".

4. CONDOMÍNIO

4.1. CONDOMÍNIO VOLUNTÁRIO

168. (UEPA – Procurador do Estado – PA/2012) Analise as proposições a seguir:

I. A restituição voluntária do objeto empenhado constitui-se em modalidade de remissão tácita de dívida, provando a renúncia do credor à garantia real, bem como a extinção da dívida respectiva.

II. Pertenças são bens que, constituindo partes integrantes, se destinam, de modo duradouro, ao uso, ao serviço ou ao aformoseamento de outro.

III. À indenização por dano material observa a teoria da diferença, pois é medida pela extensão do dano, permitindo-se ao juiz, contudo, que equitativamente, reduza ou eleve o valor respectivo, caso haja excessiva desproporção entre a gravidade da culpa e o dano.

IV. Não está sujeito a prazo prescricional ou decadencial o exercício do direito potestativo do condômino de exigir a divisão da coisa comum, respondendo o quinhão de cada um pela sua parte nas despesas de divisão.

De acordo com as proposições apresentadas, assinale a alternativa CORRETA:

a) todas as proposições estão corretas
b) apenas uma das proposições está correta
c) apenas duas proposições estão corretas
d) apenas três proposições estão corretas
e) todas as proposições estão incorretas

COMENTÁRIOS

✪ **Nota do Autor:** decorre da teoria da propriedade integral ou total, atribuída a Washington de Barros Monteiro, que há no condomínio um só direito, de maneira que cada condômino tem direito à propriedade sobre toda a coisa, sendo que o exercício desse direito é limitado pelos direitos dos demais consortes. Em função disso, o princípio da exclusividade não é malferido, já que há partes ideais conferidas a cada condômino; em relação a terceiros, o titular da parte ideal atua como proprietário exclusivo de determinado direito, embora pertença a vários indivíduos ao mesmo tempo, hipótese em que se tem a comunhão da propriedade, copropriedade ou condomínio (Maria Helena Diniz, Código Civil Anotado, 16ed, Saraiva). Sendo assim, determinado direito poderá pertencer a vários indivíduos ao mesmo tempo, hipótese em que se tem a comunhão. Se esta recair sobre um direito de propriedade, ter-se-á condomínio ou copropriedade (Maria Helena Diniz, op. cit.). A cada condômino é assegurada uma quota ou fração ideal da coisa, e não uma parcela material, motivo pelo qual não há ofensa ao princípio da exclusividade que rege os direitos reais. Quanto às espécies de condomínio, temos a seguinte divisão no Código Civil: (1) condomínio geral (tradicional ou comum), que pode ser convencional, eventual e necessário ou legal; (2) condomínio edilício ou em edificações. (A) Condomínio voluntário é o que se origina da vontade dos condôminos, ou seja, quando duas ou mais pessoas adquirem o mesmo bem; (B) Condomínio eventual é aquele que resulta da vontade de terceiros, como a do doador, do testador, ao efetuarem uma liberalidade a várias pessoas; (C) Condomínio legal ou necessário é o imposto por lei, no caso de paredes, cercas, muros e valas (CC, art. 1.327). O condomínio pode ser, ainda: (a) *pro diviso* (comunhão de direito); e *pro indiviso* (comunhão de direito e de fato); (b) permanente, transitório, universal e singular. Atualmente, em matéria de condomínios, discute-se sobre o sistema "time-sharing" (tempo repartido), multipropriedade ou propriedade compartilhada. Para Gustavo Tepedino, em sua obra Multipropriedade imobiliária (São Paulo: Saraiva, 1993, p. 01) "... multipropriedade de forma genérica é a relação jurídica de aproveitamento econômico de uma coisa móvel ou imóvel, repartida em unidades fixas de tempo, de modo que diversos titulares possam, cada qual a se turno, utilizar-se da coisa com exclusividade e de maneira perpétua. O sistema utilizado para os imóveis é conhecido como time-sharing"; ". No Brasil, tal fenômeno surgiu timidamente sem legislação específica, sendo assim, nasceu a dificuldade de conceituar a multipropriedade como direito real. Nesse sistema inicial, todos os multiproprietários são condôminos, mas esse condomínio somente será exclusivo na unidade autônoma no tempo fixado no pacto. Sem permissão legal, contudo, não pode ser conferido direito real aos multiproprietários. Uma das soluções encontradas ainda era registrar o empreendimento em nome de pessoa centralizadora de contratos (*trustee*), que concedia e organizava a utilização periódica. Nesse caso, a relação dos multiusuários seria de direito obrigacional com o proprietário da coisa. Outra solução que se dava era constar na escritura a aquisição por vários titulares de períodos de sete dias em cada ano, atribuindo-se a cada unidade cinquenta e dois períodos compartilhados. Todos os adquirentes são coproprietários de fração ideal, não se identificando a unidade, a não ser no vínculo obrigacional. Um pacto adjeto meramente contratual o fará. Não existe, desse modo, constituição de unidades autônomas, invocando-se as normas típicas do condomínio ordinário. A relação de tempo fica exposta em regulamento. A administração seria atribuída a empresa, que normalmente reserva para si frações ideais, correspondentes a duas semanas do ano todos os apartamentos (Gustavo Tepedino, Multipropriedade imobiliária, São Paulo: Saraiva, 1993, p. 45)". Tudo isso, no entanto, passam a ser dados históricos, pois a partir da Lei n. 13.777, de 20 de dezembro, o condomínio em multipropriedade passa constar expressamente do Código Civil, nos arts. 1.358-B a 1.358-N, preceitos estes que disciplinam o instituto, conforme veremos mais adiante nas dicas.

Item I: incorreta; a restituição voluntária do objeto empenhado prova a renúncia do credor à garantia real, **não** a extinção da dívida. A remissão da obrigação principal atingirá a acessória, mas a da acessória não terá eficácia relativamente à principal. Logo, a remissão do penhor, pela entrega espontânea do bem empenhado, não atingirá o débito, que de pignoratício passará a ser quirografário (CC, art. 387).

Item II: incorreta; são pertenças os bens que, **não** constituindo partes integrantes, se destinam, de modo duradouro, ao uso, ao serviço ou ao aformoseamento de outro. Muito embora as pertenças se incluam entre os bens acessórios, conservam sua *individualidade* e *autonomia*. Não integram fisicamente ou substancialmente outro bem, apenas melhoram seu aproveitamento, utilidade ou aparência (CC, art. 93).

Item III: incorreta; tradicionalmente, define-se dano patrimonial como a diferença entre o que se tem e o que se teria, não fosse o evento danoso. A assim chamada "teoria da diferença" converteu o dano numa dimensão matemática e, portanto, objetiva e facilmente calculável (Maria Celina Bodin de Moraes). A redução equitativa do "quantum indenizatório" é prevista no art. 944, parágrafo único do CC, pelo qual se houver **excessiva desproporção** entre a **gravidade da culpa** e o **dano**, poderá o juiz **reduzir**, equitativamente, a indenização, mas nunca aumentá-la. A esse respeito, conferir os **Enunciados 46, 380 e 456**.

Item IV: correta; a ação divisória não se sujeita a prazo prescricional ou decadencial. Segundo o CC, art. 1.320, a todo tempo será lícito ao condômino exigir a divisão da coisa comum, respondendo o quinhão de cada um pela sua parte nas despesas da divisão.

Alternativa correta: letra "b".

169. (Cespe – Procurador do Estado – PE/2009) A respeito da disciplina jurídica do condomínio em geral e edilício, assinale a correta.

a) Quando a coisa for indivisível, o condômino prefere ao estranho a adjudicação da coisa. Em caso de interesse de mais de um condômino, prefere aquele que tiver na coisa benfeitorias mais valiosas, e, não as havendo, o de quinhão maior.

b) É válida a cláusula de indivisão de condomínio firmada em testamento, excluindo dos beneficiários o direito de exigir a divisão.

c) Determinado condômino não pode, isoladamente, defender a posse da coisa ou reivindicá-la de terceiro.

d) A convenção do condomínio edilício é oponível a terceiros independentemente de registro no cartório de registro de imóveis.

e) Em um condomínio, as obras ou reparações necessárias somente podem ser realizadas após autorização da maioria dos condôminos.

COMENTÁRIOS

Alternativa "a": relacionado à venda de coisa comum, quando esta for **indivisível** e os consortes **não** quiserem adjudicá-la a um só, indenizando os outros, será vendido e repartido o apurado, preferindo-se, na venda, em condições iguais de oferta, o **condômino ao estranho**, e **entre** os condôminos aquele que tiver na coisa **benfeitorias mais valiosas**, e, não as havendo, o de **quinhão maior**. Se todos os critérios forem iguais, realizar-se-á **licitação** entre **estranhos** e, antes de adjudicada a coisa àquele que ofereceu maior lanço, proceder-se-á à **licitação entre os condôminos**, a fim de que a coisa seja adjudicada a quem afinal oferecer **melhor lanço**, preferindo, em condições iguais, o condômino ao estranho.

Alternativa "b": não poderá exceder de **cinco anos** a indivisão estabelecida pelo doador ou pelo testador; se o testamento for omisso, vale o prazo máximo.

Alternativa "c": cada condômino pode usar da coisa conforme sua destinação, sobre ela exercer todos os direitos compatíveis com a indivisão, reivindicá-la de terceiro, defender a sua posse e alhear a respectiva parte ideal ou gravá-la. (CC, art. 1.314). Nenhum dos condôminos pode alterar a **destinação** da coisa comum, nem dar posse, uso ou gozo dela a **estranhos** sem o consenso dos outros.

Alternativa "d": para ser oponível contra terceiros, a convenção do condomínio **deverá** ser registrada no Cartório de Registro de Imóveis.

Alternativa "e": a **natureza** das obras é que vai ditar o formato da autorização e sua necessidade; assim, as benfeitorias poderão ser voluptuárias *(voto de 2/3 dos condôminos)*, úteis *(voto da maioria dos condôminos)*, necessárias *(sem autorização)*, necessárias e urgentes com despesas excessivas *(ciência a assembleia, com convocação imediata)*, necessárias e com despesas excessivas não urgentes *(autorização da assembleia)*; nas reparações necessárias, sem despesas excessivas, podem ser realizadas, independentemente de autorização, pelo síndico, ou, em caso de omissão ou impedimento deste, por qualquer condômino (CC, art. 1.341, § 1º).

Alternativa correta: letra "a".

170. (PGE/PA – Procurador do Estado – PA/2009) Considerando a jurisprudência dos Tribunais Superiores, é INCORRETO afirmar:

a) O condômino não pode usucapir parte ideal pertencente a outro condômino, ainda que exerça posse exclusiva sobre o imóvel.

b) A hipoteca firmada entre a construtora e o agente financeiro, anterior ou posterior à celebração da promessa de compra e venda, não tem eficácia perante os adquirentes do imóvel.

c) No compromisso de compra e venda com cláusula de arrependimento, a devolução do sinal, por quem o deu, ou a sua restituição em dobro, por quem o recebeu, exclui indenização a maior, a título de perdas e danos, salvo os juros moratórios e os encargos do processo.

d) Nos contratos de locação, é válida a cláusula de renúncia à indenização das benfeitorias e ao direito de retenção.

COMENTÁRIOS

Alternativa "a": o **STJ** firmou entendimento no sentido de ser possível ao condômino usucapir se exercer posse exclusiva sobre o imóvel. **(AgRg no Ag 731971 / MS).**

Alternativa "b": segundo a **Súmula 308 do STJ**: *"A hipoteca firmada entre a construtora e o agente financeiro, anterior ou posterior à celebração da promessa de compra e venda, não tem eficácia perante os adquirentes do imóvel".*

Alternativa "c": segundo a **Súmula 412 do STF**: *"No compromisso de compra e venda com cláusula de arrependimento, a devolução do sinal, por quem o deu, ou a sua restituição em dobro, por quem o recebeu, exclui indenização maior, a título de perdas e danos, salvo os juros moratórios e os encargos do processo".*

Alternativa "d": segundo a **Súmula 335 do STJ**: *"Nos contratos de locação, é válida a cláusula de renúncia à indenização das benfeitorias e ao direito de retenção".*

Alternativa incorreta: letra "a".

5. DIREITOS REAIS SOBRE COISAS ALHEIAS

5.1. PROPRIEDADE FIDUCIÁRIA

171. (PUC – Procurador do Estado – PR/2015) Quanto à aquisição da propriedade, é CORRETO afirmar que:

a) É possível a usucapião familiar de imóvel urbano de até 250m² cuja propriedade era dividida com ex-cônjuge ou ex-companheiro que se afastou do lar, mas continua cumprindo suas responsabilidades familiar e parental. Para tanto é necessário que o adquirente, sem ser proprietário de outros imóveis, exerça, por dois anos, ininterruptamente e sem oposição, posse direta, com exclusividade e para fins de moradia própria ou da família.

b) Se o credor fiduciário se tornar proprietário pleno do bem por efeito de realização da garantia, ele só passa a ser responsável pelo pagamento dos tributos sobre a propriedade consolidada a partir da data em que for imitido na posse direta do bem.

c) A União e os Estados-membros podem desapropriar, por interesse social, para fins de reforma agrária, imóvel rural que não esteja cumprindo sua função social, mediante prévia e justa indenização em títulos da dívida agrária.

d) O art. 1.784 do Código Civil tem a saisine como modo exclusivo de sucessão hereditária. Na falta de herdeiros testamentários, legatários, familiares ou parentes sucessíveis, desde a morte do de cujus, os bens passam ao domínio do Estado-membro.

e) Na ausência de interesse público na aquisição de bens integrantes de herança vacante, a Fazenda Pública pode renunciar à herança total ou parcialmente.

COMENTÁRIOS

✪ **Nota do Autor:** entende-se por *fiduciária* a propriedade resolúvel de coisa móvel infungível que o devedor, com escopo de garantia, transfere ao credor (CC, art. 1.361). Na alienação fiduciária em garantia, dá-se a transferência do domínio do bem móvel ao credor (fiduciário) em garantia do pagamento, permanecendo o devedor (fiduciante) com a posse direta da coisa. A *aquisição* do domínio exige a tradição, que é ficta. Porém, *constitui-se* a propriedade fiduciária com o *registro do contrato*, celebrado por *instrumento público* ou *particular*, que lhe serve de título, no *Registro de Títulos e Documentos do domicílio do devedor*, ou, em se tratando de veículos, na *repartição competente para o licenciamento*, fazendo-se a anotação no certificado de registro, garantindo-se a oponibilidade *erga omnes*. Segundo a **Súmula STJ/92**, *"A terceiro de boa-fé não é oponível a alienação fiduciária não anotada no Certificado de Registro do veículo automotor"*. Com a constituição da propriedade fiduciária, dá-se o desdobramento da posse, tornando-se o *devedor* possuidor direto da coisa. A propriedade superveniente, adquirida pelo devedor, torna eficaz, desde o arquivamento, a transferência da propriedade fiduciária (CC, art. 1.361, §§ 1º ao 3º). Pelo art. 1.362, I a IV, o contrato, que deverá ser escrito, por instrumento público ou particular, conterá: (a) o total da dívida, ou sua estimativa; (b) o prazo, ou a época do pagamento; (c) a taxa de juros, se houver; (d) a descrição da coisa objeto da transferência, com os elementos indispensáveis à sua identificação. Antes de vencida a dívida, o devedor, a suas expensas e risco, pode usar a coisa segundo sua destinação, sendo obrigado, como depositário: (i) a empregar na guarda da coisa a diligência exigida por sua natureza; (ii) a entregá-la ao credor, se a dívida não for paga no vencimento. É *nula* a cláusula que autoriza o proprietário fiduciário a ficar com a coisa alienada em garantia, se a dívida não for paga no vencimento (CC, art. 1.365). Trata-se da proibição de *pacto comissório*. Todavia, o devedor pode, com a anuência do credor, dar seu direito eventual à coisa em pagamento da dívida, após o vencimento desta (CC, art. 1.365, parágrafo único). Quando, vendida a coisa, o produto não bastar para o pagamento da dívida e das despesas de cobrança, continuará o devedor obrigado pelo restante (CC, art. 1.366). O terceiro, interessado ou não, que pagar a dívida, se sub-rogará de pleno direito no crédito e na propriedade fiduciária (CC, art. 1.367). As demais espécies de propriedade fiduciária ou de titularidade fiduciária submetem-se à disciplina específica das respectivas leis especiais, somente se aplicando as disposições do Código Civil naquilo que não for incompatível com a legislação especial. Recentemente foi acrescentado o art. 1.368-B ao Código Civil, pela L. 13.043/2014, dispondo o seguinte: "A alienação fiduciária em garantia de bem móvel ou imóvel confere direito real de aquisição ao fiduciante, seu cessionário ou sucessor. Parágrafo único. O credor fiduciário que se tornar proprietário pleno do bem, por efeito de realização da garantia, mediante consolidação da propriedade, adjudicação, dação ou outra forma pela qual lhe tenha sido transmitida a propriedade plena, passa a responder pelo pagamento dos tributos sobre a propriedade e a posse, taxas, despesas condominiais e quaisquer outros encargos, tributários ou não, incidentes sobre o bem objeto da garantia, a partir da data em que vier a ser imitido na posse direta do bem".

Alternativa "a": incluído no art. 1.240-A do Código Civil pela Lei 12.424, de 16 de junho de 2011, a usucapião familiar tem por requisitos: (a) posse direta, exclusiva, interrupta e sem oposição, por 2 (dois) anos. Pelo Enunciado 498 da V Jornada de Direito Civil do CJF/STJ, "A fluência do prazo de 2 (dois) anos previsto pelo art. 1.240-A para a nova modalidade de usucapião nele contemplada tem início com a entrada em vigor da Lei n. 12.424/2011"; (b) que os atos de posse sejam exercidos sobre imóvel urbano de até 250m² (duzentos e cinquenta metros quadrados), antes dividido com ex-cônjuge ou ex-companheiro; (c) abandono do lar; (d) utilização do imóvel para moradia, ou de sua família; (e) não ser proprietário de outro imóvel urbano ou rural. Atendidos os requisitos acima, o ex-cônjuge ou companheiro que permaneceu no lar adquirir-lhe-á o domínio integral. A modalidade de usucapião em apreço exige "abandono do lar", pois o mero "afastamento" do domicílio sem deixar de cumprir os deveres do casamento é admitido pelo diploma civil no art. 1.569 do CC, para atender a encargos públicos, ao exercício de sua profissão, ou a interesses particulares relevantes.

Alternativa "b": segundo o art. 1.363-B, parágrafo único, do CC, incluído pela Lei 13.043, de 13 de novembro de 2014, "O credor fiduciário que se tornar proprietário pleno do bem, por efeito de realização da garantia, mediante consolidação da propriedade, adjudicação, dação ou outra forma pela qual lhe tenha sido transmitida a propriedade plena, passa a responder pelo pagamento dos tributos sobre a propriedade e a posse, taxas, despesas condominiais e quaisquer outros encargos, tributários ou não, incidentes sobre o bem objeto da garantia, **a partir da data em que vier a ser imitido na posse direta do bem**".

Alternativa "c": apenas a União pode desapropriar para por interesse social para fins de reforma agrária (CF, art. 184, *caput*; L. 8.629/93, art. 2º, § 1º).

Alternativa "d": pelo art. 1.784 do CC, aberta a sucessão, a herança transmite-se, desde logo, aos herdeiros legítimos e testamentários. Consagra-se com a regra o sistema da *saisina*, de origem germânica, que chegou ao Brasil pelo Direito francês, que autoriza os herdeiros a entrarem na posse de bens, posse esta atribuída a quem não tinha. Portanto, com a abertura da sucessão, a propriedade e a posse dos bens do falecido transmite-se aos herdeiros sucessíveis, legítimos e testamentários, por efeito direito da lei. O direito de saisina não se aplica à herança jacente ou vacante, na forma dos arts. 1.819 e ss do CC. Somente quando, após as diligências legais, não aparecerem herdeiros, é que a herança, até agora jacente, é declarada vacante, para aqui sim, ocorrer a incorporação da herança no patrimônio do Poder Público.

Alternativa "e": pelo menos duas razões orientam no sentido da impossibilidade da renúncia da herança vacante. A uma, existe comando legal destinando os bens vagos. Com efeito, dispõe o art. 1.822 do CC: "A declaração de vacância da herança não prejudicará os herdeiros que legalmente se habilitarem; mas, decorridos cinco anos da abertura da sucessão, os bens arrecadados **passarão** ao domínio do Município ou do Distrito Federal, se localizados nas respectivas circunscrições, incorporando-se ao domínio da União quando situados em território federal" (grifamos). A duas, também decorre do CC que o apenas o herdeiro pode renunciar a herança, embora os credores possam aceita-la, quando a renúncia os prejudicar (CC, arts. 1.808 e 1.813).

Alternativa correta: letra "b".

5.2. SUPERFÍCIE

172. (Cespe – Procurador do Estado – PGE – PE/2018) Por meio de escritura pública devidamente registrada, Pedro concedeu a Rodolfo a propriedade, por prazo determinado, de construção que efetuar em área de seu terreno.

Essa relação reflete o direito de

a) superfície.

b) servidão contínua contratual.

c) uso.

d) usufruto temporário.

e) habitação.

COMENTÁRIOS

Alternativa "a": previsto nos art. 1.369 e seguintes do CC, o direito de superfície é direito real sobre coisa alheia pelo qual o proprietário concede a outrem o direito de construir ou de plantar em seu terreno, por tempo determinado, mediante escritura pública, devidamente registrada no CRI.

Alternativa "b": a servidão é direito real sobre imóvel alheio que se constitui em proveito de um prédio, chamado de dominante, sobre outro, denominado serviente, pertencentes a proprietários diferentes (CC, art. 1.378 e ss.).

Alternativa "c": o uso é um direito real menor, que consiste na faculdade de se servir de certa coisa, pertencente a outro, e haver os respectivos frutos, na medida das necessidades, quer do titular, quer da sua família. É um direito personalíssimo, que não pode ser alienado nem arrendado, nem pode ser objeto de hipoteca (CC, art. 1.412 e ss.).

Alternativa "d": o usufruto temporário (a termo) ou vitalício. Da primeira espécie é o com prazo certo de duração (CC, art. 1.410, II). Se for constituído em favor de pessoa jurídica, prazo máximo de duração será de 30 anos da data em que se começou a exercer (inc. III).

Alternativa "e": a habitação consiste no direito de habitar gratuitamente casa alheia, sendo que o titular deste direito não a pode alugar, nem emprestar, mas simplesmente ocupá-la com sua família (CC, art. 1.414).

Alternativa correta: letra "a".

---

173. (Cespe – Procurador do Estado – PGE – SE/2017) Carlos, proprietário de um terreno, concedeu a Pedro, mediante escritura pública registrada, o direito de cultivar esse terreno pelo período de três anos.

Nessa situação hipotética, de acordo com o que dispõe o Código Civil,

a) em caso de falecimento de Pedro, o direito poderá ser transferido a seus herdeiros ou a terceiros.

b) Carlos poderá alienar o direito de cultivo durante o prazo estipulado, mas não poderá alienar o imóvel objeto da concessão.

c) Pedro poderá fazer obra no subsolo para guardar em depósito os insumos destinados à plantação.

d) caso o imóvel seja desapropriado, Pedro também fará jus à indenização.

e) Carlos continuará obrigado ao pagamento dos tributos que incidirem sobre o terreno.

COMENTÁRIOS

✪ **Nota do Autor:** superfície é o direito real de fruição ou gozo sobre coisa alheia, gratuito ou oneroso, e por tempo determinado, pelo qual o proprietário transmite a alguém o direito de construir ou plantar em seu terreno. É constituído por escritura pública, devidamente registrada. A Lei 10.257/2001 (Estatuto da Cidade) prevê o direito de superfície para o imóvel urbano, e o CC/2002 se ocupa do urbano e do rural. Podemos apontar como diferença que a superfície no Estatuto da Cidade abrange o solo, o subsolo e o espaço aéreo, enquanto que, para o Código Civil, estas áreas devem ser inerentes ao objeto da concessão (CC, art. 1.369, parágrafo único). Pelo **Enunciado 93**, "As normas previstas no Código Civil sobre direito de superfície não revogam as relativas a direito de superfície constantes do Estatuto da Cidade (Lei nº 10.257/2001) por ser instrumento de política de desenvolvimento urbano". A remuneração que se paga pelo direito de superfície, a título oneroso, chama-se solário ou cânon superficiário. Permite-se a instituição de superfície por cisão, que ocorre quando já existe uma construção ou plantação no terreno, as quais são transferidas, remanescendo ao proprietário o solo; ou ainda, quando o proprietário transfere o solo e permanece com as construções e plantações. Sobre o tema, ver **Enunciados 92, 94, 249, 250, 322, 510, 568 das Jornadas de Direito Civil do CJF**.

Alternativa "a": ainda que o direito de superfície possa transferir-se a terceiros e, por morte do superficiário, aos seus herdeiros, com a morte de Pedro, superficiário, apenas seus herdeiros, e não eventuais terceiros, receberão o direito de superfície do autor da herança (CC, art. 1.372).

Alternativa "b": admite-se a Carlos, proprietário, a alienação do imóvel, apenas, leitura dos arts. 1.372 e 1.373 do CC.

Alternativa "c": o direito de superfície não autoriza obra no subsolo, salvo se for inerente ao objeto da concessão. A guarda de insumos em depósito subterrâneo a ser construído no imóvel não parece ter correlação com a exploração pretendida pela concessão (CC, art. 1.369, parágrafo único). Uma importante observação. O Direito de superfície no Estatuto da Cidade pode ser por prazo determinado e indeterminado, e alcança o subsolo, como regra (art. 21).

Alternativa "d": no caso de extinção do direito real de superfície, em consequência de desapropriação, a indenização cabe ao proprietário e ao superficiário, no valor correspondente ao direito real de cada um, diz o art. 1.376 do CC. Logo, Pedro terá direito à indenização. Conforme o Enunciado 322 da IV Jornada de Direito Civil, do CJF, "o momento da desapropriação e as condições da concessão superficiária serão considerados para fins da divisão do montante indenizatório, constituindo-se litisconsórcio passivo necessário simples entre proprietário e superficiário".

Alternativa "e": quanto ao pagamento de encargos e tributos incidentes sobre o imóvel durante a concessão, estes correm por conta do superficiário (CC, art. 1.371).

Alternativa correta: letra "d".

---

174. (PGE/PA – Procurador do Estado – PA/2009) Analise as proposições abaixo e assinale a alternativa CORRETA:

I. O aforamento de terreno da União depende de prévia autorização do Presidente da República, ficando o foreiro sujeito ao pagamento de foro, anualmente atualizado, caducando do direito no caso de não-pagamento durante 3 (três) anos consecutivos.

II. A servidão, desde que registrada no Cartório de Registro de Imóveis, só se extingue, com respeito a terceiros, quando cancelada, ainda que haja desapropriação do prédio dominante.

III. No caso de extinção do direito de superfície em consequência de desapropriação, a indenização cabe ao proprietário e ao superficiário, no valor correspondente ao direito real de cada um.

IV. Consoante a jurisprudência do STF, é defeso construir parede de tijolos de vidro translúcido a menos de metro e meio do prédio vizinho.

a) II e III estão corretas.
b) I e III estão corretas.
c) I e IV estão corretas.
d) II e IV estão corretas.

COMENTÁRIOS

Item I: correto; a utilização do terreno da União sob regime de aforamento dependerá de prévia autorização do Presidente da República, salvo se já permitida em expressa disposição legal. O não pagamento do foro durante **três anos** consecutivos ou **quatro anos** intercalados importará a caducidade do aforamento, segundo os arts. 99 e 101, parágrafo único, do Decreto-Lei 9.760, de 05 de setembro de 1946.

Item II: incorreto; a servidão, apesar de perpétua, admite sua extinção; os efeitos da extinção, porém, dependem do cancelamento do registro do título, salvo em relação à desapropriação, porque o ato expropriatório opera de pleno direito (CC/art. 1.387).

Item III: correto; no caso de extinção do direito de superfície em consequência de desapropriação de imóvel onerado, a indenização a ser paga pelo poder expropriante deverá ser entregue ao proprietário (concedente) e ao superficiário, no valor correspondente ao direito real de cada um. O fundieiro receberá *quantum* indenizatório equivalente à perda do direito de propriedade, e o superficiário, uma quantia proporcional ao benefício que teria obtido com o uso e gozo do solo alheio, durante o período da concessão superficiária se o fundieiro não tivesse sofrido a desapropriação. Pelo **Enunciado 322**: *"O momento da desapropriação e as condições da concessão superficiária serão considerados para fins da divisão do montante indenizatório (art. 1.376), constituindo-se litisconsórcio passivo necessário simples entre proprietário e superficiário".*

Item IV: incorreto; de acordo com a **Súmula 120 do STF**: *"Parede de tijolos de vidro translúcido pode ser levantada a menos de metro e meio do prédio vizinho, não importando servidão sobre ele".*

Alternativa correta: letra "b".

5.3. SERVIDÕES

175. (FURMARC – Procurador do Estado – MG/2012) O exercício incontestado de uma servidão aparente com o preenchimento dos demais requisitos legais, autoriza o possuidor sem justo título a adquiri-la por usucapião. Assinale a alternativa que contempla o prazo completo para tal mister:

a) 03 anos
b) 05 anos
c) 10 anos
d) 15 anos
e) 20 anos

COMENTÁRIOS

✪ **Nota do Autor:** as servidões prediais são direitos reais de gozo sobre imóveis que, em virtude de lei ou vontade das partes, se impõem sobre o prédio serviente em benefício do dominante (Maria Helena Diniz, Código Civil Anotado, 16ed, Saraiva, São Paulo, 2012). Por outras palavras, a servidão é o ônus real, voluntariamente imposto a um prédio (o serviente) em favor de outro (o dominante), em virtude do qual o proprietário do primeiro perde o exercício de algum de seus direitos dominicais sobre o seu prédio, ou tolera que dele se utilize o proprietário do segundo, tornando este mais útil, ou pelo menos, mais agradável (Carlos Roberto Gonçalves, Direito Civil Esquematizado 2, Saraiva, São Paulo, 2013). Resumidamente, a servidão se verifica entre prédios vizinhos (próximos, não contíguos) e não entre pessoas, sendo voluntária. Se verifica entre prédios distintos, pertencentes a donos diversos, para servir a coisa, e não o dono, trazendo-lhe uma utilidade. É, ainda, um direito acessório da propriedade, de duração indefinida, indivisível e inalienável. As servidões não se presumem, devem constam de declaração das partes ou testamento, devidamente registradas. Não se confundem com as servidões legais, que são direitos de vizinhança, porque impostas coativamente. São diversas as formas de servidão, como de trânsito ou de passagem, aqueduto ou de pastagem. As servidões podem ser aparentes e não aparentes. Se aparentes, estão sujeitas à prescrição aquisitiva (CC, art. 1.379). Pelo **Enunciado 251**, "O prazo máximo para o usucapião extraordinária de servidões deve ser de 15 anos, em conformidade com o sistema geral de usucapião previsto no Código Civil". Os casos de extinção da servidão são aqueles dos arts. 1.387 a 1.389 do Código Civil.

Alternativa "a": conforme anotações, o prazo de usucapião de servidão aparente sem título é de 20 anos.

Alternativa "b": conforme anotações, o prazo de usucapião de servidão aparente sem título é de 20 anos.

Alternativa "c": conforme anotações, o prazo de usucapião de servidão aparente com título é de 10 anos. Todavia, sem título, o prazo é de 20 anos.

Alternativa "d": conforme anotações, o prazo de usucapião de servidão aparente sem título ou extraordinária é de 20 anos. Trata-se de *norma especial* em relação à *geral*, que dispõe sobre a usucapião extraordinária, que é de 15 anos (CC, art. 1.238, *caput*). Assim, observamos que o **Enunciado 251** não foi acolhido.

Alternativa "e": o prazo da servidão aparente sem título ou extraordinária é de 20 anos, conforme o art. 1.379, parágrafo único, do CC.

Alternativa correta: letra "e".

5.4. USUFRUTO

176. (FMP – Procurador do Estado – AC/2014) Não é direito real de garantia:

a) o penhor.
b) a anticrese.

c) o usufruto.

d) a hipoteca.

COMENTÁRIOS

✪ **Nota do Autor:** *usufruto* é o direito real conferido a alguém de retirar, temporariamente, da coisa alheia os frutos e utilidades que ela produz, sem lhe alterar a substância. *Usufrutuário* é o que detém os poderes de usar e gozar da coisa, explorando-a economicamente. *Nu-proprietário* é o dono do bem que, em razão do usufruto, perdeu o *jus utendi* e o *fruendi*, conservando, porém, o conteúdo do domínio, o *jus disponendi* (Maria Helena Diniz, op. cit.). Podem ser *objeto do usufruto* os bens imóveis, os móveis (fungíveis e infungíveis), o patrimônio, no todo ou em parte. Será *universal* o usufruto se recair sobre uma universalidade de bens, como a herança, e *particular* quando o objeto for um bem determinado e certo. Sua constituição ocorre mediante registro no CRI, salvo quando resultar de usucapião (CC, art. 1391; Lei 6.015/73, 167, I, nº 7). Por fim, o usufruto pode ser *pleno* ou *restrito* se atingir todos os frutos e utilidades ou parte delas.

Alternativa "a": o penhor é um direito real de garantia, conforme os arts. 1.419 a 1.430 (disposições gerais) e os arts. 1.431 a 1.472 (disposições especiais), todos do CC.

Alternativa "b": a anticrese também é um direito real de garantia, consoante os arts. 1.419 a 1.430 (disposições gerais) e os arts. 1.506 a 1.510 (disposições especiais), todos do CC.

Alternativa "c": o patrimônio do devedor constitui garantia geral dos credores. Essa garantia geral, todavia, pode mostrar-se ineficaz. Para contornar tal situação, diz Carlos Roberto Gonçalves, procuram os credores cercar-se de maiores garantias, que podem ser: **(a) pessoais ou fidejussórias:** aquela em que o terceiro se responsabiliza peça solução da dívida, caso o devedor deixe de cumprir a obrigação. Decorre do contrato de fiança (CC, art.818), e é uma garantia relativa, pois o fiador pode tornar-se inadimplente; **(b) reais:** é a mais eficaz, pois vincula determinado bem do devedor ao pagamento da dívida. Não é o patrimônio do devedor que responde pela dívida, mas uma coisa destacada do acervo de bens que fica gravada para a satisfação de dívida específica. O Código Civil contempla as seguintes modalidade de garantia real, a saber: (1) penhor; (2) hipoteca; (3) anticrese. Acrescente-se que a Lei 4.728, de 14 de julho de 1965, criou nova modalidade, a alienação fiduciária, a qual é regulamentada no Código Civil, como propriedade fiduciária (CC, arts. 1.361 a 1.368). Assim, consoante a doutrina de Orlando Gomes, "direito real de garantia é o que "confere ao credor a pretensão de obter o pagamento da dívida com o valor do bem aplicado exclusivamente à sua satisfação. Sua função é garantir ao credor o recebimento da dívida, por estar vinculado determinado bem ao seu pagamento. O direito do credor concentra-se sobre determinado elemento patrimonial do devedor. Os atributos de sequela e preferência atestam sua natureza substantiva e real" (Citado in Direito Civil Esquematizado, vol. 2, Saraiva, 2013, pág. 734). O usufruto, assim, não é um direito real de garantia, mas um direito real sobre coisa alheia, pois se caracteriza pelo desmembramento da propriedade (princípio da elasticidade), de um lado ficando o nu-proprietário, com a substância da coisa, podendo dela dispor e, de outro, o usufrutuário, que, temporariamente, dela poderá usar e gozar.

Alternativa "d": por fim, a hipoteca é um direito real de garantia, com disposições gerais nos arts. 1.419 a 1.430, e especiais nos arts. 1.473 a 1.505, todos do Código Civil.

Alternativa correta: letra "c".

177. (Cespe – Procurador do Estado – ES/2008) – Em relação aos direitos reais, julgue o item a seguir: No usufruto, o direito de dispor da coisa remanesce em favor do proprietário, enquanto o seu proveito econômico é revertido em benefício do usufrutuário.

COMENTÁRIOS

O direito de dispor da coisa continua com o nu-proprietário e os direitos de usar e gozar são destacados em favor do usufrutuário. A outro giro, o usufruto é *personalíssimo, inalienável e intransmissível*. A alienação do usufruto é proibida, e a transmissão aos herdeiros nunca ocorre. Admite-se, contudo, a cessão de usufruto (CC, art. 1.393). A morte é causa de extinção do usufruto. Aliás, constituído o usufruto em favor de **duas** ou **mais** pessoas, extinguir-se-á a parte em relação a cada uma das que falecerem, salvo se, por **estipulação expressa**, o quinhão desses couber ao sobrevivente. **(certo)**

5.5. DIREITO DO PROMITENTE COMPRADOR

178. (FCC – Procurador do Estado – SP/2012) Em matéria de compromisso de compra e venda,

a) é inadmissível o compromisso de compra e venda como justo título para efeito de usucapião ordinária, por não corresponder a negócio jurídico capaz de, em tese, transferir propriedade imóvel.

b) não tendo por objeto imóvel inserido em loteamento ou incorporação imobiliária, permite-se o exercício, pelo compromitente vendedor, do direito ao arrependimento, desde que pactuadas arras confirmatórias e não iniciada a execução do contrato.

c) hipoteca constituída em favor de instituição financeira por financiamento concedido à incorporadora produz efeitos sobre unidades habitacionais objeto de compromissos de compra e venda celebrados após o registro da garantia.

d) admite-se o uso da ação reivindicatória por iniciativa de adquirente titular de compromisso de compra e venda quitado e registrado.

e) segundo orientação jurisprudencial dominante, o direito à adjudicação compulsória é exclusivo do compromissário comprador titular de direito real.

COMENTÁRIOS

✪ **Nota do Autor:** o *direito do promitente comprador* é a promessa irretratável de compra e venda no contrato pelo qual o promitente vendedor obriga-se a vender ao compromissário comprador, determinado imóvel, pelo preço, condições e modos convencionados, outorgando-lhe a escritura definitiva quando houver o adimplemento da obrigação. O compromissário comprador obriga-se a pagar o preço e cumprir todas as condições estipuladas, adquirindo, em consequência, direito real sobre o imóvel, com a faculdade de reclamar a outorga da escritura definitiva, ou sua adjudicação compulsória, havendo recusa por parte do promitente vendedor (Maria Helena Diniz, Curso de Direito Civil Brasileiro, V.4, Saraiva, São Paulo). O compromisso irretratável de compra e venda de **imóvel**, em razão da ausência de cláusula de arrependimento, devidamente assentado no competente Registro de Imóvel, equivale a um direito real limitado de aquisição, assecuratório do contrahere futuro, não só em relação às partes contratantes como erga omnes. Para Orlando Gomes: "(...) o caráter real do compromisso de compra e venda decorre de sua irretratabilidade, e não do registro no Cartório de Imóveis. Levando-se a registro, impede-se que o bem seja alienado a terceiro. Ou seja: o registro só é necessário para a sua validade contra terceiros, produzindo efeitos, no entanto, sem ele, entre as partes". A respeito, diz a **Súmula STJ/239**: "O direito à adjudicação compulsória não se condiciona ao registro do compromisso de compra e venda no cartório de imóveis". Pelo art. 1.225, VII, do CC, são direitos reais, entre os outros, "o direito do promitente comprador do imóvel". Dispõe o art. 1.417 do Código Civil: "Mediante promessa de compra e venda, em que se não pactuou arrependimento, celebrada por instrumento público ou particular, e registrada no Cartório de Registro de Imóveis, adquire o promitente comprador direito real à aquisição do imóvel". Por sua vez, afirma o art. 1.418 do Código Civil, "O promitente comprador, titular de direito real, pode exigir do promitente vendedor, ou de terceiros, a quem os direitos deste forem cedidos, a outorga da escritura definitiva de compra e venda, conforme o disposto no instrumento preliminar; e, se houver recusa, requerer ao juiz a adjudicação do imóvel". O direito real só surge a partir do registro imobiliário; antes dele, é mero contrato de compra e venda, que gera direitos obrigacionais, resolvendo-se em perdas e danos (Maria Helena Diniz). Pelo **Enunciado 253**, "O promitente comprador, titular de direito real (art. 1.417), tem a faculdade de reivindicar de terceiro o imóvel prometido a venda". Pela **Súmula STJ/84**, "É admissível a oposição de embargos de terceiro fundados em alegação de posse advinda do compromisso de compra e venda de imóvel, ainda que desprovido do registro".

Alternativa "a": o compromisso de compra e venda, ainda que não registrado, é considerado negócio jurídico e título hábil para fins de usucapião ordinária, porque *justo título* é aquele formalizado e idôneo para operar a transferência da propriedade. Pelo **Enunciado 86**: *"A expressão "justo título" contida nos arts. 1.242 e 1.260 do Código Civil abrange todo e qualquer ato jurídico hábil, em tese, a transferir a propriedade, independentemente de registro".*

Alternativa "b": exige-se **bem imóvel** e **veda-se** a cláusula de arrependimento; diz o art. 1.417 do CC que a *promessa de compra e venda* em que se não pactuou arrependimento, celebrada por instrumento público ou particular e registrada no Cartório de Registro de Imóveis, adquire o promitente comprador direito real à aquisição do **imóvel**. Sobre o registro do compromisso de compra e venda, a garantia de eficácia contra terceiros e a impossibilidade de arrependimento, conferir a Lei de Loteamentos (Lei 6.766/79) e a Lei de Incorporação Imobiliária (Lei 4.591/64).

Alternativa "c": Súmula 308 do STJ: *"A hipoteca firmada entre a construtora e o agente financeiro, anterior ou posterior à celebração da promessa de compra e venda, não tem eficácia perante os adquirentes do imóvel".*

Alternativa "d": a execução do contrato de promessa irretratável de compra e venda, devidamente registrado, pode ocorre por dois modos: *1)* pela *escritura definitiva*, que não é instrumento de outro negócio, mas a forma de um ato devido que expressa o cumprimento de obrigação assumida; *2)* pela *sentença de adjudicação compulsória*, que ordena a incorporação do imóvel compromissado ao patrimônio do compromissário comprador, se devidamente registrado. Pela **Súmula 413 do STF**: *"O compromisso de compra e venda de imóveis, ainda que não loteados, dá direito à execução compulsória, quando reunidos os requisitos legais"*. Pela **Súmula 239 do STJ**: *"O direito à adjudicação compulsória não se condiciona ao registro do compromisso de compra e venda no cartório de imóveis"*. Pelo **Enunciado 95**: *"O direito à adjudicação compulsória (art. 1.418 do novo Código Civil), quando exercido em face do promitente vendedor, não se condiciona ao registro da promessa de compra e venda no cartório de registro imobiliário (Súmula nº 239 do STJ)".*

Alternativa "e": a adjudicação compulsória não está sujeita à prescrição; a outra via, não está vedada a cessão do direito real do promitente comprador; assim, permite-se que a ação adjudicatória seja manejada pelo *cessionário* dos direitos.

Alternativa correta: letra "d".

6. DIREITOS REAIS DE GARANTIA

6.1. HIPOTECA

179. (FCC – Procurador do Estado – MT/2016) Endividado, Ademir contraiu empréstimo de R$ 100.00,00 (cem mil reais) com o Banco Riqueza, oferecendo, como garantia, a hipoteca de um de seus imóveis. Paga parcialmente a dívida, Ademir alienou referido imóvel a Josué. A hipoteca

a) é extinta tanto pelo pagamento parcial da dívida como pela alienação da coisa.

b) é extinta pelo pagamento parcial da dívida.

c) não é extinta pelo pagamento parcial da dívida, mas impede a alienação da coisa.

d) não é extinta pelo pagamento parcial da dívida, nem impede a alienação da coisa, mas o credor hipotecário não poderá fazer valer o direito real de garantia contra o adquirente do bem.

e) não é extinta pelo pagamento parcial da dívida nem impede a alienação da coisa, mas o credor hipotecário poderá fazer valer o direito real de garantia contra o adquirente do bem.

COMENTÁRIOS

✪ **Nota do autor:** *hipoteca* é o direito real de garantia que grava coisa imóvel ou bem que a lei entende por hipotecável, pertencente ao devedor ou a terceiro, sem transmissão de posse ao credor, conferindo a este o direito de promover s sua venda judicial, pagando-se preferentemente, se inadimplente o devedor (DINIZ, Maria Helena. *Código Civil Anotado*. 16. ed. São Paulo: Saraiva: 2012, p. 1.053). Podem ser objeto de hipoteca, por exemplo, os imóveis, o domínio direto, o domínio útil, as estradas de ferro, as jazidas, minas e pedreiras, os navios, as aeronaves, o direito de uso especial para fins de moradia, o direito real de uso, a propriedade superficiária, etc. O Novo CPC trouxe novidades em relação à hipoteca, revogando os arts. 1.482 e 1.483 (NCPC, art. 1.072, II). Os dispositivos tratavam de duas modalidades de *remição da hipoteca*, a realizada pelo *executado e seus familiares* (1) e aquela no caso de *falência ou insolvência do devedor* (2), respectivamente. A terceira modalidade de hipoteca é descrita no art. 1.481 do CC, sobre a *remição da hipoteca pelo adquirente do imóvel* (3). Em relação à segunda modalidade (CC, art. 1.483), ocorreu a mera retirado do preceito do Código Civil e sua transposição para o art. 877, § 4º. Quanto à primeira modalidade (CC, art. 1.482), afasta-se agora unicamente a possibilidade de remição dos familiares do executado, mas este ainda poderá fazê-lo (NCPC, art. 877, § 3º).

Alternativa "a": nem o pagamento parcial e nem a alienação do bem são causas extintivas da hipoteca (CC, arts. 1.421 e 1.475).

Alternativa "b": o pagamento parcial não extingue a hipoteca, em razão do *princípio da indivisibilidade do direito real de garantia* (CC, arts. 1.421 e 1.475).

Alternativa "c": o pagamento parcial não extingue o direito real de garantia, sendo ainda nula qualquer cláusula que limite o *jus disponendi*.

Alternativa "d": o direito real de garantia confere ao credor real a possibilidade de fazer valer o direito real em face do adquirente do bem.

Alternativa "e": segundo o art. 1.421 do CC, "o pagamento de uma ou mais prestações da dívida não importa exoneração correspondente da garantia, ainda que esta compreenda vários bens, salvo disposição expressa no título ou na quitação". O direito real de garantia adere-se ao bem gravado por inteiro, e até a que dívida seja paga por inteiro, a garantia não se desfaz. Isso porque o pagamento parcial não exonera a garantia real na mesma proporção, mantendo-se sempre integralmente onerada em garantia do saldo devedor. Trata-se do *princípio da indivisibilidade do direito real de garantia*. Por outro lado, diz o art. 1.475 do CC ser "nula a cláusula que proíbe ao proprietário alienar imóvel hipotecado". Porém, permite a regra "convencionar-se que vencerá o crédito hipotecário, se o imóvel for alienado" (CC, art. 1.475, parágrafo único). Além disso, o credor hipotecário poderá reivindicar o bem em face do adquirente, em virtude do direito real.

Alternativa correta: letra "e".

180. (Cespe – Procurador do Estado – AL/2008) Assinale a correta com relação à hipoteca.

a) Caso o credor hipotecário tenha receio de não receber seu débito, ante o comportamento do devedor, há previsão legal no sentido de que seja inserida cláusula contratual proibindo ao proprietário alienar o imóvel hipotecado.

b) Se X hipotecar imóvel seu como garantia de dívida contraída com Y, e o imóvel hipotecado vier a perder valor em virtude de negligência de X na sua conservação, poderá ocorrer o vencimento antecipado da dívida.

c) Será anulável a cláusula que permita ao credor hipotecário ficar com o imóvel dado em garantia, caso a dívida não seja paga no vencimento.

d) Se um devedor der em garantia ao pagamento de dívida com alguém seu apartamento de dois quartos, em bairro nobre de Maceió – AL, e, em seguida, falecer, cada sucessor poderá remir parcialmente a hipoteca na proporção do seu quinhão.

e) Ainda que não conste do título, caso o devedor pague parte da dívida, haverá correspondente exoneração da garantia hipotecária.

COMENTÁRIOS

Alternativa "a": é nula a cláusula que proíbe ao proprietário alienar imóvel hipotecado. É possível, por outra via, convencionar-se que vencerá o crédito hipotecário, se o imóvel for alienado.

Alternativa "b": a dívida considera-se vencida se, deteriorando-se, ou depreciando-se o bem dado em segurança, desfalcar a garantia, e o devedor, intimado, não a reforçar ou substituir; trata-se da situação de desvalorização econômica do bem, com a possibilidade de vencimento antecipado na inércia do devedor.

Alternativa "c": é nula a cláusula que autoriza o credor pignoratício, anticrético ou hipotecário a ficar com o objeto da garantia se a dívida não for paga no vencimento. Trata-se da proibição do *pacto comissório*.

Alternativa "d": tendo em vista o *princípio da indivisibilidade da garantia real*, só se admite a remição **total** da hipoteca, vedando-se, assim, a remição parcial. Os sucessores do devedor **não** podem remir parcialmente o penhor ou a hipoteca na proporção dos seus quinhões; qualquer deles, porém, pode fazê-lo no todo. O herdeiro ou sucessor que fizer a remição fica sub-rogado nos direitos do credor pelas quotas que houver satisfeito.

Alternativa "e": pelo *princípio da indivisibilidade da garantia real*, o pagamento de uma ou mais prestações da dívida não importa exoneração correspondente da garantia, ainda que esta compreenda vários bens, salvo disposição expressa no título ou na quitação. Se o devedor pagar parcialmente a dívida, a coisa gravada continuará integralmente onerada em garantia do saldo devedor (CC/art. 1.421).

Alternativa correta: letra "b".

181. (Cespe – Procurador do Estado – ES/2008) – Em relação aos direitos reais, julgue o item a seguir: Se o proprietário de bem dado em garantia real alienar o bem afetado ao débito antes do termo de pagamento, a alienação será válida, porém ineficaz perante o credor.

COMENTÁRIOS

O devedor poderá alienar o bem hipotecado, porque não perde o direito de alienar (*jus disponendi*), transferindo-o ao adquirente, juntamente com o ônus que o grava. A outro giro, nula será qualquer cláusula que vede ao proprietário a venda do imóvel onerado de hipoteca, mas é admitida convenção expressa de vencimento do crédito hipotecário se o imóvel for alienado. **(certo)**

182. (Cespe – Procurador do Estado – ES/2008) – Em relação aos direitos reais, julgue o item a seguir: Se o devedor tornar-se inadimplente com relação ao crédito da hipoteca de primeiro grau, o resgate da hipoteca pelo credor da segunda hipoteca acarreta a extinção do ônus real, ou seja, libera o imóvel onerado mediante o pagamento da quantia devida.

COMENTÁRIOS

Dispõe o art. 1.478 do CC que "**1ª parte:** *Se o devedor da obrigação garantida pela primeira hipoteca não se oferecer, no vencimento, para pagá-la, o credor da segunda pode promover-lhe a extinção, consignando a importância e citando o primeiro credor para recebê-la e o devedor para pagá-la;* ***2ª parte*** *se este não pagar, o segundo credor, efetuando o pagamento, se sub-rogará nos direitos da hipoteca anterior, sem prejuízo dos que lhe competirem contra o devedor comum*" **(destaques não originais)**. Muito embora a 1ª parte do preceito relacionado ao resgate da primeira hipoteca pelo credor sub-hipotecário afirme a possibilidade de promover-lhe a "extinção", nesse caso, a remição provoca a "sub-rogação" do credor com hipoteca posterior nos direitos do credor com hipoteca anterior. A "extinção" mencionada no preceito legal significa "afastar" a concorrência do primeiro credor. **(errado)**

6.2. ANTICRESE

183. (Cespe – Procurador do Estado – PI/2008) A respeito dos direitos reais, assinale a correta.

a) A servidão predial aparente pode ser constituída em prédio próprio, exigindo-se que os prédios serviente e dominante sejam contíguos, de forma a possibilitar a utilização mais cômoda do prédio dominante.

b) O direito ao usufruto é inalienável e intransmissível, não podendo o usufrutuário, portanto, ceder a exploração da coisa a terceiro. Quando constituído em favor de duas pessoas, com cláusula expressa de direito de acrescer, em caso de falecimento de uma delas, ocorre a desoneração da propriedade a ela correspondente que, automaticamente, retorna ao nu-proprietário.

c) Nas dívidas garantidas por penhor, é válido que os contratantes firmem convenção acessória autorizando o credor a ficar com a coisa dada em garantia, caso a prestação não seja cumprida no vencimento.

d) A hipoteca não pode ser constituída como meio de garantir a dívida futura ou condicionada, ainda que determinado o valor máximo do crédito a ser garantido, pois essa visa assegurar ao credor o pagamento da dívida líquida e certa.

e) A anticrese é o direito real sobre imóvel alheio, em virtude do qual o credor obtém a posse da coisa a fim de perceber-lhe os frutos, juros e capital, e imputá-los no pagamento da dívida, sendo, porém, permitido estipular que os frutos do imóvel sejam, na sua totalidade, percebidos pelo credor à conta de juros.

COMENTÁRIOS

✪ **Nota do Autor:** *anticrese* é o direito real sobre imóvel alheio, em virtude do qual o credor obtém a posse da coisa, a fim de lhe perceber os frutos e imputá-los no pagamento da dívida, juros e capital, sendo, porém, permitido estipular que os frutos sejam, na totalidade, percebidos à conta dos juros (Clóvis Beviláqua). Na cessão do direito de perceber frutos à conta dos juros, se o seu valor ultrapassar a taxa máxima permitida em lei para as operações financeiras, o remanescente será imputado ao capital. Admite-se a coexistência da hipoteca e da anticrese. Quando a anticrese recair sobre bem imóvel, ele poderá ser hipotecado pelo devedor ao credor anticrético, ou a terceiros, assim como o imóvel hipotecado poderá ser dado em anticrese.

Alternativa "a": não há constituição de servidão sobre o próprio bem (CC/art. 1.378).

Alternativa "b": o usufruto é *personalíssimo, inalienável* e *intransmissível*. A alienação do usufruto é proibida, e a transmissão aos herdeiros nunca ocorre. Admite-se, contudo, a **cessão** de usufruto (CC, art. 1.393). A morte é causa de extinção do usufruto. Aliás, constituído o usufruto em favor de duas ou mais pessoas, extinguir-se-á a parte em relação a cada uma das que falecerem, salvo se, por **estipulação expressa**, o quinhão desses **couber** ao sobrevivente, quando haverá direito de acrescer entre os usufrutuários.

Alternativa "c": é nula a cláusula que autoriza o credor pignoratício, anticrético ou hipotecário a ficar com o objeto da garantia, se a dívida não for paga no vencimento. (CC/art. 1.428). Proíbe-se, assim, o *pacto comissório*. Todavia, após o vencimento, poderá o devedor dar a coisa em pagamento da dívida (*pacto marciano*).

Alternativa "d": a hipoteca é garantia acessória de um débito, cujo pagamento visa garantir, em qualquer obrigação de natureza econômica, seja ela de dar, de fazer ou não fazer. Pode ainda garantir *dívida futura* ou *condicionada*, desde que determinado o valor máximo do crédito a ser garantido. Nesse caso, a **execução** da hipoteca dependerá de **prévia** e **expressa** concordância do devedor quanto à verificação da condição, ou ao montante da dívida. Havendo divergência entre o credor e o devedor, caberá àquele fazer prova de seu crédito. Reconhecido este, o devedor responderá, inclusive, por perdas e danos, em razão da superveniente desvalorização do imóvel.

Alternativa "e": pode o devedor ou outrem por ele, com a entrega do imóvel ao credor, ceder-lhe o direito de perceber, em compensação da dívida, os frutos e rendimentos. É permitido estipular que os frutos e rendimentos do imóvel sejam percebidos pelo credor à conta de juros, mas se o seu valor **ultrapassar** a taxa máxima permitida em lei para as operações financeiras, o **remanescente será imputado ao capital.**

Alternativa correta: letra "e".

IX. DIREITO DE FAMÍLIA

1. CASAMENTO

1.1. CASAMENTO RELIGIOSO COM EFEITOS CIVIS

184. (Cespe – Procurador do Estado – PB/2008) A respeito do direito de família, assinale a correta.

a) O parentesco por afinidade em linha reta ou em linha colateral permanece ainda que haja dissolução do casamento ou da união estável. O parentesco por consanguinidade ou por adoção conta-se por graus, que são as distâncias em gerações que vão de um parente a outro.

b) Para a adoção de pessoa maior e capaz, é necessária a concordância desta, não se exigindo o consentimento dos pais biológicos ou dos representantes legais, sendo efetivada mediante escritura pública.

c) A declaração da nulidade acarreta a invalidade do casamento a partir da data da sentença que o invalidou. No entanto, o casamento produz todos os efeitos civis perante os contraentes até o trânsito em julgado da sentença mencionada.

d) O casamento religioso celebrado sem as formalidades da lei civil pode ser inscrito no registro civil a qualquer tempo, bastando que se faça a devida habilitação perante a autoridade competente, e os efeitos jurídicos, ainda que tardio o registro, retroagem à data da celebração do casamento religioso.

e) O casamento e a união estável são reconhecidos como entidades formadoras da família, sendo caracterizada como união estável a sociedade de fato formada por duas pessoas de sexos diferentes, mesmo se uma ou ambas sejam casadas; nesse caso, assegura a lei aos conviventes os mesmos direitos das pessoas casadas, inclusive quanto ao regime patrimonial.

COMENTÁRIOS

✪ **Nota do Autor:** *casamento válido* é o que não se apresenta *inexistente*, *nulo* ou *anulável*. No campo das nulidades, esta pode ser *absoluta* ou *relativa*, de acordo com o grau de violação, que vai da ordem pública aos dos interesses dos nubentes. É importante notar que em matéria de casamento há exceções às regras gerais da Parte Geral do Código Civil, quanto à invalidade do negócio jurídico. Enquanto no art. 168, parágrafo único, do CC, o juiz, *"ex officio"*, pronuncia a nulidade do negócio jurídico, em relação ao casamento a disciplina é diversa, pois o reconhecimento da nulidade exige provocação, por meio de ação ordinária (CC/art. 1.549 e 1.563). O casamento *nulo* reclama ação declaratória, com efeitos *ex tunc*; o anulável, ação anulatória, com efeitos *ex nunc*; sobre a invalidade do casamento, dispõe o CC/art. 1.548 a 1.564. São espécies de casamento válido: (1) casamento putativo; (2) casamento nuncupativo e em caso de moléstia grave ("articulo mortis" ou "in extremis vitae momenti"); (3) casamento religioso com efeitos civis, com habilitação prévia e com habilitação posterior; (4) casamento consular; (5) conversão da união estável em casamento. Segundo o art. 1.515 do CC: "O casamento religioso, que atender às exigências da lei para a validade do casamento civil, equipara-se a este, desde que registrado no registro próprio, produzindo efeitos a partir da data de sua celebração". O casamento religioso, precedido ou não de habilitação (CC, art. 1.516), só terá validade civil uma vez observados os impedimentos, as causas suspensivas, a capacidade matrimonial e as demais prescrições legais, sendo o ato inscrito em registro público, o qual tem efeitos "ex tunc", ou seja, seus efeitos contam-se da celebração e não do ato registrário. Sendo assim, é o registro que altera o estado civil para casado, desde a data da celebração da cerimônia religiosa. Logo, é o registro que torna uma pessoa casada. O impedimento previsto no art. 1.521, V, portanto, só se caracteriza após o registro do casamento religioso.

Alternativa "a": na linha reta, a afinidade **não** se extingue com a dissolução do casamento ou da união estável.

Alternativa "b": de acordo com o art. 1.619 do CC, a adoção do maior exige sentença constitutiva.

Alternativa "c": a sentença que decretar a nulidade *absoluta* do casamento retroagirá à data da sua celebração (*ex tunc*), sem prejudicar a aquisição de direitos, a título oneroso, por terceiros de boa-fé, nem a resultante de sentença transitada em julgado. A nulidade absoluta do casamento é averbada (Lei 6.015/73, arts. 100 e 167, II, nº 14).

Alternativa "d": o casamento religioso que atender às exigências da lei para a validade do casamento civil equipara-se a este, desde que registrado no registro próprio, produzindo efeitos a partir da data de sua celebração. O registro do casamento religioso submete-se aos mesmos requisitos exigidos para o casamento civil. O registro civil do casamento religioso **deverá** ser promovido dentro de **90 dias** de sua realização, mediante comunicação do celebrante ao ofício competente, ou por iniciativa de qualquer interessado, desde que haja sido homologada previamente a habilitação regulada neste Código. Após o referido prazo, o registro dependerá de nova habilitação. O casamento religioso, celebrado **sem** as formalidades exigidas neste Código, terá efeitos civis se, a requerimento do casal, for registrado, a qualquer tempo, no registro civil, mediante prévia habilitação perante a autoridade competente e observado o prazo do art. 1.532, segundo o qual a eficácia da habilitação será de **90 dias**, a contar da data em que foi extraído o certificado. Será **nulo** o registro civil do casamento religioso se, antes dele, qualquer dos consorciados houver contraído com outrem casamento civil.

Alternativa "e": a união estável não se constituirá se lhe ocorrer os impedimentos para o casamento. Não podem casar-se as pessoas casadas. Logo, esse impedimento obsta à formação da união estável, exceto no caso de a pessoa casada se achar separada de fato ou judicialmente. Na união estável, salvo **contrato escrito** entre os companheiros, aplica-se às relações patrimoniais, no que couber, o regime da comunhão parcial de bens. Por fim, aqueles que passam a conviver como se estivessem em união estável, mas impedidos de casar, constituem concubinato. A outro giro, admite-se a união estável de pessoas do mesmo sexo. Pelo **Enunciado 526**: *"É possível a conversão de união estável entre pessoas do mesmo sexo em casamento, observados os requisitos exigidos para a respectiva habilitação"*.

Alternativa correta: letra "d".

2. EFICÁCIA DO CASAMENTO

185. (Fundatec – Procurador do Estado – RS/2015) Em relação ao domicílio, conforme legislação vigente, analise as seguintes assertivas:

I. Ressalvada hipótese de abandono, o domicílio do chefe de família estende-se ao cônjuge e aos filhos não emancipados.

II. Exercendo profissões em locais diversos, cada um destes pode constituir domicílio para as relações que lhes corresponderem.

III. O servidor público, o militar e o preso têm domicílio necessário, sendo, respectivamente, o lugar onde exercem permanentemente suas funções, onde servem e onde cumprem a sentença.

IV. Muda-se de domicílio pela alteração de localização do lugar, independente da intenção da pessoa.

Quais estão corretas?

a) Apenas I e III.
b) Apenas I e IV.
c) Apenas II e III.
d) Apenas II e IV.
e) Apenas I, II e III.

COMENTÁRIOS

Item I: correto; proclama o art. 1.569 do CC: "O domicílio do casal será escolhido por ambos os cônjuges, mas um e outro podem ausentar-se do domicílio conjugal para atender a encargos públicos, ao exercício de sua profissão, ou a interesses particulares relevantes". A fixação do domicilio é conferida por lei a ambos os cônjuges, sendo admitido, também aos dois, que dele temporariamente se ausentem para atender a encargos públicos, no Brasil ou fora, exercício de profissão ou interesses particulares relevantes, como prestar assistência a algum parente, cursar mestrado, etc. Nestas hipóteses, passarão a coexistir o domicílio conjugal e o funcional ou profissional. Lembre-se que pode caracterizar a impossibilidade da vida em comum o abandono voluntário do lar (CC, art. 1.573, IV).

Item II: correto; estabelece o art. 72 do CC: "É também domicílio da pessoa natural, quanto às relações concernentes à profissão, o lugar onde esta é exercida. Parágrafo único. Se a pessoa exercitar profissão em lugares diversos, cada um deles constituirá domicílio para as relações que lhe corresponderem". O local onde a pessoa natural exerce sua profissão também é considerado como domicílio civil. Se a profissão for exercida em lugares diversos, haverá pluralidade domiciliar, para as relações que tenham elo ou correspondência com cada um desses centros habituais de ocupação.

Item III: correto; o domicílio necessário é aquele determinado por lei (*ex lege*), em razão da condição ou situação de certas pessoas. A respeito, dispõe o art. 76 do CC: "Têm domicílio necessário o incapaz, o servidor público, o militar, o marítimo e o preso. Parágrafo único. O domicílio do incapaz é o do seu representante ou assistente; o do servidor público, o lugar em que exercer permanentemente suas funções; o do militar, onde servir, e, sendo da Marinha ou da Aeronáutica, a sede do comando a que se encontrar imediatamente subordinado; o do marítimo, onde o navio estiver matriculado; e o do preso, o lugar em que cumprir a sentença". Notadamente em relação ao militar, sendo do Exército, o domicílio é onde servir; se for da Marinha ou da Aeronáutica (Força Aérea), o domicílio é a sede do comando a que se encontra imediatamente subordinado.

Item IV: incorreto; dispõe o art. 74 do CC: "Muda-se o domicílio, transferindo a residência, com a intenção manifesta de o mudar. Parágrafo único. A prova da intenção resultará do que declarar a pessoa às municipalidades dos lugares, que deixa, e para onde vai, ou, se tais declarações não fizer, da própria mudança, com as circunstâncias que a acompanharem.". Resumidamente, assim, duas são as condições para que se opere a mudança voluntária de domicílio: (a) transferência da residência para lugar diverso; (b) intenção ou ânimo definitivo de fixar nova residência. Verificadas estas condições, opera-se a mudança de domicilio. A mudança deve ser compreendida em caráter amplo, pois o Código Civil admite a pluralidade de domicílio. A transferência pode significar nova residência, sem deixar a anterior (CC, art. 71).

Alternativa correta: letra "e".

3. REGIME MATRIMONIAL ENTRE OS CÔNJUGES

3.1. DISPOSIÇÕES GERAIS OU COMUNS

186. (FCC – Procurador do Estado – MT/2011) Qualquer que seja o regime de bens, tanto o marido quanto a mulher sempre podem livremente:

a) praticar todos os atos de disposição e de administração necessários ao desempenho de sua profissão.

b) administrar os bens próprios do outro cônjuge.

c) desobrigar ou reivindicar os imóveis que tenham sido gravados ou alienados com o seu consentimento.

d) reivindicar os bens imóveis comuns, doados pelo outro cônjuge ao concubino, desde que provado que os bens não foram adquiridos pelo esforço comum destes, se o casal estiver separado de fato por mais de cinco anos.

e) demandar a rescisão dos contratos de fiança e doação, ou a invalidação do aval, realizados pelo outro cônjuge, ainda que com o seu consentimento.

COMENTÁRIOS

✪ **Nota do Autor:** as disposições gerais dos regimes de bens estão assentadas nos arts. 1.639 a 1.652 do CC. Regime matrimonial de bens é o conjunto de normas aplicáveis às relações e interesses econômicos resultantes do casamento, envolvendo questões sobre propriedade, fruição, administração e disponibilidade de bens de ambos os cônjuges ou de cada um deles, desde a celebração do matrimônio até sua dissolução. Consiste, portanto, no estatuto patrimonial dos cônjuges (Maria Helena Diniz). Entre outras, disciplina-se a respeito do pacto antenupcial, do início e vigência dos regimes, da mutabilidade dos regimes, do regime legal, do regime obrigatório, dos atos patrimoniais **com** e **sem** dispensa de outorga, da solidariedade passiva legal entre os cônjuges, pelas dívidas contraídas para a economia doméstica, das doações "propter nuptias" ou para o estabelecimento de economia em separado, do suprimento judicial da outorga, da anulação dos atos praticados quando necessária a outorga, entre outros.

Alternativa "a": qualquer que seja o regime de bens, tanto o marido quanto a mulher podem livremente praticar todos os atos de disposição e de administração necessários ao desempenho de sua profissão, com as **limitações** de alienar ou gravar de ônus real os bens imóveis.

Alternativa "b": o marido e a mulher podem livremente administrar os **bens próprios** (CC/art. 1.642, II).

Alternativa "c": o marido e a mulher podem livremente desobrigar ou reivindicar os imóveis que tenham sido gravados ou alienados **sem** o seu consentimento ou **sem** suprimento judicial (CC/art. 1.642, III).

Alternativa "d": qualquer que seja o regime de bens, tanto o marido quanto a mulher podem livremente reivindicar os **bens comuns, móveis** ou **imóveis**, doados ou transferidos pelo outro cônjuge ao concubino, desde que provado que os bens **não** foram adquiridos pelo esforço comum destes, se o casal estiver separado de fato por mais de cinco anos.

Alternativa "e": o marido e a mulher podem demandar a rescisão da fiança ou a invalidação do aval, bem como a doação, **não** sendo remuneratória, de bens comuns ou dos que possam integrar futura meação, realizados pelo cônjuge **sem** autorização do outro, exceto no regime da separação absoluta (CC, arts. 1.642, IV e 1.647, III e IV).

Alternativa correta: letra "d".

3.2. REGIME DE SEPARAÇÃO OBRIGATÓRIA DE BENS

187. (FCC – Procurador do Estado – PGE – AP/2018) Não sendo caso de regime de separação obrigatória de bens, é lícito aos nubentes,

a) antes do casamento, por escritura pública, estipular, quanto aos bens, o que lhes aprouver, não ficando adstritos aos regimes tipificados no Código Civil, mas para ter efeito perante terceiros a lei exige o registro do pacto antenupcial no Registro de Imóveis do domicílio dos cônjuges.

b) no termo de casamento, estipular, quanto aos bens, o que lhes aprouver, não ficando adstritos aos regimes tipificados no Código Civil, mas para ter efeito perante terceiros a lei exige o registro do pacto antenupcial no Registro de Imóveis do domicílio dos cônjuges.

c) antes do casamento, por escritura pública, estipular, quanto aos seus bens, o que lhes aprouver, não ficando adstritos aos regimes tipificados no Código Civil, mas para ter efeito perante terceiros a lei exige o registro do pacto antenupcial no Registro Civil do domicílio dos cônjuges.

d) antes do casamento, por escritura pública ou instrumento particular registrado no cartório de títulos e documentos, estipular, quanto aos seus bens, o que lhes aprouver, não ficando adstritos aos regimes tipificados no Código Civil, mas para ter efeito perante terceiros a lei exige o registro do pacto antenupcial no Registro de Imóveis do domicílio dos cônjuges.

e) antes do casamento, estipular quanto aos seus bens outro regime, diverso da comunhão parcial de bens, mediante escritura pública, desde que escolhido um entre os previstos no Código Civil, mas para ter efeito perante terceiro a lei exige o registro do pacto antenupcial no Registro de Imóveis do domicílio dos nubentes.

COMENTÁRIOS

Alternativa "a": é lícito aos nubentes, antes de celebrado o casamento, estipular, quanto aos seus bens, o que lhes aprouver (CC, art. 1.639). Ou seja, não estão os nubentes adstritos aos regimes especificados ou tipificados no Cód. Civil uma vez que podem, por exemplo, combinar regras de regimes distintos. Nota-se, portanto, que o rol dos regimes não é taxativo, mas exemplificativo. Por outro lado, se os nubentes, no processo de habilitação, optarem por qualquer dos *regimes típicos* do Código Civil, quanto à forma, *reduzir-se-á a termo* a opção pela comunhão parcial, regime este que também vigorará quando não houver convenção, ou se esta for nula ou ineficaz (CC, art. 1.640, *caput*). A escolha pelos demais regimes ou por regimes atípicos, exige o pacto antenupcial, por escritura pública. Para que tais convenções antenupciais tenham efeito perante terceiros, deverão ser registradas, em livro especial, pelo oficial do Registro de Imóveis do domicílio dos cônjuges (CC, art. 1.657).

Alternativa "b": qualquer estipulação que não seja a escolha do regime de comunhão parcial de bens, só pode ser feita mediante escritura pública, nos termos do art. 1.640, parágrafo único, do CC.

Alternativa "c": para que o pacto antenupcial tenha efeitos em relação a terceiros o devem ser precedidas de registro, em livro especial, pelo oficial do Registro de Imóveis do domicílio dos cônjuges (CC, art. 1.657).

Alternativa "d": o instrumento particular não é uma forma admitida para a escolha e nem tampouco para estipular quanto aos bens dos nubentes. São duas as formas permitidas: termo, unicamente para a opção pelo regime de comunhão parcial de bens, ou escritura pública.

Alternativa "e": o rol de regimes previstos no Cód. Civil não é exaustivo, mas sim exemplificativo, de maneira que os cônjuges podem estabelecer quanto aos bens o que melhor lhes atender (CC, art. 1.639, *caput*).

Alternativa correta: letra "a".

3.3. REGIME DA COMUNHÃO PARCIAL OU LIMITADA

188. (FCC – Procurador do Estado – RN/2014) Pedro e Maria são casados sob o regime da comunhão parcial de bens. Durante a sociedade conjugal, Pedro recebeu prêmio de aposta em loteria, no valor de R$ 5.000.000,00 (cinco milhões de reais), resolvendo divorciar-se de Maria. Até então, possuíam os seguintes bens: uma casa doada pelos pais de Maria a ambos os nubentes, por ocasião do casamento; um sítio adquirido a título oneroso por Pedro durante a sociedade conjugal, fruto da economia de seus salários, tendo Maria recebido uma outra casa, por herança de sua mãe, depois do casamento. Na partilha de bens, em razão do divórcio observar-se-á o seguinte:

a) cada um tem direito à metade do prêmio que Pedro auferiu na aposta; ambos têm iguais direitos sobre a casa doada pelos pais de Maria e ao sítio adquirido por Pedro e Maria tem a propriedade exclusiva da casa que recebeu por herança de sua mãe.
b) somente Pedro tem direito ao prêmio que auferiu na aposta; ambos têm iguais direitos sobre a casa doada pelos pais de Maria e ao sítio adquirido por Pedro e Maria tem a propriedade exclusiva da casa que recebeu por herança de sua mãe.
c) cada um tem direito à metade do prêmio que Pedro auferiu na aposta; somente Maria tem direito sobre a casa doada por seus pais e à propriedade exclusiva da casa que recebeu por herança de sua mãe e ambos têm iguais direitos sobre o sítio adquirido por Pedro.
d) ambos têm iguais direitos sobre todos esses bens.
e) somente Pedro tem direito ao prêmio que auferiu na aposta e ambos têm iguais direitos sobre os demais bens.

COMENTÁRIOS

✪ **Nota do Autor:** o *regime legal ou supletivo* do casamento é a comunhão parcial de bens, porque não havendo ou sendo nula ou ineficaz a convenção, é o regime que vigora quanto aos bens do casal (CC/art. 1.640). O *regime legal* é a comunhão parcial de bens, enquanto o *regime obrigatório*, o da separação de bens, o qual é imposto em algumas situações, para conferir proteção a certas pessoas que a lei especifica. Dessa forma, o regime será obrigatório: *(a)* das pessoas que o contraírem com inobservância das causas suspensivas da celebração do casamento; *(b)* da pessoa maior de 70 (setenta) anos; *(c)* de todos os que dependerem, para casar, de suprimento judicial. (CC/art. 1.641, I a III). Fora a hipótese do *regime obrigatório*, os contraentes podem eleger o regime por meio de um contrato *solene e condicional* chamado *pacto antenupcial; é solene* porque exige escritura pública e condicional já que será *ineficaz* se não lhe seguir o casamento (CC/art. 1.653). Realizado o casamento por menor, tem-se uma regra de *eficácia jurídica*, segundo a qual deve ser aprovado por seu representante legal (CC/art. 1.654). As regras sobre a *capacidade* do casamento se aplicam na totalidade ao *pacto antenupcial*. Além da formalidade da escritura pública, sua eficácia *"erga omnes"* contra terceiros *(regime externo)* demanda registro, em livro especial, pelo oficial do Registro de Imóveis do domicílio dos cônjuges (CC/art. 1.657); sem esse registro, o pacto é válido, porém seus efeitos irradiam somente entre os cônjuges e seus herdeiros *(regime interno)*. Se o nubente for empresário, o pacto deverá ser arquivado e averbado no Registro Público de Empresas Mercantis. Dispõe o CC/art. 1.656 que, adotando o *pacto antenupcial* o regime de participação final nos aquestos, poder-se-á convencionar a livre disposição dos bens imóveis, desde que particulares, quando será dispensada a outorga para alienação destes bens. Pelo **Enunciado 261**, *"A obrigatoriedade do regime da separação de bens não se aplica a pessoa maior de sessenta anos, quando o casamento for precedido de união estável iniciada antes dessa idade"*.

Alternativa "a": no regime de comunhão parcial, comunicam-se os bens que sobrevierem ao casal, na constância do casamento (CC, art. 1.658). Entram no regime de comunhão parcial, ainda, constituindo patrimônio comum dos consortes, por serem comunicáveis, os bens adquiridos por fato eventual, como jogos, rifas, loterias, apostas, etc. (CC, art. 1.660, II). Também se comunica a ambos os cônjuges os bens adquiridos por doação, herança ou legado, em favor de ambos (CC, art. 1.660, III). O regime de comunhão parcial de bens tem por característica a coexistência de três patrimônios distintos, o comum, o exclusivo do marido, e o pessoal da mulher. Assim, excluem-se da comunhão os bens que cada cônjuge possuir ao casar, e os que lhe sobrevierem, na constância do casamento, por doação ou sucessão, e os sub-rogados em seu lugar (CC, art. 1.659, I).

Alternativa "b": o prêmio da loteria ganho por Pedro entra no regime da comunhão parcial de bens, comunicando-se, assim, a sua consorte (CC, art. 1.660, II).

Alternativa "c": entram no regime de comunhão parcial os bens adquiridos por doação, herança ou legado, em favor de ambos os cônjuges. Desse modo, a casa doada pelos pais de Maria a ela e ao cônjuge Pedro, confere direitos reais a ambos (CC, art. 1.660, III).

Alternativa "d": todos os bens que constam da relação enunciada na questão pertencem ao casal, como patrimônio comum, com exceção de uma casa, recebida por Maria, por herança de sua mãe, depois do casamento, bem este que lhe constitui patrimônio exclusivo. Segundo o art. 1.659, I, do CC, excluem-se do patrimônio comum no regime de comunhão parcial os bens que cada cônjuge possuir ao casar, e os que lhe **sobrevierem**, na **constância do casamento**, por doação ou **sucessão**, e os sub-rogados em seu lugar.

Alternativa "e": o prêmio lotérico ganho por Pedro é patrimônio comum, assim como os demais bens, à exceção da casa herdada por Maria, por sucessão de sua mãe (CC, arts. 1.658, 1.659, I e 1.660, II).

Alternativa correta: letra "a".

4. RELAÇÕES DE PARENTESCO

4.1. FILIAÇÃO

189. (FCC – Procurador do Estado – MT/2011) A respeito da paternidade, é correto afirmar que

a) o adultério da mulher, se confessado, ilide a presunção de paternidade decorrente do casamento.

b) o reconhecimento dos filhos havidos fora do casamento é irrevogável, exceto se feito em escrito particular.

c) são consideradas inválidas e, portanto, inexistentes a condição e o termo opostos ao ato de reconhecimento do filho.

d) a filiação materna ou paterna pode resultar de casamento, exceto se este for declarado nulo em virtude de má-fé de ambos os cônjuges.

e) a prova da impotência do cônjuge para gerar, à época do nascimento, não ilide a presunção de paternidade.

COMENTÁRIOS

✪ **Nota do Autor:** segundo Carlos Roberto Gonçalves, "filiação é a relação de parentesco consanguíneo, em primeiro grau e em linha reta, que liga uma pessoa àquelas que a geraram, ou a receberam como se a tivessem gerado (Silvio Rodrigues). Todas as regras sobre parentesco consanguíneo estruturam-se a partir da noção de filiação, pois a mais próxima, a mais importante, e principal relação de parentesco é que se estabelece entre pais e filhos (Zeno Veloso)" (Direito Civil Brasileiro, vol. 6, Direito de Família, 10ª ed., 2013, pág. 319). Os filhos gerados do casamento ou da união estável gozam da presunção *juris tantum* de paternidade (STJ – Info 508).

Alternativa "a": não basta para ilidir a presunção legal de paternidade o adultério da mulher, ainda que confessado (CC, art. 1.600).

Alternativa "b": qualquer que seja a origem, ainda que em testamento ou instrumento, o reconhecimento é irrevogável (CC, arts. 1.609 e 1.610).

Alternativa "c": o reconhecimento da filiação é ato puro e simples; disso decorre que são ineficazes a condição e o termo apostos ao ato de reconhecimento do filho. (CC, art. 1.613).

Alternativa "d": de acordo com o CC, art. 1.561, § 2º, embora anulável ou mesmo nulo, se ambos os cônjuges estavam de má-fé ao celebrar o casamento, os seus efeitos civis só aos filhos aproveitarão; entre os efeitos a que se refere o dispositivo, tem-se a presunção legal da paternidade (CC, art. 1.597).

Alternativa "e": a prova da impotência do cônjuge para **gerar**, à **época da concepção**, ilide a presunção da paternidade; logo, a prova da impotência do cônjuge para gerar, **à época do nascimento**, não ilide a presunção de paternidade.

Alternativa correta: letra "e".

190. (PGE/PA – Procurador do Estado – PA/2009) Analise as proposições abaixo e assinale a alternativa INCORRETA:

a) As declarações enunciativas, constantes de documentos assinados, presumem-se verdadeiras em relação aos signatários e, desde que tenham relação direta com as disposições principais ou com a legitimidade das partes, eximem os interessados em sua veracidade do ônus de prová-las.

b) Em ação de investigação de paternidade, consoante a jurisprudência do STJ, a recusa do suposto pai a submeter-se ao exame de DNA constitui presunção absoluta da sua paternidade.

c) O novo Código Civil equiparou as cópias (reproduções) inautênticas aos documentos originais e autenticados, desde que sejam comuns às partes e inexista impugnação à sua exatidão.

d) Nos casos em que a lei exclui a prova testemunhal, não se admite, como meio de prova, a presunção, exceto se prevista em lei.

COMENTÁRIOS

Alternativa "a": as declarações constantes de documentos assinados presumem-se verdadeiras em relação aos **signatários**. Não tendo relação direta, porém, com as disposições principais ou com a legitimidade das partes, as declarações enunciativas **não** eximem os interessados em sua veracidade do ônus de prová-las. São **enunciativas** as declarações que esclarecem situações ou detalhes, p. ex., descrevendo um imóvel, especificando a quitação de preço e, razão de um débito já existente entre o comprador e o vendedor. As declarações enunciativas podem ter **relação direta** com a disposição principal ou com a legitimidade das partes, ou não, quando serão meramente enunciativas. Nesse caso, o interessado deverá prová-las, pois só geram presunção de autoria e das circunstâncias fáticas paralelas, como data, endereço, etc.

Alternativa "b": de acordo com a **Súmula 301 do STJ**: *"em ação investigatória, a recusa do suposto pai a submeter-se ao exame de DNA induz* ***presunção juris tantum*** *de paternidade"*. (grifo nosso)

Alternativa "c": as reproduções fotográficas, cinematográficas, os registros fonográficos e, em geral, quaisquer outras reproduções mecânicas ou eletrônicas de fatos ou de coisas fazem prova plena destes se a parte, contra quem forem exibidos, **não lhes impugnar a exatidão.**

Alternativa "d": as presunções que não as legais não se admitem nos casos em que a lei exclui a prova testemunhal. As presunções *hominis* ou *simples* são deixadas ao critério e prudência do magistrado, que se funda no que ordinariamente acontece, ou nos atos habituais do cotidiano, só podem ser acatadas em casos *graves*, *precisos* e *concordantes*, não sendo admitidas se a lei excluir a prova testemunhas. Mas as presunções legais *juris et de jure e juris tantum* serão sempre acatadas, inclusive nos fatos em que a lei não admitir a depoimento de testemunha.

Alternativa incorreta: letra "b".

5. ALIMENTOS

191. (PUC – Procurador do Estado – PR/2015) No Direito de Família brasileiro contemporâneo, em que convivem inovação e tradição, pode-se afirmar CORRETAMENTE que:

a) Ante o rechaço da prisão civil do devedor de alimentos em importantes documentos internacionais, como o Pacto de São José da Costa Rica, há uma tendência de amenização desta medida extrema. Isto pode ser constatado pela dilação do prazo de justificativa do devedor de alimentos após sua intimação pessoal para pagamento do débito de 3 (três) para 10 (dez) dias.

b) A Lei 13.058/2014, que alterou o Código Civil para disciplinar a guarda compartilhada dos filhos menores de casais separados, objetiva que o tempo de convivência com os filhos seja dividido de forma equilibrada entre pai e mãe. Isso se alcança através da convivência e moradia alternadas durante os dias da semana, o que inviabiliza a aplicação da guarda compartilhada quando os pais moram em cidades diferentes.

c) Em caso de resultado negativo do exame pericial de paternidade, aquele que pagou alimentos gravídicos por força de decisão judicial tem pretensão de ressarcimento contra a autora da ação porque esta responde objetivamente pelos danos causados ao réu.

d) Um dos genitores, que não possua a guarda do filho menor, pode requerer judicialmente a guarda compartilhada. Se deferida pelo juízo, poderá subsistir o seu dever de pagamento de pensão alimentícia, porque a divisão proporcional dos gastos na criação dos filhos subordina-se à medida das condições financeiras de cada um dos pais.

e) Se houver a revogação da doação de descendente a ascendente por liberalidade tanto do doador quanto do donatário, mediante acordo mútuo das partes, haverá possibilidade de restituição do ITCMD (Imposto de Transmissão Causa Mortis e Doação de quaisquer Bens ou Direitos) recolhido.

COMENTÁRIOS

Alternativa "a": segundo o CPC-1973, art. 733: "Na execução de sentença ou de decisão, que fixa os alimentos provisionais, o juiz mandará citar o devedor para, em **3 (três) dias**, efetuar o pagamento, provar que o fez ou justificar a impossibilidade de efetuá-lo". O art. 528, *caput*, do CPC-2015 manteve o mesmo prazo para que o devedor-executado apresente a justificativa.

Alternativa "b": não há impedimento legal a guarda compartilhada de pais domiciliados em cidades diversas. A própria L. 13.058, de 22 de dezembro de 2014, deu nova redação ao art. 1.583, § 3º, do CC, criando a figura da "cidade base" em tais situações. Veja-se: "Na guarda compartilhada, a cidade considerada base de moradia dos filhos será aquela que melhor atender aos interesses dos filhos".

Alternativa "c": os valores pagos a título de alimentos são, em quaisquer circunstâncias, irrepetíveis, pois presumem-se utilizadas na sobrevivência do alimentado (REsp 1440777/SP).

Alternativa "d": admite-se a guarda compartilhada, quando o tempo de convívio com os filhos deve ser dividido de forma equilibrada com a mãe e com o pai, sempre tendo em vista as condições fáticas e os interesses dos filhos. Quando não houver acordo entre a mãe e o pai quanto à guarda do filho, encontrando-se ambos os genitores aptos a exercer o poder familiar, será aplicada a guarda compartilhada, salvo se um dos genitores declarar ao magistrado que não deseja a guarda do menor (CC, arts. 1.583, § 2º, e 1.584, § 2º). De qualquer maneira, havendo motivos graves, poderá o juiz, em qualquer caso, a bem dos filhos, regular de maneira diferente da estabelecida no Código Civil, a situação deles para com os pais (CC, art. 1.586). Com relação aos alimentos, o simples fato de se exercer a guarda compartilhada de filho, juntamente com o outro genitor, não é causa exoneratória de prestar alimentos, caso se mostrem necessários (STJ, MC 024428).

Alternativa "e": a revogação da doação por acordo das partes não autoriza a repetição do imposto pago, pois o fato gerador é a transmissão do bem, que se verifica após o registro do título (CTN, art. 35, I).

Alternativa correta: letra "d".

6. UNIÃO ESTÁVEL

6.1. CAUSAS IMPEDITIVAS DA UNIÃO ESTÁVEL

192. (FCC – Procurador do Estado – RO/2011) Estão impedidos de estabelecer união estável:

a) o companheiro sobrevivente com o condenado por homicídio culposo contra o seu consorte.

b) os afins em linha reta.

c) os colaterais até quarto grau, inclusive.

d) os viúvos ou viúvas que tiverem filho de cônjuge falecido enquanto não fizer inventário dos bens do casal e der partilha aos herdeiros.

e) pessoas divorciadas.

COMENTÁRIOS

✪ **Nota do Autor:** a união estável é também chamada por *concubinato puro*. Configura-se união estável a entidade familiar entre o homem e a mulher, configurada nos seguintes requisitos: *1) convivência pública*; *2) contínua*; *3) duradoura* e *4)* estabelecida com o *objetivo de constituição de família*. Quanto à diversidade de sexo, o **STF (Info – 635)** e o **STJ (Info – 472)** se posicionaram pela validade da união estável homoafetiva. Sendo assim, os demais impedimentos à união estável remanescem. Segundo o art. 1.723, § 1º, do CC, aplica-se as hipóteses de impedimento do art. 1.521 do CC à união estável, exceto o Inciso VI (casamento) quando os companheiros, ou um deles, estiverem separados de fato ou judicialmente. As causas suspensivas não obstam à união estável. Na união estável, salvo **contrato escrito** entre os companheiros, aplica-se às relações patrimoniais, no que couber, o regime da **comunhão parcial de bens**. Admite-se, ainda, sua **conversão** em casamento, mediante pedido dos companheiros ao juiz e assento no Registro Civil. Pelo **Enunciado 526 da V Jornada de Direito Civil**, *"É possível a conversão de união estável entre pessoas do mesmo sexo em casamento, observados os requisitos exigidos para a respectiva habilitação"*. Por fim, é de grande importância destacar algumas decisões superiores: **STJ – 1)** é reconhecido o **direito real de habitação** aos companheiros, ao teor da Lei 9.278/96, não revogada pelo art. 1.790 do CC; **STJ – 2)** a **presunção de paternidade** do CC, art. 1.597, II, é admitida também na união estável. O *concubinato impuro* é conceituado como as relações não eventuais, clandestinas e desleais daqueles que são impedidos de casar (CC, art. 1.521). O concubinato *impuro* não gera direito aos alimentos (CC, art. 1.694), mas quanto aos bens adquiridos pelo esforço comum, aplica-se a seguinte regra: *"Qualquer que seja o regime de bens, tanto o marido quanto a mulher podem livremente reivindicar os bens comuns, móveis ou imóveis, doados ou transferidos pelo outro cônjuge ao concubino,* ***desde que provado que os bens não foram adquiridos pelo esforço comum destes****, se o casal estiver separado de fato por mais de cinco anos"* (CC, art. 1.642, V). Por fim, a jurisprudência, no concubinato *impuro*, admite a indenização pelos serviços domésticos prestados.

Alternativa "a": o impedimento decorrente de crime de homicídio ou tentativa deste refere-se à forma dolosa, e não à culposa. Assim, não há impedimento por crime culposo.

Alternativa "b": não podem casar os afins em linha reta; logo, estão impedidos de constituir união estável aqueles que se achem nesta condição de estado.

Alternativa "c": o impedimento na linha colateral abrange os irmãos, unilaterais ou bilaterais, e todos os demais até o terceiro grau inclusive (CC, art. 1.521, IV).

Alternativa "d": as causas suspensivas do casamento previstas no art. 1.523 do CC não impedem o reconhecimento da união estável (CC, art. 1.723, § 2º).

Alternativa "e": no caso de a pessoa casada se achar separada de fato ou judicialmente, ou divorciada, não há impedimento à constituição da união estável (CC, art. 1.723, § 1º, 2ª parte).

Alternativa correta: letra "b".

X. DIREITO DAS SUCESSÕES

1. SUCESSÃO EM GERAL

1.1. ABERTURA DA SUCESSÃO

193. (COPS – Procurador do Estado – PR/2011) Analise a afirmação abaixo e, com base no conceito de espólio, assinale a alternativa correta:

> Aberta a sucessão, a propriedade de cada um dos bens do de cujus é imediatamente entregue a cada qual dos herdeiros e legatários, que podem dispor de seus bens móveis ou imóveis específicos, da maneira que entenderem adequado, desde que com prévia comunicação, sem forma especial, no inventário judicial ou extrajudicial.

a) a afirmação está errada, tendo em vista que não é a propriedade dos bens que se transfere imediatamente para os herdeiros, mas a herança, entendida como massa indivisível (espólio) até o momento da partilha. Equivocada, também, porque a sucessão aberta é bem imóvel e necessita de escritura pública ou termo judicial para cessão de qualquer parte da herança;

b) a afirmação está errada, porque se os herdeiros quiserem doar os bens será sempre necessário fazer o inventário judicialmente. Falha a assertiva, ainda, porque os bens são transmissíveis somente por termo nos autos;

c) a afirmação está correta, tendo em vista que os herdeiros, aberta a sucessão, entram na posse e propriedade de cada um dos bens herdados, passando a ter a possibilidade de uso, gozo e disposição;

d) a afirmação está correta, uma vez que, apesar de não ser a propriedade dos bens que se transfere de pronto, os herdeiros podem alienar os direitos sobre bens móveis, por meio de cessão, mesmo por escritura particular. Ademais, a sucessão aberta apesar de bem imóvel, pode, por exceção, ser transferida por escrito particular;

e) a afirmação está correta, simplesmente porque a sucessão aberta pode ser objeto de cessão por termo nos autos ou escritura pública, uma vez que os bens já são individualizados no início do inventário.

COMENTÁRIOS

✪ **Nota do Autor:** com a abertura da sucessão, o patrimônio do *de cujus* é transferido aos herdeiros, por força do CC/art. 1.784, segundo o qual: *"Aberta a sucessão, a herança transmite-se, desde logo, aos herdeiros legítimos e testamentários"*; não só o domínio, mas também a posse é transferida; essa transmissão da posse na abertura da sucessão confere-se o nome de *droit de saisine ou princípio da saisine ou da investidura legal*. De acordo com o **STJ**: *"os bens jacentes são transferidos ao ente público no momento da declaração da vacância, não se aplicando, desta forma, o princípio da saisine"* **REsp 594.956/RJ**. A outro giro, também não se aplica o princípio da *saisine* ao legatário, conforme o art. 1.923 do CC.

Alternativa "a": a *cessão de direito hereditário* é prevista no CC, arts. 1.793 a 1.795; na cessão, o herdeiro não responde pelo quantum da herança, até porque sua responsabilidade é restrita ao patrimônio transferido, depois de descontado o passivo do espólio, é o que se chama herança a *benefício do inventário* (CC, art. 1.792). A cessão de direito hereditário, portanto, é *negócio aleatório*, pelo que não se pode responsabilizar o herdeiro pela evicção ou solvência do espólio (CC, art. 1.792). Quanto às formas, a cessão pode ser *onerosa* ou *gratuita*; o dever do coerdeiro de conferir a preferência do seu quinhão aos demais só se aplica na ***cessão onerosa feita a terceiro estranho a sucessão*** (CC, art. 1.794, parte final); na *cessão gratuita a terceiro estranho a sucessão* e na *cessão a outro coerdeiro*, não se aplica a regra da notificação prévia. A cessão deve ser feita por **instrumento público** e demanda **outorga uxória**. (CC, arts. 1.793, *caput*, 1.647, I e 80, II). Pelo o **quinhão** de que disponha o coerdeiro pode ser objeto de cessão por escritura pública, sendo **ineficaz** a cessão, pelo coerdeiro, de seu direito hereditário sobre qualquer **bem da herança considerado singularmente**.

Alternativa "b": não admitida a doação de bens que compõem a herança, enquanto pendente a indivisibilidade. É admitida a cessão dos direitos hereditários ou quinhão, na forma prevista no art. 1.793 do CC.

Alternativa "c": a cessão de forma individualizada dos bens é ineficaz.

Alternativa "d": ainda que todos os bens da herança sejam móveis por natureza, por efeito da lei, os direitos hereditários são bens imóveis. Não por outra razão, a cessão dos direitos hereditários é realizada, unicamente, por escritura pública.

Alternativa "e": somente após a partilha os bens que compõem o direito à sucessão serão individualizados.

Alternativa correta: letra "a".

1.2. FORO DO INVENTÁRIO

194. (FCC – Procurador do Estado – PGE – AP/2018) A sucessão hereditária abre-se

a) na comarca em que se realizar o inventário, deferindo-se a herança como um todo unitário, ainda que vários sejam os herdeiros, por isso, cada um deles é legitimado isoladamente para reclamar a restituição de bens da herança que se encontrem na posse de terceiros.

b) no lugar em que ocorrer o óbito, deferindo-se a herança como um todo unitário, ainda que vários sejam os herdeiros, e, nesse caso, a ação de petição de herança pode ser intentada por um só deles.

c) no lugar em que ocorrer o óbito, deferindo-se a herança como bem divisível em tantos quantos forem os herdeiros, cada qual sendo legitimado para intentar ação de petição de herança de sua cota parte.

d) no lugar do último domicílio do falecido, deferindo-se a herança como um todo unitário, ainda que vários sejam os herdeiros, e, nesse caso, a ação de petição de herança pode ser intentada por um só deles.

e) na comarca em que se realizar o inventário, deferindo-se a herança como um todo unitário, ainda que vários sejam os herdeiros, mas, nesse caso, a ação de petição de herança só pode ser intentada por todos em conjunto.

COMENTÁRIOS

Alternativa "a": por expressa determinação legal, a herança tem por foro competente o último do falecido ou auto da herança, conforme dispõe o art. 1.785 do CC. No CPC o mesmo se repete, com soluções processuais para o caso em que o domicílio do morto não é certo. Afirma o art. 48: "o foro de domicílio do autor da herança, no Brasil, é o competente para o inventário, a partilha, a arrecadação, o cumprimento de disposições de última vontade, a impugnação ou anulação de partilha extrajudicial e para todas as ações em que o espólio for réu, ainda que o óbito tenha ocorrido no estrangeiro". No parágrafo único é apresentada a solução se o autor da herança não possuía domicílio certo, hipótese em que será competente: (a) o foro de situação dos bens imóveis; (b) havendo bens imóveis em foros diferentes, qualquer destes; (c) não havendo bens imóveis, o foro do local de qualquer dos bens do espólio.

Alternativa "b": como vimos, a sucessão não se abre no lugar do óbito, mas no do domicílio, proclamas os arts. 1.785 do CC e 48 do CPC.

Alternativa "c": há duas incorreções nesta assertiva; o lugar em que se abre a sucessão e a afirmação de que a herança é divisível nesse momento.

Alternativa "d": segundo o art. 1.785 do CC, a sucessão abre-se no lugar do último domicílio do falecido. A herança é deferida num todo unitário, pois se trata de um conjunto de bens, móveis, imóveis, dívidas, pretensões, ações e outros, ou seja, compreende todo ativo e passivo que o falecido era titular. De acordo com o art. 1.825 do CC, "a ação de petição de herança, ainda que exercida por um só dos herdeiros, poderá compreender todos os bens hereditários". A ação de petição de herança, própria de quem pretende ser reconhecida a qualidade de herdeiro, pode ser proposta por um único sucessor, no prazo prescricional de 10 anos, contados da abertura da sucessão (CC, art. 205).

A ação pode abranger todos os bens transferidos, pois até a partilha a herança é indivisível (*universitas juris*).

Alternativa "e": a herança abre-se no lugar do domicílio, e nesse foro terá curso o inventário, partilha, demais atos, conforme estabelece o art. 48 do CPC. Há outro erro aqui. Isso porque mesmo havendo pluralidade de herdeiros, a ação de petição de herança pode ser proposta por um único herdeiro, permite o art. 1.825 do CC.

Alternativa correta: letra "d".

2. SUCESSÃO LEGÍTIMA

2.1. ORDEM DA VOCAÇÃO HEREDITÁRIA

2.1.1. DESCENDENTES

195. (FCC – Procurador do Estado – MT/2011) Na linha descendente

a) os filhos sucedem por cabeça, e os outros descendentes, por cabeça ou por estirpe, conforme se achem ou não no mesmo grau.

b) os ascendentes sucedem por cabeça e os descendentes por estirpe, conforme se achem ou não no mesmo grau.

c) os ascendentes sucedem por estirpe, e os descendentes por cabeça, conforme se achem ou não no mesmo grau.

d) os descendentes sempre sucedem por estirpe, ainda que se achem no mesmo grau.

e) os netos sucedem por estirpe, e os outros descendentes por cabeça, conforme se achem ou não no mesmo grau.

COMENTÁRIOS

✪ **Nota do Autor:** ordem de vocação hereditária é uma relação preferencial, estabelecida pela lei, das pessoas que são chamadas a suceder o finado (Silvio Rodrigues). Na sucessão legítima convocam-se os herdeiros segundo tal ordem legal, de forma que uma classe só será chamada quando faltarem herdeiros da classe precedente (Maria Helena Diniz). A sucessão testamentária decorre de uma manifestação de última vontade, enquanto a legitima representa a vontade supletiva do de cujus, em favor de pessoas que presumivelmente gostaria que fossem beneficiadas. A ordem de vocação hereditária, sobre a qual dispõe o CC, art. 1.829 e seguintes, é a ordem preferencial estatuída por lei, feita por classe, e dentro dela, por graus. Pode ocorrer que essa ordem não seja seguida necessariamente, quando então a sucessão será anômala ou irregular (princípio do *prelèvement*) como ocorre em relação à sucessão de bens de estrangeiros situados no País, que será regulada pela lei brasileira em benefício do cônjuge ou dos filhos brasileiros, sempre que não lhes seja mais favorável a lei pessoal do "de cujus" (CF, art. 5º, XXXI, e LINDB, art. 10, § 1º). A sucessão do companheiro é prevista no CC, art. 1.790 e seguintes.

Alternativa "a": na sucessão de descendentes de graus diversos, os filhos sucedem por cabeça, e os outros descendentes, por cabeça ou por estirpe, conforme se achem ou não no mesmo grau.

Alternativa "b": na classe dos ascendentes, o grau mais próximo exclui o mais remoto, sem distinção de linhas.

Alternativa "c": na classe dos ascendentes, o grau mais próximo exclui o mais remoto, sem distinção de linhas. Na linha descendente, os filhos sucedem por cabeça, e os outros descendentes, por cabeça ou por estirpe, conforme se achem ou não no mesmo grau. Não há direito de representação na linha ascendente.

Alternativa "d": se no mesmo grau, os descendentes herdam por direito próprio ou por cabeça.

Alternativa "e": na sucessão de descendentes de graus diversos, os filhos sucedem por cabeça, e os outros descendentes, por cabeça ou por estirpe, conforme se achem ou não no mesmo grau.

Alternativa correta: letra "a".

196. (FCC – Procurador do Estado – SP/2009) "A" faleceu em 15 de janeiro de 2003. O inventário foi aberto em 10 de abril de 2004. Habilitaram-se à sucessão de seus bens a viúva "B", casada com o "A", sob o regime de separação convencional de bens, o filho "C", fruto do primeiro casamento do falecido com "X", e os dois filhos, "D" e "E", frutos do casamento do falecido com "B". Quem herdará os bens deixados por "A"?

a) Os filhos "D" e "E" em concorrência com a viúva "B", garantindo-se a esta última 1/3 dos bens deixados pelo de cujus.

b) O filho "C" e os filhos "D" e "E" em concorrência com a viúva "B", garantindo-se a esta última o direito ao usufruto da metade dos bens deixados pelo de cujus.

c) Os filhos "C", "D" e "E" em concorrência com a viúva "B".

d) O filho "C", os filhos "D" e "E" em concorrência com a viúva "B" e a ex-mulher "X", não habilitada, garantindo-se à viúva "B" 1/3 dos bens deixados pelo de cujus.

e) Os filhos "C", "D" e "E", garantindo-se à viúva "B" o direito ao usufruto da metade dos bens deixados pelo de cujus.

COMENTÁRIOS

✪ **Nota do Autor:** as disposições a respeito da sucessão legítima acham-se no CC/art. 1.829 a 1.844; na situação problema, todos os filhos de "A" herdarão nos termos do CC/art. 1.829, I; resta saber em relação ao cônjuge, especialmente em função do regime de bens; o CC/art. 1.829, I, afasta a sucessão do cônjuge sobrevivente quando casado com o falecido no *regime da comunhão universal, ou no da separação obrigatória de bens* (art. 1.641); ou se, no *regime da comunhão parcial, o autor da herança não houver deixado bens particulares*; segundo o **Enunciado 270 da III Jornada de Direito Civil do CJF**: *"O art. 1.829, inc. I, só* *assegura ao cônjuge sobrevivente o direito de concorrência com os descendentes do autor da herança quando casados no regime da separação convencional de bens ou, se casados nos regimes da comunhão parcial ou participação final nos aquestos, o falecido possuísse bens particulares, hipóteses em que a concorrência se restringe a tais bens, devendo os bens comuns (meação) ser partilhados exclusivamente entre os descendentes"*; vale lembrar que o regime da separação obrigatória decorre da violação das causas suspensivas do casamento (CC/art. 1.523 e 1.641).

Alternativa "a": um dos filhos ficou de fora.

Alternativa "b": é inviável a diferenciação hereditária entre o companheiro e o cônjuge supérstite, pois o Código Civil atual não prevê o usufruto vidual ao cônjuge, o que implica que, reconhecida a paridade entre o cônjuge e companheiro, não há que falar na incidência da Lei nº 9.278/96 e, via de consequência, do direito do companheiro ao usufruto vidual **(STJ - Resp. REsp 1075727).**

. **Alternativa "c":** remetemos o candidato aos comentários feitos na nota do autor.

Alternativa "d": somente é reconhecido direito sucessório ao cônjuge sobrevivente se, ao tempo da morte do outro, não estavam separados judicialmente, nem separados de fato há mais de dois anos, salvo prova, nesse caso, de que essa convivência se tornara impossível sem culpa do sobrevivente. (CC/art. 1.830); assim, com muito mais razão, não há direito sucessório aos divorciados.

Alternativa "e": como abordamos acima, não se reconhece o usufruto vidual aos companheiros na vigência do CC/2002, lembrando que sua vigência ocorreu no dia 11 de janeiro de 2003. (CC, art. 2.044)

Alternativa correta: letra "c".

2.1.2. ASCENDENTES EM CONCORRÊNCIA COM O CÔNJUGE

197. (FCC – Procurador do Estado – RN/2014) Romeu e Joana, casados sob o regime da comunhão universal de bens, faleceram em decorrência de acidente de veículo, ficando provado que Joana morreu primeiro. Romeu não tinha descendentes, nem ascendentes, mas possuía um irmão germano e um consanguíneo, além de dois sobrinhos, filhos de outro irmão germano, pré-morto. Joana não tinha descendentes, mas possuía pai vivo e avós maternos vivos. Nesse caso, a herança de Joana será atribuída a

a) seu pai que herdará por cabeça e a seus avós que herdarão por estirpe, em concurso com Romeu, enquanto a herança de Romeu será atribuída a seus irmãos e a seus sobrinhos, que herdarão por cabeça.
b) seu pai, em concurso com Romeu, e enquanto a herança de Romeu, incluindo os bens havidos de Joana, será atribuída a seus irmãos em valores iguais, que herdarão por cabeça, e a seus sobrinhos, que herdarão por estirpe, dividindo igualmente entre si o que receberia o pai deles.
c) seu pai, em concurso com Romeu, enquanto a herança de Romeu, incluindo os bens havidos de Joana, será atribuída a seus irmãos, que herdarão por cabeça, mas o consanguíneo receberá metade do que receber o germano, bem como aos seus sobrinhos, que herdarão por estirpe, dividindo igualmente entre si o que receberia o pai deles.
d) seu pai e a seus avós que herdarão por cabeça, enquanto a herança de Romeu será atribuída a seus irmãos que herdarão por cabeça em igualdade, e a seus sobrinhos, que herdarão por estirpe, dividindo entre si o que receberia o pai deles.
e) seu pai, enquanto a herança de Romeu será atribuída a seus irmãos, que herdarão por cabeça, mas o germano receberá metade do que receber o consanguíneo, bem como a seus sobrinhos que herdarão por estirpe, dividindo igualmente entre si o que receberia o pai deles.

COMENTÁRIOS

Alternativa "a": os avós de Joana não herdam, pois na classe dos ascendentes, o grau mais próximo exclui o mais remoto, sem distinção de linhas (CC, art. 1.836, § 1º). Os sobrinhos de Romeu herdarão por estirpe, representando um dos irmãos germanos ou bilaterais pré-morto (CC, art. 1.840).

Alternativa "b": um dos irmãos de Romeu é unilateral, consanguíneo porquê do mesmo pai. Este igual não herda em partes iguais em relação aos germanos, do mesmo pai e mesma pai. Proclama o art. 1.841 do CC: "Concorrendo à herança do falecido irmãos bilaterais com irmãos unilaterais, cada um destes herdará metade do que cada um daqueles herdar".

Alternativa "c": segundo o art. 1.829, II, e 1.836, *caput*, do CC, a sucessão legítima defere-se ao aos ascendentes, em concorrência com o cônjuge. Com a pré-morte de Joana, na sucessão de seus bens concorrem seu pai vivo e seu cônjuge, Romeu, pós-morto. Na classe dos ascendentes, o grau mais próximo exclui o mais remoto, sem distinção de linhas, de modo os avos da autora da herança ficam afastados da sucessão, herdando apenas o pai (CC, art. 1.836, § 1º). Romeu também faleceu no acidente, pouco depois de Joana. Logo, sucedeu nos bens desta, em concorrência com o pai vivo daquela, como dissemos acima. Com relação aos bens de Romeu, ele não tinha descendentes, ascendentes e cônjuge sobrevivente, pois Joana foi pré-morta no acidente de veículo. Nesta situação, são chamados a suceder os colaterais até o quarto grau (CC, art. 1.839). O falecido tinha dois irmãos germanos ou bilaterais, sendo um deles pré-morto, com dois sobrinhos, e um terceiro consanguíneo, ou seja, irmão unilateral filho do mesmo pai. A herança do Romeu será dividida em três partes, sendo duas iguais entre os irmãos germanos e outra de metade do que cada um deles herdar, ao consanguíneo ou unilateral. A respeito, dispõe o art. 1.841 do CC: "Concorrendo à herança do falecido irmãos bilaterais com irmãos unilaterais, cada um destes herdará metade do que cada um daqueles herdar". Desse modo, o irmão germano vivo e o unilateral herdarão os bens do de *cujus* por cabeça, enquanto os sobrinhos do irmão germano pré-morto o representarão, recebendo por estirpe, dividindo entre os dois o quinhão do pré-morto (CC, art. 1.840).

Alternativa "d": os avós de Joana não herdam, porquanto na classe dos ascendentes, o grau mais próximo exclui o mais remoto, sem distinção de linhas (CC, art. 1.836, § 1º). O pai de Joana herda em concurso com Romeu (CC, art. 1.829, I e 1.836, *caput*). Um dos irmãos de Romeu é consanguíneo, e neste caso herdará metade do que couber aos irmãos bilaterais ou germanos (CC, art. 1.841).

Alternativa "e": na herança de Joana concorrem seu pai vivo e Romeu, cônjuge pós-morto, e não apenas o primeiro. Os irmãos germanos herdam em partes, enquanto o unilateral a metade do que cada um daqueles herdar (CC, arts. 1.829, II, 1.836, *caput*, e 1.841).

Alternativa correta: letra "c".

2.1.3. CÔNJUGE

198. (FCC – Procurador do Estado – MT/2016) O cônjuge sobrevivente sucede,

a) em concorrência com os descendentes, independentemente do regime em que era casado.

b) ainda que separado de fato do falecido, há mais de dois anos, desde que haja prova de que a convivência se tornou impossível sem culpa do sobrevivente.

c) por inteiro, na falta de descendentes, ainda que haja ascendentes.

d) em concorrência com os descendentes, no regime da comunhão parcial, sejam os bens comuns ou particulares.

e) em concorrência com os ascendentes em primeiro grau, ainda que haja descendentes.

COMENTÁRIOS

Alternativa "a": em concorrência com os descendentes, o cônjuge sobrevivente sucede, salvo se casado este com o falecido no regime da comunhão universal, ou no da separação obrigatória de bens (art. 1.640, parágrafo único); ou se, no regime da comunhão parcial, o autor da herança não houver deixado bens particulares (CC, art. 1.829, I).

Alternativa "b": conforme o art. 1.830 do CC, "somente é reconhecido direito sucessório ao cônjuge sobrevivente se, ao tempo da morte do outro, não estavam separados judicialmente, nem separados de fato há mais de dois anos, salvo prova, neste caso, de que essa convivência se tornara impossível sem culpa do sobrevivente". Para o STJ, "ocorrendo a morte de um dos cônjuges após dois anos da separação de fato do casal, é legalmente relevante, para fins sucessórios, a discussão da culpa do cônjuge sobrevivente pela ruptura da vida em comum, cabendo a ele o ônus de comprovar que a convivência do casal se tornara impossível sem a sua culpa" (Informativo 573).

Alternativa "c": apenas em falta de descendentes e ascendentes, será deferida a sucessão por inteiro ao cônjuge sobrevivente (CC, art. 1.838).

Alternativa "d": para o STJ, "o cônjuge sobrevivente casado sob o regime de **comunhão parcial** de bens concorrerá com os descendentes do cônjuge falecido apenas quanto aos bens particulares eventualmente constantes do acervo hereditário" (Informativo 563).

Alternativa "e": tão somente na falta de descendentes, são chamados à sucessão os ascendentes, em concorrência com o cônjuge sobrevivente. (CC, art. 1.836).

Alternativa correta: letra "b".

2.2. DIREITO REAL DE HABITAÇÃO

199. (FCC – Procurador do Estado – SP/2012) "A" era casada sob o regime da comunhão parcial de bens com "B". "B" faleceu em 2011 e deixou um imóvel por ele adquirido antes do casamento, usado como moradia do casal. Não há descendentes, mas dois ascendentes em primeiro grau vivos. Neste caso,

a) além de receber fração ideal de 1/3 do imóvel como herdeira necessária, "A" tem direito real de habitação, que se constitui a partir do registro do formal de partilha no Cartório de Imóveis.

b) "A" tem direito real de habitação, participa da herança na qualidade de herdeira necessária e recebe a metade ideal do imóvel, cabendo a cada ascendente fração ideal de 1/4 do bem.

c) "A" tem direito real de habitação, cabendo a cada herdeiro fração ideal de 1/3 do imóvel.

d) por se tratar de bem incomunicável, "A" não participa da sucessão, mas tem direito real de habitação, cabendo a cada ascendente metade ideal do imóvel.

e) em razão do regime de bens que regeu o casamento, "A" tem direito ao usufruto da metade do imóvel, cabendo, a cada herdeiro, fração ideal de 1/3 do bem.

COMENTÁRIOS

✪ **Nota do Autor:** o *direito real de habitação*, instituído causa mortis, seja na vigência do Código Civil de 1916 (§ 2º do artigo 1.611), ou sob a égide da atual lei substantiva civil (artigo 1.831), ainda que com contornos bem diversificados, sempre foi compreendido como direito sucessório, a considerar o Livro em que inseridas as correspondentes disposições legais – Do Direito das Sucessões. De acordo com os contornos fixados pelo Código Civil de 2002, o direito real de habitação confere ao cônjuge supérstite a utilização do bem, com o fim de que nele seja mantida sua residência, independente do regime de bens do casamento e da titularidade do imóvel, afastado, inclusive, o caráter vidual estabelecido na legislação precedente. Substancia-se, assim, o direito à moradia previsto no art. 6º da Constituição Federal, assegurado ao cônjuge supérstite. A constituição do direito real de habitação do cônjuge supérstite **emana exclusivamente** da lei, sendo certo que seu reconhecimento de forma alguma repercute na definição de propriedade dos bens partilhados. Em se tratando de direito ex vi lege, seu reconhecimento não precisa necessariamente dar-se por ocasião da partilha dos bens deixados pelo de cujus, inocorrendo, por conseguinte, ofensa à coisa julgada. Nesse quadro, a superveniente declaração do direito real de habitação dispensa prévia rescisão ou anulação da partilha, pois com ela não encerra qualquer oposição. (STJ: REsp 1125901/RS). Ademais, o **direito real de habitação**, por ser ex vi legis, decorrente do direito sucessório, ao contrário do direito instituído *inter vivos*, **não necessita ser registrado no Cartório de Registro de Imóveis**. É de se ver, portanto, que há direito sucessório exercitável desde a abertura da sucessão, sendo que, a partir desse momento, terá o cônjuge/companheiro sobrevivente instrumentos processuais para garantir o exercício do direito de habitação, inclusive, por meio dos interditos possessórios (STJ - Info 543). Por outro lado, o **direito real de habitação tem sido reconhecido também na união estável**. Colacionamos as decisões do STJ a respeito: **STJ - (2012 e 2013):** o instituto do direito real de habitação possui por escopo garantir o direito fundamental à moradia constitucionalmente protegido (art. 6º, *caput*, da CRFB). Observância, ademais, ao postulado da dignidade da pessoa humana (art. art. 1º, III, da CRFB). A disciplina geral promovida pelo Código Civil acerca do regime sucessório dos companheiros não revogou as disposições constantes da Lei 9.278/96 nas questões em que verificada a compatibilidade. A legislação especial, ao conferir direito real de habitação ao companheiro sobrevivente, subsiste diante da omissão do Código Civil em disciplinar tal direito àqueles que convivem em união estável. Prevalência do princípio da especialidade (STJ: REsp 1156744/MG). **STJ – (2014):** a companheira sobrevivente faz jus ao direito real de habitação (art. 1.831 do CC) sobre o imóvel no qual convivia com o companheiro falecido, ainda que tenha adquirido outro imóvel residencial com o dinheiro recebido do seguro de vida do de cujus. De fato, o art. 1.831 do CC reconhece ao cônjuge sobrevivente, qualquer que seja o regime de bens, sem prejuízo da participação que lhe caiba na herança, o direito real de habitação relativamente ao imóvel destinado à residência da família, desde que seja o único daquela natureza a inventariar, silenciando quanto à extensão desse direito ao companheiro sobrevivente. No entanto, a regra contida no art. 226, § 3º, da CF, que reconhece a união estável entre o homem e a mulher como entidade familiar, devendo a lei facilitar sua conversão em casamento, é norma de inclusão, sendo contrária ao seu espírito a tentativa de lhe extrair efeitos discriminatórios entre cônjuge e companheiro. Assim sendo, o direto real de habitação contido no art. 1.831 do CC deve ser aplicado também ao companheiro sobrevivente (REsp 821.660 – DF, Terceira Turma, DJe 17/6/2011) (STJ – Info 533).

Alternativa "a": defere-se a sucessão legítima aos **ascendentes** em concorrência com o cônjuge, pouco importando o regime de bens que casado. Nesse caso, o cônjuge caberá ao cônjuge quinhão **não inferior** à **quarta parte** da herança, se for ascendente dos herdeiros com que concorrer (CC, art. 1.832, 2ª parte). Assim, o cônjuge ficará com a terça parte (1/3) do patrimônio, mas terá direito real de habitação, único do casal, desde a abertura da sucessão, momento esse em que o cônjuge passa a ser titular do direito, mesmo que não o tenha exercido.

Alternativa "b": o cônjuge fará jus a quinhão igual ao dos descendentes, mas nunca menor que a quarta parte dos bens (1/4).

Alternativa "c": o cônjuge tem direito real de habitação, cabendo a cada herdeiro a terça parte (1/3) do imóvel.

Alternativa "d": observamos que o regime de bens ganha relevância se a herança for deferida aos descendentes em concorrência com o cônjuge, **o que não é o caso** do problema. Pelo **Enunciado 270**: *"O art. 1.829, inc. I, só assegura ao cônjuge sobrevivente o direito de concorrência com os descendentes do autor da herança quando casados no regime da separação convencional de bens ou, se casados nos regimes da comunhão parcial ou participação final nos aquestos, o falecido possuísse bens particulares, hipóteses em que a concorrência se restringe a tais bens, devendo os bens comuns (meação) ser partilhados exclusivamente entre os descendentes"*. Sendo assim, o bem é comunicável.

Alternativa "e": comentamos na alternativa anterior que o regime de bens não influi na sucessão de ascendente em concorrência com o cônjuge. A abertura da sucessão problema ocorreu em 2011, bem depois do dia 11 de janeiro de 2003, data da vigência do CC/2002. **Nas sucessões abertas sob a égide do CC/1916**, admite-se o *usufruto vidual*. Trata-se do direito do cônjuge viúvo, se o regime de bens não for o da comunhão universal, enquanto durar a viuvez, ao usufruto da quarta parte (1/4) dos bens do cônjuge falecido, se houver filhos, ou à metade (1/2), se **não** houver filhos. A Lei 8.971/94 estabeleceu direito ao usufruto vidual, em condições muito semelhantes às dos cônjuges, aos companheiros.

Alternativa correta: letra "c".

2.3. HERDEIROS NECESSÁRIOS

200. (FEPESE – Procurador do Estado – SC/2009) Assinale a alternativa correta.

a) Se o legatário for menor, o legado de alimentos abrange exclusivamente os gastos com alimentação.

b) O autor da herança que não possui ascendente e descendente pode dispor de mais da metade de seus bens em testamento.

c) Cabe direito de representação para os filhos do herdeiro renunciante.

d) A renúncia da herança terá plena eficácia se feita por instrumento particular.

e) Calcula-se a legítima sobre o valor dos bens existentes na abertura da sucessão, abatidas as dívidas e as despesas do funeral, adicionando-se, em seguida, o valor dos bens sujeitos a colação.

COMENTÁRIOS

✪ **Nota do Autor:** são *herdeiros necessários* os descendentes, os ascendentes e o cônjuge, pertencendo a eles, de pleno direito, a metade dos bens da herança, constituindo a legítima. Sobre a legítima, **salvo se houver justa causa, declarada no testamento**, não pode o testador estabelecer *cláusula de inalienabilidade, impenhorabilidade, e de incomunicabilidade*. A outro giro, o herdeiro necessário a quem o testador deixar a sua parte disponível, ou algum legado, não perderá o direito à legítima; por fim, para excluir da sucessão os herdeiros colaterais, basta que o testador disponha de seu patrimônio sem os contemplar. (CC, arts. 1.845 a 1.850).

Alternativa "a": segundo o CC, art. 1.920, o legado de alimentos abrange o sustento, a cura, o vestuário e a casa, enquanto o legatário viver, **além da educação, se ele for menor.**

Alternativa "b": o cônjuge é herdeiro necessário, e a ele pertence, de pleno direito, a metade dos bens da herança, constituindo a legítima (CC/art. 1.845 e 1.846).

Alternativa "c": ninguém pode suceder, representando herdeiro renunciante. Se, porém, ele for o único legítimo da sua classe, ou se todos os outros da mesma classe renunciarem a herança, poderão os filhos vir à sucessão, por direito próprio e por cabeça. (CC, art. 1.811).

Alternativa "d": trata-se de requisito formal de validade que a renúncia à herança se faça por *instrumento público* ou *termo judicial* (CC, art. 1.806).

Alternativa "e": calcula-se a **legítima** sobre o valor dos bens existentes na abertura da sucessão, abatidas as dívidas e as despesas do funeral, adicionando-se, em seguida, o valor dos bens sujeitos à colação. Assim, os bens que o testador doou em via aos descendentes e ao cônjuge (CC, arts. 544 e 2002), devem vir à colação, para o efeito de conferir a parte indisponível da herança.

Alternativa correta: letra "e".

3. SUCESSÃO TESTAMENTÁRIA

3.1. CAPACIDADE TESTAMENTÁRIA PASSIVA

201. (Cespe – Procurador do Estado – PE/2009) Acerca da disciplina jurídica da sucessão legítima e testamentária, assinale a correta.

a) Podem ser nomeados legatários o concubino do testador casado, bem como o filho de ambos.

b) Na sucessão testamentária, podem ser chamados a suceder os filhos, ainda não concebidos, de pessoas indicadas pelo testador, desde que estas estejam vivas ao abrir-se a sucessão.

c) A renúncia à herança pode ser tácita, tendo eficácia a partir do momento em que for exarada a declaração de vontade informal.

d) A declaração de vacância da herança, em razão da não identificação de herdeiros, determina a incorporação da herança ao patrimônio do estado federado onde faleceu o autor da herança.

e) No casamento, diante da ausência de descendentes ou de ascendentes, defere-se a herança ao cônjuge sobrevivente em concorrência com os colaterais.

COMENTÁRIOS

✪ **Nota do Autor:** *testamento* é o ato personalíssimo, unilateral, gratuito, solene a revogável, pelo qual alguém, segundo norma jurídica, dispõe, no todo ou em parte, de seu patrimônio para depois de sua morte ou determina providência de caráter pessoal ou familiar (José Lopes de Oliveira). A *capacidade testamentária ativa* representa o conjunto de condições necessárias para que alguém possa, juridicamente, dispor de seu patrimônio por meio de testamento (Maria Helena Diniz). Assim, toda pessoa capaz pode testar, a partir dos 16 anos. Noutro lado, **não** podem testar: *1)* os menores de 16 anos; *2)* os incapazes; *3)* os que, no ato de fazê-lo, não tiverem pleno discernimento; *4) os surdos-mudos que não puderem manifestar sua vontade.* A incapacidade superveniente do testador não invalida o testamento, nem o testamento do incapaz se valida com a superveniência da capacidade. A *capacidade testamentária passiva* é deferida a toda pessoa física ou jurídica existente ao tempo da abertura da sucessão, não havida como incapaz. Pelo art. 1.799 do CC, podem ainda ser chamados a suceder: *1)* os filhos, ainda não concebidos, de pessoas indicadas pelo testador, desde que vivas estas ao abrir-se a sucessão; *2)* as pessoas jurídicas; *3)* as pessoas jurídicas, cuja organização for determinada pelo testador sob a forma de fundação. Por fim, verifica-se a *incapacidade ou ilegitimidade testamentária passiva*: *1)* pessoa que, a rogo, escreveu o testamento, nem o seu cônjuge ou companheiro, ou os seus ascendentes e irmãos; *2)* as testemunhas do testamento; *3)* o concubino do testador casado, salvo se este, sem culpa sua, estiver separado de fato do cônjuge há mais de **5 anos**; *4)* o tabelião, civil ou militar, ou o comandante ou escrivão, perante quem se fizer, assim como o que fizer ou aprovar o testamento. Pelo **Enunciado 269**: *"A vedação do art. 1.801, inc. III* **(n. 3*)** *do Código Civil não se aplica à união estável, independentemente do período de separação de fato".* São **nulas** as disposições testamentárias em favor de pessoas **não legitimadas ou incapazes** a suceder, ainda quando simuladas sob a forma de contrato oneroso, ou feitas mediante interposta pessoa. Presumem-se pessoas interpostas os **ascendentes**, os **descendentes**, os **irmãos** e o **cônjuge** ou **companheiro** do não legitimado a suceder. Todavia, é **lícita** a deixa ao filho do concubino, quando também o for do testador.

Alternativa "a": não podem ser nomeados herdeiros nem legatários o concubino do testador casado, salvo se este, sem culpa sua, estiver separado de fato do cônjuge há mais de **cinco anos**; a consequência é ditada pelo art. 1.802 do CC, pelo qual são **nulas** as disposições testamentárias em favor de pessoas não legitimadas a suceder, ainda quando simuladas sob a forma de contrato oneroso, ou feitas mediante interposta pessoa, presumindo-se pessoas interpostas os ascendentes, os descendentes, os irmãos e o cônjuge ou companheiro do não legitimado a suceder; por outro lado, é lícita a deixa ao filho do concubino, quando também o for do testador (CC/art. 1.803).

Alternativa "b": à sucessão testamentária podem ainda ser chamados a suceder os filhos, ainda não concebidos, de pessoas indicadas pelo testador, desde que vivas estas ao abrir-se a sucessão. Nesse caso, os **bens da herança** serão confiados, após a liquidação ou partilha, a **curador** nomeado pelo juiz. **Salvo** disposição testamentária em contrário, a curatela caberá à pessoa cujo filho o testador esperava ter por herdeiro e, sucessivamente, ao cônjuge ou companheiro deste, desde que não separado judicialmente ou de fato; na falta do cônjuge ou companheiro, será curador o **pai** ou a **mãe**; na falta destes, o **descendente** que se demonstrar mais apto; entre os descendentes, os mais próximos precedem aos mais remotos.

Os poderes, deveres e responsabilidades do curador, assim nomeado, regem-se pelas disposições concernentes à curatela dos incapazes, no que couber. Nascendo com vida o **herdeiro esperado** (*prole eventual*), ser-lhe-á deferida a sucessão, com os frutos e rendimentos relativos à deixa, a partir da morte do testador. Se, decorridos **dois anos** após a abertura da sucessão, não for concebido o herdeiro esperado, os bens reservados, **salvo** disposição em contrário do testador, caberão aos **herdeiros legítimos**.

Alternativa "c": a renúncia à herança deve constar expressamente de instrumento público ou termo judicial. (CC/art. 1.806), sob pena de nulidade absoluta. **Não** se admite a *renúncia tácita ou presumida*. **Admite-se** a *aceitação presumida* da herança. O interessado em que o herdeiro declare se aceita ou não a herança poderá, **20 dias** após aberta a sucessão, requerer ao juiz prazo razoável, não maior de **30 dias**, para nele se pronunciar o herdeiro, sob pena de se haver a herança por aceita.

Alternativa "d": não sobrevivendo cônjuge ou companheiro, nem parente algum sucessível, ou tendo eles renunciado a herança, esta se devolve ao **Município** ou ao **Distrito Federal**, se localizada nas respectivas circunscrições, ou à **União**, quando situada em território federal (CC/art.1844).

Alternativa "e": em falta de descendentes e ascendentes, será deferida a sucessão por inteiro ao cônjuge sobrevivente. (CC/art. 1.838).

Alternativa correta: letra "b".

4. INVENTÁRIO E PARTILHA

4.1. ABERTURA DO INVENTÁRIO

202. (FCC – Procurador do Estado – RN/2014) O artigo 1.796 do Código Civil estabelece que "no prazo de trinta dias, a contar da abertura da sucessão, instaurar-se-á inventário do patrimônio hereditário", mas o artigo 983 do Código de Processo Civil, com a redação dada pela Lei nº 11.441, de 04/01/2007, dispõe que "o processo de inventário e partilha deve ser aberto dentro de 60 (sessenta) dias a contar da abertura da sucessão". De acordo com a Lei de Introdução às Normas do Direito Brasileiro, neste caso

a) caberá ao juiz decidir qual prazo irá considerar, de acordo com a dificuldade que os herdeiros tiveram para localizar os bens a inventariar.
b) prevalece o prazo estabelecido no Código Civil.
c) nenhum dos dois prazos precisa ser obedecido, porque há colidência de leis vigentes.
d) os herdeiros terão de declarar na petição de abertura de inventário que lei deverá ser observada, a fim de se estabelecer o termo inicial do prazo em que o inventário irá encerrar-se.
e) prevalece o prazo estabelecido no Código de Processo Civil.

COMENTÁRIOS

Alternativa "a": a lei posterior deve ser aplicada; assim, o art. 983 do CPC, que foi alterado em 2007, pela Lei 11.441, prevalece em face do art. 1.796 do CC. No CPC-2015 o processo de inventário e partilha deve ser instaurado dentro de 2 meses, a contar da abertura da sucessão, ultimando-se nos 12 meses subsequentes, podendo o juiz prorrogar esses prazos, de ofício ou a requerimento de parte (art. 611).

Alternativa "b": o prazo do Código Civil, previsto no art. 1.796, não será aplicado, porque anterior e revogado tacitamente pela Lei 11.447, de 2007, que deu nova redação ao art. 983 do CPC. Lembramos que no CPC-2015 o processo de inventário e partilha deve ser instaurado dentro de 2 meses, a contar da abertura da sucessão, ultimando-se nos 12 meses subsequentes, podendo o juiz prorrogar esses prazos, de ofício ou a requerimento de parte (art. 611).

Alternativa "c": a colidência das leis – antinomia – que é a presença de normas conflitantes, ou seja, normas relativas ao mesmo caso, imputando-lhes, porém, soluções logicamente incompatíveis, se resolve observados alguns critérios, que são o cronológico, o da especialidade e o hierárquico. No problema apresentado, a antinomia é de 1º grau, pois basta e o critério segundo o qual a lei posterior prevalece sobre a anterior para que resolva. Portanto, a Lei 11.441, de 2007, que alterou o art. 983 do CPC, sobreleva a do art. 1.796 do CC. Novamente, no CPC-2015 o processo de inventário e partilha deve ser instaurado dentro de 2 meses, a contar da abertura da sucessão, ultimando-se nos 12 meses subsequentes, podendo o juiz prorrogar esses prazos, de ofício ou a requerimento de parte (art. 611).

Alternativa "d": a regra insculpida no art. 983 do CPC deve ser aplicada, motivo pelo qual o inventário deve ser aberto em 60 dias a contar da abertura da sucessão, pelos legitimados a fazê-lo, e concluir-se nos 12 meses subsequentes, admitida a prorrogação, a requerimento ou ex ofício. O CPC-2015 revogou esse dispositivo, de maneira que agora o processo de inventário e partilha deve ser instaurado dentro de 2 meses, a contar da abertura da sucessão, ultimando-se nos 12 meses subsequentes, podendo o juiz prorrogar esses prazos, de ofício ou a requerimento de parte (art. 611).

Alternativa "e": o inventário judicial deverá ser requerido, para fins de liquidação e partilha da herança, no foro do último domicílio do autor da herança, ou no juízo competente (CPC, art. 96; NCPC, art. 48), por quem tenha legítimo interesse (CPC, art. 987 e 988; NCPC, art. 615), dentro de 60 dias, a contar da abertura da sucessão, concluindo-se nos 12 meses subsequentes. Como o Novo CPC, o processo de inventário e de partilha deve ser "instaurado" dentro de "2 meses", a contar da abertura da sucessão, ultimando-se nos 12 meses subsequentes, podendo o juiz prorrogar esses prazos, de ofício ou a requerimento de parte (NCPC, art. 611). A norma processual que dispõe sobre o prazo para a abertura do inventário e partilha prevalece sobre a prevista no Código Civil. O art. 983 do CPC em vigor teve sua redação dada pela Lei 11.441/2007, e o 1.796 do CC entrou em vigor em 2003; logo, pelo critério segundo o qual a *lex posterior derogat legi priori*, o preceito da lei material cede lugar ao mais novo da lei adjetiva.

Alternativa correta: letra "e".

4.2. DISPENSA DA COLAÇÃO

203. (Cespe – Procurador do Estado – PB/2008) Quanto ao direito de sucessão, assinale a correta.

a) O autor da herança só pode excluir de sua sucessão herdeiro colateral, por meio de testamento e em virtude de comprovada indignidade desse herdeiro.

b) Os herdeiros necessários, objetivando garantir o princípio da intangibilidade da legítima, têm o direito de exigir colação, só se operando a dispensa desse dever por expressa e formal manifestação do doador, que pode determinar que a doação ou ato de liberalidade recaia sobre a parcela disponível de seu patrimônio.

c) Os bens de uma pessoa que falece e deixa avô materno e filhos do avô paterno premorto serão herdados unicamente por estes, por serem eles descendentes de parentes da mesma classe.

d) Ocorre o direito de acrescer quando, realizada a renúncia da herança, são chamados parentes do renunciante a sucederem em todos os direitos em que ele sucederia se não houvesse renunciado à herança. Não havendo descendentes, serão chamados os herdeiros da classe seguinte, isto é, os ascendentes, o cônjuge ou companheiro sobrevivente, ou os colaterais.

e) Na sucessão legítima, o cônjuge ocupa a condição de herdeiro necessário e, qualquer que seja o regime matrimonial de bens, concorrente com os descendentes do falecido.

COMENTÁRIOS

✪ **Nota do Autor:** a *colação* dos bens é prevista no CC, arts. 2002 a 2012. Trata-se do ato pelo qual o descendente recompõe ou confere o valor da doação recebida em vida quando se tratar de sucessão de ascendente comum, com a finalidade de igualar a legítima, sob pena de sonegados (CC, art. 2002); tal preceito decorre do CC, art. 544, pelo qual *"a doação de ascendentes a descendentes, ou de um cônjuge a outro, importa adiantamento do que lhes cabe por herança"*. A outro giro, devem ser colacionados os bens ainda que ao tempo da sucessão não existam mais. Por fim, não há tributação incidente sobre colação. Admite-se a dispensa da colação, que pode ser outorgada pelo doador em *testamento*, ou no *próprio título de liberalidade*.

Alternativa "a": para excluir da sucessão os herdeiros colaterais, basta que o testador disponha de seu patrimônio sem os contemplar. (CC, art. 1.850).

Alternativa "b": STJ – Informativo 459: *"... direito de exigir a colação dos bens recebidos a título de doação em vida do de cujus é privativo dos herdeiros necessários, pois a finalidade do instituto é resguardar a igualdade das suas legítimas"*. A dispensa da colação pode ser outorgada pelo doador em testamento ou no próprio título de liberalidade.

Alternativa "c": na ordem de vocação hereditária os ascendentes preferem aos colaterais (CC, art. 1.836).

Alternativa "d": ninguém pode suceder, representando herdeiro renunciante. Se, porém, ele for o único legítimo da sua classe, ou se todos os outros da mesma classe renunciarem a herança, poderão os filhos vir à sucessão por direito próprio e por cabeça. (CC, art. 1.811).

Alternativa "e": o CC, no art. 1.829, I, afasta a sucessão do cônjuge sobrevivente quando casado com o falecido no regime da comunhão universal ou no da separação obrigatória de bens (art. 1.641); ou se, no regime da comunhão parcial, o autor da herança não houver deixado bens particulares; segundo o **Enunciado 270 da III Jornada de Direito Civil do CJF**: *"O art. 1.829, inc. I, só assegura ao cônjuge sobrevivente o direito de concorrência com os descendentes do autor da herança quando casados no regime da separação convencional de bens ou, se casados nos regimes da comunhão parcial ou participação final nos aquestos, o falecido possuísse bens particulares, hipóteses em que a concorrência se restringe a tais bens, devendo os bens comuns (meação) ser partilhados exclusivamente entre os descendentes."*

Alternativa correta: letra "b".

Direito Civil

Ronaldo Vieira Francisco

✦ DICAS

1. ACEPÇÕES E GENERALIDADES DO DIREITO

1.1. DIREITO E MORAL

- **direito e moral:** possuem alguns pontos de contato, mas não se confundem; as diferenças entre um e outro podem ser resumidas nos seguintes pontos:

Direito	Moral
o direito é mais restrito, limitado às relações interpessoais.	a moral é mais ampla, abrangendo os deveres religiosos e aqueles de ordem pessoal, em relação ao comportamento consigo mesmo e em relação aos semelhantes, pautada pela consciência.
possui a característica da coerção, como forma de constranger o indivíduo a cumprir a norma, sujeitando-o à eventual sanção.	a moral é incoercível, sujeitando o indivíduo apenas aos postulados do foro íntimo e particular da consciência, sem qualquer alcance da norma cogente.
o direito existe para possibilitar o controle social, mediante força coativa, diferenciando-se da religião, da moral e das normas de trato social.	a moral está relacionada ao bem, afastando-se dela o comportamento antiético, prejudicial e mal-intencionado.
o direito é externo, físico, material.	a moral é interna, ligada ao psíquico, à vontade
o direito é definido.	a moral é difusa.

- Existem algumas teorias que explicam o campo de aplicação entre o direito e a moral, quais sejam:
- teoria dos *círculos secantes* do jurista francês *Claude du Pasquier*, segundo a qual Direito e Moral coexistem, não se separam, pois há um campo de competência comum onde há regras com qualidade jurídica e que têm caráter moral. Toda norma jurídica possui conteúdo moral, mas nem toda substância moral será jurídica.
- Teoria dos *círculos concêntricos* (Jeremy Bentham), segundo a qual a ordem jurídica estaria incluída totalmente no campo da moral. Os dois círculos (Moral e Direito) seriam concêntricos, com o maior pertencendo à Moral. Assim, o campo moral é mais amplo do que o do Direito e este se subordina à Moral.
- Teoria do *mínimo ético*, desenvolvida por Georg Jellinek, segundo a qual o Direito representa apenas o mínimo de Moral obrigatório para que a sociedade possa sobreviver.

1.2. DIREITO POSITIVO E NATURAL

- *direito positivo*: segundo a definição de *Washington de Barros Monteiro*, direito positivo é o ordenamento jurídico em vigor num determinado país e numa determinada época (*jus in civitate positum*). *(Monteiro, Washington de Barros – Curso de Direito Civil, Parte Geral, Saraiva, 44ª edição, 2012, pag. 16).*
- *direito natural*: ainda de acordo com o autor, direito natural é o ordenamento ideal, correspondente a uma justiça superior.

1.3. DIREITO OBJETIVO E SUBJETIVO

- *direito objetivo:* é a regra imposta de comportamento, pelo Estado, de caráter geral, a que todo indivíduo deve respeito, sujeito a eventual coerção (*norma agendi*).
- *direito subjetivo:* é a faculdade de invocar a proteção daquelas regras previstas na ordem jurídica, caracterizado por um *poder* que emana da vontade do indivíduo, mas amparado pelo direito objetivo (*facultas agendi*).

Teorias dos Direitos Subjetivos	
doutrinas negativistas:	**doutrinas afirmativas**
negam a existência dos direitos subjetivos, ora interpretando-os como:	atestam a existência dos direitos subjetivos, e se dividem em:
"situação jurídica subjetiva" (DUGUIT, in *"Traité de Droit Constitutionnel"*). *"a própria norma jurídica"*, ou seja, o direito subjetivo não é senão o direito objetivo (KELSEN, in *"Teoria pura do direito"*).	**teoria da vontade:** o direito subjetivo é um poder que emana da vontade. Confere ao senhor do direito, em virtude do ordenamento jurídico, agir conforme a norma lhe reconhece. A crítica a essa teoria é situar a vontade como a base do direito subjetivo, que também é reconhecido aos despidos de vontade, como os deficientes mentais.

Teorias dos Direitos Subjetivos	
doutrinas negativistas:	**doutrinas afirmativas**
	teoria do interesse: nesta teoria, o princípio da vontade cede lugar à utilidade; a vontade não é a causa ou o efeito dos direitos subjetivos, a utilidade é que representa a substância destes; trata-se do interesse juridicamente tutelado. A crítica fica por conta da existência de interesses sem tutela jurídica.
	teoria mista: conjugando a os elementos das teorias anteriores, o direito subjetivo é o interesse protegido, que a vontade tem o poder de realizar. É uma expressão da vontade individual

1.4. DIREITO PÚBLICO E PRIVADO

- **direito público:** a divisão do direito objetivo, que remonta aos romanos, coloca o direito público como aquele destinado a regular os interesses entre os Estados ou entre estes e os cidadãos. *Exemplo*: Direito Constitucional, Direito Administrativo, Direito Penal, Direito Processual, etc.
- **direito privado:** já este ramo destina-se às relações entre os particulares, regulando as relações dos indivíduos entre si. ***Exemplo***: Direito Civil, Direito Agrário, Direito Comercial, etc.

1.5. PRECEDENTES DA CODIFICAÇÃO

- a partir do século XIII, Portugal deixa a vinculação com o Direito da Península Ibérica, e após a promulgação das Ordenações do Reino, em 1446, conhecidas por *"Ordenações Afonsinas"*, em alusão ao Rei Afonso VI.
- em 1521, D. Manuel promove a reforma nas ordenações, surgindo as *"Ordenações Manuelinas"*.
- depois, em 1603, e com influência direta sobre a nossa legislação subsequente, surgem as *"Ordenações Filipinas"*, que permaneceriam vigentes durante o *período colonial*.
- em 1822, com a independência do Brasil, a legislação portuguesa continuaria a ser aplicada, até a elaboração e vigência de um Código Civil. A Constituição do Império de 25 de março de 1824 previu o Código Civil, fundado nas *"bases da Justiça e Equidade"* (art. 179, XVIII). Em 1865, a tarefa foi cometida a *Teixeira de Freitas*, que em 1858 já havia apresentado uma *"consolidação das leis civis"*. Esse trabalho, conhecido por *"esboço do Código Civil"*, acabou rejeitado, mas serviu, por outro lado, de influência para o Código Civil argentino.
- após a *proclamação da república*, em 1889, Clóvis Beviláqua foi indicado para o mister, chegando o *"Projeto de Código Civil"* ao Congresso Nacional em 1900. Depois de aprovado em 1916, o Código Civil entrou em vigor no dia 1º de janeiro de 1917 (CC/1916, art. 1.806).

1.6. CÓDIGO CIVIL DE 1916

- o CC/1916 foi revogado pelo CC/2002, art. 2.045, no dia 11 de janeiro de 2003. Continha 1.817 artigos, e possuía uma parte geral e a parte especial, seguindo a estrutura organizacional já preconizada por *Teixeira de Freitas*, em sua consolidação de 1858. Diversas modificações foram sentidas no Código Civil de 1916, por leis especiais e pela Constituição Federal de 1988, notadamente aquelas referentes à função social da propriedade, família e contratos.

1.7. CÓDIGO CIVIL DE 2002

- diversas foram as tentativas de revisão do CC/1916, mas todas frustradas. Diante disso, em 1967 foi nomeada uma comissão de juristas, encarregados de elaborar o Novo Código Civil. A supervisão ficou a cargo de Miguel Reale. Já em 1972 um anteprojeto foi apresentado, preservando a estrutura organizacional do CC/1916, entretanto, com nova roupagem, fundada em *"valores éticos e sociais"*, caráter bem diverso daquele *"individualista"* da primeira codificação. Enviado o anteprojeto ao Congresso Nacional, foi nominado de Projeto de Lei nº 634/75. Após longa tramitação, o Novo Código Civil, como passou a ser chamado, foi publicado no Diário Oficial da União no dia 11.01.2002, com *vacatio legis* de um ano, iniciando vigência no dia **11.01.2003** (CC, art. 2.044; Enunciado 164 da III Jornada do CJF).

1.7.1. CARACTERÍSTICAS E PRINCÍPIOS DA CODIFICAÇÃO DE 2002

- institui o sistema de ***"cláusulas gerais"***, as quais devem ser preenchidas pelo juiz, a quem o CC/2002 conferiu certa dose interpretativa, como aquelas referentes ao comportamento alinhado à *"probidade e boa-fé"* (CC, art. 422), bem como à *"função social dos contratos"* (CC, art. 421). Segundo o novo art. 421 do CC, com redação dada pela Lei n. 13.874, de 2019, Lei da Liberdade Econômica: "a liberdade contratual será exercida nos limites da função social do contrato". Segundo o parágrafo único, "nas relações contratuais privadas, prevalecerão o princípio da intervenção mínima e a excepcionalidade da revisão contratual".
- exclui matéria de ordem processual.
- a codificação permanece como lei básica, mas sem afastar as leis extravagantes, mantendo a autonomia entre o direito civil e o direito comercial.
- estruturação em Parte Geral (Das Pessoas, Dos Bens e Dos Fatos Jurídicos) e Parte Especial (Direito das Obrigações, Direito de Empresa, Direito das Coisas, Direito de Família e Direito das Sucessões).

- são *princípios do CC/2002*:

a) *Socialidade*: prevalência dos valores coletivos sobre os individuais.

b) *Eticidade*: a pessoa humana é a fonte dos outros valores, priorizando a equidade, a boa-fé, a justa causa, a lealdade, a probidade e a confiança (CC, arts. 113, 421 e 422).

c) *Operabilidade*: a plena efetividade de suas normas, ou seja, o direito deve ser executado e definitivamente aplicado de forma simples e concreta.

1.7.2. DIREITO CIVIL – CONSTITUCIONAL. TEORIA DA EFICÁCIA HORIZONTAL

- a *"Constitucionalização do Direito Civil"* é o fenômeno pelo qual os institutos de direito privado passam a fincar bases na Constituição Federal, provocando o inter-relacionamento do direito público e do direito privado, ou seja, o ***"Direito Civil-Constitucional"*** é a leitura unitária que se faz da codificação à luz dos princípios fundamentais constitucionais, como a dignidade da pessoa humana, a solidariedade social, a igualdade substancial, a redução das desigualdades sociais, e erradicação da pobreza e o bem de todos (CF, arts. 1º, III, 3º, III, 5º).
- a *teoria da "eficácia horizontal dos direitos fundamentais"*, da *"eficácia irradiante dos direitos fundamentais"* ou da *"aplicação direta dos direitos fundamentais"*, reconhece a imediata incidência das normas definidoras dos direitos fundamentais nas relações privadas.

2. LEI DE INTRODUÇÃO ÀS NORMAS DO DIREITO BRASILEIRO

2.1. FUNÇÃO

- a respeito da aplicação da lei no tempo e no espaço, dispõe o Decreto-Lei 4.657, de 04 de setembro de 1942, conhecido outrora por Lei de Introdução ao Código Civil que, em razão da Lei 12.376, de 30 de dezembro de 2010, foi renomeado para *"Lei de Introdução as Normas do Direito"* (LINDB). O diploma normativo conta com 19 artigos, e não possui aplicação unicamente ao Direito Civil, mas universalmente a todos os ramos do direito, razão porque, diferentemente das demais leis, que recaem sobre o comportamento do homem, a LINDB tem por objeto as leis ou as normas.

- Quadro resumo, Funções da *"Lei de Introdução às normas do Direito Brasileiro"*:

Regular a vigência e a eficácia das normas jurídicas, regulando os conflitos de leis no tempo e no espaço (LINDB, arts. 1º, 2º, 6º e 7º a 19)	Apresentar as soluções para a integração das lacunas normativas (LINDB, art. 4º).
Fornecer os critérios de hermenêutica (LINDB, art. 5º)	Preservar a efetividade global do sistema, não admitindo o erro de direito, bem como consolidando a segurança jurídica (LINDB, art. 3º e 6º).

- ***ATENÇÃO***: Há exceções à aplicabilidade da LINDB a todos os ramos do direito, de maneira indistinta. A regra da LINDB a respeito da *integração* das lacunas normativas, como forma de garantia da plenitude do sistema, segundo o art. 4º, é a seguinte: *"Quando a lei for omissa, o juiz decidirá o caso de acordo com a analogia, os costumes e os princípios gerais de direito"*. No *Direito Penal*, não se admite a analogia *in malam partem*, em função do princípio da reserva legal (CP, art. 1º). De igual maneira, o *Direito Tributário*, em função do princípio da legalidade, não admite o emprego da analogia para exigir tributo não previsto em lei (CTN, art. 108, § 2º, CF, art. 150, I).

- lembramos ao candidato que a Lei Complementar 95, de 26 de fevereiro de 1998, dispõe sobre a elaboração, a redação, a alteração e a consolidação das leis, conforme determina o parágrafo único do art. 59 da Constituição Federal, e estabelece normas para a consolidação dos atos normativos que menciona.

2.2. FONTES DO DIREITO

- a expressão *fontes do direito* segundo Carlos Roberto Gonçalves, "tanto significa o poder de criar normas jurídicas quanto a forma de expressão dessas normas". Para Caio Mário da Silva Pereira, fonte do direito "é o meio técnico de realização do direito objetivo".

2.2.1. FONTES FORMAIS DIRETAS OU IMEDIATAS. FONTES NÃO FORMAIS, INDIRETAS OU MEDIATAS

- **Fontes formais, diretas ou imediatas:** leis, analogia, costumes e os princípios gerais do direito (geradores de regras jurídicas, LINDB, art. 4º). A lei é *"fonte primária"*, enquanto as demais *"secundárias"*.
- **Fontes não formais, indiretas ou meditas:** doutrina e jurisprudência (contribuem para a elaboração da regra jurídica).

Fontes formais – diretas	Fontes não formais – indiretas
Lei	Doutrina
Analogia	Jurisprudência
Costumes	Equidade
Princípios Gerais do Direito	

2.3. LEI

- **noções gerais**: trata-se de *fonte formal "primária"*, que surge mediante processo legislativo, por meio do qual se positiva, tornando-se obrigatória; estabelece normas de comportamento, depois de formalmente promulgada e publicada.

2.3.1. ACEPÇÃO

Leis	
Generalidade	dirigida a todos, sem distinção, razão pela qual é abstrata. Ainda que se dirija a determinado grupo, não perde a variável.
Imperatividade	impõe deveres e condutas, encerrando ordens e comandos.
Obrigatoriedade (teoria da necessidade social)	não se permite a alegação do desconhecimento, LINDB/art. 3°
Competência	sua validade formal depende de regular processo de elaboração, de acordo com as competências legislativas constitucionalmente previstas.
Autorizante	autoriza que o lesado em consequência de sua violação exija o seu cumprimento ou a reparação pelo mal causado (Goffredo da Silva Telles).
Permanência (princípio da continuidade)	a lei perdura até que outra a modifique ou revogue. Há exceção, como as leis temporárias.

2.3.2. CLASSIFICAÇÃO

- **Quanto à imperatividade:**

Cogentes (de ordem pública ou de imperatividade absoluta)	Não cogentes (dispositivas ou de imperatividade relativa)
Mandamentais (determinam ação)	Permissivas (permitem ação e abstenção)
Proibitivas (determinam abstenção)	Supletivas (suprem declaração de vontade)

- **Quanto à intensidade da sanção:**

Intensidade da sanção das Leis		
	Leis mais que perfeitas	duas sanções quando violadas. Ex. Lei de Alimentos, art. 19
	Leis perfeitas	nulidade do ato, sem qualquer pena. Ex. CC, art. 166, I
	Leis menos que perfeitas	não há nulidade ou anulação do ato, mas uma sanção. Ex. CC, art. 1.641, I
	Leis imperfeitas	sem consequência. Ex. dívida de jogo, ou prescrita, CC, art. 814

- **Quanto à natureza:**

Substantivas (Materiais)	Adjetivas (Formais)
Tratam-se das leis que reconhecem direitos e deveres, ou seja, é o complexo de normas que regem as relações jurídicas.	Os direitos materiais são realizados por um conjunto de leis que determinam a forma por que se devem fazer valer os direitos; conjunto de leis reguladoras dos atos judiciários; direito processual, direito judiciário, direito formal.

- **Quanto à hierarquia** ***(v. CF, art. 59, parágrafo único; art. 69; art. 68, §§ 1º a 3º; art. 84, XXVI; art. 59, VI; arts. 51 e 52).***

CF
⬇
Leis Complementares
⬇
Leis Ordinárias
⬇
Leis Delegadas
⬇
Medidas Provisórias
⬇
Decretos Legislativos
⬇
Resoluções
⬇
Normas Internas

- **Quanto à competência ou extensão territorial.**

Leis Federais	Leis Estaduais	Leis Municipais
São as de competência da União Federal, votadas pelo Congresso Nacional, com incidência sobre todo o território nacional	São aprovadas pelas Assembleias Legislativas, com aplicação restrita à circunscrição territorial do Estado-Membro ou DF que que pertencem, ou parte dele	São as editadas pelas Câmaras Municipais, com aplicação limitada aos respectivos territórios, conforme estabelece o art. 30, I a III, da CF-1988.

- **Quanto ao alcance**

Gerais ou Comuns	Especiais
Aplicam-se à totalidade das relações jurídicas. Ex. Código Civil	Afastam a incidência do direito comum ou geral, em razão da relação ou situação jurídica. Ex. Relação de consumo; Locação Urbana; Locação Rural.

2.3.3. VIGÊNCIA. REVOGAÇÃO. REPRISTINAÇÃO X EFEITO REPRISTINATÓRIO

- as leis são elaboradas mediante processo legislativo, o qual é divido em fases, segundo o quadro abaixo:

Fase introdutória	Nesta fase, é necessário que se observem as disposições a respeito da iniciativa, segundo a CF, art. 61. Admite-se iniciativa: a) parlamentar b) extraparlamentar c) concorrente d) exclusiva
Fase constitutiva	Apresentado o projeto de lei e definido qual das casas analisará primeiramente o assunto (deliberação principal e revisional), haverá instrução, discussão e votação sobre o tema, na Câmara e no Senado (CF, art. 58), e após o exercício da sanção ou veto. Resumidamente: a) deliberação parlamentar b) deliberação executiva (sanção ou veto)
Fase complementar	A fase em destaque compreende a promulgação e a publicação. a) Promulgar é atestar uma nova ordem jurídica, declarando a existência e autenticidade de uma lei. b) Publicar é conferir notoriedade e obrigatoriedade a uma lei, informando o seu conteúdo a todos para que seja cumprida. ** Com a publicação tem-se o início da vigência da lei **

- ***ATENÇÃO***: não confundir o ***início da vigência*** da lei, que ocorre com sua publicação, com ***vacatio legis***, intervalo entre a data da publicação e a sua entrada em vigor (força vinculante). Não confundir, ainda, os termos ***vigência*** e ***vigor*** de uma lei; o primeiro refere-se ao período de sua duração, seu efeito temporal; o segundo, à força vinculante de suas regras, à autoridade normativa. Ex. uma lei pode ter perdido a vigência, se estiver ab-rogada, mas ainda irradiar sua força – ***ter vigor*** – em razão das situações jurídicas constituídas sob sua égide (CC, art. 2.035).
- o *"princípio da obrigatoriedade simultânea ou sincrônica"*, também chamado de *"critério do prazo único ou isócrono"*, estabelece que a lei terá vigência a um só momento, ou seja, o intervalo de *vacatio legis* será comum e simultâneo para o país todo. A primeira *"Lei de Introdução ao Código Civil"*, aprovada em 1916, juntamente com o Código Civil daquela época – motivo de seu nome – dispunha de prazos diversos de *vacatio legis*, em ordem crescente do Distrito Federal para os Estados e Territórios mais distantes da capital federal, e ficou conhecido por *"critério do prazo progressivo"* (CC/1916, Introdução, art. 2º).
- segundo a LC nº 98/95, art. 8º, *caput*, *"A vigência da lei será indicada de forma expressa e de modo a contemplar prazo razoável para que dela se tenha amplo conhecimento, reservada a cláusula "entra em vigor na data de sua publicação" para as leis de pequena repercussão"*. Por sua vez, diz o preceito da LINDB, art. 1º, *caput*: *"Salvo disposição contrária, a lei começa a vigorar em todo o país quarenta e cinco dias depois de oficialmente publicada"*. Interpretando os dispositivos acima, temos que, caso a lei nova ***não possua indicação especial e expressa*** do momento a partir do qual terá vigor, haverá a incidência da LINDB, art. 1º, *caput*, ou seja, se a lei for ***omissa*** quanto ao prazo de *vacatio legis*, segue a regra de que a *"lei começa a vigorar em todo o país quarenta e cinco dias depois de oficialmente publicada"*.
- ***ATENÇÃO:*** No estrangeiro, a lei brasileira terá prazo de *vacatio legis de **03 meses***, contados a partir da publicação. Assim, antes de transcorrido o prazo trimestral, a lei brasileira não terá incidência em país estrangeiro. Segundo Maria Helena Diniz, *"se, porventura, o comando legal vier a fixar prazo superior a três meses para o início da vigência da nova lei no Brasil, sem fazer qualquer referência à data da entrada em vigor dessa referida lei no exterior, impor-se-á o prazo de vigência interna à do exterior, pois incompreensível seria que uma norma vigorasse no estrangeiro antes de ter vigência no país de origem"*. ***(Lei de Introdução ao Código Civil Brasileiro Interpretada, Saraiva, 6ª edição, 2000, pag. 55).***
- é importante recordar ao candidato que durante a *vacatio legis*, período entre a publicação da lei e sua entrada em vigor, as relações jurídicas estão sujeitas à lei velha, pois a lei nova não produz qualquer efeito naquele intervalo, mesmo que totalmente incompatíveis as legislações.
- no quadro a seguir, o resumo a respeito dos prazos de *vacatio legis*, segundo a LINDB, art. 1º, §§ 1º ao 4º. Relembramos ao candidato que *vacatio legis* é o intervalo entre a data de publicação da lei e a sua entrada em vigor.
- **Quadro resumo:**

Vacatio Legis	
no Brasil:	**45 DIAS**, salvo disposição em contrário.
estados estrangeiros:	**03 MESES**, depois de oficialmente publicada.
novo texto de correção	**ANTES:** de entrar a lei em vigor, se ocorrer a nova publicação de seu texto, destinado à correção, os prazos de *vacatio legis* começarão a correr da nova publicação
	DEPOIS: as correções de texto de lei já em vigor consideram-se lei nova.

- **contagem dos prazos**: segundo a LC nº 95/98, art. 8º, § 1º, *"A contagem do prazo para entrada em vigor das leis que estabeleçam período de vacância far-se-á com a inclusão da data da publicação e do último dia do prazo, entrando em vigor no dia subsequente à sua consumação integral"*.
- **revogação da lei:** significa a cessação de sua vigência, suprimindo-lhe a existência e a força obrigatória. As leis, em regra, permanecem vigentes até que outra as modifique ou revogue, ***exceto*** quando sua ***vigência for temporária*** (LINDB, art. 2º, *caput*). Assim, em regra, as leis possuem o ***caráter permanente***, assentado no ***princípio da continuidade*. A *revogação*** é o gênero, do qual **são espécies:**
  a) ***ab-rogação:*** *ab-rogar* é extinguir uma lei por outra, *totalmente*;
  b) ***derrogação:*** por sua vez, é cessar a existência parcial de uma lei.
- **IMPORTANTE:** A revogação poder ser:
- ***expressa***: quando a lei posterior expressamente o declare, nos termos da LINDB, art. 2º, § 1º, primeira parte. De acordo com a LC nº 95/98, art. 9º, com redação dada pela LC nº 107/2001, *"A cláusula de revogação deverá enumerar, expressamente, as leis ou disposições legais revogadas"*.
- ***tácita:*** quando a lei posterior
  1) *for **incompatível*** com a anterior;
  2) *regular **inteiramente a matéria*** de que tratava a lei anterior. É de bom alvitre que *"A lei nova, que estabeleça disposições gerais ou especiais a par das já existentes, não revoga nem modifica a lei anterior"* (LINDB, art. 2º, § 2º). O preceito deverá ser lido segundo o contexto dos parágrafos anteriormente mencionados, ou seja, se a nova lei geral/especial for ***incompatível*** ou ***regular*** o assunto da lei anterior em formato diverso, haverá revogação, em razão do conflito, pelo que haverá *revogação tácita*. Todavia, se a lei nova, geral ou especial, reafirmar os termos já vigentes em outra norma, *não haverá revogação*.
- ***ATENÇÃO***: as ***leis temporárias*** têm a vigência cessada por causas ***intrínsecas***, as quais não se limitam ao transcurso de ***determinado tempo de duração***, mas, ainda, ao ***implemento de condição resolutiva*** e quando ***atingido o fim*** para o qual foi concebida. Dessa maneira, não há propriamente revogação das leis temporárias, mas ***caducidade de seus efeitos***, isso porque as causas de sua extinção são previamente estabelecidas, ou seja, prescinde de outra lei para que seja revogada, embora nada impeça que uma lei posterior o faça.
- **Quadro resumo:**

Revogação das Leis
• lei revoga lei. **(LINDB/art. 2º):** porém, as *leis temporárias* possuem a duração predeterminada, pelo tempo, finalidade ou condição resolutiva.
• ***revogação*** é o *gênero*, enquanto são espécies: a) *ab-rogação*: supressão ***total*** de uma norma b) *derrogação*: supressão ***parcial*** de uma norma
• a **revogação** poderá ser, ainda: a) *expressa*: lei posterior declara a revogação da anterior b) *tácita*: lei posterior possui incompatibilidade normativa com a anterior ou regula inteiramente a matéria versada na norma antiga (LINDB/art. 2º, § 1º).
• a lei nova que estabeleça disposições gerais ou especiais a par das já existentes, não revoga nem modifica a lei anterior. (LINDB/art. 2, § 2º), ***exceto se houver incompatibilidade***.

- **repristinação x efeito repristinatório**: de acordo com a LINDB/art. 2º, § 3º, *"salvo disposição em contrário, a lei revogada não se restaura por ter a lei revogadora perdido a vigência"*. O preceito em tela dispõe a respeito da ***repristinação***, que é admitida e reconhecida no sistema brasileiro, ***não como regra geral***, mas por ***exceção***. É necessária disposição legal expressa para que ocorra.
- ***ATENÇÃO:*** a inconstitucionalidade de uma lei faz com que seu *"efeito revocatório"* também seja invalidado (LINDB/art. 2º, § 1º); dessa forma, a lei anterior, revogada por lei posterior declarada inconstitucional, tem a vigência restabelecida, porém, nessa situação, fala-se que houve *"efeito repristinatório"*, conforme já decidiu o STJ (REsp. 445.455-BA, DJ 5/12/2005). Para que se reconheça a *"repristinação propriamente dita"* é necessário que se observe o delineamento da LINBD/art. 2º, § 3º; o *"efeito repristinatório"*, uma vez declarada a inconstitucionalidade de lei, é uma das repercussões do efeito *"ex tunc"* da decisão, que retroage desde a origem, permitindo a reaplicação da legislação anterior.
- **posição do STF:** *"A declaração de inconstitucionalidade de uma lei alcança, inclusive, os atos pretéritos com base nela praticados, eis que o reconhecimento desse supremo vício jurídico, que inquina de total nulidade os atos emanados do Poder Público, desampara as situações constituídas sob sua égide e inibe – ante a sua inaptidão para produzir efeitos jurídicos válidos – a possibilidade de invocação de qualquer direito. – A declaração de inconstitucionalidade em tese encerra um juízo de exclusão, que, fundado numa competência de rejeição deferida ao Supremo Tribunal Federal, consiste em remover do ordenamento positivo a manifestação estatal inválida e desconforme ao modelo plasmado na Carta Política, com todas as consequências daí decorrentes, **inclusive a plena restauração de eficácia das leis e das normas afetadas pelo ato declarado inconstitucional**"* (STF – Pleno, Ac. un. ADIn 652-5-MA – Questão de Ordem – Rel. Min. Celso de Mello, DJU de 02.04.93, p. 5.615)";
- **escólio do Ministro Celso de Mello (ADIn 2.215/PE):** *"Já se afirmou, no início desta decisão, que a declaração de inconstitucionalidade in abstracto, de*

um lado, e a suspensão cautelar de eficácia do ato reputado inconstitucional, de outro, importam – considerado o efeito repristinatório que lhes é inerente – em restauração das normas estatais revogadas pelo diploma objeto do processo de controle normativo abstrato. Esse entendimento – hoje é expressamente consagrado em nosso sistema de direito positivo (Lei nº 9.868/99, art. 11, § 2º)...".

- ***ATENÇÃO:*** de acordo com o STF, o efeito repristinatório será afastado se a norma anterior padecer do mesmo vício de inconstitucionalidade *(ADIn nº 2.574/AP, rel. Ministro Carlos Velloso).*

2.3.4. OBRIGATORIEDADE DAS LEIS

- *"princípio da obrigatoriedade" ou "inescusabilidade da ignorância da lei"*: reconhecido na LINDB, art. 3º, pelo qual *"Ninguém se escusa de cumprir a lei, alegando que não a conhece"*. Fundado na *necessidade social* de segurança e obediência às leis, o princípio é a base e a própria condição de coexistência da sociedade, sob a ótica do controle social, que demanda o respeito pelo direito e, sobretudo, por sua força obrigatória, com isso evitando o caos e a anarquia generalizada. Nesse sentido, o princípio confere eficácia global à ordem jurídica, que é obtida com a publicação da lei, neutralizando a ignorância.
- teorias que fundamentam o *"princípio da obrigatoriedade"* ou *"inescusabilidade da lei"* (*exceptio ignorantie juris*).

Teoria da presunção legal *juris et de jure*	segundo esta corrente, com a publicação da lei haverá a presunção de que os destinatários da norma conhecem o seu conteúdo, não podendo alegar desconhecimento para escusar-se aos seus efeitos. A presunção é absoluta (juris et de jure), e não relativa (juris tantum), pois não se admite prova em contrário da presunção de que todos conhecem lei.
Teoria da ficção de direito	alguns autores consideravam a possibilidade de prova em contrário a respeito do conhecimento da lei (presunção relativa ou *juris tantum*), e, assim, procuraram substituir a teoria acima por esta, que se resume na afirmação de que há ficção de conhecimento geral da lei publicada. A teoria foi criticada por não corresponder à realidade de que todos conhecem os termos da lei.
Teoria da necessidade social	entre outros, Clóvis Beviláqua sustentou que não haveria presunção ou ficção a respeito do conhecimento da lei, mas uma conveniência desse conhecimento, por ser imprescindível à coexistência social e à segurança jurídica.

- ***ATENÇÃO***: De acordo com o C, art. 139, III, o erro é substancial quando *"sendo de direito e não implicando recusa à aplicação da lei, for o motivo único ou principal do negócio jurídico"*. O erro de direito ou *"error juris"* não era previsto no CC/1916, mas no vigente é defeito expresso como causa de anulabilidade dos negócios jurídicos. Trata-se da ignorância da norma jurídica, o falso conhecimento, a interpretação errônea e, ainda, o equívoco sobre as consequências jurídicas do negócio jurídico. Tal preceito não afronta aquele da LINDB, art. 3º, pois o erro de direito recai sobre a manifestação da vontade, viciando o consentimento, como principal ou único motivo da realização de um negócio, sem, contudo, importar recusa à aplicação da lei.

2.3.5. INTEGRAÇÃO DAS LEIS

- a justificativa para a integração das normas jurídicas é a impossibilidade de previsão de todas as situações jurídicas, sendo certo que o direito não consegue acompanhar a evolução da sociedade e os novos conflitos surgidos. Sendo assim, o ordenamento jurídico é sempre completo, não tem vazios. Já a lei pode ser omissa, pois o legislador não consegue regular todas as situações que porventura surgirão no meio social.
- de acordo com a LINDB, art. 4º, *"Quando a lei for omissa, o juiz decidirá o caso de acordo com a analogia, os costumes e os princípios gerais de direito"*.
- por sua vez, estabelece o art. 140, *caput*, do CPC-2015: "O juiz não se exime de decidir sob a alegação de lacuna ou obscuridade do ordenamento jurídico". A norma em apreço dispõe a respeito da ***indeclinabilidade da jurisdição***, consistente na proibição de o juiz pronunciar o ***non liquet***, alegando lacuna ou obscuridade na lei. Pode haver lacuna na lei, mas não no direito.
- segundo a classificação atribuída a Maria Helena Diniz *(Lacunas no Direito, Saraiva, São Paulo, 2002, pag. 95)*, as lacunas podem ser: ***Normativa*** (ausência de norma para o caso concreto); ***Ontológica*** (presença de norma para o caso concreto, porém, sem eficácia social); ***Axiológica*** (presença de norma para o caso concreto, no entanto, insatisfatória ou injusta); ***De conflito ou antinomia*** (colisão entre duas ou mais normas válidas para o caso concreto).
- Há uma hierarquia a seguir na utilização dos métodos de integração, tratando-se de uma ordem preferencial e taxativa, segundo a dicção da LINDB, art. 4º. Em primeiro lugar a analogia, depois os costumes e os princípios gerais do direito.
- **analogia**: de início, diferencia-se da **interpretação extensiva**, pois nesta se aplica a norma a situações implicitamente previstas no seu conteúdo. Há **duas espécies** de analogia.
  - **a)** ***analogia legis* ou propriamente dita**: ampliação de uma norma existente, destinada a reger caso semelhante ao previsto.
  - **b)** ***analogia juris***: a norma é retirada de um caso singular, mas abstraída de todo o sistema ou de

parte dele; baseia-se em um conjunto de normas para obter elementos que permitam sua aplicação ao caso pendente, não previsto, mas similar.

- **requisitos da analogia**:
  a) inexistência de preceito legal para o caso concreto;
  b) semelhança entre as situações, aquela prevista legalmente e a sem disposição legal;
  c) identidade de fundamentos lógicos e jurídicos.
- **limitações à analogia**: na seara penal (admitida somente a analogia *in bonam partem*); na tributária (criar ou exigir tributos) e nas normas de ordem pública, de natureza sancionatória e administrativa, onde impera o princípio da legalidade.
- **costume**: trata-se da conduta reiterada, uniforme, pública e geral (*elemento externo ou material*) baseada na falsa percepção de sua obrigatoriedade (*elemento interno ou psicológico*). Enquanto a lei é escrita, o costume é direito não escrito. São **três as espécies de costumes**:
  a) ***secundum legem***: (quanto expressamente mencionado em dispositivos legais. Ex. CC, art. 596, 615, 1.297, § 1º);
  b) ***praeter legem:*** (destinado a suprir lacuna normativa, cf. a LINDB, art. 4º e CPC-2015, art. 140. Ex. Pagamento com cheque pré-datado)
  c) ***contra legem:*** (aquele que se opõe à lei, chamado de *costume ab-rogatório*. De acordo com a LINDB, art. 2º, uma lei somente é revogada por outra. Assim, o costume não tem o poder de revogar uma norma, sendo certo que o *desuso*, que torna uma lei não utilizável, não possui o condão de revogar uma lei).
- ***ATENÇÃO***: *desuetudo* é o não uso de uma lei por longo tempo ou, ainda, quando o costume suprime a lei.
- **princípios gerais do direito**: falhas a analogia e os costumes no preenchimento da lacuna, socorrerá o intérprete desses princípios, que são *"os cânones que não foram ditados, explicitamente, pelo elaborador da norma, mas que estão contidos de forma imanente no ordenamento jurídico". (Maria Helena Diniz – Lei de Introdução ao Código Civil Brasileiro Interpretada – Saraiva, 2000, pag. 123)*. Como exemplos: *"viver honestamente, não lesar a ninguém e dar a cada um o que é seu". (Silvio de Salvo Venosa – Direito Civil – Parte Geral – Atlas, 2013)*. Presentes na consciência dos povos e universalmente aceitos, os princípios gerais do direito estão implícitos no sistema jurídico, como que ninguém pode valer-se da própria torpeza, ou de que a boa-fé se presume. Tais princípios não devem ser confundidos com os ***princípios fundamentais***, como a presunção de inocência do Direito Penal, que são normas jurídicas vinculantes. Também não se confundem com os ***adágios, brocardos ou máximas***, os quais não passam de ditos pedagógicos.
- **equidade e a *"equity"* do direito inglês**: segundo a LINDB, art. 4º, *"Quando a lei for omissa, o juiz decidirá o caso de acordo com a analogia, os costumes e os princípios gerais de direito"*. A leitura do preceito deixa em evidência que a equidade ***não é meio supletivo de lacuna da lei***. Em ***sentido amplo***, a equidade é o ideal de justiça absoluta ou ideal, o equitativo é o justo. No ***sentido estrito***, é aplicada como recurso auxiliar quando a própria lei expressamente deixa espaços para que o juiz elabore a norma mais coerente ao caso concreto. Nesse caso, há verdadeira autorização legal, ainda que tácita, para que juiz, entre a norma e o fato, aplique a lei atendendo seus fins sociais e ao bem comum (LINDB, art. 5º). Significa, em última análise, a possibilidade de decidir *"por equidade"*, buscando a solução mais justa ao litigio apresentado. **São espécies de equidade:**
  a) ***legal:*** (quando apresenta as possibilidades de solução do litígio. Ex: CC, art. 1584, § 5º)
  b) ***judicial*** (sem apresentar qualquer *"opção"* de solução, deixa em aberto ao juiz verdadeiros espaços ou lacunas, para formule a resolução mais adequada ao caso concreto. Ex. CC, art. 1.740, II).
- ***ATENÇÃO:*** no direito inglês moderno, decorrente da reforma ocorrida em 1876, não mais existe a duplicidade jurisdicional, formada por tribunais específicos e diversos para a *common law* e a *equity*; disso decorre que *equity* (equidade), modernamente, é fonte do direito para solução das questões judiciais, especialmente na ausência de normas do direito comum, agindo como complemento destas.
- **quadro resumo (integração das normas jurídicas):**

Integração das Normas Jurídicas	
Analogia	*Legis (legal)*
	Juris (jurídica)
Costumes	*Secundum legem*
	Praeter legem
	Contra Legem
Princípios gerais do direito	*Princípios constitucionais, superiores ou fundamentais*
	Princípios institucionais ou legislativo

- **Notas Importantes sobre o tema:**
  (1) há uma hierarquia na utilização desses mecanismos, porque o Brasil consagra a supremacia da lei escrita.
  (2) não se deve confundir a analogia com a intepretação extensiva.

(3) os negócios jurídicos benéficos e a renúncia interpretam-se estritamente (CC, art. 114); logo, não admitem a analogia e a intepretação extensiva.

(4) a fiança dar-se-á por escrito, e não admite interpretação extensiva (CC, art. 819).

(5) pelo mesmo motivo, a transação interpreta-se restritivamente (CC, art. 843).

(6) o recurso à analogia não é ilimitado, não sendo admitida no Direito Penal, salvo quando beneficiar o réu; nas leis excepcionais ou de exceção; e nas leis fiscais, caso imponha tributo (CTN, art. 108, § 1º).

(7) o costume é *fonte supletiva ou subsidiária*, de origem incerta e imprevista, sendo reconhecido como direito não escrito, sendo formado por dois elementos: **(a) uso ou prática reiterada** (elemento externo ou material); **(b) convicção de sua obrigatoriedade** (elemento interno ou psicológico).

(8) a equidade não constitui meio supletivo de lacuna da lei, sendo mero recurso auxiliar da aplicação desta.

2.3.6. APLICAÇÃO E INTERPRETAÇÃO DAS LEIS

- enquanto norma geral e abstrata, as leis não se referem aos casos concretos. O processo de justaposição do fato ou relação jurídica a uma norma jurídica, de caráter geral, prévio e abstrato, é chamado de ***subsunção***. Caso o fato submetido ao Estado-juiz não encontre qualquer disposição legal aplicável, deverá aplicar a ***integração normativa***, conforme vimos acima. A esta análise da norma aplicável ao caso concreto confere-se o nome de ***interpretação***. Assim, temos que:

a) ***interpretar*** é a busca da essência da norma jurídica, como forma de determinar sua abrangência e aplicabilidade;

b) ***hermenêutica*** é a ciência da intepretação, a teoria que vai ao encontro do sentido e alcance da lei;

c) ***exegese***, por sua vez, é sinônimo de interpretação. A expressão, todavia, não se confunde com a *Escola da Exegese*, de origem francesa, do século XIX, pela qual o legislador possuía o monopólio da revelação do direito (juspositivismo).

- os ***critérios metodológicos*** que o intérprete deve seguir na busca do sentido e alcance da norma jurídica são tratados nas seguintes teorias:

Teoria subjetiva da interpretação (escola exegética)	trata-se da busca da vontade histórica do legislador escrita na norma.
Teoria objetiva da interpretação	por esta corrente, deve-se perseguir a vontade da lei, a mens legis, sem qualquer vinculação à vontade do legislador, responsável pela elaboração da norma.
Teoria da livre pesquisa do direito (livre investigação científica)	defende que o juiz deve ter vontade criadora na intepretação na lei, segundo as concepções jurídicas, morais e sociais.

- **com relação às técnicas de intepretação, são as seguintes:**

Quanto à fonte ou origem, ou seja, em relação a quem interpreta.	
autentica	realizada pelo legislador
doutrinária	aquela confeccionada pelos estudiosos do direito, em livros, manuais, teses, etc.
jurisprudencial	elaborada pelos órgãos do Poder Judiciário, inclusive por meio de súmulas.
Quanto aos meios	
gramatical ou literal	interpreta-se sob o enfoque linguístico do vernáculo.
lógica	vale-se do raciocínio lógico, das deduções.
sistemática	ocorre mediante a análise comparativa entre os dispositivos legais de uma mesma e de outros textos legais, atuais e anteriores.
histórica	prende-se às circunstâncias fáticas que envolveram a elaboração da norma, os antecedentes do processo legislativo.
sociológica ou teleológica	o contexto e as exigências sociais permeiam esse meio. (LINDB, art. 5º).
ontológica	é o meio no qual o sentido ou a essência da norma é perseguido (*ratio legis*).
Quanto à extensão ou resultado	
declarativa	restringe-se aos termos do texto legal, sem ampliá-lo ou restringi-lo
extensiva ou ampliativa	amplia-se o alcance do texto legal, porque o legislador disse menos do que deveria.
restritiva	aqui, diferente da anterior, o texto legal foi além do que deveria, e o interprete restringe os seus efeitos.

2.3.7. CONFLITO DAS LEIS NO TEMPO

- **noções gerais**: as leis, em função do *princípio da continuidade*, permanecem vigentes até que outras as derroguem ou ab-roguem. Diferente das *antinomias*, que se referem ao *conflito de leis vigentes*, o estudo do *conflito das leis no tempo* se desenvolve para determinar a lei aplicável entre uma *nova* (vigente) e outra *anterior* (revogada) às situações jurídicas constituídas sob a égide desta última, ou seja, vigente a **Lei – A**, e uma vez revogada pela **Lei – B**, qual delas projetará seus efeitos em relação ao evento jurídico constituído na vigência da primeira.

- **critérios de solução:** o *direito intertemporal* soluciona os conflitos da lei no tempo, apontando os dois critérios de solução.

disposições transitórias	são elaboradas pelo legislador no próprio texto legal para conciliar a nova norma com as situações jurídicas constituídas na vigência da anterior. Destinadas a resolver e evitar conflitos, possuem vigência temporária. Ex. CC, arts. 2.028 a 2.046.
retroatividade e Irretroatividade	em regra, a norma diz respeito aos comportamentos futuros, embora possa referir-se a condutas passadas. No direito brasileiro, a *irretroatividade* é a regra, porém, não absoluta. Admite nosso sistema constitucional *a retroatividade limitada*. Não permite, todavia, a retroatividade total e completa, conhecida por *retroatividade restitutória*. Assim, *retroativa* é a lei nova que atinja as situações jurídicas constituídas sob a lei revogada. E será *irretroativa* aquela que não tenha qualquer eficácia sobre as situações praticadas sob a lei antiga.

- segundo a ***teoria subjetiva de Gabba***, a irretroatividade das leis é a regra, a qual comporta exceções. No entanto, operada a retroação da LEI NOVA aos *fatos consumados*, esta deverá respeitar o ato jurídico perfeito, o direito adquirido e a coisa julgada. Disso decorre a aplicabilidade da LEI NOVA, em regra, aos *fatos pendentes* e aos *futuros*.
- **espécies de retroatividade:** a retroatividade, uma vez admitida, poderá ser:

justa	quanto não atenta contra as garantias dos direitos fundamentais do ato jurídico perfeito, direito adquirido e coisa julgada
injusta	quando há ofensa
máxima	quando atinge os direitos adquiridos e os negócios jurídicos perfeitos
média	atinge os fatos pendentes e os direitos existentes, mas não integrados ao patrimônio do titular);
mínima	quando alcança os fatos anteriores, cujos efeitos sejam produzidos depois da entrada em vigor da nova lei

- **A lei terá aplicabilidade imediata e geral**, ou seja, atingirá desde as relações que, nascidas sob as vestes da lei anterior, ainda não se consumaram, até os acontecimentos futuros, sempre respeitando o ato jurídico perfeito, o direito adquirido e a coisa julgada, porque, logicamente, já sedimentados.
- de acordo com a CF/88: ***art. 5º, XXXVI***, *"a lei não prejudicará o direito adquirido, o ato jurídico perfeito e a coisa julgada"*.
- segundo a LINDB:

> ***Art. 6º:*** *A Lei em vigor terá efeito imediato e geral, respeitados o ato jurídico perfeito, o direito adquirido e a coisa julgada.*
>
> *§ 1º Reputa-se* ***ato jurídico perfeito*** *o já consumado segundo a lei vigente ao tempo em que se efetuou.*
>
> *§ 2º Consideram-se* ***adquiridos*** *assim os direitos que o seu titular, ou alguém por ele, possa exercer, como aqueles cujo começo do exercício tenha termo pré-fixo, ou condição pré-estabelecida inalterável, a arbítrio de outrem.* **(Trata-se do direito já incorporado em definitivo ao patrimônio ou personalidade do titular).**
>
> *§ 3º: Chama-se* ***coisa julgada*** *ou caso julgado a decisão judicial de que já não caiba recurso.*

- **Súmula 344 do STJ:** *A liquidação por forma diversa da estabelecida na sentença não ofende a coisa julgada.*
- **Súmula 473 do STF**: *A administração pode anular seus próprios atos, quando eivados de vícios que os tornam ilegais, porque deles não se originam direitos; ou revogá-los, por motivo de conveniência ou oportunidade, respeitados os direitos adquiridos, e ressalvada, em todos os casos, a apreciação judicial.*
- **relativização (flexibilização) da coisa julgada**: o STJ, quanto ao tema, admite relativizar a coisa julgada, mas em situações extraordinárias, como no caso de colisão de direitos ou princípios fundamentais, como a dignidade da pessoa humana, direito à identidade genética, mesma posição do STF, para quem a *"relativização"* da autoridade da coisa julgada deve prevalecer no caso do direito fundamental ao conhecimento da própria ancestralidade, a busca da identidade genética, como expressão dos direitos da personalidade.

2.3.8. EFICÁCIA DAS LEIS NO ESPAÇO

- A LINDB, arts. 7º a 19, dispõe a respeito das normas do direito internacional público e privado, as quais são dedicadas a estabelecer os limites territoriais da aplicação da lei brasileira e da estrangeira.
- **sistema da territorialidade**: a norma jurídica aplica-se no território do Estado, abrangendo as embaixadas, consulados, navios de guerra, etc.
- **sistema da extraterritorialidade**: a norma é aplicada em território de outro Estado, seguindo os princípios e convenções internacionais. Nesse caso, diz Carlos Roberto Gonçalves, "estabelece-se um privilégio pelo qual certas pessoas escapam à jurisdição do Estado em cujo território se achem, submetendo-se apenas à jurisdição do seu país. A norma estrangeira passa a integrar momentanea-

mente o direito nacional, para solucionar determinado caso submetido à apreciação".

- **territorialidade moderada** (sistema adotado no Brasil): por tal sistema, o direito pátrio é plenamente eficaz, mas, em algumas situações, decorrentes de tratados, convenções e princípios, ele passa a coexistir com o alienígena, no que se denomina *"estatuto pessoal"*, ou seja, o direito externo é invocado para disciplinar a condição do estrangeiro.
- **estatuto pessoal**: é situação jurídica que rege o estrangeiro pelas leis de seu país de origem. É baseado na *lei da nacionalidade* ou do *domicílio*. A LICC/1916, art. 8º, adotou a *lei da nacionalidade*. Para a LINDB/1942, por sua vez, o *"estatuto pessoal"* do estrangeiro é fundado na *"Lei do domicílio"*. De acordo com a LINDB/art. 7º, *caput*: "A *lei do país em que domiciliada a pessoa* determina as regras sobre o começo e o fim da personalidade, o nome, a capacidade e os direitos de família" (*lex domicilii*). Nesses casos, a legislação onde domiciliada a pessoa será aplicável, segundo o conceito da *lex fori*, ou seja, a lei onde a eventual demanda será processada. No Brasil, o conceito é dado pelo CC, art. 70 e seguintes.
- ***lex loci actus***: a lei brasileira será aplicável para o casamento realizado no Brasil em relação aos impedimentos absolutos e às formalidades da celebração do casamento (LINDB, art. 7º, § 1º). É inaplicável a disposição, no entanto, em relação aos impedimentos proibitivos ou meramente impedientes, referentes às causas suspensivas do casamento (CC, art. 1.523).
- **casamento de estrangeiros**: segundo a LINDB, art. 7º, § 2º, o casamento de estrangeiros poderá celebrar-se perante autoridades diplomáticas ou consulares do país de ambos os nubentes. Nesse caso, será aplicável a lei do país que celebrar o casamento.
- **casamento de brasileiros no exterior**: se ambos os nubentes forem brasileiros, o casamento poderá realizar-se no exterior, perante a autoridade consular brasileira.
- ***lex rei sitae***: significa a lei da situação da coisa. Dispõe a LINDB, art. 8º, em relação aos bens:

a) para qualificar os bens e regular as relações a eles concernentes, aplicar-se-á a *lei do país em que estiverem situados;*

b) Aplicar-se-á a lei do país em que for *domiciliado o proprietário*, quanto aos ***bens moveis*** que ele trouxer ou se destinarem a transporte para outros lugares; **c)** o ***penhor*** regula-se pela lei do domicílio que tiver a pessoa, em cuja posse se encontre a coisa apenhada.

- **sucessão causa mortis**: a *lei do domicílio* também é aplicável em se tratando de sucessão. Dispõe a LINDB, art. 10, que a sucessão por morte ou por ausência obedece à lei do país em que domiciliado o defunto ou o desaparecido, qualquer que seja a natureza e a situação dos bens. No entanto, prescreve a LINDB, art. 10, § 2º, que a lei do domicílio do herdeiro ou legatário regula a *capacidade para suceder*. É importante lembrar o *princípio do prélèvement*, do sistema criado na França, como forma de favorecimento ao nacional em detrimento do estrangeiro. Segundo a LINDB, art. 10, § 1º, a sucessão de bens de estrangeiros, situados no País, será regulada pela *lei brasileira em benefício do cônjuge ou dos filhos brasileiros*, ou de quem os represente, sempre que não lhes seja mais favorável a lei pessoal do de cujus (CF/art. 5º, XXXI).
- **competência judiciária do Brasil**: ainda que estrangeiro, o réu que tiver domicílio no Brasil se sujeita à competência judiciária brasileira. Vale a mesma regra se a obrigação tiver de ser cumprida no Brasil (LINDB, art. 12). Só à autoridade judiciária brasileira compete conhecer das ações relativas a *imóveis* situados no Brasil, tratando-se de norma absoluta e obrigatória (LINDB, art. 12, § 1º). Por fim, em relação às *cartas rogatórias*, quanto ao objeto (conteúdo e matéria) subordinam-se à lei do *país rogante* e em relação ao procedimento (formalidades), aplica-se a lei do país rogado (LINDB, art. 12, § 2º). Observe-se, por outro lado, que as cartas rogatórias, assim como as sentenças ou quaisquer declarações de vontade de outro país serão ineficazes, no Brasil, se ofenderem a soberania nacional, a ordem pública e os bons costumes (LINDB, art. 17).
- **ônus da prova**: a prova dos fatos ocorridos em país estrangeiro rege-se pela lei que nele vigorar, quanto ao ônus e aos meios de produzir-se (*lex loci*), não admitindo os tribunais brasileiros provas que a lei brasileira desconheça. Em relação aos modos de produção, será observada a *lex fori*, ou seja, as normas de ordem processual aplicáveis serão aquelas do direito brasileiro. (LINDB, art. 13).
- **princípio da devolução, retorno ou reenvio ("Gesamtverweisung")**: é a indicação de um caso, pelas normas de um país a que se transmitiu a competência para resolvê-lo, a um terceiro ordenamento (reenvio de 2º grau) ou ao Estado originário (reenvio de 1º grau). A LINDB, art. 16, **proíbe** o reenvio, quer de 1º, quer de 2º grau
- **execução de sentença estrangeira**: as sentenças estrangeiras, assim consideradas aquelas proferidas no estrangeiro, dependem do cumprimento dos requisitos da LINDB, art. 15 c/c art. 105, I, i, da Constituição da República, de acordo com a redação dada pela Emenda nº 45/2004, quais sejam: **a)** proferida por juiz competente; **b)** terem sido as partes citadas ou haver-se legalmente verificado à revelia; **c)** ter passado em julgado e estar revestida das formalidades necessárias para a execução no lugar em que foi proferida; **d)** traduzida por intérprete autorizado; **e)** ter sido homologada pelo Superior Tribunal de Justiça, a quem compete "a homologação de sentenças estrangeiras e a concessão de exequatur às cartas rogatórias". Lembramos ao candidato a LINDB, art.

17, segundo o qual *"As leis, atos e sentenças de outro país, bem como quaisquer declarações de vontade, não terão eficácia no Brasil, quando ofenderem a soberania nacional, a ordem pública e os bons costumes"*. O controle judicial que se desenvolve em relação às sentenças estrangeiras possui a finalidade de verificar os aspectos formais da decisão alienígena, sem qualquer incursão no mérito da questão debatida em cenário externo; no entanto, a análise não se circunscreve aos requisitos do art. 15, mas ainda àqueles do art. 17 acima declinado, ou seja, a decisão externa não terá eficácia no Brasil quando ofender a soberania nacional, a ordem pública e os bons costumes. De acordo com o STJ *"...A Corte Especial, amparada em julgados do STF, ostenta precedente no sentido de não exigir, para fins de homologação de sentença estrangeira, a comprovação de que houve intimação da parte para todos os atos do processo, bastando, para fins de cumprimento da Res. nº 09/2005 do STJ, que a parte tenha tido ciência do trâmite do feito em curso perante a Justiça alienígena"*. (SEC 6.551/EX, Rel. Ministra ELIANA CALMON, CORTE ESPECIAL, julgado em 17/12/2012, DJe 20/02/2013).

- **Código de Bustamante**: o Brasil é signatário do Código de Bustamante (Convenção de Havana de 1928), promulgado pelo Decreto nº 18.871, de 13 de agosto de 1929, que sistematiza normas de direito internacional privado, e pode ser invocado em eventuais conflitos entre brasileiro e estrangeiro que pertença a um dos países signatários.

2.3.9. ATOS PERANTE AUTORIDADE CONSULAR BRASILEIRA

- a **Lei 12.874, de 29 de outubro de 2013**, acrescentou dois parágrafos ao art. 18 da LINDB. De acordo com o art. 18, *caput*, da LINDB, os **brasileiros domiciliados** ou **não** no Brasil, que estejam no exterior, podem **celebrar matrimônio** perante a autoridade consular brasileira, que poderá, ainda, exercer as funções de tabelião e de oficial de registro civil em todos os atos alusivos, levados a efeito no estrangeiro. Igualmente, admite-se o **registro de nascimento** e de **óbito** dos filhos de brasileiros ou brasileiras nascidos no país da sede do Consulado.
- a inovação legal confere novos poderes à autoridade consular brasileira, permitindo que celebrem, ainda: **separação consensual** e o **divórcio consensual de brasileiros**, **não havendo filhos menores** ou **incapazes do casal** e observados os requisitos legais quanto aos prazos, **devendo** constar da respectiva **escritura pública** as disposições relativas à descrição e à **partilha dos bens comuns** e à **pensão alimentícia** e, ainda, ao acordo quanto à retomada pelo cônjuge de seu **nome** de solteiro ou à **manutenção** do nome adotado quando se deu o casamento **(LINDB, art. 18, § 1º)**.
- para a prática desses atos, é **indispensável** a assistência de advogado, devidamente constituído, que se dará mediante a subscrição de petição, juntamente com ambas as partes, ou com apenas uma delas, caso a outra constitua advogado próprio, **não se fazendo necessário** que a assinatura do advogado conste da escritura pública **(LINDB, art. 18, § 2º)**.

2.3.10. ANTINOMIAS OU LACUNAS DE CONFLITO

- **antinomia:** é a presença que duas ou mais normas válidas e que se revelam em conflito por apresentarem soluções diversas para o fato concreto.
- **Quadro resumo:**

métodos de soluções dos conflitos:	**critério cronológico**	a norma posterior prevalece sobre a anterior
	critério da especialidade	a norma especial prevalece sobre a geral
	critério hierárquico	a norma superior prevalece sobre a inferior
classificação das antinomias:	**antinomia de 1º Grau**	a solução do conflito envolve apenas um dos critérios acima
	antinomia de 2º Grau	se o desenlace do conflito envolve dois dos critérios
	conforme a solução	**Antinomia aparente:** aquela que é solucionada segundo os métodos acima **Antinomia real:** diferente da anterior, não há solução.

- **teoria do diálogo das fontes:** a ideia de que as leis devem ser aplicadas de forma isolada umas das outras é afastada pela teoria do diálogo das fontes, segundo a qual o ordenamento jurídico deve ser interpretado de forma unitária. A teoria do diálogo das fontes foi idealizada na Alemanha pelo jurista Erik Jayme, professor da Universidade de Helderberg e trazida ao Brasil por Claudia Lima Marques, da Universidade Federal do Rio Grande do Sul. A teoria surge para fomentar a ideia de que o Direito deve ser interpretado como um todo de forma sistemática e coordenada. Segundo a teoria, uma norma jurídica não excluiria a aplicação da outra, como acontece com a adoção dos critérios clássicos para solução dos conflitos de normas (antinomias jurídicas) idealizados por Norberto Bobbio. Pela teoria, as normas não se excluiriam, mas se complementariam. Nas palavras do professor Flávio Tartuce, "a teoria do diálogo das fontes surge para substituir e superar os critérios clássicos de solução das antinomias jurídicas (hierárquico, especialidade e cronológico). Realmente, esse será o seu papel no futuro". A jurista Claudia Lima Marques, após discorrer sobre a exclusão da norma pela aplicação dos critérios clássicos de solução de antinomias, ensina que a "doutrina atualizada, porém, está à procura, hoje, mais da harmonia e da coordenação entre as normas do ordenamento jurídico (concebido como sistema) do que da exclusão". A tese tem o fito de trazer ao intérprete uma nova ferramenta hermenêutica hábil a solucionar problemas de conflito entre normas jurídicas (antinomias) no sentido de interpretá-las de forma coordenada e sistemática, em consonância com os preceitos constitucionais. Erik Jayme, em seu Curso Geral de Haia de 1995, ensinava que, em face do atual 'pluralismo pós-moderno' de um direito com fontes legislativas plúrimas, ressurge a necessidade de coordenação entre leis no mesmo ordenamento, como exigência para um sistema jurídico eficiente e justo (*Identité culturelle et intégration: le droit international privé postmoderne. Recueil des Cours, II, p. 60 e 251 e ss.*). O uso da expressão do mestre, 'diálogo das fontes', é uma tentativa de expressar a necessidade de uma aplicação coerente das leis de direito privado, coexistentes no sistema. É a denominada 'coerência derivada ou restaurada' (*cohérence dérivée* ou *restaurée*), que, em um momento posterior à descodificação, à tópica e à microrrecodificação, procura uma eficiência não hierárquica, mas funcional do sistema plural e complexo de nosso direito contemporâneo, a evitar a 'antinomia', a 'incompatibilidade' ou a 'não coerência'. Conforme ensina o professor Flávio Tartuce, "a primeira justificativa da aplicação da teoria do diálogo das fontes estaria na sua funcionalidade, pois atualmente o operador do Direito se depara com uma enorme quantidade de leis que leva o intérprete a um verdadeiro desnorteio". (http://www.migalhas.com.br/dePeso/16,MI171735,-101048-Da+teoria+do+dialogo+das+fontes).

2.3.11. NOVA LEI N. 13.655, DE 25 DE ABRIL DE 2018

- noções gerais: a Lei de Introdução às Normas do Direito Brasileiro (LINDB), decreto-lei n. 4.657, de 1942, teve incluída em seu texto nove artigos, arts. 20, 21, 22, 23, 24, 26, 27, 28, 29 e 30. Trata-se de inovação legislativa que veio a incluir no texto da LINDB regras, em sua maioria, voltadas à atividade normativa da administração pública e ao seu controle. A nova Lei entrou em vigor na data de sua publicação (26.4.2018), com exceção do art. 29, que entrará em vigor após decorridos 180 (cento e oitenta) dias de sua publicação oficial (27.10.2018).

Contudo, boa parte dos preceitos podem ser aplicados nas relações privadas, diante do que veremos abaixo.

1) Vedação à decisão com base em valores jurídicos abstratos

Novo art. 20. *Nas esferas administrativa, controladora e judicial, não se decidirá com base em valores jurídicos abstratos sem que sejam consideradas as consequências práticas da decisão.*

Parágrafo único. *A motivação demonstrará a necessidade e a adequação da medida imposta ou da invalidação de ato, contrato, ajuste, processo ou norma administrativa, inclusive em face das possíveis alternativas.*

Comentários: no *caput* do novo art. 20 estabelece-se que "nas esferas administrativa, controladora e judicial, não se decidirá com base em *valores jurídicos abstratos* sem que sejam consideradas as consequências práticas da decisão". Por sua vez o parágrafo único do novo art. 20 estabelece que "a motivação demonstrará a necessidade e a adequação da medida imposta ou da invalidação de ato, contrato, ajuste, processo ou norma administrativa, inclusive em face das possíveis alternativas". A norma é endereçada a três esferas de poder, e com ela passa-se a vedar o emprego de *valores jurídicos abstratos*, como por exemplo o *princípio da probidade*, quando não indicados os resultados efetivos e concretos que podem advir desta da decisão. Mais do que isso, na motivação a decisão deverá indicar a *necessidade* e a *adequação* da medida imposta, ou da *invalidação* do ato, contrato ou ajuste, processo ou norma administrativa, fazendo-se um *juízo de comparação* do porque não adotou outras medidas. Vale lembrar, em razão da semelhança o que são: (a) as *cláusulas gerais*: são normas com diretrizes indeterminadas, que não trazem expressamente uma solução jurídica (consequência). A norma é inteiramente aberta. Uma cláusula geral, noutras palavras, é um texto normativo que não estabelece "a priori" o significado do termo (pressuposto), tampouco as consequências jurídicas da norma (consequente); (b) e os *conceitos jurídicos indeterminados*: são palavras ou expressões contidas numa norma que são vagas ou imprecisas. A dúvida encontra-se no significado das mesmas, mas não nas consequências legais de seu descumprimento. Um grande exemplo de conceito jurídico indeterminado está no parágrafo único do art. 927 do CC de 2002, que trata da «atividade de risco». Veja que no exemplo, a dúvida está no significado (conteúdo/pressuposto) de «atividade de risco», e não nas consequências jurídicas (responsabilidade civil objetiva).

2) Obrigatoriedade de indicação das consequências e o modo pelo qual se cumprirá a decisão

Novo art. 21. *A decisão que, nas esferas administrativa, controladora ou judicial, decretar a invalidação de ato, contrato, ajuste, processo ou norma administrativa deverá indicar de modo expresso suas consequências jurídicas e administrativas.*

Parágrafo único. *A decisão a que se refere o* **caput** *deste artigo deverá, quando for o caso, indicar as condições para que a regularização ocorra de modo proporcional e equânime e sem prejuízo aos interesses gerais, não se podendo impor aos sujeitos atingi-*

dos ônus ou perdas que, em função das peculiaridades do caso, sejam anormais ou excessivos.

Comentários: aqui o legislador exige que a decisão nas esferas administrativa, controladora e judicial, de *invalidação*, deverá indicar as consequências jurídicas e administrativas, sem prejuízo de dizer o modo pelo qual as situações que surgidas em razão do texto anulado serão regularizadas. Em todo caso, é possível que os sujeitos atingidos pela decisão suportem ônus e *perdas*, porém, limitadamente. Ou seja, não podem ser *anormais* ou *excessivos*.

3) **Interpretação de normas sobre gestão pública**

Novo art. 22. *Na interpretação de normas sobre gestão pública, serão considerados os obstáculos e as dificuldades reais do gestor e as exigências das políticas públicas a seu cargo, sem prejuízo dos direitos dos administrados.*

§ 1º Em decisão sobre regularidade de conduta ou validade de ato, contrato, ajuste, processo ou norma administrativa, serão consideradas as circunstâncias práticas que houverem imposto, limitado ou condicionado a ação do agente.

§ 2º Na aplicação de sanções, serão consideradas a natureza e a gravidade da infração cometida, os danos que dela provierem para a administração pública, as circunstâncias agravantes ou atenuantes e os antecedentes do agente.

§ 3º As sanções aplicadas ao agente serão levadas em conta na dosimetria das demais sanções de mesma natureza e relativas ao mesmo fato.

Comentários: *intepretação* significa buscar o sentido e o alcance de uma norma jurídica. Pois bem. O legislador com o novo art. 22 parece tornar obrigatório que o intérprete analise, diante do fato concreto, eventuais "obstáculos e dificuldades", "exigências das políticas públicas" e "circunstâncias práticas" que animaram o agente público. Porém, a lei entre outras características, traz a ideia de *autorizamento*, ou seja, a norma autoriza ou não autoriza determinada conduta. Nessa perspectiva admitir que *casuísmos* sejam levados em consideração na intepretação da norma jurídica, além de desvirtua e compromete a unidade sistêmica do ordenamento jurídico, e enfraquece a segurança jurídica. Na dosimetria das sanções aos *gestores públicos*, devem ser considerados os seguintes aspetos da *infração*: (a) sua natureza; (b) gravidade; (c) os danos que surgirem para a administração pública; (d) as circunstâncias agravantes e atenuantes; (e) os antecedentes do agente; (f) e a reiteração das sanções da mesma natureza e relativas ao mesmo fato.

4) **Nova interpretação jurídica de conteúdo indeterminado**

Novo art. 23. *A decisão administrativa, controladora ou judicial que estabelecer interpretação ou orientação nova sobre norma de conteúdo indeterminado, impondo novo dever ou novo condicionamento de direito, deverá prever regime de transição quando indispensável para que o novo dever ou condicionamento de direito seja cumprido de modo proporcional, equânime e eficiente e sem prejuízo aos interesses gerais.*

Comentários: o novo art. 23 proclama a necessidade de se estabelecer um *regime de transição* entre a antiga e a nova intepretação, orientação, ou, ainda, novo dever ou novo condicionamento de direito que tenham surgido em decorrência de releitura de norma de conteúdo indeterminado. Isso porque, segundo o texto, os novos paradigmas interpretativos deve ser proporcionais, equânimes e eficientes.

5) **Revisão de validade de ato jurídico administrativo com base em nova orientação geral**

Novo art. 24. *A revisão, nas esferas administrativa, controladora ou judicial, quanto à validade de ato, contrato, ajuste, processo ou norma administrativa cuja produção já se houver completado levará em conta as orientações gerais da época, sendo vedado que, com base em mudança posterior de orientação geral, se declarem inválidas situações plenamente constituídas.*

Parágrafo único. *Consideram-se orientações gerais as interpretações e especificações contidas em atos públicos de caráter geral ou em jurisprudência judicial ou administrativa majoritária, e ainda as adotadas por prática administrativa reiterada e de amplo conhecimento público.*

Comentários: o art. 6º, § 1º, da LINDB, considera ato jurídico perfeito o já consumado, segundo a norma vigente ao tempo em que se efetuou, produzindo seus efeitos jurídicos, uma vez que o direito gerado foi exercido. A norma constitucional (art. 5º, XXXVI) e o art. 6º, § 1º, da LINDB protegessem o ato jurídico perfeito e por consequência os direitos subjetivos formados sob a regência da antiga norma, prejudicando legítimos interesses de seus titulares e a desordem social. Assim, o dispositivo não protege o ato inválido na origem, mas aquele que, no nascimento, era válido, e que, por mudança de orientação ou entendimento geral, vem a sofrer invalidação diante da revisão de intepretação. Busca-se, assim, a segurança jurídica, evitando-se interpretações surpresas daquelas situações plenamente constituídas, alcançando até mesmo a jurisprudência, de modo a torná-la estável.

6) **Compromisso de ajustamento de conduta de direito público**

Novo Art. 26. *Para eliminar irregularidade, incerteza jurídica ou situação contenciosa na aplicação do direito público, inclusive no caso de expedição de licença, a autoridade administrativa poderá, após oitiva do órgão jurídico e, quando for o caso, após realização de consulta pública, e presentes razões de relevante interesse geral, celebrar compromisso com os interessados, observada a legislação aplicável, o qual só produzirá efeitos a partir de sua publicação oficial.*

§ 1º O compromisso referido no **caput** *deste artigo:*

I – buscará solução jurídica proporcional, equânime, eficiente e compatível com os interesses gerais;

III – não poderá conferir desoneração permanente de dever ou condicionamento de direito reconhecidos por orientação geral;

IV – deverá prever com clareza as obrigações das partes, o prazo para seu cumprimento e as sanções aplicáveis em caso de descumprimento.

Comentários: o novo preceito admite a tomada de compromisso de ajustamento de conduta que envolva *direito público*. Lembrem-se que, no rol de situações que admitem ação civil pública, previsto no art. 1º, I a VIII, da Lei 7.347/85, não há menção a este ramo. O legitimado para tomar compromisso pela Lei 13.655/2018 será *autoridade administrativa*. Em um paralelo com a Lei 7.347/85, são legitimados todos aqueles do art. 5º, I a V, inclusive as associações constituídas há pelo menos 1 ano e que tenha por finalidade institucional a proteção de um direito difuso e coletivo (art. 5º, § 6º). O compromisso tomado nos termos deste artigo só produzirá efeitos a partir de sua publicação. Por fim, o parágrafo primeiro estabelece a finalidade e os requisitos mínimos do instrumento de compromisso. Quanto à finalidade, com o compromisso busca-se a solução jurídica proporcional, equânime, eficiente e compatível com os interesses gerais. Em relação aos requisitos, deve observar o seguinte: (a) não poderá conferir desoneração permanente de dever; (b) ou condicionamento de direito reconhecidos por orientação geral; (c) deverá prever com clareza as obrigações das partes; (d) o prazo para seu cumprimento; (e) e as sanções aplicáveis em caso de descumprimento.

7) Responsabilidade civil por benefícios e do compromisso processual

Novo art. 27. *A decisão do processo, nas esferas administrativa, controladora ou judicial, poderá impor compensação por benefícios indevidos ou prejuízos anormais ou injustos resultantes do processo ou da conduta dos envolvidos.*

§ 1º A decisão sobre a compensação será motivada, ouvidas previamente as partes sobre seu cabimento, sua forma e, se for o caso, seu valor.

§ 2º Para prevenir ou regular a compensação, poderá ser celebrado compromisso processual entre os envolvidos.

Comentários: proclama o dispositivo uma hipótese de responsabilidade civil do particular em favor da administração pública em decorrência da concessão de benefícios indevidos ou prejuízos extraordinários ou injustos que tenham sido causados do processo ou da conduta dos envolvidos. O processo que impõe a responsabilidade de indenizar deve observar o contraditório, em pelo menos três aspectos, cabimento, forma e, conforme o caso, o valor. A decisão, por sua vez, deve ser motivada. Com relação ao *compromisso processual*, seus contornos gerais, o afasta dos *negócios jurídicos processuais*, art. 190, do CPC-2015, que assim diz: "versando o processo sobre direitos que admitam autocomposição, é lícito às partes plenamente capazes estipular mudanças no procedimento para ajustá-lo às especificidades da causa e convencionar sobre os seus ônus, poderes, faculdades e deveres processuais, antes ou durante o processo". O legislador ao se referir ao *compromisso processual* para "prevenir e regular" a compensação, aproximou o instituto da cláusula penal.

8) Responsabilidade do agente público por decisões e opiniões técnicas

Novo art. 28. *O agente público responderá pessoalmente por suas decisões ou opiniões técnicas em caso de dolo ou erro grosseiro.*

Comentários: o regime de responsabilidade dos agentes públicos instituído pela L. 13.655/2018 inova em relação ao art. 37, § 6º, da Constituição. Segundo o texto da CF-1988, § 6º, "as pessoas jurídicas de direito público e as de direito privado prestadoras de serviços públicos responderão pelos danos que seus agentes, nessa qualidade, causarem a terceiros, **assegurado o direito de regresso contra o responsável nos casos de dolo ou culpa**". Essa dinâmica de responsabilização do agente público também foi seguida no CPC-2015, ou seja, apenas *regressivamente* o juiz (dolo ou fraude), o escrivão (dolo ou culpa), ou membro do Ministério Público (dolo ou fraude), respondem civilmente. A nova lei parece caminhar noutro sentido, admitido que o agente responda *pessoal e diretamente* ao lesado, quando *decidir* ou *opinar* com *dolo* ou *erro grosseiro*. Nos parece, contudo, que o novo texto não veda a possibilidade do particular buscar o ressarcimento diretamente do ente público, ou prestador de serviço público. Isso porque o particular tem a possibilidade de intentar ação diretamente contra o agente público culpado, contra o Estado, ou até mesmo contra ambos, caso seja esse o seu interesse (REsp. 1.325.862 – PR).

9) Atos normativos externos precedidos de consulta pública

Novo art. 29. *Em qualquer órgão ou Poder, a edição de atos normativos por autoridade administrativa, salvo os de mera organização interna, poderá ser precedida de consulta pública para manifestação de interessados, preferencialmente por meio eletrônico, a qual será considerada na decisão.*

§ 1º A convocação conterá a minuta do ato normativo e fixará o prazo e demais condições da consulta pública, observadas as normas legais e regulamentares específicas, se houver.

Comentários: ainda sob *vacatio legis*, por 180 dias, a partir da publicação da L. 13.655 (26.4.2018), o art. 29 estabelece a mera faculdade da autoridade administrativa proceder a consulta pública para que se manifestem os interessados, antes da edição de atos normativos externos, ou seja, que não sejam de mera organização interna. Confere-se preferência legal para que a consulta se faça por meio eletrônico, em convocação que conterá, além de outros constantes de normais legais e regulamentares específicas, os seguintes requisitos: (a) minuta do ato normativo; (b) prazo da consulta; (c) outras condições da consulta. Uma vez feita a consulta, esta obrigatoriamente será considerada na decisão.

10) **Atuação e instrumentos da segurança jurídica dos atos administrativos**

Novo art. 30. *As autoridades públicas devem atuar para aumentar a segurança jurídica na aplicação das normas, inclusive por meio de regulamentos, súmulas administrativas e respostas a consultas.*

Parágrafo único. *Os instrumentos previstos no* **caput** *deste artigo terão caráter vinculante em relação ao órgão ou entidade a que se destinam, até ulterior revisão.*

Comentários: consagra-se no preceito que a autoridade administrativa deve atuar para que as normas aplicadas em determinada situação concreta devem manter a uniformidade e constância, privilegiando-se a segurança jurídica. Para tanto, são previstos alguns instrumentos, como os regulamentos, súmulas administrativas e respostas a consultas, sem excluir outros a esse fim. Uma vez que adote o uso dos instrumentos, estes terão caráter vinculante, em relação ao órgão ou entidade a que se destinam, até que ocorra eventual revisão.

⦿ CÓDIGO CIVIL: PARTE GERAL

3. PESSOAS

3.1. PESSOAS NATURAIS

- **pessoa natural**: é o ser humano a quem se atribuem direitos e obrigações. Os animais e seres inanimados, assim, não podem ser sujeitos de direito, mas objeto de relações ou situações jurídicas.

3.1.1. PERSONALIDADE. CAPACIDADE. LEGITIMAÇÃO

- **personalidade**: significa a aptidão jurídica de exercer direitos e contrair obrigações.
- **capacidade**: divide-se em jurídica (de direito/gozo) e de fato (de exercício/ação). A primeira decorre da personalidade, significa capacidade de aquisição de direitos, reconhecida a qualquer ser humano, como o doente mental, a criança. A segunda é a aptidão de exercer os atos da vida civil por si mesmo, sem outra pessoa que o assista ou represente.
- **capacidade plena e limitada**: diferença que se faz caso o sujeito reúna as capacidades de direito e de fato ou somente a de direito.
- **legitimação**: aptidão especial exigida para a prática de determinados atos. Ex. CC, arts. 496, 1.749, I, 1.687.

3.1.2. COMEÇO DA PERSONALIDADE. NASCITURO. TEORIAS

- **marca o *início* da personalidade jurídica**: o nascimento com vida, mas a lei põe a salvo, desde a concepção, os direitos do nascituro (CC, art. 2º). O ser humano nasce *com vida* ao respirar, ainda que segundos depois lhe sobrevenha a morte, de acordo com a LRP, art. 53, § 2º. Não é assim em outros diplomas alienígenas, que exigem, por exemplo, a sobrevida mínima de 24 horas (CC – espanhol).
- **natimorto**: é aquele que *"nasceu sem vida"*, não respirou; por tal condição, não possui personalidade jurídica. No entanto, para ele, segundo o ***Enunciado 01 da I Jornada de Direito Civil do CJF***: *"A proteção que o Código defere ao nascituro alcança o natimorto no que concerne aos direitos da personalidade, tais como: nome, imagem e sepultura"*. Para determinar biologicamente se houve *"respiração"* procede-se ao exame clínico chamado de *"docimasia hidrostática de Galeno"*.
- **nascituro**: é o ser concebido, mas não nascido. Em razão do provável nascimento com vida, o nascituro é protegido pelo ordenamento jurídico em função daquela projeção futura, por exemplo, nos arts. 542 (doação) e 1.779 (curatela do nascituro), todos do CC/2002. Vimos acima que a personalidade jurídica inicia com o nascimento com vida. Com relação ao nascituro, a lei põe a salvo seus direitos desde a concepção. No entanto, os momentos *"concepção"* e *"nascimento"* são distintos, e somente o último é atributivo de personalidade. Para explicar a posição jurídica do nascituro em relação à personalidade formaram-se, principalmente, ***três teorias***, são elas:

Teorias a respeito da posição jurídica do nascituro	
Concepcionista	a personalidade pode ser adquirida *antes* do nascimento, no momento da concepção, daí o nome que lhe é conferido. Todavia, os direitos patrimoniais oriundos de doação e herança, por exemplo, condicionam-se ao nascimento com vida.
Natalista	a personalidade jurídica é marcada pelo nascimento com vida. O nascituro, portanto, não tem personalidade, mas proteção legal e direitos, que são amparados desde a concepção.
Personalidade Condicional	o nascituro é uma pessoa condicional, porque sua personalidade jurídica está sob condição suspensiva do nascimento com vida, momento a partir do qual a personalidade se define.

Posição do STF	não há uma posição certa a respeito da teoria adotada. No julgamento da ADI 3.510, afirmou-se: "... a proteção constitucional do direito à vida e os direitos infraconstitucionais do embrião pré-implanto. O Magno Texto Federal não dispõe sobre o início da vida humana ou o preciso instante em que ela começa. Não faz de todo e qualquer estádio da vida humana um autonomizado bem jurídico, mas da vida que já é própria de uma concreta pessoa, porque nativiva (teoria "natalista", em contraposição às teorias "concepcionista" ou da "personalidade condicional") ...".
Posição do STJ	o nascituro é sujeito de direitos, admitindo-se contra ele, por exemplo, lesão a direito da personalidade e a caracterização de dano moral, à luz da teoria concepcionista. (AREsp 150297).
Atenção	nascituro é o concebido; concepturo o não concebido. Com relação a este, na sucessão testamentária, podem ainda ser chamados a suceder os filhos, ainda não concebidos, de pessoas indicadas pelo testador, desde que vivas estas ao abrir-se a sucessão; são chamados de prole eventual (CC/art. 1.799, I e 1.800).

3.1.3. INCAPACIDADES

- **incapazes**: são as pessoas dotadas de capacidade de direito (de aquisição de direitos ou jurídica), mas que, por razões diversas, não dispõem de capacidade de fato (de ação). Inexiste incapacidade de direito, pois a incapacidade será sempre de fato, de acordo com o CC, art. 1º. Incapaz, por outro lado, é todo aquele que possui restrição em relação aos atos da vida civil.
- **de acordo com o grau de incapacidade**: que varia entre *absoluta* (grau máximo) e *relativa* (grau mínimo), haverá, conforme uma ou outra, *representação* ou *assistência* para a prática do ato. Será **representado** quem **não possuir** qualquer discernimento para a manifestação da vontade; **assistido**, aquele que possuir **algum discernimento**. De maneira geral, o ato praticado por absolutamente incapaz é nulo (CC, art. 166, I), e o feito por relativamente incapaz, anulável (CC, art. 171, I).
- **Quadro resumo:**

Conceitos (capacidade – incapacidade)		
Plenamente Capazes	**Absolutamente Incapazes**	**Relativamente Incapazes**
• são aqueles dotados de capacidade de direito e de fato. A capacidade de direito é a aptidão que todos possuem de adquirir direitos e deveres da ordem civil (CC, art. 1º). Já a capacidade de fato ou de ação pode faltar em algumas pessoas, em razão da idade ou desenvolvimento mental, por exemplo.	• incapazes são os possuidores de capacidade de direito, mas SEM discernimento para a prática dos atos da vida civil. Logo, não dispõem de capacidade de fato ou de ação. Por tal falta, a capacidade é limitada, sendo necessário que outra pessoa os substitua nos atos da vida civil.	• incapazes são os possuidores de capacidade de direito, mas com discernimento REDUZIDO para a prática dos atos da vida civil. Logo, não dispõem de capacidade de fato ou de ação. Por tal falta, é necessário que outra pessoa complete o ato praticado.

3.1.3.1. LEI 13.146, DE 06 DE JULHO DE 2015 (ESTATUTO DO DEFICIENTE)

- **novidades**: com o *"Estatuto da Pessoa com Deficiência"* altera-se profundamente a sistemática das incapacidades previstas originalmente no Código Civil. Para que o candidato tenha bem presente as principais mudanças, elaboramos um quadro comparativo entre a redação original e a nova redação dos arts. 3º e 4º do Código Civil de 2002.
- vigência: a novel lei foi publicada do DOU (Diário Oficial da União) do dia 07 de julho de 2015, com prazo de *vacatio legis* de 180 dias, com relação aos novos arts. 3º e 4º do Código Civil. Assim, as alterações entraram em vigor no dia **08 de janeiro de 2016**, conforme as regras de contagem de prazo de vacância de lei previstas no art. 8º, § 1º, da Lei Complementar 95/98.
- **Quadro resumo:**

Absolutamente Incapazes	
Redação original do CC/2002	**Com a alteração do Novo Estatuto do Deficiente**
• os menores de dezesseis anos; • os que, por enfermidade ou deficiência mental, não tiverem o necessário discernimento para a prática desses atos; • os que, mesmo por causa transitória, não puderem exprimir sua vontade.	• são absolutamente incapazes de exercer pessoalmente os atos da vida civil os menores de 16 (dezesseis) anos * **Nota:** vide comentários abaixo.

Relativamente Incapazes	
Redação original do CC/2002	**Com a alteração do Estatuto do Deficiente**
• os maiores de dezesseis e menores de dezoito anos • os ébrios habituais, os viciados em tóxicos, e os que, por deficiência mental, tenham o discernimento reduzido • os excepcionais, sem desenvolvimento mental completo • os pródigos ------ • a capacidade dos **índios** será regulada por legislação especial	• os maiores de dezesseis e menores de dezoito anos • os ébrios habituais e os viciados em tóxico • aqueles que, por causa transitória ou permanente, não puderem exprimir sua vontade • os pródigos ------ • a capacidade dos **indígenas** será regulada por legislação especial

- **comentários às alterações do art. 3º do Código Civil:** a redação original do art. 3º do CC trazia três incisos, hipóteses nas quais o legislador considerava as pessoas absolutamente incapazes. Assim eram considerados: *(i) os menores de dezesseis anos; (ii) os que, por enfermidade ou deficiência mental, não tiverem o necessário discernimento para a prática desses atos; (iii) os que, mesmo por causa transitória, não puderem exprimir sua vontade.* Pelo Decreto 6.949, de 25 de agosto de 2009, o Brasil promulgou a Convenção de Nova York sobre os Direitos das Pessoas com Deficiência, que seguiu os critérios do art. 5º, § 3º, da Constituição da República. Posteriormente, a Lei 13.146/2015 (Estatuto do Deficiente), que entrou em vigor no dia 08 de janeiro de 2016 (art. 127), revogou os incisos I, II e III do art. 3º, mantendo apenas os menores de 16 anos como absolutamente incapazes, no *caput* do mesmo artigo. Em relação aos deficientes **(antigo inciso II)**, passa-se a reconhecer-lhes a plena capacidade civil, como regra, em qualquer caso (art. 6º). Ainda que necessário, a pessoa com deficiência reconhecidamente demonstrada, em casos mais extremos, não poderá ser interditada. Todavia, se *não puder exprimir sua vontade*, poderá se sujeitar ao processo de curatela. O critério é objetivo. Se a pessoa tiver alguma vulnerabilidade, admite-se o *processo de decisão apoiada*, como medida de promoção. A qualificação da curatela, como medida extraordinária, é limitada aos atos relacionados a **direitos de natureza patrimonial** e **negocial**, devendo constar da sentença as razões e motivações de sua definição, preservados os interesses do curatelado (art. 85, *caput*, e § 2º). A definição da curatela **não alcança** o direito ao *próprio corpo*, à *sexualidade*, ao *matrimônio*, à *privacidade*, à *educação*, à *saúde*, ao *trabalho* e ao *voto* (art. 85, § 1º). Notadamente em relação àqueles que, "mesmo por causa transitória, não puderem exprimir sua vontade" **(antigo inciso III)**, o legislador que antes os considerava absolutamente incapazes os coloca agora como relativamente incapazes, acrescentando, no novo art. 4º, III, que a causa pela qual a pessoa não pode exprimir sua vontade pode ser "transitória ou permanente".

- **comentários às alterações do art. 4º do Código Civil:** o novel Estatuto do Deficiente manteve as redações originais dos incisos I e IV do art. 4º do CC. Assim, continuam relativamente incapazes os maiores de dezesseis e menores de dezoito anos e os pródigos. As novidades são os incisos II e III. Naquele, manteve-se a incapacidade relativa dos ébrios habituais e dos viciados em tóxico. No inciso seguinte, foi suprimida a alusão aos *"os excepcionais, sem desenvolvimento mental completo"*, e passou-se a considerar como *"aqueles que, por causa transitória ou permanente, não puderem exprimir sua vontade"*. Vale lembrar que ocorreu a migração desta condição de incapacidade do art. 3º, III, para o art. 4º, III, ou seja, era absolutamente incapaz e agora relativamente, com uma única diferença. A partir de agora, há expressa menção à "causa permanente" como consequência da falta de condições pessoais para a manifestação da vontade.

3.1.4. TEMAS DIVERSOS DE INCAPACIDADE

- **ato praticados antes da interdição**: podem ser nulificados, reclamando prova inequívoca, robusta e convincente da insanidade, protegendo-se a boa-fé das relações. A situação é diferente se o ato é praticado ***após a interdição***, pois aqui a incapacidade não demanda produção de prova, operando-se de pleno direito. Nesse sentido: **STJ – Resp. 9.077**.

- **são válidos, em relação ao incapaz:**
  a) menor, **entre 16 e 18 anos**, que encobrir dolosamente a idade, no ato de obrigar-se, por ocultação ou declaração (CC, art. 180);
  b) menor de qualquer idade ou amental, que praticar ato ilícito, sendo que sua responsabilidade é *subsidiária e mitigada.*

- **índios:** no CC/1916, os ***silvícolas*** eram relativamente incapazes. No CC/2002, por sua vez, o art. 4º, parágrafo único, além de alterar a nomenclatura de ***silvícolas*** para ***índios***, compatibilizando o texto com a CR/1988, arts. 20, XI, e 231 e seguintes, remeteu a solução de sua condição jurídica a respeito da capacidade à legislação especial (Estatuto do índio, Lei 6.001/73). **A Lei 13.146/2015 (Estatuto do Deficiente)**, alterou a terminologia de "índios" para "indígenas", conforme a nova redação do art. 4º, parágrafo único, do CC. **Vejamos algumas questões envolvendo os indígenas**:
  a) são **nulos** os negócios entre o **índio não integrado (absolutamente incapaz)** e qualquer pessoa estranha à comunidade, sem a ***assistência*** do órgão tutelar competente (FUNAI – Fundação Nacional do Índio, Lei 5.371/67);
  b) é **inaplicável** a regra se o índio revelar **consciência e conhecimento** do ato praticado, desde que não lhe seja **prejudicial**, e da extensão dos seus efeitos
  c) emancipação do índio (liberação do regime tutelar): é admitido, com aquisição da plena capacidade civil, mediante o cumprimento dos seguintes requisitos:
    - pedido de qualquer índio;
    - exige-se decisão judicial, após instrução sumária
    - ouvidos o órgão de assistência ao índio, FUNAI e Ministério Público
    - transcrição da sentença concessiva no registro civil
    - idade mínima de **21 anos;**
    - conhecimento da língua portuguesa;

- habilitação para o exercício de atividade útil, na comunhão nacional;
- razoável compreensão dos usos e costumes da comunhão nacional.

d) integração do índio

- pedido escrito do interessado à FUNAI
- o órgão de assistência, onde em declaração formal, reconhece a condição de integrado
- os efeitos são de cessação das restrições à capacidade, desde que, homologado judicialmente o ato, seja inscrito no registro civil.
- idade mínima de **21 anos**
- conhecimento da língua portuguesa
- habilitação para o exercício de atividade útil, na comunhão nacional
- razoável compreensão dos usos e costumes da comunhão nacional.

e) emancipação da comunidade

- requerimento da ***maioria dos membros***
- demonstração da ***plena integração na comunhão nacional***
- *decreto presidencial*

f) nascimento: enquanto ***não integrados***, não estão obrigados a inscrição do nascimento. Este poderá ser feito em livro próprio do órgão federal de assistência aos índios (LRP, art. 50, § 2º).

g) índios podem ser:

- *integrados*
- *em via de integração*
- *não integrados ou isolados.*
- ***ATENÇÃO***: segundo a CF/1988, art. 129, V, é atribuição do MPF defender judicialmente os direitos e interesses das populações indígenas, a quem caberá, ainda, intervir nos termos da CF/1988, art. 232.

3.1.5. REPRESENTAÇÃO. AUTOCONTRATO OU CONTRATO CONSIGO MESMO (CC, ARTS. 115 A 120)

- **noções gerais de representação**: representação é uma relação jurídica em função da qual uma pessoa se obriga de forma direta perante terceiro, por meio de ato praticado por outra, o representante, a quem são conferidos os poderes por lei ou mandato. Aliás, de acordo com o CC, art.120, *"os requisitos e os efeitos da representação legal são os estabelecidos nas normas respectivas; os da representação voluntária são os da Parte Especial deste Código"*.
- **partes**: a representação é a atuação em nome de outrem, assim:

  a) representante: quem pratica o ato, logo, a quem são conferidos poderes

  b) representado: pessoa em nome de quem o ato é praticado

- **origem**: a representação pode ser (CC, art. 115):

  a) legal: a qual serve aos interesses do incapaz (ex. CC, arts. 115, 1ª parte, 1.634, V, 1.690 e 1.747, I). Trata-se de representação exercida no interesse do representado.

  b) contratual: convencional ou voluntária, a que decorre de mandado expresso ou tácito, verbal ou escrito (ex. CC, art. 115, 2ª parte, 653 a 692 e 120, 2ª parte). **Divide-se em:**

  1. direta: como no contrato de mandato;

  2. indireta ou imperfeita: quando não há mandato, como ocorre na comissão (ex. CC, art. 693 a 709).

- **regras importantes sobre a representação**:

  a) a manifestação de vontade pelo representante, nos limites de seus poderes, produz efeitos em relação ao representado (CC, art. 116)

  b) o mandatário que **exceder** os poderes do mandato, ou proceder contra eles, será considerado mero gestor de negócios, enquanto o mandante lhe não ratificar os atos (CC, art. 665), podendo responder por tais (CC, art. 118).

  c) o representante é obrigado a **provar** às pessoas, com quem tratar em nome do representado, a sua **qualidade** e a **extensão** de seus poderes, sob pena de, não o fazendo, responder pelos atos que a estes excederem (CC, art. 118)

  d) é **anulável** o negócio concluído pelo representante em **conflito de interesses** com o representado, se tal fato era ou devia ser do **conhecimento** de quem com aquele tratou (CC, art. 119)

  e) é de **180 dias**, a contar da conclusão do negócio ou da cessação da incapacidade, o prazo de decadência para pleitear-se a anulação na situação acima (CC, art. 119, parágrafo único)

- **noções gerais de contrato consigo mesmo (autocontrato):** em regra, o representante atua em nome de uma das partes do negócio jurídico. No entanto, ambas as partes podem se representar por meio do mesmo representante, quando ocorrerá uma **dupla representação**, ou seja, temos as partes (representados), mais o terceiro (representante). Em outra situação, uma das partes representa a outra no negócio, e nesse caso, possui **dupla qualidade**, ou seja, é parte e representante do outro figurante no negócio, como ocorre no **mandato em causa própria** (CC, art. 685), pelo qual o mandatário aufere poderes para alienar determinado bem, a terceiros ou para si próprio. Em ambas as situações, haverá ***autocontrato*** ou ***contrato consigo mesmo***.

- **consequências do autocontrato**: diz o CC, art. 117, caput, *"Salvo se o permitir a lei ou o representado, é anulável o negócio jurídico que o representante, no seu interesse ou por conta de outrem, celebrar consigo mesmo"*. **Assim**:
  a) admite-se o autocontrato, desde que autorizado pela a **lei** ou **representado**
  b) de acordo com o STJ, não é válida a cláusula de mandato inserta nos contratos quando houver **conflito de interesses** entre representado e representante, de modo a afetar a vontade que constitui a substância do ato jurídico (STJ, AG 292226, Re. Ministra Nancy Andrighi)
  c) segundo o verbete da **Súmula 60 do STJ:** *"É nula a obrigação cambial assumida por procurador do mutuário vinculado ao mutuante, no exclusivo interesse deste"*.
  d) dispõe o CDC, art. 51, VIII, *"São nulas de pleno direito, entre outras, as cláusulas contratuais relativas ao fornecimento de produtos e serviços que: imponham representante para concluir ou realizar outro negócio jurídico pelo consumidor"*
  e) nas situações de autocontrato, tem-se como celebrado pelo representante o negócio realizado por aquele em quem os poderes houverem sido substabelecidos *(autocontrato indireto)*

3.1.6. MAIORIDADE. EMANCIPAÇÃO (CC, ART. 5º, I A V)

- **noções gerais de maioridade:** a *menoridade* pelo CC, art. 5º, *caput*, cessa aos **18 anos completos**, quando a pessoa adquire a capacidade plena, momento a partir do qual poderá exercer os atos da vida civil por si só. Relembramos que a capacidade de fato ou de exercício é contemplada ao se atingir a maioridade, pois a capacidade de direito é adquirida ao nascer com vida, ressalvados os direitos do nascituro, desde a concepção (CC, arts. 1º e 2º). Segundo o **Enunciado 3 da I Jornada de Direito Civil do CJF**, *"A redução do limite etário para a definição da capacidade civil aos 18 anos não altera o disposto no art. 16, I, da Lei nº 8.213/91, que regula específica situação de dependência econômica para fins previdenciários e outras situações similares de proteção, previstas em legislação especial"*.
- **noções gerais de emancipação:** como vimos acima, cessa a menoridade aos 18 anos completos, quando a pessoa fica habilitada à prática de todos os atos da vida civil (CC, art. 5º, caput). A emancipação, assim, é a aquisição da capacidade de fato antes daquela idade legal, ou seja, com ela antecipa-se a capacidade de exercício.
- **espécies:** em relação à origem, a emancipação poderá ser:
- **voluntária ou direta:**
  a) concessão dos pais, ou de um deles na falta do outro
  b) mediante instrumento público, independentemente de homologação judicial
  c) se o menor tiver 16 anos completos (CC, art. 5º, parágrafo único, I, 1ª parte).
- **judicial:**
  a) menor sob tutela
  b) por sentença do juiz, ouvido o tutor
  c) se o menor tiver 16 anos completos
- **tácita ou legal:**
  a) casamento: mesmo que ocorra anulação ou divórcio, remanesce o efeito da antecipação. (CC, art. 5º, parágrafo único)
  b) exercício de emprego público efetivo: exige-se a nomeação em caráter efetivo.
  c) colação de grau em curso de ensino superior: aqui fica evidente o amadurecimento do menor.
  d) *estabelecimento civil ou comercial ou existência de relação de emprego, desde que, em função deles, o menor de **16 anos completos** tenha economia própria*: aquele que se mantém por seus próprios meios demonstra maturidade e experiência para conduzir o próprio negócio, daí porque a razão da emancipação tácita.

3.1.7. EXTINÇÃO DA PESSOA NATURAL. COMORIÊNCIA

- **noções gerais de extinção da pessoa:** a *existência* da pessoa natural termina com a *morte*, que pode ser real ou física e presumida, com ou sem declaração de ausência.
- **espécies de morte**:
  a) morte real ou física: ocorre com a cessação das atividades encefálicas, conforme o art. 3º da Lei 9.434/97. A prova da morte é feita mediante certidão de óbito, ou mediante justificação para o assento de óbito. (LRP, art. 77 e 88).
  b) morte presumida com declaração judicial de ausência: haverá morte presumida com declaração de ausência nos casos em que a lei autoriza a abertura de sucessão definitiva, conforme os arts. 22 a 39 do CC, observadas os ritos dos arts. 744 e 745 do Novo. Assim, teremos sucessão definitiva do ausente em 2 casos:

1. **10 anos** depois de passada em julgado a sentença que concede a abertura da sucessão provisória, poderão os interessados requerer a sucessão definitiva e o levantamento das cauções prestadas (CC, art. 37);
2. provando-se que o ausente conta **80 anos de idade**, e que de **5 anos** datam as últimas notícias dele (CC, art. 38). O que se pretende, aqui, é a declaração de ausência, tendo em vista que o desaparecido sumiu e não deixou representante (CC, art. 22);

c) *morte presumida sem declaração de ausência:* as hipóteses desta modalidade estão elencadas no CC, art. 7º, I e II, e são elas:

1. se for extremamente provável a morte de quem estava em perigo de vida (ex. acidente aéreo);
2. se alguém, desaparecido em campanha ou feito prisioneiro, não for encontrado até **02 anos** após o término da guerra. Trata-se de procedimento judicial que segue o procedimento da justificação (LRP, art. 88). Aqui a ação é voltada a declarar a morte.

d) *morte simultânea ou comoriência*: ocorre quando, em um só momento (identidade de tempo, ocasião, e não mesmo evento), dois ou mais indivíduos falecerem, não se podendo averiguar se algum dos comorientes precedeu aos outros, presumir-se-ão simultaneamente mortos (CC, art. 8º). Para que se reconheça juridicidade a tal fato, é necessário que entre os indivíduos mortos se verifique relação sucessória, ou seja, que um deles seja herdeiro ou beneficiário de outro. A presunção de morte simultânea afasta a possibilidade de sucessão entre eles. Importa dizer que um não herda do outro. Por outro lado, o momento que ocorreu a morte é determinado por *perícia médica*, que se for inconclusiva incide a presunção legal. Trata-se de presunção relativa (*juris tantum*).

e) *morte civil***:** presente na idade média e moderna, sobretudo para os apenados por longos períodos, como aqueles que recebiam prisão perpétua, resultava na privação do condenado de todos os direitos civis. Pouco a pouco foi abolida das legislações, e não mais remanesce no direito moderno. A doutrina aponta um resquício dela no CC, art. 1.816.

3.2. AUSÊNCIA (CC, ARTS. 22 A 39)

- **noções gerais:** de acordo com a definição legal, a teor do CC, art. 22, desaparecendo uma pessoa do seu domicílio sem dela haver notícia, se não houver deixado representante ou procurador a quem caiba administrar-lhe os bens, o juiz, a requerimento de qualquer interessado ou do Ministério Público, declarará a ausência, e nomear-lhe-á curador. Ainda que tenha deixado mandatário, se não quiser, não puder exercer ou continuar o mandato, ou se os seus poderes forem insuficientes, também se declarará a ausência (CC, art. 23). Vale lembrar que, se não houver bens, não é necessária a nomeação de curador, pois o seu papel recai sobre os "bens", e não sobre a "pessoa" do ausente.

- **fixação dos poderes do curador:** quando o juiz declarar a ausência e nomear curador, fixará os poderes e obrigações, segundo as circunstâncias, observando, ainda, no que forem aplicáveis, as regras a respeito dos tutores e curadores (CC, art. 24 e 1.728 a 1.783).

- **curador:** CC, art. 25, § 1º a 3º:

  a) *legítimo*:

  b) *cônjuge:* desde que não esteja separado judicialmente ou de fato por mais de **2 anos**, antes da declaração da ausência. Segundo o ***Enunciado 97 da I Jornada de Direito Civil do CJF***, a disposição é aplicável ao companheiro.

  c) aos pais ou descendentes

  d) entre os descendentes, os mais próximos precedem os mais remotos.

  e) *dativo*: na falta de todos, o juiz nomeará curador.

- **sucessão provisória**:

  a) passado **1 ano** da arrecadação dos bens do ausente (curadoria legitima ou dativa);

  b) ou **3 anos**, se deixou representante ou procurador;

  c) os interessados podem requerer a abertura da sucessão provisória (CC, art. 26). Os *"interessados"* são aqueles do art. 27 do CC:

  1. cônjuge não separado judicialmente;
  2. herdeiros presumidos, legítimos ou testamentários;
  3. aqueles que tenham direito sobre os bens do ausente dependente de sua morte;
  4. credores de obrigações vencidas e não pagas.

- ***ATENÇÃO:*** O MP possui *legitimidade subsidiária* para requerer a abertura da sucessão provisória, se os interessados não fizerem nos prazos acima, ou se estes forem incapazes (CC, art. 28).

- **conversão dos bens**: o juiz, se julgar conveniente (faculdade), pode converter os bens ***móveis***, sujeitos a deterioração ou extravio, em imóveis ou títulos da União (CC, art. 29). Por sua vez, os ***imóveis*** só poderão ser alienados para evitar ruina, se ordenados pelo juiz, salvo em caso de desapropriação ou hipoteca (CC, 31).

- **imissão na posse**: os herdeiros podem imitir na posse dos bens, mas darão garantia, em penhores e hipoteca, equivalentes aos quinhões respectivos. Os ***herdeiros necessários***, todavia, ficam dispensados de garantir o quinhão (ascendente, descendente e ao cônjuge). Caso o herdeiro comum não possa dar garantia, é descabida a imissão na posse. Nesse caso, os bens ficam sob administração do curador, ou outro herdeiro, que preste a garantia (CC, art. 30). Apesar de excluído, por não prestar garantia, o herdeiro poderá ter direito aos rendimentos do quinhão que lhe tocaria, se justificar que tal valor será utilizado para a sua subsistência (CC, art. 34). Como consequência da imissão na posse dos bens, os sucessores provisórios representarão ativa e passivamente o ausente nas ações pendentes e futuras (CC, art. 31).
- **frutos e rendimentos**: em relação a estes, duas regras:
  a) para sucessores provisórios **ascendente**, **descendente** e **cônjuge**, serão seus os frutos e rendimentos dos bens do ausente;
  b) os demais sucessores, farão seus 50% deles, e os outros 50% serão capitalizados, em imóveis ou títulos da União, segundo o representante do MP, além da obrigação de prestação de contas anual. Tal capitalização visa a restituição do ausente que, se desaparecer voluntária e injustificadamente, perderá em favor do sucessor, o montante dos frutos e rendimentos capitalizados (CC, art. 33).
- **data certa do falecimento**: se provada a data certa do falecimento, considera-se a partir deste momento aberta a sucessão. (CC, art. 35).
- **retorno do ausente**: uma vez que retorne o ausente, ou provada sua existência, depois de estabelecida a sucessão provisória, cessarão as vantagens dos sucessores nela imitidos, os quais deverão, ainda, conservar e preservar os bens (CC, art. 36).
- **sucessão definitiva**: ocorre em dois casos:
  a) **10 anos** depois de passada em julgado a sentença que concede a abertura da sucessão provisória, os interessados poderão requerer a definitiva (CC, art. 37).
  b) pode-se requerer a sucessão definitiva, também, provando-se que o ausente **conta 80 anos de idade** e que de **5 anos** datam as últimas notícias dele (CC, art. 38).
- **regresso do ausente ou de seu herdeiro necessário**: **10 anos** depois de aberta a sucessão definitiva, retornando o ausente, ou algum de seus descendentes ou ascendentes, todos eles receberão os bens no estado em que se encontrarem, os sub-rogados em seu lugar, ou o preço que houverem recebido, se alienados depois daquele tempo. (CC, art. 39)
- **vacância**: nos **10 anos** seguintes à abertura da sucessão definitiva, caso não retorne o ausente ou não promova a sucessão definitiva, os bens serão arrecadados como vagos, passando a propriedade do Município ou do Distrito Federal, se neles situado, ou à União, se estiverem em território federal (CC, art. 39, parágrafo único).
- **CPC-2015:** a Lei 13.115/2015, estabelece nos arts. 744 e 745 o rito a ser observado em relação aos bens do ausente.

3.3. DO REGISTRO E DA AVERBAÇÃO

- de acordo com os arts. 9º e 10 do CC/2002, os atos neles descritos estão sujeitos a registro ou averbação, com a finalidade de conferir publicidade do estado das pessoas, assegurando eventuais direitos de terceiros. Devem ser observados, em tais atos, as disposições da Lei de Registros Públicos (Lei 6.015/73).

Registrados (CC, art. 9º, I a IV)	Averbados (CC, art. 10, I e II)
• nascimentos • casamentos • óbitos • emancipação por outorga dos pais ou por sentença do juiz • interdição por incapacidade absoluta ou relativa • sentença declaratória de ausência e de morte presumida.	• nulidade ou anulação do casamento • divórcio • separação judicial • restabelecimento da sociedade conjugal • atos jud. ou extr. que declararem ou reconhecerem a filiação

3.4. INDIVIDUALIZAÇÃO DA PESSOA

- **finalidade:** distinguir a posição de um titular de direitos e obrigações nas relações jurídicas, em relação aos demais, importando segurança dos negócios e estabilidade das famílias e sociedade.
- **Elementos de individualização:**

3.4.1. NOME (CC, ARTS. 16 A 19)

- **nome:** nos artigos 16 a 19 o CC/2002 dispõe sobre o nome, nele compreendido o prenome (simples ou composto) e o sobrenome, apelido familiar ou patronímico, bem como o pseudônimo adotado para atividades lícitas, o qual goza da proteção que se dá ao nome (elementos fundamentais). Outros podem ser os elementos componentes do nome, como o agnome, a partícula, o apelido ou alcunha, o hipocorístico, os títulos nobiliários, os heterônimos, entre outros (elementos secundários). Todos os preceitos a respeito do nome civil da pessoa natural estão inseridos no campo dos direitos da personalidade e em razão disso são inalienáveis e imprescritíveis, e representam o dado exterior que diferencia uma pessoa das demais, tanto na família, quanto nas relações em sociedade.

- **natureza jurídica do nome:** são variadas as teorias que existem a respeito da natureza jurídica do nome, entre elas: da propriedade, da propriedade *sui generis*, negativistas, da personalidade. O nome é um direito de personalidade, como o direito à vida, honra, etc.

- **elementos:** compõe-se o nome do *prenome* (simples, composto) e do *sobrenome* (apelido familiar ou patronímico). Poderá compor-se, ainda, do a*gnome*, que é o sinal que diferencia uma pessoa de outra, da mesma família, que contenha o mesmo prenome e sobrenome, p. ex, Filho, Neto, Segundo. É importante que sejam observadas as disposições da Lei 6.015/73 em relação ao nome, especialmente aquela do art. 55 (proibição do registro do nome que exponha a ridículo o portador).

- **ordem dos apelidos de família**: a lei não faz nenhuma exigência no que tange à observância de determinada ordem quanto aos apelidos de família, seja no momento do registro do nome do indivíduo ou por ocasião da sua posterior retificação. Ademais, inexiste proibição legal de que a ordem do sobrenome dos filhos seja distinta daquela presente no sobrenome dos pais (STJ – Info 513).

- **títulos nobiliários, eclesiásticos e os honoríficos**: são as qualificações de nobreza, religiosas e outras que acompanham o nome pelo qual a pessoa é conhecida, p. ex, Príncipe, Dom ou Cardeal; lembramos alguns notáveis nomes assim grifados: Visconde de Taunay, Duque de Caxias, Príncipe Pedro Luis de Orleans e Bragança e Dom Evaristo Arns.

- **pseudônimo:** segundo o CC/art. 19, e desde que adotado para ***atividades lícitas***, possui a proteção que se dá ao nome. Conhecido por nome fictício ou falso nome, este elemento goza da proteção legal quando utilizado para certas atividades nas quais a pessoa é conhecida, como na arte, literatura ou religião. O que importa para invocar a proteção legal é a sua utilização, mesmo que não ostente a notoriedade, a qual não é exigida no preceito destacado acima; a proteção conferida ao pseudônimo, enquanto direito de personalidade, não é admitida em toda e qualquer circunstância; exige-se a licitude das atividades para que se possa reclamar de eventuais perdas e danos, em razão do uso não autorizado; lembramos alguns notáveis conhecidos por seu pseudônimo: Jango (João Belchior Marques Goulart); Chico Xavier (Francisco de Paula Cândido Xavier); Pelé (Edson Arantes do Nascimento); Garrincha (Manuel Francisco dos Santos). Lembramos, ainda, que a *heteronímia* é alcançada pela norma em apreço (CC, art. 19), quando utilizada em atividades lícitas. Exemplificamos com o poeta e escritor português Fernando Pessoa, que, em suas obras literárias, se desdobrou em múltiplas personalidades, assinando-as como, entre outros, Álvaro de Campos, Ricardo Reis, Alberto Caeiro e Bernardo Soares.

- **regra da imutabilidade relativa do nome:** somente por exceção e motivadamente, e caso se apresente necessário, será admitido alterar o prenome. Assim, não é absoluta a imutabilidade ou definitividade do nome (STJ – Info 513)

- **decisões do STJ, apelidos de família:**

a) **apelidos da família de origem, porque identificadores da estirpe, a imutabilidade é absoluta.** Tratando-se de norma cogente como garantia de segurança jurídica, o sobrenome de família constitui sinal identificador da origem do indivíduo. Assim, neste caso, vedam-se as **supressões** (STJ – Info 460)

b) em caso concreto, no qual se identifica justo motivo no pleito do recorrente de supressão do patronímico paterno do seu nome, pois, **abandonado** pelo pai desde tenra idade, foi criado exclusivamente pela mãe e pela avó materna – *abandono afetivo* (STJ, REsp 1304718 / SP)

c) As regras que relativizam o princípio da imutabilidade dos registros públicos não contemplam a possibilidade de exclusão do patronímico paterno por razões de **ordem religiosa** – especialmente se a supressão pretendida prejudica o apelido familiar, tornando impossível a identificação do indivíduo com seus ascendentes paternos (STJ, REsp 1189158 / SP)

3.4.2. ALTERAÇÃO DO PRENOME

- no quadro a seguir, ilustramos as hipóteses de alteração do nome, diferenciando-as em relação ao prenome e ao sobrenome, terminologias adotadas pelo CC, art. 16.

- **alteração do nome, sem motivação:** de acordo com a LRP, art. 56, o interessado, nº **1.º ano após ter atingido a maioridade civil** poderá, **pessoalmente** ou por **procurador bastante**, alterar o **nome** (prenome e sobrenome), desde que **não prejudique** os apelidos de família, averbando-se a alteração que será publicada pela imprensa (obs.: admite-se a forma administrativa ou judicial). Nesse caso, é habitual o acréscimo de apelidos, nome de uso ou sobrenomes.

a) **prazo**: neste caso, o prazo é decadencial de **1 ano.**

b) **contagem**: a contagem é iniciada a partir da **maioridade** (CC, art. 5º, *caput*). Antes dos 18 anos, o menor poderá ser emancipado, o que faz cessar-lhe a incapacidade. Porém, a emancipação não inicia o prazo decadencial.

- **alteração por exceção e motivadamente, ouvido o Ministério Público:** diz a LRP, art. 57, *caput*, que a **alteração posterior de nome**, somente por **exce-**

ção e motivadamente, após audiência do **Ministério Público**, será permitida por **sentença** do juiz a que estiver sujeito o registro, arquivando-se o mandado e publicando-se a alteração pela imprensa, ressalvada a hipótese do art. 110 desta Lei.

a) **prazo**: não há

b) não é absoluta a imutabilidade do nome (STJ – Info 145)

c) admite-se a alteração por tal fundamento aos menores, observadas as regras de representação e assistência (STJ, REsp 345456)

- **alteração do nome com erros de pronta verificação:** conforme dissemos acima, a parte final do preceito, LRP, art. 110, refere-se aos **erros que não exijam qualquer indagação para a constatação imediata de necessidade de sua correção**, os quais poderão ser corrigidos **de ofício pelo oficial de registro no próprio cartório** onde se encontrar o assentamento, mediante petição assinada pelo **interessado**, **representante legal** ou **procurador**, independentemente de pagamento de selos e taxas, após manifestação conclusiva do **Ministério Público.**

a) admite-se a correção pelo próprio oficial, mediante provocação

b) poderão fazê-lo o interessado, o representante legal ou convencional

c) independe do pagamento de selos e taxas

d) exige-se a participação do Ministério Público

- **Outras situações legais ou jurisprudências de alteração do nome**

1. o nome abreviado, usado como firma comercial registrada ou em atividade profissional (LRP, art. 57, § 1º);
2. substituição ou inclusão por apelidos públicos notórios (LRP, art. 58);
3. em razão de fundada coação decorrente de colaboração com a apuração em crime, mediante sentença, ouvido o MP (LRP, art. 58, parágrafo único);
4. se o prenome expor o titular ao ridículo (LRP, art. 55, parágrafo único);
5. quando ocorrer erro gráfico (LRP, art. 110);
6. homonímia;
7. substituição por prenome de uso, aquele pelo qual a pessoa é conhecida;
8. em caso de adoção (ECA/art. 47, § 5º);
9. para a tradução de nome estrangeiro, quando este passe a residir em definitivo no Brasil;
10. em decorrência de cirurgia de transgenitalização (mudança de sexo).

3.4.3. ALTERAÇÃO DO SOBRENOME

- **alteração do nome, sem motivação:** de acordo com a LRP, art. 56, o interessado, nº **1.º ano após ter atingido a maioridade civil** (aos 18 anos) poderá, **pessoalmente** ou por **procurador bastante**, alterar o **nome** (prenome e sobrenome), desde que **não prejudique** os apelidos de família, averbando-se a alteração que será publicada pela imprensa (obs.: admite-se a forma administrativa ou judicial). Neste caso, é habitual o acréscimo de apelidos, nome de uso ou sobrenomes.

a) **prazo**: neste caso, o prazo é decadencial de **01 ano.**

b) **contagem**: a contagem é iniciada a partir da **maioridade** (CC, art. 5º, *caput*). Antes dos 18 anos, o menor poderá ser emancipado, cessando-lhe a incapacidade. Porém, a emancipação não inicia o prazo decadencial.

- **alteração por exceção e motivadamente, ouvido o Ministério Público:** diz a LRP, art. 57, *caput*, que a **alteração posterior de nome**, somente por **exceção e motivadamente**, após audiência do **Ministério Público**, será permitida por **sentença** do juiz a que estiver sujeito o registro, arquivando-se o mandado e publicando-se a alteração pela imprensa, ressalvada a hipótese do art. 110 desta Lei.

a) **prazo**: não há

b) não é absoluta a imutabilidade do nome (STJ – Info 145)

c) admite-se a alteração por tal fundamento aos menores, observadas as regras de representação e assistência (STJ, REsp 345456)

- **alteração do nome com erros de pronta verificação:** conforme dissemos acima, a parte final do preceito, LRP, art. 110, refere-se aos **erros que não exijam qualquer indagação para a constatação imediata de necessidade de sua correção**, os quais poderão ser corrigidos **de ofício pelo oficial de registro no próprio cartório** onde se encontrar o assentamento, mediante petição assinada pelo **interessado**, **representante legal** ou **procurador**, independentemente de pagamento de selos e taxas, após manifestação conclusiva do **Ministério Público.**

a) admite-se a correção pelo próprio oficial, mediante provocação

b) poderão fazê-lo o interessado, o representante legal ou convencional

c) independe do pagamento de selos e taxas

d) exige-se a participação do Ministério Público

- **Outras situações legais ou jurisprudências de alteração do nome:**

1. casamento
2. adoção

3. reconhecimento da filiação
4. união estável
5. divórcio
6. mudança de sexo
7. não se tem admitido a supressão ou substituição do sobrenome, mas somente o acréscimo, quando for prejudicial à identificação dos apelidos da família.
8. segundo a LRP, art. 57, § 8º, o enteado ou a enteada, havendo motivo ponderável e na forma dos §§ 2º e 7º deste artigo, poderá requerer ao juiz competente que, no registro de nascimento, seja averbado o nome de família de seu padrasto ou de sua madrasta, desde que haja expressa concordância destes, sem prejuízo de seus apelidos de família.

3.5. ESTADO DAS PESSOAS

- **noções gerais:** em resumo, são os atributos que a pessoa dentro da sociedade, nos aspectos civil e pessoal. Para o Direito Romano, eram três os estados da pessoa, a saber: a liberdade (*libertatis*); a cidadania (*civitatis*) e o familiar (*familiae*). Para a pessoa, perder estes estados representava a *capitis deminutio*. O estado da pessoa é um dos elementos de sua individualização, assim como são o nome e o domicílio.
- **Espécies:** basicamente, são três os estados da pessoa:

a) *político*: as pessoas podem ser *nacionais* (*natos* e *naturalizados*) ou *estrangeiras*. A situação jurídica do estrangeiro é definida pela Lei 6.815/80, regulamentada pelo Decreto 86.715/81.

b) *familiar:* situação da pessoa dentro da família, do *cônjuge (vínculo da afinidade)* e do *parente (vínculo consanguíneo).*

c) *individual.* é a posição da pessoa que cria direitos e deveres específicos decorrentes, como ser solteiro, casado, viúvo, separado.

- **Características do estado**:

1. irrenunciabilidade
2. inalienabilidade
3. imprescritibilidade.

- **Ações de estado**: são aquelas que visam criar, modificar ou extinguir um estado, como ocorre com a interdição, anulação de casamento, etc.

3.6. DIREITOS DA PERSONALIDADE

- aos *direitos da personalidade* dedica o CC/2002 um capítulo próprio, conforme artigos 11 a 21.
- *características*: os direitos da personalidade são:

1. *absolutos;*
2. *extrapatrimoniais;*
3. *irrenunciáveis;*
4. *intransmissíveis.*[1]
5. *perpétuos ou vitalícios;*
6. *inalienáveis;*
7. *imprescritíveis;*
8. *impenhoráveis;*
9. *quando inatos, não se sujeitam à desapropriação;*

- **exemplos**: integram essa categoria de direito todos os atributos subjetivos da pessoa, como a vida, a integridade física, a liberdade, a honra, a imagem, entre outros.
- **origem:** enquanto categoria de direitos subjetivos, os direitos da personalidade são recentes. As fontes mais citadas na doutrina são as *"Declarações dos Direitos do Homem"* (1789 e 1948) e a *"Convenção Europeia para a proteção dos Direitos do Homem e das liberdades fundamentais"* (1950).
- **gerações:** os direitos fundamentais remontam à Revolução Francesa, que possuía como lemas a *liberdade*, a *igualdade* e a *fraternidade.*

Classificação em gerações dos direitos fundamentais		
1ª Geração:	**2ª Geração:**	**3ª Geração:**
os *"direitos e garantias individuais e políticos clássicos"*, as chamadas liberdades públicas, surgidos a partir da *Magna Carta.*	desta classe são os *"direitos sociais"*, econômicos e culturais, como aqueles relacionados ao trabalho, seguro social, amparo à doença, ao idoso, ao deficiente.	são os direitos de solidariedade ou fraternidade, como o direito ao meio ambiente equilibrado, aos demais direitos difusos.

- ***excludendi alios:*** os direitos da personalidade conferem a prerrogativa de exigir um comportamento negativo endereçado a todos, ou seja, seu caráter é geral e legal. A respeito, diz o CC/art. 12: *"Pode-se exigir que cesse a ameaça, ou a lesão, a direito da personalidade, e reclamar perdas e danos, sem prejuízo de outras sanções previstas em lei".*
- **categorias:** os direitos da personalidade são divididos em duas categorias, a saber:

Inatos	Adquiridos
aqueles imanentes a qualquer pessoa, desde a concepção, por isso geral, como o direito à vida, a integridade física, a moral.	estes, por sua vez, envolvem um comportamento da pessoa. Logo, são direitos individuais e restritos, como os autorais.

1. Apesar de intransmissíveis (CC, art. 11), admite-se a cessão de uso dos direitos da personalidade (Ex. direitos autorais, direitos de imagem, etc.), razão pela qual a indisponibilidade quanto a eles é relativa. (Ver Enunciados 04, 139 e 274 das Jornadas de Direito Civil do CJF)

- **legitimados aos mecanismos de proteção:** segundo o CC, art. 12, as sanções decorrentes das ofensas aos direitos da personalidade, destinadas à proteção da dignidade humana, de tutela específica ou cautelar, sem prejuízo das perdas e danos materiais ou morais, devem ser pleiteadas pelo ***lesado direto*** (*ofendido*). Por outro lado, não se afasta ao ***lesado indireto*** (*herdeiros, cônjuge, companheiro, membros da família, etc.*) aquele que sofreu algum prejuízo pessoal, resultado de um dano a um bem jurídico de outrem, de manejar contra o responsável, por direito próprio (CC/art. 12, parágrafo único). Tratando-se de **morto**, terá **legitimação** para requerer a medida prevista nesse artigo o **cônjuge sobrevivente**, ou **qualquer parente em linha reta, ou colateral até o 4º grau.** O **Enunciado 275 do CJF** reconhece igual legitimidade ao *companheiro*. Conferir, ainda, os ***Enunciados 398, 399, 400 e 140 das Jornadas de Direito Civil do CJF.***
- **disposição do corpo em vida**: a respeito da disposição do corpo em vida dispõe o CC, arts. 13. O corpo é **indisponível** quando importar diminuição permanente da integridade física, salvo quando for necessário por exigência médica, para preservar a saúde, como amputar um membro ou extrair um órgão para evitar que um câncer se alastre. Também é **indisponível** o corpo se contrariar os bons costumes, como ocorre se verificado o comércio de órgãos e tecidos. Lembramos que **por exceção**, o ato previsto neste artigo será admitido para fins de transplante, na forma estabelecida em lei especial. A Lei 9.434, de 04 de fevereiro de 1997, regula a disposição em vida de tecidos, órgãos e partes do corpo humano para fins de transplante ou tratamento, sendo a lei especial mencionada no CC/art. 13, parágrafo único. **Ver: Enunciados 06 e 401 das Jornadas de Direito Civil do CJF**.
- **requisitos para disposição do corpo em vida**: a Lei 9.434/97 **estabelece a respeito da remoção** de órgãos, tecidos e partes do corpo humano para fins de transplante e tratamento e dá outras providências.

1. é permitida à pessoa juridicamente capaz dispor **gratuitamente** de tecidos, órgãos e partes do próprio corpo vivo, para fins terapêuticos ou para transplantes em cônjuge ou parentes consanguíneos até o quarto grau, ou em qualquer outra pessoa
2. a disposição é sempre **gratuita**
3. a realização de transplante ou enxertos de tecidos, órgãos ou partes do corpo humano só poderá ser realizada por estabelecimento de saúde, público ou privado, e por equipes médico-cirúrgicas de remoção e transplante previamente autorizados pelo órgão de gestão nacional do Sistema Único de Saúde.
4. a realização de transplantes ou enxertos de tecidos, órgãos ou partes do corpo humano só poderá ser autorizada após a realização, no doador, de todos os testes de triagem para diagnóstico de infecção e infestação exigidos para a triagem de sangue para doação, segundo dispõem a Lei nº 7.649, de 25 de janeiro de 1988, e regulamentos do Poder Executivo.
5. **não** estão compreendidos entre os tecidos **o sangue, o esperma e o óvulo.**
6. **(forma)**: **em relação ao cônjuge ou parentes consanguíneos até o quarto grau**, o doador deverá autorizar, preferencialmente por escrito e diante de testemunhas, especificamente o tecido, órgão ou parte do corpo objeto da retirada; **qualquer pessoa**, mediante autorização judicial, dispensada esta em relação à medula óssea.
7. **(limitações)**: **a)** órgãos duplos, de partes de órgãos, tecidos ou partes do corpo cuja retirada não impeça o organismo do doador de continuar vivendo sem risco para a sua integridade; **b)** não represente grave comprometimento de suas aptidões vitais e saúde mental; **c)** não cause mutilação ou deformação inaceitável; **d)** corresponda a uma necessidade terapêutica comprovadamente indispensável à pessoa receptora.
8. **(revogação)**: a doação poderá ser revogada pelo doador ou pelos responsáveis legais a qualquer momento antes de sua concretização.
9. **(medula óssea de incapaz)**: o indivíduo juridicamente **incapaz**, com compatibilidade imunológica comprovada, poderá fazer doação nos casos de transplante de medula óssea, desde que haja consentimento de **ambos** os pais ou seus **responsáveis legais** e **autorização judicial,** e o ato **não oferecer risco para a sua saúde**.
10. **(medula óssea de capaz)**: dispensa-se a autorização judicial.
11. **(hipótese de vedação legal): Regra**: é vedado à **gestante** dispor de tecidos, órgãos ou partes de seu corpo vivo. **Exceção**: se tratar de doação de tecido para ser utilizado em transplante de medula óssea, e o ato não oferecer risco à sua saúde ou ao feto.
12. **(autotransplante)** o autotransplante depende apenas do consentimento do próprio indivíduo, registrado em seu prontuário médico; (**incapaz**) se ele for juridicamente incapaz, de **um** de seus pais ou responsáveis legais.
13. (direito à informação da gestante): é garantido a toda mulher o acesso a informações sobre as possibilidades e os benefícios da doação voluntária de sangue do cordão umbilical e placentário durante o período de consultas pré-natais e no momento da realização do parto.
14. (consentimento do receptor): o transplante ou enxerto só se fará com o **consentimento expresso** do receptor, assim inscrito em **lista única** de espera, após aconselhamento sobre a excepcionalidade e os riscos do procedimento.

Nos casos em que o **receptor seja juridicamente incapaz** ou cujas **condições de saúde impeçam ou comprometam** a manifestação válida da sua vontade, o consentimento de que trata esse artigo será dado por **um** de seus pais ou responsáveis legais.

- **transgenitalização (mudança de sexo)**: de acordo com a **Resolução 1.955/2010 do Conselho Federal de Medicina**, a cirurgia de transformação plástico-reconstrutiva da genitália externa, interna e caracteres sexuais secundários não constitui crime de mutilação previsto no artigo 129 do Código Penal brasileiro, haja vista que tem o propósito terapêutico específico de adequar a genitália ao sexo psíquico. Nessa linha, afirma o ***Enunciado 276 da IV Jornada de Direito Civil do CJF***: *"O art. 13 do Código Civil, ao permitir a disposição do próprio corpo por exigência médica, autoriza as cirurgias de transgenitalização, em conformidade com os procedimentos estabelecidos pelo Conselho Federal de Medicina, e a consequente alteração do prenome e do sexo no Registro Civil"*.
- **disposição do corpo após a morte:** o CC, art. 14, estabelece os critérios legais em relação à disposição do corpo depois da morte. Admite-se desde que seja **gratuita**, de todo o corpo ou parte dele. Quanto aos **objetivos**, poderá ser científico ou altruístico. De acordo com o **princípio do consenso afirmativo** a pessoa capaz **deverá manifestar sua vontade** de dispor de forma gratuita do próprio corpo, no todo ou em parte, para depois de sua morte, com objetivo científico ou altruístico. O ato de disposição pode ser livremente revogado a qualquer tempo. Segundo o teor do ***Enunciado 277 da IV Jornada de Direito Civil do CJF***, *"o art. 14 do Código Civil, ao afirmar a validade da disposição gratuita do próprio corpo, com objetivo científico ou altruístico, para depois da morte, determinou que a manifestação expressa do doador de órgãos em vida prevalece sobre a vontade dos familiares, portanto, a aplicação do art. 4º da Lei nº 9.434/97 ficou restrita à hipótese de silêncio do potencial doador"*; pelo ***Enunciado 402 da V Jornada de Direito Civil***: *"o art. 14, parágrafo único, do Código Civil, fundado no consentimento informado, não dispensa o consentimento dos adolescentes para a doação de medula óssea prevista no art. 9º, § 6º, da Lei nº 9.434/1997 por aplicação analógica dos arts. 28, § 2º (alterado pela Lei nº 12.010/2009), e 45, § 2º, do ECA"*. Lembramos que a Lei 8.501/92 regula a disposição de cadáver não reclamado, para fins de estudos e pesquisas, e a Lei 9.434/97, a disposição do corpo *post mortem* para fins de transplante.
- **requisitos para disposição do corpo após a morte**: a Lei **9.434/97** dispõe sobre a remoção de órgãos, tecidos e partes do corpo humano para fins de transplante e tratamento e dá outras providências.

1. **(morte encefálica)**: a retirada *post mortem* de tecidos, órgãos ou partes do corpo humano destinados a transplante ou tratamento **deverá** ser precedida de **diagnóstico de morte encefálica**, constatada e registrada por **dois médicos não participantes das equipes de remoção e transplante**, mediante a utilização de critérios **clínicos e tecnológicos** definidos por resolução do Conselho Federal de Medicina.
2. **(médico da família)**: será admitida a presença de médico de confiança da família do falecido no ato da comprovação e atestação da morte encefálica.
3. **(arquivo dos prontuários médicos de diagnóstico)**: os prontuários médicos, contendo os resultados ou os laudos dos exames referentes aos diagnósticos de morte encefálica e cópias dos documentos de que tratam os arts. 2º, parágrafo único; 4º e seus parágrafos; 5º; 7º; 9º, §§ 2º, 4º, 6º e 8º, e 10, quando couber, e detalhando os atos cirúrgicos relativos aos transplantes e enxertos, serão mantidos nos arquivos das instituições referidas no art. 2º por um período mínimo de **05 anos**. A Lei de Transplante estabelece o tempo mínimo de manutenção dos arquivos. Recentemente a Lei n. 13.787/2018, no art. 6º, elevou o prazo, para o mínimo de 20 (vinte) anos, a partir do último registro, com que os prontuários em suporte de papel e os digitalizados poderão ser eliminados. Desse modo, tem-se aparente revogação tácita, nessa parte, do art. 3º, § 1º, da Lei n. 9.434/97.
4. **(relatório anual dos receptores)**: as instituições referidas no art. 2º da Lei 9.434/97, enviarão **anualmente** um relatório contendo os nomes dos pacientes receptores ao órgão gestor estadual do Sistema único de Saúde.
5. **(princípio do consenso afirmativo)**: toda pessoa deve manifestar sua vontade de doar os seus órgãos e tecidos depois de sua morte, com objetivo científico ou terapêutico, reconhecido o direito de a qualquer tempo revogar livremente essa vontade manifestada; (inexistência da presunção de doador no silêncio da declaração): está afastada a presunção de que todos sejam doadores. A Lei 10.211/2001, passou a exigir autorização expressa dos familiares, conforme o item seguinte; (declaração expressa da vontade de não doador): neste caso, prevalece a vontade do potencial doador, ainda que a família autorize a retirada dos órgãos e tecidos, por se tratar de ato personalíssimo do doador **(Enunciado 277 da IV Jornada).**
6. **(autorização referente a doador capaz)**: a retirada de tecidos, órgãos e partes do corpo de pessoas falecidas para transplantes ou outra finalidade terapêutica, dependerá da autorização do **cônjuge** ou **parente, maior de idade, obedecida a linha sucessória, reta ou colateral, até o segundo grau inclusive**, firmada em documento **subscrito** por **duas testemunhas** presentes à verificação da morte.
7. **(autorização referente a doador incapaz)**: a remoção post mortem de tecidos, órgãos

ou partes do corpo de pessoa juridicamente incapaz poderá ser feita desde que permitida **expressamente por ambos** os pais, ou por seus **responsáveis legais**.

8. **(vedação doador não identificado)**: é vedada a remoção post mortem de tecidos, órgãos ou partes do corpo de pessoas não identificadas.
9. **(recomposição condigna)**: após a retirada de partes do corpo, o cadáver será condignamente recomposto e entregue aos parentes do morto ou seus responsáveis legais para sepultamento.
10. **(proibição de comércio)**: de acordo com a CF, art. 199, § 4º, *"a lei* disporá sobre as condições e os requisitos que facilitem a remoção de órgãos, tecidos e substâncias humanas para fins de transplante, pesquisa e tratamento, bem como a coleta, processamento e transfusão de sangue e seus derivados, **sendo vedado todo tipo de comercialização**"*. – grifo não original.

- **princípio da autonomia** e da **recusa ao tratamento arriscado**: previsto no art. 15 do CC, ninguém pode ser constrangido a submeter-se, com risco de vida, a tratamento médico ou a intervenção cirúrgica. Disso decorre o **direito à informação** do paciente a respeito de seu estado de saúde e tratamento, resultando nos **princípios da transparência** e do **dever de informar**, os quais devem ser cumpridos pelo profissional da medicina, e se acham previstos no CDC, arts. 4º, 6º, III e 31. Na impossibilidade da **autorização escrita** para o tratamento médico, por analogia à Lei 9.434/97, art. 4º, poderão fazê-lo o cônjuge ou parente, maior de idade, obedecida a linha sucessória, reta ou colateral, até o segundo grau inclusive. Em caso de emergência ou urgência, que importe em iminente risco de vida, a intervenção médica poderá ocorrer independentemente de autorização, o que se verifica, por exemplo, para aquele acometido de AVC ou infarto (CP, art. 146, § 3º, I).
- **tratamento e religião:** se a recusa ao tratamento for decorrente da liberdade de religião, lembramos o teor do ***Enunciado 403 da V Jornada de Direito Civil***, pelo qual *"o direito à inviolabilidade de consciência e de crença, previsto no art. 5º, VI, da Constituição Federal, aplica-se também à pessoa que se nega a tratamento médico, inclusive transfusão de sangue, com ou sem risco de morte, em razão do tratamento ou da falta dele, desde que observados os seguintes critérios: a) capacidade civil plena, excluído o suprimento pelo representante ou assistente; b) manifestação de vontade livre, consciente e informada; e c) oposição que diga respeito exclusivamente à própria pessoa do declarante"*.
- **princípio da beneficência:** informa a necessidade de a prática médica buscar o bem-estar do paciente, buscando a ponderação entre riscos e benefícios, tanto atuais como potenciais, comprometendo-se com o máximo de benefícios e o mínimo de danos e riscos, sempre para o bem do enfermo.
- **princípio da não maleficência:** por ele, existe a obrigação de **não** causar mais danos ao paciente, devendo buscar o tratamento alternativo sempre que houver recusa motivada, por exemplo, em razão de questões religiosas. (**Conferir: Enunciado 403 do CJF**)
- **proteção à palavra e à imagem:** a palavra e os escritos já eram protegidos pela Lei 9.608/98 (Lei dos Direitos Autorais). Com o CC, art. 20, *"salvo se autorizadas, ou se necessárias à **administração da justiça** ou à **manutenção da ordem pública**, a **divulgação de escritos**, **a transmissão da palavra (falada e escrita – CF/art. 5º, XXVII, "a")**, ou a **publicação**, a **exposição ou a utilização da imagem de uma pessoa** poderão ser proibidas, a seu requerimento e sem prejuízo da indenização que couber, se lhe atingirem a honra, a boa fama ou a respeitabilidade, ou se se destinarem a fins comerciais"*. Tratando-se de ***morto*** ou de ***ausente***, são partes legítimas para requerer essa proteção o *cônjuge*, os *ascendentes* ou os *descendentes*. O **Enunciado 275 do CJF** reconhece igual legitimidade ao *companheiro*. Em resumo, a divulgação de escritos, a transmissão da palavra, ou a publicação, a exposição ou a utilização da imagem de uma pessoa poderão ser *proibidas*, a seu requerimento e sem prejuízo da indenização que couber, se lhe atingirem a honra, a boa fama ou a respeitabilidade, ou se se destinarem a fins comerciais. Há, contudo, exceções a essa regra:

  a) *se autorizadas;*
  b) se *necessárias à administração da justiça;*
  c) se necessárias à *manutenção da ordem pública;*
  d) no *caso de biografia não autorizada*. Conforme decidiu o STF na ADIN 4815, em consonância com os direitos fundamentais à liberdade de pensamento e de sua expressão, declarar inexigível o consentimento de pessoa biografada relativamente a obras biográficas literárias ou audiovisuais, sendo por igual desnecessária autorização de pessoas retratadas como coadjuvantes (ou de seus familiares, em caso de pessoas falecidas).

- **Súmula 403 do STJ**: *"Independe de prova do prejuízo a indenização pela publicação não autorizada de imagem de pessoa com fins econômicos ou comerciais"*.
- **uso não lucrativo da imagem:** *"A obrigação da reparação pelo uso não autorizado de imagem decorre do próprio uso indevido do direito personalíssimo e não é afastada pelo caráter não lucrativo do evento ao qual a imagem é associada. Para a configuração do dano moral pelo uso não autorizado de imagem não é necessária a demonstração de prejuízo, pois o dano se apresenta in re ipsa..."* ***(STJ – REsp 299832 /RJ RECURSO ESPECIAL – Dje 27/02/2013)***.
- **biografia não autorizada:** o STF em recente decisão sobre as biografias não autorizadas, decidiu, por **unanimidade**, julgar procedente o pedido formulado em ação direta para dar interpretação conforme à Constituição aos **artigos 20 e 21 do Código**

Civil, sem redução de texto, para, em consonância com os direitos fundamentais à liberdade de pensamento e de sua expressão, de criação artística, produção científica, **declarar inexigível o consentimento de pessoa biografada relativamente a obras biográficas literárias ou audiovisuais, sendo por igual desnecessária autorização de pessoas retratadas como coadjuvantes (ou de seus familiares, em caso de pessoas falecidas)**. (STF, ADI 4815, 10.06.2015).

- **rol não exaustivo dos direitos da personalidade**: de acordo com o ***Enunciado 274 da IV Jornada de Direito Civil***: *"Os direitos da personalidade, regulados de maneira não-exaustiva pelo Código Civil, são expressões da cláusula geral de tutela da pessoa humana, contida no art. 1º, inc. III, da Constituição (princípio da dignidade da pessoa humana). Em caso de colisão entre eles, como nenhum pode sobrelevar os demais, deve-se aplicar a técnica da ponderação"*.
- **paralelo:** não raro em concursos são colocados lado a lado os arts. 12, parágrafo único, e o 20, parágrafo único, em relação aos *legitimados* para a proteção dos *direitos da personalidade* e da *imagem* do morto, surgindo duas regras:

Proteção do morto e do ausente	
– Regra da Personalidade – art. 12, parágrafo único, do CC	**– Regra da Imagem – art. 20, parágrafo único, do CC**
• o direito de exigir que cesse a lesão ou ameaça a **direito da personalidade** e reclamar perdas e danos. ***. Em se tratando de MORTO**.	• **salvo se autorizadas**, ou se **necessárias à administração da justiça** ou à **manutenção da ordem pública**, a **divulgação de escritos**, **a transmissão da palavra**, ou **a publicação**, a **exposição** ou a **utilização da imagem** de uma pessoa poderão ser proibidas, a seu requerimento e sem prejuízo da indenização que couber, **se lhe atingirem a honra**, a **boa fama** ou a **respeitabilidade**, ou se se destinarem a **fins comerciais**. * **Tratando-se de MORTO ou de AUSENTE.**
• **Legitimados:** cônjuge sobrevivente qualquer parente em linha reta colateral até o quarto grau.	• **Legitimados:** cônjuge os ascendentes descendentes.
* **Enunciado 275 da IV Jornada do CJF**: *"O rol dos legitimados de que tratam os arts. 12, parágrafo único, e 20, parágrafo único, do Código Civil também compreende o companheiro"*. * **Ver: Enunciado 399.**	

- **intimidade e vida privada:** dispõe a CF, art. 5º, X, que *"são invioláveis a intimidade, a vida privada, a honra e a imagem das pessoas, assegurado o direito a indenização pelo dano material ou moral decorrente de sua violação"*. Por sua vez, estabelece o CC, art. 21, que *"A vida privada da pessoa natural é inviolável, e o juiz, a requerimento do interessado, adotará as providências necessárias para impedir ou fazer cessar ato contrário a esta norma"*. A **intimidade** é o círculo mais reservado e restrito da pessoa, diz respeito ao "eu" individualmente considerado; é o segredo ou os acontecimentos da vida que dizem respeito ao que somos, sentimos ou pensamos, como o pudor, o relacionamento amoroso. A **vida privada** ou **a privacidade**, também fundada no texto constitucional, é o direito de maior abrangência subjetiva, pois seus aspectos individuais ficam estendidos a um grupo de pessoas, escolhidos pelo titular, como as comunicações telefônicas, epistolares. A **intimidade** é interna e a **privacidade,** o aspecto externo da existência. Nos EUA, a ***privacidade*** é denominada de *right of privacy*; na França, *droit a la priveé* e *droit a lintimité*; na Itália, *diritto allá riservatezza*; Alemanha, *Recht auf informationelle Selbstbestimmung*.
- **direito da personalidade das pessoas jurídicas**: inicialmente, lembramos ao candidato o teor do ***Enunciado 286 da IV Jornada de Direito Civil do CJF***: *"Os direitos da personalidade são direitos inerentes e essenciais à pessoa humana, decorrentes de sua dignidade, não sendo as pessoas jurídicas titulares de tais direitos"*. Em que pese o verbete, reconhece o CC, art. 52 que *"aplica-se às pessoas jurídicas, no que couber, a proteção dos direitos da personalidade"*. Não é por acaso que o **STF, Súmula 227**, admite o dano moral à pessoa jurídica, bem como é a proteção ao nome. Outrossim, admite-se à pessoa jurídica as medidas judiciais conducentes à preservação dos direitos mencionados, como cautelares, ações ordinárias, etc. Assim, esse é o sentido que se deve conferir ao texto legal. Para as pessoas jurídicas, fala-se em *"direitos da personalidade por equiparação"*. **(Conferir: Enunciado 189 do CJF)**.

4. PESSOAS JURÍDICAS

4.1. FINALIDADE. PERSONALIDADE. SOCIEDADE DE FATO E IRREGULAR

- **finalidade e característica:** reunião de esforços e/ou bens em busca de objetivos comuns. A Personalidade jurídica dada ao grupo é **distinta** da de seus membros, individualmente considerados (CC, art. 50 e 1.024). O **começo** da pessoa jurídica ocorre no exato momento em que o ato constitutivo (contrato social ou estatuto) é levado a registro, na Junta Comercial (sociedades) ou Cartório de Registro Civil de Pessoas Jurídicas. Assim, o registro é **constitutivo** da personalidade da pessoa jurídica, é o instante de seu nascimento. Não é assim para as pessoas naturais, pois o registro de nascimento é meramente **declaratório**, já que a personalidade começa do nascimento com vida (CC, art. 2º).

- **sociedades de fato e irregular:** vimos acima que a pessoa jurídica terá personalidade assim que registrado o ato constitutivo. Ponto comum entre as sociedades de *fato* e a *irregular* é a **inexistência** de registro para ambas. Diferem-se unicamente pelo **ato constitutivo.** A de fato **não o tem**, e a irregular, possui o instrumento, mas **não** registrado.

4.2. TEORIAS DA PESSOA JURÍDICA

QUADRO – TEORIAS DA PESSOA JURÍDICA

- **Negativistas:** negam a existência da pessoa jurídica, porque um grupo de pessoas não poderia ter personalidade própria.
- **Afirmativistas:** explicam as razões pelas quais um grupo de pessoas passa a ter personalidade distinta daqueles que a compõem, formando uma unidade reconhecida pelo Estado. A presente teoria pode ser resumida em dois grupos, a saber: ***a)*** *das teorias da* ***ficção; b)*** *das terias da* ***realidade***.
- **Teorias da Ficção**[2]:

a) *ficção legal*: desenvolvida por Savigny, no século XIX, afirma que a pessoa jurídica é uma criação artificial da lei; é um ente fictício, pois somente a pessoa natural poderia figurar nas relações jurídicas, como titular e sujeito de direitos. A pessoa jurídica, por sua vez, é uma construção legal, uma ficção jurídica, que detém personalidade com finalidade patrimonial, mas na realidade não passa de um grupo de pessoas.

b) *ficção doutrinária*: para esta corrente, a pessoa jurídica também não possui existência real. Sua existência é apenas intelectual, ou seja, não passa de uma ficção doutrinária criada por juristas.

- **Teorias da realidade:**

a) *realidade objetiva ou orgânica:* a pessoa jurídica não é mera abstração, mas realidade viva e presente. Trata-se de uma realidade sociológica, que nasce por imposições sociais. Vinda da Alemanha, essa teoria afirma que a pessoa jurídica nasce de uma vontade pública ou privada, capaz de dar vida a um organismo, que passa a ter existência própria e diversa da de seus membros, o que lhe confere a condição de sujeito de direitos. A **crítica** a essa teoria é o não esclarecimento de como os grupos sociais podem tornar-se sujeitos de direitos e obrigações, como as pessoas naturais, já que não possuem vida própria e personalidade. Além disso, limita o papel do Estado às questões existentes, deixando-o sem poder de criação.

b) *realidade jurídica ou institucionalista: Hauriou* é seu defensor. Considera a pessoa jurídica uma organização social, destinada a um serviço ou ofício, razão pela qual são personificadas. Não se afasta do cunho sociológico da corrente vista acima, porque não deixa de ser uma entidade por imposição social. Assim, a razão de ser da pessoa jurídica são as relações sociais, sua utilidade social, e não propriamente o resultado de uma vontade do homem. A **crítica** recai justamente na falta de explicação para pessoas jurídicas como as fundações, as quais são criadas e desenvolvidas segundo a vontade do instituidor. Ademais, não esclarece a respeito das pessoas jurídicas que não têm a finalidade de prestar serviços ou ofícios.

c) *realidade técnica:* para os que sustentam essa teoria, entre eles Colin e Capitant, a personificação dos grupos sociais é de ordem técnica, ou seja, é a forma encontrada pelo Direito, Lei e Estado, para reconhecer a grupos de indivíduos personificação própria, distinta da de seus membros, com finalidades e objetivos determinados. Devem ser observados os requisitos de validade e existência ditados pelo Estado, e sua necessidade decorre da conveniência da pessoa jurídica participar das relações de direitos nas mesmas condições das pessoas naturais. Também não está ilesa a **críticas**, porém, é a que melhor explica o fenômeno *"pessoa jurídica"*, que se consubstancia da reunião de pessoas com objetivos comuns, com personalidade própria e diversa daqueles que a compõem. É a **teoria adotada** pelo CC, no art. 45, segundo o qual *"Começa a existência legal das pessoas jurídicas de direito privado com a inscrição do ato constitutivo no respectivo registro, precedida, quando necessário, de autorização ou aprovação do Poder Executivo, averbando-se no registro todas as alterações por que passar o ato constitutivo"*, como também nos arts. 51, 54, VI, 61, 69 e 1.033, todos do CC/2002.

4.3. CONSTITUIÇÃO DA PESSOA JURÍDICA

- **Constituição da pessoa jurídica:**

a) **vontade humana ou intenção de criar a pessoa jurídica:** exige-se duas ou mais pessoas (pluralidade de pessoas), com vontades convergentes, que se unem com finalidade específica (*affectio societatis*);

b) **obediência aos preceitos legais, quais sejam:**

1. **cumprimento do requisito formal**: confeccionando o ato constitutivo, que são: o **estatuto** (associações sem fim lucrativo),

---

2. Nota: as teorias da ficção não são aceitas, porque não explicam a existência do Estado, pois o direito que dele emana é real e não uma mera ficção jurídica ou fruto do intelecto dos juristas.

o **contrato social** (sociedades simples ou empresárias) ou a **escritura pública** ou **testamento** (fundações). Nesse ato é que são definidos os poderes dos administradores (CC, art. 47).

2. **registro do ato constitutivo**: com o **registro** começa a existência da pessoa jurídica de direito privado, precedida, quando necessário, de **autorização** ou **aprovação** do Poder Executivo (CC, art. 45). Sem ele, trata-se de **sociedade de fato** ou **personificada**. Tratando-se de **sociedade empresária**, na Junta Comercial, que possui um registro próprio (CC, art. 985). As demais pessoas jurídicas, Sociedade Simples, Associações e Fundações, no Cartório de Registro Civil das Pessoas Jurídicas (CC, art. 1.150 e 114 e seg. da LRP).

3. **exigências do objeto:** *lícito; determinado e possível*

c) **existência da pessoa jurídica:** segundo o art. 45 do CC, **começa a existência legal** das pessoas jurídicas de direito privado com o registro do ato constitutivo, precedida, quando necessário, de autorização ou aprovação do Poder Executivo, averbando-se no registro todas as alterações por que passar o ato constitutivo. Sem o registro do ato constitutivo, a pessoa jurídica será considerada **irregular, mera associação ou sociedade de fato**, sem personalidade jurídica. Com relação às sociedades, sem o registro, ocorre a ocorre a relativização de sua autonomia patrimonial.

d) **prazo decadencial para anular a constituição de pessoa jurídica de direito privado:** de acordo com o art. 45, parágrafo único, do CC, decai em **3 anos** o direito de anular a constituição das pessoas jurídicas de direito privado, por **defeito do ato respectivo**, contado o prazo da **publicação** de sua inscrição no registro. Pode ocorrer que a publicação não seja exigida, e neste caso o prazo fluirá a partir do registro. Por outro lado, ultrapassado esse prazo, haverá o convalescimento do defeito, e nada mais poderá ser alegado.

- **Extinção da pessoa jurídica:** a personificação da pessoa jurídica termina com o cancelamento de sua inscrição no registro próprio. Esse cancelamento só pode ser efetivado pelo Registro Civil das Pessoas Jurídicas ou pela Junta Comercial, após o encerramento da *liquidação* da pessoa jurídica. A ordem sequencial dos atos dissolutórios da pessoa jurídica é a seguinte: 1º. *dissolução*; 2º. *liquidação e;* 3º. *cancelamento do registro.* É o que estabelece o art. 51, *caput*, do CC, ao afirmar "nos casos de **dissolução** da pessoa jurídica ou **cassada a autorização** para seu funcionamento, ela **subsistirá** para os fins de **liquidação**, até que esta se conclua". Vale lembrar que a **liquidação**: trata-se da fase subsequente à dissolução, em que se resolvem as pendências obrigacionais e se destina seu patrimônio remanescente. Em linhas gerais, a liquidação tem por fim à realização do ativo e à satisfação do passivo. De maneira geral, a **pessoa jurídica termina**:

a) pelo **decurso do prazo** (CC, arts. 69, 1ª, parte, e 1.033, I)

b) pelo **distrato** ou **dissolução deliberada**, por *maioria absoluta* dos membros (CC, art. 1.033, III)

c) pela **falta de pluralidade de sócios**, não reconstituída no prazo de 180 dias, sendo essa regra inaplicável caso o sócio remanescente, inclusive na hipótese de concentração de todas as cotas da sociedade sob sua titularidade, **requeira**, no Registro Público de Empresas Mercantis, a transformação do registro da sociedade para empresário individual ou para empresa individual de responsabilidade limitada (CC, art. 1.033, parágrafo único)

d) pela extinção, na forma da lei, de **autorização** para funcionar (CC, art. 1.033, V, e 1.125)

e) por outras causas **previstas em lei ou no contrato social** (CC, arts. 127, 128, 135 e 1.035), como a falência (L. 11.101/2005, art. 123);

f) pela **dissolução judicial** (CC, art. 1.034, I e II).

g) e pela **morte de sócio** (CC, art. 1.028).

4.3.1. ADMINISTRAÇÃO DA PESSOA JURÍDICA

- **noções gerais:** para que a **pessoa jurídica de direito privado** tenha existência legal, é necessário o **registro** de seu ato constitutivo no órgão competente, vimos acima. Esse registro, além de servir de prova da existência, tem natureza constitutiva, por ser atributivo da personalidade, da capacidade jurídica. Vale lembra que, em algumas situações, há necessidade de autorização ou aprovação prévia do Poder Executivo, para somente então o registro ser efetivado, sob pena de nulidade do ato, segundo o art. 45 do CC. O art. 46, incisos I a VI, do CC, indica os elementos que deve conter o **registro** da pessoa jurídica. Entre eles, no inciso III, deverá conter "o **modo por que se administra** e **representa**, ativa e passivamente, judicial e extrajudicialmente". As pessoas jurídicas não são incapazes, mas atuam sob a representação dos órgãos diretivos previstos no contrato social ou estatutos, que são a **diretoria** e a **assembleia geral** ou o **conselho deliberativo**, trata-se, na verdade, de *presentação* conforme os ensinamentos de Pontes de Miranda. O Código Civil traz algumas importantes regras com relação à **administração** das pessoas jurídicas, vamos a elas:

a) **responsabilidade:** obrigam a pessoa jurídica os atos dos administradores, exercidos nos limites de seus poderes definidos no ato constitutivo, afirma o art. 47 do CC. Segundo o Enunciado n. 145 da III Jornada de Direito Civil, "o art. 47 não afasta a aplicação da teoria da aparência"

b) **administração coletiva**: se por lei ou pelo contrato social a gerência ou administração da pessoa jurídicas for colegiada (gerência colegiada), as deliberações serão tomarão pela **maioria de votos dos presentes** (50% + 1, maioria simples) **salvo** se o ato constitutivo dispuser de modo diverso

b.1) **anulação da decisão colegiada**: admite-se que as deliberações coletivas sejam anuladas, por violação da lei ou contrato, como o desrespeito ao *quorum* de deliberação, ou mesmo pelos seguintes vícios de consentimento ou social: (i) erro; (ii) dolo; (iii) simulação; ou (iv) fraude. O prazo para reclamar pela anulação é **decadencial, de 3 anos**, contados do registro da publicação ou notificação da deliberação viciada. Decorrido o prazo, ocorre o convalescimento do vício. Esse prazo é o mesmo do art. 45 do CC.

c) **assembleias gerais por meio eletrônico:** novidade inserida no art. 48-A do Código Civil, pela Lei n. 14.382, de 2022, as pessoas jurídicas de direito privado, sem prejuízo do previsto em legislação especial e em seus atos constitutivos, poderão realizar suas assembleias gerais por meios eletrônicos, inclusive para (i) *destituir administradores* e (ii) *alterar o estatuto* (CC, art. 59), respeitados os direitos previstos de participação e de manifestação. Essa possibilidade já era prevista no art. 5º da Lei n. 14.010/20, embora de maneira transitória, conforme veremos abaixo, por força dos arts. 1º e 2º da mesma lei.

d) **administrador provisório:** como regra geral, a administração da pessoa jurídica é realizada por quem o estatuto indicar ou por quem seus membros elegerem. Em caso de vacância gerencial, por ato voluntário ou involuntário, o juiz, a requerimento de qualquer interessado, nomeará administrador provisório, entre os sócios ou terceiro estranho aos quadros societários da pessoa jurídica (CC, art. 49)

e) **sociedades e associações irregulares ou de fato**: são aquelas sem personalidade jurídica, porque **não registradas**, cuja disciplina encontra-se nos arts. 986 a 990 do CC. Observe-se que, operando em tais pessoas, os sócios respondem *solidária e ilimitadamente* pelas obrigações sociais, excluído do benefício de ordem, aquele que contratou pela sociedade, ou seja, excutem-se, primeiramente, os bens sociais. De acordo com o art. 75, IX, do CPC-2015, a *sociedade e a associação irregulares e outros entes organizados sem personalidade jurídica*, serão representados, no processo, pela pessoa a quem couber a administração de seus bens. Dispõe também o CPC, no art. 53, III, "c", que é competente o foro do lugar *onde exerce suas atividades*, para a ação em que for ré sociedade ou associação sem personalidade jurídica

f) **regime jurídico emergencial (RJET)**: a Lei n. 14.010, de 2020, que dispõe sobre o novo regime jurídico emergencial e transitório, diante da pandemia pelo coronavírus, trouxe duas importantes regras, de caráter transitório, no que diz respeito à administração das pessoas jurídicas. Estas inovações não implicam revogação ou alteração das diversas disposições do Código Civil sobre a administração da pessoa jurídica de direito privado, deixa claro o art. 2º da lei temporária, cujo termo inicial, efeitos estão em sintonia com o Decreto Legislativo n. 06, de 2020 (de 06 de março a 31 de dezembro de 2020).

f.1) **restrições de reuniões e assembleias presenciais:** de acordo com o art. 4º da Lei 14.010, as pessoas jurídicas de direito privado referidas nos incisos I a III do art. 44 do Código Civil deverão observar as restrições à realização de *reuniões e assembleias presenciais* até 30 de outubro de 2020, durante a vigência desta Lei, observadas as determinações sanitárias das autoridades locais.

f.2) **assembleias por meio eletrônico**: na mesma lei o art. 5º passou a permitir, durante a pandemia, que a *assembleia geral*, inclusive para os fins do art. 59 do Código Civil, até 30 de outubro de 2020, poderia ser realizada por meios eletrônicos, independentemente de previsão nos atos constitutivos da pessoa jurídica. De igual modo, a manifestação dos participantes poderá ocorrer por *qualquer meio eletrônico* indicado pelo administrador, que assegure a *identificação do participante* e a *segurança do voto*, e produzirá todos os efeitos legais de uma assinatura presencial (art. 5º, parágrafo único).

4.4. CLASSIFICAÇÃO DA PESSOA JURÍDICA

4.4.1. QUANTO À NACIONALIDADE

- **nacional**: aquela que tem sede de sua administração no país e organizada segundo as leis brasileiras, CC, art. 1.126.
- **estrangeira**: a sociedade estrangeira, qualquer que seja o seu objeto, não pode, sem autorização do Poder Executivo, funcionar no País, ainda que por estabelecimentos subordinados, podendo, todavia, ressalvados os casos expressos em lei, ser acionista de sociedade anônima brasileira, CC, art. 1.134.

4.4.2. QUANTO À ESTRUTURA INTERNA

- **corporação** (*universitas personarum*): reunião de pessoas para a consecução de seus objetivos. Assim, a finalidade é dos sócios ou interna. Dessa modalidade são as *associações* e as *sociedades simples* e *empresária*, conforme o CC, art. 982.
- **fundação** (*universitas bonorum*): enquanto na corporação seu aspecto é eminentemente pessoal, aqui é material. Reveste-se de um **patrimônio personalizado**, voltado a um **fim**, que é estabelecido pelo instituidor, motivo pelo qual fala-se em **fim externo**.

4.4.3. QUANTO AO CAMPO DE ATUAÇÃO

<table>
<tr><td rowspan="2">pessoa jurídica de direito público interno (CC, art. 41, I a V).</td><td>União
Estados
Distrito Federal Territórios
Municípios</td><td>adm. direta.</td></tr>
<tr><td>Autarquias
Associações públicas
Entidades de caráter público criadas por lei. (Ex. fundações públicas)</td><td>adm. indireta</td></tr>
<tr><td>pessoa jurídica de direito público externo (CC, art. 42)</td><td colspan="2">Todas as Nações
Santa Sé
ONU
OMC</td></tr>
<tr><td>pessoa jurídica de direito privado (CC, art. 44, I a V)</td><td colspan="2">Associações
Sociedades
Fundações
Organizações religiosas
Partidos políticos
Empresas individuais de responsabilidade limitada.</td></tr>
</table>

ATENÇÃO: O rol das pessoas jurídicas de direito privado, previsto no art. 44 do CC-2002, foi alterado pela Lei n. 14.382/2002. Com a derrogação, foi suprimido o inciso VI, que antes previa "as empresas individuais de responsabilidade limitada".

4.5. ESPÉCIES DE PESSOAS JURÍDICAS

4.5.1. ASSOCIAÇÕES

- **noções gerais:** tratam-se de pessoas jurídicas que se constituem pela união de pessoas que se organizam para **fins não econômicos**, por exemplo, altruístico, cultural, educativos, etc. (CC, art. 53). A CF, art. 5º, XVII, garante a liberdade de associação para fins lícitos.
- **características:**

a) não visam lucro, ao contrário das sociedades (Enunciado 534 da VI Jornada)

b) não há, entre os associados, direitos e obrigações recíprocos (CC, art. 53, p. ú)

c) os requisitos para a elaboração do estatuto constam do CC, art. 54, I a VII:

1. a denominação, os fins e a sede da associação;
2. os requisitos para a admissão, demissão e exclusão dos associados;
3. os direitos e deveres dos associados;
4. as fontes de recursos para sua manutenção;
5. o modo de constituição e funcionamento dos órgãos deliberativos e administrativos;
6. o modo de constituição e de funcionamento dos órgãos deliberativos;
7. as condições para a alteração das disposições estatutárias e para a dissolução;
8. a forma de gestão administrativa e de aprovação das respectivas contas.

d) a **exclusão** do associado só é admissível havendo **justa causa**, assim reconhecida em procedimento que assegure direito de defesa e de recurso, nos termos previstos no estatuto (CC, art. 57)

e) a **retirada** do associado é permitida a qualquer tempo, pois "ninguém poderá ser compelido a associar-se ou a permanecer associado" (CF, art. 5º, XX)

f) há **isonomia** entre os associados, mas o estatuto poderá excepcionar essa regra, instituindo categorias com vantagens, privilégios ou direitos especiais, como os sócios remidos (CC, art. 55). Pelo **Enunciado 577 da VII Jornada de Direito Civil**: *"A possibilidade de instituição de categorias de associados com vantagens especiais admite a atribuição de pesos diferenciados ao direito de voto, desde que isso não acarrete a sua supressão em relação a matérias previstas no art. 59 do CC".*

g) caberá à **assembleia geral**, desde que **convocada para tal finalidade**, e atingido o **quórum** previsto no estatuto: **a)** destituir os administradores e; **b)** alterar o estatuto. (CC, art. 59);

h) a **convocação** das assembleias segue a forma estabelecida no estatuto, garantida a **1/5 (um quinto)** dos associados o direito de promovê-la (CC, art. 60);

i) a qualidade de associado é **intransmissível**, salvo se o estatuto permitir (CC, art. 56). Se o associado for titular de quota ou fração ideal do patrimônio da associação, a transferência daquela não importará, de per si, na atribuição da qualidade de associado ao adquirente ou ao herdeiro, salvo disposição diversa do estatuto. (CC, art. 56, p. ún.);

j) em caso de **dissolução** da associação, haverá **destinação** dos **bens** remanescentes, os quais seguem para: **(1º)** entidade sem fim econômico constante do estatuto; **(2º)** se omisso o estatuto, os associados devem deliberar para que os bens sigam para instituição municipal, estadual ou federal, de fins idênticos ou semelhantes **(CC, art. 61; Enunciado 407 das Jornadas);**

k) também em caso de **dissolução**, e antes da **destinação**, admite a possibilidade de **restituição** da contribuição social aos associados, devidamente atualizada, desde que: **a)** esteja previsto no estatuto; **b)** se omisso, por deliberação dos associados (CC, art. 61, § 1º).

4.5.2. FUNDAÇÕES

- **noções gerais:** as fundações são pessoas jurídicas que se resumem em um complexo de bens (*universitates bonorum*), voltado para fins religiosos, morais, culturais ou de assistência. Sua criação representa a vontade de uma pessoa – o *instituidor* – que, **por escritura pública** ou **testamento**, procede a dotação especial de **bens livres**, especificando o **fim** a que se destina. Assim, os fins, uma vez que são determinados, são **imutáveis**.
- **elementos**: as fundações compõem-se de dois elementos:

a) fim: de acordo com o art. 62, parágrafo único, do CC, com a nova redação dada pela Lei 13.151, de 2015, a fundação somente poderá constituir-se para fins:

1. assistência social;
2. cultura, defesa e conservação do patrimônio histórico e artístico;
3. educação;
4. saúde;
5. segurança alimentar e nutricional;
6. defesa, preservação e conservação do meio ambiente e promoção do desenvolvimento sustentável;
7. pesquisa científica, desenvolvimento de tecnologias alternativas, modernização de sistemas de gestão, produção e divulgação de informações e conhecimentos técnicos e científicos;
8. promoção da ética, da cidadania, da democracia e dos direitos humanos;
9. atividades religiosas;

- ***ATENÇÃO***: O rol acima é meramente exemplificativo, deve ser interpretado de modo a excluir apenas as fundações de fins lucrativos **(Enunciado 9 da I Jornada de Direito Civil).** Assim, a constituição de fundação para fins científicos, educacionais ou de promoção do meio ambiente está compreendida no Código Civil, art. 62, parágrafo único. **(Enunciado 8 da I Jornada de Direito Civil).**

b) patrimônio: o patrimônio de constituição deve ser *livre* (sem qualquer ônus ou limitação) e *suficiente* (CC, art. 63)

- **classificação:**

a) particulares: são as disciplinas no CC, arts. 62 a 69. O instituidor poderá ser pessoa física ou jurídica, e os bens do acervo conferidos à fundação

b) públicas: são criadas pelo Estado, com patrimônio público, e regidas segundo as normas de direito administrativo

- **fases da constituição**:

a) dotação: trata-se da destinação dos bens, que deve ser feita por escritura pública ou testamento. A propriedade dos bens ou outro direito real sobre eles devem ser transferidos à fundação, sob pena de ser feito o registro por ordem judicial (CC, art. 64). Os bens da fundação, que não sejam destinados à alienação, são *inalienáveis*. No entanto, essa *inalienabilidade é relativa*, admitindo-a, excepcionalmente, mediante autorização judicial, ouvido o MP.

b) confecção do estatuto: admite-se que seja:

c) direta ou própria (quem faz é o instituidor);

d) fiduciária (feita por terceiro designado);

e) Ministério Público (se o estatuto não for elaborado no prazo **assinado pelo instituidor**, ou, não havendo prazo, em **180 dias**, a incumbência caberá ao Ministério Público, CC, art. 65, par. único).

f) aprovação do estatuto: é **atribuição** do Ministério Público Estadual ou do Distrito Federal e Territórios velar pelas *fundações particulares*, diz a nova Lei 13.151, de 2015. Se a fundação estender suas atividades para mais de um Estado, caberá o encargo, em cada um deles, ao respectivo Ministério Público (CC, art. 66, § 2º). Conforme decidiu o STF na ADIN 2.794-8, ao Ministério Público Federal caberá a veladura pelas *fundações federais de direito público*, ainda que funcionem no DF ou Territórios.

g) Para que **aprove** o estatuto, o Ministério Público deverá se manifestar em **15 dias (CPC-2015, art. 721)**, e analisar:

1. *a licitude do objeto;*
2. *se as bases fixadas pelo instituidor foram observadas;*
3. *se os bens são suficientes para o fim* (CC, arts. 65, 66 e 69; CPC-2015, arts. 764 e seguintes)

h) caso o MP proponha alterações no estatuto ou lhe denegue a aprovação, bem como quando o interessado discorde do estatuto elaborado pelo MP, poderá requerer o *suprimento judicial* (CPC-2015, art. 764, caput)). Da decisão judicial é cabível o **recurso de apelação**, de acordo com o art. 723 do CPC-2015.

i) *registro:* é o ato que confere existência à pessoa jurídica (CC, art. 45. LRP, art. 114, I). Decai em **3 anos** o direito de anular a constituição das pessoas jurídicas de direito privado, por defeito do ato respectivo, contado o prazo da publicação de sua inscrição no registro (CC, art. 45, parágrafo único).

- **CPC-2015:** a Lei 13.105, de 2015 (Novo Código de Processo Civil), dispõe sobre a aprovação do estatuto das fundações no art. 764. Fica claro com o novo diploma que a aprovação do estatuto ou a indicação de eventuais modificações ainda é atribuição do Ministério Público (CPC-2015, art. 764, I). O **juiz decidirá** em duas situações: (i) quando a aprovação for negada **previamente** pelo Ministério Público ou por este forem exigidas modificações com as quais o interessado não concorde; (ii) e quando o interessado discordar do estatuto elaborado pelo Ministério Público (CPC-2015, art. 764, I e II). Antes de suprir a aprovação, o juiz poderá mandar fazer no estatuto modificações a fim de adaptá-lo ao objetivo do instituidor.

- **alteração do estatuto da fundação**:

a) *deliberação por* ***dois terços (2/3)*** *dos competentes para gerir e representar a fundação*: se a alteração não houver sido aprovada por **votação unânime**, os administradores da fundação, ao submeterem o estatuto ao órgão do Ministério Público, requererão que se dê ciência à minoria vencida para impugná-la, se quiser, em **10 dias** (CC, art. 68);

b) *que não contrarie ou desvirtue o fim desta*: os fins da fundação são definitivos, motivo pelo qual não podem alterados (CC, art. 67, I a III);

c) *seja aprovada pelo órgão do Ministério Público no prazo máximo de* ***45 (quarenta e cinco) dias****, findo o qual ou no caso de o Ministério Público a denegar, poderá o juiz supri-la, a requerimento do interessado*, conforme nova redação dada ao art. 67, III, do CC, pela Lei 13.151, de 2015.

- **extinção da fundação:**

a) *quanto aos fins:* se ilícita, impossível ou inútil a finalidade a que visa a fundação

b) *quanto ao prazo:* vencido o prazo de sua existência, fixado pelo instituidor, pois inexiste qualquer prazo legal.

- **legitimados para promover extinção**:

a) *MP*

b) *qualquer interessado*

- **destino dos bens, em caso de extinção da fundação:** de acordo com o CC, art. 69, segunda parte, do CC, em caso de extinção da fundação, **incorpora-se o seu patrimônio, salvo disposição em contrário** no *ato constitutivo*, ou no *estatuto*, em **outra fundação, designada pelo juiz**, que se proponha a fim **igual** ou **semelhante**.

4.5.3. SOCIEDADE

- **disposições gerais**: o CC/2002 unificou as obrigações civis e comerciais, no livro pertencente ao direito de empresa, onde disciplina as sociedades civis e empresárias (CC, art. 981 e seguintes). Celebram contrato de sociedade as pessoas que reciprocamente se obrigam a contribuir, com bens ou serviços, para o exercício de atividade econômica e a partilha, entre si, dos resultados. A atividade pode restringir-se à realização de **um** ou **mais** negócios determinados, ou seja, admite-se a sociedade de **propósito específico** ou para **vários negócios**. **(Ver: Enunciado 206 das Jornadas)**.

- **classificam-se em**:

a) *sociedade simples* (antiga sociedade civil) ⟹ na sociedade simples **não há** atividade empresarial econômica, organizada e voltada à produção e circulação de bens ou serviços, ainda que assuma a roupagem de uma sociedade empresária, conforme admite o CC, art. 983, segunda parte. **Uma exceção:** a *sociedade por ações* é sempre empresária (CC, art. 982, par. único, 1ª parte). Isto quer dizer que, de acordo com o ***Enunciado 477 da V Jornada de Direito Civil***, *"O art. 983 do Código Civil permite que a sociedade simples opte por um dos tipos empresariais dos arts. 1.039 a 1.092 do Código Civil. Adotada a forma de sociedade anônima ou de comandita por ações, porém, ela ser considerada empresária"*. Por outro lado, a **cooperativa** é sempre sociedade simples (CC, art. 982, par. único, 2ª parte). São constituídas as sociedades simples, em geral, para as atividades de advocacia, rural, educacional, não se restringindo às aquelas de natureza intelectual **(Enunciado 196 das Jornadas)**. Possuem finalidade econômica ou lucrativa, mas não empresária, conforme veremos abaixo

b) *sociedade empresária* (antiga sociedade comercial): possui registro na Junta Comercial (CC, art. 866), visa o **lucro** e o resultado econômico. Exerce com **habitualidade** a atividade de empresário, ou seja, profissionalmente realiza **atividade econômica organizada** para a **produção ou a circulação de bens ou de serviços** (CC, art. 966). Pode assumir diversas formas, por exemplo, comandita simples, comandita por ações, sociedade em nome coletivo, limitada, anônima, etc. (CC, art. 1.088, 1.089 e 982, parágrafo único). A sociedade que tenha por objeto o exercício de atividade própria de **empresário rural** e seja **constituída, ou transformada**, de acordo com um dos **tipos de sociedade empresária**, pode, com as formalidades do art. 968, requerer inscrição no Registro Público de Empresas Mercantis da sua sede, caso em que, depois de inscrita, ficará equiparada, para todos os efeitos, à sociedade empresária (CC, art. 984).

4.5.4. ORGANIZAÇÕES RELIGIOSAS. PARTIDOS POLÍTICOS

- **organizações religiosas:** possuem fins pastorais, evangélicos e de estudos da fé. Em relação a elas, aplicam-se as disciplinas pertinentes às associações, conforme o ***Enunciado 142 da III Jornada de Direito Civil***, *"Os partidos políticos, os sindicatos e as **associações religiosas** possuem natureza associativa, aplicando-se lhes o Código Civil"*. O ***Enunciado 143 da III Jornada de Direito Civil*** dispõe que *"A liberdade de funcionamento das organizações religiosas não afasta o controle de legalidade e legitimidade constitucional de seu registro, nem a possibilidade de reexame, pelo Judiciário, da compatibilidade de seus atos com a lei e com seus estatutos"*.
- **partidos políticos:** ostentam natureza jurídica especial, e são criados com finalidade própria. São disciplinados na Lei 9.096/95, que regulamenta os arts. 14, § 3º, V, e 17 da CF/88. Estabelece o ***Enunciado 142 da III Jornada de Direito Civil***, que *"Os **partidos políticos**, os sindicatos e as associações religiosas possuem natureza associativa, aplicando-se lhes o Código Civil"*.

4.5.5. OUTRAS PESSOAS JURÍDICAS

- a relação de pessoas jurídicas constantes do CC, art. 44, I a VI, não é exaustiva. Assim, tal rol é aberto, pois observados os requisitos legais, admitem-se outras pessoas jurídicas. **(Enunciado 144 da III Jornada de Direito Civil)**.

4.6. DESCONSIDERAÇÃO DA PESSOA JURÍDICA

- **noções iniciais:** a pessoa jurídica possui personalidade e fins próprios, inconfundíveis com a de seus membros. Trata-se, assim, de uma **realidade autônoma**. Em função dessa característica, muitos se utilizam da pessoa jurídica para a prática de **fraudes** e **abusos**. Recentemente a nova Lei da Liberdade Econômica, Lei n. 13.874, de 2019, realçou essa característica das pessoas jurídicas, ao inserir, no art. 49-A ao Código Civil, que pessoa jurídica **não se confunde** com os seus **sócios**, **associados**, **instituidores** ou **administradores**. Segundo o parágrafo único do novo preceito, a **autonomia patrimonial** das **pessoas jurídicas** é um instrumento lícito de alocação e segregação de riscos, estabelecido pela lei com a finalidade de estimular empreendimentos, para a geração de empregos, tributo, renda e inovação em benefício de todos. Portanto, a pessoa jurídica e seus respectivos sócios possuem direitos e obrigações distintos, pois constituem pessoas distintas. O patrimônio da sociedade não se confunde com o patrimônio dos sócios e vice-versa.
- **conceitos:**
  a) **desconsiderar a personalidade**: é descortinar a personalidade da pessoa jurídica, afastando assim sua autonomia, para alcançar determinados atos praticados com **abuso** ou **desvios**, sendo que, apesar desta retirada episódica da personalidade, a pessoa jurídica continua a existir.
  b) **despersonalização:** é anular ou extinguir a pessoa jurídica
- **origem no Mundo:** a medida surgiu na Inglaterra e chegou ao Brasil no final dos anos 60, especialmente com os trabalhos do jurista e professor Rubens Requião. Diversos países admitem a teoria, também conhecida por teoria da penetração. Entre eles, destacam-se os EUA (*disregard of legal entity*); França (*abus de la notion de personnalité sociale*) e Alemanha (*durchgriff der juristishen personen*).
- **origem no Brasil:** o **primeiro** diploma a prever a **teria da desconsideração** foi o Código de Defesa do Consumidor, em 1990, no art. 28. Segundo o preceito, *"O juiz poderá desconsiderar a personalidade jurídica da sociedade quando, em **detrimento do consumidor**, houver **abuso de direito, excesso de poder, infração da lei, fato ou ato ilícito** ou **violação dos estatutos** ou **contrato social**. A desconsideração também será efetivada quando houver **falência, estado de insolvência, encerramento** ou **inatividade da pessoa jurídica** provocados por **má administração**"*. Pode ser declarada de ofício pelo juiz. A **Lei 9.605/1998**, também admite a medida. De acordo com o art. 4º, *"Poderá ser desconsiderada a pessoa jurídica sempre que sua personalidade for **obstáculo ao ressarcimento** de prejuízos causados à qualidade do meio ambiente"*. Por fim, a Lei **12.529/2011** (Lei do Sistema Brasileiro de Defesa da Concorrência – **Lei Antitruste**), prevê a medida no art. 34.
- **teoria maior:** O Código Civil no art. 50, §§ 1º a 5º, admite a desconsideração da pessoa jurídica, quando preenchidos os requisitos legais. Atualmente, em razão da alteração do art. 50 do CC pela Lei da Liberdade Econômica, Lei n. 13.874, de 2019, a desconsideração será cabível em caso de **abuso da personalidade** da pessoa jurídica, caracterizado pelo **desvio de finalidade** ou pela **confusão patrimonial**. Com a desconsideração acolhida pelo juiz, os efeitos de certas e determinadas relações de obrigações da pessoa jurídica são estendidos aos bens particulares de administradores ou de sócios da pessoa jurídica beneficiados direta ou indiretamente pelo abuso, ou inversamente (§ 3º). O **desvio de finalidade** (novo §1º) e a **confusão patrimonial** (novo § 2º) agora são conceituados. Entende-se por **desvio de finalidade** a utilização da pessoa jurídica com o propósito de **lesar credores** e para a prática de **atos ilícitos** de qualquer natureza. Por sua vez, a **confusão patrimonial** caracteriza-se pela **ausência** de separação de fato entre os patrimônios, que se caracteriza por: (a) cumprimento **repetitivo** pela sociedade de obrigações do sócio ou do administrador ou vice-versa; (b) **transferência** de ativos ou de passivos sem efetivas **contraprestações**, exceto

os de valor proporcionalmente insignificante; e (c) outros atos de **descumprimento da autonomia** patrimonial. Há também desviou de finalidade ou confusão patrimonial, dependente da situação, se houver **extensão** das obrigações de sócios ou de administradores à pessoa jurídica, afirma o novo § 3º. Por outro lado, a mera existência de grupo econômico **sem a presença dos requisitos legais** não autoriza a desconsideração, e **não constitui desvio de finalidade** a mera expansão ou a alteração da finalidade original da atividade econômica específica da pessoa jurídica (novos §§ 4º e 5º).

- **teoria menor:** no **regime consumerista** (CDC, art. 28), por se tratar de norma de ordem pública, permite-se a decretação da medida judicial sem provocação, ou seja, o juiz poderá decretá-la de ofício. Outra diferença entre ambos diz respeito à **teoria menor** acolhida pelo CDC, e a **teoria maior** sufragada pelo CC. Para a **teoria menor**, basta a **insolvência** da pessoa jurídica para ser possível a desconsideração de sua personalidade, pouco importando se houve fraude ou desvio (*prejuízo do credor*). Já o CC/2002, adotou a chamada **teoria maior da desconsideração**, segundo a qual se exige, além da **prova de insolvência**, a demonstração ou de **desvio de finalidade** (*teoria subjetiva da desconsideração*) ou de **confusão patrimonial** (*teoria objetiva da desconsideração*). Acolheram a **teoria menor** (basta demonstrar o prejuízo), a **Lei Ambiental** e a **Lei Antitruste**.

- **processo de execução:** segundo o **Informativo 440 do STJ**, está sedimentado o entendimento de ser possível a desconstituição da personalidade jurídica dentro do processo de execução ou falimentar, independentemente de ação própria e autônoma.

- **desconsideração inversa:** pessoas físicas também usam pessoas jurídicas para escapar de suas obrigações. A **desconsideração inversa** da personalidade jurídica caracteriza-se pelo afastamento da autonomia patrimonial da sociedade, para, contrariamente do que ocorre na **desconsideração da personalidade propriamente dita**, atingir, então, o ente coletivo e seu patrimônio social, de modo a responsabilizar a pessoa jurídica por obrigações de seus sócios ou administradores. Sob a ótica de uma interpretação teleológica, legitima a inferência de ser possível a teoria da desconsideração da personalidade jurídica em sua modalidade inversa, que encontra justificativa nos princípios éticos e jurídicos intrínsecos à própria *disregard doctrine*, que vedam o abuso de direito e a fraude contra credores. A finalidade maior da *disregard doctrine* contida no CC, art. 50, é combater a utilização indevida do ente societário por seus sócios. De acordo com o ***Enunciado 283 da IV Jornada de Direito Civil do CJF***, *"É cabível a desconsideração da personalidade jurídica denominada "inversa" para alcançar bens de sócio que se valeu da pessoa jurídica para ocultar ou desviar bens pessoais, com prejuízo a terceiros"*. Segundo o **STJ** (REsp 948.117), a *"desconsideração inversa"* é medida excepcional, a exigir os requisitos da teoria maior, adotados no art. 50 do CC.

- **empresa controladora:** a aplicação da desconsideração da personalidade foi admitida pelo STJ no REsp 1.141.447, da empresa controladora para poder penhorar bens de forma a quitar débitos da sua controlada.

- **requisitos no CC, art. 50**: **a)** desvio de finalidade; **b)** confusão patrimonial; **c)** requerimento da parte ou do MP, quando lhe couber intervir no processo.

- **requisitos no CDC/art. 28 e § 5º**: **a)** utilização da pessoa jurídica em detrimento do consumidor; **b)** abuso de direito da PJ; **c)** excesso de poder; **d)** infração à lei; **e)** fato ou ato ilícito; **f)** violação do estatuto ou contrato social; **g)** falência; **h)** estado de insolvência; **i)** encerramento ou inatividade da pessoa jurídica por má administração; **j)** por fim, a medida terá lugar quando de alguma forma a personalidade da pessoa jurídica servir de obstáculo ao ressarcimento dos prejuízos causados ao consumidor.

- **Enunciados das Jornadas de Direito Civil**: **Enunciado 7**: *"Só se aplica a desconsideração da personalidade jurídica quando houver a prática de ato irregular e, limitadamente, aos administradores ou sócios que nela hajam incorrido"*; **Enunciado 146** *"Nas relações civis, interpretam-se restritivamente os parâmetros de desconsideração da personalidade jurídica previstos no art. 50 (desvio de finalidade social ou confusão patrimonial)"*; **Enunciado 281**: *"A aplicação da teoria da desconsideração, descrita no art. 50 do Código Civil, prescinde da demonstração de insolvência da pessoa jurídica"*; **Enunciado 282**: *"O encerramento irregular das atividades da pessoa jurídica, por si só, não basta para caracterizar abuso da personalidade jurídica"*; **Enunciado 283**: *"É cabível a desconsideração da personalidade jurídica denominada "inversa" para alcançar bens de sócio que se valeu da pessoa jurídica para ocultar ou desviar bens pessoais, com prejuízo a terceiros"*; **Enunciado 284**: *"As pessoas jurídicas de direito privado sem fins lucrativos ou de fins não-econômicos estão abrangidas no conceito de abuso da personalidade jurídica"*; **Enunciado 285**: *"A teoria da desconsideração, prevista no art. 50 do Código Civil, pode ser invocada pela pessoa jurídica, em seu favor"*; **Enunciado 406**: *"A desconsideração da personalidade jurídica alcança os grupos de sociedade quando estiverem presentes os pressupostos do art. 50 do Código Civil e houver prejuízo para os credores até o limite transferido entre as sociedades"*.

- **CPC-2015:** o novo diploma processual prevê nos arts. 133 a 137 o *incidente de desconsideração da personalidade jurídica*. Pode se destacar o seguinte:

  a) pode ser instaurado mediante pedido da parte ou do Ministério Público, quando lhe couber intervir no processo

  b) os pressupostos são aqueles previstos na lei sob a qual o pedido é manejado, ou seja, são aqueles próprios de cada instrumento legal: Ex: CC, CDC, etc. Vale lembrar que cada lei contempla exigências distintas

c) a desconsideração inversa da personalidade jurídica a ter previsão legal expressa, devendo observar os mesmos pressupostos

d) o incidente de desconsideração é cabível em todas as fases do processo de conhecimento, no cumprimento de sentença e na execução fundada em título executivo extrajudicial

e) dispensa-se a instauração do incidente se a desconsideração da personalidade jurídica for requerida na petição inicial

f) com relação ao rito do incidente em si:

1. o requerimento deve demonstrar o preenchimento dos pressupostos legais específicos para desconsideração da personalidade jurídica
2. a instauração do incidente será imediatamente comunicada ao distribuidor para as anotações devidas
3. como efeito, o processo será suspenso, a menos que tenha sido requerido na petição inicial
4. o sócio ou a pessoa jurídica será citado para manifestar-se e requerer as provas cabíveis no prazo de 15 dias
5. se necessário, poderá ocorrer da instrução
6. com ou sem instrução, o incidente será resolvido por decisão interlocutória
7. contra a decisão cabe agravo de instrumento, no prazo de 15 dias
8. se a decisão for proferida pelo relator, cabe agravo interno, em 15 dias
9. acolhido o pedido de desconsideração, a alienação ou a oneração de bens, havida em fraude de execução, será ineficaz em relação ao requerente.

4.7. RESPONSABILIDADE CIVIL DAS PESSOAS JURÍDICAS DE DIREITO PRIVADO

- **contratual:** de acordo com o CC, art. 389, *"Não cumprida a obrigação, responde o devedor por perdas e danos, mais juros e atualização monetária segundo índices oficiais regularmente estabelecidos, e honorários de advogado".*
- **extracontratual:** sua responsabilidade neste campo emerge dos arts. 186, 187, 927, 932, III e 933, todos do CC/2002. Com efeito, admite-se a responsabilidade por *fato próprio* e por *fato de terceiro*, tanto *subjetiva*, quanto *objetiva*. Igualmente, independe para que tenha responsabilidade civil os seus fins, quer lucrativos, quer sem fins lucrativos.
- **relações de consumo:** a responsabilidade da pessoa jurídica é objetiva (CDC, arts. 12 e ss).

4.8. RESPONSABILIDADE CIVIL DAS PESSOAS JURÍDICAS DE DIREITO PÚBLICO E DE DIREITO PRIVADO PRESTADORAS DE SERVIÇOS PÚBLICOS

- **as pessoas jurídicas de direito público e as de direito privado prestadoras de serviços públicos**: responderão pelos danos que seus agentes, nessa qualidade, causarem a terceiros, assegurado o direito de regresso contra o responsável nos casos de dolo ou culpa (**CF, art. 37, § 6º; CC, art. 43)**
- ***ATENÇÃO***: Em relação aos entes acima, a teoria adotada é da **responsabilidade objetiva do risco administrativo**, a qual poderá ser afastada se ocorrer:

1. *culpa exclusiva da vítima;*
2. *força maior;*
3. *fato exclusivo de terceiro.*

4.8.1. RESPONSABILIDADE CIVIL – LEI DAS VACINAS

- **noções iniciais:** segundo o art. 1º, *caput*, L. 14.125, de 2021, enquanto perdurar a Emergência em Saúde Pública de Importância Nacional (ESPIN), declarada em decorrência da infecção humana pelo novo coronavírus (SARS-CoV-2), ficam a União, os Estados, o Distrito Federal e os Municípios autorizados a adquirir vacinas e a assumir os riscos adversos que decorram da vacinação nas pessoas.
- **regras especiais da Lei:**

1. **Assunção dos riscos:** as pessoas jurídicas de direito público (CC, art. 41, I a III), são solidariamente responsáveis, nos termos do instrumento de aquisição ou fornecimento de vacinas celebrado, em relação a eventos adversos pós-vacinação, desde que a Agência Nacional de Vigilância Sanitária (Anvisa) tenha concedido o respectivo registro ou autorização temporária de uso emergencial. A solidariedade decorre da lei ou vontade das partes (CC, art. 265); logo, não pode ser presumida.
2. **Cobertura dos riscos: (novo art. 1º, § 1º):** a União, os Estados, o Distrito Federal e os Municípios poderão constituir garantias ou contratar seguro privado, nacional ou internacional, em uma ou mais apólices, para a cobertura dos riscos de que trata o caput deste artigo.
3. **Limitação pelos riscos: (novo art. 1º, § 2º):** a assunção dos riscos relativos à responsabilidade civil restringe-se às aquisições feitas pelo respectivo ente público. Deste modo, as compras de vacinas pelas pessoas jurídicas de direito privado não estão gozam da cobertura dos entes públicos.
4. **Apuração em procedimento: (novo art. 3º):** permite a nova Lei das Vacinas (LV) que o Poder

Executivo federal institua procedimento administrativo próprio para a avaliação de demandas relacionadas a eventos adversos pós-vacinação.

5. **Vigência: (novo art. 4º):** a Lei das Vacinas entrou em vigor na data de sua publicação (10.03.2021), sem contemplar período de *vacatio legis*.

4.9. EXTINÇÃO DA PESSOA JURÍDICA

- **noções gerais:** começa a existência legal das pessoas jurídicas de direito privado com a **inscrição** do ato constitutivo no respectivo **registro**, precedida, quando necessário, de **autorização** ou **aprovação** do Poder Executivo, averbando-se no registro todas as alterações por que passar o ato constitutivo (CC, art. 45).
- **encerramento:** a pessoa jurídica termina por uma das causas previstas nos arts. 54, VI, segunda parte, 69, 1.028, II, e 1.033 e seguintes, todos do CC/2002.
- **formas**: a dissolução da pessoa jurídica poderá assumir as seguintes modalidades:

  a) *decurso do prazo de duração* (CC, 69, 1ª parte, art. 1.033, I);

  b) *deliberação dos sócios, quando a maioria é absoluta* (Ex. CC, art. 1.033, III);

  c) *distrato* ou *dissolução deliberada unânime dos membros* (CC, art. 1.033, III);

  d) *falta de pluralidade de sócios, não reconstituída no prazo de* ***180 dias***, salvo se o sócio remanescente requerer a transformação do registro da sociedade para empresário individual ou para empresa individual de responsabilidade limitada (CC, art. 1.033, IV, parágrafo único);

  e) *determinação legal*: em todas as situações previstas em lei para extinção da pessoa jurídica (CC, art. 1.033);

  f) *implemento da condição ou termo*: (CC, art. 127, 128 e 135);

  g) *por causa prevista no contrato social*: (CC, art. 1.035);

  h) *falência*: (Lei 11.101/2005, art. 123);

  i) *ato administrativo*: quando a pessoa jurídica depende de autorização do Poder Público que vem a ser cassada, por exercer fins ilícitos, impossíveis ou contrários à ordem pública (CC, arts. 1.033, V, e 1.125);

  j) *judicial*: nas hipóteses legais ou estatutárias previstas para a dissolução, qualquer dos sócios tenha que ingressar em juízo para que a pessoa jurídica seja extinta (CC, arts. 69, 1ª parte, 1.028, II, 1.033, 1.034, I e II, 1.035).

- **processo de extinção**:

  a) *liquidação*: a pessoa jurídica não é extinta em um só ato ou momento. Se tiver bens e dívidas a serem pagas, seu processo de extinção prossegue em fase de liquidação, para realização do ativo, pagamento do passivo e partilha entre os sócios (CC, arts. 51, §§ 1º e 2º; 1.036 a 1.038);

  b) *dissolução*: somente após liquidada, a inscrição da pessoa jurídica será cancelada, com efeitos *ex nunc* (CC, art. 51, § 3º). É no registro em que inscrita a pessoa jurídica que se faz a **averbação** de sua dissolução (CC, art. 51, § 1º). Por outro lado, aplicam-se as disposições a respeito da dissolução das sociedades em relação às demais pessoas jurídicas (CC, art. 51, § 2º).

- ***ATENÇÃO:*** De acordo com a CF, art. 5º, XIX, *"as associações só poderão ser* ***compulsoriamente dissolvidas*** *ou ter suas* ***atividades suspensas*** *por decisão judicial, exigindo-se, no primeiro caso, o trânsito em julgado".*

5. DOMICÍLIO

5.1. DOMICÍLIO DA PESSOA NATURAL

- **noções gerais:** é a sede jurídica da pessoa natural ou jurídica, onde se presume que esteja para fins de direito. É o local onde as pessoas serão encontradas, por *lei* ou *escolha*, para responder por suas obrigações. A palavra domicílio provém do latim *domus*, que significa casa ou morada.
- **elementos:**

  a) *elemento objetivo:* residência ou centro profissional (situação física, de fato ou exterior);

  b) *elemento subjetivo:* ânimo definitivo ou permanente (situação psicológica ou interior).

- **outros conceitos:**

  a) *residência:* um dos elementos do domicílio, mas com ele não se confunde. É uma situação física, é o local onde a pessoa está radicada. Pode haver *domicílio sem residência*, se a pessoa natural não tiver residência habitual. Neste caso, terá por domicílio o local onde for encontrada (CC, art. 73). Trata-se do *"domicílio aparente, ocasional ou presumido"*.

  b) *morada* ou *habitação*: não pertence ao conceito de domicílio, pois referem-se ao local que a pessoa ocupa de maneira transitória ou esporádica. Ex. Casa de verão.

5.1.1. ESPÉCIES DE DOMICÍLIO DA PESSOA NATURAL OU FÍSICA

- **em relação ao número ou quantidade**:

  a) *único/familiar*:

  1. o domicílio da pessoa natural é o lugar onde ela estabelece a sua residência com ânimo definitivo (CC, art. 70);

2. é também domicílio da pessoa natural, quanto às relações concernentes à profissão, o lugar onde esta é exercida (CC, art. 72, caput).

b) plúrimo/plural (residencial e profissional)

1. se pessoa natural tiver diversas residências, onde, alternadamente, viva, considerar-se-á domicílio seu qualquer delas (CC, art. 71)

2. se a pessoa exercitar profissão em lugares diversos, cada um deles constituirá domicílio para as relações que lhe corresponderem (CC, art. 72, p. ú)

- **em relação à existência:**

a) real: são os domicílios fixos, residenciais ou profissionais

b) presumido, aparente ou ocasional: ter-se-á por domicílio da pessoa natural, que **não tenha residência habitual**, o lugar onde for encontrada (CC, art. 73).[3]

- **necessário ou legal**

a) *do incapaz: é o do seu representante legal*

b) *do servidor público: é o lugar que exercer permanentemente suas funções*

c) *do militar: onde servir*

d) *do militar da Marinha ou da Aeronáutica: a sede do comando a que se encontrar imediatamente subordinado*

e) *do marítimo: onde o navio estiver matriculado*

f) *do preso: o lugar em que cumprir a sentença*

g) *do diplomata: o agente diplomático do Brasil, que, citado no estrangeiro, alegar extraterritorialidade sem designar onde tem, no país, o seu domicílio, poderá ser demandado no Distrito Federal ou no último ponto do território brasileiro onde o teve (CC, art. 77).*

- ***voluntário:***

a) *geral ou comum:* aquele escolhido livremente (CC, art. 74)

b) *especial: (subdivisão):*

c) *foro do contrato*: nos contratos escritos, poderão os contratantes especificar domicílio onde se **exercitem** e **cumpram** os direitos e obrigações deles resultantes (CC, art. 78)

d) *foro de eleição*: as partes poderão eleger o foro onde serão propostas as ações oriundas de direitos e obrigações. O acordo, porém, só produz efeito, quando constar de contrato escrito e aludir expressamente a determinado negócio jurídico. O foro contratual obriga os herdeiros e sucessores das partes. (CPC-2015: art. 63, §§ 1º e 2º). De acordo com o art. 64, *caput*, do CPC-2015, a incompetência, absoluta ou relativa, será alegada como questão preliminar de contestação, e não mais por meio de exceção. A incompetência absoluta pode ser alegada em qualquer tempo e grau de jurisdição e deve ser declarada de ofício (§ 1º). Por fim, segundo o art. 65 do CPC-2015, prorrogar-se-á a competência relativa se o réu não alegar a incompetência em preliminar de contestação. Admite-se ao Ministério Público, nas causas em que atuar, a alegação da incompetência relativa (art. 65, parágrafo único).

- **enunciados das jornadas:**

a) ***Enunciado 408 da V Jornada de Direito Civil do CJF***: *Para efeitos de interpretação da expressão "domicílio" do art. 7º da Lei de Introdução às Normas do Direito Brasileiro, deve ser considerada, nas hipóteses de litígio internacional relativo a criança ou adolescente, a residência habitual destes, pois se trata de situação fática internacionalmente aceita e conhecida*

b) de acordo com o ***Enunciado 427 da V Jornada de Direito Civil do CJF***: *É válida a notificação extrajudicial promovida em serviço de registro de títulos e documentos de circunscrição judiciária diversa da do domicílio do devedor.*

5.2. DOMICÍLIO DAS PESSOAS JURÍDICAS

- **noções gerais:** para a pessoa jurídica, fala-se em *sede, estabelecimento* ou *centro de atividades*, como elemento do domicílio, enquanto para a natural, um dos seus elementos é a *residência.*

5.2.1. ESPÉCIES DE DOMICÍLIO DA PESSOA NATURAL OU FÍSICA

- **domicílio das pessoas jurídicas de Direito Público**

a) da União: Distrito Federal

b) dos Estados e Territórios: as respectivas capitais

c) dos Municípios: o lugar onde funcione a administração municipal

- **domicílio das pessoas jurídicas de Direito Privado**

a) comum: as pessoas jurídicas de direito privado têm por domicílio o lugar onde funcionarem sua diretoria e administração (CC, art. 74, IV, primeira parte).

b) especial: onde elegerem domicílio especial no seu estatuto ou atos constitutivos (CC, art. 74, IV, segunda parte).

---

3 Trata-se do "princípio da cogência do domicílio", pelo qual não se admite a falta ou ausência de domicílio. Aplica-se o preceito aos sem residência certa ou fixa, como os ciganos, os vendedores ambulantes e outros, os quais não se estabelecem em um lugar com habitualidade.

c) *plúrimo/plural*: tendo a pessoa jurídica diversos estabelecimentos em lugares diferentes, cada um deles será considerado domicílio para os atos nele praticados (CC, art. 75, § 1º).

- **domicílio da pessoa jurídica de Direito Privado Estrangeira:** se a administração, ou diretoria, tiver a sede no estrangeiro, haver-se-á por domicílio da pessoa jurídica, no tocante às obrigações contraídas por cada uma das suas agências, o lugar do estabelecimento, sito no Brasil, a que ela corresponder (CC, art. 75, § 2º).
- ***ATENÇÃO:*** de acordo com a **Súmula 363 do STF:** *"A pessoa jurídica de direito privado pode ser demandada no domicílio da agência, ou estabelecimento, em que se praticou o ato".*

6. BENS

6.1. GENERALIDADES

- **noções gerais:** enquanto as pessoas natural e jurídica são ***sujeitas*** das relações jurídicas, os bens são o ***objeto***. Assim, ***bem*** é tudo aquilo que se pode submeter ao poder dos sujeitos das relações, como instrumento de realização de suas necessidades. Assim, o bem poderá ser uma coisa, uma ação humana, os atributos da personalidade, ou até mesmo outros direitos, como um crédito. ***Coisa*** é gênero e bem ***espécie.***
- **características:** o bem é útil e raro, por isso suscetível de apropriação e dotado de valor econômico. Se abundantes no universo, como a água do mar, o ar atmosférico, não se reconhece a posição jurídica de bem. Vale lembrar que o diploma de 1916 não distinguia os termos ***coisa*** e ***bem***. No de 2002, a expressão *"bem"* é empregada na Parte Geral para designar o objeto das relações jurídicas. Vimos no tópico acima que o a nomenclatura *"coisa"* traz em si um conceito mais amplo do que "bem". Por fim, os bens de podem ser ***materiais*** (um imóvel) ou ***imateriais*** (crédito, direitos autorais). O que diferencia um e outro é possibilidade de apropriação do primeiro e de apreciação econômica do segundo.
- **direito romano:** em Roma, a *res extra patrimonium* se referia ao ***direito humano*** *(res humani iuris)* e ao ***direito divino*** *(res divini iuris)*; este, por sua vez, era dividido em ***res sacrae*** *(coisas consagradas aos deuses superiores, como as estátuas)*; ***res religiosae*** *(os lugares dedicados aos mortos, como as sepulturas)* e ***res sanctae*** *(aquelas coisas com características ou relacionadas à religião)*. Também os romanos diferenciavam os bens em ***corpóreo*** e ***incorpóreo***, os primeiros com existência física e material, e os últimos com existência abstrata. O critério distintivo entre ambos é a tangibilidade, ou seja, a possibilidade de serem tocados.
- **patrimônio:** trata-se do complexo de relações jurídicas dotadas de valor econômico, compreendendo, assim, os ativos e os passivos (dívidas), todos avaliáveis em dinheiro. *Não são patrimoniais* os direitos da personalíssimos, os familiares, etc. De acordo com o CC, art. 91, *"Constitui universalidade de direito o complexo de relações jurídicas, de uma pessoa, dotadas de valor econômico"*. O patrimônio está inserido neste conceito, acrescentando sua *unidade* e *indivisibilidade*.
- **patrimônio mínimo:** deve ser garantido o mínimo patrimonial ao sujeito, com isso protegendo-lhe a dignidade humana, e como exemplos, citam-se a proibição de doação de todo o patrimônio (doação universal, CC, art. 548) e a proteção do único bem de família, na forma da Lei 8.009/90 c/c CF/88, art. 1º, III; sobre as diferentes classes de bens, são eles: móveis e imóveis, ou considerados em si mesmos (CC/art. 79 a 84).

6.2. CLASSIFICAÇÃO DOS BENS

- **noções gerais:** a classificação dos bens é baseada em critérios físicos e jurídicos, bem como na relação dos bens com seu titular. Nada impede, ainda, que determinado bem pertença a classificações distintas, admitindo-se, por exemplo, bens públicos imóveis, ou móveis fungíveis. Essa classificação tem por fundamento os arts. 79 a 103 do CC de 2002, em três capítulos.

Classificação dos bens		
Considerados em si mesmos CC, arts. 79 a 91	**Reciprocamente considerados CC, arts. 92 a 97**	**Quanto ao titular do domínio CC, arts. 98 a 103**
• bens móveis • bens imóveis • bens fungíveis e consumíveis • bens divisíveis • bens singulares e coletivos	• bens principais • bens acessórios – produtos – frutos – benfeitorias – pertenças	• bens particulares • bens públicos – uso comum do povo – de uso especial – dominicais

6.2.1. CONSIDERADOS EM SI MESMOS

6.2.1.1. BENS IMÓVEIS – CC, ARTS. 79 A 81

- **noções gerais:** são **imóveis** aqueles que não podem transportar, sem destruição, de um lugar para outro, bem como aqueles assim considerados por lei.
- **aquisição:** os **bens imóveis** podem ser adquiridos por (CC, arts. 108, 1.227, 1.238 a 1.244, 1.248 e 1.784):

a) *escritura pública e registro*

b) *acessão por:*

1. formação de ilhas
2. *aluvião*
3. *avulsão*
4. *abandono de álveo*
5. *plantações ou construções.*
6. usucapião
7. direito hereditário

- **classificação:**

imóveis por natureza	solo, subsolo, espaço aéreo, p. ex.
imóveis acessão natural	árvores, mesmo que plantadas pelo homem no solo; se estas árvores forem destinadas ao corte, como eucalipto, são chamadas de móveis por antecipação).
imóveis acessão artificial ou industrial	tudo que o homem incorpora definitivamente, como as construções.
imóveis por determinação legal	em razão da maior segurança buscada pelo legislador, o CC/art. 80, I e II, diz que são imóveis os direitos reais e as ações que os asseguram e a sucessão aberta; inovação no CC/2002, o direito a sucessão aberta pode ser objeto de cessão, na forma do CC/art. 1.793; é exigência legal que a cessão seja feita por escritura pública.

- **não perdem o caráter de imóveis**:

a) as edificações que, separadas do solo, mas conservando a sua unidade, forem removidas para outro local;
b) os materiais provisoriamente separados de um prédio, para nele se reempregarem.

- ***ATENÇÃO***: não mais remanesce a classificação dos bens ***imóveis por destinação ou acessão intelectual***, conforme previa o CC/1916, como os tratores do uma propriedade rural, porque o art. 93, do atual CC, adota o conceito de pertença. Pelo **Enunciado 11 da I Jornada de Direito Civil do CJF**: *"Não persiste no novo sistema legislativo a categoria dos bens imóveis por acessão intelectual, não obstante a expressão "tudo quanto se lhe incorporar natural ou artificialmente", constante da parte final do art. 79 do Código Civil"*.

6.2.1.2. BENS MÓVEIS (CC, ARTS. 82 A 84)

- **noções gerais:** são **móveis** os bens suscetíveis de movimento próprio, ou de remoção por força alheia, sem alteração da substância ou da destinação econômico-social (CC, art. 82).
- **aquisição:** os **bens móveis** são adquiridos (CC, arts. 1.226, e 1.260 a 1.274):

1. *tradição*
2. *usucapião*
3. *ocupação*
4. *achado de tesouro*
5. *especificação*
6. *confusão*
7. *comistão*
8. *adjunção*

- **classificação**:

a) *móveis por natureza:* desta classe são os semoventes (que possuem movimento próprio, como os animais) e os móveis propriamente ditos (de remoção por força alheia, como as coisas inanimadas). Os navios e aeronaves são bens móveis, porque podem movimentar sem perder as características que lhe são próprias. Todavia, estão sujeitos à hipoteca, direito real de garantia que recai sobre bens imóveis (CC, art. 1.473, VI e VII; Código Brasileiro de Aeronáutica, art. 138).

b) *móveis por lei ou determinação legal*: nesta seara a energia, em quaisquer de suas formas (térmica, elétrica); os direitos reais sobre objetos móveis, e suas ações (penhor, usufruto sobre tais bens); e os direitos pessoais de caráter patrimonial, e suas ações (crédito); por fim, há haverá bens móveis por antecipação quando incorporados ao solo, mas com a intenção de separá-los.

- ***ATENÇÃO***: Segundo o art. 84 do CC, os materiais destinados a alguma construção, enquanto não forem empregados, conservam sua qualidade de móveis; readquirem essa qualidade os provenientes da demolição de algum prédio

6.2.1.3. BENS FUNGÍVEIS E INFUNGÍVEIS (CC, ART. 85)

- **noções gerais:** de acordo com o CC/art. 85, **fungíveis**, são os **móveis** que podem ser **substituídos** por outros da mesma espécie, qualidade e quantidade (dinheiro, soja). Os bens **infungíveis** são aqueles sem essa qualidade, ou seja, são individualizados e personalizados, e **não podem ser substituídos** por outros na mesma espécie, qualidade e quantidade (quadro de um pintor famoso). A definição dos bens infungíveis não consta do CC/2002, assim como a dos inconsumíveis, por exemplo. No entanto, sua existência é inconteste. Vale lembrar que o **mútuo** recai sobre **bens fungíveis** (CC, art. 586), e o **comodato** sobre **bens infungíveis** (CC, art. 579).
- **regra da fungibilidade**: é determinada pela **natureza** do bem. Todavia, por **convenção das partes**, os bens podem ter a qualidade alterada, de fungíveis para infungíveis.
- **fungibilidade**: é uma característica dos **bens móveis**, que podem ser **substituídos** por outros de igual conteúdo, o que não ocorre para os infun-

gíveis. Com relação aos **imóveis**, em regra são infungíveis, embora excepcionalmente, se admita a fungibilidade, para certos negócios nos quais as características dos bens não sejam relevantes

- **obrigações:** *infungíveis* são os bens que, *"por consistirem em corpo certo, não se prestam a substituição"*; vale lembrar que as obrigações de fazer podem ser fungíveis ou infungíveis; será desta última quando a prestação for executável somente por quem detenha especial qualidade, e que não possa ser substituído por terceiro (intuito personae ou personalíssima).
- **origem**: ainda de acordo com autor do CC/1916, (op. cit. pág. 233) *"o direito romano conhecia o fenômeno da fungibilidade dos bens, mas não teve um vocabulário técnico próprio com que o designar"*; importa dizer, porém, que a classificação dos bens em fungíveis e infungíveis, somente apareceu na idade média.

6.2.1.4. BENS CONSUMÍVEIS E INCONSUMÍVEIS (CC, ART. 86)

- **noções gerais: consumíveis** são os bens móveis cujo uso importa destruição imediata da própria substância, sendo, também, considerados tais os destinados à alienação (dinheiro, os alimentos). Por sua vez, os bens **inconsumíveis** são aqueles que permitem reiterados usos, sem atingir sua integralidade, admitindo, assim, sua utilização contínua (veículos, imóveis).
- **espécies de bens consumíveis:**
  - a) *consumíveis de fato* (natural ou materialmente consumíveis): são os bens cujo o normal uso importa a destruição imediata de sua substância, o que ocorre com os alimentos, por exemplo.
  - b) *consumíveis de direito* (juridicamente consumíveis): qualquer bem destinado à alienação.
- **origem da consuntibilidade**:
  - a) *natureza do bem*: quando a própria substância do bem confere a ele tal qualidade, como os alimentos, as bebidas.
  - b) *vontade das partes*: a consuntibilidade do bem pode resultar da vontade das partes, em razão da **finalidade econômico-jurídica**
- **relação de consumo:** conforme classificação do Código de Defesa do Consumidor, os bens podem ser ***duráveis*** e ***não duráveis*** (CDC/art. 26, I e II).
- **quase-usufruto** ou **usufruto impróprio:** é o direito real que recai sobre **bem alheio consumível** (CC, art. 1.392, § 1º).
- **bens divisíveis e indivisíveis** (CC/art. 87 e 88).

6.2.1.5. BENS DIVISÍVEIS E INDIVISÍVEIS (CC, ARTS. 87 E 88)

- **noções gerais:** de acordo com o CC, art. 87, são **divisíveis** os bens que se podem fracionar sem alteração na sua substância, diminuição considerável de valor, ou prejuízo do uso a que se destinam. Assim, podem ser partidos em porções distintas, formando cada qual um todo perfeito. Os **bens indivisíveis**, não podem ser partidos, pois deixariam de formar um todo perfeito.
- **espécies de bens indivisíveis** (CC, art. 88).
  - a) *bens indivisíveis por natureza (indivisibilidade física ou material)*: aqueles que não poder ser partidos sem alteração na sua substância, diminuição de valor ou prejuízo do uso (um anima, um carro). Vale lembrar que uma obrigação será divisível ou indivisível segundo a natureza do objeto (CC, arts. 257 e 258).
  - b) *bens indivisíveis por determinação legal (indivisibilidade jurídica)*: são aqueles que a lei proíbe o fracionamento, como ocorre nas servidões prediais (CC, art. 1.386), hipoteca (CC, art. 1.421), herança até o julgamento da partilha (CC, art. 1.791 e 2.023).
  - c) *bens indivisíveis por vontade das partes (indivisibilidade convencional)*: os bens naturalmente divisíveis podem se tornar indivisíveis por acordo das partes, por **prazo não maior de 5 anos, suscetível de prorrogação ulterior** (CC/art. 1.320, § 1º). **Não poderá exceder** de **5 anos** a indivisão estabelecida pelo **doador** ou **pelo testador**
- ***ATENÇÃO***: relacionado aos condomínios, **se divisível o bem**, podem os condôminos exigir a divisão do bem comum, respondendo o quinhão de cada um pela sua parte nas despesas da divisão. Quando a coisa **for indivisível** e os consortes não quiserem adjudicá-la a um só, indenizando os outros, será vendida e repartido o apurado, preferindo-se, na venda, em condições iguais de oferta, o condômino ao estranho, e entre os condôminos aquele que tiver na coisa benfeitorias mais valiosas, e, não as havendo, o de quinhão maior (CC, arts. 1.320 e 1.322).

6.2.1.6. BENS SINGULARES E COLETIVOS (CC, ARTS. 89 A 91)

- **noções gerais bens singulares** são os que, em embora reunidos, são considerados de per si, independentemente dos demais, razão pela qual são individualmente considerados (carro, lápis, celular).
- **espécies de bens singulares**:
  - a) *simples*: aqueles cujas partes estão ligadas por natureza (animal).
  - b) *compostos*: se as partes estiverem unidas pelo trabalho humano (prédio).
- **noções gerais bens coletivos (ou universais)**: aqueles que reunidos formam um todo, distinto das unidades que o compõem, e com individualmente própria (rebanho, floresta).
- **espécies de bens coletivos**:
  - a) *universalidade de fato* (CC, art. 90): constitui universalidade de fato a pluralidade de bens singu-

lares que, pertinentes à mesma pessoa, tenham destinação unitária, por vontade do titular (biblioteca, rebanho). Diferenciam-se os **bens coletivos (universais)** dos **bens compostos**, porque a autonomia dos bens é conservada nos primeiros, não passam de mera pluralidade de bens singulares, a ponto de figurarem como objeto de relações jurídicas próprias (CC, art. 90, parágrafo único)

b) *universalidade de direito* (CC, art. 91): constitui universalidade de direito o complexo de relações jurídicas, de uma pessoa, dotadas de valor econômico, onde o efeito da unidade é decorrência legal (herança, fundo de comércio, massa falida).

6.2.2. RECIPROCAMENTE CONSIDERADOS

6.2.2.1. BEM PRINCIPAL E BENS ACESSÓRIOS (CC, ARTS. 92 A 97)

- **noções gerais**, **bem principal:** é o que existe sobre si, é autônomo, abstrata ou concretamente, exercendo funções e finalidades independentes. (CC, art. 92, 1ª parte).
- **noções gerais**, **bens acessórios:** bens acessórios aquele cuja existência supõe a do principal, formando uma relação de dependência para com aquele, como o solo *(principal)* e a árvore *(dependente daquele, logo, acessório)*. (CC, art. 92, 2ª parte).
- **princípio da gravitação jurídica**: como regra, o destino do acessório segue o principal (*acesssso-rium sequitur suum principale* – princípio da gravitação jurídica). Há exceções, **convencionais** e **legais**. Admite-se, nos negócios jurídicos, que seja ajustado de maneira diversa o destino do bem acessório *(exceção convencional)*. De acordo com o CC/art. 1.284, os frutos pertencem ao dono do solo onde caírem, e não ao dono da árvore *(exceção legal)*.
- **efeitos do princípio da gravitação jurídica**:

a) *identidade de natureza*: o regime jurídico do bem principal é estendido ao acessório, se o primeiro é imóvel, o segundo também o será.

b) *identidade de destino*: uma vez extinta a obrigação principal, a acessória também o é. (CC, arts. 233, 287, 1.392).

c) *identidade de propriedade*: o proprietário do bem principal também o é do acessório (CC, arts. 237, 1.209, 1.232, 1.248 e seguintes).

- **classes de bens acessórios:**

a) *frutos*: são as utilidades periódicas do bem, que podem ser separadas, sem que sua substância seja alterada. Podem ser divididos quanto à **origem** em:

1. *naturais* (renovam-se por forças da própria natureza)
2. *industriais* (surgem em razão do trabalho do homem)
3. *civis* (rendimentos pela utilização do bem por terceiro, aluguel, juros).

- **produtos***:* as utilidades que se retiram da coisa, alterando e diminuindo sua substância, que não é renovável periodicamente (retirada de pedras de uma mina).
- **pertenças***:* são os bens que, não constituindo partes integrantes (frutos, produtos e benfeitorias), se destinam, de modo duradouro, ao uso, ao serviço ou ao aformoseamento de outro. A **regra da gravitação jurídica**, segundo a qual o acessório segue o principal, **não é aplicável** em relação às pertenças. De acordo com o CC, art. 94, *"os negócios jurídicos que dizem respeito ao bem principal não abrangem as pertenças, salvo se o contrário resultar da lei, da manifestação de vontade, ou das circunstâncias do caso"*. Assim, um trator que componha o acervo de maquinas de uma propriedade rural não seguirá a sorte da compra e venda do imóvel, salvo se houver manifestação de vontade neste sentido.
- **benfeitorias***:* tratam-se dos bens acessórios, que conferem melhorias ou acréscimos ao bem principal, mediante a intervenção do proprietário, possuidor ou detentor (CC, art. 97). Assim, ficam de fora do conceito as melhorias ou acréscimos sobrevindos ao bem principal por outras forças, como ocorre na **acessão natural** (formação de ilhas, aluvião, avulsão e abandono de álveo). As benfeitorias são consideradas acessórias, qualquer que seja o seu valor, e sua classificação, conforme veremos a seguir, depende da análise do contexto no qual inserida, porque uma piscina em uma casa é benfeitoria voluptuária, mas em uma escola de natação, necessária, por permitir a normal exploração da atividade.
- **em relação ao estado**: para Clóvis Beviláqua, são:

a) *pendentes* (unidos ao bem)

b) *percebidos* (colhidos depois de separado)

c) *estantes* (separados e acondicionados para venda)

d) *percipiendos* (deviam ser, mas não foram percebidos)

e) *consumidos* (não existem, porque utilizados).

- **espécies de benfeitorias**:

a) *voluptuárias* as de mero deleite ou recreio, que não aumentam o uso habitual do bem, ainda que o tornem mais agradável, ou sejam de elevado valor (luxo e recreio, como os jardins).

b) *úteis*: as que aumentam ou facilitam o uso do bem, sob a ótica objetiva.

c) *necessárias*: as que têm por fim conservar o bem ou evitar que se deteriore, bem como aquelas para a sua normal exploração.

- **importante sobre as benfeitorias:**

- dica – 1: dica admite-se acessoriedade entre **bens** e **direitos pessoais e reais** (fiança, cláusula penal, hipoteca).
- *dica – 2*: benfeitorias são as obras e despesas feitas em bem existente
- *dica – 3:* são inconfundíveis as benfeitorias e as acessões industriais, porque estas, modo de aquisição das propriedades, são obras que criam bens novos.
- *dica – 4:* os acréscimos sobrevindos ao bem por forças eventuais e fortuitas, são acessões naturais (aluvião, avulsão, formação de ilhas e abandono do álveo, CC, art. 1.248). Será benfeitoria se as obras ou despesas forem realizadas pelo proprietário, possuidor ou detentor (CC, art. 97).

6.2.3. QUANTO AO TITULAR DO DOMÍNIO

6.2.3.1. BENS PÚBLICOS E PARTICULARES (CC, ARTS. 98 A 103)

- **noções gerais:** são públicos os bens do domínio nacional pertencentes às pessoas jurídicas de direito público interno; todos os outros são particulares, seja qual for a pessoa a que pertencerem. Não dispondo a lei em contrário, consideram-se dominicais os bens pertencentes às pessoas jurídicas de direito público a que se tenha dado estrutura de direito privado.
- **categorias de bens públicos**:

  a) *bens públicos são de uso comum do povo*: podem ser utilizados por todos, a exemplo das ruas, praças, estradas, mares, ou seja, a acessibilidade é geral, gratuita ou retribuída (CC, art. 103). Apesar da acessibilidade por qualquer um do povo, admite-se a restrição ou vedação do uso, por motivos de interesse público. Por outro lado, o acesso livre não altera o direto de propriedade pública sobre tais bens, que continua a pertencer ao Estado. São inalienáveis, enquanto conservarem a sua qualificação, na forma que a lei determinar (CC, art. 100).

  b) *bens públicos de uso especial*: são aqueles destinados ao serviço público, como as instalações das administrações públicas, em todas as esferas. Tais bens, de igual forma dos anteriores, são inalienáveis, enquanto conservarem a sua qualificação, na forma que a lei determinar (CC, art. 100).

  c) *bens públicos dominicais ou dominiais*: são os que compõem o acervo patrimonial de direito pessoal e real das pessoas jurídicas de direito público, seu patrimônio disponível. Desde que não afetados a uma finalidade pública, podem ser alienados, observadas as disposições legais (CC, art. 101).

- **importante:**

  1. os bens públicos de uso comum do povo e os de uso especial são inalienáveis, enquanto conservarem a sua qualificação, na forma que a lei determinar. Deixam de *"conservar a sua qualificação"* mediante **desafetação**, que altera a destinação do bem público de comum ou especial, para dominial (em patrimônio disponível), permitindo, com isso, a alienação.
  2. os bens públicos dominicais podem ser alienados, observadas as exigências da lei. Estes bens, ainda, podem ser **afetados**, quando deixam de pertencer ao domínio privado do Estado para a categoria de bem do domínio público.
  3. a desafetação ou afetação podem ser **expressas** (por lei ou ato administrativo) e **tácitas** (práticas administrativas ou fato natural).
  4. os bens públicos de uso comum, especial e dominical não se sujeitam à usucapião (prescrição aquisitiva); por conta disso, contra as pessoas jurídicas a quem pertencem não é cabível o direito de retenção por benfeitoria, e nem mesmo a proteção possessória, pois a situação de fato sobre eles é de mera detenção.
  5. rol não exaustivo de bens: pelo Enunciado 287 da IV Jornada de Direito Civil do CJF: *"O critério da classificação de bens indicado no art. 98 do Código Civil não exaure a enumeração dos bens públicos, podendo ainda ser classificado como tal o bem pertencente a pessoa jurídica de direito privado que esteja afetado à prestação de serviços públicos"*.
  6. alguns bens estão fora do mundo dos negócios jurídicos (bens de uso comum do povo); outros, por vontade do doador ou testador, não podem ser alienados, quando gravados da "cláusula três irmãs" (CC/art. 1.911); por fim, temos os bens insuscetíveis de apropriação, em razão da natureza, como uma pedra de Marte; assim, considera-se fora do comércio os bens em decorrência da lei, da vontade humana e da natureza.

7. FATOS JURÍDICOS, ATO JURÍDICO E NEGÓCIO JURÍDICO

7.1. GENERALIDADES

- **fato comum**: é todo acontecimento sem repercussão no direito.
- **fato jurídico ou jurígeno**: é todo acontecimento da vida que tenha relevância para o direito

7.1.1. CLASSIFICAÇÃO

Fluxograma:

- **fatos jurídicos em sentido amplo (*lato sensu*)**: acontecimentos da vida que o direito atribui efeitos, ou seja, com relevância no ordenamento jurídico.
- **fatos naturais ou fatos jurídicos em sentido estrito (*stricto sensu*)**: aqueles acontecimentos sem interferência da vontade humana. Dividem-se em:

a) *fatos naturais ordinários:* p. ex: nascimento, morte; tratam-se dos acontecimentos relacionadas às pessoas naturais

b) *fatos naturais extraordinários*: p. ex: terremotos, maremotos; referem-se aos episódios inseridos nas categorias de caso fortuito e de força maior.

- **fatos humanos ou atos jurídicos em sentido amplo *(lato sensu)***: são as ações humanas que criam, modificam ou extinguem direitos.

a) *lícitos*: são os atos humanos que a lei atribui o efeito esperado por quem o pratica. Seus efeitos jurídicos, assim, são aqueles voluntariamente queridos, uma que praticados pelo agente de acordo com o ordenamento jurídico. **Dividem-se em**:

1. *ato jurídico em sentido estrito (stricto sensu) ou meramente lícito*: manifestada a vontade, ou a simples intenção, seus efeitos são predeterminados por lei, como a tradição. Destaca-se que a manifestação declarada, neste caso, reveste-se de *"mera intenção"*, e não de *"vontade qualificada"*, o que por vezes resulta a inaplicabilidade dos postulados do negócio jurídico, quanto aos defeitos do negócio jurídico.

2. *negócio jurídico*: trata-se da ação humana visa alcançar uma finalidade permitida pela lei; em razão disso, é necessário que a vontade seja qualificada, sem vícios.

3. *ato-fato jurídico*: neste inexiste a vontade de praticar o ato, que ocorre casualmente. No ato-fato se tem é um comportamento humano, pouco importando a norma se houve a vontade de praticá-lo; como a lei não interessa a vontade, logo não se perquire a capacidade, ou seja, se o ato foi praticado por menor, interdito ou por alguém sem qualquer discernimento; são exemplos de ato-fato jurídico o achado de tesouro e a ocupação. (CC/art. 1.263 a 1.266)

b) *ilícitos*: contrariamente ao anterior, tratam-se dos atos humanos praticados em desconformidade com o ordenamento jurídico. Logo, seus efeitos são involuntários, porque decorrem da lei, e não da vontade do agente. Decerto, produzem efeitos jurídicos (CC, arts. 186 e 927).

- ***ATENÇÃO***: direito potestativo é a prerrogativa jurídica de impor a outrem, unilateralmente, a sujeição de seu exercício. É o que ocorre, por exemplo, na passagem forçada, CC, art. 1.285.

7.2. AQUISIÇÃO DE DIREITOS

- **noções gerais:** adquire-se um direito quando incorporado ao patrimônio e à personalidade da pessoa.

- **modos de aquisição:**

a) *originária:* o direito é incorporado ao patrimônio da pessoa sem relação de continuidade com o titular anterior (ocupação de coisa sem dono, nos casos de *res derelicta* ou *res nullius*, CC, art. 1.263).

b) *derivada:* há transferência do direito do antigo para o novo titular, com relação de continuidade, inclusive em relação às qualidades e defeitos do título anterior.

c) *gratuita:* com vantagens somente para o adquirente (sucessão hereditária)

d) *onerosa:* é exigido do adquirente, em razão do direito transferido, uma contraprestação (compra e venda)

e) *a título singular:* quando os bens transferidos são determinados (compra e venda, legado)

f) *a título universal:* há transferência de uma totalidade de bens e direitos, não determinados (herdeiro)

- **espécies de direito**:

a) *atual:* trata-se do direito subjetivo já incorporado ao patrimônio do titular (LINDB, art. 6, § 2º).

b) *futuro:* ainda não formado ou constituído, quer porque dependente da exclusiva vontade do titular **(deferido)**, quer porque pendente de um evento futuro que pode não ocorrer **(não deferido)**

c) *expectativa de direito:* é encarado como mera possibilidade. A expectativa recai sobre a fase antecedente e preliminar ao ato em si.

d) *eventual:* é a fase avançada de aquisição do direito, quando parcialmente ultrapassada aquela fase preliminar do ato. Para que seja considerado perfeito e acabado o direito, basta-lhe a concretização. É o que ocorre com a aceitação de uma proposta de compra e venda, ou o exercício do direito de preferência (CC, arts. 434 e 513).

e) *condicional:* quando a eficácia do direito constituído e perfeito, depende do implemento de uma condição, evento futuro e incerto.

- **métodos de conservação de direitos**

a) *preventivo*: utilizado para acautelar e garantir futuras violações de direitos, prevenindo e evitando que tal ocorra. **Podem ser**:

b) *extrajudiciais*: visam assegurar o cumprimento de uma obrigação, seja como garantias reais (hipoteca, penhor), seja como garantias pessoais (fiança).

c) *judiciais*: tratam-se das medidas cautelares previstas no Código de Processo Civil (busca e apreensão, notificação, protesto).

d) *repressivo*: incide no momento posterior à violação do direito, com o objetivo de restauração da situação anterior, por meio de pretensão deduzida em juízo.

e) *defesa privada ou autotutela*: admitida por exceção no Código Civil, nas situações de legitima defesa, exercício regular de um direito e estado de necessidade (CC, art. 188, I e II), bem como para manter-se ou restituir-se na posse por sua própria força, mediante legitima defesa e desforço imediato (CC, art. 1.210, § 1º).

- **modificação de direitos**

a) *objetiva*: sabe-se que, nem sempre, os negócios jurídicos objetivam criar ou extinguir direitos. Entre os efeitos almejados, a modificação de direitos é um deles. E será objetiva quando ocorrer a modificação do conteúdo do direito (*qualitativa*) ou sua extensão (*qualitativa*), ou seja, tratam-se de alterações sobre o objeto.

b) *subjetiva*: referem-se às alterações que dizem respeito aos sujeitos das relações jurídicas (sucessão *inter vivos, causa mortis*). Não são admitidas as alterações subjetivas de *direitos personalíssimos* (*intuito personae*), porque constituídas por razões próprias e particulares do titular do direito.

- **extinção de direitos**

a) *objetiva:* quando se verifica o perecimento do objeto

b) *subjetiva:* quando o direito é personalíssimo e ocorre a morte do titular

c) *do vínculo jurídico:* quando perece a pretensão, ou o direito material (prescrição, decadência)

- **importante:**

1. segundo Caio Mario da Silva Pereira, a ***perda do direito*** ocorre quando aquele pertencente a uma pessoa é destacado passa a pertencer à outra.
2. ainda, segundo o autor, ***extinção do direito*** é o seu desaparecimento, porque deixa de existir para qualquer pessoa.

7.3. NEGÓCIO JURÍDICO

7.3.1. GENERALIDADES

- **posição dualista:** o CC/1916 não distinguiu negócio jurídico de ato jurídico, e adotou a *teoria unitária*. Por sua vez, o CC/2002 reconhece os contornos próprios de um e outro, e acolhe a *teria dualista* (CC, arts. 104 e 185).

- **CPC-2015:** o novo Código de Processo Civil, nos arts. 190 e 191, passou a prever o que se denomina *negócios jurídicos processuais*. Nas palavras de Flávio Tartuce, "cuida-se de projeção da teoria geral dos atos e negócios jurídicos, para o âmbito do processo civil brasileiro" (*O CPC-2015 e o Direito Civil*. 1 ed. Método. São Paulo. 2015; p. 85). Para Pedro Henrique Pedrosa Nogueira, "negócio jurídico processual é o fato jurídico voluntário em cujo suporte fático, descrito em norma processual, esteja conferido ao respectivo sujeito o poder de escolher a categoria jurídica ou de estabelecer, dentro dos limites fixados no próprio ordenamento jurídico, certas situações jurídicas processuais. Estando ligado ao poder de autorregramento da vontade, o negócio jurídico processual esbarra em limitações preestabelecidas pelo ordenamento jurídico, como sucede em todo negócio jurídico (*op. cit.*, p. 86-6).

7.3.1.1. CLASSIFICAÇÃO

- **quanto ao número de sujeitos:**

a) *unilaterais*: se aperfeiçoam com uma única manifestação de vontade (testamento renúncia à herança). **Divide-se em:**

1. *recepticíos*: só produzem efeitos se a declaração de vontade chegar ao conhecimento do destinatário (resilição)
2. *não recepticíos*: o conhecimento do destinatário é irrelevante para que do ato surtam os efeitos (testamento)

c) *bilaterais*: é necessária a manifestação de duas vontades convergentes sobre o objeto, o consentimento mútuo ou acordo de vontades. **Divide-se:**

1. *simples*: com vantagens a um dos sujeitos e ônus ao outro (doação)
2. *sinalagmático*: com vantagens e ônus recíprocos (compra e venda)
3. *plurilaterais*: duas ou mais partes, com interesses coincidentes (contrato de consórcio, contrato de sociedade entre várias pessoas).

- **quanto às vantagens patrimoniais do negócio jurídico**

a) *gratuitos:* com vantagens ou benefícios para uma das partes apenas (doação)

b) *onerosos*: com vantagens e contraprestação recíprocas. **Podem ser**:

1. *comutativos*: de prestações certas e determinadas
2. *aleatórios*: de prestações incertas quanto às vantagens e sacrifícios
3. *neutros*: são os negócios praticados sem atribuição patrimonial, pois se caracterizam por conferir uma destinação de um bem (instituição de bem de família, cláusulas "três irmãs", etc.).
4. *bifrontes*: aqueles que podem ser gratuitos ou onerosos, segundo a vontade das partes (mútuo, mandato). Destaca-se que a conversão é admitida unicamente para os negócios gratuitos.

- **quanto ao momento dos efeitos**

a) *inter vivos*: que produzem efeitos desde logo, em vida dos agentes (locação, mandato) *b)* *causa mortis*: destinados a produzir efeitos após a morte.

- **ao modo de existência**

a) *principais*: aqueles dotados de existência própria (locação)

b) *acessórios:* dependem de um negócio principal para existir, e por conta disso, seguem o mesmo destino (cláusula penal, fiança)

c) *derivados ou subcontratos:* são aqueles que possuem o objeto de outro contrato (base ou principal) transferido para uma segunda relação jurídica, sem desvinculação da primitiva (subempreitada, sublocação, etc.).

- **às formalidades**

a) *solene:* de observância restrita à forma prescrita em lei, para sua validade (*ad solemnitatem* ou *ad substantiam,* CC, art. 108). Não confundir com a forma exigida para a prova do ato (*ad probationem tantum*, CC, art. 1.536).

b) *não solenes:* tratam-se dos negócios de forma livre, inclusive verbal (CC, art. 107).

- **aos números de atos necessários para o aperfeiçoamento do negócio**

a) *simples:* são os negócios que se aperfeiçoam em um ato apenas

b) *complexos:* trata-se do negócio, único, que decorrem da fusão de diversos atos, ou várias manifestações de vontade. **Divide-se em:**

1. *complexidade objetiva:* são os negócios com várias manifestações de vontade de um só sujeito que recaem sobre único objeto
2. *complexidade subjetiva:* as várias manifestações de vontade são de diferentes sujeitos, mas sobre único objeto
3. *coligados:* são os vários negócios jurídicos, reunidos por um vínculo de conexão, que se destinam a um único objetivo. Há multiplicidade de negócios, autônomos e distintos entre eles, mas reunidos por um vínculo de finalidade.

- **em relação à criação**

a) *dispositivos*: aqueles que objetivam por seu titular, alienar, modificar ou extinguir direitos.

b) *obrigacionais*: são os negócios geradores de obrigações, pelos quais uma das partes pode exigir da outra o cumprimento (compra e venda)

7.3.2. INTERPRETAÇÃO

- **noções gerais:** a interpretar é aclarar, explicar o sentido e o alcance da declaração da vontade, de maneira objetiva e concreta. Tanto a lei quanto os negócios jurídicos devem ser interpretados, com a finalidade de afastar as dúvidas e as imprecisões que, não raro, acometem tais manifestações.

- **teorias da vontade e da declaração:** o descortinamento da intenção das partes é realizado a partir da declaração feita nos negócios jurídicos. Inicia-se o processo de interpretação, portanto, da declaração escrita, para se chegar à concreta vontade do agente, no momento da celebração. Assim, nos casos de obscuridade ou dúvida, entre a **vontade manifestada** e a **declaração feita**, surgem as teorias da vontade e da declaração para auxiliar o interprete a determinar qual manifestação é a verdadeira, aquela pretendida ou aquela pronunciada.

- **nas declarações de vontade se atenderá mais à intenção nelas consubstanciada do que ao sentido literal da linguagem:** a disposição é prevista é prevista no CC, art. 112, e representa o acolhimento de ambas as teorias acima, as quais são aplicadas em conjunto, pois a real intenção das partes, ou seja, o que de fato quiseram declarar, é pesquisado a partir das declarações feitas.

- **modalidades de intepretação**:

a) *declaratória:* tem por finalidade expressar a intenção dos interessados

b) *integrativa:* voltada a completar o negócio, preenchendo lacunas

c) *construtiva:* quando o objetivo é reconstruir o negócio, para salvá-lo

- **regras:**

1. **interpretação baseada na boa-fé e nos usos do local da celebração do negócio jurídico:** de acordo com o CC/art. 113, *"Os negócios jurídicos devem ser interpretados conforme a **boa-fé** e os **usos** do lugar de sua celebração"*. Em nova redação dada pela Lei da Liberdade Econômica, Lei n. 13.874, de 2019, ao art. 113 do CC, foram incluídos no preceito dois parágrafos. De acordo com o novo § 1º, incisos I a V, a interpretação do negócio jurídico deve lhe atribuir o **sentido que**: (a) for confirmado pelo **comportamento das partes posterior** à celebração do negócio; (b) corresponder aos **usos, costumes e práticas do mercado** relativas ao tipo de negócio; (c) corresponder à boa-fé; (d) for mais **benéfico** à parte que **não redigiu o dispositivo**, se identificável; e (e) corresponder a qual seria a **razoável negociação das partes** sobre a questão discutida, inferida das demais disposições do negócio e da **racionalidade econômica das partes**, consideradas as informações disponíveis no momento de sua celebração. O novo § 2º proclama que as partes **poderão livremente** pactuar regras de **interpretação**, de **preenchimento de lacunas** e de **integração dos negócios jurídicos** diversas daquelas previstas em lei, consagrando, assim, a possibilidade de serem estabelecidos vetores de interpretação dos negócios jurídicos.

2. os negócios jurídicos **benéficos** e a **renúncia** interpretam-se **estritamente** (CC, art. 114)
3. os contratantes são obrigados a guardar, assim, na conclusão do contrato, como em sua execução, os princípios de probidade e boa-fé (CC, art. 422).
4. a vedação do comportamento contraditório (*venire contra factum proprium*) funda-se na proteção da confiança, tal como se extrai dos arts. 187 e 422 do Código Civil (Enunciado 362 da IV Jornada de Direito Civil)
5. quando houver no **contrato de adesão** cláusulas **ambíguas** ou **contraditórias**, dever-se-á adotar a interpretação mais **favorável ao aderente** (CC, art. 423).
6. a **transação** interpreta-se **restritivamente** (CC, art. 843)
7. a **fiança** não admite interpretação **extensiva** (CC, art. 819).
8. as diversas hipóteses de exercício inadmissível de uma situação jurídica subjetiva, tais como *supressio, tu quoque, surrectio* e *venire contra factum proprium*, são concreções da boa-fé objetiva (Enunciado 412 da V Jornada de Direito Civil).

- ***tu quoque***: expressa o significado de *"tu também"*. As partes nos negócios jurídicos não podem exigir um comportamento que não tenham cumprido, ou seja, vedam-se as exigências de conduta não observadas. Exemplo da situação é prevista no CC, art. 150, segundo o qual *"se ambas as partes procederem com dolo, nenhuma pode alegá-lo para anular o negócio, ou reclamar indenização"*.
- ***supressio***: de origem portuguesa, que os alemães chamam de *"verwirkung"*, significa que um direito não exercido durante um determinado lapso de tempo não poderá mais sê-lo, por contrariar a boa-fé, pois, em decorrência da inércia, surge para a outra parte a expectativa de que aquele direito não será exercido. É a diminuição de conteúdo do negócio jurídico.
- ***surrectio***: chamada pelos alemães de *"erwirkung"*, caracteriza-se pela ampliação do direito subjetivo de uma parte, não convencionado ou reconhecido pelo ordenamento jurídico, decorrente do comportamento continuado e contraditório de outra. É o aumento de conteúdo do negócio jurídico.
- ***venire contra factum proprium***: traduz o exercício de uma posição jurídica em contradição com o comportamento assumido anteriormente pelo exercente. O comportamento anterior gera expectativa na outra parte a qual é frustrada pela ação pelo agente que antagoniza seu anterior posicionamento.
- ***Duty to mitigate the loss***: a boa-fé objetiva, enquanto standard ético-jurídico, é de observância obrigatória pelas partes em todas as fases do negócio jurídico. Significa dizer que as condutas devem ser pautadas pela probidade, cooperação e lealdade, preceitos éticos insertos no ordenamento jurídico, que resultam a obrigação de mitigar o próprio prejuízo, ou seja, devem os agentes tomar as medidas necessárias e possíveis para que o dano não seja agravado. A parte a que a perda aproveita não pode permanecer, deliberadamente, inerte diante do dano, pois o agravamento do prejuízo, em razão da inércia do credor, caracteriza infringência aos deveres de cooperação e lealdade. (STJ, REsp 758518 /PR).
- ***ATENÇÃO***: A *surrectio* pode ou não vir acompanhada da *supressio*.

7.3.3. ELEMENTOS ESSENCIAIS (RESERVA MENTAL)

- **noções gerais:** *negócios jurídicos* são aqueles nos quais a ação humana *visa alcançar uma finalidade permitida pela lei*. Por esta razão disso, é necessário que a vontade seja qualificada, sem vícios.
- **elementos essenciais de existência**:

a) *manifestação de vontade*:

b) *formas*: expressa, tácita e presumida.

c) *silêncio*: o silêncio importa anuência, quando as circunstâncias ou os usos o autorizarem, e não for necessária a declaração de vontade expressa (CC, art. 111).

d) *reserva mental*: a manifestação de vontade subsiste ainda que o seu autor haja feito a reserva mental de não querer o que manifestou, salvo se dela o destinatário tinha conhecimento. Verifica-se a reserva mental quando um dos declarantes oculta a verdadeira intenção, não coincidindo a declaração externa e a vontade interna do agente. Se for conhecida da outra parte, a declaração é inexistente, macula o ato. Se **não** for conhecida, preserva-se o negócio, ante a irrelevância jurídica e a boa-fé da outra parte (CC, art. 110 e 422).

e) *finalidade negocial:* é a intenção de criar, modificar ou extinguir direitos.

f) *idoneidade do objeto:* é a pertinência da coisa para figurar nas relações jurídicas, como o *bem fungível* o é para o contrato de mútuo, e o *bem infungível* no contrato de comodato.

- **elementos essenciais de validade:**

a) *capacidade do agente*: é a aptidão para figurar nos negócios jurídicos. Trata-se da capacidade de fato ou de exercício, de o agente agir por si. Essa possibilidade é atingida aos 18 anos completos, ou antes, com a emancipação (CC, art. 5º). Conforme vimos acima, a incapacidade poderá ser relativa e absoluta (CC, arts. 3º e 4º), admitindo-se que seja suprida:

b) *incapacidade absoluta*: representação, até aos **16 anos** (CC, art. 1.634, V).

c) *incapacidade relativa*: assistência, após essa idade (CC, art. 1.634, V).

d) *legitimação:* também chamada de impedimento, é a falta de *capacidade especial* para a prática de determinados atos (CC, art. 496).

e) *objeto lícito, possível, determinado ou determinável*:

1. *objeto imediato*: é a prestação humana, um dar, fazer ou não fazer
2. *objeto mediato:* ou material, são os bens ou prestações sobre as quais incide a relação jurídica
3. *objeto lícito:* não contraria a lei, a moral e os bons costumes. Se for **ilícito** o objeto, o negócio jurídico será nulo (CC, art. 166, I).
4. *objeto possível*: é aquele que apresenta viabilidade física ou natural, bem jurídica. Se **impossível absolutamente** o objeto, o negócio jurídico é nulo (CC, art. 166, II). A **impossibilidade relativa**, que atinge o devedor, não invalida o negócio (CC, art. 106). Assim, a **impossibilidade** do objeto poderá ser: *física ou jurídica.*
5. *objeto determinado ou determinável*: **admite-se** a indeterminação relativa, como a venda de coisa incerta (gênero e quantidade) ou alternativa (duas ou mais prestações, com objetos distintos), mas a determinação deve ocorrer no momento da execução CC, arts. 243 e 252.

f) *forma prescrita ou não defesa em lei*: é o meio pelo qual a vontade é manifestada, externamente (CC, arts. 107). **Sistemas**:

1. *consensualismo*: é o da forma livre, que pode ser escrita, verbal, pública, etc.
2. *formalismo*: é o da forma regrada, exigida por lei. Ex. CC, art. 108.
3. *sistema adotado no CC/2002*: nosso diploma adota o sistema do consensualismo, pelo qual a forma é livre, e o formalismo a exceção.
4. *consequência*: não atendida a formalidade prescrita, ou a solenidade que a lei considere essencial para a validade do ato, o negócio jurídico será **nulo** (CC, art. 166, IV e V).

- **espécies de forma:**

a) *livre:* é a regra pela qual admite-se quaisquer formas, escrita, falada, etc. (CC, art. 107);

b) *especial ou solene*: é a exceção; trata-se da forma exigida como requisito de validade de alguns negócios jurídicos (CC, art. 107). **Divide-se em**:

1. *única*: a forma legalmente estabelecida é uma e insubstituível. Ex. escritura pública, para os negócios a respeito de direitos reais (CC, art. 108); testamento para a deserdação (CC, art. 1.964).
2. *múltipla ou plural*: existe a possibilidade de se praticar o negócio por mais de uma forma, mas todas, em conjunto, formam um conjunto de observância obrigatória. Ex. os diversos modos de reconhecimento da filiação (CC, art. 1.609).
3. *contratual*: é a convenção entre as partes, nos termos do CC, art. 109, segundo o qual: *"No negócio jurídico celebrado com a cláusula de não valer sem instrumento público, este é da substância do ato"*.

7.3.4. ELEMENTOS ACIDENTAIS

- **noções gerais:** os elementos *essenciais* vistos acima, os quais são determinados por *lei*, repercutem na esfera de validade e existência do negócio jurídico. Os elementos *acidentais*, introduzidos facultativamente por vontade das *partes*, por meio de *convenção* ou *declaração unilateral* de vontade, atuam sobre a eficácia e abrangência do negócio jurídico. São autolimitações aos atos patrimoniais, com restrições inclusive neste campo, como nas situações de renúncia e aceitação da herança (CC, art. 1.808). De qualquer forma, não são admitidos os elementos acidentais naqueles atos de natureza pessoal, como os pertencentes ao *direito de família* e aos *direitos da personalidade*.

- **elementos acidentais na legislação pátria:**

a) condição

b) termo

c) encargo

7.3.4.1. CONDIÇÃO

- **noções gerais:** condição segundo o CC/art. 121 é clausula acidental, de introdução facultativa das partes (convecção ou negócio unilateral. Ex. testamento), autolimitador da vontade e que subordina o efeito do negócio jurídico a evento **futuro e incerto.** Fala-se em condição voluntária e condição legal (*conditio iuris*). Estas, porém, são pressupostos dos negócios jurídicos.

- **elementos**:

a) *voluntariedade:* sua inserção depende da vontade, quer em convecção, quer em negócio unilateral

b) *futuridade*: não se considera o fato presente ou passado, ainda que desconhecidos

c) *incerteza*: é o fato cujo acontecimento é totalmente desconhecido. A morte é um acontecimento certo para todos nós, mas não o momento. Assim, trata-se de um evento futuro e certo.

- **negócios jurídicos que não admitem condição**:

a) de caráter pessoal patrimonial (renúncia à herança)

b) de direito de família puro

c) de direitos personalíssimos ou da personalidade, como a vida, a integridade física

d) negócios que não admitem incerteza

e) negócios presentes ou passados, ainda que desconhecidos

f) atos jurídicos em sentido estrito, pois seus efeitos decorrem da lei

- **classificação das condições:**

1. **quanto à licitude:**

a) lícitas: aquelas **não** contrárias à lei, à ordem pública ou aos bons costumes (CC, art. 122)

b) ilícitas: por sua vez, estas **atentam** contra os bens jurídicos protegidos acima. Além disso, segundo o CC, art. 122, 2ª parte, e 123, são **proibidas** as condições:

1. que privarem de todo efeito o negócio jurídico (perplexas)
2. que sujeitarem ao puro arbítrio de uma das partes (puramente potestativas)
3. física ou juridicamente impossíveis
4. incompreensíveis ou contraditórias

2. **quanto à possibilidade**

a) possíveis: são as praticáveis

b) *impossíveis:* aquelas inexequíveis. **Poder ser**:

1. *fisicamente impossíveis:* nenhum ser humano consegue cumprir, motivo pelo qual são chamadas de *genéricas*
2. *juridicamente impossíveis:* aquelas que contrariam lei expressa, a moral ou os bons costumes (ex: CC, art. 426)
3. *efeitos das condições impossíveis*:

3.1. quando **resolutivas**: têm-se por inexistentes as condições impossíveis e as de não fazer coisa impossível, quer física, quer juridicamente, ou seja, são consideradas não escritas, mas válido é o negócio jurídico (CC, art. 124)

3.2. quando **suspensivas**: invalidam os negócios jurídicos que lhes são subordinados as condições física ou juridicamente impossíveis; as condições ilícitas, ou de fazer coisa ilícita, bem como as condições incompreensíveis ou contraditórias.

3. **quanto à fonte de onde promanam**

a) *casuais:* aquelas que dependem do acaso, do fortuito, da força maior, ou da vontade exclusiva de um terceiro.

b) *potestativas:* aqueles que dependem da vontade ou poder de uma das partes

1. puramente potestativas: sujeitas ao puro arbítrio de uma das partes, são defesas (CC, art. 122, última parte). São chamadas de cláusula *si voluero* (se me aprouver); 2.

2. simplesmente potestativas ou meramente potestativas: são permitidas, porque mesclam a vontade de uma das partes + um acontecimento ou circunstância exterior

3. mistas: dependem da vontade da parte + a vontade de um terceiro;

4. promíscuas: aquelas que, inicialmente *puramente potestativas,* em razão de um acontecimento inesperado e não previsto, venham a ter o implemento dificultado. Neste caso, perdem o caráter de puro arbítrio

5. perplexas ou contraditórias: são as que privam de todo efeito o negócio jurídico, logo, torna-os inválidos, porque sem sentido, confusas, contrárias à segurança e firmeza dos termos (CC, arts. 122, 2ª parte; 123, III).

4. **quanto ao modo de atuação**

a) suspensiva: impede a eficácia do negócio jurídico até que o evento futuro e incerto ocorra. De acordo com o CC, art. 125, subordinando-se a eficácia do negócio jurídico à condição suspensiva, enquanto esta se não verificar, não se terá adquirido o direito a que ele visa

b) resolutiva: a condição resolutiva é a que extingue, resolve o direito transferido pelo negócio, verificado o implemento do evento futuro e incerto. Trata-se de **condição de ineficácia**, pois enquanto não verificada, o negócio jurídico vigorará, podendo exercer-se desde a celebração deste o direito por ele estabelecido, mas, verifica a condição, estingue-se para todos os efeitos o direito a que ela se opõe. Dessa maneira, na condição resolutiva, o direito é adquirido desde logo.

- **princípio da retroatividade e da irretroatividade das condições suspensivas**: se alguém dispuser de uma coisa sob condição suspensiva, e, pendente esta, fizer quanto àquelas novas disposições, estas não terão valor, realizada a condição, se com ela forem **incompatíveis** (CC, art. 125).

a) regra: se as disposições forem **incompatíveis (porque inválidas) ou compatíveis**, haverá aplicação do **princípio da retroatividade**

b) exceções: a doutrina colaciona as seguintes, aplicando-se o **princípio da irretroatividade**, sem prejuízo das perdas e danos:

1. nos contratos reais, se o assento do registro não mencionar a condição
2. nos contratos sobre bens fungíveis de boa-fé adquiridos
3. em relação aos bens móveis de boa-fé adquiridos
4. em relação aos frutos percebidos

- **princípio da retroatividade e da irretroatividade nas condições resolutivas:** sobrevindo a condição resolutiva, extingue-se, para todos os efeitos, o direito a que ela se opõe; mas, se aposta a um negócio de execução continuada ou periódica, a sua realização, salvo disposição em contrário, não tem eficácia quanto aos atos já praticados, desde que compatíveis com a natureza da condição pendente e conforme aos ditames de boa-fé (CC, art. 128).
  a) *regra:* aplica-se o **princípio da retroatividade** nos contratos de **execução única ou instantânea** e nos contratos de execução **continuada ou periódica pendentes**.
  b) *exceção:* o **princípio da irretroatividade** é consagrado nos contratos de **execução continuada, periódica ou de duração**, em relação aos atos já praticados, ou seja, quanto às prestações executadas.
- **momento de aquisição do direito disposto sob condição suspensiva**: há duas posições a respeito; uma se considera adquirido o direito, no implemento da condição, desde a **celebração do negócio** (tese da retroatividade – sistema francês); e outra, no momento exato do **implemento da condição** (tese da irretroatividade – sistema alemão).
- **termos relacionados de condição**
  a) *pendente*: termo utilizado para a condição não realizada ou frustrada. Caso **suspensiva**, enquanto esta se não verificar, não se terá adquirido o direito, a que ele visa. Na **resolutiva**, enquanto esta se não realizar, vigorará o negócio jurídico, podendo exercer-se desde a conclusão deste o direito por ele estabelecido (CC, arts. 125 e 127).
  b) *implemento real*: designa a verificação da condição. Importante destacar que antes de ocorrida, permite-se ao titular do direito eventual a prática dos atos destinados a conservá-lo (CC, art. 130).
  c) *implemento fictício (1ª parte) e frustrado (2ª parte)*: prevê o CC, ar.129, *"Reputa-se verificada, quanto aos efeitos jurídicos, a condição cujo implemento for maliciosamente obstado pela parte a quem desfavorecer **(implemento fictício)**, considerando-se, ao contrário, não verificada a condição maliciosamente levada a efeito por aquele a quem aproveita o seu implemento **(implemento frustrado)**"*.
- **OBS (1)**: atos ou negócios jurídicos puros ou simples são aqueles que contêm apenas e necessariamente os elementos essenciais (CC/art. 104), sem a presença dos acidentais (condição, termo e encargo); alguns negócios jurídicos, por sua natureza, porque referentes ao estado de pessoas, ou afetos ao direito de família ou à sucessão, como o reconhecimento da paternidade e a aceitação ou renúncia da herança (CC/art. 1.613 e 1.808), não admitem os elementos acidentais; tratam-se de exceção no ordenamento jurídico pátrio.
- **OBS (2)**: *condição imprópria* é aquela na qual não há evento futuro e incerto, mas passado ou presente não conhecido.

7.3.4.2. TERMO

- **noções gerais:** termo é o dia ou momento inicial ou final que determina o surgimento da eficácia ou a cessação dos efeitos do negócio jurídico.
- **unidade de medida**: não determinada o CC/2002 que o sistema de medição do termo, assim, poderá ser contado em horas, dias, mês ou ano.
- **aquisição do direito:** o termo inicial, de acordo com o CC/art. 131, suspende o exercício, mas não a aquisição do direito. Nisso difere da condição suspensiva, porque nesta, enquanto pendente o evento é futuro e incerto, não se adquire o direito (CC/art. 125).
- **conservação do direito:** os atos conservatórios são admitidos, assim como em relação ao titular do direito eventual disposto sob condição, suspensiva ou resolutiva (CC, arts. 130 e 135)
- **evento futuro e certo:** pode não ser conhecido o exato momento que ocorrerá a morte, mas, mesmo assim, é incorreto o uso do vernáculo *"termo incerto"*. Na verdade, em situações como essa, melhor falar em evento indeterminado.
- **negócios que não admitem o termo:**
  a) aceitação ou renúncia da herança (CC, art. 1808)
  b) adoção (CC, art. 1.626)
  c) emancipação
  d) casamento
  e) reconhecimento dos filhos (CC, art. 1.613)
  f) negócios incompatíveis com o termo, como aqueles que envolvem direitos da personalidade, família, ou quando a execução seja imediata.
- **espécies de termo:**
  a) *convencional*: previsto no contrato
  b) *de direito:* decorre da lei
  c) *de graça:* é a dilação concedida ao devedor, sem ônus
  d) *inicial ou suspensivo* (dies a quo, ex die)
  e) *final ou resolutivo* (dies ad quem, ad diem)

f) *essencial*: aquele que exige um momento preciso para que ocorra

g) *não essencial:* sem a exigência da precisão

- **termo e prazo:** são intimamente relacionados, porque o último é espaço de tempo ou o intervalo entre o termo inicial e o final (Cf. CC/art. 132 a 134).
- **termo e condição:** diferem-se:

a) *condição:* suspende o **exercício** e a **aquisição** do direito/evento futuro e **incerto**

b) *termo*: suspende o **exercício**/evento futuro e **certo**

- **retroatividade:** não há retroatividade em se tratando do termo, tendo em vista a **certeza do evento**.

7.3.4.3. ENCARGO OU MODO

- **noções gerais:** encargo ou modo é o elemento acidental dos negócios jurídicos, introduzido facultativamente pelas partes em cláusula acessória, em função do qual se impõe um ônus ou obrigação ao beneficiário de uma **liberalidade**. Também é admitido o encargo ou modo nas **declarações unilaterais** de vontade. São expressões comuns utilizadas para destacar a eficácia jurídica dos motivos do ato "para que", "a fim de", com a "obrigação de", etc. É admitido nos negócios *inter vivos (doação)* ou *causa mortis (testamento)*:
- **obrigatoriedade:** o *encargo ou modo* possuía a característica da coerção, e seu cumprimento poderá ser exigido por ação cominatória. Por esta razão, difere do *ônus*, cujo descumprimento repercute em relação à validade do ato.
- **efeitos:**

a) regra geral, o encargo **não suspende** a aquisição ou exercício do direito, salvo se assim expresso, pelo disponente, como condição suspensiva (CC, art. 136)

b) de igual forma, se o encargo estiver previsto em testamento, a herança transmite-se deste logo aos herdeiros (CC, art. 1.784), admitindo-se que seja revogada, caso não seja cumprido.

c) de acordo com o CC, art. 553, o donatário é obrigado a cumprir os encargos da doação, caso forem a **benefício do doador**, de **terceiro**, ou do **interesse geral**. Se desta última espécie for o encargo, o **Ministério Público** poderá exigir sua execução, depois da morte do doador, se este não tiver feito.

d) aplica-se o preceito acima em relação ao **legado** com encargo, segundo o CC, art. 1.938.

e) ainda de acordo com o CC, art. 1.949, o **substituto** fica sujeito à condição ou encargo imposto ao substituído, quando não for diversa a intenção manifestada pelo testador, ou não resultar outra coisa da natureza da condição ou do encargo.

- **encargo ilícito ou impossível:** o CC, art. 137, reafirma o encargo como elemento acidental e acessório do negócio, ao prever que sua ilicitude ou impossibilidade o torna **não escrito**. Há **uma exceção**, quando o **motivo for determinante** da liberalidade, quando **invalida o negócio jurídico**.
- **diferenças entre encargo, condição suspensiva e resolutiva**

a) *quanto à coerção:* o **encargo** pode ser exigido por ação cominatória ou revogado. Não se obriga a cumprir uma condição.

b) *quanto à aquisição e o exercício do direito*: o **encargo** não os impede. A **condição suspensiva** impede a aquisição. Já o **termo inicial**, para lembrar, suspende o exercício, mas não a aquisição,

c) *quanto às expressões*: na **condição** usa-se a partícula "se". No encargo, "para que", "devendo".

d) *quanto à revogação*: a **condição resolutiva** gera efeitos de pleno direito, em sentença declaratória. No **encargo**, o instituidor poderá propor ação revocatória, de natureza desconstitutiva, sem efeitos pretéritos ou retroativos.

7.4. PRAZO

- **noções gerais:** intervalo entre de tempo entre termos (inicial e final, ou *a quo* e *ad quem*), ou entre a manifestação de vontade e o termo final (*ad quem*). Disciplina o instituto os arts. 132 a 134 do CC.
- **critérios de contagem dos prazos (CC, art. 132, §§ 1º a 4º):**

a) salvo disposição **legal** ou **convencional** em contrário, computam-se os prazos, **excluído** o dia do começo, e **incluído** o do vencimento.

b) se o dia do vencimento cair em feriado, considerar-se-á **prorrogado** o prazo até o seguinte dia útil.

c) **meado** considera-se, em qualquer mês, o **seu 15º – décimo quinto dia.**

d) os prazos de **meses** e **anos** expiram no **dia de igual número** do de início, ou no imediato, se faltar exata correspondência (Ex. ano bissexto)

e) os prazos fixados por **hora** contar-se-ão de **minuto a minuto.**

- **presunção do prazo em favor de herdeiro:** nos testamentos, presume-se que o prazo é estabelecido em favor do herdeiro o que ocorre, por exemplo, se o testador fixar prazo para a entrega do legado, situação que favorece o herdeiro obrigado ao pagamento, não ao legatário (CC, art. 133, 1ª parte).

- **presunção "juris tantum de prazo em favor do devedor**: nos contratos os prazos são estipulados em proveito do devedor, exceto se do seu **conteúdo**, ou das **circunstâncias**, ficar evidenciado que foram estabelecidos em proveito do credor ou de ambos os contratantes. A presunção nos contratos resulta a possibilidade da **renúncia do prazo**, a qual é reconhecida ao consumidor no CDC, art. 52, § 2º.

- **negócios sem prazo.**

  a) **os** negócios jurídicos entre vivos, sem prazo, são exequíveis **desde logo**.

  b) se a execução tiver de ser feita em **lugar diverso** ou **depender de tempo**, haverá prazo tácito para que o negócio seja cumprido, segundo a natureza e as circunstâncias do negócio.

7.5. DEFEITOS DO NEGÓCIO JURÍDICO

7.5.1. GENERALIDADES

- **noções gerais:** defeitos são os vícios do negócio jurídico que o tornam anulável.
- **previsão legal:** os defeitos do negócio jurídico estão regulados no CC/art. 138 a 165.
- **número de defeitos**: são 06 os defeitos previstos no CC/2002, a saber:
  1) erro
  2) dolo
  3) coação
  4) lesão
  5) estado de perigo
  6) fraude contra credores
- **natureza dos defeitos**: os cinco primeiros acima são chamados de **vício de consentimento**, porque a vontade manifestada não corresponde ao íntimo querer do agente, ou seja, há um descompasso entre a declaração e a intenção. O último defeito (fraude contra credores), diferentemente, é chamado de **vício social**, há perfeita correlação entre a vontade interna e a exteriorizada, mas o negócio viola a lei ou a boa-fé, prejudicando, com isso, terceiros. Não só a fraude contra credores é considerada um vício social, pois a simulação também o é. Todavia, no campo da invalidade do negócio jurídico, a **fraude contra credores** é causa de anulabilidade (CC/art. 171, II) e a **simulação**, por sua vez, com a mesma consequência no CC/1916, elevou o grau de comprometimento, para conferir nulidade absoluta aos negócios (CC/art. 167).

Defeitos ou vícios do negócio jurídico	
Vícios do consentimento	**vício social**
erro (CC/art. 138 a 144)	fraude contra credores (CC/art. 167)
dolo (CC/art. 145 a 150)	
coação (CC/art. 151 a 155)	
estado de perigo (CC/art. 156)	
lesão (CC/art. 157).	

7.5.2. ERRO OU IGNORÂNCIA

- **noções gerais:** trata-se do vício do consentimento onde o agente se engana sozinho. **Erro** é a fala percepção da realidade, que recai sobre a pessoa ou objeto. **Ignorância** é o completo desconhecimento. Existirá a figura do erro, portanto, quando for significativo em relação celebração do negócio, de forma que, conhecida a realidade pelo declarante, o negócio não se realizaria; exige a lei que o erro ou ignorância possa incidir sobre pessoa de diligência normal (*vir medius*)
- **espécies:**

  a) *substancial ou essencial*: é o relevante, o determinante, aquele que, uma vez conhecido do agente, o negócio não seria realizado. **Pode ser dividido em** (CC, art. 139, I a III):

  b) erro sobre a natureza do negócio *(error in negotio):* o agente supõe praticar um negócio, mas

  c) erro sobre o objeto principal da declaração *(error in corpore):* a manifestação incide sobre objeto diverso do querido

  d) erro sobre alguma das qualidades essenciais do objeto *(error in substantia ou error qualitate)*: aqui a suposição é sobre uma qualidade do objeto, que o agente acredita ter

  e) erro quanto à identidade ou à qualidade da pessoa *(erro rim persona)*: desde que tenha influído de maneira relevante na declaração de vontade, e não seja possa conhecer a realidade, e ocorre o equívoco em relação a quem seja a pessoa (*intuito personae*) ou sobre a qualidade que possua (herdeiro, filho natural).

  f) erro de direito (*error juris*): abrange a ignorância da lei, o falso conhecimento e a interpretação errônea, bem como a ideia errônea sobre as consequências jurídicas do ato negocial. Segundo a dicção do CC, art. 139, III, sendo de direito e não implicando recusa à aplicação da lei, for o motivo único ou principal do negócio jurídico.

  g) *acidental*: diz respeito aos aspectos secundários do negócio, ou seja, ainda que conhecido, mesmo assim haveria negócio. Tratando-se de **erro de cálculo**, admite-se a retificação (CC, art. 143).

- **requisitos:** são apontados como requisitos para o reconhecimento do erro:

a) cognoscível

b) real ou de efetivo prejuízo

c) que se refira ao próprio negócio, e não a motivos deste, exceto quando expresso como razão determinante (CC, art. 140)

d) relevante

- ***ATENÇÃO:*** Na sistemática do art. 138, é irrelevante ser ou não escusável o erro, porque o dispositivo adota o *princípio da confiança*. ***(Conf. Enunciado 12 da I Jornada de Direito Civil do CJF).*** Assim, o CC/2002 adotou o **princípio da cognoscibilidade**, afastando o critério da escusabilidade.

- **falso motivo:** em regra, não vicia o ato, salvo quando figurar expressamente, integrando a manifestação de vontade, como razão determinante do negócio (CC, art. 140)

- **erro na transmissão por meios interpostos:** a transmissão errônea por meios interpostos é anulável, nos mesmos casos em que o é a declaração direta.

- **convalescimento do erro:** a oferta da execução do negócio conforme a vontade real do manifestante não prejudica a validade do negócio jurídico, consagrando o *princípio da conservação dos negócios jurídicos*, ante a ausência de prejuízo *(pas de nullité sans grief)*.

- **interesse negativo:** a doutrina de Pontes de Miranda lembra a questão do *"interesse negativo"*, previsto em no CC/Alemão, pelo qual o responsável pelo erro, aquele que deu causa, tem o dever de indenizar a outra parte que não concorreu para a situação anulável. Não há previsão do instituto no CC/2002.

7.5.3. DOLO

- **noções gerais:** dolo é o emprego de artifício astucioso para induzir alguém a praticar um negócio jurídico que lhe é prejudicial, mas que favorece ao autor do dolo ou a terceiro. Assim, enquanto o **erro** é espontâneo e subjetivo e íntimo de uma das partes, o **dolo** é provocado intencionalmente pela outra parte ou terceiro. Na **simulação**, ambas as partes em conluio criam uma situação, mediante um negócio jurídico, para fraudar a lei ou terceiros. De qualquer forma, o dolo é causa de nulidade relativa, enquanto a simulação de nulidade absoluta. Por sua vez, a **coação** é o emprego de ameaça contra a vítima, e o **dolo** o artifício de enganar.

- **espécies de dolo:**

a) principal (essencial) e acidental: os negócios jurídicos são anuláveis por dolo (convencimento astucioso), quando este for a sua causa, o que significa dizer que sem ele o negócio não seria realizado *(principal ou dolus causam dans)*. No entanto, se apesar do dolo, o negócio é realizado, embora por outro modo, assim entendido quanto às condições periféricas, haverá dolo *acidental*, o qual obriga a satisfação das perdas e danos. No *dolus incidens*, o negócio aconteceria, com ou sem ele (CC, arts. 145 e 146).

b) dolus bonus e *dolus malus:* aquele é tolerado, aceito no comércio, sem gravidade (*dolus bonus*); este tem o propósito de enganar, ludibriar, prejudicar, motivo pelo qual é grave (*dolus malus*)

c) positivo e negativo (omissão dolosa): o dolo se realiza por ação (*dolo positivo*) ou omissão (*dolo negativo, omissão dolosa ou reticência*); segundo o CC, art. 147, nos negócios jurídicos bilaterais, o silêncio intencional de uma das partes a respeito de fato ou qualidade que a outra parte haja ignorado, constitui omissão dolosa, provando-se que sem ela o negócio não se teria celebrado; desde que essencial, o dolo negativo anula o negócio jurídico.

d) dolo de terceiro: o dolo de terceiro é previsto no CC/art. 148; trata-se do expediente astucioso empregado por estranho ao negócio. **Podem ocorrer duas situações**:

e) com ciência: a mando ou com o conhecimento de uma das partes, ou seja, se aquele a quem o dolo aproveitar **conheceu** do defeito, ou deveria conhecer, o negócio poderá ser anulado.

f) sem ciência: se o dolo de terceiro **não for conhecido** da parte a quem aproveita, ainda que subsista o negócio jurídico, o terceiro responderá por todas as perdas e danos da parte a quem ludibriou.

g) dolo do representante:

1. o dolo do ***representante legal*** de uma das partes só obriga o representado a responder civilmente até a importância do proveito que teve;

2. o dolo for do ***representante convencional***, o representado responderá solidariamente com ele por perdas e danos

h) unilateral e bilateral: em regra o *dolo é unilateral*, porque empregado por uma das partes. Todavia, se ambas as partes procederem com dolo (*bilateral*), nenhuma pode alegá-lo para anular o negócio, ou reclamar indenização (CC, art. 150). Essa *"compensação"* pode ocorrer entre dolos principais, dolos acidentais, ou entre aqueles e estes.

7.5.4. COAÇÃO

- **noções gerais:** coação é o emprego de pressão injusta ou ameaça psicológica para que o agente realize um ato ou negócio jurídico contra sua vontade.

- **espécies de coação:**

a) absoluta ou física (*vis absoluta*): não há consentimento ou declaração da vontade, mas emprego de força ou violência contra o coacto, que fica subjugado ao impulso físico do coator. A doutrina diverge, ora taxando de **nulo** o negócio, ora de **inexistente**.

b) relativa ou moral (*vis compulsiva*): é a coação psicológica, a ameaça de praticar o negócio ou sofrer as consequências prometidas. É causa de nulidade relativa (CC, 171, II)

c) principal: é a ameaça que determina o negócio, é sua causa.

d) acidental: repercute nas condições menos desfavoráveis do negócio, sem, contudo, torná-lo anulável, porque não é determinante. Todavia, obriga as perdas e danos.

- **requisitos para o reconhecimento da coação**

a) que seja determinante: exige-se relação de causalidade entre a coação e o negócio

b) grave: que incuta fundado temor. De acordo com o CC, art. 153, não se considera coação a ameaça do exercício normal de um direito, nem o simples temor reverencial, entendido este, nas palavras de Clóvis Beviláqua como *"o receio de desgostar o pai ou a mãe, ou outras pessoas, a quem se deve obediência e respeito"* (Teoria Geral do Direito Civil, Livraria Francisco Alves, 2ª edição, 1929, pág. 287); o simples temor reverencial não se confunde com a hierarquia, que significa graus de poder com subordinação funcional.

c) injusta: aquela ilícita, anormal, abusiva e contraria ao direito.

d) de dano atual ou iminente: é o que pode acontecer *desde já*, porque *inevitável*. Afasta-se, assim, o dano remoto, mediato ou *evitável*.

e) que recaia sobre a pessoa, família ou bens: a acepção aqui é ampla, abrangendo qualquer dano pessoal, físico ou patrimonial.

- **coação de terceiro**:

a) com ciência: vicia (anula) o negócio jurídico a coação exercida por terceiro, se dela tivesse ou devesse ter conhecimento a parte a que aproveite, e esta responderá **solidariamente** com aquele (**terceiro**) por perdas e danos.

b) *sem ciência*: subsistirá (não anula) o negócio jurídico, se a coação decorrer de terceiro, sem que a parte a que aproveite dela tivesse ou devesse ter conhecimento, mas o **autor da coação** responderá por todas as **perdas e danos** que houver causado ao coacto (CC/art. 154).

7.5.5. ESTADO DE PERIGO

- **noções gerais:** *estado de perigo* ocorre quando alguém, premido da necessidade de **salvar-se** ou a **pessoa de sua família**, de grave dano conhecido da outra parte, assume obrigação excessivamente onerosa. Tratando-se de pessoa **não pertencente** à família do declarante, o juiz decidirá segundo as circunstâncias. Não foi previsto no CC/1916

- **elementos:**

a) situação de necessidade

b) iminência de dano atual e grave

c) nexo de causalidade entre a declaração e a situação de risco de dano à vida

d) que o risco de dano recaia sobre a pessoa do declarante, alguém de sua família, ou terceiro, com quem tenha afinidade, segundo as circunstâncias analisadas pelo juiz

e) que o perigo seja conhecido da outra parte, caracterizando-se sua má-fé

f) que a obrigação seja excessivamente onerosa, ou desproporcional

- **consequências:** de acordo com o CC, art. 178, II, é de **04 anos** o prazo de decadência para pleitear-se a **anulação** do negócio jurídico, contado, no caso de estado de perigo, do dia em que se **realizou** o negócio jurídico.

- ***ATENÇÃO*:** segundo o **Enunciado 148 da III Jornada de Direito Civil**, ao *estado de perigo (art. 156) aplica-se, por analogia, o disposto no § 2º do art. 157"*. Diz o preceito em destaque, pertencente ao instituto da lesão: *"Não se decretará a anulação do negócio, se for oferecido suplemento suficiente, ou se a parte favorecida concordar com a redução do proveito"*.

7.5.6. LESÃO

- **noções gerais:** ocorre a lesão quando uma pessoa, sob premente necessidade, ou por inexperiência, se obriga a prestação manifestamente desproporcional ao valor da prestação oposta. Aprecia-se a desproporção das prestações segundo os valores vigentes ao tempo em que foi celebrado o negócio jurídico. Por outro lado, não se decretará a anulação do negócio, se for oferecido suplemento suficiente, ou se a parte favorecida concordar com a redução do proveito. Sem previsão no CC/1916.

- **características:**

a) o negócio é realizado por necessidade ou inexperiência patrimonial

b) o agente age por si próprio, sem provocação

c) deve haver manifesta desproporção da prestação oposta. Caso seja proporcional, não haverá lesão

d) os valores das prestações são analisados ao tempo do negócio

e) não se exige dolo de aproveitamento, ou seja, que o beneficiário conheça a necessidade porque passa a outra parte ou mesmo que seja inexperiente na vivência dos negócios. Dispensa-se, assim, o elemento subjetivo da má-fé. Assim, trata-se de ***lesão objetiva***.

- **espécies de lesão:**

a) usurária, real ou subjetiva: quando há exigência do dolo de aproveitamento (elemento subjetivo), ou seja, que o beneficiário tenha conhecimento da necessidade ou inexperiência da outra parte, quando se obriga a prestação desproporcional.

b) simplesmente lesão, lesão especial, lesão enorme ou lesão objetiva: quando se analisa a desproporcionalidade das prestações, bem como a necessidade ou inexperiência do contratante, sem perquirir o prévio conhecimento desta situação pelo outro, que é indiferente ao instituto. **É a espécie adotada no CC/2002.**

- **elementos da lesão**

a) objetivo: é a desproporcionalidade das prestações recíprocas

b) temporal: a desproporção das prestações segundo os **valores vigentes ao tempo** em que foi **celebrado** o negócio jurídico, segundo perícias e avaliações do juiz. A desproporcionalidade superveniente é juridicamente irrelevante.

c) subjetivo: decorre da *"necessidade"* e *"inexperiência"* do lesado

- **efeitos da lesão**

a) anulação: é prevista no CC, art. 178, II, com prazo decadencial de **4 anos** a contar do dia em que se realizou o negócio.

b) revisão: não se decretará a anulação do negócio, **desde que**:

1. seja oferecido **suplemento** suficiente.
2. ou se a parte favorecida concordar com a **redução do proveito.**

- **aplicação**

a) aplica-se o instituto nos contratos comutativos, bilaterais e onerosos

b) em **regra** não se aplica aos contratos aleatórios, em função dos riscos normais que os cercam. Por **exceção**, admite-se o defeito nestes últimos, quando há excessiva desproporção à álea recorrentemente vista no contrato.

- **OBS 1:** pelo **Enunciado 149 da III Jornada de Direito Civil do CJF**: *"Em atenção ao princípio da conservação dos contratos, a verificação da lesão deverá conduzir, sempre que possível, à revisão judicial do negócio jurídico e não à sua anulação, sendo dever do magistrado incitar os contratantes a seguir as regras do art. 157, § 2º, do Código Civil de 2002"*;

- **OBS 2:** pelo **Enunciado 150 da III Jornada de Direito Civil do CJF:** *"A lesão de que trata o art. 157 do Código Civil não exige dolo de aproveitamento"*.

- **OBS 3:** diz o **Enunciado 290 da IV jornada de Direito Civil do CJF:** *"A lesão acarretará a anulação do negócio jurídico quando verificada, na formação deste, a desproporção manifesta entre as prestações assumidas pelas partes, não se presumindo a premente necessidade ou a inexperiência do lesado"*.

- **OBS 4:** dispõe o **Enunciado 291 da IV Jornada de Direito Civil do CJF:** *"Nas hipóteses de lesão previstas no art. 157 do Código Civil, pode o lesionado optar por não pleitear a anulação do negócio jurídico, deduzindo, desde logo, pretensão com vista à revisão judicial do negócio por meio da redução do proveito do lesionador ou do complemento do preço"*.

- **OBS 5:** segundo o **Enunciado 410 da V Jornada de Direito Civil**: *"A inexperiência a que se refere o art. 157 não deve necessariamente significar imaturidade ou desconhecimento em relação à prática de negócios jurídicos em geral, podendo ocorrer também quando o lesado, ainda que estipule contratos costumeiramente, não tenha conhecimento específico sobre o negócio em causa"*.

7.5.7. FRAUDE CONTRA CREDORES

- **noções gerais:** a fraude contra credores é o vício social pelo qual o devedor reduz o patrimônio, mediante a transmissão gratuita de bens ou remissão de dívida, desde que os pratique já insolvente, ou por eles reduzido à insolvência, ainda quando o ignore. Traz a nomenclatura de vício social porque a vontade *interna* (querida) e a *externa* (manifestada), estão em perfeita sintonia, mas a intenção do devedor é direcionada para prejudicar terceiros (credores).

- **princípio da responsabilidade patrimonial**: de acordo com o CC, art. 927, os bens do devedor constituem a garantia dos credores, que é desfalcada com a fraude, motivo pelo qual o legislador culminou de defeituoso os atos praticados nos termos do CC, arts. 158, por violar o princípio segundo o qual o patrimônio do devedor responde por suas obrigações.

- **elementos da fraude contra credores:**

a) ***objetivo*** (*eventus damni*): corresponde a todo ato prejudicial ao credor, praticado pelo devedor já insolvente, ou por eles reduzido à insolvência, ainda quando ignorada a situação. Assim, temos o seguinte:

1. insolvência ou redução a ela em razão dos atos de disposição

2. *eventus dammi*, ou seja, prejuízo aos credores decorrente dos atos praticados em função da situação de insolvência

b) subjetivo (*consilium fraudis*): é a intenção de prejudicar terceiros; trata-se da má-fé do devedor, que age sozinho ou aliado a terceiro. Relacionado ao elemento subjetivo, **não se** anulará o negócio se o adquirente estiver de boa-fé. Assim, o credor deverá provar a má-fé do adquirente, para obter o êxito da anulação. A má-fé, neste caso, se limita a demonstrar que o adquirente conhecia a situação de insolvência do devedor. Desse modo, pode-se dizer que a *consilium fraudis* é o conhecimento do adquirente, sua ciência, do estado de insolvência que se encontra o devedor. Deve ser **provada** nas **transmissões onerosas**. Todavia, será **presumida** em **03** casos:

a) quando a insolvência for notória

b) quando houver motivo para ser conhecida do outro contratante a situação de insolvência, em função do parentesco próximo, preço vil, negociação clandestina, alienação de todos os bens, etc.

c) nos **negócios gratuitos**, ou liberalidades, quando se dispensa a prova do conluio fraudulento (consilium fraudis). Segundo os arts. 159, 162 e 163, todos do CC/2002, são espécies de negócios gratuitos praticados com fraude, pelo devedor insolvente ou passe a esta condição em razão do negócio: **exemplos:**

1. *as transmissões gratuitas de bens* (doação, renúncia à herança, renúncia de usufruto, etc.)
2. *a remissão ou perdão de dívidas;*
3. *o pagamento de dívidas ainda não vencidas ou antecipado*, feito ao *credor quirografário* (sem garantia especial). A regra não se aplica ao *credor privilegiado* (com garantia especial). A concessão de garantias reais de dívidas a algum credor está inserida neste item; logo, estão excluídas as garantias fidejussórias. O efeito da fraude, neste caso, é a anulação da garantia. Lembramos que a presunção aqui é *juris et de jure*.

- **validade dos negócios jurídicos celebrados com presunção de boa-fé:** de acordo com o CC, art. 164, **presume-se de boa-fé** e valem os negócios ordinários indispensáveis à:

a) manutenção de estabelecimento mercantil, rural, ou industrial ou

b) subsistência do devedor e de sua família

- **ação pauliana ou revocatória:** é o mecanismo processual para pleitear judicialmente a anulação do negócio jurídico defeituoso por fraude contra credores.

a) Súmula 195 do STJ: "Em embargos de terceiro não se anula ato jurídico, por fraude contra credores".

b) legitimados (CC, art. 158, §§ 1º e 2º).

1. polo ativo: os credores quirografários ao tempo da alienação, bem como aqueles com garantia real que se tornou insuficiente com o negócio. Igualmente, admite-se aos sucessores a título singular ou universal, atingidos pelos atos fraudulentos;
2. *polo passivo:* o devedor insolvente, o adquirente e eventuais terceiros de má-fé, todos em litisconsórcio passivo necessário (CPC-2015, art. 506). No caso do subadquirente, deve-se provar a má-fé, ainda que contra o adquirente a má-fé seja presumida.

c) natureza da sentença: é **desconstitutiva** do negócio jurídico. Difere, assim, dos efeitos da fraude à execução, quando haverá **ineficácia do ato**, permanecendo válido o negócio.

- **fraude não ultimada ou perda do interesse da ação revocatória pelo pagamento mercadológico em juízo:** se o adquirente dos bens do devedor insolvente ainda não tiver pagado o preço e este for, aproximadamente, o corrente, desobrigar-se-á depositando-o em juízo, com a citação de todos os interessados. O valor corrente é aquele praticado no de mercado atual. Com essa postura, afasta-se a má-fé do devedor e o negócio jurídico é conservado, por ausência de prejuízo aos credores, uma vez o que o patrimônio do devedor não é desfalcado.

7.5.8. DIFERENÇAS ENTRE FRAUDE CONTRA CREDORES X FRAUDE À EXECUÇÃO

<table>
<tr><th colspan="2">Fraude contra credores
x
Fraude à execução</th></tr>
<tr><th>fraude contra credores</th><th>Fraude à execução</th></tr>
<tr><td colspan="2">– requisitos comuns:
– fraude na alienação dos bens, com desfalque do patrimônio do devedor
– consilium fraudis entre o alienante e o adquirente, embora nem sempre ocorra
– eventos damini que se resume na insolvência do devedor, ou a pratica de atos que possam levá-lo a tal situação.</td></tr>
<tr><td>diferenças:
– é defeito do negócio jurídico, um vício social, regulado no Código Civil, nos arts. 158 e seg.
– é feita sem processo em curso, de conhecimento ou execução.
– é causa de anulação do negócio jurídico, com o retorno do bem ao patrimônio do devedor.
– seu reconhecimento exige a propositura de ação pauliana ou revocatória, mediante sentença desconstitutiva.</td><td>diferenças:
– é um incidente processual, previsto CPC-2015, art. 792, IV.
– ocorre com demanda em curso, de mérito ou execução, capaz de reduzir o devedor à insolvência, quando da execução, frustrando os seus efeitos (CPC-2015, art. 792, IV). Demanda em curso, para fins de fraude, é aquela na qual houve citação do devedor.
– é causa de ineficácia dos efeitos do negócio jurídico, que permanece íntegro.</td></tr>
</table>

Fraude contra credores x Fraude à execução	
fraude contra credores	**Fraude à execução**
– o negócio é anulável – não se admite o reconhecimento por meio de embargos de terceiro **(Súmula 195 do STJ)** – aproveita a todos os credores, para que se estabeleça o concurso entre eles dos bens do acervo. – a má-fé *(consilium fraudis)* deve ser provada nos negócios onerosos; mas é presumida nos gratuitos – o *eventus damni* é o requisito objetivo, e está sempre presente. – o prazo para a propositura da ação é decadencial de **4 anos**, a partir do dia em que se realizou o negócio jurídico	– o negócio é ineficaz – seu reconhecimento precede petição incidente durante a execução ou o cumprimento de sentença, mediante decisão interlocutória. – aproveita unicamente ao exequente – tradicionalmente a má-fé é presumida, *in re ipsa*. Todavia, o STJ exige a prova da má-fé *(scientia fraudis)* do adquirente **(Súmula 375 do STJ).** – presume *iuris et de iure* a má-fé se o ato constritivo do bem, penhora, arresto, estiver registrado ou averbado no cartório apropriado. – o *eventus damni* deve ser demonstrado, ou seja, que do ato de disposição decorreu um estado de insolvência. – fraude à execução, como incidente processual não possui qualquer prazo para o exercício, próprio ou impróprio.

7.6. INVALIDADE DO NEGÓCIO JURÍDICO

7.6.1. GENERALIDADES

- **noções gerais:** o CC/2002 dispõe a respeito da invalidade do negócio jurídico nos arts. 166 a 184, em que estão inseridas as regras a respeito do negócio jurídico ***nulo*** e ***anulável***. O negócio jurídico será ***válido*** quando observar as regras pertinentes aos elementos do negócio jurídico (CC/art. 104 e seguintes). A expressão ***invalidade*** abrange a nulidade e a anulabilidade do negócio jurídico, e significa o negócio jurídico que não produz os efeitos desejados pelas partes, conforme o grau de imperfeição verificado, por exemplo, na manifestação de vontade. Veremos a seguir, em três tabelas esquematizadas, o resumo da matéria.

7.6.2. ESPÉCIES DE NULIDADE

- **absoluta:** quando ocorre ofensa a preceito de ordem pública e social, afetando o negócio jurídico com vício insanável.
- **relativa:** refere-se à ofensa sanável, por atingir interesse do próprio indivíduo.
- **total:** quando atinge todo o negócio.
- **parcial:** nesse caso, apenas parte do negócio é atingida. De acordo com o CC, art. 184, *"Respeitada a intenção das partes, a **invalidade parcial** de um negócio jurídico **não o prejudicará na parte válida, se esta for separável**..."*. A regra é amparada pelos ***princípios da incomunicabilidade*** das nulidades e da ***conservação dos atos ou negócios jurídicos.***
- **textual ou expressa:** quando explicitada na lei, que diz ser nulo o ato. Ex: CC, art. 548.
- **virtual ou implícita:** aquela que é deduzida por expressões, como "não pode", "não deve". Ex. CC, art. 1.521.

7.6.3. NEGÓCIO JURÍDICO INEXISTENTE

- **noções gerais:** não há menção expressa a respeito do **negócio inexistente** no Código Civil, mas a classe é admitida juridicamente. Trata-se do negócio jurídico praticado com a falta de algum dos elementos estruturais de todo e qualquer negócio jurídico, como p. ex, quando não houver manifestação ou declaração de vontade. Não se confunde com o **negócio ineficaz,** o qual é completo, **ou seja,** não se ressente da falta ou irregularidade dos elementos internos que o compõe, mas de alguma circunstância extrínseca que, conjuntamente com o negócio, integra a situação complexa (*fattispecie*) produtiva de efeitos jurídicos, ou seja, o negócio jurídico foi celebrado, está valido, mas a sua eficácia está pendente a um termo, condição ou encargo.
- **efeitos:** o negócio jurídico inexiste não chega a se formar, razão pela qual não gera efeito algum.
- **reconhecimento:** em regra, não reclama ação, porém, se o negócio for daqueles com aparência material, justifica-se a propositura de *"ação declaratória de inexistência"*.

7.6.4. NEGÓCIO JURÍDICO NULO (NULIDADE ABSOLUTA)

- **noções gerais:** o negócio jurídico nulo (nulidade absoluta) é aquele praticado sem os requisitos essenciais, o que impede que produza efeitos. É nulo o negócio que atenta contra os preceitos de ordem pública, pertencentes à sociedade.
- **causas de nulidade:** segundo o CC, art. 166, é *nulo* o negócio jurídico quando:
  a) celebrado por pessoa absolutamente incapaz;
  b) for ilícito, impossível ou indeterminável o seu objeto;
  c) o motivo determinante, comum a ambas as partes, for ilícito;
  d) não revestir a forma prescrita em lei;

e) for preterida alguma solenidade que a lei considere essencial para a sua validade;

f) tiver por objetivo fraudar lei imperativa;

g) a lei taxativamente o declarar nulo, ou proibir-lhe a prática, sem cominar sanção.

- **implicações do Estatuto do Deficiente:** com a entrada em vigor da nova lei apenas os menores de 16 anos são considerados absolutamente incapazes (CC, art. 3º). As demais hipóteses antes previstas foram revogadas.

- **características dos negócios jurídicos nulos:**

a) celebrado, o vício o contamina desde a origem, razão pela os efeitos da decisão que declara a nulidade são *ex tunc*

b) pode ser alegado por qualquer interessado, e pelo Ministério Público, quando couber intervir

c) não admite a confirmação

d) não se convalesce, pois a nulidade absoluta é perpetua

e) o juiz deverá conhecer de ofício, e não poderá supri-lo, ainda que a requerimento

- **posição doutrinaria:** segundo Orlando Gomes, o negócio jurídico nulo possui as seguintes características (Introdução ao Direito Civil, 12ª edição, Rio de Janeiro, Forense, 1.996, pag. 474):

a) imediata (vicia o negócio desde a formação)

b) absoluta (as nulidades podem ser alegadas por qualquer interessado, ou pelo Ministério Público, quando lhe couber intervir, e devem ser pronunciadas pelo juiz, quando conhecer do negócio jurídico ou dos seus efeitos e as encontrar provada)

c) incurável (as partes não podem saná-las, e não é permitido ao juiz supri-las, ainda que a requerimento das partes)

d) perpétua (não se convalescem pelo decurso do tempo).

- **conversão:** se o negócio jurídico nulo contiver os requisitos de outro, subsistirá este quando o fim a que visavam as partes permitir supor que o teriam querido, se houvessem previsto a nulidade (CC, art. 170).

a) verifica-se quando o negócio praticado é nulo na forma invocada pelas partes, porém, atende aos elementos de outro, para o qual pode ser transformado, conferindo nova qualificação ao negócio, salvo proibição expressa, como ocorre em relação aos testamentos.

b) **exige-se os requisitos**:

1. *objetivo*: que o segundo negócio possua os mesmos suportes fáticos do primeiro (nulo)
2. *subjetivo:* que as partes efetivamente queiram um negócio diverso

c) pode ser requerida pelo terceiro

d) o juiz não poderá decretá-la de ofício

e) pelo **Enunciado 13 da I Jornada de Direito Civil do CJF**: *"O aspecto objetivo da conversão requer a existência do suporte fático no negócio a converter-se"*.

7.6.5. NEGÓCIO JURÍDICO ANULÁVEL (NULIDADE RELATIVA)

- **noções gerais**: anulável é o negócio jurídico que atinge interesse de ordem particular da pessoa. E será considerado *válido* o negócio se o prejudicado se conformar com os seus efeitos, deixando transcorrer o prazo legal para atacá-lo, bem como se confirmar seu teor, quando expressa ou tacitamente, consente com o vício, salvo o direito de terceiros (CC, art. 172).

- **causas de nulidade:** de acordo com o CC, art. 171, além dos casos expressamente declarados na lei, é anulável o negócio jurídico:

a) por incapacidade relativa do agente (CC, art. 4º, I a IV). * Nota: observar a nova redação do Estatuto do Deficiente.

b) por vício resultante de erro, dolo, coação, estado de perigo, lesão ou fraude contra credores.

c) por falta de assentimento de terceiro. Ex. CC, art. 496 (compra e venda entre ascendente e descendente)

- **características dos negócios jurídicos anuláveis:**

a) são de interesse privado ou de conveniência particular do prejudicado

b) podem ser supridos pelo juiz, mediante provocação (CC/art. 168, parágrafo único, leitura a *contrario sensu*).

c) não se admite o reconhecimento *ex ofício* pelo juiz (CC, art. 177)

d) quando a anulabilidade decorrer da falta de autorização de terceiro, será válido o ato se conferida posteriormente (CC/art. 176 c/art. 496)

e) seus efeitos surgem após a sentença desconstitutiva, ex nunc. Assim, não opera antes da sentença

f) possui prazos de decadência; o ato nulo, não pode ser confirmado, convalidado pelo tempo ou suprido, e deverá ser reconhecido de ofício pelo juiz, com efeitos ex tunc; o menor **entre 16 e 18 anos** é relativamente incapaz; logo, o negócio nessa condição é anulável (CC/art. 166, I).

g) só os interessados a podem alegar, e aproveita exclusivamente aos que a alegarem, salvo o caso de solidariedade ou indivisibilidade (CC, art. 177);

h) podem ser confirmados, expressa ou tacitamente, salvo direito de terceiro; vale lembrar que, quando da primeira espécie, o ato de confirmação deve conter a substância do negócio celebrado e a vontade expressa de mantê-lo (CC, art. 172 e 174)

i) o convalescimento da anulabilidade, pelo decurso do tempo, confere-se a validade

- **prazo decadenciais**:

a) será de **2 anos**, se não houver prazo estabelecido em lei especificamente para o vício, contado da conclusão do ato (CC, art.179).

b) é de **4 anos** o prazo de decadência para pleitear-se a anulação do negócio jurídico, contado:

c) no caso de coação, do dia em que ela cessar

d) no de erro, dolo, fraude contra credores, estado de perigo ou lesão, do dia em que se realizou o negócio jurídico.

- **confirmação do negócio jurídico:** confirmar significa aproveitar o negócio inválido, integrando-o e retroagindo à data do ato, tornando-o válido na origem, pelo que deverá conter a mesma forma, conforme CC/art. 173. Trata-se de ato *unilateral e não receptício.* Sua forma é a mesma do negócio jurídico, ou seja, se o negócio foi realizado por escritura pública, a confirmação também deverá ser.

a) expressa: quando é feita por escrito, no mesmo formato do negócio, constando a vontade declarada de mantê-lo (CC, art.173)

b) tácita: quando a obrigação foi parcialmente cumprida pelo devedor ciente do vício que a inquinava (CC, art. 174) e quando transcorre *in albis* o prazo decadencial para exercer seu direito.

- **efeitos da confirmação**: são *"ex tunc"*, retroagindo à data do ato. Assim, expressa ou tácita, importa a renúncia ou a desistência do direito de anular o negócio sendo, portanto, **irrevogável** (CC, art. 175).

7.6.6. SIMULAÇÃO

- **noções gerais:** trata-se de vício social realizado mediante declaração falsa, a qual aparenta um negócio jurídico ostensivo, que na realidade não existe. Essa declaração falsa também pode servir para ocultar, sob um ilusório negócio, o verdadeiro negócio querido, com a finalidade de enganar terceiros ou fraudar a lei. Nela há conluio entre as partes, porque se exige declaração receptícia, nos negócios bilaterais e unilaterais. Assim, difere do dolo, pois neste uma das partes tem a vontade comprometida, participando diretamente do negócio. Na simulação, quando se objetiva fraudar terceiro, sua posição é estranha ao negócio. É prevista no CC, art. 167, §§ 1º e 2º.

- **classificação presente CC/1916.**

a) simulação inocente: presente no CC/1916, art. 103, assim era quando as partes não pretendiam prejudicar terceiros ou fraudar a lei. No CC/2002, de acordo com o **Enunciado 152 da III Jornada de Direito Civil do CJF:** *"Toda simulação, inclusive a inocente, é invalidante".*

b) simulação fraudulenta: também presente no CC/1916, nesta objetivavam as partes o prejuízo de terceiro ou a burla a lei. Conforme vimos acima, a classificação perdeu interesse com o CC/2002, mas remanesce para fins históricos.

- **modalidades de simulação CC/2002.**

a) simulação absoluta: nesta, a declaração enganosa de negócio bilateral ou unilateral é puramente fictícia e irreal, pois não há negócio algum.

b) simulação relativa: ocorre quando é realizado, sob a aparência de um negócio fictício, outro verdadeiro, diverso e verdadeiramente querido. São dois negócios. Um simulado, fingido, inventado, ilusório. E outro oculto, mas realmente querido pelas partes. Aquele encobre este, o efetivo e concretamente pretendido. **Divide-se em**:

c) subjetiva ou ad personam: quando o negócio é real, mas uma das partes é aparente, fictícia ou interposta, e não tira proveito da avença. (Ex. laranja, testa de ferro, homem de palha, etc.). **(interposição de pessoa)**

d) objetiva: contiverem declaração, confissão, condição ou cláusula não verdadeira **(ocultação da verdade)** ou os instrumentos particulares forem antedatados, ou pós-datados **(falsidade de data).**

- **efeitos da simulação**

a) é **nulo** o negócio jurídico simulado.

b) mas **subsistirá** o que se dissimulou, se válido for na substância e na forma

c) ressalvam-se os direitos de **terceiros de boa-fé** em face dos contraentes do negócio jurídico simulado

- **simulação e dissimulação:** não se confundem. Simular é aparentar algo que não existe, é o disfarce. Dissimular é ocultar algo verdadeiro.

- **enunciados das jornadas de direito civil**

a) **152:** *"Toda simulação, inclusive a inocente, é invalidante".*

b) **153:** *"Na simulação relativa, o negócio simulado (aparente) é nulo, mas o dissimulado será válido se não ofender a lei nem causar prejuízos a terceiros".*

c) **293:** *"Na simulação relativa, o aproveitamento do negócio jurídico dissimulado não decorre tão-somente do afastamento do negócio jurídico simulado, mas do necessário preenchimento de todos os requisitos substanciais e formais de validade daquele".*

d) **294**: *"Sendo a simulação uma causa de nulidade do negócio jurídico, pode ser alegada por uma das partes contra a outra"*.

7.6.7. ANOTAÇÕES ARTIGO POR ARTIGO DE INVALIDADE

- **CC, art. 180**: *"O menor, entre dezesseis e dezoito anos, não pode, para eximir-se de uma obrigação, invocar a sua idade se dolosamente a ocultou quando inquirido pela outra parte, ou se, no ato de obrigar-se, declarou-se maior"*
  - **Nota:** será **válido** o negócio praticado nessa condição, pois a boa-fé do terceiro prevalece em relação à malícia do menor.

- **CC, art. 183**: *"A invalidade do instrumento não induz a do negócio jurídico sempre que este puder provar-se por outro meio"*.
  - **Nota:** admitindo-se a prova do negócio por outros meios, como a testemunhal, o negócio será válido, apesar da invalidade do instrumento. Todavia, quando essencial para a validade do negócio, sobretudo na constituição e prova (CC, art. 108), anulado o instrumento, o negócio seguirá a mesma sorte.

- **CC, art. 184, primeira parte:** *"Respeitada a intenção das partes, a invalidade parcial de um negócio jurídico não o prejudicará na parte válida, se esta for separável..."*
  - **Nota:** em razão do princípio da conservação, o negócio parcialmente nulo ou anulável subsiste na parte válida, desde que seja essa a intenção das partes (***requisito subjetivo***) e se admita o desmembramento (***requisito objetivo***).

- **CC, art. 184, segunda parte:** *"...a invalidade da obrigação principal implica a das obrigações acessórias, mas a destas não induz a da obrigação principal"*.
  - **Nota:** nula ou anulável a obrigação principal, a acessória também é atingida (*accessorium sequitur suum principale*). Já a obrigação acessória na mesma condição não contamina a principal, a qual permanecerá válida e eficaz.

- **CC, art. 182:** *"Anulado o negócio jurídico, restituir-se-ão as partes ao estado em que antes dele se achavam, e, não sendo possível restituí-las, serão indenizadas com o equivalente"*.
  - **Nota:** refere-se o preceito ao objeto do negócio ou a prestação, em relação aos quais as partes serão restituídas ao estado anterior (*status quo ante*) uma vez reconhecida a nulidade ou anulabilidade. Assim, em um negócio de compra e venda, o comprador devolve o bem e o vendedor o preço. Caso não seja possível o retorno à situação anterior ao negócio, o lesado será indenizado. Há **exceções, nas quais, ainda que anulado o negócio, não se verifica o retorno ao estado anterior**: **A)** *"ninguém pode reclamar o que, por uma obrigação anulada, pagou a um incapaz, se não provar que reverteu em proveito dele a importância paga"* (CC, art. 181); **B)** *"o possuidor de boa-fé tem direito, enquanto ela durar, aos frutos percebidos"*; **C)** *"o possuidor de boa-fé tem direito à indenização das benfeitorias necessárias e úteis, bem como, quanto às voluptuárias, se não lhe forem pagas, a levantá-las, quando o puder sem detrimento da coisa, e poderá exercer o direito de retenção pelo valor das benfeitorias necessárias e úteis."* (CC, art. 1.219).

- **CC, art. 181:** *"Ninguém pode reclamar o que, por uma obrigação anulada, pagou a um incapaz, se não provar que reverteu em proveito dele a importância paga"*.
  - **Nota:** reconhece o dispositivo a impossibilidade de reclamar a devolução da importância paga a um incapaz, em uma obrigação anulada, seja a incapacidade relativa ou absoluta. Entretanto, provado por quem pagou que a importância reverteu em proveito do incapaz, haverá a obrigação de restituir.

7.6.8. DIFERENÇAS ENTRE NULO X ANULÁVEL

Invalidade do Negócio Jurídico e Seus Efeitos	
Nulo	**Anulável**
• celebrado por pessoa absolutamente incapaz; • for ilícito, impossível ou indeterminável o seu objeto; • o motivo determinante, comum a ambas as partes, for ilícito; • não revestir a forma prescrita em lei;	• por incapacidade relativa do agente; • erro • dolo • coação • estado de perigo • lesão
• for preterida alguma solenidade que a lei considere essencial para a sua validade; • tiver por objetivo fraudar lei imperativa; • a lei taxativamente o declarar nulo, ou proibir-lhe a prática, sem cominar sanção. • reserva mental ilícita (CC/ art. 110). • simulação	• fraude contra credores • a lei taxativamente afirmar que o negócio é anulável

Invalidade do Negócio Jurídico e Seus Efeitos	
Efeitos	**Efeitos**
não pode ser confirmado e nem se convalesce pelo decurso do tempo (**imprescritível**) • não admite suprimento judicial, ainda que a requerimento das partes. • qualquer interessado pode arguir • o MP, quando intervir, pode alegar nulidade • o juiz pode conhecer de ofício, • seus efeitos são *ex tunc*	• admite-se a confirmação, expressa ou tácita. • ocorre o convalescimento quando decorridos os prazos decadenciais. • disso decorre que somente os interessados podem propor a ação anulatória. • ao juiz não é dado conhecer de ofício. • os efeitos da decisão são *ex nunc.*
• em relação à simulação relativa, admite-se o aproveitamento, desde que não ocorra a ofensa à lei, prejuízo a terceiros e estejam presentes os requisitos substanciais e formais do negócio oculto e dissimulado **(Enunciados 153 e 293 das Jornadas de Direito Civil do CJF)** • a simulação absoluta não admite aproveitamento.	• os defeitos acima devem ser alegados no prazo decadencial de **4 anos**, contados da celebração do negócio, **exceto** a coação e a incapacidade relativa, que se contam a partir de cessadas. • quando a lei dispuser que determinado ato é anulável, sem estabelecer prazo para pleitear-se a anulação, será este de **02 anos**, a contar da data da conclusão do ato.
• a simulação, ainda que inocente, invalida • é aceita a conversão do negócio jurídico nulo, se contiver os requisitos de outro, e quando o fim a que visavam as partes permitir supor que o teriam querido, se houvessem previsto a nulidade. • em regra, não produz efeitos, mas excepcionalmente pode gerar, como ocorre no casamento putativo, ou na citação nula, para interromper a prescrição e constituir o devedor em mora	• o menor, entre dezesseis e dezoito anos, não pode, para eximir-se de uma obrigação, invocar a sua idade se dolosamente a ocultou quando inquirido pela outra parte, ou se, no ato de obrigar-se, declarou-se maior • ninguém pode reclamar o que, por uma obrigação anulada, pagou a um incapaz, se não provar que reverteu em proveito dele a importância paga.

7.7. ATOS JURÍDICOS LÍCITOS

- **CC, art. 185:** *"Aos atos jurídicos lícitos, que não sejam negócios jurídicos, aplicam-se, no que couber, as disposições do Título anterior".*
- **origem:** o CC/2002 segue a mesma sistemática do direito alemão (BGB), distinguindo o ato jurídico em sentido estrito do negócio jurídico.

7.7.1. CLASSIFICAÇÃO

- **atos jurídicos em sentido estrito:** *(Diniz, Maria Helena, Código Civil Anotado, Saraiva, 16ª edição, 2012, pág. 234)* aqueles de consequências jurídicas previstas em lei, e não pelas partes interessadas, são **divididos em:**

a) **atos materiais:** aqueles cuja atuação da vontade lhes conferem existência imediata, pois não são destinados ao conhecimento de determinada pessoa, ou seja, não possui um destinatário. Ex. ocupação, achado de tesouro, etc.

b) **participações:** ao contrário, são declarações de ciência ou comunicação de intenção ou fato a um destinatário. Ex. intimação, notificação, etc.

7.8. ATOS JURÍDICOS ILÍCITOS

- **noções gerais:** são ilícitos os atos contrários à ordem jurídica, violando direitos subjetivos. Em razão disso, são causadores de danos materiais e/ou morais, criando o dever de reparar o dano (CF, art. 5º, V e X; CC, art. 927).
- **disposições legais:** o CC/2002 estabelece em três artigos as noções dos atos ilícitos, são eles: **arts. 186, 187 e 927**. No **art. 188** são apresentados os atos lesivos não ilícitos *(legitima defesa, exercício regular de um direito reconhecido e o estado de necessidade)*, o qual é complementado pelos arts. 929 e 930.

7.8.1. DIFERENÇAS ENTRE RESPONSABILIDADE CONTRATUAL E EXTRACONTRATUAL

- **noções gerais***:* será **contratual** a responsabilidade civil que tiver origem numa relação contratual, ou seja, nasce do descumprimento de um dever contratual. O inadimplemento dessa natureza implica a responsabilidade de indenizar perdas e danos, segundo o art. 389 do CC. Por sua vez, a responsabilidade **extracontratual** é resulta da infração a um dever legal de conduta, genericamente previsto nos arts. 186, 187 e 927, todos dos CC.
- **teoria adotada:** o CC/2002 adotou a **teoria dualista** em relação à responsabilidade extracontratual e contratual, **afastando a unitária**, ou seja, a obrigação de ressarcir é comum, mas a disciplina normativa é diversa. Os **"atos ilícitos"** são tratados nos arts. 186, 187 e 927. A **"inexecução das obrigações"** nos arts. 389 e 395.

Responsabilidade extracontratual	Responsabilidade contratual
• cabe ao lesado o ônus da prova do dolo ou culpa do autor do dano	• o inadimplemento presume-se culposo (juris tantum)

• nasce da inobservância de um dever genérico legal de não causar dano	• origina-se de um contrato ou avença prévia
• os incapazes podem causá-lo (amentais e menores)	• a validade dos negócios celebrados exige plena capacidade dos agentes
• alcança a culpa levíssima	• não alcança a culpa levíssima

7.8.2. ELEMENTOS ESSENCIAIS DOS ATOS ILÍCITOS

- **ação ou omissão**: a pessoa pode ser responsabilizada por agir mal ou por deixar de praticar um fato quando existente um dever jurídico legal ou convencional de fazê-lo:
  - a) ato próprio (CC, arts. 939, 940, 953, etc.)
  - b) ato de terceiro (CC, art. 932)
  - c) fato de animal (CC, art. 936)
  - d) fato da coisa (CC, art. 937)
  - e) de *"effusis ou dejectis"* (CC, art. 938)
- **culpa ou dolo do agente:** culpa é a falta de diligência que vem a causar um dano. Dolo é a vontade intencional e direcionada da causar um dano. Foi acolhida a **teoria subjetiva da culpa**:
- **quanto à extensão, a culpa poderá ser**:
  - a) lata ou grave: totalmente evitável.
  - b) leve: evitável com diligência ordinária
  - c) levíssima: só evitável com extraordinária habilidade
- **outras espécies de culpa**:
  - *a) in eligendo*: má escolha
  - *b) in vigilando*: falta de fiscalização
  - *c) in comittendo*: por ação ou ato positivo
  - *d) in omittendo*: por omissão, sempre que tiver um dever jurídico de agir
  - *e) in custodiendo:* falta de cuidado na guarda de um animal ou coisa
- **relação de causalidade ou etiológica:** a responsabilidade emerge quando há relação de causa e efeito entre o comportamento do agente e o dano produzido. Logo, *são excludentes do nexo de causalidade*:
  - a) culpa exclusiva da vítima
  - b) culpa exclusiva de terceiro
  - c) caso fortuito
  - d) força maior
- **espécies de dano**: não há responsabilidade civil sem dano. Assim, são suas espécies:
  - a) dano material: é o que repercute na esfera patrimonial ou financeira do lesado
  - b) dano moral: ataca a ordem extrapatrimonial do lesado, sua honra, imagem, etc.

7.8.3. ATOS LESIVOS NÃO ILÍCITOS

- **legítima defesa:** estabelece o CC, art. 188, I, 1ª parte, que não constituem atos ilícitos os praticados em legítima defesa, ou seja, quem, usando moderadamente dos meios necessários, repele injusta agressão, atual ou iminente, a direito seu ou de outrem.
- **regras importantes:**
  - a) se o ato é praticado contra o agressor, o agente não é responsabilizado
  - b) se por erro terceiro é atingido, o agente repara o dano, mas terá ação regressiva contra o agressor.
  - c) a mesma ação regressiva competirá contra aquele em defesa de quem se causou o dano
- **exercício regular do direito:** não constituem atos ilícitos aqueles praticados no exercício **regular** de um direito reconhecido, diz o CC, art. 188, I, 2ª parte. Também está inserido no preceito os atos praticados no **estrito cumprimento do dever legal**. Não se reconhece a licitude se o ato é irregular ou abusivo, com desvio de finalidade social, prescindindo de culpa
- **estado de necessidade:** não constitui ato ilícito a deterioração ou destruição da coisa alheia, ou a lesão à pessoa, a fim de remover perigo iminente, quando as circunstâncias o tornarem ***absolutamente necessário*** e quando ***não exceder os limites do indispensável*** para a remoção do perigo, descreve o CC, art. 188, II, e parágrafo único.
  - a) se a pessoa lesada, ou o dono da coisa, não forem culpados do perigo, assistir-lhes-á direito à indenização do prejuízo que sofreram
  - b) se o perigo ocorrer por culpa de terceiro, contra este terá o autor do dano **ação regressiva** para haver a importância que tiver ressarcido ao lesado.

7.8.4. TEMAS IMPORTANTES DE RESPONSABILIDADE CIVIL. ATO ABUSIVO

- **responsabilidade civil subjetiva e objetiva:** a responsabilidade subjetiva, teoria da culpa ou clássica, pressupõe a culpa ou o dolo como fundamento da responsabilidade civil. Para determinadas pessoas, em situações, porém, admite-se a responsabilidade civil sem o pressuposto da culpa. Nestes casos, fala-se em **responsabilidade legal ou objetiva**, a qual prescinde da culpa ou dolo, contentando-se com o dano e o nexo causal. Também conhecida por teoria do risco, a prova da culpa é dispensada, e a obrigação de reparar surge sem ela.

- **teorias do risco**: aquele que exerce uma atividade é criador de riscos a terceiros, obrigando-se a reparar, ainda que não atue com culpa ou dolo, no resultado danoso. **Desdobra-se em**:

  a) *teoria do risco integral* (Lei 6.938, art. 14, § 1º, nos danos ao meio ambiente);

  b) *teoria do risco-proveito* ou *risco-atividade* (decorrente atividade lucrativa). Ver: Enunciado 43 da I Jornada de Direito Civil do CJF. (CC/art. 927, parágrafo único)

  c) *teoria do risco criado* (CC/art. 937)

  d) *teoria do risco administrativo* (CF/art. 37, § 6º)

  e) *teoria do risco-profissional* (pertinente às relações de trabalho)

- **ATENÇÃO:** com exceção da *responsabilidade objetiva do risco integral*, não se reconhece a responsabilidade subjetiva e objetiva quando o nexo de causalidade é afastado por culpa exclusiva da vítima, exclusiva de terceiro, caso fortuito e força maior.

- **teoria adotada pelo CC/2002:**

  a) *regra*: teoria subjetiva (CC, art. 186)

  b) *exceção*: responsabilidade legal (CC, art. 927, parágrafo único).

- **responsabilidade dos privados de discernimento:** mitigada e subsidiária (Ex. curatelado; CC, art. 928, *caput*, e parágrafo único)

Responsabilidade do menor por atos ilícitos	
Abs. incapaz	• mitigada e subsidiária (CC, art. 932, I; 928, *caput*, e parágrafo único)
Rel. incapaz	• mitigada e subsidiária (CC, art. 932, I; 928, *caput*, e parágrafo único)
Tutelado	• mitigada e subsidiária (CC, art. 932, II; 928, *caput*, e parágrafo único)
Efeitos da emancipação na responsabilidade civil	
Eman. Legal	• com a emancipação legal, cessa a responsabilidade dos pais em relação aos atos dos filhos. A responsabilidade do menor é direta e os pais são irresponsáveis.
Eman. Voluntária	• a emancipação direta dos pais os mantém responsáveis diretamente pelos atos dos filhos menores, permanecendo, assim, mitigada e subsidiária a responsabilidade dos filhos relativamente incapazes.
Em. Concedida	• de acordo com precedentes do STJ, a emancipação do filho que mantém estabelecimento civil ou comercial, com economia própria, mas possível graças aos recursos dos pais (STJ. REsp 586399), não os afasta do dever de indenizar por ato praticado. Neste caso, a emancipação é concedida, com os pais e os filhos solidariamente responsáveis pelo dano. (CC, art. 942, parágrafo único).

- **ato abusivo, o abuso do direito, ou o exercício irregular do direito:** regulado no CC/art. 187, ocorre quando o titular de um direito excede nos limites impostos pelo seu fim econômico, social, pela boa-fé ou pelos bons costumes, lesando alguém, resultando o dever de indenizar. O ato abusivo é lícito, mas desconforme a finalidade socioeconômica pretendida pela norma. A *ilicitude é objetiva*, e independe de culpa ou dolo.

- **categorias de abuso de direito**:

  a) *atos emulativos*

  b) *os atos ofensivos aos bons costumes ou contrários à boa-fé*

  c) *atos praticados em desacordo com o fim social ou econômico do direito subjetivo*

- **enunciados das jornadas de direito civil**:

  a) **37:** *"A responsabilidade civil decorrente do abuso do direito independe de culpa e fundamenta-se somente no critério objetivo-finalístico".*

  b) **139:** *"Os direitos da personalidade podem sofrer limitações, ainda que não especificamente previstas em lei, não podendo ser exercidos com abuso de direito de seu titular, contrariamente à boa-fé objetiva e aos bons costumes".*

  c) **508:** *"Verificando-se que a sanção pecuniária mostrou-se ineficaz, a garantia fundamental da função social da propriedade (arts. 5º, XXIII, da CRFB e 1.228, § 1º, do CC) e a vedação ao abuso do direito (arts. 187 e 1.228, § 2º, do CC) justificam a exclusão do condômino antissocial, desde que a ulterior assembleia prevista na parte final do parágrafo único do art. 1.337 do Código Civil delibere a propositura de ação judicial com esse fim, asseguradas todas as garantias inerentes ao devido processo legal".*

  d) **539:** *"O abuso de direito é uma categoria jurídica autônoma em relação à responsabilidade civil. Por isso, o exercício abusivo de posições jurídicas desafia controle independentemente de dano".*

  e) **543:** *"Constitui abuso do direito a modificação acentuada das condições do seguro de vida e de saúde pela seguradora quando da renovação do contrato".*

8. PRESCRIÇÃO E DECADÊNCIA

8.1. PRESCRIÇÃO

- **disciplina normativa:** a prescrição é regrada no CC, arts. 189 a 206

- **noções gerais:** a **prescrição** é o instituto que confere estabilidade às situações jurídicas, consolidando-as em razão do decurso do tempo previsto em lei.

- **características da prescrição:**

  a) ocorre pela inércia do titular

  b) recai sobre a pretensão

c) é unicamente legal

d) **Súmula 150 do STF**: *"Prescreve a execução no mesmo prazo de prescrição da ação"*.

e) a **exceção** prescreve no mesmo prazo em que a pretensão (CC, art. 190). Pelo **Enunciado 415 da V Jornada de Direito Civil:** *"O art. 190 do Código Civil refere-se apenas às exceções impróprias (dependentes/não autônomas). As exceções propriamente ditas (independentes/autônomas) são imprescritíveis"*.

f) o decurso do tempo sem que a pretensão seja exercida influi na **aquisição** ou **extinção** de um direito. Assim, são **espécies** de prescrição:

1. aquisitiva ou usucapião
2. extintiva

g) os prazos de prescrição estão na Parte Geral, arts. 205 (regra geral) e 206 (regras especiais)

h) em sessão, o STF firmou a tese de repercussão geral no sentido de que "é prescritível a ação de reparação de danos à Fazenda Pública decorrente de ilícito civil". Essa tese foi elaborada no julgamento do Recurso Extraordinário (RE) 669069 em que se discute o prazo de prescrição das ações de ressarcimento por danos causados ao erário, entretanto essa tese não alcança prejuízos que decorram de ato de improbidade administrativa, tema não discutido nesse recurso.

- **prescrição intercorrente**: ocorre no curso da ação ou processo, e tem por pressuposto a inércia do autor da ação, que deixa de promover os atos e diligências que lhe caberiam, durante o tempo suficiente para a perda da pretensão. Conforme a nova redação dada ao art. 206-A pela Lei n. 14.382/2002, os aspectos relacionados aos **prazos da prescrição intercorrente** serão os seguintes:

a) a prescrição intercorrente observará o **mesmo prazo** de prescrição da pretensão;

b) serão observadas as causas de **impedimento**, de **suspensão** e de **interrupção** da prescrição previstas no CC-2002;

c) deve ser ainda observado o disposto no art. 921 do CPC-15, que dispõe sobre as hipóteses de suspensão da execução, e ainda, sobre a suspensão da prescrição nas situações que especifica, como aquela do inciso III, quando não for localizado o executado ou bens penhoráveis, caso em que a execução e a prescrição ficarão suspensas por 01 (um) ano.

- **são imprescritíveis as pretensões que versam sobre**:

a) direitos da personalidade

b) estado de pessoas

c) de exercício facultativo ou potestativo (Ex. extinção de condomínio, etc.)

d) bens públicos

e) direitos de propriedade (Ex. ação reivindicatória)

f) de reaver bens confiados a guarda de outrem

g) anulação de inscrição do nome empresarial feita com violação da lei ou do contrato (CC, art. 1.167).

- ***ATENÇÃO:*** são prescritíveis as vantagens econômicas dos direitos imprescritíveis. Exemplo: Súmula 149 do STF: *É imprescritível a ação de investigação de paternidade, mas não o é a de petição de herança"*.

- **prescrição quanto à natureza da ação**

a) as ações declaratórias puras são imprescritíveis

b) as ações condenatórias, estão sujeitas a prescrição

c) as ações condenatória-constitutiva, estão sujeitas à prescrição (STJ – REsp1346864)

d) as ações declaratórias com carga constitutiva, como é o caso da constitutiva negativa, estão sujeitas à prescrição (STJ: REsp 748966/RJ)

e) são perpétuas (*imprescritíveis*) as ações constitutivas que não têm prazo especial de exercício fixado em lei (Silvio Rodrigues)

- ***ATENÇÃO:*** as ações constitutivas, com prazo especial fixado em lei, representam meios de exercício de direitos potestativos (que não são suscetíveis de violação) e, portanto, estão sujeitas à **decadência**.

- **renúncia à prescrição** (CC, art. 191):

a) são espécies: expressa ou tácita

b) vale feita **após** a consumação

c) **não** é admitida a **renúncia prévia** ou **antecipada** da prescrição, ou seja, aquela que ocorre antes da consumação

d) **não** pode prejudicar terceiros

- **alteração dos prazos prescricionais**:

a) decorrente de convenção: os prazos de prescrição **não** podem ser alterados por **acordo** das partes (CC, art. 192)

b) em virtude de lei: **lei superveniente** pode alterar os prazos de prescrição, para reduzi-los ou ampliá-los.

- **alegação e conhecimento da prescrição**:

a) pode ser alegada em qualquer grau de jurisdição pela parte a quem aproveita (CC, art. 193). Poderão fazê-lo os interessados *diretos* e os *indiretos* (credores, por exemplo). Deve ser suscitada na instância ordinária (1ª e 2ª instância), para que seja admitida no recurso especial (STJ) e extraordinário (STF), em razão do prequestionamento.

b) deve ser pronunciada de **ofício** pelo juiz (CPC-2015, art. 332, § 1º e 487, II).

- **CPC-2015:** com o CPC/2015 o juiz pode reconhecer de ofício ou a requerimento sobre a ocorrência da decadência ou prescrição (CPC-2015, art. 487, II). Todavia, a prescrição e a decadência não serão reconhecidas sem que **antes** seja dada às partes oportunidade de manifestar-se. O contraditório opera-se sempre que a relação processual estiver completa, mediante citação (CPC-2015, art. 487, parágrafo único). Assim, se juiz julgar liminarmente improcedente o pedido e verificar, desde logo, a ocorrência de decadência ou de prescrição, a parte contra quem a ação foi manejada não será ouvida porque, neste caso, a relação jurídica está incompleta (CPC-2015, art. 332, § 1º). Nesse sentido, o Enunciado 581 da VII Jornada de Direito Civil: *"Em complemento ao Enunciado 295, a decretação ex officio da prescrição ou da decadência deve ser precedida de oitiva das partes"*.

- **responsabilidade civil por dar causa à prescrição ou não a alegarem oportunamente**.

a) os **relativamente incapazes** têm ação contra os seus assistentes ou representantes legais, que derem causa à prescrição, ou não a alegarem oportunamente (CC, art. 195). Contra os absolutamente incapazes não corre a prescrição (CC, art. 198, I).

b) as **pessoas jurídicas** têm ação contra os seus assistentes ou representantes legais, que derem causa à prescrição, ou não a alegarem oportunamente (CC, art. 195)

- ***acessio temporis***: a prescrição iniciada contra uma pessoa continua a correr contra o seu sucessor, a título universal (herdeiro) ou singular (cessionário, legatário), salvo se for absolutamente incapaz (CC, art. 196).

- **causas suspensivas ou impeditivas da prescrição**: diferenciam-se pelo momento que atuam. Se **não iniciado** o decurso do prazo, a causa é impeditiva. Se **iniciado**, suspensiva. Neste caso, uma vez retomado, fluirá pelo tempo restante. Em termos gerais, **não corre** a prescrição (impede ou suspende), de acordo com os arts. 197 a 200 do CC/2002:

a) **entre** os cônjuges, na **constância** da sociedade conjugal;

b) **entre** ascendentes e descendentes, **durante** o poder familiar;

c) **entre** tutelados ou curatelados e seus tutores ou curadores, **durante** a tutela ou curatela.

d) **contra** os absolutamente incapazes; todavia, **corre a favor** dos relativamente incapazes

e) **contra** os ausentes do País, em serviço público da União, dos Estados ou dos Municípios

f) **contra** os que se acharem servindo nas Forças Armadas, em **tempo de guerra**

g) pendendo condição **suspensiva**

h) não estando vencido o prazo princípio da *"actio nata"* **(ver: Nota 1)**

i) pendendo ação de evicção

k) se houver questão prejudicial criminal, que ocorre quando a ação se originar de fato que deva ser apurado no juízo penal, caso em que não correrá a prescrição antes da respectiva sentença definitiva, que ocorre com o trânsito em julgado (CC, art. 200), independentemente da natureza da decisão, condenatória ou absolutória.

l) suspensa a prescrição em favor de **um** dos **credores solidários**, só aproveitam os outros se a obrigação for **indivisível** (CC, art. 200). Assim, prescrição é um benefício personalíssimo.

* **Nota 1:** nos casos "g, h e i", incide o princípio da *"actio nata"*, pelo qual somente haverá fluência do prazo prescricional se existir pretensão a ser exercida em decorrência da violação de um direito.

* **Nota 2**: de acordo com a Súmula 229 do STJ**:** *"O pedido do pagamento de indenização à seguradora suspende o prazo de prescrição até que o segurado tenha ciência da decisão"*.

- **Nova hipótese de impedimento e suspensão dos prazos prescricionais e decadenciais em virtude da pandemia do coronavírus (Covid-19):** a Lei n. 14.010, de 2020, criou normas de **caráter transitório e emergencial** para a regulação de relações jurídicas de Direito Privado em virtude da pandemia do coronavírus (Covid-19). A nova disciplina jurídica é temporária e implicará a **suspensão momentânea** das regras vigentes, não se cogitando de revogação ou alteração das mesmas (art. 2º). É oportuno trazer a baile o art. 2º, 1ª parte, da LINDB, que dispõe a respeito da eficácia temporal das normas. A **normas ou leis temporárias**, são exceção ao *princípio continuidade da lei*, porque diferentemente das **leis de vigência permanente**, que permanecem em vigor até que outra lei as revogue, as **normas de vigência temporária já têm fixado o tempo de sua eficácia, ou seja, sua vigência cessa pelo decurso do tempo. Com** relação à **prescrição** e a **decadência**, merecem destaque os arts. 1º ao 3º, vejamos as regras transitórias inseridas no ordenamento jurídico:

a) **período de impedimento e suspensão:** os prazos prescricionais pela nova regra consideram-se **impedidos** (prazos não iniciados) ou **suspensos** (prazos em curso) conforme o caso, entre **20 de março de 2020** (termo inicial, conforme art. 1º, parágrafo único) **e 30 de outubro de 2020** (art. 3º, parte final).

b) **termo inicial:** apesar da lei ter entrado em vigor no dia **12 de junho de 2020** (*1ª corrente*) regra especial prevista no art. 1º, parágrafo único, da L. 14.010/20, estabelece como **termo inicial dos eventos derivados do coronavírus** o dia **20 de março de 2020** (*2ª corrente*) data da publicação do Decreto Legislativo nº 6, instrumento normativo do Congresso Nacional que reconheceu, para os fins do art. 65 da Lei Complementar nº 101, de 4 de maio de 2000, o estado de calamidade pública. No entanto uma, conforme a Portaria GM/MS nº 188/2020, de **03 de fevereiro de 2020**, quando já se podia presumir que a pandemia já impunha óbices para os titulares de direitos violados, esta já seria, presumivelmente, a data a bloquear a fluência do prazo prescricional, salvo prova em contrária no caso concreto, isso porque já havia, nesse momento, limitações à circulação das pessoas (*3ª corrente*).

c) **subsidiariedade**: proclama o art. 3º, **§ 1º**, da L. 14.010/20, que a **regra especial e transitória** de impedimento e suspensão dos **prazos prescricionais** apenas terão incidência quando **não perdurarem** as **hipóteses específicas** de impedimento, suspensão e interrupção dos prazos prescricionais previstas no ordenamento jurídico nacional (ex: art. 198, I, do CC-2002).

d) **decadência**: determina a L. 14.010/20, em seu art. 3º, § 2º, que a fluência dos **prazos decadenciais** ficará impedida ou suspensa, conforme o caso, durante o período de pandemia declarado acima (20/03 a 30/10), resguardado o comando do art. 207 do CC, pelo qual **não se aplicam à decadência** as normas que impedem, suspendem ou interrompem a prescrição, salvo disposição legal em contrário. Aproveitando do exemplo trazido acima, aplica-se à decadência a hipótese específica do art. 198, I, do CC, pelo qual não corre a prescrição contra o absolutamente incapaz (CC, art. 208).

e) **usucapião**: segundo o art. 1.244 do CC, é extensivo ao possuidor as disposições quanto ao devedor acerca das causas que obstam, suspendem ou interrompem a prescrição, as quais também se aplicam à usucapião. Nesta perspectiva, a Lei n. 14.010, de 2020, no art. 10, de suspendeu os prazos de aquisição para a propriedade imobiliária (imóveis) ou mobiliária (móveis), em todas as espécies de usucapião, a partir da **entrada em vigor desta Lei** (ver letra "b" acima, a respeito das divergências quanto ao termo inicial da suspensão) até **30 de outubro de 2020.**

- **causas interruptivas da prescrição:** todas as causas exigem um **comportamento ativo** do interessado, diferente das causas suspensivas e impeditivas, as quais são **automáticas**. Além disso, o prazo interrompido **recomeça por inteiro**, e nisso difere das causas suspensivas, onde a **contagem é pelo tempo restante**.

a) a prescrição interrompida recomeça a correr **da data do ato que a interrompeu**, ou do **último** ato do processo para a interromper. Se ambos ocorrerem, vale a interpretação mais favorável ao devedor.

b) a interrupção da prescrição somente poderá ocorrer **uma única vez** (CC, art. 202, caput, parte final).

c) causas que interrompem a prescrição (CC, art. 202, I a VI):

1. por **despacho do juiz**, mesmo incompetente, que ordenar a citação, se o interessado a promover no prazo e na forma da lei processual. No CPC estabelece-se que a interrupção retroage à data da propositura da ação (CPC/73, art. 219, § 5º), o que não sofreu mudanças no próximo diploma (CPC-2015, art. 210, § 1). Todavia, se o autor não adotar, no prazo de 10 dias, as providências necessárias para viabilizar a citação, a interrupção ficará sem efeito, permitindo-se que a prescrição seja reconhecida (CPC-2015, art. 210, § 2º). Por outro lado, a parte não será prejudicada pela demora imputável exclusivamente ao serviço judiciário (CPC-2015, art. 210, § 3º). Como novidade, o efeito retroativo aplica-se à decadência e aos demais prazos extintivos previstos em lei (CPC-2015, art. 240, § 4º).
2. por protesto judicial, medida que segue o rito do CPC-2015, art. 726, § 2º, observadas as condições acima
3. por protesto cambial
4. pela apresentação do título de crédito, ou habilitação do crédito, em juízo de inventário ou em concurso de credores
5. por qualquer ato judicial que constitua em mora o devedor (Ex. notificações, interpelações, etc.)
6. por qualquer ato inequívoco, **ainda que extrajudicial**, que importe reconhecimento do direito **pelo devedor** (Ex. pedido de parcelamentos, pagamento parcial, pagamento de juros, etc.)

d) prescrição pode ser interrompida por **qualquer interessado** (Ex. herdeiros, credores, fiador, etc.; CC, art. 203)

e) **em regra**, os efeitos da prescrição são personalíssimos (CC, art. 204, §§ 1º a 3º), mas há **exceções** em relação à **solidariedade**, à **indivisibilidade** das obrigações e direitos dos herdeiros e nas **obrigações acessórias. Vejamos:**

f) a interrupção da prescrição por **um credor não aproveita** aos outros; semelhantemente, a interrupção operada contra o codevedor, ou seu herdeiro, **não prejudica aos demais coobrigados**

g) a interrupção por **um dos credores solidários aproveita aos outros**; assim como a interrupção efetuada contra o **devedor solidário envolve os demais e seus herdeiros**

h) a interrupção operada contra **um dos herdeiros do devedor solidário** não prejudica os outros herdeiros ou devedores, senão quando se trate de **obrigações e direitos indivisíveis**

i) a interrupção produzida contra o **principal devedor** prejudica o **fiador**

- **retroatividade da lei prescricional:** leciona Câmara Leal, na obra *Da Prescrição e da Decadência*, Forense, *"estabelecendo a nova lei um prazo mais curto de prescrição, essa começará a correr da data da nova lei, salvo se a prescrição iniciada na vigência da lei antiga viesse a completar-se em menos tempo, segundo essa lei, que, nesse caso, continuaria a regê-la, relativamente ao prazo"*.

a) **regra do CC/2002:** dispõe art. 2.028: *"Serão os da lei anterior os prazos, quando reduzidos por este Código, e se, na data de sua entrada em vigor, já houver transcorrido mais da metade do tempo estabelecido na lei revogada"*.

b) requisitos **cumulativos** para que os prazos da **lei antiga** (CC/1916) sejam aplicados:

1. **redução** dos prazos na lei nova
2. que **mais da metade** do tempo previsto na **lei antiga** tenha transcorrido na data da entrada em vigor do CC/02
3. o CC/2002 passou a vigorar no dia **11/01/2003**.

8.1.1. PRAZOS GERAIS E ESPECIAIS DE PRESCRIÇÃO

- **regra geral, prescrição ordinária, comum ou subsidiária**: CC, art. 205: *"A prescrição ocorre em **10 anos**, quando a lei não lhe haja fixado prazo menor"*.

- **regras especiais ou prescrição especial:** os prazos podem ser anual, bienal, trienal, quatrienal e quinquenal. Assim, de acordo com os arts. 205 e 206 do Código Civil, **prescreve em:**

1 ano:
1) a pretensão dos hospedeiros ou fornecedores de víveres destinados a consumo no próprio estabelecimento, para o pagamento da hospedagem ou dos alimentos;
2) a pretensão do segurado contra o segurador, ou a deste contra aquele, contado o prazo:
a) para o segurado, no caso de seguro de responsabilidade civil, da data em que é citado para responder à ação de indenização proposta pelo terceiro prejudicado, ou da data que a este indeniza, com a anuência do segurador;
b) quanto aos demais seguros, da ciência do fato gerador da pretensão;
3) a pretensão dos tabeliães, auxiliares da justiça, serventuários judiciais, árbitros e peritos, pela percepção de emolumentos, custas e honorários;
4) a pretensão contra os peritos, pela avaliação dos bens que entraram para a formação do capital de sociedade anônima, contado da publicação da ata da assembleia que aprovar o laudo;
5) a pretensão dos credores não pagos contra os sócios ou acionistas e os liquidantes, contado o prazo da publicação da ata de encerramento da liquidação da sociedade.
2 anos
1) a pretensão para haver prestações alimentares, a partir da data em que se vencerem.
3 anos:
1) a pretensão relativa a aluguéis de prédios urbanos ou rústicos;
2) a pretensão para receber prestações vencidas de rendas temporárias ou vitalícias;
3) a pretensão para haver juros, dividendos ou quaisquer prestações acessórias, pagáveis, em períodos não maiores de um ano, com capitalização ou sem ela;
4) a pretensão de ressarcimento de enriquecimento sem causa;
5) a pretensão de reparação civil;
6) a pretensão de restituição dos lucros ou dividendos recebidos de má-fé, correndo o prazo da data em que foi deliberada a distribuição;
7) a pretensão contra as pessoas em seguida indicadas por violação da lei ou do estatuto, contado o prazo:
a) para os fundadores, da publicação dos atos constitutivos da sociedade anônima;
b) para os administradores, ou fiscais, da apresentação, aos sócios, do balanço referente ao exercício em que a violação tenha sido praticada, ou da reunião ou assembleia geral que dela deva tomar conhecimento;
c) para os liquidantes, da primeira assembleia semestral posterior à violação;
4 anos
1) a pretensão relativa à tutela, a contar da data da aprovação das contas.
5 anos:
1) a pretensão de cobrança de dívidas líquidas constantes de instrumento público ou particular
2) a pretensão dos profissionais liberais em geral, procuradores judiciais, curadores e professores pelos seus honorários, contado o prazo da conclusão dos serviços, da cessação dos respectivos contratos ou mandato;
3) a pretensão do vencedor para haver do vencido o que despendeu em juízo.

8.2. DECADÊNCIA

- **noções gerais:** decadência é a perda de um direito potestativo pela inércia do titular no período determinado por lei ou convenção.
- **características da decadência:**
  a) é de direito material, acarretando a perda de um direito
  b) incide sobre direitos potestativos
  c) pode ser estabelecida por **lei** ou **convenção**, unilateral (testamento) ou bilateral (contrato), segundo CC, arts. 210 e 211
  d) quando **legal**, os prazos são aqueles previstos esparsamente na Parte Geral e Especial do CC/2002
  e) omisso em relação ao prazo, aplica-se o prazo subsidiário de **02 anos**, contado da conclusão do ato, conforme o CC, art. 179
- **alteração do prazo decadencial:**
  a) legal: vedado, por razões de ordem pública
  b) convencional: é permitida quando convencionada pelas partes, pois estabelecida no interesse comum
- **renúncia à decadência:**
  a) legal: é nula a renúncia à decadência fixada em lei (CC, art. 209), pois versam matéria de ordem pública
  b) convencional: aqueles suscetíveis de convenção das partes são renunciáveis, porque se estabelecem, podem abrir mão dos prazos decadenciais
- **decretação "ex ofício" da decadência:**
  a) legal: deve o juiz, de ofício, conhecer da decadência, quando estabelecida por lei (CC, art. 210), por versar matéria de ordem pública e interesse social
  b) convencional: se a decadência for convencional, a parte a quem aproveita pode alegá-la em qualquer grau de jurisdição, mas o juiz não pode suprir a alegação (CC, art. 211)
- **CPC-2015:** de acordo com o art. 487, II, do CPC-2015, o juiz pode conhecer de ofício a decadência. Porém, antes deve ser dada às partes oportunidade de manifestar-se (CPC-2015, art. 487, parágrafo único).
- **arguição da decadência convencional:** se a decadência for convencional, a parte a quem aproveita **pode alegá-la** em qualquer grau de jurisdição (CC, art. 211).
- **suspensão e interrupção dos prazos decadenciais:**
  a) *regra:* não admitem suspensão e nem interrupção, pois envolvem matéria de ordem pública. São fatais e peremptórios.
  b) *exceção legal:* admitem-se exceções, desde que previstas em lei. Assim ocorre na decadência contra os absolutamente incapazes (CC, art. 208, última parte, e 198, I).
  c) o juiz deve conhecer de ofício a decadência.
  d) os prazos decadenciais estão dispersos no Código Civil, menos nos arts. 205 e 206, que são prazos prescricionais.
- **CPC-2015:** de acordo com o art. 240, § 4º, do CPC-2015, o "efeito retroativo" da interrupção da prescrição aplica-se à decadência e aos demais prazos extintivos previstos em lei. Verifica-se este efeito porque a interrupção da prescrição ou da decadência, operada pelo despacho que ordena a citação, ainda que proferido por juízo incompetente, retroagirá à data de propositura da ação (CPC-2015, art. 240, § 1º).
- **responsabilidade civil por dar causa à decadência ou não a alegarem oportunamente.**
  a) os **relativamente incapazes** têm ação contra os seus assistentes ou representantes legais, que derem causa à decadência, ou não a alegarem oportunamente (CC, art. 208, 1ª parte, e 195). Contra os absolutamente incapazes não corre a decadência (CC, art. 208, 2ª parte, 198, I).
  b) as **pessoas jurídicas** têm ação contra os seus assistentes ou representantes legais, que derem causa à decadência, ou não a alegarem oportunamente (CC, art. 208, 1ª parte, e 195).

8.3. DIFERENÇAS ENTRE PRESCRIÇÃO E DECADÊNCIA

- **Características da "Prescrição":**
  1. é legal
  2. flui o prazo a partir da **violação** do direito subjetivo violado (CC/art. 189)
  3. os prazos são aqueles previstos na Parte Geral, divididos em **regra geral** (CC, art. 205) e **especial** (CC, art. 206)
  4. recai sobre a pretensão
  5. suas espécies são: extintiva e aquisitiva (usucapião)
  6. o juiz deve conhecer de ofício (CPC-2015 "oportunizando às partes manifesta-se")
  7. a exceção e a execução prescrevem no mesmo tempo da pretensão
  8. admite-se a renúncia depois de consumada; a **renúncia prévia** é vedada.
  9. poderá ser alegada em qualquer grau de jurisdição

10. não pode ser alterada por vontade das partes
11. não flui contra algumas pessoas, em razão da capacidade, do vínculo familiar, civil ou consanguíneo, serviço público civil ou militar, condição suspensiva, se houver prazo em curso ou pendendo ação de evicção
12. *pessoal:* a suspensão e o impedimento não aproveitam aos credores solidários, exceto se indivisível o objeto.
13. *pessoal:* a interrupção não aproveita aos outros credores, exceto se solidários; contra um dos herdeiros do devedor, só atinge os demais herdeiros e devedores, senão quando se trate de obrigações e direitos indivisíveis; a interrupção produzida contra o principal devedor prejudica o fiador.
14. prazos de 10, 5, 4, 3,2 e 1 ano.

- **Características da "Decadência":**

1. pode ser estabelecida por lei ou convenção (unilateral e bilateral). Daí as espécies: **decadência legal** e **convencional**
2. aqui os direitos são potestativos
3. a decadência convencional é pertinente aos direitos disponíveis
4. flui o prazo a partir do **nascimento** do direito
5. ocorre a perda de um direito
6. quando **legal**, os prazos são aqueles previstos esparsamente na Parte Geral e Especial do CC/2002.
7. na **omissão legal expressa** quando ao prazo para pleitear a anulação de um ato, será ele de **02 anos**, contado da conclusão, descreve o CC/art. 179
8. quando **legal**, o juiz deve decretá-la "ex ofício"
9. quando **convencional**, a parte a quem aproveita pode alegá-la em qualquer grau de jurisdição
10. admite-se a renúncia quando convencional; a renúncia à decadência legal é nula
11. poderá ser alegada em qualquer grau de jurisdição
12. a **decadência legal** não pode ser alterada por vontade das partes. A **decadência convencional** é passível de alteração
13. não se aplicam a decadência as causas que impedem, suspendem ou interrompem a prescrição, salvo nos casos previstos em lei, como em relação ao absolutamente incapaz. Assim, a decadência é contínua

- **outros institutos:**

a) **preclusão:** é a perda da faculdade processual. **Espécies:**

1. lógica
2. temporal
3. consumativa

b) **perempção:** também possui natureza processual. Prevista no art. 486, § 3º, do CPC-2015, quando o autor da ação der causa, por 3 (três) vezes, a sentença fundada em abandono da causa, caso em que não poderá propor nova ação contra o réu com o mesmo objeto, ficando-lhe ressalvada, entretanto, a possibilidade de alegar em defesa o seu direito. Trata-se de sanção de natureza civil, não exclusiva do Processo Civil, já que o Processo Penal também prevê a perempção da queixa-crime (CPP, art. 60, I a IV).

9. PROVA

9.1. GENERALIDADES

- **disciplina legal:** o CC/2002 dispõe a respeito das provas nos arts. 212 a 232.
- **noções gerais:** prova é o meio empregado para demonstrar a existência do ato ou negócio jurídico.
- **características:** para que se reconheça o meio de prova, é necessário que seja:

a) *admissível:* não vedado pela lei ou pelo ato ou negócio a ser provado

b) *pertinente*: adequado à demonstração dos atos ou negócio

c) *concludente*: convincente e decisivo para desvendar o ato ou negócio

9.2. PRINCÍPIOS DA PROVA

- **são princípios aplicáveis às provas**

a) princípio dispositivo

b) princípio da oralidade

c) princípio da proibição da prova obtida ilicitamente

d) princípio da unidade da prova

e) princípio da necessidade da prova

f) princípio da iniciativa oficial

g) princípio da aquisição processual ou comunhão da prova

h) princípio da concentração de provas

i) princípio da identidade física do juiz

j) princípio do livre convencimento motivado do juiz e da persuasão racional

k) princípio do contraditório e da ampla defesa

l) princípio da verdade real e verdade formal

m) princípio do ônus da prova

n) princípio da imediação

9.3. REGRAS IMPORTANTES SOBRE A PROVA

- quando a lei exigir, como da substância do ato, como o instrumento público, nenhuma outra prova, por mais especial que seja, pode suprir-lhe a falta (CPC-2015, art. 406; CC, art. 212, *caput*).
- as partes têm o direito de empregar todos os meios legais, bem como os moralmente legítimos, ainda que não especificados neste Código, para provar a verdade dos fatos em que se funda o pedido ou a defesa e influir eficazmente na convicção do juiz (CPC-2015, art. 369). Assim, o rol dos meios de prova dos negócios jurídicos sem forma especial, previsto no art. 212, I a V, do CC, é exemplificativo (*numerus apertus*), e não taxativo (*numerus clausus*).
- em regra o objeto da prova são fatos, mas pode ser necessário demonstrar o direito, seu teor e vigência, nos casos lei estrangeira, estadual, municipal ou a existência de um costume (CPC-2015, art. 376 e art. 14 da LINDB).

9.4. MEIOS DE PROVA

- **meios de prova no CC/2002**: previstos nos art. 212, I a V, os negócios jurídicos quando não se imponha forma especial, podem ser provados mediante:
  a) **confissão**
  b) **documento**
  c) **testemunha**
  d) **presunção**
  e) **perícia**

9.4.1. CONFISSÃO

- **noções gerais:** é o ato pela qual a parte, espontaneamente ou não, admite a verdade de um fato contrário ao seu interesse e favorável ao adversário. O termo "confissão" deve abarcar o conceito lato de depoimento pessoal, tendo em vista que este consiste em meio de prova de maior abrangência, plenamente admissível no ordenamento jurídico brasileiro (**Enunciado 157**). O CPC-2015, art. 341, admite a chamada "confissão tácita ou ficta", quando não se cumprir o ônus da impugnação especifica ou quando o réu deixa de contestar a ação, ou seja, ocorrem os efeitos da revelia. Vale destacar que a confissão possui valor probante relativo (STJ, 4ª T, Resp. 54.809). O CPC-2015 dispõe a respeito nos arts. 344 a 349.
- **a confissão pode ser**:
  a) judicial
    1. provocada
    2. espontânea
  b) extrajudicial
    1. provocada
    2. espontânea
- **elementos essenciais**
  a) capacidade da parte
  b) titularidade do direito (CC, art. 213)
  c) declaração da vontade
  d) objeto possível
- **forma:**
  a) confissão judicial
    1. *provocada*: constará do termo de depoimento pessoal
    2. *espontânea*: não se exige forma especial
  b) confissão extrajudicial: pode ser *escrita* ou *verbal*. Quando feita oralmente, só terá eficácia nos casos em que a lei não exija prova literal (CPC-2015, art. 394).
- **casos especiais**
  a) o representante **legal** não pode confessar, salvo se tal poder for conferido por lei (CC, art. 213 e 119)
  b) o representante **voluntário**, com poderes expressos (ou "poder especial" – CPC-2015, art. 390, § 1º), pode confessar (CC, art. 213, parágrafo único). A confissão feita por um representante somente é eficaz nos limites em que este pode vincular o representado (CPC-2015, art. 392, § 2º).
  c) a confissão judicial faz prova contra o confitente, não prejudicando, todavia, os litisconsortes (CPC-2015, art. 391)
  d) nas ações que versarem sobre bens imóveis ou direitos sobre imóveis alheios, a confissão de um cônjuge ou companheiro não valerá sem a do outro, salvo se o regime for o de separação de bens (art. 391, parágrafo único, do CPC-2015).:
  e) não vale como confissão a admissão, em juízo, de fatos relativos a direitos indisponíveis (CPC, art. 351; CPC-2015, art. 392)
  f) a confissão será **ineficaz** se feita por quem não for capaz de dispor do direito a que se referem os fatos confessados (CPC-2015, art. 392, § 1º)
- **irrevogabilidade da confissão:** a confissão é irrevogável (CC, art. 214, 1ª parte; CPC-2015, art. 393, 1ª parte)
- **anulabilidade ou nulidade relativa: o CPC-2015 não faz menção ao dolo, adotando mesma redação do Código Civil. Assim, não há possibilidade de se anular confissão por dolo. Vejamos:**
  a) no CC, art. 214, 2ª parte, a confissão é anulável, se decorreu de **erro de fato** ou de **coação**
  b) no CPC, art. 352, e parágrafo único, dizia-se a confissão, quando emanar de **erro**, **dolo** ou **coação**, pode ser revogada.
  c) no CPC-2015, art. 393, 2ª parte, a confissão é anulável se decorreu de **erro de fato** ou de **coação**.

- **legitimados**:
  a) ao confitente, o direito de propor a ação
  b) uma vez iniciada, passa aos seus herdeiros
- **ações cabíveis no CPC/1973**:
  a) ação anulatória, se **pendente** o processo em que foi feita
  b) ação rescisória, depois de **transitada em julgado** a sentença, da qual constituir o **único** fundamento
- **ação cabíveis no CPC-2015/2015**:
  a) com o CPC-2015 a única ação prevista é a ação anulatória, pois foram revogados os incisos I e II do art. 352 do CPC/1973, que estabelecia as opções de ações a serem manejadas, conforme o estado da marcha do processo.
- **indivisibilidade: a confissão é, em *regra*, indivisível, não podendo a parte que a quiser invocar como prova aceitá-la no tópico que a beneficiar e rejeitá-la no que lhe for desfavorável, porém cindir-se-á quando o confitente a ela aduzir fatos novos, capazes de constituir fundamento de defesa de direito material ou de reconvenção (CPC, art. 354; CPC-2015, art. 395).**
- **Como fica com o CPC-2015:**

Antigo Código de Processo Civil /1973	Novo Código de Processo Civil /2015
"Art. 348. Há confissão, quando a parte admite a verdade de um fato, contrário ao seu interesse e favorável ao adversário. A confissão é judicial ou extrajudicial.	"Art. 389. Há confissão, judicial ou extrajudicial, quando a parte admite a verdade de fato contrário ao seu interesse e favorável ao do adversário.
Art. 349. A confissão judicial pode ser espontânea ou provocada. Da confissão espontânea, tanto que requerida pela parte, se lavrará o respectivo termo nos autos; a confissão provocada constará do depoimento pessoal prestado pela parte.	Art. 390. A confissão judicial pode ser espontânea ou provocada. § 1º A confissão espontânea pode ser feita pela própria parte ou por representante com poder especial. § 2º A confissão provocada constará do termo de depoimento pessoal.
Parágrafo único. A confissão espontânea pode ser feita pela própria parte, ou por mandatário com poderes especiais.	
Art. 350. A confissão judicial faz prova contra o confitente, não prejudicando, todavia, os litisconsortes.	Art. 391. A confissão judicial faz prova contra o confitente, não prejudicando, todavia, os litisconsortes.
Parágrafo único. Nas ações que versarem sobre bens imóveis ou direitos sobre imóveis alheios, a confissão de um cônjuge não valerá sem a do outro.	Parágrafo único. Nas ações que versarem sobre bens imóveis ou direitos reais sobre imóveis alheios, a confissão de um cônjuge ou companheiro não valerá sem a do outro, salvo se o regime de casamento for o de separação absoluta de bens.

Antigo Código de Processo Civil /1973	Novo Código de Processo Civil /2015
Art. 351. Não vale como confissão a admissão, em juízo, de fato relativos a direitos indisponíveis.	Art. 392. Não vale como confissão a admissão, em juízo, de fatos relativos a direitos indisponíveis.
Art. 352. A confissão, quando emanar de erro, dolo ou coação, pode ser revogada: I – por ação anulatória, se pendente o processo em que foi feita; II – por ação rescisória, depois de transitada em julgado a sentença, da qual constituir o único fundamento.	§ 1º A confissão será ineficaz se feita por quem não for capaz de dispor do direito a que se referem os fatos confessados. § 2º A confissão feita por um representante somente é eficaz nos limites em que este pode vincular o representado.
Parágrafo único. Cabe ao confitente o direito de propor a ação, nos casos de que trata este artigo; mas, uma vez iniciada, passa aos seus herdeiros.	Art. 393. A confissão é irrevogável, mas pode ser anulada se decorreu de erro de fato ou de coação. Parágrafo único. A legitimidade para a ação prevista no caput é exclusiva do confitente e pode ser transferida a seus herdeiros se ele falecer após a propositura.
Art. 353. A confissão extrajudicial, feita por escrito à parte ou a quem a represente, tem a mesma eficácia probatória da judicial; feita a terceiro, ou contida em testamento, será livremente apreciada pelo juiz.	Art. 394. A confissão extrajudicial, quando feita oralmente, só terá eficácia nos casos em que a lei não exija prova literal.
Parágrafo único. Todavia, quando feita verbalmente, só terá eficácia nos casos em que a lei não exija prova literal.	Art. 395. A confissão é, em regra, indivisível, não podendo a parte que a quiser invocar como prova aceitá-la no tópico que a beneficiar e rejeitá-la no que lhe for desfavorável, porém cindir-se-á quando o confitente a ela aduzir fatos novos, capazes de constituir fundamento de defesa de direito material ou de reconvenção".
Art. 354. A confissão é, de regra, indivisível, não podendo a parte, que a quiser invocar como prova, aceitá-la no tópico que a beneficiar e rejeitá-la no que lhe for desfavorável. Cindir-se-á, todavia, quando o confitente lhe aduzir fatos novos, suscetíveis de constituir fundamento de defesa de direito material ou de reconvenção.	

9.4.2. DOCUMENTO

- **noções gerais:** possui função probatória, mas é criado para representar um fato, conservando-o para o futuro.
- **espécies de documento**:
  a) públicos: elaborados por autoridade pública, no exercício de suas funções
  b) particulares: se feitos mediante atividade privada

c) eletrônico: públicos ou particulares, o *"...documento eletrônico tem valor probante, desde que seja apto a conservar a integridade de seu conteúdo e idôneo a apontar sua autoria, independentemente da tecnologia empregada"* **(Enunciado 297)**. *"Os arquivos eletrônicos incluem-se no conceito de "reproduções eletrônicas de fatos ou de coisas" do art. 225 do Código Civil, aos quais deve ser aplicado o regime jurídico da prova documental"* **(Enunciado 298).**

- **documento e instrumentos**

a) documento: gênero

b) instrumento: espécie daquele, criado com a finalidade de provar um fato.

c) instrumento público: feitos perante o oficial público, com os requisitos do CC, art. 215

d) instrumento particular: assinado por particulares, somente

- **escritura pública:** é prevista no CC, art. 215, a escritura pública, lavrada em notas de tabelião, é documento dotado de fé pública, fazendo prova plena, motivo pelo qual não exige testemunhas instrumentárias. Pelo Enunciado 158 da III Jornada de Direito Civil, *"A amplitude da noção de "prova plena" (isto é, "completa") importa presunção relativa acerca dos elementos indicados nos incisos do § 1º, devendo ser conjugada com o disposto no parágrafo único do art. 219"*.

- **requisitos da escritura pública**, salvo outros, quando exigidos por **lei**:

a) data e local de sua realização

b) reconhecimento da identidade e capacidade das partes e de quantos hajam comparecido ao ato, por si, como representantes, intervenientes ou testemunhas;

c) nome, nacionalidade, estado civil, profissão, domicílio e residência das partes e demais comparecentes, com a indicação, quando necessário, do regime de bens do casamento, nome do outro cônjuge e filiação

d) manifestação clara da vontade das partes e dos intervenientes

e) referência ao cumprimento das exigências legais e fiscais inerentes à legitimidade do ato

f) declaração de ter sido lida na presença das partes e demais comparecentes, ou de que todos a leram

g) assinatura das partes e dos demais comparecentes, bem como a do tabelião ou seu substituto legal, encerrando o ato. Se algum comparecente não puder ou não souber escrever, outra pessoa capaz assinará por ele, a seu rogo.

h) a escritura será redigida na língua nacional.

i) se qualquer dos comparecentes não souber a língua nacional e o tabelião não entender o idioma em que se expressa, deverá comparecer tradutor público para servir de intérprete, ou, não o havendo na localidade, outra pessoa capaz que, a juízo do tabelião, tenha idoneidade e conhecimento bastantes.

j) se algum dos comparecentes não for conhecido do tabelião, nem puder identificar-se por documento, deverão participar do ato pelo menos duas testemunhas que o conheçam e atestem sua identidade.

- **força probante das certidões e dos traslados de autos:** de acordo com o art. 216 do CC, *"Farão a **mesma prova que os originais** as **certidões textuais** de qualquer peça judicial, do protocolo das audiências, ou de outro qualquer livro a cargo do escrivão, sendo extraídas por ele, ou sob a sua vigilância, **e por ele subscritas**, assim como os **trasladados de autos**, quando por outro escrivão consertados"* – grifo nosso.

a) certidão textual: quer de *"inteiro teor"*, quer em *"breve relato"*, é a reprodução de conteúdo de ato escrito, registrado em autos ou em livro, feito por pessoa investida de fé pública.

b) traslado: é cópia reprográfica passada por escrivão e por outro concertada (conferência da cópia com o original). O "con**c**erto" é gravado com a letra "c", e não com a "s", conforme ficou no texto do Código Civil de 2002.

- **Como fica com o CPC-2015:**

Antigo Código de Processo Civil /1973	Novo Código de Processo Civil /2015
"Art. 365. Fazem a mesma prova que os originais: I – as certidões textuais de qualquer peça dos autos, do protocolo das audiências, ou de outro livro a cargo do escrivão, sendo extraídas por ele ou sob sua vigilância e por ele subscritas; II – os traslados e as certidões extraídas por oficial público, de instrumentos ou documentos lançados em suas notas; III – as reproduções dos documentos públicos, desde que autenticadas por oficial público ou conferidas em cartório, com os respectivos originais.	"Art. 425. Fazem a mesma prova que os originais: I – as certidões textuais de qualquer peça dos autos, do protocolo das audiências ou de outro livro a cargo do escrivão ou do chefe de secretaria, se extraídas por ele ou sob sua vigilância e por ele subscritas; II – os traslados e as certidões extraídas por oficial público de instrumentos ou documentos lançados em suas notas; III – as reproduções dos documentos públicos, desde que autenticadas por oficial público ou conferidas em cartório com os respectivos originais;

Antigo Código de Processo Civil/1973	Novo Código de Processo Civil/2015
IV – as cópias reprográficas de peças do próprio processo judicial declaradas autênticas pelo próprio advogado sob sua responsabilidade pessoal, se não lhes for impugnada a autenticidade.	IV – as cópias reprográficas de peças do próprio processo judicial declaradas autênticas pelo advogado, sob sua responsabilidade pessoal, se não lhes for impugnada a autenticidade;
V – os extratos digitais de bancos de dados, públicos e privados, desde que atestado pelo seu emitente, sob as penas da lei, que as informações conferem com o que consta na origem;	V – os extratos digitais de bancos de dados públicos e privados, desde que atestado pelo seu emitente, sob as penas da lei, que as informações conferem com o que consta na origem;
VI – as reproduções digitalizadas de qualquer documento, público ou particular, quando juntados aos autos pelos órgãos da Justiça e seus auxiliares, pelo Ministério Público e seus auxiliares, pelas procuradorias, pelas repartições públicas em geral e por advogados públicos ou privados, ressalvada a alegação motivada e fundamentada de adulteração antes ou durante o processo de digitalização.	VI – as reproduções digitalizadas de qualquer documento público ou particular, quando juntadas aos autos pelos órgãos da justiça e seus auxiliares, pelo Ministério Público e seus auxiliares, pela Defensoria Pública e seus auxiliares, pelas procuradorias, pelas repartições públicas em geral e por advogados, ressalvada a alegação motivada e fundamentada de adulteração.
§ 1º Os originais dos documentos digitalizados, mencionados no inciso VI do caput deste artigo, deverão ser preservados pelo seu detentor até o final do prazo para interposição de ação rescisória.	§ 1º Os originais dos documentos digitalizados mencionados no inciso VI deverão ser preservados pelo seu detentor até o final do prazo para propositura de ação rescisória.
§ 2º Tratando-se de cópia digital de título executivo extrajudicial ou outro documento relevante à instrução do processo, o juiz poderá determinar o seu depósito em cartório ou secretaria".	§ 2º Tratando-se de cópia digital de título executivo extrajudicial ou de documento relevante à instrução do processo, o juiz poderá determinar seu depósito em cartório ou secretaria".

- **validade como instrumento público dos traslados não concertados e das certidões não subscritas:** para fazer **prova como originais**, tais documentos devem observar o art. 216 do CC, ou seja, os traslados devem ser concertados e as certidões subscritas. Sem a formalidade, valerão como instrumento público, desde que os originais se houverem produzido em **juízo** como **prova de algum ato**, em alusão ao *princípio da confiança* do Poder Judiciário (CC, art. 218).

- **força probante de traslados e certidões de instrumentos ou documentos notariais:** estabelece o CC, art. 217, *"Terão a mesma força probante os **traslados** e as **certidões**, extraídos por tabelião ou oficial de registro, de instrumentos ou documentos lançados em suas notas"*.

- **declarações:** determina o CC, art. 219, *caput*, e parágrafo único, que *"As declarações constantes de documentos **assinados** presumem-se **verdadeiras em relação aos signatários**"*. *"Não **tendo relação direta**, porém, com as **disposições principais** ou com a **legitimidade das partes**, as declarações enunciativas **não eximem** os interessados em sua veracidade do ônus de prová-las"* – grifamos.
  - a) *presunção:* há presunção *"juris tantum"* de veracidade do conteúdo das declarações principais e enunciativas em relação aos signatários. As declarações meramente enunciativas devem ser provadas, porque em relação a elas **não há** presunção.
  - b) *declarações dispositivas ou principais:* referem-se aos elementos essenciais do negócio (objeto, prazo de vencimento, etc.)
  - c) *declarações enunciativas:* descrevem detalhes ou situações, como a descrição do bem, e **possuem relação direta** com a **disposição principal** ou com a **legitimidade** das partes.
  - d) *declarações meramente enunciativas:* **não possuem** pertinência com as disposições principais ou legitimidade das partes.

- **prova da anuência ou autorização para a prática de um negócio:** *"A **anuência** ou a **autorização** de outrem, necessária à **validade** de um ato, provar-se-á **do mesmo modo que este**, e constará, **sempre que se possa**, do próprio instrumento"*. Lembramos a outorga uxória ou marital para a venda de um bem imóvel, que deverá ser dada por instrumento público, essencial a validade do ato.

- **instrumento particular** (CC, art. 221)
  - a) *forma e efeitos entre as partes:* independentemente do valor, pode ser feito e assinado, ou somente assinado, pelos próprios interessados, desde que estejam na livre disposição e administração de seus bens. Neste caso, vale entre as partes.
  - b) *efeitos em relação à cessão e terceiros:* em relação à cessão, e a respeito de terceiros, não se operam, antes de **registrado no registro público**.
  - c) *título executivo extrajudicial:* para servir, o documento particular deve ser assinado pelo **devedor** e por **duas testemunhas** (CPC-2015, art. 784, III).
  - d) *reconhecimento da firma:* confere autenticidade ao documento, mas não é condição de validade entre as partes. Além disso, apenas se admitia a registro os escritos particulares autorizados em lei, assinados pelas partes e testemunhas, com as firmas reconhecidas, dispensado o reconhecimento quando se tratar de atos praticados por entidades vinculadas ao Sistema Financeiro da Habitação (CPC-2015, art. 411, I; Lei 6.015/73, art. 221, II).

- **força probatória do telegrama:** *"O telegrama, quando lhe for **contestada** a autenticidade, faz prova* *mediante **conferência com o original assinado**"* (CC, art. 222) – grifamos.

- **cópia fotográfica de documento:** *"A cópia fotográfica de documento, **conferida** por tabelião de notas, **valerá como prova de declaração da vontade**, mas, **impugnada** sua autenticidade, **deverá ser exibido o original**"*. (CC, art. 223, *caput*) – grifo nosso.
- **ausência do título de crédito ou do original:** *"A **prova não supre** a ausência do **título de crédito**, ou do **original**, nos casos em que a **lei** ou as **circunstâncias** condicionarem o exercício do direito à sua exibição"*. A título de exemplo, o CPC-2015, art. 784, I, segundo o qual são títulos executivos extrajudiciais "a letra de câmbio, a nota promissória, a duplicata, a debênture e o cheque".
- **uso da língua portuguesa nos atos negociais:** *"Os documentos redigidos em língua estrangeira serão **traduzidos** para o **português** para ter efeitos legais no País"* (CF, art. 13, *caput*; CC, art. 224).
  a) **registro de documentos estrangeiros** (Lei 6.015/73, art. 148, caput, e parágrafo único).
  b) os títulos, documentos e papéis escritos em língua estrangeira, uma vez adotados os caracteres comuns, poderão ser registrados no original, para o efeito da sua **conservação ou perpetuidade**.
  c) para produzirem **efeitos legais no País** e para **valerem contra terceiros**, deverão, entretanto, ser **vertidos em vernáculo** e **registrada a tradução**, o que, também, se observará em relação às **procurações** lavradas em língua estrangeira.
  d) para o **registro resumido**, os títulos, documentos ou papéis em língua estrangeira, deverão ser **sempre traduzidos**.
- **reproduções mecânicas ou eletrônicas de fatos ou de coisas:**

Código Civil em sua redação original	Antigo Código de Processo Civil/1973	Novo Código de Processo Civil/2015
"Art. 225. As reproduções fotográficas, cinematográficas, os registros fonográficos e, em geral, quaisquer outras reproduções mecânicas ou eletrônicas de fatos ou de coisas fazem prova plena destes, se a parte, contra quem forem exibidos, não lhes impugnar a exatidão".	"Art. 383. Qualquer reprodução mecânica, como a fotográfica, cinematográfica, fonográfica ou de outra espécie, faz prova dos fatos ou das coisas representadas, se aquele contra quem foi produzida lhe admitir a conformidade.	"Art. 422. Qualquer reprodução mecânica, como a fotográfica, a cinematográfica, a fonográfica ou de outra espécie, tem aptidão para fazer prova dos fatos ou das coisas representadas, se a sua conformidade com o documento original não for impugnada por aquele contra quem foi produzida.

Código Civil em sua redação original	Antigo Código de Processo Civil/1973	Novo Código de Processo Civil/2015
	Parágrafo único. Impugnada a autenticidade da reprodução mecânica, o juiz ordenará a realização de exame pericial.	§ 1º As fotografias digitais e as extraídas da rede mundial de computadores fazem prova das imagens que reproduzem, devendo, se impugnadas, ser apresentada a respectiva autenticação eletrônica ou, não sendo possível, realizada perícia. § 2º Se se tratar de fotografia publicada em jornal ou revista, será exigido um exemplar original do periódico, caso impugnada a veracidade pela outra parte. § 3º Aplica-se o disposto neste artigo à forma impressa de mensagem eletrônica".

- **livros e fichas de empresários e sociedades:** os livros e fichas dos empresários e sociedades **provam contra** as pessoas a que pertencem. **Provam em seu favor**, quando escriturados sem vício extrínseco ou intrínseco, **forem confirmados** por outros subsídios

a) a prova resultante dos livros e fichas **não é bastante** nos casos em que a **lei exige escritura pública**, ou **escrito particular revestido de requisitos especiais**

b) além disso, pode ser **ilidida** pela **comprovação da falsidade** ou **inexatidão dos lançamentos**.

Código Civil em sua redação original	Antigo Código de Processo Civil/1973	Novo Código de Processo Civil/2015
"Art. 226. Os livros e fichas dos empresários e sociedades provam contra as pessoas a que pertencem, e, em seu favor, quando, escriturados sem vício extrínseco ou intrínseco, forem confirmados por outros subsídios.	"Art. 378. Os livros comerciais provam contra o seu autor. É lícito ao comerciante, todavia, demonstrar, por todos os meios permitidos em direito, que os lançamentos não correspondem à verdade dos fatos".	"Art. 417. Os livros empresariais provam contra seu autor, sendo lícito ao empresário, todavia, demonstrar, por todos os meios permitidos em direito, que os lançamentos não correspondem à verdade dos fatos".

Código Civil em sua redação original	Antigo Código de Processo Civil/1973	Novo Código de Processo Civil/2015
Parágrafo único. A prova resultante dos livros e fichas não é bastante nos casos em que a lei exige escritura pública, ou escrito particular revestido de requisitos especiais, e pode ser ilidida pela comprovação da falsidade ou inexatidão dos lançamentos.".	"Art. 379. Os livros comerciais, que preencham os requisitos exigidos por lei, provam também a favor do seu autor no litígio entre comerciantes".	"Art. 418. Os livros empresariais que preencham os requisitos exigidos por lei provam a favor de seu autor no litígio entre empresários".
	"Art. 380. A escrituração contábil é indivisível: se dos fatos que resultam dos lançamentos, uns são favoráveis ao interesse de seu autor e outros lhe são contrários, ambos serão considerados em conjunto como unidade".	"Art. 419. A escrituração contábil é indivisível, e, se dos fatos que resultam dos lançamentos, uns são favoráveis ao interesse de seu autor e outros lhe são contrários, ambos serão considerados em conjunto, como unidade".
	"Art. 381. O juiz pode ordenar, a requerimento da parte, a exibição integral dos livros comerciais e dos documentos do arquivo: I – na liquidação de sociedade; II – na sucessão por morte de sócio; III – quando e como determinar a lei".	"Art. 420. O juiz pode ordenar, a requerimento da parte, a exibição integral dos livros empresariais e dos documentos do arquivo: I – na liquidação de sociedade; II – na sucessão por morte de sócio; III – quando e como determinar a lei".
	"Art 382. O juiz pode, de ofício, ordenar à parte a exibição parcial dos livros e documentos, extraindo-se deles a suma que interessar ao litígio, bem como reproduções autenticadas".	"Art. 421. O juiz pode, de ofício, ordenar à parte a exibição parcial dos livros e documentos, extraindo-se deles a suma que interessar ao litígio, bem como reproduções autenticadas".

9.4.3. TESTEMUNHA

- **panorama a respeito da testemunha:**

  a) livre (regra) ou limitada nas obrigações escritas (exceção): previa o art. 227, *caput*, do CC: "Salvo os casos expressos, a prova exclusivamente testemunhal só se admite nos negócios jurídicos cujo valor não ultrapasse o décuplo do maior salário mínimo vigente no País ao tempo em que foram celebrados". A doutrina considerava, na hipótese, a prova testemunhal exclusiva, respeitado o valor máximo do negócio. O CPC-2015, todavia, revogou expressamente o dispositivo (art. 1.072, II) e, diferentemente, agora dispõe no art. 442: "A prova testemunhal é sempre admissível, não dispondo a lei de modo diverso". Não há, assim, limite quantitativo dos negócios para se admitir a prova testemunhal. A disciplina legal é qualitativa, conforme o art. 444 do CPC-2015: "Nos casos em que a lei exigir prova escrita da obrigação, é admissível a prova testemunhal quando houver começo de prova por escrito, emanado da parte contra a qual se pretende produzir a prova". Deixa-se, assim, de impor limites".

  b) subsidiária: qualquer que seja o valor do negócio jurídico, a prova testemunhal é admissível como subsidiária ou complementar da prova por escrito (CC, art. 227, parágrafo único).

- **noções gerais**: é a pessoa chamada a depor sobre fato ou para atestar um ato negocial.
- **espécies de testemunhas:**

  a) instrumentárias: assinam um instrumento, e pronuncia sobre o teor deste ato.

  b) judiciárias: é a que declara em juízo, por ter presenciado ou conhecer um fato

- **panorama a respeito da testemunha** (CC, art. 227).

  a) exclusiva: salvo os casos expressos, a prova exclusivamente testemunhal só se admite nos negócios jurídicos cujo valor não ultrapasse o décuplo do maior salário mínimo vigente no País ao tempo em que foram celebrados.

  b) subsidiária: qualquer que seja o valor do negócio jurídico, a prova testemunhal é admissível como subsidiária ou complementar da prova por escrito.

- **CPC-2015 e o Estatuto do Deficiente:** o novel *Estatuto* promoveu importantes mudanças no art. 228 do CC, que dispõe sobre as pessoas que não podem ser admitidas como testemunhas. Dois incisos do art. 228 foram revogados. Com a exclusão do inciso II, aqueles que, por enfermidade ou retardamento mental, não tiverem discernimento para a prática dos atos da vida civil, agora poderão servir como testemunha. O mesmo ocorre em relação ao inciso III do art. 228 do CC, que na primitiva redação não admitia aos cegos e surdos o *munus* de testemunha quando a ciência do fato a se provar dependesse dos sentidos que lhes faltavam. Talvez a principal mudança ocorreu no novo § 2º do art. 228, pelo qual *"A pessoa com deficiência poderá testemunhar em igualdade de condições com as demais pessoas, sendo-lhe assegurados todos os recursos de tecnologia assistiva"*. Prevendo-lhe a *"tecnologia assistiva"*, tais como equipamentos, tradutor, etc., desde que necessário, o deficiente testemunhará em igualdade de condições com as demais pessoas sem essa condição pessoal. Vale notar que o CPC-2015 manteve em sua redação todos os dispositivos revogados do CC expressamente pelo Estatuto do Deficiente. É certo que o capítulo da prova constante do CC é empregado para demonstrar a existência do ato ou negócio jurídico, e o previsto no CPC-2015, o modo de constituir a prova e de produzi-la em juízo. Todavia, a interpretação sistemática deve prevalecer para que o *Estatuto* tenha plena efetividade, até porque traz em sua essência direitos fundamentais incorporados com status de **emenda constitucional**, por se tratar a Convenção de Nova York dos Direitos da Pessoa com Deficiência (CDPD) de convenções internacional sobre direitos humanos, que recebeu a aprovação, em cada Casa do Congresso Nacional, em **dois (2) turnos**, **três quintos (3/5) dos votos** dos respectivos membros, segundo a norma prevista o art. 5º, § 3º, da CF/88.

- **segue a tabela comparativa das mudanças:**

Código Civil em sua redação original	Código Civil com a nova redação do Estatuto do Deficiente	Novo Código de Processo Civil/2015
"Art. 228. Não podem ser admitidos como testemunhas: I – os menores de dezesseis anos; II – aqueles que, por enfermidade ou retardamento mental, não tiverem discernimento para a prática dos atos da vida civil; III – os cegos e surdos, quando a ciência do fato que se quer provar dependa dos sentidos que lhes faltam; IV – o interessado no litígio, o amigo íntimo ou o inimigo capital das partes; V – os cônjuges, os ascendentes, os descendentes e os colaterais, até o terceiro grau de alguma das partes, por consanguinidade, ou afinidade.	"Art. 228. Não podem ser admitidos como testemunhas: I – os menores de dezesseis anos; **II – revogado** (art. 114 da Lei nº 13.146, de 2015) **III – revogado** (art. 114 da Lei nº 13.146, de 2015) IV – o interessado no litígio, o amigo íntimo ou o inimigo capital das partes; V – os cônjuges, os ascendentes, os descendentes e os colaterais, até o terceiro grau de alguma das partes, por consanguinidade, ou afinidade. § 1º Para a prova de fatos que só elas conheçam, pode o juiz admitir o depoimento das pessoas a que se refere este artigo.	"Art. 447. Podem depor como testemunhas todas as pessoas, exceto as incapazes, impedidas ou suspeitas. § 1º **São incapazes:** **I – o interdito por enfermidade ou deficiência mental;** **II – o que, acometido por enfermidade ou retardamento mental, ao tempo em que ocorreram os fatos, não podia discerni-los, ou, ao tempo em que deve depor, não está habilitado a transmitir as percepções;** III – o que tiver menos de 16 (dezesseis) anos; **IV – o cego e o surdo, quando a ciência do fato depender dos sentidos que lhes faltam**

Código Civil em sua redação original	Código Civil com a nova redação do Estatuto do Deficiente	Novo Código de Processo Civil/2015
Parágrafo único. Para a prova de fatos que só elas conheçam, pode o juiz admitir o depoimento das pessoas a que se refere este artigo.	**§ 2º A pessoa com deficiência poderá testemunhar em igualdade de condições com as demais pessoas, sendo-lhe assegurados todos os recursos de tecnologia assistiva. (Incluído)**	

- **ninguém pode ser obrigado a depor sobre fato:**

Código Civil em sua redação original	Novo Código de Processo Civil
"Art. 229. Ninguém pode ser obrigado a depor sobre fato: I – a cujo respeito, por estado ou profissão, deva guardar segredo; II – a que não possa responder sem desonra própria, de seu cônjuge, parente em grau sucessível, ou amigo íntimo; III – que o exponha, ou às pessoas referidas no inciso antecedente, a perigo de vida, de demanda, ou de dano patrimonial imediato". --------------- * **Nota:** o art. 1.072, II, do CPC-2015 (Lei 13.105/2015) revoga expressamente este artigo.	"Art. 448. A testemunha não é obrigada a depor sobre fatos: I – que lhe acarretem grave dano, bem como ao seu cônjuge ou companheiro e aos seus parentes consanguíneos ou afins, em linha reta ou colateral, até o terceiro grau; II – a cujo respeito, por estado ou profissão, deva guardar sigilo".

9.4.4. PRESUNÇÃO

- **noções gerais: presunção** é a dedução obtida de um fato para comprovar outro fato. É a ilação tirada de um fato conhecido para demonstrar outro desconhecido. É a consequência advinda da lei ou do juiz, tendo como ponto inicial o fato conhecido, para atingir o ignorado. Não se confunde com **indício**, que é toda circunstância conhecida e provada, a partir da qual, mediante raciocínio lógico, pelo método indutivo, obtém-se a conclusão sobre outro fato. A indução parte do particular e chega ao geral.
- **espécies de presunção:**
  a) legais: são as que decorrem da lei, como aquela do CC, 324, 1.597, etc. **dividem-se em:**

1. *absolutas* ou *"juris et jure"*: quando não admitem prova em contrário, pois o efeito atribuído pela lei é indiscutível.
2. *relativas ou "júris tantum"*: quando admitem a prova em contrário. Ex. CC, art. 1.601.

b) ***hominis*, comuns ou simples:** é deixada ao prudente critério do magistrado, e se funda no que ordinariamente ocorre, são os acontecimentos do cotidiano, da vida. Segundo o art. 375 do CPC-2015, *"O juiz aplicará as regras de experiência comum subministradas pela observação do que ordinariamente acontece e, ainda, as regras de experiência técnica, ressalvado, quanto a estas, o exame pericial"*.

- **CPC-2015: restrição à presunção *hominis*: previa o art. 230 do CC o seguinte:** *"As presunções, que não as legais, não se admitem nos casos em que a lei exclui a prova testemunhal"*. Com o novo Código de Processo Civil, o art. 1072, II, revogou expressamente a disposição da lei material. Assim, deixa de existir qualquer restrição às presunções simples, de maneira que as presunções legais e as simples poderão ser aplicadas amplamente pelos juízes.

9.4.5. PERÍCIA

- **noções gerais**: são provas decorrentes de análises de especialistas ou peritos. Segundo o CPC-2015, arts. 464 a 480, são perícias o exame, a vistoria ou avaliação.
- **espécies de perícia:**

a) exame: apreciação técnica feita por peritos, para auxílio do juiz: Ex. exame grafotécnico.

b) vistoria: diligência ocular. Ex. ação demarcatória. Admite-se a vistoria *ad perpetuam rei memoriam*, do procedimento da tutela cautelar requerida em caráter antecedente, disciplinada nos arts. 305 e seguintes do CPC-2015, destinada a perpetuar fatos transitórios, efêmeros, de pouca duração.

c) avaliação: presta-se à atribuição de valor a um bem

- **exame médico necessário**: quem se nega a exame médico não poderá alegar a imprescindibilidade da perícia para a solução do litígio. Assim, a negativa em submeter-se a **exame médico necessário** ilide qualquer aproveitamento de sua recusa. (CC, art. 231).
- **recusa à perícia médica:** *"A recusa à perícia médica ordenada pelo juiz poderá **suprir a prova** que se pretendia obter com o exame"*. (CC, art. 232). Uma vez que o juiz determine a prova, para que a verdade do fato seja alcançada, em ação de investigação de paternidade, interdição, e outras, a **recusa** poderá suprir a prova. A Lei 8560/92, que dispõe sobre a investigação de paternidade, contempla disposição semelhante, no art. 2º, parágrafo único, que diz: *"A recusa do réu em se submeter ao exame de código genético – DNA gerará a presunção da paternidade, a ser apreciada em conjunto com o contexto probatório"*.
- ***ATENÇÃO*: segundo a Súmula 301 do STJ,** *"Em ação investigatória, a recusa do suposto pai a submeter-se ao exame de DNA induz **presunção juris tantum** de paternidade"*.

⦿ DIREITO CIVIL: PARTE ESPECIAL

10. DIREITO DAS OBRIGAÇÕES

10.1. GENERALIDADES

- **noções gerais**: é relação jurídica em razão da qual o *devedor ou sujeito passivo* se obriga a dar, fazer ou não fazer alguma coisa *(prestação)* em favor do *credor ou sujeito ativo*. A natureza da prestação é patrimonial.
- **elementos constitutivos:**

a) **subjetivo ou pessoal**: são as partes da obrigação. **Pode ser**:

1. *sujeito ativo*: a quem é devida a prestação
2. *sujeito passivo*: quem deve cumprir a prestação

b) **objetivo ou material**: é a prestação devida, ou seja, um dar, um fazer ou não fazer. A prestação deve ser lícita, possível (física ou juridicamente), determinada ou determinável e de conteúdo econômico.

c) **Ideal, imaterial ou espiritual:** é o vínculo jurídico ou legal que sujeita o devedor cumprir a prestação em favor do credor

1. **fontes:** indicam as origens dos vínculos obrigacionais.

a) imediata ou direta: Lei

b) mediatas ou indiretas: negócios jurídicos, atos ilícitos, etc.

10.2. DAS DIVERSAS CLASSIFICAÇÕES DAS OBRIGAÇÕES

10.2.1. CLASSIFICAÇÃO DAS OBRIGAÇÕES

- **obrigações de dar coisa certa:**

a) são positivas

b) o devedor tem o dever de entregar algo ao credor, cumprindo, com isso, a prestação devida por contrato

c) a coisa, móvel ou imóvel, é certa e determinada

d) **antes** da tradição ou **pendente** condição suspensiva, **caberá ao devedor:**

e) os melhoramentos e acrescidos a coisa, pertencem ao devedor, que poderá exigir aumento do preço e até resolver a obrigação se não for aceito.

f) os frutos **percebidos**

g) a **responsabilidade** pela perda e deterioração da coisa, **que se resume em:**

perda com culpa	• o devedor responde pelo equivalente mais perdas e danos;
perda sem culpa	• resolve-se a obrigação, com o retorno das partes à situação anterior;
deterioração com culpa	• poderá o credor exigir o equivalente, ou aceitar a coisa no estado em que se acha, com direito a reclamar, em um ou em outro caso, indenização das perdas e danos;
deterioração sem culpa	• poderá o credor resolver a obrigação, ou aceitar a coisa, abatido de seu preço o valor que perdeu

- **CPC-2015:** a respeito da execução para a entrega de coisa certa, conferir os arts. 806 a 810.
- **obrigação de restituir:**

a) equipara-se a de dar, porque importa a devolução de uma coisa, como ocorre na locação.

b) responsabilidade pela perda **antes** da tradição pelo **devedor: sem culpa**, sofrerá o credor a perda (*res perit domino*), e a obrigação se resolverá, ressalvados os seus direitos até o dia da perda; **por culpa**, responderá o devedor este pelo equivalente, mais perdas e danos.

- **obrigação de dar coisa incerta:**

a) objeto indeterminado (relativamente) e genérico, mas indicado, ao **menos**, pelo gênero e quantidade

b) a escolha futura, que determinará o objeto a ser entregue, chama-se "concentração".

c) com a escolha, aplicam-se as regras vistas acima.

d) natureza da "concentração": ato jurídico unilateral

e) as partes podem indicar qual dela fará a escolha, ou cometer o ato a um terceiro

f) na omissão, a escolha pertence ao **devedor**, que não poderá dar a coisa pior nem ser obrigado a prestar a melhor (limites)

g) antes da escolha, não pode o devedor alegar perda ou deterioração da coisa, mesmo por força maior ou caso fortuito (*genus nunquam perit*)

- **CPC-2015:** com relação à obrigação para a entrega de coisa incerta, consultar os arts. 811 a 813.
- **obrigações de fazer**:

a) a prestação ou objeto é uma atividade positiva (serviço, tarefa ou ato)

b) podem ser personalíssimas (intuito personae, infungível, imaterial) ou impessoais (fungível, material), conforme a prestação em razão da natureza ou convenção possa ser prestada somente pela parte ou por terceiro

c) a impossibilidade ou a recusa da prestação, acarreta o inadimplemento

d) impossibilidade da prestação:

e) **sem culpa do devedor**: resolver-se-á a obrigação;

f) **com culpa na prestação infungível**: responderá por perdas e danos, sem prejuízo da execução específica (*astreinte*);

g) **com culpa na prestação fungível**: se o fato puder ser executado por terceiro, será livre ao credor mandá-lo executar à custa do devedor, havendo **recusa** ou **mora** deste, sem prejuízo da indenização cabível.

- **CPC-2015:** o cumprimento da **sentença** que reconheça a exigibilidade de obrigação de **fazer** e não fazer realiza-se segundos os preceitos dos arts. 536 e 537 do emergente diploma.
- **CPC-2015:** a execução de obrigação de fazer ou de não fazer fundada em **título extrajudicial** deve seguir o rito do art. 814 e 815 a 821 do novo estatuto.
- **obrigações de não fazer**:

a) o devedor obriga-se a **não** praticar um ato;

b) é personalíssima, sempre;

c) praticado pelo devedor o ato, a cuja abstenção se obrigara, ocorre o descumprimento;

d) com isso, o credor pode exigir dele que o desfaça, sob pena de se desfazer à sua custa, ressarcindo o culpado perdas;

e) impossibilidade de se abster da prestação:

1. **sem culpa do devedor**: extingue-se a obrigação.
2. em caso de urgência, poderá o credor desfazer ou mandar desfazer, independentemente de autorização judicial, sem prejuízo do ressarcimento devido.

- **CPC-2015:** o cumprimento da **sentença** que reconheça a exigibilidade de obrigação de fazer e **não fazer** realiza-se segundos os preceitos dos arts. 536 e 537 do emergente diploma.
- **CPC-2015:** a execução de obrigação de fazer ou de não fazer fundada em **título extrajudicial** deve seguir o rito do art. 814, 822 e 823 do novo estatuto.

- **obrigações singulares ou simples:** possui unicidade de objeto ou sujeito.
- **obrigações compostas, complexas ou plurais** possui multiplicidade de objetos ou sujeitos. **Subdividem-se** em:

a) **obrigações disjuntivas ou alternativas**:

1. há múltiplas prestações possíveis, mas o cumprimento de **uma** delas importa o adimplemento da obrigação
2. a **escolha** é do devedor, se outra coisa não se estipulou; se **periódicas**, pode-se fazê-la para cada novo período; se houver pluralidade de optantes, exige-se acordo **unânime** que, se não ocorrer, o juiz escolhe
3. o devedor não pode obrigar o credor a receber parte de uma e parte de outra prestação
4. se uma prestação não puder ser objeto de obrigação ou tornar-se impossível, subsiste o débito quanto a outra
5. se houver impossibilidade de **todas** as prestações:
    - sem culpa do devedor, extingue-se a obrigação
    - por culpa, sendo a **escolha do devedor**, deverá pagar o valor da última que se perdeu, mais perdas e danos
    - por culpa, sendo a **escolha do credor**, este poderá optar entre todas, mais perdas e danos
6. se houver impossibilidade **parcial** das prestações
    - por culpa do devedor, sendo a escolha do credor, haverá opção entre a remanescente, ou a que se perdeu, mais perdas e danos

b) **obrigações conjuntivas ou cumulativas**:

1. o devedor se libera cumprindo duas ou mais prestações pelas quais se vinculou no mesmo negócio
2. por ser cumulativa, se uma das prestações não for cumprida, ocorre inadimplemento total, pois **todas** devem ser cumpridas

c) **obrigações facultativas, com faculdade de substituição ou solução**: trata-se da obrigação simples que admite, por convecção, que o devedor substitua a prestação inicial por outra

d) **obrigações solidárias**

1. não são presumidas, resultam da lei ou vontade das partes
2. ocorre quando há pluralidade de devedores ou credores, vinculados em uma única obrigação, cada um obrigado ou com direito à dívida toda. **Subdividem-se** em:

2.1. Solidariedade ativa:

a) cada um dos credores pode exigir do devedor o cumprimento da prestação por inteiro

b) enquanto alguns dos credores solidários não demandarem o devedor comum, a qualquer daqueles poderá este pagar

c) o pagamento feito a um dos credores solidários extingue a dívida até o montante do que foi pago

d) a conversão da prestação em perdas e danos não extingue a solidariedade, para todos os efeitos

e) o credor que perdoar a dívida ou receber o pagamento responderá aos outros pela parte que lhes caiba

f) a oposição de exceção pessoal não é extensiva aos demais credores

g) a solidariedade não é sucessível, ou seja, os herdeiros herdam apenas a cota parte, ressalvada a indivisibilidade da obrigação

h) **do julgamento**:

1. se *favorável* a um credor, aproveita aos demais, salvo quando se funde em exceção pessoal daquele
2. se *contrária* a um credor, não atinge os outros admitindo-se a desistência

- **CPC-2015:** nada mudou em relação aos efeitos *contrários* do julgamento da ação manejada por um dos credores solidários contra o devedor comum, ou seja, os demais credores não sofrerão prejuízo. Quanto aos efeitos *favoráveis*, estes aproveitam aos demais credores que não participaram da ação, sem prejuízo da exceção pessoal do devedor em relação a qualquer deles. Neste ponto é importante destacar que os credores podem demandar isoladamente ou em conjunto, sendo o caso, portanto, de *litisconsórcio ativo facultativo*. Com relação ao julgamento *favorável*, existiam dois posicionamentos na doutrina civilista e outro na processualista. O *primeiro* (Gustavo Tepedino, Heloisa Helena Barbosa e Maria Celina Bodin de Moraes), de que a vitória na ação de um dos credores favoreceria os demais, salvo quando o devedor possuísse, em seu favor, alguma exceção pessoal em relação aos credores que não promoveram a demanda. Assim, o devedor não poderia apresentar defesa contra o credor que não foi parte, de maneira que a extensão da coisa julgada apenas viria em favor, e nunca contra os interesses do credor que não compôs a relação processual (coisa julgada *secundum eventum litis*). O *segundo* entendimento (Pablo Stolze Gagliano e Rodolfo Pamplona Filho) colocava dois caminhos como solução ao preceito: (i) se o magistrado não acolhesse a defesa e se esta não fosse de natureza pessoal, o julgamento beneficiaria a todos os demais credores; (ii) se o magistrado não acolhesse a defesa e se esta for de natureza pessoal, o julgamento não interferiria no direito dos demais credores[4]. Para a corrente processualista (Fredie Didier JR.), não tem sentido o art. 274 do CC (original), porque "não há julgamento favorável fundado em exceção pessoal; quando se acolhe a defesa, julga-se desfavoravelmente o pedido[5].

Código Civil – Redação original	Código Civil – Redação após o CPC-2015/2015
"Art. 274. O julgamento contrário a um dos credores solidários não atinge os demais; o julgamento favorável aproveita-lhes, a menos que se funde em exceção pessoal ao credor que o obteve"	"Art. 274. O julgamento contrário a um dos credores solidários não atinge os demais, mas o julgamento favorável aproveita-lhes, sem prejuízo de exceção pessoal que o devedor tenha direito de invocar em relação a qualquer deles"

2.2. Solidariedade passiva:

a) pluralidade de devedores, onde cada um responde por toda a dívida, como se fosse único

b) o avalista é devedor solidário, vedando-se o aval parcial

c) o credor pode cobrar a dívida de um ou alguns devedores, parcial ou totalmente, e não importa renúncia a solidariedade a propositura da ação contra um deles, a quem permite-se o chamamento ao processo dos demais

d) o credor pode renunciar parcialmente a solidariedade em favor de um ou alguns devedores, mas subsistirá a dos demais. Somente desaparece para todos a renúncia total

e) a renúncia a solidariedade não depende de aceitação expressa ou tácita da outra parte, diferenciando-se da remissão ou perdão da dívida, que deve ser aceita pelo devedor (CC, art. 385)

f) é admissível o chamamento ao processo, requerido pelo réu, dos demais devedores solidários, quando o credor exigir de um ou de alguns o pagamento da dívida comum (CPC-2015, art. 130, III)

g) ainda que exonerado (beneficiado pela renúncia), todos os devedores respondem pelo rateio do insolvente

h) o pagamento parcial e a remissão (perdão) obtida por um devedor, só aproveita aos demais até à concorrência da quantia paga ou relevada

i) o pagamento total de um permite-lhe o direito de regresso contra os demais, mas com rateio por todos do quinhão do insolvente, presumindo-se iguais as cotas de débito

j) se a dívida solidária interessar exclusivamente a um dos devedores, responderá este por toda ela para com aquele que pagar

l) qualquer cláusula, condição ou obrigação adicional entre um dos devedores e o credor não pode agravar a posição dos demais, sem que consintam

m) **impossibilidade da prestação:**

1. culpa de um dos devedores solidários, subsiste para todos o encargo de pagar o equivalente, mas pelas perdas e danos só responde o culpado
2. sem culpa dos devedores, extingue-se a obrigação
3. pela mora todos respondem, mesmo que acionado um só dos devedores, mas o culpado responde regressivamente aos outros
4. se um dos devedores solidários falecer deixando herdeiros, nenhum destes será obrigado a pagar senão a quota que corresponder ao seu quinhão hereditário, salvo se a obrigação for indivisível; mas todos reunidos serão considerados como um devedor solidário em relação aos demais devedores.

- ***OBS 1:* estabelece o Enunciado 350 do CJF/STJ, da IV Jornada de Direto Civil:** *"A renúncia à solidariedade diferencia-se da remissão, em que o devedor fica inteiramente liberado do vínculo obrigacional, inclusive no que tange ao rateio da quota do eventual codevedor insolvente, nos termos do art. 284".*

- ***OBS 2:* segundo o Enunciado 351 do CJF/STJ, aprovado na IV Jornada de Direito Civil,** *"A renúncia à solidariedade em favor de determinado devedor afasta a hipótese de seu chamamento ao processo".*

2.3. solidariedade mista ou reciproca: se houver simultaneidade de credores e de devedores.

e) **obrigações indivisíveis:**

1. o objeto é uma coisa ou fato que não comporta divisão, por sua natureza, por motivo de ordem econômica, ou dada a razão determinante do negócio jurídico
2. se houver pluralidade de devedores, e a prestação não for divisível, cada um ficará obrigado pela dívida toda
3. devedor que paga a dívida, sub-roga-se (legal) no direito do credor em relação aos outros coobrigados

---

4. TARTUCE, Flavio. *O CPC-2015 e o Direito Civil*. São Paulo. Método. 2015, 245.
5. Op. cit, p. 245.

4. se a pluralidade for dos credores, poderá cada um destes exigir a dívida inteira; mas o devedor ou devedores se desobrigarão, pagando: 1) a todos conjuntamente; 2) a um, dando a este caução de ratificação dos outros credores
5. se um só dos credores receber a prestação por inteiro, a cada um dos outros assistirá o direito de exigir dele em dinheiro a parte que lhe caiba no total
6. se um dos credores perdoar a dívida, bem como efetuar transação, novação, compensação ou confusão, a obrigação não ficará extinta para com os outros; mas estes só a poderão exigir, descontada a quota do credor
7. perde a qualidade de indivisível a obrigação que se resolver em perdas e danos, o que não ocorre na solidariedade
8. não cessa com a morte, diferente do que ocorre com a solidariedade.

- **responsabilidade pelo não cumprimento:**
  a) se houver culpa de todos os devedores, responderão todos por partes iguais
  b) se for de um só a culpa, ficarão exonerados os outros, respondendo só esse pelas perdas e danos
- **diferenças entre solidariedade e indivisibilidade:**
  a) na solidariedade o devedor pode ser acionado sozinho a pagar a dívida
  b) inteira, porque é devedor do todo
  c) nas obrigações indivisíveis, o codevedor só deve sua quota-parte. Só é compelido ao pagamento da totalidade do objeto porque este não pode ser fracionado
  d) a obrigação perda a indivisibilidade se resolver em perdas e danos
  e) a solidariedade sobrevive às perdas e danos, pois cada devedor continuará responsável pelo pagamento integral do equivalente em dinheiro do objeto perecido

10.2.2. CLASSIFICAÇÃO DAS OBRIGAÇÕES

- **obrigações civis e naturais:**
  a) civil: possui todos os elementos das obrigações, sujeitos (ativo e passivo), objeto e vínculo, ou seja, a obrigação é perfeita, exigível (*debitum* e a *obligatio*).
  b) natural: imperfeita, porque não é exigível (Ex: CC, art. 882).
- **obrigações de meio, resultado e de garantia**
  a) meio: o devedor deverá empregar os esforços e habilidades para entregar uma prestação, mas sem prometer qualquer êxito.
  b) resultado: aqui o êxito é prometido, como ocorre em uma cirurgia plástica estética.
  c) garantia: sua finalidade é eliminar os riscos que recaem sobre o credor (ex: contrato de seguro).
- **obrigações de execução instantânea, diferida e continuada**
  a) instantânea: consuma-se num só ato, é imediata, como numa compra e venda à vista
  b) diferida: realiza-se num só ato, mas em momento futuro, como a entrega posterior do objeto
  c) continuada ou de trato sucessivo: aquela de atos reiterados ou prestações periódicas
- **obrigações puras e simples, condicionais a termo e modais**
  a) puras e simples: são de efeitos imediato, pois carecem de elementos acidentais (condição, termo, etc.)
  b) condicionais: aquelas subordinadas a um evento futuro e incerto (condição)
  c) a termo: dependem de um evento futuro e certo (prazo)
  d) modais: as quais estão oneradas por um encargo
- **obrigações liquidas e ilíquidas**
  a) liquida: é a certa quanto a existência e determinada quando ao objeto
  b) ilíquida: nesta sabe-se o que será entregue, mas é necessário apurar o montante
- **obrigações principais e acessórias**
  a) principais: de existência própria, sem dependência de outra
  b) acessórias: as quais dependem de uma obrigação principal
- **obrigações ambulatórias (*propter rem*):** assim conhecida por ser real ou reipersecutória, pois a obrigação é carreada ao titular de um direito real. Transferido o direito a um terceiro, a obrigação segue o mesmo destino. É o que ocorre em relação ao dano ambiental em uma propriedade, por exemplo. Ainda que o passivo ambiental tenha ocorrido com o antigo dono, o novo que adquirir a propriedade passa a ser o responsável pela obrigação de recuperar ou indenizar a área degradada (teoria do risco integral).

10.3. TRANSMISSÃO DAS OBRIGAÇÕES

10.3.1. CESSÃO DE CRÉDITO

- **noções gerais:** negócio pelo qual o credor transfere sua posição obrigacional; trata-se de negócio jurídico bilateral envolvendo bem *incorpóreo* ou um crédito. O credor que transfere os direitos é chamado de *cedente* e aquele para quem são transferidos de *cessionário*. O terceiro que **não** participa da cessão, o devedor, é chamado de *cedido*. Uma vez transferida a obrigação, o *cedido* deverá ser notificado, para que possa pagar a obrigação ao novo credor. Todavia, sua *anuência* é desnecessária (CC/ art. 288, 290 e 293). Todo crédito poderá ser cedido, total ou parcialmente.

- **regras importantes:**

a) a cláusula proibitiva da cessão não poderá ser oposta ao cessionário de boa-fé, se não constar do instrumento da obrigação

b) não se admite a cessão de crédito decorrente de direitos personalíssimos ou direito de família, os que contenham proibição legal, ou em relação àqueles créditos que contenham ajuste vedando sua transmissão *(pacto de non cedendo)*

c) a penhora realizada sobre um crédito é causa de impedimento legal para que seja cedido (CC/art. 298); por outro lado, a *impenhorabilidade*, por si só, não impede a cessão do crédito, pois é reconhecidamente válida. (STJ: REsp 724158-PR/Rel. Ministra Nancy Andrighi).

d) **não se confunde**:

1. *cessão de contrato* (porque ocorre a inteira cessão da posição contratual – todos os débitos e créditos – do cedente ao cessionário)

2. *novação subjetiva ativa* (porque ocorre a substituição do credor e a extinção da dívida por novo crédito)

3. *sub-rogação legal* (o sub-rogado não pode exercer os direitos e as ações do credor, senão até à soma que tiver desembolsado para desobrigar o devedor, faltando-lhe, pois, o caráter especulativo próprio da cessão de crédito)

e) **não e exige forma especial**, exceto quando for da natureza do ato a escritura pública

f) é ineficaz, em relação a terceiros, a transmissão de um crédito, se não celebrar-se mediante instrumento público, ou instrumento particular revestido das solenidades do § 1º do art. 654, do CC

g) a cessão de título de crédito opera-se mediante endosso

10.3.2. ASSUNÇÃO DE DÍVIDA OU CESSÃO DE DÉBITO

- **noções gerais:** é o negócio bilateral pelo qual o devedor antigo cede lugar ao novo, que assume a posição daquele, responsabilizando-se pela dívida, que não é extinta.

- **regras importantes**:

a) exige-se o consentimento **expresso** do credor.

b) **exceção:** CC, art. 303: *"O adquirente de imóvel hipotecado pode tomar a seu cargo o pagamento do crédito garantido; se o credor, notificado, não impugnar em **30 dias** a transferência do débito, entender-se-á dado o assentimento"*. (**consentimento tácito**)

c) o devedor primitivo fica exonerado

d) **exceção**: o devedor permanecerá responsável pela obrigação quando, ao **tempo** da assunção, o novo devedor era **insolvente**, e o credor o **ignorava.**

e) são extintas, a partir da assunção da dívida, as garantias especiais (reais ou fidejussórias) do devedor primitivo, salvo assentimento expresso. Anulada a assunção, o **débito** e as **garantias** são restaurados.

f) com a assunção, também são extintas as garantias de terceiros, salvo expressa concordância

g) qualquer das partes pode assinar prazo ao credor para que consinta na assunção da dívida, **interpretando-se** o seu silêncio como recusa.

h) não se confunde com a novação subjetiva passiva, que gera obrigação nova, extinguindo a anterior

i) **pode efetivar-se:**

- *por expromissão*: contrato que ocorre sem a participação ou anuência do devedor, pois ocorre entre o terceiro e o credor. A expromissão **pode ser:**

1. *liberatória*: se ocorrer a integral sucessão no débito pela substituição do devedor na obrigação pelo expromitente, ficando exonerado o devedor primitivo, exceto se o terceiro que assumiu a dívida era insolvente e o credor o ignorava, o que não impede que o credor aceite o risco

2. *cumulativa*: o expromitente ingressa na relação obrigacional como novo devedor, ao lado no antigo, passando a ser devedor solidário, mediante declaração expressa nesse sentido, caso em que o credor poderá reclamar a dívida total de qualquer deles

- *por delegação*: acordo que acontece entre o terceiro e o devedor, com a concordância do credor. **Pode ser**:

1. *liberatória*: valem aqui os comentários acima

2. *cumulativa:* também se aplicam os termos do item 2 anterior

3. *Imperfeita:* quando não exclui totalmente a responsabilidade do primitivo devedor

- ***ATENÇÃO***: pelo **Enunciado 16 do CJF/STJ, da I Jornada de Direito Civil:** *"O art. 299 do Código Civil não exclui a possibilidade da assunção cumulativa da dívida quando dois ou mais devedores se tornam responsáveis pelo débito com a concordância do credor".*

10.3.3. CESSÃO DE CONTRATO: OU CESSÃO DE POSIÇÃO CONTRATUAL

- **noções gerais:** é a transferência da posição (ativa ou passiva) em um contrato, a um terceiro, com todos os direitos e deveres, simultaneamente, global ou unitariamente. Necessariamente ocorre em contratos bilaterais, com execução não concluída.
- **regras importantes:**

a) seus personagens são o *cedente* (que transfere a posição), o cessionário (a quem a posição é transmitida) e o cedido (o outro contraente, que consente na cessão feita pelo cedente)

b) exige-se o consentimento da outra parte, aplicando-se o art. 299, *caput*, que dispõe sobre a *assunção de dívida*

c) contrato atípico (sem previsão expressa no CC/2002), na forma do CC/art. 425, e aceito no STJ (Info – 376)

d) não se confunde com o *contrato derivado ou subcontrato*, porque neste o contraente mantém sua posição contratual, limitando-se a criar um novo contrato da mesma natureza com terceiro

e) diferencia-se da *sub-rogação legal*, pois decorre da lei diretamente, a necessidade do consentimento do contraente cedido

f) também distingue-se da *novação*, já que nesta ocorre a transmissão dos direitos (novação subjetiva ativa) ou a transmissão das obrigações (novação subjetiva passiva), com extinção da dívida, enquanto na cessão de contrato os direitos e as obrigações são transferidos do cedente ao cessionário, e não importa a extinção da obrigação

g) Pode ocorrer a liberação do cedente perante o contraente cedido. Não ocorrendo a liberação do cedente, fica estabelecido o vínculo da solidariedade entre este e aquele

10.4. ADIMPLEMENTO DAS OBRIGAÇÕES

10.4.1. PAGAMENTO DIRETO OU NORMAL

- **noções gerais:** adimplemento significa o cumprimento da obrigação, seu pagamento. O pagamento poderá ser direto (normal) ou indireto (anormal). E regra, o devedor é o obrigado pelo pagamento, mas também poderá ser um **terceiro que tenha interesse** jurídico-econômico, ou seja, aquele que poderá sofrer os efeitos da obrigação não cumprida no tempo e forma devidos (ex. fiador, avalista). O terceiro **não interessado** poderá cumprir a obrigação, em nome e à conta do devedor (não poderá cobrar o que pagou) ou em seu próprio nome (poderá cobrar o que pagou, mas não se sub-roga).
- **efeito pagamento**:

a) extingue a obrigação

b) libera o devedor do vínculo obrigacional (efeito liberatório)

- **modalidades de pagamento:**

a) pagamento direto: ocorre a entrega da prestação no tempo e forma devidos

b) pagamento indireto: verifica-se de forma diversa daquela convencionada (ex. dação em pagamento, imputação, etc.).

- **natureza jurídica do pagamento:** são duas as correntes:

a) ato jurídico: assim reconhecido por ter efeitos previamente estabelecidos por lei

b) negócio jurídico bilateral: por exigir a vontade do credor e do devedor

- **requisitos do pagamento:**

a) subjetivos: diz respeito aos sujeitos da relação (ex: de quem deve pagar, a quem se deve pagar, etc.)

b) objetivos: aqueles não relacionados aos sujeitos (ex. tempo do pagamento, lugar do pagamento)

- **de quem deve pagar** (*"solvens"*):

a) "solvens": qualquer interessado, se a obrigação não for *intuito personae*

b) se for personalíssima a obrigação, somente o devedor poderá fazê-lo

c) **terceiro interessado:** ex. fiador

d) **terceiro não interessado**:

1. em nome e à conta do devedor, salvo oposição deste: quando não haverá direito de reembolso
2. em nome próprio: tem direito de reembolso, mas não se sub-roga. Para tanto, deverá manejar *"ação in rem verso"*, sem direito a perdas e danos. Se pagar antes de vencida a dívida, só terá direito de reembolso no vencimento.

e) o terceiro, interessado ou não, que paga com desconhecimento ou oposição do devedor, que tinha meios de ilidir a ação, não terá direito ao reembolso (pagamento *invito debitore*)

f) o pagamento que importar transmissão da propriedade, móvel ou imóvel, só terá eficácia se feito por quem possa alienar.

1. **exceção**: se der em pagamento **coisa fungível**, valerá o pagamento, desde que o credor, de boa-fé, a recebeu e consumiu, ainda que o solvente não tivesse o direito de aliená-la.

- **daqueles a quem se deve pagar** (*"accipiens"*):

a) credor

b) ou quem o represente

c) em razão da teoria da aparência, é válido o pagamento feito de boa-fé ao credor putativo, ainda provado depois que não era credor. Exigem-se, assim, dois requisitos: (1) boa-fé do devedor; (2) erro

- **objeto do pagamento:**

a) é a prestação convencionada

b) o credor não é obrigado a receber prestação diversa da que lhe é devida, ainda que mais valiosa (proibição do *solvere aliud pro alio*)

c) as dívidas em dinheiro devem ser pagas no vencimento, em moeda corrente, pelo valor nominal (princípio do nominalismo)

d) permite-se a cláusula de escala móvel ou de atualização nas obrigações pecuniárias (exceção ao princípio do nominalismo)

e) ainda como exceção ao princípio do nominalismo, por motivo imprevisível, sobrevier manifesta desproporção entre o valor da prestação devida e o do momento de sua execução, poderá o juiz corrigi-lo, assegurando o valor real da prestação.

f) são nulas as convenções de pagamento em ouro ou moeda estrangeira, com exceção dos casos previstos na legislação especial

g) o devedor ou terceiro que paga tem direito a receber a quitação

h) as despesas com o pagamento e a quitação são do **devedor**, mas as despesas eventualmente acrescidas pelo credor correrão por sua conta

i) os pagamentos por medida e peso, no **silêncio das partes**, valem pelo lugar da execução.

- **presunções de pagamento**:

a) para as quotas periódicas, o pagamento da última

b) a quitação do capital, sem a ressalva dos juros, estes presumem-se pagos

c) e entrega do título ao devedor.

* **Nota:** admite-se que o credor prove a falta de pagamento, em **60 dias**.

- **lugar do pagamento:**

a) se houver cláusula entre as partes, será este o local de cumprimento da obrigação

b) o lugar também pode ser determinado pela lei, da natureza da obrigação ou das circunstâncias

c) na omissão, a dívida é quesível (*quérable*), ou seja, no **domicílio do devedor.** Será portável (*portable*) quando houver de ser paga no **domicílio do credor ou terceiro.**

d) designados dois ou mais lugares, **cabe** ao credor a escolha do loca

e) o pagamento **reiterado** em outro local, presume a **renúncia** do credor

f) as tradição ou prestações referentes aos imóveis, será feita onde situado

- **tempo do pagamento:**

a) o pagamento deve ocorrer no vencimento, conforme ajustado

b) sem ajuste, o credor pode exigir o pagamento imediatamente

c) nas obrigações condicionais, deve ser paga assim que ocorrer o implemento

d) admite-se que o credor cobre a dívida antes de vencido o prazo ajustado ou marcado no Código Civil:

1. no caso de falência do devedor, ou de concurso de credores
2. se os bens, hipotecados ou empenhados, forem penhorados em execução por outro credor
3. se cessarem, ou se se tornarem insuficientes, as garantias do débito, fidejussórias, ou reais, e o devedor, intimado, se negar a reforçá-las.

- ***ATENÇÃO***: se houver, no débito, **solidariedade passiva**, não se reputará vencido quanto aos outros **devedores solventes.**

10.5. FORMAS ESPECIAIS OU INDIRETAS DE PAGAMENTO

10.5.1. PAGAMENTO EM CONSIGNAÇÃO

- **pagamento em consignação:** trata-se do depósito **judicial** feito pelo devedor, do bem móvel ou imóvel, com o objetivo de libera-se da obrigação liquida e certa. Se a **prestação for em dinheiro**, o devedor poderá efetuar o deposito **extrajudicial** em estabelecimento bancário oficial, cientificando o credor por carta com aviso de recepção, bem como manejar **ação de consignação.**

- **características:**
  - a) libera o devedor do vínculo obrigacional, bem como das consequências do inadimplemento da obrigação
  - b) as obrigações de fazer e não fazer não admitem a consignação
  - c) devem concorrer todos os requisitos sem os quais o pagamento não é valido, como pessoas, objetos, modo, tempo
  - d) será admitido nas seguintes hipóteses:
    1. se o credor não puder, ou, sem justa causa, recusar receber o pagamento, ou dar quitação na devida forma
    2. se o credor não for, nem mandar receber a coisa no lugar, tempo e condição devidos
    3. se o credor for incapaz de receber, for desconhecido, declarado ausente, ou residir em lugar incerto ou de acesso perigoso ou difícil
    4. se ocorrer dúvida sobre quem deva legitimamente receber o objeto do pagamento
    5. se pender litígio sobre o objeto do pagamento.

10.5.2. PAGAMENTO COM SUB-ROGAÇÃO

- **noções gerais:** é a substituição de uma coisa por outra, com os mesmos ônus e atributos (sub-rogação real), ou se uma pessoa por outra (sub-rogação pessoal). Uma vez paga a obrigação por terceiro, o credor primitivo não poderá reclamar o cumprimento, mas o devedor continua obrigado a terceira pessoa. Ocorre, assim, a **substituição do polo ativo** da relação obrigacional, passando o terceiro até então estranho na relação, a ostentar a posição de credor. A obrigação permanece íntegra, pois o novo credor conserva todas as garantias e privilégios os quais possuíam o anterior.

- **espécies de sub-rogação**:
  - a) sub-rogação legal:
    1. do credor que paga a dívida do devedor comum
    2. do adquirente do imóvel hipotecado que paga ao credor hipotecário
    3. do terceiro interessado juridicamente, que paga a dívida pela qual era ou poderia ser obrigado, no todo ou em parte (ex. avalista, fiador)
  - b) sub-rogação convencional:
    1. quando o credor recebe o pagamento de terceiro e expressamente lhe transfere todos os seus direitos
    2. quando terceira pessoa empresta ao devedor a quantia precisa para solver a dívida, sob a condição expressa de ficar o mutuante sub-rogado nos direitos do credor satisfeito

10.5.3. IMPUTAÇÃO DO PAGAMENTO

- **noções gerais:** quando a pessoa, obrigada por **dois ou mais** débitos da mesma natureza, a **um só credor**, tem o direito de indicar a qual deles oferece pagamento, se todos forem líquidos e vencidos. Haverá extinção da obrigação para a qual o pagamento foi dirigido.

- **características:**
  - a) a escolha da dívida a ser imputada pertence ao devedor
  - b) se não o fizer, o direito passa ao credor
  - c) o devedor poderá reclamar a imputação do credor, se provar violência e dolo
  - d) se qualquer deles não fizer a escolha, adotam-se os critérios do CC, quais sejam:
    1. havendo capital e juros, imputa-se o pagamento nos juros
    2. depois, nas dívidas líquidas e vencidas mais antigas
    3. por último, imputa-se a dívida mais onerosa

10.5.4. DAÇÃO EM PAGAMENTO

- **noções gerais:** o credor pode consentir em receber prestação diversa da que lhe é devida, substituindo a prestação de dinheiro por móvel ou imóvel, com efeito liberatório (*datio in solutum*). A extingue a obrigação, mesmo que o bem seja de menor valor, sem criar outro vínculo obrigacional, como ocorre na novação. Caso ocorra a evicção do bem, a obrigação é restabelecida. Outrossim, responde o devedor pelos vícios redibitórios.

- **características:**
  - a) forma indireta de pagamento
  - b) exige como requisitos:
    1. existência de um débito vencido
    2. *animus solvendi*
    3. diversidade do objeto, daquele dado em pagamento (coisa ou prestação) diverso do avençado (*aliud pro alio*)
    4. consentimento do credor na substituição
  - c) não constitui novação objetiva, e não é contrato

d) determinado o preço da coisa dada em pagamento, a relação entre as partes rege-se pelas normas do contrato de compra e venda

e) se for título de crédito a coisa dada em pagamento, a transferência importará em cessão

f) se o credor for evicto da coisa recebida em pagamento, restabelecer-se-á a obrigação primitiva, ficando sem efeito a quitação dada, ressalvados os direitos de terceiros

10.6. EXTINÇÃO DAS OBRIGAÇÕES SEM PAGAMENTO

10.6.1. NOVAÇÃO

- **noções gerais:** conhecida por sucedâneo de pagamento, ao lado da compensação, da confusão e da remissão de dívidas, a novação é a criação de uma obrigação nova para extinguir a anterior, ou seja, é a substituição de uma dívida por outra, extinguindo-se a primeira. É um modo extintivo não satisfativo da obrigação, como é o pagamento, extinção natural das obrigações. Para o STJ, permite-se a discussão de dívida novada, em relação a contratos bancários, em razão da função social dos contratos, eventual abusividade e a onerosidade excessiva. O entendimento foi consolidado na Súmula 286 da Corte, assim escrita: *"A renegociação de contrato bancário ou a confissão da dívida não impede a possibilidade de discussão sobre eventuais ilegalidades dos contratos anteriores"*.

- **características:**

a) não há novação legal, exigindo-se acordo de vontades

b) são **requisitos**:

1. existência de obrigação anterior (*obligatio novanda*)
2. a constituição de nova obrigação (*aliquid novi*)
3. *animus novandi*, que é intenção de novar, ou o acordo de vontade para esse fim

c) não havendo ânimo de novar, expresso ou tácito, mas inequívoco, a segunda obrigação confirma simplesmente a primeira

d) pode ser expressa ou tácita

e) não se admite novação de obrigação nula ou extinta

f) admite-se a novação e obrigação anulável

g) com relação às obrigações naturais, há **dois entendimentos:**

1. possível: se as partes novaram uma obrigação natural, embora não exigível (*imperfeita*) por outra civil, não há porque obstar o livre acordo de vontades, porque a possibilidade de cumprimento do crédito é que confere corpo a novação, e não sua exigibilidade

2. não é possível: porque o pagamento não é exigível compulsoriamente.

h) a obrigação sujeita a termo ou condição pode ser novada

i) a dívida prescrita pode ser novada, verificando-se a renúncia tácita a prescrição consumada

j) a nova obrigação deve ser válida

k) a novação extingue os acessórios e garantias da dívida, sempre que não houver estipulação em contrário, como os juros e a mora

l) a novação exonera o fiador e o devedor solidário que não participou da novação, salvo se consentirem

m) com a novação as garantias reais – penhor, hipoteca ou a anticrese – se os bens dados pertencerem a terceiro, que não foi parte na novação, também ficam extintas; portanto, podem as partes e os terceiros acordarem para que as garantias reais que constavam da dívida antiga remanesçam na nova

n) se o novo devedor for insolvente, não tem o credor, que o aceitou, ação regressiva contra o primeiro, salvo se este obteve por má-fé a substituição.

10.6.2. COMPENSAÇÃO

- **noções gerais: é o meio de extinção das obrigações entre pessoas que são** ao mesmo tempo **credor** e **devedor** uma da outra. Acarreta a extinção das duas obrigações, desde que sejam líquidas, vencidas e de coisas fungíveis. É modo indireto de extinção das obrigações.

- **características:**

a) exige como requisitos:

1. reciprocidade dos créditos
2. liquidez das dívidas
3. exigibilidade das prestações
4. fungibilidade dos débitos

b) com relação à reciprocidade dos créditos, o devedor somente pode compensar com o credor o que este lhe dever, mas a lei abre *exceção* em favor do fiador, que pode compensar sua dívida com a de seu credor ao afiançado

c) as dívidas devem ser líquidas (certas e determinas), vencidas (exigíveis) e de coisas fungíveis (mesma natureza, homogêneas entre si e da mesma qualidade, quando especificado no contrato)

d) os prazos de favor, embora consagrados pelo uso geral, não obstam a compensação

e) são **espécies de compensação**:

   1. legal: é a que resulta da lei, observados os pressupostos e opera-se automaticamente, *ipso iure*, de pleno direito, desde que requerida e declarada em juízo

   2. convencional: resulta de acordo de vontades, nas hipóteses em que não incidem os requisitos da compensação legal

   3. judicial: determinada pelo juiz, quando presentes os requisitos legais

f) **não se compensam as dívidas**:

   1. quando as partes, por mútuo acordo, a excluírem, ou no caso de renúncia prévia de uma delas

   2. se provier de esbulho, furto ou roubo

   3. se uma se originar de comodato, depósito ou alimentos

   4. se uma for de coisa não suscetível de penhora

   5. obrigando-se por terceiro uma pessoa, não pode compensar essa dívida com a que o credor dele lhe dever

   6. se duas dívidas não são pagáveis no mesmo lugar, não se podem compensar sem dedução das despesas necessárias à operação

   7. em prejuízo de direito de terceiro.

g) sendo a mesma pessoa obrigada por várias dívidas compensáveis, serão observadas, no compensá-las, as regras estabelecidas quanto à imputação do pagamento

h) o devedor que se torne credor do seu credor, depois de penhorado o crédito deste, não pode opor ao exequente a compensação, de que contra o próprio credor disporia.

10.6.3. CONFUSÃO

- **confusão:** as obrigações pressupõem dois sujeitos distintos, que devem ser pessoas diferentes, que são o sujeito ativo e o sujeito passivo. Caso estas duas qualidades encontrarem-se em uma só pessoa, haverá uma causa extintiva da obrigação, isto é, se reunirem as qualidades de credor e devedor em um só sujeito, a obrigação deixa de existir, é extinta. Não se trata de extinção da dívida, mas sim da obrigação, devido a impossibilidade de exercício simultâneo da ação creditória e da prestação, um *impedimentum praestandi.*

- **características:**

a) verificados os pressupostos da confusão (reunião na mesma pessoa das qualidades de credor-devedor), seus efeitos operam automaticamente, *ope legis*

b) pode ocorrer por ato *inter vivos* (ex: cessão de crédito, casamento por regime de comunhão universal de bens) ou *causa mortis* (ex: é mais comum nas heranças)

c) o fenômeno ocorre em outros ramos do direito, não se limitando às obrigações (ex: reunião de coisas liquidas, art. 1.272 do CC; extinção das servidões, art. 1.389, I, do CC, etc.)

d) **espécies**:

   1. total ou própria: quando recai sobre toda a dívida

   2. parcial ou imprópria: atinge parte da dívida (ex. obrigações solidárias, art. 383 do CC)

e) extingue a obrigações principal e também os acessórios (ex: fiança, penhor)

f) todavia, se a confusão ocorrer apenas nos acessórios das obrigações, não há extinção da obrigação principal (ex: confusão entre devedor e fiador ou credor e fiador), hipóteses nas quais ocorre a extinção da garantia

g) cessando a confusão, para logo se restabelece, com todos os seus acessórios, a obrigação anterior, caso em que não se verifica a extinção, mas a *neutralização* ou *pós-ineficacização da confusão.*

10.6.4. REMISSÃO DE DÍVIDAS

- **noções gerais:** trata-se de liberalidade efetuada pelo credor, que consiste em livrar o devedor do cumprimento da obrigação, desde que ocorre sem prejuízo de terceiros. A remissão ("ss") não se confunde com a remição ("ç") da dívida ou de bens, que possuí natureza processual, e é prevista no art. 877, § 3º, do CPC-2015. Além da grafia diversa, sua natureza jurídica é de resgate dos bens penhorados, mediante pagamento. A remissão é perdão da dívida. Lembramos que a remissão de dívida pode ensejar fraude contra credores, conforme o art. 158 do CC.

- **características:**

a) para que se torne eficaz, o remitente deve ser capaz de alienar e o remido capaz de adquirir

b) a natureza do instituto é contratual (bilateral), pois o Código Civil (art. 385) exige aceitação e capacidade para alienar do remitente e do remitido para consentir e adquirir

c) pode-se conceder remissão para qualquer crédito, desde que sejam dívidas patrimoniais de caráter privado, e não contrarie o interesse públicos ou o de terceiros

d) difere a renúncia da remissão, aquela é unilateral e alcança direitos pessoais de natureza não patrimonial, esta é bilateral e se limita

e) **espécies:**

1. *total*: toda a dívida
2. *parcial*: parte dela
3. *expressa*: declaração expressa do credor dada por escrito
4. *tácita*: decorre o comportamento liberatório do credor, incompatível com a futura cobrança da dívida (ex. desfaz-se do título)
5. *presumida*: decorre de expressa previsão legal, em dois casos:

- a restituição voluntária do objeto empenhado prova a renúncia do credor à **garantia real**, não a extinção da dívida
- a devolução voluntária do título da obrigação, quando por escrito particular, prova desoneração do devedor e seus coobrigados, se o credor for capaz de alienar, e o devedor capaz de adquirir.

f) seus efeitos são pessoais, pois concedida ao devedor solidário, a obrigação remanesce para os demais, dos quais a dívida poderá ser exigida, porém, descontada a cota do credor que perdoou

- ***ATENÇÃO***: outras são as causas de extinção das obrigações sem pagamento, entre as quais destacamos a prescrição, o caso fortuito ou de força maior, se por eles o devedor não se responsabilizar (CC, art. 393), os contratos típicos de transação e compromisso, entre outras.

10.7. INADIMPLEMENTO DAS OBRIGAÇÕES

- **noções gerais:** inadimplir significa o descumprimento de uma obrigação, que poderá ser culposo ou fortuito. De acordo com o CC, art. 389, *"Não cumprida a obrigação, responde o devedor por perdas e danos, mais juros e atualização monetária segundo índices oficiais regularmente estabelecidos, e honorários de advogado"*. **(Ver: Enunciado 426 do CJF/STJ, da V Jornada de Direito Civil)**.

- **espécies de inadimplemento**: são quatro as espécies:

a) *inadimplemento absoluto:* a obrigação não foi cumprida e nem poderá sê-lo de forma útil do credor. Embora possível ainda o cumprimento da obrigação, é a prestação que se apresenta inútil ao credor ". (Ver: Enunciado 162 do CJF/STJ, da III Jornada de Direito Civil). Este inadimplemento pode ser:

1. *total*: refere-se à totalidade da prestação
2. *parcial:* a prestação compreende vários objetos, sendo que alguns são entregues e outros perecem

b) *inadimplemento relativo*: ocorre no caso de mora do devedor, quando ocorre o cumprimento imperfeito da obrigação, com inobservância do tempo, lugar e forma convencionada (CC, art. 394).

c) *violação positiva do contrato*: a boa-fé objetiva enseja a caracterização de inadimplemento, embora não haja mora ou inadimplemento absoluto. Trata-se da violação positiva do contrato, que ocorre quando se descumpre os deveres laterais ou anexos dos contratos, decorrentes do princípio da boa-fé objetiva que norteia todas as relações contratuais. Portanto, a ofensa a um dever de lealdade, esclarecimento, proteção, conservação ou cooperação, por exemplo, enseja o inadimplemento não especificamente quanto ao objeto da prestação, mas quanto aos deveres laterais, nova categoria de inexecução, que independe de culpa **(Ver: Enunciado 24 da V Jornada de Direito Civil, do CJF/STJ).**

d) *caso fortuito ou força maior:* se a inexecução de obrigação ocorrer por fato inimputável ao devedor o credor não terá qualquer direito à indenização, porquanto está consagrado, no art. 393 do Código Civil, o princípio da exoneração do devedor pela impossibilidade de cumprir a obrigação sem culpa sua. No entanto, tal regra comporta exceções, que são as seguintes:

1. *convenção das partes:* as partes podem convencionar a responsabilidade do devedor pelos eventos fortuitos;
2. *mora do devedor:* caso esteja nessa condição, há responsabilidade pelos eventos fortuitos, salvo quando: (a) provar isenção de culpa, ou; (b) que o dano sobreviria ainda quando a obrigação fosse oportunamente desempenhada (CC, art. 399).

e) *irretroatividade da mora na inexecução dos contratos:* de acordo com o art. 6º da Lei 14.010, de 2020, as consequências decorrentes da pandemia do coronavírus (Covid-19) nas execuções dos contratos, incluídas as previstas no art. 393 do Código Civil, não terão efeitos jurídicos retroativos. Como vimos acima, a inexecução da obrigação deve ser imputável ao devedor, não sendo possível atribuir a ele, por consequência, os prejuízos que advenham de força maior, por serem inevitáveis e incontroláveis (requisito objetivo) e por ausência de culpa na produção do evento (requisito subjetivo). A nova Lei do Regime Jurídico Emergencial e Transitório (RJET), admitiu expressamente a pandemia do coronavírus (Covid-19) como um evento fortuito, ao fazer menção ao art. 393 do Cód. Civil, no entanto, não admitiu que, reconhecida a inimputabilidade do devedor, seus efeitos retroagissem para alcançar a inexecução em período anterior a pandemia.

- **CPC-2015:** estabelece o art. 391 do CC: *"Pelo inadimplemento das obrigações respondem **todos** os bens do devedor"*. Segundo o escólio de Washington de Barros Monteiro, "a obrigação é a relação jurídica, de caráter transitório, estabelecida entre o devedor e credor e cujo objeto consiste numa prestação pessoal econômica, positiva ou negativa, devida pelo primeiro ao segundo, garantindo-lhe o adimplemento através de seu patrimônio" (citado *in*. DINIZ, Maria Helena. Código Civil Anotado. 16ed. Saraiva. 2012: São Paulo: p. 369). Como veremos adiante, nem sempre obrigações convertem-se em perdas e danos. Somente quando não for possível a execução direta da obrigação, ou a restauração do seu objeto, é que terá lugar a indenização. Por conseguinte, "indenizar" é uma alternativa ao cumprimento específico da obrigação, que surge a partir do momento em que compelir o devedor é inútil. Condenado ao pagamento das perdas e danos, e não satisfeito o pagamento, o devedor poderá sofrer execução forçada, e ter seus bens penhorados. Como é sabido, o patrimônio do devedor responde por suas obrigações, contratuais (CC, art. 391) e extracontratuais (CC, art. 942).

Antigo Código de Processo Civil/1973	Novo Código de Processo Civil/2015
Responsabilidade patrimonial	**Responsabilidade patrimonial**
"Art. 591. O devedor responde, para o cumprimento de suas obrigações, com todos os seus bens presentes e futuros, salvo as restrições estabelecidas em lei.	"Art. 789. O devedor responde com todos os seus bens presentes e futuros para o cumprimento de suas obrigações, salvo as restrições estabelecidas em lei.
Art. 592. Ficam sujeitos à execução os bens: I – do sucessor a título singular, tratando-se de execução fundada em direito real ou obrigação reipersecutória;	Art. 790. São sujeitos à execução os bens: I – do sucessor a título singular, tratando-se de execução fundada em direito real ou obrigação reipersecutória;
II – do sócio, nos termos da lei;	II – do sócio, nos termos da lei;
III – do devedor, quando em poder de terceiros;	III – do devedor, ainda que em poder de terceiros;
IV – do cônjuge, nos casos em que os seus bens próprios, reservados ou de sua meação respondem pela dívida;	IV – do cônjuge ou companheiro, nos casos em que seus bens próprios ou de sua meação respondem pela dívida;
V – alienados ou gravados com ônus real em fraude de execução.	V – alienados ou gravados com ônus real em fraude à execução;
Art. 593. Considera-se em fraude de execução a alienação ou oneração de bens: I – quando sobre eles pender ação fundada em direito real;	VI – cuja alienação ou gravação com ônus real tenha sido anulada em razão do reconhecimento, em ação autônoma, de fraude contra credores;

Antigo Código de Processo Civil/1973	Novo Código de Processo Civil/2015
Responsabilidade patrimonial	**Responsabilidade patrimonial**
II – quando, ao tempo da alienação ou oneração, corria contra o devedor demanda capaz de reduzi-lo à insolvência; III – nos demais casos expressos em lei. Art. 594. O credor, que estiver, por direito de retenção, na posse de coisa pertencente ao devedor, não poderá promover a execução sobre outros bens senão depois de excutida a coisa que se achar em seu poder.	VII – do responsável, nos casos de desconsideração da personalidade jurídica. Art. 791. Se a execução tiver por objeto obrigação de que seja sujeito passivo o proprietário de terreno submetido ao regime do direito de superfície, ou o superficiário, responderá pela dívida, exclusivamente, o direito real do qual é titular o executado, recaindo a penhora ou outros atos de constrição exclusivamente sobre o terreno, no primeiro caso, ou sobre a construção ou a plantação, no segundo caso.
Art. 595. O fiador, quando executado, poderá nomear à penhora bens livres e desembargados do devedor. Os bens do fiador ficarão, porém, sujeitos à execução, se os do devedor forem insuficientes à satisfação do direito do credor. Parágrafo único. O fiador, que pagar a dívida, poderá executar o afiançado nos autos do mesmo processo. Art. 596. Os bens particulares dos sócios não respondem pelas dívidas da sociedade senão nos casos previstos em lei; o sócio, demandado pelo pagamento da dívida, tem direito a exigir que sejam primeiro excutidos os bens da sociedade.	§ 1º Os atos de constrição a que se refere o caput serão averbados separadamente na matrícula do imóvel, com a identificação do executado, do valor do crédito e do objeto sobre o qual recai o gravame, devendo o oficial destacar o bem que responde pela dívida, se o terreno, a construção ou a plantação, de modo a assegurar a publicidade da responsabilidade patrimonial de cada um deles pelas dívidas e pelas obrigações que a eles estão vinculadas. § 2º Aplica-se, no que couber, o disposto neste artigo à enfiteuse, à concessão de uso especial para fins de moradia e à concessão de direito real de uso.
§ 1º Cumpre ao sócio, que alegar o benefício deste artigo, nomear bens da sociedade, sitos na mesma comarca, livres e desembargados, quantos bastem para pagar o débito. § 2º Aplica-se aos casos deste artigo o disposto no parágrafo único do artigo anterior. Art. 597. O espólio responde pelas dívidas do falecido; mas, feita a partilha, cada herdeiro responde por elas na proporção da parte que na herança lhe coube. CAPÍTULO V DAS DISPOSIÇÕES GERAIS Art. 598. Aplicam-se subsidiariamente à execução as disposições que regem o processo de conhecimento.	Art. 792. A alienação ou a oneração de bem é considerada fraude à execução: I – quando sobre o bem pender ação fundada em direito real ou com pretensão reipersecutória, desde que a pendência do processo tenha sido averbada no respectivo registro público, se houver; II – quando tiver sido averbada, no registro do bem, a pendência do processo de execução, na forma do art. 828; III – quando tiver sido averbado, no registro do bem, hipoteca judiciária ou outro ato de constrição judicial originário do processo onde foi arguida a fraude;

Antigo Código de Processo Civil/1973	Novo Código de Processo Civil/2015
Responsabilidade patrimonial	**Responsabilidade patrimonial**
Art. 599. O juiz pode, em qualquer momento do processo: I – ordenar o comparecimento das partes; II – advertir ao devedor que o seu procedimento constitui ato atentatório à dignidade da justiça. Art. 600. Considera-se atentatório à dignidade da Justiça o ato do executado que: I – frauda a execução; II – se opõe maliciosamente à execução, empregando ardis e meios artificiosos; III – resiste injustificadamente às ordens judiciais; IV – intimado, não indica ao juiz, em 5 (cinco) dias, quais são e onde se encontram os bens sujeitos à penhora e seus respectivos valores. Art. 601. Nos casos previstos no artigo anterior, o devedor incidirá em multa fixada pelo juiz, em montante não superior a 20% (vinte por cento) do valor atualizado do débito em execução, sem prejuízo de outras sanções de natureza processual ou material, multa essa que reverterá em proveito do credor, exigível na própria execução. Parágrafo único. O juiz relevará a pena, se o devedor se comprometer a não mais praticar qualquer dos atos definidos no artigo antecedente e der fiador idôneo, que responda ao credor pela dívida principal, juros, despesas e honorários advocatícios.	IV – quando, ao tempo da alienação ou da oneração, tramitava contra o devedor ação capaz de reduzi-lo à insolvência; V – nos demais casos expressos em lei. § 1º A alienação em fraude à execução é ineficaz em relação ao exequente. § 2º No caso de aquisição de bem não sujeito a registro, o terceiro adquirente tem o ônus de provar que adotou as cautelas necessárias para a aquisição, mediante a exibição das certidões pertinentes, obtidas no domicílio do vendedor e no local onde se encontra o bem. § 3º Nos casos de desconsideração da personalidade jurídica, a fraude à execução verifica-se a partir da citação da parte cuja personalidade se pretende desconsiderar. § 4º Antes de declarar a fraude à execução, o juiz deverá intimar o terceiro adquirente, que, se quiser, poderá opor embargos de terceiro, no prazo de 15 (quinze) dias. Art. 793. O exequente que estiver, por direito de retenção, na posse de coisa pertencente ao devedor não poderá promover a execução sobre outros bens senão depois de excutida a coisa que se achar em seu poder. Art. 794. O fiador, quando executado, tem o direito de exigir que primeiro sejam executados os bens do devedor situados na mesma comarca, livres e desembargados, indicando-os pormenorizadamente à penhora. § 1º Os bens do fiador ficarão sujeitos à execução se os do devedor, situados na mesma comarca que os seus, forem insuficientes à satisfação do direito do credor. § 2º O fiador que pagar a dívida poderá executar o afiançado nos autos do mesmo processo.

Antigo Código de Processo Civil/1973	Novo Código de Processo Civil/2015
Responsabilidade patrimonial	**Responsabilidade patrimonial**
	§ 3º O disposto no caput não se aplica se o fiador houver renunciado ao benefício de ordem. Art. 795. Os bens particulares dos sócios não respondem pelas dívidas da sociedade, senão nos casos previstos em lei. § 1º O sócio réu, quando responsável pelo pagamento da dívida da sociedade, tem o direito de exigir que primeiro sejam excutidos os bens da sociedade. § 2º Incumbe ao sócio que alegar o benefício do § 1º nomear quantos bens da sociedade situados na mesma comarca, livres e desembargados, bastem para pagar o débito. § 3º O sócio que pagar a dívida poderá executar a sociedade nos autos do mesmo processo. § 4º Para a desconsideração da personalidade jurídica é obrigatória a observância do incidente previsto neste Código. Art. 796. O espólio responde pelas dívidas do falecido, mas, feita a partilha, cada herdeiro responde por elas dentro das forças da herança e na proporção da parte que lhe coube".

10.7.1. INADIMPLEMENTO ABSOLUTO

- **noções gerais:** preceitua o art. 389 do Código Civil: *"Não cumprida a obrigação, responde o devedor por perdas e danos, mais juros e atualização monetária segundo índices oficiais regularmente estabelecidos, e honorários de advogado"*. O dispositivo em tela apresenta delineia o inadimplemento absoluto, que ocorre quando a prestação não cumprida se torna inútil ao credor, de maneira que sua entrega, ainda que ocorra, não terá utilidade alguma. Um exemplo dessa imprestabilidade, inutilidade do objeto, é a realização de uma festa de casamento, de formatura, uma semana depois da data contratada.
- **componentes do inadimplemento absoluto:**
  a) *perdas e danos*: trata-se da indenização devida, da recomposição patrimonial da parte lesada. Devem ser proporcionais ao prejuízo experimentado. Abrangem, salvo as exceções expres-

samente previstas em lei, o dano emergente (efetivamente perdido) e o lucro cessante (o que razoavelmente deixou de lucrar)

b) correção monetária: a desvalorização da moeda é o fundamento da correção e deve ser calculada a partir do evento

c) juros: também são devidos, conforme os arts. 85 e 322, § 1º, do CPC-2015. Com efeito, destaca-se a Súmula 254 do STF: *"Incluem-se os juros moratórios na liquidação, embora omisso o pedido inicial ou a condenação"*

- **características:**

a) o inadimplemento presume-se culposo, exceto nas prestações de serviço, quando a obrigação for de meio e não de resultado, quando a culpa deixa de ser presumida e deve ser provada, ainda que contratual

b) a responsabilidade contratual tem fundamento no art. 389 do CC, enquanto a extracontratual no art. 186 do mesmo *codex*

c) a responsabilidade civil patrimonial surge como alternativa à execução direta da obrigação ou a restauração do objeto. Não satisfeito o pagamento, uma vez condenado o devedor às perdas e danos, determina o art. 391 do CC que pelo inadimplemento das obrigações respondem todos os bens do devedor

d) nos contratos benéficos ou gratuitos, de proveito ou vantagem a uma das partes, responde por simples **culpa** (*e por culpa leve ou levíssima*) o contratante, a quem o contrato aproveite, e por **dolo** (*e por culpa grave*) aquele a quem não favoreça

e) nos contratos onerosos, de proveito e sacrifícios de ambos os contratantes, responde cada uma das partes por culpa e dolo, salvo as exceções previstas em lei.

f) inadimplemento fortuito da obrigação: pode ocorrer que o inadimplemento da obrigação decorra de fato não imputável ao devedor, destacando-se:

1. fato de terceiro
2. fato do credor
3. fato do devedor, embora sem culpa
4. caso fortuito ou de força maior

- rompem o nexo de causalidade
- por cláusula expressa, podem as partes se responsabilizar pelo inadimplemento ainda que resultantes de caso fortuito ou força maior
- caso fortuito: ato ou fato alheio à vontade das partes, ligado o comportamento humano
- força maior: acontecimentos externos ou fenômenos ligados à natureza
- comum entre ambos: inevitável, superveniente e irresistível.
- fortuito "interno" e "externo": concepção moderna, acolhida na doutrina e na jurisprudência, com base na lição de Agostinho Alvim. O 1º é ligado à pessoa, à coisa, à empresa, enquanto o 2º é a força maior, da natureza, estranha à pessoa do agente, da máquina, do banco (*Act of god*).

10.7.2. MORA

- **noções gerais:** o *retardamento* ou o *imperfeito* cumprimento da obrigação é que caracteriza a mora. Há inadimplemento *relativo*, portanto, quando ocorre o *atraso* ou o cumprimento *defeituoso* do ajuste. Assim, a mora é mais do que o simples retardamento, incluídos que estão em seu conceito o cumprimento fora do lugar e de forma diversa. Também não se limita a mora ao descumprimento de uma convenção, podendo decorrer de infração a lei, o que se verifica com a realização de ato diverso daquele estabelecido em lei (CC, art. 394, parte final) ou pela prática de ato ilícito (CC, art. 398). O que diferencia a *mora* do *inadimplemento absoluto* da obrigação é a sua utilidade que ainda remanesce ao credor ou sua completa inutilidade. Pelo Enunciado 162 da III Jornada de Direito Civil do CJF/STJ: *"A inutilidade da prestação que autoriza a recusa da prestação por parte do credor deverá ser aferida objetivamente, consoante o princípio da boa-fé e a manutenção do sinalagma, e não de acordo com o mero interesse subjetivo do credor"*.
- **características:**

a) difere-se do inadimplemento absoluto, em função da *utilidade ou proveito* da obrigação

b) assim como ocorre em relação ao inadimplemento absoluto, responde o devedor pelos prejuízos a que sua mora der causa, mais juros, atualização dos valores monetários segundo índices oficiais regularmente estabelecidos, e honorários de advogado (ver componentes do inadimplemento absoluto)

c) identifica-se ainda com o inadimplemento absoluto porque a mora decorre de culpa do devedor, ou seja, a mora deve ser imputável a ele

1. a culpa é empregada em sentido amplo, abrangendo a culpa *stricto sensu* (imprudência, negligência ou imperícia), como o dolo
2. devedor não responde por fato a ele não imputável – caso de inadimplemento fortuito – se expressamente não se houver por eles responsabilizado
3. não há mora, ainda, por ausência de culpa, quando o retardamento ou cumprimento imperfeito for imputável a fato de terceiro ou do credor, quer quando provenha de fato do devedor não culposo (ex: encargos abusivos, superendividamento, etc.)

4. portanto, a mora possui um elemento objetivo (atraso ou defeito) e outro subjetivo (culpa), vejamos a doutrina:

Elementos constitutivos da mora (doutrina sobre o tema)
• Washington de Barros Monteiro, "a mora *debitoris* apresenta, assim, um lado objetivo e um lado subjetivo. O lado objetivo decorre da não realização do pagamento no tempo, lugar e forma convencionados; o lado subjetivo descansa na culpa do devedor. Esta é elemento essencial ou conceitual da mora solvendi. Inexistindo fato ou omissão imputável ao devedor, não incide este em mora. Assim se expressa o art. 396 do Código Civil de 2002" (*Curso de Direito Civil. Direito das Obrigações*. 38 ed. vol. 4. Saraiva. São Paulo. 2013: pág. 378)
• Sílvio de Salvo Venosa diz o seguinte: "o art. 396 pontua a necessidade de culpa por parte do devedor (...) Se, por um lado, a exigibilidade da obrigação é requisito objetivo para a mora do devedor, a culpa, como já vimos, é requisito subjetivo. Assim, não responde o devedor pelo ônus da mora se não concorreu para ela (...) escusa-se o devedor da mora, se provar caso fortuito ou de força maior. A culpa é essencial para a caracterização da mora, ainda que esta deflua diretamente de fatos objetivos do contrato" (*Direito Civil. Teoria Geral das Obrigações e Teoria Geral dos Contratos*. 13 ed. Atlas. São Paulo. 2013: págs. 325 e 328)
• Caio Mario da Silva Pereira: "a **culpa do devedor é outro elemento essencial** (...) Embora o retardo faça presumir a conduta culposa, **cabe ao devedor evidenciar que o atraso lhe foi imposto por um acontecimento, cujos efeitos não teve ele condições de evitar ou impedir**. De conseguinte, envolve escusativa para o devedor e consequente ausência de mora a verificação de um acontecimento de *força maior*, ainda que transitório" (*Instituições de Direito Civil. Teoria Geral das Obrigações*. 26 ed. vol. II. Forense. São Paulo: 2014, pág. 291).
• Silvio Rodrigues afirma: "E nisso é que a **mora se distingue do simples retardamento.** O retardamento é um dos elementos da mora, pois esta é o retardamento derivado da culpa. **São inúmeros os julgados exonerando o devedor em atraso das consequências da mora, por não se encontrar em seu procedimento qualquer resquício de culpa** (...) Não há dúvida que o nosso Código Civil, para a caracterização da mora, não se contenta com o lado objetivo de não-efetuação do pagamento, **exigindo também o elemento subjetivo da culpa do devedor**. Mas esta culpa se presume sempre, cabendo ao devedor provar que não houve fato ou omissão a ele imputável, **mas sim uma impossibilidade motivada pelo próprio credor**, ou por causa razoável que obstasse o pagamento... (RT, 145/221)" (*Direito Civil. Parte Geral das Obrigações*. 30 ed. vol. 2, Saraiva: São Paulo: 2008, pág. 245).
• Gustavo Tepedino: "elemento essencial à mora *debitoris* é a culpa do devedor. Em outras palavras, somente incorre o devedor em mora se o retardamento no cumprimento da prestação no tempo, lugar e modo acordados se der por fato a ele imputável. Se o **não-cumprimento provém**, por exemplo, de caso fortuito ou de força maior, ou **de fato do credor, não incorre o devedor em mora**" (*Código Civil Comentado*. Direito das Obrigações. Coordenação de Álvaro Villaça Azevedo, vol. IV, Atlas. São Paulo: pág. 361).

Elementos constitutivos da mora (doutrina sobre o tema)
• Paulo Nader: "para a verificação da mora *debitoris*, conforme o disposto no art. 396 da Lei Civil, imprescindível que o devedor tenha atuado culposamente (...) **Se o incumprimento foi provocado pelo credor não há que se falar em mora *solvendi*"** (*Curso de Direito Civil. Obrigações*. 6 ed. vol. 2. Forense. Rio de janeiro: 2012: pág. 448).
• Flávio Tartuce: "foi aprovado o Enunciado n. 354 da IV Jornada de Direito Civil, prevendo que 'A cobrança de encargos e **parcelas** indevidas ou **abusivas impede a caraterização da mora do devedor**'. O enunciado doutrinário visa a afastar o atraso obrigacional nos casos em que houver a **cobrança de valores abusivos por parte dos credores, principalmente instituições bancárias e financeiras.** Afastando-se a mora, nesses casos, torna-se possível a revisão judicial do contrato e da obrigação. **O Enunciado tem conteúdo bem interessante e está de acordo com a jurisprudência do Superior Tribunal de Justiça**" (*Direito Civil*. Parte Geral. 8 ed. vol. 2. Método. São Paulo: 2013, pág. 205).

- **posição do STJ:**

  a) "A jurisprudência do STJ é firme no sentido de que a existência de previsão no contrato celebrado entre as partes de encargos ilegais ou abusivos tem força para afastar a incidência da mora do devedor" (AgRg REsp 674.301/RS, de 14-06-2005."

  b) "Resta descaracterizada a mora do devedor pela cobrança de encargos abusivos no período de normalidade" (AgRg nos EDcl no Ag: 836599, de 08-10-2010).

- **Enunciado 354 da IV Jornada de Direito Civil do CJF/STJ:** *"A cobrança de encargos e parcelas indevidas ou abusivas impede a caracterização da mora do devedor".*

- **espécies de mora:**

  a) **mora do devedor** *(solvendi ou debitoris)*: devedor responde pela impossibilidade da prestação, e todos os prejuízos, mesmo que causada caso fortuito ou de força maior, se ocorrer durante o atraso. Neste caso, o devedor não responderá pelos danos se provar isenção de culpa em relação ao atraso, ou que o dano ocorreria ainda que pontualmente cumprida a obrigação. **Divide-se em:**

     1. mora *ex re*: a constituição em mora é automática, pois já prefixado a data de vencimento da obrigação na **lei** ou no **contrato** (*dies interpellat pro homine*)

     2. mora *ex persona:* não há uma data determinada para o vencimento da obrigação, exigindo-se interpelação **judicial** ou **extrajudicial** do devedor.

- ***ATENÇÃO:*** Conferir os **Enunciados 162, 354, 427, da III, IV e V Jornada de Direito Civil do CJF/STJ**

b) **mora do credor** *(accipiendi ou creditoris)*: o credor não cumpre a obrigação no tempo, forma e lugar devidos. A principal consequência é a isenção do devedor da responsabilidade pela conservação da coisa

c) **mora bilateral** *(simultânea ou sucessiva)*: aquela atribuída ao credor e ao devedor, resultando na eliminação dos efeitos da mora, como se não existisse

- **mora em relação às obrigações:**

a) obrigação positiva: ocorre a mora no vencimento

b) obrigação negativa: no dia que o devedor praticar o ato que deveria se abster

c) obrigação por ato ilícito: desde o momento de sua prática

- **purgação da mora:** trata-se da neutralização dos efeitos da mora. Admite-se que o faça o devedor e o credor:

a) por parte do **devedor**: oferecendo este a prestação mais a importância dos prejuízos decorrentes do dia da oferta.

b) por parte do **credor**: oferecendo-se este a receber o pagamento e sujeitando-se aos efeitos da mora até a mesma data.

- **CPC-2015:** os arts. 397 e 398 do Código Civil **não** foram revogados pelo novo diploma processual. Apenas são objeto de remissão legislativa no art. 240, *caput*, do CPC-2015. A *mora "ex re"*, prevista nos artigos referidos, deve ser entendida como aquela em que o devedor incorre *automaticamente*, seja em razão de termo pré-fixo, no contrato, seja pela prática de ato ilícito. O preceito da lei processual dispõe sobre a mora *"ex persosa"*, cuja constituição não se apera automaticamente, mas tão comente após a interpelação. Isso porque falta-lhe o termo pré-fixo. Logo, seus efeitos operam-se para o futuro (*ex nunc*), vejamos:

Código Civil de 2002	CPC-2015
"Art. 397. O inadimplemento da obrigação, positiva e líquida, no seu termo, constitui de pleno direito em mora o devedor" Parágrafo único. Não havendo termo, a mora se constitui mediante interpelação judicial ou extrajudicial". "Art. 398. Nas obrigações provenientes de ato ilícito, considera-se o devedor em mora, desde que o praticou".	"Art. 240. A citação válida, ainda quando ordenada por juízo incompetente, induz litispendência, torna litigiosa a coisa e constitui em mora o devedor, ressalvado o disposto nos arts. 397 e 398 da Lei no 10.406, de 10 de janeiro de 2002 (Código Civil)".

10.7.3. JUROS LEGAIS

- **noções gerais:** os juros são os rendimentos do capital, seus frutos civis, para o caso de inadimplemento relativo. São considerados acessórios da obrigação principal.

- **espécies:**

a) moratórios: prestam-se a indenizar, como penalidade, decorrente no atraso do pagamento (CC, art. 407). Em relação ao montante dos **juros moratórios legais**, temos o seguinte:

1. entendem alguns que a *Selic (taxa referencial do sistema especial de liquidação e custódia)* é o fator de atualização, sem qualquer incidência de correção monetária, que já compõe o índice (***STJ***, *REsp 727842/SP, Rel. Ministro TEORI ALBINO ZAVASCKI, CORTE ESPECIAL)*.

2. no entanto, vale lembrar o ***Enunciado 20 da I Jornada de Direito Civil do CJF***: ***"A*** *taxa de juros moratórios a que se refere o art. 406 é a do art. 161, § 1º, do Código Tributário Nacional, ou seja, um por cento ao mês. A utilização da taxa Selic como índice de apuração dos juros legais não é juridicamente segura, porque impede o prévio conhecimento dos juros; não é operacional, porque seu uso será inviável sempre que se calcularem somente juros ou somente correção monetária; é incompatível com a regra do art. 591 do novo Código Civil, que permite apenas a capitalização anual dos juros, e pode ser incompatível com o art. 192, § 3º, da Constituição Federal, se resultarem juros reais superiores a doze por cento ao ano".*

b) legais: estipulados em lei.

c) convencionais: decorrem da vontade das partes.

d) compensatórios: servem como remuneração pela utilização do capital alheio (CC, art. 406), como ocorre no mútuo feneratício. São conhecidos por *juros-frutos*.

10.7.4. CLÁUSULA PENAL

- **noções gerais:** trata-se de *pena convencional ou multa contratual* acessória de uma obrigação principal, em que as partes, antecipadamente, estipulam a quantia devida para os casos de inexecução total ou parcial da obrigação ou pela mora.

- **funções:** é dupla a função da cláusula penal:

a) *coercitiva*: estimula o devedor a cumprir a obrigação principal. Serve de garantia e prevenção.

b) *ressarcitória*: prefixação das perdas e danos (inexecução total) ou mora (inexecução relativa).

- **espécies:**
  a) *compensatória*: para o caso de inadimplemento **total** e **completo** da obrigação, quando ao credor é conferida a **alternativa** de exigir o adimplemento da obrigação principal **ou** a cláusula penal (**não** cumulativa).
  b) *moratória*: prevista para o caso de atraso no cumprimento da obrigação, ou em segurança especial de outra cláusula contratual. Pode ser exigida a obrigação principal **e** a multa (**cumulativa**).
- **muita atenção:**
  a) para exigir a pena convencional, não é necessário que o credor alegue prejuízo
  b) é admitida a convenção de *indenização suplementar*, para o caso de o prejuízo exceder a cláusula penal. Neste caso, a cláusula valerá como mínimo da indenização, porém, competirá ao credor **provar** o prejuízo excedente
  c) e seu montante é limitado pelo valor da obrigação principal
  d) o valor da cominação imposta na *cláusula penal* não pode exceder o da obrigação principal

* **Nota: conferir os Enunciados 355, 356, 357, 358 e 359 das Jornadas de Direito Civil** do CJF/STJ

10.7.5. ARRAS OU SINAL

- **noções gerais:** refere-se à quantia em **dinheiro** ou outra coisa **móvel**, fungível ou infungível, entregue por um dos contratantes ao outro. Se o bem for infungível, deve ser restituído quando cumprida a obrigação. Se fungível, vale com parte do pagamento.
- **natureza jurídica e características:**
  a) pacto acessório inserido nos contratos bilaterais.
  b) princípio de pagamento, porque antecipa parte do preço
  c) a entrega das arras serve como prova de conclusão do contrato
  d) garantia de cumprimento da obrigação
- **arras confirmatórias**
  a) direito de arrependimento? **NÃO** estipulado no contrato
  b) o contrato é obrigatório, pois a parte não pode se arrepender unilateralmente
  c) não é prefixação de perdas e danos
  d) se quem **deu** as arras não cumprir o contrato, poderá a outra tê-lo por desfeito, retendo-as
  e) se quem **recebeu** as arras foi quem descumpriu a obrigação, poderá a outra rescindir o contrato e exigir sua devolução mais o equivalente, com atualização monetária segundo índices oficiais regularmente estabelecidos, juros e honorários de advogado.
  f) a parte inocente pode pedir **indenização suplementar**, se provar maior prejuízo, valendo as arras como taxa mínima.
  g) a parte inocente pode, também, exigir a **execução do contrato**, com as perdas e danos, valendo as arras como o mínimo da indenização.
- **arras penitenciais:**
  a) direito de arrependimento? **SIM**, estipulado no contrato
  b) funcionam como indenização prefixada
  c) se quem **deu** arrepender-se, perde-as em benefício do outro
  d) se quem **recebeu** arrepender-se, devolve-as mais o equivalente, ou seja, em dobro
  e) **NÃO** há indenização suplementar
  f) **Súmula 412 do STF:** *"No compromisso de compra e venda com cláusula de arrependimento, a devolução do sinal, por quem o deu, ou a sua restituição em dobro, por quem o recebeu, exclui indenização maior a título de perdas e danos, salvo os juros moratórios e os encargos do processo".*
- **arras asseguratórias:** no escólio de Orlando Gomes, seria a terceira espécie de arras, as quais seriam entregues no momento da conclusão de um contrato preliminar, com a finalidade de assegurar um contrato futuro.

10.7.6. PERDAS E DANOS

- **noções gerais:** correspondem ao prejuízo *dano positivo ou negativo*, suportado pelo credor, em virtude do inadimplemento absoluto ou relativo, total ou parcial, de uma obrigação.
- **espécies:** as perdas e danos são os prejuízos efetivos e os lucros cessantes por efeito *direto e imediato* da falta de execução, sem prejuízo do disposto na lei processual (CC/art. 403).
  a) *danos emergentes* (dano positivo): é o aspecto que desponta de plano da inexecução da obrigação, é o prejuízo efetivo e real.
  b) *lucro cessante* (dano negativo ou frustrado): representa o que o contratante deixou de auferir, razoavelmente, em função da obrigação não cumprida.
  c) Adotado, quanto ao lucro cessante, o **princípio da razoabilidade**.
- **nexo de causalidade:** exige-se a relação de causa e efeito entre a inexecução da obrigação e os preju-

ízos suportados. Adota-se a **teoria da causalidade direta e imediata**, afastada a do dano remoto.

- **perda da chance**: admite-se a indenização, diante da certeza da existência de uma *chance* perdida pelo lesado por ato culposo, comissivo ou omissivo, do causar do dano.

11. CONTRATOS EM GERAL

11.1. PRINCÍPIOS CONTRATUAIS

- **autonomia da vontade:** ou autonomia privada, preceitua as seguintes características:
  a) liberdade de contratar (**exceção**: contrato coativo ou ditado)
  b) com quem contratar
  c) liberdade contratual ou do conteúdo das cláusulas (**exceção**: contrato de adesão)
  d) observância dos preceitos de ordem pública
- **obrigatoriedade das convenções (*"pacta sunt servanda"*):** o acordo de vontade é apto para o surgimento de um contrato (consensualismo) e, uma vez formado, as partes devem cumpri-lo, não se admitindo alteração unilaterais de seu conteúdo, admitindo-se, porém, os temperos legais para a manutenção ou o restabelecimento do equilíbrio contratual **(teorias revisionistas, teoria da imprevisão, etc.)**.
- **relatividade do contrato:** os efeitos do contrato irradiam entre as partes, são internos, não repercutindo na esfera jurídica de terceiros. Todavia, o princípio não é absoluto **(estipulação em favor de terceiro, promessa de fato de terceiro, contrato com pessoa a declarar, etc.)**.
- **função social:** a autonomia da vontade não é ilimitada, pois se submete à supremacia da ordem pública e ao interesse coletivo. Nos termos do novo art. 421 do CC, com redação dada pela Lei da Liberdade Econômica, Lei n. 13.874, de 2019, a **liberdade contratual** será exercida nos limites da função social do contrato. Ademais, segundo o novo art. 421, parágrafo único, nas relações **contratuais privadas**, prevalecerão o princípio da **intervenção mínima** e a **excepcionalidade** da revisão contratual. Vale observar que, segundo o Enunciado 23 da Jornadas de D. Civil, do CJF, "a função social do contrato, prevista no art. 421, não elimina o princípio da autonomia contratual, mas atenua ou reduz o alcance desse princípio quando presentes interesses metaindividuais ou interesse individual relativo à dignidade da pessoa humana".
- **presunção relativa de simetria dos contratos:** a nova Lei n.13.874, de 2019 (Liberdade Econômica), inseriu o art. 421-A ao Cód. Civil, passando a prever que os contratos civis e empresariais **presumem-se paritários** e **simétricos** até a presença de elementos concretos que justifiquem o afastamento dessa presunção, ressalvados os regimes jurídicos previstos em leis especiais, garantido também, conforme os incisos I a III, que:
  (a) as partes negociantes poderão **estabelecer parâmetros objetivos para a interpretação das cláusulas negociais** e de seus pressupostos de revisão ou de resolução;
  (b) a **alocação de riscos** definida pelas partes deve ser respeitada e observada; e
  (c) a **revisão contratual** somente ocorrerá de maneira excepcional e limitada.
- **boa-fé objetiva:** os contratantes são obrigados a guardar, na conclusão do contrato como em sua execução, os princípios de probidade e boa-fé (CC, art. 422). A boa-fé objetiva não se liga à vontade intima das partes, mas à vontade exterior, seu o comportamento, segundo os padrões éticos esperados como modelo de conduta. O princípio atua assim na conclusão do contrato, como em sua execução. De acordo com o **Enunciado 24 das Jornadas**: *"Em virtude do princípio da boa-fé, positivado no art. 422 do novo Código Civil, a violação dos deveres anexos constitui espécie de inadimplemento, independentemente de culpa"*. Muito exigido nos concursos públicos, os deveres laterais ou anexos significam dizer que as partes estão obrigadas a respeitar o princípio da boa-fé objetiva e que, se não o fizerem, provocam, ainda que **sem culpa**, a **violação positiva do contrato ou adimplemento ruim.** Temos, portanto, em todos os contratos, os deveres principais *(obrigação de fazer, não fazer, dar, etc.)* e os deveres laterais *(decorrentes da boa-fé objetiva, de proteção, informação, lealdade, etc.)*. *"As diversas hipóteses de exercício inadmissível de uma situação jurídica, tais como a supressio, tu quoque, surrectio e venire contra factum proprium, são concreções da boa-fé objetiva"* **(Enunciado 412 das Jornadas)**.

Vejamos:

a) *venire contra factum proprium:* a vedação do comportamento contraditório funda-se na proteção da confiança, tal como se extrai dos arts. 187 e 422 do Código Civil (Enunciado 362 da IV Jornada de Direito Civil). Por tal princípio, é assegurada a manutenção de uma situação de confiança e coerência legitimamente nascida durante a relação contratual, decorrente de um agir padrão pelo qual a outra parte espera que assim continue gerando expectativa, a qual é frustrada pela ação do agente que antagoniza seu anterior posicionamento. Sua violação ocorre quando do comportamento contraditório em relação àquele até então praticado, ou seja, a parte vai contra os atos próprios já exercidos. É o exercício de uma posição jurídica em contradição com o comportamento assumido anteriormente pelo exercente.

b) *tu quoque*: expressa o significado de *"tu também"*. As partes nos negócios jurídicos não podem exigir um comportamento que não tenham cumprido, ou seja, vedam-se as exigências de conduta não observadas. Exemplo da situação é prevista no CC, art. 150, segundo o qual *"se ambas as partes procederem com dolo, nenhuma pode alegá-lo para anular o negócio, ou reclamar indenização"*.

c) *supressio:* de origem portuguesa, que os alemães chamam de *"verwirkung"*, significa que um direito não exercido durante um determinado lapso de tempo não poderá mais sê-lo, por contrariar a boa-fé, pois, em decorrência da inércia, surge para a outra parte a expectativa de que aquele direito não será exercido. É a diminuição de conteúdo do negócio jurídico.

d) *surrectio:* chamada pelos alemães de *"erwirkung"*, caracteriza-se pela ampliação do direito subjetivo de uma parte, não convencionado ou reconhecido pelo ordenamento jurídico, decorrente do comportamento continuado e contraditório de outra. É o aumento de conteúdo do negócio jurídico.

e) *duty to mitigate the loss*: a boa-fé objetiva, enquanto standard ético-jurídico, é de observância obrigatória pelas partes, em todas as fases do negócio jurídico. Significa dizer que as condutas devem ser pautadas pela probidade, cooperação e lealdade, preceitos éticos insertos no ordenamento jurídico, que resultam a obrigação de mitigar o próprio prejuízo, ou seja, devem os agentes tomar as medidas necessárias e possíveis para que o dano não seja agravado. A parte a que a perda aproveita não pode permanecer, deliberadamente, inerte diante do dano, pois o agravamento do prejuízo, em razão da inércia do credor, caracteriza infringência aos deveres de cooperação e lealdade. (STJ, REsp 758518 /PR).

f) *adimplemento substancial:* é o adimplemento quase completo, tão próximo do resultado final da obrigação, que a resolução do contrato mostra-se francamente contra os princípios da função social e da boa-fé objetiva. Formalmente há inexecução, mas materialmente, visto o contrato como um todo, há mínima fração para se alcançar a entrega completa da prestação. Nesse caso, afasta-se o reconhecimento do direito de resolução, permitindo-se, unicamente, a indenização pelo que resta a ser adimplido.

11.2. ELEMENTOS ESSENCIAIS DOS CONTRATOS

- **noções gerais de contrato:** trata-se do acordo de duas ou mais vontades, que, conforme a ordem pública e jurídica, disciplina interesses entre as partes, com o fim de adquirir, resguardar, modificar ou extinguir relações jurídicas de natureza patrimonial. São atos jurídicos bilaterais, portanto.

- fluxograma:

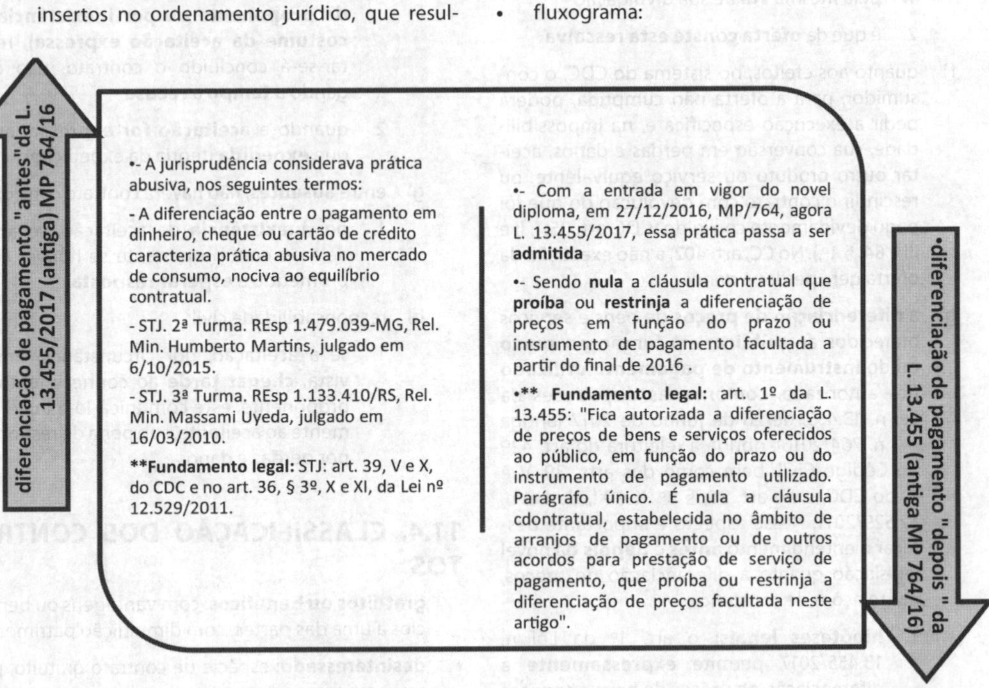

11.3. FORMAÇÃO DOS CONTRATOS

- **noções gerais:** a formação dos contratos resulta de duas manifestações de vontade, a **proposta** e a **aceitação**, com que sempre haverá mútuo consentimento. Previamente ao contrato, são possíveis as **negociações preliminares** *(fase das tratativas ou puntuações)*, que são os debates, conversas, as discussões sobre as cláusulas, momento esse que não gera direitos ou obrigações para quaisquer das partes.
- **regras importantes sobre a PROPOSTA:**
  - a) nomina-se a parte de proponente ou policitante
  - b) é uma manifestação unilateral
  - c) define o lugar da celebração do contrato
  - d) quem a faz é o proponente
  - e) é *receptícia*, porque só produz efeitos se recebido pelo outro contratante ou potenciais contratantes, neste caso se se tratar de *"oferta pública"*
- **regras importantes sobre a OFERTA PÚBLICA:**
  - a) a parte é chamada de ofertante
  - b) equivale a proposta quando encerra os requisitos essenciais ao contrato, salvo se o contrário resultar das **circunstâncias** ou dos **usos**
  - c) é receptícia, assim como a **"proposta"**
  - d) para o CDC, art. 30, a oferta é **irrevogável**
  - e) no CC, art. 429, parágrafo único, **revogável**, desde que:
    1. pela mesma **via** de sua divulgação
    2. e que da **oferta conste esta ressalva**
  - f) quanto aos efeitos, no sistema do CDC, o consumidor, para a oferta não cumprida, poderá pedir a execução específica e, na impossibilidade, sua conversão em perdas e danos, aceitar outro produto ou serviço equivalente, ou rescindir o contrato com devolução do que foi pago devidamente corrigido (CDC/art. 35, I, II e III e 84, § 1º,). No CC, art. 402, a não execução da oferta gera perdas e danos.
  - g) a **diferenciação de preços** de bens e serviços oferecidos ao **público**, em função do **prazo** ou do **instrumento de pagamento utilizado** fica autorizado, conforme as disposições da Lei n. 13.455, de 26 de junho de 2017 (antiga MP n. 764/2016), obriga à releitura do art. 429 do Código Civil, bem como dos arts. 39, V e X, do CDC, e do art. 36, § 3º, X e XI, da Lei n. 12.529/2011. Nesse aspecto é importante destacar o entendimento **antes** e **depois** da novel legislação quanto à diferenciação de preços, nas relações de consumo:
    1. **hipóteses legais:** o art. 1º da Lei n. 13.455/2017 permite **expressamente** a diferenciação de preços de bens e serviços em função: (a) **do prazo**. Ex: pagamentos à vista podem ser mais baratos que os realizados a prazo; (b) **do instrumento de pagamento utilizado**. Ex: pagamentos em dinheiro podem ter o preço nominalmente menores mais baratos que aqueles realizados com cheque ou cartão crédito.
    2. **nova causa de nulidade:** segundo o art. 1º, parágrafo único, da Lei n. 13.455/2017, é **nula a cláusula contratual**, estabelecida no âmbito de arranjos de pagamento ou de outros acordos para prestação de serviço de pagamento, que **proíba** ou **restrinja** a diferenciação de preços facultada pela nova Lei.
- **regras importantes sobre a ACEITAÇÃO**
  - a) é chamado de destinatário, solicitado, oblato ou aceitante
  - b) é a manifestação de consentimento, pela qual o contrato é concluído
  - c) pode ser expressa ou tácita
  - d) entre **presentes**, reputa-se concluído o contrato:
    1. assim que aceita a proposta
    2. a aceitação deve ser oportuna e integral aos termos da oferta
  - e) se **fora do prazo**, com **adições**, **restrições**, ou **modificações**, importará nova proposta (aceitação modificativa ou contraposta)
  - f) entre **ausentes**, reputa-se perfeito o contrato:
    1. no caso de **aceitação tácita (por dispensa do proponente ou por inexistência de costume da aceitação expressa),** reputar-se-á concluído o contrato, não chegando a **tempo** a **recusa**
    2. quando a **aceitação for expressa**, assim que **expedida** (teoria da expedição).
  - g) entre **ausentes**, não haverá contrato concluído:
    1. por **inexistência** da aceitação, se **antes** dela ou **com** proponente se houver comprometido a **esperar resposta**
  - h) responsabilidade civil:
    1. se a aceitação, por circunstância imprevista, **chegar tarde** ao conhecimento do proponente, este comunicá-lo-á imediatamente ao aceitante, sob pena de responder por perdas e danos

11.4. CLASSIFICAÇÃO DOS CONTRATOS

- **gratuitos ou benéficos**: com vantagens ou benefícios a uma das partes, com diminuição patrimonial.
- **desinteressado**: espécie de contrato gratuito, porque acarretam vantagem a uma das partes, mas sem

diminuição patrimonial da parte contrária; ocorre no contrato de mútuo ou comodato (empréstimos).

- **onerosos**: com proveito e sacrifícios para ambas as partes.
- **unilaterais**: criam obrigações para uma das partes: Ex. doação pura.
- **bilaterais** (sinalagmático): as obrigações são para ambas as partes: Ex. compra e venda.
- **bilateral imperfeito**: na origem unilateral e, no decorrer do cumprimento, bilateral
- **plurilaterais** (plúrimos): contratos com mais de uma parte, como naqueles em que se forma uma sociedade, sendo cada sócio uma parte.
- **comutativo**: contrato oneroso com prestação certa e determinada.
- **aleatório**: contrato oneroso com prestação incerta e indeterminada, com risco para ambas as partes.
- **paritário**: com ampla liberdade de discussão das cláusulas do contrato.
- **adesão**: sem liberdade de discussão do teor das cláusulas do contrato, as quais são aceitas em bloco.
- **contrato – tipo** (contrato de massa, seriado ou formulário): trata-se de contrato com cláusulas pré-concebidas ou redigidas, mas que admite, pelo menos em parte, a discussão de algum aspecto relacionado ao conteúdo. Ex. contratos bancários que deixam margem a deliberação dos juros, carência e prazo para pagamento.
- **contrato coletivo**: estatui normas que devem presidir a formação dos contratos individuais subordinados ou determina alterações no conteúdo de contratos em curso (Orlando Gomes)
- **contrato coativo e necessário**: trata-se de contrato ditado, imposto, forçado, pois constitui negócio jurídico que se realiza sem o pressuposto do livre consentimento das partes (Orlando Gomes). A vontade do contratante é praticamente aniquilada, e em algumas vezes, resta-lhe a faculdade da escolha (exemplos: contratação do DPVAT; opção de segurados nas operações do SFH).
- **contrato de execução instantânea, diferida ou de trato sucessivo**: diferem-se quanto ao momento do cumprimento

  a) *instantâneo ou imediato*: é o de realização subsequente à celebração. Ex. compra e venda com tradição imediata

  b) *diferido*: se cumpre num ato, mais em momento futuro. Ex. compra e venda e tradição em **30 dias**

  c) *trato sucessivo ou execução continuada*: aquele no qual há prestações ou diversos atos.
- **contrato personalíssimo e impessoal**:

  a) *personalíssimo ou intuito personae*: são aqueles celebrados em virtude das qualidades do contratante, sem possibilidade de cumprimento por terceiro

  b) *impessoal*: o que poderá ser cumprido pelo contratante ou terceiro.
- **contrato principal, acessório e derivado**:

  a) *principal*: possui existência própria

  b) *acessório*: é subordinado ao principal. Ex. locação com fiança

  c) *derivado ou subcontrato*: são contratos que decorrem de um outro contrato principal, participando da natureza do direito do mesmo. Ex. sublocação
- **contrato solene e não solene**:

  a) *solene:* exige forma especial e prescrita em lei, sob pena de invalidade (*ad solemintatem*)

  b) *não solene:* aqueles sem exigência de forma
- **contrato consensual e real:**

  a) consensual: exige-se consentimento ou acordo de vontades

  b) real: pressupõe o consentimento e a entrega da coisa.
- **contrato preliminar e definitivo**:

  a) *preliminar*: tem por objeto o futuro contrato definitivo

  b) *definitivo:* tem por objeto qualquer avença lícita e não vedada em lei.
- **contrato nominado, inominado, misto e coligado**:

  a) *nominado*: um dos 23 contratos previstos no CC/2002, que possui definição própria. É típico, pois disciplinado em lei, quanto às características e requisitos.

  b) *inominado*: é lícito às partes estipular contratos atípicos, observadas as normas gerais fixadas no Código Civil, ante o princípio da autonomia da vontade e o reconhecimento número *apertus* dos contratos (CC, art. 425).

  c) *misto*: contrato que reúne elementos de contratos típicos ou destes com outras normas gerais fixadas no Código Civil

  d) *coligado*: são queridos pelas partes contratantes como um todo. Um depende do outro de tal modo que cada qual, isoladamente, seria desinteressante. Mas não se fundem. Conservam a individualidade própria, por isso se distinguindo dos contratos mistos (Orlando Gomes).

11.5. ESTIPULAÇÃO EM FAVOR DE TERCEIROS

- **noções gerais:** contrato pelo qual o promitente se obriga a entregar a prestação a favor de um terceiro, alheio à relação contratual. Ex. seguro de vida.

- **regras importantes:**
    - a) estipulante: aquele que estipula em favor de terceiro
    - b) promitente: assume a prestação em favor do terceiro
    - c) beneficiário: terceiro alheio a relação e em favor de quem é estipulado
    - d) é uma exceção ao princípio da relatividade
    - e) o estipulante pode exigir o cumprimento da obrigação
    - f) o terceiro também é permitido exigi-la, ficando, todavia, sujeito às condições e normas do contrato, se a ele anuir, e o estipulante não o substituir
    - g) se ao terceiro, em favor de quem se fez o contrato, se deixar o direito de reclamar-lhe a execução, não poderá o estipulante exonerar o devedor.
    - h) o estipulante pode reservar-se ao direito de substituir o terceiro designado no contrato, independentemente da sua anuência e da do outro contratante, por ato entre vivos ou por disposição de última vontade

11.6. PROMESSA DE FATO DE TERCEIRO

- **noções gerais:** o terceiro que não participa da relação contratual não pode ser vinculado em uma obrigação. Assim, se alguém vier a prometer um fato de terceiro, este não ficará obrigado, exceto quando houver consentido. De qualquer forma, se o terceiro não executar o fato, aquele que tiver prometido responderá por **perdas e danos**.
- **regras importantes:**
    - a) a responsabilidade por perdas e danos **não existirá** se o terceiro for **cônjuge** do promitente, que tenha anuído ao ato, e que, pelo **regime do casamento**, a indenização, de algum modo, venha a recair sobre os seus bens.
    - b) trata-se de obrigação de fazer e de resultado
    - c) não há vinculação do terceiro, ainda que consinta
    - d) o credor não tem ação contra o terceiro

11.7. CONTRATO COM PESSOA A DECLARAR

- **noções gerais:** no momento da conclusão do contrato, pode uma das partes reservar-se à faculdade de indicar a pessoa que deve adquirir os direitos e assumir as obrigações dele decorrentes. Inserindo-se a cláusula *electio amici, pro amigo elegendo ou pro amico electo*, permite-se a um dos contratantes-estipulante que, tendo interesse de fazer-se substituir por outra pessoa, revele seu nome apenas no momento da conclusão do negócio. Ao tempo da escolha, a pessoa indicada (*electus*) é que assumira, perante a outra parte, os deveres e direitos do contrato. Veda-se a presente avença nos contratos *personalíssimos* (intuito personae).

11.8. VÍCIOS REDIBITÓRIOS

- **noções gerais:** são defeitos ocultos em coisa recebida em virtude de *contrato comutativo, oneroso e bilateral*, que a tornam imprópria ao uso, ou lhe diminua o valor. No *contrato unilateral*, como as doações puras, porque liberalidade, sem pagamentos e nem obrigações, não há defeito a reclamar. Porém, nas *doações onerosas*, os vícios podem ser reclamados. É fundado no *princípio da garantia*, pelo qual o alienante deve oferecer ao adquirente o justo uso da coisa que lhe sobreveio onerosamente, em função destes vícios admite-se as *ações edilícias*, para a rescisão do contrato, com a devolução das quantias pagas, salvo má-fé do alienante, quando haverá também perdas e danos *(ação redibitória)* ou a conservação da coisa com o abatimento no preço *(ação estimatória ou quanti minoris)*, nos termos do CC, art. 442; os prazos do CC/art. 445 para reclamar os vícios são decadenciais; pelo ***Enunciado 28 das Jornadas***: *"O disposto no art. 445, §§ 1º e 2º, do Código Civil reflete a consagração da doutrina e da jurisprudência quanto à natureza decadencial das ações edilícias"*; por sua vez, o ***Enunciado 174*** dispõe: *"Em se tratando de vício oculto, o adquirente tem os prazos do caput do art. 445 para obter redibição ou abatimento de preço, desde que os vícios se revelem nos prazos estabelecidos no § 1º, fluindo, entretanto, a partir do conhecimento do defeito".*
- **prazos decadências para as ações:**

VÍCIOS REDIBITÓRIOS NO CÓDIGO CIVIL **Prazos decadenciais das ações edilícias** **(redibitória ou estimatória –** ***quanti minoris*)**	
BENS MÓVEIS	**BENS IMÓVEIS**
▪ **Prazos: 30 e 15 dias**	▪ **Prazos: 1 ano e 6 meses**
▪ Vício **percebido imediatamente**: – **Início do prazo**: a. a partir da entrega efetiva da coisa (tradição) b. se já estava na posse da coisa, o prazo conta-se da alienação, reduzido à metade, ou seja, **15 dias**	▪ Vício **percebido imediatamente**: – **Início do prazo**: a. a partir da entrega efetiva da coisa (tradição) b. se já estava na posse da coisa, o prazo conta-se da alienação, reduzido à metade, ou seja, **6 meses**

VÍCIOS REDIBITÓRIOS NO CÓDIGO CIVIL **Prazos decadenciais das ações edilícias (redibitória ou estimatória – *quanti minoris*)**	
▪ **Prazo de 180 dias**	▪ **Prazo de 1 ano**
▪ Vício, por sua natureza, só conhecido mais tarde:	▪ Vício, por sua natureza, só conhecido mais tarde:
– **Início do prazo:** **a.** contar-se-á do momento em que dele tiver ciência, até o prazo máximo de **180 dias**	– **Início do prazo:** **a.** contar-se-á do momento em que dele tiver ciência, até o prazo máximo de **1 ano**
Semoventes	
• tratando-se de venda de animais (semoventes), os prazos de garantia por vícios ocultos serão os estabelecidos em lei especial, ou, na falta desta, pelos usos locais, aplicando-se as regras acima, para os bens móveis, se não houver disciplina diversa.	
Importante	
• o decurso dos prazos acima (decadência legal) não flui na vigência de eventual decadência contratual (cláusula de garantia). Neste caso, o adquirente deve denunciar o defeito ao alienante nos **30 dias** seguintes ao seu descobrimento, sob pena de decadência. • pelo Enunciado 174 da III Jornada de Direito Civil, do CJF/STJ: "Em se tratando de vício oculto, o adquirente tem os prazos do caput do art. 445 para obter redibição ou abatimento de preço, desde que os vícios se revelem nos prazos estabelecidos no § 1º, fluindo, entretanto, a partir do conhecimento do defeito".	

• ***ATENÇÃO***: no regime do **Código de Defesa do Consumidor**, os prazos são diversos.

11.9. EVICÇÃO

• **noções gerais:** é a perda da coisa para outrem, o evictor, em razão de decisão judicial ou apreensão administrativa, fundada em causa jurídica anterior ao contrato pelo qual o bem é transferido pelo alienante ao evicto. Funda-se no **princípio da garantia** do bem alienado contra os defeitos do direito transferido. Decorre da **lei** em todo **contrato oneroso** pelo qual se transfere o domínio, a posse e o uso, mesmo em **hasta pública**. Nos **contratos gratuitos** inexiste a evicção, exceto na **doação modal** (onerosa ou com encargo).

• **posicionamentos do STJ:** o conceito clássico de evicção é que ela decorre de sentença judicial. Todavia, o STJ tem entendido que a evicção pode estar presente em casos de apreensão administrativa do bem. Portanto, a evicção não decorre necessariamente de uma decisão judicial (STJ, REsp 259.726/RJ). Também não se exige que a sentença tenha transitado em julgado (STJ – Info 519).

• **figurantes na evicção:**

a) alienante

b) evicto (adquirente vencido na demanda)

c) evictor (terceiro vencedor na demanda, ou reivindicante)

• **extensão**:

a) a evicção poderá ser **total** ou **parcial**

b) se a evicção for **parcial**, mas **considerável**, poderá o evicto **optar** entre a rescisão do contrato e o abatimento do preço. Se **não for considerável**, caberá somente direito à indenização

• **Regras importantes:**

a) admite cláusula de reforço, diminuição ou exclusão da garantia

b) em regra, o alienante responde pelo preço integral, mais as indenizações dos frutos que tiver sido obrigado a restituir, das **benfeitorias necessárias e úteis** não pagas pelo evictor e das custas e honorários de advogado por ele constituído

c) todavia, na hipótese de cláusula de exclusão da garantia (cláusula *"non praestanda evictione"*) podem ocorrer as seguintes situações:

1. cláusula expressa de exclusão, conhecimento do risco e sua assunção: sem responsabilidade do alienante
2. cláusula expressa de exclusão, e falta de conhecimento do risco: responde o alienante pelo preço
3. cláusula expressa de exclusão, informado do risco, não o assumiu: responde o alienante pelo preço

d) caso o alienante não atender à denunciação da lide, e sendo **manifesta** a procedência da evicção, pode o adquirente **deixar** de oferecer contestação, ou usar de recursos.

• **enunciados pertinentes ao tema:**

a) Enunciado 29: *"A interpretação do art. 456 do novo Código Civil permite ao evicto a denunciação direta de qualquer dos responsáveis pelo vício"*.

b) Enunciado 434: *"A ausência de denunciação da lide ao alienante, na evicção, não impede o exercício de pretensão reparatória por meio de via autônoma"*.

• **CPC-2015:** a denunciação da lide era "obrigatória" no antigo CPC, e com o CPC-2015 passa a ser "admissível". O legislador foi sensível ao entendimento do STJ, já sedimentado, no sentido de que a denunciação era *facultativa*, e **não** *obrigatória* (STJ, AgRg 917.314/PR). O Enunciado 434 da V Jornada de Direito Civil do CJF/STJ também expressava que: *"A ausência de denunciação da lide ao alienante, na* *evicção, não impede o exercício de pretensão reparatória por meio de via autônoma"*. Com supressão do art. 456, *caput*, do CC, passa-se a não se admitir a denunciação da lide por saltos ou *per saltum*, que permitia a convocação para o processo de qualquer um dos alienantes da cadeia de alienações do bem, em razão da propriedade anterior. Contudo, permite o CPC-2015 a *denunciação sucessiva*, **uma vez só,** promovida pelo denunciado, contra seu antecessor imediato na cadeia dominial ou quem seja responsável por indenizá-lo (CPC-2015, art. 125, § 2º). Por último, a revogação do parágrafo único do art. 456 não altera os efeitos da denunciação quando a evicção for manifesta. A respeito, dispõe o art. 128, II, do CPC-2015: *"se o denunciado for revel, o denunciante pode deixar de prosseguir com sua defesa, eventualmente oferecida, e abster-se de recorrer, restringindo sua atuação à ação regressiva"*.

Código Civil de 2002 (redação original)	Código Civil de 2002 (após o Novo Código de Processo Civil)
"Art. 456. Para poder exercitar o direito que da evicção lhe resulta, o adquirente notificará do litígio o alienante imediato, ou qualquer dos anteriores, quando e como lhe determinarem as leis do processo. Parágrafo único. Não atendendo o alienante à denunciação da lide, e sendo manifesta a procedência da evicção, pode o adquirente deixar de oferecer contestação, ou usar de recursos".	Art. 456. **(revogado)** pelo art. 1.072, II, do CPC-2015)
Antigo Código de Processo Civil de 1973	**Novo Código de Processo Civil de 2015**
"Art. 70. A denunciação da lide é obrigatória: I – ao alienante, na ação em que terceiro reivindica a coisa, cujo domínio foi transferido à parte, a fim de que esta possa exercer o direito que da evicção lhe resulta"	"Art. 125. É admissível a denunciação da lide, promovida por qualquer das partes: I – ao alienante imediato, no processo relativo à coisa cujo domínio foi transferido ao denunciante, a fim de que possa exercer os direitos que da evicção lhe resultam". ... § 1º O direito regressivo será exercido por ação autônoma quando a denunciação da lide for indeferida, deixar de ser promovida ou não for permitida.

11.10. CONTRATOS ALEATÓRIOS

- **noções gerais:** trata-se do contrato em que a prestação de uma ou ambas as partes depende de um risco futuro e incerto, não se podendo antecipar seu montante.
- **espécies:** os contratos podem ser aleatórios por:
  a) natureza: Ex. jogo, aposta, seguro, etc.
  b) acidentalmente: quando o valor ou o objeto é incerto. Ex. contrato de colheita
- **características:**
  a) não se sujeitam à teoria da imprevisão
  b) não estão sujeitos aos vícios
  c) não se sujeitam as arras
  d) não se sujeitam, por fim, a qualquer instituto que busque o equilíbrio contratual
  e) *emptio spei* (venda da esperança) contrato aleatório pelo qual um dos contratantes, na alienação de coisa futura, toma para si o risco quanto à existência da coisa, ajustando o preço global (*per aversionem*), que será devido na totalidade, mesmo que nada se produza, ressalvado o **dolo ou a culpa** do alienante. A álea diz respeito à existência da coisa, e uma aquisição por conjunto.
  f) *emptio rei speratae* (venda da coisa esperada) contrato aleatório pelo qual o adquirente, na alienação de coisa futura, assume o risco quanto à maior ou menor quantidade da coisa, sendo devido o preço ao alienante, salvo **conduta culposa**, ainda que a quantidade seja irrisória. O risco, assim, é relacionado à quantidade. Se nada existir, é nulo o contrato, por falta de objeto, e o alienante restituirá o preço. É aquisição de coisa futura por conjunto, a um preço certo por unidade.
  g) o for aleatório o contrato, por se referir a coisas existentes, mas expostas a risco, assumido pelo adquirente, terá igualmente direito o alienante a todo o preço, posto que a coisa já não existisse, em parte, ou de todo, no dia do contrato. Poderá ser **anulado** o contrato pelo prejudicado, por **omissão dolosa**, se provar que o outro contratante **tinha ciência** que o bem **não mais existia.**

11.11. CONTRATO PRELIMINAR

- **noções gerais**: trata-se do contrato que tem por objeto um contrato final que se pretende firmar no momento oportuno. Conhecido por *pactum de contrahendo*, **exceto quanto à forma**, deve conter todos os requisitos essenciais ao contrato a ser celebrado. É uma promessa de contratar.
- **características:**
  a) concluído o contrato preliminar, e desde que dele não conste **cláusula de arrependimento**, qualquer das partes terá o direito de exigir a

celebração do definitivo, assinando **prazo** à outra para que o efetive.

b) o contrato preliminar deverá ser levado ao registro competente

c) sem o registro, há relação de direito pessoal, admitindo-se indenização por perdas e danos

d) efetuado o contrato **sem cláusula de arrependimento**, e esgotado o **prazo**, poderá o juiz, a pedido do interessado, suprir a vontade da parte inadimplente, conferindo caráter definitivo ao contrato preliminar, salvo se a isso se opuser a natureza da obrigação

e) admite-se a rescisão do contrato preliminar, se o estipulante não der execução ao contrato preliminar, poderá a outra parte considerá-lo desfeito e pedir perdas e danos

f) se a promessa de contrato for **unilateral**, o credor, sob pena de ficar a mesma sem efeito, deverá manifestar-se no prazo nela previsto, ou, inexistindo este, no que lhe for razoavelmente assinado pelo devedor

g) a **forma** não precisa ser a mesma do contrato definitivo.

- **enunciados das jornadas:**

a) **Enunciado 435**: *"O contrato de promessa de permuta de bens imóveis é título passível de registro na matrícula imobiliária"*.

b) **Enunciado 30:** *"A disposição do parágrafo único do art. 463 do novo Código Civil deve ser interpretada como fator de eficácia perante terceiros"*.

11.12. EXTINÇÃO DO CONTRATO

- **noções gerais:** o **modo normal** de extinção dos contratos é o cumprimento ou adimplemento da prestação devida. Antes ou durante o seu cumprimento, o contrato pode ser extinto. Quando isto se verifica, ocorre a **extinção do contrato sem cumprimento** (**modo anormal**). Para esta segunda via, as causas da anormalidade são *anteriores, contemporâneas* e *posteriores* à formação do contrato.
- **causas anteriores ou contemporâneas:** nulidade; condição resolutiva; direito de arrependimento.
- **causas supervenientes:** resolução por inexecução voluntária e involuntária; resolução por onerosidade excessiva; resilição bilateral ou distrato; resilição unilateral e morte de um dos contratantes nas obrigações personalíssimas (*intuito personae*)
- **posição jurídica de algumas das causas:** tabela 1 (distrato, resilição unilateral e cláusula resolutiva)

distrato	é negócio jurídico bilateral que objetiva a desconstituição do contrato, extinguindo os seus efeitos. Por ele é desfeito o acordo de vontades, a relação jurídica entre as partes. Exige-se a mesma forma do contrato, e seus efeitos são ex nunc. Também é chamado de resilição bilateral.
resilição unilateral (denúncia vazia)	é forma de extinção da relação contratual por manifestação da vontade de uma das partes, em função da natureza de alguns negócios. Nos casos que a lei permita, expressa ou implicitamente, opera-se mediante denúncia notificada a outra parte. É direito potestativo, de impor a extinção do contrato ao outro. Pode assumir as formas de revogação, renúncia e resgate.
cláusula resolutiva (rescisória ou resolutória)	admite-se que seja expressa (opera de pleno direito) ou tácita (depende de interpelação judicial). Seus efeitos decorrem de uma obrigação não cumprida de acordo com o modo estipulado. Verificado o inadimplemento, permite-se a resolução do contrato, se não preferir exigir-lhe o cumprimento, cabendo, em qualquer dos casos, indenização por perdas e danos.

- ***ATENÇÃO*: Inadimplemento antecipado:** ocorre quando o devedor, nas obrigações a prazo, pratica atos que, em razão da natureza ou da lei, tornem impossível o futuro cumprimento da obrigação **(Ruy Rosado de Aguiar).**
- **posição jurídica de algumas das causas:** tabela 2 (exceção do contrato não cumprido, exceção do descumprimento parcial e onerosidade excessiva).

exceção do contrato não cumprido ou descumprimento total (*exceptio non adimpleti contractus*)	nos contratos de prestações recíprocas e contemporâneas, é exercido pela parte que, cobrada por sua obrigação contratual, recusa-se a fazê-lo, porque a outra não exerceu a prestação que lhe competia, ou seja, nos contratos bilaterais, nenhum dos contratantes, antes de cumprida a sua obrigação, pode exigir o implemento da do outro. Trata-se de causa impeditiva da exigibilidade prestação. Admite-se a renúncia ao emprego da exceção (cláusula "solve et repete").
exceção do descumprimento parcial (*exceptio non rite adimpleti contractus*)	o cumprimento defeituoso do contrato importa o seu cumprimento parcial. Segundo Orlando Gomes, a diferente entre o descumprimento total e o parcial diz respeito ao ônus da prova, pois quem invoca o incumprimento em parte deve provar, em vista da presunção regular do pagamento aceito.
onerosidade excessiva	nos contratos de **execução continuada** ou **diferida**, se a prestação de uma das partes se tornar **excessivamente onerosa**, com **extrema vantagem** para a outra, em virtude de **acontecimentos extraordinários** e **imprevisíveis**, poderá o devedor pedir a resolução do contrato.

	a resolução **poderá ser evitada**, oferecendo-se o réu a modificar equitativamente as condições do contrato. A sentença que a decretar, contudo, retroagirão à data da citação.
	se no contrato as **obrigações couberem a apenas uma das partes**, poderá ela pleitear que a sua prestação seja reduzida, ou alterado o modo de executá-la, a fim de evitar a onerosidade excessiva.

- **Atenção:**

a) **a teoria da imprevisão adotada pelo CC** não se confunde com a **teoria do rompimento da base objetiva do negócio jurídico** albergada pelo **CDC**, porque nas relações de consumo não é necessário provar a previsibilidade do fato econômico superveniente ao contrato.

b) **para o Superior Tribunal de Justiça**: a teoria da imprevisão não é aplicável aos contratos aleatórios, pois a possibilidade de desequilíbrio econômico é inerente a este tipo de contrato (AgRg no REsp 806.302/MT, Rel. Ministro Raul Araújo, 4ª Turma, julgado em 07/11/2013, DJe **11/12/2013**). Noutra banda, o **Enunciado 440:** *"É possível a revisão ou resolução por excessiva onerosidade em contratos aleatórios, desde que o evento superveniente, extraordinário e imprevisível não se relacione com a álea assumida no contrato".*

c) **fatos imprevisíveis**: a nova Lei n. 14.010, de 2020, que dispõe sobre o Regime Jurídico Emergencial e Transitório (RJET), para os fins **exclusivos** dos arts. 317 (revisão ou correção judicial do contrato), 478, 479 e 480 (resolução por onerosidade excessiva), todos do *Código Civil*, não se consideram fatos imprevisíveis, nos contratos de execução continuada, os seguintes eventos: 1. o aumento da inflação; 2. a variação cambial; 3. a desvalorização ou a substituição do padrão monetário. No entanto, ainda que estes acontecimentos econômicos não possam ser reconhecidos como motivo superveniente imprevisível a permitir a correção para se manter o equilíbrio das prestações, a mesma limitação não se aplica ao CDC. É que diz o art. 7º, § 1º, da Lei n. 14.010, de 2020, pelo qual as regras sobre revisão contratual previstas no CDC e na Lei de Locação Urbana não se sujeitam à limitação acima. Inclusive no art. 7º, § 2º, da Lei n. 14.010, de 2020, há determinação expressa de que as normas de proteção ao consumidor não se aplicam às relações contratuais subordinadas ao Código Civil, incluindo aquelas estabelecidas exclusivamente entre empresas ou empresários.

d) **adimplemento substancial:** é o adimplemento quase completo, tão próximo do resultado final da obrigação, que a resolução do contrato mostra-se francamente contra os princípios da função social e da boa-fé objetiva. Formalmente há inexecução, mas materialmente, visto o contrato como um todo, há mínima fração para se alcançar a entrega completa da prestação. Nesse caso, afasta-se o reconhecimento do direito de resolução, permitindo-se, unicamente, a indenização pelo que resta a ser adimplido.

12. CONTRATOS EM ESPÉCIE

12.1. COMPRA E VENDA

- **noções gerais:** o contrato de compra e venda é aquele em que uma pessoa (vendedor) se obriga a transferir a outra (comprador) o domínio de uma coisa corpórea ou incorpórea, mediante o pagamento de certo preço em dinheiro ou valor fiduciário (Caio Mario da Silva Pereira).

- **características:**

a) um dos contratantes se obriga a transferir o domínio da coisa e o outro a pagar o preço em dinheiro.

b) o contrato **cria** a obrigação de transferir, pois o bem móvel é transferido pela tradição, e o imóvel pelo registro do título aquisitivo no Registro Imobiliário. Assim, o contrato de compra e venda é *translativo* do domínio, porque não opera a transferência, mas serve de *titulus adquirendi*, gerando entre os contraentes um *direito pessoal*.

c) contrato: bilateral, oneroso, comutativo ou aleatório, consensual e solene.

d) elementos: coisa, preço e consentimento.

e) é **nulo** é o contrato de compra e venda, quando se deixa ao arbítrio **exclusivo** de uma das partes a fixação do preço

f) salvo **cláusula em contrário**, ficarão as despesas de **escritura e registro a cargo do comprador**, e a cargo do **vendedor as da tradição**

g) venda *ad corpus:* o comprador adquire bem certo e determinado, independente da metragem

h) venda *ad mensuram:* o preço é quantificado por metragem ou extensão. Se não houver correspondência entre o tamanho da venda e o de fato existência, admite-se ação para complementação, abatimento do preço ou anulação do negócio.

i) haverá dimensão **simplesmente enunciativa**, quando a diferença encontrada não exceder de **um vigésimo da área total enunciada** (5%) ressalvado ao comprador o direito de provar que, em tais circunstâncias, não teria realizado o negócio.

j) **prazo decadencial da venda *ad mensuram*:** decai do direito o vendedor ou o comprador que não o fizer no prazo:

1. **1 ano** a contar do **registro do título**
2. **1 ano** a contar da **imissão na posse.** Utiliza-se este segundo prazo, por exceção, em caso de **atraso na imissão de posse no imóvel**, atribuível ao **alienante**.

k) **vedações**:

1. os ascendentes **não** podem vender aos descendentes, sem que os **outros** e o **cônjuge** expressem o **consentimento**, dispensando-se a anuência do cônjuge se o regime for da **separação obrigatória**
2. o cônjuge **não** pode alienar ou gravar de ônus os bens imóveis sem a outorga do outro, salvo em relação ao regime da **separação absoluta**.
3. é **lícita** a compra e venda entre cônjuges, com relação a bens **excluídos** da comunhão; logo, os bens que compõem o patrimônio comum não podem ser objeto deste contrato

l) sob pena de **nulidade**, não podem ser comprados, ainda que em hasta pública:

1. pelos tutores, curadores, testamenteiros e administradores, os bens confiados à sua guarda ou administração;
2. pelos servidores públicos, em geral, os bens ou direitos da pessoa jurídica a que servirem, ou que estejam sob sua administração direta ou indireta
3. pelos juízes, secretários de tribunais, arbitradores, peritos e outros serventuários ou auxiliares da justiça, os bens ou direitos sobre que se litigar em tribunal, juízo ou conselho, no lugar onde servirem, ou a que se estender a sua autoridade
4. pelos leiloeiros e seus prepostos, os bens de cuja venda estejam encarregados.

* **Nota:** as proibições estendem-se à **cessão de crédito**

• **cláusulas especiais da compra e venda:**

a) **Retrovenda ou cláusula de resgate**

1. direito do vendedor readquirir o **imóvel**
2. prazo decadencial de **3 anos**
3. deve restituir o preço, mais as despesas do comprador
4. as despesas incluem, ainda, aquelas autorizadas por **escrito** durante o período de resgate, e as **benfeitorias necessárias**, as quais não dependem de autorização
5. trata-se de **condição resolutiva**, e deve constar **expressamente** do contrato
6. se o comprador não receber o valor, o vendedor poderá depositar judicialmente
7. o direito de retrato é cessível e transmissível a herdeiros e legatários
8. e poderá ser exercido contra o terceiro adquirente
9. se duas ou mais pessoas tiverem o mesmo direito, e uma o exercer, o comprador pode intimar as outras, prevalecendo quem depositar o valor integral

b) **Venda a contento e da venda sujeita a prova**

1. **venda a contento**: não há negócio enquanto o comprador não declara seu **agrado** ou **satisfação**, ainda que já esteja com a coisa.
2. **venda sujeita a prova**: o vendedor assegura ao comprador que a coisa ostente as qualidades esperadas e seja idônea para o fim a que se destina
3. tratam-se de venda sujeita a **condição suspensiva**
4. enquanto o comprador não concluir que aceita o negócio, sua posição jurídica é de comodatário, com o dever de restituir a coisa
5. pode ser estipulado **prazo** para o comprador **declarar**
6. não estipulado, o vendedor pode intimá-lo judicial ou extrajudicialmente, para fazê-lo no **prazo improrrogável** fixado

c) **Preempção, preferência ou prelação**

1. cláusula pela qual o comprador, quando for vender o bem **móvel** ou **imóvel** a terceiro, deverá oferecê-lo ao vendedor, para exercer o direito de prelação, em igualdade de condições com aquele
2. direito **personalíssimo** e **intransferível**, não admite cessão e nem passa dos herdeiros
3. **prazo decadencial máximo da preempção convencional:** o prazo máximo para a vigência da cláusula de preferência, quando não estipulado outro menor, **não poderá exceder** a:
   - **180 dias**, bem **móvel**, contado da tradição
   - **2 anos** se **imóvel**, contado do registro
4. **caducidade do direito de prelação:** o exercício da preferência, depois da **notificação** do vendedor, **salvo outro prazo estipulado** no contrato, ocorrerá nos seguintes prazos, sob pena de caducar, por renúncia tácita:
   - **3 dias**, bem **móvel**
   - **60 dias**, bem **imóvel**
5. se o direito de prelação for estipulado em favor de condôminos, só pode ser exercido em relação à coisa no seu todo, pois a preempção é um **direito indivisível**.

d) **Reserva de domínio (cláusula *"pactum reservati domini"*)**

1. ocorre a transferência da posse, reservando o vendedor para si a propriedade, até o pagamento integral do preço, quando o negócio adquire plena eficácia
2. quando efetuado o pagamento, a transferência do domínio é automática
3. cláusula formal, feita por escrito
4. para ter eficácia contra terceiros (*erga omnes*), deve ser registrada no domicílio do comprador
5. pelos riscos responde o comprador, desde o momento da entrega da coisa
6. não pagas as prestações, poderá o vendedor:
   - mover contra ele a competente ação de cobrança das prestações vencidas e vincendas e o mais que lhe for devido
   - recuperar a posse da coisa vendida, facultado, ainda, reter as prestações pagas até o necessário para cobrir a depreciação da coisa, as despesas feitas e o mais que de direito lhe for devido. O excedente será devolvido ao comprador, e o que faltar, lhe será cobrado, tudo na forma da lei processual.

e) **Venda sobre documento ou *trust receipt***

1. na venda sobre documentos, a tradição da coisa é substituída pela entrega do seu título representativo e dos outros documentos exigidos pelo contrato ou, no silêncio deste, pelos usos
2. trata-se de tradição *ficta*
3. não havendo **estipulação em contrário**, o pagamento deve ser efetuado na data e no lugar da entrega dos documentos
4. comumente utilizada nos negócios de importação e exportação, conhecidos por crédito documentado (*trust receipt*) e na venda de mercadorias depositada, representada pelo conhecimento de depósito e pelo *warrant*
5. **cobertura dos riscos do transporte:** se entre os documentos entregues ao comprador figurar **apólice de seguro** que cubra os **riscos do transporte**, correm estes à conta do **comprador**, salvo se, ao ser **concluído** o contrato, tivesse o vendedor **ciência** da perda ou avaria da coisa
6. **pagamento por estabelecimento bancário:** caberá a este efetuá-lo, contra a entrega dos documentos, sem obrigação de verificar a coisa vendida, pela qual não responde. Nesse caso, somente após a **recusa** do estabelecimento bancário a efetuar o pagamento, poderá o vendedor pretendê-lo, **diretamente** do comprador.

12.2. TROCA OU PERMUTA

- **noções gerais:** a permuta, escambo troca, permutação, barganha – palavras sinônimas na técnica e no uso vulgar que exprimem o contrato em que as partes se obrigam a prestar uma coisa por outra, excluindo o dinheiro. Portanto, a troca é o contrato pelo qual as partes se obrigam a dar uma coisa por outra, que não seja dinheiro. Difere da compra e venda apenas porque, nesta, a prestação de uma das partes consiste em dinheiro (GONÇALVES, Carlos Roberto. *Direito Civil Esquematizado*. 2. 1 ed. Saraiva. São Paulo: 2013: p. 77, citando Clóvis Beviláqua e Carvalho de Mendonça).

- **características:**

a) as partes se obrigam a dar uma coisa por outra que não seja dinheiro

b) contrato: bilateral, oneroso, comutativo e consensual

c) não é contrato real, pois **cria** a obrigação de transferir

d) cada contratante paga **metade** das despesas da troca

e) **anulável** a troca de valores desiguais entre ascendente e descendente, sem o consentimento dos outros descendentes e do cônjuge do alienante

12.3. CONTRATO ESTIMATÓRIO

- **noções gerais:** contrato estimatório ou de vendas em consignação é aquele em que uma pessoa (consignante) entrega *bens móveis* a outra (consignatária), ficando esta autorizada a vendê-los, obrigando-se a pagar um preço ajustado previamente, se não preferir restituir as coisas consignadas dentro do prazo ajustado. O consignatário recebe o bem com a finalidade de *vendê-lo a terceiro*, segundo estimação feita pelo consignante. Nada impede, porém, que fique com o objeto *para si*, pagando o preço fixado. Se preferir vendê-lo, auferirá lucro no sobrepreço que obtiver (GONÇALVES, Carlos Roberto. *Direito Civil Esquematizado*. 2. 1 ed. Saraiva. São Paulo: 2013: p. 81).

- **características:**

a) alguém recebe de outrem bens **móveis**, ficando autorizado a vendê-los e obrigando-se a pagar o preço estimado anteriormente, se não restituir as coisas consignadas dentro do prazo ajustado

b) é conhecido por venda em consignação

c) **consignante**: quem entrega o bem e determina o preço

d) **consignatário**: quem recebe a coisa e se obriga a entregar o preço ou restituir o bem. Deve entregar o preço, ainda que o bem se perca por fato a ele não imputável. Caso obtenha preço maior, fara seu o lucro.

e) as despesas de custódia e venda são do consignatário.

f) a coisa consignada não poderá ser penhorada ou sequestrada, pelos credores do consignatário, enquanto não pago integralmente o preço.

g) o consignante não pode dispor da coisa antes de lhe ser restituída ou de lhe ser comunicada a restituição

h) contrato: bilateral, oneroso, real, comutativo, informal e temporário

12.4. DOAÇÃO

- **noções gerais:** a doação é o contrato em que uma pessoa, por liberalidade, visa transferir do seu patrimônio bens ou vantagens para outra, que os aceita. Serve, portanto, de *titulus adquirendi*, pois o domínio só se transferirá pela tradição se móvel o bem doado, e pelo registro, se imóvel (DINIZ, Maria Helena. *Código Civil Anotado*. Saraiva. 2012: São Paulo, p. 459). Pelo Enunciado 549 da VI Jornada de Direito Civil do CJF/STJ: *"A promessa de doação no âmbito da transação constitui obrigação positiva e perde o caráter de liberalidade previsto no art. 538 do Código Civil"*.

- **características:**

a) contrato em que uma pessoa, por liberalidade, transfere do seu patrimônio bens ou vantagens para o de outra

b) natureza do contrato: unilateral, gratuito, pode-se estipular encargo, receptício (depende de aceitação, expressa ou tácita), solene (instrumento particular ou público), verbal, para os bens móveis de pequeno valor (desde que com imediata tradição) e *inter vivos*.

c) podem ser doados os bens móveis, imóveis, presentes ou futuros.

d) **espécies:**

1. *pura e simples:* sem restrições ao donatário
2. *condicional:* impõe uma condição
3. *a termo:* impõe um termo, inicial ou final
4. *modal:* impõe um encargo ao donatário (onerosa)
5. *remuneratória:* recompensação por serviços ou favores prestados ao doador (onerosa)
6. com *cláusula de reversão ou doação de retorno (condição resolutiva):* se o donatário falecer antes do doador, os bens retornam ao patrimônio deste. Tal cláusula não prevalece em favor de terceiro, vedando-se a **doação sucessiva**, evidenciando seu caráter *intuito personae*.
7. *conjuntiva:* doação em comum a mais de uma pessoa, presumindo-se a distribuição por partes iguais. Se forem marido e mulher os donatários, subsistirá na totalidade a doação para o cônjuge sobrevivo.
8. *ao nascituro:* valerá, sendo aceita por seu representante legal. Todavia, sujeita-se à condição suspensiva, do nascimento com vida.
9. ao *absolutamente incapaz*: dispensa-se a aceitação, desde que se trate de doação pura
10. de *ascendente a descendente, ou de um cônjuge a outro:* importa adiantamento do que lhes cabe por herança
11. sem *reserva de bens ou renda suficiente para a subsistência do doador:* é nula, trata-se de **doação universal**. Será admitida, desde que o doador se reservar o usufruto
12. que *excede a legítima:* no momento que doa, se o doador tiver herdeiros necessários, só poderá dispor de metade da herança; o que **exceder**, será nulo (**doação inoficiosa**).
13. a *entidade futura* (pessoa jurídica): a doação a entidade futura caducará se, em **2 anos**, esta não estiver constituída regularmente, contado da data da doação. Trata-se de condição suspensiva.

e) **revogação: não** se admite **renuncia antecipada** do direito de revogar a liberalidade por ingratidão do donatário. A doação **pode ser revogada** nos seguintes casos:

Ingratidão do donatário	Inexecução do encargo
• se **atentou** contra a vida do doador ou cometeu crime de homicídio **doloso** contra ele • se cometeu contra ele **ofensa física** • se o **injuriou gravemente** ou o **caluniou** • se, podendo ministrá-los, **recusou** ao doador os alimentos de que este necessitava	• o donatário é obrigado a cumprir os encargos da doação, caso forem a benefício: – do **doador** – de **terceiro** ou do **interesse geral**. • no interesse geral, o MP poderá exigir sua execução, depois da **morte do doador**, se este não tiver feito
extensão dos casos de revogação por ingratidão, se o ofendido for do doador	
• cônjuge • ascendente • descendente, ainda que adotivo • irmão	
não se revogam por ingratidão	
• as doações puramente remuneratórias • as oneradas com encargo já cumprido • as que se fizerem em cumprimento de obrigação natural • as feitas para determinado casamento	

prazo para a revogação da doação
• decadencial de **1 ano**, a contar do conhecimento do fato pelo doador. **Anotações:** • trata-se de direito **personalíssimo**. • o direito de revogar a doação não se transmite aos herdeiros do doador, nem prejudica os do donatário. Mas aqueles podem prosseguir na ação iniciada pelo doador, continuando-a contra os herdeiros do donatário, se este falecer depois de ajuizada a lide

prazo para a revogação da doação
• há uma **exceção**, no caso do homicídio doloso, quando a ação competirá aos herdeiros, exceto se o doador, antes de morrer, houver perdoado o algoz. • a doação onerosa pode ser revogada por inexecução do encargo, **se o donatário incorrer em mora**. Não havendo prazo para o cumprimento, o doador poderá notificar judicialmente o donatário, assinando-lhe prazo razoável para que cumpra a obrigação assumida • a revogação por ingratidão **não prejudica** os direitos adquiridos por terceiros, **nem obriga** o donatário a restituir os **frutos percebidos** antes da citação válida; mas **sujeita-o a pagar os posteriores**, e, quando não possa restituir em espécie as coisas doadas, a indenizá-la pelo **meio termo** do seu valor.

12.5. LOCAÇÃO DE COISAS

- **noções gerais:** é o contrato pelo qual uma das partes se obriga a conceder à outra o uso e gozo de uma coisa não fungível, temporariamente e mediante remuneração (CC, art. 565).

- **características:**

a) figuram no contrato o locador e o locatário

b) contrato: bilateral, oneroso, comutativo, consensual, de forma livre, de trato sucessivo e por tempo certo (é temporário).

c) pode recair sobre bem móvel ou imóvel, ambos infungíveis

d) o preço é o aluguel. Se for gratuito, haverá comodato.

e) o bem alienado durante a locação deve ser entregue ao adquirente, exceto cláusula em contrário devidamente registrada, no de Títulos e Documentos do domicílio do locador (bens móveis) ou Imobiliário (bens imóveis).

f) a locação é transferível aos herdeiros

g) em caso de dúvida, a intepretação será favorável ao locatário

h) o locatário goza do direito de retenção, no caso de benfeitorias necessárias, ou no de benfeitorias úteis, se estas houverem sido feitas com expresso consentimento do locador

i) segundo o art. 2.036 do CC: *"A locação de prédio urbano que esteja sujeita a lei especial, por esta continua a ser regida"*. Assim, o Código Civil disciplina a locação de garagens, apart-hotéis, espaços destinados a publicidade, hotéis-residência, etc. A Lei 8.245/91 (Lei de Locação) continua a reger a locação urbana, destinada à habitação, à temporada ou à atividade empresarial. Se a atividade a ser desenvolvida no imóvel locado for a exploração extrativa agrícola, pecuária ou agroindustrial, a locação será de imóvel rústico ou arrendamento rural, regulada pela Lei 4.504/64 (Estatuto da Terra – ET) e pelo Decreto 59.566/66. De acordo com o ET/art. 4º, I, o prédio será rústico independentemente de sua localização, pois o que importa para caracterizá-lo é a atividade rural que desenvolve

j) a locação de bens públicos é regida pela Lei 9.760/46 e o arrendamento mercantil pela Lei 6.099/74 e resoluções do Banco Central

12.6. EMPRÉSTIMO

- **noções geras do contrato de comodato:** é o empréstimo gratuito de bem infungível e inconsumível, para uso temporário e posterior restituição. Perfaz-se com a **tradição** do objeto.

- **características:**

a) contrato: unilateral, gratuito, real, temporário e intuito personae.

b) tutores, curadores e, em geral, todos os administradores de bens alheios não poderão dar em comodato, **sem autorização especial**, os bens confiados à sua guarda

c) o comodatário constituído em **mora**, além de por ela responder, pagará, até restituí-la, o aluguel da coisa que for arbitrado pelo comodante

d) o comodatário **não** poderá jamais recobrar do comodante as despesas feitas com o uso e gozo da coisa emprestada

e) duas ou mais pessoas forem **simultaneamente** comodatárias de uma coisa, ficarão solidariamente responsáveis para com o comodante

- **noções gerais do contrato de mútuo:** é o empréstimo de coisas fungíveis. O mutuário é obrigado a restituir ao mutuante o que dele recebeu em coisa do mesmo gênero, qualidade e quantidade. Pode ser gratuito ou oneroso.

- **características:**

a) contrato: unilateral, gratuito ou oneroso (quando se estipula contraprestação), real e temporário.

b) em regra, o mútuo feito a **menor**, sem **prévia** autorização daquele sob cuja guarda estiver, não pode ser reavido nem do mutuário, nem de seus fiadores. **Exceções:**

1. ratificação posterior do responsável
2. ausente o responsável, o menor se viu obrigado ao empréstimo para os alimentos habituais
3. se o menor tiver bens, quando seu patrimônio será o limite da execução
4. se o menor agiu com malícia

c) mutuo feneratício: destinando-se o mútuo a fins econômicos, presumem-se devidos juros, os quais, sob pena de redução, não poderão exceder a taxa a que se refere o art. 406, permitida a capitalização anual (Enunciado 34 das Jornadas).

d) não se tendo convencionado expressamente, o prazo do mútuo será:

1. até a próxima colheita, se o mútuo for de produtos agrícolas, assim para o consumo, como para semeadura
2. de **30 dias**, pelo menos, se for de dinheiro
3. do espaço de tempo que declarar o mutuante, se for de qualquer outra coisa fungível

12.7. PRESTAÇÃO DE SERVIÇOS

- **noções gerais:** constitui locação ou prestação de serviço toda espécie de serviço ou trabalho lícito, material ou imaterial, contratado mediante retribuição (CC, art. 594). As regras do CC têm caráter residual, aplicando-se somente às relações não regidas pela CLT e pelo CDC, sem distinguir a espécie de prestador de serviços, que pode ser profissional liberal ou trabalhador (art. 593) (GONÇALVES, Carlos Roberto. *Direito Civil Esquematizado*. 2. 1 ed. Saraiva. São Paulo: 2013: p. 159). Portanto, é contrato pelo qual uma pessoa se obriga a fornecer a outra, sem vínculo empregatício, prestação de atividade, mediante remuneração. É chamado de *locação de serviço*, e não gera vínculo trabalhista.
- **características:**

a) recai sobre serviço ou trabalho

b) prestador é quem executa o serviço e tomador é aquele que contrata os serviços, remunerando

c) contrato: bilateral, comutativo, oneroso, consensual e de forma livre.

d) a remuneração é de livre estipulação entre as partes. Caso não façam, será fixada por **arbitramento**, segundo o costume do lugar, tempo de serviço e qualidade. Em regra, remunera-se após a prestação do serviço, mas admite-se que seja antecipada, ou paga em prestações

e) a prestação de serviço não se poderá convencionar por **mais** de **04 anos**

f) a rescisão do contrato por prazo indeterminado pode ocorrer a qualquer tempo, e o **aviso prévio** será com antecedência de:

1. **8 dias**, se o salário for por mês
2. **4 dias**, se o salário for por semana ou quinzena
3. na **véspera**, se o salário for por **menos de 7 dias**

12.8. EMPREITADA (LOCAÇÃO DE OBRA)

- **noções gerais:** conhecido no direito romano como *locatio conductio operis*, foi previsto no CC/1916 nos artigos 1.237 e seguintes; no vigente CC/2002, consta dos artigos 610 a 626. Trata-se de contrato pelo qual um dos contratantes – *o empreiteiro* – se obriga com outro – *o dono da obra* – mediante remuneração, por si ou terceiro, e sem subordinação e mediante instruções deste, a executar uma obra.
- **características:**

a) contrato: bilateral, comutativo, oneroso, não solene (de forma livre).

b) **espécies**:

1. *lavor:* o empreiteiro fornece somente a mão de obra
2. *mista*: o empreiteiro assume a obrigação de fornecer a mão de obra e os materiais empregados na execução da construção ou produção.

c) não há presunção do fornecimento do material pelo empreiteiro, pois ele resulta da lei ou cláusula contratual entre as partes

d) o contrato de elaboração do projeto não implica a obrigação de executá-lo, ou de fiscalizar-lhe a execução

e) **o preço pode ser**:

1. *fixo*: absoluto e relativo
2. *por medida*
3. *por valor reajustável*
4. *por valor máximo*
5. *por valor de custo*

f) **riscos e garantias do contrato**:

1. *empreitada de lavor*: se o empreiteiro só forneceu mão de obra, todos os riscos em que não tiver culpa correrão por conta do dono. Se a coisa **perecer antes de entregue**, sem mora do dono nem culpa do empreiteiro, este perderá a retribuição, se **não provar** que a perda resultou de defeito dos materiais e que em tempo reclamara contra a sua quantidade ou qualidade.

2. *empreitada mista*: os riscos são do empreiteiro, até a entrega da obra, ante o princípio *res perit domino*, salvo se o dono da obra estiver em mora.

3. nas obras e construções consideráveis ou de grande vulto, o empreiteiro *misto* garantirá o trabalho, por sua solidez e segurança, assim como em relação aos materiais e ao solo, por **5 anos, independentemente de sua culpa**[6].

g) o contrato de empreitada não é extinto com a morte das partes, salvo quando estabelecido com o empreiteiro em função de suas qualidades pessoais *(intuito personae ou personalíssimo)*.

12.9. DEPÓSITO

- **noções gerais:** contrato pelo qual uma das partes, nomeada depositário, recebe da outra, denominada depositante, uma coisa móvel, para guardá-la, com a obrigação de restituí-la na ocasião ajustada ou quando lhe for reclamada (GONÇALVES, Carlos Roberto. Direito Civil Esquematizado. 2. 1 ed. Saraiva. São Paulo: 2013: p. 179).

- **características:**

a) contrato: real (exige a entrega da coisa)

b) tem por finalidade a guarda de coisa alheia

c) unilateral (em regra é gratuito), mas se admite que seja oneroso (bilateral), se houver convenção ou se o depositário exerce a função profissionalmente

d) temporário (impõe ao depositário a obrigação de restituir) e personalíssimo.

e) **espécies**:

1. *voluntário ou convencional*: realiza-se por acordo

2. *regular ou ordinário*: recai sobre bens infungíveis

3. *irregular*: recai sobre bens fungíveis e consumíveis

4. *judicial ou sequestro*: o qual decorre de determinação judicial.

5. *necessário*: presume-se oneroso

- legal: obrigações legais
- miserável: por ocasião de calamidade
- hoteleiro ou hospedeiro: decorrente de bagagens em hotéis
- ***ATENÇÃO*: segundo a Súmula Vinculante 25 do STF:** *É ilícita a prisão civil de depositário infiel, qualquer que seja a modalidade do depósito".*

12.10. MANDATO

- **noções gerais:** opera-se o mandato quando alguém recebe de outrem poderes para, em seu nome, praticar atos ou administrar interesses. Trata-se de representação voluntária ou convencional (CC, art. 653). Vale lembrar que segundo o art. 115 do CC, os poderes de representação conferem-se por **lei** ou pelo **interessado**. Logo, a representação pode ser legal ou convencional (voluntária). O *representante legal* é aquele a quem a norma jurídica confere poderes para administrar bens alheios (ex: pai ou mãe em relação ao filho menor). O *representante convencional ou voluntário* é o que recebe procuração para agir em nome do mandante em contrato de mandato. Observe-se que a representação é distinta do mandato, e que pode haver representação sem mandato (ex: tutela) e mandato sem representação (ex: comissão mercantil). O CC/2002 não adotou a teoria da separação, conforme veremos abaixo.

- **características:**

a) contrato: unilateral, gratuito ou oneroso, personalíssimo, consensual, não solene, revogável e renunciável, de aceitação tácita ou expressa

b) a procuração é o instrumento do mandato, e pode ser público ou particular. Não foi adotada a **teoria da separação** pelo CC/2002. De acordo com ela, o poder da representação não nasce do mandato, mas do negócio jurídico *unilateral, autônomo e abstrato*, que é a procuração; o mandato, portanto, pela *teoria da separação*, é a relação subjacente à procuração.

c) **espécies de mandato**:

1. *legal*: a representação legal dispensa o instrumento, pois decorre da lei, como os pais que representam o filho.

2. *judicial*: conferido em decorrência de processo judicial. Ex. inventariante, administrador judicial

3. *convencional*: conferida por acordo de vontade. Pode ser: (1) *ad negotia*: no mundo dos negócios; (2) *ad judicia*: no âmbito judicial. Em regra, escrito e oneroso, conferido a advogado inscrito na OAB.

d) admite-se o **substabelecimento**, que é a transferência a outrem os poderes recebidos. Pelo Enunciado 182 da III Jornada de Direito Civil: *"O mandato outorgado por instrumento público previsto no art. 655 do Código Civil somente admite substabelecimento por instrumento particular*

---

6. **Enunciado 181:** *"O prazo referido no art. 618, parágrafo único, do Código Civil refere-se unicamente à garantia prevista no caput, sem prejuízo de poder o dono da obra, com base no mau cumprimento do contrato de empreitada, demandar perdas e danos".*

quando a forma pública for facultativa e não integrar a substância do ato".

Sem reserva de poderes:		
o mandatário transfere os poderes e deixa a posição de procurador. O substabelecido passa a ser o único. O mandante deve ser notificado.		
Com reserva de poderes:		
mandato possibilita substabelecimento	**mandato é omisso**	**mandato proíbe**
há responsabilidade do mandante somente se o substabelecido por notoriamente incapaz ou insolvente	ato é válido, mas mandatário é responsável por prejuízo causado a título de culpa do substabelecido	ato é válido, mas o mandatário responde por culpa, caso fortuito e de força maior, salvo se provar que o prejuízo ocorreria ainda que não tivesse substabelecido.

e) o mandato pode ser conferido a uma pessoa (singular) ou várias (plural). No plural, pode ser:

1. *conjunto*: só será válido o ato se todos praticarem, ressalvada a ratificação
2. *solidário*: podem agir separadamente, em relação a todos os atos
3. *fracionário*: os mandatários podem em setores, pois possuem delimitação do poder
4. *substituto:* um atua na falta do outro, segundo a ordem de nomeação

f) o menor, a **partir de 16 anos**, pode ser mandatário *ad negotia*, mas o mandante não tem ação de regresso para cobrar eventual prejuízos, salvo se autorizado por seu representante, ou se ocultou a idade, apresentando-se maior

g) **contrato consigo mesmo (autocontrato):** uma das partes representa a outra no negócio, e neste caso possui **dupla qualidade**, ou seja, é parte e representante, como ocorre no **mandato em causa própria** (CC, art. 685), pelo qual o mandatário aufere poderes para alienar determinado bem, a terceiros ou para si próprio. Em ambas as situações, haverá ***autocontrato*** ou ***contrato consigo mesmo***.

h) **consequências do autocontrato**: diz o CC, art. 117, caput, *"Salvo se o permitir a lei ou o representado, é anulável o negócio jurídico que o representante, no seu interesse ou por conta de outrem, celebrar consigo mesmo"*. **Assim**:

1. admite-se o autocontrato, desde que autorizado pela a **lei** ou **representado**
2. de acordo com o STJ, não é válida a cláusula de mandato inserta nos contratos quando houver **conflito de interesses** entre representado e representante, de modo a afetar a vontade que constitui a substância do ato jurídico (STJ, AG 292226, Re. Ministra Nancy Andrighi).

i) são hipóteses de extinção do contrato de mandato:

1. revogação
2. renúncia
3. morte de uma das partes
4. interdição de uma das partes
5. mudança de estado de uma das partes
6. término do prazo
7. conclusão do negócio

12.11. COMISSÃO

- **noções gerais:** trata-se do contrato que tem por objeto a aquisição ou a venda de bens pelo comissário, em seu próprio nome, à conta do comitente. É intermediação com prestação de serviço.
- **características:**

a) contrato: bilateral, oneroso, consensual e personalíssimo

b) no mandato, o representante atua em nome do representado e, na comissão, o **comissário atua nome próprio**

c) **comissão *"del crede"***: o comissário assume a responsabilidade pela solvência daquele com quem contrata, no interesse e por conta do comitente. Neste caso, o **comissário** responde **solidariamente**, motivo pelo qual tem direito a remuneração maior, em razão do risco assumido.

12.12. AGÊNCIA E DISTRIBUIÇÃO

- **contrato de agência ou representação comercial**: trata-se da convenção pela qual uma pessoa se obriga, mediante retribuição, a realização de certos negócios, dentro de um limite territorial, com o caráter da habitualidade, em favor e por conta de outrem, sem subordinação hierárquica.
- **contrato de distribuição**: é aquele e que o fabricante, oferecendo vantagens especiais, compromete-se a vender, continuamente, seus produtos ao distribuidor, para revenda em zona determinada. O distribuidor assume a obrigação de revender, com exclusividade, e por conta própria, mediante retribuição, mercadorias de certo fabricante, em zona determinada. (Maria Helena Diniz).

12.13. CORRETAGEM

- **noções gerais:** corretagem ou mediação é o contrato no qual uma pessoa, não ligada a outra em virtude de mandato, de prestação de serviços ou por qualquer relação de dependência, obriga-se a obter para a segunda um ou mais negócios, conforme as instruções recebidas.

- **características:**

a) trata-se de **obrigação de resultado**, em que o corretor aproxima pessoas interessadas em um negócio jurídico e fará jus a **retribuição** somente se o negócio se realizou **exclusivamente** por sua intervenção.

b) não terá culpa pelo fracasso da negociação

c) contrato: bilateral, oneroso, aleatório, comutativo, consensual, não solene, acessório, de fazer e de resultado

d) lembramos a Lei 6.530/78, regulamentada pelo Decreto 81.871/78, que dispõe sobre o corretor de imóveis.

12.14. TRANSPORTE

- **noções gerais:** é a convenção pela qual alguém se obriga, mediante retribuição, a transportar, de um lugar para outro, pessoas ou coisas.
- **características:**

a) contrato: bilateral, oneroso, comutativo, consensual

b) transporte de pessoas: o transportador se obriga a remover uma pessoa e sua bagagem de um local a outro, mediante a correspondente remuneração.

c) *responsabilidade civil*: o transportador responde pelos danos causados às pessoas transportadas e suas bagagens, salvo motivo de força maior, sendo **nula** qualquer cláusula excludente da responsabilidade.

d) *responsabilidade objetiva*: do transportador pelos danos morais e patrimoniais também em relação aos desastres, desde que não provados por força maior. A culpa de terceiro não elide tal responsabilidade, contra quem o transportador terá **ação regressiva.** A outo giro, o **transporte em cortesia** ou **amizade**, salvo se o transportador auferir vantagens indiretas, não se sujeita ao mesmo tratamento.

e) *transporte de coisas*: conceitua-se como aquele em que o transportador, mediante frete, encaminha o objeto móvel ou semovente do *expedidor ou remetente ao consignatário ou destinatário*

f) **Enunciado 369 da IV Jornada de Direito Civil do CJF/STJ:** *"Diante do preceito constante no art. 732 do Código Civil, teleologicamente e em uma visão constitucional de unidade do sistema, quando o contrato de transporte constituir uma relação de consumo, aplicam-se as normas do Código de Defesa do Consumidor que forem mais benéficas a este".*

g) **Superior Tribunal de Justiça**: *"é eximida a responsabilidade da empresa de transporte coletivo em caso de assalto à mão armada ocorrido no interior de ônibus, pois o fato é estranho ao serviço (força maior)"* **(Informativos 224, 162, 78)**

h) *responsabilidade civil do transportador aéreo*: no campo nacional, é regida pelo Código Brasileiro de Aeronáutica – CBA – (Lei 7.565, de 19 de dezembro de 1986), pelo Código de Defesa do Consumidor – CDC – (Lei 8.079, de 11 de setembro de 1990) e pelo Código Civil de 2002, art. 732, segundo o qual *"Aos contratos de transporte, em geral, são aplicáveis, quando couber, desde que não contrariem as disposições deste Código, os preceitos constantes da legislação especial e de tratados e convenções internacionais"*. **(STJ – Info 490).**

12.15. SEGURO

- **noções gerais:** convenção pela qual alguém adquire, mediante pagamento de um prémio, o direito de exigir da outra parte uma indenização, caso ocorra o risco futuro assumido (Maria Helena Diniz). Tem por objeto um interesse legitimo relativo à pessoa ou coisa. Segurador é quem suporta o risco. Segurado é quem adquire a apólice, paga o prémio e, eventualmente, receberá a indenização, se o risco se confirmar. Beneficiário, a pessoa que, eventualmente, receberá a indenização.
- **características:**

a) contrato: bilateral, oneroso, aleatório, formal e de adesão, submetido à SUSEP

b) a forma escrita é exigida (formal), e prova-se o contrato com a exibição da apólice ou do bilhete

c) precede a emissão da apólice, de uma proposta escrita, com a declaração dos elementos essenciais

d) **no seguro de dano** a apólice ou o bilhete serão nominativos, à ordem ou ao portador.

e) **para o seguro de pessoa,** a apólice ou o bilhete **não** podem ser ao portador

f) **nulo** será o contrato para garantia de risco proveniente de ato doloso do segurado, do beneficiário, ou de representante de um ou de outro

g) não terá direito a indenização o segurado que estiver em **mora** no pagamento do prêmio, se ocorrer o sinistro antes de sua purgação

h) o pagamento do seguro é em dinheiro, salvo convenção que estabeleça a reposição da coisa

i) **seguro de dano (o que é preciso saber):**

1. a garantia não pode exceder o valor do interesse
2. não se inclui na garantia o sinistro provocado por vício intrínseco da coisa segurada, não declarado pelo segurado
3. a apólice ou o bilhete à ordem só se transfere por endosso em preto, datado e assinado pelo endossante e pelo endossatário
4. admite-se seguro de responsabilidade civil, e neste caso possui restrições na ação e de indenizar diretamente

j) **seguro de pessoa (o que é preciso saber):**

1. cobre os riscos de **morte involuntária**
2. é lícito estipular prazo de carência
3. a **morte voluntária** (suicídio) possui período de carência legal, nos **2 primeiros anos** de vigência do contrato, ou de recondução depois de suspenso
4. é **nula** a cláusula contratual que exclui o pagamento do capital por suicídio do segurado, salvo a hipótese de carência legal **(Enunciado 187).**
5. no seguro sobre a vida de outros, o proponente é obrigado a declarar, sob pena de falsidade, o seu interesse pela preservação da vida do segurado, presumindo-se o interesse, quando o segurado é cônjuge, ascendente ou descendente do proponente
6. na falta de indicação da pessoa ou beneficiário, ou se por qualquer motivo não prevalecer a que for feita, o capital segurado será pago por metade ao **cônjuge** não separado judicialmente, e o **restante** aos **herdeiros do segurado**, obedecida a ordem da vocação hereditária. Na **falta destes**, serão beneficiários os que provarem que a morte do segurado os **privou** dos meios necessários à subsistência
7. o capital estipulado **não** está sujeito às dívidas do segurado, nem se **considera herança**
8. é nula, no seguro de pessoa, qualquer transação para pagamento reduzido
9. não há sub-rogação do segurador contra o causador do sinistro
10. pode ser estipulado por pessoa jurídica, em proveito do grupo que a ela se vincule. No caso de modificação da apólice, ¾ **(três quartos)** dos segurados deverão anuir expressamente
11. não está compreendido no seguro, o reembolso das despesas hospitalares, médicas, de luto e funeral.

12.16. CONSTITUIÇÃO DE RENDA

- **noções gerais:** no contrato de constituição de renda, uma pessoa obrigar-se para com outra a uma prestação periódica, a título gratuito. Pode ocorrer, também, quando uma parte (instituidor ou censuísta) entrega certo capital, em dinheiro, bem móvel ou imóvel, a outra (rendeiro ou censuário), que se obriga a pagar-lhe, temporariamente, renda ou prestação periódica, quando será a título oneroso (Maria Helena Diniz).

- **características:**

a) pode ser **gratuito** (instituição de renda por liberalidade) ou **oneroso** (entrega de dinheiro, bem móvel ou imóvel).

b) quando **oneroso**, pode o credor exigir do rendeiro que preste garantia real ou fidejussória

c) pode ser, ainda, **comutativo** (quando por prazo e prestações certas) ou **aleatório** (quando onerosa, vier a ultrapassa a vida do devedor ou rendeiro, mas não a do credor, seja ele contratante ou terceiro. Neste caso, a renda é vitalícia)

d) contrato real, pois exige a tradição dos bens

e) o contrato requer escritura pública

f) é **nulo** o contrato:

1. em favor de pessoa falecida, quando celebrado o contrato
2. que vier a falecer nº **30 dias** seguintes a celebração do contrato, de moléstia que já sofria

g) constituída a renda em favor de duas ou mais pessoas, sem determinar as partes, entende-se que foram por igual. **Não há direito de acrescer** entre eles.

h) a renda gratuitamente instituída, é impenhorável, inclusive em favor de montepios e pensão de alimentos.

12.17. JOGO E APOSTA

- **noções gerais jogo:** é o contrato entre duas ou mais pessoas que prometem, entre si, pagar certa soma àquela que conseguir um resultado favorável, em virtude de um acontecimento incerto (Maria Helena Diniz)

- **noções gerais aposta:** é o acordo entre duas ou mais pessoas que prometem, entre si, pagar certa quantia àquele que acertar a opinião sobre um evento futuro.

- **características:** as dívidas de jogo ou de aposta não obrigam a pagamento; mas não se pode recobrar a quantia, que voluntariamente se pagou, salvo se foi ganha por **dolo**, ou se o perdente é **menor** ou **interdito**.

a) as dívidas de jogo e aposta são irrepetíveis, salvo se:
   1. dolosa
   2. perdente menor ou interdito
b) outrossim, não se pode pedir o **reembolso** do que se emprestou para jogo e aposta, no ato de apostar ou jogar
c) as disposições sobre o jogo e a aposta **não** se aplicam aos contratos sobre títulos de bolsa, mercadorias ou valores.

12.18. FIANÇA

- **noções gerais:** o contrato de *fiança ou caução fidejussória* caracteriza-se pela promessa feita por uma ou mais pessoas de satisfazer a obrigação assumida pelo devedor, caso este não a cumpra
- **características:**

a) trata-se de garantia pessoal, pois a garantia real ocorre quando um bem determinado é vinculado ao cumprimento da obrigação (penhor, hipoteca, etc.)
b) o terceiro que se compromete perante o credor chama-se fiador
c) o contrato de fiança é *acessório e subsidiário* da obrigação principal, aplicando-se a máxima de que nula a obrigação principal o acessório segue a mesma sorte, **exceto** se a nulidade resultar, **tão somente**, de incapacidade pessoal do devedor (relativamente ou absolutamente incapaz), disposição que **não** se aplica ao **mútuo feito a menor.**
d) admite-se a *fiança solidária*
e) **Enunciado 364 da IV Jornada de Direito Civil do CJF/STJ:** *"No contrato de fiança é nula a cláusula de renúncia antecipada ao benefício de ordem quando inserida em contrato de adesão"*.
f) o *benefício da ordem ou da excussão* não se confunde com o *benefício da divisão*; o primeiro é o direito do fiador de exigir que o credor excuta em primeiro lugar os bens do devedor; o segundo, é o direito dos fiadores conjuntos estipularem a responsabilidade de cada um *(pro rata)* na obrigação principal, reconhecendo-se por solidários se omisso o contrato de fiança dessa repartição
g) valor da fiança **pode** ser **menor** que a obrigação principal e possuir condições menos onerosas, sendo que, **convencionada em valor superior** a obrigação, o que exceder não será válido, mantendo-se livre de vícios o equivalente da obrigação afiançada
h) interessante anotar, ainda, que a fiança é ilimitada, abrangendo todos os acessórios da dívida, salvo se declarada pelo fiador que é limitada
i) além disso, tanto as dívidas **atuais**, quanto as **futuras**, podem ser objeto de fiança
j) a fiança poderá ser estipulada **sem** o consentimento do devedor, ou **contra** a sua vontade, já que se trata de negócio entre o fiador e o credor, ficando o devedor de fora dessa relação jurídica
k) contrato: acessório, unilateral, escrito ou solene, em regra gratuito e por exceção oneroso, **não** admite interpretação extensiva, admitindo-se que seja convencional, legal ou judicial
l) em relação aos **cônjuges**, a outorga **é exigida**, salvo no regime da **separação de bens**
m) **de acordo com a Súmula 332 do STJ**: *"A anulação de fiança prestada sem outorga uxória implica a ineficácia **total** da garantia"*
n) na união estável não se exige o consentimento do companheiro para a prática dos atos previstos no art. 1.647 do CC (STJ, Resp 1299894/DF). Assim, uma pessoa que viva em união estável com outra pode prestar fiança sem a necessidade de autorização de seu (sua) companheiro (a). Logo, NÃO é nula a fiança prestada por fiador convivente em união estável sem a autorização de sua companheira.
o) **Estabelece, por outro lado, a Súmula 214 do STJ:** *"O fiador na locação não responde por obrigações resultantes de aditamento ao qual não anuiu"*
p) o credor pode pedir a substituição do fiador, se este se tornar insolvente ou incapaz
q) o fiador que paga a dívida sub-roga-se nos direitos do credor
r) a morte do fiador extingue a fiança, mas a obrigação passa aos herdeiros, limitada ao tempo decorrido **até** a morte do fiador, e não pode ultrapassar as forças da herança
s) a extinção da fiança ocorre, entre outros motivos, se o credor conceder moratória ao devedor, sem o consentimento do fiador; morte do fiador, anulação judicial, etc.
t) na fiança, a responsabilidade é subsidiária; no aval, solidária e autônoma

12.19. TRANSAÇÃO

- **noções gerais:** é um negócio jurídico bilateral, pelo qual as partes interessadas, fazendo-se concessões mútuas, previnem ou extinguem obrigações litigiosas ou duvidosas (Maria Helena Diniz). Há divergência sobre a natureza jurídica da transação, formando-se duas correntes. A 1ª, de que contratual; a 2ª, *meio de extinção das obrigações*. Para esta corrente, a transação não pode ser considerada contrato, que tem por fim gerar obrigações. De fato, a transação constitui-se por acordo de vontades, e nisso aproxima-se dos contratos. Nos seus efeitos, tem natureza de pagamento indireto. O Código Civil de 2002 inclui a transação entre os contratos.

- **característica:** é lícito, por composição amigável das partes, mediante mútuas concessões, prevenirem ou terminarem obrigações ou litígios já desencadeados.

a) admitida quanto a direitos patrimoniais de caráter privado

b) interpreta-se **restritivamente**

c) por ela **não** se transmitem, apenas se declaram ou reconhecem direitos

d) não aproveita, nem prejudica senão aos que nela intervierem, **ainda** que diga respeito a coisa indivisível

e) concluída entre o credor e o devedor, desobrigará o fiador

f) **solidariedade**:

1. entre um dos credores solidários e o devedor, extingue a obrigação deste para com os outros credores
2. entre um dos devedores solidários e seu credor, extingue a dívida em relação aos codevedores

g) dada a evicção, **não** revive a obrigação extinta pela transação, restando ao evicto as perdas e danos

h) resultante de delito, não extingue a ação penal pública

i) é admissível, na transação, a pena convencional ou cláusula penal

j) é **indivisível**, pois nula qualquer das cláusulas da transação, nula será esta, salvo os direitos **independentes entre si**, embora constantes do mesmo negócio

k) **anulável:**

1. dolo
2. coação
3. erro essencial quanto à **pessoa** ou **coisa** controversa

l) **não** se anula por erro de direito, a respeito das questões que foram objeto de controvérsia entre as partes

m) **nula:**

1. se recair em litígio **sentenciado** e com **trânsito em julgado**, se algum dos transatores não tinha ciência
2. por título **ulteriormente** descoberto, se verificar que nenhum deles tinha direito sobre o objeto da transação

n) **espécies:**

1. judicial
   - escritura pública (CC, art. 108)
   - instrumento particular
2. extrajudicial
   - escritura pública

- termo nos autos, assinado pelos transigentes e homologado pelo juiz

12.20. COMPROMISSO

- **noções gerais:** é o acordo bilateral em que as partes interessadas, capazes de contratar, submetem suas controvérsias jurídicas à decisão de árbitros, comprometendo-se a acatá-las, subtraindo a demanda da jurisdição da justiça comum (Maria Helena Diniz)

- **características:**

a) a Lei 9.307/96, dispõe sobre a arbitragem

b) o compromisso pode ser:

- *judicial*
- *extrajudicial.*

c) judicial quando convencionado sobre demanda já em curso, celebrando-se por termo nos autos. Caso não exista processo em trâmite no momento de sua instituição, será *extrajudicial* (Lei 9.307/96, art. 9º).

d) é **vedado** nas questões:

1. de estado
2. de direito pessoal de família
3. e de outras que não tenham caráter **estritamente** patrimonial
4. admite-se nos contratos a cláusula compromissória, nos termos da Lei 9.307/96

13. ATOS UNILATERAIS

13.1. PROMESSA DE RECOMPENSA

- **noções gerais:** é a declaração de vontade feita por anúncio público (p. ex. TV, jornal, folhetos distribuídos), em razão da qual aquele que prometeu a recompensa ou gratificação a quem se encontrar em certa situação, ou praticar determinado ato, contrai obrigação de cumprir o prometido.

- **características:**

a) trata-se de *ato unilateral* ou *declaração unilateral de vontade* que também é fonte de obrigações, como são os atos ilícitos e os contratos, que se forma com a manifestação da vontade

b) o direito ao prêmio surge para quem fizer o serviço, ou satisfizer a condição, ainda que não pelo interesse da promessa, momento a partir do qual poderá exigir a recompensa estipulada

c) a promessa **é revogável**, antes de prestado o serviço ou preenchida a condição, com a mesma publicidade da promessa, salvo se houver **prazo assinado** para a sua execução, quando ocorre a **renúncia** à revogação durante a fluência do prazo

d) prestado o serviço ou preenchida a condição por mais de um indivíduo, a recompensa é devida ao primeiro, em razão da *"teria da prioridade"*; se for **simultânea** a execução, o quinhão será *dividido* por igual, segundo a *"teoria da divisibilidade"*; se a recompensa for **indivisível**, haverá **sorteio**, e o vencedor deverá conferir ao outro o valor de seu quinhão, como forma de manter a igualdade de partes

13.2. GESTÃO DE NEGÓCIOS

- **noções gerais:** é a intervenção de terceiro em negócio alheio, que ocorre sem o conhecimento do dono, mas a seu favor, de forma espontânea e desinteressada. Ao tempo do CC/1916, a gestão estava entre os contratos nominados. No CC/2002, o instituto foi inserido entre os atos unilaterais. A nova posição jurídica é acertada, pois a intervenção não autorizada de uma pessoa na direção dos negócios de outra definitivamente não é contrato, faltando-lhe o acordo de vontades, o prévio ajuste.

- **características:**

a) é gratuita e ratificada pura e simplesmente pelo dono do negócio, retroage (*"ex tunc"*) ao dia do começo da gestão, produzindo os efeitos do **mandato**

b) o gestor atua no interesse e na vontade presumível de seu dono, ficando responsável a este e às pessoas com que tratar. Se iniciada **contra** a vontade do interessado, responderá o gestor **até** pelos casos fortuitos, não provando que teriam sobrevindo, ainda quando se houvesse abatido

c) o gestor **responde** pelo caso fortuito quando fizer operações arriscadas, ainda que o dono costumasse fazê-las

d) quando alguém, na **ausência** do indivíduo **obrigado a alimentos**, por ele os prestar a quem se devem, poder-lhes-á reaver do devedor a importância, ainda que este não ratifique o ato, salvo se **provado** que o gestor fez essas despesas com o **simples intento** de bem-fazer

e) nas despesas do enterro, proporcionadas aos usos locais e à condição do falecido, feitas por **terceiro**, podem ser cobradas da pessoa que teria a obrigação de **alimentar a que veio a falecer**, ainda mesmo que esta **não** tenha deixado herança, salvo se **provado** que o gestor fez essas despesas com o **simples intento** de bem-fazer

f) se negócios alheios forem **conexos** ao do gestor, de tal arte que se **não** possam gerir separadamente, haver-se-á o gestor **por sócio** daquele cujos interesses agenciar de envolta com os seus

13.3. PAGAMENTO INDEVIDO

- **noções gerais:** é uma das formas de enriquecimento ilícito. Ocorre pelo pagamento feito *sem causa jurídica – a dívida ou sua extensão inexistem (indébito objetivo)* – ou por quem *não é devedor (solvens)* ou a quem *não é credor (accipiens) – indébito subjetivo* – gerando o efeito legal do dever de restituir.

- **características:**

a) seus elementos são a *voluntariedade* e o *erro de fato ou de direito*

b) nas obrigações *condicionais*, o pagamento feito antes do implemento da condição será havido por erro, o que não ocorre nas obrigações a termo, nas quais se admite a renúncia do prazo concedido em favor do devedor

c) o *direito de repetição* é o de exigir a restituição do que se pagou

d) a prova do erro de direito ou de fato, tanto no indébito objetivo quanto no subjetivo, compete a quem **pagou voluntariamente o indevido**.

e) os frutos, acessões, benfeitorias e deteriorações sobrevindas à coisa dada em pagamento indevido, aplica-se o disposto no CC/2002 sobre o possuidor de boa-fé ou de má-fé, conforme o caso

f) aquele que **indevidamente recebeu um imóvel**:

1. se alienou em **boa-fé**, por **título oneroso**, responde somente pela **quantia** recebida
2. se agiu de **má-fé**, além do valor do imóvel, responde por perdas e danos
3. se o imóvel foi alienado por **título gratuito**, ou se, alienado por **título oneroso**, o **terceiro** adquirente agiu de **má-fé**, cabe ao que pagou por erro o direito de **reivindicação**

g) aquele que recebeu de boa-fé a prestação de quem não é devedor, como parte de dívida verdadeira, e inutilizou o título, deixou prescrever a pretensão, ou renunciou as garantias que asseguram seu direito, não precisa restituir. Mas o devedor que pagou em erro terá ação regressiva contra o verdadeiro devedor e seu fiador (Maria Helena Diniz)

h) se o pagamento indevido tiver consistido no desempenho de obrigação de fazer ou para eximir-se da obrigação de não fazer, aquele que recebeu a prestação fica na obrigação de indenizar o que a cumpriu, na medida do lucro obtido

i) as dívidas prescritas ou obrigações naturais são irrepetíveis

j) não terá direito à repetição aquele que deu alguma coisa para obter fim ilícito, imoral, ou proibido por lei. Neste caso, o que se deu reverterá em favor de estabelecimento **local** de beneficência, a critério do juiz.

13.4. ENRIQUECIMENTO SEM CAUSA

- **noções gerais:** significa auferir um ganho à custa de alguém sem causa que o justifique, ou que deixou de existir, resultando no dever de restituir, **devidamente corrigido.** Por outro lado, se esse enriquecimento tiver por objeto **coisa determinada**, quem a recebeu é obrigado a **restituí-la**, e, se a coisa não existir, a restituição se fará pelo valor do bem na **época em que foi exigido.**

- **características:**

a) **Enunciado 35 da I Jornada de Direito Civil do CJF/STJ**: *"A expressão "se enriquecer à custa de outrem" do art. 886 do novo Código Civil não significa, necessariamente, que deverá haver empobrecimento"*

b) **Enunciado 188 III Jornada de Direito Civil do CJF/STJ:** *"A existência de negócio jurídico válido e eficaz é, em regra, uma justa causa para o enriquecimento".*

c) pode ocorrer o **caráter subsidiário** da restituição, se a lei conferir ao lesado outros meios para se ressarcir do prejuízo. Pelo **Enunciado 36** da I Jornada do CJF/STJ: *"O art. 886 do novo Código Civil não exclui o direito à restituição do que foi objeto de enriquecimento sem causa nos casos em que os meios alternativos conferidos ao lesado encontram obstáculos de fato".*

d) as ações *in rem verso* possuem como **requisitos**:

1. enriquecimento de um e empobrecimento de outro
2. relação de causalidade entre ambos
3. inexistência de causa jurídica, ou que tenha deixado de existir
4. inexistência de ações específicas, reconhecendo-se o caráter subsidiário

14. DA RESPONSABILIDADE CIVIL

14.1. INTRODUÇÃO

- **noções gerais: o** ato ilícito é fonte de obrigações. Todo aquele que causar dano a outrem, material ou moral, tem o dever de repará-lo. Também comete ato ilícito o titular de um direito que, ao exercê-lo, excede manifestamente os limites impostos pelo seu fim econômico ou social, pela boa-fé ou pelos bons costumes. Tradicionalmente a responsabilidade civil é baseada na conduta culposa. Apesar disso, é admitida, em algumas situações legalmente previstas, a responsabilidade objetiva. Aliás, "A responsabilidade civil decorrente do abuso do direito independe de culpa e fundamenta-se somente no critério objetivo-finalístico" (Enunciado 37). A teoria do risco, na mesma linha, admite a responsabilidade objetiva, quando a atividade normalmente desenvolvida pelo autor do dano implicar, por sua natureza, risco para os direitos de outrem. (CC/art. 927, parágrafo único).

14.2. ELEMENTOS DA RESPONSABILIDADE CIVIL

14.2.1. CONDUTA HUMANA E CULPA

- **noções geras de conduta humana:** para que ocorra o ato ilícito, será imprescindível a conduta humana, que pode ser causada por uma ação (conduta positiva) ou omissão (conduta negativa) voluntária (dolo) ou por negligência, imprudência ou imperícia (culpa). O elemento volitivo caracteriza a conduta como *fato jurígeno*. Note-se que a responsabilidade civil não se limita aos atos próprios. Além dessa regra da pessoa responder por suas próprias condutas (*direta*), são previstas hipóteses legais de responsabilidade por ato de terceiro, fato do animal, fato da coisa inanimada ou mesmo por produto colocado no mercado. São situações de responsabilidade *indireta*.

- **noções gerais de culpa:** a responsabilidade civil extracontratual decorre de uma conduta humana "culpável". Portanto, a culpa, em sentido amplo (ou genérico), que abrange o dolo e a culpa em sentido estrito (*strictco sensu*), é o segundo pressuposto da responsabilidade aquiliana.

- **graus da culpa:**

a) grave

b) leve

c) levíssima

* **Nota:** Vide CC, art. 944, parágrafo único.

- **culpa estrito sensu**:

a) imprudência: ação com falta de cuidado

b) negligência: omissão com falta de cuidado

c) imperícia: falta de qualificação ou treinamento de um profissional o desempenho de determinada função (ex: CC, art. 951)

- **espécies de dolo**:

a) direto

b) indireto

c) eventual

- **a culpa ainda pode ser:**

a) *in comitendo*: decorre de ação ou imprudência

b) *in omitendo*: advém de omissão ou negligência

c) *in vigilando*: falha de fiscalização de alguém

d) *in elegendo*: má escolha; sem habilidade ou qualificação

e) *in custodiando*: falta de cuidado da coisa

f) *culpa presumida*: a existência da culpa para fins de reparação é exigida e presumida contra o autor do dano, a quem compete, para afastar-se da responsabilidade, demonstrar que sua conduta não é culposa.

g) *culpa concorrente*: para a eclosão do evento danoso, concorreram o autor do dano e a vítima.

* **Nota:** se a vítima tiver concorrido culposamente para o evento danoso, a sua **indenização será fixada,** tendo-se em conta a **gravidade de sua culpa,** em confronto com a do autor do dano (CC, art. 945). Pelo **Enunciado 459**: *"A conduta da vítima pode ser fator atenuante do nexo de causalidade na responsabilidade civil objetiva"*.

14.2.2. NEXO DE CAUSALIDADE

- **noções gerais:** o nexo de causalidade ou nexo causal constitui o elemento imaterial ou virtual da responsabilidade civil, constituindo a relação de causa e efeito entre a conduta culposa e o risco criado e o dano suportado por alguém. (TARTUCE, Flavio. *Direito Civil. Direito das Obrigações e Responsabilidade Civil.* 8 ed. Método. São Paulo: p. 358). Trata-se de noção aparentemente fácil, mas que, na prática, enseja algumas perplexidades (...). O conceito de nexo causal não é jurídico; decorre das leis naturais. É o vínculo, a ligação ou relação de causa e efeito entre a conduta e o resultado (FILHO, Sergio Cavalieri, citado *in*: op. cit., p. 358).

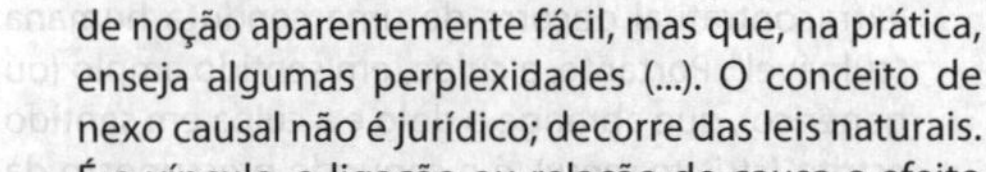

* ***Nota***:

a) ***responsabilidade subjetiva***: nexo de causalidade é formado pela conduta culposa (*lato sensu*)

b) ***responsabilidade objetiva****: nexo de causalidade é formado pela conduta, cumulada com a previsão legal de responsabilização sem culpa ou pela atividade de risco (TARTUCE, Flavio, op. cit. p. 359).*

- **principais teorias do nexo de causalidade**: as duas últimas teorias abaixo segundo a doutrina e a jurisprudência, são acolhidas pelo Código Civil. Não há unanimidade a respeito. De todo modo, fundamentam as ambas as teorias os arts. 403 e 944/945 do CC. Pelo **Enunciado 47 da I Jornada de Direito Civil do CJF/STJ,** o sistema civilista atual não exclui a teoria da causalidade adequada. O Superior Tribunal de Justiça, por sua vez, inclina-se também às duas teorias, como se ambas se completassem, vejamos: *"Na aferição do nexo de causalidade, a **doutrina majoritária** de Direito Civil adota a **teoria da causalidade adequada ou do dano direto e imediato**, de maneira que somente se considera existente o nexo causal quando o dano é efeito necessário e adequado de uma causa (ação ou omissão). Essa teoria foi acolhida pelo Código Civil de 1916 (art. 1.060) e pelo Código Civil de 2002 (art. 403)"* (REsp 1307032 / PR). São estas as teorias:

a) *teoria da equivalência das condições ou histórico dos antecedentes (sine qua non)*

b) *teoria da causalidade adequada*

c) *teoria do dano direto e imediato ou teoria da interrupção do nexo causal*

- **solução das concausas**: concausalidade é a concorrência de causas de determinado resultado. Estas **podem ser**:

a) *concomitantes ou simultâneas*: neste caso, resolve-se com a regra do art. 942, que estipula responsabilidade solidária de todos aqueles que concorram para o resultado danoso

b) *sucessivas*. Nestas, vejamos as três teorias reportadas acima:

1. *equivalência das condições* ou *dos antecedentes ou conditio sine qua non* estipulando que existindo várias circunstâncias que poderiam ter causado o prejuízo, qualquer delas poderá ser considerada causa eficiente, ou seja, se suprimida alguma delas, o resultado danoso não teria ocorrido. Por exemplo: se uma pessoa é atropelada, a causa pode ser a imperícia do condutor, mas também a constituição débil da vítima, a natureza do pavimento sobre o qual esta foi projetada, a demora de seu transporte para o hospital, a falta de meios adequados para o seu tratamento, etc. Aplicada de forma isolada, leva a resultados absurdos por provocar responsabilidades infinitas

2. *causalidade adequada*: exige que a causa seja por si mesma, apta para produzir o resultado danoso, excluindo danos decorrentes de circunstâncias extraordinárias, ou seja, o efeito deve se ajustar perfeitamente à causa

3. *causalidade imediata ou dos danos diretos e imediatos*, exige a presença entre o fato e o dano, de uma natural relação de causa e efeito, direta e imediata. É a adotada pelo nosso ordenamento, no art. 403 do

CC. Será, assim, a causa do dano, aquela que está mais próxima deste, imediatamente (sem intervalo) e diretamente (sem intermediário).

- **são excludentes totais do nexo causal**:

a) culpa exclusiva da vítima

b) culpa exclusiva de terceiro

c) caso fortuito ou de força maior

14.2.3. DANO OU PREJUÍZO

- **noções gerais:** para que se permita o pagamento de indenização, além dos elementos anteriormente vistos – a conduta, a culpa (*genérica*) quando for o caso e o nexo causal – é necessário comprovar o dano, patrimonial ou extrapatrimonial, que tenha sido suportado. O ônus da prova é do autor da ação (CPC-2015, art. 373, I). Não cabe, portanto, a reparação do *dano hipotético ou eventual*.

- **danos patrimoniais ou materiais**

a) *emergente*: patrimônio atual

b) *lucro cessante*: patrimônio futuro, que razoavelmente deixou de lucrar

c) *teoria da diferença* (danos materiais): tradicionalmente, define-se dano patrimonial como a **diferença** entre o que se tem e o que se teria, não fosse o evento danoso. A assim chamada *'teoria da diferença'*, devida à reelaboração de Friedrich Mommsen, converteu o dano numa dimensão matemática e, portanto, objetiva e facilmente calculável (Maria Celina Bodin de Moraes).

d) *teoria do interesse*: adotada majoritariamente, vincula-se o dano à lesão de um interesse juridicamente protegido. Tal entendimento possibilita a proteção não só de direitos, mas também de interesses considerados dignos de tutela. Modernamente, pois, desvincula-se o conceito de dano da noção de antijuridicidade, adotando-se critérios mais amplos, que englobam não apenas direitos (absolutos ou relativos) mas também interesses que, porque considerados dignos de tutela jurídica, quando lesionados, obrigam à sua reparação (Maria Celina Bodin de Moraes).

e) *perda de uma chance*: exige-se que seja real, atual e certa, dentro de um juízo de probabilidade, e não mera possibilidade. Assim, **não** abrange o dano potencial e incerto. Pelo **Enunciado 444:** *"A responsabilidade civil pela perda de chance não se limita à categoria de danos extrapatrimoniais, pois, conforme as circunstâncias do caso concreto, a chance perdida pode apresentar também a natureza jurídica de dano patrimonial. A chance deve ser* ***séria e real****, não ficando adstrita a percentuais apriorísticos".*

f) *dano incerto:* segundo o **STJ**, não é indenizável

g) *material futuro:* desde que concreto, é indenizável

- ***ATENÇÃO:*** a desproporção entre a gravidade da culpa e o dano autoriza o juiz a reduzir equitativamente o valor da indenização, caracterizando-se exceção à "teoria da diferença" (CC, art. 944, parágrafo único). Pelo **Enunciado 46, alterado pelo 380:** *"A possibilidade de redução do montante da indenização em face do grau de culpa do agente, estabelecida no parágrafo único do art. 944 do novo Código Civil, deve ser interpretada restritivamente, por representar uma exceção ao princípio da reparação integral do dano".*

- **danos morais**:

a) lesão a um interesse que visa à satisfação ou gozo de um bem jurídico extrapatrimonial contido nos direitos da personalidade ou nos atributos da pessoa (Carlos Roberto Gonçalves)

b) dissabor não gera dano moral

c) **segundo o Enunciado 411 da IV Jornada de Direito Civil do CJF/STJ:** *"O descumprimento de contrato pode gerar dano moral quando envolver valor fundamental protegido pela Constituição Federal de 1988".*

d) **critérios de reparação do dano moral**:

1. *compensatório*: extensão do dano e as condições pessoais da vítima
2. *punitivo*: condições econômicas e o grau de culpa do autor do dano
3. teoria *punitive damages* (**valor do desestímulo**): **STJ**: *"A aplicação irrestrita das "punitive damages" encontra óbice regulador no ordenamento jurídico pátrio que, anteriormente à entrada do Código Civil de 2002, vedava o enriquecimento sem causa como princípio informador do direito e após a novel codificação civilista, passou a prescrevê-la expressamente, mais especificamente, no art. 884 do Código Civil de 2002".* (AgRg no Ag 850.273/BA, Rel. Ministro Honildo Amaral De Mello Castro, QUARTA TURMA, julgado em 03/08/2010, DJe 24/08/2010).
4. **pelo Enunciado 379 da IV Jornada de Direito Civil do CJF/STJ:** *"O art. 944, caput, do Código Civil não afasta a possibilidade de se reconhecer a função punitiva ou pedagógica da responsabilidade civil".*
5. **segundo o Enunciado 588 da VII Jornada de Direito Civil do CJF/STJ:** *"O patrimônio do ofendido não pode funcionar como parâmetro preponderante para o arbitramento de compensação por dano extrapatrimonial".*
6. **para o Enunciado 589 da VII Jornada de Direito Civil do CJF/STJ:** *"A compensação*

pecuniária não é o único modo de reparar o dano extrapatrimonial, sendo admitida a reparação in natura, na forma de retratação pública ou outro meio".

7. **STF:** *"...dano moral. Ressarcibilidade. Dupla função da indenização civil por dano moral (reparação-sanção): (a) caráter punitivo ou inibitório ("exemplary or punitive damages") e (b) natureza compensatória ou reparatória. Doutrina. Jurisprudência. Agravo improvido"* (**Info 364**).

- **aspectos do dano moral:**

a) dano moral direto: com ofensa a bem jurídico do titular, sem reflexos a terceiros

b) dano indireto (ricochete): com ofensa direta a bem jurídico de determinada pessoa, mas seus efeitos acabam por atingir, indiretamente, a integridade moral de terceiros. É também chamado de dano moral *préjudice d'affection*, cuja reparação constitui direito personalíssimo e autônomo.

c) dano moral de pessoa jurídica de direito privado: É admitido no **STJ** (Súmula 227).

d) dano moral se houver preexistência legitima de inscrição: Não cabe indenização, segundo o **STJ** (Súmula 385), ressalvado o direito ao cancelamento.

e) dano moral coletivo e sociais: **Enunciado 456 da IV Jornada de Direito Civil:** *"A expressão "dano" no art. 944 abrange não só os danos individuais, materiais ou imateriais, mas também os danos sociais, difusos, coletivos e individuais homogêneos a serem reclamados pelos legitimados para propor ações coletivas".*

f) dano moral e estético: são cumuláveis, segundo o **STJ** (Súmula 387).

g) *teoria do desamor:* o abandono paterno-filial ou abandono afetivo, significa lesão à dignidade humana, fundada na máxima de que "amar é faculdade, cuidar é dever". Nas relações familiares, o dano moral pode envolver questões extremamente subjetivas, como afetividade, mágoa, amor e outros. O cuidado é um valor jurídico apreciável e com repercussão no âmbito da responsabilidade civil, porque constitui fator essencial – e não acessório – no desenvolvimento da personalidade da criança. Nessa linha de pensamento, é possível se afirmar que tanto pela concepção, quanto pela adoção, os pais assumem obrigações jurídicas em relação à sua prole, que vão além daquelas chamadas *necessarium vitae*. (**STJ**: 1159242).

h) *direito do esquecimento*: segundo o **Enunciado 531 da V Jornada de Direto Civil**, *"A tutela da dignidade da pessoa humana na sociedade da informação inclui o direito ao esquecimento".* De acordo a tese firmada no STF em repercussão geral (Tema 786), "É incompatível com a Constituição Federal a ideia de um direito ao esquecimento, assim entendido como o poder de obstar, em razão da passagem do tempo, a divulgação de fatos ou dados verídicos e licitamente obtidos e publicados em meios de comunicação social – analógicos ou digitais. Eventuais excessos ou abusos no exercício da liberdade de expressão e de informação devem ser analisados caso a caso, a partir dos parâmetros constitucionais, especialmente os relativos à proteção da honra, da imagem, da privacidade e da personalidade em geral, e as expressas e específicas previsões legais nos âmbitos penal e cível".

i) pelo Enunciado 587 da VII Jornada de Direito Civil do CJF/STJ: *"O dano à imagem restará configurado quando presente a utilização indevida desse bem jurídico, independentemente da concomitante lesão a outro direito da personalidade, sendo dispensável a prova do prejuízo do lesado ou do lucro do ofensor para a caracterização do referido dano, por se tratar de modalidade de dano in re ipsa".*

14.3. RESPONSABILIDADE DO INCAPAZ

- **noções gerais:** a total irresponsabilidade dos incapazes de outrora hodiernamente é *mitigada e subsidiária*. O incapaz responde pelos prejuízos que causar, se as pessoas por ele responsáveis não tiverem obrigação de fazê-lo ou não dispuserem de meios suficientes. A indenização, porém, deverá ser *equitativa*, e *não* terá lugar se privar do *necessário* o incapaz ou as pessoas que dele dependam.

14.4. ATIVIDADE LÍCITA DE RISCO

- **noções gerais:** está consagrada a responsabilidade civil objetiva que impõe o ressarcimento de prejuízo, independentemente de culpa, nos casos previstos legalmente, ou quando a atividade do lesante importar, por sua natureza, potencial risco para os direitos de outrem. A responsabilidade fundada no risco da atividade, como prevista na segunda parte do parágrafo único do art. 927 do Código Civil, configura-se quando a atividade normalmente desenvolvida pelo autor do dano causar a pessoa determinada um ônus maior que os demais membros da coletividade (DINIZ, Maria Helena. Código Civil Anotado. 16ed. Saraiva. São Paulo. 2012: p.655). De acordo com o art. 927, parágrafo único, do CC: *"Haverá obrigação de reparar o dano, independentemente de culpa, nos casos especificados em lei, ou quando a atividade normalmente desenvolvida pelo autor do dano implicar, por sua natureza, risco para os direitos de outrem".* O risco possui diversas modalidades, entre os quais destacam-se o risco-proveito, o risco-profissional, o risco-excepcional, o risco-integral. Quanto ao risco integral, trata-se da responsabilidade objetiva máxima, pois não admite a exclusão da responsabilidade, por falta do nexo de causalidade, nas hipóteses de caso fortuito ou de força maior. São exemplos, ainda: o *dano ambiental, o dano nuclear.* Para o Enunciado 448 da IV Jornada de Direito Civil: *"A regra do art. 927, parágrafo único, segunda parte, do CC aplica-se sempre que a atividade normalmente desenvolvida, mesmo sem defeito e não essencialmente perigosa, induza, por sua natureza, risco especial e diferenciado aos direitos de outrem. São critérios de avaliação desse risco, entre outros, a estatística, a prova técnica e as máximas de experiência".* Ainda sobre o instituto, ver os Enunciados 446 e 447.

14.5. RESPONSABILIDADE POR FATO DE OUTREM OU INDIRETA

- **noções gerais:** ocorre quando uma pessoa deve responder pela conduta ilícita de outra, em razão da qual resulta um dano. A relação entre o causador direto do dano e a vítima é subjetiva. Aquela entre o responsável indireto e o causador direto, é de ordem objetiva. Não se questiona se o responsável infringiu um dever de vigilância.
- **hipóteses:**

a) ***dos pais, pelos filhos menores que estiverem sob sua autoridade e em sua companhia***

1. a responsabilidade dos pais é objetiva (*teoria da substituição*)
2. exige-se autoridade e companhia. O pai sem a guarda do filho não responde (Gustavo Tepedino, Flávio Tartuce, Heloisa Helena Barbosa e José Fernando Simão). Em sentido contrário, de que **não** se exige guarda, porque ambos os pais são responsáveis pela educação do filho (Giselda Maria Fernandes Novaes Hironaka, Maria Berenice Dias e Giselda Groeninga)
3. **Enunciado 450:** *"Considerando que a responsabilidade dos pais pelos atos danosos praticados pelos filhos menores é objetiva, e não por culpa presumida, ambos os genitores, no exercício do poder familiar, são, em regra, solidariamente responsáveis por tais atos, ainda que estejam separados, ressalvado o direito de regresso em caso de culpa exclusiva de um dos genitores".*
4. **STJ**: *"... A mera separação dos pais não isenta o cônjuge, com o qual os filhos não residem, da responsabilidade em relação aos atos praticados pelos menores, pois permanece o dever de criação e orientação, especialmente se o poder familiar é exercido conjuntamente..."* (REsp 1074937/MA).
5. aquele que ressarcir o dano causado por outrem pode reaver o que houver pago daquele por quem pagou, salvo se o causador do dano for **descendente seu, absoluta ou relativamente** incapaz
6. **emancipação** (STJ. REsp 586399):
   - *voluntária ou concedida* (fornecimento de recursos): no campo da responsabilidade civil, a emancipação dos pais por concessão, aos 16 anos completos do filho, bem como quando a economia própria é possível com os recursos dos pais, gera a incidência do CC/art. 942, parágrafo único, pelo qual ambos, pais e filhos, deixam a responsabilidade exclusiva e subsidiária mitigada de lado para juntos responder **solidariamente** pelo dano
   - *legal:* fica cessada a responsabilidade dos pais por completo. (CC/art. 5º, parágrafo único).

b) ***do tutor e o curador, pelos pupilos e curatelados, que estiverem sob sua autoridade e em sua companhia***

1. a responsabilidade é solidária e decorre do *munus publico*
2. permite-se o direito de regresso

c) ***do empregador ou comitente, por seus empregados, serviçais e prepostos, no exercício do trabalho que lhes competir, ou em razão dele***

1. adota a teoria do risco-proveito
2. abrange a relação de emprego e a relação de preposição (mais ampla, compreende a prestação de serviço sob ordens)
3. **haverá exclusão da responsabilidade:**
   - vítima sabia do abuso ou desvio do empregado
   - caso fortuito e de força maior
   - se o ato foi praticado fora das atribuições

d) ***dos donos de hotéis, hospedarias, casas ou estabelecimentos onde se albergue por dinheiro, mesmo para fins de educação, pelos seus hóspedes, moradores e educandos***

1. objetiva e solidária a responsabilidade
2. afasta-se a ideia de culpa, em relação ao responsável indireto

e) ***dos que gratuitamente houverem participado nos produtos do crime, até a concorrente quantia***

1. objetiva e solidária a responsabilidade
2. quem não participou do delito, mas dele auferiu qualquer vantagem, deverão restituí-lo, em razão da vedação do enriquecimento sem causa

- ***ATENÇÃO:*** segundo o CC, art. 942, é **solidária** a responsabilidade daqueles elencados no art. 932. Todavia, a disposição é inaplicável aos incapazes, porque, quanto a estes, **em regra**, a responsabilidade é indireta e subsidiaria. Por **exceção**, conforme vimos acima, a responsabilidade do menor emancipado, desde que voluntária ou concedida, será solidária.

- **responsabilidade do menor:**

Não emancipado	os pais são responsáveis objetiva e diretamente, sem ação regressiva; se as pessoas por ele responsáveis não tiverem obrigação de fazê-lo, ou não dispuserem de meios suficientes, o menor indeniza, mas de forma **equitativa**, e não terá lugar se privar do **necessário** o incapaz ou as pessoas que dele dependem **(Responsabilidade subsidiária e mitigada)**
emancipação legal:	com a emancipação legal, cessa a responsabilidade dos pais em relação aos atos dos filhos. O emancipado, neste caso, responde diretamente pelos danos que causar. Os pais são irresponsáveis**. (Responsabilidade direta)**
emancipação voluntária direta e indireta (concedida):	segundo o STJ, a emancipação possível ao filho que se mantém com os recursos dos pais (STJ. REsp 586399), não os afasta do dever de indenizar por ato praticado; trata-se de emancipação concedida. A emancipação direta dos pais os mantém responsáveis pelos atos dos filhos menores. Em resumo, a emancipação voluntária direta e a concedida, geram a incidência do CC, art. 942, parágrafo único, pelo qual ambos, pais e filhos, são solidariamente responsáveis pelo dano. **(Responsabilidade direta e solidária).**

- **temas importantes de responsabilidade civil:**

a) a responsabilidade civil é independente da criminal; porém, não se discute no cível as questões sobre a **existência do fato**, ou sobre **quem seja o seu autor**, quando essas questões se acharem **decididas** no juízo criminal.

b) se a ofensa tiver mais de um autor, todos responderão solidariamente pela reparação

c) pela *teoria da guarda da coisa inanimada* é objetiva a responsabilidade dos proprietários das coisas, como animais e objetos, que venham a causar dano Ex. CC/art. 936, 937, 938. Admite-se a excludente, no fato exclusivo de terceiro.

d) o dono do prédio ou construção respondem pelo dano que resultar de sua ruína

e) aquele que habitar prédio, ou parte dele, responde pelo dano das coisas que dele caírem ou forem lançadas (*"effusis et dejectis"* – coisas liquidas e sólidas)

f) o credor que **demandar dívida**:

1. **paga no todo** ou pedir mais do que for devido, pagará em **dobro**, salvo prescrição
2. **em parte paga**, o equivalente do que dele exigir, salvo prescrição
3. **antes de vencida**, fora dos casos legais, deverá esperar o tempo que faltava para vencer, descontar os juros e a pagar as custas em dobro.

g) a culpa *concorrente* da vítima não exclui o dever de indenizar

h) direito de exigir reparação e a obrigação de prestá-la transmitem-se com a herança

i) a indenização por injúria, difamação ou calúnia consistirá na reparação do dano que delas resulte ao ofendido

15. DIREITOS DAS COISAS

- **noções gerais:** pela *teoria realista***,** o *direito real* é poder que decorre da relação entre o sujeito e a coisa; algumas características são próprias desse *poder*, por conferir ao titular os direitos da *exclusividade e da universalidade*, que significam o dever legal e geral de abstenção, razão pela qual é dirigido contra todos *(erga omnes)*.

- **direito real *"in faciendo"*:** é aquele voltado ao titular, porque a ele caberá uma prestação devida em função da relação que possui com a coisa, que se verifica nas obrigações *propter-rem (p. ex. em relação ao dever do condômino de contribuir para as despesas de conservação da coisa, CC/art. 1.336, I)*

- **características:** os direitos reais conferem ao seu titular:

a) duas teorias explicam a diferença entre os direitos pessoais e os direitos reais

1. *teoria unitária realista:* não aceita o dualismo, ora baseando-se na existência de um sujeito passivo universal (*teoria personalista*), ora no critério patrimonial (*teoria realista ou impersonalista*).
2. *teoria dualista ou clássica:* os direitos pessoas e os reais são distintos, pois este é relação **titular – coisa**, e aquele a relação **sujeito ativo – sujeito passivo**, tendo por objeto a prestação do segundo

b) o *jus persequendi* ou *direito de sequela*: pelo qual se reconhece a prerrogativa de exercício do direito contra o detentor da coisa

c) são *princípios dos direitos reais*: *aderência, tipicidade, taxatividade, absolutismo, publicidade ou visibilidade, perpetuidade, exclusividade, desmembramento*; de acordo com o CC/1.225 os direitos reais abrangem a propriedade e os direitos reais sobre coisa alheia, os quais se dividem em:

1. *direitos reais limitados de gozo ou fruição* (servidão, enfiteuse, usufruto, uso, habitação, etc.)
2. *direitos reais de garantia* (penhor, hipoteca, anticrese, alienação fiduciária)
3. *direitos reais de aquisição* (compromisso de compra e venda)
4. *direitos reais de interesse social* (uso para fins de moradia, etc.)

- ***ATENÇÃO:*** os direitos reais, segundo os princípios acima, são dispostos em *numerus clausus*, ou seja, somente podem ser criados por **lei ou medida provisória**. O art. 1.225, I a XIII, do Código Civil de 2002, porém, não é fonte exclusiva e única de direitos reais; logo, não é exaustivo. São previstos no sistema outros direitos reais. A título de exemplo, lembremos da *alienação fiduciária de imóveis* (Lei 9.514/97) e do *compromisso de compra e venda de lotes* (Lei 6.766/79). Por último, entrou em vigor no dia 11 de julho de 2017 a Lei n. 13.465 (anterior Medida Provisória n. 759/2016), que incluiu entre os direitos reais, no inciso XIII, do art. 1.225 do CC, o direito real de "laje".

Redação anterior do Código Civil	Nova redação do Código Civil, após as alterações da Lei n. 14.620/2023
"Art. 1.225. São direitos reais: I – a propriedade; II – a superfície; III – as servidões; IV – o usufruto; V – o uso; VI – a habitação; VII – o direito do promitente comprador do imóvel;	"Art. 1.225. São direitos reais: I – a propriedade; II – a superfície; III – as servidões; IV – o usufruto; V – o uso; VI – a habitação; VII – o direito do promitente comprador do imóvel;
VIII – o penhor; IX – a hipoteca; X – a anticrese. XI – a concessão de uso especial para fins de moradia; XII – a concessão de direito real de uso".	VIII – o penhor; IX – a hipoteca; X – a anticrese. XI – a concessão de uso especial para fins de moradia; XII – a concessão de direito real de uso; XIII – a laje; XIV – os direitos oriundos da imissão provisória na posse, quando concedida à União, aos Estados, ao Distrito Federal, aos Municípios ou às suas entidades delegadas e a respectiva cessão e promessa de cessão".

- **princípios dos direitos reais: tabela de conceitos:**

Princípios dos direitos reais	
aderência	significa vínculo entre o sujeito e a coisa
tipicidade	os direitos legais guardam os contornos e formatos previstos em lei
taxatividade	os direitos reais são somente os constantes de rol taxativo legal (*numerus clausus*).
absolutismo	oposição contra todos, com direito de sequela (*erga omnes – jus persequendi*)
publicidade ou visibilidade	serve a tal fim o registro, tornando público titular do direito real.

Princípios dos direitos reais	
perpetuidade	não uso do direito real não importa em sua perda
exclusividade	somente haverá um único direito real de igual conteúdo sobre o bem
desmembramento	os direitos reais podem ser destacados, formando os direitos reais sobre coisa alheia; extintos estes, pelo "princípio da consolidação", a propriedade volta a ser plena

15.1. POSSE

- **noções gerais:** considera-se possuidor todo aquele que tem de fato o exercício, pleno ou não, de algum dos poderes inerentes à propriedade (usar, gozar, dispor e reivindicar). É a exteriorização da propriedade, situação de fato que lei confere juridicidade.

15.2. TEORIAS SOBRE A POSSE

- **teoria subjetiva**: defendida por Savigny, reconhece que a posse se compõe de três elementos, dois subjetivos (*affectio tenendi e o animus domini*) e um objetivo (*corpus*). O *corpus* caracteriza-se pela possibilidade de exercer a detenção física da coisa, o que importa na permanente disponibilidade direta e imediata, de forma a excluir toda a intervenção humana estranha. É o **elemento externo**. O *animus ou elemento subjetivo* se converge na intenção de ter a coisa como própria, a intenção de ser dono (*animus domini*) e o agir como proprietário (*affectio tenendi*). Para a teoria subjetiva, portanto, é possuidor quem reunir em relação à coisa a seguinte fórmula: **elemento físico ou material** *(corpus)* + **agir como proprietário** *(affectio tenedi)* + **animus domini** *(intenção de ser dono)*. Os elementos subjetivos também são chamados de *morais* ou *intelectuais*. Sem eles, não haverá posse, mas detenção, situação que ocorre para quem tem a coisa em nome de outrem.

- **teoria objetiva:** Jhering, em oposição e crítica à teoria subjetiva, diz que a posse nada mais é do que proceder como proprietário, ou seja, o *animus* já está contido no comportamento de agir sobre a coisa na condição aparente, externa e visível de dono, com ou sem apreensão física da coisa. A intenção de dono, o *animus domini*, exigência da *teoria subjetiva*, é dispensada, motivo pelo qual é chamada de *teoria objetiva*. A *detenção* para *Savigny* ocorre sempre que não existir a disposição subjetiva sobre a coisa (agir como proprietário *"affectio tenendi"* + a intenção *"animus domini"*). *Jhering* afirma que à detenção e à posse concorrem os mesmos elementos *(corpus + animus)*. O que as distingue é a ausência de conformidade legal que nega à detenção os efeitos possessórios.

- ***ATENÇÃO:*** CC/2002: a *teoria objetiva* foi adotada pelo CC, art. 1.196, porque considera possuidor quem, em razão do exercício de uma posição de fato sobre a coisa, que exterioriza e confere visibilidade de proprietário.

15.2.1. ALGUMAS CLASSIFICAÇÕES DA POSSE

- **noções gerais:** a posse recebe proteção em nosso sistema como direito autônomo e independente do título, isso para se evitar a violência e assegurar a convivência social, porque uma situação aparente de dono gera a tranquilidade que o direito requer; se alguém se instala em um imóvel por mais de ano e dia, cria-se um estado de proteção conhecido por *jus possessionis*; se além da *posse* também tiver o *título transcrito*, ou for titular de outros direitos reais, tem-se o *jus possidendi ou posse casual*, ou seja, aqui a posse não é autônoma, mas decorrente de um título.

- **vejamos a classificação das espécies de posse:**

a) *direta ou indireta* (CC/art. 1.197)

b) *justa e injusta* (CC/art. 1.200). Esta divide-se em:

   1. *violenta;*
   2. *clandestina;*
   3. *precária.*

c) *de boa ou má-fé* (CC/art. 1.201)

d) *melhor posse* (art. 1.211 do CC). Não confundir com *ação de força nova ou velha*; ação de força nova ou velha é a que se baseia no tempo que decorre entre a turbação ou esbulho e o ingresso da ação possessória, para fins de concessão de liminar (CPC-2015, art. 558; CPC, art. 924)

e) *posse natural ou civil* (titulada, como *constituto possessório*)

f) *posse ad interdicta e posse ad usucapionem*

g) *posse pro diviso e pro indiviso.*

* **Nota:** de acordo com o CC/art. 1.199, *"Se duas ou mais pessoas possuírem coisa indivisa, poderá cada uma exercer sobre ela atos possessórios, contanto que não excluam os dos outros compossuidores"*. Nesta situação de ***composse***, que pode surgir de uma convenção ou herança, a proteção possessória *(autotutela e heterotutela)* é admitida de compossuidor contra o outro e contra terceiro. Admite-se a composse *pro diviso* (com divisão de fato e não de direito sobre o bem; mas com partes certas e determinadas) e a composse *pro indiviso* (não há partes certas e determinadas, mas ideal)

h) a posse com título se chama *jus possidendi* ou posse causal; a posse sem título leva o nome de *jus possessionis* ou posso autônoma.

i) *detenção* é a relação de fato sobre a coisa, mas decorrente de uma situação de dependência econômica ou de vínculo e subordinação em relação a outra pessoa (ex. zelador, caseiro). O detentor tem a **posse natural**. Assim, não pode manjar ações possessórias, mas admite-se a autotutela (legitima defesa da posse e desforço imediato). Os atos de permissão que conferir sobre a coisa não induzem a posse, e nem conferem direitos.

j) nosso sistema não distingue a *quase posse* da posse, porque se equivalem.

k) a *posse natural* e a *posse civil ou jurídica* diferenciam-se, pois, enquanto uma decorre do exercício dos poderes de fato inerentes à propriedade (CC/art. 1.196 e 1.204), a outra opera por força da lei ou relação jurídica.

15.2.2. AQUISIÇÃO E PERDA DA POSSE

- **formas de aquisição:**

a) *originária*: sem relação de causalidade

b) *derivada*: com relação de causalidade à posse anterior

- **quem pode adquirir:**

a) pela própria pessoa que a pretende ou por seu representante

b) por terceiro sem mandato, dependendo de ratificação.

- **regras e conceitos importantes:**

a) a *aquisição da posse* ocorre *desde o momento em que se torna possível o exercício, em nome próprio, de qualquer dos poderes inerentes à propriedade* (CC/art. 1.204)

b) não há fórmula ou rol de situações de fato em *numerus clausus* previstas; o CC/2002 adotou a *teria objetiva* da posse, de Jhering, segundo a qual é possuidor aquele que aparenta ser dono da coisa, uma impressão objetiva e externa; como exemplos colhidos na doutrina, citam-se a *apreensão* (apropriação unilateral de coisa sem dono, porque abandonada ou não pertencente a ninguém – *res derelicta* ou *res nullius*); *o exercício do direito; a disposição da coisa; na tradição, real, simbólica ou ficta*; no *constituto possessório (clausula constituti)*; na *traditio brevi manu.*

c) a *perda da posse* caracteriza-se quando cessa, embora contra a vontade do possuidor, o poder sobre o bem, assim considerado todo aquele que tem de fato o exercício, pleno ou não, de alguma das forças inerentes à propriedade (CC/art. 1.196).

d) a posse *transmite-se* aos herdeiros ou legatários do possuidor com os mesmos caracteres (CC/ art. 1.206)

e) sucessio possessionis: a posse é contínua e única, e necessariamente somada a anterior, porque não há novo período possessório, mas o mesmo; a transferência dessa posse é legal ou *ex lege* (CC/art. 1.207, primeira parte)

f) *acessio possessionis:* há mera faculdade de unir a posse, porque o adquirente recebe nova posse, e a união é uma faculdade (CC/art. 1.207, segunda parte).

g) entre **presentes**, de acordo com o art. 1.223 do CC, a posse é perdida quando cessa, embora contra a vontade do possuidor, o poder sobre o bem, ao qual se refere o art. 1.196.

h) entre **ausentes**, o CC/art. 1.224, diz que só se considera perdida a posse para quem não presenciou o esbulho, quando, tendo notícia dele, se abstém de retornar a coisa, ou, tentando recuperá-la, é violentamente repelido.

i) *animus rem sibi habendi* significa a intenção de ter a coisa para si; o *animus domini* a intenção de ser proprietário.

j) **tradição**:

1. *"tradição brevi manu"*: ocorre para aquele que possuía em nome alheio passa a possuir em nome próprio, em decorrência de uma relação jurídica.
2. *"longa manu"*: quando ninguém tem a posse ou poder de fato sobre a coisa transmitida, como o adquirente de um bem que passa a tê-lo a sua disposição.
3. *cláusula constituti* (*constituto possessório*): alguém, possuindo em nome próprio, passa a possuir em nome alheio, ou seja, era proprietário e, depois da venda, apesar do negócio, permanece no bem, porém na condição de locatário.

15.2.3. EFEITOS DA POSSE

- **noções gerais:** são variados os efeitos jurídicos da posse, notadamente aqueles previstos nos arts. 1.210 a 1.222 e 1.238 e seguintes do Código Civil. Estão nitidamente evidenciados **cinco** efeitos, que são:

a) a proteção possessória (autotutela e heterotutela)

b) a percepção dos frutos

c) a responsabilidade pela perda ou deterioração da coisa

d) a indenização pelas benfeitorias e o direito de retenção

e) a usucapião

- **quanto à proteção da posse, são mecanismos de defesa direta:**
- **noções gerais:** *autodefesa ou autotutela*: são previstos no art. 1.210, § 1º, do CC, pelo qual: *"o possuidor turbado, ou esbulhado, poderá manter-se ou restituir-se por sua própria força, contanto que o faça logo; os atos de defesa, ou de desforço, não podem ir além do indispensável à manutenção, ou restituição da posse".*

1. *desforço imediato* (em caso de esbulho) e;
2. *legitima defesa da posse* (no caso de turbação).
3. **requisitos comuns**:
   - *temporal*: deve fazer logo, imediatamente ou assim que possível
   - *indispensabilidade:* deve fazer uso dos meios proporcionais e moderados, sem excesso.

- ***ATENÇÃO:*** *pode o guardião da coisa exercer a autodefesa (desforço e legitima defesa), em benefício do possuidor ou representado, não em seu nome, porque exerce a autoproteção do possuidor, em razão do dever de vigilância que tem sobre a coisa enquanto exerce a detenção.*
- **heterotutela, ações tipicamente possessórias ou interditos possessórios**
- **noções gerais**: *ações possessórias em sentido estrito:* as ações possessórias podem ser de *reintegração*, *manutenção* e de *interdito proibitório*. Estão sujeitas ao rito processual dos arts. 920 e ss do CPC/1973 ou 554 e ss do CPC-2015/2015. Anotamos que se diferenciam quanto ao procedimento as *ações de posse nova* e as de *posse velha*, em razão do transcurso de *ano e dia* a partir do momento que molestada a posse. De acordo com o art. 1.212 do CC, o possuidor pode intentar a ação de esbulho, ou de indenização, contra o terceiro, que recebeu a coisa esbulhada sabendo que o era.

◊ **características:**

a) **legitimidade ativa:**

1. *possuidor*
2. *proprietário ou titular de outro direito real* **não** a possui, salvo se também tiver posse, ou for sucessor de quem detinha posse.
3. *detentor* **não** tem essa faculdade.
4. o herdeiro ou sucessor *causa mortis* continua a posse do antecessor (CC, art. 1.207, 1ª parte). Assim, deverá provar a posse do *de cujus* para os efeitos legais. Também é facultado ao sucessor a título singular unir sua posse (CC, art. 1.207, 2ª parte). Portanto, são legítimos nas condições acima.
5. o *nascituro* não tem legitimidade, porque não é possuidor, ou seja, não é titular de direitos subjetivos
6. o *possuidor direto* tem direito de defender a sua posse contra o *indireto*, e este, contra aquele (Enunciado 76 da I Jornada de Direito Civil)

b) **legitimidade passiva:**

1. é o *autor* da ameaça, turbação ou esbulho (CPC, art. 927, II e 932; CPC-2015, art. 561, II, e 567), ou quem ordenou sua prática, ou ainda, contra ambos

2. assim como o *herdeiro a título universal* pode figurar no polo ativo, a mesma razão vale para ele no passivo (CC, art. 1.207)
3. o herdeiro a *título singular ou inter vivos* deve ter má-fé, o que ocorre quando ele conhece que sua posse procede de esbulho
4. também pode figurar no polo passivo o *terceiro de má-fé* que tenha recebido a coisa esbulhada, sabendo que o era (CC, art. 1.212).
5. não se admite as ações contra *terceiro de boa-fé*, leitura *a contrario sensu* do preceito acima. Contra ele admite-se, todavia, a *ação petitória*.
6. com o CPC-2015, disciplina-se a formação do processo no caso de ação possessória em que figure no polo passivo **grande número de pessoas.** Neste caso, serão feitas a citação pessoal dos ocupantes que forem encontrados no local e a citação por edital dos demais, determinando-se, ainda, a intimação do Ministério Público e, se envolver pessoas em situação de hipossuficiência econômica, da Defensoria Pública. Para fim da citação pessoal prevista, o oficial de justiça procurará os ocupantes no local por uma vez, citando-se por edital os que não forem encontrados. Também como novidade, o juiz deverá determinar que se dê ampla publicidade da existência da ação possessória com essa qualificação no polo passivo, e dos respectivos prazos processuais, podendo, para tanto, valer-se de anúncios em jornal ou rádio locais, da publicação de cartazes na região do conflito e de outros meios (CPC-2015, art. 554, §§ 1º a 3º).
7. se o autor dos atos contrários à posse for incapaz, figurará no polo passivo o seu responsável
8. a pessoa jurídica de direito privado pode integrar o passivo da ação
9. as pessoas jurídicas de direito público podem cometer esbulho, mas a jurisprudência vem convertendo as ações possessórias manejadas contra elas em desapropriação indireta (*indenizatória*), ao fundamento de que a obra pública não poder ser demolida. Para tanto, é necessário que a petição inicial contemple pedido alternativo.
10. admitia-se a *nomeação à autoria* quando a ação fosse manejada contra o mero preposto (*detentor*), conforme o art. 62 do CPC-73. O CPC-2015 não prevê o instituto entre as hipóteses de intervenção de terceiro. A solução para essa situação é prevista no arts. 338 e 339 do CPC-2015 pelo qual o réu indicará, na contestação (15 dias úteis), se for parte ilegítima, facultando-se ao autor, no prazo de 15 dias úteis, a alteração da petição inicial, para substituição do réu, sendo devidos despesas e honorários ao réu excluído (CPC-2015, art. 338, parágrafo único). Ao réu original ainda incumbe o dever de apontar o sujeito passivo da relação jurídica, se souber quem seja, podendo responder por despesas e indenização, se souber e deixar de indicar (CPC-2015, art. 339, *caput*).
11. também se admitia ao possuidor direto *denunciar à lide* o indireto (CPC-73, art. 70, II). Contudo, essa hipótese foi excluída do CPC-2015;
12. todos os casos de nomeação à autoria e um dos casos de denunciação da lide (CPC-73, art. 70, II) foram excluídos no CPC-2015. Com isso, a partir da vigência do novel diploma, fora as situações em que, na contestação, o réu pode alegar ser parte ilegítima, será indeferida a parte for **manifestamente** ilegítima (CPC-2015, art. 330, II).

c) **pedido:**

1. pode ser cumulado com perdas e danos (CPC, art. 921, I)
2. com o CPC-2015, pode-se cumular, a indenização das perdas e danos e dos frutos (art. 555, I e II)
3. também no CPC-2015, pode o autor requerer, ainda, imposição de medida necessária e adequada para evitar nova turbação ou esbulho e cumprir-se a tutela provisória ou final (CPC-2015, art. 555, parágrafo único, I e II)

d) **aspectos gerais:**

1. as ações possessórias estão sujeitas ao *princípio da fungibilidade* (CPC, art. 920; CPC-2015, art. 554)
2. os *pedidos podem ser cumulados*, conforme já antecipamos acima (CPC, art. 921; CPC-2015, art. 554)
3. no caso de ação possessória em que figure no polo passivo grande número de pessoas, serão feitas a citação pessoal dos ocupantes que *forem encontrados no local* e a citação por *edital* dos demais, determinando-se, ainda, a intimação do Ministério Público e, se envolver pessoas em situação de hipossuficiência econômica, da Defensoria Pública. Para fim da citação pessoal prevista, o oficial de justiça procurará os ocupantes no local *por uma vez*, citando-se por edital os que não forem encontrados.

Também como novidade, o juiz deverá determinar que se dê ampla publicidade da existência da ação possessória com essa qualificação no polo passivo, e dos respectivos prazos processuais, podendo, para tanto, valer-se de anúncios em jornal ou rádio locais, da publicação de cartazes na região do conflito e de outros meios (CPC-2015, art. 554, §§ 1º a 3º)

4. possuem *caráter dúplice* (CPC, art. 922; CPC-2015, art. 556)

5. o *juízo possessório* e o *petitório* distinguem-se: naquele discute-se a posse autônoma ou formal (*jus possessionis*), neste a posse casual, ou seja, aquela de decorre dos direitos reais, de propriedade ou outro (*jus possidendi*). Ao tempo do CC/1916, no *juízo possessório* admitia-se a discussão sobre o domínio (*exceptio dominii*), quando duvidosa a posse ou se a discussão era fundada em título de domínio, época que foi editada a Súmula 487 do STF. Com o novo CC/2002, a *exceptio proprietatis* foi extinta de vez, ao dispõe o art. 1.210, § 2º, que: *"Não obsta à manutenção ou reintegração na posse a alegação de propriedade, ou de outro direito sobre a coisa"*. Lado outro, segundo o art. 923 do CPC/1973, *"Na pendência do processo possessório, é defeso, assim ao autor como ao réu, intentar a ação de reconhecimento do domínio"*. Interpretando o preceito, a jurisprudência limita sua aplicação aos casos de ações possessórias cuja posse é discutida com base nos títulos de domínio, não, portanto, às situações em que as partes alegam posse de fato (*jus possessionis*). O CPC-2015/2015, no art. 557, *caput*, traz redação semelhante, salvo em sua parte final. Vejamos: *"Na pendência de ação possessória é vedado, tanto ao autor quanto ao réu, propor ação de reconhecimento do domínio,* ***exceto se a pretensão for deduzida em face de terceira pessoa****"* (o negrito é meu). Portanto, o entendimento consolidado com relação à 1ª parte do dispositivo continua o mesmo. Assim, se a posse é discutida com fundamento em título, afasta-se a possibilidade de existir ação paralela de reconhecimento de domínio entre eles, mas se faculta ação em face de *terceiro*.

6. *ação de força nova e ação de força velha*: de acordo com o art. 924 do **antigo** Código de Processo Civil: *"Regem o procedimento de manutenção e de reintegração de posse as normas da seção seguinte,* ***quando intentado dentro de ano e dia*** *da turbação ou do esbulho; passado esse prazo,* ***será ordinário****, não perdendo, contudo, o caráter possessório"* (grifo meu). De início, o CPC/1973 afirmava que o procedimento comum era ordinário ou sumário (art. 272). No CPC/2015, todavia, não haverá essa dicotomia, mas apenas um procedimento de conhecimento, com forte inspiração no rito sumário, diz o art. 318. Notadamente em relação ao rito das possessórias, o art. 557 do CPC-2015 traz essa inovação legislativa em relação ao Código Bizaid: *"Regem o procedimento de manutenção e de reintegração de posse as normas da Seção II deste Capítulo* ***quando a ação for proposta dentro de ano e dia*** *da turbação ou do esbulho afirmado na petição inicial. Parágrafo único. Passado o prazo referido no caput,* ***será comum o procedimento****, não perdendo, contudo, o caráter possessório"*. Se a ação for proposta **dentro de ano e dia** (*força nova*), aplica-se o rito especial das ações possessórias, com a possibilidade de concessão de liminar *inaudita altera parte* ou mediante justificação prévia. Se a ação for proposta **passado esse prazo**, o autor poderá propor a ação possessória, porém, deverá observar o "rito ordinário – 1973" ou "comum – 2015", sem liminar.

7. *prestação de caução*: admite-se que, concedida a liminar ao autor, possa o réu exigir daquele a prestação de caução, desde que prove sua falta de idoneidade financeira (CPC/1973, art. 925; CPC-2015/2015, art. 559).

◊ **CPC-2015:** a seguir, a tabela comparativa dos ritos especiais das possessórias de manutenção, reintegração e interdito proibitório, entre o antigo e o CPC-2015.

Antigo Código de Processo Civil	Novo Código de Processo Civil
"Art. 926. O possuidor tem direito a ser mantido na posse em caso de turbação e reintegrado no de esbulho. Art. 927. Incumbe ao autor provar: I – a sua posse; II – a turbação ou o esbulho praticado pelo réu; III – a data da turbação ou do esbulho; IV – a continuação da posse, embora turbada, na ação de manutenção; a perda da posse, na ação de reintegração.	"Art. 560. O possuidor tem direito a ser mantido na posse em caso de turbação e reintegrado em caso de esbulho. Art. 561. Incumbe ao autor provar: I – a sua posse; II – a turbação ou o esbulho praticado pelo réu; III – a data da turbação ou do esbulho; IV – a continuação da posse, embora turbada, na ação de manutenção, ou a perda da posse, na ação de reintegração.

Antigo Código de Processo Civil	Novo Código de Processo Civil
Art. 928. Estando a petição inicial devidamente instruída, o juiz deferirá, sem ouvir o réu, a expedição do mandado liminar de manutenção ou de reintegração; no caso contrário, determinará que o autor justifique previamente o alegado, citando-se o réu para comparecer à audiência que for designada.	Art. 562. Estando a petição inicial devidamente instruída, o juiz deferirá, sem ouvir o réu, a expedição do mandado liminar de manutenção ou de reintegração, caso contrário, determinará que o autor justifique previamente o alegado, citando-se o réu para comparecer à audiência que for designada.
Parágrafo único. Contra as pessoas jurídicas de direito público não será deferida a manutenção ou a reintegração liminar sem prévia audiência dos respectivos representantes judiciais.	Parágrafo único. Contra as pessoas jurídicas de direito público não será deferida a manutenção ou a reintegração liminar sem prévia audiência dos respectivos representantes judiciais.
Art. 929. Julgada procedente a justificação, o juiz fará logo expedir mandado de manutenção ou de reintegração.	Art. 563. Considerada suficiente a justificação, o juiz fará logo expedir mandado de manutenção ou de reintegração.
Art. 930. Concedido ou não o mandado liminar de manutenção ou de reintegração, o autor promoverá, nos 5 (cinco) dias subsequentes, a citação do réu para contestar a ação.	Art. 564. Concedido ou não o mandado liminar de manutenção ou de reintegração, o autor promoverá, nos 5 (cinco) dias subsequentes, a citação do réu para, querendo, contestar a ação no prazo de 15 (quinze) dias.
Parágrafo único. Quando for ordenada a justificação prévia (art. 928), o prazo para contestar contar-se-á da intimação do despacho que deferir ou não a medida liminar.	Parágrafo único. Quando for ordenada a justificação prévia, o prazo para contestar será contado da intimação da decisão que deferir ou não a medida liminar.
Art. 931. Aplica-se, quanto ao mais, o procedimento ordinário".	Art. 565. No litígio coletivo pela posse de imóvel, quando o esbulho ou a turbação afirmado na petição inicial houver ocorrido há mais de ano e dia, o juiz, antes de apreciar o pedido de concessão da medida liminar, deverá designar audiência de mediação, a realizar-se em até 30 (trinta) dias, que observará o disposto nos §§ 2º e 4º.
Seção III Do Interdito Proibitório "Art. 932. O possuidor direto ou indireto, que tenha justo receio de ser molestado na posse, poderá impetrar ao juiz que o segure da turbação ou esbulho iminente, mediante mandado proibitório, em que se comine ao réu determinada pena pecuniária, caso transgrida o preceito.	§ 1º Concedida a liminar, se essa não for executada no prazo de 1 (um) ano, a contar da data de distribuição, caberá ao juiz designar audiência de mediação, nos termos dos §§ 2º a 4º deste artigo.
Art. 933. Aplica-se ao interdito proibitório o disposto na seção anterior".	§ 2º O Ministério Público será intimado para comparecer à audiência, e a Defensoria Pública será intimada sempre que houver parte beneficiária de gratuidade da justiça.

Antigo Código de Processo Civil	Novo Código de Processo Civil
	§ 3º O juiz poderá comparecer à área objeto do litígio quando sua presença se fizer necessária à efetivação da tutela jurisdicional.
	§ 4º Os órgãos responsáveis pela política agrária e pela política urbana da União, de Estado ou do Distrito Federal e de Município onde se situe a área objeto do litígio poderão ser intimados para a audiência, a fim de se manifestarem sobre seu interesse no processo e sobre a existência de possibilidade de solução para o conflito possessório.
	§ 5º Aplica-se o disposto neste artigo ao litígio sobre propriedade de imóvel.
	Art. 566. Aplica-se, quanto ao mais, o procedimento comum".
	Seção III Do Interdito Proibitório "Art. 567. O possuidor direto ou indireto que tenha justo receio de ser molestado na posse poderá requerer ao juiz que o segure da turbação ou esbulho iminente, mediante mandado proibitório em que se comine ao réu determinada pena pecuniária caso transgrida o preceito.
	Art. 568. Aplica-se ao interdito proibitório o disposto na Seção II deste Capítulo".

◊ **ações afins dos interditos possessórios:** as ações tipicamente possessórias são as de manutenção, reintegração e interdito proibitório. Todavia, há outros procedimentos que de forma direta ou indireta também são utilizados para a proteção possessória. Tais ações, portanto, não são possessórias, pois o pedido funda-se em direito de propriedade, em obrigações de devolução da coisa ou na proteção contra atos judiciais de constrição. As ações são as seguintes:

a) *ação de imissão na posse*, **ex**: proprietário que tem o domínio, mas **nunca teve** a posse do bem, sendo proposta contra o **alienante**, para consolidar o *jus possidendi*. A matéria de defesa é limitada à nulidade de aquisição ou na justa causa para a retenção da coisa

b) *ação reivindicatória*, **ex**: proprietário que **perde** o domínio e a posse do bem, sendo manejada contra o **detentor**. A defesa é ampla, abrangendo qualquer tema que se relacione ao domínio e a posse perdidos

c) *nunciação de obra nova*: as hipóteses são aquelas previstas no art. 934 do CPC/1973. No **CPC-2015** a ação em questão foi excluída, devendo a situação concreta ser resguardada ou protegida por meio de ações que seguirão o procedimento comum previsto, com a possibilidade de utilização das tutelas provisórias, cabíveis em cada caso, para proteção de situações de urgência, em que se demonstre o risco de dano irreparável e de difícil reparação.

d) *embargos de terceiro*: por meio deles o titular do domínio e o possuidor podem utilizar para a defesa da posse. Difere-se das ações possessórias, em razão daquele que efetua a privação do bem. Nos embargos é uma ordem judicial, executada por oficial de justiça, que apesar de lícita, priva a posse do terceiro que não é parte do processo, e nas possessórias o particular.

- **a percepção dos frutos, a responsabilidade pela perda ou deterioração da coisa e a indenização pelas benfeitorias e o direito de retenção:**

	Possuidor de boa-fé	Possuidor de má-fé:
Frutos:	• aos frutos percebidos • os frutos pendentes ao tempo em que cessar a boa-fé, devem ser restituídos, depois de deduzidas as despesas da produção e custeio • os frutos colhidos com antecipação também devem ser restituídos **lembre-se:** • os frutos civis reputam-se percebidos dia por dia • os frutos naturais e os industriais reputam-se colhidos e percebidos, **logo que são separados**	• responde por todos os frutos colhidos e percebidos, bem como pelos que, por culpa sua, deixou de perceber, desde o momento em que se constituiu de má-fé • terá direito às despesas da produção e custeio
perda ou deterioração do bem	• não responde pela perda ou deterioração da coisa, a que não der causa	• responde pela perda, ou deterioração da coisa, ainda que acidentais, salvo se provar que de igual modo se teriam dado, estando ela na posse do reivindicante

	Possuidor de boa-fé	Possuidor de má-fé:
benfeitorias:	• tem direito à indenização das benfeitorias **necessárias e úteis**, e ainda, o direito de retenção por elas • **quanto às voluptuárias**, se não lhe forem pagas, a levantá-las, quando o puder sem detrimento da coisa	• serão ressarcidas **somente** as benfeitorias **necessárias** • **não lhe assiste** o direito de retenção pela importância destas, nem o de levantar as voluptuárias

15.3. PROPRIEDADE

- **noções gerais:** direito real mais completo dos direitos reais, pois reúne em si os direitos de usar, gozar e dispor de um bem, ou reavê-lo de quem injustamente o possua ou detenha. Possui limitações, algumas ditadas pelos direitos de vizinhança e outras, talvez as mais importantes, pela função social da propriedade, ou finalidade econômico-social.
- **classifica-se em:**

a) *plena:* quando todos os elementos acima estão reunidos numa só pessoa, física ou jurídica

b) *limitada*: se algum daqueles direitos estiver destacado a pessoa diversa. **Neste caso:**

1. nua-propriedade ou domínio direto: é a situação jurídica do senhorio, titular do bem, aquele que o tem em seu nome.
2. domínio útil: titular dos direitos de usar, gozar, como o usufrutuário.

15.3.1. DESCOBERTA

- **noções gerais:** segundo o art. 1.233 do CC: "Quem quer que ache coisa alheia perdida há de restituí-la ao dono ou legítimo possuidor. Parágrafo único. Não o conhecendo, o descobridor fará por encontrá-lo, e, se não o encontrar, entregará a coisa achada à autoridade competente". No Cód. Civil de 1916 a descoberta era um dos modos de aquisição e perda da propriedade, como o nome de "invenção". Todavia, a descoberta, tecnicamente, não é um dos modos de aquisição da propriedade, porque o descobridor deve restituir a coisa. Assim, a descoberta é achado de coisa perdida, e não coisa abandonada. Vale lembrar que o Cód. Penal, no art. 169, II, tipifica a conduta de apropriação de coisa achada e a não entrega à autoridade competente ou ao seu dono, no prazo de 15 dias. Por sua vez, estabelece o art. 1.234 do CC: Aquele que restituir a coisa achada, nos termos do artigo antecedente, terá direito a uma recompensa não inferior a cinco por cento do seu valor, e à indenização pelas despesas que houver feito com a conservação e transporte da coisa, se o dono não preferir abandoná-la. Parágrafo único. Na determinação do montante da recompensa, considerar-se-á o esforço desenvolvido pelo descobridor para encontrar o dono, ou o legítimo possuidor, as possibilidades que teria este de encontrar a coisa e a situação econômica de ambos". Apesar da obrigação de restituição, ao descobridor é assegurada uma recompensa, que leva o nome de *achádego*, de 5% do valor do bem, sem prejuízo da indenização das despesas feitas com a conservação e o transporte da coisa. Contudo, se o dono abrir mão da coisa, abandonando-a, o descobridor para logo adquire-lhe a propriedade, pelo instituto da ocupação (CC, art. 1.263), caso em que não fará jus à recompensa. O descobridor será responsável pela coisa achada, e responderá ao proprietário ou possuidor, se proceder com dolo, deixando de tomar os cuidados necessários para conservá-la. O descobridor não é obrigado a recolher a coisa, mas, se o fizer, deverá empenhar-se para resguarda sua integridade (CC, art. 1.235). Entregue a coisa à autoridade, dar-se-á conhecimento da descoberta através da imprensa e outros meios de informação, somente expedindo editais se o seu valor os comportar (CC, art. 1.237). Com relação à destinação do bem, decorridos 60 dias da divulgação da notícia pela imprensa, ou do edital, não se apresentando quem comprove a propriedade sobre a coisa, será esta vendida em hasta pública e, deduzidas do preço as despesas, mais a recompensa do descobridor, pertencerá o remanescente ao Município em cuja circunscrição se deparou o objeto perdido. Sendo de diminuto valor, poderá o Município abandonar a coisa em favor de quem a achou (CC, art. 1.237).

- **características:**
  a) a *descoberta* recai sobre coisa móvel perdida;
  b) resulta em uma obrigação de *restituir;*
  c) o descobridor que o fizer, entregando a coisa ao dono, terá direito a uma recompensa, como prêmio pela honestidade, não inferior a 5% do valor da coisa, chamada de *achádego*, sem prejuízo de eventual indenização pelas despesas de conservação da coisa;
  d) se o dono preferir, poderá abandonar a coisa, modo voluntário de perda da propriedade.

A *descoberta* não é considerada, inicialmente, como um dos modos de aquisição da propriedade, em função do dever de restituir. Todavia, se o dono, para eximir-se do pagamento do *achádego* ou *indenização,* preferir abandonar a coisa, o descobridor adquire a propriedade, por ser *res derelictae* (coisa abandonada).

15.3.2. AQUISIÇÃO DA PROPRIEDADE IMÓVEL

- **noções gerais:** assim como ocorre em relação à posse, a aquisição da propriedade pode ser *originária* ou *derivada.* Será *originária* quando inexistir qualquer solução de continuidade ou transferência entre os titulares anterior e o posterior, o que ocorre na usucapião, por exemplo, em que a causa da aquisição é desvinculada por completo do domínio que pertencia ao antigo titular. Na *derivada* ocorre o inverso, pois ocorre a transferência do direito anterior, em função da manifestação da vontade das partes. É importante distinção, em razão dos vícios, atributos e limitações que **não** acompanham a propriedade na aquisição originária, mas são transferidos com a coisa ao adquirente na derivada.

- **alguns modos de aquisição da propriedade imóvel**:
  a) *usucapião*
  b) *registro*
  c) *direito hereditário*
  d) *acessão:*
     1. por formação de ilhas
     2. por aluvião
     3. por avulsão
     4. por abandono de álveo
     5. por plantações ou construções

- **usucapião:**
  a) noções gerais: *usucapião ou prescrição aquisitiva* é modo originário de aquisição da propriedade e outros direitos reais, como as servidões, em decorrência da posse prolongada de tempo, além de outros pressupostos legais *(coisa apta a ser usucapida; posse; boa-fé; tempo; justo título).* Segundo o STJ, o tempo para ter direito à propriedade de um imóvel em uma ação de usucapião começa a contar a partir da primeira posse. As causas impeditivas, suspensivas, e interruptivas da *prescrição extintiva* se aplicam à *aquisitiva*, de acordo com o CC, art. 1.244. Durante a pandemia de Covid-19 foi publicada a Lei n. 14.010, de 2020, **suspendendo**, no tempo indicado, os prazos de aquisição para a propriedade imobiliária (imóveis) ou mobiliária (móveis), em todas as espécies de usucapião. Há divergência a respeito do **termo inicial** dessa suspensão, formando-se três correntes: **1ª corrente**: no dia 12 de junho de 2020, quando a lei entrou em vigor (art. 10); **2ª corrente**: regra especial prevista no art. 1º, parágrafo único, da L. 14.010/20, estabelece como termo inicial dos eventos derivados do coronavírus o dia 20 de março de 2020; **3ª corrente**; conforme a Portaria GM/MS nº 188/2020, publicada no dia 03 de fevereiro de 2020, o reconhecimento da pandemia já impunha óbices para os titulares exercerem os seus direitos violados. Com relação ao **termo final**, os efeitos perduraram até o 30 de outubro de 2020. A sentença proferida na ação de usucapião tem natureza *declaratória* (CC, art. 1.241).

b) É **subsidiária** a suspensão dos prazos prescricionais previstos na L. 14.010/20, mesmo aquele do art. 10, que diz respeito à prescrição aquisitiva. Isto porque o art. 1.244 do CC estende ao possuidor o disposto quanto ao devedor acerca das causas que obstam, suspendem ou interrompem a prescrição. Logo, a regra do art. 3º, § 1º, da RJET, ao afirmar que o impedimento e a suspensão dos **prazos prescricionais** apenas terão incidência quando **não perdurarem** as **hipóteses específicas** de impedimento, suspensão e interrupção dos prazos prescricionais previstas no ordenamento jurídico nacional (ex: art. 198, I, do CC-2002), devem, igualmente, ser aplicada às hipóteses de usucapião.

c) **CPC-2015 (*procedimento comum*)**: o diploma emergente não mais prevê um tratamento específico da ação de usucapião (*rito especial*), como previa o Código de Processo Civil de 1973, arts. 941 a 945. Todavia, duas regras esparsas constam do novel CPC. Com efeito, dispõe o art. 246, § 3º: *"Na ação de usucapião de imóvel, os* ***confinantes serão citados pessoalmente****, exceto quando tiver por objeto unidade autônoma de prédio em condomínio, caso em que tal citação é dispensada"*. A exceção de citação pessoal é novidade que não constava do antigo CPC. Mais adiante, no art. 259, I, preceitua o CPC/2015: *"Serão publicados editais: I – na ação de usucapião de imóvel"*. Com relação à **usucapião de imóvel, será utilizado o procedimento comum**. É o que determina o art. 318 do CPC-2015, segundo o qual *"Aplica-se a todas as causas o procedimento comum, salvo disposição em contrário deste Código ou de lei"*. A parte final abre exceção ao procedimento comum do CPC-2015 quando o próprio Código de Processo Civil ou outras leis estabelecerem um procedimento especial, o que é reforçado pelo art. 1.046, § 2º, das disposições finais e transitórias. Como vimos no início, o Código deixa de adotar um rito especial da ação de *usucapião de bens imóveis* (*ordinária e extraordinária*). No entanto, são variadas as modalidades de usucapião, sendo que as regras procedimentais específicas previstas na legislação extravagante para as variantes de *usucapião constitucional* (*rural ou agrário* e *urbana individual*) e para a *usucapião coletiva* continuam a valer.

d) **CPC-2015 (*usucapião em defesa*)**: estabelece a Súmula 237 do STF: *"O usucapião pode ser arguido em defesa"*. O CPC-2015 não prejudicará o conteúdo sumulado. Dentro dessa ótica, o Enunciado 315 da IV Jornada de Direito Civil do CJF/STJ prescreve: *"O art. 1.241 do Código Civil permite ao possuidor que figurar como réu em ação reivindicatória ou possessória formular pedido contraposto e postular ao juiz seja declarada adquirida, mediante usucapião, a propriedade imóvel, valendo a sentença como instrumento para registro imobiliário, ressalvados eventuais interesses de confinantes e terceiros"*. Verificada a improcedência da ação, a sentença serve como título a ser registrado CRI, em favor do réu, **apenas** quando se tratar de *usucapião especial rural* (Lei 6.969/81, art. 7º) e *usucapião especial urbana coletiva* (Lei 10.257/2001, art. 13), e **não** nas demais modalidades, como por exemplo, a usucapião ordinária ou extraordinária.

e) **CPC-2015 (*participação do Ministério Público*)**: ainda quanto ao rito comum do CPC-2015, fica a discussão sobre a participação **obrigatória** do Ministério Público nas ações de **usucapião individual**, tendo em vista que não foi reproduzido o art. 944 do CPC. O Conselho Nacional do Ministério Público, por meio da **recomendação** n. 16, de 28 de abril de 2010, estabeleceu no art. 5º, *caput*, e inciso XI, *"Perfeitamente identificado o objeto da causa e respeitado o princípio da independência funcional, é* ***desnecessária a intervenção ministerial*** *nas seguintes demandas e hipóteses: XI –* ***Ação de usucapião de imóvel regularmente registrado****, ou de* ***coisa móvel****, ressalvadas as hipóteses da Lei nº 10.257, de 10 de julho de 2001"*. Portanto, não se tratando deste exceção constante da recomendação, naqueles casos de *"litígios coletivos pela posse da terra rural ou urbana"* (CPC-2015, art. 178, III) ou quando a situação concreta evidenciar que a participação do Ministério Público tem por finalidade *"(...) a defesa da ordem jurídica, do regime democrático e dos interesses e direitos sociais e individuais indisponíveis"* (CPC-2015, art. 176), a participação do Ministério Público é meramente facultativa, exceto nas situações colocadas, quando será obrigatória.

f) **CPC-2015 (*usucapião administrativa ou extrajudicial*)**: O CPC-2015, no art. 1.071, acrescentou o art. 216-A à Lei 6.015/73 (Lei dos Registros Públicos), permitindo que a **usucapião se processo pela via extrajudicial**, em sintonia com o viés de desjudicialização dos conflitos civis.

A **aquisição originária** da propriedade pela via administrativa, todavia, não é novidade no ordenamento jurídico, sendo inaugurada pelo art. 60 da Lei 11.977/2009, a "Lei Minha Casa, Minha Vida". Por esse preceito, se admite **requerer ao oficial de registro** de imóveis a conversão do título de legitimação de posse em usucapião especial ou constitucional urbana.

Com o novo Código de Processo Civil, todavia, prescinde-se do título de legitimação de posse, e **qualquer modalidade de usucapião** pode tramitar pela via administrativa ou extrajudicial, não se tratando, por lado outro, de uma via obrigatória, mas sim facultativa, daquele que pretende ver reconhecido o direito à prescrição aquisitiva.

A usucapião implica a aquisição da propriedade ou de um direto real por alguém que, durante o tempo fixado na lei, variável de acordo com a espécie de que se trata, mantém a posse de um bem móvel ou imóvel.

A decisão que reconhece a **aquisição da propriedade** por **usucapião possui natureza declaratória, prevalecendo** esse modo de aquisição originária sobre quaisquer outros direitos reais que recaiam sobre o bem.

Isso porque, com a aquisição do domínio pela **usucapião**, desaparecem todos os gravames constituídos sobre o imóvel, antes ou depois, do início da posse *ad usucapionem*, seja porque a sentença apenas declara a **usucapião** com efeitos *ex tunc*, seja porque a **usucapião** é forma originária de aquisição de propriedade, não decorrente da antiga e não guardando com ela relação de continuidade.

Nesse sentido:

- REsp. 620.610/DF.

Não é demais recordar que as diversas modalidades de usucapião possuem requisitos comuns ou gerais, e outros próprios e específicos.

De todo modo, com relação ao **justo título** e à **boa-fé**, em se tratando de aquisição originária por usucapião extraordinária, que, para sua configuração, exige um tempo mais prolongado da posse (no CC, de dezesseis, vinte anos; no CC, de 2002, quinze anos), em comparação com as demais modalidades de **usucapião,** a ela dispensam-se estas. Porém, a exigência decorre de outras modalidades, como a usucapião ordinária (CC, arts. 1.238 e 1.242).

O fenômeno da *"desjudicialização"*, por outro lado, não é novo em nosso ordenamento jurídico. Exemplos não faltam. O art. 26, § 6º, da Lei 6.766/1979,[7] dispensa a propositura de ação de adjudicação compulsória na hipótese em que o compromitente comprador de lote urbano ou seu sucessor comprove a quitação. Nessa hipótese, é suficiente formular o requerimento ao oficial de Registro de Imóveis.

A retificação do registro imobiliário é também admitida pela via **não judicial**, no art. 212 da Lei 6.015/1973, feita pelo próprio oficial de Registro Imobiliário, em determinadas condições, a saber: "se o registro ou a averbação for omissa, imprecisa ou não exprimir a verdade, a retificação será feita pelo oficial do Registro de Imóveis competente, a requerimento do interessado, por meio do procedimento administrativo previsto no art. 213, facultado ao interessado requerer a retificação por meio de procedimento judicial".

A usucapião administrativa possui a finalidade de facilitar a transformação da posse em propriedade, em cumprimento ao direito de moradia previsto no art. 6º, caput, da Constituição Federal.

Com o CPC-2015, portanto, **qualquer modalidade de usucapião** sobre bens imóveis, inclusive lotes urbanos ou rurais, pode tramitar na esfera administrativa, tratando-se de uma faculdade do interessado, e não uma via obrigatória.

Com relação ao **procedimento a ser observado**, o interessado deverá representar-se por advogado. Caso o "interessado" (e não a "parte") seja hipossuficiente, a Defensoria Pública fará esse papel (CPC-2015, art. 185).

Trata-se de procedimento de tramitação **obrigatoriamente** perante a serventia imobiliária da **situação do imóvel**, instruído o pedido dos **documentos exigidos** nos incisos I a III do art. 216-A da Lei 6.015, de 1973.

O primeiro deles é a **ata notarial,** prevista no art. 384 do CPC/2015, novidade entre os meios de prova típicos. Admite-se que "a existência e o modo de existir de algum fato podem ser atestados ou documentados, a requerimento do interessado, mediante ata lavrada por tabelião". Na usucapião pela via extrajudicial, a ata notarial lavrada pelo **tabelião** (e não oficial de Registro) atestará o **tempo de posse** do requerente e seus antecessores. Trata-se de documento indispensável.

Devem instruir o pedido o **justo título** ou **quaisquer outros documentos** que demonstrem a origem, a continuidade, a natureza e o tempo da posse, tais como o pagamento dos impostos e das taxas que incidirem sobre o imóvel.

É indispensável, ainda, que o interessado faça juntar a **planta** e o **memorial** descritivo assinado por **profissional legalmente habilitado**, com **prova de anotação de responsabilidade técnica** no respectivo conselho de fiscalização profissional, e pelos **titulares de direitos reais** e de **outros direitos registrados** ou **averbados** na matrícula do imóvel usucapiendo **ou** na matrícula dos imóveis confinantes.

Caso a planta **não contenha** a assinatura de qualquer um dos titulares de direitos reais e de outros direitos registrados ou averbados na matrícula do imóvel usucapiendo e na matrícula dos imóveis confinantes, esse será **notificado** pelo **registrador competente**, **pessoalmente** ou pelo **correio** com **aviso de recebimento**, para manifestar seu consentimento expresso em **quinze dias**, interpretado o seu silêncio como concordância.

Por último, as **certidões negativas** dos distribuidores da comarca da situação do imóvel e do domicílio do requerente também devem acompanhar o pedido.

O pedido de usucapião administrativo será autuado pelo registrador, **prorrogando-se** o prazo da **prenotação** até o acolhimento ou a rejeição do pedido, ainda que a documentação não esteja em ordem por omissão (Lei 6.015/1973, art. 216-A, § 1º).

Lembre-se que, em regra, **cessarão automaticamente** os efeitos da prenotação se, decorridos **30 dias** do seu lançamento no protocolo, o **título** não tiver sido registrado por **omissão do interessado** em atender às exigências legais (Lei 6.015/1973, art. 205, *caput*).

Nos procedimentos de **regularização fundiária de interesse social**, os efeitos da prenotação cessarão decorridos **60 dias** de seu lançamento no protocolo (Lei 6.015, art. 205, parágrafo único).

7. Lei 6.766/1979, art. 26, § 6º: "Os compromissos de compra e venda, as cessões e as promessas de cessão valerão como título para o registro da propriedade do lote adquirido, quando acompanhados da respectiva prova de quitação."

Cabe ao **oficial de Registro de Imóveis dar ciência** à União, ao estado, ao Distrito Federal e ao município, **pessoalmente**, por **intermédio do oficial de Registro de Títulos e Documentos**, ou pelo **correio com aviso de recebimento**, para que se manifestem, em **15 dias**, sobre o pedido. A Fazenda Pública deverá ser ouvida, ou pelo menos ser informada do procedimento, para que possa se manifestar a respeito da possibilidade de o imóvel ser público e insuscetível de ser adquirido por usucapião. Caso não haja manifestação no prazo legal, o procedimento segue o curso.

Outra providência do oficial de registro de imóveis é promover a **publicação de edital em jornal de grande circulação**, onde houver, para a ciência de **terceiros eventualmente interessados**, que poderão se manifestar em **15 dias**.

A fim de elucidar de alguma dúvida, poderão ser **solicitadas** ou **realizadas** diligências *in loco* pelo oficial de Registro de Imóveis, que deverá proceder com cautela, porque lhe faltam conhecimentos técnicos ou científicos (CPC-2015, art. 156).

Transcorrido o prazo de **15 dias** para eventual impugnação dos eventuais terceiros, e sem pendência de diligências, e achando-se em ordem a documentação, o oficial de Registro de Imóveis **registrará a aquisição do imóvel** com as descrições apresentadas, sendo permitida a abertura de matrícula, se for o caso.

Em todo caso, admite-se que o **interessado suscite o procedimento de dúvida**, nos termos da Lei 6.015/1973. Em pelo menos duas oportunidades principais a suscitação terá cabimento:

(a). *Na apresentação de nota devolutiva pelo registrador, com exigência que o requerente não consiga suprir ou com a qual não concorde;*

(b). *Se o oficial rejeitar o pedido.*

Podem levar a **rejeição do pedido de usucapião administrativa**, de acordo com a Lei 6.015, de 1973, art. 216-A, §§ 8º e 10, a falta de regularidade documental e a mera apresentação da impugnação dos legitimados.

Recentemente a Lei n. 13.465, de 11 de julho de 2017, modificou o art. 216-A, da Lei n. 6.015/73, nele incluindo incisos e parágrafos (incisos I e II, e os §§ 2º, 6º, 11, 12, 13, 14 e 15).

A nova Lei trouxe novidades, **quanto aos documentos que instruem devem instruir o pedido. A** partir de agora, o inciso I, do art. 216-A, da LRP, determina a observância do disposto no art. 384 da Lei no 13.105, de 16 de março de 2015 (Código de Processo Civil) para a lavratura da **ata notarial**, pelo tabelião, que servirá para atestar o tempo de posse do requerente e de seus antecessores, conforme o caso e suas circunstâncias.

A nova redação do inciso II, do art. 216-A, da LRP, permite que a **planta e memorial** descritivo assinado por profissional legalmente habilitado, com prova de anotação de responsabilidade técnica no respectivo conselho de fiscalização profissional, venha subscrita (assinada) pelos titulares de direitos registrados ou averbados na matrícula do imóvel usucapiendo **ou** na matrícula dos imóveis confinantes, alternativamente. Em sua redação original, os titulares de direitos e os confinantes, cumulativamente, deveriam assinar planta e memorial.

Em relação ao procedimento, o art. 216, § 2º, da LRP, talvez sufrague, na parte final, a principal mudança, pois, se a **planta não contiver a assinatura de qualquer um dos titulares de direitos registrados** ou **averbados na matrícula** do imóvel usucapiendo ou na matrícula dos imóveis confinantes, o titular será notificado pelo registrador competente, pessoalmente ou pelo correio com aviso de recebimento, para manifestar consentimento expresso em **15 dias**, interpretado o **silêncio como concordância**. Na redação primitiva, o silencio era interpretado como "discordância".

Após transcorrido o prazo (de 15 dias) do edital em jornal de grande circulação, de que trata o art. 216-A, § 4º, LRP, sem pendência de diligências, referente a ponto de dúvida, na forma do § 5º do mesmo artigo, e achando-se em ordem a documentação, o oficial de registro de imóveis **registrará a aquisição do imóvel** com as descrições apresentadas, sendo permitida a abertura de matrícula, se for o caso. Logo, a concordância dos titulares de direitos reais, ou dos confinantes, ainda que feita por declaração expressa, não constará do registro, ou seja, não é documento obrigatório.

O novo § 11 do art. 216-A, estabelece, no caso de o imóvel usucapiendo ser unidade autônoma de **condomínio edilício, fica dispensado** consentimento dos titulares de direitos reais e outros direitos registrados ou averbados na matrícula dos imóveis confinantes e **bastará a notificação do síndico** para se manifestar quanto à planta e memorial.

Quanto ao § 12 do mesmo artigo, se o **imóvel confinante** contiver um **condomínio edilício**, bastará a **notificação do síndico** para os mesmos efeitos, dispensada a notificação de todos os condôminos.

Pelo § 13 do art. 216, caso **não seja encontrado** o notificando *(titulador do direito real, confinante ou síndico)* ou caso ele esteja em **lugar incerto** ou **não sabido**, tal fato será certificado pelo registrador, que deverá promover a sua notificação por edital mediante publicação, por **duas vezes (2x)**, em jornal local de grande circulação, pelo prazo de **15 dias cada um**, interpretado o silêncio do notificando como concordância.

O **regulamento do órgão jurisdicional** competente para a correição das serventias poderá **autorizar a publicação do edital em meio eletrônico**, caso em que ficará dispensada a publicação em jornais de grande circulação (Novo § 14 do art. 216-A)

Por fim, o § 15 do art. 216-A, da LRP, afirma que no caso de ausência ou insuficiência dos documentos de que trata o inciso IV do caput do artigo, a posse e os demais dados necessários poderão ser comprovados em **procedimento de justificação administrativa** perante a serventia extrajudicial, que obedecerá, no que couber, ao disposto no § 5º do art. 381 e ao rito previsto nos arts. 382 e 383 da Lei no 13.105, de 16 março de 2015 (Código de Processo Civil), que estabelecem a respeito da produção antecipada da prova.

No caso de rejeição fundada em motivo documental, o oficial de Registro fará nota ao requerente; em caso de impugnação, o oficial de Registro de Imóveis remeterá os autos ao juízo competente da comarca da situação do imóvel, cabendo ao requerente emendar a petição inicial para adequá-la ao procedimento comum do CPC-2015, arts. 319 e ss.

O CPC-1973 dispunha sobre o rito especial das ações de usucapião, o que não se repetiu no vigente. As ações de usucapião sob a regência do CPC/2015 devem observar o procedimento comum.

Duas regras, porém, devem ser respeitadas nas ações de **usucapião de imóvel**, ambas sobre a **citação**.

A primeira refere-se **aos confinantes**, que serão citados **pessoalmente**. Não se aplica a regra quando a ação tiver por objeto **unidade autônoma de prédio em condomínio**, caso em que tal **citação é dispensada** (CPC-2015, art. 246, § 3º).

A **segunda** impõe a obrigatoriedade da **citação por edital** na ação de usucapião de bem imóvel, para a **provocação de interessados incertos** ou **desconhecidos** à participação no processo (CPC-2015, art. 259, I).

- Tabela usucapião extrajudicial ou administrativo:

USUCAPIÃO EXTRAJUDICIAL OU ADMINISTRATIVO * Nova Lei n. 13.465, de 11 de julho de 2017
"Art. 216-A. Sem prejuízo da via jurisdicional, é admitido o pedido de reconhecimento extrajudicial de usucapião, que será processado diretamente perante o cartório do registro de imóveis da comarca em que estiver situado o imóvel usucapiendo, a requerimento do interessado, representado por advogado, instruído com: I – ata notarial lavrada pelo tabelião, atestando o tempo de posse do requerente e de seus antecessores, conforme o caso e suas circunstâncias, aplicando-se o disposto no art. 384 da Lei nº 13.105, de 16 de março de 2015 (Código de Processo Civil); II – planta e memorial descritivo assinado por profissional legalmente habilitado, com prova de anotação de responsabilidade técnica no respectivo conselho de fiscalização profissional, e pelos titulares de direitos registrados ou averbados na matrícula do imóvel usucapiendo ou na matrícula dos imóveis confinantes; III – certidões negativas dos distribuidores da comarca da situação do imóvel e do domicílio do requerente; IV – justo título ou quaisquer outros documentos que demonstrem a origem, a continuidade, a natureza e o tempo da posse, tais como o pagamento dos impostos e das taxas que incidirem sobre o imóvel. § 1º O pedido será autuado pelo registrador, prorrogando-se o prazo da prenotação até o acolhimento ou a rejeição do pedido. § 2º Se a planta não contiver a assinatura de qualquer um dos titulares de direitos registrados ou averbados na matrícula do imóvel usucapiendo ou na matrícula dos imóveis confinantes, o titular será notificado pelo registrador competente, pessoalmente ou pelo correio com aviso de recebimento, para manifestar consentimento expresso em quinze dias, interpretado o silêncio como concordância. § 3º O oficial de registro de imóveis dará ciência à União, ao Estado, ao Distrito Federal e ao Município, pessoalmente, por intermédio do oficial de registro de títulos e documentos, ou pelo correio com aviso de recebimento, para que se manifestem, em 15 (quinze) dias, sobre o pedido. § 4º O oficial de registro de imóveis promoverá a publicação de edital em jornal de grande circulação, onde houver, para a ciência de terceiros eventualmente interessados, que poderão se manifestar em 15 (quinze) dias. § 5º Para a elucidação de qualquer ponto de dúvida, poderão ser solicitadas ou realizadas diligências pelo oficial de registro de imóveis. § 6º Transcorrido o prazo de que trata o § 4º deste artigo, sem pendência de diligências na forma do § 5º deste artigo e achando-se em ordem a documentação, o oficial de registro de imóveis registrará a aquisição do imóvel com as descrições apresentadas, sendo permitida a abertura de matrícula, se for o caso. § 7º Em qualquer caso, é lícito ao interessado suscitar o procedimento de dúvida, nos termos desta Lei. § 8º Ao final das diligências, se a documentação não estiver em ordem, o oficial de registro de imóveis rejeitará o pedido. § 9º A rejeição do pedido extrajudicial não impede o ajuizamento de ação de usucapião. § 10. Em caso de impugnação do pedido de reconhecimento extrajudicial de usucapião, apresentada por qualquer um dos titulares de direito reais e de outros direitos registrados ou averbados na matrícula do imóvel usucapiendo e na matrícula dos imóveis confinantes, por algum dos entes públicos ou por algum terceiro interessado, o oficial de registro de imóveis remeterá os autos ao juízo competente da comarca da situação do imóvel, cabendo ao requerente emendar a petição inicial para adequá-la ao procedimento comum. § 11. No caso de o imóvel usucapiendo ser unidade autônoma de condomínio edilício, fica dispensado consentimento dos titulares de direitos reais e outros direitos registrados ou averbados na matrícula dos imóveis confinantes e bastará a notificação do síndico para se manifestar na forma do § 2º deste artigo. § 12. Se o imóvel confinante contiver um condomínio edilício, bastará a notificação do síndico para o efeito do § 2º deste artigo, dispensada a notificação de todos os condôminos. § 13. Para efeito do § 2º deste artigo, caso não seja encontrado o notificando ou caso ele esteja em lugar incerto ou não sabido, tal fato será certificado pelo registrador, que deverá promover a sua notificação por edital mediante publicação, por duas vezes, em jornal local de grande circulação, pelo prazo de quinze dias cada um, interpretado o silêncio do notificando como concordância. § 14. Regulamento do órgão jurisdicional competente para a correição das serventias poderá autorizar a publicação do edital em meio eletrônico, caso em que ficará dispensada a publicação em jornais de grande circulação. § 15. No caso de ausência ou insuficiência dos documentos de que trata o inciso IV do caput deste artigo, a posse e os demais dados necessários poderão ser comprovados em procedimento de justificação administrativa perante a serventia extrajudicial, que obedecerá, no que couber, ao disposto no § 5º do art. 381 e ao rito previsto nos arts. 382 e 383 da Lei nº 13.105, de 16 março de 2015 (Código de Processo Civil).

◊ **quadro esquemático:** modalidades de usucapião

– Modalidades de Usucapião –			
Modalidades	**Fundamento**	**Requisitos**	**Disp. legal**
Extraordinária – 1	Decurso do tempo que causa a prescrição aquisitiva	a) posse *ad usucapionem* b) decurso de **15 anos**, ininterruptos.	CC, art. 1.238
Extraordinária – 2 (posse-trabalho)	Prescrição aquisitiva minorada por ter o possuidor dado destinação que atende a função social da propriedade	a) posse *ad usucapionem* b) transcurso de **10 anos** sem interrupção c) ter o possuidor constituído sua morada habitual no imóvel, ou nele realizado obras e serviços de caráter produtivo.	CC, art. 1.238, parágrafo único.
Ordinária – 1	Prescrição aquisitiva	a) posse *ad usucapionem* b) decurso de **10 anos** contínuos c) justo título d) boa-fé	CC, art. 1.242, *caput.*
Ordinária – 2 (posse-trabalho) ***usucapião tabular***: serve não para a aquisição do domínio, mas para sanar vícios originais da aquisição a título derivado	Prescrição aquisitiva	a) posse *ad usucapionem* b) decurso de **5 anos** contínuos; c) aquisição onerosa do imóvel usucapiendo com base em registro regular, posteriormente cancelado; d) possuidor tenha estabelecido moradia no imóvel ou tenha realizado nele investimentos de interesse social e econômico.	CC, art. 1.242, parágrafo único.
Ordinária – 3 (familiar)	Prescrição aquisitiva decorrente do abandono do lar	a) posse *ad usucapionem* b) decurso de **2 anos**, ininterruptamente e sem oposição c) posse direta, com exclusividade, sobre imóvel urbano de até 250m² (duzentos e cinquenta metros quadrados) d) propriedade dividida com ex-cônjuge ou ex-companheiro, que abandonou o lar, utilizando-o para sua moradia **ou** de sua família e) aquisição do domínio integral, desde que não seja proprietário de outro imóvel urbano ou rural	CC, art. 1.240-A
Especial Rural, (Constitucional Rural, ou Pro Labore)	Prescrição extintiva pelo fato de o proprietário não haver dado cumprimento à função social da propriedade e prescrição aquisitiva, benefício ao possuidor que a atendeu.	a) posse *ad usucapionem* b) transcurso de **5 anos** sem interrupção c) área possuída de no máximo 50 hectares localizada em zona rural (CC 1.239) d) propriedade rural que se tornou produtiva pelo trabalho do possuidor ou de sua família e) haver o possuidor tornado o imóvel sua moradia ou de sua família f) não ser o possuidor proprietário de imóvel rural ou urbano.	CF, art. 191 CC, art. 1239 Lei 969/81(Lei da Usucapião Especial)
Especial Urbana Coletiva (Residencial Coletiva ou Constitucional Urbana Coletiva)	Sanção ao proprietário por não dar cumprimento à função social da propriedade e benefício aos possuidores que a atendeu	a) núcleos urbanos informais existentes b) sem oposição c) posse há **mais de 5 anos** d) área total a ser usucapida, dividida pelo número de possuidores, inferior a 250 m² por possuidor e) reconhecimento coletivo da propriedade, f) desde que os possuidores não sejam proprietários de outro imóvel urbano ou rural; g) ocupação destinada à morada da população posseira destine-se a ocupação à morada da população posseira e) Sejam os possuidores de baixa renda f) Não sejam os possuidores proprietários de imóvel rural ou urbano g) Seja impossível identificar o terreno de cada possuidor, destacadamente.	Estatuto da Cidade, art. 10 e seguintes (nova redação, pela Lei n. 13.465/2017)

– Modalidades de Usucapião –			
Modalidades	**Fundamento**	**Requisitos**	**Disp. legal**
Especial Urbana (Residencial Individual ou Constitucional Urbana Individual)	Sanção ao proprietário por não dar cumprimento à função social da propriedade ao possuidor que a atendeu.	a) posse *ad usucapionem* b) decurso de 5 anos ininterruptos c) área urbana de até 250 m^2 d) utilização para morada própria ou de sua família e) não ser o possuidor proprietário de imóvel rural ou urbano f) não ter o possuidor se valido desse benefício anteriormente.	CF, art. 183 CF CC, art. 1.240 Estatuto da Cidade, art. 9 e seguintes

- ***ATENÇÃO:*** a propriedade das coisas **móveis** não se transfere pelos negócios jurídicos antes da **tradição** (CC, art. 1.267) e com o **registro do título translativo,** tratando-se de coisas **imóveis** (CC, art. 1.245). O contrato, assim, não é o bastante para a aquisição do bem, e isso fica evidente no art. art. 481, do CC, segundo o qual: *"Pelo contrato de compra e venda,* ***um dos contratantes SE OBRIGA a transferir o domínio de certa coisa****, e o outro, a pagar-lhe certo preço em dinheiro".*
- **aquisição pelo registro do título:**

a) diz o CC, art. 1.227: *"Os direitos reais sobre imóveis constituídos, ou transmitidos por atos entre vivos, só se adquirem com o registro no Cartório de Registro de Imóveis dos referidos títulos (arts. 1.245 a 1.247), salvo os casos expressos neste Código".*

b) no Direito Romano, o acordo de vontades **não** era suficiente para a aquisição da propriedade imóvel, como é o *sistema nacional*. São conhecidos três ***sistemas de aquisição da propriedade imobiliária***:

1. *sistema francês*: basta o contrato para a aquisição da propriedade, tendo no registro um mero instrumento de publicidade.
2. *sistema alemão*: não há qualquer vinculação entre o título e o registro. A fase do registro do título ocorre mediante um *processo sumário*, perante os juízes do registro imobiliário, pelo qual é formado um *novo* negócio jurídico, formal, abstrato e desvinculado do título, o qual servirá de registro em um cadastro de imóveis, momento a partir do qual ocorrerá a aquisição da propriedade.
3. *sistema misto ou eclético*: adotado no CC/1916 e no CC/2002, o registro é constitutivo do direito real sobre a coisa imóvel, porém, distanciando-se do *sistema alemão*, onde o título é estranho ao registro, porque dele se desliga em determinado momento, no *sistema misto*, título é causal, ou seja, permanece vinculado ao registro dele fazendo parte; logo, eventual invalidade do negócio jurídico, contamina o registro. Assim, o Brasil adotou o *sistema misto ou eclético*.

c) **princípios de regência do registro imobiliário**: entre outros, *fé-pública, publicidade, territorialidade, continuidade*, entre outros.

- **acessão.**

a) ocorre por *formação de ilhas, aluvião, avulsão, abandono de álveo* e *plantações ou construções* (CC/art. 1.248, I a V); caracteriza-se pelo direito que o proprietário de um bem passa a ter sobre tudo aquilo que aderir ou for unido a ele; dessa forma, haverá *acessão* em função da aderência de algo em um bem, alterando-o em *quantidade, qualidade, volume ou valor.*

b) a ***acessão*** pode ser: ***a)*** *natural*; ***b)*** *industrial ou artificial*; o que diferencia uma e outra é a ação humana que não ocorre na natural (aluvião, avulsão, etc.), mas se verifica na artificial (plantações, construções).

c) a **acessão pode dar-se** por:

1. ***aluvião:*** são os acréscimos formados, sucessiva e imperceptivelmente, por depósitos e aterros naturais ao longo das margens das correntes ***(aluvião própria)***, ou pelo desvio das águas destas, descobrindo parte do álveo ***(aluvião imprópria)*** que importa na aquisição da propriedade do dono do imóvel a que aderirem essas terras, sem indenização; o terreno aluvial, que se formar em frente a prédios de proprietários diferentes, dividir-se-á entre eles, na proporção da testada de cada um sobre a antiga margem (CC, arts. 1.250/51).
2. ***avulsão***: é o repentino e abrupto deslocamento de terra, que venha a ocorrer por força natural violenta, resultando que uma porção de terra se destaque de um prédio e se junte a outro; nesse caso, o dono deste adquirirá a propriedade do acréscimo, se:

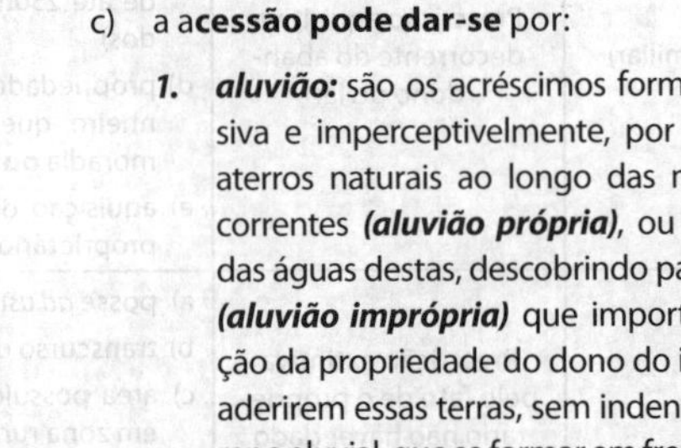

3. ***formação de ilhas***: é acessão natural em correntes comuns ou particulares, em razão de depósitos regulares, graduais e fragmentados de areia, pedras ou terra, carreados pela própria correnteza ou, ainda, pelo declínio das águas, resultando na exposição a seco de parte do fundo daquelas correntes (CC/art. 1.248, I e 1.249); a propriedade das ilhas formadas pertence aos proprietários ribeirinhos, de acordo com a disciplina do CC/art. 1.249, I a III; segundo o Código de Águas, Decreto 24.643, de 10 de julho de 1934, as ilhas que se formarem em águas públicas pertencem ao domínio público, e ao domínio particular, no caso de águas comuns ou particulares (art. 23).

4. ***construções e plantações*** *(acessão industrial ou artificial)*: duas regras são importantes:

1ª Regra:	– a propriedade da construção ou da plantação é do dono do imóvel, porque o acessório segue o principal, ainda que de maior valor
2ª Regra:	– toda construção ou plantação existente em um terreno **presume-se** feita pelo proprietário e à sua custa, até que se prove o contrário (presunção *juris tantum*). – quem semeia, planta ou edifica em terreno **próprio** com sementes, plantas ou materiais **alheios**, adquire a propriedade destes; mas fica obrigado a pagar-lhes o **valor**, além de responder por **perdas e danos**, se agiu de **má-fé** – quem semeia, planta ou edifica em terreno **alheio** perde, em proveito do proprietário, as sementes, plantas e construções; se procedeu de **boa-fé**, terá direito a **indenização**. Todavia, se a construção ou a plantação **exceder consideravelmente o valor do terreno**, aquele que, de **boa-fé**, plantou ou edificou, adquirirá a propriedade do solo, mediante pagamento da **indenização** fixada judicialmente, se não houver **acordo**. – no caso de má-fé de **ambas** as partes, adquirirá o **proprietário** as sementes, plantas e construções, devendo ressarcir o **valor** das acessões. **Presume-se** má-fé no proprietário, quando o trabalho de construção, ou lavoura, se fez em sua presença e sem impugnação sua. – se terceiro de boa-fé plantar ou edificar em solo alheio, com sementes e material de outrem, o dono da matéria-prima perderá sua propriedade, mas será indenizado pelo valor dela. O principal devedor é o plantador ou construtor, e **subsidiariamente** o dono do solo. – **construção em zona lindeira NÃO superior a 1/20 (5%):** (1) adquire o construtor de **boa-fé** a propriedade da parte do solo invadido, se o valor da **construção exceder o dessa parte**, e responde por indenização que represente, também, o valor da área perdida e a desvalorização da área remanescente; (2) adquire o construtor de **má-fé** a propriedade da parte do solo que invadiu, pagando **10 x** (décuplo) as perdas e danos sobre o valor da área perdida e a desvalorização, mas o valor da construção deve **exceder consideravelmente o dessa parte** e **não** se puder demolir a porção invasora sem grave prejuízo para a construção. (**Enunciado 318:** *"...além dos requisitos explícitos previstos em lei, houver necessidade de proteger terceiros de boa-fé).* – **construção em zona lindeira superior a 1/20 (5%):** (1) se o construtor estiver de **boa-fé**: adquire a propriedade da parte do solo invadido, e responde por perdas e danos que abranjam o valor que a invasão acrescer à construção, mais o da área perdida e o da desvalorização da área remanescente (2) se o construtor estiver de **má-fé**: é obrigado a demolir o que nele construiu, pagando as perdas e danos apurados, que serão devidos em **dobro**.

5. **abandono do álveo**: ocorre quando um rio seca por completo, ou se desvia por razões naturais; neste caso, o álveo abandonado de corrente pertence aos **proprietários ribeirinhos** das **duas margens**, **sem** que tenham indenização os donos dos terrenos por onde as águas abrirem novo curso, entendendo-se que os prédios marginais se estendem até o meio do álveo. É previsto no art. 1.252 do CC, e nos arts. 26 e 27 do Código de Águas (Decreto 24.643/34).

Acessões	**naturais ou físicas**	• formação de ilhas • aluvião • avulsão • abandono do álveo
	industriais ou artificiais	• construções • plantações

- Conferir a respeito da aquisição e perda da propriedade os *Enunciados da I, III, IV e V Jornada de Direito Civil do CJF de nº 77, 82, 83, 84, 85, 86, 87, 240, 241, 242, 243, 304, 305, 306, 307, 308, 309, 310, 311, 312, 313, 314, 315, 316, 317, 318, 495, 496, 497, 498, 499, 500, 501, 502, 510.*

- ***ATENÇÃO***: *res nullius* é a coisa que nunca teve dono e *res derelicta* é a coisa que teve dono, mas foi abandonada, fato que se caracteriza pela disposição física e anímica do bem.

15.3.3. AQUISIÇÃO DA PROPRIEDADE MÓVEL

- **usucapião de bem móvel:**

	Usucapião de bem móvel	
	ordinária	**extraordinária**
requisitos:	• posse contínua e incontestе, por 3 anos • justo título • boa-fé	• posse por 5 anos • **dispensa-se**: – justo título – boa-fé

- **outros modos de aquisição da propriedade móvel.**

a) ocupação: trata-se de um dos modos de aquisição da *coisa móvel (inanimadas)* ou *semovente (propriamente dita)*, e sem dono, compreendendo: **a)** a *res nullius*, coisa que nunca teve dono e; **b)** a *res derelicta*, que teve dono, mas foi abandonada, fato que se caracteriza pela disposição *física e anímica* do bem. Para que seja reconhecida, exige-se a **reunião** de requisitos, quais sejam:

1. *intenção ou vontade de adquirir* **(elemento subjetivo, animus)**
2. *apreensão física da res nullius ou da res derelicta* **(elemento objetivo)**
3. *reconhecimento legal do ato como modo originário de aquisição* **(elemento normativo)**.

b) achado de tesouro: um dos modos de aquisição da propriedade móvel; *tesouro* é o depósito antigo de coisas preciosas, oculto e de cujo dono não haja memória. É importante não confundir. A *coisa sem dono* compreende a *coisa de ninguém (res nullius)* e a *abandonada (res derelicta)*, conceituações jurídicas afetas à *ocupação*. No achado de tesouro, a coisa foi *"depositada"*, mas há tanto tempo, que não se lembra mais quem seja o dono. Situação dos bens:

1. por **inteiro**, ao **proprietário do prédio**, se for achado:
   - **pelo proprietário**
   - em **pesquisa** que ordenou
   - por terceiro **não autorizado**
2. na enfiteuse:
   - **metade**, se encontrado no terreno aforado pelo descobridor
   - **inteiro**, se achado pelo enfiteuta

c) tradição: é a entrega do bem móvel ao adquirente, com a intenção de transferir o domínio; o negócio, por si só, não transfere a propriedade, geram apenas direitos pessoais. Também **não** transfere a propriedade a tradição, quando tiver por título um negócio jurídico **nulo**. A outro giro, a tradição baseada em título de negocial **anulável** opera tradição normalmente. **Classificação**:

1. tradição real: entrega material do bem

2. tradição simbólica: entrega representativa da transferência do bem (*traditio longa manus*). Ex. entrega de chaves de um imóvel.

3. tradição ficta: é uma ficção. É o caso da *constituto possessório* (posse em nome próprio para posse em nome alheio) e da *traditio brevi manu* (posse em nome alheio para posse em nome próprio). Pelo **Enunciado 77:** *"A posse das coisas móveis e imóveis também pode ser transmitida pelo constituto possessório"*.

d) venda a non domino: é a venda realizada por quem **não** é dono. Em **regra**, não transfere a propriedade. Há duas exceções:

1. oferecida ao público, em leilão ou estabelecimento comercial, for transferida em circunstâncias tais que, ao adquirente de boa-fé, como a qualquer pessoa, o alienante se afigurar dono
2. se o adquirente estiver de **boa-fé** e o alienante adquirir **depois** a propriedade, considera-se realizada a transferência desde o momento em que ocorreu a tradição. Neste caso, os efeitos da tradição são *ex tunc*.

e) especificação: é o modo de adquirir a propriedade mediante a transformação de coisa móvel em espécie nova, em virtude do trabalho ou da indústria do especificador, de que não seja possível reduzi-la à sua forma primitiva (Washington de Barros Monteiro). Ex. escultura em relação à pedra, pintura em relação ao quadro (Maria Helena Diniz). A mescla de coisas (comistão, confusão e adjunção) não importa o nascimento de uma *nova espécie*, pois conservam sua unidade. **Coisa nova feita com matéria-prima alheia**:

1. pertence ao **especificador de boa-fé**, desde que não possa voltar à forma anterior
2. pertence ao **especificador**, de boa ou má-fé, possa ou não voltar ao estado anterior, se o **valor** da espécie nova exceder consideravelmente o da matéria-prima.
3. pertence ao **dono** da matéria prima, se o especificador estiver de má-fé, e desde que não possa volver à forma primitiva
4. pertence ao **dono** da matéria-prima, se puder voltar à forma original

f) confusão (mistura de coisas liquidas), a **comistão** (mistura de coisas sólidas ou secas) e a **adjunção** (justaposição de uma coisa à outra tornando impossível destacar o acessório do principal, sem deterioração). Trata-se da **doutrina da confusão real**. Caracterizam-se, em comum, pela mescla ou mistura de coisas pertencentes a donos diversos.

1. **mistura de boa-fé:**
   - se a mistura for **intencional** (*voluntária*), os proprietários decidem com quem ficará o produto final
   - se a mistura **não** for **intencional** *(involuntária)* a lei civil determina três situações:

- permanece inalterada a propriedade, sendo possível separar a coisa sem deterioração
- não sendo possível a separação das coisas, ou exigindo dispêndio excessivo, por ordem natural ou econômica, subsiste indiviso o todo, cabendo a cada um dos donos quinhão proporcional ao valor da coisa com que entrou para a mistura ou agregado, ocorrendo na hipótese *condomínio forçado*
- se uma das coisas puder considerar-se principal, o dono sê-lo-á do todo, indenizando os outros pelo valor dos acessórios

2. **mistura de má-fé**
   - se a confusão, comissão ou adjunção se operou de má-fé, à outra parte caberá escolher entre adquirir a propriedade do todo, pagando o que não for seu, abatida a indenização que lhe for devida
   - renunciar ao que lhe pertencer, caso em que será indenizado

- ***ATENÇÃO:*** a *descoberta* tem por objeto coisa móvel perdida e resulta para o descobridor uma obrigação de *restituir*. Se o descobridor restituir o bem, entregando-o ao dono, terá direito a uma recompensa, como prêmio pela honestidade, não inferior a 5% do valor da coisa – *achádego* sem prejuízo de eventual indenização pelas despesas de conservação da coisa. No entanto, se o dono preferir, poderá **abandonar** a coisa, **um dos modos voluntários de perda da propriedade** (CC, art. 1.234). Assim, a *descoberta* não é considerada, inicialmente, como um dos modos de aquisição da propriedade, em função do dever de restituir. Todavia, se o dono, para eximir-se do pagamento do *achádego* e da *indenização,* preferir abandonar a coisa, o descobridor adquire a propriedade, por ser *res derelictae* (coisa abandonada).

15.3.4. PERDA DA PROPRIEDADE

- **modos de perda da propriedade imóvel**.
  - ***a) voluntários***: *vontade do titular*; Ex. alienação, abandono, etc.
  - ***b) involuntários***: *causas legais*; Ex. usucapião, desapropriação administrativa ou judicial, confisco, etc.
- ***ATENÇÃO:*** o CC, art. 1.275, I a V, prevê um rol exemplificativo dos modos *voluntários (vontade)* e *involuntários (legal)* de perda da propriedade imóvel, completado pelos arts. 1.228, §§ 3º, 4º, 5º e 1.276.

15.4. PROPRIEDADE RESOLÚVEL

- **noções gerais:** exceção ao caráter perpétuo e irrevogável, é prevista no CC/art. 1.360 e 1.361, e se verifica quando no título aquisitivo da propriedade há inserção de condição resolutiva ou termo.

15.5. PROPRIEDADE FIDUCIÁRIA

- **noções gerais**: é a propriedade resolúvel de coisa móvel infungível que o devedor, com escopo de garantia, transfere ao credor (CC/art. 1.361).

16. DIREITOS DE VIZINHANÇA

- **fluxograma:**

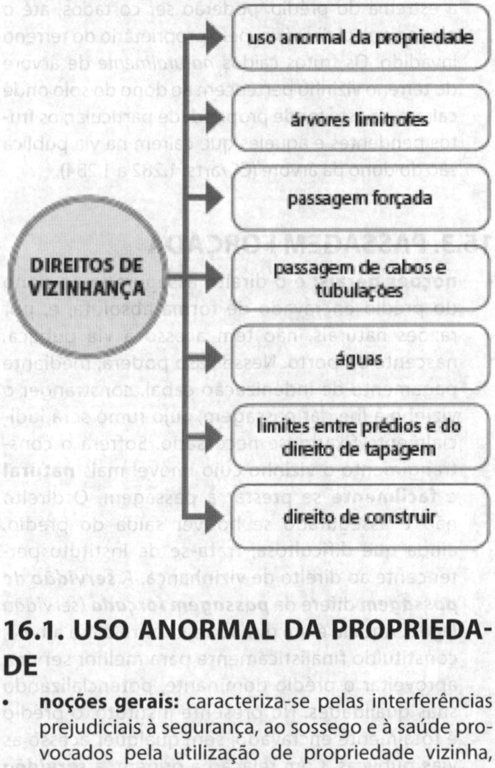

16.1. USO ANORMAL DA PROPRIEDADE

- **noções gerais:** caracteriza-se pelas interferências prejudiciais à segurança, ao sossego e à saúde provocados pela utilização de propriedade vizinha, segundo os critérios de tolerância, zoneamento urbano e anterioridade da posse; em razão desses comportamentos, o proprietário ou o possuidor de um prédio tem o direito de fazer cessar as interferências prejudiciais; esse direito de fazer cessar as interferências não prevalece quando justificadas por interesse público, caso em que o proprietário ou o possuidor, causador delas, pagará ao vizinho indenização cabal; por outro lado, ainda que por decisão judicial devam ser toleradas as interferências, poderá o vizinho exigir a sua redução, ou eliminação, quando essas se tornarem possíveis. Será devida *ação de dano infecto* para exigir a demolição, ou a reparação de prédio, quando ameace ruína, caso em que será possível o pedido de tutela de urgência, mediante caução real ou fidejussória, desde que evidenciada a probabilidade do direito e o perigo de dano ou o risco ao resultado útil do processo. Pelo CPC-2015, o juiz pode, conforme o caso, exigir caução real ou fidejussória idônea para ressarcir os danos que a outra parte possa vir a sofrer, podendo a caução ser dispensada se a parte economicamente hipossuficiente não puder oferecê-la (CPC/2015, art. 300, *caput*, e § 1º).

16.2. ÁRVORES LIMÍTROFES

- **noções gerais***:* a árvore cujo tronco estiver na linha divisória, presume-se pertencer em comum aos donos dos prédios confinantes *(árvore-meia)*; as raízes e os ramos de árvore, que ultrapassarem a estrema do prédio, poderão ser cortados, até o plano vertical divisório, pelo proprietário do terreno invadido. Os frutos caídos *naturalmente* de árvore do terreno vizinho pertencem ao dono do solo onde caíram, se este for de propriedade particular; os frutos pendentes e aqueles que caírem na via pública são do dono da árvore (CC/arts. 1.282 a 1.284).

16.3. PASSAGEM FORÇADA

- **noções gerais:** é o direito assegurado ao dono do prédio encravado de forma absoluta, e, por razões naturais, não tem acesso à via pública, nascente ou porto. Nesse caso poderá, mediante pagamento de indenização cabal, constranger o vizinho a lhe dar passagem, cujo rumo será judicialmente fixado, se necessário. Sofrerá o constrangimento o vizinho cujo imóvel mais **natural e facilmente** se prestar à passagem. O direito não é assegurado se houver saída do prédio, ainda que dificultosa; trata-se de instituto pertencente ao direito de vizinhança. A ***servidão de passagem*** difere da ***passagem forçada*** (*servidão legal*). Aquele é um direito real sobre coisa alheia, constituído finalisticamente para melhor servir a aproveitar o prédio dominante, potencializando suas qualidades. No presente instituto, o prédio é totalmente encravado, sem qualquer acesso às vias públicas. Com relação à origem, a ***servidão de passagem*** é assetada na vontade das partes, e a ***passagem forçada*** na lei.

16.4. PASSAGEM DE CABOS E TUBULAÇÕES

- **noções gerais:** o proprietário deverá tolerar que em seu imóvel passem cabos, tubulações e outros condutos subterrâneos de serviços de utilidade pública, em proveito de proprietários vizinhos, quando de outro modo for impossível ou excessivamente oneroso. Para tanto, será devido o recebimento de indenização que atenda, também, à desvalorização da área remanescente. Em função no *princípio da menor onerosidade,* o proprietário prejudicado pode exigir que a instalação seja feita de ***modo menos gravoso*** ao prédio onerado, bem como, depois, seja ***removida***, à sua custa, para outro local do imóvel; pode exigir, também, se as instalações oferecerem grave risco à realização de obras de segurança.

16.5. ÁGUAS

- **noções gerais:** o dono ou o possuidor do prédio inferior é obrigado a receber as águas que correm **naturalmente** do superior, não podendo realizar obras que embaracem o seu fluxo. Todavia, nada impede que o dono do prédio inferior canalize as águas que recebe naturalmente do superior. Porém, a condição natural do prédio inferior, não pode ser agravada por obras feitas pelo dono ou possuidor do prédio superior. Quando as águas artificiais levadas ao prédio superior, ou aí colhidas, correrem dele para o inferior, poderá o dono deste reclamar que se desviem, ou se lhe indenize o prejuízo que sofrer. O escoamento de água de esgoto não possui o mesmo tratamento conferido as águas naturais, porque estas são pluviais ou nascentes, conforme o CC, art. 1.288. As águas de esgoto são artificiais. A lei da gravidade é a solução do CC, art. 1.288 aplicável às águas naturais.
- **direito de aqueduto:** o Código de Águas (Decreto 24.643/34) regula o ***direito de aqueduto*** nos arts. 117 a 138, e será aplicado em tudo aquilo que não contrariar o art. 1.293 do CC/2002, que também disciplina o instituto. A *servidão legal de aqueduto*, é conceituada como o *direito potestativo* de conduzir água por prédio alheio, ou deste para o próprio, em benefício ou utilidade pessoal, entre particulares, mediante prévia indenização, por meio de canais. Assim, não é um direito real.

16.6. LIMITES ENTRE PRÉDIOS E DIREITO DE TAPAGEM

- **noções gerais:** o proprietário tem direito a cercar, murar, valar ou tapar de qualquer modo o seu prédio, urbano ou rural, e pode constranger o seu confinante a proceder com ele à demarcação entre os dois prédios, a aviventar rumos apagados e a renovar marcos destruídos ou arruinados, repartindo-se proporcionalmente entre os interessados as respectivas despesas.

  a) 1ª parte: direito de tapagem (cercar, murar, valar, etc.)

  b) 2ª parte: direito de demarcar (demarcar e aviventar rumos apagados, etc.)

  c) para exercer o direito de demarcar, admite-se ação demarcatória ***simples*** (fixação de rumos e aviventação) e a ***qualificada*** (fixação de rumos, aviventação, **cumulado** com reposição de glebas)

d) há presunção legal (juris tantum) de que a obra divisória, os muros, cercas e os tapumes pertencem a ambos os proprietários, salvo prova em contrário

e) as sebes vivas, as árvores, ou plantas quaisquer, que servem de marco divisório, só podem ser cortadas, ou arrancadas, de comum acordo entre proprietários

f) os tapumes especiais para animais de pequeno porte são de responsabilidade dos proprietários ou detentores destes animais

16.7. DIREITO DE CONSTRUIR

- **noções gerais:** o proprietário pode levantar em seu terreno as construções que lhe aprouver, salvo o direito dos vizinhos e os regulamentos administrativos. Entre os direitos, destacam-se:

a) que o prédio não despeje águas, diretamente, sobre o prédio vizinho

b) limitações de janelas:

1. é defeso abrir janelas, ou fazer eirado, terraço ou varanda, a menos de **1,5m** do terreno vizinho
2. as janelas cuja visão **não** incida sobre a linha divisória, bem como as perpendiculares, não poderão ser abertas a **menos** de **75cm**
3. as limitações acima **não** abrangem as aberturas para luz ou ventilação, não maiores de **10cm** de largura sobre **20cm** de comprimento e construídas a mais de **2m** de altura de cada piso
4. nesses casos, a **ação demolitória** deve ser proposta dentro do prazo **decadencial de ano e dia** após a **conclusão** da obra
5. admite-se a ação de **nunciação de obra nova**, **durante** a construção, para evitar que se ergam janelas que firam os direitos acima.
6. na zona rural, não se permite edificação a menos de **3m**

17. CONDOMÍNIO

- **Noções gerais:** em linhas gerais, o condomínio é o direito de propriedade que pertence a mais de um titular, ou seja, quando duas ou mais pessoas detêm o domínio de um mesmo bem, tem-se um condomínio. Tradicionalmente o Código Civil conhecia apenas três espécies de condomínio, quais sejam: (a) o **tradicional**: também conhecido por geral, disciplinado a partir do art. 1.314 do CC e; (b) **necessário ou legal:** aquele imposto pela lei (CC, arts. 1.297, 1.298, 1.304,1.307 e 1.327); e o (c) o **edilício**: cada condômino é titular, com exclusividade, da unidade autônoma, e titular, de partes ideais, da área comum (CC, arts. 1.331 e ss;, no que não for contraditório, aplicando-se a Lei nº 4.591/64); e (d) **condomínio de lotes**: que se caracteriza pela existência, numa área, de partes exclusivas, designadas de lotes, e partes cuja propriedade é comum dos condôminos (novo art. 1.358-A).

- **características:**

a) condomínio geral: os diretos do proprietário de usar, gozar e dispor da coisa, e o direito de reavê-la, conforme preconiza o art. 1.228 do CC-2002, devem observar, para o seu exercício, as diretrizes do art., 1.314 do CC-2002, segundo o qual cada **condômino** pode usar da coisa conforme sua destinação, sobre ela exercer todos os direitos compatíveis com a indivisão, reivindicá-la de terceiro, defender a sua posse e alhear a respectiva parte ideal, ou gravá-la. Isto importa que nenhum dos condôminos pode alterar a destinação da coisa comum, nem dar posse, uso ou gozo dela a estranhos, se o consenso dos demais (CC, arts. 504 e 1.314);

b) condomínio edilício: envolve imóveis com áreas de propriedade exclusiva dos condôminos ("unidades autônomas") – como os apartamentos em prédios – e áreas de propriedade comum – como o *hall* de entrada, a piscina etc. Nessa espécie de condomínio, cada condômino possui a propriedade exclusiva da unidade privativa, que, por representar um imóvel autônomo, recebe uma matrícula própria no Cartório de Imóveis, conforme estabelece o *princípio da unitariedade* ou *unicidade matricial*, pelo qual cada imóvel deve ter uma matrícula no CRI. Nessa modalidade, o proprietário da unidade autônoma é também titular de uma fração ideal do solo e das áreas comuns. O condomínio edilício pode ser *horizontal* ou *vertical*. O condomínio horizontal é aquele em que as unidades autônomas são separadas por planos virtuais horizontais, razão por que também pode ser chamada de condomínio em planos horizontais, pois os andares são separados por planos virtuais horizontais. Por outro lado, o *condomínio vertical* ou em planos verticais é aquele cujas unidades privativas são separadas por planos virtuais verticais. São os condomínios de casas.

b.1) administração do condomínio edilício, os arts. 1.347 a 1.356 do Código Civil estabelecem sua disciplina. Recentemente, com a Lei n. 14.010, de 2020, que dispõe sobre o Regime Jurídico Emergencial e Transitório (RJET), determinou nova forma de cumprimento dos arts. 1.349 e 1.350 do Código Civil. Segundo o art. 1.349 do CC, a assembleia, especialmente convocada para transferir a outrem, total ou parcialmente, os poderes de representação ou as funções administrativas (CC, art. 1.348, § 2º), poderá, pelo voto da **maioria absoluta** de seus membros, destituir o síndico que praticar irregularidades, não prestar contas, ou não administrar convenientemente o condomínio. Por sua vez, o art. 1.350 ordena a realização da assembleia anual, com a finalidade de aprovar o orçamento das despesas, as contribuições dos condôminos e a prestação de contas, e eventualmente eleger o síndico substituto e alterar o regimento interno. Pelas novas regras temporárias da RJET (art. 12), tanto a assembleia condominial (arts 1.349 e 1.350), como a respectiva votação, poderão ocorrer, em caráter emergencial, até 30 de outubro de 2020, por meios virtuais, caso em que a manifestação de vontade de cada condômino será equiparada, para todos os efeitos jurídicos, à sua assinatura presencial. Não sendo possível a realização de assembleia condominial por meios virtuais, os **mandatos de síndicos**, que devem ser escolhidos em assembleia a cada prazo **não superior a dois anos** (CC, art. 1.347), e vencidos a partir de 20 de março de 2020, ficam prorrogados até 30 de outubro de 2020 (art. 12, parágrafo único, da RJET). Ainda que a RJET tenha prorrogado os mandatos, nos casos em que a assembleia virtual não for possível, o legislador manteve a **obrigatoriedade**, sob pena de destituição do síndico, a prestação de contas regular de seus atos de administração (art. 13 da RJET). Feitas estas breves anotações sobre a Lei n. 14.010, de 2002, importar observar que, com a Lei n. 13.465, de 2017, surgiram **duas novas espécies** de condomínio: (d) o **condomínio de lotes**, previsto no art. 1.358-A do CC, e também pelo art. 2º, § 7º, e pelo art. 4º, § 4º, da Lei nº 6.766/79; e (e) o **condomínio urbano simples**, disciplinado pelos arts. 61 a 63 da Lei n. 13.465/2017. As características de cada um veremos abaixo.

b.2) outras novidades:

c) **condomínio de lotes**: trata-se de nova figura inserida no Código Civil, com acerto, pela lei n. 13.465/2017, no art. 1.358-A, é um desdobramento do condomínio edilício vertical (de casas), de que tratava o art. 8º da Lei nº 4.591/2017. Isto porque o condomínio edilício vertical não cria lotes, e sim unidades imobiliárias vinculadas a uma fração ideal do solo e das áreas comuns. Com o novo art. 1.358-A do CC, passa a ser permitido a criação de um condomínio que será composto por lotes, os quais estarão necessariamente vinculados a uma fração ideal das áreas comuns em proporção a ser definida no ato de instituição. Isso significa, por exemplo, que as ruas, as praças e as demais áreas de uso comum não são transferidas à propriedade do Município ou Distrito Federal, mas continuam sendo propriedade privada, pertencente aos titulares do lote de acordo com a respectiva fração ideal. O condomínio de lotes não se confunde com o edilício em planos verticais, ainda que o § 2º, I, do art. 1.358-A do CC, com redação dada pela Lei n. 14.382/22, a estabeleça que serão aplicadas ao condomínio de lotes, no que couber, o disposto sobre o condomínio edilício, **respeitada a legislação urbanística**. Isto porque no condomínio de lotes, não haverá uma associação de moradores, e sim um condomínio, ente despersonalizado que é representado pelo síndico, que se sujeita às deliberações dos condôminos e que tem legitimidade para cobrar as contribuições de todos os condôminos. Outra modificação dada pela Lei n. 14.382/22, no§ 2º, II, determinou a aplicação, no que couber, ao **condomínio de lotes**, do regime jurídico das incorporações imobiliárias de que trata a Lei n. 4.591/64, equiparando-se, ainda, o **empreendedor** ao **incorporador** quanto aos aspectos civis e registrários. O § 3º do art. 1.358-A, estabelece a **responsabilidade do empreendedor** pela **implantação** de toda a infraestrutura do condomínio de lotes. No condomínio de lotes, assim, as áreas de uso comum serão sempre bens privados, e as obras de infraestrutura não serão feitas pelo poder público, não impedindo, todavia, que o incorporador repasse os custos ou a obrigação de fazer essas obras aos compradores dos lotes. Se estes não fizerem, contudo, o incorporador deve responder **perante o Poder Público** por eventuais omissões destes na realização dessas obras, sem prejuízo do direito de regresso. A infraestrutura deve corresponder ao que estabelece a Lei de Loteamento (L. 6.766/79) no art. 2º, §§ 5º e 6º.

d) diferenças entre o **condômino de lotes e o loteamento de acesso controlado:** ao art. 2º da Lei n. 6.766/79, foi inserido § 7º, pela Lei n. 13.465/2017, pelo qual "o lote poderá ser constituído sob a forma de imóvel autônomo ou de unidade imobiliária integrante de condomínio de lotes". Também foi acrescido o § 4º ao art. 4º da Lei nº 6.766/79, estabelecendo que o município poderá instituir limitações administrativas ou direitos reais sobre essa área privada em benefício do interesse público. O "loteamento fechado", portanto, com estas mudanças, pode ser constituído sob a forma de condomínio de lotes, ou não. Isto porque a Lei nº 13.465/2017 introduziu o § 8º ao art. 2º da Lei nº 6.766/79, para criar a figura do *"loteamento de acesso controlado"*, que pode ser utilizada para respaldar a dinâmica de loteamentos fechados, assim entendidos aqueles que, por qualquer meio (muros, portarias etc.) restringem o acesso de terceiros à região loteada. O loteamento de acesso controlado nada mais é do que um parcelamento de que resultem lotes sob a forma de imóveis autônomos (e não como unidades condominiais) com a possibilidade de serem instaladas portarias nas ruas com o objetivo de controlar o acesso de veículos e de pessoas. Esse tipo de restrição de controle depende de ato administrativo do poder público do Município. Essa autorização municipal deverá ser concedida a algum representante dos interesses dos moradores da região loteada. O art. 2º, § 8º, da Lei nº 6.766/79 veda claramente que se impeça o acesso de pessoas e veículos, se o condutor ou o pedestre, se identificar e autorizar o seu cadastramento. No loteamento de acesso controlado, as vias de circulação são bens públicos municipais, diferentemente do loteamento condominial, em que as vias de circulação interna são privadas, apenas sujeitas a restrições impostas pelos condôminos, salvo eventual limitação decorrente da legislação urbanística local, administrativa ou decorrente de direito real alheio em benefício do poder público da população em geral e da proteção da paisagem urbana, tais como servidões de passagem, usufrutos e restrições à construção de muros. (novo art. 1.358-A, § 2º, do CC; novo § 4º, do art. 4º, da L. 6.766/79). Assim, temos o seguinte:

- **espécies de loteamento:**
  (a) **loteamento tradicional:** aquele em que os lotes são imóveis autônomos (art. 2º, § 7º, Lei nº 6.766/79);
  (b) **loteamento de acesso controlado**: loteamento tradicional, com a autorização do poder público municipal para que os representantes dos proprietários (geralmente uma associação) controlem o acesso de pessoas e de veículos mediante a sua identificação e o seu cadastramento, vedado, porém, impedir-lhes o trânsito se estiverem identificados (art. 2º, § 8º, Lei nº 6.766/79);
  (c) **loteamento condominial ou condomínio de lotes:** aquele em que os lotes constituem unidades autônomas de um condomínio de lotes (art. 2º, § 7º, Lei nº 6.766/79; CC, art. 1.358-A).
- **condomínio urbano simples:** uma nova forma de condomínio foi criada pelos arts. 61 a 63 da Lei n. 13.465/2017, mas não foi inserida no Código Civil. Trata-se do condomínio urbano simples, espécie de condomínio que se aplica a imóveis urbanos. Essa nova modalidade pode ser compreendida como condomínio edilício, que dispensa algumas formalidades em razão da sua pequena dimensão. Segundo o art. 61, *caput*, da Lei n. 13.465/2017, esse condomínio aplica-se a situações de terrenos onde haja mais de uma construção e em que o seu titular queira tornar cada uma dessas construções uma unidade autônoma de condomínio. Diante da sua simplicidade, o condomínio urbano simples dispensa a apresentação de convenção de condomínio (art. 61, parágrafo único). Assim, como se trata de um condomínio, cada construção constituirá uma unidade imobiliária autônoma e, portanto, terá uma matrícula própria. Além do mais, cada unidade autônoma deve ficar vinculada a uma fração ideal das áreas comuns, à semelhança do que sucede no condomínio edilício. As unidades autônomas poderão ser alienadas e gravadas livremente por seus titulares, sendo nenhuma destas unidades poderá ser privada de acesso ao logradouro público (art. 62, § 3º). A gestão das partes comuns, embora se apliquem as regras de condomínio edilício no que couber (art. 61, parágrafo único, da Lei nº 13.465/2017), será feita de comum acordo entre os condôminos, podendo ser formalizada por meio de **instrumento particular** (art. 62, § 4º).
- **multipropriedade:** trata-se do sistema de utilização da propriedade em condomínio conhecido por *sistema "time-charing" (tempo repartido) ou propriedade compartilhada*. Segundo o escólio de Gustavo Teppedino em sua obra *Multipropriedade imobiliária* (São Paulo: Saraiva, 1993, p. 01) *"... multipropriedade de forma genérica é a relação jurídica de aproveitamento econômico de uma coisa móvel ou imóvel, repartida em unidades fixas de tempo, de modo que diversos titulares possam, cada qual a seu turno, utilizar-se da coisa com exclusividade e de maneira perpétua. O sistema utilizado para os imóveis é conhecido como time-sharing"; "... No Brasil, tal fenômeno surgiu timidamente sem legislação específica, sendo assim, nasceu a dificuldade de conceituar a multipropriedade como direito real. Nesse sistema, todos os multiproprietários são condôminos, mas esse condomínio somente será exclusivo na unidade autônoma no tempo fixado no pacto. Sem permissão legal, contudo, não pode ser conferido direito real aos multiproprietários. Uma das soluções encontradas, até então, era registrar o empreendimento em nome de pessoa centralizadora de contratos (trustee), que concede e organiza a utilização periódica. Nesse caso, a relação dos multiusuários seria de direito obrigacional com o proprietário da coisa. Outra solução era constar na escritura a aquisição por vários titulares de períodos de* ***07 dias*** *em cada ano, atribuindo-se a cada unidade cinquenta e dois períodos compartilhados. Todos os adquirentes são coproprietários de fração ideal, não se identificando a unidade, a não ser no vínculo obrigacional. Um pacto adjeto meramente contratual o fará. Não existia, desse modo, constituição de unidades autônomas, invocando-se as normas típicas do condomínio ordinário. A relação*

de tempo fica exposta em regulamento. A administração é atribuída a empresa, que normalmente reserva para si frações ideais, correspondentes a duas semanas do ano todos os apartamentos (Gustavo Teppedino, Multipropriedade imobiliária, São Paulo: Saraiva, 1993, p. 45)...". Com a nova Lei n. 13.777, de 20 de dezembro de 2018, e que entrará em vigor quando decorridos 45 (quarenta e cinco) de sua publicação (21.12.2018), a multipropriedade passa a ser disciplinada, no Brasil, pelo Código Civil e pela Lei de Registros Públicos (CC, arts. 1.358-B e seguintes; LRP, arts. 176 e 178).

- **Resumo dos aspectos legais da Lei n. 13.777, de 2018 (lei da multipropriedade):**

A nova Lei n. 13.777, de 20 de dezembro de 2018, alterou o Código Civil e a Lei de Registros Públicos, para dispor sobre o regime jurídico da multipropriedade e seu registro. As modificações foram as seguintes:

- **#NOVIDADES NO CÓDIGO CIVIL**
- ***Base legal do novo instituto***

Art. 1.358-B: Estabelece que a multipropriedade reger-se-á pelos preceitos que lhe sucedem e, de forma supletiva e subsidiária, pelas demais disposições do Cód. Civil e pelas disposições das Leis nºs 4.591/64, e 8.078/90 (Código de Defesa do Consumidor).

- **Conceito de multipropriedade**

Art. 1.358-C: A *multipropriedade* é o regime de condomínio em que cada um dos proprietários de um mesmo imóvel é titular de uma *fração de tempo*, à qual corresponde a faculdade de uso e gozo, com exclusividade, da totalidade do imóvel, a ser exercida pelos proprietários de forma alternada.

- **Extinção automática pela reunião do tempo**

Art. 1.358-C: Não há. A multipropriedade não se extinguirá automaticamente se todas as frações de tempo forem do mesmo multiproprietário.

- **Caracteres do imóvel objeto da multipropriedade**

Art. 1.358-B: apenas os *imóveis* podem ser objeto da multipropriedade, caso em que serão considerados:

(a) *Indivisíveis*: não se sujeitando a ação de divisão ou de extinção de condomínio;

(b) *Parte integrante*: as instalações, os equipamentos e o mobiliário destinados a seu uso e gozo.

- **Divisão da fração de tempo**

Art. 1.358-E. Não se admite a divisão da fração de tempo, estabelecendo-se, assim, sua indivisibilidade.

- **Período da fração de tempo**

Art. 1.358, § 1º: O período correspondente a cada fração de tempo será de, no *mínimo*, 7 (sete) dias, seguidos ou intercalados, e poderá ser:

(a) *fixo e determinado*: no mesmo período de cada ano;

(b) *flutuante*: caso em que a determinação do período será realizada de forma periódica, mediante procedimento objetivo que respeite, em relação a todos os multiproprietários, o princípio da isonomia, devendo ser previamente divulgado; ou;

(c) *misto*: combinando os sistemas fixo e flutuante.

- **Igualdade de direito do tempo mínimo seguido**

Art. 1.358, § 2º: Todos os multiproprietários terão direito a uma mesma quantidade mínima de dias seguidos durante o ano, podendo haver a aquisição de frações maiores que a mínima, com o correspondente direito ao uso por períodos também maiores.

- **Modo de instituição da multipropriedade**

Art. 1.358-F: Institui-se a multipropriedade por *ato entre vivos* ou *testamento*, registrado no competente cartório de registro de imóveis, devendo constar daquele ato a duração dos períodos correspondentes a cada fração de tempo.

- **Cláusulas condominiais obrigatórias da multipropriedade**

Art. 1.358-G: Além das cláusulas que os multiproprietários decidirem estipular (*facultativas*) a convenção de condomínio em multipropriedade determinará:

(a) os poderes e deveres dos multiproprietários, especialmente em matéria de instalações, equipamentos e mobiliário do imóvel, de manutenção ordinária e extraordinária, de conservação e limpeza e de pagamento da contribuição condominial;

(b) o número máximo de pessoas que podem ocupar simultaneamente o imóvel no período correspondente a cada fração de tempo;

(c) as regras de acesso do administrador condominial ao imóvel para cumprimento do dever de manutenção, conservação e limpeza;

(d) a criação de fundo de reserva para reposição e manutenção dos equipamentos, instalações e mobiliário;

(e) o regime aplicável em caso de perda ou destruição parcial ou total do imóvel, inclusive para efeitos de participação no risco ou no valor do seguro, da indenização ou da parte restante;

(f) as multas aplicáveis ao multiproprietário nas hipóteses de descumprimento de deveres.

- **Limite máximo "facultativo" de frações de tempo pela mesma pessoa física ou jurídica**

Art. 1.358-H: Pode constar do *instrumento de instituição da multipropriedade* ou da *convenção de condomínio em multipropriedade*.

- **Limite máximo "obrigatório" de frações de tempo pela mesma pessoa física ou jurídica**

Art. 1.358-H, parágrafo único: Em caso de instituição da multipropriedade para posterior *venda das frações de tempo a terceiros*, o atendimento a eventual limite de frações de tempo por titular estabelecido no instrumento de instituição será *obrigatório* somente após a venda das frações.

- **Direitos do Multiproprietário**

Art. 1.358-I: São direitos legais do multiproprietário, além daqueles previstos no instrumento de instituição e na convenção de condomínio em multipropriedade:

(a) usar e gozar, durante o período correspondente à sua fração de tempo, do imóvel e de suas instalações, equipamentos e mobiliário;

(b) ceder a fração de tempo em locação ou comodato;

(c) alienar a fração de tempo, por ato entre vivos ou por causa de morte, a título oneroso ou gratuito, ou onerá-la, devendo a alienação e a qualificação do sucessor, ou a oneração, ser informadas ao administrador;

(d) participar e votar, pessoalmente ou por intermédio de representante ou procurador, desde que esteja quite com as obrigações condominiais, em:

1. assembleia geral do condomínio em multipropriedade, e o voto do multiproprietário corresponderá à quota de sua fração de tempo no imóvel;

2. assembleia geral do condomínio edilício, quando for o caso, e o voto do multiproprietário corresponderá à quota de sua fração de tempo em relação à quota de poder político atribuído à unidade autônoma na respectiva convenção de condomínio edilício.

- **Obrigações do Multiproprietário**

Art. 1.358-J: São obrigações do multiproprietário, além daquelas previstas no instrumento de instituição e na convenção de condomínio em multipropriedade:

(a) pagar a contribuição condominial do condomínio em multipropriedade e, quando for o caso, do condomínio edilício, ainda que renuncie ao uso e gozo, total ou parcial, do imóvel, das áreas comuns ou das respectivas instalações, equipamentos e mobiliário;

(b) responder por danos causados ao imóvel, às instalações, aos equipamentos e ao mobiliário por si, por qualquer de seus acompanhantes, convidados ou prepostos ou por pessoas por ele autorizadas;

(c) comunicar imediatamente ao administrador os defeitos, avarias e vícios no imóvel dos quais tiver ciência durante a utilização;

(d) não modificar, alterar ou substituir o mobiliário, os equipamentos e as instalações do imóvel;

(e) manter o imóvel em estado de conservação e limpeza condizente com os fins a que se destina e com a natureza da respectiva construção;

(f) usar o imóvel, bem como suas instalações, equipamentos e mobiliário, conforme seu destino e natureza;

(g) usar o imóvel exclusivamente durante o período correspondente à sua fração de tempo;

(h) desocupar o imóvel, impreterivelmente, até o dia e hora fixados no instrumento de instituição ou na convenção de condomínio em multipropriedade, sob pena de multa diária, conforme convencionado no instrumento pertinente;

(i) permitir a realização de obras ou reparos urgentes.

- **Sanções aplicáveis ao multiproprietário**

Art. 1.358, J, § 1º: Conforme previsão que deverá constar da respectiva convenção de condomínio em multipropriedade, o multiproprietário estará sujeito a:

(a) multa, no caso de descumprimento de qualquer de seus deveres;

(b) multa progressiva e perda temporária do direito de utilização do imóvel no período correspondente à sua fração de tempo, no caso de descumprimento reiterado de deveres.

- **Responsabilidade pelas despesas de reparos pelo uso normal e anormal**

Art. 1.358, J, § 2º: A responsabilidade pelas despesas referentes a reparos no imóvel, bem como suas instalações, equipamentos e mobiliário, será:

(a) de todos os multiproprietários, quando decorrentes do uso normal e do desgaste natural do imóvel;

(b) exclusivamente do multiproprietário responsável pelo uso anormal, sem prejuízo de multa, quando decorrentes de uso anormal do imóvel.

- **Norma de equiparação em relação aos direitos e obrigações do multiproprietário**

Art. 1.358-K: São equiparados aos multiproprietários os promitentes compradores e os cessionários de direitos relativos a cada fração de tempo.

- **Transferência da Multipropriedade**

Art. 1.358-L: A transferência do direito de multipropriedade e a sua produção de efeitos perante terceiros dar-se-ão na forma da lei civil e não dependerão da anuência ou cientificação dos demais multiproprietários.

- **Direito de preferência**

Art. 1.358-L, § 1º: Não haverá direito de preferência na alienação de fração de tempo, como regra.

Exceção: se estabelecido no *instrumento de instituição* ou na *convenção do condomínio em multipropriedade* em favor dos demais multiproprietários ou do instituidor do condomínio em multipropriedade.

- **Administração da Multipropriedade**

Art. 1.358-M: A administração do imóvel e de suas instalações, equipamentos e mobiliário será de responsabilidade da *pessoa indicada* no instrumento de instituição ou na convenção de condomínio em multipropriedade, ou, na falta de indicação, de *pessoa escolhida* em assembleia geral dos condôminos.

- **Atribuições do administrador**

Art. 1.358-M, § 1º: O administrador exercerá, além daquelas previstas no *instrumento de instituição* e na *convenção de condomínio* em multipropriedade, as seguintes atribuições:

(a) coordenação da utilização do imóvel pelos multiproprietários durante o período correspondente a suas respectivas frações de tempo;

(b) determinação, no caso dos sistemas flutuante ou misto, dos períodos concretos de uso e gozo exclusivos de cada multiproprietário em cada ano;

(c) manutenção, conservação e limpeza do imóvel;

(d) troca ou substituição de instalações, equipamentos ou mobiliário, na forma seguinte, itens um a três abaixo, ou de outra, conforme dispuser em sentido contrário a convenção de condomínio em multipropriedade (art. 1.358-M, § 2º):

1. determinar a necessidade da troca ou substituição;

2. providenciar os orçamentos necessários para a troca ou substituição;

3. submeter os orçamentos à aprovação pela maioria simples dos condôminos em assembleia;

(e) elaboração do orçamento anual, com previsão das receitas e despesas;

(f) cobrança das quotas de custeio de responsabilidade dos multiproprietários;

(g) pagamento, por conta do condomínio edilício ou voluntário, com os fundos comuns arrecadados, de todas as despesas comuns.

- **Fração de tempo para reparos**

Art. 1.358-N: O *instrumento de instituição* poderá prever fração de tempo destinada à realização, no imóvel e em suas instalações, em seus equipamentos e em seu mobiliário, de reparos indispensáveis ao exercício normal do direito de multipropriedade.

- **Atribuição das frações de tempo para reparos**

Art. 1.358-N, § 1º: A fração de tempo para reparos poderá ser atribuída:

(a) ao instituidor da multipropriedade; ou

(b) aos multiproprietários, proporcionalmente às respectivas frações.

(c) em caso de *emergência*, os reparos poderão ser feitos durante o período correspondente à fração de tempo de um dos multiproprietários; logo, os reparos emergenciais não recaem sobre o instituidor.

- **Requisitos para a instituição de multipropriedade nas unidades autônomas de condomínios edilícios**

Arts. 1.358-O e 1.358-P: O condomínio edilício poderá adotar o regime de multipropriedade em parte ou na totalidade de suas unidades autônomas, mediante:

(a) previsão no instrumento de instituição; ou

(b) deliberação da maioria absoluta dos condôminos.

Na hipótese do inciso I, a iniciativa e a responsabilidade para a instituição do regime da multipropriedade serão atribuídas às mesmas pessoas e observarão os mesmos requisitos indicados nas alíneas *a*, *b* e *c* e no § 1º do art. 31 da Lei nº 4.591, de 16 de dezembro de 1964.

- **Cláusulas obrigatórias da convenção de condomínio edilício em multipropriedade**

Art. 1.358-Q: Em ambos os casos acima, a *convenção de condomínio edilício* **deve prever**, além das matérias elencadas nos arts. 1.332, 1.334 do Código Civil, e, se for o caso, o 1.358-G do mesmo Código, que dispõe sobre as cláusulas obrigatórias para a multipropriedade em imóveis não edilícios:

(a) a identificação das unidades sujeitas ao regime da multipropriedade, no caso de empreendimentos mistos;

(b) a indicação da duração das frações de tempo de cada unidade autônoma sujeita ao regime da multipropriedade;

(c) a forma de rateio, entre os multiproprietários de uma mesma unidade autônoma, das contribuições condominiais relativas à unidade, que, salvo se disciplinada de forma diversa no instrumento de instituição ou na convenção de condomínio em multipropriedade, será proporcional à fração de tempo de cada multiproprietário;

(d) a especificação das despesas ordinárias, cujo custeio será obrigatório, independentemente do uso e gozo do imóvel e das áreas comuns;

(e) os órgãos de administração da multipropriedade;

(f) a indicação, se for o caso, de que o empreendimento conta com sistema de administração de intercâmbio, na forma prevista no § 2º do art. 23 da Lei nº 11.771, de 17 de setembro de 2008, seja do período de fruição da fração de tempo, seja do local de fruição, caso em que a responsabilidade e as obrigações da companhia de intercâmbio limitam-se ao contido na documentação de sua contratação;

(g) a competência para a imposição de sanções e o respectivo procedimento, especialmente nos casos de mora no cumprimento das obrigações de custeio e nos casos de descumprimento da obrigação de desocupar o imóvel até o dia e hora previstos;

(h) o quórum exigido para a deliberação de adjudicação da fração de tempo na hipótese de inadimplemento do respectivo multiproprietário;

(i) o quórum exigido para a deliberação de alienação, pelo condomínio edilício, da fração de tempo adjudicada em virtude do inadimplemento do respectivo multiproprietário.

- **Cláusulas obrigatórias do regimento interno de condomínio edilício em multipropriedade**

Art. 1.358-Q: O *regimento interno* do condomínio edilício, que poderá ser instituído por *escritura pública* ou por *instrumento particular*, deve prever:

(a) os direitos dos multiproprietários sobre as partes comuns do condomínio edilício;

(b) os direitos e obrigações do administrador, inclusive quanto ao acesso ao imóvel para cumprimento do dever de manutenção, conservação e limpeza;

(c) as condições e regras para uso das áreas comuns;

(d) os procedimentos a serem observados para uso e gozo dos imóveis e das instalações, equipamentos e mobiliário destinados ao regime da multipropriedade;

(e) o número máximo de pessoas que podem ocupar simultaneamente o imóvel no período correspondente a cada fração de tempo;

(f) as regras de convivência entre os multiproprietários e os ocupantes de unidades autônomas não sujeitas ao regime da multipropriedade, quando se tratar de empreendimentos mistos;

(g) a forma de contribuição, destinação e gestão do fundo de reserva específico para cada imóvel, para reposição e manutenção dos equipamentos, instalações e mobiliário, sem prejuízo do fundo de reserva do condomínio edilício;

(h) a possibilidade de realização de assembleias não presenciais, inclusive por meio eletrônico;

(i) os mecanismos de participação e representação dos titulares;

(j) o funcionamento do sistema de reserva, os meios de confirmação e os requisitos a serem cumpridos pelo multiproprietário quando não exercer diretamente sua faculdade de uso;

(k) a descrição dos serviços adicionais, se existentes, e as regras para seu uso e custeio.

- **Administrador profissional**

Art. 1.358-R, § 5º: O condomínio edilício em que tenha sido instituído o regime de multipropriedade em parte ou na totalidade de suas unidades autônomas terá *necessariamente* um administrador profissional, que pode ser ou não um prestador de serviços de hospedagem.

- **Prazo do contrato com o administrador profissional**

Art. 1.358-R § 1º: O prazo de duração do contrato de administração será livremente convencionado.

- **Mandato legal do administrador profissional**

Art. 1.358-R, § 3º: O administrador será mandatário legal de todos os multiproprietários, exclusivamente para a realização dos atos de gestão ordinária da multipropriedade, incluindo manutenção, conservação e limpeza do imóvel e de suas instalações, equipamentos e mobiliário.

- **Poder limitado de modificação do regimento interno**

Art. 1.358-R, § 4º: O administrador poderá modificar o regimento interno quanto aos aspectos estritamente operacionais da gestão da multipropriedade no condomínio edilício.

- **Inadimplemento das contribuições condominiais e adjudicação da fração de tempo**

Art. 1.358-S: Na hipótese de inadimplemento, por parte do multiproprietário, da obrigação de custeio das despesas ordinárias ou extraordinárias, é cabível, na forma da lei processual civil, a adjudicação ao condomínio edilício da fração de tempo correspondente.

- **Regras especiais em caso de inadimplência quanto a imóvel objeto da multipropriedade integrante de empreendimento de locação**

Art. 1.358-S, parágrafo único: Na hipótese de o imóvel objeto da multipropriedade ser parte integrante de empreendimento em que haja sistema de locação das frações de tempo no qual os titulares possam ou sejam obrigados a locar suas frações de tempo exclusivamente por meio de uma administração única, repartindo entre si as receitas das locações independentemente da efetiva ocupação de cada unidade autônoma, poderá a convenção do condomínio edilício regrar que em caso de inadimplência:

(a) o inadimplente fique proibido de utilizar o imóvel até a integral quitação da dívida;

(b) a fração de tempo do inadimplente passe a integrar o *pool* da administradora;

(c) a administradora do sistema de locação fique automaticamente munida de poderes e obrigada a, por conta e ordem do inadimplente, utilizar a integralidade dos valores líquidos a que o inadimplente tiver direito para amortizar suas dívidas condominiais, seja do condomínio edilício, seja do condomínio em multipropriedade, até sua integral quitação, devendo eventual saldo ser imediatamente repassado ao multiproprietário.

- **Limitação da renúncia translativa**

Art. 1.358-T. O multiproprietário somente poderá renunciar de forma translativa a seu direito de multipropriedade em favor do condomínio edilício. Além disso, para que se admita tal forma de renúncia, o multiproprietário estiver em dia com as contribuições condominiais, com os tributos imobiliários e, se houver, com o foro ou a taxa de ocupação.

- **Vedação da multipropriedade**

Art. 1.358-U: As convenções dos condomínios edilícios, os memoriais de loteamentos e os instrumentos de venda dos lotes em loteamentos urbanos poderão limitar ou impedir a instituição da multipropriedade nos respectivos imóveis, vedação que somente poderá ser alterada no mínimo pela maioria absoluta dos condôminos.

Art. 176, II, 6: No livro n. 2 – Registro Geral – destinado, à matrícula dos imóveis e ao registro ou averbação dos atos relacionados no art. 167 e não atribuídos ao Livro nº 3, passa a ser requisito da matrícula, entre outros, tratando-se de imóvel em regime de multipropriedade, a indicação da existência de matrículas, nos termos do § 10 deste artigo, conforme veremos abaixo.

- **Matriculas das frações de tempo**

Art. 176, § 10: Quando o imóvel se destinar ao regime da multipropriedade, além da matrícula do imóvel, haverá uma matrícula para cada fração de tempo, na qual se *registrarão* e *averbarão* os atos referentes à respectiva fração de tempo.

- **Exigências tributárias acessórias**

Art. 176, § 11: Na hipótese acima, cada fração de tempo poderá, em função de legislação tributária municipal, ser objeto de inscrição imobiliária individualizada.

- **Matrícula específica de frações de tempo para reparo**

Art. 176, § 12: Não há. A fração de tempo adicional, destinada à realização de reparos, constará da matrícula referente à fração de tempo principal de cada multiproprietário e não será objeto de matrícula específica.

- **Registro no livro 3 – auxiliar**

Art. 178, III: Registrar-se-ão no Livro nº 3 – Registro Auxiliar, as convenções de condomínio edilício, condomínio geral voluntário e condomínio em multipropriedade.

- **Vigência**

A Lei nº 13.777/2018 iniciou vigência em todo o país 45 dias depois de oficialmente publicada, seguindo a regra geral do art. 1º, *caput*, da LINDB, ante a ausência de indicação expressa de outro prazo, conforme autoriza o art. 8º da Lei Complementar n. 95, de 1998.

- **Outras classificações:**

1. *pro diviso* (comunhão de direito): é o exercido sobre parte certa e determinada da coisa, como se dono exclusivo da parte ocupada;

2. *pro indiviso* (comunhão de direito e de fato): é o ocupado em partes ideais, sem qualquer delimitação da coisa em porções individualizadas

3. *permanente:* não poderá extinguir-se, dada a natureza do bem ou em virtude da relação jurídica que o gerou ou do exercício do direito correlativo.

4. *transitório:* denomina-se assim aquele que, oriundo ou não de convenção, vigora durante um certo lapso de tempo ou enquanto não se lhe ponha termo, mas que sempre e em qualquer momento pode cessar
5. *universal:* se compreender a totalidade do bem, inclusive frutos e rendimento
6. *singular ou particular:* restringe a determinadas coisas ou efeitos, ficando livres os demais
7. segundo a *"teoria da propriedade integral ou total"*, atribuída a Washington de Barros Monteiro, há no condomínio é um só direito, de maneira que cada condômino tem direito à propriedade sobre toda a coisa, sendo que o exercício desse direito é limitado pelos direitos dos demais consortes; em função disso o *"princípio da exclusividade"* não é malferido, já que há partes ideais conferidas a cada condômino; já em relação a terceiros, o titular da parte ideal atua como proprietário exclusivo do todo.

18. PROPRIEDADE RESOLÚVEL

- **noções gerais:** exceção ao caráter perpétuo e irrevogável, a propriedade resolúvel é prevista nos arts. 1.359 e 1.360 do CC, e se verifica quando no título aquisitivo da propriedade há inserção de condição resolutiva ou termo. A propriedade neste caso não é plena, mas limitada. Isso porque no título de sua constituição já se prevê as causas de sua extinção, uma vez que se realize a condição resolutória, ou sobrevenha o termo extintivo, seja por força de declaração de vontade, seja por determinação da lei. Pelo Enunciado 509 da V Jornada de Direito Civil do CJF/STJ, *"A resolução da propriedade, quando determinada por causa originária, prevista no título, opera ex tunc e erga omnes; se decorrente de causa superveniente, atua ex nunc e inter partes"*. Se a propriedade vier a resolver-se por causa superveniente, alheia ao título e posterior à transmissão, tal revogação terá efeitos *ex nunc*. É o que ocorrer, por exemplo, na revogação da doação por ingratidão do donatário (CC, art. 555 a 557).

19. PROPRIEDADE FIDUCIÁRIA

- **noções gerais:** é a propriedade resolúvel de **coisa móvel infungível** que o devedor, com escopo de garantia, transfere ao credor (CC, art. 1.361). Assim, com a alienação fiduciária, em garantia, ocorre a transferência do domínio do bem móvel ao credor (fiduciário), em garantia de pagamento, permanecendo o devedor (fiduciante) com a posse direta da coisa. De acordo com o art. 1.367 do CC, *"A propriedade fiduciária em garantia de bens móveis ou imóveis sujeita-se às disposições do Capítulo I do Título X do Livro III da Parte Especial deste Código e, no que for específico, à legislação especial pertinente, não se equiparando, para quaisquer efeitos, à propriedade plena de que trata o art. 1.231"*. Desse modo, a legislação especial cível pode dispor sobre outras hipóteses de propriedade fiduciária, como a L. 9.514, de 1997, que recai sobre bens imóveis. O art. 1.368-A do CC reafirma a aplicação da lei especial nos contratos que reger, aplicando-se as normas do Cód. Civil em caráter subsidiário, ao proclamar que *"... as demais espécies de propriedade fiduciária ou de titularidade fiduciária submetem-se à disciplina específica das respectivas leis especiais, somente se aplicando as disposições deste Código naquilo que não for incompatível com a legislação especial"*
- **características:**

a) o contrato deve ser escrito, por instrumento público ou particular

b) deve conter as seguintes cláusulas:

   1. total da dívida
   2. prazo ou época do pagamento
   3. taxa de juros, se houver
   4. descrição da coisa objeto da transferência

c) a aquisição do domínio exige a tradição, ficta no caso

d) o registro no Cartório de Título e Documentos confere existência legal à propriedade fiduciária, gerando oponibilidade *erga omnes*

e) a propriedade superveniente, adquirida pelo devedor-fiduciante, que ocorre quando paga o valor total do bem, confere **eficácia** à aquisição do domínio, desde o arquivamento (registro) da alienação fiduciária em favor do credor-fiduciário; logo, seus efeitos operam-se *ex tunc*. É importante lembrar que o art. 1.367-B do CC, inserido em 2014, conferiu à alienação fiduciária em garantia de bem móvel ou imóvel o **direito real de aquisição** ao devedor-fiduciante, seu cessionário ou sucessor.

f) pelo Enunciado 325 da IV Jornada de Direito Civil, do CJF/STJ, "É impenhorável, nos termos da Lei n. 8.009/90, o direito real de aquisição do devedor fiduciante".

g) antes de vencida a dívida, o devedor, a suas expensas e risco, pode usar a coisa segundo sua destinação, sendo obrigado, como depositário:

   1. a empregar na guarda da coisa a diligência exigida por sua natureza;
   2. a entregá-la ao credor, se a dívida não for paga no vencimento.

h) vencida a dívida, e não paga, fica o credor obrigado a vender, judicial ou extrajudicialmente, a coisa a terceiros, a aplicar o preço no pagamento de seu crédito e das despesas de cobrança, e a entregar o saldo, se houver, ao devedor.

i) é nula a cláusula que autoriza o proprietário fiduciário a ficar com a coisa alienada em garantia, se a dívida não for paga no vencimento. Todavia, o devedor pode, com a anuência do credor, dar seu direito eventual à coisa em pagamento da dívida, após o vencimento desta (*proibição de pacto comissório*)

j) quando, vendida a coisa, o produto não bastar para o pagamento da dívida e das despesas de cobrança, continuará o devedor obrigado pelo restante.

l) o terceiro, **interessado** ou **não**, que pagar a dívida, se sub-rogará de pleno direito no crédito e na propriedade fiduciária. Veja-se que se trata de uma exceção ao art. 346, III, do CC.

m) o credor fiduciário que se tornar proprietário pleno do bem, por efeito de realização da garantia, mediante consolidação da propriedade, adjudicação, dação ou outra forma pela qual lhe tenha sido transmitida a propriedade plena, passa a responder pelo pagamento dos tributos sobre a propriedade e a posse, taxas, despesas condominiais e quaisquer outros encargos, tributários ou não, incidentes sobre o bem objeto da garantia, a partir da data em que vier a ser imitido na posse direta do bem.

20. FUNDO DE INVESTIMENTO

- noções gerais: a Lei n. 13.874, de 2019, conhecida por Lei da Liberdade Econômica, incluiu novo instituto ao Código Civil, fazendo-o nos arts. 1.368-C a 1.368-F. Trata-se do **fundo de investimento**, conceituado como uma comunhão de recursos constituído sob a forma de **condomínio** de natureza especial, destinado à aplicação, em ativos financeiros, de bens e direitos de qualquer natureza.
- características (CC, arts. 1.368-C a 1.368-F)

a) competirá à Comissão de Valores Mobiliários disciplinar sobre o fundo de investimento

b) sendo que o **registro dos regulamentos** dos fundos de investimentos na Comissão de Valores Mobiliários é condição suficiente para garantir a sua publicidade e a oponibilidade de efeitos em relação a terceiros

c) o **regulamento do fundo de investimento** poderá, observado o disposto na regulamentação da CVM, estabelecer:

1. a **limitação** da responsabilidade de cada **investidor** ao valor de suas cotas;
2. a **limitação** da responsabilidade, bem como parâmetros de sua aferição, dos **prestadores de serviços** do fundo de investimento, perante o condomínio e entre si, ao cumprimento dos deveres particulares de cada um, **sem solidariedade**;
3. **classes de cotas** com direitos e obrigações distintos, com possibilidade de constituir patrimônio segregado para cada classe;
4. a adoção da **responsabilidade limitada** por fundo de investimento constituído sem a limitação de responsabilidade somente abrangerá fatos ocorridos **após a respectiva mudança em seu regulamento**;
5. a **avaliação de responsabilidade** dos prestadores de serviço deverá levar sempre em consideração os **riscos inerentes** às aplicações nos mercados de atuação do fundo de investimento e a **natureza de obrigação de meio** de seus serviços;
6. o **patrimônio segregado** referido acima só responderá por obrigações vinculadas à classe respectiva, nos termos do regulamento.

d) os fundos de investimento **respondem diretamente** pelas obrigações legais e contratuais por eles assumidas, e os prestadores de serviço não respondem por essas obrigações, mas respondem pelos prejuízos que causarem quando procederem com **dolo ou má-fé**.

1. se o fundo de investimento com limitação de responsabilidade **não possuir patrimônio suficiente** para responder por suas dívidas, aplicam-se as regras de insolvência previstas nos arts. 955 a 965 do Código Civil.
2. a **insolvência** pode ser **requerida judicialmente** por credores, por **deliberação** própria dos cotistas do fundo de investimento, nos termos de seu regulamento, ou pela **CVM**.

e) o fundo de investimento constituído por **lei específica** e **regulamentado** pela CVM deverá, no que couber, seguir as disposições acima.

21. DIREITOS REAIS SOBRE COISAS ALHEIAS

- **tabela de conceitos:** direitos reais de gozo e fruição:

Superfície:	é o direito real de fruição ou gozo sobre coisa alheia, gratuito ou oneroso, e por tempo determinado, pelo qual o proprietário transmite a alguém o direito de construir ou plantar em seu terreno. É constituído por escritura pública, devidamente registrada. A Lei 10.257/2001 (Estatuto da Cidade) prevê o direito de superfície para o imóvel urbano, e o CC/2002 se ocupa do urbano e do rural

Servidão:	são direitos reais de gozo sobre imóveis que, em virtude de lei ou vontade das partes, se impõem sobre o prédio serviente em benefício do dominante (DINIZ, Maria Helena. *Código Civil Anotado*. 16 ed. Saraiva. São Paulo: 2012, p. 985)
Usufruto:	caracteriza-se pelo desmembramento, em face do princípio da elasticidade, dos poderes inerentes ao domínio: de um lado, fica o nu-proprietário o direito à substância da coisa, a prerrogativa de dispor dela, e a expectativa de recuperar a propriedade plena pelo fenômeno da consolidação, tendo em vista que o usufruto é sempre temporário; de outro, passam para as mãos do usufrutuário os direitos e uso de gozo, dos quais transitoriamente se torna titular (GONÇALVES, Carlos Roberto. Direito Civil Esquematizado 2. Coisas. 1ed. Saraiva. São Paulo: p. 700).
Uso:	é considerado um usufruto restrito, porque ostenta as mesmas características de direito real, temporário e resultante do desmembramento da propriedade, distinguindo-se, entretanto, pelo fato de o usufrutuário auferir o uso e a fruição da coisa, enquanto ao usuário não é concedida senão a utilização restrita aos limites das necessidades suas e de sua família". (*op. cit.*, p. 713).
Habitação:	É o direito real temporário de ocupar gratuitamente casa alheia para moradia do titular e de sua família (*op. cit.*, p. 1012)
Compromisso de compra e venda:	trata-se de um contrato pelo qual as partes se comprometem a levar a efeito um contrato definitivo de venda e compra. O consentimento já foi dado, na promessa, convencionando os contratantes reiterá-lo na escritura definitiva. Pode ser celebrado por instrumento público ou particular, e registrada no Cartório de Registro de Imóveis (*op. cit.*, p. 731).
Concessão de direito real uso:	trata-se de um contrato por meio do qual a Administração transfere do uso de terreno público ou privado – não se mencionando a transferência de domínio – por um tempo determinado ou indeterminado, oneroso ou gratuito, com o compromisso por parte do concessionário de destiná-lo estritamente dentro dos fins previstos em Lei, sendo assim atendido o princípio da supremacia do interesse público. Sua redação sofreu pequena alteração na parte final do inciso XII do art. 1.225 do CC, pela Lei n. 13.465/2017 (antiga MP 759/2017), que incluiu a letra "e", para então, no inciso XIII, inserir novo direito real de laje.
Concessão de uso especial para fins de moradia:	a concessão de uso para fins de moradia é um dos instrumentos utilizados para realização da regularização fundiária, diferenciando-se por se aplicar a imóveis públicos, cujo domínio não pode ser adquirido por particular, garantindo, assim, o direito à moradia às pessoas que residem nestes imóveis insuscetíveis de usucapião (SOUZA, Leonardo da Silva Carneiro, *in* JusNavigandi).
Laje	pelo direito de laje o proprietário de uma construção-base poderá ceder a superfície superior ou inferior de sua construção a fim de que o titular da laje mantenha unidade distinta daquela originalmente construída sobre o solo (novo art. 1.510-A do CC).

21.1. DIREITO REAL DE LAJE

- **noções gerais:** o *direito de laje* foi criado pela Medida Provisória n. 759, de 22 de dezembro de 2016, cujo vigência teve início no dia 23 de dezembro de 2016. Por se tratar de instrumento normativo com prazo de vigência determinado, as Medidas Provisórias devem ser convertidas em lei, dentro do prazo de 60 dias, prorrogáveis por igual período, salvo as exceções constitucionais (CF, art. 62, §§ 3º, 4º, 11 e 12). A inobservância desse lapso implica a perda de eficácia da norma, devendo o Congresso Nacional disciplinar, por decreto legislativo, as relações jurídicas delas decorrentes. A MP 759/2016, assim, foi convertida na Lei n. 13.465, de 11 de julho de 2017. Como vimos, o direito real de laje criado pela MP 759/2016 foi mantido com a nova Lei de Regularização Fundiária. A nova espécie de direito real, "a laje", encontra-se foi inserida nos arts. 1.225, XIII, e arts. 1.510-A a 1.510-E, todos do Código Civil. O direito real de laje consiste na faculdade de o proprietário de uma **construção-base** ceder a superfície superior ou inferior de sua construção a fim de que o titular da laje mantenha unidade distinta daquela originalmente construída sobre o solo. Com a mudança, a legislação passa a admitir algo que já existia na prática, muito comum em núcleos urbanos informais, como as favelas, em que alguém tem um imóvel (uma casa, p. ex.) e cede a outra pessoa a parte de cima deste imóvel (a "laje") para que lá ela construa outra edificação autônoma em relação à construção existente na parte de baixo.

- **características:**

  a) **espaço aéreo e subsolo:** o direito real de laje contempla o espaço aéreo ou o subsolo de terrenos públicos ou privados, tomados em projeção vertical, como unidade imobiliária autônoma, não contemplando as demais áreas edificadas ou não pertencentes ao proprietário da construção-base.

b) **encargos e tributos:** o titular do direito real de laje responderá pelos encargos e tributos que incidirem sobre a sua unidade.

c) **matrícula própria e atributos reais:** os titulares da laje, unidade imobiliária autônoma constituída em matrícula própria, poderão dela usar, gozar e dispor.

d) **terrenos e áreas edificadas:** a instituição do direito real de laje não implica a atribuição de fração ideal de terreno ao titular da laje ou a participação proporcional em áreas já edificadas.

e) **posturas urbanas locais:** os Municípios e o Distrito Federal poderão dispor sobre posturas edilícias e urbanísticas associadas ao direito real de laje.

f) **direito de laje sucessivo:** o titular da laje poderá ceder a superfície de sua construção para a instituição de um sucessivo direito real de laje, desde que haja autorização expressa dos titulares da construção-base e das demais lajes, respeitadas as posturas edilícias e urbanísticas vigentes.

g) **uso anormal do direito de laje:** é expressamente vedado ao titular da laje prejudicar com obras novas ou com falta de reparação a segurança, a linha arquitetônica ou o arranjo estético do edifício, observadas as posturas previstas em legislação local.

h) **regras do condomínio edilício e rateio das despesas:** sem prejuízo, no que couber, das normas aplicáveis aos condomínios edilícios, para fins do direito real de laje, as despesas necessárias à conservação e fruição das **partes que sirvam a todo o edifício** e ao pagamento de serviços de interesse comum serão partilhadas entre o proprietário da construção-base e o titular da laje, na proporção que venha a ser estipulada em contrato.

i) **são partes que servem a todo o edifício**: (i) os alicerces, colunas, pilares, paredes-mestras e todas as partes restantes que constituam a estrutura do prédio; (ii) o telhado ou os terraços de cobertura, ainda que destinados ao uso exclusivo do titular da laje; (iii) as instalações gerais de água, esgoto, eletricidade, aquecimento, ar condicionado, gás, comunicações e semelhantes que sirvam a todo o edifício; e (iv) em geral, as coisas que sejam afetadas ao uso de todo o edifício.

j) **reparações urgentes:** é assegurado, em qualquer caso, o direito de qualquer interessado em promover reparações urgentes na construção na forma do parágrafo único do art. 249 do Código Civil, pelo qual *"em caso de urgência, pode o credor, independentemente de autorização judicial, executar ou mandar executar o fato, sendo depois ressarcido"*. Logo, é aplicada a regra da execução da *obrigação de fazer fungível em caso de urgência* (CC, art. 249).

k) **direito de preferência sobre qualquer unidade sobreposta, em caso de alienação:** terão direito de preferência, em igualdade de condições com terceiros, os titulares da construção-base e da laje, nessa ordem, que serão cientificados por escrito para que se manifestem no prazo de **30 dias**, salvo se o contrato dispuser de modo diverso. O titular da construção-base ou da laje a quem não se der conhecimento da alienação poderá, *mediante depósito do respectivo preço*, haver para si a parte alienada a terceiros, se o requerer no *prazo decadencial* de **180 dias**, contado da data de alienação. Se houver *mais de uma laje*, terá preferência, sucessivamente, o titular das lajes ascendentes e o titular das lajes descendentes, assegurada a prioridade para a laje mais próxima à unidade sobreposta a ser alienada.

l) **ruína da construção-base:** implica extinção do direito real de laje, salvo: (i) se este tiver sido instituído sobre o subsolo; (ii) se a construção-base for reconstruída no prazo de 5 (cinco) anos, conforme estabelece a nova Lei 14.382/22. Em todo caso, não se afasta o direito a eventual reparação civil contra o culpado pela ruína.

22. DIREITOS REAIS DE GARANTIA

- **fluxograma:** direitos reais de garantia

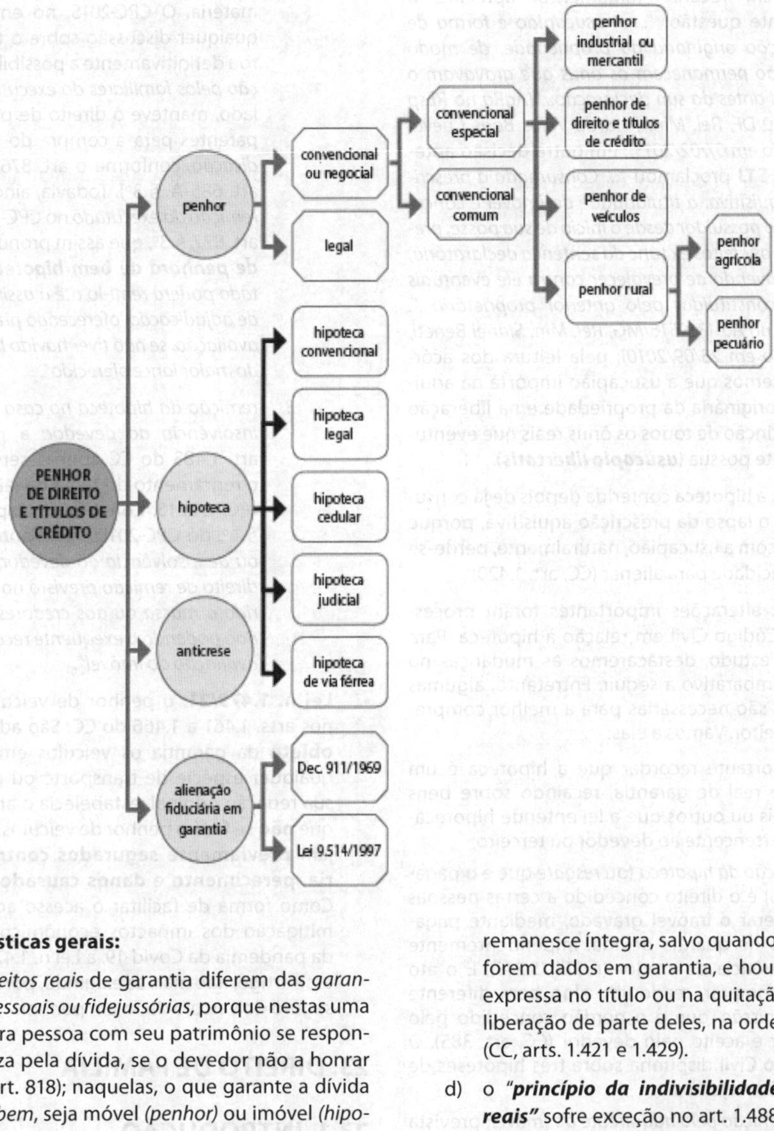

- **características gerais:**

a) os *direitos reais* de garantia diferem das *garantias pessoais ou fidejussórias*, porque nestas uma terceira pessoa com seu patrimônio se responsabiliza pela dívida, se o devedor não a honrar (CC, art. 818); naquelas, o que garante a dívida *é um bem*, seja móvel *(penhor)* ou imóvel *(hipoteca)*.

b) os *direitos de garantia são acessórios* de uma obrigação principal. A respeito, confira-se o art. 1.419 do CC: *"Nas dívidas **garantidas** por penhor, anticrese ou hipoteca, o bem dado em garantia fica sujeito, por vínculo real, ao **cumprimento** da obrigação"*.

c) de acordo com o ***"princípio da indivisibilidade dos direitos reais de garantia"***, o bem fica integral e completamente gravado, ainda que a dívida representada na obrigação seja de menor valor, em cotejo com aquele; noutro sentido, ainda que paga parte da dívida, a garantia remanesce íntegra, salvo quando diversos bens forem dados em garantia, e houver disposição expressa no título ou na quitação admitindo a liberação de parte deles, na ordem pretendida (CC, arts. 1.421 e 1.429).

d) o ***"princípio da indivisibilidade dos direitos reais"*** sofre exceção no art. 1.488 do CC, o qual admite o ***fracionamento da garantia***, quando o bem vier a ser loteado, ou se nele se constituir condomínio edilício, admitindo-se a divisão do ônus, gravando cada lote ou unidade autônoma, se o requererem ao juiz o credor, o devedor ou os donos, obedecida a proporção entre o valor de cada um deles e o crédito; embora possa parecer o contrário, o fracionamento é admitido nesta hipótese por via negocial ou judicial.

e) é **nula** a cláusula que autoriza o credor pignoratício, anticrético ou hipotecário a ficar com o objeto da garantia, se a dívida não for paga no vencimento (**proibição de pacto comissório**).

Após o vencimento, poderá o devedor dar a coisa em pagamento da dívida.

f) **STJ:** em recente julgamento, apreciou a seguinte questão: *"... A usucapião é forma de aquisição originária da propriedade, de modo que não permanecem os ônus que gravavam o imóvel antes da sua declaração..."(AgRg no REsp 647.240/DF, Rel. Min. Ricardo Villas Bôas Cueva, julgado em 07/02/2013)*; em outra decisão anterior, o **STJ** proclamou *"... Consumada a prescrição aquisitiva, a titularidade do imóvel é concebida ao possuidor desde o início de sua posse, presentes os efeitos ex tunc da sentença declaratória, não havendo de prevalecer contra ele eventuais ônus constituídos pelo anterior proprietário...". (AgRg no Ag 1319516/MG, Rel. Min. Sidnei Beneti, julgado em 28/09/2010)*; pela leitura dos acórdãos temos que a usucapião importa na aquisição originária da propriedade e na liberação ou extinção de todos os ônus reais que eventualmente possua **(*usucapio libertatis*)**.

g) é **nula** a hipoteca conferida depois de já consumado o lapso da prescrição aquisitiva, porque junto com a usucapião, naturalmente, perde-se a capacidade para alienar (CC, art. 1.420).

- **CPC-2015:** alterações importantes foram processadas no Código Civil em relação à hipoteca. Para facilitar o estudo, destacaremos as mudanças no quadro comparativo a seguir. Entretanto, algumas anotações são necessárias para a melhor compreensão do leitor. Vamos a elas:

a) é importante recordar que a hipoteca é um direito real de garantia, recaindo sobre bens imóveis ou outros que a lei entende hipotecável, pertencente ao devedor ou terceiro;

b) a *remição da hipoteca* (ou *resgate* que é o pagamento) é o direito concedido a certas pessoas de liberar o imóvel gravado, mediante pagamento de quantia devida, impendentemente da anuência do credor (*EJSTJ 15:243*). É o ato de recomprar, readquirir, algo bem diferente da *remissão*, que é o perdão concedido pelo credor e aceito pelo devedor (CC, art. 385). O Código Civil dispunha sobre três hipóteses de remição, vejamos:

1. remição pelo adquirente do imóvel: prevista no art. 1.481 do CC, sendo um direito potestativo, que pode ser exercido até mesmo antes de vencida a dívida (STJ, Resp. 164.609/ES)

2. remição pelo executado e sua família: constava do **revogado** art. 1.482 do CC, permitida até a assinatura do auto de arrematação ou até que fosse publicada a sentença de adjudicação, mediante a oferta do preço igual ao da avaliação, se não tiver havido licitantes, ou ao do maior lance oferecido. Os familiares eram o cônjuge (companheiro), os descendentes ou ascendentes. Alguma dúvida anterior havia sobre a revogação tácita do dispositivo com a reforma do CPC pela Lei 11.382/2006, que excluiu o art. 787 do texto da lei processual, disciplinador da matéria. O CPC-2015, no entanto, afastou qualquer discussão sobre o tema, e encerrou definitivamente a possibilidade da *remição pelos familiares do executado*. Por outro lado, manteve o direito de preferência dos parentes para a compra do bem, na *adjudicação*, conforme o art. 876, § 5º (CPC-73, art. 685-A, § 3º). Todavia, ainda sobrevive a *remição do executado* no CPC-2015, a teor do art. 877, § 3º, que assim pronuncia: *"No* ***caso de penhora de bem hipotecado****, o executado poderá remi-lo até a assinatura do auto de adjudicação, oferecendo preço igual ao da avaliação, se não tiver havido licitantes, ou ao do maior lance oferecido".*

3. remição da hipoteca no caso de falência ou insolvência do devedor: a revogação do art. 1.483 do CC apenas serviu para levar o regramento do tema da lei material para o CPC-2015. Com efeito, dispõe o art. 877, § 4º, do CPC-2015: *"Na hipótese de falência ou de insolvência do devedor hipotecário, o direito de remição previsto no § 3º será deferido à massa ou aos credores em concurso, não podendo o exequente recusar o preço da avaliação do imóvel"*.

- **Lei n. 1.479/21:** o penhor de veículos é previsto nos arts. 1.461 a 1.466 do CC. São admitidos como **objeto** da garantia os veículos empregados em qualquer espécie de transporte ou condução. Em sua redação original, estabelecia o art. 1.463 do CC que **não se fará** o penhor de veículos sem que estejam **previamente segurados contra furto**, **avaria**, **perecimento** e **danos causados a terceiros**. Como forma de facilitar o acesso ao crédito para mitigação dos impactos econômicos decorrentes da pandemia da Covid-19, a Lei n. 1.479/21 revogou esse artigo, não mais se exigindo, portanto, o prévio seguro do veículo dado em penhor.

23. DIREITO DE FAMÍLIA

23.1. INTRODUÇÃO

- **noções gerais:** o direito de família se ocupa com casamento, a relação de parentesco, a filiação, a adoção, o poder familiar, o bem de família, a união estável, a tutela, a curatela e os alimentos.

23.2. CASAMENTO

- **noções gerais:** segundo o CC, art. 1.511, o casamento estabelece comunhão plena de vida, com base na igualdade de direitos e deveres dos cônjuges; trata-se da *família legitima*, hoje não exclusiva daqueles casais com diversidade de sexo, mas também aos homoafetivos, conforme decidiu o **STJ**

(Informativo 486); a união estável, de igual forma, é admitida aos companheiros do mesmo sexo, decidiu o **STF (Informativo 625). Vale lembrar que** a *família monoparental* ou *anaparental* é aquela formada sem um dos ascendentes ou pais e seus descendentes (CF/art. 226, § 4º).

- **fluxograma**: natureza jurídica do casamento

23.2.1. PROCESSO DE HABILITAÇÃO. CAPACIDADE

- **processo de habilitação:**

a) o processo de habilitação do casamento foi alterado pela Lei 12.133/2009, que deu nova redação ao art. 1.526 do CC/2002;

b) com a mudança, a fase de habilitação será feita pessoalmente perante o oficial do Registro Civil, com a audiência do *Ministério Público;*

c) somente em caso de impugnação do pedido, que poderá ser feito pelo oficial, *Ministério Público* ou terceiro, é que teremos a intervenção judicial (CC/art. 1.527).

- **capacidade para o casamento:** o homem e a mulher com 16 anos (*idade núbil*) podem casar, exigindo-se autorização de ambos os pais, ou de seus representantes legais, enquanto não atingida a maioridade civil (18 anos). Se houver *divergência dos pais* quanto à *autorização* para o casamento, que é uma situação de divergência em relação ao exercício do poder familiar, é assegurado a qualquer deles recorrer ao juiz para solução do desacordo.

a) os pais, tutores e curadores podem revogar a autorização? Sim, podem, mas desde que o façam até a celebração do casamento.

b) como será com Novo Estatuto do Deficiente: a Lei 13.146, de 06 de junho de 2015, alterou a redação do art. 1.518 do CC, excluindo os curadores entre aqueles que podem **revogar** a autorização para o casamento. Com a alteração promovida pelo *Estatuto*, é certo que a deficiência **não afeta** a plena capacidade civil da pessoa, inclusive para casar-se e constituir união estável (art. 6º, I). Ainda se prevê a curatela no *Estatuto do Deficiente*, todavia, **limitada** aos atos relacionados aos direitos de natureza patrimonial e negocial, **não** alcançando o direito ao próprio corpo, à sexualidade, ao **matrimônio**, etc. (Estatuto do Deficiente, art. 85, § 1º). O art. 1.550 do CC, que dispõe sobre a anulabilidade do casamento, ganhou o § 2º, alteração também promovida pela Lei 13.146/2015, afirmando: *"A pessoa com deficiência mental ou intelectual em idade núbia poderá contrair matrimônio, expressando sua vontade diretamente ou por meio de seu responsável ou curador"*. A alteração promovida permite duas interpretações: **uma** de que o deficiente pode se casar a partir dos 16 anos, independentemente da autorização dos pais ou responsáveis, como determina o art. 1.517 do CC, já que lhe é possível expressar a vontade diretamente: **a outra**, por nós perfilhada, de que, após vigorar a nova regra (08.01.2016), não será exigível qualquer autorização para o casamento da pessoa com deficiência, desde que atingida a maioridade. Se contar com 16 anos completos e menos de 18 anos, permanece válida a necessidade de *"autorização"* dos pais ou responsáveis para que possa se casar (CC, art. 1.517). A partir da maioridade, como não se exige "autorização" para o casamento de qualquer pessoa no art. 1.517, regra que inclui o deficiente, o curador não poderá revogar a manifestação da vontade que tenha feito, nem mesmo vetar a vontade manifestada diretamente pelo deficiente. Portanto, a manifestação da vontade pelo responsável ou curador expressando a vontade do deficiente é irrevogável, frise-se, após a maioridade daquele.

Antiga redação do Código Civil	Nova redação do Código Civil
"Art. 1.518. Até à celebração do casamento podem os **pais, tutores ou curadores** revogar a autorização".	'Art. 1.518. Até a celebração do casamento podem os **pais ou tutores** revogar a autorização".

c) **é permitido o casamento de quem não alcançou a idade núbil?** Sim, há duas exceções legais.

1. para evitar imposição ou cumprimento de pena criminal
2. em caso de gravidez

Prazo de caducidade do certificado de habilitação matrimonial
• o certificado de habilitação do casamento tem validade de **90 dias** (CC/art. 1.532).

23.2.2. IMPEDIMENTOS E CAUSAS SUSPENSIVAS

- Códigos de 1916 e 2002: a disciplina dos impedimentos é diversa entre os diplomas. O revogado apresentava no art. 183 os impedimentos classificados em absolutamente dirimentes (*nulidade*), relativamente dirimentes (*anulabilidade*) e proibitivos ou meramente impedientes (*regime obrigatório*). Já o vigente considera impedimentos apenas os dirimentes absolutos, que de uma maneira ou outra podem afetar a ordem pública. Aquelas hipóteses de impedimentos relativamente dirimentes hoje também são consideradas causas de anulabilidade, mas foram deslocadas para o capítulo da invalidade do casamento (arts. 1.548 e ss). Por último, aquelas regras proibitivas ou meramente impedientes, agora são *as causas suspensivas do casamento*.
- noções gerais de impedimentos: o impedimento para o casamento são as circunstâncias que impossibilitam a realização de determinado matrimônio (MONTEIRO, Washington de Barros, citado *in*. *Direito Civil Brasileiro*. Vol. 6. 10 ed. Saraiva. São Paulo, p. 69). Para Clovis Beviláqua, é a ausência de requisitos para o casamento (GONÇALVES, Carlos Roberto, *op. cit.*, p. 69).
- casamento avuncular: é o casamento entre parentes colaterais de terceiro grau, ou seja, tios(as) e sobrinhos(as), a princípio vedado pela letra fria do Código Civil, artigo 1.521, IV.
- **hipóteses impedimentos:**

Dos Impedimentos
"Art. 1.521. Não podem casar:
I – os ascendentes com os descendentes, seja o parentesco natural ou civil;
II – os afins em linha reta;
III – o adotante com quem foi cônjuge do adotado e o adotado com quem o foi do adotante;
IV – os irmãos, unilaterais ou bilaterais, e demais colaterais, até o terceiro grau inclusive;
V – o adotado com o filho do adotante;
VI – as pessoas casadas;
VII – o cônjuge sobrevivente com o condenado por homicídio ou tentativa de homicídio contra o seu consorte".

- noções gerais de causas suspensivas: são determinadas circunstâncias ou situações capazes de suspender a realização do casamento, se arguidas tempestivamente pelas pessoas legitimadas a fazê-lo, mas que não provocam, quando infringidas, a sua nulidade ou anulabilidade. O casamento é apenas considerado irregular, tornando, porém, obrigatório o regime da separação de bens (CC, art. 1.641, I), como sanção ao infrator (GONÇALVES, Carlos Roberto. *Direito Civil Brasileiro*. Vol. 6. 10 ed. Saraiva. São Paulo, p. 84).
- **hipóteses de causas suspensivas:**

Das causas suspensivas
"Art. 1.523. Não devem casar:
I – o viúvo ou a viúva que tiver filho do cônjuge falecido, enquanto não fizer inventário dos bens do casal e der partilha aos herdeiros;
II – a viúva, ou a mulher cujo casamento se desfez por ser nulo ou ter sido anulado, até dez meses depois do começo da viuvez, ou da dissolução da sociedade conjugal;
III – o divorciado, enquanto não houver sido homologada ou decidida a partilha dos bens do casal;
IV – o tutor ou o curador e os seus descendentes, ascendentes, irmãos, cunhados ou sobrinhos, com a pessoa tutelada ou curatelada, enquanto não cessar a tutela ou curatela, e não estiverem saldadas as respectivas contas.
Parágrafo único. É permitido aos nubentes solicitar ao juiz que não lhes sejam aplicadas as causas suspensivas previstas nos incisos I, III e IV deste artigo, provando-se a inexistência de prejuízo, respectivamente, para o herdeiro, para o ex-cônjuge e para a pessoa tutelada ou curatelada; no caso do inciso II, a nubente deverá provar nascimento de filho, ou inexistência de gravidez, na fluência do prazo.".

- impedimento e incapacidade: esta é geral, e determina que a pessoa não pode se casar com ninguém, sendo intransponível; aquele é específico, pois o impedido não está legitimado a casar com determinada pessoa, é caso de falta de legitimação (*ex: casamento de ascendente com descendente*).

23.2.3. OPOSIÇÃO DOS IMPEDIMENTOS E DAS CAUSAS SUSPENSIVAS

- **noções gerais:** a oposição dos impedimentos é a comunicação escrita feita por pessoa legitimada, antes da celebração do casamento, ao oficial do registro civil perante quem se processa a habitação, ou ao juiz que preside a solenidade, sobre a existência de um dos empecilhos mencionados na lei (Silvio Rodrigues).
- tabela: finalidade, forma, momento e legitimados:

Oposição Dos Impedimentos e das Causas Suspensivas	
Finalidade	• impugnação ao casamento em razão de impedimento ou causa suspensiva
Forma	• declaração escrita e assinada, com provas ou indicação do lugar onde estiverem.
Processamento	• o processo de habilitação do casamento é feito perante o oficial de registro, com audiência do MP. Todavia, a impugnação ou oposição do oficial, do MP ou de terceiros, será submetida ao juiz

<table>
<tr><th colspan="3">Oposição Dos Impedimentos e das Causas Suspensivas</th></tr>
<tr><td>Momento</td><td colspan="2">• até a celebração do casamento</td></tr>
<tr><td rowspan="2">Legitimados</td><td>Impedimentos</td><td>• devem declarar de ofício o juiz e o oficial do registro
• podem alegar qualquer pessoa capaz e o MP</td></tr>
<tr><td>Causas suspensivas</td><td>• parentes em linha reta de um dos nubentes, sejam consanguíneos ou afins
• pelos colaterais em segundo grau, sejam também consanguíneos ou afins.</td></tr>
</table>

23.2.4. CELEBRAÇÃO

- **noções gerais:** os nubentes, estando preenchidos todos os requisitos legais do processo de habilitação, de posse da certidão passada pelo registro civil, requererão à autoridade competente a designação de dia, hora e local em que pretendem casar, o juiz, na verdade, apenas defere-lhes o requerimento apesar de não estar obrigado a acatar a sugestão da data nele contida. A celebração do casamento (ato necessário para sua validade) é da competência do juiz do lugar em que se processou a habilitação e realizar-se-á no dia, hora e local estipulados pelos nubentes. Poderá ser escolhido qualquer dia da semana, inclusive domingos e feriados, pouco importando a hora e o local, podendo ser celebrado à noite ou durante o dia em quer edifício público ou particular (DINIZ, Maria Helena. Código Civil Anotado. 16 ed. Saraiva. São Paulo: 2012, p. 1100).

- **testemunhas**:
  a) a solenidade realizar-se-á na sede do cartório, com toda publicidade, a portas abertas, presentes pelo menos **2 testemunhas**, **parentes** ou **não** dos contraentes.
  b) quando o casamento for em edifício **particular**, ficará este de portas abertas durante o ato, e serão **4** as **testemunhas**, nesse caso, se **algum dos contraentes não souber** ou **não** puder **escrever**.
  c) é possível a celebração do casamento por procuração, desde que por instrumento público, com poderes especiais.

- **suspensão imediata da celebração, caso algum dos contraentes**
  a) recusar a solene afirmação da sua vontade
  b) declarar que esta não é livre e espontânea
  c) manifestar-se arrependido
  d) não será admitido a retratar-se no mesmo dia

- **casamento por procuração**
  a) o casamento pode celebrar-se mediante procuração, por **instrumento público**, com poderes especiais.
  b) a revogação do mandato **não** necessita chegar ao conhecimento do mandatário; **mas**, celebrado o casamento sem que o mandatário ou o outro contraente tivessem **ciência** da revogação, responderá o mandante por perdas e danos.
  c) o nubente que **não** estiver em **iminente** risco de vida poderá fazer-se representar no casamento nuncupativo.
  d) a eficácia do mandato não ultrapassará **90 dias**.
  e) só por **instrumento público** se poderá revogar o mandato.

23.2.5. PROVAS DO CASAMENTO

- **noções gerais:** como todo negócio jurídico, o casamento está sujeito a comprovação. A lei estabelece um rigoroso sistema de prova da sua existência, em decorrência de sua repercussão na órbita privada e dos efeitos relevantes que dele defluem, como, por exemplo, a condição de cônjuge meeiro e de herdeiro legítimo, a presunção de paternidade dos filhos nele havidos, a comunhão dos bens adquiridos na sua constância; a obrigação de prestar alimentos ao consorte, o estabelecimento de um regime de bens entre os cônjuges, a configuração da nulidade de outras núpcias posteriores, etc. (GONÇALVES, Carlos Roberto. *Direito Civil Brasileiro*. Vol. 6. 10 ed. Saraiva. São Paulo, p. 112).

  a) prova do casamento celebrado no Brasil: prova-se pela certidão do registro (CC, art. 1.543), mas, *justificada a falta ou perda do registro civil* **(e não da certidão) é admissível qualquer outra espécie de prova** (*prova principal e supletória*). Por conseguinte, a prova específica do casamento é a certidão do registro. Caso, por alguma circunstância, não possa ser comprovado por este meio *"pré-constituído de prova"*, permite-se, por exceção, outros meios de demonstração de que o casamento realmente ocorreu (CC, art. 1.543, parágrafo único).

  b) posse do estado de casado: é a situação de duas pessoas que vivem publicamente como casadas (*more uxorio*), e assim são consideradas por todos. Trata-se de meio de prova do casamento em **duas situações**:

  1. de cônjuges não possam manifestar vontade, ou tenham falecido, em ***favor da prole***, salvo registro que aponte que um deles já era casado
  2. para solucionar ***a dúvida*** entre as provas favoráveis e contrárias, julgar-se-á pelo casamento, se os cônjuges, cujo casamento se impugna, viverem ou tiverem vivido na posse do estado de casados.

  c) prova do casamento celebrado no exterior: o casamento de brasileiro, celebrado no estrangeiro, perante as respectivas autoridades ou os cônsules brasileiros, deverá ser registrado em

180 dias, a contar da volta de um ou de ambos os cônjuges ao Brasil, no cartório do respectivo domicílio, ou, em sua falta, nº 1.o Ofício da Capital do Estado em que passarem a residir.

23.2.6. ESPÉCIES DE CASAMENTO VÁLIDO E INVÁLIDO

- **espécies de casamento e regras de invalidade: tabela explicativa.**

Espécies de Casamento	
Válido	• putativo (realizado de boa-fé, mesmo nulo ou anulável, CC/art. 1.561) • nuncupativo (contraído em caso de risco de vida, CC/art. 1.540 e 1.541) • religioso (CC/art. 1.515 e 1.516) • consular (realizado no estrangeiro, por brasileiro, CC/art. 1.544) • conversão de união estável (pedido ao juiz, CC/art. 1.726)
Inválido	• casamento inexistente (ausência de elemento essencial) • casamento nulo (CC/art. 1.548, II); • casamento anulável (CC/art. 1.550, I a VI)
Regras de invalidade	1. os efeitos da ação de declaratória de nulidade são *ex tunc*. 2. os efeitos da ação anulatória são *ex nunc*. 3. ambas são *ações de estado*, o MP intervém (CPC/art. 82 a 84). 4. casamento irregular é o realizado com ofensa a causa suspensiva, e a consequência é o regime obrigatório da separação de bens, e a hipoteca legal (CC, arts. 1.489, II e 1.641, I). 5. não confundir invalidade com dissolução.

23.2.7. REGIME DE BENS E PACTO ANTENUPCIAL

- **noções gerais regime de bens:** o regime matrimonial de bens é o conjunto de normas aplicáveis às relações e interesses econômicos resultantes do casamento, envolvendo questões sobre propriedade, fruição, administração e disponibilidade de bens de ambos os cônjuges ou de cada um deles, desde a celebração do matrimônio até sua dissolução. Consiste, portanto, no estatuto patrimonial dos cônjuges (DINIZ, Maria Helena. Código Civil Anotado. 16 ed. Saraiva. São Paulo: 2012, p. 1205). Sua vigência inicia desde a data do casamento.

- **programa casa verde e amarela (regras especiais aos regimes de bens):**

  a) **(aquisição de imóvel pelo cônjuge e dispensa de outorga)** os contratos e os registros efetivados no âmbito do Programa Casa Verde e Amarela serão formalizados, preferencialmente, em **nome da mulher** e, na hipótese de esta ser **chefe de família**, poderão ser firmados **independentemente da outorga do cônjuge**, afastada a aplicação do disposto nos arts. 1.647, 1.648 e 1.649 da Lei nº 10.406, de 10 de janeiro de 2002 (Código Civil) (Nova Lei n. 14.118, de 2021, art. 13);

  b) **(registro do imóvel com dispensa de formalidades da LRP)** o contrato firmado na forma acima será registrado no cartório de registro de imóveis competente, **sem a exigência de dados** relativos ao **cônjuge** ou ao **companheiro** e ao **regime de bens** (Nova Lei n. 14.118, de 2021, art. 13, § 1º);

  c) **(exceção)** o disposto neste artigo não se aplica aos contratos de financiamento firmados com recursos do FGTS (Nova Lei n. 14.118, de 2021, art. 13, § 2º).

- **noções gerais pacto antenupcial:** é a forma exigida por lei para a escolha de qualquer regime, com exceção do legal ou supletivo, assim chamado o da comunhão parcial de bens, para o qual será reduzido a termo a opção. Se porventura o pacto antenupcial for declarado nulo ou ineficaz, vigorará, quanto aos bens entre os cônjuges, o regime da comunhão parcial, atuando como supletivo. O pacto é ato solene, de forma única (escritura pública). Levado a efeito por menor, fica condicionado à aprovação de seu representante legal, exceto nos casos de separação obrigatória de bens (CC, art. 1.641, III). A outro giro, se houver opção pelo regime de participação final nos aquestos, poder-se-á convencionar a livre disposição dos bens imóveis, desde que particulares. Por fim, relacionado aos efeitos do pacto, fala-se em regime interno (entre os cônjuges) e externo (contra terceiros). Será interno, se as convenções antenupciais não forem registradas no registro de imóveis do domicílio dos cônjuges; será externo, uma vez registradas. Por último, é nulo o pacto antenupcial se não for feito por escritura pública, e ineficaz se não lhe seguir o casamento.

- **mutabilidade justificada:** segundo o art. 1.639, § 2º, do CC: *"É admissível alteração do regime de bens, mediante autorização judicial em pedido motivado de ambos os cônjuges, apurada a procedência das razões invocadas e ressalvados os direitos de terceiros"*. No regime do CC/1916 o regime de bens era inalterável. Com a entrada em vigor do CC/2002, tornou-se possível a alteração, no curso do casamento, desde que, cumulativamente, se preencham os seguintes requisitos: *(a) pedido motivado de ambos os cônjuges; (b) procedência das razões invocadas; (c) sejam ressalvados os direitos de terceiros; (d) por fim, seja autorizado judicialmente*. Pelo Enunciado 113 da I Jornada de Direito Civil do CJF/STJ: *"É admissível a alteração do regime de bens entre os cônjuges, quando então* *o pedido, devidamente motivado e assinado por ambos os cônjuges, será objeto de autorização judicial, com ressalva dos direitos de terceiros, inclusive dos entes públicos, após perquirição de inexistência de dívida de qualquer natureza, exigida ampla publicidade"*. O Enunciado 260, por sua vez, estabelece que *"A alteração do regime de bens prevista no § 2º do art. 1.639 do Código Civil também é permitida nos casamentos realizados na vigência da legislação anterior"*. Outro Enunciado de importância para a matéria foi o 262, que assim dispõe: *"A obrigatoriedade da separação de bens nas hipóteses previstas nos incs. I e III do art. 1.641 do Código Civil não impede a alteração do regime, desde que superada a causa que o impôs"*.

a) **CPC-2015**: o diploma emergente dispõe de um rito especial para a alteração do regime de bens, previsto no art. 734, conforme a tabela abaixo:

Novo Código de Processo Civil/2015 (procedimento da alteração do regime de bens do matrimônio)
"Art. 734. A alteração do regime de bens do casamento, observados os requisitos legais, poderá ser requerida, motivadamente, em petição assinada por ambos os cônjuges, na qual serão expostas as razões que justificam a alteração, ressalvados os direitos de terceiros. § 1º Ao receber a petição inicial, o juiz determinará a intimação do Ministério Público e a publicação de edital que divulgue a pretendida alteração de bens, somente podendo decidir depois de decorrido o prazo de 30 (trinta) dias da publicação do edital. § 2º Os cônjuges, na petição inicial ou em petição avulsa, podem propor ao juiz meio alternativo de divulgação da alteração do regime de bens, a fim de resguardar direitos de terceiros. § 3º Após o trânsito em julgado da sentença, serão expedidos mandados de averbação aos cartórios de registro civil e de imóveis e, caso qualquer dos cônjuges seja empresário, ao Registro Público de Empresas Mercantis e Atividades Afins".

• **classificação dos regimes e regras importantes:**

Classificação dos regimes de bens	• regime da comunhão parcial de bens • regime de comunhão universal • regime de participação final nos aquestos • regime da separação de bens
Regras importantes sobre os regimes de bens	1. o regime só começa a vigorar desde a data do casamento; sem ele, é ineficaz (CC, art. 1.639) 2. **princípios**: • *mutabilidade motivada* (CC, art. 1.639, § 2º); • *variedade de regimes* • *livre estipulação* (CC, art. 1.639). 3. regime legal ou supletivo é o da comunhão parcial de bens (CC, art. 1.640). 4. regime obrigatório é o da separação de bens (CC, art. 1.641, I a III).

23.2.8. INVALIDADE DO CASAMENTO

• **noções gerais:** sob a denominação acima, o Código Civil de 2002 dispõe sobre a invalidade do casamento, abrangendo as situações de *nulidade absoluta e nulidade relativa do casamento*. O casamento realizado com algum defeito impede a formação do vínculo matrimonial válido. A doutrina ainda inclui no gênero de casamento inválido o *casamento inexistente*, assim considerado aquele que carece de algum dos *elementos essenciais ou estruturais*, tais como o consentimento e a celebração, por exemplo.

• **características:**

a) o *casamento nulo* se realiza com infração de impedimento de ordem pública, enquanto o *casamento anulável* a infração é mais branda, não atentando contra a ordem pública, mas ferindo apenas o interesse de pessoas que a lei quer proteger

b) o casamento nulo e o anulável só podem ser invalidados por *ação declaratória de nulidade (efeitos "ex tunc")* ou *ação anulatória ("efeitos ex nunc")* promovida pelos legitimados, não se permitindo ao juiz pronunciar de ofício a nulidade, nisto diferindo-se do regime geral dos negócios jurídicos; logo, ainda que se trate de nulidades, estas não se operam de pleno direito

c) são legitimados qualquer interessado ou o Ministério Público

d) a *ação anulatória* está sujeita a prazo *decadencial*; assim, o decurso do tempo convalida o casamento anulável

e) a *ação declaratória* de casamento nulo é *imprescritível*

f) embora anulável ou mesmo nulo, o *casamento putativo* produz todos os efeitos de um casamento válido para o cônjuge de boa-fé

• **casamento nulo:** é nulo o casamento em dois casos, segundo o art. 1.548, I e II, do Código Civil, contraído: (1ª) *pelo enfermo mental sem o necessário discernimento para os atos da vida civil*; (2ª) *por infringência de impedimento*. Esta segunda causa de nulidade envolve quem não pode casar-se com determinada pessoa, por razões de parentesco, consanguinidade, etc., ou seja, falta a elas legitimidade. O rol dos impedidos de casar consta do art. 1.521 do CC.

• **CPC-2015 e o Estatuto do Deficiente:** o CPC-2015 **não** prevê rito especial para as ações que buscam invalidar o casamento, de maneira que será aplicável o procedimento comum (CPC-2015, art. 318, *caput*). Por outro lado, a Lei 13.146/2015, em vigor no dia 08.01.2016, revogou o inciso I do art. 1.548 do CC. Sendo assim, a única hipótese de nulidade do casamento remanesce no inciso

II (por infringência de impedimento). Em sua redação original, previa o Código Civil a nulidade do casamento contraído por todos portadores de insanidade mental, *permanente ou duradora*, caracterizada por graves alterações das faculdades psíquicas, casos de incapacidade civil absoluta (antiga redação do art. 3º, II, do CC). Portanto, com a revogação do inciso I do art. 1.548, o casamento de quem se encontra nas situações nele compreendidas não se poderá invalidar. O *Estatuto do Deficiente* estabelece que a deficiência não afeta a plena capacidade civil da pessoa, inclusive para casar-se e constituir união estável (art. 6º, I). Ademais, determina que a curatela, medida extraordinária, afetará tão somente os atos relacionados aos direitos de natureza patrimonial e negocial, **não alcançando** o direito ao **matrimônio** (art. 85, *caput*, e § 1º).

Antiga redação do Código Civil	Nova redação do Código Civil, após o Estatuto do Deficiente
"Art. 1.548. É nulo o casamento contraído:	"Art. 1.548. É nulo o casamento contraído:
I – pelo enfermo mental sem o necessário discernimento para os atos da vida civil;	I – **revogado** (art. 123, IV, da Lei 13.146, de 06 de julho de 2015)
II – por infringência de impedimento".	II – por infringência de impedimento".

- **casamento anulável:** as causas da anulabilidade do casamento são variadas, ora decorre de erro, ora por defeito de idade.
- **CPC-2015 e o Estatuto do Deficiente:** não é previsto no CPC-2015 rito especial para as ações que buscam invalidar o casamento, de maneira que será aplicável o procedimento comum (CPC-2015, art. 318, *caput*). Muda com o *Estatuto do Deficiente* o art. 1.550, § 2º, do CC, segundo o qual *"A pessoa com deficiência mental ou intelectual, em idade núbia, poderá contrair matrimônio, expressando sua vontade diretamente ou por meio de seu responsável ou curador"*. A idade núbil é atingida aos 16 anos, segundo o art. 1.517 do CC. Desde que atingida a maioridade, contudo, o deficiente não dependerá de autorização para se casar, razão da mudança promovida no art. 1.518 do CC. Todavia, entendemos que o art. 1.517 do CC é de se aplicar ao deficiente, exigindo-se, caso queira se casar – aqui se preservando sua vontade direta – "autorização" dos pais ou responsáveis, que podem revogar tal ato. Após a maioridade, o deficiente possui a plena capacidade, e poderá casar-se mediante manifestação direta, sem a necessidade de expressar sua vontade por meio de responsável ou curador, que caso se dê, será irrevogável (CC, art. 1.518). O art. 1.557, III, do CC, com a nova redação do *Estatuto do Deficiente*, afasta a possibilidade de se anular o matrimônio, por a ignorância, anterior ao casamento, de defeito físico irremediável que caracterize deficiência. Por fim, a doença mental deixa de ser causa da anulação (CC, art. 1.557, IV).

Antiga redação do Código Civil	Dispositivos do Código Civil com redação, após o Estatuto do Deficiente
"Art. 1.550. É anulável o casamento:	Art. 1.550. É anulável o casamento:
I – de quem não completou a idade mínima para casar;	I – de quem não completou a idade mínima para casar;
II – do menor em idade núbil, quando não autorizado por seu representante legal;	II – do menor em idade núbil, quando não autorizado por seu representante legal;
III – por vício da vontade, nos termos dos arts. 1.556 a 1.558;	III – por vício da vontade, nos termos dos arts. 1.556 a 1.558;
IV – do incapaz de consentir ou manifestar, de modo inequívoco, o consentimento;	IV – do incapaz de consentir ou manifestar, de modo inequívoco, o consentimento;
V – realizado pelo mandatário, sem que ele ou o outro contraente soubesse da revogação do mandato, e não sobrevindo coabitação entre os cônjuges;	V – realizado pelo mandatário, sem que ele ou o outro contraente soubesse da revogação do mandato, e não sobrevindo coabitação entre os cônjuges;
VI – por incompetência da autoridade celebrante.	VI – por incompetência da autoridade celebrante.
Parágrafo único. Equipara-se à revogação a invalidade do mandato judicialmente decretada.	**§ 1º Equipara-se à revogação a invalidade do mandato judicialmente decretada (Renumerado)**
Art. 1.551. Não se anulará, por motivo de idade, o casamento de que resultou gravidez.	**§ 2º A pessoa com deficiência mental ou intelectual em idade núbia poderá contrair matrimônio, expressando sua vontade diretamente ou por meio de seu responsável ou curador (Incluído)**
Art. 1.552. A anulação do casamento dos menores de dezesseis anos será requerida:	
I – pelo próprio cônjuge menor;	----------
II – por seus representantes legais;	----------
III – por seus ascendentes.	----------
Art. 1.553. O menor que não atingiu a idade núbil poderá, depois de completá-la, confirmar seu casamento, com a autorização de seus representantes legais, se necessária, ou com suprimento judicial.	----------
Art. 1.554. Subsiste o casamento celebrado por aquele que, sem possuir a competência exigida na lei, exercer publicamente as funções de juiz de casamentos e, nessa qualidade, tiver registrado o ato no Registro Civil.	----------

Antiga redação do Código Civil	Dispositivos do Código Civil com redação, após o Estatuto do Deficiente
Art. 1.555. O casamento do menor em idade núbil, quando não autorizado por seu representante legal, só poderá ser anulado se a ação for proposta em cento e oitenta dias, por iniciativa do incapaz, ao deixar de sê-lo, de seus representantes legais ou de seus herdeiros necessários. § 1º O prazo estabelecido neste artigo será contado do dia em que cessou a incapacidade, no primeiro caso; a partir do casamento, no segundo; e, no terceiro, da morte do incapaz. § 2º Não se anulará o casamento quando à sua celebração houverem assistido os representantes legais do incapaz, ou tiverem, por qualquer modo, manifestado sua aprovação. Art. 1.556. O casamento pode ser anulado por vício da vontade, se houve por parte de um dos nubentes, ao consentir, erro essencial quanto à pessoa do outro. Art. 1.557. Considera-se erro essencial sobre a pessoa do outro cônjuge: I – o que diz respeito à sua identidade, sua honra e boa fama, sendo esse erro tal que o seu conhecimento ulterior torne insuportável a vida em comum ao cônjuge enganado; II – a ignorância de crime, anterior ao casamento, que, por sua natureza, torne insuportável a vida conjugal; III – a ignorância, anterior ao casamento, de defeito físico irremediável, ou de moléstia grave e transmissível, pelo contágio ou herança, capaz de pôr em risco a saúde do outro cônjuge ou de sua descendência; IV – a ignorância, anterior ao casamento, de doença mental grave que, por sua natureza, torne insuportável a vida em comum ao cônjuge enganado.	---------- ---------- ---------- Art. 1.557. Considera-se erro essencial sobre a pessoa do outro cônjuge: I – o que diz respeito à sua identidade, sua honra e boa fama, sendo esse erro tal que o seu conhecimento ulterior torne insuportável a vida em comum ao cônjuge enganado; II – a ignorância de crime, anterior ao casamento, que, por sua natureza, torne insuportável a vida conjugal; **III – a ignorância, anterior ao casamento, de defeito físico irremediável que não caracterize deficiência ou de moléstia grave e transmissível, por contágio ou por herança, capaz de pôr em risco a saúde do outro cônjuge ou de sua descendência (Nova redação)** **IV – revogado** (art. 114 da Lei nº 13.146, de 2015)

Antiga redação do Código Civil	Dispositivos do Código Civil com redação, após o Estatuto do Deficiente
Art. 1.558. É anulável o casamento em virtude de coação, quando o consentimento de um ou de ambos os cônjuges houver sido captado mediante fundado temor de mal considerável e iminente para a vida, a saúde e a honra, sua ou de seus familiares. Art. 1.559. Somente o cônjuge que incidiu em erro, ou sofreu coação, pode demandar a anulação do casamento; mas a coabitação, havendo ciência do vício, valida o ato, ressalvadas as hipóteses dos incisos III e IV do art. 1.557. Art. 1.560. O prazo para ser intentada a ação de anulação do casamento, a contar da data da celebração, é de: I – cento e oitenta dias, no caso do inciso IV do art. 1.550; II – dois anos, se incompetente a autoridade celebrante; III – três anos, nos casos dos incisos I a IV do art. 1.557; IV – quatro anos, se houver coação. § 1º Extingue-se, em cento e oitenta dias, o direito de anular o casamento dos menores de dezesseis anos, contado o prazo para o menor do dia em que perfez essa idade; e da data do casamento, para seus representantes legais ou ascendentes. § 2º Na hipótese do inciso V do art. 1.550, o prazo para anulação do casamento é de cento e oitenta dias, a partir da data em que o mandante tiver conhecimento da celebração. Art. 1.561. Embora anulável ou mesmo nulo, se contraído de boa-fé por ambos os cônjuges, o casamento, em relação a estes como aos filhos, produz todos os efeitos até o dia da sentença anulatória. § 1º Se um dos cônjuges estava de boa-fé ao celebrar o casamento, os seus efeitos civis só a ele e aos filhos aproveitarão.	

Antiga redação do Código Civil	Dispositivos do Código Civil com redação, após o Estatuto do Deficiente
§ 2º Se ambos os cônjuges estavam de má-fé ao celebrar o casamento, os seus efeitos civis só aos filhos aproveitarão.	
Art. 1.562. Antes de mover a ação de nulidade do casamento, a de anulação, a de separação judicial, a de divórcio direto ou a de dissolução de união estável, poderá requerer a parte, comprovando sua necessidade, a separação de corpos, que será concedida pelo juiz com a possível brevidade.	
Art. 1.563. A sentença que decretar a nulidade do casamento retroagirá à data da sua celebração, sem prejudicar a aquisição de direitos, a título oneroso, por terceiros de boa-fé, nem a resultante de sentença transitada em julgado.	
Art. 1.564. Quando o casamento for anulado por culpa de um dos cônjuges, este incorrerá:	
I – na perda de todas as vantagens havidas do cônjuge inocente;	
II – na obrigação de cumprir as promessas que lhe fez no contrato antenupcial.	

23.2.9. DISSOLUÇÃO DO CASAMENTO E DA SOCIEDADE CONJUGAL

- **a sociedade conjugal termina:**
  a) pela morte de um dos cônjuges *(*inclui-se a morte presumida, com ou sem ausência)*
  b) pela nulidade ou anulação do casamento
  c) pela separação judicial
  d) pelo divórcio
- **o casamento válido ou vínculo matrimonial, termina**
  a) pela morte de um dos cônjuges
  b) pelo divórcio
- **dualidade:**
  a) a separação coloca fim à sociedade conjugal
  b) o divórcio encerra o vínculo matrimonial ou conjugal
- **Emenda Constitucional nº 66, de 13 de julho de 2010**: conhecida por *"emenda do divórcio"*, alterou a redação do art. 226, § 6º, da CF/88, conferindo-lhe o texto que segue *"O casamento civil pode ser dissolvido pelo divórcio"*. Reina na doutrina se a separação ainda sobrevive à alteração constitucional. Todavia, a **Corte Especial do STJ**, em julho de 2013, proferiu o seguinte julgamento, referente à homologação de sentença estrangeira, a nosso ver, implicitamente aceitando a pertinência constitucional da separação: *"A Emenda Constitucional nº 66/2012 modificou o § 6º do art. 226 da Constituição Federal e, assim, não mais requer o decurso de dois anos para a conversão da separação de fato em divórcio, como consignava o art. 1580, § 2º, do Código Civil; neste novo contexto normativo, a sentença estrangeira pode ser integrada sem ofender o panorama jurídico pátrio"*. (SEC 261 / EX, Min. Humberto Martins). A outro giro, o **Enunciado 514 da V Jornada:** *"A Emenda Constitucional nº 66/2010 não extinguiu o instituto da separação judicial e extrajudicial"*.
- **Programa Casa Verde e Amarela (regra especial meação):** recentemente a Lei n. 14.118, de 12 de janeiro de 2021, criou o programa habitacional destinado a promover o *direito à moradia* a famílias residentes em *áreas urbanas* com renda mensal de até R$ 7.000,00 (sete mil reais) e a famílias residentes em *áreas rurais* com renda anual de até R$ 84.000,00 (oitenta e quatro mil reais), associado ao desenvolvimento econômico, à geração de trabalho e de renda e à elevação dos padrões de habitabilidade e de qualidade de vida da população urbana e rural. Nos artigos 14 a 15, a lei inovou em relação à meação dos imóveis adquiridos sob o programa casa verde, estabelecendo novo formato quanto à meação dos bens adquiridos pelo casal, afastando a incidência das regras do Código Civil em relação aos regimes de bens ou mesmo qualquer tipo de contrato, em se tratando de união estável.
- **regras especiais:**
  a) nas hipóteses de **dissolução de união estável**, **separação** ou **divórcio**, o título de propriedade do imóvel adquirido, construído ou regularizado pelo Programa Casa Verde e Amarela na **constância do casamento** ou da **união estável** será registrado em **nome da mulher** ou a **ela transferido**, **independentemente do regime de bens aplicável**, excetuadas as operações de financiamento habitacional firmadas com recursos do FGTS (Novo art. 14);
  b) na **hipótese de haver filhos do casal** e a **guarda ser atribuída exclusivamente ao homem**, o título da propriedade do imóvel construído ou adquirido **será registrado em seu nome** ou a **ele transferido**, **revertida** a titularidade em favor da mulher caso a guarda dos filhos seja a ela posteriormente atribuída (Novo art. 14, parágrafo único);
  c) os **prejuízos sofridos pelo cônjuge** ou **pelo companheiro** em razão do disposto acima serão **resolvidos em perdas e danos** (Novo art. 15).

- **quadro esquemático:** espécies de separação

Espécies de separação		
Consensual	Judicial:	(CC, art. 1.574 c/c CPC-2015, art. 731)
	Extra Judicial	(escritura pública e cláusulas obrigatórias, CPC-2015, art. 733).
Litigiosa	Separação-sanção	(CC, art. 1.572 c/c CPC-2015, arts. 693 a 699)
	Separação-falência	(CC, art. 1.572, § 1º c/c CPC-2015, arts. 693 a 699)
	Separação--remédio	(CC, art. 1572, § 2º c/c CPC-2015, arts. 693 a 699)

- **quadro esquemático**: espécies de divórcio

Espécies de divórcio			
		Divórcio direto	Divórcio indireto ou conversão
Extrajudicial		escritura pública, não havendo nascituro ou filhos incapazes, observadas as cláusulas referentes aos bens, alimentos entre os cônjuges e nome. (CPC-2015, art. 733 c/c art. 731, I e II)	escritura pública, não havendo nascituro ou filhos incapazes, observadas as cláusulas referentes aos bens, alimentos entre os cônjuges e nome. (CPC-2015, art. 733 c/c art. 731, I e II)
Judicial	Consensual	CF, art. 226, § 6º CPC-2015, art. 733	CF, art. 226, § 6º CPC-2015, art. 733
	Litigioso	CPC-2015, arts. 693 a 699	CC/art. 1.580, § 1º CPC-2015, arts. 693 a 699

- ***ATENÇÃO***: as tabelas da separação e do divórcio seguem a sistemática do CC/2002.
- **CPC-2015:** as novidades do CPC-2015 a respeito do casamento, inclusive a dissolução, constam da tabela abaixo, dentre as quais destaca-se o rito especial. Segundo o art. 318 do CPC-2015, *"Aplica-se a todas as causas o procedimento comum, salvo disposição em contrário deste Código ou de lei"*. As ações de família são versadas nos arts. 693 a 699, quando *contenciosas*. Nos arts. 731 a 734 são abordados o divórcio, a separação, a extinção da união estável e a alteração do regime de bens do matrimônio, quando *consensuais*. Desse modo, há disposição em contrário no texto do novo diploma abrindo a ressalva de procedimento especial nas ações acima especificadas. A respeito da alteração do regime de bens, abordamos o tema em outro momento (dos regimes de bens).

Novo Código de Processo Civil/2015
COMPETÊNCIA Art. 53. É competente o foro: I – para a ação de divórcio, separação, anulação de casamento e reconhecimento ou dissolução de união estável: a) de domicílio do guardião de filho incapaz; b) do último domicílio do casal, caso não haja filho incapaz; c) de domicílio do réu, se nenhuma das partes residir no antigo domicílio do casal; --------- **DA FORMA, DO TEMPO E DO LUGAR DOS ATOS PROCESSUAIS** Art. 189. Os atos processuais são públicos, todavia tramitam em segredo de justiça os processos: II – que versem sobre casamento, separação de corpos, divórcio, separação, união estável, filiação, alimentos e guarda de crianças e adolescentes; § 1º O direito de consultar os autos de processo que tramite em segredo de justiça e de pedir certidões de seus atos é restrito às partes e aos seus procuradores. § 2º O terceiro que demonstrar interesse jurídico pode requerer ao juiz certidão do dispositivo da sentença, bem como de inventário e de partilha resultantes de divórcio ou separação. --------- **AÇÕES DE FAMÍLIA** Art. 693. As normas deste Capítulo aplicam-se aos processos contenciosos de divórcio, separação, reconhecimento e extinção de união estável, guarda, visitação e filiação. Parágrafo único. A ação de alimentos e a que versar sobre interesse de criança ou de adolescente observarão o procedimento previsto em legislação específica, aplicando-se, no que couber, as disposições deste Capítulo. Art. 694. Nas ações de família, todos os esforços serão empreendidos para a solução consensual da controvérsia, devendo o juiz dispor do auxílio de profissionais de outras áreas de conhecimento para a mediação e conciliação. Parágrafo único. A requerimento das partes, o juiz pode determinar a suspensão do processo enquanto os litigantes se submetem a mediação extrajudicial ou a atendimento multidisciplinar. Art. 695. Recebida a petição inicial e, se for o caso, tomadas as providências referentes à tutela provisória, o juiz ordenará a citação do réu para comparecer à audiência de mediação e conciliação, observado o disposto no art. 694. § 1º O mandado de citação conterá apenas os dados necessários à audiência e deverá estar desacompanhado de cópia da petição inicial, assegurado ao réu o direito de examinar seu conteúdo a qualquer tempo. § 2º A citação ocorrerá com antecedência mínima de 15 (quinze) dias da data designada para a audiência. § 3º A citação será feita na pessoa do réu. § 4º Na audiência, as partes deverão estar acompanhadas de seus advogados ou de defensores públicos. Art. 696. A audiência de mediação e conciliação poderá dividir-se em tantas sessões quantas sejam necessárias para viabilizar a solução consensual, sem prejuízo de providências jurisdicionais para evitar o perecimento do direito.

Novo Código de Processo Civil/2015

Art. 697. Não realizado o acordo, passarão a incidir, a partir de então, as normas do procedimento comum, observado o art. 335.

Art. 698. Nas ações de família, o Ministério Público somente intervirá quando houver interesse de incapaz e deverá ser ouvido previamente à homologação de acordo.

Art. 699. Quando o processo envolver discussão sobre fato relacionado a abuso ou a alienação parental, o juiz, ao tomar o depoimento do incapaz, deverá estar acompanhado por especialista.

DIVÓRCIO E SEPARAÇÃO CONSENSUAIS

Art. 731. A homologação do divórcio ou da separação consensuais, observados os requisitos legais, poderá ser requerida em petição assinada por ambos os cônjuges, da qual constarão:

I – as disposições relativas à descrição e à partilha dos bens comuns;

II – as disposições relativas à pensão alimentícia entre os cônjuges;

III – o acordo relativo à guarda dos filhos incapazes e ao regime de visitas; e

IV – o valor da contribuição para criar e educar os filhos.

Parágrafo único. Se os cônjuges não acordarem sobre a partilha dos bens, far-se-á esta depois de homologado o divórcio, na forma estabelecida nos arts. 647 a 658.

Art. 732. As disposições relativas ao processo de homologação judicial de divórcio ou de separação consensuais aplicam-se, no que couber, ao processo de homologação da extinção consensual de união estável.

Art. 733. O divórcio consensual, a separação consensual e a extinção consensual de união estável, não havendo nascituro ou filhos incapazes e observados os requisitos legais, poderão ser realizados por escritura pública, da qual constarão as disposições de que trata o art. 731.

§ 1º A escritura não depende de homologação judicial e constitui título hábil para qualquer ato de registro, bem como para levantamento de importância depositada em instituições financeiras.

§ 2º O tabelião somente lavrará a escritura se os interessados estiverem assistidos por advogado ou por defensor público, cuja qualificação e assinatura constarão do ato notarial.

23.2.10. PROTEÇÃO DA PESSOA DOS FILHOS

- **noções gerais:** o Código Civil dispõe nos arts. 1.583 a 1.590 a respeito da proteção da pessoa dos filhos. Segundo Carlos Roberto Gonçalves (*op. cit.*), "a guarda dos filhos constitui direito natural dos genitores. Verificado, porém, que não devem eles permanecer em poder da mãe ou do pai, o juiz deferirá a sua guarda preferencialmente a pessoa *'que revele compatibilidade'* com a natureza da medida, *"considerados, de preferência, o grau de parentesco e as relações de afinidade e afetividade com os infantes"* (CC, art. 1.584, § 5º, com redação dada pela Lei 13.058, de 22 de dezembro de 2014). Com propriedade Maria Helena Diniz afirma que a "guarda unilateral ou compartilhada é um dever de assistência educacional, material e moral (ECA, art. 33) a ser cumprido no interesse e em proveito do filho menor e do maior incapaz, garantindo-lhe a sobrevivência física e o pleno desenvolvimento psíquico. É um poder-dever exercido no interesse da prole. Ao genitor-guardião, sendo a guarda unilateral, se defere o poder familiar em toda a sua extensão, cabendo-lhe a decisão sobre a educação do filho. Ao outro genitor se defere o direito de visita e o de supervisionar os interesses do filho, ou seja, o de fiscalizar a criação daquele filho, pois continua sendo detentor do poder familiar, visto que apenas seu exercício passou ao guardião (genitor contínuo). O genitor-visitante possui tão somente a guarda descontínua, pois a visita se opera em intervalos de tempo" (Código Civil Anotado, 16ª Ed, 2012, Saraiva, 2012, pág. 1152).
- **guarda unilateral: estabelece o art. 1.583, § 1º, 1ª parte, do CC:** "Compreende-se por guarda unilateral a atribuída a um só dos genitores ou a alguém que o substitua (art. 1.584, § 5º)...". Oportuno destacar o art. 1.583, § 5º, do CC: "A guarda unilateral obriga o pai ou a mãe que não a detenha a supervisionar os interesses dos filhos, e, para possibilitar tal supervisão, qualquer dos genitores sempre será parte legítima para solicitar informações e/ou prestação de contas, objetivas ou subjetivas, em assuntos ou situações que direta ou indiretamente afetem a saúde física e psicológica e a educação de seus filhos." (Redação dada pela Lei 13.058/2014).
- **guarda compartilhada: também conceitua o Código Civil a guarda compartilhada, o fazendo no art. 1.583, § 1º, 2ª parte, do CC:** "Compreende-se [...] por guarda compartilhada a responsabilização conjunta e o exercício de direitos e deveres do pai e da mãe que não vivam sob o mesmo teto, concernentes ao poder familiar dos filhos comuns". Trata-se, segundo Carlos Roberto Gonçalves, "de um novo modelo que passou, aos poucos, a ser utilizado nas Varas de Família, com base na ideologia da cooperação mútua entre os separandos e divorciandos, com vistas a um acordo pragmático e realístico, na busca do comprometimento de ambos os pais no cuidado aos filhos havidos em comum, para encontrar, juntos, um solução boa para ambos e, consequentemente, para seus filhos. Tal sistema é muito utilizado nos Estados Unidos da América do Norte com o nome de *joint custody*" (Direito Civil Brasileiro 6, Direito de Família, Saraiva, São Paulo, 2013, 10ª edição, pág. 296).
- **direito de visitas: o** pai ou a mãe, em cuja guarda não estejam os filhos, poderá visitá-los e tê-los em sua companhia, segundo o que acordar com o outro cônjuge, ou for fixado pelo juiz, bem como fiscalizar sua manutenção e educação. O direito de visita estende-se a **qualquer dos avós**, a critério do juiz, observados os interesses da criança ou do adolescente (CC, art. 1.589).
- **guarda de filhos maiores incapazes:** as disposições relativas à guarda e prestação de alimentos

aos filhos menores estendem-se aos maiores incapazes, aplicando-se a estes o mesmo tratamento daqueles (CC, art. 1.590).

- **o que mudou com a Lei 13.058, de 22 de dezembro de 2014: publicada no Diário Oficial da União do dia 23 de dezembro de 2014, a "Lei da Guarda Compartilhada" entrou em vigor na data de sua publicação (art. 3º), alterando os arts. 1.583, 1.584, 1.585 e 1.634 do Código Civil, este último referente ao poder familiar. As inovações aqui aplicáveis foram as seguintes:**

- **Art. 1.583, §§ 2º, 3º e 5º:**

a) foi estabelecido que, na guarda compartilhada, o **tempo de convívio** com os filhos deve ser **dividido** de forma **equilibrada** com a mãe e com o pai, sempre tendo em vista as **condições fáticas** e os **interesses dos filhos**.

b) criou-se, também para a guarda compartilhada, a **cidade** considerada **base de moradia** dos filhos, que será aquela que melhor **atender aos interesses destes**. **COMENTÁRIOS:** Desse modo, quando a guarda for compartilhada entre os genitores que não residam na mesma cidade, obrigatoriamente deverá ser estabelecido em qual deles será a base de moradia do filho menor.

c) a guarda unilateral obriga o pai ou a mãe que não a detenha a supervisionar os interesses dos filhos, e, para possibilitar tal supervisão, qualquer dos genitores sempre será parte legítima para solicitar informações e/ou prestação de contas, objetivas ou subjetivas, em assuntos ou situações que direta ou indiretamente afetem a saúde física e psicológica e a educação de seus filhos. **COMENTÁRIOS:** a grande novidade relaciona-se à legitimidade expressa do pai e da mãe que não detenha a guarda para, mediante provocação judicial, se for o caso, obter informações e/ou prestação de contas, relacionados a acontecimentos que acabam por interferir na saúde física e psicológica e na educação de seus filhos.

- **Art. 1.584, §§ 2º, 3º, 4º, 5º e 6º:**

a) quando **não houver acordo** entre a mãe e o pai quanto à guarda do filho, encontrando-se ambos os genitores aptos a exercer o poder familiar, **será aplicada a guarda compartilhada**, salvo se **um** dos genitores **declarar** ao magistrado que **não** deseja a guarda do menor. **COMENTÁRIOS:** a guarda compartilha, com a alteração legislativa, passa a ser a regra, e a guarda unilateral a exceção. Não se verificando o acordo entre os pais, o magistrado fará com que a guarda compartilha seja aplicada, exceto se o pai ou a mãe declararem ao juiz que não deseja a guarda do filho, caso em que a guarda unilateral será deferida ao outro. A alteração legislativa vai ao encontro dos precedentes Superior Tribunal de Justiça. Vejamos: " (...) A inviabilidade da guarda compartilhada, por ausência de consenso, faria prevalecer o exercício de uma potestade inexistente por um dos pais. E diz-se inexistente, porque contrária ao escopo do Poder Familiar que existe para a proteção da prole. A imposição judicial das atribuições de cada um dos pais, e o período de convivência da criança sob guarda compartilhada, quando não houver consenso, é medida extrema, porém necessária à implementação dessa nova visão, para que não se faça do texto legal, letra morta. A guarda compartilhada deve ser tida como regra, e a custódia física conjunta – sempre que possível – como sua efetiva expressão" (STJ: REsp 1428596 / RS. Min. Nancy Andrighi).

b) para estabelecer as atribuições do pai e da mãe e os períodos de convivência sob **guarda compartilhada**, o juiz, de ofício ou a requerimento do Ministério Público, poderá basear-se em orientação técnico-profissional ou de equipe interdisciplinar, **que deverá visar à divisão equilibrada do tempo com o pai e com a mãe. COMENTÁRIOS:** cotejando a redação vigente com a revogada, criou-se o direito subjetivo do pai e da mãe à "divisão equilibrada do tempo" de permanência com o filho, quando aplicada a guarda compartilhada.

c) a alteração **não autorizada** ou o **descumprimento imotivado** de **cláusula de guarda unilateral ou compartilhada** poderá implicar a **redução de prerrogativas** atribuídas ao seu detentor. **COMENTÁRIOS:** a lei anterior permitia, além da redução das prerrogativas, que o número de horas de convivência com o filho também fosse subtraído. A inovação é salutar, pois não permite, como consequência da inexecução da cláusula de guarda, que o tempo dos pais com os filhos venha a ser prejudicado.

d) se o juiz verificar que o filho **não deve permanecer** sob a guarda do pai ou da mãe, deferirá a guarda a pessoa que revele compatibilidade com a natureza da medida, considerados, de **preferência**, o **grau de parentesco** e as **relações de afinidade e afetividade**.

e) qualquer estabelecimento público ou privado é obrigado a **prestar informações** a qualquer dos **genitores** sobre os **filhos destes**, sob pena de multa de R$ 200,00 (duzentos reais) a R$ 500,00 (quinhentos reais) por dia pelo não atendimento da solicitação. **COMENTÁRIOS:** os estabelecimentos públicos e privados que não prestarem informações aos pais, sobre os seus filhos, sujeitam-se à multa diária entre os valores acima. É preciso que os estabelecimentos tenham um prazo mínimo para que a solicitação seja atendida, quando então será possível afirmar que estão em mora quanto ao dever de informar.

- **Art. 1.585:**

a) Em sede de medida cautelar de separação de corpos, em sede de medida cautelar de guarda ou em outra sede de fixação liminar de guarda, a decisão sobre guarda de filhos, mesmo que provisória, será proferida preferencialmente após a oitiva de ambas as partes perante o juiz, salvo se a proteção aos interesses dos filhos exigir a concessão de liminar sem a oitiva da outra parte, aplicando-se as disposições do art. 1.584. **COMENTÁRIOS:** trata-se de norma de conteúdo processual, dirigida ao magistrado, para que, nas medidas cautelares de separação de corpos e guarda, e nas liminares de guarda, "ouça", antes de decidir, ambas as partes, exceto quando, por interesse e proteção do menor, tenha que apreciar o pedido *"inaudita altera pars"*.

23.3. RELAÇÕES DE PARENTESCO

- **noções gerais:** o parentesco é natural ou civil, conforme resulte o vínculo da consanguinidade ou outra origem. Assim, apresentamos a seguinte divisão das relações de parentesco.

consanguíneo ou natural	• descendente, ascendente, etc.
por afinidade	• entre um cônjuge ou companheiro e os parentes do outro
civil	• não há vínculos de sangue, como ocorre na adoção, reprodução heteróloga e na socioafetiva.
parentesco na linha colateral ou transversal	• até o 4º grau

- ***ATENÇÃO*:** o parentesco por afinidade **limita-se** aos ascendentes, aos descendentes e aos irmãos do cônjuge ou companheiro. Na linha reta, a afinidade **não** se extingue com a dissolução do casamento ou da união estável.

Legenda explicativa:

1. B.1.1: não é colateral de C.1, pois a linha em questão vai até o 4º grau (CC, art. 1.592).
2. A: é parente de B.1.1, pois não há limitação de graus na linha reta descendente (CC, art. 1.591).

23.3.1. FILIAÇÃO

- **noções gerais:** filiação é vínculo consanguíneo e de primeiro grau. Com relação à situação jurídica, a CF, art. 226, § 6º, proíbe a distinção entre os filhos. Por esta razão, a distinção entre filiação *legítima* e *ilegítima* não tem mais sentido. Outrora, os filhos que não viessem de pessoas casadas seriam ilegítimos (CC, art. 1.596).

- **presunção de que foram concebidos na constância do casamento:**

a) nascidos **180 dias**, pelo menos, depois de estabelecida a convivência conjugal;

b) nascidos nos **300 dias** subsequentes à dissolução da sociedade conjugal, por morte, separação judicial, nulidade e anulação do casamento;

c) havidos por fecundação artificial homóloga, mesmo que falecido o marido;

d) havidos, a qualquer tempo, quando se tratar de embriões excedentários, decorrentes de concepção artificial homóloga;

e) havidos por inseminação artificial heteróloga, desde que tenha prévia autorização do marido;

f) a presunção acima é *juris tantum*, e pode ser ilidida pelo marido ou seus herdeiros, desde que já iniciada a ação, por ação negatória ou de contestação da paternidade, a qual é imprescritível (CC/art. 1.601) e manejada contra o filho e a genitora, autora do registro;

g) *"a presunção de concepção dos filhos na constância do casamento prevista no art. 1.597, II, do CC se estende à união estável"*. **(STJ – Info 508)**;

h) a *ação negatória de paternidade* não é transmissível se a morte do marido ocorrer sem que a ação tenha sido proposta; mas, sobrevindo a morte do marido, com a ação em curso, os herdeiros nela prosseguem (CC/art. 1.601). Na **ação de prova de filiação**, a qual imprescritível, com a morte do filho, é preciso distinguir; (1) se morrer menor ou incapaz, os herdeiros podem propor a ação; (2) se morrer maior, não poderão propor; **3)** se iniciada a ação, os herdeiros poderão nela prosseguir, salvo se extinto o processo (CC/art. 1.606). Ver: *Enunciado 258, 519 e 520 das Jornadas de Direito Civil.*

23.3.2. RECONHECIMENTO DOS FILHOS

- **posição jurídica:** é disciplinado nos arts. 1.607 a 1.617 do CC/2002. A Lei 8.560, de 29 de dezembro de 1992, dispõe a respeito do procedimento para a obtenção de reconhecimento voluntário, e da averiguação oficiosa. É **recorrente em concursos** disposição do art. 3º da mencionada, pela qual *"É vedado legitimar e reconhecer filho na ata do casamento"*.

- **reconhecimento voluntário:**

a) o CC/art. 1.609, I a IV, prevê os modos *irrevogáveis de reconhecimento voluntário* dos filhos que são feitos:

1. no registro do nascimento
2. por escritura pública ou escrito particular, a ser arquivado em cartório
3. por testamento, ainda que incidentalmente manifestado

4. por manifestação direta e expressa perante o juiz, ainda que o reconhecimento não haja sido o objeto único e principal do ato que o contém
5. o reconhecimento pode preceder o nascimento do filho ou ser posterior ao seu falecimento, se ele deixar descendentes
6. ainda que feita em testamento – que é tipicamente revogável (CC/1.858 e 1.969) – será sempre válida e irretratável a declaração de reconhecimento (CC/art. 1.610); uma observação, no entanto, há de ser feita, pois, ainda que irrevogável o reconhecimento, não se afasta a manifestação de vontade com vício de consentimento, permitindo-se sua anulação por defeitos.

- **reconhecimento coativo:**

a) trata-se de *ação de estado, imprescritível, personalíssima e indisponível* (ECA, art. 27); porém, seus efeitos patrimoniais prescrevem. De acordo com a **Súmula 149 do STF**: *"É imprescritível a ação de investigação de paternidade, mas não o é a de petição de herança"*. A ação de petição de herança prescreve em **10 anos** (CC/art. 205)

b) interessa ao tema, ainda, a Lei 12.004, de 12 de dezembro de 2009, que acrescentou o art. 2º-A, na Lei 8.560/92, pelo qual: *"Na ação de investigação de paternidade, todos os meios legais, bem como os moralmente legítimos, serão hábeis para provar a verdade dos fatos"*; no parágrafo único, a seu tempo, dispôs sobre a *recusa específica* de exame: *"a recusa do réu em se submeter ao exame de código genético – DNA gerará a presunção da paternidade, a ser apreciada em conjunto com o contexto probatório"*. Apreciando a questão, mas sob a ótica genérica da recusa à perícia médica ordenada pelo juiz, diz a **Súmula 301 do STJ**: *"Em ação investigatória, a recusa do suposto pai a submeter-se ao exame de DNA induz presunção juris tantum de paternidade"*.

c) **outras questões relevantes**:

1. o filho havido fora do casamento e reconhecido por um dos cônjuges não poderá residir no lar conjugal sem que o outro consinta
2. o interesse no menor prevalece em relação à guarda quando reconhecido por ambos os pais (CC/art. 1.612, 2ª parte). Se reconhecido por um só deles, com este ficará a guarda.
3. o ato de reconhecimento da filiação é puro e simples, e são tidas por ineficazes a condição e o termo apostos no ato
4. o reconhecimento do filho maior exige seu consentimento, como medida protetora; essa anuência, porém, não muda a natureza *unilateral* do ato que reconhece a filiação
5. o menor poderá impugnar o reconhecimento, nos **04 anos** que se seguirem a maioridade; de acordo com o ***STJ no Informativo 200***, a *"...o prazo do citado artigo só é aplicável ao filho natural que impugna a paternidade por mero ato de vontade, a fim de afastar o reconhecimento da filiação sem buscar constituir nova relação. Em conclusão, a* ***decadência*** *não atinge o direito do filho legítimo ou legitimado, nem do filho natural que pleiteie a investigação de paternidade e anulação do registro, com base na falsidade desse..."*.
6. a ação de investigação de paternidade ou maternidade pode ser contestada por qualquer interessado
7. os efeitos do *reconhecimento voluntário e coativo* são os mesmos, exceto quanto a ordenar que o filho se crie e eduque fora da companhia dos pais ou daquele que lhe contestou essa qualidade
8. ainda que nulo ou anulável o casamento, não lhe conferindo o efeito da putatividade, os filhos havidos são matrimoniais, dispensando-se a perfilhação voluntária ou involuntária

23.3.3. ADOÇÃO

- **noções gerais:** é o ato solene – porque exige sentença constitutiva e é irrevogável – pelo qual, atendidos os requisitos legais, dispostos no Estatuto da Criança e do Adolescente, arts. 39 à 52-D, é estabelecido o vínculo civil unindo o adotado ao adotante e à sua família, na condição de filho. A adoção pode ser:

a) *unilateral*

b) *bilateral*

c) *singular*

d) *conjunta*

e) *post mortem*: de acordo com o **STJ**, se *"... falecendo o adotante antes de concluído o processo de adoção, com inequívoca manifestação de vontade de adotar, por força de laço de afetividade preexistente entre adotante e menor adotada, não há a violação dos arts. 28, § 2º, 42, § 5º, do ECA para impedir o reconhecimento da adoção póstuma" (REsp 823.384-RJ, Rel. Min. Nancy Andrighi).*

f) *adoção por casal homoafetivo*: o **STJ** se orienta pela possibilidade, seguindo os mesmos passos do casamento e união estável entre pares do mesmo sexo; nesse sentido, confira: *"...A plena equiparação das uniões estáveis homoafetivas,* *às uniões estáveis heteroafetivas, afirmada pelo STF (ADI 4277/DF, Rel. Min. Ayres Britto), trouxe como corolário, a extensão automática àquelas, das prerrogativas já outorgadas aos companheiros dentro de uma união estável tradicional, o que torna o pedido de adoção por casal homoafetivo legalmente viável".(Recurso especial não provido".(REsp 1281093/SP, Rel. Ministra Nancy Andrighi, DJe 04/02/2013)".*

- **Convenção de Haia relativa à proteção das crianças e à cooperação em matéria de adoção internacional de 1993.**

a) em relação à criança e ao adolescente, de início, temos que a colocação em *família substituta estrangeira* constitui *medida excepcional*, somente admissível na modalidade de adoção (ECA/art. 31)

b) disso decorre e completa o preceito que a guarda pode ser deferida, liminar ou incidentalmente, nos procedimentos de tutela e adoção, *exceto no de adoção por estrangeiros* (ECA/art. 33, § 1º); o art. 51 do ECA conceitua a adoção internacional como *"aquela na qual a pessoa ou casal postulante é residente ou domiciliado fora do Brasil, conforme previsto no Artigo 2 da Convenção de Haia, de 29 de maio de 1993, Relativa à Proteção das Crianças e à Cooperação em Matéria de Adoção Internacional, aprovada pelo Decreto Legislativo nº 1., de 14 de janeiro de 1999, e promulgada pelo Decreto nº 3.087, de 21 de junho de 1999"*.

c) importa dizer, nesse passo, que a adoção internacional não se caracteriza em razão da nacionalidade, mas em função da residência ou domicilio de quem postula, porque, mesmo que feita por brasileiro, nato ou naturalizado, será internacional a adoção se este residir ou tiver domicilio fora Brasil; o ECA/art. 51, § 2º, por outro lado, distingue o *estrangeiro* do *brasileiro residente fora do país*, já que expressamente dispõe que *"Os brasileiros residentes no exterior terão preferência aos estrangeiros, nos casos de adoção internacional de criança ou adolescente brasileiro"*.

d) a Convenção de Haia, no art. 2º, afirma sua incidência nos termos seguintes: *"A Convenção será aplicada quando uma criança com residência habitual em um Estado Contratante ("o Estado de origem") tiver sido, for, ou deva ser deslocada para outro Estado Contratante ("o Estado de acolhida"), quer após sua adoção no Estado de origem por cônjuges ou por uma pessoa residente habitualmente no Estado de acolhida, quer para que essa adoção seja realizada, no Estado de acolhida ou no Estado de origem"*; exige-se para a adoção internacional, por outro lado, de acordo com o ECA/art. 51, § 1º, que se comprove, *cumulativamente:*

1. que a colocação em família substituta é a solução adequada ao caso concreto;
2. que foram esgotadas todas as possibilidades de colocação da criança ou adolescente em família substituta brasileira, após consulta aos cadastros mencionados no art. 50 da Lei 8.069/90 (ECA); **C)** que, em se tratando de *adoção de adolescente*, este foi consultado, por meios adequados ao seu estágio de desenvolvimento, e que se encontra preparado para a medida, mediante parecer elaborado por equipe interprofissional, observado o disposto nos §§ 1º e 2º do art. 28 desta Lei *(opinião deverá ser considerada e, sendo maior de **12 anos**, exige-se o seu consentimento colhido em audiência)*;
3. por fim, a adoção internacional pressupõe a intervenção das Autoridades Centrais Estaduais e Federal; noutro giro, o procedimento de colocação em família substituta, de acordo como ECA/art. 165 a 170, é aplicável à adoção internacional, observando-se, porém, as regras especiais do ECA/ art. 52, I a VIII, e §§ 1º a 15; ainda dispõem sobre a adoção internacional os arts. 52-A à 52-D, todos com redação dada pela *"Lei da Adoção"*.

- **outras particularidades:** *pelo Código Civil é permitida a adoção aos maiores de **18 anos***, observadas as disposições da Lei 12.010, de 03 de agosto de 2009, que revogou os arts. 1.620 a 1.629 do CC/2002, e conferiu ao Estatuto da Criança e do Adolescente toda a regulamentação acerca da adoção dos adultos.

23.3.4. PODER FAMILIAR

- **noções gerais:** é conceituado como o conjunto de direitos e obrigações dos pais em relação aos filhos e aos seus bens, *enquanto menores* e *não emancipados*.
- **histórico:** no CC/1916 o instituto levava o nome de *pátrio poder*, como se o pai dirigisse os rumos dos filhos, apenas auxiliado pela mãe; com a igualdade do homem e da mulher relacionado aos direitos e deveres da sociedade conjugal (CF/art. 226, § 5º), e até porque a paternidade responsável quanto ao planejamento familiar é livre ao casal, direito esse que antecede a igualdade que acima vimos (CF/art. 226, § 7º), o termo empregado na atualidade é consentâneo à evolução sentida nas relações familiares.
- **características**: quanto à **natureza**, caracteriza-se por ser um *múnus público irrenunciável, indelegável e imprescritível*; porém, de acordo com a nova redação

do ECA, art. 166, conferida pela Lei 12.010/2009 (Lei da Adoção), os pais poderão entregar o filho para a adoção, transferindo o encargo à família substituta, admitindo-se que o pedido se realize em cartório, dispensada a assistência de advogado, contando a decisão com o apoio de equipe interprofissional, de ratificação do consentimento perante a autoridade judiciária, em audiência especialmente designada, presente o Ministério Público, onde deverão ser esgotados todos os esforços para a manutenção da criança ou adolescente na família natural ou extensa; vale destacar que o consentimento é **retratável** até a publicação da sentença constitutiva da adoção, e só será válido, por outro lado, se for dado após o nascimento da criança (ECA, art. 166, §§ 1º ao 6º).

- **exercício:** aos pais compete o poder familiar dos filhos menores, sendo que, na falta ou impedimento de um deles, o outro exercerá com exclusividade (CC, art. 1.631); havendo divergência quanto ao exercício do poder familiar, qualquer dos pais poderá **recorrer ao juiz** para solução do desacordo (CC, art. 1.632); o **divórcio** não altera a relação dos pais quanto aos filhos, senão quanto ao direito que aos primeiros cabe, de terem em sua companhia os segundos (CC/art. 1.632); por outro lado, o filho, não reconhecido pelo pai, fica sob poder familiar exclusivo da mãe; se a mãe não for conhecida ou capaz de exercê-lo, dar-se-á tutor ao menor(CC, art. 1.633). Compete aos pais, ainda, quanto à pessoa dos filhos menores, segundo a nova redação dada pela Lei 13.058, de 22 de dezembro de 2014 ao art. 1.634, I a IX, do CC:

a) *dirigir-lhes a criação e a educação;*

b) *exercer a guarda unilateral ou compartilhada nos termos do art. 1.584;*

c) *conceder-lhes ou negar-lhes consentimento para casarem;*

d) *conceder-lhes ou negar-lhes consentimento para viajarem ao exterior;*

e) *conceder-lhes ou negar-lhes consentimento para mudarem sua residência permanente para outro Município;*

f) *nomear-lhes tutor por testamento ou documento autêntico, se o outro dos pais não lhe sobreviver, ou o sobrevivo não puder exercer o poder familiar;*

g) *representá-los judicial e extrajudicialmente até os 16 (dezesseis) anos, nos atos da vida civil, e assisti-los, após essa idade, nos atos em que forem partes, suprindo-lhes o consentimento;*

h) *reclamá-los de quem ilegalmente os detenha;*

i) *exigir que lhes prestem obediência, respeito e os serviços próprios de sua idade e condição.*

- **prescrição:** lembramos que o *poder familiar* é causa impeditiva ou suspensiva da prescrição (CC, art. 197, II).

- **usufruto e a administração dos bens dos filhos menores:** trata-se da vertente patrimonial do poder familiar. Os despontam como administradores legais, mas, apesar disso, para **alienar ou gravar de ônus reais os bens imóveis** dos filhos, dependem de autorização judicial, mediante a *"demonstração da necessidade, ou do evidente interesse da prole"*, observada a avaliação do bem (CC, art. 1.691). Podem pleitear a declaração de **nulidade** dos atos acima: (1) **os filhos**; (2) **os herdeiros**; (3) **o representante legal**. A outro giro, a divergência *entre* os pais quanto à administração do patrimônio dos filhos é de solução judicial (CC, art. 1.690). O mesmo acontece se no exercício da administração patrimonial colidir o interesse dos pais com o dos filhos, quando o juiz dará *curador especial*, a requerimento dele ou do Ministério Público (CC/art. 1.692); por fim, o *usufruto legal* que decorre do exercício do poder familiar dispensa a prestação de contas prevista no CC, art. 1.400.

- **suspensão poder familiar**: trata-se de sanção que deve ser aplicada judicialmente, para situações mais brandas; possui nítido caráter de proteção do filho menor, mediante a privação temporária do poder familiar do pai ou mãe, que, desaparecida a causa, importa a retomada de seu exercício contra o filho ou filhos, pois é *facultativa* a um ou mais filhos; as causas legais da suspensão do poder familiar são (CC/art. 1.637):

a) *abuso de autoridade*

b) *falta dos deveres inerentes ao poder familiar*

c) *ruína dos bens dos filhos*

d) *condenação por sentença irrecorrível, em virtude de crime cuja pena exceda a **02 anos** de prisão*

* **Nota**: em qualquer caso, cabe ao juiz, requerendo algum parente, ou o Ministério Público, adotar a presente medida, observando-se o rito da Lei 8.069/90 (ECA), art. 155 e seguintes; é importante lembrar que a falta ou a carência de recursos materiais não constitui motivo suficiente para a perda ou a suspensão do poder familiar (ECA, art. 23).

- **extinção, perda ou destituição do poder familiar**: é uma sanção reservada aos atos mais graves praticados contra o *filho menor* e se caracteriza como *permanente* (não definitiva) e *imperativa*, por abranger toda a prole; o procedimento para a sua decretação judicial é aquele do ECA, art. 155 e seguintes, de contraditório necessário (ECA, art. 24). As causas legais de perda do poder familiar estão previstas no art. 1.638 do CC. No *caput* são previstos cinco (5) incisos, e parágrafo único, recentemente incluído pela Lei n. 13.715, de 24 de setembro de 2018, outros dois (2). A nova Lei admite a perda do poder familiar em razão da prática dos crimes que define, que podem ser divididos em (a) dos crimes contra titular de poder familiar; (b) dos crimes contra o próprio filho, filha ou qualquer descendente. Assim, as causas legais para a perda do poder familiar são:

a) castigar imoderadamente o filho;

b) deixar o filho em abandono;

c) praticar atos contrários à moral e aos bons costumes;

d) incidir, **reiteradamente**, nas faltas previstas para a suspensão do poder familiar (CC, art. 1.637).

   1. *abusar de autoridade*
   2. *faltar aos deveres inerentes ao poder familiar*
   3. *arruinar os bens dos filhos*
   4. *condenação, por sentença irrecorrível, em virtude de crime cuja pena exceda a 2 anos de prisão.*

e) entregar de forma irregular o filho a terceiros para fins de adoção.

f) perderá também por ato judicial o poder familiar aquele que:

   1. *praticar **contra outrem** igualmente titular do mesmo poder familiar*:
      - *homicídio, feminicídio, ou lesão corporal de natureza grave ou seguida de morte, quando se tratar de crime doloso envolvendo violência doméstica e familiar ou menosprezo ou discriminação à condição de mulher;*
      - estupro ou outro crime contra a dignidade sexual sujeito à pena de reclusão
   2. *praticar **contra filho, filha** ou **outro descendente***:
      - *homicídio, feminicídio ou lesão corporal de natureza grave ou seguida de morte, quando se tratar de crime doloso envolvendo violência doméstica e familiar ou menosprezo ou discriminação à condição de mulher*
      - *estupro, estupro de vulnerável ou outro crime contra a dignidade sexual sujeito à pena de reclusão*

- **ATENÇÃO:** a destituição do poder familiar não importa a extinção do dever de prestar alimentos ao filho menor. Enquanto menor, a prestação de alimentos dos pais aos filhos é fundada no **dever de sustento**, previsto no CC, art. 1.566, IV, 1.568 e 1.634, I. Com a destituição do poder familiar, seja qual for o motivo, a obrigação de alimentos não é abalada, pois permanece íntegro o vínculo de parentesco biológico. Nesse caso, a prestação de alimentos sofre mutação de base jurídica, alicerçando-se, a Partir de então, na relação de parentesco, regida pelo princípio da solidariedade familiar, quando haverá **obrigação de alimentos** (e não dever de sustento) (Maria Berenice Dias).

23.4. ALIMENTOS

- **noções gerais:** alimentos são as prestações destinadas à satisfação daquelas necessidades vitais, como descritas no CC, art.1.920, entre elas, o sustento, a cura, o vestuário, a casa, a educação e outras.

REVISAÇO ALIMENTOS – "77 DICAS"

JURISPRUDÊNCIA DO STF E STJ

1. Atual (não se admite alimentos pretéritos);

2. Transmissível aos herdeiros do devedor;

3. Divisível entre os obrigados, proporcionalmente;

4. Sujeito ao binômio – "necessidade – recursos" (obrigação alimentar) e "recursos" (dever de sustento);

5. É dever genérico no casamento; no companheirismo; entre pais e filhos, e extensivo a todos os ascendentes, recaindo a obrigação nos mais próximos em grau, uns em falta de outros, e na falta dos ascendentes cabe a obrigação aos descendentes, guardada a ordem de sucessão e, faltando estes, aos irmãos, assim germanos como unilaterais, por isto chamados de legais ou legítimos. (princípio da solidariedade familiar e do dever de assistência);

6. Não cabe entre sobrinhos e tios.

7. Alimentos e dever de sustento: decorre do poder familiar; não é recíproco e a necessidade é presumida de forma absoluta (CC/art. 1.634);

8) Alimentos e obrigação alimentar: decorre da relação de parentesco; é recíproco e exige a demonstração da necessidade. (CC/art. 1.694);

9. Admite-se durante a gravidez (alimentos gravídicos, Lei 11.804/2008);

10. Personalíssimo;

11. Incessível;

12. Impenhorável

13. Incompensável

14. Imprescritível

15. Irrepetível;

16. Irrenunciável;

17. Alimentos civis ou côngruos: status de família, condição social (ordem moral e intelectual);

18. Alimentos naturais ou necessários: vestuário, alimentação, saúde (ordem primária);

19. Alimentos voluntários: *inter vivos* ou *causa mortis (legado de alimentos)*

20. Alimentos provisórios (Lei 5.478/68), provisionais (CPC/art. 852 a 854) e definitivos (fixados em sentença ou homologados em juízo). O CPC-2015 não dispõe expressamente a respeito dos alimentos provisionais. Contudo, a medida de tutela de urgência está compreendida no art. 301 do diploma.

21. Alimentos *humanitários ou necessarium vitae*, aqueles suficientes para sobreviver, nos termos do art. 1.704, parágrafo único, do CC (Jones Figueirêdo Alves)

22. Alimentos indenizatórios: oriundos de responsabilidade civil

23. Alimentos transitórios: prestados a tempo certo quando o alimentando é pessoa com idade, condições e formação profissional compatíveis com uma provável inserção no mercado de trabalho, necessitando dos alimentos apenas até que atinja sua autonomia financeira, momento em que se emancipará da tutela do alimentante (STJ – Info 444);

24. Admite-se a revisão a qualquer tempo; não faz coisa julgada material (Lei 5.478/68; CPC-2015/art. 505, I);

25. Obrigação *solidária*, para o idoso, admite-se que opte entre os prestadores (Estatuto do Idoso, art. 12).

26. Com a maioridade, a extinção não é automática (STJ – 358);

27. Prescreve em **02 anos** as prestações fixadas, a partir da data que se vencerem (CC/art. 206, § 2º);

28. O foro do domicílio ou da residência do alimentando é o competente para a ação de investigação de paternidade, quando cumulada com a de alimentos (STJ – 01);

29. Na apuração da possibilidade do alimentante, observar-se-ão os sinais exteriores de riqueza. (Enunciado 573 da VI Jornada de Direito Civil do CJF);

30. STJ: 1º – JULGADO (NOVA FAMÍLIA/2002): "A constituição de nova família, com a obrigação de alimentar mais três filhos pelo alimentante, trazendo modificação das novas condições financeiras, é motivo para a redução do quantum devido, a título de alimentos, à filha do primeiro casamento". Resp 109.259-SP/2002, constante Informativo 154;

31. STJ: 2º JULGADO (NOVA FAMÍLIA/2005): "...Por outro lado, a circunstância de o alimentante constituir nova família, com nascimento de filhos, por si só, não importa na redução da pensão alimentícia paga a filha havida de união anterior, sobretudo se não resta verificada a mudança para pior na situação econômica daquele". REsp 703.318/PR/2005;

32. Alimentos Mestrado: A missão de criar os filhos se prorroga mesmo após o término do poder familiar, porém finda com a conclusão, pelo alimentado, de curso de graduação, independentemente de posterior especialização, podendo assim, em tese, prover o próprio sustento, circunstância que afasta, por si só, a presunção *iuris tantum* de necessidade do filho estudante; a partir daí persistem as relações de parentesco que ainda possibilitam a busca de alimentos, desde que presente a prova da efetiva necessidade (STJ – Info 484).

33. Julgada procedente a investigação de paternidade, os alimentos são devidos a partir da citação. (STJ – Súmula 277)

34. A sentença revisional de alimentos possui eficácia retroativa à data da citação (STJ – Info 491);

35. STJ: Na linha dos precedentes desta Corte, **os alimentos definitivos, quando fixados em valor inferior ao dos provisórios, não geram para o alimentante o direito de pleitear o que foi pago a maior**, tendo em vista irrepetibilidade própria da verba alimentar (REsp 1318844 /PR);

36. Na hipótese de superveniência de **sentença que fixa alimentos em quantia inferior aos provisórios**, a prisão civil do devedor somente pode ser admitida diante do não pagamento do valor resultante do **cômputo das prestações vencidas** com base no novo valor estabelecido pela sentença (STJ – Info 531)

37. O recurso de apelação é recebido unicamente no efeito devolutivo (CPC-2015/art. 1.012, II, e STJ – Info 501);

38. As três prestações anteriores ao ajuizamento da execução autorizam a prisão civil (STJ – 309);

39. O pagamento parcial da obrigação alimentar não afasta a regularidade da prisão civil, quando fundamentada na falta de pagamento de prestações vencidas nos **03 meses** anteriores à propositura da execução ou daquelas vencidas no decorrer do processo (STJ – Info 504);

40. No tocante à execução, há formatos diversos para a satisfação do alimentante, como a execução por quantia, o desconto em folha, a reserva de aluguéis, a garantia real, o usufruto, a prisão, entre outras (CPC/arts. 732, 733, 734; CPC-2015/arts. 528 e seguintes; Lei 5.478/68, art. 17; Lei 6.515/77, art. 21);

41. É possível a cobrança de verbas alimentares pretéritas mediante cumprimento de sentença, art. 523 do CPC-2015. (STJ – Info 500);

42. É possível o desconto em folha de pagamento do devedor de alimentos, inclusive quanto a débito pretérito, desde que em montante razoável e que não impeça sua própria subsistência. (STJ – Info 485);

43. Nos termos do art. 1.710 do CC/02, a atualização monetária deve constar expressamente da decisão concessiva de alimentos, os quais podem ser fixados em número de salários mínimos (STJ – REsp 1025769 /MG);

44. A Segunda Seção do STJ sedimentou o entendimento de que a pensão alimentícia **incide sobre o décimo terceiro salário e sobre o adicional de**

férias (terço constitucional de férias), porque tais verbas estão compreendidas nas expressões "vencimento", "salários" ou "proventos" que consubstanciam a totalidade dos rendimentos auferidos pelo alimentante (REsp 865617 /MG);

45. Em regra, os alimentos provisórios fixados em percentual sobre os **rendimentos líquidos** do alimentante não abrangem as verbas que não façam parte da sua remuneração habitual (STJ – Info 519)

46. Admite-se habeas corpus preventivo em execução de alimentos, mesmo não havendo decreto prisional, quando evidenciado o risco de constrição à liberdade do paciente. Precedentes. (STJ: RHC 34014/SP);

47. O habeas corpus não é a via adequada para o exame aprofundado de provas, a fim de averiguar a condição econômica do devedor, a necessidade do credor dos alimentos e o eventual excesso do valor dos alimentos. Precedentes. (STJ: RHC 33720/SP);

48. A jurisprudência do STJ considera viável a homologação de sentença estrangeira que fixa dever de prestar alimentos, obrigação que pode ser alterada pela via revisional (STJ: SEC 5822/EX);

49. O descumprimento de acordo firmado entre o alimentante e os alimentados, nos autos da ação de alimentos, pode ensejar o decreto de prisão civil do devedor, porquanto a dívida pactuada constitui débito em atraso, e não dívida pretérita. (STJ: RHC 34986/SP);

50. Sem embargo da vedação constitucional à imposição de prisão em decorrência de débito de natureza civil, a coação física à liberdade do devedor recalcitrante de alimentos é medida excepcionalmente admitida pela Carta Política (art. 5º, LXVII, da CF/88), somente se justificando, contudo, quando presentes os requisitos legais, dentre os quais, a observância estrita ao disposto no art. 733 do CPC (CPC-2015, arts. 528 e ss) e na Súmula nº 309/STJ. (STJ: HC 247502 /GO);

51. A prisão civil não deve ser tida como meio de coação para o adimplemento de parcelas atrasadas de obrigação alimentícia – acumuladas por inércia da credora – já que, com o tempo, a quantia devida perde o cunho alimentar e passa a ter caráter de ressarcimento de despesas realizadas. Com esse fundamento, a Turma deferiu habeas corpus ¾¾ sem prejuízo de nova decretação da prisão civil, se ocorrido o inadimplemento de parcelas mensais mais modernas ¾¾ contra decisão do TJMG. HC 75.180-MG, rel. Min. Moreira Alves, 10.6.97. (STF – Info 75);

52. A obrigação dos avós em relação aos netos é subsidiária e complementar, ou seja, primeiramente respondem os pais e, se eles se virem impossibilitados de prestá-la, total ou parcialmente, somente aí pode ser intentada a ação contra os progenitores (STJ – Info 459);

53. A obrigação subsidiária – em caso de inadimplemento da principal – deve ser diluída entre os avós paternos e maternos, na medida de seus recursos, diante de sua divisibilidade e possibilidade de fracionamento. (STJ – Info 264).

54. A interpretação das normas relativas à competência, quando o assunto é alimentos, deve, sempre, ser a mais favorável aos alimentandos, sobretudo em se tratando de menores, por incidência, também, do princípio do melhor interesse e da proteção integral à criança e ao adolescente (art. 3º da Convenção sobre os Direitos da Criança e art. 1º do ECA (STJ – Info 531)

55. Não cabe prisão civil do inventariante em razão do descumprimento do dever do espólio de prestar alimentos (STJ – Info 531)

56. Alimentos na hipótese de formação de vínculo socioafetivo são devidos. A esposa infiel não tem o dever de restituir ao marido traído os alimentos pagos por ele em favor de filho criado com estreitos laços de afeto pelo casal, ainda que a adúltera tenha ocultado do marido o fato de que a referida criança seria filha biológica sua e de seu "cúmplice". (STJ – Info 524)

57. O reconhecimento judicial da exoneração do pagamento de pensão alimentícia não alcança as parcelas vencidas e não pagas de dívida alimentar anteriormente reconhecida e cobrada judicialmente (STJ – Info 518)

58. Os pais não têm obrigação de fornecer alimentos à filha maior de 25 anos e com curso superior completo, se inexistirem elementos que indiquem quaisquer problemas quanto à sua saúde física ou mental (STJ – Info 518)

59. Não cabe a prisão civil para o devedor de alimentos no caso de dívida pretérita (STJ – Resp 189671 /GO)

60. O deferimento de alimentos gravídicos à gestante pressupõe a demonstração de indícios da paternidade atribuída ao agravado, não bastando a mera imputação da paternidade (Lei 11.848 /08) – TJ/RS

61. **Alimentos compensatórios**, cuja instituição é regulada em outros países e assegura alimentos para aquele cônjuge que trabalhe ou não, mas cujo padrão de vida pode sofrer brusca queda na comparação com o estilo de vida proporcionado durante o casamento pela maior remuneração do outro cônjuge.

62. Apesar de não constar expressamente em lei, está pacificado pela jurisprudência que os alimentos entre adultos (ex-cônjuges e ex-conviventes) são renunciáveis. Não há direito à pensão alimentícia por parte de quem expressamente renunciou a ela em acordo de separação caracterizado pelo equilíbrio e pela razoabilidade da divisão patrimonial (STJ, REsp 1.143.762).

63. A "obrigação de prestar alimentos transmite-se aos herdeiros do devedor". Ocorre que, de acordo com a jurisprudência do STJ e com a doutrina majoritária, esses dispositivos só podem ser invocados se a obrigação alimentar **já fora estabelecida anteriormente ao falecimento do autor da herança** por acordo ou sentença judicial. Isso porque esses dispositivos não se referem à transmissibilidade em abstrato do dever jurídico de prestar alimentos, mas apenas à transmissão (para os herdeiros do devedor) de obrigação alimentar já assumida pelo genitor por acordo ou decisão judicial antes da sua morte. (STJ – Info 534)

64. *Retroatividade da sentença de exoneração de alimentos:* eram duas as correntes sobre o tema, mas o STJ, no julgamento dos EREsp 1.181.119/RJ, pacificou o entendimento segundo o qual os alimentos definitivos fixados na sentença prolatada em revisional de alimentos, independentemente de se tratar de aumento, redução ou exoneração, retroagem à data da citação, nos termos do art. 13, § 2º, da Lei 5.478/68, com a ressalva de que os valores já pagos são irrepetíveis e não podem ser objeto de compensação com prestações vincendas. (STJ: REsp 1412781/SP)

65. *Irrenunciabilidade dos alimentos durante a união estável:* tendo os conviventes estabelecido, no início da união estável, por escritura pública, a dispensa à assistência material mútua, a superveniência de moléstia grave na constância do relacionamento, reduzindo a capacidade laboral e comprometendo, ainda que temporariamente, a situação financeira de um deles, autoriza a fixação de alimentos após a dissolução da união. De início, cabe registrar que a presente situação é distinta daquelas tratadas em precedentes do STJ, nos quais a renúncia aos alimentos se deu ao término da relação conjugal. Naqueles casos, o entendimento aplicado foi no sentido de que, "após a homologação do divórcio, não pode o ex-cônjuge pleitear alimentos se deles desistiu expressamente por ocasião do acordo de separação consensual" (AgRg no Ag 1.044.922-SP, Quarta Turma, DJe 2/8/2010). No presente julgado, a hipótese é de prévia dispensa dos alimentos, firmada durante a união estável, ou seja, quando ainda existentes os laços conjugais que, por expressa previsão legal, impõem aos companheiros, reciprocamente, o dever de assistência (STJ – Info 553).

66. **13º Salário:** desde que não haja disposição transacional ou judicial em sentido contrário, o décimo terceiro salário não compõe a base de cálculo da pensão alimentícia quando esta é estabelecida em valor fixo (STJ – Info 553).

67. **Participação nos lucros e resultados como base de cálculo de pensão alimentícia**: Desde que não haja disposição transacional ou judicial em sentido contrário, as parcelas percebidas a título de participação nos lucros e resultados integram a base de cálculo da pensão alimentícia quando esta é fixada em percentual sobre os rendimentos (STJ – Info 553).

68. **Aviso prévio como base de cálculo de pensão alimentícia**: Desde que não haja disposição transacional ou judicial em sentido contrário, o aviso prévio não integra a base de cálculo da pensão alimentícia (STJ – Info 553).

69. A **constituição de nova família** pelo devedor de alimentos não acarreta, por si só, revisão da quantia estabelecida a título de alimentos em favor dos filhos advindos de anterior unidade familiar formada pelo alimentante, sobretudo se não houver prova da diminuição da capacidade financeira do devedor em decorrência da formação do novo núcleo familiar (STJ – Info 557).

70. Em regra, a **pensão alimentícia devida a ex-cônjuge deve ser fixada por tempo determinado**, sendo cabível o pensionamento alimentar sem marco final tão somente quando o alimentado (ex-cônjuge) se encontrar em circunstâncias excepcionais, como de incapacidade laboral permanente, saúde fragilizada ou impossibilidade prática de inserção no mercado de trabalho (STJ – Info 557).

71. Extingue-se, com o óbito do alimentante, a obrigação de prestar alimentos a sua ex-companheira decorrente de acordo celebrado em razão do encerramento da união estável, transmitindo-se ao espólio apenas a responsabilidade pelo pagamento dos débitos alimentares que porventura não tenham sido quitados pelo devedor em vida (art. 1.700 do CC) (STJ – Info 555)

72. É juridicamente possível o pedido de alimentos decorrente do rompimento de união estável homoafetiva (STJ – 558)

73. Não supre a falta de citação em ação revisional de alimentos o comparecimento do réu para contraminutar agravo de instrumento contra decisão denegatória de tutela antecipada, sem que haja qualquer pronunciamento na ação principal por parte do demandado (STJ – Info 573).

74. A autora pode optar entre o foro de seu domicílio e o foro de domicílio do réu para propor ação de reconhecimento e dissolução de união estável cumulada com pedido de alimentos, quando o litígio não envolver interesse de incapaz (STJ – Info 568)

75. Em execução de alimentos pelo rito do art. 528 do CPC-2015, o acolhimento da justificativa da impossibilidade de efetuar o pagamento das prestações alimentícias executadas desautoriza a decretação da prisão do devedor, mas não acarreta a extinção da execução (STJ – Info 573)

76. Em sede de ação revisional de alimentos, é possível a modificação da forma da prestação alimentar (em espécie ou in natura), desde que demonstrada a razão pela qual a modalidade anterior não mais atende à finalidade da obrigação, ainda que não haja alteração na condição financeira das partes nem pretensão de modificação do valor da pensão (STJ – Info 567)

77. Mesmo que uma pessoa esteja registrada pelo pai de criação não impede o reconhecimento da paternidade biológica e a garantia de seus respectivos direitos, inclusive o de pedir alimentos e o direito à herança, em face de uma "dupla parentalidade". A paternidade socioafetiva, declarada ou não no registro público, não impede o reconhecimento do vínculo de filiação concomitante baseado na origem biológica (STF, RE 898060).

- **CPC-2015:** em relação aos alimentos familiares – *os alimentos reparatórios ou indenizatórios por atos ilícitos são versados no art. 533 e ss* – o Novo Código de Processo Civil consolidou entendimentos já cristalizados na jurisprudência, e trouxe novidades. As ações de alimentos de crianças e adolescentes continuam a ser regidas pela Lei 5.478/68, aplicando-se o CPC-2015, referente ao rito das ações de família, no que couber. Com relação ao pedido de alimentos de maiores, o rito a ser seguido é o do CPC-2015, das ações de família, arts. 693 e ss. A satisfação forçada dos alimentos constantes de sentença e título extrajudicial seguem ritos diversos. Permite-se a prisão em regime fechado, e o protesto da sentença ou decisão interlocutória. A prisão só é admitida com relação às 3 prestações anteriores ao ajuizamento da execução. E somente a impossibilidade absoluta de pagar justificará o inadimplemento. Vejamos as novidades:

Novo Código de Processo Civil/2015

COMPETÊNCIA

Art. 53. É competente o foro:

...

II – de domicílio ou residência do alimentando, para a ação em que se pedem **alimentos**;

DA FORMA, DO TEMPO E DO LUGAR DOS ATOS PROCESSUAIS

Art. 189. Os atos processuais são públicos, todavia **tramitam em segredo de justiça** os processos:

II – que versem sobre casamento, separação de corpos, divórcio, separação, união estável, filiação, **alimentos** e guarda de crianças e adolescentes;

§ 1º O direito de consultar os autos de processo que tramite em segredo de justiça e de pedir certidões de seus atos é restrito às partes e aos seus procuradores.

§ 2º O terceiro que demonstrar interesse jurídico pode requerer ao juiz certidão do dispositivo da sentença, bem como de inventário e de partilha resultantes de divórcio ou separação.

Art. 215. Processam-se durante as férias forenses, onde as houver, e não se suspendem pela superveniência delas:

...

II – a **ação de alimentos** e os processos de nomeação ou remoção de tutor e curador;

Novo Código de Processo Civil/2015

VALOR DA CAUSA

Art. 292. O valor da causa constará da petição inicial ou da reconvenção e será:

...

III – na **ação de alimentos**, a soma de 12 (doze) prestações mensais pedidas pelo autor;

DO CUMPRIMENTO DE SENTENÇA QUE RECONHEÇA A EXIGIBILIDADE DE OBRIGAÇÃO DE PRESTAR ALIMENTOS

Art. 528. No **cumprimento de sentença** que condene ao **pagamento de prestação alimentícia** ou de **decisão interlocutória que fixe alimentos**, o juiz, a requerimento do exequente, mandará intimar o executado pessoalmente para, em 3 (três) dias, pagar o débito, provar que o fez ou justificar a impossibilidade de efetuá-lo.

§ 1º Caso o executado, no prazo referido no caput, não efetue o pagamento, não prove que o efetuou ou não apresente justificativa da impossibilidade de efetuá-lo, o juiz mandará protestar o pronunciamento judicial, aplicando-se, no que couber, o disposto no art. 517.

§ 2º Somente a comprovação de fato que gere a impossibilidade absoluta de pagar justificará o inadimplemento.

§ 3º Se o executado não pagar ou se a justificativa apresentada não for aceita, o juiz, além de mandar protestar o pronunciamento judicial na forma do § 1º, decretar-lhe-á a prisão pelo prazo de 1 (um) a 3 (três) meses.

§ 4º A prisão será cumprida em regime fechado, devendo o preso ficar separado dos presos comuns.

§ 5º O cumprimento da pena não exime o executado do pagamento das prestações vencidas e vincendas.

§ 6º Paga a prestação alimentícia, o juiz suspenderá o cumprimento da ordem de prisão.

§ 7º O débito alimentar que autoriza a prisão civil do alimentante é o que compreende até as 3 (três) prestações anteriores ao ajuizamento da execução e as que se vencerem no curso do processo.

§ 8º O exequente pode optar por promover o cumprimento da sentença ou decisão desde logo, nos termos do disposto neste Livro, Título II, Capítulo III, caso em que não será admissível a prisão do executado, e, recaindo a penhora em dinheiro, a concessão de efeito suspensivo à impugnação não obsta a que o exequente levante mensalmente a importância da prestação.

§ 9º Além das opções previstas no art. 516, parágrafo único, o exequente pode promover o cumprimento da sentença ou decisão que condena ao pagamento de prestação alimentícia no juízo de seu domicílio.

Art. 529. Quando o executado for funcionário público, militar, diretor ou gerente de empresa ou empregado sujeito à legislação do trabalho, o exequente poderá requerer o desconto em folha de pagamento da importância da prestação alimentícia.

§ 1º Ao proferir a decisão, o juiz oficiará à autoridade, à empresa ou ao empregador, determinando, sob pena de crime de desobediência, o desconto a partir da primeira remuneração posterior do executado, a contar do protocolo do ofício.

Novo Código de Processo Civil/2015
§ 2º O ofício conterá o nome e o número de inscrição no Cadastro de Pessoas Físicas do exequente e do executado, a importância a ser descontada mensalmente, o tempo de sua duração e a conta na qual deve ser feito o depósito. § 3º Sem prejuízo do pagamento dos alimentos vincendos, o débito objeto de execução pode ser descontado dos rendimentos ou rendas do executado, de forma parcelada, nos termos do caput deste artigo, contanto que, somado à parcela devida, não ultrapasse cinquenta por cento de seus ganhos líquidos. Art. 530. Não cumprida a obrigação, observar-se-á o disposto nos arts. 831 e seguintes. Art. 531. O disposto neste Capítulo aplica-se aos alimentos definitivos ou provisórios. § 1º A execução dos alimentos provisórios, bem como a dos alimentos fixados em sentença ainda não transitada em julgado, se processa em autos apartados. § 2º O cumprimento definitivo da obrigação de prestar alimentos será processado nos mesmos autos em que tenha sido proferida a sentença. Art. 532. Verificada a conduta procrastinatória do executado, o juiz deverá, se for o caso, dar ciência ao Ministério Público dos indícios da prática do crime de abandono material. --------- **AÇÕES DE FAMÍLIA** Art. 693. As normas deste Capítulo aplicam-se aos processos contenciosos de divórcio, separação, reconhecimento e extinção de união estável, guarda, visitação e filiação. Parágrafo único. A **ação de alimentos** e a que versar sobre interesse de criança ou de adolescente observarão o procedimento previsto em **legislação específica**, aplicando-se, no que couber, as disposições deste Capítulo. * **Nota: Lei de Alimentos (Lei 5.478/68).** --------- **EXECUÇÃO DE ALIMENTOS** Art. 911. Na **execução fundada em título executivo extrajudicial** que contenha **obrigação alimentar**, o juiz mandará citar o executado para, em 3 (três) dias, efetuar o pagamento das parcelas anteriores ao início da execução e das que se vencerem no seu curso, provar que o fez ou justificar a impossibilidade de fazê-lo. Parágrafo único. Aplicam-se, no que couber, os §§ 2º a 7º do art. 528. Art. 912. Quando o executado for funcionário público, militar, diretor ou gerente de empresa, bem como empregado sujeito à legislação do trabalho, o exequente poderá requerer o desconto em folha de pagamento de pessoal da importância da prestação alimentícia. § 1º Ao despachar a inicial, o juiz oficiará à autoridade, à empresa ou ao empregador, determinando, sob pena de crime de desobediência, o desconto a partir da primeira remuneração posterior do executado, a contar do protocolo do ofício. § 2º O ofício conterá os nomes e o número de inscrição no Cadastro de Pessoas Físicas do exequente e do executado, a importância a ser descontada mensalmente, a conta na qual deve ser feito o depósito e, se for o caso, o tempo de sua duração.

Novo Código de Processo Civil/2015
Art. 913. Não requerida a execução nos termos deste Capítulo, observar-se-á o disposto no art. 824 e seguintes, com a ressalva de que, recaindo a penhora em dinheiro, a concessão de efeito suspensivo aos embargos à execução não obsta a que o exequente levante mensalmente a importância da prestação.

ATENÇÃO: durante a pandemia de COVID-19, no período compreendido entre o **20 de março de 2020**, data da publicação do Decreto Legislativo nº 6, e **30 de outubro de 2020**, a **prisão civil por dívida alimentícia**, prevista no art. 528, § 3º e seguintes da Lei nº 13.105, de 16 de março de 2015 (Código de Processo Civil), deverá ser cumprida exclusivamente sob a modalidade domiciliar, sem prejuízo da exigibilidade das respectivas obrigações (RJET – Lei n. 14.010, de 2020, arts. 1º, parágrafo único, e 15).

23.5. BEM DE FAMÍLIA

- **Noções gerais:** o Código Civil nos arts. 1.711 e ss. prescreve a respeito do bem de família *voluntário*, como forma de proteção contra dívidas do imóvel. O bem de família *involuntário ou legal* é previsto na Lei 8.009/90.
- **Características:**

a) o bem de **família convencional, voluntário ou instituído** consiste em um prédio ou parcela de um patrimônio que os cônjuges ou conviventes destinam ao abrigo e domicílio da entidade familiar, com a cláusula de ficar isento da execução por dívidas futuras. Esse instituto visa a assegurar um lar à família, pondo-a o abrigo de penhoras por débitos posteriores à instituição, salvo os que provierem de impostos relativo ao prédio.

b) trata-se de bem inalienável e impenhorável.

c) somente pessoas casadas conviventes ou integrante-chefe da família monoparental poderão constituir bem de família. A sua instituição também poderá competir ao marido ou à mulher, se um deles estiver na chefia exclusiva da família, caso o outro esteja ausente ou interditado, por exemplo.

d) a pessoa solteira, sem prole, mesmo que viva em concubinato, tutor ou curador ou avô não poderão instituir bem de família.

e) de acordo com o STJ, dois irmãos solteiros que residam no mesmo imóvel podem instituir o bem de família, pois o solteiro pode constituir família e os irmãos podem ser tidos como entidade familiar (STJ: REsp 182.223-SP)

f) o terceiro também poderá, em doação ou testamento, instituir o bem de família (CC, art. 1.711, parágrafo único).

g) trata-se de ato solene, pois deverá ser feito por escritura pública ou testamento, dependendo a eficácia do ato da aceitação expressa de ambos os cônjuges beneficiados ou da entidade familiar beneficiada. (CC, art. 1.711). E, ainda, quer instituído pelos cônjuges ou por terceiro, constitui-se pelo registro de seu título no Registro de Imóveis (CC, art.1.714)

h) o **bem de família legal ou involuntário** decorre do interesse do Estado em proteger a família, base da sociedade, sendo instituído em nosso ordenamento pela Lei 8.009/90.

i) tem por objeto o imóvel rural ou urbano que seja utilizado como moradia, o qual se torna impenhorável, excetuando-se aquelas situações do art. 3°.

j) segundo a Súmula 205 do STJ: *"A Lei nº 8.009-90 aplica-se à penhora realizada antes de sua vigência"*.

k) pela Súmula 364 do STJ: *"O conceito de impenhorabilidade de bem de família abrange também o imóvel pertencente a pessoas solteiras, separadas e viúvas"*.

l) a Súmula 449 do STJ: *"A vaga de garagem que possui matrícula própria no registro de imóveis não constitui bem de família para efeito de penhora"*.

m) a impenhorabilidade do bem de família é oponível em qualquer processo de execução civil, fiscal, previdenciária, trabalhista ou de outra natureza. A **Lei Complementar 150**, de 01 de julho de 2015, **revogou** o inciso I do art. 3º da Lei 8.009/90, que admitia a penhora em razão dos créditos de trabalhadores da própria residência e das respectivas contribuições previdenciárias. Assim, nem mesmo os créditos de natureza trabalhista afastam a proteção legal. Prevalece, nesse aspecto, a regra do art. 3º, *caput*, da Lei 8.009/90. Outra novidade foi a **nova redação** do inciso III do art. 3º, promovida pela Lei 13.144, de 06 de julho de 2015, que mantem a inoponibilidade do bem de família ao credor de pensão alimentícia, porém, passa a resguardar os direitos, sobre o bem, do seu coproprietário que, com o devedor, integre união estável ou conjugal, observadas as hipóteses em que ambos responderão pela dívida.

n) STJ: o fato de um imóvel ser adquirido com dinheiro ilícito é motivo suficiente para afastar a impenhorabilidade do bem de família, condição que impede a penhora do imóvel, o que muitas vezes pode levá-lo a hasta pública (espécie de venda pública ou leilão, entre outros). O entendimento é da Quarta Turma do Superior Tribunal de Justiça (STJ).

o) a Súmula 549 do STJ: *"É válida a penhora de bem de família pertencente a fiador de contrato de locação."*.

23.6. UNIÃO ESTÁVEL

a) a união estável é prevista no CC/art. Art. 1.723, assim *"reconhecida como entidade familiar a união estável entre o homem e a mulher, configurada na convivência pública, contínua e duradoura e estabelecida com o objetivo de constituição de família"*;

b) vale lembrar que o *STF – Informativo 625 (ADI 4277/DF, rel. Min. Ayres Britto, 4 e 5.5.2011. ADI-4277)* reconheceu a união estável homoafetiva.

c) também do **STF** no verbete da **Súmula 382**, dispõe: *"A vida em comum sob o mesmo teto "more uxorio", não é indispensável à caracterização do concubinato"*

d) união estável não se constituirá se ocorrerem os impedimentos do art. 1.521, salvo a igualdade de sexo, e a incidência do inciso VI, caso a pessoa casada se ache separada de fato ou judicialmente

e) as causas suspensivas do art. 1.523 não impedirão a caracterização da união estável

f) as relações pessoais entre os companheiros obedecerão aos deveres de lealdade, respeito e assistência, e de guarda, sustento e educação dos filhos

g) a união estável, salvo contrato escrito entre os companheiros, aplica-se às relações patrimoniais, no que couber, o regime da comunhão parcial de bens

h) a união estável poderá converter-se em casamento, mediante pedido dos companheiros ao juiz e assento no Registro Civil.

i) as relações não eventuais entre o homem e a mulher, impedidos de casar, constituem concubinato impuro. (Ver: CC/art. 1.723 a 1.727).

j) a competência para processar e julgar ação destinada ao reconhecimento de união estável homoafetiva é da vara de família (STJ – Info 519)

k) é possível a alteração de assento registral de nascimento para a inclusão do patronímico do companheiro na constância de uma união estável, em aplicação analógica do art. 1.565, § 1º, do CC, desde que seja feita prova documental da relação por instrumento público e nela haja anuência do companheiro cujo nome será adotado (STJ – Info 506).

- **CPC-2015:** mudanças foram promovidas no novo diploma para conferir à união estável (ou *companheiro*) a mesma categoria ou posição jurídica do casamento (ou *cônjuge*). É bem clara a intenção do legislador nesse aspecto em diversos dispositivos que colocam lado a lado ambas os institutos. Abaixo trouxemos alguns exemplos, sem esgotar as menções constantes do Novo Código de Processo Civil. Devem ainda ser lidos pelos candidatos, pela importância da matéria, os arts: 447, § 2º, I; 448, I; 600, parágrafo único; 616, I e IX; 617, I e II; 620, II; 626, *caput*, e § 1º; 648, III; 649, *caput*; 653, I, a; 672, II; 674, I; 740, § 6º; 741, § 3º; 743, § 2º; 747, I; 752, § 3º; 790, IV; 876, § 5º e 6º; 892, § 2º e 915, § 1º.

Novo Código de Processo Civil/2015

COMPETÊNCIA

Art. 53. É competente o foro:

I – para a ação de divórcio, separação, anulação de casamento e reconhecimento ou dissolução de união estável:

CAPACIDADE PROCESSUAL

Art. 73. O cônjuge necessitará do consentimento do outro para propor ação que verse sobre direito real imobiliário, salvo quando casados sob o regime de separação absoluta de bens.

§ 1º Ambos os cônjuges serão necessariamente citados para a ação:

I – que verse sobre direito real imobiliário, salvo quando casados sob o regime de separação absoluta de bens;

II – resultante de fato que diga respeito a ambos os cônjuges ou de ato praticado por eles;

III – fundada em dívida contraída por um dos cônjuges a bem da família;

IV – que tenha por objeto o reconhecimento, a constituição ou a extinção de ônus sobre imóvel de um ou de ambos os cônjuges.

§ 2º Nas ações possessórias, a participação do cônjuge do autor ou do réu somente é indispensável nas hipóteses de composse ou de ato por ambos praticado.

§ 3º Aplica-se o disposto neste artigo à união estável comprovada nos autos.

IMPEDIMENTOS E SUSPEIÇÃO

Art. 144. Há impedimento do juiz, sendo-lhe vedado exercer suas funções no processo:

…

…

III – quando nele estiver postulando, como defensor público, advogado ou membro do Ministério Público, seu cônjuge ou **companheiro**, ou qualquer parente, consanguíneo ou afim, em linha reta ou colateral, até o terceiro grau, inclusive;

IV – quando for parte no processo ele próprio, seu cônjuge ou **companheiro**, ou parente, consanguíneo ou afim, em linha reta ou colateral, até o terceiro grau, inclusive;

VIII – em que figure como parte cliente do escritório de advocacia de seu cônjuge, **companheiro** ou parente, consanguíneo ou afim, em linha reta ou colateral, até o terceiro grau, inclusive, mesmo que patrocinado por advogado de outro escritório;

Art. 145. Há suspeição do juiz:

III – quando qualquer das partes for sua credora ou devedora, de seu cônjuge ou companheiro ou de parentes destes, em linha reta até o terceiro grau, inclusive;

Novo Código de Processo Civil/2015

DA FORMA, DO TEMPO E DO LUGAR DOS ATOS PROCESSUAIS

Art. 189. Os atos processuais são públicos, todavia **tramitam em segredo de justiça** os processos:

II – que versem sobre casamento, separação de corpos, divórcio, separação, **união estável**, filiação, alimentos e guarda de crianças e adolescentes;

§ 1º O direito de consultar os autos de processo que tramite em segredo de justiça e de pedir certidões de seus atos é restrito às partes e aos seus procuradores.

§ 2º O terceiro que demonstrar interesse jurídico pode requerer ao juiz certidão do dispositivo da sentença, bem como de inventário e de partilha resultantes de divórcio ou separação.

CITAÇÃO

Art. 244. Não se fará a citação, salvo para evitar o perecimento do direito:

…

II – de cônjuge, de **companheiro** ou de qualquer parente do morto, consanguíneo ou afim, em linha reta ou na linha colateral em segundo grau, no dia do falecimento e nos 7 (sete) dias seguintes;

PETIÇÃO INICIAL

Art. 319. A petição inicial indicará:

…

II – os nomes, os prenomes, o estado civil, **a existência de união estável**, a profissão, o número de inscrição no Cadastro de Pessoas Físicas ou no Cadastro Nacional da Pessoa Jurídica, o endereço eletrônico, o domicílio e a residência do autor e do réu;

DEPOIMENTO PESSOAL

Art. 388. A parte não é obrigada a depor sobre fatos:

…

…

III – acerca dos quais não possa responder sem desonra própria, de seu cônjuge, de seu **companheiro** ou de parente em grau sucessível

----

CONFISSÃO

Art. 391. A confissão judicial faz prova contra o confitente, não prejudicando, todavia, os litisconsortes.

Parágrafo único. Nas ações que versarem sobre bens imóveis ou direitos reais sobre imóveis alheios, a confissão de um cônjuge ou **companheiro** não valerá sem a do outro, salvo se o regime de casamento for o de separação absoluta de bens.

DAS AÇÕES DE FAMÍLIA

Art. 693. As normas deste Capítulo aplicam-se aos processos contenciosos de divórcio, separação, reconhecimento e **extinção de união estável**, guarda, visitação e filiação.

Novo Código de Processo Civil/2015
Parágrafo único. A ação de alimentos e a que versar sobre interesse de criança ou de adolescente observarão o procedimento previsto em legislação específica, aplicando-se, no que couber, as disposições deste Capítulo. Art. 694. Nas ações de família, todos os esforços serão empreendidos para a solução consensual da controvérsia, devendo o juiz dispor do auxílio de profissionais de outras áreas de conhecimento para a mediação e conciliação. Parágrafo único. A requerimento das partes, o juiz pode determinar a suspensão do processo enquanto os litigantes se submetem a mediação extrajudicial ou a atendimento multidisciplinar. Art. 695. Recebida a petição inicial e, se for o caso, tomadas as providências referentes à tutela provisória, o juiz ordenará a citação do réu para comparecer à audiência de mediação e conciliação, observado o disposto no art. 694. § 1º O mandado de citação conterá apenas os dados necessários à audiência e deverá estar desacompanhado de cópia da petição inicial, assegurado ao réu o direito de examinar seu conteúdo a qualquer tempo. § 2º A citação ocorrerá com antecedência mínima de 15 (quinze) dias da data designada para a audiência. § 3º A citação será feita na pessoa do réu. § 4º Na audiência, as partes deverão estar acompanhadas de seus advogados ou de defensores públicos. Art. 696. A audiência de mediação e conciliação poderá dividir-se em tantas sessões quantas sejam necessárias para viabilizar a solução consensual, sem prejuízo de providências jurisdicionais para evitar o perecimento do direito. Art. 697. Não realizado o acordo, passarão a incidir, a partir de então, as normas do procedimento comum, observado o art. 335. Art. 698. Nas ações de família, o Ministério Público somente intervirá quando houver interesse de incapaz e deverá ser ouvido previamente à homologação de acordo. Art. 699. Quando o processo envolver discussão sobre fato relacionado a abuso ou a alienação parental, o juiz, ao tomar o depoimento do incapaz, deverá estar acompanhado por especialista. § 1º Ao despachar a inicial, o juiz oficiará à autoridade, à empresa ou ao empregador, determinando, sob pena de crime de desobediência, o desconto a partir da primeira remuneração posterior do executado, a contar do protocolo do ofício. § 2º O ofício conterá os nomes e o número de inscrição no Cadastro de Pessoas Físicas do exequente e do executado, a importância a ser descontada mensalmente, a conta na qual deve ser feito o depósito e, se for o caso, o tempo de sua duração. ---------- **EXTINÇÃO CONSENSUAL DE UNIÃO ESTÁVEL** Art. 731. A homologação do divórcio ou da separação consensuais, observados os requisitos legais, poderá ser requerida em petição assinada por ambos os cônjuges, da qual constarão: I – as disposições relativas à descrição e à partilha dos bens comuns;

Novo Código de Processo Civil/2015
II – as disposições relativas à pensão alimentícia entre os cônjuges; III – o acordo relativo à guarda dos filhos incapazes e ao regime de visitas; e IV – o valor da contribuição para criar e educar os filhos. Parágrafo único. Se os cônjuges não acordarem sobre a partilha dos bens, far-se-á esta depois de homologado o divórcio, na forma estabelecida nos arts. 647 a 658. Art. 732. As disposições relativas ao processo de homologação judicial de divórcio ou de separação consensuais aplicam-se, no que couber, ao processo de homologação da extinção consensual de união estável. Art. 733. O divórcio consensual, a separação consensual e a **extinção consensual de união estável**, não havendo nascituro ou filhos incapazes e observados os requisitos legais, poderão ser realizados por escritura pública, da qual constarão as disposições de que trata o art. 731. § 1º A escritura não depende de homologação judicial e constitui título hábil para qualquer ato de registro, bem como para levantamento de importância depositada em instituições financeiras. § 2º O tabelião somente lavrará a escritura se os interessados estiverem assistidos por advogado ou por defensor público, cuja qualificação e assinatura constarão do ato notarial.

23.7. TUTELA. CURATELA

- **noções gerais sobre a tutela:** é o conjunto de direitos e obrigações conferidos pela lei a um terceiro, para que proteja um menor não emancipado, que não estiver sob poder familiar, administrando seus bens, representando-o e assistindo-o nos atos na vida civil. É um *"munus"* público (Maria Helena Diniz). **Espécies**:

  a) tutela testamentária

  b) tutela legitima

  c) tutela dativa

- **noções gerais sobre a curatela:** é o encargo público cometido, por lei, a alguém para reger e defender uma pessoa e administrar os bens de maiores incapazes, que, por si sós, não estão em condições de fazê-lo, em razão de enfermidade ou deficiência mental (Maria Helena Diniz). **Espécies**:

  a) curatela legítima

  b) curatela dativa

* **ATENÇÃO:** naquilo que não for incompatível, aplicam-se as disposições da tutela a curatela (CC, art. 1.781).

- **atuação subsidiária do Ministério Público na ação de interdição:** O MP possui legitimação subsidiária para promover a interdição desde o CC/1916, conforme os arts. 448 e 449. Naquele diploma, falava-se que o *parquet* só promoveria a interdição em caso de "loucura furiosa", entre outros requisitos. Com o CC/2002, o Ministério Público permanece legitimado a manejar a ação, estabeleciam os arts. 1.768, III, 1.769 e 1.770. O Estatuto do Deficiente, vigente por pouco mais de dois meses, de janeiro a março, conferiu nova redação aos dispositivos originais do CC/2002, alterando, por exemplo, o inciso I do art. 1.769, que na redação original afirmava que o MP promoveria a interdição "em caso de doença mental grave", e com a nova, "nos casos de deficiência mental ou intelectual". Com o CPC/2015, todos os dispositivos do CC/2002 que dispunham sobre a promoção da interdição pelo Ministério Público foram revogados, arts. 1.769 e 1.770. Desse modo, a partir de então, as normas que regem a atuação subsidiária do MP são as previstas nos arts. 747 e 748 do novel diploma. Assim, o Ministério Público só promoverá interdição em caso de:

a) doença **mental grave**:

b) se **não existirem** ou **não promoverem** a interdição: (i) o *cônjuge ou companheiro*; (ii) os *parentes ou tutores;* (iii) o *representante da entidade em que se encontra abrigado o interditando;*

c) se, **existindo**, forem **incapazes:**(i) o *cônjuge ou companheiro*; (ii) os *parentes ou tutores.*

* **ATENÇÃO***:* também prevê o CPC-2015/2015 a atuação do Ministério Público como fiscal da ordem jurídica (art. 752, § 1º).

• **curatela após o CPC-2015 e o Estatuto do Deficiente**: o Código Civil sofreu inovações em decorrência do CPC-2015/2015 e do Estatuto do Deficiente. Inicialmente, cumpre observar que o Estatuto do Deficiente (L. 13.146/2015) alterou muitos aspetos da curatela, previstos no Cód. Civil, mas cuja vigência expirou-se com a entrada em vigor do CPC-2015/2015, no dia 18.03.2016. Vamos ao que mudou e o que ficou, artigo por artigo.

a) **Sem alterações (Redação original do CC):**

1. Art. 1.767, V, do CC: Estão sujeitos à curatela, (V) os pródigos
2. Art. 1.774. Aplicam-se à curatela as disposições concernentes à tutela, com as modificações dos artigos seguintes.
3. Art. 1.775. O cônjuge ou companheiro, não separado judicialmente ou de fato, é, de direito, curador do outro, quando interdito. § 1º Na falta do cônjuge ou companheiro, é curador legítimo o pai ou a mãe; na falta destes, o descendente que se demonstrar mais apto. § 2º Entre os descendentes, os mais próximos precedem aos mais remotos. § 3º Na falta das pessoas mencionadas neste artigo, compete ao juiz a escolha do curador.
4. Art. 1.778. A autoridade do curador estende-se à pessoa e aos bens dos filhos do curatelado, observado o art. 5º.
5. Art. 1.779. Dar-se-á curador ao nascituro, se o pai falecer estando grávida a mulher, e não tendo o poder familiar. Parágrafo único. Se a mulher estiver interdita, seu curador será o do nascituro.
6. Art. 1.781. As regras a respeito do exercício da tutela aplicam-se ao da curatela, com a restrição do art. 1.772 e as desta Seção.
7. Art. 1.782. A interdição do pródigo só o privará de, sem curador, emprestar, transigir, dar quitação, alienar, hipotecar, demandar ou ser demandado, e praticar, em geral, os atos que não sejam de mera administração.
8. Art. 1.783. Quando o curador for o cônjuge e o regime de bens do casamento for de comunhão universal, não será obrigado à prestação de contas, salvo determinação judicial.

b) **Alterados e vigentes pelo Estatuto do Deficiente:**

1. Art. 1.767, I e III. Estão sujeitos à curatela: (I) aqueles que, por causa transitória ou permanente, não puderem exprimir sua vontade; (III) os ébrios habituais e os viciados em tóxico.
2. Art. 1.775-A. Na nomeação de curador para a pessoa com deficiência, o juiz poderá estabelecer curatela compartilhada a mais de uma pessoa.
3. Art. 1.777. As pessoas referidas no inciso I do art. 1.767 receberão todo o apoio necessário para ter preservado o direito à convivência familiar e comunitária, sendo evitado o seu recolhimento em estabelecimento que os afaste desse convívio.

c) **Revogados ou alterados pelo Estatuto do Deficiente e revogados pelo CPC-2015:**

1. Arts. 1.768 a 1.773 do Código Civil foram revogados pelo art.1.072 do CPC-2015; porém, a Lei 13.146/2015 (Estatuto do Deficiente) havia alterado os arts. 1.768, IV, 1.769, I e III, 1.771 e 1.772.
2. Art. 1.768, IV, permitia a iniciativa do processo que definiria os termos da curatela "pela própria pessoa", o que não foi mantido no CPC-2015, como veremos abaixo.
3. Art. 1.769, I e III, diz que: O Ministério Público somente promoverá o processo que define os termos da curatela: (I) nos casos de deficiência mental ou intelectual; (III) se, existindo, forem menores ou incapazes as pessoas mencionadas no inciso II.
4. Art. 1.771. Antes de se pronunciar acerca dos termos da curatela, o juiz, que deverá ser assistido por equipe multidisciplinar, entrevistará pessoalmente o interditando.
5. Art. 1.772. O juiz determinará, segundo as potencialidades da pessoa, os limites da curatela, circunscritos às restrições constantes do art. 1.782, e indicará curador.
6. Art. 1.776 do CC foi revogado pela L. 13.146/2015, e seu conteúdo incluído no art. 1.777, que recebeu nova redação, e originalmente dispunha sobre a obrigação do curador promover a recuperação do interdito.
7. Art. 1.780 do CC foi revogado pela L. 13.146/2015, e se referia à curadoria do enfermo ou portador de deficiência. Trava-se tratavam-se de curatelas especiais, que poderiam ser solicitadas pelos próprios

interessados. Os requerentes, nestes casos, possuíam plena capacidade, mas, por causas transitórias (enfermo) ou físicas (deficiente), estariam impossibilitados de praticar determinados atos. Tratava-se de transferência de poderes, pelos quais o curador poderia cuidar de todos ou alguns de seus negócios ou bens. A doutrina conferia o nome de curatela-mandato (Maria Helena Diniz), curatela administrativa especial (Rodrigo Cunha Pereira) ou caso singular e especial de curatela sem interdição (Zeno Veloso). Aquele que transferiu os poderes poderia levantar a curatela a qualquer momento, caso preferisse transferir o encargo a outro, por exemplo. A Lei 13.146, de 2015, incluiu o art. 1.783-A ao Cód. Civil, para dispor sobre o processo de "tomada de decisão apoiada", que pode ser pedido unicamente pela pessoa deficiente a ser apoiada (CC, art. 1.783-A, caput, e §2º), não se estabelecendo a mesma previsão legal para o "enfermo".

d) **Revogados pelo CPC-2015**:

1. Vimos acima que os arts. 1.768 a 1.773 do Cód. Civil foram revogados pelo CPC-2015.
2. Assim, a interdição ou curatela do interdito deve preceder de processo judicial, respeitando-se as disposições dos arts. 747 a 763 do CPC-2015, conforme tabela abaixo.

- **novos CPC e Estatuto do Deficiente (1):** as mudanças promovidas pelo Estatuto do Deficiente tiveram origem a Convenção de Nova York sobre os Direitos das Pessoas com Deficiência, ingressando no plano jurídico interno como norma constitucional, na forma do art. 5º, § 3º, da CF/88. O Novo Estatuto contém em seu bojo direitos fundamentais, assim. Em linhas gerais, a definição de "curatela" de pessoa com deficiência constitui medida protetiva extraordinária, proporcional às necessidades e às circunstâncias de cada caso, e durará o menor tempo possível (art. 84, § 3º do Estatuto). Parece-nos que o *critério objetivo* que conduz à curatela remete "aqueles que, por causa transitória ou permanente, não puderem exprimir sua vontade", ou seja, a condição de relativamente incapaz prevista no art. 4º, III, do CC. De todo modo, pode-se considerar situações de "vulnerabilidade", aptas à submissão do processo de tomada de decisão apoiada (CC, art. 1.783-A). O que pretende o Estatuto, assim, é assegurar e promover, em condições de igualdade, o exercício dos direitos e das liberdades fundamentais por pessoa com deficiência, visando à sua inclusão social e cidadania. Dentro dessa perspectiva, o CPC-2015 deve ser interpretado de maneira sistemática com o Código Civil e o Estatuto do Deficiente, especialmente porque as normas definidoras dos direitos e garantias fundamentais têm aplicação imediata e hierarquia maior. Portanto, embora o CPC-2015 fale sobre o procedimento da interdição, pelo Novo Estatuto, tem-se apenas a curatela de quem não pode expressar sua vontade nos atos "patrimoniais e negociais". Portanto, com a vigência do Estatuto teremos a nova categoria de pessoas capazes sob curatela, para certos atos (art. 85, § 1º, do Estatuto). Assim, pelo novel Estatuto, a "regra" será a plena capacidade das pessoas, não importando para essa condição de estado se possuem alguma deficiência, física ou intelectual. O Estatuto, assim, inova nesta matéria, permitindo, por força do artigo 84, § 1º, a interdição de pessoa capaz: "quando necessário, a pessoa com deficiência será submetida à curatela, conforme a lei". Portanto, a curatela de pessoa capaz é algo inusitado no Direito Civil brasileiro. A diretriz do Estatuto é clara, mesmo com a curatela, não temos uma pessoa incapaz, em algumas situações (art. 85, § 1º, do Estatuto). Tanto é assim que deixam de existir pessoas incapazes em decorrência da deficiência, simplesmente, como constava da redação original dos arts. 3º e 4º do CC. Como afirma Pablo Stolze, "temos, portanto, um novo sistema que, vale salientar, fará com que se configure como "imprecisão técnica" considerar-se a pessoa com deficiência incapaz. Ela é dotada de capacidade legal, ainda que se valha de institutos assistenciais para a condução da sua própria vida". No sistema anterior ao Estatuto do Deficiente, o **curador** representava os absolutamente incapazes e assistia os relativamente incapazes. Com a vigência do Estatuto, a única hipótese de absolutamente incapaz é o menor de 16 anos, e para estes os pais exercem o poder familiar. Segundo o art. 85, *caput*, do Estatuto, "A curatela afetará tão somente os atos relacionados aos direitos de natureza patrimonial e negocial". Pelo art. 85, § 1º,"A definição da curatela não alcança o direito ao próprio corpo, à sexualidade, ao matrimônio, à privacidade, à educação, à saúde, ao trabalho e ao voto". De acordo com o art. 85, § 2º,"A curatela constitui medida extraordinária, devendo constar da sentença as razões e motivações de sua definição, preservados os interesses do curatelado". A leitura do texto sugere que caberá ao juiz definir se o curador do deficiente, que prossegue sendo capaz, deverá representa-lo ou assisti-lo. Não se impede, todavia, que o deficiente seja declarado incapaz, quando, "por causa transitória ou permanente, não puder exprimir sua vontade". Nesta situação, descrita no art. 4º, III, do CC, com redação dada pela Lei 13.146/2015, a incapacidade será relativa, e somente alcançara os atos **patrimoniais e negociais**, única limitação admitida para a curatela no artigo 85 do Estatuto do Deficiente. Para José Fernando Simão, "O contrato assinado exclusivamente por deficiente capaz, mas sob curatela, será nulo se o juiz fixar em sentença que a o curador o representa (aplicação do art. 166, I do CC por analogia) ou anulável se fixar que o assiste (aplicação do art. 171, I do CC por analogia)". E ainda, "A quitação dada pelo credor deficiente capaz sob curatela será ineficaz e não liberará o devedor (aplicação do artigo 310 do CC por analogia)". Contudo, pondera: "Aplicação analógica de regras que cuidam da invalidade é solução atécnica e contrária ao Direito. Se a regra é a validade dos negócios jurídicos, as invalidades são excepcionais não se admitindo analogia. Entretanto, não vejo outra solução em razão do problema jurídico criado pelo próprio Estatuto. Se não fosse esta a solução, a consequência seria a seguinte: o deficiente capaz sob curatela pode praticar validamente todo e qualquer ato da vida civil e a curatela, portanto, seria completamente inútil" (http://www.conjur.com.br/2015-ago-07/jose-simao-estatuto-pessoa-deficiencia-traz-mudancas). Também entende o autor que, "Se a pessoa, por causa transitória ou permanente, não puder exprimir sua vontade, a sentença deve declará-la relativamente incapaz, tendo o curador a mera função de assistente? A resposta é negativa. Contrariando o texto expresso do Código Civil, deve o juiz declarar a incapacidade absoluta para permitir a representação. A solução da assistência é inútil e não atende ao interesse do incapaz que estará impedido de praticar qualquer ato da vida civil" (http://www.conjur.com.br/2015-ago-07/jose-simao-estatuto-pessoa-deficiencia-traz-mudancas). Em sentido contrário, Atalá Correia entende que "caso o quadro legislativo não se altere, será razoável tolerar uma hibridização de institutos, para que se admita a existência de incapacidade relativa na qual o curador representa o incapaz, e não o assiste. Entendida a questão de maneira literal, a interdição de pessoas teria pouco significado prático" (http://www.conjur.com.br/2015-ago-07/jose-simao-estatuto-pessoa-deficiencia-traz-mudancas).

- **curatela do nascituro:** dar-se-á curador ao nascituro, se o pai falecer estando grávida a mulher e não tendo o poder familiar. Se a mulher estiver interdita, seu curador será o do nascituro.
- **novos CPC e Estatuto do Deficiente (2):** o Código Civil passou por profundas mudanças em decorrência do CPC-2015 e do Estatuto do Deficiente. A partir do momento em que passar a vigorar o novel Estatuto, a "regra" será a plena capacidade das pessoas, não importando para essa condição de estado se possuem alguma deficiência, física ou intelectual. Tanto é assim que deixam de existir pessoas incapazes em decorrência da deficiência, como constava da redação original dos arts. 3º e 4º do CC. Conforme tivemos oportunidade de ver, a Convenção de Nova York sobre os Direitos das Pessoas com Deficiência ingressou no plano jurídico interno como norma constitucional, na forma do art. 5º, § 3º, da CF/88, de maneira que o novo diploma sob o número 13.146/2015 contém em seu bojo direitos fundamentais. Qualquer pessoa também pode se sujeitar a "curatela", caso não possa exprimir sua vontade, critério objetivo que coloca qualquer um na condição de relativamente incapaz. De igual modo, todos podem ser considerados vulneráveis, e ser submetido a processo de tomada de decisão apoiada. O que pretende o Estatuto, assim, é assegurar e a promover, em condições de igualdade, o exercício dos direitos e das liberdades fundamentais por pessoa com deficiência, visando à sua inclusão social e cidadania. Dentro dessa perspectiva, o Novo Código de Processo Civil deve ser interpretado de maneira sistemática com o Código Civil e suas alterações processadas pelo *Estatuto do Deficiente*, especialmente porque as normas definidoras dos direitos e garantias fundamentais têm aplicação imediata, e hierarquia maior. Portanto, embora o CPC-2015 fale sobre o *procedimento da interdição*, pelo Novo Estatuto – que é lei posterior – tem-se apenas a *curatela* de quem não pode expressar sua vontade, além de outras adaptações que se fizerem necessárias.

Redação original do Código Civil de 2002	Redação do Código Civil com as alterações do Estatuto do Deficiente e do Código de Processo Civil	Novo Código de Processo Civil
Art. 1.767. Estão sujeitos a curatela: I – Aqueles que, por enfermidade ou deficiência mental, não tiverem o necessário discernimento para os atos da vida civil; II – aqueles que, por outra causa duradoura, não puderem exprimir a sua vontade; III – os deficientes mentais, os ébrios habituais e os viciados em tóxicos; IV – os excepcionais sem completo desenvolvimento mental; V – os pródigos. Art. 1.768. A interdição deve ser promovida: I – pelos pais ou tutores; II – pelo cônjuge, ou por qualquer parente; III – pelo Ministério Público. Art. 1.769. O Ministério Público só promoverá interdição: I – em caso de doença mental grave; II – se não existir ou não promover a interdição alguma das pessoas designadas nos incisos I e II do artigo antecedente;	Art. 1.767. Estão sujeitos a curatela: I – aqueles que, por causa transitória ou permanente, não puderem exprimir sua vontade; II – **(Revogado)**; III – os ébrios habituais e os viciados em tóxico; IV – **(Revogado)**; V – os pródigos. Art. 1.768. O processo que define os termos da curatela deve ser promovido I – pelos pais ou tutores; II – pelo cônjuge, ou por qualquer parente; III – pelo Ministério Público. IV – pela própria pessoa Art. 1.769. O Ministério Público somente promoverá o processo que define os termos da curatela I – nos casos de deficiência mental ou intelectual II – se não existir ou não promover a interdição alguma das pessoas designadas nos incisos I e II do artigo antecedente; III – se, existindo, forem menores ou incapazes as pessoas mencionadas no inciso II.	"Art. 747. A interdição pode ser promovida: I – pelo cônjuge ou companheiro; II – pelos parentes ou tutores; III – pelo representante da entidade em que se encontra abrigado o interditando; IV – pelo Ministério Público. Parágrafo único. A legitimidade deverá ser comprovada por documentação que acompanhe a petição inicial. Art. 748. O Ministério Público só promoverá interdição em caso de doença mental grave: I – se as pessoas designadas nos incisos I, II e III do art. 747 não existirem ou não promoverem a interdição; II – se, existindo, forem incapazes as pessoas mencionadas nos incisos I e II do art. 747. Art. 749. Incumbe ao autor, na petição inicial, especificar os fatos que demonstram a incapacidade do interditando para administrar seus bens e, se for o caso, para praticar atos da vida civil, bem como o momento em que a incapacidade se revelou.

Redação original do Código Civil de 2002	Redação do Código Civil com as alterações do Estatuto do Deficiente e do Código de Processo Civil	Novo Código de Processo Civil
III – se, existindo, forem incapazes as pessoas mencionadas no inciso antecedente. Art. 1.770. Nos casos em que a interdição for promovida pelo Ministério Público, o juiz nomeará defensor ao suposto incapaz; nos demais casos o Ministério Público será o defensor Art. 1.771. Antes de pronunciar-se acerca da interdição, o juiz, assistido por especialistas, examinará pessoalmente o arguido de incapacidade Art. 1.772. Pronunciada a interdição das pessoas a que se referem os incisos III e IV do art. 1.767, o juiz assinará, segundo o estado ou o desenvolvimento mental do interdito, os limites da curatela, que poderão circunscrever-se às restrições constantes do art. 1.782 Art. 1.773. A sentença que declara a interdição produz efeitos desde logo, embora sujeita a recurso Art. 1.774. Aplicam-se à curatela as disposições concernentes à tutela, com as modificações dos artigos seguintes.	Art. 1.770. Nos casos em que a interdição for promovida pelo Ministério Público, o juiz nomeará defensor ao suposto incapaz; nos demais casos o Ministério Público será o defensor. Art. 1.771. Antes de se pronunciar acerca dos termos da curatela, o juiz, que deverá ser assistido por equipe multidisciplinar, entrevistará pessoalmente o interditando. Art. 1.772. O juiz determinará, segundo as potencialidades da pessoa, os limites da curatela, circunscritos às restrições constantes do art. 1.782, e indicará curador Parágrafo único. Para a escolha do curador, o juiz levará em conta a vontade e as preferências do interditando, a ausência de conflito de interesses e de influência indevida, a proporcionalidade e a adequação às circunstâncias da pessoa Art. 1.773. (Revogado pela Lei n º 13.105, de 2015). Art. 1.774. Aplicam-se à curatela as disposições concernentes à tutela, com as modificações dos artigos seguintes.	Parágrafo único. Justificada a urgência, o juiz pode nomear curador provisório ao interditando para a prática de determinados atos. Art. 750. O requerente deverá juntar laudo médico para fazer prova de suas alegações ou informar a impossibilidade de fazê-lo. Art. 751. O interditando será citado para, em dia designado, comparecer perante o juiz, que o entrevistará minuciosamente acerca de sua vida, negócios, bens, vontades, preferências e laços familiares e afetivos e sobre o que mais lhe parecer necessário para convencimento quanto à sua capacidade para praticar atos da vida civil, devendo ser reduzidas a termo as perguntas e respostas. § 1º Não podendo o interditando deslocar-se, o juiz o ouvirá no local onde estiver. § 2º A entrevista poderá ser acompanhada por especialista.

Redação original do Código Civil de 2002	Redação do Código Civil com as alterações do Estatuto do Deficiente e do Código de Processo Civil	Novo Código de Processo Civil
Art. 1.775. O cônjuge ou companheiro, não separado judicialmente ou de fato, é, de direito, curador do outro, quando interdito. § 1º Na falta do cônjuge ou companheiro, é curador legítimo o pai ou a mãe; na falta destes, o descendente que se demonstrar mais apto. § 2º Entre os descendentes, os mais próximos precedem aos mais remotos. § 3º Na falta das pessoas mencionadas neste artigo, compete ao juiz a escolha do curador. Art. 1.776. Havendo meio de recuperar o interdito, o curador promover-lhe-á o tratamento em estabelecimento apropriado. Art. 1.777. Os interditos referidos nos incisos I, III e IV do art. 1.767 serão recolhidos em estabelecimentos adequados, quando não se adaptarem ao convívio doméstico. Art. 1.778. A autoridade do curador estende-se à pessoa e aos bens dos filhos do curatelado, observado o art. 5º.	Art. 1.775. O cônjuge ou companheiro, não separado judicialmente ou de fato, é, de direito, curador do outro, quando interdito. § 1º Na falta do cônjuge ou companheiro, é curador legítimo o pai ou a mãe; na falta destes, o descendente que se demonstrar mais apto. § 2º Entre os descendentes, os mais próximos precedem aos mais remotos. § 3º Na falta das pessoas mencionadas neste artigo, compete ao juiz a escolha do curador. Art. 1.775-A Na nomeação de curador para a pessoa com deficiência, o juiz poderá estabelecer curatela compartilhada a mais de uma pessoa Art. 1.776. (Revogado pela Lei n º 13.146, de 2015, art. 123, VII). Art. 1.777. As pessoas referidas no inciso I do art. 1.767 receberão todo o apoio necessário para ter preservado o direito à convivência familiar e comunitária, sendo evitado o seu recolhimento em estabelecimento que os afaste desse convívio.”	§ 3º Durante a entrevista, é assegurado o emprego de recursos tecnológicos capazes de permitir ou de auxiliar o interditando a expressar suas vontades e preferências e a responder às perguntas formuladas. § 4º A critério do juiz, poderá ser requisitada a oitiva de parentes e de pessoas próximas. Art. 752. Dentro do prazo de 15 (quinze) dias contado da entrevista, o interditando poderá impugnar o pedido. § 1º O Ministério Público intervirá como fiscal da ordem jurídica. § 2º O interditando poderá constituir advogado, e, caso não o faça, deverá ser nomeado curador especial. § 3º Caso o interditando não constitua advogado, o seu cônjuge, companheiro ou qualquer parente sucessível poderá intervir como assistente. Art. 753. Decorrido o prazo previsto no art. 752, o juiz determinará a produção de prova pericial para avaliação da capacidade do interditando

Redação original do Código Civil de 2002	Redação do Código Civil com as alterações do Estatuto do Deficiente e do Código de Processo Civil	Novo Código de Processo Civil
Seção II Da Curatela do Nascituro e do Enfermo ou Portador de Deficiência Física Art. 1.779. Dar-se-á curador ao nascituro, se o pai falecer estando grávida a mulher, e não tendo o poder familiar. Parágrafo único. Se a mulher estiver interdita, seu curador será o do nascituro. Art. 1.780. A requerimento do enfermo ou portador de deficiência física, ou, na impossibilidade de fazê-lo, de qualquer das pessoas a que se refere o art. 1.768, dar-se-lhe-á curador para cuidar de todos ou alguns de seus negócios ou bens. Seção III Do Exercício da Curatela Art. 1.781. As regras a respeito do exercício da tutela aplicam-se ao da curatela, com a restrição do art. 1.772 e as desta Seção. Art. 1.782. A interdição do pródigo só o privará de, sem curador, emprestar, transigir, dar quitação, alienar, hipotecar, demandar ou ser demandado, e praticar, em geral, os atos que não sejam de mera administração.	para praticar atos da vida civil. ------- ------- ------- Art. 1.780. (Revogado pela Lei n º 13.146, de 2015, art. 123, VII). ------- ------- ------- ------- ------- ------- ------- ------- ------- ------- ------- ------- ------- ------- ------- ------- ------- ------- ------- Art. 1.783-A. A tomada de decisão apoiada é o processo pelo qual a pessoa com deficiência elege pelo menos 2 (duas) pessoas idôneas, com as quais mantenha vínculos e que gozem de sua confiança, para prestar-lhe apoio na tomada de decisão sobre atos da vida civil,	§ 1º A perícia pode ser realizada por equipe composta por expertos com formação multidisciplinar. § 2º O laudo pericial indicará especificadamente, se for o caso, os atos para os quais haverá necessidade de curatela. Art. 754. Apresentado o laudo, produzidas as demais provas e ouvidos os interessados, o juiz proferirá sentença. Art. 755. Na sentença que decretar a interdição, o juiz: I – nomeará curador, que poderá ser o requerente da interdição, e fixará os limites da curatela, segundo o estado e o desenvolvimento mental do interdito; II – considerará as características pessoais do interdito, observando suas potencialidades, habilidades, vontades e preferências. § 1º A curatela deve ser atribuída a quem melhor possa atender aos interesses do curatelado. § 2º Havendo, ao tempo da interdição, pessoa incapaz sob a

Redação original do Código Civil de 2002	Redação do Código Civil com as alterações do Estatuto do Deficiente e do Código de Processo Civil	Novo Código de Processo Civil
Art. 1.783. Quando o curador for o cônjuge e o regime de bens do casamento for de comunhão universal, não será obrigado à prestação de contas, salvo determinação judicial.	fornecendo-lhes os elementos e informações necessários para que possa exercer sua capacidade. § 1º Para formular pedido de tomada de decisão apoiada, a pessoa com deficiência e os apoiadores devem apresentar termo em que constem os limites do apoio a ser oferecido e os compromissos dos apoiadores, inclusive o prazo de vigência do acordo e o respeito à vontade, aos direitos e aos interesses da pessoa que devem apoiar. § 2º O pedido de tomada de decisão apoiada será requerido pela pessoa a ser apoiada, com indicação expressa das pessoas aptas a prestarem o apoio previsto no caput deste artigo. § 3º Antes de se pronunciar sobre o pedido de tomada de decisão apoiada, o juiz, assistido por equipe multidisciplinar, após oitiva do Ministério Público, ouvirá pessoalmente o requerente e as pessoas que lhe prestarão apoio. § 4º A decisão tomada por pessoa apoiada terá validade e efeitos sobre terceiros,	guarda e a responsabilidade do interdito, o juiz atribuirá a curatela a quem melhor puder atender aos interesses do interdito e do incapaz. § 3º A sentença de interdição será inscrita no registro de pessoas naturais e imediatamente publicada na rede mundial de computadores, no sítio do tribunal a que estiver vinculado o juízo e na plataforma de editais do Conselho Nacional de Justiça, onde permanecerá por 6 (seis) meses, na imprensa local, 1 (uma) vez, e no órgão oficial, por 3 (três) vezes, com intervalo de 10 (dez) dias, constando do edital os nomes do interdito e do curador, a causa da interdição, os limites da curatela e, não sendo total a interdição, os atos que o interdito poderá praticar autonomamente. Art. 756. Levantar-se-á a curatela quando cessar a causa que a determinou. § 1º O pedido de levantamento da curatela poderá ser feito pelo interdito, pelo curador ou

Redação original do Código Civil de 2002	Redação do Código Civil com as alterações do Estatuto do Deficiente e do Código de Processo Civil	Novo Código de Processo Civil
	sem restrições, desde que esteja inserida nos limites do apoio acordado. § 5º Terceiro com quem a pessoa apoiada mantenha relação negocial pode solicitar que os apoiadores contra-assinem o contrato ou acordo, especificando, por escrito, sua função em relação ao apoiado. § 6º Em caso de negócio jurídico que possa trazer risco ou prejuízo relevante, havendo divergência de opiniões entre a pessoa apoiada e um dos apoiadores, deverá o juiz, ouvido o Ministério Público, decidir sobre a questão. § 7º Se o apoiador agir com negligência, exercer pressão indevida ou não adimplir as obrigações assumidas, poderá a pessoa apoiada ou qualquer pessoa apresentar denúncia ao Ministério Público ou ao juiz. § 8º Se procedente a denúncia, o juiz destituirá o apoiador e nomeará, ouvida a pessoa apoiada e se for de seu interesse, outra pessoa para prestação de apoio.	pelo Ministério Público e será apensado aos autos da interdição. § 2º O juiz nomeará perito ou equipe multidisciplinar para proceder ao exame do interdito e designará audiência de instrução e julgamento após a apresentação do laudo. § 3º Acolhido o pedido, o juiz decretará o levantamento da interdição e determinará a publicação da sentença, após o trânsito em julgado, na forma do art. 755, § 3º, ou, não sendo possível, na imprensa local e no órgão oficial, por 3 (três) vezes, com intervalo de 10 (dez) dias, seguindo-se a averbação no registro de pessoas naturais. § 4º A interdição poderá ser levantada parcialmente quando demonstrada a capacidade do interdito para praticar alguns atos da vida civil. Art. 757. A autoridade do curador estende-se à pessoa e aos bens do incapaz que se encontrar sob a guarda e a responsabilidade

Redação original do Código Civil de 2002	Redação do Código Civil com as alterações do Estatuto do Deficiente e do Código de Processo Civil	Novo Código de Processo Civil
	§ 9º A pessoa apoiada pode, a qualquer tempo, solicitar o término de acordo firmado em processo de tomada de decisão apoiada. § 10. O apoiador pode solicitar ao juiz a exclusão de sua participação do processo de tomada de decisão apoiada, sendo seu desligamento condicionado à manifestação do juiz sobre a matéria. § 11. Aplicam-se à tomada de decisão apoiada, no que couber, as disposições referentes à prestação de contas na curatela."	do curatelado ao tempo da interdição, salvo se o juiz considerar outra solução como mais conveniente aos interesses do incapaz. Art. 758. O curador deverá buscar tratamento e apoio apropriados à conquista da autonomia pelo interdito. **Disposições Comuns à Tutela e à Curatela** Art. 759. O tutor ou o curador será intimado a prestar compromisso no prazo de 5 (cinco) dias contado da: I – nomeação feita em conformidade com a lei; II – intimação do despacho que mandar cumprir o testamento ou o instrumento público que o houver instituído. § 1º O tutor ou o curador prestará o compromisso por termo em livro rubricado pelo juiz. § 2º Prestado o compromisso, o tutor ou o curador assume a administração dos bens do tutelado ou do interditado.

Redação original do Código Civil de 2002	Redação do Código Civil com as alterações do Estatuto do Deficiente e do Código de Processo Civil	Novo Código de Processo Civil
		Art. 760. O tutor ou o curador poderá eximir-se do encargo apresentando escusa ao juiz no prazo de 5 (cinco) dias contado: I – antes de aceitar o encargo, da intimação para prestar compromisso; II – depois de entrar em exercício, do dia em que sobrevier o motivo da escusa. § 1º Não sendo requerida a escusa no prazo estabelecido neste artigo, considerar-se-á renunciado o direito de alegá-la. § 2º O juiz decidirá de plano o pedido de escusa, e, não o admitindo, exercerá o nomeado a tutela ou a curatela enquanto não for dispensado por sentença transitada em julgado. Art. 761. Incumbe ao Ministério Público ou a quem tenha legítimo interesse requerer, nos casos previstos em lei, a remoção do tutor ou do curador. Parágrafo único. O tutor ou o curador será citado para contestar a arguição no prazo de 5 (cinco) dias, findo o

Redação original do Código Civil de 2002	Redação do Código Civil com as alterações do Estatuto do Deficiente e do Código de Processo Civil	Novo Código de Processo Civil
		qual observar-se-á o procedimento comum. Art. 762. Em caso de extrema gravidade, o juiz poderá suspender o tutor ou o curador do exercício de suas funções, nomeando substituto interino. Art. 763. Cessando as funções do tutor ou do curador pelo decurso do prazo em que era obrigado a servir, ser-lhe-á lícito requerer a exoneração do encargo. § 1º Caso o tutor ou o curador não requeira a exoneração do encargo dentro dos 10 (dez) dias seguintes à expiração do termo, entender-se-á reconduzido, salvo se o juiz o dispensar. § 2º Cessada a tutela ou a curatela, é indispensável a prestação de contas pelo tutor ou pelo curador, na forma da lei civil.

24. DIREITO DAS SUCESSÕES

24.1. ABERTURA DA SUCESSÃO

- **noções gerais:** sucessão é a substituição na titularidade de um patrimônio, por ato *inter vivos* ou em *causa mortis*; sobre a primeira, já falamos quando das obrigações e contratos; neste momento, nos interessa a segunda espécie. A sucessão *causa mortis* ocorre no exato momento da morte do autor da herança (CC/art. 1.784), quando o domínio e a posse da herança são transmitidos, ao que se nomeia de *direito de saisina ou droit de saisine*; nesse caso, o sucessor universal continua a posse do antecessor (*sucessio possessionis*, CC/art. 1.206).

- **características:**

a) ao legatário não se aplica o *direito da saisina*, pois a ele não se é transferida a posse, apenas a propriedade, quando se tratar de legado puro e simples. Em outros casos, como no legado condicional ou a termo, ainda será preciso que ocorra os acontecimentos futuros e incertos ou certos (CC, art. 1.923 e ss.)

b) quanto às ***espécies de sucessão***, será *legitima ou legal* se a pessoa morrer sem testamento ou não contemplar todos os bens em disposição de última vontade (CC/art. 1.788 e 1.829); ou será *testamentária*, se houver disposto os bens para depois da morte, por meio de testamento ou codicilo, limitados à metade da herança, se o *de cujus* tiver herdeiros necessários (descendente, ascendente, cônjuge e companheiro).

c) *sucessão universal* é a que transmite os bens na totalidade, parte ideal ou fração; *sucessão a título singular* é a que confere bem determinado; a *sucessão legítima* é sempre universal, ainda que um só e único bem seja o objeto da herança; a *sucessão testamentária* será universal ou singular, de acordo com o conteúdo da disposição final.

d) *sucessão anômala ou irregular* é a que **não** transfere o patrimônio na ordem de vocação hereditária presente o CC, arts. 1.829 e ss, e como exemplo, lembramos o *princípio do prélèvement*, previsto na CF/art. 5º, XXXI, e LINDB/art. 7º, pelos quais na sucessão de bens de estrangeiro situados no país, em benefício do cônjuge ou filhos brasileiros, aplica-se o estatuto pessoal do *de cujus* se mais favorável e eles.

e) segundo o art. 2º, § 5º, da Lei n. 13.311, de 11 de julho de 2016, **não será considerado herança, para todos os efeitos de direito**, a outorga para ocupação e utilização de área pública urbana, por equipamentos urbanos do tipo quiosque, **trailer**, feira e banca de venda de jornais e de revistas. Todavia, mediante requerimento e preenchimento dos requisitos legais, admite-se a "transferência" da outorga, pelo prazo restante: (i) ao cônjuge ou companheiro; (ii) aos descendentes; (iii) aos descendentes.

24.2. ACEITAÇÃO E RENÚNCIA DA HERANÇA

- **noções gerais:** a ***aceitação da herança*** possui a natureza de *negócio jurídico unilateral, não receptício, indivisível* e *incondicional*; trata-se de um *direito potestativo*, que se consubstancia no ato jurídico unilateral pelo qual o herdeiro legítimo ou testamentário manifesta ou confirma a herança transmitida por ocasião da morte do *de cujus*; não importa aceitação os atos oficiosos, como o funeral; vale lembrar, ainda, que a *cessão gratuita pura e simples* aos outros herdeiros importa em *renúncia abdicativa*; contudo, a renúncia em favor de *pessoa determinada*, importa em *renúncia translativa*, pois contém em si duas declarações de vontade, uma de aceitar e outra de alienar; quanto às **formas**, a aceitação poderá ser:

a) *expressa*

b) *tácita*

c) *presumida*

- **noções gerais**: a ***renúncia da herança*** deve processar sob forma especial, mediante **instrumento público** ou **termo** nos autos. Quando o interessado que o herdeiro declare se aceita ou não a herança, poderá, **20 dias** após aberta a sucessão, requerer ao juiz prazo razoável, não maior de **30 dias**, para nele, se pronunciar o herdeiro, sob pena de se haver a herança por aceita. Trata-se da *aceitação presumida* ou *provocada da herança*. Algumas regras são importantes ao tema, vejamos:

a) não se admite a renúncia parcial

b) não se admite a renúncia sob condição ou termo

c) o credor pode aceitar a herança em nome do renunciante, se forem prejudicados, devolvendo ao monte o que remanescer das dívidas pagas, sobre as quais prevalece a renúncia

d) a aceitação e a renúncia são irrevogáveis

e) ninguém pode suceder, **representando** herdeiro renunciante. Se, porém, ele for o único legítimo da sua classe, ou se todos os outros da mesma classe renunciarem à herança, poderão os filhos vir à sucessão, por direito próprio, e por cabeça

f) há direito de acrescer sobre o quinhão do renunciante entre os herdeiros da mesma classe

g) o direito de aceitar a herança está sujeito a sucessão hereditária *(jure transmissionis)*

- ***ATENÇÃO***: o procurador, para renunciar, também deve possuir poderes especiais em instrumento público **(conferir: STJ – Informativo 506);** além disso, a renúncia à herança exige outorga do outro consorte, exceto no regime da separação absoluta. (CC, art. 1.647).

24.3. ESPÉCIES DE SUCESSÃO

- **noções gerais:** conforme a *lei* ou o *testamento* seja a fonte de disciplina a respeito da transmissão de bens, de um lado temos a sucessão ***legítima ou ab intestato*** e de outro a ***testamentária;*** na primeira, a vontade do legislador e, na segunda, uma disposição de última vontade, expressada em um testamento ou codicilo; é importante esclarecer, contudo, que será legitima a sucessão na hipótese de o testamento ser *nulo, anulável, caduco, revogado ou rompido* (CC/art. 1.788, parte final, 1.969 e 1973); basicamente, a sucessão legitima é a vontade presumida ou esperada do *de cujus*, e a testamentária, a vontade expressa do morto; em relação à disposição do patrimônio feita em testamento, caso o falecido tenha herdeiros necessários, que são os descendentes, os ascendentes e o cônjuge (CC/art. 1.845), sua liberdade de *"testar"* não é plena, mas *limitada (legitima).*

- **características:**

a) em regra o direito dos herdeiros necessários sobre a *legítima* não sofre restrição, salvo se houver *justa causa, declarada em testamento*, estabelecendo as cláusulas de inalienabilidade, impenhorabilidade, e de incomunicabilidade (CC/art. 1.848), que não escapam ao controle judicial e, noutro giro, são *personalíssimas*, porque em nova sucessão, tais bens são transferidos livres e desembaraçados.

b) admite-se, por outro lado, a partilha feita por ascendente, por ato entre vivos, desde que não exceda a metade disponível, conhecida por *partilha-doação* (CC/art. 2.018); uma observação, no entanto, deve ser feita, pois, segundo o CC/art. 426 *"Não pode ser objeto de contrato a herança de pessoa viva"*; por tal preceito, não se conhece a *sucessão contratual* ou *pacto sucessório* (*pacta corvina*).

24.4. ADMINISTRAÇÃO DA HERANÇA

- **noções gerais:** a herança defere-se como um todo unitário, ainda que vários sejam os herdeiros. Até a partilha, o direito dos coerdeiros, quanto à propriedade e posse da herança, será indivisível, e regular-se-á pelas normas relativas ao condomínio.

- **características:**

a) o herdeiro não responde por encargos superiores às forças da herança (regra do ***benefício do inventário***). A **prova** do excesso compete ao herdeiro, salvo se houver inventário que a escuse, demostrando o valor dos bens herdados.

b) a herança é uma universalidade de direito.

c) *inventário negativo* é o realizado sem que exista qualquer bem a inventariar.

d) a herança é indivisível, mas poderá ser objeto de **cessão por escritura pública**, não se admitindo que seja feita sobre bem determinado, sob pena de **ineficácia** (CC/art. 1.793). Também é **ineficaz** a cessão, **sem prévia autorização do juiz da sucessão**, por qualquer herdeiro, de bem componente do acervo hereditário, pendente a **indivisibilidade.** Assegura-se, na *cessão onerosa a terceiro*, o direito de preferência do cordeiro, que terá **180 dias** após a transmissão do acervo para exercê-lo (CC/art. 1.795).

e) o inventário deve ser aberto em 2 (dois) meses, a contar da abertura da sucessão, ultimando-se nos 12 (doze) meses subsequentes, podendo o juiz prorrogar esses prazos, de ofício ou a requerimento de parte, ficando a herança sob a responsabilidade do administrador provisório, até o compromisso do inventariante (CC/art. 1.796 e 1.797; CPC-2015/arts. 611 e 614); entre os legitimados para pedir a abertura de inventario está o Ministério Público, se houver herdeiros incapazes (CPC-2015/art. 616, VII).

24.5. VOCAÇÃO HEREDITÁRIA

- **noções gerais**: são os que podem suceder, herdeiros e legatários.

- **regras:**

a) legitimam-se a suceder as pessoas **nascidas** ou **já concebidas** no momento da abertura da sucessão.

b) na **sucessão testamentária** podem ainda ser chamados a suceder:

1. os filhos, ainda não concebidos, de pessoas indicadas pelo testador, desde que vivas estas ao abrir-se a sucessão (*concepturo, nondum concepti*)

- após a liquidação ou partilha, a curador nomeado pelo juiz.

- a curatela desta caberá à pessoa cujo filho o testador esperava ter por herdeiro, e, sucessivamente, ao **cônjuge ou companheiro**, não separado judicialmente ou de fato, o pai ou a mãe, o descendente que se demonstrar mais apto, entre os descendentes, os mais próximos precedem aos mais remotos.

- nascendo com vida o herdeiro esperado, ser-lhe-á deferida a sucessão, com os frutos e rendimentos relativos à deixa, a partir da morte do testador.

- se, decorridos **2 anos** após a abertura da sucessão, não for concebido o herdeiro esperado, os bens reservados, salvo disposição em contrário do testador, caberão aos herdeiros legítimos.

2. as pessoas jurídicas

3. as pessoas jurídicas, cuja organização for determinada pelo testador sob a forma de fundação.

c) **não podem ser nomeados herdeiros nem legatários**:

1. a pessoa que, a rogo, escreveu o testamento, nem o seu cônjuge ou companheiro, ou os seus ascendentes e irmãos
2. as testemunhas do testamento
3. o concubino do testador casado, salvo se este, sem culpa sua, estiver separado de fato do cônjuge há mais de **5 anos**, mas é

lícita a deixa ao filho do concubino, quando também o for do testador

4. o tabelião, civil ou militar, ou o comandante ou escrivão, perante quem se fizer, assim como o que fizer ou aprovar o testamento.

d) são **nulas** as disposições testamentárias em favor de pessoas não legitimadas a suceder, ainda quando simuladas sob a forma de contrato oneroso, ou feitas mediante interposta pessoa; **presumem-se** pessoas interpostas os:

1. **ascendentes**;
2. **os descendentes**;
3. **os irmãos;**
4. **cônjuge ou companheiro** do não legitimado a suceder.

24.6. EXCLUÍDOS DA SUCESSÃO

- **noções gerais:** trata-se de pena civil que priva da herança herdeiros e legatários que cometeram atos criminosos, ofensivos ou reprováveis, taxativamente previstos em lei, contra o autor da herança ou alguém de sua família. Difere da deserdação, que atinge os herdeiros necessários, unicamente, em testamento válido e mediante a menção expressa da causa.
- **regras importantes:**

a) a exclusão do herdeiro exige a propositura de ação específica, iniciada por quem tenha interesse na sucessão ou pelo Ministério Público, apenas quando os herdeiros ou legatários houverem sido autores, coautores ou partícipes de homicídio doloso, ou tentativa deste, contra a pessoa de cuja sucessão se tratar, seu cônjuge, companheiro, ascendente ou descendente (novo art. 1.815, § 2º, do CC, conforme a L. 13.532/2017)

b) a indignidade será decretada por sentença (CC, art. 1.815), atingindo até mesmo o direito real de habitação, todavia, não incide sobre a meação do cônjuge

c) é decadencial de **4 anos** o prazo para demandar a exclusão do herdeiro ou legatário, *contados da abertura da sucessão* (novo art. 1.815, § 1º, do CC, conforme a L. 13.532/2017)

d) os efeitos da indignidade são pessoais, e os descendentes do herdeiro excluído sucedem, como se ele morto fosse, antes da abertura da sucessão, conferindo-se a tais bens o nome de *erepticios*

e) o excluído não sucede e, ainda, perde o direito de usufruto e administração sobre tais bens

f) a sentença possui efeitos retro-operante ou *ex tunc*, mas são preservados os direitos de terceiros de boa-fé, porquanto válidas as alienações onerosas de bens hereditários a terceiros nessa condição; porém, aos herdeiros subsiste, quando prejudicados, o direito de demandar-lhe perdas e danos

g) o excluído da sucessão é obrigado a **restituir** os **frutos e rendimentos** que dos bens da herança houver percebido, mas tem direito a ser **indenizado** das despesas com a **conservação** deles

h) **pelo Enunciado 116** da I Jornada de Direito Civil, do CJF/STJ: *"O Ministério Público, por força do art. 1.815 do novo Código Civil, desde que presente o interesse público, tem legitimidade para promover ação visando à declaração da indignidade de herdeiro ou legatário"*.

i) em qualquer dos casos de indignidade previstos no art. 1.814, o trânsito em julgado da sentença penal condenatória acarretará a imediata exclusão do herdeiro ou legatário indigno, independentemente da sentença prevista no caput do art. 1.815 do CC, conforme a nova regra do art. 1.815-A, inserida pela Lei n. 14.661, de 23 de agosto de 2023.

24.7. HERANÇA JACENTE E VACANTE

- **noções gerais:** é o acervo ou monte sem herdeiro legítimo ou testamentário notoriamente conhecido; seu estado **não** é permanente, mas momentâneo e transitório, perdurando até a entrega da herança ao sucessor que se habilite ou a declaração judicial da vacância.
- **características e regras:**

a) a herança jacente ou vacante não possui personalidade jurídica, todavia lhe é conferida legitimidade para estar em juízo, representada por seu curador, com quem os bens ficam depois de arrecadados, respondendo pela guarda e administração de todos eles (CPC-2015/art. 75, VI, e CC/art. 1.819)

b) praticadas as diligências de arrecadação e ultimado o inventário, bem como expedidos os editais na forma da lei processual, e, decorrido **1 ano** de sua primeira publicação, sem que haja herdeiro habilitado, ou penda habilitação, será a herança declarada *vacante* (CC/art. 1.820), sem prejuízo dos credores de pedir o pagamento das dívidas reconhecidas (CC/art. 1.821).

c) decorridos **5 anos** da abertura da sucessão, os bens arrecadados passarão ao domínio do Município ou do Distrito Federal, se localizados nas respectivas circunscrições, incorporando-se ao domínio da União quando situados em território federal; **frise**: o prazo não é contado da declaração de vacância, mas da abertura da sucessão (CC/art. 1.822)

d) não se habilitando até a declaração de **vacância**, os colaterais ficarão **excluídos** da sucessão (CC/art. 1.822, par. único)

e) declara-se imediatamente **vacância** quando todos os chamados a suceder renunciarem à herança (CC/art. 1.823)

f) declarada a vacância da herança, os bens são devolvidos aos entes públicos que o CC/art. 1.822 informa; os herdeiros (descendente, ascendente e cônjuge) terão o prazo de **até 5 anos** para se habilitarem no inventário e reclamar os bens vagos; decorridos **5 anos** da abertura da sucessão, os bens incorporam-se definitivamente no patrimônio daquelas pessoas jurídicas de direito público, afastando-se qualquer possibilidade de reclamá-los.

24.8. PETIÇÃO DE HERANÇA

- **noções gerais:** trata-se da ação de reconhecimento de direito sucessório e restituição total ou parcial da herança. A doutrina ora a denomina de *"ação real universal"* (Clóvis Beviláqua), ora de *"ação especial de singularidade de objeto, por adquirir herança"* (Orlando Gomes).

- **características e regras:**

a) sua natureza é de ação condenatória

b) possui prazo prescricional de **10 anos**, contado da abertura da sucessão (CC, art. 205), observada a disciplina das causas impeditivas, suspensiva e interruptivas da prescrição. (CC/art. 1.824 a 1.828). Aqui vale lembrar: Súmula **49 do STF**: *"É imprescritível a ação de investigação de paternidade, mas não o é a de petição de herança"*.

c) é manejada no foro do inventário (CPC-2015, art. 48)

d) no polo passivo, contra quem, na qualidade de herdeiro, ou mesmo sem título, a possua (Ex. possuidor, detentor, terceiro estranho, etc.)

e) mesmo que intentada contra um herdeiro, abrange todos os bens hereditários

24.9. SUCESSÃO LEGÍTIMA (ORDEM DE VOCAÇÃO HEREDITÁRIA)

- **noções gerais:** a ordem de vocação hereditária é uma relação preferencial, estabelecida em lei, das pessoas que são chamadas a suceder o finado (Silvio Rodrigues).

a sucessão legítima defere-se na ordem seguinte:	• aos **descendentes**, em concorrência com o **cônjuge sobrevivente**, salvo se casado este com o falecido no regime da comunhão universal, ou no da separação obrigatória de bens (art. 1.640, parágrafo único); ou se, no regime da comunhão parcial, o autor da herança **não houver deixado bens particulares**. • **STJ:** 1. Admite-se ao cônjuge casado sob o regime de separação convencional de bens, a condição de herdeiro necessário, possibilitando a concorrência com os descendentes do falecido (AgRg no REsp 1334340 / MG, 08.10.2015) 2. Nos termos do art. 1.829, I, do Código Civil de 2002, o cônjuge sobrevivente, casado no regime de comunhão parcial de bens, concorrerá com os descendentes do cônjuge falecido somente quando este tiver deixado bens particulares (REsp 1368123 / SP, 22.04.2015) • **Jornadas de Direito Civil do CJF/STJ** 3. **Enunciado 270**: "O art. 1.829, inc. I, só assegura ao cônjuge sobrevivente o direito de concorrência com os descendentes do autor da herança quando casados no regime da separação convencional de bens ou, se casados nos regimes da comunhão parcial ou participação final nos aquestos, o falecido possuísse bens particulares, hipóteses em que a concorrência se restringe a tais bens, devendo os bens comuns (meação) ser partilhados exclusivamente entre os descendentes".
	• aos **ascendentes**, em concorrência com o **cônjuge**
	• ao **cônjuge sobrevivente**
	• **aos colaterais**.

- **regras importantes:**

a) somente é reconhecido direito sucessório ao **cônjuge sobrevivente** se, ao tempo da morte do outro, não estavam separados judicialmente, nem separados de fato há mais de dois anos, salvo prova, nesse caso, de que essa convivência se tornara impossível sem culpa do sobrevivente.

b) ao cônjuge sobrevivente, qualquer que seja o regime de bens, é assegurado o **direito real de habitação** *"causa mortis"*, relativamente ao imóvel destinado à residência da família, desde que seja o **único** daquela natureza a inventariar, o qual decorre da lei e dispensa o registro imobiliário (STJ – REsp nº 1.134.387 – SP – 3ª Turma – Rel. Min. Nancy Andrighi – DJ 29.05.2013). O uso desse direito deve alinhar-se com o direito real de habitação *"inter vivos"*, previsto no art. 1.414 do CC.

Nota 1: STJ: *"... o instituto do direito real de habitação possui por escopo garantir o direito fundamental à moradia constitucionalmente protegido (art. 6º, caput, da CRFB). Observância, ademais, ao postulado da dignidade da pessoa humana (art. art. 1º, III, da CRFB). A disciplina geral promovida pelo Código Civil acerca do regime sucessório dos companheiros não revogou as disposições constantes da Lei 9.278/96 nas questões em que verificada a compatibilidade. A legislação especial, ao conferir direito real de habitação ao companheiro sobrevivente, subsiste diante da omissão do Código Civil em disciplinar tal direito àqueles que convivem em união estável".* **REsp 1156744 /MG**

Nota 2: STJ: *"... o direito real à habitação limita os direitos de propriedade, porém, quem deve suportar tal limitação são os herdeiros do de cujus, e não quem já era proprietário do imóvel antes do óbito e havia permitido sua utilização a título de comodato"* **(REsp 1212121 /RJ)**.

Nota 3: STJ: *"...o direito real de habitação de cônjuge sobrevivente não se aplica se o condomínio entre o marido falecido e os irmãos foi constituído antes do óbito (preexistência de condomínio). O direito real de habitação tem o propósito de aplicar o princípio da solidariedade familiar. Contudo, não há elos de solidariedade entre um cônjuge e os parentes do outro. Esse vínculo é apenas de afinidade, que se extingue, à exceção da linha reta, com a dissolução do casamento."* **(REsp 1184492).**

c) em concorrência com os descendentes, caberá ao cônjuge quinhão **igual** ao dos que sucederem por cabeça, não podendo a sua quota ser inferior à **¼ quarta parte** da herança, se for ascendente dos herdeiros com que concorrer

d) entre os descendentes, os em grau mais próximo **excluem** os mais remotos, salvo o direito de representação

e) os descendentes da mesma classe têm os **mesmos** direitos à sucessão de seus ascendentes

f) na linha descendente, os filhos sucedem por cabeça, e os outros descendentes, por cabeça ou por estirpe, conforme se achem ou não no mesmo grau

g) na falta de descendentes, são chamados à sucessão os ascendentes, em concorrência com o cônjuge sobrevivente. Na classe dos ascendentes, o grau mais próximo exclui o mais remoto, sem distinção de linhas. Havendo igualdade em grau e diversidade em linha, os ascendentes da linha paterna herdam a **½ metade**, cabendo a outra aos da linha materna.

h) concorrendo com ascendente em primeiro grau, ao cônjuge tocará um **⅓ um terço** da herança; caber-lhe-á a **½ metade** desta se houver um só ascendente, ou se maior for aquele grau

i) em falta de descendentes e ascendentes, será deferida a sucessão por **inteiro** ao cônjuge sobrevivente.

j) se não houver cônjuge sobrevivente, nas condições estabelecidas no art. 1.830, serão chamados a suceder os **colaterais até o 4º grau**

k) na **classe dos colaterais**, os mais próximos **excluem** os mais remotos, salvo o **direito de representação** concedido aos filhos de irmãos

l) concorrendo à herança do falecido **irmãos bilaterais** com **irmãos unilaterais**, cada um destes herdará metade do que cada um daqueles herdar

m) não concorrendo à herança irmão bilateral, herdarão, em partes **iguais, os unilaterais**

n) na falta de irmãos, herdarão os filhos destes e, não os havendo, os tios

o) se concorrerem à herança somente filhos de irmãos falecidos, herdarão por cabeça.

p) se concorrem filhos de irmãos bilaterais com filhos de irmãos unilaterais, cada um destes herdará a metade do que herdar cada um daqueles.

q) se todos forem filhos de irmãos bilaterais, ou todos de irmãos unilaterais, herdarão por igual.

r) em caso de inexistência de parentes sucessíveis, não sobrevivendo cônjuge, ou companheiro, nem parente algum sucessível, ou tendo eles renunciado a herança, esta se devolve ao Município ou ao Distrito Federal, se localizada nas respectivas circunscrições, ou à União, quando situada em território federal.

24.9.1. HERDEIROS NECESSÁRIOS

- **noções gerais:** herdeiros forçados, obrigatórios, legitimário ou reservatário, são os descendentes, os ascendentes e o cônjuge, aos quais pertence, **de pleno direito**, a metade dos bens da herança, constituindo a **legítima**. Assim, o testador não pode dispor de metade da herança, conforme o cálculo abaixo. Resta-lhe a outra metade, chamada *porção disponível*.

- **regras importantes:**

a) calcula-se a legítima sobre o valor dos bens existentes na **abertura da sucessão**, abatidas as dívidas e as despesas do funeral, adicionando-se, em seguida, o valor dos bens sujeitos a colação.

b) salvo se houver justa causa, **declarada no testamento**, não pode o testador estabelecer cláusula de inalienabilidade, impenhorabilidade e de incomunicabilidade sobre os bens da legítima. Outrossim, não é permitido ao testador estabelecer a conversão dos bens da legítima em outros de espécie diversa. Os bens gravados, **mediante autorização judicial** e havendo **justa causa**, podem ser alienados, **convertendo-se** o produto em outros bens, que ficarão sub-rogados nos ônus dos primeiros.

c) o herdeiro necessário, a quem o testador deixar a sua parte disponível, ou algum legado, **não** perderá o direito à legítima.

d) para excluir da sucessão os herdeiros **colaterais**, basta que o testador disponha de seu patrimônio **sem os contemplar**

24.10. DIREITO DE REPRESENTAÇÃO

- **noções gerais:** quando a lei chama certos parentes do falecido a suceder em todos os direitos, em que ele sucederia, se vivo fosse, ocorre o direito de representação.
- **regras importantes:**

a) ilimitado: o direito de representação ocorre na **linha reta descendente**

b) limitado: na **linha transversal ou colateral**, somente se dá o direito de representação em favor dos **filhos de irmãos do falecido quando com irmãos deste concorrerem** (CC/art. 1.851 a 1.856).

c) proibido: o direito de representação é **vedado na linha reta ascendente**

d) os representantes só podem herdar, como tais, o que herdaria o representado, se vivo fosse

e) se houver **pluralidade** de representantes, o quinhão do representado partir-se-á por igual entre eles

f) o renunciante à herança de uma pessoa poderá representá-la na sucessão de outra

24.11. SUCESSÃO TESTAMENTÁRIA

- **noções gerais:** testamento é o ato personalíssimo, unilateral, gratuito, solene e revogável, pelo qual alguém, segundo norma jurídica, dispõe, no todo ou em parte, de seu patrimônio para depois de sua morte ou determina providência de caráter pessoal ou familiar (José Lopes de Oliveira).
- **características**:

a) trata-se de negócio jurídico unilateral, solene (exceção, o testamento *nuncupativo* militar CC/art. 1.896), personalíssimo, gratuito, revogável, de efeitos "causa mortis".

b) toda pessoa capaz **pode** testar

c) além dos incapazes, **não podem testar** os que, no ato de fazê-lo, não tiverem pleno discernimento

d) mas **excepciona** a lei, admitindo a capacidade testamentária ativa aos **16 anos.** Assim, aqueles **com idade igual ou maior *de 16 anos*** podem testar. Os ***menores de 16 anos*** não.

e) a legítima não pode ser objeto de testamento

f) as disposições testamentárias de caráter **não patrimonial** são válidas, ainda que o testador somente a elas se tenha limitado (Ex. reconhecimento de filiação). Pelo **Enunciado 527:** *"É válida a declaração de vontade expressa em documento autêntico, também chamado **"testamento vital"**, em que a pessoa estabelece disposições sobre o tipo de tratamento de saúde, ou não tratamento, que deseja no caso de se encontrar sem condições de manifestar a sua vontade".*

g) revogabilidade é um dos atributos do testamento, que pode ser mudado a qualquer tempo

- **tabela:** diferença de impugnação de validade de testamento x nulidade relativa de disposição testamentária.

impugnação da validade do testamento	nulidade relativa de disposição testamentária por vício de consentimento
situações: ✓ *nulidade em geral* ✓ *anulabilidade em geral*	**situações** ✓ *anulabilidade por erro, dolo e coação*
prazo de impugnação: ✓ *decadencial de 5 anos contado do registro do testamento*	**direito de anular:** ✓ *decadencial de 4 anos, contados de quando o interessado tiver conhecimento do vício*
quem pode alegar: ✓ **nulo:** MP, interessado, juiz de ofício ✓ **anulável:** interessado	**quem pode alegar:** ✓ **anulável:** somente o interessado
convalescimento: ✓ *expirado o prazo da impugnação, o testamento anulável, ou nulo, convalesce, tratando-se de exceção ao art. 169 do CC*	**efeitos:** ✓ *não ocorrem antes da sentença, e não podem ser pronunciados de ofício*

24.11.1. FORMAS ORDINÁRIAS DE TESTAMENTO

- **noções gerais:** testamento ordinário é o que pode ser feito por qualquer pessoa capaz em qualquer condição. **Taxativamente** *(numerus clausus)*, são eles:

a) público

b) cerrado

c) particular ou hológrafo

- **testamento conjuntivo:** é vedado o testamento conjuntivo, simultâneo, recíproco ou correspectivo. Ocorre quando duas ou mais pessoas estabelecem disposições recíprocas em um único testamento.
- **testamentos admitidos ao cego, surdo e ao surdo-mudo**:

a) cego: só é admitido o testamento público (CC, art. 1.867)

b) surdo: admite-se o testamento público (CC, art. 1866)

c) surdo-mudo: admite-se que faça o testamento público e o testamento cerrado, desde que, quando a este, saiba ler e escrever (CC, art. 1.864, I, 1.866 e 1.873).

* **Nota:** a doutrina diverge sobre a possibilidade do surdo-mudo utilizar o testamento público,

negando a possibilidade, por exigir a leitura do testador (Zeno Veloso), e admitindo-a, já que pode ser escrito mediante notas e apontamentos (Carlos Roberto Barbosa Moreira, atualizador de Caio Mario da Silva Pereira).

- **assinatura a rogo:** o testamento é ato personalíssimo, pois somente o autor da herança poderá fazê-lo. Não é admitido testamento por representação voluntária ou legal. Situação diferente é o **testamento a rogo**, o qual escrito por outra pessoa sob ditado e vontade do testador. No testamento público, admite-se, ainda, a **assinatura a rogo** (CC, art. 1.865).

24.11.2. CODICILOS

- **noções gerais:** é o ato de disposição especial de objeto mais restrito do que o testamento, de pequeno valor, disposições especiais sobre o seu enterro, sobre esmolas de pouca monta a certas e determinadas pessoas, ou, indeterminadamente, aos pobres de certo lugar, assim como legar móveis, roupas ou joias, de pouco valor, de seu uso pessoal.

a) é feito mediante escrito particular, datado e assinado (forma hológrafa simplificada)

b) é **vedado** a forma a rogo, escrita ou assinada.

c) possui autonomia, podendo ser feito independentemente de um testamento

d) pode-se, por codicilo, nomear ou substituir testamenteiro

e) é **revogável** por outro **codicilo**, ou **testamento posterior**, que não o **confirme** ou **modifique**

f) se estiver fechado, abre-se do mesmo modo que o testamento cerrado

24.11.3. TESTAMENTO ESPECIAIS

- **noções gerais:** permitidos a certas e determinadas pessoas que se encontram em situações especiais definidas na lei. Tendo em vista as circunstâncias extraordinárias nas quais são confeccionados, o legislador abranda as exigências de algumas formalidades, reduzindo requisitos. **Não** são admitidos outros testamentos especiais, pois o CC/2002 apresenta um rol em *numerus clausus*. Dispõe sobre eles os arts. 1.888 a 1.890 (testamento marítimo e aeronáutico) e 1.893 a 1.896 (testamento militar)

a) marítimo

b) aeronáutico

c) militar

24.11.4. DISPOSIÇÕES TESTAMENTÁRIAS

- **noções gerais:** disciplina o **conteúdo** das cláusulas testamentárias, o aspecto interno do testamento, com regras proibitivas, interpretativas e permissivas.

- **regras importantes:**

a) a nomeação do herdeiro ou legatário poderá ser:

1. pura e simples
2. condicional
3. modal
4. por certo motivo

* **Nota:** a nomeação a termo é considerada **não escrita**, exceto no fideicomisso. Significa dizer que o testamento é valido, mas entende-se que a nomeação foi pura e simples.

b) se o testamento admitir interpretações diferentes, prevalece a que assegura a vontade testador. Em um primeiro momento, busca-se a vontade real do testador (***princípio "voluntas spectanda"***). Se não for possível, aplica-se a **teoria da intepretação subjetiva** do testamento, como forma de garantir a vontade do testador.

c) entre outros motivos, é nula a disposição que favoreça pessoa totalmente incerta, cometendo a determinação de sua identidade a terceiro, **salvo** se a incerteza for entre duas ou mais pessoas mencionadas pelo testador, ou pertencentes a uma família, ou a um corpo coletivo, ou a um estabelecimento por ele designado.

d) é nula a **disposição captatória**, ou seja, que institua herdeiro ou legatário com a finalidade destes fazerem o mesmo, beneficiando o testador ou terceiro; a nulidade decorre do tolhimento da liberdade de testar

e) nomeados dois ou mais herdeiros, sem discriminar a parte de cada um, partilhar-se-á por igual a porção

f) a ineficácia de uma disposição não prejudica as demais, que prevalecerão, exceto se houver relação de interdependência, quando todas serão inquinadas da ineficácia.

24.11.5. LEGADOS

- **noções gerais:** é a disposição testamentária a título singular pela qual o testador deixa a pessoa estranha ou não à sucessão legítima um ou mais objetos individualizados ou uma certa quantia em dinheiro (Maria Helena Diniz). Difere da herança, que é deferida numa totalidade ou parte ideal. Se ao herdeiro legítimo for atribuído um legado, passa-se a chamar *prelegado* ou *legado precípuo*. Por fim, o herdeiro incumbido de cumprir o legado chama-se *onerado*. Admite-se que o testamento faça referência a quem caberá cumprir o legado. Se não o fizer, a incumbência caberá aos herdeiros. Não os havendo, serão os legatários, na proporção que herdarem (CC, art. 1.934).

- **regras importantes:**

a) é **ineficaz** o legado de coisa certa que não pertença ao testador no momento da abertura da sucessão; trata-se de **legado de coisa alheia**, que será válido desde que o testador, depois de confeccionar a deixa, mas antes de falecer, adquirir a coisa.

b) se o testador ordenar que o herdeiro ou legatário entregue coisa de sua propriedade a outrem, não o cumprindo ele, entender-se-á que renunciou à herança ou ao legado; no caso de **sublegado**, o herdeiro ou legatário aceita a herança ou o legado, e a entrega ao sublegatário, ou conserva o bem em seu patrimônio, entendendo-se, nesse caso, que renunciou à herança ou legado.

c) os legados podem caducar ou perder a eficácia, por fato superveniente à sua instituição. Ex. se o legatário falecer antes do testador (CC, art. 1.939).

- **fluxograma**: modalidade de legado

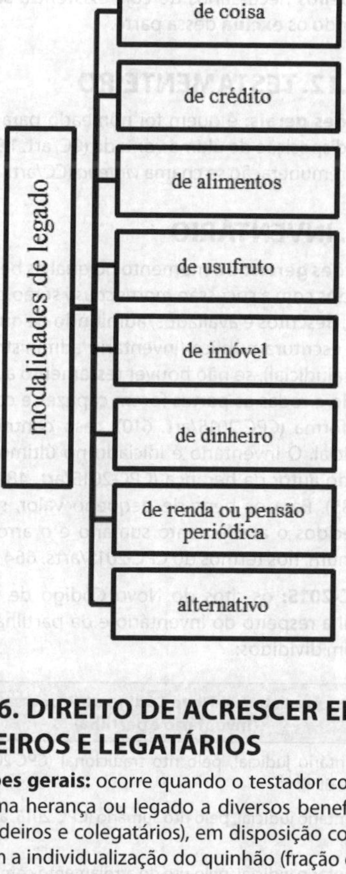

24.11.6. DIREITO DE ACRESCER ENTRE HERDEIROS E LEGATÁRIOS

- **noções gerais:** ocorre quando o testador confere a mesma herança ou legado a diversos beneficiários (coerdeiros e colegatários), em disposição conjunta, e sem a individualização do quinhão (fração ou porção), vindo um deles a não participar da sucessão em decorrência das causas descritas no art. 1.943 do CC, entre as quais, a *pré-morte* do beneficiário ao testador, renuncia a herança ou legado, ou exclusão por indignidade, entre outras. Também haverá direito de acrescer entre colegatários quando o objeto do legado não puder ser dividido sem risco de desvalorização (CC, art. 1.942). A consequência de tais fatos é o direito que se confere aos outros coerdeiros ou colegatários de acrescentar o quinhão daquele que não quis ou não pôde suceder, sem prejuízo das obrigações ou encargos que o oneravam.

- **pressupostos do direito de acrescer:**

a) nomeação conjunta de vários herdeiros na mesma disposição testamentária

b) quinhão não determinado (herdeiro)

c) uma só coisa, determinada e certa, ou quando o objeto que não pude ser dividido sem risco de desvalorização (legado)

d) qualquer deles não puder ou não quiser aceitar a herança

e) falta de substituto

24.11.7. SUBSTITUIÇÕES. FIDEICOMISSO

- **noções gerais:** o testador pode apontar outra pessoa ao herdeiro ou ao legatário nomeado, para o caso de um ou outro não querer ou não poder aceitar a herança ou o legado, presumindo-se que a substituição foi determinada para as duas alternativas, ainda que o testador só a uma se refira. São **espécies** de substituição:

a) *a vulgar ou ordinária*
   1. *simples ou singular*
   2. coletiva ou plural
   3. recíproca

b) *a fideicomissária*
   1. *compendiosa (combinação das anteriores)*;

- **regras importantes:**

a) substituição vulgar: a disposição testamentária indica o substituto ao primeiro nomeado, que não quiser ou não puder receber a herança ou legado; trata-se de vocação direta e única, na qual apenas o nomeado original ou o substituto receberá a herança ou legado.

b) substituição fideicomissária: a substituição é sucessiva, porque ocorre uma dupla vocação da herança ou legado, instituindo o primeiro beneficiário *(fiduciário)* que recebe a propriedade resolúvel, a qual, por sua morte, certo tempo ou condição, é extinta e transferida ao segundo beneficiário *(fideicomissário)*, que assim a recebe em segundo grau. Somente a *prole eventual* de alguém poderá ser instituída fideicomissário (CC/art. 1.799, I, e 1.952), e **será nulo o fideicomisso além do 2º grau** (CC/art. 1.959); por outro lado, se, ao tempo da morte do testador, já houver nascido o fideicomissário, adquirirá este a propriedade dos bens fideicometidos, convertendo-se em usufruto o direito do fiduciário (CC/art. 1.952, par. único). Pelo ***Enunciado 529 da V Jornada de Direito Civil do CJF***: *"O fideicomisso, previsto no art. 1.951 do Código Civil, somente pode ser instituído por testamento".*

24.11.8. DESERDAÇÃO

- **noções gerais:** é o ato unilateral pelo qual o testador exclui da sucessão **herdeiro necessário**, privando-o da legítima, mediante fundamentação expressa de que ocorreu alguma das hipóteses legais e taxativamente previstas nos arts. 1.814, 1.962 e 1963, todos do CC/2002. Entre as causas previstas, além daquelas referentes à exclusão por indignidade, autorizam a deserdação a **ofensa física** e a **injúria grave**, que são comuns tanto na deserdação dos descendentes por seus ascendentes, quanto destes por aqueles (CC/art. 1.962 e 1.963). Conforme já dissemos acima, exige-se a **declaração expressa** da causa legal, dada em testamento válido.
- **regras importantes:**

a) a **causa** deve constar **expressamente** em **testamento**

b) a causa legal da deserdação deverá ser provada em juízo, mediante ação ordinária

c) **são legitimados para a propositura da ação**:

1. o herdeiro instituído
2. àquele a quem aproveite a deserdação

d) o prazo decadencial é de **4 anos** a *contar da abertura do testamento*

24.11.9. REDUÇÃO DAS DISPOSIÇÕES TESTAMENTÁRIAS

- **noções gerais:** a legítima dos herdeiros necessários não pode ser atingida, pois haveria a privação do direito atribuído por lei aos sucessores reservatários (CC, art. 1.846). Caso ocorra a invasão de parte indisponível da herança, haverá a necessidade de sua redução, como forma de preservar a legítima. A outro giro, a redução não importa a nulidade do testamento, mas do encurtamento das disposições testamentárias que excederem a porção disponível.

24.11.10. REVOGAÇÃO DO TESTAMENTO

- **noções gerais:** o testamento é personalíssimo e revogável a qualquer tempo, da mesma forma que feito, ou seja, por outro testamento, ainda que de espécie diversa. Ex. um testamento público pode revogar um particular, e vice-versa (CC/art. 1.969 e seguintes). A revogação poderá ser total ou parcial. Não valerá se o testamento revogatório for **anulado** por omissão ou infração de solenidades essenciais ou por vícios intrínsecos. A outro giro, a revogação produzirá seus efeitos, ainda quando o testamento, que a encerra, vier a caducar por exclusão, incapacidade ou renúncia do herdeiro nele nomeado.
- **regras importantes:**

a) exceção à regra da revogação pelo mesmo modo, **testamento cerrado** que o testador **abrir** ou **dilacerar**, ou for aberto ou dilacerado **com seu consentimento**, haver-se-á como revogado.

b) codicilo não revoga testamento.

24.11.11. ROMPIMENTO DO TESTAMENTO

- **noções gerais:** sobrevindo **descendente sucessível** ao testador, que não o tinha ou não o conhecia quando testou, rompe-se o testamento em todas as suas disposições, se esse **descendente sobreviver ao testador**. Rompe-se também o testamento feito na ignorância de existirem outros **herdeiros necessários**. Não se rompe o testamento se o testador dispuser da sua metade, não contemplando os herdeiros necessários de cuja existência **saiba**, ou quando os **exclua** dessa parte.

24.11.12. TESTAMENTEIRO

- **noções gerais:** é quem foi nomeado para cumprir sua disposição de última vontade (CC, art. 1.976 e ss.); sua remuneração se chama *vintena* (CC/art. 1.987).

24.12. INVENTÁRIO

- **noções gerais:** é o momento no qual os bens transferidos com a sucessão *mortis causa* serão catalogados, descritos e avaliados, admitindo-se que se faça por escritura pública (inventário administrativo ou extrajudicial), se não houver testamento a ser cumprido e todas as partes forem capazes e concordes na forma (CPC-2015/art. 610); caso contrário, será judicial. O inventário é iniciado no último domicílio do autor da herança (CPC-2015/art. 48 e CC/art. 1.785). Para os bens de pequeno valor, são reconhecidos o arrolamento sumário e o arrolamento comum, nos termos do CPC-2015/arts. 664 e 665.
- **CPC-2015:** os ritos do Novo Código de Processo Civil a respeito do inventário e da partilha ficaram assim divididos:

Ritos previstos no Novo Código de Processo Civil (Inventário e partilha)
• inventário judicial, pelo rito tradicional (CPC-2015, arts. 610 a 658);
• Inventário judicial, pelo rito sumário (CPC-2015, arts. 659 a 663);
• Inventário judicial, pelo rito do arrolamento comum (CPC-2015, arts. 664 a 665);
• independerá de inventário ou de arrolamento o pagamento dos valores previstos na Lei nº 6.858, de 24 de novembro de 1980 (CPC-2015, art. 666).

ATENÇÃO: Segundo o art. 611 do CPC, o processo de inventário e de partilha deve ser instaurado dentro de **2 meses**, a contar da abertura da sucessão, ultimando-se nos **12 meses subsequentes**, podendo o juiz prorrogar esses prazos, de ofício ou a requerimento de parte. Como se vê, admitia-se prorrogação judicial de ambos os prazos. No entanto, durante a pandemia do Covid-19, a Lei n. 14.010, de 2020 (RJET) estabeleceu uma hipótese de **prorrogação legal** do prazo do art. 611 do Código de Processo Civil, para sucessões abertas a partir de **1º de fevereiro de 2020**, as quais terá seu **termo inicial dilatado para 30 de outubro de 2020** (art. 16). Esse novo prazo é para a instauração do processo. No parágrafo único do art. 13 da Lei n. 14.010, de 2020, o prazo de 12 (doze) meses do art. 611 do Código de Processo Civil, para que seja ultimado o processo de inventário e de partilha, caso iniciado antes de 1º de fevereiro de 2020, **ficará suspenso** a partir da entrada em vigor da Lei (**12 de junho**), **até 30 de outubro de 2020**.

24.13. SONEGADOS

- **noções gerais:** é a infração que se caracteriza pela ocultação intencional de bens que devem ser inventariados ou colacionados. A transgressão pode ser praticada pelo inventariante, pelo herdeiro e pelo testamenteiro (CPC-2015, art. 669, I). Segundo o CC, art. 1.992, *"o herdeiro que sonegar bens da herança, não os descrevendo no inventário quando estejam em seu poder, ou, com o seu conhecimento, no de outrem, ou que os omitir na colação, a que os deva levar, ou que deixar de restituí-los, perderá o direito que sobre eles lhe cabia"*. A sanção ou penalidade deste descumprimento possui natureza civil.

- **regras importantes:**

a) **requisitos**

1. **elemento subjetivo**: dolo
2. **legitimados**: os herdeiros legítimos ou testamentários e o credor da herança
3. **prazo para a propositura da ação**: prescricional de **10 anos**
4. **foro competente:** do inventário
5. **se não se restituírem o bem, por não se encontrar em poder do sonegador**: paga-se a importância dos valores que ocultou mais perdas e danos

b) **consequências da sonegação**:

1. para o *herdeiro* haverá a perda do direito sobre o bem sonegado (CC, art. 1.992, última parte), que voltará ao monte para ser partilhado entre os outros
2. o *inventariante é removido* (CC, art. 1.993)
3. o testamenteiro perderá a inventariança e a vintena (CPC-73, art. 1.140; CPC-2015, arts. 617, V, 622 a 625 e 553, parágrafo único).

24.14. COLAÇÃO

- **noções gerais:** é o ato pelo qual os descendentes, concorrendo à sucessão do ascendente comum, são obrigados, para igualar as legítimas, a conferir ou relacionar o valor das doações que dele em vida receberam, sob pena de sonegação, que é a perda do direito sobre tais bens. Segundo o art. 544 do CC, a doação de ascendente a descendente, ou de um cônjuge a outro, mesmo que da parte disponível, a natureza de adiantamento do que lhes cabe na herança, seja a *doação direta ou indireta* (perdão de dívida, p. ex.). Essa obrigatoriedade da colação não se estende *ao descendente de segundo grau*, que recebeu doação em nome próprio.

- **regras importantes:**

a) a conferência da doação não é absoluta, admitindo-se a dispensa da colação, por ato do doador, nos termos do CC/art. 2.005, que exige, *cumulativamente: (a) que a doação sai da parte disponível; (b) que não a excedam, segundo o valor ao tempo da doação; (c) que a dispensa seja outorgada em testamento ou no próprio título da liberalidade*

b) o dever de colacionar também se aplica aos cônjuges, por força do CC/art. 544

c) a colação é conferida por substância, exceto se os bens não existirem, quando a conferência será por valor ou estimação, chamada de *colação ideal* (CC/art. 2003, par. único e 2.007, § 2º)

d) as doações remuneratórias e os gastos ordinários com os descendentes não se sujeitam à colação (CC/art. 2.010 e 2.011), mas deverão colacionar o renunciante da herança e o dela excluído, por deserdação ou indignidade, para o fim de repor o que excedeu o disponível (CC/art. 2.008)

24.15. PARTILHA

- **noções gerais:** é a divisão oficial do monte líquido, apurado durante o inventário, entre os sucessores do *de cujus* (coproprietários *pro indiviso*), para lhes adjudicar os respectivos quinhões hereditários. Seu efeito é declaratório e retroativo, ou seja, *ex tunc*. (Maria Helena Diniz).

- **características:**

a) a partilha não atribui a propriedade, que ocorre com o *droit de saisine*, daí seu caráter declaratário

b) admite-se as formas *judicial ou amigável, sendo esta inter vivos ou post mortem* (CC/art. 2.016 e 2.018). A partilha *inter vivos* só é admitida se feita pelo ascendente (CC/art. 426); deverá ser observado em quaisquer delas a maior igualdade possível, em razão do valor, natureza e qualidade dos bens (CC/art. 2.017)

c) na partilha judicial, o documento que se expede ao final da divisão dos bens se chama formal de partilha ou certidão do pagamento do quinhão (CPC-2015/art. 655, parágrafo único); a partilha judicial consensual é homologada e não julgada por sentença.

- **anulação da partilha:** é cabível pelos vícios e defeitos que invalidam, em geral, os negócios jurídicos (coação, erro, dolo, estado de perigo, lesão, fraude contra credores e incapacidade), com **prazo decadencial** de **01 ano**.
- **nulidade da partilha:** pelos vícios previstos nos arts. 166 e 167. Pode ser alegada por qualquer interessado e pelo Ministério Público, bem como reconhecida de ofício (CC/art. 168), e nesse caso, a eiva não se convalesce, e nem se confirmam os atos nulos (CC, art. 169).
- **CPC-2015**: o novel diploma corrigiu o anterior, pois os prazos de anulação do negócio jurídico são decadenciais e não prescricionais. Tratando-se de ação desconstitutiva, ou constitutiva negativa de ato ou negócio, o prazo é decadencial. Os prazos prescricionais, por seu turno, são próprios das ações condenatórias (Filho, Agnelo Amorim. *citado in*: TARTUCE, Flavio. *O CPC-2015 e o Direito Civil*. 1 ed. 2015. Método. São Paulo: p. 552). O prazo para a ação continua de 1 ano, como já constava do primitivo art. 2.027 do CC, mas agora alocado no art. 657, parágrafo único, do CPC-2015.

Redação original do Código Civil	Nova Redação do Código Civil	Antigo Código de Processo Civil	Novo Código de Processo Civil
"Art. 2.027. A partilha, uma vez feita e julgada, só é anulável pelos vícios e defeitos que invalidam, em geral, os negócios jurídicos. Parágrafo único. Extingue-se em um ano o direito de anular a partilha".	"Art. 2.027. A partilha é anulável pelos vícios e defeitos que invalidam, em geral, os negócios jurídicos (Vide Lei nº 13.105, de 2015)"	"Art. 1.029. A partilha amigável, lavrada em instrumento público, reduzida a termo nos autos do inventário ou constante de escrito particular homologado pelo juiz, pode ser anulada, por dolo, coação, erro essencial ou intervenção de incapaz. Parágrafo único. O direito de propor ação anulatória de partilha amigável prescreve em 1 (um) ano, contado este prazo: I – no caso de coação, do dia em que ela cessou; II – no de erro ou dolo, do dia em que se realizou o ato; III – quanto ao incapaz, do dia em que cessar a incapacidade".	"Art. 657. A partilha amigável, lavrada em instrumento público, reduzida a termo nos autos do inventário ou constante de escrito particular homologado pelo juiz, pode ser anulada por dolo, coação, erro essencial ou intervenção de incapaz, observado o disposto no § 4º do art. 966. Parágrafo único. O direito à anulação de partilha amigável extingue-se em 1 (um) ano, contado esse prazo: I – no caso de coação, do dia em que ela cessou; II – no caso de erro ou dolo, do dia em que se realizou o ato; III – quanto ao incapaz, do dia em que cessar a incapacidade".

- **rescisão da partilha:** é admitida quando a atividade jurisdicional não foi meramente homologatória, mas de conteúdo decisório (CPC, art. 1.030; CPC-2015, art. 658); nesse caso: (a) para quem participou do processo, seu prazo será *decadencial de* 2 anos, nos termos do CPC, art. 495; CPC-2015, art. 975; (b) para quem ***não*** participou do processo, deverá propor ação de *petição de herança* no prazo prescricional de **10 anos**, segundo o CC, art. 205 (Súmula 149 do STF), reconhecendo-se a invalidade do decisório, com o retorno ao estado anterior.
- **emenda da partilha**: para correção de erro de fato (CPC, art. 1.028; CPC-2015, art. 656).
- **sobrepartilha**: a sobrepartilha é utilizada em caso de desconhecimento de uma das partes a respeito de determinado bem no momento da partilha, seja por má fé ou porque esse era desconhecido. Sempre será necessária a abertura de nova divisão, para que seja incluído o que ficou de fora. Todavia, um prazo para se entrar na Justiça pedindo sobrepartilha. Com o novo Código Civil (2002), esse prazo é prescricional de 10 anos. No antigo CC (1916) era de 20 anos. É a complementação da partilha. Segundo o art. 1.040 do CPC (CPC-2015, art. 669), haverá a sobrepartilha em relação:

a) aos *bens sonegados*

b) *aos bens da herança que se descobrirem depois da partilha*

c) *daqueles litigiosos, assim como os de liquidação difícil ou morose*

d) *os situados em lugar remoto da sede do juízo onde se processa o inventário*

* **Nota:** em relação à sobrepartilha, observam-se as regras procedimentais pertinentes ao inventário e à partilha, mas com novas citações e intimações, ainda que corra nos autos do inventário do autor da herança. Igualmente, admite-se a sobrepartilha por **escritura pública**, mesmo que a partilha venha sob a forma judicial, e vice-versa (CPC, art. 1.041, parágrafo único; CPC-2015, art. 670 e 610, § 1º).

24.16. SUCESSÃO DO COMPANHEIRO

- **noções gerais:** a sucessão do companheiro era regida pelos arts. 1.790 e ss do CC. Isso porque o Supremo Tribunal Federal (STF) concluiu julgamento que discutia a equiparação entre cônjuge e companheiro para fins de sucessão, inclusive em uniões homoafetivas. A decisão foi proferida no julgamento dos Recursos Extraordinários (REs) 646721 e 878694, ambos com repercussão geral reconhecida. No julgamento, os ministros declararam inconstitucional o artigo 1.790 do Código Civil, que estabelece diferenças entre a participação do companheiro e do cônjuge na sucessão dos bens, firmando a tese de que "no sistema constitucional vigente é inconstitucional a diferenciação de regime sucessório entre cônjuges e companheiros devendo ser aplicado em ambos os casos o regime estabelecido no artigo 1829 do Código Civil."
- **regras importantes do sistema declarado inconstitucional (CC, art. 1.790):**

a) a companheira ou o companheiro participará da sucessão do outro, quanto aos bens **adquiridos onerosamente** na **vigência** da união estável, nas condições seguintes:

1. se concorrer com filhos comuns, terá direito a uma **quota equivalente** à que por lei for atribuída ao filho
2. se concorrer com descendentes **só do autor da herança**, tocar-lhe-á a **½ metade** do que couber a cada um daqueles
3. se concorrer com outros parentes sucessíveis, terá direito a um **⅓ terço** da herança
4. não havendo parentes sucessíveis, terá direito à **totalidade** da herança.

25. DISPOSIÇÕES FINAIS E TRANSITÓRIAS

25.1. PRAZOS REDUZIDOS PELO NOVO CÓDIGO CIVIL

- **noções gerais:** de acordo com o art. 2.028 do CC: "Serão os da lei anterior os prazos, quando reduzidos por este Código, e se, na data de sua entrada em vigor, já houver transcorrido mais da metade do tempo estabelecido na lei revogada". O Código Civil de 2002 disciplinou a questão do direito intertemporal relativamente aos prazos iniciados no Código Civil de 1916 e ultimados quando já em vigor o diploma atual. Segundo as lições de Maria Helena Diniz, "os prazos prescricionais, decadenciais e inclusive os *ad usucapionem* (CC, arts. 1.238, caput, e 1.242, caput), de que, por ocasião da entrada e vigor do novo Código Civil, já tiver transcorrido mais da metade do tempo (metade do prazo mais um dia) estabelecido na lei revogada, serão os desta, apesar de terem sido reduzidos pelo novo diploma legal, em respeito à patrimonialidade gerada" (Código Civil Anotado, 16ª ed. 2012, pág. 1.437). Para o STJ, "os novos prazos fixados pelo Código Civil de 2002, sempre que reduzidos em relação aos prazos anteriormente previstos, estão sujeitos à regra de transição do art. 2.028 daquele diploma legal, devendo, por isso, ser contados a partir da entrada em vigor do novo Código" (STJ: AgRg no AREsp 16465 / DF).

25.2. PRAZOS DE USUCAPIÃO

- **noções gerais:** estabelece o art. 2.029 do CC: "Até dois anos após a entrada em vigor deste Código, os prazos estabelecidos no parágrafo único do art. 1.238 e no parágrafo único do art. 1.242 serão acrescidos de dois anos, qualquer que seja o tempo transcorrido na vigência do anterior, Lei no 3.071, de 1º de janeiro de 1916". Para Maria Helena Diniz, "os prazos de usucapião extraordinária (de dez anos, se o possuidor estabeleceu sua moradia habitual ou nele realizou obras e serviços de caráter produtivo) e de usucapião ordinária (de cinco anos, se o imóvel houver sido adquirido, onerosamente, com base em assento constante do registro próprio, cancelada posteriormente, desde que os possuidores nele tivessem estabelecido a sua moradia, ou realizado investimentos de interesse social) sofrerão, até dois anos após a entrada em vigor do novo Código, pouco importando o tempo transcorrido (metade, mais ou menos) sob a égide do antigo Código Civil. Até 11 de janeiro de 2005, os prazos, no caso em tela, serão de 12 e 07 anos. Consequentemente, aqueles prazos de 10 e 05 anos apenas se aplicarão após o transcurso do primeiro biênio de vigência do novel Código, àqueles possuidores cuja situação, que se enquadraria nos arts. 1.238 e parágrafo único e 1.242 e parágrafo único, se iniciou após a sua entrada em vigor (...) A partir de 11-1-2015, aos prazos de usucapião ordinária e extraordinária não mais deverão ser adicionados os dois anos, pois o art. 2.029 é norma transitória, que não mais terá aplicabilidade" (Código Civil Anotado, 16ª ed. 2012, pág. 1.443).

25.3. PRAZOS PARA A CONFIGURAÇÃO DA DESAPROPRIAÇÃO JUDICIAL

- **noções gerais:** estabelece o art. 2.030 do CC: "O acréscimo de que trata o artigo antecedente, será feito nos casos a que se refere o § 4º do art. 1.228". O artigo reportado dispõe sobre a desapropriação judicial, nestes termos: "O proprietário também pode ser privado da coisa se o imóvel reivindicado consistir em extensa área, na posse ininterrupta e de boa-fé, por mais de cinco anos, de considerável número de pessoas, e estas nela houverem realizado, em conjunto ou separadamente, obras e serviços considerados pelo juiz de interesse social e econômico relevante". Segundo Nelson Rosenvald, "trata-se de nova modalidade de desapropriação judicial indireta e de aquisição da propriedade imobiliária, sem qualquer traço de inconstitucionalidade. A norma será aplicada nas hipóteses de prolongado abandono do imóvel pelo titular, com o consequente ingresso na área de uma relevante comunidade de pessoas, que praticam posse qualificada pela função social por período mínimo de cinco anos. O magistrado preencherá na concretude do caso os conceitos jurídicos indeterminados, "extensa área", "considerável número de pessoas" e "obras e serviços de interesse social e econômico" (...) o dispositivo que ora examinamos prevê a dilação do prazo quinquenal da desapropriação indireta judicial em mais dois anos, até o transcurso de dois anos contados do início da vigência do Código Civil. Portanto, mesmo que já existam os requisitos para a aplicação desse modelo jurídico, os prazos ficarão congelados até janeiro de 2005, a fim de que os proprietários dormidores não sejam surpreendidos pela perda do imóvel, fato que inequivocamente importaria em confisco" (Código Civil Comentado, 6ª ed., Manole, Coordenação do Ministro Cesar Peluso, pág. 2.367).

25.4. CONSTITUIÇÃO DE ASSOCIAÇÕES, SOCIEDADES E FUNDAÇÕES

- **noções gerais:** afirma do art. 2.031 do CC: "As associações, sociedades e fundações, constituídas na forma das leis anteriores, bem como os empresários, deverão se adaptar às disposições deste Código até 11 de janeiro de 2007. Parágrafo único. O disposto neste artigo não se aplica às organizações religiosas nem aos partidos políticos". Ensina Maria Helena Diniz: "Conceder-se-á prazo de quatro anos, contado da entrada em vigor do novo Código, para que associações, sociedades e fundações, com exceção das organizações religiosas e dos partidos políticos, constituídas sob a égide das leis anteriores, se adaptem ao disposto no novo diploma legal, que introduziu algumas modificações, para que possam continuar irradiando efeitos. P. ex. uma associação deveria adaptar seu estatuto aos arts. 53 a 61 do novo Código Civil"

25.5. FUNDAÇÕES INSTITUÍDAS SOB O CÓDIGO CIVIL DE 1916

- **noções gerais:** prescreve o art. 2.032 do CC: "As fundações, instituídas segundo a legislação anterior, inclusive as de fins diversos dos previstos no parágrafo único do art. 62, subordinam-se, quanto ao seu funcionamento, ao disposto neste Código". Conforme Maria Helena Diniz, "todas as fundações existentes, instituídas de conformidade com a lei anterior, mesmo que não tenham fins religiosos, morais, culturais (p. ex., artístico, educacionais, ambientais) ou assistenciais, em razão de ato jurídico perfeito, serão respeitadas, mas subordinar-se-ão, no que atinar ao seu funcionamento, aos arts. 44, III, 45, 62 a 69 do Código Civil" (Código Civil Anotado, 16ª ed., 2012, pág. 1.443).

25.6. MODIFICAÇÃO DOS ATOS CONSTITUTIVOS, TRANSFORMAÇÃO, INCORPORAÇÃO, CISÃO OU FUSÃO DAS PESSOAS JURÍDICAS DE DIREITO PRIVADO

- **noções gerais:** preceitua o art. 2.033 do CC: "Salvo o disposto em lei especial, as modificações dos atos constitutivos das pessoas jurídicas referidas no art. 44, bem como a sua transformação, incorporação, cisão ou fusão, regem-se desde logo por este Código". Como diz Maria Helena Diniz, "Qualquer alteração no estatuto ou ato constitutivo de pessoas jurídicas de direito privado, ou seja, de associações, sociedades e fundações, reger-se-á pelo novo Código, bem como a sua transformação, incorporação, cisão ou fusão (CC, art. 1.113 a 1.122), salvo o disposto em lei especial. Tal alteração do contrato social, que poderá ser feita por escritura pública ou instrumento particular, independentemente da forma de que se reveste o ato constitutivo, dará origem ao chamado contrato modificativo, por não implicar constituição de nova sociedade. Esse contrato modificativo deverá ser averbado, cumprindo-se todas as formalidades do art. 998 do novo Código Civil, à margem da inscrição da sociedade do Registro competente (CC, arts. 45, 999, parágrafo único, e 1.048)" (op. cit., pág. 1447).

25.7. DISSOLUÇÃO E LIQUIDAÇÃO DAS PESSOAS JURÍDICAS DE DIREITO PRIVADO

- **noções gerais:** conforme o art. 2.034 do CC: "A dissolução e a liquidação das pessoas jurídicas referidas no artigo antecedente, quando iniciadas antes da vigência deste Código, obedecerão ao disposto nas leis anteriores". Desse modo, se o processo de dissolução e liquidação das pessoas jurídicas de direito privado se deu antes da entrada em vigor do novo Código, serão observados os preceitos legais anteriores, ou seja, a lei vigente ao tempo da abertura daquele processo.

25.8. OBRIGATORIEDADE DO CÓDIGO CIVIL DE 1916 DURANTE A *VACATIO LEGIS*

- **noções gerais:** diz o art. 2.035 do CC: "A validade dos negócios e demais atos jurídicos, constituídos antes da entrada em vigor deste Código, obedece ao disposto nas leis anteriores, referidas no art. 2.045, mas os seus efeitos, produzidos após a vigência deste Código, aos preceitos dele se subordinam, salvo se houver sido prevista pelas partes determinada forma de execução. Parágrafo único. Nenhuma convenção prevalecerá se contrariar preceitos de ordem pública, tais como os estabelecidos por este Código para assegurar a função social da propriedade e dos contratos".

- **regras importantes:**

a) os negócios e atos jurídicos constituídos antes da entrada em vigor do Código Civil de 2002, ou durante o período de vacatio legis (CC, art. 2.044), em razão da obrigatoriedade do Código Civil de 1916, obedecerão às normas anteriores, referidas no art. 2.045 (Cód. Civil/1916 e Cód. Comercial), pois nestes casos o Cód. Civil de 2002 não produziu efeitos, embora publicado.

b) em função do ato jurídico perfeito e do direito adquirido, os negócios jurídicos constituídos sob a vigência do Cód. Civil de 1916, os seus efeitos, são insuscetíveis de modificação pela nova norma. Assim, o novo Código Civil não pode alterar os atos e negócios jurídicos válidos e já consumados.

c) os contratos ou atos jurídicos em curso de constituição ou de formação (e não aqueles em curso de execução), ao tempo em que a lei nova entrou em vigor, considerados fato pendentes, subordinam-se, quanto aos efeitos (formalidade intrínseca), à novel legislação, pois sob a lei anterior efeito algum foi produzido. Todavia, em sua formalidade extrínseca (validade ou invalidade), o fato pendente reger-se-á pela lei antiga, pois, em relação a esse aspecto, a lei nova não os alcança os fatos em curso de formação.

25.9. LOCAÇÃO DE PRÉDIO URBANO

- **noções gerais:** segundo o art. 2.036 do CC: "A locação de prédio urbano, que esteja sujeita à lei especial, por esta continua a ser regida". A locação de prédio urbano é regida pela Lei 8.245, de 18 de outubro de 1991. Trata-se do "contrato pelo qual uma das partes – locador – mediante remuneração pega pela outra – locatário – se compromete a fornecer-lhe, durante certo lapso, determinado ou não, o uso e gozo de imóvel destinado à habitação, à temporada ou a atividade empresarial" (Maria Helena Diniz, op. cit., pág. 1.453).

- **regras importantes:**

a) se o prédio locado tiver por finalidade exploração agrícola ou pecuária, a locação não será urbana. Neste caso, haverá locação de prédio rústico, que é regida pelo Estatuto da Terra (Lei 4.504/64 e 4.947/66 e Decreto 59.566/66).

b) estão excluídas da abrangência da Lei de Locação e continuam regulados pelo Código Civil e pelas leis especiais (art. 1º, parágrafo único, da Lei 8.245/91): (A) as locações: (1) de imóveis de propriedade da União, dos Estados e dos Municípios, de suas autarquias e fundações públicas; (2) de vagas autônomas de garagem ou de espaços para estacionamento de veículos; (3) de espaços destinados à publicidade; (4) em apart-hotéis, hotéis – residência ou equiparados, assim considerados aqueles que prestam serviços regulares a seus usuários e como tais sejam autorizados a funcionar; (B) o arrendamento mercantil, em qualquer de suas modalidades.

25.10. PROIBIÇÃO DE CONSTITUIÇÃO DE NOVAS ENFITEUSES E SUBENFITEUSES

- **noções gerais:** segundo Maria Helena Diniz, "a enfiteuse é o mais amplo dos jus in re aliena por autorizar o enfiteuta a exercer, restritiva e perpetuamente, sobre coisa imóvel, todos os poderes do domínio, mediante pagamento ao senhorio direto de uma renda anual [...] enfiteuta é a pessoa que possui o bem de modo direto, tendo sobre ele uso, gozo e disposição, desde que não afete sua substância, sendo, portanto, o titular do domínio [...] senhorio direto é o titular do domínio direto ou iminente. É aquele que tem a propriedade do imóvel aforado e esta dele afastado, não tendo a posse direta [...] canon é uma pensão anual e invariável, paga ao senhorio direito pelo enfiteuta. O canon, que é pago previamente, é fixado com base no valor proporcional ao do domínio pleno" (Código Civil Anotado, 16ª ed., 2012, Saraiva, pág. 1.456). Pelo art. 2.038, caput, do CC: "Fica proibida a constituição de enfiteuses e subenfiteuses, subordinando-se as existentes, até sua extinção, às disposições do Código Civil anterior, Lei no 3.071, de 1º de janeiro de 1916, e leis posteriores". O Código Civil de 2002 dispõe sobre a enfiteuse e as subenfiteuses nas disposições transitórias, as quais não podem mais ser constituídas desde de 11.01.2003, data em que passou a vigorar a proibição do novo diploma, sem, contudo, ofender as situações constituídas sob o império do Código Civil de 1916, face o princípio da irretroatividade da lei, resguardados os direitos adquiridos, por força constitucional. Além da proibição de novas enfiteuses e subenfiteuses, o Código Civil de 2002 reduziu as vantagens até em então reconhecidas à enfiteuse, para que, mediante restrições, fosse desencorajada sua utilização. Segundo o art. 2.038, § 1º, do CC: "Nos aforamentos a que se refere este artigo é defeso: I – cobrar laudêmio ou prestação análoga nas transmissões de bem aforado, sobre o valor das construções ou plantações; II – constituir subenfiteuse". Contudo, se a alienação fiduciária tiver por objeto bens enfitêuticos, será exigível o pagamento do laudêmio se houver a consolidação do domínio útil do fiduciário (art. 22, § 1º, I, da Lei 9.514/97). Além disso, ficam isentas do pagamento de foros, taxas de ocupação e laudêmios, referentes a imóveis de propriedade da União, as pessoas consideradas carentes ou de baixa renda cuja situação econômica não lhes permita pagar esses encargos sem prejuízo do sustento próprio ou de sua família, sendo que a situação de carência ou baixa renda será comprovada a cada 4 (quatro) anos, na forma disciplinada pelo órgão competente, devendo ser suspensa a isenção sempre que verificada a alteração da situação econômica do ocupante ou foreiro. Considera-se carente ou de baixa renda para fins da isenção disposta acima o responsável por imóvel cuja renda familiar mensal for igual ou inferior ao valor correspondente a 5 (cinco) salários mínimos (art. 1º, §§ 1º e 2º, do Decreto-Lei 1.876/1981). Por fim, a enfiteuse dos terrenos de marinha e acrescidos regula-se por lei especial (art. 2.038, § 2º, do CC). Os terrenos da marinha e seus acrescidos são conceituados pelo Decreto-Lei 9.760/46, arts. 2º e ss. Basicamente, são aqueles banhados pelas águas do mar ou dos rios navegáveis, e os acrescidos são os que natural ou artificialmente se formaram a contar da preamar média das enchentes ordinárias para o lado do mar ou do rio. A enfiteuse poderá ter por objeto os terrenos da marinha e seus acrescidos, pois estes são bens dominiais da União, regidos por lei especial (Decreto-Lei 2.490/40, 4.120/42 e Lei 9.760/98, arts. 64, § 2º, 99, parágrafo único, 101, 102 e 103, regulamentada pelo Decreto 3.725/2001).

25.11. REGIME DE BENS DE CASAMENTOS REALIZADOS SOB O CÓDIGO CIVIL DE 1916

- **noções gerais:** estabelece o art. 2.039 do CC: "O regime de bens nos casamentos celebrados na vigência do Código Civil anterior, Lei no 3.071, de 1º de janeiro de 1916, é o por ele estabelecido". As situações jurídicas constituídas sob e égide do Código Civil revogado, inclusive durante a vacatio legis, mereceram destaque neste preceito. Desse modo, o regime matrimonial de bens dos casamentos celebrados ao tempo do Cód. Civil de 1916 devem ser respeitados.
- **regra importante:** é possível a mutabilidade do regime de bens de casamento celebrado na égide do Cód. Civil de 1916. O Cód. Civil de 2002 acolheu o princípio da mutabilidade justificada do regime de bens, enquanto o Cód. Civil de 1916 o da imutabilidade absoluta. Todavia, segundo o STJ, a "interpretação conjugada dos arts. 1.639, § 2º, 2.035 e 2.039, do CC/02, admite a alteração do regime de bens adotado por ocasião do matrimônio, desde que ressalvados os direitos de terceiros e apuradas as razões invocadas pelos cônjuges para tal pedido" (STJ: REsp 821807 / PR, rel. Ministra Nancy Andrighi). O CPC-2015 – vimos acima no capítulo dos direitos de família – dispõe de procedimento especial para alteração dos regimes de bens, conforme o art. 734.

25.12. ORDEM DE VOCAÇÃO HEREDITÁRIA E RESTRIÇÃO AOS BENS DA LEGÍTIMA

- **noções gerais (1ª parte):** de acordo com o art. 2.041 do CC: "As disposições deste Código relativas à ordem da vocação hereditária (arts. 1.829 a 1.844) não se aplicam à sucessão aberta antes de sua vigência, prevalecendo o disposto na lei anterior (Lei no 3.071, de 1º de janeiro de 1916)". Por conseguinte, as normas do Cód. Civil de 2002 a respeito da ordem de vocação hereditária somente serão aplicáveis para sucessão aberta após a sua vigência. Portanto, se o autor da herança falecer antes da entrada em vigor do Novo Código, as regras disciplinadoras da sucessão serão aquelas do Código Civil antigo. Igualmente, regula a sucessão e a legitimação para suceder – a aptidão para herdar ou a qualidade para suceder – a lei vigente ao tempo da abertura daquela (CC, art. 1.787).
- **noções gerais (2ª parte):** a "legítima é a porção indisponível de bens de que o testador não pode dispor por estar reservada aos herdeiros necessários: descendente, ascendente e cônjuge sobrevivente" (Diniz, Maria Helena, op. cit., pág. 1350). Segundo o art. 1.848 do CC: "Salvo se houver justa causa, declarada no testamento, não pode o testador estabelecer cláusula de inalienabilidade, impenhorabilidade, e de incomunicabilidade, sobre os bens da legítima". Para que a restrição da legítima tenha validade e eficácia, exige-se que a devida justificação, feita em testamento, dos motivos pelos quais o testador quer limitar a legítima do herdeiro necessário. De acordo com o art. 2.042 do CC: "Aplica-se o disposto no caput do art. 1.848, quando aberta a sucessão no prazo de um ano após a entrada em vigor deste Código, ainda que o testamento tenha sido feito na vigência do anterior, Lei n. 3.071, de 1º de janeiro de 1916; se, no prazo, o testador não aditar o testamento para declarar a justa causa de cláusula aposta à legítima, não subsistirá a restrição". Portanto, o testado terá um ano após vigorar o Cód. Civil de 2002 para promover o aditamento do testamento sendo que, não o fazendo, a restrição legitimaria, ainda que sob a égide da lei passada, não subsistira.

25.13. VIGÊNCIA DAS DISPOSIÇÕES PROCESSUAIS, ADMINISTRATIVAS OU PENAIS

- **noções gerais:** preceitua o art. 2.043 do CC: "Até que por outra forma se disciplinem, continuam em vigor as disposições de natureza processual, administrativa ou penal, constantes de leis cujos preceitos de natureza civil hajam sido incorporados a este Código". De acordo com Maria Helena Diniz, "o novo Código Civil, acertadamente, contém, em sua maior parte, normas gerais, de caráter substantivo, que procuram definir as instituições jurídicas, por ele regidas, ressaltando seus fins e efeitos, deixando os pormenores à leias especiais, bem como a disciplina de fatos polêmicos engendrados, pelo avanço tecnológico, ou de situações que exigem construção doutrinária ou jurisprudencial para delinear os seus contornos (...) Ficou adstrito às matérias próprias do direito civil e empresarial, deixou até mesmo de lado as normas adjetivas, abarcando tão somente as intimamente relacionadas com os temas de direito material por ele tratados. Continuam tendo vigor as disposições de natureza processual (p. ex., os arts. 3º, § 2º, 34 a 37 e 40, § 2º, da Lei n. 6.015/77) administrativas ou penal contidas em normas, cujos preceitos de natureza civil forma incorporados ao novo Código Civil, até que por outra forma sejam disciplinadas. Nada obsta, juridicamente, a que leis adjetivas, administrativas e penais continuem vigorando e incidindo nas questões intimamente relacionas com o direito civil, por serem de ordem pública, sendo reflexos da ordem jurídica, que as reconhece, permitindo sua incidência, apesar de anteriores à Lei 10.406/2002" (Código Civil Anotado, 16ed, Saraiva, São Paulo, 2012, anotações ao art. 2.043).

25.14. DATA DA ENTRADA EM VIGOR DO NOVO CÓDIGO CIVIL

- **noções gerais:** estabelece o art. 2.044 do CC: "Este Código entrará em vigor 1 (um) ano após a sua publicação". O Cód. Civil de 2002 foi publicado no Diário Oficial da União no dia 11-01-2002, com vacatio legis de um ano. De acordo com o art. 8º, § 1º, da Lei Complementar n. 95/98, incluído pela Lei Complementar n. 107/91, "A contagem do prazo para entrada em vigor das leis que estabeleçam período de vacância far-se-á com a inclusão da data da publicação e do último dia do prazo, entrando em vigor no dia subsequente à sua consumação integral". Assim, conforme sedimentou o STJ, "a entrada em vigor do novo código ocorreu no dia 11 de janeiro de 2003" (STJ: AgRg no REsp 1285996/RS).

✦ SÚMULAS APLICÁVEIS

◉ SUPREMO TRIBUNAL FEDERAL

1. SÚMULAS DO STF – PARTE GERAL

- **Morte presumida**

STF – 331: É legítima a incidência do imposto de transmissão "causa mortis" no inventário por morte presumida.

- **Direitos da personalidade**

STF – 386: Pela execução de obra musical por artistas remunerados é devido direito autoral, não exigível quando a orquestra for de amadores.

- **Pessoa jurídica**

STF – 629: A impetração de mandado de segurança coletivo por entidade de classe em favor dos associados independe da autorização destes.

- **Domicílio**

STF – 483: É dispensável a prova da necessidade, na retomada de prédio situado em localidade para onde o proprietário pretende transferir residência, salvo se mantiver, também, a anterior, quando dita prova será exigida.

STF – 363: A pessoa jurídica de direito privado pode ser demandada no domicílio da agência, ou estabelecimento, em que se praticou o ato.

- **Bens**

STF – 650: Os incisos I e XI do art. 20 da Constituição Federal não alcançam terras de aldeamentos extintos, ainda que ocupadas por indígenas em Passado remoto.

STF – 487: Será deferida a posse a quem, evidentemente, tiver o domínio, se com base neste for ela disputada.

STF – 480: Pertencem ao domínio e administração da União, nos termos dos arts. 4º, IV, e 186, da Constituição Federal de 1967, as terras ocupadas por silvícolas. **Ver: CF/1988, art. 20, XI, 231, § 2º, 232.**

STF – 479: As margens dos rios navegáveis são de domínio público, insuscetíveis de expropriação e, por isso mesmo, excluídas de indenização. **Ver: CF/1988, art. 20, III.**

STF – 477: As concessões de terras devolutas situadas na faixa de fronteira, feitas pelos estados, autorizam, apenas, o uso, permanecendo o domínio com a união, ainda que se mantenha inerte ou tolerante, em relação aos possuidores. **Ver: CF/1988, art. 20, II, 26, IV e 225, § 5º.**

STF – 340: Desde a vigência do código civil, os bens dominicais, como os demais bens públicos, não podem ser adquiridos por usucapião.

- **Atos ilícitos**

STF – 562: Na indenização de danos materiais decorrentes de ato ilícito cabe a atualização de seu valor, utilizando-se, para esse fim, dentre outros critérios, os índices de correção monetária.

STF – 529: Subsiste a responsabilidade do empregador pela indenização decorrente de acidente do trabalho, quando o segurador, por haver entrado em liquidação, ou por outro motivo, não se encontrar em condições financeiras, de efetuar, na forma da lei, o pagamento que o seguro obrigatório visava garantir.

STF – 491: É indenizável o acidente que cause a morte de filho menor, ainda que não exerça trabalho remunerado.

STF – 261: Para a ação de indenização, em caso de avaria, é dispensável que a vistoria se faça judicialmente.

STF – 229: A indenização acidentária não exclui a do direito comum, em caso de dolo ou culpa grave do empregador.

STF – 35: Em caso de acidente do trabalho ou de transporte, a concubina tem direito de ser indenizada pela morte do amásio, se entre eles não havia impedimento para o matrimônio.

STF – 28: O estabelecimento bancário é responsável pelo pagamento de cheque falso, ressalvadas as hipóteses de culpa exclusiva ou concorrente do correntista.

- **Prescrição**

STF – 600: Cabe ação executiva contra o emitente e seus avalistas, ainda que não apresentado o cheque ao sacado no prazo legal, desde que não prescrita a ação cambiária.

STF – 443: A prescrição das prestações anteriores ao período previsto em lei não ocorre, quando não tiver sido negado, antes daquele prazo, o próprio direito reclamado, ou a situação jurídica de que ele resulta.

STF – 383: A prescrição em favor da Fazenda Pública recomeça a correr, por dois anos e meio, a partir do ato interruptivo, mas não fica reduzida aquém de cinco anos, embora o titular do direito a interrompa durante a primeira metade do prazo.

STF – 154: Simples vistoria não interrompe a prescrição.

STF – 150: Prescreve a execução no mesmo prazo de prescrição da ação.

STF – 149: É imprescritível a ação de investigação de paternidade, mas não o é a de petição de herança.

STF – 259: Para produzir efeito em juízo não é necessária a inscrição, no registro público, de documentos de procedência estrangeira, autenticados por via consular.

- **Decadência**

STF – 632: É constitucional lei que fixa o prazo de decadência para a impetração de mandado de segurança.

- **Prova**

STF – 442: A inscrição do contrato de locação no registro de imóveis, para a validade da cláusula de vigência contra o adquirente do imóvel, ou perante terceiros, dispensa a transcrição no registro de títulos e documentos.

STF – 341: É presumida a culpa do patrão ou comitente pelo ato culposo do empregado ou preposto.

STF – 420: Não se homologa sentença proferida no estrangeiro sem prova do trânsito em julgado.

STF – 279: Para simples reexame de prova não cabe recurso extraordinário.

STF – 259: Para produzir efeito em juízo não é necessária a inscrição, no registro público, de documentos de procedência estrangeira, autenticados por via consular.

STF – 231: O revel, em processo civil, pode produzir provas, desde que compareça em tempo oportuno.

2. SÚMULAS DO STF – OBRIGAÇÕES

- **Obrigação de dar**

STF – 500: Não cabe a ação cominatória para compelir-se o réu a cumprir obrigação de dar **(Súmula anterior à Lei 10.444/2002, que alterou os arts. 287 e 461-A, §§ 3º 4º, todos do CPC)**.

- **Juros de mora e legais**

STF – 163: Salvo contra a Fazenda Pública, sendo a obrigação ilíquida, contam-se os juros moratórios desde a citação inicial para a ação.

STF – 254: Incluem-se os juros moratórios na liquidação, embora omisso o pedido inicial ou a condenação.

STF – 255: sendo ilíquida a obrigação, os juros moratórios, contra a fazenda pública, incluídas as autarquias, são contados do trânsito em julgado a sentença de liquidação.

STF – 412: No compromisso de compra e venda com cláusula de arrependimento, a devolução do sinal, por quem o deu, ou a sua restituição em dobro, por quem o recebeu, exclui indenização maior, a título de perdas e danos, salvo os juros moratórios e os encargos do processo.

3. SÚMULAS DO STF – CONTRATOS

- **Compra e venda**

STF – 621: Não enseja embargos de terceiro à penhora a promessa de compra e venda não inscrita no registro de imóveis

STF – 489: A compra e venda de automóvel não prevalece contra terceiros, de boa-fé, se o contrato não foi transcrito no registro de títulos e documentos.

STF – 413: O compromisso de compra e venda de imóveis, ainda que não loteados, dá direito à execução compulsória, quando reunidos os requisitos legais.

STF – 412: No compromisso de compra e venda com cláusula de arrependimento, a devolução do sinal, por quem o deu, ou a sua restituição em dobro, por quem o recebeu, exclui indenização maior, a título de perdas e danos, salvo os juros moratórios e os encargos do processo.

STF – 168: Para os efeitos do decreto-lei 58, de 10/12/1937, admite-se a inscrição imobiliária do compromisso de compra e venda no curso da ação.

STF – 167: Não se aplica o regime do decreto-lei 58, de 10/12/1937, ao compromisso de compra e venda não inscrito no registro imobiliário, salvo se o promitente vendedor se obrigou a efetuar o registro.

STF – 166: É inadmissível o arrependimento no compromisso de compra e venda sujeito ao regime do decreto-lei 58, de 10/12/1937.

- **Doação**

STF – 328: É legítima a incidência do imposto de transmissão "inter vivos" sobre a doação de imóvel.

- **Comodato**

STF – 573: Não constitui fato gerador do imposto de circulação de mercadorias a saída física de máquinas, utensílios e implementos a título de comodato.

- **Mútuo**

STF – 586: Incide imposto de renda sobre os juros remetidos para o exterior, com base em contrato de mútuo.

- **Empreitada**

STF – 334: É legítima a cobrança, ao empreiteiro, do imposto de vendas e consignações, sobre o valor dos materiais empregados, quando a empreitada não for apenas de lavor.

- **Transporte**

STF – 161: Em contrato de transporte, é inoperante a cláusula de não indenizar.

- **Seguro**

STF – 504: Compete à justiça federal, em ambas as instâncias, o processo e o julgamento das causas fundadas em contrato de seguro marítimo.

STF – 188: O segurador tem ação regressiva contra o causador do dano, pelo que efetivamente pagou, até ao limite previsto no contrato de seguro.

STF – 105: Salvo se tiver havido premeditação, o suicídio do segurado no período contratual de carência não exime o segurador do pagamento do seguro.

- **Outros contratos**

STF – 335: É válida a cláusula de eleição do foro para os processos oriundos do contrato.

STF – 169: Depende de sentença a aplicação da pena de comisso.

STF – 170: É resgatável a enfiteuse instituída anteriormente à vigência do Código Civil.

STF – 159: Cobrança excessiva, mas de boa-fé, não dá lugar às sanções do art. 1.531 do Código Civil.

STF – 122: O enfiteuta pode purgar a mora enquanto não decretado o comisso por sentença.

STF – 49: A cláusula de inalienabilidade inclui a incomunicabilidade dos bens.

4. SÚMULAS DO STF – RESPONSABILIDADE CIVIL

- **Uso de algemas**

STF – Súmula Vinculante 11: Só é lícito o uso de algemas em casos de resistência e de fundado receio de fuga ou de perigo à integridade física própria ou alheia, por parte do preso ou de terceiros, justificada a excepcionalidade por escrito, sob pena de responsabilidade disciplinar, civil e penal do agente ou da autoridade e de nulidade da prisão ou do ato processual a que se refere, sem prejuízo da responsabilidade civil do Estado.

- **Morte do filho menor**

STF – 491: É indenizável o acidente que cause a morte de filho menor, ainda que não exerça trabalho remunerado.

- **Locadora de veículos**

STF – 492: A empresa locadora de veículos responde, civil e solidariamente com o locatário, pelos danos por este causados a terceiro, no uso do carro locado.

- **Cheque falso. Estabelecimento bancário**

STF – 28: O estabelecimento bancário é responsável pelo pagamento de cheque falso, ressalvadas as hipóteses de culpa exclusiva ou concorrente do correntista.

- **Culpa presumida**

STF – 341: É presumida a culpa do patrão ou comitente pelo ato culposo do empregado ou preposto.

- **Responsabilidade acidentária e comum**

STF – 229: A indenização acidentária não exclui a do direito comum, em caso de dolo ou culpa grave do empregador.

- **Responsabilidade contratual no transporte**

STF – 187: A responsabilidade contratual do transportador, pelo acidente com o passageiro, não é elidida por culpa de terceiro, contra o qual tem ação regressiva.

- **Cálculo da indenização**

STF – 562: Na indenização de danos materiais decorrentes de ato ilícito cabe a atualização de seu valor, utilizando-se, para esse fim, dentre outros critérios, os índices de correção monetária.

STF – 490: A pensão correspondente à indenização oriunda de responsabilidade civil deve ser calculada com base no salário mínimo vigente ao tempo da sentença e ajustar-se-á às variações ulteriores.

STF – 314: Na composição do dano por acidente do trabalho, ou de transporte, não é contrário à lei tomar para base da indenização o salário do tempo da perícia ou da sentença.

STF – 188: O segurador tem ação regressiva contra o causador do dano, pelo que efetivamente pagou, até o limite previsto no contrato de seguro.

- **Indenização. Contrato de transporte**

STF – 161: Em contrato de transporte é inoperante a cláusula de não indenizar.

STF – 35: Em caso de acidente do trabalho ou de transporte, a concubina tem direito de ser indenizada pela morte do amásio, se entre eles não havia impedimento para o matrimônio.

5. SÚMULAS DO STF – COISAS

- **Posse**

STF – 487: Será deferida a posse a quem, evidentemente, tiver o domínio, se com base neste for ela disputada.

STF – 415 – Servidão de trânsito não titulada, mas tomada permanente, sobretudo pela natureza das obras realizadas, considera-se aparente, conferindo direito a proteção possessória

- **Usucapião**

STF – 391: O confinante certo deve ser citado, pessoalmente, para a ação de usucapião.

STF – 340: Desde a vigência do código civil, os bens dominicais, como os demais bens públicos, não podem ser adquiridos por usucapião.

STF – 263: O possuidor deve ser citado pessoalmente para a ação de usucapião.

STF – 237: O usucapião pode ser arguido em defesa.

- **Uso**

STF – 477: As concessões de terras devolutas situadas na faixa de fronteira, feitas pelos estados, autorizam, apenas, o uso, permanecendo o domínio com a união, ainda que se mantenha inerte ou tolerante, em relação aos possuidores.

- **Direito de vizinhança**

STF – 120: Parede de tijolos de vidro translúcido pode ser levantada a menos de metro e meio do prédio vizinho, não importando servidão sobre ele.

6. SÚMULAS DO STF – FAMÍLIA

- **Casamento**

STF – 421: Não impede a extradição a circunstância de ser o extraditando casado com brasileira ou ter filho brasileiro.

STF – 377: No regime de separação legal de bens, comunicam-se os adquiridos na constância do casamento.

- **Alimentos**

STF – 226: Na ação de desquite, os alimentos são devidos desde a inicial e não da data da decisão que os concede.

STF – 379: No acordo de desquite não se admite renúncia aos alimentos, que poderão ser pleiteados ulteriormente, verificados os pressupostos legais.

- **Concubinato**

STF – 382: A vida em comum sob o mesmo teto, "more uxorio", não é indispensável à caracterização do concubinato.

STF – 380 – Comprovada a existência de sociedade de fato entre os concubinos, é cabível a sua dissolução judicial, com a partilha do patrimônio adquirido pelo esforço comum.

- **Regime de bens**

STF – 377: No regime de separação legal de bens, comunicam-se os adquiridos na constância do casamento.

- **Divórcio em outro país por procuração**

STF – 381: Não se homologa sentença de divórcio obtida, por procuração, em país de que os cônjuges não eram nacionais.

- **Desquite**

STF – 305: Acordo de desquite ratificado por ambos os cônjuges não é retratável unilateralmente.

7. SÚMULAS DO STF – SUCESSÕES

- **Petição de herança**

STF – 149: É imprescritível a ação de investigação de paternidade, mas não o é a de petição de herança.

- **Inventário**

STF – 542: Não é inconstitucional a multa instituída pelo estado-membro, como sanção pelo retardamento do início ou da ultimação do inventário.

STF – 331: É legítima a incidência do imposto de transmissão "causa mortis" no inventário por morte presumida.

- **Partilha**

STF – 380: Comprovada a existência de sociedade de fato entre os concubinos, é cabível a sua dissolução judicial, com a partilha do patrimônio adquirido pelo esforço comum.

- **Testamento**

STF – 447: É válida a disposição testamentária em favor de filho adulterino do testador com sua concubina.

◉ SUPERIOR TRIBUNAL DE JUSTIÇA

1. SÚMULAS DO STJ – PARTE GERAL

- **Direitos da personalidade**

STJ – 404: É dispensável o aviso de recebimento (AR) na carta de comunicação ao consumidor sobre a negativação de seu nome em bancos de dados e cadastros.

STJ – 403: Independe de prova do prejuízo a indenização pela publicação não autorizada de imagem de pessoa com fins econômicos ou comerciais.

STJ – 359: Cabe ao órgão mantenedor do Cadastro de Proteção ao Crédito a notificação do devedor antes de proceder à inscrição.

STJ – 261: A cobrança de direitos autorais pela retransmissão radiofônica de músicas, em estabelecimentos hoteleiros, deve ser feita conforme a taxa média de utilização do equipamento, apurada em liquidação.

STJ – 228: É inadmissível o interdito proibitório para a proteção do direito autoral.

STJ – 221: São civilmente responsáveis pelo ressarcimento de dano, decorrente de publicação pela imprensa, tanto o autor do escrito quanto o proprietário do veículo de divulgação.

STJ – 63: São devidos direitos autorais pela retransmissão radiofônica de músicas em estabelecimentos comerciais.

- **Pessoa jurídica**

STJ – 227: A pessoa jurídica pode sofrer dano moral.

STJ – 324: Compete à Justiça Federal processar e julgar ações de que participa a Fundação Habitacional do Exército, equiparada à entidade autárquica federal, supervisionada pelo Ministério do Exército.

STJ – 421: Os honorários advocatícios não são devidos à Defensoria Pública quando ela atua contra a pessoa jurídica de direito público à qual pertença.

STJ – 42: Compete à Justiça Comum Estadual processar e julgar as causas cíveis em que é parte sociedade de economia mista e os crimes praticados em seu detrimento.

STJ – 333: Cabe mandado de segurança contra ato praticado em licitação promovida por sociedade de economia mista ou empresa pública.

STJ – 389: A comprovação do pagamento do "custo do serviço" referente ao fornecimento de certidão de assentamentos constantes dos livros da companhia é requisito de procedibilidade da ação de exibição de documentos ajuizada em face da sociedade anônima.

STJ – 481: Faz jus ao benefício da justiça gratuita a pessoa jurídica com ou sem fins lucrativos que demonstrar sua impossibilidade de arcar com os encargos processuais.

- **Domicílio**

STJ – 383: A competência para processar e julgar as ações conexas de interesse de menor é, em princípio, do foro do domicílio do detentor de sua guarda.

STJ – 58: Proposta a execução fiscal, a posterior mudança de domicílio do executado não desloca a competência já fixada.

STJ – 01: O foro do domicilio ou da residência do alimentando e o competente para a ação de investigação de paternidade, quando cumulada com a de alimentos.

- **Bens**

STJ – 335: Nos contratos de locação, é válida a cláusula de renúncia à indenização das benfeitorias e ao direito de retenção.

STJ – 103: incluem-se entre os imóveis funcionais que podem ser vendidos os administrados pelas forças armadas e ocupados pelos servidores civis.

- **Defeitos dos atos jurídicos**

STJ – 322: Para a repetição de indébito, nos contratos de abertura de crédito em conta-corrente, não se exige a prova do erro.

STJ – 195: Em embargos de terceiro não se anula ato jurídico, por fraude contra credores.

- **Atos ilícitos**

STJ – 498: Não incide imposto de renda sobre a indenização por danos morais.

STJ – 479: As instituições financeiras respondem objetivamente pelos danos gerados por fortuito interno relativo a fraudes e delitos praticados por terceiros no âmbito de operações bancárias.

STJ – 476: O endossatário de título de crédito por endosso-mandato só responde por danos decorrentes de protesto indevido se extrapolar os poderes de mandatário.

STJ – 475: Responde pelos danos decorrentes de protesto indevido o endossatário que recebe por endosso translativo título de crédito contendo vício formal extrínseco ou intrínseco, ficando ressalvado seu direito de regresso contra os endossantes e avalistas.

STJ – 420: Incabível, em embargos de divergência, discutir o valor de indenização por danos morais.

STJ – 402: O contrato de seguro por danos pessoais compreende os danos morais, salvo cláusula expressa de exclusão.

STJ – 388: A simples devolução indevida de cheque caracteriza dano moral.

STJ – 387: Lícita a cumulação das indenizações de dano estético e dano moral.

STJ – 385: Da anotação irregular em cadastro de proteção ao crédito, não cabe indenização por dano moral, quando preexistente legítima inscrição, ressalvado o direito ao cancelamento.

STJ – 370: Caracteriza dano moral a apresentação antecipada de cheque pré-datado.

STJ – 362: A correção monetária do valor da indenização do dano moral incide desde a data do arbitramento.

STJ – 326: Na ação de indenização por dano moral, a condenação em montante inferior ao postulado na inicial não implica sucumbência recíproca.

STJ – 281: A indenização por dano moral não está sujeita à tarifação prevista na lei de imprensa.

STJ – 257: A falta de pagamento do prêmio do seguro obrigatório de danos pessoais causados por veículos automotores de vias terrestres (DPVAT) não é motivo para a recusa do pagamento da indenização.

STJ – 227: A pessoa jurídica pode sofrer dano moral.

STJ – 221: São civilmente responsáveis pelo ressarcimento de dano, decorrente de publicação pela imprensa, tanto o autor do escrito quanto o proprietário do veículo de divulgação.

STJ – 186: Nas indenizações por ato ilícito, os juros compostos somente são devidos por aquele que praticou o crime.

STJ – 145: No transporte desinteressado, de simples cortesia, o transportador só será civilmente responsável por danos causados ao transportado quando incorrer em dolo ou culpa grave.

STJ – 132: A ausência de registro da transferência não implica a responsabilidade do antigo proprietário por dano resultante de acidente que envolva o veículo alienado.

STJ – 43: Incide correção monetária sobre dívida por ato ilícito a partir da data do efetivo prejuízo.

STJ – 37: São cumuláveis as indenizações por dano material e dano moral oriundos do mesmo fato.

- **Prescrição**

STJ – 547: Nas ações em que se pleiteia o ressarcimento dos valores pagos a título de participação financeira do consumidor no custeio de construção de rede elétrica, o prazo prescricional é de vinte anos na vigência do Código Civil de 1916. Na vigência do Código Civil de 2002, o prazo é de cinco anos se houver previsão contratual de ressarcimento e de três anos na ausência de cláusula nesse sentido, observada a regra de transição disciplinada em seu art. 2.028.

STJ – 504: O prazo para ajuizamento de ação monitória em face do emitente de nota promissória sem força executiva é quinquenal, a contar do dia seguinte ao vencimento do título.

STJ – 503: O prazo para ajuizamento de ação monitória em face do emitente de cheque sem força executiva é quinquenal, a contar do dia seguinte à data de emissão estampada na cártula.

STJ – 405: A ação de cobrança do seguro obrigatório (DPVAT) prescreve em três anos

STJ – 412: A ação de repetição de indébito de tarifas de água e esgoto sujeita-se ao prazo prescricional estabelecido no Código Civil.

STJ – 278: O termo inicial do prazo prescricional, na ação de indenização, é a data em que o segurado teve ciência inequívoca da incapacidade laboral.

STJ – 229: O pedido do pagamento de indenização à seguradora suspende o prazo de prescrição até que o segurado tenha ciência da decisão.

STJ – 106: Proposta a ação no prazo fixado para o seu exercício, a demora na citação, por motivos inerentes ao mecanismo da justiça, não justifica o acolhimento da arguição de prescrição ou decadência.

STJ – 101: A ação de indenização do segurado em grupo contra a seguradora prescreve em um ano.

STJ – 85: Nas relações jurídicas de trato sucessivo em que a Fazenda Pública figure como devedora, quando não tiver sido negado o próprio direito reclamado, a prescrição atinge apenas as prestações vencidas antes do quinquênio anterior à propositura da ação

- **Decadência**

STJ – 477: A decadência do art. 26 do CDC não é aplicável à prestação de contas para obter esclarecimentos sobre cobrança de taxas, tarifas e encargos bancários.

STJ – 106: Proposta a ação no prazo fixado para o seu exercício, a demora na citação, por motivos inerentes ao mecanismo da justiça, não justifica o acolhimento da arguição de prescrição ou decadência.

- **Prova**

STJ – 389: A comprovação do pagamento do "custo do serviço" referente ao fornecimento de certidão de assentamentos constantes dos livros da companhia é requisito de procedibilidade da ação de exibição de documentos ajuizada em face da sociedade anônima.

STJ – 372: Na ação de exibição de documentos, não cabe a aplicação de multa cominatória.

STJ – 301: Em ação investigatória, a recusa do suposto pai a submeter-se ao exame de DNA induz presunção *juris tantum* de paternidade.

STJ – 149: A prova exclusivamente testemunhal não basta à comprovação da atividade rurícola, para efeito da obtenção de benefício previdenciário.

2. SÚMULAS DO STJ – OBRIGAÇÕES

- **Obrigação solidária**

STJ – 26: O avalista do título de crédito vinculado a contrato de mútuo também responde pelas obrigações pactuadas, quando no contrato figurar como devedor solidário.

- **Juros de mora e legais**

STJ – 523: A taxa de juros de mora incidente na repetição de indébito de tributos estaduais deve corresponder à utilizada para cobrança do tributo pago em atraso, sendo legítima a incidência da taxa Selic, em ambas as hipóteses, quando prevista na legislação local, vedada sua cumulação com quaisquer outros índices

STJ – 54: Os juros moratórios fluem a partir do evento danoso, em caso de responsabilidade extracontratual.

STJ – 70: Os juros moratórios, na desapropriação direta ou indireta, contam-se desde o trânsito em julgado da sentença.

STJ – 72: A comprovação da mora é imprescindível à busca e apreensão do bem alienado fiduciariamente.

STJ – 76: A falta de registro do compromisso de compra e venda de imóvel não dispensa a prévia interpelação para constituir em mora o devedor.

STJ – 102: A incidência dos juros moratórios sobre os compensatórios, nas ações expropriatórias, não constitui anatocismo vedado em lei.

STJ – 188: Os juros moratórios, na repetição do indébito tributário, são devidos a partir do trânsito em julgado da sentença.

STJ – 204: Os juros de mora nas ações relativas a benefícios previdenciários incidem a partir da citação válida.

STJ – 245: A notificação destinada a comprovar a mora nas dívidas garantidas por alienação fiduciária dispensa a indicação do valor do débito

STJ – 284: A purga da mora, nos contratos de alienação fiduciária, só é permitida quando já pagos pelo menos 40% (quarenta por cento) do valor financiado.

STJ – 285: Nos contratos bancários posteriores ao Código de Defesa do Consumidor incide a multa moratória nele prevista.

STJ – 369: No contrato de arrendamento mercantil (leasing), ainda que haja cláusula resolutiva expressa, é necessária a notificação prévia do arrendatário para constituí-lo em mora.

STJ – 379: Nos contratos bancários não regidos por legislação específica, os juros moratórios poderão ser convencionados até o limite de 1% ao mês.

STJ – 380: A simples propositura da ação de revisão de contrato não inibe a caracterização da mora do autor.

STJ – 426: Os juros de mora na indenização do seguro DPVAT fluem a partir da citação.

STJ – 410: A prévia intimação pessoal do devedor constitui condição necessária para a cobrança de multa pelo descumprimento de obrigação de fazer ou não fazer.

- **Imputação de pagamento**

STJ – 464: A regra de imputação de pagamentos estabelecida no art. 354 do Código Civil não se aplica às hipóteses de compensação tributária.

3. SÚMULAS DO STJ – CONTRATOS

- **Compra e venda**

STJ – 543: Na hipótese de resolução de contrato de promessa de compra e venda de imóvel submetido ao Código de Defesa do Consumidor, deve ocorrer a imediata restituição das parcelas pagas pelo promitente comprador – integralmente, em caso de culpa exclusiva do promitente vendedor/construtor, ou parcialmente, caso tenha sido o comprador quem deu causa ao desfazimento

STJ – 308: A hipoteca firmada entre a construtora e o agente financeiro, anterior ou posterior à celebração da promessa de compra e venda, não tem eficácia perante os adquirentes do imóvel.

STJ – 239: O direito à adjudicação compulsória não se condiciona ao registro do compromisso de compra e venda no cartório de imóveis.

STJ – 84: É admissível a oposição de embargos de terceiro fundados em alegação de posse advinda do compromisso de compra e venda de imóvel, ainda que desprovido do registro.

STJ – 76: A falta de registro do compromisso de compra e venda de imóvel não dispensa a previa interpelação para constituir em mora o devedor.

- **Mútuo**

STJ – 26: O avalista do título de credito vinculado a contrato de mútuo também responde pelas obrigações pactuadas, quando no contrato figurar como devedor solidário.

STJ – 603: É vedado ao banco mutuante reter em qualquer extensão o salário, os vencimentos e/ou proventos de correntista para adimplir o mútuo comum contraído, ainda que haja cláusula contratual autorizativa, excluído o empréstimo garantido por margem salarial consignada, com desconto em folha de pagamento, que possui regramento legal específico e admite a retenção de percentual.

- **Seguro**

STJ – 632: Nos contratos de seguro regidos pelo Código Civil, a correção monetária sobre a indenização securitária incide a partir da contratação até o efetivo pagamento.

STJ – 609: A recusa de cobertura securitária, sob a alegação de doença preexistente, é ilícita se não houve a exigência de exames médicos prévios à contratação ou a demonstração de má-fé do segurado

STJ – 580: A correção monetária nas indenizações do seguro DPVAT por morte ou invalidez, prevista no § 7º do art. 5º da Lei n. 6.194/1974, redação dada pela Lei n. 11.482/2007, incide desde a data do evento danoso.

STJ – 573: Nas ações de indenização decorrente de seguro DPVAT, a ciência inequívoca do caráter permanente da invalidez, para fins de contagem do prazo prescricional, depende de laudo médico, exceto nos casos de invalidez permanente notória ou naqueles em que o conhecimento anterior resulte comprovado na fase de instrução

STJ – 540: Na ação de cobrança do seguro DPVAT, constitui faculdade do autor escolher entre os foros do seu domicílio, do local do acidente ou ainda do domicílio do réu.

STJ – 537: Em ação de reparação de danos, a seguradora denunciada, se aceitar a denunciação ou contestar o pedido do autor, pode ser condenada, direta e solidariamente junto com o segurado, ao pagamento da indenização devida à vítima, nos limites contratados na apólice.

STJ – 529: No seguro de responsabilidade civil facultativo, não cabe o ajuizamento de ação pelo terceiro prejudicado direta e exclusivamente em face da seguradora do apontado causador do dano.

STJ – 465: Ressalvada a hipótese de efetivo agravamento do risco, a seguradora não se exime do dever de indenizar em razão da transferência do veículo sem a sua prévia comunicação.

STJ – 402: O contrato de seguro por danos pessoais compreende os danos morais, salvo cláusula expressa de exclusão.

STJ – 61: O seguro de vida cobre o suicídio não premeditado.

- **Fiança**

STJ – 332: A fiança prestada sem autorização de um dos cônjuges implica a ineficácia total da garantia.

STJ – 214: O fiador na locação não responde por obrigações resultantes de aditamento ao qual não anuiu.

- **Revisão de contrato**

STJ – 380: A simples propositura da ação de revisão de contrato não inibe a caracterização da mora do autor.

- **Repetição de indébito**

STJ – 322: Para a repetição de indébito, nos contratos de abertura de crédito em conta-corrente, não se exige a prova do erro.

STJ – 176: É nula a cláusula contratual que sujeita o devedor à taxa de juros divulgada pela Anbid/Cetip.

- **Cláusula de arbitragem**

STJ – 485: A Lei de Arbitragem aplica-se aos contratos que contenham cláusula arbitral, ainda que celebrados antes da sua edição.

- **Arrendamento mercantil**

STJ – 293: A cobrança antecipada do valor residual garantido (VRG) não descaracteriza o contrato de arrendamento mercantil.

- **Contratos bancários**

STJ – 530: Nos contratos bancários, na impossibilidade de comprovar a taxa de juros efetivamente contratada – por ausência de pactuação ou pela falta de juntada do instrumento aos autos –, aplica-se a taxa média de mercado, divulgada pelo Bacen, praticada nas operações da mesma espécie, salvo se a taxa cobrada for mais vantajosa para o devedor.

4. SÚMULAS DO STJ – RESPONSABILIDADE CIVIL

- **Pessoa jurídica**

STJ – 227: A pessoa jurídica pode sofrer dano moral.

STJ – 572: O Banco do Brasil, na condição de gestor do Cadastro de Emitentes de Cheques sem Fundos (CCF), não tem a responsabilidade de notificar previamente o devedor acerca da sua inscrição no aludido cadastro, tampouco legitimidade passiva para as ações de reparação de danos fundadas na ausência de prévia comunicação.

- **Acidente de trânsito**

STJ – 145: no transporte desinteressado, de simples cortesia, o transportador só será civilmente responsável por danos causados ao transportado quando incorrer em dolo ou culpa grave.

STJ – 132: A ausência de registro da transferência não implica a responsabilidade do antigo proprietário por dano resultante de acidente que envolva o veículo alienado.

- **Dano moral**

STJ – 420: Incabível, em embargos de divergência, discutir o valor de indenização por danos morais.

STJ – 403: Independe de prova do prejuízo a indenização pela publicação não autorizada de imagem de pessoa com fins econômicos ou comerciais.

STJ – 402: O contrato de seguro por danos pessoais compreende os danos morais, salvo cláusula expressa de exclusão.

STJ – 388: A simples devolução indevida de cheque caracteriza dano moral.

STJ – 387: É lícita a cumulação das indenizações de dano estético e dano moral.

STJ – 385: Da anotação irregular em cadastro de proteção ao crédito, não cabe indenização por dano moral, quando preexistente legítima inscrição, ressalvado o direito ao cancelamento.

STJ – 370 – Caracteriza dano moral a apresentação antecipada de cheque pré-datado.

STJ – 362: A correção monetária do valor da indenização do dano moral incide desde a data do arbitramento.

STJ – 326: Na ação de indenização por dano moral, a condenação em montante inferior ao postulado na inicial não implica sucumbência recíproca.

STJ – 281: A indenização por dano moral não está sujeita à tarifação prevista na Lei de Imprensa.

STJ – 227: A pessoa jurídica pode sofrer dano moral.

STJ – 37: São cumuláveis as indenizações por dano material e dano moral oriundos do mesmo fato.

- **Cálculo da indenização**

STJ – 580: A correção monetária nas indenizações do seguro DPVAT por morte ou invalidez, prevista no § 7º do art. 5º da Lei n. 6.194/1974, redação dada pela Lei n. 11.482/2007, incide desde a data do evento danoso.

STJ – 544: É válida a utilização de tabela do Conselho Nacional de Seguros Privados para estabelecer a proporcionalidade da indenização do seguro DPVAT ao grau de invalidez também na hipótese de sinistro anterior a 16/12/2008, data da entrada em vigor da Medida Provisória n. 451/2008.

STJ – 498: Não incide imposto de renda sobre a indenização por danos morais.

STJ – 474: A indenização do seguro DPVAT, em caso de invalidez parcial do beneficiário, será paga de forma proporcional ao grau da invalidez.

STJ – 470: O Ministério Público não tem legitimidade para pleitear, em ação civil pública, a indenização decorrente do DPVAT em benefício do segurado.

STJ – 362: A correção monetária do valor da indenização do dano moral incide desde a data do arbitramento.

STJ – 335: Nos contratos de locação, é válida a cláusula de renúncia à indenização das benfeitorias e ao direito de retenção.

STJ – 326: Na ação de indenização por dano moral, a condenação em montante inferior ao postulado na inicial não implica sucumbência recíproca.

STJ – 313: Em ação de indenização, procedente o pedido, é necessária a constituição de capital ou caução fidejussória para a garantia de pagamento da pensão, independentemente da situação financeira do demandado.

STJ – 281: A indenização por dano moral não está sujeita à tarifação prevista na Lei de Imprensa.

STJ – 278: O termo inicial do prazo prescricional, na ação de indenização, é a data em que o segurado teve ciência inequívoca da incapacidade laboral.

STJ – 257: A falta de pagamento do prêmio do seguro obrigatório de Danos Pessoais Causados por Veículos Automotores de Vias Terrestres (DPVAT) não é motivo para a recusa do pagamento da indenização.

STJ – 246: O valor do seguro obrigatório deve ser deduzido da indenização judicialmente fixada.

STJ – 229: O pedido do pagamento de indenização à seguradora suspende o prazo de prescrição até que o segurado tenha ciência da decisão.

STJ – 109: O reconhecimento do direito a indenização, por falta de mercadoria transportada via marítima, independe de vistoria.

STJ – 43: Incide correção monetária sobre dívida por ato ilícito a partir da data do efetivo prejuízo

- **Juros**

STJ – 541: A previsão no contrato bancário de taxa de juros anual superior ao duodécuplo da mensal é suficiente para permitir a cobrança da taxa efetiva anual contratada

STJ – 539: É permitida a capitalização de juros com periodicidade inferior à anual em contratos celebrados com instituições integrantes do Sistema Financeiro Nacional a partir de 31/3/2000 (MP n. 1.963-17/2000, reeditada como MP n. 2.170-36/2001), desde que expressamente pactuada.

STJ – 426: Os juros de mora na indenização do seguro DPVAT fluem a partir da citação.

STJ – 186: Nas indenizações por ato ilícito, os juros compostos somente são devidos por aquele que praticou o crime.

STJ – 54: os juros moratórios fluem a partir do evento danoso, em caso de responsabilidade extracontratual.

- **Furto em estacionamento**

STJ – 130: A empresa responde, perante o cliente, pela reparação de dano ou furto de veículo ocorrido em seu estacionamento.

- **Lei de Imprensa**

STJ – 281: A indenização por dano moral não está sujeita à tarifação prevista na Lei de Imprensa.

STJ – 221: São civilmente responsáveis pelo ressarcimento de dano, decorrente de publicação pela imprensa, tanto o autor do escrito quanto o proprietário do veículo de divulgação.

- **Denunciação à lide**

STJ – 537: Em ação de reparação de danos, a seguradora denunciada, se aceitar a denunciação ou contestar o pedido do autor, pode ser condenada, direta e solidariamente junto com o segurado, ao pagamento da indenização devida à vítima, nos limites contratados na apólice.

- **Prazo para exclusão de cadastro de Inadimplente**

STJ – 548: Incumbe ao credor a exclusão do registro da dívida em nome do devedor no cadastro de inadimplentes no prazo de cinco dias úteis, a partir do integral e efetivo pagamento do débito.

5. SÚMULAS DO STJ – COISAS

- **Posse**

STJ – 84: É admissível a oposição de embargos de terceiro fundados em alegação de posse advinda do compromisso de compra e venda de imóvel, ainda que desprovido do registro.

- **Interdito proibitório**

STJ – 228. É inadmissível o interdito proibitório para a proteção do direito autoral.

- **Registro de terrenos da marinha**

STJ – 496: Os registros de propriedade particular de imóveis situados em terrenos de marinha não são oponíveis à União.

- **Condomínio**

STJ – 260: A convenção de condomínio aprovada, ainda que sem registro, é eficaz para regular as relações entre os condôminos.

- **Usucapião**

STJ – 11: A presença da União ou de qualquer de seus entes, na ação de usucapião especial, não afasta a competência do foro da situação do imóvel.

STJ – 193: O direito de uso de linha telefônica pode ser adquirido por usucapião.

- **Hipoteca**

STJ – 308: A hipoteca firmada entre a construtora e o agente financeiro, anterior ou posterior à celebração da promessa de compra e venda, não tem eficácia perante os adquirentes do imóvel.

6. SÚMULAS DO STJ – FAMÍLIA

- **Separação judicial**

STJ – 336: A mulher que renunciou aos alimentos na separação judicial tem direito à pensão previdenciária por morte do ex-marido, comprovada a necessidade econômica superveniente.

- **Divórcio**

STJ – 197: O divórcio direto pode ser concedido sem que haja previa partilha dos bens.

- **Investigação de paternidade**

STJ – 301: Em ação investigatória, a recusa do suposto pai a submeter-se ao exame de DNA induz presunção juris tantum de paternidade.

- **Bem de família**

STJ – 549: É válida a penhora de bem de família pertencente a fiador de contrato de locação.

STJ – 486: Único imóvel residencial alugado a terceiros é impenhorável, desde que a renda obtida com o aluguel seja para subsistência do proprietário

STJ – 449: A vaga de garagem que possui matrícula própria no registro de imóveis não constitui bem de família para efeito de penhora.

STJ – 364: O conceito de impenhorabilidade de bem de família abrange também o imóvel pertencente a pessoas solteiras, separadas e viúvas.

STJ – 205: A lei 8.009/90 aplica-se a penhora realizada antes de sua vigência.

- **Alimentos**

STJ – 358: O cancelamento de pensão alimentícia de filho que atingiu a maioridade está sujeito à decisão judicial, mediante contraditório, ainda que nos próprios autos

STJ – 336: A mulher que renunciou aos alimentos na separação judicial tem direito à pensão previdenciária por morte do ex-marido, comprovada a necessidade econômica superveniente.

STJ – 309: O débito alimentar que autoriza a prisão civil do alimentante é o que compreende as três prestações anteriores ao ajuizamento da execução e as que se vencerem no curso do processo.

STJ – 277: Julgada procedente a investigação de paternidade, os alimentos são devidos a partir da citação.

STJ – 1: O foro do domicílio ou da residência do alimentando é o competente para a ação de investigação de paternidade, quando cumulada com a de alimentos.

STJ – 594: O Ministério Público tem legitimidade ativa para ajuizar ação de alimentos em proveito de crianças e adolescentes independentemente do exercício do poder familiar dos pais ou do fato de o menor se encontrar nas situações de risco descritas no artigo 98 do ECA ou de quaisquer outros questionamentos acerca da existência ou eficiência da Defensoria Pública na comarca.

STJ – 596: A obrigação alimentar dos avós tem natureza complementar e subsidiária, SOMENTE se configurando no caso da impossibilidade total ou parcial de seu cumprimento pelos pais.

✦ ENUNCIADOS DAS JORNADAS DE DIREITO CIVIL DO CJF/STJ

(JORNADAS I, III, IV, V, VI, VII, VIII e IX).

1. ENUNCIADOS DA PARTE GERAL

- **I JORNADA DE DIREITO CIVIL**

1 – Art. 2º: A proteção que o Código defere ao nascituro alcança o natimorto no que concerne aos direitos da personalidade, tais como: nome, imagem e sepultura.

2 – Art. 2º: Sem prejuízo dos direitos da personalidade nele assegurados, o art. 2º do Código Civil não é sede adequada para questões emergentes da reprogenética humana, que deve ser objeto de um estatuto próprio.

3 – Art. 5º: A redução do limite etário para a definição da capacidade civil aos 18 anos não altera o disposto no art. 16, I, da Lei n. 8.213/91, que regula específica situação de dependência econômica para fins previdenciários e outras situações similares de proteção, previstas em legislação especial.

4 – Art. 11: O exercício dos direitos da personalidade pode sofrer limitação voluntária, desde que não seja permanente nem geral.

5 – Arts. 12 e 20: 1) As disposições do art. 12 têm caráter geral e aplicam-se, inclusive, às situações previstas no art. 20, excepcionados os casos expressos de legitimidade para requerer as medidas nele estabelecidas; 2) as disposições do art. 20 do novo Código Civil têm a finalidade específica de regrar a projeção dos bens personalíssimos nas situações nele enumeradas. Com exceção dos casos expressos de legitimação que se conformem com a tipificação preconizada nessa norma, a ela podem ser aplicadas subsidiariamente as regras instituídas no art. 12.

6 – Art. 13: A expressão "exigência médica" contida no art. 13 refere-se tanto ao bem-estar físico quanto ao bem-estar psíquico do disponente.

7 – Art. 50: Só se aplica a desconsideração da personalidade jurídica quando houver a prática de ato irregular e, limitadamente, aos administradores ou sócios que nela hajam incorrido.

8 – Art. 62, parágrafo único: A constituição de fundação para fins científicos, educacionais ou de promoção do meio ambiente está compreendida no Código Civil, art. 62, parágrafo único.

9 – Art. 62, parágrafo único: Deve ser interpretado de modo a excluir apenas as fundações com fins lucrativos.

10 – Art. 66, § 1º: Em face do princípio da especialidade, o art. 66, § 1º, deve ser interpretado em sintonia com os arts. 70 e 178 da LC n. 75/93.

11 – Art. 79: Não persiste no novo sistema legislativo a categoria dos bens imóveis por acessão intelectual, não obstante a expressão "tudo quanto se lhe incorporar natural ou artificialmente", constante da parte final do art. 79 do Código Civil.

12 – Art. 138: Na sistemática do art. 138, é irrelevante ser ou não escusável o erro, porque o dispositivo adota o princípio da confiança.

13 – Art. 170: O aspecto objetivo da conversão requer a existência do suporte fático no negócio a converter-se.

14 – Art. 189: 1) O início do prazo prescricional ocorre com o surgimento da pretensão, que decorre da exigibilidade do direito subjetivo; 2) o art. 189 diz respeito a casos em que a pretensão nasce imediatamente após a violação do direito absoluto ou da obrigação de não fazer.

37 – Art. 187: A responsabilidade civil decorrente do abuso do direito independe de culpa e fundamenta-se somente no critério objetivo-finalístico.

51 – Art. 50: A teoria da desconsideração da personalidade jurídica – *disregard doctrine* – fica positivada no novo Código Civil, mantidos os parâmetros existentes nos microssistemas legais e na construção jurídica sobre o tema.

• III JORNADA DE DIREITO CIVIL

138 – Art. 3º: A vontade dos absolutamente incapazes, na hipótese do inc. I do art. 3º é juridicamente relevante na concretização de situações existenciais a eles concernentes, desde que demonstrem discernimento bastante para tanto.

139 – Art. 11: Os direitos da personalidade podem sofrer limitações, ainda que não especificamente previstas em lei, não podendo ser exercidos com abuso de direito de seu titular, contrariamente à boa-fé objetiva e aos bons costumes.

140 – Art. 12: A primeira parte do art. 12 do Código Civil refere-se às técnicas de tutela específica, aplicáveis de ofício, enunciadas no art. 461 do Código de Processo Civil, devendo ser interpretada com resultado extensivo.

141 – Art. 41: A remissão do art. 41, parágrafo único, do Código Civil às pessoas jurídicas de direito público, a que se tenha dado estrutura de direito privado", diz respeito às fundações públicas e aos entes de fiscalização do exercício profissional.

142 – Art. 44: Os partidos políticos, os sindicatos e as associações religiosas possuem natureza associativa, aplicando-se-lhes o Código Civil.

143 – Art. 44: A liberdade de funcionamento das organizações religiosas não afasta o controle de legalidade e legitimidade constitucional de seu registro, nem a possibilidade de reexame, pelo Judiciário, da compatibilidade de seus atos com a lei e com seus estatutos.

144 – Art. 44: A relação das pessoas jurídicas de direito privado constante do art. 44, incs. I a V, do Código Civil não é exaustiva.

145 – Art. 47: O art. 47 não afasta a aplicação da teoria da aparência.

146 – Art. 50: Nas relações civis, interpretam-se restritivamente os parâmetros de desconsideração da personalidade jurídica previstos no art. 50 (desvio de finalidade social ou confusão patrimonial). (Este Enunciado não prejudica o Enunciado n. 7)

147 – Art. 66: A expressão "por mais de um Estado", contida no § 2º do art. 66, não exclui o Distrito Federal e os Territórios. A atribuição de velar pelas fundações, prevista no art. 66 e seus parágrafos, ao MP local – isto é, dos Estados, DF e Territórios onde situadas – não exclui a necessidade de fiscalização de tais pessoas jurídicas pelo MPF, quando se tratar de fundações instituídas ou mantidas pela União, autarquia ou empresa pública federal, ou que destas recebam verbas, nos termos da Constituição, da LC n. 75/93 e da Lei de Improbidade.

148 – Art. 156: Ao "estado de perigo" (art. 156) aplica-se, por analogia, o disposto no § 2º do art. 157.

149 – Art. 157: Em atenção ao princípio da conservação dos contratos, a verificação da lesão deverá conduzir, sempre que possível, à revisão judicial do negócio jurídico e não à sua anulação, sendo dever do magistrado incitar os contratantes a seguir as regras do art. 157, § 2º, do Código Civil de 2002.

150 – Art. 157: A lesão de que trata o art. 157 do Código Civil não exige dolo de aproveitamento.

151 – Art. 158: O ajuizamento da ação pauliana pelo credor com garantia real (art. 158, § 1º) prescinde de prévio reconhecimento judicial da insuficiência da garantia.

152 – Art. 167: Toda simulação, inclusive a inocente, é invalidante.

153 – Art. 167: Na simulação relativa, o negócio simulado (aparente) é nulo, mas o dissimulado será válido se não ofender a lei nem causar prejuízos a terceiros.

154 – Art. 194: O juiz deve suprir, de ofício, a alegação de prescrição em favor do absolutamente incapaz.

155 – Art. 194: O art. 194 do Código Civil de 2002, ao permitir a declaração *ex officio* da prescrição de direitos patrimoniais em favor do absolutamente incapaz, derrogou o disposto no § 5º do art. 219 do CPC.

156 – Art. 198: Desde o termo inicial do desaparecimento, declarado em sentença, não corre a prescrição contra o ausente.

157 – Art. 212: O termo "confissão" deve abarcar o conceito lato de depoimento pessoal, tendo em vista que este consiste em meio de prova de maior abrangência, plenamente admissível no ordenamento jurídico brasileiro.

158 – Art. 215: A amplitude da noção de "prova plena" (isto é, "completa") importa presunção relativa acerca dos elementos indicados nos incisos do § 1º, devendo ser conjugada com o disposto no parágrafo único do art. 219.

• IV JORNADA DE DIREITO CIVIL

272 – Art. 10: Não é admitida em nosso ordenamento jurídico a adoção por ato extrajudicial, sendo indispensável a atuação jurisdicional, inclusive para a adoção de maiores de dezoito anos.

273 – Art. 10: Tanto na adoção bilateral quanto na unilateral, quando não se preserva o vínculo com qualquer dos genitores originários, deverá ser averbado o cancelamento do registro originário de nascimento do adotado, lavrando-se novo registro. Sendo unilateral a adoção, e sempre que se preserve o vínculo originário com um dos genitores, deverá ser averbada a substituição do nome do pai ou mãe naturais pelo nome do pai ou mãe adotivos.

274 – Art. 11: Os direitos da personalidade, regulados de maneira não-exaustiva pelo Código Civil, são expressões da cláusula geral de tutela da pessoa humana, contida no art. 1º, inc. III, da Constituição (princípio da dignidade da pessoa humana). Em caso de colisão entre eles, como nenhum pode sobrelevar os demais, deve-se aplicar a técnica da ponderação.

275 – Arts. 12 e 20: O rol dos legitimados de que tratam os arts. 12, parágrafo único, e 20, parágrafo único, do Código Civil também compreende o companheiro.

276 – Art. 13: O art. 13 do Código Civil, ao permitir a disposição do próprio corpo por exigência médica, autoriza as cirurgias de transgenitalização, em conformidade com os procedimentos estabelecidos pelo Conselho Federal de Medicina, e a consequente alteração do prenome e do sexo no Registro Civil.

277 – Art. 14: O art. 14 do Código Civil, ao afirmar a validade da disposição gratuita do próprio corpo, com objetivo científico ou altruístico, para depois da morte, determinou que a manifestação expressa do doador de órgãos em vida prevalece sobre a vontade dos familiares, portanto, a aplicação do art. 4º da Lei n. 9.434/97 ficou restrita à hipótese de silêncio do potencial doador.

278 – Art. 18: A publicidade que divulgar, sem autorização, qualidades inerentes a determinada pessoa, ainda que sem mencionar seu nome, mas sendo capaz de identificá-la, constitui violação a direito da personalidade.

279 – Art. 20: A proteção à imagem deve ser ponderada com outros interesses constitucionalmente tutelados, especialmente em face do direito de amplo acesso à informação e da liberdade de imprensa. Em caso de colisão, levar-se-á em conta a notoriedade do retratado e dos fatos abordados, bem como a veracidade destes e, ainda, as características de sua utilização (comercial, informativa, biográfica), privilegiando-se medidas que não restrinjam a divulgação de informações.

280 – Arts. 44, 57 e 60: Por força do art. 44, § 2º, consideram-se aplicáveis às sociedades reguladas pelo Livro II da Parte Especial, exceto às limitadas, os arts. 57 e 60, nos seguintes termos: a) em havendo previsão contratual, é possível aos sócios deliberar a exclusão de sócio por justa causa, pela via extrajudicial, cabendo ao contrato disciplinar o procedimento de exclusão, assegurado o direito de defesa, por aplicação analógica do art. 1.085; b) as deliberações sociais poderão ser convocadas por iniciativa de sócios que representem 1/5 (um quinto) do capital social, na omissão do contrato. A mesma regra aplica-se na hipótese de criação, pelo contrato, de outros órgãos de deliberação colegiada.

281 – Art. 50: A aplicação da teoria da desconsideração, descrita no art. 50 do Código Civil, prescinde da demonstração de insolvência da pessoa jurídica.

282 – Art. 50: O encerramento irregular das atividades da pessoa jurídica, por si só, não basta para caracterizar abuso da personalidade jurídica.

283 – Art. 50: É cabível a desconsideração da personalidade jurídica denominada "inversa" para alcançar bens de sócio que se valeu da pessoa jurídica para ocultar ou desviar bens pessoais, com prejuízo a terceiros.

284 – Art. 50: As pessoas jurídicas de direito privado sem fins lucrativos ou de fins não-econômicos estão abrangidas no conceito de abuso da personalidade jurídica.

285 – Art. 50: A teoria da desconsideração, prevista no art. 50 do Código Civil, pode ser invocada pela pessoa jurídica, em seu favor.

286 – Art. 52: Os direitos da personalidade são direitos inerentes e essenciais à pessoa humana, decorrentes de sua dignidade, não sendo as pessoas jurídicas titulares de tais direitos.

287 – Art. 98: O critério da classificação de bens indicado no art. 98 do Código Civil não exaure a enumeração dos bens públicos, podendo ainda ser classificado como tal o bem pertencente a pessoa jurídica de direito privado que esteja afetado à prestação de serviços públicos.

288 – Arts. 90 e 91: A pertinência subjetiva não constitui requisito imprescindível para a configuração das universalidades de fato e de direito.

289 – Art. 108: O valor de 30 salários mínimos constante no art. 108 do Código Civil brasileiro, em referência à forma pública ou particular dos negócios jurídicos que envolvam bens imóveis, é o atribuído pelas partes contratantes, e não qualquer outro valor arbitrado pela Administração Pública com finalidade tributária.

290 – Art. 157: A lesão acarretará a anulação do negócio jurídico quando verificada, na formação deste, a desproporção manifesta entre as prestações assumidas pelas partes, não se presumindo a premente necessidade ou a inexperiência do lesado.

291 – Art. 157: Nas hipóteses de lesão previstas no art. 157 do Código Civil, pode o lesionado optar por não pleitear a anulação do negócio jurídico, deduzindo, desde logo, pretensão com vista à revisão judicial do negócio por meio da redução do proveito do lesionador ou do complemento do preço.

292 – Art. 158: Para os efeitos do art. 158, § 2º, a anterioridade do crédito é determinada pela causa que lhe dá origem, independentemente de seu reconhecimento por decisão judicial.

293 – Art. 167: Na simulação relativa, o aproveitamento do negócio jurídico dissimulado não decorre tão-somente do afastamento do negócio jurídico simulado, mas do necessário preenchimento de todos os requisitos substanciais e formais de validade daquele.

294 – Arts. 167 e 168: Sendo a simulação uma causa de nulidade do negócio jurídico, pode ser alegada por uma das partes contra a outra.

295 – Art. 191: A revogação do art. 194 do Código Civil pela Lei n. 11.280/2006, que determina ao juiz o reconhecimento de ofício da prescrição, não retira do devedor a possibilidade de renúncia admitida no art. 191 do texto codificado.

296 – Art. 197: Não corre a prescrição entre os companheiros, na constância da união estável.

297 – Art. 212: O documento eletrônico tem valor probante, desde que seja apto a conservar a integridade de seu conteúdo e idôneo a apontar sua autoria, independentemente da tecnologia empregada.

298 – Arts. 212 e 225: Os arquivos eletrônicos incluem-se no conceito de "reproduções eletrônicas de fatos ou de coisas" do art. 225 do Código Civil, aos quais deve ser aplicado o regime jurídico da prova documental.

299 – Art. 2.028: Iniciada a contagem de determinado prazo sob a égide do Código Civil de 1916, e vindo a lei nova a reduzi-lo, prevalecerá o prazo antigo, desde que transcorrido mais de metade deste na data da entrada em vigor do novo Código. O novo prazo será contado a partir de 11 de janeiro de 2003, desprezando-se o tempo anteriormente decorrido, salvo quando o não-aproveitamento do prazo já vencido implicar aumento do prazo prescricional previsto na lei revogada, hipótese em que deve ser aproveitado o prazo já transcorrido durante o domínio da lei antiga, estabelecendo-se uma continuidade temporal.

300 – Art. 2.035: A lei aplicável aos efeitos atuais dos contratos celebrados antes do novo Código Civil será a vigente na época da celebração; todavia, havendo alteração legislativa que evidencie anacronismo da lei revogada, o juiz equilibrará as obrigações das partes contratantes, ponderando os interesses traduzidos pelas regras revogada e revogadora, bem como a natureza e a finalidade do negócio.

• V JORNADA DE DIREITO CIVIL

397 – Art. 5º: A emancipação por concessão dos pais ou por sentença do juiz está sujeita à desconstituição por vício de vontade.

398 – Art. 12, parágrafo único: As medidas previstas no art. 12, parágrafo único, do Código Civil podem ser invocadas por qualquer uma das pessoas ali mencionadas de forma concorrente e autônoma.

399 – Arts. 12, parágrafo único e 20, parágrafo único: Os poderes conferidos aos legitimados para a tutela post mortem dos direitos da personalidade, nos termos dos arts. 12, parágrafo único, e 20, parágrafo único, do CC, não compreendem a faculdade de limitação voluntária.

400 – Arts. 12, parágrafo único, e 20, parágrafo único: Os parágrafos únicos dos arts. 12 e 20 asseguram legitimidade, por direito próprio, aos parentes, cônjuge ou companheiro para a tutela contra lesão perpetrada post mortem.

401 – Art. 13: Não contraria os bons costumes a cessão gratuita de direitos de uso de material biológico para fins de pesquisa científica, desde que a manifestação de vontade tenha sido livre, esclarecida e puder ser revogada a qualquer tempo, conforme as normas éticas que regem a pesquisa científica e o respeito aos direitos fundamentais.

402 – Art. 14, parágrafo único: O art. 14, parágrafo único, do Código Civil, fundado no consentimento informado, não dispensa o consentimento dos adolescentes para a doação de medula óssea prevista no art. 9º, § 6º, da Lei n. 9.434/1997 por aplicação analógica dos arts. 28, § 2º (alterado pela Lei n. 12.010/2009), e 45, § 2º, do ECA.

403 – Art. 15: O Direito à inviolabilidade de consciência e de crença, previsto no art. 5º, VI, da Constituição Federal, aplica-se também à pessoa que se nega a tratamento médico, inclusive transfusão de sangue, com ou sem risco de morte, em razão do tratamento ou da falta dele, desde que observados os seguintes critérios: a) capacidade civil plena, excluído o suprimento pelo representante ou assistente; b) manifestação de vontade livre, consciente e informada; e c) oposição que diga respeito exclusivamente à própria pessoa do declarante.

404 – Art. 21: A tutela da privacidade da pessoa humana compreende os controles espacial, contextual e temporal dos próprios dados, sendo necessário seu expresso consentimento para tratamento de informações que versem especialmente o estado de saúde, a condição sexual, a origem racial ou étnica, as convicções religiosas, filosóficas e políticas.

405 – Art. 21: As informações genéticas são parte da vida privada e não podem ser utilizadas para fins diversos daqueles que motivaram seu armazenamento, registro ou uso, salvo com autorização do titular.

406 – Art. 50: A desconsideração da personalidade jurídica alcança os grupos de sociedade quando estiverem presentes os pressupostos do art. 50 do Código Civil e houver prejuízo para os credores até o limite transferido entre as sociedades.

407 – Art. 61: A obrigatoriedade de destinação do patrimônio líquido remanescente da associação à instituição municipal, estadual ou federal de fins idênticos ou semelhantes, em face da omissão do estatuto, possui caráter subsidiário, devendo prevalecer a vontade dos associados, desde que seja contemplada entidade que persiga fins não econômicos.

408 – Arts. 70 e 7º da Lei de Introdução às Normas do Direito Brasileiro: Para efeitos de interpretação da expressão "domicílio" do art. 7º da Lei de Introdução às Normas do Direito Brasileiro, deve ser considerada, nas hipóteses de litígio internacional relativo a criança ou adolescente, a residência habitual destes, pois se trata de situação fática internacionalmente aceita e conhecida.

409 – Art. 113: Os negócios jurídicos devem ser interpretados não só conforme a boa-fé e os usos do lugar de sua celebração, mas também de acordo com as práticas habitualmente adotadas entre as partes.

410 – Art. 157: A inexperiência a que se refere o art. 157 não deve necessariamente significar imaturidade ou desconhecimento em relação à prática de negócios jurídicos em geral, podendo ocorrer também quando o lesado, ainda que estipule contratos costumeiramente, não tenha conhecimento específico sobre o negócio em causa.

411 – Art. 186: O descumprimento de contrato pode gerar dano moral quando envolver valor fundamental protegido pela Constituição Federal de 1988.

412 – Art. 187: As diversas hipóteses de exercício inadmissível de uma situação jurídica subjetiva, tais como supressio, tu quoque, surrectio e venire contra factum proprium, são concreções da boa-fé objetiva.

413 – Art. 187: Os bons costumes previstos no art. 187 do CC possuem natureza subjetiva, destinada ao controle da moralidade social de determinada época, e objetiva, para permitir a sindicância da violação dos negócios jurídicos em questões não abrangidas pela função social e pela boa-fé objetiva.

414 – Art. 187: A cláusula geral do art. 187 do Código Civil tem fundamento constitucional nos princípios da solidariedade, devido processo legal e proteção da confiança, e aplica-se a todos os ramos do direito.

415 – Art. 190: O art. 190 do Código Civil refere-se apenas às exceções impróprias (dependentes/não autônomas). As exceções propriamente ditas (independentes/autônomas) são imprescritíveis.

416 – Art. 202: A propositura de demanda judicial pelo devedor, que importe impugnação do débito contratual ou de cártula representativa do direito do credor, é causa interruptiva da prescrição.

417 – Art. 202, I: O art. 202, I, do CC deve ser interpretado sistematicamente com o art. 219, § 1º, do CPC, de modo a se entender que o efeito interruptivo da prescrição produzido pelo despacho que ordena a citação é retroativo até a data da propositura da demanda.

418 – Art. 206: O prazo prescricional de três anos para a pretensão relativa a aluguéis aplica-se aos contratos de locação de imóveis celebrados com a administração pública.

419 – Art. 206, § 3º, V: O prazo prescricional de três anos para a pretensão de reparação civil aplica-se tanto à responsabilidade contratual quanto à responsabilidade extracontratual.

420 – Art. 206, § 3º, V: Não se aplica o art. 206, § 3º, V, do Código Civil às pretensões indenizatórias decorrentes de acidente de trabalho, após a vigência da Emenda Constitucional n. 45, incidindo a regra do art. 7º, XXIX, da Constituição da República.

• VI JORNADA DE DIREITO CIVIL

530 – Art. 5º, parágrafo único: A emancipação, por si só, não elide a incidência do Estatuto da Criança e do Adolescente.

531 – Art. 11: A tutela da dignidade da pessoa humana na sociedade da informação inclui o direito ao esquecimento.

532 – Arts. 11 e 13: É permitida a disposição gratuita do próprio corpo com objetivos exclusivamente científicos, nos termos dos artigos 11 e 13 do Código Civil.

533 – Art. 15: O paciente plenamente capaz poderá deliberar sobre todos os aspectos concernentes a tratamento médico que possa lhe causar risco de vida, seja imediato ou mediato, salvo as situações de emergência ou no curso de procedimentos médicos cirúrgicos que não possam ser interrompidos.

534 – Art. 53: As associações podem desenvolver atividade econômica, desde que não haja finalidade lucrativa.

535 – Art. 93: Para a existência da pertença, o art. 93 do Código Civil não exige elemento subjetivo como requisito para o ato de destinação.

536 – Art. 169: Resultando do negócio jurídico nulo consequências patrimoniais capazes de ensejar pretensões, é possível, quanto a estas, a incidência da prescrição.

537 – Art. 169: A previsão contida no art. 169 não impossibilita que, excepcionalmente, negócios jurídicos nulos produzam efeitos a serem preservados quando justificados por interesses merecedores de tutela.

538 – Art. 179: No que diz respeito a terceiros eventualmente prejudicados, o prazo decadencial de que trata o art. 179 do Código Civil não se conta da celebração do negócio jurídico, mas da ciência que dele tiverem.

539 – Art. 187: O abuso de direito é uma categoria jurídica autônoma em relação à responsabilidade civil. Por isso, o exercício abusivo de posições jurídicas desafia controle independentemente de dano.

• VII JORNADA DE DIREITO CIVIL

576 – O direito ao esquecimento pode ser assegurado por tutela judicial inibitória.

577 – A possibilidade de instituição de categorias de associados com vantagens especiais admite a atribuição de pesos diferenciados ao direito de voto, desde que isso não acarrete a sua supressão em relação a matérias previstas no art. 59 do CC.

578 – Sendo a simulação causa de nulidade do negócio jurídico, sua alegação prescinde de ação própria.

579 – Nas pretensões decorrentes de doenças profissionais ou de caráter progressivo, o cômputo da prescrição iniciar-se-á somente a partir da ciência inequívoca da incapacidade do indivíduo, da origem e da natureza dos danos causados.

580 – É de 3 anos, pelo art. 206, § 3º, V, do CC, o prazo prescricional para a pretensão indenizatória da seguradora contra o causador de dano ao segurado, pois a seguradora sub-roga-se em seus direitos.

581 – Em complemento ao Enunciado 295, a decretação *ex officio* da prescrição ou da decadência deve ser precedida de oitiva das partes.

• VIII JORNADA DE DIREITO CIVIL

613 – Art. 12: A liberdade de expressão não goza de posição preferencial em relação aos direitos da personalidade no ordenamento jurídico brasileiro.

614 – Art. 39: Os efeitos patrimoniais da presunção de morte posterior à declaração da ausência são aplicáveis aos casos do art. 7º, de modo que, se o presumivelmente morto reaparecer nos dez anos seguintes à abertura da sucessão, receberá igualmente os bens existentes no estado em que se acharem.

615 – Art. 53: As associações civis podem sofrer transformação, fusão, incorporação ou cisão.

616 – Art. 166: Os requisitos de validade previstos no Código Civil são aplicáveis aos negócios jurídicos processuais, observadas as regras processuais pertinentes.

617 – Art. 187: O abuso do direito impede a produção de efeitos do ato abusivo de exercício, na extensão necessária a evitar sua manifesta contrariedade à boa-fé, aos bons costumes, à função econômica ou social do direito exercido.

• IX JORNADA DE DIREITO CIVIL

645 – Art. 8º: A comoriência pode ocorrer em quaisquer das espécies de morte previstas no direito civil brasileiro.

646 – Art. 13: A exigência de autorização de cônjuges ou companheiros, para utilização de métodos contraceptivos invasivos, viola o direito à disposição do próprio corpo.

2. ENUNCIADOS DA PARTE ESPECIAL – OBRIGAÇÕES

• I JORNADA DE DIREITO CIVIL

15 – Art. 240: As disposições do art. 236 do novo Código Civil também são aplicáveis à hipótese do art. 240, in fine.

16 – Art. 299: O art. 299 do Código Civil não exclui a possibilidade da assunção cumulativa da dívida quando dois ou mais devedores se tornam responsáveis pelo débito com a concordância do credor.

18 – Art. 319: A "quitação regular" referida no art. 319 do novo Código Civil engloba a quitação dada por meios eletrônicos ou por quaisquer formas de "comunicação a distância", assim entendida aquela que permite ajustar negócios jurídicos e praticar atos jurídicos sem a presença corpórea simultânea das partes ou de seus representantes.

20 – Art. 406: A taxa de juros moratórios a que se refere o art. 406 é a do art. 161, § 1º, do Código Tributário Nacional, ou seja, um por cento ao mês. A utilização da taxa Selic como índice de apuração dos juros legais não é juridicamente segura, porque impede o prévio conhecimento dos juros; não é operacional, porque seu uso será inviável sempre que se calcularem somente juros ou somente correção monetária; é incompatível com a regra do art. 591 do novo Código Civil, que permite apenas a capitalização anual dos juros, e pode ser incompatível com o art. 192, § 3º, da Constituição Federal, se resultarem juros reais superiores a doze por cento ao ano.

• III JORNADA DE DIREITO CIVIL

160 – Art. 243: A obrigação de creditar dinheiro em conta vinculada de FGTS é obrigação de dar, obrigação pecuniária, não afetando a natureza da obrigação a circunstância de a disponibilidade do dinheiro depender da ocorrência de uma das hipóteses previstas no art. 20 da Lei n. 8.036/90.

161 – Art. 389 e 404: Os honorários advocatícios previstos nos arts. 389 e 404 do Código Civil apenas têm cabimento quando ocorre a efetiva atuação profissional do advogado.

162 – Art. 395: A inutilidade da prestação que autoriza a recusa da prestação por parte do credor deverá ser aferida objetivamente, consoante o princípio da boa-fé e a manutenção do sinalagma, e não de acordo com o mero interesse subjetivo do credor.

163 – Art. 405: A regra do art. 405 do novo Código Civil aplica-se somente à responsabilidade contratual, e não aos juros moratórios na responsabilidade extracontratual, em face do disposto no art. 398 do novo Código Civil, não afastando, pois, o disposto na Súmula 54 do STJ.

164 – Art. 406, 2.044 e 2045: Tendo início a mora do devedor ainda na vigência do Código Civil de 1916, são devidos juros de mora de 6% ao ano, até 10 de janeiro de 2003; a partir de 11 de janeiro de 2003 (data de entrada em vigor do novo Código Civil), passa a incidir o art. 406 do Código Civil de 2002.

165 – Art. 413: Em caso de penalidade, aplica-se a regra do art. 413 ao sinal, sejam as arras confirmatórias ou penitenciais.

• IV JORNADA DE DIREITO CIVIL

347: A solidariedade admite outras disposições de conteúdo particular além do rol previsto no art. 266 do Código Civil.

348: O pagamento parcial não implica, por si só, renúncia à solidariedade, a qual deve derivar dos termos expressos da quitação ou, inequivocamente, das circunstâncias do recebimento da prestação pelo credor.

349 – Art. 282. Com a renúncia da solidariedade quanto a apenas um dos devedores solidários, o credor só poderá cobrar do beneficiado a sua quota na dívida; permanecendo a solidariedade quanto aos demais devedores, abatida do débito a parte correspondente aos beneficiados pela renúncia.

350 – Art. 284. A renúncia à solidariedade diferencia-se da remissão, em que o devedor fica inteiramente liberado do vínculo obrigacional, inclusive no que tange ao rateio da quota do eventual codevedor insolvente, nos termos do art. 284.

351 – Art. 282. A renúncia à solidariedade em favor de determinado devedor afasta a hipótese de seu chamamento ao processo.

352 – Art. 300. Salvo expressa concordância dos terceiros, as garantias por eles prestadas se extinguem com a assunção de dívida; já as garantias prestadas pelo devedor primitivo somente são mantidas no caso em que este concorde com a assunção.

353 – Art. 303. A recusa do credor, quando notificado pelo adquirente de imóvel hipotecado, comunicando-lhe o interesse em assumir a obrigação, deve ser justificada.

354 – Art. 395, 396 e 408. A cobrança de encargos e parcelas indevidas ou abusivas impede a caracterização da mora do devedor.

355 – Art. 413. Não podem as partes renunciar à possibilidade de redução da cláusula penal se ocorrer qualquer das hipóteses previstas no art. 413 do Código Civil, por se tratar de preceito de ordem pública.

356 – Art. 413. Nas hipóteses previstas no art. 413 do Código Civil, o juiz deverá reduzir a cláusula penal de ofício.

357 – Art. 413. O art. 413 do Código Civil é o que complementa o art. 4º da Lei n. 8.245/91. Revogado o Enunciado 179 da III Jornada.

358 – Art. 413. O caráter manifestamente excessivo do valor da cláusula penal não se confunde com a alteração de circunstâncias, a excessiva onerosidade e a frustração do fim do negócio jurídico, que podem incidir autonomamente e possibilitar sua revisão para mais ou para menos.

359 – Art. 413. A redação do art. 413 do Código Civil não impõe que a redução da penalidade seja proporcionalmente idêntica ao percentual adimplido.

• V JORNADA DE DIREITO CIVIL

421 – Arts. 112 e 113: Os contratos coligados devem ser interpretados segundo os critérios hermenêuticos do Código Civil, em especial os dos arts. 112 e 113, considerada a sua conexão funcional.

422: A expressão "garantias especiais" constante do art. 300 do CC/2002 refere-se a todas as garantias, quaisquer delas, reais ou fidejussórias, que tenham sido prestadas voluntária e originariamente pelo devedor primitivo ou por terceiro, vale dizer, aquelas que dependeram da vontade do garantidor, devedor ou terceiro para se constituírem.

423: O art. 301 do CC deve ser interpretado de forma a também abranger os negócios jurídicos nulos e a significar a continuidade da relação obrigacional originária em vez de "restauração", porque, envolvendo hipótese de transmissão, aquela relação nunca deixou de existir.

424: A comprovada ciência de que o reiterado pagamento é feito por terceiro no interesse próprio produz efeitos equivalentes aos da notificação de que trata o art. 303, segunda parte.

425: O pagamento repercute no plano da eficácia, e não no plano da validade como preveem os arts. 308, 309 e 310 do Código Civil.

426: Os honorários advocatícios previstos no art. 389 do Código Civil não se confundem com as verbas de sucumbência, que, por força do art. 23 da Lei n. 8.906/1994, pertencem ao advogado.

427: É válida a notificação extrajudicial promovida em serviço de registro de títulos e documentos de circunscrição judiciária diversa da do domicílio do devedor.

428: Os juros de mora, nas obrigações negociais, fluem a partir do advento do termo da prestação, estando a incidência do disposto no art. 405 da codificação limitada às hipóteses em que a citação representa o papel de notificação do devedor ou àquelas em que o objeto da prestação não tem liquidez.

429: As multas previstas nos acordos e convenções coletivas de trabalho, cominadas para impedir o descumprimento das disposições normativas constantes desses instrumentos, em razão da negociação coletiva dos sindicatos e empresas, têm natureza de cláusula penal e, portanto, podem ser reduzidas pelo juiz do trabalho quando cumprida parcialmente a cláusula ajustada ou quando se tornarem excessivas para o fim proposto, nos termos do art. 413 do Código Civil.

430: No contrato de adesão, o prejuízo comprovado do aderente que exceder ao previsto na cláusula penal compensatória poderá ser exigido pelo credor independentemente de convenção.

• VI JORNADA DE DIREITO CIVIL

540 – Art. 263: Havendo perecimento do objeto da prestação indivisível por culpa de apenas um dos devedores, todos respondem, de maneira divisível, pelo equivalente e só o culpado, pelas perdas e danos.

• VIII JORNADA DE DIREITO CIVIL

618 – Art. 288: O devedor não é terceiro para fins de aplicação do art. 288 do Código Civil, bastando a notificação prevista no art. 290 para que a cessão de crédito seja eficaz perante ele.

619 – Art. 397: A interpelação extrajudicial de que trata o parágrafo único do art. 397 do Código Civil admite meios eletrônicos como e-mail ou aplicativos de conversa on-line, desde que demonstrada a ciência inequívoca do interpelado, salvo disposição em contrário no contrato.

620 – Art. 884: A obrigação de restituir o lucro da intervenção, entendido como a vantagem patrimonial auferida a partir da exploração não autorizada de bem ou direito alheio, fundamenta-se na vedação do enriquecimento sem causa.

- **IX JORNADA DE DIREITO CIVIL**

647 – Art. 251: A obrigação de não fazer é compatível com o inadimplemento relativo (mora), desde que implique o cumprimento de prestações de execução continuada ou permanente e ainda útil ao credor.

648 – Art. 299: Aplica-se à cessão da posição contratual, no que couber, a disciplina da transmissão das obrigações prevista no CC, em particular a expressa anuência do cedido, ex vi do art. 299 do CC.

649 – Art. 413: O art. 421-A, inc. I, confere às partes a possibilidade de estabelecerem critérios para a redução da cláusula penal, desde que não seja afastada a incidência do art. 413.

3. ENUNCIADOS DA PARTE ESPECIAL – CONTRATOS

- **I JORNADA DE DIREITO CIVIL**

17 – Art. 317: A interpretação da expressão "motivos imprevisíveis" constante do art. 317 do novo Código Civil deve abarcar tanto causas de desproporção não-previsíveis como também causas previsíveis, mas de resultados imprevisíveis.

21 – Art. 421: A função social do contrato, prevista no art. 421 do novo Código Civil, constitui cláusula geral a impor a revisão do princípio da relatividade dos efeitos do contrato em relação a terceiros, implicando a tutela externa do crédito.

22 – Art. 421: A função social do contrato, prevista no art. 421 do novo Código Civil, constitui cláusula geral que reforça o princípio de conservação do contrato, assegurando trocas úteis e justas.

23 – Art. 421: A função social do contrato, prevista no art. 421 do novo Código Civil, não elimina o princípio da autonomia contratual, mas atenua ou reduz o alcance desse princípio quando presentes interesses metaindividuais ou interesse individual relativo à dignidade da pessoa humana.

24 – Art. 422: Em virtude do princípio da boa-fé, positivado no art. 422 do novo Código Civil, a violação dos deveres anexos constitui espécie de inadimplemento, independentemente de culpa.

25 – Art. 422: O art. 422 do Código Civil não inviabiliza a aplicação pelo julgador do princípio da boa-fé nas fases pré-contratual e pós-contratual.

26 – Art. 422: A cláusula geral contida no art. 422 do novo Código Civil impõe ao juiz interpretar e, quando necessário, suprir e corrigir o contrato segundo a boa-fé objetiva, entendida como a exigência de comportamento leal dos contratantes.

27 – Art. 422: Na interpretação da cláusula geral da boa-fé, deve-se levar em conta o sistema do Código Civil e as conexões sistemáticas com outros estatutos normativos e fatores metajurídicos.

28 – Art. 445 (§§ 1º e 2º): O disposto no art. 445, §§ 1º e 2º, do Código Civil reflete a consagração da doutrina e da jurisprudência quanto à natureza decadencial das ações edilícias.

29 – Art. 456: A interpretação do art. 456 do novo Código Civil permite ao evicto a denunciação direta de qualquer dos responsáveis pelo vício.

30 – Art. 463: A disposição do parágrafo único do art. 463 do novo Código Civil deve ser interpretada como fator de eficácia perante terceiros.

31 – Art. 475: As perdas e danos mencionados no art. 475 do novo Código Civil dependem da imputabilidade da causa da possível resolução.

32 – Art. 534: No contrato estimatório (art. 534), o consignante transfere ao consignatário, temporariamente, o poder de alienação da coisa consignada com opção de pagamento do preço de estima ou sua restituição ao final do prazo ajustado.

33 – Art. 557: O novo Código Civil estabeleceu um novo sistema para a revogação da doação por ingratidão, pois o rol legal previsto no art. 557 deixou de ser taxativo, admitindo, excepcionalmente, outras hipóteses.

34 – Art. 591: No novo Código Civil, quaisquer contratos de mútuo destinados a fins econômicos presumem-se onerosos (art. 591), ficando a taxa de juros compensatórios limitada ao disposto no art. 406, com capitalização anual.

35 – Art. 884: A expressão "se enriquecer à custa de outrem" do art. 886 do novo Código Civil não significa, necessariamente, que deverá haver empobrecimento.

36 – Art. 886: O art. 886 do novo Código Civil não exclui o direito à restituição do que foi objeto de enriquecimento sem causa nos casos em que os meios alternativos conferidos ao lesado encontram obstáculos de fato.

- **III JORNADA DE DIREITO CIVIL**

166 – Arts. 421 e 422 ou 113: A frustração do fim do contrato, como hipótese que não se confunde com a impossibilidade da prestação ou com a excessiva onerosidade, tem guarida no Direito Brasileiro pela aplicação do art. 421 do Código Civil.

167 – Arts. 421 a 424: Com o advento do Código Civil de 2002, houve forte aproximação principiológica entre esse Código e o Código de Defesa do Consumidor no que respeita à regulação contratual, uma vez que ambos são incorporadores de uma nova teoria geral dos contratos.

168 – Art. 422: O princípio da boa-fé objetiva importa no reconhecimento de um direito a cumprir em favor do titular passivo da obrigação.

169 – Art. 422: O princípio da boa-fé objetiva deve levar o credor a evitar o agravamento do próprio prejuízo.

170 – Art. 422: A boa-fé objetiva deve ser observada pelas partes na fase de negociações preliminares e após a execução do contrato, quando tal exigência decorrer da natureza do contrato.

171 – Art. 423: O contrato de adesão, mencionado nos arts. 423 e 424 do novo Código Civil, não se confunde com o contrato de consumo.

172 – Art. 424: As cláusulas abusivas não ocorrem exclusivamente nas relações jurídicas de consumo. Dessa forma, é possível a identificação de cláusulas abusivas em contratos civis comuns, como, por exemplo, aquela estampada no art. 424 do Código Civil de 2002.

173 – Art. 434: A formação dos contratos realizados entre pessoas ausentes, por meio eletrônico, completa-se com a recepção da aceitação pelo proponente.

174 – Art. 445: Em se tratando de vício oculto, o adquirente tem os prazos do caput do art. 445 para obter redibição ou abatimento de preço, desde que os vícios se revelem nos prazos estabelecidos no § 1º, fluindo, entretanto, a partir do conhecimento do defeito.

175 – Art. 478: A menção à imprevisibilidade e à extraordinariedade, insertas no art. 478 do Código Civil, deve ser interpretada não somente em relação ao fato que gere o desequilíbrio, mas também em relação às consequências que ele produz.

176 – Art. 478: Em atenção ao princípio da conservação dos negócios jurídicos, o art. 478 do Código Civil de 2002 deverá conduzir, sempre que possível, à revisão judicial dos contratos e não à resolução contratual.

177 – Art. 496: Por erro de tramitação, que retirou a segunda hipótese de anulação de venda entre parentes (venda de descendente para ascendente), deve ser desconsiderada a expressão "em ambos os casos", no parágrafo único do art. 496.

178 – Art. 528: Na interpretação do art. 528, devem ser levadas em conta, após a expressão "a benefício de", as palavras "seu crédito, excluída a concorrência de", que foram omitidas por manifesto erro material.

180 – Arts. 575 e 582: A regra do parágrafo único do art. 575 do novo Código Civil, que autoriza a limitação pelo juiz do aluguel-pena arbitrado pelo locador, aplica-se também ao aluguel arbitrado pelo comodante, autorizado pelo art. 582, 2ª parte, do novo Código Civil.

181 – Art. 618: O prazo referido no art. 618, parágrafo único, do Código Civil refere-se unicamente à garantia prevista no caput, sem prejuízo de poder o dono da obra, com base no mau cumprimento do contrato de empreitada, demandar perdas e danos.

182 – Art. 655: O mandato outorgado por instrumento público previsto no art. 655 do Código Civil somente admite substabelecimento por instrumento particular quando a forma pública for facultativa e não integrar a substância do ato.

183 – Arts. 660 e 661: Para os casos em que o parágrafo primeiro do art. 661 exige poderes especiais, a procuração deve conter a identificação do objeto.

184 – Arts. 664 e 681: Da interpretação conjunta desses dispositivos, extrai-se que o mandatário tem o direito de reter, do objeto da operação que lhe foi cometida, tudo o que lhe for devido em virtude do mandato, incluindo-se a remuneração ajustada e o reembolso de despesas.

185 – Art. 757: A disciplina dos seguros do Código Civil e as normas da previdência privada que impõem a contratação exclusivamente por meio de entidades legalmente autorizadas não impedem a formação de grupos restritos de ajuda mútua, caracterizados pela autogestão.

186 – Art. 790: O companheiro deve ser considerado implicitamente incluído no rol das pessoas tratadas no art. 790, parágrafo único, por possuir interesse legítimo no seguro da pessoa do outro companheiro.

187 – Art. 798: No contrato de seguro de vida, presume-se, de forma relativa, ser premeditado o suicídio cometido nos dois primeiros anos de vigência da cobertura, ressalvado ao beneficiário o ônus de demonstrar a ocorrência do chamado "suicídio involuntário".

188 – Art. 884: A existência de negócio jurídico válido e eficaz é, em regra, uma justa causa para o enriquecimento.

• IV JORNADA DE DIREITO CIVIL

360 – Art. 421: O princípio da função social dos contratos também pode ter eficácia interna entre as partes contratantes.

361 – Arts. 421, 422 e 475: O adimplemento substancial decorre dos princípios gerais contratuais, de modo a fazer preponderar a função social do contrato e o princípio da boa-fé objetiva, balizando a aplicação do art. 475.

362 – Art. 422: A vedação do comportamento contraditório (venire contra factum proprium) funda-se na proteção da confiança, tal como se extrai dos arts. 187 e 422 do Código Civil.

363 – Art. 422: Os princípios da probidade e da confiança são de ordem pública, sendo obrigação da parte lesada apenas demonstrar a existência da violação.

364 – Arts. 424 e 828: No contrato de fiança é nula a cláusula de renúncia antecipada ao benefício de ordem quando inserida em contrato de adesão.

365 – Art. 478. A extrema vantagem do art. 478 deve ser interpretada como elemento acidental da alteração das circunstâncias, que comporta a incidência da resolução ou revisão do negócio por onerosidade excessiva, independentemente de sua demonstração plena.

366 – Art. 478: O fato extraordinário e imprevisível causador de onerosidade excessiva é aquele que não está coberto objetivamente pelos riscos próprios da contratação.

367 – Art. 479: Em observância ao princípio da conservação do contrato, nas ações que tenham por objeto a resolução do pacto por excessiva onerosidade, pode o juiz modificá-lo equitativamente, desde que ouvida a parte autora, respeitada sua vontade e observado o contraditório.

368 – Art. 496: O prazo para anular venda de ascendente para descendente é decadencial de dois anos (art. 179 do Código Civil).

369 – Arts. 732 e 735: Diante do preceito constante no art. 732 do Código Civil, teleologicamente e em uma visão constitucional de unidade do sistema, quando o contrato de transporte constituir uma relação de consumo, aplicam-se as normas do Código de Defesa do Consumidor que forem mais benéficas a este.

370 – Art. 757: Nos contratos de seguro por adesão, os riscos predeterminados indicados no art. 757, parte final, devem ser interpretados de acordo com os arts. 421, 422, 424, 759 e 799 do Código Civil e 1º, inc. III, da Constituição Federal.

371 – Art. 763: A mora do segurado, sendo de escassa importância, não autoriza a resolução do contrato, por atentar ao princípio da boa-fé objetiva.

372 – Art. 766: Em caso de negativa de cobertura securitária por doença preexistente, cabe à seguradora comprovar que o segurado tinha conhecimento inequívoco daquela.

• V JORNADA DE DIREITO CIVIL

431 – Art. 421: A violação do art. 421 conduz à invalidade ou à ineficácia do contrato ou de cláusulas contratuais.

432 – Art. 422: Em contratos de financiamento bancário, são abusivas cláusulas contratuais de repasse de custos administrativos (como análise do crédito, abertura de cadastro, emissão de fichas de compensação bancária, etc.), seja por estarem intrinsecamente vinculadas ao exercício da atividade econômica, seja por violarem o princípio da boa-fé objetiva.

433 – Art. 424: A cláusula de renúncia antecipada ao direito de indenização e retenção por benfeitorias necessárias é nula em contrato de locação de imóvel urbano feito nos moldes do contrato de adesão.

434 – Art. 456: A ausência de denunciação da lide ao alienante, na evicção, não impede o exercício de pretensão reparatória por meio de via autônoma.

435 – Art. 462: O contrato de promessa de permuta de bens imóveis é título passível de registro na matrícula imobiliária.

436 – Art. 474: A cláusula resolutiva expressa produz efeitos extintivos independentemente de pronunciamento judicial.

437 – Art. 475: A resolução da relação jurídica contratual também pode decorrer do inadimplemento antecipado.

438 – Art. 477: A exceção de inseguridade, prevista no art. 477, também pode ser oposta à parte cuja conduta põe, manifestamente em risco, a execução do programa contratual.

439 – Art. 478: A revisão do contrato por onerosidade excessiva fundada no Código Civil deve levar em conta a natureza do objeto do contrato. Nas relações empresariais, observar-se-á a sofisticação dos contratantes e a alocação de riscos por eles assumidas com o contrato.

440 – Art. 478: É possível a revisão ou resolução por excessiva onerosidade em contratos aleatórios, desde que o evento superveniente, extraordinário e imprevisível não se relacione com a álea assumida no contrato.

441 – Art. 488, parágrafo único: Na falta de acordo sobre o preço, não se presume concluída a compra e venda. O parágrafo único do art. 488 somente se aplica se houverem diversos preços habitualmente praticados pelo vendedor, caso em que prevalecerá o termo médio.

442 – Art. 844: A transação, sem a participação do advogado credor dos honorários, é ineficaz quanto aos honorários de sucumbência definidos no julgado.

373 – Art. 787: Embora sejam defesos pelo § 2º do art. 787 do Código Civil, o reconhecimento da responsabilidade, a confissão da ação ou a transação não retiram do segurado o direito à garantia, sendo apenas ineficazes perante a seguradora.

374 – Arts. 792 e 795: No contrato de seguro, o juiz deve proceder com equidade, atentando às circunstâncias reais, e não a probabilidades infundadas, quanto à agravação dos riscos.

375 – Art. 801: No seguro em grupo de pessoas, exige-se o quórum qualificado de 3/4 do grupo, previsto no § 2º do art. 801 do Código Civil, apenas quando as modificações impuserem novos ônus aos participantes ou restringirem seus direitos na apólice em vigor.

376 – Art. 763: Para efeito de aplicação do art. 763 do Código Civil, a resolução do contrato depende de prévia interpelação.

• VI JORNADA DE DIREITO CIVIL

541 – O contrato de prestação de serviço pode ser gratuito.

542 – A recusa de renovação das apólices de seguro de vida pelas seguradoras em razão da idade do segurado é discriminatória e atenta contra a função social do contrato.

543 – Constitui abuso do direito a modificação acentuada das condições do seguro de vida e de saúde pela seguradora quando da renovação do contrato.

544 – O seguro de responsabilidade civil facultativo garante dois interesses, o do segurado contra os efeitos patrimoniais da imputação de responsabilidade e o da vítima à indenização, ambos destinatários da garantia, com pretensão própria e independente contra a seguradora.

545 – O prazo para pleitear a anulação de venda de ascendente a descendente sem anuência dos demais descendentes e/ou do cônjuge do alienante é de 2 (dois) anos, contados da ciência do ato, que se presume absolutamente, em se tratando de transferência imobiliária, a partir da data do registro de imóveis.

546: O § 2º do art. 787 do Código Civil deve ser interpretado em consonância com o art. 422 do mesmo diploma legal, não obstando o direito à indenização e ao reembolso.

547 – Na hipótese de alteração da obrigação principal sem o consentimento do fiador, a exoneração deste é automática, não se aplicando o disposto no art. 835 do Código Civil quanto à necessidade de permanecer obrigado pelo prazo de 60 (sessenta) dias após a notificação ao credor, ou de 120 (cento e dias) dias no caso de fiança locatícia.

548 – Caracterizada a violação de dever contratual, incumbe ao devedor o ônus de demonstrar que o fato causador do dano não lhe pode ser imputado.

549 – A promessa de doação no âmbito da transação constitui obrigação positiva e perde o caráter de liberalidade previsto no art. 538 do Código Civil.

• VII JORNADA DE DIREITO CIVIL

582 – Com suporte na liberdade contratual e, portanto, em concretização da autonomia privada, as partes podem pactuar garantias contratuais atípicas.

583 – O art. 441 do código civil deve ser interpretado no sentido de abranger também os contratos aleatórios, desde que não inclua os elementos aleatórios do contrato.

584 – Desde que não haja forma exigida para a substância do contrato, admite-se que o distrato seja pactuado por forma livre.

585 – Impõe-se o pagamento de indenização do seguro mesmo diante de condutas, omissões ou declarações ambíguas do segurado que não guardem relação com o sinistro.

586 – Para a caracterização do adimplemento substancial (tal qual reconhecido pelo enunciado 361 da IV jornada de direito civil – CJF), levam-se em conta tanto aspectos quantitativos quanto qualitativos.

• VIII JORNADA DE DIREITO CIVIL

621 – Art. 421: Os contratos coligados devem ser interpretados a partir do exame do conjunto das cláusulas contratuais, de forma a privilegiar a finalidade negocial que lhes é comum.

622 – Art. 541: Para a análise do que seja bem de pequeno valor, nos termos do que consta do art. 541, parágrafo único, do Código Civil, deve-se levar em conta o patrimônio do doador.

• IX JORNADA DE DIREITO CIVIL

650 – Art. 421: O conceito de pessoa superendividada, previsto no art. 54-A, §1º, do Código de Defesa do Consumidor, deve abranger, além das dívidas de consumo, as dívidas em geral, de modo a se verificar o real grau de comprometimento do seu patrimônio mínimo para uma existência digna.

651 – Art. 447: A evicção pode decorrer tanto de decisão judicial como de outra origem, a exemplo de ato administrativo.

652 – Art. 476: É possível opor exceção de contrato não cumprido com base na violação de deveres de conduta gerados pela boa-fé objetiva.

654 – Art. 544: Em regra, é válida a doação celebrada entre cônjuges que vivem sob o regime da separação obrigatória de bens.

656 – Art. 765: Do princípio da boa-fé objetiva, resulta o direito do segurado, ou do beneficiário, de acesso aos relatórios e laudos técnicos produzidos na regulação do sinistro.

657 – Art. 765: Diante do princípio da boa-fé objetiva, o regulador do sinistro tem o dever de probidade, imparcialidade e celeridade, o que significa que deve atuar com correção no cumprimento de suas atividades.

4. ENUNCIADOS DA PARTE ESPECIAL – RESPONSABILIDADE CIVIL

• I JORNADA DE DIREITO CIVIL

38 – A responsabilidade fundada no risco da atividade, como prevista na segunda parte do parágrafo único do art. 927 do novo Código Civil, configura-se quando a atividade normalmente desenvolvida pelo autor do dano causar a pessoa determinada um ônus maior do que aos demais membros da coletividade.

39 – A impossibilidade de privação do necessário à pessoa, prevista no art. 928, traduz um dever de indenização equitativa, informado pelo princípio constitucional da proteção à dignidade da pessoa humana. Como consequência, também os pais, tutores e curadores serão beneficiados pelo limite humanitário do dever de indenizar, de modo que a passagem ao patrimônio do incapaz se dará não quando esgotados todos os recursos do responsável, mas se reduzidos estes ao montante necessário à manutenção de sua dignidade.

40 – O incapaz responde pelos prejuízos que causar de maneira subsidiária ou excepcionalmente como devedor principal, na hipótese do ressarcimento devido pelos adolescentes que praticarem atos infracionais nos termos do art. 116 do Estatuto da Criança e do Adolescente, no âmbito das medidas socioeducativas ali previstas.

42 – O art. 931 amplia o conceito de fato do produto existente no art. 12 do Código de Defesa do Consumidor, imputando responsabilidade civil à empresa e aos empresários individuais vinculados à circulação dos produtos.

43 – A responsabilidade civil pelo fato do produto, prevista no art. 931 do novo Código Civil, também inclui os riscos do desenvolvimento.

44 – Na hipótese do art. 934, o empregador e o comitente somente poderão agir regressivamente contra o empregado ou preposto se estes tiverem causado dano com dolo ou culpa.

45 – No caso do art. 935, não mais se poderá questionar a existência do fato ou quem seja o seu autor se essas questões se acharem categoricamente decididas no juízo criminal.

46 – A possibilidade de redução do montante da indenização em face do grau de culpa do agente, estabelecida no parágrafo único do art. 944 do novo Código Civil, deve ser interpretada restritivamente, por representar uma exceção ao princípio da reparação integral do dano, não se aplicando às hipóteses de responsabilidade objetiva. (Alterado pelo Enunciado 380 – IV Jornada).

47 – O art. 945 do novo Código Civil, que não encontra correspondente no Código Civil de 1916, não exclui a aplicação da teoria da causalidade adequada.

48 – O parágrafo único do art. 950 do novo Código Civil institui direito potestativo do lesado para exigir pagamento da indenização de uma só vez, mediante arbitramento do valor pelo juiz, atendidos os arts. 944 e 945 e a possibilidade econômica do ofensor.

49 – A regra do art. 1.228, § 2º, do novo Código Civil interpreta-se restritivamente, em harmonia com o princípio da função social da propriedade e com o disposto no art. 187.

50 – A partir da vigência do novo Código Civil, o prazo prescricional das ações de reparação de danos que não houver atingido a metade do tempo previsto no Código Civil de 1916 fluirá por inteiro, nos termos da nova lei (art. 206).

• III JORNADA DE DIREITO CIVIL

159 – O dano moral, assim compreendido todo dano extrapatrimonial, não se caracteriza quando há mero aborrecimento inerente a prejuízo material.

189 – Art. 927: Na responsabilidade civil por dano moral causado à pessoa jurídica, o fato lesivo, como dano eventual, deve ser devidamente demonstrado.

190 – Art. 931: A regra do art. 931 do novo Código Civil não afasta as normas acerca da responsabilidade pelo fato do produto previstas no art. 12 do Código de Defesa do Consumidor, que continuam mais favoráveis ao consumidor lesado.

191 – Art. 932: A instituição hospitalar privada responde, na forma do art. 932, III, do Código Civil, pelos atos culposos praticados por médicos integrantes de seu corpo clínico.

192 – Arts. 949 e 950: Os danos oriundos das situações previstas nos arts. 949 e 950 do Código Civil de 2002 devem ser analisados em conjunto, para o efeito de atribuir indenização por perdas e danos materiais, cumulada com dano moral e estético.

• IV JORNADA DE DIREITO CIVIL

377 – Art. 927: O art. 7º, inc. XXVIII, da Constituição Federal não é impedimento para a aplicação do disposto no art. 927, parágrafo único, do Código Civil quando se tratar de atividade de risco.

378 – Art. 931: Aplica-se o art. 931 do Código Civil, haja ou não relação de consumo.

379 – Art. 944: O art. 944, caput, do Código Civil não afasta a possibilidade de se reconhecer a função punitiva ou pedagógica da responsabilidade civil.

380 – Art. 944: Atribui-se nova redação ao Enunciado n. 46 da I Jornada de Direito Civil, pela supressão da parte final: não se aplicando às hipóteses de responsabilidade objetiva.

381 – Art. 950, parágrafo único: O lesado pode exigir que a indenização sob a forma de pensionamento seja arbitrada e paga de uma só vez, salvo impossibilidade econômica do devedor, caso em que o juiz poderá fixar outra forma de pagamento, atendendo à condição financeira do ofensor e aos benefícios resultantes do pagamento antecipado.

• V JORNADA DE DIREITO CIVIL

443 – Arts. 393 e 927: O caso fortuito e a força maior somente serão considerados como excludentes da responsabilidade civil quando o fato gerador do dano não for conexo à atividade desenvolvida.

444 – Art. 927: A responsabilidade civil pela perda de chance não se limita à categoria de danos extrapatrimoniais, pois, conforme as circunstâncias do caso concreto, a chance perdida pode apresentar também a natureza jurídica de dano patrimonial. A chance deve ser séria e real, não ficando adstrita a percentuais apriorísticos.

445 – Art. 927: O dano moral indenizável não pressupõe necessariamente a verificação de sentimentos humanos desagradáveis como dor ou sofrimento.

446 – Art. 927: A responsabilidade civil prevista na segunda parte do parágrafo único do art. 927 do Código Civil deve levar em consideração não apenas a proteção da vítima e a atividade do ofensor, mas também a prevenção e o interesse da sociedade.

447 – Art. 927: As agremiações esportivas são objetivamente responsáveis por danos causados a terceiros pelas torcidas organizadas, agindo nessa qualidade, quando, de qualquer modo, as financiem ou custeiem, direta ou indiretamente, total ou parcialmente.

448 – Art. 927: A regra do art. 927, parágrafo único, segunda parte, do CC aplica-se sempre que a atividade normalmente desenvolvida, mesmo sem defeito e não essencialmente perigosa, induza, por sua natureza, risco especial e diferenciado aos direitos de outrem. São critérios de avaliação desse risco, entre outros, a estatística, a prova técnica e as máximas de experiência.

449 – Art. 928, parágrafo único: A indenização equitativa a que se refere o art. 928, parágrafo único, do Código Civil não é necessariamente reduzida sem prejuízo do Enunciado n. 39 da I Jornada de Direito Civil.

450 – Art. 932, I: Considerando que a responsabilidade dos pais pelos atos danosos praticados pelos filhos menores é objetiva, e não por culpa presumida, ambos os genitores, no exercício do poder familiar, são, em regra, solidariamente responsáveis por tais atos, ainda que estejam separados, ressalvado o direito de regresso em caso de culpa exclusiva de um dos genitores.

451 – Arts. 932 e 933: A responsabilidade civil por ato de terceiro funda-se na responsabilidade objetiva ou independente de culpa, estando superado o modelo de culpa presumida.

452 – Art. 936: A responsabilidade civil do dono ou detentor de animal é objetiva, admitindo-se a excludente do fato exclusivo de terceiro.

453 – Art. 942: Na via regressiva, a indenização atribuída a cada agente será fixada proporcionalmente à sua contribuição para o evento danoso.

454 – Art. 943: O direito de exigir reparação a que se refere o art. 943 do Código Civil abrange inclusive os danos morais, ainda que a ação não tenha sido iniciada pela vítima.

455 – Art. 944: Embora o reconhecimento dos danos morais se dê, em numerosos casos, independentemente de prova (in re ipsa), para a sua adequada quantificação, deve o juiz investigar, sempre que entender necessário, as circunstâncias do caso concreto, inclusive por intermédio da produção de depoimento pessoal e da prova testemunhal em audiência.

456 – Art. 944: A expressão "dano" no art. 944 abrange não só os danos individuais, materiais ou imateriais, mas também os danos sociais, difusos, coletivos e individuais homogêneos a serem reclamados pelos legitimados para propor ações coletivas.

457 – Art. 944: A redução equitativa da indenização tem caráter excepcional e somente será realizada quando a amplitude do dano extrapolar os efeitos razoavelmente imputáveis à conduta do agente.

458 – Art. 944: O grau de culpa do ofensor, ou a sua eventual conduta intencional, deve ser levado em conta pelo juiz para a quantificação do dano moral.

459 – Art. 945: A conduta da vítima pode ser fator atenuante do nexo de causalidade na responsabilidade civil objetiva.

460 – Art. 951: A responsabilidade subjetiva do profissional da área da saúde, nos termos do art. 951 do Código Civil e do art. 14, § 4º, do Código de Defesa do Consumidor, não afasta a sua responsabilidade objetiva pelo fato da coisa da qual tem a guarda, em caso de uso de aparelhos ou instrumentos que, por eventual disfunção, venham a causar danos a pacientes, sem prejuízo do direito regressivo do profissional em relação ao fornecedor do aparelho e sem prejuízo da ação direta do paciente, na condição de consumidor, contra tal fornecedor.

- **VI JORNADA DE DIREITO CIVIL**

550 – Art. 186 e 944: A quantificação da reparação por danos extrapatrimoniais não deve estar sujeita a tabelamento ou a valores fixos.

551 – Arts. 186, 884, 927 e 944: Nas violações aos direitos relativos a marcas, patentes e desenhos industriais, será assegurada a reparação civil ao seu titular, incluídos tanto os danos patrimoniais como os danos extrapatrimoniais.

552 – 786, caput: Constituem danos reflexos reparáveis as despesas suportadas pela operadora de plano de saúde decorrentes de complicações de procedimentos por ela não cobertos.

553 – Art. 927: Nas ações de responsabilidade civil por cadastramento indevido nos registros de devedores inadimplentes realizados por instituições financeiras, a responsabilidade civil é objetiva.

554 – Art. 927, parágrafo único: Independe de indicação do local específico da informação a ordem judicial para que o provedor de hospedagem bloqueie determinado conteúdo ofensivo na internet.

555 – Art. 927, parágrafo único: "Os direitos de outrem" mencionados no parágrafo único do art. 927 do Código Civil devem abranger não apenas a vida e a integridade física, mas também outros direitos, de caráter patrimonial ou extrapatrimonial.

556 – Art. 937: A responsabilidade civil do dono do prédio ou construção por sua ruína, tratada pelo art. 937 do CC, é objetiva.

557 – Art. 938: Nos termos do art. 938 do CC, se a coisa cair ou for lançada de condomínio edilício, não sendo possível identificar de qual unidade, responderá o condomínio, assegurado o direito de regresso.

558 – Art. 942, *caput* e parágrafo único, do Código Civil, combinado com os arts 3º, 4º, 5º e 6º da Lei n. 8.429, de 2/6/1992 (LIA): São solidariamente responsáveis pela reparação civil, juntamente com os agentes públicos que praticaram atos de improbidade administrativa, as pessoas, inclusive as jurídicas, que para eles concorreram ou deles se beneficiaram direta ou indiretamente.

Nota do autor: com a mudança promovida pela Lei n. 14.230/21, a Lei de Improbidade Administrativa, em seu art. 3º, recebeu nova modulação da responsabilidade civil de terceiros. A partir da nova Lei, somente aquele que induza ou concorra dolosamente para o ato de improbidade poderá ser responsabilizado. Em se tratando de pessoa jurídica, sua responsabilidade não implica, automaticamente, a dos sócios, cotistas, diretores ou colaboradores. A imputação deles depende de eventual benefício direto, caso em que responderão nos limites de sua participação. Para as pessoas jurídicas, as sanções da Lei de Improbidade serão inaplicáveis caso o ato seja também sancionado como lesivo à administração pública de que trata a Lei n. 12.846/13 (Lei n. 14.230/21, art. 3º, §§ 1º e 2º). Veja-se, assim, que o Enunciado n. 558 da VI Jornada de Direito Civil, está, aparentemente, superado.

559 – Art. 732 e 736 do Código Civil, 256, § 2º, *b*, da Lei n. 7.565/1986 e 1º do Decreto n. 5.910/2006: Observado o Enunciado 369 do CJF, no transporte aéreo, nacional e internacional, a responsabilidade do transportador em relação aos passageiros gratuitos, que viajarem por cortesia, é objetiva, devendo atender à integral reparação de danos patrimoniais e extrapatrimoniais.

560 – Art. 948: No plano patrimonial, a manifestação do dano reflexo ou por ricochete não se restringe às hipóteses previstas no art. 948 do Código Civil.

561 – Art. 952: No caso do art. 952 do Código Civil, se a coisa faltar, dever-se-á, além de reembolsar o seu equivalente ao prejudicado, indenizar também os lucros cessantes.

562 – Art. 931: Aos casos do art. 931 do Código Civil aplicam-se as excludentes da responsabilidade objetiva.

- **VII JORNADA DE DIREITO CIVIL**

587 – O dano à imagem restará configurado quando presente a utilização indevida desse bem jurídico, independentemente da concomitante lesão a outro direito da personalidade, sendo dispensável a prova do prejuízo do lesado ou do lucro do ofensor para a caracterização do referido dano, por se tratar de modalidade de dano *in re ipsa*.

588 – O patrimônio do ofendido não pode funcionar como parâmetro preponderante para o arbitramento de compensação por dano extrapatrimonial.

589 – A compensação pecuniária não é o único modo de reparar o dano extrapatrimonial, sendo admitida a reparação in natura, na forma de retratação pública ou outro meio.

590 – A responsabilidade civil dos pais pelos atos dos filhos menores, prevista no art. 932, inc. I, do Código Civil, não obstante objetiva, pressupõe a demonstração de que a conduta imputada ao menor, caso o fosse a um agente imputável, seria hábil para a sua responsabilização. Parte da legislação: art. 932, inc. I, Código Civil.

- **VIII JORNADA DE DIREITO CIVIL**

629 – Art. 944: A indenização não inclui os prejuízos agravados, nem os que poderiam ser evitados ou reduzidos mediante esforço razoável da vítima. Os custos da mitigação devem ser considerados no cálculo da indenização.

630 – Art. 945: Culpas não se compensam. Para os efeitos do art. 945 do Código Civil, cabe observar os seguintes critérios: (i) há diminuição do quantum da reparação do dano causado quando, ao lado da conduta do lesante, verifica-se ação ou omissão do próprio lesado da qual resulta o dano, ou o seu agravamento, desde que (ii) reportadas ambas as condutas a um mesmo fato, ou ao mesmo fundamento de imputação, conquanto possam ser simultâneas ou sucessivas, devendo-se considerar o percentual causal do agir de cada um.

631 – Art. 946: Como instrumento de gestão de riscos na prática negocial paritária, é lícita a estipulação de cláusula que exclui a reparação por perdas e danos decorrentes do inadimplemento (cláusula excludente do dever de indenizar) e de cláusula que fixa valor máximo de indenização (cláusula limitativa do dever de indenizar).

- **IX JORNADA DE DIREITO CIVIL**

658 – Arts. 402 e 927: As perdas e danos indenizáveis, na forma dos arts. 402 e 927, do Código Civil, pressupõem prática de atividade lícita, sendo inviável o ressarcimento pela interrupção de atividade contrária ao Direito.

659 – Art. 927: O reconhecimento da dificuldade em identificar o nexo de causalidade não pode levar à prescindibilidade da sua análise.

660 – Art. 928: Suprime-se o Enunciado 41 da I Jornada de Direito Civil do Conselho da Justiça Federal. ("A única hipótese em que poderá haver responsabilidade solidária do menor de 18 anos com seus pais é ter sido emancipado nos termos do art. 5º, parágrafo único, inc. I, do novo Código Civil.")

661 – Art. 931: A aplicação do art. 931 do Código Civil para a responsabilização dos empresários individuais e das empresas pelos danos causados pelos produtos postos em circulação não prescinde da verificação da antijuridicidade do ato.

662 – Art. 932: A responsabilidade civil indireta do curador pelos danos causados pelo curatelado está adstrita ao âmbito de incidência da curatela tal qual fixado na sentença de interdição, considerando o art. 85, caput e §1º, da Lei n. 13.146/2015.

5. ENUNCIADOS DA PARTE ESPECIAL – COISAS

- **I JORNADA DE DIREITO CIVIL**

76 – Art. 1.197: O possuidor direto tem direito de defender a sua posse contra o indireto, e este, contra aquele (art. 1.197, in fine, do novo Código Civil).

77 – Art. 1.205: A posse das coisas móveis e imóveis também pode ser transmitida pelo constituto possessório.

78 – Art. 1.210: Tendo em vista a não-recepção pelo novo Código Civil da *exceptio proprietatis* (art. 1.210, § 2º) em caso de ausência de prova suficiente para embasar decisão liminar ou sentença final ancorada exclusivamente no *ius possessionis*, deverá o pedido ser indeferido e julgado improcedente, não obstante eventual alegação e demonstração de direito real sobre o bem litigioso.

79 – Art. 1.210: A *exceptio proprietatis*, como defesa oponível às ações possessórias típicas, foi abolida pelo Código Civil de 2002, que estabeleceu a absoluta separação entre os juízos possessório e petitório.

80 – Art. 1.212: É inadmissível o direcionamento de demanda possessória ou ressarcitória contra terceiro possuidor de boa-fé, por ser parte passiva ilegítima diante do disposto no art. 1.212 do novo Código Civil. Contra o terceiro de boa-fé, cabe tão-somente a propositura de demanda de natureza real.

81 – Art. 1.219: O direito de retenção previsto no art. 1.219 do Código Civil, decorrente da realização de benfeitorias necessárias e úteis, também se aplica às acessões (construções e plantações) nas mesmas circunstâncias.

82 – Art. 1.228: É constitucional a modalidade aquisitiva de propriedade imóvel prevista nos §§ 4º e 5º do art. 1.228 do novo Código Civil.

83 – Art. 1.228: Nas ações reivindicatórias propostas pelo Poder Público, não são aplicáveis as disposições constantes dos §§ 4º e 5º do art. 1.228 do novo Código Civil. (Alterado pelo Enunciado 304 – IV Jornada)

84 – Art. 1.228: A defesa fundada no direito de aquisição com base no interesse social (art. 1.228, §§ 4º e 5º, do novo Código Civil) deve ser argüida pelos réus da ação reivindicatória, eles próprios responsáveis pelo pagamento da indenização.

85 – Art. 1.240: Para efeitos do art. 1.240, caput, do novo Código Civil, entende-se por "área urbana" o imóvel edificado ou não, inclusive unidades autônomas vinculadas a condomínios edilícios.

86 – Art. 1.242: A expressão "justo título" contida nos arts. 1.242 e 1.260 do Código Civil abrange todo e qualquer ato jurídico hábil, em tese, a transferir a propriedade, independentemente de registro.

87 – Art. 1.245: Considera-se também título translativo, para fins do art. 1.245 do novo Código Civil, a promessa de compra e venda devidamente quitada (arts. 1.417 e 1.418 do Código Civil e § 6º do art. 26 da Lei n. 6.766/79).

88 – Art. 1.285: O direito de passagem forçada, previsto no art. 1.285 do CC, também é garantido nos casos em que o acesso à via pública for insuficiente ou inadequado, consideradas, inclusive, as necessidades de exploração econômica.

89 – Art. 1.331: O disposto nos arts. 1.331 a 1.358 do novo Código Civil aplica-se, no que couber, aos condomínios assemelhados, tais como loteamentos fechados, multipropriedade imobiliária e clubes de campo.

90 – Art. 1.331: Deve ser reconhecida personalidade jurídica ao condomínio edilício nas relações jurídicas inerentes às atividades de seu peculiar interesse. (Alterado pelo En. 246 – III Jornada).

91 – Art. 1.331: A convenção de condomínio ou a assembléia-geral podem vedar a locação de área de garagem ou abrigo para veículos a estranhos ao condomínio.

92 – Art. 1.337: As sanções do art. 1.337 do novo Código Civil não podem ser aplicadas sem que se garanta direito de defesa ao condômino nocivo.

93 – Art. 1.369: As normas previstas no Código Civil sobre direito de superfície não revogam as relativas a direito de superfície constantes do Estatuto da Cidade (Lei n. 10.257/2001) por ser instrumento de política de desenvolvimento urbano.

94 – Art. 1.371: As partes têm plena liberdade para deliberar, no contrato respectivo, sobre o rateio dos encargos e tributos que incidirão sobre a área objeto da concessão do direito de superfície.

95 – Art. 1.418: O direito à adjudicação compulsória (art. 1.418 do novo Código Civil), quando exercido em face do promitente vendedor, não se condiciona ao registro da promessa de compra e venda no cartório de registro imobiliário (Súmula n. 239 do STJ).

• III JORNADA DE DIREITO CIVIL

236 – Arts. 1.196, 1.205 e 1.212: Considera-se possuidor, para todos os efeitos legais, também a coletividade desprovida de personalidade jurídica.

237 – Art. 1.203: É cabível a modificação do título da posse – *interversio possessionis* – na hipótese em que o até então possuidor direto demonstrar ato exterior e inequívoco de oposição ao antigo possuidor indireto, tendo por efeito a caracterização do *animus domini*.

238 – Art. 1.210: Ainda que a ação possessória seja intentada além de "ano e dia" da turbação ou esbulho, e, em razão disso, tenha seu trâmite regido pelo procedimento ordinário (CPC, art. 924), nada impede que o juiz conceda a tutela possessória liminarmente mediante antecipação de tutela, desde que presentes os requisitos autorizadores do art. 273, I ou II, bem como aqueles previstos no art. 461-A e parágrafos, todos do Código de Processo Civil.

239 – Art. 1.210: Na falta de demonstração inequívoca de posse que atenda à função social, deve-se utilizar a noção de "melhor posse", com base nos critérios previstos no parágrafo único do art. 507 do Código Civil /1916.

240 – Art. 1.228: A justa indenização a que alude o § 5º do art. 1.228 não tem como critério valorativo, necessariamente, a avaliação técnica lastreada no mercado imobiliário, sendo indevidos os juros compensatórios.

241 – Art. 1.228: O registro da sentença em ação reivindicatória, que opera a transferência da propriedade para o nome dos possuidores, com fundamento no interesse social (art. 1.228, § 5º), é condicionada ao pagamento da respectiva indenização, cujo prazo será fixado pelo juiz.

242 – Art. 1.276: A aplicação do art. 1.276 depende do devido processo legal, em que seja assegurado ao interessado demonstrar a não-cessação da posse.

243 – Art. 1.276: A presunção de que trata o § 2º do art. 1.276 não pode ser interpretada de modo a contrariar a norma-princípio do art. 150, inc. IV, da Constituição da República.

244 – Art. 1.291: O art. 1.291 deve ser interpretado conforme a Constituição, não sendo facultada a poluição das águas, quer sejam essenciais ou não às primeiras necessidades da vida.

245 – Art. 1.2923: Embora omisso acerca da possibilidade de canalização forçada de águas por prédios alheios, para fins industriais ou agrícolas, o art. 1.293 não exclui a possibilidade da canalização forçada pelo vizinho, com prévia indenização aos proprietários prejudicados.

246 – Art. 1.331: Fica alterado o Enunciado n. 90, com supressão da parte final: "nas relações jurídicas inerentes às atividades de seu peculiar interesse". Prevalece o texto: "Deve ser reconhecida personalidade jurídica ao condomínio edilício".

247 – Art. 1.331: No condomínio edilício é possível a utilização exclusiva de área "comum" que, pelas próprias características da edificação, não se preste ao "uso comum" dos demais condôminos.

248 – Art.: 1.334, V: O quórum para alteração do regimento interno do condomínio edilício pode ser livremente fixado na convenção.

249 – Art. 1.369: A propriedade superficiária pode ser autonomamente objeto de direitos reais de gozo e garantia, cujo prazo não exceda a duração da concessão da superfície, não se lhe aplicando o art. 1.474.

250 – Art. 1.369: Admite-se a constituição do direito de superfície por cisão.

251 – Art. 1.379: O prazo máximo para o usucapião extraordinário de servidões deve ser de 15 anos, em conformidade com o sistema geral de usucapião previsto no Código Civil.

252 – Art. 1.410: A extinção do usufruto pelo não-uso, de que trata o art. 1.410, inc. VIII, independe do prazo previsto no art. 1.389, inc. III.

253 – Art. 1.417: O promitente comprador, titular de direito real (art. 1.417), tem a faculdade de reivindicar de terceiro o imóvel prometido a venda.

• IV JORNADA DE DIREITO CIVIL

301 – Art. 1.198, c/c o art.1.204: É possível a conversão da detenção em posse, desde que rompida a subordinação, na hipótese de exercício em nome próprio dos atos possessórios.

302 – Arts. 1.200 e 1.214: Pode ser considerado justo título para a posse de boa-fé o ato jurídico capaz de transmitir a posse *ad usucapionem*, observado o disposto no art. 113 do Código Civil.

303 – Art. 1.201: Considera-se justo título, para a presunção relativa da boa-fé do possuidor, o justo motivo que lhe autoriza a aquisição derivada da posse, esteja ou não materializado em instrumento público ou particular. Compreensão na perspectiva da função social da posse.

304 – Art. 1.228: São aplicáveis as disposições dos §§ 4º e 5º do art. 1.228 do Código Civil às ações reivindicatórias relativas a bens públicos dominicais, mantido, parcialmente, o Enunciado 83 da I Jornada de Direito Civil, no que concerne às demais classificações dos bens públicos.

305 – Art. 1.228: Tendo em vista as disposições dos §§ 3º e 4º do art. 1.228 do Código Civil, o Ministério Público tem o poder-dever de atuar nas hipóteses de desapropriação, inclusive a indireta, que encerrem relevante interesse público, determinado pela natureza dos bens jurídicos envolvidos.

306 – Art. 1.228: A situação descrita no § 4º do art. 1.228 do Código Civil enseja a improcedência do pedido reivindicatório.

307 – Art. 1.228: Na desapropriação judicial (art. 1.228, § 4º), poderá o juiz determinar a intervenção dos órgãos públicos competentes para o licenciamento ambiental e urbanístico.

308 – Art. 1.228: A justa indenização devida ao proprietário em caso de desapropriação judicial (art. 1.228, § 5º) somente deverá ser suportada pela Administração Pública no contexto das políticas públicas de reforma urbana ou agrária, em se tratando de possuidores de baixa renda e desde que tenha havido intervenção daquela nos termos da lei processual. Não sendo os possuidores de baixa renda, aplica-se a orientação do Enunciado 84 da I Jornada de Direito Civil.

309 – Art. 1.228: O conceito de posse de boa-fé de que trata o art. 1.201 do Código Civil não se aplica ao instituto previsto no § 4º do art. 1.228.

310 – Art. 1.228: Interpreta-se extensivamente a expressão "imóvel reivindicado" (art. 1.228, § 4º), abrangendo pretensões tanto no juízo petitório quanto no possessório.

311 – Caso não seja pago o preço fixado para a desapropriação judicial, e ultrapassado o prazo prescricional para se exigir o crédito correspondente, estará autorizada a expedição de mandado para registro da propriedade em favor dos possuidores.

312 – Art. 1.239: Observado o teto constitucional, a fixação da área máxima para fins de usucapião especial rural levará em consideração o módulo rural e a atividade agrária regionalizada.

313 – Arts. 1.239 e 1.240: Quando a posse ocorre sobre área superior aos limites legais, não é possível a aquisição pela via da usucapião especial, ainda que o pedido restrinja a dimensão do que se quer usucapir.

314 – Art. 1.240: Para os efeitos do art. 1.240, não se deve computar, para fins de limite de metragem máxima, a extensão compreendida pela fração ideal correspondente à área comum.

315 – Art. 1.241: O art. 1.241 do Código Civil permite ao possuidor que figurar como réu em ação reivindicatória ou possessória formular pedido contraposto e postular ao juiz seja declarada adquirida, mediante usucapião, a propriedade imóvel, valendo a sentença como instrumento para registro imobiliário, ressalvados eventuais interesses de confinantes e terceiros.

316 – Art. 1.276: Eventual ação judicial de abandono de imóvel, caso procedente, impede o sucesso de demanda petitória.

317 – Art. 1.243: A *accessio possessionis* de que trata o art. 1.243, primeira parte, do Código Civil não encontra aplicabilidade relativamente aos arts. 1.239 e 1.240 do mesmo diploma legal, em face da normatividade do usucapião constitucional urbano e rural, arts. 183 e 191, respectivamente.

318 – Art. 1.258: O direito à aquisição da propriedade do solo em favor do construtor de má-fé (art. 1.258, parágrafo único) somente é viável quando, além dos requisitos explícitos previstos em lei, houver necessidade de proteger terceiros de boa-fé.

319 – Art. 1.277: A condução e a solução das causas envolvendo conflitos de vizinhança devem guardar estreita sintonia com os princípios constitucionais da intimidade, da inviolabilidade da vida privada e da proteção ao meio ambiente.

320 – Arts. 1.338 e 1.331: O direito de preferência de que trata o art. 1.338 deve ser assegurado não apenas nos casos de locação, mas também na hipótese de venda da garagem.

321 – Art. 1.369: Os direitos e obrigações vinculados ao terreno e, bem assim, aqueles vinculados à construção ou à plantação formam patrimônios distintos e autônomos, respondendo cada um de seus titulares exclusivamente por suas próprias dívidas e obrigações, ressalvadas as fiscais decorrentes do imóvel.

322 – Art. 1.376: O momento da desapropriação e as condições da concessão superficiária serão considerados para fins da divisão do montante indenizatório (art. 1.376), constituindo-se litisconsórcio passivo necessário simples entre proprietário e superficiário.

323 – É dispensável a anuência dos adquirentes de unidades imobiliárias no "termo de afetação" da incorporação imobiliária.

324 – É possível a averbação do termo de afetação de incorporação imobiliária (Lei n. 4.591/64, art. 31b) a qualquer tempo, na matrícula do terreno, mesmo antes do registro do respectivo Memorial de Incorporação no Registro de Imóveis.

325 – É impenhorável, nos termos da Lei n. 8.009/90, o direito real de aquisição do devedor fiduciante.

• V JORNADA DE DIREITO CIVIL

492 – A posse constitui direito autônomo em relação à propriedade e deve expressar o aproveitamento dos bens para o alcance de interesses existenciais, econômicos e sociais merecedores de tutela.

493 – O detentor (art. 1.198 do Código Civil) pode, no interesse do possuidor, exercer a autodefesa do bem sob seu poder.

494 – A faculdade conferida ao sucessor singular de somar ou não o tempo da posse de seu antecessor não significa que, ao optar por nova contagem, estará livre do vício objetivo que maculava a posse anterior.

495 – No desforço possessório, a expressão "contanto que o faça logo" deve ser entendida restritivamente, apenas como a reação imediata ao fato do esbulho ou da turbação, cabendo ao possuidor recorrer à via jurisdicional nas demais hipóteses.

496 – O conteúdo do art. 1.228, §§ 4º e 5º, pode ser objeto de ação autônoma, não se restringindo à defesa em pretensões reivindicatórias.

497 – O prazo, na ação de usucapião, pode ser completado no curso do processo, ressalvadas as hipóteses de má-fé processual do autor.

498 – A fluência do prazo de 2 (dois) anos previsto pelo art. 1.240-A para a nova modalidade de usucapião nele contemplada tem início com a entrada em vigor da Lei n. 12.424/2011.

499 – A aquisição da propriedade na modalidade de usucapião prevista no art. 1.240-A do Código Civil só pode ocorrer em virtude de implemento de seus pressupostos anteriormente ao divórcio. O requisito "abandono do lar" deve ser interpretado de maneira cautelosa, mediante a verificação de que o afastamento do lar conjugal representa descumprimento simultâneo de outros deveres conjugais, tais como assistência material e sustento do lar, onerando desigualmente aquele que se manteve na residência familiar e que se responsabiliza unilateralmente pelas despesas oriundas da manutenção da família e do próprio imóvel, o que justifica a perda da propriedade e a alteração do regime de bens quanto ao imóvel objeto de usucapião.

500 – A modalidade de usucapião prevista no art. 1.240-A do Código Civil pressupõe a propriedade comum do casal e compreende todas as formas de família ou entidades familiares, inclusive homoafetivas.

501 – As expressões "ex-cônjuge" e "ex-companheiro", contidas no art. 1.240-A do Código Civil, correspondem à situação fática da separação, independentemente de divórcio.

502 – O conceito de posse direta referido no art. 1.240-A do Código Civil não coincide com a acepção empregada no art. 1.197 do mesmo Código.

503 – É relativa a presunção de propriedade decorrente do registro imobiliário, ressalvado o sistema Torrens.

504 – A escritura declaratória de instituição e convenção firmada pelo titular único de edificação composta por unidades autônomas é título hábil para registro da propriedade horizontal no competente registro de imóveis, nos termos dos arts. 1.332 a 1.334 do Código Civil.

505 – É nula a estipulação que, dissimulando ou embutindo multa acima de 2%, confere suposto desconto de pontualidade no pagamento da taxa condominial, pois configura fraude à lei (Código Civil, art. 1336, § 1º), e não redução por merecimento.

506 – Estando em curso contrato de alienação fiduciária, é possível a constituição concomitante de nova garantia fiduciária sobre o mesmo bem imóvel, que, entretanto, incidirá sobre a respectiva propriedade superveniente que o fiduciante vier a readquirir, quando do implemento da condição a que estiver subordinada a primeira garantia fiduciária; a nova garantia poderá ser registrada na data em que convencionada e será eficaz desde a data do registro, produzindo efeito ex tunc.

507 – Na aplicação do princípio da função social da propriedade imobiliária rural, deve ser observada a cláusula aberta do § 1º do art. 1.228 do Código Civil, que, em consonância com o disposto no art. 5º, inc. XXIII, da Constituição de 1988, permite melhor objetivar a funcionalização mediante critérios de valoração centrados na primazia do trabalho.

508 – Verificando-se que a sanção pecuniária mostrou-se ineficaz, a garantia fundamental da função social da propriedade (arts. 5º, XXIII, da CRFB e 1.228, § 1º, do CC) e a vedação ao abuso do direito (arts. 187 e 1.228, § 2º, do CC) justificam a exclusão do condômino antissocial, desde que a ulterior assembleia prevista na parte final do parágrafo único do art. 1.337 do Código Civil delibere a propositura de ação judicial com esse fim, asseguradas todas as garantias inerentes ao devido processo legal.

509 – A resolução da propriedade, quando determinada por causa originária, prevista no título, opera ex tunc e erga omnes; se decorrente de causa superveniente, atua ex nunc e inter partes.

510 – Ao superficiário que não foi previamente notificado pelo proprietário para exercer o direito de preferência previsto no art. 1.373 do CC é assegurado o direito de, no prazo de seis meses, contado do registro da alienação, adjudicar para si o bem mediante depósito do preço.

511 – Do leilão, mesmo que negativo, a que se refere o art. 27 da Lei n. 9.514/1997, será lavrada ata que, subscrita pelo leiloeiro, poderá ser averbada no registro de imóveis competente, sendo a transmissão da propriedade do imóvel levado a leilão formalizada mediante contrato de compra e venda.

• VI JORNADA DE DIREITO CIVIL

563 – Art. 1.196: O reconhecimento da posse por parte do Poder Público competente anterior à sua legitimação nos termos da Lei n. 11.977/2009 constitui título possessório.

564 – Art. 1.238: As situações relativas à usucapião extraordinária (art. 1.238, *caput*, CC) e à usucapião ordinária (art. 1.242, *caput*, CC), por experimentarem redução de prazo em benefício do possuidor, têm aplicação imediata, não incidindo o disposto no art. 2.028 do Código Civil.

565 – Art. 1.275, III: Não ocorre a perda da propriedade por abandono de resíduos sólidos, que são considerados bens socioambientais, nos termos da Lei n. 12.305/2012.

566 – Art. 1.335, I, e Lei n. 4.591/1964, art. 19: A cláusula convencional que restringe a permanência de animais em unidades autônomas residenciais deve ser valorada à luz dos parâmetros legais de sossego, insalubridade e periculosidade.

567 – Lei n. 9.514/1997, art. 27, § 1º: A avaliação do imóvel para efeito do leilão previsto no § 1º do art. 27 da Lei n. 9.514/1997 deve contemplar o maior valor entre a avaliação efetuada pelo município para cálculo do imposto de transmissão inter vivos (ITBI) devido para a consolidação da propriedade no patrimônio do credor fiduciário e o critério fixado contratualmente.

568 – Art. 1.369: O direito de superfície abrange o direito de utilizar o solo, o subsolo ou o espaço aéreo relativo ao terreno, na forma estabelecida no contrato, admitindo-se o direito de sobrelevação, atendida a legislação urbanística.

569 – Art. 1.242, parágrafo único: No caso do art. 1.242, parágrafo único, a usucapião, como matéria de defesa, prescinde do ajuizamento da ação de usucapião, visto que, nessa hipótese, o usucapiente já é o titular do imóvel no registro.

• VII JORNADA DE DIREITO CIVIL

591 – A ação de reintegração de posse nos contratos de alienação fiduciária em garantia de coisa imóvel pode ser proposta a partir da consolidação da propriedade do imóvel em poder do credor fiduciário e não apenas após os leilões extrajudiciais previstos no art. 27 da Lei 9.514/1997.

592 – O art. 519 do Código Civil derroga o art. 35 do Decreto-Lei n. 3.365/1941 naquilo que ele diz respeito a cenários de tredestinação ilícita. Assim, ações de retrocessão baseadas em alegações de tredestinação ilícita não precisam, quando julgadas depois da incorporação do bem desapropriado ao patrimônio da entidade expropriante, resolver-se em perdas e danos.

593 – É indispensável o procedimento de demarcação urbanística para regularização fundiária social de áreas ainda não matriculadas no Cartório de Registro de Imóveis, como requisito à emissão dos títulos de legitimação da posse e de domínio. Parte da legislação: art. 1.196 do Código Civil – Da Posse e Da Propriedade – e arts. 56 e 57 da Lei n. 11.977/2009.

594 – É possível adquirir a propriedade de área menor do que o módulo rural estabelecido para a região, por meio da usucapião especial rural. Parte da legislação: art. 1.239 do Código Civil

595 – O requisito "abandono do lar" deve ser interpretado na ótica do instituto da usucapião familiar como abandono voluntário da posse do imóvel somado à ausência da tutela da família, não importando em averiguação da culpa pelo fim do casamento ou união estável. Revogado o Enunciado 499. Parte da legislação: art. 1240-A do Código Civil

596 – O condomínio edilício pode adquirir imóvel por usucapião. Parte da legislação: art. 1243-A do Código Civil.

597 – A posse impeditiva da arrecadação, prevista no art. 1.276 do Código Civil, é efetiva e qualificada por sua função social. Parte da legislação: art. 1276 do Código Civil

598 – Na redação do art. 1.293, "agricultura e indústria" não são apenas qualificadores do prejuízo que pode ser causado pelo aqueduto, mas também finalidades que podem justificar sua construção. Parte da legislação: art. 1293 do Código Civil

• VIII JORNADA DE DIREITO CIVIL

623 – Art. 504: Ainda que sejam muitos os condôminos, não há direito de preferência na venda da fração de um bem entre dois coproprietários, pois a regra prevista no art. 504, parágrafo único, do Código Civil, visa somente a resolver eventual concorrência entre condôminos na alienação da fração a estranhos ao condomínio.

624 – Art. 1.247: A anulação do registro, prevista no art. 1.247 do Código Civil, não autoriza a exclusão dos dados invalidados do teor da matrícula.

625 – Art. 1.358: A incorporação imobiliária que tenha por objeto o condomínio de lotes poderá ser submetida ao regime do patrimônio de afetação, na forma da lei especial.

626 – Art. 1.428: Não afronta o art. 1.428 do Código Civil, em relações paritárias, o pacto marciano, cláusula contratual que autoriza que o credor se torne proprietário da coisa objeto da garantia mediante aferição de seu justo valor e restituição do supérfluo (valor do bem em garantia que excede o da dívida).

627 – Art. 1.510: O direito real de laje é passível de usucapião.

628 – Art. 1.711: Os patrimônios de afetação não se submetem aos efeitos de recuperação judicial da sociedade instituidora e prosseguirão sua atividade com autonomia e incomunicáveis em relação ao seu patrimônio geral, aos demais patrimônios de afetação por ela constituídos e ao plano de recuperação até que extintos, nos termos da legislação respectiva, quando seu resultado patrimonial, positivo ou negativo, será incorporado ao patrimônio geral da sociedade instituidora

- **IX JORNADA DE DIREITO CIVIL**

664 – Art. 1.240-A: O prazo da usucapião contemplada no art. 1.240-A só iniciará seu curso caso a composse tenha cessado de forma efetiva, não sendo suficiente, para tanto, apenas o fim do contato físico com o imóvel.

665 – Art. 1.351: A reconstrução de edifício realizada com o propósito de comercialização das unidades durante a obra sujeita-se ao regime da incorporação imobiliária e torna exigível o registro do Memorial de Incorporação.

666 – Art. 1.424, IV: No penhor de créditos futuros, satisfaz o requisito da especificação, de que trata o art. 1.424, IV, do Código Civil, a definição, no ato constitutivo, de critérios ou procedimentos objetivos que permitam a determinação dos créditos alcançados pela garantia.

667 – Art. 1.424, IV: No penhor constituído sobre bens fungíveis, satisfaz o requisito da especificação de que trata o art. 1.424, IV, do Código Civil, a definição, no ato constitutivo, da espécie, qualidade e quantidade dos bens dados em garantia.

668 – Art.1.431, parágrafo único: Os direitos de propriedade industrial caracterizados pela exclusividade são suscetíveis de penhor, observadas as necessidades de averbação junto ao Instituto Nacional da Propriedade Industrial para a plena eficácia perante terceiros.

669 – Art. 1.510-A: É possível o registro do direito real de laje sobre construção edificada antes da vigência da lei, desde que respeitados os demais requisitos previstos tanto para a forma quanto para o conteúdo material da transmissão.

6. ENUNCIADOS DA PARTE ESPECIAL – FAMÍLIA

- **I JORNADA DE DIREITO CIVIL**

97 – Art. 25: No que tange à tutela especial da família, as regras do Código Civil que se referem apenas ao cônjuge devem ser estendidas à situação jurídica que envolve o companheiro, como, por exemplo, na hipótese de nomeação de curador dos bens do ausente (art. 25 do Código Civil).

98 – Art. 1.521, IV, do novo Código Civil: O inc. IV do art. 1.521 do novo Código Civil deve ser interpretado à luz do Decreto-lei n. 3.200/41, no que se refere à possibilidade de casamento entre colaterais de 3º grau.

99 – Art. 1.565, § 2º: O art. 1.565, § 2º, do Código Civil não é norma destinada apenas às pessoas casadas, mas também aos casais que vivem em companheirismo, nos termos do I, III, IV e V Jornadas de Direito Civil 27 art. 226, caput, §§ 3º e 7º, da Constituição Federal de 1988, e não revogou o disposto na Lei n. 9.263/96.

100 – Art. 1.572: Na separação, recomenda-se apreciação objetiva de fatos que tornem evidente a impossibilidade da vida em comum.

101 – Art. 1.583: Sem prejuízo dos deveres que compõem a esfera do poder familiar, a expressão "guarda de filhos", à luz do art. 1.583, pode compreender tanto a guarda unilateral quanto a compartilhada, em atendimento ao princípio do melhor interesse da criança.

102 – Art. 1.584: A expressão "melhores condições" no exercício da guarda, na hipótese do art. 1.584, significa atender ao melhor interesse da criança.

103 – Art. 1.593: O Código Civil reconhece, no art. 1.593, outras espécies de parentesco civil além daquele decorrente da adoção, acolhendo, assim, a noção de que há também parentesco civil no vínculo parental proveniente quer das técnicas de reprodução assistida heteróloga relativamente ao pai (ou mãe) que não contribuiu com seu material fecundante, quer da paternidade socioafetiva, fundada na posse do estado de filho.

104 – Art. 1.597: No âmbito das técnicas de reprodução assistida envolvendo o emprego de material fecundante de terceiros, o pressuposto fático da relação sexual é substituído pela vontade (ou eventualmente pelo risco da situação jurídica matrimonial) juridicamente qualificada, gerando presunção absoluta ou relativa de paternidade no que tange ao marido da mãe da criança concebida, dependendo da manifestação expressa (ou implícita) da vontade no curso do casamento.

105 – Art. 1.597: As expressões "fecundação artificial", "concepção artificial" e "inseminação artificial" constantes, respectivamente, dos incs. III, IV e V do art. 1.597 deverão ser interpretadas como "técnica de reprodução assistida".

106 – Art. 1.597, inc. III: Para que seja presumida a paternidade do marido falecido, será obrigatório que a mulher, ao se submeter a uma das técnicas de reprodução assistida com o material genético do falecido, esteja na condição de viúva, sendo obrigatória, ainda, a autorização escrita do marido para que se utilize seu material genético após sua morte.

107 – Art. 1.597, IV: Finda a sociedade conjugal, na forma do art. 1.571, a regra do inc. IV somente poderá ser aplicada se houver autorização prévia, por escrito, dos ex-cônjuges para a utilização dos embriões excedentários, só podendo ser revogada até o início do procedimento de implantação desses embriões.

108 – Art. 1.603: No fato jurídico do nascimento, mencionado no art. 1.603, compreende-se, à luz do disposto no art. 1.593, a filiação consangüínea e também a socioafetiva.

109 – Art. 1.605: A restrição da coisa julgada oriunda de demandas reputadas improcedentes por insuficiência de prova não deve prevalecer para inibir a busca da identidade genética pelo investigando.

110 – Art. 1.621, § 2º: É inaplicável o § 2º do art. 1.621 do novo Código Civil às adoções realizadas com base no Estatuto da Criança e do Adolescente.

111 – Art. 1.626: A adoção e a reprodução assistida heteróloga atribuem a condição de filho ao adotado e à criança resultante de técnica conceptiva heteróloga; porém, enquanto na adoção haverá o desligamento dos vínculos entre o adotado e seus parentes consangüíneos, na reprodução assistida heteróloga sequer será estabelecido o vínculo de parentesco entre a criança e o doador do material fecundante.

112 – Art. 1.630: Em acordos celebrados antes do advento do novo Código, ainda que expressamente convencionado que os alimentos cessarão com a maioridade, o juiz deve ouvir os interessados, apreciar as circunstâncias do caso concreto e obedecer ao princípio rebus sic stantibus.

113 – Art. 1.639: É admissível a alteração do regime de bens entre os cônjuges, quando então o pedido, devidamente motivado e assinado por ambos os cônjuges, será objeto de autorização judicial, com ressalva dos direitos de terceiros, inclusive dos entes públicos, após perquirição de inexistência de dívida de qualquer natureza, exigida ampla publicidade.

114 – Art. 1.647: O aval não pode ser anulado por falta de vênia conjugal, de modo que o inc. III do art. 1.647 apenas caracteriza a inoponibilidade do título ao cônjuge que não assentiu.

115 – Art. 1.725: Há presunção de comunhão de aquestos na constância da união extramatrimonial mantida entre os companheiros, sendo desnecessária a prova do esforço comum para se verificar a comunhão dos bens.

- **III JORNADA DE DIREITO CIVIL**

254 – Art. 1.573: Formulado o pedido de separação judicial com fundamento na culpa (art. 1.572 e/ou art. 1.573 e incisos), o juiz poderá decretar a separação do casal diante da constatação da insubsistência da comunhão plena de vida (art. 1.511) – que caracteriza hipótese de "outros fatos que tornem evidente a impossibilidade da vida em comum" – sem atribuir culpa a nenhum dos cônjuges.

255 – Art. 1.575: Não é obrigatória a partilha de bens na separação judicial.

256 – Art. 1.593: A posse do estado de filho (parentalidade socioafetiva) constitui modalidade de parentesco civil.

257 – Art. 1.597: As expressões "fecundação artificial", "concepção artificial" e "inseminação artificial", constantes, respectivamente, dos incs. III, IV e V do art. 1.597 do Código Civil, devem ser interpretadas restritivamente, não abrangendo a utilização de óvulos doados e a gestação de substituição.

258 – Arts. 1.597 e 1.601: Não cabe a ação prevista no art. 1.601 do Código Civil se a filiação tiver origem em procriação assistida heteróloga, autorizada pelo marido nos termos do inc. V do art. 1.597, cuja paternidade configura presunção absoluta.

259 – Art. 1.621: A revogação do consentimento não impede, por si só, a adoção, observado o melhor interesse do adotando.

260 – Arts. 1.639, § 2º, e 2.039: A alteração do regime de bens prevista no § 2º do art. 1.639 do Código Civil também é permitida nos casamentos realizados na vigência da legislação anterior.

261 – Art. 1.641: A obrigatoriedade do regime da separação de bens não se aplica a pessoa maior de sessenta anos, quando o casamento for precedido de união estável iniciada antes dessa idade.

262 – Arts. 1.641 e 1.639: A obrigatoriedade da separação de bens nas hipóteses previstas nos incs. I e III do art. 1.641 do Código Civil não impede a alteração do regime, desde que superada a causa que o impôs.

263 – Art. 1.707: O art. 1.707 do Código Civil não impede seja reconhecida válida e eficaz a renúncia manifestada por ocasião do divórcio (direto ou indireto) ou da dissolução da "união estável". A irrenunciabilidade do direito a alimentos somente é admitida enquanto subsistir vínculo de Direito de Família.

264 – Art. 1.708: Na interpretação do que seja procedimento indigno do credor, apto a fazer cessar o direito a alimentos, aplicam-se, por analogia, as hipóteses dos incs. I e II do art. 1.814 do Código Civil.

265 – Art. 1.708: Na hipótese de concubinato, haverá necessidade de demonstração da assistência material prestada pelo concubino a quem o credor de alimentos se uniu.

- **IV JORNADA DE DIREITO CIVIL**

329 – Art. 1.520: A permissão para casamento fora da idade núbil merece interpretação orientada pela dimensão substancial do princípio da igualdade jurídica, ética e moral entre o homem e a mulher, evitando-se, sem prejuízo do respeito à diferença, tratamento discriminatório.

330 – Art. 1.524: As causas suspensivas da celebração do casamento poderão ser argüidas inclusive pelos parentes em linha reta de um dos nubentes e pelos colaterais em segundo grau, por vínculo decorrente de parentesco civil.

331 – Art. 1.639: O estatuto patrimonial do casal pode ser definido por escolha de regime de bens distinto daqueles tipificados no Código Civil (art. 1.639 e parágrafo único do art. 1.640), e, para efeito de fiel observância do disposto no art. 1.528 do Código Civil, cumpre certificação a respeito, nos autos do processo de habilitação matrimonial.

332 – Art. 1.548: A hipótese de nulidade prevista no inc. I do art. 1.548 do Código Civil se restringe ao casamento realizado por enfermo mental absolutamente incapaz, nos termos do inc. II do art. 3º do Código Civil.

334 – Art. 1.584: A guarda de fato pode ser reputada como consolidada diante da estabilidade da convivência familiar entre a criança ou o adolescente e o terceiro guardião, desde que seja atendido o princípio do melhor interesse.

335 – Art. 1.636: A guarda compartilhada deve ser estimulada, utilizando-se, sempre que possível, da mediação e da orientação de equipe interdisciplinar.

336 – Art. 1.584: O parágrafo único do art. 1.584 aplica-se também aos filhos advindos de qualquer forma de família.

337 – Art. 1.588: O fato de o pai ou a mãe constituírem nova união não repercute no direito de terem os filhos do leito anterior em sua companhia, salvo quando houver comprometimento da sadia formação e do integral desenvolvimento da personalidade destes.

338 – Art. 1.588: A cláusula de não-tratamento conveniente para a perda da guarda dirige-se a todos os que integram, de modo direto ou reflexo, as novas relações familiares.

339 – A paternidade socioafetiva, calcada na vontade livre, não pode ser rompida em detrimento do melhor interesse do filho.

340 – Art. 1.665: No regime da comunhão parcial de bens é sempre indispensável a autorização do cônjuge, ou seu suprimento judicial, para atos de disposição sobre bens imóveis.

341 – Art. 1.696: Para os fins do art. 1.696, a relação socioafetiva pode ser elemento gerador de obrigação alimentar.

342 – Art. 1.695: Observadas suas condições pessoais e sociais, os avós somente serão obrigados a prestar alimentos aos netos em caráter exclusivo, sucessivo, complementar e não-solidário quando os pais destes estiverem impossibilitados de fazê-lo, caso em que as necessidades básicas dos alimentandos serão aferidas, prioritariamente, segundo o nível econômico-financeiro de seus genitores.

343 – Art. 1.700: A transmissibilidade da obrigação alimentar é limitada às forças da herança.

344 – Art. 1.701: A obrigação alimentar originada do poder familiar, especialmente para atender às necessidades educacionais, pode não cessar com a maioridade.

345 – Art. 1.708: O "procedimento indigno" do credor em relação ao devedor, previsto no parágrafo único do art. 1.708 do Código Civil, pode ensejar a exoneração ou apenas a redução do valor da pensão alimentícia para quantia indispensável à sobrevivência do credor.

346 – Art. 1.725: Na união estável o regime patrimonial obedecerá à norma vigente no momento da aquisição de cada bem, salvo contrato escrito.

- **V JORNADA DE DIREITO CIVIL**

512 – Art. 1.517: O art. 1.517 do Código Civil, que exige autorização dos pais ou responsáveis para casamento, enquanto não atingida a maioridade civil, não se aplica ao emancipado.

513 – Art. 1.527, parágrafo único: O juiz não pode dispensar, mesmo fundamentadamente, a publicação do edital de proclamas do casamento, mas sim o decurso do prazo.

514 – Art. 1.571: A Emenda Constitucional n. 66/2010 não extinguiu o instituto da separação judicial e extrajudicial.

515 – Art. 1.574, caput: Pela interpretação teleológica da Emenda Constitucional n. 66/2010, não há prazo mínimo de casamento para a separação consensual.

516 – Art. 1.574, parágrafo único: Na separação judicial por mútuo consentimento, o juiz só poderá intervir no limite da preservação do interesse dos incapazes ou de um dos cônjuges, permitida a cindibilidade dos pedidos com a concordância das partes, aplicando-se esse entendimento também ao divórcio.

517 – Art. 1.580: A Emenda Constitucional n. 66/2010 extinguiu os prazos previstos no art. 1.580 do Código Civil, mantido o divórcio por conversão.

518 – Arts. 1.583 e 1.584: A Lei n. 11.698/2008, que deu nova redação aos arts. 1.583 e 1.584 do Código Civil, não se restringe à guarda unilateral e à guarda compartilhada, podendo ser adotada aquela mais adequada à situação do filho, em atendimento ao princípio do melhor interesse da criança e do adolescente. A regra aplica-se a qualquer modelo de família.

519 – Art. 1.593: O reconhecimento judicial do vínculo de parentesco em virtude de socioafetividade deve ocorrer a partir da relação entre pai(s) e filho(s), com base na posse do estado de filho, para que produza efeitos pessoais e patrimoniais.

520 – Art. 1.601: O conhecimento da ausência de vínculo biológico e a posse de estado de filho obstam a contestação da paternidade presumida.

521 – Art. 1.606: Qualquer descendente possui legitimidade, por direito próprio, para propor o reconhecimento do vínculo de parentesco em face dos avós ou de qualquer ascendente de grau superior, ainda que o pai não tenha iniciado a ação de prova da filiação em vida.

522 – Arts. 1.694, 1.696, primeira parte, e 1.706: Cabe prisão civil do devedor nos casos de não prestação de alimentos gravídicos estabelecidos com base na Lei n. 11.804/2008, inclusive deferidos em qualquer caso de tutela de urgência.

523 – Art. 1.698: O chamamento dos codevedores para integrar a lide, na forma do art. 1.698 do Código Civil, pode ser requerido por qualquer das partes, bem como pelo Ministério Público, quando legitimado.

524 – Art. 1.723: As demandas envolvendo união estável entre pessoas do mesmo sexo constituem matéria de Direito de Família.

525 – Arts. 1.723, § 1º, 1.790, 1.829 e 1.830: Os arts. 1.723, § 1º, 1.790, 1.829 e 1.830 do Código Civil admitem a concorrência sucessória entre cônjuge e companheiro sobreviventes na sucessão legítima, quanto aos bens adquiridos onerosamente na união estável.

526 – Art. 1.726: É possível a conversão de união estável entre pessoas do mesmo sexo em casamento, observados os requisitos exigidos para a respectiva habilitação.

• VI JORNADA DE DIREITO CIVIL

570 – Arts. 1.607 e 1.609: O reconhecimento de filho havido em união estável fruto de técnica de reprodução assistida heteróloga "a patre" consentida expressamente pelo companheiro representa a formalização do vínculo jurídico de paternidade-filiação, cuja constituição se deu no momento do início da gravidez da companheira.

571 – Arts. 1.571 ao 1.582 do Código Civil, combinados com a Lei n. 11.441/2007: Se comprovada a resolução prévia e judicial de todas as questões referentes aos filhos menores ou incapazes, o tabelião de notas poderá lavrar escrituras públicas de dissolução conjugal.

572 – Arts. 1.695 e 1.701, parágrafo único: Mediante ordem judicial, é admissível, para a satisfação do crédito alimentar atual, o levantamento do saldo de conta vinculada ao FGTS.

573 – Art. 1.694, § 1º: Na apuração da possibilidade do alimentante, observar-se-ão os sinais exteriores de riqueza.

574 – Art. 1.772: A decisão judicial de interdição deverá fixar os limites da curatela para todas as pessoas a ela sujeitas, sem distinção, a fim de resguardar os direitos fundamentais e a dignidade do interdito (art. 1.772).

• VII JORNADA DE DIREITO CIVIL

599 – Deve o magistrado, em sede de execução de alimentos avoengos, analisar as condições do (s) devedor (es), podendo aplicar medida coercitiva diversa da prisão civil ou determinar seu cumprimento em modalidade diversa do regime fechado (prisão em regime aberto ou prisão domiciliar), se o executado comprovar situações que contraindiquem o rigor na aplicação desse meio executivo e o torne atentatório à sua dignidade, como corolário do princípio de proteção aos idosos e garantia à vida. Parte da legislação: art. 733 do Código de Processo Civil de 1973 (Lei n. 5.689/1973), art. 528 do Código de Processo Civil de 2015 (Lei n. 13.105/2015), art. 19 da Lei de Alimentos (Lei n. 5.478/1968)

601 – É existente e válido o casamento entre pessoas do mesmo sexo. Parte da legislação: art. 1.514 do Código Civil

602 – Transitada em julgado a decisão concessiva do divórcio, a expedição do mandado de averbação independe do julgamento da ação originária em que persista a discussão dos aspectos decorrentes da dissolução do casamento. Parte da legislação: art. 1.571 do Código Civil

603 – A distribuição do tempo de convívio na guarda compartilhada deve atender precipuamente ao melhor interesse dos filhos, não devendo a divisão de forma equilibrada, a que alude o § 2° do art. 1.583 do Código Civil, representar convivência livre ou, ao contrário, repartição de tempo matematicamente igualitária entre os pais. Parte da legislação: art. 1.583, § 2º, do Código Civil

604 – A divisão, de forma equilibrada, do tempo de convívio dos filhos com a mãe e com o pai, imposta na guarda compartilhada pelo § 2° do art. 1.583 do Código Civil, não deve ser confundida com a imposição do tempo previsto pelo instituto da guarda alternada, pois esta não implica apenas a divisão do tempo de permanência dos filhos com os pais, mas também o exercício exclusivo da guarda pelo genitor que se encontra na companhia do filho. Parte da legislação: § 2° do art. 1.583 do Código Civil

605 – A guarda compartilhada não exclui a fixação do regime de convivência. Parte da legislação: art. 1.583 do Código Civil

606 – O tempo de convívio com os filhos "de forma equilibrada com a mãe e com o pai" deve ser entendido como divisão proporcional de tempo, da forma que cada genitor possa se ocupar dos cuidados pertinentes ao filho, em razão das peculiaridades da vida privada de cada um. Parte da legislação: art. 1.583, § 2º, do Código Civil

607 – A guarda compartilhada não implica ausência de pagamento de pensão alimentícia. Parte da legislação: art. 1.583 c/c 1.694 c/c 1.701 do Código Civil

• VIII JORNADA DE DIREITO CIVIL

632 – Art. 1.596: Nos casos de reconhecimento de multiparentalidade paterna ou materna, o filho terá direito à participação na herança de todos os ascendentes reconhecidos.

633 – Art. 1.597: É possível ao viúvo ou ao companheiro sobrevivente, o acesso à técnica de reprodução assistida póstuma – por meio da maternidade de substituição, desde que haja expresso consentimento manifestado em vida pela sua esposa ou companheira.

634 – Art. 1.641: É lícito aos que se enquadrem no rol de pessoas sujeitas ao regime da separação obrigatória de bens (art. 1.641 do Código Civil) estipular, por pacto antenupcial ou contrato de convivência, o regime da separação de bens, a fim de assegurar os efeitos de tal regime e afastar a incidência da Súmula 377 do STF.

635 – Art. 1.655: O pacto antenupcial e o contrato de convivência podem conter cláusulas existenciais, desde que estas não violem os princípios da dignidade da pessoa humana, da igualdade entre os cônjuges e da solidariedade familiar.

636 – Art. 1.735: O impedimento para o exercício da tutela do inc. IV do art. 1.735 do Código Civil pode ser mitigado para atender ao princípio do melhor interesse da criança.

637 – Art. 1.767: Admite-se a possibilidade de outorga ao curador de poderes de representação para alguns atos da vida civil, inclusive de natureza existencial, a serem especificados na sentença, desde que comprovadamente necessários para proteção do curatelado em sua dignidade.

638 – Art. 1.775: A ordem de preferência de nomeação do curador do art. 1.775 do Código Civil deve ser observada quando atender ao melhor interesse do curatelado, considerando suas vontades e preferências, nos termos do art. 755, II, e § 1º, do CPC.

639 – Art. 1.783-A: A opção pela tomada de decisão apoiada é de legitimidade exclusiva da pessoa com deficiência. A pessoa que requer o apoio pode manifestar, antecipadamente, sua vontade de que um ou ambos os apoiadores se tornem, em caso de curatela, seus curadores.

640 – Art. 1.783-A: A tomada de decisão apoiada não é cabível, se a condição da pessoa exigir aplicação da curatela.

- **IX JORNADA DE DIREITO CIVIL**

671 – Art. 1.583, §2º: A tenra idade da criança não impede a fixação de convivência equilibrada com ambos os pais

672 – Art. 1.589, parágrafo único: O direito de convivência familiar pode ser estendido aos avós e pessoas com as quais a criança ou adolescente mantenha vínculo afetivo, atendendo ao seu melhor interesse. (O enunciado cancela o enunciado 333, da IV JDC).

673 – Art. 1.635: Na ação de destituição do poder familiar de criança ou adolescente que se encontre institucionalizada, promovida pelo Ministério Público, é recomendável que o juiz, a título de tutela antecipada, conceda a guarda provisória a quem esteja habilitado a adotá-lo, segundo o perfil eleito pelo candidato à adoção.

674 – Art. 1.659, inc. IV: Comprovada a prática de violência doméstica e familiar contra a mulher, o ressarcimento a ser pago à vítima deverá sair exclusivamente da meação do cônjuge ou companheiro agressor.

675 – Art. 1.694: As despesas com doula e consultora de amamentação podem ser objeto de alimentos gravídicos, observado o trinômio da necessidade, possibilidade e proporcionalidade para a sua fixação.

7. ENUNCIADOS DA PARTE ESPECIAL – SUCESSÕES

- **I JORNADA DE DIREITO CIVIL**

116 – Art. 1.815: O Ministério Público, por força do art. 1.815 do novo Código Civil, desde que presente o interesse público, tem legitimidade para promover ação visando à declaração da indignidade de herdeiro ou legatário.

117 – Art. 1831: O direito real de habitação deve ser estendido ao companheiro, seja por não ter sido revogada a previsão da Lei n. 9.278/96, seja em razão da interpretação analógica do art. 1.831, informado pelo art. 6º, caput, da CF/88.

118 – Art. 1.967, caput e § 1º: O testamento anterior à vigência do novo Código Civil se submeterá à redução prevista no § 1º do art. 1.967 naquilo que atingir a porção reservada ao cônjuge sobrevivente, elevado que foi à condição de herdeiro necessário.

119 – Art. 2.004: Para evitar o enriquecimento sem causa, a colação será efetuada com base no valor da época da doação, nos termos do caput do art. 2.004, exclusivamente na hipótese em que o bem doado não mais pertença ao patrimônio do donatário. Se, ao contrário, o bem ainda integrar seu patrimônio, a colação se fará com base no valor do bem na época da abertura da sucessão, nos termos do art. 1.014 do CPC, de modo a preservar a quantia que efetivamente integrará a legítima quando esta se constituiu, ou seja, na data do óbito (resultado da interpretação sistemática do art. 2.004 e seus parágrafos, juntamente com os arts. 1.832 e 884 do Código Civil).

- **III JORNADA DE DIREITO CIVIL**

266 – Art. 1.790: Aplica-se o inc. I do art. 1.790 também na hipótese de concorrência do companheiro sobrevivente com outros descendentes comuns, e não apenas na concorrência com filhos comuns.

267 – Art. 1.798: A regra do art. 1.798 do Código Civil deve ser estendida aos embriões formados mediante o uso de técnicas de reprodução assistida, abrangendo, assim, a vocação hereditária da pessoa humana a nascer cujos efeitos patrimoniais se submetem às regras previstas para a petição da herança.

268 – Art. 1.799: Nos termos do inc. I do art. 1.799, pode o testador beneficiar filhos de determinada origem, não devendo ser interpretada extensivamente a cláusula testamentária respectiva.

269 – Art. 1.801: A vedação do art. 1.801, inc. III, do Código Civil não se aplica à união estável, independentemente do período de separação de fato (art. 1.723, § 1º).

270 – Art. 1.829: O art. 1.829, inc. I, só assegura ao cônjuge sobrevivente o direito de concorrência com os descendentes do autor da herança quando casados no regime da separação convencional de bens ou, se casados nos regimes da comunhão parcial ou participação final nos aquestos, o falecido possuísse bens particulares, hipóteses em que a concorrência se restringe a tais bens, devendo os bens comuns (meação) ser partilhados exclusivamente entre os descendentes.

271 – Art. 1.831: O cônjuge pode renunciar ao direito real de habitação nos autos do inventário ou por escritura pública, sem prejuízo de sua participação na herança.

- **V JORNADA DE DIREITO CIVIL**

527 – Art. 1.832: Na concorrência entre o cônjuge e os herdeiros do de cujus, não será reservada a quarta parte da herança para o sobrevivente no caso de filiação híbrida.

528 – Arts. 1.729, parágrafo único, e 1.857: É válida a declaração de vontade expressa em documento autêntico, também chamado "testamento vital", em que a pessoa estabelece disposições sobre o tipo de tratamento de saúde, ou não tratamento, que deseja no caso de se encontrar sem condições de manifestar a sua vontade.

529 – Art. 1.951: O fideicomisso, previsto no art. 1.951 do Código Civil, somente pode ser instituído por testamento.

• **VI JORNADA DE DIREITO CIVIL**

575 – Art. 1.810: Concorrendo herdeiros de classes diversas, a renúncia de qualquer deles devolve sua parte aos que integram a mesma ordem dos chamados a suceder.

• **VII JORNADA DE DIREITO CIVIL**

600 – Após registrado judicialmente o testamento e sendo todos os interessados capazes e concordes com os seus termos, não havendo conflito de interesses, é possível que se faça o inventário extrajudicial. Parte da legislação: art. 610, § 1º, do Código de Processo Civil e Lei n. 13.105, de 16/3/2015

608 – É possível o registro de nascimento dos filhos de pessoas do mesmo sexo originários de reprodução assistida, diretamente no Cartório do Registro Civil, sendo dispensável a propositura de ação judicial, nos termos da regulamentação da Corregedoria local. Parte da legislação: arts. 1.593 e 1.596 do Código Civil

609 – O regime de bens no casamento somente interfere na concorrência sucessória do cônjuge com descendentes do falecido. Parte da legislação: arts. 1.640, parágrafo único, e art. 1.829 do Código Civil

610 – Nos casos de comoriência entre ascendente e descendente, ou entre irmãos, reconhece-se o direito de representação aos descendentes e aos filhos dos irmãos. Parte da legislação: arts. 1.851 e 1.854 do Código Civil

611 – O testamento hológrafo simplificado, previsto no art. 1.879 do Código Civil, perderá sua eficácia se, nos 90 dias subsequentes ao fim das circunstâncias excepcionais que autorizaram a sua confecção, o disponente, podendo fazê-lo, não testar por uma das formas testamentárias ordinárias. Parte da legislação: art. 1.879 do Código Civil

612 – O prazo para exercer o direito de anular a partilha amigável judicial, decorrente de dissolução de sociedade conjugal ou de união estável, extingue-se em 1 (um) ano da data do trânsito em julgado da sentença homologatória, consoante dispõem o art. 2.027, parágrafo único, do Código Civil de 2002, e o art. 1.029, parágrafo único, do Código de Processo Civil (art. 657, parágrafo único, do NOVO CPC).

• **VIII JORNADA DE DIREITO CIVIL**

641 – Art. 1.790: A decisão do Supremo Tribunal Federal que declarou a inconstitucionalidade do art. 1.790 do Código Civil não importa equiparação absoluta entre o casamento e a união estável. Estendem-se à união estável apenas as regras aplicáveis ao casamento que tenham por fundamento a solidariedade familiar. Por outro lado, é constitucional a distinção entre os regimes, quando baseada na solenidade do ato jurídico que funda o casamento, ausente na união estável.

642 – Art. 1.836: Nas hipóteses de multiparentalidade, havendo o falecimento do descendente com o chamamento de seus ascendentes à sucessão legítima, se houver igualdade em grau e diversidade em linha entre os ascendentes convocados a herdar, a herança deverá ser dividida em tantas linhas quantos sejam os genitores.

643 – Art. 1.973: O rompimento do testamento (art. 1.973 do Código Civil) se refere exclusivamente às disposições de caráter patrimonial, mantendo-se válidas e eficazes as de caráter extrapatrimonial, como o reconhecimento de filho e o perdão ao indigno.

644 – Art. 2.003: Os arts. 2.003 e 2.004 do Código Civil e o art. 639 do CPC devem ser interpretados de modo a garantir a igualdade das legítimas e a coerência do ordenamento. O bem doado, em adiantamento de legítima, será colacionado de acordo com seu valor atual na data da abertura da sucessão, se ainda integrar o patrimônio do donatário. Se o donatário já não possuir o bem doado, este será colacionado pelo valor do tempo de sua alienação, atualizado monetariamente.

• **IX JORNADA DE DIREITO CIVIL**

676 – Art. 1.836, §2º: A expressão diversidade em linha, constante do §2º do art. 1.836 do Código Civil, não deve mais ser restrita à linha paterna e à linha materna, devendo ser compreendidas como linhas ascendentes.

✦ ENUNCIADOS DO INSTITUTO BRASILEIRO DE DIREITO DE FAMÍLIA (IBDFAM)

Enunciado 01. A Emenda Constitucional 66/2010, ao extinguir o instituto da separação judicial, afastou a perquirição da culpa na DISSOLUÇÃO do casamento e na quantificação dos alimentos.

Enunciado 02. A separação de fato põe fim ao regime de bens e importa extinção dos deveres entre cônjuges e entre companheiros.

Enunciado 03. Em face do princípio da igualdade das entidades familiares, é inconstitucional o tratamento discriminatório conferido ao cônjuge e ao companheiro.

Enunciado 04. A constituição de entidade familiar paralela pode gerar efeito jurídico.

Enunciado 05. Na adoção, o princípio do superior interesse da criança e do adolescente deve prevalecer sobre a família extensa.

Enunciado 06. Do reconhecimento jurídico da filiação socioafetiva decorrem todos os direitos e deveres inerentes à autoridade parental.

Enunciado 07. A posse de estado de filho pode constituir paternidade e maternidade.

Enunciado 08. O abandono afetivo pode gerar direito à reparação pelo dano causado.

Enunciado 09. A multiparentalidade gera efeitos jurídicos.

Enunciado 10. É cabível o reconhecimento do abandono afetivo em relação aos ascendentes idosos.

Enunciado 11. Na ação destinada a dissolver o casamento ou a união estável, pode o juiz disciplinar a custódia compartilhada do animal de estimação do casal.

Enunciado 12. É possível o registro de nascimento dos filhos de casais homoafetivos, havidos de reprodução assistida, diretamente no Cartório do Registro Civil.

Enunciado 13. Na hipótese de adoção *intuitu personae* de criança e de adolescente, os pais biológicos podem eleger os adotantes.

Enunciado 14. Salvo expressa disposição em contrário, os alimentos fixados *ad valorem* incidem sobre todos os rendimentos percebidos pelo alimentante que possua natureza remuneratória, inclusive terço constitucional de férias, 13º salário, participação nos lucros e horas extras.

Enunciado 15. Ainda que casado sob o regime da separação convencional de bens, o cônjuge sobrevivente é herdeiro necessário e concorre com os descendentes.

Enunciado 16. Mesmo quando houver testamento, sendo todos os interessados capazes e concordes com os seus termos, não havendo conflito de interesses, é possível que se faça o inventário extrajudicial.

Enunciado 17. A técnica de ponderação, adotada expressamente pelo art. 489, § 2º, do NOVO CPC, é meio adequado para a solução de problemas práticos atinentes ao Direito das Famílias e das Sucessões

Enunciado 18. Nas ações de divórcio e de dissolução da união estável, a regra deve ser o julgamento parcial do mérito (art. 356 do NOVO CPC), para que seja decretado o fim da conjugalidade, seguindo a demanda com a discussão de outros temas.

Enunciado 19. O rol do art. 693 do NOVO CPC é meramente exemplificativo, e não taxativo.

Enunciado 20. O alimentante que, dispondo de recursos econômicos, adota subterfúgios para não pagar ou para retardar o pagamento de verba alimentar, incorre na conduta descrita no art. 7º, inc. IV da Lei nº 11.340/2006 (violência patrimonial).

Enunciado 21. O reconhecimento voluntário da parentalidade socioafetiva de pessoa que não possua parentalidade registral estabelecida poderá ser realizado diretamente no ofício de registro civil, desde que não haja demanda em curso e independentemente de homologação judicial.

Enunciado 22. É possível a utilização da via extrajudicial para o divórcio e dissolução da união estável, nos termos do artigo 733, do CPC/15 se, havendo consenso entre as partes, inexistir nascituro e as questões relativas às crianças e adolescentes e aos filhos não emancipados e curatelados (como guarda, convivência familiar e alimento) já tiverem definição na via judicial.

Enunciado 23. Havendo atraso ou não pagamento da verba alimentar e indícios de que o devedor dispõe de recursos econômicos, o juiz cientificará ao Ministério Público para apurar a prática do crime de abandono material.

Enunciado 24. Em pacto antenupcial ou contrato de convivência podem ser celebrados negócios jurídicos processuais.

Enunciado 25. Depende de ação judicial o levantamento da curatela de pessoa interditada antes da vigência do Estatuto da Pessoa com Deficiência.

Enunciado 26. A pessoa com deficiência pode pleitear a autocuratela.

Enunciado 27. No caso de comunicação de atos de alienação parental nas ações de família, o seu reconhecimento poderá ocorrer na própria demanda, sendo desnecessária medida judicial específica para tanto.

Enunciado 28. Havendo indício de prática de ato de alienação parental, devem as partes ser encaminhadas ao acompanhamento diagnóstico, na forma da Lei, visando ao melhor interesse da criança. O magistrado depende de avaliação técnica para avaliar a ocorrência ou não de alienação parental, não lhe sendo recomendado decidir a questão sem estudo prévio por profissional capacitado, na forma do § 2º do art. 5º da Lei nº 12.318/2010, salvo para decretar providências liminares urgentes.

Enunciado 29. Em havendo o reconhecimento da multiparentalidade, é possível a cumulação da parentalidade socioafetiva e da biológica no registro civil.

Enunciado 30. Nos casos de eleição de regime de bens diverso do legal na união estável, é necessário contrato escrito, a fim de assegurar eficácia perante terceiros.

Enunciado 31. A conversão da união estável em casamento é um procedimento consensual, administrativo ou judicial, cujos efeitos serão *ex tunc*, salvo nas hipóteses em que o casal optar pela alteração do regime de bens, o que será feito por meio de pacto antenupcial, ressalvados os direitos de terceiros.

Enunciado 32. É possível a cobrança de alimentos, tanto pelo rito da prisão como pelo da expropriação, no mesmo procedimento, quer se trate de cumprimento de sentença ou de execução autônoma.

Enunciado 33. O reconhecimento da filiação socioafetiva ou da multiparentalidade gera efeitos jurídicos sucessórios, sendo certo que o filho faz jus às heranças, assim como os genitores, de forma recíproca, bem como dos respectivos ascendentes e parentes, tanto por direito próprio como por representação.

Enunciado 34. É possível a relativização do princípio da reciprocidade, acerca da obrigação de prestar alimentos entre pais e filhos, nos casos de abandono afetivo e material pelo genitor que pleiteia alimentos, fundada no princípio da solidariedade familiar, que o genitor nunca observou.

Enunciado 35. Nas hipóteses em que o processo de adoção não observar o prévio cadastro, e sempre que possível, não deve a criança ser afastada do lar em que se encontra sem a realização de prévio estudo psicossocial que constate a existência, ou não, de vínculos de socioafetividade.

Enunciado 36. As famílias acolhedoras e os padrinhos afetivos têm preferência para adoção quando reconhecida a constituição de vínculo de socioafetividade.

Enunciado 37. Nos casos que envolverem violência doméstica, a instrução processual em ações de família deve assegurar a integridade física, psicológica e patrimonial da vítima.

Enunciado 38. A interação pela via digital, ainda que por videoconferência, sempre que possível, deve ser utilizada de forma complementar à convivência familiar, e não substitutiva.

Enunciado 39. A liberdade de expressão dos pais em relação à possibilidade de divulgação de dados e imagens dos filhos na internet deve ser funcionalizada ao melhor interesse da criança e do adolescente e ao respeito aos seus direitos fundamentais, observados os riscos associados à superexposição.

Enunciado 40. A herança digital pode integrar a sucessão do seu titular, ressalvadas as hipóteses envolvendo direitos personalíssimos, direitos de terceiros e disposições de última vontade em sentido contrário.

Enunciado 41. Em tempos de pandemia, o regime de convivência que já tenha sido fixado em decisão judicial ou acordo deve ser mantido, salvo se, comprovadamente, qualquer dos pais for submetido a isolamento ou houver situação excepcional que não atenda ao melhor interesse da criança ou adolescente.

Enunciado 42 – O namoro qualificado, diferentemente da união estável, não engloba todos os requisitos cumulativos presentes no art. 1.723 do Código Civil.

Enunciado 43. É desnecessária a manifestação do Ministério Público nos reconhecimentos extrajudiciais de filiação socioafetiva de pessoas maiores de dezoito anos.

Enunciado 44. Existindo consenso sobre a filiação socioafetiva, esta poderá ser reconhecida no inventário judicial ou extrajudicial.

Enunciado 45. A ação de divórcio já ajuizada não deverá ser extinta sem resolução de mérito, em caso do falecimento de uma das partes.

Enunciado 46. Excepcionalmente, e desde que justificada, é possível a decretação do divórcio em sede de tutela provisória, mesmo antes da oitiva da outra parte.

Direito Processual Civil

Maurício Ferreira Cunha

TABELA DE INCIDÊNCIA DE QUESTÕES

Distribuição das questões organizada por ordem didática de assuntos		
Assunto	**Número de Questões**	**Peso**
1. PRINCÍPIOS	4	2,08%
2. AÇÃO	2	1,04%
3. PARTES E PROCURADORES	8	4,17%
4. LITISCONSÓRCIO	1	0,52%
5. INTERVENÇÃO DE TERCEIROS	12	6,25%
6. COMPETÊNCIA	7	3,65%
7. DO JUIZ	1	0,52%
8. ATOS PROCESSUAIS	15	7,81%
9. TUTELA PROVISÓRIA	8	4,17%
10. FORMAÇÃO, SUSPENSÃO E EXTINÇÃO DO PROCESSO	1	0,52%
11. PROCEDIMENTO SUMARÍSSIMO	3	1,56%
12. PROCEDIMENTO COMUM	70	36,46%
13. PROCESSO DE EXECUÇÃO	15	7,81%
14. PROCEDIMENTOS ESPECIAIS NO CPC	14	7,29%
15. PROCEDIMENTOS ESPECIAIS NA LEGISLAÇÃO EXTRAVAGANTE	29	15,10%
16. DISPOSIÇÕES FINAIS E TRANSITÓRIAS	2	1,04%
Total	**192**	**100%**

Direito Processual Civil

Maurício Ferreira Cunha

✦ QUESTÕES

1. PRINCÍPIOS

01. (CESPE/CEBRASPE – Procurador do Estado – PGE-PA/2022) Assinale a opção correta, considerando as normas fundamentais do processo civil.

a) É assegurada ao juiz a paridade de tratamento em relação ao exercício de direitos e faculdades processuais, aos meios de defesa, aos ônus, aos deveres e à aplicação de sanções processuais, competindo às partes zelar pelo efetivo contraditório.

b) A norma que proíbe decisão contra uma das partes sem que esta seja previamente ouvida não se aplica às hipóteses de concessão do mandado monitório, contendo ordem de pagamento, de entrega de coisa ou de obrigação de fazer ou de não fazer.

c) O juiz não pode decidir, em nenhum grau de jurisdição, com base em fundamento a respeito do qual não se tenha dado às partes oportunidade de se manifestar, exceto em caso de matéria sobre a qual ele deva decidir de ofício.

d) A conciliação, a mediação e outros métodos de solução consensual de conflitos deverão ser estimulados por juízes, advogados, defensores públicos e membros do Ministério Público, exceto no curso do processo judicial.

e) A norma que proíbe decisão contra uma das partes sem que esta seja previamente ouvida não se aplica à hipótese de tutela de evidência fundada no abuso do direito de defesa ou no manifesto propósito protelatório da parte, podendo o magistrado decidir liminarmente e antes da citação do réu.

COMENTÁRIOS

✪ **Nota do autor:** a prolação de decisões *inaudita altera parte*, por meio da técnica do contraditório postergado, diferido ou ulterior, é uma exceção à regra, admitida pelo parágrafo único art. 9º, entre outras hipóteses, no caso da tutela monitória de evidência. Vale, contudo, observar que a apresentação de embargos monitórios suspende a eficácia da decisão mencionada no art. 701 do Código (art. 702, § 4º).

Alternativa "a": segundo o art. 7º do CPC: "É assegurada às partes paridade de tratamento em relação ao exercício de direitos e faculdades processuais, aos meios de defesa, aos ônus, aos deveres e à aplicação de sanções processuais, competindo ao juiz zelar pelo efetivo contraditório".

Alternativa "b": a regra é que não se proferirá decisão contra uma das partes sem que ela seja previamente ouvida. Como exceção, temos o pronunciamento judicial previsto no art. 701 do CPC ("Sendo evidente o direito do autor, o juiz deferirá a expedição de mandado de pagamento, de entrega de coisa ou para execução de obrigação de fazer ou de não fazer, concedendo ao réu prazo de 15 (quinze) dias para o cumprimento e o pagamento de honorários advocatícios de cinco por cento do valor atribuído à causa"), qual seja, o mandado monitório, tudo nos termos do art. 9º, parágrafo único, III, CPC.

Alternativa "c": nos termos do art. 10 do CPC: "O juiz não pode decidir, em grau algum de jurisdição, com base em fundamento a respeito do qual não se tenha dado às partes oportunidade de se manifestar, ainda que se trate de matéria sobre a qual deva decidir de ofício".

Alternativa "d": prevê o art. 3º, § 3º, CPC, que a conciliação, a mediação e outros métodos de solução consensual de conflitos deverão ser estimulados por juízes, advogados, defensores públicos e membros do Ministério Público, inclusive no curso do processo judicial.

Alternativa "e": nas hipóteses narradas na assertiva, fica o juiz impedido de decidir liminarmente (art. 311, I e parágrafo único, CPC).

Alternativa correta: letra "b".

02. (FCC – Procurador do Estado – PGE-AP/2018) Afirma-se, de modo pacífico na doutrina, que O magistrado está limitado, na sua decisão, aos fatos jurídicos alegados e ao pedido formulado. (DIDIER Jr., Fredie. Curso de Direito Processual Civil. Edit. Juspodivm, 1 v., 17.ed., 2015, p. 553)

Essa lição concerne ao princípio

a) da inércia processual.

b) da eventualidade

c) do dispositivo ou da livre iniciativa da parte.

d) da inafastabilidade da jurisdição.

e) da adstrição ou congruência.

COMENTÁRIOS

✪ **Nota do autor:** segundo o princípio da congruência, da correção ou da adstrição, o dispositivo deve se cingir aos pedidos formulados (conforme art. 141, CPC/2015, "O juiz decidirá o mérito nos limites propostos pelas partes, sendo-lhe vedado conhecer de questões não suscitadas a cujo respeito a lei exige iniciativa da parte"). Quando desatende ao princípio da congruência, a sentença pode ser chamada de *citra petita* ou *infra petita* – deixa de apreciar parcela do pedido; de *ultra petita* – ultrapassa o pedido; ou de *extra petita* – aprecia matéria estranha ao pedido. Entende-se, também, que a fundamentação da sentença deve se cingir aos argumentos deduzidos pelas partes. Assim, por exemplo, seria *extra petita* a sentença que decide com fundamento em fato essencial não deduzido pelas partes. A sentença *citra petita* desafia embargos de declaração (inciso II do art. 1.022, CPC/2015), admitindo-se também o cabimento destes para a correção da sentença *ultra petita*. Ademais, interposto o recurso de apelação e decretada a nulidade da sentença pelo desatendimento ao princípio da congruência, se o processo estiver em condições de imediato julgamento, o tribunal deve decidir desde logo o mérito, sem devolver os autos ao juiz para a prolação de nova sentença (incisos II e III do § 3º do art. 1.013, CPC/2015).

Alternativa "a": O Poder Judiciário, via de regra, para que deflagre um processo, deverá ser provocado pelo respectivo interessado. Como decorrência desse princípio basilar, o processo judicial não poderá ser instaurado de ofício.

Alternativa "b": Segundo o princípio da eventualidade ou da concentração da defesa, toda a matéria de defesa deve ser apresentada pelo réu na sua contestação. Respeitada a boa-fé processual, admite-se, inclusive, que as alegações do réu sejam incompatíveis entre si, desde que sejam formuladas de maneira eventual ou alternativa.

Alternativa "c": Este princípio corrobora a ideia de que o juiz passa a ter uma participação condicionada à vontade das partes, que definem não só a existência e extensão do processo – cabendo ao interessado a sua propositura e definição dos elementos objetivos e subjetivos –, como também o seu desenvolvimento, que dependerá de provocação para que prossiga.

Alternativa "d": A ninguém, nem ao legislador, nem ao administrador, nem ao próprio julgador, é dado o direito de afastar qualquer causa da apreciação do Poder Judiciário (art. 5º, XXXV, CF). Conforme Daniel Amorim Assumpção Neves, Novo Código de Processo Civil Comentado: artigo por artigo, p. 6-7, "numa visão moderna do princípio, a inafastabilidade da jurisdição deve ser compreendida à luz do 'acesso à ordem jurídica justa', (ou 'acesso à tutela jurisdicional adequada'). Trata-se de um sistema processual fundado em quatro vigas mestras voltado a tornar concreta a promessa constitucional que também está prevista no art. 3º, *caput*, do Novo CPC: (a) amplo acesso ao processo, em especial para os hipossuficientes econômicos e para os direitos transindividuais; (b) ampla participação e efetiva influência no convencimento do juiz, que serão obtidas com a adoção do contraditório real e do princípio da cooperação; (c) decisão com justiça, com aplicação da lei sempre levando-se em consideração os princípios constitucionais de justiça e os direitos fundamentais; e (d) eficácia da decisão, o que se obtém com um processo mais célere, com a tutela de urgência, com sanções pelo descumprimento e com a adoção de formas executivas indiretas e de sub-rogação, inclusive atípicas."

Alternativa "e": Ver "nota do autor".

Alternativa correta: letra "e".

---

03. (Cespe – Procurador do Estado – PGE – SE/2017) Duas sociedades empresárias firmaram contrato que contém cláusula compromissária de convenção de arbitragem com a previsão de que eventual litígio de natureza patrimonial, referente ao contrato, deveria ser submetido a tribunal arbitral.

Nessa situação hipotética, caso seja instaurado procedimento arbitral,

a) o magistrado poderá, de ofício, reconhecer a existência de convenção de arbitragem e extinguir o processo sem resolução do mérito, se o litígio referente ao contrato também for levado ao Poder Judiciário.

b) em eventual execução judicial de sentença arbitral, será vedado ao réu arguir nulidade da decisão arbitral por meio de impugnação ao cumprimento de sentença, devendo o interessado utilizar ação própria para esse fim.

c) as partes não estarão obrigadas a se submeter a esse procedimento, uma vez que a convenção de arbitragem é nula, por excluir da apreciação jurisdicional ameaça ou lesão a direito.

d) a opção feita pelas partes pela arbitragem deverá ser considerada legítima, e a sentença do árbitro, título executivo extrajudicial, conforme o CPC.

e) eventual cumprimento de carta arbitral no Poder Judiciário, referente ao caso, deverá tramitar em segredo de justiça, se houver comprovação de confidencialidade da arbitragem.

COMENTÁRIOS

✪ **Nota do autor:** a solução de conflitos por meio da arbitragem é possível no ordenamento jurídico brasileiro desde o advento da Lei 9.307/96, que sofreu pontuais reformas com a edição da Lei 13.129/2015, destacando-se as seguintes alterações:

(*i*) previsão de que a instituição da arbitragem interrompe a prescrição, retroagindo à data do requerimento de sua instauração, ainda que extinta a arbitragem por falta de jurisdição (art. 19, § 2º);

(*ii*) possibilidade de requerer tutelas de urgência diretamente aos árbitros quando já instituída a arbitragem (art. 22-B, parágrafo único);

(*iii*) possibilidade de expedição de carta arbitral para que o órgão jurisdicional nacional pratique ou determine o cumprimento, na sua área de atuação, do ato solicitado pelo árbitro (art. 22-C);

(*iv*) possibilidade de arbitragem envolvendo a Administração Pública, desde que o conflito seja relativo a direitos patrimoniais disponíveis (art. 1º, § 1º).

Alternativa "a": A convenção de arbitragem **não** é cognoscível de ofício pelo magistrado, por força da ressalva constante do § 5º do art. 337 do CPC/2015.

Alternativa "b": O enunciado da alternativa em comento contradiz o art. 33, § 3º, Lei 9.307/1996 (Lei de Arbitragem), com redação dada pelo CPC/2015. Eis o teor do dispositivo legal: "a decretação da nulidade da sentença arbitral **também poderá** ser requerida na impugnação ao cumprimento da sentença, nos termos dos arts. 525 e seguintes do Código de Processo Civil, se houver execução judicial".

Alternativa "c": A submissão do conflito à arbitragem é expressamente **admitida,** na forma da Lei (art. 3º, § 1º, CPC/2015). Nem mesmo é possível deixar de aplicar a mencionada lei sob o argumento de que viola o princípio da inafastabilidade da jurisdição e, por conseguinte, é inconstitucional. É que o Plenário do STF, ao julgar a *SE 5.206-AgR/EP* reconheceu a constitucionalidade da Lei 9.307/96. Como asseverado pelo relator, Ministro Sepúlveda Pertence: "O que a Constituição não permite à lei – já aduzira no voto primitivo – é vedar o acesso ao Judiciário da lide que uma das partes lhe quisesse submeter, forçando-a a trilhar a via alternativa da arbitragem (Hamilton de Moraes e Barros, **Comentários ao C. Pr. Civil,** Forense, v/d, IX/377). O compromisso arbitral, contudo, funda-se no consentimento dos interessados e só pode ter objeto a solução de conflitos sobre direitos disponíveis, ou seja, de direitos a respeito dos quais podem as partes transigir. O direito de ação – afinal, em síntese, objeto da proteção constitucional invocada –, nem por ser autônomo e abstrato, deixa de ser essencialmente instrumental: a garantia da ação – que é direito à prestação jurisdicional – visa a assegurar a verificação pelo juiz da procedência ou não da pretensão material veiculada pela ação em cada caso e, se procedente, a sua efetivação, quando necessário, por meio da coação estatal. Se esta, a coação para efetivar, na relação entre as partes, a norma jurídica individual da sentença, é monopólio do Estado, a própria determinação da norma concreta a executar não o é, se se cuida de direito privado e disponível: aí, reservam-se à autonomia das partes a transação e a própria renúncia".

Alternativa "d": A sentença arbitral constitui título executivo **judicial**, nos termos do art. 515, inciso VII, CPC/2015.

Alternativa "e": Compatibilidade da assertiva com o ordenamento jurídico, especialmente considerando o art. 189, inciso IV, CPC/2015, que ressalva da publicidade os processos "que versem sobre arbitragem, inclusive sobre cumprimento de carta arbitral, desde que a confidencialidade estipulada na arbitragem seja comprovada perante o juízo". Na forma preconizada pelo *Enunciado 13* do Fórum Permanente de Processualistas Civis, "o disposto no inciso IV do art. 189 abrange todo e qualquer ato judicial relacionado à arbitragem, desde que a confidencialidade seja comprovada perante o Poder Judiciário, ressalvada em qualquer caso a divulgação das decisões, preservada a identidade das partes e os fatos da causa que as identifiquem".

Alternativa correta: letra "e".

04. (Fundatec – Procurador do Estado – RS/2015) A respeito do princípio do contraditório no processo civil, é INCORRETO afirmar que:

a) O contraditório consiste em uma garantia de efetiva participação das partes no desenvolvimento de todo o litígio, mediante a possibilidade de influírem, em igualdade de condições, no convencimento do magistrado, contribuindo na descrição dos fatos, na produção de provas e no debate das questões de direito.

b) O contraditório não é necessário apenas para a prolação da sentença de mérito, devendo ser observado ao longo de todo o procedimento, relativamente a todas as questões, sejam de rito ou de mérito.

c) O contraditório guarda estreita relação com o princípio da isonomia, exatamente porque as partes devem dispor da possibilidade de expor suas versões, apresentar suas defesas e participar, enfim, do processo em idênticas oportunidades.

d) O juiz também é sujeito do contraditório, devendo submeter a debate entre as partes as questões jurídicas, aí incluídas as matérias que ele há de apreciar de ofício.

e) Em razão das máximas *iura novit curia* e da *mihi factum dabo tibi ius*, constitui tarefa privativa do juiz a aplicação do direito, independentemente da sua arguição pelas partes, cabendo a estas últimas apenas a alegação dos fatos. Quer isso dizer que o contraditório somente alcança as questões de fato, não sendo necessário para as questões de direito.

COMENTÁRIOS

✪ **Nota do autor:** o princípio do contraditório é um dos mais importantes corolários do devido processo legal. Está consagrado no art. 5º, LV, CF/88, além de constar de forma expressa na parte final do art. 7º, CPC/2015, que dispõe ser incumbência do juiz "zelar pelo efetivo contraditório", bem como nos arts. 9º e 10 da nova lei processual. O princípio do contraditório, assim como o devido processo legal, apresenta duas dimensões. Em um sentido formal, é o direito de participar do processo, de ser ouvido. Mas essa participação há de ser efetiva, capaz de influenciar o convencimento do magistrado. Essa é a perspectiva substancial do contraditório.

Alternativa "a": Conforme nota, o princípio do contraditório não exige apenas a manifestação formal da parte contrária. Tal manifestação há que ser capaz de influenciar na formação da decisão do magistrado. Por isso, o novo diploma processual considera não fundamentada a decisão que "não enfrentar todos os argumentos deduzidos no processo capazes de, em tese, infirmar a conclusão adotada pelo julgador" (art. 489, § 1º, inciso IV, CPC/2015).

Alternativa "b": O contraditório não se torna necessário apenas para a prolação da sentença. Ao longo do procedimento há diversas questões que devem ser enfrentadas, todas, sob o crivo do contraditório prévio. Nesse sentido é a orientação consagrada no art. 10, CPC/2015, que impede o magistrado de proferir decisão surpresa, *in verbis*: "o juiz não pode decidir, em grau algum de jurisdição, com base em fundamento a respeito do qual não se tenha dado às partes oportunidade de se manifestar, ainda que se trate de matéria sobre a qual deva decidir de ofício".

Alternativa "c": Às partes deve ser oferecida a possibilidade de participar ativamente do processo, em igualdade substancial de oportunidades. Nesse sentido, reza o art. 7º, CPC/2015, que "é assegurada às partes paridade de tratamento em relação ao exercício de direitos e faculdades processuais, aos meios de defesa, aos ônus, aos deveres e à aplicação de sanções processuais, competindo ao juiz zelar pelo efetivo contraditório".

Alternativa "d": "Há o dever do juiz de provocar o prévio contraditório entre as partes, sobre qualquer questão que apresente relevância decisória, seja ela processual ou de mérito, de fato ou de direito, prejudicial ou preliminar. O desrespeito ao contraditório sobre as questões de direito expõe as partes ao perigo de uma sentença de surpresa. Por outro lado, o juiz instar as partes a se manifestarem, antes da decisão, sobre uma determinada questão de direito, não pode ser considerado uma perda de imparcialidade, por estar prejulgando a causa. Ao contrário, é mais uma oportunidade que se dá às partes e, principalmente, àquela parte que seria prejudicada pela decisão, de apresentar suas alegações e influenciar o convencimento do juiz"[1].

Alternativa "e": O contraditório alcança tanto as questões de fato quanto as de direito. Isso porque, se o contraditório significa o direito de influir no processo, o dever de consulta por parte do juiz é medida que se impõe.

Alternativa incorreta: letra "e".

2. AÇÃO

05. (FCC – Procurador do Estado – MT/2016) Sobre o processo civil tributário, considere:

I. O Estado é parte legítima para figurar no polo passivo das ações propostas por servidores públicos estaduais que visam ao reconhecimento do direito à isenção ou à repetição do indébito relativo ao imposto de renda retido na fonte.

II. O contribuinte pode optar por receber, por meio de precatório ou por compensação, o indébito tributário certificado por sentença declaratória transitada em julgado.

III. O consumidor tem legitimidade para propor ação declaratória cumulada com repetição de indébito que busca afastar, no tocante ao fornecimento de energia elétrica, a incidência do ICMS sobre a demanda contratada e não utilizada.

IV. O depósito prévio previsto no art. 38, da LEF – Lei de Execução Fiscal, constitui condição de procedibilidade da ação anulatória de débito fiscal.

Está correto o que se afirma APENAS em

1. BADARÓ, Gustavo Henrique, **Direito Processual Penal.** Rio de Janeiro: Elsevier, 2008, p. 11.

a) I, II e IV.

b) III e IV.

c) I e IV.

d) II e III.

e) I, II e III.

COMENTÁRIOS

✪ **Nota do autor:** questão aborda entendimentos jurisprudenciais acerca do processo civil tributário, tratando de temas relacionados às condições da ação.

Item I: o enunciado está em consonância com a jurisprudência do STJ, consubstanciada na **Súmula 447,** segundo a qual "os Estados e o Distrito Federal são partes legítimas na ação de restituição de imposto de renda retido na fonte proposta por seus servidores".

Item II: a **Súmula 461,** STJ, dispõe no mesmo sentido da afirmativa, vale dizer, "o contribuinte pode optar por receber, por meio de precatório ou por compensação, o indébito tributário certificado por sentença declaratória transitada em julgado".

Item III: o entendimento dominante, de fato, é no sentido de que o consumidor possui legitimidade para propor ação declaratória cumulada com repetição de indébito na qual se busca afastar, no tocante ao fornecimento de energia elétrica, a incidência do ICMS sobre a demanda contratada e não utilizada[2].

Item IV: é **inconstitucional** a exigência de depósito prévio como **requisito de admissibilidade** de ação judicial na qual se pretenda discutir a exigibilidade de crédito tributário, por força do entendimento constante da **Súmula Vinculante 28.** No entanto, a teor do disposto no § 1º do art. 784, CPC/2015, a propositura de qualquer ação relativa a débito constante de título executivo não inibe o credor de promover-lhe a execução. Nesse caso, é verdade, haverá conexão entre execução de título extrajudicial e a ação de conhecimento relativa ao mesmo ato jurídico, a exigir a reunião dos processos para julgamento conjunto (art. 55, § 2º, inciso I, do CPC/2015). "A reunião dos processos nestes casos será para o julgamento da 'ação de conhecimento' como questão prejudicial da execução de título extrajudicial [...]"[3].

Alternativa correta: letra "e".

06. (Fundatec – Procurador do Estado – RS/2015 – adaptada) A respeito das condições da ação, analise as assertivas abaixo:

I. O exame das condições da ação deve sempre considerar as provas produzidas no processo.

II. A possibilidade jurídica do pedido não é condição da ação. O pedido não é impossível juridicamente

2. STJ, **EDcl no RMS 33.838/CE,** 1ª T., rel. Min. Regina Helena Costa, j. 15.12.2015, DJe 02.02.2016.

3. BUENO, Cassio Scarpinella. **Novo Código de Processo Civil Anotado.** São Paulo: Saraiva, 2015, p. 78.

quando o ordenamento jurídico não o proíbe de forma expressa.

III. Tem prevalecido na jurisprudência do Superior Tribunal de Justiça o entendimento de que a aferição das condições da ação deve ocorrer *in status assertionis*, ou seja, à luz das afirmações do demandante.

IV. A teoria da asserção é compatível com a necessidade de o juiz levar em conta fatos supervenientes no processo, de modo que, não havendo o preenchimento das condições da ação no momento da propositura da demanda, pode-se deixar de extinguir o processo sem resolução do mérito, caso sobrevenha tal preenchimento no curso do processo.

Após a análise, pode-se dizer que:

a) Apenas as assertivas II e III estão corretas.
b) Apenas as assertivas III e IV estão corretas.
c) Apenas as assertivas I, II e IV estão corretas.
d) Apenas as assertivas II, III e IV estão corretas.
e) Todas as assertivas estão corretas.

COMENTÁRIOS

✪ **Nota do autor:** as condições da ação, proposta da teoria eclética de Liebman, acatada pelo CPC/1973, são: legitimidade, interesse de agir e possibilidade jurídica do pedido. Apesar de bastante próximas com os elementos da ação, é dizer, "legitimidade" com "partes", "interesse de agir" com "causa de pedir" e "possibilidade jurídica do pedido" com "pedido", tratam-se, na verdade, de aspectos diferentes, uns referindo-se à estrutura da demanda e outros às condições da ação propriamente, que, segundo a mencionada teoria, são imprescindíveis para que seja apreciado o mérito da questão, ou seja, as condições da ação não dizem respeito ao mérito, elas o antecedem, e, se inexistentes, geram sentença terminativa. Destaque-se que, no CPC/2015, a possibilidade jurídica do pedido passa a ser tratada como questão relativa ao mérito e não mais como "condição da ação". Em verdade, no CPC/2015 essa classificação ("condições da ação") desaparece. O legislador apenas prevê que "para postular em juízo é necessário ter interesse e legitimidade" (art. 17, CPC/2015).

Item I: O exame das condições da ação é prévio, é realizado pelo juiz antes de adentrar no mérito, portanto, não considerando as provas produzidas no processo.

Item II: O pedido é juridicamente possível quando não proibido expressamente pelo ordenamento jurídico. Não se deve confundir pedido juridicamente impossível com pedido juridicamente infundado. No primeiro caso o processo é extinto sem resolução do mérito; no segundo a pretensão do autor deve ser julgada improcedente (sentença com resolução do mérito). Destaque-se que, no CPC/2015, não há mais referência à "possibilidade jurídica do pedido" como hipótese geradora da extinção do processo sem resolução do mérito. Essa causa de inépcia já era bastante discutida na doutrina, vez que muitos estudiosos a entendiam como causa que, se inexistente, levava à improcedência da pretensão deduzida em juízo. O CPC/2015 consagra o entendimento de que a possibilidade jurídica do pedido é causa para resolução do mérito da demanda (art. 332) e não simplesmente de sua inadmissibilidade.

Item III: A teoria da asserção preconiza que as condições da ação devem ser aferidas pelo juízo ao receber a petição inicial e em abstrato. É a teoria adotada pelo STJ: "Tem prevalecido na jurisprudência do STJ o entendimento de que a aferição das condições da ação deve ocorrer *in status assertionis*, ou seja, à luz das afirmações do demandante [...]" (REsp nº. 1395875/PE, 2ª Turma, Rel. Min. Herman Benjamin, DJe 07/03/2014).

Item IV: Segundo justificativa da Banca, "o art. 462 do CPC/73 [art. 493, CPC/2015] determina que sejam considerados os fatos supervenientes que constituam, modifiquem ou extingam direitos. É pacífico o entendimento de que tal dispositivo aplica-se não somente às questões de mérito, mas também às questões processuais. Se, no início do processo, não havia o preenchimento das condições da ação, mas um fato superveniente faz com que surjam as condições da ação, o juiz não deve mais extinguir o processo, até mesmo por imperativo do princípio da economia processual. Não faz sentido extinguir o processo, quando as condições da ação já estão presentes. A teoria da asserção não diz respeito ao momento da análise. Pela teoria da asserção, o juiz não pode só extinguir o processo no seu nascedouro. Tanto isso é verdade que também há carência superveniente de ação. Também é possível que o tribunal extinga o processo por carência de ação. Logo, a teoria da asserção não diz com o momento da análise. Um fato novo pode acarretar a extinção do processo sem resolução do mérito, sem que isso seja contrário à teoria da asserção. A teoria da asserção, como dito, não diz respeito ao momento da análise, mas sim à dispensa de exame do material probatório. O juiz examina apenas as alegações, sem precisar recorrer à prova produzida. E tais alegações podem alterar-se ao longo do procedimento, em razão da superveniência de fatos novos. Isso porque a sentença há de ser atual, levando-se em conta o momento de sua prolação. Não há controvérsia nem na doutrina nem na jurisprudência. Segundo anotado em precedente do STJ, 'as condições da ação devem existir no momento do julgamento. Alegação de carência superveniente, cujo exame cumpre fazer com base no art. 462.' (STJ, 4ª T., AgRg no REsp 471.172/SC, rel. Min. Antonio Carlos Ferreira, rel. p/ acórdão Min. Maria Isabel Gallotti, j. 18/6/2013, DJe 6/12/2013)"[4].

Alternativa correta: letra "d".

3. PARTES E PROCURADORES

3.1. CAPACIDADE PROCESSUAL

07. (FEPESE – Procurador do Estado – PGE-SC/2018) Em uma ação de conhecimento pelo procedimento ordinário, é apontada como ré a "Secretaria de Saúde do Estado de Santa Catarina". Nessa hipótese:

4. Disponível em: <http://publicacoes.fundatec.com.br/home/portal/concursos/336/Manifestacoes_Banca_Examinadora_Questoes_Disciplina_juridica?idpub=469920>.

a) Não há qualquer defeito processual a ser considerado.
b) Falta legitimidade passiva, razão pela qual é cabível a extinção do feito sem julgamento do mérito.
c) Falta capacidade postulatória e, por esse motivo, deve ser dado prazo para a solução do defeito processual.
d) Falta capacidade de ser parte, razão pela qual está ausente pressuposto de constituição do processo.
e) É mera possibilidade de nulidade relativa do feito e, por esse motivo, não necessita de qualquer providência imediata.

COMENTÁRIOS

✪ **Nota do autor:** no âmbito do direito civil temos a capacidade de direito e a capacidade de fato. A capacidade de direito é uma aptidão para ser sujeito de direitos ou de obrigações. Tem essa capacidade todo aquele que nascer com vida e lei põe a salvo, desde a concepção, os direitos do nascituro (art. 2º do Código Civil). Por sua vez, a capacidade de fato é uma aptidão para exercer, por si só, direitos e deveres. Tem essa capacidade todo aquele que não for absolutamente, nem relativamente incapaz (arts. 3º e 4º do Código Civil) – observe que a Lei 13.146/2015, conhecida como Estatuto da Pessoa com Deficiência, revogou diversos incisos dos arts. 3º e 4º do Código Civil. Assim, são absolutamente incapazes os menores de dezesseis anos; e são relativamente incapazes os maiores de dezesseis e menores de dezoito anos; os ébrios habituais e os viciados em tóxicos; aqueles que, por causa transitória ou permanente, não puderem exprimir sua vontade; e os pródigos). Já no âmbito do processo civil temos a capacidade de ser parte e a capacidade processual ou capacidade de estar em juízo. A capacidade de ser parte é uma aptidão para atuar como autor ou como réu. Tem essa capacidade aquele que possui capacidade de direito. Já a capacidade processual ou de estar em juízo é uma aptidão para agir em juízo por si só. Tem essa capacidade todo aquele que possui capacidade de fato.

Alternativa "a": A Secretaria de Saúde do Estado de Santa Catarina é um órgão desprovido de personalidade jurídica, sendo assim, não é dotado de capacidade de ser parte, sendo incorreto sua inserção no polo passivo da demanda. Aliás, cabe reforçar que os entes despersonalizados normalmente não possuem capacidade de ser parte. Assim, por exemplo, a prefeitura municipal não possui capacidade de ser parte, pois quem possui é o município. Ocorre que o ordenamento jurídico pode atribuir capacidade de ser parte e capacidade processual a certos entes despersonalizados. É o que acontece, por exemplo, com a massa falida e o espólio. Fala-se, então, que esses entes não possuem personalidade jurídica, mas possuem personalidade judiciária. O Superior Tribunal de Justiça tem reconhecido a personalidade judiciária a entes públicos despersonalizados, tais como os tribunais de contas e as câmaras municipais, quando defendem em juízo os seus interesses institucionais (relacionados, por exemplo, ao funcionamento, à autonomia, à independência e às prerrogativas do órgão). Exatamente nesse sentido foi editado o enunciado 525 da súmula do STJ ("A Câmara de vereadores não possui personalidade jurídica, apenas personalidade judiciária, somente podendo demandar em juízo para defender os seus direitos institucionais.").

Alternativa "b": Sendo sanável o vício, com fulcro na primazia do julgamento do mérito, o juízo deve conferir ao autor a possibilidade de sanar o defeito, abrindo-se ao requerente o prazo de 15 (quinze) dias para incluir o estado de Santa Catarina no polo passivo da demanda (art. 321, *caput*, CPC/2015).

Alternativa "c": Trata-se de ausência da capacidade de ser parte. A capacidade postulatória está relacionada à aptidão para postular em juízo. Têm essa capacidade os membros do Ministério Público, os advogados ou, segundo alguns autores, as partes, desde que representadas por advogados.

Alternativa "d": Deve-se lembrar, inicialmente, que a capacidade de ser parte é um pressuposto processual subjetivo. Como de sabença, por ser um órgão, a Secretaria do Estado não tem personalidade jurídica. Consequentemente, como regra, não possui capacidade para ser parte. A demanda deveria ter sido movida em face do estado de Santa Catarina, ente político dotado de personalidade jurídica e, portanto, de capacidade para ser parte em uma demanda judicial.

Alternativa "e": A capacidade de ser parte é um pressuposto processual de existência, razão pela qual, a sua ausência implicará na inexistência do feito, e não em uma mera nulidade relativa.

Alternativa correta: letra "d".

---

08. (FCC – Procurador do Estado – MT/2016) Uma empresa recolheu determinado tributo junto ao Município de Sinop – MT. Posteriormente, foi surpreendido com notificação de lançamento tributário pelo Município de Cuiabá – MT, relativamente ao mesmo tributo e mesmo fato gerador do tributo já pago para a outra fazenda municipal. Caso a autora venha a propor ação de anulação do débito fiscal em face do Município de Cuiabá – MT,

a) poderá formar litisconsórcio passivo eventual com relação ao Município de Sinop, pleiteando a repetição do indébito no caso de improcedência do seu pedido principal.
b) precisará aguardar o desfecho desta ação para, caso seja improcedente, pleitear a repetição do indébito perante o Município de Sinop.
c) poderá formar um litisconsórcio passivo sucessivo com relação ao Município de Sinop, pleiteando a repetição do indébito no caso de improcedência do seu pedido principal.
d) precisará formar litisconsórcio necessário entre os dois municípios para que a relação processual seja completa.
e) caberá ao requerido denunciar a lide ao Município de Sinop, a fim de buscar indenização regressiva caso a demanda venha a ser julgada procedente.

COMENTÁRIOS

✪ **Nota do autor:** a questão, através de um caso prático, aborda aspectos relativos ao litisconsórcio, que é fenômeno intimamente relacionado ao plano subjetivo da relação jurídica processual. Frise-se, a propósito, que "para a existência do litisconsórcio é irrelevante a postura no processo dos sujeitos que litigam no mesmo polo, sendo admissível, inclusive, que sejam adversários entre si na demanda judicial"[5]. Sobre prazos, não pode o concursando se esquecer de que as Fazendas Públicas Federal, Estadual e Municipal, a teor do *novel* comando do art. 183 do CPC, tem prazo em dobro para todas as manifestações processuais, ressalvadas as hipóteses em que a lei estabelecer, de forma expressa, prazo próprio para o ente público, a exemplo do prazo para impugnação aos embargos, que é fixado pelo art. 17 da LEF em 30 (trinta) dias. Nesse sentido, reza o *Enunciado 02* do Fórum de Execuções Fiscais da Região (Forexec) que "na forma dos artigos 180 e 183 do NCPC (Lei nº 13.105/2015), excetuados apenas os prazos próprios que lhes sejam fixados em lei, os prazos em dobro aplicam-se a toda manifestação processual da Fazenda e o Ministério Público decorrente de prazo geral fixado em lei ou de prazo específico estipulado pelo Juiz para ato comum às partes".

Alternativa "a": Com efeito, litisconsórcio eventual, que é sinônimo de cumulação subsidiária de pedidos, consiste na possibilidade de se formular mais de um pedido em ordem subsidiária, a fim de que o juiz conheça do posterior, quando não acolher o anterior (art. 326, CPC/2015). Esta é justamente a hipótese narrada na alternativa, que menciona a possibilidade de formulação de pedido em desfavor do Município de Sinop, o qual somente será apreciado caso seja julgado improcedente o pleito contra o Município de Cuiabá/MT. Nesse sentido é o entendimento da jurisprudência do STJ: *"Forte na interpretação do art. 289 do CPC ("É lícito formular mais de um pedido em ordem sucessiva, a fim de que o juiz conheça do posterior, em não podendo acolher o anterior") conjugada com as características do litisconsórcio eventual, não se vislumbra incompatibilidade dos pedidos de anulação de cobrança e repetição de indébito em virtude do caráter sucessivo que lhes foi conferido pela petição inicial. Em outras palavras, o escalonamento contorna uma pretensa falta de harmonia entre os pleitos. 5. O conflito de interesses entre os Municípios de Jundiaí e São Paulo não representa empecilho à inclusão de ambos os entes na demanda na qualidade de litisconsortes passivos, sendo igualmente certo, sublinhe-se, que esta situação de antagonismo é intrínseca ao litisconsórcio eventual"*[6].

Alternativa "b": Não há necessidade de se aguardar o desfecho, conforme já relatada a possibilidade da formação do litisconsórcio com a cumulação de pedido impróprio eventual.

Alternativa "c": Na verdade, poderá formar um litisconsórcio passivo **eventual** (e **não sucessivo**) com relação ao Município de Sinop, pleiteando a repetição do indébito no caso de improcedência do seu pedido principal. Importante lembrar que o litisconsórcio sucessivo é sinônimo de cumulação sucessiva de pedidos em que cada litisconsorte formula um pedido, mas o pedido de um somente pode ser acolhido se o pedido do outro o for. "É o caso, por exemplo, do litisconsórcio entre mãe e filho, no qual o segundo pleiteia a investigação de paternidade e a primeira, o ressarcimento com as despesas do parto. Ambos os pedidos podem ser acolhidos – por isso o caso é de cumulação própria de pedidos – mas o pedido da mãe somente pode ser acolhido se o pedido do filho o for"[7].

Alternativa "d": O litisconsórcio será necessário por disposição de lei ou quando, pela natureza da relação jurídica controvertida, hipótese em que a eficácia da sentença depender da citação de todos que devam ser litisconsortes, nos termos do art. 114, CPC/2015.

Alternativa "e": A denunciação da lide **não** é cabível porque o contribuinte (e não o Município de Sinop) é sujeito passivo da obrigação tributária, de modo que não haverá direito regressivo a ser exercido.

Alternativa correta: letra "a".

3.2. DEVERES DAS PARTES E DOS PROCURADORES

09. (CESPE/CEBRASPE – Procurador do Estado – PGE-PA/2022) Assinale a opção correta.

a) A representação judicial de município pela Associação de Representação de Municípios somente poderá ocorrer em questões de interesse comum dos municípios associados e dependerá de autorização do respectivo chefe do Poder Executivo municipal, com indicação específica do direito ou da obrigação a ser objeto das medidas judiciais.

b) Os litisconsortes serão considerados litigantes distintos em suas relações com a parte adversa, exceto no litisconsórcio necessário, caso em que os atos e as omissões de um não prejudicarão os outros, mas os poderão beneficiar.

c) O juiz deverá julgar liminarmente improcedente o pedido que contrariar enunciado de súmula do tribunal de justiça que verse sobre interpretação e aplicação de norma infraconstitucional federal.

d) Quando houver continência e a ação contida tiver sido proposta anteriormente, no processo relativo à ação continente, será proferida sentença sem resolução de mérito, senão as ações serão necessariamente reunidas.

e) Não ocorrendo o julgamento de recurso extraordinário pelo Supremo Tribunal Federal no prazo de um ano, contado do reconhecimento da repercussão geral, cessa, em todo o Brasil, a suspensão dos processos, que, nessa hipótese, voltam a tramitar normalmente.

---

5. NEVES, Daniel Amorim Assumpção. **Manual de Direito Processual Civil.** 2ª ed. São Paulo: Método, 2011, p. 181.
6. STJ, **REsp 727.233/SP,** 2ª T., rel. Min. Castro Meira, j. 19.03.2009, DJe 23.04.2009.
7. DIDIER JR., Fredie. **Curso de Direito Processual Civil. Vol. 1: Introdução ao Direito Processual Civil e Processo de Conhecimento**. 17ª ed. Salvador: Juspodivm, 2015, p. 468.

COMENTÁRIOS

✪ **Nota do autor:** a alteração promovida pela Lei n. 14.341/2022 no art. 75, III e § 5º do CPC, acarreta na superação da antiga jurisprudência do STJ no sentido de que a representação do ente municipal não poderia ser exercida por associação de direito privado.

Alternativa "a": segundo o art. art. 75, § 5º do CPC: "A representação judicial do Município pela Associação de Representação de Municípios somente poderá ocorrer em questões de interesse comum dos Municípios associados e dependerá de autorização do respectivo chefe do Poder Executivo municipal, com indicação específica do direito ou da obrigação a ser objeto das medidas judiciais".

Alternativa "b": de acordo com o art. 117 do CPC, os litisconsortes serão considerados, em suas relações com a parte adversa, como litigantes distintos, exceto no litisconsórcio unitário, caso em que os atos e as omissões de um não prejudicarão os outros, mas os poderão beneficiar.

Alternativa "c": o juiz deverá julgar liminarmente improcedente o pedido que contrariar enunciado de súmula do tribunal de justiça que verse sobre direito local (art. 332, IV, CPC).

Alternativa "d": prevê o art. 57 do CPC: "Quando houver continência e a ação continente tiver sido proposta anteriormente, no processo relativo à ação contida será proferida sentença sem resolução de mérito, caso contrário, as ações serão necessariamente reunidas". Dito de outra maneira: se a ação contida foi proposta em primeiro lugar, a ação continente deve ser reunida à ação contida para julgamento simultâneo.

Alternativa "e": a assertiva retrata a antiga disposição do art. 1.035, § 10 do CPC, regra essa que foi revogada pela Lei 13.256/2016.

Alternativa correta: letra "a".

10. (CESPE – Procurador do Estado – PGE-PE/2018) A multa por ato atentatório à dignidade da justiça

a) é aplicável às partes e aos seus procuradores.
b) pode ser acumulada com sanções criminais, civis e processuais.
c) enseja a comunicação à respectiva corregedoria se aplicada aos advogados públicos.
d) tem por base o valor da causa, vedada a utilização do salário mínimo em qualquer hipótese.
e) aplica-se quando a parte apresenta defesa que sabe ser destituída de fundamento.

COMENTÁRIOS

✪ **Nota do autor:** nas hipóteses dos incisos IV (dever de cumprimento e efetivação das decisões) e VI (inovação ilegal), do art. 77, CPC/2015, o juiz advertirá qualquer das pessoas mencionadas no *caput* que sua conduta poderá ser punida como ato atentatório à dignidade da justiça. Se a parte mantiver sua conduta, o juiz, através de decisão fundamentada, declarará o ato como atentatório, aplicando, ao responsável, multa de até 20% (vinte por cento) do valor da causa, de acordo com a gravidade da conduta. A multa será paga ao próprio Estado, pela parte que praticar atos atentatórios à dignidade da justiça, ressalvado o advogado público e privado, conforme (ADI 2.652/DF, Tribunal Pleno, rel. Min. Maurício Corrêa, p. 14.11.2003), os membros da Defensoria Pública e do Ministério Público, o que não afasta eventuais responsabilidades civis, penais e processuais cabíveis. No direito anglo-saxão, de onde se originou, tal instituto leva o nome de *contempt of court*.

ATENÇÃO: a Lei 14.195, de 26.8.2021, acrescentou o inciso VII ao art. 77, CPC/2015, e consignou ser dever das partes, de seus procuradores e de todos aqueles que de qualquer forma participem do processo, "informar e manter atualizados seus dados cadastrais perante os órgãos do Poder Judiciário e, no caso do § 6º do art. 246 deste Código, da Administração Tributária, para recebimento de citações e intimações".

Alternativa "a": De acordo com o art. art. 77, § 6º, CPC/2015: "Aos advogados públicos ou privados e aos membros da Defensoria Pública e do Ministério Público não se aplica o disposto nos §§ 2º a 5º, (ato atentatório à dignidade da justiça e correspondente multa) devendo eventual responsabilidade disciplinar ser apurada pelo respectivo órgão de classe ou corregedoria, ao qual o juiz oficiará".

Alternativa "b": É o que nos traz o art. 77, § 2º, CPC/2015: "A violação ao disposto nos incisos IV e VI constitui ato atentatório à dignidade da justiça, devendo o juiz, sem prejuízo das sanções criminais, civis e processuais cabíveis, aplicar ao responsável multa de até vinte por cento do valor da causa, de acordo com a gravidade da conduta".

Alternativa "c": Como não se aplica a multa aos advogados públicos, não há se falar em comunicação da aplicação dela à respectiva corregedoria. Não se comunica o que não existe. Na verdade, eventual responsabilidade disciplinar deverá ser apurada pelo respectivo órgão de classe ou corregedoria, ao qual o juiz oficiará (art. 77, § 6º, CPC/2015).

Alternativa "d": O salário mínimo poderá ser utilizado quando o valor da causa for irrisório ou inestimável, nos termos do art. 77, § 5º, CPC/2015: "Quando o valor da causa for irrisório ou inestimável, a multa prevista no § 2º poderá ser fixada em até 10 (dez) vezes o valor do salário-mínimo".

Alternativa "e": A multa só será aplicada quando houver violação aos incisos IV (cumprir com exatidão as decisões jurisdicionais, de natureza provisória ou final, e não criar embaraços à sua efetivação) e VI (não praticar inovação ilegal no estado de fato de bem ou direito litigioso), do art. 77, CPC/2015, tudo nos termos do art. 77, § 2º, CPC/2015.

Alternativa correta: letra "b".

11. (Cespe – Procurador do Estado – PGE – SE/2017) Com relação às normas processuais, ao litisconsórcio, à jurisdição e aos deveres das partes, julgue os seguintes itens, de acordo com o CPC.

I. A boa-fé no direito processual civil exige a verificação da intenção do sujeito processual.
II. A limitação do litisconsórcio facultativo multitudinário, quando realizada pelo juiz em razão de número excessivo de litigantes, pode ocorrer na

fase de conhecimento, na liquidação de sentença ou na execução.

III. A pendência de causa que tramita na justiça brasileira impede a homologação de sentença judicial estrangeira quando exigida para produzir efeitos no Brasil.

IV. Os emolumentos devidos a notário ou registrador em decorrência da prática de registro de ato notarial necessário à efetivação de decisão judicial são alcançados pelo benefício da gratuidade de justiça que tenha sido concedido.

Estão certos apenas os itens

a) I e II.

b) I e III.

c) II e III.

d) II e IV.

e) II, III e IV.

COMENTÁRIOS

✪ **Nota do autor:** a questão aborda vários institutos do direito processual civil, tais como princípio da boa-fé processual, litisconsórcio multitudinário, jurisdição internacional e despesas processuais. Aliás, o item IV versa sobre despesas processuais sob a ótica dos hipossuficientes econômicos, ou seja, aborda o benefício da gratuidade de justiça e a assistência judiciária. A alternativa correta, a propósito, retratou inovação do CPC/2015 que assegurou a extensão da gratuidade aos emolumentos devidos a notários e registradores em decorrência de ato necessário à efetivação de decisão judicial ou à continuidade do processo no qual o benefício tenha sido concedido, nos termos do art. 98, § 1º, inciso IX, do novo diploma processual. Não se cuida, contudo, de algo inédito na prática jurídica nacional. Com efeito, bem antes do novo CPC o STJ já havia decidido: "1. A gratuidade da justiça estende-se aos atos extrajudiciais relacionados à efetividade do processo judicial em curso, mesmo em se tratando de registro imobiliário. 2. A isenção contida no art. 3º, II, da Lei n. 1.060/50 estende-se aos valores devidos pela extração de certidões de registro de imóveis, necessárias ao exercício do direito de ação. (STJ, *RMS 26493/RS*, 2ª T., relª Minª Eliana Calmon, DJe 23/09/2008).

Item I: O art. 5º, CPC/2015, consagra o princípio da boa-fé processual estabelecendo que "aquele que de qualquer forma participa do processo deve comportar-se de acordo com a boa-fé". A boa-fé exigida das partes é **objetiva,** isto é, impõe-se às partes comportar-se de acordo com ditames éticos. Noutras palavras, "a verificação da boa-fé objetiva **dispensa** a comprovação do *animus* do sujeito processual", conforme preconiza o *Enunciado 01* da I Jornada de Direito Processual Civil promovido pelo Conselho da Justiça Federal.

Item II: De fato, o § 1º do art. 113, CPC/2015, prevê que "o juiz poderá limitar o litisconsórcio facultativo quanto ao número de litigantes na fase de conhecimento, na liquidação de sentença ou na execução, quando este comprometer a rápida solução do litígio ou dificultar a defesa ou o cumprimento da sentença". Entretanto, a *novel* legislação não apresentou a providência que o magistrado deve adotar diante do litisconsórcio multitudinário, valendo lembrar que existem dois entendimentos possíveis: (*i*) o juiz exclui da lide os litisconsortes excedentes ou (*ii*) desmembra o processo determinando a formação de processo autônomo com os sujeitos excedentes.

Item III: O enunciado contraria o art. 24, parágrafo único, CPC/2015, o qual dispõe que "a pendência de causa perante a jurisdição brasileira **não** impede a homologação de sentença judicial estrangeira quando exigida para produzir efeitos no Brasil".

Item IV: O direito à gratuidade de justiça compreende, dentre outros, os emolumentos devidos a notários ou registradores em decorrência de ato necessário à efetivação de decisão judicial ou à continuidade do processo no qual o benefício tenha sido concedido, nos termos do art. 98, § 1º, inciso IX, CPC/2015. Trata-se, é imperioso lembrar, de uma inovação do novo diploma processual civil.

Alternativa correta: letra "d".

12. (Cespe – Procurador do Estado – PGE – SE/2017) Flávio ajuizou ação contra a fazenda pública, requerendo o pagamento de indenização no valor de cem mil reais. Em sentença, o magistrado condenou a fazenda pública ao pagamento de cinquenta mil reais em favor de Flávio, determinando, ainda, que ambas as partes pagassem cinco mil reais a título de honorários de sucumbência. Autor e réu apelaram integralmente da sentença nos limites de suas respectivas sucumbências.

Nessa situação hipotética, o tribunal,

a) se der provimento de forma integral apenas à apelação da fazenda pública, deverá redistribuir os honorários fixados em primeiro grau e arbitrar honorários de sucumbência recursal.

b) para redistribuir o valor da verba honorária fixada pelo juiz, deverá utilizar livremente o critério da equidade, independentemente do resultado do julgamento dos recursos.

c) caso negue provimento a ambos os recursos, não poderá majorar a verba honorária fixada pela sentença.

d) para aumentar a verba honorária, dependerá, necessariamente, de que um dos apelantes tenha pedido a majoração dos honorários em seu recurso.

e) caso negue provimento aos recursos e mantenha a sentença, deverá determinar a compensação da verba honorária devida por cada uma das partes.

COMENTÁRIOS

✪ **Nota do autor:** os parâmetros para a majoração dos honorários de sucumbência em sede recursal, objeto da questão em comento, foram definidos pela 2ª Seção do STJ ao julgar o *AgInt no EREsp 1.539.725/DF*, oportunidade em que deixou assentado que "é devida a majoração da verba honorária sucumbencial, na forma do art. 85, § 11, do CPC/2015, quando estiverem presentes os seguintes requisitos, simultaneamente: a) decisão recorrida publicada a partir de 18.3.2016, quando entrou em vigor o novo Código de Processo Civil; b) recurso não conhecido integralmente ou desprovido, monocraticamente ou pelo órgão colegiado competente; e c) condenação em honorários advocatícios desde a origem no feito em que interposto o recurso".

Alternativa "a": O integral provimento do recurso de apelação acarreta a inversão do julgamento proferido pelo juízo *a quo*, inclusive em relação aos honorários de sucumbência. Além disso, incidem honorários em sede recursal em razão do princípio da causalidade. É o que se extrai do § 11 do art. 85 do CPC/2015, que estabelece que o tribunal, ao julgar recurso, majorará os honorários fixados anteriormente levando em conta o trabalho adicional realizado em grau recursal. No mesmo sentido prescreve o *Enunciado 243* do Fórum Permanente de Processualistas Civis que "no caso de provimento do recurso de apelação, o tribunal redistribuirá os honorários fixados em primeiro grau e arbitrará os honorários de sucumbência recursal".

Alternativa "b": Ao contrário do enunciado, é **vedado** ao tribunal, ao majorar os honorários em sede recursal, ultrapassar os limites estabelecidos nos §§ 2º e 3º do art. 85, CPC/2015, para a fase de conhecimento, dispositivo que estipula os critérios para fixação dos honorários (mínimo de dez e máximo de vinte por cento sobre o valor da condenação, do proveito econômico obtido ou, não sendo possível mensurá-lo, sobre o valor atualizado da causa, bem como percentuais nas causas em que a Fazenda for parte).

Alternativa "c": A fixação de honorários de sucumbência recursal decorre da necessidade de trabalho adicional do profissional contratado, **não** sendo dispensado quando ambos os recursos são desprovidos.

Alternativa "d": Os ônus da sucumbência devem integrar a condenação, **ainda que não haja pedido expresso**, tendo em vista que o § 1º do art. 322, CPC/2015, prescreve que "Compreendem-se no principal os juros legais, a correção monetária e as verbas de sucumbência, inclusive os honorários advocatícios". Logo, a interpretação sistemática do art. 85, § 11, CPC/2015, conduz à conclusão inevitável de que é lícita ao tribunal majorar os honorários de sucumbência ainda que um dos apelantes não tenha formulado pedido expresso.

Alternativa "e": Os honorários constituem direito do advogado e têm natureza alimentar, com os mesmos privilégios dos créditos oriundos da legislação do trabalho, **vedada** a compensação em caso de sucumbência parcial, por força do art. 85, § 14, CPC/2015.

Alternativa correta: letra "a".

13. (FMP – Procurador do Estado – PGE – AC/2017) Considere as seguintes afirmativas sobre o tema das partes e dos procuradores no âmbito do Código de Processo Civil. Assinale a alternativa INCORRETA.

a) Ambos os cônjuges serão necessariamente citados para a ação que verse sobre direito real imobiliário, salvo quando casados sob o regime de separação absoluta de bens.

b) É vedado às partes, a seus procuradores, aos juízes, aos membros do Ministério Público e da Defensoria Pública e a qualquer pessoa que participe do processo empregar expressões ofensivas nos escritos apresentados.

c) O gerente de filial ou agência presume-se autorizado pela pessoa jurídica estrangeira a receber citação para qualquer processo.

d) Verificada a incapacidade processual ou a irregularidade da representação da parte, o juiz suspenderá o processo e designará prazo razoável para que seja sanado o vício.

e) Nas ações possessórias, a participação do cônjuge do autor ou do réu é sempre indispensável.

COMENTÁRIOS

✪ **Nota do autor:** a questão versa, em sua maioria, sobre a capacidade processual das partes, priorizando o estudo da integração da capacidade das pessoas casadas. Com efeito, a pessoa casada necessita, para a prática de determinados atos, do consentimento do consorte, a exemplo da alienação ou oneração de bens imóveis (legitimação ou capacidade específica). No plano processual, o cônjuge necessitará do consentimento do outro para propor ação que verse sobre direito real imobiliário, salvo se casado sob o regime de separação absoluta de bens, por força do art. 73, *caput*, CPC/2015. A ressalva, é bom que se diga, já era admitida à luz do art. 10, CPC/1973, omisso a esse respeito, que interpretava sistematicamente o preceptivo revogado, concluindo pela desnecessidade de autorização quando o casamento fosse realizado sob o regime de separação absoluta de bens (art. 1.647, CC).

Alternativa "a": Nas ações que versarem sobre bens imóveis ou direitos reais sobre imóveis alheios, a confissão de um cônjuge ou companheiro não valerá sem a do outro, salvo se o regime de casamento for o de separação absoluta de bens, por força do disposto no art. 391, parágrafo único, CPC/2015. Com isso, unificou-se o direito processual e material, tendo vista que a ressalva já constava do art. 1.647 do CC.

Alternativa "b": A vedação consta do art. 78, *caput*, CPC/2015. Interessante notar que, de forma inovadora, os comportamentos proibidos alcançam os juízes, os membros do MP e da Defensoria Pública, bem como todo aquele que participe do processo. Vale verificar as diferenças com o preceptivo correspondente do CPC/1973:

CPC/2015, art. 78	CPC/1973, art. 15
É vedado às partes, a seus procuradores, aos juízes, aos membros do Ministério Público e da Defensoria Pública e a qualquer pessoa que participe do processo empregar expressões ofensivas nos escritos apresentados.	É defeso às partes e seus advogados empregar expressões injuriosas nos escritos apresentados no processo, cabendo ao juiz, de ofício ou a requerimento do ofendido, mandar riscá-las.

Alternativa "c": A assertiva repete a regra do art. 75, § 3º, CPC/2015.

Alternativa "d": O enunciado corresponde ao comando do art. 76, *caput*, CPC/2015. O descumprimento da determinação enseja consequências processuais distintas conforme o sujeito responsável pela providência e o grau de jurisdição que estiver o processo:

Na instância originária	
Autor	Extinção do processo sem resolução de mérito;
Réu	Revelia;
Terceiro	Revelia ou exclusão do processo (dependendo do polo em que estiver)
Na instância recursal	
Recorrente	Não conhecimento do recurso;
Recorrido	Desentranhamento das contrarrazões.

Alternativa "e": A participação do cônjuge do autor ou do réu nas ações possessórias **somente** é obrigatória quando se tratar de composse ou de ato por ambos praticados (inteligência do art. 73, § 2º, CPC/2015).

Alternativa incorreta: letra "e".

14. (FMP – Procurador do Estado – PGE – AC/2017) Considere as seguintes afirmativas sobre o tema das despesas e dos honorários advocatícios no âmbito do Código de Processo Civil.

I - Salvo as disposições concernentes à gratuidade da justiça, incumbe às partes prover as despesas dos atos que realizarem ou requererem no processo, antecipando-lhes o pagamento, desde o início até a sentença final ou, na execução, até a plena satisfação do direito reconhecido no título.

II - As despesas abrangem às custas dos atos do processo, a indenização de viagem e a remuneração do assistente técnico, mas não abrangem a diária de testemunha.

III - Os honorários constituem direito do advogado e têm natureza alimentar, com os mesmos privilégios dos créditos oriundos da legislação do trabalho, sendo vedada a compensação em caso de sucumbência parcial.

IV - Nos procedimentos de jurisdição voluntária, as despesas serão adiantadas pelo requerente e rateadas entre os interessados.

Estão CORRETAS apenas as afirmativas

a) I e II.
b) II e III.
c) II e IV.
d) I, III e IV.
e) II, III e IV.

COMENTÁRIOS

✪ **Nota do autor:** a questão versa sobre despesas processuais e honorários advocatícios gratuidade de justiça, tema que está disciplinado nos arts. 82 a 97, CPC/2015. Nesse particular, vale lembrar que o juiz, ao proferir sentença, pode condenar a parte vencida ao pagamento de honorários advocatícios, ainda que não tenha requerido, a parte beneficiada, expressamente, a condenação, tendo em vista que se trata de um pedido implícito. Sobre o tema, importante inovação constou do § 18 do art. 85, CPC/2015, que estabeleceu taxativamente que "caso a decisão transitada em julgado seja omissa quanto ao direito aos honorários ou ao seu valor, é cabível ação autônoma para sua definição e cobrança". Com isso, supera-se o entendimento firmado na *Súmula 453*, STJ. Ademais, o § 1º do art. 85 do CPC/2015 esclarece que "são devidos honorários advocatícios na reconvenção, no cumprimento de sentença, provisório ou definitivo, na execução, resistida ou não, e nos recursos interpostos, cumulativamente". É importante que o Procurador da Fazenda Pública mensure os riscos da interposição do recurso, especialmente porque poderá ocasionar maiores prejuízos ao Erário, conduta que feriria de morte sua atuação, que deve ser pautada pelos princípios norteadores da Administração Pública.

Item I: É o que determina o art. 82, *caput*, CPC/2015, *verbis*: "salvo as disposições concernentes à gratuidade da justiça, incumbe às partes prover as despesas dos atos que realizarem ou requererem no processo, antecipando-lhes o pagamento, desde o início até a sentença final ou, na execução, até a plena satisfação do direito reconhecido no título".

Item II: As despesas processuais abrangem, além das custas dos atos do processo, da indenização de viagem e da remuneração dos assistentes técnicos, a diária de testemunha, nos termos do art. 84, CPC/2015.

Item III: O enunciado é reprodução do art. 85, § 14, CPC/2015, dispositivo que, aliás, tornou superado o entendimento constante da *Súmula 306*, STJ, que veda a compensação de honorários advocatícios quando houver sucumbência recíproca.

Item IV: A assertiva repete a norma do art. 88, CPC/2015.

Alternativa correta: letra "d".

4. LITISCONSÓRCIO

15. (FEPESE – Procurador do Estado – PGE-SC/2018) Quanto ao litisconsórcio, é correto afirmar:

a) No litisconsórcio simples, os atos e omissões de um prejudicarão os demais, e nem será possível qualquer benefício.
b) No litisconsórcio facultativo-unitário, os atos e omissões de um não prejudicarão os demais e nem poderão beneficiá-los.
c) No litisconsórcio necessário-unitário, os atos e omissões de um não prejudicarão os demais e nem poderão beneficiá-los.
d) No litisconsórcio unitário, os atos e omissões de um prejudicarão os demais.
e) No litisconsórcio unitário, os atos e omissões de um não prejudicarão os demais, mas poderão beneficiá-los.

COMENTÁRIOS

✪ **Nota do autor:** há dois regimes quanto aos litisconsortes:

a) regime do litisconsórcio simples, também conhecido como regime comum: os atos praticados por um litisconsorte ou por alguns deles não produzem efeitos quando aos demais litisconsortes. Assim, os atos praticados por um litisconsorte ou por alguns deles só beneficiam (v.g., recurso) ou prejudicam (v.g., reconhecimento da procedência do pedido) quem os praticou (diz o Código: "Os litisconsortes serão considerados, em suas relações com a parte adversa, como litigantes distintos...");

b) regime do litisconsórcio unitário, também conhecido como regime especial: os atos benéficos praticados por um litisconsorte ou por alguns deles produzem efeitos quanto aos demais litisconsortes (v.g., recurso), mas os atos maléficos praticados por um litisconsorte ou por alguns deles não produzem efeitos, nem mesmo para quem os praticou (v.g., reconhecimento da procedência do pedido). Isso ocorre porque a decisão de mérito deve ser igual para todos os litisconsortes e porque um litisconsorte não dispõe do direito dos outros litisconsortes. Portanto, os atos benéficos de um ou de alguns se estendem a todos, mas os atos maléficos de um ou de alguns não prejudicam nenhum deles (diz o Código: "... exceto no litisconsórcio unitário, caso em que os atos e as omissões de um não prejudicarão os outros, mas os poderão beneficiar").

Alternativas "a", "b", "c" e "d": ver "nota do autor".

Alternativa "e": Trata-se de previsão encartada no art. 117, CPC/2015: "Os litisconsortes serão considerados, em suas relações com a parte adversa, como litigantes distintos, exceto no litisconsórcio unitário, caso em que os atos e as omissões de um não prejudicarão os outros, mas os poderão beneficiar".

Alternativa correta: letra "e".

5. INTERVENÇÃO DE TERCEIROS

16. (FCC – Procurador do Estado – PGE-AM/2022) A respeito dos terceiros no processo civil,

a) por tratar-se de demanda baseada no direito de regresso, a denunciação da lide é permitida apenas ao réu, sendo baseada na ideia de economia processual.

b) os embargos de terceiro, que visam afastar constrição ou ameaça de constrição judicial injusta, não são atrelados a prazo fixado em dias, sendo cabíveis até a data de realização da venda por iniciativa privada ou da realização do leilão do bem penhorado.

c) o assistente simples atua como auxiliar da parte principal, exercendo os mesmos poderes e sujeitando-se aos mesmos ônus processuais que o assistido, sendo certo que se este for revel o assistente será considerado seu litisconsorte.

d) o chamamento ao processo, espécie de intervenção de terceiros reservada apenas ao réu, forma litisconsórcio passivo ulterior e tem como principal vantagem permitir que ele, efetuando o pagamento integral da obrigação pecuniária reconhecida em sentença, possa exigir, no mesmo processo, a cota-parte cujo pagamento seja de responsabilidade do(s) chamado(s).

e) a ação rescisória não pode ser ajuizada por terceiros que não tenham participado do processo em que proferida a decisão rescindenda, uma vez que não abrangidos pelos limites da coisa julgada.

COMENTÁRIOS

✪ **Nota do autor:** no contexto do chamamento ao processo (espécie de intervenção de terceiros), a sentença deve condenar diretamente o chamante e o chamado, pois estes são litisconsortes, valendo como título executivo do autor em relação ao chamante e ao chamado. Se, porém, houve pagamento realizado ao autor por um dos réus, a sentença valerá como título executivo em favor daquele que pagou em relação ao outro réu.

Alternativa "a": dispõe o art. 125, *caput*, CPC, que é admissível a denunciação da lide, promovida por qualquer das partes.

Alternativa "b": conforme o art. 675, caput, CPC, os embargos podem ser opostos a qualquer tempo no processo de conhecimento enquanto não transitada em julgado a sentença e, no cumprimento de sentença ou no processo de execução, até 5 (cinco) dias depois da adjudicação, da alienação por iniciativa particular ou da arrematação, mas sempre antes da assinatura da respectiva carta.

Alternativa "c": nos termos do art. 121, parágrafo único, CPC, sendo revel ou, de qualquer outro modo, omisso o assistido, o assistente será considerado seu substituto processual.

Alternativa "d": prevê o art. 132, CPC, que a sentença de procedência valerá como título executivo em favor do réu que satisfizer a dívida, a fim de que possa exigi-la, por inteiro, do devedor principal, ou, de cada um dos codevedores, a sua quota, na proporção que lhes tocar.

Alternativa "e": segundo o art. 967, II, CPC, têm legitimidade para propor a ação rescisória o terceiro juridicamente interessado, ou seja, aquele que sofreu efeitos principais ou reflexos da decisão transitada em julgado.

Alternativa correta: letra "d".

17. (FCC – Procurador do Estado – PGE-AP/2018) No tocante ao incidente de desconsideração da personalidade jurídica, considere os enunciados seguintes:

I. O incidente de desconsideração é cabível em todas as fases do processo de conhecimento, no cumprimento de sentença e na execução fundada em título executivo extrajudicial.

II. A instauração do incidente dar-se-á mesmo que a desconsideração da personalidade jurídica tenha sido requerida na petição inicial, em respeito ao contraditório e à ampla defesa.

III. Concluída a instauração no incidente instaurado, será ele resolvido por meio de sentença.

IV. Acolhido o pedido de desconsideração, a alienação ou a oneração de bens, havida em fraude de execução, será ineficaz em relação ao requerente.

Está correto o que se afirma APENAS em

a) II e IV.

b) I e IV.

c) I, II e IV.

d) II, III e IV.

e) I, II e III.

COMENTÁRIOS

✪ **Nota do autor:** se a parte requerer, desde a petição inicial, a desconsideração da personalidade jurídica, não é necessário que se instaure um incidente processual, processando-se a responsabilidade da empresa e dos sócios conjuntamente numa única demanda. Nessa hipótese, em garantia do contraditório e da ampla defesa, será citado o sócio ou a pessoa jurídica (desconsideração inversa – arts. 133, § 2º, e 135, CPC/2015) para que tomem ciência do processo e manifestem-se segundo entender conveniente aos seus interesses. Se o requerimento ocorrer em momento diverso da petição inicial, o incidente tem o condão de suspender o processo até que seja resolvido (mas nada impede a concessão de uma tutela de urgência, conforme o Enunciado 42 da Jornada de Direito Processual Civil do CJF: "É cabível a concessão de tutela provisória de urgência em incidente de desconsideração da personalidade jurídica"). Uma vez resolvido, desconsiderada ou não a personalidade jurídica, o processo volta a correr normalmente, agora instruído pelos reflexos derivados do incidente.

Item I: De acordo com o art. 134, *caput*, CPC/2015: "O incidente de desconsideração é cabível em todas as fases do processo de conhecimento, no cumprimento de sentença e na execução fundada em título executivo extrajudicial".

Item II: Dispensa-se a instauração do incidente se a desconsideração da personalidade jurídica for requerida na petição inicial, hipótese em que será citado o sócio ou a pessoa jurídica (art. 134, § 2º, CPC/2015).

Item III: De acordo com disposição expressa, contida no art. 136, *caput*, e parágrafo único, CPC/2015, concluída a instrução, se necessária, o incidente será resolvido por decisão interlocutória. Se a decisão for proferida pelo relator, cabe agravo interno.

Item IV: O art. 137, CPC/2015, prevê que acolhido o pedido de desconsideração, a alienação ou a oneração de bens, havida em fraude de execução, será ineficaz em relação ao requerente.

Alternativa correta: letra "b".

18. (FCC – Procurador do Estado – PGE-TO/2018) Sobre o incidente de desconsideração de personalidade jurídica, é coreto afirmar:

a) Acolhido o pedido de desconsideração, a alienação ou a oneração de bens, havida em fraude contra credores, será nula em relação ao adquirente.

b) É cabível em todas as fases do processo de conhecimento, inclusive no cumprimento de sentença e na execução fundada em título executivo extrajudicial.

c) Após a instauração do incidente, o sócio ou a pessoa jurídica serão intimados para manifestar-se e requerer as provas cabíveis no prazo de quinze dias.

d) Concluída a instrução, se necessária, o incidente será resolvido por sentença.

e) A instauração do incidente suspenderá o processo ainda que a desconsideração da personalidade jurídica tenha sido requerida na petição inicial.

COMENTÁRIOS

✪ **Nota do autor:** citado o sócio ou a pessoa jurídica, e manifestando-se no prazo legal, o juiz observará se é necessária a realização de instrução processual, com a produção de provas periciais ou a colheita de provas orais, para o que designará audiência específica. Realizada a instrução, ou sendo desnecessária sua realização (quando basta a produção de prova documental), o julgador decidirá o incidente por meio de decisão interlocutória. O recurso cabível contra tal decisão é o agravo de instrumento, conforme prevê o art. 1.015, IV, CPC/2015. Caso o pedido de desconsideração tenha sido formulado na inicial, portanto, resolvível na sentença, caberá apelação, mesmo que a sentença tenha dois ou mais capítulos (art. 1.009, § 3º, CPC/2015).

Alternativa "a": A alienação ou a oneração de bens, havida em fraude contra credores, será considerada ineficaz em relação ao adquirente, e não nula como descrito na assertiva (art. 137, CPC/2015).

Alternativa "b": A assertiva está em sintonia com o que prevê o art. 134, *caput*, CPC/2015: "O incidente de desconsideração é cabível em todas as fases do processo de conhecimento, no cumprimento de sentença e na execução fundada em título executivo extrajudicial".

Alternativa "c": Após a instauração do incidente, o sócio ou a pessoa jurídica serão citados para manifestar-se e requerer as provas cabíveis no prazo de quinze dias, e não intimados conforme prevê a alternativa (art. 135, CPC/2015).

Alternativa "d": De acordo com o art. 136, *caput*, CPC/2015: "Concluída a instrução, se necessária, o incidente será resolvido por decisão interlocutória".

Alternativa "e": Dispensa-se a instauração do incidente se a desconsideração da personalidade jurídica for requerida na petição inicial, hipótese em que será citado o sócio ou a pessoa jurídica, não havendo se falar, portanto, em suspensão do feito (art. 134, § 2º, CPC/2015).

Alternativa correta: letra "b".

19. (FMP – Procurador do Estado – PGE – AC/2017) Considere as seguintes afirmativas sobre o tema da intervenção de terceiros no âmbito do Código de Processo Civil. Assinale a alternativa INCORRETA.

a) Pendendo causa entre 2 (duas) ou mais pessoas, o terceiro juridicamente interessado em que a sentença seja favorável a uma delas poderá intervir no processo para assisti-la.

b) A assistência simples obsta a que a parte principal reconheça a procedência do pedido, desista da ação, renuncie ao direito sobre o que se funda a ação ou transija sobre direitos controvertidos, sem a anuência do assistente.

c) É admissível a denunciação da lide, promovida por qualquer das partes, àquele que estiver obrigado, por lei ou pelo contrato, a indenizar, em ação regressiva, o prejuízo de quem for vencido no processo.

d) O direito regressivo será exercício por ação autônoma quando a denunciação da lide for indeferida, deixar de ser promovida ou não for permitida.

e) Feita a denunciação pelo autor, o denunciado poderá assumir a posição de litisconsorte do denunciante e acrescentar novos argumentos à petição inicial, procedendo-se em seguida à citação do réu.

COMENTÁRIOS

✪ **Nota do autor:** a questão aborda a assistência e a denunciação da lide, ambas as modalidades de intervenção de terceiro, explorando os contornos legais dos institutos. A assistência simples, objeto da alternativa incorreta (gabarito), permite que um terceiro ingresse no feito para auxiliar a parte principal, mas sem poderes para impedi-la de praticar atos de disposição de direito, tais como reconhecer a procedência do pedido, desistir da ação, renunciar ao direito sobre o qual se funda a ação ou transigir sobre direitos controvertidos. Por isso, construiu-se na doutrina, à luz do CPC/1973, a concepção de que a vontade do assistente fica subordinada à do assistido. Não por outra razão o STJ vinha decidindo que não é cabível recurso especial interposto tão somente pelo assistente simples[8]. O novo CPC parece conflitar com a mencionada orientação, na medida em que prevê o art. 121 do mencionado *Codex*: "sendo revel ou, de qualquer outro modo, omisso o assistido, o assistente será considerado seu substituto processual". Fredie Didier Jr. lembra que "com o *acréscimo*, deixa-se claro que o assistente simples pode *suprir qualquer omissão* do assistido, e não apenas a revelia"[9]. Diante deste novo panorama, o STJ decidiu que o assistente simples "tem legitimidade para recorrer, desde que não haja expressa vontade, em sentido contrário, do assistido"[10].

Alternativa "a": O enunciado apresenta a definição legal da assistência simples, constante do art. 119, CPC/2015. É o que ocorre, por exemplo, quando o sublocatário ingressa em ação de despejo movida contra o locatário, para auxiliá-lo e evitar o despejo que lhe atingiria indiretamente.

8. STJ, **REsp 535.937/SP.** 2ª T., rel. Min. Humberto Martins, j. 26.09.2006, DJ 10.10.2006, p. 293.
9. DIDIER JR., Fredie. **Curso de Direito Processual Civil. Vol. 1: Introdução ao Direito Processual Civil, Parte Geral e Processo de Conhecimento.** 17ª ed. Salvador: Juspodivm, 2015, p. 485.
10. STJ, **AgRg no Ag 447.608/RJ,** 2ª T., rel. Min. Castro Meira, j. 04.12.2003, DJ 25.02.2004, p. 142.

Alternativa "b": Ao contrário da assertiva, a assistência simples não obsta que a parte reconheça a procedência do pedido, desista da ação, renuncie ao direito sobre o que se funda a ação ou transija sobre direitos controvertidos, sem a anuência do assistente, nos termos do art. 122, CPC/2015. Não se pode esquecer que a regra somente se aplica ao litisconsórcio simples, por força de expressa referência no comando legal em comento. Nem poderia ser diferente, pois na assistência litisconsorcial, tem-se verdadeiro litisconsórcio e, por conseguinte, tais atos dependem da anuência do assistente. Aliás, o *Enunciado 389* do Fórum Permanente de Processualistas Civis dispõe que "as hipóteses previstas no art. 122 são meramente exemplificativas (reconhecer a procedência do pedido, desistir da ação, renunciar ao direito sobre o que se funda a ação ou transigir sobre direitos controvertidos)".

Alternativa "c": É o teor do art. 125, inciso II, CPC/2015, segundo o qual é cabível a denunciação da lide promovida por qualquer das partes àquele que estiver obrigado, por lei ou pelo contrato, a indenizar, em ação regressiva, o prejuízo de quem for vencido no processo. A propósito, eis o *Enunciado 121* do Fórum Permanente de Processualistas Civis: "o cumprimento da sentença diretamente contra o denunciado é admissível em qualquer hipótese de denunciação da lide fundada no inciso II do art. 125".

Alternativa "d": De fato, a teor do art. 125, § 1º, CPC/2015, o direito regressivo será exercido por ação autônoma quando a denunciação da lide for indeferida, deixar de ser promovida ou não for permitida. No mesmo sentido dispõe o *Enunciado 120* do Fórum Permanente de Processualistas Civis que "a ausência de denunciação da lide gera apenas a preclusão do direito de a parte promovê-la, sendo possível ação autônoma de regresso".

Alternativa "e": Nesse sentido preconiza o art. 127, CPC/2015, que, uma vez realizada a denunciação pelo autor, o denunciado poderá assumir a posição de litisconsorte do denunciante e acrescentar novos argumentos à petição inicial, procedendo-se em seguida à citação do réu.

Alternativa incorreta: letra "b".

20. (FCC – Procurador do Estado – MT/2016) Sobre as previsões do novo Código de Processo Civil a respeito da intervenção do *amicus curiae*, considere:

I. A intervenção de *amicus curiae* é admitida expressamente tanto no juízo de piso como perante órgãos colegiados.

II. A intervenção de pessoa natural ou jurídica, órgão ou entidade especializada na condição de *amicus curiae* independe de pedido das partes, pois a lei prevê expressamente a possibilidade de ser determinada de ofício pelo magistrado.

III. A intervenção de pessoa jurídica de direito público na condição de amicus curiae pode ensejar a modificação da competência e a remessa dos autos ao juízo competente.

IV. Da decisão que admite a intervenção de *amicus curiae*, cabe recurso pela parte interessada.

Está correto o que se afirma APENAS em

a) I, II e III.

b) I e IV.

c) III e IV.

d) I, II e IV.

e) I e II.

COMENTÁRIOS

✪ **Nota do autor:** o *amicus curiae*, objeto da questão em comento, é modalidade de intervenção de terceiros disciplinada no art. 138, CPC/2015. Preconiza o referido dispositivo que o juiz ou o relator, considerando a relevância da matéria, a especificidade do tema objeto da demanda ou a repercussão social da controvérsia, poderá, por decisão irrecorrível, de ofício ou a requerimento das partes ou de quem pretenda manifestar-se, solicitar ou admitir a participação de pessoa natural ou jurídica, órgão ou entidade especializada, com representatividade adequada, no prazo de 15 (quinze) dias de sua intimação. É bem verdade que não se trata de instituto novo no direito brasileiro, sendo previsto desde o advento da Lei 6.385/1976, que dispôs sobre a intervenção obrigatória da Comissão de Valores Mobiliários (CVM) nas demandas relativas ao mercado de valores mobiliários. Após este marco, o instituto foi previsto nas Leis 8.884/1994, 12.529/2011, 9.868/1999 e 9.882/1999. O § 2º do art. 138, CPC/2015, estabeleceu os poderes do *amicus curiae*, dispondo que caberá ao juiz ou ao relator, na decisão que solicitar ou admitir a intervenção, definir os poderes do *amicus curiae*, acrescentando o § 3º que o terceiro terá legitimidade para recorrer da decisão que julgar o incidente de resolução de demandas repetitivas. Permanece atual, pois, as colocações do Ministro Celso de Mello nos autos da **ADI 2.130/SC,** que servem como parâmetro para os magistrados de todo o Brasil: "[...] Entendo que a atuação processual do *amicus curiae* não deve limitar-se à mera apresentação de memoriais ou à prestação eventual de informações que lhe venham a ser solicitadas. Cumpre permitir-lhe, em extensão maior, o exercício de determinados poderes processuais, como aquele consistente no direito de proceder à sustentação oral das razões que justificaram a sua admissão formal na causa. Assim permitindo, o STF não só garantirá maior efetividade e atribuirá maior legitimidade às suas decisões, como, sobretudo, valorizará, sob perspectiva eminentemente pluralística, o sentido essencialmente democrático dessa participação processual, enriquecida pelos elementos de informação e pelo acervo de experiências que o *amicus curiae* poderá transmitir à Corte Constitucional, notadamente num processo como o de controle abstrato de constitucionalidade, cujas implicações, sociais, econômicas, jurídicas e culturais são de irrecusável importância e de inquestionável significação".

Itens I e II: O art. 138, *caput*, CPC/2015, é taxativo no sentido de que **o juiz** ou relator, considerando a relevância da matéria, a especificidade do tema objeto da demanda ou a repercussão social da controvérsia, poderá, por decisão irrecorrível, **de ofício** ou a requerimento das partes ou de quem pretenda manifestar-se, solicitar ou admitir a participação de pessoa natural ou jurídica, órgão ou entidade especializada, com representatividade adequada, no prazo de 15 (quinze) dias de sua intimação. Vale dizer, não se restringe sua aplicação aos tribunais, em que o terceiro intervém com autorização do relator, em decisão monocrática.

Item III: Por força do art. 138, § 2º, CPC/2015, a intervenção do *amicus curiae* **não** implica modificação de competência.

Item IV: O *amicus curiae* é admitido a intervir no processo por decisão **irrecorrível** do juiz ou relator (Inteligência do art. 138, *caput*, CPC/2015). Embora o dispositivo mencione que a decisão que admite (ou inadmite) o *amicus curiae* é irrecorrível, no julgamento da **ADI 3.396**, suspensa em razão da ausência da Cármen Lúcia, o decano do STF, Ministro Celso de Mello, entendeu que "cabe recurso ao Plenário da corte contra decisão de relator que negou ingresso de terceiro na ação como *amicus curiae*, de forma a possibilitar que outros integrantes do STF avaliem se tal parte pode trazer pontos relevantes ao debate". Na mesma ocasião (25.05.2016), o decano negou provimento ao recurso, por considerar que somente "entidades podem ingressar como *amicus curiae* em ações, e não indivíduos. Isso porque aquelas representam os interesses de um grupo específico, enquanto uma pessoa luta apenas por suas necessidades". Votaram pelo conhecimento do recurso os Ministros Celso de Mello, Cezar Peluso (aposentado), Gilmar Mendes, Ricardo Lewandowski e Marco Aurélio, e pelo não conhecimento os Ministros Ayres Britto (aposentado), Dias Toffoli, Luiz Fux, Rosa Weber e Edson Fachin[11].

Alternativa correta: letra "e".

---

21. (PUC – Procurador do Estado – PR/2015) Sobre intervenção de terceiros, é CORRETO afirmar:

a) Há ampliação subjetiva do processo na oposição, na assistência simples e na nomeação à autoria.

b) A intervenção anômala de pessoas jurídicas de direito público exige a demonstração de interesse jurídico.

c) Há ampliação do objeto do processo em casos de oposição e denunciação da lide, e, no segundo caso, ela é eventual.

d) É permitida a denunciação sucessiva da lide, mas não o chamamento sucessivo ao processo.

e) O devedor pode chamar seu fiador ao processo.

COMENTÁRIOS

✪ **Nota do autor:** sobre a intervenção de terceiros no **CPC/2015**, as seguintes novidades merecem destaque: (i) a **oposição** deixa de ser uma intervenção de terceiros e vira uma ação com procedimento especial; (ii) a **nomeação à autoria** também deixa de ser uma intervenção e passa a ser cabível qualquer hipótese de ilegitimidade passiva e não apenas nos casos dos arts. 62 e 63, CPC/73. A indicação

---

11. *In* **Revista Consultor Jurídico,** 30 de maio de 2016. Disponível em: <***http://www.conjur.com.br/2016-mai-30/cabe-recurso-decisao-negou-amicus-curiae-celso-mello***>.

do nomeado deverá ser feita em preliminar da contestação; (iii) há uma ampliação da atuação do ***amicus curiae;*** (iv) o CPC/2015 cria um capítulo específico para tratar do **incidente de desconsideração da personalidade jurídica**, elencando-o como uma nova modalidade de intervenção de terceiros e pacificando a desnecessidade da propositura de ação judicial própria para a aplicação da teoria.

Alternativa "a": As intervenções de terceiros provocam alterações ou ampliações na relação jurídica processual. No caso da nomeação à autoria, que, como cediço, no CPC/2015 deixou de ser uma intervenção, passando a ser cabível qualquer hipótese de ilegitimidade passiva, provoca-se a modificação de partes, ou seja, não há uma ampliação subjetiva, mas apenas uma alteração em um dos polos da relação processual (atentar para o fato de que, consoante a sistemática adotada pela nova ordem processual civil, o autor poderá optar, na correção do polo passivo, por manter o réu originário e o terceiro por ele indicado – art. 339, § 2º). Por outro lado, em todas as outras modalidades de intervenção, bem como na assistência, há um aumento do número de sujeitos. Portanto, o erro da assertiva está em inserir a nomeação à autoria como hipótese geradora de ampliação subjetiva do processo.

Alternativa "b": De acordo com o art. 5º, parágrafo único, da Lei nº. 9.469/97, "as pessoas jurídicas de direito público poderão, nas causas cuja decisão possa ter reflexos, ainda que indiretos, de natureza econômica, intervir, **independentemente da demonstração de interesse jurídico**, para esclarecer questões de fato e de direito, podendo juntar documentos e memoriais reputados úteis ao exame da matéria e, se for o caso, recorrer, hipótese em que, para fins de deslocamento de competência, serão consideradas partes". Justamente em razão da desnecessidade de demonstração de interesse jurídico, existe doutrina que defende a inconstitucionalidade desta modalidade especial de intervenção de terceiros, porque permite a intervenção de pessoas jurídicas de direito público com base em interesses meramente econômicos, o que constituiria fator discriminatório sem razoabilidade.

Alternativa "c": Tanto na oposição quanto na denunciação da lide ocorre o alargamento do objeto litigioso do processo (ampliação objetiva do processo). A propósito, há 5 (cinco) espécies de intervenção de terceiros arroladas no CPC/2015. Em comparação ao CPC/73, foram mantidas as figuras da assistência (tanto a simples como a litisconsorcial), da denunciação da lide e do chamamento ao processo. A oposição deixou de ser espécie de intervenção de terceiro para se tornar ação de procedimento especial; a nomeação à autoria foi substancialmente simplificada: agora é uma simples forma de correção do polo passivo da demanda. As novidades são a previsão da figura do *amicus curiae* e do incidente de desconsideração de personalidade jurídica, que atinge a esfera jurídica de terceiro não acionado originariamente no processo.[12] Merece atenção o fato de que, embora seja vedada pelo art. 10 da Lei n.º 9.099/95 a intervenção de terceiros no procedimento sumaríssimo, o art. 1.062, CPC/2015, permitiu, expressamente, o incidente de desconsideração da personalidade jurídica no âmbito dos Juizados Especiais Cíveis, franqueando, assim, a participação do terceiro que pode ser atingido pelo referido incidente.

Alternativa "d": O Código Civil admite a denunciação sucessiva (art. 456, CC/02). A jurisprudência admite, também, o chamamento sucessivo, desde que não prejudique a economia e a celeridade processuais. Anote que, quanto à denunciação, o **CPC/2015** permite que ela seja realizada apenas uma única vez. Por isso, a nova lei processual revogou expressamente o art. 456 do CC/02 (art. 1.072, II, CPC/2015).

Alternativa "e": Se acionado o devedor principal da obrigação, este não poderá chamar o fiador para integrar a lide, ou seja, o devedor não chama o fiador (apenas o contrário é permitido pelo art. 130, I, CPC/2015).

Alternativa correta: letra "c".

5.1. ASSISTÊNCIA

22. (FMP – Procurador do Estado – AC/2012) Assinale a alternativa correta.

a) O assistente litisconsorcial pode renunciar ao direito de recorrer.

b) A denunciação da lide é sempre obrigatória para que seja exercida a pretensão regressiva contra o denunciado, sob pena de perda dessa faculdade.

c) A contestação apresentada por um dos réus impede a decretação da revelia em relação a todos os demais, ainda que distintos seus interesses.

d) Havendo litisconsórcio unitário, a confissão de um dos réus somente em relação a ele será eficaz.

COMENTÁRIOS

✪ **Nota do autor:** a questão é multidisciplinar (intervenção de terceiros, resposta e litisconsórcio), abordando, a alternativa correta, a assistência que é uma espécie de intervenção de terceiros (capítulo inaugural do Título relativo às intervenções de terceiros no CPC/2015), comportando, em sua classificação, 2 (duas) modalidades:

Assistência simples ou adesiva	Assistência litisconsorcial
O terceiro ingressa na lide afirmando-se titular de relação jurídica conexa àquela deduzida em juízo.	O terceiro alega a existência de um interesse jurídico imediato na causa, de modo que a decisão judicial poderá afetar a referida relação jurídica.
Não se discute relação da qual faça parte o terceiro.	Trata-se de hipótese de litisconsórcio unitário facultativo ulterior.
Ex.: sublocatário que, em ação de despejo contra o locatário, ingressa no feito para auxiliá-lo.	Muito comum em relação à substituição processual, em que a relação jurídica controvertida pertence ao substituído.

12. MARINONI, Luiz Guilherme; ARENHART, Sérgio Cruz; MITIDIERO, Daniel. **Novo curso de processo civil: tutela dos direitos mediante procedimento comum**. – São Paulo: Editora Revista dos Tribunais, 2015. v. 2. p. 92-93.

Alternativa "a": De fato, o assistente litisconsorcial, ao ser admitido, torna-se um litisconsorte do assistido, recebendo idêntico tratamento àquele conferido ao assistido, de modo que **pode renunciar ao direito de recorrer.** Até porque o terceiro tem relação jurídica com o objeto da lide deduzida em juízo, não encontrando-se em posição subsidiária.

Alternativa "b": A denunciação da lide **não é** obrigatória, nos moldes do art. 125, *caput,* CPC/2015. É bem verdade que na vigência do CPC/1973 o entendimento majoritário era no sentido de que a denunciação da lide **só é obrigatória na hipótese de evicção,** sobretudo por força do art. 456, CC, segundo o qual "para poder exercitar o direito que da evicção lhe resulta, o adquirente notificará o alienante imediato, ou qualquer dos anteriores, quando e como lhe determinarem as leis do processo". No entanto, alguns autores e, também, a jurisprudência, inclusive com decisão do STJ, já defendiam que a denunciação da lide nunca seria obrigatória, ou seja, a sua ausência jamais acarretaria a perda do direito de regresso, isso porque a interpretação no sentido de que a denunciação seria obrigatória favorece o enriquecimento ilícito. **Trata-se de posição abraçada pelo novo CPC que, inclusive, revoga o art. 456, CC** (art. 1.072, II). Por outro lado, questão delicada diz respeito à possibilidade de que o Procurador da Fazenda, em ação de responsabilidade civil do Estado, denuncie à lide o servidor responsável pelo ato ensejador do dever de indenizar. Prevalece na jurisprudência do STJ, a propósito, que a denunciação da lide é possível nessa hipótese, porém não é obrigatória. Nesse sentido: "PROCESSUAL CIVIL E ADMINISTRATIVO. AGRAVO REGIMENTAL NO AGRAVO EM RECURSO ESPECIAL. RESPONSABILIDADE CIVIL DO ESTADO. REPARAÇÃO DE DANOS MORAIS E MATERIAIS. ATO PRATICADO POR MILITARES. DENUNCIAÇÃO À LIDE. ARTS. 70, III E 76 DO CPC. NÃO OBRIGATORIEDADE. PRECEDENTES DESTA CORTE. SÚMULA 83/STJ. AGRAVO REGIMENTAL DESPROVIDO. 1. A jurisprudência deste Tribunal Superior é firme no entendimento de que, nas ações de indenização fundadas na responsabilidade civil objetiva do Estado (CF/88, art. 37, § 6º.), não é obrigatória a denunciação da lide do agente público supostamente responsável pelo ato lesivo. 2. Agravo regimental da UNIÃO desprovido" (*STJ, AgRg no AREsp 63.018/RJ, 1ª T., rel. Min. Napoleão Nunes Maia Filho, j. 19.3.2013, p. 3.4.2013*).

Alternativa "c": A apresentação de contestação por um dos litisconsortes, por si só, **não impede a decretação da revelia dos demais que não apresentaram defesa.** Na verdade, **a apresentação de contestação por um litisconsorte em que se impugne fato comum ao litisconsorte revel é que impede a incidência dos efeitos da revelia**. A propósito, "incidem os efeitos materiais da revelia contra o Poder Público na hipótese em que, devidamente citado, deixa de contestar o pedido do autor, sempre que estiver em litígio uma obrigação de direito privado firmada pela Administração Pública, e não um contrato genuinamente administrativo [...] A supremacia do interesse público ou sua indisponibilidade não justifica que a Administração não cumpra suas obrigações contratuais e, quando judicializadas, não conteste a ação sem que lhe sejam atribuídos os ônus ordinários de sua inércia, não sendo possível afastar os efeitos materiais da revelia sempre que estiver em debate contrato regido predominantemente pelo direito privado, situação na qual a Administração ocupa o mesmo degrau do outro contratante, sob pena de se permitir que a superioridade no âmbito processual acabe por desnaturar a própria relação jurídica contratual firmada [...]" (*STJ, REsp 1.084.745, 4ª T., rel. Min. Luis Felipe Salomão, j. 6.11.2012, informativo 508*). Ademais, é de se consignar que a revelia não impede o réu de produzir provas no processo, desde que intervenha oportunamente, nos termos da Súmula 231, STF. No CPC/2015 ampliaram-se os poderes que detinha o magistrado para evitar o reconhecimento dos efeitos materiais da revelia em determinadas circunstâncias, notadamente nas hipóteses do art. 320, CPC/73, prevendo, a novel lei, a utilização deste expediente quando **os fatos narrados forem inverossímeis** ou estiverem **em contradição com a prova dos autos**:

CPC/2015	CPC/73
Art. 345. A revelia não produz o efeito mencionado no art. 344 se:	Art. 320. A revelia não induz, contudo, o efeito mencionado no artigo antecedente:
I – havendo pluralidade de réus, algum deles contestar a ação;	I – se, havendo pluralidade de réus, algum deles contestar a ação;
II – o litígio versar sobre direitos indisponíveis;	II – se o litígio versar sobre direitos indisponíveis;
III – a petição inicial não estiver acompanhada de instrumento que a lei considere indispensável à prova do ato;	III – se a petição inicial não estiver acompanhada de instrumento público, que a lei considere indispensável à prova do ato;
IV – as alegações de fato formuladas pelo autor forem inverossímeis ou estiverem em contradição com prova constante dos autos.	

Alternativa "d": A alternativa trata do regime jurídico aplicável aos litisconsortes em suas relações entre si, sendo indispensável o conhecimento da distinção que a doutrina faz entre condutas determinantes e condutas alternativas.

Determinante	Alternativa
É a conduta que a parte toma e que determina um resultado (situação) desfavorável, tais como a confissão, a desistência, a renúncia, a não contestação, a não interposição de um recurso.	É a conduta que a parte pratica para melhorar a sua situação, a exemplo da interposição de um recurso, a apresentação de defesa, a produção de prova, dentre outros.

Nesse cenário, a relação entre os litisconsortes se estrutura com base em três regras:

1) A conduta determinante de um litisconsorte não prejudica o outro

Atenção: no litisconsórcio simples a conduta determinante de um litisconsórcio só a ele prejudica; no litisconsórcio unitário a conduta determinante praticada por um é ineficaz para todos.

2) No litisconsórcio unitário, a conduta alternativa de um beneficia o outro.

3) No litisconsórcio simples, a conduta alternativa de um não beneficia o outro.

Portanto, no litisconsórcio unitário, **a confissão somente será eficaz se praticada por todos os litisconsortes.**

Alternativa correta: letra "a".

5.2. OPOSIÇÃO

23. (PGE/PA – Procurador do Estado – PA/2009) Analise as proposições abaixo e assinale a alternativa CORRETA:

a) Aquele que detiver a coisa em nome próprio, sendo-lhe demandada por terceiro, deverá nomear à autoria o proprietário ou o possuidor.

b) A oposição, que ocorre quando o autor pretende, no todo ou em parte, a coisa ou o direito sobre o qual controvertem autor e réu, deve ser proposta até a sentença, tendo natureza jurídica de ação.

c) No chamamento ao processo, o devedor poderá requerer, até a sentença, a integração do fiador à demanda.

d) Segundo o entendimento do Superior Tribunal de Justiça, a denunciação da lide é obrigatória em todas as hipóteses fixadas em lei, à medida em que, de todas elas, decorrem efeitos jurídicos irreversíveis.

COMENTÁRIOS

✪ **Nota do autor:** a única alternativa correta aborda a oposição, que nada mais é do que uma espécie de ação prejudicial proposta por terceiro que se julga titular de bem ou direito disputado por autor e réu em juízo. O terceiro, intervindo em processo alheio, agrega um pedido novo, ampliando objetivamente a lide. Não por outra razão que o **CPC/2015** disciplinou a oposição como espécie de procedimento especial nos artigos 682 a 686, repetindo, em essência, as mesmas regras. Além disso, a nomeação à autoria, objeto de questionamentos na alternativa "a", deixou de ser considerada intervenção de terceiro, transferindo-se seu conteúdo para a contestação.

Alternativa "a": Não se trata de hipótese de nomeação à autoria, que **pressupõe a detenção da coisa em nome de terceiros**, de acordo com o que previa, à época, o art. 62, CPC/73, *in verbis:* "aquele que detiver a coisa **em nome alheio**, sendo-lhe demandada em nome próprio, deverá nomear à autoria o proprietário ou possuidor". Detendo, o terceiro, a coisa **em nome próprio**, será possuidor e, conforme o caso, poderá valer-se da denunciação da lide – a denunciação da lide (art. 125 e seguintes, CPC/2015) é modalidade de intervenção de terceiros que pode ser provocada tanto pelo demandante como pelo demandado. Ambos podem denunciar a lide.

Alternativa "b": Realmente, a oposição é uma ação prejudicial proposta pelo terceiro que se considera titular do bem ou direito deduzido em juízo, acarretando a criação de um litisconsórcio necessário simples ulterior, pois em desfavor de cada um dos opostos existe uma pretensão. Noutras palavras: a ação de oposição é proposta por quem pretender, no todo ou em parte, a coisa ou o direito sobre que controvertem autor e réu (art. 682, CPC/2015).

Alternativa "c": O réu poderá promover o chamamento ao processo **no prazo 30 (trinta) dias, sob pena de ficar sem efeito o chamamento**, conforme reza o art. 131, CPC/2015.

Alternativa "d": Nem todas as hipóteses de denunciação da lide são obrigatórias, sendo facultativa, p. ex., na hipótese descrita no art. 70, inciso III, CPC/73. Nesse sentido: AGRAVO REGIMENTAL. AÇÃO DE INDENIZAÇÃO POR DANOS MORAIS. INFANTE VÍTIMA DE DESCARGA ELÉTRICA AO ENCOSTO EM POSTE DA CONCESSIONÁRIA. NEGATIVA DE PRESTAÇÃO JURISDICIONAL. INOCORRÊNCIA. DENUNCIAÇÃO DA LIDE. CPC, ART. 70, III. DANO MORAL. VALOR FIXADO. RAZOABILIDADE. DECISÃO AGRAVADA MANTIDA. [...] A denunciação da lide só se torna obrigatória na hipótese de perda do direito de regresso, não se fazendo presente essa obrigatoriedade no caso do inciso III do artigo 70 do Código de Processo Civil" (*STJ, AgRg no AREsp 102.829/RJ, 3ª T., rel. Min. Sidnei Beneti, j. 19.6.2012*). A propósito do CPC/2015, a denunciação da lide é uma espécie de intervenção forçada de terceiros em que um terceiro é chamado a integrar o processo, sendo que o denunciante agrega ao processo um pedido novo contra o denunciado, ampliando objetivamente a lide, que passará a contar com duas demandas: a principal e a incidental. Dessa forma, o magistrado deve, julgando a lide principal e reconhecendo o direito de regresso, apreciar imediatamente a lide incidental, sob pena de nulidade. Há duas formas de intervenção de terceiros: voluntária e forçada. A assistência, o *amicus curiae* e a intervenção anômala são formas de intervenção voluntária de terceiros. A denunciação da lide, o chamamento ao processo e o incidente de desconsideração de personalidade jurídica são formas de intervenção forçada de terceiros. Veja-se:

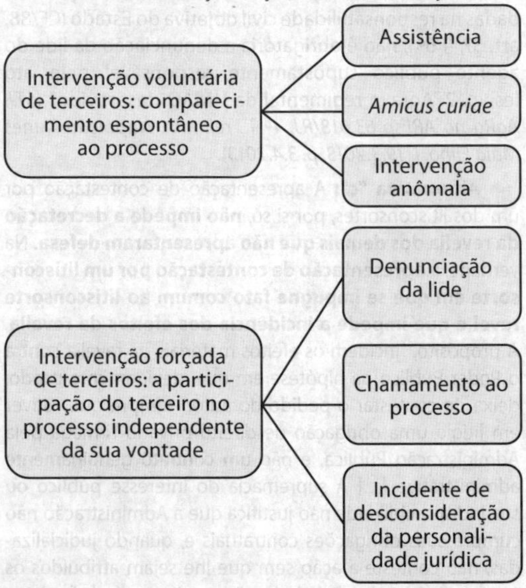

* elaborado com base em MARINONI, Luiz Guilherme; ARENHART, Sérgio Cruz; MITIDIERO, Daniel. **Novo curso de processo civil: tutela dos direitos mediante procedimento comum**. – São Paulo: Editora Revista dos Tribunais, 2015. v. 2. p. 93.

Alternativa correta: letra "b".

5.3. DENUNCIAÇÃO DA LIDE

24. (FEPESE – Procurador do Estado – PGE-SC/2018) Identifique abaixo as afirmativas verdadeiras (V) e as falsas (F) em relação à intervenção de terceiros.

( ) Feita a denunciação da lide pelo réu, o julgamento de improcedência dos pedidos na demanda principal importará a impossibilidade de exame do pedido formulado pelo denunciante.

( ) O chamamento ao processo é possível em processo de execução.

( ) A regra da impossibilidade de o assistente discutir a justiça da decisão após o trânsito em julgado da sentença se aplica à assistência simples.

( ) A denunciação da lide será sempre obrigatória para que o denunciante possa exercer os direitos que da evicção lhe resultam.

( ) Na assistência simples, caso a parte principal reconheça a procedência do pedido, o assistente poderá se opor e requerer o prosseguimento da demanda a sua conta e risco.

Assinale a alternativa que indica a sequência correta, de cima para baixo.

a) V • V • V • V • F

b) V • F • V • F • F

c) V • F • F • V • V

d) F • V • F • F • F

e) F • F • V • V • V

COMENTÁRIOS

✪ **Nota do autor:** a "justiça da decisão" diz respeito aos fundamentos de fato de direito apresentados na sentença. Desta forma, segundo o Código, os fundamentos de fato e de direito apresentados na sentença se tornam imutáveis para o assistente simples (eficácia preclusiva da intervenção), exceto se ocorrer alguma das situações previstas nos incisos do art. 123 (exceção de má-gestão processual). Vale lembrar que, diferentemente da proibição da rediscussão da justiça da decisão, a coisa julgada material normalmente impede a rediscussão do que foi decidido no dispositivo da sentença de mérito (caput do art. 503, CPC/2015) e apenas excepcionalmente impede a rediscussão da resolução de questões prejudiciais, desde que presentes os requisitos previstos nos §§ 1º e 2º do art. 503, CPC/2015).

Item I: De acordo com o art. 129, parágrafo único, CPC/2015, se o denunciante for vencedor, a ação de denunciação não terá o seu pedido examinado, sem prejuízo da condenação do denunciante ao pagamento das verbas de sucumbência em favor do denunciado.

Item II: Como o chamamento ao processo deve ser requerido pelo réu na contestação (art. 131, *caput*, CPC/2015) e não havendo essa modalidade de resposta na execução, entende-se incabível o chamamento ao processo na fase executiva. Aliás, nesse sentido, o seguinte precedente do STJ (AgRg no AI 703.565, j. 20.11.2012): "inviável, no processo de execução, chamamento dos coobrigados por incompatibilidade com os institutos da fiança e da solidariedade".

Item III: Transitada em julgado a sentença no processo em que interveio o assistente, este não poderá, em processo posterior, discutir a justiça da decisão, salvo se alegar e provar que: I – pelo estado em que recebeu o processo ou pelas declarações e pelos atos do assistido, foi impedido de produzir provas suscetíveis de influir na sentença; II – desconhecia a existência de alegações ou de provas das quais o assistido, por dolo ou culpa, não se valeu (art. 123, I e II, CPC/2015).

Item IV: Durante a vigência do CPC/73 existia dúvida quanto à obrigatoriedade da denunciação da lide na hipótese da evicção. Argumentavam alguns que, em razão do disposto no artigo 456 do Código Civil ("o adquirente notificará do litígio o alienante imediato, ou qualquer dos anteriores"), o direito do evicto de recobrar o preço que pagou pela coisa evicta dependia, para ser exercitado, de ele ter denunciado a lide o alienante. Essa questão foi inteiramente superada com o Código de 2015, por duas razões: a) o art. 456 do Código Civil foi revogado pelo inciso II do art. 1.072 do CPC de 2015; b) o § 1º do art. 125 do CPC/2015 diz textualmente que "O direito regressivo será exercido por ação autônoma quando a denunciação da lide for indeferida, deixar de ser promovida ou não for permitida", reconhecendo, portanto, a facultatividade da denunciação da lide. Portanto, conforme o Enunciado 120 do FPPC, "A ausência de denunciação da lide gera apenas a preclusão do direito de a parte promovê-la, sendo possível ação autônoma de regresso."

Item V: De acordo com o art. 122, CPC/2015: "A assistência simples não obsta a que a parte principal reconheça a procedência do pedido, desista da ação, renuncie ao direito sobre o que se funda a ação ou transija sobre direitos controvertidos". Assim, na assistência simples não são eficazes os atos maléficos ou de disposição praticados pelo assistente, mas são inteiramente eficazes os atos maléficos ou de disposição praticados pelo assistido, não podendo o assistente impedi-los.

Alternativa correta: letra "b".

25. (FEPESE – Procurador do Estado – PGE-SC/2018) João adquiriu de Pedro um imóvel e nele reside com sua família. Em determinado dia e hora, um oficial de justiça comparece na residência de João e promove a citação dele em ação reivindicatória promovida por Manuel, que se diz proprietário do imóvel, tendo adquirido o mesmo de Maria, conforme documentos acostados. Observadas as hipóteses de intervenção de terceiros, quais as opções possíveis, ainda que independentes entre si?

Identifique abaixo as afirmativas verdadeiras (V) e as falsas (F) em relação ao questionamento acima.

( ) João promover a denunciação da lide a Pedro.

( ) Pedro requerer seu ingresso na demanda na condição de assistente.

( ) Pedro requerer seu ingresso na demanda na condição de assistente litisconsorcial.

( ) Manuel, ao ajuizar a demanda contra João, denunciar a lide à Maria.

( ) João promover o chamamento ao processo de Pedro.

Assinale a alternativa que indica a sequência correta, de cima para baixo.

a) V • V • V • V • F
b) V • V • F • V • F
c) V • F • F • F • V
d) F • V • F • F • F
e) F • F • V • V • V

COMENTÁRIOS

✪ **Nota do autor:** a questão aborda uma das hipóteses de cabimento da denunciação da lide, qual seja, a evicção (art. 125, I, CPC/2015). A ideia geral é a seguinte: o adquirente denuncia a lide ao alienante, para que seja regressivamente indenizado pela perda da coisa – conhecida como evicção –, numa ação em que demanda ou que é demandado por alguém (v.g., "A" aliena um bem a "B"; posteriormente "C" promove uma ação reivindicatória contra "B"; assim, "B" denuncia à lide "A"; se na sentença for decretada a evicção – perda do bem –, nessa mesma sentença "A" será condenado a indenizar "B").

Item I: Trata-se exatamente da previsão contida no art. 125, I, CPC/2015, conforme mencionado na "nota do autor".

Item II: Pedro pode requerer seu ingresso na demanda na condição de assistente (simples), pois é juridicamente interessado em que a sentença seja favorável a João (art. 119, *caput*, CPC/2015).

Item III: Tendo em vista a previsão contida no art. 124, CPC/2015, não é possível que Pedro ingresse como assistente litisconsorcial, uma vez que não há qualquer relação jurídica entre ele e o adversário do assistido, que seria Manuel, pois esse comprou a casa de Maria.

Item IV: Manuel, ao ajuizar a demanda contra João, pode denunciar a lide à Maria que foi a alienante imediata, no processo relativo à coisa cujo domínio foi transferido ao denunciante, a fim de que possa exercer os direitos que da evicção lhe resultam (art. 125, I, CPC/2015).

Item V: Não é cabível o chamamento ao processo de Pedro, porque ele não é afiançado, nem fiador e nem devedor solidário (art. 130, CPC/2015).

Alternativa correta: letra "b".

5.4. CHAMAMENTO AO PROCESSO

ATENÇÃO: em relação a essa espécie de intervenção, o CPC/2015 trouxe as seguintes novidades: (i) não mais ocorrerá a suspensão do processo enquanto estiver pendente a citação do chamado (art. 79, CPC/73); (ii) foram ampliados os prazos para se efetivar a citação: a regra geral passa a ser de 30 (trinta) dias. Quando o denunciado residir em outra comarca, seção ou subseção judiciárias, o prazo será de 2 (dois) meses (art. 131, p. único, CPC/2015).

26. (FCC – Procurador do Estado – PGE-AP/2018) Quando devedores solidários forem citados para compor o polo passivo da lide, na condição jurídica de terceiros, na hipótese de o credor exigir de um ou de alguns deles o pagamento da dívida comum, ter-se-á a figura processual

a) da assistência litisconsorcial.
b) da denunciação da lide
c) da assistência simples.
d) do chamamento ao processo.
e) da substituição processual.

COMENTÁRIOS

✪ **Nota do autor:** no chamamento ao processo palavra – chave é "solidariedade". O chamamento ao processo, ao contrário da denunciação da lide, é uma modalidade de intervenção de terceiros provocada exclusivamente pelo réu. Pode-se conceituar o chamamento ao processo como forma de facilitar a cobrança de uma dívida envolvendo devedores solidários, fiador e afiançado ou fiadores, por meio de um litisconsórcio facultativo ulterior provocado pelo réu.

Alternativa "a": Na assistência litisconsorcial o terceiro possui relação jurídica afirmada com a parte adversária (ou, no mínimo, é um colegitimado extraordinário para defender em juízo essa relação) e o interesse jurídico para o seu ingresso se dá pela possibilidade de a sentença atingir diretamente (e não reflexamente) essa relação. A assistência litisconsorcial é, fundamentalmente, um litisconsórcio unitário, facultativo e ulterior (*v.g.*, o ingresso superveniente do herdeiro na ação proposta por outro herdeiro para a defesa da herança – parágrafo único do art. 1.791 e art. 1.314 do Código Civil).

Alternativa "b": A denunciação da lide, nos termos do art. 125, I e II, CPC/2015, só será promovida por qualquer das partes: I – ao alienante imediato, no processo relativo à coisa cujo domínio foi transferido ao denunciante, a fim de que possa exercer os direitos que da evicção lhe resultam; II – àquele que estiver obrigado, por lei ou pelo contrato, a indenizar, em ação regressiva, o prejuízo de quem for vencido no processo.

Alternativa "c": O assistente simples atua como auxiliar, acólito ou coadjuvante do assistido (inclusive "O assistente simples pode requerer a intervenção de *amicus curiae*", conforme o Enunciado 388 do FPPC) e, segundo entendimento, predominante, é um sujeito do processo, mas não é parte.

Alternativa "d": É a previsão do art. 130, CPC/2015: "É admissível o chamamento ao processo, requerido pelo réu: I – do afiançado, na ação em que o fiador for réu; II – dos demais fiadores, na ação proposta contra um ou alguns deles; III – dos demais devedores solidários, quando o credor exigir de um ou de alguns o pagamento da dívida comum".

Alternativa "e": A legitimação extraordinária ou substituição processual ocorre quando o ordenamento jurídico atribui legitimidade a quem não é titular da relação jurídica material hipotética, vale dizer, não coincidem o legitimado e o titular do direito afirmado em juízo (*v.g.*, o sindicato para a defesa dos interesses da categoria; o MP na defesa dos interesses dos consumidores; o MP na propositura da ação revocatória falimentar, na defesa dos interesses da massa falida).

Alternativa correta: letra "d".

27. (Cespe – Procurador do Estado – DF/2013) À luz da jurisprudência do STJ, julgue os seguintes itens, referentes ao litisconsórcio e à intervenção de terceiros.

I. Um estado da Federação que seja demandado judicialmente para fornecer medicamentos a um cidadão poderá chamar a União ao processo, hipótese em que ocorrerá deslocamento de competência para a justiça federal.

COMENTÁRIOS

O chamamento ao processo é a modalidade de intervenção de terceiros provocada pelo réu e que se funda na existência de um vínculo de solidariedade entre o chamante e o chamado. Fredie Didier Jr.[13] afirma que há "[...] uma desarmonia entre o direito material e o direito processual: é que, conforme regra antiga, havendo solidariedade passiva, pode o credor exigir toda a dívida de qualquer um dos co-devedores (art. 275 do CC-2002). Este benefício é retirado, na medida em que pode o devedor solidário demandado trazer ao processo o outro devedor, que por opção do autor-credor não havia sido colocado como parte ré, impondo ao demandante prosseguir no processo em face de quem, a princípio, não demandaria". No entanto, "[...] é pacífico no STJ o entendimento de que **o chamamento ao processo não é adequado às ações que tratam de fornecimento de medicamentos.** Isso porque tal hipótese, prevista no dispositivo legal mencionado, é típica de obrigações solidárias de pagar quantia. Tratando-se de hipótese excepcional de formação de litisconsórcio passivo facultativo, promovida pelo demandado, não se admite interpretação extensiva para alcançar prestação de entrega de coisa certa. O Min. Relator também destacou recente julgado do STF cuja conclusão foi de que o chamamento ao processo da União por determinado estado-membro revela-se medida protelatória que não traz nenhuma utilidade ao processo, além de atrasar a resolução do feito, revelando-se meio inconstitucional para evitar o acesso aos remédios necessários para o restabelecimento da saúde do enfermo" (*STJ, REsp 1.009.947/SC, 2ª T., rel. Min. Castro Meira, j. 7.2.2012, informativo 490*). **ERRADO**

II. De acordo com a interpretação dada à legislação vigente, é facultada ao DF a possibilidade de intervir em demandas em que tiver interesse econômico, independentemente da demonstração de interesse jurídico.

COMENTÁRIOS

A Lei 9.469/97, em seu art. 5º, parágrafo único, permite a intervenção espontânea das pessoas jurídicas de direito público nas causas cuja decisão possa ter reflexos, ainda que indiretos, de natureza econômica, independentemente da demonstração de interesse jurídico, para esclarecer questões de fato e de direito, podendo juntar documentos e memoriais reputados úteis ao exame da matéria e, se for o caso, recorrer. Cuida-se de intervenção espontânea que pode ser manejada a qualquer tempo e em qualquer dos polos do processo (autor ou réu), a qual não agrega pedido novo. Além disso, dispensa a demonstração de interesse jurídico, sendo suficiente o interesse econômico. Fredie Didier Jr.[14] apresenta duras críticas ao instituto ora em estudo "Alterar as regras da intervenção de terceiros é tarefa do legislador ordinário, sem dúvida; mas a partir do momento em que a Constituição Federal seleciona um instituto processual, para compor o tipo constitucional que comete competência a determinado órgão jurisdicional, não poderia o legislador ordinário alterar o conteúdo dogmático do instituto, sob pena de, com isso, ferir o texto constitucional [...] Alterar os pressupostos da assistência apenas para a União e outras pessoas jurídicas de direito público, sem fazer o mesmo para os particulares, é desigualação descabida e desproporcional; se dispensa da exigência do interesse jurídico, para intervir em demanda pendente, fosse para todos, não haveria o que se questionar; dispensá-la apenas para os entes públicos não se justifica [...] Acreditamos que, seguindo a linha jurisprudencial a respeito da legislação anterior, este dispositivo deverá ser interpretado conforme a Constituição, de modo que se autorize intervenção apenas quando presente o interesse jurídico. É realmente irrazoável autorizar-se a alteração subjetiva do processo por simples manifestação de vontade, mesmo que inexistente qualquer prejuízo". No entanto, "o art. 5º, Parágrafo Único da Lei 9.469/97 não alcança o processo de Mandado de Segurança. Bem por isso não é lícito às pessoas jurídicas de direito público invocarem o permissivo nele contido, para intervirem em tais processos" (*STJ, EDcl no AgRg no MS 5.690/DF, 1ª Seção, rel. Min. Humberto Gomes de Barros, j. 27.2.2002, DJ 18.3.2002, p. 164*). **CERTO**

III. Na hipótese de os litisconsortes passarem a ter procuradores distintos no curso do processo, quando já iniciado o prazo recursal, somente se aplicará o benefício do prazo em dobro à parte do prazo ainda não transcorrida até aquele momento.

13. DIDIER JR., Fredie. **Curso de Direito Processual Civil. Vol. 1: Introdução ao Direito Processual Civil e Processo de Conhecimento**. 14ª ed. Salvador: Juspodivm, 2012, p. 167.

14. DIDIER JR., Fredie. **Curso de Direito Processual Civil. Vol. 1: Introdução ao Direito Processual Civil e Processo de Conhecimento**. 14ª ed. Salvador: Juspodivm, 2012, p. 411/412.

COMENTÁRIOS

A jurisprudência do STJ orienta-se no sentido de que "se os litisconsortes passam a ter procuradores distintos no curso do processo, quando já iniciado o prazo recursal, somente se aplica o benefício do prazo em dobro à parte do prazo recursal ainda não transcorrida até aquele momento. Nesse sentido, reza o *caput* do art. 229 do CPC/2015 que "os litisconsortes que tiverem diferentes procuradores, de escritórios de advocacia distintos, terão prazos contados em dobro para todas as suas manifestações, em qualquer juízo ou tribunal, independentemente de requerimento". Esse benefício não está condicionado à prévia declaração dos litisconsortes de que terão mais de um advogado e independe de requerimento ao juízo. Ocorre que, caso os litisconsortes passem a ter advogados distintos no curso do prazo para recurso, a duplicação do prazo se dará apenas em relação ao tempo faltante. O ingresso nos autos de novo advogado não tem o condão de reabrir o prazo recursal já expirado, pois, do contrário, no caso de pluralidade de partes no mesmo polo processual, bastaria aos litisconsortes constituir novo advogado no último dia do prazo recursal para obter a aplicação do benefício em relação à integralidade do prazo" (*REsp 1.309.510/AL, rel. Min. Nancy Andrighi, j. 12.3.2013*). **CERTO**

6. COMPETÊNCIA

28. (CESPE/CEBRASPE – Procurador do Estado – PGE-PA/2022) Assinale a opção incorreta.

a) Em matéria de sucessão hereditária, compete exclusivamente à autoridade judiciária brasileira proceder à confirmação de testamento particular e ao inventário e à partilha de bens situados no Brasil, ainda que o autor da herança seja de nacionalidade estrangeira ou tenha domicílio fora do território nacional.

b) Não competem à autoridade judiciária brasileira o processamento e o julgamento da ação quando houver cláusula de eleição de foro exclusivo estrangeiro em contrato internacional, arguida pelo réu na contestação.

c) A apreciação de pedido de auxílio direto passivo que demande prestação de atividade jurisdicional compete ao juízo federal do lugar em que deva ser executada a medida.

d) O pedido passivo de cooperação jurídica internacional não poderá, em nenhuma hipótese, ser recusado, haja vista as normas que regulamentam a matéria e o relacionamento entre o Brasil e a autoridades estrangeiras.

e) A ação proposta perante tribunal estrangeiro não induz litispendência nem obsta que a autoridade judiciária brasileira conheça da mesma causa e das que lhe sejam conexas, ressalvadas as disposições em contrário de tratados internacionais e acordos bilaterais em vigor no Brasil.

COMENTÁRIOS

✪ **Nota do autor:** na cooperação jurídica internacional, não será admitida a prática de atos que contrariem ou que produzam resultados incompatíveis com as normas fundamentais que regem o Estado brasileiro, sob pena de, admitindo-se tais atos, derrogar-se a soberania do Estado brasileiro e serem ocasionadas graves violações à carta de garantias fundamentais inscritas na Constituição Federal.

Alternativa "a": segundo o art. 23, II, CPC, compete à autoridade judiciária brasileira, com exclusão de qualquer outra, em matéria de sucessão hereditária, proceder à confirmação de testamento particular e ao inventário e à partilha de bens situados no Brasil, ainda que o autor da herança seja de nacionalidade estrangeira ou tenha domicílio fora do território nacional.

Alternativa "b": segundo o art. 25, caput, do CPC, "Não compete à autoridade judiciária brasileira o processamento e o julgamento da ação quando houver cláusula de eleição de foro exclusivo estrangeiro em contrato internacional, arguida pelo réu na contestação".

Alternativa "c": nos termos do art. 34 do CPC: "Compete ao juízo federal do lugar em que deva ser executada a medida apreciar pedido de auxílio direto passivo que demande prestação de atividade jurisdicional".

Alternativa "d": é possível a recusa caso a prática de atos contrarie ou produza resultados incompatíveis com as normas fundamentais que regem o Estado brasileiro (art. 26, § 3º, CPC).

Alternativa "e": prevê o art. 24, caput, do CPC: "A ação proposta perante tribunal estrangeiro não induz litispendência e não obsta a que a autoridade judiciária brasileira conheça da mesma causa e das que lhe são conexas, ressalvadas as disposições em contrário de tratados internacionais e acordos bilaterais em vigor no Brasil".

Alternativa correta: letra "d".

29. (FEPESE – Procurador do Estado – PGE-SC/2018) No que se refere à competência interna, é correto afirmar:

a) A competência em razão do valor da causa será sempre critério relativo, nunca absoluto.

b) A competência funcional equipara-se à competência territorial e, por essa razão, é considerada competência relativa.

c) Fixada a competência no momento do registro ou distribuição da petição inicial, a alteração da competência absoluta poderá determinar sua modificação.

d) Fixada a competência pelo registro ou distribuição, caso ocorra a alteração do domicílio do réu durante o prazo de contestação, e a pedido dele, haverá o deslocamento da demanda para o novo local.

e) Para as ações fundadas em direito real, a competência será do local da situação da coisa, adotando-se o critério territorial (competência relativa).

COMENTÁRIOS

✪ **Nota do autor:** em *Curso de Direito Processual Civil*, v. 1, p. 200, Fredie Didier Jr. ensina: "O art. 43 do CPC prevê a *perpetuatio jurisdictionis*, que consiste na regra segundo a qual a competência, fixada pelo registro ou pela distribuição da petição inicial, permanecerá a mesma até a prolação da decisão". As únicas exceções à *perpetuatio jurisdictionis* são aquelas decorrentes da modificação de lei que ocasionem a supressão do órgão judiciário ou alterem a competência em razão da matéria, da função ou em razão da pessoa (competências absolutas). A supressão e a incompetência superveniente devem ser conhecidas de ofício pelo magistrado, motivo pelo qual os feitos devem ser redistribuídos ao juízo competente, devendo ser considerados válidos os atos praticados antes da modificação superveniente de competência.

Alternativa "a": Embora na maioria das vezes a competência em razão do valor da causa seja relativa, o ordenamento jurídico contempla exceções, como por exemplo, o art. 3º, *caput* c.c. o seu § 3º, da Lei nº 10.259/2001 (Juizados Especiais Federais): "Compete ao Juizado Especial Federal Cível processar, conciliar e julgar causas de competência da Justiça Federal até o valor de sessenta salários mínimos, bem como executar as suas sentenças. § 3º No foro onde estiver instalada Vara do Juizado Especial, a sua competência é absoluta".

Alternativa "b": A competência funcional é absoluta, de modo que somente poderá conhecer determinadas ações, em razão das funções que estas exijam, órgãos devidamente equipados de funções para tanto.

Alternativa "c": Trata-se da regra prevista no art. 43, CPC/2015: "Determina-se a competência no momento do registro ou da distribuição da petição inicial, sendo irrelevantes as modificações do estado de fato ou de direito ocorridas posteriormente, salvo quando suprimirem órgão judiciário ou alterarem a competência absoluta".

Alternativa "d": Trata-se de modificação de estado de fato, não ensejando, portanto, a alteração da competência previamente fixada.

Alternativa "e": O dispositivo legal que aborda a situação narrada na assertiva é o art. 47, *caput*, CPC/2015: "Para as ações fundadas em direito real sobre imóveis é competente o foro de situação da coisa". Nos casos previstos no art. 47, ou seja, naquelas hipóteses em que o foro competente será o do local do imóvel, não há divergência alguma na doutrina no sentido ser essa competência absoluta. Mas qual critério a ser adotado? A doutrina aponta três entendimentos, a saber: (a) trata-se de competência absoluta funcional – a premissa é a seguinte: quando o legislador fixa uma competência territorial, com feição absoluta, se faz isso partindo-se da proposição de que naquele local será mais fácil e profícuo o exercício da tutela jurisdicional, seja em razão da colheita das provas, da facilidade na propositura da demanda etc.; (b) trata-se de competência territorial absoluta – a essência da competência territorial gira em torno do "foro" (unidade territorial do exercício da jurisdição); assim, toda vez que uma regra de competência fixa como competente determinado foro, indiscutivelmente, a competência será territorial; pensar de forma diversa serviria para esvaziar o próprio conceito jurídico ligado ao instituto. Como bem elucida Fredie Didier Jr., *Curso de Direito Processual Civil*, p. 219: "Há, porém, regras de competência territorial, cujo descumprimento se submete ao regime jurídico da competência absoluta (art. 47, §§ 1º e 2º, CPC, p. ex.). Não há qualquer problema nisso: o regime jurídico é determinado pelo direito positivo e não interfere no conceito de competência territorial, que é lógico-jurídico. Sucede que há quem entenda que, quando fixada para que o órgão jurisdicional possa mais bem exercer as suas funções, a competência territorial é funcional. Baralham-se, injustificadamente, conceitos que não se identificam. Equivocidade terminológica que se não pode tolerar"; (c) trata-se de espécie de competência mista – leva-se em consideração na fixação da competência tanto a matéria discutida (direito real imobiliário) quanto o território competente (local do imóvel).

Alternativa correta: letra "c".

---

30. (FCC – Procurador do Estado – PGE-AP/2018) No tocante à modificação da competência,

a) quando houver continência e a ação continente tiver sido proposta anteriormente, no processo relativo à ação contida será proferida sentença sem resolução de mérito, caso contrário, as ações serão necessariamente reunidas.

b) caso a alegação de incompetência seja acolhida, o processo será sempre extinto sem resolução do mérito, interrompida porém a prescrição.

c) a competência relativa poderá modificar-se pela conexão, litispendência ou pela continência.

d) os processos de ações conexas serão reunidos para decisão conjunta, mesmo que um deles já tenha sido sentenciado.

e) a incompetência, absoluta ou relativa, será alegada como questão preliminar de contestação; se relativa a incompetência pode ser alegada em qualquer tempo e grau de jurisdição e deve ser declarada de ofício.

COMENTÁRIOS

✪ **Nota do autor:** em sendo detectada a continência, e tendo sido a ação continente proposta anteriormente à ação contida, deverá ser proferida sentença sem resolução de mérito (art. 485, V, CPC/2015) em relação a esta última, já que em curso o julgamento da ação continente. Com base na nova redação (art. 312, CPC/2015), a ação é considerada proposta quando protocolada. Se não for proferida sentença sem resolução de mérito, tendo sido observado que a ação contida é anterior à ação continente, passou a ser obrigatório que as ações sejam reunidas, não estando mais na alçada de conveniência do juiz realizar tal apreciação. Trata-se de inovação que visa a conferir maior celeridade à resolução dos conflitos sem que, com isso, a segurança jurídica seja deixada de lado.

Alternativa "a": A assertiva está em sintonia com o que prevê o art. 57, CPC/2015: "Quando houver continência e a ação continente tiver sido proposta anteriormente, no processo relativo à ação contida será proferida sentença sem resolução de mérito, caso contrário, as ações serão necessariamente reunidas".

Alternativa "b": De acordo com o art. 64, § 3º, CPC/2015: "Caso a alegação de incompetência seja acolhida, os autos serão remetidos ao juízo competente". Ademais, o despacho que ordena a citação tem o condão de interromper a prescrição, ainda que proferido por juízo incompetente (art. 240, § 1º, CPC/2015).

Alternativa "c": A competência relativa poderá modificar-se pela conexão ou pela continência (art. 54, CPC/2015). Verificada a litispendência, o processo no qual a citação válida for realizada em primeiro lugar seguirá o seu trâmite, ao passo que o segundo feito será extinto sem o julgamento do mérito.

Alternativa "d": A assertiva destoa do entendimento já sufragado no art. 55, § 1º, CPC/2015: "Os processos de ações conexas serão reunidos para decisão conjunta, **salvo** se um deles já houver sido sentenciado".

Alternativa "e": A incompetência absoluta pode ser alegada em qualquer tempo e grau de jurisdição e deve ser declarada de ofício (art. 64, § 1º, CPC/2015), e não a competência relativa.

Alternativa correta: letra "a".

31. (FMP – Procurador do Estado – PGE – AC/2017) Considere as seguintes afirmativas sobre o tema da competência no âmbito do Código de Processo Civil. Assinale a alternativa CORRETA.

a) Determina-se a competência no momento do registro ou da distribuição da petição inicial, sendo irrelevantes as modificações do estado de fato ou de direito ocorridas posteriormente, mesmo quando suprimirem órgão judiciário ou alterarem a competência absoluta.

b) A ação fundada em direito pessoal ou em direito real sobre bens móveis será proposta, em regra, no foro de domicílio do autor.

c) A execução fiscal será proposta no foro de domicílio do réu, no de sua residência ou no do lugar onde for encontrado.

d) A ação possessória imobiliária será proposta no foro de situação da coisa, cujo juízo tem competência relativa.

e) A competência determinada em razão da matéria, da pessoa ou da função é modificável por convenção das partes.

COMENTÁRIOS

✪ **Nota do autor:** a questão trata da competência com ênfase em modificações operadas pelo CPC/2015 nessa matéria. Tanto que a alternativa correta aborda a competência territorial na execução fiscal, tema de importância indiscutível na carreira do Procurador do Estado, haja vista que inserida no dia-a-dia do agente que atua no contencioso tributário. O § 5º do art. 46 prevê foros concorrentes para o ajuizamento da execução fiscal: (*a*) foro de domicílio do réu; (*b*) foro de residência do réu e (*c*) foro do lugar onde for encontrado. Sobre o *novel* comando legal, Daniel Amorim Assumpção Neves lembra que a norma deve ser interpretada à luz da Constituição, de modo que, sendo exequente a União, incidirá a norma do art. 109, § 1º, da CF, que prevê que quando a União for autora a competência é do foro de domicílio do réu. "Nesse caso não há foros concorrentes, mas um único foro competente: aquele indicado pelo texto constitucional"[15].

Alternativa "a": A bem da verdade, a competência é fixada com o registro ou a distribuição da petição inicial, sendo irrelevante as alterações fáticas e jurídicas supervenientes, **salvo** aquelas que ensejarem a supressão do órgão judiciário ou modificação de competência absoluta, nos moldes prescritos pelo art. 43, CPC/2015.

Alternativa "b": A ação fundada em direito pessoal ou em direito real mobiliário será proposta, em regra, no foro do domicílio do **réu** (e **não do autor**), na forma como preconizado pelo art. 46, § 5º, CPC/2015.

Alternativa "c": De fato, o § 5º do art. 46, CPC/2015 estabelece que "a execução fiscal será proposta no foro de domicílio do réu, no de sua residência ou no do lugar onde for encontrado".

Alternativa "d": Com efeito, a ação possessória imobiliária será proposta no foro de situação da coisa, cujo juízo tem competência **absoluta** (e **não relativa**), conforme disposição expressa do art. 47, § 2º, CPC/2015.

Alternativa "e": A competência em razão da matéria, da pessoa e/ou da função é absoluta e como tal **insuscetível** de modificação por convenção das partes, de acordo com o disposto no art. 62, CPC/2015.

Alternativa correta: letra "c".

32. (FMP – Procurador do Estado – PGE – AC/2017) Considere as seguintes afirmativas sobre o tema da cooperação internacional no âmbito do Código de Processo Civil.

I - Na cooperação jurídica internacional não será admitida a prática de atos que contrariem ou que produzam resultados incompatíveis com as normas fundamentais que regem o Estado brasileiro.

II - Cabe auxílio direto quando a medida não decorrer diretamente de decisão de autoridade jurisdicional estrangeira a ser submetida a juízo de delibação no Brasil.

III - Compete exclusivamente ao juízo federal do Distrito Federal apreciar pedido de auxílio direto passivo que demande prestação de atividade jurisdicional.

IV - Somente nas hipóteses previstas no Código de Processo Civil será possível a revisão do mérito do pronunciamento judicial estrangeiro pela autoridade judiciária brasileira.

Estão CORRETAS apenas as alternativas:

a) I e II.

b) II e III.

c) II e IV.

15. NEVES, Daniel Amorim Assumpção. **Manual de Direito Processual Civil. Volume Único.** 8ª ed. Salvador: Juspodivm, 2016, p. 171-173.

d) I, III e IV

e) II, III e IV.

COMENTÁRIOS

✪ **Nota do autor:** a cooperação internacional, objeto da questão em comento, ganha especial atenção do CPC/2015, que lhe dedicou capítulo específico (arts. 26 a 41). Cuida-se de instituto que facilita o intercâmbio de informações entre as autoridades judiciárias dos países envolvidos, favorecendo a efetividade da administração da Justiça. Para tanto, contudo, é indispensável que os países envolvidos formalizem tratados internacionais ou, em sua ausência, assumam compromisso de reciprocidade, manifestado por via diplomática, salvo em relação à homologação de sentença estrangeira, em que a reciprocidade é dispensável, nos moldes preconizados pelo art. 26, *caput* e § 1º, do CPC/2015.

Item I: O enunciado reproduz a norma do art. 26, § 3º, CPC/2015. Na mesma linha o art. 17, LINDB, que cuida de direito internacional privado, já estabelecia que "as leis, atos e sentenças de outro país, bem como quaisquer declarações de vontade, não terão eficácia no Brasil, quando ofenderem a soberania nacional, a ordem pública e os bons costumes".

Item II: A definição da alternativa em comento corresponde ao conceito legal de auxílio direto, constante do art. 28, CPC/2015.

Item III: A teor do art. 34, CPC/2015, compete ao juízo federal **do lugar em que deva ser executada a medida** apreciar pedido de auxílio direto passivo que demande prestação de atividade jurisdicional.

Item IV: Em qualquer hipótese é vedada a revisão do mérito do pronunciamento judicial estrangeiro pela autoridade judiciária brasileira, por força do disposto no art. 36, § 2º, CPC/2015. Trata-se do denominado princípio da contenciosidade limitada que impede o órgão jurisdicional de analisar o mérito da causa, restringindo o exame a aspectos de relativos a regularidade formal do procedimento.

Alternativa correta: letra "d".

33. (FCC – Procurador do Estado – MT/2016) A respeito de competência absoluta e relativa, segundo legislação vigente,

a) a incompetência relativa não pode ser conhecida de ofício pelo Magistrado, pois deve ser alegada pelo réu em exceção de incompetência, em peça apartada, no mesmo prazo da contestação.

b) a competência prevista em lei para a execução fiscal, é de natureza funcional e, assim, absoluta, de modo que pode ser declinada de ofício pelo Magistrado.

c) a incompetência, seja absoluta ou relativa, deve ser alegada pelo réu em preliminar de contestação; todavia, caso não o faça no prazo legal, somente esta última se prorroga.

d) o Código prevê que é possível a reunião de duas ações conexas no juízo prevento, ainda que se trate de competência em razão da matéria, desde que haja interesse público que justifique a união das demandas para único julgamento.

e) a incompetência territorial é relativa e, por isso, não pode ser conhecida de ofício pelo Magistrado, razão pela qual se prorroga, caso não seja alegada no momento oportuno.

COMENTÁRIOS

✪ **Nota do autor:** a competência é classificada em absoluta e relativa, considerando a natureza dos interesses tutelados: na primeira, os interesses em jogo são preponderantemente públicos, enquanto na segunda (relativa), preponderantes particulares. E desta distinção decorrem regimes jurídicos distintos, conforme detalhado a seguir:

	Competência absoluta	Competência relativa
Iniciativa para suscitar	Pode ser alegada em qualquer tempo e grau de jurisdição, por qualquer das partes, podendo também ser reconhecida de ofício pelo juiz.	O réu e o MP, nas causas em que atuar, podem suscitá-la, no prazo de resposta, sob pena de preclusão e prorrogação da competência, sendo defeso ao juiz conhecê-la de ofício (Súmula 33, STJ).
Alteração pela vontade das partes	Não pode ser alterada pela vontade das partes.	Pode ser alterada pela vontade das partes: (a) Foro de eleição; (b) Não alegação em preliminar de contestação (prorrogação tácita).
Alteração por conexão e continência	Não pode ser modificada por conexão ou continência.	Pode ser modificada por conexão ou continência.
Atenção: o CPC/2015 mitigou algumas distinções, tornando comum ao regime de ambas as competências as seguintes características: • Ambas são alegadas em preliminar de contestação, inexistindo forma específica para se suscitar incompetência relativa (art. 64); • Em ambas, uma vez acolhida a alegação de incompetência, os autos serão remetidos ao juízo competente, conservando-se, salvo decisão judicial em sentido contrário, os efeitos de decisão proferida pelo juízo incompetente até que outra seja proferida, se for o caso, pelo juízo competente.		

Alternativa "a": A despeito da vedação ao conhecimento de ofício da incompetência relativa, trata-se de matéria que deve ser alegada em **preliminar** de contestação (art. 337, inciso II, CPC/2015). Com o CPC/2015, houve a concentração das matérias defensivas na contestação, extinguindo-se praticamente quase todas as impugnações autônomas. Assim, são sindicáveis por contestação a alegação de incompetência relativa e/ou absoluta, incorreção do valor da causa e perempção, dentre outras.

Alternativa "b": A competência territorial para a execução fiscal é **relativa** e como tal **não** cognoscível de ofício pelo magistrado. Reza, a propósito, o art. 46, § 5º, CPC/2015, que "a execução fiscal será proposta no foro de domicílio do réu, no de sua residência ou no do lugar onde for encontrado".

Alternativa "c": À luz do CPC/2015, a incompetência relativa é matéria de arguição em preliminar de contestação, não subsistindo a antiga exceção declinatória de foro, outrora cabível quando da vigência do CPC/1973. No entanto, embora incompetência absoluta e relativa constem do mesmo dispositivo (art. 337, inciso II, CPC/2015), somente esta admite prorrogação tácita em razão de sua não arguição no momento oportuno. Significa dizer que a incompetência absoluta pode ser alegada e conhecida em qualquer juízo e grau de jurisdição, ensejando inclusive a rescisão da sentença proferida pelo juízo tido por absolutamente incompetente (arts. 64, *caput*, e 65, *caput*, CPC/2015).

Alternativa "d": Somente se modifica por conexão a competência **relativa.** Não se desconhece, é verdade, da inovação do § 3º do art. 55, CPC/2015, que autoriza a reunião para julgamento conjunto dos processos que possam gerar risco de prolação de decisões conflitantes ou contraditórias caso decididos separadamente, mesmo sem conexão entre eles. Outra novidade digna de destaque foi inserida no regime da continência, que é igualmente causa de modificação de competência relativa. Determina o art. 57, CPC/2015, que "quando houver continência e a ação continente tiver sido proposta anteriormente, no processo relativo à ação contida será proferida sentença **sem** resolução de mérito, caso contrário, as ações serão necessariamente reunidas".

Alternativa "e": Na medida em que, embora a regra seja no sentido da natureza relativa da incompetência territorial, o que impede seu conhecimento de ofício pelo magistrado, **existem exceções, a exemplo da competência para as ações possessórias imobiliárias,** por força do disposto no art. 47, § 2º, CPC/2015.

Alternativa correta: letra "c".

---

34. (Fundatec – Procurador do Estado – RS/2015) De acordo com o art. 87, do Código de Processo Civil, "determina-se a competência no momento em que a ação é proposta. São irrelevantes as modificações do estado de fato ou de direito ocorridas posteriormente...". Tal regra, conhecida como *perpetuatio jurisdictionis*, contém algumas exceções. A respeito dessas exceções, assinale a alternativa correta.

a) Havendo a supressão de órgão judiciário, somente os novos processos é que devem ser processados e julgados no juízo que assumiu a competência. Determinada a supressão do órgão, já não se pode mais propor ali demandas judiciais. O órgão judiciário ainda se mantém existente, entretanto, até o encerramento dos processos em curso, com a prolação de sentença em todos eles. A partir daí, há, de fato, sua supressão.

b) Não se aplica a *perpetuatio jurisdictionis* quando for alterada a competência em razão da matéria ou da hierarquia.

c) Proposta demanda no juízo estadual, quando este exerça competência federal, opera-se a *perpetuatio jurisdictionis*. A superveniente instalação de vara federal não afasta a aplicação da *perpetuatio jurisdictionis*, devendo os processos que ali tramitavam manter-se lá até final julgamento.

d) Alterado o domicílio do réu em uma ação pessoal, a competência é modificada, com a remessa dos autos ao novo foro competente.

e) A criação de uma vara de fazenda pública não altera a competência do juízo cível que, na comarca, processava e julgava as causas envolvendo o Estado e os Municípios.

COMENTÁRIOS

✪ **Nota do autor:** de acordo com o art. 43, CPC/2015, a competência é fixada no momento do registro ou da distribuição da petição inicial, sendo irrelevantes as modificações do estado de fato ou de direito ocorridas posteriormente, salvo quando suprimirem o órgão jurisdicional ou alterarem competência absoluta. Por exemplo, se em razão da residência do alimentando (art. 53, II, CPC/2015) fixa-se como competente para julgar a ação de alimentos o foro da comarca do Rio de Janeiro, pouco importa que o autor da demanda, no curso de processo, mude-se para Brasília. A esse fenômeno processual dá-se o nome de *perpetuatio jurisdictionis*, que, contudo, não é absoluta. Com efeito, a parte final do art. 43 do CPC/2015 contempla duas exceções a esse princípio: quando o órgão jurisdicional for suprimido ou for alterada a competência absoluta, ou seja, a competência em razão da matéria ou da hierarquia. Assim, se for extinta uma comarca, a competência passará para o juízo da comarca que incorporou a circunscrição da comarca extinta. Se criada uma vara de família numa determinada comarca, todas as ações que versem sobre a matéria para ela se deslocam. Ainda em relação à segunda exceção, a jurisprudência do STF registra precedente em que, malgrado a subsunção do fato à hipótese prevista legalmente (modificação de competência absoluta), rejeitou a quebra da *perpetuatio jurisdictionis* em caso concreto no qual o parlamentar, intencionalmente, renunciou ao seu mandato às vésperas do julgamento. Nesse caso, prevaleceu o princípio da boa-fé processual. Para além das hipóteses legais, construiu-se entendimento jurisprudencial no sentido de que é possível a quebra da *perpetuatio jurisdictionis* nas demandas envolvendo interesses de menores, por força do princípio do melhor interesse do menor. Importante o conhecimento da ementa do julgado, que tem potencial para ser objeto de questionamento em provas de concursos: "PROCESSO CIVIL. CONFLITO NEGATIVO DE COMPETÊNCIA. AÇÃO DE RECONHE-

CIMENTO E DISSOLUÇÃO DE UNIÃO ESTÁVEL C/C GUARDA DE FILHO. MELHOR INTERESSE DO MENOR. PRINCÍPIO DO JUÍZO IMEDIATO. COMPETÊNCIADO JUÍZO SUSCITANTE.1. Debate relativo à possibilidade de deslocamento da competência em face da alteração no domicílio do menor, objeto da disputa judicial.2. Em se tratando de hipótese de competência relativa, o art. 87 do CPC institui, com a finalidade de proteger a parte, a regra da estabilização da competência (perpetuatio jurisdictionis), evitando-se, assim, a alteração do lugar do processo, toda a vez que houver modificações supervenientes do estado de fato ou de direito.3. Nos processos que envolvem menores, as medidas devem ser tomadas no interesse desses, o qual deve prevalecer diante de quaisquer outras questões. 4. Não havendo, na espécie, nada que indique objetivos escusos por qualquer uma das partes, mas apenas alterações de domicílios dos responsáveis pelo menor, deve a regra da *perpetuatio jurisdictionis* ceder lugar à solução que se afigure mais condizente com os interesses do infante e facilite o seu pleno acesso à Justiça.Precedentes.5. Conflito conhecido para o fim de declarar a competência do Juízo de Direito de Carazinho/RS (juízo suscitante), foro do domicílio do menor" (*STJ, CC 114.782/RS, 2ª Seção, rel. Min. Nancy Andrighi, j. 12.12.2012, DJe 19.12.2012*).

Alternativa "a": Havendo supressão do órgão judiciário, os processos devem ser remetidos ao novo juízo, ainda que estejam tramitando, ressalvados aqueles já sentenciados. Nesse sentido, firmou-se orientação no sentido de que a competência da Justiça do Trabalho, ampliada pela Emenda Constitucional 45/2004, não alcança os processos já sentenciados (*Súmula 367*, STJ).

Alternativa "b": "A competência, nos termos do art. 87 do CPC, se define no momento da propositura da ação, somente podendo ser alterada se houver supressão do órgão jurisdicional ou alteração da competência em razão da matéria ou da hierarquia. Ausentes essas duas hipóteses, o caso é de *perpetuatio jurisdictionis*, sendo descabida a remessa dos autos para a comarca onde fixou domicílio a ré, depois de iniciado o processo" (STJ, CC 98.219/SP, Rel. Ministro Fernando Gonçalves, Segunda Seção, julgado em 26/11/2008, DJe 09/12/2008). Conforme prevê a parte final do art. 43, CPC/2015, esse princípio não se aplica das hipóteses de alteração da competência absoluta (em razão da matéria ou da hierarquia).

Alternativa "c": "A jurisprudência deste Tribunal, na linha da jurisprudência do colendo Superior Tribunal de Justiça, firmou entendimento de que a superveniente criação de vara federal no município onde havia sido ajuizada e julgada a ação, à época da execução do julgado, levou a nova fixação de competência, tratando-se a hipótese de exceção ao princípio da *perpetuatio jurisdictionis*. 2. Tratando-se de competência federal delegada, esta cessa quando, na sede do município, se dá a instalação de vara federal, ainda que para a execução de título executivo judicial prolatado pelo juízo de direito [...]" (TRF 1ª Região, CC 12890492013401000, Relator: Desembargador Federal Néviton Guedes, julgado em 10/12/2013).

Alternativa "d": Conferir "nota do autor".

Alternativa "e": Havendo criação de vara especializada, com o objetivo de concentrar todos os feitos relacionados ao poder público estadual e municipal, retira-se a competência anterior das varas cíveis (trata-se de modificação da competência em razão da matéria).

Alternativa correta: letra "b".

7. DO JUIZ

35. (FCC – Procurador do Estado – PGE-TO/2018) Em relação aos poderes, deveres e à responsabilidade do juiz, é correto afirmar:

a) Quando houver lacuna ou obscuridade no ordenamento jurídico, caberá ao juiz remeter as partes ao juízo arbitral, de ofício ou a requerimento da parte.

b) Não é possível ao juiz diminuir ou dilatar os prazos processuais, que são peremptórios.

c) Cabe ao juiz determinar todas as medidas indutivas, coercitivas, mandamentais ou sub-rogatórias necessárias para assegurar o cumprimento de ordem judicial, inclusive nas ações que tenham por objeto prestação pecuniária.

d) O julgamento por equidade, no atual ordenamento processual civil, tornou-se regra geral, em busca da melhor realização da justiça.

e) Mesmo quando a lei exigir iniciativa das partes, deverá o juiz conhecer de quaisquer questões, ainda que não suscitadas por elas, em razão do princípio publicístico do processo.

COMENTÁRIOS

✪ **Nota do autor:** o inciso IV do art. 139 do Código autoriza o magistrado a aplicar medidas coercitivas até mesmo para assegurar o cumprimento de prestação pecuniária. Fernando Gajardoni, "A revolução silenciosa da execução por quantia", fornece alguns exemplos: "Não efetuado o pagamento de dívida oriunda de multas de trânsito, e superados os expedientes tradicionais de adimplemento (penhora de dinheiro e bens), seria lícito o estabelecimento da medida coercitiva/indutiva de suspensão do direito a conduzir veículo automotor até pagamento do débito (inclusive com apreensão da CNH do devedor); não efetuado pagamento de verbas salariais devidas a funcionários da empresa, possível o estabelecimento de vedação à contratação de novos funcionários até que seja saldada a dívida; não efetuado o pagamento de financiamento bancário na forma e no prazo avençados, possível, até que se tenha a quitação, que se obstem novos financiamentos, ou mesmo a participação do devedor em licitações (como de ordinário já acontece com pessoas jurídicas em débito tributário com o Poder Público)".

Alternativa "a": Mesmo havendo lacuna ou obscuridade na lei, o Juízo deverá decidir a lide (art. 140, *caput*, CPC/2015), se valendo para tanto dos meios de integração previstos no art. 4º da LINDB, quais sejam, a analogia, os costumes e os princípios gerais do direito. Em razão da indeclinabilidade da jurisdição, o ordenamento jurídico não permite o *non liquet*.

Alternativa "b": Conforme preceitua o art. 139, VI, CPC/2015, o juiz poderá dilatar os prazos processuais e alterar a ordem da produção das provas; contudo, ao juiz é vedado reduzir prazos peremptórios unilateralmente, sem a anuência das partes, conforme se extrai do art. 222, § 1º, CPC/2015.

Alternativa "c": Trata-se de previsão expressa no art. 139, IV, CPC/2015: "O juiz dirigirá o processo conforme as disposições deste Código, incumbindo-lhe: [...] determinar todas as medidas indutivas, coercitivas, mandamentais ou sub-rogatórias necessárias para assegurar o cumprimento de ordem judicial, inclusive nas ações que tenham por objeto prestação pecuniária".

Alternativa "d": No sistema jurídico brasileiro, o julgamento por equidade é a exceção, conforme preceitua o parágrafo único do art. 140, CPC/2015: "O juiz só decidirá por equidade nos casos previstos em lei".

Alternativa "e": Vejamos o art. 141, CPC/2015: "O juiz decidirá o mérito nos limites propostos pelas partes, sendo-lhe vedado conhecer de questões não suscitadas a cujo respeito a lei exige iniciativa da parte".

Alternativa correta: letra "c".

8. ATOS PROCESSUAIS

36. (CESPE/CEBRASPE – Procurador do Estado – PGE-RO/2022) Com relação ao processo judicial eletrônico e às normativas constantes na Lei n.º 11.419/2006 e no Código de Processo Civil de 2015, assinale a opção correta.

a) No processo judicial eletrônico, todas as citações, intimações e notificações, exceto as da fazenda pública, deverão ser feitas por meio eletrônico, na forma da Lei.

b) A regulamentação dos atos processuais eletrônicos fica a cargo do Conselho Nacional de Justiça, retirando-se assim a competência supletiva dos tribunais para sua regulamentação.

c) A digitalização de documentos de grande volume torna-se inviável às vezes, por isso, eles poderão ser apresentados em cartório no prazo de 15 dias a contar de envio de petição que comunique o fato.

d) A publicação eletrônica, desde que feita na forma da lei, substitui outros meios de publicação oficial, exceto os casos em que a lei exige intimação pessoal.

e) Aos tribunais é lícita a criação de um diário eletrônico para a publicação de comunicações em geral, sendo vedada a publicação de atos judiciais e administrativos.

COMENTÁRIOS

✪ **Nota do autor:** as informações prestadas pelos tribunais em suas páginas da internet são oficiais e ao Judiciário cabe responder por elas, não podendo agir de forma contraditória. Havendo erros ou omissões quanto às informações disponibilizadas na internet pelo Judiciário (ainda que exista discrepância entre a informação no registro de andamento dos processos e a publicação no órgão oficial de imprensa), o juiz permitirá à parte a prática do ato no prazo que lhe assinar.

Alternativa "a": segundo o art. 9º, caput, da Lei 11.419/2006, no processo eletrônico, todas as citações, intimações e notificações, inclusive da Fazenda Pública, serão feitas por meio eletrônico, na forma desta Lei.

Alternativa "b": de acordo com o art. 196 do CPC, compete ao Conselho Nacional de Justiça e, supletivamente, aos tribunais, regulamentar a prática e a comunicação oficial de atos processuais por meio eletrônico e velar pela compatibilidade dos sistemas, disciplinando a incorporação progressiva de novos avanços tecnológicos e editando, para esse fim, os atos que forem necessários, respeitadas as normas fundamentais deste Código.

Alternativa "c": nos termos do art. 11, § 5º, da Lei 11.419/2006, os documentos cuja digitalização seja tecnicamente inviável devido ao grande volume ou por motivo de ilegibilidade deverão ser apresentados ao cartório ou secretaria no prazo de 10 (dez) dias contados do envio de petição eletrônica comunicando o fato, os quais serão devolvidos à parte após o trânsito em julgado.

Alternativa "d": prevê o art. 4º, §2º, da Lei 11.419/2006 que a publicação eletrônica na forma deste artigo substitui qualquer outro meio e publicação oficial, para quaisquer efeitos legais, à exceção dos casos que, por lei, exigem intimação ou vista pessoal.

Alternativa "e": dispõe o art. 4º, da Lei 11.419/2006 que os tribunais poderão criar Diário da Justiça eletrônico, disponibilizado em sítio da rede mundial de computadores, para publicação de atos judiciais e administrativos próprios e dos órgãos a eles subordinados, bem como comunicações em geral.

Alternativa correta: letra "d".

37. (FCC – Procurador do Estado – PGE-AP/2018) Em relação à mediação e autocomposição de conflitos

a) poderá atuar como mediador judicial a pessoa capaz, graduada há pelo menos dois anos em curso de ensino superior de instituição reconhecida pelo Ministério da Educação e que tenha obtido capacitação em escola ou instituição de formação de mediadores, reconhecida pela Escola Nacional de Formação e Aperfeiçoamento de Magistrados – ENFAM ou pelos tribunais, observados os requisitos mínimos estabelecidos pelo Conselho Nacional de Justiça em conjunto com o Ministério da Justiça.

b) o consenso das partes envolvendo direitos indisponíveis, mas transigíveis, deve ser homologado em juízo, prescindível a oitiva do Ministério Público.

c) por não ter poder decisório, não se aplicam ao mediador as hipóteses legais de impedimento e suspeição do juiz.

d) o mediador fica impedido, por tempo indefinido, de assessorar, representar ou patrocinar qualquer das partes, embora possa atuar como árbitro em conflito que as envolva.

e) no desempenho de sua função, o mediador deverá reunir-se com as partes sempre em conjunto, a fim de não se levantar qualquer objeção quanto à sua imparcialidade.

COMENTÁRIOS

✪ **Nota do autor:** o CPC/2015 e a Lei da Mediação (Lei nº 13.140/2015) consagram a chamada justiça multiportas ou o modelo multiportas de justiça, que se vale de diversas técnicas, como a negociação, a mediação, a conciliação e a arbitragem, não como métodos alternativos, mas como métodos integrados de solução de conflitos ou de resolução de disputas. É como se a parte entrasse no átrio do fórum e encontrasse diversas portas, cada uma com uma técnica ou mecanismo destinado a resolver cada tipo de controvérsia, inclusive a própria jurisdição estatal. A questão exigiu que se conhecesse algumas regras previstas nesse último estatuto normativo (Lei nº 13.140/2015).

Alternativa "a": O enunciado reproduz a regra prevista no art. 11, da Lei nº 13.140/2015: "Poderá atuar como mediador judicial a pessoa capaz, graduada há pelo menos dois anos em curso de ensino superior de instituição reconhecida pelo Ministério da Educação e que tenha obtido capacitação em escola ou instituição de formação de mediadores, reconhecida pela Escola Nacional de Formação e Aperfeiçoamento de Magistrados – ENFAM ou pelos tribunais, observados os requisitos mínimos estabelecidos pelo Conselho Nacional de Justiça em conjunto com o Ministério da Justiça".

Alternativa "b": O consenso das partes envolvendo direitos indisponíveis, mas transigíveis, deve ser homologado em juízo, exigida a oitiva do Ministério Público (art. 3º, § 2º, da Lei nº 13.140/2015).

Alternativa "c": Aplicam-se ao mediador as mesmas hipóteses legais de impedimento e suspeição do juiz (art. 5º, *caput*, da Lei nº 13.140/2015).

Alternativa "d": O mediador fica impedido, pelo prazo de um ano, contado do término da última audiência em que atuou, de assessorar, representar ou patrocinar qualquer das partes (art. 6º, da Lei nº 13.140/2015). Ademais, prevê o art. 7º, do mesmo estatuto legal, que o mediador não poderá atuar como árbitro nem funcionar como testemunha em processos judiciais ou arbitrais pertinentes a conflito em que tenha atuado como mediador.

Alternativa "e": O art. 19, da Lei nº 13.140/2015, dispõe que no desempenho de sua função, o mediador poderá reunir-se com as partes, em conjunto ou separadamente, bem como solicitar das partes as informações que entender necessárias para facilitar o entendimento entre aquelas.

Alternativa correta: letra "a".

38. (CESPE – Procurador do Estado – PGE-PE/2018) O CPC prevê a possibilidade de convenção processual em processos que versem sobre direitos que admitam a autocomposição. Conforme o entendimento doutrinário, esse instituto

a) não poderá ser firmado pela fazenda pública.
b) não poderá ser celebrado em contrato de convivência.
c) não poderá ser objeto de controle de ofício pelo juiz.
d) poderá estipular a interposição de recurso *per saltum* às cortes superiores.
e) poderá estipular a cláusula "sem recurso" bilateralmente.

COMENTÁRIOS

✪ **Nota do autor:** sobre os requisitos de validade/eficácia dos negócios jurídicos processuais atípicos, Fernando Gajardoni, aponta seis elementos que devem estra presentes, quais sejam: "1) as partes sejam as titulares da situação jurídica a respeito do qual pretendam dispor, sendo vedada convenção processual que atinja deveres, direitos, ônus e faculdades de terceiros; 2) o objeto da convenção seja lícito, de modo a não se admitir negócios jurídicos processuais que acabem por violar o conteúdo mínimo do processo constitucional (regras constitucionais de competência, o contraditório, a ampla defesa, a publicidade, a motivação, a licitude da prova, etc.); 3) a celebração da convenção seja feita por escrito (especialmente no negócios jurídicos pré-processuais), pois só assim é possível se operacionalizar judicialmente, com o mínimo de segurança e presteza, a alteração da regra legal por convenção das partes; 4) haja preservação da autonomia da vontade do contratantes, devendo o juiz deixar de aplicar a convenção processual nos casos de nulidade (erro, dolo, coação, etc.), inserção abusiva em contrato de adesão ou vulnerabilidade manifesta de um dos celebrantes; 5) as partes sejam civilmente capazes, vedada a celebração de convenção por incapazes, ainda que representados ou assistidos; e 6) o direito objeto da convenção processual seja autocomponível, isto é, esteja na esfera de disponibilidade das partes.". (Fonte: https://portaldomagistrado.com.br/2017/10/31/convencoes-processuais-atipicas-na-execucao-civil-jota/)

Alternativa "a": De acordo como o enunciado n. 256 do Fórum Permanente de Processualistas Civis: "A Fazenda Pública pode celebrar negócio jurídico processual".

Alternativa "b": O enunciado 492, do FPPC, esclarece: "O pacto antenupcial e o contrato de convivência podem conter negócios processuais".

Alternativa "c": Conforme dispõe o art. 190, parágrafo único, CPC/2015: "De ofício ou a requerimento, o juiz controlará a validade das convenções previstas neste artigo, recusando-lhes aplicação somente nos casos de nulidade ou de inserção abusiva em contrato de adesão ou em que alguma parte se encontre em manifesta situação de vulnerabilidade".

Alternativa "d": Novamente, o FPPC esclarece o assunto através do enunciado 20: "Não são admissíveis os seguintes negócios bilaterais, dentre outros: acordo para modificação da competência absoluta, acordo para supressão de primeira instância, acordo para afastar motivos de impedimento do juiz, acordo para criação de novas espécies recursais, acordo para ampliação das hipóteses de cabimento de recursos".

Alternativa "e": Dentre outros, Fredie Didier Jr., aponta o acordo de instância única como exemplo de negócio jurídico processual atípico[16].

Alternativa correta: letra "e".

39. (VUNESP – Procurador do Estado – PGE-SP/2018) Em relação aos diversos meios de solução de conflitos com a Administração Pública, é correto afirmar que

a) é facultado aos Estados, ao Distrito Federal e aos Municípios suas autarquias e fundações públicas, bem como às empresas públicas e sociedade de economia mista federais, submeter seus litígios com órgãos ou entidades da Administração Pública federal à Advocacia-Geral da União, para fins de composição extrajudicial do conflito.

b) mesmo as controvérsias que somente possam ser resolvidas por atos ou concessão de direitos sujeitos a autorização do Poder Legislativo estão incluídas na competência das câmaras de prevenção e resolução administrativa de conflitos.

c) os conflitos que envolvem equilíbrio econômico-financeiro de contratos celebrados pela Administração Pública com particulares não podem ser submetidos às câmaras de prevenção e resolução administrativa de litígios, exceto quando versarem sobre valores inferiores a quinhentos salários-mínimos.

d) a instauração de procedimento administrativo para resolução consensual de conflito no âmbito da Administração Pública interrompe a prescrição, exceto se se tratar de matéria tributária.

e) o procedimento de mediação coletiva, para solução negociada de conflitos, no âmbito da Administração Pública estadual, não pode versar sobre conflitos que envolvem prestação de serviços públicos, salvo se esses serviços públicos forem relacionados a transporte urbano.

COMENTÁRIOS

✪ **Nota do autor:** a Lei nº 13.140/2015 e o CPC/2015 afirmam que a União, os Estados, o Distrito Federal e os Municípios poderão criar câmaras de prevenção e resolução administrativa de conflitos. Essas câmaras de mediação funcionarão dentro dos órgãos da Advocacia Pública (AGU, PGE e PGM) e terão competência para: I – dirimir conflitos entre órgãos e entidades da administração pública; II – avaliar a admissibilidade dos pedidos de resolução de conflitos, por meio de composição, no caso de controvérsia entre particular e pessoa jurídica de direito público; III – promover, quando couber, a celebração de termo de ajustamento de conduta. Não se incluem na competência das referidas câmaras as controvérsias que somente possam ser resolvidas por atos ou concessão de direitos sujeitos à autorização do Poder Legislativo. Em outras palavras, se a providência necessária depender de autorização do Parlamento, não é possível que a questão seja levada à câmara porque o sucesso do acordo ainda precisaria da concordância de outro Poder independente.

Alternativa "a": De acordo com o art. 37, da Lei nº 13.140/2015: "É facultado aos Estados, ao Distrito Federal e aos Municípios, suas autarquias e fundações públicas, bem como às empresas públicas e sociedades de economia mista federais, submeter seus litígios com órgãos ou entidades da administração pública federal à Advocacia-Geral da União, para fins de composição extrajudicial do conflito".

Alternativa "b": A assertiva não está em sintonia com o que prevê o art. 32, § 4º, da Lei nº 13.140/2015: "Não se incluem na competência dos órgãos (câmaras de prevenção e resolução administrativa de conflitos, no âmbito dos respectivos órgãos da Advocacia Pública) mencionados no *caput* deste artigo as controvérsias que somente possam ser resolvidas por atos ou concessão de direitos sujeitos a autorização do Poder Legislativo".

Alternativa "c": Compreendem-se na competência das câmaras de prevenção e resolução administrativa de conflitos, no âmbito dos respectivos órgãos da Advocacia Pública a prevenção e a resolução de conflitos que envolvam equilíbrio econômico-financeiro de contratos celebrados pela administração com particulares (art. 32, § 5º, da Lei nº 13.140/2015). Perceba que o legislador não criou limites de ordem econômica para a resolução administrativa desses conflitos.

Alternativa "d": A instauração de procedimento administrativo para a resolução consensual de conflito no âmbito da administração pública suspende a prescrição. Em se tratando de matéria tributária, a suspensão da prescrição deverá observar o disposto no Código Tributário Nacional (art. 34, caput e § 2º, da Lei nº 13.140/2015).

Alternativa "e": O art. 33, parágrafo único, da Lei nº 13.140/2015 prevê o seguinte: "A Advocacia Pública da União, dos Estados, do Distrito Federal e dos Municípios, onde houver, poderá instaurar, de ofício ou mediante provocação, procedimento de mediação coletiva de conflitos relacionados à prestação de serviços públicos". Destaca-se que a regra não restringe a atuação da mediação coletiva unicamente aos conflitos relacionados ao serviço público de transporte urbano.

Alternativa correta: letra "a".

40. (FMP – Procurador do Estado – PGE – AC/2017) Considere as seguintes afirmativas sobre o tema dos atos processuais no âmbito do Código de Processo Civil. Assinale a alternativa CORRETA.

a) O direito de consultar os autos de processo que tramite em segredo de justiça e de pedir certidões de seus atos é restrito às partes e aos seus procuradores.

b) O terceiro que demonstrar interesse jurídico pode requerer ao juiz certidão do dispositivo da sentença, exceto dos casos de inventário e de partilha resultantes de divórcio ou separação.

c) O documento redigido em língua estrangeira poderá ser juntado aos autos ainda que desacompanhado de versão para a língua portuguesa.

16. DIDIER JR., Fredie. **Curso de Direito Processual Civil: introdução ao direito processual civil, parte geral e processo de conhecimento**. 19ª ed. Salvador: Juspodivm, 2017, p. 430.

d) É permitido lançar nos autos cotas marginais ou interlineares.

e) Os atos processuais realizar-se-ão exclusivamente na sede do juízo.

COMENTÁRIOS

✪ **Nota do autor:** a publicidade dos atos jurisdicionais é regra, sendo exceção o sigilo. Nesse sentido a Constituição Federal de 1988 incluiu no rol de direitos fundamentais regra segundo a qual "a lei só poderá restringir a publicidade dos atos processuais quando a defesa da intimidade ou o interesse social o exigirem". O CPC/2015 assegura eficácia ao comando constitucional ao dispor que os atos processuais são públicos, todavia tramitam em segredo de justiça os processos:

(*i*) em que o exija o interesse público ou social;

(*ii*) que versem sobre casamento, separação de corpos, divórcio, separação, união estável, filiação, alimentos e guarda de crianças e adolescentes;

(*iii*) em que constem dados protegidos pelo direito constitucional à intimidade;

(*iv*) que versem sobre arbitragem, inclusive sobre cumprimento de carta arbitral, desde que a confidencialidade estipulada na arbitragem seja comprovada perante o juízo (art. 189, incisos I a IV).

Novidade substancial do novo Código de Ritos é a constante do inciso IV do art. 189 que autoriza o magistrado a decretar sigilo nos processos que versem sobre arbitragem, inclusive sobre cumprimento de carta arbitral, desde que a confidencialidade estipulada na arbitragem seja comprovada perante o juízo.

Alternativa "a": O art. 189, § 1º, CPC/2015, de fato, restringe o acesso aos autos do processo que estejam em segredo de justiça, conferindo somente às partes e a aos seus procuradores o direito de consultar os autos do processo e de pedir certidões de seus atos.

Alternativa "b": Ainda que o processo esteja em segredo de justiça, o terceiro que demonstrar interesse jurídico poderá requerer ao juiz certidão do dispositivo da sentença, **assim como** de inventário e de partilha resultantes de divórcio ou separação, por força do art. 189, § 2º, CPC/2015.

Alternativa "c": É lícita a juntada de documento redigido em língua estrangeira **desde que** acompanhado de versão para a língua portuguesa tramitada por via diplomática ou pela autoridade central, ou firmada por tradutor juramentado, nos termos do art. 192, parágrafo único, CPC/2015.

Alternativa "d": De acordo com o art. 202, CPC/2015, é **vedado** lançar nos autos cotas marginais ou interlineares.

Alternativa "e": Excepcionalmente, os atos processuais poderão se realizar em outro lugar em razão de deferência, de interesse da justiça, da natureza do ato ou de obstáculo arguido pelo interessado e acolhido pelo juiz, conforme prevê o art. 217, CPC/2015.

Alternativa correta: letra "a".

41. (FMP – Procurador do Estado – PGE – AC/2017) Considere as seguintes afirmativas sobre o tema dos prazos no âmbito do Código de Processo Civil. Assinale a alternativa INCORRETA.

a) Inexistindo preceito legal ou prazo determinado pelo juiz, será de 5 (cinco) dias o prazo para a prática de ato processual a cargo da parte.

b) Na comarca, seção ou subseção judiciária onde for difícil o transporte, o juiz poderá prorrogar os prazos por até 3 (três) meses.

c) O prazo para a parte, o procurador, a Advocacia Pública, a Defensoria Pública e o Ministério Público será contado da citação, da intimação ou da notificação.

d) Em qualquer grau de jurisdição, havendo motivo justificado, pode o juiz exceder, por igual tempo, os prazos a que está submetido.

e) É lícito a qualquer interessado exigir os autos do advogado que exceder o prazo legal.

COMENTÁRIOS

✪ **Nota do autor:** a questão trata dos prazos processuais sob ótica exclusiva do texto do novo Código de Processo Civil. É bem verdade que não houve aprofundamentos doutrinários, mas é preciso estar atento, sobretudo à quebra do paradigma, estabelecido pelo CPC/1973, de que os prazos peremptórios não comportam modificação pelo magistrado. Inicialmente urge relembrar que a doutrina classificava os prazos em dilatórios e peremptórios:

Com o CPC/2015, tal distinção perdeu sentido (ou teve sua importância reduzida), na medida em que é possível ao magistrado modificar prazos peremptórios, contanto que obtenha a aquiescência das partes (art. 222, § 1º). Não bastasse, a previsão do calendário processual como negócio processual típico indica que as partes podem convencionar inclusive sobre prazos peremptórios.

Alternativa "a": A afirmativa corresponde ao art. 218, § 3º, CPC/2015. Não se pode confundir o prazo para comparecimento das partes quando o juiz não determinar prazo. Vale conferir a distinção:

Alternativa "b": A legislação processual permite ao magistrado prorrogar os prazos por até **2 meses** (e **não três**) na comarca, seção ou subseção judiciária onde for difícil o transporte (art. 222, *caput*, CPC/2015).

Alternativa "c": O enunciado reproduz o disposto no art. 230, CPC/2015. Importante lembrar que os órgãos mencionados gozam da prerrogativa de prazo em dobro e de intimação pessoal.

Alternativa "d": A faculdade mencionada na alternativa em comento está prevista no art. 227, CPC/2015. A autorização não é irrestrita, devendo o magistrado apresentar motivos suficientes para exceder os prazos legais. Em algumas situações a própria legislação já valorou a necessidade de prorrogação e estabeleceu inclusive o tempo máximo, a exemplo da comarca onde for difícil o transporte (prorrogação por até 2 meses).

Alternativa "e": Assertiva compatível com o disposto no art. 234, § 1º, CPC/2015.

Alternativa incorreta: letra "b".

---

42. (Cespe – Procurador do Estado – PGE – SE/2017) Caso dois particulares litiguem em demanda que tramite pelo procedimento comum, a intimação do advogado do réu pelo advogado do autor, de acordo com as regras previstas no CPC,

a) embora contenha vício de forma por ausência de previsão legal, poderá ser convalidada, caso ocorra o comparecimento espontâneo e tempestivo do réu nos autos.

b) deverá ser considerada nula de pleno direito, pois somente o cartório do juízo pode ser responsável por realizar atos de intimação às partes.

c) será possível, desde que seja realizada pelo correio, devendo o advogado do autor juntar aos autos cópia do ofício de intimação e do aviso de recebimento.

d) poderá ser feita por meio eletrônico, desde que seja comprovado que o advogado do réu recebeu cópia do pronunciamento que é objeto da intimação.

e) somente poderá ser feita se houver convenção processual realizada entre as partes que autorize a utilização dessa forma de intimação.

COMENTÁRIOS

✪ **Nota do autor:** a intimação, no CPC/2015, pode ser promovida por intermédio do advogado, fato que aumenta a responsabilidade deste profissional no processo. É o que determina o § 1º do art. 269, que prescreve *in verbis*: "é facultado aos advogados promover a intimação do advogado da outra parte por meio do correio, juntando aos autos, a seguir, cópia do ofício de intimação e do aviso de recebimento". Todavia, imperioso registrar que o dispositivo legal não abrange a Defensoria Pública e a Advocacia Pública, na medida em que os membros destas instituições gozam do benefício de intimação pessoal mediante carga, remessa ou meio eletrônico (arts. 183, § 1º, e 186, § 1º, CPC/2015). Outra novidade no mesmo sentido consta do art. 455, §§ 3º e 4º, inciso I, CPC/2015, que atribui ônus ao advogado de intimar a testemunha por ele arrolada informando-lhe do dia, hora e local da audiência, sendo a intimação por via judicial subsidiária, ou seja, viável apenas quando demonstrada a impossibilidade de efetivação por meio do causídico.

O § 1º do art. 269 do CPC/2015 faculta aos advogados promover a intimação do advogado da outra parte por **via postal**, juntando aos autos, **cópia de intimação** e **do aviso de recebimento**. A aplicação da nova forma de intimação, pois, depende da concorrência dos seguintes requisitos:

(A) intimação deve ser realizada pelo correio;

(B) juntada aos autos de cópia da intimação e do aviso de recebimento.

Alternativa correta: letra "c" (comentários respondem as demais alternativas).

---

43. (Fundatec – Procurador do Estado – RS/2015) Em conhecido texto, José Carlos Barbosa Moreira admite a existência das chamadas "convenções processuais" ou, como prefere, "convenções celebradas pelas partes sobre matéria processual". A respeito do assunto, é correto afirmar que:

a) O processo pode ser suspenso por convenção das partes durante o tempo que lhes convier.

b) Ressalvada a desistência da ação, os atos das partes, consistentes em declarações unilaterais ou bilaterais de vontade, produzem imediatamente a constituição, a modificação ou a extinção de direitos processuais.

c) A competência material e a competência territorial podem ser modificadas por vontade das partes.

d) A renúncia ao direito de recorrer, quando manifestada depois da postulação do recurso, depende de concordância da parte contrária.

e) A desistência do recurso, realizada após a apresentação de contrarrazões, depende da concordância do recorrido.

COMENTÁRIOS

✪ **Nota do autor:** inspirado no contratualismo processual, o CPC/2015 prevê a possibilidade de alteração do procedimento para "ajustá-lo às especificidades da causa" (art. 190). A alteração procedimental só pode ser realizada quando a causa versar sobre direitos que admitam autocomposição e as partes forem plenamente capazes. Fernando da Fonseca Gajardoni enumera algumas situações que podem admitir a convenção sobre o procedimento, à luz das disposições do CPC/2015. São exemplos: a) ampliação e a redução dos prazos de resposta e de recursos; b) estabelecimento de novas formas de comunicação, inclusive através de aplicativos de mensagens; c) opção por memoriais escritos em vez de debate oral; d) comparecimento das testemunhas sem necessidade de expedição de carta precatória ou rogatória[17].

Alternativa "a": A suspensão mediante convenção entre as partes não pode exceder 6 (seis) meses (art. 314, § 4º, CPC/2015).

Alternativa "b": De acordo com o art. 200, CPC/2015, "os atos das partes, consistentes em declarações unilaterais ou bilaterais de vontade produzem imediatamente a constituição, modificação ou extinção de direitos processuais". A desistência, contudo, só produz efeito depois de homologada por sentença (parágrafo único).

Alternativa "c": As regras relativas à competência absoluta são inderrogáveis pela vontade das partes (art. art. 62, CPC/2015).

Alternativas "d" e "e": O art. 999, CPC/2015 prevê que a **renúncia independe da aceitação da parte contrária**. Com efeito, em ambos os casos – desistência antes ou após as contrarrazões – a desistência não depende da anuência

17. GAJARDONI, Fernando da Fonseca. **Teoria Geral do Processo: comentários ao CPC/2015 (parte geral)**. São Paulo: Forense, 2015, p. 625.

da outra parte, nem de homologação judicial, produzindo efeito desde que manifestada nos autos.

Alternativa correta: letra "b".

44. (Fundatec – Procurador do Estado – RS/2015) A Lei n° 11.419/06 dispõe sobre a informatização do processo judicial e o uso de meio eletrônico na tramitação de processos judiciais, comunicação de atos e transmissão de peças processuais. Sobre esse assunto, analise as seguintes assertivas:

I. No processo eletrônico, todas as citações, intimações e notificações, inclusive da Fazenda Pública, serão feitas por meio eletrônico.

II. A arguição de falsidade do documento original será processada eletronicamente na forma da lei processual em vigor.

III. Considera-se realizada a intimação no dia em que o intimando efetivar a consulta eletrônica ao teor da intimação, certificando-se nos autos a sua realização.

IV. Os documentos produzidos eletronicamente e juntados aos processos eletrônicos com garantia da origem e de seu signatário, na forma estabelecida na Lei n° 11.419/06, são considerados originais para todos os efeitos legais.

Após a análise, pode-se dizer que:

a) Estão corretas apenas as assertivas I e IV.
b) Estão corretas apenas as assertivas I, III e IV.
c) Estão corretas apenas as assertivas III e IV.
d) Todas as assertivas estão corretas.
e) Todas as assertivas estão incorretas.

COMENTÁRIOS

✪ **Nota do autor:** a questão exige conhecimento da literalidade da Lei 11.419/2006, que disciplina a informatização do processo judicial. No âmbito do STJ, o processo eletrônico está regulamentado na Resolução STJ nº 14, de 28 de junho de 2013, cujo art. 1º, § único, considera "[...] processo judicial eletrônico – e-STJ, para os fins desta resolução, o sistema eletrônico de tramitação de processos judiciais, comunicação de atos e transmissão de peças processuais, nos termos da Lei n. 11.419/2006".

Item I: Assertiva em conformidade com o art. 5º, §6º e art. 6º da Lei nº 11.419/06.

Item II: Assim dispõe o art. 11, § 2º da Lei nº. 11.419/06: "A arguição de falsidade do documento original será processada eletronicamente na forma da lei processual em vigor".

Item III: Na forma do art. 5º, § 1º, da Lei nº. 11.419/06, "considerar-se-á realizada a intimação no dia em que o intimando efetivar a consulta eletrônica ao teor da intimação, certificando-se nos autos a sua realização".

Item IV: Conforme o art. 11 da Lei nº. 11.419/06, "os documentos produzidos eletronicamente e juntados aos processos eletrônicos com garantia da origem e de seu signatário, na forma estabelecida nesta Lei, serão considerados originais para todos os efeitos legais".

Alternativa correta: letra "d".

8.1. PRAZOS

ATENÇÃO: muitos prazos foram alterados com o CPC/2015. De regra, eles foram ampliados. O prazo para a emenda da petição inicial passa de dez para quinze dias (art. 321). O prazo da contestação continua a ser de quinze dias. No entanto, o termo *a quo* será diferenciado, pois dependerá da realização da audiência de conciliação ou mediação. Quanto à réplica, o seu prazo passa a ser o mesmo da contestação, ou seja, quinze dias. Também merece atenção a alteração quanto ao prazo para os recursos. Excetuados os embargos de declaração, cujo prazo é de cinco dias, o prazo para interposição dos demais recursos (apelação; agravo de instrumento; agravo interno; recurso ordinário; recurso especial e extraordinário; agravo em recurso especial ou extraordinário; e embargos de divergência) será de quinze dias (art. 1.003, §5º). No entanto, a principal e mais importante alteração é que os prazos processuais passarão a ser contados apenas em dias úteis (art. 219).

45. (FCC – Procurador do Estado – PGE-AP/2018) Quanto aos prazos, é correto afirmar:

a) Quando a lei for omissa, o juiz determinará os prazos em consideração à complexidade do ato; se inexistir preceito legal ou prazo determinado pelo juiz, será de cinco dias o prazo para a prática de ato processual a cargo da parte.

b) Quando a lei ou o juiz não determinarem prazo, as intimações somente obrigarão a comparecimento após decorridos cinco dias.

c) Será considerado intempestivo o ato praticado antes do termo inicial do prazo.

d) A parte poderá renunciar ao prazo estabelecido exclusivamente em seu favor, tácita ou expressamente.

e) Os litisconsortes que tiverem diferentes procuradores, de escritórios de advocacia distintos, terão prazos contados em dobro para todas as suas manifestações, em qualquer juízo ou tribunal, desde que requeiram o benefício tempestivamente.

COMENTÁRIOS

✪ **Nota do autor:** os prazos processuais podem ser legais (v.g., o prazo para a resposta do réu), judiciais (v.g., o prazo para o perito protocolar em juízo o laudo pericial) ou convencionais (v.g., o prazo ajustado pelas partes para devolução dos autos ao cartório, na hipótese de prazo comum). Havendo omissão legal quanto ao prazo, caberá ao juiz fixá-lo. Se o juiz não fixar o prazo para a parte, este será de cinco dias para os atos em geral e de quarenta e oito horas para comparecimento em juízo (no Código de 1973 esse prazo era de vinte e quatro horas).

Alternativa "a": É o que preveem, respectivamente, os parágrafos 1º e 3º do art. 218 do CPC/2015: "Os atos processuais serão realizados nos prazos prescritos em lei. § 1º Quando a lei for omissa, o juiz determinará os prazos em consideração à complexidade do ato. [...] § 3º Inexistindo preceito legal ou prazo determinado pelo juiz, será de 5 (cinco) dias o prazo para a prática de ato processual a cargo da parte".

Alternativa "b": Quando a lei ou o juiz não determinar prazo, as intimações somente obrigarão a comparecimento após decorridas 48 (quarenta e oito) horas (art. 218, § 2º, CPC/2015).

Alternativa "c": Será considerado tempestivo o ato praticado antes do termo inicial do prazo (art. 218, § 4º, CPC/2015).

Alternativa "d": De acordo com o art. 225, CPC/2015: "A parte poderá renunciar ao prazo estabelecido exclusivamente em seu favor, **desde que o** faça de maneira expressa".

Alternativa "e": Os litisconsortes que tiverem diferentes procuradores, de escritórios de advocacia distintos, terão prazos contados em dobro para todas as suas manifestações, em qualquer juízo ou tribunal, independentemente de requerimento (art. 229, *caput*, CPC/2015).

Alternativa correta: letra "a".

---

46. (FCC – Procurador do Estado – PGE-TO/2018) Em relação aos prazos, é correto afirmar:

a) Será considerado intempestivo o ato praticado antes do termo inicial do prazo.
b) Tanto os prazos processuais como os de direito material são, no atual ordenamento jurídico, computados em dias úteis.
c) Quando houver suspensão do prazo processual, este será restituído a partir de seu início.
d) Inexistindo preceito legal ou prazo determinado pelo juiz, será de cinco dias o prazo para a prática de ato processual a cargo da parte.
e) Quando a lei for omissa, o juiz determinará os prazos de acordo com a lei processual civil, ou seja, em quinze dias.

COMENTÁRIOS

✪ **Nota do autor:** o § 4º do art. 218, CPC/2015, pôs fim a uma grande polêmica existente no processo civil brasileiro: considera-se tempestivo ou intempestivo (extemporâneo) o ato praticado (v.g., o recurso interposto) antes da abertura do prazo? Na vigência do CPC de 1973 a jurisprudência nunca foi firme a respeito desse assunto, alternando decisões pela tempestividade e pela intempestividade (extemporaneidade). O Código de 2015 encerrou a polêmica ao dizer que o ato praticado antes da abertura do prazo é tempestivo. Desta forma, consoante o Enunciado 22 do FPPC, "O Tribunal não poderá julgar extemporâneo ou intempestivo recurso, na instância ordinária ou na extraordinária, interposto antes da abertura do prazo." Ademais, consoante o Enunciado 23 do FPPC, "Fica superado o enunciado 418 da súmula do STJ após a entrada em vigor do CPC ('É inadmissível o recurso especial interposto antes da publicação do acórdão dos embargos de declaração, sem posterior ratificação')". O próprio STJ cancelou a Súmula 418 e a substituiu pela Súmula 579 ("não é necessário ratificar o recurso especial interposto na pendência do julgamento dos embargos de declaração quando inalterado o julgamento anterior").

Alternativa "a": De acordo com ao art. 218, § 4º, CPC/2015: "Será considerado tempestivo o ato praticado antes do termo inicial do prazo".

Alternativa "b": Somente a contagem dos prazos processuais que serão computados em dias úteis, nos termos do art. 219, CPC/2015.

Alternativa "c": A assertiva conforme narrada, aborda o instituto da interrupção do prazo processual. No caso de suspensão, o prazo será devolvido por tempo igual ao que faltava para sua complementação (art. 221, *caput*, CPC/2015).

Alternativa "d": O art. 218, § 3º, CPC/2015, esclarece: "Inexistindo preceito legal ou prazo determinado pelo juiz, será de 5 (cinco) dias o prazo para a prática de ato processual a cargo da parte".

Alternativa "e": Havendo omissão legal, o Juízo fixará o prazo tendo como parâmetro a complexidade do ato a ser praticado, conforme disposição contida no art. 218, § 1º, CPC/2015.

Alternativa correta: letra "d".

---

47. (CESPE – Procurador do Estado – PGE-PE/2018) A respeito da fazenda pública em juízo, julgue os itens a seguir.

I. A participação da fazenda pública não configura, por si só, hipótese de intervenção do MP como fiscal da ordem jurídica nos autos.
II. Não se aplica a regra de contagem de prazos em dias úteis do novo diploma processual civil para a oposição dos embargos à execução fiscal.
III. A suspensão dos prazos processuais no período de 20 de dezembro a 20 de janeiro não se estende ao MP, à Defensoria Pública e à Advocacia Pública.

Assinale a opção correta.

a) Apenas o item I está certo.
b) Apenas o item II está certo.
c) Apenas os itens I e III estão certos.
d) Apenas os itens II e III estão certos.
e) Todos os itens estão certos.

COMENTÁRIOS

✪ **Nota do autor:** segundo o art. 220, CPC/2015, os prazos processuais ficarão suspensos (e não interrompidos) no período compreendido entre 20 de dezembro e 20 de janeiro. Tal regra é aplicável a todas as instâncias judiciais e em todos os procedimentos, inclusive nos juizados especiais (FPPC 269: "A suspensão de prazos de 20 de dezembro a 20 de janeiro é aplicável aos Juizados Especiais"). Durante a suspensão do prazo haverá expediente forense (os juízes, os membros do Ministério Público, da Defensoria Pública e da Advocacia Pública e os auxiliares da Justiça continuarão a exercer suas atribuições), salvo feriados, férias coletivas nos tribunais superiores (inciso XII do art. 93 da Constituição Federal) ou recesso forense (v.g., inciso I do art. 62 da Lei 5.010/66 e Resolução 244/2016 do CNJ), mas não serão realizadas audiências, nem sessões de julgamento.

Item I: O art. 178, parágrafo único, CPC/2015, dispõe que: "A participação da Fazenda Pública não configura, por si só, hipótese de intervenção do Ministério Público".

Item II: A Lei nº 6.830/1980 (LEF) é silente sobre o tema. Assim, mostra-se perfeitamente cabível a aplicação supletiva do CPC para regulamentar o ponto trabalhado na assertiva. Em suma: a aplicação do art. 219 do CPC/2015, no que se refere à contagem dos prazos processuais, torna-se plenamente cabível no âmbito da LEF.

Item III: O enunciado 21, da I Jornada de Direito Processual Civil do Conselho de Justiça Federal prevê o seguinte: "A suspensão dos prazos processuais prevista no *caput* do art. 220 do CPC estende-se ao Ministério Público, à Defensoria Pública e à Advocacia Pública".

Alternativa correta: letra "a".

48. (FCC – Procurador do Estado – MT/2016) Em 20/06/2016 (segunda-feira), foi enviada à Procuradoria do Estado do Mato Grosso, por meio de portal próprio, intimação eletrônica de sentença de mérito contrária à Fazenda Pública. Diante desta situação hipotética, considerando o prazo para o recurso cabível e as prerrogativas da Fazenda Pública, o prazo recursal é de

a) quinze dias úteis e terá início apenas depois de dez dias, contados a partir do envio da intimação ao portal, caso o Procurador não tenha consultado o teor da intimação antes deste prazo.

b) quinze dias úteis e somente terá início com a intimação pessoal da Fazenda Pública, por meio de oficial de justiça, uma vez que tal prerrogativa é assegurada pela lei.

c) quinze dias úteis e somente terá início quando o Procurador do Estado consultar o teor da intimação eletrônica, independentemente de qualquer outro prazo.

d) trinta dias úteis e terá início apenas depois de dez dias, contados a partir do envio da intimação ao portal, caso o Procurador não tenha consultado o teor da intimação antes deste prazo.

e) trinta dias úteis e somente terá início depois de vinte dias, contados a partir do envio da intimação ao portal, caso o Procurador não tenha consultado o teor da intimação antes deste prazo.

COMENTÁRIOS

✪ **Nota do autor:** em tema de prazos processuais, o CPC/2015 consagrou importantes novidades, a saber: (*a*) previu a contagem de prazos em dias úteis dos prazos processuais (art. 219); (*b*) positivou a suspensão dos prazos processuais no período compreendido entre 20 dezembro e 20 de janeiro (tradicional recesso forense); (*c*) extinguiu a denominada intempestividade prematura ao dispor no § 4º do art.218 que "será considerado tempestivo o ato praticado antes do termo inicial do prazo". Além disso, estendeu a nova Codificação a prerrogativa de intimação pessoal, que é termo *a quo* dos prazos da Fazenda Pública, para os Estados, Distrito Federal, Municípios e suas respectivas autarquias e fundações de direito público, generalizando o regime da execução fiscal.

Por força do art. 1.003, § 5º, CPC/2015, excetuados os embargos de declaração, cujo prazo é de 5 (cinco) dias, o prazo para interposição e resposta dos demais recursos (apelação; agravo de instrumento; agravo interno; recurso ordinário; recurso especial e extraordinário) será de 15 (quinze) dias. Ademais, tratando-se de prazo processual, computar-se-ão em sua contagem somente os dias úteis (inteligência do art. 219, CPC/2015). Não se pode olvidar, outrossim, que o Ministério Público, a Fazenda Pública (Federal, Estadual e Municipal) e a Defensoria Pública possuem a prerrogativa de contagem em dobro de seus prazos, salvo quando a lei estabelecer, expressamente, prazo próprio para tais órgãos públicos (arts. 180, 183 e 186, CPC/2015). Logo, é possível afirmar que o prazo para interposição dos recursos pela Fazenda Pública é de 30 (trinta) dias úteis. Além disso, para fins de intimação pessoal eletrônica, considerar-se-á realizada a intimação no dia em que o intimando efetivar a consulta eletrônica ao teor da intimação, certificando-se nos autos a sua realização, a qual deve ser realizada em até 10 (dez) dias corridos da contados da data do envio da intimação, sob pena de considerar-se a intimação automaticamente realizada na data do término desse prazo (art. 5º, Lei 11.419/2006).

Alternativa correta: letra "d" (nota do autor responde as demais alternativas).

8.2. CITAÇÃO

ATENÇÃO: a Lei 14.195, de 26.8.2021, alterou, de forma substancial, o art. 246, CPC/2015, conforme segue: "Art. 246. A citação será feita preferencialmente por meio eletrônico, no prazo de até 2 (dois) dias úteis, contado da decisão que a determinar, por meio dos endereços eletrônicos indicados pelo citando no banco de dados do Poder Judiciário, conforme regulamento do Conselho Nacional de Justiça. I – (revogado); II – (revogado); III – (revogado); IV – (revogado); V – (revogado). § 1º As empresas públicas e privadas são obrigadas a manter cadastro nos sistemas de processo em autos eletrônicos, para efeito de recebimento de citações e intimações, as quais serão efetuadas preferencialmente por esse meio. § 1º-A A ausência de confirmação, em até 3 (três) dias úteis, contados do recebimento da citação eletrônica, implicará a realização da citação: I – pelo correio; II – por oficial de justiça; III – pelo escrivão ou chefe de secretaria, se o citando comparecer em cartório; IV – por edital. § 1º-B Na primeira oportunidade de falar nos autos, o réu citado nas formas previstas nos incisos I, II, III e IV do § 1º-A deste artigo deverá apresentar justa causa para a ausência de confirmação do recebimento da citação enviada eletronicamente. § 1º-C Considera-se ato atentatório à dignidade da justiça, passível de multa de até 5% (cinco por cento) do valor da causa, deixar de confirmar no prazo legal, sem justa causa, o recebimento da citação recebida por meio eletrônico (...) § 4º As citações por correio eletrônico serão acompanhadas das orientações para realização da confirmação de recebimento e de código identificador que permitirá a sua identificação na página eletrônica do órgão judicial citante. § 5º As microempresas e as pequenas empresas somente se sujeitam ao disposto no § 1º deste artigo quando não possuírem endereço eletrônico cadastrado no sistema integrado da Rede Nacional para a Simplificação do Registro e da Legalização de Empresas e Negócios (Redesim). § 6º Para os fins do § 5º deste artigo, deverá haver compartilhamento de cadastro com o órgão do Poder Judiciário, incluído o endereço eletrônico constante do sistema integrado da Redesim, nos termos da legislação aplicável ao sigilo fiscal e ao tratamento de dados pessoais."

Mais ainda, conferindo preferência à citação sob a forma eletrônica, alterou a redação do "caput" do art. 247, CPC/2015, nos seguintes termos: "A citação será feita por meio eletrônico ou pelo correio para qualquer comarca do país, exceto: (...)".

Por fim, outra alteração em relação à citação, promovida pela mesma legislação, no art. 238, CPC/2015, implicou no acréscimo do parágrafo único nos seguintes termos "A citação será efetivada em até 45 (quarenta e cinco) dias a partir da propositura da ação.", ao mesmo tempo em que, acrescentando o inciso VII ao art. 77, CPC/2015, consignou ser dever das partes, de seus procuradores e de todos aqueles que de qualquer forma participem do processo, "informar e manter atualizados seus dados cadastrais perante os órgãos do Poder Judiciário e, no caso do § 6º do art. 246 deste Código, da Administração Tributária, para recebimento de citações e intimações".

49. (FCC – Procurador do Estado – MT/2011) A respeito da comunicação dos atos processuais, considere:

I. A inexistência de citação não pode ser alegada após o trânsito em julgado da sentença.

II. Comparecendo o réu apenas para arguir a nulidade da citação e sendo esta decretada, considerar-se-á feita a citação na data em que ele ou seu advogado for intimado da decisão.

III. O mandado de citação não tem validade se não estiver assinado pelo juiz.

Está correto o que se afirma APENAS em

a) I e II.

b) I e III.

c) II e III.

d) II.

e) III.

COMENTÁRIOS

✪ **Nota do autor:** a questão envolve diversos aspectos relativos à citação do réu, alguns mais simples como os requisitos do mandado, outros complexos como a ação de *querela nullitatis*. A citação, à exceção do indeferimento da petição inicial ou de improcedência liminar do pedido, é ato essencial para a validade do processo, nos termos do art. 239, CPC/2015. Existe, porém, doutrina minoritária defendendo que a citação é pressuposto processual de existência. O entendimento, de fato, não é o mais adequado. Questiona Fredie Didier Jr.[18] que, "se já há processo antes da citação – que, a propósito, se dá em seu bojo –, não se pode considerar como pressuposto de existência fato que está, na linha do tempo, em momento posterior à existência daquilo que se pretende condicionar. 'A citação não é pressuposto processual, porque o momento em que deve ser realizada é posterior à formação deste'". As mudanças incorporadas pelo texto do CPC/2015 atingiram o instituto da citação em proporção considerável. É que, "ao contrário do que ocorria em relação ao direito anterior, que era pensado a partir do conceito de lide e da sua solução judicial, o novo Código não refere que a citação é o ato que integra o réu ao processo a fim de se defender. Isso porque a regra no procedimento comum é que a citação é para a audiência de conciliação (art. 334, CPC/2015). Trata-se de manifestação de uma mudança de perspectiva: a citação não é para defesa, porque o ideal é que o processo seja resolvido por autocomposição das partes (art. 3ª, § 2º, CPC/2015). A citação para a audiência de conciliação – sem que tenha sido ainda apresentada a contestação e, portanto, sem que já se tenha encarnado o litígio no processo – visa a facilitar a obtenção de acordo entre as partes"[19]. Outrossim, existe conhecida diferença entre citação e intimação:

Citação	Intimação
Ato por meio do qual o réu é integrado à relação jurídica processual e informado da existência da demanda para que, querendo, apresente defesa.	Ato por meio do qual se dá ciência a alguém dos atos e termos processuais, a fim de que faça ou deixa de fazer alguma coisa.

Item I: A inexistência de citação é vício transrescisório, razão pela qual pode ser perseguida **a qualquer momento, ainda que transcorrido o prazo para a ação rescisória.** O instrumento adequado para tanto é a ação de *querela nullitatis*. A propósito, "[...] o cabimento da *querela nullitatis insanabilis* é indiscutivelmente reconhecido em caso de defeito ou ausência de citação, se o processo correu à revelia (v.g., CPC, arts. 475-L, I, e 741, I). Todavia, amoderna doutrina e jurisprudência, considerando a possibilidade de relativização da coisa julgada quando o *decisum* transitado em julgado estiver eivado de vício insanável, capaz de torná-lo juridicamente inexistente, tem ampliado o rol de cabimento da *querela nullitatis insanabilis*. Assim, em hipóteses excepcionais vem sendo reconhecida a viabilidade de ajuizamento dessa ação, para além da tradicional ausência ou defeito de citação, por exemplo: (i) quando é proferida sentença de mérito a despeito de faltar condições da ação; (ii) a sentença de mérito é proferida em desconformidade com a coisa julgada anterior; (iii) a decisão está embasada em lei posteriormente declarada inconstitucional pelo eg. Supremo Tribunal Federal [...]" (*STJ, REsp 1.252.902/SP, 4ª T., rel. Min. Raul Araújo, j. 4.10.2011, p. 24.10.2011*).

Item II: O enunciado encontra respaldo no art. 239, § 1º, CPC/2015, segundo o qual "o comparecimento espontâneo do réu ou do executado supre a falta ou a nulidade da citação, fluindo a partir desta data o prazo para apresentação de contestação ou de embargos à execução".

Item III: A afirmativa não encontra respaldo no ordenamento jurídico, que **não exige a assinatura do magis-**

18. DIDIER JR., Fredie. **Curso de Direito Processual Civil. Vol. 1: Introdução ao Direito Processual Civil e Processo de Conhecimento**. 16ª ed. Salvador: Juspodivm, 2014, p. 503.

19. MARINONI, Luiz Guilherme; ARENHART, Sérgio Cruz; MITIDIERO, Daniel. **Novo código de processo civil comentado**. – São Paulo: Editora Revista dos Tribunais, 2015. p. 267-268.

trado no mandado de citação e sim do escrivão (com declaração de que o subscreve por ordem do juiz), conforme permissivo do art. 250, inciso VI, CPC/2015.

Alternativa correta: letra "d".

8.3. NULIDADES

50. (FCC – Procurador do Estado – PGE-TO/2018) Concernente às nulidades processuais, considere:

I. A nulidade dos atos deve ser alegada na primeira oportunidade em que couber à parte falar nos autos, ainda que essa nulidade tenha sido decretada de ofício pelo juiz.

II. Anulado o ato, consideram-se de nenhum efeito todos os subsequentes que dele dependam, todavia, a nulidade de uma parte do ato não prejudicará as outras que dela sejam independentes.

III. Quando a lei prescrever determinada forma sob pena de nulidade, a decretação desta pode ser requerida até mesmo pela parte que lhe deu causa, por se tratar de ato que não se convalida ou ratifica.

IV. O erro de forma do processo acarreta unicamente a anulação dos atos que não possam ser aproveitados, devendo ser praticados os que forem necessários a fim de se observarem as prescrições legais e aproveitando-se os atos praticados, desde que não resulte prejuízo à defesa de qualquer parte.

Está correto o que se afirma APENAS em

a) I e III.

b) I, II e III.

c) II e IV.

d) II, III e IV.

e) I, III e IV.

COMENTÁRIOS

✪ **Nota do autor:** há que se fazer, primeiramente, um exercício de relação temporal entre o ato nulo e os outros atos a serem considerados, de modo que: (i) os atos processuais praticados anteriormente ao ato nulo serão necessariamente considerados válidos e eficazes; (ii) os atos processuais praticados posteriormente ao ato nulo dependerão de uma análise de dependência/independência, de modo que: a) os atos processuais que mantenham dependência com o ato nulo serão considerados igualmente nulos (nulidade derivada ou decorrente); b) os atos processuais que mantenham independência com o ato nulo não serão tocados pela nulidade (*utile per inutile non vitiatur*). Demais, se o ato puder ser decomposto (atos complexos), a nulidade somente tocará à parte efetivamente nula do ato, não abrangendo as demais partes que dele possam independer (sendo exemplo o chamado "despacho saneador", composto de atividades praticadas pelo juiz que podem implicar em tentativa de conciliação, saneamento, fixação dos pontos controvertidos e especificação dos meios de prova).

Item I: De acordo com o art. 278, CPC/2015: "A nulidade dos atos deve ser alegada na primeira oportunidade em que couber à parte falar nos autos, sob pena de preclusão. Parágrafo único. Não se aplica o disposto no caput às nulidades que o juiz deva decretar de ofício, nem prevalece a preclusão provando a parte legítimo impedimento". A primeira parte do enunciado diz respeitos às nulidades relativas, as quais devem ser suscitadas no primeiro momento que a parte falar nos autos sob pena de preclusão. Todavia, as nulidades que o Juízo pode decretar de ofício (nulidades absolutas) não precluem caso a parte não as suscite de imediato.

Item II: Trata-se da eficácia expansiva da decretação da nulidade, como previsto no art. 281, CPC/2015: "Anulado o ato, consideram-se de nenhum efeito todos os subsequentes que dele dependam, todavia, a nulidade de uma parte do ato não prejudicará as outras que dela sejam independentes".

Item III: Sob pena de violação do princípio da boa-fé objetiva, na modalidade *tu quoque*, de acordo com o art. 276, CPC/2015: "Quando a lei prescrever determinada forma sob pena de nulidade, a decretação desta não pode ser requerida pela parte que lhe deu causa".

Item IV: É o que prevê o art. 283, CPC/2015: "O erro de forma do processo acarreta unicamente a anulação dos atos que não possam ser aproveitados, devendo ser praticados os que forem necessários a fim de se observarem as prescrições legais. Parágrafo único. Dar-se-á o aproveitamento dos atos praticados desde que não resulte prejuízo à defesa de qualquer parte".

Alternativa correta: letra "c".

9. TUTELA PROVISÓRIA

ATENÇÃO: o CPC/2015 traz diversas inovações na sistemática das tutelas provisórias. Fernando Gajardoni elenca as principais: a) unificação do trato das tutelas provisórias na parte geral do Código (arts. 294 a 311); b) eliminação do processo cautelar autônomo (as medidas cautelares serão concedidas com base no poder geral de cautela; c) previsão quanto à possibilidade de estabilização da tutela antecipada antecedente (art. 304); e d) ampliação das hipóteses de tutela da evidência (antes circunscrita aos casos do art. 273, II, CPC/73), a qual independe da demonstração do periculum in mora[20].

Ademais, "tutela provisória" será gênero do qual serão espécies: (1) a tutela de evidência e (2) a tutela de urgência. Esta última poderá ser de duas naturezas: (2.1) cautelar e (2.2) antecipada. A tutela de urgência, em qualquer de suas naturezas (cautelar ou antecipada), poderá ser pleiteada: (a) em caráter antecedente ou (b) em caráter incidental.

51. (CESPE/CEBRASPE – Procurador do Estado – PGE-PA/2022) Assinale a opção correta, de acordo com a legislação processual civil e os entendimentos do Superior Tribunal de Justiça e do Supremo Tribunal Federal.

20. GAJARDONI, Fernando da Fonseca. **Teoria Geral do Processo – Comentários ao CPC de 2015**. São Paulo: Forense, 2015, p. 293.

a) É inconstitucional a penhora de bem de família pertencente a fiador de contrato de locação, seja residencial, seja comercial.

b) A reforma da decisão que antecipa os efeitos da tutela final obriga o autor da ação a devolver os valores dos benefícios previdenciários ou assistenciais recebidos, o que pode ser feito por meio de desconto em valor que não exceda 30% da importância de eventual benefício que ainda lhe estiver sendo pago.

c) O termo inicial da prescrição no curso do processo será a ciência da primeira tentativa infrutífera de localização do devedor ou de bens penhoráveis, e a prescrição poderá ser suspensa uma única vez, pelo prazo máximo de seis meses.

d) Quando o agravo interno for declarado manifestamente inadmissível ou improcedente em votação unânime ou por maioria de votos, o órgão colegiado, em decisão fundamentada, deverá condenar o agravante a pagar ao agravado multa fixada entre 1% e 5% do valor atualizado da causa.

e) Admitido o incidente de resolução de demandas repetitivas no âmbito do tribunal de justiça, os pedidos de tutela de urgência relacionados aos processos suspensos devem ser formulados diretamente ao desembargador-relator do incidente.

COMENTÁRIOS

✪ **Nota do autor:** a reforma da decisão que antecipa os efeitos da tutela final obriga o autor da ação a devolver os valores dos benefícios previdenciários ou assistenciais recebidos. O CPC/2015 prevê que a efetivação da tutela provisória corre por conta do exequente, e a sua eventual reforma restitui as partes ao estado anterior à concessão, o que obriga o exequente a ressarcir eventuais prejuízos sofridos pelo executado. Importante consignar que a Lei n. 13.846/2019 alterou a redação do § 3º do art. 115 da Lei n. 8.213/1991 para dizer que, em caso de dívida decorrente de revogação da tutela provisória, é possível que o INSS faça a inscrição deste débito em dívida ativa.

Alternativa "a": "É constitucional a penhora de bem de família pertencente a fiador de contrato de locação, seja residencial, seja comercial" (STF. Plenário. RE 1.307.334/SP, Rel. Min. Alexandre de Moraes, julgado em 8/3/2022 (Repercussão Geral – Tema 1127) (Informativo 1046)). O STJ (REsp 1822033 PR, relator Ministro Luis Felipe Salomão, Segunda Seção, julgado em 8/6/2022, DJe de 1/8/2022) adota o mesmo entendimento: "Para fins do art. 1.036 do CPC: 'É válida a penhora do bem de família de fiador apontado em contrato de locação de imóvel, seja residencial, seja comercial, nos termos do inciso VII do art. 3º da Lei n. 8.009/1990'".

Alternativa "b": "A reforma da decisão que antecipa os efeitos da tutela final obriga o autor da ação a devolver os valores dos benefícios previdenciários ou assistenciais recebidos, o que pode ser feito por meio de desconto em valor que não exceda 30% (trinta por cento) da importância de eventual benefício que ainda lhe estiver sendo pago" (STJ. 1ª Seção. Pet 12.482-DF, Rel. Min. Og Fernandes, julgado em 11/05/2022 (Recurso Repetitivo – Tema 692) (Informativo 737)).

Alternativa "c": nos termos do art. 921, § 4º, CPC, o termo inicial da prescrição no curso do processo será a ciência da primeira tentativa infrutífera de localização do devedor ou de bens penhoráveis, e será suspensa, por uma única vez, pelo prazo máximo de 1 (um) ano, durante o qual se suspenderá a prescrição.

Alternativa "d": prevê o art. 1.021, § 4º, CPC, que quando o agravo interno for declarado manifestamente inadmissível ou improcedente em votação unânime, o órgão colegiado, em decisão fundamentada, condenará o agravante a pagar ao agravado multa fixada entre um e cinco por cento do valor atualizado da causa.

Alternativa "e": de acordo com o art. 982, § 2º, CPC, durante a suspensão, o pedido de tutela de urgência deverá ser dirigido ao juízo onde tramita o processo suspenso.

Alternativa correta: letra "b".

---

52. (CESPE/CEBRASPE – Procurador do Estado – PGE-PA/2022) Tendo como referência o ordenamento jurídico e o entendimento do Supremo Tribunal Federal, assinale a opção correta.

a) Efetivada a tutela cautelar, o pedido principal terá de ser formulado pelo autor no prazo de trinta dias, caso em que será apresentado nos mesmos autos em que tiver sido deduzido o pedido de tutela cautelar, sem depender do adiantamento de novas custas processuais.

b) Independentemente da reparação por dano processual, a parte responderá pelo prejuízo que a efetivação da tutela de urgência causar à parte adversa se, obtida liminarmente a tutela em caráter antecedente, não fornecer os meios necessários para a citação do requerido no prazo de dez dias úteis.

c) No mandado de segurança, não será concedida medida liminar que tenha por objeto a compensação de créditos tributários, a entrega de mercadorias e bens provenientes do exterior, a reclassificação ou equiparação de servidores públicos e a concessão de aumento ou a extensão de vantagens ou pagamento de qualquer natureza.

d) No mandado de segurança coletivo, a liminar só poderá ser concedida após a audiência do representante judicial da pessoa jurídica de direito público, que deverá se pronunciar no prazo de 72 horas.

e) Qualquer das partes poderá demandar a outra, com o intuito de rever, reformar ou invalidar a tutela antecipada estabilizada, no prazo de dois anos, contados em dias úteis.

COMENTÁRIOS

✪ **Nota do autor:** mesmo na vigência do CPC passado, já se considerava que o prazo de trinta dias para o requerente formular o pedido principal deveria ser observado apenas em relação às cautelares restritivas de direitos ou constritivas de bens (*v.g.*, sustação de protesto ou arresto) e fluiria a partir da efetivação ou do cumprimento (a contagem tem início no primeiro dia útil seguinte à efetivação ou cumprimento), e não a partir da concessão ou do deferimento da tutela cautelar.

Alternativa "a": segundo o art. 308, *caput*, CPC, efetivada a tutela cautelar, o pedido principal terá de ser formulado pelo autor no prazo de 30 (trinta) dias, caso em que será apresentado nos mesmos autos em que deduzido o pedido de tutela cautelar, não dependendo do adiantamento de novas custas processuais.

Alternativa "b": independentemente da reparação por dano processual, a parte responde pelo prejuízo que a efetivação da tutela de urgência causar à parte adversa, se, obtida liminarmente a tutela em caráter antecedente, não fornecer os meios necessários para a citação do requerido no prazo de 5 (cinco) dias (art. 302, II, CPC).

Alternativa "c": o STF considerou inconstitucional impedir ou condicionar a concessão de medida liminar, o que caracteriza verdadeiro obstáculo à efetiva prestação jurisdicional e à defesa do direito líquido e certo do impetrante. A Corte concluiu que: "É inconstitucional ato normativo que vede ou condicione a concessão de medida liminar na via mandamental" (STF. Plenário. ADI 4296/DF, Rel. Min. Marco Aurélio, redator do acórdão Min. Alexandre de Moraes julgado em 9/6/2021 (Informativo 1021)).

Alternativa "d": o STF julgou inconstitucional a exigência de oitiva prévia do representante da pessoa jurídica de direito público como condição para a concessão de liminar em mandado de segurança coletivo, por considerar que a disposição restringe o poder geral de cautela do magistrado (STF. Plenário. ADI 4296/DF, Rel. Min. Marco Aurélio, redator do acórdão Min. Alexandre de Moraes julgado em 9/6/2021 (Informativo 1021)).

Alternativa "e": segundo o art. 304, § 5º, CPC, o direito de rever, reformar ou invalidar a tutela antecipada extingue-se após 2 (dois) anos, contados da ciência da decisão que extinguiu o processo. No entanto, por ser o prazo estabelecido em anos, não computar-se-ão apenas os dias úteis (interpretação a *contrario sensu* do art. 219, *caput*, CPC).

Alternativa correta: letra "a".

---

53. (CESPE/CEBRASPE – Procurador do Estado – PGE-RO/2022) Joana protocolou ação requerendo a condenação da sociedade empresária Beta ao pagamento de indenização por danos morais, materiais e a retirada do nome da demandante do cadastro de inadimplentes. Tal ação tramita no procedimento comum. Ademais, a autora requereu, por intermédio de tutela provisória antecipada em caráter incidental, a imediata retirada de seu nome do cadastro ora mencionado. Nessa situação hipotética,

a) a tutela requerida por Joana irá se estabilizar caso a sociedade empresária Beta não promova agravo de instrumento para atacá-la.

b) a ação promovida por Joana apresenta cumulação de pedidos, em que notoriamente um é subsidiário do outro.

c) se a ação proposta por Joana apresentasse pedidos alternativos, o valor da causa deveria ser o de maior valor.

d) se Joana não identificar o endereço eletrônico da sociedade empresária Beta na petição inicial, esta será indeferida de plano.

e) se Joana requerer a emenda a inicial após a citação da ré, mas antes da contestação desta, poderá o juiz deferir a medida independentemente de anuência da parte contrária.

COMENTÁRIOS

✪ **Nota do autor:** é importante dizer que o pedido alternativo (art. 325 do CPC) não se confunde com a cumulação alternativa de pedidos (parágrafo do art. 326 do CPC), na qual o autor formula mais de um pedido para que o juiz acolha qualquer um deles, sem ordem de preferência (v.g., rescisão contratual ou indenização).

Alternativa "a": segundo o art. 304, CPC, apenas a tutela antecipada antecedente e não a incidental está sujeita à estabilização. No caso narrado, a tutela provisória foi requerida em caráter incidental.

Alternativa "b": a ação promovida por Joana apresenta cumulação própria de pedidos; um pedido não é subsidiário do outro.

Alternativa "c": nos termos do art. 292, VII do CPC, o valor da causa constará da petição inicial ou da reconvenção e será na ação em que os pedidos são alternativos, o de maior valor.

Alternativa "d": se Joana não identificar o endereço eletrônico da sociedade empresária Beta na petição inicial (art. 319, II, CPC), esta não será indeferida de plano (art. 319, § 1º a 3º, CPC), pois, diante desse cenário, caso não disponha das informações previstas no inciso II, poderá a autora, na petição inicial, requerer ao juiz diligências necessárias a sua obtenção.

Alternativa "e": se Joana requerer a emenda a inicial após a citação da ré, mas antes da contestação desta, poderá o juiz deferir a medida desde que haja a anuência da parte contrária. A modificação do pedido pode ser feita depois da citação, somente com o consentimento do réu, nos termos do art. 329, I e II, CPC.

Alternativa correta: letra "c".

---

54. (FCC – Procurador do Estado – PGE-TO/2018) A tutela provisória

a) conserva sua eficácia na pendência do processo, mas pode, a qualquer tempo, ser revogada ou modificada.

b) na decisão em que concedida, modificada ou revogada, o juiz motivará fundamentadamente seu convencimento; quando negar a tutela, porém, não há necessidade de motivação, pois do ato caberá agravo interno ao colegiado.

c) somente pode fundamentar-se na urgência da situação fática.

d) de urgência será concedida apenas em caráter antecedente; somente a tutela cautelar pode ser concedida também em caráter incidental.

e) dependerá do pagamento de custas, quando concedida em caráter incidental.

COMENTÁRIOS

✪ **Nota do autor:** quando requerida em caráter incidental (simultaneamente ao pedido principal ou após o pedido principal), a tutela provisória, de urgência ou de evidência, independerá do pagamento de custas. Conforme o Enunciado 29 do FPPC, "A decisão que condicionar a apreciação da tutela provisória incidental ao recolhimento de custas ou a outra exigência não prevista em lei equivale a negá-la, sendo impugnável por agravo de instrumento".

Alternativa "a": De acordo com o art. 296, *caput*, CPC/2015: "A tutela provisória conserva sua eficácia na pendência do processo, mas pode, a qualquer tempo, ser revogada ou modificada".

Alternativa "b": O art. 298, CPC/2015, prevê expressamente que na decisão que conceder, negar, modificar ou revogar a tutela provisória, o juiz motivará seu convencimento de modo claro e preciso.

Alternativa "c": A tutela provisória pode fundamentar-se na urgência ou evidência (art. 294, *caput*, CPC/2015).

Alternativa "d": Tanto a tutela provisória de urgência, cautelar ou antecipada, pode ser concedida em caráter antecedente ou incidental (art. 294, parágrafo único, CPC/2015).

Alternativa "e": A assertiva contraria a regra prevista no art. 295, CPC/2015: "A tutela provisória requerida em caráter incidental independe do pagamento de custas".

Alternativa correta: letra "a".

---

55. (CESPE – Procurador do Estado – PGE-PE/2018) A respeito da aplicação da tutela de urgência, assinale a opção correta.

a) Poderá ser deferida e efetivada contra o poder público antes do trânsito em julgado do processo.

b) Cassada em sentença, somente poderá ser restabelecida mediante o deferimento de pedido nesse sentido constante no respectivo recurso.

c) Será concedida sempre que caracterizado o manifesto propósito protelatório da parte adversa ou o abuso do direito de defesa, independentemente de demonstração de perigo de dano.

d) Não poderá ser concedida nos processos sobrestados por força do regime repetitivo.

e) Não poderá ser concedida em incidente de desconsideração da personalidade jurídica.

COMENTÁRIOS

✪ **Nota do autor:** nada obstante o conteúdo genérico do enunciado 38, do CJF, no sentido da possibilidade de efetivação da tutela provisória contra a fazenda Pública independentemente do trânsito em julgado, devemos ter cuidado com as vedações espalhadas pelo ordenamento jurídico. Em termos gerais, a tutela provisória (de urgência e da evidência) poderá ser concedia contra a Fazenda Pública. É claro que temos inúmeras exceções à regra, como bem prevê o dispositivo ora analisado, mas, quando não incidirem, cabível será a medida provisória contra a Fazenda. Estabelecida essa premissa geral, analisemos as exceções. Atualmente, conforme sistematizado por Leonardo Carneiro da Cunha, A fazenda Pública em Juízo, p. 308 a 309, mostra-se incabível o provimento provisório de urgência contra a Fazenda Pública nas seguintes situações: i) quando tiver por finalidade a reclassificação ou equiparação de servidores públicos, ou a concessão de aumento ou extensão de vantagens (Lei 12.016/2009, art. 7º, § 2º). Nesse caso, além de vedada a antecipação da tutela, a sentença final somente poderá ser executada após o trânsito em julgado (Lei 12.016/2009, art. 14, § 3º), exatamente porque o recurso de apelação e o reexame necessário têm efeito suspensivo (Lei 8.437/1992, art. 3º); ii) quando objetivar a reclassificação ou equiparação de servidores públicos, bem assim a concessão de aumento ou extensão de vantagens (Lei 12.016/2009, art. 7º, § 2º); iii) toda vez que providência semelhante não puder ser concedida em ações de mandado de segurança, em virtude de vedação legal (Lei 8.437/1992, art. 1º; Lei 12.016/2009, art. 7º, § 5º); iv) quando impugnado, na primeira instância, ato de autoridade sujeita, na via do mandado de segurança, à competência originária do tribunal (Lei 8.437/1992, art. 1º, § 1º); v) quando a medida esgotar, no todo ou em parte, o objeto da ação (Lei 8.437/1992, art. 1º, § 3º); vi) para compensação de créditos tributários ou previdenciários (Lei 8.437/1992, art. 1º, § 5º; Lei 12.016/2009, art. 7º, § 2º); vii) para entrega de mercadorias e bens provenientes do exterior (Lei 12.106/2009, art. 7º, § 2º); viii) para saque ou movimentação da conta vinculada do trabalhador no FGTS (Lei 8.036/1990, art. 29-B). Se isso não bastasse, os arts. 1º e 2º-B, da Lei no 9.494/1997, acentuam as proibições transcritas acima, vejamos: Art. 1º Aplica-se à tutela antecipada prevista nos arts. 273 e 461 do Código de Processo Civil o disposto nos arts. 5º e seu parágrafo único e 7º da Lei nº 4.348, de 26 de junho de 1964, no art. 1º e seu § 4º da Lei nº 5.021, de 09 de junho de 1966, e nos arts. 1º, 3º e 4º da Lei nº 8.437, de 30 de junho de 1992. Art. 2º-B. A sentença que tenha por objeto a liberação de recurso, inclusão em folha de pagamento, reclassificação, equiparação, concessão de aumento ou extensão de vantagens a servidores da União, dos Estados, do Distrito Federal e dos Municípios, inclusive de suas autarquias e fundações, somente poderá ser executada após seu trânsito em julgado. O Supremo Tribunal Federal já fora instado a se manifestar acerca da constitucionalidade do art. 1º, da Lei nº 9.494/1997. Na oportunidade (ADC 4/DF), entendeu o pretório Excelso pela constitucionalidade do dispositivo fustigado.

Alternativa "a": O enunciado 38, da I Jornada de Direito Processual Civil do Conselho da Justiça Federal, esclarece: "As medidas adequadas para efetivação da tutela provisória independem do trânsito em julgado, inclusive contra o Poder Público (art. 297 do CPC)".

Alternativa "b": O enunciado 39 do CJF, prevê: "Cassada ou modificada a tutela de urgência na sentença, a parte poderá, além de interpor recurso, pleitear o respectivo restabelecimento na instância superior, na petição de recurso ou em via autônoma".

Alternativa "c": A assertiva se refere à tutela da evidência e não de urgência.

Alternativa "d": Nos processos sobrestados por força do regime repetitivo, é possível a apreciação e a efetivação de tutela provisória de urgência, cuja competência será do órgão jurisdicional onde estiverem os autos (enunciado 41, CJF).

Alternativa "e": É cabível a concessão de tutela provisória de urgência em incidente de desconsideração da personalidade jurídica (enunciado 42, CJF).

Alternativa correta: letra "a".

9.1. TUTELA PROVISÓRIA ANTECIPADA

56. (FCC – Procurador do Estado – MT/2016) Em processo que tramita na Comarca de Sorriso – MT, o autor ajuizou ação postulando o fornecimento de medicamento de alto custo em face do Estado. Requereu, incidentalmente, a tutela antecipada, alegando que o seu direito era evidente, diante do risco de vida que sofria caso não recebesse o medicamento, comprovado por farta documentação acostada à inicial. O magistrado concedeu a liminar, nos termos em que pleiteada e determinou a intimação do requerido para dar cumprimento à medida. Depois da intimação desta decisão, o requerido cumpriu a liminar nos termos em que determinada e não apresentou qualquer recurso contra a decisão. Diante desta situação, tal decisão

a) é apta a gerar a estabilização dos seus efeitos, diante da ausência de recurso no prazo oportuno, mas poderá ser revista em ação própria, desde que ajuizada no prazo de dois anos.

b) não é apta a gerar a estabilização dos seus efeitos, ainda que não tenha sido impugnada mediante recurso, uma vez que este fenômeno processual somente foi previsto para a tutela de urgência antecedente, e não para a tutela incidental.

c) não é apta a gerar a estabilização dos seus efeitos, uma vez que a lei ressalva a inaplicabilidade deste fenômeno processual para a Fazenda Pública.

d) é apta a gerar a estabilização dos seus efeitos, por ausência de recurso no prazo oportuno e, assim, fará coisa julgada material, que poderá ser desconstituída por meio de ação rescisória, no prazo de dois anos.

e) é apta a gerar a estabilização dos seus efeitos, desde que não tenha sido impugnada mediante recurso, uma vez que a lei prevê que somente a tutela da evidência tem a aptidão à estabilização dos seus efeitos.

COMENTÁRIOS

✪ **Nota do autor:** talvez uma das mais importantes modificações operadas pelo CPC/2015 seja aquela que autoriza a estabilização da tutela antecipada concedida em caráter antecedente, que é uma técnica processual segundo a qual os efeitos práticos da tutela provisória, concedida em caráter antecedente, tornam-se estáveis se não houver a interposição do respectivo recurso contra o provimento jurisdicional. Por isso, é ônus do réu recorrer para impedir a estabilização. É bem verdade que há doutrina defendendo que "se o réu não interpuser o agravo de instrumento, mas desde logo oferecer contestação no mesmo prazo – ou ainda manifestar-se dentro desse prazo pela realização da audiência de conciliação ou de mediação, tem-se que entender que a manifestação do réu no primeiro grau de jurisdição serve tanto quanto a interposição do recurso para evitar a estabilização dos efeitos da tutela. Essa solução tem a vantagem de economizar o recurso de agravo e de emprestar a devida relevância à manifestação de vontade constante da contestação ou do intento de comparecimento à audiência. Em ambas as manifestações, a vontade do réu é inequívoca no sentido de exaurir o debate com o prosseguimento do processo"[21]. Além disso, o art. 304, § 6º, CPC/2015, esclarece que a estabilização não faz coisa julgada e a decisão pode ser revista, reformada ou invalidada no prazo de dois anos.

Alternativa correta: letra "b" (comentários respondem as demais alternativas): a estabilização é técnica processual inerente à tutela antecipada concedida em **caráter antecedente** consistente na manutenção dos efeitos práticos antecipados "independentemente da continuidade do processo de cognição plena, quando as partes conformarem-se com tal decisão"[22]. Para Fredie Didier Jr. *et al*, "a estabilização da tutela antecipada representa uma generalização da técnica monitória para situações de urgência e para a tutela satisfativa, na medida em que viabiliza a obtenção de resultados práticos a partir da inércia do réu"[23].O enunciado não deixa claro de que tipo de tutela está tratando (antecedente ou incidental), o que, certamente, motivou sua anulação. Para além deste aspecto, é importante destacar os requisitos indispensáveis à estabilização: (*i*) requerimento de tutela antecipada em caráter antecedente; (*ii*) manifestação, na petição inicial, do desinteresse do autor em prosseguir com o processo no caso de obtenção da tutela antecipada; (*iii*) decisão concessiva da tutela provisória satisfativa; (*iv*) inércia do réu, que se abstém de recorrer da decisão.

57. (PUC – Procurador do Estado – PR/2015) Assinale a alternativa CORRETA.

a) Parte da demanda pode se tornar incontroversa após o término da fase postulatória e ensejar pedido de antecipação de tutela.

b) O julgamento antecipado da lide depende de requerimento da parte.

c) Equiparam-se os efeitos da antecipação de tutela da parcela incontroversa da demanda e aqueles do julgamento antecipado da lide.

d) A citação válida é requisito para o julgamento de mérito da lide.

e) A revelia acarretará, mediante requerimento do autor, a antecipação da tutela pretendida devido à ausência de controvérsia.

21. MARINONI, Luiz Guilherme; ARENHART, Sérgio Cruz; MITIDIERO, Daniel. **Novo Código ...** p. 317.
22. WAMBIER, Teresa Arruda Alvim; CONCEIÇÃO, Maria Lúcia Lins; RIBEIRO, Leonardo Ferres da Silva; MELLO, Rogério Licastro Torres. **Primeiros Comentários ao Novo ...** p. 510.
23. DIDIER JR., Fredie; BRAGA, Paula Sarno; OLIVEIRA, Rafael Alexandria de. **Curso de Direito Processual Civil. Vol. 02 ...** p. 604.

COMENTÁRIOS

✪ **Nota do autor:** a questão aborda a tutela antecipada de evidência, que é espécie de tutela provisória que "[...] baseia-se exclusivamente no **alto grau de probabilidade do direito invocado,** concedendo, desde já, aquilo que muito provavelmente virá ao final"[24]. Consequentemente, nesta modalidade de tutela antecipada é irrelevante a demonstração de perigo de dano ou risco ao resultado útil do processo

Alternativa "a": "Após apresentada resposta, a incontrovérsia pode surgir sobre apenas parte de um dos pedidos. Exemplo clássico seria a cobrança de uma determinada dívida de R$ 10.000,00 (dez mil reais), quando em contestação afirma o réu que diferentemente do alegado deve apenas R$ 6.000,00 (seis mil reais). Se para julgar a parte controvertida (R$ 4.000,00) for necessária a instrução processual, nada justifica que o autor tenha de esperar o fim da instrução[...]"[25]. Tal hipótese, hoje, encontra respaldo no art. 311, inciso IV, CPC/2015, que autoriza a concessão de tutela provisória de evidência quando "a petição inicial for instruída com prova documental suficiente dos fatos constitutivos do direito do autor, a que o réu não oponha prova capaz de gerar dúvida razoável". Acrescenta ainda Luiz Guilherme Marinoni *et al* que "embora não tenha sido previsto textualmente pelo art. 311, CPC, também é possível antecipação da tutela fundada na evidência quando o autor alega e prova o fato constitutivo de seu direito e o réu opõe defesa indireta sem oferecer prova documental, protestando pela produção de prova oral ou prova pericial[26].

Alternativa "b": Após a adoção das providências preliminares, serão três as atitudes que o juiz poderá adotar. Constatando a necessidade de instrução, as partes serão intimadas para especificar provas, sendo designada então audiência de conciliação. Ainda nessa hipótese, e constatando não ser viável a conciliação, deverá desde logo sanear o feito, fixando data para audiência de instrução e julgamento. A segunda atitude será a determinação de extinção do processo com ou sem julgamento de mérito (arts. 485 e 487, CPC/2015). Por fim, poderá ainda promover o promover o julgamento antecipado do mérito da lide, quando presentes qualquer das hipóteses do art. 355, CPC/2015, independentemente de requerimento das partes.

Alternativa "c": Na vigência do CPC/1973, havia séria controvérsia sobre a real natureza da tutela antecipada prevista no art. 273, § 6º. De acordo com o STJ, a regra indicada no referido artigo não era hipótese de julgamento antecipado, mas de antecipação de tutela, ensejando apenas execução provisória. Caso fosse julgamento antecipado, a decisão estaria acobertada pela coisa julgada, o que não ocorre na antecipação. Nesse sentido: [...]. Por questão de política legislativa, a tutela acrescentada pela Lei nº 10.444/02 não é suscetível de imunização pela coisa julgada (STJ. 3ª Turma. REsp 1.234.887-RJ, Rel. Min. Ricardo Villas Bôas Cueva, julgado em 19/9/2013). **Atenção:** o CPC/2015 perfilhou orientação diversa, ao prever no art. 356, inciso I, que o juiz decidirá parcialmente o mérito quando um ou mais dos pedidos formulados ou parcela deles mostrar-se incontroverso. É preciso, portanto, ficar atento, uma vez que a tendência das bancas é explorar a nova sistemática, tentando confundir com o entendimento firmado pelo STJ, que está superado.

Alternativa "d": Pode ocorrer decisão de mérito sem a citação do réu, na hipótese do art. 332, CPC/2015, que consagra hipótese de julgamento liminar de improcedência do pedido. Vale frisar que a nova Codificação, em relação ao revogado *Codex*, ampliou o cabimento do instituto, valorizando sobremaneira os precedentes.

Alternativa "e": Se o réu não contestar a ação, os fatos narrados pelo autor, como sustentação da causa de pedir, serão presumidos verdadeiros. Este é o efeito material, substancial. O art. 346, CPC/2015 dispõe sobre os efeitos processuais, dentre os quais não está prevista a antecipação de tutela.

Alternativa correta: letra "a".

9.2. TUTELA PROVISÓRIA CAUTELAR

Nota: o CPC/2015, orientado pela ideia de efetividade, extinguiu a figura do processo cautelar autônomo, não havendo necessidade de formação de nova relação jurídica processual para a manutenção dos efeitos da medida concedida, bastando que o autor requeira o pedido principal no prazo de 30 (trinta) dias, podendo inclusive aditar a causa de pedir (art. 308).

58. (FMP – Procurador do Estado – PGE – AC/2017) Considere as seguintes afirmativas sobre o tema da tutela provisória no âmbito do Código de Processo Civil. Assinale a alternativa CORRETA.

a) A tutela provisória de urgência, cautelar ou antecipada, pode ser concedida exclusivamente em caráter antecedente.

b) Salvo decisão judicial em contrário, a tutela provisória perderá a eficácia durante o período de suspensão do processo.

c) A tutela provisória requerida em caráter incidental depende do pagamento de custas.

d) Na decisão que conceder, negar, modificar ou revogar a tutela provisória, o juiz está desobrigado de motivar seu convencimento, diante da urgência da situação.

e) A tutela provisória será requerida ao juízo da causa e, quando antecedente, ao juízo competente para conhecer do pedido principal.

COMENTÁRIOS

✪ **Nota do autor:** questão extremamente legalista e que abordou aspectos gerais da tutela provisória, dis-

24. WAMBIER, Teresa Arruda Alvim; CONCEIÇÃO, Maria Lúcia Lins; RIBEIRO, Leonardo Ferres da Silva; MELLO, Rogério Licastro Torres. **Primeiros Comentários ao Novo ...** p. 487 (grifos no original).
25. REVISTA DA ESMESC, v. 20, n. 26, 2013.
26. MARINONI, Luiz Guilherme; ARENHART, Sérgio Cruz; MITIDIERO, Daniel. **Novo Código ...** p. 323.

postos nos arts. 294 a 299, CPC/2015. Vale registrar que o CPC/2015 inovou ao permitir que a tutela antecipada (e não somente a cautelar como no CPC/1973) seja requerida em caráter antecedente, invertendo de certa forma a ordem natural das coisas. A modificação é deveras relevante porque "a tutela provisória antecedente foi concebida para aqueles casos em que a situação de urgência já é presente no momento da propositura da ação e, em razão disso, a parte não dispõe de tempo hábil para levantar os elementos necessários para formular o pedido de tutela definitiva (e respectiva causa de pedir) de modo completo e acabado, reservando-se a fazê-lo posteriormente"[27].

Alternativa "a": A tutela provisória de urgência, cautelar ou antecipada, pode ser concedida em caráter antecedente **ou incidental**, conforme preconiza o parágrafo único do art. 294, CPC/2015.

Alternativa "b": Na forma como preconizado pelo art. 296, parágrafo único, CPC/2015, a tutela provisória **conservará** a eficácia durante o período de suspensão do processo, salvo decisão judicial em contrário.

Alternativa "c": Não depende do pagamento de custas a tutela provisória requerida em caráter incidental, nos moldes prescritos pelo art. 295, CPC/2015.

Alternativa "d": Ao conceder, negar, modificar ou revogar a tutela provisória, o juiz o fará em decisão **fundamentada,** motivando seu convencimento de modo claro e preciso, de acordo com o art. 298, CPC/2015. A norma, embora desnecessária em razão do mandamento constitucional (art. 93, inciso IX, CF), reforça a necessidade de decisões fundamentadas, em homenagem ao princípio do contraditório que permeia toda a nova Codificação.

Alternativa "e": A tutela provisória, a teor do art. 299, *caput*, CPC/2015, será requerida ao juízo da causa e, quando antecedente, ao juízo competente para conhecer do pedido principal.

Alternativa correta: letra "e".

10. FORMAÇÃO, SUSPENSÃO E EXTINÇÃO DO PROCESSO

59. (FMP – Procurador do Estado – PGE – AC/2017) Considere as seguintes afirmativas sobre os temas da suspensão e da extinção do processo no âmbito do Código de Processo Civil. Assinale a alternativa INCORRETA.

a) Suspende-se o processo quando o advogado responsável por ele constituir o único patrono da causa e tornar-se pai.

b) Se o conhecimento do mérito depender de verificação da existência de fato delituoso, o juiz pode determinar a suspensão do processo até que se pronuncie a justiça criminal.

c) Durante a suspensão, é vedado praticar qualquer ato processual, podendo o juiz, todavia, determinar a realização de atos urgentes a fim de evitar dano irreparável, inclusive no caso de arguição de impedimento e de suspeição.

d) A extinção do processo dar-se-á por sentença.

e) Antes de proferir decisão sem resolução de mérito, o juiz deverá conceder à parte oportunidade para, se possível, corrigir o vício.

COMENTÁRIOS

✪ **Nota do autor:** a questão em comento abordou as hipóteses de suspensão do processo, incluindo aquelas introduzidas pela Lei 13.363, de 25 de novembro de 2016, o que demonstra a importância do acompanhamento constante das inovações legislativas. Em linhas gerais, a Lei 13.363/2016 garantiu direitos e garantias para a advogada gestante, lactante, adotante ou que der à luz e ao advogado que se tornar pai. Para tanto, promoveram-se as seguintes alterações no Estatuto da Advocacia e da OAB, para assegurar os seguintes direitos à advogada:

- Gestante
  1. a) entrada em tribunais sem ser submetida a detectores de metais e aparelhos de raios X;
  2. b) reserva de vaga em garagens dos fóruns dos tribunais.
- Lactante, adotante ou que der à luz: acesso a creche, onde houver, ou a local adequado ao atendimento das necessidades do bebê;
- Gestante, lactante, adotante ou que der à luz: preferência na ordem das sustentações orais e das audiências a serem realizadas a cada dia, mediante comprovação de sua condição;
- Adotante ou que der à luz: suspensão de prazos processuais quando for a única patrona da causa, desde que haja notificação por escrito ao cliente.

Além disso, foram implementadas modificações no CPC para prever que o processo será suspenso:

(*a*) pelo parto ou pela concessão de adoção, quando a advogada responsável pelo processo constituir a única patrona da causa, hipótese em que o prazo de suspensão será de 30 (trinta) dias, contado a partir da data do parto ou da concessão da adoção, mediante apresentação de certidão de nascimento ou documento similar que comprove a realização do parto, ou de termo judicial que tenha concedido a adoção, desde que haja notificação ao cliente; e

(*b*) quando o advogado responsável pelo processo constituir o único patrono da causa e tornar-se pai, hipótese em que o período de suspensão será de 8 (oito) dias, contado a partir da data do parto ou da concessão da adoção, mediante apresentação de certidão de nascimento ou documento similar que comprove a realização do parto, ou de termo judicial que tenha concedido a adoção, desde que haja notificação ao cliente.

27. DIDIER JR., Fredie; BRAGA, Paula Sarno; OLIVEIRA, Rafael Alexandria de. **Curso de Direito Processual Civil. Vol. 02: Teoria da Prova, Direito Probatório, Ações Probatórias, Decisão, Precedente, Coisa Julgada e Antecipação de Tutela.** 10ª ed. Salvador: Juspodivm, 2015, p. 572.

Alternativa "a": A afirmativa cuida, de fato, de uma hipótese de suspensão do processo, que foi incluída no art. 313 do CPC/2015 (inciso X) pela Lei 13.363/2016. Nesse caso, o período de suspensão será de 8 (oito) dias, contado a partir da data do parto ou da concessão da adoção, mediante apresentação de certidão de nascimento ou documento similar que comprove a realização do parto, ou de termo judicial que tenha concedido a adoção, desde que haja notificação ao cliente (art. 313, § 7º, CPC/2015).

Alternativa "b": O enunciado é compatível com o ordenamento jurídico que prevê tal possibilidade no art. 315, *caput,* CPC/2015. Vale registrar, por oportuno, que a suspensão é uma faculdade do magistrado, especialmente porque vigora em nosso ordenamento jurídico o princípio da independência das instâncias.

Alternativa "c": Não consta da lei processual civil ressalva no sentido de que o juiz pode praticar atos processuais no período de suspensão em caso de arguição de impedimento e de suspeição. Nesse sentido é de clareza solar o art. 314, CPC/2015, que dispõe *in verbis*: "durante a suspensão é vedado praticar qualquer ato processual, podendo o juiz, todavia, determinar a realização de atos urgentes a fim de evitar dano irreparável, **salvo** no caso de arguição de impedimento e de suspeição".

Alternativa "d": A alternativa reproduz *ipsis litteris* o que disposto no art. 316, CPC/2015.

Alternativa "e": A providência mencionada na assertiva está prevista no art. 317, CPC/2015. Trata-se de mais um dispositivo inspirado no princípio da primazia do julgamento do mérito.

Alternativa incorreta: letra "c".

11. PROCEDIMENTO SUMARÍSSIMO

60. (CESPE/CEBRASPE – Procurador do Estado – PGE-PA/2022) Julgue os próximos itens, em conformidade com o entendimento do Superior Tribunal de Justiça e as previsões legais pertinentes.

I. O prazo para ajuizamento da ação monitória em desfavor do emitente de nota promissória sem força executiva é quinquenal, contado do dia seguinte ao vencimento do título.

II. O ente público detém legitimidade e interesse para intervir, incidentalmente, na ação possessória entre particulares, podendo deduzir qualquer matéria defensiva, inclusive, se for o caso, o domínio.

III. Não é possível propor, nos juizados especiais da fazenda pública, a execução de título executivo formado em ação coletiva que tramitou sob o rito ordinário, tampouco impor o rito sumaríssimo da Lei n.º 12.153/2009 ao juízo comum da execução.

IV. O interessado pode requerer ao presidente ou ao vice-presidente do tribunal a quo que exclua da decisão de sobrestamento e inadmita o recurso especial ou o recurso extraordinário que tenha sido interposto intempestivamente, tendo o recorrente o prazo de cinco dias para manifestar-se sobre esse requerimento.

Assinale a opção correta.

a) Todos os itens estão errados.
b) Apenas um item está errado.
c) Apenas dois itens estão errados.
d) Apenas três itens estão errados.
e) Todos os itens estão certos.

COMENTÁRIOS

✪ **Nota do autor:** quando se trata de bens públicos, não se pode exigir da Administração Pública que demonstre o poder físico sobre o imóvel, para que se caracterize a posse sobre o bem. Esse procedimento é incompatível com a amplitude das terras públicas, notadamente quando se refere a bens de uso comum e dominicais. A posse do Estado sobre seus bens deve ser considerada permanente, independendo de atos materiais de ocupação, sob pena de tornar inviável conferir aos bens do Estado a proteção possessória.

Item I: de acordo com o enunciado 504 da súmula do STJ: "O prazo para ajuizamento de ação monitória em face do emitente de nota promissória sem força executiva é quinquenal, a contar do dia seguinte ao vencimento do título".

Item II: nos termos do verbete 637 da súmula do STJ: "O ente público detém legitimidade e interesse para intervir, incidentalmente, na ação possessória entre particulares, podendo deduzir qualquer matéria defensiva, inclusive, se for o caso, o domínio".

Item III: "Não é possível propor nos Juizados Especiais da Fazenda Pública a execução de título executivo formado em ação coletiva que tramitou sob o rito ordinário, assim como impor o rito sumaríssimo da Lei n. 12.153/2009 ao juízo comum da execução" (STJ, REsp 1.804.186-SC, Rel. Min. Herman Benjamin, Primeira Seção, por unanimidade, julgado em 12/08/2020, DJe 11/09/2020 (Tema 1029)).

Item IV: prevê o art. 1.035, § 6º, do CPC: "O interessado pode requerer, ao presidente ou ao vice-presidente do tribunal de origem, que exclua da decisão de sobrestamento e inadmita o recurso extraordinário que tenha sido interposto intempestivamente, tendo o recorrente o prazo de 5 (cinco) dias para manifestar-se sobre esse requerimento".

Alternativa correta: letra "e".

61. (CESPE – Procurador do Estado – PGE-PE/2018) Observada a regra que determina que o valor da causa não pode ultrapassar o limite de sessenta salários mínimos, o juizado especial da fazenda pública possui competência para julgar

a) ação civil pública para a tutela de direito difuso decorrente de dano ambiental simples.
b) ação que tenha como objeto a impugnação da pena de demissão imposta a servidor civil.
c) ação em que contribuinte questione a validade do lançamento de crédito tributário estadual.
d) mandado de segurança contra ato praticado por servidor municipal em procedimento licitatório.
e) ação proposta por particular para reivindicar bem imóvel de autarquia estadual.

COMENTÁRIOS

✪ **Nota do autor:** a questão versa sobre a competência dos Juizados Especiais da Fazenda Pública (Lei nº 12.153/2009). A questão exige do conhecimento da literalidade do art.2º da referida lei, o qual estabelece a competência dos juizados e as causas que não se submetem ao rito sumaríssimo, vejamos: "Art. 2º É de competência dos Juizados Especiais da Fazenda Pública processar, conciliar e julgar causas cíveis de interesse dos Estados, do Distrito Federal, dos Territórios e dos Municípios, até o valor de 60 (sessenta) salários mínimos.

> *§ 1º Não se incluem na competência do Juizado Especial da Fazenda Pública:*
>
> *I – as ações de mandado de segurança, de desapropriação, de divisão e demarcação, populares, por improbidade administrativa, execuções fiscais e as demandas sobre direitos ou interesses difusos e coletivos;*
>
> *II – as causas sobre bens imóveis dos Estados, Distrito Federal, Territórios e Municípios, autarquias e fundações públicas a eles vinculadas;*
>
> *III – as causas que tenham como objeto a impugnação da pena de demissão imposta a servidores públicos civis ou sanções disciplinares aplicadas a militares".*

Alternativas "a", "b", "d" e "e": Ver comentários na "nota do autor".

Alternativa "c": Importa perceber que o § 1º, do art. 2º, da Lei nº 12.153/2009, não veda que tramite nos Juizados Especiais da Fazenda Pública uma ação em que o contribuinte questione a validade do lançamento de crédito tributário estadual, desde que, é claro, o valor da causa não supere o patamar de 60 salários-mínimos. Nesse sentido, aliás, é o art. 3º, § 1º, III, da Lei nº 10.259/2001 (Juizados Especiais Federais).

Alternativa correta: letra "c".

62. (PUC – Procurador do Estado – PR/2015) Assinale a alternativa CORRETA sobre os Juizados Especiais da Fazenda Pública.

a) Causas de valor inferior a 60 (sessenta) salários-mínimos que envolvam organismo internacional e município serão julgadas pelos Juizados Especiais da Fazenda Pública.

b) A declaração de incompetência do juízo provoca a extinção do processo sem julgamento de mérito

c) Qualquer pessoa física ou jurídica pode ser parte autora nos Juizados Especiais da Fazenda Pública.

d) Aplicam-se, nos Juizados Especiais da Fazenda Pública, os prazos para a realização de audiências previstos na Lei 9.099/95, que criou os Juizados Especiais.

e) Há reexame necessário das decisões que condenam a Fazenda Pública, sendo o caso encaminhado à Turma Recursal.

COMENTÁRIOS

✪ **Nota do autor:** a competência dos Juizados Especiais da Fazenda Pública, à semelhança dos Juizados Especiais Federais, é absoluta, de modo que, havendo vara do Juizado instalado na localidade, não pode a parte optar pelo juízo comum. Seguindo as experiências das Leis 9.099/95 e 10.259/01, a Lei 12.153/09 estabeleceu a competência do Juizado Especial da Fazenda Pública levando em consideração o valor da causa, adotando, para tanto, o teto de 60 (sessenta) salários mínimos. De resto, algumas demandas foram expressamente ressalvadas de sua competência, dada a complexidade da causa, a exemplo do mandado de segurança, da improbidade administrativa, da ação popular.

Alternativa "a": Os organismos internacionais não se enquadram na competência dos Juizados Especiais da Fazenda Pública (art. 2º da Lei nº. 12.153/2009).

Alternativa "b": Nos juizados especiais a incompetência é motivo para extinção do processo sem resolução do mérito (art. 51, II e III, Lei nº. 9.099/1995). Ressalte-se que a Lei nº. 9.099/95 aplica-se aos Juizados Especiais da Fazenda Pública, por expressa previsão no art. 27 da Lei nº. 12.159/2009. O Enunciado nº 24 do V Fórum Nacional dos Juizados Especiais Federais (FONAJEF) corrobora esse entendimento: "Reconhecida a incompetência do Juizado Especial Federal, é cabível a extinção do processo, sem julgamento de mérito, nos termos do art. 1º da Lei n. 10.259/2001 e do art. 51, III, da Lei n. 9.099/95, não havendo nisso afronta ao art. 12, § 2º, da Lei 11.419/06".

Alternativa "c": Apenas podem ser partes no Juizado Especial da Fazenda Pública, como autores, as pessoas físicas e as microempresas e empresas de pequeno porte, definidas na Lei Complementar nº. 123, de 14 de dezembro de 2006 (art. 5º da Lei nº. 12.153/2009). O erro da assertiva está em generalizar a legitimidade ativa.

Alternativa "d": O art. 7º da Lei nº. 12.153/09 estabelece que não haverá prazo diferenciado para a prática de qualquer ato processual pelas pessoas jurídicas de direito público, inclusive a interposição de recursos, devendo a citação para a audiência de conciliação ser efetuada com antecedência mínima de 30 (trinta) dias. Tal disposição difere da regra contida no art. 16 da Lei nº. 9.099/95.

Alternativa "e": O art. 11 da Lei nº. 12.153/2009 proibiu expressamente o reexame necessário.

Alternativa correta: letra "b".

12. PROCEDIMENTO COMUM

12.1. PETIÇÃO INICIAL

63. (CESPE/CEBRASPE – Procurador do Estado – PGE-PA/2022) A respeito do procedimento comum, julgue os itens que se seguem.

I. Até o momento do saneamento do processo, o autor poderá aditar ou alterar o pedido e a causa de pedir, com consentimento do réu, assegurado o contraditório mediante a possibilidade de manifestação do réu no prazo máximo de quinze dias, sendo vedado o requerimento de prova suplementar.

II. O não comparecimento injustificado do autor ou do réu à audiência de conciliação é considerado ato atentatório à dignidade da justiça e será sancionado com multa de até 5% da vantagem econômica pretendida ou do valor da causa, revertida em favor da parte que atenda ao chamado judicial e se faça presente.

III. Realizado o saneamento, as partes têm o direito de pedir esclarecimentos ou solicitar ajustes, no prazo sucessivo de cinco dias, ao fim do qual a decisão se torna estável.

IV. Ao réu revel será lícita a produção de provas contrapostas às alegações do autor, desde que se faça representar nos autos a tempo de praticar os atos processuais indispensáveis a essa produção.

A quantidade de itens certos é igual a

a) 0.

b) 1.

c) 2.

d) 3.

e) 4.

COMENTÁRIOS

✪ **Nota do autor:** ainda que haja revelia, a presunção de veracidade será relativa, admitindo prova em contrário, que poderá ser determinada de ofício pelo juiz ou requerida pelo revel, nos termos da Súmula 231 do Supremo Tribunal Federal ("O revel, em processo civil, pode produzir provas desde que compareça em tempo oportuno") e do art. 349 do CPC.

Item I: o autor poderá até o saneamento do processo, aditar ou alterar o pedido e a causa de pedir, com consentimento do réu, assegurado o contraditório mediante a possibilidade de manifestação deste no prazo mínimo de 15 (quinze) dias, <u>facultado o requerimento de prova suplementar</u> (art. 329, II, CPC).

Item II: nos termos do art. 334, § 8º, CPC, o não comparecimento injustificado do autor ou do réu à audiência de conciliação é considerado ato atentatório à dignidade da justiça e será sancionado com multa de até dois por cento da vantagem econômica pretendida ou do valor da causa, revertida em favor da União ou do Estado.

Item III: prevê o art. 357, § 1º, CPC, que, realizado o saneamento, as partes têm o direito de pedir esclarecimentos ou solicitar ajustes, no <u>prazo comum</u> de 5 (cinco) dias, findo o qual a decisão se torna estável.

Item IV: é a regra estampada no art. 349 do CPC: "Ao réu revel será lícita a produção de provas, contrapostas às alegações do autor, desde que se faça representar nos autos a tempo de praticar os atos processuais indispensáveis a essa produção".

Alternativa correta: letra "b".

---

64. (FCC – Procurador do Estado – PGE-AM/2022) Sobre petição inicial e julgamento liminar de improcedência, considere as seguintes afirmativas.

I. Será julgado liminarmente improcedente o pedido que contrariar enunciado de súmula de tribunal de justiça sobre direito infraconstitucional.

II. A apelação interposta contra a sentença que julga liminarmente improcedente o pedido ostenta efeito regressivo.

III. Mesmo quando, diante da deficiente qualificação do requerido, por não dispor o autor de todos os dados, for possível a citação daquele, a petição inicial deverá ser admitida.

IV. Interposta apelação contra a sentença que julga liminarmente improcedente o pedido, o réu será sempre citado para apresentar contestação, como medida de economia processual.

Está correto o que se afirma APENAS em

a) II e IV.

b) III e IV.

c) I e IV.

d) I e II.

e) II e III.

COMENTÁRIOS

✪ **Nota do autor:** segundo o Enunciado 22 da Jornada de Direito Processual Civil do CJF, "Em causas que dispensem a fase instrutória, é possível o julgamento de improcedência liminar do pedido que contrariar decisão do Supremo Tribunal Federal em controle concentrado de constitucionalidade ou enunciado de súmula vinculante").

Item I: nas causas que dispensem a fase instrutória, o juiz, independentemente da citação do réu, julgará liminarmente improcedente o pedido que contrariar, entre outras hipóteses, enunciado de súmula de tribunal de justiça sobre <u>direito local</u> (art. 332, IV, CPC).

Item II: nos termos do art. 332, § 3º, CPC, interposta a apelação, o juiz poderá retratar-se em 5 (cinco) dias.

Item III: de acordo com o art. 332, § 2º, CPC, a petição inicial não será indeferida se, a despeito da falta de informações a que se refere o inciso II (os nomes, os prenomes, o estado civil, a existência de união estável, a profissão, o número de inscrição no Cadastro de Pessoas Físicas ou no Cadastro Nacional da Pessoa Jurídica, o endereço eletrônico, o domicílio e a residência do autor e do réu), for possível a citação do réu.

Item IV: prevê o art. 332, § 4º, CPC, que se houver retratação, o juiz determinará o prosseguimento do processo, com a citação do réu, e, se não houver retratação, determinará a citação do réu para apresentar contrarrazões, no prazo de 15 (quinze) dias.

Alternativa correta: letra "e".

---

65. (FCC – Procurador do Estado – PGE-AP/2018) Quanto à petição inicial e ao pedido,

a) o autor poderá, até o saneamento do processo, aditar ou alterar o pedido ou a causa de pedir, sem consentimento do réu, assegurado o contraditório.

b) o juiz poderá julgar liminarmente improcedente o pedido se verificar, desde logo, a ocorrência de decadência ou de prescrição, ou se considerar a parte como manifestamente ilegítima.

c) indeferida a petição inicial, o autor poderá apelar, facultado ao juiz, no prazo de quinze dias, retratar-se; não havendo a retratação, o juiz mandará citar o réu para responder ao recurso.

d) na ação que tiver por objeto cumprimento de obrigação em prestações sucessivas, essas serão consideradas incluídas no pedido, independentemente de declaração expressa do autor, e serão incluídas na condenação, enquanto durar a obrigação, se o devedor, no curso do processo, deixar de pagá-las ou de consigná-las.

e) é lícita a cumulação, em um único processo, contra o mesmo réu, de vários pedidos, desde que haja conexão entre eles.

COMENTÁRIOS

✪ **Nota do autor:** os artigos 322 e 324, CPC/2015, preveem os requisitos do pedido, a saber: certeza e determinação. A certeza significa que o pedido deve ser expresso. Há, porém, exceções, como as mencionadas no § 1º do art. 322 e no art. 323, CPC/2015: correção monetária; juros legais; verbas da sucumbência (inclusive honorários advocatícios sucumbenciais) e inclusão de prestações vincendas em se tratando de obrigação de trato sucessivo (conforme o Enunciado 86 da Jornada de Direito Processual Civil do CJF, "As prestações vincendas até o efetivo cumprimento da obrigação incluem-se na execução de título executivo extrajudicial (arts. 323 e 318, parágrafo único, do CPC)").

Alternativa "a": O enunciado diverge do art. 329, II, CPC/2015, o qual prevê que o autor poderá até o saneamento do processo, aditar ou alterar o pedido e a causa de pedir, com consentimento do réu, assegurado o contraditório mediante a possibilidade de manifestação deste no prazo mínimo de 15 (quinze) dias, facultado o requerimento de prova suplementar.

Alternativa "b": A ilegitimidade manifesta da parte não permite que o juízo julgue liminarmente improcedente o pedido. Nessa situação, deverá o órgão judicial extinguir o feito sem a apreciação do mérito por ausência de legitimidade ativa *ad causam* do requerente (art. 485, VI, CPC/2015).

Alternativa "c": O prazo para retratação é de 05 (cinco) dias (art. 331, *caput*, CPC/2015), e não de 15 (quinze) dias, como dispões o enunciado da questão, daí o seu equívoco.

Alternativa "d": Trata-se de reprodução literal do art. 323, CPC/2015: "Na ação que tiver por objeto cumprimento de obrigação em prestações sucessivas, essas serão consideradas incluídas no pedido, independentemente de declaração expressa do autor, e serão incluídas na condenação, enquanto durar a obrigação, se o devedor, no curso do processo, deixar de pagá-las ou de consigná-las".

Alternativa "e": De acordo com o art. 327, *caput*, CPC/2015: "É lícita a cumulação, em um único processo, contra o mesmo réu, de vários pedidos, ainda que entre eles não haja conexão".

Alternativa correta: letra "d".

---

66. (FEPESE – Procurador do Estado – PGE-SC/2018) No que diz respeito à improcedência liminar do pedido, é correto afirmar:

a) O julgamento liminar de improcedência ocorrerá, independentemente da citação do réu, quando o pedido estiver alcançado pela prescrição ou pela decadência.

b) Não interposta a apelação, o réu será desde logo intimado para a fase de cumprimento de sentença, caso dela decorra alguma obrigação a ser atendida.

c) Para que se dê o julgamento de improcedência liminar é necessária a formação de um contraditório mínimo em respeito ao devido processo legal.

d) Interposto recurso de apelação da sentença que julgar improcedente liminarmente o pedido, haverá imediata intimação para que o réu apresente contrarrazões, sem possibilidade de juízo de retratação.

e) Há possibilidade de o Juiz realizar instrução probatória antes do julgamento de improcedência liminar do pedido.

COMENTÁRIOS

✪ **Nota do autor:** a aplicação do art. 332, CPC/2015 (improcedência liminar ou *prima facie*), exige a presença de um requisito obrigatório (a causa dispensar a fase instrutória, vale dizer, não haver necessidade de dilação probatória – a prova, portanto, deve ser pré-constituída, não havendo a necessidade de que a causa verse sobre questão exclusivamente de direito) e de um dos requisitos alternativos (verificação da prescrição ou da decadência; pretensão contrária a enunciado de Súmula do STJ ou do STF; pretensão contrária a enunciado de Súmula de um TJ sobre direito local; pretensão contrária a acórdão proferido pelo STJ ou pelo STF em julgamento de recursos repetitivos; pretensão contrária a entendimento firmado em incidente de resolução de demandas repetitivas; ou pretensão contrária a entendimento firmado em incidente de assunção de competência).

Alternativa "a": A assertiva está em sintonia com o que prevê o art. 332, § 1º, CPC/2015: "O juiz também poderá julgar liminarmente improcedente o pedido se verificar, desde logo, a ocorrência de decadência ou de prescrição".

Alternativa "b": De acordo com o art. 332, § 2º, CPC/2015, não interposta a apelação, o réu será intimado do trânsito em julgado da sentença, nos termos do art. 241, CPC/2015.

Alternativa "c": Nas causas que dispensem a fase instrutória, o juiz, independentemente da citação do réu, julgará liminarmente improcedente o pedido nos casos previstos em lei (art. 332, *caput*, CPC/2015).

Alternativa "d": É cabível o juízo de retratação (efeito regressivo) na apelação interposta contra a sentença que julgar improcedente liminarmente o pedido, nos termos do art. 332, § 4º, CPC/2015: "Se houver retratação, o juiz determinará o prosseguimento do processo, com a citação do réu, e, se não houver retratação, determinará a citação do réu para apresentar contrarrazões, no prazo de 15 (quinze) dias".

Alternativa "e": Um dos pressupostos para que o juízo possa apreciar, de forma liminar, o mérito, julgando improcedente o pedido, independentemente da citação do réu, é que a causa esteja "madura", em outras palavras, que não necessite de qualquer dilação probatória.

Alternativa correta: letra "a".

---

67. (FCC – Procurador do Estado – PGE-TO/2018) Em relação à petição inicial e ao pedido, está correto afirmar:

a) O pedido poderá ser alterado pelo autor até a citação, bem como a causa de pedir, desde que haja a anuência do réu.

b) Se o juiz verificar que a petição inicial não preenche os requisitos legais ou que apresenta defeitos e irregularidades capazes de dificultar o julgamento de mérito, determinará que o autor, no prazo de quinze dias, a emende ou a complete, indicando com precisão o que deve ser corrigido ou complementado.

c) O pedido deve ser certo, mas são compreendidos no principal os juros legais, a multa contratual, a correção monetária e as verbas de sucumbência, inclusive honorários advocatícios.

d) O pedido deve ser determinado, inexistindo na atual sistemática processual civil a possibilidade de formulação de pedidos genéricos, salvo somente nas ações universais, se o autor não puder individuar os bens demandados.

e) É lícita a cumulação, em um único processo, de vários pedidos contra o mesmo réu, ainda que entre eles não haja conexão, somente se os pedidos forem compatíveis entre si e se o tipo de procedimento for o mesmo.

COMENTÁRIOS

✪ **Nota do autor:** o artigo 321, CPC/2015, apresenta uma das formas de concretizar o princípio da primazia do julgamento do mérito, ao prever o saneamento da inicial como um direito subjetivo do autor, e não como uma faculdade do juiz. Havendo vício sanável (como, por exemplo, a falta de uma peça que deveria acompanhar a inicial ou a falta de requerimento de citação do litisconsorte necessário), deve o julgador conceder ao autor o prazo de quinze dias para que emende (corrija) ou complete (adite ou acrescente algo) a inicial, sob pena de indeferi-la (Conforme o Enunciado 292 do FPPC, "Antes de indeferir a petição inicial, o juiz deve aplicar o disposto no art. 321").

Alternativa "a": Até a citação o autor poderá aditar ou alterar o pedido ou a causa de pedir, independentemente de consentimento do réu (art. 329, I, CPC/2015).

Alternativa "b": Fruto dos princípios da primazia do julgamento do mérito e da cooperação (prevenção e esclarecimento), de acordo com o art. 321, *caput*, CPC/2015: "O juiz, ao verificar que a petição inicial não preenche os requisitos dos arts. 319 e 320 ou que apresenta defeitos e irregularidades capazes de dificultar o julgamento de mérito, determinará que o autor, no prazo de 15 (quinze) dias, a emende ou a complete, indicando com precisão o que deve ser corrigido ou completado".

Alternativa "c": De acordo com o art. 322, § 1º, CPC/2015: "Compreendem-se no principal os juros legais, a correção monetária e as verbas de sucumbência, inclusive os honorários advocatícios". Como se percebe, para a concessão da multa contratual, é indispensável pedido certo e determinado nesse sentido.

Alternativa "d": O pedido genérico, de acordo com o art. 324, § 1º, CPC/2015, pode ser formulado nas ações universais, se o autor não puder individuar os bens demandados; quando não for possível determinar, desde logo, as consequências do ato ou do fato; quando a determinação do objeto ou do valor da condenação depender de ato que deva ser praticado pelo réu.

Alternativa "e": De fato, para a cumulação de pedidos, não é necessária a conexão entre os pedidos (no âmbito dos Juizados Especiais, a conexão é necessária), mas 3 requisitos devem estar preenchidos, quais sejam: i) os pedidos sejam compatíveis entre si; ii) seja absolutamente competente para conhecer deles o mesmo juízo; iii) seja adequado para todos os pedidos o tipo de procedimento, tudo nos termos do art. 327, § 1º, I, II e III, CPC/2015. Importante destacar que, no caso de cumulação imprópria de pedidos, não é necessária a compatibilidade entre eles.

Alternativa correta: letra "b".

68. (FMP – Procurador do Estado – PGE – AC/2017) Considere as seguintes afirmativas sobre o tema da petição inicial no âmbito do Código de Processo Civil. Assinale a alternativa CORRETA.

a) Compreendem-se no principal os juros legais, a correção monetária e as verbas de sucumbência, inclusive os honorários advocatícios.

b) É lícita a cumulação, em um único processo, contra o mesmo réu, de vários pedidos, desde que entre eles haja necessária conexão.

c) Quando, para cada pedido, corresponder tipo diverso de procedimento, será admitida a cumulação se o autor empregar o procedimento comum, sendo absolutamente vedado o emprego das técnicas processuais diferenciadas previstas nos procedimentos especiais a que se sujeitariam um ou mais pedidos cumulados.

d) Indeferida a petição inicial, o autor poderá apelar, facultado ao juiz, no prazo de 15 (quinze) dias, retratar-se.

e) Na obrigação indivisível com pluralidade de credores, somente aquele que participou do processo receberá sua parte, deduzidas as despesas na proporção de seu crédito.

COMENTÁRIOS

✪ **Nota do autor:** a questão trata de um dos requisitos mais importantes da petição inicial, o pedido, afinal, é ele quem delimita a própria prestação jurisdicional. Nele a parte deve esclarecer qual a providência jurisdicional pleiteada e especificar a quantidade e a qualidade do bem da vida objeto de tutela. Determinadas matérias, contudo, consideram-se incluídas no pedido principal independentemente de constarem como pleitos na petição inicial, tais como os juros legais, a correção monetária e as verbas de sucumbência, incluindo os honorários advocatícios. Nesses casos, conhecidos na doutrina como *pedidos implícitos*, "a lei anexa ao pedido e à sentença os juros legais [...] não compreendidos "os juros convencionais"[28]. Consequentemente, a omissão da sentença sobre os juros legais não impede o tribunal contemplá-los de ofício[29], não havendo que se falar em *reformatio in pejus*.

Alternativa "a": Nesse sentido reza o § 1º do art. 322, CPC/2015, que "compreendem-se no principal os juros legais, a correção monetária e as verbas de sucumbência, inclusive os honorários advocatícios". Trata-se de consectários legais da condenação e, por isso, **são considerados inclusos no principal**, de modo que sua inclusão na condenação independe de pedido expresso (pedido implícito).

Alternativa "b": A cumulação de pedidos **não** depende da existência de conexão entre eles, consoante determina taxativamente o art. 327, *caput*, CPC/2015, de modo que **é possível,** por exemplo, a cumulação de revisão e nulidade do mesmo contrato. A bem da verdade, para a cumulação exige-se: (*i*) pedidos compatíveis entre si; (*ii*) o mesmo juízo deve ser competente para conhecer deles e (*iii*) procedimento adequado para todos os pedidos. **Atenção: os §§ 1º e 2º do art. 45 CPC/2015 impedem a cumulação de pedido quando um ou alguns deles forem de competência da Justiça Federal, hipótese em que o juiz não admitirá a cumulação em razão da incompetência para apreciar qualquer deles, deixando de examinar o mérito daquele em que vislumbrado o interesse da União, de suas entidades autárquicas ou de suas empresas públicas.**

Alternativa "c": A parte final da alternativa ao afastar a possibilidade de utilização de técnicas processuais diferenciadas previstas em procedimentos especiais a que se sujeitariam um ou mais pedidos cumulados conflita com o disposto no § 2º do art. 327, CPC/2015, segundo o qual é lícita a cumulação em caso de pedidos com procedimentos distintos se o autor empregar o procedimento comum, **sem prejuízo** do emprego das técnicas processuais diferenciadas previstas nos procedimentos especiais a que se sujeitam um ou mais pedidos cumulados, que não forem incompatíveis com as disposições sobre o procedimento comum.

Alternativa "d": O juízo de retratação, excepcional na apelação contra sentença que indefere a petição inicial, deve ser exercido pelo magistrado no prazo de **cinco** (e **não quinze**) dias, consoante preconiza o art. 331, *caput*, CPC/2015.

Alternativa "e": Ao contrário do enunciado em comento, na obrigação indivisível com pluralidade de credores, **aquele que não participou do processo receberá sua parte**, deduzidas as despesas na proporção de seu crédito, por força do art. 328, CPC/2015.

Alternativa correta: letra "a".

---

69. (Cespe – Procurador do Estado – PGE – SE/2017) Um indivíduo ajuizou demanda com pedido de natureza patrimonial que versa sobre questão jurídica referente à aplicação da legislação estadual. Ao receber a petição inicial, o juiz percebeu que o único pedido apresentado contraria enunciado de súmula do tribunal de justiça local sobre interpretação da legislação estadual.

Nessa situação hipotética, presentes os requisitos de admissibilidade da demanda, e se a causa dispensar fase instrutória, o magistrado

a) deverá citar o réu para audiência de conciliação, que, nesse caso, deve ser obrigatoriamente realizada.
b) somente poderá decidir liminarmente o mérito caso já tenha proferido sentença de total improcedência em outros casos idênticos, devendo o juiz reproduzir o teor de decisão prolatada anteriormente.
c) poderá dispensar a citação do réu e julgar liminarmente improcedente o pedido, desde que demonstre que a súmula reflete entendimento decorrente de julgamento de incidente de resolução de demandas repetitivas.
d) deverá, obrigatoriamente, antes de tomar decisão, dar ao réu a oportunidade de se manifestar, porque é necessário observar o contraditório ainda que o juiz trate de matéria que possa conhecer de ofício.
e) deverá julgar liminarmente improcedente o pedido, e o autor poderá apelar, sendo admissível a retratação do magistrado após a interposição do referido recurso.

COMENTÁRIOS

✪ **Nota do autor:** a questão trata do julgamento liminar de improcedência do pedido (art. 332, CPC/2015), que substituiu a antiga sentença liminar de improcedência (art. 285-A, CPC/73). O julgamento liminar de improcedência do pedido é instituto que, a um só tempo, valoriza o sistema de precedentes projetado pelo *novel Codex* e favorece a celeridade, efetividade e economia processuais. Por isso, é cabível nas causas em que seja dispensável a fase instrutória, independentemente de citação, quando o pedido formulado contrariar:

---

28. MARINONI, Luiz Guilherme; ARENHART, Sérgio Cruz; MITIDIERO, Daniel. **Novo Código de Processo Civil Comentado.** São Paulo: Revista dos Tribunais, 2015, p. 343.
29. STJ, **REsp 251.613/CE,** 6ª T., rel. Min. Fernando Gonçalves, j. 08.06.2000, DJ 26.06.2000, p. 228.

Vale registrar ainda as observações do professor Cassio Scarpinella Bueno sobre o processo legislativo que culminou na aprovação do novo CPC: "havia, no Projeto da Câmara, um inciso IV, que permitia a rejeição liminar do pedido que contrariasse 'frontalmente norma jurídica extraída do dispositivo expresso do ato normativo'. Talvez porque, em tempos de novas hermenêuticas e de abolição de 'impossibilidade jurídica do pedido', seja difícil identificar um pedido que desempenhasse a contento aquele papel, a iniciativa foi rechaçada pelo Senado Federal, não se convertendo em lei"[30].

Alternativa "a": O caso é de julgamento liminar de improcedência liminar, para o qual é **dispensável** a citação do réu, podendo o magistrado julgar a demanda *inaudita altera partes*, por força do art. 332, *caput*, CPC/2015.

Alternativa "b": Com o advento do CPC/2015 **não** se exige como requisito do julgamento liminar de improcedência que o juízo tenha proferido outra sentença em caso idêntico. Tal ocorria, no CPC/1973, que impunha como condição a existência de outras decisões no mesmo juízo, mas não vinculava à necessidade de observância aos precedentes dos Tribunais, o que era objeto de inúmeras críticas, razão pela qual se desenvolveu a teoria da dupla conformidade.

Alternativa "c": É possível o julgamento liminar de improcedência quando o pedido formulado contrariar enunciado de súmula do STF ou STJ, **pouco importando que seja o entendimento oriundo o de precedente firmado em julgamento de incidente de resolução de demandas repetitivas,** conclusão facilmente extraída do art. 332, inciso I, CPC/2015.

Alternativa "d": O próprio Código de Ritos estabelece que a improcedência liminar do pedido **independe** da prévia oitiva do réu (art. 332, *caput*, CPC/2015).

Alternativa "e": A assertiva apresentada na alternativa em comento está em plena conformidade com o disposto no art. 332, inciso I, e § 3º, CPC/2015. Trata-se, é importante lembrar, de mais uma hipótese excepcional em que o recurso de apelação comporta juízo de retratação.

Alternativa correta: letra "e".

---

70. (FMP – Procurador do Estado – PGE – AC/2017) Considere as seguintes afirmativas sobre o tema da audiência de conciliação ou de mediação no âmbito do Código de Processo Civil. Assinale a alternativa INCORRETA.

a) Se a petição inicial preencher os requisitos essenciais e não for o caso de improcedência liminar do pedido, o juiz designará audiência de conciliação ou de mediação com antecedência mínima de 30 (trinta) dias, devendo ser citado o réu com pelo menos 20 (vinte) dias de antecedência.

b) A audiência não será realizada quando não se admitir a autocomposição.

c) A audiência de conciliação ou de mediação deve ser realizada sempre com a presença física dos interessados, vedando-se a sua realização por meio eletrônico.

d) A pauta das audiências de conciliação ou de mediação será organizada de modo a respeitar o intervalo mínimo de 20 (vinte) minutos entre o início de uma e o início da seguinte.

e) A parte poderá constituir representante, por meio de procuração específica, com poderes para negociar e transigir.

COMENTÁRIOS

✪ **Nota do autor:** o CPC/2015 inovou ao prever a necessidade de realização de audiência de conciliação e mediação antes da apresentação de contestação pelo réu, talvez a fim de evitar o acirramento dos ânimos com o oferecimento da peça defensiva. Previu duas hipóteses em que não se realizará a audiência: (*i*) se ambas as partes manifestarem, expressamente, desinteresse na composição consensual ou (*ii*) quando não se admitir a autocomposição. Para assegurar a efetividade da primeira hipótese, incluiu entre os requisitos da petição inicial a exigência de que o autor realize a opção pela realização ou não de audiência de conciliação ou de mediação (art. 319, inciso VII, CPC). Não obstante, o Tribunal de Justiça de São Paulo, através de sua 34ª Câmara de Direito Privado, ao julgar a *Apelação 1031352-52.2015.8.26.0577*, firmou entendimento de que, embora seja requisito da inicial, a ausência de opção pelo autor não enseja o indeferimento da exordial. No julgado, prevaleceu a orientação de que "Indeferimento da inicial. Ausência de manifestação do autor sobre a opção da realização ou não de audiência de conciliação (art. 319, VII, CPC). Irrelevância. Mesmo que o autor silencie a respeito, a petição inicial é recebida e a audiência designada, desde que o direito admita autocomposição (v. art. 334, § 4º)".

Alternativa "a": A alternativa em comento reproduz a regra constante do art. 334, *caput*, CPC/2015. É evidente que se o litígio não comportar solução por autocomposição, o magistrado não designará audiência de conciliação e mediação, passando imediatamente à fase de resposta do réu. Nesse sentido, aliás, alguns procedimentos permitem ao magistrado visualizar, de antemão, a desnecessidade de audiência inaugural conciliatória, a exemplo da improbidade administrativa que não admite transação.

Alternativa "b": A dispensa sinalizada na afirmativa encontra respaldo no art. 334, § 4º, inciso II, CPC/2015.

Alternativa "c": A lei processual **autoriza** a realização da audiência de conciliação e mediação por meio eletrônico, nos termos da lei (art. 334, § 7º, CPC/2015).

Alternativa "d": Enunciado compatível com o disposto no art. 334, § 12, CPC/2015.

Alternativa "e": É assegurado às partes o direito de constituírem representantes com poderes específicos para negociar e transigir, desde que o façam por meio de procuração específica, nos termos do art. 334, § 10, CPC/2015.

Alternativa incorreta: letra "c".

---

30. BUENO, Cassio Scarpinella. **Novo Código de Processo Civil Anotado.** São Paulo: Saraiva, 2015, p. 247.

12.2. RESPOSTA DO RÉU

71. (CESPE/CEBRASPE – Procurador do Estado – PGE-RO/2022) Ricardo emprestou a título gratuito quantia em dinheiro para seus dois melhores amigos, Caio e Gabriel. No contrato de mútuo, ficou claro que os dois amigos são devedores solidários da quantia emprestada por Ricardo. Ao termo do contrato, ambos os devedores se mostraram inertes frente ao credor, o que o levou a ajuizar ação de cobrança e colocou no polo passivo da demanda apenas Caio, pois sabia que Gabriel era hipossuficiente e dificilmente arcaria com o pagamento. De acordo com as regras sobre litisconsórcio, respostas do réu e execução civil, é correto afirmar que, nessa situação hipotética,

a) o juiz deverá determinar que o autor realize a emenda da inicial em relação à complementação do polo passivo, pois trata-se de litisconsórcio necessário.
b) não houve vício na petição inicial, pois ainda que o litisconsórcio entre os devedores seja necessário, é possível ajuizar a ação em desfavor de apenas um deles.
c) houve vício na petição inicial, logo o magistrado deverá declarar a inépcia do documento e extinguir o processo sem resolução de mérito.
d) Ricardo deveria ter promovido uma execução de título executivo extrajudicial, independentemente de o contrato ser assinado por duas testemunhas ou não.
e) ainda que Gabriel não figure no polo passivo da demanda, ele poderá oferecer reconvenção em conjunto com Caio dentro do prazo para contestação.

COMENTÁRIOS

✪ **Nota do autor:** segundo o enunciado 674 do FPPC: "A admissibilidade da reconvenção com ampliação subjetiva não se restringe às hipóteses de litisconsórcio necessário".

Alternativa "a": a solidariedade não leva, necessariamente, à existência de um litisconsórcio necessário, pois para que esse se caracterize, é necessária a existência de determinação legal neste sentido ou que o litisconsórcio seja unitário, requisitos esses inexistentes no caso narrado na questão.

Alternativa "b": existindo a possibilidade de o juízo decidir o pedido de forma diferente para os réus, não há se falar em litisconsórcio necessário no caso em tela.

Alternativa "c": trata-se de relação obrigacional solidária por parte dos devedores, portanto é facultado ao credor propor a ação em face de qualquer deles, sendo assim, não há se falar em vício na petição inicial capaz de desaguar na extinção do feito.

Alternativa "d": prevê o art. 784, III, CPC, que o documento particular assinado pelo devedor necessita da assinatura, também, de 2 (duas) testemunhas.

Alternativa "e": dispõe o art. 343, § 4º, CPC, que a reconvenção pode ser proposta pelo réu em litisconsórcio com terceiro. Assim, mesmo que Gabriel não figure no polo passivo da demanda, ele poderá (na condição de terceiro) oferecer reconvenção em conjunto com Caio dentro do prazo para contestação.

Alternativa correta: letra "e".

72. (FCC – Procurador do Estado – PGE-AP/2018) Considere os enunciados seguintes, concernentes à contestação:

I. Em obediência ao princípio da eventualidade, incumbe ao réu alegar, na contestação, toda a matéria de defesa, expondo as razões de fato e de direito com que impugna o pedido do autor e especificando as provas que pretende produzir.
II. Alegando o réu, na contestação, ser parte ilegítima ou não ser o responsável pelo prejuízo invocado, o juiz facultará ao autor, em quinze dias, a alteração da petição inicial para substituição do réu.
III. Quando alegar sua ilegitimidade, incumbe ao réu indicar o sujeito passivo da relação jurídica discutida sempre que tiver conhecimento, sob pena de arcar com as despesas processuais e de indenizar o autor pelos prejuízos decorrentes da falta de indicação.
IV. Incumbe ao réu manifestar-se precisamente sobre as alegações de fato e de direito constantes da petição inicial, em obediência ao ônus da impugnação especificada dos fatos, que só admite exceções à contestação oferecida pelo defensor público ou pelo curador especial.
V. Depois da contestação, só é lícito ao réu deduzir novas alegações quando relativas a direito ou a fatos supervenientes.

Está correto o que se afirma APENAS em

a) I, III, IV e V.
b) II, IV e V.
c) I, II e III.
d) III, IV e V.
e) I, II, IV e V.

COMENTÁRIOS

✪ **Nota do autor:** segundo o princípio da eventualidade ou da concentração da defesa, toda a matéria de defesa deve ser apresentada pelo réu na sua contestação. Respeitada a boa-fé processual, admite-se, inclusive, que as alegações do réu sejam incompatíveis entre si, desde que sejam formuladas de maneira eventual ou alternativa. Há, porém, exceções ao princípio da eventualidade ou da concentração da defesa. O Código permite que apresente defesa após a contestação, desde: a) seja relativa a direito ou a fato superveniente (*v.g.*, o pagamento *a posteriori* ou a absolvição do réu no juízo criminal); b) a matéria seja cognoscível de ofício (*v.g.*, todas as matérias do art. 337 do CPC/2015, exceto a convenção de arbitragem e a incompetência relativa); c) por disposição legal, puderem ser formuladas em qualquer tempo e grau de jurisdição (*v.g.*, a decadência convencional – art. 211 do Código Civil).

Item I: Incumbe ao réu alegar, na contestação, toda a matéria de defesa, expondo as razões de fato e de direito com que impugna o pedido do autor e especificando as provas que pretende produzir (art. 336, CPC/2015).

Item II: De acordo com o art. 338, *caput*, CPC/2015, "alegando o réu, na contestação, ser parte ilegítima ou não ser o responsável pelo prejuízo invocado, o juiz facultará ao autor, em 15 (quinze) dias, a alteração da petição inicial para substituição do réu".

Item III: É o que prevê o art. 339, *caput*, CPC/2015: "Quando alegar sua ilegitimidade, incumbe ao réu indicar o sujeito passivo da relação jurídica discutida sempre que tiver conhecimento, sob pena de arcar com as despesas processuais e de indenizar o autor pelos prejuízos decorrentes da falta de indicação".

Item IV: O ônus da impugnação especificada dos fatos não se aplica ao defensor público, ao **advogado dativo** e ao curador especial (art. 341, parágrafo único, CPC/2015).

Item V: Depois da contestação, só é lícito ao réu deduzir novas alegações quando: I – relativas a direito ou a fato superveniente; II – competir ao juiz conhecer delas de ofício; III – por expressa autorização legal, puderem ser formuladas em qualquer tempo e grau de jurisdição (art. 342, I, II e III, CPC/2015).

Alternativa correta: letra "c".

---

73. (FEPESE – Procurador do Estado – PGE-SC/2018) Observado o procedimento comum no processo de conhecimento, especialmente no que diz respeito à resposta do réu, é correto afirmar:

a) Havendo alegação de incompetência relativa ou absoluta, a contestação deverá ser apresentada no local de domicílio do réu.

b) Caso a existência de convenção de arbitragem não seja alegada em preliminar ao mérito da causa, o juiz poderá dela conhecer de ofício.

c) O termo inicial para apresentação da contestação será o da data da última sessão de conciliação, com ou sem comparecimento das partes.

d) Caso ocorra a alegação de ilegitimidade passiva na peça de contestação, o feito deverá ser extinto sem resolução do mérito, facultado ao autor a apresentação de nova peça sem o pagamento das despesas processuais.

e) Incorreção do valor da causa, indevida concessão do benefício de gratuidade de justiça, incompetência relativa e exceção de suspeição deverão ser apresentadas em petições separadas, cuja autuação em apartado será determinada pelo Juiz.

COMENTÁRIOS

✪ **Nota do autor:** na sistemática do CPC de 2015, a incompetência relativa e a incompetência absoluta devem ser alegadas como defesa processual, em preliminar de contestação (inciso II do art. 337). Quem aprecia a alegação de incompetência é o próprio juiz da causa (todo juiz é competente para declarar a sua própria incompetência – regra da *kompetenz kompetenz*), mas o Código faculta ao réu alegar a incompetência no foro do seu domicílio, sendo remetida a peça de defesa ao juiz da causa. Se for declarada a incompetência relativa, os autos serão devolvidos, por prevenção, ao juízo para o qual foi distribuída originariamente a defesa ou a carta precatória à qual se juntou a defesa no foro do domicílio do réu. Segundo o Enunciado 426 do FPPC, "O juízo para o qual foi distribuída a contestação ou a carta precatória só será considerado prevento se o foro competente for o local onde foi citado". No entanto, se for declarada a incompetência absoluta, os autos serão enviados ao juízo competente.

Alternativa "a": O equívoco da assertiva está no emprego da locução "deverá", pois, conforme prevê o art. 340, *caput*, CPC/2015, havendo alegação de incompetência relativa ou absoluta, a contestação poderá ser protocolada no foro de domicílio do réu, fato que será imediatamente comunicado ao juiz da causa, preferencialmente por meio eletrônico.

Alternativa "b": Interpretando-se, *a contrario sensu*, o art. 335, § 5º, CPC/2015, o juízo não conhecerá de ofício a convenção de arbitragem ou a incompetência relativa.

Alternativa "c": Trata-se de regra estampada no inciso I do art. 335, CPC/2015: "O réu poderá oferecer contestação, por petição, no prazo de 15 (quinze) dias, cujo termo inicial será a data: I – da audiência de conciliação ou de mediação, ou da última sessão de conciliação, quando qualquer parte não comparecer ou, comparecendo, não houver autocomposição".

Alternativa "d": Alegando o réu, na contestação, ser parte ilegítima ou não ser o responsável pelo prejuízo invocado, o juiz facultará ao autor, em 15 (quinze) dias, a alteração da petição inicial para substituição do réu (art. 338, *caput*, CPC/2015). E, por fim, o parágrafo único do mesmo dispositivo legal nos diz que: "realizada a substituição, o autor reembolsará as despesas e pagará os honorários ao procurador do réu excluído, que serão fixados entre três e cinco por cento do valor da causa ou, sendo este irrisório, nos termos do art. 85, § 8º".

Alternativa "e": A incorreção do valor da causa, a indevida concessão do benefício de gratuidade de justiça e a incompetência relativa, dentre outras hipóteses, deverão ser alegadas no bojo da contestação como preliminares (art. 337, CPC/2015). Por sua vez, a exceção de suspeição deverá ser apresentada em petição separada (art. 146, *caput*, CPC/2015).

Alternativa correta: letra "c".

---

74. (FEPESE – Procurador do Estado – PGE-SC/2018) Assinale a alternativa correta.

a) A reconvenção deverá ser apresentada na contestação e a pretensão nela deduzida deverá ser conexa com a demanda principal ou com o fundamento da defesa.

b) Na reconvenção é vedada a proposição contra autor e terceiro não participante da demanda principal.

c) Em caso de desistência ou causa extintiva que impeça o exame do mérito da demanda principal, não há possibilidade de prosseguimento da reconvenção, merecendo ela também a solução de extinção.

d) A reconvenção somente será admissível em caso de apresentação de contestação, sendo vedado ao réu apresentá-la sozinha.

e) Não são devidos honorários advocatícios na reconvenção, apenas na ação principal.

COMENTÁRIOS

✪ **Nota do autor:** a reconvenção deve ser proposta no interior da própria contestação (ao contrário do que ocorria no CPC/73), mas pode ser oferecida independentemente da contestação. "Para que se considere proposta a reconvenção, não há necessidade de uso desse *nomen iuris*, ou dedução de um capítulo próprio. Contudo, o réu deve manifestar inequivocamente o pedido de tutela jurisdicional qualitativa ou quantitativamente maior que a simples improcedência da demanda inicial" (Enunciado 45 do FPPC);

Alternativa "a": Trata-se de disposição contida no art. 343, *caput*, CPC/2015: "Na contestação, é lícito ao réu propor reconvenção para manifestar pretensão própria, conexa com a ação principal ou com o fundamento da defesa".

Alternativa "b": A reconvenção pode ser proposta contra o autor e terceiro (art. 343, § 3º, CPC/2015).

Alternativa "c": A desistência da ação ou a ocorrência de causa extintiva que impeça o exame de seu mérito **não obsta ao prosseguimento** do processo quanto à reconvenção (art. 343, § 2º, CPC/2015).

Alternativa "d": A assertiva está em discrepância com a previsão encartada no art. 343, § 6º, CPC/2015: "O réu pode propor reconvenção **independentemente** de oferecer contestação".

Alternativa "e": De acordo com o art. 85, § 1º, CPC/2015, são devidos honorários advocatícios na reconvenção, no cumprimento de sentença, provisório ou definitivo, na execução, resistida ou não, e nos recursos interpostos, cumulativamente.

Alternativa correta: letra "a".

---

75. (FCC – Procurador do Estado – PGE-TO/2018) Em relação à reconvenção, está correto afirmar:

a) É lícito ao réu propor reconvenção na contestação ou por petição autônoma, para manifestar pretensão própria, conexa ou não com a ação principal ou com o fundamento da causa.

b) O réu só pode propor reconvenção de forma condicionada ao oferecimento de contestação ao pedido inicial.

c) Se o autor for substituto processual, o reconvinte deverá afirmar ser titular de direito em face do substituído, e a reconvenção deverá ser proposta em face do autor, também na qualidade de substituto processual.

d) A desistência da ação ou a ocorrência de causa extintiva que impeça o exame de seu mérito obsta ao prosseguimento do processo quanto à reconvenção, haja vista seu caráter de subordinação ao pedido principal.

e) A reconvenção pode ser proposta pelo réu, defeso porém o litisconsórcio com terceiro.

COMENTÁRIOS

✪ **Nota do autor:** a reconvenção deve ser proposta no interior da própria contestação (ao contrário do que ocorria no CPC de 1973), mas pode ser oferecida independentemente da contestação. "Para que se considere proposta a reconvenção, não há necessidade de uso desse nomen iuris, ou dedução de um capítulo próprio. Contudo, o réu deve manifestar inequivocamente o pedido de tutela jurisdicional qualitativa ou quantitativamente maior que a simples improcedência da demanda inicial" (Enunciado 45 do FPPC).

Alternativa "a": A reconvenção deverá ser conexa com a ação principal ou com os fundamentos da defesa (defesa indireta de mérito) – art. 343, *caput*, CPC/2015. Ademais, caso apresentada a contestação, a reconvenção poderá ser aforada em seu bojo, não dependendo de petição autônoma.

Alternativa "b": O réu pode propor reconvenção independentemente de oferecer contestação, conforme se extrai do art. 343, § 6º, CPC/2015.

Alternativa "c": Se o autor for substituto processual, o reconvinte deverá afirmar ser titular de direito em face do substituído, e a reconvenção deverá ser proposta em face do autor, também na qualidade de substituto processual, conforme preceitua o art. 343, § 5º, CPC/2015.

Alternativa "d": Conforme prevê o art. 343, § 2º, CPC/2015: "A desistência da ação ou a ocorrência de causa extintiva que impeça o exame de seu mérito não obsta ao prosseguimento do processo quanto à reconvenção". A razão aqui é simples: tratam-se de ações distintas e autônomas.

Alternativa "e": De acordo com o art. 343, § 4º, CPC/2015: "A reconvenção pode ser proposta pelo réu em litisconsórcio com terceiro".

Alternativa correta: letra "c".

---

76. (FCC – Procurador do Estado – PGE-TO/2018) Em contestação, incumbe ao réu,

a) alegar toda a matéria de defesa, só se permitindo deduzir novas alegações quando competir ao juiz conhecer delas de ofício.

b) alegar litispendência, que se configura quando se repete ação que já foi definitivamente julgada.

c) alegar, antes de discutir o mérito, incompetência absoluta e relativa, esta última por meio de exceção, por petição em apartado.

d) indicar o sujeito passivo da relação jurídica discutida sempre que tiver conhecimento, quando alegar sua ilegitimidade, sob pena de arcar com as despesas processuais e de indenizar o autor pelos prejuízos decorrentes da falta de indicação.

e) levantar a existência de convenção de arbitragem, que também pode ser conhecida de ofício pelo juiz.

COMENTÁRIOS

✪ **Nota do autor:** segundo o art. 339, *caput*, CPC/2015, alegando o réu ser parte ilegítima (na contestação ou fora dela), deverá indicar a pessoa legitimada para a causa, sempre que tiver conhecimento, sob pena de arcar com despesas processuais e de ressarcir o autor (Enunciado 44 do FPPC: "A responsabilidade a que se refere o art. 339 é subjetiva"). Nesse caso, o juiz ouvirá o autor em quinze dias, prazo destinado à réplica ou à manifestação sobre a alegação de ilegitimidade (FPPC 152: "Nas hipóteses dos §§ 1º e 2º do art. 339, a aceitação do autor deve ser feita no prazo de quinze dias destinado à sua manifestação sobre a contestação ou sobre essa alegação de ilegitimidade do réu"), podendo aceitar a indicação do réu e trocá-lo. Mas, ao invés de trocar o réu, poderá o autor optar por incluir outra pessoa como litisconsorte passiva necessária. Nesse caso não haverá correção de ilegitimidade ad causam, mas formação de um litisconsórcio ulterior.

Alternativa "a": A assertiva está incompleta. Após a apresentação da contestação, o réu poderá deduzir novas alegações quando competir ao Juízo conhecer delas de ofício, conforme prevê a assertiva, mas também quando se tratar de alegações relativas a direito ou a fato superveniente e, por fim, quando por expressa autorização legal, puderem ser formuladas em qualquer tempo e grau de jurisdição, nos termos do art. 342, I, II e III, CPC/2015.

Alternativa "b": A litispendência deve ser alegada na contestação. Todavia a assertiva traz a definição de coisa julgada, e aí se equivoca. A litispendência, de acordo com o art. 337, § 3º, CPC/2015, ocorre quando se repete ação que está em curso.

Alternativa "c": Incumbe ao réu, antes de discutir o mérito, alegar a incompetência absoluta e relativa. Esta última será suscitada no bojo da contestação, não havendo se falar, sob a égide do CPC/2015, em petição de exceção em apartado.

Alternativa "d": De acordo com o art. 339, *caput*, CPC/2015: "Quando alegar sua ilegitimidade, incumbe ao réu indicar o sujeito passivo da relação jurídica discutida sempre que tiver conhecimento, sob pena de arcar com as despesas processuais e de indenizar o autor pelos prejuízos decorrentes da falta de indicação".

Alternativa "e": A convenção de arbitragem não poderá ser conhecida de ofício pelo Juízo, nos termos do art. 337, § 5º, CPC/2015.

Alternativa correta: letra "d".

---

77. (CESPE – Procurador do Estado – PGE-PE/2018) O réu apresentou pedido reconvencional, mas não indicou o correspondente valor da causa. Nessa situação hipotética, o juiz deverá determinar

a) a abertura de prazo para a réplica, pois o valor da causa não é necessário na reconvenção.

b) o desentranhamento da reconvenção e o seguimento do processo, considerando apenas a contestação.

c) a abertura de prazo para a réplica, pois não cabe ao juiz, de ofício, corrigir valor da causa ou sua ausência.

d) a emenda da contestação, sob pena de não conhecimento do pedido reconvencional em particular, sem prejuízo da defesa apresentada contra o pedido do autor na mesma peça.

e) a emenda da contestação, sob pena de revelia, ônus aplicável se, após oportunizada a correção pelo juiz, o réu persistir na omissão.

COMENTÁRIOS

✪ **Nota do autor:** a reconvenção é ação proposta pelo réu (que na reconvenção se torna reconvinte) contra o autor (que na reconvenção se torna reconvindo), na qual o réu formula pedido, ampliando o mérito da causa ou objeto litigioso do processo de forma ulterior. Este contra-ataque do réu deverá preencher todos os requisitos previstos nos arts. 319 e 320, CPC/2015.

Alternativa "a": O valor da causa é um requisito essencial da petição inicial e da reconvenção (art. 292, *caput*, CPC/2015).

Alternativa "b": Deve-se oportunizar ao réu, no prazo de 15 dias, com fulcro no art. 321, *caput*, CPC/2015, que o réu emende a petição reconvencional para incluir o valor da causa.

Alternativa "c": O Juízo poderá corrigir de ofício o valor da causa quando verificar que não corresponde ao conteúdo patrimonial em discussão ou ao proveito econômico perseguido pelo autor, caso em que se procederá ao recolhimento das custas correspondentes, nos termos do art. 292, § 3º, CPC/2015.

Alternativa "d": Apresentada a reconvenção e visando o julgamento de mérito, o juiz poderá, antes de ouvir o autor, determinar o aditamento desta peça, para que conste corretamente a causa remota, a causa próxima, o pedido e o valor da causa. Não emendada, o Juízo indeferirá o pleito reconvencional e processará a contestação nos termos da lei processual.

Alternativa "e": Embora a contestação e a reconvenção sejam apresentadas em uma mesma petição, serão apreciadas separadamente, de modo que vícios em uma não afetará a outra. Assim, não emendada a reconvenção, não há se falar em revelia do réu, se apresentada a contestação em tempo oportuno.

Alternativa correta: letra "d".

---

78. (FMP – Procurador do Estado – PGE – AC/2017) Considere as seguintes afirmativas sobre o tema da contestação no âmbito do Código de Processo Civil. Assinale a alternativa INCORRETA.

a) Incumbe ao réu alegar, na contestação, toda a matéria de defesa, expondo as razões de fato e de direito com que impugna o pedido do autor e especificando as provas que pretende produzir.

b) A ausência de alegação da existência de convenção de arbitragem implica aceitação da jurisdição estatal e renúncia, a ao juízo arbitral.

c) Alegando o réu, na contestação, ser parte ilegítima ou não ser o responsável pelo prejuízo invocado, o juiz facultará ao autor, em 15 (quinze) dias, a alteração da petição inicial para substituição do réu.

d) Quando alegar sua ilegitimidade, é vedado ao réu indicar o sujeito passivo da relação jurídica discutida.

e) Havendo alegação de incompetência relativa ou absoluta, a contestação poderá ser protocolada no foro de domicílio do réu, fato que será imediatamente comunicado ao juiz da causa, preferencialmente por meio eletrônico.

COMENTÁRIOS

✪ **Nota do autor:** em tema de resposta do réu, objeto da questão em comento, o CPC/2015 promoveu profundas modificações, concentrando as matérias defensivas na contestação. A contestação permanece como o principal mecanismo de defesa. Aliás, vale registrar as palavras de Fredie Didier Jr., "a contestação está para o réu como a petição inicial está para o autor. Trata-se do instrumento da exceção exercida (exercício do direito de defesa), assim como a petição inicial é o instrumento da demanda (ação exercida). É pela contestação que o réu apresenta a suma dos seus argumentos de defesa"[31]. Além disso, houve importante modificação nas intervenções de terceiros com reflexo na resposta do réu. Trata-se da extinção da figura da nomeação à autoria com sua substituição por uma técnica de indicação da parte legítima na contestação (arts. 338 e 339, CPC). Para Fredie Didier Jr., "trata-se de uma modalidade nova de intervenção de terceiro, que tem por consequência a sucessão processual, que não depende da concordância do réu: ao alegar a ilegitimidade, o réu deve saber que poderá ser substituído, a critério do autor"[32].

Alternativa "a": Trata-se da regra da impugnação especificada que impõe ao réu o ônus de se manifestar precisamente sobre os fatos narrados na petição inicial, sendo vedada a defesa por negativa geral, ressalvados o defensor público, o advogado dativo e o curador especial, que estão dispensados da observância da referida regra. **Importante lembrar que o art. 341, CPC/2015, excluiu o Ministério Público da desnecessidade da impugnação especificada dos fatos, tendo sido incluída, em seu lugar, a Defensoria Pública.**

Alternativa "b": A convenção de arbitragem constitui exceção (e não objeção), porquanto só pode ser conhecida pelo magistrado caso arguida a tempo e modo oportunos; significa dizer que a omissão da parte provoca a prorrogação da competência do juiz estatal e renúncia tácita ao juízo arbitral (inteligência do art. 337, § 6º, CPC/2015).

Alternativa "c": O enunciado reproduz o art. 338, *caput,* CPC/2015. Conquanto o CPC/2015 não preveja a nomeação à autoria como modalidade de intervenção de terceiros, a possibilidade de correção de ilegitimidade passiva foi incorporada como matéria de defesa, que não fica restrita a hipóteses específicas de cabimento. Na mesma linha, a denominada extromissão do nomeante independe de aceitação do nomeado, bastando a concordância do autor (art. 339, CPC/2015).

Alternativa "d": Ao contrário da assertiva em comento, constitui ônus do réu indicar o sujeito passivo da relação jurídica deduzida em juízo quando arguir sua ilegitimidade para figurar no polo passivo, nos termos do art. 339, *caput,* CPC/2015.

Alternativa "e": A faculdade mencionada na alternativa em comento é prevista no art. 340, CPC/2015. Embora louvável a intenção do legislador, a solução encontrada faz com que o réu antecipe os seus argumentos méritos, por força do princípio da eventualidade, o que pode comprometer a efetividade da busca por uma solução consensual do litígio. Aliás, a utilização da faculdade implica justamente na suspensão de eventual audiência de conciliação designada.

Alternativa incorreta: letra "d".

79. (PUC – Procurador do Estado – PR/2015 – adaptada) Assinale a alternativa CORRETA.

a) Verificando que a alegação de impedimento ou de suspeição é improcedente, o relator rejeitá-la-á.

b) A não apresentação da contestação pela Fazenda Pública torna-a revel, mesmo que o litígio verse sobre direitos indisponíveis.

c) A presunção de veracidade das alegações do autor só é gerada em caso de revelia.

d) A distinção entre pedido contraposto e reconvenção é formal e consiste na exigência de formulação em peça separada para a segunda.

e) A extinção da demanda inicial leva à extinção da reconvenção se o pedido do réu está fundado em fatos narrados pelo autor na petição inicial.

COMENTÁRIOS

✪ **Nota do autor:** o réu, uma vez integrado à relação jurídico processual e não havendo possibilidade de solução por autocomposição, poderá apresentar resposta no prazo de quinze dias, consistente em contestação ou reconvenção. A propósito, importa registrar que o CPC/2015 trabalha com a ideia de concentração das matérias defensivas na contestação, anulando o campo de aplicação das denominadas exceções e impugnações. Assim, na contestação, além das preliminares de mérito (art. 337, CPC/2015), o réu impugnará o pleito autoral (art. 336, CPC/2015). Além desta espécie de defesa, o réu poderá formular pretensão contra o autor, através da reconvenção (art. 343, CPC/2015). Aliás, **o CPC/2015 eliminou as exceções.** A incompetência absoluta e a relativa deverão ser alegadas como questão

31. DIDIER JR., Fredie. **Curso de Direito Processual Civil. Vol. 01: Introdução ao Direito Processual Civil, Parte Geral e Processo de Conhecimento.** 17ª ed. Salvador: Juspodivm, 2015, p. 637.
32. DIDIER JR., Fredie. **Curso de Direito Processual Civil. Vol. 01: Introdução ao Direito Processual Civil, Parte Geral e Processo de Conhecimento.** 17ª ed. Salvador: Juspodivm, 2015, 647.

preliminar na peça contestatória (art. 64, CPC/2015). Já o impedimento ou suspeição de juiz deve ser alegado no prazo de 15 (quinze) dias a contar do conhecimento do fato, em petição fundamentada (art. 146, *caput*, CPC/2015). Saliente-se que, em relação ao impedimento, não há preclusão. Tal fato pode, inclusive, constituir causa para ajuizamento de ação rescisória.

Alternativa "a": O impedimento e a suspeição são configuram situações que ensejam a quebra da imparcialidade do magistrado, podendo a parte alegá-las, em petição específica dirigida ao juiz do processo, na qual indicará o fundamento da recusa, podendo instruí-la com documentos em que se fundar a alegação e com rol de testemunhas (art. 146, *caput*, CPC/2015). No entanto, verificando-se que a alegação não procede, **o tribunal** a rejeitará, determinando que o processo permaneça no juízo excepcionado.

Alternativa "b": De acordo com o Código de Processo Civil, verificada a revelia, ocorrem, em regra, três efeitos: a) os fatos alegados pelo autor são reputados como verdadeiros (art. 344, CPC/2105); b) o réu revel deixa de ser intimado dos atos processuais subsequentes, correndo os prazos, em se tratando de revel sem patrono nos autos, da data da publicação do ato decisório no órgão oficial (art. 346, CPC/2015); c) o juiz poderá julgar antecipadamente a lide (art. 355, II, CPC/2015).Tais efeitos, contudo, não são obrigatórios. É possível, por exemplo, que o réu revel possua advogado constituído nos autos e que a matéria objeto do processo verse sobre direitos indisponíveis. Nesse caso, apesar da revelia, não serão aplicados os efeitos anteriormente mencionados (art. 345, CPC/2015). Nos casos de processos contra o Estado, a aplicação dos efeitos da revelia ainda é tema sobre o qual a doutrina e a jurisprudência divergem. Para quem defende a inaplicabilidade dos efeitos da revelia a Fazenda Pública, o argumento principal é no sentido de que os direitos e interesses defendidos são sempre indisponíveis. Para os que defendem tese em sentido contrário, como a Administração Pública pode vir a litigar em torno de obrigações tipicamente privadas, não há se falar em indisponibilidade em todo e qualquer caso. Para essa segunda corrente, o direito defendido pela Fazenda Pública em juízo somente será considerado indisponível quando se referir ao interesse público primário, ou seja, àquele interesse composto pelas necessidades da sociedade.

Alternativa "c": Não há revelia se o réu apresenta apenas reconvenção, mas na qual refuta os argumentos expostos na inicial (STJ, REsp 1.335.994-SP, Rel. Min. Ricardo Villas Bôas Cueva, julgado em 12/8/2014).

Alternativa "d": A distinção entre pedido contraposto e reconvenção está no procedimento. O pedido contraposto é admitido no procedimento sumaríssimo (juizados especiais), enquanto a reconvenção é admitia no procedimento comum. De outro lado, o CPC/2015 aproximou a reconvenção do pedido contraposto ao admitir que o pleito reconvencional seja formulado na própria contestação (art. 343, *caput*, CPC/2015).

Alternativa "e": Assim que oferecida, a reconvenção se torna autônoma em relação à ação principal, de modo que, mesmo que esta seja extinta (por qualquer razão), aquela, ainda assim, deverá ser julgada (art. 343, § 2º, CPC/2015). Aliás, o § 5º, art. 343, CPC/2015, em disposição inovadora, autoriza o substituto processual a apresentar reconvenção, hipótese em que o reconvinte deverá afirmar ser titular de direito em face do substituído, e a reconvenção deverá ser proposta em face do autor, também na qualidade de substituto processual.

Alternativa correta: letra "b".

12.3. JULGAMENTO CONFORME O ESTADO DO PROCESSO

80. (CESPE/CEBRASPE – Procurador do Estado – PGE-PA/2022) João moveu demanda judicial com pedidos cumulados de rescisão contratual e danos morais e materiais contra José. Após o prazo para manifestação do autor sobre a contestação, foi proferida decisão que julgou procedente o pedido de rescisão contratual, considerando-se que este estava em condições de imediato julgamento, além de ter sido deferida a produção de provas e designada a audiência de instrução e julgamento em relação aos demais pedidos.

A partir dessa situação hipotética, assinale a opção correta.

a) O magistrado agiu incorretamente, pois a legislação processual civil veda o julgamento parcial e fracionado do mérito.
b) João poderá liquidar ou executar, desde logo, a obrigação reconhecida na decisão que julgou parcialmente o mérito, com a obrigatoriedade de prestação de caução, a ser fixada pelo juiz, ainda que haja recurso interposto contra tal decisão.
c) O juiz agiu corretamente, haja vista a possibilidade de julgamento parcial e fracionado do mérito prevista na legislação processual, atendidas as formalidades legais.
d) A decisão judicial proferida no caso em questão é impugnável por apelação parcial, seguindo-se o procedimento previsto no artigo 1.009 e seguintes do Código de Processo Civil.
e) Mesmo em caso de inexistência de recurso de José, o juiz poderá, no momento do julgamento dos demais pedidos, reapreciar o capítulo decisório referente à rescisão contratual.

COMENTÁRIOS

✪ **Nota do autor:** o julgamento parcial do mérito consiste em novidade trazida pelo texto processual civil, através do qual o legislador quis autorizar a possibilidade de haver decisão antecipada de parte do mérito que já esteja suficientemente maduro, impedindo que, acerca de algo que já é certo, imponham-se maiores delongas processuais para a prestação da tutela jurisdicional.

Alternativa "a": ver comentários sobre a alternativa "c".

Alternativa "b": nos termos do art. 356, § 2º, CPC, a parte poderá liquidar ou executar, desde logo, a obrigação reconhecida na decisão que julgar parcialmente o mérito, independentemente de caução, ainda que haja recurso contra essa interposto.

Alternativa "c": o CPC contempla em seu art. 356 a possibilidade de julgamento parcial e fracionado do mérito quando um ou mais dos pedidos formulados ou parcela deles: I - mostrar-se incontroverso; II - estiver em condições de imediato julgamento, nos termos do art. 355.

Alternativa "d": prevê o art. 356, § 5º, CPC, que a decisão parcial do mérito é impugnável por agravo de instrumento, seguindo-se, por conseguinte, o procedimento delineado nos arts. 1.016 e seguintes do CPC.

Alternativa "e": no tocante a questão referente à rescisão judicial, sobre ela o juiz não poderá se manifestar novamente, pois esgotada a jurisdição sobre o tema. O mérito do assunto só poderá ser revisto em sede recursal (agravo de instrumento).

Alternativa correta: letra "c".

---

81. (Cespe – Procurador do Estado – PGE – SE/2017) Ao tratar das hipóteses de julgamento conforme o estado do processo, o CPC determina que o julgamento antecipado do mérito

a) somente deve ser utilizado se o juiz estiver apto a prolatar decisão líquida; caso contrário, este deve prolongar a fase de conhecimento.

b) pode ser realizado de modo parcial, por meio de decisão interlocutória impugnável por agravo de instrumento.

c) depende, para que seja legitimamente procedido, da existência de precedente firmado no julgamento de casos repetitivos.

d) deve ser utilizado sempre que o réu for revel, porque, nesses casos, a instrução probatória é desnecessária.

e) deve ser feito com a utilização da técnica processual denominada tutela provisória, nas modalidades de urgência ou de evidência.

COMENTÁRIOS

✪ **Nota do autor:** o julgamento antecipado de mérito, objeto da questão em comento, é uma técnica de abreviamento do processo. É manifestação do *princípio da adaptabilidade* do procedimento [...] pois o magistrado, diante de peculiaridades da causa, *encurta* o procedimento, dispensando a realização de toda uma fase do processo"[33]. O CPC/2015 inovou ao consagrar a possibilidade de julgamento parcial de mérito, permitindo a cisão do julgamento do mérito da demanda. Comentando a referida novidade Luiz Guilherme Marinoni *et al* assinala: "Como é injusto – do ponto de vista da tempestividade da tutela jurisdicional – obrigar a parte a esperar pela resolução de determinada parcela do litígio que não depende qualquer ato processual posterior para ser elucidada, o art. 356, CPC, permite o julgamento imediato da parcela do mérito que já se encontra madura. Vale dizer: que é incontroversa – e, por isso independe de prova (art. 374, III, CPC) – ou que não depende de prova outra para sua elucidação do que aquelas já constantes dos autos. Com a previsão da possibilidade de imediato julgamento parcial do mérito, o legislador busca densificar o direito fundamental à tutela jurisdicional tempestiva (arts. 5º, LXXVIII, CF, e 4º, CPC). Trata-se de julgamento fundado em cognição exauriente e cuja ausência de recurso gera coisa julgada (art. 356, § 3º, CPC). A decisão que julga imediatamente parcela do mérito é irrevogável (art. 494, CPC).[34]

Alternativa "a": A teor do disposto no art. 356, § 1º, CPC/2015, a decisão que julgar parcialmente o mérito poderá reconhecer a existência de obrigação líquida ou **ilíquida**.

Alternativa "b": De acordo com o permissivo do art. 356, *caput* e § 5º, CPC/2015.

Alternativa "c": O julgamento antecipado de mérito **não** pressupõe a existência de precedente firmado em julgamento de casos repetitivos. A bem da verdade, o examinador misturou julgamento liminar de improcedência com julgamento antecipado parcial de mérito, valendo memorizar as distinções de cabimento dos institutos:

Alternativa "d": A revelia **não** torna, por si só, desnecessária a realização da instrução, cabendo ao magistrado avaliar sua conveniência, especialmente se verificar incongruências na narrativa dos fatos pelo autor, mesmo porque o art. 349, CPC/2015, assegura ao réu revel o direito à produção de provas, contrapostas às alegações do autor, desde que se faça representar nos autos a tempo de praticar os atos processuais indispensáveis a essa produção.

Alternativa "e": Não se confunde julgamento antecipado de mérito com tutela provisória, sendo certo que o primeiro instituto consubstancia decisão de mérito fundada em cognição exauriente; o segundo fenômeno, por sua vez, é caracterizado pela cognição sumária.

Alternativa correta: letra "b".

12.4. PROVAS

---

82. (CESPE/CEBRASPE – Procurador do Estado – PGE-RO/2022) Do ponto de vista probatório, a audiência de instrução e julgamento é o momento mais importante no trâmite processual, pois é nela que se confina a oitiva de testemunhas e do perito, depoimentos pessoais, bem como a análise e discussão dos demais meios de prova. A esse respeito, assinale a opção correta.

a) Caso tenha sido determinada produção de prova testemunhal, o juiz deverá fixar prazo comum não superior a 10 dias para que as partes apresentem o rol de testemunhas.

---

33. DIDIER JR., Fredie. **Curso de Direito Processual Civil. Vol. 1: Introdução ao Direito Processual Civil e Processo de Conhecimento.** 17ª ed. Salvador: Juspodivm, 2015, p. 688.

34. MARINONI, Luiz Guilherme; ARENHART, Sérgio Cruz; MITIDIERO, Daniel. **Novo Código de Processo Civil Comentado.** São Paulo: Revista dos Tribunais, 2015, p. 380.

b) Havendo antecipação ou adiamento da audiência de instrução e julgamento de procedimento comum, o juiz determinará a intimação pessoal das partes para a nova data.

c) Na oitiva de depoimentos pessoais, a parte não poderá levar suas alegações por escrito, nem consultar breves notas que tenha a fim de completar esclarecimentos.

d) A audiência de instrução é vinculativa e faz parte peremptória do procedimento, tendo em vista que é necessário realizar a revisão das provas juntadas ao processo.

e) A audiência de instrução e julgamento é una, mas, excepcionalmente, poderá ser fragmentada na ausência do perito ou testemunha e redesignada para a data mais próxima.

COMENTÁRIOS

✪ **Nota do autor:** se não for possível a conclusão da colheita de provas num único dia, seja pela ausência de perito ou de testemunha (especificidade que não se compreende) e desde que haja concordância das partes, a audiência poderá ser cindida, excepcional e justificadamente, não significando que se trate de nova audiência de instrução e julgamento: é a mesma audiência, una e contínua, que ainda está sendo realizada por conta da insuficiência de tempo hábil para sua total conclusão.

Alternativa "a": segundo o art. 357, § 4º, CPC, caso tenha sido determinada a produção de prova testemunhal, o juiz fixará prazo comum não superior a 15 (quinze) dias para que as partes apresentem rol de testemunhas.

Alternativa "b": de acordo com o art. 363, CPC, havendo antecipação ou adiamento da audiência, o juiz, de ofício ou a requerimento da parte, determinará a intimação dos advogados ou da sociedade de advogados para ciência da nova designação.

Alternativa "c": nos termos do art. 387, CPC, a parte responderá pessoalmente sobre os fatos articulados, não podendo servir-se de escritos anteriormente preparados, permitindo-lhe o juiz, todavia, a consulta a notas breves, desde que objetivem completar esclarecimentos.

Alternativa "d": a audiência de instrução e julgamento só será obrigatória quando se mostrar necessária a coleta de alguma prova oral. Caso não seja o caso, o juízo, desde logo, com base no art. 355, I, julgará antecipadamente o pedido.

Alternativa "e": dispõe o art. 365, *caput*, CPC, que a audiência é una e contínua, podendo ser excepcional e justificadamente cindida na ausência de perito ou de testemunha, desde que haja concordância das partes. Outrossim, diante da impossibilidade de realização da instrução, do debate e do julgamento no mesmo dia, o juiz marcará seu prosseguimento para a data mais próxima possível, em pauta preferencial (art. 365, parágrafo único, CPC).

Alternativa correta: letra "e".

---

83. (FCC – Procurador do Estado – PGE-AP/2018) Em relação às provas,

a) as provas no sistema processual civil pátrio obedecem a uma hierarquia de valores, tendo a confissão como a de maior valor e a prova testemunhal como a de menor valor.

b) caberá ao juiz, desde que requerido pelas partes, determinar as provas necessárias ao julgamento do mérito, indeferindo por despacho as diligências inúteis ou procrastinatórias.

c) a distribuição diversa do ônus da prova é possível, por acordo das partes, desde que tenha ocorrido durante o processo e não torne excessivamente difícil a uma parte o exercício do direito.

d) preservado o direito de não propor prova contra si própria, incumbe à parte comparecer em juízo, respondendo ao que lhe for perguntado; colaborar com o juízo na realização de inspeção judicial que for considerada necessária; e praticar o ato que lhe for determinado.

e) a produção antecipada da prova, na qual não se julga o mérito da causa, previne a competência do juízo para a ação que venha a ser proposta.

COMENTÁRIOS

✪ **Nota do autor:** ao longo da história surgiram três sistemas diferentes de avaliação ou de valoração da provas: a) sistema da prova legal: há uma hierarquia entre os meios de prova, vale dizer, a prova é tarifada; b) sistema do livre convencimento: não há hierarquia entre os meios de prova (o juiz é livre para apreciar o conjunto probatório) e o juiz não é obrigado a fundamentar a sua sentença; c) sistema da persuasão racional: não há hierarquia entre os meios de prova, mas o juiz é obrigado a fundamentar devidamente a sua sentença. O CPC brasileiro adota o sistema da persuasão racional (art. 371, CPC/2015), exigindo do juiz que fundamente a sua sentença de forma qualificada, analítica ou legítima a sua sentença (§ 1º do artigo 489 do CPC/2015), em consonância com o princípio do contraditório substancial (art. 5º, LV da CF e art. 8º do CPC), que pode ser traduzido pelo binômio "influência" (poder conferido às partes de influenciarem o resultado do processo) e "não surpresa" (dever do julgador de levar em consideração as alegações das partes na construção desse resultado).

Alternativa "a": Ver "nota do autor".

Alternativa "b": Caberá ao juiz, de ofício ou a requerimento da parte, determinar as provas necessárias ao julgamento do mérito. Ademais, o juiz indeferirá, em decisão fundamentada, as diligências inúteis ou meramente protelatórias (art. 370, CPC/2015).

Alternativa "c": A distribuição diversa do ônus da prova é possível mediante convenção (celebrada antes ou durante o processo – art. 373, § 4º, CPC/2015) das partes, salvo quando recair sobre direito indisponível da parte e/ou tornar excessivamente difícil a uma parte o exercício do direito (art. 373, § 3º, CPC/2015).

Alternativa "d": É o que determina o art. 379, I, II, e III, CPC/2015: "Preservado o direito de não produzir prova contra si própria, incumbe à parte: I – comparecer em juízo, respondendo ao que lhe for interrogado; II – colaborar com o juízo na realização de inspeção judicial que for considerada necessária; III – praticar ato que lhe for determinado".

Alternativa "e": De acordo com o art. 381, § 3º, CPC/2015: "A produção antecipada da prova não previne a competência do juízo para a ação que venha a ser proposta".

Alternativa correta: letra "d".

84. (FCC – Procurador do Estado – PGE-AP/2018) A confissão

a) judicial faz prova contra o confitente, podendo beneficiar ou prejudicar o litisconsorte.

b) se espontânea, só pode ser feita pela própria parte.

c) é, em regra, indivisível, não podendo a parte que a quiser invocar como prova aceitá-la no tópico que a beneficiar e rejeitá-la no que lhe for desfavorável, porém cindir-se-á quando o confitente a ela aduzir fatos novos, capazes de constituir fundamento de defesa de direito material ou de reconvenção.

d) de um cônjuge ou companheiro, nas ações que versarem sobre bens imóveis ou direitos reais sobre imóveis alheios, não valerá sem a do outro.

e) a confissão é irrevogável, mas pode ser tornada ineficaz se decorreu de erro, de fato ou de direito, dolo ou coação.

COMENTÁRIOS

✪ **Nota do autor:** a regra da indivisibilidade da confissão, consiste no fato desta última, uma vez emitida, não poder ser usada pela parte que dela se beneficie, de forma compartimentada, ou seja, somente no que lhe favorece, dispensando a parte que porventura lhe desfavoreça. A divisibilidade é aceita apenas em caráter excepcional, como forma de se impedir que o confitente se utilize da confissão como forma de aduzir fatos novos, capazes de constituir fundamento de defesa de direito material ou de reconvenção. Nesses casos, o confitente realiza a confissão de um fato de menor abrangência como forma de aduzir novos fatos que possam ser utilizados na defesa de sua pretensão, ou seja, um patente desvio de finalidade deste meio de prova. Em tais circunstâncias, o juiz poderá cindir, dividir, a confissão, de modo a valorar o que seja favorável e desfavorável ao confitente de forma separada.

Alternativa "a": A confissão judicial faz prova contra o confitente, não prejudicando, todavia, os litisconsortes (art. 391, *caput*, CPC/2015).

Alternativa "b": A confissão espontânea pode ser feita pela própria parte ou por representante com poder especial (art. 390, § 1º, CPC/2015).

Alternativa "c": A alternativa corresponde ao que prevê o art. 395, CPC/2015: "A confissão é, em regra, indivisível, não podendo a parte que a quiser invocar como prova aceitá-la no tópico que a beneficiar e rejeitá-la no que lhe for desfavorável, porém cindir-se-á quando o confitente a ela aduzir fatos novos, capazes de constituir fundamento de defesa de direito material ou de reconvenção".

Alternativa "d": Nas ações que versarem sobre bens imóveis ou direitos reais sobre imóveis alheios, a confissão de um cônjuge ou companheiro não valerá sem a do outro, salvo se o regime de casamento for o de separação absoluta de bens (art. 391, parágrafo único, CPC/2015).

Alternativa "e": De acordo com o art. 393, *caput*, CPC/2015, a confissão é irrevogável, mas pode ser anulada se decorreu de erro de fato ou de coação. Perceba que o erro de direito ou o dolo não permitem a anulação da confissão.

Alternativa correta: letra "c".

85. (FCC – Procurador do Estado – PGE-TO/2018) No que se refere às regras da confissão previstas no CPC, a confissão

a) em juízo vale como admissão de fatos relativos a direitos indisponíveis, se feita por agente maior e capaz.

b) é revogável, como regra, por se tratar de ato jurídico unilateral, podendo ainda ser anulada se decorreu de erro de fato, de dolo ou de coação.

c) judicial só pode ser espontânea, já que a confissão provocada é exclusiva do procedimento extrajudicial.

d) judicial faz prova contra o confitente, prejudicando os litisconsortes.

e) extrajudicial, quando feita oralmente, só terá eficácia nos casos em que a lei não exija prova literal.

COMENTÁRIOS

✪ **Nota do autor:** a confissão, via de regra, é irrevogável, de modo que o confitente não possa, uma vez realizada a confissão e conhecidos os seus desdobramentos, retratar-se, sob pena de, assim sendo, haver uma clara derrogação ao princípio da verdade real. Havendo erro de fato ou de coação, entretanto, há uma situação em que a parte confessou uma coisa pela outra (por exemplo, confundiu fatos e confessou um pelo outro – erro de fato), ou situação na qual foi coagida, impelida de forma violenta ou com constrangimento, a admitir fato que, de maneira contrária ou sem negar a verdade, jamais faria. O art. 214, CC, corrigindo redação do CPC/73, indica que o erro e a coação permitem a invalidação da confissão, e não sua revogação. Diante de tais situações, a confissão poderá ser anulada, por meio de ação própria, pois houve vício na verdade do fato que foi obtida. A prova daí surgida, se não criminosa, é, ao menos, ilegal ou indiferente para a formação do conteúdo probatório do processo, não refletindo no seu resultado.

Alternativa "a": Não se admite a confissão de fatos relativos a direitos indisponíveis (art. 392, *caput*, CPC/2015).

Alternativa "b": A confissão é irrevogável. Todavia, admite-se a sua anulação, desde que tenha ocorrido erro de fato ou coação (art. 393, *caput*, CPC/2015).

Alternativa "c": Na realidade, a confissão judicial pode ser espontânea ou provocada (art. 390, *caput*, CPC/2015).

Alternativa "d": De acordo com o art. 391, caput, CPC/2015: "A confissão judicial faz prova contra o confitente, não prejudicando, todavia, os litisconsortes".

Alternativa "e": Trata-se de disposição literal do art. 394, CPC/2015: "A confissão extrajudicial, quando feita oralmente, só terá eficácia nos casos em que a lei não exija prova literal".

Alternativa correta: letra "e".

---

86. (VUNESP – Procurador do Estado – PGE-SP/2018) No caso de recusa injustificada de exibição de documento, na fase de conhecimento de um processo, é correto afirmar que o juiz pode impor multa

a) às partes, de ofício, mas, se o documento ou coisa estiver em poder de terceiros, o juiz poderá, também de ofício ou a requerimento das partes, ordenar a citação deles, com prazo de quinze dias para resposta, para que exibam o documento, sob pena de multa, dentre outras providências.

b) de até 2% (dois por cento) do valor da causa apenas aos terceiros, quando verificar que eles não estão colaborando com o Poder Judiciário ao deixar de exibir determinado documento.

c) às partes, aos terceiros e aos advogados privados, inclusive quando se tratar da Fazenda Pública, desde que assegure a todos ampla defesa e contraditório, mediante prévia intimação pessoal de todos, com prazo de cinco dias para resposta.

d) às partes, aos terceiros e também aos advogados ou procuradores que estiverem atuando no processo, de ofício, salvo se uma das partes for a Fazenda Pública, porque o valor dessas multas processuais é sempre revertido para ela mesma.

e) somente aos terceiros, de ofício, mediante intimação por mandado, com prazo de dez dias para a resposta, visto que, em relação às partes, o juiz deverá aplicar a "confissão" quanto aos fatos que o documento poderia provar.

COMENTÁRIOS

✪ **Nota do autor:** sobre a exibição de documento ou coisa em juízo, o código traz o seguinte regramento quando o apresentante for parte no feito: entendendo que a exibição deverá ser realizada, poderá o Juízo determinar multa sancionatória ou a entrega coercitiva da coisa (busca e apreensão). Nesse caso, se o requerido não apresentar o documento, o juiz julgará por verdadeiro o fato que seria provado pela exibição, sempre que: (i) o requerido não efetuar a exibição, nem fizer qualquer declaração no prazo de 5 (cinco) dias do art. 398; (ii) a recusa for havida por ilegítima (art. 399). Tal presunção, entretanto, é relativa, devendo ser analisado o conjunto probatório, como um todo. Por sua vez, caso um terceiro seja compelido a apresentar documento ou coisa em juízo, o procedimento será o seguinte: haverá a necessidade de uma ação incidental, que seguirá em apenso à principal, para que a exibição seja realizada; o terceiro deverá ser citado para responder, no prazo de 15 (quinze) dias. Entendendo pela procedência do pedido de exibição, caso em que se verifica a necessidade da exibição e a recusa injustificada por parte do terceiro, o juiz ordenará ao terceiro que realize o depósito do documento ou coisa em cartório ou em outro lugar designado, dentro do prazo de 5 (cinco) dias. Se o terceiro não efetuar a exibição, o juiz determinará a busca e apreensão do documento ou coisa, sendo-lhe assegurado, ainda, se utilizar de força policial. O terceiro que resiste à entrega da coisa ou documento ainda possui responsabilidade penal pelo crime de desobediência (art. 330, CP). Tratando-se de obrigação para a entrega de coisa, aplica-se o disposto no art. 498, ou seja, é possível a fixação, seja através de requerimento da parte, seja de ofício, das chamadas "astreintes". E mais: poderá o juiz, valendo-se do princípio da máxima eficiência, e com o propósito de obter a plena satisfação da sua ordem, determinar qualquer medida de indução ou de sub-rogação.

ATENÇÃO: a Lei 14.195, de 26.8.2021, alterou a redação dos incisos do art. 397, CPC/2015, que aborda os requisitos para a formulação de um pedido de exibição de documento ou coisa, para o seguinte: "I – a descrição, tão completa quanto possível, do documento ou da coisa, ou das categorias de documentos ou de coisas buscados; II – a finalidade da prova, com indicação dos fatos que se relacionam com o documento ou com a coisa, ou com suas categorias; III – as circunstâncias em que se funda o requerente para afirmar que o documento ou a coisa existe, ainda que a referência seja a categoria de documentos ou de coisas, e se acha em poder da parte contrária."

Alternativa "a": Ver comentários na "nota do autor". Ademais, as medidas de cunho indutivo, coercitivo, mandamental ou sub-rogatório, poderão ser impostas de ofício pelo Juízo com fulcro nos arts. 400, parágrafo único, 403, parágrafo único e 536, *caput*, todos do CPC/2015.

Alternativa "b": O texto processual civil não quantifica o valor da multa a ser aplicada. Outrossim, a multa poderá ser aplicada tanto às partes quanto à terceiros.

Alternativa "c": Não há, no regramento jurídico, a aplicação de multa aos advogados privados quando documento ou coisa não seja exibida em juízo.

Alternativa "d": Os advogados ou procuradores não serão multados, por ausência de previsão legal, pelo descumprimento da ordem de apresentação do documento em juízo.

Alternativa "e": De acordo com o enunciado 54, FPPC: "Fica superado o enunciado 372 da súmula do STJ ("Na ação de exibição de documentos, não cabe a aplicação de multa cominatória") após a entrada em vigor do CPC, pela expressa possibilidade de fixação de multa de natureza coercitiva na ação de exibição de documento". Assim, em virtude da redação do art. 400, parágrafo único, CPC/2015, o juiz poderá adotar medidas indutivas (v.g., multa), coercitivas, mandamentais ou sub-rogatórias para que o documento seja exibido pela parte. Ademais, o terceiro será citado (e não intimado) para apresentar resposta no prazo de 15 dias (e não 10 dias). Por fim, em relação às partes, a sanção, via de regra, caso não apresentado o documento, será da presunção relativa dos fatos que se pretendia comprovar com o documento ou coisa. Todavia, o parágrafo único do art. 400, CPC/2015, prevê a possibilidade de aplicação de medidas coercitivas, dentre outas. Conforme entende a melhor doutrina, a utilização dessas medidas terá cunho subsidiário, ou seja, o Juízo só se valerá delas quando, por algum motivo, mostrar-se materialmente impossível a presunção de veracidade das alegações de fato em razão da imprecisão de sua narrativa.

Alternativa correta: letra "a".

87. (FMP – Procurador do Estado – PGE – AC/2017) Considere as seguintes afirmativas sobre o tema das provas no âmbito do Código de Processo Civil. Assinale a alternativa INCORRETA.

a) Nos casos previstos em lei ou diante de peculiaridades da causa relacionadas à impossibilidade ou à excessiva dificuldade de cumprir o encargo nos termos do *caput* ou à maior facilidade de obtenção da prova do fato contrário, poderá o juiz atribuir o ônus da prova de modo diverso, desde que o faça por decisão fundamentada, caso em que deverá dar à parte a oportunidade de se desincumbir do ônus que lhe foi atribuído.

b) A carta precatória e a carta rogatória não devolvidas no prazo, ainda que concedidas sem efeito suspensivo, não poderão ser juntadas aos autos.

c) O juiz aplicará as regras de experiência comum subministradas pela observação do que ordinariamente acontece e, ainda, as regras de experiência técnica, ressalvado, quanto a estas, o exame pericial.

d) A parte que alegar direito municipal, estadual, estrangeiro ou consuetudinário provar-lhe-á o teor e a vigência, se assim o juiz determinar.

e) Ninguém se exime do dever de colaborar com o Poder Judiciário para o descobrimento da verdade.

COMENTÁRIOS

Alternativa "a": De fato, o CPC/2015 consagrou no art. 373, § 1º, reproduzido no enunciado da alternativa em comento, a possibilidade de dinamização do ônus da prova, desde que peculiaridades da causa evidenciem a impossibilidade ou a excessiva dificuldade da parte se desincumbir do encargo probatório ou à maior facilidade de obtenção da prova do fato contrário. Aliás, a teoria da carga dinâmica já era admitida pela jurisprudência do STJ, ainda na vigência do CPC/1973, que considerava cabível abrandar o regime do ônus estático em razão da dificuldade da parte mais vulnerável de se desincumbir do **ônus** probante[35].

Alternativa "b": A carta precatória e a carta rogatória não devolvidas no prazo **ou** concedidas sem efeito suspensivo **poderão** ser juntadas aos autos a qualquer momento, conforme preconiza o parágrafo único do art. 377, CPC/2015.

Alternativa "c": É o que prescreve o art. 375, CPC/2015. Trata-se de mecanismo que decorre da vedação ao *non liquet*, de modo que, não podendo se eximir de julgar a lide, está o magistrado autorizado a aplicar regras de experiência subministradas pela observação do que ordinariamente acontece, quando não houver normas jurídicas particulares.

Alternativa "d": É o teor do art. 376, CPC/2015. Interessante notar que a prova de direito excepciona a regra de que o objeto da prova são os fatos, mas somente será exigida se o magistrado entendê-la necessária.

Alternativa "e": É o que preconiza o art. 378, CPC/2015.

Alternativa incorreta: letra "b".

35. STJ, *EDcl no AgRg no AREsp 55.067/SP*, 3ª T., rel. Min. João Otávio de Noronha, j. 06.08.2013, DJe 19.08.2013.

88. (FMP – Procurador do Estado – PGE – AC/2017) Considere as seguintes afirmativas sobre o tema da audiência de instrução e julgamento no âmbito do Código de Processo Civil. Assinale a alternativa CORRETA.

a) Instalada a audiência, o juiz tentará conciliar as partes, desde que não tenham sido antes empregados outros métodos de solução consensual de conflitos, como a mediação e a arbitragem.

b) A audiência poderá ser adiada por atraso injustificado de seu início em tempo superior a uma hora do horário marcado.

c) Enquanto depuserem o perito, os assistentes técnicos, as partes e as testemunhas, os advogados e o Ministério Público poderão intervir ou apartear livremente, ainda que sem licença do juiz.

d) Encerrado o debate ou oferecidas as razões finais, o juiz proferirá sentença em audiência ou no prazo de 60 (sessenta) dias.

e) Finda a instrução, o juiz dará a palavra ao advogado do autor e do réu, bem como ao membro do Ministério Público, se for o caso de sua intervenção, sucessivamente, pelo prazo de 20 (vinte) minutos para cada um, prorrogável por 10 (dez) minutos, a critério do juiz.

COMENTÁRIOS

✪ **Nota do autor:** a audiência de instrução e julgamento, objeto da questão em comento, é ato complexo, na medida em que nela são praticados vários atos processuais, tanto pelo juiz quanto pelas partes, advogados e membros do Ministério Público. O CPC/2015 alinhou-se à tendência iniciada com as reformas operadas no Código de Processo Penal no ano de 2008 e abandonou, em relação à condução da audiência, o sistema presidencialista, adotando o sistema do *Direct and Cross Examination*. A modificação consta do art. 459 segundo o qual "as perguntas serão formuladas pelas partes diretamente à testemunha, começando pela que a arrolou, não admitindo o juiz aquelas que puderem induzir a resposta, não tiverem relação com as questões de fato objeto da atividade probatória ou importarem repetição de outra já respondida".

Alternativa "a": A teor do art. 359, CPC/2015, o juiz deve, assim que instalada a audiência de instrução e julgamento e **independentemente** de emprego anterior de outros métodos de solução consensual dos conflitos, tentar conciliar as partes.

Alternativa "b": O limite tolerável de atraso que não prejudica a realização da audiência é de **trinta** (e **não uma hora**) minutos do horário marcado (inteligência do art. 362, inciso III, CPC/2015).

Alternativa "c": No transcorrer do depoimento do perito, do assistente técnico, das partes e das testemunhas, **não** é permitido aos advogados e ao membro do Ministério Público intervir ou apartear livremente sem licença do magistrado, nos termos do art. 361, parágrafo único, CPC/2015.

Alternativa "d": Não sendo proferida a sentença em audiência ao final dos debates, o juiz deverá fazê-lo no prazo de **trinta** (e **não sessenta**) dias, por força do art. 366, CPC/2015.

Alternativa "e": O enunciado reproduz o art. 364, CPC/2015.

Alternativa correta: letra "e".

12.5. SENTENÇA E COISA JULGADA

89. (FCC – Procurador do Estado – PGE-AM/2022) A coisa julgada material

a) abrange a questão principal expressamente decidida, como também a questão prejudicial de cuja resolução dependa o julgamento do mérito, desde que competente o juízo e que tenha havido contraditório efetivo sobre o tema, bem como não haja limitações probatórias ou à cognição.

b) abrange a questão principal expressamente decidida, como também a questão prejudicial, desde que haja a apresentação de ação declaratória incidental.

c) abrange a questão principal expressamente decidida, como também a questão prejudicial, bastando que o juízo, atento ao princípio da cooperação, advirta as partes de tal fato na fundamentação da própria sentença.

d) abrange apenas a questão principal expressamente decidida, já que os motivos da decisão não fazem coisa julgada.

e) é limitada, pelo princípio da congruência, ao julgamento do pedido propriamente dito.

COMENTÁRIOS

✪ **Nota do autor:** no modelo implementando pelo CPC de 2015, a resolução da questão prejudicial (*v.g.*, a invalidade do contrato numa ação em que se pede o cumprimento do mesmo ou a paternidade numa ação de alimentos) pode se tornar imutável e indiscutível, desde que presentes determinados requisitos, independentemente da propositura de uma ação declaratória incidental. Os requisitos para a que a resolução da questão prejudicial seja acobertada pela coisa julgada são os seguintes: a) dessa resolução depender o julgamento do mérito; b) a seu respeito tiver havido contraditório prévio e efetivo, não se aplicando no caso de revelia; c) o juízo tiver competência em razão da matéria e da pessoa para resolvê-la como questão principal; d) o processo não apresentar restrições probatórias, nem limitações à cognição que impeçam o aprofundamento da análise da questão prejudicial.

Alternativa "a": no CPC de 2015 pode-se encontrar duas coisas julgadas distintas: a) a coisa julgada ordinária, formada sobre as resoluções das questões de mérito (lembrando que a questão de mérito é fixada pelo pedido) no dispositivo da sentença (*caput* do art. 503 do CPC); e b) a coisa julgada excepcional, formada sobre as resoluções das questões prejudiciais (lembrando que a questão prejudicial é um tipo de questão prévia cuja resolução influencia o teor da decisão da questão de mérito) na fundamentação da sentença, desde que presentes alguns requisitos (§§ 1º e 2º do art. 503 do CPC).

Alternativa "b": não é necessária a apresentação de ação declaratória incidental.

Alternativa "c": a coisa julgada só abrange a questão prejudicial se preencher os requisitos do art. 503, §§ 1º e 2º do CPC. Ademais, é desnecessário que o juízo advirta as partes sobre a sua incidência, por se tratar de previsão expressa em lei.

Alternativa "d": de fato, os motivos da decisão não fazem coisa julgada (art. 504, I, CPC). Nada obstante, por expressa previsão legal, a coisa julgada material abrange também a questão prejudicial que preencher os requisitos do art. 503, §§ 1º e 2º do CPC.

Alternativa "e": presentes os requisitos legais, a coisa julgada excepcional recairá sobre as questões prejudiciais na fundamentação da sentença.

Alternativa correta: letra "a".

90. (FCC – Procurador do Estado – PGE-AP/2018) Em relação à coisa julgada,

a) a sentença faz coisa julgada às partes entre as quais é dada, não prejudicando terceiros.

b) nenhum juiz decidirá novamente as questões já decididas relativas à mesma lide, em nenhuma hipótese.

c) denomina-se coisa julgada formal a autoridade que torna imutável e indiscutível a sentença de mérito não mais sujeita a recurso.

d) os motivos não fazem coisa julgada, mas a verdade dos fatos sim, desde que estabelecida como fundamento da sentença.

e) é possível à parte discutir no curso do processo as questões já decididas, se sobre elas operou-se somente a preclusão.

COMENTÁRIOS

✪ **Nota do autor:** o CPC/2015 inovou significativamente em relação ao CPC/73, quanto ao tema dos limites subjetivos da coisa julgada: enquanto o art. 472 do CPC de 1973 dizia que "A sentença faz coisa julgada entre as partes as quais é dada, não beneficiando, nem prejudicando terceiros", o art. 506 do CPC de 2015 diz que "A sentença faz coisa julgada às partes entre as quais é dada, não prejudicando terceiros". Portanto, a coisa jugada não pode prejudicar terceiros, em razão da necessidade de se respeitar o princípio do contraditório, mas pode beneficiá-los, desde que pertencentes à mesma relação jurídica material.

Alternativa "a": É o que prevê o art. 506, CPC/2015: "A sentença faz coisa julgada às partes entre as quais é dada, não prejudicando terceiros".

Alternativa "b": Nenhum juiz decidirá novamente as questões já decididas relativas à mesma lide, salvo: I – se, tratando-se de relação jurídica de trato continuado, sobreveio modificação no estado de fato ou de direito, caso em que poderá a parte pedir a revisão do que foi estatuído na sentença; II – nos demais casos prescritos em lei (art. 505, I e II, CPC/2015).

Alternativa "c": Denomina-se coisa julgada material a autoridade que torna imutável e indiscutível a decisão de mérito não mais sujeita a recurso (art. 502, CPC/2015).

Alternativa "d": De acordo com o art. 504, I e II, CPC/2015, não fazem coisa julgada os motivos, ainda que importantes para determinar o alcance da parte dispositiva da sentença e a verdade dos fatos, estabelecida como fundamento da sentença.

Alternativa "e": É vedado à parte discutir no curso do processo as questões já decididas a cujo respeito se operou a preclusão (art. 507, CPC/2015).

Alternativa correta: letra "a".

91. (VUNESP – Procurador do Estado – PGE-SP/2018) A ampliação objetiva dos limites da coisa julgada à questão prejudicial pode ser feita de ofício pelo juiz, desde que

a) da resolução dessa questão não dependa o julgamento de mérito, e que o contraditório, nesse caso, seja prévio e efetivo e o juiz seja competente em razão da matéria e do lugar, mas essa ampliação não pode ocorrer em processos que possuam limitação da cognição ou restrições probatórias.

b) exista contraditório prévio e efetivo, mesmo que o juiz não seja competente em razão da pessoa. Se houver limitação da cognição que impeça o aprofundamento da análise dessa questão prejudicial, o juiz deverá adaptar o procedimento para que essa limitação desapareça, mediante prévia consulta às partes.

c) da resolução dessa questão dependa o julgamento de mérito, mas o contraditório precisa ser prévio e efetivo e o juiz precisa ser competente em razão da matéria e da pessoa, porém, essa ampliação não pode ocorrer se o réu for revel ou em processos que possuam limitações da cognição que impeçam o aprofundamento da análise da questão prejudicial ou restrição probatória.

d) exista contraditório prévio e efetivo, mesmo que o juiz não seja competente em razão da matéria ou em razão do lugar, no entanto, se houver limitação da cognição que impeça o aprofundamento da análise dessa questão prejudicial, essa ampliação não pode ocorrer.

e) exista contraditório prévio e efetivo, mesmo que o juiz não seja competente em razão da matéria ou da pessoa, porém, se houver limitação da cognição que impeça o aprofundamento da análise dessa questão prejudicial, essa ampliação não pode ocorrer.

COMENTÁRIOS

✪ **Nota do autor:** os requisitos para a que a resolução da questão prejudicial seja acobertada pela coisa julgada são os seguintes (art. 503, §§ 1º e 2º, CPC/2015): i) dessa resolução depender o julgamento do mérito; ii) a seu respeito tiver havido contraditório prévio e efetivo, não se aplicando no caso de revelia; iii) o juízo tiver competência em razão da matéria e da pessoa para resolvê-la como questão principal (v.g., numa demanda sobre alimentos, a resolução de uma questão prejudicial sobre a paternidade pode fazer coisa julgada material, mas numa demanda previdenciária em curso na Justiça Federal, a resolução de uma questão prejudicial sobre união estável não estará acobertada pela coisa julgada material); iv) o processo não apresentar restrições probatórias, nem limitações à cognição que impeçam o aprofundamento da análise da questão prejudicial (v.g., num mandado de segurança, cuja prova é pré-constituída as resoluções de questões prejudiciais não estarão acobertada pela coisa julgada material).

Alternativa correta: letra "c" (a "nota do autor" responde as demais alternativas).

92. (FMP – Procurador do Estado – PGE – AC/2017) Considere as seguintes afirmativas sobre o tema da sentença no âmbito do Código de Processo Civil. Assinale a alternativa CORRETA.

a) O juiz resolverá o mérito quando acolher a alegação de existência de convenção de arbitragem ou quando o juízo arbitral reconhecer sua competência.

b) O pronunciamento judicial que não resolve o mérito não obsta a que a parte proponha de novo a ação.

c) A decisão deve ser certa, sendo vedado resolver relação jurídica condicional.

d) A hipoteca judiciária não assegurará, para o credor hipotecário, qualquer preferência quanto ao pagamento em relação a outros credores.

e) Publicada a sentença, o juiz só poderá alterá-la por meio de embargos de declaração, sendo vedado qualquer tipo de correção realizada de ofício.

COMENTÁRIOS

✪ **Nota do autor:** a questão versa sobre a sentença e a alternativa correta aborda a extinção do processo sem resolução de mérito, valendo destacar duas novidades do CPC/2015 sobre o tema:

(*a*) a extinção por abandono após oferecida contestação, depende de requerimento do réu. *A contrario sensu*, é possível a extinção de ofício quando ainda não apresentada a peça defensiva. Logo importante memorizar:

Extinção do processo por abandono do autor	
Sem contestação	**Com contestação**
A requerimento do réu ou de ofício.	Depende da provocação do réu.

(*b*) o recurso contra sentença terminativa, a teor do art. 485, § 7º, CPC/2015, é dotado de efeito regressivo (juízo de retratação, que deve ser exercido no prazo de 5 dias).

Alternativa "a": A bem da verdade, o pronunciamento judicial que acolher a alegação de existência de convenção de arbitragem ou quando o juízo arbitral reconhecer sua competência **não** resolve o mérito do processo (inteligência do art. 485, inciso VII, CPC/2015).

Alternativa "b": De fato, a decisão que extingue o processo sem resolver o mérito não faz coisa julgada material e, por isso, não impede a repropositura da ação, haja vista que a preclusão produz efeitos apenas internamente. No entanto, tratando-se de extinção fundada na existência de litispendência e nos casos de indeferimento da petição inicial, ausência de pressupostos processuais ou das condições da ação (legitimidade e interesse processual), bem como em se tratando de acolhimento da alegação de existência de convenção de arbitragem ou quando o juízo arbitral reconhecer sua incompetência, a propositura da nova ação ficará condicionada à correção do vício que levou à sentença sem resolução de mérito (art. 486, *caput* e § 1º, CPC/2015).

Alternativa "c": A congruência interna exige que a decisão judicial seja certa, **ainda** que resolva relação jurídica condicional (inteligência do art. 492, parágrafo único, CPC/2015).

Alternativa "d": Com efeito, A hipoteca judiciária, uma vez constituída, **implicará**, para o credor hipotecário, o direito de preferência, quanto ao pagamento, em relação a outros credores, observada a prioridade no registro (art. 495, § 4º, CPC/2015).

Alternativa "e": O juiz está autorizado a corrigir, **de ofício** ou a requerimento da parte, inexatidões materiais ou erros de cálculo (art. 494, inciso II, CPC/2015).

Alternativa correta: letra "b".

93. (PUC – Procurador do Estado – PR/2015 – adaptada) Transitou em julgado demanda condenatória movida contra Estado Federado. Posteriormente, o Supremo Tribunal Federal considerou inconstitucional a lei que deu fundamento à procedência do pedido formulado naquela demanda. Qual o meio processual apto a impedir que o ente estatal pague a quantia em dinheiro resultante da condenação?

a) A impetração de mandado de segurança com pedido de liminar.
b) A interposição de recurso extraordinário fundado na inconstitucionalidade superveniente.
c) O ajuizamento de reclamação perante o Supremo Tribunal Federal.
d) A propositura de ação declaratória de inexistência da sentença *(querela nullitatis)*.
e) A apresentação de impugnação no cumprimento de sentença que reconheça a exigibilidade de obrigação de pagar quantia certa pela Fazenda Pública.

COMENTÁRIOS

✪ **Nota do autor:** além da ação rescisória, **existem outros meios disponíveis no ordenamento para mitigar a imutabilidade da coisa julgada, dentre eles a ação de *querela nullitatis* e a revisão de decisão fundada em lei, ato normativo ou interpretação tida pelo STF como inconstitucionais (arts. 525, § 12, e 535, § 5º, CPC/2015).**

Importante: O CPC/73 continha regra no sentido de que era considerado inexigível o título judicial fundado em lei ou ato normativo declarados inconstitucionais pelo Supremo Tribunal Federal, ou fundado em aplicação ou interpretação da lei ou ato normativo tidas pelo Supremo Tribunal Federal como incompatíveis com a Constituição Federal (art. 475-L, §1º e 741, parágrafo único).Daniel Assumpção Amorim Neves, a propósito, assinala que "existe doutrina que defende a inconstitucionalidade dos dispositivos ora comentados, com o argumento de que a coisa julgada é uma indispensável garantia fundamental, prestando-se a dotar a sistema da segurança jurídica indispensável a prestação da tutela jurisdicional. A possibilidade de revisão da coisa julgada material em razão de posterior inconstitucionalidade declarada pelo Supremo Tribunal Federal criaria instabilidade insuportável ao sistema, afastando a promessa constitucional de inafastabilidade da tutela jurisdicional, considerando-se que tutela jurisdicional não definitiva é o mesmo que sua ausência. O tema não é pacífico, considerando parcela da doutrina que os dispositivos legais são constitucionais, ainda que indesejáveis. Sendo tarefa das normas infraconstitucionais o estabelecimento de quando e como haverá coisa julgada, também serão essas espécies de normas que determinarão as hipóteses excepcionais de seu desaparecimento, indicando as razões e a forma procedimental para que isso ocorra no caso concreto. Em virtude do histórico do surgimento dessa regra em nosso direito processual, dificilmente o Supremo Tribunal Federal a considerara inconstitucional, ainda que exista ação declaratória de inconstitucionalidade contra o art. 741, parágrafo único, do CPC, pendente de julgamento [ADI 2.418-3]"[36].

Não obstante, o CPC/2015 reproduziu a mesma sistemática, acrescentando que essa declaração pode ocorrer em controle concentrado ou difuso (independentemente de resolução do Senado Federal na forma do art. 52, X, CF/88). Além disso, o novo diploma processual prevê que, nessa hipótese, a interpretação da Suprema Corte deve ter se fixado antes do trânsito em julgado da sentença exequenda (entendimento que já prevalecia no STF). Se a decisão do STF for posterior, restará à parte propor ação rescisória, sendo que o prazo decadencial de dois anos não será contado da data do trânsito em julgado da decisão exequenda, mas do trânsito em julgado da decisão proferida pelo STF (art. 525 e §§, CPC/2015).

Alternativa "a": A referida questão não pode ser objeto de mandado de segurança, porquanto não preenchidos os requisitos constitucionais (art. 5º, LXIX, da CF/88). Ademais, de acordo com a Súmula 268 do STF: "Não cabe mandado de segurança contra decisão judicial com trânsito em julgado".

Alternativa "b": "É **inadequado** recurso extraordinário contra acórdão de turma do Supremo" (ARE 729.643). Não bastasse, a decisão transitou em julgado, não podendo ser rediscutida, sob pena de atribuir ao recurso extraordi-

36. NEVES, Daniel Amorim Assumpção. **Manual de Direito Processual Civil – Volume Único.** 8ª ed. Salvador: Juspodivm, 2016, p. 813.

nário nítido caráter rescisório, em manifesta ofensa ao sistema processual vigente.

Alternativa "c": Se a decisão já houver transitado em julgado não será cabível a propositura de reclamação. Nesse sentido: "Não cabe reclamação quando já houver transitado em julgado o ato judicial que se alega tenha desrespeitado decisão do Supremo Tribunal Federal" (**Súmula 734,** STF). **Atenção:** o referido entendimento foi, recentemente, incorporado ao CPC/2015, por força da Lei 13.256/2016, que alterou a redação do § 5º do art. 988: "É inadmissível a reclamação: I – proposta após o trânsito em julgado da decisão reclamada; II – proposta para garantir a observância de acórdão de recurso extraordinário com repercussão geral reconhecida ou de acórdão proferido em julgamento de recursos extraordinário ou especial repetitivos, quando não esgotadas as instâncias ordinárias". Com isso, evita-se a utilização da reclamação como sucedâneo recursal.

Alternativa "d": A ação de *querela nullitatis* é "remédio vocacionado ao combate de sentença contaminada pelos vícios mais graves dos erros de atividade (*errores in procedendo*), nominados de vícios transrescisórios, que tornam a sentença inexistente, não se sanando com o transcurso do tempo" (REsp 1.201.666, Rel. Min. Luis Felipe Salomão, DJ 4/8/2014). Ocorre que, no exemplo fornecido pela questão, a decisão, ainda que fundamentada em dispositivo posteriormente declarado inconstitucional pelo Supremo, pode vir a ser "convalidada" após o decurso do prazo para a propositura de ação rescisória. Vale ressalvar que o entendimento adotado pela Banca (e por parte da doutrina e jurisprudência) vem sendo relativizado pelo STF. Nesse sentido confira o trecho do voto do Min. Humberto Martins do Recurso Especial nº. 1.496.208/RS, julgado em 13/04/2015: "[...] Doutrina e a jurisprudência modernas vêm **ampliando as hipóteses de cabimento do instituto da *querela nullitatis* para os seguintes casos**: a) quando é proferida sentença de mérito, a despeito de faltar condições da ação; b) quando a sentença de mérito é proferida em desconformidade com a coisa julgada anterior; e c) **quando a decisão é embasada em lei posteriormente declarada inconstitucional pelo Supremo Tribunal Federal**. O STJ já adotou o posicionamento acima delineado: 'PROCESSUAL CIVIL. RECURSO ESPECIAL. AUSÊNCIA DE VIOLAÇÃO AO ART. 535 DO CPC. QUERELA NULLITATIS INSANABILIS. DESCABIMENTO. IMPOSSIBILIDADE JURÍDICA DO PEDIDO. RECURSO IMPROVIDO. 1. Não configura ofensa ao art. 535 do Código de Processo Civil, o fato de o C. Tribunal de origem, embora sem examinar individualmente cada um dos argumentos suscitados pela parte recorrente, adotar fundamentação contrária à pretensão da parte, suficiente para decidir integralmente a controvérsia. 2. O cabimento da *querela nullitatis insanabilis* é indiscutivelmente reconhecido em caso de defeito ou ausência de citação, se o processo correu à revelia (v.g., CPC, arts. 475-L, I, e 741, I). Todavia, a moderna doutrina e jurisprudência, considerando a possibilidade de relativização da coisa julgada quando o *decisum* transitado em julgado estiver eivado de vício insanável, capaz de torná-lo juridicamente inexistente, tem ampliado o rol de cabimento da *querela nullitatis insanabilis*. Assim, em hipóteses excepcionais vem sendo reconhecida a viabilidade de ajuizamento dessa ação, para além da tradicional ausência ou defeito de citação, por exemplo: (i) quando é proferida sentença de mérito a despeito de faltar condições da ação; (ii) a sentença de mérito é proferida em desconformidade com a coisa julgada anterior; (iii) **a decisão está embasada em lei posteriormente declarada inconstitucional pelo eg. Supremo Tribunal Federal** [...]' (REsp 1.252.902/SP, Rel. Ministro RAUL ARAÚJO, QUARTA TURMA, julgado em 4/10/2011, DJe 24/10/2011)". A ação rescisória não se confunde de modo nenhum com a ação anulatória e com a ação de *querela nullitatis insanabilis*:

Ação rescisória	Ação anulatória	*Querela nullitatis insanabilis*
Visa a desconstituir decisão definitiva de mérito transitada em julgado ou a decisão que, nada obstante não tenha examinado o mérito, impede a sua discussão ou a sua rediscussão em outro processo – visa a desconstituir um ato judicial.	Prevista no art. 966, § 4º, CPC/2015, a ação anulatória de ato processual tem por finalidade desconstituir atos processuais das partes.	Objetiva desconstituir determinado processo por ausência de citação ou por ausência de citação válida de um litisconsorte necessário. Não está sujeita a qualquer espécie de prazo fatal para exercício e deve ser ajuizada no primeiro grau de jurisdição.

*elaborado com base em MARINONI, Luiz Guilherme; ARENHART, Sérgio Cruz; MITIDIERO, Daniel. **Novo código de processo civil comentado**. – São Paulo: Editora Revista dos Tribunais, 2015. p. 900.

Alternativa "e": A impugnação ao cumprimento de sentença que impuser à Fazenda Pública o dever de pagar quantia é o instrumento adequado, nos termos do art. 535, § 5º, CPC/2015.

Alternativa correta: letra "e".

---

94. (FCC – Procurador do Estado – RN/2014) Ao receber inicial de ação desconstitutiva de crédito tributário, Juízo determinou o depósito do valor integral do débito, sob pena de extinção do processo. A decisão é

a) correta, pois o crédito tributário goza de presunção *iuris tantum* de legalidade, somente podendo ser discutido judicialmente com a garantia prévia do juízo.

b) correta, pois, em razão do interesse público, exige-se depósito prévio como requisito de admissibilidade de ação judicial na qual se discute a exigibilidade de crédito tributário.

c) incorreta, pois, para admissibilidade de ação judicial na qual se discute a exigibilidade de crédito tributário, exige-se apenas o depósito do montante incontroverso.

d) incorreta, pois a ausência do depósito prévio acarreta não a extinção do processo, mas sua suspensão, até que seja realizado.

e) incorreta, pois não se pode exigir depósito prévio como requisito de admissibilidade de ação judicial na qual se discute a exigibilidade de crédito tributário.

COMENTÁRIOS

✪ **Nota do autor:** a questão exige o conhecimento da Súmula Vinculante nº. 28, cujo teor é o seguinte: "**É inconstitucional a exigência de depósito prévio como requisito de admissibilidade de ação judicial na qual se pretenda discutir a exigibilidade de crédito tributário**". Sobre o tema, destaque-se a seguinte decisão do STF: "A ação judicial a que se refere o enunciado 28 corresponde às medidas judiciais que têm por objeto qualquer etapa do fluxo de constituição e de positivação do crédito tributário antecedente ao ajuizamento da ação de execução fiscal, momento em que ocorre a judicialização do inadimplemento do sujeito passivo. Essa restrição decorre da motivação da SV 28, que é a declaração de inconstitucionalidade do art. 19 da Lei 8.870/1994 (ADI 1.075, rel. min. Eros Grau, DJ de 25.05.2007), muito semelhante ao art. 38 da Lei 6.830/1980, não recepcionado pela Constituição de 1988 [...] (STF, Rcl 14239, Rel. Min. Joaquim Barbosa, julgado em 28/08/2012).

Alternativas "a", "b", "c", "d": Conferir "nota do autor".

Alternativa "e": Assertiva em total consonância com a Súmula Vinculante nº. 28. A determinação judicial quanto ao prévio depósito do valor integral do débito fere o direito constitucional de ação, criando restrição indevida à garantia de acesso à justiça (art. 5º, XXXV, CF/88).

Alternativa correta: letra "e".

---

95. (FCC – Procurador do Estado – RN/2014) Depois de já interposto recurso de apelação, o Estado informou ao Tribunal que, antes do ajuizamento da ação, outra idêntica já havia sido julgada por decisão da qual não cabia recurso. Tal alegação

a) poderá ser conhecida, pois, desde que o alegue a parte, pode o Tribunal analisar, em qualquer tempo e grau de jurisdição, a coisa julgada, vedada sua apreciação de ofício.

b) não poderá ser conhecida, pois compete ao Réu, na contestação, alegar litispendência.

c) não poderá ser conhecida, pois compete ao Réu, na contestação, alegar coisa julgada.

d) deverá ser conhecida, pois, desde que o alegue a parte, pode o Tribunal analisar, em qualquer tempo e grau de jurisdição, a litispendência, vedada sua apreciação de ofício.

e) deverá ser conhecida, pois a coisa julgada deve ser apreciada, inclusive de ofício, em qualquer tempo e grau de jurisdição.

COMENTÁRIOS

✪ **Nota do autor:** a questão trata do instituto da coisa julgada, previsto no art. 337, § 4º, CPC/2015, segundo o qual "há coisa julgada quando se repete ação que já foi decidida por decisão transitada em julgado". E para tanto é imprescindível que haja identidade entre as partes, a causa de pedir e o pedido, relativos a um processo em andamento e outro no qual já exista decisão transitada em julgado. Como se trata de matéria de ordem pública, o juiz poderá declará-la a qualquer tempo e grau de jurisdição, independentemente de prévio requerimento das partes. Afinal, a coisa julgada, no campo processual, é exemplo de aplicação do princípio da segurança jurídica, "cujo fundamento reside na própria ideia de Estado Constitucional"[37].

Alternativa "a": O erro da assertiva está em afirmar que o reconhecimento da coisa julgada depende de requerimento da parte. É que, como se trata de matéria de ordem pública, a coisa julgada pode ser reconhecida a qualquer tempo, inclusive de ofício.

Alternativa "b": Litispendência não se confunde com coisa julgada. Apesar de ambas suporem que se trate da mesma ação (identidade dos três elementos: partes, causa de pedir e pedido), ocorre litispendência quando se propõe ação já anteriormente proposta e cujo processo encontra-se ainda pendente. Por outro lado, verifica-se a coisa julgada quando se propõe ação anteriormente proposta, mas cujo processo já foi extinto por sentença transitada em julgado.

Alternativa "c": De fato, compete ao réu alegar a existência de coisa julgada na contestação, antes mesmo de discutir o mérito, conforme prevê o art. 337, VII, CPC/2015. Entretanto, o juiz também pode reconhecê-la de o**fício, por se tratar de matéria de ordem pública.** A litispendência, a coisa julgada e a perempção constituem matérias de ordem pública que podem ser conhecidas de ofício pelo magistrado (art. 485, § 3º, CPC/2015), quando o processo será julgado extinto sem resolução de mérito (art. 485, V, CPC/2015). Da jurisprudência: "Consolidou-se na jurisprudência dos tribunais o entendimento de que, no Código de Processo Civil, a matéria relativa a pressupostos processuais, **perempção**, **litispendência**, **coisa julgada** e condições de admissibilidade de ação pode ser apreciada, de **ofício**, em **qualquer tempo e grau de jurisdição** ordinária, **enquanto não proferida a sentença de mérito** (art. 267, parágrafo 3º)" (STJ, RMS 6.618/RS, rel. Min. Waldemar Zveiter, 3ª Turma, j. 27.05.1996, DJ 05.08.1996).

Alternativa "d": Há duas incorreções: (1) há possibilidade de o juiz declarar a existência de coisa julgada *ex officio; (2) não se trata de litispendência, mas de coisa julgada.* Além das matérias que o juiz pode (e deve) conhecer de ofício **enquanto não ocorrer o trânsito em julgado** (art. 485, § 3º, CPC/2015), é preciso lembrar das hipóteses que excepcionam o princípio em estudo, como nos procedimentos de jurisdição voluntária (arts. 738 e 744, CPC/2015), que podem ser iniciados de ofício pelo juiz.

Alternativa "e": Afora a convenção de arbitragem e a incompetência relativa, todas as matérias arroladas nos incisos do art. 337 podem ser apreciadas de ofício, em qualquer tempo e grau de jurisdição. A novidade do CPC/2015 é que também a incompetência relativa poderá ser arguida como preliminar (ou seja, em sede de contestação e não através de exceção), mas o seu reconhecimento depende de prévio requerimento, assim como ocorre na convenção de arbitragem (art. 337, § 5º).

Alternativa correta: letra "e".

---

37. MARINONI, Luiz Guilherme; ARENHART, Sérgio Cruz; MITIDIERO, Daniel. **Novo Código de Processo Civil Comentado.** São Paulo: Revista dos Tribunais, 2015, p. 514.

96. (Cespe – Procurador do Estado – PI/2014 – adaptada) O estado do Piauí ajuizou ação de indenização contra particulares que incendiaram vários ônibus de uma concessionária de serviço público de transporte. Sobreveio a sentença de extinção do processo por ilegitimidade ativa *ad causam*. A apelação interposta pelo estado foi intempestiva. Iniciada a fase de cumprimento de sentença para pagamento dos honorários advocatícios arbitrados, a PGE/PI alegou nulidade processual devido à falta de remessa necessária. Considerando essa situação hipotética, assinale a opção correta com base na legislação aplicável e na jurisprudência do STJ.

a) Se o valor dos honorários arbitrados for inferior a quinhentos salários mínimos, não caberá a remessa necessária; se for superior, a remessa deverá ser processada.

b) Na hipótese, a sentença não está sujeita à remessa necessária.

c) Enquanto não processado o reexame necessário, a sentença não terá eficácia e, portanto, a fase de cumprimento não pode ter início.

d) Se houver o reexame necessário, os honorários advocatícios poderão ser revistos, para mais ou para menos, já que o tribunal pode rever toda a causa.

e) Se o juiz indeferir o pleito da PGE/PI, o processo poderá ser submetido a reexame necessário por avocação do presidente do Tribunal, mas o prazo a quo para eventual ação rescisória será contado da data do trânsito em julgado devido à intempestividade da apelação.

COMENTÁRIOS

✪ **Nota do autor:** a alternativa correta trata do reexame necessário, instituto que não se confunde com os recursos, sendo considerado, pela doutrina majoritária, como verdadeira condição de eficácia da sentença:

Reexame necessário	Recursos
Condição de eficácia da sentença.	Meio de impugnação de decisão judicial que prolonga a litispendência.
Ausência de voluntariedade.	Voluntariedade.
Não é dialético, porque não há previsão de contrarrazões.	Dialético, tendo em vista que o recorrido será intimado para responder o recurso.
Independe de prazo.	Existe prazo para a sua interposição, que em geral é de 15 dias.
Legitimidade é do juízo que proferiu a sentença.	Legitimidade: a) Partes; b) Terceiro prejudicado; c) MP:

Atenção: o CPC/2015 atualizou os valores para a dispensa do reexame necessário, distinguindo-os conforme o ente da federação que seja condenado. Assim, é dispensável o reexame necessário "quando a condenação ou o proveito econômico obtido na causa for de valor certo e líquido inferior a:I – 1.000 (mil) salários-mínimos para a União e as respectivas autarquias e fundações de direito público; II – 500 (quinhentos) salários-mínimos para os Estados, o Distrito Federal, as respectivas autarquias e fundações de direito público e os Municípios que constituam capitais dos Estados; III – 100 (cem) salários-mínimos para todos os demais Municípios e respectivas autarquias e fundações de direito público". Ademais, previu-se hipóteses de dispensa da remessa necessária fundada nos precedentes vinculantes. Nesse sentido, reza o § 4º do art. 496 que não haverá reexame necessário quando a sentença estiver fundada em: (*i*) súmula de tribunal superior; (*ii*) acórdão proferido pelo Supremo Tribunal Federal ou pelo Superior Tribunal de Justiça em julgamento de recursos repetitivos; (*iii*) entendimento firmado em incidente de resolução de demandas repetitivas ou de assunção de competência; (*iv*) entendimento coincidente com orientação vinculante firmada no âmbito administrativo do próprio ente público, consolidada em manifestação, parecer ou súmula administrativa. Em relação à última hipótese, a Procuradoria-Geral da Fazenda Nacional (PGFN) editou a Portaria 502/2016, na qual arrola causas em que os Procuradores estão dispensados de apresentar contestação e da interposição de recursos[38].

Alternativa "a": O reexame necessário não está condicionado à fixação dos honorários advocatícios, mas ao fato de que a condenação envolve pessoas jurídicas de direito público. Com efeito, nos termos do *caput* do art. 496, CPC/2015, fica sujeita ao duplo grau de jurisdição, não produzindo efeito senão depois de confirmada pelo tribunal, a sentença: (*i*) proferida contra a União, os Estados, o Distrito Federal, os Municípios e suas respectivas autarquias e fundações de direito público; (*ii*) que julgar procedentes, no todo ou em parte, os embargos à execução fiscal.

Alternativa "b": Segundo a jurisprudência dominante do STJ, somente se aplicará o reexame necessário em casos de sentenças de mérito: "(...) O reexame necessário, previsto no artigo 475, do Código de Processo Civil, somente se aplica às sentenças de mérito (Precedentes do STJ: REsp 781.345/MG, Rel. Ministro Francisco Falcão, Primeira Turma, julgado em 29.06.2006, DJ 26.10.2006; REsp 815360/RS, Rel. Ministro Teori Albino Zavascki, Primeira Turma, julgado em 04.04.2006, DJ 17.04.2006; REsp 640.651/RJ, Rel. Ministro Castro Meira, Segunda Turma, julgado em 18.10.2005, DJ 07.11.2005; REsp 688.931/PB, Rel. Ministro Franciulli Netto, Segunda Turma, julgado em 14.12.2004, DJ 25.04.2005; e AgRg no REsp 510.811/MG, Rel. Ministro Francisco Falcão, Primeira Turma, julgado em 19.08.2004, DJ 27.09.2004) (...)" (REsp 927.624/SP, Rel. Ministro LUIZ FUX, PRIMEIRA TURMA, j. 2.10.2008, p. 20.10.2008).

Alternativa "c": A parte poderá adentrar na fase executiva provisoriamente, observando-se, para tanto, as regras do art. 520 e seguintes, CPC/2015, desde que se esteja diante de algumas das hipóteses mencionadas no art. 1.012, § 1º, incisos I a VI, CPC/2015. Além disso, não é possível a execução provisória de sentença proferida contra a Fazenda Pública quando presente umas das situações descritas no art. 2º-B da Lei 9.494/97, o qual estabelece

38. Disponível em: <**http://www.pgfn.fazenda.gov.br/legislacao-e-normas/PORTARIA%20502-2016.pdf/view**>.

taxativamente que "a sentença que tenha por objeto a liberação de recurso, inclusão em folha de pagamento, reclassificação, equiparação, concessão de aumento ou extensão de vantagens a servidores da União, dos Estados, do Distrito Federal e dos Municípios, inclusive de suas autarquias e fundações, somente poderá ser executada após seu trânsito em julgado". Nesse sentido, é o entendimento do STJ, *in verbis*: "PROCESSUAL CIVIL E ADMINISTRATIVO. AGRAVO REGIMENTAL NO AGRAVO EMRECURSO ESPECIAL. SERVIDOR PÚBLICO MUNICIPAL. EXECUÇÃO PROVISÓRIACONTRA A FAZENDA PÚBLICA. POSSIBILIDADE. ARTIGO 2º-B DA LEI9.494/1997. INTERPRETAÇÃO RESTRITIVA.1. A jurisprudência desta Corte firmou-se no sentido de que a vedação de execução provisória de sentença contra a Fazenda Pública restringe-se às hipóteses previstas no art. 2º-B da Lei 9.494/1997.Precedentes: AgRg no REsp 1.221.158/RS, Rel. Min. Napoleão Nunes Maia Filho, Primeira Turma, DJe 9/2/2012 e AgRg no REsp1.458.437/DF, Rel. Min. Humberto Martins, Segunda Turma, DJe6/10/2014.2. Agravo regimental não provido" (AgRg no AREsp 790.397/MG, 1ª T., rel. Min. Benedito Gonçalves, j. 05.05.2016, DJe 16.05.2016).

Alternativa "d": De acordo com o STJ, a prestação jurisdicional a ser entregue, em sede de reexame necessário, limita-se à análise quanto à correção ou não da sentença contrária aos entes públicos. Sendo assim, não pode o tribunal rever "toda" a causa, estando limitado a reanalisar a parte prejudicial aos entes públicos. Extrai-se do próprio STJ: "(...) 3. A prestação jurisdicional a ser entregue, em sede de reexame necessário, limita-se à análise quanto à correção ou não da sentença contrária aos entes públicos enumerados, motivo pelo qual não se revela possível substituir o benefício previdenciário reconhecido pelo juiz de primeiro grau por outro mais vantajoso ao segurado, em detrimento do interesse coletivo. Inteligência dos arts. 475, I, e 515, ambos do CPC. 4. A jurisprudência pacífica desta Corte consolidou-se no sentido de ser defeso agravar a situação da Fazenda Pública em sede de remessa oficial. Incidência do óbice da Súmula nº 45/STJ (...)" (Primeira Turma, REsp 1.379.494/MG, rel. Min. Sérgio Kukina, p. 12.6.2013).

Alternativa "e": Não obstante o teor da primeira parte da alternativa encontrar-se correto ao relatar a possibilidade de que o presidente do tribunal avoque os autos (art. 496, § 1º, parte final, CPC/2015), fato é que o prazo para o ajuizamento da ação rescisória será contado do trânsito em julgado da sentença, ou seja, somente após o reexame necessário. Não havendo reexame, a sentença não transita em julgado, não havendo que se falar, portanto, em ação rescisória. Aqui reside mais uma razão pela qual o reexame necessário não pode ser tido como um recurso. Em suma, não interposto recurso contra a sentença, esta irá transitar em julgado, cabendo ação rescisória pelo prazo de 2 (dois) anos. No caso do reexame, caso não seja determinado na sentença, esta última não irá transitar em julgado, sendo despropositado o manejo de ação rescisória.

Alternativa correta: letra "b".

12.6. LIQUIDAÇÃO DE SENTENÇA

ATENÇÃO: o CPC/2015 contempla apenas duas formas de liquidação: 1) por arbitramento (art. 509, I) e 2) pelo procedimento comum (art. 509, II). A diferença em relação ao CPC/73 é apenas de nomenclatura. Na liquidação por artigos (art. 475-F, CPC/73) observa-se o procedimento adotado no processo do qual se originou a sentença. Assim, era possível que a liquidação ocorresse pelo rito comum sumário ou ordinário. Como o CPC/2015 prevê um procedimento único para as ações de conhecimento, a liquidação de sentença que dependa da prova de fatos novos será realizada pelo procedimento comum. No mais, as demais regras relativas à liquidação permanecem substancialmente as mesmas.

97. (FCC – Procurador do Estado – PGE-AM/2022) Uma ação indenizatória movida por sociedade empresária contra o Estado Y é julgada procedente, para condená-lo a indenizar os prejuízos decorrentes de demolição parcial de imóvel de sua propriedade, decorrente de falhas na execução de obras públicas em local próximo, a serem apurados em liquidação de sentença pelo procedimento comum, como expressamente indicado na parte dispositiva da decisão. O Estado interpõe recurso de apelação. Imediatamente após encaminhamento dos autos digitais à segunda instância, a autora dá início à etapa de liquidação de sentença, requerendo que ela seja feita, dadas as peculiaridades do caso, por arbitramento. Nesse caso,

a) o efeito suspensivo do recurso de apelação impede a liquidação, mas, com o trânsito em julgado, será possível sua realização, ainda que apenas da forma prevista na própria decisão liquidanda, para não afrontá-la.

b) a liquidação será possível, na pendência de recurso, desde que o interessado ofereça caução (mesmo que real), permitida a alteração da forma de sua realização, desde que mais adequada, sem que se cogite de ofensa a esse ponto da decisão liquidanda.

c) mesmo com efeito suspensivo do recurso de apelação, é admitida a liquidação, mas não a alteração da forma de sua realização, sob pena de indevida afronta à própria decisão liquidanda.

d) mesmo com efeito suspensivo do recurso de apelação, é admitida a liquidação, como também a alteração da forma de sua realização, desde que mais adequada, sem que se cogite de ofensa a esse ponto da decisão liquidanda.

e) o efeito suspensivo do recurso de apelação impede a liquidação, mas, com o trânsito em julgado, será possível sua realização, com alteração da forma indicada na sentença, desde que mais adequada, e sem que se cogite de ofensa a esse ponto da decisão liquidanda.

COMENTÁRIOS

✪ **Nota do autor:** segundo o art. 512, CPC, a liquidação poderá ser realizada na pendência de recurso, processando-se em autos apartados no juízo de origem, cumprindo ao liquidante instruir o pedido com cópias das peças processuais pertinentes. O dispositivo autoriza a chamada "liquidação provisória", vale dizer, pode o credor ou o devedor requerer a liquidação de sentença na pendência de recurso (ainda que com efeito suspensivo), não precisando aguardar o trânsito em julgado. Se o recurso for desprovido de efeito suspensivo, além de requerer a liquidação provisória, poderá o credor, liquidada a sentença, requerer o cumprimento provisório. Em suma: a sentença pode ser liquidada na pendência de recurso, mesmo que tenha efeito suspensivo (impede a execução provisória), não se exige caução (garantia) e pode ser alterada a forma de sua realização, desde que mais adequada, sem que se cogite de ofensa a esse ponto da decisão liquidanda. Nesse sentido o enunciado 344 da súmula do Superior Tribunal de Justiça: "A liquidação por forma diversa da estabelecida na sentença não ofende a coisa julgada".

Alternativa correta: letra "d" (ver comentários na nota do autor).

98. (FCC – Procurador do Estado – RN/2014) O Estado ajuizou ação de indenização contra particular e obteve sentença de mérito favorável, a qual continha uma parte líquida e outra ilíquida. Transitada em julgado a sentença, poderá o Estado requerer

a) em autos apartados a liquidação da parte ilíquida, e, simultaneamente, a execução da parte líquida, pugnando pela intimação do devedor para pagamento da quantia no prazo de 15 dias, sob pena de multa de 10%, que, mesmo em caso de pagamento parcial, incidirá sobre a totalidade do débito.
b) primeiro a liquidação da parte ilíquida e apenas depois a execução do todo do débito, pugnando pela intimação do devedor para pagamento da quantia no prazo de 15 dias, sob pena de multa de 10%, que, mesmo em caso de pagamento parcial, incidirá sobre a totalidade do débito.
c) primeiro a liquidação da parte ilíquida e apenas depois a execução do todo do débito, pugnando pela intimação do devedor para pagamento da quantia no prazo de 15 dias, sob pena de multa de 10%, que, em caso de pagamento parcial, incidirá apenas sobre o restante do débito.
d) em autos apartados a liquidação da parte ilíquida, e, simultaneamente, a execução da parte líquida, pugnando pela intimação do devedor para pagamento da quantia no prazo de 15 dias, sob pena de multa de 10%, que, em caso de pagamento parcial, incidirá apenas sobre o restante do débito.
e) em autos apartados a liquidação da parte ilíquida, e, simultaneamente, a execução da parte líquida, pugnando pela intimação do devedor para pagamento da quantia no prazo de 10 dias, sob pena de multa de 15%, que, mesmo em caso de pagamento parcial, incidirá sobre a totalidade do débito.

COMENTÁRIOS

✪ **Nota do autor:** a liquidação possui relação direta com a excepcional possibilidade de que sejam proferidas sentenças ilíquidas, ou seja, em que não tenha sido possível ao juiz fixar o valor da condenação ou especificar o objeto da obrigação. O procedimento da liquidação, no CPC/2015, está previsto nos arts. 509 a 512, com poucas alterações em relação ao CPC/73. Nesse particular, importa rememorar que existem três modelos fundamentais de liquidação de sentença, cada qual com suas particularidades:

Liquidação por meio de processo autônomo	Caracteriza espécie de processo preparatório, no qual a cognição é limitada à determinação do *quantum debeatur*.
Liquidação como fase cognitiva	É aquela realizada no bojo do processo em que formado o título executivo, constituindo verdadeira fase cognitiva do processo. É a regra, atualmente, em relação aos títulos executivos judiciais, salvo em relação àqueles formados de forma alheia ao processo civil, a exemplo da sentença penal condenatória.
Liquidação incidental ou liquidação-incidente	É aquela realizada incidentalmente no curso de um processo de execução. É comum na execução de título executivo extrajudicial, em que o exequente deve liquidar os valores devidos na petição inicial.

Alternativas "a" e "e": De acordo com o art. 509, § 1º, CPC/2015, quando na sentença houver uma parte líquida e outra ilíquida, ao credor é lícito promover simultaneamente a execução daquela e, em autos apartados, a liquidação desta. A primeira parte da assertiva está correta, assim como o prazo indicado para pagamento em caso de cumprimento de sentença (15 dias) e o percentual da multa incidente sobre débito não pago no prazo indicado. Ocorre que, diferentemente do que consta na parte final da assertiva, se o devedor efetuar o pagamento parcial no prazo de 15 dias após a intimação para cumprimento da decisão, **a multa só deverá incidir sobre a diferença (valor devido – valor pago) e não sobre a totalidade do débito executado (art. 523, § 2º, CPC/2015).**

Alternativas "b" e "c": A liquidação poderá ser simultânea. Ademais, em relação à alternativa "b", a multa só deve incidir sobre o restante do débito, na hipótese de pagamento parcial.

Alternativa "d": De acordo com o art. 509, § 1º, CPC/2015, "quando na sentença houver uma parte líquida e outra ilíquida, ao credor é lícito promover simultaneamente a execução daquela e, em autos apartados, a liquidação desta". Ao ser intimado, o devedor deverá efetuar o pagamento da quantia certa ou já fixada em liquidação no prazo de 15 dias (art. 523, CPC/2015). Ausente o cumprimento voluntário, incide multa e honorários advocatícios na forma como previsto no § 1º do art. 523 (10%). Se houver cumprimento parcial, a incidência do percentual é proporcional à parcela não cumprida da condenação (art. 523, § 2º).

Alternativa correta: letra "d".

12.7. CUMPRIMENTO DE SENTENÇA

ATENÇÃO: merecem destaque as seguintes inovações trazidas pelo CPC/2015 ao cumprimento de sentença: a) independentemente da natureza da obrigação, a regra é a de que o devedor será intimado, pelo diário da justiça, na pessoa do advogado constituído (a Súmula 410 do STJ – "A prévia intimação pessoal do devedor constitui condição necessária para a cobrança de multa pelo descumprimento de obrigação de fazer ou não fazer" – perderá seu fundamento de validade); b) a decisão judicial transitada em julgado poderá ser levada a protesto, depois de transcorrido o prazo para pagamento voluntário da condenação; c) mesmo no cumprimento provisório poderá ser aplicada multa (astreintes) após o decurso do prazo para pagamento no cumprimento de sentença por quantia certa; d) de acordo com previsão expressa no novo CPC (art. 85) vai ser possível a condenação em honorários no cumprimento definitivo ou provisório de sentença; e) o pedido de parcelamento (moratória legal prevista para a execução de título extrajudicial) não será cabível no cumprimento de sentença, conforme vedação expressa contida no art. 916, § 7º.

99. (CESPE/CEBRASPE – Procurador do Estado – PGE-PA/2022) Acerca do cumprimento de sentença, julgue os itens que se seguem.

I. Transcorrido o prazo para cumprimento da obrigação de pagar quantia certa, inicia-se o prazo de quinze dias para a fazenda pública apresentar impugnação.
II. Considera-se inexigível a obrigação reconhecida em título executivo judicial fundado em lei ou ato normativo considerado inconstitucional pelo Supremo Tribunal Federal somente em controle concentrado de constitucionalidade, podendo a inexigibilidade ser alegada em impugnação ao cumprimento de sentença ou em ação rescisória, a depender da data do trânsito em julgado da sentença e da decisão do tribunal superior.
III. É obrigatória a inclusão, no orçamento das entidades de direito público, de verba necessária ao pagamento de seus débitos oriundos de sentenças transitadas em julgado constantes de precatórios judiciários apresentados até 2 de abril, fazendo-se o pagamento até o final do exercício seguinte, quando os valores serão atualizados monetariamente.
IV. A concessão de efeito suspensivo à impugnação deduzida por um dos executados suspenderá a execução contra os que não tiverem impugnado, mesmo quando o respectivo fundamento disser respeito apenas ao impugnante.

Assinale a opção correta.

a) Apenas o item I está certo.
b) Apenas o item III está certo.
c) Apenas os itens I e II estão certos.
d) Apenas os itens II e IV estão certos.
e) Apenas os itens III e IV estão certos.

COMENTÁRIOS

✪ **Nota do autor:** atenção: antes da EC n. 114/2021, o art. 100, § 5º, CRFB/1988, trazia redação distinta, vejamos: "É obrigatória a inclusão, no orçamento das entidades de direito público, de verba necessária ao pagamento de seus débitos, oriundos de sentenças transitadas em julgado, constantes de <u>precatórios judiciários apresentados até 1º de julho</u>, fazendo-se o pagamento até o final do exercício seguinte, quando terão seus valores atualizados monetariamente".

Item I: de início, a fazenda pública será intimada para impugnar a execução no prazo de 30 dias (art. 535, *caput*, CPC).

Item II: considera-se inexigível a obrigação reconhecida em título executivo judicial fundado em lei ou ato normativo considerado inconstitucional pelo Supremo Tribunal Federal em controle concentrado ou difuso de constitucionalidade (arts. 525, § 12º e 535, § 5º, CPC).

Item III: prevê o art. art. 100, § 5º da CRFB/1988 que: "É obrigatória a inclusão, no orçamento das entidades de direito público, de verba necessária ao pagamento de seus débitos oriundos de sentenças transitadas em julgado constantes de precatórios judiciários apresentados até 2 de abril, fazendo-se o pagamento até o final do exercício seguinte, quando terão seus valores atualizados monetariamente. (Redação dada pela Emenda Constitucional nº 114, de 2021)".

Item IV: nos termos do art. 525, § 9º, CPC: " concessão de efeito suspensivo à impugnação deduzida por um dos executados não suspenderá a execução contra os que não impugnaram, quando o respectivo fundamento disser respeito exclusivamente ao impugnante".

Alternativa correta: letra "b".

100. (FCC – Procurador do Estado – PGE-AM/2022) A respeito do cumprimento de sentença contra a Fazenda Pública,

a) não é cabível o reconhecimento da existência de litisconsórcio multitudinário no cumprimento de sentença.
b) a incompetência passível de ser arguida em impugnação ao cumprimento de sentença é apenas a absoluta.
c) ainda que fundada exclusivamente na alegação de excesso de execução, a parte não questionada pela executada não poderá, desde logo, ser objeto de pagamento via requisição de pequeno valor, por ser necessário o trânsito em julgado da decisão a ser proferida na impugnação ao cumprimento de sentença.
d) considera-se inexigível a obrigação reconhecida em título executivo judicial fundado em lei ou ato normativo considerado inconstitucional pelo Supremo Tribunal Federal em controle de constitucionalidade concentrado ou difuso e, se este reconhecimento for posterior ao trânsito em julgado da decisão exequenda, caberá ação rescisória, cujo prazo de dois anos será contado do trânsito em julgado da decisão proferida pelo Supremo Tribunal Federal, independentemente da data em que transitada em julgado a primeira.

e) o não oferecimento de impugnação por ela torna necessária a remessa dos autos ao contador para conferência dos cálculos apresentados pelo exequente, em razão da natureza indisponível de seus interesses.

COMENTÁRIOS

✪ **Nota do autor:** se o juiz entender que o valor apresentado pelo credor excede os limites do que foi decidido (para isso, ele pode se valer de um contabilista do juízo), a penhora iniciará pelo valor pretendido, mas garantia do juízo levará em conta o valor que o juiz entender adequado. (§ 1º do art. 524 do CPC). Na impugnação ao cumprimento de sentença esse valor poderá ser discutido e, caso o juiz entenda, que o valor correto é superior ao que ele inicialmente entendeu como adequado, determinará o reforço de penhora.

Alternativa "a": segundo o art. 113, § 1º, CPC, o juiz poderá limitar o litisconsórcio facultativo (multitudinário) quanto ao número de litigantes na fase de conhecimento, na liquidação de sentença ou na execução, quando este comprometer a rápida solução do litígio ou dificultar a defesa ou o cumprimento da sentença.

Alternativa "b": de acordo com o art. 525, VI, CPC, a incompetência absoluta ou relativa do juízo da execução poderá ser arguida em impugnação ao cumprimento de sentença.

Alternativa "c": "Surge constitucional expedição de precatório ou requisição de pequeno valor para pagamento da parte incontroversa e autônoma do pronunciamento judicial transitada em julgado observada a importância total executada para efeitos de dimensionamento como obrigação de pequeno valor". STF. Plenário. RE 1205530, Rel. Marco Aurélio, julgado em 08/06/2020 (Repercussão Geral – Tema 28) (Informativo 984).

Alternativa "d": prevê o art. 535, § 5º, CPC: "Para efeito do disposto no inciso III (inexequibilidade do título ou inexigibilidade da obrigação) do *caput* deste artigo, considera-se também inexigível a obrigação reconhecida em título executivo judicial fundado em lei ou ato normativo considerado inconstitucional pelo Supremo Tribunal Federal, ou fundado em aplicação ou interpretação da lei ou do ato normativo tido pelo Supremo Tribunal Federal como incompatível com a Constituição Federal , em controle de constitucionalidade". Em complemento, dispõe o § 8º do mesmo dispositivo legal: "Se a decisão referida no § 5º for proferida após o trânsito em julgado da decisão exequenda, caberá ação rescisória, cujo prazo será contado do trânsito em julgado da decisão proferida pelo Supremo Tribunal Federal".

Alternativa "e": o art. 524, § 2º, CPC, traz mera possibilidade de remessa do processo ao contador. Não é obrigatória a remessa em qualquer situação. <u>Havendo sérias suspeitas de que há excesso na execução</u>, pode e deve o Juiz proteger o interesse público e enviar o processo para a contadoria. Eventuais erros materiais nos cálculos apresentados para o cumprimento de sentença não estão sujeitos à preclusão, sendo possível ao Juiz, inclusive de ofício, encaminhar os autos para a contadoria judicial para apurar se os cálculos estão corretos (de acordo com o título em execução).

Alternativa correta: letra "d".

101. (FCC – Procurador do Estado – PGE-AM/2022) Um casal propôs ação indenizatória contra o Estado X, sob a alegação de que os cônjuges foram vítimas de acidente de trânsito provocado por automóvel da Secretaria de Estado da Educação, dirigido por servidor vinculado a esta, do qual resultaram ferimentos graves, com longa internação hospitalar. Deduziram pedido líquido de 500 salários mínimos (para ambos). A sentença julgou procedente o pedido, em parte, para condenar o réu ao pagamento de indenização fixada, no total, em valor equivalente a 220 salários mínimos. Nesse caso,

a) deverão os credores, para obter a satisfação da obrigação, requerer o início da etapa de cumprimento de sentença, já que não cabe ao Juiz, mesmo na inércia daqueles, a iniciativa de ver cumprida sua decisão.
b) se o acórdão der provimento ao recurso dos autores, fixando a indenização em 500 salários mínimos, ficará sujeito à remessa necessária.
c) os autores não podem utilizar-se do recurso adesivo, caso o Estado apele, pois o prazo deste terá sido contado em dobro.
d) os autores podem recorrer da sentença, mas mesmo sem interposição de recurso pelo Estado há risco de diminuição do valor da indenização por força da remessa necessária.
e) a sentença deverá fixar honorários sucumbenciais a serem pagos pelo Estado, observado o mínimo de oito e o máximo de dez por cento sobre o valor total da condenação.

COMENTÁRIOS

✪ **Nota do autor:** na vigência do CPC de 1973, existia dúvida se o início do prazo para o cumprimento voluntário da sentença dependeria de requerimento do credor. Essa dúvida não existe mais, visto que os arts. 513 e 523 do CPC de 2015 exigem expressamente o requerimento do credor para que o devedor seja intimado a cumprir a sentença no prazo de quinze dias.

Alternativa "a": segundo o art. 513, § 1º do CPC, o cumprimento da sentença que reconhece o dever de pagar quantia, provisório ou definitivo, far-se-á a requerimento do exequente.

Alternativa "b": somente a sentença está sujeita à remessa necessária, nos termos do art. 496, caput, CPC.

Alternativa "c": o prazo em dobro que detém o Estado não impede a utilização do recurso adesivo, bastando que se verifique a presença de sucumbência recíproca, o recurso de uma parte e o silêncio da outra (aquela que pretende interpor o recurso adesivo), sendo admissível o seu manejo na apelação, no recurso extraordinário e no recurso especial (art. 997, § 2º, II, CPC).

Alternativa "d": inexiste risco de diminuição do valor da indenização se não houver a interposição de recurso pelo Estado, uma vez que a sentença não está sujeita à remessa necessária porque a condenação foi em valor certo e líquido inferior a 500 salários mínimos (art. 496, § 3º, II, CPC).

Alternativa "e": a fixação dos honorários observará os seguintes percentuais: mínimo de dez e máximo de vinte por cento sobre o valor da condenação ou do proveito econômico obtido até 200 (duzentos) salários-mínimos; para os 20 salários mínimos restantes, o percentual será no mínimo de oito e no máximo de dez por cento sobre o valor da condenação, tudo nos termos do art. 85, § 3º, I e II, CPC. Os honorários serão estabelecidos de maneira escalonada.

Alternativa correta: letra "a".

102. (FEPESE – Procurador do Estado – PGE-SC/2018) Em relação ao cumprimento de sentença que reconhece a exigibilidade de obrigação de pagar quantia, é correto afirmar:

a) Para que se inicie o cumprimento de sentença, há necessidade de requerimento do credor.

b) Ocorrendo o pagamento integral e voluntário no prazo de 15 dias após a intimação do requerimento do credor, o valor dos honorários advocatícios será reduzido pela metade.

c) Em caso de sentença impugnada por recurso sem efeito suspensivo, o cumprimento provisório de sentença ocorrerá exatamente da mesma forma que o definitivo.

d) O prazo para apresentação da impugnação ao cumprimento de sentença decorrente de obrigação de pagar quantia fluirá em conjunto com o prazo para pagamento voluntário da obrigação.

e) Na impugnação, o devedor poderá, dentre outras matérias, opor qualquer causa modificativa ou extintiva da obrigação, ainda que anterior à decisão que reconheceu a obrigação em discussão.

COMENTÁRIOS

✪ **Nota do autor:** segundo o art. 523, CPC/2015, requerido o cumprimento, definitivo ou provisório, da decisão judicial que reconhecer a obrigação de pagar quantia certa (com demonstrativo discriminado e atualizado do crédito, na forma do art. 524, CPC/2015), o devedor será intimado (normalmente "pelo Diário da Justiça, na pessoa de seu advogado constituído nos autos" ou pelas demais formas previstas no art. 513 do CPC – de qualquer forma, consoante o Enunciado 84 da Jornada de Direito Processual Civil do CJF, "O comparecimento espontâneo da parte constitui termo inicial dos prazos para pagamento e, sucessivamente, impugnação ao cumprimento de sentença") para, em quinze dias, realizar o pagamento do débito, acrescido de custas, se houver. Não realizando o pagamento voluntário no prazo de quinze dias, o débito será acrescido de multa de dez por cento e de honorários de advogado de dez por cento (§ 1º do art. 523 do CPC/2015). Realizado o pagamento parcial no prazo de quinze dias, a multa e os horários incidirão sobre o restante (§ 2º do art. 523 do CPC/2015).

Alternativa "a": De acordo com o art. 523, *caput*, CPC/2015: "No caso de condenação em quantia certa, ou já fixada em liquidação, e no caso de decisão sobre parcela incontroversa, o cumprimento definitivo da sentença far-se-á a requerimento do exequente, sendo o executado intimado para pagar o débito, no prazo de 15 (quinze) dias, acrescido de custas, se houver".

Alternativa "b": Interpretando-se *a contrario sensu* a regra insculpida no art. 523, § 1º, CPC/2015, havendo pagamento integral, na quinzena, não há condenação em honorários advocatícios.

Alternativa "c": O cumprimento provisório de sentença (arts. 520 – 522, CPC/2015) possui algumas peculiaridades que o difere, em parte, do cumprimento definitivo.

Alternativa "d": Conforme prevê o art. 525, *caput*, CPC/2015: "Transcorrido o prazo previsto no art. 523 [de 15 dias para o pagamento] sem o pagamento voluntário, inicia-se o prazo de 15 (quinze) dias para que o executado, independentemente de penhora ou nova intimação, apresente, nos próprios autos, sua impugnação". Em outras palavras, os prazos são sucessivos e não concorrentes.

Alternativa "e": A assertiva está em contrariedade com o que dispõe o art. 525, § 1º, VII, CPC/2015: "Na impugnação, o executado poderá alegar: [...] VII – qualquer causa modificativa ou extintiva da obrigação, como pagamento, novação, compensação, transação ou prescrição, desde que supervenientes à sentença".

Alternativa correta: letra "a".

103. (FCC – Procurador do Estado – PGE-TO/2018) Em relação ao cumprimento definitivo da sentença que obrigue a pagar quantia certa,

a) não havendo pagamento voluntário, o executado só poderá impugnar a execução se oferecer bens à penhora ou caução idônea.

b) o cumprimento do julgado pode ser determinado de ofício pelo juiz.

c) não efetuado tempestivamente o pagamento voluntário, será expedido, desde logo, mandado de penhora e avaliação, seguindo-se os atos de expropriação.

d) o executado será intimado a pagar o débito em 72 horas, sob pena de penhora livre e avaliação de bens.

e) se o pagamento voluntário não ocorrer no prazo legal, o débito será acrescido de multa de 10% e honorários advocatícios de 15% se houver impugnação futura que se julgue improcedente.

COMENTÁRIOS

✪ **Nota do autor:** se o credor requerer o cumprimento de sentença que reconheceu o dever de pagar quantia (provisório ou definitivo), o devedor será intimado para voluntariamente realizar o pagamento do débito, no prazo de quinze dias, acrescido de custas, se houver (caput do art. 513 c/c o caput do art. 523, CPC/2015). Na vigência do CPC de 1973, existia dúvida se o início do prazo para o cumprimento voluntário da sentença dependeria de requerimento do credor. Essa dúvida não existe mais, visto que os arts. 513 e 523, CPC/2015, exigem expressamente o requerimento do credor para que o devedor seja intimado a cumprir a sentença no prazo de quinze dias.

Alternativa "a": Transcorrido o prazo de 15 (quinze) dias sem o pagamento voluntário, inicia-se o prazo de 15 (quinze) dias para que o executado, independentemente de penhora ou nova intimação, apresente, nos próprios autos, sua impugnação (art. 525, *caput*, CPC/2015). Em suma: para a apresentação da impugnação, o Juízo não precisará estar garantido.

Alternativa "b": O cumprimento, provisório ou definitivo, de sentença condenatória à prestação de quantia certa far-se-á, sempre, a requerimento do exequente (arts. 513, § 1º, e 523, *caput*, ambos do CPC/2015).

Alternativa "c": Trata-se de disposição literal do art. 523, § 3º, CPC/2015: "Não efetuado tempestivamente o pagamento voluntário, será expedido, desde logo, mandado de penhora e avaliação, seguindo-se os atos de expropriação".

Alternativa "d": O executado será intimado, via de regra na pessoa do seu advogado, para pagar o débito em 15 (quinze) dias (art. 523, *caput*, CPC/2015).

Alternativa "e": Não ocorrendo pagamento voluntário no prazo de 15 (quinze) dias, o débito será acrescido de multa de dez por cento e, também, de honorários de advogado de dez por cento (art. 523, § 1º, CPC/2015).

Alternativa correta: letra "c".

---

104. (FCC – Procurador do Estado – PGE-TO/2018) No tocante ao cumprimento de sentença que reconheça a exigibilidade de obrigação de pagar quantia certa pela Fazenda Pública, é correto afirmar:

a) Se não impugnada a execução, ou rejeitadas as arguições da executada, por ordem do juiz, dirigida à autoridade na pessoa de quem o ente público foi citado para o processo, o pagamento de obrigação de pequeno valor será realizado no prazo de dois meses contado da entrega da requisição, mediante depósito na agência de banco oficial mais próxima da residência do exequente.

b) O exequente apresentará demonstrativo discriminado e atualizado do crédito; se houver pluralidade de exequentes, cujo número poderá ser limitado em caso de litisconsórcio facultativo, deverá ser oferecido demonstrativo único em nome e benefício de todos eles.

c) Em sua impugnação, a Fazenda poderá arguir excesso de execução genericamente, sem declarar de imediato o valor que entende correto, por se tratar de ente público, sem que disso decorra o não conhecimento da arguição.

d) A impugnação fazendária poderá referir-se a qualquer causa modificativa ou extintiva da obrigação, como pagamento, novação, compensação, transação ou prescrição, supervenientes ou anteriores ao trânsito em julgado da sentença.

e) Tornado líquido e certo o débito, expedir-se-á, por intermédio do juiz da execução, precatório em favor do exequente, observadas as normas constitucionais pertinentes.

COMENTÁRIOS

✪ **Nota do autor:** se não for impugnada a pretensão executória pela Fazenda Pública ou, tendo sido impugnada, porém, posteriormente rejeitada, o cumprimento seguirá algum dos seguintes caminhos: (i) expedir-se-á, por intermédio do presidente do tribunal competente, precatório em favor do exequente, observando-se o disposto na Constituição Federal (vale lembrar que, segundo § 2º do art. 100 da CF, cuja redação foi conferida pela EC 94/2016, "Os débitos de natureza alimentícia cujos titulares, originários ou por sucessão hereditária, tenham 60 (sessenta) anos de idade, ou sejam portadores de doença grave, ou pessoas com deficiência, assim definidos na forma da lei, serão pagos com preferência sobre todos os demais débitos, até o valor equivalente ao triplo fixado em lei para os fins do disposto no § 3º deste artigo, admitido o fracionamento para essa finalidade, sendo que o restante será pago na ordem cronológica de apresentação do precatório"; (ii) por ordem do juiz, dirigida à autoridade na pessoa de quem o ente público foi citado para o processo, o pagamento de obrigação de pequeno valor será realizado no prazo de 2 (dois) meses contado da entrega da requisição, mediante depósito na agência de banco oficial mais próxima da residência do exequente. Se a impugnação for parcial, a parte não questionada da execução será, desde logo, objeto de cumprimento, prestando-se e satisfazendo-se a tutela executória.

Alternativa "a": Vejamos a redação do art. 535, § 3º, II, CPC/2015: "Não impugnada a execução ou rejeitadas as arguições da executada: [...] II – por ordem do juiz, dirigida à autoridade na pessoa de quem o ente público foi citado para o processo, o pagamento de obrigação de pequeno valor será realizado no prazo de 2 (dois) meses contado da entrega da requisição, mediante depósito na agência de banco oficial mais próxima da residência do exequente".

Alternativa "b": Havendo pluralidade de exequentes, cada um deverá apresentar o seu próprio demonstrativo, aplicando-se à hipótese, se for o caso, o disposto nos §§ 1º e 2º do art. 113 (art. 534, § 1º, CPC/2015).

Alternativa "c": Embora controvertido o tema na época do CPC/1973, com o advento atual legislação, o assunto fora pacificado, pois, de acordo com o art. 535, § 2º, CPC/2015: "Quando se alegar que o exequente, em excesso de execução, pleiteia quantia superior à resultante do título, cumprirá à executada declarar de imediato o valor que entende correto, sob pena de não conhecimento da arguição".

Alternativa "d": As causas modificativas ou extintivas da obrigação devem ser posteriores ao trânsito em julgado da sentença (art. 535, VI, CPC/2015), uma vez que os fatos anteriores a esse marco temporal ficam abrangidos pela eficácia preclusiva da coisa julgada.

Alternativa "e": O precatório será expedido por intermédio do Presidente do Tribunal competente (art. 535, § 3º, I, CPC/2015). Cuidado: a requisição de pequeno valor (RPV) será paga mediante ordem proferida pelo Juízo da execução.

Alternativa correta: letra "a".

---

105. (VUNESP – Procurador do Estado – PGE-SP/2018) A decisão do Supremo Tribunal Federal que considera inconstitucional lei na qual se baseou, como único fundamento, uma sentença condenatória da Fazenda Pública proferida em outro processo, torna

a) inexistente o título judicial que se formou, desde que a decisão tenha sido tomada em controle concentrado. Esse argumento pode ser arguido nos embargos da Fazenda, durante a execução civil, se a decisão que se pretende rescindir ainda não transitou em julgado.

b) inexigível a obrigação contida no título judicial que se formou, desde que a decisão do Supremo tenha sido proferida em sede de controle difuso. Esse argumento pode ser arguido na impugnação da Fazenda, durante o cumprimento de sentença, se a decisão que se pretende rever ainda não transitou em julgado, e em ação anulatória, se já ocorreu o trânsito.

c) inválido o título judicial que se formou, mesmo que a decisão tenha sido tomada em controle difuso ou concentrado. Esse argumento pode ser arguido na impugnação, durante a fase de cumprimento de sentença ou no processo de execução, mas não em ação rescisória.

d) inexigível a obrigação contida no título judicial que se formou, desde que a decisão tenha sido tomada em controle concentrado. Esse argumento pode ser utilizado na impugnação da Fazenda, durante a fase de cumprimento de sentença, mas, se a decisão que condenou a Fazenda transitou em julgado, não é cabível ação rescisória com esse fundamento.

e) inexigível a obrigação contida no título judicial que se formou, mesmo que essa decisão tenha sido tomada em controle concentrado ou difuso de constitucionalidade. Esse argumento pode ser utilizado na impugnação da Fazenda, durante a fase de cumprimento de sentença, se ainda não ocorreu o trânsito em julgado, ou em ação rescisória, se isso já ocorreu.

COMENTÁRIOS

✪ **Nota do autor:** Os §§ 5º a 8º do art. 535, CPC/2015, tratam da inconstitucionalidade (em sentido lato) da norma adotada como fundamento de título executivo judicial, reconhecida pelo Supremo Tribunal Federal, que torna inexigível a obrigação; a inconstitucionalidade pode ser reconhecida pelo Supremo Tribunal Federal em controle difuso ou em controle concentrado de constitucionalidade (na vigência do CPC de 1973 alguns entendiam que a inexigibilidade da obrigação ocorreria apenas quando a inconstitucionalidade fosse reconhecida no controle concentrado de constitucionalidade); "As decisões de inconstitucionalidade a que se referem os art. 525, §§ 12 e 13 e art. 535 §§ 5º e 6º devem ser proferidas pelo plenário do STF" (Enunciado 58 do FPPC); a inconstitucionalidade deve ser reconhecida pelo Supremo Tribunal Federal antes do trânsito em julgado da decisão exequenda (na vigência do CPC de 1973 alguns entendiam que a inexigibilidade da obrigação ocorreria se a inconstitucionalidade fosse reconhecida antes ou depois do trânsito em julgado da decisão exequenda); se a inconstitucionalidade for reconhecida após o trânsito em julgado da decisão exequenda caberá ação rescisória (contando-se o prazo para a sua propositura a partir da decisão proferida pelo Supremo Tribunal Federal); o Supremo poderá modular os efeitos da declaração de inconstitucionalidade (conferindo, por exemplo, eficácia prospectiva), em atenção ao princípio da segurança jurídica;

Alternativas "a", "b", "c" e "d": Ver comentários na "nota do autor".

Alternativa "e": Trata-se de previsão encampada no art. 535, §§ 5º, 6º, 7º e 8º, CPC/2015: "Art. 535. A Fazenda Pública será intimada na pessoa de seu representante judicial, por carga, remessa ou meio eletrônico, para, querendo, no prazo de 30 (trinta) dias e nos próprios autos, impugnar a execução, podendo arguir: [...] § 5º Para efeito do disposto no inciso III do *caput* deste artigo, considera-se também inexigível a obrigação reconhecida em título executivo judicial fundado em lei ou ato normativo considerado inconstitucional pelo Supremo Tribunal Federal, ou fundado em aplicação ou interpretação da lei ou do ato normativo tido pelo Supremo Tribunal Federal como incompatível com a Constituição Federal, em controle de constitucionalidade concentrado ou difuso. § 6º No caso do § 5º, os efeitos da decisão do Supremo Tribunal Federal poderão ser modulados no tempo, de modo a favorecer a segurança jurídica. § 7º A decisão do Supremo Tribunal Federal referida no § 5º deve ter sido proferida antes do trânsito em julgado da decisão exequenda. § 8º Se a decisão referida no § 5º for proferida após o trânsito em julgado da decisão exequenda, caberá ação rescisória, cujo prazo será contado do trânsito em julgado da decisão proferida pelo Supremo Tribunal Federal".

Alternativa correta: letra "e".

---

106. (Cespe – Procurador do Estado – PGE – SE/2017) O tribunal de justiça de um estado, ao dar provimento à apelação interposta pela companheira de servidor falecido, em ação ajuizada contra a administração pública, condenou o ente público a pagar à autora, retroativamente, valores referentes à pensão por morte desde a data do óbito do servidor, além de determinar a imediata implementação da pensão em folha de pagamento. O ente público interpôs, então, recurso especial apenas em relação ao capítulo da obrigação de fazer, tendo sido o recurso recebido somente com efeito devolutivo.

Nessa situação hipotética, de acordo com a legislação processual e com a jurisprudência dos tribunais superiores,

a) será possível o cumprimento provisório de obrigação de fazer contra a fazenda pública, bem como o cumprimento definitivo da decisão que reconheceu obrigação de pagar.

b) o cumprimento provisório da obrigação de pagar poderá ser realizado, mas os atos executórios referentes à obrigação de fazer somente poderão ser efetivados quando ocorrer o trânsito em julgado de todos os capítulos do acórdão.

c) é vedada a execução provisória da obrigação de fazer, mas o adimplemento dessa modalidade obrigacional não se submete ao regime de precatórios.

d) os valores referentes à obrigação de fazer deverão ser pagos por precatório, o qual somente deverá ser expedido após o trânsito em julgado.

e) o cumprimento de sentença pela fazenda, seja em relação à obrigação de pagar, seja em relação à obrigação de fazer, deverá aguardar o trânsito em julgado de todos os capítulos do acórdão.

COMENTÁRIOS

✪ **Nota do autor:** o CPC/2015 evoluiu ao consagrar o cabimento do cumprimento de sentença contra a Fazenda Pública (art. 534 e 535), superando entendimento jurisprudencial em sentido contrário firmado quando do advento da Lei 11.232/2006. Silenciou, contudo, em relação à possibilidade de liquidação de sentença em tal hipótese, daí emergindo a seguinte indagação: o silêncio foi eloquente?

O exame da questão, evidentemente, depende da natureza da obrigação exequenda, na medida a Fazenda Pública pode ser compelida ao cumprimento de obrigação de pagar quantia e/ou de fazer, não fazer ou entregar coisa distinta de dinheiro. Na primeira hipótese, é inquestionável o caráter especial da execução, que deve observar os ditames do art. 100 da Constituição Federal.

E por essa razão a jurisprudência orienta-se no sentido de que a necessidade de expedição de precatório, que torna a execução contra a Fazenda Especial, impede o cumprimento provisório (e também a sua liquidação) do julgado (STF. 2ª Turma. RE 463936 ED, Rel. Min. Joaquim Barbosa, julgado em 23/05/2006).

Fredie Didier Jr., em posição minoritária, manifesta-se favoravelmente. Para o autor, *"a exigência constitucional do prévio trânsito em julgado diz respeito à expedição do precatório ou da requisição de pequeno valo. Tal exigência não impede a liquidação imediata ou 'provisória'. O trânsito em julgado, não custa repetir, é necessário, apenas, para a expedição do precatório ou da requisição de pequeno valor. É possível, enfim, a liquidação 'imediata' ou 'provisória' contra a Fazenda Pública"*[39].

Em que pese a relevância da tese, parece-nos que a omissão foi eloquente.

Isso porque existem dispositivos legais específicos que vedam a execução provisória (e também a liquidação provisória, por conseguinte) contra a Fazenda Pública, tal qual o art. 2º-B da Lei 9.494/97, que preconiza *in verbis*: "Art.2º – B. A sentença que tenha por objeto a liberação de recurso, inclusão em folha de pagamento, reclassificação, equiparação, concessão de aumento ou extensão de vantagens a servidores da União, dos Estados, do Distrito Federal e dos Municípios, inclusive de suas autarquias e fundações, somente poderá ser executada após seu trânsito em julgado".

Aliás, com base no mencionado dispositivo, o STF, ao julgar o RE 724.347, com repercussão geral, firmou entendimento de que na hipótese de posse em cargo público determinada por decisão judicial, o servidor não faz jus à indenização sob fundamento de que deveria ter sido investido em momento anterior, salvo situação de arbitrariedade flagrante. Conforme noticiado no informativo 775, o Pretório considerou que "como o provimento judicial de nomeação implicaria carga de onerosidade semelhante aos comandos de "liberação de recurso, inclusão em folha de pagamento, reclassificação, equiparação, concessão de aumento ou extensão de vantagens a servidor" — cuja execução estaria condicionada ao trânsito em julgado da decisão concessiva, nos termos do art. 2º-B da Lei 9.494/1997 —, também a nomeação em decorrência de decisão judicial ficaria submetida ao princípio de prudência judiciária que, em resguardo ao erário, limitaria a execução provisória das decisões judiciais (STF, *RE 724347/DF*, rel. orig. Min. Marco Aurélio, red. p/ o acórdão Min. Roberto Barroso, 26.2.2015.).

A vedação do art. 2º-B, todavia, não alcança a instituição de pensão por morte de servidor público, constituindo verdadeira exceção à regra da impossibilidade de execução provisória, conforme decidiu a 1ª Turma do STJ ao julgar o AgRg no AREsp 230.482/RS, Rel. Min. Sérgio Kukina, julgado em 07/03/2013.

Na mesma linha, o § 2º do art. 7º da Lei 12.016/2009 veda a concessão de medida liminar que tenha por objeto a compensação de créditos tributários, a entrega de mercadorias e bens provenientes do exterior, a reclassificação ou equiparação de servidores públicos e a concessão de aumento ou a extensão de vantagens ou pagamento de qualquer natureza. E o § 3º do art. 14 ressalva da possibilidade de execução provisória da sentença mandamental justamente as hipóteses em que vedada a concessão da liminar.

O raciocínio desenvolvido alhures não tem, contudo, incidência nas execuções que tenham por objeto a efetivação de obrigação de fazer (STF, *RE 573.872/RS*, Plenário, rel. Min. Edson Fachin, j. 24.05.2017).

Enfim, o regime especial de pagamento por meio de precatório ou requisição de pequeno valor é aplicável apenas e tão somente à execução de pagar quantia, admitindo-se, por conseguinte, a liquidação e cumprimento provisório de sentença que condene a Fazenda ao cumprimento

---

39. DIDIER JR., Fredie; CUNHA, Leonardo Carneiro da; BRAGA, Paula Sarno; OLIVEIRA, Rafael Alexandria de. *Curso de Direito Processual Civil. Vol. 05: Execução.* 7ª ed. Salvador: Juspodivm, 2017, p. 251.

de obrigação de fazer, não fazer ou entregar coisa distinta de dinheiro.

Alternativa correta: letra "a" (comentários respondem as demais alternativas): A execução contra a Fazenda Pública segue regime diferenciado em razão da indisponibilidade dos bens públicos. Não por outra razão que o art. 100, CF, estabelece a necessidade de expedição de precatório ou requisição de pequeno valor para a efetivação de cobrança de quantia em desfavor do Poder Público. Tudo isso torna incompatível a execução provisória contra Fazenda Pública, ressalvadas as obrigações de fazer ou não fazer, consoante jurisprudência pacífica do STF. Destarte, é preciso diferenciar a espécie de obrigação.

107. (FMP – Procurador do Estado – PGE – AC/2017) Considere as seguintes afirmativas sobre o tema do cumprimento da sentença no âmbito do Código de Processo Civil. Assinale a alternativa INCORRETA.

a) Todas as questões relativas à validade do procedimento de cumprimento da sentença e dos atos executivos subsequentes somente poderão ser arguidas pelo executado em autos apartados e nestes serão decididas pelo juiz.

b) A decisão judicial transitada em julgado poderá ser levada a protesto, nos termos da lei, depois de transcorrido o prazo para pagamento voluntário.

c) No caso de condenação em quantia certa, ou já fixada em liquidação, e no caso de decisão sobre parcela incontroversa, o cumprimento definitivo da sentença far-se-á a requerimento do exequente, sendo o executado intimado para pagar o débito, no prazo de 15 (quinze) dias, acrescido de custas, se houver.

d) No cumprimento de sentença que reconheça a exigibilidade de obrigação de fazer ou de não fazer, o juiz poderá, de ofício ou a requerimento, para a efetivação da tutela específica ou a obtenção de tutela pelo resultado prático equivalente, determinar as medidas necessárias à satisfação do exequente.

e) Não cumprida a obrigação de entregar coisa no prazo estabelecido na sentença, será expedido mandado de busca e apreensão ou de imissão na posse em favor do credor, conforme se tratar de coisa móvel ou imóvel.

COMENTÁRIOS

✪ **Nota do autor:** a questão trata, em sua maioria, do cumprimento de sentença, tema recorrente em concursos. Por isso, importante registrar algumas novidades do CPC a respeito:

(*a*) previsão de procedimento específico para o cumprimento de sentença de obrigação alimentar e contra a Fazenda Pública, pacificando antiga controvérsia;

(*b*) autorização para protesto da decisão judicial, objeto de questionamento na alternativa "b";

(*c*) desnecessidade de segurança do juízo para a apresentação de impugnação, objeto de comentários na alternativa "c".

Alternativa "a": Todas as questões relativas à validade do procedimento de cumprimento da sentença e dos atos executivos subsequentes poderão ser arguidas pelo executado nos **próprios autos** e nestes serão decididas pelo juiz, consoante preconiza o art. 518, CPC/2015.

Alternativa "b": O enunciado encontra respaldo no art. 517, CPC/2015. O protesto da decisão judicial pressupõe o seu trânsito em julgado e o transcurso *in albis* do prazo para pagamento voluntário.

Alternativa "c": Assertiva compatível com o disposto no art. 523, CPC/2015. Vale registrar que a apresentação de impugnação, diferentemente do CPC/1973, não depende de caução ou segurança do juízo, devendo ser apresentada no prazo de quinze dias, que terá início tão logo expirado o prazo para pagamento voluntário, independentemente de nova intimação.

Alternativa "d": A alternativa está de acordo com o art. 536, CPC/2015. Depreende-se do dispositivo legal que o princípio dispositivo **não** tem incidência em relação à tutela específica das obrigações de fazer, não fazer ou entregar coisa.

Alternativa "e": A afirmativa constante da alternativa em comento reproduz o art. 538, CPC/2015.

Alternativa incorreta: letra "a".

108. (PUC – Procurador do Estado – PR/2015 – adaptada) Acerca do cumprimento de sentença e do processo de execução, assinale a alternativa CORRETA.

a) É incabível execução por título extrajudicial contra a Fazenda Pública.

b) Somente são devidos honorários advocatícios pela Fazenda Pública nas execuções individuais de sentença proferida em ações coletivas quando estas forem embargadas.

c) Não se aplica à Fazenda Pública o procedimento do cumprimento de sentença, com a atividade executiva ocorrendo no mesmo processo no qual foi proferida a decisão da fase de conhecimento.

d) Os pagamentos devidos pelas Fazendas Públicas Federal, Estaduais, Distrital e Municipais, em virtude de sentença judiciária, far-se-ão exclusivamente mediante precatórios e à conta dos créditos respectivos.

e) É possível o fracionamento do valor da execução proposta contra a Fazenda Pública para pagamento de honorários advocatícios de sucumbência.

COMENTÁRIOS

✪ **Nota do autor:** em relação ao cumprimento de sentença proferida contra a Fazenda Pública, o CPC/2015, buscando maior efetivação da tutela jurisdicional por meio de um processo sincrético, não faz qualquer diferença quanto ao cumprimento das sentenças "comuns" e daquelas proferidas em desfavor da Fazenda Pública. O novo procedimento está disposto no art. 534 e, em síntese, ocorrerá da seguinte forma: o exequente apresentará demonstrativo discriminado e atualizado do débito (art. 534), sem a necessidade de instauração de novo processo. O representante judicial da Fazenda Pública será intimado para apresentar impugnação ao cumprimento de sentença no prazo de trinta dias (art. 535, CPC/2015). Se a impugnação não for apresentada ou for rejeitada pelo juiz, será possível o cumprimento imediato da sentença com a expedição de precatório ou requisição de pequeno valor (RPV).

Alternativa "a": Nos termos da Súmula 279 do STJ, "é cabível execução por título extrajudicial contra a Fazenda Pública". Ressalte-se que o CPC/2015 incorpora esse entendimento e dedica um capítulo exclusivo para tratar do tema (art. 910), aplicando-se supletivamente as disposições relativas à execução de título judicial (arts. 534 e 535).

Alternativa "b": "São devidos honorários advocatícios pela Fazenda Pública nas execuções individuais de sentença proferida em ações coletivas, ainda que não embargadas" (Súmula nº 345, STJ). Importante regra consta do § 2º do art. 534, que afasta do âmbito/ do cumprimento de sentença contra a Fazenda Pública a multa de 10% (dez por cento) pelo não cumprimento voluntário da obrigação. Isso porque a Fazenda Pública não intimada, neste procedimento, para pagar voluntariamente o débito, mas para impugnar o cumprimento de sentença, por força do art. 535, *caput,* CPC/2015. Lembra Daniel Amorim Assumpção Neves que "apesar da omissão legal, também não será possível o protesto do título no cumprimento definitivo de sentença. A especial condição da Fazenda Pública como executada afasta a aplicação de medidas coercitivas para o pagamento da dívida exequenda no prazo legal"[40].

Alternativa "c": A título de comparação, vale lembrar que "com a minirreforma introduzida pela Lei nº 11.232/2005 ao Código de 1973, a satisfação do direito através de métodos executivos passou a ser mera fase do processo de conhecimento. Com a referida lei, regra geral, desapareceu a necessidade de se iniciar um novo processo (o de execução) para obter o cumprimento de um título judicial nos casos de obrigação de pagar quantia certa. Essa modificação, no entanto, não alcançou a Fazenda Pública como condenada. Assim, de acordo com o CPC/73, seria preciso a instauração de um novo processo para a satisfação do crédito obtido através de decisão judicial"[41]. **Tal sistemática, contudo, não foi seguida pelo CPC/2015, que optou pela incidência do procedimento do cumprimento de sentença no mesmo processo em que proferida a decisão judicial, traçando regras procedimentais próprias**, conforme destacado na nota *supra.* Assim, não há que se falar em instauração de nova relação jurídica processual para a efetivação do provimento condenatório proferido em desfavor da Fazenda Pública, o qual será efetivado nos termos dos arts. 534 e 535, CPC/2015.

Alternativa "d": "Os pagamentos devidos pelas Fazendas Públicas Federal, Estaduais, Distrital e Municipais, em virtude de sentença judiciária, far-se-ão exclusivamente **na ordem cronológica de apresentação dos precatórios** e à conta dos créditos respectivos, proibida a designação de casos ou de pessoas nas dotações orçamentárias e nos créditos adicionais abertos para este fim" (art. 100, CF/88).

Alternativa "e": O STJ (REsp 1.347.736-RS, Rel. Min. Castro Meira, Rel. para acórdão Min. Herman Benjamin, julgado em 9/10/2013) e o STF (RE 564132/RS, red. p/ o acórdão Min. Cármen Lúcia, julgado em 30/10/2014 entendem ser possível que a execução dos honorários advocatícios devidos pela Fazenda Pública ocorra mediante Requisição de Pequeno Valor (RPV) na hipótese em que os honorários não excedam o valor limite a que se refere o art. 100, § 3º, da CF/88, ainda que o crédito "principal" seja executado por meio do regime de precatórios.

Alternativa correta: letra "e".

12.8. PROCESSO NOS TRIBUNAIS

109. (FCC – Procurador do Estado – PGE-AM/2022) A respeito do Incidente de Resolução de Demandas Repetitivas (IRDR) e do Incidente de Assunção de Competência (IAC),

a) a circunstância de Tribunal Superior ter afetado recurso, no âmbito de sua competência, para julgamento no regime dos repetitivos não impede a instauração do IRDR junto ao Tribunal de Justiça ou Tribunal Regional Federal local.

b) embora presumível a repercussão geral do recurso extraordinário interposto contra decisão final do IRDR, tanto este como o recurso especial não terão, como regra, efeito suspensivo, salvo se o recorrente demonstrar potencial lesivo da decisão e a conveniência de aguardar-se o julgamento do recurso pelo Tribunal Superior.

c) o julgamento do IAC baseia-se na discussão hipotética da tese jurídica, sem vinculação a um caso concreto analisado.

d) destinados à fixação de teses jurídicas a serem aplicadas em casos futuros, ambos se fundamentam exclusivamente no expressivo número de processos idênticos versando sobre o mesmo tema.

e) a decisão proferida no IRDR, fixando determinada tese jurídica, será aplicada no julgamento liminar de improcedência do pedido, autoriza o relator de recurso de apelação a decidir, monocraticamente, pelo seu desprovimento (se o recurso for contrário à tese) ou provimento (se a decisão recorrida é que se mostrar contrária à tese) e, ainda, afasta a remessa necessária se a sentença estiver de acordo com a tese.

COMENTÁRIOS

✪ **Nota do autor:** Antonio do Passo Cabral, *Comentários ao Novo Código de Processo Civil*, p. 987, entende o seguinte: "Quando o tribunal, ao julgar o IRDR, julgar também o caso (o recurso ou ação originária) afetado para instrução no incidente (art. 978, parágrafo único, do CPC), são cabíveis recurso extraordinário ou especial na forma do art. 987. Já quando houver desistência da ação ou recurso, e mesmo assim prosseguir o tribunal no julgamento do

---

40. NEVES, Daniel Amorim Assumpção. **Manual de Direito Processual Civil – Volume Único.** 8ª ed. Salvador: Juspodivm, 2016, p. 1236.
41. DONIZETTI, Elpídio. **Código de Processo Civil Comentado**. São Paulo: Atlas, 2015.

IRDR, como só restará a resolução da questão comum e o tribunal não julgará a causa, não são cabíveis os recursos excepcionais". O STJ (Corte Especial. REsp 1.798.374-DF, Rel. Min. Mauro Campbell Marques, julgado em 18/05/2022 - Informativo 737)) acolheu esse posicionamento: "Não cabe recurso especial contra acórdão proferido pelo Tribunal de origem que fixa tese jurídica em abstrato em julgamento do IRDR, por ausência do requisito constitucional de cabimento de "causa decidida", mas apenas naquele que aplique a tese fixada, que resolve a lide, desde que observados os demais requisitos constitucionais do art. 105, III, da Constituição Federal e dos dispositivos do Código de Processo Civil que regem o tema".

Alternativa "a": segundo o art. 976, § 4º, CPC, é incabível o incidente de resolução de demandas repetitivas quando um dos tribunais superiores, no âmbito de sua respectiva competência, já tiver afetado recurso para definição de tese sobre questão de direito material ou processual repetitiva.

Alternativa "b": conforme preconiza o art. 987, § 1º, CPC, os recursos extraordinários e especiais terão sempre efeito suspensivo, independentemente de qualquer pedido nesse sentido, presumindo-se a repercussão geral de questão constitucional eventualmente discutida no RE.

Alternativa "c": nos termos do art. 947, *caput*, CPC, é admissível a assunção de competência quando o julgamento de *recurso, de remessa necessária ou de processo de competência originária* envolver relevante questão de direito, com grande repercussão social, sem repetição em múltiplos processos.

Alternativa "d": somente o <u>IRDR</u> tem como requisito a <u>efetiva repetição de processos</u> que contenham controvérsia sobre a mesma questão unicamente de direito e risco de ofensa à isonomia e à segurança jurídica (art. 976, I e II, CPC). O <u>IAC</u> tem como pressuposto a relevante questão de direito, com grande repercussão social, <u>sem repetição em múltiplos processos</u> (art. 947, *caput*, CPC).

Alternativa "e": a improcedência liminar do pedido com fundamento em IRDR e em IAC está prevista no art. 332, III do CPC. Com fundamento nos mesmos institutos, o relator pode decidir monocraticamente pelo desprovimento do recurso, conforme autoriza o art. 932, IV, "c" do CPC ou pelo seu provimento, se a decisão recorrida for contrária à tese formada, nos termos do art. 932, V, "c" do CPC. A sentença proferida de acordo IRDR e IAC afasta a remessa necessária, conforme estabelece o art. 496, § 4º, III, do CPC.

Alternativa correta: letra "e".

---

110. (FEPESE – Procurador do Estado – PGE-SC/2018) Em relação à técnica de julgamento ampliado em caso de resultado não unânime, é correto afirmar:

a) Com o julgamento ampliado há uma alteração de competência funcional, que é relativa.

b) Os julgadores que já tiverem votado não poderão rever seus votos por ocasião do prosseguimento do julgamento com colegiado ampliado.

c) A técnica de julgamento ampliado será aplicada nos casos de remessa necessária quando o julgamento não unânime reformar a sentença de mérito.

d) Em caso de decisão não unânime proferida em incidente de resolução de demandas repetitivas submetido a julgamento na corte especial, a competência será do plenário do Tribunal.

e) Sua aplicação ocorrerá no recurso de apelação, na ação rescisória julgada procedente e no agravo de instrumento que reforma decisão que julga parcialmente o mérito.

COMENTÁRIOS

✪ **Nota do autor:** o CPC/2015 acabou com a existência dos embargos infringentes, mas criou a "técnica de julgamento" do art. 942 que possui algumas semelhanças com os embargos infringentes, mas que não se trata de recurso. "(...) Esse mecanismo, conquanto não tenha natureza recursal, faz lembrar os embargos infringentes. Por não ser recurso, no entanto, não depende de interposição, constituindo apenas uma fase do julgamento da apelação, do agravo de instrumento contra decisão de mérito e da ação rescisória, não unânime." (GONÇALVES, Marcus Vinicius Rios. Direito Processual Civil Esquematizado. 7. ed. São Paulo: Saraiva, 2016. p. 885).

Alternativa "a": A competência funcional, diferentemente do que prevê a assertiva, não é relativa, mas, sim, absoluta.

Alternativa "b": Os julgadores que já tiverem votado poderão rever seus votos por ocasião do prosseguimento do julgamento (§ 2º do art. 942). Mesmo que isso ocorra, ou seja, que alguém mude de opinião, ainda assim deverão ser colhidos os votos dos Desembargadores convocados (art. 942, § 2º, CPC/2015).

Alternativa "c": Não se aplica a técnica de julgamento do art. 942 do CPC/2015 ao julgamento: I – do incidente de assunção de competência e ao de resolução de demandas repetitivas; II – da remessa necessária; III – não unânime proferido, nos tribunais, pelo plenário ou pela corte especial (art. 942, § 4º, I, II e III, CPC/2015).

Alternativa "d": A técnica de julgamento ampliado não se aplica ao IRDR, por expressa previsão legal (art. 942, § 4º, I, CPC/2015).

Alternativa "e": Além da apelação (art. 942, *caput*, CPC/2015), a técnica de julgamento aplica-se também para o julgamento não unânime proferido em: a) ação rescisória, quando o resultado for a rescisão da sentença, devendo, nesse caso, seu prosseguimento ocorrer em órgão de maior composição previsto no regimento interno; b) agravo de instrumento, quando houver reforma da decisão que julgar parcialmente o mérito (art. 942, § 3º, I e II, CPC/2015).

Alternativa correta: letra "e".

---

111. (FCC – Procurador do Estado – PGE-AP/2018) Em relação à jurisprudência dominante dos Tribunais Superiores, em matéria processual,

a) é ineficaz a penhora de bem de família pertencente a fiador de contrato de locação residencial.

b) é sempre necessário ratificar o recurso especial interposto na pendência do julgamento dos embargos de declaração.

c) a recuperação judicial do devedor principal impede o prosseguimento das ações e execuções ajuizadas contra terceiros devedores solidários ou coobrigados.

d) em ação monitória fundada em cheque prescrito contra o emitente, é indispensável a menção ao negócio jurídico subjacente à emissão da cártula.

e) o relator, monocraticamente e no Superior Tribunal de Justiça, poderá dar ou negar provimento ao recurso quando houver entendimento dominante acerca do tema.

COMENTÁRIOS

✪ **Nota do autor:** a questão exige conhecimento da jurisprudência sedimentada do Superior Tribunal de Justiça, notadamente dos entendimentos exteriorizados em verbetes.

Alternativa "a": O verbete 549 da súmula do STJ dispõe que: "É válida a penhora de bem de família pertencente a fiador de contrato de locação".

Alternativa "b": De acordo com o art. 1024, § 5º, CPC/2015, "Se os embargos de declaração forem rejeitados ou não alterarem a conclusão do julgamento anterior, o recurso interposto pela outra parte antes da publicação do julgamento dos embargos de declaração será processado e julgado independentemente de ratificação". Ademais, o STJ possui o entendimento de que: "Não é necessário ratificar o recurso especial interposto na pendência do julgamento dos embargos de declaração quando inalterado o julgamento anterior" (enunciado 579).

Alternativa "c": Conforme entende o STJ (verbete 581): "A recuperação judicial do devedor principal não impede o prosseguimento das ações e execuções ajuizadas contra terceiros devedores solidários ou coobrigados em geral, por garantia cambial, real ou fidejussória".

Alternativa "d": Em ação monitória fundada em cheque prescrito ajuizada contra o emitente, é dispensável a menção ao negócio jurídico subjacente à emissão da cártula (enunciado 581 – STJ).

Alternativa "e": Trata-se de posição consolidada no enunciado 568 da súmula do STJ: "O relator, monocraticamente e no Superior Tribunal de Justiça, poderá dar ou negar provimento ao recurso quando houver entendimento dominante acerca do tema".

Alternativa correta: letra "e".

---

112. (CESPE – Procurador do Estado – PGE-PE/2018) Em instância extraordinária, o relator do processo constatou que o advogado subscritor do recurso especial não tinha procuração nos autos.

Considerando-se as disposições do CPC, o relator deve, nessa situação hipotética,

a) declarar o recurso inexistente.

b) oportunizar a regularização da representação processual.

c) oportunizar a regularização da capacidade processual do recorrente.

d) remeter o processo ao colegiado para decisão.

e) deixar de conhecer do recurso especial.

COMENTÁRIOS

✪ **Nota do autor:** no parágrafo único do art. 932 ("Antes de considerar inadmissível o recurso, o relator concederá o prazo de 5 (cinco) dias ao recorrente para que seja sanado vício ou complementada a documentação exigível"), o Código fulmina a jurisprudência defensiva. Trata-se de uma manifestação do princípio da cooperação (dever de prevenção) e do princípio da primazia do julgamento do mérito (no caso, do mérito recursal). Antes dele, o CPC de 1973 tinha um dispositivo assemelhado, o § 4º do art. 514 ("Constatando a ocorrência de nulidade sanável, o tribunal poderá determinar a realização ou renovação do ato processual, intimadas as partes; cumprida a diligência, sempre que possível prosseguirá o julgamento da apelação"). Tal dispositivo, porém, estava inserido no capítulo relativo à apelação e utilizava as expressões "nulidade sanável" e "poderá", permitindo uma interpretação diversa da intenção do legislador. O atual dispositivo, ao contrário, obriga o julgador a facultar ao recorrente sanar o vício no prazo de cinco dias, antes de inadmitir o recurso. Trata-se de um direito do recorrente, e não de uma faculdade do julgador (diz o Código: "o relator concederá").

Alternativa "a": A assertiva viola a disposição encartada no art. 932, parágrafo único, CPC/2015, os princípios da cooperação (prevenção) e da primazia do julgamento do mérito.

Alternativa "b": Por se tratar de um vício formal, é perfeitamente possível que seja sanado, nos termos do art. 932, parágrafo único, CPC/2015.

Alternativa "c": A ausência de procuração do advogado nos autos acarreta um vício de representação processual (capacidade postulatória), e não de capacidade processual. Lembrando-se: a capacidade processual se refere à aptidão da pessoa de praticar os atos da vida civil independentemente de assistência ou representação – capacidade de fato ou exercício.

Alternativa "d": Nos termos do art. 932, III, CPC/2015, trata-se de matéria a ser apreciada, inicialmente, pelo relator que, caso constate a ausência de procuração nos autos, deverá aplicar a regra contida no parágrafo único, do mesmo art. 932, e não enviar a matéria ao colegiado para apreciação.

Alternativa "e": O recurso não pode deixar de ser conhecido sem antes facultar-se à parte o direito de sanar o vício formal (art. 932, parágrafo único, CPC/2015).

Alternativa correta: letra "b".

---

113. (FMP – Procurador do Estado – PGE – AC/2017) Considere as seguintes afirmativas sobre o tema da ordem dos processos no tribunal no âmbito do Código de Processo Civil. Assinale a alternativa INCORRETA.

a) Far-se-á a distribuição de acordo com o regimento interno do tribunal, observando-se a alternatividade, o sorteio eletrônico e a publicidade.

b) Entre a data de publicação da pauta e a da sessão de julgamento decorrerá, pelo menos, o prazo de 5 (cinco) dias, incluindo-se em nova pauta os processos que não tenham sido julgados, salvo aqueles cujo julgamento tiver sido expressamente adiado para a primeira sessão seguinte.
c) Não publicado o acórdão no prazo de 30 (trinta) dias, contado da data da sessão de julgamento, as notas taquigráficas o substituirão, para todos os fins legais, independentemente de revisão.
d) Quando o resultado da apelação for não unânime, o julgamento terá prosseguimento em sessão a ser designada com a presença de outros julgadores, que serão convocados nos termos previamente definidos no regimento interno, em número suficiente para garantir a possibilidade de inversão do resultado inicial, assegurado às partes e a eventuais terceiros o direito de sustentar oralmente suas razões perante os novos julgadores.
e) O voto vencido será necessariamente declarado e considerado parte integrante do acórdão para todos os fins legais, exceto para a finalidade de prequestionamento.

COMENTÁRIOS

✪ **Nota do autor:** na ordem dos processos nos tribunais, o CPC trata de aspectos pertinentes ao registro, distribuição, poderes do relator, sustentação oral, dentre outros, necessários ao adequado processamento dos recursos e das ações originárias de competência do Tribunal. E tal regulamentação é necessária porque os tribunais são órgãos colegiados e suas decisões são fruto de um consenso entre a maioria. Lembra Fredie Didier Júnior *et al* que Em geral, o procedimento no tribunal tem duas fases distintas: uma perante o relator, a quem se atribui a função de praticar todos os atos até a sessão de julgamento, e a outra, de competência do colegiado, que tem por finalidade o debate e o julgamento do caso"[42].

Alternativa "a": O enunciado reproduz o art. 930, CPC/2015.

Alternativa "b": A assertiva repete o art. 935, *caput*, CPC/2015. Comparado com o CPC/1973, houve um incremento no prazo que passou de 48 horas para 5 dias, merecendo a referida alteração aplausos de Luis Alves Pereira"[...] Este prazo [48 horas, previsto no CPC de 1973] se mostra demasiadamente curto para o fim a que se destina, de modo que a ampliação deste prazo para 05 (cinco) dias, como prevê a redação do § 1º do art. 948 [convertido no § 1º do art. 935] do projeto de Novo CPC constitui-se em medida que efetivamente resultará em justificada melhora para o jurisdicionado que, assim, terá tempo hábil para apresentação de memoriais e preparação de sustentação oral, que muitas vezes, dependendo evidentemente das peculiaridades de cada caso concreto, têm grande relevância para a demonstração do direito perseguido pela parte através do direito de petição"[43].

Alternativa "c": A afirmativa corresponde ao art. 944, CPC/2015.

Alternativa "d": É o teor do art. 942, *caput*, CPC/2015. Trata-se do denominado *Incidente de Suspensão de Julgamentos não unânimes* que nada mais fez do que transformar os embargos infringentes em um prolongamento do julgamento quando não houver unanimidade, o que conflita, aparentemente, com o princípio da celeridade processual. A propósito, Lenio Streck e Ricardo Augusto Herzl, em artigo publicado na Revista Eletrônica Consultor Jurídico, lembram que o novo diploma processual promoveu a: "[...] criação de (ou transformação em) uma espécie de *embargos infringentes com remessa necessária*; assim, a eficácia do acórdão não unânime está diretamente condicionada à imediata suspensão do julgamento para a sua reanálise em momento posterior, diante de uma nova quantidade de julgadores; assim como nas hipóteses de remessa de ofício, não haverá transito em julgado da decisão (o que impede a sua execução definitiva e a oferta de embargos de declaração) se a nova técnica não for observada"[44].

Alternativa "e": Com efeito, de acordo com o § 3º do art. 941, CPC/2015, o voto vencido será necessariamente declarado e considerado parte integrante do acórdão para todos os fins legais, **inclusive** de pré-questionamento.

Alternativa incorreta: letra "e".

---

114. (FCC – Procurador do Estado – MT/2016) Segundo o novo Código de Processo Civil, a reclamação
a) é cabível diante da inobservância de Súmula de qualquer Tribunal.
b) somente pode ser proposta perante os Tribunais Superiores.
c) fica prejudicada diante da inadmissibilidade ou do julgamento do recurso interposto contra a decisão proferida pelo órgão reclamado.
d) pode ser utilizada mesmo após o trânsito em julgado da decisão, por não se tratar de recurso.
e) é cabível para garantir a observância de precedente proferido em julgamentos de casos repetitivos, a fim de dar correta aplicação da tese jurídica.

---

42. DIDIER JR., Fredie; BRAGA, Paula Sarno; OLIVEIRA, Rafael Alexandria de. *Curso de Direito Processual Civil. Vol. 03: Meios de Impugnação às Decisões Judiciais e Processo nos Tribunais*. 12ª ed. Salvador: Juspodivm, 2014, p. 561.

43. PEREIRA, Luis Alves. *Uma nova ordem dos processos nos tribunais. In Novas Tendências do Processo Civil. Estudos sobre o Projeto do Novo Código de Processo Civil*. Vol. III. Salvador: Juspodivm, 2014, p. 261.

44. STRECK, Lenio Luiz; HERZL, Ricardo Augusto. **O que é isto – Os novos embargos infringentes? Uma mão dá e a outra ....** Revista Consultor Jurídico, 13 de janeiro de 2015. Disponível em <http://www.conjur.com.br/2015-jan-13/isto-novos-embargos-infringentes-mao-outra>. Acesso 17.06.2015.

COMENTÁRIOS

✪ **Nota do autor:** a reclamação, objeto da questão em comento, é uma demanda típica ou vinculada, porque apenas em hipóteses taxativamente previstas em lei pode ser veiculada pela parte interessada, as quais constam, hodiernamente, do art. 988, incisos I a IV do CPC/2015. Luiz Guilherme Marinoni, Sérgio Cruz Arenhart e Daniel Mitidiero ressaltam que "a reclamação constitui instrumento de tutela da decisão do caso concreto. Dito de outro modo: ela não deve ser vista como meio de tutela do precedente ou da jurisprudência vinculante. Isso porque semelhante modo de ver o seu papel pode ocasionar o fenômeno inverso àquele que se pretende evitar com a instituição de filtros recursais: o abarrotamento do Supremo Tribunal Federal e do Superior Tribunal de Justiça com reclamações, *per saltum*, visam a outorgar força ao precedente. Nada obstante, até que as Cortes Supremas, as Cortes de Justiça e os juízes de primeiro grau assimilem uma efetiva cultura do procedente judicial, é imprescindível que se admita a reclamação com função de outorga de eficácia de precedente. E foi com esse objetivo deliberado que o novo Código ampliou as hipóteses de cabimento da reclamação [...][45]. De fato, o inciso IV do art. 988 contempla como hipótese de cabimento da reclamação garantir a observância de acórdão proferido em julgamento de incidente de resolução de demandas repetitivas ou de incidente de assunção de competência.

Alternativa "a": A teor do art. 988, inciso III, CPC/2015, a reclamação é remédio cabível para garantir a observância de enunciado de **Súmula Vinculante** e de decisão do STF em controle concentrado de constitucionalidade.

Alternativa "b": O § 1º do art. 988, CPC/2015, é expresso ao determinar que "a reclamação pode ser proposta perante **qualquer tribunal**, e seu julgamento compete ao órgão jurisdicional cuja competência se busca preservar ou cuja autoridade se pretenda garantir". Não é novidade substancial, porque a jurisprudência do STF já admitia o cabimento de reclamação perante os Tribunais de Justiça, embora omissa a CF. Isso porque a competência para tanto é das Constituições Estaduais, que podem prever em seu corpo a reclamação para preservação da competência dos Tribunais de Justiça[46].

Alternativa "c": Por força do disposto no art. 988, § 6º, CPC/2015, a reclamação **não** fica prejudicada pela inadmissibilidade ou pelo julgamento do recurso interposto contra a decisão proferida pelo órgão reclamado.

Alternativa "d": De acordo com o art. 988, § 5º, inciso I, CPC/2015, é **inadmissível** reclamação proposta após o trânsito em julgado da decisão reclamada. A disposição legal positivou o entendimento dominante da jurisprudência do STF, constante da **Súmula 734,** segundo a qual "não cabe reclamação quando já houver transitado em julgado o ato judicial que se alega tenha desrespeitado decisão do Supremo Tribunal Federal".

45. MARINONI, Luiz Guilherme; ARENHART, Sérgio Cruz; MITIDIERO, Daniel. **Novo Código de Processo Civil Comentado.** São Paulo: Revista dos Tribunais, 2015, p. 920.
46. STF, **ADI 2.212/CE,** Pleno, rel. Min. Ellen Gracie, j. 02.10.2003, DJ 14.11.2003.

Alternativa "e": A reclamação só é cabível para garantir a observância de precedente firmado em julgamento de casos repetitivos (recurso extraordinário com repercussão geral reconhecida ou de acórdão proferido em julgamento de recursos extraordinário ou especial repetitivos) quando houver o esgotamento das instâncias ordinárias, nos termos do art. 988, § 5º, inciso II, CPC/2015.

Alternativa correta: letra "e".

12.9. AÇÃO RESCISÓRIA

ATENÇÃO: o CPC/2015 traz algumas mudanças em relação à ação rescisória. Vamos aos destaques:

Em relação ao objeto	Em relação ao prazo
Seguindo a orientação jurisprudencial, o CPC/2015 admite a rescisória para desconstituir provimento que, embora não seja de mérito, impeça a renovação da ação, como nas hipóteses de acolhimento de alegação de perempção, litispendência e coisa julgada (pressupostos processuais negativos), ou impeça a admissibilidade do recurso correspondente (art. 966, §2º).	O CPC/2015 confirma o entendimento exposto na Súmula 401 do STJ ("O prazo decadencial da ação rescisória só se inicia quando não for cabível qualquer recurso do último pronunciamento judicial"). Confira: "Art. 975. O direito à rescisão se extingue em 2 (dois) anos contados do trânsito em julgado da última decisão proferida no processo."

115. (FCC – Procurador do Estado – PGE-TO/2018) Em relação à ação rescisória,

a) o Ministério Público pode ajuizá-la apenas se não foi ouvido no processo em que lhe era obrigatória a intervenção.

b) seu rol é meramente elucidativo, abrangendo na atual sistemática processual os atos homologatórios praticados no curso da execução.

c) somente a decisão de mérito é rescindível.

d) seu objeto deve abranger necessariamente a decisão meritória em sua integralidade.

e) sua propositura não impede o cumprimento da decisão rescindenda, ressalvada a concessão de tutela provisória.

COMENTÁRIOS

✪ **Nota do autor:** conforme o disposto no art. 969, CPC/2015, o julgador deverá suspender o cumprimento de sentença, na pendência de ação rescisória, apenas como exceção e mediante a concessão de tutela provisória, presentes os respectivos pressupostos. Conforme o Enunciado 80 do FPPC, a tutela provisória na ação rescisória pode ser de urgência ou de evidência. Ademais, concedida a tutela antecipada antecedente, se não houver a interposição de recurso, não haverá estabilização, posto que a tutela antecipada é fundada em cognição sumária e não poderia se estabilizar contra a própria coisa julgada. Nesse sentido, diz o Enunciado 421 do FPPC: "Não cabe estabilização de tutela antecipada em ação rescisória".

Alternativa "a": O Ministério Público possui legitimidade para a propositura da ação rescisória não só quando não fora ouvido em processo que lhe era obrigatória a sua intervenção, mas, também, quando a decisão rescindenda é o efeito de simulação ou de colusão das partes, a fim de fraudar a lei ou em outros casos em que se imponha sua atuação, nos termos do art. 967, III, *a*, *b* e *c*, CPC/2015.

Alternativa "b": O rol de cabimento da ação rescisória (art. 966, CPC/2015) é taxativo. Ademais, os atos homologatórios praticados no curso da execução estão sujeitos à anulação (ação anulatória), conforme prevê o art. 966, § 4º, CPC/2015.

Alternativa "c": No atual CPC, nas hipóteses previstas nos incisos do *caput* do art. 966, será rescindível a decisão transitada em julgado que, embora não seja de mérito, impeça nova propositura da demanda, ou admissibilidade do recurso correspondente (art. 966, § 2º, I e II, CPC/2015).

Alternativa "d": É cabível a ação rescisória contra apenas um capítulo da decisão (art. 966, § 3º, CPC/2015), ou seja, não é necessário que o decisum seja impugnado em seu todo.

Alternativa "e": Trata-se de disposição literal do art. 969, CPC/2015: "A propositura da ação rescisória não impede o cumprimento da decisão rescindenda, ressalvada a concessão de tutela provisória".

Alternativa correta: letra "e".

116. (VUNESP – Procurador do Estado – PGE-SP/2018) Da decisão do Tribunal de Justiça de São Paulo, que nega seguimento a recurso especial sob o fundamento de que a decisão recorrida estaria de acordo com o posicionamento adotado pelo Superior Tribunal de Justiça, em julgamento de tema afetado ao sistema de recursos repetitivos, quando, na verdade, esse paradigma trata de assunto diverso daquele discutido no recurso especial mencionado, cabe, segundo a lei processual:

a) embargos de declaração, com o exclusivo objetivo de prequestionar o tema veiculado no recurso especial.

b) novo recurso especial, interposto diretamente no Superior Tribunal de Justiça.

c) agravo interno, perante a Turma que proferiu o acórdão combatido.

d) ação rescisória, após o trânsito em julgado.

e) agravo em recurso especial.

COMENTÁRIOS

✪ **Nota do autor:** Conforme prevê o art. 1.030, I, *b*, CPC/2015, quando o presidente ou vice negar seguimento ao RE ou RESP, afirmando que o acórdão recorrido está em conformidade com entendimento do STF ou STJ, exarada em recursos repetitivos, devemos observar o parágrafo 2º do art. 1.030, e entrar com agravo interno. Porém, nenhuma alternativa apresentada na questão possibilita essa resposta. A alternativa "c" é incorreta por apresentar um erro no tocante ao órgão competente para apreciar o agravo interno (ver comentários sobre a alternativa "c" abaixo). Nesse contexto, a melhor solução para o problema seria o ingresso de ação rescisória com fulcro no art. 966, § 5º, CPC/2015: "Cabe ação rescisória, com fundamento no inciso V do *caput* deste artigo, contra decisão baseada em enunciado de súmula ou acórdão proferido em julgamento de casos repetitivos que não tenha considerado a existência de distinção entre a questão discutida no processo e o padrão decisório que lhe deu fundamento".

Alternativa "a": Conforme entendimento pacífico do STJ, o único recurso cabível da decisão que nega seguimento ao recurso especial é o agravo do artigo 1.030, § 2º ou 1.042 do CPC/2015. São manifestamente incabíveis os embargos de declaração opostos contra decisão de admissibilidade do recurso especial proferida pelo tribunal de origem

Alternativa "B": Um dos requisitos do recurso especial é de que a decisão seja proferida em única ou última instância. Isso significa que a matéria a ser ventilada no especial deverá ter sido apreciada de forma plena pelos órgãos anteriores. Assim, sendo cabível o uso de qualquer recurso ordinário, será impossível a utilização do recurso especial. No caso narrado, a parte ainda terá que ingressar com o agravo interno para impugnar a decisão proferida que negara seguimento ao recurso. Só a partir de então, a via do recurso especial será adequada.

Alternativa "c": Seria até cabível o manejo do agravo interno, todavia, a assertiva se equivoca ao mencionar a Turma que proferiu o acórdão combatido como órgão competente para apreciar o respectivo recurso (agravo interno). Na verdade, a competência para apreciar esse recurso seria do órgão colegiado a qual pertence o Desembargador que negara seguimento ao recurso especial. Em suma: negado seguimento com base no art. 1.030, I, CPC/2015, é possível mostrar a distinção entre a questão ou o caso invocado no recurso extraordinário ou no recurso especial mediante a interposição de agravo interno para o colegiado do tribunal recorrido a que pertence o presidente ou vice-presidente".

Alternativa "d": Ver comentários na "nota do autor".

Alternativa "e": O agravo em recurso especial (art. 1.042, CPC/2015) só é cabível contra a decisão do tribunal a quo que negar seguimento ao especial com base no art. 1.030, V, CPC/2015. Da decisão que nega seguimento ao recurso especial com fulcro em entendimento firmado em recurso repetitivo caberá o agravo interno (art. 1.030, I, b, c/c art. 1.030, § 2º, CPC/2015).

Alternativa correta: letra "d".

117. (FCC – Procurador do Estado – RN/2014) A ação rescisória

a) não admite o indeferimento da petição inicial, por tratar de matéria de ordem pública.

b) não garante ao Estado prazo diferenciado para contestar.

c) deve ser instruída com prova pré-constituída, sob pena de rejeição liminar.

d) deve ser acompanhada do depósito de 5% sobre o valor da causa, inclusive se o autor for o Estado.

e) admite, excepcionalmente, antecipação de tutela.

COMENTÁRIOS

✪ **Nota do autor:** a ação rescisória tem por objetivo desconstituir a chamada "coisa julgada material" quando presentes os vícios indicados nos incisos do art. 966, CPC/2015. Importa lembrar que doutrina e jurisprudência consideram que apesar da redação do art. 485, *caput*, do CPC/73 ("A sentença **de mérito**, transitada em julgado, pode ser rescindida quando [...]"), excepcionalmente a ação rescisória pode ter por objeto decisão terminativa. Exemplo: decisão que extingue o processo por litispendência ou perempção (pressupostos processuais negativos). Como nesses casos o autor não poderá propor nova demanda, admite-se a ação rescisória. Esse entendimento foi expressamente consagrado no CPC/2015, que, em seu art. 966, §2º, estabeleceu que "nas hipóteses previstas nos incisos do *caput*, será rescindível a decisão transitada em julgado **que, embora não seja de mérito**, impeça: I – nova propositura da demanda; ou II – admissibilidade do recurso correspondente". Outra importante modificação do CPC/2015 foi a substituição da expressão "sentença de mérito" por "decisão de mérito", acolhendo as críticas da doutrina que já reconhecia a possibilidade de rescisória contra decisão de mérito transitada em julgado. Nesse sentido prescreve o *Enunciado 336*, do Fórum Permanente de Processualistas Civis, que "cabe ação rescisória contra decisão interlocutória de mérito".

Alternativa "a": Admite-se o indeferimento da petição inicial nas hipóteses previstas no art. 330, CPC/2015, bem como quando não efetuado o depósito da importância de cinco por cento sobre o valor da causa, que se converterá em multa caso a ação seja, por unanimidade de votos, declarada inadmissível ou improcedente, por força do art. 968, § 3º, CPC/2015. No entanto, alerta Daniel Amorim Assumpção Neves que "a previsão é excessivamente formalista, porque a ausência do depósito prévio é vício sanável, devendo ser determinada a emenda da petição inicial, e não o seu indeferimento. É natural que, não realizada a emenda, será caso de indeferimento, nos termos do art. 330, IV, do Novo CPC"[47]. Demais disso, é possível o julgamento liminar de improcedência do pedido, na forma do art. 332, CPC/2015, por força do disposto no art. 968, § 4º.

Alternativa "b": Conforme entendimento jurisprudencial, firmado na vigência do CPC/73, se a Fazenda Pública for ré na ação rescisória, o prazo fixado pelo relator deverá levar em consideração a prerrogativa de prazo diferenciado, hoje prevista no art. 183, CPC/2015. Anote que os prazos para Fazenda Pública, Ministério Público e Defensoria Pública, segundo o novo CPC, serão em dobro para qualquer tipo de manifestação (arts. 180, 183 e 186, CPC/2015). Daniel Amorim Assumpção Neves, comentando o referido posicionamento, afirma que "não há razão para acreditar que ocorra diferente com o art. 180 [*sic*]do Novo CPC, que prevê prazo em dobro para a Fazenda Pública falar em geral nos autos"[48].

47. NEVES, Daniel Amorim Assumpção. **Manual de Direito Processual Civil – Volume Único.** 8ª ed. Salvador: Juspodivm, 2016, p. 1393.
48. NEVES, Daniel Amorim Assumpção. **Manual de Direito Processual Civil – Volume Único.** 8ª ed. Salvador: Juspodivm, 2016, p. 1394.

Alternativa "c": A prova não precisa ser necessariamente pré-constituída. É que de acordo com o art. 966, VI, CPC/2015, a falsidade da prova que autoriza a rescisão do julgado pode ter sido aferida em processo criminal antecedente **ou no curso da própria rescisória**.

Alternativa "d": A União, o Estado, o Município, o Ministério Público e a Defensoria Pública não estão obrigados a efetuar prévio depósito para propositura de ação rescisória. O benefício é estendido ao INSS, nos termos da Súmula 175 do STJ. É bom lembrar que o entendimento jurisprudencial foi editado em razão da pouca clareza do parágrafo único do art. 488, CPC/73. O §1º, art. 968, CPC/2015, por sua vez, é mais claro quanto ao tema, pois inadmite a exigência de depósito prévio em relação à União, aos Estados, ao Distrito Federal, aos Municípios, às suas respectivas autarquias e fundações de direito público, ao Ministério Público, à Defensoria Pública e aos que tenham obtido o benefício de gratuidade da justiça.

Alternativa "e": "O ajuizamento da ação rescisória não impede o cumprimento da sentença ou acórdão rescindendo, ressalvada a concessão, caso imprescindíveis e sob os pressupostos previstos em lei, de medidas de natureza cautelar ou antecipatória de tutela" (art. 969, CPC/2015). Em outras palavras, o cumprimento da decisão rescindenda só pode ser obstado se o demandante logra obter tutela provisória, cautelar ou antecipatória, que depende da demonstração dos pressupostos exigidos em lei para concessão de cada uma dessas medidas (probabilidade do direito invocado – *fumus boni juris* – e fundado receio de dano ou risco ao resultado útil do processo – *periculum in mora*).

Alternativa correta: letra "e".

118. (Cespe – Procurador do Estado – PI/2014 – adaptada) Em relação a ação rescisória, assinale a opção correta de acordo com a doutrina, a legislação vigente e a jurisprudência dos tribunais superiores.

a) Ocorre caso de prescrição intercorrente de ação rescisória quando a ação ficar paralisada por mais de cinco anos.
b) O depósito prévio não é exigido nas ações rescisórias em que o autor é a União, os Estados, os Municípios, o Ministério Público e o INSS.
c) O julgamento de ação rescisória abrange o *judicium rescissorium*, referente à rescisão da decisão atacada, e, se for o caso, o *judicium rescindens*, referente à prolação de novo julgamento.
d) A petição inicial de ação rescisória deve ser dirigida a juiz singular, o qual deve ordenar a citação do réu, estabelecendo um prazo para apresentação da resposta.
e) Quando o resultado do julgamento da ação rescisória for não unânime, o julgamento terá prosseguimento em sessão a ser designada com a presença de outros julgadores, que serão convocados nos termos previamente definidos no regimento interno, em número suficiente para garantir a possibilidade de inversão do resultado inicial, assegurado às partes e a eventuais terceiros o direito de sustentar oralmente suas razões perante os novos julgadores.

COMENTÁRIOS

✪ **Nota do autor:** a questão versa sobre a ação rescisória, que constitui ação autônoma de impugnação de decisão de mérito transitado em julgado, sendo uma das formas de desconstituir a coisa julgada, a exemplo da *querela nullitatis*. Pressupõe decisão de mérito transitada em julgada e a existência de uma das hipóteses de rescindibilidade do art. 966, CPC/2015. Importa registrar que, na vigência do CPC/73, a jurisprudência do STJ avançou no tratamento do cabimento de rescisória contra decisão terminativa, estabelecendo que "é cabível o ajuizamento de ação rescisória para desconstituir tanto o provimento judicial que resolve o mérito quanto aquele que apenas extingue o feito sem resolução de mérito. A redação do art. 485, *caput*, CPC, ao mencionar 'sentença de mérito' o fez com impropriedade técnica, referindo-se, na verdade, a 'sentença definitiva', não excluindo os casos onde se extingue o processo sem resolução de mérito. De toda sentença terminativa, ainda que não seja de mérito, irradiam-se efeitos declaratórios, constitutivos, condenatórios, mandamentais e executivos. Se o interesse do autor reside em atacar um desses efeitos, sendo impossível renovar a ação e não havendo mais recurso cabível em razão do trânsito em julgado (coisa julgada formal), o caso é de ação rescisória, havendo que ser verificado o enquadramento nas hipóteses descritas nos incisos do art. 485, do CPC [...]" (*STJ, REsp 1.217.321/SC, rel. originário Min. Herman Benjamin, rel. para acórdão Min. Mauro Campbell Marques, j. 18.10.2012, informativo 509*). **"Na mesma linha, o art. 966, § 2º, dispôs que "*nas hipóteses previstas nos incisos do caput, será rescindível a decisão transitada em julgado que, embora não seja de mérito, impeça: I – nova propositura da demanda; ou II – admissibilidade do recurso correspondente*". Andou bem o legislador, pois** "a decisão que equivocadamente reconhece a existência de litispendência ou de coisa julgada, por exemplo, não constitui decisão de mérito, mas impede a sua discussão em processo posterior"[49].

Alternativa "a": O instituto da prescrição destina-se à paz social e à segurança jurídica. Ocorre prescrição intercorrente quando o autor, após a propositura da ação, deixa transcorrer prazo igual ao da prescrição da ação sem praticar qualquer ato destinado ao andamento processual. A prescrição intercorrente pressupõe desinteresse ou desídia do autor. A ação rescisória está sujeita à prescrição intercorrente, cujo prazo é de **2 (dois) anos**. Lembrar que a Súmula 264, STF, restou posteriormente alterada, reduzindo-se o prazo para **2 (dois) anos**: "O prazo prescricional previsto nesta Súmula (264 STF) deve ser reduzido para dois anos, em virtude da correspondente diminuição do prazo para propositura de rescisória" (RTJ 115/315 e STF-RAMPR 43/91).

Alternativa "b": Além de assim estar disposto na redação do art. 968, § 1º, CPC/2015, em relação à **União**, ao **Estado**, ao **Município** e ao **Ministério Público**, a Súmula 175, STJ, complementa dispondo que "descabe o depósito prévio nas ações rescisórias propostas pelo ***INSS***".

Alternativa "c": As definições estão invertidas: *judicium rescindens* é o mérito da própria rescisória, ou seja, o pedido de desconstituição da decisão, enquanto que, de outro bordo, o *judicium rescissorium* é o pedido de novo julgamento da ação rescindenda. "Por questão de lógica o primeiro pedido analisado é o de rescisão da decisão impugnada (*juízo rescindendo*) e somente no caso de acolhimento desse pedido passará ao julgamento do pedido de novo julgamento (*juízo rescisório*)[50].

Alternativa "d": A competência para o julgamento da ação rescisória será sempre de um tribunal. Quando houver o trânsito em julgado de sentença de primeiro grau, a competência será do tribunal hierarquicamente superior. Se a decisão a ser rescindida for de tribunal, seja proferida em competência originária ou recursal, a competência para o julgamento será do próprio tribunal prolator da decisão. Questão delicada diz respeito ao juízo competente para processar e julgar ação rescisória contra acórdão submetido a reexame em sede recursal extraordinária. Seria a competência do Tribunal ou do STF ou STJ, que reexaminaram a decisão? Nesse cenário, é imperioso lembrar que, uma vez julgado o recurso, a decisão do tribunal substitui a do juízo *a quo*, por força do efeito substitutivo dos recursos. No entanto, tal efeito somente incide quando superada a admissibilidade recursal. Nesse sentido é o teor da *Súmula 249* do STF, segundo a qual "é competente o Supremo Tribunal Federal para a ação rescisória, quando, embora não tendo conhecido do recurso extraordinário, ou havendo negado provimento ao agravo, tiver apreciado a questão federal controvertida". É preciso ter cautela ao fazer a leitura do enunciado, que padece um vício técnico, pois onde se lê "não tendo conhecido", na verdade, quer significar "não tenho provido". Em suma, "a regra é de que a competência para a ação rescisória só será dos tribunais superiores no caso de esses recursos terem sido julgados em seu mérito, de forma que, não sendo admitidos (não recebimento/conhecimento), a competência será do tribunal de segundo grau, ainda que faticamente o processo tenha chegado até os tribunais superiores"[51].

Alternativa "e": Com efeito, a incidência do denominado incidente de suspensão de julgamentos não unânimes na ação rescisória é *secundum eventum litis*, o que significa dizer, aplica-se quando o resultado da demanda importar na rescisão do julgado, por força do disposto no art. 942, § 3º, inciso I, CPC/2015.

Alternativa correta: letra "b".

---

119. (FMP – Procurador do Estado – AC/2014) Assinale a alternativa incorreta.

a) A *querela nullitatis insanabilis* é a ação que visa a desconstituir processo por ausência de citação ou por ausência de citação válida de litisconsorte necessário.

---

49. MARINONI, Luiz Guilherme; ARENHART, Sérgio Cruz; MITIDIERO, Daniel. **Novo Código de Processo ...** p. 900.

50. NEVES, Daniel Amorim Assumpção. **Manual de Direito Processual Civil – Volume Único** .8ª ed. Salvador: Juspodivm, 2016, p. 1396.

51. NEVES, Daniel Amorim Assumpção. **Manual de Direito Processual Civil – Volume Único.** 8ª ed. Salvador: Juspodivm, 2016, p. 1385.

b) É exigida a indicação expressa da hipótese de cabimento da ação rescisória na inicial, mas a simples indicação equivocada da mesma não pode ser considerada fundamento para improcedência do pedido rescisório.

c) A sentença homologatória (da transação, do reconhecimento da procedência do pedido do autor, ou da renúncia ao direito sobre o qual se funda a ação) está sujeita à ação anulatória fundada nos vícios materiais dos atos jurídicos praticados pelas partes.

d) A competência para ação rescisória difere da *querela nullitatis* e da ação anulatória, pois, para as duas últimas, a competência é do juízo de primeiro grau.

COMENTÁRIOS

✪ **Nota do autor:** a questão tem seu enfoque maior na ação rescisória e seus requisitos, embasando, aliás, a única alternativa considerada incorreta. Constitui, ao lada da *querela nullitatis,* ação autônoma de impugnação de decisão de mérito transitado em julgado. É preciso reconhecer que "a ação rescisória é um instrumento para a tutela do direito ao processo justo e à decisão justa. Não constitui instrumento para tutela da ordem jurídica, mesmo quando fundada em ofensa à norma jurídica"[52]. Embora tenham finalidades semelhantes, a ação rescisória não se confunde com os recursos "[...] justamente por atacar uma decisão já sob o efeito da *res iudicata*"[53]. Elucidativas, a propósito, as palavras de Humberto Theodoro Júnior, que com maestria relaciona recurso, coisa julgada e ação rescisória: "O *recurso* visa a evitar ou minimizar o risco de injustiça do julgamento único. Esgotada a possibilidade de impugnação recursal, a *coisa julgada* entra em cena para garantir a estabilidade das relações jurídicas, muito embora corra o risco de acobertar alguma injustiça latente no julgamento. Surge, por último, a *ação rescisória* que colima reparar a injustiça da sentença transita em julgado, quando o seu grau de imperfeição é de tal grandeza que supere a necessidade de segurança tutelada pela *res iudicata*".

Alternativa "a": "O cabimento da *querela nullitatis insanabilis* é indiscutivelmente reconhecido em caso de defeito ou ausência de citação, se o processo ocorreu à revelia (v.g., CPC, arts. 475-L, I, e 741, I). Todavia, a moderna doutrina e jurisprudência, considerando a possibilidade de relativização da coisa julgada quando o decisum transitado em julgado estiver eivado de vício insanável, capaz de torná-lo juridicamente inexistente, tem ampliado o rol de cabimento da *querela nullitatis insanabilis*" (STJ, Quarta Turma, REsp 1.252.902/SP, rel. Min. Raul Araújo, p. 24.10.2011).

Alternativa "b": Não é exigida a indicação expressa do dispositivo ou inciso descrito no art. 966, CPC/2015, de modo que deverá simplesmente haver a fundamentação necessária suficiente para que seja deduzido o pedido rescisório. O que importa é que a fundamentação seja suficiente apta a demonstrar a contrariedade ao dispositivo legal que embasa o pleito rescisório.

Alternativa "c": Trata-se de posicionamento consolidado no STJ, senão vejamos: "A ação anulatória de sentença homologatória de acordo, prevista no artigo 486 da Lei Adjetiva, possui nexo etiológico com a ação originária em que fora homologada a transação celebrada entre as partes" (Quarta Turma, REsp 1.150.745/MG, rel. Min. Marco Buzzi, p. 19.2.2014). Com o CPC/2015, fica mais fácil compreender tal conclusão, pois o art. 966 não previu o cabimento de rescisória quando houver fundamento para invalidar confissão, desistência ou transação, em que se baseou a sentença. Além disso, o § 4º do mesmo art. 966 prescreveu que "os atos de disposição de direitos, praticados pelas partes ou por outros participantes do processo e homologados pelo juízo, bem como os atos homologatórios praticados no curso da execução, estão sujeitos à anulação, nos termos da lei". Diferencia-se a ação rescisória da anulatória quanto ao seu objeto:

Ação rescisória	Ação anulatória
Visa desconstituir decisão de mérito transitada em julgado. * Excepcionalmente, tem por objeto decisão terminativa.	Visa desconstituir atos jurídicos praticados pelas partes e auxiliares da justiça, homologados pelo juiz, além de atos homologatórios praticados no curso da execução.

Alternativa "d": É entendimento do STJ, no que concerne à *querela nullitatis insanabilis*, que "a competência para apreciação e julgamento pertence ao juízo primevo, pois não se pretende a rescisão da coisa julgada, mas apenas o reconhecimento de que a relação processual e a decisão jamais existiram" (Primeira Turma, AgRg no REsp 1.199.335/RJ, rel. Min. Benedito Gonçalves, p. 22.3.2011).

Alternativa incorreta: letra "b".

12.10. RECURSOS

120. (Cespe – Procurador do Estado – PGE – SE/2017) Ao realizar o juízo de admissibilidade de recurso especial, o vice-presidente de um tribunal de justiça, em decisão monocrática, negou seguimento ao recurso por considerar, simultaneamente, que não existiam pressupostos de admissibilidade recursal e que o acórdão impugnado pelo recorrente estava em conformidade com precedente firmado pelo STJ em sede de recurso repetitivo.

Nessa situação hipotética, para impugnar integralmente a decisão que obsta o prosseguimento do recurso aviado, a parte interessada deverá

a) interpor novo recurso especial.

b) interpor recurso de agravo em recurso especial.

c) interpor recurso de agravo interno.

d) interpor, simultaneamente, recurso de agravo interno e recurso de agravo em recurso especial.

e) impetrar mandado de segurança, pois não existe recurso previsto em lei para essa situação.

52. MARINONI, Luiz Guilherme; ARENHART, Sérgio Cruz; MITIDIERO, Daniel. **Novo Código de Processo Civil Comentado.** São Paulo: Revista dos Tribunais, 2015, p. 900.

53. THEODORO JÚNIOR, Humberto. **Curso de Direito Processual Civil. Vol. I: Teoria Geral do Direito Processual Civil e Processo de Conhecimento.** 55ª ed. Rio de Janeiro: Forense, 2014, p. 2357.

COMENTÁRIOS

✪ **Nota do autor:** o recurso de agravo sofreu profundas modificações com o advento do CPC/2015, não escapando das reformas os agravos internos e em recursos excepcionais. O agravo interno, que Cassio Scarpinella Bueno prefere denominar de "agravo de *colegiamento*"[54], dada a sua finalidade, é remédio jurídico processual próprio e adequado para impugnar as decisões monocráticas proferidas por relator nos Tribunais, órgãos colegiados por excelência; o agravo em recurso especial/extraordinário é espécie recursal vocacionada a destrancar recursos excepcionais cujo seguimento tenha sido negado pelo presidente ou vice-presidente de Tribunal de Justiça.

Alternativa correta: letra "d" (comentários respondem as demais alternativas): a admissibilidade do recurso especial (assim como do extraordinário) é bipartida, sendo realizada inicialmente pelo presidente ou vice-presidente do Tribunal *a quo* e reexaminada no STF. É bem verdade que, na redação original do CPC/2015, havia a previsão de juízo único de admissibilidade diretamente no Pretório Excelso, mas tal sistema foi reformado com o advento da Lei 13.256/2016, ainda no período de *vacatio legis*. Com a manutenção da duplicidade, houve modificação em relação ao recurso cabível, agravo interno ou agravo em recurso especial/extraordinário a depender do conteúdo do ato decisório. Assim, caberá:

Agravo interno	Agravo em REsp/RE
Nas hipóteses em que o presidente ou vice-presidente negar seguimento: (*a*) a RE ou REsp que discuta questão constitucional à qual STF não tenha reconhecido a existência de repercussão geral ou a recurso extraordinário interposto contra acórdão que esteja em conformidade com entendimento do Supremo Tribunal Federal exarado no regime de repercussão geral; (*b*) a RE ou REsp interposto contra acórdão que esteja em conformidade com entendimento do Supremo Tribunal Federal ou do Superior Tribunal de Justiça, respectivamente, exarado no regime de julgamento de recursos repetitivos (art. 1.030, inciso § 2º, CPC/2015).	Da decisão do presidente ou vice-presidente que inadmitir RE ou REsp fundado em questões formais, salvo quando baseado na aplicação de entendimento firmado em regime de repercussão geral ou em julgamento de recursos repetitivos (arts. 1.030, inciso V, e 1.042, *caput*, CPC/2015).

Acerca do tema, vale colacionar o *Enunciado 77* aprovado na I Jornada de Direito Processual Civil promovida pelo Conselho da Justiça Federal: "para impugnar decisão que obsta trânsito a recurso excepcional e que contenha simultaneamente fundamento relacionado à sistemática dos recursos repetitivos ou da repercussão geral (art. 1.030, I, do CPC) e fundamento relacionado à análise dos pressupostos de admissibilidade recursais (art. 1.039, V, do CPC), a parte sucumbente deve interpor, simultaneamente, agravo interno (art. 1.021 do CPC) caso queira impugnar a parte relativa aos recursos repetitivos ou repercussão geral e agravo em recurso especial/extraordinário (art. 1.042 do CPC) caso queira impugnar a parte relativa aos fundamentos de inadmissão por ausência dos pressupostos recursais".

54. BUENO, Cassio Scarpinella. **Novo Código ...** p. 658.

121. (FCC – Procurador do Estado – MT/2016) De acordo com a atual legislação, a decisão que determinou a exclusão de um litisconsorte

a) desafia recurso de agravo de instrumento, no prazo de quinze dias, contados a partir da intimação desta decisão.
b) é irrecorrível, mas pode ser questionada por outros meios de impugnação.
c) desafia recurso de apelação, no prazo de quinze dias, contados a partir da intimação desta decisão.
d) não apresenta recorribilidade imediata, e, por isso, não se submete à preclusão temporal antes da prolação da sentença, pois pode ser alegada quando da apelação, no prazo de quinze dias, contados a partir da intimação da sentença.
e) pode desafiar recurso de agravo de instrumento ou de apelação, conforme o momento do processo em que a decisão for proferida; em ambos os casos, o prazo será de quinze dias, contados a partir intimação da decisão.

COMENTÁRIOS

✪ **Nota do autor:** nos termos do § 1º do art. 1.009, CPC/2015, "as questões resolvidas na fase de conhecimento, se a decisão a seu respeito não comportar agravo de instrumento, não são cobertas pela preclusão e devem ser suscitadas em preliminar de apelação, eventualmente interposta contra a decisão final, ou nas contrarrazões". A compreensão do mencionado comando legal depende da verificação das hipóteses em que a decisão é passível de imediata recorribilidade, as quais constam do art. 1.015, CPC/2015, que elenca as interlocutórias impugnáveis por agravo de instrumento.

Instituiu-se, pois, um novo sistema de preclusões, o que tornou inócua e desnecessária a manutenção do agravo retido, que foi extinto. Em outros termos, generalizou-se a irrecorribilidade das decisões interlocutórias, tão comum nos Juizados Especiais Cíveis, instituídos pela Lei 9.099/95, e na Justiça do Trabalho. Não se consagrou, contudo, a necessidade de protesto como condição para evitar a preclusão da matéria. Nesse sentido, adverte Cassio Scarpinella Bueno que "o Projeto da Câmara ia além ao criar figura desconhecida no direito processual civil brasileiro, um 'protesto', apenas para evitar que a questão precluísse, permitindo que ela fosse reavivada em apelo ou em contrarrazões. Felizmente, o Senado, na última etapa do processo legislativo, recusou a proposta que, bem entendida, tornava a extinção do agravo retido mais nominal do que substancial, formalizando, desnecessariamente, o processo e comprometendo, até mesmo, um dos pontos anunciados, desde a Exposição de Motivos do Anteprojeto. No sistema que prevaleceu, cabe insistir, basta que o interessado, na apelação ou nas contrarrazões, suscite a decisão não agravável de instrumento – que não estará atingida pela preclusão – para permitir sua revisão pelo Tribunal competente"[55].

Alternativa correta: letra "a" (comentários respondem as demais alternativas): de acordo com o art. 1.015, CPC/2015, nem todas as decisões interlocutórias são irrecorríveis. Assim, algumas delas podem ser impugnadas imediatamente por agravo de instrumento, a exemplo da decisão que aprecia tutela provisória. É bem verdade que o novo CPC estabeleceu um modelo em que as questões resolvidas incidentalmente no curso do processo não ficam sujeitas à preclusão, podendo ser reexaminadas por ocasião do julgamento do recurso de apelação. Não é o que ocorre em relação à decisão interlocutória que exclui litisconsorte do processo, posto que expressamente catalogada no rol taxativo de hipóteses de cabimento do agravo de instrumento (art. 1.015, inciso VII, CPC/2015).

122. (FCC – Procurador do Estado – MT/2016) Diante de um Acórdão do Tribunal de Justiça do Mato Grosso que condenou o Estado ao pagamento de gratificação a servidor público, o Procurador do Estado opôs embargos de declaração para o fim de prequestionar dispositivos da lei federal que, embora tenham sido alegados nas razões de apelação, não foram enfrentados no Acórdão. Entretanto, os embargos foram rejeitados, sob o fundamento de inexistência de omissão a ser sanada. Após ser intimado desta decisão, o Procurador deve

a) interpor recurso especial alegando que o Tribunal a quo negou vigência aos dispositivos apontados nas razões de apelação, pois o requisito do prequestionamento foi atendido, uma vez que é suficiente a menção dos dispositivos nas razões recursais; o primeiro juízo de admissibilidade deste recurso será feito no Tribunal *ad quem*.

b) opor novos embargos de declaração, pois ainda permanece a omissão quanto aos dispositivos da lei federal, sob pena de não ser conhecido eventual recurso especial.

c) interpor recurso especial alegando que o Tribunal *a quo* negou vigência aos dispositivos apontados nos embargos declaratórios, pois o requisito do prequestionamento foi atendido, uma vez que a lei admite expressamente o prequestionamento virtual; o primeiro juízo de admissibilidade deste recurso será feito no Tribunal *a quo*.

d) interpor recurso especial alegando que o Tribunal *a quo* negou vigência aos dispositivos do Código que tratam dos embargos de declaração, pois o Acórdão não enfrentou a aplicação dos dispositivos apontados nos embargos declaratórios; o primeiro juízo de admissibilidade deste recurso será feito no Tribunal *a quo*.

e) interpor recurso especial alegando que o Tribunal a quo negou vigência aos dispositivos apontados nos embargos declaratórios, pois o requisito do prequestionamento foi atendido, uma vez que a lei admite expressamente o prequestionamento virtual; o primeiro juízo de admissibilidade deste recurso será feito pelo relator sorteado no Tribunal *ad quem*.

COMENTÁRIOS

✪ **Nota do autor:** o pré-questionamento é pressuposto de admissibilidade dos recursos especial e extraordinário e consiste na necessidade de que a decisão recorrida tenha enfrentado a questão objeto da impugnação recursal. Nesse sentido, prescreve a **Súmula 282** do STF que "é inadmissível o recurso extraordinário, quando não ventilada, na decisão recorrida, a questão federal suscitada". Omissa a decisão, a parte deve, primeiro, opor embargos de declaração, incitando o tribunal a enfrentar a questão, para só depois interpor o recurso excepcional. O problema instala-se quando, mesmo opostos os embargos, o tribunal insiste em não abordar a questão constitucional ou infraconstitucional objeto do recurso. Na vigência do CPC/1973, havia divergência. O STJ não admitia o pré-questionamento ficto, conforme constava da **Súmula 211,** STJ, segundo a qual é inadmissível recurso especial quanto à questão que, a despeito da oposição de embargos de declaratórios, não foi apreciada pelo tribunal *a quo*. O STF, por sua vez, trabalhava com a ideia de pré-questionamento ficto ou virtual, nos termos da **Súmula 356** de sua jurisprudência: "o ponto omisso da decisão, sobre o qual não foram opostos embargos declaratórios, não pode ser objeto de recurso extraordinário, por faltar o requisito do prequestionamento". O novo CPC filiou-se ao entendimento do Pretório Excelso e passou a prever que "consideram-se incluídos no acórdão os elementos que o embargante suscitou, para fins de pré-questionamento, ainda que os embargos de declaração sejam inadmitidos ou rejeitados, caso o tribunal superior considere existentes erro, omissão, contradição ou obscuridade".

Alternativa correta: letra "c" (comentários respondem as demais alternativas): tratando o enunciado de questão infraconstitucional previamente submetida à apreciação do tribunal *a quo*, que insiste na omissão, o Procurador do Estado deve interpor recurso especial, considerando-se incluído no acórdão os elementos que o embargante suscitou, para fins de pré-questionamento, ainda que os embargos de declaração sejam inadmitidos ou rejeitados, caso o tribunal superior considere existentes erro, omissão, contradição ou obscuridade (art. 1.025, CPC/2015).

123. (Fundatec – Procurador do Estado – RS/2015 – adaptada) O sistema recursal brasileiro está intima-

55. BUENO, Cassio Scarpinella. **Novo Código de Processo Civil Anotado.** São Paulo: Saraiva, 2015, p. 646.

mente ligado à forma de organização do Poder Judiciário em sua inteireza. Trata-se de um sistema hierarquizado, no qual há tribunais superiores a outros tribunais, que, a seu turno, se sobrepõem aos juízes de primeira instância. Tendo em conta o sistema recursal do direito processual civil, assinale a alternativa correta.

a) O recurso adesivo deve obedecer a todos os requisitos de admissibilidade exigidos para o recurso principal, inclusive o preparo. Dessa forma, se o recorrente principal gozar dos benefícios da assistência judiciária gratuita e for dispensado do preparo, o recorrente adesivo também não precisará recolher as custas recursais.

b) O reconhecimento pelo Tribunal, *ex officio*, de prescrição em prejuízo da parte recorrente ofende diretamente o princípio recursal da proibição da reformatio in pejus, sendo incompatível com o sistema recursal brasileiro.

c) Desde que respeitado o prazo legal de 15 (quinze) dias para interposição e demais requisitos de admissibilidade, sendo decisões interlocutórias prolatadas em uma mesma ação, é cabível a interposição de apenas um agravo de instrumento impugnando mais de uma decisão interlocutória.

d) No sistema recursal do direito processual civil brasileiro, em atenção à regra da dialeticidade e à regularidade formal dos recursos, não existe nenhuma hipótese legal de apresentação de recurso na forma oral, havendo obrigatoriedade da forma escrita e através de petição autônoma.

e) A tempestividade é requisito objetivo de admissibilidade e impõe que o recurso seja protocolizado dentro do respectivo prazo legal, contudo o prazo recursal contar-se-á em dobro para litisconsortes com procuradores distintos, ainda que apenas um deles haja sucumbido, por força do artigo 229 do Código de Processo Civil.

COMENTÁRIOS

✪ **Nota do autor:** a questão aborda diversos aspectos da teoria geral dos recursos, enfocando a alternativa correta interessante questão relativa ao princípio da unirrecorribilidade recursal, enfrentada pela jurisprudência do STJ. Trata-se de princípio segundo o qual para cada decisão judicial existe uma espécie recursal específica, não podendo a parte interpor vários recursos para impugnar uma única decisão. Por isso, não é possível a interposição de agravo e apelação para discutir capítulos de uma sentença que versam sobre questões recorríveis por estas espécies recursais. Não é, contudo, a situação da alternativa correta, que menciona a existência de duas decisões interlocutórias passíveis de impugnação por agravo de instrumento. Comentando o entendimento consagrado pelo STJ, Daniel Amorim Assumpção Neves afirma que "de fato, duas decisões interlocutórias sucessivamente proferidas podem ser objeto de apenas um agravo de instrumento, em respeito ao princípio da economia processual, mas, para que isso seja possível, deve-se respeitar o prazo recursal da decisão anteriormente proferida. No julgado mencionado as decisões foram proferidas com cerca de três meses de intervalo, de forma que a primeira decisão proferida, por estar preclusa, não poderia mais ser impugnada. Entendo que, nesse caso, o recurso deveria ter sido parcialmente recebido, somente no tocante à impugnação da segunda decisão"[56].

Alternativa "a": Caso o recorrente adesivo não seja beneficiário da Justiça gratuita, o mesmo deverá recolher o preparo, ainda que o recorrente principal seja beneficiário da gratuidade judiciária. É esse o entendimento do STJ (exemplos: REsp 799.010-SP, DJ 4/6/2007; REsp 912.336-SC julgado em 2/12/2010).

Alternativa "b": A prescrição, como matéria de ordem pública, pode ser reconhecida de ofício, a qualquer tempo ou grau de jurisdição (art. 487, inciso II, CPC/2015). Na fase recursal o reconhecimento da prescrição corresponde ao efeito translativo do recurso, que é uma dimensão do efeito devolutivo. Através de sua aplicação, devolve-se ao tribunal o conhecimento de todas as questões de ordem pública. O efeito translativo, que diz respeito à profundidade ou dimensão vertical do efeito devolutivo, transfere ao órgão *ad quem* análise das questões que deverão ser examinadas pelo tribunal para que possa decidir o que foi impugnado. **Essas questões são devolvidas independentemente de provocação do recorrente.** Vale dizer, devolve-se ao órgão *ad quem* a possibilidade de apreciar todas as questões suscitadas e discutidas no processo, além das questões de ordem pública. *"A extensão bitola a profundidade"*.

Alternativa "c": Segundo o STJ, é possível a interposição de um único recurso de agravo de instrumento para impugnar duas decisões interlocutórias distintas proferidas no mesmo processo (Informativo 503). Isso porque, "o princípio da unirrecorribilidade não veda a interposição de um único recurso para impugnar mais de uma decisão. E não há, na legislação processual, qualquer impedimento a essa prática, não obstante seja incomum" (STJ, REsp 1112599/TO, Rel. Ministra Nancy Andrighi, julgado em 28/08/2012, DJe 05/09/2012).

Alternativa "d": É bem verdade que o CPC/2015 reduziu as hipóteses em que é possível a interposição de recurso na forma oral, cujo principal exemplo, na vigência do CPC/73, era a possibilidade de interposição de agravo retido na forma oral, contra decisão que tenha sido proferida em audiência de instrução e julgamento (art. 523, §3º). Não se pode esquecer, contudo, que esta não era a única exceção, uma vez que a Lei 9.099/95, que integra o sistema processual, admite a interposição de embargos de declaração na forma oral (art. 49, Lei 9.099/95). É preciso, por isso, ficar atento, especialmente ao enunciado da questão.

Alternativa "e": "Não se conta em dobro o prazo para recorrer, quando só um dos litisconsortes haja sucumbido" (Súmula 641 do STF).

Alternativa correta: letra "c".

---

56. NEVES, Daniel Amorim Assumpção. **Manual de Direito Processual Civil – Volume Único.** 8ª ed. Salvador: Juspodivm, 2016, p. 1489.

12.10.1. APELAÇÃO

ATENÇÃO: o CPC/2015, alterando o regime das preclusões, dispõe que "as questões resolvidas na fase de conhecimento, se a decisão a seu respeito não comportar agravo de instrumento, não são cobertas pela preclusão e devem ser suscitadas em preliminar de apelação, eventualmente interposta contra a decisão final, ou nas contrarrazões" (art. 1.009, §1º). Assim, o que era matéria submetida a agravo retido deverá ser suscitada em preliminar do recurso de apelação ou das contrarrazões recursais.

124. (CESPE – Procurador do Estado – PGE-PE/2018) No processo civil, é vedado ao órgão judicial que prolatar a decisão recorrida exercer o juízo de retratação na hipótese de interposição de

a) agravo de instrumento cuja finalidade seja impugnar decisão interlocutória que tenha determinado a exclusão de litisconsorte.

b) apelação intempestiva, mesmo que o juízo reconheça erro em sua sentença pela improcedência liminar do pedido.

c) agravo interno, sob pena de usurpação de competência de órgão colegiado.

d) recurso especial sobrestado que se submeta ao regime jurídico dos recursos repetitivos.

e) recurso contra decisão de natureza interlocutória prolatada, em primeiro grau, na fase de execução.

COMENTÁRIOS

✪ **Nota do autor:** o juízo de retratação ou efeito regressivo depende, porém, da tempestividade do recurso (conforme o Enunciado 293 do FPPC, "Se considerar intempestiva a apelação contra sentença que indefere a petição inicial ou julga liminarmente improcedente o pedido, não pode o juízo a quo retratar-se"). Importante consignar que as regras do CPC relativas ao juízo de retratação em apelação são plenamente aplicáveis ao recurso inominado dos juizados especiais cíveis (Enunciados 508 e 520 do FPPC e 43 da ENFAM).

Alternativa "a": De acordo com o art. 1.018, § 1º, CPC/2015, o agravo de instrumento admite o juízo de retratação.

Alternativa "b": Em decorrência da apelação interposta contra a sentença pela improcedência liminar do pedido é, em tese, cabível, no prazo de 5 (cinco) dias, o juízo de retratação (efeito regressivo), nos termos do art. 332, § 3º, CPC/2015. Todavia, a interposição intempestiva da apelação, impede a retratação, pois a decisão já estaria acobertada pelo manto da coisa julgada (já houve o trânsito em julgado). Nesse caso, cabe ao Juízo a quo encaminhar os autos ao Tribunal (não há juízo de admissibilidade em primeira instância) sem se retratar, se fosse o caso. Corroborando esse entendimento, o enunciado 68 do CJF: "A intempestividade da apelação desautoriza o órgão a quo a proferir juízo positivo de retratação".

Alternativa "c": O agravo interno, nos termos do art. 1.021, § 2º, CPC/2015, também admite o juízo de retratação, não se falando, portanto, em usurpação da competência do órgão colegiado.

Alternativa "d": A retratação, aqui, é plenamente cabível, conforme se extrai da redação do art. 1.030, II, CPC/2015.

Alternativa "e": O recurso cabível contra as decisões interlocutórias proferidas na fase de execução é o agravo de instrumento, nos termos do art. 1.015, parágrafo único, CPC/2015. Sendo assim, o juízo de retratação é possível, vide o art. 1.018, § 1º, CPC/2015.

Alternativa correta: letra "b".

12.10.2. AGRAVO

ATENÇÃO: o agravo na modalidade retida foi excluído do ordenamento. Assim, não cabe mais à parte recorrente a interposição imediata de agravo retido em face de decisão interlocutória, como previa o CPC/73. No regime do CPC/2015, prolatada decisão interlocutória contra a qual não caiba agravo de instrumento (hipóteses do art. 1.015), a parte poderá dela recorrer no momento da apelação. Na prática, não há qualquer prejuízo para o recorrente, pois a questão que seria objeto do agravo retido continuará a ser decidida na mesma oportunidade, ou seja, somente quando for apreciado o recurso de apelação (art. 1.009, §1º). Ademais, as hipóteses de cabimento do agravo de instrumento estarão taxativamente previstas no art. 1.015, não sendo mais cabível essa espécie de recurso contra toda e qualquer decisão interlocutória. Em 5.12.2018, por sete votos a cinco, a Corte Especial do Superior Tribunal de Justiça decidiu, porém, que o rol do dito artigo 1.015 tem "taxatividade mitigada" e admite a interposição de agravo de instrumento quando verificada situação de "urgência".

125. (FCC – Procurador do Estado – PGE-AM/2022) Em ação movida por cidadão contra o Estado foi realizada cumulação simples de pedidos condenatórios. O juízo profere decisão que acolhe o pedido relativo à indenização por danos emergentes, por considerá-lo incontroverso, mas determina o prosseguimento do processo, com ingresso em sua fase instrutória, para o segundo pedido, que se fundamenta na ainda controversa alegação de ocorrência de lucros cessantes. Nesse caso, especificamente em relação ao pedido antecipadamente acolhido,

a) o recurso a ser interposto pelo requerido será o de apelação, mas contra a própria decisão que acolheu parte do pedido, sem prejuízo do cabimento de nova apelação quando julgado o segundo pedido.

b) tem-se que é descabida tal antecipação em face da Fazenda Pública, em razão das normas legais que limitam a concessão de tutela provisória nos processos de que ela participe.

c) o recurso a ser interposto pelo requerido será o de agravo de instrumento, contra a própria decisão que acolheu o pedido, sendo certo que a obrigação reconhecida por este poderá ser objeto de cumprimento de sentença, mas desde que prestada caução pelo particular.

d) o recurso a ser interposto pelo requerido será o de apelação, mas apenas quando efetivamente proferida sentença analisando também a outra parte do pedido que confirmará ou modificará esse pedido.

e) o recurso a ser interposto pelo requerido será o de agravo de instrumento, contra a própria decisão que acolheu parte do pedido, sendo certo que a obrigação reconhecida por este poderá ser objeto de cumprimento de sentença, independentemente de caução.

COMENTÁRIOS

✪ **Nota do autor:** segundo o Enunciado 125 da Jornada de Direito Processual Civil do CJF, "A decisão parcial de mérito não pode ser modificada senão em decorrência do recurso que a impugna." O recurso contra esse tipo de decisão (parcial de mérito) é o agravo de instrumento (art. 356, § 5º, e 1.015, II).

Alternativa "a": o recurso cabível é o agravo de instrumento, nos termos do art. 356, § 5º, CPC.

Alternativa "b": o julgamento antecipado parcial do mérito é perfeitamente cabível em face da Fazenda Pública.

Alternativa "c": nos termos do art. 356, § 2º, CPC, a caução é desnecessária.

Alternativa "d": o recurso cabível é o agravo de instrumento, nos termos do art. 356, § 5º, CPC.

Alternativa "e": prevê o art. 356, § 5º, do CPC, que, da decisão que julgar parcialmente o mérito quanto a um ou mais dos pedidos formulados ou parcela deles caberá o recurso de agravo de instrumento, sendo certo que tal decisão poderá ser objeto de cumprimento de sentença, independentemente de caução (art. 356, § 2º, CPC).

Alternativa correta: letra "e".

126. (FCC – Procurador do Estado – PGE-AP/2018) Em relação ao agravo de instrumento,

a) na sistemática do atual Código de Processo Civil cabe sustentação oral em qualquer hipótese de interposição de agravo de instrumento.

b) o relator poderá atribuir efeito suspensivo ao recurso, mas não antecipar a tutela recursal, o que caracterizaria supressão de instância.

c) para a legislação processual civil, o rol das hipóteses que admitem a interposição do agravo de instrumento é meramente elucidativo e não taxativo.

d) da decisão do relator que examina e concede ou não pedido de efeito suspensivo no agravo de instrumento não cabe recurso, podendo porém ser impetrado mandado de segurança.

e) entre outras hipóteses, cabe agravo de instrumento contra decisões interlocutórias proferidas na fase de liquidação de sentença ou de cumprimento de sentença, no processo de execução e no processo de inventário.

COMENTÁRIOS

✪ **Nota do autor:** sobre a taxatividade (ou não) das hipóteses de cabimento do agravo de instrumento, o Superior Tribunal de Justiça (Corte Especial. REsp 1.704.520-MT, Rel. Min. Nancy Andrighi, julgado em 05/12/2018 (recurso repetitivo) (Info 639)) entendeu que o rol do art. 1.015 do CPC/2015 é de taxatividade mitigada, por isso admite a interposição de agravo de instrumento quando verificada a urgência decorrente da inutilidade do julgamento da questão no recurso de apelação.

Alternativa "a": De acordo com o art. 937, VIII, CPC/2015, a sustentação oral em agravo de instrumento só será cabível para os casos de decisões interlocutórias recorridas que versarem sobre tutela provisória de urgência ou da evidência.

Alternativa "b": O relator poderá atribuir efeitos suspensivo ou deferir, em antecipação de tutela, total ou parcialmente, a pretensão recursal (art. 1.019, I, CPC/2015).

Alternativa "c": O propósito do legislador, ao editar o art. 1.015, CPC/2015, foi o de criar um rol exaustivo (*numerus clausus*).

Alternativa "d": Com base no art. 1.021, *caput*, CPC/2015, contra decisão proferida pelo relator caberá agravo interno para o respectivo órgão colegiado, observadas, quanto ao processamento, as regras do regimento interno do tribunal. Previsto um recurso para atacar o pronunciamento judicial, mostra-se incabível o manejo do mandado de segurança, com fulcro no art. 5º, II, da Lei nº 12.016/2009 (Lei do Mandado de Segurança).

Alternativa "e": Trata-se de regra prevista no art. 1.015, parágrafo único, CPC/2015: "Também caberá agravo de instrumento contra decisões interlocutórias proferidas na fase de liquidação de sentença ou de cumprimento de sentença, no processo de execução e no processo de inventário".

Alternativa correta: letra "e".

127. (FCC – Procurador do Estado – RN/2014 – adaptada) O Estado interpôs recurso extraordinário contra acórdão do Tribunal de Justiça. Não admitido o recurso, interpôs agravo, que, de acordo com o Código de Processo Civil e com Súmula do Supremo Tribunal Federal, deverá ser interposto em

a) 15 dias, em petição dirigida ao presidente do Tribunal de origem, que não poderá deixar de encaminhar o recurso ao Supremo Tribunal Federal, depois de intimar o agravado para resposta.

b) 5 dias, por instrumento, em petição dirigida diretamente ao Supremo Tribunal Federal, onde o agravado será intimado para resposta.

c) 5 dias, nos próprios autos, em petição dirigida ao Tribunal de origem, que, depois de intimar o agravado para resposta, poderá deixar de encaminhar o recurso ao Supremo Tribunal Federal se o recurso extraordinário estiver fundado em ofensa reflexa ao princípio da legalidade.

d) 15 dias, em petição dirigida diretamente ao Supremo Tribunal Federal, onde o agravado será intimado para resposta.

e) 10 dias, por instrumento, em petição dirigida diretamente ao Supremo Tribunal Federal, onde o agravado será intimado para resposta.

COMENTÁRIOS

✪ **Nota do autor:** o agravo em recurso especial e extraordinário é modalidade *sui generis* de agravo, adequado para impugnar decisão do Presidente ou Vice-Presidente do Tribunal que nega seguimento às referidas modalidades recursais excepcionais. Na redação original do CPC/2015, foi inteiramente remodelado, especialmente porque não havia previsão de juízo de admissibilidade pelo órgão jurisdicional *a quo*, tarefa que seria transferida para o STF ou STJ, conforme o caso. Nesse modelo, caberia agravo contra a decisão do presidente ou vice-presidente do tribunal que: (*i*) indeferisse pedido de inadmissão de recurso especial ou extraordinário sobrestados porque intempestivos (arts. 1.035, § 6º e 1.036, § 2º); (*ii*) inadmitisse recurso especial ou extraordinário sob o fundamento de que o acórdão recorrido coincide com a orientação do Tribunal Superior (arts. 1.035, § 8º e 1.039); (*iii*) inadmitisse recurso extraordinário, sob o fundamento de que o Supremo Tribunal Federal reconheceu a inexistência de repercussão geral da questão constitucional discutida (arts. 1.035, § 8º e 1.039, parágrafo único). No entanto, antes mesmo da entrada em vigor do CPC/2015, sobreveio a Lei 13.256/2016 que reinseriu o juízo bipartido de admissibilidade dos recursos excepcionais e, por conseguinte, restaurou a necessidade de agravo em caso de negativa de seguimento pelo Tribunal *a quo*. Com isso, atribuiu-se nova redação ao art. 1.042, que ficou assim redigido: "Art. 1.042. Cabe agravo contra decisão do presidente ou do vice-presidente do tribunal recorrido que inadmitir recurso extraordinário ou recurso especial, salvo quando fundada na aplicação de entendimento firmado em regime de repercussão geral ou em julgamento de recursos repetitivos. § 1º Revogado. § 2º A petição de agravo será dirigida ao presidente ou ao vice-presidente do tribunal de origem e independe do pagamento de custas e despesas postais, aplicando-se a ela o regime de repercussão geral e de recursos repetitivos, inclusive quanto à possibilidade de sobrestamento e do juízo de retratação. § 3° O agravado será intimado, de imediato, para oferecer resposta no prazo de 15 (quinze) dias. § 4° Após o prazo de resposta, não havendo retratação, o agravo será remetido ao tribunal superior competente. § 5° O agravo poderá ser julgado, conforme o caso, conjuntamente com o recurso especial ou extraordinário, assegurada, neste caso, sustentação oral, observando-se, ainda, o disposto no regimento interno do tribunal respectivo. § 6° Na hipótese de interposição conjunta de recursos extraordinário e especial, o agravante deverá interpor um agravo para cada recurso não admitido.§ 7° Havendo apenas um agravo, o recurso será remetido ao tribunal competente, e, havendo interposição conjunta, os autos serão remetidos ao Superior Tribunal de Justiça.§ 8° Concluído o julgamento do agravo pelo Superior Tribunal de Justiça e, se for o caso, do recurso especial, independentemente de pedido, os autos serão remetidos ao Supremo Tribunal Federal para apreciação do agravo a ele dirigido, salvo se estiver prejudicado".

Alternativa correta: letra "a" (comentários respondem as demais alternativas): o juízo de admissibilidade dos recursos excepcionais é bipartido, o que significa dizer, é realizado inicialmente pelo Presidente ou vice-presidente do Tribunal *a quo*, sendo reexaminado pelo Tribunal *ad quem* por ocasião da apreciação do recurso. Daí é fácil notar que é possível que o Tribunal *a quo* negue seguimento ao recurso, quando não vislumbrar a presença dos requisitos de admissibilidade, lembrando que não é lícito ao órgão inferior apreciar a presença de repercussão geral da questão objeto do recurso extraordinário, devendo se limitar a verificar se a peça recursal contém preliminar formal nesse sentido. A referida decisão é passível de controle pelo Tribunal *ad quem*, devendo a parte interessada interpor agravo, no prazo de 15 dias, em petição dirigida ao presidente ou ao vice-presidente do tribunal de origem. Interposto o recurso, o Presidente do Tribunal determinará a intimação do recorrido para apresentar, no prazo de 15 dias, contrarrazões recursais, após o que, não havendo retratação, o agravo será remetido ao tribunal superior competente (art. 1.042, CPC/2015). Vale lembrar que se o Presidente ou Vice-Presidente do Tribunal *a quo*, por equívoco, negar seguimento ao agravo do art. 544, caberá reclamação constitucional no STF ou no STJ, conforme o caso" (**Súmula 727** do STF).

12.10.3. EMBARGOS DE DECLARAÇÃO

ATENÇÃO: observar as inovações trazidas pelo CPC/2015, que podem ser sintetizadas da seguinte forma:

1. Cabimento: fica explícito no Novo Código que cabem embargos de declaração contra qualquer decisão judicial, a incluir as decisões interlocutórias (art. 1.022, *caput*);

***1.1 Correção de erro material e pontos sobre os quais o magistrado deva se manifestar de ofício*:** além da omissão, contradição e obscuridade, caberão embargos também para correção de erro material e para a apreciação de pontos ou questões sobre os quais o magistrado deveria se pronunciar de ofício.

2. Os embargos de declaração opostos perante os tribunais, caso não apresentados em mesa pelo relator na sessão subsequente à sua oposição, **serão automaticamente incluídos na próxima pauta** (1.024, §1º);

3. Há previsão expressa **de fungibilidade entre os embargos de declaração e o agravo interno** (1.024, §3º);

4. Cancelamento da Súmula 418 do STJ. A partir do CPC/2015, caso o acolhimento dos embargos implique modificação da decisão embargada, o embargado que já tiver interposto outro recurso terá o direito de complementar ou alterar as suas razões nos exatos limites da decisão modificadora (art. 1.022, §4º). Se forem rejeitados, o recurso já interposto pela outra parte será processado e julgado independentemente de ratificação. A propósito, a Corte Especial do STJ, na sessão de 1.7.2016, decidiu pelo cancelamento do mencionado entendimento sumular e editou a Súmula 579: "Não é necessário ratificar o recurso especial interposto na pendência do julgamento dos embargos de declaração quando inalterado o julgamento anterior".

5. Consolidação do entendimento exposto na Súmula 356 do STF: de acordo com o art. 1.025, "consideram-se incluídos no acórdão os elementos que o embargante suscitou, para fins de pré-questionamento, ainda que os embargos de declaração sejam inadmitidos ou rejeitados, caso o tribunal superior considere existentes erro, omissão, contradição ou obscuridade".

6. Efeitos dos embargos: continuam não tendo efeito suspensivo. No entanto, "a eficácia da decisão monocrática ou colegiada poderá ser suspensa pelo respectivo juiz ou relator se demonstrada a probabilidade de provimento do recurso ou, sendo relevante a fundamentação, se houver risco de dano grave ou de difícil reparação" (art. 1.026, § 1º).

7. Embargos protelatórios: no caso de embargos de declaração protelatórios, a multa poderá ser de até 2% sobre o valor atualizado da causa em favor do embargado. Na reiteração, a multa será elevada a até dez por cento sobre o valor atualizado da causa, e a interposição de qualquer recurso ficará condicionada ao depósito prévio do valor da multa, à exceção da Fazenda Pública e do beneficiário de gratuidade da justiça, que a recolherão ao final (art. 1.026, § 3º).

7.1 Inadmissão dos embargos: se os dois embargos anteriores forem considerados protelatórios, os embargos seguintes não serão admitidos.

12.10.4. RECURSO ESPECIAL E EXTRAORDINÁRIO

128. (CESPE/CEBRASPE – Procurador do Estado – PGE-PA/2022) Assinale a opção correta, à luz do Código de Processo Civil e do entendimento da Corte Especial do Superior Tribunal de Justiça.

a) São considerados prequestionados os fundamentos adotados nas razões de apelação e desprezados no julgamento do respectivo recurso, desde que, interposto recurso especial, sejam reiterados nas contrarrazões da parte vencedora.

b) Os embargos de terceiro podem ser opostos a qualquer tempo no processo de conhecimento, enquanto não transitada em julgado a sentença, e, no cumprimento de sentença ou no processo de execução, até 72 horas depois da adjudicação, da alienação por iniciativa particular ou da arrematação, independentemente da data de assinatura da respectiva carta.

c) A decisão que condenar o réu ao pagamento de prestação consistente em dinheiro e a que determinar a conversão de prestação de fazer, de não fazer ou de dar coisa em prestação pecuniária valerão como título constitutivo de hipoteca judiciária, exceto se a condenação for genérica.

d) A prerrogativa de prazo em dobro para as manifestações processuais não se aplica aos escritórios de prática jurídica de instituições privadas de ensino superior.

e) É cabível a instauração do incidente de resolução de demandas repetitivas quando houver, simultaneamente, a efetiva repetição de processos que contenham controvérsia sobre a mesma questão de fato ou de direito, bem como o risco de ofensa à isonomia ou à segurança jurídica.

COMENTÁRIOS

✪ **Nota do autor:** toda a matéria devolvida à segunda instância deve ser considerada "apreciada" quando o TJ ou TRF dá provimento ao recurso por apenas um dos fundamentos expostos pela parte, ignorando os demais. Isso porque como a parte venceu no TJ ou TRF, ela não possui interesse recursal de ingressar com embargos declaratórios para prequestionar os demais argumentos que não foram acolhidos pelo Tribunal de 2ª instância.

Alternativa "a": "Consideram-se prequestionados os fundamentos adotados nas razões de apelação e desprezados no julgamento do respectivo recurso, desde que, interposto recurso especial, sejam reiterados nas contrarrazões da parte vencedora" (STJ. Corte Especial. EAREsp 227.767-RS, Rel. Min. Francisco Falcão, julgado em 17/06/2020 (Informativo 674)).

Alternativa "b": de acordo com o art. 675, *caput*, CPC, os embargos podem ser opostos a qualquer tempo no processo de conhecimento enquanto não transitada em julgado a sentença e, no cumprimento de sentença ou no processo de execução, até 5 (cinco) dias depois da adjudicação, da alienação por iniciativa particular ou da arrematação, mas sempre antes da assinatura da respectiva carta.

Alternativa "c": a decisão produz a hipoteca judiciária embora a condenação seja genérica (art. 495, § 1º, I, CPC).

Alternativa "d": a prerrogativa de prazo em dobro para as manifestações processuais também se aplica aos escritórios de prática jurídica de instituições privadas de ensino superior (STJ. Corte Especial. REsp 1.986.064-RS, Rel. Min. Nancy Andrighi, julgado em 01/06/2022 (Informativo 740)). Existe, inclusiva, previsão expressa no § 3º do art. 186 do CPC: "O disposto no *caput* ("A Defensoria Pública gozará de prazo em dobro para todas as suas manifestações processuais") aplica-se aos escritórios de prática jurídica das faculdades de Direito reconhecidas na forma da lei e às entidades que prestam assistência jurídica gratuita em razão de convênios firmados com a Defensoria Pública".

Alternativa "e": é necessária a efetiva repetição de processos que contenham controvérsia sobre a mesma questão unicamente de direito e risco de ofensa à isonomia e à segurança jurídica (art. 976, *caput*, I e II, CPC).

Alternativa correta: letra "a".

129. (FCC – Procurador do Estado – PGE-AM/2022) Em ação com pedido de anulação de cláusulas inseridas em contrato administrativo, julgada procedente em segunda instância, interpõe o Estado W recurso especial e recurso extraordinário. No juízo de admissibilidade de tais recursos a autoridade judiciária competente, no Tribunal de Justiça local, nega seguimento ao primeiro, sob o fundamento de que o acórdão recorrido alinha-se a entendimento firmado pelo STJ no julgamento de recurso especial repetitivo, e também ao segundo, por não considerar presente o prequestionamento da questão debatida. O Procurador do Estado, para obter o conhecimento dos dois recursos, deverá interpor

a) agravo em recurso especial e agravo em recurso extraordinário, respectivamente.
b) agravo interno e agravo em recurso extraordinário, respectivamente.
c) dois agravos internos.
d) um único agravo interno, abordando as duas negativas de seguimento.
e) agravo em recurso especial e agravo interno, respectivamente.

COMENTÁRIOS

✪ **Nota do autor:** se o presidente ou vice nega seguimento a RE ou a REsp interposto contra acórdão que esteja em conformidade com entendimento do STF ou do STJ, respectivamente, exarado no regime de julgamento de recursos repetitivos (art. 1.030, I, b), cabível será o agravo interno, nos termos do art. 1.021 (art. 1.030, § 2º). Por outro lado, caso venha o presidente ou vice inadmitir RE ou REsp por ser intempestivo, deserto, malformado, sem prequestionamento etc. – requisitos de admissibilidade (art. 1.030, V), o recurso a ser utilizado é o agravo ao tribunal superior (ARE/AREsp) do art. 1.042 (art. 1.030, § 1º).

Alternativa "a", "c", "d" e "e": ver comentários na "nota do autor".

Alternativa "b": contra a decisão do Tribunal de Justiça local que negou seguimento ao recurso especial, sob o fundamento de que o acórdão recorrido alinha-se a entendimento firmado pelo Superior Tribunal de Justiça no julgamento de recurso especial repetitivo cabe agravo interno (art. 1.021, CPC), nos termos do art. 1.030, I, b, do CPC, e contra a decisão que negou seguimento ao recurso extraordinário, por não considerar presente o prequestionamento da questão debatida, cabe agravo em recurso extraordinário (art. 1.042, *caput*, CPC).

Alternativa correta: letra "b".

130. (PGE-GO – Procurador do Estado – GO/2013) Os recursos extraordinários *lato sensu*, em contraposição aos recursos ordinários, têm como finalidade precípua a aplicação do direito positivo, mormente para fins de uniformização de sua interpretação. Sobre o recurso extraordinário e o recurso especial, está CORRETA a seguinte proposição:

a) Pelo princípio da singularidade recursal, não se admite a interposição simultânea do recurso extraordinário e do recurso especial, devendo este ser interposto primeiro.
b) Não se exige o exaurimento das vias recursais ordinárias para o cabimento dos recursos extraordinários.
c) É necessário quórum de 2/3 do Supremo Tribunal Federal para o reconhecimento da repercussão geral do recurso extraordinário interposto.
d) Admite-se recurso especial quanto à questão que, apesar da oposição de embargos declaratórios, não foi apreciada pelo tribunal *a quo*.
e) Cabe recurso extraordinário quando a decisão recorrida julgar válida lei local contestada diante de lei federal.

COMENTÁRIOS

✪ **Nota do autor:** a questão versa sobre o cabimento dos recursos excepcionais:

Recurso extraordinário	Recurso especial
Compete ao STF julgar, mediante recurso extraordinário, as causas decididas em única ou última instância, quando a decisão recorrida: a) contrariar dispositivo desta Constituição; b) declarar a inconstitucionalidade de tratado ou lei federal; c) julgar válida lei ou ato de governo local contestado em face desta Constituição;	Compete ao STJ julgar, em recurso especial, as causas decididas, em única ou última instância, pelos Tribunais Regionais Federais ou pelos tribunais dos Estados, do Distrito Federal e Territórios, quando a decisão recorrida: a) contrariar tratado ou lei federal, ou negar-lhes vigência; b) julgar válido ato de governo local contestado em face de lei federal;(Redação dada pela Emenda Constitucional nº 45, de 2004);
d) julgar válida lei local contestada em face de lei federal. (Incluída pela Emenda Constitucional nº 45, de 2004).	c) der a lei federal interpretação divergente da que lhe haja atribuído outro tribunal.

Alternativa "a": Os recursos extraordinário e especial **excepcionam** o princípio da unirrecorribilidade ou da singularidade recursal, segundo o qual somente se admite um único recurso para impugnar uma mesma decisão, ainda que dividida em diversos capítulos. Logo, **havendo fundamento constitucional e infraconstitucional, é lícito à parte interpor simultaneamente recurso especial e extraordinário**. Aliás, "é inadmissível recurso especial, quando o acórdão recorrido assenta em fundamento constitucional e infraconstitucional, qualquer deles suficientes, por si só, para mantê-lo, e a parte não manifesta recurso extraordinário" (*Súmula 126*, STJ).

Alternativa "b": Os recursos excepcionais **pressupõem o esgotamento das vias recursais ordinárias**. Nesse sentido, a Súmula 281, STF, prescreve que "é inadmissível o recurso extraordinário, quando couber, na justiça de origem, recurso ordinário da decisão impugnada". Não obstante, "a Constituição não condiciona o cabimento do extraordinário à ocorrência de julgamento final de tribunal. Exige apenas que se trate de causa decidida em única ou última instância. Em hipótese de causas de alçada, portanto, pode haver recurso de sentença do juízo de primeiro grau diretamente para o Supremo Tribunal Federal"[57].

Alternativa "c": Interpretando *a contrario sensu* o art. 102, § 3º, CF, segundo o qual "no recurso extraordinário o recorrente deverá demonstrar a repercussão geral das questões constitucionais discutidas no caso, nos termos da lei, a fim de que o Tribunal examine a admissão do recurso, somente podendo recusá-lo pela manifestação de dois terços", é indispensável o quórum de 2/3 (dois terços) dos Ministros do STF para **recursar** a repercussão geral (e **não para o seu reconhecimento**).

Alternativa "d": É "**inadmissível** recurso especial quanto à questão que, a despeito da oposição de embargos declaratórios, não foi apreciada pelo tribunal *a quo*", nos termos da *Súmula 211*, STJ.

Alternativa "e": De fato, com o advento da EC 45/04, o art. 102, inciso III, alínea "d", CF, transferiu para a competência do STF julgar, mediante recurso extraordinário, as causas decididas em única ou última instância quando a decisão recorrida julgar válida lei local contestada em face de lei federal. Comentando o dispositivo, Cassio Scarpinella Bueno[58] assinala que "o Supremo Tribunal Federal decidirá, em última análise, quais das unidades federadas pode atuar legislativamente no caso concreto e, assim decidindo, aplicará a Constituição Federal, verdadeira "questão prejudicial", na interpretação da própria lei local à hipótese".

Alternativa correta: letra "e".

12.10.5. EMBARGOS DE DIVERGÊNCIA

131. (VUNESP – Procurador do Estado – PGE-SP/2018) Em relação ao recurso de embargos de divergência, é correto afirmar:

a) cabem embargos de divergência quando o acórdão paradigma for da mesma turma que proferiu a decisão embargada, desde que sua composição tenha sofrido alteração em, no mínimo, um terço dos seus membros.

b) é cabível nos processos de competência originária do Supremo Tribunal Federal.

c) é embargável o acórdão de órgão fracionário que, em recurso especial ou extraordinário, divergir do julgamento de qualquer outro órgão do mesmo tribunal, sendo um acórdão de mérito e outro que não tenha conhecido do recurso, embora tenha apreciado a controvérsia.

d) não poderão ser confrontadas teses jurídicas contidas em julgamento de recursos e de ações de competência originária.

e) se os embargos de divergência forem desprovidos, o recurso extraordinário interposto pela outra parte antes da publicação do julgamento dos embargos de divergência sempre deverá ser ratificado.

COMENTÁRIOS

✪ **Nota do autor:** Os embargos de divergência têm como função dissipar um dissídio jurisprudencial entre órgãos colegiados fracionários do Superior Tribunal de Justiça ou do Supremo Tribunal Federal. Cabem embargos de divergência quando no julgamento do recurso extraordinário ou do recurso especial, a decisão do órgão fracionário do Supremo Tribunal Federal ou do Superior Tribunal de Justiça (turma, seção do STJ, Corte Especial do STJ ou Tribunal Pleno do STF) divergir, sobre direito material ou processual, do julgamento de qualquer outro órgão fracionário do mesmo tribunal (admite-se, também, quando os acórdãos recorrido e paradigma são proferidos pelo mesmo órgão colegiado fracionário, desde que desde que sua composição tenha sofrido alteração em mais da metade de seus membros), sendo os acórdãos, embargado e paradigma, de mérito, ou, sendo um acórdão de mérito e outro que não tenha conhecido do recurso, embora tenha apreciado a controvérsia (formalmente o julgado é de inadmissibilidade, mas substancialmente é de mérito – v.g., não conhece do recurso especial porque não houve violação à lei federal).

Alternativa "a": Deverá ter ocorrida alteração em pelo menos metade dos integrantes da respectiva Turma (art. 1.043, § 3º, CPC/2015).

Alternativa "b": Os embargos de divergência são cabíveis apenas em sede de recurso especial e extraordinário (art. 1.043, I e III, CPC/2015).

Alternativa "c": Trata-se da redação prevista no art. 1.043, III, CPC/2015. Assim, é embargável o acórdão de órgão fracionário que em recurso extraordinário ou em recurso especial, divergir do julgamento de qualquer outro órgão do mesmo tribunal, sendo um acórdão de mérito e outro que não tenha conhecido do recurso, embora tenha apreciado a controvérsia;

Alternativa "d": De acordo com o art. 1.043, § 1º, CPC/2015, poderão ser confrontadas teses jurídicas contidas em julgamentos de recursos e de ações de competência originária.

Alternativa "e": A assertiva está em discrepância com o que prevê o art. 1.044, § 2º, CPC/2015: "Se os embargos de divergência forem desprovidos ou não alterarem a conclusão do julgamento anterior, o recurso extraordinário interposto pela outra parte antes da publicação do julgamento dos embargos de divergência será processado e julgado independentemente de ratificação".

Alternativa correta: letra "c".

57. THEODORO JUNIOR, Humberto. Recursos. *In* THEODORO JÚNIOR, Humberto. **Curso de Direito Processual Civil. Vol. 1 – Teoria Geral do Direito Processual Civil e Processo de Conhecimento.** 47ª ed. Rio de Janeiro: Forense, 2007, p. 715.

58. BUENO, Cassio Scarpinella. **Curso sistematizado de direito processual civil. Vol. 05 – Recursos. Processos e incidentes nos Tribunais. Sucedâneos recursais: técnicas de controle das decisões jurisdicionais.** São Paulo: Saraiva, 2008, p. 257.

12.10.6. RECURSO ORDINÁRIO CONSTITUCIONAL

132. (FUMARC – Procurador do Estado – MG/2012) Assinale a alternativa que se alinha perfeitamente ao contexto apresentado:

"Do acórdão que, por maioria de votos, denega mandado de segurança impetrado originariamente junto ao Tribunal de Justiça do Estado contra ato do Governador de Estado, para proteger direito líquido e certo constante da Constituição da República, poderá(ão) ser(em) interposto(s), além dos embargos de declaração".

a) somente embargos infringentes.

b) recurso especial e extraordinário.

c) somente recurso ordinário.

d) somente recurso extraordinário.

e) somente apelação.

COMENTÁRIOS

✪ **Nota do autor:** a questão versa sobre o recurso ordinário constitucional em mandado de segurança e em *habeas data*, cujo cabimento se verifica *secundum eventum litis*, tendo em vista que somente será cabível quando o acórdão proferido por Tribunal Regional Federal ou Tribunal de Justiça for denegatório da ordem impetrada; caso contrário, ou seja, quando concedida a ordem, caberá recurso especial ou extraordinário. O recurso ordinário constitucional, assim como os recursos em geral no CPC, deve ser interposto no prazo de 15 (quinze) dias, em petição encaminhada ao presidente do Tribunal com as inclusas razões recursais. Interessante perceber que a Lei 9.507/97, que disciplina o *habeas data*, inovou a ordem jurídica ao prever o cabimento de recurso ordinário constitucional contra o acórdão que denegar a ordem. No entanto, há doutrina defendendo a inconstitucionalidade do art. 20, inciso II, aliena "b", Lei 9.507/97, porque a ampliação da competência recursal do STJ somente poderia se operar por meio de Emenda à Constituição Federal.

Alternativa "a": O STJ, na *Súmula 105*, pacificou o entendimento de que "na ação de mandado de segurança, não se admite condenação em honorários advocatícios". O entendimento pretoriano foi incorporado pela Lei 12.016/09, que em seu art. 25 passou a dispor que **"não cabem, no processo de mandado de segurança, a interposição de embargos infringentes** e a condenação ao pagamento dos honorários advocatícios, sem prejuízo da aplicação de sanções no caso de litigância de má-fé.". Comentando o dispositivo, Cassio Scarpinella Bueno[59], com perspicácia, ensina que "[...] a disposição legal só enfatiza o que parecia ser irrecusável, a despeito do silencio anterior: a aplicação ao mandado de segurança do 'princípio da lealdade processual' e a disciplina respectiva que está em diversos dispositivos do Código de Processo Civil, em especial em seus arts. 16 a 18, bem assim no parágrafo único do art. 14".

Alternativa "b": O recurso especial e extraordinário é cabível quando o acórdão impugnado houver **concedido à ordem**. Diferente é a situação em que a ordem é denegada em mandado de segurança impetrado originariamente nos Tribunais. Confira:

Ordem denegada	Ordem concedida
O acórdão será impugnável por meio de recurso especial ou extraordinário, conforme o caso.	O acórdão será impugnável por meio de recurso ordinário constitucional.

Outrossim, à luz da *Súmula 272*, STF, "não se admite como ordinário recurso extraordinário de decisão denegatória de mandado de segurança". Com efeito, não há erro grosseiro que autorize a aplicação do princípio da fungibilidade recursal, sobretudo diante do art. 18, Lei 12.016/09.

Alternativa "c": De fato, a decisão denegatória de MS proferida em *mandamus* impetrado originariamente em Tribunal somente comporta impugnação por meio de recurso ordinário constitucional. Aliás, a questão pode ser assim representada:

Recurso decisão MS primeira instância	Recurso acórdão denegatório MS	Recurso acórdão que concede MS
A sentença que conceder ou denegar a segurança poderá ser impugnada por meio de recurso de apelação.	O acórdão denegatório de MS impetrado originariamente em tribunal desafia o recurso ordinário constitucional.	O acórdão que concede a ordem poderá ser impugnada por meio de recurso especial ou extraordinário.

Alternativa "d": A decisão denegatória de mandado de segurança comporta impugnação por meio de **recurso ordinário constitucional,** somente, sendo considerado erro grosseiro a interposição de recurso extraordinário. A propósito, prescreve o art. 18, Lei 12.016/09, que "das decisões em mandado de segurança proferidas em única instância pelos tribunais cabe recurso especial e extraordinário, nos casos legalmente previstos, e recurso ordinário, quando a ordem for denegada".

Alternativa "e": O recurso de apelação **não é adequado para impugnar acórdão de Tribunal.** Na verdade, o acórdão denegatório desafia recurso ordinário constitucional, que tem natureza semelhante ao recurso de apelação.

Alternativa correta: letra "c".

13. PROCESSO DE EXECUÇÃO

133. (CESPE/CEBRASPE – Procurador do Estado – PGE-PA/2022) Com base no Código de Processo Civil, assinale a opção incorreta.

a) O recurso adesivo será admissível na apelação, no recurso extraordinário e no recurso especial.

b) No caso de ajuizamento de ação rescisória fundada em prova nova, cuja existência se ignorava ou de que não se pôde fazer uso, obtida posteriormente ao trânsito em julgado, capaz, por si só, de assegurar pronunciamento favorável ao autor, o termo inicial do prazo será a data de descoberta da prova nova, observado o

59. BUENO, Cassio Scarpinella. **A Nova Lei do Mandado de Segurança.** São Paulo: Saraiva, 2009, p. 151.

prazo máximo de cinco anos, contado do trânsito em julgado da última decisão proferida no processo.

c) A existência de título executivo extrajudicial impede a parte de optar pelo processo de conhecimento a fim de obter título executivo judicial.

d) Independentemente dos limites da competência territorial, a parte no processo em curso no qual se discute a mesma questão objeto de incidente de resolução de demandas repetitivas é legitimada para requerer ao tribunal competente para conhecer do recurso extraordinário ou especial a suspensão de todos os processos individuais ou coletivos em curso no território nacional que versem sobre a questão objeto do incidente já instaurado.

e) Na reclamação que não houver formulado, o Ministério Público terá vista do processo por cinco dias, após o decurso do prazo para informações e para o oferecimento da contestação pelo beneficiário do ato impugnado.

COMENTÁRIOS}

✪ **Nota do autor:** o legislador determinou uma ampla escolha pelo credor, entre a via executiva direta ou a via cognitiva com posterior procedimento executivo. Se uma é possível, a outra não está vedada.

Alternativa "a": segundo o art. 997, § 2º, II, CPC, o recurso adesivo será admissível na apelação, no recurso extraordinário e no recurso especial.

Alternativa "b": nos moldes do art. 975, § 2º, CPC: "Se fundada a ação (rescisória) no inciso VII do art. 966 (fundada em prova nova, cuja existência se ignorava ou de que não se pôde fazer uso, obtida posteriormente ao trânsito em julgado, capaz, por si só, de assegurar pronunciamento favorável ao autor), o termo inicial do prazo será a data de descoberta da prova nova, observado o prazo máximo de 5 (cinco) anos, contado do trânsito em julgado da última decisão proferida no processo.

Alternativa "c": nos termos do art. 785, CPC: "A existência de título executivo extrajudicial não impede a parte de optar pelo processo de conhecimento, a fim de obter título executivo judicial".

Alternativa "d": prevê o art. 982, § 3º, CPC, que, visando à garantia da segurança jurídica, qualquer legitimado mencionado no art. 977, incisos II e III, poderá requerer, ao tribunal competente para conhecer do recurso extraordinário ou especial, a suspensão de todos os processos individuais ou coletivos em curso no território nacional que versem sobre a questão objeto do incidente já instaurado.

Alternativa "e": trata-se de regra de procedimento encartada no art. 991 do CPC: "Na reclamação que não houver formulado, o Ministério Público terá vista do processo por 5 (cinco) dias, após o decurso do prazo para informações e para o oferecimento da contestação pelo beneficiário do ato impugnado.

Alternativa correta: letra "c".

---

134. (FCC – Procurador do Estado – PGE-AM/2022) A respeito da execução e temas correlatos,

a) se for conveniente às partes, o juiz declarará suspensa a execução durante o prazo máximo de 90 dias, a fim de que obtenham solução consensual para cumprimento da obrigação.

b) a execução suspensa em razão do oferecimento de embargos de devedor poderá prosseguir, inclusive com a prática de atos de expropriação, se oferecida caução pelo credor.

c) o termo inicial da prescrição no curso do processo será a ciência da primeira tentativa infrutífera de localização do devedor ou de bens penhoráveis, sendo ela passível de suspensão, por uma única vez, pelo prazo máximo de um ano.

d) a prescrição no curso do processo só poderá ser reconhecida se arguida pelo devedor ou terceiro interessado.

e) não serão praticados atos processuais de qualquer natureza, uma vez suspensa a execução.

COMENTÁRIOS}

✪ **Nota do autor:** o legislador alterou a redação do inciso III do art. 921 do CPC. Agora, a execução será suspensa não só quando o executado não possuir bens penhoráveis, mas, também, quando ele não for encontrado. Ademais, é a cientificação do exequente sobre essas duas ocorrências que será levada em consideração para estabelecer o início da fluência do prazo da prescrição intercorrente, pois, de acordo com a nova redação do § 4º, o termo inicial da prescrição no curso do processo será a ciência da primeira tentativa infrutífera de localização do devedor ou de bens penhoráveis. O mesmo dispositivo prevê, ainda, que esse prazo prescricional será suspenso, por uma única vez, pelo prazo máximo de 1 (um) ano.

Alternativa "a": segundo o art. 922, caput, CPC, convindo as partes, o juiz declarará suspensa a execução durante o prazo concedido pelo exequente para que o executado cumpra voluntariamente a obrigação.

Alternativa "b": o oferecimento dos embargos do devedor, por si só, não tem o condão de suspender a execução. Caberá à parte, nos termos do art. 919, § 1º c.c. art. 921, II, ambos do CPC, pleitear o efeito suspensivo aos embargos quando verificados os requisitos para a concessão da tutela provisória e desde que a execução já esteja garantida por penhora, depósito ou caução suficientes.

Alternativa "c": nos termos do art. 921, § 4º, CPC, o termo inicial da prescrição no curso do processo será a ciência da primeira tentativa infrutífera de localização do devedor ou de bens penhoráveis, e será suspensa, por uma única vez, pelo prazo máximo previsto no § 1º deste artigo.

Alternativa "d": o juiz poderá reconhecer a prescrição de ofício, nos termos do art. 921, § 5º, CPC: "O juiz, depois de ouvidas as partes, no prazo de 15 (quinze) dias, poderá, de ofício, reconhecer a prescrição no curso do processo e extingui-lo, sem ônus para as partes. (Redação dada pela Lei nº 14.195, de 2021)".

Alternativa "e": prevê o art. 923, CPC: "Suspensa a execução, não serão praticados atos processuais, podendo o juiz, entretanto, salvo no caso de arguição de impedimento ou de suspeição, ordenar providências urgentes".

Alternativa correta: letra "c".

135. (FEPESE – Procurador do Estado – PGE-SC/2018) No que diz respeito ao processo de execução, é correto afirmar:

a) Na ação de execução, a citação do devedor interrompe a prescrição.

b) Em se tratando de ação de execução de obrigação de entrega de coisa certa, o devedor será citado para, em quinze dias a contar da citação, satisfazer a obrigação.

c) No caso de execução por quantia certa, com a penhora dá-se a transmissão da propriedade ao credor, o qual deverá depositar a diferença a mais, caso a avaliação seja inferior ao débito.

d) No caso de ação de execução por quantia certa, o devedor será citado para pagar a dívida no prazo de três dias, contados da citação.

e) Em todas as hipóteses previstas em lei, a fraude à execução importa em anulação do ato de alienação.

COMENTÁRIOS

✪ **Nota do autor: na execução de título executivo extrajudicial,** citado o executado, será disponibilizado àquele o prazo de 3 (três) dias para que pague o débito da execução. O termo inicial da contagem desse prazo é, portanto, a citação, pouco importando a data da juntada aos autos da primeira via devidamente cumprida. Como se percebe, o executado não é citado para apresentar defesa e sim para pagar o débito, sendo o contraditório, na execução, mitigado. Como a execução se direciona à satisfação do direito do exequente, é coerente que, desde o mandado de citação, já conste, também, a ordem de penhora e a avaliação a serem cumpridas pelo oficial de justiça tão logo verificado o não pagamento no prazo assinalado, de tudo lavrando-se auto, com intimação do executado, nos termos do art. 829, CPC/2015.

ATENÇÃO: a Lei 14.195, de 26.8.2021, alterou a redação do art. 921, CPC/2015, que trata das hipóteses de suspensão da execução e da prescrição intercorrente, nos seguintes termos: "(...) III – quando não for localizado o executado ou bens penhoráveis; (...) § 4º O termo inicial da prescrição no curso do processo será a ciência da primeira tentativa infrutífera de localização do devedor ou de bens penhoráveis, e será suspensa, por uma única vez, pelo prazo máximo previsto no § 1º deste artigo. § 4º-A A efetiva citação, intimação do devedor ou constrição de bens penhoráveis interrompe o prazo de prescrição, que não corre pelo tempo necessário à citação e à intimação do devedor, bem como para as formalidades da constrição patrimonial, se necessária, desde que o credor cumpra os prazos previstos na lei processual ou fixados pelo juiz. § 5º O juiz, depois de ouvidas as partes, no prazo de 15 (quinze) dias, poderá, de ofício, reconhecer a prescrição no curso do processo e extingui-lo, sem ônus para as partes. § 6º A alegação de nulidade quanto ao procedimento previsto neste artigo somente será conhecida caso demonstrada a ocorrência de efetivo prejuízo, que será presumido apenas em caso de inexistência da intimação de que trata o § 4º deste artigo. § 7º Aplica-se o disposto neste artigo ao cumprimento de sentença de que trata o art. 523 deste Código".

Alternativa "a": De acordo com o art. 802, *caput*, CPC/2015, o despacho que ordena a citação, em observância ao que dispõe o art. 240, § 2º, produz a interrupção da prescrição. Na verdade, embora o dispositivo legal afirme neste sentido, é a citação válida do executado, efetivada dentro do prazo legal, que importa na interrupção da prescrição com data retroativa ao momento da propositura da demanda.

Alternativa "b": O art. 806, CPC/2015, prevê que o devedor de obrigação de entrega de coisa certa, constante de título executivo extrajudicial, será citado para, em 15 (quinze) dias, satisfazer a obrigação. Perceba-se, todavia, que o legislador não mencionou no dispositivo legal o dies a quo desse interstício, diferentemente do que fez no art. 829, caput, CPC/2015 (obrigações de pagar quantia certa). Havendo lacuna, a regra será integrada com a aplicação dos incisos I e II do art. 213, do CPC/2015, os quais preveem que, salvo disposição em sentido diverso, considera-se dia do começo do prazo a data de juntada aos autos do aviso de recebimento, quando a citação ou a intimação for pelo correio ou a data de juntada aos autos do mandado cumprido, quando a citação ou a intimação for por oficial de justiça.

Alternativa "c": Penhorado o bem, a sua propriedade permanece com o devedor, que só a perderá quando o bem for regularmente expropriado.

Alternativa "d": De fato, conforme estabelece o art. 829, *caput*, CPC/2015, o executado será citado para pagar a dívida no prazo de 3 (três) dias, contado da citação.

Alternativa "e": O ato, embora fraudulento, é válido, mas ineficaz perante o credor (art. 792, § 1º, CPC/2015). "Assim, a força da execução continuará a atingir o objeto da alienação ou oneração fraudulenta, como se estas não tivessem ocorrido. O bem será de propriedade do terceiro, num autêntico exemplo de responsabilidade sem débito"[60]. Igualmente, considerando que o ato prejudica a atividade jurisdicional executiva, é considerado atentatório à dignidade da justiça, sendo apenado com multa de até 20% (vinte por cento) do valor do débito exequendo (arts. 774), que reverterá em favor do exequente.

Alternativa correta: letra "d".

136. (VUNESP – Procurador do Estado – PGE-SP/2018) Em relação à fraude de execução, assinale a alternativa correta.

a) O simples fato de alguém ter alienado seus bens após a citação, no processo de conhecimento, já

60. THEODORO JUNIOR, Humberto. **Curso ...**, p. 420.

caracteriza plenamente a fraude de execução, sejam os bens passíveis de registro ou não.

b) Quanto aos bens imóveis, o ônus de provar sua existência pode ser satisfeito mediante averbação na matrícula do imóvel, prévia à alienação, da existência de uma ação, ainda que de natureza penal, dentre outras, que pode reduzir o devedor à insolvência.

c) É sempre do exequente o ônus da prova da fraude de execução quando ocorrer a venda de bens não sujeitos a registro após a citação, na execução civil, ou após a intimação, no caso do cumprimento de sentença.

d) Os atos praticados em fraude de execução são juridicamente inexistentes, independentemente de o executado ter ficado insolvente ou não.

e) Caracteriza-se exclusivamente quando, após o início do cumprimento de sentença ou da execução civil, ocorre a alienação de bens por parte do executado, dispensados outros requisitos.

COMENTÁRIOS

✪ **Nota do autor:** o que caracteriza a fraude à execução é o devedor desfazer-se de seus bens, reduzindo-se a um estado de insolvência quando já existe demanda contra ele em curso. A caracterização da fraude à execução independe da demonstração do elemento subjetivo consistente no consilium fraudis, sendo suficiente a prova do *eventus damni*. A jurisprudência do STJ, não obstante, orienta-se no sentido de que o terceiro adquirente de boa-fé deve ser protegido, inexistindo ineficácia no ato praticado em fraude à execução quando o adquirente demonstrar a sua boa-fé no negócio jurídico (4ª Turma, REsp 824.520/SP, rel. Min. Fernando Gonçalves, p. 1.12.2008; 2ª Turma, AgRg no Ag 985.009/MG, rel. Min. Castro Meira, p. 11.9.2008).

Alternativa "a": Não basta a mera alienação do bem para a configuração da fraude à execução, pois incumbe ao interessado demonstrar a ocorrência de algumas das hipóteses previstas no art. 792, I, II, III, ou IV, CPC/2015.

Alternativa "b": Trata-se de possibilidade prevista no art. 792, IV, CPC/2015: "Art. 792. A alienação ou a oneração de bem é considerada fraude à execução: [...] IV – quando, ao tempo da alienação ou da oneração, tramitava contra o devedor ação capaz de reduzi-lo à insolvência; [...]". Perceba: um dos efeitos extrapenais genéricos da sentença condenatória, nos termos do art. 91, I, CP, é o de tornar certa a obrigação de indenizar o dano causado pelo crime, assim, se o executado aliena bens, dando ensejo ou agravando o seu estado de insolvência, com o intuito de obstar a reparação do dano, tais alienações serão consideradas ineficazes perante o exequente, em razão da sua natureza fraudulenta.

Alternativa "c": De acordo com o art. 792, § 2º, CPC/2015: "No caso de aquisição de bem não sujeito a registro, o terceiro adquirente tem o ônus de provar que adotou as cautelas necessárias para a aquisição, mediante a exibição das certidões pertinentes, obtidas no domicílio do vendedor e no local onde se encontra o bem".

Alternativa "d": A alienação em fraude à execução é ineficaz em relação ao exequente (art. 792, § 1º, CPC/2015).

Alternativa "e": Primeiramente, a fraude à execução poderá também ocorrer durante a tramitação da ação de conhecimento, da ação cautelar etc., e não somente após o início da fase executiva. Ademais, conforme analisado nos comentários da alternativa "a", não basta a mera alienação de bens para a configuração da fraude à execução.

Alternativa correta: letra "b".

137. (FMP – Procurador do Estado – PGE – AC/2017) Considere as seguintes afirmativas sobre o tema dos embargos à execução no âmbito do Código de Processo Civil. Assinale a alternativa CORRETA.

a) O executado poderá se opor à execução por meio de embargos, desde que garantidos por penhora, depósito ou caução.

b) Os embargos à execução terão efeito suspensivo.

c) Recebidos os embargos, o exequente será ouvido no prazo de 5 (cinco) dias.

d) O juiz rejeitará liminarmente os embargos manifestamente protelatórios.

e) No prazo para embargos, reconhecendo o crédito do exequente e comprovando o depósito de cinquenta por cento do valor em execução, acrescido de custas e de honorários de advogado, o executado poderá requerer que lhe seja permitido pagar o restante em até 3 (três) parcelas mensais, acrescidas de correção monetária e de juros de um por cento ao mês.

COMENTÁRIOS

✪ **Nota do autor:** a questão versa sobre as defesas do executado processo de execução, tema que tem regulamentação distinta na execução fiscal e, por ser inerente à atribuição do Procurador do Estado, é fundamental relembrar as principais diferenças:

	Execuções em geral	Execução fiscal
Prazo para embargos	Os embargos serão oferecidos no **prazo de 15 (quinze) dias**, contados da juntada aos autos do mandado de citação ou nas outras formas previstas do art. 231 (CPC, art. 915, *caput*). **ATENÇÃO:** a Lei 14.195, de 26.8.2021, acrescentou o inciso IX ao art. 231, CPC/2015, e consignou que, salvo disposição em sentido diverso, também considera-se dia do começo do prazo:, "o quinto dia útil seguinte à confirmação, na forma prevista na mensagem de citação, do recebimento da citação realizada por meio eletrônico.".	"O executado oferecerá embargos, **no prazo de 30 (trinta) dias**, contados: I – do depósito; II – da juntada da prova da fiança bancária; III – da intimação da penhora" (LEF, art. 16).

Garantia do juízo	**Independe** de garantia do juízo (CPC, art. 914, *caput*).	"Não são admissíveis embargos do executado antes de garantida a execução" (LEF, art. 16, § 1º).
Efeitos suspensivo	**a)** Automático: não há. **b)** Judicial: o juiz poderá conceder efeito suspensivo aos embargos desde que: **1)** haja requerimento expresso do embargante; **2)** presentes os requisitos necessários para a concessão de tutela provisória; **4)** haja a prévia segurança do juízo (CPC, art. 739-A)	Tendo em vista a omissão da LEF, aplicação subsidiariamente o CPC, de modo que não há suspensão automática da execução fiscal com a oposição dos embargos.
Embargos execução por carta	Na execução por carta, os embargos **serão oferecidos no juízo deprecante ou deprecado**, mas a competência para julgá-los é do juízo deprecante, salvo se versarem unicamente vícios ou defeitos da penhora, avaliação ou alienação dos bens efetuados no juízo deprecado (CPC, art. 914, § 2º).	"Na execução por carta, os embargos do executado **serão oferecidos no Juízo deprecado**, que os remeterá ao Juízo deprecante, para instrução e julgamento" (LEF, art. 20).

Alternativa "a": Desde o advento das reformas instituídas pela Lei 11.382/06, que modificaram a sistemática dos embargos à execução, os embargos são cabíveis **independentemente de segurança do juízo**, conforme a regra, atualmente, prevista no art. 914, *caput*, CPC/2015.

Alternativa "b": Os embargos à execução **não** terão efeito suspensivo automático, por força do art. 919, *caput*, CPC/2015.

Alternativa "c": O exequente será ouvido, no prazo de **quinze** dias, sobre os embargos opostos, nos termos do art. 920, inciso I, CPC/2015.

Alternativa "d": A teor do art. 918, inciso III, CPC/2015, o manifesto propósito protelatório é hipótese que autoriza a rejeição liminar dos embargos. Aliás, importante memorizar as hipóteses em que o juiz pode rejeitar liminarmente os embargos:

Alternativa "e": A moratória legal, benefício previsto no art. 916, CPC/2015, consiste no parcelamento compulsório da dívida exequenda desde que atendidos os seguintes requisitos:

(*a*) reconhecimento do crédito do exequente no prazo para embargos;

(*b*) depósito de **30% (trinta por cento)** do valor em execução, acrescido de custas e de honorários de advogado;

(*c*) proposta de parcelamento do restante em até **6 (seis)** parcelas mensais, acrescidas de correção monetária e de juros de um por cento ao mês;

(*d*) oitiva do exequente;

(*e*) decisão do juiz em 5 (cinco) dias.

Alternativa correta: letra "d".

138. (FMP – Procurador do Estado – PGE – AC/2017) Considere as seguintes afirmativas sobre o tema do processo de execução no âmbito do Código de Processo Civil. Assinale a alternativa INCORRETA.

a) O exequente tem o direito de desistir de toda a execução, não podendo, porém, desistir de apenas alguma medida executiva.

b) Pode promover a execução forçada o credor a quem a lei confere título executivo.

c) O sub-rogado, nos casos de sub-rogação legal ou convencional, pode promover a execução forçada ou nela prosseguir, em sucessão ao exequente originário.

d) O exequente pode cumular várias execuções, ainda que fundadas em títulos diferentes, quando o executado for o mesmo e desde que para todas elas seja competente o mesmo juízo e idêntico o procedimento.

e) O exequente ressarcirá ao executado os danos que este sofreu, quando a sentença, transitada em julgado, declarar inexistente, no todo ou em parte, a obrigação que ensejou a execução.

COMENTÁRIOS

✪ **Nota do autor:** a questão é multidisciplinar porque aborda vários institutos da execução, tais como desistência, legitimidade ativa para iniciar o procedimento executivo, cumulação de execuções, dentre outros. A alternativa correta abordou a desistência da execução, que é corolário natural do princípio dispositivo, tema de importância indiscutível para os concursos públicos. Embora não tenha sido objeto de questionamento, a desistência da execução não depende da anuência do executado, afinal, como dito é uma decorrência do princípio dispositivo, salvo se houver impugnação ou embargos tratando de mérito pendente de apreciação (art. 775, parágrafo único, CPC/2015). Vale memorizar a distinção:

Alternativa "a": O equívoco da alternativa reside na limitação ao direito do exequente dispor da execução, na medida em que o art. 775, CPC/2015, assegura ao exequente o direito de desistir de toda a execução **ou de apenas alguma medida executiva.**

Alternativas "b" e "c": São legitimados a promover a execução. Destaque-se que o sub-rogado, nos casos de sub-rogação legal ou convencional, pode promover a execução forçada ou nela prosseguir, em sucessão ao exequente originário, conforme art. 778, § 1º, IV, CPC/2015.

Alternativa "d": De fato, preconiza o art. 780, CPC/2015, que o exequente pode cumular várias execuções, ainda que fundadas em títulos diferentes, quando o executado for o mesmo e desde que para todas elas seja competente o mesmo juízo e idêntico o procedimento. O entendimento já constava, antes mesmo do novo CPC, da *Súmula 27*, STJ, segundo a qual "pode a execução fundar-se em mais de um título extrajudicial relativos ao mesmo negócio".

Alternativa "e": É o que prescreve o art. 776, CPC/2015, *verbis*: "o exequente ressarcirá ao executado os danos que este sofreu, quando a sentença, transitada em julgado, declarar inexistente, no todo ou em parte, a obrigação que ensejou a execução".

Alternativa incorreta: letra "a".

139. (FCC – Procurador do Estado – MT/2016) No processo de execução e cumprimento de sentença,

a) a exceção de pré-executividade, embora não prevista expressamente no novo Código de Processo Civil, é aceita pela doutrina e pela jurisprudência para que o executado se defenda mediante a alegação de matérias de ordem pública, cognoscíveis de ofício, de modo que é possível que, em uma execução fiscal, o executado alegue prescrição por meio de exceção de pré-executividade.

b) caso o executado já tenha apresentado embargos ou impugnação à execução, a desistência do exequente de toda a execução ou apenas alguma medida executiva dependerá do consentimento do embargante ou do impugnante.

c) a sentença que determina a inclusão de vantagem pecuniária em folha de pagamento de servidores públicos admite execução provisória, depois de confirmado em duplo grau necessário.

d) diante de uma sentença condenatória contra o Estado transitada em julgado e da superveniência de decisão do Supremo Tribunal Federal que julgou inconstitucional a lei que fundamentou a procedência do pedido nessa demanda, durante o cumprimento desta decisão, cabe ao ente, em sua defesa, ajuizar reclamação constitucional.

e) o cumprimento de sentença proferida contra a Fazenda Pública Estadual tem como única forma de satisfação a expedição de precatório.

COMENTÁRIOS

✪ **Nota do autor:** a questão aborda a defesa do executado, tratando a alternativa correta de uma espécie de defesa atípica, decorrente de construção jurisprudencial. Cuida-se da exceção de pré-executividade, instrumento idôneo para o executado arguir matérias de ordem pública independentemente da oposição de embargos. Tem como características principais: "a) atipicidade: não há regramento legal a respeito do tema; b) limitação probatória: somente as questões que se podem provar documentalmente poderiam ser alegadas; c) informalidade: a alegação poderia ser feita por simples petição"[61]. Na vigência do CPC/1973, que condicionava originariamente os embargos à garantia do juízo, a tese prosperou, por constituir importante mecanismo de defesa do executado para suscitar matérias cognoscíveis de ofício pelo magistrado sem ter que garantir o juízo, que não raras vezes caracterizava verdadeiro entrave ao exercício do direito de defesa do executado. Vale lembrar, a propósito, que a jurisprudência do STJ é oscilante quanto ao termo final para sua apresentação, havendo precedentes no sentido de que a exceção deve ser oferecida até a realização da penhora e, após, somente poderia se insurgir o executado por meio de embargos[62]. Outras decisões, mais coerentes com o instituto, admitem sua apresentação inclusive após a penhora[63].

Alternativa "a": De fato, a exceção de pré-executividade ou objeção de pré-executividade é defesa atípica do executado, não prevista em lei, através da qual este alega matérias de ordem pública, cognoscíveis de ofício pelo magistrado, independentemente da oposição de embargos à execução. Desenvolveu-se na jurisprudência sob a inspiração de Pontes de Miranda, no famoso parecer sobre o caso da Siderúrgica Mannesmann, quando defendeu a possibilidade de o executado apresentar defesa independente de prévia segurança do juízo. Com a paulatina modificação da sistemática dos embargos, para os quais, atualmente, é dispensável a segurança do juízo, perdeu importância prática o referido meio de defesa. Para Daniel Amorim Assumpção Neves, o objetivo do legislador, ao retirar a garantia do juízo como condição de admissibilidade dos embargos, foi justamente esvaziar a exceção de pré-executividade. Acrescenta o autor, contudo, que ainda subsiste o interesse na exceção quando o executado pretender evitar a realização da penhora, tentando convencer o magistrado da ausência de condições mínimas para o prosseguimento da execução[64]. Não obstante, não se pode olvidar que existem procedimentos executivos específicos em que a segurança do juízo ainda é condição de admissibilidade dos embargos, a exemplo da execução fiscal. Por isso, permanece atual a *Súmula 393* do STJ, a qual dispõe que "a exceção de pré-executividade é admissível na execução fiscal relativamente às matérias cognoscíveis de ofício que não demandem dilação probatória".

Alternativa "b": A desistência da execução **prescindirá de anuência do executado quando não embargada** ou, se embargada, **os embargos versem somente sobre questões processuais**, nos termos do art. art. 775, CPC/2015. Isso porque a execução é informada pelo princípio do desfecho único do processo de execução, vale dizer, considerando que o procedimento executivo não tutela o direito material do executado, salvo quando opostos embargos para tal fim, o exequente poderá desistir da execução a qualquer momento e independentemente de anuência do devedor. Importante destacar o seguinte quadro:

61. DIDIER JR., Fredie; CUNHA, Leonardo Carneiro; BRAGA, Paula Sarno; OLIVEIRA, Rafael Alexandria de. **Curso de Direito Processual Civil. Vol. 05 ...** p. 403.

62. **REsp 1.061.759/RS,** 3ª T., rel. Min. Nancy Andrighi, j. 21.06.2011, DJe 29.06.2011.

63. **EREsp 905.416/PR,** 2ª Seção, rel. Min. Marco Buzzi, j. 09.10.2013, DJe 10.11.2013.

64. NEVES, Daniel Amorim Assumpção. **Manual de Direito Processual Civil ...** p. 1288.

DESISTÊNCIA DA EXECUÇÃO			
	Não embargada	**Embargos versam sobre questão processual**	**Embargos versam sobre questão material**
Consentimento do executado	Não	Não	Sim

Alternativa "c": A concessão de provimentos antecipatórios em desfavor da Fazenda Pública encontra limites no ordenamento jurídico, o que, aliás, já foi objeto de intensas divergências, sob o argumento de que feriria o direito fundamental de acesso à Justiça. Hodiernamente, contudo, a questão está pacificada, sendo plenamente aplicável as disposições restritivas. Uma delas, que constitui fundamento da alternativa em comento, é o art. 1º-B da Lei 9.494/1997, segundo o qual "a sentença que tenha por objeto a liberação de recurso, inclusão em folha de pagamento, reclassificação, equiparação, concessão de aumento ou extensão de vantagens a servidores da União, dos Estados, do Distrito Federal e dos Municípios, inclusive de suas autarquias e fundações, **somente poderá ser executada após seu trânsito em julgado**".

Alternativa "d": Ocorrendo a declaração de inconstitucionalidade – em controle concentrado ou difuso –, após o trânsito em julgado da decisão exequenda, caberá à Fazenda Pública manejar **ação rescisória,** cujo termo inicial será o trânsito em julgado da decisão do STF (art. 535, §§ 7º e 8º, CPC/2015).

Alternativa "e": incorreta, na medida em que o cumprimento de sentença proferida contra a Fazenda Pública pode levar à satisfação da obrigação mediante a expedição de precatório **ou requisição de pequeno valor (RPV)**, na forma preconizada pelo art. 100, CF.

Alternativa correta: letra "a".

13.1. REQUISITOS NECESSÁRIOS PARA REALIZAR QUALQUER EXECUÇÃO

ATENÇÃO: uma das mais importantes novidades trazidas pelo CPC/2015 em relação ao tema está no inciso X do art. 784, que insere no rol dos títulos executivos extrajudiciais o **crédito referente às contribuições ordinárias ou extraordinárias de condomínio edilício**, previstas na respectiva convenção ou aprovadas em assembleia geral, desde que documentalmente comprovadas. No CPC/73, a cobrança das cotas condominiais dependia de um processo de conhecimento, que segue o procedimento sumário. De acordo com o CPC/2015, será possível que a execução desses créditos ocorra de forma direta, sendo ainda cabível a inscrição do nome do exequente nos cadastros de proteção ao crédito, na forma do art. 782. Ressalte-se que, por força do § 1º do novo art. 833, os atos constritivos da execução de cotas condominiais podem recair sobre o bem imóvel do devedor, ainda que se trate de bem de família. Essa nova disposição vai ao encontro do entendimento do STJ: "[...]O entendimento firmado pelo Tribunal a quo de que é permitida a penhora do bem de família para assegurar pagamento de dívidas oriundas de despesas condominiais do próprio bem está em sintonia com a jurisprudência deste Superior Tribunal de Justiça" (STJ, AgRg no Ag nº 1041751/DF, Rel. Min. João Otávio de Noronha, julgado em 06/04/2010).

140. (FMP – Procurador do Estado – AC/2012 – adaptada) Segundo o CPC, constitui título executivo:

a) a sentença estrangeira homologada pelo Supremo Tribunal Federal.

b) a decisão homologatória de autocomposição extrajudicial de qualquer natureza.

c) a sentença arbitral, desde que homologada judicialmente.

d) o instrumento particular de transação assinado somente pelo credor e devedor.

COMENTÁRIOS

✪ **Nota do autor:** a questão aborda os títulos executivos judiciais e extrajudiciais. Além dos enfrentados na questão, constitui título executivo extrajudicial a certidão de dívida ativa da Fazenda Pública da União, dos Estados, do Distrito Federal, dos Territórios e dos Municípios, correspondente aos créditos inscritos na forma da lei, consoante reza o art. 784, inciso VI, CPC/2015. A petição inicial da execução fiscal subscrita pelo Procurador do Estado não necessita ser instruída com o título executivo, sendo lícito ao órgão exequente transcrever a certidão de dívida ativa no corpo da exordial. Isso porque o art. 6º, § 2º, Lei 6.830/65, conhecida como "Lei de Execução Fiscal" (LEF), prescreve que "a petição inicial e a Certidão de Dívida Ativa poderão constituir um único documento, preparado inclusive por processo eletrônico".

Alternativa "a": A sentença estrangeira constitui título executivo extrajudicial desde que homologada pelo **Superior Tribunal de Justiça,** por força do art. 515, inciso VIII, CPC/2015. Diferente é a situação dos títulos executivos extrajudiciais oriundos de país estrangeiro:

Sentença estrangeira	Título executivo estrangeiro
Para configurar título executivo apto a embasar o procedimento executivo, é indispensável que seja homologada pelo Superior Tribunal de Justiça.	Caracteriza título executivo apto a embasar o procedimento executivo independentemente de homolo**gação.**

Alternativa "b": De acordo com o teor do art. 515, inciso III, CPC/2015. A propósito dos títulos judiciais, importante observar que foram consagrados alguns novos títulos, a saber: "V – o crédito de auxiliar da justiça, quando as custas, emolumentos ou honorários tiverem sido aprovados por decisão judicial; IX – a decisão interlocutória estrangeira, após a concessão do *exequatur* à carta rogatória pelo Superior Tribunal de Justiça".

Alternativa "c": A sentença arbitral constitui título executivo judicial, **independentemente de homologação judicial,** nos termos do art. 515, inciso VII, CPC/2015. "[...] Registre-se que esse título executivo judicial é o único que não é formado por um juiz de direito, mas pelo árbitro escolhido pelas partes para a solução da lide existente entre elas. Isso porque para ser título judicial a sentença arbitral não depende de homologação pelo juiz"[65].

Alternativa "d": À luz do art. 784, inciso III, CPC/2015, o documento particular assinado pelo devedor somente será título executivo extrajudicial caso esteja igualmente firmado **por duas testemunhas.** Trata-se do denominado "instrumento de confissão de dívida", entendendo o STJ que a presença das testemunhas é dispensável no momento de formação do título executivo (*EDcl no REsp 541.267/RJ, 4ª T., rel. Min. Jorge Scartezzini, j. 12.12.2005, p. 13.2.2006, p. 803*).

Alternativa correta: letra "b".

13.2. RESPONSABILIDADE PATRIMONIAL

141. (FUMARC – Procurador do Estado – MG/2012) Assinale a alternativa que NÃO completa hipótese de excussão de bens:

a) O fiador, quando executado, nomear bens livres e desembaraçados do devedor.

b) O sócio demandado pelo pagamento da dívida da sociedade exigir que sejam penhorados primeiro os bens da sociedade.

c) O devedor, quando executado, pagar ou consignar a importância atualizada da dívida, mais juros, custa e honorários advocatícios.

d) O credor, que estiver, por direito de retenção, na posse de coisa pertencente ao devedor, promover a execução da coisa que se acha em seu poder.

e) O devedor subsidiário poderá, na execução, exigir que sejam penhorados os bens do devedor principal.

COMENTÁRIOS

✪ **Nota do autor:** a atividade executiva somente pode recair sobre o patrimônio do devedor, por força do princípio da responsabilidade patrimonial ou de que toda execução é real. Ademais, a responsabilidade pode ser primária ou secundária:

Responsabilidade patrimonial primária	Responsabilidade patrimonial secundária
É aquela atribuída ao devedor que espontaneamente se vinculou ao cumprimento da obrigação.	É aquela atribuída a quem não é devedor, mas, por força de lei ou por convenção das partes, deve satisfazer a obrigação, a exemplo do fiador.
"O devedor responde, para o cumprimento de suas obrigações, com todos os bens presentes e futuros, salvo as restrições estabelecidas em lei" (art. 789, CPC/2015).	"São sujeitos à execução os bens: I. do sucessor a título singular, tratando-se de execução fundada em direito real ou obrigação reipersecutória; II. do sócio, nos termos da lei; III. do devedor, quando em poder de terceiros; IV. do cônjuge ou companheiro, nos casos em que os seus bens próprios, reservados ou de sua meação respondem pela dívida; V. alienados ou gravados com ônus real em fraude à execução" (art. 790, CPC/2015).

Alternativa "a": O fiador, de fato, tem assegurado o benefício de ordem, o qual consiste na possibilidade de, quando executado, nomear bens livres e desembaraçados do devedor antes que os seus próprios bens sejam atingidos por atos executivos, nos termos do art. 794, CPC/2015. No entanto, em se tratando de fiador demandado em processo de conhecimento, somente poderá se valer do benefício de ordem se promover o chamamento ao processo do devedor principal, tendo em vista que, do contrário, a condenação contra si imposta afastará a aplicação do dispositivo em comento.

Alternativa "b": O art. 795 §§ 1º e 2º, CPC/2015, *in verbis:* "§ 1º O sócio réu, quando responsável pelo pagamento da dívida da sociedade, tem o direito de exigir que primeiro sejam excutidos os bens da sociedade. § 2º Incumbe ao sócio que alegar o benefício do § 1º nomear quantos bens da sociedade situados na mesma comarca, livres e desembargados, bastem para pagar o débito., estabelece que o sócio, quando demandado por dívida da sociedade, tem direito a exigir que sejam primeiramente excutidos os bens da pessoa jurídica". Assim, "o direito ao benefício de ordem **não é exclusivo do fiador**, também existindo para o sócio quando demandado pela dívida da sociedade. O sócio pode exercer esse direito quando for coobrigado, quando terá responsabilidade primária subsidiária, como ocorre em algumas espécies de sociedade (p. ex. sociedade em nome coletivo (art. 1.039, do CC) e do sócio comanditado na sociedade em comandita simples (art. 1.045, *caput*, do CC), sociedade irregular e de sociedade de fato, nas quais a responsabilidade do sócio é solidária e ilimitada (art. 990 do CC), como também na hipótese de desconsideração da personalidade jurídica (art. 50 do CC), quando terá res-

---

65. NEVES, Daniel Assumpção; FREIRE, Rodrigo da Cunha Lima. **Código de Processo Civil para concursos.** 4ª Ed. Salvador: Juspodivm, 2013, p. 461.

ponsabilidade patrimonial secundária"[66]. O benefício de ordem pode ser afastado em razão da desconsideração da personalidade jurídica, exigindo-se nesse caso a regular instauração do incidente (art. 795, § 4º CPC/2015).

Alternativa "c": Com efeito, o cumprimento espontâneo da obrigação quando da citação **não constitui ato de excussão de bens**, sendo uma medida de execução indireta. Trata-se de uma sanção premial, pois o devedor que efetua o pagamento no prazo de três dias tem o valor dos honorários devidos à parte contrárias reduzidos pela metade, por força do § 1º do art. 827 do CPC/2015.

Alternativa "d": O art. 793, CPC/2015, prescreve que "o exequente que estiver, por direito de retenção, na posse de coisa pertencente ao devedor não poderá promover a execução sobre outros bens senão depois de excutida a coisa que se achar em seu poder.". Trata-se de uma espécie de direito de preferência que deve ser observado pelo credor que exercer o seu direito de retenção. Não se trata de norma exonerativa da responsabilidade do executado, apenas de um benefício de excussão a seu favor.

Alternativa "e": Sendo subsidiária a responsabilidade do executado, a exemplo do fiador em relação ao afiançado (alternativa "A") e do sócio em relação à sociedade (alternativa "B"), poderá, na execução, exigir que sejam penhorados os bens do devedor principal.

Alternativa incorreta: letra "c".

13.3. EXECUÇÃO CONTRA A FAZENDA PÚBLICA

ATENÇÃO: o CPC/2015, buscando maior efetivação da tutela jurisdicional por meio de um processo sincrético, não faz diferença quanto ao cumprimento das sentenças "comuns" e daquelas proferidas em desfavor da Fazenda Pública, exceto em relação ao modo pelo qual se realiza o pagamento da condenação (cf. art. 100, CF). O cumprimento de sentença passará a ser aplicável à Fazenda Pública como executada, reservando-se o processo próprio de execução para as execuções fundadas em títulos executivos extrajudiciais.

Cumprimento de sentença contra a Fazenda Pública no CPC/2015: arts. 534 e 535.

Execução de título extrajudicial contra a Fazenda Pública no CPC/2015: art. 910.

142. (CESPE – Procurador do Estado – PGE-PE/2018) No que concerne à execução contra a fazenda pública, ao regime de pagamento por precatórios e RPVs, assinale a opção correta de acordo com a jurisprudência do STF.

a) Na execução contra a fazenda pública, incidem juros de mora no período compreendido entre a data de realização dos cálculos e a de expedição da requisição para pagamento.

b) Em mandado de segurança, o pagamento dos valores devidos entre as datas de impetração e de concessão da ordem não se submete ao regime de precatórios.

c) A execução de valores devidos por conselho de fiscalização se submete ao sistema de precatórios previsto na CF, dada a natureza autárquica desses entes.

d) É inconstitucional a execução individual, por meio de RPV, de sentença genérica que tenha condenado a fazenda pública em ação coletiva para a tutela de direitos individuais homogêneos.

e) Quando da impugnação parcial feita pela fazenda pública, deve-se aguardar o trânsito em julgado da discussão acerca da parcela controvertida para iniciar-se a execução da parcela incontroversa.

COMENTÁRIOS

✪ **Nota do autor:** o sistema de precatório foi concebido para assegurar a igualdade entre os credores, com impessoalidade e observância de ordem cronológica, sem favorecimentos. Outra finalidade do sistema de precatório é permitir que as entidades estatais possam programar os seus orçamentos para a realização de despesas. Portanto, o precatório está diretamente associado à programação orçamentária dos entes públicos. Apesar de os Conselhos de Fiscalização Profissional serem considerados autarquias especiais, eles não participam do orçamento público, não recebem aporte do Poder Central nem se confundem com a Fazenda Pública. Por essa razão, não se submetem ao regime de precatórios. Os conselhos de fiscalização profissional têm autonomia financeira e orçamentária. Portanto, sua dívida é autônoma em relação ao Poder Público. Desse modo, inserir esse pagamento no sistema de precatório transferiria para a União a condição de devedora do Conselho de Fiscalização. Atualmente, de acordo com a jurisprudência, somente os seguintes entes tem o privilégio de pagar por meio de precatório: i) União, Estados, DF e Municípios (administração direta); ii) autarquias (com exceção dos Conselhos Profissionais); iii) fundações; iv) empresas públicas prestadoras de serviço público (ex.: Correios); v) sociedades de economia mista prestadoras de serviço público de atuação própria do Estado e de natureza não concorrencial.

Alternativa "a": "Incidem os juros de mora no período compreendido entre a data da realização dos cálculos e a da requisição de pequeno valor (RPV) ou do precatório." STF. Plenário. RE 579431/RS, Rel. Min. Marco Aurélio, julgado em 19/4/2017 (repercussão geral) (Info 861).

Alternativa "b": O pagamento dos valores devidos entre a data da impetração e a implementação da ordem concessiva submete-se ao regime de precatórios. 3. Aplicação do entendimento firmado pelo Supremo Tribunal Federal no Recurso Extraordinário n. 889.173 RG/MS, sob a sistemática da repercussão geral. 4. Recurso Especial provido. (REsp 1522973/MG, Rel. Ministra Diva Malerbi (Desembargadora Convocada TRF 3ª Região), 2ª Turma, julgado em 04/02/2016, DJe 12/02/2016).

66. NEVES, Daniel Assumpção; FREIRE, Rodrigo da Cunha Lima. **Código de Processo Civil para concursos.** 4ª Ed. Salvador: Juspodivm, 2013, p. 604.

Alternativa "c": O STF já se manifestou sobre o tema: "Os pagamentos devidos em razão de pronunciamento judicial pelos conselhos de fiscalização não se submetem ao regime de precatórios" – RE 938.837/SP.

Alternativa "d": "O Supremo Tribunal Federal (STF), em votação no Plenário Virtual, reafirmou jurisprudência no sentido de permitir a execução individual em ação coletiva contra a Fazenda Pública por meio de Requisição de Pequeno Valor (RPV). Por maioria de votos, foi negado provimento ao Recurso Extraordinário com Agravo (ARE) 925754, com repercussão geral reconhecida, e reafirmada a tese de que a execução individual de sentença condenatória genérica proferida contra a Fazenda Pública em ação coletiva visando à tutela de direitos individuais homogêneos não viola o disposto no parágrafo 8º do artigo 100 da Constituição Federal".

Alternativa "e": A consolidada jurisprudência deste Superior Tribunal de Justiça expressa o entendimento de que, segundo o estabelecido no art. 739, § 2º, CPC/2015, é possível a expedição de precatório sobre a parcela incontroversa da dívida (posto que não embargada), mesmo na hipótese de a União (Fazenda Pública) ocupar o polo passivo na ação de execução. Precedentes. 3. Embargos de divergência rejeitados." (EREsp nº 721.791/RS, Rel. Ministro Ari Pargendler, Relator p/ acórdão Ministro José Delgado in DJ 23/4/2007). O CPC/2015 incorporou o mesmo entendimento no art. 535, § 4º, CPC/2015.

Alternativa correta: letra "a".

---

143. (Cespe – Procurador do Estado – BA/2014 – adaptada) No que se refere às regras aplicadas aos processos que envolvem a fazenda pública em juízo, à sentença e aos recursos, julgue os itens que se seguem.

I – Tratando-se de acumulação imprópria de pedidos, o acolhimento de um pedido implica a impossibilidade de acolhimento do outro.

COMENTÁRIOS

Item correto: a cumulação de pedidos será imprópria quando houver a formulação de mais de um pedido, entretanto, somente haverá a concessão de um deles: "Chama-se, por isso, de cumulação imprópria o fenômeno, exatamente porque tem o autor ciência de que apenas um dos pedidos formulados poderá ser satisfeito: o acolhimento de um implica a impossibilidade do acolhimento do outro"[67].

II – Conforme entendimento pacificado do STJ, em se tratando de causas de natureza previdenciária, não cabe a antecipação dos efeitos da tutela contra a Fazenda Pública, dado o fato de causas dessa natureza inserirem-se no âmbito da liberação de recursos.

COMENTÁRIOS

Item incorreto: a orientação do STJ é em sentido contrário, sendo possível, desta forma, a antecipação dos efeitos da tutela em desfavor da Fazenda Pública, o que, inclusive, pode ser observado pelo trecho do julgado a seguir transcrito: "(...) 1. A jurisprudência desta Corte é firme no sentido de que é possível a concessão de medida liminar em ações de natureza previdenciária, na esteira do entendimento do Supremo Tribunal Federal, consubstanciado em sua Súmula 729 (...)" (AgRg no AREsp 560.059/RN, Rel. Ministro HUMBERTO MARTINS, SEGUNDA TURMA, j. 20.11.2014, p. 4.12.2014).

III – Conforme entendimento do STJ, a ausência de contestação, pela fazenda pública, poderá implicar presunção de veracidade dos fatos narrados pelo autor, já que a não aplicação dos efeitos da revelia não pode servir como escusa para que os entes públicos deixem de impugnar os argumentos da parte contrária e não produzam as provas necessárias na fase de instrução do feito.

COMENTÁRIOS

Item incorreto: a assertiva encontra-se equivocada, tendo em vista que o próprio CPC/2015 é expresso no sentido de que não haverá a presunção de veracidade em casos de o litígio versar sobre direitos indisponíveis (inciso II, do art. 345). Mais ainda: "(...) 3. "Não se aplica à Fazenda Pública o efeito material da revelia – presunção de veracidade dos fatos narrados pelo autor – pois seus bens e direitos são considerados indisponíveis, aplicando-se o artigo 320, II, do CPC" (AgRg nos EDcl no REsp 1288560/MT, Rel. Min. Castro Meira, Segunda Turma, DJe 3.8.2012) (...)" (AgRg no AgRg no AREsp 234.461/RJ, Rel. Ministro MAURO CAMPBELL MARQUES, SEGUNDA TURMA, j. 4.12.2012, p. 10.12.2012).

IV – Tratando-se de execuções fiscais, a fazenda pública está dispensada do recolhimento antecipado das custas com a realização do ato citatório.

COMENTÁRIOS

Item correto: o item acima disposto está correto, haja vista que diante do que dispõe o art. 39, da Lei 6.830/80, "a Fazenda Pública não está sujeita ao pagamento de custas e emolumentos". Em sentido idêntico, o STJ assim já se manifestou: "(...) 1. A Fazenda Pública, nas execuções fiscais, está dispensada do recolhimento antecipado das custas com a realização do ato citatório, que serão recolhidas, ao final, pelo sucumbente, nos termos dos arts. 27 do CPC e 39 da Lei 6.830/80 (...)" (STJ – Rcl: 10252 MG 2012/0214080-6, Relator: Ministra ELIANA CALMON, p. 10.4.2013, S1 – PRIMEIRA SEÇÃO, p. 17.4.2013).

V – A contagem do prazo processual para a fazenda pública inicia-se da data da juntada aos autos do mandado de intimação devidamente cumprido.

---

67. DIDIER JR., Fredie. Curso de Direito Processual Civil. **Introdução ao Direito Processual Civil e Processo de Conhecimento**. Volume 1. 15ª Edição. Editora Juspodivm. Salvador/BA, 2013, p. 480.

COMENTÁRIOS

Item incorreto: o tema, no CPC/73, não recebia tratamento específico, incidindo por isso a regra do inciso II do art. 241, segundo o qual o prazo teria início a partir da juntada do mandado devidamente cumprido nos autos. Analogamente, o seguinte julgado do STJ permite a observação de tal regra: "(...) 3. Consectariamente, intimada a União para a prática de ato processual, o prazo tem como termo a quo a juntada aos autos do mandado, nas hipóteses em que a comunicação é engendrada por oficial de justiça (artigos 241, II, do CPC c.c. artigo 38 da LC 73/93) (...)" (AgRg no AgRg no REsp 930.590/TO, Rel. Ministro LUIZ FUX, PRIMEIRA TURMA, j. 6.4.2010, p. 22.4.2010).**É preciso ficar atento, porém, porque, à luz do art. 183, *caput*, do CPC/2015, a contagem dos prazos processuais da Fazenda Pública terão início a partir da intimação pessoal: *"a União, os Estados, o Distrito Federal, os Municípios e suas respectivas autarquias e fundações de direito público gozarão de prazo em dobro para todas as suas manifestações processuais, cuja contagem terá início a partir da intimação pessoal"*.**

VI – Não havendo prejuízo à ampla defesa, o juiz, aplicando o princípio da complementariedade, poderá aceitar as razões apresentadas após a interposição do recurso.

COMENTÁRIOS

Item incorreto: interposto o recurso, não poderão ser aceitas as razões dele posteriormente, haja vista que aplica-se a preclusão consumativa no momento da interposição do recurso, sendo vedado ao recorrente complementar o seu recurso. Nesse sentido: "(...) IV. É pacífico o entendimento desta Corte "no sentido de que a apresentação de novas teses em sede de agravo regimental configura inovação das razões recursais, o que é insuscetível de análise em face da preclusão consumativa" (STJ, AgRg no RMS 44.174/SP, Rel. Ministro MAURO CAMPBELL MARQUES, SEGUNDA TURMA, DJe de 28/10/2014). (...)" (AgRg no AREsp 335.296/SP, Rel. Ministra ASSUSETE MAGALHÃES, SEGUNDA TURMA, j. 25.11.2014, p. 3.12.2014).

VII – Em se tratando de tutela provisória cautelar, a declaração na sentença, pelo juiz, da decadência do direito do autor impede o ajuizamento de ação principal em que se discuta o mesmo objeto do processo cautelar.

COMENTÁRIOS

Item correto: por inteligência do que dispõe o art. 310, CPC/2015, o indeferimento de tutela cautelar somente obsta que a parte intente nova ação se o juiz acolher a alegação de decadência ou de prescrição do direito do autor. Importante destacar, neste ínterim, que "o juiz apenas pode declarar a prescrição ou a decadência no processo cautelar se aí tiver a convicção que lhe seria suficiente para declarar a prescrição ou a decadência no processo de conhecimento"[68].

Alternativa correta: itens I, IV e VII são corretos; itens II, III, V e VI são incorretos.

144. (FMP – Procurador do Estado – AC/2014) Assinale a alternativa incorreta.

a) A exceção de pré-executividade é admissível na execução fiscal, desde que se trate de matéria conhecível *ex officio*, mesmo que demande dilação probatória.
b) A Fazenda Pública pode, na execução fiscal, substituir a Certidão de Dívida Ativa – CDA – para corrigir erros materiais do instrumento até a prolação da sentença de embargos, não podendo fazê-lo para corrigir erros relativos ao próprio lançamento tributário.
c) Não é possível, à Fazenda Pública, substituir, na execução fiscal, a Certidão de Dívida Ativa (CDA) para modificar o sujeito passivo da execução.
d) São cabíveis execução por título extrajudicial e ação monitória contra a Fazenda Pública.

COMENTÁRIOS

✪ **Nota do autor:** a questão versa sobre aspectos referentes à execução contra a Fazenda Pública, merecendo destaque a impossibilidade do manejo da exceção de pré-executividade quando em execução fiscal. Apenas para fins acadêmicos, convém ressaltar que a exceção ou objeção de pré-executividade é instrumento adequado para o executado veicular defesa sem a prévia garantia do juízo, alegando matérias de ordem pública, tais como as relacionadas à admissibilidade do procedimento executivo, questões que o órgão jurisdicional pode conhecer de ofício, falta de pressupostos processuais e condições da ação. Trata-se de meio de defesa que perdeu aplicabilidade em razão da Lei 11.382/06 que dispensou a exigência de segurança do juízo para opor embargos. No entanto, no cumprimento de sentença, a situação é diversa, exigindo-se a garantia do juízo para que o executado possa apresentar impugnação. Logo, **a exceção de pré-executividade convive harmonicamente com a impugnação ao cumprimento de sentença, sendo lícito ao executado valer-se desse instrumento quando houver necessidade de discutir questões de ordem pública e que não demandem dilação probatória sem garantir a execução.**

Alternativa "a": A exceção de pré-executividade somente será admissível na execução fiscal relativamente às matérias conhecíveis de ofício que **não** demandem dilação probatória (Súmula 393, STJ).

Alternativa "b": A alternativa está correta, pois em conformidade com a Súmula 392, STJ: "A Fazenda Pública pode substituir a certidão de dívida ativa (CDA) até a prolação da sentença de embargos, quando se tratar de cor-

68. MARINONI, Luiz Guilherme; MITIDIERO, Daniel. **Código de processo civil: comentado artigo por artigo** – 5ª ed. rev. e atual. São Paulo: Editora Revista dos Tribunais, 2013.

reção de erro material ou formal, e dada a modificação do sujeito passivo da execução".

Alternativa "c": "Mesmo quando já estabilizada a relação processual pela citação válida do devedor, o que não é o caso dos autos, a jurisprudência desta Corte entende que a alteração do título executivo para modificar o sujeito passivo da execução não encontrando amparo na Lei 6.830/80. Sobre o tema, foi editado recentemente o Enunciado nº 392/STJ, o qual dispõe que "A Fazenda Pública pode substituir a certidão de dívida ativa (CDA) até a prolação da sentença de embargos, quando se tratar de correção de erro material ou formal, **vedada a modificação do sujeito passivo da execução**" (REsp 1.222.561/RS RECURSO ESPECIAL 2010/0216143-3 Ministro MAURO CAMPBELL MARQUES (1141) p. 25.5.2011).

Alternativa "d": A Súmula 279, STJ, admite a possibilidade da execução por título extrajudicial contra a Fazenda Pública. Por outro lado, a Súmula 339, STJ, entende pela possibilidade de ajuizamento da ação monitória contra a Fazenda Pública. O CPC/2015 incorpora esses dois entendimentos: "Na execução fundada em título extrajudicial, a Fazenda Pública será citada para opor embargos em 30 (trinta) dias" (art. 910); "É admissível ação monitória em face da Fazenda Pública" (art. 700, §6º).

Alternativa incorreta: letra "a".

13.4. EXECUÇÃO FISCAL

145. (FCC – Procurador do Estado – MT/2016) Segundo a jurisprudência dominante no Superior Tribunal de Justiça a respeito das execuções fiscais,

a) o fluxo do prazo prescricional em ação de execução fiscal somente se interrompe pela citação pessoal válida.

b) deve ser reconhecida a prescrição intercorrente caso o processo fique paralisado por mais de cinco anos após a decisão que determinou o arquivamento da execução fiscal em razão do pequeno valor do débito executado, sem baixa na distribuição, uma vez que não há suspensão do prazo prescricional.

c) deve ser reconhecida a prescrição intercorrente caso o processo de execução fiscal fique paralisado por cinco anos sem a localização de bens penhoráveis.

d) é cabível a citação por edital quando, na execução fiscal, não se obteve êxito na citação postal, independentemente de diligências ou certidões levadas a efeito pelo oficial de justiça.

e) a interrupção do prazo prescricional, para fins de execução fiscal, se dá pelo despacho do juiz que ordena a citação, de modo que este será o termo *a quo*.

COMENTÁRIOS

✪ **Nota do autor:** a execução fiscal, objeto da questão em comento, é regida pela Lei 6.830, de 22 de setembro de 1980, conhecida como Lei de Execução Fiscal (LEF), que estabelece um procedimento diferenciado para que a Fazenda Pública persiga em juízo a efetivação do crédito tributário e não tributário constante de certidão de dívida ativa. Lembra Humberto Theodoro Júnior que "Embora profundamente alterado o rito da execução fiscal, o certo é que sua estrutura processual continua sendo a da execução por quantia certa, no que toca aos requisitos básicos e à natureza dos atos processuais que o compõem. E o Código de Processo Civil permanece sendo fonte de regulamentação em tudo aquilo que não foi expressamente regulado pela nova Lei (Lei nº 6.830, art. 1º)"[69].

Alternativa "a": A jurisprudência do STJ, firmada à luz do CPC/1973 e em julgamento de recurso especial repetitivo, é no sentido de que "se a interrupção retroage à data da propositura da ação, isso significa que é a propositura, e não a citação, que interrompe prescrição. Nada mais coerente, posto que a propositura da ação representa a efetivação do direito de ação, cujo prazo prescricional perde sentido em razão do seu exercício, que será expressamente reconhecido pelo juiz no ato da citação"[70].

Alternativa "b": Nesse sentido é a orientação jurisprudencial do STJ: "**ainda que a execução fiscal tenha sido arquivada em razão do pequeno valor do débito executado, sem baixa na distribuição, nos termos do art. 20 da Lei 10.522/2002, deve ser reconhecida a prescrição intercorrente se o processo ficar paralisado por mais de cinco anos a contar da decisão que determina o arquivamento, pois essa norma não constitui causa de suspensão do prazo prescricional. Precedentes de ambas as Turmas de Direito Público**"[71].

Alternativa "c": A jurisprudência do STJ orienta-se no sentido de que "não localizados bens penhoráveis, **suspende-se o processo por um ano, findo o qual se inicia o prazo da prescrição quinquenal intercorrente**, ainda que desnecessária a intimação da Fazenda da decisão que suspende ou arquiva o feito, na forma do art. 40 da Lei n. 6.830/80"[72].

Alternativa "D": O entendimento dominante é em sentido contrário, vale dizer, "**segundo o art. 8º da Lei 6.830/30, a citação por edital, na execução fiscal, somente é cabível quando não exitosas as outras modalidades de citação ali previstas: a citação por correio e a citação por Oficial de Justiça**"[73].

Alternativa "e": Nos termos do art. 174, parágrafo único, inciso I, do Código Tributário Nacional, a prescrição se interrompe pelo despacho do juiz que ordenar a citação em execução fiscal, **mas os seus efeitos retroagem à data da propositura da ação, sendo este o seu termo *a quo*.**

---

69. THEODORO JÚNIOR, Humberto. **Curso de Direito Processual Civil. Vol. II: Processo de Execução e Cumprimento de Sentença. Processo Cautelar e Tutela de Urgência.** 49ª ed. Rio de Janeiro: Forense, 2014, p. 462.
70. STJ, **REsp 1.120.295/SP,** 1ª Seção, rel. Min. Luiz Fux, j. 12.05.2010, DJe 21.05.2010 (sem grifos no original).
71. STJ, **REsp 1102554/MG, 1ª Seção, rel. Min. Castro Meira, j. 27.05.2009, DJe 08.06.2009.**
72. STJ, **AgRg no AREsp 41.627/GO,** 1ª T., rel. Min. Napoleão Nunes Maia Filho, j. 19.06.2012, DJe 28.06.2012.
73. STJ, **REsp 1103050/BA,** 1ª Seção, rel. Min. Teori Zavascki, j 25.03.2009, DJe 06.04.2009.

E tal entendimento encontra eco na jurisprudência do STJ: "o *Codex* Processual, no § 1º, do artigo 219, estabelece que a interrupção da prescrição, pela citação, retroage à data da propositura da ação, o que, na seara tributária, após as alterações promovidas pela Lei Complementar 118/2005, conduz ao entendimento de que o marco interruptivo atinente à prolação do despacho que ordena a citação do executado retroage à data do ajuizamento do feito executivo, a qual deve ser empreendida no prazo prescricional"[74].

Alternativa correta: letra "b".

13.5. DEFESAS DO EXECUTADO

146. (FCC – Procurador do Estado – PGE-TO/2018) Em relação à impugnação ao cumprimento definitivo de sentença que obrigue a pagar quantia certa,

a) podem ser alegadas qualquer causa modificativa ou extintiva da obrigação, como pagamento, novação, compensação, transação ou prescrição, desde que supervenientes à sentença.

b) a concessão de efeito suspensivo à impugnação impede a efetivação dos atos de substituição, de reforço ou de redução da penhora e de avaliação dos bens.

c) desde que garantido o juízo com penhora, caução ou depósito suficientes, a concessão de efeito suspensivo dar-se-á automaticamente, como regra geral.

d) se atribuído efeito suspensivo à impugnação, a execução do julgado prosseguirá até avaliação dos bens, defesa a prática de atos expropriatórios.

e) quando o executado alegar que o exequente, em excesso de execução, pleiteia quantia superior à resultante da sentença, caberá ao juiz remeter necessariamente os autos ao contador judicial para verificar se o argumento de excesso procede.

COMENTÁRIOS

✪ **Nota do autor:** como regra, a impugnação ao cumprimento de sentença não possui efeito suspensivo, ou seja, a simples apresentação dela não impede a prática de atos executivos, inclusive os de expropriação (adjudicação ou alienação). Mas o executado pode obter o efeito suspensivo, requerendo-o, desde que estejam presentes os seguintes requisitos: i) fumus boni juris ("se os seus fundamentos forem relevantes"); ii) periculum in mora ("se o prosseguimento da execução for manifestamente suscetível de causar ao executado grave dano de difícil ou incerta reparação"); iii) garantia do juízo ("penhora, caução ou depósito suficientes") – § 6º do art. 525 do CPC/2015. Também "É possível, presentes os pressupostos do § 6º do art. 525, a concessão de efeito suspensivo à simples petição em que se alega fato superveniente ao término do prazo de oferecimento da impugnação ao cumprimento de sentença" (Enunciado 531 do FPPC).

Alternativa "a": As causas modificativas ou extintivas da obrigação devem ser posteriores ao trânsito em julgado da sentença (art. 525, § 1º, VII, CPC/2015), uma vez que os fatos anteriores a esse marco temporal ficam abrangidos pela eficácia preclusiva da coisa julgada.

Alternativa "b": A concessão de efeito suspensivo à impugnação não impede a substituição, o reforço ou a redução da penhora, tampouco a avaliação dos bens (art. 525, § 7º, CPC/2015). A suspensão só impede a prática de atos expropriatórios.

Alternativa "c": A concessão do efeito suspensivo, além da garantia do juízo, depende de requerimento do executado, ao impugnar a execução e da demonstração da relevância dos fundamentos, aliada ao fato de que o prosseguimento da execução poderá causar ao executado grave dano de difícil ou incerta reparação (art. 525, § 6º, CPC/2015).

Alternativa "d": De fato, essa é a regra geral. Todavia, de acordo com o art. 525 § 10, CPC/2015, ainda que atribuído efeito suspensivo à impugnação, é lícito ao exequente requerer o prosseguimento da execução, oferecendo e prestando, nos próprios autos, caução suficiente e idônea a ser arbitrada pelo juiz.

Alternativa "e": Quando alegar excesso de execução, compete ao executado indicar, de imediato, o valor que entender correto e apresentar demonstrativo atualizado e discriminado de seu cálculo (art. 525, § 4º, CPC/2015). Caso não aponte o valor do débito ou não apresente demonstrativo, a impugnação será rejeitada liminarmente, se outro não for o fundamento (art. 525, § 5º, CPC/2015).

Alternativa correta: letra "a".

147. (UEPA – Procurador do Estado – PA/2012) Acerca da execução de título extrajudicial, analise as proposições abaixo:

I. Os embargos à execução lastreada em título extrajudicial devem ser ajuizados no prazo máximo de 15 (quinze) dias contados da intimação da penhora ou arresto destinados à garantia do Juízo.

II. A concessão de efeito suspensivo aos embargos à execução, ainda que fundamentados em exceções pessoais do devedor, suspenderá a execução em relação aos respectivos litisconsortes, evitando tumulto na tramitação processual.

III. Uma vez concedido efeito suspensivo aos embargos à execução, serão sobrestados todos os atos processuais, incluindo a avaliação dos bens penhorados.

IV. No prazo para oferecimento dos embargos, poderá o devedor reconhecer o crédito e requerer o parcelamento total de sua obrigação em seis prestações mensais e sucessivas, acrescidas de juros e correção monetária.

De acordo com as proposições apresentadas, assinale a alternativa CORRETA:

a) todas as proposições estão corretas

74. STJ, **REsp 1.120.295/SP** (repetitivo), 1ª Seção, rel. Min. Luiz Fux, j. 12.05.2010, DJe 21.05.2010.

b) apenas uma das proposições está correta

c) apenas duas proposições estão corretas

d) apenas três proposições estão corretas

e) todas as proposições estão incorretas

COMENTÁRIOS

✪ **Nota do autor:** a questão versa sobre os embargos à execução, tema que sofreu inúmeras modificações com a edição da Lei 11.382/06, a maioria delas reproduzidas no CPC/2015. A mais relevante delas, talvez, seja a inexistência de efeito suspensivo automático aos embargos à execução, o que não impede a concessão, pelo magistrado, de efeito suspensivo aos embargos desde que haja requerimento do embargante, sejam relevantes os seus fundamentos e esteja garantida a execução, bem como seja demonstrada o risco do prosseguimento da execução. Pode-se, portanto, afirmar que o efeito suspensivo nos embargos à execução é *ope judicis* e não *ope legis*, tratando-se de regra que aumenta a responsabilidade do magistrado na condução do processo. No entanto, o juiz não tem liberdade para conceder o efeito suspensivo de ofício.

Item I: Os embargos à execução serão oferecidos no prazo de 15 (quinze) dias, **contados da juntada aos autos do mandado de citação** (e **não da intimação da penhora** ou do **arresto**), nos termos do art. 915, CPC/2015.

Item II: À luz do art. 919, § 4º, CPC/2015, a concessão de efeito suspensivo aos embargos oferecidos por um dos executados **não suspenderá a execução contra os que não embargaram, quando o respectivo fundamento disser respeito exclusivamente ao embargante.** Imprescindível, portanto, diferenciar duas situações:

LIMITAÇÃO SUBJETIVA DO EFEITO SUSPENSIVO	
Embargos cujo fundamento defensivo é comum aos embargantes	**Embargos cujo fundamento disser respeito exclusivamente ao embargante**
O efeito suspensivo favorecerá tanto o embargante quanto os demais executados, sobrestando o processo de execução.	O efeito suspensivo só produzirá efeitos em relação ao embargante, prosseguindo normalmente a execução contra os demais executados.

Item III: O efeito suspensivo concedido aos embargos à execução **não impede a efetivação dos atos de penhora e de avaliação dos bens,** consoante a regra do art. 919, § 5º, CPC/2015. O dispositivo é de aplicação, no mínimo, restrita, porquanto a penhora é pressuposto para a concessão do próprio efeito suspensivo. De todo modo, o efeito suspensivo inibe a realização de atos de efetiva satisfação do direito do exequente.

Item IV: O benefício da moratória legal pressupõe que o executado, no prazo para embargos, reconheça o crédito do exequente e **efetue o depósito de 30 % (trinta por cento) do valor em execução, acrescido de custas e honorários de advogado,** de acordo com o disposto no art. 916, CPC/2015. No julgamento do *REsp 1.264.272/RJ, 4ª T., rel. Min. Luis Felipe Salomão, j. 25.5.2023* (informativo 497), o STJ entendeu que "[...] o parcelamento da dívida não é direito potestativo do devedor, cabendo ao credor impugná-lo, desde que apresente motivo justo e de forma fundamentada; o juiz pode deferir o parcelamento (se verificar atitude abusiva do credor), o que, por sua vez, afasta a incidência da multa (art. 475-J, § 4º do CPC) por inadimplemento da obrigação reconhecida na sentença, uma vez que o depósito dos 30% do valor devido tem o condão de demonstrar o cumprimento espontâneo da obrigação, como ocorreu na espécie".

Alternativa correta: letra "e".

14. PROCEDIMENTOS ESPECIAIS NO CPC

148. (VUNESP – Procurador do Estado – PGE-SP/2018) A Fazenda Pública, citada em sede de ação monitória, deixa, propositadamente, de se manifestar, porque o valor e o tema expostos na inicial encontram pleno amparo em orientação firmada em parecer administrativo vinculante. O valor exigido nessa ação é superior a seiscentos salários-mínimos e a prova documental apresentada pelo autor é constituída por depoimentos testemunhais escritos, colhidos antes do processo, e por simples início de provas documentais que apenas sugerem, indiretamente, a existência da dívida narrada na inicial. Nesse caso, ante a certidão do cartório de que decorreu o prazo para manifestação da Fazenda, o juiz deve

a) intimar o autor para que este indique as provas que deseja produzir, tendo em vista que os direitos tutelados pela Fazenda não estão sujeitos à revelia.

b) intimar o autor, para que ele, mediante apresentação de planilha da dívida atualizada, dê início ao cumprimento de sentença.

c) acolher, por sentença, o pedido do autor, ante a revelia da Fazenda.

d) rejeitar o pedido do autor e intimar as partes dessa decisão, tendo em vista que não se admite, na monitória, prova testemunhal colhida antes do início do processo, mas apenas prova documental.

e) intimar o autor para que ele tome ciência do início do reexame necessário.

COMENTÁRIOS

✪ **Nota do autor:** Não se sujeita ao reexame a sentença: a) cujo valor da condenação ou o proveito econômico for de valor certo e LÍQUIDO inferior a: mil salários mínimos, para a União, suas autarquias e fundações; quinhentos salários mínimos, para os Estados, o Distrito Federal, suas autarquias e fundações e as capitais dos Estados; ou cem salários mínimos, para os demais municípios, suas autarquias e fundações (§ 3º do art. 496, CPC/2015); b) fundada em súmula de tribunal superior (vinculante ou não); entendimento firmado em julgamento de casos repetitivos (recursos repetitivos ou incidente de resolução de demandas repetitivas); entendimento firmado em incidente de assunção de competência; entendimento coincidente com orientação administrativa vinculante do próprio ente público que está em juízo (§ 4º do art. 496, CPC/2015).

Alternativa "a": Conforme prevê o art. 701, § 4º, CPC/2015, sendo ré a Fazenda Pública, não apresentados os embargos previstos no art. 702, aplicar-se-á o disposto no art. 496 (remessa necessária, se for o caso).

Alternativa "b": Sendo omissa a Fazenda Pública e por essa razão se constituindo o mandado monitório de pleno direito em título executivo judicial, será cabível o reexame necessário dessa decisão. Ocorre que, no caso narrado, não há remessa necessária, em razão do pleito estar em conformidade com parecer administrativo vinculante. Consequentemente, o procedimento caminhará para o cumprimento da sentença, devendo o Juízo intimar o autor, para que ele, mediante apresentação de planilha da dívida atualizada, dê início à satisfação do seu crédito.

Alternativa "c": Constituir-se-á de pleno direito o título executivo judicial, independentemente de qualquer formalidade, se não realizado o pagamento e não apresentados os embargos previstos no art. 702, CPC/2015. Após essa etapa, caso o demandado seja a Fazenda Pública, deverá o Juízo encaminhar os autos ao respectivo Tribunal (remessa necessária), se for o caso. Caso não seja, iniciar-se-á o cumprimento de sentença.

Alternativa "d": A prova escrita pode consistir em prova oral documentada, produzida antecipadamente nos termos do art. 381 (art. 70o, § 1º, CPC/2015).

Alternativa "e": O reexame necessário é dispensado nesta situação, uma vez que o tema exposto na inicial se encontra em pleno amparo com orientação firmada em parecer administrativo vinculante, fazendo incidir, portanto, a regra do art. 496, § 4º, IV, CPC/2015.

Alternativa correta: letra "b".

149. (CESPE – Procurador do Estado – PGE – PE/2018) Alguns procedimentos especiais referentes a determinadas modalidades de ações foram extintos com o advento do novo CPC, em 2015. Nesses casos, as ações propostas e não sentenciadas antes da entrada em vigor do atual CPC continuam sendo submetidas ao regime disciplinado em procedimento específico previsto no antigo diploma processual civil, de 1973. Esses casos incluem a

a) ação de divisão e de demarcação de terras particulares e a ação de exigir contas.

b) homologação do penhor legal e a ação de usucapião de terras particulares.

c) regulação de avaria grossa e a ação de nunciação de obra nova.

d) ação de vendas a crédito com reserva de domínio e a ação de dissolução parcial de sociedade.

e) ação de anulação e substituição de títulos ao portador e a ação de depósito.

COMENTÁRIOS

✪ Nota do autor: de fato, o art. 1.046, § 1º, CPC/2015, prevê que as disposições da Lei nº 5.869, de 11 de janeiro de 1973 (CPC/1973), relativas ao procedimento sumário e aos procedimentos especiais que forem revogadas aplicar-se-ão às ações propostas e não sentenciadas até o início da vigência deste Código, motivo pelo qual se faz necessário saber quais procedimentos especiais foram excluídos da novel sistemática processual. O CPC/2015 excluiu todos os procedimentos especiais do CPC/1939 que ainda subsistiam (art. 1.046, § 3.º, CPC/2015) e suprimiu seis procedimentos especiais previstos pelo CPC/1973 (ação de depósito, ação de anulação e substituição de títulos ao portador, ação de dar contas, ação de nunciação de obra nova, ação de usucapião de terras particulares, ação de busca e apreensão e a ação de vendas a crédito de bem com reserva de domínio).

Alternativa "a": Continuam previstas, respectivamente, nos artigos 569 – 598 e 550 – 553, todos do CPC/2015.

Alternativa "b": A homologação do penhor legal continua sendo um procedimento especial previsto nos arts. 703 – 706, CPC/2015.

Alternativa "c": A regulação de avaria grossa continua sendo um procedimento especial previsto nos arts. 707 – 711, CPC/2015.

Alternativa "d": A dissolução parcial de sociedade continua sendo um procedimento especial previsto nos arts. 599 – 609, CPC/2015.

Alternativa "e": Os dois procedimentos especiais mencionados não foram previstos no CPC/2015.

Alternativa correta: letra "e".

150. (FMP – Procurador do Estado – PGE – AC/2017) Considere as seguintes afirmativas sobre o tema das ações possessórias no âmbito do Código de Processo Civil.

I - A propositura de uma ação possessória em vez de outra obstará a que o juiz conheça do pedido.

II - É lícito ao autor cumular ao pedido possessório o de indenização dos frutos.

III - Se o réu provar, em qualquer tempo, que o autor provisoriamente mantido ou reintegrado na posse carece de idoneidade financeira para, no caso de sucumbência, responder por perdas e danos, o juiz designar-lhe-á o prazo de 30 (trinta) dias para requerer caução, real ou fidejussória, sob pena de ser depositada a coisa litigiosa, ressalvada a impossibilidade da parte economicamente hipossuficiente.

IV- Contra as pessoas jurídicas de direito público não será deferida a manutenção ou a reintegração liminar sem prévia audiência dos respectivos representantes judiciais.

Estão CORRETAS apenas as alternativas

a) I e II.

b) II e III.

c) II e IV.

d) I, III e IV.

e) II, III e IV.

COMENTÁRIOS

✪ **Nota do autor:** o CPC/2015 manteve a tradição de disciplinar as ações possessórias como procedimento especial de jurisdição contenciosa, regulamentando o instituto nos arts. 554 a 568. Na verdade, poucas foram as inovações da nova legislação processual que reproduziu regras como as da fungibilidade, cumulação de pedidos, vedação a *exceptio domini*, diferenciação entre ações de força nova e força velha, liminar e restrições a sua concessão contra a Fazenda Pública. A grande novidade foi a positivação de particularidades de ações possessórias envolvendo litígio coletivo pela posse de imóvel. Importante conferir o teor do art. 565:

> *"Art. 565. No litígio coletivo pela posse de imóvel, quando o esbulho ou a turbação afirmado na petição inicial houver ocorrido há mais de ano e dia, o juiz, antes de apreciar o pedido de concessão da medida liminar, deverá designar audiência de mediação, a realizar-se em até 30 (trinta) dias, que observará o disposto nos §§ 2º e 4º.*
>
> *§ 1º Concedida a liminar, se essa não for executada no prazo de 1 (um) ano, a contar da data de distribuição, caberá ao juiz designar audiência de mediação, nos termos dos §§ 2º a 4º deste artigo.*
>
> *§ 2º O Ministério Público será intimado para comparecer à audiência, e a Defensoria Pública será intimada sempre que houver parte beneficiária de gratuidade da justiça.*
>
> *§ 3º O juiz poderá comparecer à área objeto do litígio quando sua presença se fizer necessária à efetivação da tutela jurisdicional.*
>
> *§ 4º Os órgãos responsáveis pela política agrária e pela política urbana da União, de Estado ou do Distrito Federal e de Município onde se situe a área objeto do litígio poderão ser intimados para a audiência, a fim de se manifestarem sobre seu interesse no processo e sobre a existência de possibilidade de solução para o conflito possessório.*
>
> *§ 5º Aplica-se o disposto neste artigo ao litígio sobre propriedade de imóvel".*

Sobre a novidade, Fernando da Fonseca Gajardoni assinala: "Certamente por isso, nos debates em torno da aprovação do projeto do CPC/2015, havia forte pressão de parlamentares ligados aos movimentos sociais para que sempre, em qualquer tipo de possessória derivada de conflitos coletivos pelo imóvel urbano ou rural (procedimento comum ou especial), fosse realizada audiência de conciliação/mediação antes da decisão liminar. Ao que se opunham os parlamentares ligados aos proprietários rurais (bancada ruralista), que viam em tal intento evidente violação ao direito de propriedade, além de incentivo à realização de invasões de imóveis urbanos e rurais (ainda que atendentes de sua função social). Acabou prevalecendo posição intermediária, que reconhece a necessidade de realização da audiência de conciliação/mediação para ações possessórias de rito comum (força velha), mas não para as possessórias de rito especial (força nova), em que a liminar (tutela da evidência) pode ser apreciada (e deferida) sem a realização de qualquer tentativa de autocomposição prévia"[75].

Item I: As ações possessórias são informadas pelo princípio da fungibilidade, previsto no art. 554, CPC/2015, segundo o qual "a propositura de uma ação possessória em vez de outra **não** obstará a que o juiz conheça do pedido e outorgue a proteção legal correspondente àquela cujos pressupostos estejam provados".

Item II: A cumulação é de fato permitida pelo art. 555, inciso I, CPC/2015.

Item III: O enunciado contraria o disposto no art. 559, CPC/2015, segundo o qual "se o réu provar, em qualquer tempo, que o autor provisoriamente mantido ou reintegrado na posse carece de idoneidade financeira para, no caso de sucumbência, responder por perdas e danos, o juiz designar-lhe-á o prazo de **5 (cinco)** dias para requerer caução, real ou fidejussória, sob pena de ser depositada a coisa litigiosa, ressalvada a impossibilidade da parte economicamente hipossuficiente".

Item IV: A assertiva está de acordo com o art. 562, parágrafo único, CPC/2015.

Alternativa correta: letra "c".

---

151. (Cespe – Procurador do Estado – PGE – SE/2017) De acordo com a jurisprudência do STJ e à luz do CPC, assinale a opção correta a respeito dos procedimentos especiais.

a) No procedimento de inventário e partilha que tramita pelo rito tradicional, o juiz possui competência para, no momento de julgamento do cálculo do imposto de transmissão, apreciar eventual pedido de isenção relacionado a esse tributo.

b) O procedimento denominado habilitação deve ser usado para regularizar a sucessão processual, seja em razão de morte da parte ou em decorrência de ato entre vivos, como no caso de alienação de bem litigioso.

c) Nos procedimentos previstos para as ações de família, será sempre obrigatória a participação do MP, como fiscal da ordem jurídica em razão da natureza da matéria que é objeto do litígio.

d) Caso seja ajuizada ação monitória em face da fazenda pública, o magistrado deverá extinguir o processo sem resolução de mérito, pois esse procedimento é incompatível com as prerrogativas fazendárias.

e) Nas ações possessórias, é vedado ao autor cumular pedido de indenização com pedido de reintegração ou de manutenção da posse.

---

75. GAJARDONI, Fernando da Fonseca. **Os conflitos coletivos pela posse de imóveis no novo CPC.** Disponível em **<http://jota.info/os-conflitos-coletivos-pela-posse-de-imoveis-no-novo-cpc>**. Acesso em 10 nov. 2016.

COMENTÁRIOS

✪ **Nota do autor:** a questão trata de vários procedimentos especiais, tais como inventário e partilha, ações de família, habilitação, ação monitória e demandas possessórias, tudo à luz do CPC e da jurisprudência consolidada do STJ. A alternativa correta versa sobre inventário e partilha, procedimento em que o CPC/2015 registrou as seguintes inovações:

(*i*) inclusão do companheiro supérstite entre os legitimados a requerer a abertura do inventário (art. 616, inciso I);

(*ii*) citação por **via postal** do cônjuge, companheiro, herdeiros e legatários para se manifestarem sobre as primeiras declarações (art. 626, § 1º);

(*iii*) possibilidade do herdeiro menor, representado ou assistido, e os cessionários do herdeiro ou legatário, serem nomeados inventariantes (art. 617, incisos IV e VI);

(*iv*) possibilidade de aplicação de multa ao inventariante removido/destituído que deixar de restituir a posse de todos os bens do monte-mor, em percentual não superior a 3% do valor dos bens inventariados (art. 625);

(*v*) possibilidade de tutela antecipada de uso e fruição de bens (art. 647, parágrafo único).

Além disso, no rito do arrolamento sumário foi prevista regra que autoriza a expedição de sentença de homologação de partilha e expedição do formal de partilha, sem a comprovação da quitação do Imposto de Transmissão Causa Mortis e Doação (ITCMD). No entanto, o Governador do Distrito Federal, Rodrigo Rollemberg, ajuizou ação direta de inconstitucionalidade (**ADI 5.894**) questionando a constitucionalidade do referido dispositivo (art. 659, § 2º), ao argumento de que a norma viola a isonomia tributária, prevista no artigo 150, inciso II, da Constituição Federal, e invade de competência legislativa de lei complementar sobre garantias e privilégios do crédito tributário, conforme estabelece o artigo 146, inciso III, alínea "b", CF.

Alternativa "a": A afirmativa encontra respaldo na jurisprudência do STJ, segundo a qual "em sede de inventário propriamente dito (procedimento mais complexo que o destinado ao arrolamento), compete ao Juiz apreciar o pedido de isenção do Imposto sobre Transmissão *Causa Mortis*, a despeito da competência administrativa atribuída à autoridade fiscal pelo artigo 179, do CTN". Isso porque é imprescindível, no procedimento do inventário e partilha, a prévia oitiva da Fazenda Pública, tornando-se por isso despiciendo o procedimento administrativo para tanto (STJ, **REsp 1.150.356/SP** [recurso repetitivo], 1ª Seção, rel. Min. Luiz Fux, DJe 25.08.2010). Porém, o sobredito entendimento não se aplica ao arrolamento sumário, conforme assentado no próprio precedente: "O juízo do inventário, na modalidade de arrolamento sumário, não detém competência para apreciar pedido de reconhecimento da isenção do ITCMD (Imposto sobre Transmissão Causa Mortis e Doação de quaisquer Bens ou Direitos), à luz do disposto no *caput* do artigo 179, do CTN, verbis: 'Art. 179. A isenção, quando não concedida em caráter geral, é efetivada, em cada caso, por despacho da autoridade administrativa, em requerimento com o qual o interessado faça prova do preenchimento das condições e do cumprimento dos requisitos previstos em lei ou contrato para concessão' [...]".

Alternativa "b": A habilitação é procedimento especial destinado a garantir a habilitação dos sucessores em razão de **falecimento** de qualquer das partes, conforme preconiza o art. 687, CPC/2015, *verbis*: "a habilitação ocorre quando, por falecimento de qualquer das partes, os interessados houverem de suceder-lhe no processo".

Alternativa "c": Com efeito, a nova legislação processual racionalizou a intervenção do *Parquet* no processo civil, reservando-a às hipóteses elencadas no art. 178, CPC/2015. Nas ações de família, a intervenção do MP como fiscal da ordem jurídica **somente é obrigatória quando houver interesse de incapazes**, hipótese em que o órgão ministerial será ouvido antes da eventual homologação de acordo, nos exatos termos do art. 698, CPC/2015. Convém, ainda, lembrar que o parágrafo único do referido artigo, incluído pela Lei 13.894/2019, aponta que o Ministério Público intervirá, quando não for parte, nas ações de família em que também figure como parte vítima de violência doméstica e familiar, nos termos da Lei nº 11.340, de 7 de agosto de 2006 (Lei Maria da Penha).

Alternativa "d": Antes mesmo do advento do CPC/2015, a jurisprudência do STJ firmou-se no sentido de que é cabível ação monitória contra a Fazenda Pública (*Súmula).* O CPC/2015 normatizou a questão no § 6º do art. 700, positivando o entendimento jurisprudencial dominante ao prescrever que "é admissível ação monitória em face da Fazenda Pública".

Alternativa "e": **É lícito** ao autor, nas ações possessórias, cumular ao pedido possessório o de: (*i*) **condenação em perdas e danos** e (*ii*) indenização dos frutos (art. 555, CPC/2015).

Alternativa correta: letra "a".

---

152. (FCC – Procurador do Estado – MT/2016) A respeito dos procedimentos especiais, em conformidade com as disposições do novo Código de Processo Civil e a jurisprudência dominante dos Tribunais Superiores,

a) a imissão provisória na posse do imóvel objeto de desapropriação, caracterizada pela urgência, não prescinde de avaliação prévia ou de pagamento integral.

b) no litígio coletivo pela posse de imóvel, quando o esbulho afirmado na petição inicial tiver ocorrido há mais de ano e dia, o juiz somente poderá apreciar o pedido de liminar depois de designar audiência de mediação.

c) caso a Fazenda Pública seja ré em ação monitória e não apresente embargos após o mandado monitório, deverá imediatamente seguir o procedimento de execução contra a Fazenda Pública.

d) em ação de usucapião, o possuidor e os confinantes devem ser citados, pessoalmente ou por edital.

e) a ação monitória pode ser proposta com base em prova escrita sem eficácia de título executivo, desde que o documento tenha sido emitido pelo devedor ou nele conste sua assinatura.

COMENTÁRIOS

✪ **Nota do autor:** a questão trata de temas relativos a diversos procedimentais especiais, destacando a alternativa correta inovação do CPC/2015 consistente na regulamentação de aspectos procedimentais dos litígios possessórios coletivos. Nesse cenário, importante lembrar que, por força do art. 178, inciso III, CPC/2015, a intervenção do Ministério Público como fiscal da ordem jurídica é obrigatória. Deveras, "os **litígios possessórios coletivos,** com efeito, têm sido cada vez mais frequentes, e neles estabelece-se uma disputa possessória envolvente, de um lado, de um **direito individual** (o do possuidor que avoca para si a posse legítima da área e postula a proteção possessória) e, do outro, **direitos individuais homogêneos,** no mais das vezes (invocados pelos réus da ação possessória). A repercussão destes **conflitos possessórios coletivos,** portanto, passa a ser, ao menos considerando-se a repercussão das decisões proferidas nestas ações, relevante em termos subjetivos, vale dizer, é grande a **amplitude subjetiva** das decisões proferidas em **ações possessórias coletivas ou multitudinária**, o que evidentemente **justifica** a intervenção do **MP** como **fiscal da ordem jurídica**"[76].

Alternativa "a": Na desapropriação, a imissão provisória na posse depende, tão somente, da alegação de urgência do ente expropriante e do depósito da quantia arbitrada, nos termos do art. 15, *caput*, DL 3.365/1941. Segundo a jurisprudência do STJ, "a imissão provisória na posse do imóvel objeto de desapropriação, caracterizada pela urgência, **prescinde de citação do réu, tampouco de avaliação prévia** ou de pagamento integral"[77].

Alternativa "b": De fato, prescreve o art. 565, CPC/2015, que no litígio coletivo pela posse de imóvel, quando o esbulho ou a turbação afirmado na petição inicial houver ocorrido há mais de ano e dia, o juiz, antes de apreciar o pedido de concessão da medida liminar, deverá designar audiência de mediação, a realizar-se em até 30 (trinta) dias, intimados para o ato o Ministério Público e, quando for o caso, a Defensoria Pública e os órgãos responsáveis pela política agrária e pela política urbana da União, de Estado ou do Distrito Federal e de Município onde se situe a área objeto do litígio. Teresa Arruda Alvim Wambier *et al* adverte que a previsão originária do projeto, estabelecida quando de sua tramitação na Câmara dos Deputados, era condicionar o deferimento de liminar em litígios coletivos relativos a ações possessórias de força nova, ideia diametralmente oposta à positivada ao final do processo legislativo[78].

Alternativa "c": O § 4º do art. 701, CPC/2015, é taxativo ao determinar que, não apresentados os embargos previstos no art. 702, aplicar-se-á o disposto no art. 496, observando-se, a seguir, no que couber, o Título II do Livro I da Parte Especial. Assim, antes de prosseguir com a execução, deve a decisão ser submetida a reexame necessário.

Alternativa "d": Na ação de usucapião de imóvel, **os confinantes serão citados pessoalmente**, exceto quando tiver por objeto unidade autônoma de prédio em condomínio, caso em que tal citação é dispensada (art. 246, § 3º, CPC/2015).

Alternativa "e": Com efeito, a ação monitória é o instrumento adequado para quem pretende, **com base em prova escrita sem eficácia de título executivo**, obter pagamento de soma em dinheiro, entrega de coisa fungível ou de determinado bem móvel e o adimplemento de obrigação de fazer ou de não fazer, nos termos do art. 700, *caput*, I a III, CPC/2015, sendo **dispensável** que o documento seja proveniente de documento emitido pelo devedor ou nele conste sua assinatura.

Alternativa correta: letra "b".

---

153. (Fundatec - Procurador do Estado - RS/2015) O Código de Processo Civil prevê a ação monitória nos artigos 1.102-A, 1.102-B e 1.102-C. Trata-se de procedimento especial concentrado, cujo objetivo é a formação célere de título executivo judicial, com base em prova escrita sem eficácia de título executivo para acesso às vias da execução forçada. Sobre a ação monitória, assinale a alternativa correta.

a) A ação de execução, cujo título não se revista do requisito da liquidez, poderá ser convertida em ação monitória, em qualquer momento processual, de ofício pelo juiz ou a requerimento das partes, em respeito aos princípios da instrumentalidade das formas e da economia processual.

b) A ação monitória não é cabível contra a Fazenda Pública, uma vez que serviria para burlar o regime de precatório, bem como não se operam os efeitos materiais da revelia contra a Fazenda Pública.

c) A Fazenda Pública nunca possuirá interesse de agir em ajuizar ação monitória contra particular, tendo em vista a prerrogativa de sempre constituir, unilateralmente, título executivo em seu favor, que servirá para lastrear ação de execução.

d) Já que a ação monitória é procedimento especial, com nuances e características distintas do procedimento comum ordinário, não é permitido ao réu,

---

76. WAMBIER, Teresa Arruda Alvim; CONCEIÇÃO, Maria Lúcia Lins; RIBEIRO, Leonardo Ferres da Silva; MELLO, Rogério Licastro Torres. **Primeiros Comentários ao Novo Código de Processo Civil: Artigo por artigo.** São Paulo: Revista dos Tribunais, 2015, p. 328 (grifos no original).

77. STJ, **REsp 837.862/RS**, rel. Min. Luiz Fux, DJe 16/06/2008; **REsp 692.519/ES**, rel. Min. Castro Meira, DJ. 25.08.2006; **AgRg no Ag 388.910/RS**, rel. Min. Milton Luiz Pereira, DJ. 11.03.2002.

78. WAMBIER, Teresa Arruda Alvim; CONCEIÇÃO, Maria Lúcia Lins; RIBEIRO, Leonardo Ferres da Silva; MELLO, Rogério Licastro Torres. **Primeiros Comentários ao Novo Código de Processo Civil: Artigo por artigo.** São Paulo: Revista dos Tribunais, 2015, p. 930 (grifos no original).

em qualquer hipótese, deduzir pretensão contra o autor mediante reconvenção, por conta da incompatibilidade procedimental.

e) Apesar da necessidade de nomeação de curador para o réu revel citado por edital, que possui a obrigação legal de apresentar contestação, ainda que genérica, é cabível a citação por edital na ação monitória, havendo compatibilidade procedimental.

COMENTÁRIOS

✪ **Nota do autor:** existem inúmeras novidades no CPC/2015 em relação à ação monitória. Vejamos algumas: (i) **ampliadas as hipóteses de cabimento da ação monitória** para as prestações relativas a obrigações de fazer e não fazer, de entregar coisa infungível e de entregar coisa imóvel (o art. 1.102-A do CPC/73 referia-se apenas às obrigações decorrentes de soma em dinheiro, de coisa fungível ou de bem móvel); (ii) diferentemente do que previa o art. 1.102-C, § 1º, do CPC/73, **o cumprimento do mandado monitório no prazo indicado não dispensa o réu do pagamento de honorários advocatícios.** A isenção se dará apenas quanto às custas processuais, desde que o cumprimento da obrigação ocorra no prazo de 15 dias (art. 701, *caput*, CPC/2015); (iii) será possível o **parcelamento do débito objeto da ação monitória**, segundo as regras relativas à execução de título extrajudicial.

Alternativa "a": Há entendimento pacífico no âmbito do STJ sobre a inadmissibilidade da conversão, de ofício ou a requerimento das partes, da execução em ação monitória, após ter ocorrido a citação, em razão da estabilização da relação processual a partir do referido ato (STJ, AgRg no REsp 1.235.799/SP, Rel. Ministra Maria Isabel Gallotti, julgado em 25/11/2014).Importante anotar que o § 5º, art. 700, CPC/2015, permite situação inversa, ou seja, autoriza que, havendo dúvida quanto à idoneidade da prova documental apresentada pelo autor, o juiz o intime para, querendo, emendar a petição inicial, adaptando-a ao procedimento comum.

Alternativa "b": "**É cabível ação monitória contra a Fazenda Pública**" (Súmula 339, do STJ). Destaque-se que esse entendimento foi incorporado pelo CPC/2015 (art. 700, §6º). Ademais, o § 4º do art. 701 rechaça qualquer possibilidade de alegação de violação à regra do precatório, na medida em que determina que, não apresentados os embargos monitórios, aplicar-se-á as disposições do art. 496, relativo ao reexame necessário, observando-se a seguir, no que couber, as regras do cumprimento de sentença, dispostas no Título II do Livro da Parte Especial, o qual conta com capítulo específico referente ao cumprimento de sentença que reconheça a exigibilidade de obrigação de pagar quantia certa pela Fazenda Pública (arts. 534 e seguintes, CPC/2015).

Alternativa "c": "No que se refere ao direito processual público, não há dúvidas quanto ao cabimento da ação monitória ajuizada pelo Estado. Embora possa se valer da formação da certidão de dívida ativa e da cobrança de seu crédito através da Lei de Execuções Fiscais, há relações de crédito do Estado que não se enquadram no conceito de dívida ativa, sendo então cabível a propositura da ação monitória"[79].

Alternativa "d": Nos termos da Súmula 292 do STJ, "**a reconvenção é cabível na ação monitória, após a conversão do procedimento em ordinário**". O art. 702, §6º, CPC/2015 incorporou esse entendimento.

Alternativa "e": Cabe a citação por edital em ação monitória, de acordo com a súmula 282 do STJ. O art. 700, §7º, CPC/2015, novamente incorpora a jurisprudência ao dispor que "na ação monitória, admite-se citação por qualquer dos meios permitidos para o procedimento comum".

Alternativa correta: letra "e".

---

154. (FCC – Procurador do Estado – RN/2014) Grupo de moradores sem-teto invadiu terreno pertencente ao Estado, que, a fim de recuperar a posse do imóvel, ajuizou, cerca de um mês depois, ação de manutenção de posse, instruída com prova da posse, do esbulho e da data de sua ocorrência. Requereu a concessão de liminar. Levando em conta o que dispõe o Código de Processo Civil no que toca às ações possessórias, ao receber a inicial, o Juiz deverá

a) deferir, sem a oitiva dos réus, expedição de mandado liminar de manutenção de posse.

b) indeferir a petição inicial, por inadequação da via eleita.

c) conhecer o pedido como de reintegração e deferir, sem a oitiva dos réus, expedição de mandado liminar de reintegração de posse.

d) conhecer o pedido como de reintegração e designar audiência de justificação prévia, tendo em vista não caber liminar, sem oitiva dos réus, quando for parte o poder público.

e) conhecer o pedido como de reintegração e deferir, depois de justificado o alegado em audiência, a antecipação da tutela, se presentes os respectivos requisitos.

COMENTÁRIOS

✪ **Nota do autor:** a alternativa correta trata da fungibilidade entre as tutelas possessórias. Nos termos do art. 554, *caput*, CPC/2015, **a propositura de uma ação possessória por outra não impedirá o juiz de conhecer do pedido e outorgar a proteção legal correspondente àquela cujos pressupostos estejam provados.** "A dinamicidade da relação possessória permite que a tutela processual da posse seja beneficiada pela incidência do princípio da fungibilidade, nos termos do art. 920 do CPC. Na acepção do dispositivo, a propositura de uma ação não impede que o juiz conceda a proteção correspondente aos fatos comprovados em juízo. Em algumas situações, a dinâmica da relação possessória poderá revelar a evolução e transformação da situação fática. Do momento da pro-

---

79. BARROS, Guilherme Freire de Melo. **Poder Público em Juízo para Concursos**. 4ª Edição. Salvador: Juspodivm, 2014, p. 253.

positura da inicial até o exame da liminar ou da sentença, a situação fática poderá ter sofrido alteração. A prestação da tutela jurisdicional adequada não será obstada, em vista do que dispõe o art. 920 do CPC. Aliás, o autor poderá ajuizar medida de atentado para evitar inovação na situação fática provocada pela parte contrária"[80].

Alternativa "a": No presente caso, o juiz deverá deferir a expedição de mandado liminar de reintegração de posse, porquanto se trata de esbulho, e não de mera turbação.

Alternativa "b": Por meio da fungibilidade autorizada pelo art. 954, *caput*, CPC/2015, é possível corrigir eventual erro na adequação do pedido inicial ou a alteração da situação de fato em relação ao existente quando da propositura da demanda.

Alternativa "c": A ação cabível seria de reintegração de posse, uma vez que houve a retirada forçada do bem de seu legítimo possuidor, o que se denomina juridicamente de esbulho (art. 1.210 do CC/2002). No entanto, o ajuizamento de ação de manutenção de posse não obstará que o juiz conheça do pedido e outorgue a proteção legal adequada (art. 954, *caput*, CPC/2015).

Alternativa "d": De acordo com a ressalva contida no parágrafo único do art. 562, CPC/2015, contra as pessoas jurídicas de direito público não será deferida a manutenção ou a reintegração liminar sem prévia audiência dos respectivos representantes judiciais.

Alternativa "e": A medida poderá ser deferida liminarmente, sem a necessidade de justificação prévia (art. 562, *caput*, *CPC*/2015).

Alternativa correta: letra "c".

155. (Cespe – Procurador do Estado – DF/2013) No que se refere aos procedimentos especiais do CPC, ao mandado de segurança e à Lei da Ação Civil Pública, julgue os itens seguintes.

I – O DF possui legitimidade ativa para realizar compromisso de ajustamento de conduta com aquele que causar lesão a interesse coletivo. Uma vez celebrado, tal compromisso terá eficácia de título executivo extrajudicial.

COMENTÁRIOS

Item correto: a questão versa sobre o Termo de Ajustamento de Conduta (TAC), o qual tem natureza de título executivo extrajudicial. Trata-se de instrumento de grande utilidade para o MP e os demais órgãos públicos legitimados, inclusive o DF, os quais poderão tomar dos interessados compromisso de ajustamento de sua conduta às exigências legais, mediante cominações, que terá eficácia de título executivo extrajudicial. Aliás, o art. 14, Recomendação CNMP 23, de 17 de setembro de 2007, estabelece que "o Ministério Público poderá firmar compromisso de ajustamento de conduta, nos casos previstos em lei, com o responsável pela ameaça ou lesão aos interesses ou direitos mencionados no artigo 1º desta Resolução, visando à reparação do dano, à adequação da conduta às exigências legais ou normativas e, ainda, à compensação e/ou à indenização pelos danos que não possam ser recuperados". No entanto, "[...] é manifesta a conclusão no sentido de que o compromisso de ajustamento de conduta como espécie de título executivo extrajudicial exige, para o reconhecimento de sua validade, a presença de requisitos, entre os quais a expressa manifestação de vontade do órgão público que formalizou o compromisso que fica exteriorizado pela assinatura do compromitente. Portanto, a ausência de assinatura do representante do Ministério Público que formalizou o termo de ajustamento de conduta constitui requisito formal indispensável que afasta a natureza executiva do referido instrumento" (*STJ, REsp 840.507/RS, 1ª T., rel. Min. Denise Arruda, j. 19.12.2008, p. 11.2.2009*).

II – Nas ações possessórias, é lícito ao réu formular em seu favor, na própria contestação, proteção possessória e indenização pelos prejuízos resultantes da turbação ou do esbulho que alegar ter sofrido em razão da conduta do autor.

COMENTÁRIOS

Item correto: nos termos do art. 556, CPC/2015, é lícito ao réu, na contestação, alegando que o ofendido em sua posse, demandar a proteção possessória e a indenização pelos prejuízos resultantes da turbação ou do esbulho cometido pelo autor. "Isto significa que o réu apresentará, num primeiro momento, prejudiciais, preliminares e a defesa de mérito e, num segundo momento, poderá realizar pedido de tutela possessória contra o autor da ação. O réu somente poderá realizar pedido contraposto em harmonia com o art. 921 do CPC, uma vez que a cognição horizontal é limitada. Isto resulta na impossibilidade do réu arguir outras matérias que não possuam vinculação com o pedido de proteção possessório (esbulho/turbação). O pedido de indenização, que também poderá ser cumulado, diz respeito unicamente aos danos gerados pelo ato lesivo em relação ao bem possuído [...]"[81]. Assim, em razão do caráter do caráter dúplice da ação possessória, a proteção possessória e a indenização podem ser postuladas pelo réu na contestação, sendo desnecessária reconvenção para tanto.

III – Segundo o STJ, a conversão de ação de execução em ação monitória pode ser realizada até a citação do executado, momento em que ocorre a estabilização da relação processual.

80. MEDINA, José Miguel Garcia; ARAÚJO, Fábio Caldas de; GAJARDONI, Fernando da Fonseca. **Processo Civil Moderno. Vol. 4: Procedimentos Cautelares e Especiais.** 3ª ed. São Paulo: Revista dos Tribunais, 2012, p. 73.

81. MEDINA, José Miguel; ARAÚJO, Fábio Caldas de; GAJARDONI, Fernando da Fonseca. **Procedimentos Cautelares e Especiais.** 3ª ed. São Paulo: 2012, p. 279/280.

COMENTÁRIOS

Item correto: o STJ, julgando recurso sob a sistemática do art. 543-C, CPC/73 (recurso especial repetitivo), firmou entendimento no sentido de que é "[...] inamissível a conversão da ação de execução em ação monitória, de ofício ou a requerimento das partes, após ocorrida a citação, em razão da estabilização da relação processual a partir do referido ato" (*REsp 1.129.938/PE, 2ª Seção, rel. Min. Massami Uyeda, j. 28.9.2011, informativo 484*).

IV – No mandado de segurança que tenha como objeto a compensação de créditos tributários, a apelação interposta contra sentença concessiva da segurança será recebida no efeito meramente devolutivo.

COMENTÁRIOS

Item incorreto: o recurso de apelação contra a sentença que concede a segurança é dotado de efeito meramente devolutivo, permitindo a execução provisória do julgado, **salvo quando for vedada a concessão da medida liminar,** conforme reza o art. 14, § 3º, Lei 12.016/09. "[...] A regra é clara quanto à subtração do *efeito suspensivo* da apelação nos casos em que a sentença for *concessiva*, isto é, *favorável* ao impetrante. A expressa escolha feita pelo legislador mais recente é significativa, de outro lado, graças à aplicação subsidiária do Código de Processo Civil, de, na hipótese *oposta*, de *denegação da segurança*, isto é, de decisão *desfavorável* ao impetrante, aplicar-se integralmente a regra daquele recurso, que, consoante o *caput* do art. 520 do Código de Processo Civil, é a de ter efeito suspensivo"[82].Com efeito, é **vedado ao magistrado conceder medida liminar quando for objeto do *mandamus* a compensação de créditos tributários**, a entrega de mercadorias e bens provenientes do exterior, a reclassificação ou equiparação de servidores públicos e a concessão de aumento ou a extensão de vantagens ou pagamento de qualquer natureza, por força do disposto no art. 7º, § 2º, Lei 12.016/09. Nessas hipóteses, o recurso de apelação será recebido **no duplo efeito: devolutivo e suspensivo,** sendo inadmissível a execução provisória do julgado.

Alternativa correta: itens I, II e III estão corretos; item IV está incorreto.

14.1. AÇÕES POSSESSÓRIAS

156. (FCC – Procurador do Estado – PGE-AP/2018) Em relação as ações possessórias,

a) é possível, tanto ao autor quanto ao réu, na pendência da ação possessória, propor ação de reconhecimento do domínio em face de ambos ou de terceira pessoa.

b) no caso de ação possessória em que figure no polo passivo grande número de pessoas, serão feitas a citação pessoal dos ocupantes que forem encontrados no local e a citação por edital dos demais, determinando-se, ainda, a intimação do Ministério Público e, se envolver pessoas em situação de hipossuficiência econômica, da Defensoria Pública.

c) impede a manutenção ou reintegração da posse a alegação de propriedade ou de outro direito sobre a coisa.

d) por ser de natureza mandamental, o pedido possessório não pode ser cumulado com perdas e danos, que devem ser pleiteados por ação própria.

e) além de contestar o pedido possessório, se o réu quiser demandar proteção possessória para si, alegando que foi ele o ofendido em sua posse, deverá fazê-lo por meio de reconvenção.

82. BUENO, Cassio Scarpinella. **A Nova Lei do Mandado de Segurança.** São Paulo: Saraiva, 2009, p. 81/82.

COMENTÁRIOS

✪ **Nota do autor:** para alguns, é dúplice a ação cuja defesa contém implicitamente uma pretensão, independentemente de pedido expresso formulado pelo réu (ação materialmente dúplice). É o que ocorre, por exemplo, com a ação declaratória. Outros, porém, aceitam também como dúplice a ação que permite a formulação de pedido na própria contestação (ação processualmente dúplice). É o que ocorre, por exemplo, com as ações possessórias.

Alternativa "a": Na pendência de ação possessória é vedado, tanto ao autor quanto ao réu, propor ação de reconhecimento do domínio, exceto se a pretensão for deduzida em face de terceira pessoa (art. 557, *caput*, CPC/2015).

Alternativa "b": É o que dispõe o art. 554. § 1º, CPC/2015: "No caso de ação possessória em que figure no polo passivo grande número de pessoas, serão feitas a citação pessoal dos ocupantes que forem encontrados no local e a citação por edital dos demais, determinando-se, ainda, a intimação do Ministério Público e, se envolver pessoas em situação de hipossuficiência econômica, da Defensoria Pública".

Alternativa "c": Não obsta à manutenção ou à reintegração de posse a alegação de propriedade ou de outro direito sobre a coisa (art. 557, parágrafo único, CPC/2015).

Alternativa "d": É lícito ao autor cumular ao pedido possessório o de: I – condenação em perdas e danos; II – indenização dos frutos (art. 555, *caput*, I e II, CPC/2015).

Alternativa "e": É lícito ao réu, na contestação, alegando que foi o ofendido em sua posse, demandar a proteção possessória e a indenização pelos prejuízos resultantes da turbação ou do esbulho cometido pelo autor (art. 556, CPC/2015). Na contestação da ação possessória o réu somente pode formular pedido contraposto possessório ou de indenização e, exclusivamente quanto a estes pedidos, é vedada a apresentação de reconvenção formal, em razão da falta do interesse de agir (ou processual). Nada impede, contudo, que o réu apresente reconvenção, dentro da própria contestação (nesse sentido, a reconvenção do CPC de 2015 pouco difere do pedido contraposto), para formular outro pedido, como, por exemplo, o de rescisão contratual.

Alternativa correta: letra "b".

157. (FCC – Procurador do Estado – PGE-TO/2018) Referente às ações possessórias, considere.

I. É lícito ao réu, na contestação, alegando que foi o ofendido em sua posse, demandar a proteção possessória e a indenização pelos prejuízos resultantes da turbação ou do esbulho cometidos pelo autor.

II. A propositura de uma ação possessória em vez de outra não obstará a que o juiz conheça do pedido e outorgue a proteção legal correspondente àquela cujos pressupostos estejam provados.

III. Na pendência de ação possessória é possível ao réu, como meio de defesa, propor ação de reconhecimento de domínio, sendo defeso porém ao autor o ajuizamento da ação dominial.

IV. Quando a ação for proposta dentro de ano e dia da turbação ou do esbulho, seu procedimento admite liminar; após esse prazo o procedimento será ordinário, perdendo a ação seu caráter possessório.

V. Se o réu provar, em qualquer tempo, que o autor provisoriamente mantido ou reintegrado na posse carece de idoneidade financeira para, no caso de sucumbência, responder por perdas e danos, o juiz designar-lhe-á o prazo de cinco dias para requerer caução, real ou fidejussória, sob pena de ser depositada a coisa litigiosa, ressalvada a impossibilidade da parte economicamente hipossuficiente.

Está correto o que se afirma APENAS em

a) I, III e IV.
b) I, II e V.
c) II, III e IV.
d) I, II, IV e V.
e) III, IV e V.

COMENTÁRIOS

✪ **Nota do autor:** se a turbação ou o esbulho tem mais de um ano e um dia (ação de força velha), o procedimento será o comum, e não mais o procedimento especial deste capítulo, mas o autor pode se valer do disposto nos artigos 497 a 501 e 536 a 538, além do inciso IV do art. 139 e do art. 297, CPC/2015.

Item I: Espécie de pedido contraposto, prevê o art. 556, CPC/2015, que é lícito ao réu, na contestação, alegando que foi o ofendido em sua posse, demandar a proteção possessória e a indenização pelos prejuízos resultantes da turbação ou do esbulho cometido pelo autor.

Item II: Trata-se da fungibilidade. Veja-se a redação do art. 554, *caput*, CPC/2015: "A propositura de uma ação possessória em vez de outra não obstará a que o juiz conheça do pedido e outorgue a proteção legal correspondente àquela cujos pressupostos estejam provados".

Item III: Tanto ao autor quanto ao réu é vedado a propositura de ação visando o reconhecimento do domínio, exceto se a pretensão for deduzida em face de terceira pessoa (art. 557, *caput*, CPC/2015).

Item IV: Ultrapassado ano e dia da turbação ou esbulho, o procedimento a ser adotado é o comum, todavia, diferentemente do que prevê a assertiva, a respectiva ação não perderá seu caráter possessório (art. 558, parágrafo único, CPC/2015).

Item V: Trata-se da redação literal do art. 559, CPC/2015: "Se o réu provar, em qualquer tempo, que o autor provisoriamente mantido ou reintegrado na posse carece de idoneidade financeira para, no caso de sucumbência, responder por perdas e danos, o juiz designar-lhe-á o prazo de 5 (cinco) dias para requerer caução, real ou fidejussória, sob pena de ser depositada a coisa litigiosa, ressalvada a impossibilidade da parte economicamente hipossuficiente".

Alternativa correta: letra "b".

158. (PGE-GO – Procurador do Estado – GO/2013) Acerca das ações possessórias, é CORRETO afirmar que:

a) A propositura de ação de reintegração de posse em situação de ameaça de esbulho impede que o juiz conceda a medida de proteção da posse adequada.
b) Sendo cumulado ao pedido possessório o de reparação dos danos causados pelo ato ilícito praticado, deverá a ação tramitar pelo procedimento ordinário, ante a impossibilidade de cumulação de pedidos em procedimentos especiais.
c) Estando a petição inicial devidamente instruída, o juiz deferirá, sem ouvir o réu, a expedição do mandado liminar de manutenção ou de reintegração de posse.
d) Caso o réu nas ações possessórias venha a alegar que foi ofendido em sua posse e demandar proteção possessória em seu favor, deverá fazê-lo através do oferecimento de reconvenção.
e) É permitido ao autor, assim como ao réu, na pendência do processo possessório, intentar ação de reconhecimento de domínio.

COMENTÁRIOS

✪ **Nota do autor:** as ações possessórias, objeto de questionamento, observam procedimento especial de jurisdição contenciosa. Existem ações, contudo, que não são possessórias, embora aparentem o ser, como os embargos de terceiros, a imissão na posse, dentre outras. Questão delicada diz respeito ao cabimento de ação possessória para a tutela de direitos autorais. A resposta a esta indagação perpassa o objeto da ação possessória, que são bens ou direitos materiais. Assim, uma vez que os direitos autorais não são considerados bens materiais, insuscetível de proteção possessória. Nesse sentido, a *Súmula 228*, STJ, estabelece que "é inadmissível o interdito proibitório para a proteção do direito autoral". Ainda sobre ações possessórias, os §§ 1º, 2º e 3º trataram de tema relevante – ações possessórias ajuizadas em caso de invasão coletiva), introduzindo no ordenamento substanciais modificações: "§ 1º No caso de ação possessória em que figure no polo passivo grande número de pessoas, serão feitas a citação pessoal dos ocupantes que forem encontrados no local e a citação por edital dos demais, determinando-se, ainda, a intimação do Ministério Público e, se envolver pessoas em situação de hipossuficiência econômica, da Defensoria Pública. § 2° Para fim da citação pessoal prevista no § 1°, o oficial de justiça procurará os ocupantes no local por uma vez, citando-se por edital os que não forem encontrados. § 3° O juiz deverá determinar que se dê ampla publicidade da existência da ação prevista no § 1° e dos respectivos prazos processuais, podendo, para tanto, valer-se de anúncios em jornal ou rádio locais, da publicação de cartazes na região do conflito e de outros meios". Destaca-se, destarte, que "sendo a ação possessória ajuizada em face de invasão coletiva, em que é no mais das vezes impossível individualizar os réus que comporão o polo passivo da demanda, poderá a ação ser ajuizada em face de réus indeterminados, os quais serão identificados quando da diligência citatória"[83].

Alternativa "a": Mitigando o princípio da congruência, o art. 554, CPC/2015, consagra o princípio da fungibilidade das ações possessórias, de modo que **a propositura de uma ação possessória em vez de outra não obstará a que o juiz conheça do pedido e outorgue a proteção legal correspondente àquela, cujos requisitos estejam provados.** Isso porque é tênue e volúvel a linha divisória entre as situações esbulho, turbação e justo receio, que ensejam a proteção possessória.

Alternativa "b": Nos termos do art. 555, inciso I, CPC/2015, **é lícito ao autor cumular ao pedido possessório o de condenação em perdas e danos, mantendo-se a especialidade do procedimento possessório.** No entanto, a cumulação de qualquer outro pedido não previsto no dispositivo ora em comento, a exemplo do pedido possessório com o pedido de rescisão contratual, importa na adoção do procedimento comum ordinário.

Alternativa "c": De fato, comprovada documentalmente a posse e a situação de violação ou ameaça de lesão, o juiz poderá deferir, liminarmente, a posse, sem ouvir o réu, consoante a regra do art. 562, CPC/2015. Contudo, figurando como ré a Fazenda Pública, o art. 562, parágrafo único, CPC/2015, não permite a concessão de liminar *inaudita altera pars*, sendo imprescindível a prévia oitiva do seu representante judicial (art. 562, CPC/2015).

Alternativa "d": Em razão do caráter do caráter dúplice da ação possessória, a **proteção possessória** pode ser postulada pelo réu **na contestação**, sendo **desnecessária reconvenção** para tanto. Nesse sentido, dispõe o art. 556, CPC/2015, que "é lícito ao réu, na contestação, alegando que foi ofendido em sua posse, demandar a proteção possessória e a indenização pelos prejuízos resultantes da turbação ou do esbulho cometido pelo autor".

Alternativa "e": Por força do art. 557, CPC/2015, é **defeso, na pendência do processo possessório, tanto ao autor quanto ao réu, intentar a ação de reconhecimento do domínio, exceto se a pretensão for deduzida em face de terceira pessoa.** Trata-se da exceção de propriedade (*exceptio domini*), que é igualmente vedada pelo art. 1.210, § 2º, CC. Nesse contexto, a *Súmula 487*, STF, prescreve que "será deferida a posse a quem, evidentemente, tiver o domínio, se com base neste for ela disputada". A doutrina diverge se o referido entendimento sumular está superado com o advento do CC-2002. Prevalece que a Súmula ora em estudo somente se aplica quando ambos os litigantes postularem a proteção possessória com base na alegação de domínio.

Alternativa correta: letra "c".

14.2. AÇÃO DE USUCAPIÃO

ATENÇÃO: o CPC/2015 extingue a ação de usucapião como procedimento especial. O direito resguardado por essa ação seguirá o rito do procedimento comum. Ademais, em seu art. 1.071, acrescenta um dispositivo à Lei de Registros Públicos (Lei nº. 6.015/73), que permite o reconhecimento extrajudicial de usucapião (trata-se do art. 216-A).

159. (FCC – Procurador do Estado – AM/2010) Na ação de usucapião de terras particulares:

a) o imóvel usucapiendo não pode entrar na classe de bens públicos, salvo se se tratar de terras devolutas pretendidas por agricultor que as cultivar.

b) a Fazenda Pública sempre será citada por mandado, para manifestar interesse na causa.

c) será intimado o representante da Fazenda estadual, por via postal, para que manifeste interesse na causa.

d) a Fazenda estadual só será intimada se for confinante do imóvel usucapiendo ou se em seu nome estiver registrado o domínio.

e) a Fazenda estadual não pode atuar como autora, porque lhe é vedado adquirir bens por este modo de aquisição originária da propriedade.

COMENTÁRIOS

✪ **Nota do autor:** a usucapião, que é modo originário de aquisição da propriedade, pode recair sobre a propriedade de bens móveis ou imóveis, bem como sobre servidão predial. Dessa forma, exercendo o autor posse mansa, pacífica e incontestável destes bens pelo prazo legal, poderá pedir ao juiz que declare a aquisição da propriedade ou da servidão. Portanto, a ação de usucapião é declaratória. A propósito do tema, José Miguel Garcia Medina, Fábio Caldas de Araújo e Fernando da Fonseca Gajardoni[84] assinalam que "a ação de usucapião tem natureza *declaratória*. Servindo-nos da lição de Pontes de Miranda, podemos afirmar que a ação e a sentença de

83. WAMBIER, Teresa Arruda Alvim; CONCEIÇÃO, Maria Lúcia Lins; RIBEIRO, Leonardo Ferres da Silva; MELLO, Rogério Licastro Torres. **Primeiros Comentários ao Novo Código de Processo Civil: Artigo por artigo.** São Paulo: Revista dos Tribunais, 2015, p. 917.

84. MEDINA, José Miguel Garcia; ARAÚJO, Fábio Caldas de; GAJARDONI, Fernando da Fonseca. **Processo Civil Moderno. Vol. 4: Procedimentos Cautelares e Especiais.** 3ª ed. São Paulo: Revista dos Tribunais, 2012, p. 296.

usucapião têm eficácia preponderantemente declaratória. Seu objetivo central reside em fornecer certeza ao autor da ação, mediante a constituição de uma nova matrícula, com eventual condenação daqueles que se opuserem ao pedido inicial. Pela breve passagem, é possível compreender que a eficácia declaratória não será única. Realmente, há uma pequena carga de constituição, evidenciada pela formação de uma nova matriculo no registro de imóveis, e outra carga de condenação, quando houver resistência por parte daqueles que ocuparam o polo passivo". Trata-se de procedimento especial em que é obrigatória a intervenção da Fazenda Pública, haja vista que não se admite usucapião de bens públicos. Portanto, é imprescindível a intimação via postal da Fazenda Pública para integrar a ação, podendo o seu representante legal postular a improcedência da ação quando constatado que o bem usucapiendo é público.

Alternativa "a": Isso porque, constituindo as terras devolutas bens públicos, **não podem ser adquiridas por usucapião,** nos termos do art. 183, § 3º, CF. No entanto, "não havendo registro de propriedade do imóvel, inexiste, em favor do Estado, presunção iuris tantum de que sejam terras devolutas, cabendo a este provar a titularidade pública do bem. Caso contrário, o terreno pode ser usucapido" (*STJ, REsp 674.558/RS, 4ª T., rel. Min. Luis Felipe Salomão, j. 13.10.2009, p. 26.10.2009*). Logo, o procurador da Fazenda Pública não pode dispensar a produção de outras provas com base simplesmente na alegação de registro da propriedade, devendo insistir na designação de audiência de instrução e julgamento.

Alternativa "b": A usucapião, no CPC/2015, segue o procedimento comum, com algumas adaptações. No entanto, não houve a previsão de notificação das Fazendas Públicas para manifestar interesse no feito. Não é possível dispensar a referida manifestação, especialmente porque é vedada a aquisição de bens públicos por usucapião. Demais disso, o § 3º art. 216-A da Lei 9.015/73, incluído pelo Lei 13.105/2015, exige tal formalidade para a aquisição da usucapião administrativa: "§ 3º O oficial de registro de imóveis dará ciência à União, ao Estado, ao Distrito Federal e ao Município, pessoalmente, por intermédio do oficial de registro de títulos e documentos, ou pelo correio com aviso de recebimento, para que se manifestem, em 15 (quinze) dias, sobre o pedido".

Alternativa "c": O enunciado encontrava respaldo no art. 943, CPC/73, segundo o qual "serão intimados por via postal, para que manifestem interesse na causa, os representantes da Fazenda Pública da União, dos Estados, do Distrito Federal, dos Territórios e dos Municípios". Portanto, "a Fazenda Pública federal, estadual ou municipal deverá ser intimada. O art. 943 do CPC exige a intimação, porém, a citação corresponde ao ato correto para permitir a integração da Fazenda Pública, caso comprove o interesse jurídico sobre o bem que é objeto da disputa [...]"[85]. *Vide* comentários à alternativa anterior.

Alternativa "d": A Fazenda Pública é intimada a manifestar interesse na causa, **independentemente de ser confinante do imóvel usucapiendo.** Aliás, sendo confinante, a Fazenda Pública integrará a lide na qualidade de litisconsorte passiva.

Alternativa "e": Inexiste vedação nesse sentido no ordenamento jurídico processual, de modo que, exercendo a Fazenda Pública posse mansa e pacífica de determinado bem, pode postular sentença declaratória do seu direito de propriedade por meio de ação de usucapião.

Alternativa correta: letra "c".

14.3. INVENTÁRIO E PARTILHA

160. (CESPE – Procurador do Estado – PGE-PE/2018) De acordo com o CPC, no procedimento especial contencioso do inventário e da partilha, o juiz responsável pelo julgamento do processo possui competência para decidir

a) qualquer questão de direito, decorrente ou não de controvérsia fática, que seja relevante para o resultado final do processo.

b) questões de direito que dependam do exame de qualquer modalidade de prova, excepcionada somente a prova pericial.

c) todas as questões de direito, mesmo as que decorram de controvérsia fática, desde que os fatos relevantes estejam provados por documento.

d) apenas questões de direito que não dependam do exame de provas, sendo sempre nula toda decisão que solucione controvérsia fática.

e) controvérsias jurídicas que dependam do exame de provas, desde que haja convenção processual entre as partes para ampliar sua competência.

COMENTÁRIOS

✪ **Nota do autor:** de acordo com o art. 612, CPC/2015: "O juiz decidirá todas as questões de direito desde que os fatos relevantes estejam provados por documento, só remetendo para as vias ordinárias as questões que dependerem de outras provas". O STJ já se posicionou no sentido de que se a parte, antevendo que o pedido que será formulado não se enquadra na competência do juízo do inventário, já pode ajuizar a ação autônoma no juízo competente, aplicando-se o art. 612. Assim, é cabível o ajuizamento de ação autônoma perante o juízo cível quando se constatar, desde logo, a necessidade de dilação probatória incompatível com o rito especial do inventário (STJ. 3ª Turma. REsp 1.480.810-ES, Rel. Min. Nancy Andrighi, julgado em 20/03/2018 (Info 622)).

Alternativas "a", "b", "d" e "e": Ver comentários na "nota do autor".

Alternativa "c": O art. 612, CPC/2015, nos traz a resposta correta: "O juiz decidirá todas as questões de direito desde que os fatos relevantes estejam provados por documento, só remetendo para as vias ordinárias as questões que dependerem de outras provas".

Alternativa correta: letra "c".

85. MEDINA, José Miguel; ARAÚJO, Fábio Caldas de; GAJARDONI, Fernando da Fonseca. **Procedimentos Cautelares e Especiais.** 3ª ed. São Paulo: 2012, p. 301.

161. (Cespe – Procurador do Estado – DF/2013) Juan, de nacionalidade argentina, faleceu em Brasília – DF, deixando dois herdeiros, um residente e domiciliado em Porto Alegre – RS e outro, na Argentina. À época do óbito, Juan, que era residente e domiciliado no município do Rio de Janeiro – RJ, possuía bens no Brasil, todos localizados no município de São Paulo – SP, sobre os quais não havia consenso entre os herdeiros quanto ao modo de divisão.

A partir dessa situação hipotética, julgue os itens a seguir.

I – No procedimento judicial de inventário e partilha, somente poderão ser resolvidas questões de direito e questões de fato em que o convencimento do magistrado possa se formar com base em provas documentais.

COMENTÁRIOS

Item correto: de fato, à luz do art. 612, CPC/2015, o juiz decidirá todas as questões de direito e de fato, quando este se achar provado por documento, somente remetendo para os meios ordinários as que demandarem alta indagação ou dependerem de outras provas. Portanto, havendo necessidade de dilação probatória, será indispensável a propositura de ação autônoma perante o juízo do inventário, a exemplo da petição de herança, da anulação de doação inoficiosa, dentre outras. "[...] O ponto nodal está em definir qual o grau de cognição que o juiz poderá exercer no processo de inventário. O art. 984 do CPC não deixa margem de dúvida quanto à solução a ser adotada pelo juiz. Todas as questões que possam ser comprovadas de plano, mediante prova documental, estão no âmbito de cognição do juiz do inventário. As questões de fato ou de direito de alta indagação, ou que exijam a produção de prova diversa da documental, são deslocadas para o juízo competente. Todavia, a questão de direito, ainda que complexa, bem como a questão de fato, documentalmente provada, não gera a impossibilidade de apreciação da questão controvertida na ação de inventário."[86]. Na jurisprudência, igualmente, tem-se: "DIREITO CIVIL. INVENTÁRIO. DOAÇÃO EM VIDA. ART. 1.776, CC/1916. POSSIBILIDADE DE PREJUÍZO DA LEGÍTIMA. ARGÜIÇÃO POR UM DOS HERDEIROS. QUESTÃO DE ALTA INDAGAÇÃO. INEXISTÊNCIA. DISCUSSÃO NA SEDE DO INVENTÁRIO. RECURSO DESACOLHIDO. I – Na linha da doutrina e da jurisprudência desta Corte, questões de direito, mesmo intrincadas, e questões de fato documentadas resolvem-se no juízo do inventário e não na via ordinária. II – Eventual prejuízo da legítima em face de doação feita pelo pai aos filhos, ainda em vida (art. 1.776, CC/1916), sem haver fatos a provar, prescinde dos "meios ordinários", podendo ser discutido no próprio inventário" (*STJ, REsp 114.524/RJ, 4ª T., rel. Min. Sálvio de Figueiredo Teixeira, j 27.5.2003, p. 23.6.2003, p. 371*).

II – A justiça brasileira possui competência exclusiva para processar inventário e partilha dos bens localizados no Brasil, devendo o processo tramitar no foro a que pertence o município do Rio de Janeiro.

COMENTÁRIOS

Item correto: por força do art. 23, inciso I, CPC/2015, compete à justiça brasileira, com exclusão de qualquer outra, proceder a inventário e partilha de bens, situados no Brasil, ainda que o autor da herança seja estrangeiro e tenha residido fora do território nacional. Vale dizer, nenhum outro Estado poderá processar e julgar inventário de bens situados no território brasileiro. Eventual sentença proferida em desacordo com as referidas diretrizes será ineficaz no território brasileiro, não podendo ser homologada. **Importante inovação constou do art. 23, inciso II, CPC/2015: "compete à autoridade judiciária brasileira, com exclusão de qualquer outra *em matéria de sucessão hereditária, proceder à confirmação de testamento particular e ao inventário e à partilha de bens situados no Brasil, ainda que o autor da herança seja de nacionalidade estrangeira ou tenha domicílio fora do território nacional*".**

Alternativa correta: itens I e II estão corretos.

15. PROCEDIMENTOS ESPECIAIS NA LEGISLAÇÃO EXTRAVAGANTE

15.1. MANDADO DE SEGURANÇA

162. (FCC – Procurador do Estado – PGE-AM/2022) Em relação ao mandado de segurança, considere as seguintes afirmativas.

I. Concedida a medida liminar, será possível ao Estado a apresentação de pedido de suspensão de segurança, fundado no impacto que a decisão assume perante a ordem pública, mas desde que também interponha recurso de agravo de instrumento, a fim de evitar a preclusão.

II. Se interposto por servidor público, visando a obtenção de algum benefício de natureza pecuniária, a concessão de segurança permitirá o recebimento, em etapa de cumprimento de sentença desse mesmo processo, dos valores relativos aos meses pretéritos, observado o limite imposto pela prescrição quinquenal.

III. Se denegada a segurança porque o juízo, apreciando o mérito da impetração, entende que o requerente não tem o direito invocado, não poderá ser ajuizada ação pelo rito comum ordinário visando ao reconhecimento do mesmo direito, por força de coisa julgada.

IV. O prazo decadencial de 120 dias para impetração de mandado de segurança, por ser de natureza material, flui de maneira contínua, e não apenas em dias úteis.

Está correto o que se afirma APENAS em

86. MEDINA, José Miguel; ARAÚJO, Fábio Caldas de; GAJARDONI, Fernando da Fonseca. **Procedimentos Cautelares e Especiais.** 3ª ed. São Paulo: 2012, p. 311.

a) II e III.

b) II e IV.

c) III e IV.

d) I e IV.

e) I e II.

COMENTÁRIOS

✪ **Nota do autor:** o incidente de contracautela (suspensão de segurança) é meio processual autônomo de impugnação de decisões judiciais, franqueado ao Ministério Público ou à pessoa jurídica de direito público interessada exclusivamente quando se verifique risco de grave lesão à ordem, à saúde, segurança e à economia públicas no cumprimento da decisão impugnada (art. 4º, caput, da Lei nº 8.437/1992; art. 15 da Lei nº 12.016/2009 e art. 297 do RISTF) (STF; SS-AgR 5.503; RR; Tribunal Pleno; Rel. Min. Presidente; DJE 08/10/2021; Pág. 25).

Item I: segundo o art. 4º, § 6º, da Lei n. 8.437/1992, a interposição do agravo de instrumento contra liminar concedida nas ações movidas contra o Poder Público e seus agentes não prejudica nem condiciona o julgamento do pedido de suspensão a que se refere este artigo.

Item II: nos termos do verbete 271 da súmula do Supremo Tribunal Federal: "A concessão de mandado de segurança não produz efeitos patrimoniais em relação a período pretérito, os quais devem ser reclamados administrativamente ou pela via judicial própria".

Item III: apreciado a questão meritória, sob ela recairá o manto da coisa julgada material. Conclui-se nesse sentido através de interpretação a contrario sensu do art. 19 da Lei n. 12.016/2009, o qual dispõe que: "a sentença ou o acórdão que denegar mandado de segurança, sem decidir o mérito, não impedirá que o requerente, por ação própria, pleiteie os seus direitos e os respectivos efeitos patrimoniais".

Item IV: o prazo para a impetração do mandado de segurança é decadencial e, como tal, não possui natureza de prazo processual. Trata-se de prazo contado em dias corridos e não apenas nos dias úteis, sendo inaplicável a regra do art. 219 do CPC.

Alternativa correta: letra "c".

---

163. (Fepese – Procurador do Estado – PGE – SC/2018) Quanto ao mandado de segurança, é correto afirmar:

a) Da sentença, denegando ou concedendo o mandado, cabe apelação, a qual somente poderá ser interposta pelo impetrante ou pela pessoa jurídica de direito público devidamente representada.

b) Em caso de comprovada desídia da autoridade coatora, ou da pessoa jurídica a que estiver vinculada, no que diz respeito ao ato apontado como coator, caberá a condenação ao pagamento de honorários advocatícios atendendo ao princípio da causalidade.

c) O mandado de segurança não é meio adequado para pleitear a produção de efeitos patrimoniais anteriores à impetração, uma vez que não se constitui e nem substitui ação de cobrança.

d) A chamada "teoria da encampação" do ato não encontra espaço no mandado de segurança, especialmente pela referência expressa da lei no sentido de que autoridade coatora é aquela que efetivamente tenha praticado o ato impugnado.

e) Com a edição do novo Código de Processo Civil em 2015, o reexame necessário em mandado de segurança previsto na lei especial foi revogado.

COMENTÁRIOS

✪ **Nota do autor:** a "teoria da encampação" é tema recorrente quando o assunto a ser questionado gira em torno do mandado de segurança. A teoria, sem previsão legal, busca relativizar um "erro" na indicação da autoridade coatora, desde que cumpridos determinados requisitos. Dessa forma, o STJ construiu três requisitos para que ela seja aceita, quais sejam: a) existência de vínculo hierárquico entre a autoridade que prestou informações e a que ordenou a prática do ato impugnado; b) manifestação a respeito do mérito nas informações prestadas; e c) ausência de modificação de competência estabelecida na Constituição Federal. Aliás, o tema é objeto do enunciado 628, da súmula do Superior Tribunal de Justiça, o qual prevê, *in verbis*: "A teoria da encampação é aplicada no mandado de segurança quando presentes, cumulativamente, os seguintes requisitos: a) existência de vínculo hierárquico entre a autoridade que prestou informações e a que ordenou a prática do ato impugnado; b) manifestação a respeito do mérito nas informações prestadas; e c) ausência de modificação de competência estabelecida na Constituição Federal".

Alternativa "a": Além do impetrante e da pessoa jurídica de direito público devidamente representada, possui legitimidade recursal a própria autoridade coatora, nos termos do art. 14, § 2º, da Lei nº 12.016/2009.

Alternativa "b": De acordo com o art. 25, da Lei nº 12.016/2009: "Não cabem, no processo de mandado de segurança, a interposição de embargos infringentes e a condenação ao pagamento dos honorários advocatícios, sem prejuízo da aplicação de sanções no caso de litigância de má-fé".

Alternativa "c": Trata-se do conteúdo do enunciado 269, da súmula do Supremo Tribunal Federal: "O mandado de segurança não é substitutivo de ação de cobrança".

Alternativa "d": A chamada "teoria da encampação" é pacificamente aceita em sede de mandado de segurança, vide os comentários acima na "nota do autor".

Alternativa "e": A lei processual adjetiva (CPC/2015) não extinguiu o reexame necessário previsto no art. 14, § 1º, da Lei nº 12.016/2009, o qual prevê que: "Concedida a segurança, a sentença estará sujeita obrigatoriamente ao duplo grau de jurisdição".

Alternativa correta: letra "c".

---

164. (FCC – Procurador do Estado – PGE – TO/2018) Relativamente ao Mandado de Segurança, considere:

I. Não se concederá mandado de segurança quando se tratar de ato do qual caiba recurso administrativo com efeito suspensivo, independentemente de caução; também não se concederá mandado de segurança de decisão judicial da qual caiba recurso com efeito devolutivo.

II. O titular de direito líquido e certo decorrente de direito, em condições idênticas, de terceiro poderá impetrar mandado de segurança a favor do direito originário, se o seu titular não o fizer, no prazo de trinta dias, quando notificado judicialmente.

III. Não cabe mandado de segurança contra os atos de gestão comercial praticados pelos administradores de empresas públicas, de sociedade de economia mista e de concessionárias de serviço público.

IV. Quando o direito ameaçado ou violado couber a várias pessoas, a impetração do mandado de segurança ficará condicionada à formação de litisconsórcio necessário, podendo porém ser ajuizada ação declaratória autônoma sem o preenchimento desse requisito.

Está correto o que se afirma APENAS em

a) II, III e IV.
b) II e III.
c) I e II.
d) I e III.
e) I e IV.

COMENTÁRIOS

✪ **Nota do autor:** a questão exige conhecimento dos dispositivos encartados na Lei nº 12.016/2009 (disciplina o mandado de segurança individual e coletivo). Regra muito cobrada em certames públicos é aquela prevista no art. 3º, *caput*, da Lei nº 12.016/2009: "O titular de direito líquido e certo decorrente de direito, em condições idênticas, de terceiro poderá impetrar mandado de segurança a favor do direito originário, se o seu titular não o fizer, no prazo de 30 (trinta) dias, quando notificado judicialmente". Trata-se, na realidade, se substituição processual, na qual a doutrina pátria cita comumente como exemplos a preterição da ordem estabelecida em licitação ou, ainda, o caso de segundo colocado em concurso público que, diante da convocação do terceiro colocado, impetra mandado de segurança em favor do primeiro colocado que se manteve inerte.

Item I: De acordo com o art. 5º, I e II, da Lei nº 12.016/2009: "Não se concederá mandado de segurança quando se tratar: I – de ato do qual caiba recurso administrativo com efeito suspensivo, independentemente de caução; II – de decisão judicial da qual caiba recurso com efeito suspensivo". Segundo a melhor doutrina, o efeito suspensivo previsto na regra citada poderá ser próprio (*ope legis*) ou impróprio (*ope iudicis*). Assim, a primeira parte da assertiva está correta, porém, o erro se encontra na parte final do item, ao substituir a locução "suspensivo" (correto) por "devolutivo" (incorreto).

Item II: Trata-se de reprodução do art. 3º, *caput*, da Lei nº 12.016/2009: "O titular de direito líquido e certo decorrente de direito, em condições idênticas, de terceiro poderá impetrar mandado de segurança a favor do direito originário, se o seu titular não o fizer, no prazo de 30 (trinta) dias, quando notificado judicialmente".

Item III: A regra está prevista no art. 1º, § 2º, da Lei nº 12.016/2009: "Não cabe mandado de segurança contra os atos de gestão comercial praticados pelos administradores de empresas públicas, de sociedade de economia mista e de concessionárias de serviço público".

Item IV: De acordo com o art. 1º, § 3º, da Lei nº 12.016/2009, quando o direito ameaçado ou violado couber a várias pessoas, qualquer delas poderá requerer o mandado de segurança. Perceba, portanto, que a lei de regência não exige a formação de um litisconsórcio necessário ativo.

Alternativa correta: letra "b".

---

165. (VUNESP – Procurador do Estado – PGE-SP/2018) A respeito do julgamento do mandado de segurança de competência originária de tribunais, assinale a alternativa correta.

a) Quando a competência originária for do Superior Tribunal de Justiça e a decisão colegiada for denegatória da segurança pretendida, cabe recurso extraordinário para o Supremo Tribunal Federal.

b) não compete ao Superior Tribunal de Justiça julgar, em recurso ordinário, os mandados de segurança decididos em única instância pelos tribunais regionais federais e pelos tribunais de justiça estaduais e do Distrito Federal e Territórios, salvo quando concedida a segurança pretendida.

c) Indeferido, liminarmente, mandado de segurança de competência originária do Tribunal de Justiça de São Paulo, deve o impetrante interpor recurso especial, para o Superior Tribunal de Justiça ou o extraordinário, para o Supremo Tribunal Federal, conforme o caso.

d) Indeferido, liminarmente, mandado de segurança de competência originária do Tribunal de Justiça de São Paulo, deve o impetrante interpor recurso especial para o Superior Tribunal de Justiça. Se o mandado se segurança for admitido e houver julgamento de mérito por órgão colegiado desse Tribunal de Justiça denegando a segurança pretendida, o recurso cabível também é o especial.

e) Indeferido, liminarmente, mandado de segurança de competência originária do Tribunal de Justiça de São Paulo, deve o impetrante interpor agravo para órgão competente desse mesmo tribunal. Contudo, se houver julgamento colegiado de mérito, denegando a segurança, o recurso cabível, pelo impetrante, é o ordinário, exclusivamente para o Superior Tribunal de Justiça.

COMENTÁRIOS

✪ **Nota do autor:** da decisão colegiada de Tribunal de Justiça ou Tribunal Regional Federal que denegue a ordem em mandado de segurança, o recurso cabível será o ordinário para o STJ; da decisão que concede a ordem, o recurso a ser interposto será o especial (para o STJ) e/ou extraordinário (para o STF), conforme o caso concreto. Da decisão monocrática do relator, caberá agravo para o respectivo órgão colegiado. Por sua vez, nos casos de competência originária do STJ, a decisão colegiada denegatória da ordem desafia recurso ordinário para o STF, enquanto a que concede, recurso extraordinário para o Pretório Excelso.

Alternativa "a": Quando a competência originária for do Superior Tribunal de Justiça e a decisão colegiada for denegatória da segurança pretendida, cabe recurso ordinário para o Supremo Tribunal Federal, nos termos do art. 1.027, I, CPC e art. 102, II, "a", CF.

Alternativa "b": Compete ao Superior Tribunal de Justiça julgar, em recurso ordinário, os mandados de segurança decididos em única instância pelos tribunais regionais federais e pelos tribunais de justiça estaduais e do Distrito Federal e Territórios, quando denegada a segurança pretendida (art. 1.027, II, "a", CPC e art. 105, II, "b", CF).

Alternativa "c": Indeferido, liminarmente, mandado de segurança de competência originária do Tribunal de Justiça de São Paulo, deve o impetrante interpor agravo para órgão competente desse mesmo tribunal.

Alternativa "d": Indeferido, liminarmente, mandado de segurança de competência originária do Tribunal de Justiça de São Paulo, deve o impetrante interpor agravo para órgão competente desse mesmo tribunal (e não recurso especial para o STJ). Outrossim, se o mandado se segurança for admitido e houver julgamento de mérito por órgão colegiado desse Tribunal de Justiça denegando a segurança pretendida, o recurso cabível é o ordinário (e não o especial).

Alternativa "e": Da decisão monocrática do relator que, liminarmente, indeferir o mandado de segurança, o recurso cabível será o agravo, nos termos do art. 10, § 1º, in fine, da Lei nº 12.016/2009: "[...] quando a competência para o julgamento do mandado de segurança couber originariamente a um dos tribunais, do ato do relator caberá agravo para o órgão competente do tribunal que integre". Ademais, se houver julgamento colegiado de mérito, denegando a segurança, o recurso cabível, pelo impetrante, é o ordinário, exclusivamente para o Superior Tribunal de Justiça, nos termos do art. 1.027, II, "a", CPC e art. 105, II, "b", CF.

Alternativa correta: letra "e".

---

166. (Cespe – Procurador do Estado – PGE – PE/2018) Se determinado indivíduo impetrar mandado de segurança sobre matéria trabalhista contra ato de governador de estado, tal mandado deverá ser processado e julgado pelo

a) tribunal de justiça local.

b) TRT local.

c) TRF local.

d) STJ.

e) STF.

COMENTÁRIOS

✪ **Nota do autor:** conforme entendimento já exteriorizado pelo Superior Tribunal de Justiça: "[...] Na verdade, percebe-se que o critério da categoria da autoridade prevalece sobre o critério da matéria. Assim, independentemente da matéria envolvida, cabe ao STF processar e julgar mandado de segurança impetrado contra o Presidente da República, competindo ao STJ processar e julgar o *writ* intentado contra Ministro de Estado. Esse entendimento não é compartilhado por Edilton Meireles, para quem a legislação estadual, ainda que de índole constitucional, deve ceder frente às regras encartadas na Constituição Federal. Assim, entende o referido doutrinador que, investindo o *mandamus* contra ato trabalhista de Governador de Estado, a competência para processá-lo e julgá-lo será da Justiça do Trabalho. Adverte, contudo, que deve o *writ* ser impetrado perante o correspondente Tribunal Regional do Trabalho, a fim de manter, analogicamente, a competência originária, decorrente da prerrogativa de função do Chefe do Poder Executivo estadual. Com o devido respeito, não parece que deva prevalecer esse entendimento sustentado pelo Professor Edilton Meireles. Ora, consoante ele mesmo reconhece, a competência do STF e do STJ para processar e julgar, respectivamente, mandado de segurança contra o Presidente da República e contra Ministro de Estado deve prevalecer frente à competência da Justiça do Trabalho, mesmo sendo trabalhista a matéria envolvida na demanda. É que tais competências estão previstas na Constituição Federal, atendendo a uma prerrogativa de função de autoridades de alto escalão. A competência para processar e julgar mandado de segurança impetrado contra Governador de Estado é do correspondente Tribunal de Justiça, por ser essa uma regra de reprodução obrigatória, valendo dizer que as Constituições Estaduais devem reproduzir, para o Governador, a regra de competência do mandado de segurança existente para o Presidente da República. [...]" (STJ, 1ª Seção, MS 15.774/DF, Rel. Min. Luiz Fux, DJ 12/11/2010).

Alternativas "a", "b" e "c": Ver comentários na "nota do autor".

Alternativa "d": Ao Superior Tribunal de Justiça compete processar e julgar, originariamente os mandados de segurança e os habeas data contra ato de Ministro de Estado, dos Comandantes da Marinha, do Exército e da Aeronáutica ou do próprio Tribunal.

Alternativa "e": O Supremo Tribunal Federal somente processará e julgará o mandado de segurança e o *habeas data* contra atos do Presidente da República, das Mesas da Câmara dos Deputados e do Senado Federal, do Tribunal de Contas da União, do Procurador-Geral da República e do próprio Supremo Tribunal Federal.

Alternativa correta: letra "a".

---

167. (Cespe – Procurador do Estado – PGE – SE/2017) Julgue os itens a seguir, referentes à ação civil pública, ao mandado de segurança, à ação popular e à reclamação.

I. De acordo com o STJ, as empresas públicas e as sociedades de economia mista, prestadoras de serviço público, possuem legitimidade para propositura de pedido de suspensão de segurança, notadamente, quando atuam na defesa do interesse público primário.

II. Segundo a jurisprudência do STJ, a legitimidade para a defensoria pública propor ação civil pública se restringe às hipóteses em que haja proteção de interesse de hipossuficientes econômicos.

III. Conforme entendimento majoritário da doutrina, o cidadão-eleitor de dezesseis anos possui plena capacidade processual para o ajuizamento de ação popular.

IV. O CPC assegura, na sessão de julgamento de reclamação, o direito à sustentação oral das partes e do MP, nos casos de intervenção deste.

Estão certos apenas os itens

a) I e II.

b) I e III.

c) II e IV.

d) I, III e IV.

e) II, III e IV.

COMENTÁRIOS

✪ **Nota do autor:** a questão é multidisciplinar abordando institutos do processo coletivo, tais como a suspensão de segurança, a ação civil pública e a ação popular, além da sustentação oral em reclamação. O item I, correto, enfrentou tema de suma importância para a carreira de Procurador do Estado, a suspensão de segurança, que tem previsão na Lei 8.437/1992 e na Lei 12.016/2009. Não custa lembrar que "[...] O pedido de suspensão constitui um *tertium gens*, uma autêntica medida de exceção, que visa eliminar a eficácia mandamental da decisão judicial. Os pressupostos ensejadores do pedido de suspensão não se confundem com aqueles previstos para a concessão do efeito ativo/negativo no agravo de instrumento (art. 527, III, do CPC). O pedido de suspensão se justifica pela proteção do interesse público"[87].

Item I: Consoante preconiza o *caput* do art. 4º da Lei 8.437, de 30 de junho de 1992, a suspensão de segurança pode ser requerida pelo Ministério Público ou pela pessoa jurídica de direito público interessada, de modo que, literalmente, não foram contempladas as empresas públicas e as sociedades de economia mista. No entanto, a interpretação jurisprudencial dominante é no sentido de que, por se tratar de instituto que visa resguardar o interesse público em detrimento do particular, é imperioso reconhecer legitimidade às empresas públicas e sociedades de economia mista prestados de serviço público quando atuam na defesa do interesse público primário (STJ, *AgRg na SL 1.874/SC*, Corte Especial, rel. Min. Felix Fischer, j. 21.05.2014).

87. MEDINA, José Miguel Garcia; ARAÚJO, Fábio Caldas de; GAJARDONI, Fernando da Fonseca. **Processo Civil Moderno. Vol. 4: Procedimentos Cautelares e Especiais.** 3ª ed. São Paulo: Revista dos Tribunais, 2012, p. 470.

Item II: O entendimento jurisprudencial dominante é em sentido contrário ao do enunciado em comento, vale dizer, a Defensoria Pública pode atuar tanto em favor dos carentes de recursos econômicos como também em prol dos necessitados organizacionais, considerados "hipervulneráveis" (STJ, **EREsp 1.192.577/RS**, Corte Especial, rel. Min. Laurita Vaz, j. 21.10.2015, informativo 573). Logo, a expressão "necessitados" constante do *caput* do art. 134, CF, deve ser compreendida, ao menos para fins de ação civil pública, em sentido amplo:

Item III: A questão da legitimidade do menor de 18 e maior de 16 anos é muito bem explicada por Daniel Assumpção Amorim Neves: "Causa intenso debate a questão da capacidade de estar em juízo do autor da ação popular quando o cidadão eleitor tem entre 16 e 18 anos. Estando no gozo de seus direitos políticos, tem ele legitimidade ativa para a ação popular, mas, sendo considerado pela lei civil relativamente incapaz, não tem capacidade de estar em juízo, que é um dos pressupostos processuais subjetivos. Majoritariamente a doutrina entende que, sendo a ação popular a representação de exercício de um direito político, a outorga de legitimidade ativa ao relativamente incapaz lhe dá automaticamente a capacidade de estar em juízo. Entende-se que, sendo capaz de exercer o direito político máximo de votar em seus representantes, o sujeito maior de 16 anos e menor de 18 anos também teria capacidade de exercer mais um direito político, qual seja, controlar os elegidos por meio da ação popular. Por outro lado, há doutrina que defende a emancipação do eleitor, nesse caso, a justificar sua capacidade de estar em juízo. Para corrente doutrinária minoritária, não se deve confundir legitimidade (condição da ação) com capacidade de estar em juízo (pressuposto processual), de forma que será indispensável a presença de representação processual para assistir o autor na hipótese ora analisada. Prefiro o entendimento doutrinário majoritário, não havendo qualquer sentido exigir-se do autor da ação popular a presença de um representante processual para que tenha capacidade de estar em juízo. Seria como permitir ao relativamente incapaz o mais – votar – e não o menos – controlar as atividades dos administradores públicos".[88]

Item IV: De fato, é cabível sustentação oral na **reclamação,** devendo ser assegurada pelo presidente da sessão de julgamento o uso da palavra pelas partes e pelo Ministério Público, nos casos em que lhe couber intervir no processo (art. 937, inciso VI, CPC/2015).

Alternativa correta: letra "d".

168. (PUC – Procurador do Estado – PR/2015) Foi concedida liminar em mandado de segurança impetrado contra ato em potencial (ainda não praticado) de autoridade administrativa. Assinale a alternativa CORRETA.

a) Trata-se de hipótese de concessão de tutela inibitória, pois previne a prática de ato ilícito.

88. NEVES, Daniel Amorim Assumpção. **Manual de Processo Coletivo, volume único.** 2ª ed. Rio de Janeiro: Forense; São Paulo: Método, 2014, p. 225/226.

b) Como o ato ainda não foi praticado, não há direito líquido e certo a ser tutelado e o mandado de segurança não é o meio adequado para a tutela do direito no caso.

c) O procurador do Estado deve interpor agravo de instrumento com pedido de efeito suspensivo e apresentar pedido de suspensão da segurança, que serão apreciados pelo mesmo órgão do Judiciário, para evitar decisões conflitantes.

d) O pedido de suspensão da segurança torna prejudicado o pedido de efeito suspensivo no recurso de agravo de instrumento.

e) A impetração de mandado de segurança é irregular, visto que não há como determinar o termo inicial do prazo decadencial de 120 (cento e vinte) dias.

COMENTÁRIOS

✪ **Nota do autor:** a questão versa sobre o mandado de segurança, remédio constitucional que, quanto ao momento de realização do ato impugnado, pode ser de 2 (duas) espécies:

Mandado de segurança repressivo	Mandado de segurança preventivo
É o instrumento adequado para o impetrante afastar ilegalidade já concretizada a seu direito líquido e certo.	É o instrumento adequado para o impetrante evitar a violação de seu direito líquido e certo.
Tem caráter repressivo.	Tem caráter inibitório.

Alternativa "a": Tutela inibitória é uma espécie de tutela específica dirigida contra o ilícito, tem natureza preventiva, é dizer, almeja impedir, evitar, prevenir a prática de um ato contrário ao direito ou, uma vez que já tenha se efetivado, impedir a sua continuação, perpetuação. É possível a postulação de tutela inibitória em mandado de segurança, nos termos do art. 1º da Lei nº 12.016/2009.

Alternativa "b": O mandado de segurança pode ter caráter preventivo. Cabe MS, por exemplo, para "coibir atos praticados no processo de aprovação de leis e emendas constitucionais que não se compatibilizam com o processo legislativo constitucional" (MS 24.642, Rel. Min. Carlos Velloso, DJ de 18/6/2004). Nesse exemplo, sequer existe lei, mas se admite a propositura de MS justamente para evitar que haja aprovação.

Alternativa "c": A competência para a suspensão de segurança dependerá do órgão prolator da decisão. Com efeito, eventual agravo e o pedido de suspensão não serão necessariamente julgados pelos mesmos juízos.

Alternativa "d": De acordo com Leonardo Carneiro da Cunha, "deferido o pedido de suspensão pelo presidente do tribunal, o agravo de instrumento não fica prejudicado. O que se prejudica, com o deferimento do pedido de suspensão pelo presidente do tribunal, é o pedido de efeito suspensivo a que alude o art. 558 do CPC. É que, nesse caso, o pretendido efeito suspensivo passa a ser desnecessário, afastando o interesse processual em sua obtenção. Significa, então, que, concedido o pedido de suspensão pelo presidente do tribunal, fica prejudicada a análise do pretendido efeito suspensivo previsto no art. 558 do CPC para o agravo de instrumento [...]."[89]

Alternativa "e": É pacífico o entendimento no sentido de ser inaplicável o prazo de 120 (cento e vinte) dias nos casos de MS preventivo. Esse já era o entendimento antes mesmo da entrada em vigor da Lei nº. 12.016/2009. Confira: "Ao mandado de segurança preventivo não se aplica o prazo decadencial de 120 dias previsto no art. 18 da Lei 1.533/51". Precedentes: REsp nº 694.429/SP, Rel. Min. Castro Meira, DJ de 25/08/06; AgRg no Ag nº 557.498/RJ, Rel. Min. Francisco Peçanha Martins, DJ de 16/05/05 e REsp nº 485.581/RS, Rel. Min. Luiz Fux, DJ de 23/06/03.

Alternativa correta: letra "a".

169. (PUC – Procurador do Estado – PR/2015) Acerca do mandado de segurança, na esteira da jurisprudência atual do Supremo Tribunal Federal, assinale a alternativa CORRETA.

a) É admissível o controle jurisdicional preventivo de constitucionalidade material de projeto de lei pela via do mandado de segurança.

b) Por não ter personalidade jurídica própria, o Ministério Público não tem legitimidade ativa para impetrar mandado de segurança.

c) É admissível a impetração de mandado de segurança como substitutivo de ação de cobrança.

d) O pedido de reconsideração na via administrativa não interrompe o prazo para o mandado de segurança.

e) Após a prolação da sentença de mérito, o impetrante não pode desistir de mandado de segurança sem a anuência do impetrado.

COMENTÁRIOS

✪ **Nota do autor:** a questão aborda inúmeros aspectos relativos ao mandado de segurança, tratando a alternativa correta de entendimento jurisprudencial que não considera o pedido de reconsideração como apto a ensejar a interrupção do prazo decadencial de 120 dias para a impetração do remédio constitucional. A propósito do tema, é importante observar que, a despeito de se tratar de prazo decadencial, a jurisprudência admite a prorrogação para o próximo dia útil quando o termo final ocorrer em dia em que não há expediente forense[90].

Alternativa "a": O que o STF vem admitindo é o controle jurisdicional preventivo quanto aos aspectos procedimentais do processo legislativo (forma e não conteúdo). De acordo com o Supremo, em regra, não se deve admitir a propositura de ação judicial para realizar o controle de constitucionalidade prévio dos atos normativos. Há, no entanto, duas exceções em que se admite o controle pelo

89. CUNHA, Leonardo Carneiro da. **A Fazenda Pública em Juízo**. 12ª ed. 2014. p. 648.

90. STJ, **AgRg no REsp 681.751/GO**, 5ª T., rel. Min. Laurita Vaz, j. 8.11.2007; RMS 22.573/MS, 2ª T., rel. Min. Castro Meira, j. 9.2.2010, Informativo 422.

Poder Judiciário: a) caso a proposta de emenda à Constituição seja manifestamente ofensiva à cláusula pétrea; e b) na hipótese em que a tramitação do projeto de lei ou de emenda à Constituição violar regra constitucional que discipline o processo legislativo (STF, MS 32033/DF, rel. orig. Min. Gilmar Mendes, red. p/ o acórdão Min. Teori Zavascki, julgado em 20/6/2013).

Alternativa "b": "Embora não mencionado no art. 5º, LXX, da Constituição Federal, boa parte da doutrina admite a impetração do mandado de segurança coletivo pelo Ministério Público como forma eficaz de tutelar interesses e direitos metaindividuais, dando-se máxima aplicação, assim, às suas funções institucionais definidas nos arts. 127, *caput*, e 129 da Constituição Federal"[91].

Alternativa "c": De acordo com a Súmula 269 do STF, "o mandado de segurança não é substitutivo de ação de cobrança."

Alternativa "d": A assertiva está em conformidade com a Súmula 430 do STF: "Pedido de reconsideração na via administrativa não interrompe o prazo para o mandado de segurança".

Alternativa "e": Tanto o STF quanto o STJ entendem que o impetrante **pode desistir de mandado de segurança** a qualquer tempo, ainda que proferida decisão de mérito a ele favorável, e sem anuência da parte contrária (STF, RE 669367/RJ, rel. orig. Min. Luiz Fux, red. p/ o acórdão Min. Rosa Weber, 2/5/2013; STJ, REsp 1.405.532-SP, Rel. Min. Eliana Calmon, julgado em 10/12/2013.

Alternativa correta: letra "d".

170. (FCC – Procurador do Estado – RN/2014) Julgando ter tido direito líquido e certo ofendido por ato de autoridade, Tício impetrou mandado de segurança. Contudo, afirmou, na petição inicial, que a prova do fato dependeria da obtenção de documento e que a autoridade coatora estaria se recusando a fornecê-lo. Ao receber a inicial, o Juiz deverá

a) ordenar, preliminarmente, por ofício, que a autoridade imediatamente superior à coatora ordene a exibição do documento, em original ou por cópia autenticada, marcando o prazo de 10 dias para cumprimento da ordem.

b) indeferir a petição inicial, porque o mandado de segurança depende de prova pré-constituída de direito líquido e certo.

c) mandar, preliminarmente, emendar a inicial, determinando a juntada de documento comprobatório da negativa, por parte da autoridade coatora.

d) ordenar, preliminarmente, no próprio instrumento de notificação, a exibição do documento, em original ou por cópia autenticada, marcando o prazo de 10 dias para cumprimento da ordem.

e) indeferir liminar, se pleiteada, e determinar que a autoridade coatora preste informações, trazendo cópia do ato impugnado, no prazo de 15 dias.

COMENTÁRIOS

✪ **Nota do autor:** o mandado de segurança é remédio adequado para a parte tutelar direito líquido e certo não amparado por *habeas corpus* ou *habeas data*, ameaçado de violação ou violado por ato de autoridade. Questão delicada diz respeito à definição de direito líquido e certo, prevalecendo que se trata de direito cuja violação pode ser demonstrada de plano, mediante prova meramente documental.

Alternativas "a", "c" e "e": As alternativas não correspondem à regra prevista no §1º, art. 6º, da Lei nº. 12.016/2009, segundo a qual: "no caso em que o documento necessário à prova do alegado se ache em repartição ou estabelecimento público ou em poder de autoridade que se recuse a fornecê-lo por certidão ou de terceiro, o juiz ordenará, preliminarmente, por ofício, a exibição desse documento em original ou em cópia autêntica e marcará, para o cumprimento da ordem, o prazo de 10 (dez) dias. O escrivão extrairá cópias do documento para juntá-las à segunda via da petição".

Alternativa "b": Inexistindo nos autos prova pré-constituída do direito líquido e certo alegado, o impetrante carece do direito de ação de mandado de segurança, por falta de interesse processual. Contudo, no caso em tela não há como admitir o indeferimento, porquanto o impetrante só não dispõe da prova do direito alegado porque ela se encontra em poder da autoridade coatora.

Alternativa "d": Como no caso o documento necessário à prova do alegado encontra-se em poder da autoridade coatora que se recusa a fornecê-lo, deverá o juiz ordenar, preliminarmente, no próprio instrumento da notificação, exibição desse documento em original ou em cópia autêntica e marcar, para o cumprimento da ordem, o prazo de 10 (dez) dias (art. 6º, §1º, da Lei nº. 12.016/2009).

Alternativa correta: letra "d".

171. (Cespe – Procurador do Estado – PI/2014) Com relação a mandado de segurança individual e coletivo, assinale a opção correta de acordo com a doutrina, a legislação de regência e a jurisprudência dos tribunais superiores.

a) No mandado de segurança contra ato ilegal praticado em concorrência pública, devem ser indicados como autoridades coatoras os integrantes da comissão de licitação.

b) Se for denegada a ordem no mandado de segurança coletivo, a coisa julgada atingirá os indivíduos que integrem o grupo, que estarão impedidos de reproduzir a demanda individualmente, produzindo coisa julgada *secundum eventum litis*.

c) Depois de notificada a autoridade coatora e prestadas as informações, o impetrante só pode desistir do *writ* se houver concordância do impetrado.

d) Uma entidade de classe tem legitimação para impetrar mandado de segurança coletivo apenas

91. BUENO, Cassio Scarpinella. *Mandado de segurança: Comentários às Leis 1.533/51, 4.348/64 e 5.021/66. São Paulo: Saraiva, p. 39.*

quando a pretensão veiculada for de interesse de toda a respectiva categoria.

e) É cabível mandado de segurança quando o objetivo do impetrante é conseguir declaração do direito à compensação tributária.

COMENTÁRIOS

✪ **Nota do autor:** a questão versa sobre o mandado de segurança, ação civil de índole constitucional indispensável para o impetrante obter tutela jurisdicional rápida e eficiente de direito líquido e certo violado ou ameaçado de violação. Para fins de melhor esclarecimento, enquanto o mandado de segurança individual é aquele que poderá ser utilizado por qualquer cidadão que tenha seus direitos violados, o mandado de segurança coletivo é uma ação de índole civil, incluída no microssistema de tutela coletiva, idônea para assegurar a efetividade de direito líquido e certo violado ou ameaçado de violação por ato de autoridade. Cuida-se de remédio constitucional cuja legitimidade é restrita aos partidos políticos, com representação no Congresso Nacional, para a defesa de seus legítimos interesses relativos a seus integrantes ou à finalidade partidária, bem como à organização sindical, entidade de classe ou associação legalmente constituída e em funcionamento, há pelo menos, um ano. Embora prevaleça que o MP não tem legitimidade para o mandado de segurança coletivo, é preciso ter ciência de que existe precedente no STJ que admite a sua legitimação para esta ação constitucional por meio de uma interpretação sistemática do microssistema de tutela coletiva.

Alternativa "a": A indicação da autoridade coatora é, efetivamente, polêmica e controvertida. Opta-se, na sua maioria, por entender ser aquele que pratica, ordena ou omite o ato, e não o seu mero executor, conforme já decidiu o STJ no RMS 28.213/DF, rel. Min. Laurita Vaz, j. 22.11.2011. Especificamente quanto ao abordado na alternativa, prevalece no STJ a compreensão de que o writ no qual se discute a legalidade de ato a ser praticado pela Administração deve indicar como autoridade coatora o seu Presidente, e não o mero executor material da determinação acoimada de ilegal. Todavia, caso já se tenha a homologação e a adjudicação pela autoridade superior, esta é que responderá como autoridade coatora: "APELAÇÃO CÍVEL. MANDADO DE SEGURANÇA. LICITAÇÃO. INABILITAÇÃO. PROCEDIMENTO LICITATÓRIO HOMOLOGADO E ADJUDICADO POR AUTORIDADE SUPERIOR. ILEGITIMIDADE PASSIVA DO PRESIDENTE DA COMISSÃO. Não detém legitimidade passiva o Presidente da Comissão de Licitação quando existente recurso administrativo e o resultado da licitação já tenha sido homologado e adjudicado pela autoridade superior, razão pela qual deve ser mantida a sentença que reconheceu a ilegitimidade passiva da autoridade coatora culminando com a extinção do feito. RECURSO DE APELAÇÃO DESPROVIDO" (Apelação Cível Nº 70036898682, Vigésima Segunda Câmara Cível, Tribunal de Justiça do RS, Relator: Adriana da Silva Ribeiro, j. 11.9.2014).

Alternativa "b": De acordo com o § 1º, art. 22, Lei 12.016/09, o mandado de segurança coletivo **não** induz litispendência para as ações individuais, mas os efeitos da coisa julgada não beneficiarão o impetrante a título individual se não requerer a desistência de seu mandado de segurança no prazo de 30 (trinta) dias a contar da ciência comprovada da impetração da segurança coletiva.

Alternativa "c": Em se tratando o mandado de segurança de ação personalíssima, até mesmo diante de decisão que lhe seja favorável, poderá a parte impetrante pleitear a sua desistência, **independentemente da anuência** do impetrado. Ao apreciar o REtr 669.367, rel. Min. Luiz Fux, o Plenário do STF reconheceu-lhe a repercussão geral e deu-lhe provimento para concluir que o impetrante pode desistir do mandado de segurança a qualquer tempo, sem anuência da parte contrária e independentemente de já ter havido decisão de mérito. Vale lembrar que o STJ tem entendimento diametralmente oposto quanto à possibilidade de desistência após decisão de mérito: "1. Inviável a homologação do pedido de desistência da ação formulado pela agravante. Desnecessário discutir a impossibilidade do pedido após decisão de mérito, tese defendida pelo Estado e, de fato, acolhida por precedentes do STJ (v.g. REsp 1.115.161/RS, Rel. Min. Luiz Fux, DJe 22.3.2010). Isso porque, ainda que se admita a desistência da ação nesta fase processual, é certo que ela não prescinde da concordância da parte adversa, conforme o art. 267, § 4º, do CPC. 2. A EC 62/2009, que alterou a sistemática constitucional de pagamento dos precatórios em atraso, conjugada com a nova legislação estadual que incorporou a atual metodologia, prejudica o objeto do mandamus baseado na sistemática anterior (art. 78, § 2º, do ADCT). Precedentes do STJ. 3. Ainda que assim não fosse, compete à legislação de cada ente federativo estabelecer o regramento da compensação de tributos de sua responsabilidade, ainda que para os fins do art. 78, § 2º, do ADCT, de forma que são legítimas as restrições do Decreto 418/2007 do Estado do Paraná. 4. Agravo Regimental não provido" (AgRg no RMS 37.789/PR, Rel. Ministro HERMAN BENJAMIN, SEGUNDA TURMA, j. 20.11.2012, p. 18.12.2012).

Alternativa "d": Conforme dispõe a Súmula 630, STF, "A entidade de classe tem legitimação para o mandado de segurança ***ainda*** quando a pretensão veiculada interesse apenas a uma parte da respectiva categoria".

Alternativa "e": De acordo com a Súmula 213, STJ, "O mandado de segurança constitui ação adequada para a declaração do direito à compensação tributária".

Alternativa correta: letra "e".

---

172. (FMP – Procurador do Estado – AC/2014) Assinale a alternativa incorreta.

a) A competência para julgamento de mandado de segurança contra ato de juizado especial é da turma recursal.

b) O mandado de segurança é instrumento cabível para declaração de direito à compensação tributária, mas não para convalidação de compensação da mesma natureza realizada unilateralmente pelo contribuinte.

c) A existência de recurso administrativo com efeito suspensivo gera a suspensão do prazo para impetração do mandado de segurança.

d) A concessão de mandado de segurança não produz efeitos patrimoniais em relação a período pretérito.

COMENTÁRIOS

✪ **Nota do autor:** a questão abrange aspectos referentes ao mandado de segurança, remédio constitucional utilizado para a defesa de direito líquido e certo, que segue o rito especial instituído pela Lei 12.016/09, destacando-se que, sendo o mandado de segurança uma ação constitucional de natureza cível, imprescindível a observância dos pressupostos processuais e das condições da ação, não destacando-se o seu prazo para tanto, um dos principais itens abordados na questão.

Alternativa "a": Trata-se de reprodução da Súmula 376, STJ.

Alternativa "b": É **incabível** o mandado de segurança para convalidar a compensação tributária realizada pelo contribuinte (Súmula 460, STJ), mas **viável** no sentido de constituir ação adequada para a declaração do direito à compensação tributária (Súmula 213, STJ).

Alternativa "c": Está em desacordo com a Súmula 430, STF, senão vejamos: "A decadência tem início com a ciência do ato impugnado, não interrompendo o pedido administrativo o prazo para o mandado de segurança".

Alternativa "d": A concessão de mandado de segurança não produz efeitos patrimoniais em relação a período pretérito, os quais devem ser reclamados administrativamente ou pela via judicial própria, conforme Súmula 271, STJ.

Alternativa incorreta: letra "c".

173. (PGE-GO – Procurador do Estado – GO/2013) A "medida liminar" em mandado de segurança é típico pedido de antecipação dos efeitos da tutela jurisdicional, cuja concessão exige a presença de dois pressupostos, quais sejam, a relevância dos fundamentos do impetrante e o risco de ineficácia da medida. Considerando os desdobramentos de tal instituto, é CORRETO afirmar que:

a) não poderá ser concedida medida liminar que tenha por objeto a compensação de créditos tributários, podendo, contudo, esta ser deferida em casos de concessão de aumento ou extensão de vantagens a servidor público.

b) a concessão da medida liminar condiciona-se à prestação de caução por parte do impetrante, de forma a assegurar eventual ressarcimento devido à pessoa jurídica impetrada.

c) a decisão que defere a medida liminar em mandado de segurança é irrecorrível, podendo a pessoa jurídica de direito público interessada ou o Ministério Público requerer ao presidente do tribunal a suspensão da segurança, para evitar grave lesão à ordem, à saúde, à segurança e à economia públicas.

d) contra a decisão de primeiro grau que defere ou indefere a medida liminar no mandado de segurança cabe agravo de instrumento.

e) deferida ou não a medida liminar, o mandado de segurança terá prioridade de julgamento.

COMENTÁRIOS

✪ **Nota do autor:** a questão aborda alguns aspectos do mandado de segurança, remédio constitucional adequado para a tutela do direito líquido e certo do impetrando violado ou ameaçado de violação por ato de autoridade. A alternativa correta trata da recorribilidade da medida liminar concedida em primeiro grau de jurisdição. Com efeito, à luz do art. 7º, § 1º, Lei 12.016/09, a decisão do juiz de primeiro grau que concede ou nega a liminar pode ser modificada em sede recursal, sendo cabível para tanto o agravo de instrumento. Diversa é a situação quando o mandado de segurança é impetrado originariamente no Tribunal, quando a liminar será apreciada pelo relator e contra esta decisão será cabível agravo interno. Esquematizando:

Liminar concedida ou negada por juiz de primeiro grau de jurisdição	Liminar concedida ou negada por relator em MS impetrado originariamente no Tribunal
Cabe agravo de instrumento	Cabe agravo interno.

Alternativa "a": É vedado ao magistrado conceder medida liminar que tenha por objeto a compensação de créditos tributários, a entrega de mercadorias e bens provenientes do exterior e a reclassificação ou equiparação de servidores públicos, bem como **a concessão de aumento ou a extensão de vantagens ou pagamento de qualquer natureza,** por força da norma proibitiva do art. 7º, § 2º, Lei 12.016/09.

Alternativa "b": A caução **não é pressuposto para a concessão de medida liminar em mandado de segurança.** Na verdade, o juiz tem a faculdade de exigir a caução, fiança ou depósito, a fim de assegurar o ressarcimento de potenciais prejuízos à pessoa jurídica de direito público, nos termos do art. 7º, inciso III, Lei 12.016/09. Nesse sentido, Cassio Scarpinella Bueno[92] assinala que "a previsão legal, tal qual feita, não atrita com o 'modelo constitucional do mandado de segurança'. Não há como interpretar a exigência da caução como *condição* para a concessão da liminar. O que o inciso III do art. 7º da Lei 12.016/2009 que é que o magistrado, consoante as peculiaridades do caso concreto, *possa* impor a caução para assegurar eventual resultado infrutífero se, a final, o pedido do impetrante for rejeitado. É o que, para o 'dever-poder geral de cautela', que também tem, para nós, estatura constitucional – é importante destacar esta característica diante do art. 5º, XXXV, da Constituição Federal –, decorre do art. 805 do Código de Processo Civil".

Alternativa "c": À luz do art. 7º, § 1º, Lei 12.016/09, a decisão que concede ou denega a liminar é **impugnável** por meio de **agravo de instrumento.** A pessoa jurídica de direito público, por intermédio de seu representante judicial, pode, concomitantemente, interpor o recurso e requerer a suspensão da segurança, a fim de evitar grave

92. BUENO, Cassio Scarpinella. **A Nova Lei do Mandado de Segurança.** São Paulo: Saraiva, 2009, p. 42.

lesão à ordem, à saúde, à segurança e à economia popular. Portanto, o agravo de instrumento não é prejudicial ao pedido de suspensão de segurança.

Alternativa "d": De fato, dispõe o art. 7º, § 1º, Lei 12.016/09, que "da decisão do juiz de primeiro grau que concede ou negar a liminar caberá agravo de instrumento, observado o disposto na Lei 5.869, de 11 de janeiro de 1973 – Código de Processo Civil". A disposição é, de certo modo, desnecessária tendo em vista a sistemática recursal adotada em nosso ordenamento jurídico processual.

Alternativa "e": Somente quando deferida a medida liminar o processo terá prioridade de julgamento, consoante o disposto no art. 7º, § 4º, Lei 12.016/09.

Alternativa correta: letra "d".

---

174. (FMP – Procurador do Estado – AC/2012) Em se tratando de mandado de segurança, é INCORRETO afirmar:

a) Denegada a ordem em mandado de segurança da competência original dos tribunais, caberá recurso ordinário.

b) É cabível o recurso de embargos infringentes.

c) É cabível contra decisão impugnada por recurso desprovido de efeito suspensivo.

d) Em mandado de segurança coletivo, a concessão de liminar contra o poder público está condicionada à audiência de seu representante judicial.

COMENTÁRIOS

✪ **Nota do autor:** o mandado de segurança se destaca como garantia individual, ação de rito sumaríssimo pela qual o indivíduo pode provocar o controle jurisdicional quando sofrer lesão ou ameaça de lesão a direito líquido e certo, não amparado por *habeas corpus* ou *habeas data*, decorrente de ato de autoridade, praticado com ilegalidade ou abuso do poder. Extrai-se do conceito duas espécies de mandado de segurança, a saber: **a)** *preventivo*: é aquele manejado antes de ocorrida a lesão ao direito líquido e certo do impetrante, visando evitar a sua concretização. O mandado de segurança, nessa hipótese, tem nítido caráter inibitório e **b)** *repressivo*: é o *mandamus* manejado quando já efetivada a violação ao direito líquido e certo do impetrante. Outrossim, o mandado de segurança não se restringe à tutela de direitos individuais, abrangendo os direitos difusos e individuais homogêneos. Não há dúvida de que os direitos individuais homogêneos podem ser tutelados pelo mandado de segurança coletivo, por força do art. 21, parágrafo único, inciso II, Lei 12.016/09. No entanto, algumas controvérsias existiam acerca da necessidade de autorização dos associados para a defesa de seus direitos por meio de mandado de segurança coletivo. Prevaleceu o entendimento no sentido de que as associações, sindicatos e partidos não necessitam de autorização para manejar o *mandamus*, haja vista que a legitimação é extraordinária e a pretensão é dirigida à proteção da categoria. Nesse sentido, confira-se o enunciado da *Súmula 629*, STF: "a impetração de mandado de segurança coletivo por entidade de classe em favor dos associados independe de autorização destes". Igualmente, "a entidade de classe tem legitimação para o mandado de segurança ainda quando a pretensão veiculada interesse apenas a uma parte da respectiva categoria" (*Súmula 630*, STF). O entendimento pretoriano restou consagrado na Lei 12.016/09.

Alternativa "a": O recurso ordinário constitucional, à luz do art. 105, inciso II, alínea "b", CF, é cabível para impugnar acórdão de Tribunal Regional Federal ou Tribunal de Justiça que, julgando mandado de segurança, **denegar a ordem pleiteada**. Aliás, nessa hipótese o cabimento do recurso se verifica *secundum eventum litis*, tendo em vista que somente será cabível quando o acórdão proferido por Tribunal Regional Federal ou Tribunal de Justiça for denegatório da segurança; caso contrário, ou seja, quando concedida a segurança, caberá recurso especial ou extraordinário. Aliás, não se admite a aplicação do princípio da fungibilidade recursal. Nesse sentido, dispõe a *Súmula 272*, STF que "não se admite como ordinário recurso extraordinário de decisão denegatória de mandado de segurança".

Alternativa "b": O art. 25, Lei 12.016/09, acolhendo entendimento jurisprudencial majoritário, **afastou do âmbito do mandado de segurança o recurso de embargos infringentes.** Logo, ainda que a decisão denegatória do *mandamus* seja proferida por maioria, não caberão embargos infringentes, devendo a parte interessada manejar o recurso adequado, que pode ser o ordinário constitucional, especial ou extraordinário.

Alternativa "c": De fato, **cabe mandado de segurança para impugnar decisão judicial da qual caiba recurso desprovido de efeito suspensivo**, a teor do art. 5º, inciso II, Lei 12.016/09. Em suma, o cabimento de mandado de segurança contra decisão judicial pode ser assim esquematizado:

> Atenção: "[...] é cabível a impetração de mandado de segurança contra a decisão de Relator que converte o Agravo de Instrumento em retido, nos termos do artigo 527, II, do Código de Processo Civil, por ser irrecorrível essa decisão, conforme dispõe o parágrafo único do mesmo dispositivo legal, com redação dada pela Lei nº 11.187/05, vigente ao tempo da impetração [...]" (STJ, RMS 26.733/MG, 3ª T., rel. Min. Sidnei Beneti, j. 28.4.2009, p. 12.5.2009).

Alternativa "d": Nos termos do art. 22, § 2º, Lei 12.016/09, "no mandado de segurança coletivo, a liminar só poderá ser concedida após audiência do representante judicial da pessoa jurídica de direito público, que deverá se pronunciar no prazo de 72 (setenta e duas) horas". Hermes Zaneti Jr. e Leonardo de Medeiros Garcia[93], comentando o preceptivo, advertem que "[...] será sempre obrigatório um sopesamento entre as exigências de justiça imediata e a preservação da segurança jurídica. Na feliz expressão da doutrina constitucional, um duplo juízo de proporcionalidade: 'duplo controle de proporcionalidade e controle de proporcionalidade *in concerto*', ou seja, abstratamente a

---

93. ZANETI JR., Hermes; GARCIA, Leonardo de Medeiros. **Direitos Difusos e Coletivos.** 3ª ed. Salvador: Juspodivm, 2012, p. 347.

medida é constitucional, pois nem mesmo as liminares são direitos fundamentais absolutos dos jurisdicionados, concretamente poderá ser afastada a restrição, já que determinados direitos não podem esperar os trâmites cartorários. A conformação do caso concreto pode revelar-se decisiva para o desfecho da ponderação, logo 'qualquer medida concreta que afete os direitos fundamentais há de mostrar-se compatível com o princípio da proporcionalidade (Gilmar Ferreira Mendes; Paulo Gustavo Gonet Branco; Inocêncio Mártires Coelho. *Curso de Direito Constitucional*, 2ª ed. São Paulo: Saraiva, 2008, p. 336)". Por outro lado, o dispositivo não se aplica ao mandado de segurança individual:

Liminar em MS Coletivo	Liminar em MS Individual
Pressupõe a prévia oitiva do representante judicial da pessoa jurídica de direito público.	Pode ser concedida independentemente de prévia oitiva do representante judicial da Fazenda Pública.
Logo, não pode a liminar ser concedida inaudita altera pars.	

Alternativa incorreta: letra "b".

15.2. AÇÕES COLETIVAS

Nota: o art. 139, inciso X, CPC/2015, estabelece que incumbe ao magistrado "quando se deparar com diversas demandas individuais repetitivas, oficiar o Ministério Público, a Defensoria Pública e, na medida do possível, outros legitimados a que se referem o art. 5º da Lei 7.347, de 24 de julho de 1985, e o art. 82 da Lei 8.078, de 11 de setembro de 1990, para, se for o caso, promover a propositura da ação coletiva respectiva".

175. (VUNESP – Procurador do Estado – PGE-SP/2018) A sentença proferida em sede de ação civil pública, que acolhe integralmente o pedido do autor e autoriza a liberação de remédios de uso proibido por órgãos administrativos fiscalizadores, todos potencialmente lesivos à saúde da população, enseja

a) apenas pedido de suspensão de segurança que, por evidente prejudicialidade, suspende o prazo do recurso de agravo, mas não o do recurso de apelação.

b) apelação, cujo efeito suspensivo deve ser pleiteado diretamente no Tribunal, por meio de medida cautelar autônoma e inominada.

c) apelação, cujo efeito suspensivo é automático e impede a execução definitiva da decisão.

d) apelação, com pedido de efeito suspensivo. Depois disso, a Fazenda de São Paulo deverá protocolar, no Tribunal de Justiça, um pedido de análise imediata desse efeito suspensivo pleiteado. Ao mesmo tempo, a Fazenda poderá pedir suspensão dos efeitos da sentença ao Presidente do Tribunal competente.

e) agravo de instrumento contra o capítulo da decisão que concedeu a ordem de liberação imediata das mercadorias, com pedido de efeito ativo, e apelação do capítulo que julgou o mérito.

COMENTÁRIOS

✪ **Nota do autor:** a apelação, via de regra, de acordo com o art. 1.012, *caput*, CPC/2015, terá efeito suspensivo, ou seja, a mera possibilidade de cabimento do recurso tem o condão de retirar a eficácia da decisão proferida. Ocorre que o ordenamento jurídico, em certas situações, confere à apelação apenas efeito devolutivo, como é o caso, por exemplo, do art. 14 da Lei nº 7.347/1985 (Lei da Ação Civil Pública), vejamos: "O juiz poderá conferir efeito suspensivo aos recursos, para evitar dano irreparável à parte". Conforme se percebe, no âmbito da ação civil pública, a apelação interposta contra a sentença gozará apenas de efeito devolutivo. Nessas situações, competirá à parte, caso queira obter o efeito suspensivo, requerê-lo na própria petição da apelação e, concomitantemente, com base no art. 1.012, § 3º, I, CPC, fazer um pedido de requerimento do efeito suspensivo ao Tribunal no período compreendido entre a interposição da apelação e sua distribuição, ficando o relator designado para seu exame prevento para julgá-la. Simultaneamente, é perfeitamente possível que a Fazenda lance mão do instituto de "suspensão de segurança", com base no art. 12, § 1º, da Lei nº 7.347/1985 e no art. 4º, § 1º, da Lei nº 8.437/1992, os quais estipulam o seguinte: "A requerimento de pessoa jurídica de direito público interessada, e para evitar grave lesão à ordem, à saúde, à segurança e à economia pública, poderá o Presidente do Tribunal a que competir o conhecimento do respectivo recurso suspender a execução da liminar, em decisão fundamentada, da qual caberá agravo para uma das turmas julgadoras, no prazo de 5 (cinco) dias a partir da publicação do ato". Não há óbice na tramitação simultânea do recurso (apelação) e do pleito de suspensão de segurança, uma vez que esse incidente não possui feição recursal.

Alternativa "a": A parte pode se valer da apelação e do incidente de suspensão de segurança, simultaneamente, conforme explicado na "nota do autor".

Alternativa "b": O efeito suspensivo pode ser pleiteado diretamente no Tribunal independentemente do uso de uma medida cautelar autônoma e inominada. Conforme previsão contida no art. 1.012 § 3º, I, CPC/2015, basta a parte atravessar uma mera petição pleiteando a suspensão da eficácia da decisão, com isso atribuindo-se efeito suspensivo à apelação.

Alternativa "c": Embora a apelação seja o recurso cabível contra a sentença proferida, conforme prevê o art. 14 da Lei nº 7.347/1985, este recurso será recebido apenas no efeito devolutivo, ou seja, não possui efeito suspensivo ope legis.

Alternativa "d": Ver comentários na "nota do autor".

Alternativa "e": Da sentença, o único recurso cabível é a apelação. Ademais a interposição, simultânea, de agravo de instrumento contra um capítulo e a apelação contra um outro violaria o princípio da unirrecorribilidade recursal.

Alternativa correta: letra "d".

176. (CESPE – Procurador do Estado – PGE-PE/2018) No que concerne a mandado de injunção, ação de improbidade administrativa, ação civil pública e ação popular, julgue os seguintes itens.

I. De acordo com o STJ, a sentença que julgar improcedente a ação de improbidade administrativa se submeterá ao regime de reexame necessário, independentemente do valor atribuído à causa.

II. É vedado ao MP assumir a titularidade de ação popular na hipótese de desistência do autor, ainda que nenhum outro cidadão legitimado promova o prosseguimento da ação.

III. De acordo com lei que disciplina o mandado de injunção, uma vez transitada em julgado a decisão final, o relator poderá, monocraticamente, estender seus efeitos a casos análogos.

IV. O STJ entende que o sindicato possui legitimidade para ajuizar, na qualidade de substituto processual, ação civil pública para a defesa de direitos individuais homogêneos da categoria que ele representa.

Assinale a opção correta.

a) Estão certos apenas os itens I e II.

b) Estão certos apenas os itens I e III.

c) Estão certos apenas os itens II e IV.

d) Estão certos apenas os itens I, III e IV.

e) Estão certos apenas os itens II, III e IV.

COMENTÁRIOS

✪ **Nota do autor:** É possível aplicar o art. 19 da Lei nº 4.171/65 para as ações de improbidade administrativa? O STJ entende que sim. A sentença que concluir pela carência ou pela improcedência de ação de improbidade administrativa está sujeita ao reexame necessário, com base na aplicação subsidiária do CPC e por aplicação analógica da primeira parte do art. 19 da Lei nº 4.717/65. Vale ressaltar que se a ação de improbidade administrativa for julgada improcedente haverá a necessidade de remessa oficial independentemente do valor da sucumbência (STJ. 2ª Turma. AgInt no REsp 1379659/DF, Rel. Min. Herman Benjamin, julgado em 28/03/2017).

Item I: De acordo com o STJ: "A sentença que concluir pela carência ou pela improcedência de ação de improbidade administrativa está sujeita ao reexame necessário, com base na aplicação subsidiária do CPC e por aplicação analógica da primeira parte do art. 19 da Lei nº 4.717/65" (STJ. 1ª Seção. EREsp 1.220.667-MG, Rel. Min. Herman Benjamin, julgado em 24/5/2017 (Info 607)).

Item II: De acordo com o art. 9º, da Lei no 4.717/1965: "Se o autor desistir da ação ou der motiva à absolvição da instância, serão publicados editais nos prazos e condições previstos no art. 7º, inciso II, ficando assegurado a qualquer cidadão, bem como ao representante do Ministério Público, dentro do prazo de 90 (noventa) dias da última publicação feita, promover o prosseguimento da ação".

Item III: Trata-se de disposição encartado no art. 9º, § 2º, da lei no 13.300/2016 (Lei do Mandado de Injunção): "Transitada em julgado a decisão, seus efeitos poderão ser estendidos aos casos análogos por decisão monocrática do relator".

Item IV: Prevalece na jurisprudência do STJ o entendimento de que, indistintamente, os sindicatos e associações, na qualidade de substitutos processuais, detêm legitimidade para atuar judicialmente na defesa dos interesses coletivos de toda a categoria que representam; por isso, caso a sentença coletiva não tenha uma delimitação expressa dos seus limites subjetivos, a coisa julgada advinda da ação coletiva deve alcançar todas as pessoas da categoria, legitimando-as para a propositura individual da execução de sentença (REsp 1.374.678-RJ, Rel. Min. Luis Felipe Salomão, julgado em 23/6/2015, DJe 4/8/2015).

Alternativa correta: letra "d".

177. (FCC – Procurador do Estado – MT/2016) De acordo com a jurisprudência dominante nos Tribunais Superiores a respeito do mandado de segurança e de ações coletivas,

a) o termo inicial do prazo decadencial para a impetração de mandado de segurança, na hipótese de exclusão do candidato do concurso público nas hipóteses em que causa de pedir envolva questionamento de critério do edital, é contado a partir da publicação de referido edital.

b) é competente o Tribunal de Justiça para conhecer de mandado de segurança contra ato do juizado especial.

c) a impetração de segurança por terceiro, contra ato judicial, é condicionada a interposição de recurso.

d) a legitimidade das associações para representar os interesses dos associados em ações coletivas depende de autorização expressa dos associados, salvo no que diz respeito ao mandado de segurança coletivo, que independe de autorização.

e) ajuizada ação coletiva atinente a macrolide geradora de processos multitudinários, não se suspendem as ações individuais no aguardo do julgamento da ação coletiva.

COMENTÁRIOS

✪ **Nota do autor:** a questão versa sobre o mandado de segurança, que é remédio constitucional previsto nos incisos LXIX e LXX, *verbis:* "LXIX – conceder-se-á mandado de segurança para proteger direito líquido e certo, não amparado por habeas corpus ou habeas data, quando o responsável pela ilegalidade ou abuso de poder for autoridade pública ou agente de pessoa jurídica no exercício de atribuições do Poder Público; LXX – o mandado de segurança coletivo pode ser impetrado por: a) partido político com representação no Congresso Nacional; b) organização sindical, entidade de classe ou associação legalmente constituída e em funcionamento há pelo menos um ano, em defesa dos interesses de seus membros ou associados". Vale dizer, "mandado de segurança é o meio constitucional posto à disposição de toda pessoa física ou jurídica, órgão com capacidade processual, ou universalidade reconhecida por lei, para a proteção de direito individual ou coletivo, líquido e certo, lesado ou ameaçado de lesão por ato de autoridade, não amparado por *habeas corpus* ou *habeas data*, seja de que categoria for e sejam quais forem as funções que exerça (CF, art. 52, LXIX e LXX; art. 12 da Lei n. 12.016, de 7.8.2009)"[94].

Alternativa "a": O mandado de segurança deve ser manejado dentro do prazo de 120 dias, contados da ciência, pelo interessado, do ato impugnado. No caso da questão em análise, a jurisprudência do STJ registra precedente no sentido de que **"o termo inicial do prazo decadencial para a impetração de mandado de segurança no qual se discuta regra editalícia que tenha fundamentado eliminação em concurso público é a data em que o candidato toma ciência do ato administrativo que determina sua exclusão do certame, e não a da publicação do edital"**[95].

Alternativa "b": Excepcionalmente, caberá mandado de segurança e *habeas corpus* no procedimento dos Juizados Especiais, quando evidenciado o direito líquido e certo do impetrante por meio de prova documental pré-constituída. Nesses casos, "cabe **exclusivamente às Turmas Recursais** conhecer e julgar o mandado de segurança e o *habeas corpus* impetrados em face dos atos judiciais oriundos dos Juizados Especiais" (*Enunciado 62,* FONAJE). No mesmo sentido dispõe a **Súmula 376,** STJ, *verbis:* "compete a **turma recursal** processar e julgar o mandado de segurança contra ato de juizado especial".

Alternativa "c": A jurisprudência do STF, constante da **Súmula 202,** é contrária ao enunciado da alternativa. Assim estabelece o referido verbete sumular: "a impetração de segurança por terceiro, contra ato judicial, **não se condiciona à interposição de recurso"**.

Alternativa "d": A afirmativa está em consonância com a jurisprudência do STF, consubstanciada na **Súmula 629,** segundo a qual "a impetração de mandado de segurança coletivo por entidade de classe em favor dos associados independe de autorização destes". Sobre o tema, vale registrar a lúcida observação de José Miguel Garcia Medina, Fábio Caldas de Araújo e Fernando da Fonseca Gajardoni: "[...] Houve uma grande discussão sobre a necessidade de autorização expressa, por parte dos associados e sindicalizados, para o ajuizamento do mandado de segurança coletivo. Um dos motivos da polêmica referia-se à interpretação e extensão dos poderes conferidos pelo inc. XXI do art. 5º da CF/1988. Referido inciso exige a autorização dos associados para defesa dos interesses individuais dos associados. Destarte, no mandado de segurança coletivo, prevaleceu o correto entendimento de que as associações, sindicatos e partidos não necessitam de autorização, pois a legitimação é extraordinária, uma que a postulação é dirigida para a proteção da categoria [...]"[96].

94. MEIRELLES, Hely Lopes; WALD, Arnaldo; MENDES, Gilmar Ferreira. **Mandado de Segurança e Ações Constitucionais.** 32ª ed. São Paulo: Malheiros, 2009, p. 25-26.
95. **REsp 1.124.254/PI,** Corte Especial, rel. Min. Sidnei Beneti, j. 1º.07.2014, informativo 545.
96. MEDINA, José Miguel Garcia; ARAÚJO, Fábio Caldas; GAJARDONI, Fernando da Fonseca. **Processo Civil Moderno. Vol. 04: Procedimentos Cautelares e Especiais.** 3ª ed. São Paulo: Revista dos Tribunais, 2012, p. 461.

Alternativa "e": A jurisprudência do STJ orientava-se, na vigência do CPC/1973, no sentido de que ajuizada ação coletiva atinente a macrolide geradora de processos multitudinários, **suspendem-se** as ações individuais no aguardo do julgamento da ação coletiva[97]. O CPC/2015 incorporou a referida orientação, prevendo regra no sentido de que a seleção de recursos especiais representativos de controvérsia ensejará a suspensão do trâmite de todos os processos pendentes, individuais ou coletivos (art. 1.036, § 1º). Assevera Tereza Arruda Alvim Wambier *et al* que "se houver ações coletivas e individuais discutindo a mesma questão de direito, natural seria a escolha de coletivas, por serem, por definição, mais 'representativas' de controvérsia do que as individuais"[98].

Alternativa correta: letra "d".

178. (PUC – Procurador do Estado – PR/2015) Acerca das ações coletivas, assinale a alternativa CORRETA.

a) A legitimidade das entidades associativas para representar seus filiados judicial ou extrajudicialmente depende de autorização expressa.

b) Os sindicatos dependem de autorização expressa para defender judicialmente os interesses individuais da categoria.

c) É vedado ao Ministério Público defender judicialmente direitos individuais homogêneos.

d) Os Estados Federados não têm legitimidade para a propositura de ações coletivas.

e) Aos cidadãos é garantido o direito de requerer que os legalmente legitimados proponham ações coletivas, mas não lhes é garantido o direito de propô-las.

COMENTÁRIOS

✪ **Nota do autor:** a questão versa sobre a legitimidade ativa para a propositura de ações coletivas, tratando a alternativa correta das entidades associativas e da respectiva necessidade de autorização expressa para representação judicial ou extrajudicial de seus filiados. Nesse particular, é preciso muita atenção do concursando, pois há um aparente conflito entre a regra do art. 21, Lei 12.016/2009, que aborda a legitimidade das entidades de classe para impetrar mandado de segurança coletivo, hipótese em que é expressamente dispensada a autorização especial dos associados para o manejo do remédio constitucional, e a norma do inciso XXI do art. 5º, CF. Não obstante, o entendimento dominante é no sentido de que a norma constitucional, que exige autorização dos filiados para a representação judicial e extrajudicial pelas entidades de classe, é restrita à tutela dos direitos individuais. Significa dizer,

97. STJ, **REsp 1.110.549/RS,** 2ª Seção, j. 28.10.2009, DJe 14.12.2009.
98. WAMBIER, Teresa Arruda Alvim; CONCEIÇÃO, Maria Lúcia Lins; RIBEIRO, Leonardo Ferres da Silva; MELLO, Rogério Licastro Torres. **Primeiros Comentários ao Novo Código de Processo Civil: Artigo por artigo.** São Paulo: Revista dos Tribunais, 2015, p. 1512,

não se aplica ao mandado de segurança coletivo, no qual a entidade atua como substituto processual. Nesse sentido é a orientação consagrada na *Súmula 629,* STF, segundo a qual "a impetração de mandado de segurança coletivo por entidade de classe em favor dos associados independe de autorização destes".

Alternativa "a": As entidades associativas, quando expressamente autorizadas, têm legitimidade para representar seus filiados judicial ou extrajudicialmente (art. 5º, XXI, CF).

Alternativa "b": Quando os sindicatos defendem judicialmente os interesses da categoria (substituição processual), não é necessária autorização dos filiados (art. 5º, LXX, "b", CF).

Alternativa "c": O entendimento majoritário é no sentido de que o Ministério Público sempre terá legitimidade para atuar quando se tratar de litígio envolvendo direitos individuais homogêneos de natureza indisponível. Se os direitos forem disponíveis, o Ministério Público só terá legitimidade se estes forem de interesse social (se houver relevância social), nos termos do art. 127, CF.

Alternativa "d": Os Estados Federados possuem legitimidade para propor ação civil pública de responsabilidade por danos causados ao meio-ambiente, ao consumidor, a bens e direitos de valor artístico, estético, histórico, turístico, na forma do art. 5º, inciso III da Lei nº 7.347/85.

Alternativa "e": A Constituição garante a todo cidadão propor ação popular, que é espécie de ação coletiva (art. 5º, LXXIII).

Alternativa correta: letra "a".

---

179. (PUC – Procurador do Estado – PR/2015) Sobre as hipóteses de tutela frente à lesão do patrimônio público pela prática de ato ilícito por parte de agente público, assinale a alternativa CORRETA.

a) A prática do ato não enseja a impetração de mandado de segurança coletivo, pois não haveria direito líquido e certo no caso.

b) A propositura de ação popular seria insuficiente por não proporcionar a reparação do dano.

c) Diferentes órgãos do Judiciário serão competentes para apreciar a ação popular e a ação de improbidade administrativa.

d) A ação de improbidade administrativa, considerada espécie de ação civil pública, pode ser utilizada para reparação do dano e punição do agente.

e) Somente o mandado de segurança coletivo pode ser usado para suspender a eficácia do ato imediatamente, via decisão liminar.

COMENTÁRIOS

✪ **Nota do autor:** a ação de improbidade administrativa, a ação popular, o mandado de segurança coletivo e a ação civil pública integram o microssistema de tutela coletiva, cujo objeto é a proteção dos direitos transindividuais que tem como espécies:

Direitos Difusos	Direitos coletivos	Direitos individuais homogêneos
Transindividuais, de natureza indivisível, de que sejam titulares pessoas indeterminadas e ligadas por circunstâncias de fato.	Transindividuais, de natureza indivisível de que seja titular grupo, categoria ou classe de pessoas ligadas entre si ou com a parte contrária por uma relação jurídica base.	Os decorrentes de origem comum.

Alternativa "a": É perfeitamente cabível a impetração de mandado de segurança, eis que há interesse coletivo na defesa do patrimônio público.

Alternativa "b": A **ação popular** visa anular ato lesivo ao patrimônio público (CF, art. LXIII; Lei nº. 4.717/65, art. 1º) e pode ter como consequência a reparação dos eventuais danos causados. Ou seja, a natureza da ação popular pode ser desconstitutiva-condenatória, desde que comprovados os prejuízos e apontados os responsáveis.

Alternativa "c": Tanto a Lei da Ação Civil Pública (art. 2º) quanto a Lei da Ação Popular (art. 5º) estabelecem que a competência será determinada pela origem do ato lesivo, ou seja, dependerá do local onde ocorreu o dano.

Alternativa "d": A ação de improbidade administrativa é o instituto adequando para tanto, devendo trazer, em seu conteúdo, a conduta do agente público; os princípios violados; o elemento volitivo; a verificação se, efetivamente, houve lesão a patrimônio ou enriquecimento ilícito do agente; o enquadramento dos sujeitos ativos e passivos; o enquadramento material do ato ímprobo.

Alternativa "e": A ação civil pública e a ação popular também permitem a suspensão do ato, mediante decisão liminar (art. 12, Lei nº. 7.347/85; art. 5º, §4º, Lei nº. 4.717/65).

Alternativa correta: letra "d".

---

180. (PUC – Procurador do Estado – PR/2015) Sobre tutela coletiva, assinale a alternativa CORRETA.

a) A proteção de interesses difusos, devido a sua indivisibilidade, só pode ser pleiteada pelas entidades legitimadas enumeradas na Lei de Ação Civil Pública.

b) Uma única ação civil pública pode requerer a tutela de direitos coletivos e individuais homogêneos.

c) A eficácia erga omnes da coisa julgada em ações para a tutela de direitos coletivos stricto sensu não atinge autores de ações individuais que não requererem a sua suspensão no prazo de 30 (trinta) dias da ciência do ajuizamento da ação coletiva.

d) O Ministério Público pode ajuizar ação para a proteção de direitos individuais homogêneos de qualquer natureza.

e) O termo inicial do prazo de 120 (cento e vinte) dias para a impetração do mandado de segurança coletivo é, rigorosamente, o mesmo para todos os legitimados.

COMENTÁRIOS

✪ **Nota do autor:** a tutela coletiva de direitos observa preceitos próprios, diferentes dos que regem o processo individual. Aliás, é possível afirmar que existe um microssistema de tutela coletiva integrado por diversos atos normativos (Lei da Ação Civil Pública, Lei da Ação Popular, Código de Defesa do Consumidor, etc.). Consequentemente, o procedimento das ações coletivas é dotado de peculiaridades que o distinguem das ações individuais. Trata-se de uma decorrência do princípio do devido processo coletivo, que permite a integração das lacunas do sistema por meio de regras específicas, extraídas de outras legislações editadas com a mesma ideologia, somente se aplicando as disposições processuais comuns de forma residual, é dizer, quando inexistente norma específica no microssistema.

Alternativa "a": A proteção dos interesses difusos também poderá ser pleiteada pelas entidades descritas no art. 82, III, do Código de Defesa do Consumidor.

Alternativa "b": Nesse sentido as lições de Hugo Nigro Mazzilli: "Constitui erro comum supor que, em uma ação civil pública ou coletiva, só se possa discutir, por vez, uma só espécie de interesse transindividual (ou somente interesses difusos, ou somente coletivos ou somente individuais homogêneos). Nessas ações, não raro se discutem interesses de mais de uma espécie. Assim, à guisa de exemplo, numa única ação civil pública ou coletiva, é possível combater os aumentos ilegais de mensalidades escolares já aplicados aos alunos atuais, buscar a repetição do indébito e, ainda, pedir a proibição de aumentos futuros; nesse caso, estaremos discutindo, a um só tempo: a) interesses coletivos em sentido estrito (a ilegalidade em si do aumento, que é compartilhada de forma indivisível por todo o grupo lesado); b) interesses individuais homogêneos (a repetição do indébito, proveito divisível entre os integrantes do grupo lesado); c) interesses difusos (a proibição de imposição de aumentos para os futuros alunos, que são um grupo indeterminável) [...]"[99].

Alternativa "c": As ações coletivas que versem sobre direitos coletivos em sentido estrito produzem coisa julgada com efeitos *ultra partes* e não *erga omnes* (art. 103, II, CDC).

Alternativa "d": O entendimento majoritário é no sentido de que o Ministério Público sempre terá legitimidade para atuar quando se tratar de litígio envolvendo direitos individuais homogêneos de natureza indisponível. Se os direitos forem disponíveis, o Ministério Público só terá legitimidade se estes forem de interesse social (se houver relevância social), nos termos do art. 127, CF.

Alternativa "e": De acordo com o art. 23 da Lei nº. 12.016/2009, "o direito de requerer mandado de segurança extinguir-se-á decorridos 120 (cento e vinte) dias, contados da ciência, pelo interessado, do ato impugnado". O termo *a quo* do prazo tem início quando da ciência do interessado, que pode ser diferente para cada legitimado.

Alternativa correta: letra "b".

99. MAZZILLI, Hugo Nigro. **A defesa dos interesses difusos em juízo.** 26 ed. São Paulo: Saraiva, 2013, p. 59-60.

181. (FCC – Procurador do Estado – RN/2014) O Estado ajuizou ação civil pública contra "KPK Extração Mineral Ltda." em razão de danos causados ao meio ambiente. Requereu, em sede de liminar, a cessação das condutas danosas, com fixação de multa cominatória para o caso de descumprimento. O Juiz poderá conceder liminar

a) com ou sem justificação prévia, fixando multa cominatória para o caso de descumprimento, a qual será devida e exigível desde o dia em que tiver havido o descumprimento.
b) apenas com justificação prévia, fixando multa cominatória para o caso de descumprimento, a qual será devida e exigível desde o dia em que tiver havido o descumprimento.
c) com ou sem justificação prévia, fixando multa cominatória para o caso de descumprimento, a qual será exigível após o trânsito em julgado, porém devida desde o dia em que tiver havido o descumprimento.
d) com ou sem justificação prévia, mas sem fixação de multa cominatória.
e) apenas com justificação prévia, fixando multa cominatória para o caso de descumprimento, a qual será exigível após o trânsito em julgado, porém devida desde o dia em que tiver havido o descumprimento.

COMENTÁRIOS

✪ **Nota do autor:** disciplinada pela Lei nº 7.347, de 24 de julho de 1985, a Ação Civil Pública tem por objetivo reprimir ou prevenir danos ao meio ambiente, ao consumidor, ao patrimônio público, aos bens e direitos de valor artístico, estético, histórico e turístico, por infração da ordem econômica e da economia popular, ou à ordem urbanística, podendo ter por objeto a condenação em dinheiro ou o cumprimento de obrigação de fazer ou não fazer. O princípio da máxima efetividade do processo coletivo mitiga uma série de regras do processo individual, atribuindo ao juiz papel de protagonista no desenvolvimento do processo. Assim, o juiz possui amplos poderes probatórios (assim como no CPC), devendo atuar independentemente da iniciativa das partes na busca da verdade real e da efetividade do processo coletivo. Dessa forma, incumbe ao magistrado na condução do processo coletivo: **a)** determinar *ex officio* a produção de todas as provas necessárias ao alcance da verdade; **b) conceder liminar, com ou sem justificação prévia (Lei 7.347/85, art. 12)**; **c)** conceder antecipação de tutela com ou sem requerimento da parte (CDC, art. 84, § 3º); **d)** conceder medidas de apoio previstas no art. 84, § 3º, CDC, para assegurar o resultado prático equivalente.

Alternativa "c": correta (comentários respondem as demais assertivas): a liminar poderá ser concedida **com ou sem** justificação prévia, a teor do art. 12, Lei 7.347/85. Ademais, a multa imposta em sede de ação civil pública **só será exigível do réu após o trânsito em julgado da sentença favorável ao autor, mas será devida desde o dia em que se houver configurado**, consoante a regra inserta no art. 12, § 2º, Lei 7.347/85.

182. (FCC – Procurador do Estado – RN/2014) Caio, funcionário público, mancomunado com Mévio, empresário, envolveram-se em esquema de desvio de verbas que resultou em prejuízos de um milhão de reais ao patrimônio público. Ao tomar conhecimento da fraude, a autoridade administrativa representou ao Ministério Público, que requereu, em ação por improbidade administrativa, a indisponibilidade de bens tanto de Caio como de Mévio, o que foi deferido. Cumprida a ordem em relação a Caio, constatou-se que este não possuía bens. Por sua vez, Mévio faleceu antes do cumprimento da ordem, deixando o herdeiro Tício, também empresário, e uma herança de quatrocentos mil reais. Com a sucessão, o Ministério Público requereu a indisponibilidade dos bens de Tício, até o montante de um milhão de reais, a fim de assegurar o integral ressarcimento do dano. Em havendo prova pré-constituída do fato, o pedido deverá ser

a) indeferido, pois Mévio não era agente público, não se sujeitando, assim como Tício, às consequências previstas para os atos de improbidade administrativa.
b) deferido em parte, pois o sucessor daquele que causa lesão ao patrimônio público responde apenas até o limite do valor da herança.
c) deferido apenas se comprovado que Tício conhecia a fraude.
d) indeferido, pois a pena não pode passar da pessoa do infrator.
e) deferido, pois o sucessor daquele que causa lesão ao patrimônio público tem responsabilidade objetiva de assegurar o integral ressarcimento do dano.

COMENTÁRIOS

✪ **Nota do autor:** a questão exige o conhecimento sobre os dispositivos da Lei nº 8.429/92 (LIA). Sobre a assertiva "a", importante destacar que o sujeito ativo do ato de improbidade administrativa pode ser de duas espécies: a) agentes políticos (art. 2º) e b) terceiros (art. 3º) que se beneficiem do ato, ainda que não sejam agentes públicos. Esse terceiro, que pode ser uma pessoa física ou jurídica (STJ. REsp 1.122.177/MT, DJE 27/04/2011), não pode ser responsabilizado isoladamente pelo ato de improbidade. Em outras palavras, para que o terceiro seja responsabilizado pelas sanções da LIA, é indispensável que seja identificado algum agente público como autor da prática do ato de improbidade. Logo, não é possível que seja proposta ação de improbidade somente contra o terceiro, sem que figure também um agente público no polo passivo da demanda (STJ, REsp nº. 1.171.017/PA, Rel. Min. Sérgio Kukina, julgado em 25/02/2014).

Alternativa "a": De acordo com o art. 3º da LIA, são aplicáveis, no que couber, as penalidades previstas na lei àquele que, mesmo não sendo agente público, induza ou concorra dolosamente para a prática do ato de improbidade ou dele se beneficie sob qualquer forma direta ou indireta.

Alternativa "b": A assertiva está em conformidade com o disposto no art. 8º da LIA, segundo o qual "o sucessor ou o herdeiro daquele que causar dano ao erário ou que se enriquecer ilicitamente estão sujeitos apenas à obrigação de repará-lo até o limite do valor da herança ou do patrimônio transferido.".

Alternativa "c": O herdeiro responde pelos prejuízos decorrentes do ato de improbidade, nos limites das forças da herança. Isso quer dizer que a decisão na ação de improbidade não atingirá patrimônio próprio, mas apenas aquele transferido por ocasião do falecimento de Mévio, independentemente do conhecimento do herdeiro sobre a fraude perpetrada pelo autor da herança.

Alternativas "d" e "e": As duas contrariam o disposto no art. 8º da Lei 8.429/92.

Alternativa correta: letra "b".

183. (FUMARC – Procurador do Estado – MG/2012) Assinale a alternativa que NÃO completa corretamente a frase:

"Em ação civil pública, o pedido de suspensão de liminar formulado pela pessoa jurídica de direito público diretamente ao presidente do tribunal competente objetiva evitar grave lesão".

a) à ordem pública
b) à saúde pública
c) à segurança pública
d) à economia pública
e) ao devido processo legal

COMENTÁRIOS

✪ **Nota do autor:** o pedido de suspensão de segurança é um sucedâneo recursal por meio do qual o Poder Público postula perante o Presidente do tribunal competente para julgar o recurso contra a concessão da liminar a suspensão dos efeitos de sua execução, desde que demonstre perigo de lesão grave à ordem, à saúde, à segurança e à economia públicas. Além do Poder Público, o MP, como legítimo curador da ordem jurídica, também é legitimado para requerer a suspensão de segurança. Sobre este incidente, Cassio Scarpinella Bueno[100] o considera inconstitucional. Isso porque "[...] ele atrita com o princípio da isonomia – da 'paridade de armas' – ao prever à pessoa jurídica de direito público (e ao Ministério Público) mecanismo processual não disponibilizado ao impetrante e que tem aptidão para interferir diretamente no que é mais caro ao mandado de segurança, a produção *imediata* dos efeitos das decisões jurisdicionais proferidas em prol do impetrante. Até porque, se é verdade que quando o instituto foi concebido pelo legislador brasileiro, o sistema processual civil era pouco claro quanto às possibilidades de a fase recursal desenvolver-se sob o manto do 'dever-poder geral de cautela', a observação não condiz à realidade normativa hoje vigente. Quando o 'pedido de suspensão' é dirigido ao Superior Tribunal de Justiça e/ou ao Supremo Tribunal Federal [hipótese da alternativa correta], àquela crítica

100. BUENO, Cassio Scarpinella. **A Nova Lei do Mandado de Segurança.** São Paulo: Saraiva, 2009, p. 93/94.

soma-se a circunstância de a Constituição Federal não ter previsto competência daqueles Tribunais para julgá-lo, o que contraria a interpretação dada por eles próprios à *taxatividade* de sua competência fixada, única e exclusivamente, pela Constituição".

Alternativa correta: letra "e" (comentários respondem as demais alternativas): nos termos do art. 12, § 1º, Lei 7.347/85, "a requerimento de pessoa jurídica de direito público interessada, e **para evitar grave lesão à ordem, à saúde, à segurança e à economia pública**, poderá o Presidente do Tribunal a que competir o conhecimento do respectivo recurso suspender a execução da liminar, em decisão fundamentada, da qual caberá agravo para uma das turmas julgadoras, no prazo de 5 (cinco) dias a partir da publicação do ato". Igualmente, o art. 4º, *caput*, Lei 8.437/92, disciplinando a suspensão da execução de liminar concedida nas ações movidas em desfavor da Fazenda Pública, estabelece que "compete ao presidente do tribunal, ao qual couber o conhecimento do respectivo recurso, suspender, em despacho fundamentado, a execução da liminar nas ações movidas contra o Poder Público ou seus agentes, a requerimento do Ministério Público ou da pessoa jurídica de direito público interessada, em caso de manifesto interesse público ou de flagrante ilegitimidade, e para evitar grave lesão à ordem, à saúde, à segurança e à economia públicas". Comentando o dispositivo legal, Fredie Didier Jr. e Leonardo Carneiro da Cunha[101] assinalam que "a execução de liminar nas ações movidas contra a Fazenda Pública pode ser suspensa, caso haja igualmente grave lesão a um dos aludidos interesses públicos relevantes, ou, ainda, em sendo flagrantemente ilegítimo o provimento de urgência deferido. As medidas cautelares e demais liminares contra a Fazenda Pública estão, em outras palavras, sujeitas igualmente a um pedido de suspensão a ser intentado perante o presidente do respectivo tribunal. Tal pedido de suspensão encontra escoro no art. 4º da Lei 8.437, de 30 de junho de 1992, sendo certo que esse dispositivo aplica-se à sentença proferida em processo de *ação cautelar inominada*, no processo de *ação popular* e na *ação civil pública*, enquanto não transitada em julgado. É o que estabelece o § 1º do mencionado art. 4º da Lei 8.437/1992. Essa lei traz o regramento mais exaustivo sobre o pedido de suspensão de segurança: além do *caput*, são nove parágrafos que disciplinam o procedimento deste incidente processual. É possível dizer, então, que se trata do regime jurídico geral para o pedido de suspensão de segurança". Ademais, "a interposição de agravo de instrumento contra liminar concedida nas ações movidas contra o poder público e seus agentes não prejudica nem condiciona o julgamento do pedido de suspensão a que se refere este artigo", por força do art. 15, § 3º, Lei 12.016/09. A solução legal é consentânea com o sistema processual, que não atribuir ao agravo de instrumento efeito suspensivo automático, o que, se houvesse, tornaria desnecessário o pedido de suspensão. "O pedido de suspensão não interfere no processamento do recurso de agravo ou de apelação. São figuras distintas. O deferimento do pedido de suspensão, em face da medida liminar ou da sentença, vigorará até o trânsito em julgado da decisão concessiva da segurança, em virtude da ultra-atividade conferida pela Súmula 626 do STF. Em caso de interposição de recurso, a suspensão acompanhará a decisão final proferida pelo STJ [...]"[102]. Portanto, o Procurador da Fazenda, nas demandas propostas em desfavor da Fazenda Pública, deve requerer a suspensão da liminar e, concomitantemente, impugnar a decisão por meio de agravo de instrumento.

15.2.1. MANDADO DE SEGURANÇA COLETIVO

184. (FCC – Procurador do Estado – SP/2012) O sindicato de determinada categoria de servidores públicos impetrou mandado de segurança coletivo para obstar a alteração da base de cálculo de determinada gratificação funcional que beneficiava parte de seus associados. O juiz concedeu a liminar e determinou a reunião de todos os processos de natureza individual na sua jurisdição, bem como determinou que o sindicato demonstrasse funcionamento há mais de um ano e apresentasse a autorização para o ajuizamento da ação. Nesse contexto,

a) a demonstração de tempo de funcionamento ou de autorização dos associados para a entidade de classe impetrar mandado de segurança coletivo não de veria ser exigida.
b) o juiz, para conceder a liminar, não depende da oitiva prévia do representante judicial da pessoa jurídica de direito público.
c) a reunião dos processos foi bem determinada diante da litispendência que se opera entre a ação coletiva e as ações individuais.
d) a exigência de autorização dos associados é indevida, mesmo quando a pretensão abranja apenas parte da categoria.
e) a pertinência entre o objeto do litígio e os fins institucionais da entidade não é exigida no mandado de segurança coletivo e, consequentemente, para concessão da liminar.

COMENTÁRIOS

✪ **Nota do autor:** o mandado de segurança coletivo é uma ação de índole civil, incluída no microssistema de tutela coletiva, idônea para assegurar a efetividade de direito líquido e certo violado ou ameaçado de violação por ato de autoridade. Cuida-se de remédio constitucional cuja legitimidade é restrita aos partidos políticos, com representação no Congresso Nacional, para a defesa de seus legítimos interesses relativos a seus integrantes ou

101. DIDIER JR., Fredie; CUNHA, Leonardo Carneiro da. **Curso de Direito Processual Civil. Vol. 5: Meios de Impugnação às Decisões Judiciais e Processos nos Tribunais.** 10ª ed. Salvador: Juspodivm, 2012, p. 528/529.

102. MEDINA, José Miguel Garcia; ARAÚJO, Fábio Caldas de; GAJARDONI, Fernando da Fonseca. **Processo Civil Moderno. Vol. 4: Procedimentos Cautelares e Especiais.** 3ª ed. São Paulo: Revista dos Tribunais, 2012, p. 470/471.

à finalidade partidária, bem como à organização sindical, entidade de classe ou associação legalmente constituída e em funcionamento, há pelo menos, um ano. **O rol de legitimados é taxativo, de modo que o representante judicial da Fazenda Pública estadual não pode impetrar mandado de segurança coletivo para a tutela de direito líquido e certo da população interessada contra ato de autoridade federal.** Nesse sentido, confira-se: "ao Estado-Membro não se outorgou legitimação extraordinária para a defesa, contra ato de autoridade federal no exercício de competência privativa da União, seja para a tutela de interesses difusos de sua população que é restrito aos enumerados na lei da ação civil pública (Lei 7.347/85), seja para a impetração de mandado de segurança coletivo, que é objeto da enumeração taxativa do art. 5º, LXX da Constituição. Além de não se poder extrair mediante construção ou raciocínio análogos, a alegação legitimação extraordinária não se explicaria no caso, porque, na estrutura do federalismo, o Estado-Membro não é órgão de gestão, nem de representação dos interesses de sua população, na órbita da competência privativa da União" (*STF, MS 21.059, rel. Min. Sepúlveda Pertence, p. 19.10.90*).

Alternativa "a": A interpretação literal do art. 21, Lei 12.016/09, conduz ao entendimento de que **é indispensável a demonstração de tempo mínimo de funcionamento de um ano às organizações sindicais, entidade de classe e associação.** Com efeito, "[...] segundo entendimento desta Corte e do Pretório Excelso, seja em mandado de segurança coletivo, seja por via de outra ação qualquer, age o sindicato como substituto processual e, como tal, não necessita de autorização ou de relação nominal dos substituídos, bastando, para tanto, a circunstância de a entidade estar legalmente constituída e em funcionamento há, pelo menos, um ano [...]" (*STJ, MS 7.993/DF, 3ª Seção, rel. Min. Laurita Vaz, j. 9.11.2005, p. 23.11.2005*).

Alternativa "b": À luz do art. 22, § 2º, Lei 12.016/09, a concessão de liminar em mandado de segurança coletivo impetrado em desfavor da Fazenda Pública **depende** da prévia oitiva do representante judicial da pessoa jurídica de direito público, que se pronunciará no prazo de 72 (setenta e duas) horas. Cassio Scarpinella Bueno[103], contudo, ressalta que o entendimento doutrinário majoritário é no sentido de que "[...] o representante do Poder Público só deverá ser intimado a se pronunciar sobre o pedido de liminar se essa providência comprometer a salvaguarda do direito do impetrante, isso é, naqueles casos em que, rigorosamente, o *periculum in mora* (o perigo de ineficácia da medida) não é tão intenso. Em sendo, no entanto, o estabelecimento desse contraditório prévio deve ser necessária e sistematicamente afastado, dando lugar à grandeza constitucional do instituto. Postergar-se-á, destarte, a oitiva do representante judicial do Poder Público em prol da *efetividade* do processo, a despeito do comando legal".

Alternativa "c": Nos termos do art. 22, § 1º, Lei 12.016/09, o mandado de segurança coletivo **não induz litispendência para as ações individuais,** mas os efeitos da coisa julgada não beneficiarão o impetrante a título individual se não requerer a desistência de seu mandado de segurança no prazo de 30 (trinta) dias a contar da ciência comprovada da impetração da segurança coletiva. Dessa forma, "a apreciação da ação individual não fica prejudicada em razão do julgamento do mandado de segurança coletivo impetrado por entidade de classe" (*STJ, EDcl no AgRg no Ag 770.895/RS, 2ª T., rel. Min. Eliana Calmon, p. 8.10.2007*), **não sendo obrigatória a reunião dos processos.**

Alternativa "d": De fato, os entes legitimados para o mandado de segurança coletivo atuam como substitutos processuais, defendendo em nome próprio interesses de outrem, razão pela qual não há necessidade de autorização dos substituídos para o manejo do *mandamus*. José Miguel Garcia Medina, Fábio Caldas de Araújo e Fernando da Fonseca Gajardoni[104], a propósito, assinalam que "[...] houve uma grande discussão sobre a necessidade de autorização expressa, por parte dos associados e sindicalizados, para o ajuizamento do mandado de segurança coletivo. Um dos motivos da polêmica referia-se à interpretação e extensão dos poderes conferidos pelo inc. XXI do art. 5º da CF/1988. Referido inciso exige a autorização dos associados para defesa dos interesses individuais dos associados. Destarte, no mandado de segurança coletivo, prevaleceu o correto entendimento de que as associações, sindicatos e partidos não necessitam de autorização, pois a legitimação é extraordinária, uma que a postulação é dirigida para a proteção da categoria [...]". O referido entendimento está consolidado na *Súmula 629*, STF, segundo a qual "a impetração de mandado de segurança coletivo por entidade de classe em favor dos associados independe de autorização destes". A questão encontra-se assim resumida:

Mandado de segurança coletivo	Tutela individual dos associados
A entidade de classe ou associação atua em nome próprio na defesa de outrem.	A entidade de classe ou associação representa os seus associados.
Independe de autorização dos associados.	Indispensável a autorização dos associados
Legitimação extraordinária.	Legitimação ordinária.

Alternativa "e": No mandado de segurança, assim como no microssistema de tutela coletiva, a legitimidade da organização sindical, entidade de classe ou organização **pressupõe a demonstração da pertinência temática**, vale dizer, "a associação regularmente constituída e em funcionamento, pode postular em favor de seus membros ou associados, não carecendo de autorização especial em assembleia geral, bastando a constante do estatuto. Mas como é próprio de toda substituição processual, a legitimação para a agir está condicionada a defesa dos direitos

103. BUENO, Cassio Scarpinella. **A Nova Lei do Mandado de Segurança.** São Paulo: Saraiva, 2009, p. 140/141.

104. MEDINA, José Miguel; ARAÚJO, Fábio Caldas de; GAJARDONI, Fernando da Fonseca. **Procedimentos Cautelares e Especiais.** 3ª ed. São Paulo: 2012, p. 461.

ou interesses jurídicos da categoria que representa" (*STF, RE 141.733, rel. Min. Ilmar Galvão, p. 1.9.95*).

Alternativa correta: letra "d".

15.3. AÇÃO POPULAR

185. (CESPE – Procurador do Estado – PGE-PE/2018) O benefício da contagem em dobro do prazo para manifestações da fazenda pública

a) se aplica no âmbito dos juizados especiais da fazenda pública.

b) não se aplica para a contestação em ação popular.

c) se aplica aos procuradores de sociedades de economia mista.

d) não se aplica aos procuradores de fundações de direito público.

e) se aplica cumulativamente ao benefício de prazo em dobro na multiplicidade de litisconsortes com procuradores diversos em autos eletrônicos.

COMENTÁRIOS

✪ **Nota do autor:** de acordo com a doutrina [105], não se aplica o prazo em dobro: i) para contestar a ação popular; ii) nos prazos nos Juizados Federais e nos Juizados da Fazenda Pública; iii) para o depósito do rol de testemunha; iv) para impugnação ao cumprimento de sentença e para embargos à execução pela Fazenda Pública; v) nas ADIN, ADC e ADPF; vi) para prazos de Estado Estrangeiro; vii) nos prazos na suspensão de segurança; viii) para a Fazenda Pública responder à ação rescisória.

Alternativa "a": De acordo com o art. 7º, da Lei 12.153/2009 (Juizados Especiais da Fazenda Pública): "Não haverá prazo diferenciado para a prática de qualquer ato processual pelas pessoas jurídicas de direito público, inclusive a interposição de recursos, devendo a citação para a audiência de conciliação ser efetuada com antecedência mínima de 30 (trinta) dias".

Alternativa "b": De acordo com o Art. 7º, § 2º, IV da Lei nº 4.717/1965 (Ação Popular): "O prazo de contestação é de 20 (vinte) dias, prorrogáveis por mais 20 (vinte), a requerimento do interessado, se particularmente difícil a produção de prova documental, e será comum a todos os interessados, correndo da entrega em cartório do mandado cumprido, ou, quando for o caso, do decurso do prazo assinado em edital". Tratando-se de regra própria quanto ao prazo, mão se aplica o art. 183, *caput*, CPC/2015.

Alternativa "c": As empresas públicas e sociedades de economia mista, como estão submetidas ao regime jurídico próprio das empresas privadas pelo artigo 173, §1º, II, CF, não podem gozar de prazos processuais diferenciados e outras prerrogativas da Administração Pública. É nesse sentido o *caput*, do art. 183, CPC/2015: "A União, os Estados, o Distrito Federal, os Municípios e suas respectivas autarquias e fundações de direito público gozarão de prazo em dobro para todas as suas manifestações processuais, cuja contagem terá início a partir da intimação pessoal". Perceba a ausência de menção às empresas públicas e sociedades de economia mista. Todavia, existe exceções, como no caso da Sociedade de Economia Mista que presta serviço público exclusivo do Estado, em regime não concorrencial, caso em que gozará das prerrogativas da Fazenda Pública.

Alternativa "d": De acordo com o art. 183, *caput*, CPC/2015, as fundações de direito público gozarão de prazo em dobro para todas as suas manifestações processuais.

Alternativa "e": Consoante entendimento pacífico, não se cumulam as benesses previstas no *caput* do art. 183, CPC/2015, e no *caput* do art. 229, CPC/2015. Ademais, o prazo em dobro para litisconsortes com procuradores diferentes de escritórios distintos não se aplica quando o processo tramitar em autos eletrônicos (art. 229, § 2º, CPC/2015).

Alternativa correta: letra "b".

15.4. AÇÃO DE DESAPROPRIAÇÃO

186. (FCC – Procurador do Estado – SP/2012) É INCORRETO afirmar:

a) A revelia do réu na ação de desapropriação gera a presunção de que o preço oferecido é justo, dispensando-se a realização de perícia.

b) É possível a exceção de pré-executividade para arguir prescrição da ação na execução fiscal.

c) O sequestro de verbas públicas, a pedido do credor, é possível em duas hipóteses: preterição do direito de precedência na ordem cronológica de precatórios e falta de alocação no orçamento do valor necessário à satisfação do crédito.

d) A ação judicial envolvendo duas pessoas jurídicas de direito público de esferas diversas de poder e que implique conflito federativo será processada e julgada pelo Supremo Tribunal Federal.

e) Não viola a cláusula de reserva de plenário deixar de submeter ao pleno ou órgão especial do tribunal a arguição de inconstitucionalidade de lei a respeito da qual já houve prévia manifestação do referido órgão.

COMENTÁRIOS

✪ **Nota do autor:** a maioria das proposições da questão aborda o procedimento especial da ação de desapropriação, repleto de peculiaridades que podem confundir. É preciso que o magistrado fique atento às questões patrimoniais, tais como juros, correção monetária e honorários advocatícios. O juiz deve fixar juros compensatórios, que são devidos desde a imissão na posse até a expedição do precatório, em percentual de 12% (doze por cento) ao ano (*Súmula 618*, STF); os juros remuneratórios, por sua vez, que visam compensar eventuais prejuízos em razão no atraso no pagamento da indenização, incidem apenas a partir do dia 1º de janeiro do exercício seguinte àquele em que

105. CUNHA, Leonardo Carneiro da, **A Fazenda Pública em Juízo**, 15ª ed. Rio de Janeiro: Forense, 2018, p. 312 – 313.

deveria ter sido pago, observado o regime de precatórios (art. 100, CF), nos termos do art. 15-B, Decreto-lei 3.365/65. Por outro lado, a defesa do expropriado deve-se limitar à discussão de nulidades processuais ou ao preço oferecido pelo expropriante, remetendo-se as partes às vias ordinárias para a discussão de outras questões de alta complexidade.

Alternativa "a": O enunciado contradiz o entendimento jurisprudencial majoritário. Confira-se, a propósito: "PROCESSUAL CIVIL. DESAPROPRIAÇÃO. PERÍCIA. VALOR DA INDENIZAÇÃO. REVELIA. JUSTO PREÇO. ART. 23 DA LEI Nº 3.365/41. 1. Só nos casos em que não houver consentimento expresso do expropriado, quanto ao preço, será dispensada a realização da prova pericial para aferir-se o justo preço do bem objeto da expropriação. 2.**Para que haja a justa indenização, mostra-se imperiosa a realização da perícia, mesmo que revel o expropriado. Não deve ser aplicada a regra geral do processo civil, com a decretação da revelia e confissão sobre a matéria fática, mas a regra especial encartada na Lei Geral das Desapropriações (art. 23 do DL 3.365/41) que preconiza a realização do exame pericial.** 3. '**Na ação expropriatória, a revelia do expropriado não implica em aceitação do valor da oferta e, por isso, não autoriza a dispensa da avaliação**' (Súmula nº 118, do extinto TFR). 4. Recurso especial improvido" (*STJ, REsp 686.901/BA, 2ª T., rel. Min. Castro Meira, j. 17.5.2006, p. 30.5.2006, p. 140*).

Alternativa "b": De fato, o entendimento jurisprudencial dominante é no sentido de que "a exceção de pré-executividade é admissível na execução fiscal relativamente às matérias conhecíveis de ofício que não demandem dilação probatória", por força da *Súmula 393*, STJ. Trata-se, a exceção de pré-executividade, de meio alternativo de defesa do executado de construção doutrinária e jurisprudencial, permite ao executado arguir questões de ordem pública cognoscíveis de ofício pelo juiz. Vale frisar que as alterações promovidas pela Lei 11.382/2006 não vedaram o manejo da exceção pelo executado, apenas diminuíram a sua utilidade prática. o STJ pacificou o entendimento de que "[...] uma vez acolhida a exceção de pré-executividade para extinguir execução fiscal, é cabível a condenação da Fazenda Pública em honorários advocatícios" (*REsp 1.185.036/PE, rel. Min. Herman Benjamin, j. 8.9.2010, informativo 446*).

Alternativa "c": Isso porque o art. 100, § 6º, CF, com redação da EC 62/09, prescreve que "as dotações orçamentárias e os créditos abertos serão consignados diretamente ao Poder Judiciário, cabendo ao Presidente do Tribunal que proferir a decisão exequenda determinar o pagamento integral e autorizar, a requerimento do credor **e exclusivamente para os casos de preterimento de seu direito de precedência** ou de **não alocação orçamentária do valor necessário à satisfação do seu débito, o sequestro da quantia respectiva**".

Alternativa "d": Com efeito, a teor do art. 102, inciso I, alínea "f", CF, compete ao STF processar e julgar originariamente "as causas e os conflitos entre a União e os Estados, a União e o Distrito Federal, ou entre uns e outros, inclusive as respectivas entidades da administração indireta". "A Constituição da República confere ao STF a posição eminente de Tribunal da Federação (CF, art. 102, I, f), atribuindo, a esta Corte, em tal condição institucional, o poder de dirimir as controvérsias, que, ao irromperem no seio do Estado Federal, culminam, perigosamente, por antagonizar as unidades que compõem a Federação. Essa magna função jurídico-institucional da Suprema Corte impõe-lhe o gravíssimo dever de velar pela intangibilidade do vínculo federativo e zelar pelo equilíbrio harmonioso das relações políticas entre as pessoas estatais que integram a Federação brasileira. A aplicabilidade da norma inscrita no art. 102, I, f, da Constituição estende-se aos litígios cuja potencialidade ofensiva revela-se apta a vulnerar os valores que informam o princípio fundamental que rege, em nosso ordenamento jurídico, o pacto da Federação" (*STF, ACO 1.048-QO, rel. Min. Celso de Mello, j. 30.08.2007, DJ 31.10.2007*). Igualmente, vale conferir o seguinte precedente: "[...] Tendo em conta que, à vista do disposto no art. 6º do Decreto-lei 509/69, a ECT é pessoa jurídica equiparada à Fazenda Pública, que explora serviço de competência da União (CF, art. 21, X), devendo, por isso, ser a ela estendidos os mesmos privilégios concedidos aos entes estatais, e, ainda, que seus bens pertencem à entidade mantenedora, entendeu-se, com base no voto do Min. Eros Grau, que abriu divergência, que a discussão acerca da garantia constitucional da imunidade recíproca (CF, art. 150, VI, a), a qual se assenta no princípio da federação, atrairia a competência originária do STF para julgar o feito (CF: "Art. 102. Compete ao Supremo Tribunal Federal, precipuamente, a guarda da Constituição, cabendo-lhe:... I – processar e julgar, originariamente:... f) as causas e os conflitos entre a União e os Estados, a União e o Distrito Federal, ou entre uns e outros, inclusive as respectivas entidades da administração indireta [...]" (*STF, ACO 765 QO/RJ, rel. Min. Marco Aurélio, 1º.6.2005*).

Alternativa "e": De fato, o art. 949, parágrafo único, CPC/2015, dispõe que "os órgãos fracionários dos tribunais não submeterão ao plenário ou ao órgão especial a arguição de inconstitucionalidade quando já houver pronunciamento destes ou do plenário do Supremo Tribunal Federal sobre a questão.". Na jurisprudência, igualmente, tem-se: "[...] a regra da reserva de plenário é inaplicável se a matéria já tiver sido apreciada pelo Plenário do STF ou pelo órgão equivalente do Tribunal de origem [...]" (*STF, AgRg no ARE 640.438/RS, rel. Min. Joaquim Barbosa, informativo 682*).

Alternativa incorreta: letra "a".

15.5. AÇÕES E OUTROS PROCEDIMENTOS CONSTITUCIONAIS

187. (CESPE/CEBRASPE – Procurador do Estado – PGE-RO/2022) Vanessa e Juliana firmaram contrato de compra e venda de um veículo automotivo. No contrato ficou acertado que Juliana, a compradora, daria a entrada de 30% do valor do veículo, sendo o restante dividido em 12 parcelas. O primeiro vencimento seria no dia 10 do mês subsequente ao acordo e os valores deveriam ser pagos em espécie e em mãos. Por fim, as partes acordaram que o veículo seria entregue pela vendedora à compradora assim que a entrada de 30% e o pagamento da primeira parcela fossem efetivados. Conforme o acordado, Juliana efetuou o pagamento do valor da entrada, mas quando foi pagar a primeira parcela Vanessa se recursou a receber, alegando que iria precisar do veículo por mais alguns meses. Conforme as regras de procedimentos especiais, nessa situação hipotética,

a) Juliana deverá efetuar o depósito em agência bancária oficial e em seguida solicitar que Vanessa seja notificada pelo cartório local do valor depositado.

b) Juliana deverá realizar a consignação em pagamento extrajudicial. Vanessa, por sua vez, poderá se recusar a receber o valor depositado e sua desistência tácita será confirmada após 30 dias de inércia em relação ao saque do depósito.

c) em caso de não levantamento do valor por Vanessa, Juliana poderá ajuizar a ação pertinente, devendo a agência bancária transferir de ofício o valor depositado para conta judicial.

d) é vedado a Juliana promover a consignação em pagamento na via extrajudicial, haja vista se tratar de uma ação de competência exclusiva do judiciário.

e) notificada da consignação extrajudicial, Vanessa poderá se recusar a receber o valor em manifestação escrita. Depois da recusa, Juliana terá um mês para propor ação pertinente.

COMENTÁRIOS

✪ **Nota do autor:** a ação de consignação em pagamento tem natureza predominantemente declaratória, prevalecendo no Superior Tribunal de Justiça o entendimento de que nela se pode discutir a existência da dívida e o seu valor, ainda que para isso seja indispensável interpretar cláusulas contratuais.

Alternativa "a": a notificação de Vanessa, nos moldes do art. 539, § 1º, CPC, ocorrerá através de carta com aviso de recebimento.

Alternativa "b": primeiramente, a consignação extrajudicial é uma faculdade, e não um dever. Ademais, nos termos dos §§ 2º e 3º do art. 539, a desistência tácita será confirmada após 10 (dez) dias de inércia em relação ao saque do depósito.

Alternativa "c": nos termos do art. 539, § 2º, a quantia ficará à disposição do consignante.

Alternativa "d": prevê o art. 539, § 1º, CPC, que, tratando-se de obrigação em dinheiro, poderá o valor ser depositado em estabelecimento bancário, oficial onde houver, situado no lugar do pagamento, cientificando-se o credor por carta com aviso de recebimento, assinado o prazo de 10 (dez) dias para a manifestação de recusa. Percebe-se, dessa maneira, que a consignação em pagamento de dinheiro não é de competência exclusiva do judiciário.

Alternativa "e": dispõe o art. 539, § 3º, CPC, que ocorrendo a recusa, manifestada por escrito ao estabelecimento bancário, poderá ser proposta, dentro de 1 (um) mês, a ação de consignação, instruindo-se a inicial com a prova do depósito e da recusa.

Alternativa correta: letra "e".

188. (CESPE – Procurador do Estado – PGE-PE/2018) À luz do CPC e do entendimento jurisprudencial sobre a matéria, assinale a opção correta acerca da reclamação constitucional.

a) O CPC contém dispositivo que regula o julgamento do mérito da reclamação constitucional, determinando que compete ao plenário ou a órgão especial da corte examiná-la.

b) Ocorrendo o julgamento de recurso interposto contra a mesma decisão proferida pelo órgão reclamado, a reclamação constitucional será considerada prejudicada.

c) A reclamação poderá ser utilizada como sucedâneo de ação rescisória no caso de trânsito em julgado da decisão reclamada, desde que observado o prazo decadencial de dois anos.

d) A parte sucumbente não poderá ser condenada ao pagamento de honorários advocatícios, uma vez que a interposição da reclamação caracteriza mero incidente processual, dispensando-se o contraditório.

e) A reclamação constitucional poderá ser manejada para garantir a observância de acórdão de recurso extraordinário com repercussão geral reconhecida, quando houver o esgotamento das instâncias ordinárias.

COMENTÁRIOS

✪ **Nota do autor:** sobre a correta aplicação do art. 988, § 5º, II, CPC/2015, entendeu o Supremo Tribunal Federal que o cabimento da reclamação ali previsto deve ser interpretado "restritivamente, sob pena de o STF assumir, pela via da reclamação, a competência de pelo menos três tribunais superiores (STJ, TST e TSE) para o julgamento de recursos contra decisões de tribunais de 2º grau de jurisdição. Assim, segundo entendeu o STF, quando o CPC exige que se esgotem as instâncias ordinárias, significa que a parte só poderá apresentar reclamação ao STF depois de ter apresentado todos os recursos cabíveis não apenas nos Tribunais de 2º grau, mas também nos Tribunais Superiores (STJ, TST e TSE). Se ainda tiver algum recurso pendente no STJ ou no TSE, por exemplo, não caberá reclamação ao STF. Em suma, nos casos em que se busca garantir a aplicação de decisão tomada em recurso extraordinário com repercussão geral, somente é cabível reclamação ao STF quando esgotados todos os recursos cabíveis nas instâncias antecedentes" (STF. 2ª Turma. Rcl 24686 ED-AgR/RJ, Rel. Min. Teori Zavascki, julgado em 28/10/2016 (Info 845)).

Alternativa "a": Não há previsão no CPC nesse sentido. Na realidade, de acordo com o art. 988, § 3º, CPC/2015, a reclamação será autuada e distribuída ao relator do processo principal, sempre que possível. Não sendo o caso, competirá ao Regimento Interno do Tribunal prever o órgão competente para apreciar as reclamações interpostas.

Alternativa "b": A via recursal é independente e autônoma da reclamação interposta, dessa forma, a inadmissibilidade ou o julgamento do recurso interposto contra a decisão proferida pelo órgão reclamado não prejudica a reclamação (art. 988, § 6º, CPC/2015).

Alternativa "c": De acordo com o art. 988, § 5º, I, CPC/2015: "É inadmissível a reclamação: I – proposta após o trânsito em julgado da decisão reclamada".

Alternativa "d": De acordo com o STF (AgRg na Reclamação 24.417/SP), "O CPC/2015 promoveu modificação essencial no procedimento da reclamação, ao instituir o contraditório prévio à decisão final (art. 989, III). Neste novo cenário, a observância do princípio da causalidade viabiliza a condenação da sucumbente na reclamação ao pagamento dos respectivos honorários, devendo o respectivo cumprimento da condenação ser realizado nos autos do processo de origem, quando se tratar de impugnação de decisão judicial".

Alternativa "e": O art. 988, § 5º, II, CPC/2015, prevê que é inadmissível a reclamação proposta para garantir a observância de acórdão de recurso extraordinário com repercussão geral reconhecida ou de acórdão proferido em julgamento de recursos extraordinário ou especial repetitivos, quando não esgotadas as instâncias ordinárias.

Alternativa correta: letra "e".

---

189. (Fundatec – Procurador do Estado – RS/2015) A Reclamação Constitucional é fruto de construção jurisprudencial do Supremo Tribunal Federal, com fundamento na teoria dos poderes implícitos, cujo objetivo primordial é proteger a ordem jurídico-constitucional. Atualmente, encontra-se prevista na Constituição Federal de 1988, nos artigos 102, inciso I, alínea l, e 105, inciso I, alínea f, e seu procedimento disciplinado na Lei nº 8.038/90. Sobre a reclamação constitucional, assinale a alternativa correta.

a) A reclamação constitucional, na condição de típico sucedâneo da ação rescisória, pode ser ajuizada contra decisão transitada em julgado, principalmente contra decisão que afrontou competência absoluta do STF ou STJ, desde que seja respeitado o prazo decadencial de 2 (dois) anos.

b) É cabível reclamação constitucional, com fundamento na preservação da competência, contra ato judicial comissivo ou omissivo, que impeça que o STF ou STJ exerça sua competência.

c) De acordo com orientação firmada pelo STF e pelo STJ, é cabível reclamação constitucional dirigida ao STJ contra sentença proferida por juiz de juizado especial cível, que contrariar entendimento pacífico na jurisprudência do STJ.

d) Em virtude do objetivo maior de proteção da ordem jurídico-constitucional, mediante preservação da competência e garantia da autoridade das decisões do STF e STJ, é permitida na reclamação constitucional ampla dilação probatória, concedendo às partes todos os poderes processuais necessários para provar os fatos alegados.

e) O entendimento do STF é no sentido de ser cabível reclamação constitucional contra ato judicial que desobedecer decisão proferida em ação direta de inconstitucionalidade ou ação declaratória de constitucionalidade, em razão do caráter vinculante, salvo nos casos de decisão liminar, uma vez que baseada em cognição sumária e desprovida da autoridade da coisa julgada material.

COMENTÁRIOS

✪ **Nota do autor:** a reclamação constitucional tem origem na jurisprudência do Supremo, a partir da aplicação da teoria dos poderes implícitos (STF, Reclamação nº. 141/52, Rel. Min. Rocha Lagoa, Tribunal Pleno, DJ 25/01/1952).A reclamação tomou corpo a partir de 1957, quando foi incorporada ao regimento interno do STF. Entretanto, somente ganhou status constitucional na CF/88, ao ser tratada expressamente como instituto de competência originária do STF (art. 102, I, "l", CF/88) e, também, do STJ (art. 105, I, "f"). Conforme adverte a Ministra Carmem Lúcia, no julgamento da Reclamação nº. 6609/SP:"[...] a reclamação é instrumento constitucional processual posto no sistema como dupla garantia formal da jurisdição: primeiro, para o jurisdicionado que tenha recebido resposta a pleito formulado judicialmente e que vê a decisão proferida afrontada, fragilizada e despojada de seu vigor e de sua eficácia; segundo, para o Supremo Tribunal Federal (art. 102, inc. I, alínea l, da Constituição da República) ou para o Superior Tribunal de Justiça (art. 105, inc. I, alínea f, da Constituição), que podem ter as suas respectivas competências enfrentadas e menosprezadas por outros órgãos do Poder Judiciário e a autoridade de suas decisões mitigadas em face de atos reclamados. Busca-se, por ela, fazer com que a prestação jurisdicional mantenha-se dotada de seu vigor jurídico próprio ou o órgão judicial de instância superior tenha a sua competência resguardada. Ela não se presta a antecipar julgados, a atalhar julgamentos, a fazer sucumbir decisões sem que se atenha à legislação processual específica qualquer discussão ou litígio a ser solucionado juridicamente [...]".

Alternativa "a": De acordo com o Supremo Tribunal Federal: "Não cabe reclamação quando já houver transitado em julgado o ato judicial que se alega tenha desrespeitado decisão do Supremo Tribunal Federal" (Súmula 734/STF, orientação consagrada no inciso I do § 5º do art. 988, por força da Lei 13.256/2016). O instituto também não se qualifica como sucedâneo processual da ação rescisória, segundo entendimento pacífico da doutrina e da jurisprudência. Nesse sentido: STF, Rcl nº. 9741/SP, Relator: Min. Celso De Mello, julgado em 07/03/2013.

Alternativa "b": "A Reclamação tem por escopo preservar a competência do Tribunal e, bem assim, garantir a autoridade de suas decisões, pelo que é imprescindível a existência de ato comissivo, omissivo ou retardatório" (STJ Rcl nº. 2.211/RJ, Rel. Min. Paulo Medina, julgado em 22/11/2006).

Alternativa "c": O STJ consagra a possibilidade excepcional e transitória de reclamação para o STJ contra **acórdão de turma recursal** quando: (i) houver afronta à jurisprudência pacificada em recurso repetitivo (art. 543-C, CPC/73); (ii) houver violação de súmula do STJ; ou (iii) for teratológico[106]. Nesses casos, a reclamação tem cabimento até que seja criada a Turma Nacional de Uniformização de Jurisprudência dos Juizados Especiais dos Estados e do Distrito Federal.[107] Em outras palavras, admite-se reclamação contra acórdão de turma recursal e não contra ato de juiz singular do juizado especial. A propósito, recentemente o STJ editou a Resolução 03, de 07 de abril de 2016, que dispõe sobre a competência para processar e julgar as Reclamações destinadas a dirimir divergência entre acórdão prolatado por turma recursal estadual ou do Distrito Federal e a jurisprudência do Superior Tribunal de Justiça, revogando tacitamente a Resolução 12, de 14 de dezembro de 2009. Nos termos do art. 1º do sobredito ato normativo, "caberá às Câmaras Reunidas ou à Seção Especializada dos Tribunais de Justiça a competência para processar e julgar as Reclamações destinadas a dirimir divergência entre acórdão prolatado por Turma Recursal Estadual e do Distrito Federal e a jurisprudência do Superior Tribunal de Justiça, consolidada em incidente de assunção de competência e de resolução de demandas repetitivas, em julgamento de recurso especial repetitivo e em enunciados das Súmulas do STJ, bem como para garantir a observância de precedentes".

Alternativa "d": Somente se admite reclamação se houver prova documental pré-constituída (art. 988, § 2º, CPC/2015).

Alternativa "e": De acordo com o STF, a reclamação que visa garantir a autoridade das decisões do Supremo tem como objeto decisões dotadas de eficácia contra todos, a exemplo daquelas proferidas em controle abstrato de constitucionalidade ou em procedimento para edição de súmula vinculante (art. 103-a, CF/88). As medidas liminares proferidas em ADI ou ADC são dotadas de eficácia *erga omnes* (Lei 9.868/99, art. 11, §1º) e, por isso mesmo, caso sejam desrespeitadas, será cabível a propositura de reclamação perante o STF para que este casse a decisão exorbitante.

Alternativa correta: letra "b".

---

190. (PUC – Procurador do Estado – PR/2015) Acerca das medidas de urgência contra a Fazenda Pública, assinale a alternativa CORRETA.

a) Cláusulas restritivas nos preceitos legais disciplinadores da tutela antecipatória em processos contra a Fazenda Pública são inconstitucionais, pois vulneram a plenitude da jurisdição e a cláusula de proteção judicial efetiva.

b) O remédio constitucional da reclamação pode ser utilizado pela Fazenda Pública como um atalho processual destinado a permitir a submissão imediata do litígio ao exame direto do Supremo Tribunal Federal.

c) Liminar concedida em mandado de segurança que causa grave lesão à ordem pública não pode ser atacada simultaneamente pela Fazenda Pública através da via recursal e da suspensão de segurança.

d) É cabível medida liminar contra a Fazenda Pública, mesmo que ela esgote, no todo, o objeto da ação.

e) Da decisão judicial que contrariar enunciado de súmula vinculante caberá reclamação ao Supremo Tribunal Federal, sem prejuízo dos recursos ou outros meios admissíveis de impugnação.

COMENTÁRIOS

✪ **Nota do autor:** a única alternativa correta trata do instituto da reclamação, que somente com a Constituição Federal de 1988 passou a ser consagrado do ordenamento constitucional (antes disso a sua propositura contada com apoio da jurisprudência do Supremo). Os aspectos relativos ao procedimento da reclamação podem ser encontramos na Lei nº. 8.038/90 (arts. 13 a 18), no Regimento Interno da Suprema Corte e, no que concerne à reclamação contra decisão que contraria súmula vinculante, na Lei nº. 11.471/2006. O CPC/2015 também trata do tema (arts. 988/993).

Alternativa "a": A assertiva contraria o disposto no art. 1º da Lei nº 8.437/92, segundo o qual "não será cabível medida liminar contra atos do Poder Público, no procedimento cautelar ou em quaisquer outras ações de natureza cautelar ou preventiva, toda vez que providência semelhante não puder ser concedida em ações de mandado de segurança, em virtude de vedação legal".

Alternativa "b": Conforme adverte a Ministra Carmem Lúcia, no julgamento da Reclamação nº. 6609/SP: a reclamação constitucional "não se presta a antecipar julgados, a atalhar julgamentos, a fazer sucumbir decisões sem que se atenha à legislação processual específica qualquer discussão ou litígio a ser solucionado juridicamente [...]".

Alternativa "c": A suspensão de segurança é um incidente processual por meio do qual as pessoas jurídicas de direito público ou o Ministério Público requerem ao Presidente do Tribunal que for competente para o julgamento do recurso, que seja suspensa a execução de uma decisão, sob o argumento de que o provimento jurisdicional é apto a causar grave lesão à ordem, à saúde, à segurança e à economia públicas. "Consoante a legislação de regência (v.g. Lei n. 8.437/1992 e 12.016/2009) e a jurisprudência do Superior Tribunal e do c. Pretório Excelso, somente será cabível o pedido de suspensão quando a decisão proferida contra o Poder Público puder provocar grave lesão à ordem, à saúde, à segurança e à economia públicas" (AgRg na SLS 1546/RJ, Rel. Ministro Felix Fischer, julgado em 21/11/2012). Com efeito, se verificada algumas dessas hipóteses, será cabível a propositura do pedido de suspensão,

---

106. Para o STJ, um exemplo de decisão teratológica é aquela que fixa multa cominatória demasiadamente desproporcional em relação ao valor final da condenação (2ª Seção, Rcl 7.861-SP, Rel. Min. Luis Felipe Salomão, julgado em 11/9/2013).
107. Conferir, nesse sentido, o Informativo 527 do Superior Tribunal de Justiça.

independentemente da interposição de recurso em razão da mesma decisão. Ademais, reforça essa ideia a natureza jurídica da suspensão (trata-se de incidente processual e não de recurso).

Alternativa "d": De acordo com art. 1º, § 3º, da Lei nº 8.437/92, "não será cabível medida liminar que esgote, no todo ou em qualquer parte, o objeto da ação".

Alternativa "e": "Do ato administrativo ou decisão judicial que contrariar a súmula aplicável ou que indevidamente a aplicar, caberá reclamação ao STF que, julgando-a procedente, anulará o ato administrativo ou cassará a decisão judicial reclamada, e determinará que outra seja proferida com ou sem a aplicação da súmula, conforme o caso" (art. 103-A, § 3º, da CF/88).

Alternativa correta: letra "e".

16. DISPOSIÇÕES FINAIS E TRANSITÓRIAS

191. (FEPESE – Procurador do Estado – PGE-SC/2018) Segundo dispõe o artigo 14 do CPC/2015, "A norma processual não retroagirá e será aplicável imediatamente aos processos em curso, respeitados os atos processuais praticados e as situações jurídicas consolidadas sob a vigência da norma revogada".

Considerando isso, é correto afirmar que:

a) O legislador usou da chamada "teoria das fases processuais", de modo que cada fase é analisada e claramente identificada, promovendo-se a aplicação da nova lei quando houver nova fase processual na demanda em curso.

b) A teoria adotada pelo legislador foi a chamada "teoria do isolamento dos atos processuais", ou seja, cada ato é claramente identificado (e olhado de forma individualizada), promovendo-se a aplicação da nova lei quando houver novo ato processual na demanda em curso.

c) Com esse dispositivo, o legislador determina o respeito aos atos processuais praticados e a situações jurídicas consolidadas na vigência da norma revogada tão somente quando dessas não resultarem piora da situação processual de qualquer das partes. O que for em benefício da parte, sempre retroagirá.

d) Desse dispositivo decorre a aplicação do sistema da unidade processual, de modo que, ocorrendo alteração da norma processual em meio à tramitação de um feito, ele não surtirá qualquer efeito, permanecendo a norma revogada em plena vigência.

e) A referência a "situações jurídicas consolidadas sob a vigência da norma revogada" diz respeito apenas e tão somente a questões de direito material resolvidas sob a égide da norma anterior, não guardando qualquer relação com questões de direito formal.

COMENTÁRIOS

✪ **Nota do autor:** sobre o direito intertemporal, vale lembrar que a doutrina aponta três sistemas: a) o da "unidade processual", que estabelece que o processo em trâmite continue a ser regido pelo ordenamento em vigência na data de sua instauração (adotado pelo CPC/39, em seu art. 1.047, § 1º); b) o das "fases processuais" (postulatória, instrutória e decisória), que determina que, caso a mudança da lei ocorra durante a realização de uma das fases, deve ser aplicada a lei anterior até o seu final, passando a valer, em seguida, as novas disposições; c) o do "isolamento dos atos processuais" (preponderantemente adotado pelo CPC), que permite a exata compreensão da distinção entre efeito imediato e efeito retroativo da lei, pois se assenta na imediata aplicação da lei processual, incidindo, as regras, tão logo se dê a entrada em vigor da nova legislação, inclusive em relação aos processos pendentes (art. 1.046).

Alternativa "a": Ver "nota do autor".

Alternativa "b": Trata-se da alternativa correta. Todavia, cabe um alerta, conforme expõe José Miguel Garcia Medina, *Novo Código de Processo Civil comentado*, p. 71: "Afirmamos que a teoria do isolamento dos atos processuais foi adotada com preponderância porque, em alguns casos, adotou-se a teoria da unidade (cf. art. 1.046, § 1º, do CPC/2015, quanto ao procedimento sumário e a procedimentos especiais regulados pelo CPC/1973 que tiverem sido revogados), e, de certo modo, em alguns casos, foi adotada a teoria das fases processuais (cf. dispõem, em alguma medida, os arts. 1.054 e 1.057, que podem repercutir em relação a um determinado incidente, ou "fase", dando-se a essa expressão sentido mais amplo)".

Alternativa "c": Não há se falar em retroatividade da lei processual mais benéfica, sob pena de se violar o art. 5º, XXXVI, CF.

Alternativa "d": Conforme entendimento consagrado, do conteúdo do art. 14, CPC/2015, extrai-se que o legislador adotou, como regra, a teoria do isolamento dos atos processuais (e não o sistema da unidade processual).

Alternativa "e": O texto processual civil se aplicará aos processos novos e aos processos pendentes de maneira imediata, ou seja, todos os atos praticados posteriormente à sua vigência o serão sob suas normas. Essa é a regra geral, que deverá ser adequada à irretroatividade (pedra de toque em relação ao direito intertemporal), na medida em que não poderá anular atos precedentes à sua vigência, por incompatíveis, bem como deverá respeitar direitos processuais já adquiridos antes de sua vigência, o que importará admitir a prática de atos realizados segundo o regramento anterior, pois sobre eles já havia direito adquirido.

Alternativa correta: letra "b".

192. (FCC – Procurador do Estado – MT/2016) De acordo com as regras transitórias de direito intertemporal estabelecidas no novo Código de Processo Civil,

a) uma ação de nunciação de obra nova que ainda não tenha sido sentenciada pelo juízo de primeiro grau quando do início da vigência do Novo Código de Processo Civil, seguirá em conformidade com as disposições do Código de Processo Civil de 1973.

b) as ações que foram propostas segundo o rito sumário antes do início da vigência do novo Código de Processo Civil, devem ser adaptadas às exigências da nova lei instrumental, à luz do princípio da imediata aplicação da lei processual nova.

c) as disposições de direito probatório do novo Código de Processo Civil aplicam-se a todas as provas que forem produzidas a partir da data da vigência do novo diploma processual, independentemente da data em que a prova foi requerida ou determinada a sua produção de ofício.

d) caso uma ação tenha sido proposta durante a vigência do Código de Processo Civil de 1973 e sentenciada já sob a égide do novo Código de Processo Civil, resolvendo na sentença questão prejudicial cuja resolução dependa o julgamento do mérito expressa e incidentalmente, tal decisão terá força de lei e formará coisa julgada.

e) o novo Código de Processo Civil autoriza, sem ressalvas, a concessão de tutela provisória contra a Fazenda Pública, derrogando tacitamente as normas que dispõem em sentido contrário.

COMENTÁRIOS

✪ **Nota do autor:** "Toda lei, como criação humana, é sujeita a um princípio e um fim, isto é, a um começo de vigência e a um momento de cessação de eficácia"[108]. É nesse contexto que se insere o estudo do direito intertemporal, também conhecido como direito transitório, que tem por objeto a análise da retroatividade e/ou irretroatividade da nova norma jurídica. Em outros termos, o direito intertemporal objetiva "regulamentar os efeitos e consequências dos fatos praticados anteriormente à lei nova e que se protraem no tempo"[109]. No direito processual, aplica-se o princípio da aplicação imediata da norma processual, segundo o qual as novas disposições processuais aplicam-se imediatamente aos processos pendentes, respeitados os atos praticados sob a égide da legislação revogado. Nesse sentido preconiza o art. 1.046, *caput*, CPC/2015, "as disposições da Lei nº 5.869, de 11 de janeiro de 1973 [CPC], relativas ao procedimento sumário e aos procedimentos especiais que forem revogadas aplicar-se-ão às ações propostas e não sentenciadas até o início da vigência deste Código". Importante destacar que a alternativa "e" abordou tema de extrema relevância prática para os Procuradores do Estado: a manutenção pelo CPC das restrições à concessão de tutela provisória contra a Fazenda Pública. Aliás, não custa lembrar que o STF já teve a oportunidade de reconhecer a constitucionalidade de tais restrições, por considerá-las razoáveis e compatíveis com a Constituição, especialmente porque tutelam o interesse público ao blindar a Fazenda Pública da concessão generalizada e sem critérios de tutela antecipada, em juízo de cognição sumária e sem a observância do contraditório e da ampla defesa.

Alternativas "a" e "b". Estabelece o § 1º do art. 1.046 do CPC/2015, segundo o qual "as disposições da Lei nº 5.869, de 11 de janeiro de 1973 [CPC], relativas ao procedimento **sumário** e aos procedimentos especiais que forem revogadas **aplicar-se-ão às ações propostas e não sentenciadas** até o início da vigência deste Código". Assim, correta a alternativa "a", e incorreta a alternativa "b".

Alternativa "c": A teor do disposto no art. 1.047, CPC/2015, "as disposições de direito probatório adotadas neste Código aplicam-se **apenas às provas requeridas ou determinadas de ofício a partir da data de início de sua vigência**". A propósito, importante registrar que o protesto genérico por provas, realizado na petição inicial ou na contestação ofertada antes da vigência do CPC, não implica requerimento de prova para os fins do art. 1.047, CPC/2015 (*Enunciado 366* do Fórum Permanente de Processualistas Civis).

Alternativa "d": Com efeito, o disposto no art. 503, § 1º, CPC/2015, que autoriza a extensão da coisa julgada às questões prejudiciais independentemente de ação declaratória, **somente se aplica aos processos iniciados após a vigência CPC/2015**, aplicando-se aos anteriores o disposto nos arts. 5º, 325 e 470 da Lei nº 5.869, de 11 de janeiro de 1973 (CPC/1973).

Alternativa "e": Ao contrário da afirmativa constante da alternativa, o art. 1.059, CPC/2015, é claro ao prescrever que "à tutela provisória requerida contra a Fazenda Pública **aplica-se** o disposto nos arts. 1º a 4º da Lei nº 8.437, de 30 de junho de 1992, e no art. 7º, § 2º, da Lei nº 12.016, de 7 de agosto de 2009".

Alternativa correta: letra "a".

108. THEODORO JÚNIOR, Humberto. **Curso de Direito Processual Civil. Vol. I: Teoria Geral do Direito Processual Civil e Processo de Conhecimento.** 55ª ed. Rio de Janeiro: Forense, 2014, 162.

109. FARIAS, Cristiano Chaves de; ROSENVALD, Nelson. **Curso de Direito Civil. Vol. 01: Parte Geral e LINDB.** 10ª ed. Salvador: Juspodivm, 2012, p. 124, p. 134.

Direito Processual Civil

Maurício Ferreira Cunha

✦ DICAS (RESUMO)

NOTA: em resumo, seguem algumas das principais alterações proporcionadas pelo CPC/2015 (Lei Federal 13.105/2015), já modificado, em seu período de *"vacatio legis"*, pela Lei 13.256/2016, bem como, posteriormente, pela Lei 13.363/2016 (especificamente em relação ao art. 313):

- criação da chamada "audiência obrigatória de conciliação e mediação" a ser realizada antes da apresentação da peça de resposta (art. 334);
- estabelecimento de uma base principiológica em conformidade com o modelo constitucional do direito processual civil (arts. 1º a 11);
- citação do réu, sem contrafé, nas ações de família, para que compareça à audiência de mediação e conciliação (art. 695, § 1º);
- concentração das matérias de defesa na contestação, como, p.e., a incompetência relativa, a incorreção ao valor da causa, a indevida concessão do benefício de gratuidade da justiça (art. 337);
- a inserção da chamada "conexão por prejudicialidade" (art. 55, § 3º), a permitir a reunião para julgamento de processos que possam gerar risco de prolação de decisões conflitantes ou contraditórias caso decididos separadamente, mesmo sem conexão entre eles;
- possibilidade de reconvenção proposta contra autor e terceiro, bem como pelo réu em litisconsórcio com terceiro, promovendo verdadeira ampliação subjetiva da demanda (art. 343, §§ 3º e 4º);
- criação de livro específico (V), dentro da Parte Geral, para abordagem da "tutela provisória" e, dentro desse conceito, sistematização da tutela de urgência (cautelar e antecipada) e da tutela da evidência (arts. 294 a 311);
- intervenção de terceiros: a "assistência" está, finalmente inserida como tal, mantendo-se a distinção entre assistência simples e litisconsorcial, com a inovação de se diferenciar as disposições comuns (arts. 119 e 120) das disposições específicas (arts. 121 a 124); a "denunciação da lide" (arts. 125 a 129) e o chamamento ao processo (arts. 130 a 132) são mantidos, com pontuais inovações; o "incidente de desconsideração da personalidade jurídica" (arts. 133 a 137) e o "*amicus curiae*" (art. 138) são inseridos como novas modalidades. A "nomeação à autoria", por sua vez, desaparece desse título, mas o seu espírito está presente nos artigos 338 e 339, como hipóteses de correção da ilegitimidade passiva (deverão ser apresentadas como preliminar de contestação). Por fim, a "oposição" é tratada como ação com procedimento especial (arts. 682 a 686), sem grandes alterações em relação aos dispositivos que vigiam sob a égide do CPC/73.
- possibilidade de que o juiz distribua, de forma dinâmica, o ônus da prova, assim o fazendo até a fase de saneamento do processo (art. 373, § 1º e art. 357, III);
- imposição de fundamentação exaustiva das sentenças/acórdãos, analisando-se todos os itens, todos os argumentos levantados pelas partes que possam infirmar a conclusão do juiz, sob pena de nulidade (art. 489, § 1º);
- possibilidade de julgamento parcial do mérito (art. 356);
- desaparecimento da ação declaratória incidental, uma vez que a questão prejudicial será acobertada pela coisa julgada, independentemente de pedido das partes, mas desde que presentes determinados requisitos (art. 503, § 1º);
- inserção da regra de julgamento dos processos em ordem cronológica, preferencialmente (art. 12, que sofreu alterações pela Lei 13.256/2016);
- criação do chamado "incidente de resolução de demandas repetitivas", possibilitando que causas com temáticas repetidas sejam julgadas pelos tribunais (TJ's e TRF's), servindo, a partir daí, como precedente para os demais (arts. 976/987);
- estímulo à observância da jurisprudência dos tribunais superiores (arts. 926 e 927);
- fim do processo cautelar autônomo e das cautelares específicas, restando mantidos o arresto, o sequestro, o arrolamento de bens, o registro de protesto contra alienação de bem e qualquer outra medida idônea para asseguração do direito apenas para fins de efetivação da tutela de urgência cautelar (art. 301);
- contagem de prazos em dias úteis (art. 219);
- penhora de salários acima de 50 (cinquenta) salários mínimos (art. 833, § 2º);
- criação dos honorários recursais (art. 85);
- alteração nos honorários contra a Fazenda Pública (diminuição e escalonamento conforme o valor da causa – art. 85);
- fim do recurso de embargos infringentes, com a inserção de técnica de julgamento em que novos magistrados serão chamados se houver decisão por maioria, independentemente de manifestação das partes (art. 942);

- fim do recurso de agravo retido, não havendo mais que se falar em preclusão das decisões interlocutórias que, por sua vez, poderão ser atacadas via agravo de instrumento ou reunidas no futuro e eventual recurso de apelação (art. 1.009, § 1º);
- criação do chamado "negócio jurídico processual", permitindo que as partes, de comum acordo, alterem o trâmite procedimental (art. 190).

1. JURISDIÇÃO

- É a função atribuída a um terceiro imparcial e desinteressado, o Estado-juiz, para solucionar um conflito de interesses (lide), de forma imperativa, reconhecendo, efetivando e protegendo situações jurídicas concretamente deduzidas e com aptidão para tornar-se indiscutível.

↘ Fredie Didier Jr[1] aponta como características, ainda, a impossibilidade de controle externo das decisões proferidas e a atividade criativa (criação da norma jurídica do caso concreto).

- A jurisdição é informada, dentre outros, pelos princípios da investidura, territorialidade, indelegabilidade, inevitabilidade e inafastabilidade:

Investidura	A jurisdição só é exercida por quem tenha sido regular e previamente investido da função jurisdicional. Veja que, em certos casos, um órgão não pertencente ao Poder Judiciário poderá/deverá exercer a jurisdição, como é o caso, por exemplo, do Senado Federal (art. 52, I, CF). Assim, ao analisarmos o art. 5º, XXXV, CF, devemos compreender a expressão "Poder Judiciário" como "jurisdição".
Territorialidade	Indica que a autoridade do magistrado restringe-se a um determinado limite territorial (foro). Trata-se de princípio que deve ser redimensionado em razão dos avanços tecnológicos, que permitem a realização de atos processuais por videoconferência (nesse sentido reza o § 3º, art. 236, CPC, que *"admite-se a prática de atos processuais por meio de videoconferência ou outro recurso tecnológico de transmissão de sons e imagens em tempo real"*). Vale lembrar das duas exceções apontadas pela doutrina, vide arts. 60 (imóvel situado em mais de uma comarca, seção ou subseção judiciária, a competência territorial do juízo prevento estende-se sobre a totalidade do imóvel) e 255, CPC (nas comarcas contíguas de fácil comunicação e nas que se situem na mesma região metropolitana, o oficial de justiça poderá efetuar, em qualquer delas, citações, intimações, notificações, penhoras e quaisquer outros atos executivos).
Indelegabilidade	Informa que não se faz possível a delegação do exercício da função jurisdicional (embora existam temperamentos a este princípio, como a possibilidade de expedição de cartas de ordem pelos tribunais – que tem natureza de ato de cooperação; a permissão para que o STF delegue atribuições para a prática de atos processuais referentes à execução de seus julgados; a possibilidade de delegação da competência do Tribunal Pleno para o órgão especial do mesmo Tribunal; a prática de atos ordinatórios – art. 203, § 4º, CPC etc.).
Inevitabilidade	Denota a ideia de que a jurisdição é imposta ao jurisdicionado independentemente de sua aceitação (imperatividade). O desaparecimento da nomeação à autoria como modalidade de intervenção de terceiro deixou de constituir exemplo de excepcionalidade ao referido princípio.
Inafastabilidade	Expressamente consagrada no art. 5º, inciso XXXV, CF, assegura que a lei não poderá excluir da apreciação do Poder Judiciário lesão ou ameaça de direito. A doutrina aponta como exceções o art. 217, § 1º, CF, que trata da necessidade de esgotamento das vias administrativas quando da solução das questões desportivas, bem como a Súmula 2, STJ, que aponta ser cabível, o *habeas data*, somente se houver prévia recusa de informações por parte da autoridade administrativa. Outras exceções residem na concessão e na revisão dos benefícios previdenciários. Em termos de CONCESSÃO, para que a ação judicial proposta seja conhecida é necessário que fique comprovado que: a) o autor requereu administrativamente o benefício, mas este foi negado pelo INSS (total ou parcialmente); b) o autor requereu administrativamente o benefício, mas o INSS não deu uma decisão em um prazo máximo de 45 dias; c) o benefício pleiteado trata de matéria sobre a qual o INSS tem posição manifestamente contrária ao pedido feito pelo segurado. Logo, EM REGRA, é indispensável o prévio requerimento administrativo do benefício no INSS. Obs.: não é necessário o esgotamento da via administrativa (o segurado não precisa interpor recurso administrativo contra a negativa do pedido). Já para fins de REVISÃO, não há, EM REGRA, necessidade de prévio requerimento administrativo. Todavia, será necessário prévio requerimento administrativo se o pedido envolver apreciação de matéria de fato.

1 DIDIER JR., Fredie. *Curso de Direito Processual Civil*. Vol. 1: Introdução ao Direito Processual Civil e Processo de Conhecimento. 13. ed. Salvador: Juspodivm, 2011. p. 89.

- Sistemas de jurisdição:

Sistema uno ou anglo-saxão	Sistema francês ou dualista
Todos os litígios, de origem administrativa ou privada, são resolvidos pelo Poder Judiciário, a quem cabe o julgamento em caráter definitivo.	Os litígios administrativos são resolvidos, definitivamente, por um Tribunal Administrativo, ao passo que as lides privadas são resolvidas, definitivamente, pelo Poder Judiciário.
Este sistema teve origem na Inglaterra, como uma forma de reação do povo contra os privilégios e desmandos da Corte Inglesa, que tinha poderes de administrar e julgar.	Fruto de uma interpretação diferenciada da teoria de Montesquieu, a França adotou uma divisão total dos poderes, em que não havia monopólio da função jurisdicional pelo Poder Judiciário. Isso decorre de uma histórica desconfiança da burguesia em relação ao Poder Judiciário, exercido pela nobreza.
Limites: o Poder Judiciário só pode apreciar a legalidade e a legitimidade dos atos administrativos.	

1.1. EQUIVALENTES JURISDICIONAIS

São formas não jurisdicionais de solução de conflitos, daí porque chamadas de equivalentes (formas alternativas de solução dos conflitos). Não são definitivas, pois podem ser submetidas ao controle jurisdicional. Equivalem, porém, à jurisdição porque servem para resolver conflitos. São os seguintes:

- **Autotutela** – forma mais antiga de solução dos conflitos, constituindo-se, fundamentalmente, pelo sacrifício integral do interesse de uma das partes envolvida no conflito em razão do exercício da força pela parte vencedora. São exemplos: legítima defesa (art. 188, I, CC), desforço imediato (art. 1210, § 1º, CC), direito de greve, direito de retenção, estado de necessidade, guerra etc. Trata-se de solução vedada, como regra, nos ordenamentos jurídicos civilizados, podendo ser amplamente revista pelo Poder Judiciário.
- **Autocomposição** – consentimento espontâneo de um dos contendores em sacrificar o interesse próprio, no todo ou em parte, em favor do interesse alheio. É gênero do qual são espécies a transação (concessões mútuas) é a mais tradicional, na qual a solução é dada pelas partes, sendo que cada uma delas faz concessões recíprocas; a renúncia em que não há concessões recíprocas, mas apenas unilateral por parte do autor que abdica de sua pretensão; e, por fim, a submissão (reconhecimento da procedência do pedido) onde não se vislumbram concessões recíprocas, mas apenas unilateral, por parte do réu que reconhece a razão do autor. Aqui há uma certa hibridez: substancialmente, o conflito foi resolvido por autocomposição, mas, formalmente, em razão da sentença judicial homologatória, há o exercício de jurisdição.
- **Julgamento de conflitos por tribunais administrativos** – Tribunal Marítimo, Tribunal de Contas, Agências Reguladoras, CADE.
- **Arbitragem** – é o equivalente jurisdicional mais polêmico no que tange à sua natureza. Alguns entendem que a arbitragem é jurisdição privada e não equivalente jurisdicional. Já outros, afirmam não ser nem mesmo uma jurisdição porque não é estatal. Nela tem-se um terceiro que decide e impõe sua decisão.

  Trata-se de técnica de solução de conflitos mediante a qual os conflitantes buscam em uma terceira pessoa, de sua confiança, a solução amigável e imparcial do litígio. É heterocomposição, não é compulsória e constitui-se em opção conferida a pessoas capazes para solucionar problemas relacionados a direitos disponíveis. Para a maioria doutrinária, é equivalente jurisdicional (Humberto Theodoro Jr., Vicente Greco Filho, Luiz Guilherme Marinoni, Cassio Scarpinella Bueno). Há, porém, quem entenda que não se trata de equivalente jurisdicional, sendo jurisdição propriamente dita, exercida por particulares, com autorização do Estado (Fredie Didier Jr., Carlos Alberto Carmona e Joel Dias Figueira Jr.).

  O instituto é regulamentado pela Lei Federal 9.307/96 (com alterações pela Lei 13.129/2015) não afrontando o princípio da inafastabilidade da jurisdição (5º, XXXV, CF).

  A **convenção de arbitragem** compreende tanto a cláusula compromissória como o compromisso arbitral. A cláusula compromissória (art. 4º) é aquela que designa a intenção das partes de resolver disputas futuras por meio da arbitragem, celebrada, assim, previamente. É também chamada de cláusula compromissória "cheia". Já o compromisso arbitral (art. 9º) é o ato, formal e escrito, que, efetivamente, dá início ao processo de arbitragem (regras deverão constar expressamente neste sentido). Pode ser estabelecido independentemente da existência de cláusula compromissória, até mesmo no curso do procedimento arbitral, mas sempre antes da audiência de tentativa de conciliação. A convenção de arbitragem não é pressuposto processual de por ser matéria de direito dispositivo que, para ser examinada, não dispensa a iniciativa do réu. Caso o réu não a alegue, o processo prossegue e é julgado perante a jurisdição estatal. A ausência de alegação do réu torna a justiça estatal competente para julgar a lide e, por inexistir qualquer invalidade, o processo não será extinto.

  Características: escolha da norma de direito material a ser aplicada; árbitro; desnecessidade de homologação judicial da sentença arbitral (art. 18); sentença arbitral é título executivo judicial (arts. 31, Lei 9.307/96 e 515, VII, CPC); possibilidade de reconhecimento e execução de sentenças arbitrais produzidas no exterior. A decisão arbitral faz coisa julgada material, podendo ser invalidada (vícios formais) pela via judicial no prazo de 90 (noventa) dias após o recebimento da intimação da sentença arbitral (art. 33, § 1º).

  Existência de conflito de competência entre um órgão **jurisdicional do Estado e uma Câmara Arbitral:** o STJ entendeu ser competente para a apreciação, porque a arbitragem teria natureza jurisdicional (CC 111.230/DF, 2ª Seção, rel. Min. Nancy Andrighi, j. 8.5.2013). Entendeu-se, ainda, que é de competência do tribunal de arbitragem, e não do Judiciário, analisar pedidos de indicação de bens para garantir execuções de dívidas, antes mesmo da instauração de procedimento arbitral. Foi a primeira vez que a Corte analisou a questão, mas o placar do julgamento foi apertado: cinco votos a quatro.

A 3ª Turma do STJ, REsp 1.277.725/AM, j. 12.3.2013, por sua vez, estabeleceu que, ainda que conste de contrato inadimplido a previsão de resolução de conflitos por meio da arbitragem, é possível ao credor ajuizar pedido de falência do devedor ou mesmo execução sem a prévia realização de juízo arbitral. Asseverou o referido acórdão que a celebração da convenção de arbitragem não é causa impeditiva da deflagração do processo de falência perante o Judiciário, eis que "a executividade de um título de crédito não é afetada pela convenção de arbitragem".

1.2. LIMITES DA JURISDIÇÃO NACIONAL

JURISDIÇÃO INTERNACIONAL	
Concorrente ou cumulativa (arts. 21 e 22 CPC)	*Exclusiva* (art. 23, CPC)
1) Réu, qualquer que seja a sua nacionalidade, estiver domiciliado no Brasil;	**a)** Ações relativas a imóveis situados no Brasil.
2) No Brasil houver de ser cumprida a obrigação, pouco importando onde contraída.	**b)** Em matéria de sucessão hereditária, compete à autoridade judiciária brasileira proceder à confirmação de testamento particular e ao inventário e à partilha de bens situados no Brasil, ainda que o autor da herança seja de nacionalidade estrangeira ou tenha domicílio fora do território nacional;
3) Se a ação tiver como fundamento fato ocorrido ou ato praticado no Brasil.	**c)** Em divórcio, separação judicial ou dissolução de união estável, proceder à partilha de bens situados no Brasil, ainda que o titular seja de nacionalidade estrangeira ou tenha domicílio fora do território nacional.
4) Ação de alimentos, quando: a) o credor tiver domicílio ou residência no Brasil; b) o réu mantiver vínculos no Brasil, tais como posse ou propriedade de bens, recebimento de renda ou obtenção de benefícios econômicos.	-

JURISDIÇÃO INTERNACIONAL	
Concorrente ou cumulativa (arts. 21 e 22 CPC)	*Exclusiva* (art. 23, CPC)
4) decorrentes de relações de consumo, quando o consumidor tiver domicílio ou residência no Brasil.	-
Obs.: visando assegurar a supremacia da jurisdição nacional, o art. 24, CPC, estabelece que a ação intentada perante tribunal estrangeiro não induz litispendência no Brasil. Trata-se de regra aplicável, tão somente, às hipóteses de competência concorrente ou cumulativa.	

1.3. COOPERAÇÃO INTERNACIONAL

- *Generalidades:* a cooperação jurídica internacional (arts. 26/41, CPC) será regida por tratado de que o Brasil faça parte ou, não havendo tratado, com base em reciprocidade, manifestada por via diplomática, que nunca será exigida para a homologação de sentença estrangeira, e observará:
  - I. o respeito às garantias do devido processo legal no Estado requerente;
  - II. a igualdade de tratamento entre nacionais e estrangeiros, residentes ou não no Brasil, em relação ao acesso à justiça e à tramitação dos processos, assegurando-se assistência judiciária aos necessitados;
  - III. a publicidade processual, exceto nas hipóteses de sigilo previstas na legislação brasileira ou na do Estado requerente;
  - IV. a existência de autoridade central para recepção e transmissão dos pedidos de cooperação;
  - V. a espontaneidade na transmissão de informações a autoridades estrangeiras.
- *Objeto:* a cooperação jurídica internacional terá por objeto:
  - I. citação, intimação e notificação judicial e extrajudicial;
  - II. colheita de provas e obtenção de informações;
  - III. homologação e cumprimento de decisão;
  - IV. concessão de medida judicial de urgência;
  - V. assistência jurídica internacional;
  - VI. qualquer outra medida judicial ou extrajudicial não proibida pela lei brasileira.
- *Auxílio direto:* era tratado, na vigência do CPC/73, pela Resolução 09, editada pelo STJ, em 4.5.2015, que dispunha em seu art. 7º, parágrafo único, que

"os pedidos de Cooperação Jurídica Internacional que tiverem por objeto atos que não ensejem juízo de delibação pelo Superior Tribunal de Justiça, ainda que denominados como carta rogatória, serão encaminhados ou devolvidos ao Ministério da Justiça para as providências necessárias ao cumprimento do **auxílio direto". Ou seja, trata-se de um instrumento de cooperação admitido para a efetivação de medida que não decorra diretamente de decisão da autoridade jurisdicional estrangeira a ser submetida a juízo de delibação no Brasil (art. 28, CPC).**

- Além dos casos previstos em tratados de que o Brasil faça parte, o auxílio direto terá os seguintes objetos:
  - ➢ I. obtenção e prestação de informações sobre o ordenamento jurídico e sobre processos administrativos ou jurisdicionais findos ou em curso;
  - ➢ II. colheita de provas, salvo se a medida for adotada em processo, em curso no estrangeiro, de competência exclusiva de autoridade judiciária brasileira;
  - ➢ III. qualquer outra medida judicial ou extrajudicial não proibida pela lei brasileira (art. 30, CPC).

↘ O procedimento para a formalização do pedido de auxílio direto é bifásico:

- ➢ (*a*) Inicia-se com o encaminhamento do pedido pelo órgão estrangeiro interessado à autoridade central – que na ausência de designação será o Ministro da Justiça (art. 26, § 4º, CPC). Vale lembrar que, recebido o pedido de auxílio direto passivo, a autoridade central o encaminhará à AGU, que irá requerer, junto ao juízo federal do lugar em que deva ser executada a medida solicitada que demande prestação de atividade jurisdicional, como ocorre, p.e., com a colheita de provas (arts. 33 e 34, CPC);
- ➢ (*b*) Processamento no âmbito interno do Estado de destino, que pode ser administrativo ou judicial, encerrando-se com a realização da providência solicitada.

- *Carta rogatória:* trata-se de mecanismo de comunicação internacional idôneo para a efetivação de atos que dependem de juízo de delibação pelo STJ, ensejando a instauração de procedimento de jurisdição contenciosa em que seja assegurada às partes as garantias do devido processo legal. No entanto, a defesa deve "restringir-se-á à discussão quanto ao atendimento dos requisitos para que o pronunciamento judicial estrangeiro produza efeitos no Brasil", sendo vedada, em qualquer hipótese, a revisão do mérito do pronunciamento judicial estrangeiro pela autoridade judiciária brasileira (art. 36, CPC).
- *Auxílio direto judicial x carta rogatória:*

Em outras palavras:

Auxílio direto judicial	Carta rogatória
Procedimento de jurisdição voluntária	Procedimento de jurisdição contenciosa
Tramita perante o juiz federal do lugar em que deve ser executada a medida.	Tramita perante o Superior Tribunal de Justiça.

2. AÇÃO

- Pode ser estudada, basicamente, sob três enfoques distintos:
  1. A ação como sinônimo de direito em movimento/exercício: cuida-se de situação em que a ação se confunde com o próprio direito material violado, inexistindo sequer alguma diferenciação entre direito material e direito processual (teoria imanentista ou civilista);
  2. A ação como direito autônomo em relação ao direito material: trata-se do direito de provocar a jurisdição, porém, somente quando se tratar de julgamento favorável, em que se percebe a autonomia do direito de ação, mas não sua independência (teoria concreta da ação).
  3. A ação como exercício de direito abstrato de agir, cuja ideia principal foi a de incorporar o entendimento assimilado pela teoria concreta de que direito de ação e direito material não se confundiam, mantendo a autonomia entre esses 2 (dois) direitos, mas, também afirmando que o direito de ação independe do direito material, podendo existir o primeiro sem que exista o segundo (teoria abstrata da ação).
- A identificação da ação se opera pelo exame de seus elementos, que são as partes; a causa de pedir e o pedido, o que é de fundamental importância para o reconhecimento da litispendência, da coisa julgada e da perempção, por exemplo.
- Desde o advento do CPC/73, prevalece, doutrinariamente, que o ordenamento jurídico processual adota a teoria "eclética" do direito de ação, segundo a qual esta última corresponde ao direito a um julgamento de mérito da causa, estabelecendo alguns condicionamentos para a apreciação meritória, denominados "condições da ação". O CPC vigente, é bom que se afirme, não mais utiliza o referido termo, o que tem gerado controvérsias na doutrina. Há entendimento no sentido de que houve a unificação das condições da ação e dos pressupostos processuais em uma única categoria profissional, denominada de admissibilidade da demanda. Nesse sentido é o pensamento de Fredie Didier Jr. (DIDIER JR., Fredie. **Curso de Direito Processual Civil. Vol. 1: Introdução ao Direito Processual Civil, Parte Geral e Processo de Conhecimento.** 17ª ed. Salvador: Juspodivm, 2015.). Sem embargo da controvérsia, é possível concluir que o CPC vigente incorpora a atualização da teo-

ria de Liebman, reduzindo as condições da ação, porém, para apenas duas: *a) legitimidade "ad causam"*: trata-se da pertinência subjetiva da ação, na feliz expressão de Alfredo Buzaid e *b) interesse de agir:* a movimentação da máquina estatal deve decorrer da necessidade do provimento jurisdicional pleiteado e de sua utilidade. (arts. 17 e 485, inciso VI, CPC). **Atenção:** a possibilidade jurídica, ao que parece, foi transportada para o mérito da demanda (daí porque se diz que as hipóteses de improcedência liminar – art. 332, CPC – seriam de pedidos juridicamente impossíveis), mas sua essência permanece a mesma: inexistência de objeção expressa no ordenamento jurídico ao pedido. Nesse cenário, vale lembrar que a simples ausência de previsão legal não é suficiente para a impossibilidade jurídica do pedido. A propósito, tem a jurisprudência permitido, à luz do julgamento da ADPF 132/RJ e da ADI 4.277/DF, pelo STF, pedido de conversão de união estável homoafetiva em casamento *(STJ, REsp 1.183.378/RS, 4ª T., rel. Min. Luis Felipe Salomão, j. 25.9.2011, p. 1.2.2012).*

- Em relação à legitimação "ad causam", sua classificação se dá em "ordinária" e "extraordinária" (art. 18, CPC):

Ordinária	Extraordinária/anômala/ substituição processual
Legitimado ordinário é aquele que defende em juízo interesse próprio.	Extraordinário é o legitimado que defende em nome próprio interesse de outrem.
Há coincidência entre a parte que atua em juízo e o titular do direito material deduzido.	Não há coincidência entre a parte que atua em juízo e o titular do direito deduzido.
Regra.	Depende de previsão legal.
Atenção: o art. 18, CPC, em relação ao art. 6º, CPC/73, substituiu a expressão "lei" por "ordenamento jurídico", o que, aparentemente, não traz qualquer consequência. No entanto, já existe controvérsia sobre o real alcance da modificação. Para Fredie Didier Jr., a troca permite concluir no sentido da possibilidade de legitimação extraordinária negocial, pois o negócio jurídico é fonte de norma jurídica[2]. De outro lado, há quem se mantenha fiel à tradição. Nesse sentido é a lição de Teresa Arruda Alvim Wambier *et al*, para quem "[...] o legislador aqui *'disse mais do que queria'*: não basta autorização do ordenamento jurídico, que é mais do que a lei: abrange lei, doutrina, jurisprudência. Aqui incide o **princípio da estrita legalidade.** *Só a lei pode criar hipóteses de substituição processual*"[3].	

- Importante sempre lembrar que a substituição processual difere da sucessão processual. Verifica-se a sucessão processual na hipótese de um sujeito, sucedendo outro no processo, assumir sua posição processual, enquanto a substituição processual autoriza que um sujeito atue no processo defendendo interesse de outrem.

Substituição processual	Sucessão processual
Não há troca de sujeitos; um sujeito está legitimado a defender interesse de outrem.	Há troca de sujeitos no processo; mudança subjetiva da relação processual.
Somente em decorrência de autorização do ordenamento jurídico (art. 18, CPC).	Pode se dar em razão de morte, incorporação de uma pessoa jurídica por outra ou fusão de pessoas jurídicas. Pode, também, decorrer de ato voluntário, nos casos de nomeação à autoria (arts. 338 e 339, CPC) ou de alienação da coisa litigiosa (art. 109, CPC).
Pode ser: **a)** Voluntária: as próprias partes convencionam a substituição dos sujeitos integrantes da relação processual. Ex. 1: nomeação à autoria, quando o nomeado assume o lugar do nomeante. Ex. 2: alienação da coisa litigiosa, quando a parte contrária consente com a substituição do alienante pelo adquirente. **b)** Legal: decorre da lei, como quando se verifica o falecimento de uma das partes do processo, a implicar, inclusive, a suspensão do processo (art. 313, I, e § 2º, CPC).	

- A verificação das condições da ação, em conformidade com a "teoria da asserção", ou *in status assertionis,* se dá quando o magistrado realiza um juízo acerca das condições da ação com base, apenas e tão somente, nas alegações de autor e réu, sem dilação probatória. O STJ tem reconhecido, e aplicado, a referida teoria em seus julgados:"(...) A jurisprudência do STJ acolhe a teoria da asserção, segundo a qual a presença das condições da ação deve ser aferida a partir das afirmações deduzidas na petição inicial, dispensando-se qualquer atividade instrutória (...)" (3ª Turma, AgRg no AREsp 741.229/DF, rel. Min. Marco Aurélio Bellizze, j. 15.10.2015).
- Desistência da ação:

Desistência	Renúncia
É ato de disposição de direito processual.	É ato de disposição de direito material.
Uma vez exercido o direito, o processo se extingue sem resolução de mérito.	Uma vez exercido, o processo se extingue com resolução de mérito.
A sentença é terminativa.	A sentença é definitiva.
Faz coisa julgada apenas formal.	Fica acobertada pela coisa julgada formal e material.
Atenção: consoante regra do art. 485, § 4º, CPC, a desistência da ação depois de decorrido o prazo de defesa depende da anuência do réu.	

2 DIDIER JR., Fredie. *Curso de Direito Processual Civil.* Vol. 1: Introdução ao Direito Processual Civil, Parte Geral e Processo de Conhecimento. 17. ed. Salvador: Juspodivm, 2015. p. 351.

3 WAMBIER, Teresa Arruda Alvim; CONCEIÇÃO, Maria Lúcia Lins; RIBEIRO, Leonardo Ferres da Silva; MELLO, Rogério Licastro Torres. *Primeiros Comentários ao Novo Código de Processo Civil*: Artigo por artigo. São Paulo: Revista dos Tribunais, 2015. p. 83 (grifos no original).

3. PARTES E PROCURADORES

3.1. CAPACIDADE PROCESSUAL

- Existem 3 (três) espécies de capacidade:

Capacidade de ser parte	Capacidade processual	Capacidade postulatória
Capacidade para ser sujeito de direitos e obrigações (personalidade jurídica).	Aptidão para o exercício de faculdades e ônus processuais independentemente de representação.	Capacidade para peticionar em juízo, atribuída, em regra, aos advogados e membros do MP.

3.2. DEVERES DAS PARTES E DOS PROCURADORES

Ato atentatório à dignidade da justiça (art. 774, CPC)	Ato atentatório ao exercício da jurisdição (art. 77, CPC)	Litigância de má-fé (arts. 80-81, CPC)
Praticado pelo executado na execução.	Violação dos deveres das partes.	Praticado pelas partes.
O executado: I. frauda a execução; II. se opõe maliciosamente à execução, empregando ardis e meios artificiosos; III. dificulta ou embaraça a realização da penhora; IV. resiste injustificadamente às ordens judiciais; V. intimado, o executado não indica ao juiz, em 5 (cinco) dias, quais e onde se encontram os bens sujeitos à penhora.	A parte: a) cria embaraços à efetivação de provimentos judiciais de natureza provisória ou final; b) não cumpre com exatidão os provimentos mandamentais.	A parte: I. deduz pretensão ou defesa contra texto expresso de lei ou fato incontroverso; II. altera a verdade dos fatos; III. usa do processo para conseguir objetivo ilegal; IV. opõe resistência injustificada ao andamento do processo; V. procede de modo temerário em qualquer incidente ou ato do processo; VI. provoca incidente manifestamente infundado; VII. interpõe recurso com intuito meramente protelatório;
Multa de até 20% (vinte por cento) do valor atualizado em execução, exigível nos próprios autos do processo, sem prejuízo das sanções penais, civis e processuais cabíveis.	Multa de até 20% (vinte por cento) do valor, de acordo com a gravidade da conduta, sem prejuízo das sanções penais, civis e processuais cabíveis.	Multa superior a 1% (um por cento) e inferior 10% do valor corrigido da causa; Indenização a ser fixada pelo juiz.
A multa reverterá em proveito do credor.	A multa destina-se ao Estado.	A multa e a indenização destinam-se à parte contrária.

3.3. DAS DESPESAS, DOS HONORÁRIOS ADVOCATÍCIOS E DAS MULTAS

- Salvo as disposições concernentes à gratuidade da justiça, incumbe às partes prover as despesas dos atos que realizarem ou requererem no processo, antecipando-lhes o pagamento, desde o início até a sentença final ou, na execução, até a plena satisfação do direito reconhecido no título (art. 82, *caput*, CPC).
- É ônus do autor adiantar as despesas relativas a ato cuja realização o juiz determinar de ofício ou a requerimento do Ministério Público, quando sua intervenção ocorrer como fiscal da ordem jurídica (art. 82, § 1º, CPC).
- São devidos honorários advocatícios na reconvenção, no cumprimento de sentença, provisório ou definitivo, na execução, resistida ou não, e nos recursos interpostos, cumulativamente (art. 85, § 1º, CPC).
- Nas causas em que a Fazenda for parte os honorários advocatícios serão fixadas observando os seguintes percentuais:
  - ➢ I. mínimo de 10% e máximo de 20% sobre o valor da condenação ou do proveito econômico obtido até 200 (duzentos) salários-mínimos;
  - ➢ II. mínimo de 8% e máximo de 10% sobre o valor da condenação ou do proveito econômico obtido acima de 200 (duzentos) salários-mínimos até 2.000 (dois mil) salários-mínimos;
  - ➢ III. mínimo de 5% e máximo de 8% sobre o valor da condenação ou do proveito econômico obtido acima de 2.000 (dois mil) salários-mínimos até 20.000 (vinte mil) salários-mínimos;
  - ➢ IV. mínimo de 3% e máximo de 5% sobre o valor da condenação ou do proveito econômico obtido acima de 20.000 (vinte mil) salários-mínimos até 100.000 (cem mil) salários-mínimos;
  - ➢ V. mínimo de 1% e máximo de 3% sobre o valor da condenação ou do proveito econômico obtido acima de 100.000 (cem mil) salários-mínimos.
- Nos casos de perda do objeto, os honorários serão devidos por quem deu causa ao processo (art. 85, § 10, CPC).
- Os honorários advocatícios são cumuláveis com multas e outras sanções processuais, inclusive aquelas impostas em razão de litigância de má-fé (art. 85, § 11, CPC).

- Os honorários constituem direito do advogado e têm natureza alimentar, com os mesmos privilégios dos créditos oriundos da legislação do trabalho, sendo vedada a compensação em caso de sucumbência parcial (art. 85, § 14, CPC).
- Os honorários serão devidos quando o advogado atuar em causa própria (art. 85, § 17, CPC).
- Caso a decisão transitada em julgado seja omissa quanto ao direito aos honorários ou ao seu valor, é cabível ação autônoma para sua definição e cobrança (art. 85, § 18, CPC). * **Atenção:** com a disposição em comento, não mais encontrará substrato para se sustentar a Súmula 453, STJ, que apontava, justamente, em sentido contrário.
- Os advogados públicos perceberão honorários de sucumbência, nos termos da lei (art. 85, § 19, CPC). A ADI nº 6.053 estabeleceu que a somatória dos subsídios com os honorários de sucumbência percebidos mensalmente pelos advogados públicos, não pode ultrapassar o teto constitucional do Ministros do STF.

3.4. DAS DESPESAS E DAS MULTAS

- O art. 98, *caput*, CPC, estabelece que "a pessoa natural ou jurídica, brasileira ou estrangeira, com insuficiência de recursos para pagar as custas, as despesas processuais e os honorários advocatícios tem direito à gratuidade da justiça, na forma da lei".
- A parte gozará do benefício da assistência judiciária mediante simples declaração de que não tem condições de custear as despesas do processo sem prejuízo de seu sustento e de sua família.

Atenção: "Faz jus ao benefício da justiça gratuita a pessoa jurídica com ou sem fins lucrativos que demonstrar sua impossibilidade de arcar com os encargos processuais" (Súmula 481, STJ). O entendimento jurisprudencial norteou o legislador do CPC, que estabeleceu no § 3º, art. 99, que "presume-se verdadeira a alegação de insuficiência deduzida exclusivamente por pessoa natural".

- A concessão de gratuidade não afasta a responsabilidade do beneficiário pelas despesas processuais e pelos honorários advocatícios decorrentes de sua sucumbência (art. 98, § 2º, CPC). O referido entendimento já era consolidado no STJ (1ª Turma, AgRg no AREsp 271.767/AP, rel. Min. Napoleão Nunes Maia Filho, j. 8.4.2014). Vale ressaltar que a isenção do pagamento de multas processuais eventualmente aplicadas aos beneficiários da assistência judiciária não está inserida no rol do mencionado dispositivo, havendo, por outro lado, previsão expressa em sentido contrário, conforme § 4º.
- Conforme o caso, o juiz poderá conceder a gratuidade de forma parcial (art. 98, § 5º, CPC), bem como poderá conceder direito ao parcelamento de despesas processuais que o beneficiário tiver de adiantar no curso do procedimento (art. 98, § 6º, CPC).
- O direito à gratuidade da justiça é pessoal, não se estendendo a litisconsorte ou a sucessor do beneficiário, salvo requerimento e deferimento expressos (art. 99, § 6º, CPC).
- A assistência do requerente por advogado particular não impede a concessão de gratuidade da justiça (art. 99, § 4º, CPC).

3.5. SUBSTITUIÇÃO DAS PARTES E DOS PROCURADORES

- O art. 109, CPC, disciplina a alienação ou cessão de direito litigioso, fato que, por si só, não altera a legitimidade das partes. O adquirente ou cessionário, todavia, poderá ingressar no feito, sucedendo o alienante/cedente, desde que a parte contrária concorde. No entanto, manifestando-se contrariamente, o adquirente pode intervir no processo na qualidade de assistente litisconsorcial. Em síntese, podem ser divididas 3 (três) situações distintas, com consequências igualmente diferenciadas:

Concordância da parte contrária	Discordância da parte contrária	Assistência litisconsorcial
O adquirente/cessionário ingressa no processo, substituindo o alienante/cedente.	O adquirente/cessionário não ingressa no processo, mas o alienante/cedente passa a agir em nome próprio na defesa de interesse alheio.	Uma vez negado o ingresso no processo, poderá o adquirente/cessionário intervir no feito na qualidade de assistente litisconsorcial.
Sucessão processual.	Substituição processual.	Intervenção de terceiros superveniente.

- Verificando a morte de qualquer das partes e não havendo ação de habilitação, o juiz deverá suspender o processo (art. 313, § 2º, CPC) e adotar uma das seguintes providências:
  - I. falecido o réu, ordenará a intimação do autor para que promova a citação do respectivo espólio, de quem for o sucessor ou, se for o caso, dos herdeiros no prazo que designar, de no mínimo 2 (dois) e no máximo 6 (seis) meses;
  - II. falecido o autor e sendo transmissível o direito em litígio, determinará a intimação de seu espólio, de quem for o sucessor ou, se for o caso, dos herdeiros, pelos meios de divulgação que reputar mais adequados, para que manifestem interesse na sucessão processual e promovam a respectiva habilitação no prazo designado, sob pena de extinção do processo sem resolução de mérito.
- No caso de morte do procurador de qualquer das partes, **ainda que iniciada a audiência de instrução e julgamento**, o juiz determinará que a parte constitua novo mandatário, no prazo de 15 (quin-

ze) dias, ao final do qual extinguirá o processo sem resolução de mérito, se o autor não nomear novo mandatário, ou ordenará o prosseguimento do processo à revelia do réu, se falecido o procurador deste (art. 313, § 3º, CPC).

4. LITISCONSÓRCIO

- Quanto ao momento de formação, o litisconsórcio pode ser:

Inicial	Ulterior
É aquele formado no limiar do processo (art. 312, CPC).	É aquele formado no decorrer do processo, sendo excepcional e cabível em três hipóteses: 1. Em razão de intervenção de terceiros; 2. Pela sucessão processual (art. 110, CPC); ou 3. Pela conexão (arts. 55 e 57/58, CPC).
	Atenção: a Lei 12.016/2009, a fim de preservar a higidez do princípio do juiz natural, vedou a formação de litisconsórcio ulterior no mandado de segurança depois de despachada a petição inicial do *mandamus* (art. 10, § 2º).

- Quanto ao regime jurídico aplicável aos litisconsortes:

Litisconsórcio unitário	Litisconsórcio simples
Aquele em que a decisão de mérito deve ser proferida de modo uniforme, sendo inadmissíveis julgamentos diversos para cada litisconsorte. **Atenção:** Fredie Didier Jr. fala na possibilidade de litisconsórcio unitário por força de negócio jurídico processual (art. 114 c/c art. 190, CPC)[4].	Aquele em que a decisão judicial pode ser diferente para os litisconsortes. Aliás, basta que haja a possibilidade de que a decisão seja diferente para tornar o litisconsórcio simples.

- Quanto à obrigatoriedade:

Litisconsórcio facultativo	Litisconsórcio necessário
É aquele em que a sua formação fica na dependência da vontade dos litigantes.	O litisconsórcio unitário revela hipóteses de legitimação *ad causam* conjunta ou complexa, vale dizer, é indispensável a integração no polo passivo de todos os sujeitos envolvidos na lide. O art. 114, CPC, trata das hipóteses em que o litisconsórcio será necessário, a saber: a) em razão da própria relação jurídica controvertida deduzida em juízo; b) por expressa disposição legal, independentemente da natureza jurídica da relação deduzida em juízo.
	Atenção: o entendimento majoritário, na doutrina, é no sentido de que inexiste hipótese de litisconsórcio necessário ativo.

- O litisconsórcio necessário pode ser:

Unitário	Simples	Facultativo
O litisconsórcio será necessário unitário quando, pela natureza da relação jurídica, o juiz houver de decidir a lide de modo uniforme para todas as partes.	O litisconsórcio será necessário simples quando houver disposição de lei nesse sentido.	Medida excepcional, como quando condôminos promovem ação reivindicatória em face de terceiro, pois cada condômino pode promover a respectiva ação.

- *Litisconsórcio multitudinário:* trata-se de litisconsórcio em que há a intervenção de número indeterminado de pessoas, ou seja, de multidão, o qual pode ser recusado pelo magistrado, visando garantir maior celeridade ao processo, a teor da previsão expressa do art. 113, §§ 1º e 2º, CPC.

- *Ausência de integração do litisconsorte necessário:*
  - ➢ *No litisconsórcio necessário-unitário: a decisão proferida será nula;*
  - ➢ Nos demais casos: decisão será válida para o litisconsorte citado, ineficaz para os não integrados.

- *Regime de tratamento dos litisconsórcios:*

  No litisconsórcio *unitário*, os litisconsortes são tratados como se fossem um único litigante, de modo que o tratamento deve ser uniforme, ao passo que, no litisconsórcio *simples*, são tratados como partes distintas. Importante, nesse contexto, distinguir conduta determinante de conduta alternativa.

Conduta alternativa	Conduta determinante
A parte pratica determinado ato que melhora a sua situação processual (como recorre, contesta, faz prova etc.).	O comportamento da parte que implica em uma situação desfavorável (como a confissão, a revelia, o reconhecimento jurídico do pedido etc.).

↘ A relação entre os litisconsortes se estrutura com base em 3 (três) regras:

1. A conduta determinante de um litisconsorte não prejudica o outro.

Atenção: no litisconsórcio simples a conduta determinante de um litisconsórcio só a ele prejudica; no litisconsórcio unitário a conduta determinante praticada por um é ineficaz para todos.

2. No litisconsórcio unitário a conduta alternativa de um beneficia o outro.
3. No litisconsórcio simples a conduta alternativa de um não beneficia o outro.

4 DIDIER JR., Fredie. *Curso de Direito Processual Civil*. Vol. 1: Introdução ao Direito Processual Civil e Processo de Conhecimento. 17. ed. Salvador: Juspodivm, 2015. p. 463-464.

↘ As referidas conclusões são excepcionadas nas seguintes hipóteses:

→ **I.** nos termos do art. 345, I, CPC, a contestação apresentada por um litisconsorte afasta as consequências da revelia do outro litisconsorte. No litisconsórcio simples, porém, a contestação somente aproveitará o outro litisconsorte se enfrentar fato comum a ambos os litisconsortes;

→ **II.** tratando-se de litisconsórcio unitário, a conduta alternativa de um litisconsorte estende os seus efeitos aos demais, podendo ser citada como exemplo a regra do art. 1.005, CPC, que aponta que o recurso interposto por um dos litisconsortes a todos aproveita, salvo se distintos ou opostos ou seus interesses.

- Litisconsórcio por comunhão, por conexão e por afinidade:

Litisconsórcio por comunhão	Litisconsórcio por conexão	Litisconsórcio por afinidade
Duas ou mais pessoas podem litigar, no mesmo processo, em conjunto, ativa ou passivamente, quando entre elas houver comunhão de direitos ou obrigações relativamente à lide.	Duas ou mais pessoas podem litigar, no mesmo processo, em conjunto, ativa ou passivamente, quando os direitos ou obrigações derivarem do mesmo fundamento de fato ou de direito ou entre as causas houver conexão pelo objeto ou pela causa de pedir.	Duas ou mais pessoas podem litigar, no mesmo processo, em conjunto, ativa ou passivamente, quando ocorrer afinidade de questões por um ponto comum de fato ou de direito.
Ex.: litisconsórcio entre credores solidários.	Ex.: litisconsórcio do MP com incapaz em ação de alimentos.	Ex.: litisconsórcio entre poupadores com determinada instituição financeira.

5. INTERVENÇÃO DE TERCEIROS

Noções gerais	
Definição	Trata-se de incidente processual por meio do qual um terceiro, expressamente autorizado por lei, ingressa em processo pendente e assume a condição de parte.
Fundamento	A intervenção de terceiros tem sua razão de ser no fato de que pode haver um vínculo entre o terceiro, o objeto litigioso do processo e a relação jurídica material deduzida em juízo. Assim, a intervenção de terceiros depende da efetiva demonstração do interesse jurídico do terceiro interveniente.
Partes e terceiro	Parte é o sujeito que participa da relação processual, influenciando no resultado do julgamento da lide. Terceiro é conceito que se obtém por exclusão, vale dizer, terceiro é todo aquele que não é parte.
Efeitos na relação jurídica processual	A intervenção de terceiros pode gerar um aumento do objeto litigioso (efeito objetivo), a modificação das partes da relação jurídica processual ou aumento no número de sujeitos, o que se verifica nas demais modalidades interventivas (efeito subjetivo).
Controle do magistrado	O ingresso de terceiro em processo pendente depende da demonstração do interesse jurídico (e não meramente econômico; exceção: intervenções especiais dos entes públicos) do terceiro, cabendo ao magistrado fiscalizar a presença, ou não, do referido pressuposto, sendo exemplo o disposto no art. 120, CPC.
Momento	Regra geral, as intervenções de terceiros são admitidas até o saneamento do feito, que marca a estabilização da demanda. No entanto, a assistência, o recurso de terceiro prejudicado e as intervenções especiais dos entes públicos (art. 5º, da Lei 9.469/97) podem se efetivar em segundo grau de jurisdição.

Noções gerais	
Vedações	Não se admite intervenção de terceiros: **a)** Juizados Especiais (por força do art. 10, Lei 9.099/95), ressalvado o incidente de desconsideração da personalidade jurídica (art. 1.062, CPC); **b)** ADI e ADC, salvo a intervenção do *amicus curiae*, reconhecida pelo CPC como espécie de intervenção de terceiro (arts. 7º e 18, Lei 9.868/99).
Intervenção de terceiros no procedimento sumário	Somente é admissível a assistência, o recurso de terceiro prejudicado e a intervenção fundada em contrato de seguro (art. 280, CPC/73, que permanece aplicável aos processos pendentes na data da entrada em vigor do CPC).

Modalidades de intervenção	
Assistência	É a modalidade de intervenção de terceiros por meio da qual um terceiro ingressa no processo para auxiliar uma das partes do litígio (*ad coadjuvandum*). Pressupõe interesse jurídico e não meramente econômico ou moral, sendo admitida em qualquer procedimento e em todos os graus de jurisdição (art. 119, CPC). Simples: o terceiro tem interesse em que a sentença seja favorável a uma das partes, mantendo uma relação com o assistido. Nesse caso, o assistente exercerá os mesmos poderes e sujeitar-se-á aos mesmos ônus processuais do assistido (art. 121, *caput*, CPC). Litisconsorcial: o terceiro é titular do direito discutido em juízo e, portanto, mantém uma relação com o assistido e o seu adversário.

Modalidades de intervenção	
Denunciação da lide	É a modalidade de intervenção de terceiros em que se veicula pretensão regressiva em demanda eventual e antecipada, sendo admissível (art. 125, CPC). **I.** ao alienante no processo relativo à coisa cujo domínio foi transferido ao denunciante, a fim de que possa exercer os direitos que da evicção lhe resulta; **II.** àquele que estiver obrigado, pela lei ou pelo contrato, a indenizar, em ação regressiva, o prejuízo do que perder a demanda. * O CPC, portanto, resolveu antiga controvérsia doutrinária e jurisprudencial relativa à obrigatoriedade da denunciação da lide. Para tanto, além de não reproduzir a restrição do art. 70, CPC/73, revogou expressamente o art. 456 do CC (art. 1.072, II), ou seja, a denunciação deve ter como denunciado o alienante imediato, repudiando, destarte, a denunciação "per saltum".
Chamamento ao processo	É modalidade de intervenção de terceiros cabível somente no processo de conhecimento, e nas seguintes hipóteses: **a)** do afiançado, na ação em que o fiador for réu; **b)** dos demais fiadores, na ação proposta contra um ou alguns deles; **c)** dos demais devedores solidários, quando o credor exigir de um ou de alguns o pagamento da dívida comum (art. 130, CPC). Sobre esta modalidade de intervenção de terceiros, o CPC promoveu poucas alterações, destacando-se o prazo para o réu promover a citação dos chamados, que no CPC/73 era de quinze dias (prazo de contestação), tendo sido ampliado para **30 (trinta) dias;** se o chamado residir em outra comarca, seção ou subseção judiciárias, ou em lugar incerto, o prazo será de **2 (dois) meses** (art. 131).
Incidente de desconsideração da personalidade jurídica	*Legitimados a requerê-la:* parte ou MP, quando intervém no processo (art. 133, CPC); *Pressupostos:* aqueles previstos no art. 50, CC, ou seja, abuso da personalidade jurídica, caracterizado pelo desvio de finalidade ou pela confusão patrimonial; *Procedimentos que o admitem:* cabível em todas as fases do processo de conhecimento, no cumprimento de sentença e na execução fundada em título executivo extrajudicial (art. 134, CPC); *Contraditório:* imprescindível, por isso, uma vez instaurado o incidente, o sócio ou a pessoa jurídica será citado para manifestar-se e requerer as provas cabíveis no prazo de 15 (quinze) dias (art. 135, CPC/2105); *Efeitos do acolhimento do pedido:* a alienação ou a oneração de bens, havida em fraude de execução, será ineficaz em relação ao requerente (art. 137, CPC).

Modalidades de intervenção	
Amicus curiae	*Cabimento:* o juiz ou o relator, considerando a relevância da matéria, a especificidade do tema objeto da demanda ou a repercussão social da controvérsia, poderá, por decisão irrecorrível, de ofício ou a requerimento das partes ou de quem pretenda manifestar-se, solicitar ou admitir a participação de pessoa natural ou jurídica, órgão ou entidade especializada, com representatividade adequada, no prazo de 15 (quinze) dias de sua intimação (art. 138, *caput*, CPC); *Poderes:* serão definidos pelo relator, sendo-lhe assegurado o poder de recorrer da decisão que julgar o incidente de resolução de demandas repetitivas (art. 138, §§ 2º e 3º, CPC). **ATENÇÃO:** o STF entendeu pelo não cabimento de recurso algum contra a decisão que admite ou inadmite o ingresso de *amicus curiae* no processo civil (RE 602.584, rel. Min. Luiz Fux, j. 17.10.2018). Caminhou-se, assim, no sentido da adequada intepretação do art. 138, § 1º, do CPC, afastando-se a incidência do art. 1.015, IX, CPC.

6. MINISTÉRIO PÚBLICO

- *Impedimento e suspeição do membro do MP: independentemente da natureza da intervenção (parte ou fiscal da ordem jurídica), aplicam-se ao membro do MP os motivos de impedimento e suspeição, por força do art. 148, CPC.*
- *Poderes e prerrogativas:*

Intervenção MP parte	Intervenção MP *custos juris*
Mesmos poderes e ônus atribuídos às partes	**a)** vista dos autos depois das partes; **b)** intimação de todos os atos do processo; **c)** poder produzir provas, requerer medidas pertinentes e recorrer (art. 179, CPC).
Prazos diferenciados: Em dobro para qualquer manifestação (art. 180, CPC).	Prazos diferenciados: Em dobro para qualquer manifestação (art. 180, CPC).
Intimação pessoal.	Intimação pessoal.
O Ministério Público atuará na defesa da ordem jurídica, do regime democrático e dos interesses e direitos sociais e individuais indisponíveis (art. 176, CPC).	Intervenção obrigatória nos processos que envolvam: **I.** interesse público ou social; **II.** interesse de incapaz; **III.** litígios coletivos pela posse de terra rural ou urbana (art. 178, CPC).

7. COMPETÊNCIA

COMPETÊNCIA ABSOLUTA	COMPETÊNCIA RELATIVA
Criada para preservar o interesse público.	Visa preservar o interesse precípuo das partes.
Pode ser alegada em qualquer tempo e grau de jurisdição, por qualquer das partes, podendo também ser reconhecida de ofício pelo juiz.	Somente o réu pode suscitá-la, no prazo de resposta, sob pena de preclusão e prorrogação da competência, sendo defeso ao juiz conhecê-la de ofício (Súmula 33, STJ). **ATENÇÃO:** a jurisprudência consagrou o entendimento de que o Ministério Público pode alegar a incompetência relativa em benefício de réu incapaz (STJ, REsp 630.968/DF, 3ª T., rel. Min. Humberto Gomes de Barros, j. 20.3.2007). O parágrafo único do art. 65, CPC, na mesma linha, estabelece que "a incompetência relativa pode ser alegada pelo Ministério Público nas causas em que atuar".
Arguida em preliminar (art. 337, II, CPC).	Arguida em preliminar (art. 337, II, CPC).
O reconhecimento da incompetência absoluta implica na remessa dos autos ao juízo competente, conservando-se, salvo decisão judicial em contrário, os efeitos da decisão proferida pelo juízo incompetente até que outra seja proferida, se for o caso, pelo juízo competente (art. 64, §§ 3º e 4º, CPC).	O reconhecimento da incompetência relativa implica na remessa dos autos ao juízo competente, conservando-se, salvo decisão judicial em contrário, os efeitos da decisão proferida pelo juízo incompetente até que outra seja proferida, se for o caso, pelo juízo competente (art. 64, §§ 3º e 4º, CPC).
Não pode ser alterada pela vontade das partes.	Pode ser alterada pela vontade das partes: • foro de eleição; • não oposição da exceção instrumental.
Não pode ser modificada por conexão ou continência.	Pode ser modificada por conexão ou continência.
A competência em razão da matéria, da pessoa e funcional é considerada absoluta. **Atenção:** embora a competência dos Juizados Especiais Estaduais, Federais e da Fazenda Pública seja estabelecida em razão do valor da causa, prevalece que se trata de competência absoluta.	A competência territorial e em razão do valor da causa são consideradas relativas. **Atenção:** a competência territorial nas ações coletivas (ação civil pública) é absoluta, por expressa disposição legal (art. 2º, da Lei 7.347/85).

- A doutrina aponta alguns critérios para a identificação da competência, a saber: ***a)*** verificar se a justiça brasileira é competente (arts. 21 e 23, CPC); ***b)*** se for, averiguar se é o caso de caso de competência originária de tribunal ou de órgão jurisdicional atípico; ***c)*** sendo negativa a resposta, investigar se é afeto à justiça especial (Eleitoral, Trabalhista ou Militar) ou justiça comum; ***d)*** sendo da competência da justiça comum, observar se é da Justiça Federal (art. 109, CF), haja vista que a competência da Justiça Estadual é "residual"; ***e)*** sendo competente a Justiça Estadual, deve-se localizar o foro competente (competência material, funcional, valor da causa e territorial); ***f)*** identificado o foro competente, busca-se o juízo competente, de acordo com o sistema do CPC e das normas de organização judiciária.

COMPETÊNCIA TERRITORIAL	
Regra geral	Tratando-se de demanda de natureza pessoal ou real, mobiliária, a competência territorial é do juízo de domicílio do réu, conforme dispõe o art. 46, *caput*, CPC; tendo o réu, todavia, mais de um domicílio, poderá o autor demandar em qualquer deles; sendo incerto ou desconhecido o seu domicílio, poderá ser demandado onde for encontrado ou no foro de domicílio do autor; Havendo 2 (dois) ou mais réus com diferentes domicílios, serão demandados no foro de qualquer deles, à escolha do autor; A execução fiscal será proposta no foro de domicílio do réu, no de sua residência ou no do lugar onde for encontrado (art. 46, §§ 1º a 5º, CPC).
Foros especiais	**1)** o CDC prevê que o foro competente para as ações que discutem relações de consumo é o do domicílio do autor/consumidor, nos moldes de seu art. 101, inciso I (não é norma de competência absoluta). **2)** o Estatuto do Idoso, em seu art. 80, estabelece hipótese de competência **territorial absoluta** do domicílio do idoso para as causas de que disciplina (direitos difusos, coletivos, individuais indisponíveis e homogêneos). Há, também, previsão específica no art. 53, III, "e", CPC.
Ações reais imobiliárias	Devem ser propostas, à luz do art. 47, CPC, no juízo da situação da coisa (*forum rei sitae*), tratando-se de mais uma hipótese de competência **territorial absoluta.**
Foro de sucessão	Conforme reza o art. 48, *caput*, CPC, o foro de domicílio do autor da herança, no Brasil, é o competente para o inventário, a partilha, a arrecadação, o cumprimento de disposições de última vontade, a impugnação ou anulação de partilha extrajudicial e para todas as ações em que o espólio for réu, ainda que o óbito tenha ocorrido no estrangeiro. *Foro concorrente:* se o ator da herança não possuía domicílio certo, será competente: (*i*) o foro de situação dos bens imóveis; (*ii*) havendo bens imóveis em foros diferentes, qualquer destes; (*iii*) não havendo bens imóveis, o foro do local de qualquer dos bens do espólio.
Foro para ações em que o ausente for réu	O do seu último domicílio, que também será competente para a arrecadação, o inventário, a partilha e o cumprimento de disposições testamentárias. (Art. 49, CPC).

COMPETÊNCIA TERRITORIAL	
Ações contra incapazes	Devem ser aforadas no foro de domicílio do seu representante ou assistente (art. 50, CPC).
Ações em que a União for parte	*Autora:* será competente o foro do domicílio do réu. *Ré:* poderá ser proposta no foro de domicílio do autor, no de ocorrência do ato ou fato que originou a demanda, no de situação da coisa ou no Distrito Federal (art. 51, CPC).
Ações em que o Estado/DF for parte	*Autora:* será competente o foro do domicílio do réu. *Ré:* poderá ser proposta no foro de domicílio do autor, no de ocorrência do ato ou fato que originou a demanda, no de situação da coisa ou na capital do respectivo ente federado (art. 52, CPC).
Ações de separação, divórcio, anulação de casamento, reconhecimento ou dissolução de união estável	Foros sucessivos: a) de domicílio do guardião de filho incapaz; b) do último domicílio do casal, caso não haja filho incapaz; c) de domicílio do réu, se nenhuma das partes residir no antigo domicílio do casal; d) de domicílio da vítima de violência doméstica e familiar, nos termos da Lei nº 11.340, de 7 de agosto de 2006 (Lei Maria da Penha) (art. 53, I, CPC).
Ações oriundas de representação comercial	O art. 39, Lei 4.886/65, prevê que o foro competente será o do domicílio do representante comercial, já tendo o STJ considerado esta regra de competência **absoluta** (3ª Turma, REsp 608.983/MG, rel. Min. Antônio de Pádua Ribeiro, j. 16.3.2004).
***Forum comissi delicti* (foro para a ação de responsabilidade civil extracontratual)**	Por força do art. 53, IV, "a", CPC, o foro competente será o do lugar do fato ou ato.

- A ***competência em razão da matéria*** é determinada pela natureza da relação jurídica controvertida, sendo imprescindível o prévio conhecimento da causa de pedir para a sua correta identificação.
- A ***competência em razão da pessoa*** é fixada tendo em vista as qualidades das partes envolvidas (*ratione personae*). O principal exemplo, segundo a doutrina, é o da Vara privativa da Fazenda Pública, criada para processar e julgar as causas relacionadas aos entes públicos. No entanto, dispõe a Súmula 206, STJ que "a existência de vara privativa, instituída por lei estadual, não altera a competência territorial resultante das leis de processo".
- A ***competência funcional*** diz respeito à distribuição das funções exercidas pelo magistrado no processo. A competência funcional pode ser:

Horizontal	Vertical
Distribuição das funções na mesma instância ou grau de jurisdição.	Distribuição das funções entre instâncias diversas.

Originária	Derivada/recursal
Competência para conhecer e julgar a causa pela primeira vez.	Refere-se à competência para julgar a causa em grau de recurso.
Em regra, juízo singular	**Em regra, juízo coletivo (tribunal)**
Exceção: competência originária dos Tribunais, a exemplo da ação rescisória.	Exceção: há casos em que um juízo singular tem competência recursal, como nos embargos de declaração contra suas decisões e nos embargos infringentes em execução fiscal cujo valor não exceda 50 OTN's. **Atenção:** Turma Recursal de Juizados Especiais não é exemplo de competência derivada exercida por julgador monocrático.

- A ***competência em razão do valor da causa*** considera o valor atribuído à causa, sendo, os Juizados Especiais, o exemplo mais típico.

MODIFICAÇÕES DA COMPETÊNCIA	
Noções gerais	As normas referentes à modificação de competência somente são aplicáveis à competência relativa. **Atenção:** é possível a modificação de competência territorial absoluta quando se tratar de ação civil pública, por força do art. 2º, parágrafo único, Lei 7.347/85.
Modificação legal da competência	Pela conexão e continência, disciplinadas nos arts. 55 e 56, CPC. Atentar para a hipótese de "conexão por prejudicialidade", ou seja, a reunião de demandas, ainda que não conexas, mas que devem ser reunidas, vez que podem gerar risco de prolação de decisões conflitantes ou contraditórias caso decididas separadamente (art. 55, § 3º, CPC), bem como para o fato de que, na continência, caso a demanda "continente" tenha sido proposta anteriormente, o processo relativo à ação "contida" será extinto sem resolução de mérito (art. 57, CPC). **I.** Não arguição de incompetência no tempo e modo oportunos. **II.** Foro de eleição. **Observação:** o CPC, incorporando as críticas doutrinárias ao art. 112, parágrafo único, CPC/73, previu no § 3º, do art. 63, que "Antes da citação, a cláusula de eleição de foro, se abusiva, pode ser reputada ineficaz de ofício pelo juiz, que determinará a remessa dos autos ao juízo do foro de domicílio do réu". Complementa o § 4º ao dispor que "citado, incumbe ao réu alegar a abusividade da cláusula de eleição de foro na contestação, sob pena de preclusão".
Outras causas	**a) imóvel situado em mais de um Estado ou comarca (art. 60, CPC):** fixa-se a competência por prevenção, a qual se estende sobre a totalidade do imóvel; **b) ações acessórias (art. 61, CPC):** trata-se de ação secundária manejada para complementar outra ação mais importante, rotulada de ação principal. A competência será do juízo da ação principal.

- *Conflito de competência:*

Conceito	Trata-se de hipótese em que dois ou mais juízes se declaram competentes ou incompetentes para o processo e julgamento da mesma ou de mais de uma causa. Portanto, pode ser positivo, quando os magistrados se reconhecem competentes, ou negativo, quando os juízes se declaram incompetentes para o exame de determinada demanda (art. 66, CPC). **Atenção:** nos termos da Súmula 59, STJ, não há conflito de competência quando uma das causas já houver sido julgada por sentença transitada em julgado, proferida por um dos juízos conflitantes.
Legitimidade	O conflito pode ser suscitado, a teor do art. 951, CPC, pelo próprio magistrado, pelo membro do MP ou por qualquer das partes. Porém, à luz do art. 952, CPC, a parte que arguiu a incompetência relativa não pode suscitar o conflito, pois já teve a oportunidade de se manifestar sobre a competência.
Intervenção do MP	Não sendo, o conflito, suscitado pelo MP, este deverá ser obrigatoriamente ouvido sempre que presente uma das circunstâncias que tornam sua intervenção obrigatória no processo civil (art. 178, CPC).
Competência	Será sempre de um Tribunal. Tratando-se de conflito entre tribunais superiores, a competência será do STF (art. 102, inciso I, alínea "o", CF). Por outro lado, se o conflito for entre quaisquer tribunais ou entre tribunal e juízes a ele não vinculados e entre juízes vinculados a tribunais diversos, competente será o STJ (art. 105, inciso I, alínea "d", CF).
Competência	Os Tribunais de Justiça e os Tribunais Regionais Federais devem julgar os conflitos de competência que envolvam os juízes a eles vinculados. Por fim, "Compete ao Tribunal Regional Federal decidir os conflitos de competência entre juizado especial federal e juízo federal da mesma seção judiciária" (Súmula 428, STJ).
Procedimento	A petição deflagradora do incidente deve ser dirigida ao tribunal competente para o processo e julgamento do conflito; sendo positivo o conflito, o relator deverá suspender o processo, nomeando um dos juízes para praticar atos urgentes (art. 955, CPC); é possível que o relator julgue o conflito monocraticamente, quando sua decisão se fundar em: (*i*) súmula do Supremo Tribunal Federal, do Superior Tribunal de Justiça ou do próprio tribunal; (*ii*) tese firmada em julgamento de casos repetitivos ou em incidente de assunção de competência.

8. ATOS PROCESSUAIS

PRECLUSÃO TEMPORAL	PRECLUSÃO LÓGICA	PRECLUSÃO CONSUMATIVA
Perda da faculdade processual pelo decurso do prazo sem que a parte pratique o ato processual (art. 223, CPC).	Perda da faculdade processual em decorrência da prática de um ato incompatível com o que se pretende praticar. Exemplificando, o art. 1.000, CPC, consagra espécie de preclusão lógica ao dispor que "a parte, que aceitar expressa ou tacitamente a sentença ou decisão, não poderá recorrer". Sendo assim, não pode recorrer o réu que, condenado a pagar determinada quantia, efetua o pagamento no prazo recursal.	Perda da faculdade em razão de já se ter realizado o ato processual em outro momento, pouco importando se praticado correta ou incorretamente (art. 507, CPC).

8.1. PRAZOS

- Prazos dilatórios x prazos peremptórios:

Prazos dilatórios	Prazos peremptórios
As partes podem, de comum acordo, reduzi-los ou prorrogá-los.	Não podem as partes, ainda que de comum acordo, reduzir ou prorrogar prazos peremptórios.
A convenção, contudo, deve ser formalizada antes do vencimento do prazo.	O juiz está autorizado a prorrogar quaisquer prazos nas comarcas onde for difícil o transporte, assim o fazendo por até 2 (dois) meses.
Ex.: prazo para a apresentação de memoriais, prazo para emendar a inicial (este último como entendimento do STJ, ainda sob a égide do CPC/73, vez que a Seção, ao apreciar o REsp submetido ao regime do art. 543-C do CPC e Res. n. 8/2008-STJ, firmou o entendimento de que o prazo previsto no art. 284 do CPC não seria peremptório, mas dilatório. Foi afirmado que, caso a petição inicial não preenchesse os requisitos exigidos nos arts. 282 e 283 do CPC, ou apresentasse defeitos e irregularidades sanáveis que dificultassem o julgamento do mérito, o juiz determinaria que o autor a emendasse ou a completasse no prazo de 10 dias. Porém, decidiu-se que esse prazo poderia ser reduzido ou ampliado por convenção das partes ou por determinação do juiz, nos termos do art. 181 do código mencionado. Com base nesse entendimento, concluiu-se que mesmo quando descumprido o prazo de 10 dias para a regularização da petição inicial, por tratar-se de prazo dilatório, caberia ao juiz, analisando o caso concreto, admitir ou não a prática extemporânea do ato pela parte. Precedentes citados: REsp 871.661-RS, DJ 11/6/2007, e REsp 827.242-DF, DJe 1º/12/2008. REsp 1.133.689-PE, Rel. Min. Massami Uyeda, j. 28.3.2012).	Ex.: prazo para a interposição de recursos, prazo para contestar.

- Prazos diferenciados:

MP, Defensoria Pública e Fazenda Pública (arts. 180, 183 e 186, CPC)	Prazo em dobro para qualquer manifestação processual. * Não se aplica o prazo em dobro quando a lei estabelecer, de forma expressa, prazo próprio para o MP ou a Fazenda Pública, como ocorre com o art. 178, CPC, que aponta o prazo de 30 (trinta) dias para quando o MP intervir como fiscal da ordem jurídica e de 15 (quinze) dias para, querendo, se manifestar nos procedimentos especiais de jurisdição voluntária (art. 721, CPC).
Litisconsortes com procuradores diferentes e de escritórios de advocacia distintos	Prazo em dobro para todas as manifestações processuais, independentemente de requerimento (art. 229, CPC). * Não se aplica (art. 229, §§ 1º e 2º, CPC): **a)** quando, havendo dois réus, apenas um deles apresenta defesa (Súmula 641, STF: "não se conta em dobro o prazo para recorrer, quando só um dos litisconsortes haja sucumbido"); **b)** aos processos eletrônicos.

8.2. CITAÇÃO

- **Atenção:** a Lei 14.195, de 26.8.2021, alterou, de forma substancial, o art. 246, CPC, conforme segue: "Art. 246. A citação será feita preferencialmente por meio eletrônico, no prazo de até 2 (dois) dias úteis, contado da decisão que a determinar, por meio dos endereços eletrônicos indicados pelo citando no banco de dados do Poder Judiciário, conforme regulamento do Conselho Nacional de Justiça. I – (revogado); II – (revogado); III – (revogado); IV – (revogado); V – (revogado). § 1º As empresas públicas e privadas são obrigadas a manter cadastro nos sistemas de processo em autos eletrônicos, para efeito de recebimento de citações e intimações, as quais serão efetuadas preferencialmente por esse meio. § 1º-A A ausência de confirmação, em até 3 (três) dias úteis, contados do recebimento da citação eletrônica, implicará a realização da citação: I – pelo correio; II – por oficial de justiça; III – pelo escrivão ou chefe de secretaria, se o citando comparecer em cartório; IV – por edital. § 1º-B Na primeira oportunidade de falar nos autos, o réu citado nas formas previstas nos incisos I, II, III e IV do § 1º-A deste artigo deverá apresentar justa causa para a ausência de confirmação do recebimento da citação enviada eletronicamente. § 1º-C Considera-se ato atentatório à dignidade da justiça, passível de multa de até 5% (cinco por cento) do valor da causa, deixar de confirmar no prazo legal, sem justa causa, o recebimento da citação recebida por meio eletrônico (...) § 4º As citações por correio eletrônico serão acompanhadas das orientações para realização da confirmação de recebimento e de código identificador que permitirá a sua identificação na página eletrônica do órgão judicial citante. § 5º As microempresas e as pequenas empresas somente se sujeitam ao disposto no § 1º deste artigo quando não possuírem endereço eletrônico cadastrado no sistema integrado da Rede Nacional para a Simplificação do Registro e da Legalização de Empresas e Negócios (Redesim). § 6º Para os fins do § 5º deste artigo, deverá haver compartilhamento de cadastro com o órgão do Poder Judiciário, incluído o endereço eletrônico constante do sistema integrado da Redesim, nos termos da legislação aplicável ao sigilo fiscal e ao tratamento de dados pessoais."

  Mais ainda, conferindo preferência à citação sob a forma eletrônica, alterou a redação do "caput" do art. 247, CPC, nos seguintes termos: "A citação será feita por meio eletrônico ou pelo correio para qualquer comarca do país, exceto: (...)".

  Quanto ao início da contagem do prazo para eventual apresentação de resposta, a legislação em comento acrescentou o inciso IX ao art. 231, CPC, e consignou que, salvo disposição em sentido diverso, também considera-se dia do começo do prazo: "o quinto dia útil seguinte à confirmação, na forma prevista na mensagem de citação, do recebimento da citação realizada por meio eletrônico.".

  Por fim, outra alteração em relação à citação, promovida pela mesma legislação, no art. 238, CPC, implicou no acréscimo do parágrafo único nos seguintes termos "A citação será efetivada em até 45 (quarenta e cinco) dias a partir da propositura da ação.", ao mesmo tempo em que, acrescentando o inciso VII ao art. 77, CPC, consignou ser dever das partes, de seus procuradores e de todos aqueles que de qualquer forma participem do processo, "informar e manter atualizados seus dados cadastrais perante os órgãos do Poder Judiciário e, no caso do § 6º do art. 246 deste Código, da Administração Tributária, para recebimento de citações e intimações".

- É o ato pelo qual o réu, uma vez cientificado da existência da demanda contra si formulada, passa a integrar a lide e pode apresentar as respostas que entender pertinentes.

ESPÉCIES DE CITAÇÃO			
	Natureza Jurídica	**Cabimento**	**Vedações**
Correio	Citação real	Forma de citação que se dá na hipótese de não confirmação da citação por meio eletrônico, vide alterações promovidas pela Lei 14.195, de 26.8.2021.	É vedada: **I.** nas ações de estado; **II.** quando for réu pessoa incapaz; **III.** quando for réu pessoa jurídica de Direito Público; **IV.** quando o réu residir em local não atendido pelo serviço postal; **V.** quando o autor a requerer de outra forma.

ESPÉCIES DE CITAÇÃO			
	Natureza Jurídica	**Cabimento**	**Vedações**
Mandado	Citação real. **Atenção:** a citação por hora certa, embora realizada por mandado, é considerada ficta. Residindo o réu em outra comarca, deve ser citado por carta precatória, a qual será cumprida pelo oficial de justiça de sua residência.	Observa-se esta modalidade quando não concretizada a citação por meio eletrônico, tampouco a citação pelo Correio. Possível na hipótese de o réu residir na mesma comarca ou em comarca contígua, de fácil comunicação e na mesma região metropolitana.	-
Edital	Citação ficta. O edital deve ser afixado na sede do juízo e publicado na rede mundial de computadores, no sítio do respectivo tribunal e na plataforma de editais do Conselho Nacional de Justiça, que deve ser certificada nos autos.	Cabível: **a)** quando o citando for incerto ou desconhecido; **b)** quando o citando se encontrar em local incerto e não sabido; **c)** nos demais casos expressos em lei. Considera-se inacessível o país que recusar o cumprimento de carta rogatória.	-
Eletrônica	Citação real	Forma preferencial de citação, vide alterações promovidas pela Lei 14.195, de 26.8.2021, que se dará por meio dos endereços eletrônicos indicados pelo citando no banco de dados do Poder Judiciário, conforme regulamento do CNJ.	Nos processos criminais e infracionais não se admite citação por meio eletrônico.

- A citação com hora certa depende da observância dos seguintes requisitos:

Requisito objetivo	**Requisito subjetivo**
Realização, pelo oficial de justiça, de **2 (duas)** diligências frustradas de citação.	Desconfiança de que o réu, maliciosamente, se oculta para não ser citado.
Atenção: os requisitos são aferidos pelo próprio oficial de justiça. Ademais, o CPC inovou ao autorizar que, nos condomínios edilícios ou nos loteamentos com controle de acesso, será válida a intimação para fins de citação por hora certa feita a funcionário da portaria responsável pelo recebimento de correspondência (art. 252, parágrafo único, CPC).	

- A natureza jurídica da citação é controvertida na doutrina, havendo entendimento doutrinário no sentido de que se trata de um pressuposto de existência do processo e, por outro lado, havendo quem advogue que se cuida de um pressuposto de validade do processo em relação ao réu.

8.3. VALOR DA CAUSA

- *Finalidade:* o valor da causa constitui parâmetro para a fixação de competência (Juizados Especiais, por exemplo) e para o cálculo dos honorários advocatícios, dentre outros.
- *Impugnação:* o réu pode, na contestação, impugnar o valor atribuído à causa (art. 337, inciso III, CPC)

VALOR DA CAUSA (art. 292, CPC)	
Ação de cobrança de dívida	Soma monetariamente corrigida do principal e dos juros de mora vencidos e de outras penalidades, se houver, até a propositura da ação.
Causa que verse sobre existência, validade, cumprimento, modificação ou rescisão, resilição ou rescisão de ato jurídico	Valor do ato ou de sua parte controvertida
Ação de alimentos	Soma de 12 (doze) prestações mensais pedidas pelo autor.
Ação de divisão, de demarcação e de reivindicação	Valor de avaliação da área ou do bem objeto do pedido
Ação indenizatória, inclusive fundada em dano moral	Valor pretendido. * Com isso, cai por terra o entendimento que admitia pedido genérico em ação de indenização por danos morais.
Cumulação de pedidos	Quantia correspondente a soma dos valores de todos eles.
Pedidos Alternativos	Pedido de maior valor.
Pedido subsidiário	Valor do pedido principal.
Atenção: o § 3º, art. 292, CPC, autoriza o magistrado a corrigir o valor da causa de ofício, determinando por arbitramento o valor da causa quando verificar que não corresponde ao conteúdo patrimonial em discussão ou ao proveito econômico perseguido pelo autor, caso em que se procederá ao recolhimento das custas correspondentes.	

8.4. NULIDADES

Nulidades relativas	Nulidades absolutas
Devem ser alegadas na primeira oportunidade em que couber à parte falar nos autos.	O juiz pode conhecê-las de ofício.
Sujeitas à preclusão.	Não se sujeitam à preclusão.

- *Nulidade por falta de intervenção do MP: somente será decretada* após a intimação do Ministério Público, que se manifestará sobre a existência ou a inexistência de prejuízo (art. 279, § 2º, CPC).
- *Princípio da causalidade da nulidade:* anulado o ato, consideram-se de nenhum efeito todos os subsequentes que dele dependam, todavia, a nulidade de uma parte do ato não prejudicará as outras que dela sejam independentes (art. 281, CPC).

9. PROCESSO E PROCEDIMENTO

9.1. PROCEDIMENTO SUMÁRIO

NOTA: é importante que se tenha em mente que, **conquanto extinto pelo CPC**, as regras procedimentais do procedimento sumário **têm incidência em relação aos processos pendentes na data de entrada em vigor do CPC**, daí porque as referências trazidas em seguida fazendo menção ao CPC/73.

- *Vedações:* o procedimento sumário não é cabível nas ações referentes ao estado e à capacidade das pessoas.
- *Petição inicial:* deve observar os arts. 282 e 283, CPC/73, acrescida da obrigatoriedade de especificação das provas, sob pena de preclusão. Dessa forma, o autor deve, na petição inicial, indicar o rol de testemunhas e apresentar quesitos e indicar assistente técnico, se pretender produzir as referidas provas.
- *Resposta do réu:* o réu é intimado para comparecer à audiência de conciliação, oportunidade em que poderá apresentar contestação escrita ou oral.
- *Intervenção de terceiros:* admite-se somente a assistência, o recurso de terceiro prejudicado e a intervenção fundada em contrato de seguro (art. 280, CPC/73).
- *Competência:*

Competência em razão do valor da causa	Competência em razão da matéria
Observar-se-á o procedimento sumário nas causas cujo valor não exceda a 60 (sessenta) salários mínimos.	Observar-se-á o procedimento sumário: [...] **II.** nas causas, qualquer que seja o seu valor: **a)** de arrendamento rural e de parceria agrícola; **b)** de cobrança ao condômino de quaisquer quantias devidas ao condomínio; **c)** de ressarcimento de danos em prédio urbano ou rústico; **d)** de ressarcimento por danos causados em acidente de veículo de via terrestre; **e)** de cobrança de seguro, relativamente aos danos causados em acidente de veículo, ressalvados os casos de processo de execução;. **f)** de cobrança de honorários advocatícios dos profissionais liberais, ressalvado o disposto em legislação especial; **g)** que versem sobre revogação de doação

9.2. PROCEDIMENTO SUMARÍSSIMO

- *Princípios orientadores:* os Juizados Especiais são informados pelos princípios da oralidade, simplicidade, informalidade, economia processual e celeridade.
- *Competência:* os Juizados Especiais são competentes para o processo e julgamento das ações cujo valor não exceda a 40 (quarenta) salários mínimos, bem como aquelas elencadas no art. 275, inciso II, CPC/73. Nos termos da Súmula 376, STJ, "compete à Turma Recursal processar e julgar o mandado de segurança contra ato de Juizado Especial".

Competência em razão do valor da causa	Competência em razão da matéria
Causas até 40 (quarenta) salários mínimos	**a)** Ações de despejo para uso próprio; **b)** Ações possessórias sobre bens imóveis de valor não excedente a 40 (quarenta) salários mínimos; **c)** Ação de arrendamento e de parceria agrícola; **d)** Ação de cobrança ao condômino de quaisquer quantias devidas ao condomínio; **e)** Ações de ressarcimento por danos em prédio urbano ou rústico; **f)** Ações de ressarcimento por danos causados em acidente de veículo de via terrestre; **g)** Ações de cobrança de seguro, relativamente aos danos causados em acidente de veículo, ressalvados os casos de processo de execução; **h)** Ações de cobrança de honorários dos profissionais liberais, ressalvado o disposto em legislação especial; **i)** Ações que versem sobre revogação de doação;

- *Partes:* podem postular perante os Juizados Especiais:
  - ↘ pessoas físicas capazes, excluídos os cessionários de direito de pessoas jurídicas;
  - ↘ microempreendedores individuais;
  - ↘ microempresas;
  - ↘ empresas de pequeno porte;

↘ pessoas jurídicas qualificadas como Organização da Sociedade Civil de Interesse Público (OSCIP);

↘ sociedades de crédito ao microempreendedor.

- *Procuradores:* a parte pode postular diretamente sem advogado nas causas de valor até 20 (vinte) salários mínimos, sendo obrigatória a representação por advogado para a interposição de recursos.
- *Atos processuais*

Prática de atos processuais no CPC	Prática de atos processuais na Lei 9.099/95
"Os atos processuais realizar-se-ão em dias úteis das 6 (seis) às 20 (vinte) horas" (art. 212, CPC). O que poderá ocorrer é a conclusão, após as 20 (vinte) horas, dos atos iniciados antes, desde que o adiamento prejudique a diligência ou cause grave dano (art. 212, § 1º, CPC).	Os atos processuais podem ser praticados em horário noturno, conforme dispuserem as normas de organização judiciária, em homenagem ao princípio da celeridade que informa os Juizados Especiais (art. 12).

- *Citação*

Citação de pessoa física	Citação de pessoa jurídica ou firma individual
A citação será feita pelo correio, por meio de correspondência com aviso de recebimento em mão própria (art. 18, I, Lei 9.099/95).	A citação será feita por meio de correspondência, mediante entrega ao encarregado da recepção, que será obrigatoriamente identificado (art. 18, II, Lei 9.099/95).
Enunciado 5, FONAJE: a correspondência ou contrafé recebida no endereço da parte é eficaz para efeito de citação.	

- *Intervenção de terceiros:* não se admite qualquer modalidade de intervenção de terceiros.

Procedimento sumário	Procedimento sumaríssimo
Não cabe intervenção de terceiros, salvo a assistência, o recurso de terceiro prejudicado e a intervenção fundada em contrato de seguro.	É vedada qualquer espécie de intervenção de terceiros, devendo ser ressaltado, porém, o disposto no art. 1.062, CPC, que autoriza o incidente de desconsideração da personalidade jurídica (que, a partir da nova ordem processual civil, passa a ser considerada como modalidade de intervenção de terceiros).

- *Resposta do réu/pedido contraposto:* a contestação poderá ser apresentada sob a forma oral ou sob a forma escrita, sendo vedada a reconvenção, mas lícito ao réu formular pedido no bojo de sua defesa.
- *Prova testemunhal:* cada parte poderá arrolar até 3 (três) testemunhas (art. 34, Lei 9.099/95).
- *Sentença:* dispensa-se a elaboração de relatório. Não se admite sentença ilíquida, ainda que seja genérico o pedido (art. 38 e parágrafo único, Lei 9.099/95).
- *Recurso inominado:*

Cabimento	Preparo	Efeito
Da sentença cabe recurso inominado que deve ser interposto no prazo de 10 (dez) dias (art. 42, Lei 9.099/95).	Diferentemente da regra geral, deve ser feito, independentemente de intimação, nas 48 (quarenta e oito) horas seguintes à interposição do recurso (art. 42, § 1º, Lei 9.099/95).	Devolutivo, tão somente, podendo o juiz conceder efeito suspensivo, para evitar dano irreparável para a parte (art. 43, Lei 9.099/95).

- *Embargos de declaração:* devem ser opostos no prazo de 5 (cinco) dias, nas hipóteses de obscuridade, contradição ou omissão, **interrompendo** o prazo para a interposição de outros recursos (arts. 48 e 50, Lei 9.099/95, com redação dada pelo art. 1.065, CPC).
- *Recurso especial:* "não cabe recurso especial contra decisão proferida por órgão de segundo grau dos Juizados Especiais" (Súmula 203, STJ).
- *Recurso extraordinário:* "é cabível recurso extraordinário contra decisão proferida por juiz de primeiro grau nas causas de alçada, ou por turma recursal de juizado especial cível e criminal" (Súmula 640, STF).
- *Prazos processuais em dias úteis:* a Lei 13.728/2018 pôs fim à polêmica sobre a forma de contagem de prazo no âmbito dos Juizados Especiais Cíveis, acrescentando, à Lei 9.099/95, o art. 12-A, expresso no sentido de que contam-se em dias úteis os prazos processuais.

10. TUTELA PROVISÓRIA

10.1. FUNDAMENTO

- *Urgência ou evidência.*

Tutela provisória de urgência	
Antecipada	**Cautelar**
Satisfativa	Conservativa

- A tutela de urgência, cautelar ou antecipada, pode ser concedida em caráter antecedente ou incidental; a tutela provisória requerida em caráter incidental independe do pagamento de custas (arts. 294-295, CPC).

10.2. CARACTERÍSTICAS

- *Sumariedade da cognição:* o provimento jurisdicional é resultado de análise superficial do litígio;
- *Precariedade da cognição:* porque conserva sua eficácia na pendência do processo, mas pode, a qualquer tempo, ser revogada ou modificada (art. 296, CPC);
- *Insuscetibilidade à coisa julgada:* pode ser rediscutida se houver modificações posteriores no estado das coisas.

- **Requisitos para a concessão de tutela provisória**
- Existência de elementos que evidenciem a probabilidade do direito invocado (*fumus boni juris*) e o perigo de dano ou o risco ao resultado útil (*periculum in mora*):

Periculum in mora	
Tutela antecipada	**Tutela cautelar**
Perigo de dano	Risco ao resultado útil do processo

- Tratando-se de tutela provisória antecipada, exige-se a ainda demonstração da reversibilidade dos efeitos da decisão (art. 300, § 3º, CPC).

10.3. LEGITIMIDADE E MOMENTO PARA REQUERÊ-LA

- *Legitimidade:* qualquer parte ou MP pode postular a tutela antecipada, sendo vedada sua concessão de ofício.
- *Momento:* pode ser concedida liminarmente *inaudita altera pars*, no curso do processo ou na sentença.

10.4. RESPONSABILIDADE PELA EFETIVAÇÃO DE PROVIMENTOS PROVISÓRIOS

- É objetiva (pacífico na doutrina), regendo-se pela teoria do risco-proveito, sendo cabível nas seguintes hipóteses:
  - I. a sentença for desfavorável a parte beneficiada pela decisão provisória;
  - II. obtida liminarmente a tutela em caráter antecedente, não fornecer a parte os meios necessários para a citação do requerido no prazo de cinco dias;
  - III. ocorrer a cessação da eficácia da medida em qualquer hipótese legal;
  - IV. o juiz acolher alegação de decadência ou prescrição da pretensão do autor (art. 302, incisos I a IV, CPC).
- Sempre que possível, a indenização será liquidada nos autos em que a medida tiver sido concedida (art. 302, parágrafo único, CPC).
- A responsabilidade pelos prejuízos que, eventualmente, tenham sido causados à parte adversa, em razão da concessão e efetivação de tutela de urgência que venha a ser revogada ao final, não exclui a reparação por dano processual (arts. 79/81, CPC).

10.5. TUTELA PROVISÓRIA DE URGÊNCIA ANTECIPADA

- *Requisito específico – a reversibilidade do provimento:* a tutela de urgência de natureza antecipada não será concedida quando houver perigo de irreversibilidade dos efeitos da decisão. Traduz-se, portanto, na necessidade de que seja possível, em tese, o retorno ao *status quo ante* em caso de modificação ou revogação do provimento antecipatório.
- *Procedimento da tutela requerida em caráter antecedente:* nos casos em que a urgência for contemporânea à propositura da ação, a petição inicial pode limitar-se ao requerimento da tutela antecipada e à indicação do pedido de tutela final, com a exposição da lide, do direito que se busca realizar e do perigo de dano ou do risco ao resultado útil do processo. Concedida a tutela:
  - I. o autor deverá aditar a petição inicial, com a complementação de sua argumentação, a juntada de novos documentos e a confirmação do pedido de tutela final, em 15 (quinze) dias ou em outro prazo maior que o juiz fixar;

    A Terceira Turma do STJ adotou o entendimento de que o prazo para a parte aditar a petição inicial, após a concessão de tutela antecipada em caráter antecedente, somente tem início depois da sua intimação específica para a prática desse ato processual (REsp 1.766.376/TO, rel. Min. Nancy Andrighi, j. 25.8.2020, p. 28.8.2020).
  - II. o réu será citado e intimado para a audiência de conciliação ou de mediação;
  - III. não havendo autocomposição, o prazo para contestação será contado:
    - (*a*) da audiência de conciliação ou de mediação, ou da última sessão de conciliação, quando qualquer parte não comparecer ou, comparecendo, não houver autocomposição;
    - (*b*) do protocolo do pedido de cancelamento da audiência de conciliação ou de mediação apresentado pelo réu;
    - (*c*) na forma prevista pelo art. 231, CPC, conforme a forma de realização da citação.
- *Estabilização da tutela:* técnica, que introduz a mais relevante novidade quanto à tutela provisória, permite a manutenção dos efeitos da tutela antecipada independentemente da formulação do pedido de tutela definitiva (principal), caso em que o processo será extinto. São pressupostos para tanto:
  - (*a*) requerimento de tutela antecipada em caráter antecedente;
  - (*b*) manifestação do autor de desinteresse no prosseguimento do feito em caso de concessão da medida;
  - (*c*) decisão concessiva da tutela antecipada;
  - (*d*) conformação do réu com a medida, consistente na não interposição do recurso cabível para contestar o provimento jurisdicional.

  Qualquer das partes poderá demandar a outra com o intuito de rever, reformar ou invalidar a tutela antecipada estabilizada, conservando a tutela os seus efeitos enquanto não requerida a revisão mencionada.

O direito de rever, reformar ou invalidar a tutela antecipada, previsto nos arts. 304, §§ 2º e 5º, CPC, extingue-se após 2 (dois) anos, contados da ciência da decisão que extinguiu o processo.

A decisão que concede a tutela não fará coisa julgada, mas a estabilidade dos respectivos efeitos só será afastada por decisão que a revir, reformar ou invalidar.

A 3ª Turma do STJ, no julgamento do REsp 1.760.966/SP (rel. Min. Marco Aurélio Belizze, j. 4.12.2018), entendeu que o termo "recurso", previsto no art. 304, *caput*, CPC, não tem sentido técnico/processual, de modo que qualquer forma de manifestação de vontade do réu (contestação, pedido de reconsideração, etc.) é suficiente para afastar a estabilização da tutela antecipada antecedente requerida e concedida.

Por outro lado, a 1ª Turma do STJ, no julgamento do REsp 1.797.365/RS, j. 3.10.2019, p. 22.10.2019, de forma acertada, asseverou, no voto-vencedor da Ministra Regina Helena Costa, que não mereceria "guarida o argumento de que a estabilidade apenas seria atingida quando a parte ré não apresentasse nenhuma resistência, porque, além de caracterizar o alargamento da hipótese prevista para tal fim, poderia acarretar o esvaziamento desse instituto e a inobservância de outro já completamente arraigado na cultura jurídica, qual seja, a preclusão". Complementou no sentido de que "embora a apresentação de contestação tenha o condão de demonstrar a resistência em relação à tutela exauriente, tal ato processual não se revela capaz de evitar que a decisão proferida em cognição sumária seja alcançada pela preclusão, considerando que os meios de defesa da parte ré estão arrolados na lei, cada qual com sua finalidade específica, não se revelando coerente a utilização de meio processual diverso para evitar a estabilização, porque os institutos envolvidos – agravo de instrumento e contestação – são inconfundíveis".

- *Tutela antecipada contra a Fazenda Pública:* é cabível a antecipação de tutela contra a Fazenda Pública, mas existem restrições: Vale lembrar que o art. 1.059, CPC, prevê que, à tutela provisória requerida contra a Fazenda Pública aplica-se o disposto nos arts. 1º a 4º da Lei nº 8.437, de 30 de junho de 1992, e no art. 7º, § 2º, da Lei nº 12.016, de 7 de agosto de 2009 (este último devidamente reconhecido como inconstitucional, conforme ADI 4296/DF).
  - ↘ Em se tratando de ação civil pública ou de mandado de segurança coletivo, a tutela antecipada só poderá ser concedida após a prévia oitiva do representante judicial da Fazenda Pública, que deverá se manifestar em 72 (setenta e duas) horas (art. 2º, da Lei 8.437/92). Note-se que, para o STF, é perfeitamente possível a flexibilização desta regra ante à relevante motivo. O art. 1º, da Lei 9.494/97 prevê os outros casos que será vedada a concessão de tutela antecipada contra a Fazenda Pública. Cabe destacar que o STF admite que o juiz conceda a tutela antecipada tratando sobre os assuntos do art. 1º da Lei 9.494/97 desde que essa antecipação ocorra na própria sentença de mérito (STF. 1ª Turma. Rcl 8902 AgR, Rel. Min. Rosa Weber, j. 5.8.2014).
  - ↘ Nas ações possessórias, a liminar não poderá ser deferida sem a prévia audiência dos representantes judiciais da Fazenda Pública.

10.6. TUTELA PROVISÓRIA DE URGÊNCIA CAUTELAR

- *Procedimento da tutela cautelar requerida em caráter antecedente:*
  - ➢ (*i*) a parte poderá requerer a tutela cautelar antes da formalização do pedido de tutela cautelar definitiva, devendo indicar em sua petição inicial a lide e seu fundamento, a exposição sumária do direito que se objetiva assegurar e o perigo de dano ou o risco ao resultado útil do processo (art. 305, CPC);
  - ➢ (*ii*) o réu será citado para, no prazo de cinco dias, contestar o pedido e indicar as provas que pretende produzir (art. 306, CPC);
  - ➢ (*iii*) Não sendo contestado o pedido, os fatos alegados pelo autor presumir-se-ão aceitos pelo réu como ocorridos, caso em que o juiz decidirá dentro de 5 (cinco) dias (art. 307, *caput*, CPC);
  - ➢ (*iv*) Contestado o pedido no prazo legal, observar-se-á o procedimento comum (art. 307, parágrafo único, CPC).

10.7. FUNGIBILIDADE DAS TUTELAS CONCEDIDAS EM CARÁTER ANTECEDENTE

- Verificando o magistrado que a parte requereu tutela provisória cautelar em caráter antecedente quando o adequado seria a tutela provisória antecipada, deverá recebê-la e processá-la como se antecipada fosse, aplicando o procedimento do art. 303, CPC (acima delineado).

11. PROCEDIMENTO COMUM

11.1. PETIÇÃO INICIAL

- *Pedido:* o pedido deve ser certo (expresso; que consta na inicial, não se admitindo como regra o pedido implícito) e determinado (líquido, no que tange ao *quantum* e o que se pleiteia), nos termos dos arts. 322 e 324, CPC, somente sendo lícita a formulação de pedido genérico nas seguintes hipóteses:
  - ↘ nas ações universais, quando não se puder individualizar na petição os bens demandados;
  - ↘ quando não for possível determinar, de modo definitivo, as consequências do ato ou fato ilícito;
  - ↘ quando a determinação do valor da condenação depender de ato que deva ser praticado pelo réu.

TIPOS DE PEDIDO			
Pedido cominatório	**Pedido alternativo**	**Pedido sucessivo**	**Pedido implícito**
Trata-se de método de coerção para o cumprimento de tutela específica ou de obrigação de fazer ou não fazer ou de entregar coisa.	O pedido será alternativo quando, pela natureza da obrigação, o devedor puder cumprir a prestação de mais de um modo.	O autor pede ao magistrado que acolha um pedido na eventualidade de não acolher um anterior (v.g., anulação de casamento ou, em sua impossibilidade, separação judicial).	Cuida-se de uma exceção à regra de que o pedido deve ser certo, expresso. Assim, tratando-se de obrigação que consista em prestações periódicas, estas considerar-se-ão incluídas no pedido, independentemente de declaração expressa do autor.
.	art. 325, CPC.	art. 326, CPC.	art. 323, CPC.

- **Atenção:** a Lei 12.873/13 estabeleceu que, em demandas em que se discutam obrigações decorrentes de empréstimo, financiamento ou arrendamento mercantil, o autor deverá discriminar na petição inicial, dentre as obrigações contratuais, aquelas que pretende controverter, quantificando o valor incontroverso, por força do art. 285-B, incluído no CPC/73 pela Lei 12.810/13. Outrossim, a Lei 12.873/13, incluindo um novo parágrafo ao art. 285-B, estabeleceu que "o devedor ou arrendatário não se exime da obrigação de pagamento dos tributos, multas e taxas incidentes sobre os bens vinculados e de outros encargos previstos em contrato, exceto se a obrigação de pagar não for de sua responsabilidade, conforme contrato, ou for objeto de suspensão em medida liminar, em medida cautelar ou antecipação dos efeitos da tutela" (art. 330, §§ 2º e 3º, CPC).
- *Cumulação de pedidos:* a cumulação de pedidos é cabível desde que presentes os seguintes requisitos:
  - ↘ que os pedidos sejam compatíveis entre si;
  - ↘ que seja competente para conhecer deles o mesmo juízo;
  - ↘ que seja adequado para todos os pedidos o tipo de procedimento.
- A cumulação objetiva pode ser:

Própria	Imprópria
O juiz pode acolher mais de um pedido simultaneamente.	O juiz não pode acolher mais de um pedido simultaneamente
Ex. 1: cumulação de dano moral com dano material.	Ex. 1: pedido alternativo (art. 325, CPC).
Ex. 2: cumulação de paternidade com alimentos.	Ex. 2: pedido sucessivo (art. 326, CPC).
Cumulação alternativa de pedidos	**Pedido alternativo**
O autor formula mais de um pedido para que o juiz acolha qualquer deles, sem estabelecer ordem de preferência.	O autor formula pedido no sentido de que o devedor, em razão da natureza da obrigação, cumpra a prestação de mais de um modo.
Ex.: rescisão contratual ou indenização.	Ex.: pagamento de quantia ou entrega de parte da produção.

- *Modificação dos elementos objetivos da demanda (art. 329, CPC):*

Antes da citação	Depois da citação e antes do saneamento	Depois do saneamento
É possível a alteração da demanda.	É possível a alteração, desde que com a anuência do réu.	Estabiliza-se o processo, sendo vedada a alteração dos elementos objetivos da demanda.

11.2. RESPOSTA DO RÉU

- São modalidades de resposta do réu, segundo o CPC:
  - ↘ contestação;
  - ↘ reconvenção;
  - ↘ arguição de impedimento, suspeição;
- As defesas podem ser:
  - ↘ ***a) processual*** ou ***de admissibilidade:*** atacam questões meramente processuais, relacionadas aos temas apontados no art. 337, CPC, tais como a incompetência absoluta ou relativa, a incorreção do valor da causa, a inépcia da inicial, dentre outras. A doutrina também as denomina de defesas *indiretas*. Não dizem respeito, propriamente, ao direito material suscitado na inicial, mas, tão somente, à regularidade formal do processo;
  - ↘ ***b) de mérito:*** aquelas que o réu opõe contra a pretensão central, material, deduzida pelo autor. Classificam-se em *direta* (em que o réu enfrenta os fatos e fundamentos jurídicos inseridos pelo autor, demonstrando que nada aconteceu conforme narrado, ou ainda, que as consequências jurídicas almejadas não são as mais adequadas ao caso concreto) e *indireta* (aqui, o réu, sem negar as afirmações que o autor apontou em seu pleito inaugural, traz um fato novo que tenha natureza impeditiva, modificativa ou extintiva daquele mesmo direito alegado, como, por exemplo, a prescrição, o pagamento, a remissão etc.).

11.2.1. CONTESTAÇÃO

- *Regra da eventualidade* ou *concentração da defesa:* incumbe ao réu formular toda sua defesa na contestação (art. 337, CPC), sob pena de preclusão. Trata-se de regra que possibilita ao réu formular defesas incompatíveis, respeitados os limites da boa-fé processual.

- *Ônus da impugnação especificada:* é vedado ao réu apresentar defesa por negativa geral, impondo-se que impugne ponto a ponto as alegações do autor. A regra, contudo, não se aplica ao Defensor Público, advogado dativo e ao curador especial, por força do art. 341, p. único, CPC). **Atenção:** o MP, no CPC, não foi contemplado com o benefício da dispensa do ônus da impugnação especificada, o qual foi transferido para Defensor Público.
- *Sucessão processual (antiga nomeação à autoria)*: alegando o réu, na contestação, sua ilegitimidade, deverá indicar o sujeito passivo da relação jurídica discutida sempre que tiver conhecimento, sob pena de arcar com as despesas processuais e de indenizar o autor pelos prejuízos decorrentes da falta de indicação. Em seguida, o autor será ouvido, podendo adotar uma das seguintes posturas:
  - ➢ I. aceitar a indicação, procederá, no prazo de 15 (quinze) dias, à alteração da petição inicial para a substituição do réu, hipótese em que reembolsará as despesas e pagará os honorários ao procurador do réu excluído, que serão fixados entre três e cinco por cento do valor da causa ou, sendo este irrisório, nos termos do art. 85, § 8º, CPC.
  - ➢ II. optar por alterar a petição inicial para incluir, como litisconsorte passivo, o sujeito indicado pelo réu.

11.2.2. RECONVENÇÃO

- É um incidente do processo que acarreta a ampliação objetiva da demanda, devendo ser manejado no bojo da contestação (art. 343, CPC). A doutrina, em geral, não admite a ampliação subjetiva da lide por meio da reconvenção.

PRESSUPOSTOS DA RECONVENÇÃO	
Legitimidade de parte	Somente o réu pode apresentar reconvenção. É cabível ao autor original, quando contestar a reconvenção, reconvir.
Conexão	Deve haver conexão entre a reconvenção e a ação principal ou entre ela e o fundamento da defesa (art. 343, CPC).
Competência	O juízo da ação principal também o será para a reconvenção.
Rito	Exige-se que seja observado idêntico procedimento para a ação principal e reconvenção.

11.2.3. IMPEDIMENTO OU SUSPEIÇÃO

Suspeição (art. 145, CPC)	Impedimento (art. 144, CPC)
A suspeição retira a parcialidade do juiz de modo relativo.	O impedimento retira a parcialidade do juiz de modo absoluto.
As hipóteses de suspeição acarretam a anulabilidade do ato, desde que requerida oportunamente pela parte.	As hipóteses de impedimento do juiz importam em nulidade do ato praticado.
Não constitui hipótese de rescindibilidade da sentença transitada em julgado, haja vista que sujeita à preclusão.	Constitui hipótese de rescindibilidade da sentença transitada em julgado.
–	–
Não é vício de rescindibilidade da sentença, porque, uma vez não arguida, prorroga-se a competência do juízo inicialmente incompetente.	–

- O CPC alterou a disciplina das causas de impedimento e de suspeição de magistrados ao estabelecer novas causas de impedimento, sem contar que a forma de alegação, agora, independe de formulação de exceções, bastando, para tanto, uma mera petição dirigida ao juiz do processo (art. 146).
- **Atenção:** a declaração pelo magistrado ("autodeclaração") de suspeição por motivo superveniente não tem efeitos retroativos, não importando em nulidade dos atos processuais praticados em momento anterior ao fato ensejador da suspeição (STJ, 1ª Seção, PET no REsp 1.339.313/RJ, rel. Min. Sérgio Kukina, rel. para acórdão Min. Assusete Magalhães, j. 13.4.2016).

11.3. REVELIA

- Caracteriza-se quando o réu, citado, deixa de apresentar defesa ou a apresenta de modo extemporâneo.
- O principal efeito da revelia é a confissão ficta, que consiste na presunção (relativa) de veracidade dos **fatos** alegados pelo autor (art. 344, CPC).
- A revelia é fato que autoriza o julgamento antecipado do mérito do pedido.

11.4. JULGAMENTO ANTECIPADO DO MÉRITO

- O juiz julgará antecipadamente o pedido (art. 355, CPC), proferindo sentença com resolução de mérito, quando:
  - ➢ I. não houver necessidade de produção de outras provas;
  - ➢ II. o réu for revel, ocorrer o seu efeito principal (confissão ficta) e não houver requerimento de prova.

11.5. JULGAMENTO ANTECIPADO PARCIAL DO MÉRITO

- O juiz decidirá parcialmente o mérito (art. 356, CPC) quando um ou mais dos pedidos formulados ou parcela deles:
  - ➢ I. mostrar-se incontroverso;
  - ➢ II. estiver em condições de imediato julgamento

- Atenção para o fato de que o recurso cabível contra a decisão antecipada parcial de mérito é o agravo de instrumento (art. 356, § 5º, CPC), não obstante tenhamos divergência doutrinária acerca da natureza jurídica do referido ato decisório.

11.6. PROVAS

NOÇÕES GERAIS	
Fontes de provas	Coisas, pessoas e fenômenos.
Destinatários da prova	Juiz e partes.
Poder instrutório do juiz	O juiz tem o poder de determinar (de ofício) a produção das provas necessárias à instrução do processo (art. 370, CPC), não ficando limitado à atividade das partes.
Objeto da prova	O fato probando que, para tanto, deve ser controvertido, determinado e relevante.
Prova do direito	Em regra, o direito não é objeto de prova, salvo se o juiz exigir a prova de direito municipal, estadual, estrangeiro ou consuetudinário (art. 376, CPC).
Ônus da prova	O CPC adotou a teoria estática da distribuição do ônus da prova (art. 373), cabendo ao: **Autor:** a prova dos fatos constitutivos de seu direito **Réu:** a prova dos fatos impeditivos, modificativos ou extintivos do direito do autor.
Ônus da prova	Fez, porém, concessões à teoria *dinâmica* do ônus da prova, ao estabelecer no § 1º do art. 373 que "nos casos previstos em lei ou diante de peculiaridades da causa relacionadas à impossibilidade ou à excessiva dificuldade de cumprir o encargo nos termos do *caput* ou à maior facilidade de obtenção da prova do fato contrário, poderá o juiz atribuir o ônus da prova de modo diverso, desde que o faça por decisão fundamentada, caso em que deverá dar à parte a oportunidade de se desincumbir do ônus que lhe foi atribuído". A inversão deverá se dar até o momento de saneamento do feito (art. 357, III, CPC).
Fatos que independem de prova	**Estabelecidos no art. 374, CPC, a saber:** **a)** Notórios; **b)** Incontroversos; **c)** Aqueles em cujo favor milita presunção legal de existência ou de veracidade.
Sistemas de apreciação da prova	**I. Sistema da íntima convicção:** o magistrado decide sobre a admissibilidade, valoração e produção da prova com base exclusivamente em sua certeza moral. É o sistema vigente em relação às decisões do conselho de sentença no procedimento do júri. **II. Sistema da prova tarifada:** a lei previamente estabelece o valor de cada prova, instituindo uma hierarquia entre elas, de forma que inexiste liberdade para o magistrado. Existem resquícios deste sistema no processo civil brasileiro, a exemplo do art. 406, CPC, que afirma que, quando a lei exigir instrumento público como da substância do ato, nenhuma outra prova, por mais especial que seja, pode suprir-lhe a falta. **III. Sistema da persuasão racional:** o juiz forma a sua convicção pela livre apreciação da prova, mas deve fundamentar o seu entendimento. Assim, o que distingue o sistema da persuasão racional dos demais é a liberdade do magistrado na valoração dos elementos probatórios, que, embora exista, é contida pela obrigatoriedade de justificação das escolhas adotadas, diante da prova legitimamente obtida, com a explicitação do caminho percorrido até a decisão. É regra em nosso ordenamento (art. 371, CPC).

- Provas ilícitas x provas ilegítimas:

Provas ilícitas	Provas ilegítimas
São aquelas obtidas mediante a violação de regras de direito material.	São aquelas obtidas mediante a violação de regras de direito processual.
Ex.: confissão mediante tortura.	Ex.: prova pericial produzida sem a regularidade procedimental necessária.

- As máximas da experiência (art. 375, CPC) são de duas espécies:

Regras de experiência comum	Regras de experiência técnica
Formulações gerais baseadas na observação daquilo que normalmente acontece em certa sociedade historicamente considerada (*id quod plerumque accidit*).	Derivam do pensamento técnico-científico sobre determinada situação.

- *Depoimento pessoal:* é espécie de prova oral consistente na oitiva das partes a fim de obter a confissão do depoente.
- Estão excluídos do ônus de prestar depoimento pessoal o assistente e o MP quando atua como fiscal da ordem jurídica.

Depoimento pessoal (arts. 385/388, CPC)	Depoimento interrogatório (art. 139, VIII, CPC)
Pedido da parte contrária	De ofício
Confissão	Esclarecimento dos fatos
Realizado na audiência de instrução e julgamento	A qualquer momento.
Prestado uma vez.	Quantas vezes determinar o juiz.
O advogado da parte contrária pode fazer perguntas.	O único que faz perguntas é o juiz.

- *Confissão:* a confissão pode ser judicial ou extrajudicial, espontânea ou provocada.

ESPÉCIES DE CONFISSÃO			
Judicial	**Extrajudicial**	**Espontânea**	**Provocada**
Realizada em juízo.	Realizado fora do processo.	Surge por iniciativa do confitente.	Resultado do depoimento pessoal da parte.

CONFISSÃO X RECONHECIMENTO JURÍDICO DO PEDIDO	
Confissão	**Reconhecimento**
Objeto: fatos.	Objeto: pedido.
Natureza: ato jurídico em sentido estrito.	Natureza: negócio jurídico unilateral.
Ato de disposição de direito processual.	Ato de disposição de direito material.
Influi no convencimento do juiz.	Juiz profere sentença homologatória.
Efeito: dispensa prova do fato, gerando presunção de veracidade do fato, bem como preclusão lógica do direito de provar o contrário.	Efeito: resolve o mérito da causa.

- *Testemunha:* é a pessoa que presenciou os fatos discutidos na lide.

NÃO PODEM DEPOR	
Incapaz	Art. 3º, CC.
Impedido	**1.** Cônjuge e companheiro; **2.** Ascendente e descendente em qualquer grau ou colateral, até o terceiro grau, de alguma das partes, por consanguinidade ou afinidade, exceto quando o exigir o interesse público, ou, tratando-se de causa relativa ao estado da pessoa, não se puder obter de outro modo a prova. **3.** Quem é parte na causa; **4.** Aquele que intervém em nome de uma parte, como o tutor na causa do menor, o representante legal da pessoa jurídica, o juiz, o advogado e outros, que assistam ou tenham assistido as partes.
Suspeito	**I.** O inimigo capital ou o amigo íntimo da parte; **II.** Aquele que tiver interesse no litígio.

- *Prova pericial:* é aquela indispensável para a elucidação de fato que requer o conhecimento específico de determinado assunto por um *expert,* especialista em determinado campo do saber.
  - ↘ Objeto:

Exame	Vistoria	Avaliação
Recai sobre pessoas, bens móveis e semoventes.	Recai sobre bens imóveis.	Procedimento necessário para a determinação de valores, podendo recair sobre bens, direitos e obrigações.

  - ↘ Perito: auxiliar eventual da justiça que transmite ao magistrado as suas impressões técnicas e científicas sobre o objeto da perícia. A doutrina diferencia:

Perito percipiente	Perito judicante
É aquele que, percebendo os fatos com senso técnico, noticia-os ao juiz.	É aquele que, além de narrar fatos, lança um parecer técnico especializado, declarando suas causas e consequências.
Relato, narrativa (semelhante a testemunha)	Relato + opinião técnica.

  - ↘ Perito x assistente técnico:

Perito	Assistente técnico
Exerce *munus* público.	São de confiança da parte.
Sujeitam-se a impedimento e suspeição.	Não se sujeitam a impedimento e suspeição.
O perito pode escusar-se ou ser recusado por impedimento ou suspeição (art. 467, CPC); ao aceitar a escusa ou julgar procedente a impugnação, o juiz nomeará novo perito (art. 467, parágrafo único, CPC).	"O perito cumprirá escrupulosamente o encargo que lhe foi cometido, independentemente de termo de compromisso (art. 466, CPC). Os assistentes técnicos, por sua vez, são de confiança da parte, não estando sujeitos, portanto, a impedimento ou suspeição" (art. 466, § 1º, CPC).

Ø Escolha consensual do perito (negócio jurídico processual bilateral – art. 471, CPC): as partes podem, de comum acordo, escolher o perito, indicando-o mediante requerimento, desde que:

➢ I. sejam plenamente capazes;

➢ II. a causa possa ser resolvida por autocomposição.

11.7. SENTENÇA E COISA JULGADA

- **Sentença**
  - ↘ *Elementos (art. 489, CPC):*

Relatório	Fundamentação	Dispositivo
Resumo dos principais aspectos do processo.	É a parte da sentença em que o juiz aprecia: **a)** questões preliminares: aquelas que condicionam a apreciação do mérito, sem, contudo, influenciar em seu resultado, a exemplo da alegação de falta de interesse de agir; **b)** questões prejudiciais: aquelas que, embora não condicionem o julgamento do mérito,	É a parta da sentença em que o juiz aprecia as questões de mérito.

Relatório	Fundamentação	Dispositivo
	influenciam em seu resultado, a exemplo da alegação de inexistência da relação jurídica contratual em ação cujo pedido é o cumprimento do contrato.	
Obs.: no procedimento dos Juizados Especiais Cíveis, o relatório não é obrigatório.		

↘ *Princípio da congruência* ou *da correlação:* ao proferir sentença, o magistrado vincula-se ao pedido formulado pelo autor, não podendo conceder tutela diversa da pedida e tampouco condenar o réu em quantidade superior ou em objeto diverso do que lhe foi demandado (arts. 141 e 492, CPC).

Citra petita	*Ultra petita*	*Extra petita*
É a decisão que deixa de apreciar algum pedido formulado ou fundamento de fato ou de direito alegado pela parte.	É a decisão que concede mais do que o pedido, a exemplo da sentença que condena o réu ao pagamento de indenização por danos materiais em valor superior ao pedido na exordial.	É a decisão que concede coisa distinta da pedida, a exemplo da decisão que condena à entrega de uma coisa determinada, quando o autor requereu a condenação ao pagamento de certa quantia.
Obs.: tratando-se de *error in procedendo*, imprescindível a invalidação de toda a decisão, salvo em relação à sentença objetivamente complexa (teoria dos capítulos da sentença) quando o vício atingir apenas um ou alguns capítulos, sendo possível manter íntegros os demais		

↘ *Sentença definitiva:* é a decisão do juiz que põe fim ao procedimento em primeiro grau de jurisdição resolvendo o mérito da controvérsia (art. 487, CPC).

↘ *Sentença terminativa:* é a decisão que extingue o processo sem resolução de mérito (art. 485, CPC).

↘ *Sentença e fato superveniente:* é lícito ao juiz, ao julgar a ação, conhecer dos fatos supervenientes que tenham o condão de influenciar no julgamento da lide (art. 493, CPC).

↘ *Reexame necessário:* o entendimento doutrinário majoritário é no sentido de que o reexame necessário é uma condição de eficácia da sentença. O STJ consolidou o entendimento no sentido de que "a dispensa de reexame necessário, quando o valor da condenação ou do direito controvertido for inferior a 60 salários mínimos, não se aplica a sentenças ilíquidas" (Súmula 490, STJ).

Reexame necessário	Recursos
Condição de eficácia da sentença.	Meio de impugnação de decisão judicial que prolonga a litispendência.
Ausência de voluntariedade.	Voluntariedade.
Não é dialético, porque não há previsão de contrarrazões.	Dialético, tendo em vista que o recorrido será intimado para responder o recurso.

Reexame necessário	Recursos
Independe de prazo.	Existe prazo para a sua interposição que, em geral, é de 15 (quinze) dias.
Legitimidade é do juízo que proferiu a sentença.	Legitimidade: **a)** Partes; **b)** Terceiro prejudicado; **c)** MP, como parte ou fiscal da ordem jurídica.
Atenção: não obstante a diferença, a jurisprudência admite a incidência de alguns institutos tipicamente recursais ao reexame necessário, a exemplo da proibição de *reformatio in pejus*.	

- **Coisa julgada**

↘ *Conceito:* coisa julgada é qualidade de imutabilidade da sentença de mérito.

Coisa julgada material	Coisa julgada formal
A imutabilidade se opera dentro e fora do processo em que produzida.	Imutabilidade da decisão dentro do mesmo processo em que proferida.

↘ *Pressupostos da coisa julgada:*

a) Decisão jurisdicional de mérito;

b) Proferida em cognição exauriente.

LIMITES E INSTRUMENTOS DE CONTROLE DA COISA JULGADA	
Limite objetivo	Dispositivo da decisão e questão prejudicial submetida a contraditório prévio e efetivo (arts. 502 e 503, § 1º, CPC). Sobre a questão prejudicial, fundamental conferir que a própria legislação dispõe acerca dos pressupostos para tanto, a saber: se da sua resolução depender o julgamento do mérito; se a seu respeito tiver havido contraditório prévio e efetivo (não se aplicando no caso de revelia); se o juízo tiver competência em razão da matéria e da pessoa para resolvê-la como questão principal.
Limite subjetivo	"Inter partes". * Com a supressão da expressão "nem prejudicando terceiros", constante do art. 472, CPC/73, há doutrina defendendo a possibilidade de transporte *in utilibus* da coisa julgada.
Limite subjetivo	Nas palavras de Cassio Scarpinella Bueno "Trata-se de proposta que consagra, mesmo nos 'processos individuais', o transporte *in utilibus* da coisa julgada.[5].
Instrumentos de controle	**a)** Ação rescisória; **b)** Ação de querela *nullitatis insanabilis*; **c)** Desconstituição de título executivo judicial fundado em lei ou ato normativo considerado inconstitucional pelo STF ou em aplicação ou interpretação da lei ou do ato normativo tido pelo STF como incompatível com a CF em controle concentrado ou difuso de constitucionalidade (art. 525, § 12,CPC); **d)** Correção de erro material.

↘ *Efeitos da coisa julgada*

Efeito negativo	Efeito positivo	Efeito preclusivo
Impede a rediscussão da questão principal decidida.	Vinculação do julgador de outra lide ao que decidido na decisão acobertada pela coisa julgada.	Uma vez transitada em julgada a decisão, todas as alegações e defesas que poderiam ter sido formuladas para o acolhimento ou rejeição do pedido reputam-se arguidas e repelidas. Em razão disso, também é denominado julgamento implícito.

- *Coisa julgada nas relações continuativas:* é regida pela cláusula *rebus sic stantibus*, vale dizer, podem ser revistas quando houver alteração na situação fática que ensejou a decisão (art. 505, I, CPC).

EFICÁCIA SUBJETIVA DA COISA JULGADA		
Coisa julgada *inter partes*	**Coisa julgada *ultra partes***	**Coisa julgada *erga omnes***
Vincula as partes do processo, sendo a regra do nosso sistema processual (art. 506, CPC).	A coisa julgada vinculará quem não é parte (terceiros).	É a coisa julgada que vincula todos indistintamente.
	a) a coisa julgada que provém de um processo conduzido por um substituto processual atingirá o substituído; **b)** a coisa julgada vincula o adquirente de coisa litigiosa, a teor do art. 109, § 3º, CPC.	**a)** Coisa julgada nas ações coletivas; **b)** Coisa julgada formada no julgamento de ação direta de inconstitucionalidade e de ação declaratória de constitucionalidade.

12. LIQUIDAÇÃO DE SENTENÇA

- *Conceito:* procedimento destinado a dotar a sentença condenatória genérica de liquidez e permitir sua execução, preponderando atividades cognitivas.

- *Finalidade:* definir a mensuração do direito a ser executado porque refletirá na extensão dos atos executivos a serem praticados. A doutrina diverge, mas prevalece que a única espécie de obrigação que pode ser objeto de liquidação é a de pagar quantia certa (arts. 509 e 512, CPC).

5 BUENO, Cassio Scarpinella. *Novo* ..., p. 337.

MODALIDADES DE LIQUIDAÇÃO	
Liquidação por arbitramento	**Liquidação pelo procedimento comum**
Far-se-á a liquidação por arbitramento quando: (*a*) determinado na sentença; (*b*) convencionado pelas partes ou (*c*) o exigir a natureza do objeto da liquidação.	Será cabível quando, para determinar o valor da condenação, houver necessidade de alegar e provar fato novo.
Atenção: o CPC não cuida da liquidação por meros cálculos aritméticos, que é considerada uma *pseudo-liquidação*. Por isso, no cumprimento de sentença, quando for suficiente a apresentação de meros cálculos para determinar o *quantum debeatur*, a liquidação será efetuada mediante a juntada com a petição de demonstrativo atualizado do débito (art. 509, § 2º, CPC).	

- Características:
  - ↘ intimação do réu na pessoa do advogado (a citação se dará somente nas hipóteses de sentença penal condenatória transitada em julgado, sentença arbitral, sentença estrangeira homologada pelo STJ, decisão interlocutória estrangeira, após a concessão do *exequatur* à carta rogatória pelo mesmo STJ – *vide* art. 515, § 1º, CPC);
  - ↘ depende de requerimento do interessado;
  - ↘ fase do procedimento, mas não mero incidente, pois já houve sentença, não se discutindo novamente a lide (art. 509, § 4º, CPC);
  - ↘ é autônoma;
  - ↘ possibilidade de requerimento na pendência de recurso (liquidação provisória), formando-se autos apartados (art. 512, CPC);
  - ↘ liquidação de forma diversa da estabelecida na sentença não ofende a coisa julgada (Súmula 344, STJ);
  - ↘ É vedado, na liquidação, rediscutir a lide ou modificar a sentença que a julgou. Todavia, "incluem-se os juros moratórios na liquidação, embora omisso o pedido inicial ou a condenação" (Súmula 254, STJ).
  - ↘ A decisão de liquidação desafia o recurso de agravo de instrumento, por força do art. 1.015, p. único, CPC. **Atenção:** o CPC, no referido dispositivo legal, estabelece que todas as decisões proferidas na liquidação serão impugnáveis por agravo de instrumento.

13. CUMPRIMENTO DE SENTENÇA

- *Noções gerais:* o cumprimento de sentença segue regras diferenciadas a depender da natureza da obrigação executada:

Obrigação de pagar quantia	Obrigação de fazer, não fazer e entregar coisa	Obrigação de alimentos
Observa o procedimento estabelecido nos arts. 523 a 527, CPC, com a possibilidade de imposição de multa coercitiva (10% sobre o valor em execução) em caso de não cumprimento voluntário no prazo de 15 (quinze) dias.	Observa o procedimento delineado nos arts. 536 e 537, CPC, que assegura a tutela diferenciada (tutela específica), na medida em que privilegia a satisfação *in natura* da obrigação, somente se convertendo em perdas e danos em caso de impossibilidade ou de requerimento do exequente.	A sentença ou decisão interlocutória que fixa os alimentos será executada nos próprios autos em que formado o título, a requerimento do exequente. Nesse caso, o executado será intimado **pessoalmente** para, no prazo de três dias, pagar o débito, provar que o fez ou justificar a impossibilidade de fazê-lo (arts. 528 a 533, CPC).
Atenção: o CPC resolveu antiga controvérsia sobre a necessidade de instauração de processo autônomo em caso de execução de alimentos e contra a Fazenda Pública, consagrando a possibilidade de cumprimento como fase cognitiva em ambas as hipóteses (arts. 528-535, CPC).		

- Em todas as hipóteses, o processo é sincrético, vale dizer, concentram-se atividades cognitivas e executivas em único procedimento, sendo desnecessária a apresentação de ação de execução que enseje processo de execução autônomo, ressalvadas as exceções legais. Aliás, "é possível a cumulação das execuções das obrigações de fazer implementação de reajuste e de pagar quantia certa pagamento das prestações vencidas na execução de sentença que concede reajustes salariais a servidor público" (*STJ, REsp 1.263.294, 2ª T., rel. Min. Diva Malerbi – Des. Convocada TRF3 –, j. 13.11.2012*).
- *Requerimento inicial:* segundo a doutrina, o requerimento inicial de cumprimento de sentença deve observar, no que couber, os requisitos da petição inicial dispostos no art. 319, CPC, sendo mera faculdade do credor a indicação de bens do devedor a serem penhorados.
- *Multa e honorários de 10% (art. 523, CPC):* não satisfeita a obrigação no prazo de 15 (quinze) dias, o montante da condenação será acrescido de multa no percentual de 10% (dez por cento). Embora divergente a doutrina, o STJ pacificou o entendimento no sentido de que a referida multa só tem incidência após a prévia intimação do executado, na pessoa de seu advogado (*REsp 940.274/MS, Corte Especial, rel. originário Min. Humberto Gomes de Barros, rel. para acórdão Min. João Otávio de Noronha, j. 7.4.2010*). **O CPC incorpora este entendimento no art. 513, § 2º, inciso I, além das seguintes exceções:**

- ➢ A intimação será efetivada por carta com aviso de recebimento quando o executado estiver representado pela Defensoria Pública ou não tiver procurador constituído nos autos;
- ➢ A intimação dar-se-á por meio eletrônico quando se tratar de empresas públicas e privadas obrigadas a manter cadastro nos sistemas de processo em autos eletrônicos (art. 246, § 1º, CPC);
- ➢ A intimação efetivar-se-á por edital quando o executado houver sido revel na fase de conhecimento.

- A multa e honorários de 10% são devidos no cumprimento provisório de sentença condenatória ao pagamento de quantia certa, superada, nesse particular, a jurisprudência do STJ *(REsp 979.922, 4ª T., rel. Min. Aldir Passarinho Jr., j. 2.2.2012)*. Mais ainda, a 3ª Turma do mesmo STJ, interpretando o art. 523, § 1º, CPC, decidiu que os honorários advocatícios devidos em cumprimento de sentença ou fixados em liquidação devem incidir apenas sobre o valor do débito principal, sem o acréscimo da multa cominatória na base de cálculo *(REsp 1.757.033/DF, rel. Min. Ricardo Villas Bôas Cueva, j. 9.10.2018, DJe 15.10.2018)*.
- Impugnação:

Definição	Trata-se de incidente processual de defesa do executado no cumprimento de sentença.
Garantia do juízo	Não é exigível (art. 525, *caput*, CPC)
Efeito suspensivo	A impugnação não é dotada, *ex lege*, de efeito suspensivo. Poderá o magistrado conceder efeito suspensivo se presentes as seguintes condições: **1.** pedido da parte interessada; **2.** fundamento relevante; **3.** prosseguimento da execução seja manifestamente suscetível de causar ao executado grave dano de difícil ou incerta reparação; **4.** segurança do juízo por meio de penhora, caução ou depósito suficientes.
Matérias de defesa	A impugnação somente poderá versar sobre: **I.** falta ou nulidade da citação, se, na fase de conhecimento, o processo correu à revelia; **II.** ilegitimidade das partes; **III.** inexigibilidade do título; ou inexigibilidade da obrigação; **IV.** penhora incorreta ou avaliação errônea; **V.** excesso de execução ou cumulação indevida de execuções; **VI.** incompetência absoluta ou relativa do juízo da execução; **VII.** qualquer causa modificativa ou extintiva da obrigação, como pagamento, novação, compensação, transação ou prescrição, desde que supervenientes à sentença.
Recursos	A decisão que resolver a impugnação será impugnável por agravo de instrumento (art. 1.015, parágrafo único, CPC).

- *Competência:* o cumprimento de sentença será promovido perante:

  (*a*) os tribunais, nas causas de suas competências originárias;

  (*b*) o juízo que processou a causa no primeiro grau de jurisdição:

  (*c*) o juízo cível competente, quando se tratar de sentença penal condenatória, de sentença arbitral, de sentença estrangeira ou de acórdão proferido pelo Tribunal Marítimo.

> **Atenção:** nas hipóteses descritas nas letra (*b*) e (*c*) é facultado ao exequente optar pelo juízo do atual domicílio do executado, pelo juízo do local onde se encontrem os bens sujeitos à execução ou pelo juízo do local onde deva ser executada a obrigação de fazer ou de não fazer, casos em que a remessa dos autos do processo será solicitada ao juízo de origem (art. 516, parágrafo único, CPC).

14. ORDEM DOS PROCESSOS NOS TRIBUNAIS

- *Dever de uniformização de jurisprudência:* os tribunais devem uniformizar sua jurisprudência e mantê-la estável, íntegra e coerente; cabe os tribunais editar enunciados de súmula correspondentes a sua jurisprudência dominante; ao editar enunciados de súmula, os tribunais devem ater-se às circunstâncias fáticas dos precedentes que motivaram sua criação. (art. 926, CPC);

- *Vinculação aos precedentes (art. 927, CPC):* os juízes e os tribunais observarão:
  - ➢ I. as decisões do Supremo Tribunal Federal em controle concentrado de constitucionalidade;
  - ➢ II. os enunciados de súmula vinculante;
  - ➢ III. os acórdãos em incidente de assunção de competência ou de resolução de demandas repetitivas e em julgamento de recursos extraordinário e especial repetitivos;
  - ➢ IV. os enunciados das súmulas do Supremo Tribunal Federal em matéria constitucional e do Superior Tribunal de Justiça em matéria infraconstitucional;
  - ➢ V. a orientação do plenário ou do órgão especial aos quais estiverem vinculados.

- *Poderes do relator (art. 932, CPC):* incumbe ao relator:
  - ➢ I. dirigir e ordenar o processo no tribunal, inclusive em relação à produção de prova, bem como, quando for o caso, homologar autocomposição das partes;
  - ➢ II. apreciar o pedido de tutela provisória nos recursos e nos processos de competência originária do tribunal;
  - ➢ III. não conhecer de recurso inadmissível, prejudicado ou que não tenha impugnado especificamente os fundamentos da decisão recorrida;

> IV. negar provimento a recurso que for contrário a:

a) súmula do Supremo Tribunal Federal, do Superior Tribunal de Justiça ou do próprio tribunal;

b) acórdão proferido pelo Supremo Tribunal Federal ou pelo Superior Tribunal de Justiça em julgamento de recursos repetitivos;

c) entendimento firmado em incidente de resolução de demandas repetitivas ou de assunção de competência.

> V. depois de facultada a apresentação de contrarrazões, dar provimento ao recurso se a decisão recorrida for contrária a:

a) súmula do Supremo Tribunal Federal, do Superior Tribunal de Justiça ou do próprio tribunal;

b) acórdão proferido pelo Supremo Tribunal Federal ou pelo Superior Tribunal de Justiça em julgamento de recursos repetitivos;

c) entendimento firmado em incidente de resolução de demandas repetitivas ou de assunção de competência.

> VI. decidir o incidente de desconsideração da personalidade jurídica, quando este for instaurado originariamente perante o tribunal;

> VII. determinar a intimação do Ministério Público, quando for o caso;

> VIII. exercer outras atribuições estabelecidas no regimento interno do tribunal.

Parágrafo único. Antes de considerar inadmissível o recurso, o relator concederá o prazo de 5 (cinco) dias ao recorrente para que seja sanado vício ou complementada a documentação exigível.

- *Sustentação oral (art. 937, CPC):* é cabível nos seguintes recursos:

> I. no recurso de apelação;

> II. no recurso ordinário;

> III. no recurso especial;

> IV. no recurso extraordinário;

> V. nos embargos de divergência;

> VI. na ação rescisória, no mandado de segurança e na reclamação;

> VII. (vetado).

> VIII. no agravo de instrumento interposto contra decisões interlocutórias que versem sobre tutelas provisórias de urgência ou da evidência;

> IX. em outras hipóteses previstas em lei ou no regimento interno do tribunal.

- *Incidente de assunção de competência (art. 947, CPC):* é admissível a assunção de competência quando o julgamento de recurso, de remessa necessária ou de processo de competência originária envolver relevante questão de direito, com grande repercussão social, sem repetição em múltiplos processos. As questões serão examinadas pelo órgão colegiado indicado pelo Regimento Interno, com força vinculante sobre os juízes e órgãos fracionários, e não pelo órgão fracionário a quem competiria o julgamento. Neste caso, o relator, de ofício ou a pedido da parte, do MP ou da Defensoria Pública, verificando a ocorrência de questão de direito relevante, proporá o julgamento pelo órgão colegiado, a quem competirá reconhecer se há ou não o interesse público arguido. Caso haja, assumirá a competência e realizará o julgamento; não sendo o caso, não assumirá a competência, devendo o julgamento ser feito pelo órgão originário. Importante destacar que caberá ao regimento interno dos Tribunais apontar qual o órgão colegiado a quem competirá a assunção de competência. Com tal incidente, busca-se possibilitar que, para questões relevantes, de grande repercussão social, porém que não possam ser objeto de IRDR, ou de julgamento de REsp ou RExtr repetitivos, havendo divergências entre órgãos fracionários, assegure-se a uniformização da jurisprudência do tribunal, com a assunção de competência pelo órgão colegiado. A decisão proferida pelo órgão colegiado terá força vinculante sobre juízes e órgãos fracionários, não podendo ser dada resolução distinta à questão, sob pena de se possibilitar o cabimento de reclamação, a teor do que constante no inciso IV, do art. 988, CPC.

- *Incidente de arguição de inconstitucionalidade (arts. 948/950, CPC):* arguida, em controle difuso, a inconstitucionalidade de lei ou de ato normativo do poder público, o relator, após ouvir o Ministério Público e as partes, submeterá a questão à turma ou à câmara a qual competir o conhecimento do processo (**cláusula de reserva de plenário**); Viola a cláusula de reserva de plenário (CF, artigo 97) a decisão de órgão fracionário de tribunal que, embora não declare expressamente a inconstitucionalidade de lei ou ato normativo do Poder Público, afasta sua incidência, no todo ou em parte (**Súmula vinculante 10**); <u>Exceção:</u> os órgãos fracionários dos tribunais não submeterão ao plenário ou ao órgão especial a arguição de inconstitucionalidade quando já houver pronunciamento destes ou do plenário do Supremo Tribunal Federal sobre a questão.

- *Incidente de resolução de demandas repetitivas (art. 976/987, CPC):* com inspiração na legislação alemã, trata-se de um instituto *sui generis*, uma vez que não é recurso e nem ação, não pode ser utilizado para os interesses diretos dos litigantes, mas porta-se como incidente destinado à concretização da segurança jurídica para fins de se evitar instabilidade e proporcionar a previsibilidade das decisões. Tem sua origem em processos repetitivos, não fazendo que os mesmos sejam deslocados ao tribunal. Cumpre destacar que, de muitos processos, identifica-se controvérsia sobre a mesma questão de direito, e é a sua resolução que será objeto do incidente.

Claramente, a solução do incidente interfere no interesse das partes; contudo, a solução da controvérsia interessa, primeiramente, à realização de valores constitucionais, sendo um dos mais relevantes o da segurança jurídica. Daí, vem a compreensão da preocupação do legislador quando dispôs que a desistência da ação ou abandono da causa, com relação ao um dos processos, não impedirá o julgamento do incidente.

Deve-se destacar que a questão a ser objeto do incidente deve ser de direito, podendo tratar-se de questão de direito material ou processual, de modo que é possível estar diante de demandas que não sejam identicamente repetitivas, mas em que estejam se repetindo a mesma questão de direito. Mais ainda, é preciso que a mesma questão seja objeto de controvérsia em grande quantidade de processos, sendo indispensável que uma mesma solução seja uniformemente aplicável em todos, não podendo ser admitido quando tratar-se de questões genéricas.

Como vantagens, o mecanismo permite ao STJ e ao STF o julgamento único de questão jurídica que, sem a sua admissão, teria de ser decidida inúmeras vezes, desafogando os tribunais superiores e assegurando a solução uniforme para causas que versem sobre questão de direito idêntica. Apenas ressaltando o que já tratado anteriormente (de grande importância para a compreensão do presente), para a instauração do incidente faz-se necessária a existência de múltiplos processos que apresentem a mesma questão, unicamente de direito, e que comporte risco de ofensa à isonomia e à segurança jurídica, podendo até mesmo ser aplicável em caso de demandas repetitivas junto aos Juizados Especiais, devendo ser julgado por órgão colegiado de uniformização do próprio sistema (Súmulas 21 e 44 da ENFAM).

Como o IRDR é processado? Observado que algum processo em curso na primeira ou segunda instância apresente questão jurídica repetitiva, o próprio juiz ou o relator, por ofício, qualquer das partes, o MP ou a Defensoria Pública, por petição, suscitarão o incidente, comprovando o preenchimento dos requisitos. O julgamento será realizado pelo órgão indicado pelo regimento interno dos tribunais, consignando-se que se o mesmo estiver em grau de recurso, remessa necessária ou se tratar de processo de competência originária, o órgão colegiado também julgará o recurso, a remessa ou a causa de competência originária. Por outro lado, estando em primeiro grau, o recurso ficará suspenso aguardando a solução do incidente. Após a admissão do incidente, ele deverá ser julgado no prazo de um ano, devendo, o relator, proceder à suspensão de todos os processos pendentes, sejam eles individuais ou coletivos, que tramitam no Estado ou na região, cuja ordem será comunicada aos diretores dos fóruns, cessando a suspensão após o transcurso do prazo anteriormente mencionado.

É preciso atentar para que seja conferida a mais ampla e irrestrita publicidade ao incidente, devendo, os tribunais, manter banco eletrônico de dados atualizados com as informações específicas sobre questões de direito submetidas ao incidente, com a prestação de prestação de informações ao CNJ.

Nos casos em que não for o MP o próprio suscitante, o referido órgão deverá ser ouvido no prazo de 15 (quinze) dias, as partes, idem, e os demais interessados, inclusive pessoas, órgãos ou entidades com interesse na controvérsia, no prazo igual de 15 (quinze) dias, sendo possível também a intervenção de *amicus curiae* e a designação de audiência pública.

Com a apreciação da matéria, o acórdão deverá analisar todos os fundamentos que envolvam a tese jurídica, sejam eles favoráveis ou não, tendo o julgamento eficácia vinculante sobre todos os processos que tenham permanecido suspensos, bem como aqueles futuros.

Por fim, do julgamento do IRDR será cabível recurso extraordinário ou especial, com efeito suspensivo, sendo presumida a repercussão geral da questão constitucional eventualmente discutida. Não sendo interpostos os respectivos recursos, a suspensão dos feitos ficará sem efeito, e caso haja, e o mérito venha a ser analisado, a tese utilizada pelo STJ ou STF deverá ser aplicada em todo o território nacional, nos processos individuais ou coletivos, que versem sobre idêntica questão jurídica, sob pena de caber reclamação.

- *Homologação de sentença estrangeira (arts. 960/965, CPC)*: como é de conhecimento geral, a sentença estrangeira não produz efeitos automáticos no Brasil, devendo, para isso, ser homologada pelo Superior Tribunal de Justiça (alteração que foi realizada pela EC nº 45/2004, que retirou a competência para tanto do STF). Estando, as regras atinentes à jurisdição internacional, previstas nos arts. 21 a 23, CPC, uma decisão estrangeira que verse sobre uma das matérias presentes no art. 23 nunca será homologada no Brasil, tendo em vista que a lei só reconhece a jurisdição brasileira para julgá-las. Nos casos referentes aos arts. 21 e 22, a jurisdição será concorrente, tendo validade se a ação for proposta no exterior somente se a decisão for homologada pelo STJ, pressupondo-se, como regra, decisão definitiva, conforme § 1º, art. 961, CPC.

Não se pode também deixar de destacar que será possível a execução da sentença estrangeira no Brasil desde que seja concedido o *exequatur*, ou seja, o "cumpra-se", que também será dado pelo STJ, sendo possível a execução provisória, quando concessiva de medida de urgência, a ser feita por carta rogatória. O processamento, tanto da homologação da decisão estrangeira, tanto da concessão do *exequatur*, é de competência do STJ, mas o cumprimento de ambas, após a homologação ou do "cumpra-se" na rogatória, é de responsabilidade do juízo federal competente.

Por fim, as regras para que a decisão seja homologada estão presentes no art. 963, CPC, considerando-se que o STJ editou a Resolução nº 9, de 4.5.2005, indicando as peças para instruir o pedido, a necessidade de citação da parte contrária para contestar em 15 (quinze) dias, o conteúdo que poderá ser abordado em eventual contestação e a necessidade de intervenção do MP.

- *Reclamação (arts. 988/993, CPC):* possui correspondência constitucional e não vinha expressa no CPC/73. Em sede constitucional, é prevista a atribuição da competência do STF e do STJ para julgar as reclamações, destinadas à preservação de sua competência e a garantia da autoridade das suas decisões.

  O instituto é cabível da parte interessada ou do MP para preservar a competência do tribunal, garantir a autoridade das suas decisões, a observância de decisão do STF em controle concentrado de constitucionalidade e de enunciado de súmula vinculante, bem como de precedente proferido em julgamento de casos repetitivos ou em incidente de assunção de competência (art. 988, CPC).

  Sendo um meio autônomo de impugnação das decisões judiciais e devendo ser proposta perante o tribunal, a reclamação não possui natureza recursal, buscando preservar a competência e garantir a sua autoridade.

  A mesma poderá ser manejada e a inadmissibilidade ou o julgamento de eventual recurso não a prejudicará, não sendo o caso de ser admitida somente se a decisão há tiver transitado em julgado.

  Para o seu processamento, a reclamação deverá ser instruída com prova documental e deverá ser dirigida ao presidente do tribunal, que a mandará autuar e distribuir ao relator, de preferência o mesmo da causa principal, devendo-se requisitar informações da autoridade a quem for imputada a prática do ato impugnado, que a prestará em dez dias, ordenando-se a suspensão do ato impugnado, se necessário for, e determinando-se a citação do beneficiário do ato para que, no prazo de 15 (quinze) dias, apresente sua contestação.

  Ouvido o MP no prazo de 5 (cinco) dias, desde que não seja o autor da reclamação, a questão será apreciada e, acaso seja acolhida, o tribunal cassará a decisão exorbitante de seu julgado ou determinará a medida adequada à solução da controvérsia.

  Atenção para o teor da **Súmula 734, STF:** "Não cabe reclamação quando já houver transitado em julgado o ato judicial que se alega tenha desrespeitado decisão do Supremo Tribunal Federal".

14.1. AÇÃO RESCISÓRIA

Definição	Trata-se de ação autônoma para impugnação de decisão de mérito transitada em julgado.
Competência	Originária dos tribunais
Pressupostos	Decisão de mérito* transitada em julgado; * Excepcionalmente, será rescindível a sentença terminativa que impeça: (*i*) nova propositura da demanda; ou (*ii*) admissibilidade do recurso correspondente (art. 966, § 2º, I e II, CPC). Presença de uma das hipóteses de rescindibilidade (art. 966, CPC); Observância do prazo decadencial de 2 (dois) anos, que se inicia, segundo a jurisprudência predominante do STJ, "quando não for cabível qualquer recurso do último pronunciamento judicial" (Súmula 401, STJ, incorporada ao art. 975, CPC).
Hipóteses de rescindibilidade	**I.** Se verificar que a sentença foi dada por prevaricação, concussão ou corrupção do juiz; **II.** Proferida por juiz impedido ou juízo absolutamente incompetente;
Hipóteses de rescindibilidade	**III.** Resultar de dolo ou coação da parte vencedora em detrimento da parte vencida ou, ainda, de simulação ou colusão entre as partes, a fim de fraudar a lei; **IV.** Ofender a coisa julgada; **V.** Violar manifestamente norma jurídica; **VI.** Se fundar em prova, cuja falsidade tenha sido apurada em processo criminal ou venha a ser demonstrada na própria ação rescisória; **VII.** Depois do trânsito em julgado da sentença, o autor obtiver prova nova, cuja existência ignorava ou de que não pôde fazer uso, capaz, por si só, de lhe assegurar pronunciamento favorável; **VIII.** Fundada em erro de fato verificável do exame dos autos.
Legitimidade	I. Parte no processo ou o seu sucessor a título universal ou singular; II. Terceiro juridicamente interessado; III. MP: a legitimidade do MP, entretanto, é restrita às seguintes hipóteses: **a)** quando não foi ouvido no processo em que era obrigatória a sua intervenção; **b)** quando a decisão rescindenda é o efeito de simulação ou de colusão das partes, a fim de fraudar a lei; **c)** em outros casos em que se imponha sua atuação; IV. aquele que não foi ouvido no processo em que lhe era obrigatória a intervenção.
Procedimento	**a)** Petição inicial: deve estar instruída com os documentos indispensáveis (arts. 319 e 320, CPC), dentre os quais a cópia da decisão rescindenda e a certidão de seu trânsito em julgado.

Procedimento	Além disso, deverá o autor: (*i*) cumular ao pedido de rescisão, se for o caso, o de novo julgamento do processo; (*ii*) depositar a importância de cinco por cento sobre o valor da causa, que se converterá em multa caso a ação seja, por unanimidade de votos, declarada inadmissível ou improcedente. **b)** Prazo de defesa: de 15 (quinze) a 30 (trinta) dias (prazo misto), contado em dobro quando for ré a Fazenda Pública (art. 183, CPC). **c)** Revelia: não produz o efeito material de presunção de veracidade dos fatos alegados pelo autor. **d)** Reconvenção: é admitida, desde que observados os seguintes pressupostos: – a reconvenção deve ser também uma ação rescisória; – deve se tratar de ação rescisória do mesmo julgado. **d)** Intervenção do MP: é obrigatória nas hipóteses em que presente qualquer circunstância que legitime sua intervenção no feito (art. 178, CPC).
Procedimento	**e)** Tutela antecipada: o simples ajuizamento da ação rescisória não impede o cumprimento/execução da sentença, ressalvada a concessão de tutela provisória.

15. RECURSOS

- *Conceito:* segundo clássica definição, recurso é o meio de impugnação voluntário, previsto em lei, para no mesmo processo reformar, invalidar, esclarecer ou integrar uma decisão judicial.
- Características:
  ↘ Voluntariedade;
  ↘ Taxatividade.
- Classificação dos recursos:

QUANTO AO FUNDAMENTO DO RECURSO	
Recurso de fundamentação livre	**Recurso de fundamentação vinculada**
É aquele que pode veicular qualquer fundamento como causa de pedir	É aquele que só pode veicular, como causa de pedir, uma matéria tipicamente prevista em lei.
Exemplo: apelação, agravo.	Exemplo: embargos de declaração, recurso especial e extraordinário.

QUANTO À EXTENSÃO	
Recurso total	**Recurso parcial**
É aquele que impugna toda a decisão. **Atenção:** Barbosa Moreira defende que total é o recurso que impugna tudo quanto poderia ter sido questionado.	É aquele que impugna partes, capítulos da decisão.

- *Princípio do duplo grau de jurisdição:* a doutrina, embora divergente, reconhece o princípio, que confere à parte o direito ao reexame da decisão proferida pelo magistrado, tendo assento, implícito, no texto constitucional.
- Atos sujeitos a recursos:

DESPACHOS	Irrecorríveis.
DECISÃO INTERLOCUTÓRIA	Agravo de instrumento, quando presente uma das hipóteses do art. 1.015, CPC (rol taxativo, segundo corrente doutrinária majoritária).
SENTENÇA	Apelação ou embargos de declaração.
DECISÕES MONOCRÁTICAS	(*i*) Relator: agravo interno/regimental (art. 1.021, CPC) (*ii*) Presidente do Tribunal no exame da admissibilidade de recursos excepcionais: agravo art. 1.042, CPC.
ACÓRDÃOS	(*a*) Embargos de divergência; (*b*) Embargos de declaração; (*c*) Recurso Ordinário Constitucional; (*d*) Recurso especial; (*e*) Recurso extraordinário.

- Pressupostos de admissibilidade recursal:

a) Intrínsecos:

Cabimento: o recurso deve ser adequado e previsto em lei para impugnar a decisão judicial.

Legitimidade recursal: podem interpor recursos as partes, o MP e o terceiro prejudicado.

Interesse recursal: o recurso deve ser necessário para propiciar ao recorrente uma utilidade/proveito com a reforma da decisão.

Inexistência de fatos impeditivos ou extintivos do direito de recorrer: trata-se de um pressuposto negativo de admissibilidade recursal, haja vista que são fatos que não podem estar presentes para o conhecimento do recurso, como, por exemplo, a desistência e a renúncia recursais.

b) Extrínsecos:

Tempestividade: os recursos devem ser manejados no prazo previsto em lei, lembrando que o MP, os entes públicos e os defensores públicos têm prazo em dobro para recorrer.

Prazos dos recursos no CPC	
Apelação, agravo, recurso ordinário, recurso especial, recurso extraordinário e embargos de divergência	15 dias
Embargos de declaração	5 dias

Regularidade formal: o recurso deve ser interposto de forma escrita, conter fundamentação e pedido de reforma.

Preparo: é o adiantamento das despesas, incluindo taxas e porte de remessa e de retorno.

- O preparo deve ser comprovado com a interposição do recurso.

Ausência de preparo	Preparo insuficiente
Caso não comprovado o recolhimento no ato de interposição do recurso, o recorrente será intimado, na pessoa do seu advogado, para realizar o pagamento em dobro (art. 1.007, § 4º, CPC).	Só haverá deserção se o recorrente, intimado na pessoa do seu advogado, não efetuar o preparo no prazo de 5 (cinco) dias (art. 1.007, § 2º, CPC).

- Nos Juizados Especiais, o recorrente comprovará o preparo, independentemente de intimação, nas 48 (quarenta e oito) horas seguintes à interposição do recurso (art. 42, § 1º, Lei 9.099/95).
- "Admite-se que o preparo seja efetuado no primeiro dia útil subsequente, quando a interposição do recurso ocorrer após o encerramento do expediente bancário" (Súmula 484, STJ).
- "O INSS não está obrigado a efetuar depósito prévio do preparo por gozar das prerrogativas e privilégios da Fazenda Pública" (Súmula 483, STJ).

DESISTÊNCIA DO RECURSO	RENÚNCIA DO RECURSO
Pressupõe recurso já interposto. É causa de revogação do recurso.	É sempre anterior à interposição do recurso. Trata-se de fato extintivo do direito de recorrer.
Não depende de anuência da outra parte (art. 998, CPC).	Não depende de concordância da outra parte (art. 999, CPC).
Pode ser parcial ou total.	Pode ser parcial ou total.
Pode ser requerida até o julgamento do recurso.	Antes da interposição do recurso.

DESISTÊNCIA DO RECURSO	RENÚNCIA DO RECURSO
Obs.: na esteira da jurisprudência do STF, termo "ad quem" (final) para a desistência do recurso é a sustentação oral ou o pronunciamento final do julgamento (AI 773.754-AgRg-ED-AgRg, 1ª T., rel. Min. Dias Toffoli, j. 10.4.2012). **O referido entendimento foi consagrado no art. 998, parágrafo único, CPC, que estabeleceu expressamente que "a desistência do recurso não impede a análise de questão cuja repercussão geral já tenha sido reconhecida e daquela objeto de julgamento de recursos extraordinários ou especiais repetitivos".**	

- O julgamento dos recursos é bipartido em:

Juízo de admissibilidade	Juízo de mérito
O órgão recursal verifica a aptidão formal do recurso.	O órgão recursal aprecia a irresignação propriamente dita.
Importa em conhecimento ou inadmissão do recurso.	Importa em provimento ou desprovimento do recurso.
Em regra, é feito em dois momentos (binário): Inicialmente, pelo juízo *a quo*; Reavaliado pelo juízo *ad quem*.	Realizado pelo juízo *ad quem*.
Exceção: o recurso de agravo, que é interposto diretamente no órgão ad quem.	**Exceção:** os embargos de declaração e os embargos infringentes da Lei de Execução Fiscal são recursos em que há identidade entre o juízo a quo é o ad quem, ou seja, são recursos julgados pelo mesmo órgão prolator da decisão guerreada.

- Efeitos:

Obstativo	Devolutivo	Suspensivo	Regressivo	Expansivo subjetivo
A interposição do recurso, por si só, impede o trânsito em julgado da decisão.	A interposição do recurso transfere ao órgão *ad quem* o conhecimento da matéria impugnada.	A interposição do recurso impede a produção de imediata de efeitos da decisão recorrida.	Efeito que autoriza o magistrado a rever a decisão recorrida.	O recurso interposto por um litisconsorte a todos aproveita (art. 1.005, CPC).
Para Barbosa Moreira, somente o recurso admissível produz este efeito.	Efeito comum a todos os recursos.	É a regra no recurso de apelação.	É típico no recurso de agravo. **Obs.:** existem duas hipóteses excepcionais em que o recurso de apelação é dotado de efeito regressivo: **1)** apelação contra sentença que indefere a petição inicial; **2)** apelação contra sentença de improcedência liminar do pedido.	**Obs.:** trata-se de efeito cuja aplicação é restrita às hipóteses de litisconsórcio unitário.

- *Recurso adesivo (art. 997, CPC):* é forma de interposição do recurso (e não espécie recursal).
  - ↘ Legitimados: somente as partes podem recorrer adesivamente;
  - ↘ Recursos que o comportam:
    - a) Apelação;
    - b) Recurso especial;
    - c) Recurso extraordinário.
  - ↘ "Não cabe recurso adesivo em sede de Juizado Especial, por falta de expressa previsão legal" (*Enunciado 88*, FONAJE).
- *Apelação:* é o recurso cabível e adequado para impugnar sentença, devendo ser interposto no prazo de 15 (quinze) dias.
  - ↘ É espécie recursal dotada de efeito devolutivo e suspensivo, ressalvadas as hipóteses do art. 1.012, § 1º, CPC, quando a apelação será recebida somente no efeito devolutivo. Igualmente, "a apelação interposta contra sentença que julga embargos à arrematação tem efeito meramente devolutivo" (Súmula 331, STJ).

↘ O juízo *a quo* não receberá a apelação quando a decisão estiver em conformidade com súmula do STJ ou do STF (*súmula impeditiva de recursos*).

- Recurso especial e recurso extraordinário:

	RECURSO ESPECIAL	**RECURSO EXTRAORDINÁRIO**
Finalidade	Manter a integridade da legislação infraconstitucional	Manter a integridade das normas constitucionais
Cabimento	É espécie recursal cabível para impugnar decisões proferidas por Tribunal Regional Federal ou Tribunal de Justiça que: **a)** contrariar tratado ou lei federal ou negar-lhes vigência; **b)** julgar válido ato de governo local contestado em face de lei federal; **c)** der a lei federal interpretação divergente da que haja atribuído outro tribunal.	É o recurso cabível para impugnar as decisões proferidas em única ou última instância que: **a)** contrariar dispositivo da Constituição Federal; **b)** declarar a inconstitucionalidade de trado ou lei federal; **c)** julgar válida lei ou ato de governo local contestado em face da Constituição; **d)** julgar válida lei local contestada em face de lei federal.
Prequestionamento	A questão federal somente ventilada no voto vencido não atende ao requisito do prequestionamento (Súmula 320, STJ).	O ponto omisso, sobre o qual não foram opostos embargos declaratórios, não pode ser objeto de recurso extraordinário, por faltar o requisito do prequestionamento (Súmula 356, STF).
Observações	**1.** O anterior entendimento jurisprudencial de inadmissibilidade do recurso especial quanto à questão que, a despeito da oposição de embargos declaratórios, não foi apreciada pelo tribunal a quo (Súmula 211, STJ) não foi recepcionado pelo CPC/2015. O art. 1.025 dispõe que consideram-se incluídos no acórdão os elementos que o embargante suscitou, para fins de pré-questionamento, ainda que os embargos de declaração sejam inadmitidos ou rejeitados, caso o tribunal superior considere existentes erro, omissão, contradição ou obscuridade.	**1.** Não cabe recurso extraordinário contra acórdão que defere medida liminar (Súmula 735, STF). **2.** Não cabe recurso extraordinário contra decisão proferida no processamento de precatórios (Súmula 733, STF). **3.** É cabível recurso extraordinário contra a decisão proferida por juiz de primeiro grau nas causas de alçada, ou por turma recursal de juizados especial cível e criminal (Súmula 640, STF).

16. PROCESSO DE EXECUÇÃO

16.1. RESPONSABILIDADE PATRIMONIAL

- O devedor responde pelo débito com o seu patrimônio (art. 789, CPC).
- *Petição inicial:* além dos requisitos dos arts. 319 e 320, CPC, deve ser instruída com o título executivo, o demonstrativo de débito atualizado até a data da propositura da ação, a prova de que se verificou a condição, a prova do adimplemento da contraprestação.
  - ↘ O credor pode, na petição inicial, fazer a indicação de bens do executado para serem penhorados.
- *Citação do executado:* é citado para integrar a relação jurídica e intimado, no mesmo ato, para efetuar o pagamento do valor exequendo (principal, juros, custas processuais e honorários advocatícios), no prazo de 3 (três) dias, contados a partir do ato de citação. Para o caso de integral pagamento, o valor dos honorários será reduzido pela metade (art. 827, § 1º, CPC). A respeito, o STJ entendeu que a regra contida no referido art. 827, CPC, relativamente aos honorários advocatícios na execução por quantia certa, é impositiva no tocante ao percentual mínimo de 10% sobre o valor do débito exequendo arbitrado na fase inicial. Assim, a 4ª Turma definiu não ser possível diminuir o percentual mínimo estabelecido em 10% no despacho inicial da execução, exceto no caso previsto no § 1º do mencionado art. 827, que possibilita a redução dos honorários à metade se o devedor optar pelo pagamento integral

da dívida no prazo de três dias (*REsp 1.745.773/DF, rel. Min. Luis Felipe Salomão, j. 4.12.2018*).

↘ "Ao executado que, citado por edital ou por hora certa, permanecer revel, será nomeado curador especial, com legitimidade para apresentação de embargos" (Súmula 196, STJ).

- *Arresto executivo:* é aquele realizado pelo oficial de justiça, em razão da não localização do executado para ser citado, em que o meirinho arresta tantos bens quantos bastem para a garantia da dívida (art. 830, CPC).

16.2. REQUISITOS NECESSÁRIOS PARA REALIZAR QUALQUER EXECUÇÃO

- O título deve materializar uma obrigação certa, líquida e exigível.

Certeza	Liquidez	Exigibilidade
Ausência de dúvida quanto à sua existência.	Deve constar do título o valor da obrigação (determinação de seu objeto).	Inexistência de impedimento atual à eficácia da obrigação, a exemplo do termo, condição ou encargo.

- Os títulos executivos são informados pelo princípio da taxatividade, vale dizer, somente existirá título executivo se previsto em rol legal taxativo.
- O título deve, para ter executividade, representar obrigação líquida, certa e exigível (art. 786, CPC). Assim, "a nota promissória vinculada a contrato de abertura de crédito não goza de autonomia em razão da iliquidez do título que a originou" (Súmula 258, STJ).

TÍTULOS JUDICIAIS (art. 515, CPC)	TÍTULOS EXTRAJUDICIAIS (art. 784, CPC)
I. as decisões proferidas no processo civil que reconheçam a exigibilidade de obrigação de pagar quantia, de fazer, de não fazer ou de entregar coisa;	**I.** Letra de câmbio, nota promissória, duplicata, debênture e cheque.
II. a decisão homologatória de autocomposição judicial;	**II.** a escritura pública ou outro documento público assinado pelo devedor;
III. a decisão homologatória de autocomposição extrajudicial de qualquer natureza;	**III.** o documento particular assinado pelo devedor e por 2 (duas) testemunhas;
IV. o formal e a certidão de partilha, exclusivamente em relação ao inventariante, aos herdeiros e aos sucessores a título singular ou universal;	**IV.** o instrumento de transação referendado pelo Ministério Público, pela Defensoria Pública, pela Advocacia Pública, pelos advogados dos transatores ou por conciliador ou mediador credenciado por tribunal;
V. o crédito de auxiliar da justiça, quando as custas, emolumentos ou honorários tiverem sido aprovados por decisão judicial;	**V.** o contrato garantido por hipoteca, penhor, anticrese ou outro direito real de garantia e aquele garantido por caução;
VI. a sentença penal condenatória transitada em julgado;	**VI.** o contrato de seguro de vida em caso de morte;
VII. a sentença arbitral;	**VII.** o crédito decorrente de foro e laudêmio;
VIII. a sentença estrangeira homologada pelo Superior Tribunal de Justiça;	**VIII.** o crédito, documentalmente comprovado, decorrente de aluguel de imóvel, bem como de encargos acessórios, tais como taxas e despesas de condomínio;
IX. a decisão interlocutória estrangeira, após a concessão do *exequatur* à carta rogatória pelo Superior Tribunal de Justiça;	**IX.** a certidão de dívida ativa da Fazenda Pública da União, dos Estados, do Distrito Federal e dos Municípios, correspondente aos créditos inscritos na forma da lei;
	X. o crédito referente às contribuições ordinárias ou extraordinárias de condomínio edilício, previstas na respectiva convenção ou aprovadas em assembleia geral, desde que documentalmente comprovadas;
	XI. a certidão expedida por serventia notarial ou de registro relativa a valores de emolumentos e demais despesas devidas pelos atos por ela praticados, fixados nas tabelas estabelecidas em lei.
	XII. todos os demais títulos aos quais, por disposição expressa, a lei atribuir força executiva.

16.3. EXECUÇÃO POR QUANTIA CERTA CONTRA DEVEDOR SOLVENTE

- **Penhora**

↘ "Na execução civil, a penhora de dinheiro na ordem de nomeação de bens não tem caráter absoluto" (Súmula 417, STJ).

↘ O STJ consolidou o entendimento de que "é impenhorável o único imóvel residencial do devedor que esteja locado a terceiros, desde que a renda obtida com a locação seja revertida para a subsistência ou a moradia da sua família" (Súmula 486, STJ).

EFEITOS DA PENHORA	
Processuais	**Materiais**
Garantia do juízo.	Retirada do executado da posse direta do bem penhorado.

Individualização dos bens que suportarão a atividade executiva.	Ineficácia dos atos de alienação.
Direito de preferência do exequente.	Oneração do bem penhorado.

São impenhoráveis (art. 833, CPC):

- I. os bens inalienáveis e os declarados, por ato voluntário, não sujeitos à execução;
- II. os móveis, os pertences e as utilidades domésticas que guarnecem a residência do executado, salvo os de elevado valor ou os que ultrapassem as necessidades comuns correspondentes a um médio padrão de vida;
- III. os vestuários, bem como os pertences de uso pessoal do executado, salvo se de elevado valor;
- IV. os vencimentos, os subsídios, os soldos, os salários, as remunerações, os proventos de aposentadoria, as pensões, os pecúlios e os montepios, bem como as quantias recebidas por liberalidade de terceiro e destinadas ao sustento do devedor e de sua família, os ganhos de trabalhador autônomo e os honorários de profissional liberal, ressalvado o § 2º;
- V. os livros, as máquinas, as ferramentas, os utensílios, os instrumentos ou outros bens móveis necessários ou úteis ao exercício da profissão do executado;
- VI. o seguro de vida;
- VII. os materiais necessários para obras em andamento, salvo se essas forem penhoradas;
- VIII. a pequena propriedade rural, assim definida em lei, desde que trabalhada pela família;
- IX. os recursos públicos recebidos por instituições privadas para aplicação compulsória em educação, saúde ou assistência social;
- X. a quantia depositada em caderneta de poupança, até o limite de 40 (quarenta) salários-mínimos;
- XI. os recursos públicos do fundo partidário recebidos por partido político, nos termos da lei;
- XII. os créditos oriundos de alienação de unidades imobiliárias, sob regime de incorporação imobiliária, vinculados à execução da obra.

↘ A penhora observará, preferencialmente, a seguinte ordem (art. 835, CPC):

- I. dinheiro, em espécie ou em depósito ou aplicação em instituição financeira;
- II. títulos da dívida pública da União, dos Estados e do Distrito Federal com cotação em mercado;
- III. títulos e valores mobiliários com cotação em mercado;
- IV. veículos de via terrestre;
- V. bens imóveis;
- VI. bens móveis em geral;
- VII. semoventes;
- VIII. navios e aeronaves;
- IX. ações e quotas de sociedades simples e empresárias;
- X. percentual do faturamento de empresa devedora;
- XI. pedras e metais preciosos;
- XII. direitos aquisitivos derivados de promessa de compra e venda e de alienação fiduciária em garantia;
- XIII. outros direitos.

Penhora on-line: para possibilitar a penhora de dinheiro em depósito ou em aplicação financeira, o juiz, a requerimento do exequente, sem dar ciência prévia do ato ao executado, determinará às instituições financeiras, por meio de sistema eletrônico gerido pela autoridade supervisora do sistema financeiro nacional, que torne indisponíveis ativos financeiros existentes em nome do executado, limitando-se a indisponibilidade ao valor indicado na execução (art. 854, CPC).

Penhora de quotas ou de ações de sociedades personificadas (art. 861, CPC): penhoradas as quotas ou as ações de sócio em sociedade simples ou empresária, o juiz assinará prazo razoável, não superior a 3 (três) meses, para que a sociedade:

- I. apresente balanço especial, na forma da lei;
- II. ofereça as quotas ou as ações aos demais sócios, observado o direito de preferência legal ou contratual;
- III. não havendo interesse dos sócios na aquisição das ações, proceda à liquidação das quotas ou das ações, depositando em juízo o valor apurado, em dinheiro.

- **Expropriação de bens**

ADJUDICAÇÃO (arts. 876-878, CPC)	ALIENAÇÃO (arts. 879-903, CPC)
É meio preferencial de expropriação, consistente na apropriação direta dos bens constritos pelo exequente, como forma de pagamento do crédito exequendo.	Trata-se de venda judicial da coisa penhorada, que pode se efetivar *(a)* por iniciativa particular, ou *(b)* em leilão judicial eletrônico ou presencial (art. 879), em que o exequente apenas realiza uma intermediação na busca de compradores do bem constrito.
Pode ser tanto de bens móveis quanto de imóveis	Pressupõe: **a)** ausência de adjudicação **b)** requerimento do interessado, oportunidade em que poderá escolher a espécie de alienação e **c)** autorização judicial (art. 880, CPC)
Embora omissa a lei, a doutrina aponta como marco temporal máximo o início da hasta pública.	A alienação far-se-á em leilão judicial se não efetivada a adjudicação ou a alienação por iniciativa particular, o que denota seu caráter residual.

- **Defesas do executado**

↘ Execução extrajudicial x judicial:

Defesa na execução de título extrajudicial	Defesa na execução de título judicial
O executado se defende por meio de embargos.	O executado se defende por meio de impugnação.
A oposição de embargos à execução independe de prévia segurança do juízo (inteligência do art. 914, CPC).	A apresentação de impugnação independe de prévia segurança do juízo (art. 525, CPC).
Ação incidental.	Incidente do processo.

↘ Execução comum x execução fiscal:

	Execuções em geral	Execução fiscal
Prazo para embargos	"Os embargos serão oferecidos no **prazo de 15 (quinze) dias**, contado, conforme o caso, na forma do art. 231" (art. 915, CPC).	"O executado oferecerá embargos, **no prazo de 30 (trinta) dias**, contados: I – do depósito; II – da juntada da prova da fiança bancária ou do seguro garantia; III – da intimação da penhora" (art. 16, LEF).
Garantia do juízo	**Independe** de garantia do juízo (art. 914, CPC).	"Não são admissíveis embargos do executado antes de garantida a execução" (art. 16, § 1º, LEF).
Efeitos suspensivo	**a)** Automático: não há. **b)** Judicial: o juiz poderá conceder efeito suspensivo aos embargos desde que: **1)** haja requerimento expresso do embargante; **2)** verificados os requisitos para a concessão da tutela provisória; **3)** haja a prévia segurança do juízo (art. 919, CPC)	Tendo em vista a omissão da LEF, aplica-se subsidiariamente o CPC, de modo que não há suspensão automática da execução fiscal com a oposição dos embargos.
Embargos execução por carta	"Na execução por carta, os embargos **serão oferecidos no juízo deprecante ou deprecado**, mas a competência para julgá-los é do juízo deprecante, salvo se versarem unicamente vícios ou defeitos da penhora, avaliação ou alienação dos bens efetuada pelo juízo deprecado (art. 914, § 2º, CPC).	"Na execução por carta, os embargos do executado **serão oferecidos no Juízo deprecado**, que os remeterá ao Juízo deprecante, para instrução e julgamento" (art. 20, LEF).

↘ O executado, no processo de execução de título extrajudicial, defende-se por meio de embargos à execução ou exceção de pré-executividade.

EMBARGOS À EXECUÇÃO	EXCEÇÃO DE PRÉ-EXECUTIVIDADE
É forma de defesa do executado exercida por meio do direito de ação (de conhecimento), ensejando a formação de um novo processo.	Defesa atípica do devedor, fruto de construção jurisprudencial, pela qual o executado se opõe à execução alegando matérias de ordem pública, cognoscíveis de ofício pelo juiz, portanto, que não envolvam dilação probatória.

EMBARGOS À EXECUÇÃO	
Natureza jurídica	Ação de conhecimento, declaratória ou constitutiva negativa.
Legitimidade ativa	Executado e seu cônjuge.
Competência	Os embargos devem ser opostos perante o juízo competente para a ação de execução.
Efeito suspensivo	Não têm efeito suspensivo *ope legis* (automático), por força do art. 919, CPC). No entanto, o juiz "poderá, a requerimento do embargante, atribuir efeito suspensivo aos embargos quando verificados os requisitos para a concessão da tutela provisória, e desde que a execução já esteja garantida por penhora, depósito ou caução suficientes" (efeito suspensivo *ope judicis*).
Objeto	É amplo, sendo lícito ao executado alegar qualquer matéria em seu favor. Assim, o rol do art. 917, CPC, é meramente exemplificativo.
Procedimento	Os embargos à execução são distribuídos por dependência, autuados em apartado e instruídos com cópias das peças processuais relevantes. Se os embargos forem intempestivos, manifestamente protelatórios ou propostos por meio de petição inicial inepta, deverá o juiz rejeitá-los liminarmente. Uma vez alegado, pelo executado, excesso de execução incumbe-lhe indicar o valor que entender correto, por meio de memória de cálculo, sob pena de rejeição liminar dos embargos.

Procedimento	Sendo recebidos os embargos, será o exequente intimado para responder, em 15 (quinze) dias. Depois da manifestação do exequente, o juiz poderá julgar de imediato o pedido ou designar audiência de instrução e julgamento.
Recursos	**a)** Rejeição liminar: tratando-se de hipótese de indeferimento da petição inicial, caberá o recurso de apelação, nos termos do art. 330, CPC. Será possível a rejeição liminar, ainda, quando intempestivos, quando reconhecida a improcedência liminar do pedido ou manifestamente protelatórios (art. 918, CPC). **b)** Julgamento dos embargos: é efetivado por sentença, a qual desafia o recurso de apelação.
EXCEÇÃO DE PRÉ-EXECUTIVIDADE	
Objeto	Questões referentes à admissibilidade do procedimento executivo, que são matérias de ordem pública, tais como pressupostos processuais e condições da ação.
Designação	Exceção de pré-executividade, objeção de pré-executividade ou exceção de não executividade.
Procedimento	Uma vez apresentada a exceção, deve-se abrir prazo para que o exequente sobre ela se manifeste, no prazo fixado pelo juiz. O acolhimento da exceção de pré-executividade pode acarretar a extinção da execução, hipótese em que caberá recurso de apelação para impugnar a referida decisão. O julgamento da exceção de pré-executividade pode, contudo, não levar à extinção da execução, quando será impugnável por agravo de instrumento.
Execução fiscal	"A exceção de pré-executividade é admissível na execução fiscal relativamente às matérias conhecíveis de ofício que não demandem dilação probatória" (Súmula 393, STJ).

ATENÇÃO: a Lei 14.195, de 26.8.2021, alterou a redação do art. 921, CPC/2015, que trata das hipóteses de suspensão da execução e da prescrição intercorrente, nos seguintes termos: "(...) III – quando não for localizado o executado ou bens penhoráveis; (...) § 4º O termo inicial da prescrição no curso do processo será a ciência da primeira tentativa infrutífera de localização do devedor ou de bens penhoráveis, e será suspensa, por uma única vez, pelo prazo máximo previsto no § 1º deste artigo. § 4º-A A efetiva citação, intimação do devedor ou constrição de bens penhoráveis interrompe o prazo de prescrição, que não corre pelo tempo necessário à citação e à intimação do devedor, bem como para as formalidades da constrição patrimonial, se necessária, desde que o credor cumpra os prazos previstos na lei processual ou fixados pelo juiz. § 5º O juiz, depois de ouvidas as partes, no prazo de 15 (quinze) dias, poderá, de ofício, reconhecer a prescrição no curso do processo e extingui-lo, sem ônus para as partes. § 6º A alegação de nulidade quanto ao procedimento previsto neste artigo somente será conhecida caso demonstrada a ocorrência de efetivo prejuízo, que será presumido apenas em caso de inexistência da intimação de que trata o § 4º deste artigo. § 7º Aplica-se o disposto neste artigo ao cumprimento de sentença de que trata o art. 523 deste Código".

17. PROCEDIMENTOS ESPECIAIS NO CPC

17.1. AÇÃO DE CONSIGNAÇÃO EM PAGAMENTO

- *Cabimento:* a teor do art. 335, CC, a consignação em pagamento será cabível:
  - ***I.*** se o credor não puder, ou, sem justa causa, recusar o pagamento, ou dar quitação na devida forma;
  - ***II.*** se o credor não for, nem mandar receber a coisa no lugar, tempo e condição devidos;
  - ***III.*** se o credor for incapaz de receber, for desconhecido, declarado ausente, ou residir em lugar incerto ou de acesso perigoso ou difícil;
  - ***IV.*** se ocorrer dúvida sobre quem legitimamente deva receber o objeto do pagamento;
  - ***V.*** se pender litígio sobre o objeto do pagamento.
- *Espécies:* tratando-se de prestação pecuniária, a consignação pode ser feita:

Consignação extrajudicial	Consignação judicial
O devedor deposita a quantia devida em estabelecimento bancário oficial situado no lugar do pagamento, em conta com correção monetária, cientificando-se o credor por carta com aviso de recepção, assinando prazo de 10 (dez) dias para a manifestação de recusa.	O devedor propõe ação de consignação em desfavor do credor ou dos possíveis credores, requerendo o depósito da quantia ou da coisa devida, a ser efetivado no prazo de 5 (cinco) dias contados do deferimento.

- Competência:

  Obrigação de pagar quantia: a consignação deve ser proposta no local do pagamento, que, em regra, é o domicílio do devedor, consoante se extrai do art. 327, CC, e art. 540, CPC;

  Coisa móvel: a consignação deve ser feita no local onde se encontra a coisa.

Coisa imóvel: a consignação deve ser promovida no foro de situação da coisa (*competência absoluta*).

- *Prestações periódicas:* em tais hipóteses, uma vez depositada a primeira, é lícito ao devedor continuar a consignar, no mesmo processo e sem mais formalidades, as que se forem vencendo, contanto que os depósitos sejam efetuados até 5 (cinco) dias, contados da data do vencimento (art. 541, CPC).
- *Petição inicial:* devem ser observados os requisitos dos Arts. 319 e 320, CPC, bem como as peculiaridades do art. *542, CPC,* que exige: ***a)*** depósito da quantia ou da coisa devida, a ser efetivado no prazo de 5 (cinco) dias contados do deferimento; **b)** a citação do réu para levantar o depósito ou oferecer contestação. O valor da causa será equivalente ao valor devido ou ao valor da coisa devida.
- *Contestação:* o réu somente poderá arguir que:

I. não houve recusa ou mora em receber a quantia;

II. foi justa a recusa;

III. o depósito não se efetuou no prazo ou no lugar do pagamento;

IV. o depósito não é integral (art. 544, CPC).

- *Sentença:* trata-se de ação de natureza dúplice, de modo que a sentença que declara a insuficiência do depósito é título executivo para o réu, nos moldes do art. 515, I, CPC.

	Consignação CPC	**Consignação Lei 8.245/91**
Petição inicial	Deverá observar os requisitos dos arts. 319 e 320 CPC, devendo o autor requerer: **a)** o depósito da quantia ou da coisa devida, que será efetivado no prazo de cinco dias a contar do despacho de admissão da ação; **b)** a citação do réu para levantar o depósito ou oferecer resposta (art. 542, CPC).	Deverá observar os requisitos dos arts. 319 e 320, CPC, devendo o autor especificar os aluguéis e acessórios da locação com os respectivos valores (art. 67, inciso I).
Prazo para depósito	O autor efetuará o depósito da quantia devida no prazo de 5 (cinco) dias, contados do deferimento do pedido (art. 542, inciso I, CPC).	Uma vez determinada a citação do réu, o autor será intimado a, no prazo de 24 (vinte e quatro) horas, efetuar o depósito judicial da importância indicada na petição inicial, sob pena de ser extinto o processo (art. 67, inciso II).
Prestações vincendas	"Tratando-se de prestações periódicas, uma vez consignada a primeira, pode o devedor continuar a consignar, no mesmo processo, e sem mais formalidades, as que se forem vencendo, desde que os depósitos sejam efetuados até 5 (cinco) dias, contados da data do vencimento" (art. 541, CPC).	"O pedido envolverá a quitação das obrigações que vencerem durante a tramitação do feito e até ser prolatada a sentença de primeira instância, devendo o autor promover os depósitos nos respectivos vencimentos" (art. 67, inciso III).
Defesa do réu	"Na contestação, o réu poderá alegar que: **I.** não houve recusa ou mora em receber a quantia ou coisa devida; **II.** foi justa a recusa; **III.** o depósito não se efetuou no prazo ou no lugar do pagamento; **IV.** o depósito não é integral" (art. 544, CPC). Embora seja uma ação preponderantemente declaratória, é cabível a reconvenção (Súmula 258, STJ).	"A contestação do locador, além da defesa de direito que possa caber, ficará adstrita, quanto à matéria de fato, a: **a)** não ter havido recusa ou mora em receber a quantia devida; **b)** ter sido justa a recusa; **c)** não ter sido efetuado o depósito no prazo ou no lugar do pagamento; **d)** não ter sido o depósito integral" (art. 67, inciso V). "Além de contestar, o réu poderá, em reconvenção, pedir o despejo e a cobrança dos valores objeto da consignatória ou da diferença do depósito inicial, na hipótese de ter sido alegado não ser o mesmo integral" (art. 67, inciso VI).
Complementação depósito	"Alegada a insuficiência do depósito, é lícito ao autor completá-lo, em 10 (dez) dias, salvo se corresponder a prestação cujo inadimplemento acarrete a rescisão do contrato" (art. 545, CPC).	"O autor poderá complementar o depósito inicial, no prazo de cinco dias contados da ciência do oferecimento da resposta, com acréscimo de dez por cento sobre o valor da diferença. Se tal ocorrer, o juiz declarará quitadas as obrigações, elidindo a rescisão da locação, mas imporá ao autor-reconvindo a responsabilidade pelas custas e honorários advocatícios de vinte por cento sobre o valor dos depósitos" (art. 67, inciso VII).

17.2. AÇÕES POSSESSÓRIAS

- *Fungibilidade:* uma vez demonstrados os requisitos da ação possessória adequada, o magistrado pode concedê-la ainda que o autor tenha demandado proteção possessória diversa. Vale dizer, a propositura de uma ação possessória em lugar de outra não obsta a que o magistrado conheça do pedido e outorgue a proteção legal correspondente àquela, desde que comprovados os seus requisitos (art. 554, CPC).
- *Cumulação de pedidos (art. 555, CPC):* é lícito ao autor cumular ao pedido possessório o de:
  - ↘ ***a)*** condenação em perdas e danos;
  - ↘ ***b)*** cominação de pena para a hipótese de nova turbação ou esbulho e para cumprimento da tutela provisória ou final;
  - ↘ ***c)*** indenização dos frutos.
  - ↘ ***d)*** desfazimento de construção ou plantação feita em detrimento da posse.

Cumulação que não importa em perda da especialidade do procedimento	Cumulação que importa em adoção do procedimento ordinário
Nos termos do art. 555, CPC, é lícito ao autor cumular ao pedido possessório o de: I. Condenação em perdas e danos; II. Indenização dos frutos; III. Cominação de pena para caso de nova turbação ou esbulho; IV. Cominação de pena para cumprimento da tutela provisória ou final.	Cumulação de qualquer outro pedido, a exemplo do pedido possessório com o pedido de rescisão contratual.

- Obviamente, a referida limitação é aplicável apenas ao procedimento especial ora em estudo, de modo que poderá o autor cumular outros pedidos, desde que adote o procedimento comum.
- *Pedido contraposto:* tratando-se de ação de natureza dúplice, é permitido ao réu formular pretensão (pedido) em sua própria defesa, é dizer, pode postular a proteção possessória e indenizatória em sede de contestação, sendo vedada, em relação aos referidos pleitos, reconvenção (art. 556, CPC).
- *Exceção de domínio:* é vedado tanto ao réu quanto ao autor, na pendência de processo possessório, intentar ação de reconhecimento de domínio (art. 557, CPC).
- *Ação de força nova:* trata-se da ação possessória intentada dentro de ano e dia, que se rege pelo procedimento especial ora em estudo, inclusive com a possibilidade de concessão de medida liminar sem a necessidade de demonstração de *periculum in mora* (art. 562, CPC).
- *Ação de força velha:* cuida-se igualmente de ação possessória, porém intentada há mais de ano e dia, razão pela qual seguirá o procedimento comum ordinário.

Reintegração de posse	Manutenção de posse	Interdito proibitório
Possuidor é esbulhado, ou seja, perde a sua posse.	Perda parcial, limitação ou incômodo no exercício da posse.	Trata-se de tutela preventiva da posse, vale dizer, busca-se afastar ameaças ou o justo de receio de turbação ou esbulho.

17.3. AÇÃO DE DEMARCAÇÃO E DIVISÃO DE TERRAS PARTICULARES

Demarcação	Divisão
Ação proposta pelo proprietário em face de seu confinante com o objetivo de obrigá-lo a demarcar prédios, aviventar rumos apagados ou renovar marcos destruídos ou arruinados, fixando novos limites entre eles ou aviventando-se os já apagados.	Ação proposta pelo condômino em face dos demais consortes para obrigá-los a partilhar a coisa comum.
Não sujeita a prescrição (direito potestativo)	Não sujeita a prescrição (direito potestativo)
Materialmente dúplice: as defesas contêm pretensões implícitas, de modo que a improcedência para o autor corresponde a procedência para o réu.	Materialmente dúplice: as defesas contêm pretensões implícitas, de modo que a improcedência para o autor corresponde a procedência para o réu.

17.4. INVENTÁRIO E PARTILHA

- Modalidades:

Inventário judicial	Inventário extrajudicial
Será judicial, obrigatoriamente, se houver testamento ou interessado incapaz.	Se todos os herdeiros forem maiores, capazes e concordes, poderá o inventário e a partilha realizar-se por escritura pública.
É aquele requerido pelos interessados à autoridade judicial.	É processado perante autoridade administrativa, o Tabelião de Notas.
É indispensável quando houver: **a)** Testamento; **b)** Interessados incapazes. **Atenção:** o procedimento extrajudicial tem caráter facultativo, nos termos do art. 2º, Resolução CNJ 35/2007, de modo que o juiz não pode extinguir o processo sem resolução de mérito por falta de interesse de agir do requerente.	Poderá ser realizado quando não houver interessados incapazes e for consensual.

- *Inventário negativo:* trata-se da hipótese em que inexistem bens a inventariar e partilhar, havendo interesse na declaração desta situação.
- *Prazo para a abertura do inventário:* 2 meses a contar da abertura da sucessão, nos termos do art. 611, CPC, que revogou tacitamente o art. 1.796, CC, ultimando-se nos 12 meses subsequentes, prazos que podem ser prorrogados, de ofício, ou a requerimento da parte. Os prazos mencionados são impróprios, de modo que a sua inobservância não implica consequência processual específica, não sendo "inconstitucional a multa instituída pelo estado-membro, como sanção pelo retardamento do início ou da ultimação do inventário" (Súmula 542, STF).
- *Legitimidade para requerer o inventário (art. 616, CPC):* incumbe a quem estiver na posse e administração do espólio requerer a abertura do inventário e consequente partilha. Têm legitimidade concorrente com o administrador provisório:

o cônjuge ou companheiro supérstite;

o herdeiro;

o legatário;

o testamenteiro;

o cessionário do herdeiro ou legatário;

o credor do herdeiro ou do legatário;

o Ministério Público, havendo herdeiros incapazes;

a Fazenda Pública, quando tiver interesse;

o administrador judicial da falência do herdeiro, do legatário, do autor da herança ou do cônjuge ou companheiro supérstite.

- *Arrolamento (arts. 659-667, CPC):* cuida-se de uma forma sumária de inventário em que a partilha amigável, celebrada entre partes capazes, será homologada de plano pelo juiz, mediante a prova da quitação dos tributos referentes aos bens do espólio e suas rendas.
- *Procedimento de alvará:*

Alvará judicial incidental	Alvará judicial autônomo
O alvará é concedido no curso do processo de inventário.	O alvará judicial autorizará o levantamento da quantia depositada em conta bancária independentemente de inventário ou arrolamento.
Em diversas hipóteses o ordenamento jurídico exige a concessão de alvará para proteção de interesses de incapazes	Cabível para o levantamento de resíduos relativos ao PIS, FGTS, dentre outros.

17.5. AÇÃO MONITÓRIA

- *Cabimento:* a ação monitória é o instrumento hábil para quem pretender, com base em prova escrita sem eficácia de título executivo: (*i*) o pagamento de soma em dinheiro, (*ii*) entrega de coisa fungível ou infungível ou de bem móvel ou imóvel; (iii) o adimplemento de obrigação de fazer ou de não fazer. Trata-se de tutela jurisdicional diferenciada que mescla cognição sumária e contraditório diferido.

↘ "O contrato de abertura de crédito em conta-corrente, acompanhado do demonstrativo de débito, constitui documento hábil para o ajuizamento de ação monitória" (Súmula 247, STJ).

↘ "Cabe ação monitória para haver saldo remanescente oriundo de venda extrajudicial de bem alienado fiduciariamente" (Súmula 384, STJ).

↘ "É admissível ação monitória fundada em cheque prescrito" (Súmula 299, STJ).

↘ "É cabível ação monitória contra a Fazenda Pública" (Súmula 338, STJ – incorporada ao art. § 6º, art. 700, CPC).

- *Petição inicial: além dos requisitos genéricos dos arts. 319 e 320, nela o autor deverá explicitar, conforme o caso: (i)* a importância devida, instruindo-a com memória de cálculo; *(ii)* o valor atual da coisa reclamada *e (iii)* o conteúdo patrimonial em discussão ou o proveito econômico perseguido (art. 700, § 2º, CPC).
- *Conversão do procedimento:* Havendo dúvida quanto à idoneidade de prova documental apresentada pelo autor, o juiz intimá-lo-á para, querendo, emendar a petição inicial, adaptando-a ao procedimento comum (art. 700, § 5º, CPC).
- *Mandado de pagamento:* sendo evidente o direito do autor, o juiz deferirá a expedição de mandado de pagamento, de entrega de coisa ou para execução de obrigação de fazer ou de não fazer, concedendo ao réu prazo de 15 (quinze) dias para o cumprimento e o pagamento de honorários advocatícios de cinco por cento do valor atribuído à causa.
- *Citação:* o réu será citado para: ***a)*** pagar ou entregar a coisa; ***b)*** embargar o procedimento monitório, quando o procedimento se converterá em comum ou ***c)*** não cumprir a obrigação, nem embargar, hipótese em que o procedimento monitório se converterá em procedimento executivo.

Na ação monitória, admite-se citação por qualquer dos meios permitidos para o procedimento comum (art. 700, § 7º, CPC).

"A reconvenção é cabível na ação monitória, após a conversão do procedimento em ordinário" (Súmula 292, STJ). No mesmo sentido é o teor do novo § 6º, art. 702, segundo o qual "na ação monitória admite-se a reconvenção, sendo vedado o oferecimento de reconvenção à reconvenção".

Efetuando o pagamento no prazo de 15 (quinze) dias, ficará o réu isento do pagamento de custas processuais (art. 701, § 1º, CPC).

Atitudes do réu	Consequências
Paga ou efetua entrega do bem	O réu que, cumprindo espontaneamente a obrigação, ficará isento do pagamento de custas processuais (art. 701, § 1º, CPC).
Mantém-se inerte	Haverá a conversão automática (*ope legis*) do mandado monitório em título executivo judicial (art. 702, § 8º, CPC).
Apresenta embargos	Uma vez apresentados os embargos ao mandado monitório, que independem de garantia do juízo e são processados nos mesmos autos, o rito se converte automaticamente em procedimento comum (art. 702, § 1º, CPC).

- *Embargos à monitória:* serão opostos independentemente de segurança do juízo e processados nos próprios autos, pelo procedimento comum.
  - ↘ A doutrina diverge acerca da natureza dos embargos à ação monitória, entendendo uma vertente que a natureza é de "ação", enquanto que a outra vertente defende a natureza de "contestação".
  - ↘ Prevalece a ideia de que a apelação, que é recurso cabível contra a sentença de rejeição liminar dos embargos ou que os julga improcedente, deve ser recebida em seu duplo efeito (devolutivo e suspensivo), conforme reza o art. 1.012, CPC.

17.6. INTERDIÇÃO

- *Legitimidade:* a interdição pode ser promovida:

  I. pelo cônjuge ou companheiro;

  II. pelos parentes ou tutores;

  III. pelo representante da entidade em que se encontra abrigado o interditando;

  IV. pelo MP.

- *Legitimidade do MP:* somente poderá requerer a interdição em caso de **doença mental grave**:

  I. se não existir ou não promover a interdição alguma das pessoas acima mencionadas;

  II. se, existindo, forem incapazes.

  Diverge a doutrina sobre a legitimidade do MP para requerer a interdição fundada na prodigalidade do interditando. Uma primeira corrente considera o MP parte ilegítima para tanto, enquanto outra parte doutrinária entende no sentido de que, sendo a prodigalidade uma espécie de anomalia psíquica, o MP tem legitimidade para postular a interdição.

- *Curador especial:* justificada a urgência, o juiz pode nomear curador provisório ao interditando para a prática de determinados atos.

- *Petição inicial:* além dos requisitos dos arts. 319 e 320, CPC, deverá o interessado demonstrar a sua legitimidade (*prova pré-constituída*), especificar os fatos que revelam a anomalia psíquica, sendo, para tanto, necessária a juntada de laudos médicos. A doutrina ainda menciona a possibilidade de o autor postular, na petição inicial, a adoção de medidas urgentes como a pronta internação do requerido em estabelecimento adequado ou a nomeação de um curador provisório.

- *Entrevista do interditando:* será o interditando citado para comparecer à audiência de interrogatório, quando o magistrado lhe entrevistará indagando sobre a sua vida, negócios, bens e do mais que lhe parecer necessário para se inteirar do seu estado mental.

- *Impugnação do pedido:* dentro do prazo de 15 (quinze) dias contado da entrevista, o interditando poderá impugnar o pedido.

  Há doutrina que defende a natureza imprópria do referido prazo, de modo que a defesa do interditando pode ser recebida mesmo após o seu vencimento.

  O STJ já se pronunciou no sentido de que o juízo de equidade do art. 1.109, CPC/73 (art. 723, CPC), não autoriza o magistrado a suprimir o prazo de defesa do interditando (*REsp 623.047/RJ, 3ª T., rel. Min. Nancy Andrighi, j. 14.12.2004, p. 7.3.2005*).

- *Perícia:* trata-se de meio de prova que deve ser adotado pelo magistrado obrigatoriamente, sendo exceção ao princípio do livre convencimento motivado do juiz (*sistema da prova tarifada*). A perícia pode ser realizada por equipe composta por expertos com formação multidisciplinar; o laudo pericial indicará especificadamente, se for o caso, os atos para os quais haverá necessidade de curatela (art. 753, CPC).

- *Sentença:* é constitutiva, produzindo efeitos imediatamente a partir de sua prolação (*ex nunc*), de modo que os negócios praticados pelo interditando após sua interdição dependem da presença da devida representação ou assistência.

  Na sentença que decretar a interdição, o juiz:

  - ➢ I. nomeará curador, que poderá ser o requerente da interdição, e fixará os limites da curatela, segundo o estado e o desenvolvimento mental do interdito;
  - ➢ II. considerará as características pessoais do interdito, observando suas potencialidades, habi-

lidades, vontades e preferências (art. 755, *caput* e incisos I e II, CPC).

A sentença de interdição será inscrita no registro de pessoas naturais e imediatamente publicada na rede mundial de computadores, no sítio do tribunal a que estiver vinculado o juízo e na plataforma de editais do Conselho Nacional de Justiça, onde permanecerá por 6 (seis) meses, na imprensa local, 1 (uma) vez, e no órgão oficial, por 3 (três) vezes, com intervalo de 10 (dez) dias, constando do edital os nomes do interdito e do curador, a causa da interdição, os limites da curatela e, não sendo total a interdição, os atos que o interdito poderá praticar autonomamente (art. 755, § 3º, CPC).

↘ O STJ, à luz do art. 1.184, CPC/73 (art. 755, § 3º, CPC), firmou entendimento no sentido de que a sentença que julga a interdição produz efeito *ex nunc*, salvo quando houver na sentença pronunciamento expresso em sentido contrário (*REsp 550.615/RS, 5ª T., rel. Min. Arnaldo Esteves Lima, j. 14.11.2006, p. 14.12.2006)*.

↘ Prevalece que os atos anteriores à decretação da interdição são anuláveis, desde que fundados em prova robusta do estado de incapacidade à época da celebração do negócio jurídico.

- *Levantamento da interdição:* a interdição poderá ser levantada quando cessar a causa que a determinou (art. 756, CPC).

17.7. OPOSIÇÃO

- *Definição:* ação prejudicial em que o terceiro postula em juízo o bem ou direito sobre o qual controvertem autor e réu.
- *Limitação temporal:* deve ser apresentada até que seja proferida a sentença (art. 682, CPC).
- *Procedimento:*

O opoente deduzirá o pedido em observação aos requisitos exigidos para propositura da ação. Distribuída a oposição por dependência, serão os opostos citados, na pessoa de seus respectivos advogados, para contestar o pedido no prazo comum de 15 (quinze) dias (art. 683, CPC).

Se um dos opostos reconhecer a procedência do pedido, contra o outro prosseguirá o opoente (art. 684, CPC).

Admitido o processamento, a oposição será apensada aos autos e tramitará simultaneamente à ação originária, sendo ambas julgadas pela mesma sentença (art. 685, *caput*, CPC).

Se a oposição for proposta após o início da audiência de instrução, o juiz suspenderá o curso do processo ao fim da produção das provas, salvo se concluir que a unidade da instrução atende melhor ao princípio da duração razoável do processo (art. 685, par. único, CPC).

- *Espécies de oposição:*

Autônoma: é a oposição oferecida depois de iniciada a audiência de instrução julgamento, sendo distribuída por dependência em razão da conexão (art. 685, par. único, CPC);

Interventiva: é a oposição apresentada antes da audiência de instrução e julgamento.

- *Prejudicialidade:* cabendo ao juiz decidir simultaneamente a ação originária e a oposição, desta conhecerá em primeiro lugar (art. 686, CPC).

17.8. DISSOLUÇÃO PARCIAL DE SOCIEDADE

- *Definição:* trata-se de novo procedimento especial, regulamentado pelos arts. 599/609, CPC, demanda gerada por qualquer ocorrência que leve a uma extinção parcial do contrato de sociedade, seja pelo falecimento do sócio, sua exclusão e o exercício de seu direito de retirada ou recesso. Tem-se a ruptura de apenas uma parcela dos vínculos societários, de tal forma que, após a resolução da crise jurídica, a sociedade continua a existir. Na dissolução total, com a extinção da sociedade, o procedimento a ser observado será o comum.

- *Legitimidade ativa:* segundo o art. 600, CPC, a ação pode ser proposta: I – pelo espólio do sócio falecido, quando a totalidade dos sucessores não ingressar na sociedade; II – pelos sucessores, após concluída a partilha do sócio falecido; III – pela sociedade, se os sócios sobreviventes não admitirem o ingresso do espólio ou dos sucessores do falecido na sociedade, quando esse direito decorrer do contrato social; IV – pelo sócio que exerceu o direito de retirada ou recesso, se não tiver sido providenciada, pelos demais sócios, a alteração contratual consensual formalizando o desligamento, depois de transcorridos 10 (dez) dias do exercício do direito; V – pela sociedade, nos casos em que a lei não autoriza a exclusão extrajudicial; ou VI – pelo sócio excluído. Mais ainda, o cônjuge ou companheiro do sócio cujo casamento, união estável ou convivência terminou poderá requerer a apuração de seus haveres na sociedade, que serão pagos à conta da quota social titulada por este sócio (parágrafo único).

- *Litisconsórcio passivo necessário:* os sócios e a sociedade serão citados para, no prazo de 15 (quinze) dias, concordar com o pedido ou apresentar contestação. A sociedade não será citada, se todos os seus sócios o forem, mas ficará sujeita aos efeitos da decisão e à coisa julgada (art. 601, CPC).

- *Apuração de haveres:* trata-se da segunda fase procedimental. Fixada a data de resolução de sociedade, caberá ao juiz definir o critério de apuração dos haveres à vista do disposto no contrato social (art. 604, CPC). Sendo necessária a indicação de um perito, segundo o parágrafo único, do art. 606, CPC, será, preferencialmente, um especialista em avaliação de sociedades.

18. PROCEDIMENTOS ESPECIAIS NA LEGISLAÇÃO EXTRAVAGANTE

18.1. MANDADO DE SEGURANÇA

- Modalidades de mandado de segurança:

MANDADO DE SEGURANÇA PREVENTIVO	MANDADO DE SEGURANÇA REPRESSIVO
É o remédio manejado **antes** de caracterizada a violação ao direito líquido e certo	É o *mandamus* proposto diante de uma ilegalidade já perpetrada.

- *Cabimento:* trata-se de ação mandamental apta a proteger direito líquido e certo ameaçado ou violado por ato ilegal ou praticado com abuso por autoridade pública ou por pessoa jurídica de direito privada no exercício de atribuições daquela. Não cabe, contudo, mandado de segurança:

  contra atos de gestão comercial praticados pelos administradores de empresas públicas, de sociedades de economia mista e de concessionários de serviço público;

  contra ato do qual caiba recurso administrativo com efeito suspensivo, independentemente de caução;

  contra decisão judicial da qual caiba recurso com efeito suspensivo;

  ↘ contra decisão judicial transitada em julgado.

Decisão judicial transitada em julgado	Decisão judicial passível de recurso sem efeito suspensivo	Decisão judicial impugnável por recurso dotado de efeito suspensivo
Não cabe mandado de segurança (inteligência do art. 5º, inciso III, Lei 12.016/09).	Cabe mandado de segurança (interpretação a *contrario sensu* do art. 5º, inciso II, Lei 12.016/09).	Não cabe mandado de segurança (inteligência do art. 5º, inciso II, Lei 12.016/09).

- *Petição inicial:* deve ser acompanhada dos documentos comprobatórios da ilegalidade ou abuso de poder (*prova pré-constituída*) e indicar a autoridade tida como coatora.

Liminar em MS Coletivo	Liminar em MS Individual
Pressupõe a prévia oitiva do representante judicial da pessoa jurídica de direito público.	Pode ser concedida independentemente de prévia oitiva do representante judicial da Fazenda Pública.

- *Direito líquido e certo:* é o direito que pode ser demonstrado de plano, por meio de prova pré-constituída.

  ↘ "Controvérsia sobre matéria de direito não impede a concessão de mandado de segurança" (Súmula 625, STF).

- *Competência:* é definida pela identificação da autoridade coatora.

- *Despesas e honorários advocatícios:* a Lei 12.016/2009, incorporando entendimento jurisprudencial pacífico do STJ e do STF, não admite a fixação de verba de sucumbência no procedimento do mandado de segurança.

18.2. AÇÕES COLETIVAS

- Objeto:

Direitos Difusos	Direitos coletivos	Direitos individuais homogêneos
Transindividuais, de natureza indivisível, de que sejam titulares pessoas indeterminadas e ligadas por circunstâncias de fato.	Transindividuais, de natureza indivisível de que seja titular grupo, categoria ou classe de pessoas ligadas entre si ou com a parte contrária por uma relação jurídica base.	Os decorrentes de origem comum.

- Legitimidade:

Exclusiva	Autônoma	Concorrente	Disjuntiva
Somente são legitimadas as pessoas indicadas pela lei.	A legitimidade não depende de qualquer autorização dos titulares do direito material deduzido em juízo.	Qualquer colegitimado poderá propor a ação ou mesmo ingressar como assistente em litisconsórcio ativo ulterior.	Não há necessidade do ajuizamento da ação por todos os legitimados. Logo os colegitimados podem figurar sozinhos na lide.

- Litispendência nas ações coletivas:

Litispendência MS coletivo/MS individual	Litispendência ação coletiva/ação individual
Os efeitos do mandado de segurança coletiva atingirão o impetrante de MS individual somente se este requerer a desistência do seu *mandamus*.	Os efeitos da sentença proferida na ação coletiva produzirão efeitos em relação ao autor da ação individual caso este requeira a suspensão de sua ação.

- Coisa julgada nas ações coletivas

Efeitos da coisa julgada material *secundum eventum probationis* nos direitos difusos e coletivos			
Sentença	**Coisa julgada**	**Direitos difusos**	**Direitos coletivos**
Procedente.	Faz coisa julgada material.	Efeito "erga omnes".	Efeito *ultra partes*.
Improcedente (com provas suficientes).	Faz coisa julgada material.	Efeito *erga omnes*. **Atenção:** a coisa julgada não impede que os consumidores intentem ações individuais pelos danos sofridos.	Efeito *ultra partes*. **Atenção:** a coisa julgada não impede que os consumidores intentem ações individuais pelos danos sofridos.
Improcedente por insuficiência de prova.	Não faz coisa julgada material.	Qualquer legitimado poderá intentar novamente a ação coletiva, valendo-se de prova nova.	Qualquer legitimado poderá intentar novamente a ação coletiva, valendo-se de prova nova.

Coisa julgada material *secundum eventum litis* nos direitos individuais homogêneos		
Sentença	**Coisa julgada**	**Direitos individuais homogêneos**
Procedente	Faz coisa julgada material.	Efeito *erga omnes*, de modo que o consumidor deve simplesmente se habilitar na liquidação e promover a execução, provando o dano sofrido.
Improcedente + consumidor litisconsorte (art. 94, CDC)	O consumidor sofrerá os efeitos da coisa julgada material.	Não poderá o consumidor intentar a ação individual pelos danos sofridos.
Improcedente + consumidor indiferente ao processo	O consumidor não será atingido pelos efeitos da coisa julgada material.	Poderá o consumidor intentar a ação individual pelos danos sofridos.

Coisa julgada na ação popular		
Procedência	**Improcedência**	
Ultra partes	Insuficiência de provas: não faz coisa julgada.	Por outro motivo: faz coisa julgada.

18.2.1. AÇÃO CIVIL PÚBLICA

↘ *Competência:* a ação civil pública deve proposta no foro do local onde ocorrer o dano (***competência territorial absoluta***).

↘ *Objeto:* condenação em dinheiro ou cumprimento de obrigação de fazer ou não fazer.

↘ *Legitimados*:

I. MP:

"O Ministério Público tem legitimidade para propor ação civil pública em defesa do patrimônio público" (Súmula 329, STJ).

"O Ministério Público tem legitimidade para promover ação civil pública cujo fundamento seja a ilegalidade de reajuste de mensalidades escolares" (Súmula 643, STF).

II. Defensoria Pública;

III. União, Estados, Distrito Federal e Municípios;

IV. Associações que preencham determinados requisitos.

Requisitos obrigatórios para o reconhecimento da legitimidade da Associação	
Pré-constituição	Deve a associação estar constituída há pelo menos 1 (um) ano, nos termos da lei civil.
Pertinência temática	Deve a associação incluir entre suas finalidades institucionais a proteção ao meio ambiente, ao consumidor, à ordem econômica, à livre concorrência ou ao patrimônio artístico, estético, histórico, turístico e paisagístico.
Dispensa de pré-constituição das associações	Quando haja manifestado interesse social evidenciado pela dimensão ou característica do dano **ou** Em razão da relevância do bem jurídico a ser protegido.

V. Entes despersonalizados: por força do art. 82, inciso III, CDC, como, por exemplo, os PROCONS.

PRESCRIÇÃO	
Objeto ação civil pública	**Prazo prescricional**
Dano ao Erário	Imprescritível
Danos Ambientais	Imprescritível
Demais danos (consumidor, p. ex.)	5 (cinco) anos
Contra a Fazenda Pública	5 (cinco) anos
Execução individual de sentença proferida em ação coletiva	5 (cinco) anos do trânsito em julgado da sentença coletiva

- **Inquérito civil:**

Titularidade	Exclusiva do MP.
Finalidades	Coletar provas e elementos de convicção aptas a subsidiar o exercício da ação coletiva ou a celebração de Termo de Ajustamento de Conduta (TAC).
Natureza jurídica	Procedimento administrativo informal, de caráter inquisitivo e facultativo.
Fases	**1ª)** Instauração: Portaria; Despacho do requerimento; Representação **2ª)** Produção das provas; **3ª)** Conclusão: Arquivamento; Celebração TAC; Ajuizamento ação coletiva
Valor probatório	"As provas colhidas no inquérito têm valor probatório relativo, porque colhidas sem a observância do contraditório, mas só devem ser afastadas quando há contraprova de hierarquia superior, ou seja, produzida sob a vigilância do contraditório." *(STJ, REsp 849.841/MG, rel. Min. Eliana Calmon, p. 11.9.2007).*

18.2.2. MANDADO DE SEGURANÇA COLETIVO

Legitimados	**a)** Partido político com representação no Congresso Nacional; **b)** Organização sindical, entidade de classe ou associação constituída e em funcionamento há pelo menos um ano, em defesa dos interesses de seus membros ou associados.
Interesses defendidos	Direitos coletivos, assim entendidos os transindividuais, de natureza indivisível, de que seja titular grupo ou categoria de pessoas ligadas entre si ou com a parte contrária por uma relação jurídica base; Direitos individuais homogêneos, assim entendidos os decorrentes de origem comum e da atividade ou situação específica da totalidade ou de parte dos associados ou membros do impetrante.
Litispendência em relação às ações individuais	O mandado de segurança não induz litispendência para as ações individuais. No entanto, os efeitos da coisa julgada não beneficiarão o impetrante a título individual se este não requerer a desistência de seu mandado de segurança no prazo de 30 (trinta) dias, a contar da ciência comprovada da impetração da segurança coletiva. **Atenção:** diferentemente da legislação do mandado de segurança coletivo, o CDC exige a suspensão da ação individual para que o seu autor seja beneficiado com a coisa julgada da ação coletiva.

18.2.3. AÇÃO DE IMPROBIDADE ADMINISTRATIVA

- Legitimidade:

Legitimados ACP	Legitimados Ação Improbidade
I. MP;	**I.** MP;
II. Defensoria Pública;	**II.** Pessoa jurídica lesada
III. Associação constituída há pelo menos um ano e que inclua entre as suas finalidades institucionais a proteção ao meio ambiente, ao consumidor, à ordem econômica, à livre concorrência ou ao patrimônio artístico, estético, histórico, turístico e paisagístico;	–
IV. União, Estados, DF e Municípios;	–
V. Autarquia, empresa pública ou sociedade de economia mista.	–

- Ação popular x ação de improbidade:

Ação popular	Ação de improbidade
Lei 4.717/65	Lei 8.429/92
Vocação reparatória	Vocação punitiva
Combater atos ilegais e lesivos ao patrimônio público	
Pedidos (arts. 1º e 11): Invalidação do ato ilegal (pedido constitutivo negativo); Condenação do agente à reparação do dano.	Pedido principal: imposição das sanções prevista pelo legislador (não pode ser veiculado em ação popular);
Tem por objeto a tutela de diversos direitos difusos e coletivos	Só são sindicáveis os atos de improbidade (inicial deve tipificar o ato de improbidade).

18.2.4. AÇÕES E OUTROS PROCEDIMENTOS CONSTITUCIONAIS

- Súmula vinculante:

Legitimados a provocar o procedimento da Súmula Vinculante	Legitimados a provocar o controle concentrado de constitucionalidade
1) Presidente da República;	**1)** Presidente da República;
2) Mesa do Senado Federal;	**2)** Mesa do Senado Federal;
3) Mesa da Câmara dos Deputados;	**3)** Mesa da Câmara dos Deputados;
4) Mesa de Assembleia Legislativa ou da Câmara Legislativa do Distrito Federal;	**4)** Mesa de Assembleia Legislativa ou da Câmara Legislativa do Distrito Federal;
5) Governador do Estado ou do Distrito Federal;	**5)** Governador do Estado ou do Distrito Federal;
6) Procurador-Geral da República;	**6)** Procurador-Geral da República;
7) Conselho Federal da OAB;	**7)** Conselho Federal da OAB;
8) Partido político com representação no Congresso Nacional;	**8)** Partido político com representação no Congresso Nacional;
9) Confederação Sindical ou entidade de classe de âmbito nacional;	**9)** Confederação Sindical ou entidade de classe de âmbito nacional.
10) Tribunais Superiores, Tribunais de Justiça dos Estados ou do Distrito Federal e Territórios, Tribunais Regionais Federais, Tribunais Regionais do Trabalho, Tribunais Regionais Eleitorais e Tribunais Militares.	
Atenção: o Procurador-Geral do Município não é legitimado nem para o controle concentrado e tampouco para o procedimento de edição de Súmula Vinculante. Todavia, o Município pode propor a edição, revisão ou cancelamento de Súmula Vinculante incidentalmente no curso de processo em que seja parte.	
Obs.: frequentemente, as bancas examinadoras misturam os referidos institutos.	

✦ SÚMULAS APLICÁVEIS

◉ STJ

AÇÃO

- **Súmula 242 STJ.** Cabe ação declaratória para reconhecimento de tempo de serviço para fins previdenciários.
- **Súmula 181 STJ.** É admissível ação declaratória, visando a obter certeza quanto à exata interpretação de cláusula contratual.

PARTES E PROCURADORES

CAPACIDADE PROCESSUAL

- **Súmula 525 STJ.** A Câmara de Vereadores não possui personalidade jurídica, apenas personalidade judiciária, somente podendo demandar em juízo para defender os seus direitos institucionais.
- **Súmula 506 STJ.** A ANATEL não é parte legítima nas demandas entre a concessionária e o usuário de telefonia decorrentes de relação contratual.

- **Súmula 196 STJ.** Ao executado que, citado por edital ou por hora certa, permanecer revel, será nomeado curador especial, com legitimidade para apresentação de embargos.
- **Súmula 642 STJ** O direito à indenização por danos morais transmite-se com o falecimento do titular, possuindo os herdeiros da vítima legitimidade ativa para ajuizar ou prosseguir a ação indenizatória.

DAS DESPESAS E DAS MULTAS

- **Súmula 481 STJ.** Faz jus ao benefício da justiça gratuita a pessoa jurídica com ou sem fins lucrativos que demonstrar sua impossibilidade de arcar com os encargos processuais.
- **Súmula 453 STJ.** Os honorários sucumbenciais, quando omitidos em decisão transitada em julgado, não podem ser cobrados em execução ou em ação própria.
- **Súmula 421 STJ.** Os honorários advocatícios não são devidos à Defensoria Pública quando ela atua contra a pessoa jurídica de direito público à qual pertença.

COMPETÊNCIA

- **Súmula 570 STJ.** Compete à Justiça Federal o processo e julgamento de demanda em que se discute a ausência de ou o obstáculo ao credenciamento de instituição particular de ensino superior no Ministério da Educação como condição de expedição de diploma de ensino a distância aos estudantes.
- **Súmula 540 STJ.** Na ação de cobrança do seguro DPVAT, constitui faculdade do autor escolher entre os foros do seu domicílio, do local do acidente ou ainda do domicílio do réu.
- **Súmula 505 STJ.** A competência para processar e julgar as demandas que têm por objeto obrigações decorrentes dos contratos de plano de previdência privada firmados com a Fundação Rede Ferroviária de Seguridade Social – REFER é da Justiça estadual.
- **Súmula 489 STJ.** Reconhecida a *continência*, devem ser reunidas na Justiça Federal as ações civis públicas propostas nesta e na Justiça estadual.
- **Súmula 480 STJ.** O juízo da recuperação judicial *não* é competente para decidir sobre a constrição de bens não abrangidos pelo plano de recuperação da empresa.
- **Súmula 428 STJ.** Compete ao Tribunal Regional Federal decidir os conflitos de competência entre juizado especial federal e juízo federal da mesma seção judiciária.
- **Súmula 383 STJ.** A competência para processar e julgar as ações conexas de interesse de menor é, em princípio, do foro do domicílio do detentor de sua guarda.
- **Súmula 381 STJ.** Nos contratos bancários, é vedado ao julgador conhecer, de ofício, da abusividade das cláusulas.
- **Súmula 368 STJ.** Compete à Justiça comum estadual processar e julgar os pedidos de retificação de dados cadastrais da Justiça Eleitoral.
- **Súmula 367 STJ.** A competência estabelecida pela EC nº 45/2004 não alcança os processos já sentenciados.
- **Súmula 363 STJ.** Compete à Justiça estadual processar e julgar a ação de cobrança ajuizada por profissional liberal contra cliente.
- **Súmula 270 STJ.** O protesto pela preferência de crédito, apresentado por ente federal em execução que tramita na Justiça Estadual, não desloca a competência para a Justiça Federal.
- **Súmula 254 STJ.** A decisão do Juízo Federal que exclui da relação processual ente federal não pode ser reexaminada no Juízo Estadual.
- **Súmula 235 STJ.** A conexão não determina a reunião dos processos, se um deles já foi julgado.
- **Súmula 206 STJ.** A existência de vara privativa, instituída por lei estadual, não altera a competência territorial resultante das leis de processo.
- **Súmula 161 STJ.** É da competência da Justiça Estadual autorizar o levantamento dos valores relativos ao PIS/PASEP e FGTS, em decorrência do falecimento do titular da conta.
- **Súmula 62 TFR.** Compete à Justiça Federal processar e julgar ação de desapropriação promovida por concessionária de energia elétrica, se a União intervém como assistente.
- **Súmula 33 STJ.** A incompetência relativa não pode ser declarada de ofício.
- **Súmula 11 STJ.** A presença da União ou de qualquer de seus entes, na ação de usucapião especial, não afasta a competência do foro da situação do imóvel.
- **Súmula 1 STJ.** O foro do domicílio ou da residência do alimentando é o competente para a ação de investigação de paternidade, quando cumulada com a de alimentos.

CITAÇÃO

- **Súmula 429 STJ.** A citação postal, quando autorizada por lei, exige o aviso de recebimento.

FORMAÇÃO, SUSPENSÃO E EXTINÇÃO DO PROCESSO

- **Súmula 452 STJ.** A extinção das ações de pequeno valor é faculdade da Administração Federal, vedada a atuação judicial de ofício.
- **Súmula 240 STJ.** A extinção do processo, por abandono da causa pelo autor, depende de requerimento do réu.

- **Súmula 106 STJ.** Proposta a ação no prazo fixado para o seu exercício, a demora na citação, por motivos inerentes ao mecanismo da Justiça, não justifica o acolhimento da arguição de prescrição ou decadência.

PROCESSO E PROCEDIMENTO

PROCEDIMENTO SUMÁRIO

- **Súmula 239 STJ.** O direito à adjudicação compulsória não se condiciona ao registro do compromisso de compra e venda no cartório de registro de imóveis.

PROCEDIMENTO SUMARÍSSIMO

- **Súmula 376 STJ.** Compete à turma recursal processar e julgar o mandado de segurança contra ato de juizado especial.
- **Súmula 203 STJ.** Não cabe recurso especial contra decisão proferida por órgão de segundo grau dos Juizados Especiais.

TUTELA PROVISÓRIA

- **Súmula 482 STJ.** A falta de ajuizamento da ação principal no prazo do art. 806 do CPC acarreta a perda da eficácia da liminar deferida e a extinção do processo cautelar.

PROCEDIMENTO COMUM

RESPOSTA DO RÉU

- **Súmula 292 STJ.** A reconvenção é cabível na ação monitória, após a conversão do procedimento em ordinário.

PROVAS

- **Súmula 618 STJ.** A inversão do ônus da prova aplica-se às ações de degradação ambiental.

SENTENÇA E COISA JULGADA

- **Súmula 490 STJ.** A dispensa de reexame necessário, quando o valor da condenação ou do direito controvertido for inferior a sessenta salários mínimos, não se aplica a sentenças ilíquidas.
- **Súmula 487 STJ.** O parágrafo único do art. 741 do CPC não se aplica às sentenças transitadas em julgado em data anterior à da sua vigência.
- **Súmula 410 STJ.** A prévia intimação pessoal do devedor constitui condição necessária para a cobrança de multa pelo descumprimento de obrigação de fazer ou não fazer.
- **Súmula 325 STJ.** A remessa oficial devolve ao Tribunal o reexame de todas as parcelas da condenação suportadas pela Fazenda Pública, inclusive dos honorários de advogado.
- **Súmula 253 STJ.** O art. 557 do CPC, que autoriza o relator a decidir o recurso, alcança o reexame necessário.
- **Súmula 45 STJ.** No reexame necessário, é defeso, ao Tribunal, agravar a condenação imposta à Fazenda Pública.

AÇÃO RESCISÓRIA

- **Súmula 401 STJ.** O prazo decadencial da ação rescisória só se inicia quando não for cabível qualquer recurso do último pronunciamento judicial.

RECURSOS

- **Súmula 484 STJ.** Admite-se que o preparo seja efetuado no primeiro dia útil subsequente, quando a interposição do recurso ocorrer após o encerramento do expediente bancário.
- **Súmula 483 STJ.** O INSS não está obrigado a efetuar depósito prévio do preparo por gozar das prerrogativas e privilégios da Fazenda Pública.
- **Súmula 331 STJ.** A apelação interposta contra sentença que julga embargos à arrematação tem efeito meramente devolutivo.
- **Súmula 116 STJ.** A Fazenda Pública e o Ministério Público têm prazo em dobro para interpor agravo regimental no Superior Tribunal de Justiça.
- **Súmula 99 STJ.** O Ministério Público tem legitimidade para recorrer no processo em que oficiou como fiscal da lei, ainda que não haja recurso da parte.

EMBARGOS DE DECLARAÇÃO

- **Súmula 579 STJ.** Não é necessário ratificar o recurso especial interposto na pendência do julgamento dos embargos de declaração, quando inalterado o resultado anterior.
- **Súmula 98 STJ.** Embargos de declaração manifestados com notório propósito de prequestionamento não têm caráter protelatório.

RECURSO ESPECIAL E EXTRAORDINÁRIO

- **Súmula 579 STJ.** Não é necessário ratificar o recurso especial interposto na pendência do julgamento dos embargos de declaração, quando inalterado o resultado anterior.
- **Súmula 518 STJ.** Para fins do art. 105, III, a, da Constituição Federal, não é cabível recurso especial fundado em alegada violação de enunciado de súmula.
- **Súmula 320 STJ.** A questão federal somente ventilada no voto vencido não atende ao requisito do prequestionamento.
- **Súmula 211 STJ.** Inadmissível recurso especial quanto à questão que, a despeito da oposição de embargos declaratórios, não foi apreciada pelo tribunal *"a quo"*.

- **Súmula 203 STJ.** Não cabe recurso especial contra decisão proferida por órgão de segundo grau dos Juizados Especiais.
- **Súmula 126 STJ.** É inadmissível recurso especial, quando o acórdão recorrido assenta em fundamentos constitucional e infraconstitucional, qualquer deles suficiente, por si só, para mantê-lo, e a parte vencida não manifesta recurso extraordinário.
- **Súmula 115 STJ.** Na instância especial é inexistente recurso interposto por advogado sem procuração nos autos.
- **Súmula 86 STJ.** Cabe recurso especial contra acórdão proferido no julgamento de agravo de instrumento.
- **Súmula 83 STJ.** Não se conhece do recurso especial pela divergência, quando a orientação do Tribunal se firmou no mesmo sentido da decisão recorrida.
- **Súmula 7 STJ.** A pretensão de simples reexame de prova não enseja recurso especial.
- **Súmula 5 STJ.** A simples interpretação de cláusula contratual não enseja recurso especial.

EMBARGOS DE DIVERGÊNCIA

- **Súmula 420 STJ.** Incabível, em embargos de divergência, discutir o valor de indenização por danos morais.
- **Súmula 315 STJ.** Não cabem embargos de divergência no âmbito do agravo de instrumento que não admite recurso especial.

PROCESSO DE EXECUÇÃO

- **Súmula 519 STJ.** Na hipótese de rejeição da impugnação ao cumprimento de sentença, não são cabíveis honorários advocatícios.
- **Súmula 478 STJ.** Na execução de crédito relativo a cotas condominiais, este tem preferência sobre o hipotecário.
- **Súmula 410 STJ.** A prévia intimação pessoal do devedor constitui condição necessária para a cobrança de multa pelo descumprimento de obrigação de fazer ou não fazer.
- **Súmula 196 STJ.** Ao executado que, citado por edital ou por hora certa, permanecer revel, será nomeado curador especial, com legitimidade para apresentação de embargos.
- **Súmula 46 STJ.** Na execução por carta, os embargos do devedor serão decididos no juízo deprecante, salvo se versarem unicamente vícios ou defeitos da penhora, avaliação ou alienação dos bens.

PARTES

- **Súmula 268 STJ.** O fiador que não integrou a relação processual na ação de despejo não responde pela execução do julgado.

TÍTULO EXECUTIVO

- **Súmula 300 STJ.** O instrumento de confissão de dívida, ainda que originário de contrato de abertura de crédito, constitui título executivo extrajudicial.
- **Súmula 258 STJ.** A nota promissória vinculada a contrato de abertura de crédito não goza de autonomia em razão da iliquidez do título que a originou.
- **Súmula 233 STJ.** O contrato de abertura de crédito, ainda que acompanhado de extrato da conta-corrente, não é título executivo.
- **Súmula 27 STJ.** Pode a execução fundar-se em mais de um título extrajudicial relativos ao mesmo negócio.

RESPONSABILIDADE PATRIMONIAL

- **Súmula 375 STJ.** O reconhecimento da fraude à execução depende do registro da penhora do bem alienado ou da prova de má-fé do terceiro adquirente.

PENHORA

- **Súmula 549 STJ.** É válida a penhora de bem de família pertencente a fiador de contrato de locação.
- **Súmula 497 STJ.** Os créditos das autarquias federais preferem aos créditos da Fazenda estadual desde que coexistam penhoras sobre o mesmo bem.
- **Súmula 486 STJ.** É impenhorável o único imóvel residencial do devedor que esteja locado a terceiros, desde que a renda obtida com a locação seja revertida para a subsistência ou a moradia da sua família.
- **Súmula 478 STJ.** Na execução de crédito relativo a cotas condominiais, este tem preferência sobre o hipotecário.
- **Súmula 451 STJ.** É legítima a penhora da sede do estabelecimento comercial.
- **Súmula 417 STJ.** Na execução civil, a penhora de dinheiro na ordem de nomeação de bens não tem caráter absoluto.
- **Súmula 364 STJ.** O conceito de impenhorabilidade de bem de família abrange também o imóvel pertencente a pessoas solteiras, separadas e viúvas.
- **Súmula 328 STJ.** Na execução contra instituição financeira, é penhorável o numerário disponível, excluídas as reservas bancárias mantidas no Banco Central.
- **Súmula 205 STJ.** A Lei nº 8.009-90 aplica-se à penhora realizada antes de sua vigência.

EXECUÇÃO DE ALIMENTOS

- **Súmula 358 STJ.** O cancelamento de pensão alimentícia de filho que atingiu a maioridade está sujeito à decisão judicial, mediante contraditório, ainda que nos próprios autos.
- **Súmula 309 STJ.** O débito alimentar que autoriza a prisão civil do alimentante é o que compreende as

três prestações anteriores ao ajuizamento da execução e as que vencerem no curso do processo.

EXECUÇÃO CONTRA A FAZENDA PÚBLICA

- **Súmula 487 STJ.** O parágrafo único do art. 741 do CPC não se aplica às sentenças transitadas em julgado em data anterior à da sua vigência.
- **Súmula 279 STJ.** É cabível execução por título extrajudicial contra a Fazenda Pública.

EXECUÇÃO FISCAL

- **Súmula 521 STJ.** A legitimidade para a execução fiscal de multa pendente de pagamento imposta em sentença condenatória é exclusiva da Procuradoria da Fazenda Pública.
- **Súmula 515 STJ.** A reunião de execuções fiscais contra o mesmo devedor constitui faculdade do Juiz.
- **Súmula 435 STJ.** Presume-se dissolvida irregularmente a empresa que deixar de funcionar no seu domicílio fiscal, sem comunicação aos órgãos competentes, legitimando o redirecionamento da execução fiscal para o sócio-gerente.
- **Súmula 430 STJ.** O inadimplemento da obrigação tributária pela sociedade não gera, por si só, a responsabilidade solidária do sócio-gerente.
- **Súmula 414 STJ.** A citação por edital na execução fiscal é cabível quando frustradas as demais modalidades.
- **Súmula 409 STJ.** Em execução fiscal, a prescrição ocorrida antes da propositura da ação pode ser decretada de ofício (art. 219, § 5º, do CPC).
- **Súmula 406 STJ.** A Fazenda Pública pode recusar a substituição do bem penhorado por precatório.
- **Súmula 394 STJ.** É admissível, em embargos à execução fiscal, compensar os valores de imposto de renda retidos indevidamente na fonte com os valores restituídos apurados na declaração anual.
- **Súmula 393 STJ.** A exceção de pré-executividade é admissível na execução fiscal relativamente às matérias conhecíveis de ofício que não demandem dilação probatória.
- **Súmula 392 STJ.** A Fazenda Pública pode substituir a certidão de dívida ativa (CDA) até a prolação de sentença de embargos, quando se tratar de correção de erro material ou formal, vedada a modificação do sujeito passivo da execução.
- **Súmula 345 STJ.** São devidos honorários advocatícios pela Fazenda Pública nas execuções individuais de sentença proferida em ações coletivas, ainda que não embargadas.
- **Súmula 314 STJ.** Em execução fiscal, não localizados bens penhoráveis, suspende-se o processo por um ano, findo o qual se inicia o prazo da prescrição quinquenal intercorrente.
- **Súmula 251 STJ.** A meação só responde pelo ato ilícito quando o credor, na execução fiscal, provar que o enriquecimento dele resultante aproveitou ao casal.
- **Súmula 190 STJ.** Na execução fiscal, processada perante a Justiça Estadual, cumpre à Fazenda Pública antecipar o numerário destinado ao custeio das despesas com o transporte dos oficiais de justiça.
- **Súmula 189 STJ.** É desnecessária a intervenção do Ministério Público nas execuções fiscais.
- **Súmula 153 STJ.** A desistência da execução fiscal, após o oferecimento dos embargos, não exime o exequente dos encargos da sucumbência.
- **Súmula 128 STJ.** Na execução fiscal haverá segundo leilão, se no primeiro não houver lanço superior à avaliação.
- **Súmula 121 STJ.** Na execução fiscal o devedor deverá ser intimado, pessoalmente, do dia e hora da realização do leilão.
- **Súmula 66 STJ.** Compete à Justiça Federal processar e julgar execução fiscal promovida por Conselho de fiscalização profissional.
- **Súmula 58 STJ.** Proposta a execução fiscal, a posterior mudança de domicílio do executado não desloca a competência já fixada.

PROCEDIMENTOS ESPECIAIS NO CPC

AÇÕES POSSESSÓRIAS

- **Súmula 637 STJ.** O ente público detém legitimidade e interesse para intervir, incidentalmente, na ação possessória entre particulares, podendo deduzir qualquer matéria defensiva, inclusive, se for o caso, o domínio.
- **Súmula 619 STJ.** A ocupação indevida de bem público configura mera detenção, de natureza precária, insuscetível de retenção ou indenização por acessões e benfeitorias.
- **Súmula 228 STJ.** É inadmissível o interdito proibitório para a proteção do direito autoral.

EMBARGOS DE TERCEIROS

- **Súmula 303 STJ.** Em embargos de terceiro, quem deu causa à constrição indevida deve arcar com os honorários advocatícios.
- **Súmula 195 STJ.** Em embargos de terceiro não se anula ato jurídico, por fraude contra credores.
- **Súmula 134 STJ.** Embora intimado da penhora em imóvel do casal, o cônjuge do executado pode opor embargos de terceiro para defesa de sua meação.
- **Súmula 84 STJ.** É admissível a oposição de embargos de terceiro fundados em alegação de posse advinda de compromisso de compra e venda de imóvel, ainda que desprovido do registro.

AÇÃO MONITÓRIA

- **Súmula 531 STJ.** Em ação monitória fundada em cheque prescrito ajuizada contra o emitente, é dispensável a menção ao negócio jurídico subjacente à emissão da cártula.
- **Súmula 504 STJ.** O prazo para ajuizamento de ação monitória em face do emitente de nota promissória sem força executiva é quinquenal, a contar do dia seguinte ao vencimento do título.
- **Súmula 503 STJ.** O prazo para ajuizamento de ação monitória em face do emitente de cheque sem força executiva é quinquenal, a contar da do dia seguinte à data de emissão estampada na cártula.
- **Súmula 339 STJ.** É cabível ação monitória contra a Fazenda Pública.
- **Súmula 299 STJ.** É admissível a ação monitória fundada em cheque prescrito.
- **Súmula 292 STJ.** A reconvenção é cabível na ação monitória, após a conversão do procedimento em ordinário.
- **Súmula 282 STJ.** Cabe a citação por edital em ação monitória.
- **Súmula 247 STJ.** O contrato de abertura de crédito em conta-corrente, acompanhado do demonstrativo de débito, constitui documento hábil para o ajuizamento de ação monitória.

PROCEDIMENTOS ESPECIAIS NA LEGISLAÇÃO EXTRAVAGANTE

MANDADO DE SEGURANÇA

- **Súmula 628 STJ.** A teoria da encampação é aplicada no mandado de segurança quando presentes, cumulativamente, os seguintes requisitos: a) existência de vínculo hierárquico entre a autoridade que prestou informações e a que ordenou a prática do ato impugnado; b) manifestação a respeito do mérito nas informações prestadas; e c) ausência de modificação de competência estabelecida na Constituição Federal.
- **Súmula 376 STJ.** Compete a turma recursal processar e julgar o mandado de segurança contra ato de juizado especial.
- **Súmula 333 STJ.** Cabe mandado de segurança contra ato praticado em licitação promovida por sociedade de economia mista ou empresa pública.
- **Súmula 169 STJ.** São inadmissíveis embargos infringentes no processo de mandado de segurança.

AÇÕES COLETIVAS

- **Súmula 634 STJ.** Ao particular aplica-se o mesmo regime prescricional previsto na Lei de Improbidade Administrativa para o agente público.
- **Súmula 629 STJ.** Quanto ao dano ambiental, é admitida a condenação do réu à obrigação de fazer ou à de não fazer cumulada com a de indenizar.
- **Súmula 601 STJ.** O Ministério Público tem legitimidade ativa para atuar na defesa dos direitos difusos, coletivos e individuais homogêneos dos consumidores, ainda que decorrentes da prestação de serviços públicos.
- **Súmula 490 STJ.** A dispensa de reexame necessário, quando o valor da condenação ou do direito controvertido for inferior a 60 salários mínimos, não se aplica a sentenças ilíquidas.

LOCAÇÃO

- **Súmula 614 STJ.** O locatário não possui legitimidade ativa para discutir a relação jurídico-tributária de IPTU e de taxas referentes ao imóvel alugado nem para repetir indébito desses tributos.

⊙ STF

PARTES E PROCURADORES

CAPACIDADE PROCESSUAL

- **Súmula 644 STF.** Ao titular de cargo de procurador de autarquia não se exige a apresentação de instrumento de mandato para representá-la em juízo.

DAS DESPESAS E DAS MULTAS

- **Súmula 256 STF.** É dispensável pedido expresso para condenação do réu em honorários, com fundamento nos arts. 63 ou 64 do Código de Processo Civil (art. 20, § 3º, e seguintes do CPC de 1973).

COMPETÊNCIA

- **Súmula vinculante 27.** Compete à justiça estadual julgar causas entre consumidor e concessionária de serviço público de telefonia, quando a Anatel não seja litisconsorte passiva necessária, assistente, nem opoente.
- **Súmula vinculante 22.** A Justiça do Trabalho é competente para processar e julgar as ações de indenização por danos morais e patrimoniais decorrentes de acidente de trabalho propostas por empregado contra empregador, inclusive aquelas que ainda não possuíam sentença de mérito em primeiro grau quando da promulgação da Emenda Constitucional nº 45/04.
- **Súmula 556 STF.** É competente a justiça comum para julgar as causas em que é parte sociedade de economia mista.
- **Súmula 517 STF.** As sociedades de economia mista só têm foro na justiça federal, quando a união intervém como assistente ou opoente.

- **Súmula 508 STF.** Compete à justiça estadual, em ambas as instâncias, processar e julgar as causas em que for parte o Banco do Brasil S.A.
- **Súmula 501 STF.** Compete à justiça ordinária estadual o processo e o julgamento, em ambas as instâncias, das causas de acidente do trabalho, ainda que promovidas contra a união, suas autarquias, empresas públicas ou sociedades de economia mista.
- **Súmula 343 STF.** Não cabe ação rescisória por ofensa a literal dispositivo de lei, quando a decisão rescindenda se tiver baseado em texto legal de interpretação controvertida nos tribunais.

ATOS PROCESSUAIS

PRAZOS

- **Súmula 310 STF.** Quando a intimação tiver lugar na sexta-feira, ou a publicação com efeito de intimação for feita nesse dia, o prazo judicial terá início na segunda-feira imediata, salvo se não houver expediente, caso em que começará no primeiro dia útil que se seguir.

PROCEDIMENTO SUMARÍSSIMO

- **Súmula 640 STF.** É cabível recurso extraordinário contra decisão proferida por juiz de primeiro grau nas causas de alçada, ou por turma recursal de juizado especial cível e criminal.
- **Súmula 175 STF.** Admite-se a retomada de imóvel alugado para uso de filho que vai contrair matrimônio.

TUTELA PROVISÓRIA

- **Súmula 262 STF.** Não cabe medida possessória liminar para liberação alfandegária de automóvel.

PROCEDIMENTO COMUM

RESPOSTA DO RÉU

- **Súmula 258 STF.** É admissível reconvenção em ação declaratória.

PROVAS

- **Súmula 390 STF.** A exibição judicial de livros comerciais pode ser requerida como medida preventiva.
- **Súmula 261 STF.** Para a ação de indenização, em caso de avaria, é dispensável que a vistoria se faça judicialmente.
- **Súmula 260 STF.** O exame de livros comerciais, em ação judicial, fica limitado as transações entre os litigantes.
- **Súmula 231 STF.** O revel, em processo cível, pode produzir provas, desde que compareça em tempo oportuno.

SENTENÇA E COISA JULGADA

- **Súmula 500 STF.** Não cabe a ação cominatória para compelir-se o réu a cumprir obrigação de dar.
- **Súmula 423 STF.** Não transita em julgado a sentença por haver omitido o recurso *"ex-oficio"*, que se considera interposto *"ex-lege"*.

LIQUIDAÇÃO DE SENTENÇA

- **Súmula 254 STF.** Incluem-se os juros moratórios na liquidação, embora omisso o pedido inicial ou a condenação.

AÇÃO RESCISÓRIA

- **Súmula 515 STF.** A competência para a ação rescisória não é do Supremo Tribunal Federal, quando a questão federal, apreciada no recurso extraordinário ou no agravo de instrumento, seja diversa da que foi suscitada no pedido rescisório.
- **Súmula 514 STF.** Admite-se ação rescisória contra sentença transitada em julgado, ainda que contra ela não se tenha esgotado todos os recursos.
- **Súmula 343 STF.** Não cabe ação rescisória por ofensa a literal dispositivo de lei, quando a decisão rescindenda se tiver baseado em texto legal de interpretação controvertida nos tribunais.
- **Súmula 252 STF.** Na ação rescisória, não estão impedidos juízes que participaram do julgamento rescindendo.
- **Súmula 249 STF.** É competente o Supremo Tribunal Federal para a ação rescisória quando, embora não tendo conhecido do recurso extraordinário, ou havendo negado provimento ao agravo, tiver apreciado a questão federal controvertida.

RECURSOS

- **Súmula 641 STF.** Não se conta em dobro o prazo para recorrer, quando só um dos litisconsortes haja sucumbido.
- **Súmula 634 STF.** Não compete ao Supremo Tribunal Federal conceder medida cautelar para dar efeito suspensivo a recurso extraordinário que ainda não foi objeto de juízo de admissibilidade na origem.
- **Súmula 392 STF.** O prazo para recorrer de acórdão concessivo de segurança conta-se da publicação oficial de suas conclusões, e não da anterior ciência à autoridade para cumprimento da decisão.

APELAÇÃO

- **Súmula 428 STF.** Não fica prejudicada a apelação entregue em cartório no prazo legal, embora despachada tardiamente.
- **Súmula 320 STF.** A apelação despachada pelo juiz no prazo legal não fica prejudicada pela demora da juntada, por culpa do cartório.

AGRAVO

- **Súmula 425 STF.** O agravo despachado no prazo legal não fica prejudicado pela demora da juntada, por culpa do cartório; nem o agravo entregue em cartório no prazo legal, embora despachado tardiamente.

EMBARGOS DE DECLARAÇÃO

- **Súmula 317 STF.** São improcedentes os embargos declaratórios, quando não pedida a declaração do julgado anterior, em que se verificou a omissão.

RECURSO ORDINÁRIO CONSTITUCIONAL

- **Súmula 272 STF.** Não se admite como ordinário recurso extraordinário de decisão denegatória de mandado de segurança.

RECURSO ESPECIAL E EXTRAORDINÁRIO

- **Súmula 735 STF.** Não cabe recurso extraordinário contra acórdão que defere liminar.
- **Súmula 733 STF.** Não cabe recurso extraordinário contra decisão proferida no processamento de precatórios.
- **Súmula 727 STF.** Não pode o magistrado deixar de encaminhar ao Supremo Tribunal Federal o agravo de instrumento interposto da decisão que não admite recurso extraordinário, ainda que referente a causa instaurada no âmbito dos juizados especiais.
- **Súmula 641 STF.** Não se conta em dobro o prazo para recorrer, quando só um dos litisconsortes haja sucumbido.
- **Súmula 640 STF.** É cabível recurso extraordinário contra decisão proferida por juiz de primeiro grau nas causas de alçada, ou por turma recursal de juizado especial cível e criminal.
- **Súmula 634 STF.** Não compete ao Supremo Tribunal Federal conceder medida cautelar para dar efeito suspensivo a recurso extraordinário que ainda não foi objeto de juízo de admissibilidade na origem.
- **Súmula 528 STF.** Se a decisão contiver partes autônomas, a admissão parcial, pelo presidente do tribunal "a quo", de recurso extraordinário que, sobre qualquer delas se manifestar, não limitará a apreciação de todas pelo Supremo Tribunal Federal, independentemente de interposição de agravo de instrumento.
- **Súmula 513 STF.** A decisão que enseja a interposição de recurso ordinário ou extraordinário não é a do plenário, que resolve o incidente de inconstitucionalidade, mas a do órgão (câmaras, grupos ou turmas) que completa o julgamento do feito.
- **Súmula 456 STF.** O Supremo Tribunal Federal, conhecendo do recurso extraordinário, julgará a causa, aplicando o direito à espécie.
- **Súmula 356 STF.** O ponto omisso da decisão, sobre o qual não foram opostos embargos declaratórios, não pode ser objeto de recurso extraordinário, por faltar o requisito do prequestionamento.
- **Súmula 282 STF.** É inadmissível o recurso extraordinário, quando não ventilada, na decisão recorrida, a questão federal suscitada.

EMBARGOS DE DIVERGÊNCIA

- **Súmula 598 STF.** Nos embargos de divergência não servem como padrão de discordância os mesmos paradigmas invocados para demonstrá-la mas repelidos como não dissidentes no julgamento do recurso extraordinário.

TÍTULO EXECUTIVO

- **Súmula 387 STF.** A cambial emitida ou aceita com omissões, ou em branco, pode ser completada pelo credor de boa-fé antes da cobrança ou do protesto.

EXECUÇÃO CONTRA A FAZENDA PÚBLICA

- **Súmula 655 STF.** A exceção prevista no art. 100, *caput*, da Constituição, em favor dos créditos de natureza alimentícia, não dispensa a expedição de precatório, limitando-se a isentá-los da observância da ordem cronológica dos precatórios decorrentes de condenações de outra natureza.
- **Súmula vinculante 17.** Durante o período previsto no parágrafo 1º do artigo 100 da Constituição, não incidem juros de mora sobre os precatórios que nele sejam pagos.

AÇÕES POSSESSÓRIAS

- **Súmula 487 STF.** Será deferida a posse a quem, evidentemente, tiver o domínio, se com base neste for ela disputada.

INVENTÁRIO E PARTILHA

- **Súmula 542 STF.** Não é inconstitucional a multa instituída pelo Estado-Membro, como sanção pelo retardamento do início ou da ultimação do inventário.

PROCEDIMENTOS ESPECIAIS NA LEGISLAÇÃO EXTRAVAGANTE

MANDADO DE SEGURANÇA

- **Súmula 632 STF.** É constitucional lei que fixa o prazo de decadência para a impetração de mandado de segurança.

- **Súmula 631 STF.** Extingue-se o processo de mandado de segurança se o impetrante não promove, no prazo assinado, a citação do litisconsorte passivo necessário.
- **Súmula 630 STF.** A entidade de classe tem legitimação para o mandado de segurança ainda quando a pretensão veiculada interesse apenas a uma parte da respectiva categoria.
- **Súmula 629 STF.** A impetração de mandado de segurança coletivo por entidade de classe em favor dos associados independe da autorização destes.
- **Súmula 626 STF.** A suspensão da liminar em mandado de segurança, salvo determinação em contrário da decisão que a deferir, vigorará até o trânsito em julgado da decisão definitiva de concessão da segurança ou, havendo recurso, até a sua manutenção pelo Supremo Tribunal Federal, desde que o objeto da liminar deferida coincida, total ou parcialmente, com o da impetração.
- **Súmula 625 STF.** Controvérsia sobre matéria de direito não impede concessão de mandado de segurança.
- **Súmula 430 STF.** Pedido de reconsideração na via administrativa não interrompe o prazo para o mandado de segurança.
- **Súmula 271 STF.** Concessão de mandado de segurança não produz efeitos patrimoniais, em relação a período pretérito, os quais devem ser reclamados administrativamente ou pela via judicial própria.
- **Súmula 269 STF.** O mandado de segurança não é substitutivo de ação de cobrança.
- **Súmula 268 STF.** Não cabe mandado de segurança contra decisão judicial com trânsito em julgado.
- **Súmula 267 STF.** Não cabe mandado de segurança contra ato judicial passível de recurso ou correição.
- **Súmula 266 STF.** Não cabe mandado de segurança contra lei em tese.
- **Súmula 101 STF.** O mandado de segurança não substitui a ação popular.

AÇÃO POPULAR

- **Súmula 365 STF.** Pessoa jurídica não tem legitimidade para propor ação popular.

AÇÕES E OUTROS PROCEDIMENTOS CONSTITUCIONAIS

- **Súmula vinculante 10.** Viola a cláusula de reserva de plenário (CF, art. 97) a decisão de órgão fracionário de Tribunal que, embora não declare expressamente a inconstitucionalidade de lei ou ato normativo do poder público, afasta sua incidência, no todo em parte.

Direito do Trabalho

José Cairo Jr.

TABELA DE INCIDÊNCIA DE QUESTÕES

Distribuição das questões organizada por ordem didática de assuntos		
Assunto	**Número de Questões**	**Peso**
1. TEORIA GERAL DO DIREITO DO TRABALHO (INDIVIDUAL E COLETIVO)	15	11,11%
2. CONTRATO DE TRABALHO E RELAÇÃO DE EMPREGO	20	14,81%
3. EMPREGADO E EMPREGADOR	21	15,56%
4. REMUNERAÇÃO	15	11,11%
5. JORNADA DE TRABALHO E DESCANSOS	16	11,85%
6. ALTERAÇÃO E PARALISAÇÃO DO CONTRATO DE TRABALHO	11	8,15%
7. EXTINÇÃO DO CONTRATO DE TRABALHO	9	6,67%
8. FGTS E ESTABILIDADE	4	2,96%
9. RESPONSABILIDADE CIVIL DO EMPREGADOR, DANO MORAL E FISCALIZAÇÃO	1	0,74%
10. ORGANIZAÇÃO E LIBERDADE SINDICAL	10	7,41%
11. GREVE E INSTRUMENTOS NORMATIVOS	11	8,15%
12. SEGURANÇA E MEDICINA NO LOCAL DE TRABALHO	2	1,48%
Total	**135**	**100%**

Direito do Trabalho

José Cairo Jr.

✦ QUESTÕES

1. TEORIA GERAL DO DIREITO DO TRABALHO (INDIVIDUAL E COLETIVO)

1.1. PRINCÍPIOS DE DIREITO INDIVIDUAL E COLETIVO DO TRABALHO

01. (FMP – Procurador do Estado – AC/2014) Tratando-se de princípios do Direito do Trabalho, assinale a afirmativa correta.

a) O princípio da proteção não pode ser levado em conta quando a relação de emprego envolve um Ente Público, devendo haver observância dos princípios do Direito Administrativo.

b) O princípio da inalterabilidade contratual lesiva significa a impossibilidade de modificação objetiva e lesiva do contrato, ainda que possa haver alteração subjetiva em relação ao empregador.

c) O princípio da condição mais benéfica – mesmo como desdobramento do princípio da proteção, na linguagem de Américo Plá Rodriguez – afirma a prevalência de norma mais favorável, quando existente mais de uma norma para aplicação ao caso concreto.

d) O princípio da intangibilidade salarial significa a impossibilidade de realização de qualquer desconto dos salários do trabalhador, salvo aqueles previstos em lei.

COMENTÁRIOS

✪ **Nota do autor:** A regra da isonomia salarial não se aplica aos empregados da administração pública direta, autárquica e fundacional, diante da vedação expressa imposta pelo art. 37, XIII da CF/88: "é vedada a vinculação ou equiparação de quaisquer espécies remuneratórias para o efeito de remuneração de pessoal do serviço público; (Redação dada pela Emenda Constitucional nº 19/98)". É nesse e em outros aspectos que reside a diferença em relação à aplicação do princípio protetivo e do próprio do Direito do Trabalho no âmbito da administração pública direta e nas relações privadas, por força da incidência do princípio da legalidade estrita.

Alternativa "a": Ainda que haja uma flexibilização do princípio protetivo, deve ser observada a sua incidência no âmbito da administração pública quando contrata um empregado mediante prévia aprovação em concurso público, conforme se observa da análise feita na nota do autor. **Incorreta.**

Alternativa "b": As alterações contratuais podem ocorrer no âmbito dos seus sujeitos ou do seu conteúdo (cláusulas contratuais ou condições de trabalho). A primeira é denominada de subjetiva e só se aplica ao contrato de trabalho quando se tratar de empregador. Quando à segunda, fica limitada aquelas que não causem prejuízo ao empregado (inalterabilidade contratual objetiva lesiva ao trabalhador) e contem com sua anuência. **Correta** a assertiva, pois de acordo com os preceitos contidos nos arts. 448 e 468 da CLT: "Art. 448. A mudança na propriedade ou na estrutura jurídica da empresa não afetará os contratos de trabalho dos respectivos empregados. Art. 468. Nos contratos individuais de trabalho só é lícita a alteração das respectivas condições por mútuo consentimento, e ainda assim desde que não resultem, direta ou indiretamente, prejuízos ao empregado, sob pena de nulidade da cláusula infringente desta garantia".

Alternativa "c": Como regra da aplicação da condição mais benéfica, derivado do princípio protetivo, entende-se que prevalece aquela condição mais vantajosa para o empregado, desde que esteja prevista no próprio contrato de trabalho ou decorrente da própria execução do trabalho (cláusula tácita). Nesse último caso, verifica-se que o empregador oferece uma condição de trabalho mais proveitosa do que aquela prevista nas normas autônomas ou heterônomas, devendo, por conseguinte, prevalecer sobre essas últimas. Portanto, a assertiva é **incorreta** porque tratou da regra mais favorável.

Alternativa "d": Não existe apenas uma exceção ao princípio da intangibilidade salarial. Pode haver desconto na remuneração por determinação legal, judicial (pensão alimentícia, por exemplo) e até mesmo por vontade do empregado, como ocorre no caso de autorização para desconto de empréstimo ou na hipótese de desconto para pagamento da cota-parte do obreiro de plano de saúde em grupo. **Incorreta.**

Alternativa correta: letra "b".

02. (CESPE – Procurador do Estado – DF/ 2013) Com relação ao direito coletivo do trabalho, ao direito individual do trabalho e aos princípios do direito do trabalho, julgue o item a seguir

O princípio da norma mais favorável, componente do núcleo basilar de princípios especiais do direito do trabalho, em sua visão mais ampla, opera em tríplice dimensão: informadora, interpretativa/normativa e hierarquizante.

COMENTÁRIOS

✪ **Nota do autor:** Há autores que não classificam como princípio da norma mais favorável, mas sim como uma das três regras derivadas do princípio da proteção, ao lado da regra do *in dubio pro operario* e da regra da condição mais benéfica.

Alternativa correta: o item está certo. A dimensão informadora, interpretativa e normativa já é característica dos princípios jurídicos. Some-se, a esse caso particular, a dimensão hierarquizante que molda o ordenamento jurídico-laboral, colocando em primeiro plano a norma favorável ao trabalhador.

03. (FEPESE – Procurador do Estado – SC/ 2009) Em relação ao Princípio da Indisponibilidade dos Direitos Trabalhistas, seria equivocado dizer sobre ele que:

a) Consiste na impossibilidade jurídica de o empregado privar-se voluntariamente das vantagens conferidas pelo Direito do Trabalho.
b) Constitui uma limitação à autonomia da vontade contratual que previne vícios do consentimento e renúncia de vantagens por pressão do poder econômico do empregador.
c) Admite poucas formas de transação de direitos, desde que em consonância com preceito constitucional e negociada coletivamente com a participação dos sindicatos.
d) Admite a possibilidade de transação de direitos, mesmo com prejuízo para o empregado, desde que considere o ajuste como uma cláusula liberatória ampla.
e) Revela o caráter imperativo das normas trabalhistas, bem como a sua essência social.

COMENTÁRIOS

✪ **Nota do autor:** Para responder essa questão, o candidato deve possuir conhecimentos adquiridos com a leitura de obras doutrinárias de Direito material de trabalho, uma vez que as assertivas não são baseadas diretamente na letra da lei ou de Súmulas e OJ's do TST. Lembrar que a indisponibilidade implica a irrenunciabilidade, inalienabilidade, impenhorabilidade e a impossibilidade de transação do direito que tem essa característica.

Alternativa "a": Essa opção é **verdadeira,** pois o princípio da indisponibilidade norteia todo o Direito do Trabalho. A CLT contém dispositivos que deixam transparecer os efeitos da indisponibilidade dos direitos trabalhistas, notadamente o art. 9° e o art. 444, que seguem transcritos: "Art. 9º – Serão nulos de pleno direito os atos praticados com o objetivo de desvirtuar, impedir ou fraudar a aplicação dos preceitos contidos na presente Consolidação"; "Art. 444 – As relações contratuais de trabalho podem ser objeto de livre estipulação das partes interessadas em tudo quanto não contravenha às disposições de proteção ao trabalho, aos contratos coletivos que lhes sejam aplicáveis e às decisões das autoridades competentes".

Alternativa "b": Seguindo o mesmo fundamento apresentado na alternativa anterior, a irrenunciabilidade deriva da indisponibilidade, que interfere diretamente no princípio da autonomia da vontade, salvo quando dela resultar benefícios para o empregado. Opção **correta.**

Alternativa "c": Esta opção também está **correta**. Com efeito, a vedação da transação deriva do princípio da indisponibilidade. Entretanto, essa mesma indisponibilidade é relativa, de modo que a depender do momento em que ela seja manifestada, produz efeitos jurídicos. Após a extinção do contrato de trabalho os direitos trabalhistas tornam-se disponíveis, o que permite, por exemplo, o trabalhador transacionar seus direitos judicialmente, perante uma comissão de conciliação prévia ou mesmo diante do sindicato de sua categoria profissional. Em relação aos direitos abstratamente considerados, a transação é possível desde que negociada pelo sindicato, principalmente em relação à redução salarial e compensação de horário, conforme mandamento constitucional.

Alternativa "d": A possibilidade de transação é admitida, conforme dito na assertiva anterior, de forma limitada. Desse modo, a opção é considerada **incorreta** porque não há como reconhecer a licitude de um ajuste que promove a transação de direitos de forma ampla e com efeito liberatório geral, uma vez que contraria princípio do Direito Laboral.

Alternativa "e": As normas jurídicas são imperativas, característica que impõe o cumprimento do seu conteúdo coercitivamente. As regras dispositivas permitem que os seus destinatários estabeleçam comandos em sentido contrário, desde que expressamente ajustados, o que não ocorre com o Direito do Trabalho, tendo em vista a sua essência social de proteção ao empregado. Desse modo, a assertiva está **correta.**

Alternativa correta: letra "d".

04. (FCC – Procurador do Estado – RO/ 2011) Em relação aos princípios do Direito do Trabalho, é INCORRETO afirmar:

a) O princípio da aplicação da norma mais favorável aplica-se da seguinte forma: havendo normas válidas incidentes sobre a relação de emprego, devese aplicar aquela mais benéfica ao trabalhador.
b) O princípio da continuidade da relação de emprego tem como finalidade a preservação do contrato de trabalho, de modo que haja presunção de que este seja por prazo indeterminado, permitindo-se a contratação por prazo certo apenas como exceção.
c) O princípio da primazia da realidade indica que os fatos reais devem prevalecer sobre os documentos assinados pelo empregado.

d) O princípio da irrenunciabilidade significa a não admissão, em tese, que o empregado abra mão de seus direitos trabalhistas, em grande parte imantados de indisponibilidade absoluta.

e) O princípio protetor é representado pela tríplice vertente: *in dubio pro societate*, a aplicação da norma mais favorável e a condição mais benéfica.

COMENTÁRIOS

✪ **Nota do autor:** A CLT é omissa no que diz respeito aos princípios aplicáveis ao Direito do Trabalho. Assim, para responder essa questão é necessário ter conhecimentos doutrinários, que, nesse particular, encontram-se pacificados. Importante salientar que o *in dubio pro operario*, aplicação da norma mais favorável e da condição mais benéfica são regras do princípio mais importante do Direito do Trabalho, qual seja, o princípio protetivo.

Alternativa "a": A aplicação da regra mais favorável opera-se quando há duas normas jurídicas tratando da mesma questão. Esta opção é considerada **correta**, uma vez que determina a aplicação daquela mais benéfica para o trabalhador.

Alternativa "b": Essa opção destaca, com fidelidade, a conceituação do princípio da continuidade. Da sua aplicação deriva a regra de que a contratação de empregado deve ser feita, em regra, por prazo indeterminado. Opção **correta**.

Alternativa "c": Essa opção está correta. Pelo princípio da primazia da realidade, a força probatória de um documento sucumbe se outro meio de prova demonstra que os fatos não correspondem ao que ficou nele registrado.

Alternativa "d": A indisponibilidade constitui traço característico das regras trabalhistas, admitindo-se a sua inobservância apenas de forma excepcional. Essa opção também está **correta**, porque destaca estas peculiaridades.

Alternativa "e": Opção **incorreta**, uma vez que a regra é de aplicação do *in dubio pro operario*, também conhecido como *in dubio, pro misero*, o que afasta a aplicação da regra do *in dubio, pro societatis*.

Alternativa correta: letra "e".

---

05. (FEPESE – Procurador do Estado – SC/ 2009) Em relação ao Princípio da Primazia da Realidade, seria equivocado dizer sobre ele que:

a) Deve-se observar a realidade dos fatos em detrimento dos aspectos formais que eventualmente os atestem.

b) É comum verificar alterações nas condições de trabalho pactuadas verbalmente, alterações essas que não sendo incorporadas formalmente ao contrato de trabalho deixam incertezas no futuro, trazendo ao empregado dificuldade de prová-las.

c) Em conjunto com este princípio encontra-se outro, que é o *"in dubio pro operário"* ou *"in dubio pro misero"*, ambos derivados do Princípio de Proteção, que considera o empregado como parte contratual hipossuficiente.

d) Os contratos de trabalho podem ser escritos ou verbais.

e) A contratação de trabalhadores por empresa interposta é ilegal e, nesse caso, o vínculo de emprego forma-se diretamente com o tomador dos serviços, então o vínculo trabalhista pode ser declarado com órgãos da Administração Pública Direta e Indireta. Ressalte-se que o princípio da primazia da realidade não é aplicado automaticamente no âmbito do direito processual do trabalho. Isso significa dizer que quando aparte requer a sua aplicação, seja o trabalhador ou a empresa, assume o respectivo ônus da prova no sentido de desconstituir o valor probatório do documento impugnado.

COMENTÁRIOS

✪ **Nota do autor:** O princípio da primazia da realidade não tem aplicação automática. Depende do elemento probatório a cargo da empresa ou do trabalhador, a depender de cada caso.

Alternativa "a": Opção correta, uma vez que o princípio da primazia da realidade privilegia a realidade dos fatos em detrimento do que ficou instrumentalizado em documentos.

Alternativa "b": Opção correta, que deriva da observação daquilo que normalmente acontece. Tem relação com o princípio da primazia da realidade, uma vez que o ônus da prova geralmente recai sobre a parte que alega o fato constitutivo do seu direito, nesse caso, o trabalhador.

Alternativa "c": Na dúvida sobre o alcance da interpretação de uma norma jurídica trabalhista, deve-se optar por aquela que beneficie o empregado. Como esta opção destaca que a regra deriva da aplicação do princípio protetivo, que considera o empregado hipossuficiente, é considerada **correta.**

Alternativa "d": A resposta encontra-se inserida no art. 443 da CLT: "O contrato individual de trabalho poderá ser acordado tácita ou expressamente, verbalmente ou por escrito e por prazo determinado ou indeterminado". **Opção correta.**

Alternativa "e": Opção incorreta, uma vez que a Súmula nº 331 do TST, em seu inciso II, afasta a possibilidade de reconhecimento da relação de emprego diretamente com a administração pública: "A contratação irregular de trabalhador, mediante empresa interposta, não gera vínculo de emprego com os órgãos da Administração Pública direta, indireta ou fundacional (art. 37, II, da CF/1988)". Note-se que, posteriormente, a terceirização foi regulamentada pelas Lei nºs 13.429/17 e 13.467/17, que alteraram a redação da Lei nº 6.019/74.

Alternativa correta: letra "e".

---

06. (**FCC – Procurador do Estado – PGE – TO/2018)** Os princípios exercem um papel constitutivo da ordem jurídica, cuja interpretação leva em consideração os valores que os compõem. Nesse sentido, o entendimento jurisprudencial adotado pelo Tribunal Superior do Trabalho de que o encargo de provar o término do contrato de trabalho, quando negados a prestação de serviço e o despedimento é do empregador está embasado no princípio

a) protetor.

b) da primazia da realidade.

c) da irrenunciabilidade.

d) da continuidade da relação de emprego.

e) da boa-fé contratual subjetiva.

COMENTÁRIOS

✪ **Nota do autor:** Para responder à questão, o candidato precisa ter conhecimento da jurisprudência consolidada do TST, notadamente súmulas e OJ's que, muitas vezes, positivam princípios trabalhistas. Nesse caso, a questão refere-se ao teor da Súmula 212 do TST que cuida da negativa de vínculo empregatício, atribuindo o ônus de prova.

Alternativa "a": Opção incorreta, uma vez que o princípio protetor está mais relacionado com a necessidade de proteger o empregado contra os atos do empregador, enquanto estiver sob o poder de comando e direção deste último e a questão trata de ônus de prova.

Alternativa "b": Opção incorreta, uma vez que o princípio da primazia da realidade privilegia a realidade dos fatos em detrimento do que ficou instrumentalizado em documentos. Não se encaixa na questão em que há negativa da relação jurídica alegada.

Alternativa "c": Opção incorreta porque o princípio da irrenunciabilidade está relacionado com a vedação da renúncia do direito pelo empregado, não se relacionando com a discussão da existência do vínculo empregatício, tema cobrado na questão.

Alternativa "d": Opção correta. A resposta encontra-se de acordo com a Súmula 212 do TST que impõe ao empregador o ônus de provar o término do contrato de trabalho, quando negados a prestação de serviço e o despedimento, pois o princípio da continuidade da relação de emprego constitui presunção favorável ao empregado. Logo, como se presume que todo contrato de trabalho é feito para perdurar no tempo, o extraordinário deverá ser provado pelo empregador.

Alternativa "e": Opção incorreta. O princípio da boa-fé contratual subjetiva aplica-se aos contratos em geral e relaciona-se com o comportamento da parte no sentido de não agir de má-fé com o outro contratante. Não se encaixa na questão porque o que se discute é o ônus de prova com base nas alegações envolvendo o vínculo empregatício.

Alternativa correta: letra "d".

---

07. (Vunesp – Procurador do Estado – PGE – SP/2018) Em relação aos princípios aplicáveis ao Direito do Trabalho, assinale a alternativa correta.

a) Havendo a coexistência de dois regulamentos de empresa, a opção do empregado por um deles, com prejuízo às regras do sistema do outro, não afronta o princípio da irrenunciabilidade.

b) Não fere o princípio da isonomia condicionar o recebimento de participação nos lucros e resultados ao fato de estar o contrato de trabalho em vigor na data prevista para a distribuição dos lucros. Por conseguinte, é lícito negar o pagamento proporcional aos meses trabalhados em caso de rescisão contratual ocorrida durante o período de apuração do benefício.

c) A contribuição confederativa de que trata o art. 8o, inciso IV, da Constituição da República, é exigível de todos os integrantes da categoria profissional. Por essa razão, seu desconto pode ser feito, independentemente de filiação sindical, não havendo que se falar, nesse caso, em violação ao princípio da intangibilidade salarial.

d) O princípio da inalterabilidade contratual in pejus (art. 468 da Consolidação das Leis do Trabalho) assegura ao empregado ocupante de função de confiança o direito à manutenção da gratificação correspondente após a reversão ao emprego efetivo, independentemente da existência de justo motivo a fundamentar tal reversão.

e) Por força do princípio da primazia da realidade, a contratação irregular de trabalhador, mediante empresa interposta, gera vínculo de emprego com os órgãos da Administração Pública direta, das autarquias, fundações públicas ou empresas estatais.

COMENTÁRIOS

✪ **Nota do autor:** Novamente para responder a essas questões, o candidato precisa ter conhecimento da jurisprudência consolidada do TST, notadamente súmulas e OJ's que, muitas vezes, positivam princípios trabalhistas.

Alternativa "a": Opção Correta, uma vez que retrata o teor da Súmula 51, II, do TST.

Alternativa "b": Opção incorreta, uma vez que contraria a Súmula 451 do C. TST, que consolida o entendimento de é devido o pagamento da PLR em valor proporcional aos meses trabalhados, ainda que a rescisão contratual tenha sido anterior à data da distribuição dos lucros, sob pena de afronta ao princípio da isonomia.

Alternativa "c": Opção incorreta porque nos termos do Precedente Normativo nº 119 e da OJ nº 17 da SDC, ambos do TST, as contribuições previstas em norma coletiva, em favor de entidade sindical, não podem ser exigidas dos trabalhadores não sindicalizados, uma vez que a Constituição Federal assegura o direito de livre associação e sindicalização (arts. 5º, XX, e 8º, V). No mesmo sentido é a dicção da Súmula Vinculante 40 do STF, segundo a qual "A contribuição confederativa de que trata o art. 8º, IV, da Constituição Federal, só é exigível dos filiados ao sindicato respectivo". Logo, o desconto dessas contribuições não pode ser realizada de empregados não sindicalizados sob pena de violação também ao princípio da intangibilidade salarial.

Alternativa "d": Opção incorreta tendo em vista que o artigo 468, §1º, da CLT dispõe que não se considera alteração unilateral a determinação do empregador para que o respectivo empregado reverta ao cargo efetivo, anteriormente ocupado, deixando o exercício de função de confiança. Ademais, após a Reforma Trabalhista, com a inserção do § 2º ao referido dispositivo, a reversão ao cargo efetivo, com ou sem justo motivo, não assegura ao empregado o direito à manutenção do pagamento da gratificação correspondente, que não será incorporada, independentemente do tempo de exercício da respectiva função.

Alternativa "e": Opção incorreta. A contratação irregular de trabalhador, mediante empresa interposta, não gera vínculo de emprego com os órgãos da Administração Pública direta, indireta ou fundacional, na medida em que viola o art. 37, II, da CF/1988, que impõe a necessidade de prévia aprovação em concurso público para contratação de trabalhador pela Administração Pública. Esse é o teor da Súmula 331, II, do TST.

Alternativa correta: letra "a".

1.2. DIREITO INTERNACIONAL DO TRABALHO

08. (FCC – Procurador do Estado – AM / 2010) A primeira Convenção da OIT – Organização Internacional do Trabalho, que recebeu o nº 1, e que foi devidamente ratificada pelo Brasil, teve por objeto:

a) a limitação da jornada de trabalho.
b) o trabalho noturno das mulheres.
c) a proteção à maternidade.
d) o desemprego.
e) a duração do trabalho na indústria.

COMENTÁRIOS

✪ **Nota do autor:** Para responder esta questão, o candidato deve possuir conhecimentos sobre o Direito Internacional do Trabalho. Pela importância do tema, é necessário ter uma ideia de quais seriam as principais Convenções da OIT. Existe outra convenção muito importante que não foi ratificada pelo Brasil, que é a de n° 87, que trata da liberdade sindical.

Alternativa "a": A primeira Convenção da OIT estabelecia uma jornada de trabalho no setor econômico da indústria de oito horas diárias e quarenta e oito horas semanais. A opção não é correta, pois não especifica que a limitação da jornada é na indústria.

Alternativa "b": Opção incorreta, pois a Convenção nº 1 da OIT trata da limitação da jornada de trabalho na indústria e não sobre o trabalho noturno da mulher.

Alternativa "c": Opção incorreta, pois a Convenção nº 1 da OIT trata da limitação da jornada de trabalho na indústria e não sobre proteção à maternidade.

Alternativa "d": Opção incorreta, pois a Convenção nº 1 da OIT trata da limitação da jornada de trabalho na indústria e não sobre desemprego.

Alternativa "e": Opção correta, uma vez que a primeira Convenção da OIT, aprovada em 1919, estabelecia uma jornada máxima de trabalho no setor econômico da indústria de oito horas diárias e quarenta e oito horas semanais.

Alternativa correta: letra "e".

09. (Cespe – Procurador do Estado – AL/ 2008) Determinada empresa internacional instalou-se no Brasil com quadro de dezoito trabalhadores, dos quais onze eram brasileiros, e o restante, estrangeiros.

À luz do prescrito na CLT, assinale a opção correta a respeito da situação hipotética acima descrita.

a) A proporcionalidade adotada está correta.
b) Se, entre os estrangeiros, houver um residente no Brasil há mais de dez anos e com cônjuge brasileiro, a proporção estará incorreta.
c) Há prescrição na CLT determinando distinção entre o trabalhador nacional ou não quanto à função.
d) No caso em apreço, mediante ato do Poder Executivo e após apuração do Departamento Nacional do Trabalho, poderá ser admitida proporcionalidade aquém da legalmente prescrita.
e) Por ato do Poder Executivo e após apuração da secretaria regional do trabalho e emprego, poderá ser admitida proporcionalidade aquém da legalmente prescrita.

COMENTÁRIOS

✪ **Nota do autor:** A banca deste concurso não levou em consideração o fato de a atual Constituição Federal não ter recepcionado todos os dispositivos da CLT que estabelecem tratamento diferenciado entre nacional e estrangeiro. Contudo, como a pergunta foi feita com base na CLT, a resposta estaria correta, pois tais preceitos legais não foram expressamente excluídos do ornamento jurídico nacional.

Alternativa "a": Com 18 trabalhadores, 2/3 equivaleria a 12 empregados. Assim, a opção encontra-se incorreta, uma vez que o art. 354 da CLT exige, no mínimo, 2/3 de trabalhadores brasileiros, salvo situações excepcionais mediante ato do Poder Executivo: "Art. 354 – A proporcionalidade será de 2/3 (dois terços) de empregados brasileiros, podendo, entretanto, ser fixada proporcionalidade inferior, em atenção às circunstâncias especiais de cada atividade, mediante ato do Poder Executivo, e depois de devidamente apurada pelo Departamento Nacional do Trabalho e pelo Serviço de Estatística de Previdência e Trabalho a insuficiência do número de brasileiros na atividade de que se tratar. Parágrafo único – A proporcionalidade é obrigatória não só em relação à totalidade do quadro de empregados, com as exceções desta Lei, como ainda em relação à correspondente folha de salários".

Alternativa "b": Opção incorreta, uma vez que se equipara ao nacional o estrangeiro que residir com cônjuge no Brasil há mais de dez anos. Nesse caso, a proporção estaria correta segundo determina o art. 353 da CLT: "Equiparam-se aos brasileiros, para os fins deste Capítulo, ressalvado o exercício de profissões reservadas aos brasileiros natos ou aos brasileiros em geral, os estrangeiros que, residindo no País há mais de dez anos, tenham cônjuge ou filho brasileiro, e os portugueses".

Alternativa "c": Opção incorreta, uma vez que a CLT é omissa nesse aspecto.

Alternativa "d": Opção correta, diante da exceção estabelecida pelo art. 354 da CLT: "[...] entretanto, ser fixada proporcionalidade inferior, em atenção às circunstâncias especiais de cada atividade, mediante ato do Poder Executivo, e depois de devidamente apurada pelo Departamento Nacional do Trabalho e pelo Serviço de Estatística de Previdência e Trabalho a insuficiência do número de brasileiros na atividade de que se tratar".

Alternativa "e": Opção incorreta, uma vez que o art. 354 da CLT diz, expressamente, que a competência para expedir esse ato é do Departamento Nacional do Trabalho e não pela Secretaria Regional do Trabalho, como consta na assertiva.

Alternativa correta: letra "d".

1.3. PRESCRIÇÃO

10. (Fundatec – Procurador do Estado – RS/2015) Em relação à prescrição aplicável em matéria trabalhista, analise as assertivas abaixo:

I. A ação cautelar de protesto que visa à interrupção da prescrição é medida aplicável no processo do trabalho.

II. A suspensão do contrato de trabalho, em virtude da percepção do auxílio-doença ou da aposentadoria por invalidez, impede a fluência da prescrição quinquenal, pois o contrato de trabalho está suspenso.

III. A ação movida por sindicato, na qualidade de substituto processual, interrompe a prescrição, ainda que tenha sido considerado parte ilegítima ad causam.

Quais estão corretas?

a) Apenas I.
b) Apenas I e II.
c) Apenas I e III.
d) Apenas II e III.
e) I, II e III.

COMENTÁRIOS

✪ **Nota do autor:** A prescrição é a perda do exercício da pretensão, por meio da ação judicial, do titular de um direito subjetivo violado, pelo decurso do tempo, segundo o art. 189 do Código Civil: Violado o direito, nasce para o titular a pretensão, a qual se extingue, pela prescrição, nos prazos a que aludem os arts. 205 e 206".

Item "I". Correto. Já há alguns anos consolidou-se esse posicionamento do judiciário trabalhista. Na verdade, o protesto judicial não tem qualquer incompatibilidade com o processo laboral, ao qual é aplicável por conta da omissão na CLT. Nesse sentido é a OJ nº 392 da SDI: " "O protesto judicial é medida aplicável no processo do trabalho, por força do art. 769 da CLT e do art. 15 do CPC de 2015. O ajuizamento da ação, por si só, interrompe o prazo prescricional, em razão da inaplicabilidade do § 2º do art. 240 do CPC de 2015 (§ 2º do art. 219 do CPC de 1973), incompatível com o disposto no art. 841 da CLT.

Item "II". O entendimento do TST contido na OJ nº 375 da SDI é no sentido de que a suspensão do contrato de trabalho em virtude da percepção do auxílio-doença ou da aposentadoria por invalidez, não impede a fluência da prescrição quinquenal, ressalvada a hipótese de absoluta impossibilidade de acesso ao Judiciário. Item incorreto.

Item "III". Como o sindicato age em substituição ao credor, que é o empregado, entende-se que a dívida foi cobrada e, por conta disso, interrompe-se o prazo de prescrição ainda que a demanda tenha sido extinta sem a apreciação do mérito. Nesse sentido é o entendimento do TST explicitado pela OJ nº 359 da SDI-1 do TST: "A ação movida por sindicato, na qualidade de substituto processual, interrompe a prescrição, ainda que tenha sido considerado parte ilegítima "ad causam". Item correto.

Alternativa correta: letra "c".

11. (PGE-GO – Procurador do Estado – GO/ 2013) No tocante à prescrição trabalhista, o entendimento cristalizado do Tribunal Superior do Trabalho (OJs e Súmulas) está reproduzido na seguinte proposição:

a) Em se tratando de pedido de reenquadramento, a prescrição é total, contada da data do enquadramento do empregado.

b) Na ação que objetive corrigir desvio funcional, a prescrição é total, contada da data em que o trabalhador foi desviado da função original.

c) A reclamação trabalhista, ainda que arquivada, interrompe a prescrição em relação a todas as pretensões decorrentes do mesmo contrato de trabalho, inclusive aquelas que não integraram a reclamação arquivada.

d) Respeitado o biênio subsequente à cessação contratual, a prescrição trabalhista atinge as pretensões imediatamente anteriores a cinco anos, contados da data do ajuizamento da reclamação, salvo se este ocorreu na vigência do contrato de trabalho, caso em que a contagem se dará a partir da ruptura contratual.

e) Na ação de equiparação salarial, na constância do vínculo, a prescrição é total, contada da data em que o reclamante passou a exercer a mesma função do paradigma, mesmo que a situação perdure para além do prazo prescricional.

COMENTÁRIOS

✪ **Nota do autor:** A jurisprudência do TST, em termos de Súmulas e OJ's, é bastante rica no que diz respeito a temática da prescrição, principalmente em relação aos casos de prescrição total e prescrição parcial.

Alternativa "a": Alternativa correta, pois corresponde ao entendimento do TST inserido na Súmula nº 275, II: "Em se tratando de pedido de reenquadramento, a prescrição é total, contada da data do enquadramento do empregado".

Alternativa "b": Incorreta. No caso de demanda dessa natureza, destinada a corrigir desvio funcional, a prescrição é parcial, nos termos do texto contido na Súmula nº 275, I, do TST: "Na ação que objetive corrigir desvio funcional, a prescrição só alcança as diferenças salariais vencidas no período de 5 (cinco) anos que precedeu o ajuizamento".

Alternativa "c": O arquivamento da demanda só provoca a interrupção da prescrição em relação aos pedidos que constaram expressamente da petição inicial anterior e não todos os pedidos como constou nesta assertiva. Alternativa incorreta, pois contraria o posicionamento do TST exposto na Súmula nº 268: "A ação trabalhista, ainda que arquivada, interrompe a prescrição somente em relação aos pedidos idênticos" e também contraria o artigo 11, §3º, da CLT, introduzido pela Reforma Trabalhista

Alternativa "d": O prazo de prescrição das pretensões trabalhistas é de 5 anos, durante o contrato de trabalho, ou de dois anos após a sua extinção, na forma prevista pelo art. 7º, inciso XXIX da Constituição Federal de 1988. "Assim, quando a violação do direito ocorre no curso do contrato de trabalho, o prazo prescricional inicia-se imediatamente a partir do momento em que o titular do direito pode exigir o seu cumprimento e não a partir do fim do contrato de trabalho".

Alternativa "e": Nesse caso, a prescrição é parcial, conforme entendimento do TST inserido no item IX, da Súmula nº 6: "Na ação de equiparação salarial, a prescrição é parcial e só alcança as diferenças salariais vencidas no período de 5 (cinco) anos que precedeu o ajuizamento".

Alternativa correta: letra "a".

---

12. (Cespe – Procurador do Estado – PI/ 2008) Antônio, que era funcionário contratado da Empresa Céu Azul Ltda. desde 1999, faleceu em julho de 2004. Em fevereiro de 2008, o espólio de Antônio, em nome de seu filho menor Pedro, representado por sua mãe, Maria, ingressou com uma reclamação trabalhista contra a referida empresa, pleiteando verbas trabalhistas devidas a Antônio.

Com base nessa situação hipotética, assinale a opção correta.

a) O tempo transcorrido após o rompimento do vínculo empregatício – mais de dois anos – acarreta a prescrição para o ajuizamento da referida ação, que, por isso, não merece prosperar.
b) A ação não merece prosperar, pois o direito a verbas trabalhistas é pessoal e intransmissível aos herdeiros.
c) A ação merece prosperar, pois o prazo prescricional para o seu ajuizamento não corre quando o processo envolve herdeiro menor.
d) A ação somente pode prosperar após a conclusão do processo de inventário de Antônio.
e) A ação deve ser extinta sem o julgamento do mérito, por ilegitimidade ativa do espólio de Antônio, em nome de seu filho menor Pedro.

COMENTÁRIOS

✪ **Nota do autor:** O prazo de prescrição não corre contra incapazes. Assim, somente após atingir a maioridade o referido prazo é iniciado tanto para o trabalhador quando para seus herdeiros, em caso de falecimento.

Alternativa "a": Opção incorreta, uma vez que não corre prazo de prescrição contra incapazes, conforme determina o art. 440 da CLT: "Contra os menores de 18 (dezoito) anos não corre nenhum prazo de prescrição". De forma semelhante dispõe o art. 198, I, do Código Civil: "Também não corre a prescrição: I – contra os incapazes de que trata o art. 3º".

Alternativa "b": Opção incorreta, uma vez que os direitos trabalhistas decorrentes da extinção do contrato de emprego foram transmitidos para os herdeiros de Antônio, em face do seu caráter creditício e não personalíssimo. Como Pedro, um dos herdeiros, era menor de 18 anos, o prazo de prescrição não transcorreu.

Alternativa "c": Opção correta, uma vez que atende aos mandamentos constantes do art. 440 da CLT e art. 198, I, do Código Civil.

Alternativa "d": Opção incorreta, uma vez que o prazo de prescrição só terá seu início quando Pedro adquirir plena capacidade e não com a conclusão do processo de inventário.

Alternativa "e": Opção incorreta, uma vez que o espólio, representado pela inventariante Maria, tem legitimidade para propor a reclamação trabalhista para postular os direitos trabalhistas do *de cujus*, conforme art. 12, V, do Código de Processo Civil.

Alternativa correta: letra "c".

---

13. (FCC – Procurador do Estado – MT/ 2011) Em relação à prescrição trabalhista, é correto afirmar:

a) O prazo prescricional é de dois anos para os trabalhadores urbanos e rurais, até o limite de cinco anos após a extinção do contrato de trabalho.
b) A ação trabalhista, ainda que arquivada, não interrompe a prescrição trabalhista.
c) É trintenária a prescrição do direito de reclamar contra o não recolhimento da contribuição para o FGTS, observado o prazo de cinco anos após o término do contrato de trabalho.
d) Não se aplica a prescrição às ações que tenham por objeto anotações para fins de prova junto à Previdência Social.
e) Tratando-se de ação que envolva pedido de prestações sucessivas decorrente de alteração do pactuado, a prescrição é parcial, exceto quando o direito à parcela esteja também assegurado por preceito de lei.

COMENTÁRIOS

✪ **Nota do autor:** Com a vigência da Lei nº 13.467/17 a redação do art. 11, *caput*, da CLT passou a ser a seguinte: "A pretensão quanto a créditos resultantes das relações de trabalho prescreve em cinco anos para os trabalhadores urbanos e rurais, até o limite de dois anos após a extinção do contrato de trabalho". Nessa questão também é importante que o candidato se atente para a atual redação da Súm. 362 do TST, que passou a aplicar ao FGTS o mesmo prazo prescricional dos créditos trabalhistas (cinco anos durante o contrato de trabalho e dois anos após a sua extinção), criando regras de transição para a decisão.

Alternativa "a": O prazo de cinco anos é contado a partir do momento em que o direito tornou-se exigível, caso o contrato de trabalho esteja em vigor, e não após a sua extinção, como consta nesta opção que, por esse motivo, é incorreta. O prazo bienal é que se conta a partir da extinção do contrato. Nesse sentido o art. 7º, XXIX, da CF/88: "São direitos dos trabalhadores urbanos e rurais, além de outros que visem à melhoria de sua condição social: XXIX – ação, quanto aos créditos resultantes das relações de trabalho, com prazo prescricional de cinco anos para os trabalhadores urbanos e rurais, até o limite de dois anos após a extinção do contrato de trabalho".

Alternativa "b": Incorreta. Nos termos do art. 11, §3º, da CLT, a interrupção da prescrição ocorrerá pelo ajuizamento de reclamação trabalhista, mesmo que em juízo incompetente, ainda que venha a ser extinta sem resolução do mérito, produzindo efeitos apenas em relação aos pedidos idênticos.

Alternativa "c": Incorreta. O entendimento Sumulado do TST era no sentido de que a prescrição só se operava depois de decorridos trinta anos, durante a vigência do contrato de trabalho, mantido prazo de dois anos após a sua extinção. Todavia, o STF determinou que fosse aplicado ao FGTS o mesmo prazo prescricional das demais verbas trabalhistas, ou seja, cinco anos durante o contrato de trabalho e dois anos após a sua extinção (STF-ARE-709212/DF). Por conta disso, em 2015, o TST alterou a redação da Súmula nº 362, que passou a vigorar com o seguinte texto: I – Para os casos em que a ciência da lesão ocorreu a partir da 13.11.2014, é quinquenal a prescrição do direito de reclamar contra o não recolhimento de contribuição para o FGTS, observado o prazo de dois anos após o término do contrato; II – Para os casos em que o prazo prescricional já estava em curso em 13.11.2014, aplica-se o prazo prescricional que se consumar primeiro: trinta anos, contados do termo inicial, ou cinco anos, a partir de 13.11.2014.

Alternativa "d": Esta opção está de acordo com a redação do § 1º, art. 11, da CLT: "O disposto neste artigo não se aplica às ações que tenham por objeto anotações para fins de prova junto à Previdência Social". Opção correta.

Alternativa "e": Opção incorreta, pois nesse caso a prescrição é total, conforme dispõe o § 2º do art. 11 da CLT: Tratando-se de pretensão que envolva pedido de prestações sucessivas decorrente de alteração ou descumprimento do pactuado, a prescrição é total, exceto quando o direito à parcela esteja também assegurado por preceito de lei.

Alternativa correta: letra "d".

---

14. (Cespe – Procurador do Estado – PE/ 2009) Acerca da prescrição no processo trabalhista, assinale a opção correta.

a) A prescrição da pretensão relativa às parcelas remuneratórias não alcança o respectivo recolhimento da contribuição para o FGTS, à medida que a prescrição fundiária é trintenária, observado o prazo de dois anos após o término do contrato de trabalho.

b) A ação trabalhista, ainda que arquivada, interrompe a prescrição relativamente a pedidos relativos a todo o vínculo empregatício.

c) Tratando-se de ação que envolva pedido de prestações sucessivas decorrentes de alteração do pactuado, a prescrição é total, mesmo quando o direito à parcela esteja também assegurado por preceito de lei.

d) Tratando-se de pedido de complementação de aposentadoria oriunda de norma regulamentar e jamais paga ao ex-empregado, a prescrição aplicável é a parcial.

e) A ação movida por sindicato, na qualidade de substituto processual, interrompe a prescrição, ainda que tenha sido considerado parte ilegítima *ad causam*.

COMENTÁRIOS

✪ **Nota do autor:** Atentar, nessa questão, para as regras de prescrição aplicáveis ao FTGS, notadamente o conteúdo das Súmulas 206 e 362 do TST.

Alternativa "a": Incorreta. A prescrição da pretensão relativa às parcelas remuneratórias alcança o respectivo recolhimento da contribuição para o FGTS, na forma do entendimento do TST constante da Súmula nº 206: "FGTS. INCIDÊNCIA SOBRE PARCELAS PRESCRITAS (nova redação) – Res. 121/2003, DJ 19, 20 e 21.11.2003. A prescrição da pretensão relativa às parcelas remuneratórias alcança o respectivo recolhimento da contribuição para o FGTS". Além disso, a prescrição do FGTS, atualmente, observa os mesmos prazos previstos para os créditos trabalhistas (ou seja, cinco anos durante o contrato de trabalho e dois anos após a sua extinção) conforme entendimento do STF e que ocasionou a alteração da Súmula 362 do TST.

Alternativa "b": Incorreta a alternativa, pois a interrupção só atinge os pedidos idênticos, na forma do artigo 11, §3º, da CLT.

Alternativa "c": Incorreta. Trata-se de aplicação do § 2º do art. 11 da CLT: Tratando-se de pretensão que envolva pedido de prestações sucessivas decorrente de alteração ou descumprimento do pactuado, a prescrição é total, exceto quando o direito à parcela esteja também assegurado por preceito de lei.

Alternativa "d": Incorreta. Nesse caso, a Súmula nº 326 do TST traz o seguinte entendimento consolidado: A pretensão à complementação de aposentadoria jamais recebida prescreve em 2 (dois) anos contados da cessação do contrato de trabalho.

Alternativa "e": Correta, uma vez que o TST entende dessa forma, conforme se observa da OJ nº 359 da SDI-1: "SUBSTITUIÇÃO PROCESSUAL. SINDICATO. LEGITIMIDADE. PRESCRIÇÃO. INTERRUPÇÃO (DJ 14.03.2008). A ação movida por sindicato, na qualidade de substituto processual, interrompe a prescrição, ainda que tenha sido considerado parte ilegítima "ad causam"".

Alternativa correta: letra "e".

---

15. (FCC – Procurador do Estado – PGE – TO/2018) Hermes pretende propor reclamação trabalhista em face de sua empregadora Empresa Alpha para postular indenização por danos morais em razão de humilhação sofrida por xingamentos proferidos por seu superior, além do pagamento de horas extraordinárias. Neste caso, o prazo prescricional será de

a) dois anos contados da data em que ocorreu o fato que gerou o dano moral e cinco anos para as horas extras contados do encerramento do contrato.

b) dois anos na vigência do contrato, até o limite de cinco anos após a extinção para ambos os pedidos.

c) cinco anos na vigência do contrato, até o limite de dois anos após a extinção do contrato de trabalho para ambos os pedidos.

d) dois anos para o dano moral e cinco anos para as horas extras, sempre contados da extinção do contrato de trabalho.

e) cinco anos para o dano moral e dois anos para as horas extras, sempre contados após a extinção do contrato de trabalho.

COMENTÁRIOS

✪ **Nota do autor:** Para responder a essa questão, o candidato deve ter conhecimento da regra geral da prescrição aplicável aos créditos trabalhistas, o que inclui os danos materiais e morais. Na linha do previsto no artigo 7º, XXIX, da CF/88, o art. 11, *caput*, da CLT, prevê que: "A pretensão quanto a créditos resultantes das relações de trabalho prescreve em cinco anos para os trabalhadores urbanos e rurais, até o limite de dois anos após a extinção do contrato de trabalho".

Alternativa "a": Opção incorreta, uma vez que a prescrição trabalhista observa o mesmo prazo para todos os créditos trabalhistas.

Alternativa "b": Opção incorreta, uma vez que a prescrição trabalhista é de cinco anos, durante a vigência do contrato, sendo limitada a dois anos, a contar da extinção contratual.

Alternativa "c": Opção correta porque reflete o contido no artigo 7º, XXIX, da CF/88 e no artigo 11 da CLT.

Alternativa "d": Opção incorreta, uma vez que a prescrição trabalhista observa o mesmo prazo para todos os créditos trabalhistas, além do que a contagem do prazo na prescrição quinquenal conta-se da data do fato.

Alternativa "e": Opção incorreta, uma vez que a prescrição trabalhista observa o mesmo prazo para todos os créditos trabalhistas, além do que a contagem do prazo na prescrição quinquenal conta-se da data do fato.

Alternativa correta: letra "c".

2. CONTRATO DE TRABALHO E RELAÇÃO DE EMPREGO

16. (Fundatec – Procurador do Estado – RS/2015) Para se distinguir entre as diversas relações de trabalho, a relação de emprego deverá apresentar as seguintes características: pessoalidade, onerosidade, não eventualidade e subordinação. Quanto a essas características, analise as assertivas abaixo:

I. A relação de emprego é sempre *intuitu personae*, tanto em relação ao empregado quanto ao empregador.

II. Como corolário da pessoalidade, é possível afirmar que a relação de emprego encerra obrigação infungível, personalíssima e intransferível quanto ao empregado, não podendo ser efetuada, na mesma relação jurídica, por pessoa diferente daquela que a contraiu.

III. A não eventualidade manifesta-se pela relação do serviço prestado pelo trabalhador e a atividade empreendida pelo tomador dos serviços. Em outras palavras, serviço não eventual é o serviço essencial para o empregador, pois, sem ele, este não conseguiria desenvolver o seu fim empresarial.

Quais estão corretas?

a) Apenas I.

b) Apenas III.

c) Apenas I e II.

d) Apenas I e III.

e) Apenas II e III.

COMENTÁRIOS

✪ **Nota do autor:** Quando à pessoalidade como elemento da relação de emprego, observe-se que ela somente se aplica em relação ao empregado. No que se refere ao empregador aplica-se o princípio da despersonalização, isto é, ainda que mude o empregador, seja pela transferência da propriedade da empresa, seja pela alteração do quadro societário, isso não irá afetar o vínculo empregatício do trabalhador (arts. 10 e 448 da CLT). A exceção fica por conta de situações de empregador doméstico ou empregador pessoa física que desenvolva uma atividade econômica personalíssima.

Item "I". "A relação de emprego tem como pressuposto a atividade laboral de um trabalhador cuja qualificação pessoal é condição *sine qua non* para sua manutenção. Desse modo, o vínculo empregatício é *intuitu personae* somente em relação à figura do empregado, salvo se o empregador for uma pessoa física que desenvolva uma atividade econômica personalíssima ou empregador doméstico. Item incorreto.

Item "II". A pessoalidade é característica do contrato de trabalho, pois, ao celebrá-lo, estabelece-se uma relação de confiança entre o empregado e o empregador, pois este último é quem vai dirigir e direcionar a atividade do primeiro. Por conta disso, desnatura-se o pacto laboral se a pessoa do trabalhador pode ser, a qualquer momento, substituída na prestação de serviços, sem a necessidade de autorização do destinatário da atividade laboral. Item correto.

Item "III". A não eventualidade, segundo a teoria dos fins do empreendimento, diz respeito à atividade desenvolvida pela empresa e não à quantidade de tempo que o empregado fica à disposição do empregador. Por conta disso, o trabalho subordinado deve ter afinidade com o objeto social da empresa ou, se for relacionada à atividade-meio, que tenha caráter de permanência. Item correto.

Alternativa correta: letra "e".

17. (FMP – Procurador do Estado – AC/2014) Em relação aos contratos de trabalho, assinale a afirmativa correta.

a) A Teoria das Nulidades do Direito Civil tem exatamente a mesma dimensão no Direito do Trabalho, ou seja, o ato nulo, por exemplo, não produz qualquer efeito.

b) O Direito do Trabalho Pátrio admite como hipóteses de Contrato por Tempo Determinado apenas aqueles previstos no artigo 443, parágrafos 1º e 2º, da CLT.

c) O contrato temporário de trabalho possibilita a contratação de empregados diretamente pelo empregador, mesmo fora das hipóteses do artigo 443, parágrafo 2º da CLT, desde que tal esteja previsto em acordo ou convenção coletiva, representando acréscimo do número de empregados.

d) O Contrato por Tempo Determinado pode ser prorrogado duas vezes, desde que tal se faça de forma bilateral e sem ultrapassar o prazo máximo previsto em lei.

COMENTÁRIOS

✪ **Nota do autor:** Houve um equívoco terminológico quando da elaboração desta pergunta. Apesar de ter sido considerada correta, a alternativa "C", que faz menção ao contrato temporário de trabalho, que seria aquele regido pela Lei nº 6.019/74 e não ao contrato de trabalho por prazo determinado, terminologia usada pela CLT. Para responder a essa questão, o candidato precisa ter conhecimento de que teoria das nulidades do direito civil não tem a mesma dimensão quando aplicada ao direito do trabalho, em face da prevalência do princípio protetivo.

Alternativa "a": Ao ser declarada a nulidade de um contrato de trabalho, torna-se impossível a devolução da força de trabalho despendida pelo obreiro, pois se trata de um contrato de execução continuada, que origina obrigações de fazer. Nesse caso, é devida uma indenização ao trabalhador, uma vez que a nulidade só produz efeitos *ex nunc*, ou seja, apenas a partir do momento de sua declaração. **Incorreta.**

Alternativa "b": Existem outras hipótese de contrato por tempo determinado, como aquela prevista pelo art. 1º, *caput*, da Lei nº 9.601/98: "As convenções e os acordos coletivos de trabalho poderão instituir contrato de trabalho por prazo determinado, de que trata o art. 443 da Consolidação das Leis do Trabalho – CLT, independentemente das condições estabelecidas em seu § 2º, em qualquer atividade desenvolvida pela empresa ou estabelecimento, para admissões que representem acréscimo no número de empregados." **Incorreta.**

Alternativa "c": Correta a assertiva, uma vez que representa a hipótese de autorização legal prevista pelo art. 1º, *caput*, da Lei nº 9.601/98: "As convenções e os acordos coletivos de trabalho poderão instituir contrato de trabalho por prazo determinado, de que trata o art. 443 da Consolidação das Leis do Trabalho – CLT, independentemente das condições estabelecidas em seu § 2º, em qualquer atividade desenvolvida pela empresa ou estabelecimento, para admissões que representem acréscimo no número de empregados."

Alternativa "d": Incorreta a assertiva, pois o contrato de trabalho por tempo determinado só pode ser prorrogado por uma única vez, conforme determinação contida no art. 451 da CLT: "O contrato de trabalho por prazo determinado que, tácita ou expressamente, for prorrogado mais de uma vez passará a vigorar sem determinação de prazo."

Alternativa correta: letra "c".

18. (Cespe – Procurador do Estado – PI/2014) Acerca do contrato de trabalho, assinale a opção correta.

a) A onerosidade, um dos requisitos da relação de emprego, consiste no pagamento de salário em pecúnia, e não abrange salário em utilidade.

b) A exclusividade, que se refere à impossibilidade de o trabalhador acumular vários empregos, sob pena de descaracterizar a relação empregatícia, constitui requisito da relação de emprego.

c) No direito do trabalho brasileiro, adota-se a teoria segundo a qual a não eventualidade na relação de emprego está relacionada ao empregado, isto é, à necessidade permanente de a prestação de serviço ser habitual, de modo a garantir o emprego do trabalhador.

d) Na relação de emprego, o trabalho em si não é uma obrigação personalíssima, visto que pode ser executado por outros; personalíssima é a obrigação que decorre do contrato.

e) A subordinação indireta caracteriza-se pela relação de trabalho de coordenação em que haja subordinação atenuada.

COMENTÁRIOS

✪ **Nota do autor:** A exclusividade não é requisito da relação de emprego. Entretanto, a simultaneidade de dois ou mais pactos laborais dificultaria e até mesmo impossibilitaria o cumprimento de determinados objetivos previstos pela norma trabalhista, principalmente no que diz respeito à necessidade de intervalos interjornadas, repousos semanal e anual remunerados. Contudo, quando em um contrato de trabalho insere-se uma cláusula de não concorrência, por meio da qual é exigida a exclusividade da prestação de serviços por parte do obreiro, equivocadamente denominado de autônomo, tal característica, conjugada com outros elementos, contribui para o reconhecimento do vínculo empregatício.

Alternativa "a": O pagamento do salário pode ser feito em pecúnia ou em utilidade. A CLT estabelece que, para quem recebe salário mínimo, pelo menos 30% do seu valor deve ser pago em pecúnia. Assertiva **incorreta,** pois não observou a determinação contida no art. 458 da CLT: Além do pagamento em dinheiro, compreende-se no salário, para todos os efeitos legais, a alimentação, habitação, vestuário ou outras prestações in natura que a empresa, por força do contrato ou do costume, fornecer habitualmente ao empregado. Em caso algum será permitido o pagamento com bebidas alcoólicas ou drogas nocivas".

Alternativa "b": A exclusividade não é característica da relação empregatícia, pois o empregado poderá celebrar mais de um contrato de trabalho, simultaneamente, desde que o horário de labor seja compatível. **Incorreta,** uma vez que não está de acordo com o preceito contido no art. 3º da CLT: "Considera-se empregado toda pessoa física que prestar serviços de natureza não eventual a empregador, sob a dependência deste e mediante salário."

Alternativa "c": Alternativa **incorreta** por contrariar a parte final do § 4º, art. 9º, do Decreto nº 3.048/99: "Entende-se por serviço prestado em caráter não eventual aquele relacionado direta ou indiretamente com as atividades normais da empresa."

Alternativa "d": O contrato de trabalho é celebrado *intuitu personae* em relação ao empregado. É um contrato personalíssimo e, por conta disso, além de não se admitir que o empregado seja pessoa jurídica, a prestação de serviço deverá ser executada pessoalmente, vedada a substituição por outra pessoa. Agora o trabalho em si decorrente da necessidade de se manter a atividade econômica do empregador, pode ser executado por qualquer empregado ou mesmo trabalhador autônomo. Alternativa **correta.**

Alternativa "e": O exercício do poder diretivo do empregado não precisa ser efetivado diretamente para que reste caracterizada a relação de emprego. Exemplo da subordinação indireta pode ser constatada em determinados modelos de teletrabalho, admitido no direito brasileiro por conta da incidência do art. 6º, parágrafo único, da CLT: "Os meios telemáticos e informatizados de comando, controle e supervisão se equiparam, para fins de subordinação jurídica, aos meios pessoais e diretos de comando, controle e supervisão do trabalho alheio." Assertiva **incorreta.**

Alternativa correta: letra "d".

19. (FCC – Procurador do Estado – RO/ 2011) Nos termos da Constituição Federal, é direito dos trabalhadores urbanos e rurais, além de outros que visem à melhoria de sua condição social,

a) o décimo terceiro salário com base na remuneração proporcional ou no valor da aposentadoria.

b) o seguro-desemprego, em caso de pedido de demissão.

c) o seguro contra acidentes de trabalho, a cargo do empregador, sem excluir a indenização a que este está obrigado, quando incorrer em dolo ou culpa.

d) a licença à gestante, sem prejuízo do emprego e do salário, com a duração de cento e cinquenta dias.

e) o adicional de penosidade, se a atividade exercida pelo empregado suscitar esforços físicos acima dos padrões médios tolerados, com adicional de 30% sobre o salário contratual.

COMENTÁRIOS

✪ **Nota do autor:** Esta questão foi elaborada com base nos incisos do art. 7° da Constituição Federal de 1988. Portanto, é de extrema importância ter conhecimento de todos os direitos trabalhistas consagrados pelo dispositivo legal acima citado.

Alternativa "a": Opção incorreta, posto que o art. 7º, VIII, da CF/88 estabelece que o 13º salário deve ser calculado com base na remuneração integral e não proporcional: **"VIII – décimo terceiro salário com base na remuneração integral ou no valor da aposentadoria".**

Alternativa "b": O seguro-desemprego só é devido em razão de desemprego involuntário, não sendo este o caso do pedido de demissão. Assertiva em desacordo com o disposto no art. 7º, II, da CF/88: "II – seguro-desemprego, em caso de desemprego involuntário". Opção incorreta.

Alternativa "c": Opção correta, uma vez que o seu texto coincide com aquele que consta do art. 7º, XXVIII, da CF/88: "XXVIII – seguro contra acidentes de trabalho, a cargo do empregador, sem excluir a indenização a que este está obrigado, quando incorrer em dolo ou culpa;".

Alternativa "d": Assertiva falsa, pois o período é de 120 dias, na forma prevista pelo art. 7º, XVIII, da CF/88: "XVIII – licença à gestante, sem prejuízo do emprego e do salário, com a duração de cento e vinte dias".

Alternativa "e": Opção incorreta, pois o art. 7º, XXIII, da CF/88, depende de regulamentação por lei ordinária e a CLT e a legislação esparsa trabalhista não prevê a obrigação de o empregador pagar adicional salarial pelo desempenho de atividade penosa, só o fazendo em relação à periculosidade e insalubridade: "Art. 7º, XXIII. Adicional de remuneração para as atividades penosas, insalubres ou perigosas, na forma da lei".

Alternativa correta: letra "c".

2.1. CONTRATOS POR PRAZO DETERMINADO

20. (FCC – Procurador do Estado – PGE – AP/2018) Em relação ao contrato individual de trabalho, conforme regras contidas na Consolidação das Leis do Trabalho,

a) para fins de contratação, o empregador não exigirá do candidato a emprego comprovação de experiência prévia por tempo superior a seis meses no mesmo tipo de atividade.

b) poderá ser acordado tácita ou expressamente, verbalmente ou por escrito, por prazo determinado ou indeterminado, não se incluindo a prestação de trabalho intermitente, que deve ser por escrito.

c) o contrato de trabalho por prazo determinado não poderá ser estipulado por mais de um ano, sujeito a duas prorrogações, por igual período.

d) considera-se por prazo indeterminado todo contrato que suceder, dentro de três meses, a outro contrato por prazo determinado, em qualquer situação.

e) os contratos de trabalho dos empregados serão afetados pela mudança na propriedade ou na estrutura jurídica da empresa, desde que tenha sido ajustada cláusula específica neste sentido.

COMENTÁRIOS

✪ **Nota do autor:** Para responder a essa questão, o candidato deve ter conhecimento da legislação aplicável aos contratos trabalhistas, com destaque para os artigos 442-443, 445, 448, 452, todos da CLT.

Alternativa "a": Opção Correta, porque está de acordo com o contido no artigo 442-A da CLT.

Alternativa "b": Opção incorreta, uma vez que o artigo 443 da CLT, assim dispõe: "O contrato individual de trabalho poderá ser acordado tácita ou expressamente, verbalmente ou por escrito, por prazo determinado ou indeterminado, ou para prestação de trabalho intermitente". Veja-se que o trabalho intermitente é tido como mais uma modalidade de contrato.

Alternativa "c": Opção incorreta porque o artigo 445 da CLT dispõe que o contrato de trabalho por prazo determinado não poderá ser estipulado por mais de 2 (dois) anos, sujeito a uma prorrogação.

Alternativa "d": Opção incorreta, uma vez que contraria o disposto no artigo 452 da CLT, que assim dispõe: "Considera-se por prazo indeterminado todo contrato que suceder, dentro de 6 (seis) meses, a outro contrato por prazo determinado, salvo se a expiração deste dependeu da execução de serviços especializados ou da realização de certos acontecimentos".

Alternativa "e": Opção incorreta porque ao **empregador aplica-se o princípio da despersonalização, isto é, ainda que mude o empregador, seja pela transferência da propriedade da empresa, seja pela alteração do quadro societário, isso não irá afetar o vínculo empregatício do trabalhador (arts. 10 e 448 da CLT). A exceção fica por conta de situações de empregador doméstico ou empregador pessoa física que** desenvolva uma atividade econômica personalíssima.

Alternativa correta: letra "a".

---

21. (FCC – Procurador do Estado – PGE – TO/2018) Conforme regras previstas na Consolidação das Leis do Trabalho sobre o contrato individual de trabalho,

a) no tempo de serviço do empregado, quando readmitido, serão computados os períodos, ainda que não contínuos, em que tiver trabalhado anteriormente na empresa, mesmo que houver sido despedido por falta grave ou aposentado espontaneamente.

b) para fins de contratação, o empregador não exigirá do candidato a emprego comprovação de experiência prévia por tempo superior a 6 meses no mesmo tipo de atividade.

c) o contrato de trabalho intermitente poderá ser celebrado verbalmente, sem a necessidade de ser registrado na CTPS, quando for previsto em acordo ou convenção coletiva de trabalho.

d) os contratos por prazo determinado terão prazo mínimo de 30 dias e máximo de um ano, exceto o contrato de trabalho intermitente, cujo prazo máximo será de 3 anos.

e) o contrato de experiência não poderá exceder de 120 dias, permitidos duas prorrogações durante esse período.

COMENTÁRIOS

✪ **Nota do autor:** Também nessa questão, o candidato precisa conhecer as regras legais relativas aos contratos de trabalho, com destaque para os artigos 442-A, 445, 452-A, 451 e 453 da CLT.

Alternativa "a": Opção incorreta, uma vez que a unicidade contratual não é aplicada quando o empregado é dispensado por falta grave ou aposentado espontaneamente. O art. 453 da CLT assim dispõe: "No tempo de serviço do empregado, quando readmitido, serão computados os períodos, ainda que não contínuos, em que tiver trabalhado anteriormente na empresa, salvo se houver sido despedido por falta grave, recebido indenização legal ou se aposentado espontaneamente".

Alternativa "b": Opção Correta, porque está de acordo com o contido no artigo 442-A da CLT.

Alternativa "c": Opção incorreta porque o artigo 452-A da CLT dispõe que o contrato de trabalho intermitente deve ser celebrado por escrito, inexistindo qualquer exceção.

Alternativa "d": Opção incorreta. Os contratos por prazo determinado terão prazo máximo de 2 anos, inexistindo prazo legal mínimo (art. 445 da CLT). Já o contrato de trabalho intermitente não tem prazo mínimo ou máximo de duração.

Alternativa "e": Opção incorreta. O contrato de experiência não poderá exceder de 90 dias, permitida uma prorrogação durante esse período (art. 445, parágrafo único c/c artigo 451, ambos da CLT).

Alternativa correta: letra "b".

---

22. (FMP – Procurador do Estado – PGE – AC/2017) De acordo com a Lei n° 13.429, de 31.03.2017, em relação ao contrato de trabalho temporário firmado com o mesmo empregador, é CORRETO afirmar que

a) não poderá exceder ao prazo de cento e oitenta dias, podendo ser prorrogado por ate noventa dias.

b) não poderá exceder ao prazo de duzentos e setenta dias, podendo ser prorrogado por até trinta dias.

c) não poderá exceder ao prazo de cento e oitenta dias, sem possibilidade de prorrogação.

d) poderá exceder ao prazo de cento e oitenta dias, podendo ser prorrogado por igual prazo.

e) não poderá exceder ao prazo de cento e oitenta dias, podendo ser prorrogado por igual prazo por ato do Ministério do Trabalho.

COMENTÁRIOS

✪ **Nota do autor:** Contrato de trabalho temporário é aquele que tem por objeto a prestação de serviços por pessoa física contratada por uma empresa de trabalho temporário que a coloca à disposição de uma empresa tomadora de serviços, para atender à necessidade de substituição transitória de pessoal permanente ou à demanda complementar de serviços. O referido contrato encontra-se regulamentado pela Lei nº 6.019/74, que a partir da edição da

Lei nº 13.429/17, passou a disciplinar também o instituto da terceirização.

Alternativa "a": Correta, pois em conformidade com o §§ 1º e 2º, art. 10, da Lei nº 6.019/74 com redação dada pela Lei nº 13.429/2017: "§ 1º. O contrato de trabalho temporário, com relação ao mesmo empregador, não poderá exceder ao prazo de cento e oitenta dias, consecutivos ou não. § 2º O contrato poderá ser prorrogado por até noventa dias, consecutivos ou não, além do prazo estabelecido no § 1º deste artigo, quando comprovada a manutenção das condições que o ensejaram."

Alternativa "b": Incorreta. O prazo é de 180 dias podendo ser prorrogado por mais 90.

Alternativa "c": Incorreta, pois há possibilidade de prorrogação por 90 dias.

Alternativa "d": Incorreta. O prazo de prorrogação é de 90 e não 180 dias.

Alternativa "e": Incorreta. O prazo de prorrogação é de 90 e não 180 dias.

Alternativa correta: letra "a".

2.2. ELEMENTOS, CARACTERÍSTICA E NULIDADE DO CONTRATO DE TRABALHO

23. (Cespe – Procurador do Estado – ES/ 2008) A relação de emprego, espécie do gênero relação de trabalho, reúne elementos que a diferenciam de outras modalidades de prestação de trabalho na sociedade. Julgue os itens a seguir, acerca dos elementos configuradores da relação de emprego.

1 A subordinação, que é um dos elementos configuradores da relação de emprego, resulta do poder do empregador de dirigir o modo como o trabalhador realiza sua atividade no que se refere às técnicas a serem aplicadas; caso o empregado domine essas técnicas e determine sua aplicação, afastada estará a hipótese de relação de emprego.

2 O conceito de não eventualidade, para a caracterização da relação de emprego, coincide com o de continuidade, de modo que se o trabalhador presta serviços duas ou três vezes na semana em estabelecimento empresarial, ele não reúne as condições para ser considerado empregado.

COMENTÁRIOS

✪ **Nota do autor:** Existem várias teorias para explicar a subordinação, mas a que predomina na doutrina clássica é a subordinação de natureza jurídica. Atualmente, contudo, já existem autores defendendo a tese da subordinação estrutural. Há controvérsia, também, em relação à natureza jurídica do requisito não eventualidade, mas prevalece a tese dos fins do empreendimento, acolhida pela legislação previdenciária.

Item 1: "errado". A assertiva traz um texto que reconhece a natureza técnica da subordinação. Entretanto, já é pacífico o entendimento, tanto na doutrina quanto na jurisprudência, que classifica a subordinação como jurídica, ou seja, derivada da celebração do contrato de trabalho.

Item 2: "errado". A tese predominante na doutrina é no sentido de que a não eventualidade não se confunde com a continuidade nos serviços. Sendo assim, não é necessário que o empregado compareça diariamente na empresa para que fique configurado esse requisito. Basta que a atividade na qual ele encontra-se inserido seja permanente. A continuidade só é requisito da relação de emprego doméstico, por expressa determinação legal contida na Lei Complementar nº 150/15.

24. (Cespe – Procurador do Estado – PB/ 2008) Julgue os itens seguintes, que se referem ao contrato individual de trabalho.

I. Contrato individual de trabalho é o acordo, tácito ou expresso, que corresponde à relação de emprego, podendo estabelecer – se por prazo determinado ou indeterminado.

II. A mudança na propriedade ou na estrutura jurídica da empresa não afetará os contratos de trabalho dos respectivos empregados.

III. Nos contratos individuais de trabalho, apenas é lícita a alteração das respectivas condições de trabalho quando decorram de mútuo consentimento e, ainda assim, desde que não resultem, direta ou indiretamente, em prejuízos ao empregado, sob pena de nulidade da cláusula infringente dessa garantia.

IV. Aos contratos por prazo determinado que contiverem cláusula assecuratória do direito recíproco de rescisão antes de expirado o termo ajustado, aplicam-se, caso tal direito seja exercido por qualquer das partes, os princípios que regem a rescisão dos contratos por prazo indeterminado.

V. No caso de paralisação temporária ou definitiva do trabalho motivada por ato de autoridade municipal, estadual ou federal, ou pela promulgação de lei ou resolução que impossibilite a continuação da atividade, prevalecerá o pagamento da indenização, que ficará a cargo do governo responsável, se assim chamado à autoria pelo empregador quando de sua defesa perante a justiça do trabalho.

Assinale a opção correta.

a) Apenas os itens I e III estão certos.

b) Apenas os itens II e V estão certos.

c) Apenas os itens III e IV estão certos.

d) Apenas os itens I, II e V estão certos.

e) Todos os itens estão certos.

COMENTÁRIOS

✪ **Nota do autor:** Para responder a esta questão o candidato precisa ter conhecimento das regras básicas sobre contrato de trabalho, especialmente artigos 442 e 443 da CLT e, ainda, a regra fundamental que veda a alteração ilícita do contrato de trabalho, prevista no artigo 468 da CLT. Além deles também merece atenção o artigo 481 da CLT, que trata da rescisão de contrato por prazo determinado e o artigo 486 que trata do fato do príncipe.

Item "I": Correto, uma vez que reproduz o texto que consta dos arts. 442 e 443 da CLT. "Art. 442 – Contrato individual de trabalho é o acordo tácito ou expresso, correspondente à relação de emprego. Art. 443 – O contrato individual de trabalho poderá ser acordado tácita ou expressamente, verbalmente ou por escrito e por prazo determinado ou indeterminado".

Item "II": O art. 10 da CLT dispõe que: "Qualquer alteração na estrutura jurídica da empresa não afetará os direitos adquiridos por seus empregados". Como há coincidência entre o texto do dispositivo legal e a assertiva, considera-se correta.

Item "III": Correto, uma vez que reproduz exatamente o texto contido no art. 468 da CLT: "Nos contratos individuais de trabalho só é lícita a alteração das respectivas condições por mútuo consentimento, e ainda assim desde que não resultem, direta ou indiretamente, prejuízos ao empregado, sob pena de nulidade da cláusula infringente desta garantia".

Item "IV": Correto. O art. 481 da CLT, a seguir transcrito, determina que sejam aplicados ao contrato por prazo determinado os princípios que regem o contrato por prazo indeterminado, no caso de existir cláusula assecuratória do direito recíproco de rescisão antes de expirado o termo final e caso esse direito seja exercido. "Art. 481 – Aos contratos por prazo determinado, que contiverem cláusula assecuratória do direito recíproco de rescisão antes de expirado o termo ajustado, aplicam-se, caso seja exercido tal direito por qualquer das partes, os princípios que regem a rescisão dos contratos por prazo indeterminado".

Item "V": Trata-se do instituto do fato do príncipe (*fato principis)*, cuja consequência no âmbito da extinção do contrato de trabalho encontra-se disciplinada pelo art. 486 da CLT: "No caso de paralisação temporária ou definitiva do trabalho, motivada por ato de autoridade municipal, estadual ou federal, ou pela promulgação de lei ou resolução que impossibilite a continuação da atividade, prevalecerá o pagamento da indenização, que ficará a cargo do governo responsável". Já o chamamento à autoria está previsto no § 1º do referido dispositivo celetista: " § 1º – Sempre que o empregador invocar em sua defesa o preceito do presente artigo, o tribunal do trabalho competente notificará a pessoa de direito público apontada como responsável pela paralisação do trabalho, para que, no prazo de 30 (trinta) dias, alegue o que entender devido, passando a figurar no processo como chamada à autoria". A opção é correta.

Alternativa correta: letra "e".

---

25. (Cespe – Procurador do Estado – CE/ 2008) Acerca do contrato individual de trabalho, seus conceitos, requisitos, classificação, sujeitos e responsáveis, assinale a opção correta.

a) Contrato individual de trabalho é o acordo tácito ou expresso, correspondente à relação de emprego, que envolve não eventualidade, pessoalidade, onerosidade e subordinação entre o empregado, que presta os serviços contratados, e o empregador, que o aproveita, dirige e remunera.

b) O contrato individual de trabalho deve observar forma escrita e fixação de prazo de vigência, quando determinado, sob pena de ser considerado firmado por prazo indeterminado.

c) O contrato de trabalho por prazo determinado não pode ser estipulado por mais de 90 dias, sendo admitida uma prorrogação, sob pena de ele passar a vigorar por prazo indeterminado.

d) As empresas integrantes de mesmo grupo econômico são, entre si, subsidiariamente responsáveis.

e) A mudança jurídica na propriedade ou na estrutura jurídica da empresa não afetará os contratos de trabalho dos empregados posteriormente admitidos.

COMENTÁRIOS

✪ **Nota do autor:** As questões relacionadas com o contrato de trabalho normalmente se baseiam na letra seca da lei, como na presente questão que exigia o conhecimento dos artigos 442, 443, 445,448 e artigo 2º, §2º, da CLT.

Alternativa "a": Opção correta, uma vez que a assertiva corresponde à combinação dos textos referente aos arts. 3º e 442 da CLT "Art. 3º – Considera-se empregado toda pessoa física que prestar serviços de natureza não eventual a empregador, sob a dependência deste e mediante salário". "Art. 442 – Contrato individual de trabalho é o acordo tácito ou expresso, correspondente à relação de emprego".

Alternativa "b": O art. 443 da CLT não exige a forma escrita para validade do contrato de trabalho: "O contrato individual de trabalho poderá ser acordado tácita ou expressamente, verbalmente ou por escrito e por prazo determinado ou indeterminado". Opção incorreta, portanto.

Alternativa "c": O contrato por prazo determinado pode ser celebrado por até dois anos, conforme se vê do disposto no art. 445 da CLT: "O contrato de trabalho por prazo determinado não poderá ser estipulado por mais de 2 (dois) anos, observada a regra do art. 451. Parágrafo único. O contrato de experiência não poderá exceder de 90 (noventa) dias". Noventa dias seria o prazo máximo do contrato de experiência, o que deixa a afirmativa incorreta.

Alternativa "d": Opção incorreta, uma vez que a existência de grupo econômico implica responsabilidade solidária e não em responsabilidade subsidiária como constou na assertiva. Esse é o teor do artigo 2º, §2º, da CLT.

Alternativa "e": Opção incorreta, uma vez que art. 448 da CLT diz que as alterações na estrutura da empresa não afetam os contratos em vigor, enquanto que a opção fala de contratos posteriores: "A mudança na propriedade ou na estrutura jurídica da empresa não afetará os contratos de trabalho dos respectivos empregados".

Alternativa correta: letra "a".

---

26. (FEPESE – Procurador do Estado – SC/ 2009) Sobre o Contrato de Trabalho, assinale a alternativa incorreta:

a) Os riscos econômicos do negócio são exclusivamente do empregador.

b) Quando há participação nos lucros, o empregado assume os riscos da atividade econômica conjuntamente com o empregador.

c) O trabalho desenvolvido pelo empregado deve ser prestado pessoalmente, ou seja, exclusiva e unicamente pelo contratado, não podendo tal prestação ser delegada ou repassada a terceiros.

d) É uma das várias espécies de relação de trabalho.

e) O peculiar da relação de emprego é a subordinação, razão pela qual é também denominada como relação de trabalho subordinado.

COMENTÁRIOS

✪ **Nota do autor:** Por meio do contrato de trabalho, o empregado transfere, previamente, a propriedade do resultado de sua atividade ao empregador e, em troca, este último assume o risco da atividade econômica.

Alternativa "a": Quem assume os riscos da atividade econômica é o empregador, segundo a dicção do art. 2º da CLT: "Considera-se empregador a empresa, individual ou coletiva, que, assumindo os riscos da atividade econômica, admite, assalaria e dirige a prestação pessoal de serviço". A doutrina trabalhista interpreta que essa assunção de riscos é exclusiva da empresa. Alternativa correta.

Alternativa "b": O art. 1º da Lei no 10.101/2000, que disciplina a participação dos empregados nos lucros e resultados da empresa, não prevê a possibilidade de o empregado assumir responsabilidade por eventual prejuízo: "Esta Lei regula a participação dos trabalhadores nos lucros ou resultados da empresa como instrumento de integração entre o capital e o trabalho e como incentivo à produtividade, nos termos do art. 7º, inciso XI, da Constituição". Alternativa incorreta.

Alternativa "c": Trata-se da pessoalidade, requisito da relação de emprego em relação à figura do trabalhador. A assertiva é verdadeira de acordo com o texto do art. 3° da CLT: "Considera-se empregado toda pessoa física que prestar serviços de natureza não eventual a empregador, sob a dependência deste e mediante salário".

Alternativa "d": A relação de trabalho é gênero, da qual a relação de emprego é espécie. Portanto esta alternativa é correta.

Alternativa "e": A doutrina é unânime quando considera a subordinação elemento caracterizador e diferenciador da relação de emprego das demais relações de trabalho. Por conta disso, a o opção é considerada correta.

Alternativa correta: letra "b".

2.3. CONTRATO DE TRABALHO COM ADMINISTRAÇÃO PÚBLICA

27. (Vunesp – Procurador do Estado – PGE – SP/2018) Assinale a alternativa correta a respeito das relações de emprego mantidas pela Administração Pública.

a) Segundo a posição consolidada no Tribunal Superior do Trabalho, cabe dissídio coletivo de natureza econômica contra pessoa jurídica de direito público que mantenha empregados.

b) O limite constitucional remuneratório (também conhecido como teto remuneratório), previsto no inciso XI do art. 37 da Constituição da República, não se aplica às empresas públicas, às sociedades de economia mista e suas subsidiárias, independentemente de receberem ou não recursos da União, dos Estados, do Distrito Federal ou dos Municípios para pagamento de despesas de pessoal ou de custeio em geral.

c) A declaração de nulidade de contrato de trabalho, com base no art. 37, inciso II e § 2º, da Constituição da República (indispensabilidade de prévia aprovação em concurso público para a admissão em emprego público), não prejudica os direitos à percepção dos salários referentes ao período trabalhado e aos depósitos na conta vinculada do trabalhador no Fundo de Garantia do Tempo de Serviço (FGTS).

d) De acordo com o Supremo Tribunal Federal, compete, à Justiça do Trabalho, julgar a abusividade de greve de empregados da Administração Pública direta, autarquias e fundações públicas.

e) É juridicamente possível a aplicação, pelo Poder Judiciário, do art. 461 da Consolidação das Leis do Trabalho para conceder equiparação salarial entre empregados públicos de autarquias.

COMENTÁRIOS

✪ **Nota do autor:**

Alternativa "a": Opção incorreta, uma vez que a OJ nº 5 da SDC consolida o entendimento de que em face de pessoa jurídica de direito público que mantenha empregados, cabe dissídio coletivo exclusivamente para apreciação de cláusulas de natureza social. Inteligência da Convenção nº 151 da Organização Internacional do Trabalho, ratificada pelo Decreto Legislativo nº 206/2010.

Alternativa "b": Opção incorreta, uma vez que a OJ nº 339 da SDI-1 do TST consolida o entendimento de que as empresas públicas e as sociedades de economia mista estão submetidas à observância do teto remuneratório previsto no inciso XI do art. 37 da CF/88, sendo aplicável, inclusive, ao período anterior à alteração introduzida pela Emenda Constitucional nº 19/98.

Alternativa "c": Opção Correta porque está de acordo com o entendimento jurisprudencial consolidado na Súm. 363 do TST.

Alternativa "d": Opção incorreta. Conforme o STF na tese firmada no recurso extraordinário nº 846854, com repercussão geral, a justiça comum, federal ou estadual, é competente para julgar a abusividade de greve de servidores públicos celetistas da Administração pública direta, autarquias e fundações públicas.

Alternativa "e": Opção incorreta. Consoante entendimento consagrado na Orientação Jurisprudencial 297 da SBDI-I do Colendo TST, é juridicamente impossível o pedido de equiparação salarial entre servidores públicos, ainda que contratados sob o regime celetista.

Alternativa correta: letra "c".

28. (FMP – Procurador do Estado – PGE – AC/2017) De acordo com entendimento sumulado pelo Tribunal Superior do Trabalho, é CORRETO afirmar que a contratação de servidor público, após a Constituição Federal de 1988, sem a prévia aprovação em concurso público,

a) somente confere ao trabalhador o direito ao pagamento da contraprestação pactuada, em relação ao número de horas trabalhadas, e dos valores referentes aos depósitos do FGTS.

b) confere ao trabalhador todos os direitos trabalhistas devidos ao empregado pela aplicação do princípio da primazia da realidade.

c) diz respeito a um contrato nulo, não capaz de gerar qualquer efeito.

d) apenas confere ao trabalhador o pagamento do salário pactuado, do FGTS, das férias e do décimo terceiro pactuados.

e) gera vínculo empregatício, tendo o empregado público direito à anotação da CTPS, além dos direitos trabalhistas previstos na CLT.

COMENTÁRIOS

✪ **Nota do autor:** O entendimento sumulado cobrado pela questão é o teor da Súmula nº 363 do TST: "A contratação de servidor público, após a CF/1988, sem prévia aprovação em concurso público, encontra óbice no respectivo art. 37, II e § 2º, somente lhe conferindo direito ao pagamento da contraprestação pactuada, em relação ao número de horas trabalhadas, respeitado o valor da hora do salário mínimo, e dos valores referentes aos depósitos do FGTS."

Alternativa "a": Correta. Essa é a consequência prevista pela Súmula nº 363 do TST, diante da nulidade do contrato de trabalho e da impossibilidade de se devolver a força de trabalho para o obreiro.

Alternativa "b": Como o contrato é reconhecidamente nulo, não há como atribuir ao trabalhador contratado, sem concurso público, todos os direitos trabalhistas. Incorreta.

Alternativa "c": Apesar do contrato de trabalho ser nulo, a prestação de serviços deve ter uma contraprestação, diante da impossibilidade de se devolver a força de trabalho para o obreiro. Nesse caso, o TST entende que essa contraprestação corresponde ao salário pactuado. O valor relativo ao FGTS foi estendido por expressa disposição legal contida no art. 19-A da Lei nº 8.036/90: "É devido o depósito do FGTS na conta vinculada do trabalhador cujo contrato de trabalho seja declarado nulo nas hipóteses previstas no art. 37, § 2º, da Constituição Federal, quando mantido o direito ao salário".

Alternativa "d": Incorreta, pois não se confere ao trabalhador contratado sem concurso público o direito ao 13º salário e férias.

Alternativa "e": Não gera vínculo empregatício, pois ofende o art. 37, II, da Constituição Federal. Logo, não confere ao trabalhador contratado nessas condições o direito à anotações na CTPS. Incorreta.

Alternativa correta: letra "a".

29. (Cespe – Procurador do Estado – PGE – SE/2017) Uma lei estadual ampliou para cento e oitenta dias a licença-maternidade para as servidoras gestantes submetidas ao regime estatutário. Com base nisso, uma empregada pública celetista do mesmo estado da Federação requereu para si, em juízo, a extensão do referido benefício.

Nessa situação hipotética, conforme o entendimento do TST, o requerimento de extensão do benefício

a) deverá ser atendido, pois não pode haver discriminação entre as mulheres no ambiente laboral.

b) não poderá ser atendido, visto que a requerente está submetida a regime jurídico diverso daquele do grupo que lhe serviu de paradigma.

c) não poderá ser atendido, porque a CLT proíbe equiparação de qualquer espécie remuneratória para efeito de remuneração de pessoal do serviço público.

d) deverá ser atendido, visto que, nesse caso, se deve aplicar o princípio da isonomia.

e) deverá ser atendido, porque o real beneficiário do direito à licença-maternidade é o nascituro.

COMENTÁRIOS

✪ **Nota do autor:** Até a edição da Emenda Constitucional nº 19/98 a atual Carta Magna exigia que cada Ente Federado instituísse um regime jurídico único e eliminasse a eventual dualidade entre o regime estatutário e o regime celetista. Assim, o regime celetista e o estatutário são totalmente distintos. Após a vigência da referida EC, os Entes Federados podem manter regimes distintos para seus servidores públicos. A Lei nº 9.962/00, disciplina o regime de emprego público do pessoal da Administração federal direta, autárquica e fundacional, e dá outras providências.

Alternativa "a": Incorreta. Não há que se falar em igualdade em se tratando em direitos previsto em estatuto distintos. Nesse sentido, a decisão a seguir transcrita: RECURSO DE REVISTA . LICENÇA-MATERNIDADE DE 180 DIAS. LEI COMPLEMENTAR Nº 1.054/2008. EXTENSÃO ÀS EMPREGADAS CELETISTAS. I. Discute-se se o direito à licença-maternidade de 180 dias assegurado por lei estadual às servidoras públicas estatutárias se estende às servidoras públicas celetistas. II. Extrai-se da decisão regional que "a Lei Complementar Estadual n.º 1.054, de 07 de julho de 2008, alterou dispositivos do Estatuto dos Funcionários Públicos do Estado de São Paulo (Lei n.º 10.261, de 28 de outubro de 1968), dentre eles o art. 198, relativo à licença maternidade que passou a ser de 180 dias". Consta ainda do acórdão de origem que "o art. 4º, da aludida Lei Complementar, delimitou seu âmbito de incidência aos servidores da Administração direta e das autarquias, submetidas ao regime estatutário, aos militares, bem assim, aos servidores do Poder Judiciário, Tribunal de Contas, Ministério Público, Defensoria Pública e servidores do Quadro da Secretaria da Assembleia Legislativa". III. Sob esse enfoque, não é possível se estender vantagens ou direitos previstos no Estatuto dos Servidores Públicos (regime estatutário) aos servidores celetistas, uma vez que se trata de regimes jurídicos distintos, não sendo hipótese de invocação do princípio da isonomia. IV. Recurso de revista de que se conhece, por divergência jurisprudencial, e a que se nega provimento (TST – RR: 6285820125020043, Data de Julgamento: 01/06/2016, Data de Publicação: DEJT 10/06/2016)".

Alternativa "b": Correta, uma vez que o regime celetista é totalmente independente do regime estatutário (ver decisão transcrita na alternativa "a").

Alternativa "c": Incorreta, pois não há essa proibição expressa na CLT.

Alternativa "d": Incorreta, pois não há isonomia entre regime celetista e estatutário (ver decisão transcrita na alternativa "a").

Alternativa "e": Incorreta, pois a majoração do prazo da licença-maternidade promovida pelo estatuto não atinge os servidores públicos celetistas.

Alternativa correta: letra "b".

---

30. (PUC – Procurador do Estado – PR/2015) Em relação aos contratos de trabalho celebrados com a Administração Pública sem concurso público após a Constituição Federal de 1988, é CORRETO afirmar:

a) Considerando o princípio da primazia da realidade, o contrato de trabalho, inclusive os celebrados para empregos em comissão, é válido para todos os efeitos jurídicos, independentemente da responsabilidade do administrador público.

b) O contrato é nulo, sem que se possa reconhecer qualquer direito ao trabalhador.

c) O contrato é anulável, sendo devidos todos os direitos ao trabalhador até o trânsito em julgado da decisão que reconhecer a irregularidade.

d) Considerando as Convenções da OIT ratificadas pelo Brasil, o contrato de trabalho é válido e é garantido ao trabalhador o rol de direitos elencados na Constituição Federal.

e) O contrato de trabalho é nulo, somente conferindo ao trabalhador direito ao pagamento da contraprestação pactuada, em relação ao número de horas trabalhadas, respeitado o valor da hora do salário-mínimo, e dos valores referentes aos depósitos do FGTS.

COMENTÁRIOS

✪ **Nota do autor:** Por intermédio da Medida Provisória nº 2.164-41/01, em vigor conforme o art. 2º da EC nº 32/2001, foi acrescido o art. 19-A à Lei nº 8.036/90,59 para conferir direito ao FGTS ao empregado público contratado sem a prévia aprovação em concurso público.

Alternativa "a": A contratação, pela administração pública, sem concurso público, é nula, ressalvados os casos de nomeação para cargo de comissão. O entendimento do TST reforça o comando constitucional, conforme se vê da Súmula nº 363: "A contratação de servidor público, após a CF/1988, sem prévia aprovação em concurso público, encontra óbice no respectivo art. 37, II e § 2º, somente lhe conferindo direito ao pagamento da contraprestação pactuada, em relação ao número de horas trabalhadas, respeitado o valor da hora do salário mínimo, e dos valores referentes aos depósitos do FGTS." Alternativa incorreta.

Alternativa "b": Apesar de nulo, é devido ao empregado uma indenização em face da impossibilidade de devolução da força de trabalho despendida. Essa indenização deve ser equivalente ao salário contratado. Além disso, por expressa previsão legal, também é devido o valor relativo ao FGTS. Nesse sentido é o posicionamento do TST revelado por meio da Súmula nº 363: "A contratação de servidor público, após a CF/1988, sem prévia aprovação em concurso público, encontra óbice no respectivo art. 37, II e § 2º, somente lhe conferindo direito ao pagamento da contraprestação pactuada, em relação ao número de horas trabalhadas, respeitado o valor da hora do salário mínimo, e dos valores referentes aos depósitos do FGTS". Alternativa incorreta.

Alternativa "c": A hipótese é de nulidade e não anulabilidade. Além disso, não são devidos todos os direitos trabalhistas, mas apenas o salário e o FGTS na forma da já citada e transcrita Súmula nº 363. Alternativa incorreta.

Alternativa "d: Não há qualquer Convenção da OIT nesse sentido que poderia alterar o conteúdo do comando contido no art. 37, II, da CF/88. Assim, prevalece o entendimento do TST constante da Súmula nº 363: "A contratação de servidor público, após a CF/1988, sem prévia aprovação em concurso público, encontra óbice no respectivo art. 37, II e § 2º, somente lhe conferindo direito ao pagamento da contraprestação pactuada, em relação ao número de horas trabalhadas, respeitado o valor da hora do salário mínimo, e dos valores referentes aos depósitos do FGTS." Alternativa incorreta.

Alternativa "e": Alternativa correta, pois corresponde ao entendimento do TST revelado por meio da Súmula nº 363, que entende ser nulo o contrato de trabalho, mas com direito ao salário contratado e ao FGTS: "A contratação de servidor público, após a CF/1988, sem prévia aprovação em concurso público, encontra óbice no respectivo art. 37, II e § 2º, somente lhe conferindo direito ao pagamento da contraprestação pactuada, em relação ao número de horas trabalhadas, respeitado o valor da hora do salário mínimo, e dos valores referentes aos depósitos do FGTS."

Alternativa correta: letra "e".

---

31. (FCC – Procurador do Estado – RN/2014) Sobre a responsabilidade dos entes integrantes da Administração pública direta, pelos direitos dos empregados da prestadora de serviços por ele contratada na qualidade de tomadores de serviço, ante o inadimplemento das obrigações trabalhistas por parte do empregador, é correto afirmar, segundo entendimento jurisprudencial cristalizado pelo Tribunal Superior do Trabalho, que é

a) solidária porque decorre do mero inadimplemento das obrigações trabalhistas assumidas pela empresa prestadora de serviços.

b) solidária porque, ao contratar tomadores de serviço, a Administração pública abre mão dos privilégios que teria no exercício de seu *jus imperium*.

c) subsidiária e, como tal, independe da conduta culposa na Administração pública no cumprimento das obrigações previstas na Lei nº 8.666/1993.

d) subsidiária e dependente de ser evidenciada a sua conduta culposa no cumprimento das obrigações previstas na Lei nº 8.666/1993.

e) subsidiária porque decorre do mero inadimplemento das obrigações trabalhistas assumidas pela empresa prestadora de serviços.

COMENTÁRIOS

✪ **Nota do autor:** A decisão do STF proferida nos autos da ADC nº 16, foi determinante na alteração do posicionamento do TST sobre a terceirização no serviço público: RESPONSABILIDADE CONTRATUAL. Subsidiária. Contrato com a administração pública. Inadimplência negocial do outro contraente. Transferência consequente e automática dos seus encargos trabalhistas, fiscais e comerciais, resultantes da execução do contrato, à administração. Impossibilidade jurídica. Consequência proibida pelo art., 71, § 1º, da Lei federal nº 8.666/93. Constitucionalidade reconhecida dessa norma. Ação direta de constitucionalidade julgada, nesse sentido, procedente. Voto vencido. É constitucional a norma inscrita no art. 71, § 1º, da Lei federal nº 8.666, de 26 de junho de 1993, com a redação dada pela Lei nº 9.032, de 1995. Note-se, também, que essa questão foi elaborada antes da regulamentação da terceirização, feita pelas Leis nºs 13.429/17 e 13.467/17, que alteraram a Lei nº 6.019/74, inclusive para admitir a terceirização na atividade-fim da empresa.

Alternativa "a". Alternativa incorreta. A responsabilidade dos Entes da administração pública sempre é subsidiária. Classificá-la como solidária seria admitir a contratação para o serviço público sem a prévia aprovação em concurso. Essa natureza da responsabilidade do empregador público encontra-se enfatizada na Súmula nº 331, item V, do TST: "Os entes integrantes da Administração Pública direta e indireta respondem subsidiariamente, nas mesmas condições do item IV, caso evidenciada a sua conduta culposa no cumprimento das obrigações da Lei n.º 8.666, de 21.06.1993, especialmente na fiscalização do cumprimento das obrigações contratuais e legais da prestadora de serviço como empregadora. A aludida responsabilidade não decorre de mero inadimplemento das obrigações trabalhistas assumidas pela empresa regularmente contratada". (ver nota do autor)

Alternativa "b". A incidência do princípio da legalidade estrita obsta que a administração pública despoje-se dos seus privilégios. **Alternativa incorreta**, pois contraria o posicionamento do TST explicitado no item V, da Súmula nº 331 no que diz respeito à natureza subsidiária da responsabilidade: "Os entes integrantes da Administração Pública direta e indireta respondem subsidiariamente, nas mesmas condições do item IV, caso evidenciada a sua conduta culposa no cumprimento das obrigações da Lei n.º 8.666, de 21.06.1993, especialmente na fiscalização do cumprimento das obrigações contratuais e legais da prestadora de serviço como empregadora. A aludida responsabilidade não decorre de mero inadimplemento das obrigações trabalhistas assumidas pela empresa regularmente contratada." (ver nota do autor).

Alternativa "c": Além da responsabilidade da administração pública ser subsidiária, é necessário que reste demonstrada a sua ação culposa, conforme entendimento do STF descrito na nota do autor desta questão, que foi acolhida pelo TST no sentido de alterar a redação da Súmula nº 331, principalmente seu item V: "Os entes integrantes da Administração Pública direta e indireta respondem subsidiariamente, nas mesmas condições do item IV, caso evidenciada a sua conduta culposa no cumprimento das obrigações da Lei n.º 8.666, de 21.06.1993, especialmente na fiscalização do cumprimento das obrigações contratuais e legais da prestadora de serviço como empregadora. A aludida responsabilidade não decorre de mero inadimplemento das obrigações trabalhistas assumidas pela empresa regularmente contratada." **Alternativa incorreta** (ver nota do autor)

Alternativa "d": Assertiva correta uma vez que representa o entendimento do TST constante do item V, da Súmula nº 331 do TST: "Os entes integrantes da Administração Pública direta e indireta respondem subsidiariamente, nas mesmas condições do item IV, caso evidenciada a sua conduta culposa no cumprimento das obrigações da Lei n.º 8.666, de 21.06.1993, especialmente na fiscalização do cumprimento das obrigações contratuais e legais da prestadora de serviço como empregadora. A aludida responsabilidade não decorre de mero inadimplemento das obrigações trabalhistas assumidas pela empresa regularmente contratada." (ver nota do autor)

Alternativa "e". Esse era o entendimento constante da redação anterior da Súmula nº 331 do TST, que fundamentava a responsabilidade dos Entes estatais apenas no inadimplemento das obrigações trabalhistasAlternativa incorreta, pois não representa o atual posicionamento do STF e do TST sobre a matéria. **Incorreta** (ver nota do autor).

Alternativa correta: letra "d".

---

32. (FMP – Procurador do Estado – AC/ 2012) Em relação aos contratos de trabalho com os entes de Direito Público, pode-se afirmar que:

a) tem prevalecido o entendimento de que deve haver o reconhecimento do vínculo de emprego, desde que preenchidos os requisitos do artigo 3º da CLT, com direito ao pagamento de todos os direitos decorrentes desta situação, principalmente em face do Princípio da Primazia da Realidade.

b) haverá o reconhecimento de vínculo de emprego, mas com restrição dos direitos daí decorrentes, porque a contratação de servidor público, após a CF/1988, sem prévia aprovação em concurso público, encontra óbice no respectivo art. 37, II, e § 2º, somente lhe conferindo direito ao pagamento da contraprestação pactuada, em relação ao número de horas trabalhadas, respeitado o valor da hora do salário mínimo, e dos valores referentes aos depósitos do FGTS, estes nos termos do artigo 19-A da Lei 8.036/90.

c) não há possibilidade de reconhecimento de vínculo de emprego, por se tratar de contrato nulo e, portanto, sem direito a qualquer parcela decorrente desta situação.

d) não há possibilidade de reconhecimento do vínculo de emprego com o Ente de Direito Público, na medida em que, desde a Constituição de 1988, deve prevalecer o sistema de Regime Jurídico Único, necessariamente de natureza Estatutária.

COMENTÁRIOS

✪ **Nota do autor:** Há que se distinguir entre relação de emprego e contrato de trabalho. A primeira tem uma existência fática e depende dos seus elementos caracterizadores, como pessoalidade, subordinação, onerosidade e não eventualidade. Já o contrato de trabalho, principalmente na administração pública, exige certas formalidades para a sua validade, como agente capaz, objeto lícito e forma prescrita ou não vedada em lei. Portanto, há casos em que o contrato de trabalho não é válido, mas pode ter havido relação de emprego, que produz efeitos.

Alternativa "a": Assertiva falsa, pois o entendimento que prevalece é no sentido de reconhecer a nulidade do contrato de trabalho em tais situações, sendo devida apenas uma indenização relativa ao valor da contraprestação do trabalho efetivado e aos valores do FGTS, na forma do entendimento constante da Súmula nº 363: "A contratação de servidor público, após a CF/1988, sem prévia aprovação em concurso público, encontra óbice no respectivo art. 37, II e § 2º, somente lhe conferindo direito ao pagamento da contraprestação pactuada, em relação ao número de horas trabalhadas, respeitado o valor da hora do salário mínimo, e dos valores referentes aos depósitos do FGTS".

Alternativa "b": O contrato de trabalho é nulo, pois celebrado sem a observância do quanto estabelecido no art. 37, II, da Constituição Federal de 1988. A afirmação é verdadeira, pois está de acordo com o entendimento do TST que consta da Súmula nº 363: "A contratação de servidor público, após a CF/1988, sem prévia aprovação em concurso público, encontra óbice no respectivo art. 37, II e § 2º, somente lhe conferindo direito ao pagamento da contraprestação pactuada, em relação ao número de horas trabalhadas, respeitado o valor da hora do salário mínimo, e dos valores referentes aos depósitos do FGTS".

Alternativa "c": O contrato de trabalho é nulo mas a relação de emprego existiu. Por esse motivo, são devidas algumas verbas ao trabalhador, como a contraprestação pactuada e o FGTS, esta última por expressa determinação legal contida no art. 19-A, da Lei nº 8.036/90: "Art. 19-A. É devido o depósito do FGTS na conta vinculada do trabalhador cujo contrato de trabalho seja declarado nulo nas hipóteses previstas no art. 37, § 2º, da Constituição Federal, quando mantido o direito ao salário. Alternativa errada.

Alternativa "d": Não há que se falar em incidência de regime jurídico único quando a contratação é irregular. Regime jurídico pressupõe um ato de natureza administrativa, como nomeação posse e exercício. Alternativa errada.

Alternativa correta: letra "b".

---

33. (COPS – Procurador do Estado – PR/ 2011) Assinale a alternativa falsa:

a) a admissão mediante aprovação em concurso público para empregado de empresa pública ou sociedade de economia mista assegura a estabilidade prevista no art. 41, da CRFB;

b) a declaração positiva de vínculo de emprego entre empresa de segurança privada e policial militar que lhe presta serviços é legítima, desde que presentes os requisitos do art. 3°, da CLT;

c) a conversão do regime de celetista para estatutário equivale a extinção do contrato de trabalho para fins de contagem prescricional;

d) a opção de funcionário público pelo regime trabalhista gera a perda dos direitos inerentes ao regime estatutário, exceto previsão contratual ou ressalva legal;

e) ainda que a contratação irregular por empresa interposta não gere o vínculo de emprego com ente da Administração Pública, são devidos os mesmos direitos aos trabalhadores terceirizados assegurados àqueles contratados pelo tomador dos serviços.

COMENTÁRIOS

✪ **Nota do autor:** Essa questão foi elaborada antes da regulamentação da terceirização, feita pelas Leis nºs 13.429/17 e 13.467/17, que alteraram a Lei nº 6.019/74. Também é importante informar o recente posicionamento do STF firmado no RE 635546, com repercussão geral, no sentido de que não é possível a equiparação de direitos trabalhistas entre terceirizados e empregados de empresa pública.

Alternativa "a": A estabilidade só está assegurada para os empregados públicos da administração direta, autárquica e fundacional, segundo entendimento constante da Súmula nº 390 do TST: "ESTABILIDADE. ART. 41 DA CF/1988. CELETISTA. ADMINISTRAÇÃO DIRETA, AUTÁRQUICA OU FUNDACIONAL. APLICABILIDADE. EMPREGADO DE EMPRESA PÚBLICA E SOCIEDADE DE ECONOMIA MISTA. INAPLICÁVEL (conversão das Orientações Jurisprudenciais nºs 229 e 265 da SBDI-1 e da Orientação Jurisprudencial nº 22 da SBDI-2) – Res. 129/2005, DJ 20, 22 e 25.04.2005. I – O servidor público celetista da administração direta, autárquica ou fundacional é beneficiário da estabilidade prevista no art. 41 da CF/1988. (ex-OJs nºs 265 da SBDI-1 – inserida em 27.09.2002 – e 22 da SBDI-2 – inserida em 20.09.2000). II – Ao empregado de empresa pública ou de sociedade de economia mista, ainda que admitido mediante aprovação em concurso público, não é garantida a estabilidade prevista no art. 41 da CF/1988. (ex-OJ nº 229 da SBDI-1 – inserida em 20.06.2001)". **Opção incorreta.**

Alternativa "b": Correta a afirmativa, pois o reconhecimento da relação de emprego nesse caso é admitido por meio da Súmula nº 386 do TST: "POLICIAL MILITAR. RECONHECIMENTO DE VÍNCULO EMPREGATÍCIO COM EMPRESA PRIVADA (conversão da Orientação Jurisprudencial nº 167 da

SBDI-1) – Res. 129/2005, DJ 20, 22 e 25.04.2005. Preenchidos os requisitos do art. 3º da CLT, é legítimo o reconhecimento de relação de emprego entre policial militar e empresa privada, independentemente do eventual cabimento de penalidade disciplinar prevista no Estatuto do Policial Militar. (ex-OJ nº 167 da SBDI-1 – inserida em 26.03.1999)".

Alternativa "c": Correta. Com essa conversão, extingue-se o contrato de trabalho, iniciando-se o prazo de prescrição de dois anos, segundo a Súmula nº 382 do TST: "MUDANÇA DE REGIME CELETISTA PARA ESTATUTÁRIO. EXTINÇÃO DO CONTRATO. PRESCRIÇÃO BIENAL (conversão da Orientação Jurisprudencial nº 128 da SBDI-1) – Res. 129/2005, DJ 20, 22 e 25.04.2005. A transferência do regime jurídico de celetista para estatutário implica extinção do contrato de trabalho, fluindo o prazo da prescrição bienal a partir da mudança de regime. (ex-OJ nº 128 da SBDI-1 – inserida em 20.04.1998)".

Alternativa "d": Assertiva verdadeira, pois de acordo com entendimento constante da Súmula nº 243 do TST: "OPÇÃO PELO REGIME TRABALHISTA. SUPRESSÃO DAS VANTAGENS ESTATUTÁRIAS (mantida) – Res. 121/2003, DJ 19, 20 e 21.11.2003. Exceto na hipótese de previsão contratual ou legal expressa, a opção do funcionário público pelo regime trabalhista implica a renúncia dos direitos inerentes ao regime estatutário".

Alternativa "e": Correta a afirmativa contida nessa opção, uma vez que a isonomia entre terceirizados e empregados da administração pública que exerçam as mesmas atividades foi reconhecida por meio da OJ nº 383 da SDI1: "TERCEIRIZAÇÃO. EMPREGADOS DA EMPRESA PRESTADORA DE SERVIÇOS E DA TOMADORA. ISONOMIA. ART. 12, "a", DA LEI Nº 6.019, DE 03.01.1974. (mantida) – Res. 175/2011, DEJT divulgado em 27, 30 e 31.05.2011. A contratação irregular de trabalhador, mediante empresa interposta, não gera vínculo de emprego com ente da Administração Pública, não afastando, contudo, pelo princípio da isonomia, o direito dos empregados terceirizados às mesmas verbas trabalhistas legais e normativas asseguradas àqueles contratados pelo tomador dos serviços, desde que presente a igualdade de funções. Aplicação analógica do art. 12, "a", da Lei nº 6.019, de 03.01.1974". É importante destacar o recente posicionamento do STF firmado no RE 635546, com repercussão geral, no sentido de que não é possível a equiparação de direitos trabalhistas entre terceirizados e empregados de empresa pública porque isso "fere o princípio da livre iniciativa, por se tratarem de agentes econômicos distintos, que não podem estar sujeitos a decisões empresariais que não são suas."

Essa decisão do STF impacta diretamente no entendimento até então consolidado na Oj nº 383 da SDI-1 do TST.

Alternativa correta: letra "a".

---

34. (Cespe – Procurador do Estado – ES/ 2008) Considere que, por tempo indeterminado, foi realizado contrato de trabalho entre uma pessoa jurídica de direito público e um indivíduo, admitido sem aprovação em concurso público, para prestar serviços de segunda a sexta, em jornada de onze horas. Com base nessa situação, julgue os itens a seguir, quanto aos efeitos atribuídos pelo Tribunal Superior do Trabalho (TST) à nulidade desse contrato de trabalho.

1 – O empregado mencionado terá direito ao pagamento de todas as horas trabalhadas, inclusive das que excedem a jornada normal prevista na legislação, mas sem o adicional de 50%, a título de horas extras, respeitado o valor do salário mínimo.

2 – No caso de ser dispensado sem justa causa, o empregado em pauta faz jus à concessão ou indenização do aviso prévio.

3 – São devidos ao empregado os depósitos do fundo de garantia por tempo de serviço (FGTS), uma vez que ele tem direito aos salários, mas sem a indenização de 40% sobre o valor depositado.

COMENTÁRIOS

✪ **Nota do autor:** Para responder esta questão o candidato deve ter conhecimento sobre os efeitos da nulidade do contrato de trabalho com a administração pública que estão consubstanciados na Súmula nº 363 do TST. Há entendimentos doutrinários divergentes, mas que não podem ser levados em consideração, uma vez que se trata de prova objetiva.

Item 1: Esse **item está correto**, uma vez que o trabalhador tem direito ao valor da contraprestação pactuada para uma jornada normal de oito horas diárias. Passando desse limite, é devida uma retribuição extra, mas sem o acréscimo de 50%, que só seria devido em caso de contrato de trabalho válido. Esse é o posicionamento do TST inserido em sua Súmula nº 363**:** "CONTRATO NULO. EFEITOS (nova redação) – Res. 121/2003, DJ 19, 20 e 21.11.2003**.** A contratação de servidor público, após a CF/1988, sem prévia aprovação em concurso público, encontra óbice no respectivo art. 37, II e § 2º, somente lhe conferindo direito ao pagamento da contraprestação pactuada, em relação ao número de horas trabalhadas, respeitado o valor da hora do salário mínimo, e dos valores referentes aos depósitos do FGTS."

Item 2: Item errado. Como visto, a Súmula nº 363 limita os direitos derivados da contratação sem concurso público ao salário das horas trabalhadas, respeitando o mínimo, e ao FGTS. Portanto, o trabalhador não tem direito ao aviso prévio nem a outros direitos não inseridos no referido verbete do TST.

Item 3: Item correto, pois de acordo com a redação do art. 19-A da Lei nº 8.036/90: "É devido o depósito do FGTS na conta vinculada do trabalhador cujo contrato de trabalho seja declarado nulo nas hipóteses previstas no art. 37, § 2º, da Constituição Federal, quando mantido o direito ao salário". Não há previsão legal ou na Súmula nº 363 do TST para pagamento da multa de 40%.

---

35. (Cespe – Procurador do Estado – PB/ 2008) Com base na CF, na CLT e na jurisprudência sumulada e consolidada do STF e do TST, assinale a opção correta quanto dos empregados públicos.

a) A despedida de empregados de empresa pública e de sociedade de economia mista, ainda quando admitidos por concurso público, independe de ato motivado para a sua validade, excetuada a exigência de motivação como condição para a despedida quando gozar a empresa do mesmo tratamento destinado à Fazenda Pública em relação à imunidade tributária e à execução por precatório, além das prerrogativas de foro, prazos e custas processuais.

b) O ingresso como empregado público prescinde de prévia aprovação em concurso público, exigência restrita ao ingresso como servidor público estatutário.

c) Ao empregado público de empresa pública ou de sociedade de economia mista admitido após aprovação em concurso público é garantida a estabilidade no emprego.

d) A contratação de empregado público, após a Constituição de 1988, sem prévia aprovação em concurso público, resulta na nulidade do contrato e no direito do trabalhador a receber as verbas rescisórias decorrentes e o FGTS.

e) A contratação irregular do trabalhador, mediante empresa interposta, gera vínculo de emprego com os órgãos da administração pública direta, indireta ou fundacional que se hajam beneficiado dos respectivos serviços.

COMENTÁRIOS

✪ **Nota do autor:** A contratação para emprego público necessita de prévia aprovação em concurso público, seja para administração pública direta ou indireta, autárquica e fundacional. Entretanto, os empregados de empresas públicas e sociedade de economia mista não adquirem a estabilidade no serviço. O STF, no julgamento dos embargos de declaração em recurso extraordinário 589.998/PI, com repercussão geral, fixou a tese de que "A Empresa Brasileira de Correios e Telégrafos (ECT) tem o dever jurídico de motivar, em ato formal, a demissão de seus empregados" . Logo, a necessidade de motivação da dispensa não se aplica a todas as empresas públicas e sociedades de economia mista, exceto à Empresa Brasileira de Correios e Telégrafos – ECT. Nesse sentido, aliás, a OJ nº 247 da SDI1 do TST: "ESTABILIDADE. EMPRESA PÚBLICA E SOC. ECON. MISTA. SERVIDOR PÚBLICO. CELETISTA CONCURSADO. DESPEDIDA IMOTIVADA. EMPRESA PÚBLICA OU SOCIEDADE DE ECONOMIA MISTA. POSSIBILIDADE. Inserida em 20.06.2001 (Alterada – Res. nº 143/2007 – DJ 13.11.2007). I – A despedida de empregados de empresa pública e de sociedade de economia mista, mesmo admitidos por concurso público, independe de ato motivado para sua validade; II – A validade do ato de despedida do empregado da Empresa Brasileira de Correios e Telégrafos (ECT) está condicionada à motivação, por gozar a empresa do mesmo tratamento destinado à Fazenda Pública em relação à imunidade tributária e à execução por precatório, além das prerrogativas de foro, prazos e custas processuais.

Alternativa "a": A estabilidade só é adquirida pelos empregados da administração pública direta, autárquica e fundacional. Os empregados das empresas públicas e das sociedades de economia mista não adquirem estabilidade e sequer exige-se a motivação dos atos de despedida para a validade desse ato, salvo em relação a ECT, conforme entendimento do TST exposto na OJ 247 da SDI-1 do TST. **Opção correta.**

Alternativa "b": Opção incorreta, uma vez que o inciso II, do art. 37, da CF/88, exige a prévia aprovação em concurso público para a contratação de empregado público: "Art. 37. A administração pública direta e indireta de qualquer dos Poderes da União, dos Estados, do Distrito Federal e dos Municípios, obedecerá aos princípios de legalidade, impessoalidade, moralidade, publicidade e eficiência e, também, o seguinte: (...) II – a investidura em cargo ou emprego público depende de aprovação prévia em concurso público de provas ou de provas e títulos, de acordo com a natureza e a complexidade do cargo ou emprego, na forma prevista em lei, ressalvadas as nomeações para cargo em comissão declarado em lei de livre nomeação e exoneração".

Alternativa "c": Opção incorreta, uma vez que contraria o entendimento constante da Súmula nº 390 do TST que não estende o direito da estabilidade para os empregados das empresas públicas e das sociedades de economia mista: "Estabilidade. Art. 41 da CF/1988. Celetista. Administração direta, autárquica ou fundacional. Aplicabilidade. Empregado de empresa pública e sociedade de economia mista. Inaplicável. II – Ao empregado de empresa pública ou sociedade de economia mista, ainda que admitido mediante aprovação em concurso público, não é garantida a estabilidade prevista no art. 41 da CF/1988".

Alternativa "d": Opção incorreta, diante do texto da Súmula nº 363 do TST que confere apenas o direito ao pagamento das horas de trabalho e do FGTSnos casos de contratação, pela administração pública, de empregados sem concurso público. Não há, portanto, previsão de pagamento de verbas rescisórias nestas situações: "Contrato nulo. Efeitos. A contratação de servidor público, após a CF/1988, sem prévia aprovação em concurso público, encontra óbice no respectivo art. 37, II, e parágrafo segundo, somente lhe conferindo direito ao pagamento da contraprestação pactuada, em relação ao número de horas trabalhadas, respeitado o valor da hora do salário mínimo, e dos valores referentes aos depósitos do FGTS". Note-se, também, que o referido verbete não faz referência ao direito às verbas rescisórias.

Alternativa "e": Opção incorreta, pois contrária o entendimento do TST exposto na Súmula nº 331 no sentido de não reconhecer a possibilidade de formação de vínculo empregatício com a administração pública nos casos de terceirização, ainda que ilícita. "A contratação irregular de trabalhador, mediante empresa interposta, não gera vínculo de emprego com os órgãos da administração pública direta, indireta ou fundacional" (Obs.: A Lei nº 13.467/17, que alterou a Lei nº 6.019/4, não trata especificamente da terceirização no serviço público e suas consequências).

Alternativa correta: letra "a".

3. EMPREGADO E EMPREGADOR

36. (Vunesp – Procurador do Estado – PGE – SP/2018) É correto afirmar o seguinte a respeito do teletrabalho:

a) o teletrabalhador deverá se informar quanto às precauções a tomar a fim de evitar doenças e acidentes de trabalho, ficando o empregador eximido de prestar instrução a respeito de tais cuidados.

b) poderá ser realizada a alteração do regime de teletrabalho para o presencial por determinação do empregador, garantido prazo de transição mínimo de quinze dias, com correspondente registro em aditivo contratual.

c) a responsabilidade pela aquisição, manutenção ou pelo fornecimento dos equipamentos tecnológicos e da infraestrutura necessária e adequada à prestação do trabalho remoto será sempre do empregador, estando vedado o regramento dessa matéria por meio de contrato.

d) a prestação de serviços na modalidade de teletrabalho poderá decorrer de ajuste tácito ou meramente verbal entre o empregador e o empregado.

e) considera-se teletrabalho a prestação de serviços exclusivamente fora das dependências do empregador, com a utilização de tecnologias de informação e de comunicação que, por sua natureza, constituam-se como trabalho externo.

COMENTÁRIOS

✪ **Nota do autor:** Para responder a essa questão, o candidato deveria ter conhecimento sobre o regramento do teletrabalho, que foi trazida com a Reforma Trabalhista, isto é, os artigos 75-A a 75-E da CLT.

Alternativa "a": Opção Incorreta, uma vez que o art. 75-E da CLT determina que o empregador tem responsabilidade para instruir os empregados, de maneira expressa e ostensiva, quanto às precauções a tomar a fim de evitar doenças e acidentes de trabalho. Essa instrução deverá ser realizada mediante assinatura de termo de responsabilidade, em que o empregado se compromete a seguir as instruções fornecidas pelo empregador.

Alternativa "b": Opção Correta porque está de acordo com o artigo 75-C, §2º, da CLT.

Alternativa "c": Opção incorreta porque o art. 75-D determina que as disposições relativas à responsabilidade pela aquisição, manutenção ou fornecimento dos equipamentos tecnológicos e da infraestrutura necessária e adequada à prestação do trabalho remoto, bem como ao reembolso de despesas arcadas pelo empregado, serão previstas em contrato escrito.

Alternativa "d": Opção incorreta, na medida em que o art. 75-C, §1º, da CLT exige mútuo acordo entre as partes, registrado em aditivo contratual, para que seja realizada a alteração entre regime presencial e de teletrabalho.

Alternativa "e": Opção incorreta porque art. 75-B da CLT considera teletrabalho a prestação de serviços **preponderantemente** fora das dependências do empregador (e não exclusivamente), com a utilização de tecnologias de informação e de comunicação que, por sua natureza, não se constituam como trabalho externo. Ademais, o comparecimento às dependências do empregador para a realização de atividades específicas que exijam a presença do empregado no estabelecimento não descaracteriza o regime de teletrabalho.

Alternativa correta: letra "b".

37. (UEPA – Procurador do Estado – PA/ 2012) Analise as proposições a seguir:

I. A Constituição da República de 1988 previu, em norma não autoaplicável (art. 7º, XXI), a criação do aviso prévio proporcional ao tempo de serviço, instituto só regulamentado em 2011 pela Lei Federal nº 12.506. Dispõe a lei, alterando dispositivos da CLT, que o aviso prévio, quando decorrer da dispensa imotivada do empregado, será sempre concedido pelo período de 30 (trinta) dias e, quando este contar com mais de 01 (um) ano de serviço na mesma empresa, serão acrescidos, proporcionalmente, mais 03 (três) dias a cada ano de serviço executado no mesmo estabelecimento, até o limite máximo de 30 (trinta) dias, totalizando até 60 (sessenta) dias.

II. O regime de sobreaviso, à luz da Súmula 428 do TST, não se caracteriza, por si só, em razão do uso de aparelho de intercomunicação pelo empregado, uma vez que o mesmo não permaneça em sua residência aguardando, a qualquer momento, convocação para o serviço. A rigidez desse entendimento foi atenuada, entretanto, pela edição da Lei Federal nº 12.551/2011, segundo a qual não é mais possível distinguir o trabalho realizado no estabelecimento do empregador daquele executado no domicílio do empregado e também do realizado à distância. Reconheceu a lei que a utilização de meios telemáticos e informatizados de comando, controle e supervisão, mesmo à distância, são capazes de gerar direitos trabalhistas, inclusive o sobreaviso, desde que presentes todos os elementos da relação de emprego, equiparando esses novos meios de comando e fiscalização, especialmente para fim de subordinação jurídica, aos pessoais e diretos exercidos pelo empregador.

III. O salário-mínimo previsto no artigo 7º, IV da CF/88, sempre fixado em lei e nacionalmente unificado, deve atender às necessidades vitais do trabalhador e sua família, representando o patamar abaixo do qual não pode jamais prevalecer a vontade dos contratantes na relação de emprego, sendo nula de pleno direito qualquer estipulação em contrário, ainda que resultante de negociação coletiva. Na Súmula Vinculante 16, o STF reafirmou a jurisprudência dominante da Corte no sentido de que o salário-mínimo previsto nos artigos 7º, IV e 39, par. 3º da CF/88 deve corresponder ao vencimento e salário básicos do servidor público e empregado, respectivamente, e não às remunerações destes compostas por gratificações e demais vantagens.

IV. A Lei Federal nº 5.889/73 regulamenta as relações de trabalho rural, conceituando como empregado rural a pessoa física que, em propriedade dessa natureza ou prédio rústico, presta serviço não eventual a empregador também rural, sob dependência hierárquica e mediante salário. O empregador do campo, por sua vez, foi definido pela lei como a pessoa física ou jurídica, proprietário ou não, que explore, diretamente, atividade agroeconômica em caráter permanente ou temporário, contando com auxílio de empregados. A atividade econômica referida pela lei não inclui a exploração industrial em estabelecimento agrário de qualquer natureza.

De acordo com as proposições apresentadas, assinale a alternativa CORRETA:

a) todas as proposições estão corretas
b) apenas uma das proposições está correta
c) apenas duas proposições estão corretas
d) apenas três proposições estão corretas
e) todas as proposições estão incorretas

COMENTÁRIOS

✪ **Nota do autor:** A regulamentação do aviso prévio proporcional, feita pelo Ministério do Trabalho e Emprego (Nota Técnica nº 184/12), contempla o método que considera os três dias a mais quando o empregado completa um ano de serviço. Assim, empregado despedido com menos de um ano tem direito a 30 dias de aviso-prévio. Completou um ano, tem direito a 33 dias e assim por diante.

Item "I": A assertiva contida nesse item está errada, pois o limite máximo é de sessenta dias, perfazendo um total de noventa dias, de acordo com o parágrafo único, art. 1º, da Lei nº 12.506/2011: Parágrafo único. Ao aviso prévio previsto neste artigo serão acrescidos 3 (três) dias por ano de serviço prestado na mesma empresa, até o máximo de 60 (sessenta) dias, perfazendo um total de até 90 (noventa) dias".

Item "II": Afirmativa correta, uma vez que se encontra de acordo com a atual redação da Súmula nº 428, bem como do parágrafo único, art. 6º da CLT: "Os meios telemáticos e informatizados de comando, controle e supervisão se equiparam, para fins de subordinação jurídica, aos meios pessoais e diretos de comando, controle e supervisão do trabalho alheio". Súmula nº 428: I – O uso de instrumentos telemáticos ou informatizados fornecidos pela empresa ao empregado, por si só, não caracteriza o regime de sobreaviso. II – Considera-se em sobreaviso o empregado que, à distância e submetido a controle patronal por instrumentos telemáticos ou informatizados, permanecer em regime de plantão ou equivalente, aguardando a qualquer momento o chamado para o serviço durante o período de descanso.

Item "III": Assertiva falsa, pois o entendimento do STF expressado por meio da Súmula Vinculante nº 16 é no sentido de que no valor do salário-mínimo deve ser levado em consideração todas as parcelas salariais e não apenas o salário-base: "SV nº 16: Os artigos 7º, IV, e 39, § 3º (redação da EC 19/98), da Constituição, referem-se ao total da remuneração percebida pelo servidor público".

Item "IV": A determinação legal é justamente em sentido contrário que considera empregador rural aquele que explore atividade industrial em estabelecimento agrário, desde que não regulado pela CLT (art. 3º, § 1º, da Lei nº 5.889/73). O art. 2º, § 3º do Decreto nº 73.626/1974 também reforça esse preceito: "Art. 2º Considera-se empregador rural, para os efeitos deste Regulamento, a pessoa física ou jurídica, proprietária ou não, que explore atividade agro-econômica, em caráter permanente ou temporário, diretamente ou através de prepostos e com auxílio de empregados. § 3º Inclui-se na atividade econômica referida no *caput*, deste artigo, a exploração industrial em estabelecimento agrária". Item incorreto.

Alternativa correta: letra "b".

38. (FEPESE – Procurador do Estado – SC/ 2010) Assinale a alternativa correta, de acordo com a consolidação das leis do trabalho.

a) Considera-se empregado toda pessoa física ou jurídica que prestar serviços de natureza não eventual a empregador, sob a dependência deste e mediante salário.
b) Não se computará, na contagem de tempo de serviço, para efeito de indenização e estabilidade, os períodos em que o empregado estiver afastado do trabalho prestando serviço militar.
c) A alteração na estrutura jurídica da empresa afetará diretamente os direitos adquiridos por seus empregados.
d) Não se distingue entre o trabalho realizado no estabelecimento do empregador e o executado no domicílio do empregado, desde que esteja caracterizada a relação de emprego.
e) A prestação de trabalho intelectual, técnico e manual enseja distinções relativas à espécie de emprego e à condição de trabalhador.

COMENTÁRIOS

✪ **Nota do autor:** A Lei nº 13.467/17, ao acrescer um parágrafo ao art. 4º da CLT, transformou o seu parágrafo único no parágrafo 1º, com redação bastante semelhante à anterior: "§ 1º Computar-se-ão, na contagem de tempo de serviço, para efeito de indenização e estabilidade, os períodos em que o empregado estiver afastado do trabalho prestando serviço militar e por motivo de acidente do trabalho".

Alternativa "a": Opção incorreta, pois em desacordo com os art. 3º da CLT, que só admite o empregado como pessoa física: "Considera-se empregado toda pessoa física que prestar serviços de natureza não eventual a empregador, sob a dependência deste e mediante salário".

Alternativa "b": Opção incorreta, pois o tempo de serviço militar é contado como tempo de serviço, segundo determina §1º do art. 4º da CLT: "Considera-se como de serviço efetivo o período em que o empregado esteja à disposição do empregador, aguardando ou executando ordens, salvo disposição especial expressamente consignada. Parágrafo único – Computar-se-ão, na contagem de tempo de serviço, para efeito de indenização e estabilidade, os períodos em que o empregado estiver afastado do trabalho prestando serviço militar e por motivo de acidente do trabalho" (ver nota do autor).

Alternativa "c": Opção incorreta, uma vez que os artigos 10 e 448 da CLT dizem justamente o contrário: "Art. 10 – Qualquer alteração na estrutura jurídica da empresa não afetará os direitos adquiridos por seus empregados" e "Art. 448 – A mudança na propriedade ou na estrutura jurídica da empresa não afetará os contratos de trabalho dos respectivos empregados".

Alternativa "d": Opção correta, porque reproduz o texto do art. 6º da CLT: Não se distingue entre o trabalho realizado no estabelecimento do empregador, o executado no domicílio do empregado e o realizado a distância, desde que estejam caracterizados os pressupostos da relação de emprego.

Alternativa "e": Opção incorreta, diante do comando contido no art. 3º, parágrafo único, da CLT, que estabelece a isonomia entre as diversas espécies de atividade: "Não haverá distinções relativas à espécie de emprego e à condição de trabalhador, nem entre o trabalho intelectual, técnico e manual".

Alternativa correta: letra "d".

3.1. EMPREGADOS ESPECIAIS E PROFISSÕES REGULAMENTADAS

39. (FCC – Procurador do Estado – RN/2014) Iara Delfina, de 16 anos, foi contratada como operadora de bomba de gasolina no Posto Mata Estrela, dirigido por seu pai e que se situa a 50 quilômetros de Natal, cidade onde reside. A empregadora, cuidadosa no pagamento de suas obrigações trabalhistas decorrentes da legislação, remunera Iara corretamente, a qual recebe mensalmente salário, horas extras, adicional de periculosidade, além de conceder-lhe vale-transporte e auxílio-refeição, conforme determina a convenção coletiva da categoria. Considerados os fatos narrados, o trabalho prestado por Iara, à luz da Consolidação das Leis do Trabalho e da Constituição da República, é

a) permitido porque Iara já atingiu a idade de 16 anos completos.
b) proibido porque Iara exerce trabalho em condições de periculosidade.
c) permitido porque a Constituição da República se sobrepõe à CLT e fomenta o dever social à profissionalização.
d) proibido porque Iara não é aprendiz, hipótese autorizadora do trabalho descrito.
e) permitido porque o Posto Mata Estrela é dirigido pelo pai de Iara.

COMENTÁRIOS

✪ **Nota do autor:** No caso de prestação de trabalho proibido ao menor a hipótese será de irregularidade administrativa, com aplicação de multa administrativa ao empregador na forma e valores instituídos pela norma laboral. Inclusive, a autoridade judiciária pode determinar a extinção do contrato de trabalho (arts. 407 e 408 da CLT). Constatado o labor do adolescente o empregador ficará obrigado a proceder às devidas alterações de função, sob pena de provocar o imediato rompimento do vínculo empregatício, na modalidade de rescisão indireta do contrato de trabalho, previsto no art. 483 da CLT.

Alternativa "a": A Constituição Federal de 1988 proíbe o trabalho perigoso para os trabalhadores entre 16 e 18 anos, independente do pagamento do adicional de periculosidade. Portanto, a assertiva é incorreta, pois contraria o disposto no art. 7º, XXXIII da CF/88: "proibição de trabalho noturno, perigoso ou insalubre a menores de dezoito e de qualquer trabalho a menores de dezesseis anos, salvo na condição de aprendiz, a partir de quatorze anos."

Alternativa "b": Correta a assertiva, uma vez que corresponde à proibição contida no art. art. 7º, XXXIII da CF/88: "proibição de trabalho noturno, perigoso ou insalubre a menores de dezoito e de qualquer trabalho a menores de dezesseis anos, salvo na condição de aprendiz, a partir de quatorze anos."

Alternativa "c": Além da proibição contida na atual Carta Magna, a CLT também possui dispositivo vedado o trabalho do menor de 18 anos em atividades perigosas: Art. 405, I: "Ao menor não será permitido o trabalho: I – nos locais e serviços perigosos ou insalubres, constantes de quadro para esse fim aprovado pelo Diretor Geral do Departamento de Segurança e Higiene do Trabalho". Alternativa incorreta.

Alternativa "d": Como a CF/88 e a CLT não faz qualquer distinção, a proibição do trabalho do menor de 18 anos em atividade perigosa atinge o contrato de trabalho e o contrato de aprendizagem. Alternativa incorreta.

Alternativa "e": Como se trata de norma de ordem pública, nem mesmo o fato de o gestor da empresa ser o pai da empregada autoriza o afastamento da incidência da regra proibitiva, diante da irrenunciabilidade absoluta dos direitos trabalhistas de natureza objetiva. Alternativa incorreta.

Alternativa correta: letra "b".

40. (Cespe – Procurador do Estado – AL/ 2008) Considerando que um trabalhador tenha sua contratação efetivada por determinada pessoa jurídica e desenvolva suas atividades laborais na própria residência, assinale a opção correta.

a) O desenvolvimento das atividades laborais na própria residência não configura relação de emprego.
b) Há distinção entre o trabalho realizado no estabelecimento do contratante e o executado no domicílio do empregado, segundo prescrição consolidada.
c) Por efetivar seu labor em residência, o trabalhador em questão é considerado doméstico.
d) Dito trabalhador não poderá receber menos que o salário mínimo, mas estará fora do regime celetista.
e) No caso em apreço, estando presente a subordinação e a pessoalidade, caracteriza-se relação de emprego.

COMENTÁRIOS

✪ **Nota do autor:** Observar que o art. 6º da CLT equipara a figura do empregado a domicílio com os denominados teletrabalhadores.

Alternativa "a": O fato de o trabalho ser desenvolvido no domicílio do empregado não afasta a possibilidade de reconhecimento da relação de emprego, conforme determina o art. 6º da CLT: "Não se distingue entre o trabalho realizado no estabelecimento do empregador, o executado no domicílio do empregado e o realizado a distância, desde que estejam caracterizados os pressupostos da relação de emprego".

Alternativa "b": O art. 6º da CLT prevê justamente o contrário. Opção incorreta.

Alternativa "c": Não se confundem as figuras do doméstico e do trabalhador a domicílio. Isso porque o primeiro trabalha na residência da família e sem fins lucrativos. Já no segundo caso, o empregado trabalha em seu próprio domicílio. Opção incorreta.

Alternativa "d": A primeira parte da assertiva está correta diante da prescrição contida no art. 83 da CLT: "É devido o salário mínimo ao trabalhador em domicílio, considerado este como o executado na habitação do empregado ou em oficina de família, por conta de empregador que o remunere". Como o empregado a domicílio é regido pela CLT, a segunda parte da afirmativa é falsa. Opção incorreta.

Alternativa "e": Opção correta, uma vez que enfatiza ser necessária a subordinação e a pessoalidade para caracterização de qualquer relação de emprego, inclusive no caso do trabalhador a domicílio.

Alternativa correta: letra "e".

---

41. (Cespe – Procurador do Estado – PB/ 2008) Com relação aos direitos constitucionais assegurados às mulheres trabalhadoras, assinale a opção correta.

a) À gestante é assegurada licença com a duração de 120 dias, período que coincide com sua garantia de emprego e salário.

b) É vedada a dispensa da empregada gestante, desde a confirmação da gravidez até cinco meses após o parto, período que coincide com a licença-maternidade.

c) À empregada gestante é assegurada licença com a duração de 120 dias, ficando vedada sua dispensa desde a confirmação da gravidez até cinco meses após o parto.

d) À empregada gestante é assegurada licença com a duração de cinco meses, ficando vedada sua dispensa desde a confirmação da gravidez até 120 dias após o parto.

e) É vedada a dispensa da empregada gestante, desde a confirmação da gravidez até o término do período de 180 dias da licença-maternidade.

COMENTÁRIOS

✪ **Nota do autor:** Não confundir o direito à licença maternidade com a estabilidade gestante, cujos prazos são totalmente diversos. A prorrogação de 60 dias da licença maternidade depende da adesão do empregador ao programa Empresa Cidadã e do requerimento da empregada.

Alternativa "a": São dois períodos distintos. Um de natureza fixa, que é referente à licença maternidade de 120 dias, e outro variável, de acordo com a duração da gestação, que vai da concepção até 5 meses depois do parto. Esses dois prazos estão previstos nos artigos 392 da CLT e 10 da ADCT da CF/88: "Art. 392. A empregada gestante tem direito à licença-maternidade de 120 (cento e vinte) dias, sem prejuízo do emprego e do salário". "Art. 10 da ADCT: Até que seja promulgada a lei complementar a que se refere o art. 7º, I, da Constituição: (...) II – fica vedada a dispensa arbitrária ou sem justa causa: b) da empregada gestante, desde a confirmação da gravidez até cinco meses após o parto".

Alternativa "b": Opção incorreta, uma vez que o período da licença maternidade é de 120 dias, na forma prevista pelo artigo 392 da CLT.

Alternativa "c": Opção correta. Com efeito, a licença maternidade é de 120 dias e a estabilidade da gestante vai da concepção até 5 meses depois do parto na forma do disposto no artigo 392 da CLT e art. 10 da ADCT da CF/88.

Alternativa "d": Opção incorreta, pois a licença maternidade é de 120 dias e não de cinco meses, conforme artigo 392 da CLT.

Alternativa "e": Opção incorreta, uma vez que a estabilidade vai da concepção até 5 meses depois do parto na forma do disposto art. 10 da ADCT da CF/88.

Alternativa correta: letra "c".

---

42. (FCC – Procurador do Estado – AM / 2010) Em relação à proteção à maternidade, a Consolidação das Leis do Trabalho dispõe:

I. Não constitui justo motivo para a rescisão do contrato de trabalho da mulher o fato de haver contraído matrimônio ou de encontrar-se em estado de gravidez.

II. Os períodos de repouso, antes e depois do parto, poderão ser aumentados de 2 (duas) semanas cada um, mediante atestado médico.

III. Em caso de parto antecipado, a mulher terá direito a um período de repouso proporcional em relação àquele do parto normal.

IV. Mediante atestado médico, à mulher grávida é facultado romper o compromisso resultante de qualquer contrato de trabalho, desde que este seja prejudicial à gestação.

Está correto SOMENTE o que se afirma em

a) I e III.

b) I e IV.

c) II e III.

d) I, II e IV.

e) II, III e IV.

COMENTÁRIOS

✪ **Nota do autor:** Para responder a esta questão, o candidato precisa ter conhecimento literal das regras específicas de proteção ao trabalho da mulher, notadamente as contidas nos artigos 391, 392 e 394 da CLT.

Item "I": Essa assertiva reproduz *ipsi literis* o conteúdo do art. 391 da CLT: "Não constitui justo motivo para a rescisão do contrato de trabalho da mulher o fato de haver contraído matrimônio ou de encontrar-se em estado de gravidez. Parágrafo único – Não serão permitidos em regulamentos de qualquer natureza contratos coletivos ou individuais de trabalho, restrições ao direito da mulher ao seu emprego, por motivo de casamento ou de gravidez". Alternativa verdadeira.

Item "II": Essa assertiva reproduz *ipsi literis* o conteúdo do art. 392, § 2º, da CLT: "Os períodos de repouso, antes e depois do parto, poderão ser aumentados de 2 (duas) semanas cada um, mediante atestado médico". Alternativa verdadeira.

Item "III": Incorreto, uma vez que o art. 392, § 3º, da CLT, garante o mesmo período de licença maternidade nos casos de parto antecipado: "Em caso de parto antecipado, a mulher terá direito aos 120 (cento e vinte) dias previstos neste artigo".

Item "IV": Essa assertiva reproduz *ipsi literis* o conteúdo do art. 394 da CLT: "Mediante atestado médico, à mulher grávida é facultado romper o compromisso resultante de qualquer contrato de trabalho, desde que este seja prejudicial à gestação". Alternativa verdadeira.

Alternativa correta: letra "d".

---

43. (FCC – Procurador do Estado – AM / 2010) Em relação ao trabalho do empregado aprendiz:

I. Os estabelecimentos de qualquer natureza são obrigados a empregar e matricular nos cursos dos Serviços Nacionais de Aprendizagem número de aprendizes correspondente à, no mínimo, 5% dos trabalhadores existentes em cada estabelecimento.

II. O contrato de aprendizagem é contrato de trabalho especial, por prazo determinado de dois anos, improrrogáveis para os aprendizes portadores de deficiência.

III. A anotação na Carteira de Trabalho e Previdência Social constitui o único pressuposto para a validade do contrato de aprendizagem.

IV. Ao menor aprendiz, salvo condição mais favorável, será garantido o salário mínimo hora.

Está correto SOMENTE o que se afirma em

a) I e III.

b) I e IV.

c) II e III.

d) I, II e IV.

e) II, III e IV.

COMENTÁRIOS

✪ **Nota do autor:** Não confundir aprendiz com estagiário. Aprendiz é um empregado que estuda, enquanto que o estagiário é um estudante que, para aprender a prática, trabalha. No primeiro caso, há relação de emprego especial. Já o estagiário não é considerado empregado.

Item "I": Correto, uma vez que o art. 429 da CLT estabelece regime de cotas para contratação de aprendizes: "Os estabelecimentos de qualquer natureza são obrigados a empregar e matricular nos cursos dos Serviços Nacionais de Aprendizagem número de aprendizes equivalente a cinco por cento, no mínimo, e quinze por cento, no máximo, dos trabalhadores existentes em cada estabelecimento, cujas funções demandem formação profissional".

Item "II": Incorreto, pois o art. 428, § 3º, da CLT, excepciona a limitação do prazo de dois anos quando o aprendiz for portador de deficiência: "Contrato de aprendizagem é o contrato de trabalho especial, ajustado por escrito e por prazo determinado, em que o empregador se compromete a assegurar ao maior de 14 (quatorze) e menor de 24 (vinte e quatro) anos inscrito em programa de aprendizagem formação técnico-profissional metódica, compatível com o seu desenvolvimento físico, moral e psicológico, e o aprendiz, a executar com zelo e diligência as tarefas necessárias a essa formação (...) § 3º O contrato de aprendizagem não poderá ser estipulado por mais de 2 (dois) anos, exceto quando se tratar de aprendiz portador de deficiência". Durante a vigência da MP nº 1.116/2022 o referido dispositivo legal teve a seguinte redação: § 3º O contrato de aprendizagem profissional não poderá ter duração superior a três anos, exceto: I – quando se tratar de pessoa com deficiência, hipótese em que não há limite máximo de prazo; II – quando o aprendiz for contratado com idade entre quatorze e quinze anos incompletos, hipótese em que poderá ter seu contrato firmado pelo prazo de até quatro anos; ou III – quando o aprendiz se enquadrar nas situações previstas no § 5º do art. 429, hipótese em que poderá ter seu contrato firmado pelo prazo de até quatro anos.

Item "III": O art. 428, § 1º, da CLT, estabelece outras formalidades para contratação de aprendiz, além da anotação da CTPS: "A validade do contrato de aprendizagem pressupõe anotação na Carteira de Trabalho e Previdência Social, matrícula e frequência do aprendiz na escola, caso não haja concluído o ensino médio, e inscrição em programa de aprendizagem desenvolvido sob orientação de entidade qualificada em formação técnico-profissional metódica". Portanto, a assertiva contida no item III é falsa.

Item "IV": Correto, pois de acordo com o art. 428, § 2º, da CLT: "Ao menor aprendiz, salvo condição mais favorável, será garantido o salário mínimo hora".

Alternativa correta: letra "b".

---

44. (FCC – Procurador do Estado – RO/ 2011) Em relação às disposições legais trabalhistas sobre o trabalho da mulher é INCORRETO afirmar:

a) Para amamentar o próprio filho, até que este complete 6 (seis) meses de idade, a mulher terá direito, durante a jornada de trabalho, a dois descansos especiais, de meia hora cada um.

b) As empresas com mais de cem empregados, de ambos os sexos, deverão manter programas especiais de incentivos e aperfeiçoamento profissional de mão de obra.

c) Em caso de aborto não criminoso, comprovado por atestado médico oficial, a mulher terá um repouso remunerado de 2 (duas) semanas, ficando-lhe assegurado o direito de retornar à função que ocupava antes de seu afastamento.

d) Ao empregador é vedado empregar a mulher em serviço que demande o emprego de força muscular superior a 25 (vinte e cinco) quilos, para o trabalho contínuo, ou 20 (vinte) quilos, para o trabalho ocasional.

e) A pessoa jurídica poderá associar-se a entidade de formação profissional, sociedades civis, sociedades cooperativas, órgãos e entidades públicas ou entidades sindicais, bem como firmar convênios para o desenvolvimento de ações conjuntas, visando à execução de projetos relativos de incentivo ao trabalho da mulher.

COMENTÁRIOS

✪ **Nota do autor. A Lei nº 13.467/17 acrescentou o parágrafo 2º ao art. 396 da CLT com a seguinte redação:** "Os horários dos descansos previstos no caput deste artigo deverão ser definidos em acordo individual entre a mulher e o empregador".

Alternativa "a": Opção correta, uma vez que reproduz o texto contido no art. 396 da CLT: "Para amamentar o próprio filho, até que este complete 6 (seis) meses de idade, a mulher terá direito, durante a jornada de trabalho, a 2 (dois) descansos especiais, de meia hora cada um" (ver nota do autor).

Alternativa "b": Opção correta, uma vez que reproduz o texto contido no art. 390-C da CLT: "As empresas com mais de cem empregados, de ambos os sexos, deverão manter programas especiais de incentivos e aperfeiçoamento profissional da mão-de-obra".

Alternativa "c": Opção correta, uma vez que reproduz o texto contido no art. 395 da CLT: "Em caso de aborto não criminoso, comprovado por atestado médico oficial, a mulher terá um repouso remunerado de 2 (duas) semanas, ficando-lhe assegurado o direito de retornar à função que ocupava antes de seu afastamento".

Alternativa "d": Houve uma inversão dos limites de peso estabelecidos pelo art. 390 da CLT para o trabalho da mulher. Na verdade, são 20 quilos para o trabalho contínuo ou 25 quilos para o ocasional: "Ao empregador é vedado empregar a mulher em serviço que demande o emprego de força muscular superior a 20 (vinte) quilos para o trabalho contínuo, ou 25 (vinte e cinco) quilos para o trabalho ocasional".

Alternativa "e": Opção correta, uma vez que reproduz o texto contido art. 390-E da CLT: "A pessoa jurídica poderá associar-se a entidade de formação profissional, sociedades civis, sociedades cooperativas, órgãos e entidades públicas ou entidades sindicais, bem como firmar convênios para o desenvolvimento de ações conjuntas, visando à execução de projetos relativos ao incentivo ao trabalho da mulher".

Alternativa correta: letra "d".

---

45. (FCC – Procurador do Estado – RO/ 2011) Em relação ao trabalho do menor é INCORRETO afirmar:

a) Se a autoridade competente verificar que o trabalho executado pelo menor é prejudicial à sua saúde, ao seu desenvolvimento físico ou à sua moralidade, poderá ela obrigá-lo a abandonar o serviço, devendo a respectiva empresa, quando for o caso, proporcionar ao menor todas as facilidades para mudar de funções.

b) Ao responsável legal do menor é facultado pleitear a extinção do contrato de trabalho, desde que o serviço possa acarretar para ele prejuízo de ordem física ou moral.

c) O empregador, cuja empresa ou estabelecimento ocupar menores, será obrigado a conceder-lhes o tempo que for necessário para a frequência às aulas.

d) Ao menor de 18 anos é vedado o trabalho noturno, considerado, na área urbana ou rural, o que for executado no período compreendido entre as 20 (vinte) e as 5 (cinco) horas.

e) Os estabelecimentos situados em lugar onde a escola estiver a maior distância que dois quilômetros e que ocuparem, permanentemente, mais de trinta menores analfabetos, serão obrigados a manter local apropriado em que lhes seja ministrada a instrução primária.

COMENTÁRIOS

✪ **Nota do autor:** Para responder a esta questão, o candidato precisa ter conhecimento literal das regras específicas de proteção ao trabalho do menor, notadamente as contidas nos artigos 404, 407, 408 e 427 da CLT.

Alternativa "a": Trata-se de assertiva com texto bastante semelhante aquele contido no art. 407 da CLT: "Verificado pela autoridade competente que o trabalho executado pelo menor é prejudicial à sua saúde, ao seu desenvolvimento físico ou a sua moralidade, poderá ela obrigá-lo a abandonar o serviço, devendo a respectiva empresa, quando for o caso, proporcionar ao menor todas as facilidades para mudar de funções". Opção correta, em face da inexistência de divergência com o texto legal.

Alternativa "b": Essa assertiva reproduz *ipsi literis* o conteúdo do art. 408 da CLT: "Ao responsável legal do menor é facultado pleitear a extinção do contrato de trabalho, desde que o serviço possa acarretar para ele prejuízos de ordem física ou moral". Opção correta.

Alternativa "c": Essa assertiva reproduz *ipsi literis* o conteúdo do art. 427 da CLT: "O empregador, cuja empresa ou estabelecimento ocupar menores, será obrigado a conceder-lhes o tempo que for necessário para a frequência às aulas". Opção correta.

Alternativa "d": Considera-se trabalho noturno aquele executado a partir das 22 horas e não 20 horas conforme dispõe o art. 404 da CLT: "Ao menor de 18 (dezoito) anos é vedado o trabalho noturno, considerado este o que for executado no período compreendido entre as 22 (vinte e duas) e as 5 (cinco) horas". Assertiva incorreta.

Alternativa "e": Trata-se de assertiva com texto bastante semelhante aquele contido no art. 404, parágrafo único, da CLT: "Os estabelecimentos situados em lugar onde a escola estiver a maior distância que 2 (dois) quilômetros, e que ocuparem, permanentemente, mais de 30 (trinta) menores analfabetos, de 14 (quatorze) a 18 (dezoito) anos, serão obrigados a manter local apropriado em que lhes seja ministrada a instrução primária". Opção correta, em face da inexistência de divergência com o texto legal.

Alternativa correta: letra "d".

3.2. GRUPO ECONÔMICO, SUCESSÃO E TERCEIRIZAÇÃO

46. (Cespe – Procurador do Estado – PGE – PE/2018) Acerca dos grupos econômicos e da sucessão de empregadores, julgue os itens a seguir, considerando a reforma trabalhista de 2017.

I. Uma vez caracterizada a sucessão trabalhista, apenas a empresa sucessora responderá pelos débitos de natureza trabalhista, podendo-se acionar a empresa sucedida somente se comprovada fraude na operação societária que transferiu as atividades e os contratos de trabalho.

II. Para a justiça do trabalho, a mera identidade de sócios é suficiente para configurar a existência de um grupo econômico.

III. Configurado o grupo econômico, as empresas responderão subsidiariamente pelas obrigações decorrentes das relações de emprego.

Assinale a opção correta.

a) Apenas o item I está certo.
b) Apenas o item III está certo.
c) Apenas os itens I e II estão certos.
d) Apenas os itens II e III estão certos.
e) Todos os itens estão certos.

COMENTÁRIOS

✪ **Nota do autor:** Para responder a esta questão, o candidato deveria ter conhecimento dos dispositivos que regulamentam a sucessão (artigo 448-A) e o grupo econômico (art. 2º, §§2º e 3º, da CLT), temas bastante recorrentes nos concursos, especialmente porque alterados pela Reforma Trabalhista.

Alternativa "a": Opção Correta, uma vez que o item I está de acordo com o artigo 448-A, que dispõe que, caracterizada a sucessão empresarial ou de empregadores, as obrigações trabalhistas, inclusive as contraídas à época em que os empregados trabalhavam para a empresa sucedida, são de responsabilidade do sucessor. Em regra, o sucedido não tem qualquer responsabilidade sobre os créditos trabalhistas anteriores à sucessão. Todavia, haverá responsabilidade solidária do sucedido na hipótese de fraude na transferência.

Alternativa "b": Opção incorreta, uma vez que o item III contraria o art. 2º, §2º, da CLT, que determina que, configurado o grupo econômico, as empresas responderão solidariamente (e não subsidiariamente) pelas obrigações decorrentes das relações de emprego.

Alternativa "c": Opção incorreta porque o item II contraria o disposto no artigo 2º, §3º, da CLT, que determina que não caracteriza grupo econômico a mera identidade de sócios, sendo necessárias, para a configuração do grupo, a demonstração do interesse integrado, a efetiva comunhão de interesses e a atuação conjunta das empresas dele integrantes.

Alternativa "d": Opção incorreta porque como já exposto os itens II e III estão incorretos.

Alternativa "e": Opção incorreta porque como já exposto os itens II e III estão incorretos.

Alternativa correta: letra "a".

47. (FCC – Procurador do Estado – PGE – TO/2018) Em relação aos sujeitos do contrato de trabalho, conforme previsão contida na Consolidação das Leis do Trabalho,

a) para caracterização da figura do empregado levar-se-ão em conta distinções relativas à espécie de emprego e à condição de trabalhador, bem como entre o trabalho intelectual, técnico e manual.
b) o trabalho realizado no estabelecimento do empregador se distingue daquele executado no domicílio do empregado e do realizado a distância para efeitos da caracterização da relação de emprego, mesmo caracterizados os pressupostos da relação de emprego.
c) não caracteriza grupo econômico a mera identidade de sócios, sendo necessárias, para a configuração do grupo, a demonstração do interesse integrado, a efetiva comunhão de interesses e a atuação conjunta das empresas dele integrantes.
d) as instituições de beneficência e as associações recreativas não se equiparam ao empregador, para os efeitos exclusivos da relação de emprego, em razão da ausência de finalidade lucrativa.
e) a empresa que estiver sob a direção, controle ou administração de outra e integre grupo econômico, será responsável subsidiariamente pelas obrigações decorrentes da relação de emprego da empresa controladora.

COMENTÁRIOS

✪ **Nota do autor:** Para responder a essa questão, o candidato deve se atentar para o artigo 2º da CLT que trata da figura do empregador e do grupo econômico.

Alternativa "a": Opção Incorreta, uma vez que contraria o artigo 3º, parágrafo único, da CLT que dispõe que não haverá distinções relativas à espécie de emprego e à condição de trabalhador, nem entre o trabalho intelectual, técnico e manual.

Alternativa "b": Opção incorreta, uma vez que contraria o artigo 6º da CLT que não distingue entre o trabalho realizado no estabelecimento do empregador, o executado no domicílio do empregado e o realizado a distância, desde que estejam caracterizados os pressupostos da relação de emprego.

Alternativa "c": Opção Correta porque repete a literalidade do art. 2º, §3º, da CLT

Alternativa "d": Opção incorreta porque contraria o artigo 2º, §2, da CLT que equipara essas entidades ao empregador.

Alternativa "e": Opção incorreta porque contraria o art. 2º, §2º, da CLT, que determina que, configurado o grupo econômico, as empresas responderão solidariamente (e não subsidiariamente) pelas obrigações decorrentes das relações de emprego.

Alternativa correta: letra "c".

---

48. (Cespe – Procurador do Estado – PGE – SE/2017) Com o desmembramento do município X, foi criado o município Y. Nessa situação hipotética, segundo o TST, a responsabilidade trabalhista quanto aos empregados municipais deverá ser suportada

a) pelo município Y, que deverá suceder os empregados do município X contratados antes da criação do novo município.
b) pelo estado-membro a que os municípios pertencem.
c) por cada um dos municípios pelo período em que cada um deles figurar como real empregador.
d) pelos dois municípios, solidariamente, independentemente do período de vinculação dos empregados.
e) pelo município X, subsidiariamente, em relação aos empregados contratados pelo município Y.

COMENTÁRIOS

✪ **Nota do autor: Essa questão foi elaborada com base no entendimento do TST constante da** OJ nº 92 da SDI-1: "Em caso de criação de novo município, por desmembramento, cada uma das novas entidades responsabiliza-se pelos direitos trabalhistas do empregado no período em que figurarem como real empregador."

Alternativa "a": Incorreta, pois o município X responde pelo período em que foi empregador, conforme posicionamento do TST adotado pela OJ nº 92, da SDI-1.

Alternativa "b": Incorreta. Cada uma das novas entidades responsabiliza-se pelos direitos trabalhistas do empregado no período em que figurarem como real empregador

Alternativa "c": Correta, pois representa o entendimento do TST revelado por meio da OJ nº 92, da SDI-1, transcrita na nota do autor.

Alternativa "d": A responsabilidade é proporcional ao tempo de serviço prestado para cada município. Incorreta.

Alternativa "e": A responsabilidade é de cada município durante o período em que figurou como empregador. Incorreta.

Alternativa correta: letra "c".

---

49. (FCC – Procurador do Estado – MT/2016) O Estado de Goiás contratou a empresa Vênus Limpadora Ltda., após processo de licitação, para prestar serviços de limpeza e portaria no prédio onde funciona a Secretaria Estadual de Educação. O empregado da empresa Vênus, Netuno de Tal, que presta serviços na portaria, ingressa com ação na Justiça do Trabalho, sem se afastar do emprego, pleiteando a rescisão indireta do seu contrato de trabalho, sob fundamento de que a sua empregadora vem descumprindo obrigações contratuais, colocando no polo passivo a empresa Vênus e o Estado de Goiás, requerendo a responsabilidade solidária e, alternativamente, subsidiária deste último. Pleiteia pelo pagamento de todas as verbas rescisórias decorrentes de uma dispensa sem justa causa por iniciativa da empregadora. Considerando a legislação trabalhista vigente e a jurisprudência sumulada do Tribunal Superior do Trabalho, na hipótese de descumprimento por parte do empregador de obrigações contratuais, é correto afirmar:

a) O pedido de rescisão indireta do contrato de trabalho só pode ser realizado após o empregado se afastar do trabalho e, neste caso, não responde de forma subsidiária o Estado de Goiás pelas verbas rescisórias eventualmente deferidas em Juízo, por ter havido regular procedimento licitatório para a contratação da empresa prestadora de serviços.
b) É possível o pleito de rescisão indireta do contrato de trabalho nessa hipótese permanecendo o trabalhador no emprego, desde que notifique a empresa Vênus Limpadora Ltda. por escrito com antecedência mínima de trinta dias, mas a responsabilidade subsidiária do Estado de Goiás não se verifica por ter havido regular procedimento licitatório para a contratação da empresa prestadora de serviços.
c) Não cabe pedido de rescisão indireta do contrato de trabalho quando a prestação de serviços se der em benefício de ente da Administração pública direta, pelo fato de ela possuir o dever legal de verificar o correto cumprimento por parte da empresa contratada com as obrigações contratuais relativas aos seus empregados.
d) É faculdade do trabalhador, quando esse for o fundamento do pedido de rescisão indireta do contrato de trabalho, ingressar com a ação pertinente sem se afastar do trabalho e, nesse caso, possível a condenação de forma subsidiária do Estado de Goiás pelas verbas eventualmente deferidas em Juízo, desde que comprovado que deixou de fiscalizar o regular cumprimento pela empresa contratada com as obrigações contratuais e legais em relação aos seus empregados.
e) É cabível requerer rescisão indireta do contrato de trabalho com tal fundamento, ainda que o faça sem se afastar do emprego e, nessa hipótese, o Estado de Goiás deverá responder de forma solidária com a empresa prestadora de serviços se configurada a ausência de fiscalização por parte do Estado de Goiás do regular cumprimento pela empresa contratada com as obrigações contratuais e legais em relação aos seus empregados.

COMENTÁRIOS

✪ **Nota do autor.** Essa questão foi elaborada antes da regulamentação da terceirização, feita pelas Leis nºs 13.429/17 e 13.467/17, que alteraram a Lei nº 6.019/74. A partir de então, fixou-se, por lei a responsabilidade subsidiaria do contratante pelos débitos trabalhistas da empresa prestadora de serviços a terceiros.

Alternativa "a": Incorreta. Em determinadas situações o afastamento do empregado é uma faculdade, conforme se observa da redação do art. 483, § 3º, da CLT: Art. 483. O empregado poderá considerar rescindido o contrato e pleitear a devida indenização quando: d) não cumprir o empregador as obrigações do contrato; § 3º – Nas hipóteses das letras *d* e *g*, poderá o empregado pleitear a rescisão de seu contrato de trabalho e o pagamento das respectivas indenizações, permanecendo ou não no serviço até final decisão do processo.

Alternativa "b": Incorreta. No caso de descumprimento de obrigações contratuais a permanência no emprego é uma faculdade do trabalhador, como ressalta o § 3º, art. 483, da CLT: "Art. 483. O empregado poderá considerar rescindido o contrato e pleitear a devida indenização quando: d) não cumprir o empregador as obrigações do contrato; § 3º – Nas hipóteses das letras *d* e *g*, poderá o empregado pleitear a rescisão de seu contrato de trabalho e o pagamento das respectivas indenizações, permanecendo ou não no serviço até final decisão do processo.

Alternativa "c": Incorreta. Não há qualquer restrição legal quanto a vedação da rescisão indireta do contrato de trabalho quando na hipótese de terceirização no âmbito da administração pública. Sendo assim, aplica-se o preceito contido no § 3º, art. 483, da CLT e a Súmula nº 331 do TST, incisos IV e V: "CLT. Art. 483 – O empregado poderá considerar rescindido o contrato e pleitear a devida indenização quando: d) não cumprir o empregador as obrigações do contrato; § 3º – Nas hipóteses das letras *d* e *g*, poderá o empregado pleitear a rescisão de seu contrato de trabalho e o pagamento das respectivas indenizações, permanecendo ou não no serviço até final decisão do processo: "SÚMULA Nº 331. CONTRATO DE PRESTAÇÃO DE SERVIÇOS. LEGALIDADE (nova redação do item IV e inseridos os itens V e VI à redação) – Res. 174/2011, DEJT divulgado em 27, 30 e 31.05.2011. IV – O inadimplemento das obrigações trabalhistas, por parte do empregador, implica a responsabilidade subsidiária do tomador dos serviços quanto àquelas obrigações, desde que haja participado da relação processual e conste também do título executivo judicial. V – Os entes integrantes da Administração Pública direta e indireta respondem subsidiariamente, nas mesmas condições do item IV, caso evidenciada a sua conduta culposa no cumprimento das obrigações da Lei n.º 8.666, de 21.06.1993, especialmente na fiscalização do cumprimento das obrigações contratuais e legais da prestadora de serviço como empregadora. A aludida responsabilidade não decorre de mero inadimplemento das obrigações trabalhistas assumidas pela empresa regularmente contratada.

Alternativa "d": Correta, uma vez que corresponde ao mandamento contido no § 3º, art. 483 da CLT, no sentido de estabelecer uma faculdade de afastamento do serviço, além de refletir o entendimento do TST sobre a responsabilidade subsidiária do Estado em caso de terceirização, conforme estabelecido nos incisos IV e V da Súmula nº 331: "CONTRATO DE PRESTAÇÃO DE SERVIÇOS. LEGALIDADE (nova redação do item IV e inseridos os itens V e VI à redação) – Res. 174/2011, DEJT divulgado em 27, 30 e 31.05.2011. IV – O inadimplemento das obrigações trabalhistas, por parte do empregador, implica a responsabilidade subsidiária do tomador dos serviços quanto àquelas obrigações, desde que haja participado da relação processual e conste também do título executivo judicial. V – Os entes integrantes da Administração Pública direta e indireta respondem subsidiariamente, nas mesmas condições do item IV, caso evidenciada a sua conduta culposa no cumprimento das obrigações da Lei n.º 8.666, de 21.06.1993, especialmente na fiscalização do cumprimento das obrigações contratuais e legais da prestadora de serviço como empregadora. A aludida responsabilidade não decorre de mero inadimplemento das obrigações trabalhistas assumidas pela empresa regularmente contratada.

Alternativa "e": Incorreta, pois a segunda parte da assertiva diz que a responsabilidade do Estado é solidária, enquanto que os incisos IV e V da Súmula nº 331 do TST agasalham entendimento no sentido de atribuir natureza subsidiária à responsabilidade: "SÚMULA Nº 331 CONTRATO DE PRESTAÇÃO DE SERVIÇOS. LEGALIDADE (nova redação do item IV e inseridos os itens V e VI à redação) – Res. 174/2011, DEJT divulgado em 27, 30 e 31.05.2011. IV – O inadimplemento das obrigações trabalhistas, por parte do empregador, implica a responsabilidade subsidiária do tomador dos serviços quanto àquelas obrigações, desde que haja participado da relação processual e conste também do título executivo judicial. V – Os entes integrantes da Administração Pública direta e indireta respondem subsidiariamente, nas mesmas condições do item IV, caso evidenciada a sua conduta culposa no cumprimento das obrigações da Lei n.º 8.666, de 21.06.1993, especialmente na fiscalização do cumprimento das obrigações contratuais e legais da prestadora de serviço como empregadora. A aludida responsabilidade não decorre de mero inadimplemento das obrigações trabalhistas assumidas pela empresa regularmente contratada".

Alternativa correta: letra "d".

---

50. (PGE-GO – Procurador do Estado – GO/ 2013) Pedro foi contratado pela empresa "A" com a finalidade de prestar serviços de vigilância para um ente público "B" e para uma empresa privada "C", inexistentes a pessoalidade e a subordinação direta com estes tomadores do serviço. Dispensado pela empresa "A", após três anos de prestação de serviços para os tomadores do serviço, Pedro não recebeu as verbas rescisórias. De acordo com as diretrizes da Súmula 331 do TST, está CORRETA a seguinte proposição:

a) A contratação de Pedro pela empresa interposta "A" é ilegal, pois, não sendo hipótese de trabalho temporário, o vínculo de emprego se forma diretamente com os tomadores do serviço "B" e "C".

b) Todos respondem pelas obrigações trabalhistas assumidas pela empresa regularmente contratada, porém os tomadores "B" e "C" respondem apenas subsidiariamente e da mesma maneira, isto é, sem qualquer perquirição de culpa *in vigilando* ou *in eligendo*.

c) Para que os tomadores do serviço possam ser executados como devedores subsidiários, não é necessário que figurem no título executivo judicial.

d) O pagamento das verbas rescisórias é de responsabilidade exclusiva da empresa "A", por se tratarem de obrigações de caráter personalíssimo.

e) Em relação ao ente público "B", a responsabilidade subsidiária não decorre de mero inadimplemento das obrigações trabalhistas assumidas pela empresa regularmente contratada, mas da conduta culposa no cumprimento das obrigações da Lei nº 8.666, de 21 de junho de 1993.

COMENTÁRIOS

✪ **Nota do autor:** A terceirização com a administração pública produz efeitos diversos se comparada com aquela efetivada pela iniciativa privada. Isso ocorre por conta de dispositivos constitucionais, principalmente da necessidade do concurso público, bem como por incidência de norma infraconstitucional, mais precisamente da Lei de licitações. Saliente-se que essa questão foi elaborada antes da regulamentação da terceirização, feita pelas Leis nºs 13.429/17 e 13.467/17, que alteraram a Lei nº 6.019/74.

Alternativa "a": A contratação foi legal, pois o serviço de vigilância sempre pôde ser terceirizado, conforme permissão contida na Lei nº 7.102/83 e na forma prevista pelo inciso III, da Súmula nº 331: "Não forma vínculo de emprego com o tomador a contratação de serviços de vigilância (Lei nº 7.102, de 20.06.1983) e de conservação e limpeza, bem como a de serviços especializados ligados à atividade-meio do tomador, desde que inexistente a pessoalidade e a subordinação direta". **Alternativa errada.**

Alternativa "b": Para a responsabilização dos entes da Administração Pública é necessária a presença da culpa *in vigilando* e não apenas o mero inadimplemento. Nesse sentido é o entendimento do TST expressado por meio da Súmula nº 331, V: "Os entes integrantes da Administração Pública direta e indireta respondem subsidiariamente, nas mesmas condições do item IV, caso evidenciada a sua conduta culposa no cumprimento das obrigações da Lei nº 8.666, de 21.06.1993, especialmente na fiscalização do cumprimento das obrigações contratuais e legais da prestadora de serviço como empregadora. A aludida responsabilidade não decorre de mero inadimplemento das obrigações trabalhistas assumidas pela empresa regularmente contratada". **Alternativa errada.**

Alternativa "c": Na responsabilidade subsidiária é necessário que o devedor dessa natureza figure no título executivo judicial para que possa ser acionado no processo de execução. Esse é o entendimento do TST que consta da Súmula nº 331, IV: "O inadimplemento das obrigações trabalhistas, por parte do empregador, implica a responsabilidade subsidiária do tomador dos serviços quanto àquelas obrigações, desde que haja participado da relação processual e conste também do título executivo judicial". **Alternativa errada.**

Alternativa "d": Incorreto, pois as verbas de natureza pecuniária não têm caráter personalíssimo. Logo, a responsabilidade pode ser estendida aos tomadores de serviço. Tal não ocorre, todavia, com a obrigação de assinar a carteira de trabalho do empregado, essa sim, dívida de natureza personalíssima que não pode ser transferida para o responsável subsidiário.

Alternativa "e". Correto, pois de acordo com o entendimento do STF constante da decisão proferida na ADI nº 16, bem como pelo posicionamento do TST adotado na Súmula nº 331, inciso V: "Os entes integrantes da Administração Pública direta e indireta respondem subsidiariamente, nas mesmas condições do item IV, caso evidenciada a sua conduta culposa no cumprimento das obrigações da Lei nº 8.666, de 21.06.1993, especialmente na fiscalização do cumprimento das obrigações contratuais e legais da prestadora de serviço como empregadora. A aludida responsabilidade não decorre de mero inadimplemento das obrigações trabalhistas assumidas pela empresa regularmente contratada".

Alternativa correta: letra "e".

---

51. (CESPE – Procurador do Estado – DF/ 2013) Com relação ao direito coletivo do trabalho, ao direito individual do trabalho e aos princípios do direito do trabalho, julgue o item a seguir.

O contrato de trabalho temporário e a terceirização são formas de contratação por interposta pessoa mediante a constituição de um relacionamento triangular: contratante, intermediário e contratado. Para a validade de ambas, o trabalho realizado pelo empregado não deve destinar-se à atividade fim da empresa.

COMENTÁRIOS

✪ **Nota do autor:** Na verdade, a relação que existe entre terceirização e o trabalho temporário é de gênero e espécie. Isso porque o trabalho temporário é uma espécie lícita de terceirização. Observe-se, também, que essa questão foi elaborada antes da regulamentação da terceirização, feita pelas Leis nºs 13.429/17 e 13.467/17, que alteraram a Lei nº 6.019/74. Note-se que o STF, no julgamento da ADPF 324 e o no RE 958252 considerou como lícita a terceirização da atividade fim da empresa.

Alternativa correta: o item está ERRADO. Em caso de terceirização pela modalidade de trabalho temporário, não se exige que o trabalho do empregado seja destinado a atividade-meio da empresa. Assim, é lícita a contratação de empresa de trabalho temporário para substituição de mão de obra relacionadas com a atividade fim da empresa.

---

52. (CESPE – Procurador do Estado – DF/ 2013) Julgue o seguinte item, com base na legislação e no entendimento jurisprudencial dominante do TST.

Caso a Secretaria de Estado da Fazenda do DF tenha sob suas ordens, mediante contrato, empresa de prestação de serviços de vigilância armada em suas agências, para proteção de seu patrimônio, o DF poderá ser subsidiariamente responsável pelo pagamento do adicional de periculosidade aos vigilantes da empresa contratada, se ficar evidenciada a ausência de fiscalização do referido órgão no cumprimento de tal obrigação.

COMENTÁRIOS

✪ **Nota do autor:** A questão foi elaborada antes da regulamentação da terceirização, feita pela Lei nºs 13.429/17 e 13.467/17, que alteraram a Lei nº 6.019/74.

Alternativa correta: o item está CERTO. Não basta apenas o mero inadimplemento. Para que a Administração Pública responda em caso de terceirização, é necessário que haja a culpa *in vigilando*, na forma do entendimento inserido no inciso V da Súmula nº 331 do TST. "Os entes integrantes da Administração Pública direta e indireta respondem subsidiariamente, nas mesmas condições do item IV, caso evidenciada a sua conduta culposa no cumprimento das obrigações da Lei nº 8.666, de 21.06.1993, especialmente na fiscalização do cumprimento das obrigações contratuais e legais da prestadora de serviço como empregadora. A aludida responsabilidade não decorre de mero inadimplemento das obrigações trabalhistas assumidas pela empresa regularmente contratada".

---

53. (CESPE – Procurador do Estado – DF/ 2013) Julgue o seguinte item, com base na legislação e no entendimento jurisprudencial dominante do TST.

Conforme a CLT, a mudança na propriedade da empresa não afetará os contratos de trabalho, no entanto, em caso de falência, não se aplicará tal regra, porque a compra de empresa falida não obriga o arrematante nas obrigações do devedor. Assim, se determinada empresa alienar seus ativos em virtude de processo de falência, sendo o arrematante primo do sócio da sociedade falida, não haverá sucessão do arrematante nas obrigações trabalhistas do devedor.

COMENTÁRIOS

✪ **Nota do autor:** É necessário ter atenção quanto às exceções à regra geral dos efeitos da sucessão de empregadores e a falência é uma delas. A regra está contida no art. 10 e 448 da CLT e a exceção no art. 141, II da Lei nº 11.101/2005. Inclusive o *caput* desse último dispositivo teve sua redação alterada em 2020: "Art. 141. Na alienação conjunta ou separada de ativos, inclusive da empresa ou de suas filiais, promovida sob qualquer das modalidades de que trata o art. 142: (Redação dada pela Lei nº 14.112, de 2020)".

Alternativa correta: o item está ERRADO. O objeto da alienação em processo de falência está livre de ônus, salvo em algumas situações expressamente previstos em lei, dentre elas o fato de o arrematante ser sócio da sociedade falida ou parente em linha reta ou colateral até o 4º grau, o que inclui o primo. Portanto, o item está errado uma vez que afronta o disposto no, § 1º, II, do art. 141 da Lei nº 11.101/05: "Art. 141. Na alienação conjunta ou separada de ativos, inclusive da empresa ou de suas filiais, promovida sob qualquer das modalidades de que trata este artigo: § 1º O disposto no inciso II do **caput** deste artigo não se aplica quando o arrematante for: II – parente, em linha reta ou colateral até o 4º (quarto) grau, consanguíneo ou afim, do falido ou de sócio da sociedade falida".

---

54. (FMP – Procurador do Estado – AC/ 2012) A responsabilidade do ente de direito público em relação às atividades terceirizadas, em sede trabalhista, se define da seguinte forma:

a) A responsabilização do Ente de Direito Público é subsidiária, desde que reste evidenciada a sua conduta culposa no cumprimento das obrigações da Lei nº 8.666/93, especialmente na fiscalização do cumprimento das obrigações contratuais e legais da prestadora de serviço como empregadora.
b) Não há qualquer responsabilidade do ente de Direito Público, conforme entendimento consolidado no Supremo Tribunal Federal.
c) A responsabilidade do Ente de Direito Público é solidária e, portanto, total, considerando que, na responsabilização do Estado, deve prevalecer a Teoria da Responsabilidade Objetiva.
d) Não há responsabilidade do ente de Direito Público, na medida em que não houve qualquer vinculação deste com o trabalhador, devendo o empregador responder de forma exclusiva pelos créditos oriundos do contrato de trabalho.

COMENTÁRIOS

✪ **Nota do autor:** Essa questão foi elaborada antes da regulamentação da terceirização, feita pelas Leis nºs 13.429/17 13.467/17, que alteraram a Lei nº 6.019/74.

Alternativa "a": Assertiva correta, uma vez que corresponde aos posicionamentos do STF e do TST, o primeiro manifestado por meio da decisão proferida na ADC nº 16 e o segundo por intermédio do item V, da Súmula nº 331: "Os entes integrantes da Administração Pública direta e indireta respondem subsidiariamente, nas mesmas condições do item IV, caso evidenciada a sua conduta culposa no cumprimento das obrigações da Lei nº 8.666, de 21.06.1993, especialmente na fiscalização do cumprimento das obrigações contratuais e legais da prestadora de serviço como empregadora. A aludida responsabilidade não decorre de mero inadimplemento das obrigações trabalhistas assumidas pela empresa regularmente contratada".

Alternativa "b": O STF não afastou a responsabilidade do ente público quando contrata empresa interposta. Na verdade, no julgamento da ADC nº 16 admitiu-se a responsabilidade da administração pública quando houver omissão na fiscalização do cumprimento das obrigações trabalhistas. **Assertiva falsa.**

Alternativa "c": A responsabilização do Ente Público, em caso de terceirização, é subsidiária nos termos da Súmula 331, V, do TST, não se aplicando a Teoria da Responsabilidade Objetiva nesta situação.. **Assertiva falsa.**

Alternativa "d": Incorreta, pois esse não é o entendimento do STF ou do TST o primeiro manifestado por meio da decisão proferida na ADC nº 16 e o segundo por intermédio do item V, da Súmula nº 331: "Os entes integrantes da Administração Pública direta e indireta respondem subsidiariamente, nas mesmas condições do item IV, caso evidenciada a sua conduta culposa no cumprimento das obrigações da Lei nº 8.666, de 21.06.1993, especialmente na fiscalização do cumprimento das obrigações contratuais e legais da prestadora de serviço como empregadora. A aludida responsabilidade não decorre de mero inadimplemento das obrigações trabalhistas assumidas pela empresa regularmente contratada".

Alternativa correta: letra "a".

55. (FEPESE – Procurador do Estado – SC/ 2009) Decorrentes do Contrato de Trabalho, sobre os direitos dos empregados, assinale a alternativa correta:

a) São afetados quando se altera a estrutura jurídica da empresa de sociedade limitada para sociedade anônima.

b) Não são afetados pela mudança de propriedade da empresa e nem pela alteração da sua estrutura jurídica.

c) Devem adaptar-se às contingências da mudança de propriedade da empresa, até mesmo com redução salarial, desde que com cláusula de garantia efetiva e expressa de continuidade do emprego.

d) São afetados quando há mudança de empresa individual para sociedade limitada ou quando se altera o quadro dirigente de uma sociedade anônima.

e) Não são afetados pela alteração de sua estrutura jurídica, salvo quando se tratar de empresa pública ou órgão da Administração Pública Direta e Indireta. Para eles há permissão de reduzir direitos adquiridos dos empregados.

COMENTÁRIOS

✪ **Nota do autor:** Para responder essa questão, o candidato teria que possuir conhecimentos do texto dos artigos 10 e 448 da CLT. Como regra geral, a legislação laboral considera a empresa como empregadora, personificando-a. Portanto, alterações em sua estrutura jurídica ou dos seus controladores não afetam os contratos de trabalho e os seus respectivos efeitos.

Alternativa "a": Opção incorreta, pois qualquer mudança na estrutura jurídica da empresa não afeta os direitos trabalhistas dos seus respectivos empregados, conforme dispõe os artigos 10 e 448 da CLT: "Art. 10 – Qualquer alteração na estrutura jurídica da empresa não afetará os direitos adquiridos por seus empregados" e "Art. 448 – A mudança na propriedade ou na estrutura jurídica da empresa não afetará os contratos de trabalho dos respectivos empregados".

Alternativa "b": Opção correta, pois de acordo com a redação dos arts. 10 e 448 da CLT: "Art. 10 – Qualquer alteração na estrutura jurídica da empresa não afetará os direitos adquiridos por seus empregados" e "Art. 448 – A mudança na propriedade ou na estrutura jurídica da empresa não afetará os contratos de trabalho dos respectivos empregados".

Alternativa "c": Opção incorreta, uma vez que os dispositivos da CLT que tratam da matéria (art. 10 e 448) não estabelecem as condições mencionadas nessa assertiva.

Alternativa "d": Opção incorreta, pois qualquer mudança na estrutura jurídica da empresa não afeta os direitos trabalhistas dos seus respectivos empregados.

Alternativa "e": Opção incorreta, pois as regras relativas às alterações subjetivas nas empresas atingem entidades públicas e privadas.

Alternativa correta: letra "b".

56. (Vunesp – Procurador do Estado – PGE – SP/2018) Em relação à nova disciplina legal da prestação de serviços a terceiros, é correto afirmar:

a) considera-se prestação de serviços a terceiros a transferência feita pela contratante da execução de suas atividades a pessoa jurídica de direito privado, prestadora de serviços, que possua capacidade econômica compatível com a sua execução, sendo vedada, contudo, a transferência da execução da atividade principal da empresa contratante.

b) a Lei nº 6.019, de 3 de janeiro de 1974, é omissa no estabelecimento de período de proibição ("quarentena") aplicável ao empregado demitido pela empresa contratante; por conseguinte, é permitido que esse trabalhador, imediatamente, volte a prestar serviços à mesma empresa, na qualidade de empregado de empresa prestadora de serviços.

c) a empresa contratante é solidariamente responsável pelas obrigações trabalhistas referentes ao período em que ocorrer a prestação de serviços.

d) aos empregados da empresa prestadora de serviços, são asseguradas as mesmas condições relativas à alimentação oferecida em refeitórios aos empregados da empresa contratante, quando e enquanto os serviços forem executados nas dependências da tomadora.

e) a empresa prestadora de serviços contrata e remunera o trabalho realizado por seus trabalhadores; a direção do trabalho de tais empregados, entretanto, é realizada pela empresa contratante dos serviços.

COMENTÁRIOS

✪ **Nota do autor:** Para responder a esta questão, o candidato precisa apresentar domínio sobre as regras de terceirização trabalhista contida na Lei nº 6.019/74, que sofreu profundas alterações legislativas e têm sido cobradas em concursos recentes.

Alternativa "a": Opção Incorreta, uma vez que é expressamente permitida a terceirização de atividade-fim conforme o artigo 9º, § 3º da Lei nº 6.019/74.

Alternativa "b": Opção incorreta, uma vez que o artigo 5º-D da Lei nº 6.019/74, dispõe que o empregado que for demitido não poderá prestar serviços para esta mesma empresa na qualidade de empregado de empresa prestadora de serviços antes do decurso do prazo de dezoito meses, contados a partir da demissão do empregado.

Alternativa "c": Opção incorreta porque o artigo 5º, §5º, da Lei nº 6.019/74 dispõe que a responsabilidade do tomador de serviços pelos créditos trabalhistas do empregado terceirizado é subsidiária (e não solidária).

Alternativa "d": Opção Correta porque repete a literalidade do art. 4º-C, I, *a*, da Lei nº 6.019/74.

Alternativa "e": Opção incorreta porque a empresa contratante não tem qualquer ingerência sobre o trabalho do empregado terceirizado. Cabe à empresa contratada a contratação, a remuneração e a direção do trabalho do empregado (art. 4º-A, §1º, da Lei nº 6.019/74).

Alternativa correta: letra "d".

4. REMUNERAÇÃO

4.1. REMUNERAÇÃO, SALÁRIO E GORJETA

57. (Fepese – Procurador do Estado – PGE – SC/2018) Analise as afirmativas abaixo a respeito da remuneração, conforme preconizado pela legislação trabalhista.

1. Com o advento da chamada "reforma trabalhista" passaram a integrar o salário apenas a importância fixa estipulada, as gratificações de função e as comissões pagas pelo empregador.
2. O pagamento dos salários ao empregado deve ser efetuado em dia útil e no local do trabalho, dentro do horário do serviço ou imediatamente após o encerramento deste, exceto quando efetuado por meio de depósito bancário.
3. Com as alterações legais promovidas pela "reforma trabalhista" consagrou-se que, sendo idêntica a função exercida, a todo trabalho de igual valor, prestado ao mesmo empregador, numa mesma localidade, corresponderá igual salário, sem distinção de sexo, etnia, nacionalidade ou idade.
4. Quando o pagamento houver sido estipulado por mês, deverá ser efetuado, o mais tardar, até o quinto dia útil do mês subsequente ao vencido.

Assinale a alternativa que indica todas as afirmativas corretas.

a. São corretas apenas as afirmativas 2 e 4.
b. São corretas apenas as afirmativas 1, 2 e 4.
c. São corretas apenas as afirmativas 1, 3 e 4.
d. São corretas apenas as afirmativas 2, 3 e 4.
e. São corretas as afirmativas 1, 2, 3 e 4.

COMENTÁRIOS

✪ **Nota do autor:** A Reforma Trabalhista promoveu alterações importantes com relação ao tema da remuneração. Merece destaque a alteração do parágrafo primeiro do artigo 457 da CLT que define as verbas que integram o salário, quais sejam: a importância fixa estipulada, as gratificações legais e as comissões pagas pelo empregador. Outrossim, foi alterado o parágrafo segundo do artigo 457 da CLT para definir o rol de parcelas de natureza não salarial, quais sejam: as importâncias, ainda que habituais, pagas a título de ajuda de custo, auxílio-alimentação, vedado seu pagamento em dinheiro, diárias para viagem, prêmios e abonos. Tais verbas não integram a remuneração do empregado, não se incorporam ao contrato de trabalho e não constituem base de incidência de qualquer encargo trabalhista e previdenciário. Outra alteração importante diz respeito à equiparação salarial, prevista no artigo 461 da CLT. Com a Reforma Trabalhista, o requisito da prestação de serviços na mesma localidade foi alterado para o exercício da prestação de serviços no mesmo estabelecimento. Além disso, a Reforma incluiu, como fato impeditivo da equiparação, a diferença de tempo de serviço para o mesmo empregador superior a quatro anos, bem como retirou a necessidade da homologação do quadro de carreiras para fim de impedir a equiparação salarial.

Afirmativa 1: Correta, uma vez que repete a literalidade do parágrafo primeiro do artigo 457 da CLT, alterado pela Reforma Trabalhista.

Afirmativa 2: Correta, uma vez que repete a literalidade do artigo 465 da CLT.

Afirmativa 3: Incorreta, uma vez que o artigo 461 da CLT, que cuida da equiparação, traz como requisitos

Afirmativa 4: Correta, uma vez que, com relação à equiparação salarial prevista no artigo 461 da CLT, com a Reforma Trabalhista, o requisito da prestação de serviços na mesma localidade foi alterado para o exercício da prestação de serviços no mesmo estabelecimento.

Alternativa correta: letra "b".

58. (FCC – Procurador do Estado – MT/2016) Arquimedes laborou como vendedor da Metalúrgica Gregos e Troianos Ltda., tendo sido dispensado no dia 10/10/2015. Para o desempenho das suas funções utilizava veículo da empresa. Em seu contrato de trabalho, não havia qualquer previsão a respeito de desconto por eventuais danos que causasse pela utilização do veículo da empresa. Recebia salário fixo e comissões sobre as vendas efetuadas. Dois meses antes de ser dispensado efetuou uma venda em dez parcelas, sendo que recebeu as comissões devidas por cada parcela quitada até a sua rescisão. Ao retornar desta venda, bateu o veículo da empresa, tendo sido constatada a sua culpa no evento. A empresa procedeu ao desconto do valor do conserto no salário de Arquimedes no mês seguinte. No ato da rescisão descontou as comissões pagas pela última venda realizada pelo mesmo, alegando que não teria sido concluída a negociação por conta do parcelamento. Na presente situação, o desconto pelo conserto do veículo é

a) correto ainda que não pactuado em contrato de trabalho, pelo fato de ter sido comprovada a culpa do empregado, e lícito o desconto das comissões pagas pela última venda pelo fato de o empregado ter se desligado da empresa antes de a mesma ter sido concluída, perdendo, ainda, o direito às comissões sobre as demais parcelas pagas pós rescisão.
b) indevido, visto que a única hipótese que possibilitaria referido desconto seria a pactuação no contrato de trabalho, e lícito o desconto das comissões

pagas pela última venda uma vez que esta não foi concluída até o momento da rescisão contratual, em virtude de o pagamento ter sido estipulado por parcelas.

c) ilícito, uma vez que não havia acordo expresso prevendo esta possibilidade, ainda que comprovada a culpa do empregado, e ilícita a dedução das comissões pagas pelas parcelas quitadas da última venda, uma vez que a venda se concluiu, ainda que de forma parcelada, fazendo o empregado jus às comissões inclusive sobre as parcelas pagas após a rescisão contratual.

d) incorreto, uma vez que não agiu o empregado com dolo no evento, única hipótese que ensejaria a possibilidade de tal desconto, e equivocado o desconto das comissões pelas parcelas pagas referentes à última venda, posto que a venda se aperfeiçoou por inteiro, ainda que o pagamento fosse parcelado, mas não faz jus o empregado às comissões sobre as parcelas pós rescisão.

e) correto, uma vez que comprovada a culpa do empregado, hipótese que legitima a dedução do salário, e incorreto o desconto das comissões sobre as parcelas pagas da última venda até a rescisão, mas não faz jus o empregado às comissões sobre as parcelas a serem pagas após a rescisão, uma vez que não havia mais vínculo com empresa.

COMENTÁRIOS

✪ **Nota do autor:** Apesar de a lei ser omissa, exige-se o elemento subjetivo no ato do empregado que provoca prejuízo ao empregador, ainda que haja previsão contratual nesse sentido. Entende-se ser necessária a presença da culpa stricto sensu, representada pela imprudência, negligência ou imperícia, uma vez que a existência de cláusula expressa no contrato de trabalho pode decorrer do exercício do poder diretivo do empregador.

Alternativa "a". Incorreta. Em caso de culpa, e não de dolo, é necessário a previsão contratual expressa para autorizar o desconto, conforme preceito contido no art. 462, § 1º, da CLT: "Em caso de dano causado pelo empregado, o desconto será lícito, desde de que esta possibilidade tenha sido acordada ou na ocorrência de dolo do empregado".

Alternativa "b". Incorreta. Não só mediante previsão em contrato de trabalho, mas também no caso de dolo do empregado o prejuízo pode ser descontado do salário pelo empregador. Nesse sentido o art. 462, § 1º, da CLT: "Em caso de dano causado pelo empregado, o desconto será lícito, desde de que esta possibilidade tenha sido acordada ou na ocorrência de dolo do empregado".

Alternativa "c". Correta em relação aos dois aspectos da questão. O primeiro, diz respeito a ilicitude do desconto em face da ausência de acordo escrito ou dolo do empregado. Já o segundo, ressalta a ilicitude do procedimento adotado pelo empregador, uma vez que o direito à comissão se efetiva independentemente do adimplemento do cliente de prestações sucessivas, tudo na forma dos permissivos legais constante da CLT a seguir transcritos: "Art. 462, § 1º: § 1º – Em caso de dano causado pelo empregado, o desconto será lícito, desde de que esta possibilidade tenha sido acordada ou na ocorrência de dolo do empregado. Art. 466, §§ 1º e 2º: § 1º – Nas transações realizadas por prestações sucessivas, é exigível o pagamento das percentagens e comissões que lhes disserem respeito proporcionalmente à respectiva liquidação. § 2º – A cessação das relações de trabalho não prejudica a percepção das comissões e percentagens devidas na forma estabelecida por este artigo".

Alternativa "d". Incorreta. O dolo não é a única razão que autoriza o desconto no salário do empregado por prejuízos por ele causados. A previsão expressa no contrato de trabalho dessa possibilidade também confere ao empregador tal direito, na forma prevista pelo art. 462, § 1º, da CLT: "Em caso de dano causado pelo empregado, o desconto será lícito, desde de que esta possibilidade tenha sido acordada ou na ocorrência de dolo do empregado.

Alternativa "e". Incorreta. Em caso de culpa do empregado é necessária a previsão expressa no contrato de trabalho para autorizar o desconto, o que não ocorre com o dolo. CLT. Art. 462, § 1º: "Em caso de dano causado pelo empregado, o desconto será lícito, desde de que esta possibilidade tenha sido acordada ou na ocorrência de dolo do empregado.

Alternativa correta: letra "c".

59. (FURMARC – Procurador do Estado – MG/ 2012) Assinale a alternativa INCORRETA.

a) Salário é a contraprestação em pecúnia ou em utilidades devida e paga diretamente pelo empregador ao empregado em virtude do contrato de trabalho.

b) Segundo a Consolidação das Leis do Trabalho, na falta de estipulação do salário entre empregado e empregador, ou não havendo prova sobre a importância ajustada, o empregado terá direito a perceber salário igual ao daquele que, na mesma empresa, fizer serviço equivalente ou do que for habitualmente pago para serviço semelhante.

c) O empregado urbano que recebe mensalmente um salário-mínimo, poderá receber de seu empregador até setenta por cento de seu salário em utilidades, devendo os outros trinta por cento restantes serem pagos em dinheiro.

d) O aviso prévio, de que trata o Capítulo VI, do Título IV, da Consolidação das Leis do Trabalho, será concedido na proporção de 30 (trinta) dias aos empregados que contem até 1 (um) ano de serviço na mesma empresa, sendo acrescidos 2 (dois) dias por ano de serviço prestado na mesma empresa, até o máximo de 60 (sessenta) dias, perfazendo um total de até 90 (noventa) dias.

e) No caso de paralisação temporária ou definitiva do trabalho, motivada por ato de autoridade municipal, estadual ou federal, ou pela promulgação de lei ou resolução que impossibilite a continuação da atividade, prevalecerá para o empregado o direito de perceber a indenização devida, cujo pagamento ficará a cargo do governo responsável.

COMENTÁRIOS

✪ **Nota do autor:** Atentar que os limites de pagamento do salário em utilidades informado no art. 82 da CLT não se aplica aos empregados que recebam mais de um salário-mínimo por mês.

Alternativa "a": Assertiva correta, pois corresponde a um conceito doutrinário de salário, no qual fica ressaltada o seu caráter sinalagmático e sua natureza obrigacional, além de fazer referência à modalidade de pagamento em pecúnia ou utilidade.

Alternativa "b": Correto, uma vez que reproduz o texto do art. 460 da CLT: "Na falta de estipulação do salário ou não havendo prova sobre a importância ajustada, o empregado terá direito a perceber salário igual ao daquela que, na mesma empresa, fizer serviço equivalente ou do que for habitualmente pago para serviço semelhante".

Alternativa "c": O texto da alternativa ressalta que o limite de pagamento em utilidades aplica-se ao empregado urbano e ao salário-mínimo. Por conta disso, considera-se correta, pois em conformidade com o art. 82, parágrafo único da CLT: "O salário mínimo pago em dinheiro não será inferior a 30% (trinta por cento) do salário mínimo fixado para a região, zona ou subzona".

Alternativa "d": O acréscimo por cada ano de serviço ao tempo do aviso-prévio proporcional é de três e não dois dias, na forma prevista pelo art. 1º, parágrafo único, da Lei nº 12.506/2011: "Ao aviso prévio previsto neste artigo serão acrescidos 3 (três) dias por ano de serviço prestado na mesma empresa, até o máximo de 60 (sessenta) dias, perfazendo um total de até 90 (noventa) dias".

Alternativa "e": Trata-se da responsabilização trabalhista decorrente de *factum principis*. Essa matéria é regulada pelo art. 486 da CLT e coincide com a redação dessa alternativa que, por esse motivo, é considerada correta: "No caso de paralisação temporária ou definitiva do trabalho, motivada por ato de autoridade municipal, estadual ou federal, ou pela promulgação de lei ou resolução que impossibilite a continuação da atividade, prevalecerá o pagamento da indenização, que ficará a cargo do governo responsável".

Alternativa correta: letra "d".

---

60. (FMP – Procurador do Estado – AC/ 2012) No que diz respeito à remuneração do trabalhador, é correto afirmar que:

a) não há qualquer distinção, em regra, entre remuneração e salário.

b) as verbas denominadas de ajuda de custo, destinadas a fazer frente às despesas com eventuais transferências do empregado, têm natureza eminentemente salarial.

c) eventual compensação a ser implementada pelo empregador no momento da dissolução contratual não poderá exceder ao equivalente a uma remuneração do empregado.

d) toda e qualquer gratificação paga no curso do contrato de trabalho tem natureza salarial.

COMENTÁRIOS

✪ **Nota do autor:** A Lei nº 13.467/17 alterou o § 2º do art. 457 da CLT, passando a contar com a seguinte redação: "As importâncias, ainda que habituais, pagas a título de ajuda de custo, auxílio-alimentação, vedado seu pagamento em dinheiro, diárias para viagem, prêmios e abonos não integram a remuneração do empregado, não se incorporam ao contrato de trabalho e não constituem base de incidência de qualquer encargo trabalhista e previdenciário".

Alternativa "a": Incorreta, pois a gorjeta não é paga pelo empregador, ao contrário do salário. A distinção é feita pelo art. 457 da CLT: "Compreendem-se na remuneração do empregado, para todos os efeitos legais, além do salário devido e pago diretamente pelo empregador, como contraprestação do serviço, as gorjetas que receber".

Alternativa "b": A ajuda de custo não tem natureza salarial. Pelo contrário, ela tem caráter indenizatório. Chega-se a essa conclusão pela simples leitura do art. 457, § 2º da CLT: "Não se incluem nos salários as ajudas de custo, assim como as diárias para viagem que não excedam de 50% (cinquenta por cento) do salário percebido pelo empregado". **Assertiva falsa** (ver nota do autor).

Alternativa "c": Esse limite de uma remuneração para dedução de valores devidos pelo empregado quando da rescisão contratual encontra-se estabelecido pelo art. 477, § 5º da CLT: "Qualquer compensação no pagamento de que trata o parágrafo anterior não poderá exceder o equivalente a um mês de remuneração do empregado". **Assertiva verdadeira.**

Alternativa "d": Incorreta. Não é toda e qualquer gratificação que incorpora ao salário. Segundo o art. 457 § 1º da CLT, "Integram o salário a importância fixa estipulada, as gratificações legais e as comissões pagas pelo empregador". Logo, em uma interpretação literal, somente as gratificações legais tem natureza salarial.

Alternativa correta: letra "c".

---

61. (Cespe – Procurador do Estado – PB/ 2008) Acerca da remuneração pelo trabalho sob vínculo de emprego, assinale a opção incorreta.

a) Compreendem-se, na remuneração do empregado, além do salário devido e pago diretamente pelo empregador como contraprestação do serviço, também as gorjetas que receber.

b) O pagamento do salário, qualquer que seja a modalidade do trabalho, não deve ser estipulado por período superior a um mês, salvo no que concerne a comissões, percentagens e gratificações, observada, para os que percebam valores variáveis, a garantia mínima correspondente ao salário mínimo.

c) Na falta de estipulação do salário ou não havendo prova sobre a importância ajustada, o empregado terá direito a perceber salário igual ao daquele que, na mesma empresa, fizer serviço equivalente, ou do que for habitualmente pago para serviço semelhante.

d) Considera-se gorjeta a importância paga pelo cliente como adicional na conta cobrada pelo empregador e destinada à distribuição entre os empregados, não se caracterizando como tal, para fins de integração à remuneração, a verba paga pelo cliente, em caráter voluntário, diretamente ao empregado que o haja servido.

e) Em caso de rescisão contratual, havendo controvérsia sobre o montante das verbas rescisórias, o empregador é obrigado a pagar ao trabalhador, à data do comparecimento à justiça do trabalho, a parte incontroversa dessas verbas, sob pena de pagá-las acrescidas de 50%, entretanto, tal disposição não se aplica à União, aos estados, ao DF, aos municípios e às suas autarquias e fundações públicas.

COMENTÁRIOS

✪ **Nota do autor:** A gorjeta compõe a remuneração e não o salário. A distinção entre gorjeta, salário e remuneração é importante para definir a base de cálculo de algumas parcelas trabalhistas.

Alternativa "a": O texto da assertiva coincide com aquele contido no art. 457, *caput*, da CLT: "Compreendem-se na remuneração do empregado, para todos os efeitos legais, além do salário devido e pago diretamente pelo empregador, como contraprestação do serviço, as gorjetas que receber". **Opção correta.**

Alternativa "b": Opção correta, uma vez que conjuga as diretrizes legais contidas nos arts. 78 e 459 CLT: "Art. 78. Quando o salário for ajustado por empreitada, ou convencionado por tarefa ou peça, será garantida ao trabalhador uma remuneração diária nunca inferior à do salário mínimo por dia normal da região, zona ou subzona. Parágrafo único. Quando o salário-mínimo mensal do empregado a comissão ou que tenha direito a percentagem for integrado por parte fixa e parte variável, ser-lhe-á sempre garantido o salário-mínimo, vedado qualquer desconto em mês subsequente a título de compensação. (".") Art. 459. O pagamento do salário, qualquer que seja a modalidade do trabalho, não deve ser estipulado por período superior a 1 (um) mês, salvo no que concerne a comissões, percentagens e gratificações".

Alternativa "c": Opção correta diante da reprodução, *ipsi literis*, do texto contido no art. 460 da CLT: "Na falta de estipulação do salário ou não havendo prova sobre a importância ajustada, o empregado terá direito a perceber salário igual ao daquela que, na mesma empresa, fizer serviço equivalente ou do que for habitualmente pago para serviço semelhante".

Alternativa "d": A gorjeta integra a remuneração, seja ela direta (paga espontânea e diretamente pelo cliente ao empregado) ou indireta (inserida na nota de serviço). Desse modo, a **assertiva é incorreta**, pois exclui as gorjetas diretas da remuneração do obreiro, contrariando o texto da Súmula nº 354 TST: "As gorjetas, cobradas pelo empregador na nota de serviço ou oferecidas espontaneamente pelos clientes, integram a remuneração do empregado, não servindo de base de cálculo para as parcelas de aviso prévio, adicional noturno, horas extras e repouso semanal remunerado".

Alternativa "e": O texto da assertiva coincide com aquele contido no *caput* e parágrafo único do art. 467 da CLT: "Em caso de rescisão de contrato de trabalho, havendo controvérsia sobre o montante das verbas rescisórias, o empregador é obrigado a pagar ao trabalhador, à data do comparecimento à Justiça do Trabalho, a parte incontroversa dessas verbas, sob pena de pagá-las acrescidas de cinquenta por cento. Parágrafo único. O disposto no *caput* não se aplica à União, aos Estados, ao Distrito Federal, aos Municípios e as suas autarquias e fundações públicas". **Opção correta.**

Alternativa correta: letra "d".

---

62. (FCC – Procurador do Estado – MT/ 2011) Assinale a alternativa correta.

a) Ao empregador é vedado efetuar qualquer desconto nos salários do empregado, salvo quando este resultar de adiantamentos, de dispositivos de lei, de acordo coletivo ou convenção coletiva de trabalho.

b) Em caso de dano culposo causado pelo empregado, o desconto será lícito, mesmo que esta possibilidade não tenha sido acordada expressamente.

c) O salário pode ser pago em moeda estrangeira, desde que seja mais benéfico ao trabalhador.

d) Compreendem-se na remuneração do empregado, para todos os efeitos legais, além do salário devido e pago diretamente pelo empregador, como contraprestação do serviço, as gorjetas e indenizações pela adesão ao Plano de Demissão Voluntária (PDV) que receber.

e) Integram o salário não só a importância fixa estipulada, como também as comissões, percentagens, gratificações ajustadas, ajudas de custo, assim como as diárias para viagem, desde que não excedam de 50% do salário percebido pelo empregado.

COMENTÁRIOS

✪ **Nota do autor:** O princípio da intangibilidade salarial restringe bastante a atuação do empregador no sentido de efetuar descontos na remuneração do empregado, admitindo-se, apenas, nos casos expressamente previstos em lei.

Alternativa "a": Opção correta, de acordo com o preceito contido no art. 462 da CLT: "Ao empregador é vedado efetuar qualquer desconto nos salários do empregado, salvo quando este resultar de adiantamentos, de dispositivos de lei ou de contrato coletivo".

Alternativa "b": Opção incorreta, uma vez que é exigido que a possibilidade de desconto tenha sido acordada, conforme art. 462, § 1º, da CLT: "Em caso de dano causado pelo empregado, o desconto será lícito, desde de que esta possibilidade tenha sido acordada ou na ocorrência de dolo do empregado".

Alternativa "c": O art. 463 da CLT veda o pagamento de salário em moeda estrangeira: "A prestação, em espécie, do salário será paga em moeda corrente do País. Parágrafo único – O pagamento do salário realizado com inobservância deste artigo considera-se como não feito". Portanto, a **assertiva é falsa.**

Alternativa "d": O art. 457 da CLT não inclui a indenização do PDV no rol das verbas salariais. Além disso, as parcelas indenizatórias são destinadas a recompor o patrimônio do trabalhador e, por conta disso, não podem ser classificadas como salário, que tem caráter retributivo. **Opção incorreta.**

Alternativa "e": Opção incorreta à época, uma vez que o § 2º, art. 457 da CLT, em sua redação anterior, excluía o caráter salarial da ajuda de custo e das diárias para viagem que não excedessem de 50% do salário: "Não se incluem nos salários as ajudas de custo, assim como as diárias para viagem que não excedam de 50% (cinquenta por cento) do salário percebido pelo empregado. (...)". Com a vigência da Lei nº 13.467/17, o § 2º do art. 457 da CLT passou a contar com a seguinte redação: "As importâncias, ainda que habituais, pagas a título de ajuda de custo, auxílio-alimentação, vedado seu pagamento em dinheiro, diárias para viagem, prêmios e abonos não integram a remuneração do empregado, não se incorporam ao contrato de trabalho e não constituem base de incidência de qualquer encargo trabalhista e previdenciário.

Alternativa correta: letra "a".

---

63. (FCC – Procurador do Estado – AM / 2010) É direito dos trabalhadores urbanos e rurais, além de outros que visem à melhoria de sua condição social:

a) a irredutibilidade do salário, salvo o disposto em convenção ou acordo coletivo.

b) o seguro-desemprego, em todas as hipóteses de extinção do contrato de trabalho.

c) o décimo terceiro salário com base na remuneração proporcional ou no valor da aposentadoria.

d) a licença à gestante, sem prejuízo do emprego e do salário, com a duração de cento e cinquenta dias.

e) o repouso semanal remunerado, preferencialmente aos domingos e feriados.

COMENTÁRIOS

✪ **Nota do autor:** Para responder a questão, o candidato deve ter conhecimento do rol de direitos trabalhistas previstos no artigo 7º da CF/88.

Alternativa "a": Opção correta, diante da coincidência do seu texto com o mandamento constante do art. 7º, VI, da CF/88: " São direitos dos trabalhadores urbanos e rurais, além de outros que visem à melhoria de sua condição social: VI – irredutibilidade do salário, salvo o disposto em convenção ou acordo coletivo".

Alternativa "b": Opção incorreta, pois o art. 7º, II, da CF/88, limita o referido direito às hipóteses de desemprego voluntário: " São direitos dos trabalhadores urbanos e rurais, além de outros que visem à melhoria de sua condição social: II – seguro desemprego, em caso de desemprego involuntário".

Alternativa "c": Opção incorreta, uma vez que o 13º salário é calculado com base na remuneração integral, conforme art. 7º, VIII, da CF/88: "São direitos dos trabalhadores urbanos e rurais, além de outros que visem à melhoria de sua condição social: VIII – décimo terceiro salário com base na remuneração integral ou no valor da aposentadoria".

Alternativa "d": O período de licença gestante é de 120 dias e não 150, conforme texto contido no art. 7º, XVIII, da CF/88: "São direitos dos trabalhadores urbanos e rurais, além de outros que visem à melhoria de sua condição social: XVIII – licença à gestante, sem prejuízo do emprego e do salário, com duração de cento e vinte dias".

Alternativa "e": Opção incorreta, uma vez que o repouso semanal remunerado deve recair preferencialmente aos domingos e não em feriados, de acordo com o art. 7º, XV, da CF/88: "São direitos dos trabalhadores urbanos e rurais, além de outros que visem à melhoria de sua condição social: XV – repouso semanal remunerado, preferencialmente aos domingos".

Alternativa correta: letra "a".

4.2. INSALUBRIDADE, PERICULOSIDADE E ADICIONAIS

---

64. (FCC – Procurador do Estado – PGE – AP/2018) A Consolidação das Leis do Trabalho contém capítulo sobre segurança e medicina do trabalho onde estão inseridas regras sobre as atividades insalubres e perigosas, dentre as quais,

a) o adicional de insalubridade será calculado a base de 30% sobre o salário contratual do empregado, incluídos os acréscimos resultantes de gratificações, prêmios ou participações nos lucros da empresa.

b) a periculosidade está relacionada a atividades ou operações que, por sua natureza, condições ou métodos de trabalho, exponham os empregados a agentes nocivos à saúde, acima dos limites de tolerância.

c) o exercício de trabalho em condições insalubres assegura a percepção de adicional de 25% ou 30% do salário mínimo da região, segundo se classifiquem em grau médio ou máximo.

d) a exposição permanente do trabalhador a roubos ou outras espécies de violência física nas atividades profissionais de segurança pessoal ou patrimonial está incluída no rol de atividades perigosas.

e) as atividades de trabalhador em motocicleta não estão relacionadas como perigosas, mas sim como exercício de trabalho em condições insalubres, gerando o adicional de 40% sobre o salário mínimo da região.

COMENTÁRIOS

✪ **Nota do autor:** Para responder a esta questão, o candidato precisava ter conhecimento das regras básicas que regulamentam os adicionais de insalubridade e periculosidade, com destaque para os artigos 191 a 193 da CLT.

Alternativa "a": Opção incorreta, uma vez que a base de cálculo do adicional de insalubridade é o salário mínimo, exceto se existir outra base de cálculo superior prevista em contrato ou norma coletiva (art. 193, § 1º da CLT e STF).

Alternativa "b": Opção incorreta, uma vez que a exposição a agentes nocivos caracteriza a insalubridade e não a periculosidade.

Alternativa "c": Opção incorreta, já que os percentuais de adicional de insalubridade são: 40% (quarenta por cento), 20% (vinte por cento) e 10% (dez por cento) do salário-mínimo da região, segundo se classifiquem nos graus máximo, médio e mínimo, conforme art. 192 da CLT,

Alternativa "d": Opção correta porque está de acordo com o artigo 193, II, da CLT.

Alternativa "e": Opção incorreta, já que as atividades em motocicleta caracterizam a periculosidade, nos termos do art. 193, §4º, da CLT.

Alternativa correta: letra "d".

65. (FCC – Procurador do Estado – PGE – TO/2018) Conforme regras insculpidas no Título referente às normas gerais de tutela do trabalho contidas na Consolidação das Leis do Trabalho sobre segurança e medicina no trabalho,

a) o adicional de periculosidade será de 10% para atividades que envolvam risco de roubos ou outras espécies de violência física, 20% para atividades com energia elétrica e 40% para serviços com uso de motocicleta, sempre calculados sobre o salário-base do trabalhador.
b) as atividades insalubres são aquelas que, por sua natureza ou métodos de trabalho, impliquem o contato permanente com inflamáveis ou explosivos em condição de risco acentuado.
c) o trabalho em condições insalubres, acima dos limites de tolerância estabelecidos por norma, assegura ao empregado o adicional de 30% sobre o salário contratual.
d) é obrigatória a constituição de CIPA – Comissão Interna de Prevenção de Acidentes, conforme instruções do Ministério do Trabalho nos estabelecimentos nelas especificadas, sendo composta apenas por representantes dos empregados cujo mandato dos membros titulares será de um ano, sem direito a reeleição.
e) o direito do empregado ao adicional de insalubridade ou de periculosidade cessará com a eliminação do risco à sua saúde ou integridade física, nos termos da CLT e das normas expedidas pelo Ministério do Trabalho.

COMENTÁRIOS

✪ **Nota do autor:** Novamente, o candidato precisava demonstrar conhecimento sobre as regras relativas aos adicionais de insalubridade e periculosidade contidas nos arts. 191 a 193 da CLT.

Alternativa "a": Opção incorreta, uma vez que o adicional de periculosidade será sempre devido no percentual de 30% sobre o salário básico, exceto norma coletiva mais benéfica (art. 193, §1º, da CLT).

Alternativa "b": Opção incorreta, uma vez que atividades que impliquem o contato permanente com inflamáveis ou explosivos em condição de risco acentuado caracterizam a periculosidade e não a insalubridade (art. 193 da CLT).

Alternativa "c": Opção incorreta porque a base de cálculo do adicional de insalubridade é o salário mínimo, bem como os percentuais legais previstos são de 40% (quarenta por cento), 20% (vinte por cento) e 10% (dez por cento) do salário-mínimo da região, segundo se classifiquem nos graus máximo, médio e mínimo, conforme art. 192 da CLT.

Alternativa "d": Opção incorreta porque o art. 164 da CLT dispõe que a CIPA será composta de representantes da empresa e dos empregados. Ademais, o mandato dos membros eleitos da CIPA terá a duração de 1 (um) ano, permitida uma reeleição. (art. 164, §3º, da CLT).

Alternativa "e": Opção correta. A alternativa está de acordo com o art. 194 da CLT.

Alternativa correta: letra "e".

66. (Fepese – Procurador do Estado – PGE – SC/2018) Analise as afirmativas abaixo a respeito do direito individual do trabalho:

1. O pagamento de adicional de periculosidade efetuado por mera liberalidade da empresa, ainda que de forma proporcional ao tempo de exposição ao risco ou em percentual inferior ao máximo legalmente previsto, dispensa a realização da prova técnica exigida pela lei, pois torna incontroversa a existência do trabalho em condições perigosas.
2. É do empregador o ônus de comprovar que o empregado não satisfaz os requisitos indispensáveis para concessão do vale-transporte ou não pretenda fazer uso do benefício.
3. A constatação da insalubridade por meio de laudo pericial é suficiente para que o empregado tenha direito ao respectivo adicional, sendo desnecessária a classificação da atividade insalubre na relação oficial elaborada pelo Ministério do Trabalho.
4. Aplica-se às sociedades de economia mista a regra da equiparação salarial, porquanto, ao admitirem empregados sob o regime da CLT, equiparam-se ao empregador privado.

Assinale a alternativa que indica todas as afirmativas corretas.

a. São corretas apenas as afirmativas 1, 2 e 3.

b. São corretas apenas as afirmativas 1, 2 e 4.

c. São corretas apenas as afirmativas 1, 3 e 4.

d. São corretas apenas as afirmativas 2, 3 e 4.

e. São corretas as afirmativas 1, 2, 3 e 4.

COMENTÁRIOS

✪ **Nota do autor:** Para responder a essa questão, o candidato deveria demonstrar conhecimento sobre o entendimento consolidado do TST a respeito da insalubridade e da equiparação.

Afirmativa 1: Correta, uma vez que repete a literalidade da Súmula 453 do TST.

Afirmativa 2: Correta, uma vez que repete a literalidade da Súmula 460 do TST.

Afirmativa 3: Incorreta, uma vez que a Súm. 448, II consagra entendimento contrário: "Não basta a constatação da insalubridade por meio de laudo pericial para que o empregado tenha direito ao respectivo adicional, sendo necessária a classificação da atividade insalubre na relação oficial elaborada pelo Ministério do Trabalho".

Afirmativa 4: Correta, uma vez que repete a literalidade da Súmula 455 do TST.

Alternativa correta: letra "b".

---

67. (Fundatec – Procurador do Estado – RS/2015) O denominado pela doutrina efeito reflexivo, reflexo ou circundante do salário, traz como consequência o fato do pagamento de parcelas de natureza salarial não se esgotar exclusivamente no seu simples adimplemento, gerando efeito cascata em outras parcelas. Quanto a esse tema, e levando em consideração a jurisprudência sumulada do Tribunal Superior do Trabalho, assinale a alternativa INCORRETA.

a) O cálculo do valor das horas extras habituais, para efeito de reflexos em verbas trabalhistas, observará o número das horas efetivamente prestadas e sobre ele aplica-se o valor do salário-hora da época do pagamento daquelas verbas.

b) O valor das horas extras habitualmente prestadas integra o cálculo dos haveres trabalhistas, respeitada a limitação prevista no caput do art. 59 da CLT.

c) O adicional noturno, pago com habitualidade, integra o salário do empregado para todos os efeitos.

d) O adicional de periculosidade, pago em caráter permanente, integra o cálculo de indenização e de horas extras.

e) Enquanto percebido, o adicional de insalubridade integra a remuneração para todos os efeitos legais.

COMENTÁRIOS

✪ **Nota do autor:** Quando o empregado trabalha, habitualmente, em jornada extraordinária, o valor referente às horas extras, acrescida do respectivo adicional, deve integrar a remuneração para todos os efeitos legais. Tal característica é denominada pela doutrina de efeito reflexo, reflexivo ou circundante do salário.

Alternativa "a": A regra para efeito de cômputo do reflexo é de apuração da quantidade média física de horas extras e não da média do valor das horas extras. Nesse sentido é o posicionamento do TST constante da Súmula nº 347: "O cálculo do valor das horas extras habituais, para efeito de reflexos em verbas trabalhistas, observará o número de horas efetivamente prestadas e a ele aplica-se o valor do salário-hora da época do pagamento daquelas verbas." **Alternativa correta.**

Alternativa "b": O limite estabelecido pelo *caput* do art. 59 da CLT tem efeito administrativo. Assim, se o empregado trabalha mais de duas horas extras por dia, o empregador pode ser multado em caso de fiscalização da Superintendência Regional do Trabalho (SRTE). Em relação ao contrato de trabalho, é devido o pagamento de horas extras e seu consequente efeito reflexo pelo total de horas extraordinárias prestadas, independente do referido limite. **Alternativa incorreta**, pois se encontra em desacordo com o item I, da Súmula 376 do TST: "O valor das horas extras habitualmente prestadas integra o cálculo dos haveres trabalhistas, independentemente da limitação prevista no "caput" do art. 59 da CLT. (ex-OJ nº 89 da SBDI-1 – inserida em 28.04.1997)".

Alternativa "c": o adicional noturno, por ter caráter salarial, integra à remuneração do obreiro e produz efeito reflexo, assim como as demais verbas da mesma natureza. O entendimento do TST é nesse sentido, conforme se observa da redação do item I, da Súmula nº 60 do TST: "O adicional noturno, pago com habitualidade, integra o salário do empregado para todos os efeitos. (ex-Súmula nº 60 – RA 105/1974, DJ 24.10.1974)". **Alternativa correta.**

Alternativa "d": O pagamento do adicional de periculosidade, habitualmente, segue a regra geral no sentido de integrar à remuneração do empregado, conforme posicionamento do TST revelado por meio da Súmula nº 132, I: "O adicional de periculosidade, pago em caráter permanente, integra o cálculo de indenização e de horas extras (ex-Prejulgado nº 3). (ex-Súmula nº 132 – RA 102/1982, DJ 11.10.1982/ DJ 15.10.1982 – e ex-OJ nº 267 da SBDI-1 – inserida em 27.09.2002)". **Alternativa correta.**

Alternativa "e": Alternativa correta, conforme fundamentação já exposta nas alternativas anteriores, além de seguir a orientação contida na Súmula nº 139 do TST: "Enquanto percebido, o adicional de insalubridade integra a remuneração para todos os efeitos legais. (ex-OJ nº 102 da SBDI-1 – inserida em 01.10.1997)".

Alternativa correta: letra "b".

---

68. (PGE-GO – Procurador do Estado – GO/ 2013) Segundo a legislação de medicina e segurança do trabalho, é CORRETO afirmar que

a) os titulares da representação dos empregadores na CIPA não poderão sofrer dispensa arbitrária, assim entendida a que não se fundar em critério disciplinar, econômico, técnico ou financeiro.

b) serão consideradas atividades ou operações perigosas aquelas que, por sua natureza, condições ou métodos de trabalho, exponham os empregados a agentes nocivos à saúde, acima dos limites de tolerância fixados em razão da natureza e da intensidade do agente e do tempo de exposição aos seus efeitos.

c) constatado o labor em condições simultaneamente perigosas e insalubres, deverá o empregado receber ambos os adicionais.

d) a eliminação do agente de risco não poderá implicar supressão do pagamento do adicional de insalubridade ou periculosidade, salvo negociação coletiva, haja vista o princípio da irredutibilidade do salário.

e) os efeitos pecuniários decorrentes do trabalho prestado em condições de insalubridade ou periculosidade serão devidos a contar das datas de inclusão da respectiva atividade nos quadros aprovados pelo Ministro do Trabalho.

COMENTÁRIOS

✪ **Nota do autor:** Não basta a constatação da insalubridade (10%, 20% ou 40% sobre o salário mínimo) ou periculosidade (30% sobre o salário base) por meio de laudo pericial para que o empregado tenha direito ao respectivo adicional, sendo necessária a classificação da atividade insalubre ou perigosa na relação oficial elaborada pelo Ministério do Trabalho.

Alternativa "a": Incorreta, pois só quem tem estabilidade são os integrantes da CIPA eleitos pelos empregados e não os escolhidos pelos empregadores, na forma prevista pelo art. 165 da CLT: "Os titulares da representação dos empregados nas CIPA (s) não poderão sofrer despedida arbitrária, entendendo-se como tal a que não se fundar em motivo disciplinar, técnico, econômico ou financeiro".

Alternativa "b": Incorreta porque contraria o disposto no artigo 193 da CLT: "São consideradas atividades ou operações perigosas, na forma da regulamentação aprovada pelo Ministério do Trabalho e Emprego, aquelas que, por sua natureza ou métodos de trabalho, impliquem risco acentuado em virtude de exposição permanente do trabalhador: I – inflamáveis, explosivos ou energia elétrica; II – roubos ou outras espécies de violência física nas atividades profissionais de segurança pessoal ou patrimonial". Assertiva incorreta.

Alternativa "c": Nessa hipótese, o empregado terá que optar pelo adicional de periculosidade ou de insalubridade, conforme reza o art. 193, § 2º, da CLT: "O empregado poderá optar pelo adicional de insalubridade que porventura lhe seja devido". Alternativa incorreta.

Alternativa "d": Pelo contrário. Uma vez eliminado os efeitos do agente causador da insalubridade ou periculosidade, o respectivo adicional deixa de ser devido pelo empregador, na forma prevista pelo art. 4º do Decreto nº 93.412: "Art. 4º Cessado o exercício da atividade ou eliminado o risco, o adicional de periculosidade poderá deixar de ser pago". Alternativa incorreta.

Alternativa "e": Alternativa correta, pois corresponde ao texto do art. 196 da CLT: "Os efeitos pecuniários decorrentes do trabalho em condições de insalubridade ou periculosidade serão devidos a contar da data da inclusão da respectiva atividade nos quadros aprovados pelo Ministro do Trabalho, respeitadas as normas do artigo 11".

Alternativa correta: letra "e".

69. (FCC – PROCURADOR DO ESTADO – MT/ 2011) Assinale a alternativa INCORRETA.

a) O trabalho prestado em domingos e feriados, não compensado, deve ser pago em dobro, sem prejuízo da remuneração relativa ao repouso semanal.

b) Enquanto perdurar a substituição que não tenha caráter meramente eventual, inclusive nas férias, o empregado substituto fará jus ao salário contratual do substituído.

c) Cancelada a aposentadoria por invalidez, mesmo após cinco anos, o trabalhador terá direito de retornar ao emprego, facultado, porém, ao empregador, indenizá-lo na forma da lei.

d) Considera-se noturno, para os efeitos da legislação do trabalho, o trabalho executado pelo trabalhador urbano e rural realizado entre as 22 horas de um dia e as 5 horas do dia seguinte.

e) Não serão descontadas nem computadas como jornada extraordinária as variações de horário no registro de ponto não excedentes de cinco minutos, observado o limite máximo de dez minutos diários.

COMENTÁRIOS

✪ **Nota do autor: Para responder a questão, o candidato deve demonstrar conhecimento sobre a jurisprudência consolidada do TST.**

Alternativa "a": Opção correta, pois corresponde exatamente ao texto contido na Súmula nº 146 do TST: "TRABALHO EM DOMINGOS E FERIADOS, NÃO COMPENSADO (incorporada a Orientação Jurisprudencial nº 93 da SBDI-1) – Res. 121/2003, DJ 19, 20 e 21.11.2003. O trabalho prestado em domingos e feriados, não compensado, deve ser pago em dobro, sem prejuízo da remuneração relativa ao repouso semanal".

Alternativa "b": Opção correta, pois corresponde exatamente ao texto contido no item I, da Súmula nº 159 do TST: "SUBSTITUIÇÃO DE CARÁTER NÃO EVENTUAL E VACÂNCIA DO CARGO (incorporada a Orientação Jurisprudencial nº 112 da SBDI-1) – Res. 129/2005, DJ 20, 22 e 25.04.2005. I – Enquanto perdurar a substituição que não tenha caráter meramente eventual, inclusive nas férias, o empregado substituto fará jus ao salário contratual do substituído. (ex-Súmula nº 159 – alterada pela Res. 121/2003, DJ 21.11.2003). II – Vago o cargo em definitivo, o empregado que passa a ocupá-lo não tem direito a salário igual ao do antecessor. (ex-OJ nº 112 da SBDI-1 – inserida em 01.10.1997)".

Alternativa "c": Opção correta, pois corresponde exatamente ao texto contido na Súmula nº 160 do TST: "APOSENTADORIA POR INVALIDEZ (mantida) – Res. 121/2003, DJ 19, 20 e 21.11.2003. Cancelada a aposentadoria por invalidez, mesmo após cinco anos, o trabalhador terá direito de retornar ao emprego, facultado, porém, ao empregador, indenizá-lo na forma da lei (ex-Prejulgado nº 37).

Alternativa "d": O trabalho noturno para o urbano vai das 22 às 5 horas. Já o trabalhado noturno rural, na pecuária, situa-se entre 20 e 4 horas e, na agricultura, entre 21 e 5 horas. Logo, a resposta encontra-se equivocada, pois estendeu o horário noturno urbano para o rural, contrariando o art. 73 da CLT e o art. 7º da Lei nº 5.889/73: "Art. 73. Salvo nos casos de revezamento semanal ou quinzenal, o trabalho noturno terá remuneração superior a do diurno e, para esse efeito, sua remuneração terá um acréscimo de 20 % (vinte por cento), pelo menos, sobre a hora diurna. § 2º Considera-se noturno, para os efeitos deste artigo, o trabalho executado entre as 22 horas de um dia e as 5 horas do dia seguinte". "Art. 7º – Para os efeitos desta Lei, considera-se trabalho noturno o executado entre as vinte e uma horas de um dia e as cinco horas do dia seguinte, na lavoura, e entre as vinte horas de um dia e as quatro horas do dia seguinte, na atividade pecuária".

Alternativa "e": Opção correta, pois corresponde exatamente ao texto contido no artigo 58, §1º, da CLT.

Alternativa correta: letra "d".

4.3. EQUIPARAÇÃO SALARIAL

70. (Cespe – Procurador do Estado – PGE – PE/2018) Considerando as alterações introduzidas na legislação pela reforma trabalhista de 2017, julgue os itens subsequentes.

I. As diárias para viagem recebidas no importe de 70% do salário do empregado devem integrar a sua remuneração, constituindo base de incidência de encargos trabalhistas e previdenciários.

II. Desde que haja a concordância do empregado, as férias poderão ser usufruídas em até três períodos, desde que um deles não seja inferior a vinte dias corridos e os demais não sejam inferiores a cinco dias corridos, cada um.

III. Para efeito de equiparação salarial, considera-se trabalho de igual valor aquele realizado com igual produtividade e com a mesma perfeição técnica, exigindo-se que o paradigma e o paragonado não tenham diferença de mais de quatro anos de tempo de serviço para o mesmo empregador e que a diferença de tempo na mesma função não seja superior a dois anos.

IV. A não concessão ou a concessão parcial do intervalo intrajornada mínimo implicará o pagamento apenas do período suprimido, sendo a natureza desse pagamento indenizatória.

Estão certos apenas os itens

a) I e II.

b) I e III.

c) II e IV.

d) III e IV.

e) II, III e IV.

COMENTÁRIOS

✪ **Nota do autor:** Para responder à questão era necessário se atentar para as profundas alterações trazidas pela Reforma Trabalhista que, neste caso, destacou as mudanças com relação à natureza salarial de parcelas (art. 457, §2º, da CLT), possibilidade de fracionamento de férias (art. 134, §1º, da CLT), equiparação (artigo 461 da CLT e intervalo intrajornada (artigo 71, §4º, da CLT).

Alternativa I – Incorreta, uma vez que a Reforma Trabalhista retirou a natureza salarial das diárias pagas em qualquer percentual (art. 457, §2º, da CLT).

Alternativa II – Incorreta, uma vez que contraria o disposto no art. 134, §1º, da CLT que estabelece que, desde que haja concordância do empregado, as férias poderão ser usufruídas em até três períodos, sendo que um deles não poderá ser inferior a quatorze dias corridos e os demais não poderão ser inferiores a cinco dias corridos, cada um.

Alternativa III – Correta, uma vez que repete a literalidade do artigo 461 da CLT.

Alternativa IV – Correta, uma vez que repete a literalidade do artigo 71, §4º, da CLT.

Alternativa correta: letra "d".

4.4. PROTEÇÃO AO SALÁRIO

71. (Cespe – Procurador do Estado – BA/2014) Em relação aos direitos dos trabalhadores, julgue os itens seguintes, com base no disposto na CF, na Consolidação das Leis do Trabalho (CLT) e na jurisprudência sumulada do Tribunal Superior do Trabalho (TST).

I. O repouso semanal deve ser remunerado e concedido, preferencialmente, aos domingos.

II. À empregada gestante é assegurada estabilidade desde a confirmação da gravidez até cento e vinte dias após o parto.

III. O salário mínimo deve ser fixado em lei estadual, consideradas as peculiaridades locais, com vistas ao atendimento das necessidades básicas do trabalhador e de sua família com moradia, alimentação, educação, saúde, lazer, vestuário, higiene, transporte e previdência social, com reajustes semestrais que lhe preservem o poder aquisitivo, vedada a vinculação salarial para qualquer fim.

IV. O salário do trabalhador pode ser reduzido por convenção ou acordo coletivo de trabalho.

COMENTÁRIOS

✪ **Nota do autor:** No Brasil, o conteúdo mínimo do pacto laboral encontra-se praticamente definido pelos incisos do art. 7º, da Constituição Federal de 1988, sem falar nas regras sobre Direito Coletivo do Trabalho, constantes dos seus arts. 8º a 11. Da mesma forma, valiosos princípios constitucionais também são utilizados pelo Direito Laboral, como o princípio da dignidade da pessoa humana (art. 1º, III); dos valores sociais do trabalho (art. 1º, III, e art. 170); da igualdade (arts. 3º, IV, e 5º, I); da legalidade (art. 5º, II); da liberdade de trabalho (art. 5º, XIII); da preservação da intimidade (art. 5º, X) etc. No âmbito da relação laboral, são conhecidos como "direitos trabalhistas inespecíficos".

Item "I". Correto. Essa regra está contida no art. 7º, XV da CF: "Art. 7º. São direitos dos trabalhadores urbanos e rurais, além de outros que visem à melhoria de sua condição social: XV – repouso semanal remunerado, preferencialmente aos domingos".

Item "II". Incorreto. A estabilidade gestante vai até cinco meses após o parto, conforme dispõe o art. 10, II, b do Ato das Disposições Constitucionais Transitórias: "Art. 10. II – fica vedada a dispensa arbitrária ou sem justa causa: b) da empregada gestante, desde a confirmação da gravidez até cinco meses após o parto"

Item "III". Incorreto. O salário mínimo deve ser fixado em lei federal, pois a competência para editar normas trabalhistas é da União, conforme art. 22, I, da CF/88. Além disso, o art. 7º, IV da CF/88 diz, textualmente, que o salário mínimo deve ser nacionalmente unificado: "Art. 7º. São direitos dos trabalhadores urbanos e rurais, além de outros que visem à melhoria de sua condição social: IV – salário mínimo, fixado em lei, nacionalmente unificado, capaz de atender a suas necessidades vitais básicas e às de sua família com moradia, alimentação, educação, saúde, lazer, vestuário, higiene, transporte e previdência social, com reajustes periódicos que lhe preservem o poder aquisitivo, sendo vedada sua vinculação para qualquer fim;"

Item "IV". Correto. Essa possibilidade está contida no art. 7º, VI da CF: "Art. 7º. São direitos dos trabalhadores urbanos e rurais, além de outros que visem à melhoria de sua condição social: VI – irredutibilidade do salário, salvo o disposto em convenção ou acordo coletivo;"

5. JORNADA DE TRABALHO E DESCANSOS

5.1. DURAÇÃO DO TRABALHO

72. (Fepese – Procurador do Estado – PGE – SC/2018) A respeito das normas que regulamentam a duração do trabalho, assinale a alternativa correta.

a. É ilegal o regime de compensação de jornada estabelecido por acordo individual, tácito ou escrito, para a compensação no mesmo mês.

b. É vedado ao empregado contratado sob regime de tempo parcial converter um terço do período de férias a que tiver direito em abono pecuniário.

c. O tempo despendido pelo empregado para ir e retornar do trabalho, inclusive por meio de transporte fornecido pelo empregador, não será computado na jornada de trabalho, por não ser tempo à disposição do empregador.

d. A duração normal do trabalho, para os empregados em qualquer atividade privada, não excederá de dez horas diárias, desde que não esteja fixado expressamente outro limite.

e. As horas suplementares à duração do trabalho semanal normal serão pagas com o acréscimo de 25% sobre o salário-hora normal, enquanto a remuneração da hora extra será, pelo menos, 50% superior à da hora normal.

COMENTÁRIOS

✪ **Nota do autor:** Para responder a esta questão, o candidato deveria ter conhecimento de que o instituto das horas *in itinere*, isto é, o período de transporte entre casa/trabalho e vice-versa, não se configura mais como tempo à disposição, por força da Reforma Trabalhista.

Alternativa "a": Opção incorreta, uma vez que o artigo 59, §6º, da CLT dispõe que é lícito o regime de compensação de jornada estabelecido por acordo individual, tácito ou escrito, para a compensação no mesmo mês.

Alternativa "b": Opção incorreta, uma vez que a Reforma Trabalhista passou a prever a faculdade de que o contratado sob regime de tempo parcial possa converter um terço de férias em abono pecuniário (art. 58-A, §6º, da CLT).

Alternativa "c": Opção correta porque a Reforma Trabalhista retirou da CLT a previsão de pagamento de horas *in itinere.*

Alternativa "d": Opção incorreta porque o artigo 58 da CLT dispõe que a duração normal do trabalho, para os empregados em qualquer atividade privada, não excederá de 8 (oito) horas diárias, desde que não seja fixado expressamente outro limite.

Alternativa "e": Opção incorreta na medida em que as horas suplementares diárias ou semanais serão quitadas com adicional de, no mínimo, 50%.

Alternativa correta: letra "c".

73. (CESPE – Procurador BACEN/2013) Antônio labora diariamente como vigilante, cumprindo jornada que se inicia às 20 h de um dia e finda às 7 h do dia seguinte, com intervalo de 1 h às 2 h, com direito ao respectivo adicional noturno.

Considerando a situação hipotética acima, assinale a opção correta.

a) Devem ser consideradas horas noturnas, às quais deve ser acrescido o percentual de 20%, as horas trabalhadas das 22 h de um dia às 7 h do dia seguinte.

b) Consideram-se horas noturnas, cada uma a ser computada como de cinquenta e cinco minutos, as realizadas entre as 22 h de um dia e as 6 h do dia seguinte.

c) Caso Antônio passe a trabalhar no turno da noite em escala de revezamento semanal ou quinzenal, ele continuará fazendo jus ao recebimento do adicional noturno.

d) Todas as horas laboradas na hipótese em comento devem ser acrescidas do adicional noturno de 20%.

e) Apenas as horas laboradas entre as 20 h e as 5 h do dia seguinte devem ser consideradas horas noturnas, às quais deve ser acrescido o percentual de 20%.

COMENTÁRIOS

✪ **Nota do autor:** Quando o empregado inicia a sua jornada durante o período considerado noturno e ultrapassa o limite legal das 05 h., todos os efeitos maléficos do trabalho nessas condições permanecem presentes. Por conta disso, o adicional noturno é devido nesses casos.

Alternativa "a": Correta, pois reflete o entendimento do TST, constante da Súmula nº 60, II, no sentido de continuar sendo devido o adicional noturno, ainda que passe das 05 horas, e a jornada tenha se iniciado durante o período noturno: "Cumprida integralmente a jornada no período noturno e prorrogada esta, devido é também o adicional quanto às horas prorrogadas. Exegese do art. 73, § 5º, da CLT. (ex-OJ nº 6 da SBDI-1 – inserida em 25.11.1996)".

Alternativa "b": A hora ficta noturna é de 52 minutos e 30 segundos. Alternativa incorreta, uma vez que não corresponde ao mandamento legal contido no art. 73, 1º da CLT: "§ 1º A hora do trabalho noturno será computada como de 52 minutos e 30 segundos".

Alternativa "c": Somente receberá o adicional noturno durante o período no qual trabalhar durante a noite. Alternativa errada.

Alternativa "d": Não. Só tem direito ao adicional noturno as horas laboradas após as 22:00 horas. O limite final é que pode ser desconsiderado, na forma da Súmula nº 60, II, já transcrita.

Alternativa "e": Não terá direito ao adicional noturno entre 20 e 22:00 horas. O limite final é que pode ser desconsiderado, na forma da Súmula nº 60, II, já transcrita. Assertiva falsa.

Alternativa correta: letra "a".

74. (FCC – Procurador do Estado – AM / 2010) O horário noturno do empregado urbano é das:

a) 20:00 às 4:00 horas.

b) 20:00 às 5:00 horas.

c) 20:00 às 6:00 horas.

d) 21:00 às 5:00 horas.

e) 22:00 às 5:00 horas.

COMENTÁRIOS

Alternativa "a": O período noturno do trabalhador urbano fica compreendido entre as 22 as 5 horas, conforme art. 73, § 2º, da CLT: "Considera-se noturno, para os efeitos deste artigo, o trabalho executado entre as 22 horas de um dia e as 5 horas do dia seguinte". Opção incorreta.

Alternativa "b": Opção incorreta, uma vez que o período noturno do trabalhador urbano fica compreendido entre as 22 às 5 horas, conforme art. 73, § 2º, da CLT.

Alternativa "c": O período noturno do trabalhador urbano fica compreendido entre as 22 as 5 horas, conforme art. 73, § 2º, da CLT. Opção incorreta.

Alternativa "d": Opção incorreta, uma vez que o período noturno do trabalhador urbano fica compreendido entre as 22 as 5 horas, conforme art. 73, § 2º, da CLT.

Alternativa "e": Opção correta, de acordo com o disposto no art. 73, § 2º, da CLT.

Alternativa correta: letra "e".

75. (PUC – Procurador do Estado – PR/2015) Considerando o sistema legal e o entendimento consolidado do TST sobre jornada de trabalho e controle de jornada de trabalho, assinale a alternativa CORRETA.

a) O controle de jornada é obrigatório quando envolver relação de emprego.

b) O controle de jornada poderá ser dispensado, por livre pactuação entre empregador e empregado.

c) A não apresentação injustificada dos controles de frequência em juízo gera presunção relativa de veracidade da jornada de trabalho descrita na peça inicial.

d) O controle de jornada prevalece sobre todos os demais meios de prova.

e) Não serão descontadas nem computadas como jornada extraordinária as variações de horário no registro de ponto não excedentes de 15 minutos, observado o limite máximo de 30 minutos diários.

COMENTÁRIOS

✪ **Nota do autor:** É recorrente a cobrança em prova de questões relacionadas com o ônus de prova da jornada de trabalho e os cartões de ponto, cujo entendimento jurisprudencial está consolidado na Súm. 338 do TST: JORNADA DE TRABALHO. REGISTRO. ÔNUS DA PROVA (incorporadas as Orientações Jurisprudenciais nºs 234 e 306 da SBDI-1) – Res. 129/2005, DJ 20, 22 e 25.04.2005 I – É ônus do empregador que conta com mais de 10 (dez) empregados o registro da jornada de trabalho na forma do art. 74, § 2º, da CLT. A não apresentação injustificada dos controles de freqüência gera presunção relativa de veracidade da jornada de trabalho, a qual pode ser elidida por prova em contrário. (ex-Súmula nº 338 – alterada pela Res. 121/2003, DJ 21.11.2003). II – A presunção de veracidade da jornada de trabalho, ainda que prevista em instrumento normativo, pode ser elidida por prova em contrário. (ex-OJ nº 234 da SBDI-1 – inserida em 20.06.2001). III – Os cartões de ponto que demonstram horários de entrada e saída uniformes são inválidos como meio de prova, invertendo-se o ônus da prova, relativo às horas extras, que passa a ser do empregador, prevalecendo a jornada da inicial se dele não se desincumbir. (ex-OJ nº 306 da SBDI-1 – DJ 11.08.2003).

Alternativa "a": O controle de jornada só é obrigatório para as empresas cujos estabelecimentos possuam mais de vinte empregados, na forma prevista pelo Art. 74, § 2º, da CLT: Para os estabelecimentos com mais de 20 (vinte) trabalhadores será obrigatória a anotação da hora de entrada e de saída, em registro manual, mecânico ou eletrônico, conforme instruções expedidas pela Secretaria Especial de Previdência e Trabalho do Ministério da Economia, permitida a pré-assinalação do período de repouso. "

Alternativa "b": Na hipótese de empresa com estabelecimento com mais de vinte empregados, não é possível afastar a incidência do preceito contido no art. 74, § 2º, da CLT, norma que tem natureza pública. Alternativa incorreta.

Alternativa "c": O descumprimento do procedimento imposto pelo citado art. 74, § 2º, da CLT implica consequência de natureza processual, que é traduzida pela inversão do ônus da prova em relação à jornada de trabalho alegada pelo trabalhador, na forma do entendimento do TST constante do inciso I, da Súmula nº 338 do TST (veja nota do autor). Alternativa correta.

Alternativa "d": O descumprimento do procedimento imposto pelo citado art. 74, § 2º, da CLT não implica em confissão quanto à jornada de trabalho descrita pelo trabalhador, mas apenas em presunção relativa de sua veracidade, que pode ser afastada por meios de prova lícitos em sentido contrário. Alternativa incorreta, uma vez que não representa o entendimento do TST revelado por intermédio do item I, da Súmula nº 338 (veja nota do autor).

Alternativa "e": Variações mínimas no registro da jornada de trabalho estão dentro limites da razoabilidade e não devem ser computadas nem para acrescer nem para diminuir a jornada de trabalho. O art. 58. § 1º, da CLT estabelece como limite de variação, cinco minutos: "Não serão descontadas nem computadas como jornada extraordinária as variações de horário no registro de ponto não excedentes de cinco minutos, observado o limite máximo de dez minutos diários". Alternativa incorreta.

Alternativa correta: letra "c".

76. (COPS – PROCURADOR DO ESTADO – PR/ 2011) A propósito da jornada de trabalho, é verdadeira a seguinte alternativa:

a) configurado o turno ininterrupto de revezamento, é nula cláusula convencional afastando o direito ao pagamento da 7a e 8a horas como extras, por violação constitucional;
b) as variações de horário no registro de ponto que excederem cinco minutos, observado o limite diário máximo de dez minutos, serão computadas, pelo excedente, para fins de aferição da jornada de trabalho e de eventuais horas extras;
c) o turno ininterrupto de revezamento gerador da jornada limitada a 06h00 é incompatível com o intervalo intrajornada;
d) não se admite, na transferência do empregado do turno noturno para o turno diurno, a supressão do valor pago a título de adicional noturno, por gerar redução salarial;
e) a concessão do repouso semanal remunerado após o sétimo dia consecutivo de trabalho é ilícita e impõe o seu pagamento em dobro.

COMENTÁRIOS

✪ **Nota do autor:** O trabalho em turno ininterrupto de revezamento é aquele em que o trabalhador exerce suas atividades em sistema de alternância de turnos (exemplo: em uma semana trabalha durante o dia e na outra durante a noite). O turno ininterrupto de revezamento se verifica ainda que o trabalho se dê apenas em dois turnos de trabalho, que compreendam, no todo ou em parte, o horário diurno e o noturno, sendo irrelevante que a atividade da empresa se desenvolva de forma ininterrupta. Nessas situações, o trabalhador é submetido à alternância de horário prejudicial à saúde e, portanto, sua jornada será de 6h, no máximo, podendo ser ampliada para 8h, mediante **negociação coletiva**. A interrupção do trabalho destinada a repouso e alimentação, dentro de cada turno, ou o intervalo para repouso semanal, não descaracteriza o turno de revezamento com jornada de 6 (seis) horas previsto no art. 7º, XIV, da CF/1988.

Alternativa "a": Pelo contrário. Nesse aspecto, o TST privilegia o poder da negociação coletiva, interpretando dispositivo da Constituição Federal de 1988, inserido no art. 7º, XIV: "jornada de seis horas para o trabalho realizado em turnos ininterruptos de revezamento, salvo negociação coletiva". Portanto, a opção é incorreta diante do texto da Súmula nº 423 do TST: "TURNO ININTERRUPTO DE REVEZAMENTO. FIXAÇÃO DE JORNADA DE TRABALHO MEDIANTE NEGOCIAÇÃO COLETIVA. VALIDADE. (conversão da Orientação Jurisprudencial nº 169 da SBDI-1) Res. 139/2006 – DJ 10, 11 e 13.10.2006). Estabelecida jornada superior a seis horas e limitada a oito horas por meio de regular negociação coletiva, os empregados submetidos a turnos ininterruptos de revezamento não tem direito ao pagamento da 7ª e 8ª horas como extras".

Alternativa "b": Variações de até cinto minutos, respeitado o limite diário de 10 minutos, não são computados na jornada de trabalho. O art. 58. § 1º, da CLT estabelece: "Não serão descontadas nem computadas como jornada extraordinária as variações de horário no registro de ponto não excedentes de cinco minutos, observado o limite máximo de dez minutos diários".

Alternativa "c": O TST sustenta posicionamento contrário em sua Súmula nº 360: "TURNOS ININTERRUPTOS DE REVEZAMENTO. INTERVALOS INTRAJORNADA E SEMANAL (mantida) – Res. 121/2003, DJ 19, 20 e 21.11.2003. A interrupção do trabalho destinada a repouso e alimentação, dentro de cada turno, ou o intervalo para repouso semanal, não descaracteriza o turno de revezamento com jornada de 6 (seis) horas previsto no art. 7º, XIV, da CF/1988". Opção incorreta.

Alternativa "d": Opção incorreta, tendo em vista o teor da Súmula nº 265 do TST "ADICIONAL NOTURNO. ALTERAÇÃO DE TURNO DE TRABALHO. POSSIBILIDADE DE SUPRESSÃO (mantida) – Res. 121/2003, DJ 19, 20 e 21.11.2003. A transferência para o período diurno de trabalho implica a perda do direito ao adicional noturno."

Alternativa "e": Opção correta, pois esse entendimento com consagrado pela OJ nº 410 da SDI1 do TST: "REPOUSO SEMANAL REMUNERADO. CONCESSÃO APÓS O SÉTIMO DIA CONSECUTIVO DE TRABALHO. ART. 7º, XV, DA CF. VIOLAÇÃO. (DEJT divulgado em 22, 25 e 26.10.2010). Viola o art. 7º, XV, da CF a concessão de repouso semanal remunerado após o sétimo dia consecutivo de trabalho, importando no seu pagamento em dobro".

Alternativa correta: letra "e".

5.2. HORAS EXTRAS E COMPENSAÇÃO

77. (Cespe – Procurador do Estado – PGE – SE/2017) Segundo o TST, o regime de compensação de jornada de trabalho terá validade garantida apenas se for ajustado mediante

a) acordo individual tácito ou escrito, acordo coletivo ou convenção coletiva.

b) acordo individual tácito ou escrito, acordo coletivo, convenção coletiva ou arbitragem.

c) convenção coletiva.

d) acordo coletivo ou convenção coletiva.

e) acordo individual escrito, acordo coletivo ou convenção coletiva.

COMENTÁRIOS

✪ **Nota do autor:** A Lei nº 13.467/17 incluiu o parágrafo 6º ao art. 59 da CLT admitindo a compensação de jornada de trabalho por acordo tácito, como se observa de sua redação: "É lícito o regime de compensação de jornada estabelecido por acordo individual, tácito ou escrito, para a compensação no mesmo mês". Essa alteração impacta no entendimento constante do item I da Súmula nº 85 do TST que serviu de base para elaboração desta questão: "A compensação de jornada de trabalho deve ser ajustada por acordo individual escrito, acordo coletivo ou convenção coletiva."

Alternativa "a": Incorreta à época, pois não era possível a compensação ajustada por acordo tático.

Alternativa "b": Incorreta à época, pois não era possível a compensação ajustada por acordo tático nem por arbitragem.

Alternativa "c": Incorreta, pois não contempla as demais formas de ajustar a compensação de jornada, como o acordo coletivo e o acordo individual escrito.

Alternativa "d": Incorreta, pois não contempla o acordo individual escrito como forma de ajustar a compensação de jornada.

Alternativa "e": Correta à época, uma vez que correspondia ao texto contido no inciso I, da Súmula nº 85 do TST transcrito na nota do autor.

Alternativa correta: letra "e".

78. (PUC – Procurador do Estado – PR/2015) Sobre a duração do trabalho e seus desdobramentos jurídicos, é CORRETO afirmar:

a) Poderá ser dispensado o acréscimo de salário se, por força de acordo individual ou convenção coletiva de trabalho, o excesso de horas em um dia for compensado pela correspondente diminuição em outro dia, de maneira que não exceda, no período máximo de um ano, à soma das jornadas semanais de trabalho previstas, nem seja ultrapassado o limite máximo de doze horas diárias.

b) Os empregados sob o regime de tempo parcial poderão prestar horas extras, limitadas ao número de cinco por semana.

c) Os empregados em cargos em comissão estão dispensados do controle de jornada de trabalho.

d) Entre duas jornadas de trabalho haverá um período mínimo de doze horas consecutivas para descanso.

e) A duração normal do trabalho poderá ser acrescida de horas suplementares, em número não excedente de duas, mediante acordo escrito entre empregador e empregado, ou mediante contrato coletivo de trabalho.

COMENTÁRIOS

✪ **Nota do autor:** Quando o empregado, dentro do estabelecimento, exerce as mesmas funções inerentes ao detentor da empresa, com poderes de mando e gestão, não estará protegido pela legislação laboral no que diz respeito à fixação de uma jornada normal de trabalho, de acordo com o disposto no art. 62, II, da CLT. Frise-se, todavia, que só não há incidência da norma protetora laboral quando, de fato, o empregado ocupa o cargo mais alto dentro do estabelecimento e sem que possua qualquer superior hierárquico. Não basta apenas que o empregado seja rotulado de gerente, diretor etc.

Alternativa "a": O texto da assertiva coincide com aquele que consta do art. 59, § 2º, da CLT, salvo no que diz respeito ao limite total de horas trabalhadas por dia, que é de dez e não doze: "Poderá ser dispensado o acréscimo de salário se, por força de acordo ou convenção coletiva de trabalho, o excesso de horas em um dia for compensado pela correspondente diminuição em outro dia, de maneira que não exceda, no período máximo de um ano, à soma das jornadas semanais de trabalho previstas, nem seja ultrapassado o limite máximo de dez horas diárias." **Alternativa incorreta.**

Alternativa "b": Alternativa incorreta. Conforme o artigo 58-A da CLT, o trabalho em regime de tempo parcial cuja duração não exceda a trinta horas semanais não permite o labor em horas suplementares. Contudo, para aquele contrato cuja duração não exceda a vinte e seis horas semanais, há possibilidade de acréscimo de até seis horas suplementares semanais.

Alternativa "c": Os empregados que estão dispensados do controle de jornada são aqueles que exercem cargo de gestão, na forma prevista pelo inciso II, do art. 62 da CLT, e não cargo de confiança como mencionado na assertiva: "Não são abrangidos pelo regime previsto neste capítulo: II – os gerentes, assim considerados os exercentes de cargos de gestão, aos quais se equiparam, para efeito do disposto neste artigo, os diretores e chefes de departamento ou filial". **Alternativa incorreta.**

Alternativa "d": O intervalo interjornada é de onze e não doze horas como constou nesta assertiva, conforme preceito contido no art. 66 da CLT: "Entre 2 (duas) jornadas de trabalho haverá um período mínimo de 11 (onze) horas consecutivas para descanso." **Alternativa incorreta.**

Alternativa "e": Correta a assertiva, pois em conformidade com a determinação contida no art. 59, *caput*, da CLT: "A duração normal do trabalho poderá ser acrescida de horas suplementares, em número não excedente de 2 (duas), mediante acordo escrito entre empregador e empregado, ou mediante contrato coletivo de trabalho." A nova redação desse dispositivo legal conferida pela Lei nº 13.467/17 é bastante semelhante à anterior: A duração diária do trabalho poderá ser acrescida de horas extras, em número não excedente de duas, por acordo individual, convenção coletiva ou acordo coletivo de trabalho".

Alternativa correta: letra "e".

5.3. REPOUSO SEMANAL REMUNERADO E FÉRIAS

79. (Fepese – Procurador do Estado – PGE – SC/2018) De acordo com legislação trabalhista, após cada período de 12 meses de vigência do contrato de trabalho, o empregado terá direito a férias de 18 dias corridos quando:

a. houver tido de 6 a 14 faltas.
b. houver tido de 15 a 23 faltas.
c. houver tido de 24 a 32 faltas.
d. não houver faltado ao serviço mais de 5 vezes.
e. não houver faltado ao serviço mais de 10 vezes.

COMENTÁRIOS

✪ **Nota do autor:** Para responder a esta questão, o candidato precisa ter conhecimento do artigo 130 da CLT, que define a proporcionalidade das faltas em relação aos dias de férias que serão descontados.

Alternativa "a": Opção incorreta, uma vez que no caso de 6 a 14 faltas, o empregado terá direito a 24 dias corridos de férias, conforme o artigo 130, II, da CLT.

Alternativa "b": Opção correta, porque está de acordo com o artigo 130, III, da CLT.

Alternativa "c": Opção incorreta porque no caso de 24 a 32 faltas, o empregado terá direito a 12 dias corridos de férias, conforme o artigo 130, IV, da CLT.

Alternativa "d": Opção incorreta, uma vez que no caso de ter faltado ao serviço por mais de cinco vezes, o empregado terá direito a 30 dias corridos de férias, conforme o artigo 130, I, da CLT.

Alternativa "e": Opção incorreta, uma vez que no caso de ter faltado ao serviço por mais de dez vezes,, o empregado terá direito a 24 dias corridos de férias, conforme o artigo 130, II, da CLT.

Alternativa correta: letra "b".

80. (Cespe – Procurador do Estado – PGE – SE/2017) De acordo com o TST, nos casos permitidos em lei, havendo convocação do empregado para trabalhar no domingo ou feriado, a empresa deverá remunerar o empregado

a) em valor correspondente ao dia de trabalho, sem perda da remuneração relativa ao repouso semanal.
b) em valor correspondente ao dia de trabalho.
c) em dobro ou conceder-lhe outro dia de folga para compensar o trabalho prestado.
d) em dobro ou conceder-lhe dois dias de folga.
e) em dobro, com perda da remuneração relativa ao repouso semanal.

COMENTÁRIOS

✪ **Nota do autor:** Na hipótese de o trabalhador ser remunerado por hora, o valor do repouso remunerado será equivalente à jornada diária média realizada durante a semana acrescida da média de horas extras, se houver. Para quem percebe remuneração diária, semanal, quinzenal ou mensal, será equivalente a de um dia de serviço. Assim, se o empregado recebe um salário de R$1.200,00 (mil e duzentos reais) por mês, o valor de cada repouso será de R$40,00 (quarenta reais). Caso o trabalhador preste serviços nos dias destinados ao repouso, deverá receber o valor correspondente de forma dobrada, conforme Súmula nº 146 do TST: "SÚMULA Nº 146. TRABALHO EM DOMINGOS E FERIADOS, NÃO COMPENSADO – Nova redação – Res. 121/2003, DJ 21.11.2003. O trabalho prestado em domingos e feriados, não compensado, deve ser pago em dobro, sem prejuízo da remuneração relativa ao repouso semanal.

Alternativa "a": Incorreta, pois o empregado teria direito ao dobro do valor do dia de trabalho (ver nota do autor)

Alternativa "b": Incorreta, pois o empregado teria direito ao dobro do valor do dia de trabalho (ver nota do autor)

Alternativa "c": Correta, pois em consonância com o entendimento do TST constante da Súmula nº 146.

Alternativa "d": Incorreta, pois a alternativa para o não pagamento dobrado do dia de trabalho seria a concessão de um dia de folga.

Alternativa "e": Incorreta, pois o empregado tem direito ao pagamento em dobro, sem prejuízo da remuneração relativa ao repouso semanal que já está embutida no salário.

Alternativa correta: letra "c".

81. (Cespe – Procurador do Estado – PI/2014) Assinale a opção correta no que diz respeito a férias.

a) Constatada a culpa recíproca na rescisão do contrato de trabalho, é devida ao empregado metade das férias proporcionais.
b) De acordo com a legislação trabalhista, as férias serão concedidas por ato do empregador, no mês de escolha do empregado.
c) As férias correspondem ao descanso anual remunerado que o trabalhador deve usufruir, independentemente de aquisição desse direito.
d) Para cada mês ou fração superior a dez dias de trabalho, o empregado tem o direito a um doze avos de férias.
e) Conforme entendimento do TST, são devidas férias proporcionais ao empregado demitido por justa causa.

COMENTÁRIOS

✪ **Nota do autor:** A remuneração das férias deve englobar todas as parcelas de natureza salarial pagas durante o período aquisitivo, inclusive de horas extras, adicional noturno, adicional de insalubridade, utilidades concedidas pelo empregador etc., pela média dos valores respectivos.

Alternativa "a": Correta, pois em consonância com o preceito contido no art. 484 da CLT e da Súmula nº 14 do TST: "Art. 484. Havendo culpa recíproca no ato que determinou a rescisão do contrato de trabalho, o tribunal de trabalho reduzirá a indenização à que seria devida em caso de culpa exclusiva do empregador, por metade. Súmula nº 14 do TST: "Reconhecida a culpa recíproca na rescisão do contrato de trabalho (art. 484 da CLT), o empregado tem direito a 50% (cinquenta por cento) do valor do aviso prévio, do décimo terceiro salário e das férias proporcionais."

Alternativa "b": Cabe ao empregador escolher a época de gozo das férias dos seus empregados, conforme dispõe o art. 134, *caput*, da CLT: "As férias serão concedidas por ato do empregador, em um só período, nos 12 (doze) meses subsequentes à data em que o empregado tiver adquirido o direito." **Incorreta.**

Alternativa "c": O direito ao gozo das férias é adquirido após o labor inicial de doze meses. Assertiva incorreta, pois em desacordo com o comando contido no art. 134, *caput*, da CLT: "As férias serão concedidas por ato do empregador, em um só período, nos 12 (doze) meses subsequentes à data em que o empregado tiver adquirido o direito." **Incorreta.**

Alternativa "d": A fração a ser considerada como mês é de mais de 14 dias e não de 10 dias. Assertiva **incorreta**, uma vez que vai de encontro ao preceito contido no art. 146, § único, da CLT: "Na cessação do contrato de trabalho, após 12 (doze) meses de serviço, o empregado, desde que não haja sido demitido por justa causa, terá direito à remuneração relativa ao período incompleto de férias, de acordo com o art. 130, na proporção de 1/12 (um doze avos) por mês de serviço ou fração superior a 14 (quatorze) dias."

Alternativa "e": O entendimento do TST é justamente no sentido contrário, conforme se observa da redação da Súmula nº 171: "Salvo na hipótese de dispensa do empregado por justa causa, a extinção do contrato de trabalho sujeita o empregador ao pagamento da remuneração das férias proporcionais, ainda que incompleto o período aquisitivo de 12 (doze) meses (art. 147 da CLT)". **Incorreta.**

Alternativa correta: letra "a".

---

82. (Cespe – Procurador do Estado – PE/ 2009) Acerca do repouso semanal remunerado, assinale a opção correta.

a) O adicional de insalubridade não remunera os dias de repouso semanal.

b) O professor que recebe salário mensal à base de hora-aula tem direito ao acréscimo de um sexto a título de repouso semanal remunerado, considerando-se para esse fim o mês de quatro semanas e meia.

c) As gratificações por tempo de serviço e produtividade pagas mensalmente repercutem no cálculo do repouso semanal remunerado.

d) O trabalho prestado em domingos e feriados, não compensado, deve ser pago em dobro, restando prejudicada a remuneração relativa ao repouso semanal propriamente dita.

e) No regime de revezamento, as horas trabalhadas em seguida ao repouso semanal de 24 horas, com prejuízo do intervalo mínimo de 11 horas consecutivas para descanso entre jornadas, não devem ser remuneradas como extraordinárias.

COMENTÁRIOS

✪ **Nota do autor:** Quando uma verba trabalhista é calculada sobre o salário mensal, já está embutido o valor do repouso semanal remunerado. Caso a verba de natureza salarial tenha apuração diária, é necessário calcular o reflexo sobre o repouso semanal remunerado, que inclui os domingos e os feriados.

Alternativa "a": O adicional de insalubridade tem como base de cálculo o salário mensal. Como o salário mensal já remunera o repouso semanal, qualquer outra parcela salarial, inclusive o adicional de insalubridade, que tenha por base de cálculo o salário, já estará remunerando o repouso. Opção incorreta, pois de acordo com o entendimento do TST revelado pela OJ nº 103 da SDI1: "ADICIONAL DE INSALUBRIDADE. REPOUSO SEMANAL E FERIADOS (nova redação) – DJ 20.04.2005. O adicional de insalubridade já remunera os dias de repouso semanal e feriados".

Alternativa "b": A remuneração do professor é calculada por hora-aula, conforme art. 320 da CLT: "A remuneração dos professores será fixada pelo número de aulas semanais, na conformidade dos horários". Ora, nesse caso, ao final do mês é necessário incluir o valor relativo ao repouso semanal remunerado, de acordo com o disposto na Lei nº 605. Assim, a opção está correta, pois reflete o posicionamento do TST constante da Súmula nº 351 do TST: "PROFESSOR. REPOUSO SEMANAL REMUNERADO. ART. 7º, § 2º, DA LEI Nº 605, DE 05.01.1949 E ART. 320 DA CLT (mantida) – Res. 121/2003, DJ 19, 20 e 21.11.2003. O professor que recebe salário mensal à base de hora-aula tem direito ao acréscimo de 1/6 a título de repouso semanal remunerado, considerando-se para esse fim o mês de quatro semanas e meia".

Alternativa "c": Qualquer parcela salarial que tenha por base de cálculo o salário mensal, já tem embutido o reflexo sobre o repouso semanal remunerado, sendo esse o caso das gratificações por tempo de serviço e da produtividade. Opção incorreta, pois em desacordo com o entendimento do TST constante da Súmula nº 225: "REPOUSO SEMANAL. CÁLCULO. GRATIFICAÇÕES POR TEMPO DE SERVIÇO E PRODUTIVIDADE (mantida) – Res. 121/2003, DJ 19, 20 e 21.11.2003. As gratificações por tempo de serviço e produtividade, pagas mensalmente, não repercutem no cálculo do repouso semanal remunerado."

Alternativa "d": O empregado que trabalha no domingo tem direito à remuneração em dobro desse dia de trabalho, além daquele valor que já se encontra embutido no salário. Opção incorreta, uma vez que não está em consonância com os ditames da Súmula nº 146 do TST: "TRABALHO EM DOMINGOS E FERIADOS, NÃO COMPEN-

SADO (incorporada a Orientação Jurisprudencial nº 93 da SBDI-1) – Res. 121/2003, DJ 19, 20 e 21.11.2003. O trabalho prestado em domingos e feriados, não compensado, deve ser pago em dobro, sem prejuízo da remuneração relativa ao repouso semanal".

Alternativa "e": Opção incorreta, pois defende entendimento oposto aquele revelado pelo TST em sua Súmula nº 110: "JORNADA DE TRABALHO. INTERVALO (mantida) – Res. 121/2003, DJ 19, 20 e 21.11.2003. No regime de revezamento, as horas trabalhadas em seguida ao repouso semanal de 24 horas, com prejuízo do intervalo mínimo de 11 horas consecutivas para descanso entre jornadas, devem ser remuneradas como extraordinárias, inclusive com o respectivo adicional".

Alternativa correta: letra "b".

83. (Cespe – Procurador do Estado – AL/ 2008) Considere que Lucas tenha sido contratado por entidade bancária para exercer a função de contínuo. Em face dessa situação hipotética, assinale a opção correta.

a) Somente no caso de o regime de trabalho de Lucas exceder quarenta e quatro horas semanais deverá ele receber pagamento suplementar.

b) Devido ao limite da jornada atinente à categoria de Lucas, terá ele direito a menos de trinta dias de férias.

c) Na hipótese de Lucas, no período aquisitivo das férias, contar com quatorze faltas, fará ele jus a dezoito dias corridos de férias.

d) Se Lucas, no período aquisitivo das férias, tiver dez faltas, sendo cinco delas decorrentes de alistamento eleitoral e casamento, não haverá redução no total de dias de férias a serem gozados.

e) Caso Lucas falte três dias em decorrência do falecimento de ascendente, isso caracterizará falta justificada para os fins legais.

COMENTÁRIOS

✪ **Nota do autor:** No Brasil, o enquadramento sindical é feito, em regra, pela atividade preponderante da empresa, salvo no caso de categoria profissional diferenciada, na forma prevista pelo art. 511 da CLT. Assim, na hipótese em questão, o candidato precisa compreender que, como Lucas trabalha para uma instituição financeira, deve ser considerado bancário, uma vez que a função de contínuo não é regulamentada, o que transformaria em categoria profissional diferenciada.

Alternativa "a": Alternativa incorreta. A jornada de trabalho do bancário é de 6 horas diárias e 30 horas por semana, segundo determina o art. 224 da CLT: "A duração normal do trabalho dos empregados em bancos, casas bancárias e Caixa Econômica Federal será de 6 (seis) horas continuas nos dias úteis, com exceção dos sábados, perfazendo um total de 30 (trinta) horas de trabalho por semana".

Alternativa "b": Incorreta. Lucas terá direito a férias de trinta dias, uma vez que a jornada do bancário de 30 horas semanais é considerada como de tempo integral. Com o advento da Lei nº 13.467/17, o período de gozo de férias do empregado por tempo parcial passou a ser o mesmo do empregado por tempo integral.

Alternativa "c": A proporcionalidade do período de gozo de férias é relacionada com o número de faltas injustificadas durante o período aquisitivo. No caso de 14 faltas, o número de dias de férias seria de 24 dias corridos. **Opção incorreta**, uma vez que contraria o art. 130 da CLT: "Após cada período de 12 (doze) meses de vigência do contrato de trabalho, o empregado terá direito a férias, na seguinte proporção: I – 30 (trinta) dias corridos, quando não houver faltado ao serviço mais de 5 (cinco) vezes); II – 24 (vinte e quatro) dias corridos, quando houver tido de 6 (seis) a 14 (quatorze) faltas;".

Alternativa "d": O empregado tem direito a 3 dias de folga remunerada, em caso de casamento, e até dois dias, para se alistar eleitor. Como foram 10 faltas, deve ser descontados 5 dias, pois são faltas legalmente justificadas. Portanto a **opção é correta**, uma vez que só devem ser consideradas 5 faltas, permanecendo com o direito a férias integrais de 30 dias. Essas regras estão inseridas nos arts. 473 e 130 da CLT: "Art. 473 – O empregado poderá deixar de comparecer ao serviço sem prejuízo do salário: (...) II – até 3 (três) dias consecutivos, em virtude de casamento; (...) V – até 2 (dois) dias consecutivos ou não, para o fim de se alistar eleitor, nos termos da lei respectiva" e "Art. 130 – Após cada período de 12 (doze) meses de vigência do contrato de trabalho, o empregado terá direito a férias, na seguinte proporção: I – 30 (trinta) dias corridos, quando não houver faltado ao serviço mais de 5 (cinco) vezes);"

Alternativa "e": O limite de faltas abonadas legalmente em caso de falecimento de ascendente é de dois dias. Por conta disso, a opção está **incorreta**, de acordo com o disposto no art. 473, I, da CLT: "O empregado poderá deixar de comparecer ao serviço sem prejuízo do salário: I – até 2 (dois) dias consecutivos, em caso de falecimento do cônjuge, ascendente, descendente, irmão ou pessoa que, declarada em sua carteira de trabalho e previdência social, viva sob sua dependência econômica;".

Alternativa correta: letra "d".

84. (Cespe – Procurador do Estado – PB/ 2008) No que se refere ao direito a férias, assinale a opção correta.

a) Após cada período de 12 meses de vigência do contrato de trabalho, a empregada terá direito a férias em proporção conforme a quantidade de faltas que haja tido no período, não se considerando falta ao serviço a ausência da empregada durante o período de licença-maternidade.

b) O período das férias será computado como tempo de serviço acrescido de um terço.

c) A época da concessão das férias será a que melhor atenda aos interesses do empregado, inclusive, para fazê-las coincidir com férias da família ou com as férias escolares, quando for estudante.

d) O empregado deve perceber, durante as férias, a remuneração média que lhe houver sido paga durante o período aquisitivo pertinente.

e) A prescrição do direito de o empregado reclamar a concessão das férias ou o pagamento da respectiva remuneração é contado do término do período aquisitivo ou, se for o caso, da cessação do contrato de trabalho.

COMENTÁRIOS

✪ **Nota do autor:** O período de gozo de férias tem relação direta com a quantidade de faltas injustificadas que o empregado contar durante o período aquisitivo, salvo quando o regime de trabalho for parcial, pois nesse caso a relação também é com a jornada semanal de trabalho.

Alternativa "a": Opção correta, uma vez que o art. 131, II, da CLT, determina que o tempo de licença maternidade é considerado como de efetivo serviço para efeitos de férias: "Art. 131. Não será considerada falta ao serviço, para os efeitos do artigo anterior, a ausência do empregado: II – durante o licenciamento compulsório da empregada por motivo de maternidade ou aborto, observados os requisitos para percepção do salário-maternidade custeado pela Previdência Social;

Alternativa "b": O acréscimo de um terço previsto pela Constituição Federal diz respeito à remuneração e não ao período aquisitivo ou de gozo como constou nesta alternativa. Por esse motivo, essa assertiva é incorreta, conforme disposto no art. 130, § 2º, da CLT: "O período das férias será computado, para todos os efeitos, como tempo de serviço". Bem como no art. 7º, inciso XVII, da CF/88: "XVII – gozo de férias anuais remuneradas com, pelo menos, um terço a mais do que o salário normal".

Alternativa "c": A época das férias será aquela que atenda os interesses do empregador e não do empregado como constou na alternativa. Sendo assim, a opção é considerada incorreta, pois em desacordo com o disposto no art. 136 da CLT: "A época da concessão das férias será a que melhor consulte os interesses do empregador".

Alternativa "d": Opção incorreta, pois a remuneração de férias a ser percebida é aquela da época da concessão, segundo dispõe o art. 142 da CLT: "O empregado perceberá durante as férias, a remuneração que lhe for devida na data da sua concessão. Parágrafo 1°: Quando o salário for pago por hora com jornadas variáveis, apurar-se-á a média do período aquisitivo, aplicando-se o valor do salário na data da concessão das férias. Parágrafo 2°: Quando o salário for pago por tarefa tomar-se-á por base a média da produção no período aquisitivo do direito à férias, aplicando-se o valor da remuneração da tarefa na data da concessão das férias".

Alternativa "e": O início do período concessivo de férias coincide com o fim do período aquisitivo. Sendo assim, esta opção é incorreta, pois em descordo com o disposto no arts. 149 e 134 da CLT: "Art. 149.A prescrição do direito de reclamar a concessão das férias ou o pagamento da respectiva remuneração é contada do término do prazo mencionado no art. 134 ou, se for o caso, da cessação do contrato de trabalho" e "Art. 134. As férias serão concedidas por ato do empregador, em um só período, nos 12 (doze) meses subsequentes à data em que o empregado tiver adquirido o direito".

Alternativa correta: letra "a".

---

85. (Cespe – Procurador do Estado – CE/ 2008) Acerca das férias em direito do trabalho, segundo a Constituição Federal, a CLT e jurisprudência sumulada e consolidada do TST, julgue os itens a seguir.

I. A aquisição do direito às férias ocorre a cada ano de vigência do contrato de trabalho, sem ocasionar perda do direito à remuneração correspondente.

II. A concessão das férias deve ocorrer nos doze meses subsequentes à data em que o empregado tiver adquirido o direito, sendo a época definida pelo empregador, conforme seu interesse, ressalvado o direito de membros da mesma família gozarem férias no mesmo período, se assim desejarem e disso não resultar prejuízo para o serviço, e o direito do empregado estudante de ter coincididas suas férias do trabalho com o período de férias escolares.

III. O empregador deverá pagar em dobro a remuneração do período de férias sempre que elas forem concedidas após o período concessivo regular.

IV. As férias devem ser remuneradas com adicional de, pelo menos, um terço do valor do salário normal, inclusive sobre a parcela que eventualmente for convertida em pecúnia.

V. A prescrição do direito de reclamar a concessão das férias ou o pagamento da respectiva remuneração ou adicional é contada do término do período aquisitivo ou, se for o caso, da cessação do contrato de trabalho.

A quantidade de itens certos é igual a

a) 1.

b) 2.

c) 3.

d) 4.

e) 5.

COMENTÁRIOS

✪ **Nota do autor:** Como o direito de exigir o gozo de férias só se adquire depois de terminado o período concessivo, somente a partir de então se inicia o prazo prescricional da pretensão do empregado. Na prática, portanto, a prescrição da pretensão do direito de férias acaba se estendendo por mais um ano.

Item "I": O direito ao gozo de férias significa que o empregado fica sem trabalhar durante o período correspondente, mas tem direito à remuneração respectiva,(.) Por conta disso, denomina-se férias remuneradas. Sendo assim, a assertiva é verdadeira, pois de acordo com o preceito contido no art. 129 da CLT: "Todo empregado terá direito anualmente ao gozo de um período de férias, sem prejuízo da remuneração".

Item "II": O período de gozo de férias deve respeitar os interesses do empregador e devem ser concedidas durante os doze meses subsequentes ao fim do período aquisitivo. Entretanto, existem algumas exceções. Se há empregados da mesma família, podem gozar férias no mesmo período. O detalhe que torna **incorreta** a alternativa é fato de nem todos os estudantes tem direito de gozar férias durante o período de férias escolares, mas somente o estudante menor de 18 anos. Observem-se a redação dos seguintes artigos da CLT. "Art. 134. As férias serão concedidas por ato do empregador, em um só período, nos 12 (doze) meses subsequentes à data em que o empregado tiver adquirido o direito. Art. 136. A época da concessão das férias será a que melhor consulte os interesses do empregador. § 1º – Os membros de uma família, que trabalharem no mesmo estabelecimento ou empresa, terão direito a gozar férias no mesmo período, se assim o desejarem e se disto não resultar prejuízo para o serviço. § 2º – O empregado estudante, menor de 18 (dezoito) anos, terá direito a fazer coincidir suas férias com as férias escolares".

Item "III": Vencido o período concessivo, o empregador deverá pagar o salário das férias em dobro. Desse modo, este item é considerado verdadeiro, pois de acordo com o preceito contido no art. 137 da CLT: "Sempre que as férias forem concedidas após o prazo de que trata o art. 134, o empregador pagará em dobro a respectiva remuneração".

Item "IV": O abono de férias decorre da conversão de, no máximo, um terço do período de gozo em pecúnia. Trata-se de verba indenizatória e, portanto, não pode ser base de incidência do terço constitucional que deve ter como base de cálculo o salário. Essa assertiva é falsa, pois não atende ao comando contido no art. 7º, XVII, da CF/88: "XVII – gozo de férias anuais remuneradas com, pelo menos, um terço a mais do que o salário normal".

Item "V": O início do prazo prescricional coincide com o fim do período concessivo, pois nesse momento o direito torna-se exigível. Portanto, este item é incorreto, pois afronta a determinação contida no art. 149 da CLT: "A prescrição do direito de reclamar a concessão das férias ou o pagamento da respectiva remuneração é contada do término do prazo mencionado no art. 134 ou, se for o caso, da cessação do contrato de trabalho".

Alternativa correta: letra "b".

---

86. (Cespe – Procurador do Estado – PB/ 2008) Com base na CF, julgue os itens seguintes, acerca dos direitos dos trabalhadores.

I. O trabalhador tem direito ao seguro-desemprego no caso de desemprego voluntário.

II. O salário mínimo, fixado em lei complementar, deve ser capaz de atender às necessidades básicas do trabalhador e às de sua família, com moradia, alimentação, educação, saúde, lazer, vestuário, higiene, transporte e previdência social, com reajustes periódicos que lhe preservem o poder aquisitivo, sendo vedada sua vinculação para qualquer fim.

III. O salário pode ser reduzido por convenção ou acordo coletivo de trabalho.

IV. O repouso semanal remunerado deve ser concedido, necessariamente, aos domingos.

V. As férias anuais devem ser remuneradas com, pelo menos, um terço a mais do que o salário normal.

Estão certos apenas os itens

a) I e II.

b) I e IV.

c) II e III.

d) III e V.

e) IV e V.

COMENTÁRIOS

Item "I": O benefício do seguro-desemprego é para o trabalhador que se encontra desempregado involuntariamente, o que não acontece, por exemplo, com aquele que pede demissão. Assim, este item é considerado incorreto, de acordo com a determinação inserida no art. 7º, II, da CF/88: "II – seguro-desemprego, em caso de desemprego involuntário".

Item "II": O art. 7º, IV, da CF/88, determina que o salário mínimo seja fixado por lei e não por lei complementar como constou neste item: "IV – salário mínimo, fixado em lei, nacionalmente unificado, capaz de atender a suas necessidades vitais básicas e às de sua família com moradia, alimentação, educação, saúde, lazer, vestuário, higiene, transporte e previdência social, com reajustes periódicos que lhe preservem o poder aquisitivo, sendo vedada sua vinculação para qualquer fim". Item incorreto.

Item "III": Item correto. O art. 7º, VI, da CF/88, permite a redução salarial, desde que haja negociação coletiva: "VI – irredutibilidade de salário, salvo o disposto em convenção ou acordo coletivo".

Item "IV": O detalhe que torna esse item incorreto reside no fato de que o repouso deve recair, preferencialmente, nos domingos e não necessariamente, conforme art. 7º, XV, da CF/88: "XV – repouso semanal remunerado, preferencialmente aos domingos".

Item "V": Correto, pois coincide com a determinação prevista pelo art. 7º, XVII, da CF/88: "XVII – gozo de férias anuais remuneradas com, pelo menos, um terço a mais do que o salário normal".

Alternativa correta: letra "d".

---

87. (Cespe – Procurador do Estado – ES/ 2008) Um empregado contratado em 2 de janeiro de 2004 foi dispensado sem justa causa em 28 de junho de 2007, com aviso prévio indenizado, havendo gozado apenas um período de férias de trinta dias em março de 2005, remuneradas de acordo com a legislação. Considerando essa situação, julgue os itens a seguir.

I. Por ocasião da rescisão do contrato de trabalho, o empregado faz jus à remuneração correspondente a dois períodos integrais de férias, sendo um simples e outro em dobro, além das férias proporcionais, acrescendo-se a tudo o terço constitucional.

II. O período de férias proporcionais corresponde a sete doze avos.

COMENTÁRIOS

✪ **Nota do autor:** O período do aviso prévio integra o tempo de serviço para todos os efeitos legais, inclusive férias, e o terço constitucional incide sobre essa verba, seja ela devida em dobro, simples ou proporcional. Ressalte-se, entretanto, que essa questão foi elaborada antes da vigência da Lei no 12.506/11, que regulamentou o instituto do aviso prévio proporcional ao tempo de serviço. Assim, a resposta correta não levou em consideração o tempo de aviso prévio superior a 30 dias.

Item I: É necessário, inicialmente, calcular o tempo de serviço efetivo, incluindo mais 30 dias por conta do aviso prévio indenizado. Assim, de 02.01.2004 a 27.07.2007 totalizam-se 3 anos, seis meses e 25 dias. Como houve o gozo de um período de férias, restariam dois períodos integrais, sendo um em dobro e outro simples, e um período proporcional equivalente a 7/12. O pagamento em dobro encontra sua base legal no art. 137 da CLT: "Sempre que as férias forem concedidas após o prazo de que trata o art. 134, o empregador pagará em dobro a respectiva remuneração". As férias em dobro, simples e proporcionais devem ser acrescidas de 1/3, conforme entendimento do TST consolidado pela Súmula nº 328: "FÉRIAS. TERÇO CONSTITUCIONAL (mantida) – Res. 121/2003, DJ 19, 20 e 21.11.2003. O pagamento das férias, integrais ou proporcionais, gozadas ou não, na vigência da CF/1988, sujeita-se ao acréscimo do terço previsto no respectivo art. 7º, XVII". **Item correto.**

Item II: Considerando o tempo do aviso prévio (30 dias) e o fato da fração igual ou superior a 15 dias ser considerado como um mês, chega-se a 7/12 a título de férias proporcionais, tornando o **item correto.**

6. ALTERAÇÃO E PARALISAÇÃO DO CONTRATO DE TRABALHO

6.1. ALTERAÇÃO DO CONTRATO DE TRABALHO E TRANSFERÊNCIA

88. (Cespe – Procurador do Estado – AL/ 2008) Umberto, trabalhador de determinada empresa, tinha como remuneração parte fixa mais percentual sobre serviços realizados, comissões por hora trabalhada. Após cerca de dois anos de trabalho, a empresa alterou a forma de remuneração para parte fixa mais percentual por comissões em vendas.

Com respeito a essa situação hipotética, assinale a opção correta.

a) Nenhuma alteração poderia ser efetivada, mesmo que dela resultasse melhor remuneração para Umberto.

b) A alteração em apreço só será legal se houver assistência do sindicato obreiro mediante acordo coletivo.

c) Umberto será credor de comissões mesmo que estas resultem de transação ultimada após a extinção do contrato de trabalho.

d) O autor será credor de comissões somente quando a transação a que se refiram for ultimada antes da extinção do contrato de trabalho.

e) Umberto não será credor de comissões após extinção do contrato de trabalho, caso tenha havido alteração na composição societária da empresa.

COMENTÁRIOS

✪ **Nota do autor:** Como se trata de questão-problema, é necessário maior grau de raciocínio lógico principalmente sobre as temáticas relacionadas com as alterações contratuais, cláusula *del credere* e sucessão de empregadores. Quanto às alterações contratuais, frise-se a necessidade do duplo requisito para sua validade, qual seja, a bilateralidade e a inexistência de prejuízo, não só o financeiro, para o empregado.

Alternativa "a": Opção incorreta, uma vez que é possível realizar alterações no contrato de trabalho, desde que seja bilateral e benéfica para o empregado, conforme exposto no art. 468 da CLT: "Nos contratos individuais de trabalho só é lícita a alteração das respectivas condições por mútuo consentimento, e ainda assim desde que não resultem, direta ou indiretamente, prejuízos ao empregado, sob pena de nulidade da cláusula infringente desta garantia".

Alternativa "b": Para que a alteração contratual seja considerada lícita, não é necessária a assistência sindical. Basta que seja bilateral e não prejudicial ao trabalhador, conforme dispõe o art. 468 da CLT. Opção incorreta.

Alternativa "c": Opção correta, diante do permissivo contido no § 2º, art. 466, da CLT, que confere ao empregado o direito de perceber as comissões decorrentes das transações por ele intermediadas, ainda que ocorra a extinção do contrato de trabalho: "Art. 466 – O pagamento de comissões e percentagens só é exigível depois de ultimada a transação a que se referem. § 1º – Nas transações realizadas por prestações sucessivas, é exigível o pagamento das percentagens e comissões que lhes disserem respeito proporcionalmente à respectiva liquidação. § 2º – A cessação das relações de trabalho não prejudica a percepção das comissões e percentagens devidas na forma estabelecida por este artigo".

Alternativa "d": Opção incorreta, pois em desacordo com art. 466, § 2º, da CLT: "A cessação das relações de trabalho não prejudica a percepção das comissões e percentagens devidas na forma estabelecida por este artigo".

Alternativa "e": Essa opção aborda a questão relativa à sucessão de empregadores e contraria frontalmente o texto dos artigos arts. 10 e 448 da CLT: "Art. 10. Qualquer alteração na estrutura jurídica da empresa não afetará os direitos adquiridos por seus empregados". "Art. 448. A mudança na propriedade ou na estrutura jurídica da empresa não afetará os contratos de trabalho dos respectivos empregados". Opção incorreta.

Alternativa correta: letra "c".

89. (PUC – Procurador do Estado – PR/2015) Como decorrência do sistema principiológico de proteção trabalhista e das regras envolvendo a alteração de cláusulas do contrato de trabalho previstas na CLT, é CORRETO afirmar que:

a) Nos contratos individuais de trabalho só é lícita a alteração das respectivas condições por mútuo consentimento e, ainda assim, desde que não resultem, direta ou indiretamente, em prejuízos ao empregado.

b) Os contratos individuais de trabalho poderão ser alterados unilateralmente pelo empregador, quando não resultem em prejuízo para o empregado.

c) Em regra, os intervalos para refeição e descanso poderão ser reduzidos por acordo coletivo de trabalho.

d) Por solicitação expressa e escrita do empregado, o contrato de trabalho poderá ser alterado, ainda que implique prejuízo aos seus direitos sociais.

e) Em regra, aplica-se o instituto do *ius variandi.*

COMENTÁRIOS

✪ **Nota do autor:** A relação de emprego é caracterizada pelo estado de subordinação jurídica do empregado em relação ao empregador, que exerce o poder de direção de sua atividade econômica. Por conta disso, o empresário conduz a atividade do empregado, no exercício do seu poder de organização e de controle. Daí deriva o direito do empregador de alterar determinadas condições de trabalho, que não sejam consideradas substanciais, de forma a melhorar o desempenho de sua atividade no contexto econômico, social, político etc. Esse direito encontra seus limites no direito de resistência do empregado, que lhe permite não aceitar determinadas alterações nas condições essenciais ou substanciais para o desenvolvimento de sua atividade laboral, no exercício do seu *ius variandi.*

Alternativa "a": Correta a assertiva, uma vez que representa o texto do art. 468, *caput,* da CLT que exige a bilateralidade e a inexistência do prejuízo para a validade da alteração contratual: "Nos contratos individuais de trabalho só é lícita a alteração das respectivas condições por mútuo consentimento, e ainda assim desde que não resultem, direta ou indiretamente, prejuízos ao empregado, sob pena de nulidade da cláusula infringente desta garantia." Alternativa correta.

Alternativa "b": A alteração contratual só é validada ser for bilateral, além de não implicar prejuízo para o empregado. **Alternativa incorreta**, pois contraria a determinação prevista no art. 468, *caput*, da CLT: "Nos contratos individuais de trabalho só é lícita a alteração das respectivas condições por mútuo consentimento, e ainda assim desde que não resultem, direta ou indiretamente, prejuízos ao empregado, sob pena de nulidade da cláusula infringente desta garantia."

Alternativa "c": Incorreta. A regra era justamente em sentido contrário, pois contrariava o posicionamento do TST explicitado em sua Súmula nº 437, II: "É inválida cláusula de acordo ou convenção coletiva de trabalho contemplando a supressão ou redução do intervalo intrajornada porque este constitui medida de higiene, saúde e segurança do trabalho, garantido por norma de ordem pública (art. 71 da CLT e art. 7º, XXII, da CF/1988), infenso à negociação coletiva." Com a vigência da Lei nº 13.467/17 o intervalo intrajornada passou a ser objeto lícito da negociação coletiva, por não mais ser considerado norma de higiene e medicina do trabalho, conforme se observa da redação do parágrafo único, art. 611-B da CLT: Regras sobre duração do trabalho e intervalos não são consideradas como normas de saúde, higiene e segurança do trabalho para os fins do disposto neste artigo".

Alternativa "d": A alteração contratual só é validada ser for bilateral e não implicar prejuízo para o empregado. São, assim, dois requisitos. **Alternativa incorreta,** pois contraria a determinação prevista no art. 468, *caput*, da CLT: "Nos contratos individuais de trabalho só é lícita a alteração das respectivas condições por mútuo consentimento, e ainda assim desde que não resultem, direta ou indiretamente, prejuízos ao empregado, sob pena de nulidade da cláusula infringente desta garantia."

Alternativa "e": A regra é justamente em sentido contrário. Proíbe-se a alteração contratual, pois ofende ao princípio do *pacta sunt servanda*. O *ius variandi* seria uma forma de exceção quando a aplicação do citado princípio que rege o direito contratual, conforme analisado na nota do autor desta questão. **Alternativa incorreta.**

Alternativa correta: letra "a".

90. (CESPE – Procurador do Estado – DF/ 2013) Julgue o seguinte item, com base na legislação e no entendimento jurisprudencial dominante do TST.

O jus variandi é poder do empregador intimamente ligado ao poder diretivo e voltado a situações em que unilateralmente este possa proceder a pequenas alterações no contrato de trabalho, como, por exemplo, o fornecimento e a exigência do uso de equipamento de proteção individual pelo empregado após um ano de labor, uma vez constatado ser insalubre a atividade exercida pelo empregado.

COMENTÁRIOS

✪ **Nota do autor:** Ao lado do *ius variandi* do empregador, tem-se o *ius resistentiae* do empregado. Isso significa que em determinadas situações prevalece o primeiro e em outras o segundo.

RESPOSTA: CORRETO. As obrigações relativas ao fornecimento e uso de equipamentos de proteção individual referidas no item sob análise encontram-se inseridas nos arts. 161 e 166 da CLT: "Art. 161. Cumpre aos empregados: I – observar as regras de segurança que forem estabelecidas para cada ocupação; II – usar obrigatoriamente os equipamentos de proteção individual e demais meios destinados à sua segurança. Art. 166 – A empresa é obrigada a fornecer aos empregados, gratuitamente, equipamento de proteção individual adequado ao risco e em perfeito estado de conservação e funcionamento, sempre que as medidas de ordem geral não ofereçam completa proteção contra os riscos de acidentes e danos à saúde dos empregados". Além disso, a verificação da insalubridade ocorreu depois da admissão, época em que não era exigido o fornecimento e o uso dos mencionados equipamentos. Desse modo, alterada a situação fática da relação de emprego, é lícito e dentro do *ius variandi* do empregador o fornecimento e a cobrança do uso respectivo pelos empregados.

91. (CESPE – PROCURADOR DO ESTADO – CE/ 2008) Acerca do contrato de trabalho, quanto à alteração, suspensão, interrupção, rescisão, estabilidade e reintegração ou indenização, julgue os itens que se seguem.

I. Nos contratos individuais de trabalho, apenas é lícita a alteração das respectivas condições por mútuo consentimento, e, ainda assim, desde que não resulte, direta ou indiretamente, em prejuízos ao empregado, sob pena de nulidade da cláusula infringente dessa garantia.
II. A suspensão do empregado por mais de sessenta dias consecutivos importa na rescisão injusta do contrato de trabalho.
III. Ao empregado afastado do emprego são asseguradas, por ocasião de sua volta, todas as vantagens que, em sua ausência, tenham sido atribuídas à categoria a que pertencia na empresa.
IV. Constitui justa causa para a rescisão do contrato de trabalho, pelo empregador, a ocorrência de condenação criminal do empregado, transitada em julgado, caso não tenha havido suspensão da execução da pena.
V. São estáveis no emprego, desde o registro de sua candidatura até dois anos após o final de seu mandato, os empregados eleitos para cargo de direção de comissão interna de prevenção de acidentes (CIPA).

Estão certos apenas os itens

a) I, II e IV.
b) I, II e V.
c) I, III e IV.
d) II, III e V.
e) III, IV e V.

COMENTÁRIOS

✪ **Nota do autor:** Todos os itens estão corretos, exceto o V. Como não existe essa alternativa, **a questão foi anulada pela Banca.**

Item "I": Este item reproduz, com fidelidade, o texto do art. 468 da CLT: "Nos contratos individuais de trabalho só é lícita a alteração das respectivas condições por mútuo consentimento, e ainda assim desde que não resultem, direta ou indiretamente, prejuízos ao empregado, sob pena de nulidade da cláusula infringente desta garantia". **Item correto.**

Item "II": Na verdade, o art. 474 da CLT fixa o prazo máximo de suspensão em trinta dias. Logo, se foi suspenso por sessenta dias, o efeito seria o mesmo: "Art. 474 – A suspensão do empregado por mais de 30 (trinta) dias consecutivos importa na rescisão injusta do contrato de trabalho". **Item incorreto.**

Item "III": Este item reproduz, com fidelidade, o texto do art. 471 da CLT: "Ao empregado afastado do emprego, são asseguradas, por ocasião de sua volta, todas as vantagens que, em sua ausência, tenham sido atribuídas à categoria a que pertencia na empresa". Item correto.

Item "IV": Item correto, pois corresponde a uma das formas de justa causa prevista pelo art. 482, "d", da CLT: "Constituem justa causa para rescisão do contrato de trabalho pelo empregador: d) condenação criminal do empregado, passada em julgado, caso não tenha havido suspensão da execução da pena".

Item "V": O detalhe que faz este item ser considerado **incorreto** é o fato do período de estabilidade ser de um ano e não de dois, conforme dispõe o art. 10, II, "a", do ADCT da CF/88: "Art. 10, II, "a" – fica vedada a dispensa arbitrária ou sem justa causa: a) do empregado eleito para o cargo de direção de comissões internas de prevenção de acidentes, desde o registro da candidatura até um ano após o final de seu mandato".

Alternativa correta: letra "c".

92. (PGE/PA – Procurador do Estado – PA/ 2009) Analise as proposições abaixo e assinale a alternativa INCORRETA:

a) Consoante a jurisprudência do TST, a sucessão por Estado-membro de uma sociedade de economia mista torna inválida a penhora de bens já efetivada, devendo a execução trabalhista prosseguir mediante precatório.
b) As cláusulas regulamentares que revoguem ou alterem vantagens deferidas anteriormente, só atingirão os trabalhadores admitidos após a revogação ou alteração do regulamento.
c) Qualquer que seja o ramo de atividade da sociedade cooperativa, não existe vínculo empregatício entre ela e seus associados, nem entre estes e os tomadores de serviços daquela.
d) Consoante a jurisprudência do TST, a verificação, mediante perícia, de prestação de serviços em condições nocivas, considerado agente insalubre diverso do apontado na inicial, não prejudica o pedido de adicional de insalubridade.

COMENTÁRIOS

✪ **Nota do autor:** Observar que atualmente as cooperativas de trabalho são regidas, também, pela Lei nº 12.690/12.

Alternativa "a": É justamente o contrário. Se a penhora foi realizada anteriormente à sucessão, é considerada válida. Alternativa **incorreta**, uma vez que se encontra em desacordo com o entendimento constante da OJ nº 343 da SDI-1 do TST: "PENHORA. SUCESSÃO. ART. 100 DA

CF/1988. EXECUÇÃO (DJ 22.06.2004). É válida a penhora em bens de pessoa jurídica de direito privado, realizada anteriormente à sucessão pela União ou por Estado-membro, não podendo a execução prosseguir mediante precatório. A decisão que a mantém não viola o art. 100 da CF/1988".

Alternativa "b": Esse é o entendimento exposto na Súmula nº 51, I, do TST: NORMA REGULAMENTAR. VANTAGENS E OPÇÃO PELO NOVO REGULAMENTO. ART. 468 DA CLT (incorporada a Orientação Jurisprudencial nº 163 da SBDI-1) – Res. 129/2005, DJ 20, 22 e 25.04.2005. I – As cláusulas regulamentares, que revoguem ou alterem vantagens deferidas anteriormente, só atingirão os trabalhadores admitidos após a revogação ou alteração do regulamento. (ex-Súmula nº 51 – RA 41/1973, DJ 14.06.1973)". **Correta a assertiva.**

Alternativa "c": Correta a assertiva de acordo com o parágrafo único, art. 442, da CLT: "Qualquer que seja o ramo de atividade da sociedade cooperativa, não existe vínculo empregatício entre ela e seus associados, nem entre estes e os tomadores de serviços daquela".

Alternativa "d": Trata-se do posicionamento do TST sobre a matéria, constante da Súmula nº 293: "ADICIONAL DE INSALUBRIDADE. CAUSA DE PEDIR. AGENTE NOCIVO DIVERSO DO APONTADO NA INICIAL (mantida) – Res. 121/2003, DJ 19, 20 e 21.11.2003. A verificação mediante perícia de prestação de serviços em condições nocivas, considerado agente insalubre diverso do apontado na inicial, não prejudica o pedido de adicional de insalubridade". Alternativa **correta.**

Alternativa correta: letra "a".

6.2. SUSPENSÃO E INTERRUPÇÃO DO CONTRATO DE TRABALHO

93. (FMP – Procurador do Estado – PGE – AC/2017) Considerando as hipóteses de suspensão e suspensão parcial do contrato individual de trabalho, e CORRETO afirmar que

a) as férias são consideradas exemplo de suspensão do contrato.

b) a greve é tida como suspensão do contrato, por expressa previsão legal.

c) o descanso semanal não é computado no tempo de serviço do empregado.

d) a suspensão disciplinar é exemplo de interrupção do contrato de trabalho.

e) os intervalos para descanso e alimentação são computados na jornada de trabalho.

COMENTÁRIOS

✪ **Nota do autor:** Em trabalhos contínuos, a Lei exige que seja concedido um intervalo intrajornada, ou seja, dentro da execução da própria jornada de trabalho. Esse descanso, que não é computado na jornada de trabalho, será de 15 minutos, para jornadas de quatro até seis horas, e de no mínimo uma hora e no máximo de duas horas (salvo acordo ou convenção coletiva em sentido contrário), para jornadas superiores a seis horas, destinados ao repouso e/ou alimentação.

Alternativa "a": Incorreta. Como há pagamento de salário, a hipótese e de interrupção, na forma prevista pelo art. 129, CLT: "Todo empregado terá direito anualmente ao gozo de um período de férias, sem prejuízo da remuneração."

Alternativa "b": Correta, uma vez que o art. 7º da Lei 7.783/89 não garante o pagamento do salário durante o respectivo período: "Observadas as condições previstas nesta Lei, a participação em greve suspende o contrato de trabalho, devendo as relações obrigacionais, durante o período, ser regidas pelo acordo, convenção, laudo arbitral ou decisão da Justiça do Trabalho."

Alternativa "c": Incorreta. Como é devido o salário do repouso, consequentemente conta-se o tempo de serviço.

Alternativa "d": Incorreta. A suspensão é uma medida disciplinar aplicada pelo empregador que retira do empregado o direito à percepção do salário.

Alternativa "e": Incorreta. O período do intervalo para descanso e alimentação não é computado na jornada de trabalho, de acordo com o preceito contido no art. 71,§2º da CLT: "Os intervalos de descanso não serão computados na duração do trabalho."

Alternativa correta: letra "b".

94. (Cespe – Procurador do Estado – PI/2014) Acerca da suspensão e da alteração do contrato de trabalho, assinale a opção correta.

a) A suspensão do contrato de trabalho, em virtude da percepção do auxílio-doença, em geral, não impede a fluência da prescrição quinquenal.

b) É válida qualquer alteração bilateral do contrato de trabalho que não cause prejuízo ao trabalhador, não podendo haver alteração unilateral, ainda que mais benéfica ao obreiro.

c) Segundo entendimento do TST, é admissível norma coletiva que retire a natureza salarial do tíquete-refeição, mesmo que o regulamento da empresa preveja sua natureza salarial.

d) O empregador que nunca tenha exigido, na relação de contrato de trabalho, o uso de uniforme só poderá fazê-lo por convenção ou acordo coletivo.

e) Durante o período de suspensão do contrato de trabalho, como não presta serviço nem recebe salário do empregador, o empregado está livre para praticar atos que autorizariam a aplicação de justa causa.

COMENTÁRIOS

✪ **Nota do autor:** A relação de emprego é caracterizada pelo estado de subordinação jurídica do empregado em relação ao empregador, que exerce o poder de direção de sua atividade econômica. Por conta disso, o empresário conduz a atividade do empregado, no exercício do seu poder de organização e de controle. Daí deriva o direito do empregador de alterar determinadas condições de trabalho, que não sejam consideradas substanciais, de forma a melhorar o desempenho de sua atividade no contexto econômico, social, político etc. Esse direito encontra seus limites no direito de resistência do empregado, que lhe permite não aceitar determinadas alterações nas condições essenciais ou substanciais para o desenvolvimento de sua atividade laboral, no exercício do seu **ius variandi.**

Alternativa "a": Esse é o entendimento do TST revelado por meio da OJ nº 375 da SDI-1: "A suspensão do contrato de trabalho, em virtude da percepção do auxílio-doença ou da aposentadoria por invalidez, não impede a fluência da prescrição quinquenal, ressalvada a hipótese de absoluta impossibilidade de acesso ao Judiciário." **Correta.**

Alternativa "b": Para validade da alteração contratual é necessário a anuência do empregado. Assim, são dois os requisitos: bilateralidade e ausência de prejuízo. Todavia há exceções, como aquela constante do parágrafo único do art. 468 da CLT: "Não se considera alteração unilateral a determinação do empregador para que o respectivo empregado reverta ao cargo efetivo, anteriormente ocupado, deixando o exercício de função de confiança". O mesmo ocorre no caso de transferência por necessidade de serviço, prevista pelo art. 469, § 3º, da CLT: "Em caso de necessidade de serviço o empregador poderá transferir o empregado para localidade diversa da que resultar do contrato, não obstante as restrições do artigo anterior, mas, nesse caso, ficará obrigado a um pagamento suplementar, nunca inferior a 25% (vinte e cinco por cento) dos salários que o empregado percebia naquela localidade, enquanto durar essa situação." **Incorreta.**

Alternativa "c": Incorreta, pois a OJ nº 413 da SDI-1 é em sentido contrário: "A pactuação em norma coletiva conferindo caráter indenizatório à verba "auxílio-alimentação" ou a adesão posterior do empregador ao Programa de Alimentação do Trabalhador – PAT – não altera a natureza salarial da parcela, instituída anteriormente, para aqueles empregados que, habitualmente, já percebiam o benefício, a teor das Súmulas nos 51, I, e 241 do TST".

Alternativa "d": A exigência de uniforme em plena vigência do contrato de trabalho encontra-se dentro dos limites do *ius variandi* do empregador, conforme análise feita na nota do autor. Sendo assim, não é necessário que essa mudança seja autorizada por meio de negociação coletiva. **Incorreta.**

Alternativa "e": A regra seria essa, como citado na assertiva. Todavia há exceções. Isso porque determinadas justas causas não têm relação com o labor, como a prática constante de jogos de azar e, por conta disso, podem ser praticadas ainda que não haja prestação de serviço. Portanto grande parte da doutrina inclina-se pela possibilidade de haver justa causa durante a suspensão do pacto laboral, como Maurício Godinho Delgado (Curso de Direito do Trabalho, 6ª Ed., p. 1063), mas com o uso de outra fundamentação: "No tocante à dispensa por justa causa não pode haver dúvida de ser ela viável, juridicamente, desde que a falta tipificada obreira tenha ocorrido no próprio período de suspensão do pacto (...) será distinta, contudo, a solução jurídica em se tratando de justa causa cometida antes do advento do fator suspensivo (por exemplo: empresa está apurando, administrativamente, falta cometida pelo obreiro ... o qual se afasta por benefício previdenciário antes do final da apuração e correspondente penalidade máxima aplicada). Neste caso, a suspensão contratual prevalece, embora possa a empresa comunicar de imediato ao trabalhador a justa causa aplicada, procedendo, contudo, à efetiva rescisão após o findar da causa suspensiva do pacto empregatício'." **Incorreta.**

Alternativa correta: letra "a".

95. (CESPE – Procurador do Estado – DF/ 2013) Julgue o seguinte item, com base na legislação e no entendimento jurisprudencial dominante do TST.

O afastamento da atividade laboral que enseja recebimento de auxílio-doença previdenciário caracteriza hipótese de suspensão do contrato de trabalho. Cessado o prazo de vigência desse benefício e não havendo prorrogação, o empregado deverá se apresentar nas quarenta e oito horas seguintes ao término desse prazo, ou justificar sua impossibilidade de retorno ao empregador, sob pena de se caracterizar justa causa para demissão.

COMENTÁRIOS

✪ **Nota do autor:** O prazo de 30 dias sem apresentação ao trabalho após a alta previdenciária e sem apresentação de justificativa, previsto na Súmula nº 32 do TST, faz presumir o abandono de emprego. Trata-se de presunção relativa que admite prova em contrário, tanto para mais, quanto para menos.

ERRADO. Assertiva não é verdadeira, pois o prazo que o empregado teria para se apresentar na empresa sob pena de abandono seria de 30 dias e não de 48 horas, na forma do entendimento constante da Súmula nº 32 do TST: Presume-se o abandono de emprego se o trabalhador não retornar ao serviço no prazo de 30 (trinta) dias após a cessação do benefício previdenciário nem justificar o motivo de não o fazer".

96. (FCC – Procurador do Estado – SP/ 2012) A respeito da suspensão e da interrupção do contrato de trabalho, é correto afirmar:

a) A suspensão do empregado por mais de 15 (quinze) dias consecutivos importa na rescisão injusta do contrato de trabalho.
b) A percepção do auxílio-doença pelo empregado faz com que ocorra a interrupção do contrato de trabalho.
c) O empregado poderá deixar de comparecer ao serviço, sem prejuízo do salário, por até 5 (cinco) dias consecutivos em virtude de casamento.
d) O empregado poderá deixar de comparecer ao serviço, sem prejuízo do salário, nos dias em que estiver comprovadamente realizando provas de exame vestibular para ingresso em estabelecimento de ensino superior.
e) O período de afastamento do empregado para cumprir as exigências do serviço militar obrigatório, quanto aos deveres do reservista, é considerado como de suspensão do contrato de trabalho.

COMENTÁRIOS

✪ **Nota do autor:** Casos de suspensão e interrupção são diferenciados por dois efeitos, quais sejam, o pagamento ou não do salário e a contagem ou não do tempo de serviço. Entretanto, há casos especiais nos quais não há pagamento de salário, mas há contagem do tempo de serviço. Isso ocorre com o afastamento para serviço militar, suspensão para gozo de auxílio-doença acidentário e durante a licença maternidade.

Alternativa "a": Na verdade, o prazo de suspensão que implicaria em rescisão injusta do contrato de trabalho seria de 30 e não de 15 dias. Portanto, essa assertiva não é verdadeira, pois está em desacordo com o preceito contido no art. 474 da CLT: A suspensão do empregado por mais de 30 (trinta) dias consecutivos importa na rescisão injusta do contrato de trabalho".

Alternativa "b": O prazo sem atividade laboral, nesse caso, é considerado de suspensão do contrato de trabalho, pois não há pagamento de salário. Alternativa errada em face do disposto no **art. 476 da CLT**: "Em caso de seguro-doença ou auxílio-enfermidade, o empregado é considerado em licença não remunerada, durante o prazo desse benefício".

Alternativa "c": Por esse motivo, o afastamento do empregado do serviço sem prejuízo de sua remuneração é de apenas três dias. Assim, a alternativa é falsa, pois contraria o inciso II, art. 473 da CLT. "O empregado poderá deixar de comparecer ao serviço sem prejuízo do salário: II – até 3 (três) dias consecutivos, em virtude de casamento".

Alternativa "d": Assertiva correta, pois reproduz o texto contido no art. 473, VII da CLT: "O empregado poderá deixar de comparecer ao serviço sem prejuízo do salário: VII – nos dias em que estiver comprovadamente realizando provas de exame vestibular para ingresso em estabelecimento de ensino superior".

Alternativa "e": No caso de afastamento para serviço militar, apesar de não haver pagamento de salário, conta-se o tempo de serviço. Portanto, essa afirmação não está totalmente de acordo com a determinação contida no art. 4º, parágrafo primeiro da CLT., Observe-se que a Lei nº 13.467/17, ao acrescer um parágrafo ao art. 4º da CLT, transformou o seu parágrafo único no parágrafo 1º, com redação bastante semelhante à anterior: "§ 1º Computar-se-ão, na contagem de tempo de serviço, para efeito de indenização e estabilidade, os períodos em que o empregado estiver afastado do trabalho prestando serviço militar e por motivo de acidente do trabalho".

Alternativa correta: letra "d".

---

97. (Cespe – Procurador Federal/2013) Julgue os itens subsecutivos, referentes a suspensão, interrupção e rescisão do contrato de trabalho.

I – Segundo entendimento consolidado pelo TST, mesmo que concedidas as férias nos doze meses subsequentes à data em que o empregado tiver adquirido o direito, será devido o pagamento em dobro da remuneração de férias, incluído o terço constitucional, quando o empregador não efetuar o pagamento da remuneração das férias até dois dias antes do início do respectivo período de gozo.

COMENTÁRIOS

✪ **Nota do autor:**. As férias são calculadas sobre todas as parcelas de natureza salarial, habitualmente pagas ao trabalhador, correspondendo à **remuneração** que seria devida ao trabalhador no mês da **concessão** (e não da aquisição), acrescida do terço constitucional (art. 7º, XVII, CF/88). O terço constitucional é calculado à razão **de 1/3 do salário** à época da concessão das férias. Caso o salário do empregado seja variável, apura-se a média das horas trabalhadas no período aquisitivo, mas o valor da hora será o da data da concessão. Quando o salário for pago por tarefa, irá se apurar a média da produção no período aquisitivo, mas o valor por peça ou tarefa aplicável é o da data da concessão das férias. Quando o salário for pago por percentagem, comissão ou viagem, apura-se a média dos 12 meses imediatamente anteriores ao período da concessão. As utilidades integram o cálculo das férias porque tem natureza salarial, exceto se continuarem sendo usufruídas pelo empregado durante o gozo de férias. Caso contrário, o empregado receberia o benefício em duplicidade. Assim, por exemplo, a habitação fornecida como utilidade não entra no cálculo da remuneração das férias porque o empregado continua recebendo tal utilidade durante o período de gozo de férias. Contudo, o valor de tal utilidade irá incidir sobre o cálculo do terço de férias, este sim incidente sobre a totalidade das utilidades, tendo em vista tratar-se de um *plus*.

CORRETO. A hipótese é de concessão das férias sem o pagamento antecipado pelo empregado. Nesse caso, o TST entende que é devido o pagamento em dobro, conforme Súm. 450 do TST "É devido o pagamento em dobro da remuneração de férias, incluído o terço constitucional, com base no art. 137 da CLT, quando, ainda que gozadas na época própria, o empregador tenha descumprido o prazo previsto no art. 145 do mesmo diploma legal".

II – O empregado poderá deixar de comparecer ao serviço sem prejuízo do salário por até dois dias consecutivos para se alistar como eleitor. Nesse caso, como o obreiro permanece recebendo sua remuneração, ocorre a interrupção do contrato de trabalho.

COMENTÁRIOS

✪ **Nota do autor:** O art. 473 da CLT lista uma série de motivos que autorizam o empregado faltar ao serviço sem prejuízo do salário.

CORRETO. A hipótese citada no texto da questão é de interrupção do contrato de trabalho, visto que o empregado deixa de comparecer ao serviço e percebe salario na forma prevista pelo art. 473, V, da CLT: O empregado poderá deixar de comparecer ao serviço sem prejuízo do salário: V – até 2 (dois) dias consecutivos ou não, para o fim de se alistar eleitor, nos termos da lei respectiva.

III – A não utilização injustificada pelo empregado dos equipamentos de proteção individual fornecidos pelo empregador caracteriza situação ensejadora da rescisão ou despedida indireta, que ocorre quando o empregado comete falta grave que justifica a ruptura do liame empregatício.

COMENTÁRIOS

✪ **Nota do autor:** Os principais motivos que autorizam a resolução do contrato de trabalho sem ônus financeiro para o empregador constam do art. 482 da CLT. Entretanto, em outros dispositivos da CLT e em normas esparsas há previsão específicas de justas causas especiais.

ERRADO. No caso do texto da questão, a hipótese autorizaria a extinção do contrato de trabalho por justa causa cometida pelo empregado, com fundamento no art. 158, parágrafo único, alínea "b" da CLT: "Constitui ato faltoso do empregado a recusa injustificada: b) ao uso dos equipamentos de proteção individual fornecidos pela empresa. O item é considerado incorreto, pois não é o caso de rescisão indireta e sim de justa causa.

IV – Suspenso o contrato de trabalho em virtude de aposentadoria por invalidez, o empregado perde o direito à manutenção de plano de saúde ou de assistência médica a ele oferecido pela empresa.

COMENTÁRIOS

✪ **Nota do autor:** Note-se que o contrato de trabalho não se extingue com a concessão da aposentadoria por invalidez, ainda que seja ultrapassado o prazo de cinto anos.

ERRADO. O TST firmou entendimento em sentido contrário, acolhendo a tese do direito ao plano de saúde para o empregado que sofre acidente do trabalho, ou seja, acometido de doença ocupacional. "Súmula nº 440 do TST. Assegura-se o direito à manutenção de plano de saúde ou de assistência médica oferecido pela empresa ao empregado, não obstante suspenso o contrato de trabalho em virtude de auxílio-doença acidentário ou de aposentadoria por invalidez".

98. (FCC – Procurador do Estado – MT/ 2011) É INCORRETO afirmar que o empregado poderá deixar de comparecer ao serviço sem prejuízo do salário por

a) dois dias consecutivos, em caso de falecimento do cônjuge, ascendente, descendente, irmão ou pessoa que, declarada em sua carteira de trabalho e previdência social, viva sob sua dependência econômica.
b) três dias consecutivos, em virtude de casamento.
c) três dias, em caso de nascimento de filho no decorrer da primeira semana.
d) um dia, em cada doze meses de trabalho, em caso de doação voluntária de sangue devidamente comprovada.
e) pelo tempo que se fizer necessário, quando tiver que comparecer a juízo.

COMENTÁRIOS

✪ **Nota do autor: o candidato precisa ter conhecimento das hipóteses de falta justificada contidas no artigo 473 da CLT, diante da existência de questões recorrentes sobre o tema.**

Alternativa "a": Opção correta, pois se encontra de acordo com o preceituado no art. 473, I, da CLT: "O empregado poderá deixar de comparecer ao serviço sem prejuízo do salário: I – até 2 (dois) dias consecutivos, em caso de falecimento do cônjuge, ascendente, descendente, irmão ou pessoa que, declarada em sua carteira de trabalho e previdência social, viva sob sua dependência econômica (...)".

Alternativa "b": Opção correta, pois se encontra de acordo com o preceituado no art. 473, II, da CLT: "O empregado poderá deixar de comparecer ao serviço sem prejuízo do salário (...) II – até 3 (três) dias consecutivos, em virtude de casamento(...)".

Alternativa "c": O art. 473, III, da CLT, foi parcialmente recepcionado pela CF/88: "O empregado poderá deixar de comparecer ao serviço sem prejuízo do salário (...) III – por um dia, em caso de nascimento de filho no decorrer da primeira semana (...)". Isso porque o ADCT majorou a licença paternidade para 5 dias: "Art. 10. § 1º – Até que a lei venha a disciplinar o disposto no art. 7º, XIX, da Constituição, o prazo da licença-paternidade a que se refere o inciso é de cinco dias". Opção incorreta.

Alternativa "d": Opção correta, pois se encontra de acordo com o preceituado no art. 473, IV, da CLT: "O empregado poderá deixar de comparecer ao serviço sem prejuízo do salário (...) IV – por um dia, em cada 12 (doze) meses de trabalho, em caso de doação voluntária de sangue devidamente comprovada (...)".

Alternativa "e": Opção correta, pois se encontra de acordo com o preceituado no art. 473, VIII, da CLT: "O empregado poderá deixar de comparecer ao serviço sem prejuízo do salário (...) VIII – pelo tempo que se fizer necessário, quando tiver que comparecer a juízo (...)".

Alternativa correta: letra "c".

7. EXTINÇÃO DO CONTRATO DE TRABALHO

99. (FMP – Procurador do Estado – AC/2014) Em relação à extinção do contrato de emprego e às garantias de emprego, assinale a afirmativa correta.

a) Não há direito ao pagamento de aviso prévio na rescisão indireta, conforme regramento da CLT.
b) Toda despedida por justa causa deve ser precedida de inquérito para apuração de falta grave, a fim de assegurar ao trabalhador seu direito de defesa.
c) Todos os membros da CIPA têm direito à garantia de emprego, conforme disposto na CLT e entendimento consubstanciado na Súmula 339 do TST.
d) A empregada gestante, ainda que admitida mediante contrato por tempo determinado, tem direito à garantia de emprego, nos termos da Súmula 244 do TST.

COMENTÁRIOS

✪ **Nota do autor:** Quando cessa os efeitos do motivo que deu ensejo ao afastamento do serviço, o empregado tem direito a reassumir o exercício de suas funções em condições idênticas àquelas anteriormente estabelecidas, acrescidas das vantagens que tenham sido concedidas à sua categoria profissional.

Alternativa "a": O preceito contido no art. 487, § 4º da CLT é justamente em sentido contrário: " § 4º – É devido o aviso prévio na despedida indireta." **Incorreta.**

Alternativa "b": Somente nos casos em que há estabilidade e ainda assim desde quando a lei determinar expressamente a necessidade da utilização do inquérito para apuração de falta grave como requisito para extinção do pacto laboral. **Incorreta.**

Alternativa "c": Somente os integrantes da CIPA eleitos pelos empregados detém estabilidade, conforme determina o art. 159 da CLT. Em caso de extinção do estabelecimento, também não há que se falar em estabilidade, conforme entendimento do TST constante do inciso II, da Súmula nº 339: "Art. 165 – Os titulares da representação dos empregados nas CIPA (s) não poderão sofrer despedida arbitrária, entendendo-se como tal a que não se fundar em motivo disciplinar, técnico, econômico ou financeiro. Súmula nº 339: "II – A estabilidade provisória do cipeiro não constitui vantagem pessoal, mas garantia para as atividades dos membros da CIPA, que somente tem razão de ser quando em atividade a empresa. Extinto o estabelecimento, não se verifica a despedida arbitrária, sendo impossível a reintegração e indevida a indenização do período estabilitário." **Incorreta.**

Alternativa "d": Correta a assertiva, pois de acordo com o posicionamento do TST exposto no inciso III, da Súmula nº 339: "A empregada gestante tem direito à estabilidade provisória prevista no art. 10, inciso II, alínea "b", do Ato das Disposições Constitucionais Transitórias, mesmo na hipótese de admissão mediante contrato por tempo determinado."

Alternativa correta: letra "d".

100. (Cespe – Procurador do Estado – PGE – PE/2018) Joana trabalha em uma padaria e, há algum tempo, o seu empregador vem demonstrando insatisfação com o serviço prestado por ela. Por sua vez, Joana também está insatisfeita com as medidas que vêm sendo adotadas pelo seu empregador. Por tais razões, o empregador e Joana decidiram, por mútuo acordo, extinguir o contrato de trabalho.

Nessa situação hipotética, Joana terá direito

a) à integralidade de todas as verbas trabalhistas.
b) a metade do aviso prévio, se indenizado, além da habilitação no programa de seguro-desemprego.
c) a metade da indenização sobre o saldo do FGTS, além da movimentação da conta vinculada desse fundo, limitada a 50% do valor dos depósitos.
d) a metade de todas as verbas trabalhistas, mas não terá direito a habilitação no programa de seguro-desemprego.
e) a metade da indenização sobre o saldo do FGTS, cuja conta vinculada poderá ser movimentada até o limite de 80%, e metade do aviso prévio, se indenizado, bem como à integralidade das demais verbas trabalhistas, mas não terá direito a habilitação no programa de seguro-desemprego.

COMENTÁRIOS

✪ **Nota do autor:** A Reforma Trabalhista trouxe nova modalidade de extinção contratual chamada de distrato, que se verifica quando as partes (empregado e empregador), em comum acordo, decidem encerrar o contrato de trabalho. As verbas rescisórias devidas são: metade do aviso prévio, se indenizado; metade da multa rescisória do FGTS; na integralidade, as demais verbas trabalhistas; levantamento de 80% dos depósitos do FGTS; não autoriza seguro-desemprego. É o que dispõe o artigo 484-A e parágrafos da CLT.

Alternativa "a": Opção incorreta, uma vez que por se tratar de comum acordo na extinção contratual, a parte não poderá receber integralmente aviso prévio e multa do FGTS, como se tivesse sido dispensada.

Alternativa "b": Opção incorreta, uma vez que no caso de distrato, o empregado não ficou sem emprego de forma involuntária e, portanto, não faz jus ao seguro-desemprego.

Alternativa "c": Opção incorreta porque na hipótese de distrato, o empregado somente poderá movimentar 80% dos depósitos do FGTS.

Alternativa "d": Opção incorreta porque no distrato, o empregado recebe integralmente as verbas trabalhistas, exceto aviso prévio e multa do FGTS que são quitados pela metade.

Alternativa "e": Opção correta. Está de acordo com o artigo 484-A, §1º, da CLT.

Alternativa correta: letra "e".

7.1. AVISO PRÉVIO

101. (Vunesp – Procurador do Estado – PGE – SP/2018) Nos termos dos enunciados sumulares do Tribunal Superior do Trabalho, é correto afirmar a respeito do aviso prévio:

a) o direito ao aviso prévio proporcional ao tempo de serviço somente é assegurado nas rescisões de contrato de trabalho ocorridas a partir da publicação da Lei nº 12.506, em 13 de outubro de 2011.
b) não cabe aviso prévio nas rescisões antecipadas dos contratos de experiência.
c) reconhecida a culpa recíproca na rescisão do contrato de trabalho (art. 484 da Consolidação das Leis do Trabalho), o empregado não tem direito a receber valores a título de aviso prévio.
d) o pagamento relativo ao período de aviso prévio trabalhado não está sujeito à contribuição para o FGTS.
e) no caso de concessão de auxílio-doença no curso do aviso prévio, concretizam-se os efeitos da dispensa depois de expirado o prazo do aviso prévio,

independentemente da vigência do benefício previdenciário.

COMENTÁRIOS

Alternativa "a": Opção correta, uma vez que repete o teor da Súmula 441 do TST.

Alternativa "b": Opção incorreta, uma vez que a Súmula 163 do TST traz o entendimento de que cabe aviso prévio nas rescisões antecipadas dos contratos de experiência, na forma do art. 481 da CLT.

Alternativa "c": Opção incorreta porque conforme a Súmula 14 do TST, no sentido de que, reconhecida a culpa recíproca na rescisão do contrato de trabalho (art. 484 da CLT), o empregado tem direito a 50% (cinquenta por cento) do valor do aviso prévio, do décimo terceiro salário e das férias proporcionais.

Alternativa "d": Opção incorreta. Nos termos da Súmula 305 do TST, "o pagamento relativo ao período de aviso – prévio, trabalhado ou não, está sujeito à contribuição para o FGTS".

Alternativa "e": Opção incorreta. Conforme a Súm. 371 do TST, a projeção do contrato de trabalho para o futuro, pela concessão do aviso prévio indenizado, tem efeitos limitados às vantagens econômicas obtidas no período de pré-aviso, ou seja, salários, reflexos e verbas rescisórias. No caso de concessão de auxílio-doença no curso do aviso prévio, todavia, só se concretizam os efeitos da dispensa depois de expirado o benefício previdenciário.

Alternativa correta: letra "a".

102. (FMP – Procurador do Estado – PGE – AC/2017) De acordo com a Lei nº 12.506/2011, em relação ao direito do empregado ao aviso prévio proporcional ao tempo de serviço, considerando um contrato de trabalho que perdurou por cinco anos e foi rescindido por despedida imotivada, e CORRETO afirmar que é de

a) trinta e três dias.
b) trinta e seis dias.
c) trinta e nove dias.
d) quarenta e dois dias.
e) quarenta e cinco dias.

COMENTÁRIOS

✪ **Nota do autor:** A resposta correta para essa pergunta pode ser obtida analisando o art. 1º da Lei nº 12.506/2011: "Art. 1º O aviso prévio, de que trata o Capítulo VI do Título IV da Consolidação das Leis do Trabalho – CLT, aprovada pelo Decreto-Lei no 5.452, de 1º de maio de 1943, será concedido na proporção de 30 (trinta) dias aos empregados que contem até 1 (um) ano de serviço na mesma empresa. Parágrafo único. Ao aviso prévio previsto neste artigo serão acrescidos 3 (três) dias por ano de serviço prestado na mesma empresa, até o máximo de 60 (sessenta) dias, perfazendo um total de até 90 (noventa) dias."

Alternativa "a": Incorreto Como foram 5 anos de serviço, acresce-se mais 15 dias, totalizando 45.

Alternativa "b": Incorreta. 36 dias seria o período de aviso prévio para quem trabalhou por dois anos.

Alternativa "c": Incorreta. 39 dias seria o período de aviso prévio para quem trabalhou por três anos.

Alternativa "d": Incorreta. 42 dias seria o período de aviso prévio para quem trabalhou por quatro anos.

Alternativa "e": Correta, considerando a proporção de três dias por cada ano (3 x 5 = 15 + 30 = 45).

Alternativa correta: letra "e".

103. (Cespe – Procurador do Estado – PI/2014) No que se refere à rescisão do contrato de trabalho e ao aviso prévio, assinale a opção correta.

a) Extinta a empresa, ocorrerá automaticamente a rescisão do contrato de trabalho, sem que esta decorra de iniciativa do empregador, não sendo devido, portanto, o aviso prévio.
b) Dado o aviso prévio, a rescisão do contrato de trabalho torna – se imediatamente efetivada.
c) Durante o prazo do aviso prévio concedido pelo empregador, o horário de trabalho do empregado poderá, à sua concordância, ser reduzido em duas horas semanais.
d) Se um contrato a termo for ajustado por dois anos e o empregador dispensar, por sua iniciativa e sem justa causa, o empregado ao término do primeiro ano, este fará jus a indenização correspondente a seis meses de remuneração, além das demais verbas rescisórias devidas.
e) Ato lesivo à honra ou à boa fama praticado no serviço pelo empregado contra qualquer pessoa configura hipótese de rescisão indireta.

COMENTÁRIOS

✪ **Nota do autor:** O despedimento injusto ocorre sempre que o empregador não tem uma causa para fundamentar seu ato. Utiliza-se da chamada potestade, a faculdade de praticar um ato que produz efeitos jurídicos sem que a outra parte a quem o ato diretamente direciona-se possa opor qualquer reação. Se da prática do ato potestativo de despedir resulta um prejuízo para o empregado, poderá ele cobrar o prejuízo ou dano advindo do gesto patronal.

Alternativa "a": Incorreta a assertiva, pois contraria o texto da Súmula nº 44 do TST: "A cessação da atividade da empresa, com o pagamento da indenização, simples ou em dobro, não exclui, por si só, o direito do empregado ao aviso prévio".

Alternativa "b": Isso só ocorre se o aviso prévio for indenizado. Caso contrário, a extinção do contrato efetiva-se apenas depois de cumprido o respectivo período, conforme dispõe o art. 489, *caput*, da CLT: "Dado o aviso prévio, a rescisão torna-se efetiva depois de expirado o respectivo prazo, mas, se a parte notificante reconsiderar o ato, antes de seu termo, à outra parte é facultado aceitar ou não a reconsideração." **Incorreta.**

Alternativa "c": É o empregado quem tem a faculdade de escolher a redução da jornada diária ou a ausência de labor em sete dias consecutivos de acordo com o art. 488, *caput* e parágrafo único, da CLT: "O horário normal de trabalho do empregado, durante o prazo do aviso, e se a rescisão tiver sido promovida pelo empregador, será reduzido de 2 (duas) horas diárias, sem prejuízo do salário integral. Parágrafo único – É facultado ao empregado trabalhar sem a redução das 2 (duas) horas diárias previstas neste artigo, caso em que poderá faltar ao serviço, sem prejuízo do salário integral, por 1 (um) dia, na hipótese do inciso I, e por 7 (sete) dias corridos, na hipótese do inciso II do art. 487 desta Consolidação." **Incorreta.**

Alternativa "d": Exatamente. Esse procedimento encontra-se previsto no art. 479, *caput*, da CLT: "Nos contratos que tenham termo estipulado, o empregador que, sem justa causa, despedir o empregado será obrigado a pagar-lhe, a título de indenização, e por metade, a remuneração a que teria direito até o termo do contrato." **Correta.**

Alternativa "e": A hipótese seria de justa causa prevista no art. 482, "j" da CLT e não de rescisão indireta, que diz respeito a atos do empregador arrolados no art. 483 da CLT. **Incorreta.**

Alternativa correta: letra "d".

---

104. (FEPESE – Procurador do Estado – SC/ 2010) Acerca do aviso prévio, assinale a alternativa incorreta, de acordo com a consolidação das leis do trabalho.

a) A falta do aviso prévio por parte do empregador dá ao empregado o direito aos salários correspondentes ao prazo do aviso, garantida sempre a integração desse período no seu tempo de serviço.

b) O horário normal de trabalho do empregado, durante o prazo do aviso, e se a rescisão tiver sido promovida pelo empregador, será reduzido de 2 (duas) horas diárias, sem prejuízo do salário integral.

c) O empregado que, durante o prazo do aviso prévio, cometer qualquer das faltas consideradas pela lei como justas para a rescisão, não perde o direito ao restante do respectivo prazo.

d) Dado o aviso prévio, a rescisão torna-se efetiva depois de expirado o respectivo prazo, mas, se a parte notificante reconsiderar o ato, antes de seu termo, à outra parte é facultado aceitar ou não a reconsideração.

e) Caso seja aceita a reconsideração ou continuando a prestação depois de expirado o prazo, o contrato continuará a vigorar, como se o aviso prévio não tivesse sido dado.

COMENTÁRIOS

✪ **Nota do autor:** Para responder a essa questão, o candidato precisa conhecer as regras da CLT que regulamentam o aviso prévio, notadamente os artigos 487, 488, 489 e 491 da CLT.

Alternativa "a": Opção correta, pois enfatiza o fato do aviso prévio integrar o tempo de serviço para todos os efeitos, conforme previsão contida no art. 487, § 1º, da CLT: "A falta do aviso prévio por parte do empregador dá ao empregado o direito aos salários correspondentes ao prazo do aviso, garantida sempre a integração desse período no seu tempo de serviço".

Alternativa "b": Opção correta, uma vez que confirma, *ipsi literis*, a regra de redução de duas horas da jornada diária de trabalho durante o período do aviso prévio contida no art. 488 da CLT: "O horário normal de trabalho do empregado, durante o prazo do aviso, e se a rescisão tiver sido promovida pelo empregador, será reduzido de 2 (duas) horas diárias, sem prejuízo do salário integral".

Alternativa "c": Caso o empregado pratique falta grave durante o período do aviso prévio, perde o direito ao restante do prazo. Opção incorreta, pois contraria a parte final do art. 491 da CLT: "O empregado que, durante o prazo do aviso prévio, cometer qualquer das faltas consideradas pela lei como justas para a rescisão, perde o direito ao restante do respectivo prazo".

Alternativa "d": Opção correta, uma vez que enfatiza a necessidade de concordância do outro contratante para tornar válida a reconsideração, na forma como preceitua o art. 489 da CLT: "Dado o aviso prévio, a rescisão torna-se efetiva depois de expirado o respectivo prazo, mas, se a parte notificante reconsiderar o ato, antes de seu termo, à outra parte é facultado aceitar ou não a reconsideração".

Alternativa "e": Opção correta, diante da reprodução literal do preceito contido no art. 489, parágrafo único, da CLT: "Caso seja aceita a reconsideração ou continuando a prestação depois de expirado o prazo, o contrato continuará a vigorar, como se o aviso prévio não tivesse sido dado".

Alternativa correta: letra "c".

7.2. JUSTA CAUSA E RESCISÃO INDIRETA

---

105. (PUC – Procurador do Estado – PR/2015) O empregado poderá considerar rescindido o contrato na hipótese de:

a) Ato de improbidade.

b) Incontinência de conduta.

c) Insubordinação.

d) Perigo manifesto de mal considerável.

e) Prática de jogos de azar.

COMENTÁRIOS

✪ **Nota do autor:** O inadimplemento contratual do empregador autoriza o empregado resolver o contrato de trabalho. Essa espécie de extinção do contrato de trabalho recebeu a denominação de rescisão indireta. De forma geral, autoriza-se a resolução do contrato de trabalho pelo empregado sempre que o empregador deixar de cumprir as obrigações resultantes do pacto laboral. As demais espécies de faltas podem ser reunidas em um único grupo, pois constituem ilícitos que extrapolam a natureza exclusivamente trabalhista. Na verdade, constituem ofensa ao patrimônio ideal do empregado considerado como ser humano e não somente como contratante.

Alternativa "a": O ato de improbidade é motivo de justa causa do empregado e não de rescisão indireta. **Alternativa incorreta**, pois não corresponde às hipóteses de rescisão indireta prevista no art. 483 da CLT: O empregado poderá considerar rescindido o contrato e pleitear a devida indenização quando: a) forem exigidos serviços superiores às suas forças, defesos por lei, contrários aos bons costumes, ou alheios ao contrato; b) for tratado pelo empregador ou por seus superiores hierárquicos com rigor excessivo; c) correr perigo manifesto de mal considerável; d) não cumprir o empregador as obrigações do contrato; e) praticar o empregador ou seus prepostos, contra ele ou pessoas de sua família, ato lesivo da honra e boa fama; f) o empregador ou seus prepostos ofenderem-no fisicamente, salvo em caso de legítima defesa, própria ou de outrem; g) o empregador reduzir o seu trabalho, sendo este por peça ou tarefa, de forma a afetar sensivelmente a importância dos salários.

Alternativa "b": A incontinência de conduta é motivo de justa causa do empregado e não de rescisão indireta. **Alternativa incorreta**, pois não corresponde às hipóteses de rescisão indireta previstas no citado e transcrito art. 483 da CLT.

Alternativa "c": A insubordinação é motivo de justa causa do empregado e não de rescisão indireta. **Alternativa incorreta**, pois não corresponde às hipóteses de rescisão indireta previstas no citado e transcrito art. 483 da CLT.

Alternativa "d": A incontinência de conduta é motivo de justa causa do empregado e não de rescisão indireta. **Alternativa correta**, pois corresponde a hipótese de rescisão indireta prevista na alínea "c", art. 483 da CLT: "O empregado poderá considerar rescindido o contrato e pleitear a devida indenização quando: c) correr perigo manifesto de mal considerável."

Alternativa "e": A prática de jogos de azar é motivo de justa causa do empregado e não de rescisão indireta. **Alternativa incorreta,** pois não corresponde às hipóteses de rescisão indireta previstas no citado e transcrito art. 483 da CLT.

Alternativa correta: letra "d".

---

106. (Fundatec – Procurador do Estado – RS/2015) A aplicação, ao trabalhador, da penalidade da despedida com justa causa, requer a observância, por parte do empregador, de uma série de condutas. Assinale, dentre as opções abaixo, qual NÃO se enquadra dentro dos requisitos necessários à aplicação de uma dispensa com justa causa.

a) Imediatidade, ou seja, o ato faltoso deve ser punido imediatamente, sem qualquer lapso temporal entre ele e a punição.
b) Tipicidade, ou seja, a conduta do empregado deve se enquadrar entre as descritas pelo legislador como capazes de gerar a extinção do contrato por este motivo.
c) Adequação entre a falta e a penalidade, ou seja, deve haver proporcionalidade entre a falta cometida e a punição lançada pelo empregador.
d) Singularidade da punição, ou seja, é vedada a dupla punição pelo mesmo ato faltoso; para cada ato faltoso pode haver uma única punição.
e) Progressividade na aplicação da pena, ou seja, quando o ato faltoso cometido pelo empregado não é tão severo a ponto de gerar justa causa imediata, as punições devem ser aplicadas gradativamente, ampliando a severidade das mesmas.

COMENTÁRIOS

✪ **Nota do autor:** O contrato de trabalho contém uma cláusula resolutiva tácita. Dessa forma, o contratante que se sentir lesado pode pleitear a resolução do contrato de emprego por inadimplemento das obrigações contratuais. Vê-se, portanto, que a resolução é forma típica de extinção dos contratos, quando há descumprimento das obrigações ajustadas ou decorrentes da incorporação ao contrato das determinações contidas nas diversas fontes do Direito Laboral. A Consolidação das Leis do Trabalho refere-se a essa hipótese, ao tratar da extinção do contrato de trabalho por justa causa e a rescisão indireta do contrato de trabalho.

Alternativa "a": A jurisprudência e a doutrina admitem que o prazo que intermedeia a ciência da falta, pelo empregador, e a sua punição seja elastecido, para permitir uma apuração mais aprofundada da prática da falta e para que seja preservado, também, o direito de defesa do empregado. **Alternativa incorreta.**

Alternativa "b": Nem toda falta cometida pelo empregado é classificada como justa causa. Por isso, para ser considerado ilícito trabalhista capaz de autorizar a extinção do vínculo empregatício, necessário se faz, inicialmente, inseri-lo dentro da classificação prevista pelo legislador (art. 482 da Consolidação das Leis do Trabalho). **Alternativa correta.**

Alternativa "c": A gravidade da falta só é exigida como requisito para resolver o pacto laboral quando o empregado for estável. Entretanto, pelo princípio da proporcionalidade, o empregador, no exercício do seu poder disciplinar, deve dosar a pena de forma proporcional à importância do ilícito praticado no sentido de evitar o rigor excessivo. **Alternativa correta.**

Alternativa "d": Não se admite que o ilícito trabalhista dê ensejo a mais de uma punição. Veda-se, assim, o *non bis in idem*." **Alternativa correta.**

Alternativa "e": É o princípio da proporcionalidade aplicado também no poder punitivo do empregador. Quanto mais grave a falta, mais grave deve ser a pena imposta ao empregado, podendo variar entre uma simples advertência verbal até a despedida por justa causa. **Alternativa correta.**

Alternativa correta: letra "a".

7.3. PARCELAS RESCISÓRIAS

107. (Cespe – Procurador do Estado – AL/ 2008) Acerca da situação de um trabalhador que seja imotivadamente demitido por seu empregador sem o respectivo pagamento das parcelas resilitórias de estilo, assinale a opção correta, levando em conta os precisos termos da lei, os enunciados e as orientações jurisprudenciais do TST.

a) A parte incontroversa dos salários somente poderá ser paga em audiência.

b) Se for postulada judicialmente apenas a paga dos salários vencidos, a parte incontroversa, caso não haja a quitação, merecerá condenação em dobro quando da sentença.

c) Mesmo sendo da iniciativa obreira o término contratual, é cabível o acréscimo previsto no art. 467 da CLT.

d) Será devida a multa prevista no art. 477 da CLT se não houver pagamento das verbas incontroversas na primeira audiência.

e) A multa prevista no art. 467 será devida por pagamento intempestivo da rescisão.

COMENTÁRIOS

✪ **Nota do autor:** A multa prevista pelo art. 477 da CLT decorre do atraso no pagamento das verbas rescisórias. Já a multa instituída pelo art. 467 decorre do fato de o empregador, em juízo, admitir que é devedor das parcelas rescisórias e não quita-las até a primeira audiência.

Alternativa "a": A parte incontroversa do salário pode ser paga a qualquer momento. Contudo, existe sanção para a não quitação das verbas rescisórias incontroversas até a primeira audiência, conforme artigo 467 da CLT: "Em caso de rescisão de contrato de trabalho, havendo controvérsia sobre o montante das verbas rescisórias, o empregador é obrigado a pagar ao trabalhador, à data do comparecimento à Justiça do Trabalho, a parte incontroversa dessas verbas, sob pena de pagá-las acrescidas de cinquenta por cento". **Alternativa incorreta**.

Alternativa "b": A sanção atual prevista pelo art. 467 da CLT é de acréscimo de 50%, mas sobre as verbas rescisórias incontroversas. **Opção incorreta.**

Alternativa "c": A sanção prevista no art. 467 da CLT incide sobre as verbas rescisórias, independentemente do motivo da extinção do contrato de trabalho. **Opção correta.**

Alternativa "d": O art. 477 não trata da sanção para o inadimplemento de verbas rescisórias em primeira audiência, mas sim o art. 467 da CLT. **Opção incorreta.**

Alternativa "e": A multa pelo pagamento intempestivo da rescisão está prevista no art. 477, § 8º, da CLT e não no art. 467 como consta nesta opção, que por este motivo é considerada **incorreta.**

Alternativa correta: letra "c".

8. FGTS E ESTABILIDADE

108. (FMP – Procurador do Estado – PGE – AC/2017) Conforme entendimento sumulado pelo Tribunal Superior do Trabalho, em relação à garantia de permanência no emprego da trabalhadora gestante, é CORRETO afirmar que

a) o desconhecimento do estado gravídico pelo empregador afasta o direito ao pagamento da respectiva indenização.

b) a reintegração da trabalhadora é um direito assegurado, a qualquer momento.

c) a indenização devida restringe-se aos salários do período da estabilidade.

d) a trabalhadora não terá o direito reconhecido se ajuizar reclamatória trabalhista após o período da estabilidade.

e) a empregada tem direito à estabilidade provisória, mesmo na hipótese de admissão mediante contrato por tempo determinado.

COMENTÁRIOS

✪ **Nota do autor:** A jurisprudência e a doutrina dominantes chegaram à conclusão que não é necessária a ciência da gravidez por parte do empregador nem mesmo pela própria gestante. Adquire-se o direito a estabilidade gestante pelo simples fato objetivo da concepção que gera o feto.

Alternativa "a": Incorreta, pois contraria o teor da Súmula nº 244, I: " O desconhecimento do estado gravídico pelo empregador não afasta o direito ao pagamento da indenização decorrente da estabilidade (art. 10, II, "b" do ADCT)".

Alternativa "b": Incorreta. Só há direito a reintegração se ocorrer ainda durante o período de estabilidade como destaca o TST em sua Súmula nº 244, inciso II: "A garantia de emprego à gestante só autoriza a reintegração se esta se der durante o período de estabilidade. [...]"

Alternativa "c": Incorreta, pois a indenização envolve não só os salários como os demais direitos trabalhistas, de acordo com o posicionamento do TST inserido na Súmula n 244, inciso II, parte final: "[...] Do contrário, a garantia restringe-se aos salários e demais direitos correspondentes ao período de estabilidade."

Alternativa "d": Incorreta. Caso a ação seja ajuizada após o período de estabilidade, a empregada terá direito a uma indenização. Nesse sentido a OJ nº 399, da SDI-1, do TST: "O ajuizamento de ação trabalhista após decorrido o período de garantia de emprego não configura abuso do exercício do direito de ação, pois este está submetido apenas ao prazo prescricional inscrito no art. 7º, XXIX, da CF/1988, sendo devida a indenização desde a dispensa até a data do término do período estabilitário."

Alternativa "e": Correta, pois de acordo com o texto da Súmula nº 244, III: "A empregada gestante tem direito à estabilidade provisória prevista no art. 10, inciso II, alínea "b", do Ato das Disposições Constitucionais Transitórias, mesmo na hipótese de admissão mediante contrato por tempo determinado."

Alternativa correta: letra "e".

109. (Cespe – Procurador do Estado – PGE – SE/2017) De acordo com o entendimento do TST, se determinada empresa, que conta com cento e cinquenta empregados, dispensar, sem justa causa, trabalhador com deficiência e não fizer, nos termos da legislação pertinente, a contratação de outro empregado nas mesmas condições, tal dispensa será considerada

a) legal, porque não há obrigação legal de o empregador contratar trabalhadores com deficiência.
b) legal, desde que a empresa mantenha o percentual mínimo legal de cargos preenchidos por trabalhadores com deficiência.
c) ilegal, devido ao fato de não haver justo motivo.
d) ilegal, porque os trabalhadores com deficiência possuem garantia de emprego por tempo indeterminado.
e) ilegal, ainda que não interfira no atendimento ao percentual mínimo legal de cargos preenchidos por trabalhadores com deficiência.

COMENTÁRIOS

✪ **Nota do autor:** A dispensa do portador de deficiência só pode ocorrer após a contratação de outro empregado que tenha limitações funcionais (Lei nº 8.213/91, art. 93, § 1º). Assim, o portador não goza do direito à estabilidade no emprego, mas existe uma limitação ao exercício do direito potestativo do empregador de resilir o pacto laboral de forma arbitrária.

Alternativa "a": Incorreta. Como a empresa tem mais de 100 empregados, é obrigada a contratar trabalhadores portadores de deficiência na forma prevista pelo art. 93 da Lei nº 8.213/91: "Art. 93. A empresa com 100 (cem) ou mais empregados está obrigada a preencher de 2% (dois por cento) a 5% (cinco por cento) dos seus cargos com beneficiários reabilitados ou pessoas portadoras de deficiência, habilitadas, na seguinte proporção: [...]".

Alternativa "b": Correta. Como não há estabilidade, a despedida é legal desde que condicionada a manutenção do percentual mínimo previsto em lei. Nesse sentido a decisão a seguir transcrita: "A dispensa sem justa causa de trabalhador com deficiência ou beneficiário reabilitado, sem a correspondente contratação de outro empregado nas mesmas condições, é possível desde que a empresa mantenha o percentual de cargos preenchidos por esses trabalhadores dentro dos limites estipulados pelo art. 93 da Lei nº 8.213/91 (TST-E-ED-ED-RR-10740-12.2005.5.17.0012, SBDI-I, rel. Min. Renato de Lacerda Paiva, 4.5.2017)".

Alternativa "c": Incorreta. O ato não é ilegal, pois o portador de deficiência não tem estabilidade no emprego. Isso significa que pode haver despedida injusta.

Alternativa "d": Incorreta. O portador de deficiência não goza de estabilidade no emprego. Logo, pode ser despedida sem justa causa.

Alternativa "e": Incorreta, pois a despedida é legal desde que seja mantido o percentual mínimo de portadores de deficiência.

Alternativa correta: letra "b".

8.1. FGTS

110. (CESPE – Procurador do Estado – DF/ 2013) Conforme a jurisprudência dominante do TST, a CF e a legislação pertinente, julgue o tem que se segue.

Não há incidência do fundo de garantia do tempo de serviço sobre o valor pago a título de ajuda de custo, participação em lucros ou resultados e férias indenizadas. Por outro lado, há manutenção da incidência dessa contribuição em algumas hipóteses de suspensão do contrato de trabalho, como, por exemplo, em caso de afastamento para a prestação do serviço militar obrigatório.

COMENTÁRIOS

✪ **Nota do autor:** Há suspensão do contrato de trabalho quando o empregador deixa de pagar salário e o empregado deixa de prestar serviços. Contudo, há situações especiais nas quais o empregador não paga o salário, mas permanece a obrigação de recolher o FGTS e há contagem do tempo de serviço durante o afastamento. Esse é o caso do afastamento para prestação de serviço militar e em caso de acidente do trabalho.

CORRETO. O FGTS incide sobre as verbas de natureza salarial. Excluem da sua base de cálculo as parcelas indenizatórias, por sua própria natureza ou quando a lei expressamente determina, com exclusão do aviso prévio indenizado. Em relação às férias, o posicionamento do TST encontra-se na OJ nº 195 da SDI-1: "Não incide a contribuição para o FGTS sobre as férias indenizadas".

8.2. ESPÉCIES DE ESTABILIDADE E SUAS CONSEQUÊNCIAS

111. (COPS – PROCURADOR DO ESTADO – PR/ 2011) Assinale a alternativa falsa:

a) o deferimento de salários do período de estabilidade provisória, quando o pedido formulado tenha sido exclusivamente de reintegração, não implica em nulidade da sentença por julgamento "extra petita";
b) é necessário o ajuizamento do inquérito judicial para apuração de falta grave, no caso de dispensa motivada de dirigente sindical;
c) não obstante a redação do art. 7º, inc. I, da CRFB, a estabilidade prevista no art. 118, da Lei 8213/191, não é inconstitucional;
d) ainda que no curso do aviso prévio, o registro de candidatura de empregado a cargo de dirigente sindical assegura a estabilidade;
e) ajuizamento da ação trabalhista após decorrido o lapso de garantia de emprego da gestante não afasta o direito à indenização correspondente.

COMENTÁRIOS

✪ **Nota do autor:** Tratando-se de estabilidade, a despedida só é nula quando a lei, expressamente, exige o ajuizamento de inquérito para apuração de falta grave, como acontece com o dirigente sindical. Quando a norma for omissa, o inquérito é dispensável e o empregador pode despedir o empregado se considerar que ele cometeu justa causa.

Alternativa "a": Nesse caso, há autorização expressa de julgamento *extra petita*, na forma prevista pelos arts. 496 e 497 da CLT: "Quando a reintegração do empregado estável for desaconselhável, dado o grau de incompatibilidade resultante do dissídio, especialmente quando for o empregador pessoa física, o tribunal do trabalho poderá converter aquela obrigação em indenização devida nos termos do artigo seguinte". "Art. 497 – Extinguindo-se a empresa, sem a ocorrência de motivo de força maior, ao empregado estável despedido é garantida a indenização por rescisão do contrato por prazo indeterminado, paga em dobro". Opção correta, uma vez que a assertiva nela contida expressa o entendimento do TST constante do item II da Súmula nº 396, II: "ESTABILIDADE PROVISÓRIA. PEDIDO DE REINTEGRAÇÃO. CONCESSÃO DO SALÁRIO RELATIVO AO PERÍODO DE ESTABILIDADE JÁ EXAURIDO. INEXISTÊNCIA DE JULGAMENTO "EXTRA PETITA" (conversão das Orientações Jurisprudenciais nºs 106 e 116 da SBDI-1) – Res. 129/2005, DJ 20, 22 e 25.04.2005. II – Não há nulidade por julgamento "extra petita" da decisão que deferir salário quando o pedido for de reintegração, dados os termos do art. 496 da CLT. (ex-OJ nº 106 da SBDI-1 – inserida em 20.11.1997)".

Alternativa "b": Só há necessidade de ajuizamento de inquérito para apuração de falta grave quando a lei expressamente exige esse procedimento. No caso do dirigente sindical, a exigência está contida nos arts. 494 e 543, § 3º, da CLT: "Art. 494. O empregado acusado de falta grave poderá ser suspenso de suas funções, mas a sua despedida só se tornará efetiva após o inquérito e que se verifique a procedência da acusação". "Art. 543. § 3º – Fica vedada a dispensa do empregado sindicalizado ou associado, a partir do momento do registro de sua candidatura a cargo de direção ou representação de entidade sindical ou de associação profissional, até 1 (um) ano após o final do seu mandato, caso seja eleito inclusive como suplente, salvo se cometer falta grave devidamente apurada nos termos desta Consolidação". Opção correta diante da consonância do seu texto com o entendimento inserido na Súmula nº 379 do TST: "DIRIGENTE SINDICAL. DESPEDIDA. FALTA GRAVE. INQUÉRITO JUDICIAL. NECESSIDADE (conversão da Orientação Jurisprudencial nº 114 da SBDI-1) – Res. 129/2005, DJ 20, 22 e 25.04.2005. O dirigente sindical somente poderá ser dispensado por falta grave mediante a apuração em inquérito judicial, inteligência dos arts. 494 e 543, § 3º, da CLT. (ex-OJ nº 114 da SBDI-1 – inserida em 20.11.1997)".

Alternativa "c": Pacificado, na jurisprudência, o entendimento que reconhece a estabilidade provisória do empregado que sofre acidente do trabalho e percebe auxílio-doença dele decorrente. Dessa forma, a opção é correta, de acordo com a Súmula nº 378, I, do TST: "ESTABILIDADE PROVISÓRIA. ACIDENTE DO TRABALHO. ART. 118 DA LEI Nº 8.213/1991. (inserido item III) – Res. 185/2012, DEJT divulgado em 25, 26 e 27.09.2012. I – É constitucional o artigo 118 da Lei nº 8.213/1991 que assegura o direito à estabilidade provisória por período de 12 meses após a cessação do auxílio-doença ao empregado acidentado. (ex-OJ nº 105 da SBDI-1 – inserida em 01.10.1997)".

Alternativa "d": A despedida do dirigente sindical é presumidamente discriminatória. Contudo, tal não ocorre se o registro da candidatura acontece no curso do aviso prévio. Portanto, a assertiva contida nesta opção é falsa, pois não segue o entendimento registrado na Súmula nº 369, V, do TST: "DIRIGENTE SINDICAL. ESTABILIDADE PROVISÓRIA (nova redação dada ao item II) – Res. 174/2011, DEJT divulgado em 27, 30 e 31.05.2011. V – O registro da candidatura do empregado a cargo de dirigente sindical durante o período de aviso prévio, ainda que indenizado, não lhe assegura a estabilidade, visto que inaplicável a regra do § 3º do art. 543 da Consolidação das Leis do Trabalho. (ex-OJ nº 35 da SBDI-1 – inserida em 14.03.1994)".

Alternativa "e": O ajuizamento da ação após o prazo da estabilidade obsta a reintegração, mas não o pedido de indenização. Sendo assim, a opção é considerada correta, na forma da Súmula nº 244, II, do TST: "GESTANTE. ESTABILIDADE PROVISÓRIA (redação do item III alterada na sessão do Tribunal Pleno realizada em 14.09.2012) – Res. 185/2012, DEJT divulgado em 25, 26 e 27.09.2012. II – A garantia de emprego à gestante só autoriza a reintegração se esta se der durante o período de estabilidade. Do contrário, a garantia restringe-se aos salários e demais direitos correspondentes ao período de estabilidade".

Alternativa correta: letra "d".

9. RESPONSABILIDADE CIVIL DO EMPREGADOR, DANO MORAL E FISCALIZAÇÃO

112. (Cespe – Procurador do Estado – PI/ 2008) Após ser demitido sem justa causa da empresa Ave do Sertão, onde trabalhou por dois anos, Francisco moveu reclamação trabalhista contra a empresa, pleiteando indenização por danos morais. Segundo Francisco, seu salário era pago sempre fora do prazo legal, o que acarretou momentos de insegurança e preocupação social e familiar, podendo o constrangimento gerado por essa situação abalar sua honra e sua imagem perante a sociedade.

Acerca dessa situação hipotética, assinale a opção correta.

a) Não é cabível a discussão a respeito de indenizações por danos morais na justiça do trabalho.

b) Não se pode enquadrar o caso apresentado como gerador do direito à indenização por dano moral, uma vez que não foi demonstrado nem invocado o constrangimento perante terceiros causado por eventual dificuldade financeira provocada pelo atraso no recebimento dos salários.

c) O atraso no pagamento de salários corresponde à inadimplência por parte da empresa, e tal fato enseja o pagamento de danos morais, já que afeta a imagem e a honra do empregado de forma direta.

d) É devido o pagamento do dano moral, pois ficou comprovado o nexo causal entre a conduta do empregador e o dano efetivo sofrido pelo empregado.

e) Como não existe prazo preestabelecido para pagamento de salário, de forma que não houve atraso, mas sim inadimplência de pagamento, não há que se falar em dano moral no caso apresentado.

COMENTÁRIOS

✪ **Nota do autor:** Essa questão foi elaborada em 2008 e não reflete a atual legislação trabalhista. A jurisprudência atual já era pacífica a respeito do cabimento do dano moral na justiça do trabalho e a Reforma Trabalhista trouxe a expressa previsão dessa temática (art. 223-A ao art. 223-G).

Alternativa "a": Após e promulgação da EC nº 45/04, que alterou a redação do art. 114 da CF/88, cessaram-se as dúvidas que havia sobre a competência da Justiça do Trabalho em relação às lides envolvendo pedido de indenização por danos morais decorrentes da relação de trabalho. Nesse sentido, a Súmula nº 392 do TST: "DANO MORAL. COMPETÊNCIA DA JUSTIÇA DO TRABALHO (conversão da Orientação Jurisprudencial nº 327 da SBDI-1) – Res. 129/2005, DJ 20, 22 e 25.04.2005. Nos termos do art. 114 da CF/1988, a Justiça do Trabalho é competente para dirimir controvérsias referentes à indenização por dano moral, quando decorrente da relação de trabalho. (ex-OJ nº 327 da SBDI-1 – DJ 09.12.2003)". Item incorreto.

Alternativa "b": Opção correta, segundo jurisprudência do TST à época da realização do concurso: "DANO MORAL – ATRASO NO PAGAMENTO DE SALÁRIOS – CONDENAÇÃO POR PRESUNÇÃO, SEM PROVA DO DANO – IMPOSSIBILIDADE. (...) 4. No caso, o Regional, embora reconhecendo não haver prova específica do prejuízo material ou moral sofrido pelo Reclamante, confirmou a condenação da Reclamada ao pagamento de indenização por danos morais em face dos reiterados atrasos no pagamento dos salários, por presunção da lesão moral sofrida pelo Reclamante. 5. Ora, sob o prisma da imagem e da honra, não há como enquadrar o caso concreto como gerador do direito à indenização por dano moral, uma vez que não demonstrado nem invocado o constrangimento perante terceiros como decorrência de eventual dificuldade financeira provocada pelo atraso no recebimento dos salários. (...) 7. Nesses termos, não há como condenar, à míngua de prova e com base exclusiva em presunção de lesão, a Reclamada do pagamento de indenização por dano moral. Recurso de revista parcialmente conhecido e provido (TST – RR/309/2004-669-09-00.2. 7T – Rel. Ministro Ives Gandra da Silva Martins Filho – DJU 22/02/2008 – P. 1087)".

Alternativa "c": Opção incorreta, segundo jurisprudência do TST à época da realização do concurso. Entretanto, atualmente já existem decisões desse Tribunal em sentido contrário: "DANO MORAL. INDENIZAÇÃO. FALTA DE PAGAMENTO DE SALÁRIOS. A indenização por dano moral tem sido admitida não apenas em caso de ofensa à honra objetiva (que diz respeito à consideração perante terceiros), mas também de afronta à honra subjetiva (sentimento da própria dignidade moral), a qual se presume. Com efeito, o que se exige é a prova dos fatos que ensejam o pedido de indenização por danos morais, e não a prova dos danos imateriais, esta, de resto, impossível. A jurisprudência dominante é a de que o atraso no pagamento de salários pode ensejar o dano moral quando demonstrada a inconveniência, o transtorno ou outro prejuízo decorrente desse atraso, e não pelo atraso, por si só. No entanto, o caso dos autos, é de falta de pagamento de salários por três meses consecutivos – situação que, em sua gravidade, por qualquer ângulo que se avalie, mostra-se abusiva, excessiva, antijurídica. Demonstrados os fatos que ensejaram o pedido de indenização por danos morais, os efeitos da afronta sofrida na esfera subjetiva do empregado são flagrantes. Não é difícil presumir o abalo psíquico, a angústia e o constrangimento pelos quais passa um cidadão honesto num contexto tão draconiano como esse. Desse modo, ficando configurado o dano moral, é devido o pagamento da respectiva indenização. Recurso de revista a que se dá provimento (TST – RR-32400-90.2009.5.09.0094. Rel. MIN. KÁTIA MAGALHÃES ARRUDA)".

Alternativa "d": Opção incorreta, segundo jurisprudência do TST à época da realização do concurso.

Alternativa "e": Opção incorreta, segundo jurisprudência do TST à época da realização do concurso.

Alternativa correta: letra "b".

10. ORGANIZAÇÃO E LIBERDADE SINDICAL

113. (FEPESE – Procurador do Estado – SC/ 2010) Com relação à organização sindical, a Consolidação das Leis Trabalhistas dispõe:

a) Os sindicatos possuem natureza de pessoa jurídica de direito público.

b) Os sindicatos, pelas atividades representativas que exercem, são classificados como entidades sindicais de grau superior.

c) As federações organizar-se-ão com o mínimo de 3 (três) sindicatos e terão sede na Capital da República.

d) Categoria profissional diferenciada é aquela cujos interesses econômicos dos que empreendem atividades idênticas, similares ou conexas, constituem o vínculo social básico.

e) É facultado aos sindicatos, quando em número não inferior a 5 (cinco), desde que representem a maioria absoluta de um grupo de atividades ou profissões idênticas, similares ou conexas, organizarem-se em federação.

COMENTÁRIOS

✪ **Nota do autor:** Depois da Constituição Federal de 1988, as entidades sindicais deixaram de ser atreladas ao Estado. Com a adoção parcial do princípio da liberdade sindical pela nova ordem constitucional, a tese da natureza jurídica privada do sindicato recebeu mais adeptos e, atualmente, é predominante.

Alternativa "a": Após a promulgação da atual Constituição Federal, que adotou o princípio da liberdade sindical relativizada, prevaleceu a tese que defende ser o sindicato entidade de direito privado. Opção incorreta.

Alternativa "b": O sindicato ocupa a base da estrutura sindical brasileira, que ainda é formada pela federação e confederação, estas últimas consideradas entidades sindicais de grau superior. Opção incorreta, pois contraria o disposto no art. 533 da CLT: "Constituem associações sindicais de grau superior as federações e confederações organizadas nos termos desta Lei". Opção incorreta.

Alternativa "c": São necessários no mínimo cinco sindicatos para formar uma federação, na forma preceituada pelo art. 534 da CLT: "É facultado aos Sindicatos, quando em número não inferior a 5 (cinco), desde que representem a maioria absoluta de um grupo de atividades ou profissões idênticas, similares ou conexas, organizarem-se em federação". Opção incorreta.

Alternativa "d": Não se trata de interesse econômico, que seria natural da empresa, mas sim de interesse profissional, conforme expressa o art. 511, § 3º, da CLT: "Categoria profissional diferenciada é a que se forma dos empregados que exerçam profissões ou funções diferenciadas por força de estatuto profissional especial ou em consequência de condições de vida singulares". Opção incorreta.

Alternativa "e": Opção correta, pois observa os requisitos estabelecidos pelo art. 534 da CLT para constituir uma Federação, dentre eles, a reunião de, no mínimo, cinco sindicatos: "É facultado aos Sindicatos, quando em número não inferior a 5 (cinco), desde que representem a maioria absoluta de um grupo de atividades ou profissões idênticas, similares ou conexas, organizarem-se em federação".

Alternativa correta: letra "e".

114. (Cespe – Procurador do Estado – PGE – PE/2018) Acerca do direito coletivo do trabalho, assinale a opção correta.

a) De acordo com a Convenção n. 87 da OIT, as autoridades públicas devem intervir na elaboração dos estatutos e regulamentos administrativos das organizações de trabalhadores e de entidades patronais.

b) O Brasil não recepcionou a Convenção n. 87 da OIT, já que a plena liberdade e a pluralidade sindicais contrariam o princípio da unicidade sindical.

c) As cláusulas firmadas por convenções ou acordos coletivos poderão ser objeto de impugnação e anulação por meio do ajuizamento de ações individuais.

d) As cláusulas e condições estabelecidas nas convenções coletivas de trabalho deverão prevalecer sobre aquelas estipuladas nos acordos coletivos de trabalho.

e) Esgotado o prazo de vigência previsto na convenção ou no acordo coletivo, aquelas disposições negociadas devem continuar a produzir efeitos até que instrumento posterior determine sua cessação.

COMENTÁRIOS

✪ **Nota do autor:** O princípio da autonomia sindical garante a autonomia administrativa dos sindicatos, livrando-os da ingerência do Estado e mesmo das próprias empresas. Apesar da CF/88 ter avançado com relação à autonomia sindical, manteve traços do sistema corporativista que acabam por inviabilizar, na prática, a autêntica liberdade e autonomia sindicais. Assim, os seguintes institutos são incompatíveis com a ideia de liberdade e autonomia sindical: 1) o sistema de unicidade sindical: imposição legal de um único sindicato em determinada base territorial e a imposição do critério de categoria; 2) o sistema de financiamento compulsório dos sindicatos: existência de tributo sindical para o financiamento desses entes (foi extinto com a Reforma Trabalhista); 3) o poder normativo da justiça do trabalho: poder de normatizar as relações jurídicas no âmbito coletivo do trabalho

Alternativa "a": Opção incorreta, uma vez que a Convenção nº 87 da OIT garante a autonomia sindical, orientando que as autoridades públicas não devem intervir na elaboração dos estatutos e regulamentos administrativos das organizações de trabalhadores e de entidades patronais.

Alternativa "b": Opção correta, uma vez que o Brasil adotou, com limitações, o princípio da liberdade sindical, entrave que lhe impede de aderir à Convenção nº 87 da OIT. Uma das limitações ao referido princípio da liberdade sindical diz respeito à adoção da unicidade sindical, prevista pelo art. 8º, III, da Constituição Federal: "Art. 8º. É livre a associação profissional ou sindical, observado o seguinte: III – é vedada a criação de mais de uma organização sindical, em qualquer grau, representativa de categoria profissional ou econômica, na mesma base territorial, que será definida pelos trabalhadores ou empregadores interessados, não podendo ser inferior à área de um Município".

Alternativa "c": Opção incorreta porque a ação anulatória é a medida judicial cabível para obtenção de declaração de nulidade de cláusula coletiva nos casos em que se pretende imprimir efeitos erga omnes à decisão e sua competência é do TRT, de forma que não é cabível por ação individual. Já o pedido incidental de declaração de ineficácia de cláusula convencional é pleito formulado dentro de uma ação trabalhista individual, objetivando-se que a norma não surta efeitos naquela relação jurídica, de forma que somente pode atingir as partes do processo e a competência é da vara do trabalho. No caso do pedido de declaração incidental, a pretensão do reclamante não é a exclusão definitiva da cláusula coletiva do mundo jurídico, mas apenas a sua ineficácia naquela relação, com efeito somente no caso específico dos autos e entre as partes do processo.

Alternativa "d": Opção incorreta. A regra geral era de aplicação da regra mais favorável ou condição mais benéfica em qualquer situação e não apenas aquelas relativas manutenção do emprego e muito menos à estabilidade econômica empresarial. Contudo, a redação atual do art. 620, promovida pela Lei nº 13.467/17, é a seguinte: "As condições estabelecidas em acordo coletivo de trabalho sempre prevalecerão sobre as estipuladas em convenção coletiva de trabalho". Logo, na atualidade, em caso de conflito entre normas coletivas, sempre prevalecerá o acordo coletivo, ainda que suas normas sejam mais desfavoráveis ao empregado.

Alternativa "e": Opção incorreta. O prazo máximo de vigência das normas coletivas é de 2 anos. A Lei da Reforma Trabalhista trouxe a expressa vedação à estipulação de duração superior a 2 anos e vedou, ainda, a ultratividade das normas coletivas (art. 614, §3º da CLT). A ultratividade da norma coletiva significa que as cláusulas previstas em convenções ou acordos coletivos integram os contratos individuais de trabalho mesmo depois de expirada sua validade, e somente poderão ser modificadas ou suprimidas mediante nova negociação coletiva.

Alternativa correta: letra "b".

10.1. SINDICATOS, PRERROGATIVAS E LIBERDADES SINDICAIS

115. (FCC – Procurador do Estado – MT/2016) Nos termos das normas contidas na Consolidação das Leis do Trabalho e na jurisprudência sumulada do Tribunal Superior do Trabalho sobre a Organização Sindical e as negociações coletivas de trabalho,

a) a solidariedade de interesses econômicos dos que empreendem atividades idênticas, similares ou conexas constitui o vínculo social básico que se denomina categoria profissional diferenciada.

b) empregado integrante de categoria profissional diferenciada não tem o direito de receber de seu empregador vantagens previstas em instrumento coletivo no qual a empresa não foi representada por órgão de classe de sua categoria.

c) a legitimidade do sindicato para propor ação de cumprimento estende-se à observância de convenção coletiva de trabalho, mas não ao acordo coletivo de trabalho, que impõe ação reclamatória individual para efetivar o cumprimento das normas, em razão das partes que a compõem.

d) o empregado de categoria diferenciada eleito dirigente sindical goza de estabilidade prevista na lei ainda que não exerça na empresa atividade pertinente à categoria profissional do sindicato para o qual foi eleito dirigente.

e) as disposições de contrato individual de trabalho livremente ajustadas entre as partes podem contrariar normas de Convenção ou Acordo Coletivo de Trabalho quando mais favoráveis à manutenção do emprego e à estabilidade econômica empresarial e, nessas situações, as condições estabelecidas em Acordo prevalecerão sobre as estipuladas em Convenção.

COMENTÁRIOS

✪ **Nota do autor:** A regra geral é da formação da entidade sindical com base na atividade preponderante da empresa e, por exceção, os sindicatos por ofício, também denominado de sindicato de categoria profissional diferenciada.

Alternativa "a": Incorreta, pois nesse caso se trata de categoria econômica, na forma prevista pelo art. 511, § 1º, da CLT: "A solidariedade de interesses econômicos dos que empreendem atividades idênticas, similares ou conexas constitui o vínculo social básico que se denomina categoria econômica.

Alternativa "b". Correta. No caso de categoria profissional diferenciada a negociação coletiva deve ser promovida pelo sindicato obreiro e os sindicatos que representam as diversas categorias econômicas empregadoras. Nesse sentido a Súmula nº 374 do TST: "NORMA COLETIVA. CATEGORIA DIFERENCIADA. ABRANGÊNCIA (conversão da Orientação Jurisprudencial nº 55 da SBDI-I) – Res. 129/2005, DJ 20, 22 e 25.04.2005 Empregado integrante de categoria profissional diferenciada não tem o direito de haver de seu empregador vantagens previstas em instrumento coletivo no qual a empresa não foi representada por órgão de classe de sua categoria".

Alternativa "c": Incorreta, uma vez que tanto o acordo quanto a convenção coletiva são espécie do gênero instrumentos normativos negociados. Inclusive o TST tem posicionamento expresso sobre a questão em sua Súmula nº 286: "SINDICATO. SUBSTITUIÇÃO PROCESSUAL. CONVENÇÃO E ACORDO COLETIVOS (mantida) – Res. 121/2003, DJ 19, 20 e 21.11.2003 A legitimidade do sindicato para propor ação de cumprimento estende-se também à observância de acordo ou de convenção coletivos".

Alternativa "d": Incorreta, pois o entendimento é justamente em sentido contrário, como ficou explicitado nos comentários da alínea "b", fundados na Súmula nº 369, III do TST.

Alternativa "e": Incorreta. A regra geral era de aplicação da regra mais favorável ou condição mais benéfica em qualquer situação e não apenas aquelas relativas manutenção do emprego e muito menos à estabilidade econômica empresarial. Contudo, a redação atual do art. 620, promovida pela Lei nº 13.467/17, é a seguinte: "As condições estabelecidas em acordo coletivo de trabalho sempre prevalecerão sobre as estipuladas em convenção coletiva de trabalho". Logo, na atualidade, em caso de conflito entre normas coletivas, sempre prevalecerá o acordo coletivo, ainda que suas normas sejam mais desfavoráveis ao empregado.

Alternativa correta: letra "b".

116. (FMP – Procurador do Estado – AC/2014) Tratando-se de Direito Coletivo do Trabalho em especial do Direito Sindical e de Greve, assinale a afirmativa correta.

a) O sistema adotado pela Constituição Federal de 1988 (artigo 8º e incisos) combina o princípio da Liberdade Sindical e da Unicidade Sindical, definindo a natureza do sindicato como de uma associação que não pode sofrer interferência ou intervenção do Poder público.

b) Os empregados públicos da Administração Direta e Indireta podem ser sindicalizados, inclusive com a possibilidade de estabelecimento de negociação coletiva por meio de acordos ou convenções coletivas.

c) O exercício do direito de greve, quer na iniciativa privada, quer no setor público, garante aos trabalhadores paralisados o pagamento de salários, na medida em que constitui uma interrupção legítima do contrato de trabalho.

d) O dirigente sindical goza de garantia de emprego, ainda que o registro de sua candidatura ocorra no período do aviso prévio, conforme entendimento consubstanciado na Súmula 369 do TST, a fim de ficar assegurado o amplo exercício da atividade sindical e porque o período do aviso prévio integra o contrato de trabalho para todos os efeitos.

COMENTÁRIOS

✪ **Nota do autor:** No âmbito do Direito Coletivo do Trabalho, a liberdade sindical significa a inexistência de óbices legais para que patrões e empregados possam se associar para a defesa dos seus interesses, sem qualquer intervenção do Estado. O princípio da liberdade sindical comporta três níveis distintos: a) não pode haver, por parte do Estado, restrições para a criação, funcionamento, desmembramento ou extinção de uma organização sindical (liberdade de constituição); b) a lei não poderá obstar a filiação, permanência ou desligamento do associado a qualquer sindicato (liberdade de filiação); c) não se pode criar embaraço, de qualquer espécie, para o seu funcionamento, ou seja, para a sua organização e administração (liberdade de organização).

Alternativa "a": Correta. o Brasil adotou, com limitações, o princípio da liberdade sindical, entrave que lhe impede de aderir à Convenção nº 87 da OIT. Uma das limitações ao referido princípio da liberdade sindical diz respeito à adoção da unicidade sindical, prevista pelo art. 8º, III, da Constituição Federal: "Art. 8º. É livre a associação profissional ou sindical, observado o seguinte: III – é vedada a criação de mais de uma organização sindical, em qualquer grau, representativa de categoria profissional ou econômica, na mesma base territorial, que será definida pelos trabalhadores ou empregadores interessados, não podendo ser inferior à área de um Município".

Alternativa "b": Aos servidores públicos civis foi assegurado o direito de associação em sindicatos. Entretanto, as conquistas obtidas durante o estágio de negociação entre o sindicato dos servidores públicos e a Administração Pública direta, autárquica e fundacional só podem ser efetivadas por meio de um instrumento formal próprio, qual seja, a lei. Exclui-se, desse modo, a possibilidade da adoção de convênios coletivos ou de sentença normativa, salvo se não implicarem efeitos financeiros. **Incorreta.**

Alternativa "c": Trata-se de hipótese de suspensão do contrato de trabalho, na qual não é garantido o pagamento de salários. **Incorreta** a assertiva, pois afronta o preceito contido no art. 7º, *caput*, da Lei nº 7.783/89: "Observadas as condições previstas nesta Lei, a participação em greve suspende o contrato de trabalho, devendo as relações obrigacionais, durante o período, ser regidas pelo acordo, convenção, laudo arbitral ou decisão da Justiça do Trabalho."

Alternativa "d": O entendimento do TST é justamente em sentido contrário, conforme se vê da redação do inciso V, da Súmula nº 369: "V – O registro da candidatura do empregado a cargo de dirigente sindical durante o período de aviso prévio, ainda que indenizado, não lhe assegura a estabilidade, visto que inaplicável a regra do § 3º do art. 543 da Consolidação das Leis do Trabalho." **Incorreta.**

Alternativa correta: letra "a".

---

117. (CESPE – Procurador do Estado – DF/ 2013) Conforme a jurisprudência dominante do TST, a CF e a legislação pertinente, julgue o item que se segue;

De acordo com a CF, a associação sindical é livre e a lei não poderá exigir autorização do Estado para a fundação de sindicato, razão por que ocorreu a ratificação da Convenção 87 da Organização Internacional do Trabalho no Brasil, que trata da liberdade sindical e proteção do direito de sindicalização.

COMENTÁRIOS

✪ **Nota do autor:** Com a promulgação da CF/88 o Brasil adotou o princípio da liberdade sindical, mas com algumas limitações, pois foi mantida a contribuição sindical obrigatória, a unicidade sindical e a jurisdição normativa da Justiça do Trabalho.

ERRADO. O Brasil ainda não ratificou umas das principais Convenções da OIT, no caso a de nº 87, porque o sistema constitucional vigente não permite a plena liberdade sindical, o que pode ser observado no texto do art. 8º, II, da CF/88: "É livre a associação profissional ou sindical, observado o seguinte: II – é vedada a criação de mais de uma organização sindical, em qualquer grau, representativa de categoria profissional ou econômica, na mesma base territorial, que será definida pelos trabalhadores ou empregadores interessados, não podendo ser inferior à área de um Município".

---

118. (FCC – Procurador do Estado – SP/ 2009) No que se refere ao sistema de organização sindical previsto na Constituição Federal, é correto afirmar que:

a) o sistema é o da unicidade sindical e impossibilita a criação de mais de uma organização sindical na mesma base territorial, não inferior à área de um Estado.
b) o sistema é o da unicidade sindical e impossibilita a criação de mais de uma organização sindical na mesma base territorial, não inferior a área de um Município.
c) a unicidade sindical não impossibilita a livre criação de associações sindicais representativas da mesma categoria econômica ou profissional em idêntica base territorial.
d) o sistema é o da pluralidade sindical.
e) o sistema é misto, sendo facultada a unicidade ou a pluralidade.

COMENTÁRIOS

✪ **Nota do autor:** A liberdade sindical no Brasil não é total, pois não é possível criar mais de uma entidade sindical representativa de empregados ou empregadores em uma mesma base territorial (unicidade sindical).

Alternativa "a": No Brasil, vigora o sistema da unicidade sindical, conforme previsão contida no art. 8º, II, da CF/88: "É livre a associação profissional ou sindical, observado o seguinte: II – é vedada a criação de mais de uma organização sindical, em qualquer grau, representativa de categoria profissional ou econômica, na mesma base territorial, que será definida pelos trabalhadores ou empregadores interessados, não podendo ser inferior à área de um Município". A vedação constitucional é quanto a base territorial, que não pode ser inferior a área de um Município, e não de um Estado como constou nesta alternativa que, por esse motivo, é incorreta.

Alternativa "b": Opção correta, pois retrata o acolhimento da unicidade sindical com base nos limites estabelecidos pelo art. 8º, II, da CF/88.

Alternativa "c": Opção incorreta, pois a unicidade sindical obsta a criação de mais de uma entidade sindical na mesma base territorial.

Alternativa "d": Opção incorreta, uma vez que o sistema adotado no Brasil foi da unicidade sindical.

Alternativa "e": Opção incorreta, uma vez que o sistema adotado no Brasil foi, exclusivamente, da unicidade sindical.

Alternativa correta: letra "b".

119. (FCC – Procurador do Estado – RO/ 2011) Sobre as organizações sindicais, é correto afirmar que

a) a lei poderá exigir autorização do Estado para fundação do sindicato.
b) para os integrantes da categoria diferenciada, a filiação ao sindicato representativo da categoria é compulsória.
c) cabe a defesa dos direitos e interesses coletivos ou individuais da categoria, inclusive em questões judiciais ou administrativas.
d) é garantido ao servidor público civil e militar o direito à livre associação sindical.
e) é faculdade a participação dos sindicatos nas negociações coletivas de trabalho.

COMENTÁRIOS

✪ **Nota do autor:** As disposições contidas no art. 8° da Constituição Federal de 1988 alterou, substancialmente, a estrutura sindical brasileira. É preciso ficar atento ao fato de que vários dispositivos da CLT não foram recepcionados pela CF/88. Em alguns casos, o TST e o STF já se pronunciaram sobre a referida recepção ou não, mas em outros essa temática ainda é controvertida.

Alternativa "a": a CF/88 adotou o princípio da liberdade sindical com unicidade sindical. Portanto, a opção é incorreta, uma vez que contraria o preceito contido no art. 8º, I, da CF/88: "É livre a associação profissional ou sindical, observado o seguinte: I – a lei não poderá exigir autorização do Estado para a fundação de sindicato, ressalvado o registro no órgão competente, vedadas ao Poder Público a interferência e a intervenção na organização sindical".

Alternativa "b": a liberdade sindical se desdobra na liberdade de filiação e desfiliação dos integrantes da categoria econômica ou profissional. Opção incorreta, diante da sua contrariedade à determinação expressa no art. 8º, V, da CF/88: "V – ninguém será obrigado a filiar-se ou a manter-se filiado a sindicato".

Alternativa "c": opção correta, pois contém a mesma diretriz do art. 8º, III, da CF/88: "III – ao sindicato cabe a defesa dos direitos e interesses coletivos ou individuais da categoria, inclusive em questões judiciais ou administrativas;".

Alternativa "d": opção incorreta. Na verdade, é vedada a sindicalização do servidor público militar por meio do art. 142, VI, da CF/88: "Art. 142. As Forças Armadas, constituídas pela Marinha, pelo Exército e pela Aeronáutica, são instituições nacionais permanentes e regulares, organizadas com base na hierarquia e na disciplina, sob a autoridade suprema do Presidente da República, e destinam-se à defesa da Pátria, à garantia dos poderes constitucionais e, por iniciativa de qualquer destes, da lei e da ordem (...) IV – ao militar são proibidas a sindicalização e a greve".

Alternativa "e": opção incorreta, pois a participação dos sindicatos nas negociações coletivas é obrigatória, conforme regra contida no art. 7º, VI, da CF/88: "VI – é obrigatória a participação dos sindicatos nas negociações coletivas de trabalho".

Alternativa correta: letra "c".

120. (FCC – Procurador do Estado – AM / 2010) Em relação aos direitos coletivos dos trabalhadores, pode-se asseverar:

I. Ninguém será obrigado a filiar-se ou a manter-se filiado a sindicato.
II. É facultada a participação dos sindicatos nas negociações coletivas de trabalho.
III. O aposentado filiado tem o direito de votar e ser votado nas organizações sindicais.
IV. É vedada a dispensa do empregado sindicalizado a partir do registro da candidatura a cargo de direção, de representação sindical e do conselho fiscal e, se eleito, ainda que suplente, até um ano após o final do mandato, salvo se cometer falta grave nos termos da lei.

Está correto SOMENTE o que se afirma em

a) I e III.
b) I e IV.
c) II e III.
d) I, II e IV.
e) II, III e IV.

COMENTÁRIOS

Item "I": Este item é considerado correto, pois consagra o princípio da liberdade de filiação como previsto no art. 8º, V, da CF/88: "É livre a associação profissional ou sindical, observado o seguinte: (...) V – ninguém será obrigado a filiar-se ou a manter-se filiado a sindicato".

Item "II": Item incorreto, uma vez que a participação do sindicato nas negociações coletivas de trabalho é obrigatório, de acordo com o preceito contido no art. 8º, VI, da CF/88: "VI – é obrigatória a participação dos sindicatos nas negociações coletivas de trabalho".

Item "III": O direito de votar e o direito de ser votado também foram estendidos aos aposentados, na forma prevista pelo art. 8º, VII, da CF/88: "VII – o aposentado filiado tem direito a votar e ser votado nas organizações sindicais". Item correto.

Item "IV": Item incorreto, pois a estabilidade não alcança o membro de conselho fiscal. Inclusive esse é o entendimento do TST exposto em sua OJ nº 365 da SDI1: "ESTABILIDADE PROVISÓRIA. MEMBRO DE CONSELHO FISCAL DE SINDICATO. INEXISTÊNCIA. DJ 20, 21 e 23.05.2008. Membro de conselho fiscal de sindicato não tem direito à estabilidade prevista nos arts. 543, § 3º, da CLT e 8º, VIII, da CF/1988, porquanto não representa ou atua na defesa de direitos da categoria respectiva, tendo sua competência limitada à fiscalização da gestão financeira do sindicato (art. 522, § 2º, da CLT)".

Alternativa correta: letra "a".

---

121. (Cespe – Procurador do Estado – AL/ 2008) Considerando que determinado trabalhador faça parte da diretoria de seu sindicato de classe, a qual é composta por mais de vinte integrantes, assinale a opção correta à luz da legislação e da jurisprudência do TST.

a) Todos os integrantes da diretoria possuem estabilidade segundo prescrição da CLT.

b) Os integrantes do conselho fiscal da citada diretoria possuem estabilidade.

c) O referido trabalhador terá estabilidade somente se for presidente da entidade.

d) O trabalhador citado terá estabilidade caso seja tesoureiro da entidade.

e) O trabalhador em questão terá estabilidade, independentemente de ciência prévia a seu empregador da candidatura.

COMENTÁRIOS

✪ **Nota do autor:** O princípio da liberdade sindical permite que cada entidade determine qual o número de seus dirigentes. Entretanto, somente sete titulares e sete suplentes gozarão da prerrogativa da estabilidade.

Alternativa "a": Opção incorreta, pois contrária o entendimento constante da Súmula nº 369 do TST, que interpreta o art. 522 da CLT: "Súmula 369 – DIRIGENTE SINDICAL. ESTABILIDADE PROVISÓRIA (nova redação dada ao item II) – Res. 174/2011, DEJT divulgado em 27, 30 e 31.05.2011. I – É indispensável a comunicação, pela entidade sindical, ao empregador, na forma do § 5º do art. 543 da CLT. (ex-OJ nº 34 da SBDI-1 – inserida em 29.04.1994). II – O art. 522 da CLT foi recepcionado pela Constituição Federal de 1988. Fica limitada, assim, a estabilidade a que alude o art. 543, § 3º, da CLT a sete dirigentes sindicais e igual número de suplentes. III – O empregado de categoria diferenciada eleito dirigente sindical só goza de estabilidade se exercer na empresa atividade pertinente à categoria profissional do sindicato para o qual foi eleito dirigente. (ex-OJ nº 145 da SBDI-1 – inserida em 27.11.1998)". "Art. 522. *A administração do Sindicato será exercida por uma diretoria constituída de no máximo 7 e no mínimo 3 membros e de um Conselho Fiscal composto de 3 membros, eleitos esses órgãos pela Assembleia Geral*".

Alternativa "b": Opção incorreta, pois o integrante do conselho fiscal não tem a função de defender os direitos e interesses dos integrantes de sua categoria profissional. Nesse sentido é o posicionamento do TST estampado na OJ nº 365 da SDI1: "ESTABILIDADE PROVISÓRIA. MEMBRO DE CONSELHO FISCAL DE SINDICATO. INEXISTÊNCIA (DJ 20, 21 e 23.05.2008). Membro de conselho fiscal de sindicato não tem direito à estabilidade prevista nos arts. 543, § 3º, da CLT e 8º, VIII, da CF/1988, porquanto não representa ou atua na defesa de direitos da categoria respectiva, tendo sua competência limitada à fiscalização da gestão financeira do sindicato (art. 522, § 2º, da CLT)".

Alternativa "c": A estabilidade se estende aos dirigentes da entidade sindical e não só ao seu presidente. A redação do art. 543, § 3º, da CLT, é clara: "Fica vedada a dispensa do empregado sindicalizado ou associado, a partir do momento do registro de sua candidatura a cargo de direção ou representação de entidade sindical ou de associação profissional, até 1 (um) ano após o final do seu mandato, caso seja eleito inclusive como suplente, salvo se cometer falta grave devidamente apurada nos termos desta Consolidação". Opção incorreta.

Alternativa "d": Opção correta, uma vez que o cargo de tesoureiro integra a direção de entidade sindical. A jurisprudência do TST é nesse sentido: "A despeito da polêmica que cerca a fixação imoderada da quantidade de membros da diretoria de um sindicato, certo é que devemos distinguir os cargos que sejam essenciais daqueles que não o são, para definir objetivamente que o 1º Tesoureiro se insere no rol dos sete primeiros cargos de direção do sindicato, portanto sendo seu ocupante detentor do direito à estabilidade provisória. (PROCESSO Nº TST-AIRR-73340-10.2007.5.03.0038)".

Alternativa "e": Um dos requisitos necessários para aquisição da estabilidade é a comunicação ao empregador do registro da candidatura do empregado a cargo elegível de entidade sindical. Opção incorreta, pois em desacordo com o art. 543, § 5º, da CLT e Súmula nº 369 do TST: "Art. 543, § 5º – Para os fins deste artigo, a entidade sindical comunicará por escrito à empresa, dentro de 24 (vinte e quatro) horas, o dia e a hora do registro da candidatura do seu empregado e, em igual prazo, sua eleição e posse, fornecendo, outrossim, a este, comprovante no mesmo sentido. O Ministério do Trabalho e Previdência Social fará no mesmo prazo a comunicação no caso da designação referida no final do § 4º. Súmula 369 – DIRIGENTE SINDICAL. ESTABILIDADE PROVISÓRIA (nova redação dada ao item II) – Res. 174/2011, DEJT divulgado em 27, 30 e 31.05.2011. I – É indispensável a comunicação, pela entidade sindical, ao empregador, na forma do § 5º do art. 543 da CLT. (ex-OJ nº 34 da SBDI-1 – inserida em 29.04.1994) (...)".

Alternativa correta: letra "d".

122. (FEPESE – Procurador do Estado – SC/ 2009) Na teoria do Direito Coletivo do Trabalho, encontra-se incorreta a seguinte alternativa:

a) O Direito Coletivo do Trabalho pode, assim, ser definido como uma parte do Direito do Trabalho que estuda a organização sindical, a negociação coletiva, convenção coletiva e os conflitos coletivos do trabalho.

b) Liberdade sindical é o direito assegurado aos trabalhadores e empregadores de associarem-se livremente, constituindo sindicatos, os quais não poderão sofrer intervenções estatais ou privadas, com a finalidade de realizar interesses próprios.

c) A organização sindical brasileira está baseada na unicidade sindical e na sindicalização paralela de trabalhadores e empresários entendidos como polos opostos.

d) O acordo coletivo de trabalho está situado em um nível de menor abrangência do que a convenção coletiva; portanto, o seu conteúdo e os seus efeitos não podem ser os mesmos e devem versar sobre outros assuntos que não foram tratados em convenção coletiva.

e) Quando o empregador determinar o fechamento do seu estabelecimento de forma intencional, com a finalidade de pressionar os seus empregados a aceitarem condições menos favoráveis, prejudicando a negociação coletiva, temos o chamado movimento de "lock-out".

COMENTÁRIOS

✪ **Nota do autor:** Atualmente, em caso de conflito entre normas coletivas, a redação atual do art. 620, promovida pela Lei nº 13.467/17, é a seguinte: "As condições estabelecidas em acordo coletivo de trabalho sempre prevalecerão sobre as estipuladas em convenção coletiva de trabalho".

Alternativa "a": Opção correta, uma vez que descreve o conteúdo do Direito coletivo do trabalho, tanto no seu aspecto subjetivo quando objetivo, pacificamente adotado pela doutrina trabalhista.

Alternativa "b": Correta esta opção, diante da ênfase dada à liberdade sindical sob o ângulo dos integrantes da categoria econômica ou profissional, bem como sob o enfoque da própria constituição da entidade sindical, tudo admitido sem discussão pela doutrina trabalhista em decorrência da interpretação do art. 8º, V, da CF/88: "é livre a associação profissional ou sindical, observado o seguinte: V – ninguém será obrigado a filiar-se ou a manter-se filiado a sindicato".

Alternativa "c": Apesar da liberdade sindical, o Brasil optou pela adoção da unicidade sindical. O principal critério de aglutinação sindical é a atividade preponderante da empresa. Logo, exige-se um paralelismo de entidades sindicais profissionais e patronais. Alternativa correta.

Alternativa "d": A primeira parte da assertiva é verdadeira, pois o acordo coletivo é celebrado entre o sindicato profissional e uma ou algumas empresas determinadas. Já a convenção coletiva deriva do ajuste entre sindicatos dos empregados e entidade sindical dos empregadores. Entretanto, nada impede que a matéria do acordo coletivo seja a mesma da convenção coletiva. Eventual conflito será solucionado pelo artigo 620 da CLT, que impõe a prevalência do acordo coletivo. Opção incorreta.

Alternativa "e": A paralisação das atividades por parte do empresário é conhecido como *lockout* e está disciplinada pelo art. 17 da Lei 7.783/89 (Lei da Greve): "Fica vedada a paralisação das atividades, por iniciativa do empregador, com o objetivo de frustrar negociação ou dificultar o atendimento de reivindicações dos respectivos empregados (lockout)". Opção correta.

Alternativa correta: letra "d".

11. GREVE E INSTRUMENTOS NORMATIVOS

11.1. GREVE

123. (Vunesp – Procurador do Estado – PGE – SP/2018) É correto afirmar a respeito do direito de greve:

a) predomina, na Seção Especializada em Dissídios Coletivos – SDC, do Tribunal Superior do Trabalho, a posição de que a greve realizada por explícita motivação política (isto é, para fins de protesto) não é abusiva.

b) a Justiça Comum é competente para processar e julgar ação possessória ajuizada em decorrência do exercício do direito de greve pelos trabalhadores da iniciativa privada.

c) em caso de greve em atividade essencial, com possibilidade de lesão do interesse público, o Ministério Público do Trabalho poderá ajuizar dissídio coletivo, competindo à Justiça do Trabalho decidir o conflito.

d) observadas as condições previstas na Lei nº 7.783, de 28 de junho de 1989, a participação em greve não suspende o contrato de trabalho.

e) é compatível com a declaração de abusividade de movimento grevista o estabelecimento de vantagens ou garantias a seus participantes.

COMENTÁRIOS

✪ **Nota do autor:** A greve é um direito constitucional do trabalhador que consiste na suspensão coletiva do trabalho, de forma pacífica, em caráter temporário, total ou parcial, como instrumento de reivindicação salarial ou de reivindicação do cumprimento de outros direitos trabalhistas. A greve, em verdade, é uma forma de pressionar os empregadores para que atendam aos pedidos de melhoria de condições de trabalho ou aumentos salariais dos trabalhadores. Pode ser exercida como mecanismo de negociação ou reação ao não cumprimento de disposições legais ou convencionais.

Alternativa "a": Opção incorreta, uma vez que a jurisprudência majoritária que se sedimentou na SDC do TST afirma que a greve motivada por interesses políticos, ainda que com certo fundo trabalhista, mostra-se abusiva sob o ponto de vista material, especialmente pela circunstância de a pretensão brandida no movimento paredista não ser passível de atendimento pelo respectivo empregador ou categoria econômica, por se situar fora da esfera de atuação do poder empregatício, sendo inerente, de maneira geral, ao Poder Público.

Alternativa "b": Opção incorreta, uma vez que a Súmula Vinculante n. 23 do STF consolida o entendimento de que a Justiça do Trabalho é competente para processar e julgar ação possessória ajuizada em decorrência do exercício do direito de greve pelos trabalhadores da iniciativa privada.

Alternativa "c": Opção correta porque está de acordo com o artigo 114, §3º, da CF.

Alternativa "d": Opção incorreta porque a participação do empregado na greve suspende o contrato de trabalho, devendo as relações obrigacionais durante o período ser regidas pelo acordo, convenção, laudo arbitral ou decisão da Justiça do Trabalho (artigo 2º da Lei 7.783/89).

Alternativa "e": Opção incorreta. A Orientação Jurisprudencial 10 da SDC do TST menciona que "é incompatível com a declaração de abusividade de movimento grevista o estabelecimento de quaisquer vantagens ou garantias a seus partícipes, que assumiram os riscos inerentes à utilização do instrumento de pressão máximo". Isso significa que não há direito a nenhuma vantagem ou garantia na greve abusiva, sendo indevidos, portanto, os salários aos empregados que não trabalharam.

Alternativa correta: letra "c".

124. (CESPE – Procurador do Estado – DF/ 2013) Com relação ao direito coletivo do trabalho, ao direito individual do trabalho e aos princípios do direito do trabalho, julgue o item a seguir.

Greve é causa de suspensão do contrato de trabalho e somente pode ser utilizada após ser frustrada a negociação ou a arbitragem direta e pacífica, sob pena de ser considerada abusiva. Ademais, a comunicação acerca de sua decisão, no caso de atividade essencial, deve ser previamente feita aos empregadores e usuários do serviço no prazo mínimo de setenta e duas horas.

COMENTÁRIOS

✪ **Nota do autor:** A greve é classificada como forma de solução de conflitos denominada de autodefesa e é admitida expressamente pelo ordenamento jurídico pátrio.

CORRETO. Como não há obrigatoriedade de pagamento de salário durante o período da greve, esse tempo é considerado como de suspensão do contrato de trabalho (art. 7º da Lei nº 7.783). Tem como pré-requisito a tentativa prévia de negociação coletiva (art. 3º da Lei nº 7.783) e, uma vez declarada, deve ser comunicada aos empregadores com antecedência mínima de 72, nos casos de atividade essenciais (art. 13 da Lei nº 7.783).

125. (FURMARC – Procurador do Estado – MG/ 2012) O artigo 10, da Lei 7.783/89, que regula o direito de greve, disciplina sobre quais serviços ou atividades são consideradas essenciais. Assinale a alternativa que NÃO se alinha aos preceitos da citada norma jurídica:

a) Serviço funerário.

b) Serviço de transporte de mercadorias, de transporte em geral e de transporte coletivo.

c) Serviço de compensação bancária.

d) Serviço de produção e distribuição de energia elétrica, gás e combustíveis.

e) Serviço de controle de tráfego aéreo.

COMENTÁRIOS

✪ **Nota do autor:** Entende-se que o rol de serviços ou atividades essenciais relacionadas no art. 10 da Lei nº 7.783/89 é exemplificativo. Isso porque o avanço tecnológico constante pode fazer surgir novas necessidades não contempladas na mencionada listagem. A referida norma sofreu várias alterações nos últimos tempos. Atualmente, são consideradas como atividades essenciais: : tratamento e abastecimento de água; produção e distribuição de energia elétrica, gás e combustíveis; assistência médica e hospitalar; distribuição e comercialização de medicamentos e alimentos; funerários; transporte coletivo; captação e tratamento de esgoto e lixo; telecomunicações; guarda, uso e controle de substâncias radioativas, equipamentos e materiais nucleares; compensação bancária; processamento de dados ligados a serviços essenciais. ATENÇÃO para as novas atividades consideradas essenciais em razão da alteração da lei de greve: controle de tráfego aéreo e navegação aérea; atividades médico-periciais relacionadas com o regime geral de previdência social e a assistência social; atividades médico-periciais relacionadas com a caracterização do impedimento físico, mental, intelectual ou sensorial da pessoa com deficiência, por meio da integração de equipes multiprofissionais e interdisciplinares, para fins de reconhecimento de direitos previstos em lei, em especial na Lei nº 13.146, de 6 de julho de 2015 (Estatuto da Pessoa com Deficiência); outras prestações médico-periciais da carreira de Perito Médico Federal indispensáveis ao atendimento das necessidades inadiáveis da comunidade; atividades portuárias.

Alternativa "a": O serviço funerário está incluído no rol dos serviços ou atividades essenciais, conforme art. 10, IV, da Lei nº 7.783/89. Alternativa correta.

Alternativa "b": Somente o transporte coletivo é considerado como serviço ou atividade essencial. Alternativa incorreta.

Alternativa "c": O serviço de compensação bancária está incluído no rol dos serviços ou atividades essenciais, conforme art. 10, XI, da Lei nº 7.783/89. Alternativa correta.

Alternativa "d": O serviço produção e distribuição de energia elétrica, gás e combustíveis está incluído no rol dos serviços ou atividades essenciais, conforme art. 10, I, da Lei nº 7.783/89. Alternativa correta.

Alternativa "e": O serviço de controle de tráfego aéreo está incluído no rol dos serviços ou atividades essenciais, conforme art. 10, X, da Lei nº 7.783/89. Alternativa correta.

Alternativa correta: letra "b".

---

126. (Cespe – Procurador do Estado – ES/ 2008) O direito de greve no serviço público está previsto na Constituição brasileira, podendo ser exercido nos termos e limites de lei específica. Acerca da interpretação desse dispositivo constitucional pelo STF, julgue o item abaixo.

I. A greve no serviço público só é reconhecida como um direito para o empregado público nos termos da Lei de Greve existente para a iniciativa privada; os servidores públicos estatutários não podem exercê-la até que lei específica seja aprovada.

COMENTÁRIOS

Item I: Por decisão do STF, proferida nos autos dos mandados de injunção de nºs 670 e 712, a lei de greve é aplicada, no que couber, aos servidores públicos estatutários. Portanto a assertiva contida neste **item é falsa**, pois em desconformidade com a jurisprudência do STF: "EMENTA: MANDADO DE INJUNÇÃO. ART. 5º, LXXI DA CONSTITUIÇÃO DO BRASIL. CONCESSÃO DE EFETIVIDADE À NORMA VEICULADA PELO ARTIGO 37, INCISO VII, DA CONSTITUIÇÃO DO BRASIL. LEGITIMIDADE ATIVA DE ENTIDADE SINDICAL. GREVE DOS TRABALHADORES EM GERAL [ART. 9º DA CONSTITUIÇÃO DO BRASIL]. APLICAÇÃO DA LEI FEDERAL nº 7.783/89 À GREVE NO SERVIÇO PÚBLICO ATÉ QUE SOBREVENHA LEI REGULAMENTADORA. PARÂMETROS CONCERNENTES AO EXERCÍCIO DO DIREITO DE GREVE PELOS SERVIDORES PÚBLICOS DEFINIDOS POR ESTA CORTE. CONTINUIDADE DO SERVIÇO PÚBLICO. GREVE NO SERVIÇO PÚBLICO. ALTERAÇÃO DE ENTENDIMENTO ANTERIOR QUANTO À SUBSTÂNCIA DO MANDADO DE INJUNÇÃO. PREVALÊNCIA DO INTERESSE SOCIAL. INSUBSSISTÊNCIA DO ARGUMENTO SEGUNDO O QUAL DAR-SE-IA OFENSA À INDEPENDÊNCIA E HARMONIA ENTRE OS PODERES [ART. 2º DA CONSTITUIÇÃO DO BRASIL] E À SEPARAÇÃO DOS PODERES [art. 60, § 4º, III, DA CONSTITUIÇÃO DO BRASIL]. INCUMBE AO PODER JUDICIÁRIO PRODUZIR A NORMA SUFICIENTE PARA TORNAR VIÁVEL O EXERCÍCIO DO DIREITO DE GREVE DOS SERVIDORES PÚBLICOS, CONSAGRADO NO ARTIGO 37, VII, DA CONSTITUIÇÃO DO BRASIL (MI 712 PA)".

---

127. (FCC – Procurador do Estado – AM / 2010) Em relação à greve na iniciativa privada, é correto afirmar:

a) Considera-se legítimo exercício do direito de greve a interrupção coletiva, temporária e pacífica, total ou parcial, da prestação pessoal de serviços a empregador.

b) Entre os direitos assegurados aos grevistas encontram-se o emprego de meios pacíficos tendentes a persuadir ou aliciar os trabalhadores a aderirem à greve.

c) As manifestações e atos de persuasão utilizados pelos grevistas poderão impedir o acesso ao trabalho, mas de nenhum modo poderão causar ameaça ou dano à propriedade ou à pessoa.

d) Na greve em serviços ou atividades essenciais, ficam as entidades sindicais ou os trabalhadores, conforme o caso, obrigados a comunicar a decisão aos empregadores e aos usuários com antecedência mínima de 48 (quarenta e oito) horas de paralisação.

e) São assegurados aos grevistas, dentre outros direitos, de acordo com a Lei de Greve, a remuneração pelos dias parados, decorrentes da greve considerada lícita.

COMENTÁRIOS

✪ **Nota do autor:** O direito de greve confere aos integrantes da categoria profissional o direito subjetivo de não ser despedido durante o seu respectivo período. Não há, portanto, garantia do pagamento de salários.

Alternativa "a": Opção incorreta, pois descreve o fenômeno da greve em desacordo com a disposição contida no art. 2º da Lei nº 7.783/1999, que considera o período de paralisação como sendo de suspensão: "Para os fins desta Lei, considera-se legítimo exercício do direito de greve a suspensão coletiva, temporária e pacífica, total ou parcial, de prestação pessoal de serviços a empregador".

Alternativa "b": Opção correta, uma vez que reproduz o texto do art. 6º da Lei nº 7.783/1999: "São assegurados aos grevistas, dentre outros direitos: I – emprego de meios pacíficos tendentes a persuadir ou aliciar os trabalhadores a aderirem à greve".

Alternativa "c": Opção incorreta, diante da impossibilidade legal de os participantes da greve impedirem o acesso ao local de trabalho, conforme preceitua o art. 6º, § 3º, da Lei nº 7.783/1999: "As manifestações e atos de persuasão utilizados pelos grevistas não poderão impedir o acesso ao trabalho nem causar ameaça ou dano à propriedade ou pessoa".

Alternativa "d": No caso de greve em serviços ou atividades essenciais, o prazo para o aviso-prévio de início do respectivo movimento é de 72 horas, na forma prevista pelo art. 13 da Lei nº 7.783/1999: "Na greve, em serviços ou atividades essenciais, ficam as entidades sindicais ou os trabalhadores, conforme o caso, obrigados a comunicar a decisão aos empregadores e aos usuários com antecedência mínima de 72 (setenta e duas) horas da paralisação".

Alternativa "e": Pelo contrário. O período de greve é considerado como de suspensão e, por esse motivo, não enseja o pagamento de salário. Alternativa incorreta de acordo com o art. 2º da Lei nº 7.783/1999: "Para os fins desta Lei, considera-se legítimo exercício do direito de greve a suspensão coletiva, temporária e pacífica, total ou parcial, de prestação pessoal de serviços a empregador".

Alternativa correta: letra "b".

---

128. (Cespe – Procurador do Estado – PI/ 2008) O exercício do direito de greve é uma garantia prevista na CF, e, no âmbito da iniciativa privada, esse direito é regulamentado pela Lei n. 7.783/1999, que estabelece algumas formalidades para o seu exercício. Essas formalidades não incluem o(a)

a) comunicação prévia da data de início da paralisação.
b) aferição de *quorum* previsto no estatuto do sindicato nas assembleias que deliberam pela paralisação.
c) concessão de livre acesso aos trabalhadores que não aderirem ao movimento grevista às dependências da empresa.
d) manutenção dos serviços essenciais.
e) ajuizamento prévio de dissídio coletivo na justiça do trabalho.

COMENTÁRIOS

Alternativa "a": A necessidade de notificação prévia é exigida pelo art. 3°, parágrafo único, e art. 13 da Lei n° 7.783/1999: "Art. 3º. Parágrafo único. A entidade patronal correspondente ou os empregadores diretamente interessados serão notificados, com antecedência mínima de 48 (quarenta e oito) horas, da paralisação". "Art. 13. Na greve, em serviços ou atividades essenciais, ficam as entidades sindicais ou os trabalhadores, conforme o caso, obrigados a comunicar a decisão aos empregadores e aos usuários com antecedência mínima de 72 (setenta e duas) horas da paralisação". Alternativa correta.

Alternativa "b": De igual forma, para legalidade do movimento paredista é necessário observar o *quorum* para deliberação definido no estatuto da entidade sindical. Opção correta, pois de acordo com o art. 4º da Lei n° 7.783/1999: "Caberá à entidade sindical correspondente convocar, na forma do seu estatuto, assembleia geral que definirá as reivindicações da categoria e deliberará sobre a paralisação coletiva da prestação de serviços. § 1º O estatuto da entidade sindical deverá prever as formalidades de convocação e o *quorum* para a deliberação, tanto da deflagração quanto da cessação da greve".

Alternativa "c": A legislação que regulamenta o direito de greve garante o direito de ir e vir daqueles empregados que não aderirem ao respectivo movimento. Opção correta e de acordo com o preceito contido no art. 6º, § 3º, da Lei n° 7.783/1999: "As manifestações e atos de persuasão utilizados pelos grevistas não poderão impedir o acesso ao trabalho nem causar ameaça ou dano à propriedade ou pessoa".

Alternativa "d": Durante a greve deve ficar garantido o funcionamento das atividades essenciais. Opção correta, pois reproduz esse mandamento que se encontra inserido no art. 9º da Lei n° 7.783/1999: "Durante a greve, o sindicato ou a comissão de negociação, mediante acordo com a entidade patronal ou diretamente com o empregador, manterá em atividade equipes de empregados com o propósito de assegurar os serviços cuja paralisação resultem em prejuízo irreparável, pela deterioração irreversível de bens, máquinas e equipamentos, bem como a manutenção daqueles essenciais à retomada das atividades da empresa quando da cessação do movimento. Parágrafo único. Não havendo acordo, é assegurado ao empregador, enquanto perdurar a greve, o direito de contratar diretamente os serviços necessários a que se refere este artigo".

Alternativa "e": A lei de greve em nenhum dos seus dispositivos exige o prévio ajuizamento de dissídio coletivo como requisito de legalidade do movimento. Opção incorreta.

Alternativa correta: letra "e".

11.2. CONVENÇÃO COLETIVA E ACORDO COLETIVO DE TRABALHO

129. (Vunesp – Procurador do Estado – PGE – SP/2018) Em relação ao Direito Coletivo do Trabalho decorrente da "reforma trabalhista", assinale a alternativa correta.

a) É permitido estipular duração de convenção coletiva ou acordo coletivo de trabalho superior a dois anos, estando autorizada, também, a ultratividade.
b) A convenção coletiva e o acordo coletivo de trabalho poderão dispor sobre a redução do valor dos depósitos mensais e da indenização rescisória do Fundo de Garantia do Tempo de Serviço (FGTS).
c) O hipersuficiente (empregado portador de diploma de nível superior e que perceba salário mensal igual ou superior a duas vezes o limite máximo dos benefícios do Regime Geral de Previdência Social) poderá estipular livremente com o empregador a relação contratual. A estipulação resultante, contudo, não preponderará sobre os instrumentos coletivos.
d) As condições estabelecidas em acordo coletivo de trabalho sempre prevalecerão sobre as estipuladas em convenção coletiva de trabalho.
e) Constitui objeto ilícito de convenção coletiva ou de acordo coletivo de trabalho a previsão de regras a respeito do regime de sobreaviso.

COMENTÁRIOS

✪ **Nota do autor:** Para responder a esta questão, o candidato precisa ter conhecimento dos conteúdos dos artigos 611-A e 611-B da CLT.

Alternativa "a": Opção incorreta, uma vez que o prazo máximo de vigência das normas coletivas é de 2 anos. A Lei da Reforma Trabalhista trouxe a expressa vedação à estipulação de duração superior a 2 anos e vedou, ainda, a ultratividade das normas coletivas (art. 614, §3º da CLT). A ultratividade da norma coletiva significa que as cláusulas previstas em convenções ou acordos coletivos integram os contratos individuais de trabalho mesmo depois de expirada sua validade, e somente poderão ser modificadas ou suprimidas mediante nova negociação coletiva.

Alternativa "b": Opção incorreta, uma vez que o artigo 611-B, III, da CLT veda a negociação coletiva sobre esse tema.

Alternativa "c": Opção incorreta porque o artigo 444 da CLT dispõe que no caso do hipersuficiente suas estipulações com o empregador se sobrepõe sobre os instrumentos normativos.

Alternativa "d": Opção correta. Repete o teor do artigo 620 da CLT.

Alternativa "e": Opção incorreta porque o artigo 611-A, VIII, da CLT autoriza a negociação coletiva sobre o tema.

Alternativa correta: letra "d".

130. (Fepese – Procurador do Estado – PGE – SC/2018) Com base na legislação laborai, a convenção coletiva e o acordo coletivo de trabalho têm prevalência sobre a lei quando dispuserem sobre:

1. banco de horas mensal.
2. teletrabalho, regime de sobreaviso, e trabalho intermitente.
3. troca do dia de feriado.
4. participação nos lucros ou resultados da empresa.

Assinale a alternativa que indica todas as afirmativas corretas.

a. São corretas apenas as afirmativas 1,2 e 3.
b. São corretas apenas as afirmativas 1,2 e 4.
c. São corretas apenas as afirmativas 1,3 e 4.
d. São corretas apenas as afirmativas 2,3 e 4.
e. São corretas as afirmativas 1,2,3 e 4.

COMENTÁRIOS

✪ **Nota do autor:** Da mesma forma que na questão anterior, para responder a esta questão, o candidato precisa ter conhecimento dos conteúdos dos artigos 611-A e 611-B da CLT.

Alternativa 1: Opção Incorreta, uma vez que uma vez que o artigo 611-A, II, da CLT autoriza a negociação coletiva sobre o banco de horas "anual", não incluindo o banco de horas mensal.

Alternativa 2: Opção Correta, uma vez que está de acordo com o artigo 611-A, VIII, da CLT, que autoriza a negociação coletiva sobre os temas.

Alternativa 3: Opção Correta, uma vez que o artigo 611-A, XI, da CLT autoriza a negociação coletiva sobre o tema.

Alternativa 4: Opção Correta, uma vez que o artigo 611-A, XV, da CLT autoriza a negociação coletiva sobre o tema.

Alternativa correta: letra "d".

131. (Cespe – Procurador do Estado – PGE – PE/2018) De acordo com a legislação trabalhista em vigor, quando determinada categoria econômica, na fase de negociação coletiva, estiver debatendo as cláusulas da convenção coletiva, será vedado às partes negociarem acerca da supressão ou redução

a) do enquadramento do grau de insalubridade e da prorrogação de jornada em locais insalubres.
b) da participação nos lucros da empresa.
c) do intervalo intrajornada, respeitado o limite de trinta minutos para jornadas superiores a seis horas.
d) do percentual mínimo de acréscimo de 50% à hora normal para remunerar o serviço extraordinário.
e) da troca do dia de feriado.

COMENTÁRIOS

✪ **Nota do autor:** A Reforma Trabalhista trouxe dispositivos para regulamentar o conteúdo das normas coletivas. O artigo 611-A da CLT contém uma relação de direitos trabalhistas que podem ser negociados por meio de convenção ou acordo coletivo de trabalho, ainda que sejam menos benéficos se comparados com a legislação estatal. Já o art. 611-B da CLT identifica uma série taxativa (extrai-se da expressão "exclusivamente") de direitos trabalhistas que não podem ser reduzidos ou suprimidos por meio de negociação coletiva.

Alternativa "a": Opção incorreta, uma vez que o art. 611-A, XII e XIII, da CLT autorizam a negociação coletiva sobre esses temas.

Alternativa "b": Opção incorreta, uma vez que o art. 611-A, XV, da CLT autoriza a negociação coletiva sobre esses temas.

Alternativa "c": Opção incorreta porque que o art. 611-A, III, da CLT autoriza a negociação coletiva sobre esses tema.

Alternativa "d": Opção correta porque está de acordo com o artigo 611-B, X, da CLT.

Alternativa "e": Opção incorreta, que o art. 611-A, XI, da CLT autoriza a negociação coletiva sobre esses tema.

Alternativa correta: letra "d".

132. (CESPE – Procurador do Estado – DF/ 2013) Com relação ao direito coletivo do trabalho, ao direito individual do trabalho e aos princípios do direito do trabalho, julgue o item a seguir

A convenção coletiva de trabalho, acordo de caráter normativo reconhecido de forma expressa pela CLT, é enunciada pela CF como fonte capaz de estabelecer normas e condições de trabalho, mediante a flexibilização de direitos fundamentais dos trabalhadores, como salários e duração do trabalho.

COMENTÁRIOS

✪ **Nota do autor:** a convenção coletiva de trabalho é mais abrangente do que o acordo coletivo, pois se aplica a todos os integrantes da categoria profissional e econômica representadas pelos respectivos sindicatos e não apenas aos trabalhadores.

CORRETO. A definição de convenção coletiva encontra-se inserida no art. 611 da CLT: "Convenção Coletiva de Trabalho é o acordo de caráter normativo, pelo qual dois ou mais Sindicatos representativos de categorias econômicas e profissionais estipulam condições de trabalho aplicáveis, no âmbito das respectivas representações, às relações individuais de trabalho". A Constituição Federal de 1988, por sua vez, reconheceu as convenções e acordos coletivos de trabalho, em seu art. 7º, XXVII e em outros dispositivos permitiu a flexibilização de alguns direitos trabalhistas, como a irredutibilidade salarial (art. 7º, VI) e a compensação de jornada (art. 7º XIII)".

133. (FEPESE – Procurador do Estado – SC/ 2010) Assinale a alternativa correta, de acordo com a consolidação das leis do trabalho.

a) O prazo máximo de validade das convenções e acordos coletivos é de 4 (quatro) anos.

b) As Convenções e os Acordos entrarão em vigor na data de sua publicação.

c) Os Sindicatos representativos de categorias econômicas ou profissionais e as empresas, inclusive as que não tenham representação sindical, quando provocados, não podem recusar-se à negociação coletiva.

d) Em decorrência do direito à sindicalização, pode o servidor público negociar mediante acordo ou convenção coletiva de trabalho.

e) Em decorrência do princípio da autonomia da vontade e da primazia da realidade, prevalecerão as disposição pactuadas no contrato individual de trabalho quando contrariem normas de Convenção ou Acordo Coletivo de Trabalho.

COMENTÁRIOS

✪ **Nota do autor:** Como os instrumentos normativos negociados têm vigência limitada no tempo, as respectivas condições de trabalho neles inseridas não aderem definitivamente aos contratos de trabalho dos integrantes da categoria profissional. Não há, assim, ultratividade normativa das convenções e acordos coletivos de trabalho. Inclusive, a nova redação do § 3º, art. 614 da CLT, decorrente da vigência da Lei nº 13.467/17 é clara nesse particular: "Não será permitido estipular duração de convenção coletiva ou acordo coletivo de trabalho superior a dois anos, sendo vedada a ultratividade".

Alternativa "a": O prazo máximo de validade dos instrumentos normativos negociados é de dois anos. **Opção incorreta**, pois em desacordo com o comento contido no art. 614, § 3º, da CLT.

Alternativa "b": O termo inicial da vigência dos instrumentos normativos negociados é de três dias contados a partir da entrega do respectivo instrumento no órgão competente do Ministério do Trabalho e Emprego. **Opção incorreta,** diante da ofensa ao art. 614, § 1º, da CLT: "As Convenções e os Acordos entrarão em vigor 3 (três) dias após a data da entrega dos mesmos no órgão referido neste artigo".

Alternativa "c": A oferta de acordo pode ser recusada, mas o mesmo não ocorre em relação ao processo de negociação. **Opção correta** diante do conteúdo do art. 616 da CLT: "Os Sindicatos representativos de categorias econômicas ou profissionais e as empresas, inclusive as que não tenham representação sindical, quando provocados, não podem recusar-se à negociação coletiva".

Alternativa "d": O ordenamento jurídico pátrio garante o direito de sindicalização do servidor público civil, mas não estendeu a essa categoria o direito aos instrumentos normativos negociados (convenções e acordos coletivos de trabalho). **Opção incorreta,** uma vez que o direito previsto no art. 7°, XXVI (reconhecimento das convenções e acordos coletivos de trabalho), não fez parte do rol do art. 39, § 3°, da Constituição Federal de 1988: "Aplica-se aos servidores ocupantes de cargo público o disposto no art. 7º, IV, VII, VIII, IX, XII, XIII, XV, XVI, XVII, XVIII, XIX, XX, XXII e XXX, podendo a lei estabelecer requisitos diferenciados de admissão quando a natureza do cargo o exigir)".

Alternativa "e": Trata-se da aplicação da regra da condição mais favorável, que faz parte integrante do princípio da proteção. A opção **não é verdadeira**, uma vez que as disposições pactuadas no contrato de trabalho só prevaleceriam nas hipóteses nas quais fixassem melhores condições de trabalho para o empregado.

Alternativa correta: letra "c".

12. SEGURANÇA E MEDICINA NO LOCAL DE TRABALHO

134. (FCC – Procurador do Estado – MT/2016) Aristóteles é empregado da empresa Alpha Combustíveis Ltda. que atua no ramo de posto de combustíveis. O referido empregado presta serviços de vigilante no posto, laborando nas dependências do estabelecimento. Realizada perícia no local de trabalho para apuração da existência de periculosidade, o médico do trabalho, designado pelo Juiz do Trabalho da causa, elabora laudo concluindo pela periculosidade no ambiente de trabalho, o qual é acolhido pelo Magistrado. Nesta hipótese,

a) o empregado faz jus ao adicional de periculosidade, à base de 30% do valor do salário, sem acréscimos de gratificações, prêmios e participação em lucros da empresa.

b) não é devido adicional de periculosidade uma vez que o empregado é vigilante e, nesta situação, não faz jus ao referido adicional, posto que não atua diretamente em contato com inflamáveis, única hipótese de ter direito ao propalado adicional.

c) é devido adicional de periculosidade ao empregado e deve a empresa ser condenada ao pagamento de adicional de 30% do salário mínimo nacional vigente à época, sem os acréscimos de gratificações, prêmios e participação em lucros.

d) é devido adicional de periculosidade ao empregado à base de 30% do valor do salário, acrescidas de gratificações, prêmios e participações em lucros.

e) o empregado não faz jus ao adicional de periculosidade, uma vez que a perícia é nula pelo fato de ter sido realizada por médico do trabalho, quando o correto seria que a perícia fosse confiada a um engenheiro de segurança do trabalho.

COMENTÁRIOS

✪ **Nota do autor:** Conforme a Súmula nº 191 do TST: "ADICIONAL DE PERICULOSIDADE. INCIDÊNCIA. BASE DE CÁLCULO (cancelada a parte final da antiga redação e inseridos os itens II e III) – Res. 214/2016, DEJT divulgado em 30.11.2016 e 01 e 02.12.2016 I – O adicional de periculosidade incide apenas sobre o salário básico e não sobre este acrescido de outros adicionais. II – O adicional de periculosidade do empregado eletricitário, contratado sob a égide da Lei nº 7.369/1985, deve ser calculado sobre a totalidade das parcelas de natureza salarial. Não é válida norma coletiva mediante a qual se determina a incidência do referido adicional sobre o salário básico. III – A alteração da base de cálculo do adicional de periculosidade do eletricitário promovida pela Lei nº 12.740/2012 atinge somente contrato de trabalho firmado a partir de sua vigência, de modo que, nesse caso, o cálculo será realizado exclusivamente sobre o salário básico, conforme determina o § 1º do art. 193 da CLT".

Alternativa "a": Correta. O Anexo da NR-16, Anexo II, item 1, alínea "m", da Portaria nº 3.214/78 do MTE, confere o direito ao adicional de periculosidade não só ao frentista, mas também aos trabalhadores que operam na área de risco relativas à operação em postos de serviço e bombas de abastecimento de inflamáveis líquidos. Como houve perícia, o médico do trabalho verificou no caso concreto que as atividades do autor se desenvolviam dentro da área de risco. Já a base de cálculo do referido adicional encontra-se fixado pelo art. 193, §1º, da CLT: "O trabalho em condições de periculosidade assegura ao empregado um adicional de 30% (trinta por cento) sobre o salário sem os acréscimos resultantes de gratificações, prêmios ou participações nos lucros da empresa".

Alternativa "b": Incorreta. Com efeito, o direito ao adicional de periculosidade não está relacionado com a profissão do obreiro, mas sim em decorrência de estar em situação de risco devidamente delimitada pela legislação. No caso sob análise, o Anexo da NR-16, Anexo II, item 1, alínea "m", da Portaria nº 3.214/78 do MTE, confere o direito ao adicional de periculosidade não só ao frentista, mas também aos trabalhadores que operam na área de risco relativas à operação em postos de serviço e bombas de abastecimento de inflamáveis líquidos. Como houve perícia, o médico do trabalho verificou no caso concreto que as atividades do autor se desenvolviam dentro da área de risco.

Alternativa "c": Incorreta, pois a base de cálculo do adicional de periculosidade não é o salário mínimo, mas sim o salário-base, conforme preceito contido no art. 193, §1º, da CLT: "O trabalho em condições de periculosidade assegura ao empregado um adicional de 30% (trinta por cento) sobre o salário sem os acréscimos resultantes de gratificações, prêmios ou participações nos lucros da empresa.

Alternativa "d": Incorreta, uma vez que a base de cálculo do adicional de periculosidade é o salário-base, sem qualquer incremento, conforme se observa da redação do art. 193, §1º, da CLT: "O trabalho em condições de periculosidade assegura ao empregado um adicional de 30% (trinta por cento) sobre o salário sem os acréscimos resultantes de gratificações, prêmios ou participações nos lucros da empresa.

Alternativa "e": Incorreta. A perícia de periculosidade pode ser feita tanto pelo engenheiro do trabalho quanto pelo médico do trabalho, na forma prevista pelo art. 195 da CLT: "A caracterização e a classificação da insalubridade e da periculosidade, segundo as normas do Ministério do Trabalho, far-se-ão através de perícia a cargo de Médico do Trabalho ou Engenheiro do Trabalho, registrados no Ministério do Trabalho.

Alternativa correta: letra "a".

135. (FCC – Procurador do Estado – AM / 2010) No que se relaciona à segurança e medicina do trabalho é correto afirmar:

a) Cabe às empresas e ao Ministério Público do Trabalho instruir os empregados, por meio de ordens de serviço, quanto às precauções a tomar no sentido de evitar acidentes de trabalho ou doenças ocupacionais.

b) A doença profissional, assim entendida a produzida ou desencadeada pelo exercício do trabalho peculiar a determinada atividade constante da respectiva relação elaborada pelo Ministério da Previdência Social, não é considerada acidente de trabalho.

c) Constitui ato faltoso do empregado a recusa injustificada ao uso dos equipamentos de proteção individual fornecidos pela empresa.

d) Não cabe às empresas filantrópicas e sem fins lucrativos adotar as medidas determinadas pelo órgão regional competente, na medida em que se tratam de empregadores diferenciados.

e) Cabe às empresas facilitar o exercício da fiscalização pela autoridade competente e impor as penalidades cabíveis por descumprimento das normas constantes do Regulamento da Empresa.

COMENTÁRIOS

✪ **Nota do autor:** Cabe a empresa a obrigação de conceder EPI's ao empregado e fiscalizar o seu uso. O trabalhador, por sua vez, tem a obrigação de utilizar o EPI, sob pena de a omissão ser enquadrada como justa causa para o despedimento.

Alternativa "a": Opção incorreta, pois a obrigação de fiscalização não se estende ao Ministério Público do Trabalho, conforme se vê da redação do art. 157 da CLT: "Cabe às empresas: I – cumprir e fazer cumprir as normas de segurança e medicina do trabalho; II – instruir os empregados, através de ordens de serviço, quanto às precauções a tomar no sentido de evitar acidentes do trabalho ou doenças ocupacionais;".

Alternativa "b": Ocorre justamente o contrário, pois a doença do trabalho é considerada como doença ocupacional. Opção incorreta, pois em desacordo com o art. 20 da Lei 8.213/1991: "Consideram-se acidente do trabalho, nos termos do artigo anterior, as seguintes entidades mórbidas: I – doença profissional, assim entendida a produzida ou desencadeada pelo exercício do trabalho peculiar a determinada atividade e constante da respectiva relação elaborada pelo Ministério do Trabalho e da Previdência Social".

Alternativa "c": Além de fornecer os equipamentos de proteção individual, o empregador deve fiscalizar o seu uso. Já para o empregado, a obrigação é no sentido de usar tais equipamentos, sendo a recusa classificada como ato faltoso. Portanto a opção é considerada correta, de acordo com o preceito contido no art. 158 da CLT: "Cabe aos empregados: I – observar as normas de segurança e medicina do trabalho, inclusive as instruções de que trata o item II do artigo anterior; II – colaborar com a empresa na aplicação dos dispositivos deste Capítulo. Parágrafo único – Constitui ato faltoso do empregado a recusa injustificada: a) à observância das instruções expedidas pelo empregador na forma do item II do artigo anterior; b) ao uso dos equipamentos de proteção individual fornecidos pela empresa".

Alternativa "d": A obrigação de adotar medidas de segurança, medicina e higiene do trabalho estende-se a todo empregador, inclusive entidades sem fins lucrativos. Dessa forma, a assertiva é falsa, uma vez que contraria o art. 2º, § 1º, da CLT: "Art. 2º. Considera-se empregador a empresa, individual ou coletiva, que, assumindo os riscos da atividade econômica, admite, assalaria e dirige a prestação pessoal de serviço. § 1º. Equiparam-se ao empregador, para os efeitos exclusivos da relação de emprego, os profissionais liberais, as instituições de beneficência, as associações recreativas ou outras instituições sem fins lucrativos, que admitirem trabalhadores como empregados".

Alternativa "e": A imposição de multas de caráter administrativo não cabe a empresa, mas às Delegacias Regionais do Trabalho (atualmente denominadas de Agências Regionais do Trabalho). Opção incorreta, pois em desacordo com o disposto no art. 156 da CLT: "Compete especialmente às Delegacias Regionais do Trabalho, nos limites de sua jurisdição: I – promover a fiscalização do cumprimento das normas de segurança e medicina do trabalho; II – adotar as medidas que se tornem exigíveis, em virtude das disposições deste Capítulo, determinando as obras e reparos que, em qualquer local de trabalho, se façam necessárias; III – impor as penalidades cabíveis por descumprimento das normas constantes deste Capítulo, nos termos do art. 201".

Alternativa correta: letra "c".

✦ DICAS (RESUMO)

1. TEORIA GERAL DO DIREITO DO TRABALHO (INDIVIDUAL E COLETIVO)

- **Fontes formais do direito do trabalho:** fontes estatais ou heterônomas e fontes profissionais, conhecidas também como autônomas.
- **Fontes heterônomas:** Constituição, os princípios, a lei, o decreto, a sentença normativa e a jurisprudência. São atos emanados do Poder Público, derivados do Poder Executivo, Legislativo ou Judiciário.
- **Fontes autônomas:** a convenção coletiva, o acordo coletivo de trabalho e o regulamento da empresa.

1.1. PRINCÍPIOS DE DIREITO INDIVIDUAL E COLETIVO DO TRABALHO

- **Princípio protetivo:** princípio dos princípios do Direito do Trabalho, diz respeito à necessidade de proteger o empregado contra os atos do empregador, enquanto estiver sob o poder de comando e direção deste último.
- **Regra do *in dubio pro operario:*** quando a interpretação da norma jurídica implicar resultados divergentes, será utilizado aquele que mais favoreça ao empregado.
- **Regra da norma mais favorável:** quando coexistirem duas ou mais normas tratando da mesma questão de forma diversa, será utilizada, em regra, aquela que seja mais favorável ao empregado.
- **Regra da condição mais benéfica:** do conflito entre uma condição de trabalho derivada da relação de emprego e a Lei, prevalece a primeira quando for considerada mais vantajosa para o empregado.
- **Princípio da irrenunciabilidade:** veda-se a possibilidade do empregado despojar-se do direito subjetivo trabalhista de que é titular, em face da presunção de vício na sua manifestação de vontade quando ela direciona-se no sentido de renunciar determinado direito trabalhista.
- **Princípio da continuidade:** presume-se que a intenção dos contratantes e principalmente do empregado é de protrair indefinidamente, no tempo, a execução do pacto laboral.
- **Princípio da primazia da realidade:** prevalece a realidade dos fatos em detrimento ao que ficou registrado nos instrumentos formais de sua constituição.
- **Princípio da despersonalização do empregador:** ainda que mude o empregador, seja pela transferência da propriedade da empresa, seja pela alteração do quadro societário, isso não irá afetar o vínculo empregatício do trabalhador (arts. 10 e 448 da CLT).

1.2. DIREITO INTERNACIONAL DO TRABALHO

- **OIT:** O Brasil é membro fundador da Organização Internacional do Trabalho – OIT, agência especializada da Organização das Nações Unidas e criada, em 1919, pelo Tratado de Versalhes. É composta por três órgãos: Conselho de Administração; Assembleia Geral (conferência internacional do trabalho); e Oficina (Bureau) Internacional do Trabalho (secretaria). Os pronunciamentos da Organização Internacional do Trabalho revestem-se da forma de Convenções ou Recomendações, classificados como tratados internacionais multilaterais.
- ***Lex loci executione:*** A Lei nº 7.064, de 06 de dezembro de 1982, garante aos trabalhadores da indústria da construção civil os direitos previstos pela legislação brasileira quando estiverem trabalhando no exterior, salvo se a legislação estrangeira for mais benéfica para o empregado. A Lei nº 11.962/09 alterou a redação do art. 1º da citada norma, determinando a sua aplicação em qualquer espécie de atividade empresarial. A incompatibilidade relativa entre o ordenamento jurídico interno e o Código de Bustamante levou o TST a cancelar a Súmula nº 207 que aplicava o princípio da *lex loci executione*.

1.3. PRESCRIÇÃO

- **Regra geral da prescrição:** Tratando-se de créditos trabalhistas, preconiza a Constituição Federal de 1988, em seu art. 7º, inciso XXIX, que o prazo prescricional será de cinco anos, até o limite de dois anos após a extinção do contrato de trabalho. A pretensão relacionada com a ação judicial para a anotação da CTPS, para fins de prova junto à Previdência Social, é imprescritível (§ 1º do art. 11 da CLT).
- **Marco inicial:** bienal, conta-se a partir da data da extinção do contrato de trabalho, inclusive levando-se em consideração o tempo do aviso-prévio, indenizado ou trabalhado. Quinquenal a partir do momento em que o direito se tornar exigível.
- **FGTS:** O entendimento Sumulado do TST era no sentido de que a prescrição só se operava depois de decorridos trinta anos, durante a vigência do contrato de trabalho, mantido prazo de dois anos após a sua extinção. Todavia, o STF determinou que fosse aplicado ao FGTS o mesmo prazo prescricional das

demais verbas trabalhistas, ou seja, cinco anos durante o contrato de trabalho e dois anos após a sua extinção (STF-ARE-709212/DF). Por conta disso, em 2015, o TST alterou a redação da Súmula nº 392, que passou a vigorar com o seguinte texto: I – Para os casos em que a ciência da lesão ocorreu a partir da 13.11.2014, é quinquenal a prescrição do direito de reclamar contra o não recolhimento de contribuição para o FGTS, observado o prazo de dois anos após o término do contrato; II – Para os casos em que o prazo prescricional já estava em curso em 13.11.2014, aplica-se o prazo prescricional que se consumar primeiro: trinta anos, contados do termo inicial, ou cinco anos, a partir de 13.11.2014.

- **Interrupção:** A reclamação trabalhista, ainda que arquivada, interrompe o prazo prescricional relativamente aos pedidos constantes da petição inicial. O ajuizamento do protesto judicial também interrompe o prazo prescricional. A ação movida por sindicato, na qualidade de substituto processual, interrompe a prescrição, ainda que tenha sido considerada parte ilegítima "ad causam".
- **Suspensão:** Suspende-se o prazo prescricional a partir da submissão da demanda trabalhista à comissão de conciliação prévia, recomeçando a fluir a partir da tentativa frustrada de conciliação ou do fim do decênio previsto para a realização desse ato. Contudo, a suspensão do contrato de trabalho, em virtude da percepção do auxílio-doença ou da aposentadoria por invalidez, não impede a fluência da prescrição quinquenal, ressalvada a hipótese de absoluta impossibilidade de acesso ao Judiciário. A Lei nº 14.010/20 determinou a suspensão da prescrição de 12.06.2020 a 30.10.2020
- **Alterações contratuais e prescrição:**

a) Na ação que objetive corrigir desvio funcional, a prescrição só alcança as diferenças salariais vencidas no período de cinco anos que precedeu o ajuizamento – prescrição parcial (TST. Súmula nº 275, I);

b) Tratando-se de pedido de diferença de gratificação semestral que teve seu valor congelado, a prescrição aplicável é a parcial (TST. Súmula nº 373);

c) Em se tratando de pedido de reenquadramento, a prescrição é total, contada da data do enquadramento do empregado (TST. Súmula nº 275, II);

d) Tratando-se de pretensão que envolva pedido de prestações sucessivas decorrente de alteração ou descumprimento do pactuado, a prescrição é total, exceto quando o direito à parcela esteja também assegurado por preceito de lei (§ 2º do art. 11 da CLT);

e) A alteração contratual consubstanciada na substituição dos avanços trienais por quinquênios decorre de ato único do empregador, momento em que começa a fluir o prazo fatal de prescrição – prescrição total (TST. SDI-1. OJ nº 76);

f) A supressão das comissões, ou a alteração quanto à forma ou ao percentual, em prejuízo do empregado, é suscetível de operar a prescrição total da ação, nos termos da Súmula nº 294 do TST, em virtude de cuidar-se de parcela não assegurada por preceito de lei (TST. SDI-1. OJ nº 175);

g) Embora haja previsão legal para o direito à hora extra, inexiste previsão para a incorporação ao salário do respectivo adicional, razão pela qual deve incidir a prescrição total (TST. SDI-1. OJ nº 242);

h) Aplicável a prescrição total sobre o direito de reclamar diferenças salariais resultantes de planos econômicos (TST. SDI-1. OJ nº 243);

I. Tratando-se de pedido de pagamento de diferenças salariais decorrentes da inobservância dos critérios de promoção estabelecidos em Plano de Cargos e Salários criado pela empresa, a prescrição aplicável é a parcial, pois a lesão é sucessiva e se renova mês a mês (TST. Súmula nº 452).

2. CONTRATO DE TRABALHO E RELAÇÃO DE EMPREGO

- Os contratos de trabalho devem, em regra, ser ajustados sem prazo pré-fixado.
- Os casos excepcionais devem estar previstos expressamente nas normas trabalhistas.
- O art. 243 da CF/88 prevê o confisco de imóveis rurais e urbanos, com sua destinação à reforma agrária e a programas de habitação popular, quando verificada a prática da exploração do trabalho escravo.
- Para fins de contratação, o empregador não exigirá do candidato a emprego comprovação de experiência prévia por tempo superior a seis meses no mesmo tipo de atividade.
- O empregador terá o prazo de cinco dias úteis para anotar na CTPS, em relação aos trabalhadores que admitir, a data de admissão, a remuneração e as condições especiais, sob pena de pagamento de multa de R$3.000,00 por empregado prejudicado e R$800,00 em caso de microempresa ou empresa de pequeno porte, acrescido de igual valor em caso de reincidência.

2.1. CONTRATOS POR PRAZO DETERMINADO

- **CLT. Requisitos:**

a) Serviço cuja natureza ou transitoriedade justifique a predeterminação do prazo (máximo 2 anos);

b) atividades empresariais de caráter transitório (máximo dois anos);

c) contrato a título de experiência (máximo de 90 dias), permitida uma única prorrogação, dentro desse prazo máximo;

d) Quando, tácita ou expressamente, for prorrogado mais de uma vez, passará a vigorar sem determinação de prazo;

e) Considera-se por prazo indeterminado todo contrato que suceder, dentro de seis meses, a outro contrato por prazo determinado, salvo se a expiração deste dependeu da execução de serviços especializados ou da realização de certos acontecimentos.

- **Lei nº 9.601/98. Requisitos:**

a) Previsão em acordo ou convenção coletiva de trabalho;

b) Tenha como objetivo admissões que representem acréscimo no número de empregados.

c) Temporário.

- **Contrato de trabalho temporário (Lei nº 6.019/74, alterada pelas Lei nº 13.429/17 e nº 13.467/2017):**

a) Conceito: Trabalho temporário é aquele prestado por pessoa física contratada por uma empresa de trabalho temporário que a coloca à disposição de uma empresa tomadora de serviços, para atender à necessidade de substituição transitória de pessoal permanente ou à demanda complementar de serviços, assim considerada aquela oriunda de fatores imprevisíveis ou, quando decorrente de fatores previsíveis, tenha natureza intermitente, periódica ou sazonal. Inclusive, o contrato de trabalho temporário pode versar sobre o desenvolvimento de atividades-meio e atividades-fim a serem executadas na empresa tomadora de serviços. O vínculo trabalhista do trabalhador temporário não se forma entre o cliente tomador dos serviços e o trabalhador, mas sim entre este e a empresa de trabalho temporário, que arcará com todos os direitos trabalhistas.

b) Sujeitos:

- Empresa de trabalho temporário: pessoa jurídica, devidamente registrada no antigo Ministério do Trabalho (hoje Secretaria Especial do Ministério da Economia), responsável pela colocação de trabalhadores à disposição de outras empresas temporariamente;
- Empresa tomadora dos serviços: é a pessoa jurídica ou entidade a ela equiparada que celebra contrato de prestação de trabalho temporário com a empresa de trabalho temporário;
- Empregado da empresa de trabalho temporário: é pessoa física contratada por uma empresa de trabalho temporário que a coloca à disposição de uma empresa tomadora de serviços.

c) Requisitos para funcionamento e registro perante a Secretaria Especial do Trabalho:

- Prova de inscrição no Cadastro Nacional da Pessoa Jurídica (CNPJ), do Ministério da Fazenda;
- Prova do competente registro na Junta Comercial da localidade em que tenha sede;
- Prova de possuir capital social de, no mínimo, R$ 100.000,00 (cem mil reais).

A empresa de trabalho temporário é obrigada a fornecer ao Departamento Nacional de Mão de Obra, quando solicitada, os elementos de informação julgados necessários ao estudo do mercado de trabalho.

d) Requisitos do contrato celebrado entre a tomadora e prestadora de serviços:

- Qualificação das partes;
- Motivo justificador da demanda de trabalho temporário;
- Prazo da prestação de serviços;
- Valor da prestação de serviços;
- Disposições sobre a segurança e a saúde do trabalhador, independentemente do local de realização do trabalho.

e) Requisitos do contrato de trabalho celebrado entre a prestadora de serviços e o trabalhador:

- Contrato escrito;
- Deverão constar, expressamente, os direitos conferidos aos trabalhadores temporários pela Lei nº 6.019/74;
- Eventual cláusula de reserva será considerada nula (proibição de contratação do trabalhador pela empresa tomadora ao fim do prazo do trabalho temporário).

f) Responsabilidade da tomadora em relação ao trabalhador:

- É responsabilidade da empresa contratante garantir as condições de segurança, higiene e salubridade dos trabalhadores, quando o trabalho for realizado em suas dependências ou em local por ela designado;
- A contratante estenderá ao trabalhador da empresa de trabalho temporário o mesmo atendimento médico, ambulatorial e de refeição destinado aos seus empregados, existente nas dependências da contratante, ou local por ela designado;

- A contratante é subsidiariamente responsável pelas obrigações trabalhistas referentes ao período em que ocorrer o trabalho temporário;
- A tomadora é obrigada a comunicar à empresa de trabalho temporário a ocorrência de todo acidente cuja vítima seja um assalariado posto à sua disposição, considerando-se local de trabalho, para efeito da legislação específica, tanto aquele onde se efetua a prestação do trabalho, quanto a sede da empresa de trabalho temporário;
- Na hipótese de falência da empresa de trabalho temporário, a tomadora é solidariamente responsável pelo recolhimento das contribuições previdenciárias, no tocante ao tempo em que o trabalhador esteve sob suas ordens, assim como em referência ao mesmo período, pela remuneração e indenização previstas na Lei nº 6.019/74;

g) Prazos:

- O contrato de trabalho temporário, com relação ao mesmo empregador, não poderá exceder ao prazo de cento e oitenta dias, consecutivos ou não;
- Pode ser prorrogado por até noventa dias, consecutivos ou não, quando comprovada a manutenção das condições que o ensejaram;
- Um novo contrato temporário com a mesma tomadora de serviços somente pode ser celebrado após noventa dias do término do contrato anterior, sob pena de configurar a relação de emprego com a tomadora.

h) Isonomia: assegura-se ao trabalhador temporário remuneração equivalente à percebida pelos empregados de mesma categoria da empresa tomadora, calculados à base horária

i) Finalidades: Destina-se a atender duas situações: 1) necessidade de substituição transitória de pessoal permanente ex. cobrir férias de empregados da tomadora; 2) ou à demanda complementar de serviços, isto é, aquela decorrente de fatores imprevisíveis (ex. um incêndio destrói toda a produção que tinha data para ser entregue ao cliente e então torna-se necessária a contratação de mais funcionários para novamente produzir os bens) ou, quando decorrente de fatores previsíveis, tenha natureza intermitente, periódica ou sazonal (ex. época de maior demanda, como natal).

j) Vedações: É proibida a contratação de trabalho temporário nos seguintes casos: 1) para a substituição de trabalhadores em greve, salvo nos casos previstos em lei; 2) contratação de estrangeiros com visto provisório de permanência no País.

l) Direitos dos empregados: FGTS; a remuneração equivalente à percebida pelos empregados da mesma categoria da empresa tomadora; jornada de oito horas; férias proporcionais; repouso semanal remunerado; adicional noturno; seguro contra acidente do trabalho; proteção previdenciária. Não há aviso prévio quando ocorrer a terminação do contrato de trabalho temporário por se tratar de contrato a termo. A indenização por dispensa sem justa causa ou término normal do contrato, correspondente a 1/12 (um doze avos) do pagamento recebido (artigo 12, *f*, da Lei nº 6.019/74), foi revogada porque foi substituída pelo FGTS (artigo 7º, III, da CF/88). Aplicam-se ao temporário as hipóteses de justa causa (art. 482) e de rescisão indireta (art. 483) previstas na CLT, ocorrentes entre o trabalhador e a empresa de trabalho temporário ou entre aquele e a empresa cliente onde estiver prestando serviço. É vedado à empresa do trabalho temporário cobrar do trabalhador qualquer importância, mesmo a título de mediação, podendo apenas efetuar os descontos previstos em Lei. Registrar-se-á na Carteira de Trabalho do empregado sua condição de temporário (art. 12, § 1º da Lei nº 6.019/74).

m) Contrato de experiência: é proibida a utilização do contrato de experiência para o trabalhador temporário contratado pela tomadora de serviços.

2.2. ELEMENTOS, CARACTERÍSTICA E NULIDADE DO CONTRATO DE TRABALHO

- **Elementos:** pessoalidade, não eventualidade, onerosidade e subordinação.
- **Características do contrato de trabalho:** típico, trato sucessivo, sinalagmático, oneroso, personalíssimo e informal.
- **Nulidade do contrato de trabalho:**

a) Celebrado por trabalhador menor de 16 anos, salvo na condição de aprendiz;

b) Com objeto ilícito (TST. SDI-1. OJ nº 199 – *jogo do bicho*), contrário à moral e os bons costumes ou juridicamente impossível;

c) Não observar a forma prescrita em lei, para os contratos especiais;

d) Quando a lei taxativamente o declarar nulo, ou proibir-lhe a prática, sem cominar sanção.

2.3. CONTRATO DE TRABALHO COM ADMINISTRAÇÃO PÚBLICA

- A investidura em emprego público depende de aprovação prévia em concurso público de provas ou de provas e títulos, de acordo com a natureza e a complexidade do emprego, ressalvadas as nomeações para cargo em comissão declarado em lei de livre nomeação e exoneração.

- A contratação de servidor público, após a CF/1988, sem prévia aprovação em concurso público, encontra óbice no respectivo art. 37, II e § 2º, somente lhe conferindo direito ao pagamento da contraprestação pactuada, em relação ao número de horas trabalhadas, respeitado o valor da hora do salário mínimo, e dos valores referentes aos depósitos do FGTS (Súm. 331, II e Súm. 363, ambas do TST).

A contratação irregular de trabalhador, mediante empresa interposta, não gera vínculo de emprego ente da Administração Pública.

- O STF firmou entendimento no RE 635546, com repercussão geral, que não é possível a equiparação de direitos trabalhistas entre terceirizados e empregados de empresa pública. Foi fixada a seguinte tese (Tema nº 383): "A equiparação de remuneração entre empregados da empresa tomadora de serviços e empregados da empresa contratada (terceirizada) fere o princípio da livre iniciativa, por se tratar de agentes econômicos distintos, que não podem estar sujeitos a decisões empresariais que não são suas".
- Essa decisão do STF impacta diretamente no entendimento até então consolidado na Oj nº 383 da SDI-1 do TST: "TERCEIRIZAÇÃO. EMPREGADOS DA EMPRESA PRESTADORA DE SERVIÇOS E DA TOMADORA. ISONOMIA. ART. 12, "A", DA LEI Nº 6.019, DE 03.01.1974. (mantida) – Res. 175/2011, DEJT divulgado em 27, 30 e 31.05.2011. A contratação irregular de trabalhador, mediante empresa interposta, não gera vínculo de emprego com ente da Administração Pública, não afastando, contudo, pelo princípio da isonomia, o direito dos empregados terceirizados às mesmas verbas trabalhistas legais e normativas asseguradas àqueles contratados pelo tomador dos serviços, desde que presente a igualdade de funções. Aplicação analógica do art. 12, "a", da Lei nº 6.019, de 03.01.1974."
- Exceto na hipótese de previsão contratual ou legal expressa, a opção do funcionário público pelo regime trabalhista implica a renúncia dos direitos inerentes ao regime estatutário.
- A nulidade da contratação sem concurso público, após a CF/88, bem como a limitação de seus efeitos, somente poderá ser declarada por ofensa ao art. 37, II, se invocado concomitantemente o seu § 2º, todos da CF/88.
- Somente por ofensa ao art. 37, II e § 2º, da CF/88, procede o pedido de rescisão de julgado para considerar nula a contratação, sem concurso público, de servidor, após a CF/88.
- O certame público posteriormente anulado equivale à contratação realizada sem a observância da exigência contida no art. 37, II, da Constituição Federal de 1988. Assim sendo, aplicam-se à hipótese os efeitos previstos na Súmula nº 363 do TST.
- O servidor público celetista da administração direta, autárquica ou fundacional é beneficiário da estabilidade prevista no art. 41 da CF/1988. Contudo, ao empregado de empresa pública ou de sociedade de economia mista, ainda que admitido mediante aprovação em concurso público, não é garantida a estabilidade prevista no art. 41 da CF/1988.
- A dispensa dos empregados das empresas públicas e das sociedades de economia mista não exige sequer ato motivado, salvo em relação a ECT, conforme entendimento do TST, exposto na OJ 247 da SDI-1 do TST e decisão do STF nos embargos de declaração em recurso extraordinário nº 589.998/PI.
- A despedida de empregados de empresa pública e de sociedade de economia mista, mesmo admitidos por concurso público, depende de ato motivado para sua validade, segundo entendimento do STF.

3. EMPREGADO E EMPREGADOR

3.1. EMPREGADOS ESPECIAIS E PROFISSÕES REGULAMENTADAS

- **Professor:**
  a) requisitos: o exercício remunerado do magistério em estabelecimentos particulares de ensino exige apenas a habilitação legal e registro no Ministério da Educação;
  b) remuneração: é aferida por mês e com base no número de aula ministradas por semana, multiplicando-se por 4,5;
  c) jornada: o professor poderá lecionar em um mesmo estabelecimento por mais de um turno, desde que não ultrapasse a jornada de trabalho semanal estabelecida legalmente, assegurado e não computado o intervalo para refeição (art. 318 da CLT).
- **Mãe social:**

  Conceito: A mãe social é uma empregada especial, pois o contrato de trabalho que lhe confere essa condição também é especial. O empregador da mãe social é a entidade sem fins lucrativos ou filantrópica e as atribuições dessa empregada especial encontram-se definidas no art. 4º, da Lei nº 7.644, de 18.12.1987.
- **Teletrabalhador:**

  Conceito: É o trabalhador que desenvolve seus serviços fora das dependências do empregador, de maneira preponderante ou não, com a utilização de tecnologias de informação e de comunicação, que, por sua natureza, não se configure como trabalho externo. O comparecimento, ainda que de modo habitual, às dependências do empregador para a realização de atividades específicas, que exijam a presença do empregado no estabelecimento, não descaracteriza o regime de teletrabalho ou trabalho remoto. São devidos ao teletrabalhador todos os demais direitos trabalhistas, tais como férias com 1/3, a folga semanal remunerada, o décimo terceiro salário, aviso prévio, licenças maternidade/paternidade e outros.

Requisitos: A prestação de serviços na modalidade de teletrabalho deverá constar expressamente do contrato individual de trabalho. É possível que o empregado possa migrar do regime presencial para o regime de teletrabalho, observados os seguintes requisitos: 1) mútuo consentimento entre empregado e empregador; 2) registrado em aditivo contratual. Também é possível a alteração do regime de teletrabalho para o presencial, observados os seguintes requisitos: 1) determinação do empregador; 2) prazo de transição mínimo 15 dias (observar um período adaptativo na nova modalidade de trabalho); 3) registrado em aditivo contratual.

Jornada: os teletrabalhadores que prestam serviços por produção ou tarefa não têm direito à remuneração pelas horas trabalhadas além das quarenta e quatro semanais, bem como ao adicional noturno, ao repouso semanal remunerado, aos intervalos intrajornada e interjornada (art. 62, III, CLT).

Despesas com a prestação de serviços: O contrato de trabalho é que irá especificar quem vai pagar pela aquisição e manutenção dos equipamentos e despesas do empregado na execução do seu trabalho, bem como as disposições relativas à responsabilidade pelo reembolso das despesas arcadas pelo empregado. As utilidades acima mencionadas não integram a remuneração do empregado. Note-se que o empregador não será responsável pelas despesas resultantes do retorno ao trabalho presencial, na hipótese do empregado optar pela realização do teletrabalho ou trabalho remoto fora da localidade prevista no contrato, salvo disposição em contrário estipulada entre as partes.

Segurança e medicina do trabalho: a responsabilidade do empregador é limitada a instruir os empregados, de maneira expressa e ostensiva, quanto às precauções a tomar a fim de evitar doenças e acidentes de trabalho (art. 75-E da CLT). Essa instrução deverá ser realizada mediante assinatura de termo de responsabilidade, em que o empregado se comprometa a seguir as instruções fornecidas pelo empregador.

Preferência pelo teletrabalho ou trabalho remoto: Os empregadores deverão conferir prioridade aos empregados com deficiência e aos empregados com filhos ou criança sob guarda judicial até quatro anos de idade na alocação em vagas para atividades que possam ser efetuadas por meio do teletrabalho ou trabalho remoto.

- **Empregado hipersuficiente:**

Conceito: Corresponde ao empregado, portador de diploma de nível superior e que perceba salário mensal igual ou superior a duas vezes o limite máximo dos benefícios da previdência social. As diferenças entre o trabalhador hipersuficiente e os demais trabalhadores é que o primeiro poderá negociar individualmente as suas condições contratuais, bem como poderá se submeter à arbitragem, mediante sua concordância expressa ou iniciativa própria. Os conceitos de hipersuficiente são diversos na hipótese de possibilidade de utilização da arbitragem como método de solução de conflitos (artigo 507-A da CLT), em relação à hipótese de liberdade de negociação das cláusulas contratuais (art. 444, parágrafo único da CLT). No caso previsto no artigo 507-A da CLT, para caracterizar o hipersuficiente, não é exigida a graduação universitária, bem como, fala-se em remuneração, ou seja, o complexo de verbas recebidas usualmente pelo empregado (salário, horas extras, adicionais, etc.), e não apenas em salário, conforme o artigo 444, parágrafo único da CLT.

- **Empregado doméstico:**

Conceito: é aquele que presta serviços de natureza contínua e de finalidade não lucrativa a pessoa ou a família, no âmbito residencial destas, por mais de dois dias por semana.

a) Direitos: a EC nº 72/2013 estendeu, sem igualar, vários direitos previstos na CF/88 aos domésticos, inclusive limitação de jornada e adicional de horas extras.

b) Doméstico x Diarista: O elemento componente da relação de emprego doméstico denominado de "continuidade" difere da não eventualidade, uma vez que, no primeiro caso, exige-se o labor em todos os dias da semana (salvo o repouso semanal remunerado), durante um lapso razoável de tempo e com certa habitualidade.

c) Aplicabilidade da CLT: A nova Lei Complementar nº 150/2015 acabou com a discussão doutrinária e jurisprudencial que existia, pois determinou a aplicação subsidiária da CLT para disciplinar a relação de emprego doméstica em caso de omissão nos seus dispositivos. Além disso, há referência expressa para aplicação de leis específicas que tratam do: repouso semanal remunerado, 13º salário, vale-transporte e seguro-desemprego. Assim, entende-se que houve revogação tácita do art. 7º, alínea "a" da CLT.

Principais diferenças entre a relação de emprego doméstica e a não doméstica:

a) Idade mínima para contratação: 18 anos doméstico – 16 anos não doméstico;

b) Adicional de 25% para o período laborado pelo doméstico em deslocamento para acompanhar o empregador;

c) Registro obrigatório de jornada de trabalho independente da quantidade de empregados domésticos prestando serviço à família. Para o empregador não doméstico essa regra só se aplica quando o estabelecimento possuir mais de 20 empregados;

d) Intervalo intrajornada para o empregado doméstico que reside no local de trabalho pode ser dividido em dois períodos, sendo que nenhum deles pode ser inferior a uma hora ou superior a quatro horas. Para o empregado não doméstico é possível, reduzir o intervalo intrajornada por negociação coletiva, garantido o mínimo de 30 minutos;

e) Quanto às férias, permite-se que o empregado doméstico goze o respectivo período no seu local de trabalho;

f) O empregador doméstico pode conceder o vale-transporte em dinheiro, o que é vedado pela legislação laboral para os demais empregados;

g) Os depósitos do FGTS correspondem a 11,2% do salário do empregado doméstico, sendo que 3,2% desse total se refere à eventual multa pela despedida sem justa causa;

h) Quanto ao seguro-desemprego, o benefício respectivo limita-se a três parcelas de no máximo um salário mínimo cada.

• **Trabalho da mulher**:

Fundamentos: tendo em vista o princípio constitucional da isonomia e a verificação da discriminação sofrida pelas mulheres no contexto laboral, o constituinte tratou de proteger o trabalho da mulher mediante incentivos específicos, conforme legislação regulamentadora. Principais regras de proteção do trabalho da mulher:

• É proibido o anúncio ou a recusa de emprego com referência a sexo, idade, cor ou estado familiar, salvo se a atividade, pela sua natureza, assim o exigir;

• É proibido submeter as empregadas a revistas íntimas (a doutrina estende a regra também aos empregados homens);

• É vedado empregar a mulher em serviço que demande o emprego de força muscular superior a 20 (vinte) quilos para o trabalho contínuo, ou 25 (vinte e cinco) quilos para o trabalho ocasional. Não está compreendido nesse comando legal a remoção de material feita por impulsão ou tração de vagonetes sobre trilhos, de carros de mão ou quaisquer aparelhos mecânicos;

• É proibida a discriminação em razão de casamento ou de estado de gravidez;

• É proibido exigir atestado ou exame, de qualquer natureza, para comprovação de esterilidade ou gravidez, na admissão ou permanência no emprego;

• É garantido à empregada, durante a gravidez, sem prejuízo do salário e demais direitos: I – transferência de função, quando as condições de saúde o exigirem, assegurada a retomada da função anteriormente exercida, logo após o retorno ao trabalho; II – dispensa do horário de trabalho pelo tempo necessário para a realização de, no mínimo, seis consultas médicas e demais exames complementares;

• Mediante atestado médico, à mulher grávida é facultado romper o compromisso resultante de qualquer contrato de trabalho, desde que este seja prejudicial à gestação;

• Em caso de aborto não criminoso, comprovado por atestado médico oficial, a mulher terá um repouso remunerado de 2 (duas) semanas, ficando-lhe assegurado o direito de retornar à função que ocupava antes de seu afastamento;

• Para amamentar o filho, inclusive se advindo de adoção, até que este complete 6 (seis) meses de idade, a mulher terá direito, durante a jornada de trabalho, a 2 (dois) descansos especiais, de meia hora cada um. Quando o exigir a saúde do filho, o período de 6 (seis) meses poderá ser dilatado, a critério da autoridade competente;

• Assegura-se à mulher em situação de violência doméstica e familiar, para preservar sua integridade física e psicológica, a manutenção do vínculo trabalhista, quando necessário o afastamento do local de trabalho, por até seis meses;

• Sem prejuízo de sua remuneração, nesta incluído o valor do adicional de insalubridade, a empregada deverá ser afastada de: atividades consideradas insalubres em qualquer grau enquanto durar a gestação e a lactação.

• Quando não for possível que a gestante ou a lactante afastada exerça suas atividades em local salubre na empresa, a hipótese será considerada como gravidez de risco e ensejará a percepção de salário-maternidade, durante todo o período de afastamento.

• **Portadores de necessidades especiais**:

O art. 93, da Lei nº 8.213/91, estabelece um sistema de cotas que obriga a contratação de trabalhadores deficientes nas empresas com mais de 100 empregados: "A empresa com 100 (cem) ou mais empregados está obrigada a preencher de 2% (dois por cento) a 5% (cinco por cento) dos seus cargos com beneficiários reabilitados ou pessoas portadoras de deficiência, habilitadas, na seguinte proporção: I – até 200 empregados, 2%; II – de 201 a 500, 3%; III – de 501 a 1.000, 4% IV – de 1.001 em diante, 5%".

• **Menor de 18 anos:**

O menor goza de privilégios que possam atender aos fins de proteção ao seu desenvolvimento, conforme destaques: • Proibido o trabalho no período noturno; • Proibido o trabalho considerado perigoso ou insalubre; • Proibido o trabalho como empregado ao menor de 16 (dezesseis) anos, exceto como aprendiz após os 14 anos; • Proibido o trabalho em ambiente prejudicial à moral e à saúde (casa de espetáculos, cinemas, boates); • Proibido a prorrogação de horas, exceto: 1) compensação semanal, com previsão em negociação coletiva; 2) em casos de força maior, desde que o trabalho do menor seja indispensável, e limitada a duração do trabalho a 12 horas diárias; • Proibido o trabalho em ruas, praças, logradouros, entre outros, sem autorização judicial; • Proibido o trabalho que demande força muscular superior a 20 quilos, se contínuo, ou 25 quilos, se ocasional; • Proibido discriminar salário em razão da idade; • Deve o empregador facilitar a mudança de função, quando esta for prejudicial ao desenvolvimento do menor; • O empregador deverá proporcionar tempo necessário para o menor frequentar as aulas; • O gozo das férias deverá coincidir com as férias escolares; • Quando o menor tiver mais de um emprego, as jornadas de trabalho serão somadas para fins de limitação da duração do trabalho; • Contra os menores de 18 anos não corre prazo prescricional. Ao responsável legal do menor ou autoridade competente é facultado pleitear a extinção do contrato de trabalho, desde que o serviço possa acarretar para ele prejuízos de ordem física ou moral (arts. 407 e 408, ambos da CLT). Cabe ao empregador facilitar a mudança de função do menor, sob pena de rescisão indireta do contrato de trabalho. Toda atividade do menor deve ser assistida pelo seu responsável, tais como, assinatura do contrato, processo de admissão, pedido de demissão, dispensa pelo empregador, advertência por escrito, rescisão de contrato, homologação, etc., com exceção à assinatura no recibo de pagamento.

- **Aprendiz:**

Conceito: é o trabalhador cujo contrato é de natureza especial por meio do qual o empregador se compromete a lhe assegurar formação técnico-profissional metódica, compatível com o seu desenvolvimento físico, moral e psicológico, e o aprendiz inscrito em programa de aprendizagem, a executar com zelo e diligência as tarefas necessárias a essa formação.

Requisitos de validade: forma escrita, prazo determinado, anotação na Carteira de Trabalho e Previdência Social, matrícula e frequência do aprendiz na escola, caso não haja concluído o ensino médio, e inscrição em programa de aprendizagem desenvolvido sob orientação de entidade qualificada em formação técnico-profissional metódica.

Prazo máximo: três anos, exceto (MP nº 1.116/22): a) quando se tratar de pessoa com deficiência, hipótese em que não há limite máximo de prazo; b) quando o aprendiz for contratado com idade entre quatorze e quinze anos incompletos, hipótese em que poderá ter seu contrato firmado pelo prazo de até quatro anos; ou c) quando o aprendiz se enquadrar nas situações previstas no § 5º do art. 429 da CLT, hipótese em que poderá ter seu contrato firmado pelo prazo de até quatro anos.

Prorrogação do prazo: por meio de aditivo contratual e anotação na CTPS, respeitado o prazo máximo de quatro anos, na hipótese de continuidade de itinerário formativo, conforme estabelecido em ato do Ministro de Estado do Trabalho e Previdência.

Limites de Idade: maior de 14 e menor de 24, sendo que esta última não se aplica: a) a pessoas com deficiência, que poderão ser contratadas como aprendizes em qualquer idade a partir de quatorze anos; ou b) a aprendizes inscritos em programas de aprendizagem profissional que envolvam o desempenho de atividades vedadas a menores de vinte e um anos de idade, os quais poderão ter até vinte e nove anos de idade (MP nº 1.116/2022).

- **Profissionais de salão de beleza:**

Os profissionais que trabalham em salões de beleza, tais como Cabeleireiro, Manicure, Pedicure, Esteticista, Depilador, Maquiador etc., podem prestar serviços sob a modalidade subordinada ou autônoma, ainda que no interior do respectivo empreendimento empresarial.

Requisitos de validade do contrato e cláusulas obrigatórias do contrato:

a) celebração por escrito;

b) homologação pelo sindicato da categoria profissional ou, na sua ausência, pelo Ministério do Trabalho e Emprego, com a assinatura de duas testemunhas;

c) cláusula estabelecendo o percentual da cota-parte que caberá a cada um dos contratantes;

d) cláusula prevendo a obrigação, por parte do salão-parceiro, de retenção e de recolhimento dos tributos e contribuições sociais e previdenciárias devidos pelo profissional-parceiro em decorrência da atividade deste na parceria

e) condições e periodicidade do pagamento do profissional-parceiro, por tipo de serviço oferecido;

f) direitos do profissional-parceiro quanto ao uso de bens materiais necessários ao desempenho das atividades profissionais, bem como sobre o acesso e circulação nas dependências do estabelecimento;

g) possibilidade de rescisão unilateral do contrato, no caso de não subsistir interesse na sua continuidade, mediante aviso prévio de, no mínimo, trinta dias;

h) responsabilidades de ambas as partes com a manutenção e higiene de materiais e equipamentos, das condições de funcionamento do negócio e do bom atendimento dos clientes;

i) obrigação, por parte do profissional-parceiro, de manutenção da regularidade de sua inscrição perante as autoridades fazendárias.

3.2. GRUPO ECONÔMICO, SUCESSÃO, SÓCIO-RETIRANTE, TERCEIRIZAÇÃO E EMPREITADA

- **Grupo econômico:** reunião de duas ou mais empresas que, mesmo cada uma possuindo personalidade jurídica própria, estejam sob direção, controle ou administração da outra (grupo econômico por subordinação ou horizontal), ou ainda quando, guardando cada uma sua autonomia (grupo econômico por coordenação ou vertical), mas integrando o mesmo grupo, são responsáveis solidariamente pelas obrigações decorrentes da relação de emprego.

- **Requisitos do grupo econômico:** Para a formação do grupo econômico, não é necessário que as empresas integrantes exerçam a mesma atividade econômica, contudo, é necessário que tenham finalidade econômica. Além da identidade de sócios, a caracterização do grupo econômico exige a presença de mais três requisitos: a) interesse integrado; b) efetiva comunhão de interesses; e c) atuação conjunta das empresas dele integrantes.

- **Efeitos do grupo econômico:** O grupo econômico gera a responsabilidade solidária entre as empresas integrantes. A existência de grupo econômico gera a formação de um único contrato de trabalho (responsabilidade solidária ativa). Dessa forma, se o empregado for contratado por uma das empresas, mas seu trabalho estiver sendo aproveitado pelas demais, terá um único contrato de trabalho, ou seja, sua carteira de trabalho não será assinada pelas duas empregadoras, mas apenas uma delas (teoria do empregador único).

- **Sucessão de empregado:** Ocorre a sucessão de empregadores (sucessão trabalhista) sempre que houver alteração no polo subjetivo da relação de emprego, seja pela alteração da propriedade da empresa (ex. sócio vende suas quotas), seja pela mudança de sua estrutura jurídica (ex. fusão).

- **Requisitos:** 1) alteração na estrutura jurídica ou na propriedade da empresa, a qualquer título (Ex.: incorporação de empresa, mudança de firma individual para sociedade); 2) continuidade da atividade empresarial de forma ininterrupta (Ex.: aquele que adquire uma loja deve continuar vendendo os produtos da loja). Não há necessidade de continuidade da prestação de serviços, pelo empregado, para caracterizar a sucessão. (art. 448-A da CLT).

- **Efeitos:** A sucessão trabalhista não altera os contratos de trabalho em vigor (Princípio da Despersonalização do Empregador). Portanto, o sucessor assume a responsabilidade pelos débitos trabalhistas do sucedido, inclusive de contratos já findos. Em regra, o sucedido não tem qualquer responsabilidade sobre os créditos trabalhistas anteriores à sucessão. Todavia, haverá responsabilidade solidária do sucedido na hipótese de fraude na transferência.

- **Sócio retirante:** É aquele que sai do quadro societário da pessoa jurídica, responde subsidiariamente pelas obrigações trabalhistas da sociedade relativas ao período em que figurou como sócio. Essa responsabilidade fica limitada às ações ajuizadas até dois anos depois de averbada a modificação do contrato, observada a seguinte ordem de preferência: I – a empresa devedora; II – os sócios atuais; e III – os sócios retirantes. Assim uma vez demandado em juízo, o sócio retirante pode alegar o benefício de ordem estabelecido no referido art. 10-A da CLT, qual seja: primeiro a empresa devedora, depois os sócios atuais e, por fim, os sócios retirantes. O sócio retirante responderá solidariamente com os demais quando ficar comprovada fraude na alteração societária decorrente da modificação do contrato. É o que pode ocorrer, por exemplo, se o sócio simular a venda das suas cotas para um "laranja", sabidamente insolvente ou que sirva apenas como um sócio aparente.

- **Terceirização**

a) **Conceito:** consiste no procedimento adotado pela empresa que transfere a outra a execução de uma parcela de sua atividade permanente ou esporádica, dentro ou além dos limites do seu estabelecimento, com a intenção de melhorar a sua competitividade, produtividade e capacidade lucrativa.

b) **Disciplinamento legal:** a terceirização encontra-se regulamentada no Brasil por meio da Lei nº 6.019/74, alterada pela Lei nº 13.429/17 e pela Lei nº 13.467/17.

c) **Sujeitos:**

– **Empresa prestadora de serviços a terceiros:** é a pessoa jurídica de direito privado destinada a prestar à contratante serviços determinados e específicos, por meio da contratação, remuneração e direção do trabalho realizado por seus trabalhadores ou pela subcontratação de outras empresas para realização desses serviços.

– **Contratante:** é a pessoa física ou jurídica que celebra contrato com empresa de prestação de serviços determinados e específicos.

– **Subprestadora:** é a pessoa física ou jurídica que eventualmente é contratada pela empresa prestadora de serviços para fornecer mão de obra para empresa contratante.

– **Empregado:** é o trabalhador contratado pela empresa prestadora de serviços a terceiros ou pela subprestadora para exercer suas atividades em benefício da contratante.

d) **Requisitos para funcionamento:**

– Prova de inscrição no Cadastro Nacional da Pessoa Jurídica (CNPJ);

– Registro na Junta Comercial;

– Capital social compatível com o número de empregados, observando-se os seguintes parâmetros: a) empresas com até dez empregados – capital mínimo de R$ 10.000,00 (dez mil reais); b) empresas com mais de dez e até vinte empregados – capital mínimo de R$ 25.000,00 (vinte e cinco mil reais); c) empresas com mais de vinte e até cinquenta empregados – capital mínimo de R$ 45.000,00 (quarenta e cinco mil reais); d) empresas com mais de cinquenta e até cem empregados – capital mínimo de R$ 100.000,00 (cem mil reais); e e) empresas com mais de cem empregados – capital mínimo de R$ 250.000,00 (duzentos e cinquenta mil reais).

e) **Requisitos do contrato celebrado entre a contratante e a prestadora de serviços:**

- Qualificação das partes;
- Especificação do serviço a ser prestado;
- Prazo para realização do serviço, quando for o caso;
- Valor.

f) **Responsabilidade da contratante em relação ao trabalhador:**

- Veda-se a utilização dos trabalhadores em atividades distintas daquelas que foram objeto do contrato com a empresa prestadora de serviços;
- Deve garantir as condições de segurança, higiene e salubridade dos trabalhadores, quando o trabalho for realizado em suas dependências ou local previamente convencionado em contrato.
- É subsidiariamente responsável pelas obrigações trabalhistas referentes ao período em que ocorrer a prestação de serviços, desde que haja participado da relação processual e conste também do título executivo judicial (art. 5º-A, §5º da Lei nº 6.019/74).
- A responsabilidade subsidiária do tomador de serviços abrange todas as verbas decorrentes da condenação referentes ao período da prestação laboral.
- Em caso de terceirização ilícita, tanto a empresa intermediadora quanto a empresa tomadora responderão de forma solidária pelos créditos trabalhistas. A responsabilidade solidária do tomador em caso de falência da prestadora de serviços somente se limita aos casos de trabalho temporário (artigo 16 da Lei nº 6.019/74).
- Poderá estender ao trabalhador da empresa de prestação de serviços o mesmo atendimento médico, ambulatorial e de refeição destinado aos seus empregados, existente nas dependências da contratante, ou local por ela designado.
- Não pode figurar como contratada, a pessoa jurídica cujos titulares ou sócios tenham, nos últimos dezoito meses, prestado serviços à contratante na qualidade de empregado ou trabalhador sem vínculo empregatício, exceto se os referidos titulares ou sócios forem aposentados.
- O empregado que for demitido não poderá prestar serviços para esta mesma empresa na qualidade de empregado de empresa prestadora de serviços antes do decurso do prazo de dezoito meses, contados a partir da demissão do empregado.

g) **Prazos:** não há fixação de prazo máximo para o contrato de trabalho ou para o contrato celebrado entre a Contratante e a empresa prestadora de serviços.

h) **Isonomia:** Ao contrário do que ocorre com o trabalho temporário, não é garantida expressamente a isonomia entre a remuneração percebida pelos empregados de mesma categoria da contratante.

i) **Terceirização da atividade-fim:** A terceirização em qualquer atividade econômica e inclusive na atividade-fim é expressamente permitida.

j) **Terceirização na Administração Pública:**

- A Administração Pública quando for tomadora de serviços também responderá subsidiariamente pelas verbas trabalhistas do empregado terceirizado, caso comprovada a sua conduta omissiva ou comissiva na fiscalização dos contratos terceirizados. Assim, a responsabilidade subsidiária da Administração Pública não decorre de mero inadimplemento das obrigações trabalhistas assumidas pela empresa regularmente contratada, sendo necessária a demonstração de sua culpa ou dolo na fiscalização dos contratos terceirizados (STF, RE 760.931). Em 12.12.2019, a SDI-1 do TST decidiu, em sessão plenária, que embora não haja responsabilidade automática da Administração Pública, em casos de contratação de empresas que inadimpliram verbas trabalhistas (em obediência ao que decidiu o STF), o encargo (ônus) probatório, para demonstrar que houve fiscalização do cumprimento dessas obrigações, é da Administração Pública, pelo princípio da aptidão de prova e contra a chamada "prova diabólica". Em dezembro de 2020, o Plenário do STF reconheceu a repercussão geral do tema tratado no Recurso Extraordinário (RE) 1298647 (Tema 1118), para discutir o ônus da prova para responsabilização de entes públicos em casos de terceirização. Até o fechamento desta edição, o RE ainda não havia sido julgado, mas é fundamental acompanhar o seu desdobramento.

– No caso da Administração Pública, caracterizada a terceirização ilícita, não há formação de vínculo direto com o tomador em razão da exigência constitucional de prévia aprovação em concurso público para a assunção de cargo/emprego público.

– O artigo 3º do Decreto nº 9.507/2018 trouxe o rol de atividades que não poderão ser objeto de execução indireta na administração pública federal direta, autárquica e fundacional, notadamente tratando de atividades estratégicas, de planejamento e de poder de polícia. Assim, é vedada a terceirização na administração pública federal direta, autárquica e fundacional dos seguintes serviços: I – que envolvam a tomada de decisão ou posicionamento institucional nas áreas de planejamento, coordenação, supervisão e controle; II – que sejam considerados estratégicos para o órgão ou a entidade, cuja terceirização possa colocar em risco o controle de processos e de conhecimentos e tecnologias; III – que estejam relacionados ao poder de polícia, de regulação, de outorga de serviços públicos e de aplicação de sanção; e IV – que sejam inerentes às categorias funcionais abrangidas pelo plano de cargos do órgão ou da entidade, exceto disposição legal em contrário ou quando se tratar de cargo extinto, total ou parcialmente, no âmbito do quadro geral de pessoal.

– Os serviços auxiliares, instrumentais ou acessórios dos serviços acima destacados poderão ser executados de forma indireta, vedada a transferência de responsabilidade para a realização de atos administrativos ou a tomada de decisão para o contratado.

– o artigo 4º do Decreto nº 9.507/2018 dispõe que nas empresas públicas e nas sociedades de economia mista controladas pela União, não serão objeto de execução indireta os serviços que demandem a utilização, pela contratada, de profissionais com atribuições inerentes às dos cargos integrantes de seus Planos de Cargos e Salários, exceto se contrariar os princípios administrativos da eficiência, da economicidade e da razoabilidade, tais como na ocorrência de, ao menos, uma das seguintes hipóteses: I – caráter temporário do serviço; II – incremento temporário do volume de serviços; III – atualização de tecnologia ou especialização de serviço, quando for mais atual e segura, que reduzem o custo ou for menos prejudicial ao meio ambiente; ou IV – impossibilidade de competir no mercado concorrencial em que se insere. Não se aplica essa vedação acima quando se tratar de cargo extinto ou em processo de extinção.

– O Conselho de Administração ou órgão equivalente das empresas públicas e das sociedades de economia mista controladas pela União estabelecerá o conjunto de atividades que serão passíveis de execução indireta, mediante contratação de serviços.

• **Empreitada:**

a) **Conceito** ocorre quando alguém (dono da obra) contrata outra empresa (empreiteira) para a execução de obras de construção civil. Não está se contratando a prestação de serviços em si, mas sim, uma obrigação de resultado, qual seja, a entrega de uma determinada obra.

b) **Efeitos trabalhistas:** De acordo com o entendimento contido na OJ 191 da SDI-1 do TST, o dono da obra não tem qualquer responsabilidade (solidária ou subsidiária) sobre os créditos trabalhistas do empregado do empreiteiro ou do subempreiteiro, salvo se o dono da obra for uma empresa construtora ou incorporadora. No caso de construtora ou incorporadora, o trabalho do empregado se amolda exatamente ao objeto social dessas empresas, razão pela qual a responsabilidade delas será solidária.

c) **Teses jurídicas aprovadas pelo TST (IRR-190-53.2015.5.03.0090):**

– A exclusão de responsabilidade solidária ou subsidiária por obrigação trabalhista a que se refere a Orientação Jurisprudencial 191 da SDI-1 do TST não se restringe à pessoa física ou micro e pequenas empresas, compreende igualmente empresas de médio e grande porte e entes públicos;

– A excepcional responsabilidade por obrigações trabalhistas prevista na parte final da Orientação Jurisprudencial 191, por aplicação analógica do artigo 455 da CLT, alcança os casos em que o dono da obra de construção civil é construtor ou incorporador e, portanto, desenvolve a mesma atividade econômica do empreiteiro;

– Não é compatível com a diretriz sufragada na Orientação Jurisprudencial 191 da SDI-1 do TST jurisprudência de Tribunal Regional do Trabalho que amplia a responsabilidade trabalhista do dono da obra, excepcionando apenas "a pessoa física ou micro e pequenas empresas, na forma da lei, que não exerçam atividade econômica vinculada ao objeto contratado";

– Exceto ente público da Administração Direta e Indireta, se houver inadimplemento das obrigações trabalhistas contraídas por empreiteiro que contratar, sem idoneidade econômico-financeira, o dono da obra responderá subsidiariamente por tais obrigações, em face de aplicação analógica do artigo 455 da CLT e culpa in eligendo.

- **Subempreitada**:

a) **Conceito:** se verifica quando a empresa de construção civil (empreiteira), contratada pelo dono da obra, contrata outra empresa (subempreiteira) para a realização da construção.

b) **Efeitos trabalhistas:** O empregado do subempreiteiro pode cobrar créditos trabalhistas em face deste último. Atualmente prevalece o entendimento de que essa responsabilidade é subsidiária. Em outras palavras, o devedor principal é o subempreiteiro, sendo que, em caso de impossibilidade de execução deste, a responsabilidade subsidiária recairá sobre o empreiteiro, desde que tenha sido incluído no polo passivo da demanda (art. 455 da CLT).

4. REMUNERAÇÃO

4.1. REMUNERAÇÃO, SALÁRIO E GORJETA

- **Salário:** Salário é toda contraprestação ou vantagem, concedida em pecúnia ou em utilidade, paga diretamente pelo empregador ao empregado, em virtude do contrato de trabalho. As principais parcelas salariais são: salário-base, adicionais em geral, décimo terceiro salário e comissões.
- **Remuneração:** Remuneração é a soma dos pagamentos diretos (feitos pelo empregador) e dos indiretos (feitos por terceiros) ao empregado, em virtude do contrato de trabalho.
- **Gorjeta:** Considera-se gorjeta não só a importância espontaneamente dada pelo cliente ao empregado, como também o valor cobrado pela empresa, como serviço ou adicional, a qualquer título, e destinado à distribuição aos empregados. É o exemplo mais comum de pagamento indireto (realizado por pessoa diversa do empregador) e sua natureza é remuneratória. As gorjetas têm como características:

a) 1) não integram a base de cálculo das parcelas baseadas no salário como aviso prévio, adicional noturno, horas extras e o DSR, conforme Súm. 354 do TST;

b) b) não integram a composição do salário mínimo;

c) c) integram a base de cálculo de parcelas baseadas na remuneração como FGTS (art. 15 da Lei nº 8.036/1990), férias (art. 142 da CLT), 13º salário (art. 1º da Lei nº 4.090/1962), contribuições previdenciárias (art. 21 da Lei 8.212/91) e imposto de renda (Lei nº 4.506/64, arts. 14 e 16, II).

- **Salário mínimo**: é a contraprestação mínima fixada em lei, devida e paga diretamente pelo empregador a todo trabalhador. Suas principais características são:

a) Nacionalidade, no que diz respeito à unificação do seu respectivo valor em todo território nacional;

b) Necessidade de reajustamentos periódicos, com vistas a manter o seu poder de compra real;

c) Legalidade, fixado por lei;

d) Não vinculável: não pode ser usado como indexador, inclusive para efeito de cálculo do adicional de insalubridade.

- **Pagamento do salário:** qualquer que seja a modalidade do trabalho, não deve ser estipulado por período superior a um mês, salvo no que concerne a comissões, percentagens e gratificações. Quando o pagamento houver sido estipulado por mês, deverá ser efetuado, o mais tardar, até o quinto dia útil do mês subsequente ao vencido, exceto em relação às comissões e percentagens, que só são exigíveis depois de ultimada a transação a que se referem.
- **Componentes salariais:** integram o salário, não só a importância fixa estipulada, como também as gratificações legais e as comissões pagas pelo empregador. O STF decidiu (Tema nº 985) que o terço constitucional de férias tem natureza salarial, incidindo a contribuição previdenciária.
- **Verbas de natureza indenizatória**: As importâncias, ainda que habituais, pagas a título de ajuda de custo, auxílio-alimentação, vedado seu pagamento em dinheiro, diárias para viagem, prêmios e abonos não integram a remuneração do empregado, não se incorporam ao contrato de trabalho e não constituem base de incidência de qualquer encargo trabalhista e previdenciário. O Salário-família e a Participação nos lucros e resultados – PLR também têm natureza indenizatória.
- **13° salário:** gratificação anual devida à razão de 1/12 do salário para cada mês trabalhado ou fração igual ou superior a 15 dias de trabalho, sendo que a primeira parcela deve ser paga entre 01 de fevereiro e 30 de novembro ou por ocasião do gozo das férias do empregado, mediante seu requerimento. Já a segunda parcela deverá ser quitada até o dia 20 de dezembro.
- **SALÁRIO UTILIDADE OU SALÁRIO "IN NATURA"**

a) **Conceito:** O salário-utilidade ou *in natura* é uma benesse fornecida ao empregado pelo trabalho (caráter retributivo) e não para o trabalho (instrumento). Trata-se de uma vantagem concedida ao empregado como remuneração pelo seu trabalho.

b) **Requisitos:** Para a caracterização do salário *in natura*, também denominado de salário-utilidade é necessária a presença dos seguintes requisitos: habitualidade e caráter contraprestativo. A habitualidade significa que o pagamento deve ser constante, de forma repetida. Já o caráter contraprestativo significa que o salário-utilidade deve se caracterizar pela intenção de remunerar o empregado e não quando aquele benefício é necessário para o próprio desempenho dos serviços. Um exemplo é quando o empregador fornece alojamento para o empregado porque seria inviável fisicamente o transporte diário do empregado para o local de trabalho. É diferente da situação em que o empregador fornece moradia como um plus, uma forma de também remunerar o empregado pelo trabalho. Nesse último caso estaria configurado o salário-utilidade.

c) **Vedações:** Além do cigarro (Súmula 367, II, do TST), da bebida alcoólica e drogas nocivas (art. 458, caput, CLT), o § 2º do art. 458 traz um rol de vantagens que, por força da lei, não podem ser reconhecidas como sendo salário-utilidade ou in natura, quais sejam: "I – Vestuários, equipamentos e outros acessórios fornecidos aos empregados e utilizados no local de trabalho, para a prestação do serviço; II – educação, em estabelecimento de ensino próprio ou de terceiros, compreendendo os valores relativos a matrícula, mensalidade, anuidade, livros e material didático; III – transporte destinado ao deslocamento para o trabalho e retorno, em percurso servido ou não por transporte público; IV – assistência médica, hospitalar e odontológica, prestada diretamente ou mediante seguro-saúde; V – seguros de vida e de acidentes pessoais; VI – previdência privada; VIII – o valor correspondente ao vale-cultura".

d) **Limitações:** O salário-utilidade ou in natura do trabalhador urbano é limitado a 25% para a habitação e 20% para a alimentação, observado o salário contratual e limitado ao valor real da utilidade. Para o trabalhador rural é o inverso: 20% para a habitação e 25% para a alimentação e observado o salário mínimo. A habitação, a energia elétrica e veículo fornecidos pelo empregador ao empregado, quando indispensáveis para a realização do trabalho, não têm natureza salarial, ainda que, no caso de veículo, seja ele utilizado pelo empregado também em atividades particulares.

4.2. INSALUBRIDADE, PERICULOSIDADE E ADICIONAIS

- **Adicional de periculosidade e insalubridade:** Não basta a constatação da insalubridade (10%, 20% ou 40% sobre o salário mínimo) ou periculosidade (30% sobre o salário base) por meio de laudo pericial para que o empregado tenha direito ao respectivo adicional, sendo necessária a classificação da atividade insalubre ou perigosa na relação oficial elaborada pelo Ministério do Trabalho:

a) Prorrogação de jornada em atividade insalubre: só poderão ser acordadas mediante licença prévia das autoridades competentes em matéria de higiene do trabalho, as quais, para esse efeito, procederão aos necessários exames locais e à verificação dos métodos e processos de trabalho, quer diretamente, quer por intermédio de autoridades sanitárias federais, estaduais e municipais, com quem entrarão em entendimento para tal fim. Não se exige exigência de licença prévia na adoção de jornada 12 x 36 em atividade insalubre.

b) São consideradas perigosas as atividades de trabalhador em motocicleta, bem como todas as atividades que, por sua natureza ou métodos de trabalho, impliquem risco acentuado em virtude de exposição permanente do trabalhador a: 1) inflamáveis, explosivos ou energia elétrica; 2) roubos ou outras espécies de violência física nas atividades profissionais de segurança pessoal ou patrimonial (art. 193, I e II e § 4º da CLT).

- **Adicional noturno:** é 20% para o trabalhador urbano (das 22 às 5 horas) incidente sobre a hora ficta de 52 minutos e 30 segundos e de 25% sobre a hora normal de 60 minutos para o trabalhador rural (das 20 às 4 horas para a pecuária e das 21 às 5 horas para agricultura).

4.3. EQUIPARAÇÃO SALARIAL

Conceito: é a figura jurídica mediante a qual se assegura ao trabalhador idêntico salário ao do colega (paradigma) perante o qual tenha exercido simultaneamente, função idêntica no mesmo estabelecimento, para o mesmo empregador.

Substituição: quando o empregado substitui seu colega de trabalho (nas férias por exemplo), terá direito ao mesmo salário do substituído, desde que essa substituição não seja meramente eventual . A substituição meramente eventual não gera o direito à percepção do mesmo salário do substituído.

- **Requisitos da equiparação salarial:**

a) **Identidade de função:** Ambos os empregados (paradigma e paragonado) devem exercer idêntica função na empresa, inclusive função de confiança ou função intelectual. Função é um conjunto de tarefas que se reúnem em um todo unitário. Não interessa a denominação do cargo, e sim a função efetivamente exercida pelos empregados. Não basta a mera semelhança, é necessária a total identidade na função desempenhada pelo paradigma e paragonado.

b) **Identidade de empregador:** O empregador do paradigma e do paragonado deve ser o mesmo.

c) **Identidade de estabelecimento:** Para que haja a equiparação salarial é necessário que os empregados trabalhem no mesmo estabelecimento.

d) **Simultaneidade no exercício da função:** Conforme a jurisprudência predominante, a equiparação somente faz sentido se os empregados trabalharam juntos em uma mesma época por pelo menos 30 dias. Não é necessário que na época que o empregado entrar com a ação trabalhista, ele e o paradigma ainda estejam trabalhando, se em algum momento ambos trabalharam juntos por pelo menos 30 dias.

- **Fatos que afastam a equiparação salarial por identidade:** O empregado tem o ônus de provar os requisitos da equiparação salarial, expostos nos subitens anteriores. Por outro lado, o empregador deve provar qualquer fato impeditivo, modificativo ou extintivo do direito à equiparação, quais sejam:

a) **Diferença de perfeição técnica (aspecto qualitativo):** Se há diferença de perfeição técnica entre o trabalho desenvolvido pelo paradigma e pelo paragonado não há direito à equiparação salarial. Apesar da grande dificuldade na prova desse fato, a jurisprudência tem aceitado como indício para tal comprovação, a demonstração de maior qualificação técnico-profissional do paradigma, como por exemplo, a maior experiência anterior na função.

b) **Diferença de produtividade (aspecto quantitativo):** Não se caracteriza a equiparação salarial se o paradigma tiver maior produtividade (produção relativa em determinada unidade de tempo) que o paragonado.

c) **Diferença de tempo na função não superior a dois anos e diferença de tempo no emprego não superior a quatro anos:** Paradigma e paragonado não podem ter diferença de tempo de serviço na função (e não na empresa) maior que dois anos. A Lei da Reforma Trabalhista também acrescentou a exigência de que a diferença de tempo no emprego entre os empregados comparados não seja superior a quatro anos. Assim, a equiparação ficará afastada se o modelo exercer a função há mais de dois ou se o modelo trabalhar para o mesmo empregador há mais de quatro anos em relação ao equiparando.

d) **Existência de quadro de carreira ou plano de cargos e salários:** Se a empresa possui quadro de carreira ou plano de cargos e salários não há direito à equiparação salarial. Isso porque, neste caso, o próprio empregador estabeleceu mecanismo de não discriminação entre os empregados.

- **Equiparação em Sociedade de economia mista:** não se aplica a vedação à equiparação prevista no art. 37, XIII, da CF/1988, pois, ao admitir empregados sob o regime da CLT, equipara-se a empregador privado, conforme disposto no art. 173, § 1º, II, da CF/1988.

4.4. PROTEÇÃO AO SALÁRIO

- **Princípio da irredutibilidade salarial (art. 7º, VI, CF/88):** É vedada a redução do salário nominal pelo empregador. Observe-se que não há garantia para a manutenção do salário real do empregado, isto é, o poder aquisitivo do salário, mas sim garantia para o salário nominal. A irredutibilidade salarial apresenta duas exceções:

a) **autorização por negociação coletiva:** O § 3º do artigo 611-A da CLT prevê a garantia de emprego em contrapartida à redução salarial por negociação coletiva. Dessa forma, se for pactuada cláusula com previsão de redução salarial, a norma coletiva também deverá prever a proteção dos empregados contra dispensa imotivada durante o prazo de vigência do instrumento coletivo.

b) **não se aplica para parcelas de salário-condição**: aquelas pagas em virtude de determinada condição mais gravosa (adicionais em geral) ou mesmo circunstância temporária (exemplo: gratificação por exercício de cargo de confiança). Se cessada a condição que gera o pagamento daquela parcela, ela poderá ser suprimida. É vedada qualquer possibilidade de a gratificação de função incorporar ao salário quando o empregado deixar de exercer o cargo de confiança, independentemente do tempo de serviço na função (art. 468, §2º, da CLT).

- **Descontos salariais:** Em regra, são vedados descontos no salário do empregado, exceto:

a) **previsão legal ou contrato coletivo**

b) **adiantamentos**

c) **dano doloso:** quando o empregado pratica um dano ao empregador de forma intencional;

d) **dano culposo**: desde que autorizado pelo empregado. Quando o dano praticado pelo empregado acontecer por culpa (imperícia, imprudência ou desídia), o desconto salarial somente será permitido mediante autorização expressa do empregado;

e) **descontos salariais com a autorização prévia e por escrito do empregado**: para ser integrado em planos de assistência odontológica, médico-hospitalar, de seguro, de previdência privada, ou de entidade cooperativa, cultural ou recreativo-associativa de seus trabalhadores, em seu benefício e de seus dependentes, salvo se ficar demonstrada a existência de coação ou de outro defeito que vicie o ato jurídico. Em se tratando de motorista profissional, este não responderá perante o empregador por prejuízo patrimonial decorrente da ação de terceiro, ressalvado o dolo ou a desídia do motorista, nesses casos mediante comprovação, no cumprimento de suas funções (art. 2º, V, "a", da Lei nº 13.103/2015).

- **Descontos salariais para domésticos:** No caso dos domésticos, é vedado o desconto por fornecimento de alimentação, vestuário, higiene ou moradia, bem como por despesas com transporte, hospedagem e alimentação em caso de acompanhamento em viagem. Para os domésticos, poderão ser efetuados os seguintes descontos:

a) **adiantamento salarial**

b) **mediante acordo escrito entre as partes:** para a inclusão do empregado em planos de assistência médico-hospitalar e odontológica, de seguro e de previdência privada, não podendo a dedução ultrapassar 20% (vinte por cento) do salário;

c) **despesas com moradia:** quando essa se referir a local diverso da residência em que ocorrer a prestação de serviço, desde que essa possibilidade tenha sido expressamente acordada entre as partes

- **Descontos salariais para empregado rural:** No caso do empregado rural, salvo as hipóteses de determinação legal ou decisão judicial, só poderão ser descontadas as seguintes parcelas, calculadas sobre o salário mínimo, mediante prévia autorização, sob pena de nulidade (art. 9º da Lei nº 5.889/73): a) até 20% pela ocupação da morada (divididos proporcionalmente entre os empregados no caso de moradia coletiva); b) até 25% pelo fornecimento de alimentação sadia e farta; c) adiantamentos em dinheiro.

5. JORNADA DE TRABALHO E DESCANSOS

5.1. DURAÇÃO DO TRABALHO

- **Conceito**: A duração do trabalho corresponde ao lapso temporal de trabalho ou disponibilidade do empregado perante seu empregador, em virtude do contrato. A duração do trabalho pode ser mensurada por diversos parâmetros, tais como dia (duração diária ou jornada), semana (duração semanal), mês (duração mensal) e ano (duração anual). O tempo de deslocamento da residência do empregado ao local de prestação de serviços e vice-versa (denominadas horas de trajeto ou horas *in itinere*) não integra mais a jornada de trabalho (art. 58, §2º, da CLT).

- **Exclusão dos direitos relativos à duração do trabalho:** nem todos os empregados encontram-se protegidos pelas regras legais que tratam da duração do trabalho, incluindo as horas extraordinárias. Estão excluídos dessa proteção: a) os empregados que exercem atividade externa incompatível com a fixação de horário de trabalho; b) os gerentes, assim considerados os exercentes de cargos de gestão, aos quais se equiparam os diretores e chefes de departamento ou filial; e c) os empregados em regime de teletrabalho que prestam serviço por produção ou tarefa.

- **Limites**: Conforme o art. 7º, XII, da CF/88, a jornada máxima será de oito horas diárias e quarenta e quatro horas **semanais.** Todo trabalho realizado além desses limites é considerado extraordinário, desde que não regularmente compensado. Embora a Constituição Federal tenha imposto uma limitação máxima para a jornada, a lei pode estabelecer condições mais benéficas ao trabalhador e adequadas às peculiaridades da atividade desenvolvida, como destacamos a seguir:

a) **Advogado** – 4 horas diárias, 20 horas semanais, salvo negociação coletiva ou dedicação exclusiva;

b) **Engenheiros e médicos** – 8 horas;

c) **Jornalistas** – 5 horas, podendo ser prorrogada até 7 horas, mediante acordo escrito;

d) **Operador cinematográfico** – 6 horas;

e) **Minas de subsolo** – 6 horas diárias e 36 horas semanais;

f) **Telefonistas** – 6 horas diárias e 36 horas semanais, aplicando--se extensivamente aos operadores de telemarketing (jurisprudência atual). Não se aplica aos operadores de telex;

g) **Artistas profissionais** – 6 horas diárias, 30 horas semanais;

h) **Músicos** – 5 horas diárias, computado o tempo destinado aos ensaios, e não poderá exceder 6 horas nos estabelecimentos de diversões públicas onde atuem dois ou mais conjuntos, ou sete horas nos casos de força maior ou de festejos populares e serviço reclamado pelo interesse nacional;

i) **Técnicos em radiologia** – 24 horas semanais;

j) **Bancários** – 6 horas diárias e 30 horas semanais; 8 horas diárias para o detentor de funções de direção, gerência, fiscalização, chefia e equivalentes ou que desempenhem outros cargos de confiança desde que o valor da gratificação não seja inferior a um terço do salário do cargo efetivo.

- **Turnos ininterruptos de revezamento:** o trabalho em turno ininterrupto de revezamento é aquele em que o trabalhador exerce suas atividades em sistema de alternância de turnos (exemplo: em uma semana trabalha durante o dia e na outra durante a noite). O turno ininterrupto de revezamento se verifica ainda que o trabalho se dê apenas em dois turnos de trabalho, que compreendam, no todo ou em parte, o horário diurno e o noturno, sendo irrelevante que a atividade da empresa se desenvolva de forma ininterrupta. Nessas situações, o trabalhador é submetido à alternância de horário prejudicial à saúde e, portanto, sua jornada será de 6h, no máximo, podendo ser ampliada para 8h, mediante negociação coletiva. A interrupção do trabalho destinada a repouso e alimentação, dentro de cada turno, ou o intervalo para repouso semanal, não descaracteriza o turno de revezamento com jornada de 6 (seis) horas previsto no art. 7º, XIV, da CF/1988.

- **Jornada 12 x 36 horas:** o art. 59-A da CLT, introduzido pela Lei da Reforma Trabalhista, trouxe a expressa previsão da instituição da jornada de 12 x 36 (12 horas de trabalho seguidas de 36 horas de descanso), através de negociação coletiva e também mediante acordo individual escrito. Também se aplica o regime de 12 x 36 aos domésticos, mediante acordo escrito, observados ou indenizados os intervalos para repouso e alimentação.
- **Jornada Noturna:** é devido o adicional mínimo de 20% para o trabalhador urbano durante o horário noturno (22h às 5h). A hora noturna para o trabalhador urbano é reduzida para 52 minutos e 30 segundos para cada 60 minutos diurnos (hora ficta noturna). Dessa forma, o empregado trabalha, na prática, apenas 7h à noite (52'30"x 8=420"=7h). Essas mesmas regras se aplicam ao doméstico. A única ressalva é a de que, quando o empregado for contratado exclusivamente para trabalho noturno, o adicional será calculado sobre o salário constante da CTPS. Quando houver prorrogação de jornada noturna, isto é, o empregado trabalha durante o horário noturno e continua trabalhando após as 5h, às horas trabalhadas depois de 5h também serão remuneradas com o adicional e calculadas à luz da hora ficta noturna. Não existe prorrogação de jornada noturna no regime 12 X 36, inclusive quando adotado esse regime para domésticos.
- **Jornada Noturna do rural:** existem algumas especificidades no tocante ao trabalho noturno:
  a) adicional noturno de 25%;
  b) não existe hora noturna reduzida;
  c) horário noturno na pecuária: 20h às 4h, horário noturno na lavoura: 21h às 5h.
- **Adicional noturno como base de cálculo de outras parcelas:** integra a base de cálculo das horas extras prestadas no período noturno, de forma que o adicional noturno é somado à hora normal e, depois, é calculado o adicional de horas extras. O adicional de periculosidade deve compor a base de cálculo do adicional noturno, já que também neste horário o trabalhador permanece sob as condições de risco.
- **Jornada Controlada:** a regra é que a prestação de serviços seja submetida a efetivo controle do empregador. Se o estabelecimento possuir mais de 20 empregados, é obrigatória a anotação da entrada e saída, em registro manual, mecânico ou eletrônico. Os intervalos intrajornadas podem ser pré-assinalados. Nessas situações, se o empregador não apresenta o registro de ponto do empregado ou se apresenta pontos britânicos (marcação uniforme em todos os dias), atrai para si ônus de comprovar o horário de trabalho do empregado, sob pena de se presumir verdadeiro o horário declinado pelo trabalhador no processo. Não serão descontadas nem computadas como jornada extraordinária as variações de horário no registro de ponto não excedentes de 05 (cinco) minutos, observado o limite máximo de 10 (dez) minutos diários.
  a) **Motorista profissional:** em se tratando de motorista profissional, a jornada deve ser controlada e registrada de maneira fidedigna mediante anotação em diário de bordo, papeleta ou ficha de trabalho externo, ou sistema e meios eletrônicos instalados nos veículos, a escolha do empregador (art. 2º, "b", da Lei nº 13.103/2015).
  b) **Empregado doméstico:** é obrigatório o registro do horário de trabalho por qualquer meio manual, mecânico ou eletrônico, desde que idôneo. Caso o empregado doméstico resida no local de trabalho, o período de intervalo intrajornada poderá ser desmembrado em 2 (dois) períodos, desde que cada um deles tenha, no mínimo, 1 (uma) hora, até o limite de 4 (quatro) horas ao dia. Neste caso, a anotação do intervalo deverá ser efetuada no registro diário de horário, vedada sua prenotação (art. 13, § 2º).
- **Tempo à disposição:** por esse critério, considera-se incluído na jornada o tempo à disposição do empregador no centro de trabalho, independentemente de ocorrer ou não a efetiva prestação de serviços. Tal critério é adotado pela CLT que considera como de serviço efetivo o período em que o empregado esteja à disposição do empregador, aguardando ou executando ordens, salvo disposição especial expressamente consignada (art. 4º, caput, da CLT). O § 2º do artigo 4º da CLT, introduzido pela Reforma Trabalhista, determina que não será considerado como tempo à disposição, ainda que ultrapassado o limite de 5 minutos, o período quando o empregado, por escolha própria, buscar proteção pessoal, em caso de insegurança nas vias públicas ou más condições climáticas, bem como adentrar ou permanecer nas dependências da empresa para exercer atividades particulares, entre outras: I – práticas religiosas; II – descanso; III – lazer; IV – estudo; V – alimentação; VI – atividades de relacionamento social; VII – higiene pessoal; VIII – troca de roupa ou uniforme, quando não houver obrigatoriedade de realizar a troca na empresa.
- **Tempo de prontidão:** o tempo de prontidão corresponde ao período de tempo em que o empregado ferroviário fica nas dependências da empresa ou via férrea respectiva, aguardando ordens. O empregado não está efetivamente trabalhando, mas está fora de sua residência, nas dependências do estabelecimento empresarial, tendo sua disponibilidade pessoal restringida. Por essa razão, o ordenamento jurídico entende que este tempo integra o tempo de serviço do empregado e será remunerado à base de 2/3 do salário hora normal. O limite legal é de 12 horas de prontidão. No caso dos aeronautas, o tempo de prontidão é chamado de reserva, sendo remunerado como hora normal de trabalho (art. 44, §1º da Lei nº da Lei nº 13.475/17). Considera-se reserva o tempo que o aeronauta permanece no local de trabalho à disposição do empregador.

- **Tempo de sobreaviso:** O tempo de sobreaviso refere-se ao período em que o ferroviário permanece em sua própria casa, aguardando a qualquer momento o chamado para o serviço. Nessa situação, o empregado também tem restrição a sua disponibilidade pessoal, mas ela é menor porque o trabalhador permanece em casa. Por essa razão, o ordenamento jurídico entende que este tempo integra o tempo de serviço do empregado e será remunerado à base de 1/3 do salário hora normal. O limite legal é de 24 horas de sobreaviso. Conforme o TST aplica-se analogicamente o regime de sobreaviso nas situações em que qualquer empregado (mesmo não sendo ferroviário), à distância e submetido a controle patronal por instrumentos telemáticos ou informatizados, permaneça em regime de plantão ou equivalente, aguardando a qualquer momento o chamado para o serviço durante o período de descanso (Súm. 428, II, do TST). O mero uso de instrumentos telemáticos ou informatizados (ex. celular ou Ipad) não caracteriza o regime de sobreaviso (Súm. 428, I, do TST). Tanto no regime de sobreaviso, quando no de prontidão, tão logo o empregado seja chamado ao serviço e compareça ao local de trabalho, começa a contar tempo efetivo à disposição do empregador, sendo devida a remuneração integral.

5.2. HORAS EXTRAS – COMPENSAÇÃO E PRORROGAÇÃO DE JORNADA

- **Prorrogação de jornada:** a prorrogação de jornada corresponde à possibilidade de realização de horas extras.
- **Compensação:** consiste na distribuição da jornada excedente trabalhada em um determinado dia, para outro dia, de forma a fazer a compensação das horas trabalhadas.

  a) **Limite:** a duração diária do trabalho poderá ser acrescida de horas extras, em número não excedente de duas.

  b) **Inobservância do regime de compensação:** a inobservância das regras legais a respeito da compensação de jornada, inclusive quando estabelecida mediante acordo tácito, não implica a repetição do pagamento das horas extras excedentes à jornada normal diária se não ultrapassada a duração máxima semanal, sendo devido apenas o respectivo adicional (artigo 59-B da CLT). Assim, tratando-se de vício de forma, é permitido ao empregador pagar as horas extras apenas no que excede do módulo de 44 h semanais, ficando as primeiras 44 h sujeitas apenas ao adicional de horas extras, caso houver excesso diário. Exemplo: Um acordo de 10h diárias em 5 dia da semana, feito de modo irregular, gera como consequência o pagamento de 6h extras (a carga horária semanal chegou a 50h) e o pagamento apenas do adicional de horas extras pelas duas excedentes de segunda a quinta (as duas excedentes da sexta já estão no cálculo das seis excedentes na semana). Ao contrário da Súmula 85, IV, do TST, a Reforma Trabalhista trouxe a expressa previsão de que a prestação de horas extras habituais não descaracteriza o acordo de compensação de jornada e o banco de horas.

  c) **Compensação tradicional:** a compensação de jornada tradicional verifica-se quando o módulo semanal ou mensal é respeitado e o horário de trabalho por dia é fixado previamente. Exemplo: O empregado trabalha durante 8 horas diárias de segunda a quarta-feira e 10 horas diárias de quinta a sexta-feira, perfazendo o limite semanal de 44 horas e compensando o sábado não trabalhado. Seu ajuste poderá ser realizado por acordo individual (tácito ou escrito) ou negociação coletiva (acordo ou convenção coletiva).

  d) **Menores de 18 anos:** nesse caso a lei exige que a compensação de jornada seja efetuada através de norma coletiva e limitada a 44 horas semanais (artigo 413, I, da CLT).

  e) **Compensação do bombeiro civil:** sua jornada é 12 x 36 horas (art. 5º da Lei nº 11.901/09), limitada a 36 horas semanais, de forma que sua compensação não exige ajuste individual ou coletivo.

  f) **Compensação do doméstico:** Ao doméstico não se aplica o limite de duas horas extras por dia, tampouco é exigida norma coletiva para a compensação de jornada por banco de horas (art. 2º da LC 150/15). Para o doméstico é apenas exigido acordo escrito entre empregado e empregador e o pagamento das primeiras 40 horas extras ou a compensação dessas primeiras 40 horas no mês. A compensação tradicional deve ocorrer dentro do mês (antes da Reforma Trabalhista, o limite era semanal), sendo permitido seu ajuste inclusive por acordo individual tácito.

- **Banco de horas:** No banco de horas, não há um ajuste prévio de como as horas extraordinárias serão distribuídas, desde que a compensação seja feita no prazo máximo de um ano, quando adotado por acordo ou convenção coletiva e não seja ultrapassado o limite máximo de dez horas diárias. Por meio de ajuste individual escrito, pode-se criar banco de horas com prazo máximo de compensação de seis meses. Não observados quaisquer dos requisitos para a compensação anual ou semestral, será devido o pagamento integral das horas extras laboradas.
- **Horas positivas:** caso não sejam compensadas todas as horas extras laboradas, quando da rescisão ou fim do prazo do banco de horas, estas serão pagas pela remuneração da data da rescisão.
- **Horas extras por necessidade imperiosa:** O empregado é obrigado a prestar horas extras, independente de prévio acordo, nas seguintes hipóteses de necessidade imperiosa do empregador:

a) **força maior:** não havendo estipulação de limite legal diário de horas extras a serem prestadas;

b) **para atender à realização de serviços inadiáveis ou cuja inexecução possa acarretar prejuízo manifesto**: observando-se o limite legal de 12 horas diárias. Com o advento da Reforma Trabalhista, a prorrogação por necessidade imperiosa não está mais condicionada à comunicação do fato à Superintendência Regional do Trabalho. A recusa do empregado a cumprir horas extras na hipótese de necessidade imperiosa configura falta grave, punível com dispensa por justa causa.

- **Horas extras decorrentes de paralisações empresariais:** em decorrência de causas acidentais ou força maior que paralisem a atividade da empresa, a duração do trabalho poderá ser prorrogada, observando-se os seguintes requisitos:

a) causas acidentais ou força maior que paralisem a atividade da empresa;

b) prévia autorização do MTP para a prorrogação;

c) limite de 2 horas extras, 10 horas diárias e período não superior a 45 dias por ano.

- **Horas extras em atividade insalubre:** Conforme o artigo 60 da CLT, nas atividades insalubres, quaisquer prorrogações só poderão ser acordadas mediante licença prévia das autoridades competentes em matéria de higiene do trabalho, as quais, para esse efeito, procederão aos necessários exames locais e à verificação dos métodos e processos de trabalho, quer diretamente, quer por intermédio de autoridades sanitárias federais, estaduais e municipais, com quem entrarão em entendimento para tal fim. A Reforma Trabalhista passou a permitir a jornada de 12 x 36 horas em ambientes insalubres, independentemente de autorização do Ministério do Trabalho. O art. 611-A, XIII da CLT, também inserido pela Reforma Trabalhista, expressamente trouxe a possibilidade de negociação coletiva a respeito da prorrogação de jornada em ambiente insalubre, sem licença prévia das autoridades competentes do Ministério do Trabalho.

- **Horas extras em contrato em regime de tempo parcial**: considera-se trabalho em regime de tempo parcial aquele cuja duração não exceda a 30 (trinta) horas semanais, sem a possibilidade de horas suplementares semanais. Após a Reforma Trabalhista passou a permitir que, no caso de contrato a tempo parcial que não exceda a 26 (vinte e seis) horas semanais, será possível o acréscimo de até 06 (seis) horas suplementares semanais (art. 58-A da CLT).

5.3. INTERVALOS INTRAJORNADA E INTERJORNADA

- **Intervalo interjornada**

a) **Conceito:** é aquele tempo de descanso entre duas jornadas de trabalho consecutivos. Além de garantir a higidez física e mental do empregado, esse intervalo busca assegurar ao trabalhador um mínimo de convivência familiar e social. A regra geral é o intervalo de 11 horas consecutivas (art. 66, CLT) e a ausência de remuneração dele. A concessão do descanso semanal de 24 horas (folga semanal) não desobriga o empregador de conceder também o intervalo interjornada de, no mínimo, 11 horas consecutivas. Assim, o empregado tem direito a 35 horas consecutivas de descanso por semana, assim consideradas as 24 horas do DSR mais as 11 horas do intervalo interjornada.

b) **Intervalo interjornada especial:** os ferroviários empregados no serviço de equipagem de trens, os ferroviários empregados de estações ferroviárias do interior (serviço de natureza intermitente ou de pouca intensidade) e os jornalistas fazem jus ao intervalo interjornada de ao menos 10 (dez) horas contínuas (arts. 239, §1º, 243 e 308 da CLT). Por sua vez, os ferroviários cabineiros de estação de tráfego intenso têm direito ao intervalo interjornada mínimo de 14 (quatorze) horas consecutivas. Por fim, os operadores cinematográficos fazem jus ao intervalo interjornada de ao menos 12 (doze) horas para aqueles cujo trabalho normal seja noturno (art. 235, §2º, da CLT).

- **Intervalo intrajornada**

a) **Conceito**: É aquele concedido durante a jornada de trabalho para que o empregado descanse e recupere suas energias. Em regra, para as jornadas superiores a 4h e até 6 horas, o intervalo intrajornada mínimo é de 15 minutos. Para as jornadas acima de 6 horas, é obrigatório o intervalo mínimo de 1 hora e máximo de 2 horas. Quanto habitualmente ultrapassada a jornada de 6 horas, é devido o gozo do intervalo intrajornada mínimo de **uma hora.**

b) **Intervalo no regime 12 x 36 horas:** a lei autoriza que o intervalo intrajornada seja observado ou indenizado.

c) **Redução:** É autorizada a redução do intervalo intrajornada por norma coletiva, desde que respeitado o intervalo mínimo de 30 minutos (art. 611-A, III, da CLT).

d) **Redução do intervalo intrajornada dos domésticos:** no caso dos domésticos, o intervalo intrajornada (de 1 a 2 horas) poderá ser reduzido mediante ajuste entre as partes para **30 minutos** ou fracionado em dois períodos, cuja soma seja no máximo de 4 horas, nessa hipótese. Por ausência de norma especifica, há que se aplicar ao doméstico o intervalo de 15 minutos para jornadas de 4 horas a 6 horas.

e) **Fracionamento ou redução do intervalo intrajornada para motorista:** o intervalo para jornadas superiores a 6 horas poderá ser reduzido e/ou fracionado, e o intervalo para jornadas inferiores a 6 horas poderá ser fracionado, quando compreendidos entre o término da primeira hora trabalhada e o início da última hora trabalhada, desde que previsto em convenção ou acordo coletivo de trabalho, ante a natureza do serviço e em virtude das condições especiais de trabalho a que são submetidos estritamente os motoristas, cobradores, fiscalização de campo e afins nos serviços de operação de veículos rodoviários, empregados no setor de transporte coletivo de passageiros, mantida a remuneração e concedidos intervalos para descanso menores ao final de cada viagem. Logo, a redução e/ou o fracionamento (intervalo de 1h a 2h) e o fracionamento (intervalo de 15min) para a categoria dos motoristas, cobradores, fiscalização do campo e afins nos serviços de operação de veículos rodoviários, poderá se verificar observando-se os seguintes requisitos: 1) previsão em acordo ou convenção coletiva; 2) mantida a mesma remuneração; 3) concedidos intervalos para descanso menores ao final de cada viagem, não descontados da jornada.

- **Cômputo do intervalo intrajornada:** em regra, o intervalo intrajornada não é computado na jornada de trabalho e, portanto, não é remunerado. Em resumo: o empregado não recebe pelo período em que está usufruindo intervalo intrajornada, esse período não integra a sua jornada. Todavia, existem exceções nos quais o intervalo é computado na jornada de trabalho, conforme previsto em lei. Assim, apesar de não estar trabalhando naquele período, o referido lapso temporal é considerado como tempo de serviço. É o que ocorre, por exemplo, nos casos de serviço de mecanografia e de trabalho e em minas de subsolo.
- **Supressão do intervalo intrajornada:** após a Reforma Trabalhista, se o intervalo intrajornada for suprimido, ainda que parcialmente, o empregado terá direito a receber apenas o período suprimido (antes o pagamento era correspondente ao tempo integral do intervalo), de forma indenizatória (antes tinha natureza salarial), com acréscimo de 50% sobre o valor da remuneração da hora normal de trabalho (artigo 71, §4º, da CLT).
- **Intervalos intrajornada especiais:** existem intervalos especiais previstos em lei para categorias específicas de trabalhadores. É o que ocorre, por exemplo, nas seguintes situações:

a) **serviços permanentes de mecanografia** (estendido aos digitadores pela jurisprudência): intervalo de 10 minutos a cada 90 minutos trabalhados (art. 72 da CLT);

b) **trabalho em minas de subsolo:** intervalo de 15 minutos a cada 3 horas consecutivas de trabalho (art. 298 CLT);

c) **câmaras frigoríficas:** intervalo de 20 minutos a cada 1h40min de trabalho (art. 253 CLT).

- **Intervalo intrajornada superior ao legal:** os intervalos intrajornada concedidos pelo empregador que não estejam previstos em lei serão remunerados como tempo à disposição. Exemplo: intervalo para lanche.

5.4. REPOUSO SEMANAL REMUNERADO E FÉRIAS

DESCANSO SEMANAL REMUNERADO

- **Conceito:** é o período de tempo, de vinte e quatro horas consecutivas, preferencialmente coincidente com o domingo, em que o empregado deixa de prestar serviços ao empregador, bem como de se colocar à disposição deste. Para usufrui-lo, o empregado deve ter assiduidade e pontualidade.
- **Fruição e remuneração:** o repouso é semanal, isto é, a cada seis dias de trabalho o empregado deve usufruir o descanso, sob pena de pagamento do dia trabalhado em dobro, se não houver compensação do labor (folga em outro dia). Conforme o art. 7º da Lei nº 605/1948, a remuneração do repouso corresponde:

a) para os que trabalham por dia, semana, quinzena ou mês, à de um dia de serviço, não computadas as horas suplementares;

b) para os que trabalham por hora, à de sua jornada normal de trabalho, excluídas as horas complementares;

c) para os que trabalham por tarefa ou peça, o equivalente ao salário correspondente às tarefas ou peças feitas durante a semana, no horário normal de trabalho, dividido pelos dias de serviço efetivamente prestados ao empregador;

d) para o empregado em domicílio, o equivalente ao quociente da divisão por 6 (seis) da importância total da sua produção na semana.

- **Empregado mensalista ou quinzenalista:** consideram-se já remunerados os dias de repouso semanal do empregado mensalista ou quinzenalista. A essência é a remuneração do DSR à base de um dia de serviço do empregado. O mensalista (empregado que recebe por mês) e o quinzenalista já tem embutido o descanso semanal no salário, já que recebe por todos os dias do mês, inclusive os não úteis. No caso dos empregados que recebem salário variável, faz-se necessário calcular o valor de um dia de salário, para, a partir daí, calcular o valor do descanso semanal.
- **Repouso preferencialmente aos domingos:** conforme a CF/88, o descanso semanal deve ser usufruído preferencialmente aos domingos (art. 7º, XV), contudo é possível que seja usufruído em outro dia da semana, desde que a empresa seja autorizada a funcionar aos domingos. A Lei nº 11.603/2007 autorizou o trabalho aos domingos nas atividades de comércio em geral, devendo ser observada a le-

gislação municipal. Além disso, estabeleceu que o descanso semanal deverá coincidir com o domingo, pelo menos uma vez a cada três semanas.

FERIADOS

- **Conceito:** são dias de descanso, assim estipulados por força de lei, seja por motivos cívicos, seja por motivos religiosos. Os requisitos para remuneração (frequência e pontualidade), forma de cálculo de remuneração e hipóteses de autorização para trabalho em feriados são os mesmos do descanso semanal remunerado. A Reforma Trabalhista, trouxe a regra de que aqueles que trabalham no regime de 12x36 horas (inclusive como já era previsto para os domésticos) já têm remunerado os dias do repouso semanal e dos feriados (artigo 59-A da CLT).

FÉRIAS

- **Conceito:** é o período de descanso, em que o empregado, além de revigorar suas energias, tem a oportunidade de desenvolver sua vida além do trabalho e sua inserção familiar e social. Trata-se de uma forma de interrupção do contrato de trabalho, em que o empregado não presta serviços, mas recebe remuneração. Logo, o período de férias é computado no tempo de serviço do empregado, inclusive integrando o novo período aquisitivo de férias.
- **Período de gozo de férias:** a regra geral é a duração das férias de 30 dias, quando o empregado, durante o período aquisitivo, não tiver mais de 5 faltas injustificadas. A CLT prevê uma progressiva redução do período de férias, de acordo com o número injustificado de faltas. Após a Reforma Trabalhista, o período de férias nos contratos sob o regime de tempo parcial também passou para 30 dias. Para os empregados com contrato intermitente o período de férias é de um mês (art. 452-A, §9º, da CLT.)
- **Período aquisitivo:** é o período de trabalho que a legislação exige para se adquirir o direito de gozar férias. O período aquisitivo de férias é de um ano a contar da data de admissão, reiniciando-se, a partir daí, um novo período aquisitivo
- **Período concessivo:** é aquele que o empregado dispõe para efetivamente usufruir das férias. Esse período é de um ano a contar da aquisição do direito de férias pelo empregado. Exemplo: se o empregado foi admitido em 10.01.2013, seu período aquisitivo iniciou-se neste dia e estará completo em 09.01.2014. A partir do dia 10.01.2014, se iniciará o período concessivo das férias, extinguindo-se em 09.01.2015.
- **Pagamento em dobro do salário das férias:** caso o empregador não conceda as férias ao empregado dentro do período concessivo (doze meses imediatamente posteriores ao final do período aquisitivo) diz-se que as férias venceram. Nesse caso, é devido o pagamento em dobro da remuneração das férias e do terço constitucional.
- **Termo inicial do período de gozo:** conforme nova regra trazida pela Lei da Reforma Trabalhista, é vedado o início das férias no período de **dois dias** que **antecedem** feriado ou dia de repouso semanal remunerado. Como regra geral, cabe ao empregador determinar quando serão concedidas as férias, conforme melhor consulte seus interesses. Existem algumas exceções, quais sejam:

  a) **menor de 18 anos:** tem o direito de fazer coincidir suas férias com suas férias escolares (art. 136, § 2º, CLT);

  b) **membros de uma mesma família que trabalham na mesma empresa:** terão direito de gozar férias conjuntamente se não houver **prejuízos** para o serviço.

- **Concessão de férias:** pressupõe o preenchimento de algumas formalidades:

  a) **comunicação:** por escrito, do empregado, com antecedência mínima de 30 dias, que dará recibo;

  b) **anotação da concessão das férias:** na CTPS e livro ou ficha de registro de empregado.

  c) **alteração da data**: a partir da comunicação da concessão de férias, o empregador somente poderá alterar a data da fruição com o **consentimento** do empregado.

- **Fracionamento:** atualmente, desde que haja concordância do empregado, as férias poderão ser usufruídas em até três períodos, sendo que um deles não poderá ser inferior a quatorze dias corridos e os demais não poderão ser inferiores a cinco dias corridos, cada um (art. 143, §1º, da CLT). A Lei da Reforma Trabalhista também retirou a proibição de fracionamento para os menores de 18 anos e maiores de 50 anos, que a partir de agora também poderão fracionar as férias como qualquer outro trabalhador. No caso dos empregados domésticos, o período de férias poderá, a critério do empregador, ser fracionado em até 2 (dois) períodos, sendo 1 (um) deles de, no mínimo, 14 (quatorze) dias corridos (art. 17, § 2º, da Lei Complementar nº 150/2015).
- **Perda do direito de gozo de férias:**

  a) faltar injustificadamente mais de 32 dias ao longo do período aquisitivo;

  b) deixar o emprego e não for readmitido dentro de 60 (sessenta) dias subsequentes à sua saída;

  c) permanecer em gozo de licença, com percepção de salários, por mais de 30 (trinta) dias;

  d) deixar de trabalhar, com percepção do salário, por mais de 30 (trinta) dias, em virtude de paralisação parcial ou total dos serviços da empresa;

  e) tiver percebido da Previdência Social prestações de acidente de trabalho ou de auxílio-doença por mais de 6 (seis) meses, embora descontínuos.

- **Remuneração das férias:**

a) **Base de cálculo:** as férias são calculadas sobre todas as parcelas de natureza salarial, habitualmente pagas ao trabalhador, correspondendo à remuneração que seria devida ao trabalhador no mês da concessão (e não da aquisição), acrescida do terço constitucional (art. 7º, XVII, CF/88).

b) **Terço constitucional:** é calculado à razão de 1/3 do salário à época da concessão das férias.

c) **Salário variável:** caso o salário do empregado seja variável, apura-se a média das horas trabalhadas no período aquisitivo, mas o valor da hora será o da data da concessão. Quando o salário for pago por tarefa, irá se apurar a média da produção no período aquisitivo, mas o valor por peça ou tarefa aplicável é o da data da concessão das férias. Quando o salário for pago por percentagem, comissão ou viagem, apura-se a média dos 12 meses imediatamente anteriores ao período da concessão.

d) **Salário utilidade:** as utilidades integram o cálculo das férias porque têm natureza salarial, exceto se continuarem sendo usufruídas pelo empregado durante o gozo de férias. Caso contrário, o empregado receberia o benefício em duplicidade. Assim, por exemplo, a habitação fornecida como utilidade não entra no cálculo da remuneração das férias porque o empregado continua recebendo tal utilidade durante o período de gozo de férias. Contudo, o valor de tal utilidade irá incidir sobre o cálculo do terço de férias, este sim incidente sobre a totalidade das utilidades, tendo em vista tratar-se de um *plus*.

e) **Férias proporcionais:** a cada mês trabalhado ou por fração igual ou superior a quinze dias, o empregado adquire direito a 1/12 de férias proporcionais.

f) **Data do pagamento:** o pagamento da remuneração das férias ou do abono pecuniário deve ocorrer até dois dias antes do início do gozo, a fim de que o empregado tenha dinheiro para usufruir plenamente de seu período de descanso.

g) **Pagamento em dobro:** o STF declarou a **inconstitucionalidade da Súmula nº 450** que estabelecia o pagamento em dobro das férias, caso o seu pagamento fosse feito em atraso, ainda gozadas na época própria (ADPF nº 510).

- **Abono pecuniário:** o empregado, inclusive o doméstico, pode converter um terço das férias em abono pecuniário, no valor da remuneração que lhe seria devida nos dias correspondentes (art. 143 da CLT e art. 17, § 3º, da Lei Complementar nº 150/2015).

a) **abono pecuniário x terço das férias:** o abono pecuniário (venda de férias) não se confunde com o terço constitucional de férias. Trata-se da situação vulgarmente conhecida como "venda de férias". A faculdade de converter um terço do período de férias em abono pecuniário é direito do empregado e não pode ser imposto pelo empregador, sob pena de ser obrigado a pagar em dobro os dez dias equivalentes ao abono. Após a Reforma Trabalhista, passou a ser permitida a conversão de 1/3 das férias em pecúnia nos contratos sob o regime de tempo parcial.

b) **Prazo para conversão:** o abono pecuniário deverá ser requerido pelo empregado 15 dias antes de terminar o período aquisitivo. O abono não integra a remuneração do trabalhador para qualquer fim.

- **Férias coletivas:** Férias coletivas são as concedidas pelo empregador a todos os empregados da empresa ou de determinado estabelecimento ou setor (art. 139, CLT). As formalidades para a concessão de férias coletivas são:

a) **comunicação à Superintendência Regional do Trabalho e ao sindicato da categoria:** com antecedência mínima de 15 dias, informando início e fim das férias, estabelecimento e setor abrangido;

b) **fixação de avisos aos empregados:** as férias coletivas podem ser gozadas em dois períodos anuais, sendo que nenhum deles poderá ser inferior a 10 dias.

c) **abono pecuniário:** somente poderá haver abono pecuniário se houver previsão em acordo coletivo, independendo de requerimento individual a concessão do abono. Os empregados contratados há menos de 12 meses gozarão, na oportunidade, férias proporcionais, iniciando-se, então, novo período aquisitivo.

- **Efeitos da extinção do contrato:** cessado o contrato de trabalho, por qualquer motivo, as férias já adquiridas serão pagas de forma indenizadas. Nesse caso, a remuneração utilizada é aquela devida quando da extinção do contrato. As férias indenizadas, como o próprio nome já indica, têm natureza indenizatória e, portanto, não constituem base de cálculo do FGTS.

a) **férias simples:** são aquelas cujo período aquisitivo já tenha se completado.

b) **férias em dobro:** são aquelas adquiridas e não concedidas no prazo legal, as quais devem ser pagas em dobro. Mesmo na dispensa por justa causa são devidas as férias adquiridas simples ou dobradas, eis que o empregado já satisfez os requisitos legais para obtê-las e, portanto, tais férias já integraram o patrimônio do trabalhador.

c) **férias proporcionais:** corresponde ao período de férias que ainda não se completou. Em caso de rescisão contratual, o empregado receberá

1/12 por mês de serviço ou fração superior a 14 dias. As férias proporcionais são devidas a todos, exceto aos demitidos por **justa causa**, que perdem o direito.

- **Prescrição:** A prescrição da pretensão de reclamar a concessão ou pagamento das férias é contada do término do período concessivo (e não do período aquisitivo) ou, se for o caso, da cessação do contrato de trabalho.

6. ALTERAÇÃO E PARALISAÇÃO DO CONTRATO DE TRABALHO

6.1. ALTERAÇÃO DO CONTRATO DE TRABALHO E TRANSFERÊNCIA

- **Licitude das alterações contratuais:** nos contratos individuais de trabalho só é lícita a alteração das respectivas condições por mútuo consentimento e, ainda assim, desde que não resultem, direta ou indiretamente, prejuízos ao empregado, sob pena de nulidade da cláusula infringente desta garantia.

- **Reversão ao cargo efetivo:** não se considera alteração unilateral a determinação do empregador para que o respectivo empregado reverta ao cargo efetivo, anteriormente ocupado, deixando o exercício de função de confiança.

- **Retorno ao cargo anterior:** ao empregado chamado a ocupar, em comissão, interinamente ou em substituição eventual ou temporária, cargo diverso do que exercer na empresa serão garantidas a contagem do tempo naquele serviço, bem como a volta ao cargo anterior.

- **Vedação à transferência do empregado**: ao empregador é vedado transferir o empregado, sem a sua anuência, para localidade diversa da que resultar do contrato, não se considerando transferência a que não acarretar necessariamente a mudança de seu domicílio. Exceções à regra geral:

a) empregados que exerçam cargos de confiança.

b) empregados cujos contratos tenham como condição implícita ou explícita, a transferência, quando esta decorra de real necessidade de serviço, presumindo-se abusiva quando não há comprovação da necessidade do serviço.

c) extinção do estabelecimento em que trabalhar o empregado.

d) em caso de necessidade de serviço. Nesse caso, o empregador ficará obrigado a um pagamento suplementar, nunca inferior a 25%, dos salários que o empregado percebia naquela localidade, enquanto durar essa situação (transferência provisória).

- **Despesas da transferência:** as despesas resultantes da transferência correrão por conta do empregador.

6.2. SUSPENSÃO E INTERRUPÇÃO DO CONTRATO DE TRABALHO

- **Suspensão do contrato de trabalho:** consiste na paralisação da prestação de serviços acompanhada da cessação temporária da obrigação do pagamento de salário por parte do empregador. Espécies:

a) Suspensão disciplinar do empregado por até trinta dias;

b) Aposentadoria por invalidez;

c) Incapacidade para o trabalho por prazo superior a quinze dias;

d) Eleição do empregado para o cargo de diretor;

e) Mulher em situação de violência doméstica ou familiar.

- **Interrupção do contrato de trabalho:** ocorre quando o empregado deixa de trabalhar temporariamente, mas, ainda assim, percebe remuneração, a hipótese será de interrupção, com contagem do tempo de serviço:

Até 2 dias consecutivos	falecimento do cônjuge, ascendente, descendente, irmão ou pessoa que, declarada em sua CTPS, viva sob sua dependência econômica;
Até 3 dias consecutivos	casamento;
5 dias	nascimento de filho (para o pai);
1 dia a cada 12 meses	doação voluntária de sangue devidamente comprovada;
Até 2 dias consecutivos ou não	alistar-se eleitor, nos termos da lei respectiva;
Tempo necessário	cumprir as exigências do Serviço Militar referidas na letra "c" do artigo 65 da Lei nº 4.375;
Período comprovado	realização de provas de exame vestibular para ingresso em estabelecimento de ensino superior;
Tempo necessário	quando tiver que comparecer a juízo;
Tempo necessário	quando, na qualidade de representante de entidade sindical, estiver participando de reunião oficial de organismo internacional do qual o Brasil seja membro;
Até 15 dias	incapacidade para o trabalho em decorrência de doença ou acidente do trabalho;
Tempo necessário	para atuar como conciliador nas comissões de conciliação prévia.
Tempo necessário	para acompanhar sua esposa ou companheira em até seis consultas médicas, ou exames complementares, durante o período de gravidez.
Por 1 dia por ano	para acompanhar filho de até 6 (seis) anos em consulta médica.

Até 3 dias para cada 12 meses de trabalho	em caso de realização de exames preventivos de câncer devidamente comprovada.

- **Suspensão contratual com contagem do tempo de serviço:**
  a) Prestação de serviço militar;
  b) Por motivo de acidente do trabalho;
  c) Durante a licença maternidade, inclusive para o homem em caso de adoção ou guarda judicial.

7. EXTINÇÃO DO CONTRATO DE TRABALHO

7.1. MODALIDADES DE DISPENSA

- **Despedida sem justa causa:** o contrato de trabalho por prazo indeterminado pode ser extinto por iniciativa do empregador sem qualquer justificativa, desde que o empregado não possua qualquer tipo de estabilidade, ato denominado de despedida sem justa causa, dispensa sem justa causa ou demissão sem justa causa. Verbas devidas: saldo de salário, férias vencidas e proporcionais e décimo terceiro salário proporcional.
- **Demissão:** ocorre quando o empregado manifesta sua vontade no sentido de não mais continuar prestando serviços para a empresa. Verbas devidas: saldo de salário, férias vencidas e proporcionais e décimo terceiro salário proporcional.
- **Justa causa:** quando o empregado pratica conduta faltosa. Verbas devidas: saldo de salário e férias vencidas.
- **Rescisão indireta:** quando o empregador descumpre obrigações contratuais. Verbas devidas: saldo de salário, férias vencidas e proporcionais, décimo terceiro salário proporcional; aviso prévio (trabalhado ou indenizado), multa de 40% do FGTS, saque do FGTS e guias do seguro-desemprego (mesmas verbas da dispensa sem justa causa).
- **Culpa recíproca:** quando empregado e empregador têm culpa na extinção do contrato. Verbas devidas: saldo de salário, férias vencidas, metade do aviso prévio, metade do décimo terceiro salário proporcional, metade das férias proporcionais, metade da multa do FGTS e saque do FGTS. Não dá direito ao seguro-desemprego.
- **Por comum acordo entre as partes (distrato):** verifica-se quando as partes (empregado e empregador), em comum acordo, decidem encerrar o contrato de trabalho. As verbas rescisórias devidas são: metade do aviso prévio, se indenizado; metade da multa rescisória do FGTS; na integralidade, as demais verbas trabalhistas; levantamento de 80% dos depósitos do FGTS; não autoriza seguro-desemprego.
- **Fim do contrato por prazo determinado:**
  a) Nos contratos que tenham termo estipulado, o empregador que, sem justa causa, despedir o empregado será obrigado a pagar-lhe, a título de indenização, e por metade, a remuneração a que teria direito até o termo do contrato e ainda a liberação dos depósitos do FGTS do período trabalhado;
  b) Aos contratos por prazo determinado, que contiverem cláusula assecuratória do direito recíproco de rescisão antes de expirado o termo ajustado, aplicam-se, caso seja exercido tal direito por qualquer das partes, os princípios que regem a rescisão dos contratos por prazo indeterminado.
- **Morte do empregador pessoa física:** quando cessar a atividade da empresa por morte do empregador, os empregados terão direito, conforme o caso, às verbas rescisórias, como se fossem despedidos sem justa causa.
- **Aposentadoria:** não é considerada causa de extinção do contrato de trabalho (ADI de nº 1.721-3, que suspendeu a eficácia do § 2º, art. 453 da CLT).
- **Falência:** Verbas devidas: saldo de salário, férias vencidas e proporcionais, décimo terceiro salário proporcional; aviso prévio (trabalhado ou indenizado), multa de 40% do FGTS, saque do FGTS e guias do seguro-desemprego.
- **Força maior:** ocorrendo motivo de força maior que determine a extinção da empresa, ou de um dos estabelecimentos em que trabalhe o empregado, é assegurada a este, quando despedido, uma indenização na forma seguinte:
  a) Sendo estável, todas as verbas rescisórias como se tivesse sido despedido sem justa causa;
  b) Não tendo direito à estabilidade, metade das verbas rescisórias que seriam devidas em caso de rescisão sem justa causa;
  c) Havendo contrato por prazo determinado, o empregado terá direito à indenização a que se refere o artigo 479 da CLT, reduzida igualmente à metade.
- **Fato do príncipe *(Factum principis)*:** paralisação temporária ou definitiva do trabalho em decorrência de ato do poder público, desde que o empregador não tenha concorrido para a prática do ato. Verbas devidas: saldo de salário, férias vencidas e proporcionais, décimo terceiro salário proporcional; aviso prévio (trabalhado ou indenizado), saque do FGTS, guias do seguro-desemprego. A multa de 40% do FGTS caberá à Administração Pública.

ATENÇÃO: A Lei 14.020 trouxe expressamente a vedação da aplicação do Fato do Príncipe prevista no art. 486 da CLT, na hipótese de paralisação ou suspensão de atividades empresariais determinada por ato de autoridade municipal, estadual ou federal para o enfrentamento do estado de calamidade pública reconhecido pelo Decreto Legislativo nº 6, de 20 de março de 2020, e da emergência de saúde pública de importância internacional decorrente do coronavírus, de que trata a Lei nº 13.979, de 6 de fevereiro de 2020 (artigo 29).

- **Dispensa coletiva e Lei da Reforma trabalhista:** A Lei nº 13.467/17 trouxe duas previsões quanto ao tema:

  a) a equiparação para todos os fins entre a dispensa coletiva e a dispensa individual e plúrima; e

  b) a desnecessidade de autorização prévia de entidade sindical ou de celebração de convenção coletiva ou acordo coletivo de trabalho para a efetivação das referidas dispensas.

- **Posicionamento do STF:** No julgamento do RE nº 999435 (tema nº 638) o STF entendeu que não é necessária a autorização prévia do sindicato, mas condicionou a despedida coletiva à prévia negociação, fixando a seguinte tese de repercussão geral: "A intervenção sindical prévia é exigência procedimental imprescindível para dispensa em massa de trabalhadores que não se confunde com a autorização prévia por parte da entidade sindical ou celebração de convenção ou acordo coletivo".

7.2. AVISO PRÉVIO

- **Definição:** em caso de despedida sem justa causa (também no caso de despedida indireta e extinção da empresa), é necessário que o empregador ou empregado pré-avise, com uma antecedência mínima de 30 dias, sobre a intenção de pôr fim ao vínculo empregatício (CLT. Art. 487. CF/88. Art. 7º, XXI).

- **Proporcionalidade:**

  a) Serão acrescidos três dias por ano de serviço prestado na mesma empresa, até o máximo de sessenta dias, perfazendo um total de até noventa dias (não é pacífico a tese segundo a qual aplica-se o aviso prévio proporcional ao empregado em caso de pedido de demissão).

  b) Antes de completar o primeiro ano no serviço, o empregado tem direito ao aviso prévio de 30 dias. Com um ano completo, 33 dias, dois anos completos, 36 dias e assim por diante.

- **Integração do período do aviso prévio, ainda que indenizado:**

  a) A falta do aviso prévio por parte do empregador dá ao empregado o direito aos salários correspondentes ao prazo do aviso, garantida sempre a integração desse período no seu tempo de serviço;

  b) A integração, além de efeitos financeiros, vale para efeito de prescrição e anotação na CTPS.

- **Jornada de trabalho durante o período do aviso prévio trabalhado:**

  a) Será reduzido de 2 horas diárias, sem prejuízo do salário integral;

  b) É facultado ao empregado trabalhar sem a redução das 2 horas diárias, caso em que poderá faltar ao serviço, sem prejuízo do salário integral, por 7 dias corridos;

  c) Para o trabalhador rural, o benefício é representado pela ausência ao trabalho durante um dia por semana.

- **Reconsideração:** dado o aviso prévio, a rescisão torna-se efetiva depois de expirado o respectivo prazo, mas, se a parte notificante reconsiderar o ato, antes do seu termo, à outra parte é facultado aceitar ou não a reconsideração.

- **Justa causa durante o período do aviso prévio trabalhado:**

  a) O empregador que, durante o prazo do aviso prévio dado ao empregado, praticar ato que justifique a rescisão imediata do contrato, sujeita-se ao pagamento da remuneração correspondente ao prazo do referido aviso, sem prejuízo da indenização que for devida;

  b) O empregado que, durante o prazo do aviso prévio, cometer qualquer das faltas consideradas pela lei como justas para a rescisão, perde o direito ao restante do respectivo prazo.

7.3. JUSTA CAUSA E RESCISÃO INDIRETA

- **Constituem justa causa praticada pelo empregado que autorizam a resolução do contrato de trabalho:**

  a) Ato de improbidade;

  b) Incontinência de conduta ou mau procedimento;

  c) Negociação habitual por conta própria ou alheia sem permissão do empregador, e quando constituir ato de concorrência à empresa para a qual trabalha o empregado, ou for prejudicial ao serviço;

  d) Condenação criminal do empregado, passada em julgado, caso não tenha havido suspensão da execução da pena;

  e) Desídia no desempenho das respectivas funções;

  f) Embriaguez habitual ou em serviço (a doutrina já considera a embriaguez habitual como doença, que provocaria a suspensão e não extinção do contrato de trabalho);

  g) Violação de segredo da empresa;

h) Ato de indisciplina ou de insubordinação;

i) Abandono de emprego;

j) Ato lesivo da honra ou da boa fama praticado no serviço contra qualquer pessoa, ou ofensas físicas, nas mesmas condições, salvo em caso de legítima defesa, própria ou de outrem;

k) Ato lesivo da honra e boa fama ou ofensas físicas praticadas contra o empregador e superiores hierárquicos, salvo em caso de legítima defesa, própria ou de outrem;

l) Prática constante de jogos de azar;

m) perda da habilitação ou dos requisitos estabelecidos em lei para o exercício da profissão, em decorrência de conduta dolosa do empregado.

- **O empregado poderá considerar rescindido o contrato e pleitear a devida indenização quando:**

a) Forem exigidos serviços superiores às suas forças, defesos por lei, contrários aos bons costumes, ou alheios ao contrato;

b) For tratado pelo empregador ou por seus superiores hierárquicos com rigor excessivo;

c) Correr perigo manifesto de mal considerável;

d) Não cumprir o empregador as obrigações do contrato;

e) Praticar o empregador ou seus prepostos, contra ele ou pessoas de sua família, ato lesivo da honra e boa fama;

f) O empregador ou seus prepostos ofenderem-no fisicamente, salvo em caso de legítima defesa, própria ou de outrem;

g) O empregador reduzir o seu trabalho, sendo este por peça ou tarefa, de forma a afetar sensivelmente a importância dos salários.

7.4. PARCELAS RESCISÓRIAS

- **Quitação:** o instrumento de rescisão ou recibo de quitação, qualquer que seja a causa ou forma de dissolução do contrato, deve ter especificada a natureza de cada parcela paga ao empregado e discriminado o seu valor, sendo válida a quitação, apenas, relativamente às mesmas parcelas.

- **Prazo para pagamento:** A Reforma Trabalhista unificou o prazo para o acerto rescisório fixando-o em 10 dias. Estipulou também que a entrega dos documentos referentes à rescisão deverá ser efetuada necessariamente no mesmo prazo.

- **Forma de pagamento e entrega de documentos**: O pagamento do acerto rescisório foi flexibilizado pela Lei da Reforma Trabalhista e, atualmente, poderá ser efetuado: I – em dinheiro, depósito bancário ou cheque visado, conforme acordem as partes; ou II – em dinheiro ou depósito bancário quando o empregado for analfabeto. A Lei da Reforma Trabalhista também simplificou os procedimentos para liberação do FGTS e acesso ao benefício do seguro-desemprego. Não será mais necessária a apresentação do termo de quitação com a discriminação das parcelas e valores. Bastará simplesmente que o empregado exiba sua CTPS com a devida anotação da saída e que o empregador tenha efetivado a comunicação do desligamento aos órgãos competentes (artigo 477, §10, da CLT).

- **Homologação:** A Lei da Reforma Trabalhista dispensou a necessidade de homologação da rescisão contratual. Deve ser ressalvada, contudo, o pedido de demissão do empregado estável que continuará dependente dessa homologação (art. 500 da CLT).

- **Multa pelo atraso no pagamento das verbas rescisórias:** a inobservância do prazo sujeita o infrator ao pagamento da multa a favor do empregado, mesmo em se tratando de Pessoa Jurídica de Direito Público, em valor equivalente ao seu salário, salvo quando, comprovadamente, o trabalhador der causa à mora ou no caso de falência do empregador.

- **Verbas trabalhistas incontroversas cobradas judicialmente:** em caso de rescisão de contrato de trabalho, havendo controvérsia sobre o montante das verbas rescisórias, o empregador é obrigado a pagar ao trabalhador, à data do comparecimento à Justiça do Trabalho, a parte incontroversa dessas verbas, sob pena de pagá-las acrescidas de 50%, salvo se o empregador for a massa falida, a União, os Estados, o Distrito Federal, o Município, ou suas autarquias e fundações públicas.

- **Indenização adicional:** O empregado dispensado, sem justa causa, no período de 30 dias que antecede a data de sua correção salarial (data-base), terá direito à indenização adicional equivalente a um salário mensal, seja ele, ou não, optante pelo FGTS.

- **Férias:** salvo na hipótese de dispensa do empregado por justa causa, a extinção do contrato de trabalho sujeita o empregador ao pagamento da remuneração das férias proporcionais, ainda que incompleto o período aquisitivo de doze meses.

- **Termo de quitação anual:** É facultado a empregados e empregadores, na vigência ou não do contrato de emprego, firmar o termo de quitação anual de obrigações trabalhistas, perante o sindicato dos empregados da categoria. Assim, as partes (empregado e empregador) poderão, anualmente, por meio do citado termo, dar quitação das obrigações trabalhistas de uma para com outra parte, com ciência e homologação por parte do sindicato da categoria. O termo discriminará as obrigações de dar e fazer cumpridas mensalmente e dele constará a quitação anual dada pelo empregado, com eficácia liberatória das parcelas nele especificadas.

- **PDV:** O PDV – Programa de Demissão Voluntária ou Incentivada se verifica quando o empregador estimula o próprio empregado a pedir sua demissão oferecendo uma quantia financeira. Com a introdução do artigo 477-B à CLT, pela Reforma Trabalhista, ficou determinado claramente que a quitação mediante adesão do empregado ao PDV alcança todas as verbas devidas em decorrência da execução e extinção do contrato de trabalho, exceto disposição em contrário estipulada entre as partes.

- **Seguro-desemprego:**

a) O seguro-desemprego é um benefício previdenciário cujo pagamento é feito pelo Ministério do Trabalho e Previdência e tem como objetivos principais prover assistência financeira temporária ao trabalhador desempregado em virtude de dispensa sem justa causa, inclusive a indireta; e auxiliar os trabalhadores na busca de emprego, com ações integradas de orientação, recolocação e qualificação profissional.

b) Segundo preceito contido Lei nº 13.134/15, que alterou a Lei nº 7.998/90, o benefício do seguro desemprego será concedido ao empregado despedido sem justa causa e que comprove ter recebido salário:

– Em pelo menos doze meses nos últimos dezoito meses imediatamente anteriores à data da dispensa, quando da primeira solicitação;

– Em pelo menos nove meses nos últimos doze meses imediatamente anteriores à data da dispensa, quando da segunda solicitação; e

– Em cada um dos seis meses imediatamente anteriores à data da dispensa quando das demais solicitações

c) O quadro a seguir resume os requisitos citados para percepção do referido benefício:

Ordem	Tempo de serviço	Período de referência
Primeira	12 meses	18 meses
Segunda	9 meses	12 meses
Demais	6 meses	6 meses

d) Para o empregado doméstico, a Resolução do CODEFAT nº 754/15 estabelece os seguintes requisitos para a concessão do seguro-desemprego:

– ter sido empregado doméstico, por pelo menos quinze meses nos últimos vinte e quatro meses que antecedem à data da dispensa que deu origem ao requerimento do Seguro-Desemprego;

– não estar em gozo de qualquer benefício previdenciário de prestação continuada da previdência social, exceto auxílio-acidente e pensão por morte;

– não possuir renda própria de qualquer natureza, suficiente à sua manutenção e de sua família.

8. FGTS E ESTABILIDADE

8.1. FGTS

- **Definição:** consiste na obrigação específica de todos os empregadores no sentido de depositar mensalmente em conta bancária vinculada (na CEF), a importância correspondente a 8% da remuneração paga ou devida, no mês anterior, a cada um dos seus empregados, incluídas na remuneração as parcelas de natureza salarial, inclusive a gratificação de natal.

- **Finalidades do FGTS:**

a) Propiciar auxílio financeiro ao trabalhador durante o período em que permanecer desempregado;

b) Forma de inibir o empregador de despedir o empregado sem que tenha havida a prática ato faltoso, pois, nesse caso, terá que arcar com o pagamento de um acréscimo de 40% sobre o total dos depósitos efetuados na conta vinculada do trabalhador;

c) Fomentar programas sociais de habitação, saneamento básico e infraestrutura urbana, por meio de programas de financiamento; e

d) Meio de garantia para pagamento de crédito consignado (10% do saldo da conta vinculada e 100% da multa pela despedida sem justa causa, culpa recíproca ou força maior – Lei nº 13.313/16).

- **Correção monetária:** os depósitos efetuados nas contas vinculadas são corrigidos monetariamente com base nos parâmetros fixados para atualização dos saldos dos depósitos de poupança e capitalização de juros de 3% ao ano;

- **Distribuição do resultado positivo do FGTS:** o Conselho Curador autorizará a distribuição de parte do resultado positivo auferido pelo FGTS, mediante crédito nas contas vinculadas de titularidade dos trabalhadores;

- **Causas de movimentação da conta do FGTS:**

a) despedida sem justa causa, inclusive a indireta, de culpa recíproca e de força maior;

b) extinção do contrato de trabalho prevista no art. 484-A da CLT;

c) extinção total da empresa, declaração de nulidade do contrato de trabalho ou ainda falecimento do empregador individual sempre que qualquer dessas ocorrências implique rescisão de contrato de trabalho, comprovada por declaração escrita da empresa, suprida, quando for o caso, por decisão judicial transitada em julgado;

d) aposentadoria concedida pela Previdência Social;

e) falecimento do trabalhador;

f) pagamento de parte das prestações decorrentes de financiamento habitacional concedido no âmbito do Sistema Financeiro da Habitação (SFH), desde que: a) o mutuário conte com o mínimo de 3 (três) anos de trabalho sob o regime do FGTS, na mesma empresa ou em empresas diferentes; b) o valor bloqueado seja utilizado, no mínimo, durante o prazo de 12 (doze) meses; c) o valor do abatimento atinja, no máximo, 80 (oitenta) por cento do montante da prestação;

g) liquidação ou amortização extraordinária do saldo devedor de financiamento imobiliário, observadas as condições estabelecidas pelo Conselho Curador, dentre elas a de que o financiamento seja concedido no âmbito do SFH e haja interstício mínimo de 2 (dois) anos para cada movimentação;

h) pagamento total ou parcial do preço de aquisição de moradia própria, ou lote urbanizado de interesse social não construído, observadas as seguintes condições: a) o mutuário deverá contar com o mínimo de 3 (três) anos de trabalho sob o regime do FGTS, na mesma empresa ou empresas diferentes; b) seja a operação financiável nas condições vigentes para o SFH;

i) quando o trabalhador permanecer três anos ininterruptos, fora do regime do FGTS;

j) extinção normal do contrato a termo, inclusive o dos trabalhadores temporários;

k) suspensão total do trabalho avulso por período igual ou superior a 90 (noventa) dias, comprovada por declaração do sindicato representativo da categoria profissional;

l) quando o trabalhador ou qualquer de seus dependentes for acometido de neoplasia maligna;

m) aplicação em quotas de Fundos Mútuos de Privatização, regidos pela Lei nº 6.385, de 7 de dezembro de 1976, permitida a utilização máxima de 50 % (cinquenta por cento) do saldo existente e disponível em sua conta vinculada do Fundo de Garantia do Tempo de Serviço, na data em que exercer a opção;

n) quando o trabalhador ou qualquer de seus dependentes for portador do vírus HIV;

o) quando o trabalhador ou qualquer de seus dependentes estiver em estágio terminal, em razão de doença grave, nos termos do regulamento;

p) quando o trabalhador tiver idade igual ou superior a setenta anos;

q) necessidade pessoal, cuja urgência e gravidade decorra de desastre natural, conforme disposto em regulamento, observadas as seguintes condições: a) o trabalhador deverá ser residente em áreas comprovadamente atingidas de Município ou do Distrito Federal em situação de emergência ou em estado de calamidade pública, formalmente reconhecidos pelo Governo Federal; b) a solicitação de movimentação da conta vinculada será admitida até 90 (noventa) dias após a publicação do ato de reconhecimento, pelo Governo Federal, da situação de emergência ou de estado de calamidade pública; c) o valor máximo do saque da conta vinculada será definido na forma do regulamento;

r) integralização de cotas do FI-FGTS, respeitado o disposto na alínea i do inciso XIII do art. 5º desta Lei, permitida a utilização máxima de 30% (trinta por cento) do saldo existente e disponível na data em que exercer a opção;

s) quando o trabalhador com deficiência, por prescrição, necessite adquirir órtese ou prótese para promoção de acessibilidade e de inclusão social;

t) pagamento total ou parcial do preço de aquisição de imóveis da União inscritos em regime de ocupação ou aforamento, a que se referem o art. 4º da Lei nº 13.240, de 30 de dezembro de 2015, e o art. 16-A da Lei nº 9.636, de 15 de maio de 1998, respectivamente, observadas as seguintes condições: a) o mutuário deverá contar com o mínimo de três anos de trabalho sob o regime do FGTS, na mesma empresa ou em empresas diferentes; b) seja a operação financiável nas condições vigentes para o Sistema Financeiro da Habitação (SFH) ou ainda por intermédio de parcelamento efetuado pela Secretaria do Patrimônio da União (SPU), mediante a contratação da Caixa Econômica Federal como agente financeiro dos contratos de parcelamento; c) sejam observadas as demais regras e condições estabelecidas para uso do FGTS;

u) anualmente, no mês de aniversário do trabalhador, por meio da aplicação dos valores constantes do Anexo da Lei n. 8036/90, observado o disposto no art. 20-D da Lei nº 8.036/90;

v) a qualquer tempo, quando seu saldo for inferior a R$ 80,00 (oitenta reais) e não houver ocorrido depósitos ou saques por, no mínimo, 1 (um) ano, exceto na hipótese prevista no inciso I do § 5º da Lei 8036/90;

w) quando o trabalhador ou qualquer de seus dependentes for, nos termos do regulamento, pessoa com doença rara, consideradas doenças raras aquelas assim reconhecidas pelo Ministério da Saúde, que apresentará, em seu sítio na internet, a relação atualizada dessas doenças.

- **Multa de 40% do FGTS:** na hipótese de despedida pelo empregador sem justa causa, deve depositar na conta vinculada do trabalhador no FGTS importância igual a 40% do montante de todos os depósitos durante a vigência do contrato de trabalho, atualizados monetariamente e acrescidos dos respectivos juros. Inclusive, essa multa é calculada, também, sobre os saques corrigidos monetariamente ocorridos na vigência do contrato de trabalho.

8.2. ESPÉCIES DE ESTABILIDADE E SUAS CONSEQUÊNCIAS

- **Estabilidade definitiva:** consiste em uma limitação ao direito potestativo do empregador e, ao mesmo tempo, um direito do trabalhador de permanecer no emprego, mesmo contra a vontade do empregador (ressalvando a prática de falta grave ou motivo de força maior). Espécies:

a) **Decenal:** até 05.10.88, data da promulgação da atual Carta Magna, o empregado que contasse com mais de 10 anos de serviço na mesma empresa não poderia ser despedido senão por motivo de falta grave ou circunstância de força maior, devidamente comprovadas;

b) **Servidor público celetista da administração direta, autárquica ou fundacional:** é beneficiário da estabilidade prevista no art. 41 da CF/1988. Ao empregado de empresa pública ou de sociedade de economia mista, ainda que admitido mediante aprovação em concurso público, não é garantida a estabilidade prevista no mencionado dispositivo constitucional.

- **Estabilidade provisória: espécies:**

a) **Dirigente sindical:** a administração do sindicato será exercida por uma diretoria constituída de no máximo de 7 e no mínimo de 3 membros e de um Conselho Fiscal composto de três membros, eleitos esses órgãos pela Assembleia Geral. Veda-se a dispensa do empregado sindicalizado, a partir do momento do registro de sua candidatura a cargo de direção ou representação de entidade sindical até um ano após o final do seu mandato, caso seja eleito, inclusive como suplente (inquérito judicial obrigatório);

b) **CIPA:** os titulares da representação dos empregados nas CIPA's e os seus respectivos suplentes não poderão sofrer despedida arbitrária, entendendo-se como tal a que não se fundar em motivo disciplinar, técnico, econômico ou financeiro, salvo se extinto o estabelecimento, pois nesse caso não se verifica a despedida arbitrária (não há necessidade de inquérito judicial);

c) **Gestante:** é vedada a despedida da empregada gestante, desde a confirmação da gravidez até 5 meses após o parto (não há necessidade de inquérito judicial), inclusive em caso de contrato por prazo determinado ou quando a concepção ocorrer durante o período do aviso prévio. A Lei Complementar nº 146/14 estendeu essa estabilidade provisória à pessoa a quem for deferida a guarda da criança no caso de morte da mãe. O Pleno do TST firmou nova tese vinculante de que a garantia de estabilidade provisória à empregada gestante é inaplicável ao regime de trabalho temporário disciplinado pela Lei 6.019/74 (IAC 5639-31.2013.5.12.0051). A estabilidade, contudo, permanece no caso do contrato de experiência, porquanto no contrato de experiência existe a expectativa legítima por um contrato por prazo indeterminado. No contrato temporário, ocorre hipótese diversa – não há perspectiva de indeterminação de prazo.

d) **Empregado acidentado:** O segurado que sofreu acidente do trabalho tem garantida, pelo prazo mínimo de 12 meses, a manutenção do seu contrato de trabalho na empresa, após a cessação do auxílio-doença acidentário, independentemente de percepção de auxílio-acidente (não há necessidade de inquérito judicial), ainda que o contrato tenha sido celebrado por prazo determinado;

e) **Representantes dos empregados membros da Comissão de Conciliação Prévia – CCP:** titulares e suplentes, até um ano após o final do mandato (não há necessidade de inquérito judicial);

f) **Empregados de empresas que sejam eleitos diretores de sociedades cooperativas pelos mesmos,** não abrangendo os membros suplentes (inquérito judicial obrigatório);

g) **Representantes dos empregados, titulares e suplentes, no Conselho Nacional de Previdência Social – CNPS** (inquérito judicial obrigatório);

h) **Representantes dos trabalhadores no Conselho Curador do FGTS**, efetivos e suplentes (processo administrativo obrigatório para rompimento do vínculo).

i) **Empregados com jornada de trabalho temporariamente reduzida:** por conta da adesão do empregador ao Programa Seguro-Emprego – PSE (Lei nº 13.189/15), não podem ser dispensados arbitrariamente ou sem justa causa enquanto vigorar a adesão ao PSE e, após o seu término, durante o prazo equivalente a um terço do período de adesão.

j) **Membro da Comissão de Representantes dos Empregados:** Nos termos do artigo 510-D, §3º, da CLT, inserido pela Lei da Reforma Trabalhista, desde o registro da candidatura até um ano após o fim do mandato, o membro da comissão de representantes dos empregados não poderá sofrer despedida arbitrária, entendendo-se como tal a que não se fundar em motivo disciplinar, técnico, econômico ou financeiro.

9. RESPONSABILIDADE CIVIL DO EMPREGADOR, DANO MORAL E FISCALIZAÇÃO

- **Responsabilidade civil. Conceito:** representa o dever de ressarcir ou de compensar, imposto àquele que, por ação ou omissão, por fato próprio, de terceiro ou de coisas dele dependentes, provoque a diminuição ou alteração no patrimônio material ou moral de alguém.
- **Classificação:** não existe, ontologicamente, distinção entre responsabilidade civil contratual e extracontratual. Todavia, a identificação da espécie de responsabilidade civil é importante para determinar, dentre outros aspectos, a quem pertencerá o ônus da prova da culpa, bem como para fixar a extensão dos seus efeitos:

a) **Contratual:** quando existe um liame prévio entre o ofensor e a vítima, com a fixação pelos próprios interessados dos direitos e deveres de cada contratante. Presume-se a culpa do devedor, salvo prova em contrário.

b) **Extracontratual:** quando o dever de responsabilizar decorre da prática de um ato cujos efeitos não foram previstos pelas interessadas. Constitui encargo do ofendido demonstrar que o agente agiu com culpa, salvo quando há expressa disposição em contrário.

- **A responsabilidade civil também pode ser classificada em objetiva e subjetiva:**

a) **Objetiva:** para sua configuração, não é necessária a presença do elemento subjetivo, seja na modalidade dolo, seja na modalidade culpa.

b) **Subjetiva:** exige que a ação ou omissão do agente ofensor venha acompanhada da intenção de provocar o dano (dolo) com da culpa (negligência, imprudência ou imperícia)

- **Elementos:** Código Civil. Art. 186. Aquele que, por ação ou omissão voluntária, negligência ou imprudência, violar direito e causar dano a outrem, ainda que exclusivamente moral, comete ato ilícito (aquiliana). Código Civil. Art. 389. Não cumprida a obrigação, responde o devedor por perdas e danos, mais juros e atualização monetária segundo índices oficiais regularmente estabelecidos, e honorários de advogado (contratual – inadimplemento):

a) **Ação ou omissão:** a responsabilidade civil requer, necessariamente, a ação ou omissão do ser humano livre, por meio de um ato próprio, de um terceiro a ele vinculado ou mesmo pelo fato da coisa de que é proprietário ou possuidor. Se houve a intenção deliberada de não cumprir a determinação prévia, caracterizado estará o dolo, caso contrário, se por descuido, imperícia ou negligência, deixou de observar o comando prévio, aí a hipótese será de culpa no sentido estrito da palavra.

b) **Culpa:** se houve a intenção deliberada de não cumprir a determinação prévia, caracterizado estará o dolo, caso contrário, se por descuido, imperícia ou negligência, deixou de observar o comando prévio, aí a hipótese será de culpa no sentido estrito da palavra. Esse elemento só é indispensável para caracterização da responsabilidade subjetiva. Nos casos de responsabilidade objetiva, dispensa-se esse requisito.

c) **Nexo de causalidade:** entre o dano efetivo e a ação ou omissão deve haver, sob pena de exclusão da responsabilidade do agente, um elo que é denominado nexo causal. Se o ato ou fato não foi condição necessária ou não contribuiu de qualquer forma para o evento danoso (concausalidade), não há falar-se em responsabilidade civil.

d) **Dano. Dano material:** é a perda, destruição ou diminuição da utilidade de determinado bem ou interesse juridicamente protegido e que tenha conteúdo econômico. **Dano moral (a CLT trata como dano extrapatrimonial):** é aquele que atinge o ofendido como pessoa, não lesando seu patrimônio. Trata-se de violação de bem que integra os direitos da personalidade, causando ao lesado dor, sofrimento, tristeza, vexame e humilhação. O artigo 223-D da CLT enumera os bens juridicamente tutelados inerentes à pessoa jurídica, quais sejam: a imagem, a marca, o nome, o segredo empresarial e o sigilo da correspondência.

- **Critérios para fixação do dano extrapatrimonial:** A Lei da Reforma Trabalhista fixou critérios para arbitramento do valor do dano extrapatrimonial (artigo 223-G da CLT): "I – a natureza do bem jurídico tutelado; II – a intensidade do sofrimento ou da humilhação; III – a possibilidade de superação física ou psicológica; IV – os reflexos pessoais e sociais da ação ou da omissão; V – a extensão e a duração dos efeitos da ofensa; VI – as condições em que ocorreu a ofensa ou o prejuízo moral; VII – o grau de dolo ou culpa; VIII – a ocorrência de retratação espontânea; IX – o esforço efetivo para minimizar a ofensa; X – o perdão, tácito ou expresso; XI – a situação social e econômica das partes envolvidas; XII – o grau de publicidade da ofensa".
- **Valor de indenização:** A Lei da Reforma Trabalhista também inovou ao estabelecer uma espécie de tarifação do dano extrapatrimonial (art. 223-G, §§ 1º ao 3º) impondo um teto para a consequente indenização, de acordo com a respectiva gravidade do dano, assim considerada como leve, média, grave e gravíssima e usando como base de cálculo o salário contratual do empregado. As ADI's 6.050, 6.069 e 6.082 questionam a constitucionalidade dessas limitações, tendo o Rel. Min. Gilmar Mendes proferido voto, que foi acompanhado pela maioria dos seus pares, no sentido de: "1) As redações conferidas aos art. 223-A e 223-B, da CLT, não excluem o direito à reparação por dano moral indireto ou dano em ricochete no âmbito das relações de trabalho, a ser

apreciado nos termos da legislação civil; 2) Os critérios de quantificação de reparação por dano extrapatrimonial previstos no art. 223-G, caput e § 1º, da CLT deverão ser observados pelo julgador como critérios orientativos de fundamentação da decisão judicial. É constitucional, porém, o arbitramento judicial do dano em valores superiores aos limites máximos dispostos nos incisos I a IV do § 1º do art. 223-G, quando consideradas as circunstâncias do caso concreto e os princípios da razoabilidade, da proporcionalidade e da igualdade"

- **Dano moral coletivo**: quando a ofensa atinge os direitos e interesses coletivos sem conteúdo econômico, a indenização também é devida, mas tem como objetivo evitar que condutas semelhantes sejam repetidas. Essa característica revela que a natureza jurídica da indenização por danos morais coletivos é estritamente pedagógica.

- **Causas excludentes da responsabilidade:** previsão legal. Código Civil. Art. 393. O devedor não responde pelos prejuízos resultantes de caso fortuito ou força maior, se expressamente não se houver por eles responsabilizado. Parágrafo único. O caso fortuito ou de força maior verifica-se no fato necessário, cujos efeitos não eram possíveis de se evitar ou impedir.

- **Conceito:** o caso fortuito e a força maior constituem o acontecimento possível, cujo dano provocado não era previsível ou evitável. Conclui-se, assim, que o dano é elemento integrante do conceito da *vis maior* e do *causus*.

- **Responsabilidade do empregador por dano moral ao empregado:** incorre em responsabilidade civil o empregador quando a sua ação ou omissão culposa enseja a efetivação de prejuízo ao patrimônio moral do empregado, devendo compensar o prejuízo respectivo por meio de uma indenização, inclusive com caráter pedagógico.

- **Natureza jurídica da responsabilidade civil do empregador:** as disposições legais específicas e imperativas, que se transmudam em cláusulas contratuais, determinando ao empregador adotar medidas de prevenção contra acidentes no trabalho e observando a dignidade da pessoa humana do trabalhador comprovam que a responsabilidade civil do empregador é do tipo contratual. Isso sem levar em consideração que o dano, quando produzido, ocorre após a efetivação de um liame prévio, representado pelo próprio contrato de trabalho:

- **Consequência imediata:** presunção de culpa do devedor, sendo que, para eximir-se da responsabilidade respectiva, deverá o empregador provar que adotou todas as medidas estabelecidas pela norma protetiva laboral ou que o evento danoso foi decorrente de culpa exclusiva da vítima, do caso fortuito ou da força maior.

- **Responsabilidade civil do empregador em decorrência de acidente do trabalho:**

a) **Cláusula de incolumidade:** o contrato de trabalho, por ser bilateral, origina uma série de obrigações tanto para o empregado quanto para o empregador. Em relação ao primeiro, a obrigação principal consiste em prestar serviços, e, quanto ao segundo, no pagamento de salário. Além das obrigações supramencionadas, o pacto laboral é constituído por outras de natureza acessória, sendo estas últimas definidas por lei, convenções coletivas, acordos coletivos, sentença normativa ou pelo contrato, desde que não contrarie os princípios reguladores do Direito do Trabalho, em face do princípio protetivo que lhe é peculiar. Dentre as cláusulas acessórias, existe uma implícita, mas importante, que impõe ao empregador o dever de proporcionar segurança, higiene e saúde para os seus empregados, também denominada obrigação de custódia, dever de segurança ou cláusula de incolumidade.

b) **Conteúdo mínimo do contrato de trabalho:** as condições contratuais mínimas, determinadas pela lei, convenção coletiva, acordo coletivo ou da sentença normativa formam, consequentemente, o substrato básico do pacto laboral. Assim, mesmo que nada tenha sido expressamente convencionado entre empregador e empregado, subsistirá a obrigação para o primeiro, dentre outras, de pagar um salário mínimo; de remunerar as horas extraordinárias com um acréscimo de 50%, de conceder o gozo de férias depois de decorrido o período aquisitivo de doze meses. Compõem o conteúdo mínimo do pacto laboral, além de outras, as normas de medicina, higiene e segurança do trabalho, que traduzem obrigações de fazer.

- **Discriminação no trabalho:**

a) **Vedações:** I – publicar ou fazer publicar anúncio de emprego no qual haja referência ao sexo, à idade, à cor ou situação familiar, salvo quando a natureza da atividade a ser exercida, pública e notoriamente, assim o exigir; II – recusar emprego, promoção ou motivar a dispensa do trabalho em razão de sexo, idade, cor, situação familiar ou estado de gravidez, salvo quando a natureza da atividade seja notória e publicamente incompatível; III – considerar o sexo, a idade, a cor ou situação familiar como variável determinante para fins de remuneração, formação profissional e oportunidades de ascensão profissional; IV – exigir atestado ou exame, de qualquer natureza, para comprovação de esterilidade ou gravidez, na admissão ou permanência no emprego; V – impedir o acesso ou adotar critérios subjetivos para deferimento de inscrição ou aprovação em concursos, em empresas privadas, em razão de sexo, idade, cor, situação familiar ou estado de gravidez; VI – proceder o empregador ou preposto a revistas íntimas nas empregadas ou funcionárias.

b) **Consequências da despedida em razão de discriminação (Art. 4° da Lei n° 9.029):** o rompimento da relação de trabalho por ato discriminatório, nos moldes desta Lei, além do direito à reparação pelo dano moral, faculta ao empregado optar entre: I – a reintegração com ressarcimento integral de todo o período de afastamento, mediante pagamento das remunerações devidas, corrigidas monetariamente, acrescidas dos juros legais; II – a percepção, em dobro, da remuneração do período de afastamento, corrigida monetariamente e acrescida dos juros legais.

10. ORGANIZAÇÃO E LIBERDADE SINDICAL

- **Princípios do Direito coletivo do trabalho:**
- **Liberdade sindical:** representado pela inexistência de óbices legais para que patrões e empregados possam associar-se para a defesa dos seus interesses, sem qualquer intervenção do Estado. O princípio da liberdade sindical comporta três níveis distintos, a saber;
- **Liberdade de constituição:** não pode haver, por parte do Estado, restrições para a criação, funcionamento, desmembramento ou extinção de uma organização sindical;
- **Liberdade de filiação:** a lei não poderá obstar a filiação, permanência ou desligamento do associado a qualquer sindicato;
- **Liberdade de organização:** não se pode criar embaraço, de qualquer espécie, para o seu funcionamento, ou seja, para a sua organização e administração.
- **Interveniência sindical:** os ajustes celebrados entre os grupos de empregados e empregadores (contrato coletivo, convênio coletivo, acordo coletivo, convenção coletiva etc.), serão válidos somente se forem firmados pelas organizações sindicais, que detêm essa prerrogativa.
- **Autonomia coletiva:** os sindicatos da categoria econômica e profissional encontram-se em uma situação de igualdade no plano fático, podem celebrar ajustes observando o princípio da autonomia da vontade, que nada mais é do que a capacidade que desfruta a entidade sindical de ser sujeito de direitos e obrigações, por meio da manifestação da sua vontade, autorregulando-se.
- **Força normativa:** os ajustes celebrados pelas entidades representativas dos empregados e empregadores adquirem força normativa. Isso quer dizer que os pactos coletivos, independente da denominação estabelecida pelo ordenamento jurídico (no Brasil, convenções ou acordos coletivos de trabalho), adquirem natureza jurídica de norma geral e abstrata, ou seja, criando regras de condutas para os representados.
- **Poder normativo:** é o poder exercido pela Justiça do Trabalho no julgamento dos dissídios coletivos de natureza econômica com vistas a obter uma sentença normativa, fixando novas condições de trabalho para os empregados representados pelo sindicato respectivo.
- **Entidades sindicais:**

a) **Sindicato:** é uma associação para fins de estudo, defesa e coordenação dos interesses econômicos ou profissionais de todos os que, como empregadores, empregados, agentes ou trabalhadores autônomos ou profissionais liberais, exerçam, respectivamente, a mesma atividade ou profissão ou atividades ou profissões similares ou conexas;

b) **Federações:** são organizadas por decisão de sindicatos em número não inferior a 5, desde que representem a maioria absoluta de um grupo de atividades ou de profissões idênticas, similares ou conexas;

c) **Confederações:** são organizadas com o mínimo de 3 federações e têm sede na Capital da República;

d) **Centrais sindicais:** para o exercício das atribuições e prerrogativas sindicais, a central sindical deverá cumprir os seguintes requisitos:

- Filiação de, no mínimo, 100 sindicatos distribuídos nas 5 regiões do País;
- Filiação em pelo menos 3 regiões do País de, no mínimo, 20 sindicatos em cada uma;
- Filiação de sindicatos em, no mínimo, 5 setores de atividade econômica;
- Filiação de sindicatos que representem, no mínimo, 7% do total de empregados sindicalizados em âmbito nacional.

- **Unicidade sindical:** é vedada a criação de mais de uma organização sindical, em qualquer grau, representativa de categoria profissional ou econômica na mesma base territorial, que será definida pelos trabalhadores ou empregadores interessados, não podendo ser inferior à área de um Município.
- **Enquadramento sindical:** é feito baseado, primeiramente, pelo critério de organização empresarial, considerando a atividade econômica preponderante desenvolvida pelas empresas, agrupadas pela identidade, semelhança ou conexão, representando, desse modo, um sindicato vertical:
- **Categoria econômica:** é o vínculo social básico que representa a solidariedade de interesses econômicos dos que empreendem atividades idênticas, similares ou conexas.
- **Categoria profissional:** a similitude de condições de vida oriunda da profissão ou trabalho em comum, em situação de emprego na mesma atividade econômica ou em atividades econômicas similares

ou conexas, compõe a expressão social elementar compreendida como categoria profissional;

- **Categoria profissional diferenciada:** é a que se forma dos empregados que exerçam profissões ou funções diferenciadas por força de estatuto profissional especial ou em consequência de condições de vida singulares;
- **Categorias similares ou conexas:** quando os exercentes de quaisquer atividades ou profissões se constituírem, seja pelo número reduzido, seja pela natureza mesma dessas atividades ou profissões, seja pelas afinidades existentes entre elas, em condições tais que não se possam sindicalizar eficientemente pelo critério de especificidade de categoria, é-lhes permitido sindicalizar-se pelo critério de categorias similares ou conexas, entendendo-se como tais as que se acham compreendidas nos limites de cada grupo constante do quadro de atividades e profissões.
- **Administração do sindicato:** é exercida por uma diretoria constituída de no máximo de 7 e no mínimo de 3 membros e de um Conselho Fiscal composto de 3 membros, eleitos esses órgãos pela Assembleia Geral.
- **Sindicalização no serviço público:** a sindicalização no serviço público garante aos servidores os seguintes direitos, dentre outros:
  a) Ser representado pelo sindicato, inclusive como substituto processual;
  b) Inamovibilidade do dirigente sindical, até um ano após o final do mandato, exceto se a pedido;
  c) Desconto em folha, sem ônus para a entidade sindical a que for filiado, do valor das mensalidades e contribuições definidas em assembleia geral da categoria.
- **Prerrogativas dos sindicatos:**
  a) Celebrar convenções coletivas de trabalho;
  b) Eleger ou designar os representantes da respectiva categoria ou profissão liberal;
  c) Colaborar com o Estado, como órgãos técnicos e consultivos, no estudo e solução dos problemas que se relacionam com a respectiva categoria ou profissão liberal;
  d) Impor contribuições a todos aqueles que participam das categorias econômicas ou profissionais ou das profissões liberais representadas;
  e) Defender os direitos e interesses coletivos ou individuais da categoria, inclusive em questões judiciais ou administrativas;
  f) Instaurar a instância em dissídio coletivo de comum acordo, desde que haja recusa à negociação coletiva ou à arbitragem, podendo a Justiça do Trabalho decidir o conflito, respeitadas as disposições mínimas legais de proteção ao trabalho, bem como as convencionadas anteriormente;
  g) Participação dos trabalhadores e empregadores nos colegiados dos órgãos públicos em que seus interesses profissionais ou previdenciários sejam objeto de discussão e deliberação;
- **Estabilidade:** é vedada a dispensa do empregado sindicalizado ou associado, a partir do momento do registro de sua candidatura a cargo de direção ou representação de entidade sindical ou de associação profissional, até 1 ano após o final do seu mandato, caso seja eleito, inclusive como suplente, salvo se cometer falta grave devidamente apurada por meio de inquérito judicial.
- **Sustentação financeira:**
  a) **Imposto sindical: foi extinto com a Reforma Trabalhista. Até então era** devido por todos aqueles que participarem de uma determinada categoria econômica ou profissional, ou de uma profissão liberal, em favor do sindicato representativo da mesma categoria ou profissão ou, inexistindo este, à federação correspondente à mesma categoria econômica ou profissional.
  b) Contribuição confederativa: a assembleia geral da entidade sindical fixará a contribuição que, em se tratando de categoria profissional, será descontada em folha para custeio do sistema confederativo da representação sindical respectiva, independentemente da contribuição prevista em lei, mas devida apenas aos associados. Segundo a Súmula Vinculante nº 40 do STF: "A contribuição confederativa de que trata o art. 8º, IV, da Constituição Federal, só é exigível dos filiados ao sindicato respectivo".
  c) Taxa assistencial: a taxa assistencial é descontada obrigatoriamente, pelos empregadores, em folha de pagamento dos seus empregados, desde que por eles devidamente autorizados, sendo destinada ao custeio dos serviços assistenciais prestados pelos sindicatos aos seus associados.

11. GREVE

- **Greve:** direito dos trabalhadores e é exercido pelas entidades sindicais. Contudo, para o exercício desse direito a lei impõe alguns requisitos, que adiante serão analisados, consistentes em atos preparatórios como:
  a) Necessidade de prévia negociação coletiva, ou seja, da tentativa de concretizar-se uma autocomposição;
  b) Autorização expressa da assembleia sindical convocada especialmente para esse fim;
  c) Comunicação às empresas da data do início da paralisação.

- **Direito dos grevistas:**
  a) Proibição de rescisão de contrato de trabalho durante a greve;
  b) Emprego de meios pacíficos tendentes a persuadir ou aliciar os trabalhadores a aderirem à greve;
  c) Arrecadação de fundos e a livre divulgação do movimento;
  d) Vedação, às empresas, de adotar meios para constranger o empregado ao comparecimento ao trabalho, bem como capazes de frustrar a divulgação do movimento.
- **Deveres dos grevistas:**
  a) Utilização dos meios adotados não poderão violar ou constranger os direitos e garantias fundamentais de outrem;
  b) As manifestações e atos de persuasão utilizados não poderão impedir o acesso ao trabalho nem causar ameaça ou dano à propriedade ou pessoa.
- **Abuso do direito de greve:** Constitui abuso do direito de greve a inobservância das normas contidas na Lei nº 7.783/89, bem como a manutenção da paralisação após a celebração de acordo, convenção ou decisão da Justiça do Trabalho.
- **Efeitos da greve sobre o contrato de trabalho:** a participação do empregado na greve suspende o contrato de trabalho, devendo as relações obrigacionais durante o período ser regidas pelo acordo, convenção, laudo arbitral ou decisão da Justiça do Trabalho.
- **Greve no serviço público:** a atual Carta Magna garante o direito de greve aos servidores públicos civis e remete a sua regulamentação para lei específica. No julgamento dos Mandados de Injunção de nºs 712 e 670, foi reconhecido que a lei de greve dos empregados da iniciativa privada pode ser utilizada pelos servidores públicos, até que o Congresso Nacional regulamente o dispositivo constitucional específico.
- ***Lokout***: o ordenamento jurídico nacional veda a paralisação das atividades, por iniciativa do empregador, com o objetivo de frustrar negociação ou dificultar o atendimento de reivindicações dos respectivos empregadores.
- **Formalidades da greve:** 1) Real tentativa de negociação coletiva: não é admitida greve quando houver acordo coletivo, convenção coletiva ou sentença normativa em vigor sendo cumpridos. Excepcionalmente a greve é admitida quando houver substancial modificação nas condições de fato. 2) Convocação pelo sindicato de empregados de assembleia geral que deverá definir as reivindicações da categoria e deliberar sobre a paralisação. O estatuto do sindicato deverá tratar das formalidades de convocação, quórum para deliberação e etc. 3) Aviso prévio ao empregador com antecedência mínima de quarenta e oito horas e setenta e duas horas em serviços e atividades essenciais. 4) Atendimento às necessidades inadiáveis quando tratar-se de greve em serviços ou atividades essenciais.
- **Atividades essenciais:** tratamento e abastecimento de água; produção e distribuição de energia elétrica, gás e combustíveis; assistência médica e hospitalar; distribuição e comercialização de medicamentos e alimentos; funerários; transporte coletivo; captação e tratamento de esgoto e lixo; telecomunicações; guarda, uso e controle de substâncias radioativas, equipamentos e materiais nucleares; compensação bancária; processamento de dados ligados a serviços essenciais. ATENÇÃO para as novas atividades consideradas essenciais em razão da alteração da lei de greve: controle de tráfego aéreo e navegação aérea; atividades médico-periciais relacionadas com o regime geral de previdência social e a assistência social; atividades médico-periciais relacionadas com a caracterização do impedimento físico, mental, intelectual ou sensorial da pessoa com deficiência, por meio da integração de equipes multiprofissionais e interdisciplinares, para fins de reconhecimento de direitos previstos em lei, em especial na Lei nº 13.146, de 6 de julho de 2015 (Estatuto da Pessoa com Deficiência); outras prestações médico-periciais da carreira de Perito Médico Federal indispensáveis ao atendimento das necessidades inadiáveis da comunidade; atividades portuárias.

12. CONVENÇÃO COLETIVA E ACORDO COLETIVO DE TRABALHO

- **Instrumentos normativos negociados (contratos coletivos de trabalho):**
- **Convenção coletiva de trabalho:** é o acordo de caráter normativo, pelo qual dois ou mais sindicatos representativos de categorias econômicas e profissionais estipulam condições de trabalho aplicáveis, no âmbito das respectivas representações, às relações individuais de trabalho;
- **Acordo coletivo:** Quando o ajuste sobre novas condições de trabalho é celebrado pelo sindicato representativo de categoria profissional e uma ou mais empresas da correspondente categoria econômica.
- **Natureza jurídica:** os instrumentos normativos negociados (acordo e convenção coletiva de trabalho) assemelham-se a um contrato em sua formação, pois nasce de um encontro de vontades. Mas, na sua essência, a convenção e o acordo coletivo têm natureza jurídica de norma, pois estabelecem condições de trabalho gerais e abstratas, que devem ser seguidas por todos aqueles representados pelos sindicatos que firmaram o ajuste coletivo.
- **Prevalência do negociado x legislado:** O STF fixou a seguinte tese de repercussão geral (tema 1.046):

"São constitucionais os acordos e as convenções coletivas que, ao considerarem a adequação setorial negociada, pactuam limitações ou afastamentos de direitos trabalhistas, independentemente da explicitação especificada de vantagens compensatórias, desde que respeitados os direitos absolutamente indisponíveis".

- **Requisitos de validade:**

a) Os sindicatos só poderão celebrar convenções ou acordos coletivos de trabalho por deliberação de assembleia geral especialmente convocada para esse fim, consoante o disposto nos respectivos estatutos;

b) As convenções e os acordos serão celebrados por escrito, sem emendas nem rasuras, em tantas vias quantos forem os sindicatos convenentes ou as empresas acordantes, além de uma destinada a registro, não sendo permitido estipular duração de convenção ou acordo superior a 2 anos.

- **Conteúdo obrigatório:**

a) Designação dos sindicatos convenentes ou dos sindicatos e empresas acordantes;

b) Prazo de vigência;

c) Categorias ou classes de trabalhadores abrangidas pelos respectivos dispositivos;

d) Condições ajustadas para reger as relações individuais de trabalho durante sua vigência;

e) Normas para a conciliação das divergências surgidas entre os convenentes por motivo da aplicação de seus dispositivos;

f) Disposições sobre o processo de sua prorrogação e de revisão total ou parcial de seus dispositivos;

g) Direitos e deveres dos empregados e das empresas;

h) Penalidades para os sindicatos convenentes, os empregados e as empresas em caso de violação de seus dispositivos.

- **Ultratividade:**

Definição: A ultratividade da norma coletiva significa que as cláusulas previstas em convenções ou acordos coletivos integram os contratos individuais de trabalho mesmo depois de expirada sua validade (prazo máximo de dois anos), e somente poderão ser modificadas ou suprimidas mediante nova negociação coletiva.

Reforma trabalhista: A Lei nº 13.467/17 trouxe a expressa vedação à estipulação de duração superior a 2 anos e vedou, ainda, a ultratividade das normas coletivas (art. 614, §3º da CLT).

ADPF nº 323. No julgamento da ADPF nº 323, o STF fixou a seguinte tese: "É inconstitucional a interpretação jurisprudencial por parte da Justiça do Trabalho que autoriza a aplicação do princípio da ultratividade de normas de acordos e de convenções coletivas".

- **Prorrogação, revisão, denúncia e revogação:** o processo de prorrogação, revisão, denúncia ou revogação total ou parcial de convenção ou acordo ficará subordinado, em qualquer caso, à aprovação de assembleia geral dos sindicatos convenentes ou partes acordantes.

- **Direitos trabalhistas que podem ser negociados:** A Reforma Trabalhista trouxe dispositivos para regulamentar o conteúdo das normas coletivas. O artigo 611-A da CLT contém uma relação de direitos trabalhistas que podem ser negociados por meio de convenção ou acordo coletivo de trabalho, ainda que sejam menos benéficos se comparados com a legislação estatal. Já o art. 611-B da CLT identifica uma série taxativa (extrai-se da expressão "exclusivamente") de direitos trabalhistas que não podem ser reduzidos ou suprimidos por meio de negociação coletiva.

- **Conflito entre normas coletivas:** A redação atual do art. 620, promovida pela Lei nº 13.467/17, é a seguinte: "As condições estabelecidas em acordo coletivo de trabalho sempre prevalecerão sobre as estipuladas em convenção coletiva de trabalho".

13. SEGURANÇA E MEDICINA NO LOCAL DE TRABALHO

- **Obrigações do empregador:**

a) Cumprir e fazer cumprir as normas de segurança e medicina do trabalho;

b) Instruir os empregados, através de ordens de serviço, quanto às precauções a tomar no sentido de evitar acidentes do trabalho ou doenças ocupacionais;

c) Adotar as medidas que lhes sejam determinadas pelo órgão regional competente;

d) Facilitar o exercício da fiscalização pela autoridade competente;

e) Fornecer aos empregados, gratuitamente, equipamento de proteção individual adequado ao risco e em perfeito estado de conservação e funcionamento, sempre que as medidas de ordem geral não ofereçam completa proteção contra os riscos de acidentes e danos à saúde dos empregados.

- **Obrigações do empregado:**

a) Observar as normas de segurança e medicina do trabalho;

b) Colaborar com a empresa na aplicação dos dispositivos legais sobre a medicina e segurança do trabalho, inclusive em relação às instruções fixadas pelo empregador nesse sentido;

c) Usar os equipamentos de proteção individual fornecidos pela empresa.

- **CIPA:** será obrigatória a constituição de Comissão Interna de Prevenção de Acidentes (composta de representantes da empresa e dos empregados), de conformidade com instruções expedidas pelo Ministério do Trabalho, nos estabelecimentos ou locais de obra nelas especificadas. Os representantes dos empregados nas CIPA's não poderão sofrer despedida arbitrária, entendendo-se como tal a que não se fundar em motivo disciplinar, técnico, econômico ou financeiro.
- **Exame médico obrigatório:**

a) Na admissão;

b) Na demissão;

c) No retorno do afastamento;

d) Alteração de função

e) Periodicamente.

14. LEI GERAL DE PROTEÇÃO DE DADOS PESSOAIS – LGPD (LEI Nº 13.709/2018)

Finalidade: A LGPD foi editada com a finalidade de proteger as liberdades e direitos fundamentais, trazer segurança jurídica aos atores envolvidos no mundo da coleta, armazenamento e uso de dados (digitais ou não), e para estabelecer regras de proteção de dados e critérios no tratamento desses dados pessoais (art. 1º).

Vigência: A LGPD entrou em vigor no dia 18/09/2020, mas as sanções administrativas previstas pelo descumprimento da LGPD somente entrarão em vigor no dia 1º de agosto de 2021. Em 25.10.2022 foi sancionada a Lei n. 14.460, que transformou a Autoridade Nacional de Proteção de Dados - ANPD em autarquia de natureza especial, alterou e revogou alguns dispositivos da LGPD.

Aplicação ao Direito do Trabalho: Apesar de não existir expressa previsão na lei, a LGPD aplica-se ao Direito do Trabalho porque o art. 1º deixa clara a sua aplicação para proteger os dados de pessoas naturais que sejam tratados por pessoas físicas ou jurídicas de direito público ou privado. Como existe constantemente o tratamento de dados dos empregados e demais prestadores de serviços em todas as fases da contratação, a LGPD é aplicável ao Direito do Trabalho.

Inaplicabilidade:

– para dados de pessoa jurídica;

– para tratamento de dados pessoais realizado por pessoa natural para fins exclusivamente particulares e não econômicos ou realizado para fins exclusivamente jornalísticos, artísticos ou acadêmicos;

– para fins exclusivos de: Segurança Pública; Defesa Nacional e segurança do Estado ou atividades de investigação e repressão de infrações penais; ou provenientes de fora do território nacional e que não sejam objeto de comunicação, uso compartilhado de dados com agentes de tratamento brasileiros ou transferência internacional de dados com outro país que não o de proveniência, desde que o país de proveniência proporcione grau de proteção de dados pessoais adequado ao previsto.

Fundamentos: I – O respeito à privacidade; II – A autodeterminação informativa; (que significa que o indivíduo, titular de dados pessoais, deve ter controle, ou ao menos plena transparência, sobre a destinação dada às suas informações pessoais, bem como das metodologias utilizadas para tanto); III – A liberdade de expressão, de informação, de comunicação e de opinião; IV – A inviolabilidade da intimidade, da honra e da imagem; V – O desenvolvimento econômico e tecnológico e a inovação; VI – A livre iniciativa, a livre concorrência e a defesa do consumidor; VII – Os direitos humanos, o livre desenvolvimento da personalidade, a dignidade e o exercício da cidadania pelas pessoas naturais.

Princípios: Além da boa-fé, são princípios da LGPD: I – Finalidade: realização do tratamento para propósitos legítimos, específicos, explícitos e informados ao titular, sem possibilidade de tratamento posterior de forma incompatível com essas finalidades; II – Adequação: compatibilidade do tratamento com as finalidades informadas ao titular, de acordo com o contexto do tratamento; III – Necessidade: limitação do tratamento ao mínimo necessário para a realização de suas finalidades, com abrangência dos dados pertinentes, proporcionais e não excessivos em relação às finalidades do tratamento de dados; IV – Livre acesso: garantia, aos titulares, de consulta facilitada e gratuita sobre a forma e a duração do tratamento, bem como sobre a integralidade de seus dados pessoais; V – Qualidade de dados: garantia, aos titulares, de exatidão, clareza, relevância e atualização dos dados, de acordo com a necessidade e para o cumprimento da finalidade de seu tratamento; VI – Transparência: garantia, aos titulares, de informações claras, precisas e facilmente acessíveis sobre a realização do tratamento e os respectivos agentes de tratamento, observados os segredos comercial e industrial; VII – Segurança: utilização de medidas técnicas e administrativas aptas a proteger os dados pessoais de acessos não autorizados e de situações acidentais ou ilícitas de destruição, perda, alteração, comunicação ou difusão; VIII – Prevenção: adoção de medidas para prevenir a ocorrência de danos em virtude do tratamento de dados pessoais; IX – Não discriminação: impossibilidade de realização do tratamento para fins discriminatórios ilícitos ou abusivos; X – Responsabilização e prestação de contas: demonstração, pelo agente, da adoção de medidas eficazes e capazes de comprovar a observância e o cumprimento das normas de proteção de dados pessoais e, inclusive, da eficácia dessas medidas.

Dados pessoais e dados pessoais sensíveis: Os **dados pessoais** são as informações relacionadas a pessoa natural identificada ou identificável. Os **dados sensíveis** são os que revelam origem racial ou étnica, convicções religiosas ou filosóficas, opiniões políticas, filiação sindical, questões genéticas, biométricas e sobre a saúde ou a vida sexual de uma pessoa, e que têm alto poder de causar discriminação.

Tratamento de dados: é toda operação realizada com dados pessoais, como as que se referem a coleta, produção, recepção, classificação, utilização, acesso, reprodução, transmissão, distribuição, processamento, arquivamento, armazenamento, eliminação, avaliação ou controle da informação, modificação, comunicação, transferência, difusão ou extração.

Sujeitos do tratamento de dados: Titular de dados pessoais: pessoa natural a quem se referem os dados pessoais que são objeto de tratamento. **Controlador:** pessoa natural ou jurídica a quem compete as decisões referentes ao tratamento de dados. **Operador:** pessoa natural ou jurídica a que realiza o tratamento de dados em nome do controlador. Na relação de emprego, o empregador sempre será o controlador e poderá ou não existir o operador, caso o patrão contrate alguém para tratar os dados pessoais em seu nome.

Responsabilidades: O operador responde **solidariamente** pelos danos causados pelo tratamento quando descumprir as obrigações legais ou quando não tiver seguido as instruções licitas do controlador, hipótese em que o operador equipara-se ao controlador (art. 42, §1º, I, LGPD).

Pré-contrato: com a obtenção de dados de identificação, currículo, referências do candidato à vaga de emprego, dentre outros. Nessa fase é proibida a coleta de dados que possam gerar qualquer critério discriminatório entre os candidatos, como, por exemplo, solicitação de exames de gravidez, toxicológico, exames de sangue, atestado de antecedentes criminais e análise de crédito (débito). Destaque-se que o exame de gravidez e a análise de crédito (débito) – mesmo para trabalho em instituições financeiras – são proibidos (art. 2° da Lei n. 9.029/95 e acórdão do TST no Processo n. 1109-68.2012.5.10.0020). Existem exceções legais, ex. exame toxicológico para o motorista profissional (artigo 168, § 6°, da CLT) e atestado de antecedentes criminais que é obrigatório para quem trabalha como vigilante (artigos 12 e 16, VI, da Lei n. 7.102/1983 c/c art. 4°, I da Lei n. 10.826/2003). A exigência de certidão de antecedentes criminais somente se justifica em casos excepcionais, em virtude da existência de lei, natureza do ofício ou elevado grau de fidúcia (Tese jurídica fixada em decisão vinculante do TST no RR 243000-58.2013.5.13.0023). A empresa precisará informar claramente aos candidatos não selecionados a política de utilização dos dados que foram fornecidos e, principalmente, o que será feito com os dados e documentos daqueles que não foram selecionados. As empresas devem exigir o consentimento do candidato quanto à possibilidade de manutenção de seu currículo na base de dados da empresa ou a necessidade de sua eliminação. A empresa não pode utilizar os dados presentes nos currículos, como a comercialização ou transferência para terceiros, sem o consentimento expresso do titular ainda que seja autorizado o seu armazenamento na empresa.

- **Durante o contrato de trabalho:** dados para registro de empregados, dados bancários para pagamento de salários, filiação sindical, exames ocupacionais, atestados médicos, dentre outros. Um tema importante é o uso de dados biométricos dos empregados, o que é muito comum para registro de ponto. Os dados biométricos são dados sensíveis e, portanto, exigem autorização prévia e expressa de cada trabalhador para uso, além do que sua utilização deve se restringir ao fim a que se destina, sendo vedada para outra finalidade sem o consentimento expresso do trabalhador.

Pós-contrato: com o armazenamento das informações dos antigos empregados para fins trabalhistas, previdenciários e para disponibilização aos órgãos públicos de fiscalização. Com base no art. 16, I, da LGPD, o empregador poderá manter os dados dos empregados com a função de cumprimento de obrigação legal ou regulatória pelo controlador, ainda que haja pedido de eliminação pelo trabalhador. A manutenção desses dados não autoriza a sua divulgação para terceiros, especialmente se puder trazer prejuízos ao titular. Podemos citar como exemplo os dados envolvendo dispensa por justa causa que não poderá ser transmitido a terceiros sob pena de trazer prejuízos ao empregado que busca se reposicionar no mercado de trabalho.

Término do tratamento de dados: I – Verificação de que a finalidade foi alcançada ou de que os dados deixaram de ser necessários ou pertinentes ao alcance da finalidade específica almejada; (controlador); II – Fim do período de tratamento; (controlador ou lei, regimento); III – Comunicação do titular, inclusive no exercício de seu direito de revogação do consentimento conforme disposto no § 5º do artigo 8º da LGPD, resguardado o interesse público; IV – determinação da autoridade nacional, quando houver violação ao disposto nesta lei.

Após a verificação dessas causas acima destacadas, os dados pessoais devem ser eliminados. Contudo o artigo 16 da LGPD autoriza a sua conservação em algumas hipóteses.

15. LEIS Nº 14.010 E 14.020/20. MEDIDAS PARA ENFRENTAMENTO DA PANDEMIA

LEI Nº 14.010/20. REGIME JURÍDICO EMERGENCIAL E TRANSITÓRIO DAS RELAÇÕES JURÍDICAS DE DIREITO PRIVADO (RJET)

Assembleia virtual: Os sindicatos (assim como toda pessoa jurídica de direito privado) deverão observar as restrições à realização de reuniões e assembleias presenciais até 30 de outubro de 2020, observadas as determinações sanitárias das autoridades locais. A assembleia geral, inclusive para os fins do art. 59 do Código Civil, até 30 de outubro de 2020, poderá ser realizada por meios eletrônicos, independentemente de previsão nos atos constitutivos da pessoa jurídica. Os participantes poderão se manifestar por qualquer meio eletrônico indicado pelo administrador, que assegure a identificação do participante e a segurança do voto, e a manifestação produzirá todos os efeitos legais de uma assinatura presencial.

Prescrição: O artigo 3º da Lei n. 14.010/20 estabelece que "os prazos prescricionais consideram-se impedidos ou suspensos, conforme o caso, a partir da entrada em vigor desta lei até 30 de outubro de 2020". Com isso, a lei reconheceu que, em virtude da peculiaridade da situação enfrentada com a pandemia (que levou à quarentena, isolamento social, etc.), não se pode impor ao credor a inércia caracterizadora da prescrição. A Lei n. 14.010/20 delimita a suspensão ou impedimento do prazo prescricional entre 12 de junho e 30 de outubro, muito embora o parágrafo único de seu artigo 1º tenha fixado o dia 20 de março "como termo inicial dos eventos derivados da pandemia do coronavírus (Covid-19). O §1º do artigo 3º estabelece que o impedimento ou a suspensão não se aplicam enquanto perdurarem outras hipóteses específicas de impedimento, suspensão e interrupção dos prazos prescricionais previstas no ordenamento jurídico nacional. Assim, a previsão da Lei n. 14.010/20 é de suspensão para os prazos que estão transcorrendo normalmente.

LEI Nº 14.020/20. PROGRAMA EMERGENCIAL DE MANUTENÇÃO DO EMPREGO E DA RENDA.

Aplicação: Esse programa aplica-se a qualquer empregador privado, não se aplicando para a Administração pública direta e indireta e aos organismos internacionais. A lei permite a adoção parcial do programa dentro da mesma empresa, ou seja, abarcar apenas parte dos empregados (as medidas de proteção do emprego e da renda podem se dar "de forma setorial, departamental, parcial ou na totalidade dos postos de trabalho").

Cabimento: O Benefício Emergencial de Preservação do Emprego e da Renda (BEm) deve ser pago em duas situações: quando houver redução proporcional de jornada de trabalho e de salário e nos casos de suspensão temporária do contrato de trabalho. Não terá direito de receber o BEm os empregados que se encontrem ocupando cargo ou emprego público, recebendo benefício do INSS, recebendo seguro desemprego, ou esteja recebendo bolsa de qualificação profissional de que trata o art. 2º-A da Lei nº 7.998, de 1990. Os empregados que possuírem mais de um vínculo de emprego terão direito de receber o benefício de cada vínculo de emprego em que o empregador aderir ao Programa, previsto na Lei nº 14.020/2020. A exceção se dá para os empregados com mais de um vínculo na modalidade de trabalho intermitente (previsto no art. 443, § 3º da CLT), onde será assegurado apenas um benefício ao trabalhador, no valor correspondente a R$ 600,00 (§ 3º do art. 6º c/c art. 18). A Lei nº 14.020/2020 trouxe a expressa permissão de que empregador e empregado, de comum acordo, cancelem o aviso prévio que esteja em curso para aderir ao Programa Emergencial de Manutenção do Emprego e da Renda (art. 23).

REDUÇÃO DO SALÁRIO E DA JORNADA (ART. 7º DA LEI 14020/2020):

É permitido aos empregadores reduzir a jornada de trabalho contratual de seus empregados e, na mesma proporção, o valor dos salários, desde que mantido o valor do salário hora do empregado. Exemplo: O empregado que recebe salário de R$ 2.200,00 com jornada mensal de 220 horas (que corresponde ao trabalho de 44 horas na semana) tem o salário-hora correspondente a R$ 10,00. Adotando o Programa, se o empregador reduzir a jornada semanal pela metade (22 horas) poderá reduzir o salário mensal pela metade também (R$ 1.100,00), já que será mantido o valor do salário hora em R$ 10,00. O que é proibida é a redução da jornada em 50% e a redução do salário em outro percentual maior, como 70%, por exemplo.

Faixas de redução: O Programa trata apenas três níveis de redução da jornada e dos salários, sendo que, se a redução for em níveis diferentes, o valor do benefício pago pelo Governo será limitado a três faixas de redução: 25%, 50% ou 70%.

Encerramento: Com o término do período de calamidade pública; quando atingido o termo final estabelecido entre as partes; de forma unilateral pelo empregador para encerrar a medida antes do termo final inicialmente ajustado. O restabelecimento da jornada e salário integral será feito em até dois dias após a data de término da medida.

SUSPENSÃO TEMPORÁRIA DO CONTRATO DE TRABALHO (ART. 8º DA LEI 14020/2020)

A Lei 14.020 trouxe a previsão da suspensão do contrato de trabalho por até 60 (sessenta) dias, o que foi elastecido para até 240 (duzentos e quarenta) dias, conforme previsão contida no Decreto nº 10.517/20. Durante o período de suspensão do contrato de trabalho o empregador deverá assegurar ao empregado todos os benefícios concedidos habitualmente em razão do emprego, como por exemplo, planos de saúde, vale alimentação, vale refeição, vale combustível, etc. A empresa que tiver auferido receita bruta superior a R$ 4.800.000,00 no ano-calendário de 2019, somente poderá adotar a suspensão do contrato de trabalho de seus empregados se efetuar o pagamento de uma ajuda compensatória mensal correspondente a, no mínimo, 30% do valor do salário do empregado. Essa ajuda será devida durante o período que durar a suspensão do contrato de trabalho.

Descaracterização: A suspensão do contrato restará descaracterizada se houver qualquer tipo de trabalho por parte do empregado, em favor do empregador, durante o período de suspensão do contrato, ainda que de forma parcial e/ou por meio de trabalho remoto. Nesse caso, o empregador deverá pagar de forma imediata e integral todos os valores de remuneração devidos ao empregado, acrescidos dos respectivos encargos sociais (INSS, FGTS, etc.). Além disso, o empregador ficará sujeito às penalidades legais e também aquelas previstas em normas coletivas de trabalho (CCT e ACT).

Encerramento: Com o término do período de calamidade pública; quando atingido o termo final estabelecido entre as partes; em caso de decisão do empregador de suspender a medida antes do termo final inicialmente ajustado, havendo o restabelecimento do contrato de trabalho em até dois dias após a data de término da medida.

Forma de implantação (art. 12 da Lei 14020/2020): a pactuação por acordo individual escrito para os empregados de empregadores que tenham auferido no ano calendário 2019 receita bruta superior a R$ 4.800.000,00, poderá ocorrer quando o salário mensal do trabalhador for igual ou inferior a R$ 2.090,00, bem como, para aqueles empregados com diploma de nível superior e salário com valor igual ou superior a duas vezes o teto do INSS.

Na hipótese de a receita do empregador ser inferior a R$ 4.800.000,00 no ano calendário 2019, os empregados com salário mensal igual ou inferior a R$ 3.135,00, e ainda aqueles com diploma de nível superior e salário com valor igual ou superior a duas vezes o teto do INSS, podem aderir ao programa por acordo individual escrito.

Qualquer empregado pode firmar por acordo individual escrito a redução da jornada e salário correspondente a 25%, independentemente da faixa de remuneração do empregado.

Quando não houver diminuição do valor total recebido mensalmente pelo empregado por conta da adesão ao Programa, a adesão poderá ocorrer por acordo individual escrito (§ 1º, II do art. 12). Para tanto, o valor pago pelo empregador – seja a título de salário para o caso de redução da jornada, seja a título de complementação para o caso de suspensão do contrato – somado ao valor do benefício pago pelo Governo, deverá corresponder ao salário que o empregado receberia sem adesão ao Programa.

Para as situações que não se enquadrem em nenhuma das hipóteses anteriores, a pactuação deverá ser realizada mediante **negociação coletiva** (convenção ou acordo coletivo de trabalho), inclusive estabelecendo percentuais de redução de jornada de trabalho e de salário diferentes dos previstos expressamente na Lei.

Todavia, caso sejam estabelecidos percentuais diferentes daqueles previstos na Lei nº 14.020/2020 (25%, 50% e 70%), o valor do benefício será limitado a referidos percentuais.

Outras inovações trazidas pela Lei 14020/2020:

- possibilidade de que os acordos individuais ocorram por qualquer meio físico ou eletrônico considerado eficaz, o que permite concluir pela utilização de e-mail e mensagem por WhatsApp, por exemplo.
- permissão de que empregados aposentados sejam abrangidos pela suspensão temporária do contrato de trabalho ou redução proporcional de jornada e salário. Nesse caso, é necessário que o empregador pague ao empregado, a título de ajuda mensal, o valor mínimo correspondente ao que o empregado receberia a título de Benefício (BEm). Afinal, já estando aposentado, o empregado não tem direito de receber valores do Governo a título de pagamento do BEm (art. 6º, § 2º, II, "a").

Comunicação ao sindicato: Os acordos individuais celebrados para a redução de jornada de trabalho e de salário ou de suspensão temporária do contrato de trabalho obrigatoriamente deverão ser comunicados pelos empregadores, ao respectivo sindicato dos empregados, no prazo máximo de até 10 dias corridos, contado da data de celebração do acordo.

Conflito entre acordo individual e norma coletiva de trabalho superveniente: Se, após a pactuação de acordo individual para adoção das medidas aqui estudadas, houver a celebração de instrumento normativo (convenção coletiva ou acordo coletivo), com cláusulas conflitantes com as do acordo individual, deverão ser observadas as seguintes regras: I – a aplicação das condições estabelecidas no acordo individual em relação ao período anterior ao da negociação coletiva; II – a partir da entrada em vigor do instrumento normativo, irá prevalecer as regras nele previstas naquilo em que conflitarem com as condições estipuladas no acordo individual.

Quando as condições do acordo individual forem mais favoráveis ao trabalhador, prevalecerão sobre a negociação coletiva.

Valor do Benefício Emergencial (art. 6º da Lei 14020/2020): O valor do BEm será calculado com base no valor que o empregado receberia a título de seguro desemprego. Em caso de redução de jornada, o benefício corresponderá ao percentual de redução da jornada (25%, 50% ou 70%) que será multiplicado pelo valor que o empregado receberia a título de seguro desemprego. Em caso de suspensão do contrato de trabalho, o valor do benefício corresponderá a 100% do valor do seguro desemprego como regra geral. Para os empregados de empregadores com receita bruta superior a R$ 4.800.000,00 no ano-calendário de 2019 que optarem pela suspensão dos contratos de trabalho, o valor do benefício corresponderá a 70% do valor do seguro desemprego a que o empregado teria direito. Isto porque, para referido grupo de empregados, a empresa deve manter uma ajuda correspondente a no mínimo 30% do salário.

O valor do seguro desemprego nunca será inferior ao salário mínimo nacional (atualmente em R$ 1.045,00). Além disso, possui um teto (valor máximo) correspondente a R$ 1.813,03, nos termos da Resolução CODEFAT nº 707 de 10 janeiro de 2013 e Portaria nº 914 de 13 de janeiro de 2020 do Ministério da Economia.

O recebimento do Benefício Emergencial de Preservação do Emprego e da Renda não impedirá a concessão e não alterará o valor do seguro-desemprego a que o empregado vier a ter direito.

Em caso de pagamento indevido ou além do devido do Benefício Emergencial esses créditos serão inscritos em dívida ativa da União.

O Benefício Emergencial será pago ao empregado independentemente do cumprimento de qualquer período aquisitivo; tempo de vínculo empregatício; e número de salários recebidos.

Prazos: O Benefício Emergencial de Preservação do Emprego e da Renda é custeado pela União e pago de forma mensal a contar do início da redução da jornada e salário ou da suspensão temporária do contrato de trabalho. Seu pagamento acontecerá exclusivamente enquanto durar a redução da jornada de trabalho e do salário ou a suspensão temporária do contrato de trabalho.

Prestação de informações: O empregador informará ao Ministério da Economia a redução da jornada de trabalho e do salário ou a suspensão temporária do contrato de trabalho, no prazo de 10 (dez) dias, contado da data da celebração do acordo. Se esse prazo não for observado, são previstas as seguintes consequências: I – o empregador ficará responsável pelo pagamento da remuneração normal do empregado, inclusive dos respectivos encargos sociais e trabalhistas, até que a informação seja prestada; II – a data de início do Benefício Emergencial de Preservação do Emprego e da Renda será fixada na data em que a informação tenha sido efetivamente prestada, e o benefício será devido pelo restante do período pactuado; e III – a primeira parcela, observado o disposto no inciso II deste parágrafo, será paga no prazo de 30 (trinta) dias, contado da data em que a informação tiver sido efetivamente prestada.

Pagamento de ajuda mensal pelo empregador (art. 9º da Lei 14020/2020): O empregador poderá manter o pagamento de ajuda mensal compensatória aos empregados submetidos ao Programa, sem que isso implique na perda do direito do empregado em receber o benefício. O pagamento dessa ajuda mensal deverá constar de forma expressa no acordo celebrado entre empregador e empregado e possuirá natureza indenizatória, ou seja, não sofrerá incidência de encargos trabalhistas (INSS, FGTS, férias, décimo terceiro, etc.), nem tributários (incidência de imposto de renda para o empregado). Na hipótese de redução da jornada de trabalho e do respectivo salário, a ajuda aqui tratada não integrará o salário devido ao empregado, sendo um plus ao pagamento do salário e demais benefícios.

Garantia provisória de emprego (art. 10 da Lei 14020/2020): Aos trabalhadores submetidos ao Programa, fica assegurada a estabilidade no emprego durante a vigência das medidas, bem como, por igual período, após o restabelecimento das condições originárias do contrato de trabalho. O descumprimento do período de garantia de emprego implicará ao empregador ao pagamento de uma indenização em favor do empregado, a qual pode chegar a 100% do salário a que o empregado teria direito durante o período de garantia provisória no emprego. A garantia provisória no emprego não se aplica para os casos de pedido de demissão ou por justa causa aplicada pelo empregador.

Deficientes: há vedação à dispensa sem justa causa dos empregados portadores de deficiência, durante o período de calamidade pública decorrente da pandemia do coronavírus, que foi reconhecido pelo Decreto Legislativo nº 6 de 20/03/2020 (art. 17, V).

Fato do Príncipe (art. 486 da CLT e art. 29 da Lei 14020/2020): Fato do Príncipe (*factum principis*) trata-se de uma situação prevista na CLT, em seu artigo 486: " No caso de paralisação temporária ou definitiva do trabalho, motivada por ato de autoridade municipal, estadual ou federal, ou pela promulgação de lei ou resolução que impossibilite a continuação da atividade, prevalecerá o pagamento da indenização, que ficará a cargo do governo responsável."

O artigo versa sobre uma situação excepcional, onde caso a empresa seja submetida a um prejuízo financeiro desproporcional, decorrente do acatamento de medidas determinadas pelas autoridades governamentais, sem prescindir da cautela e de apreciação técnica devida, poderá ela rescindir os contratos de seus empregados tendo como fundamentação o "Fato do Príncipe".

A Lei 14.020 trouxe expressamente a vedação da aplicação do Fato do Príncipe prevista no art. 486 da CLT, na hipótese de paralisação ou suspensão de atividades empresariais determinada por ato de autoridade municipal, estadual ou federal para o enfrentamento do estado de calamidade pública reconhecido pelo Decreto Legislativo nº 6, de 20 de março de 2020, e da emergência de saúde pública de importância internacional decorrente do coronavírus, de que trata a Lei nº 13.979, de 6 de fevereiro de 2020 (artigo 29).

16. LEI Nº 14.128/2021 – COMPENSAÇÃO FINANCEIRA AOS TRABALHADORES DE SAÚDE DA PANDEMIA

Em 26/03/2021 foi publicada e entrou em vigor a Lei nº 14.128/2021.

Essa lei institui uma compensação que será paga pela União ao profissional de saúde que for permanentemente incapacitado pelo trabalho ou falecer por Covid, desde que ele tenha atuado no atendimento a pacientes com a Covid. É uma compensação/indenização independentemente da questão previdenciária.

A lei também alterou a Lei nº. 605/49, para prever que: "durante período de emergência em saúde pública decorrente da Covid-19, a imposição de isolamento dispensará o empregado da comprovação de doença por 7 (sete) dias.

✦ SÚMULAS APLICÁVEIS

1. TEORIA GERAL DO DIREITO DO TRABALHO (INDIVIDUAL E COLETIVO)

- **Súmula nº 445 do TST.** INADIMPLEMENTO DE VERBAS TRABALHISTAS. FRUTOS. POSSE DE MÁ-FÉ. ART. 1.216 DO CÓDIGO CIVIL. INAPLICABILIDADE AO DIREITO DO TRABALHO. A indenização por frutos percebidos pela posse de má-fé, prevista no art. 1.216 do Código Civil, por tratar-se de regra afeta a direitos reais, mostra-se incompatível com o Direito do Trabalho, não sendo devida no caso de inadimplemento de verbas trabalhistas.
- **Súmula nº 54 do TST. OPTANTE (mantida)** – Res. 121/2003, DJ 19, 20 e 21.11.2001. Rescindindo por acordo seu contrato de trabalho, o empregado estável optante tem direito ao mínimo de 60% (sessenta por cento) do total da indenização em dobro, calculada sobre o maior salário percebido no emprego. Se houver recebido menos do que esse total, qualquer que tenha sido a forma de transação, assegura-se-lhe a complementação até aquele limite.
- **Súmula nº 437 do TST.** INTERVALO INTRAJORNADA PARA REPOUSO E ALIMENTAÇÃO. APLICAÇÃO DO ART. 71 DA CLT (conversão das Orientações Jurisprudenciais nºs 307, 342, 354, 380 e 381 da SBDI-1) – Res. 185/2012, DEJT divulgado em 25, 26 e 27.09.2012. II – É inválida cláusula de acordo ou convenção coletiva de trabalho contemplando a supressão ou redução do intervalo intrajornada porque este constitui medida de higiene, saúde e segurança do trabalho, garantido por norma de ordem pública (art. 71 da CLT e art. 7º, XXII, da CF/1988), infenso à negociação coletiva.
- **OJ nº 160. SDI-1 do TST.** DESCONTOS SALARIAIS. AUTORIZAÇÃO NO ATO DA ADMISSÃO. VALIDADE (inserida em 26.03.1999). É inválida a presunção de vício de consentimento resultante do fato de ter o empregado anuído expressamente com descontos salariais na oportunidade da admissão. É de se exigir demonstração concreta do vício de vontade.
- **OJ nº 270. SDI-1 do TST.** PROGRAMA DE INCENTIVO À DEMISSÃO VOLUNTÁRIA. TRANSAÇÃO EXTRAJUDICIAL. PARCELAS ORIUNDAS DO EXTINTO CONTRATO DE TRABALHO. EFEITOS (inserida em 27.09.2002). A transação extrajudicial que importa rescisão do contrato de trabalho ante a adesão do empregado a plano de demissão voluntária implica quitação exclusivamente das parcelas e valores constantes do recibo. Observação: segundo decisão do STF, com repercussão geral declarada, é válida a cláusula que dá quitação ampla e irrestrita de todas as parcelas decorrentes do contrato de emprego, desde que conste de acordo coletivo de trabalho e dos demais instrumentos assinados pelo empregado (RE 590415).
- **OJ nº 356. SDI-1 do TST.** PROGRAMA DE INCENTIVO À DEMISSÃO VOLUNTÁRIA (PDV). CRÉDITOS TRABALHISTAS RECONHECIDOS EM JUÍZO. COMPENSAÇÃO. IMPOSSIBILIDADE (DJ 14.03.2008). Os créditos tipicamente trabalhistas reconhecidos em juízo não são suscetíveis de compensação com a indenização paga em decorrência de adesão do trabalhador a Programa de Incentivo à Demissão Voluntária (PDV).
- **OJ nº 30. SDC DO TST.** ESTABILIDADE DA GESTANTE. RENÚNCIA OU TRANSAÇÃO DE DIREITOS CONSTITUCIONAIS. IMPOSSIBILIDADE (republicada em decorrência de erro material) – DEJT divulgado em 19, 20 e 21.09.2011. Nos termos do art. 10, II, "b", do ADCT, a proteção à maternidade foi erigida à hierarquia constitucional, pois retirou do âmbito do direito potestativo do empregador a possibilidade de despedir arbitrariamente a empregada em estado gravídico. Portanto, a teor do artigo 9º da CLT, torna-se nula de pleno direito a cláusula que estabelece a possibilidade de renúncia ou transação, pela gestante, das garantias referentes à manutenção do emprego e salário.

1.1. PRINCÍPIOS DE DIREITO INDIVIDUAL E COLETIVO DO TRABALHO

- **Súmula nº 12 do TST.** CARTEIRA PROFISSIONAL (mantida) – Res. 121/2003, DJ 19, 20 e 21.11.2003. As anotações apostas pelo empregador na carteira profissional do empregado não geram presunção "juris et de jure", mas apenas "juris tantum".
- **Súmula nº 51 do TST.** NORMA REGULAMENTAR. VANTAGENS E OPÇÃO PELO NOVO REGULAMENTO. ART. 468 DA CLT (incorporada a Orientação Jurisprudencial nº 163 da SBDI-1) – Res. 129/2005, DJ 20, 22 e 25.04.2005. I – As cláusulas regulamentares, que revoguem ou alterem vantagens deferidas anteriormente, só atingirão os trabalhadores admitidos após a revogação ou alteração do regulamento. (ex-Súmula nº 51 – RA 41/1973, DJ 14.06.1973). II – Havendo a coexistência de dois regulamentos da empresa, a opção do empregado por um deles tem efeito jurídico de renúncia às regras do sistema do outro. (ex-OJ nº 163 da SBDI-1 – inserida em 26.03.1999).
- **Súmula nº 77 do TST.** PUNIÇÃO (mantida) – Res. 121/2003, DJ 19, 20 e 21.11.2003. Nula é a punição de empregado se não precedida de inquérito ou sin-

dicância internos a que se obrigou a empresa por norma regulamentar.

- **Súmula nº 202 do TST.** GRATIFICAÇÃO POR TEMPO DE SERVIÇO. COMPENSAÇÃO (mantida) – Res. 121/2003, DJ 19, 20 e 21.11.2003. Existindo, ao mesmo tempo, gratificação por tempo de serviço outorgada pelo empregador e outra da mesma natureza prevista em acordo coletivo, convenção coletiva ou sentença normativa, o empregado tem direito a receber, exclusivamente, a que lhe seja mais benéfica.
- **Súmula nº 212 do TST**. DESPEDIMENTO. ÔNUS DA PROVA (mantida) – Res. 121/2003, DJ 19, 20 e 21.11.2003. O ônus de provar o término do contrato de trabalho, quando negados a prestação de serviço e o despedimento, é do empregador, pois o princípio da continuidade da relação de emprego constitui presunção favorável ao empregado.
- **Súmula nº 288 do TST.** COMPLEMENTAÇÃO DOS PROVENTOS DA APOSENTADORIA (nova redação para o item I e acrescidos os itens III e IV em decorrência do julgamento do processo TST-E-ED-RR-235-20.2010.5.20.0006 pelo Tribunal Pleno em 12.04.2016) – Res. 207/2016, DEJT divulgado em 18, 19 e 20.04.2016 I – A complementação dos proventos de aposentadoria, instituída, regulamentada e paga diretamente pelo empregador, sem vínculo com as entidades de previdência privada fechada, é regida pelas normas em vigor na data de admissão do empregado, ressalvadas as alterações que forem mais benéficas (art. 468 da CLT). II – Na hipótese de coexistência de dois regulamentos de planos de previdência complementar, instituídos pelo empregador ou por entidade de previdência privada, a opção do beneficiário por um deles tem efeito jurídico de renúncia às regras do outro. III – Após a entrada em vigor das Leis Complementares nºs 108 e 109, de 29/05/2001, reger-se-á a complementação dos proventos de aposentadoria pelas normas vigentes na data da implementação dos requisitos para obtenção do benefício, ressalvados o direito adquirido do participante que anteriormente implementara os requisitos para o benefício e o direito acumulado do empregado que até então não preenchera tais requisitos. IV – O entendimento da primeira parte do item III aplica-se aos processos em curso no Tribunal Superior do Trabalho em que, em 12/04/2016, ainda não haja sido proferida decisão de mérito por suas Turmas e Seções.
- **Súmula nº 444 do TST.** JORNADA DE TRABALHO. NORMA COLETIVA. LEI. ESCALA DE 12 POR 36. VALIDADE. – Res. 185/2012, DEJT divulgado em 25, 26 e 27.09.2012. É válida, em caráter excepcional, a jornada de doze horas de trabalho por trinta e seis de descanso, prevista em lei ou ajustada exclusivamente mediante acordo coletivo de trabalho ou convenção coletiva de trabalho, assegurada a remuneração em dobro dos feriados trabalhados. O empregado não tem direito ao pagamento de adicional referente ao labor prestado na décima primeira e décima segunda horas.
- **Súmula nº 449 do TST**. MINUTOS QUE ANTECEDEM E SUCEDEM A JORNADA DE TRABALHO. LEI Nº 10.243, DE 19.06.2001. NORMA COLETIVA. FLEXIBILIZAÇÃO. IMPOSSIBILIDADE. (conversão da Orientação Jurisprudencial nº 372 da SBDI-1) A partir da vigência da Lei nº 10.243, de 19.06.2001, que acrescentou o § 1º ao art. 58 da CLT, não mais prevalece cláusula prevista em convenção ou acordo coletivo que elastece o limite de 5 minutos que antecedem e sucedem a jornada de trabalho para fins de apuração das horas extras.

  OJ nº 25. SDC DO TST. SALÁRIO NORMATIVO. CONTRATO DE EXPERIÊNCIA. LIMITAÇÃO. TEMPO DE SERVIÇO. POSSIBILIDADE. (inserida em 25.05.1998) Não fere o princípio da isonomia salarial (art. 7º, XXX, da CF/88) a previsão de salário normativo tendo em vista o fator tempo de serviço.

1.2. PRESCRIÇÃO

- **Súmula nº 114 do TST.** PRESCRIÇÃO INTERCORRENTE (mantida) – Res. 121/2003, DJ 19, 20 e 21.11.2003. É inaplicável na Justiça do Trabalho a prescrição intercorrente.
- **Súmula nº 153 do TST.** PRESCRIÇÃO (mantida) – Res. 121/2003, DJ 19, 20 e 21.11.2003. Não se conhece de prescrição não arguida na instância ordinária (ex-Prejulgado nº 27).
- **Súmula nº 156 do TST.** PRESCRIÇÃO. PRAZO (mantida) – Res. 121/2003, DJ 19, 20 e 21.11.2003. Da extinção do último contrato começa a fluir o prazo prescricional do direito de ação em que se objetiva a soma de períodos descontínuos de trabalho (ex-Prejulgado nº 31).
- **Súmula nº 168 do TST**. PRESCRIÇÃO. PRESTAÇÕES PERIÓDICAS. CONTAGEM (cancelamento mantido) – Res. 121/2003, DJ 19, 20 e 21.11.2003. Na lesão de direito que atinja prestações periódicas, de qualquer natureza, devidas ao empregado, a prescrição é sempre parcial e se conta do vencimento de cada uma delas e não do direito do qual se origina (ex-Prejulgado nº 48).
- **Súmula nº 206 do TST.** FGTS. INCIDÊNCIA SOBRE PARCELAS PRESCRITAS (nova redação) – Res. 121/2003, DJ 19, 20 e 21.11.2003. A prescrição da pretensão relativa às parcelas remuneratórias alcança o respectivo recolhimento da contribuição para o FGTS.
- **Súmula nº 253 do TST.** GRATIFICAÇÃO SEMESTRAL. REPERCUSSÕES (nova redação) – Res. 121/2003, DJ 19, 20 e 21.11.2003. A gratificação semestral não repercute no cálculo das horas extras, das férias e do aviso prévio, ainda que indenizados. Repercute, contudo, pelo seu duodécimo na indenização por antiguidade e na gratificação natalina.
- **Súmula nº 268 do TST.** PRESCRIÇÃO. INTERRUPÇÃO. AÇÃO TRABALHISTA ARQUIVADA (nova redação) – Res. 121/2003, DJ 19, 20 e 21.11.2003. A ação

trabalhista, ainda que arquivada, interrompe a prescrição somente em relação aos pedidos idênticos.

- **Súmula nº 275 do TST.** PRESCRIÇÃO. DESVIO DE FUNÇÃO E REENQUADRAMENTO (incorporada a Orientação Jurisprudencial nº 144 da SBDI-1) – Res. 129/2005, DJ 20, 22 e 25.04.2005. I – Na ação que objetive corrigir desvio funcional, a prescrição só alcança as diferenças salariais vencidas no período de 5 (cinco) anos que precedeu o ajuizamento. (ex-Súmula nº 275 – alterada pela Res. 121/2003, DJ 21.11.2003). II – Em se tratando de pedido de reenquadramento, a prescrição é total, contada da data do enquadramento do empregado. (ex-OJ nº 144 da SBDI-1 – inserida em 27.11.1998)

- **Súmula nº 294 do TST.** PRESCRIÇÃO. ALTERAÇÃO CONTRATUAL. TRABALHADOR URBANO (mantida) – Res. 121/2003, DJ 19, 20 e 21.11.2003. Tratando-se de ação que envolva pedido de prestações sucessivas decorrente de alteração do pactuado, a prescrição é total, exceto quando o direito à parcela esteja também assegurado por preceito de lei.

- **Súmula nº 308 do TST.** PRESCRIÇÃO QUINQUENAL (incorporada a Orientação Jurisprudencial nº 204 da SBDI-1) – Res. 129/2005, DJ 20, 22 e 25.04.2005. I. Respeitado o biênio subsequente à cessação contratual, a prescrição da ação trabalhista concerne às pretensões imediatamente anteriores a cinco anos, contados da data do ajuizamento da reclamação e, não, às anteriores ao quinquênio da data da extinção do contrato. (ex-OJ nº 204 da SBDI-1 – inserida em 08.11.2000). II. A norma constitucional que ampliou o prazo de prescrição da ação trabalhista para 5 (cinco) anos é de aplicação imediata e não atinge pretensões já alcançadas pela prescrição bienal quando da promulgação da CF/1988. (ex-Súmula nº 308 – Res. 6/1992, DJ 05.11.1992).

- **Súmula nº 326 do TST.** COMPLEMENTAÇÃO DE APOSENTADORIA. PRESCRIÇÃO TOTAL (nova redação) – Res. 174/2011, DEJT divulgado em 27, 30 e 31.05.2011. A pretensão à complementação de aposentadoria jamais recebida prescreve em 2 (dois) anos contados da cessação do contrato de trabalho.

- **Súmula nº 327 do TST.** COMPLEMENTAÇÃO DE APOSENTADORIA. DIFERENÇAS. PRESCRIÇÃO PARCIAL (nova redação) – Res. 174/2011, DEJT divulgado em 27, 30 e 31.05.2011. A pretensão a diferenças de complementação de aposentadoria sujeita-se à prescrição parcial e quinquenal, salvo se o pretenso direito decorrer de verbas não recebidas no curso da relação de emprego e já alcançadas pela prescrição, à época da propositura da ação.

- **Súmula nº 350 do TST.** PRESCRIÇÃO. TERMO INICIAL. AÇÃO DE CUMPRIMENTO. SENTENÇA NORMATIVA (mantida) – Res. 121/2003, DJ 19, 20 e 21.11.2003. O prazo de prescrição com relação à ação de cumprimento de decisão normativa flui apenas da data de seu trânsito em julgado.

- **Súmula nº 362 do TST.** FGTS. PRESCRIÇÃO. (nova redação) – Res. 198/2015, republicada em razão de erro material – DEJT divulgado em 12, 15 e 16.06.2015. I – Para os casos em que a ciência da lesão ocorreu a partir de 13.11.2014, é quinquenal a prescrição do direito de reclamar contra o não recolhimento de contribuição para o FGTS, observado o prazo de dois anos após o término do contrato; II – Para os casos em que o prazo prescricional já estava em curso em 13.11.2014, aplica-se o prazo prescricional que se consumar primeiro: trinta anos, contados do termo inicial, ou cinco anos, a partir de 13.11.2014 (STF-ARE-709212/DF).

- **Súmula nº 373 do TST.** GRATIFICAÇÃO SEMESTRAL. CONGELAMENTO. PRESCRIÇÃO PARCIAL (conversão da Orientação Jurisprudencial nº 46 da SBDI-1) – Res. 129/2005, DJ 20, 22 e 25.04.2005. Tratando-se de pedido de diferença de gratificação semestral que teve seu valor congelado, a prescrição aplicável é a parcial. (ex-OJ nº 46 da SBDI-1 – inserida em 29.03.1996).

- **Súmula nº 382 do TST.** MUDANÇA DE REGIME CELETISTA PARA ESTATUTÁRIO. EXTINÇÃO DO CONTRATO. PRESCRIÇÃO BIENAL (conversão da Orientação Jurisprudencial nº 128 da SBDI-1) – Res. 129/2005, DJ 20, 22 e 25.04.2005. A transferência do regime jurídico de celetista para estatutário implica extinção do contrato de trabalho, fluindo o prazo da prescrição bienal a partir da mudança de regime. (ex-OJ nº 128 da SBDI-1 – inserida em 20.04.1998)

- **Súmula nº 409 do TST.** AÇÃO RESCISÓRIA. PRAZO PRESCRICIONAL. TOTAL OU PARCIAL. VIOLAÇÃO DO ART. 7º, XXIX, DA CF/1988. MATÉRIA INFRACONSTITUCIONAL (conversão da Orientação Jurisprudencial nº 119 da SBDI-2) – Res. 137/2005, DJ 22, 23 e 24.08.2005. Não procede ação rescisória calcada em violação do art. 7º, XXIX, da CF/1988 quando a questão envolve discussão sobre a espécie de prazo prescricional aplicável aos créditos trabalhistas, se total ou parcial, porque a matéria tem índole infraconstitucional, construída, na Justiça do Trabalho, no plano jurisprudencial. (ex-OJ nº 119 da SBDI-2 – DJ 11.08.2003).

- **Súmula nº 452 do TST.** DIFERENÇAS SALARIAIS. PLANO DE CARGOS E SALÁRIOS. DESCUMPRIMENTO. CRITÉRIOS DE PROMOÇÃO NÃO OBSERVADOS. PRESCRIÇÃO PARCIAL. (conversão da Orientação Jurisprudencial nº 404 da SBDI-1) Tratando-se de pedido de pagamento de diferenças salariais decorrentes da inobservância dos critérios de promoção estabelecidos em Plano de Cargos e Salários criado pela empresa, a prescrição aplicável é a parcial, pois a lesão é sucessiva e se renova mês a mês.

- **OJ nº 38. SDI-1 do TST.** EMPREGADO QUE EXERCE ATIVIDADE RURAL. EMPRESA DE REFLORESTAMENTO. PRESCRIÇÃO PRÓPRIA DO RURÍCOLA. (LEI Nº 5.889, DE 08.06.1973, ART. 10, E DECRETO Nº 73.626, DE 12.02.19/74, ART. 2º, § 4º) (inserido dispositivo) – DEJT divulgado em 16, 17 e 18.11.2010. O empregado que trabalha em empresa de reflorestamento, cuja atividade está diretamente ligada ao manuseio da terra e de matéria-prima, é rurícola e não industriário, nos termos do Decreto nº 73.626, de 12.02.1974, art. 2º, § 4º, pouco importando que o fruto de seu trabalho seja destinado à indústria. Assim, aplica-se a prescrição própria dos rurícolas aos direitos desses empregados.

- **OJ nº 76. SDI-1 do TST**. SUBSTITUIÇÃO DOS AVANÇOS TRIENAIS POR QUINQUÊNIOS. ALTERAÇÃO DO CONTRATO DE TRABALHO. PRESCRIÇÃO TOTAL. CEEE (inserido dispositivo) – DJ 20.04.2005. A alteração contratual consubstanciada na substituição dos avanços trienais por quinquênios decorre de ato único do empregador, momento em que começa a fluir o prazo fatal de prescrição.

- **OJ nº 83. SDI-1 do TST.** AVISO PRÉVIO. INDENIZADO. PRESCRIÇÃO (inserida em 28.04.1997). A prescrição começa a fluir no final da data do término do aviso prévio. Art. 487, § 1º, da CLT.

- **OJ nº 129. SDI-1 do TST.** PRESCRIÇÃO. COMPLEMENTAÇÃO DA PENSÃO E AUXÍLIO FUNERAL (inserida em 20.04.1998). A prescrição extintiva para pleitear judicialmente o pagamento da complementação de pensão e do auxílio-funeral é de 2 anos, contados a partir do óbito do empregado.

- **OJ nº 130. SDI-1 do TST.** PRESCRIÇÃO. MINISTÉRIO PÚBLICO. ARGUIÇÃO. "CUSTOS LEGIS". ILEGITIMIDADE (atualizada em decorrência do CPC de 2015) – Res. 209/2016, DEJT divulgado em 01, 02 e 03.06.2016 Ao exarar o parecer na remessa de ofício, na qualidade de "custos legis", o Ministério Público não tem legitimidade para arguir a prescrição em favor de entidade de direito público, em matéria de direito patrimonial.

- **OJ nº 175. SDI-1 do TST.** COMISSÕES. ALTERAÇÃO OU SUPRESSÃO. PRESCRIÇÃO TOTAL (nova redação em decorrência da incorporação da Orientação Jurisprudencial nº 248 da SBDI-1) – DJ 22.11.2005. A supressão das comissões, ou a alteração quanto à forma ou ao percentual, em prejuízo do empregado, é suscetível de operar a prescrição total da ação, nos termos da Súmula nº 294 do TST, em virtude de cuidar-se de parcela não assegurada por preceito de lei.

- **OJ nº 242. SDI-1 do TST**. PRESCRIÇÃO TOTAL. HORAS EXTRAS. ADICIONAL. INCORPORAÇÃO (inserida em 20.06.2001). Embora haja previsão legal para o direito à hora extra, inexiste previsão para a incorporação ao salário do respectivo adicional, razão pela qual deve incidir a prescrição total.

- **OJ nº 243. SDI-1 do TST.** PRESCRIÇÃO TOTAL. PLANOS ECONÔMICOS (inserida em 20.06.2001). Aplicável a prescrição total sobre o direito de reclamar diferenças salariais resultantes de planos econômicos.

- **OJ nº 271. SDI-1 do TST**. RURÍCOLA. PRESCRIÇÃO. CONTRATO DE EMPREGO EXTINTO. EMENDA CONSTITUCIONAL Nº 28/2000. INAPLICABILIDADE. Inserida em 27.09.2002 (alterada, DJ 22.11.2005). O prazo prescricional da pretensão do rurícola, cujo contrato de emprego já se extinguirá ao sobrevir a Emenda Constitucional nº 28, de 26/05/2000, tenha sido ou não ajuizada a ação trabalhista, prossegue regido pela lei vigente ao tempo da extinção do contrato de emprego.

- **OJ nº 375. SDI-1 do TST**. AUXÍLIO-DOENÇA. APOSENTADORIA POR INVALIDEZ. SUSPENSÃO DO CONTRATO DE TRABALHO. PRESCRIÇÃO. CONTAGEM. (DEJT divulgado em 19, 20 e 22.04.2010). A suspensão do contrato de trabalho, em virtude da percepção do auxílio-doença ou da aposentadoria por invalidez, não impede a fluência da prescrição quinquenal, ressalvada a hipótese de absoluta impossibilidade de acesso ao Judiciário.

- **OJ nº 392. SDI-1 do TST. PRESCRIÇÃO. INTERRUPÇÃO. AJUIZAMENTO DE PROTESTO JUDICIAL. MARCO INICIAL. (republicada em razão de erro material) – Res. 209/2016, DEJT divulgado em 01, 02 e 03.06.2016**

  O protesto judicial é medida aplicável no processo do trabalho, por força do art. 769 da CLT e do art. 15 do CPC de 2015. O ajuizamento da ação, por si só, interrompe o prazo prescricional, em razão da inaplicabilidade do § 2º do art. 240 do CPC de 2015 (§ 2º do art. 219 do CPC de 1973), incompatível com o disposto no art. 841 da CLT.

- **OJ nº 401. SDI-1 do TST.** MARCO INICIAL. AÇÃO CONDENATÓRIA. TRÂNSITO EM JULGADO DA AÇÃO DECLARATÓRIA COM MESMA CAUSA DE PEDIR REMOTA AJUIZADA ANTES DA EXTINÇÃO DO CONTRATO DE TRABALHO. (DEJT divulgado em 02, 03 e 04.08.2010). O marco inicial da contagem do prazo prescricional para o ajuizamento de ação condenatória, quando advém a dispensa do empregado no curso de ação declaratória que possua a mesma causa de pedir remota, é o trânsito em julgado da decisão proferida na ação declaratória e não a data da extinção do contrato de trabalho.

- **OJ nº 417. SDI-1 do TST.** PRESCRIÇÃO. RURÍCOLA. EMENDA CONSTITUCIONAL Nº 28, DE 26.05.2000. CONTRATO DE TRABALHO EM CURSO. (DEJT divulgado em 14, 15 e 16.02.2012). Não há prescrição total ou parcial da pretensão do trabalhador rural que reclama direitos relativos a contrato de trabalho que se encontrava em curso à época da promulgação da Emenda Constitucional nº 28, de 26.05.2000, desde que ajuizada a demanda no prazo de cinco anos de sua publicação, observada a prescrição bienal.

2. CONTRATO DE TRABALHO E RELAÇÃO DE EMPREGO

- **Súmula nº 58 do TST. PESSOAL DE OBRAS** (mantida) – Res. 121/2003, DJ 19, 20 e 21.11.2003. Ao empregado admitido como pessoal de obras, em caráter permanente e não amparado pelo regime estatutário, aplica-se a legislação trabalhista.

- **Súmula nº 386 do TST**. POLICIAL MILITAR. RECONHECIMENTO DE VÍNCULO EMPREGATÍCIO COM EMPRESA PRIVADA (conversão da Orientação Jurisprudencial nº 167 da SBDI-1) – Res. 129/2005, DJ 20, 22 e 25.04.2005. Preenchidos os requisitos do art. 3º da CLT, é legítimo o reconhecimento de relação de emprego entre policial militar e empresa privada, independentemente do eventual cabimento de penalidade disciplinar prevista no Estatuto do Policial Militar. (ex-OJ nº 167 da SBDI-1 – inserida em 26.03.1999).

2.1. CONTRATOS POR PRAZO DETERMINADO

- **Súmula nº 188 do TST**. CONTRATO DE TRABALHO. EXPERIÊNCIA. PRORROGAÇÃO (mantida) – Res. 121/2003, DJ 19, 20 e 21.11.2003. O contrato de experiência pode ser prorrogado, respeitado o limite máximo de 90 (noventa) dias.

- **Súmula nº 244 do TST.** GESTANTE. ESTABILIDADE PROVISÓRIA (incorporadas as Orientações Jurisprudenciais nºs 88 e 196 da SBDI-1) – Res. 129/2005, DJ 20, 22 e 25.04.2005. I – O desconhecimento do estado gravídico pelo empregador não afasta o direito ao pagamento da indenização decorrente da estabilidade (art. 10, II, "b" do ADCT). (ex-OJ nº 88 da SBDI-1 – DJ 16.04.2004 e republicada DJ 04.05.04). II – A garantia de emprego à gestante só autoriza a reintegração se esta se der durante o período de estabilidade. Do contrário, a garantia restringe-se aos salários e demais direitos correspondentes ao período de estabilidade. (ex-Súmula nº 244 – alterada pela Res. 121/2003, DJ 21.11.2003). III – A empregada gestante tem direito à estabilidade provisória prevista no art.10, inciso II, alínea b, do ADCT, mesmo na hipótese de admissão mediante contrato por tempo determinado.

- **Súmula nº 301 do TST**. AUXILIAR DE LABORATÓRIO. AUSÊNCIA DE DIPLOMA. EFEITOS (mantida) – Res. 121/2003, DJ 19, 20 e 21.11.2003. O fato de o empregado não possuir diploma de profissionalização de auxiliar de laboratório não afasta a observância das normas da Lei nº 3.999, de 15.12.1961, uma vez comprovada a prestação de serviços na atividade.

- **Súmula nº 430 do TST**. ADMINISTRAÇÃO PÚBLICA INDIRETA. CONTRATAÇÃO. AUSÊNCIA DE CONCURSO PÚBLICO. NULIDADE. ULTERIOR PRIVATIZAÇÃO. CONVALIDAÇÃO. INSUBSISTÊNCIA DO VÍCIO – Res. 177/2012, DEJT divulgado em 13, 14 e 15.02.2012. Convalidam-se os efeitos do contrato de trabalho que, considerado nulo por ausência de concurso público, quando celebrado originalmente com ente da Administração Pública Indireta, continua a existir após a sua privatização.

- **OJ nº 25. SDC. TST.** SALÁRIO NORMATIVO. CONTRATO DE EXPERIÊNCIA. LIMITAÇÃO. TEMPO DE SERVIÇO. POSSIBILIDADE. Inserida em 25.05.1998. Não fere o princípio da isonomia salarial (art. 7º, XXX, da CF/88) a previsão de salário normativo tendo em vista o fator tempo de serviço.

2.2. ELEMENTOS, CARACTERÍSTICA E NULIDADE DO CONTRATO DE TRABALHO

- **Súmula nº 363 do TST.** CONTRATO NULO. EFEITOS (nova redação) – Res. 121/2003, DJ 19, 20 e 21.11.2003. A contratação de servidor público, após a CF/1988, sem prévia aprovação em concurso público, encontra óbice no respectivo art. 37, II e § 2º, somente lhe conferindo direito ao pagamento da contraprestação pactuada, em relação ao número de horas trabalhadas, respeitado o valor da hora do salário mínimo, e dos valores referentes aos depósitos do FGTS.

- **Súmula nº 430 do TST.** ADMINISTRAÇÃO PÚBLICA INDIRETA. CONTRATAÇÃO. AUSÊNCIA DE CONCURSO PÚBLICO. NULIDADE. ULTERIOR PRIVATIZAÇÃO. CONVALIDAÇÃO. INSUBSISTÊNCIA DO VÍCIO – Res. 177/2012, DEJT divulgado em 13, 14 e 15.02.2012. Convalidam-se os efeitos do contrato de trabalho que, considerado nulo por ausência de concurso público, quando celebrado originalmente com ente da Administração Pública Indireta, continua a existir após a sua privatização.

- **OJ nº 199. SDI-1 do TST.** JOGO DO BICHO. CONTRATO DE TRABALHO. NULIDADE. OBJETO ILÍCITO (título alterado e inserido dispositivo) – DEJT divulgado em 16, 17 e 18.11.2010. É nulo o contrato de trabalho celebrado para o desempenho de atividade inerente à prática do jogo do bicho, ante a ilicitude de seu objeto, o que subtrai o requisito de validade para a formação do ato jurídico.

- **OJ nº 362. SDI-1 do TST**. CONTRATO NULO. EFEITOS. FGTS. MEDIDA PROVISÓRIA 2.164-41, DE 24.08.2001, E ART. 19-A DA LEI Nº 8.036, DE 11.05.1990. IRRETROATIVIDADE (DJ 20, 21 e 23.05.2008). Não afronta o princípio da irretroatividade da lei a aplicação do art. 19-A da Lei nº 8.036, de 11.05.1990, aos contratos declarados nulos celebrados antes da vigência da Medida Provisória nº 2.164-41, de 24.08.2001.

2.3. CONTRATO DE TRABALHO COM ADMINISTRAÇÃO PÚBLICA

- **Súmula nº 243 do TST**. OPÇÃO PELO REGIME TRABALHISTA. SUPRESSÃO DAS VANTAGENS ESTATUTÁRIAS (mantida) – Res. 121/2003, DJ 19, 20 e 21.11.2003. Exceto na hipótese de previsão contratual ou legal expressa, a opção do funcionário público pelo regime trabalhista implica a renúncia dos direitos inerentes ao regime estatutário.

- **Súmula nº 319 do TST**. REAJUSTES SALARIAIS ("GATILHOS"). APLICAÇÃO AOS SERVIDORES PÚBLICOS CONTRATADOS SOB A ÉGIDE DA LEGISLAÇÃO TRABA-

LHISTA (mantida) – Res. 121/2003, DJ 19, 20 e 21.11.2003. Aplicam-se aos servidores públicos, contratados sob o regime da CLT, os reajustes decorrentes da correção automática dos salários pelo mecanismo denominado "gatilho", de que tratam os Decretos-Leis n°s 2.284, de 10.03.1986 e 2.302, de 21.11.1986.

- **Súmula nº 331 do TST.** CONTRATO DE PRESTAÇÃO DE SERVIÇOS. LEGALIDADE (nova redação do item IV e inseridos os itens V e VI à redação) – Res. 174/2011, DEJT divulgado em 27, 30 e 31.05.2011. I – A contratação de trabalhadores por empresa interposta é ilegal, formando-se o vínculo diretamente com o tomador dos serviços, salvo no caso de trabalho temporário (Lei nº 6.019, de 03.01.1974). II – A contratação irregular de trabalhador, mediante empresa interposta, não gera vínculo de emprego com os órgãos da Administração Pública direta, indireta ou fundacional (art. 37, II, da CF/1988). III – Não forma vínculo de emprego com o tomador a contratação de serviços de vigilância (Lei nº 7.102, de 20.06.1983) e de conservação e limpeza, bem como a de serviços especializados ligados à atividade-meio do tomador, desde que inexistente a pessoalidade e a subordinação direta. IV – O inadimplemento das obrigações trabalhistas, por parte do empregador, implica a responsabilidade subsidiária do tomador dos serviços quanto àquelas obrigações, desde que haja participado da relação processual e conste também do título executivo judicial. V – Os entes integrantes da Administração Pública direta e indireta respondem subsidiariamente, nas mesmas condições do item IV, caso evidenciada a sua conduta culposa no cumprimento das obrigações da Lei nº 8.666, de 21.06.1993, especialmente na fiscalização do cumprimento das obrigações contratuais e legais da prestadora de serviço como empregadora. A aludida responsabilidade não decorre de mero inadimplemento das obrigações trabalhistas assumidas pela empresa regularmente contratada. VI – A responsabilidade subsidiária do tomador de serviços abrange todas as verbas decorrentes da condenação referentes ao período da prestação laboral.
- **Súmula nº 336 do TST.** CONSTITUCIONALIDADE. § 2º DO ART. 9º DO DECRETO-LEI Nº 1.971, DE 30.11.1982 (mantida) – Res. 121/2003, DJ 19, 20 e 21.11.2003. É constitucional o § 2º do art. 9º do Decreto-Lei nº 1.971, de 30.11.1982, com a redação dada pelo Decreto-Lei nº 2.100, de 28.12.1983.
- **Súmula nº 363 do TST.** CONTRATO NULO. EFEITOS (nova redação) – Res. 121/2003, DJ 19, 20 e 21.11.2003. A contratação de servidor público, após a CF/1988, sem prévia aprovação em concurso público, encontra óbice no respectivo art. 37, II e § 2º, somente lhe conferindo direito ao pagamento da contraprestação pactuada, em relação ao número de horas trabalhadas, respeitado o valor da hora do salário mínimo, e dos valores referentes aos depósitos do FGTS.
- **Súmula nº 390 do TST.** ESTABILIDADE. ART. 41 DA CF/1988. CELETISTA. ADMINISTRAÇÃO DIRETA, AUTÁRQUICA OU FUNDACIONAL. APLICABILIDADE. EMPREGADO DE EMPRESA PÚBLICA E SOCIEDADE DE ECONOMIA MISTA. INAPLICÁVEL (conversão das Orientações Jurisprudenciais n°s 229 e 265 da SBDI-1 e da Orientação Jurisprudencial nº 22 da SBDI-2) – Res. 129/2005, DJ 20, 22 e 25.04.2005. I – O servidor público celetista da administração direta, autárquica ou fundacional é beneficiário da estabilidade prevista no art. 41 da CF/1988. (ex-OJs n°s 265 da SBDI-1 – inserida em 27.09.2002 – e 22 da SBDI-2 – inserida em 20.09.2000). II – Ao empregado de empresa pública ou de sociedade de economia mista, ainda que admitido mediante aprovação em concurso público, não é garantida a estabilidade prevista no art. 41 da CF/1988. (ex-OJ nº 229 da SBDI-1 – inserida em 20.06.2001).
- **OJ nº 51. SDI-1 do TST**. LEGISLAÇÃO ELEITORAL. EMPRESAS PÚBLICAS E SOCIEDADES DE ECONOMIA MISTA (título alterado e inserido dispositivo) – DEJT divulgado em 16, 17 e 18.11.2010. Aos empregados das empresas públicas e das sociedades de economia mista regidos pela CLT aplicam-se as vedações dispostas no art. 15 da Lei nº 7.773, de 08.06.1989.
- **OJ nº 216. SDI-1 do TST**. VALE-TRANSPORTE. SERVIDOR PÚBLICO CELETISTA. LEI Nº 7.418/85. DEVIDO. Inserida em 08.11.00 (inserido dispositivo, DJ 20.04.2005). Aos servidores públicos celetistas é devido o vale-transporte, instituído pela Lei nº 7.418/85, de 16 de dezembro de 1985.
- **OJ nº 321. SDI-1 do TST**. VÍNCULO EMPREGATÍCIO COM A ADMINISTRAÇÃO PÚBLICA. PERÍODO ANTERIOR À CF/1988. (nova redação, DJ 20.04.2005). Salvo os casos de trabalho temporário e de serviço de vigilância, previstos nas Leis n°s 6.019, de 03.01.74, e 7.102, de 20.06.83, é ilegal a contratação de trabalhadores por empresa interposta, formando-se o vínculo empregatício diretamente com o tomador dos serviços, inclusive ente público, em relação ao período anterior à vigência da CF/88.
- **OJ nº 338. SDI-1 do TST**. MINISTÉRIO PÚBLICO DO TRABALHO. LEGITIMIDADE PARA RECORRER. SOCIEDADE DE ECONOMIA MISTA E EMPRESA PÚBLICA. CONTRATO NULO. DJ 04.05.2004. Há interesse do Ministério Público do Trabalho para recorrer contra decisão que declara a existência de vínculo empregatício com sociedade de economia mista ou empresa pública, após a CF/1988, sem a prévia aprovação em concurso público.
- **OJ nº 366. SDI-1 do TST**. ESTAGIÁRIO. DESVIRTUAMENTO DO CONTRATO DE ESTÁGIO. RECONHECIMENTO DO VÍNCULO EMPREGATÍCIO COM A ADMINISTRAÇÃO PÚBLICA DIRETA OU INDIRETA. PERÍODO POSTERIOR À CONSTITUIÇÃO FEDERAL DE 1988. IMPOSSIBILIDADE. DJ 20, 21 e 23.05.2008. Ainda que desvirtuada a finalidade do contrato de estágio celebrado na vigência da Constituição Federal de 1988, é inviável o reconhecimento do vínculo empregatício com ente da Administração Pública direta ou indireta, por força do art. 37, II, da

CF/1988, bem como o deferimento de indenização pecuniária, exceto em relação às parcelas previstas na Súmula nº 363 do TST, se requeridas.

- **OJ nº 383. SDI-1 do TST**. O STF firmou entendimento no RE 635546, com repercussão geral, que não é possível a equiparação de direitos trabalhistas entre terceirizados e empregados de empresa pública. Foi fixada a seguinte tese (Tema nº 383): "A equiparação de remuneração entre empregados da empresa tomadora de serviços e empregados da empresa contratada (terceirizada) fere o princípio da livre iniciativa, por se tratar de agentes econômicos distintos, que não podem estar sujeitos a decisões empresariais que não são suas". Segue o texto da OJ nº TERCEIRIZAÇÃO. EMPREGADOS DA EMPRESA PRESTADORA DE SERVIÇOS E DA TOMADORA. ISONOMIA. ART. 12, "A", DA LEI Nº 6.019, DE 03.01.1974. (mantida) – Res. 175/2011, DEJT divulgado em 27, 30 e 31.05.2011. A contratação irregular de trabalhador, mediante empresa interposta, não gera vínculo de emprego com ente da Administração Pública, não afastando, contudo, pelo princípio da isonomia, o direito dos empregados terceirizados às mesmas verbas trabalhistas legais e normativas asseguradas àqueles contratados pelo tomador dos serviços, desde que presente a igualdade de funções. Aplicação analógica do art. 12, "a", da Lei nº 6.019, de 03.01.1974.

- **OJ nº 5. SDC DO TST**. Em face de pessoa jurídica de direito público que mantenha empregados, cabe dissídio coletivo exclusivamente para apreciação de cláusulas de natureza social. Inteligência da Convenção nº 151 da Organização Internacional do Trabalho, ratificada pelo Decreto Legislativo nº 206/2010.

- **OJ nº 66. Transitória da SDI1. TST.** SPTRANS. RESPONSABILIDADE SUBSIDIÁRIA. NÃO CONFIGURAÇÃO. CONTRATO DE CONCESSÃO DE SERVIÇO PÚBLICO. TRANSPORTE COLETIVO (DEJT divulgado em 03, 04 e 05.12.2008). A atividade da São Paulo Transportes S/A – SPTrans de gerenciamento e fiscalização dos serviços prestados pelas concessionárias de transporte público, atividade descentralizada da Administração Pública, não se confunde com a terceirização de mão-de-obra, não se configurando a responsabilidade subsidiária.

3. EMPREGADO E EMPREGADOR

3.1. GRUPO ECONÔMICO

- **Súmula nº 129 do TST.** CONTRATO DE TRABALHO. GRUPO ECONÔMICO (mantida) – Res. 121/2003, DJ 19, 20 e 21.11.2003. A prestação de serviços a mais de uma empresa do mesmo grupo econômico, durante a mesma jornada de trabalho, não caracteriza a coexistência de mais de um contrato de trabalho, salvo ajuste em contrário.

- **OJ nº 411. SDI-1 do TST.** SUCESSÃO TRABALHISTA. AQUISIÇÃO DE EMPRESA PERTENCENTE A GRUPO ECONÔMICO. RESPONSABILIDADE SOLIDÁRIA DO SUCESSOR POR DÉBITOS TRABALHISTAS DE EMPRESA NÃO ADQUIRIDA. INEXISTÊNCIA. (DEJT divulgado em 22, 25 e 26.10.2010). O sucessor não responde solidariamente por débitos trabalhistas de empresa não adquirida, integrante do mesmo grupo econômico da empresa sucedida, quando, à época, a empresa devedora direta era solvente ou idônea economicamente, ressalvada a hipótese de má-fé ou fraude na sucessão.

3.2. SUCESSÃO

- **OJ nº 92. SDI-1 do TST**. DESMEMBRAMENTO DE MUNICÍPIOS. RESPONSABILIDADE TRABALHISTA (inserida em 30.05.1997). Em caso de criação de novo município, por desmembramento, cada uma das novas entidades responsabiliza-se pelos direitos trabalhistas do empregado no período em que figurarem como real empregador.

- **OJ nº 225. SDI-1 do TST.** CONTRATO DE CONCESSÃO DE SERVIÇO PÚBLICO. RESPONSABILIDADE TRABALHISTA (nova redação) – DJ 20.04.2005. Celebrado contrato de concessão de serviço público em que uma empresa (primeira concessionária) outorga a outra (segunda concessionária), no todo ou em parte, mediante arrendamento, ou qualquer outra forma contratual, a título transitório, bens de sua propriedade: I – em caso de rescisão do contrato de trabalho após a entrada em vigor da concessão, a segunda concessionária, na condição de sucessora, responde pelos direitos decorrentes do contrato de trabalho, sem prejuízo da responsabilidade subsidiária da primeira concessionária pelos débitos trabalhistas contraídos até a concessão; II – no tocante ao contrato de trabalho extinto antes da vigência da concessão, a responsabilidade pelos direitos dos trabalhadores será exclusivamente da antecessora.

- **OJ nº 261. SDI-1 do TST**. BANCOS. SUCESSÃO TRABALHISTA (inserida em 27.09.2002). As obrigações trabalhistas, inclusive as contraídas à época em que os empregados trabalhavam para o banco sucedido, são de responsabilidade do sucessor, uma vez que a este foram transferidos os ativos, as agências, os direitos e deveres contratuais, caracterizando típica sucessão trabalhista.

- **OJ nº 408. SDI-1 do TST**. JUROS DE MORA. EMPRESA EM LIQUIDAÇÃO EXTRAJUDICIAL. SUCESSÃO TRABALHISTA. (DEJT divulgado em 22, 25 e 26.10.2010). É devida a incidência de juros de mora em relação aos débitos trabalhistas de empresa em liquidação extrajudicial sucedida nos moldes dos arts. 10 e 448 da CLT. O sucessor responde pela obrigação do sucedido, não se beneficiando de qualquer privilégio a este destinado.

3.3. TERCEIRIZAÇÃO

- **Súmula nº 331 do TST.** CONTRATO DE PRESTAÇÃO DE SERVIÇOS. LEGALIDADE (nova redação do item IV e inseridos os itens V e VI à redação) – Res.

174/2011, DEJT divulgado em 27, 30 e 31.05.2011. I – A contratação de trabalhadores por empresa interposta é ilegal, formando-se o vínculo diretamente com o tomador dos serviços, salvo no caso de trabalho temporário (Lei nº 6.019, de 03.01.1974). II – A contratação irregular de trabalhador, mediante empresa interposta, não gera vínculo de emprego com os órgãos da Administração Pública direta, indireta ou fundacional (art. 37, II, da CF/1988). III – Não forma vínculo de emprego com o tomador a contratação de serviços de vigilância (Lei nº 7.102, de 20.06.1983) e de conservação e limpeza, bem como a de serviços especializados ligados à atividade-meio do tomador, desde que inexistente a pessoalidade e a subordinação direta. IV – O inadimplemento das obrigações trabalhistas, por parte do empregador, implica a responsabilidade subsidiária do tomador dos serviços quanto àquelas obrigações, desde que haja participado da relação processual e conste também do título executivo judicial. V – Os entes integrantes da Administração Pública direta e indireta respondem subsidiariamente, nas mesmas condições do item IV, caso evidenciada a sua conduta culposa no cumprimento das obrigações da Lei nº 8.666, de 21.06.1993, especialmente na fiscalização do cumprimento das obrigações contratuais e legais da prestadora de serviço como empregadora. A aludida responsabilidade não decorre de mero inadimplemento das obrigações trabalhistas assumidas pela empresa regularmente contratada. VI – A responsabilidade subsidiária do tomador de serviços abrange todas as verbas decorrentes da condenação referentes ao período da prestação laboral.

- **OJ nº 383. SDI-1 do TST**. TERCEIRIZAÇÃO. EMPREGADOS DA EMPRESA PRESTADORA DE SERVIÇOS E DA TOMADORA. ISONOMIA. ART. 12, "A", DA LEI Nº 6.019, DE 03.01.1974. (mantida) – Res. 175/2011, DEJT divulgado em 27, 30 e 31.05.2011. A contratação irregular de trabalhador, mediante empresa interposta, não gera vínculo de emprego com ente da Administração Pública, não afastando, contudo, pelo princípio da isonomia, o direito dos empregados terceirizados às mesmas verbas trabalhistas legais e normativas asseguradas àqueles contratados pelo tomador dos serviços, desde que presente a igualdade de funções. Aplicação analógica do art. 12, "a", da Lei nº 6.019, de 03.01.1974.

4. REMUNERAÇÃO

4.1. REMUNERAÇÃO, SALÁRIO E GORJETA

- **Súmula nº 143 do TST.** SALÁRIO PROFISSIONAL (mantida) – Res. 121/2003, DJ 19, 20 e 21.11.2003. O salário profissional dos médicos e dentistas guarda proporcionalidade com as horas efetivamente trabalhadas, respeitado o mínimo de 50 (cinquenta) horas (ex-Prejulgado nº 15).
- **Súmula nº 358 do TST**. RADIOLOGISTA. SALÁRIO PROFISSIONAL. LEI Nº 7.394, DE 29.10.1985 (mantida) – Res. 121/2003, DJ 19, 20 e 21.11.2003. O salário profissional dos técnicos em radiologia é igual a 2 (dois) salários mínimos e não a 4 (quatro).
- **Súmula nº 431 do TST**. SALÁRIO HORA. EMPREGADO SUJEITO AO REGIME GERAL DE TRABALHO (art. 58, *caput*, da CLT). 40 HORAS SEMANAIS. CÁLCULO. APLICAÇÃO DO DIVISOR 200 (redação alterada na sessão do tribunal pleno realizada em 14.09.2012) – Res. 185/2012, DEJT divulgado em 25, 26 e 27.09.2012. Para os empregados a que alude o art. 58, *caput*, da CLT, quando sujeitos a 40 horas semanais de trabalho, aplica-se o divisor 200 para o cálculo do valor do salário hora.
- **OJ nº 272. SDI-1 do TST**. SALÁRIO MÍNIMO. SERVIDOR. SALÁRIO-BASE INFERIOR. DIFERENÇAS. INDEVIDAS (inserida em 27.09.2002). A verificação do respeito ao direito ao salário mínimo não se apura pelo confronto isolado do salário-base com o mínimo legal, mas deste com a soma de todas as parcelas de natureza salarial recebidas pelo empregado diretamente do empregador.
- **OJ nº 339. SDI-1 do TST.** TETO REMUNERATÓRIO. EMPRESA PÚBLICA E SOCIEDADE DE ECONOMIA MISTA. ART. 37, XI, DA CF/88 (ANTERIOR À EMENDA CONSTITUCIONAL Nº 19/98) (nova redação) – DJ 20.04.2005. As empresas públicas e as sociedades de economia mista estão submetidas à observância do teto remuneratório previsto no inciso XI do art. 37 da CF/88, sendo aplicável, inclusive, ao período anterior à alteração introduzida pela Emenda Constitucional nº 19/98.
- **OJ nº 358. SDI-1 do TST**. SALÁRIO MÍNIMO E PISO SALARIAL PROPORCIONAL À JORNADA REDUZIDA. EMPREGADO. SERVIDOR PÚBLICO (redação alterada na sessão do Tribunal Pleno realizada em 16.02.2016) – Res. 202/2016, DEJT divulgado em 19, 22 e 23.02.2016 I – Havendo contratação para cumprimento de jornada reduzida, inferior à previsão constitucional de oito horas diárias ou quarenta e quatro semanais, é lícito o pagamento do piso salarial ou do salário mínimo proporcional ao tempo trabalhado. II – Na Administração Pública direta, autárquica e fundacional não é válida remuneração de empregado público inferior ao salário mínimo, ainda que cumpra jornada de trabalho reduzida. Precedentes do Supremo Tribunal Federal.
- **OJ nº 393. SDI-1 do TST**. PROFESSOR. JORNADA DE TRABALHO ESPECIAL. ART. 318 DA CLT. SALÁRIO MÍNIMO. PROPORCIONALIDADE. (DEJT divulgado em 09, 10 e 11.06.2010). A contraprestação mensal devida ao professor, que trabalha no limite máximo da jornada prevista no art. 318 da CLT, é de um salário mínimo integral, não se cogitando do pagamento proporcional em relação a jornada prevista no art. 7º, XIII, da Constituição Federal.

4.2. REAJUSTES SALARIAIS

- **Súmula nº 315 do TST.** IPC DE MARÇO/1990. LEI Nº 8.030, DE 12.04.1990 (PLANO COLLOR). INEXISTÊNCIA DE DIREITO ADQUIRIDO (mantida) – Res. 121/2003, DJ 19, 20 e 21.11.2003. A partir da vigência da Medida Provisória nº 154, de 15.03.1990, convertida na Lei nº 8.030, de 12.04.1990, não se aplica o IPC de março de 1990, de 84,32% (oitenta e quatro vírgula trinta e dois por cento), para a correção dos salários, porque o direito ainda não se havia incorporado ao patrimônio jurídico dos trabalhadores, inexistindo ofensa ao inciso XXXVI do art. 5º da CF/1988.

- **Súmula nº 322 do TST.** DIFERENÇAS SALARIAIS. PLANOS ECONÔMICOS. LIMITE (mantida) – Res. 121/2003, DJ 19, 20 e 21.11.2003. Os reajustes salariais decorrentes dos chamados "gatilhos" e URPs, previstos legalmente como antecipação, são devidos tão-somente até a data-base de cada categoria.

- **Súmula nº 381 do TST.** CORREÇÃO MONETÁRIA. SALÁRIO. ART. 459 DA CLT(conversão da Orientação Jurisprudencial nº 124 da SBDI-1) – Res. 129/2005, DJ 20, 22 e 25.04.2005. O pagamento dos salários até o 5º dia útil do mês subsequente ao vencido não está sujeito à correção monetária. Se essa data limite for ultrapassada, incidirá o índice da correção monetária do mês subsequente ao da prestação dos serviços, a partir do dia 1º. (ex-OJ nº 124 da SBDI-1 – inserida em 20.04.1998).

- **OJ nº 28. SDI-1 do TST.** CORREÇÃO MONETÁRIA SOBRE AS DIFERENÇAS SALARIAIS. UNIVERSIDADES FEDERAIS. DEVIDA. LEI Nº 7.596/87 (nova redação) – DJ 20.04.2005. Incide correção monetária sobre as diferenças salariais dos servidores das universidades federais, decorrentes da aplicação retroativa dos efeitos financeiros assegurados pela Lei nº 7.596/87, pois a correção monetária tem como escopo único minimizar a desvalorização da moeda em decorrência da corrosão inflacionária.

- **OJ nº 100. SDI-1 do TST**. SALÁRIO. REAJUSTE. ENTES PÚBLICOS (título alterado e inserido dispositivo) – DJ 20.04.2005. Os reajustes salariais previstos em legislação federal devem ser observados pelos Estados-membros, suas Autarquias e Fundações Públicas nas relações contratuais trabalhistas que mantiverem com seus empregados.

- **OJ nº 325. SDI-1 do TST.** AUMENTO SALARIAL CONCEDIDO PELA EMPRESA. COMPENSAÇÃO NO ANO SEGUINTE EM ANTECIPAÇÃO SEM A PARTICIPAÇÃO DO SINDICATO PROFISSIONAL. IMPOSSIBILIDADE (DJ 09.12.2003). O aumento real, concedido pela empresa a todos os seus empregados, somente pode ser reduzido mediante a participação efetiva do sindicato profissional no ajuste, nos termos do art. 7º, VI, da CF/88.

4.3. REGRAS PARA PAGAMENTO DO SALÁRIO

- **Súmula nº 91 do TST.** SALÁRIO COMPLESSIVO (mantida) – Res. 121/2003, DJ 19, 20 e 21.11.2003. Nula é a cláusula contratual que fixa determinada importância ou percentagem para atender englobadamente vários direitos legais ou contratuais do trabalhador.

- **Súmula nº 173 do TST.** SALÁRIO. EMPRESA. CESSAÇÃO DE ATIVIDADES (mantida) – Res. 121/2003, DJ 19, 20 e 21.11.2003. Extinto, automaticamente, o vínculo empregatício com a cessação das atividades da empresa, os salários só são devidos até a data da extinção (ex-Prejulgado nº 53).

- **OJ nº 159. SDI-1 do TST**. DATA DE PAGAMENTO. SALÁRIOS. ALTERAÇÃO (inserida em 26.03.1999). Diante da inexistência de previsão expressa em contrato ou em instrumento normativo, a alteração de data de pagamento pelo empregador não viola o art. 468, desde que observado o parágrafo único, do art. 459, ambos da CLT.

4.4. PARCELAS SALARIAIS E NÃO SALARIAIS

- **Súmula nº 50 do TST**. GRATIFICAÇÃO NATALINA (mantida) – Res. 121/2003, DJ 19, 20 e 21.11.2003. A gratificação natalina, instituída pela Lei nº 4.090, de 13.07.1962, é devida pela empresa cessionária ao servidor público cedido enquanto durar a cessão.

- **Súmula nº 67 do TST**. GRATIFICAÇÃO. FERROVIÁRIO (mantida) – Res. 121/2003, DJ 19, 20 e 21.11.2003. Chefe de trem, regido pelo estatuto dos ferroviários (Decreto nº 35.530, de 19.09.1959), não tem direito à gratificação prevista no respectivo art. 110.

- **Súmula nº 101 do TST.** DIÁRIAS DE VIAGEM. SALÁRIO (incorporada a Orientação Jurisprudencial nº 292 da SBDI-1) – Res. 129/2005, DJ 20, 22 e 25.04.2005. Integram o salário, pelo seu valor total e para efeitos indenizatórios, as diárias de viagem que excedam a 50% (cinquenta por cento) do salário do empregado, enquanto perdurarem as viagens. (primeira parte – ex-Súmula nº 101 – RA 65/1980, DJ 18.06.1980; segunda parte – ex-OJ nº 292 da SBDI-1 – inserida em 11.08.2003).

- **Súmula nº 148 do TST.** GRATIFICAÇÃO NATALINA (mantida) – Res. 121/2003, DJ 19, 20 e 21.11.2003. É computável a gratificação de Natal para efeito de cálculo de indenização (ex-Prejulgado nº 20).

- **Súmula nº 203 do TST**. GRATIFICAÇÃO POR TEMPO DE SERVIÇO. NATUREZA SALARIAL (mantida) – Res. 121/2003, DJ 19, 20 e 21.11.2003. A gratificação por tempo de serviço integra o salário para todos os efeitos legais.

- **Súmula nº 229 do TST**. SOBREAVISO. ELETRICITÁRIOS (nova redação) – Res. 121/2003, DJ 19, 20 e 21.11.2003. Por aplicação analógica do art. 244, § 2º, da CLT, as horas de sobreaviso dos eletricitários são remuneradas à base de 1/3 sobre a totalidade das parcelas de natureza salarial.

- **Súmula nº 247 do TST**. QUEBRA DE CAIXA. NATUREZA JURÍDICA (mantida) – Res. 121/2003, DJ 19, 20 e 21.11.2003. A parcela paga aos bancários sob a denominação "quebra de caixa" possui natureza salarial, integrando o salário do prestador de serviços, para todos os efeitos legais.
- **Súmula nº 254 do TST**. FAMÍLIA. TERMO INICIAL DA OBRIGAÇÃO (mantida) – Res. 121/2003, DJ 19, 20 e 21.11.2003. O termo inicial do direito ao salário-família coincide com a prova da filiação. Se feita em juízo, corresponde à data de ajuizamento do pedido, salvo se comprovado que anteriormente o empregador se recusara a receber a respectiva certidão.
- **Súmula nº 318 do TST**. DIÁRIAS. BASE DE CÁLCULO PARA SUA INTEGRAÇÃO NO SALÁRIO (mantida) – Res. 121/2003, DJ 19, 20 e 21.11.2003. Tratando-se de empregado mensalista, a integração das diárias no salário deve ser feita tomando-se por base o salário mensal por ele percebido e não o valor do dia de salário, somente sendo devida a referida integração quando o valor das diárias, no mês, for superior à metade do salário mensal.
- **Súmula nº 344 do TST**. SALÁRIO-FAMÍLIA. TRABALHADOR RURAL (mantida) – Res. 121/2003, DJ 19, 20 e 21.11.2003. O salário-família é devido aos trabalhadores rurais somente após a vigência da Lei nº 8.213, de 24.07.1991.
- **Súmula nº 354 do TST**. GORJETAS. NATUREZA JURÍDICA. REPERCUSSÕES (mantida) – Res. 121/2003, DJ 19, 20 e 21.11.2003. As gorjetas, cobradas pelo empregador na nota de serviço ou oferecidas espontaneamente pelos clientes, integram a remuneração do empregado, não servindo de base de cálculo para as parcelas de aviso-prévio, adicional noturno, horas extras e repouso semanal remunerado.
- **Súmula nº 437 do TST.** INTERVALO INTRAJORNADA PARA REPOUSO E ALIMENTAÇÃO. APLICAÇÃO DO ART. 71 DA CLT (conversão das Orientações Jurisprudenciais nºs 307, 342, 354, 380 e 381 da SBDI-1) – Res. 185/2012, DEJT divulgado em 25, 26 e 27.09.2012. III – Possui natureza salarial a parcela prevista no art. 71, § 4º, da CLT, com redação introduzida pela Lei nº 8.923, de 27 de julho de 1994, quando não concedido ou reduzido pelo empregador o intervalo mínimo intrajornada para repouso e alimentação, repercutindo, assim, no cálculo de outras parcelas salariais. IV – Ultrapassada habitualmente a jornada de seis horas de trabalho, é devido o gozo do intervalo intrajornada mínimo de uma hora, obrigando o empregador a remunerar o período para descanso e alimentação não usufruído como extra, acrescido do respectivo adicional, na forma prevista no art. 71, *caput* e § 4º da CLT.
- **Súmula nº 451 do TST.** PARTICIPAÇÃO NOS LUCROS E RESULTADOS. RESCISÃO CONTRATUAL ANTERIOR À DATA DA DISTRIBUIÇÃO DOS LUCROS. PAGAMENTO PROPORCIONAL AOS MESES TRABALHADOS. PRINCÍPIO DA ISONOMIA. (conversão da Orientação Jurisprudencial nº 390 da SBDI-1) – Res. 194/2014, DEJT divulgado em 21, 22 e 23.05.2014. Fere o princípio da isonomia instituir vantagem mediante acordo coletivo ou norma regulamentar que condiciona a percepção da parcela participação nos lucros e resultados ao fato de estar o contrato de trabalho em vigor na data prevista para a distribuição dos lucros. Assim, inclusive na rescisão contratual antecipada, é devido o pagamento da parcela de forma proporcional aos meses trabalhados, pois o ex-empregado concorreu para os resultados positivos da empresa.
- **OJ nº 133. SDI-1 do TST**. AJUDA ALIMENTAÇÃO. PAT. LEI Nº 6.321/76. NÃO INTEGRAÇÃO AO SALÁRIO (inserida em 27.11.1998). A ajuda alimentação fornecida por empresa participante do programa de alimentação ao trabalhador, instituído pela Lei nº 6.321/76, não tem caráter salarial. Portanto, não integra o salário para nenhum efeito legal.
- **OJ nº 232. SDI-1 do TST.** FGTS. INCIDÊNCIA. EMPREGADO TRANSFERIDO PARA O EXTERIOR. REMUNERAÇÃO (inserida em 20.06.2001) O FGTS incide sobre todas as parcelas de natureza salarial pagas ao empregado em virtude de prestação de serviços no exterior.
- **OJ nº 413. SDI-1 do TST.** AUXÍLIO-ALIMENTAÇÃO. ALTERAÇÃO DA NATUREZA JURÍDICA. NORMA COLETIVA OU ADESÃO AO PAT. (DEJT divulgado em 14, 15 e 16.02.2012). A pactuação em norma coletiva conferindo caráter indenizatório à verba "auxílio-alimentação" ou a adesão posterior do empregador ao Programa de Alimentação do Trabalhador – PAT – não altera a natureza salarial da parcela, instituída anteriormente, para aqueles empregados que, habitualmente, já percebiam o benefício, a teor das Súmulas nºs 51, I, e 241 do TST.
- **OJ nº 60 Transitória da SDI1. TST. ADICIONAL POR TEMPO DE SERVIÇO. BASE DE CÁLCULO. SALÁRIO-BASE. ART. 129 DA CONSTITUIÇÃO DO ESTADO DE SÃO PAULO.** (DJ 14.03.2008) (republicada em decorrência de erro material) – **DEJT divulgado em 11, 12 e 13.04.2011** O adicional por tempo de serviço – quinquênio –, previsto no art. 129 da Constituição do Estado de São Paulo, tem como base de cálculo o vencimento básico do servidor público estadual, ante o disposto no art. 11 da Lei Complementar do Estado de São Paulo nº 712, de 12.04.1993.
- **OJ nº 61 Transitória da SDI1. TST.** AUXÍLIO CESTA-ALIMENTAÇÃO PREVISTO EM NORMA COLETIVA. CEF. CLÁUSULA QUE ESTABELECE NATUREZA INDENIZATÓRIA À PARCELA. EXTENSÃO AOS APOSENTADOS E PENSIONISTAS. IMPOSSIBILIDADE (DJ 14.03.2008). Havendo previsão em cláusula de norma coletiva de trabalho de pagamento mensal de auxílio cesta-alimentação somente a empregados em atividade, dando-lhe caráter indenizatório, é in-

devida a extensão desse benefício aos aposentados e pensionistas. Exegese do art. 7º, XXVI, da Constituição Federal.

4.5. SALÁRIO-UTILIDADE

- **Súmula nº 241 do TST.** SALÁRIO-UTILIDADE. ALIMENTAÇÃO (mantida) – Res. 121/2003, DJ 19, 20 e 21.11.2003. O vale para refeição, fornecido por força do contrato de trabalho, tem caráter salarial, integrando a remuneração do empregado, para todos os efeitos legais.
- **Súmula nº 258 do TST.** SALÁRIO-UTILIDADE. PERCENTUAIS (nova redação) – Res. 121/2003, DJ 19, 20 e 21.11.2003. Os percentuais fixados em lei relativos ao salário "in natura" apenas se referem às hipóteses em que o empregado percebe salário mínimo, apurando-se, nas demais, o real valor da utilidade.
- **Súmula nº 367 do TST.** UTILIDADES "IN NATURA". HABITAÇÃO. ENERGIA ELÉTRICA. VEÍCULO. CIGARRO. NÃO INTEGRAÇÃO AO SALÁRIO (conversão das Orientações Jurisprudenciais nºs 24, 131 e 246 da SBDI-1) – Res. 129/2005, DJ 20, 22 e 25.04.2005. I – A habitação, a energia elétrica e veículo fornecidos pelo empregador ao empregado, quando indispensáveis para a realização do trabalho, não têm natureza salarial, ainda que, no caso de veículo, seja ele utilizado pelo empregado também em atividades particulares. (ex-Ojs da SBDI-1 nºs 131 – inserida em 20.04.1998 e ratificada pelo Tribunal Pleno em 07.12.2000 – e 246 – inserida em 20.06.2001). II – O cigarro não se considera salário utilidade em face de sua nocividade à saúde. (ex-OJ nº 24 da SBDI-1 – inserida em 29.03.1996).

4.6. ADICIONAL DE INSALUBRIDADE E DE PERICULOSIDADE

- **Súmula nº 39 do TST.** PERICULOSIDADE (mantida) – Res. 121/2003, DJ 19, 20 e 21.11.2003. Os empregados que operam em bomba de gasolina têm direito ao adicional de periculosidade (Lei nº 2.573, de 15.08.1955).
- **Súmula nº 47 do TST.** INSALUBRIDADE (mantida) – Res. 121/2003, DJ 19, 20 e 21.11.2003. O trabalho executado em condições insalubres, em caráter intermitente, não afasta, só por essa circunstância, o direito à percepção do respectivo adicional.
- **Súmula nº 70 do TST.** ADICIONAL DE PERICULOSIDADE (mantida) – Res. 121/2003, DJ 19, 20 e 21.11.2003. O adicional de periculosidade não incide sobre os triênios pagos pela Petrobras.
- **Súmula nº 80 do TST.** INSALUBRIDADE (mantida) – Res. 121/2003, DJ 19, 20 e 21.11.2003. A eliminação da insalubridade mediante fornecimento de aparelhos protetores aprovados pelo órgão competente do Poder Executivo exclui a percepção do respectivo adicional.
- **Súmula nº 132 do TST.** ADICIONAL DE PERICULOSIDADE. INTEGRAÇÃO (incorporadas as Orientações Jurisprudenciais nºs 174 e 267 da SBDI-1) – Res. 129/2005, DJ 20, 22 e 25.04.2005. I – O adicional de periculosidade, pago em caráter permanente, integra o cálculo de indenização e de horas extras (ex-Prejulgado nº 3). (ex-Súmula nº 132 – RA 102/1982, DJ 11.10.1982/ DJ 15.10.1982 – e ex-OJ nº 267 da SBDI-1 – inserida em 27.09.2002). II – Durante as horas de sobreaviso, o empregado não se encontra em condições de risco, razão pela qual é incabível a integração do adicional de periculosidade sobre as mencionadas horas. (ex-OJ nº 174 da SBDI-1 – inserida em 08.11.2000).
- **Súmula nº 139 do TST.** ADICIONAL DE INSALUBRIDADE (incorporada a Orientação Jurisprudencial nº 102 da SBDI-1) – Res. 129/2005, DJ 20, 22 e 25.04.2005. Enquanto percebido, o adicional de insalubridade integra a remuneração para todos os efeitos legais. (ex-OJ nº 102 da SBDI-1 – inserida em 01.10.1997).
- **Súmula nº 191 do TST.** ADICIONAL DE PERICULOSIDADE. INCIDÊNCIA. BASE DE CÁLCULO (cancelada a parte final da antiga redação e inseridos os itens II e III) – Res. 214/2016, DEJT divulgado em 30.11.2016 e 01 e 02.12.2016. I – O adicional de periculosidade incide apenas sobre o salário básico e não sobre este acrescido de outros adicionais. II – O adicional de periculosidade do empregado eletricitário, contratado sob a égide da Lei nº 7.369/1985, deve ser calculado sobre a totalidade das parcelas de natureza salarial. Não é válida norma coletiva mediante a qual se determina a incidência do referido adicional sobre o salário básico. III – A alteração da base de cálculo do adicional de periculosidade do eletricitário promovida pela Lei nº 12.740/2012 atinge somente contrato de trabalho firmado a partir de sua vigência, de modo que, nesse caso, o cálculo será realizado exclusivamente sobre o salário básico, conforme determina o § 1º do art. 193 da CLT.
- **Súmula nº 228 do TST.** ADICIONAL DE INSALUBRIDADE. BASE DE CÁLCULO (redação alterada na sessão do Tribunal Pleno em 26.06.2008) – Res. 148/2008, DJ 04 e 07.07.2008 – Republicada DJ 08, 09 e 10.07.2008. SÚMULA CUJA EFICÁCIA ESTÁ SUSPENSA POR DECISÃO LIMINAR DO SUPREMO TRIBUNAL FEDERAL – Res. 185/2012, DEJT divulgado em 25, 26 e 27.09.2012. A partir de 9 de maio de 2008, data da publicação da Súmula Vinculante nº 4 do Supremo Tribunal Federal, o adicional de insalubridade será calculado sobre o salário básico, salvo critério mais vantajoso fixado em instrumento coletivo.
- **Súmula nº 248 do TST.** ADICIONAL DE INSALUBRIDADE. DIREITO ADQUIRIDO (mantida) – Res. 121/2003, DJ 19, 20 e 21.11.2003. A reclassificação ou a descaracterização da insalubridade, por ato da autoridade competente, repercute na satisfação do respectivo adicional, sem ofensa a direito adquirido ou ao princípio da irredutibilidade salarial.

- **Súmula nº 289 do TST.** ADICIONAL. FORNECIMENTO DO APARELHO DE PROTEÇÃO. EFEITO (mantida) – Res. 121/2003, DJ 19, 20 e 21.11.2003. O simples fornecimento do aparelho de proteção pelo empregador não o exime do pagamento do adicional de insalubridade. Cabe-lhe tomar as medidas que conduzam à diminuição ou eliminação da nocividade, entre as quais as relativas ao uso efetivo do equipamento pelo empregado.

- **Súmula nº 361 do TST.** ADICIONAL DE PERICULOSIDADE. ELETRICITÁRIOS. EXPOSIÇÃO INTERMITENTE (mantida) – Res. 121/2003, DJ 19, 20 e 21.11.2003. O trabalho exercido em condições perigosas, embora de forma intermitente, dá direito ao empregado a receber o adicional de periculosidade de forma integral, porque a Lei nº 7.369, de 20.09.1985, não estabeleceu nenhuma proporcionalidade em relação ao seu pagamento.

- **Súmula nº 364 do TST.** ADICIONAL DE PERICULOSIDADE. EXPOSIÇÃO EVENTUAL, PERMANENTE E INTERMITENTE (inserido o item II) – Res. 209/2016, DEJT divulgado em 01, 02 e 03.06.2016 I – Tem direito ao adicional de periculosidade o empregado exposto permanentemente ou que, de forma intermitente, sujeita-se a condições de risco. Indevido, apenas, quando o contato dá-se de forma eventual, assim considerado o fortuito, ou o que, sendo habitual, dá-se por tempo extremamente reduzido. (ex-Ojs da SBDI-1 nºs 05 – inserida em 14.03.1994 – e 280 – DJ 11.08.2003) II – Não é válida a cláusula de acordo ou convenção coletiva de trabalho fixando o adicional de periculosidade em percentual inferior ao estabelecido em lei e proporcional ao tempo de exposição ao risco, pois tal parcela constitui medida de higiene, saúde e segurança do trabalho, garantida por norma de ordem pública (arts. 7º, XXII e XXIII, da CF e 193, §1º, da CLT).

- **Súmula nº 447 do TST.** ADICIONAL DE PERICULOSIDADE. PERMANÊNCIA A BORDO DURANTE O ABASTECIMENTO DA AERONAVE. INDEVIDO. Res. 193/2013, DEJT divulgado em 13, 16 e 17.12.2013. Os tripulantes e demais empregados em serviços auxiliares de transporte aéreo que, no momento do abastecimento da aeronave, permanecem a bordo não têm direito ao adicional de periculosidade a que aludem o art. 193 da CLT e o Anexo 2, item 1, "c", da NR 16 do MTE.

- **Súmula nº 448 do TST.** ATIVIDADE INSALUBRE. CARACTERIZAÇÃO. PREVISÃO NA NORMA REGULAMENTADORA Nº 15 DA PORTARIA DO MINISTÉRIO DO TRABALHO Nº 3.214/78. INSTALAÇÕES SANITÁRIAS. (conversão da Orientação Jurisprudencial nº 4 da SBDI-1 com nova redação do item II). I – Não basta a constatação da insalubridade por meio de laudo pericial para que o empregado tenha direito ao respectivo adicional, sendo necessária a classificação da atividade insalubre na relação oficial elaborada pelo Ministério do Trabalho. II – A higienização de instalações sanitárias de uso público ou coletivo de grande circulação, e a respectiva coleta de lixo, por não se equiparar à limpeza em residências e escritórios, enseja o pagamento de adicional de insalubridade em grau máximo, incidindo o disposto no Anexo 14 daNR-15 da Portaria do MTE nº 3.214/78 quanto à coleta e industrialização de lixo urbano.

- **Súmula nº 453 do TST.** ADICIONAL DE PERICULOSIDADE. PAGAMENTO ESPONTÂNEO. CARACTERIZAÇÃO DE FATO INCONTROVERSO. DESNECESSÁRIA A PERÍCIA DE QUE TRATA O ART. 195 DA CLT. (conversão da Orientação Jurisprudencial nº 406 da SBDI-1) Res. 194/2014, DEJT divulgado em 21, 22 e 23.05.2014. O pagamento de adicional de periculosidade efetuado por mera liberalidade da empresa, ainda que de forma proporcional ao tempo de exposição ao risco ou em percentual inferior ao máximo legalmente previsto, dispensa a realização da prova técnica exigida pelo art. 195 da CLT, pois torna incontroversa a existência do trabalho em condições perigosas.

- **OJ nº 47 SDI-1 do TST.** HORA EXTRA. ADICIONAL DE INSALUBRIDADE. BASE DE CÁLCULO (alterada) – Res. 148/2008, DJ 04 e 07.07.2008 – Republicada DJ 08, 09 e 10.07.2008. A base de cálculo da hora extra é o resultado da soma do salário contratual mais o adicional de insalubridade.

- **OJ nº 103 SDI-1 do TST.** ADICIONAL DE INSALUBRIDADE. REPOUSO SEMANAL E FERIADOS (nova redação) – DJ 20.04.2005. O adicional de insalubridade já remunera os dias de repouso semanal e feriados.

- **OJ nº 121 SDI-1 do TST.** SUBSTITUIÇÃO PROCESSUAL. DIFERENÇA DO ADICIONAL DE INSALUBRIDADE. LEGITIMIDADE. (nova redação) – DJ 20.04.2005. O sindicato tem legitimidade para atuar na qualidade de substituto processual para pleitear diferença de adicional de insalubridade.

- **OJ nº 165 SDI-1 do TST.** PERÍCIA. ENGENHEIRO OU MÉDICO. ADICIONAL DE INSALUBRIDADE E PERICULOSIDADE. VÁLIDO. ART. 195 DA CLT (inserida em 26.03.1999). O art. 195 da CLT não faz qualquer distinção entre o médico e o engenheiro para efeito de caracterização e classificação da insalubridade e periculosidade, bastando para a elaboração do laudo seja o profissional devidamente qualificado.

- **OJ nº 171 SDI-1 do TST.** ADICIONAL DE INSALUBRIDADE. ÓLEOS MINERAIS. SENTIDO DO TERMO "MANIPULAÇÃO" (inserida em 08.11.2000). Para efeito de concessão de adicional de insalubridade não há distinção entre fabricação e manuseio de óleos minerais – Portaria nº 3214 do Ministério do Trabalho, NR 15, Anexo XIII.

- **OJ nº 172 SDI-1 do TST.** ADICIONAL DE INSALUBRIDADE OU PERICULOSIDADE. CONDENAÇÃO. INSERÇÃO EM FOLHA DE PAGAMENTO (inserida em 08.11.2000). Condenada ao pagamento do adicional de insalubridade ou periculosidade, a empresa deverá inserir, mês a mês e enquanto o trabalho for executado sob essas condições, o valor correspondente em folha de pagamento.

- **OJ nº 173. SDI-1 do TST.** ADICIONAL DE INSALUBRIDADE. ATIVIDADE A CÉU ABERTO. EXPOSIÇÃO AO SOL E AO CALOR. I – Ausente previsão legal, indevido o adicional de insalubridade ao trabalhador em atividade a céu aberto por sujeição à radiação solar (art. 195 da CLT e Anexo 7 da NR 15 da Portaria Nº 3.214/78 do MTE). II – Tem direito à percepção ao adicional de insalubridade o empregado que exerce atividade exposto ao calor acima dos limites de tolerância, inclusive em ambiente externo com carga solar, nas condições previstas no Anexo 3 da NR 15 da Portaria Nº 3.214/78 do MTE.
- **OJ nº 278. SDI-1 do TST**. ADICIONAL DE INSALUBRIDADE. PERÍCIA. LOCAL DE TRABALHO DESATIVADO. DJ 11.08.03. A realização de perícia é obrigatória para a verificação de insalubridade. Quando não for possível sua realização, como em caso de fechamento da empresa, poderá o julgador utilizar-se de outros meios de prova.
- **OJ nº 279. SDI-1 do TST**. ADICIONAL DE PERICULOSIDADE. ELETRICITÁRIOS. BASE DE CÁLCULO. LEI Nº 7.369/85, ART. 1º. INTERPRETAÇÃO (DJ 11.08.2003). O adicional de periculosidade dos eletricitários deverá ser calculado sobre o conjunto de parcelas de natureza salarial.
- **OJ nº 316. SDI-1 do TST**. PORTUÁRIOS. ADICIONAL DE RISCO. LEI Nº 4.860/65 (DJ 11.08.2003).O adicional de risco dos portuários, previsto no art. 14 da Lei nº 4.860/65, deve ser proporcional ao tempo efetivo no serviço considerado sob risco e apenas concedido àqueles que prestam serviços na área portuária.
- **OJ nº 324. SDI-1 do TST**. ADICIONAL DE PERICULOSIDADE. SISTEMA ELÉTRICO DE POTÊNCIA. DECRETO Nº 93.412/86, ART. 2º, § 1º (DJ 09.12.2003). É assegurado o adicional de periculosidade apenas aos empregados que trabalham em sistema elétrico de potência em condições de risco, ou que o façam com equipamentos e instalações elétricas similares, que ofereçam risco equivalente, ainda que em unidade consumidora de energia elétrica.
- **OJ nº 345. SDI-1 do TST**. ADICIONAL DE PERICULOSIDADE. RADIAÇÃO IONIZANTE OU SUBSTÂNCIA RADIOATIVA. DEVIDO (DJ 22.06.2005). A exposição do empregado à radiação ionizante ou à substância radioativa enseja a percepção do adicional de periculosidade, pois a regulamentação ministerial (Portarias do Ministério do Trabalho nºs 3.393, de 17.12.1987, e 518, de 07.04.2003), ao reputar perigosa a atividade, reveste-se de plena eficácia, porquanto expedida por força de delegação legislativa contida no art. 200, *"caput"*, e inciso VI, da CLT. No período de 12.12.2002 a 06.04.2003, enquanto vigeu a Portaria nº 496 do Ministério do Trabalho, o empregado faz jus ao adicional de insalubridade.
- **OJ nº 347. SDI-1 do TST**. ADICIONAL DE PERICULOSIDADE. SISTEMA ELÉTRICO DE POTÊNCIA. LEI Nº 7.369, DE 20.09.1985, REGULAMENTADA PELO DECRETO Nº 93.412, DE 14.10.1986. EXTENSÃO DO DIREITO AOS CABISTAS, INSTALADORES E REPARADORES DE LINHAS E APARELHOS EM EMPRESA DE TELEFONIA (DJ 25.04.2007). É devido o adicional de periculosidade aos empregados cabistas, instaladores e reparadores de linhas e aparelhos de empresas de telefonia, desde que, no exercício de suas funções, fiquem expostos a condições de risco equivalente ao do trabalho exercido em contato com sistema elétrico de potência.
- **OJ nº 385. SDI-1 do TST**. ADICIONAL DE PERICULOSIDADE. DEVIDO. ARMAZENAMENTO DE LÍQUIDO INFLAMÁVEL NO PRÉDIO. CONSTRUÇÃO VERTICAL. (DEJT divulgado em 09, 10 e 11.06.2010). É devido o pagamento do adicional de periculosidade ao empregado que desenvolve suas atividades em edifício (construção vertical), seja em pavimento igual ou distinto daquele onde estão instalados tanques para armazenamento de líquido inflamável, em quantidade acima do limite legal, considerando-se como área de risco toda a área interna da construção vertical.
- **OJ nº 402. SDI-1 do TST.** ADICIONAL DE RISCO. PORTUÁRIO. TERMINAL PRIVATIVO. ARTS. 14 E 19 DA LEI Nº 4.860, DE 26.11.1965. INDEVIDO. (mantida)– Res. 175/2011, DEJT divulgado em 27, 30 e 31.05.2011. O adicional de risco previsto no artigo 14 da Lei nº 4.860, de 26.11.1965, aplica-se somente aos portuários que trabalham em portos organizados, não podendo ser conferido aos que operam terminal privativo.
- **OJ nº 406. SDI-1 do TST**. ADICIONAL DE PERICULOSIDADE. PAGAMENTO ESPONTÂNEO. CARACTERIZAÇÃO DE FATO INCONTROVERSO. DESNECESSÁRIA A PERÍCIA DE QUE TRATA O ART. 195 DA CLT. (DEJT divulgado em 22, 25 e 26.10.2010). O pagamento de adicional de periculosidade efetuado por mera liberalidade da empresa, ainda que de forma proporcional ao tempo de exposição ao risco ou em percentual inferior ao máximo legalmente previsto, dispensa a realização da prova técnica exigida pelo art. 195 da CLT, pois torna incontroversa a existência do trabalho em condições perigosas.
- **OJ nº 12. Transitória da SDI1. TST.** CSN. ADICIONAL DE INSALUBRIDADE E DE PERICULOSIDADE. SALÁRIO COMPLESSIVO. PREVALÊNCIA DO ACORDO COLETIVO. Inserida em 19.10.00 (inserido dispositivo, DJ 20.04.2005). O pagamento do adicional de insalubridade e periculosidade embutido no salário contratual dos empregados da CSN não caracteriza a complessividade salarial, uma vez que essa forma de pagamento decorre de acordo coletivo há muitos anos em vigor.
- **OJ nº 33. Transitória da SDI1. TST.** ADICIONAL DE INSALUBRIDADE. BASE DE CÁLCULO, NA VIGÊNCIA DO DECRETO-LEI Nº 2.351/1987: PISO NACIONAL DE SALÁRIOS. (conversão da Orientação Jurisprudencial nº 3 da SBDI-1, DJ 20.04.2005). Na vigência do

Decreto-Lei nº 2.351/1987, o piso nacional de salários é a base de cálculo para o adicional de insalubridade. (ex-OJ nº 3 da SBDI-1 – inserida em 14.03.94)

- **OJ nº 57. Transitória da SDI1. TST.** ADICIONAL DE INSALUBRIDADE. DEFICIÊNCIA DE ILUMINAMENTO. LIMITAÇÃO. (conversão da Orientação Jurisprudencial nº 153 da SBDI-1, DJ 20.04.2005). Somente após 26.02.1991 foram, efetivamente, retiradas do mundo jurídico as normas ensejadoras do direito ao adicional de insalubridade por iluminamento insuficiente no local da prestação de serviço, como previsto na Portaria nº 3751/1990 do Ministério do Trabalho. (ex-OJ nº 153 da SBDI-1 – inserida em 26.03.99).

4.7. OUTROS ADICIONAIS

- **Súmula nº 52 do TST**. TEMPO DE SERVIÇO (mantida) – Res. 121/2003, DJ 19, 20 e 21.11.2003. O adicional de tempo de serviço (quinquênio) é devido, nas condições estabelecidas no art. 19 da Lei nº 4.345, de 26.06.1964, aos contratados sob o regime da CLT, pela empresa a que se refere a mencionada lei, inclusive para o fim de complementação de aposentadoria.
- **Súmula nº 60 do TST**. ADICIONAL NOTURNO. INTEGRAÇÃO NO SALÁRIO E PRORROGAÇÃO EM HORÁRIO DIURNO (incorporada a Orientação Jurisprudencial nº 6 da SBDI-1) – Res. 129/2005, DJ 20, 22 e 25.04.2005. I – O adicional noturno, pago com habitualidade, integra o salário do empregado para todos os efeitos. (ex-Súmula nº 60 – RA 105/1974, DJ 24.10.1974). II – Cumprida integralmente a jornada no período noturno e prorrogada esta, devido é também o adicional quanto às horas prorrogadas. Exegese do art. 73, § 5º, da CLT. (ex-OJ nº 6 da SBDI-1 – inserida em 25.11.1996).
- **Súmula nº 65 do TST**. (mantida) – Res. 121/2003, DJ 19, 20 e 21.11.2003. O direito à hora reduzida de 52 minutos e 30 segundos aplica-se ao vigia noturno.
- **Súmula nº 84 do TST**. ADICIONAL REGIONAL (nova redação) – Res. 121/2003, DJ 19, 20 e 21.11.2003. O adicional regional, instituído pela Petrobras, não contraria o art. 7º, XXXII, da CF/1988.
- **Súmula nº 112 do TST.** TRABALHO NOTURNO. PETRÓLEO (mantida) – Res. 121/2003, DJ 19, 20 e 21.11.2003. O trabalho noturno dos empregados nas atividades de exploração, perfuração, produção e refinação do petróleo, industrialização do xisto, indústria petroquímica e transporte de petróleo e seus derivados, por meio de dutos, é regulado pela Lei nº 5.811, de 11.10.1972, não se lhe aplicando a hora reduzida de 52 minutos e 30 segundos prevista no art. 73, § 1º, da CLT.
- **Súmula nº 140 do TST**. VIGIA (mantida) – Res. 121/2003, DJ 19, 20 e 21.11.2003. É assegurado ao vigia sujeito ao trabalho noturno o direito ao respectivo adicional (ex-Prejulgado nº 12).
- **Súmula nº 152 do TST.** GRATIFICAÇÃO. AJUSTE TÁCITO (mantida) – Res. 121/2003, DJ 19, 20 e 21.11.2003. O fato de constar do recibo de pagamento de gratificação o caráter de liberalidade não basta, por si só, para excluir a existência de ajuste tácito (ex-Prejulgado nº 25).
- **Súmula nº 181 do TST.** ADICIONAL. TEMPO DE SERVIÇO. REAJUSTE SEMESTRAL. LEI Nº 6.708/1979 (cancelada) – Res. 121/2003, DJ 19, 20 e 21.11.2003. O adicional por tempo de serviço, quando estabelecido em importe fixo, está sujeito ao reajuste da Lei nº 6.708/1979.
- **Súmula nº 226 do TST**. BANCÁRIO. GRATIFICAÇÃO POR TEMPO DE SERVIÇO. INTEGRAÇÃO NO CÁLCULO DAS HORAS EXTRAS (mantida) – Res. 121/2003, DJ 19, 20 e 21.11.2003. A gratificação por tempo de serviço integra o cálculo das horas extras.
- **Súmula nº 240 do TST.** BANCÁRIO. GRATIFICAÇÃO DE FUNÇÃO E ADICIONAL POR TEMPO DE SERVIÇO (mantida) – Res. 121/2003, DJ 19, 20 e 21.11.2003. O adicional por tempo de serviço integra o cálculo da gratificação prevista no art. 224, § 2º, da CLT.
- **Súmula nº 242 do TST.** INDENIZAÇÃO ADICIONAL. VALOR (mantida) – Res. 121/2003, DJ 19, 20 e 21.11.2003. A indenização adicional, prevista no art. 9º da Lei nº 6.708, de 30.10.1979 e no art. 9º da Lei nº 7.238, de 28.10.1984, corresponde ao salário mensal, no valor devido na data da comunicação do despedimento, integrado pelos adicionais legais ou convencionados, ligados à unidade de tempo mês, não sendo computável a gratificação natalina.
- **Súmula nº 265 do TST.** ADICIONAL NOTURNO. ALTERAÇÃO DE TURNO DE TRABALHO. POSSIBILIDADE DE SUPRESSÃO (mantida) – Res. 121/2003, DJ 19, 20 e 21.11.2003. A transferência para o período diurno de trabalho implica a perda do direito ao adicional noturno.
- **Súmula nº 349 do TST.** ACORDO DE COMPENSAÇÃO DE HORÁRIO EM ATIVIDADE INSALUBRE, CELEBRADO POR ACORDO COLETIVO. VALIDADE. (cancelada) – Res. 174/2011, DEJT divulgado em 27, 30 e 31.05.2011. A validade de acordo coletivo ou convenção coletiva de compensação de jornada de trabalho em atividade insalubre prescinde da inspeção prévia da autoridade competente em matéria de higiene do trabalho (art. 7º, XIII, da CF/1988; art. 60 da CLT).
- **OJ nº 97. SDI-1 do TST.** HORAS EXTRAS. ADICIONAL NOTURNO. BASE DE CÁLCULO. Inserida em 30.05.1997. O adicional noturno integra a base de cálculo das horas extras prestadas no período noturno.
- **OJ nº 113. SDI-1 do TST.** ADICIONAL DE TRANSFERÊNCIA. CARGO DE CONFIANÇA OU PREVISÃO CONTRATUAL DE TRANSFERÊNCIA. DEVIDO. DESDE QUE A TRANSFERÊNCIA SEJA PROVISÓRIA (inserida em 20.11.1997). O fato de o empregado exercer cargo de confiança ou a existência de previsão de transferência no contrato de trabalho não exclui o direito

ao adicional. O pressuposto legal apto a legitimar a percepção do mencionado adicional é a transferência provisória.

- **OJ nº 127. SDI-1 do TST.** HORA NOTURNA REDUZIDA. SUBSISTÊNCIA APÓS A CF/1988 (inserida em 20.04.1998). O art. 73, § 1º da CLT, que prevê a redução da hora noturna, não foi revogado pelo inciso IX do art. 7º da CF/1988.

- **OJ nº 259. SDI-1 do TST.** ADICIONAL NOTURNO. BASE DE CÁLCULO. ADICIONAL DE PERICULOSIDADE. INTEGRAÇÃO (inserida em 27.09.2002). O adicional de periculosidade deve compor a base de cálculo do adicional noturno, já que também neste horário o trabalhador permanece sob as condições de risco.

- **OJ nº 388. SDI-1 do TST.** JORNADA 12X36. JORNADA MISTA QUE COMPREENDA A TOTALIDADE DO PERÍODO NOTURNO. ADICIONAL NOTURNO. DEVIDO. (DEJT divulgado em 09, 10 e 11.06.2010). O empregado submetido à jornada de 12 horas de trabalho por 36 de descanso, que compreenda a totalidade do período noturno, tem direito ao adicional noturno, relativo às horas trabalhadas após as 5 horas da manhã.

- **OJ nº 395. SDI-1 do TST.** TURNO ININTERRUPTO DE REVEZAMENTO. HORA NOTURNA REDUZIDA. INCIDÊNCIA. (DEJT divulgado em 09, 10 e 11.06.2010). O trabalho em regime de turnos ininterruptos de revezamento não retira o direito à hora noturna reduzida, não havendo incompatibilidade entre as disposições contidas nos arts. 73, § 1º, da CLT e 7º, XIV, da Constituição Federal.

4.8. EQUIPARAÇÃO SALARIAL E ENQUADRAMENTO

- **Súmula nº 6 do TST.** EQUIPARAÇÃO SALARIAL. ART. 461 DA CLT (redação do item VI alterada) – Res. 198/2015, republicada em razão de erro material – DEJT divulgado em 12, 15 e 16.06.2015. I – Para os fins previstos no § 2º do art. 461 da CLT, só é válido o quadro de pessoal organizado em carreira quando homologado pelo Ministério do Trabalho, excluindo-se, apenas, dessa exigência o quadro de carreira das entidades de direito público da administração direta, autárquica e fundacional aprovado por ato administrativo da autoridade competente. (ex-Súmula nº 06 – alterada pela Res. 104/2000, DJ 20.12.2000). II – Para efeito de equiparação de salários em caso de trabalho igual, conta-se o tempo de serviço na função e não no emprego. (ex-Súmula nº 135 – RA 102/1982, DJ 11.10.1982 e DJ 15.10.1982). III – A equiparação salarial só é possível se o empregado e o paradigma exercerem a mesma função, desempenhando as mesmas tarefas, não importando se os cargos têm, ou não, a mesma denominação. (ex-OJ da SBDI-1 nº 328 – DJ 09.12.2003). IV – É desnecessário que, ao tempo da reclamação sobre equiparação salarial, reclamante e paradigma estejam a serviço do estabelecimento, desde que o pedido se relacione com situação pretérita. (ex-Súmula nº 22 – RA 57/1970, DO-GB 27.11.1970).V – A cessão de empregados não exclui a equiparação salarial, embora exercida a função em órgão governamental estranho à cedente, se esta responde pelos salários do paradigma e do reclamante. (ex-Súmula nº 111 – RA 102/1980, DJ 25.09.1980). VI – Presentes os pressupostos do art. 461 da CLT, é irrelevante a circunstância de que o desnível salarial tenha origem em decisão judicial que beneficiou o paradigma, exceto: a) se decorrente de vantagem pessoal ou de tese jurídica superada pela jurisprudência de Corte Superior; b) na hipótese de equiparação salarial em cadeia, suscitada em defesa, se o empregador produzir prova do alegado fato modificativo, impeditivo ou extintivo do direito à equiparação salarial em relação ao paradigma remoto, considerada irrelevante, para esse efeito, a existência de diferença de tempo de serviço na função superior a dois anos entre o reclamante e os empregados paradigmas componentes da cadeia equiparatória, à exceção do paradigma imediato. VII – Desde que atendidos os requisitos do art. 461 da CLT, é possível a equiparação salarial de trabalho intelectual, que pode ser avaliado por sua perfeição técnica, cuja aferição terá critérios objetivos. (ex-OJ da SBDI-1 nº 298 – DJ 11.08.2003). VIII – É do empregador o ônus da prova do fato impeditivo, modificativo ou extintivo da equiparação salarial. (ex-Súmula nº 68 – RA 9/1977, DJ 11.02.1977). IX – Na ação de equiparação salarial, a prescrição é parcial e só alcança as diferenças salariais vencidas no período de 5 (cinco) anos que precedeu o ajuizamento. (ex-Súmula nº 274 – alterada pela Res. 121/2003, DJ 21.11.2003). X – O conceito de "mesma localidade" de que trata o art. 461 da CLT refere-se, em princípio, ao mesmo município, ou a municípios distintos que, comprovadamente, pertençam à mesma região metropolitana. (ex-OJ da SBDI-1 nº 252 – inserida em 13.03.2002)

- **Súmula nº 19 do TST**. QUADRO DE CARREIRA (mantida) – Res. 121/2003, DJ 19, 20 e 21.11.2003. A Justiça do Trabalho é competente para apreciar reclamação de empregado que tenha por objeto direito fundado em quadro de carreira.

- **Súmula nº 127 do TST**. QUADRO DE CARREIRA (mantida) – Res. 121/2003, DJ 19, 20 e 21.11.2003. Quadro de pessoal organizado em carreira, aprovado pelo órgão competente, excluída a hipótese de equiparação salarial, não obsta reclamação fundada em preterição, enquadramento ou reclassificação.

- **Súmula nº 159 do TST.** SUBSTITUIÇÃO DE CARÁTER NÃO EVENTUAL E VACÂNCIA DO CARGO (incorporada a Orientação Jurisprudencial nº 112 da SBDI-1) – Res. 129/2005, DJ 20, 22 e 25.04.2005. I – Enquanto perdurar a substituição que não tenha caráter meramente eventual, inclusive nas férias, o empregado substituto fará jus ao salário contratual do substituído. (ex-Súmula nº 159 – alterada pela Res. 121/2003, DJ 21.11.2003). II – Vago o cargo em definitivo, o empregado que passa a ocupá-lo não tem direito a salário igual ao do antecessor. (ex-OJ nº 112 da SBDI-1 – inserida em 01.10.1997).

- **Súmula nº 275 do TST**. PRESCRIÇÃO. DESVIO DE FUNÇÃO E REENQUADRAMENTO (incorporada a Orientação Jurisprudencial nº 144 da SBDI-1) – Res. 129/2005, DJ 20, 22 e 25.04.2005. I – Na ação que objetive corrigir desvio funcional, a prescrição só alcança as diferenças salariais vencidas no período de 5 (cinco) anos que precedeu o ajuizamento. (ex-Súmula nº 275 – alterada pela Res. 121/2003, DJ 21.11.2003). II – Em se tratando de pedido de reenquadramento, a prescrição é total, contada da data do enquadramento do empregado. (ex-OJ nº 144 da SBDI-1 – inserida em 27.11.1998).
- **Súmula nº 454 do TST**. DIFERENÇAS SALARIAIS. PLANO DE CARGOS E SALÁRIOS. DESCUMPRIMENTO. CRITÉRIOS DE PROMOÇÃO NÃO OBSERVADOS. PRESCRIÇÃO PARCIAL. (conversão da Orientação Jurisprudencial nº 404 da SBDI-1) Res. 194/2014, DEJT divulgado em 21, 22 e 23.05.2014. Tratando-se de pedido de pagamento de diferenças salariais decorrentes da inobservância dos critérios de promoção estabelecidos em Plano de Cargos e Salários criado pela empresa, a prescrição aplicável é a parcial, pois a lesão é sucessiva e se renova mês a mês.
- **Súmula nº 455 do TST.** EQUIPARAÇÃO SALARIAL. SOCIEDADE DE ECONOMIA MISTA. ART. 37, XIII, DA CF/1988. POSSIBILIDADE. (conversão da Orientação Jurisprudencial nº 353 da SBDI-1 com nova redação) Res. 194/2014, DEJT divulgado em 21, 22 e 23.05.2014. À sociedade de economia mista não se aplica a vedação à equiparação prevista no art. 37, XIII, da CF/1988, pois, ao admitir empregados sob o regime da CLT, equipara-se a empregador privado, conforme disposto no art. 173, § 1º, II, da CF/1988.
- **OJ nº 125. SDI-1 do TST.** DESVIO DE FUNÇÃO. QUADRO DE CARREIRA (alterado em 13.03.2002). O simples desvio funcional do empregado não gera direito a novo enquadramento, mas apenas às diferenças salariais respectivas, mesmo que o desvio de função haja iniciado antes da vigência da CF/1988.
- **OJ nº 296. SDI-1 do TST**. EQUIPARAÇÃO SALARIAL. ATENDENTE E AUXILIAR DE ENFERMAGEM. IMPOSSIBILIDADE (DJ 11.08.2003). Sendo regulamentada a profissão de auxiliar de enfermagem, cujo exercício pressupõe habilitação técnica, realizada pelo Conselho Regional de Enfermagem, impossível a equiparação salarial do simples atendente com o auxiliar de enfermagem.
- **OJ nº 297. SDI-1 do TST**. EQUIPARAÇÃO SALARIAL. SERVIDOR PÚBLICO DA ADMINISTRAÇÃO DIRETA, AUTÁRQUICA E FUNDACIONAL. ART. 37, XIII, DA CF/1988 (DJ 11.08.2003). O art. 37, inciso XIII, da CF/1988, veda a equiparação de qualquer natureza para o efeito de remuneração do pessoal do serviço público, sendo juridicamente impossível a aplicação da norma infraconstitucional prevista no art. 461 da CLT quando se pleiteia equiparação salarial entre servidores públicos, independentemente de terem sido contratados pela CLT.
- **OJ nº 379. SDI-1 do TST**. EMPREGADO DE COOPERATIVA DE CRÉDITO. BANCÁRIO. EQUIPARAÇÃO. IMPOSSIBILIDADE. (republicada em razão de erro material no registro da referência legislativa) – DEJT divulgado em 29, 30 e 31.03.2017. Os empregados de cooperativas de crédito não se equiparam a bancário, para efeito de aplicação do art. 224 da CLT, em razão da inexistência de expressa previsão legal, considerando, ainda, as diferenças estruturais e operacionais entre as instituições financeiras e as cooperativas de crédito. Inteligência das Leis nºs 4.595, de 31.12.1964, e 5.764, de 16.12.1971.
- **OJ nº 418. SDI-1 do TST**. EQUIPARAÇÃO SALARIAL. PLANO DE CARGOS E SALÁRIOS. APROVAÇÃO POR INSTRUMENTO COLETIVO. AUSÊNCIA DE ALTERNÂNCIA DE CRITÉRIOS DE PROMOÇÃO POR ANTIGUIDADE E MERECIMENTO. (DEJT divulgado em 12, 13 e 16.04.2012). Não constitui óbice à equiparação salarial a existência de plano de cargos e salários que, referendado por norma coletiva, prevê critério de promoção apenas por merecimento ou antiguidade, não atendendo, portanto, o requisito de alternância dos critérios, previsto no art. 461, § 2º, da CLT.

4.9. DESCONTOS SALARIAIS

- **Súmula nº 342 do TST**. DESCONTOS SALARIAIS. ART. 462 DA CLT (mantida) – Res. 121/2003, DJ 19, 20 e 21.11.2003. Descontos salariais efetuados pelo empregador, com a autorização prévia e por escrito do empregado, para ser integrado em planos de assistência odontológica, médico-hospitalar, de seguro, de previdência privada, ou de entidade cooperativa, cultural ou recreativo-associativa de seus trabalhadores, em seu benefício e de seus dependentes, não afrontam o disposto no art. 462 da CLT, salvo se ficar demonstrada a existência de coação ou de outro defeito que vicie o ato jurídico.
- **OJ nº 160. SDI-1 do TST**. DESCONTOS SALARIAIS. AUTORIZAÇÃO NO ATO DA ADMISSÃO. VALIDADE (inserida em 26.03.1999). É inválida a presunção de vício de consentimento resultante do fato de ter o empregado anuído expressamente com descontos salariais na oportunidade da admissão. É de se exigir demonstração concreta do vício de vontade.

5. JORNADA DE TRABALHO E DESCANSOS

- **Súmula nº 428 do TST.** SOBREAVISO. APLICAÇÃO ANALÓGICA DO ART. 244, § 2º, DA CLT. (redação alterada na sessão do Tribunal Pleno realizada em 14.09.2012) – Res. 185/2012, DEJT divulgado em 25, 26 e 27.09.2012I – O uso de instrumentos telemáticos ou informatizados fornecidos pela empresa ao empregado, por si só, não caracteriza regime de sobreaviso. II – Considera-se em sobreaviso o empregado que, à distância e submetido a controle patronal por instrumentos telemáticos ou informatizados, permanecer em regime de plantão ou equivalente, aguardando a qualquer momento o chamado para o serviço durante o período de descanso.

5.1. JORNADA DO BANCÁRIO

- **Súmula nº 12 do TST.** BANCÁRIO. SALÁRIO-HORA. DIVISOR. I – O divisor aplicável para o cálculo das horas extras do bancário, se houver ajuste individual expresso ou coletivo no sentido de considerar o sábado como dia de descanso remunerado, será: a) 150, para os empregados submetidos à jornada de seis horas, prevista no *caput* do art. 224 da CLT; b) 200, para os empregados submetidos à jornada de oito horas, nos termos do § 2º do art. 224 da CLT. II – Nas demais hipóteses, aplicar-se-á o divisor: a) 180, para os empregados submetidos à jornada de seis horas prevista no *caput* do art. 224 da CLT; b) 220, para os empregados submetidos à jornada de oito horas, nos termos do § 2º do art. 224 da CLT.

- **Súmula nº 55 do TST.** FINANCEIRAS (mantida) – Res. 121/2003, DJ 19, 20 e 21.11.2003. As empresas de crédito, financiamento ou investimento, também denominadas financeiras, equiparam-se aos estabelecimentos bancários para os efeitos do art. 224 da CLT.

- **Súmula nº 93 do TST.** BANCÁRIO (mantida) – Res. 121/2003, DJ 19, 20 e 21.11.2003. Integra a remuneração do bancário a vantagem pecuniária por ele auferida na colocação ou na venda de papéis ou valores mobiliários de empresas pertencentes ao mesmo grupo econômico, se exercida essa atividade no horário e no local de trabalho e com o consentimento, tácito ou expresso, do banco empregador.

- **Súmula nº 102 do TST.** BANCÁRIO. CARGO DE CONFIANÇA (mantida) – Res. 174/2011, DEJT divulgado em 27, 30 e 31.05.2011. I – A configuração, ou não, do exercício da função de confiança a que se refere o art. 224, § 2º, da CLT, dependente da prova das reais atribuições do empregado, é insuscetível de exame mediante recurso de revista ou de embargos. (ex-Súmula nº 204 – alterada pela Res. 121/2003, DJ 21.11.2003). II – O bancário que exerce a função a que se refere o § 2º do art. 224 da CLT e recebe gratificação não inferior a um terço de seu salário já tem remuneradas as duas horas extraordinárias excedentes de seis. (ex-Súmula nº 166 – RA 102/1982, DJ 11.10.1982 e DJ 15.10.1982). III – Ao bancário exercente de cargo de confiança previsto no artigo 224, § 2º, da CLT são devidas as 7ª e 8ª horas, como extras, no período em que se verificar o pagamento a menor da gratificação de 1/3. (ex-OJ nº 288 da SBDI-1 – DJ 11.08.2003). IV – O bancário sujeito à regra do art. 224, § 2º, da CLT cumpre jornada de trabalho de 8 (oito) horas, sendo extraordinárias as trabalhadas além da oitava. (ex-Súmula nº 232 – RA 14/1985, DJ 19.09.1985). V – O advogado empregado de banco, pelo simples exercício da advocacia, não exerce cargo de confiança, não se enquadrando, portanto, na hipótese do § 2º do art. 224 da CLT. (ex-OJ nº 222 da SBDI-1 – inserida em 20.06.2001). VI – O caixa bancário, ainda que caixa executivo, não exerce cargo de confiança. Se perceber gratificação igual ou superior a um terço do salário do posto efetivo, essa remunera apenas a maior responsabilidade do cargo e não as duas horas extraordinárias além da sexta. (ex-Súmula nº 102 – RA 66/1980, DJ 18.06.1980 e republicada DJ 14.07.1980). VII – O bancário exercente de função de confiança, que percebe a gratificação não inferior ao terço legal, ainda que norma coletiva contemple percentual superior, não tem direito às sétima e oitava horas como extras, mas tão somente às diferenças de gratificação de função, se postuladas. (ex-OJ nº 15 da SBDI-1 – inserida em 14.03.1994).

- **Súmula nº 109 do TST.** GRATIFICAÇÃO DE FUNÇÃO (mantida) – Res. 121/2003, DJ 19, 20 e 21.11.2003. O bancário não enquadrado no § 2º do art. 224 da CLT, que receba gratificação de função, não pode ter o salário relativo a horas extraordinárias compensado com o valor daquela vantagem.

- **Súmula nº 113 do TST.** BANCÁRIO. SÁBADO. DIA ÚTIL (mantida) – Res. 121/2003, DJ 19, 20 e 21.11.2003. O sábado do bancário é dia útil não trabalhado, não dia de repouso remunerado. Não cabe a repercussão do pagamento de horas extras habituais em sua remuneração.

- **Súmula nº 117 do TST.** BANCÁRIO. CATEGORIA DIFERENCIADA (mantida) – Res. 121/2003, DJ 19, 20 e 21.11.2003. Não se beneficiam do regime legal relativo aos bancários os empregados de estabelecimento de crédito pertencentes a categorias profissionais diferenciadas.

- **Súmula nº 119 do TST.** JORNADA DE TRABALHO (mantida) – Res. 121/2003, DJ 19, 20 e 21.11.2003. Os empregados de empresas distribuidoras e corretoras de títulos e valores mobiliários não têm direito à jornada especial dos bancários.

- **Súmula nº 124 do TST.** BANCÁRIO. SALÁRIO-HORA. DIVISOR (alteração em razão do julgamento do processo TST-IRR 849-83.2013.5.03.0138) – Res. 219/2017, DEJT divulgado em 28, 29 e 30.06.2017 – republicada – DEJT divulgado em 12, 13 e 14.07.2017

  I – o divisor aplicável para o cálculo das horas extras do bancário será:

  a)180, para os empregados submetidos à jornada de seis horas prevista no *caput* do art. 224 da CLT;

  b) 220, para os empregados submetidos à jornada de oito horas, nos termos do § 2º do art. 224 da CLT.

  II – Ressalvam-se da aplicação do item anterior as decisões de mérito sobre o tema, qualquer que seja o seu teor, emanadas de Turma do TST ou da SBDI-I, no período de 27/09/2012 até 21/11/2016, conforme a modulação aprovada no precedente obrigatório firmado no Incidente de Recursos de Revista Repetitivos nº TST-IRR-849-83.2013.5.03.0138, DEJT 19.12.2016.

- **Súmula nº 199 do TST.** BANCÁRIO. PRÉ-CONTRATAÇÃO DE HORAS EXTRAS (incorporadas as Orientações Jurisprudenciais nºs 48 e 63 da SBDI-1) – Res. 129/2005, DJ 20, 22 e 25.04.2005. I – A contratação do serviço suplementar, quando da admissão do trabalhador bancário, é nula. Os valores assim ajustados apenas remuneram a jornada normal, sendo devidas as horas extras com o adicional de, no mínimo, 50% (cinquenta por cento), as quais não configuram pré-contratação, se pactuadas após a admissão do bancário. (ex-Súmula nº 199 – alterada pela Res. 41/1995, DJ 21.02.1995 – e ex-OJ nº 48 da SBDI-1 – inserida em 25.11.1996). II – Em se tratando de horas extras pré-contratadas, opera-se a prescrição total se a ação não for ajuizada no prazo de cinco anos, a partir da data em que foram suprimidas. (ex-OJ nº 63 da SBDI-1 – inserida em 14.03.1994).
- **Súmula nº 239 do TST.** BANCÁRIO. EMPREGADO DE EMPRESA DE PROCESSAMENTO DE DADOS (incorporadas as Orientações Jurisprudenciais nºs 64 e 126 da SBDI-1) – Res. 129/2005, DJ 20, 22 e 25.04.2005. É bancário o empregado de empresa de processamento de dados que presta serviço a banco integrante do mesmo grupo econômico, exceto quando a empresa de processamento de dados presta serviços a banco e a empresas não bancárias do mesmo grupo econômico ou a terceiros. (primeira parte – ex-Súmula nº 239 – Res. 15/1985, DJ 09.12.1985; segunda parte – ex-OJs nºs 64 e 126 da SBDI-1 – inseridas, respectivamente, em 13.09.1994 e 20.04.1998).
- **Súmula nº 243 do TST.** BANCÁRIO. HORA DE SALÁRIO. DIVISOR (mantida) – Res. 121/2003, DJ 19, 20 e 21.11.2003. O bancário sujeito à jornada de 8 (oito) horas (art. 224, § 2º, da CLT), após a CF/1988, tem salário-hora calculado com base no divisor 220 (duzentos e vinte), não mais 240 (duzentos e quarenta).
- **Súmula nº 257 do TST.** VIGILANTE (mantida) – Res. 121/2003, DJ 19, 20 e 21.11.2003. O vigilante, contratado diretamente por banco ou por intermédio de empresas especializadas, não é bancário.
- **Súmula nº 287 do TST.** JORNADA DE TRABALHO. GERENTE BANCÁRIO (nova redação) – Res. 121/2003, DJ 19, 20 e 21.11.2003. A jornada de trabalho do empregado de banco gerente de agência é regida pelo art. 224, § 2º, da CLT. Quanto ao gerente-geral de agência bancária, presume-se o exercício de encargo de gestão, aplicando-se-lhe o art. 62 da CLT.
- **OJ nº 17. SDI-1 do TST.** BANCO DO BRASIL. AP E ADI. Os adicionais AP, ADI ou AFR, somados ou considerados isoladamente, sendo equivalentes a 1/3 do salário do cargo efetivo (art. 224, § 2º, da CLT), excluem o empregado ocupante de cargo de confiança do Banco do Brasil da jornada de 6 horas.
- **OJ nº 178. SDI-1 do TST.** BANCÁRIO. INTERVALO DE 15 MINUTOS. NÃO COMPUTÁVEL NA JORNADA DE TRABALHO (inserido dispositivo) – DJ 20.04.2005. Não se computa, na jornada do bancário sujeito a seis horas diárias de trabalho, o intervalo de quinze minutos para lanche ou descanso.
- **OJ nº 70. Transitória da SDI1. TST.** CAIXA ECONÔMICA FEDERAL. BANCÁRIO. PLANO DE CARGOS EM COMISSÃO. OPÇÃO PELA JORNADA DE OITO HORAS. INEFICÁCIA. EXERCÍCIO DE FUNÇÕES MERAMENTE TÉCNICAS. NÃO CARACTERIZAÇÃO DE EXERCÍCIO DE FUNÇÃO DE CONFIANÇA (DEJT divulgado em 26, 27 e 28.05.2010). Ausente a fidúcia especial a que alude o art. 224, § 2º, da CLT, é ineficaz a adesão do empregado à jornada de oito horas constante do Plano de Cargos em Comissão da Caixa Econômica Federal, o que importa no retorno à jornada de seis horas, sendo devidas como extras a sétima e a oitava horas laboradas. A diferença de gratificação de função recebida em face da adesão ineficaz poderá ser compensada com as horas extraordinárias prestadas.

5.2. JORNADAS ESPECIAIS

- **Súmula nº 96 do TST.** MARÍTIMO (mantida) – Res. 121/2003, DJ 19, 20 e 21.11.2003. A permanência do tripulante a bordo do navio, no período de repouso, além da jornada, não importa presunção de que esteja à disposição do empregador ou em regime de prorrogação de horário, circunstâncias que devem resultar provadas, dada a natureza do serviço.
- **Súmula nº 178 do TST.** TELEFONISTA. ART. 227, E PARÁGRAFOS, DA CLT. APLICABILIDADE (mantida) – Res. 121/2003, DJ 19, 20 e 21.11.2003. É aplicável à telefonista de mesa de empresa que não explora o serviço de telefonia o disposto no art. 227, e seus parágrafos, da CLT (ex-Prejulgado nº 59).
- **Súmula nº 309 do TST.** VIGIA PORTUÁRIO. TERMINAL PRIVATIVO. NÃO OBRIGATORIEDADE DE REQUISIÇÃO (mantida) – Res. 121/2003, DJ 19, 20 e 21.11.2003. Tratando-se de terminais privativos destinados à navegação de cabotagem ou de longo curso, não é obrigatória a requisição de vigia portuário indicado por sindicato.
- **Súmula nº 370 do TST.** MÉDICO E ENGENHEIRO. JORNADA DE TRABALHO. LEIS NºS 3.999/1961 E 4.950-A/1966 (conversão das Orientações Jurisprudenciais nºs 39 e 53 da SBDI-1) – Res. 129/2005, DJ 20, 22 e 25.04.2005. Tendo em vista que as Leis nº 3.999/1961 e 4.950-A/1966 não estipulam a jornada reduzida, mas apenas estabelecem o salário mínimo da categoria para uma jornada de 4 horas para os médicos e de 6 horas para os engenheiros, não há que se falar em horas extras, salvo as excedentes à oitava, desde que seja respeitado o salário mínimo/horário das categorias. (ex-OJs nºs 39 e 53 da SBDI-1 – inseridas, respectivamente, em 07.11.1994 e 29.04.1994).
- **Súmula nº 391 do TST.** PETROLEIROS. LEI Nº 5.811/72. TURNO ININTERRUPTO DE REVEZAMENTO. HORAS EXTRAS E ALTERAÇÃO DA JORNADA PARA

HORÁRIO FIXO (conversão das Orientações Jurisprudenciais nºs 240 e 333 da SBDI-1) – Res. 129/2005, DJ 20, 22 e 25.04.2005. I – A Lei nº 5.811/1972 foi recepcionada pela CF/1988 no que se refere à duração da jornada de trabalho em regime de revezamento dos petroleiros. (ex-OJ nº 240 da SBDI-1 – inserida em 20.06.2001). II – A previsão contida no art. 10 da Lei nº 5.811/1972, possibilitando a mudança do regime de revezamento para horário fixo, constitui alteração lícita, não violando os arts. 468 da CLT e 7º, VI, da CF/1988. (ex-OJ nº 333 da SBDI-1 – DJ 09.12.2003).

- **OJ nº 213. SDI-1 do TST**. TELEX. OPERADORES. ART. 227 DA CLT. INAPLICÁVEL. Inserida em 08.11.00. O operador de telex de empresa, cuja atividade econômica não se identifica com qualquer uma das previstas no art. 227 da CLT, não se beneficia de jornada reduzida.

- **OJ nº 332. SDI-1 do TST**. MOTORISTA. HORAS EXTRAS. ATIVIDADE EXTERNA. CONTROLE DE JORNADA POR TACÓGRAFO. RESOLUÇÃO Nº 816/86 DO CONTRAN (DJ 09.12.2003). O tacógrafo, por si só, sem a existência de outros elementos, não serve para controlar a jornada de trabalho de empregado que exerce atividade externa.

- **OJ nº 403. SDI-1 do TST**. ADVOGADO EMPREGADO. CONTRATAÇÃO ANTERIOR À LEI Nº 8.906, de 04.07.1994. JORNADA DE TRABALHO MANTIDA COM O ADVENTO DA LEI. DEDICAÇÃO EXCLUSIVA. CARACTERIZAÇÃO. (DEJT divulgado em 16, 17 e 20.09.2010). O advogado empregado contratado para jornada de 40 horas semanais, antes da edição da Lei nº 8.906, de 04.07.1994, está sujeito ao regime de dedicação exclusiva disposto no art. 20 da referida lei, pelo que não tem direito à jornada de 20 horas semanais ou 4 diárias.

- **OJ nº 407. SDI-1 do TST.** JORNALISTA. EMPRESA NÃO JORNALÍSTICA. JORNADA DE TRABALHO REDUZIDA. ARTS. 302 E 303 DA CLT. (DEJT divulgado em 22, 25 e 26.10.2010). O jornalista que exerce funções típicas de sua profissão, independentemente do ramo de atividade do empregador, tem direito à jornada reduzida prevista no artigo 303 da CLT.

5.3. HORAS EXTRAS E COMPENSAÇÃO

- **Súmula nº 18 do TST**. COMPENSAÇÃO (mantida) – Res. 121/2003, DJ 19, 20 e 21.11.2003. A compensação, na Justiça do Trabalho, está restrita a dívidas de natureza trabalhista.

- **Súmula nº 24 do TST.** SERVIÇO EXTRAORDINÁRIO (mantida) – Res. 121/2003, DJ 19, 20 e 21.11.2003. Insere-se no cálculo da indenização por antiguidade o salário relativo a serviço extraordinário, desde que habitualmente prestado.

- **Súmula nº 45 do TST.** SERVIÇO SUPLEMENTAR (mantida) – Res. 121/2003, DJ 19, 20 e 21.11.2003. A remuneração do serviço suplementar, habitualmente prestado, integra o cálculo da gratificação natalina prevista na Lei nº 4.090, de 13.07.1962.

- **Súmula nº 61 do TST.** FERROVIÁRIO (mantida) – Res. 121/2003, DJ 19, 20 e 21.11.2003. Aos ferroviários que trabalham em estação do interior, assim classificada por autoridade competente, não são devidas horas extras (art. 243 da CLT).

- **Súmula nº 85 do TST.** COMPENSAÇÃO DE JORNADA (inserido o item VI) – Res. 209/2016, DEJT divulgado em 01, 02 e 03.06.2016 I. A compensação de jornada de trabalho deve ser ajustada por acordo individual escrito, acordo coletivo ou convenção coletiva. (ex-Súmula nº 85 – primeira parte – alterada pela Res. 121/2003, DJ 21.11.2003) II. O acordo individual para compensação de horas é válido, salvo se houver norma coletiva em sentido contrário. (ex-OJ nº 182 da SBDI-1 – inserida em 08.11.2000) III. O mero não atendimento das exigências legais para a compensação de jornada, inclusive quando encetada mediante acordo tácito, não implica a repetição do pagamento das horas excedentes à jornada normal diária, se não dilatada a jornada máxima semanal, sendo devido apenas o respectivo adicional. (ex-Súmula nº 85 – segunda parte – alterada pela Res. 121/2003, DJ 21.11.2003) IV. A prestação de horas extras habituais descaracteriza o acordo de compensação de jornada. Nesta hipótese, as horas que ultrapassarem a jornada semanal normal deverão ser pagas como horas extraordinárias e, quanto àquelas destinadas à compensação, deverá ser pago a mais apenas o adicional por trabalho extraordinário. (ex-OJ nº 220 da SBDI-1 – inserida em 20.06.2001) V. As disposições contidas nesta súmula não se aplicam ao regime compensatório na modalidade "banco de horas", que somente pode ser instituído por negociação coletiva. VI – Não é válido acordo de compensação de jornada em atividade insalubre, ainda que estipulado em norma coletiva, sem a necessária inspeção prévia e permissão da autoridade competente, na forma do art. 60 da CLT.

- **Súmula nº 115 do TST.** HORAS EXTRAS. GRATIFICAÇÕES SEMESTRAIS (nova redação) – Res. 121/2003, DJ 19, 20 e 21.11.2003. O valor das horas extras habituais integra a remuneração do trabalhador para o cálculo das gratificações semestrais.

- **Súmula nº 118 do TST.** JORNADA DE TRABALHO. HORAS EXTRAS (mantida) – Res. 121/2003, DJ 19, 20 e 21.11.2003. Os intervalos concedidos pelo empregador na jornada de trabalho, não previstos em lei, representam tempo à disposição da empresa, remunerados como serviço extraordinário, se acrescidos ao final da jornada.

- **Súmula nº 264 do TST.** HORA SUPLEMENTAR. CÁLCULO (mantida) – Res. 121/2003, DJ 19, 20 e 21.11.2003. A remuneração do serviço suplementar é composta do valor da hora normal, integrado por parcelas de natureza salarial e acrescido do adicional previsto em lei, contrato, acordo, convenção coletiva ou sentença normativa.

- **Súmula nº 291 do TST**. HORAS EXTRAS. HABITUALIDADE. SUPRESSÃO. INDENIZAÇÃO. (nova redação em decorrência do julgamento do processo TST-IUJERR 10700-45.2007.5.22.0101) – Res. 174/2011, DEJT divulgado em 27, 30 e 31.05.2011. A supressão total ou parcial, pelo empregador, de serviço suplementar prestado com habitualidade, durante pelo menos 1 (um) ano, assegura ao empregado o direito à indenização correspondente ao valor de 1 (um) mês das horas suprimidas, total ou parcialmente, para cada ano ou fração igual ou superior a seis meses de prestação de serviço acima da jornada normal. O cálculo observará a média das horas suplementares nos últimos 12 (doze) meses anteriores à mudança, multiplicada pelo valor da hora extra do dia da supressão.

- **Súmula nº 338 do TST.** JORNADA DE TRABALHO. REGISTRO. ÔNUS DA PROVA (incorporadas as Orientações Jurisprudenciais nºs 234 e 306 da SBDI-1) – Res. 129/2005, DJ 20, 22 e 25.04.2005. I – É ônus do empregador que conta com mais de 10 (dez) empregados o registro da jornada de trabalho na forma do art. 74, § 2º, da CLT. A não apresentação injustificada dos controles de frequência gera presunção relativa de veracidade da jornada de trabalho, a qual pode ser elidida por prova em contrário. (ex-Súmula nº 338 – alterada pela Res. 121/2003, DJ 21.11.2003). II – A presunção de veracidade da jornada de trabalho, ainda que prevista em instrumento normativo, pode ser elidida por prova em contrário. (ex-OJ nº 234 da SBDI-1 – inserida em 20.06.2001). III – Os cartões de ponto que demonstram horários de entrada e saída uniformes são inválidos como meio de prova, invertendo-se o ônus da prova, relativo às horas extras, que passa a ser do empregador, prevalecendo a jornada da inicial se dele não se desincumbir. (ex-OJ nº 306 da SBDI-1 – DJ 11.08.2003).

- **Súmula nº 340 do TST.** COMISSIONISTA. HORAS EXTRAS (nova redação) – Res. 121/2003, DJ 19, 20 e 21.11.2003. O empregado, sujeito a controle de horário, remunerado à base de comissões, tem direito ao adicional de, no mínimo, 50% (cinquenta por cento) pelo trabalho em horas extras, calculado sobre o valor-hora das comissões recebidas no mês, considerando-se como divisor o número de horas efetivamente trabalhadas.

- **Súmula nº 347 do TST**. HORAS EXTRAS HABITUAIS. APURAÇÃO. MÉDIA FÍSICA (mantida) – Res. 121/2003, DJ 19, 20 e 21.11.2003. O cálculo do valor das horas extras habituais, para efeito de reflexos em verbas trabalhistas, observará o número de horas efetivamente prestadas e a ele aplica-se o valor do salário-hora da época do pagamento daquelas verbas.

- **Súmula nº 366 do TST.** CARTÃO DE PONTO. REGISTRO. HORAS EXTRAS. MINUTOS QUE ANTECEDEM E SUCEDEM A JORNADA DE TRABALHO (nova redação) – Res. 197/2015 – DEJT divulgado em 14, 15 e 18.05.2015. Não serão descontadas nem computadas como jornada extraordinária as variações de horário do registro de ponto não excedentes de cinco minutos, observado o limite máximo de dez minutos diários. Se ultrapassado esse limite, será considerada como extra a totalidade do tempo que exceder a jornada normal, pois configurado tempo à disposição do empregador, não importando as atividades desenvolvidas pelo empregado ao longo do tempo residual (troca de uniforme, lanche, higiene pessoal, etc.).

- **Súmula nº 360 do TST**. TURNOS ININTERRUPTOS DE REVEZAMENTO. INTERVALOS INTRAJORNADA E SEMANAL (mantida) – Res. 121/2003, DJ 19, 20 e 21.11.2003. A interrupção do trabalho destinada a repouso e alimentação, dentro de cada turno, ou o intervalo para repouso semanal, não descaracteriza o turno de revezamento com jornada de 6 (seis) horas previsto no art. 7º, XIV, da CF/1988.

- **Súmula nº 376 do TST.** HORAS EXTRAS. LIMITAÇÃO. ART. 59 DA CLT. REFLEXOS (conversão das Orientações Jurisprudenciais nºs 89 e 117 da SBDI-1) – Res. 129/2005, DJ 20, 22 e 25.04.2005. I – A limitação legal da jornada suplementar a duas horas diárias não exime o empregador de pagar todas as horas trabalhadas. (ex-OJ nº 117 da SBDI-1 – inserida em 20.11.1997). II – O valor das horas extras habitualmente prestadas integra o cálculo dos haveres trabalhistas, independentemente da limitação prevista no *"caput"* do art. 59 da CLT. (ex-OJ nº 89 da SBDI-1 – inserida em 28.04.1997).

- **Súmula nº 391 do TST.** PETROLEIROS. LEI Nº 5.811/72. TURNO ININTERRUPTO DE REVEZAMENTO. HORAS EXTRAS E ALTERAÇÃO DA JORNADA PARA HORÁRIO FIXO (conversão das Orientações Jurisprudenciais nºs 240 e 333 da SBDI-1) – Res. 129/2005, DJ 20, 22 e 25.04.2005. I – A Lei nº 5.811/1972 foi recepcionada pela CF/1988 no que se refere à duração da jornada de trabalho em regime de revezamento dos petroleiros. (ex-OJ nº 240 da SBDI-1 – inserida em 20.06.2001). II – A previsão contida no art. 10 da Lei nº 5.811/1972, possibilitando a mudança do regime de revezamento para horário fixo, constitui alteração lícita, não violando os arts. 468 da CLT e 7º, VI, da CF/1988. (ex-OJ nº 333 da SBDI-1 – DJ 09.12.2003).

- **Súmula nº 444 do TST.** JORNADA DE TRABALHO. NORMA COLETIVA. LEI. ESCALA DE 12 POR 36. VALIDADE. – Res. 185/2012, DEJT divulgado em 25, 26 e 27.09.2012. É válida, em caráter excepcional, a jornada de doze horas de trabalho por trinta e seis de descanso, prevista em lei ou ajustada exclusivamente mediante acordo coletivo de trabalho ou convenção coletiva de trabalho, assegurada a remuneração em dobro dos feriados trabalhados. O empregado não tem direito ao pagamento de adicional referente ao labor prestado na décima primeira e décima segunda horas.

- **Súmula nº 449 do TST.** MINUTOS QUE ANTECEDEM E SUCEDEM A JORNADA DE TRABALHO. LEI Nº 10.243, DE 19.06.2001. NORMA COLETIVA. FLEXIBILIZAÇÃO. IMPOSSIBILIDADE. (conversão da Orientação Jurisprudencial nº 372 da SBDI-1) A partir da vigência da Lei nº 10.243, de 19.06.2001, que acrescentou o § 1º ao art. 58 da CLT, não mais prevalece cláusula prevista em convenção ou acordo coletivo que elastece o limite de 5 minutos que antecedem e sucedem a jornada de trabalho para fins de apuração das horas extras.

- **OJ nº 18. SDI-1 do TST.** COMPLEMENTAÇÃO DE APOSENTADORIA. BANCO DO BRASIL. (redação do item I alterada em decorrência do julgamento dos processos TST-IUJ E-ED-RR-301900-52.2005.5.09.0661 e ERR 119900-56.1999.5.04.0751) – Res. 175/2011, DEJT divulgado em 27, 30 e 31.05.2011. I – O valor das horas extras integra a remuneração do empregado para o cálculo da complementação de aposentadoria, desde que sobre ele incida a contribuição à Caixa de Previdência dos Funcionários do Banco do Brasil – PREVI, observado o respectivo regulamento no tocante à integração. II – Os adicionais AP e ADI não integram o cálculo para a apuração do teto da complementação de aposentadoria; (ex-OJ nº 21 da SDI-1 - inserida em 13.02.1995). III – No cálculo da complementação de aposentadoria deve-se observar a média trienal; (ex-OJs nºs 19 e 289 ambas da SDI-1 – inseridas respectivamente em 05.06.95 e 11.08.2003). IV – A complementação de aposentadoria proporcional aos anos de serviço prestados exclusivamente ao Banco do Brasil somente se verifica a partir da Circular Funci nº 436/63; (ex-OJ nº 20 da SDI-1 – inserida em 13.02.1995). V – O telex DIREC do Banco do Brasil nº 5003/1987 não assegura a complementação de aposentadoria integral, porque não aprovado pelo órgão competente ao qual a instituição se subordina. (ex-OJ nº 136 da SDI-1 – inserida em 27.11.1998).

- **OJ nº 47. SDI-1 do TST**. HORA EXTRA. ADICIONAL DE INSALUBRIDADE. BASE DE CÁLCULO (alterada) – Res. 148/2008, DJ 04 e 07.07.2008 – Republicada DJ 08, 09 e 10.07.2008. A base de cálculo da hora extra é o resultado da soma do salário contratual mais o adicional de insalubridade.

- **OJ nº 60. SDI-1 do TST.** PORTUÁRIOS. HORA NOTURNA. HORAS EXTRAS. (LEI Nº 4.860/65, ARTS. 4º E 7º, § 5º) (nova redação em decorrência da incorporação da Orientação Jurisprudencial nº 61 da SBDI-1) – DJ 20.04.2005. I – A hora noturna no regime de trabalho no porto, compreendida entre dezenove horas e sete horas do dia seguinte, é de sessenta minutos. II – Para o cálculo das horas extras prestadas pelos trabalhadores portuários, observar-se-á somente o salário básico percebido, excluídos os adicionais de risco e produtividade. (ex-OJ nº 61 da SDI-1 – inserida em 14.03.1994).

- OJ nº 233. SDI-1 do TST. HORAS EXTRAS. COMPROVAÇÃO DE PARTE DO PERÍODO ALEGADO (nova redação) – DJ 20.04.2005. A decisão que defere horas extras com base em prova oral ou documental não ficará limitada ao tempo por ela abrangido, desde que o julgador fique convencido de que o procedimento questionado superou aquele período.

- **OJ nº 235. SDI-1 do TST.** HORAS EXTRAS. SALÁRIO POR PRODUÇÃO (redação alterada na sessão do Tribunal Pleno realizada em 16.04.2012) – Res. 182/2012, DEJT divulgado em 19, 20 e 23.04.2012. O empregado que recebe salário por produção e trabalha em sobrejornada tem direito à percepção apenas do adicional de horas extras, exceto no caso do empregado cortador de cana, a quem é devido o pagamento das horas extras e do adicional respectivo.

- **OJ nº 275. SDI-1 do TST.** TURNO ININTERRUPTO DE REVEZAMENTO. HORISTA. HORAS EXTRAS E ADICIONAL. DEVIDOS. Inserida em 27.09.02. Inexistindo instrumento coletivo fixando jornada diversa, o empregado horista submetido a turno ininterrupto de revezamento faz jus ao pagamento das horas extraordinárias laboradas além da 6ª, bem como ao respectivo adicional.

- **OJ nº 323. SDI-1 do TST**. ACORDO DE COMPENSAÇÃO DE JORNADA. "SEMANA ESPANHOLA". VALIDADE (DJ 09.12.2003). É válido o sistema de compensação de horário quando a jornada adotada é a denominada "semana espanhola", que alterna a prestação de 48 horas em uma semana e 40 horas em outra, não violando os arts. 59, § 2º, da CLT e 7º, XIII, da CF/88 o seu ajuste mediante acordo ou convenção coletiva de trabalho.

- **OJ nº 394. SDI-1 do TST.** REPOUSO SEMANAL REMUNERADO – RSR. INTEGRAÇÃO DAS HORAS EXTRAS. NÃO REPERCUSSÃO NO CÁLCULO DAS FÉRIAS, DO DÉCIMO TERCEIRO SALÁRIO, DO AVISO PRÉVIO E DOS DEPÓSITOS DO FGTS. (DEJT divulgado em 09, 10 e 11.06.2010). A majoração do valor do repouso semanal remunerado, em razão da integração das horas extras habitualmente prestadas, não repercute no cálculo das férias, da gratificação natalina, do aviso prévio e do FGTS, sob pena de caracterização de "bis in idem".

- **OJ nº 396. SDI-1 do TST**. TURNOS ININTERRUPTOS DE REVEZAMENTO. ALTERAÇÃO DA JORNADA DE 8 PARA 6 HORAS DIÁRIAS. EMPREGADO HORISTA. APLICAÇÃO DO DIVISOR 180. (DEJT divulgado em 09, 10 e 11.06.2010). Para o cálculo do salário hora do empregado horista, submetido a turnos ininterruptos de revezamento, considerando a alteração da jornada de 8 para 6 horas diárias, aplica-se o divisor 180, em observância ao disposto no art. 7º, VI, da Constituição Federal, que assegura a irredutibilidade salarial.

- **OJ nº 397. SDI-1 do TST.** COMISSIONISTA MISTO. HORAS EXTRAS. BASE DE CÁLCULO. APLICAÇÃO DA SÚMULA Nº 340 DO TST. (DEJT divulgado em 02, 03 e 04.08.2010). O empregado que recebe remuneração mista, ou seja, uma parte fixa e outra variável, tem direito a horas extras pelo trabalho em sobrejornada. Em relação à parte fixa, são devidas as horas simples acrescidas do adicional de horas extras. Em relação à parte variável, é devido somente o adicional de horas extras, aplicando-se à hipótese o disposto na Súmula nº 340 do TST.

5.4. INTERVALOS INTRA E INTERJORNADA

- **Súmula nº 446 do TST.** MAQUINISTA FERROVIÁRIO. INTERVALO INTRAJORNADA. SUPRESSÃO PARCIAL OU TOTAL. HORAS EXTRAS DEVIDAS. COMPATIBILIDADE ENTRE OS Arts. 71, § 4º, E 238, § 5º, DA CLT. A garantia ao intervalo intrajornada, prevista no art. 71 da CLT, por constituir-se em medida de higiene, saúde e segurança do empregado, é aplicável também ao ferroviário maquinista integrante da categoria "c" (equipagem de trem em geral), não havendo incompatibilidade entre as regras inscritas nos arts. 71, § 4º, e 238, § 5º, da CLT.
- **Súmula nº 118 do TST.** JORNADA DE TRABALHO. HORAS EXTRAS (mantida) – Res. 121/2003, DJ 19, 20 e 21.11.2003. Os intervalos concedidos pelo empregador na jornada de trabalho, não previstos em lei, representam tempo à disposição da empresa, remunerados como serviço extraordinário, se acrescidos ao final da jornada.
- **Súmula nº 346 do TST.** DIGITADOR. INTERVALOS INTRAJORNADA. APLICAÇÃO ANALÓGICA DO ART. 72 DA CLT (mantida) – Res. 121/2003, DJ 19, 20 e 21.11.2003. Os digitadores, por aplicação analógica do art. 72 da CLT, equiparam-se aos trabalhadores nos serviços de mecanografia (datilografia, escrituração ou cálculo), razão pela qual têm direito a intervalos de descanso de 10 (dez) minutos a cada 90 (noventa) de trabalho consecutivo.
- **Súmula nº 360 do TST.** TURNOS ININTERRUPTOS DE REVEZAMENTO. INTERVALOS INTRAJORNADA E SEMANAL (mantida) – Res. 121/2003, DJ 19, 20 e 21.11.2003. A interrupção do trabalho destinada a repouso e alimentação, dentro de cada turno, ou o intervalo para repouso semanal, não descaracteriza o turno de revezamento com jornada de 6 (seis) horas previsto no art. 7º, XIV, da CF/1988.
- **Súmula nº 438 do TST.** INTERVALO PARA RECUPERAÇÃO TÉRMICA DO EMPREGADO. AMBIENTE ARTIFICIALMENTE FRIO. HORAS EXTRAS. ART. 253 DA CLT. APLICAÇÃO ANALÓGICA – Res. 185/2012, DEJT divulgado em 25, 26 e 27.09.2012. O empregado submetido a trabalho contínuo em ambiente artificialmente frio, nos termos do parágrafo único do art. 253 da CLT, ainda que não labore em câmara frigorífica, tem direito ao intervalo intrajornada previsto no *caput* do art. 253 da CLT.
- **Súmula nº 437 do TST.** INTERVALO INTRAJORNADA PARA REPOUSO E ALIMENTAÇÃO. APLICAÇÃO DO ART. 71 DA CLT (conversão das Orientações Jurisprudenciais nºs 307, 342, 354, 380 e 381 da SBDI-1) – Res. 185/2012, DEJT divulgado em 25, 26 e 27.09.2012 I – Após a edição da Lei nº 8.923/94, a não concessão ou a concessão parcial do intervalo intrajornada mínimo, para repouso e alimentação, a empregados urbanos e rurais, implica o pagamento total do período correspondente, e não apenas daquele suprimido, com acréscimo de, no mínimo, 50% sobre o valor da remuneração da hora normal de trabalho (art. 71 da CLT), sem prejuízo do cômputo da efetiva jornada de labor para efeito de remuneração. II – É inválida cláusula de acordo ou convenção coletiva de trabalho contemplando a supressão ou redução do intervalo intrajornada porque este constitui medida de higiene, saúde e segurança do trabalho, garantido por norma de ordem pública (art. 71 da CLT e art. 7º, XXII, da CF/1988), infenso à negociação coletiva. III – Possui natureza salarial a parcela prevista no art. 71, § 4º, da CLT, com redação introduzida pela Lei nº 8.923, de 27 de julho de 1994, quando não concedido ou reduzido pelo empregador o intervalo mínimo intrajornada para repouso e alimentação, repercutindo, assim, no cálculo de outras parcelas salariais. IV – Ultrapassada habitualmente a jornada de seis horas de trabalho, é devido o gozo do intervalo intrajornada mínimo de uma hora, obrigando o empregador a remunerar o período para descanso e alimentação não usufruído como extra, acrescido do respectivo adicional, na forma prevista no art. 71, *caput* e § 4º da CLT.
- **OJ nº 178. SDI-1 do TST.** BANCÁRIO. INTERVALO DE 15 MINUTOS. NÃO COMPUTÁVEL NA JORNADA DE TRABALHO (inserido dispositivo) – DJ 20.04.2005. Não se computa, na jornada do bancário sujeito a seis horas diárias de trabalho, o intervalo de quinze minutos para lanche ou descanso.
- **OJ nº 355. SDI-1 do TST.** INTERVALO INTERJORNADAS. INOBSERVÂNCIA. HORAS EXTRAS. PERÍODO PAGO COMO SOBREJORNADA. ART. 66 DA CLT. APLICAÇÃO ANALÓGICA DO § 4º DO ART. 71 DA CLT (DJ 14.03.2008). O desrespeito ao intervalo mínimo interjornadas previsto no art. 66 da CLT acarreta, por analogia, os mesmos efeitos previstos no § 4º do art. 71 da CLT e na Súmula nº 110 do TST, devendo-se pagar a integralidade das horas que foram subtraídas do intervalo, acrescidas do respectivo adicional.

5.5. REPOUSO SEMANAL REMUNERADO

- **Súmula nº 27 do TST.** COMISSIONISTA (mantida) – Res. 121/2003, DJ 19, 20 e 21.11.2003. É devida a remuneração do repouso semanal e dos dias feriados ao empregado comissionista, ainda que pracista.
- **Súmula nº 110 do TST.** JORNADA DE TRABALHO. INTERVALO (mantida) – Res. 121/2003, DJ 19, 20 e 21.11.2003. No regime de revezamento, as horas trabalhadas em seguida ao repouso semanal de 24 horas, com prejuízo do intervalo mínimo de 11 horas consecutivas para descanso entre jornadas, devem ser remuneradas como extraordinárias, inclusive com o respectivo adicional.
- **Súmula nº 146 do TST.** TRABALHO EM DOMINGOS E FERIADOS, NÃO COMPENSADO (incorporada a Orientação Jurisprudencial nº 93 da SBDI-1) – Res. 121/2003, DJ 19, 20 e 21.11.2003. O trabalho prestado em domingos e feriados, não compensado, deve ser pago em dobro, sem prejuízo da remuneração relativa ao repouso semanal.

- **Súmula nº 172 do TST.** REPOUSO REMUNERADO. HORAS EXTRAS. CÁLCULO (mantida) – Res. 121/2003, DJ 19, 20 e 21.11.2003. Computam-se no cálculo do repouso remunerado as horas extras habitualmente prestadas. (ex-Prejulgado nº 52).
- **Súmula nº 225 do TST**. REPOUSO SEMANAL. CÁLCULO. GRATIFICAÇÕES POR TEMPO DE SERVIÇO E PRODUTIVIDADE (mantida) – Res. 121/2003, DJ 19, 20 e 21.11.2003. As gratificações por tempo de serviço e produtividade, pagas mensalmente, não repercutem no cálculo do repouso semanal remunerado.
- **Súmula nº 351 do TST**. PROFESSOR. REPOUSO SEMANAL REMUNERADO. ART. 7º, § 2º, DA LEI Nº 605, DE 05.01.1949 E ART. 320 DA CLT (mantida) – Res. 121/2003, DJ 19, 20 e 21.11.2003. O professor que recebe salário mensal à base de hora-aula tem direito ao acréscimo de 1/6 a título de repouso semanal remunerado, considerando-se para esse fim o mês de quatro semanas e meia.
- **OJ nº 410. SDI-1 do TST.** REPOUSO SEMANAL REMUNERADO. CONCESSÃO APÓS O SÉTIMO DIA CONSECUTIVO DE TRABALHO. ART. 7º, XV, DA CF. VIOLAÇÃO. (DEJT divulgado em 22, 25 e 26.10.2010). Viola o art. 7º, XV, da CF a concessão de repouso semanal remunerado após o sétimo dia consecutivo de trabalho, importando no seu pagamento em dobro.

5.6. FÉRIAS

- **Súmula nº 7 do TST.** FÉRIAS (mantida) – Res. 121/2003, DJ 19, 20 e 21.11.2003. A indenização pelo não deferimento das férias no tempo oportuno será calculada com base na remuneração devida ao empregado na época da reclamação ou, se for o caso, na da extinção do contrato.
- **Súmula nº 10 do TST.** PROFESSOR. DISPENSA SEM JUSTA CAUSA. TÉRMINO DO ANO LETIVO OU NO CURSO DE FÉRIAS ESCOLARES. AVISO PRÉVIO (redação alterada em sessão do Tribunal Pleno realizada em 14.09.2012) – Res. 185/2012, DEJT divulgado em 25, 26 e 27.09.2012. O direito aos salários assegurados (artigo 322, *caput* e parágrafo 3º da CLT) não exclui o direito também ao aviso prévio, na hipótese de dispensa sem justa causa ao término do ano letivo ou no curso das férias escolares.
- **Súmula nº 46 do TST.** ACIDENTE DE TRABALHO (mantida) – Res. 121/2003, DJ 19, 20 e 21.11.2003. As faltas ou ausências decorrentes de acidente do trabalho não são consideradas para os efeitos de duração de férias e cálculo da gratificação natalina.
- **Súmula nº 81 do TST.** FÉRIAS (mantida) – Res. 121/2003, DJ 19, 20 e 21.11.2003**.** Os dias de férias gozados após o período legal de concessão deverão ser remunerados em dobro.
- **Súmula nº 89 do TST.** FALTA AO SERVIÇO (mantida) – Res. 121/2003, DJ 19, 20 e 21.11.2003. Se as faltas já são justificadas pela lei, consideram-se como ausências legais e não serão descontadas para o cálculo do período de férias.
- **Súmula nº 149 do TST.** TAREFEIRO. FÉRIAS (mantida) – Res. 121/2003, DJ 19, 20 e 21.11.2003. A remuneração das férias do tarefeiro deve ser calculada com base na média da produção do período aquisitivo, aplicando-se-lhe a tarifa da data da concessão (ex-Prejulgado nº 22).
- **Súmula nº 171 do TST**. FÉRIAS PROPORCIONAIS. CONTRATO DE TRABALHO. EXTINÇÃO (republicada em razão de erro material no registro da referência legislativa), DJ 05.05.2004. Salvo na hipótese de dispensa do empregado por justa causa, a extinção do contrato de trabalho sujeita o empregador ao pagamento da remuneração das férias proporcionais, ainda que incompleto o período aquisitivo de 12 (doze) meses (art. 147 da CLT) (ex-Prejulgado nº 51).
- **Súmula nº 261 do TST.** FÉRIAS PROPORCIONAIS. PEDIDO DE DEMISSÃO. CONTRATO VIGENTE HÁ MENOS DE UM ANO (nova redação) – Res. 121/2003, DJ 19, 20 e 21.11.2003. O empregado que se demite antes de complementar 12 (doze) meses de serviço tem direito a férias proporcionais.
- **Súmula nº 328 do TST.** FÉRIAS. TERÇO CONSTITUCIONAL (mantida) – Res. 121/2003, DJ 19, 20 e 21.11.2003. O pagamento das férias, integrais ou proporcionais, gozadas ou não, na vigência da CF/1988, sujeita-se ao acréscimo do terço previsto no respectivo art. 7º, XVII.
- **Súmula nº 450 do TST**. FÉRIAS. GOZO NA ÉPOCA PRÓPRIA. **DECLARADA INCONSTITUCIONAL PELO STF NO JULGAMENTO DA ADPF nº 510**. PAGAMENTO FORA DO PRAZO. DOBRA DEVIDA. ARTS. 137 E 145 DA CLT. (conversão da Orientação Jurisprudencial nº 386 da SBDI-1) Res. 194/2014, DEJT divulgado em 21, 22 e 23.05.2014. É devido o pagamento em dobro da remuneração de férias, incluído o terço constitucional, com base no art. 137 da CLT, quando, ainda que gozadas na época própria, o empregador tenha descumprido o prazo previsto no art. 145 do mesmo diploma legal.
- **OJ nº 195. SDI-1 do TST.** FÉRIAS INDENIZADAS. FGTS. NÃO INCIDÊNCIA (inserido dispositivo) – DJ 20.04.2005. Não incide a contribuição para o FGTS sobre as férias indenizadas.
- **OJ nº 50. Transitória da SDI1. TST.** FÉRIAS. ABONO INSTITUÍDO POR INSTRUMENTO NORMATIVO E TERÇO CONSTITUCIONAL. SIMULTANEIDADE INVIÁVEL. (conversão da Orientação Jurisprudencial nº 231 da SBDI-1, DJ 20.04.2005). O abono de férias decorrente de instrumento normativo e o abono de 1/3 (um terço) previsto no art. 7º, XVII, da CF/1988 têm idêntica natureza jurídica, destinação e finalidade, constituindo-se "bis in idem" seu pagamento simultâneo, sendo legítimo o direito do empregador de obter compensação de valores porventura pagos. (ex-OJ nº 231 da SBDI-1 – inserida em 20.06.01).

6. ALTERAÇÃO E PARALISAÇÃO DO CONTRATO DE TRABALHO

6.1. ALTERAÇÃO DO CONTRATO DE TRABALHO E TRANSFERÊNCIA

- **Súmula nº 29 do TST**. TRANSFERÊNCIA (mantida) – Res. 121/2003, DJ 19, 20 e 21.11.2003. Empregado transferido, por ato unilateral do empregador, para local mais distante de sua residência, tem direito a suplemento salarial correspondente ao acréscimo da despesa de transporte.

- **Súmula nº 43 do TST**. TRANSFERÊNCIA (mantida) – Res. 121/2003, DJ 19, 20 e 21.11.2003. Presume-se abusiva a transferência de que trata o § 1º do art. 469 da CLT, sem comprovação da necessidade do serviço.

- **Súmula nº 51 do TST**. NORMA REGULAMENTAR. VANTAGENS E OPÇÃO PELO NOVO REGULAMENTO. ART. 468 DA CLT (incorporada a Orientação Jurisprudencial nº 163 da SBDI-1) – Res. 129/2005, DJ 20, 22 e 25.04.2005. I – As cláusulas regulamentares, que revoguem ou alterem vantagens deferidas anteriormente, só atingirão os trabalhadores admitidos após a revogação ou alteração do regulamento. (ex-Súmula nº 51 – RA 41/1973, DJ 14.06.1973). II – Havendo a coexistência de dois regulamentos da empresa, a opção do empregado por um deles tem efeito jurídico de renúncia às regras do sistema do outro. (ex-OJ nº 163 da SBDI-1 – inserida em 26.03.1999).

- **Súmula nº 391 do TST**. PETROLEIROS. LEI Nº 5.811/72. TURNO ININTERRUPTO DE REVEZAMENTO. HORAS EXTRAS E ALTERAÇÃO DA JORNADA PARA HORÁRIO FIXO (conversão das Orientações Jurisprudenciais nºs 240 e 333 da SBDI-1) – Res. 129/2005, DJ 20, 22 e 25.04.2005. I – A Lei nº 5.811/1972 foi recepcionada pela CF/1988 no que se refere à duração da jornada de trabalho em regime de revezamento dos petroleiros. (ex-OJ nº 240 da SBDI-1 – inserida em 20.06.2001). II – A previsão contida no art. 10 da Lei nº 5.811/1972, possibilitando a mudança do regime de revezamento para horário fixo, constitui alteração lícita, não violando os arts. 468 da CLT e 7º, VI, da CF/1988. (ex-OJ nº 333 da SBDI-1 – DJ 09.12.2003).

- **Súmula nº 275 do TST**. PRESCRIÇÃO. DESVIO DE FUNÇÃO E REENQUADRAMENTO (incorporada a Orientação Jurisprudencial nº 144 da SBDI-1) – Res. 129/2005, DJ 20, 22 e 25.04.2005. I – Na ação que objetive corrigir desvio funcional, a prescrição só alcança as diferenças salariais vencidas no período de 5 (cinco) anos que precedeu o ajuizamento. (ex-Súmula nº 275 – alterada pela Res. 121/2003, DJ 21.11.2003). II – Em se tratando de pedido de reenquadramento, a prescrição é total, contada da data do enquadramento do empregado. (ex-OJ nº 144 da SBDI-1 – inserida em 27.11.1998)

- **Súmula nº 294 do TST**. PRESCRIÇÃO. ALTERAÇÃO CONTRATUAL. TRABALHADOR URBANO (mantida) – Res. 121/2003, DJ 19, 20 e 21.11.2003. Tratando-se de ação que envolva pedido de prestações sucessivas decorrente de alteração do pactuado, a prescrição é total, exceto quando o direito à parcela esteja também assegurado por preceito de lei.

- **Súmula nº 326 do TST**. COMPLEMENTAÇÃO DE APOSENTADORIA. PRESCRIÇÃO TOTAL (nova redação) – Res. 174/2011, DEJT divulgado em 27, 30 e 31.05.2011. A pretensão à complementação de aposentadoria jamais recebida prescreve em 2 (dois) anos contados da cessação do contrato de trabalho.

- **Súmula nº 372 do TST**. GRATIFICAÇÃO DE FUNÇÃO. SUPRESSÃO OU REDUÇÃO. LIMITES (conversão das Orientações Jurisprudenciais nos 45 e 303 da SBDI-1) – Res. 129/2005, DJ 20, 22 e 25.04.2005. I – Percebida a gratificação de função por dez ou mais anos pelo empregado, se o empregador, sem justo motivo, revertê-lo a seu cargo efetivo, não poderá retirar-lhe a gratificação tendo em vista o princípio da estabilidade financeira. (ex-OJ nº 45 da SBDI-1 – inserida em 25.11.1996). II – Mantido o empregado no exercício da função comissionada, não pode o empregador reduzir o valor da gratificação. (ex-OJ nº 303 da SBDI-1 – DJ 11.08.2003).

- **OJ nº 59. SDI-1 do TST**. DATA DE PAGAMENTO. SALÁRIOS. ALTERAÇÃO (inserida em 26.03.1999). Diante da inexistência de previsão expressa em contrato ou em instrumento normativo, a alteração de data de pagamento pelo empregador não viola o art. 468, desde que observado o parágrafo único, do art. 459, ambos da CLT.

- **OJ nº 113. SDI-1 do TST**. ADICIONAL DE TRANSFERÊNCIA. CARGO DE CONFIANÇA OU PREVISÃO CONTRATUAL DE TRANSFERÊNCIA. DEVIDO. DESDE QUE A TRANSFERÊNCIA SEJA PROVISÓRIA (inserida em 20.11.1997). O fato de o empregado exercer cargo de confiança ou a existência de previsão de transferência no contrato de trabalho não exclui o direito ao adicional. O pressuposto legal apto a legitimar a percepção do mencionado adicional é a transferência provisória.

- **OJ nº 175. SDI-1 do TST**. COMISSÕES. ALTERAÇÃO OU SUPRESSÃO. PRESCRIÇÃO TOTAL (nova redação em decorrência da incorporação da Orientação Jurisprudencial nº 248 da SBDI-1) – DJ 22.11.2005. A supressão das comissões, ou a alteração quanto à forma ou ao percentual, em prejuízo do empregado, é suscetível de operar a prescrição total da ação, nos termos da Súmula nº 294 do TST, em virtude de cuidar-se de parcela não assegurada por preceito de lei.

- **OJ nº 208. SDI-1 do TST**. RADIOLOGISTA. GRATIFICAÇÃO DE RAIOS X. REDUÇÃO. LEI Nº 7.923/89 (inserida em 08.11.2000). A alteração da gratificação por trabalho com raios X, de quarenta para dez por cento, na forma da Lei nº 7.923/89, não causou prejuízo ao trabalhador porque passou a incidir sobre o salário incorporado com todas as demais vantagens.

- **OJ nº 224. SDI-1 do TST**. COMPLEMENTAÇÃO DE APOSENTADORIA. REAJUSTE. LEI Nº 9.069, DE 29.06.1995 (alterado) – DEJT divulgado em 16, 17 e 20.09.2010. I – A partir da vigência da Medida Provisória nº 542, de 30.06.1994, convalidada pela Lei nº 9.069, de 29.06.1995, o critério de reajuste da complementação de aposentadoria passou a ser anual e não semestral, aplicando-se o princípio "rebus sic stantibus" diante da nova ordem econômica. II – A alteração da periodicidade do reajuste da complementação de aposentadoria – de semestral para anual –, não afeta o direito ao resíduo inflacionário apurado nos meses de abril, maio e junho de 1994, que deverá incidir sobre a correção realizada no mês de julho de 1995.

- **OJ nº 308. SDI-1 do TST**. JORNADA DE TRABALHO. ALTERAÇÃO. RETORNO À JORNADA INICIALMENTE CONTRATADA. SERVIDOR PÚBLICO (DJ 11.08.2003). O retorno do servidor público (administração direta, autárquica e fundacional) à jornada inicialmente contratada não se insere nas vedações do art. 468 da CLT, sendo a sua jornada definida em lei e no contrato de trabalho firmado entre as partes.

- **OJ nº 396. SDI-1 do TST.** TURNOS ININTERRUPTOS DE REVEZAMENTO. ALTERAÇÃO DA JORNADA DE 8 PARA 6 HORAS DIÁRIAS. EMPREGADO HORISTA. APLICAÇÃO DO DIVISOR 180. (DEJT divulgado em 09, 10 e 11.06.2010). Para o cálculo do salário hora do empregado horista, submetido a turnos ininterruptos de revezamento, considerando a alteração da jornada de 8 para 6 horas diárias, aplica-se o divisor 180, em observância ao disposto no art. 7º, VI, da Constituição Federal, que assegura a irredutibilidade salarial.

- **OJ nº 413. SDI-1 do TST.** AUXÍLIO-ALIMENTAÇÃO. ALTERAÇÃO DA NATUREZA JURÍDICA. NORMA COLETIVA OU ADESÃO AO PAT. (DEJT divulgado em 14, 15 e 16.02.2012). A pactuação em norma coletiva conferindo caráter indenizatório à verba "auxílio-alimentação" ou a adesão posterior do empregador ao Programa de Alimentação do Trabalhador – PAT – não altera a natureza salarial da parcela, instituída anteriormente, para aqueles empregados que, habitualmente, já percebiam o benefício, a teor das Súmulas nºs 51, I, e 241 do TST.

6.2. SUSPENSÃO E INTERRUPÇÃO DO CONTRATO DE TRABALHO

- **Súmula nº 15 do TST.** ATESTADO MÉDICO (mantida) – Res. 121/2003, DJ 19, 20 e 21.11.2003. A justificação da ausência do empregado motivada por doença, para a percepção do salário-enfermidade e da remuneração do repouso semanal, deve observar a ordem preferencial dos atestados médicos estabelecida em lei.

- **Súmula nº 72 do TST.** APOSENTADORIA (nova redação) – Res. 121/2003, DJ 19, 20 e 21.11.2003. O prêmio-aposentadoria instituído por norma regulamentar da empresa não está condicionado ao disposto no § 2º do art. 14 da Lei nº 8.036, de 11.05.1990.

- **Súmula nº 87 do TST**. PREVIDÊNCIA PRIVADA (mantida) – Res. 121/2003, DJ 19, 20 e 21.11.2003. Se o empregado, ou seu beneficiário, já recebeu da instituição previdenciária privada, criada pela empresa, vantagem equivalente, é cabível a dedução de seu valor do benefício a que faz jus por norma regulamentar anterior.

- **Súmula nº 92 do TST**. APOSENTADORIA (mantida) – Res. 121/2003, DJ 19, 20 e 21.11.2003. O direito à complementação de aposentadoria, criado pela empresa, com requisitos próprios, não se altera pela instituição de benefício previdenciário por órgão oficial.

- **Súmula nº 97 do TST**. APOSENTADORIA. COMPLEMENTAÇÃO (mantida) – Res. 121/2003, DJ 19, 20 e 21.11.2003. Instituída complementação de aposentadoria por ato da empresa, expressamente dependente de regulamentação, as condições desta devem ser observadas como parte integrante da norma.

- **Súmula nº 155 do TST.** AUSÊNCIA AO SERVIÇO (mantida) – Res. 121/2003, DJ 19, 20 e 21.11.2003. As horas em que o empregado falta ao serviço para comparecimento necessário, como parte, à Justiça do Trabalho não serão descontadas de seus salários (ex-Prejulgado nº 30).

- **Súmula nº 160 do TST**. APOSENTADORIA POR INVALIDEZ (mantida) – Res. 121/2003, DJ 19, 20 e 21.11.2003. Cancelada a aposentadoria por invalidez, mesmo após cinco anos, o trabalhador terá direito de retornar ao emprego, facultado, porém, ao empregador, indenizá-lo na forma da lei (ex-Prejulgado nº 37).

- **Súmula nº 186 do TST.** LICENÇA-PRÊMIO. CONVERSÃO EM PECÚNIA. REGULAMENTO DA EMPRESA (nova redação) – Res. 121/2003, DJ 19, 20 e 21.11.2003. A licença-prêmio, na vigência do contrato de trabalho, não pode ser convertida em pecúnia, salvo se expressamente admitida a conversão no regulamento da empresa.

- **Súmula nº 269 do TST**. DIRETOR ELEITO. CÔMPUTO DO PERÍODO COMO TEMPO DE SERVIÇO (mantida) – Res. 121/2003, DJ 19, 20 e 21.11.2003. O empregado eleito para ocupar cargo de diretor tem o respectivo contrato de trabalho suspenso, não se computando o tempo de serviço desse período, salvo se permanecer a subordinação jurídica inerente à relação de emprego.

- **Súmula nº 282 do TST.** ABONO DE FALTAS. SERVIÇO MÉDICO DA EMPRESA (mantida) – Res. 121/2003, DJ 19, 20 e 21.11.2003. Ao serviço médico da empresa ou ao mantido por esta última mediante convênio compete abonar os primeiros 15 (quinze) dias de ausência ao trabalho.

- **Súmula nº 313 do TST.** COMPLEMENTAÇÃO DE APOSENTADORIA. PROPORCIONALIDADE. BANESPA (mantida) – Res. 121/2003, DJ 19, 20 e 21.11.2003. A complementação de aposentadoria, prevista no art. 106, e seus parágrafos, do regulamento de pessoal editado em 1965, só é integral para os empregados que tenham 30 (trinta) ou mais anos de serviços prestados exclusivamente ao banco.

- **Súmula nº 332 do TST.** COMPLEMENTAÇÃO DE APOSENTADORIA. PETROBRAS. MANUAL DE PESSOAL. NORMA PROGRAMÁTICA (mantida) – Res. 121/2003, DJ 19, 20 e 21.11.2003. As normas relativas à complementação de aposentadoria, inseridas no Manual de Pessoal da Petrobras, têm caráter meramente programático, delas não resultando direito à referida complementação.

- Súmula nº 429 do TST. TEMPO À DISPOSIÇÃO DO EMPREGADOR. ART. 4º DA CLT. PERÍODO DE DESLOCAMENTO ENTRE A PORTARIA E O LOCAL DE TRABALHO – Res. 174/2011, DEJT divulgado em 27, 30 e 31.05.2011. Considera-se à disposição do empregador, na forma do art. 4º da CLT, o tempo necessário ao deslocamento do trabalhador entre a portaria da empresa e o local de trabalho, desde que supere o limite de 10 (dez) minutos diários.

- **Súmula nº 440 do TST.** AUXÍLIO-DOENÇA ACIDENTÁRIO. APOSENTADORIA POR INVALIDEZ. SUSPENSÃO DO CONTRATO DE TRABALHO. RECONHECIMENTO DO DIREITO À MANUTENÇÃO DE PLANO DE SAÚDE OU DE ASSISTÊNCIA MÉDICA – Res. 185/2012, DEJT divulgado em 25, 26 e 27.09.2012. Assegura-se o direito à manutenção de plano de saúde ou de assistência médica oferecido pela empresa ao empregado, não obstante suspenso o contrato de trabalho em virtude de auxílio-doença acidentário ou de aposentadoria por invalidez.

- **OJ nº 375. SDI-1 do TST.** AUXÍLIO-DOENÇA. APOSENTADORIA POR INVALIDEZ. SUSPENSÃO DO CONTRATO DE TRABALHO. PRESCRIÇÃO. CONTAGEM. (DEJT divulgado em 19, 20 e 22.04.2010). A suspensão do contrato de trabalho, em virtude da percepção do auxílio-doença ou da aposentadoria por invalidez, não impede a fluência da prescrição quinquenal, ressalvada a hipótese de absoluta impossibilidade de acesso ao Judiciário.

7. EXTINÇÃO DO CONTRATO DE TRABALHO

- **Súmula nº 13 do TST.** MORA (mantida) – Res. 121/2003, DJ 19, 20 e 21.11.2003. O só pagamento dos salários atrasados em audiência não ilide a mora capaz de determinar a rescisão do contrato de trabalho.

- **Súmula nº 77 do TST.** PUNIÇÃO (mantida) – Res. 121/2003, DJ 19, 20 e 21.11.2003. Nula é a punição de empregado se não precedida de inquérito ou sindicância internos a que se obrigou a empresa por norma regulamentar.

- **Súmula nº 138 do TST.** READMISSÃO (mantida) – Res. 121/2003, DJ 19, 20 e 21.11.2003. Em caso de readmissão, conta-se a favor do empregado o período de serviço anterior, encerrado com a saída espontânea (ex-Prejulgado nº 9).

- **OJ nº 361. SDI-1 do TST.** APOSENTADORIA ESPONTÂNEA. UNICIDADE DO CONTRATO DE TRABALHO. MULTA DE 40% DO FGTS SOBRE TODO O PERÍODO (DJ 20, 21 e 23.05.2008). A aposentadoria espontânea não é causa de extinção do contrato de trabalho se o empregado permanece prestando serviços ao empregador após a jubilação. Assim, por ocasião da sua dispensa imotivada, o empregado tem direito à multa de 40% do FGTS sobre a totalidade dos depósitos efetuados no curso do pacto laboral.

7.1. PROGRAMA DE INCENTIVO À DEMISSÃO VOLUNTÁRIA

- **OJ nº 207. SDI-1 do TST.** PROGRAMA DE INCENTIVO À DEMISSÃO VOLUNTÁRIA. INDENIZAÇÃO. IMPOSTO DE RENDA. NÃO INCIDÊNCIA (inserido dispositivo) – DJ 20.04.2005. A indenização paga em virtude de adesão a programa de incentivo à demissão voluntária não está sujeita à incidência do imposto de renda.

- **OJ nº 270. SDI-1 do TST.** PROGRAMA DE INCENTIVO À DEMISSÃO VOLUNTÁRIA. TRANSAÇÃO EXTRAJUDICIAL. PARCELAS ORIUNDAS DO EXTINTO CONTRATO DE TRABALHO. EFEITOS (inserida em 27.09.2002). A transação extrajudicial que importa rescisão do contrato de trabalho ante a adesão do empregado a plano de demissão voluntária implica quitação exclusivamente das parcelas e valores constantes do recibo.

- **OJ nº 356. SDI-1 do TST.** PROGRAMA DE INCENTIVO À DEMISSÃO VOLUNTÁRIA (PDV). CRÉDITOS TRABALHISTAS RECONHECIDOS EM JUÍZO. COMPENSAÇÃO. IMPOSSIBILIDADE (DJ 14.03.2008). Os créditos tipicamente trabalhistas reconhecidos em juízo não são suscetíveis de compensação com a indenização paga em decorrência de adesão do trabalhador a Programa de Incentivo à Demissão Voluntária (PDV).

7.2. AVISO PRÉVIO

- **Súmula nº 44 do TST.** AVISO PRÉVIO (mantida) – Res. 121/2003, DJ 19, 20 e 21.11.2003. A cessação da atividade da empresa, com o pagamento da indenização, simples ou em dobro, não exclui, por si só, o direito do empregado ao aviso prévio.

- **Súmula nº 163 do TST.** AVISO PRÉVIO. CONTRATO DE EXPERIÊNCIA (mantida) – Res. 121/2003, DJ 19, 20 e 21.11.2003. Cabe aviso prévio nas rescisões antecipadas dos contratos de experiência, na forma do art. 481 da CLT (ex-Prejulgado nº 42).

- **Súmula nº 182 do TST**. AVISO PRÉVIO. INDENIZAÇÃO COMPENSATÓRIA. LEI Nº 6.708, DE 30.10.1979 (mantida) – Res. 121/2003, DJ 19, 20 e 21.11.2003. O tempo do aviso prévio, mesmo indenizado, conta-se para efeito da indenização adicional prevista no art. 9º da Lei nº 6.708, de 30.10.1979.

- **Súmula nº 230 do TST**. AVISO PRÉVIO. SUBSTITUIÇÃO PELO PAGAMENTO DAS HORAS REDUZIDAS DA JORNADA DE TRABALHO (mantida) – Res. 121/2003, DJ 19, 20 e 21.11.2003. É ilegal substituir o período que se reduz da jornada de trabalho, no aviso prévio, pelo pagamento das horas correspondentes.

- **Súmula nº 276 do TST**. AVISO PRÉVIO. RENÚNCIA PELO EMPREGADO (mantida) – Res. 121/2003, DJ 19, 20 e 21.11.2003. O direito ao aviso prévio é irrenunciável pelo empregado. O pedido de dispensa de cumprimento não exime o empregador de pagar o respectivo valor, salvo comprovação de haver o prestador dos serviços obtido novo emprego.

- **Súmula nº 305 do TST**. FUNDO DE GARANTIA DO TEMPO DE SERVIÇO. INCIDÊNCIA SOBRE O AVISO PRÉVIO (mantida) – Res. 121/2003, DJ 19, 20 e 21.11.2003. O pagamento relativo ao período de aviso prévio, trabalhado ou não, está sujeito a contribuição para o FGTS.

- **Súmula nº 348 do TST**. AVISO PRÉVIO. CONCESSÃO NA FLUÊNCIA DA GARANTIA DE EMPREGO. INVALIDADE (mantida) – Res. 121/2003, DJ 19, 20 e 21.11.2003. É inválida a concessão do aviso prévio na fluência da garantia de emprego, ante a incompatibilidade dos dois institutos.

- **Súmula nº 371 do TST**. AVISO PRÉVIO INDENIZADO. EFEITOS. SUPERVENIÊNCIA DE AUXÍLIO-DOENÇA NO CURSO DESTE (conversão das Orientações Jurisprudenciais nºs 40 e 135 da SBDI-1) – Res. 129/2005, DJ 20, 22 e 25.04.2005. A projeção do contrato de trabalho para o futuro, pela concessão do aviso prévio indenizado, tem efeitos limitados às vantagens econômicas obtidas no período de pré-aviso, ou seja, salários, reflexos e verbas rescisórias. No caso de concessão de auxílio-doença no curso do aviso prévio, todavia, só se concretizam os efeitos da dispensa depois de expirado o benefício previdenciário. (ex-OJs nºs 40 e 135 da SBDI-1 – inseridas, respectivamente, em 28.11.1995 e 27.11.1998).

- **Súmula nº 380 do TST**. AVISO PRÉVIO. INÍCIO DA CONTAGEM. ART. 132 DO CÓDIGO CIVIL DE 2002 (conversão da Orientação Jurisprudencial nº 122 da SBDI-1) – Res. 129/2005, DJ 20, 22 e 25.04.2005. Aplica-se a regra prevista no *"caput"* do art. 132 do Código Civil de 2002 à contagem do prazo do aviso prévio, excluindo-se o dia do começo e incluindo o do vencimento. (ex-OJ nº 122 da SBDI-1 – inserida em 20.04.1998).

- **Súmula nº 441 do TST**. AVISO PRÉVIO. PROPORCIONALIDADE – Res. 185/2012, DEJT divulgado em 25, 26 e 27.09.2012. O direito ao aviso prévio proporcional ao tempo de serviço somente é assegurado nas rescisões de contrato de trabalho ocorridas a partir da publicação da Lei nº 12.506, em 13 de outubro de 2011.

- **OJ nº 14. SDI-1 do TST**. AVISO PRÉVIO CUMPRIDO EM CASA. VERBAS RESCISÓRIAS. PRAZO PARA PAGAMENTO. (título alterado e inserido dispositivo) – DJ 20.04.2005. Em caso de aviso prévio cumprido em casa, o prazo para pagamento das verbas rescisórias é até o décimo dia da notificação de despedida.

- **OJ nº 82. SDI-1 do TST**. AVISO PRÉVIO. BAIXA NA CTPS (inserida em 28.04.1997) A data de saída a ser anotada na CTPS deve corresponder à do término do prazo do aviso prévio, ainda que indenizado.

- **OJ nº 83. SDI-1 do TST**. AVISO PRÉVIO. INDENIZADO. PRESCRIÇÃO (inserida em 28.04.1997). A prescrição começa a fluir no final da data do término do aviso prévio. Art. 487, § 1º, da CLT.

- **OJ nº 367. SDI-1 do TST**. AVISO PRÉVIO DE 60 DIAS. ELASTECIMENTO POR NORMA COLETIVA. PROJEÇÃO. REFLEXOS NAS PARCELAS TRABALHISTAS. (DEJT divulgado em 03, 04 e 05.12.2008). O prazo de aviso prévio de 60 dias, concedido por meio de norma coletiva que silencia sobre alcance de seus efeitos jurídicos, computa-se integralmente como tempo de serviço, nos termos do § 1º do art. 487 da CLT, repercutindo nas verbas rescisórias.

7.3. JUSTA CAUSA, RESCISÃO INDIRETA E CULPA RECÍPROCA

- **Súmula nº 10 do TST.** PROFESSOR. DISPENSA SEM JUSTA CAUSA. TÉRMINO DO ANO LETIVO OU NO CURSO DE FÉRIAS ESCOLARES. AVISO PRÉVIO. O direito aos salários assegurados (artigo 322, *caput* e parágrafo 3º da CLT) não exclui o direito também ao aviso prévio, na hipótese de dispensa sem justa causa ao término do ano letivo ou no curso das férias escolares.

- **Súmula nº 14 do TST**. CULPA RECÍPROCA (nova redação) – Res. 121/2003, DJ 19, 20 e 21.11.2003. Reconhecida a culpa recíproca na rescisão do contrato de trabalho (art. 484 da CLT), o empregado tem direito a 50% (cinquenta por cento) do valor do aviso prévio, do décimo terceiro salário e das férias proporcionais.

- **Súmula nº 32 do TST.** ABANDONO DE EMPREGO (nova redação) – Res. 121/2003, DJ 19, 20 e 21.11.2003. Presume-se o abandono de emprego se o trabalhador não retornar ao serviço no prazo de 30 (trinta) dias após a cessação do benefício previdenciário nem justificar o motivo de não o fazer.

- **Súmula nº 62 do TST.** ABANDONO DE EMPREGO (mantida) – Res. 121/2003, DJ 19, 20 e 21.11.2003. O prazo de decadência do direito do empregador de ajuizar inquérito em face do empregado que incorre em abandono de emprego é contado a partir do momento em que o empregado pretendeu seu retorno ao serviço.

- **Súmula nº 73 do TST**. DESPEDIDA. JUSTA CAUSA (nova redação) – Res. 121/2003, DJ 19, 20 e 21.11.2003. A ocorrência de justa causa, salvo a de abandono de emprego, no decurso do prazo do aviso prévio dado pelo empregador, retira do empregado qualquer direito às verbas rescisórias de natureza indenizatória.

- **Súmula nº 77 do TST.** PUNIÇÃO (mantida) – Res. 121/2003, DJ 19, 20 e 21.11.2003. Nula é a punição de empregado se não precedida de inquérito ou sindicância internos a que se obrigou a empresa por norma regulamentar.

- **Súmula nº 171 do TST**. FÉRIAS PROPORCIONAIS. CONTRATO DE TRABALHO. EXTINÇÃO (republicada em razão de erro material no registro da referência legislativa), DJ 05.05.2004. Salvo na hipótese de dispensa do empregado por justa causa, a extinção do contrato de trabalho sujeita o empregador ao pagamento da remuneração das férias proporcionais, ainda que incompleto o período aquisitivo de 12 (doze) meses (art. 147 da CLT) (ex-Prejulgado nº 51).

7.4. PARCELAS RESCISÓRIAS

- **Súmula nº 28 do TST.** INDENIZAÇÃO (nova redação) – Res. 121/2003, DJ 19, 20 e 21.11.2003. No caso de se converter a reintegração em indenização dobrada, o direito aos salários é assegurado até a data da primeira decisão que determinou essa conversão.

- **Súmula nº 157 do TST**. GRATIFICAÇÃO (mantida) – Res. 121/2003, DJ 19, 20 e 21.11.2003. A gratificação instituída pela Lei nº 4.090, de 13.07.1962, é devida na resilição contratual de iniciativa do empregado (ex-Prejulgado nº 32).

- **Súmula nº 314 do TST.** INDENIZAÇÃO ADICIONAL. VERBAS RESCISÓRIAS. SALÁRIO CORRIGIDO (mantida) – Res. 121/2003, DJ 19, 20 e 21.11.2003. Se ocorrer a rescisão contratual no período de 30 (trinta) dias que antecede à data-base, observado a Súmula nº 182 do TST, o pagamento das verbas rescisórias com o salário já corrigido não afasta o direito à indenização adicional prevista nas Leis nºs 6.708, de 30.10.1979 e 7.238, de 28.10.1984.

- **Súmula nº 388 do TST**. MASSA FALIDA. ARTS. 467 E 477 DA CLT. INAPLICABILIDADE (conversão das Orientações Jurisprudenciais nºs 201 e 314 da SBDI-1) – Res. 129/2005, DJ 20, 22 e 25.04.2005. A Massa Falida não se sujeita à penalidade do art. 467 e nem à multa do § 8º do art. 477, ambos da CLT. (ex-Ojs da SBDI-1 nºs 201 – DJ 11.08.2003 – e 314 – DJ 08.11.2000)

- **Súmula nº 462 do TST. MULTA DO ART. 477, § 8º, DA CLT. INCIDÊNCIA. RECONHECIMENTO JUDICIAL DA RELAÇÃO DE EMPREGO (Republicada em razão de erro material) – DEJT divulgado em 30.06.2016** A circunstância de a relação de emprego ter sido reconhecida apenas em juízo não tem o condão de afastar a incidência da multa prevista no art. 477, §8º, da CLT. A referida multa não será devida apenas quando, comprovadamente, o empregado der causa à mora no pagamento das verbas rescisórias.

- **OJ nº 162. SDI-1 do TST**. MULTA. ART. 477 DA CLT. CONTAGEM DO PRAZO. APLICÁVEL O ART. 132 DO CÓDIGO CIVIL DE 2002 (atualizada a legislação e inserido dispositivo) – DJ 20.04.2005. A contagem do prazo para quitação das verbas decorrentes da rescisão contratual prevista no artigo 477 da CLT exclui necessariamente o dia da notificação da demissão e inclui o dia do vencimento, em obediência ao disposto no artigo 132 do Código Civil de 2002 (artigo 125 do Código Civil de 1916).

- **OJ nº 181. SDI-1 do TST**. COMISSÕES. CORREÇÃO MONETÁRIA. CÁLCULO (inserida em 08.11.2000). O valor das comissões deve ser corrigido monetariamente para em seguida obter-se a média para efeito de cálculo de férias, 13º salário e verbas rescisórias.

- **OJ nº 238. SDI-1 do TST**. MULTA. ART. 477 DA CLT. PESSOA JURÍDICA DE DIREITO PÚBLICO. APLICÁVEL (inserido dispositivo) – DJ 20.04.2005. Submete-se à multa do artigo 477 da CLT a pessoa jurídica de direito público que não observa o prazo para pagamento das verbas rescisórias, pois nivela-se a qualquer particular, em direitos e obrigações, despojando-se do "jus imperii" ao celebrar um contrato de emprego.

8. FGTS E ESTABILIDADE

8.1. FGTS

- **Súmula nº 63 do TST**. FUNDO DE GARANTIA (mantida) – Res. 121/2003, DJ 19, 20 e 21.11.2003. A contribuição para o Fundo de Garantia do Tempo de Serviço incide sobre a remuneração mensal devida ao empregado, inclusive horas extras e adicionais eventuais.

- **Súmula nº 98 do TST**. FGTS. INDENIZAÇÃO. EQUIVALÊNCIA. COMPATIBILIDADE (incorporada a Orientação Jurisprudencial nº 299 da SBDI-1) – Res. 129/2005, DJ 20, 22 e 25.04.2005. I – A equivalência entre os regimes do Fundo de Garantia do Tempo de Serviço e da estabilidade prevista na CLT é meramente jurídica e não econômica, sendo indevidos valores a título de reposição de diferenças. (ex-Súmula nº 98 – RA 57/1980, DJ 06.06.1980). II – A estabilidade contratual ou a derivada de regulamento de empresa são compatíveis com o regime do FGTS. Diversamente ocorre com a estabilidade legal (decenal, art. 492 da CLT), que é renunciada com a opção pelo FGTS. (ex-OJ nº 299 da SBDI-1 – DJ 11.08.2003)

- **Súmula nº 125 do TST**. CONTRATO DE TRABALHO. ART. 479 DA CLT (mantida) – Res. 121/2003, DJ 19, 20 e 21.11.2003. O art. 479 da CLT aplica-se ao trabalhador optante pelo FGTS admitido mediante contrato por prazo determinado, nos termos do art. 30, § 3º, do Decreto nº 59.820, de 20.12.1966.

- **Súmula nº 206 do TST**. FGTS. INCIDÊNCIA SOBRE PARCELAS PRESCRITAS (nova redação) – Res. 121/2003, DJ 19, 20 e 21.11.2003. A prescrição da pretensão relativa às parcelas remuneratórias alcança o respectivo recolhimento da contribuição para o FGTS.
- **Súmula nº 305 do TST**. FUNDO DE GARANTIA DO TEMPO DE SERVIÇO. INCIDÊNCIA SOBRE O AVISO PRÉVIO (mantida) – Res. 121/2003, DJ 19, 20 e 21.11.2003. O pagamento relativo ao período de aviso prévio, trabalhado ou não, está sujeito a contribuição para o FGTS.
- **Súmula nº 362 do TST**. (nova redação) – Res. 198/2015, republicada em razão de erro material – DEJT divulgado em 12, 15 e 16.06.2015. I – Para os casos em que a ciência da lesão ocorreu a partir de 13.11.2014, é quinquenal a prescrição do direito de reclamar contra o não recolhimento de contribuição para o FGTS, observado o prazo de dois anos após o término do contrato; II – Para os casos em que o prazo prescricional já estava em curso em 13.11.2014, aplica-se o prazo prescricional que se consumar primeiro: trinta anos, contados do termo inicial, ou cinco anos, a partir de 13.11.2014 (STF-ARE-709212/DF).
- **Súmula nº 399 do TST.** ESTABILIDADE PROVISÓRIA. AÇÃO TRABALHISTA A-JUIZADA APÓS O TÉRMINO DO PERÍODO DE GARANTIA NO EMPREGO. ABUSO DO EXERCÍCIO DO DIREITO DE AÇÃO. NÃO CONFIGURAÇÃO. INDENIZAÇÃO DEVIDA. (DEJT divulgado em 02, 03 e 04.08.2010). O ajuizamento de ação trabalhista após decorrido o período de garantia de emprego não configura abuso do exercício do direito de ação, pois este está submetido apenas ao prazo prescricional inscrito no art. 7º, XXIX, da CF/1988, sendo devida a indenização desde a dispensa até a data do término do período estabilitário.
- **OJ nº 344. SDI-1 do TST**. FGTS. MULTA DE 40%. DIFERENÇAS DECORRENTES DOS EXPURGOS INFLACIONÁRIOS. PRESCRIÇÃO. TERMO INICIAL. (mantida) – Res. 175/2011, DEJT divulgado em 27, 30 e 31.05.2011. O termo inicial do prazo prescricional para o empregado pleitear em juízo diferenças da multa do FGTS, decorrentes dos expurgos inflacionários, deu-se com a vigência da Lei Complementar nº 110, em 30.06.01, salvo comprovado trânsito em julgado de decisão proferida em ação proposta anteriormente na Justiça Federal, que reconheça o direito à atualização do saldo da conta vinculada.
- **OJ nº 359. SDI-1 do TST**. SUBSTITUIÇÃO PROCESSUAL. SINDICATO. LEGITIMIDADE. PRESCRIÇÃO. INTERRUPÇÃO (DJ 14.03.2008). A ação movida por sindicato, na qualidade de substituto processual, interrompe a prescrição, ainda que tenha sido considerado parte ilegítima "ad causam".
- **OJ nº 370. SDI-1 do TST.** FGTS. MULTA DE 40%. DIFERENÇAS DOS EXPURGOS INFLACIONÁRIOS. PRESCRIÇÃO. INTERRUPÇÃO DECORRENTE DE PROTESTOS JUDICIAIS. (DEJT divulgado em 03, 04 e 05.12.2008). O ajuizamento de protesto judicial dentro do biênio posterior à Lei Complementar nº 110, de 29.06.2001, interrompe a prescrição, sendo irrelevante o transcurso de mais de dois anos da propositura de outra medida acautelatória, com o mesmo objetivo, ocorrida antes da vigência da referida lei, pois ainda não iniciado o prazo prescricional, conforme disposto na Orientação Jurisprudencial nº 344 da SBDI-1.

8.2. ESPÉCIES DE ESTABILIDADE E SUAS CONSEQUÊNCIAS

- **Súmula nº 98 do TST**. FGTS. INDENIZAÇÃO. EQUIVALÊNCIA. COMPATIBILIDADE (incorporada a Orientação Jurisprudencial nº 299 da SBDI-1) – Res. 129/2005, DJ 20, 22 e 25.04.2005. I – A equivalência entre os regimes do Fundo de Garantia do Tempo de Serviço e da estabilidade prevista na CLT é meramente jurídica e não econômica, sendo indevidos valores a título de reposição de diferenças. (ex-Súmula nº 98 – RA 57/1980, DJ 06.06.1980). II – A estabilidade contratual ou a derivada de regulamento de empresa são compatíveis com o regime do FGTS. Diversamente ocorre com a estabilidade legal (decenal, art. 492 da CLT), que é renunciada com a opção pelo FGTS. (ex-OJ nº 299 da SBDI-1 – DJ 11.08.2003).
- **Súmula nº 244 do TST**. GESTANTE. ESTABILIDADE PROVISÓRIA (redação do item III alterada na sessão do Tribunal Pleno realizada em 14.09.2012) – Res. 185/2012, DEJT divulgado em 25, 26 e 27.09.2012. I – O desconhecimento do estado gravídico pelo empregador não afasta o direito ao pagamento da indenização decorrente da estabilidade (art. 10, II, "b" do ADCT). (ex-OJ nº 88 da SBDI-1 – DJ 16.04.2004 e republicada DJ 04.05.04). II – A garantia de emprego à gestante só autoriza a reintegração se esta se der durante o período de estabilidade. Do contrário, a garantia restringe-se aos salários e demais direitos correspondentes ao período de estabilidade. (ex-Súmula nº 244 – alterada pela Res. 121/2003, DJ 21.11.2003). III – A empregada gestante tem direito à estabilidade provisória prevista no art.10, inciso II, alínea b, do ADCT, mesmo na hipótese de admissão mediante contrato por tempo determinado.
- **Súmula nº 339 do TST**. CIPA. SUPLENTE. GARANTIA DE EMPREGO. CF/1988 (incorporadas as Orientações Jurisprudenciais nºs 25 e 329 da SBDI-1) – Res. 129/2005, DJ 20, 22 e 25.04.2005. I – O suplente da CIPA goza da garantia de emprego prevista no art. 10, II, "a", do ADCT a partir da promulgação da Constituição Federal de 1988. (ex-Súmula nº 339 – Res. 39/1994, DJ 22.12.1994 – e ex-OJ nº 25 da SBDI-1 – inserida em 29.03.1996). II – A estabilidade provisória do cipeiro não constitui vantagem pessoal, mas garantia para as atividades dos membros da CIPA,

que somente tem razão de ser quando em atividade a empresa. Extinto o estabelecimento, não se verifica a despedida arbitrária, sendo impossível a reintegração e indevida a indenização do período estabilitário. (ex-OJ nº 329 da SBDI-1 – DJ 09.12.2003)

- **Súmula nº 345 do TST**. BANDEPE. REGULAMENTO INTERNO DE PESSOAL NÃO CONFERE ESTABILIDADE AOS EMPREGADOS (mantida) – Res. 121/2003, DJ 19, 20 e 21.11.2003. O Regulamento Interno de Pessoal (RIP) do Banco do Estado de Pernambuco – BANDEPE, na parte que trata de seu regime disciplinar, não confere estabilidade aos seus empregados.

- **Súmula nº 355 do TST**. CONAB. ESTABILIDADE. AVISO DIREH Nº 2 DE 12.12.1984 (mantida) – Res. 121/2003, DJ 19, 20 e 21.11.2003. O aviso DIREH nº 2, de 12.12.1984, que concedia estabilidade aos empregados da CONAB, não tem eficácia, porque não aprovado pelo Ministério ao qual a empresa se subordina.

- **Súmula nº 369 do TST**. DIRIGENTE SINDICAL. ESTABILIDADE PROVISÓRIA (redação do item I alterada na sessão do Tribunal Pleno realizada em 14.09.2012) – Res. 185/2012, DEJT divulgado em 25, 26 e 27.09.2012. I – É assegurada a estabilidade provisória ao empregado dirigente sindical, ainda que a comunicação do registro da candidatura ou da eleição e da posse seja realizada fora do prazo previsto no art. 543, § 5º, da CLT, desde que a ciência ao empregador, por qualquer meio, ocorra na vigência do contrato de trabalho. II – O art. 522 da CLT foi recepcionado pela Constituição Federal de 1988. Fica limitada, assim, a estabilidade a que alude o art. 543, § 3º, da CLT a sete dirigentes sindicais e igual número de suplentes. III – O empregado de categoria diferenciada eleito dirigente sindical só goza de estabilidade se exercer na empresa atividade pertinente à categoria profissional do sindicato para o qual foi eleito dirigente. (ex-OJ nº 145 da SBDI-1 – inserida em 27.11.1998). IV – Havendo extinção da atividade empresarial no âmbito da base territorial do sindicato, não há razão para subsistir a estabilidade. (ex-OJ nº 86 da SBDI-1 – inserida em 28.04.1997). V – O registro da candidatura do empregado a cargo de dirigente sindical durante o período de aviso prévio, ainda que indenizado, não lhe assegura a estabilidade, visto que inaplicável a regra do § 3º do art. 543 da Consolidação das Leis do Trabalho. (ex-OJ nº 35 da SBDI-1 – inserida em 14.03.1994).

- **Súmula nº 378 do TST**. ESTABILIDADE PROVISÓRIA. ACIDENTE DO TRABALHO. ART. 118 DA LEI Nº 8.213/1991. CONSTITUCIONALIDADE. PRESSUPOSTOS. (inserido item III) – Res. 185/2012, DEJT divulgado em 25, 26 e 27.09.2012. I – É constitucional o artigo 118 da Lei nº 8.213/1991 que assegura o direito à estabilidade provisória por período de 12 meses após a cessação do auxílio-doença ao empregado acidentado. (ex-OJ nº 105 da SBDI-1 – inserida em 01.10.1997). II – São pressupostos para a concessão da estabilidade o afastamento superior a 15 dias e a consequente percepção do auxílio-doença acidentário, salvo se constatada, após a despedida, doença profissional que guarde relação de causalidade com a execução do contrato de emprego. (primeira parte – ex-OJ nº 230 da SBDI-1 – inserida em 20.06.2001). III – O empregado submetido a contrato de trabalho por tempo determinado goza da garantia provisória de emprego, decorrente de acidente de trabalho, prevista no art. 118 da Lei nº 8.213/1991.

- **Súmula nº 379 do TST**. DIRIGENTE SINDICAL. DESPEDIDA. FALTA GRAVE. INQUÉRITO JUDICIAL. NECESSIDADE (conversão da Orientação Jurisprudencial nº 114 da SBDI-1) – Res. 129/2005, DJ 20, 22 e 25.04.2005. O dirigente sindical somente poderá ser dispensado por falta grave mediante a apuração em inquérito judicial, inteligência dos arts. 494 e 543, § 3º, da CLT. (ex-OJ nº 114 da SBDI-1 – inserida em 20.11.1997)

- **Súmula nº 390 do TST**. ESTABILIDADE. ART. 41 DA CF/1988. CELETISTA. ADMINISTRAÇÃO DIRETA, AUTÁRQUICA OU FUNDACIONAL. APLICABILIDADE. EMPREGADO DE EMPRESA PÚBLICA E SOCIEDADE DE ECONOMIA MISTA. INAPLICÁVEL (conversão das Orientações Jurisprudenciais nºs 229 e 265 da SBDI-1 e da Orientação Jurisprudencial nº 22 da SBDI-2) – Res. 129/2005, DJ 20, 22 e 25.04.2005. I – O servidor público celetista da administração direta, autárquica ou fundacional é beneficiário da estabilidade prevista no art. 41 da CF/1988. (ex-OJs nºs 265 da SBDI-1 – inserida em 27.09.2002 – e 22 da SBDI-2 – inserida em 20.09.2000). II – Ao empregado de empresa pública ou de sociedade de economia mista, ainda que admitido mediante aprovação em concurso público, não é garantida a estabilidade prevista no art. 41 da CF/1988. (ex-OJ nº 229 da SBDI-1 – inserida em 20.06.2001).

- **Súmula nº 396 do TST**. ESTABILIDADE PROVISÓRIA. PEDIDO DE REINTEGRAÇÃO. CONCESSÃO DO SALÁRIO RELATIVO AO PERÍODO DE ESTABILIDADE JÁ EXAURIDO. INEXISTÊNCIA DE JULGAMENTO "EXTRA PETITA" (conversão das Orientações Jurisprudenciais nºs 106 e 116 da SBDI-1) – Res. 129/2005, DJ 20, 22 e 25.04.2005. I – Exaurido o período de estabilidade, são devidos ao empregado apenas os salários do período compreendido entre a data da despedida e o final do período de estabilidade, não lhe sendo assegurada a reintegração no emprego. (ex-OJ nº 116 da SBDI-1 – inserida em 01.10.1997). II – Não há nulidade por julgamento "extra petita" da decisão que deferir salário quando o pedido for de reintegração, dados os termos do art. 496 da CLT. (ex-OJ nº 106 da SBDI-1 – inserida em 20.11.1997)

- **Súmula nº 443 do TST.** DISPENSA DISCRIMINATÓRIA. PRESUNÇÃO. EMPREGADO PORTADOR DE DOENÇA GRAVE. ESTIGMA OU PRECONCEITO. DIREITO À REINTEGRAÇÃO – Res. 185/2012, DEJT divulgado em 25, 26 e 27.09.2012. Presume-se discriminatória a despedida de empregado portador do vírus HIV ou de outra doença grave que suscite estigma ou preconceito. Inválido o ato, o empregado tem direito à reintegração no emprego.

- **OJ nº 268. SDI-1 do TST**. INDENIZAÇÃO ADICIONAL. LEIS N^{OS} 6.708/79 E 7.238/84. AVISO PRÉVIO. PROJEÇÃO. ESTABILIDADE PROVISÓRIA (inserida em 27.09.2002). Somente após o término do período estabilitário é que se inicia a contagem do prazo do aviso prévio para efeito das indenizações previstas nos artigos 9º da Lei nº 6.708/79 e 9º da Lei nº 7.238/84.

- **OJ nº 247. SDI-1 do TST**. SERVIDOR PÚBLICO. CELETISTA CONCURSADO. DESPEDIDA IMOTIVADA. EMPRESA PÚBLICA OU SOCIEDADE DE ECONOMIA MISTA. POSSIBILIDADE (alterada – Res. nº 143/2007) – DJ 13.11.2007 I – A despedida de empregados de empresa pública e de sociedade de economia mista, mesmo admitidos por concurso público, independe de ato motivado para sua validade; II – A validade do ato de despedida do empregado da Empresa Brasileira de Correios e Telégrafos (ECT) está condicionada à motivação, por gozar a empresa do mesmo tratamento destinado à Fazenda Pública em relação à imunidade tributária e à execução por precatório, além das prerrogativas de foro, prazos e custas processuais.

- **OJ nº 253. SDI-1 do TST**. ESTABILIDADE PROVISÓRIA. COOPERATIVA. LEI Nº 5.764/71. CONSELHO FISCAL. SUPLENTE. NÃO ASSEGURADA (inserida em 13.03.2002). O art. 55 da Lei nº 5.764/71 assegura a garantia de emprego apenas aos empregados eleitos diretores de Cooperativas, não abrangendo os membros suplentes.

- **OJ nº 364. SDI-1 do TST**. ESTABILIDADE. ART. 19 DO ADCT. SERVIDOR PÚBLICO DE FUNDAÇÃO REGIDO PELA CLT (DJ 20, 21 e 23.05.2008). Fundação instituída por lei e que recebe dotação ou subvenção do Poder Público para realizar atividades de interesse do Estado, ainda que tenha personalidade jurídica de direito privado, ostenta natureza de fundação pública. Assim, seus servidores regidos pela CLT são beneficiários da estabilidade excepcional prevista no art. 19 do ADCT.

- **OJ nº 365. SDI-1 do TST**. ESTABILIDADE PROVISÓRIA. MEMBRO DE CONSELHO FISCAL DE SINDICATO. INEXISTÊNCIA (DJ 20, 21 e 23.05.2008). Membro de conselho fiscal de sindicato não tem direito à estabilidade prevista nos arts. 543, § 3º, da CLT e 8º, VIII, da CF/1988, porquanto não representa ou atua na defesa de direitos da categoria respectiva, tendo sua competência limitada à fiscalização da gestão financeira do sindicato (art. 522, § 2º, da CLT).

- **OJ nº 369. SDI-1 do TST**. ESTABILIDADE PROVISÓRIA. DELEGADO SINDICAL. INAPLICÁVEL. (DEJT divulgado em 03, 04 e 05.12.2008). O delegado sindical não é beneficiário da estabilidade provisória prevista no art. 8º, VIII, da CF/1988, a qual é dirigida, exclusivamente, àqueles que exerçam ou ocupem cargos de direção nos sindicatos, submetidos a processo eletivo.

- **OJ nº 399. SDI-1 do TST**. ESTABILIDADE PROVISÓRIA. AÇÃO TRABALHISTA AJUIZADA APÓS O TÉRMINO DO PERÍODO DE GARANTIA NO EMPREGO. ABUSO DO EXERCÍCIO DO DIREITO DE AÇÃO. NÃO CONFIGURAÇÃO. INDENIZAÇÃO DEVIDA. (DEJT divulgado em 02, 03 e 04.08.2010). O ajuizamento de ação trabalhista após decorrido o período de garantia de emprego não configura abuso do exercício do direito de ação, pois este está submetido apenas ao prazo prescricional inscrito no art. 7º, XXIX, da CF/1988, sendo devida a indenização desde a dispensa até a data do término do período estabilitário.

9. RESPONSABILIDADE CIVIL DO EMPREGADOR E FISCALIZAÇÃO

- **Súmula nº 331 do TST**. CONTRATO DE PRESTAÇÃO DE SERVIÇOS. LEGALIDADE (nova redação do item IV e inseridos os itens V e VI à redação) – Res. 174/2011, DEJT divulgado em 27, 30 e 31.05.2011. I – A contratação de trabalhadores por empresa interposta é ilegal, formando-se o vínculo diretamente com o tomador dos serviços, salvo no caso de trabalho temporário (Lei nº 6.019, de 03.01.1974). II – A contratação irregular de trabalhador, mediante empresa interposta, não gera vínculo de emprego com os órgãos da Administração Pública direta, indireta ou fundacional (art. 37, II, da CF/1988). III – Não forma vínculo de emprego com o tomador a contratação de serviços de vigilância (Lei nº 7.102, de 20.06.1983) e de conservação e limpeza, bem como a de serviços especializados ligados à atividade-meio do tomador, desde que inexistente a pessoalidade e a subordinação direta. IV – O inadimplemento das obrigações trabalhistas, por parte do empregador, implica a responsabilidade subsidiária do tomador dos serviços quanto àquelas obrigações, desde que haja participado da relação processual e conste também do título executivo judicial. V – Os entes integrantes da Administração Pública direta e indireta respondem subsidiariamente, nas mesmas condições do item IV, caso evidenciada a sua conduta culposa no cumprimento das obrigações da Lei nº 8.666, de 21.06.1993, especialmente na fiscalização do cumprimento das obrigações contratuais e legais da prestadora de serviço como empregadora. A aludida responsabilidade não decorre de mero inadimplemento das obrigações trabalhistas assumidas pela empresa regularmente contratada. VI – A responsabilidade subsidiária do tomador de serviços abrange todas as verbas decorrentes da condenação referentes ao período da prestação laboral.

- **Súmula nº 424 do TST.** RECURSO ADMINISTRATIVO. PRESSUPOSTO DE ADMISSIBILIDADE. DEPÓSITO PRÉVIO DA MULTA ADMINISTRATIVA. NÃO RECEPÇÃO PELA CONSTITUIÇÃO FEDERAL DO § 1º DO ART. 636 DA CLT. Res. 160/2009, DEJT divulgado em 23, 24 e 25.11.2009. O § 1º do art. 636 da CLT, que estabelece a exigência de prova do depósito prévio do valor da multa cominada em razão de autuação administrativa como pressuposto de admissibilidade de recurso administrativo, não foi recepcionado pela Constituição Federal de 1988, ante a sua incompatibilidade com o inciso LV do art. 5º.

- **Súmula nº 439 do TST.** DANOS MORAIS. JUROS DE MORA E ATUALIZAÇÃO MONETÁRIA. TERMO INICIAL – Res. 185/2012, DEJT divulgado em 25, 26 e 27.09.2012 Nas condenações por dano moral, a atualização monetária é devida a partir da data da decisão de arbitramento ou de alteração do valor. Os juros incidem desde o ajuizamento da ação, nos termos do art. 883 da CLT.

10. ORGANIZAÇÃO E LIBERDADE SINDICAL

10.1. SINDICATOS, PRERROGATIVAS E LIBERDADES SINDICAIS

- **Súmula nº 330 do TST.** QUITAÇÃO. VALIDADE (mantida) – Res. 121/2003, DJ 19, 20 e 21.11.2003. A quitação passada pelo empregado, com assistência de entidade sindical de sua categoria, ao empregador, com observância dos requisitos exigidos nos parágrafos do art. 477 da CLT, tem eficácia liberatória em relação às parcelas expressamente consignadas no recibo, salvo se oposta ressalva expressa e especificada ao valor dado à parcela ou parcelas impugnadas. I – A quitação não abrange parcelas não consignadas no recibo de quitação e, consequentemente, seus reflexos em outras parcelas, ainda que estas constem desse recibo. II – Quanto a direitos que deveriam ter sido satisfeitos durante a vigência do contrato de trabalho, a quitação é válida em relação ao período expressamente consignado no recibo de quitação.
- **Súmula nº 369 do TST**. DIRIGENTE SINDICAL. ESTABILIDADE PROVISÓRIA (nova redação dada ao item II) – Res. 174/2011, DEJT divulgado em 27, 30 e 31.05.2011.. I – É assegurada a estabilidade provisória ao empregado dirigente sindical, ainda que a comunicação do registro da candidatura ou da eleição e da posse seja realizada fora do prazo previsto no art. 543, § 5º, da CLT, desde que a ciência ao empregador, por qualquer meio, ocorra na vigência do contrato de trabalho. II – O art. 522 da CLT foi recepcionado pela Constituição Federal de 1988. Fica limitada, assim, a estabilidade a que alude o art. 543, § 3º, da CLT a sete dirigentes sindicais e igual número de suplentes. III – O empregado de categoria diferenciada eleito dirigente sindical só goza de estabilidade se exercer na empresa atividade pertinente à categoria profissional do sindicato para o qual foi eleito dirigente. (ex-OJ nº 145 da SBDI-1 – inserida em 27.11.1998). IV – Havendo extinção da atividade empresarial no âmbito da base territorial do sindicato, não há razão para subsistir a estabilidade. (ex-OJ nº 86 da SBDI-1 – inserida em 28.04.1997). V – O registro da candidatura do empregado a cargo de dirigente sindical durante o período de aviso prévio, ainda que indenizado, não lhe assegura a estabilidade, visto que inaplicável a regra do § 3º do art. 543 da Consolidação das Leis do Trabalho. (ex-OJ nº 35 da SBDI-1 – inserida em 14.03.1994).
- **Súmula nº 374 do TST.** NORMA COLETIVA. CATEGORIA DIFERENCIADA. ABRANGÊNCIA (conversão da Orientação Jurisprudencial nº 55 da SBDI-1) – Res. 129/2005, DJ 20, 22 e 25.04.2005. Empregado integrante de categoria profissional diferenciada não tem o direito de haver de seu empregador vantagens previstas em instrumento coletivo no qual a empresa não foi representada por órgão de classe de sua categoria. (ex-OJ nº 55 da SBDI-1 – inserida em 25.11.1996).
- **Súmula nº 379 do TST**. DIRIGENTE SINDICAL. DESPEDIDA. FALTA GRAVE. INQUÉRITO JUDICIAL. NECESSIDADE (conversão da Orientação Jurisprudencial nº 114 da SBDI-1) – Res. 129/2005, DJ 20, 22 e 25.04.2005. O dirigente sindical somente poderá ser dispensado por falta grave mediante a apuração em inquérito judicial, inteligência dos arts. 494 e 543, § 3º, da CLT. (ex-OJ nº 114 da SBDI-1 – inserida em 20.11.1997).
- **OJ nº 16. SDC DO TST.** TAXA DE HOMOLOGAÇÃO DE RESCISÃO CONTRATUAL. ILEGALIDADE. (inserida em 27.03.1998). É contrária ao espírito da lei (art. 477, § 7º, da CLT) e da função precípua do Sindicato a cláusula coletiva que estabelece taxa para homologação de rescisão contratual, a ser paga pela empresa a favor do sindicato profissional.
- **OJ nº 36. SDI-1 do TST**. INSTRUMENTO NORMATIVO. CÓPIA NÃO AUTENTICADA. DOCUMENTO COMUM ÀS PARTES. VALIDADE (título alterado e inserido dispositivo) – DJ 20.04.2005. O instrumento normativo em cópia não autenticada possui valor probante, desde que não haja impugnação ao seu conteúdo, eis que se trata de documento comum às partes.

11. NEGOCIAÇÃO COLETIVA, GREVE E INSTRUMENTOS NORMATIVOS

11.1. NEGOCIAÇÃO COLETIVA

- **Súmula nº 423 do TST**. TURNO ININTERRUPTO DE REVEZAMENTO. FIXAÇÃO DE JORNADA DE TRABALHO MEDIANTE NEGOCIAÇÃO COLETIVA. VALIDADE. (conversão da Orientação Jurisprudencial nº 169 da SBDI-1) Res. 139/2006 – DJ 10, 11 e 13.10.2006). Estabelecida jornada superior a seis horas e limitada a oito horas por meio de regular negociação coletiva, os empregados submetidos a turnos ininterruptos de revezamento não tem direito ao pagamento da 7ª e 8ª horas como extras.

11.2. GREVE

- **Súmula nº 189 do TST**. GREVE. COMPETÊNCIA DA JUSTIÇA DO TRABALHO. ABUSIVIDADE (nova redação) – Res. 121/2003, DJ 19, 20 e 21.11.2003. A Justiça do Trabalho é competente para declarar a abusividade, ou não, da greve.

- **OJ nº 10. SDC DO TST.** GREVE ABUSIVA NÃO GERA EFEITOS. (inserida em 27.03.1998). É incompatível com a declaração de abusividade de movimento grevista o estabelecimento de quaisquer vantagens ou garantias a seus partícipes, que assumiram os riscos inerentes à utilização do instrumento de pressão máximo.
- **OJ nº 11. SDC DO TST.** GREVE. IMPRESCINDIBILIDADE DE TENTATIVA DIRETA E PACÍFICA DA SOLUÇÃO DO CONFLITO. ETAPA NEGOCIAL PRÉVIA. (inserida em 27.03.1998). É abusiva a greve levada a efeito sem que as partes hajam tentado, direta e pacificamente, solucionar o conflito que lhe constitui o objeto.
- **OJ nº 38. SDC DO TST.** GREVE. SERVIÇOS ESSENCIAIS. GARANTIA DAS NECESSIDADES INADIÁVEIS DA POPULAÇÃO USUÁRIA. FATOR DETERMINANTE DA QUALIFICAÇÃO JURÍDICA DO MOVIMENTO. Inserida em 07.12.1998. É abusiva a greve que se realiza em setores que a lei define como sendo essenciais à comunidade, se não é assegurado o atendimento básico das necessidades inadiáveis dos usuários do serviço, na forma prevista na Lei nº 7.783/89.

11.3. CONVENÇÃO COLETIVA E ACORDO COLETIVO DE TRABALHO

- **Súmula nº 375 do TST.** REAJUSTES SALARIAIS PREVISTOS EM NORMA COLETIVA. PREVALÊNCIA DA LEGISLAÇÃO DE POLÍTICA SALARIAL (conversão da Orientação Jurisprudencial nº 69 da SBDI-1 e da Orientação Jurisprudencial nº 40 da SBDI-2) – Res. 129/2005, DJ 20, 22 e 25.04.2005. Os reajustes salariais previstos em norma coletiva de trabalho não prevalecem frente à legislação superveniente de política salarial. (ex-OJs nºs 69 da SBDI-1 – inserida em 14.03.1994 – e 40 da SBDI-2 – inserida em 20.09.2000).
- **OJ nº 322. SDI-1 do TST.** ACORDO COLETIVO DE TRABALHO. CLÁUSULA DE TERMO ADITIVO PRORROGANDO O ACORDO PARA PRAZO INDETERMINADO. INVÁLIDA (DJ 09.12.2003). Nos termos do art. 614, § 3º, da CLT, é de 2 anos o prazo máximo de vigência dos acordos e das convenções coletivas. Assim sendo, é inválida, naquilo que ultrapassa o prazo total de 2 anos, a cláusula de termo aditivo que prorroga a vigência do instrumento coletivo originário por prazo indeterminado.
- **OJ nº 346. SDI-1 do TST.** ABONO PREVISTO EM NORMA COLETIVA. NATUREZA INDENIZATÓRIA. CONCESSÃO APENAS AOS EMPREGADOS EM ATIVIDADE. EXTENSÃO AOS INATIVOS. IMPOSSIBILIDADE (DJ 25.04.2007). A decisão que estende aos inativos a concessão de abono de natureza jurídica indenizatória, previsto em norma coletiva apenas para os empregados em atividade, a ser pago de uma única vez, e confere natureza salarial à parcela, afronta o art. 7º, XXVI, da CF/1988.
- **OJ nº 2. SDC DO TST.** ACORDO HOMOLOGADO. EXTENSÃO A PARTES NÃO SUBSCREVENTES. INVIABILIDADE. Inserida em 27.03.1998. É inviável aplicar condições constantes de acordo homologado nos autos de dissídio coletivo, extensivamente, às partes que não o subscreveram, exceto se observado o procedimento previsto no art. 868 e seguintes, da CLT.

✦ INFORMATIVOS APLICÁVEIS

1. TEORIA GERAL DO DIREITO DO TRABALHO (INDIVIDUAL E COLETIVO)

1.1. PRINCÍPIOS DE DIREITO INDIVIDUAL E COLETIVO DO TRABALHO

➘ Embargos. Ação civil pública. Obrigação de não fazer. Empresa gerenciadora de riscos. Consulta em banco de dados e repasse de informações creditícias dos candidatos à vaga de motorista de transporte de carga. Ilicitude.

Conforme jurisprudência firmada nesta Corte, as informações de cadastro de serviços de proteção ao crédito não podem ser exigidas de empregados e candidatos a emprego, por caracterizar vedada discriminação (art. 1º da Lei 9.029/95). Neste mesmo sentido, há disposição legal específica, em relação aos motoristas de transporte de cargas, consoante o disposto no art. 13-A da Lei nº 11.442/07 (incluído pela Lei nº 13.103/15), segundo o qual "é vedada a utilização de informações de bancos de dados de proteção ao crédito como mecanismo de vedação de contrato com o TAC [transportador autônomo de cargas] e a ETC [empresa de transporte rodoviário de cargas] devidamente regulares para o exercício da atividade do Transporte Rodoviário de Cargas". No caso, a controvérsia girou em torno da possibilidade de uma empresa de gerenciamento de riscos, com atuação na área de transporte rodoviário de cargas, alimentar seu banco de dados com informações sobre restrições creditícias de motoristas profissionais, que sejam potenciais candidatos a empregos ou ao trabalho regulado pela Lei nº 11.442/07, e repassá-las às empresas contratantes. Concluiu-se pela ilicitude desta conduta a partir da vigência da Lei nº 13.709/18 (agosto de 2020), cabendo reparação por dano moral coletivo. Consignou-se que tal prática atenta contra os direitos da personalidade do empregado, como privacidade, isonomia, não discriminação e pleno acesso ao emprego, não havendo se falar em prevalência do direito fundamental à livre iniciativa. Sob esses fundamentos, a SBDI-I, por unanimidade, conheceu dos embargos quanto à tutela inibitória, por divergência jurisprudencial, e, no mérito, por maioria, deu-lhes parcial provimento, para condenar a ré à obrigação de abster-se de utilizar banco de dados, de prestar e/ou de buscar informações sobre restrições creditícias relativas a candidatos a emprego/trabalho, seus ou de terceiros, a partir da vigência da Lei Geral de Proteção de Dados, em 14 de agosto de 2020, sob pena de multa de R$10.000,00 (dez mil reais), reversível ao FAT, por candidato, vencida a Ministra Maria Cristina Irigoyen Peduzzi e vencidos os Ministros Guilherme Augusto Caputo Bastos e Alexandre Luiz Ramos. E, por maioria, conheceu dos embargos, quanto à indenização por dano moral coletivo, por divergência jurisprudencial, e, no mérito, deu-lhes parcial provimento para condenar a ré ao pagamento de indenização por dano moral coletivo, com valor a ser apurado em execução, vencidos, totalmente, a Ministra Maria Cristina Irigoyen Peduzzi e os Ministros Guilherme Augusto Caputo Bastos e Alexandre Luiz Ramos e, parcialmente, os Ministros Lelio Bentes Corrêa e José Roberto Freire Pimenta. TST-E-RR-933-49.2012.5.10.0001, SBDI-I, rel. Min. Alberto Luiz Bresciani de Fontan Pereira, 16/12/2021 (TST. Info nº 249).

➘ Adicional de insalubridade. Estipulação de base de cálculo mais benéfica que o salário mínimo. Adoção do salário básico por liberalidade da empresa. Direito adquirido dos empregados.

A estipulação, por mera liberalidade da empresa, de base de cálculo mais vantajosa que o salário mínimo para o pagamento do adicional de insalubridade configura direito adquirido dos empregados. Assim, não pode a empregadora, a pretexto de ajustar-se ao entendimento fixado pelo Supremo Tribunal Federal na Súmula Vinculante 4, passar a utilizar o salário mínimo como base de cálculo do adicional de insalubridade, em detrimento do salário básico anteriormente adotado, sob pena de haver alteração contratual lesiva, a que se refere o art. 468 da CLT, e afronta ao princípio da irredutibilidade salarial. Sob esses fundamentos, a SBDI-I, por unanimidade, conheceu dos embargos, por divergência jurisprudencial, e, no mérito, por maioria, deu-lhes provimento para restabelecer o acórdão do Tribunal Regional, que determinara o cálculo do adicional de insalubridade sobre o salário básico e o pagamento das diferenças salariais advindas do pagamento da referida parcela sobre o salário mínimo. Vencidos os Ministros Guilherme Augusto Caputo Bastos, relator, Alberto Luiz Bresciani de Fontan Pereira e Márcio Eurico Vitral Amaro. TST-E-ARR-11693-79.2015.5.18.0017, SBDI-I, rel. Min. Guilherme Augusto Caputo Bastos, red. p/ acórdão Min. Hugo Carlos Scheuermann, 7.6.2018 (TST. Info nº 180).

➘ Banco do Estado do Espírito Santo – Banestes. Plano Antecipado de Afastamento Voluntário. Discriminação em razão da idade. Configuração.

A rescisão do contrato de trabalho com fundamento nas Resoluções nº 696/2008 e 697/2008 do Banco do Estado do Espírito Santo – Banestes é nula, pois revela discriminação fundada na idade do trabalhador, atraindo os efeitos da Lei nº 9.029/1995. Na espécie, conquanto as referidas resoluções não mencionem expressamente a idade do empregado, a política de desligamento e enquadramento no Plano Antecipado de Afastamento Voluntário adotou critérios de elegibilidade relacionados ao tempo de serviço (trinta anos ou mais) e ao direito à aposentadoria integral pela Previdência Social, atingindo, portanto, os empregados de maior idade e que dedicaram toda a vida profissional à empresa. Ademais, a indenização prevista não teve o condão de compensar a dispensa, pois correspondeu estritamente ao pagamento de verbas trabalhistas devidas se o vínculo de emprego estivesse mantido, considerando os meses faltantes para os marcos temporários definidos nas resoluções em questão, não visando, portanto, compensar o empregado pela despedida precoce. Sob tais fundamentos, a SBDI-I, por unanimidade, conheceu dos embargos, por divergência jurisprudencial, e, no mérito, por maioria, negou-lhe provimento, mantendo a decisão turmária que reconhecera a ocorrência de dispensa discriminatória por idade. Vencidos os Ministros Aloysio Corrêa da Veiga, Renato de Lacerda Paiva e Guilherme Augusto Caputo Bastos. TST-E-RR-41700-02.2010.5.17.0003, SBDI-I, rel. Min. Márcio Eurico Vitral Amaro, 17.3.2016 (TST. Info nº 130).

➘ Radialista. Registro na Delegacia Regional do Trabalho (Lei 6.615/78). Desnecessidade.

Aplicação do princípio da primazia da realidade. Evidenciado pela prova que a empregada exercia as funções de radialista, afasta-se a exigência formal de registro prévio junto à Delegacia Regional do Trabalho (Lei nº 6.615/78) para o reconhecimento do exercício da profissão, em prestígio ao princípio da primazia da realidade. Com esses fundamentos, a SBDI-I, por unanimidade, conheceu do recurso de embargos da reclamante, por divergência jurisprudencial, e, no mérito, deu-lhe provimento para restabelecer o acórdão do Regional que enquadrara a empregada como radialista e determinado o pagamento de horas extras em razão da jornada especial aplicável à categoria. TST-E-ED-RR-54700-90.2006.5.04.0029, SBDI-I, rel. Min. Delaíde Miranda Arantes, 21.11.2013 (TST. Info nº 67).

➘ Dissídio coletivo. Uniões estáveis homoafetivas e heteroafetivas. Paridade de tratamento. Reconhecimento. ADI 4277.

Ante os princípios da dignidade humana (art. 1º, III, da CF) e da igualdade (art. 5º, caput e I, da CF) e o entendimento exarado pelo Supremo Tribunal Federal no julgamento da ADI 4277, que reconheceu às uniões homoafetivas o status de entidade familiar, estendendo a essas relações a mesma proteção jurídica destinada à união estável entre homem e mulher conferida pelos arts. 226, § 3º, da CF e 1.723 do CC, a SDC, à unanimidade, deu provimento ao recurso ordinário do Sindicato dos Aeroviários de Porto Alegre para, no particular, reformar a decisão do TRT, que entendeu ser a matéria própria para acordo entre as partes, e deferir a cláusula postulada com a seguinte redação: "Cláusula 48 – Parceiro (a) do mesmo sexo: Quando concedido pela empresa benefício ao companheiro(a) do(a) empregado(a), reconhece-se a paridade de tratamento entre as uniões estáveis homoafetivas e heteroafetivas, desde que observados os requisitos previstos no art. 1.723 do CC". Ressalvou a fundamentação o Ministro Ives Gandra Martins Filho. TST-RO-20424-81.2010.5.04.0000, SDC, rel. Min. Walmir Oliveira da Costa, 9.9.2013 (TST. Info nº 58).

➘ Atividade Docente. Instrutora de informática. Curso profissionalizante. Reconhecimento da condição de professora. Princípio da primazia da realidade.

Tendo em conta o princípio da primazia da realidade que rege as normas de Direito do Trabalho, a empregada contratada para o exercício da atividade de instrutora de informática, em estabelecimento que oferece cursos profissionalizantes, tem direito ao reconhecimento da condição de professora e à percepção das parcelas trabalhistas próprias dessa categoria. As exigências formais previstas no art. 317 da CLT são dirigidas aos estabelecimentos particulares de ensino. Assim, a SBDI-I, por unanimidade, conheceu dos embargos, por divergência jurisprudencial, e, mérito, negou-lhes provimento. TST-E-ED-RR-6800-19.2007.5.04.0016, SBDI-I, rel. Min. João Oreste Dalazen, 11.4.2013 (TST. Info nº 42).

➘ Cesta básica. Exclusão de empregados em contrato de experiência. Impossibilidade

A exclusão dos trabalhadores em contrato de experiência do pagamento de cesta básica não se coaduna com o princípio consagrado pelo art. 3º, IV, parte final, da Constituição da República, que veda qualquer forma de discriminação na promoção do bem de todos. Com base nesse entendimento, a SDC, por unanimidade, deu parcial provimento ao recurso ordinário do sindicato da categoria profissional, suscitante do dissídio de natureza econômica, para deferir a "Cláusula Oitava – Cesta básica" conforme a redação proposta pelo sindicato suscitado, porém incluindo os empregados em contrato de experiência. TST-RO-20260-19.2010.5.04.0000, SDC, Min. Kátia Magalhães Arruda, 9.10.2012 (TST. Info nº 25).

1.2. PRESCRIÇÃO

➘ Prescrição. Marco inicial. Pedido de diferenças de adicional de horas extras. Trânsito em julgado de sentença declaratória e condenatória em reclamação trabalhista anterior. Impossibilidade. Orientação Jurisprudencial nº 401 da SBDI-I do TST. Má aplicação.

Não atrai a incidência, por interpretação extensiva, da Orientação Jurisprudencial nº 401 da SBDI-I, a hipótese em que a pretensão do direito material de nova reclamação trabalhista não depende de resolução de relação jurídica examinada sob a ótica de ação ajuizada anteriormente. No caso, o sindicato-autor ajuizou primeira reclamação trabalhista, onde obteve o reconhecimento da jornada de trabalho de seis horas para empregados substitutos, maquinistas e auxiliares submetidos a turnos ininterruptos de revezamento. Posteriormente, ajuizou nova reclamação, alegando que, nos termos da norma coletiva da categoria, quando prestadas mais de três horas extraordinárias, o adicional de horas extras a ser pago deveria corresponder a 70%. A Turma do TST ratificou a decisão proferida pelo Tribunal Regional, no sentido de afastar a arguição de prescrição bienal veiculada, por não divisar afronta à norma do art. 7º, XXIX, da Constituição da República, aplicando extensivamente a diretriz sufragada na Orientação Jurisprudencial nº 401 da SBDI-I do TST. Todavia, quando ajuizada a primeira ação, já se encontrava em pleno vigor a norma coletiva invocada, ou seja, era viável que o sindicato cumulasse os pedidos de reconhecimento das horas extras vindicadas com o adicional que entendia correto. Sob esses fundamentos, a SBDI-I, por unanimidade, conheceu dos embargos, por contrariedade à Orientação Jurisprudencial n.º 401 da SBDI-1, em face de sua má aplicação e, no mérito, deu-lhes provimento para pronunciar a incidência da prescrição total da pretensão deduzida em juízo em relação aos substituídos com contratos de trabalho findos há mais de dois anos do ajuizamento da segunda reclamação trabalhista. TST-E-ED-RR-91500-61.2009.5.03.0055, SBDI-I, rel. Min. Lelio Bentes Corrêa, 23/9/2021 (TST. Info nº 244).

➘ Pretensão de ressarcimento de dano ao erário. Prescrição. Empresa Brasileira de Correios e Telégrafos – ECT. Diferença de quantia de caixa. Interpretação do art. 37, § 5º, da Constituição Federal. Imprescritibilidade restrita a atos dolosos tipificados na Lei nº 8.429/1992 (Lei de Improbidade Administrativa).

Resta pacificado o entendimento de que a ECT goza dos mesmos privilégios conferidos à Fazenda Pública, nos termos do art. 12 do Decreto-lei n.º 509/69, regra recepcionada pela Constituição Federal, consoante entendimento firmado pelo STF (RE 220.906). Nesse contexto, aplica-se à ECT a disposição contida no parágrafo 5.º do art. 37 da Carta Política. Segundo a jurisprudência do Supremo Tribunal Federal acerca do referido dispositivo constitucional, a ideia de imprescritibilidade, que se extrai da leitura de tal preceito, foi devidamente talhada para se aplicar aos casos de maior gravidade do ilícito praticado contra o Poder Público, entre eles os atos de improbidade administrativa dolosos, tipificados na Lei nº 8.429/92. No caso, a pretensão da ECT consiste em obter o ressarcimento de quantia relativa à diferença de caixa, não se tratando, portanto, de demanda que tenha por objeto a aplicação da Lei de Improbidade Administrativa, razão por que não há como se entender imprescritível a referida pretensão. Sob esse fundamento, a SBDI-2, por unanimidade, conheceu do Recurso Ordinário e, no mérito, negou-lhe provimento. TST-RO-1384-62.2011.5.19.0000, SBDI-2, rel. Min. Luiz José Dezena da Silva, 16/6/2020 (TST. Info nº 221).

➘ CEF. Bancário. Gerente-geral de agência. Pleito de horas extras amparado em norma regulamentar. 7ª e 8ª horas diárias. OC DIRHU 009/88. Prescrição parcial. Descumprimento de regulamento interno. Lesão que se renova mês a mês. Matéria de mérito pacificada na SBDI-I. Aplicação da teoria da causa madura. Princípios da celeridade e economia processuais. Improcedência dos pedidos. Proposta de instauração de Incidente de Recurso Repetitivo. Rejeição.

Incide a prescrição parcial à pretensão de empregado da Caixa Econômica Federal (CEF) ocupante de cargo gerencial (gerente-geral de agência) ao pagamento das 7ª e 8ª horas, como extras, amparada tão somente em norma regulamentar (OC DIRHU 009/88), visto que não se trata de alteração contratual lesiva decorrente de ato único do empregador, mas de descumprimento de regulamento interno (PCS/89), cuja lesão se renova mês a mês. Sob esse entendimento, e rearmando a jurisprudência da Corte, a SBDI-I, em sua composição plena, por unanimidade, conheceu do recurso de embargos no tópico, por divergência jurisprudencial, e, no mérito, por maioria, deu-lhe provimento para restabelecer o acórdão do Tribunal Regional que declarou a incidência da prescrição parcial quanto ao pedido de pagamento das 7ª e 8ª horas como extras. Vencidos os Ministros Breno Medeiros, Alexandre Luiz Ramos, Maria Cristina Irigoyen Peduzzi e Renato de Lacerda Paiva. De outra sorte, verificado que a matéria de mérito – 7ª e 8ª horas como extras ao detentor do cargo de gerente-geral de agência da CEF, com base na norma interna OC DIRHU/88 – encontra-se pacificada na Subseção, e em observância à Teoria da Causa Madura e aos princípios da celeridade e economia processuais, a Subseção deixou de determinar o retorno dos autos à Turma e, à unanimidade, apreciando o mérito do recurso, julgou improcedentes os pedidos de pagamento das 7ª e 8ª horas extras e do respectivo pagamento do intervalo intrajornada. Registre-se ainda que na sessão do dia 4.6.2019, a SBDI-I, também em sua composição plena, por maioria, rejeitou a proposta de instauração de Incidente de Recurso Repetitivo sobre a interpretação e aplicação da prescrição tratada na Súmula nº 294 do TST suscitada pelo Ministro Cláudio Mascarenhas Brandão. Vencidos, neste ponto, os Ministros Cláudio Mascarenhas Brandão, relator, Alexandre Luiz Ramos, Maria Cristina Irigoyen Peduzzi, Renato de Lacerda Paiva, Márcio Eurico Vitral Amaro e João Batista Brito Pereira. TST-E-ED-RR-1277-46.2010.5.04.0331, SBDI-I, rel. Min. Cláudio Mascarenhas Brandão, 10.10.2019 (TST. Info nº 208).

➘ Dano moral. Doença profissional. Exposição à amianto. Ciência inequívoca da incapacidade em momento posterior ao término do contrato de trabalho. Prescrição bienal.

Na hipótese em que a ciência inequívoca da incapacidade para o trabalho resultante da exposição permanente do empregado a amianto ocorreu após a extinção do contrato de trabalho, a pretensão ao pagamento de indenização por danos morais submete-se à prescrição bienal. No caso, restou consignado nos autos que o contrato foi extinto em 1991, a ciência da doença profissional ocorreu em 22.11.2008, data da emissão da Comunicação de Acidente de Trabalho (CAT), e a reclamação trabalhista foi ajuizada apenas em março de 2011, ou seja, após o transcurso do prazo prescricional. Sob esse entendimento, a SBDI-I, por unanimidade, conheceu dos embargos, por divergência jurisprudencial, e, no mérito, por maioria, deu-lhes provimento para pronunciar a prescrição bienal e julgar extinto o processo, com resolução de mérito. Vencidos os Ministros Aloysio Corrêa da Veiga, relator, Alberto Luiz Bresciani de Fontan Pereira, Walmir Oliveira da Costa, José Roberto Freire Pimenta e Hugo Carlos Scheuermann, os quais aplicavam a prescrição quinquenal. TST-E-EDED-RR-315-98.2011.5.06.0018, SBDI-I, rel. Min. Aloysio Corrêa da Veiga, red. p/ acórdão Min. Cláudio Mascarenhas Brandão, 27.6.2019 (TST. Info nº 200).

➘ Adicional de transferência. Período imprescrito. Única transferência. Caráter definitivo. Adicional indevido.

O exame da sucessividade das transferências, para efeito de aferição do direito à percepção do adicional respectivo, não deve levar em consideração aquelas efetuadas no período prescrito, sob pena de os efeitos jurídicos de uma transferência já abarcada pela prescrição repercutirem na pretensão relativa ao adicional correspondente às transferências do período não prescrito. No caso, o reclamante foi submetido a cinco transferências, das quais quatro ocorreram no período prescrito. A única transferência realizada no período imprescrito se deu em caráter definitivo, na medida em que o reclamante continuou trabalhando no local para o qual foi transferido por mais de cinco anos até o final da contratação. Assim, não se reputando provisória a transferência ocorrida no período imprescrito, a SBDI-I, por maioria, negou provimento aos embargos, mantendo a decisão turmária que excluíra da condenação o pagamento do adicional de transferência. Vencidos os Ministros Augusto César Leite de Carvalho, Luiz Philippe Vieira de Mello Filho, José Roberto Freire Pimenta e Hugo Carlos Scheuermann. TST-E-ED--RR-3767900-20.2008.5.09.0011, SBDI-I, rel. Min. Augusto César Leite de Carvalho, red. p/ acórdão Min. Renato de Lacerda Paiva, 28.6.2018 (TST. Info nº 181).

➘ Indenização por dano moral e material. Morte do trabalhador em razão de suposta moléstia profissional. Ação ajuizada pelos sucessores em nome próprio. Direito personalíssimo e autônomo. Natureza cível. Prescrição do Código Civil.

A ação em que viúva e filhos de empregado falecido pleiteiam, em nome próprio, o pagamento de indenização por danos morais e materiais decorrentes da morte de seu ente familiar por suposta doença ocupacional adquirida no curso do contrato de emprego se submete à prescrição prevista no art. 206, § 3º, do Código Civil. Ainda que a competência para o julgamento da ação seja da Justiça do Trabalho, nos termos do art. 114, VI, da CF e da Súmula nº 392 do TST, trata-se de direito personalíssimo e autônomo dos familiares da vítima, de natureza eminentemente civil, e que se distingue do dano sofrido pelo próprio trabalhador. Sob esse entendimento, a SBDI-I, por unanimidade, conheceu dos embargos da reclamada, por divergência jurisprudencial, e, no mérito, negou lhes provimento para manter a decisão turmária que conhecera do recurso de revista por violação do art. 206, § 3º, do Código Civil para dar-lhe provimento e afastar a prescrição declarada pelo TRT. TST-E-RR-10248-50.2016.5.03.0165, SBDI-I, rel. Min. Luiz Philippe Vieira de Mello Filho, 7.6.2018 (TST. Info nº 180).

➘ Comissão de Conciliação Prévia. Suspensão do prazo prescricional. Não limitação ao período de dez dias previsto no art. 625-F da CLT.

O prazo de dez dias previsto no art. 625-F da CLT é direcionado à Comissão de Conciliação Prévia – CCP, a m de dar maior celeridade à tentativa de conciliação, e não à parte que a provocou. Assim, elastecido o período entre a submissão da demanda à CCP e a data em que lavrado o termo de conciliação frustrada, todo esse tempo deve ser computado para efeito de suspensão do prazo prescricional a que alude o art. 625-G da CLT, sob pena de prejudicar a parte que optou em buscar a conciliação. Sob esses fundamentos, a SBDI-I, por unanimidade, conheceu do recurso de embargos do reclamante, por divergência jurisprudencial, e, no mérito, deu-lhe provimento para restabelecer a sentença. TST-E-ED-ARR-1929-04.2011.5.03.0025, SBDI-I, rel. Min. Aloysio Corrêa da Veiga, 14.9.2017 (TST. Info nº 164).

➘ Promoções asseguradas em regulamento empresarial. Não concessão. Prescrição parcial. Possibilidade de reconhecimento do direito às promoções em período prescrito. Restrição dos efeitos financeiros ao período não prescrito.

Nos termos da Súmula nº 452 do TST, é parcial a prescrição incidente sobre a pretensão de diferenças salariais decorrentes da não concessão pelo empregador de promoções asseguradas em regulamento empresarial, pois se trata de descumprimento contínuo e periódico de obrigação imposta por norma regulamentar. A aplicação da prescrição parcial, todavia, não impede o reconhecimento do direito às promoções em período prescrito (fundo do direito), atingindo tão somente os efeitos financeiros decorrentes das diferenças salariais anteriores ao quinquênio. Sob esse fundamento, a SBDI-I, por unanimidade, conheceu dos embargos, por divergência jurisprudencial, e, no mérito, por maioria, negou-lhes provimento. Vencidos os Ministros Brito Pereira, relator, Ives Gandra da Silva Martins Filho, Guilherme Augusto Caputo Bastos e Márcio Eurico Vitral Amaro. TST-E-ED--RR-900-31.2012.5.18.0003, SBDI-I, rel. Min. Brito Pereira, red. p/ acórdão Min. João Oreste Dalazen, 17.8.2017 (TST. Info nº 162).

➘ Protesto judicial. Prescrição bienal e quinquenal. Interrupção. Marco inicial. Orientação Jurisprudencial nº 392 da SBDI-I.

O efeito interruptivo do prazo prescricional mediante o ajuizamento de protesto judicial não se restringe à prescrição bienal, alcançando também a quinquenal. Todavia, o marco inicial para o reinício do cômputo da prescrição extintiva é a data do trânsito em julgado da decisão proferida na primeira ação, ou seja, do protesto judicial, enquanto que a contagem da prescrição quinquenal se reinicia na data do ajuizamento do referido protesto. Na hipótese dos autos, é incontroverso que o protesto judicial ocorreu em 18.8.1998, o contrato de emprego foi extinto em 17.3.2005 e a demanda ajuizada em 4.5.2005, ou seja, mais de cinco anos após a interrupção da prescrição. Assim, a SBDI-I, por unanimidade, conheceu dos embargos por contrariedade à Orientação Jurisprudencial nº 392 da SDBI-I e, no mérito, deu-lhes provimento para pronunciar a prescrição da pretensão referente às parcelas anteriores a 4.5.2000, reformando, portanto, a decisão turmária que não conheceu integralmente do recurso de revista e manteve a interrupção da prescrição quinquenal pelo protesto judicial. TST-E-ED-RR-92600-76.2005.5.05.0462, SBDII, rel. Min. José Roberto Freire Pimenta, 1º.6.2017 (TST. Info nº 160).

➘ Prescrição quinquenal. Art. 7º, XXIX, da CF. Aplicabilidade imediata. Desnecessidade de regulamentação do art. 7º, I, da CF.

O art. 7º, XXIX, da Constituição Federal é norma de aplicação imediata, razão pela qual não prospera a tese de que a prescrição quinquenal nele prevista é inaplicável enquanto não regulamentada a estabilidade no emprego de que trata o art. 7º, I, da CF. Sob esse entendimento, a SBDI-II, por unanimidade, conheceu do recurso ordinário e, no mérito, negou-lhe provimento, mantendo, portanto, a decisão que julgara procedente a pretensão de corte rescisório dirigida à sentença em que se deixou de declarar a prescrição quinquenal ao fundamento de que, enquanto não assegurada a plena eficácia do sistema de garantia contra a despedida arbitrária, a vigência do contrato de emprego constitui óbice ao fluxo do prazo prescricional. TST-RO-10012-64.2013.5.12.0000, SBDI-II, rel. Min. Luiz Philippe Vieira de Mello Filho, 21.2.2017 (TST. Info nº 153).

➘ Novacap. Gratificação de função. Diferenças decorrentes de reajustes salariais previstos em normas coletivas. Descumprimento. Lesão continuada. Prescrição parcial.

O pagamento de diferenças de gratificação de função decorrentes de reajustes salariais previstos em normas coletivas firmadas pela Companhia Urbanizadora da Nova Capital do Brasil – Novacap se sujeita à prescrição parcial quinquenal. No caso, a pretensão do reclamante se ampara na alegação de descumprimento da norma que previu a repercussão dos reajustes no valor da gratificação em questão. Trata-se, portanto, de lesão continuada, praticada a cada mês em que há o pagamento a menor, de modo que a prescrição é contada a partir da data de vencimento de cada prestação devida ao empregado, e não do direito que deu origem ao pedido. Sob esses fundamentos, a SBDI-I, por unanimidade, conheceu do recurso de embargos, por divergência jurisprudencial, e, no mérito, deu-lhe provimento para afastar a prescrição total e determinar o retorno dos autos à Vara do Trabalho de origem, a m de que prossiga no julgamento, como entender de direito. TST-E-RR-551-88.2010.5.10.0013, SBDI-I, rel. Min. Walmir Oliveira da Costa, 11.2.2016 (TST. Info nº 128).

➘ Caixa Econômica Federal – CEF. Horas extraordinárias. Gerente bancário. Jornada de seis horas assegurada mediante norma interna. Alteração da jornada para oito horas por força do Plano de Cargos em Comissão de 1998. Prescrição parcial.

Incide a prescrição parcial, nos termos da parte final da Súmula nº 294 do Tribunal Superior do Trabalho, sobre a pretensão de horas extraordinárias decorrentes de alteração unilateral da jornada de trabalho aplicável aos bancários ocupantes de cargo de confiança (de seis para oito horas diárias) em virtude do novo Plano de Cargos em Comissão instituído pela Caixa Econômica Federal em 1998, pois configurada lesão de trato sucessivo a direito que está fundamentado em preceito de lei, qual seja jornada prevista no artigo 224 da CLT. Sob esses fundamentos, a SBDI-I, por unanimidade, conheceu dos embargos por contrariedade à Súmula nº 294 e, no mérito, por maioria, deu-lhes provimento para afastar a prescrição total, aplicando-se ao caso a prescrição parcial quanto ao pagamento de horas extraordinárias em razão da alteração do plano de cargos e comissões e determinar o retorno dos autos à egrégia 3ª Turma para que prossiga no julgamento dos recursos de revista, como entender de direito. Vencidos os Ministros João Oreste Dalazen, Antonio José de Barros Levenhagen e Renato de Lacerda Paiva. Ressalva de entendimento do Ministro Márcio Eurico Vitral Amaro. TST-E-RR-33000-71.2008.5.04.0002, SBDI-I, rel. Min. Caputo Bastos, 27.8.2015 (TST. Info nº 115).

➘ Prescrição. Indenização por dano moral e material. Exclusão do empregado e dependentes do quadro de beneficiários do plano de saúde (CASSI) e da entidade de previdência privada (PREVI). Fluência do prazo prescricional. Ajuizamento de protesto judicial e gozo de auxílio doença e posterior aposentadoria por invalidez.

Incide a prescrição total do direito de ação para postular indenização por dano moral e material supostamente infligido ao empregado e a seus dependentes, a partir da supressão de benefícios de plano de saúde (CASSI) e de previdência complementar (PREVI), no curso de inquérito administrativo interno. No caso, o reclamante postulou o pagamento de indenização por dano moral e material por haver sido desligado compulsoriamente, desde 1/11/2002, do rol de beneficiários da entidade de previdência privada PREVI, bem como da sua exclusão e de seus dependentes, na mesma data, dos benefícios assegurados pela CASSI (consultas e/ou reembolso de medicamentos e internações). O marco inicial do prazo prescricional é a data da supressão dos benefícios, 1/11/2002, anteriormente, portanto, da entrada em vigor da Emenda Constitucional nº 45/2004. No caso, a norma de regência do prazo prescricional é o Código Civil de 2002. Decorridos menos de 10 anos entre a ciência inequívoca da lesão, em 2002, e a data da entrada em vigor do Código Civil de 2002 (11/1/2003), incide a regra de transição insculpida no artigo 2.028 do novo Código. Assim, a partir da entrada em vigor do Código Civil de 2002, dispunha o Autor de três anos, até 11/1/2006, para ajuizar, perante a Justiça do Trabalho, ação de reparação por dano moral e material decorrente da supressão de plano de saúde e de benefícios previdenciários relacionados ao contrato de trabalho, não impedindo a urgência do prazo prescricional a concessão da aposentadoria por invalidez, em 20/12/2004, ou o cancelamento da demissão do reclamante, ou, ainda, os anteriores e sucessivos afastamentos por gozo de auxílio-doença. O fato de a Orientação Jurisprudencial nº 375 da SBDI-1 aludir à prescrição quinquenal trabalhista não impede a adoção do mesmo raciocínio para os casos em que se aplica a prescrição trienal cível, prevista no artigo 206, § 3º, V, do Código Civil de 2002. Sob esses fundamentos, a SBDI-1, por unanimidade, não conheceu dos embargos interpostos pelo reclamante. TST-E-ED-RR-63440-83.2008.5.03.0097, SBDI-I, rel. Min. João Oreste Dalazen, 20.8.2015 (TST. Info nº 114).

➘ Contrato de estágio. Natureza jurídica trabalhista. Prescrição. Incidência do inciso XXIX do art. 7º da CF.

É imprópria a aplicação da prescrição decenal do art. 205 do CC ao contrato de estágio regulado pela Lei nº 11.788/2008, pois ainda que não se trate de típica relação de emprego, ostenta natureza de relação de trabalho a atrair a incidência da prescrição de que trata o inciso XXIX do art. 7º da CF. Com esse fundamento, a SBDI-I, por unanimidade, conheceu dos embargos interpostos pelo reclamado, por divergência jurisprudencial, e, por maioria, deu-lhes provimento para restabelecer a sentença, que decretou a incidência da prescrição total e extinguiu o feito, com julgamento de mérito, nos termos do art. 269, IV, do CPC. Vencidos os Ministros Renato de Lacerda Paiva e José Roberto Freire Pimenta. TST-E-RR-201-90.2012.5.04.0662, SBDI-I, rel. Min. Luiz Philippe Vieira de Mello Filho, 5.6.2014 (TST. Info nº 85).

➘ Companhia Mineira de Eletricidade – CME. Gratificação equivalente a doze salários. Parcela única devida por ocasião da aposentadoria em razão de norma interna. Acordo para pagamento da gratificação entabulado com a CEMIG, sucessora da CME, e a FORLUZ. Descumprimento. Pedido sucessivo. Reflexos da gratificação não recebida no cálculo da complementação de aposentadoria. Prescrição total de ambos os pedidos. Súmula nº 326 do TST.

Incide a prescrição total do direito de ação, de que trata a Súmula nº 326 do TST, à hipótese em que se pleiteia o pagamento de gratificação, em parcela única, equivalente a doze salários, devida por ocasião da aposentadoria, em decorrência de norma interna da primitiva empregadora, Companhia Mineira de Eletricidade – CME. De igual modo, está fulminado pela prescrição total o pedido sucessivo de reflexos da gratificação não recebida no cálculo da complementação de aposentadoria, pois, na verdade, trata-se de pedido acessório, devendo seguir a mesma sorte do principal. Com esse entendimento, a SBDI-I, por maioria, conheceu dos embargos interpostos pela FORLUZ, por má-aplicação da Súmula nº 327 do TST, e, no mérito, deu-lhes provimento para restabelecer a sentença mantida pelo Regional, na parte que concluiu pela incidência da prescrição total e extinguiu o processo com resolução do mérito, com fulcro no art. 269, IV, do CPC. Ressalvaram entendimento os Ministros Lelio Bentes Corrêa e Ives Gandra Martins Filho. Vencidos os Ministros João Oreste Dalazen, Renato de Lacerda Paiva, Guilherme Augusto Caputo Bastos, José Roberto Freire Pimenta e Delaíde Miranda Arantes que, se reportando ao decidido no processo TST-E-RR-1594-83.2010.5.03.0036, julgado em 13.3.2014, entendiam pela necessidade de retorno dos autos ao TRT de origem para apreciação do pedido sucessivo. TST-E-ED-RR-1581-78.2010.5.03.0038, SBDI-I, rel. Min. Dora Maria da Costa, 20.3.2014 (TST. Info nº 76).

➘ Prescrição quinquenal. Alcance. Parcelas salariais vencidas e exigíveis na data da propositura da reclamação trabalhista.

Na hipótese em que a reclamação trabalhista fora ajuizada em 7 de dezembro de 2006, a prescrição quinquenal atinge somente as parcelas salariais vencidas e exigíveis no momento da propositura da ação, não alcançando, portanto, as verbas referentes ao mês de dezembro de 2001, as quais se tornaram exigíveis apenas a partir do quinto dia útil do mês subsequente, ou seja, janeiro de 2002 (art. 459, § 1º da CLT). Com tais fundamentos, e afastando a incidência da Súmula nº 308, I, do TST, a SBDI-I, por unanimidade, conheceu dos embargos da reclamante, no tópico, por divergência jurisprudencial e, no mérito, deu-lhes provimento para afastar a prescrição pronunciada quanto aos TST E-ED-RR118400-96.2006.5.10.0021, SBDI-I, rel. Min. Brito Pereira, 20.2.2014 (TST. Info nº 73)

➘ Doença ocupacional. LER/DORT. Ação de indenização por danos morais e materiais. Prescrição. Termo inicial. Decisão judicial que concedeu a aposentadoria por invalidez.

Reconhecimento da incapacidade definitiva para o trabalho. Súmula nº 278 do STJ. Nos termos da Súmula nº 278 do STJ, o termo inicial do prazo prescricional da ação de indenização é a data da ciência inequívoca da incapacidade laboral. No caso de lesões decorrentes de LER/DORT, ao contrário do que ocorre nos acidentes de trabalho típicos, o dano não é instantâneo, revelando-se de forma gradual, podendo agravar a saúde do trabalhador ao longo do tempo, culminando com a sua incapacidade permanente para o trabalho. Assim, no momento em que a reclamante recebeu alta médica após gozar de auxílio-doença acidentário no período de fevereiro de 2000 a junho de 2001, a materialização de sua incapacidade definitiva para o trabalho ainda era duvidosa, tornando-se incontestável, para fins de incidência da Súmula nº 278 do STJ, somente por meio da decisão que concedeu a aposentadoria por invalidez, proferida pela Justiça comum em 15/09/2004 e transitada em julgado em 23/03/2006. Desse modo, tendo em conta que reclamação trabalhista foi ajuizada em 24/11/2006, ou seja, antes do transcurso do prazo prescricional bienal, a SBDI-I, por unanimidade, conheceu dos embargos da reclamante por divergência jurisprudencial e, no mérito, deu-lhes provimento para, afastada a prescrição, determinar o retorno dos autos à Vara do Trabalho de origem, a m de que prossiga no exame do feito, como entender de direito. TST-EED-RR210200-43.2006.5.18.0003, SBDI-I, rel. Min. Renato de Lacerda Paiva, 8.8.2013 (TST. Info nº 53).

➘ Gratificação de função que deveria ter sido incorporada. Supressão. Prescrição parcial. Art. 7º, VI, da CF.

Em face do art. 7º, VI, da CF, aplica-se a prescrição parcial à hipótese de supressão da gratificação de função que deveria ter sido incorporada. Com esse entendimento, a SBDI-I, por maioria, conheceu dos embargos da reclamante por contrariedade à Súmula nº 294 do TST, e, no mérito, deu-lhes provimento para, afastando a prescrição total, determinar o retorno dos autos à Turma de origem a m de prosseguir no julgamento do recurso de revista, como de direito. Vencido o Ministro Renato de Lacerda Paiva. TST-E-ED-RR-907900-02.2007.5.12.0035, SBDI-I, rel. Min. Brito Pereira, 20.6.2013 (TST. Info nº 52).

➘ CEF. Complemento Temporário Variável de Ajuste de Mercado – CTVA. Inclusão na base de cálculo das vantagens pessoais. Prescrição parcial.

Aplica-se a prescrição parcial à pretensão da inclusão do Complemento Temporário Variável de Ajuste de Mercado - CTVA, instituída pela Caixa Econômica Federal - CEF, na base de cálculo das vantagens pessoais (VPs). Trata-se de verba de natureza salarial, instituída no PCS 1998, de modo que o pleito de integração não está calcado em lesão decorrente de ato único do empregador, mas em norma interna continuamente descumprida. Com esses fundamentos, a SBDI-I, por unanimidade, conheceu do recurso de embargos do reclamante, por divergência jurisprudencial, e, no mérito, deu-lhe provimento para afastar a prescrição pronunciada e determinar o retorno dos autos à Turma de origem, a m de que examine o recurso de revista da CEF quanto aos demais temas de mérito, como entender de direito. TST-E-ED-RR-132300-72.2007.5.04.0541, SBDI-I, rel. Min. Alexandre de Souza Agra Belmonte, 13.6.2013 (TST. Info nº 51).

➘ CEF. Auxílio-alimentação. Adesão ao PAT. Modificação da natureza jurídica. Empregados que continuaram a trabalhar e a receber a parcela. Pretensão de pagamento das diferenças decorrentes da não incorporação às demais verbas de natureza salarial. Prescrição parcial.

Na hipótese em que não obstante a transformação da natureza jurídica do auxílio-alimentação de salarial para indenizatória, em razão da adesão da Caixa Econômica Federal (CEF) ao Programa de Alimentação do Trabalhador (PAT), os reclamantes continuaram a trabalhar e a receber o referido auxílio, aplica-se a prescrição parcial quinquenal à pretensão de pagamento de diferenças decorrentes da não integração da parcela às demais verbas de natureza salarial. Não se trata de alteração do pactuado, mas de não reconhecimento da natureza salarial do auxílio-alimentação, nos termos do art. 458 da CLT, lesão que se renova mês a mês. Com esse entendimento, a SBDI-I, em sua composição plena, conheceu de embargos, por divergência jurisprudencial, e, no mérito, por maioria, deu-lhes provimento para, afastada a prescrição total, determinar o retorno dos autos à Turma de origem, a m de dar prosseguimento ao julgamento do recurso de revista da reclamada, como entender de direito. Vencidos os Ministros Ives Gandra Martins Filho, Carlos Alberto Reis de Paula, Antônio José de Barros Levenhagen, Brito Pereira, Renato de Lacerda Paiva e Dora Maria da Costa. TST-E-RR-72400-51.2008.5.19.0010, SBDI-I, rel. Min. Augusto César Leite de Carvalho, 18.4.2013 (TST. Info nº 43).

➘ Dano moral, material e estético. Doença ocupacional. Prescrição. Termo inicial. Data do trânsito em julgado da decisão que reconheceu o nexo causal entre a doença e o trabalho executado

O momento da ciência inequívoca da lesão para efeito de definição do termo inicial da contagem do prazo prescricional relativo ao pedido de indenização por dano moral, material e estético decorrente de doença ocupacional é a data do trânsito em julgado da decisão que reconheceu o nexo de causalidade entre a doença desenvolvida e o trabalho executado. A mera concessão do auxílio-doença não é determinante para a constatação da doença ocupacional, mas apenas indício de que a mazela acometida pode guardar vínculo com o serviço desempenhado. Com esse entendimento, a SBDI-I, por unanimidade, conheceu dos embargos, por divergência jurisprudencial e, no mérito, por maioria, deu-lhes provimento para, afastando a prescrição declarada, determinar o retorno dos autos à vara de origem a m de que prossiga no julgamento do feito como entender de direito. Vencidos os Ministros João Oreste Dalazen e Renato de Lacerda Paiva. TST-E-ED-RR-146900-24.2007.5.09.0068, SBDI-I, rel. Min. Brito Pereira, 11.4.2013 (TST. Info nº 42).

➘ Prescrição. Interrupção. Reclamação trabalhista arquivada. Marco inicial para o reinício da contagem do prazo prescricional bienal e quinquenal.

O ajuizamento anterior de reclamação trabalhista, ainda que arquivada, interrompe a prescrição bienal e quinquenal, para pedidos idênticos, sendo que o cômputo do biênio é reiniciado a partir do trânsito em julgado da decisão proferida na ação anteriormente ajuizada, enquanto que a prescrição quinquenal conta-se da data da propositura dessa primeira reclamação trabalhista (art. 219, § 1º, do CPC c/c art. 202, parágrafo único, do CC). Com esse entendimento, a SBDI-I, por unanimidade, conheceu dos embargos por divergência jurisprudencial e, no mérito, por maioria, negou-lhes provimento. Vencido o Ministro Ives Gandra Martins Filho. TST-E-ED-RR19800-17.2004.5.05.0161, SBDI-I, rel. Min. Renato de Lacerda Paiva, 14.6.2012 (TST. Info nº 13).

2. CONTRATO DE TRABALHO E RELAÇÃO DE EMPREGO

➘ Dissídio coletivo de natureza jurídica. Interpretação dos arts. 1º e 13 da Lei nº 9.719/98 e 32, 33, 39, 41 e 43 da Lei nº 12.815/13. Gerenciamento, intermediação e fornecimento de mão de obra de trabalhador portuário avulso. Competência exclusiva do Órgão Gestor de Mão de Obra – OGMO.

Conferindo interpretação sistêmica aos arts. 1º e 13 da Lei nº 9.719/98 e 32, 33, 39, 41 e 43 da Lei nº 12.815/13, firmou-se o entendimento de que o Órgão Gestor de Mão de Obra - OGMO detém competência exclusiva para gerir e intermediar o fornecimento de mão de obra de trabalhador avulso. O art. 43 da Lei nº 12.815/13 prevê que serão objeto de negociação entre as entidades representativas dos trabalhadores portuários avulsos e dos operadores portuários as questões atinentes à "remuneração, a definição das funções, a composição dos ternos, a multifuncionalidade e as demais condições do trabalho avulso". Ademais, ressalta-se que, a partir do novo marco legislativo das atividades portuárias (normas estatais posteriores à Constituição Federal), incumbe aos entes sindicais portuários tão somente compor a estrutura tripartite do OGMO, na defesa dos interesses e direitos individuais, plúrimos e coletivos dos trabalhadores. Outrossim, destaca-se que, conforme o art. 39 da Lei nº 12.815/13, o OGMO tem como finalidade específica a intermediação e gestão da mão de obra do trabalhador avulso, com caráter de utilidade pública, sendo-lhe vedado ter fins lucrativos, prestar serviços a terceiros ou exercer qualquer atividade não vinculada à gestão de mão de obra. Portanto, esse limite legal, que define a finalidade do OGMO, reforça o entendimento de que é atribuição exclusiva deste órgão a intermediação de mão de obra do trabalhador avulso nas atividades portuárias. Sob esses fundamentos, a SDC, por unanimidade, julgou parcialmente procedente o presente dissídio coletivo. TST-SDC-1000360-97.2017.5.00.0000, SDC, rel. Min. Kátia Magalhães Arruda, 18/10/2021 (TST. Info nº 246).

➘ Trabalhador portuário. Adicional noturno. Integração na base de cálculo das horas extras. Aplicação da Orientação Jurisprudencial nº 97 da SBDI-I.

É inegável o maior desgaste a que submetido o trabalhador durante o período noturno, razão pela qual a Constituição Federal consagrou, como direito dos trabalhadores urbanos e rurais, remuneração do trabalho noturno superior à do diurno (art. 7º, IX, da CF). Tal preceito não exclui o trabalhador portuário, razão pela qual o adicional noturno deve integrar a base de cálculo das horas extraordinárias prestadas por ele. Prevalência do disposto na Orientação Jurisprudencial nº 97 da SBDI-I e não incidência do item II da Orientação Jurisprudencial nº 60 da SBDI-I. Sob esse fundamento, a SBDI-I, por unanimidade, conheceu do recurso de embargos, por divergência jurisprudencial, e, no mérito, por maioria, negou-lhe provimento. Vencidos os Ministros Renato de Lacerda Paiva, Ives Gandra Martins Filho, Brito Pereira e Aloysio Corrêa da Veiga. TST-E-RR-1260-79.2011.5.08.0002, SBDI-I, rel. Min Hugo Carlos Scheuermann, 31.3.2016 (TST. Info nº 131).

➘ Mandado de segurança. Ação civil pública ajuizada pelo Ministério Público do Trabalho. Antecipação de tutela. Ato coator que proíbe o sindicato de qualquer intermediação de mão de obra entre avulsos e tomadores de serviço. Ofensa aos arts. 4º e 5º da Lei nº 12.023/2009. Provimento parcial.

A concessão de tutela antecipada, pleiteada em ação civil pública, para que o ente sindical impetrante se abstenha de exercer uma de suas funções previstas em lei (intermediação de mão de obra entre avulsos e tomadores de serviço), contraria os arts. 4° e 5° da Lei n° 12.023/2009. No caso, não obstante a pretensão legítima do Ministério Público do Trabalho, no sentido de prevenir irregularidades na intermediação de mão de obra, consignou-se que a administração da escala de trabalho verdadeiramente avulso não poderia ser proibida ao ente sindical, visto que lhe fora exclusivamente atribuída por força de lei. Sob esse fundamento, a SBDI-II, por unanimidade, conheceu do recurso ordinário interposto pelo MPT e, no mérito, deu-lhe provimento parcial para limitar a tutela antecipada à abstenção do sindicato de fornecer mão de obra em caráter não eventual, como requerido subsidiariamente pelo parquet. TSTRO-6510-36.2013.5.15.0000, SBDI-II, rel. Min. Alberto Luiz Bresciani de Fontan Pereira, 17.11.2015 (TST. Info nº 124).

2.1. CONTRATOS POR PRAZO DETERMINADO

➘ Contrato temporário. Lei nº 6.019/74. Rescisão antecipada. Indenização prevista no art. 479 da CLT. Inaplicabilidade.

A rescisão antecipada do contrato de trabalho temporário disciplinado pela Lei nº 6.019/74 não enseja o pagamento da indenização prevista no art. 479 da CLT. Trata-se de forma específica de contratação, regulada por legislação especial e não pelas disposições da CLT. Sob esse entendimento, a SBDI-I, por unanimidade, conheceu do recurso de embargos da reclamante, por divergência jurisprudencial, e, no mérito, por maioria, negou-lhe provimento. Vencidos os Ministros Lelio Bentes Corrêa, relator, João Oreste Dalazen, Ives Gandra Martins Filho e Hugo Carlos Scheuermann, que entendiam ser aplicável a indenização prevista no art. 479 da CLT também aos trabalhadores regidos pela Lei n.º 6.019/74, por se tratar de espécie de contrato a termo. Registrou ressalva de fundamentação o Ministro José Roberto Freire Pimenta. TST-RR1342-91.2010.5.02.0203, SBDI-I, rel. Min. Lelio Bentes Corrêa, red. p/ acórdão Min. Renato de Lacerda Paiva, 30.4.2015 (TST. Info nº 105).

➘ Contrato de experiência firmado com a empresa tomadora de serviços após o término do contrato temporário. Invalidade.

O contrato de experiência previsto no art. 443, § 2.º, "c", da CLT é uma modalidade de contrato de trabalho por prazo determinado que corresponde a uma fase probatória, por meio da qual as partes observarão a existência de efetivo interesse no prosseguimento do contrato de trabalho. Assim, na hipótese em que o reclamante já prestou serviços para a reclamada na condição de trabalhador temporário, ainda que por apenas 47 dias, é inválida a sua subsequente contratação a título de experiência, porquanto a prestação de serviços anterior já cumpriu a finalidade para qual instituída essa modalidade de contrato. Com esse entendimento, a SBDI-I, por unanimidade, conheceu dos embargos da reclamada, por divergência jurisprudencial, e, no mérito, negou-lhes provimento. TST-E-RR-184500-06.2009.5.02.0262, SBDI-I, rel. Min. Brito Pereira, 24.10.2013 (TST. Info nº 64).

2.2. ELEMENTOS, CARACTERÍSTICA E NULIDADE DO CONTRATO DE TRABALHO

➘ Competência da justiça do trabalho. Estado do Piauí. Empregada admitida antes da Constituição de 1988. Transposição automática do regime celetista para o estatutário. Impossibilidade. Ausência de concurso público.

A Justiça do Trabalho é competente para examinar pedido de empregado público admitido antes da promulgação da Constituição de 1988, sob regime celetista, e sem concurso público, não obstante a superveniência de legislação estadual que institui regime jurídico único. Na hipótese, consoante entendimento já consagrado pelo Supremo Tribunal Federal no julgamento da ADI 1.150-2, entendeu-se que o fato de o Estado do Piauí instituir regime jurídico único, por meio da Lei Complementar Estadual nº 13, de 3.1.1994, não convola em vínculo estatutário, de forma automática, o contrato trabalhista anterior, sobretudo em decorrência da ausência de concurso público, na forma do art. 37, II, § 2º, da Constituição. Desse modo, tem-se que a reclamante permaneceu na condição de empregada, mesmo após a edição da norma estadual, porque embora estável, nos termos do art. 19 do ADCT, não se submeteu a concurso público. Sob esse fundamento, a SBDI-I, à unanimidade, conheceu dos embargos interpostos pelo reclamado, por divergência jurisprudencial, e, no mérito, por maioria, negou-lhes provimento, vencido os Ministros Luiz Philippe Vieira de Mello Filho, Walmir Oliveira da Costa, José Roberto Freire Pimenta e Hugo Carlos Scheuermann. TST-E-RR-846-13.2010.5.22.0104, SBDI-I, rel. Min. Augusto César Leite e Carvalho, 18.6.2015 (TST. Info nº 111).

➘ Concurso público para formação de cadastro reserva. Advogado. Contratação de advogados terceirizados. Preterição de candidatos aprovados. Direito à nomeação imediata.

Há direito à nomeação imediata de candidato aprovado em concurso público para formação de cadastro de reserva quando constatada a terceirização dos serviços afetos às atribuições do cargo previsto no certame. No caso, prevaleceu o entendimento de que a preterição dos candidatos aprovados para o cargo de advogado do Banco do Nordeste S.A, decorrente da contratação de escritórios de advocacia por via de licitação e no prazo de vigência do concurso, violou o princípio constitucional do concurso público (art. 37, II, da CF). Ademais, demonstrada a necessidade de provimento do cargo descrito no edital, deve-se convolar a expectativa de direito do candidato aprovado em direito subjetivo à sua nomeação. Nesse contexto, a SBDI-I, por maioria, conheceu dos embargos interpostos pelo Banco do Nordeste do Brasil S.A. – BNB, por divergência jurisprudencial, vencidos os Ministros Hugo Carlos Scheuermann, Renato de Lacerda Paiva e Lelio Bentes Corrêa. No mérito, ainda por maioria, a Subseção negou provimento ao recurso, vencidos os Ministros Márcio Eurico Vitral Amaro, relator, Ives Gandra Martins Filho, Renato de Lacerda Paiva, Luiz Philippe Vieira de Mello Filho e José Roberto Freire Pimenta. TST-E-ED-RR-2167-67.2011.5.22.0001, SBDI-I, rel. Min. Márcio Eurico Vitral Amaro, red. p/acórdão Min. Augusto César Leite de Carvalho, 16.4.2015 (TST. Info nº 104).

➘ Contrato nulo. Empregado contratado sem concurso público. Súmula nº 363 do TST. Horas extras. Base de cálculo.

Conforme a Súmula nº 363 do TST, é assegurado ao empregado contratado após a Constituição de 1988, sem prévia aprovação em concurso público, o recebimento da contraprestação pactuada, na proporção das horas efetivamente trabalhadas, as quais deverão equivaler, pelo menos, ao valor da hora do salário mínimo, em atenção ao disposto no art. 7º, IV, da CF. Assim, não é possível admitir que, na hipótese em que pactuada contraprestação em valor maior do que o salário mínimo, seja adotado, como base de cálculo das horas trabalhadas além da jornada de trabalho, outro valor senão aquele avençado. Com esse entendimento, a SBDI-I decidiu, por unanimidade, não conhecer do recurso de embargos interposto pela reclamada. TST-E-ED-RR-89900-57.2005.5.10.0020, SBDI-I, rel. Min. José Roberto Freire Pimenta, 13.11.2014 (TST. Info nº 78).

2.3. CONTRATO DE TRABALHO COM ADMINISTRAÇÃO PÚBLICA

➘ Empresa pública e sociedade de economia mista. Contratação de pessoal para emprego em comissão regido pela CLT. Expressa autorização de lei. Desnecessidade.

As empresas públicas e as sociedades de economia mista prescindem de expressa autorização de lei para admitir trabalhadores em empregos em comissão (chefia, assessoramento e direção), sob o regime da CLT. Tais entidades submetem-se a um regime jurídico híbrido, caracterizado pela dinamicidade que necessitam para o desenvolvimento de suas atividades (regime próprio das empresas privadas) e pela observância das normas de Direito Público naquilo em que a Constituição expressamente determine. Assim, a própria Carta Magna, ao dispor sobre a investidura em cargo ou emprego público mediante prévia aprovação em concurso, ressalvou as nomeações para cargo em comissão de livre nomeação e exoneração (art. 37, II, da CF), além de limitar a exigência de necessidade de lei para a criação de cargos, funções e empregos públicos à Administração direta e autárquica (art. 61, § 1º, II, "a", da CF), não alcançando, portanto, os entes empresariais estatais. Sob esses fundamentos, a SBDI-I, por unanimidade, conheceu do recurso de embargos, por divergência jurisprudencial, e, no mérito, negou-lhe provimento, mantendo, portanto, o acórdão turmário que conhecera do recurso de revista da União, por violação do art. 173, § 1º, II, da CF, e no mérito, dera-lhe provimento para afastar a ilegalidade reconhecida pelo TRT quanto à criação de empregos em comissão no âmbito da Companhia de Pesquisa de Recursos Minerais – CPRM, sem amparo em lei. TST-E-RR-567-67.2013.5.10.0003, SBDI-I, rel. Min. Augusto César Leite de Carvalho, 7.11.2019 (TST. Info nº 211).

➘ Metrô/DF. Liminar em mandado de segurança mantendo a antecipação de tutela em ação civil pública. Nomeação compulsória de candidatos aprovados em concurso público. Identidade de atribuições entre terceirizados e concursados não comprovada. Limitação orçamentária. Suspensão deferida.

O pedido de suspensão de liminar ou de sentença prolatada contra o Poder Público não tem natureza recursal e há de ser examinado a partir da verificação de que a alegada lesão a bens jurídicos tenha sido grave (art. 4º, da Lei 8.437/92 e art. 15, da Lei nº 12.016/2009). No caso concreto, o Ministério Público do Trabalho ajuizou ação civil pública em face do Metrô/DF para que este procedesse à nomeação/contratação de candidatos aprovados em concurso público. O Juízo de primeiro grau deferiu a antecipação da tutela para determinar a contratação no prazo de dez dias. Contra a tutela antecipada, o Metrô/DF impetrou mandado de segurança, mas a ordem fora mantida pelo TRT da 10ª Região, que apenas ampliou o prazo para sessenta dias. A empresa, então, requereu a concessão de efeito suspensivo, o qual foi deferido pela Presidência do TST, ante a constatação de não ter sido comprovada a identidade de atribuições de terceirizados e concursados, a limitação orçamentária do Distrito Federal, bem como parecer do TCDF pela impossibilidade de novas contratações em observância à Lei de Responsabilidade Fiscal. Assim, subsistindo os motivos que levaram à suspensão da segurança, o Órgão Especial, por unanimidade, negou provimento aos agravos regimentais interpostos pelo Ministério Público do Trabalho e Sindmetrô-DF, mantendo a decisão monocrática do Presidente do TST que acolhera o pedido de efeito suspensivo, devendo a decisão prevalecer até a data de publicação do acórdão que apreciar o mérito do *mandamus*. TSTAgR-SS-18402-85.2015.5.00.0000, Órgão Especial, rel. Min. Antonio José de Barros Levenhagen, 9.11.2015 (TST. Info nº 123).

➘ Matéria afetada ao Tribunal Pleno. Servidor público celetista. Administração pública direta, autárquica e fundacional. Concurso público. Contrato de experiência. Dispensa imotivada. Impossibilidade. Observância dos princípios constitucionais da impessoalidade e da motivação.

A despedida de servidor público celetista da administração pública direta, autárquica e fundacional, admitido por concurso público e em contrato de experiência, deve ser motivada. A observância do princípio constitucional da motivação visa a resguardar o empregado de possível quebra do postulado da impessoalidade por parte do agente estatal investido no poder de dispensar. Sob esse fundamento, o Tribunal Pleno, por unanimidade, conheceu do recurso de embargos, por divergência jurisprudencial, e, no mérito, deu-lhe provimento, para julgar procedentes os pedidos da reclamante de restauração da relação de emprego e de pagamento dos salários e demais vantagens do período compreendido entre a dispensa e a efetiva reintegração. TST-E-ED-RR 64200-46.2006.5.02.0027, Tribunal Pleno, rel. Ministro Alberto Luiz Bresciani de Fontan Pereira, 29.9.2015 (TST. Info nº 119).

➘ Conselhos de Fiscalização Profissional. Natureza jurídica de autarquia especial. Aplicabilidade dos privilégios concedidos à Fazenda Pública pelo Decreto–Lei nº 779/1969.

Os conselhos de fiscalização profissional, a partir do julgamento da ADI 1.717-6/DF pelo Supremo Tribunal Federal, passaram a ser considerados entidades autárquicas especiais e tiveram reconhecida a sua natureza paraestatal. Por conseguinte, foram beneficiados com as mesmas prerrogativas processuais concedidas à Fazenda Pública, como a dispensa de depósitos recursais e o pagamento de custas somente ao final do processo, nos termos do Decreto-Lei nº 779/69. Sob esse entendimento, a SBDI-1, à unanimidade, conheceu do recurso de embargos do reclamado, por divergência jurisprudencial, e, no mérito, deu-lhe provimento para determinar o retorno do feito à 6ª Turma desta Corte a m de que, afastada a deserção do recurso de revista, prossiga no exame do agravo de instrumento, como entender de direito. TST-E-Ag-AIRR 244200-80.2007.5.02.0035, SBDI-1, relator Ministro Cláudio Mascarenhas Brandão, 17.09.2015 (TST. Info nº 118).

➘ Dispensa imotivada. Decreto estadual nº 21.325/91. Sucessão do BEC – Banco do Estado do Ceará S/A pelo Banco Bradesco S/A. Dever de motivação. Ilegalidade. Reintegração indevida.

O Banco Bradesco S/A não tem obrigação de motivar a dispensa de ex-empregada admitida pelo extinto BEC – Banco do Estado do Ceará S/A antes da privatização. No caso, a empregada foi admitida antes da sucessão do extinto BEC pelo Banco Bradesco S/A, e dispensada imotivadamente, inobservando o quanto disposto no Decreto estadual nº 21.325/91 – que estendia aos entes da Administração Pública indireta estadual o dever de motivar o ato de dispensa de seus empregados. Referido decreto afigura-se ilegal, pois não poderia o Estado do Ceará, unilateralmente, exorbitando da condição de acionista controlador, ao arrepio da Lei nº 6.404/76, sobrepor-se aos órgãos de administração da Sociedade Anônima e criar, mediante decreto, obrigação para a Companhia, que detém personalidade jurídica própria. De outro lado, ainda que se desconsiderasse a manifesta ilegalidade, o decreto cuidava de regra de Direito Administrativo por que deveria pautar-se "órgão administrativo" que praticasse, como tal, "atos administrativos", não havendo como transpor para o banco privado sucessor obrigações decorrentes de tal regra. Ademais, todas as obrigações de índole trabalhista impostas ao ente público sucedido, nesta qualidade, mediante fonte heterônoma, mesmo impostas por lei, não se transmitem pela sucessão do empregador. Consumada a sucessão, dada a distinta natureza da personalidade jurídica do sucessor, rigorosamente o regime jurídico híbrido desaparece e sobrevém um empregador submetido a regime jurídico puramente privado. Sob esse entendimento, decidiu o Tribunal Pleno, por unanimidade, conhecer do recurso de embargos, por divergência jurisprudencial, e, no mérito, por maioria, dar-lhe provimento para restabelecer o acórdão regional que rejeitou o pedido de reintegração no emprego Vencidos os Ministros Hugo Carlos Scheuermann, relator, Maria Helena Mallmann, Maurício Godinho Delgado, Kátia Magalhães Arruda, Augusto César Leite de Carvalho, José Roberto Freire Pimenta, Delaíde Alves Miranda Arantes e Ives Gandra da Silva Martins Filho. TST-E-RR-44600-87.2008.5.07.0008, Tribunal Pleno, rel. Hugo Carlos Scheuermann, red. p/acórdão Min. João Oreste Dalazen, 25.8.2015 (TST. Info nº 115).

➘ Adicional de periculosidade. Lei Complementar nº 315/83 do Estado de São Paulo. Concessão aos servidores da administração pública centralizada. Impossibilidade de extensão aos empregados da Funap. Fundação pública estadual dotada de personalidade jurídica própria. Administração indireta.

O art. 1º da Lei Complementar nº 315/83 do Estado de São Paulo prevê a concessão de adicional de periculosidade apenas para o servidor (estatutário ou celetista) da administração pública centralizada que exerça as suas atividades, de forma permanente, em estabelecimentos penitenciários. Excluem-se do alcance do referido dispositivo legal, portanto, os empregados da Fundação Professor Doutor Manoel Pedro Pimentel – Funap, porque se trata de fundação pública estadual, detentora de personalidade jurídica própria, integrante da administração indireta do estado. Com esse entendimento, a SBDI-I, por unanimidade, conheceu dos embargos interpostos pelo reclamante, por divergência jurisprudencial, e, no mérito, por maioria, negou-lhes provimento. Vencidos os Ministros Guilherme Augusto Caputo Bastos, Rosa Maria Weber, Maria de Assis Calsing, Augusto César de Carvalho e Delaíde Miranda Arantes. TST-E-RR-35200-69.2006.5.02.0069, SBDI-I, rel. Min. Horácio Raymundo de Senna Pires, 3.4.2014 (TST. Info nº 78).

➘ Empregado de cartório extrajudicial admitido antes da edição da Lei n.º 8.935/94. Relação laboral submetida às normas da CLT. Autoaplicabilidade do art. 236 da CF.

A relação jurídica havida entre os serventuários e o cartório extrajudicial está sujeita ao regime jurídico da CLT, ainda que contratados em período anterior à vigência da Lei nº 8.935/94, pois o art. 236 da CF já previa o caráter privado dos serviços notariais e de registro, sendo norma constitucional autoaplicável. Nos termos do mencionado preceito constitucional, os serviços notariais e de registro são exercidos em caráter privado, por delegação do Poder Público, o que evidencia que os empregados contratados para prestar serviços em cartórios são submetidos ao regime jurídico celetista, na medida em que mantêm vínculo profissional com o titular do cartório e não com o Estado. Na hipótese dos autos, extraiu-se do acórdão do Regional que o reclamante era serventuário de cartório extrajudicial quando do advento da Constituição de 1988. Assim, concluindo pela má-aplicação da Súmula n.º 126 do TST pela Turma, a SBDI-I, à unanimidade, conheceu dos embargos interpostos antes da Lei n.º 11.496/2007, por violação dos arts. 896 da CLT e 236 da CF, e, no mérito, deu-lhes provimento para reconhecer o vínculo de natureza trabalhista entre as partes a partir de 5.10.1988 e determinar o retorno dos autos à Vara do Trabalho de origem, a m de que prossiga no exame da pretensão deduzida pelo espólio, como entender de direito. TSTE-RR-493331-32.1998.5.02.0078, SBDI-I, rel. Min. Lelio Bentes Corrêa, 31.5.2012 (TST. Info nº 11).

3. EMPREGADO E EMPREGADOR

➘ Proteção ao mercado de trabalho da mulher. Art. 7º, XX, da CF/88. Trabalho aos domingos nas atividades do comércio em geral. Aplicação da escala de revezamento quinzenal prevista no art. 386 da CLT.

O art. 386 da CLT, regra de proteção do trabalho da mulher, e que estabelece escala de revezamento quinzenal quando houver trabalho aos domingos, deve prevalecer, por ser mais específico, sobre o disposto no parágrafo único do art. 6º da Lei nº 10.101/2000, com redação dada pela Lei nº 11.603/2007. Inicialmente, consignou-se que o Tribunal Pleno do TST concluiu, no julgamento do IIN-RR-1540/2005-046-12-00, que o art. 384 da CLT (revogado pela Lei nº 13.467/2017), que também tratava de norma de proteção ao trabalho da mulher, fora recepcionado pela Constituição Federal de 1988, entendimento esse posteriormente endossado pelo STF ao julgar o RE 658312, com repercussão geral, em sessão virtual concluída em 14/09/2021, devendo-se aplicar a mesma *ratio decidendi* ao art. 386. O critério da especialidade, entre aqueles que servem à resolução de antinomias entre normas jurídicas, faz prevalecer o art. 386 da CLT em relação art. 6º da Lei nº 10.101/2000, dado que é o art. 386 da CLT que veicula a norma especial. De fato, o art. 6º da Lei nº 10.101/2000 tem como destinatários todos os trabalhadores do comércio, e, dentre estes, destacam-se as mulheres trabalhadoras no comércio em geral – tuteladas, com maior especificidade, pelo art. 386 da CLT. Do contrário, a proteção de outros grupos vulneráveis potencialmente ativados no comércio – como crianças, adolescentes, idosos, pessoas com deficiência ou povos originários – estaria inviabilizada ante a predominância da regra consagrada, para todos, e todos indistintamente, na Lei nº 10.101/2000. Sob esses fundamentos, a SDI-I, por maioria, conheceu do recurso de embargos interposto pelo sindicato, por divergência jurisprudencial, e, no mérito, deu-lhe provimento para, reformando o acórdão recorrido, restabelecer a sentença que aplicara o art. 386 da CLT. TST-E-ED-RR-619-11.2017.5.12.0054, SBDI-I, rel. Min. Augusto César Leite de Carvalho, 2/12/2021 (TST. Info nº 249).

Concurso público. Cadastro de reserva. Contratação de terceirizados durante a validade do certame. Preterição dos candidatos aprovados. Configuração. Comprovação de cargos vagos. Desnecessidade.

A contratação precária no decorrer do prazo de validade de concurso público com cadastro de reserva para as mesmas atribuições do cargo para o qual fora realizado o certame configura preterição dos candidatos aprovados, em ofensa ao art. 37, II, da Constituição Federal, ainda que fora das vagas previstas no edital ou não comprovada a efetiva existência de cargo oficialmente vago. No caso, o reclamado contratou 768 trabalhadores temporários, durante a validade do concurso no qual o reclamante obteve aprovação, para exercer as mesmas atribuições previstas no edital. Além disso, o Tribunal Regional ressaltou que o réu, ainda durante o prazo de validade do concurso referido, abriu novo edital para formação de cadastro reserva. Sob esses fundamentos, a SBDI-I, por unanimidade, conheceu dos embargos por divergência jurisprudencial e, no mérito, por maioria, deu-lhes provimento para julgar parcialmente procedente o pedido de nomeação do autor, condenando o réu a convocá-lo e nomeá-lo para o cargo ao qual foi aprovado, respeitando-se as exigências admissionais nele contidas e a ordem de classificação dos candidatos aprovados. Vencidos os Ministros Breno Medeiros, Alexandre Luiz Ramos e Guilherme Augusto Caputo Bastos e as Ministras Dora Maria da Costa e Maria Cristina Irigoyen Peduzzi. TST-ED-E-RR-854-95.2016.5.10.0012, SBDI-I, rel. Min. José Roberto Freire Pimenta, 21/10/2021 (TST. Info nº 246).

Recurso Ordinário em Ação Rescisória. Empregado de conselho de fiscalização profissional. Contratação sem concurso público após a Constituição Federal de 1998. Nulidade. Alegação de ofensa ao art. 37, II, da CF. Determinação de observância da jurisprudência da Suprema Corte. Inviabilidade do corte rescisório.

O Supremo Tribunal Federal, nos autos do RE 1.112.327, deu provimento ao Recurso Extraordinário interposto pelo CREA/PR para cassar acórdão deste c. Tribunal Superior (publicado em 16/12/2015), com determinação de observância da jurisprudência firmada quanto à nulidade da contratação de pessoal dos conselhos de fiscalização das profissões regulamentadas, sem o prévio concurso público, após a Constituição Federal de 1988. Embora este Tribunal Superior, amparado pelos princípios da proteção e da boa-fé objetiva, conferisse, por algum tempo, validade às contratações desse pessoal, sem concurso público, após a Constituição de 1988, mas desde que anteriores à ADI 1717-6 (DJ 28/02/2003), a Suprema Corte enfatizou que, em face da inexistência de modulação dos efeitos da referida decisão, não haveria possibilidade de se conferir eficácia *ex nunc* ou prospectiva, devendo ser estabelecido "como marco inicial para a contratação de pessoal por concurso público para o preenchimento de vagas nos conselhos federais de fiscalização a data da promulgação da Constituição Federal de 1988" (RE 922374 ED-AgR, Relator Min. Alexandre de Moraes, publicado em 01/08/2018). Com base nesses fundamentos, a SBDI-II desta Corte, por unanimidade, negou provimento ao recurso ordinário em ação rescisória, mantendo o acórdão rescindendo que declarou a nulidade de contratação do ora Autor, em 1991, pelo CREA/PR, em face da ausência de realização de prévio concurso público. Fixando-se, ainda, a inviabilidade do corte rescisório pela alegada ofensa ao art. 37, II, da Constituição Federal. TST-RO-203-68.2012.5.09.0000, SBDI-II, rel. Min. Alexandre de Souza Agra Belmonte, 31/8/2021 (TST. Info nº 243).

Embargos. Ação Civil Pública. Obrigação de fazer. Criação e manutenção de creches para amamentação em shopping centers. Incidência dos §§ 1º e 2º do art. 389 da CLT.

Incumbe aos shopping centers assegurar, diretamente ou por outros meios, "local apropriado, onde seja permitido às empregadas guardar sob vigilância e assistência os seus filhos no período de amamentação", atendendo ao escopo do art. 227 da CF. Salienta-se que a norma a ser extraída do texto legal deve ser atual, manter sua perenidade, não podendo ficar paralisada no ano de sua edição. Há de sofrer adaptações aos novos tempos, com inclusão de figuras que vão surgindo na sociedade não antevistas pelo legislador, como no caso dos shopping centers. Portanto, deve-se fazer uma interpretação extensiva da *ratio* da Lei, em especial, dos §§ 1º e 2º do art. 389 da CLT ora em análise. Nessa esteira, resta patente que os shopping centers devem cumprir a obrigação constante dos mencionados parágrafos do dispositivo celetista, qual seja, a disponibilização de creches, para os filhos das empregadas das lojas que abriga e que estejam em período de amamentação, cumprindo, assim, sua função social. Sob esses fundamentos, a SBDI-I, por unanimidade, conheceu dos Embargos por divergência jurisprudencial e, no mérito, por maioria, negou-lhes provimento. Vencidos os Ministros Márcio Eurico Vitral Amaro, Breno Medeiros e Alexandre Luiz Ramos e as Ministras Dora Maria da Costa e Maria Cristina Irigoyen Peduzzi. TST-E-RR-131651-27.2015.5.13.0008, SBDI-I, rel. Min. Alberto Luiz Bresciani de Fontan Pereira, 2/9/2021 (TST. Info nº 243).

Recurso ordinário em ação rescisória. Art. 966, V, do CPC/15. Município de São Joaquim da Barra. Educadora infantil. Diferenças salariais decorrentes do descumprimento do piso salarial. Inocorrência de reenquadramento funcional ou equiparação salarial. Inexistência de contrariedade às súmulas vinculantes nº 37 e 43. Precedentes do STF. Violação do art. 37, II, X, XIII e § 2º, da CF/88 afastada.

A SBDI-II, por maioria, concluiu que a decisão que julga procedente a pretensão de diferenças salariais decorrentes da aplicação do piso salarial imposto pela lei do magistério do município de São Joaquim da Barra-SP (Lei Municipal nº144/2009), que incluiu o cargo de educadora infantil no Plano de Carreira do Magistério Público Municipal, não viola o disposto no art. 37, II, X, XIII e § 2º, da CF/88 nem contraria o disposto nas súmulas vinculantes nºs 37 e 43 do STF. Consignou-se não ser o caso de transposição de regime jurídico nem de provimento derivado de cargo sem prévia aprovação em concurso público, pois houve somente a alteração do nome do cargo de "babá" para "educadora infantil", pela Lei Municipal nº 56/2008, registrando-se que a reclamante foi aprovada em concurso público para o cargo de "babá", sob o regime celetista, e que já era exigido como requisito para a ocupação do aludido cargo a formação em pedagogia. Além disso, salientou-se que não houve ofensa à regra do concurso público, visto que não ocorreu a transformação do cargo de educadora infantil ("babá") em cargo diverso (professora). Destacou-se também não se tratar de hipótese de concessão de aumento ou equiparação salarial com base no princípio da isonomia, mas de pagamento de diferenças salariais decorrentes da inobservância do piso salarial. Além disso, consignou-se que o STF, em diversas Reclamações Constitucionais propostas pelo município de São Joaquim da Barra, tem afastado a alegação de contrariedade às súmulas vinculantes nºs 37 e 43. Assim, a SBDI-II, decidiu, por unanimidade, conhecer do recurso ordinário interposto pelo ente público municipal e, no mérito, por maioria, negar-lhe provimento, vencidos os Ministros Luiz José Dezena da Silva e Maria Cristina Irigoyen Peduzzi. TST-ROT-8487-87.2018.5.15.0000, SBDI-II, rel. Min. Maria Helena Mallmann, 01/12/2020 (TST. Info nº 230).

Ação rescisória. Sociedade de economia mista. Demissão imotivada. Impossibilidade. Reintegração do empregado. Submissão aos princípios previstos no art. 37, caput, da CF. Regulamento interno. Necessidade de motivação. Adesão ao contrato de trabalho. Súmula nº 51 do TST.

O STF, nos autos do RE nº 589998, estabeleceu que os empregados de sociedades de economia mista e de empresas públicas admitidos por concurso público somente poderão ser demitidos mediante a motivação do ato de dispensa, porquanto necessária a observação dos princípios constitucionais que regem a administração pública direta e indireta, previstos no art. 37, caput, da CF. Ademais, verificada, no caso, a existência de dispositivo de norma interna do Banestado prevendo a obrigatoriedade da motivação para dispensa de empregados, tal cláusula adere ao contrato de trabalho, impossibilitando a dispensa imotivada a teor do preconizado pela Súmula n.º 51 do TST. Com esses fundamentos, e não vislumbrando violação ao art. 173, § 1º, da CF, a SBDI-II, à unanimidade, negou provimento ao recurso ordinário por meio do qual se buscava reformar a decisão do TRT da 9ª Região que, ao julgar improcedente a ação rescisória, manteve o acórdão que determinou a reintegração do empregado do Banestado demitido imotivadamente. TST-RO-219-22.2012.5.09.0000, SBDI-II, rel. Min. Cláudio Mascarenhas Brandão, 15.10.2013 (TST. Info nº 63).

➘ Empresa pública e sociedade de economia mista. Admissão sem prévia aprovação em concurso público após a promulgação da Constituição Federal de 1988. Decisão do STF no MS nº 21322/DF. Marco para declaração de nulidade da contratação. Inaplicabilidade da Súmula nº 363 do TST.

A decisão proferida pelo STF no MS nº 21322/DF, publicada em 23.4.1993, deve ser tomada como marco para a declaração de nulidade dos contratos de trabalho firmados com empresa pública ou sociedade de economia mista sem prévia aprovação em concurso público, após a promulgação da Constituição Federal de 1988, de modo que o disposto no art. 37, § 2º, da CF apenas alcança os contratos de trabalho celebrados após essa data. Com esse entendimento, a SBDI-I, em sua composição plena, decidiu, à unanimidade, conhecer dos embargos, por divergência jurisprudencial, e, no mérito, dar-lhes provimento para, afastando a incidência da Súmula nº 363 do TST e a nulidade do contrato de trabalho firmado com a Radiobrás, em 07.01.93, sem concurso público, restabelecer a decisão do Regional, determinando o retorno dos autos à Turma de origem para apreciar os demais temas recursais como entender de direito. TST-E-ED-RR-4800-05.2007.5.10.0008, SBDI-I, rel. Min. Aloysio Corrêa da Veiga, 23.5.2013 (TST. Info nº 48).

3.1. EMPREGADOS ESPECIAIS E PROFISSÕES REGULAMENTADAS

➘ Trabalhador portuário avulso. Capatazia. Exclusividade de contratação dos trabalhadores registrados ou cadastrados no OGMO. Interpretação literal, histórica e sistemática do art. 40, § 2º, da Lei nº 12.815/2013.

Após o advento da Lei nº 12.815/2013, a contratação de trabalhadores portuários avulsos para os serviços de capatazia com vínculo empregatício por prazo indeterminado deve ser realizada apenas dentre aqueles registrados no Órgão Gestor de Mão de Obra – OGMO. Se sob a égide do art. 26, parágrafo único, da Lei nº 8.360/93 (revogada) a contratação de trabalhadores no serviço de capatazia cadastrados no OGMO ocorria apenas de forma prioritária, a interpretação literal, histórica e sistemática do art. 40, § 2º, da Lei nº 12.815/2013 impõe a exclusividade de contratação dos portuários registrados ou cadastrados, de modo que qualquer outro entendimento violaria o sentido mínimo do texto legal. Sob esse fundamento, a SBDI-I, por unanimidade, conheceu dos embargos, por divergência jurisprudencial, e, no mérito, por maioria, negou-lhes provimento para manter a decisão turmária que restabelecera a sentença quanto à determinação de que o embargante requisite trabalhadores habilitados e inscritos no cadastro ou registro do OGMO para o desempenho de qualquer atividade de capatazia, devendo esta contratação dar-se de forma exclusiva a partir da data da vigência da Lei nº 12.815/2013, em 5.6.2013, nos termos de seu art. 40, § 2º. Vencido o Ministro Alexandre Luiz Ramos, relator. TST-E-ED-RR-52500-43.2007.5.02.0446, SBDI-I, rel. Min. Alexandre Luiz Ramos, red. p/ acórdão Min. Maria Cristina Irigoyen Peduzzi, 5.12.2019 (TST. Info nº 214).

➘ Questão controvertida remetida ao Tribunal Pleno. Art. 72 do RITST. Magistério público da educação básica. Carga horária semanal. Distribuição. Tempo em sala de aula e em atividades extraclasse. Limites estabelecidos no art. 2º, § 4º da Lei nº 11.738/2008. Não observância. Adicional de horas extras. Devido.

Aos profissionais do magistério público da educação básica é devido o pagamento do adicional de 50% para as horas trabalhadas em sala de aula além do limite de jornada previsto no art. 2º, § 4º, da Lei nº 11.738/2008, quando não extrapolado o limite semanal de duração da jornada de trabalho. O referido dispositivo deixou o limite máximo de 2/3 (dois terços) da carga horária para o desempenho das atividades de interação com os educandos, destinando o 1/3 (um terço) restante para as demais atividades extraclasse, e teve sua constitucionalidade reconhecida no julgamento do processo nº STF-ADI4167/DF, cujos efeitos foram modulados e restritos ao trabalho prestado a partir de 27.4.20011. Ademais, não há falar em conflito entre o § 4º do art. 2º da Lei nº 11.738/2008 e o art. 320, caput, da CLT, pois este se limita a tratar do critério de remuneração dos professores a partir do número de aulas semanais, abrangendo as horas extraclasse, ao passo que o art. 2º, § 4º, da Lei nº 11.738/2008 apenas disciplina a distribuição das duas atividades (classe e extraclasse) dentro da jornada de trabalho. Sob esse entendimento, o Tribunal Pleno, por unanimidade, conheceu do recurso de embargos, por divergência jurisprudencial, e, no mérito, por maioria, negou-lhes provimento, mantendo, portanto, a condenação ao pagamento do adicional de horas extraordinárias ante a não observância da proporcionalidade entre as atividades em sala de aula e o tempo destinado às atividades extraclasse. Vencidos os Ministros Ives Gandra da Silva Martins Filho, Maria Cristina Irigoyen Peduzzi, Dora Maria da Costa, Guilherme Augusto Caputo Bastos, Márcio Eurico Vitral Amaro, Douglas Alencar Rodrigues, Breno Medeiros e Evandro Valadão. TST-E-RR-10314-74.2015.5.15.0086, Tribunal Pleno, rel. Min. Luiz Philippe Vieira de Mello Filho, 16.9.2019 (TST. Info nº 205).

➘ Advogado empregado. Regime de dedicação exclusiva. Art. 20 da Lei nº 8.906/1994. Configuração. Previsão em edital do concurso público.

O edital de concurso público contendo a previsão de que o candidato aprovado no cargo de advogado será contratado para trabalhar oito horas diárias equivale a ajuste contratual expresso do regime de dedicação exclusiva a que se refere o art. 20 da Lei nº 8.906/1994 e o art. 12 do Regulamento Geral da OAB. Segundo o princípio da vinculação ao edital do concurso público, o contrato de trabalho firmado pelas partes é regido pelas normas constantes do edital do certame a que submetido o advogado, de modo que, no caso, prevalece a jornada de trabalho de oito horas. Sob esse entendimento, a SBDI-I, por unanimidade, conheceu dos embargos, por divergência jurisprudencial, e, no mérito, por maioria, negou-lhes provimento, mantendo, portanto, a decisão turmária que considerou válida a jornada prevista no edital do concurso público e reconheceu ser indevido o pagamento de horas extras excedentes à quarta diária a advogado empregado contratado após a vigência da Lei nº 8.906/1994. Vencidos os Ministros Luiz Philippe Vieira de Mello Filho, Cláudio Mascarenhas Brandão, Alberto Luiz Bresciani de Fontan Pereira, José Roberto Freite Pimenta e Brito Pereira. TST-E-RR-2408-70.2013.5.22.0001, SBDI-I, rel. Min. Hugo Carlos Scheuermann, 27.6.2019 (TST. Info nº 200).

➘ CEF. Advogado empregado. Contratação anterior à Lei nº 8.906/94. Jornada de 6 horas. Regime de dedicação exclusiva. Configuração. Indevidas as horas extras após a quarta diária.

Na hipótese em que o empregado advogado foi contratado para uma jornada de seis horas, antes da Lei nº 8.906/94, e sempre laborou nessa jornada, considera-se ter havido adoção tácita do regime de dedicação exclusiva, visto que a jornada legal do empregado bancário à época era de seis horas, e não se exigia o ajuste expresso em cláusula de contrato de trabalho para a configuração de dedicação exclusiva. Ademais, no caso concreto, não obstante o acórdão turmário tenha reconhecido a jornada de seis horas apenas no período em que realizados acordos entre a Caixa Econômica Federal e associações de advogados, prevaleceu o entendimento de que tais avenças, ao invés de afastar a dedicação exclusiva, a confirmaram, pois apenas ratificaram a jornada de trabalho de seis horas praticada pelo advogado empregado desde a contratação. Com esses fundamentos, a SBDI-I, por unanimidade, conheceu dos embargos por divergência jurisprudencial, e, no mérito, por maioria, deu lhes provimento para restabelecer o acórdão do Tribunal Regional que não reconheceu o direito às horas extraordinárias após a quarta hora diária diante do confessado regime de dedicação exclusiva do advogado bancário, não havendo falar na aplicação do art. 20, caput, da Lei nº 8.906/94. Vencidos os Ministros José Roberto Freire Pimenta, Alberto Luiz Bresciani de Fontan Pereira, Augusto César Leite de Carvalho e Hugo Carlos Scheuermann. TST-EE-D-ED-RR-69700-19.2000.5.18.0008, SBDI-I, rel. Aloysio Corrêa da Veiga, 30.5.2019 (TST. Info nº 197).

➘ Sociedade de economia mista. Empregado público. Contratação sem concurso público sob o regime da CLT. Cargo em comissão de livre nomeação e exoneração. Verbas rescisórias decorrentes da dispensa imotivada. Indevidas.

Conforme a jurisprudência pacífica da SBDI-I e das Turmas do TST, os empregados públicos contratados sem concurso público, sob o regime da CLT, para o exercício de cargo em comissão, de livre nomeação e exoneração, não têm direito ao pagamento das verbas rescisórias decorrentes da dispensa imotivada. Sob esse entendimento, a SBDI-I, em sua composição plena, por maioria, não conheceu do recurso de embargos em que empregada da Companhia Paulista de Trens Metropolitanos – CPTM, sociedade de economia mista, admitida para o exercício de cargo em comissão, sem concurso, pleiteava o recebimento da indenização de 40% do FGTS e do aviso-prévio indenizado em decorrência de sua demissão sem justa causa. Vencidos os Ministros Luiz Philippe de Mello Filho, relator, Walmir Oliveira da Costa, Augusto César Leite de Carvalho e José Roberto Freire Pimenta, os quais conheciam e davam provimento ao recurso para restabelecer a decisão do TRT que mantivera a sentença quanto ao direito da reclamante ao pagamento das verbas rescisórias pleiteadas, visto que os empregados em comissão das estatais são regidos pela CLT (art. 173, § 1º, II, da CF) e não houve derrogação expressa ou implícita dos direitos trabalhistas mínimos ali previstos. TST-E-ARR-1642-58.2015.5.02.0080, SBDI-I, rel. Min. Luiz Philippe Vieira de Mello Filho, red. p/ acórdão Min. Maria Cristina Irigoyen Peduzzi, 21.2.2019 (TST. Info nº 192).

➘ Ação rescisória. Violação do art. 37, II, da CF. Configuração. Sociedade de economia mista. Emprego público em comissão. Direito ao pagamento de férias proporcionais e décimo terceiro salário proporcional. Inaplicabilidade da Súmula nº 363 do TST.

Afronta o art. 37, II, da CF a decisão que confere à demissão de empregada contratada para ocupar emprego em comissão em sociedade de economia mista idêntica consequência jurídica aplicável ao contrato nulo (Súmula nº 363 do TST), pois não se trata de contratação irregular. Assim, embora não se possa cogitar do pagamento de aviso prévio e de indenização de 40% do FGTS, ante a precariedade do vínculo existente entre as partes, à trabalhadora é devido o décimo terceiro salário proporcional e as férias proporcionais (art. 7º, VIII e XVII, da CF). Sob esse fundamento, a SBDI-II, por unanimidade, conheceu do recurso ordinário e, no mérito, por maioria, deu-lhe parcial provimento para julgar parcialmente procedente o pedido de corte rescisório, por violação do art. 37, II, da CF, a m de rescindir o acórdão do Regional e condenar a ré ao pagamento de férias proporcionais e décimo terceiro salário proporcional. Vencido o Ministro Renato de Lacerda Paiva. TST-RO-9477-85.2011.5.02.0000, SBDI-II, rel. Min. Douglas Alencar Rodrigues, 28.8.2018 (TST. Info nº 183).

➘ Servidor público. Reajuste geral anual. Art. 37, X, da CF. Concessão em abonos fixos. Deferimento de diferenças salariais correspondentes à distorção apurada. Impossibilidade. Súmula Vinculante 37.

Conforme atual entendimento do Supremo Tribunal Federal, o deferimento de diferenças salariais correspondentes à distorção apurada em razão da concessão de reajuste geral anual realizado por meio de pagamento de abonos em valores fixos, fundado na inobservância do art. 37, X, parte final, da CF, esbarra no óbice previsto na Súmula Vinculante 37, segundo a qual "não cabe ao Poder Judiciário, que não tem função legislativa, aumentar vencimentos de servidores públicos sob o fundamento de isonomia". Sob esse fundamento, a SBDI-I, por unanimidade, conheceu dos embargos por contrariedade à Súmula Vinculante 37 e, no mérito, deu-lhes provimento para excluir da condenação o pagamento de diferenças salariais decorrentes da inobservância do art. 37, X, da CF concedidas aos servidores do Município de Mococa/SP. TST-E-RR-10673-87.2014.5.15.0141, SBDI-I, rel. Min. Márcio Eurico Vitral Amaro, 7.6.2018 (TST. Info nº 180).

➘ Contrato de aprendizagem. Base de cálculo. Atividades de faxineiro, gari, servente, coletor, varredor de rua e similares. Inclusão. Previsão na Classificação Brasileira de Ocupações,

Em atenção ao princípio da proteção integral e ao direito do jovem à profissionalização (art. 227 da CF), as atividades de faxineiro, gari, servente, coletor, varredor de rua e similares devem ser computadas na base de cálculo para contratação de aprendizes a que se refere o art. 429 da CLT, pois estão previstas na Classificação Brasileira de Ocupações – CBO, critério objetivo para a definição das funções que demandam formação profissional adotado pelo art. 10 do Decreto nº 5.598/2005. Sob esse fundamento, a SBDI-I, à unanimidade, conheceu do recurso de embargos, por divergência jurisprudencial, e, no mérito, por maioria, deu-lhe provimento para restabelecer a sentença. Vencidos os Ministros João Oreste Dalazen, Brito Pereira e Walmir Oliveira da Costa. TSTE-RR-191-51.2010.5.03.0013, SBDI-I, rel. Min. Hugo Carlos Scheuermann, 5.10.2017 (TST. Info nº 167).

➘ Licença-maternidade. Prorrogação para 180 dias. Lei estadual. Concessão do benefício somente às servidoras gestantes submetidas ao regime estatutário. Extensão do direito às servidoras celetistas. Impossibilidade.

A prorrogação da licença-maternidade para 180 dias, concedida por lei estadual às servidoras públicas estatutárias do Estado de São Paulo, não se estende às servidoras públicas celetistas, porquanto submetidas a regimes jurídicos distintos e consequente direitos diversos. Assim, se a lei estadual estabelece a prorrogação da licença-maternidade às servidoras da Administração direta e das autarquias submetidas ao regime estatutário, inviável impor ao estado empregador a extensão do benefício à servidora submetida ao regime da CLT com base no princípio da isonomia. Sob esses fundamentos, a SBDI-I, por unanimidade, conheceu dos embargos, por divergência jurisprudencial, e, no mérito, por maioria, deu-lhes provimento para restabelecer o acórdão prolatado pelo Tribunal Regional, que julgara improcedente o pedido de prorrogação da licença-maternidade para 180 dias. Vencidos os Ministros Aloysio Corrêa da Veiga, Walmir Oliveira da Costa, Augusto César Leite de Carvalho e José Roberto Freire Pimenta. TST-E-ED-RR-71-08.2013.5.02.0085, SBDI-I, rel. Min. Márcio Eurico Vitral Amaro, 6.4.2017 (TST. Info nº 156).

➘ Radialista. Acúmulo de funções dentro do mesmo setor. Direito a um adicional para cada função exercida. Inteligência do art. 13 da Lei nº 6.615/78. Princípio da isonomia e da proteção ao trabalhador.

O empregado radialista que exerce diferentes funções dentro de um mesmo setor tem direito a um adicional por cada função acumulada. O pagamento de somente um adicional importaria em flagrante ofensa ao princípio da isonomia, pois o trabalhador que acumulasse mais de duas funções e, consequentemente, trabalhasse mais, receberia a mesma quantia daquele que acumulasse apenas duas funções. Ademais, o art. 13 da Lei nº 6.615/78, ao prever o pagamento de adicional mínimo pela função acumulada, deve ser interpretado no sentido de que seu objetivo foi garantir ao radialista remuneração proporcional ao aumento da responsabilidade e do trabalho decorrente do acúmulo de funções, em respeito ao princípio da proteção ao trabalhador. Sob esses fundamentos, a SBDI-I, por unanimidade, conheceu dos embargos quanto ao tema, por divergência jurisprudencial e, no mérito, por maioria, negou-lhes provimento. Vencidos os Ministros João Oreste Dalazen e Márcio Eurico Vitral Amaro. TST-E-ED-RR-2983500-63.1998.5.09.0012, SBDI-I, rel. Min. José Roberto Freire Pimenta, 9.3.2017 (TST. Info nº 154).

➘ Aprendiz. Cota mínima para contratação. Base de cálculo. Inclusão de motoristas e cobradores de ônibus. Art. 10, § 2º, do Decreto nº 5.598/2005.

As funções de motorista e cobrador de ônibus devem integrar a base de cálculo para a definição da cota mínima de aprendizes a serem contratados (art. 429 da CLT), pois o art. 10, § 2º, do Decreto nº 5.598/2005 determina a inclusão de todas as funções que demandem formação profissional, ainda que proibidas para menores de 18 anos. Nos termos do art. 10, § 1º, do aludido Decreto, somente são excluídos os cargos que exigem habilitação técnica de nível superior e cargos de direção. Sob esses fundamentos, a SBDI-I, por unanimidade, conheceu dos embargos, por divergência jurisprudencial, e, no mérito, por maioria, negou-lhes provimento. Vencidos os Ministros Cláudio Mascarenhas Brandão e Walmir Oliveira da Costa. TST-E-ED-RR-2220-02.2013.5.03.0003, SBDI-I, rel. Min. José Roberto Freire Pimenta, 1º.9.2016 (TST. Info nº 143).

➘ Petrobras. Curso de formação. Vínculo de emprego. Caracterização. Cômputo como tempo de serviço. Art. 14, § 2º, da Lei nº 9.624/98. Aplicação analógica.

Ainda que o edital do concurso para ingresso no cargo de "Operador I" da Petrobras não permita a integração do período relativo ao denominado Curso de Formação Educacional Complementar no contrato de trabalho, não há como afastar a caracterização do vínculo empregatício nesse período, uma vez que o referido curso não estava voltado para simples formação educacional ordinária, mas detinha finalidade específica de qualificação para o desempenho do cargo, além de ostentar cunho obrigatório, presentes a subordinação, a não eventualidade, a pessoalidade e a onerosidade (bolsa), próprias da relação de emprego, nos termos dos arts. 2º e 3º da CLT. Aplicação analógica do art. 14, § 2º, da Lei nº 9.624/98, para fins de cômputo do período do curso de formação como tempo de serviço. Sob esse entendimento, a SBDI-I, por unanimidade, conheceu dos embargos, por divergência jurisprudencial, e, no mérito, por maioria, negou-lhes provimento mantendo a decisão turmária que restabeleceu a sentença proferida em sede de ação civil pública, a qual condenara a Petrobras na obrigação de retificar as carteiras de trabalho dos empregados nominados na petição inicial, relativamente à data de admissão. Vencidos os Ministros João Oreste Dalazen, relator, Ives Gandra Martins Filho, Brito Pereira e Márcio Eurico Vitral Amaro. TST-E-ED-RR-213000-10.2004.5.01.0481, SBDI-I, rel. Min. João Oreste Dalazen, red. p/ acórdão Min. Aloysio Corrêa da Veiga, 2.6.2016 (TST. Info nº 138).

3.2. GRUPO ECONÔMICO, SUCESSÃO, SÓCIO-RETIRANTE, TERCEIRIZAÇÃO E EMPREITADA

➘ Embargos. Petrobras. Responsabilidade subsidiária. Aplicação da Lei nº 9.478/97 e Decreto nº 2.745/98. Súmula nº 331, IV, do TST.

A Lei nº 9.478/97 dispunha, em seu artigo 67, sobre os procedimentos simplificados de licitação e contratos a serem observados pela Petrobras. O referido procedimento foi regulamentado pelo Decreto nº 2.745/98, o qual estabeleceu que a aquisição de bens e os contratos de prestação de serviços firmados pela Petrobras reger-se-iam pelas normas de direito privado e pelo princípio da autonomia da vontade – regramento incompatível com a aplicação da Lei nº 8.666/93. Outrossim, em que pese o art. 67 da Lei nº 9.478/97 tenha sido revogado pela Lei nº 13.303/16, vigente a partir de 1º/7/16, tem-se que os procedimentos licitatórios e contratos iniciados ou celebrados até 24 meses após a vigência da nova lei permaneceram ainda regidos pela legislação anterior. Na espécie, o contrato de prestação de serviços em favor da Petrobras iniciou-se em 13/5/10. Logo, aplica-se à hipótese o regramento licitatório específico previsto na Lei nº 9.478/97 e regulamentado pelo Decreto nº 2.745/98, que impõe à empresa estatal a submissão às regras de direito privado. Portanto, incide o entendimento do item IV da Súmula nº 331 do TST, aplicável às terceirizações havidas no âmbito da iniciativa privada, resultando cabível a responsabilidade subsidiária da Petrobras. Sob esses fundamentos, a SBDI-I, por unanimidade, conheceu dos Embargos por divergência jurisprudencial e, no mérito, por maioria, deu-lhes provimento para restabelecer o acórdão prolatado pelo TRT de origem. Vencidos os Ministros Alberto Luiz Bresciani de Fontan Pereira, Márcio Eurico Vitral Amaro, Breno Medeiros, Alexandre Luiz Ramos e Maria Cristina Irigoyen Peduzzi. TST-E-RR-101398-88.2016.5.01.0482, SBDI-I, rel. Min. Lelio Bentes Corrêa, 17/12/2020 (Info nº 231).

➘ Ente público. Terceirização. Responsabilidade subsidiária. Culpa in vigilando. Configuração.

Conquanto o mero inadimplemento das obrigações trabalhistas por parte do prestador de serviços não atribua automaticamente ao ente público tomador de serviços a responsabilidade subsidiária pelo pagamento do respectivo débito, subsiste a possibilidade de a Administração Pública ser responsabilizada quando se verificar a conduta culposa do tomador de serviços na fiscalização do correto cumprimento da legislação trabalhista e previdenciária na vigência do contrato administrativo. Esse foi o entendimento esposado pelo Supremo Tribunal Federal no julgamento da ADC nº 16, ao declarar a constitucionalidade do art. 71, § 1º, da Lei nº 8.666/1993. No presente caso, ficou demonstrada a culpa in vigilando da tomadora de serviços, porquanto constatado o descumprimento das obrigações regulares do contrato de trabalho durante sua execução. Sob esse entendimento, a SBDI-1, em composição plena, por maioria, deu provimento aos embargos para restabelecer o acórdão proferido pelo Tribunal Regional na parte em que manteve a responsabilidade subsidiária da União. Vencidos os Ministros Alexandre Luiz Ramos, Hugo Carlos Scheuermann, Breno Medeiros, Aloysio Corrêa da Veiga, Walmir Oliveira da Costa e Maria Cristina Irigoyen Peduzzi. TST-E-RR-992-25.2014.5.04.0101, SBDI-1, rel. Min. Augusto César Leite de Carvalho, 4/6/2020 (Info nº 220).

➘ Ente público. Terceirização. Responsabilidade subsidiária. Ônus da prova. Matéria infraconstitucional. Dever ordinário de fiscalização imposto à Administração Pública.

No julgamento do RE nº 760.931/DF, com repercussão geral reconhecida, o STF firmou a tese de que "o inadimplemento dos encargos trabalhistas dos empregados do contratado não transfere automaticamente ao Poder Público contratante a responsabilidade pelo seu pagamento, seja em caráter solidário ou subsidiário, nos termos do art. 71, § 1º, da Lei nº 8.666/93". A *ratio decidendi* da referida decisão permite concluir que a responsabilização do ente público apenas está autorizada quando comprovada a ausência sistemática de fiscalização quanto ao cumprimento das obrigações trabalhistas pela prestadora. De outra sorte, a Suprema Corte, ao rejeitar os embargos de declaração interpostos no referido recurso extraordinário, e fixar o alcance da repercussão geral, deixou claro que não adentrou na questão do ônus da prova, de modo que cabe ao TST defini-la, diante de sua natureza eminentemente infraconstitucional. Assim, tendo em vista o dever ordinário de fiscalização da execução do contrato e de outras obrigações impostas à Administração Pública por diversas normas legais, conclui-se que é do poder público o ônus de demonstrar que fiscalizou adequadamente os contratos de prestação de serviços por ele firmados. Sob esses fundamentos, a SBDI-I, por unanimidade, conheceu dos embargos, por divergência jurisprudencial, e, no mérito, por maioria, deu-lhes provimento para restabelecer o acórdão do Tribunal Regional que, reputando insuficientes os documentos juntados aos autos, entendeu que o ente público reclamado não se desincumbiu do ônus que lhe cabia, devendo, portanto, ser responsabilizado subsidiariamente pelos débitos trabalhistas inadimplidos pela prestadora de serviços por ele contratada. Vencidos os Ministros Breno Medeiros, Alexandre Luiz Ramos e Brito Pereira. TST-E-RR-925-07.2016.5.05.0281, SBDI-I, rel. Min. Cláudio Mascarenhas Brandão, 12.12.2019 (Info nº 214).

➘ **Empresa de telecomunicações. Serviço de *call center*. Terceirização. Licitude. Precedentes vinculantes do Supremo Tribunal Federal.**

Nos termos do entendimento vinculante do STF, a terceirização de atividade-fim ou essencial das empresas de telecomunicações não pode ser considerada ilícita. No julgamento do processo STF-ARE 791932/DF (Tema 739 da repercussão geral), firmou-se a tese de que é nula a decisão de órgão fracionário que nega aplicação ao art. 94, I, da Lei nº 9.472/1997, e de que a Súmula nº 331 do TST é parcialmente inconstitucional, devendo a licitude da terceirização de toda atividade ser reconhecida. No referido julgamento, também se estabeleceu que o reconhecimento da ilicitude da terceirização destoa do posicionamento firmado nos processos STF-ADPF 324 e STF-RE 958252/MG (Tema 725 da repercussão geral), em que se assentou a licitude da terceirização ou de qualquer outra forma de divisão do trabalho entre pessoas jurídicas distintas. Ressalte-se, todavia, que embora o STF tenha prestigiado os princípios da legalidade, da livre iniciativa, da livre concorrência e da segurança jurídica na terceirização, não houve derrogação das normas de Direito do Trabalho, de modo que a verificação, no caso concreto, da existência de vínculo empregatício (art. 3º da CLT) diretamente com a tomadora dos serviços continua sendo possível, especialmente quando comprovada a subordinação jurídica direta do empregado terceirizado à empresa tomadora. Na espécie, a decisão turmária reconheceu o vínculo de emprego do reclamante, que exercia a função de atendente de *call center*, diretamente com a empresa concessionária de serviços de telecomunicações tomadora dos serviços, sem registrar qualquer particularidade que distinguisse o caso dos precedentes firmados pela Suprema Corte Assim, a SBDI-I, por unanimidade, conheceu dos embargos, por divergência jurisprudencial, e, no mérito, deu-lhes provimento para afastar o reconhecimento do vínculo empregatício com a tomadora dos serviços e determinar o retorno dos autos à Turma para que prossiga no julgamento do recurso de revista quanto ao pedido subsidiário de isonomia salarial com os empregados da tomadora dos serviços. TST-E-ED-RR-39900-49.2007.5.24.0002, SBDI-I, rel. Min. Luiz Philippe Vieira de Mello Filho, 28.11.2019 (INF 213).

4. REMUNERAÇÃO (ARTS. 457 A 467)

➘ **Petrobras S.A. Empregado aposentado que continua trabalhando. Complementação remuneratória prevista em norma coletiva para empregados em gozo de auxílio--doença. Pagamento indevido.**

O empregado aposentado que continua trabalhando não tem direito ao recebimento de complemento remuneratório previsto em norma coletiva da Petrobras S.A. para os casos em que há afastamento das atividades laborais por prazo superior a quinze dias em decorrência de doença. Conforme o disposto no art. 124, I, da Lei nº 8.213/91, não é possível cumular proventos de aposentadoria com o auxílio-doença. Assim, se o empregado ativo aposentado não tem direito ao benefício, também não poderá receber a sua complementação, visto que o acessório segue a sorte do principal (art. 92 do CC). Com esses fundamentos, a SBDI-I, por maioria, conheceu dos embargos por divergência jurisprudencial, e, no mérito, deu-lhes provimento para excluir da condenação a obrigação de cumprimento da cláusula 30ª do ACT 2009/2011 com relação à autora, aposentada pelo INSS, que permanecera prestando serviços à empregadora. Vencidos os Ministros Hugo Carlos Scheuermann, relator, Luiz Philippe Vieira de Mello Filho, Alberto Luiz Bresciani de Fontan Pereira, Augusto César Leite de Carvalho e José Roberto Freire Pimenta. TST-EED-RR-2058-38.2010.5.20.0003, SBDI-I, rel. Min. Hugo Carlos Scheuermann, red. p/ acórdão Min. Cláudio Mascarenhas Brandão, 8.8.2019 (TST. Info nº 201).

4.1. REMUNERAÇÃO, SALÁRIO E GORJETA

➘ **Embargos. Atleta profissional. Direito de imagem. Configuração de fraude. Reconhecimento da natureza salarial da parcela. Arts. 87-A da Lei n.º 9.615/1998 e 9º da CLT.**

Tem prevalecido, no âmbito do TST, o entendimento de que a desvinculação do pagamento efetuado pela agremiação desportiva a título de cessão do direito imaterial do atleta profissional da efetiva exploração de sua imagem desnatura o objeto do contrato civil celebrado sob o pálio do artigo 87-A da Lei n.º 9.615/1998, introduzido pela Lei nº 13.155/2015, atraindo, assim, o reconhecimento da natureza salarial das parcelas recebidas sob essa rubrica, por aplicação da norma insculpida no artigo 9º da CLT. Conquanto não se aplique aos contratos de trabalho desportivos firmados anteriormente à sua vigência (caso dos autos, em que o contrato de trabalho extinguiu-se em 31/12/2014), a norma prevista no parágrafo único do artigo 87-A da Lei n.º 9.615/1998 fixou um teto para o percentual pago a título de cessão do direito de imagem, tendo por base a remuneração total devida ao atleta profissional (40%), com claro intuito de emprestar maior transparência à contratação e coibir práticas fraudulentas perpetradas em violação à legislação trabalhista e previdenciária no âmbito desportivo. Assim, ao invés de endossar a pretensão deduzida pelo reclamado, inovação legal milita em seu desfavor, na medida em que apenas explicita, de forma objetiva, vedação já existente, decorrente das disposições do artigo 9º da CLT. Na presente hipótese, o Tribunal de origem, com base em elementos concretos extraídos do substrato fático-probatório dos autos, reputou configurada a conduta fraudulenta perpetrada pela agremiação desportiva que, a pretexto de retribuição pecuniária ajustada no contrato civil de cessão do direito de imagem do atleta profissional, em verdade remunerava o contrato de trabalho desportivo, sendo imperioso reconhecer a natureza jurídica salarial dessa verba. Sob esses fundamentos a SBDI-I, por unanimidade, conheceu dos Embargos, por divergência jurisprudencial, e, no mérito, por maioria, deu-lhes provimento para restabelecer o acórdão prolatado pelo Tribunal Regional, vencidos os Ministros Guilherme Augusto Caputo Bastos, Breno Medeiros e Alexandre Luiz Ramos e as Ministras Dora Maria da Costa e Maria Cristina Irigoyen

Peduzzi. TST-E-ED-RR-1442-94.2014.5.09.0014, SBDI-I, rel. Min. Lelio Bentes Corrêa, 30/9/2021 (TST. Info nº 245).

➘ Gratificação de função. Percepção por mais de 10 anos. Reversão ao cargo efetivo antes da entrada em vigor da Lei nº 13.467/2017. Irretroatividade. Incorporação devida. Aplicação da Súmula nº 372, I, do TST.

Não se aplica o disposto no art. 468, § 2º, da CLT, incluído pela reforma trabalhista promovida pela Lei nº 13.467/2017, aos empregados que, em conformidade com a diretriz do item I da Súmula nº 372 do TST, completaram 10 anos de exercício em função gratificada anteriormente à vigência da referida novel legislação. No caso, a reclamante recebeu gratificação de função no período de 31/12/1993 a 2/8/2018, tendo sido preenchido o requisito da percepção da gratificação por 10 anos em 2003. Sob esse fundamento, a SBDI-I, por unanimidade, conheceu dos embargos por divergência jurisprudencial e, por maioria, deu-lhe provimento para restabelecer o acórdão prolatado pelo Tribunal Regional, que condenara a reclamada à incorporação da função gratificada à remuneração da reclamante desde a data da dispensa da função. Vencido o Ministro Alexandre Luiz Ramos. TST-E-ED-RR-43-82.2019.5.11.0019, SBDI-I, rel. Min. Lelio Bentes Corrêa, 9/9/2021 (TST. Info nº 243).

➘ Embargos. Adicional de transferência. Sucessividade de transferências. Provisoriedade configurada. Pagamento do adicional devido.

É devido o pagamento do adicional de transferência, no importe de 25%, previsto no art. 469, § 3º da CLT e tratado na Orientação Jurisprudencial nº 113 da SBDI-I do TST, no caso de sucessivas transferências durante o contrato de trabalho. Na espécie, houve diversas transferências no curso do contrato laboral, seis no total, sendo que a última durou mais de três anos. Sabe-se que, em relação ao critério temporal da transferência, a jurisprudência desta Corte Trabalhista entende como provisória aquela cuja duração não supere dois anos. Contudo, no caso em análise, em razão da sucessividade das transferências efetivadas, deferiu-se o pagamento do respectivo adicional. Sob esses fundamentos, a SBDI-I, por maioria, vencido o Ministro Breno Medeiros, conheceu dos Embargos por divergência jurisprudencial e, no mérito, por maioria, deu-lhes provimento para restabelecer a sentença e condenar o reclamado a pagar ao reclamante o adicional de transferência de 25% sobre as parcelas salariais, e reflexos, durante o período não prescrito, vencidos os Ministros Breno Medeiros, Alexandre Luiz Ramos, Renato de Lacerda Paiva e as Ministras Dora Maria da Costa e Maria Cristina Irigoyen Peduzzi. TST-E-RR-536-14.2012.5.09.0002, SBDI-I, rel. Min. Cláudio Mascarenhas Brandão, 12/8/2021 (TST. Info nº 241).

➘ Ação rescisória. Indenização por danos emergentes. Ressarcimento de despesas médicas. Pagamentos mensais fixados em múltiplos de salário mínimo. Violação do art. 7º, IV, da CF. Configuração.

Viola o art. 7º, IV, da CF a decisão que utiliza múltiplos do salário mínimo como parâmetro a ser adotado em liquidação de sentença no que tange à indenização pelos danos emergentes ligados ao acompanhamento médico a que submetida a trabalhadora incapacitada para o trabalho em decorrência de acidente do trabalho. A vedação à vinculação ao salário mínimo tem sido afastada pelo STF apenas nas obrigações com conteúdo salarial ou alimentar, hipótese diversa da constatada nos autos, pois o valor pago mensalmente não tem por objetivo substituir os rendimentos da vítima, mas apenas ressarci-la das despesas médicas perenes e futuras. No caso, o salário mínimo poderia ser utilizado apenas como parâmetro inicial da indenização, mas não como fator de correção. Sob esses fundamentos, a SBDI-II, por unanimidade, conheceu do recurso ordinário interposto pela ré e, no mérito, por maioria, vencidos os Ministros Douglas Alencar Rodrigues e Luiz José Dezena da Silva, deu-lhe parcial provimento para, não obstante manter a desconstituição do acórdão rescindendo no tocante à indenização mensal relativa a danos emergentes relacionados a despesas médicas, por violação do art. 7º, IV, da CF, em juízo rescisório, por maioria, vencidos os Ministros Alexandre Agra Belmonte, Douglas Alencar Rodrigues e Luiz José Dezena da Silva, negar provimento aos recursos ordinários interpostos por ambas as partes na reclamatória para manter inalterada a sentença no particular, inclusive em relação à manutenção do plano de saúde e ao pagamento da quantia de R$ 500,00 por mês a título de ressarcimento das despesas médicas, a qual deve ser corrigida anualmente com base na variação do IPCA-E. TST-RO-21683-38.2015.5.04.0000, SBDI-II, rel. Min. Maria Helena Mallmann, 18.6.2019 (TST. Info nº 199).

4.2. INSALUBRIDADE, PERICULOSIDADE E ADICIONAIS

➘ Incidente de Recursos Repetitivos. Tema nº 16. Adicional de Periculosidade. Artigo 193, inciso II, da CLT. Fundação Casa. Agente de Apoio Socioeducativo. Atividades e Operações Perigosas. Anexo 3 da NR 16 (Portaria 1.885/2013 do Ministério do Trabalho).

A SBDI-I, em sua composição plena, analisando a questão relativa à percepção do adicional de periculosidade pelo Agente de Apoio Socioeducativo, decidiu, por maioria, aprovar, sem modulação, as seguintes teses jurídicas para o Tema Repetitivo nº 16: "I. O Agente de Apoio Socioeducativo (nomenclatura que, a partir do Decreto nº 54.873 do Governo do Estado de São Paulo, de 06.10.2009, abarca os antigos cargos de Agente de Apoio Técnico e de Agente de Segurança) faz jus à percepção de adicional de periculosidade, considerado o exercício de atividades e operações perigosas, que implicam risco acentuado em virtude de exposição permanente a violência física no desempenho das atribuições profissionais de segurança pessoal e patrimonial em fundação pública estadual. II. Os efeitos pecuniários decorrentes do reconhecimento do direito do Agente de Apoio Socioeducativo ao adicional de periculosidade operam-se a partir da regulamentação do art. 193, II, da CLT em 03.12.2013 – data da entrada em vigor da Portaria nº 1.885/2013 do Ministério do Trabalho, que aprovou o Anexo 3 da NR-16". Vencidos os Ministros Aloysio Corrêa da Veiga, Guilherme Augusto Caputo Bastos e Alexandre Luiz Ramos. TST-IRR-1001796-60.2014.5.02.0382, SBDI-I, rel. Min. Hugo Carlos Scheuermann, 14/10/2021 (TST. Info nº 245).

➘ Incidente de Recursos Repetitivos. Tema nº 15. Empresa Brasileira de Correios e Telégrafos – ECT. Adicional de Atividade de Distribuição e/ou Coleta Externa – AADC (PCCS/2008). Percepção cumulativa com o Adicional de Periculosidade previsto no § 4º do art. 193 da CLT. Possibilidade. Parcelas com fatos geradores distintos.

A SBDI-I, em sua composição plena, analisando a questão relativa à possibilidade de cumulação do Adicional de Atividade de Distribuição e/ou Coleta Externa – AADC, instituído pela ECT no PCCS de 2008, com o Adicional de Periculosidade, previsto § 4º do art. 193 da CLT, aos empregados que desempenham a função de carteiro motorizado (Função Motorizada 'M' e 'MV'), utilizando-se de motocicletas, decidiu, por maioria, sem modulação, aprovar a seguinte tese jurídica para o Tema Repetitivo nº 15: "Diante das naturezas jurídicas diversas do Adicional de Atividade de Distribuição e/ou Coleta Externa – AADC previsto no PCCS/2008 da ECT e do Adicional de Periculosidade estatuído pelo § 4º do art. 193 da CLT, define-se que, para os empregados da ECT que se enquadram nas hipóteses de pagamento dos referidos adicionais, o AADC e o adicional de periculosidade, percebido por carteiro motorizado que faz uso de motocicleta, podem ser recebidos cumulativamente". Vencidos os Ministros Aloysio Corrêa da Veiga, Guilherme Augusto Caputo Bastos, Breno Medeiros, Alexandre Luiz Ramos e a Ministra Maria Cristina Irigoyen Peduzzi. TST-IRR-1757-68.2015.5.06.0371, SBDI-I, Rel. Min. Alberto Luiz Bresciani de Fontan Pereira, 14/10/2021 (TST. Info nº 245).

➘ Adicional de periculosidade. Posto de gasolina. Farmácia instalada em área de risco. Aplicação da NR 16, anexo 2, quadro 3, do Ministério do Trabalho. Devido.

De acordo com o disposto na NR 16, anexo 2, quadro 3, do Ministério do Trabalho, são consideradas atividades ou operações perigosas com inflamáveis, as operações em postos de serviço e bombas de abastecimento de inflamáveis líquidos, sendo devido o adicional ao operador de bomba e também aos trabalhadores que operam na área de risco. Nesse contexto, constatada a prestação de serviços em farmácia instalada à distância inferior a 7,5 metros da boca de abastecimento das bombas do posto, é devido o referido adicional, porquanto esses trabalhadores, embora não operem diretamente com o abastecimento de veículos, exercem outras atividades em ponto comercial instalado em área de risco. Sob esses fundamentos, a SBDI-I, por unanimidade, conheceu do recurso de embargos, por divergência jurisprudencial, e, no mérito, por maioria, deu-lhe provimento para restabelecer o acórdão regional quanto ao pagamento do adicional de periculosidade. Vencidos os Ministros Breno Medeiros, Alexandre Luiz Ramos, Alberto Luiz Bresciani de Fontan Pereira e a Ministra Maria Cristina Irigoyen Peduzzi. TST-E-RR-20267-40.2014.5.04.0333, SBDI-I, rel. Min. Walmir Oliveira da Costa, 4/3/2021 (TST. Info nº 233).

➘ Adicional de periculosidade. Posto de gasolina. Farmácia instalada em área de risco. Aplicação da NR 16, anexo 2, quadro 3, do Ministério do Trabalho. Devido.

De acordo com o disposto na NR 16, anexo 2, quadro 3, do Ministério do Trabalho, são consideradas atividades ou operações perigosas com inflamáveis, as operações em postos de serviço e bombas de abastecimento de inflamáveis líquidos, sendo devido o adicional ao operador de bomba e também aos trabalhadores que operam na área de risco. Nesse contexto, constatada a prestação de serviços em farmácia instalada à distância inferior a 7,5 metros da boca de abastecimento das bombas do posto, é devido o referido adicional, porquanto esses trabalhadores, embora não operem diretamente com o abastecimento de veículos, exercem outras atividades em ponto comercial instalado em área de risco. Sob esses fundamentos, a SBDI-I, por unanimidade, conheceu do recurso de embargos, por divergência jurisprudencial, e, no mérito, por maioria, deu-lhe provimento para restabelecer o acórdão regional quanto ao pagamento do adicional de periculosidade. Vencidos os Ministros Breno Medeiros, Alexandre Luiz Ramos, Alberto Luiz Bresciani de Fontan Pereira e a Ministra Maria Cristina Irigoyen Peduzzi. TST-E-RR-20267-40.2014.5.04.0333, SBDI-I, rel. Min. Walmir Oliveira da Costa, 4/3/2021 (TST. Info nº 233).

➘ Incidente de Recursos de Revista Repetitivos. "Tema nº 0017 – Cumulação de adicionais de periculosidade e de insalubridade amparados em fatos geradores distintos e autônomos."

A SBDI-I, em sua composição plena, por maioria, definiu a seguinte tese jurídica para o Tema Repetitivo nº 0017 – CUMULAÇÃO DE ADICIONAIS DE PERICULOSIDADE E DE INSALUBRIDADE AMPARADOS EM FATOS GERADORES DISTINTOS E AUTÔNOMOS: o art. 193, § 2º, da CLT foi recepcionado pela Constituição Federal e veda a cumulação dos adicionais de insalubridade e de periculosidade, ainda que decorrentes de fatos geradores distintos e autônomos. Vencidos os Ministros Luiz Philippe Vieira de Mello Filho, relator, Augusto César Leite de Carvalho, José Roberto Freire Pimenta, Hugo Carlos Scheuermann, Cláudio Mascarenhas Brandão e Lelio Bentes Corrêa. TS-TIRR-239-55.2011.5.02.0319, SBDI-I, rel. Min. Luiz Philippe Vieira de Mello Filho, red. p/ acórdão Min. Alberto Luiz Bresciani de Fontan Pereira, 26.9.2019 (TST. Info nº 206).

4.3. EQUIPARAÇÃO SALARIAL E PLANO DE CARGOS E SALÁRIOS

➘ Embargos. Recurso de Revista. Diferenças salariais. Promoção por merecimento. Política de grades. Ausência de juntada dos documentos referentes à avaliação de desempenho realizada pelo empregado. Inércia do Banco reclamado. *Distinguishing* **Possibilidade de reconhecimento do direito às promoções.**

A matéria relativa a promoções por merecimento encontra-se pacificada pela jurisprudência da SBDI-1 desta Corte, no sentido de que, dado o caráter eminentemente subjetivo da apuração da progressão por mérito, eventual omissão do empregador quanto à implementação desse procedimento não garante a promoção do empregado, por não se poder afirmar que ele teria obtido êxito, caso tivesse sido avaliado. Contudo, a hipótese de ausência de juntada da documentação solicitada pelo perito, relativa às avaliações de desempenho realizadas pelo empregado, imprescindíveis à aferição da correta movimentação do trabalhador no sistema de grades adotado pelo banco, acaba por caracterizar distinção em face da jurisprudência da SDI quanto à impossibilidade de reconhecimento do direito às promoções por mérito. A jurisprudência desta Corte Superior vem se manifestando no sentido de que os empregados fazem jus ao pagamento de diferenças salariais, quando o réu, Banco Santander, não apresenta os documentos que poderiam comprovar o correto cumprimento do sistema de grades previsto no regulamento empresarial. Com esse entendimento, a SBDI-I, por maioria, conheceu dos embargos por divergência jurisprudencial, quanto ao tema "Política salarial de grades. Promoções por merecimento", vencidos os Ministros Breno Medeiros, Alexandre Luiz Ramos, Hugo Carlos Scheuermann e a Ministra Dora Maria da Costa, e no mérito, ainda por maioria, deu-lhes provimento para determinar o retorno dos autos à Turma de origem, a fim de que prossiga no exame do recurso adesivo da autora, vencidos os Ministros Breno Medeiros, Alexandre Luiz Ramos e a Ministra Dora Maria da Costa. TST-E-ED-ARR-532-29.2014.5.03.0016, SBDI-I, rel. Min. Breno Medeiros, red. p/ acórdão Min. Cláudio Mascarenhas Brandão, 20/5/2021 (TST. Info nº 238).

➘ Desvio de função. Empregado público que exerce atividade típica de servidor público estatutário. Regimes jurídicos distintos. Diferenças salariais. Devidas. Aplicação do princípio da isonomia. Orientação Jurisprudencial nº 125 da SBDI-I.

Não obstante o art. 37, II, da CF impeça a admissão e o reenquadramento no serviço público sem prévia aprovação em concurso público e o inciso XIII do mesmo dispositivo constitucional vede a equiparação de quaisquer espécies remuneratórias, para efeito de remuneração de pessoal do serviço público, havendo identidade entre as atividades realizadas por servidor público estatutário e aquelas exercidas por empregado público em flagrante desvio de função, é devido o pagamento das diferenças salariais respectivas, sob pena de enriquecimento ilícito da Administração Pública. Inteligência da Orientação Jurisprudencial nº 125 da SBDI-I e observância do critério da isonomia. Na espécie, o reclamante fora contratado pelo SERPRO para o cargo de auxiliar de informática, tendo exercido as funções de Técnico do Tesouro Nacional ao prestar serviços na Secretaria da Receita Federal. Com esse entendimento, a SBDI-I, em sua composição plena, por unanimidade, conheceu dos embargos interpostos pelo SERPRO, por má aplicação da Orientação Jurisprudencial nº 125 da SBDI-I, e, no mérito, por maioria, negou-lhes provimento. Vencidos os Ministros Ives Gandra Martins Filho, relator, Antonio José de Barros Levenhagen, Brito Pereira, Renato de Lacerda Paiva e Guilherme Augusto Caputo Bastos, que davam provimento ao recurso para restabelecer a sentença que concluiu pela impossibilidade de deferimento das diferenças salariais quando o trabalhador laborou em desvio de função em regimes jurídicos diversos, em razão do disposto no art. 37, XIII, da CF. TST-E-E-

D-RR-210900-27.2000.5.09.0020, SBDI-I, rel. Min. Ives Gandra da Silva Martins Filho, red. p/ acórdão Min. João Oreste Dalazen, 22.5.2014 (TST. Info nº 83).

5. JORNADA DE TRABALHO E DESCANSOS

5.1. DURAÇÃO DO TRABALHO

➘ CEF. Bancário. Horas extras. Avaliador Executivo. Fidúcia especial. Cargo de Confiança. Enquadramento na exceção do art. 224, § 2º, da CLT.

As atividades desempenhadas pelos empregados da Caixa Econômica Federal que exercem a função de "avaliador executivo", consistentes na certificação das garantias oriundas das operações de penhor, com possibilidade de significativo impacto no patrimônio da empresa, evidenciam a fidúcia especial do cargo, não se tratando, pois, de função meramente técnica. Assim, o bancário que exerce a função de avaliador executivo e recebe gratificação superior a 1/3 do salário do cargo efetivo, enquadra-se na exceção contida no § 2º do artigo 224 da CLT, razão pela qual não faz jus ao pagamento da sétima e oitava horas como extras. Com esse entendimento, a SBDI-1, por maioria, conheceu do recurso de embargos, por divergência jurisprudencial, vencidos os Ministros Alexandre Luiz Ramos, Renato de Lacerda Paiva, Guilherme Augusto Caputo Bastos e as Ministras Dora Maria da Costa e Maria Cristina Irigoyen Peduzzi, e, no mérito, também por maioria, negou-lhe provimento, vencidos os Ministros José Roberto Freire Pimenta, Relator, Hugo Carlos Scheuermann, Lelio Bentes Corrêa, Alberto Luiz Bresciani de Fontan Pereira e Augusto César Leite de Carvalho. TST-E-ED-RR-60100-34.2010.5.17.0013, SBDI-I, red. p/ acórdão Min. Cláudio Mascarenhas Brandão, 25/11/2021 (TST. Info nº 248).

➘ Bancário. Pré-contratação de horas extras. Pactuação posterior à admissão do empregado. Intuito de burlar o entendimento sufragado na Súmula nº 199, I, do TST. Configuração.

É nula a contratação de labor extraordinário do empregado bancário, ainda que realizada em momento posterior à sua admissão, se constatada a intenção do empregador de obstar a incidência da Súmula nº 199, I, do TST. No caso, ainda que a contratação de horas extras tenha ocorrido quase dois anos após a admissão do empregado, ficou demonstrado nos autos o intuito fraudulento do empregador de mascarar a pré-contratação de horas extras. Por esse fundamento, a SBDI-I, por maioria, vencidos os Ministros Alexandre Luiz Ramos, relator, Renato de Lacerda Paiva, Guilherme Augusto Caputo Bastos e as Ministras Dora Maria da Costa e Maria Cristina Irigoyen Peduzzi, conheceu dos embargos por divergência jurisprudencial e, ainda por maioria, deu-lhes provimento para restabelecer o acórdão regional no aspecto, vencidos o Ministro Alexandre Luiz Ramos, relator, e as Ministras Dora Maria da Costa e Maria Cristina Irigoyen Peduzzi. TST-E-ED-RR-1833000-79.2005.5.09.0004, SBDI-I, red. p/ acórdão Min. Breno Medeiros, 19/8/2021 (TST. Info nº 242).

➘ Embargos. Horas de sobreaviso. Exercente de cargo de confiança. Art. 62, II, da CLT. Incompatibilidade.

O empregado exercente de cargo de confiança previsto no art. 62, II, da CLT não tem direito a horas de sobreaviso, haja vista a necessidade de um controle dos horários de trabalho para sua concessão e a incompatibilidade entre a sistemática do controle de jornada e a atividade exercida pelo trabalhador inserido no referido dispositivo. Sob esses fundamentos, a SBDI-I, por maioria, conheceu do recurso de embargos, por divergência jurisprudencial, vencido o Ministro Breno Medeiros, e, no mérito, por maioria, negou-lhe provimento, vencidos os Ministros Renato de Lacerda Paiva, Lelio Bentes Corrêa, Augusto César Leite de Carvalho, José Roberto Freire Pimenta e Cláudio Mascarenhas Brandão. TST-E-RR-10070-04.2015.5.01.0065, SBDI-I, rel. Min. Hugo Carlos Scheuermann, 5/8/2021 (TST. Info nº 241).

Embargos. Jornada de trabalho do advogado. Admissão mediante concurso público. Observância do princípio da vinculação às regras do edital. Previsão de jornada de oito horas diárias. Equivalência ao ajuste contratual de dedicação exclusiva. Acórdão em consonância com a jurisprudência do TST.

Conforme jurisprudência consolidada nesta Corte, em relação à jornada de trabalho de advogado empregado contratado mediante concurso público, após o advento da Lei 8.906/94, aplica-se o princípio da vinculação às regras do edital do concurso público, concluindo-se que a previsão da jornada de oito horas de trabalho no edital do concurso equivale ao regime de dedicação exclusiva. No caso em exame, restou "incontroverso que no edital do concurso público ao qual o Reclamante se submeteu havia a previsão expressa da jornada de 8 (oito) horas para os advogados". Evidenciada, portanto, a consonância do acórdão turmário com julgados da SBDI-I e de todas as Turmas do Tribunal Superior do Trabalho, mostrou-se inviável o conhecimento do recurso de embargos, nos termos do art. 894, § 2º, da CLT, sendo certo que a função uniformizadora do Colegiado já fora cumprida. Sob esse fundamento, a SBDI-I, por unanimidade, não conheceu dos embargos. TST-E-ED-ARR-1554-10.2012.5.22.0002, SBDI-I, rel. Min. Augusto César Leite de Carvalho, 12/8/2021 (TST. Info nº 241).

➘ Advogado empregado. Ausência de cláusula contratual expressa de dedicação exclusiva. Horas extras excedentes à 4ª diária. Aplicação do divisor 100 para o cálculo do salário-hora.

Não existindo expressa previsão contratual de dedicação exclusiva, o labor extraordinário de advogado empregado implica o pagamento das horas excedentes à 4ª diária como extras, acrescidas do adicional de 100% da hora normal. Com efeito, a atividade da advocacia é regulada pelo Estatuto da Ordem dos Advogados do Brasil (Lei nº 8.906/1994), o qual contém disposição específica sobre a jornada de trabalho do advogado empregado, bem como a remuneração do trabalho extraordinário (art. 20, § 2º), impondo o pagamento como extraordinárias das horas excedentes à jornada de 4 horas diárias. Dessa forma, considerando-se a jornada de 20 horas semanais, há de se adotar o divisor 100 para o cálculo do salário-hora do empregado advogado. No caso concreto, restou consignado que o reclamante praticava jornada de 8 horas diárias, mas não havia cláusula contratual expressa do regime de dedicação exclusiva. Assim, as horas excedentes à 4ª diária devem ser remuneradas, acrescidas do pagamento do adicional mínimo de 100% da hora normal, na forma em que preceitua o art. 20, § 2º, da Lei nº 8.906/1994. Sob esses fundamentos, a SBDI-I, por unanimidade, conheceu do recurso de embargos, por divergência jurisprudencial, e, no mérito, negou-lhe provimento. TST-E-ED-RR-845-80.2012.5.05.0023, SBDI-I, rel. Min. Breno Medeiros, 18/3/2021 (TST. Info nº 234).

➘ Viagens para participação em cursos e treinamentos exigidos pela empresa. Tempo de espera para o embarque no aeroporto e tempo efetivo de voo. Horas extras. Devidas. Tempo à disposição do empregador. Art. 4º da CLT.

Na hipótese de viagens para participação em cursos de treinamento e capacitação exigidos pelo empregador e realizados em cidades estranhas ao local da prestação de serviços, considera-se tempo à sua disposição o período de trânsito aéreo, bem como aquele expendido no aeroporto aguardando o embarque, limitado este último a uma hora. Inteligência do art. 4º da CLT. Entendeu-se, ainda, que não devem ser computados como tempo à disposição nenhum dos períodos de deslocamento até o aeroporto, seja ao de origem, na ida, seja ao de destino, na volta, e nem aquele gasto em trânsito do aeroporto ao hotel em que caria hospedado na cidade de realização dos cursos. Com esses fundamentos, a SBDI-I decidiu, por maioria, conhecer dos embargos por divergência jurisprudencial, vencido o Ministro Breno Medeiros, e, no mérito, nos termos do voto médio do Ministro Alexandre Luiz Ramos, dar-lhes provimento parcial para assegurar à reclamante o pagamento das horas de espera em aeroporto para embarque e desembarque, vencidos, totalmente, os Ministros Maria Cristina Peduzzi, Breno Medeiros e Aloysio Corrêa da Veiga e, parcialmente, os Ministros Augusto César Leite de Carvalho, relator, Hugo Carlos Scheuermann, Cláudio Mascarenhas Brandão, João Batista Brito Pereira, Lelio Bentes Corrêa, Luiz Philippe Vieira de Mello Filho e Walmir Oliveira da Costa, na parte em que também davam provimento aos embargos para julgar procedente o pedido de cômputo como horas extraordinárias do tempo de traslado entre aeroportos e hotéis, quando extrapoladas da jornada ordinária. TST-E-RR-770-74.2011.5.03.0106, SBDI-I, rel. Min. Augusto César Leite de Carvalho, red. p/ acórdão Min. Alexandre Luiz Ramos, 21/5/2020 (TST. Info nº 219).

➘ Controles de frequência. Juntada parcial. Presunção de veracidade da jornada alegada na petição inicial quanto ao período faltante. Aplicação da Súmula nº 338, I, do TST. Impossibilidade de adoção da média física das horas extras apuradas.

A juntada parcial de controles de frequência não afasta, por si só, a presunção de veracidade da jornada de trabalho declinada na petição inicial (Súmula nº 338, I, do TST), ainda que o período sem comprovação seja reduzido. No caso, o registro de jornada do empregado era feito em dois documentos distintos: cartões de ponto, que controlavam a jornada contratual, e relatórios de horas extras. Quanto a estes últimos, a reclamada, injustificadamente, deixou de apresentar o registro de sete meses, o que equivale a 22% dos meses do contrato de trabalho. Reputando inexpressiva a quantidade faltante, e com o intuito de evitar o enriquecimento ilícito de qualquer das partes, o TRT adotou a média física das horas extras apuradas para calcular o período não comprovado, em contrariedade ao consubstanciado no item I da Súmula nº 338 do TST e à jurisprudência dominante no TST, conforme consignado no acórdão turmário. Ademais, prevaleceu o entendimento de que a Orientação Jurisprudencial nº 233 da SBDI-I não incide na hipótese, pois dirigida a fatos que devem ser provados por quem alega o trabalho em horas extras, situação distinta da analisada. Além disso, o verbete se dirige ao caso em que o julgador convenceu-se de que o procedimento questionado superou o período abrangido pela prova oral ou documental, premissa não evidenciada nos autos, visto que a decisão do TRT que deferiu o cálculo pela média das horas extras apuradas sedimentou-se na possibilidade de enriquecimento sem causa e não no convencimento de que as horas extras registradas superaram o período comprovado. Sob esses fundamentos, a SBDI-I, por unanimidade, conheceu dos embargos, por divergência jurisprudencial, e, no mérito, por maioria, negou-lhes provimento. Vencidos os Ministros Márcio Eurico Vitral Amaro, relator, Breno Medeiros e Maria Cristina Irigoyen Peduzzi. TST-E-ED-ARR-2799-09.2013.5.09.0091, SBDI-I, rel. Min. Márcio Eurico Vitral Amaro, red. p/ acórdão Min. Renato de Lacerda Paiva, 11.4.2019 (TST. Info nº 194).

➘ CEF. Gerente-geral de agência. PCS 1989. Jornada de trabalho de seis horas. Inaplicabilidade.

O cargo de gerente-geral de agência não se submete à norma do PCS 1989 da Caixa Econômica Federal – CEF, que fixou de forma genérica para os "gerentes" a jornada de trabalho de seis horas. Por força da Súmula nº 287 do TST, o gerente-geral está excluído do regime de duração normal do trabalho do art. 62 da CLT, de modo que a ele não são devidas as horas extras excedentes a sexta diária. Sob esse entendimento, a SBDI-I, em sua composição plena, por unanimidade, conheceu dos embargos, por divergência jurisprudencial, e, no mérito, por maioria, negou-lhe provimento. Vencidos os Ministros Augusto César Leite de Carvalho, relator, José Roberto Freire Pimenta, Emmanoel Pereira, Lelio Bentes Corrêa e Hugo Carlos Scheuermann, os quais davam provimento ao recurso ao fundamento de que a norma da CEF, ao não fazer distinção entre o tipo de gerência, abrange os empregados enquadrados tanto no art. 224, § 2º, da CLT, quanto no art. 62, II, do mesmo diploma legal. TST-EED-ARR-59-56.2012.5.12.0018, SBDI-I, rel. Min. Augusto César Leite de Carvalho, red. p/ acórdão Min. Cláudio Mascarenhas Brandão, 21.2.2019 (TST. Info nº 192).

➘ Trabalho externo. Possibilidade de controle dos horários de início e de término da jornada de trabalho. Concessão do intervalo intrajornada. Ônus da prova do empregado. Inaplicabilidade da Súmula nº 338, I, do TST.

Ainda que seja possível controlar os horários de início e de término da jornada de trabalho, é do empregado que desempenha atividades externas o ônus de provar a supressão ou a redução do intervalo intrajornada. Não há falar em aplicação da Súmula nº 338, I, do TST, pois as peculiaridades do trabalho externo impedem o empregador de fiscalizar a fruição do referido intervalo. Sob esse entendimento, e tendo em conta que o acórdão do Tribunal Regional registrou que o reclamante não comprovou qualquer irregularidade no gozo do intervalo intrajornada, a SBDI-I, por unanimidade, conheceu dos embargos, por divergência jurisprudencial, e, no mérito, por maioria, negou-lhes provimento. Vencidos os Ministros Hugo Carlos Scheuermann, relator, e José Roberto Freire Pimenta. TST-E-RR-539-75.2013.5.06.0144, SBDI-I, rel. Min. Hugo Carlos Scheuermann, red. p/ acórdão Min. Maria Cristina Irigoyen Peduzzi, 13.9.2018 (TST. Info nº 184).

5.2. HORAS EXTRAS E COMPENSAÇÃO

➘ Ação anulatória. Acordo coletivo de trabalho. Turno ininterrupto de revezamento. Regime 4x4. Validade. Súmula nº 423 do TST. Não incidência.

É válida cláusula da norma coletiva que fixa em dez horas a jornada de trabalho em turno ininterrupto de revezamento, em que o empregado trabalha dez horas diárias, com intervalo intrajornada de duas horas, alternando-se dois dias no período diurno e dois dias no período noturno, seguidos de quatro dias consecutivos de folga. Tal regime (4x4) não viola o art. 7º, XIV, da CF, pois o limite de seis horas para a jornada em turno ininterrupto de revezamento estabelecido pelo legislador constitucional somente se aplica se não houver negociação coletiva dispondo especificamente sobre o assunto. De outra sorte, não há falar em incidência da Súmula nº 423 do TST ao caso concreto, visto que a modalidade de trabalho adotada na espécie difere do turno ininterrupto típico, na medida em que garante duas horas de intervalo intrajornada. Ademais, a súmula em questão não impõe à norma coletiva o limite máximo de oito horas para a jornada em turnos ininterruptos de revezamento, mas apenas estabelece que, nessa situação, a 7ª e a 8ª horas não serão pagas como extras. Sob esses fundamentos, a SDC, por maioria, negou provimento ao recurso ordinário do Ministério Público do Trabalho para manter a decisão do Tribunal Regional que julgara improcedente o pedido de nulidade da cláusula que fixou o regime 4x4. Vencido o Ministro Mauricio Godinho Delgado, relator. TST-AIRO-277-95.2015.5.17.0000, SDC, rel. Min. Mauricio Godinho Delgado, red. p/acórdão Min. Ives Gandra da Silva Martins Filho, 8.4.2019 (TST. Info nº 194).

➘ Bancário. Cargo de confiança. Art. 224, § 2º, da CLT. Não apresentação dos cartões de ponto pelo empregador. Ausência de justo motivo. Horas extras devidas.

O exercício do cargo de confiança bancário de que trata o § 2º do art. 224 da CLT não constitui justo motivo para a não apresentação dos cartões de ponto pelo empregador, na medida em que há a limitação de oito horas de trabalho por dia. Trata-se de situação distinta daquela do bancário inserido no inciso II do art. 62, II, da CLT, que não se sujeita a controle da jornada. Assim, nos termos da parte final do item I da Súmula nº 338 do TST, a ausência de justificativa plausível para a não exibição dos controles de frequência gera a presunção relativa de veracidade da jornada de trabalho alegada na inicial, cabendo ao empregador o ônus da prova quanto à prestação de serviço extraordinário. Sob esses fundamentos, a SBDI-I, por maioria, conheceu dos embargos por contrariedade à Súmula nº 338, I, do TST, e, no mérito, à unanimidade, deu-lhes provimento para acrescer à condenação o pagamento de horas extras excedentes à oitava diária em relação ao período entre agosto e novembro de 2007, observada a jornada declinada na petição inicial. Vencidos os Ministros Márcio Eurico Vitral Amaro, relator, Alexandre Luiz Ramos e Brito Pereira, que não conheciam do recurso. TST-E-ED-ED-ED-RR-150100-46.2009.5.03.0097, SBDI-I, rel. Min. Márcio Eurico Vitral Amaro, red. p/ acórdão Min. Lelio Bentes Corrêa, 28.3.2019 (TST. Info nº 193).

5.3. INTERVALOS INTRA E INTERJORNADA

➘ Intervalo intrajornada. Concessão parcial. Minutos gastos pelo empregado no deslocamento até o refeitório. Tempo à disposição do empregador. Não configuração.

A SBDI-I, por unanimidade, conheceu dos embargos da empresa ré e, no mérito, deu-lhes provimento para restabelecer o acórdão do Tribunal Regional que indeferira o pagamento do intervalo intrajornada supostamente suprimido em razão dos minutos gastos pelo empregado no deslocamento do local de trabalho até o refeitório. Prevaleceu o entendimento de que o período gasto com o deslocamento não implica redução do intervalo intrajornada, visto que, durante esse tempo, o empregado não está executando serviços, nem está à disposição do empregador, mas efetivamente usufruindo do intervalo que é destinado não apenas à alimentação, mas também ao descanso físico e mental. No caso, a decisão recorrida havia adotado tese no sentido de que o trabalhador não usufruía integralmente do intervalo, uma vez que quinze minutos eram destinados ao deslocamento, em transporte fornecido pelo empregador, até o refeitório. TST-E-ED-RR-993-42.2013.5.09.0671, SBDI-I, rel. Min. Cláudio Mascarenhas Brandão, 3.10.2019 (TST. Info nº 207).

➘ Intervalo intrajornada. Redução. Autorização do Ministério do Trabalho. Horas extras prestadas sem habitualidade. Pagamento das horas extraordinárias decorrentes da redução do intervalo intrajornada restrito aos dias em que houve efetivo trabalho em sobrejornada.

Não se admite a redução do intervalo intrajornada nos dias em que concomitantemente houver prestação de horas extras, ainda que presente a autorização do Ministério do Trabalho a que se refere o art. 71, § 3º, da CLT. Na hipótese, registrou-se que além de a empresa ter autorização para reduzir o intervalo intrajornada, o empregado não estava submetido a regime de trabalho prorrogado a horas suplementares, mas apenas prestava horas extras de forma esporádica. Assim, a SBDI-I, por unanimidade, conheceu dos embargos por divergência jurisprudencial, e, no mérito, por maioria, deu-lhes provimento parcial para limitar o pagamento das horas extras decorrentes da redução do intervalo intrajornada, no período em que havia autorização do Ministério do Trabalho, aos dias em que efetivamente houve prestação de horas extras. Vencidos parcialmente os Ministros Aloysio Corrêa da Veiga e Maria Cristina Irigoyen Peduzzi. TST-E-RR-168000-85.2009.5.02.0027, SBDI-I, rel. Min. Renato de Lacerda Paiva, 24.5.2018 (TST. Info nº 179).

5.4. REPOUSO SEMANAL REMUNERADO E FÉRIAS

➘ Embargos. Férias. Pagamento efetuado no primeiro dia de fruição. Dobra indevida. Súmula nº 450 do TST. Inaplicabilidade. Interpretação restritiva do verbete.

É necessário realizar uma interpretação restritiva da Súmula nº 450 do TST, no sentido de se afastar sua aplicação às hipóteses de atraso ínfimo no pagamento das férias. Nessa esteira, cabe destacar o fato de que a sanção prevista na Súmula ora em comento é uma construção jurisprudencial por analogia, a partir da conjugação dos artigos 145 e 137, ambos da CLT. Outrossim, o verbete sumulado deve ser aplicado à luz dos precedentes jurisprudenciais que lhe deram origem, sendo que a Súmula nº 450 do TST, oriunda da conversão da Orientação Jurisprudencial nº 386 da SBDI-1, teve, como precedentes, julgados que enfrentaram apenas a situação de pagamento de férias após a sua fruição, concluindo que, em tal situação, frustrava-se o gozo adequado das férias sem o seu aporte econômico. Na espécie, a praxe empresarial era a do pagamento das férias coincidindo com o seu gozo, hipótese que, além de não trazer prejuízo ao trabalhador, acarretaria enriquecimento ilícito se sancionada com o pagamento em dobro, sem norma legal específica previsora da sanção. Sob esses fundamentos, o Tribunal Pleno, em sua composição plena, por maioria, não conheceu dos embargos. Vencidos os Ministros João Batista Brito Pereira, Lelio Bentes Corrêa, Alberto Luiz Bresciani de Fontan Pereira, Mauricio Godinho Delgado, José Roberto Freire Pimenta, Hugo Carlos Scheuermann, Alexandre de Souza Agra Belmonte e as Ministras Maria Helena Mallmann, Kátia Magalhães Arruda e Delaíde Alves Miranda Arantes. TST-E-RR-10128-11.2016.5.15.0088, Tribunal Pleno, rel. Min. Ives Gandra da Silva Martins Filho, 15/3/2021 (TST. Info nº 233).

➘ Férias. Conversão de 1/3 do período em abono pecuniário. Imposição do empregador. Aplicação da sanção do art. 137 da CLT. Pagamento em dobro devido. Dedução dos valores recebidos a título de abono pecuniário.

A conversão de 1/3 do período de férias em abono pecuniário, conforme o art. 143 da CLT, é um direito potestativo do empregado, razão pela qual não pode ser imposta pelo empregador, sob pena de descumprimento dos arts. 134 e 143 da CLT e 7º, XVII, da CF. Ausente a livre escolha do trabalhador, aplica-se a sanção do art. 137 da CLT, que impõe o pagamento em dobro do período não usufruído, a m de coibir a prática que compromete o direito ao descanso anual. Verificado, contudo, que o empregado já recebeu o abono pecuniário, esse montante deve ser considerado para efeito de aplicação da penalidade, evitando-se o pagamento em triplo da remuneração de férias e o consequente enriquecimento sem causa. Sob esses fundamentos, a SBDI-I, por unanimidade, conheceu dos embargos, por divergência jurisprudencial, e, no mérito, deu-lhes provimento para restabelecer o acórdão do Regional. TST-E-ED-RR-104300-96.2009.5.04.0022, SBDI-I, rel. Min. Luiz Philippe Vieira de Mello Filho, 8.11.2018 (TST. Info nº 186).

6. ALTERAÇÃO E PARALISAÇÃO DO CONTRATO DE TRABALHO

6.1. ALTERAÇÃO DO CONTRATO DE TRABALHO E TRANSFERÊNCIA

➘ Plano de cargos e salários. Modificação dos critérios contidos em anexo da norma regulamentar para a progressão funcional no curso do contrato de trabalho. Alteração contratual lesiva. Não configuração. Súmula nº 51, I, do TST.

Não configura alteração contratual lesiva a mera adequação textual de anexo de norma regulamentar, mormente quando se verifica que o anexo – parte acessória da norma – está em descompasso com a totalidade do conteúdo da parte principal do regulamento. No caso, a empresa pública verificou que o anexo do seu plano de cargos e salários continha dispositivo dissonante com a norma regulamentar e com a realidade da empresa, corrigindo-o a tempo e modo, modificando os critérios para a progressão funcional. A correção deu-se, sobretudo, pelo fato de que a empresa é integrante da Administração Pública indireta e possui o poder-dever de rever e corrigir seus atos que contenham algum vício. Assim, a hipótese apresenta peculiaridade que afasta a aplicação geral do item I da Súmula nº 51 do TST. Sob esse entendimento, a SBDI-I, por maioria, conheceu dos embargos e, no mérito, deu-lhes provimento para restabelecer o acórdão proferido pelo Tribunal Regional, que julgou improcedentes os pedidos da reclamação trabalhista. Vencidos os Ministros Hugo Carlos Scheuermann, Alberto Luiz Bresciani de Fontan Pereira e José Roberto Freire Pimenta. TST-E-ED-RR-975-54.2015.5.22.0003, SBDI-I, rel. Min. Hugo Carlos Scheuermann, red. p/ acórdão Min. Maria Cristina Irigoyen Peduzzi, 13.2.2020 (TST. Info nº 215).

➘ Adicional de transferência. Período imprescrito. Única transferência. Caráter definitivo. Adicional indevido.

O exame da sucessividade das transferências, para efeito de aferição do direito à percepção do adicional respectivo, não deve levar em consideração aquelas efetuadas no período prescrito, sob pena de os efeitos jurídicos de uma transferência já abarcada pela prescrição repercutirem na pretensão relativa ao adicional correspondente às transferências do período não prescrito. No caso, o reclamante foi submetido a cinco transferências, das quais quatro ocorreram no período prescrito. A única transferência realizada no período imprescrito se deu em caráter definitivo, na medida em que o reclamante continuou trabalhando no local para o qual foi transferido por mais de cinco anos até o final da contratação. Assim, não se reputando provisória a transferência ocorrida no período imprescrito, a SBDI-I, por maioria, negou provimento aos embargos, mantendo a decisão turmária que excluíra da condenação o pagamento do adicional de transferência. Vencidos os Ministros Augusto César Leite de Carvalho, Luiz Philippe Vieira de Mello Filho, José Roberto Freire Pimenta e Hugo Carlos Scheuermann. TST-E-ED-RR-3767900-20.2008.5.09.0011, SBDI-I, rel. Min. Augusto César Leite de Carvalho, red. p/ acórdão Min. Renato de Lacerda Paiva, 28.6.2018 (TST. Info nº 181).

6.2. SUSPENSÃO E INTERRUPÇÃO DO CONTRATO DE TRABALHO

➘ Auxílio-doença. Suspensão do contrato de trabalho. Falta praticada em período anterior à suspensão. Demissão por justa causa. Possibilidade.

A suspensão do contrato de trabalho em virtude de gozo de auxílio-doença não impede a dispensa por justa causa, ainda que a prática do ato faltoso imputado ao trabalhador tenha sido anterior ao afastamento. Conquanto o recebimento de auxílio-doença constitua causa de suspensão do contrato de trabalho, ainda prevalecem, nesse período, os princípios norteadores da relação de emprego, a exemplo da lealdade, boa-fé, confiança recíproca, honestidade, etc. Assim, estando comprovado o justo motivo, a suspensão do contrato de trabalho não tem o condão de impedir o direito potestativo do empregador de pôr fim ao pacto laboral de imediato. A quebra de confiança compromete um importante pilar da contratação, sendo irrelevante o momento em que ocorreram os fatos ensejadores da demissão. Sob esses fundamentos, a SBDI-I, por unanimidade, conheceu do recurso de embargos por divergência jurisprudencial, e, no mérito, por maioria, deu-lhe provimento para restabelecer o acórdão do Regional, no particular. Vencidos os Ministros Lelio Bentes Corrêa, relator, e Aloysio Corrêa da Veiga. TST-E-ED-RR-20300-40.2008.5.01.0263, SBDI-I, rel. Min. Lelio Bentes Corrêa, red. p/ acórdão Min. Renato de Lacerda Paiva, 1º.12.2016 (TST. Info nº 150).

7. EXTINÇÃO DO CONTRATO DE TRABALHO

7.1. MODALIDADES DE DISPENSA

➘ Aposentadoria por invalidez. Suspensão do contrato de trabalho. Pagamento de abono salarial e cartão-alimentação. Indevidos.

De acordo com o art. 475 da CLT, a aposentadoria por invalidez acarreta a suspensão do contrato de trabalho. Por consequência, durante esse período, o empregador desobriga-se de pagar vantagens previstas em normas coletivas a título de contraprestação pelo trabalho, tais como o abono salarial e o auxílio-alimentação, exceto nas hipóteses em que há previsão expressa de manutenção desses benefícios. Sob esses fundamentos, a SBDI-I, por maioria, conheceu do recurso de embargos, por divergência jurisprudencial, e, no mérito, por maioria, deu-lhe provimento para restabelecer o acórdão do TRT, no tópico. Vencidos os Ministros Cláudio Mascarenhas Brandão, Augusto César Leite de Carvalho, José Roberto Freire Pimenta, Alberto Luiz Bresciani de Fontan Pereira e Luiz Philippe Vieira de Mello Filho. TST-E-ED-RR-1453-21.2012.5.03.0060, SBDI-I, rel. Min. Walmir Oliveira da Costa, 4/3/2021 (TST. Info nº 233).

➘ Mandado de segurança. Auxílio-doença acidentário. Dispensa por justa causa. Efeitos. Rescisão imediata do contrato de trabalho.

O empregado que comete falta grave pode ser demitido no curso da fruição do benefício previdenciário, concretizando-se imediatamente os efeitos da dispensa por justa causa, ainda que o contrato de trabalho esteja suspenso. No caso, impetrou-se mandado de segurança contra decisão que, em antecipação de tutela, determinou o restabelecimento de plano de saúde e o pagamento de complemento do benefício previdenciário de empregado que foi dispensado por justa causa no gozo de auxílio-doença acidentário. Sob esses fundamentos, a SBDI-II, por maioria, deu provimento ao recurso ordinário para, concedendo a segurança, cassar a tutela provisória de urgência, de forma a desobrigar a impetrante de manter o plano de saúde e o pagamento da complementação do auxílio-doença acidentário, até ulterior decisão a ser proferida pelo Juiz natural da causa. Vencidas as Ministras Maria Helena Mallmann e Delaíde Miranda Arantes. TST-RO-104-53.2016.5.20.0000, SBDI-II, red. p/ acórdão Min. Luiz José Dezena da Silva, 01/12/2020 (TST. Info nº 230).

➘ Dispensa decorrente do ajuizamento de reclamação trabalhista. Prática discriminatória. Art. 1º da Lei nº 9.029/1995. Rol exemplificativo. Reintegração devida.

O rol de práticas consideradas discriminatórias previsto no art. 1º da Lei nº 9.029/1995 sempre foi meramente exemplificativo, mesmo antes da alteração introduzida pela Lei nº 12.146/2015, que somente acrescentou a expressão "entre outros". Ao efetuar a referida modificação, o objetivo do legislador foi apenas deixar evidente o que já estava estabelecido na redação original do dispositivo, ou seja, a vedação a qualquer atitude discriminatória que impeça o acesso ou a manutenção de relação de trabalho. Assim, na hipótese dos autos, em que houve a comprovação da ocorrência de dispensa retaliatória em razão de ajuizamento de reclamatória trabalhista anterior, a SBDI-I, por unanimidade, conheceu dos embargos, por divergência jurisprudencial, e, no mérito, por maioria, deu-lhes provimento para determinar a reintegração do reclamante ao emprego, com o pagamento de todas as verbas devidas no período de afastamento, corrigidas monetariamente e acrescidas de juros (art. 4º, I, da Lei nº 9.029/1995). Vencidos os Ministros Guilherme Augusto Caputo Bastos e Renato de Lacerda Paiva, os quais entendiam que, em razão da dispensa do autor ter se dado em julho de 2013, a ele se aplica a redação original do art. 1º da

Lei nº 9.029/1995, que não comportava interpretação extensiva, na medida em que apresentava rol taxativo referente a condições pessoais do empregado (sexo, origem, raça, cor, estado civil, situação familiar ou idade), não englobando, portanto, o caso da dispensa em razão de ajuizamento de ação. TST-E-RR–807-35.2013.5.09.0892, SBDI-I, rel. Min. Brito Pereira, 26.10.2017 (TST. Info nº 168).

➘ Danos morais. Ausência ou atraso na quitação das verbas rescisórias. Indenização indevida.

A ausência ou o atraso no pagamento das verbas rescisórias não é suficiente para caracterizar a ocorrência de danos morais. No caso, embora reconhecido o atraso, pelo empregador, no adimplemento da obrigação de quitar as verbas rescisórias, não houve registro de qualquer consequência concreta (impossibilidade de saldar compromissos, constituição em mora, perda de crédito, etc.) que pudesse comprometer a honra e a imagem do empregado. Sob esses fundamentos, a SBDI-I, por unanimidade, conheceu dos embargos interpostos pelo reclamante, por divergência jurisprudencial, e, no mérito, por maioria, negou-lhes provimento. Vencido o Ministro Alexandre de Souza Agra Belmonte. TST-E-RR-571-13.2012.5.01.0061, SBDI-I, rel. Min. Lelio Bentes Corrêa, 17.3.2016 (TST. Info nº 130).

7.2. AVISO PRÉVIO

➘ Aviso prévio proporcional. Lei nº 12.506/2011. Direito exclusivo do empregado.

A proporcionalidade do aviso prévio a que se refere a Lei nº 12.506/2011 aplica-se somente aos casos em que o empregador toma a iniciativa de rescindir o contrato de trabalho. Interpretar a norma de forma diversa, ou seja, exigir que o trabalhador cumpra aviso prévio superior a trinta dias, na hipótese em que ele próprio intentar a rescisão do contrato, significaria compactuar com alteração legislativa prejudicial ao empregado. Sob esse entendimento, a SBDI-I, por unanimidade conheceu dos embargos interpostos pela reclamante, por divergência jurisprudencial, e, no mérito, deu-lhes provimento para acrescer à condenação o pagamento de três dias de trabalho prestado indevidamente no período do aviso prévio, com os reflexos cabíveis. TST-E-RR-1964-73.2013.5.09.0009, SBDI-I, rel. Min. Hugo Carlos Scheuermann, 21.9.2017 (TST. Info nº 165).

7.3. JUSTA CAUSA E RESCISÃO INDIRETA

➘ Dispensa por justa causa. Empresa de grande porte. Integrante da Administração Pública Indireta. Imediaticidade da punição. Mitigação.

O requisito da imediaticidade para a aplicação da dispensa por justa causa pode ser mitigado quando a reclamada for empresa de grande porte e tenha uma complexa estrutura organizacional. Neste caso, justifica-se o prazo maior para a apuração da conduta faltosa, especialmente se o empregador for ente ou órgão da Administração Pública Indireta, de quem se exige procedimento administrativo formal para a dispensa de empregados. Na espécie, a conduta improba do empregado do Banco do Brasil S.A. foi detectada em 15/7/2005, o procedimento interno foi concluído em 3/11/2005 e encaminhado ao Gerente de Divisão em Brasília/DF em 14/11/2005, que aplicou a penalidade da dispensa por justa causa em 14/8/2006. A dilatação razoável do prazo para a aplicação da penalidade não pode ser tida como perdão tácito, pois este ocorreria apenas se o empregador, ciente do ato faltoso, não demonstrasse interesse em apurá-lo, e não quando, cautelosamente, instaura processo para embasar a formação do convencimento sobre a medida mais correta e justa a ser tomada. Sob esses fundamentos, a SBDI-I, por unanimidade, conheceu dos embargos interpostos pelo reclamado, por divergência jurisprudencial, e, no mérito, deu-lhes provimento para julgar improcedentes os pedidos de nulidade da dispensa por justa causa e de pagamento das verbas rescisórias correlatas. TST-E-ED-ARR92100-41.2008.5.09.0026, SBDI-I, rel. Min. José Roberto Freire Pimenta, 29.8.2019 (TST. Info nº 203).

7.4. PARCELAS RESCISÓRIAS

➘ Multa. Art. 477, § 8º, da CLT. Devida. Parcelamento de verbas rescisórias previsto em acordo coletivo. Invalidade. Direito indisponível.

O pagamento de verbas rescisórias fora do prazo fixado no art. 477, § 6º, da CLT, em razão de parcelamento estabelecido em acordo coletivo, não afasta a aplicação da multa prevista no art. 477, § 8º, da CLT, tendo em vista a natureza cogente dessa norma, que se sobrepõe à vontade das partes. No caso concreto, consignou-se que o parcelamento das verbas rescisórias decorreu de acordo celebrado entre o sindicato profissional da reclamante e a reclamada, em razão de problemas financeiros enfrentados pela empregadora. Nesse contexto, a SBDI-I decidiu, à unanimidade, conhecer dos embargos no tópico, por divergência jurisprudencial, e, no mérito, por maioria, negar-lhes provimento. Vencidos os Ministros Alexandre Agra Belmonte, Ives Gandra Martins Filho e Renato de Lacerda Paiva. TST-E-E-D-ED-RR-1285700-40.2008.5.09.0016, SBDI-I, rel. Min. Aloysio Corrêa da Veiga, 9.10.2014 (TST. Info nº 91).

8. FGTS E ESTABILIDADE

8.1. FGTS

➘ Mandado de segurança. Acordo homologado em Juízo. Quitação de débito trabalhista. Levantamento de valores depositados na conta vinculada do FGTS de sócio da empresa executada. Impossibilidade. Movimentação não contemplada pelo art. 20 da Lei nº 8.036/1990.

Viola direito líquido e certo de sócia da empresa executada a decisão que, ao homologar acordo, determina a expedição de alvará judicial para a liberação de valores existentes em sua conta vinculada de FGTS para a quitação de verbas trabalhistas. O art. 20 da Lei nº 8.036/1990 dispõe sobre as situações em que a conta vinculada do FGTS pertencente ao trabalhador pode ser movimentada, e em nenhuma delas está prevista a hipótese relatada. Assim, a SBDI-II, por unanimidade, conheceu do recurso ordinário e, no mérito, deu-lhe provimento para conceder a segurança, a m de determinar o imediato desbloqueio dos valores apreendidos na conta vinculada do FGTS da sócia da empresa executada. TST-RO-5187-88.2016.5.15.0000, SBDI-II, rel. Min. Delaíde Miranda Arantes, 12.2.2019 (TST. Info nº 190).

8.2. ESPÉCIES DE ESTABILIDADE E SUAS CONSEQUÊNCIAS

➘ Incidente de Assunção de Competência. "Tema nº 0002 – Gestante. Trabalho temporário. Lei nº 6.019/74. Garantia provisória do emprego. Súmula nº 244, III, do TST."

O Tribunal Pleno, por maioria, definiu a seguinte tese jurídica para o Tema de Incidente de Assunção de Competência nº 0002 – GESTANTE. TRABALHO TEMPORÁRIO. LEI Nº 6.019/74. GARANTIA PROVISÓRIA DO EMPREGO. SÚMULA Nº 244, III, DO TST: é inaplicável ao regime de trabalho temporário, disciplinado pela Lei n.º 6.019/74, a garantia de estabilidade provisória à empregada gestante, prevista no art. 10, II, b, do Ato das Disposições Constitucionais Transitórias. Vencidos os Ministros

Luiz Philippe Vieira de Mello Filho, relator, Alberto Luiz Bresciani de Fontan Pereira, revisor, Lelio Bentes Corrêa, Mauricio Godinho Delgado, Kátia Magalhães Arruda, Augusto César Leite de Carvalho, José Roberto Freire Pimenta, Cláudio Mascarenhas Brandão e Maria Helena Mallmann. Também por maioria, o Tribunal Pleno rejeitou a questão de ordem suscitada pelo Ministro Cláudio Mascarenhas Brandão quanto à modulação dos efeitos da decisão. Vencidos, nesse ponto, os Ministros Luiz Philippe Vieira de Mello Filho, Alberto Luiz Bresciani de Fontan Pereira, Mauricio Godinho Delgado, Kátia Magalhães Arruda, José Roberto Freire Pimenta, Cláudio Mascarenhas Brandão e Maria Helena Mallmann. TST-IAC5639-31.2013.5.12.0051, Tribunal Pleno, rel. Min. Luiz Philippe Vieira de Mello Filho, red. p/ acórdão Min. Maria Cristina Irigoyen Peduzzi, 18.11.2019 (TST. Info nº 212).

9. RESPONSABILIDADE CIVIL DO EMPREGADOR, DANO MORAL E FISCALIZAÇÃO

➘ Responsabilidade civil. Indenização por danos decorrentes de acidente do trabalho. Cobrador de ônibus. Vítima fatal em assalto. Aplicabilidade da responsabilidade objetiva do empregador. Tema 932 da Repercussão Geral. Efeito vinculante e eficácia erga omnes.

A atividade de cobrador de ônibus de transporte coletivo urbano é caracterizada como de risco especial, com potencialidade lesiva superior e imposição de maior ônus ao trabalhador do que aos demais membros da sociedade, atraindo a responsabilidade civil objetiva do empregador pelos danos decorrentes de acidente do trabalho. Desse modo, à luz do Tema 932 da Repercussão Geral, com efeito vinculante e eficácia erga omnes, reconhecendo o maior risco implicado ao trabalhador, que foi vitimado em assalto, manteve-se a responsabilização objetiva da empresa pelos danos decorrentes do acidente ocorrido, nos termos do art. 927, parágrafo único, do Código Civil. Sob esse fundamento, a SBDI-I, por unanimidade, não conheceu do recurso de embargos interposto pela reclamada. TST-E-ED-RR-238100-91.2005.5.01.0202, SBDI-I, rel. Min. Alexandre Luiz Ramos, 11/11/2021 (TST. Info nº 247).

Doença ocupacional. Estabilidade provisória. Determinação judicial de reintegração em função readaptada. Possibilidade de percepção cumulada de salário e de indenização por dano material (pensão mensal). Marco inicial da obrigação.

Tratando-se de determinação judicial de reintegração em outra função, em face de estabilidade provisória decorrente de doença ocupacional, é possível a percepção cumulada de salário e de indenização por danos materiais (pensão mensal). Isso porque os salários do período de reintegração e a pensão mensal possuem natureza jurídica e fatos geradores distintos. Com efeito, o direito à pensão mensal emana do dano sofrido pelo empregado, decorrente de doença ocupacional, e possui fundamento no instituto da responsabilidade civil (artigos 186 e 927 do CC). Por outro lado, a remuneração percebida pelo empregado reintegrado tem natureza trabalhista e decorre diretamente da prestação de serviços em benefício da reclamada. Com base nesses fundamentos, a SBDI-I, por unanimidade, conheceu dos embargos por divergência jurisprudencial e, no mérito, por maioria, deu-lhes provimento para majorar a condenação ao pagamento de pensão mensal, fixando como termo inicial da obrigação a data do retorno ao trabalho, após o término do benefício previdenciário. Vencidos os Ministros Cláudio Mascarenhas Brandão, Alexandre Luiz Ramos, Renato de Lacerda Paiva e as Ministras Dora Maria da Costa e Maria Cristina Irigoyen Peduzzi, que negavam provimento aos embargos. TST-E-RR-266300-17.2008.5.02.0060, SBDI-I, rel. Min. Hugo Scheuermann, 4/11/2021 (TST. Info nº 247).

➘ Embargos. Controvérsia quanto à saúde do empregado. Alta previdenciária em contraposição ao atestado de inaptidão total para a atividade emitido pelo serviço médico da empresa. Impedimento do retorno do empregado às atividades e ao percebimento da contraprestação pecuniária. Limbo jurídico. Conduta abusiva da empresa. Art. 187 do Código Civil. Dano Moral *in re ipsa* configurado.

Configura ato ilícito, nos termos do art. 187 do Código Civil, a conduta da empresa que impede o retorno do empregado à atividade laboral e, consequentemente, inviabiliza o percebimento da contraprestação pecuniária, mesmo após a alta previdenciária. O sofrimento ensejado pela atitude abusiva da empregadora, ao sonegar direitos básicos do trabalhador, independe de comprovação fática do abalo moral, configurando-se *in re ipsa* (é presumido em razão do próprio fato), sendo desnecessário qualquer tipo de prova. Dessarte, exsurge a responsabilidade civil da empresa, nos termos do artigo 5º, X, da Constituição Federal, revelando-se despicienda a configuração do elemento subjetivo da conduta do empregador. Sob esses fundamentos a SBDI-I, por unanimidade, conheceu do recurso de embargos, por divergência jurisprudencial, e, no mérito, por maioria, deu-lhe provimento para restabelecer o acórdão regional quanto à condenação da reclamada ao pagamento de danos morais, com retorno dos autos à Turma de origem para prosseguir no exame do recurso de revista da autora quanto ao tema que ficara prejudicado. Vencidos os Ministros Alexandre Luiz Ramos e Guilherme Augusto Caputo Bastos e as Ministras Dora Maria da Costa e Maria Cristina Irigoyen Peduzzi. TST-E-ED-RR-51800-33.2012.5.17.0007, SBDI-I, rel. Min. Breno Medeiros, 2/9/2021 (TST. Info nº 243).

➘ Benefício previdenciário. Danos materiais. Cumulação de pensão mensal decorrente de doença ocupacional com benefício previdenciário. Possibilidade. Natureza jurídica distinta. Violação do artigo 950, caput, do Código Civil e do art. 121 da Lei 8.213/1991. Caracterização.

Viola o artigo 950, caput, do Código Civil e o artigo 121 da Lei 8.213/91 decisão que indefere o pagamento de pensão mensal por danos morais decorrente de doença ocupacional ao fundamento de que o trabalhador recebe benefício previdenciário e não comprova prejuízo salarial. O fato de o empregado perceber benefício previdenciário não pode eximir o empregador de pagar a pensão que decorre de doença ocupacional, uma vez que constituem verbas de naturezas jurídicas distintas, uma derivada da relação previdenciária e a outra da relação de trabalho. Sob esses fundamentos a SBDI-II, à unanimidade, conheceu do recurso ordinário do reclamante, e, no mérito, deu-lhe provimento para, em juízo rescindente, desconstituir parcialmente o acórdão regional, no capítulo referente ao pensionamento vitalício, e, em juízo rescisório, restabelecer a sentença em relação à condenação da reclamada ao pagamento de pensão vitalícia. TST-ROT-24202-86.2019.5.24.0000, SBDI-II, rel. Min. Douglas Alencar Rodrigues, 10/8/2021 (TST. Info nº 241).

➘ Embargos em Recurso de Revista. Acidente do trabalho. Indenização por danos morais e materiais. Descontos fiscais e previdenciários indevidos.

Não incidem o imposto de renda e a contribuição previdenciária sobre o valor fixado a título de compensação por danos morais e materiais quando decorrentes de acidente do trabalho. A compensação por dano moral e material não se enquadra no conceito de rendimento, mas sim em reparação pelos danos ocasionados pela doença profissional, não fazendo parte, portanto, do salário de contribuição, conforme estabelecido no artigo 28, I, da Lei nº 8.212/91. No mesmo sentido, o art. 6º, IV, da Lei nº 7.713/88, que alterou a legislação do imposto sobre a renda, bem como o inciso XVII do art. 39 do Decreto nº 3.000/99, que cuida da tributação, fiscalização, arrecadação e administração do referido imposto, preveem a proibição de tributação no caso de indenização decorrente de acidente de trabalho, seja decorrente de dano moral ou patrimonial, seja o pagamento realizado de qualquer forma, parcela única ou pensionamento. Sob esses fundamentos, a SBDI-I, por unanimidade, conheceu dos embargos quanto ao tema "Indenização por danos morais e materiais decorrentes de acidente do trabalho – Descontos fiscais e previdenciários", por divergência jurisprudencial, e, no mérito, deu-lhes provimento, para excluir a incidência de descontos fiscais e previdenciários decorrentes das indenizações por danos morais e materiais deferidas em face do acidente do trabalho. TST-E-ED-RR-346000-68.2005.5.15.0130, SBDI-I, rel. Min. Breno Medeiros, 27/5/2021 (TST. Info nº 238).

➘ Recurso ordinário em ação rescisória. Responsabilidade civil do empregador. Acidente do trabalho. Não observância das normas de segurança do trabalho. Configuração de culpa. Art. 7º, XXVIII, da CF.

Esta Corte tem entendimento predominante no sentido de que a inobservância das normas de segurança do trabalho configura culpa para efeitos de responsabilização civil subjetiva. No caso, conforme registrado no acórdão rescindendo, restou evidenciada a culpa da empresa por não ter observado as normas de segurança do trabalho. Destarte, não se trata de hipótese de responsabilização objetiva, mas sim subjetiva. Incólume, portanto, o art. 7°, XXVIII, da Constituição Federal. Sob esses fundamentos, a Subseção II de Dissídios Individuais, por unanimidade, conheceu do recurso ordinário em ação rescisória e, no mérito, negou-lhe provimento. TST-RO-21582-98.2015.5.04.0000, SBDI-II, rel. Min. Maria Helena Mallmann, 2/2/2021 (TST. Info nº. 232).

➘ Ação rescisória. Pensão. Vinculação ao salário mínimo. Ofensa ao art. 7º, IV, da Constituição Federal. Não ocorrência.

Com base na interpretação do art. 7º, IV, da CF e da Súmula Vinculante nº 4 do STF, esta Corte reconhece a impossibilidade de vinculação do salário mínimo como fator de correção do pensionamento, apenas sendo admitida a fixação do montante inicial da pensão em múltiplos ou fração do salário mínimo. Ocorre que, consoante o entendimento do STF (a exemplo: RE 140940; RE 603496 AgR; ARE 927235 AgR), a utilização do salário mínimo como base de cálculo e atualização de pensão deferida a título de indenização por ato ilícito, constatado no feito originário, não viola o art. 7º, IV, da CF. Na espécie, conforme decisão rescindenda de primeiro grau, foi determinada a utilização do salário mínimo como fator de correção dos valores devidos a título de pensionamento vitalício, a ser pago em parcela única. Sob esses fundamentos, a SBDI-II, por unanimidade, conheceu dos recursos ordinários e, no mérito, negou provimento ao apelo do Réu e deu parcial provimento ao recurso ordinário do Autor, apenas para afastar a decadência pronunciada pela Corte Regional, mas julgando, por maioria, improcedentes os pedidos deduzidos, vencidas as Ministras Maria Helena Mallmann e Delaíde Miranda Arantes no que se refere à vinculação da pensão ao salário mínimo. TST-RO-8509-64.2012.5.04.0000, SBDI-II, rel. Min. Douglas Alencar Rodrigues, 2/2/2021 (TST. Info nº 232).

➘ Dano moral coletivo. Atraso reiterado no pagamento de salários e FGTS. Indenização devida.

A sistemática e reiterada ausência de recolhimento de FGTS e o atraso reiterado no pagamento de salários implicam em lesão significativa que ofende (*in re ipsa*) a ordem jurídica, ultrapassando a esfera individual. As empresas que se lançam no mercado, assumindo o ônus financeiro de cumprir a legislação trabalhista, perdem competitividade em relação àquelas que reduzem seus custos de produção à custa dos direitos mínimos assegurados aos empregados. Estas empresas prejudicam seus empregados e tencionam, para pior, as condições de vida de todos os trabalhadores que atuam naquele ramo da economia, além de compelir o bom empregador a sonegar direitos trabalhistas como condição para a sobrevivência no mercado, cada vez mais marcado pela competição. No caso dos autos, não consta que a inadimplência tenha se dado por crise econômica da empresa, de modo que a deliberada e reiterada desobediência à legislação trabalhista ofende a população e a Carta Magna, que tem por objetivo fundamental construir uma sociedade livre, justa e solidária (art. 3°, I, da CF). Tratando-se de lesão que viola bens jurídicos elementares do contrato de trabalho, indiscutivelmente caros a toda a sociedade, surge o dever de indenizar, sendo cabível a reparação por dano moral coletivo (arts. 186 e 927 do CC e 3° e 13 da LACP). Sob esses fundamentos, a SBDI-I, por unanimidade, conheceu do recurso de embargos interposto pelo sindicato, por divergência jurisprudencial, e, no mérito, deu-lhe provimento para condenar a prestadora de serviços e, de forma subsidiária, o Estado do Rio Grande do Sul, ao pagamento de indenização por dano moral coletivo, no valor de R$2.000,00 (dois mil reais) por mês de atraso e por empregado lesado, limitado a R$80.000,00 (oitenta mil reais), revertida ao Fundo de Amparo ao Trabalhador. TST-E-ARR-597-30.2013.5.04.0663, SBDI-I, rel. Min. Alberto Luiz Bresciani de Fontan Pereira, 26/11/2020 (TST. Info nº 230).

➘ Transporte de empregado. Veículo fornecido pelo empregador. Acidente de trânsito fatal. Responsabilidade objetiva da empresa. Contrato de transporte. Arts. 734 e 735 do Código Civil.

Na hipótese em que o empregado faleceu em razão de acidente de trânsito ocorrido durante o transporte em veículo fornecido pela empresa, a responsabilidade da empregadora é objetiva, a teor dos arts. 734 e 735 do Código Civil. O contrato de transporte, na espécie, é acessório ao contrato de trabalho e caracteriza-se, essencialmente, pela existência de cláusula de incolumidade que implica em obrigação de resultado, ou seja, em levar o passageiro em segurança até o seu destino. Assim, a empresa que fornece transporte aos seus empregados equipara-se ao transportador, assumindo, portanto, o ônus e o risco dessa atividade, ainda que o estado de conservação e de manutenção do veículo seja satisfatório ou que não reste comprovada eventual falha na adoção de medidas de segurança. Sob esses fundamentos, a SBDI-I, por maioria, vencido o Ministro Ives Gandra Martins Filho, conheceu dos embargos, por divergência jurisprudencial, e, no mérito, também por maioria, deu-lhes provimento parcial para reconhecer a responsabilidade objetiva da reclamada e da empresa seguradora integrada à lide, na forma da apólice constante dos autos, condenando-as ao pagamento de indenização por danos morais e por danos materiais na forma de pensionamento mensal vitalício. Vencidos, totalmente, o Ministro Ives Gandra Martins Filho e, parcialmente, o Ministro Aloysio Corrêa da Veiga. TST-E-ED-RR-32300-85.2006.5.15.0123, SBDI-I, rel. Min. Cláudio Mascarenhas Brandão, 2.8.2018 (TST. Info nº 181).

➘ Ação civil pública. Dano imaterial coletivo. Descumprimento da cota de aprendizes. Art. 429 da CLT. Regularização posterior ao ajuizamento da ação pelo MPT. Irrelevância. Lesão à coletividade já caracterizada. Embargos desprovidos. Quantum indenizatório. Divergência jurisprudencial. Não conhecimento.

O descumprimento pela empresa do percentual mínimo de contratação de aprendizes, prevista no art. 429 da CLT, mostra-se suficiente à configuração do dano moral coletivo, sendo despiciendo comprovar a repercussão do ato ilícito na consciência coletiva do grupo social. A regularização desse percentual de contratação pela empresa, após o ajuizamento da ação ou do inquérito proposto pelo Ministério Público do Trabalho, não extingue o feito sem julgamento de mérito, tampouco descaracteriza o dano imaterial coletivo decorrente do descumprimento da cota de aprendizes, visto que já caracterizada a lesão à coletividade. Com esse entendimento, a SBDI-I, por unanimidade, conheceu do recurso de embargos apenas quanto à configuração do dano imaterial coletivo decorrente do descumprimento da cota de aprendizes, por divergência jurisprudencial, e, no mérito, por maioria, negou-lhe provimento, vencidos os Exmos. Ministros Maria Cristina Irigoyen Peduzzi, Márcio Eurico Vitral

Amaro e Alexandre Luiz Ramos. No tocante ao valor da indenização, com base no entendimento majoritário da Subseção de que é inviável a aferição de especificidade dos arestos paradigmas nas hipóteses em que se discute o valor arbitrado a título de indenização por danos morais, a SBDI-I, por maioria, não conheceu do recurso de embargos e manteve a condenação da reclamada ao pagamento de indenização por dano imaterial coletivo no valor de R$ 300.000,00 (trezentos mil reais). Vencidos os Exmos. Ministros Maria Cristina Irigoyen Peduzzi e Márcio Eurico Vitral Amaro. TST-ERR-822-68.2011.5.23.0056, SBDI-I, rel. Min. Luiz Philippe Vieira de Mello Filho, 12.3.2020 (TST. Info nº 216).

10. ORGANIZAÇÃO E LIBERDADE SINDICAL

➘ Empresa Brasileira de Correios e Telégrafos – ECT. Dissídio Coletivo de Greve. Cláusula 17 da sentença normativa. Desconto Assistencial. Chamamento à ordem para adequação ao entendimento do Supremo Tribunal Federal.

Conforme entendimento firmado pelo STF, em sede de repercussão geral, no julgamento do ARE 1.018.459: "É inconstitucional a instituição, por acordo, convenção coletiva ou sentença normativa, de contribuições que se imponham compulsoriamente a empregados da categoria não sindicalizados." (Tema 935). No mesmo sentido, o Plenário da Suprema Corte, ao julgar a ADI 5.794, concluiu pela constitucionalidade do caráter facultativo da contribuição sindical. Com base nesses fundamentos, o STF julgou procedente a reclamação ajuizada pela ECT, cassando a decisão proferida pelo TST no presente Dissídio Coletivo de Greve e determinando que outra fosse proferida com observância do decidido na ADI 5.794 e no ARE 1.018.459. No caso, a redação original da Cláusula 17 do ACT 2018/2019, incorporada à sentença normativa, consignava que o desconto assistencial abrangeria toda a categoria profissional, inclusive trabalhadores não filiados. Portanto, a fim de cumprir a decisão da Suprema Corte, o feito foi chamado à ordem pela SDC e, por unanimidade, a redação da aludida cláusula foi alterada, com a exclusão da possibilidade de desconto compulsório da contribuição assistencial dos empregados não associados. TST-EDD-CG1000662-58.2019.5.00.0000, SDC, rel. Min. Mauricio Godinho Delgado, chamado à ordem em 11/5/2020 (TST. Info nº 218).

➘ Representação sindical. Sinthoresp x Sindifast. Princípio da especificidade. Prevalência. Art. 570 da CLT.

O critério definidor do enquadramento sindical é o da especificidade, previsto no art. 570 da CLT, de modo que o critério da agregação tem caráter subsidiário, aplicando-se apenas quando não for possível aos exercentes de quaisquer atividades ou profissões se sindicalizarem eficientemente com base na especificidade. Nesse sentido, em ação de cobrança de contribuição sindical ajuizada pelo Sinthoresp (Sindicato dos Trabalhadores em Hotéis, Apart Hotéis, Motéis, Flats, Pensões, Hospedarias, Pousadas, Restaurantes, Churrascarias, Cantinas, Pizzarias, Bares, Lanchonetes, Sorveterias, Confeitarias, Docerias, Buffets, Fast-foods e Assemelhados de São Paulo e Região) em face da empresa Burger King do Brasil S.A. – BGK, decidiu-se que a legitimidade para representar os empregados da empresa que atua no ramo de refeições rápidas é do Sindifast (Sindicato dos Trabalhadores nas Empresas de Refeições Rápidas (Fast Food) de São Paulo), pois não é possível imaginar que as condições de trabalho em restaurantes à la carte possam ser identificadas com aquelas típicas de estabelecimentos fast food, em que não há sequer o sistema de gorjetas. Com esses fundamentos, a SBDI-I, por unanimidade, rejeitou a preliminar de ilegitimidade recursal arguida em impugnação, conheceu dos embargos interpostos pelo Sindifast, por divergência jurisprudencial, e, no mérito, deu-lhes provimento para julgar improcedente a ação de cobrança ajuizada pelo Sinthoresp e restabelecer a sentença. Ressalvaram entendimento os Ministros Ives Gandra Martins Filho, Luiz Philippe Vieira de Mello Filho e Augusto César Leite de Carvalho. TST-E-ED-RR-880-42.2010.5.02.0072, SBDI-I, rel. Min. Alexandre Agra Belmonte, 26.2.2015 (TST. Info nº 100).

11. GREVE

➘ Dissídio coletivo de greve. Greve em atividade não essencial deflagrada na vigência de Instrumento Normativo. Art. 14 da lei nº 7.783/89. Excludente de abusividade em face da exceção relativa ao descumprimento de normais legais imperativas e cláusulas normativas obrigatórias ("exceção do contrato não cumprido").

A greve motivada pelo descumprimento patronal de obrigações contratuais e legais permite a mitigação da necessidade de cumprimento das formalidades legais para a sua deflagração, com base na excludente de abusividade prevista no art. 14, parágrafo único, da Lei 7.783/89. Nesse sentido, entende a SDC que um descumprimento residual não enseja a aplicação da "exceção do contrato não cumprido", sendo necessário para a configuração dessa excludente um descumprimento grave, seja por sua natureza, seja pelo acúmulo de inadimplementos. No caso, embora a greve tenha sido realizada durante a vigência do instrumento normativo heterônomo, os fatos que ensejaram a paralisação foram bastante relevantes, pois houve inadimplemento de direitos fundamentais para viabilizar o curso normal da prestação de trabalho – atraso no adimplemento dos salários, não pagamento da terceira parcela do 13º salário de 2018 e ausência no cumprimento de outras obrigações contratuais e legais referentes a férias, depósitos de FGTS, fornecimento de EPI, vale-transporte –, o que torna legítima a paralisação da categoria profissional, com apoio na excludente de abusividade de greve prevista no parágrafo único do art. 14 da Lei 7.783/89. Sob esses fundamentos, a SDC decidiu, por unanimidade, quanto ao tópico, negar provimento ao recurso ordinário da empresa, mantendo a decisão regional que declarou a não abusividade da greve. TST-RO-1000506-16.2019.5.02.0000, SDC, rel. Min. Maurício Godinho Delgado, 8/6/2020 (TST. Info nº 220).

➘ Movimento conduzido por reduzido grupo de trabalhadores. Inexistência de repercussão significativa do ato. Mero protesto. Não enquadramento como greve.

Movimento conduzido por pequeno grupo de trabalhadores e sem repercussão significativa não caracteriza greve. No caso vertente, houve uma pequena paralisação das atividades de uma das concessionárias de transporte público de Manaus, especificamente nos terminais situados nos bairros de Vila Marinho e Augusto Montenegro. O Tribunal Regional, após análise das provas, entendeu inexistente a greve, por se tratar de um evento que ocorreu de maneira espontânea e imprevista, oriundo de reivindicações pontuais (falta de pagamento de horas extras e supostas perseguições a obreiros), com participação de pouquíssimos trabalhadores e curta duração (cerca de 30 minutos). Concluiu-se, portanto, não estar configurada uma efetiva greve, mas sim uma manifestação isolada, com repercussão mínima. Sob esses fundamentos, a SDC, por unanimidade, decidiu negar provimento ao recurso ordinário, neste tópico, e manter a decisão recorrida. TST-RO-386-09.2017.5.11.0000, SDC, rel. Min. Maurício Godinho Delgado, 9.3.2020 (TST. Info nº 215).

12. CONVENÇÃO COLETIVA E ACORDO COLETIVO DE TRABALHO

➘ Ação anulatória. Acordo coletivo de trabalho. Auxílio cesta básica. Pagamento restrito a filiados do sindicato. Nulidade da cláusula.

É nula cláusula de acordo coletivo de trabalho que garante o pagamento de auxílio cesta básica apenas aos trabalhadores associados ao sindicato profissional. Tal cláusula extrapola os limites na negociação coletiva, pois gera discriminação nas relações de trabalho, em afronta ao princípio da igualdade (art. 5º, I, da CF), além de representar uma tentativa de obrigar a filiação compulsória de trabalhadores ao sindicato, o que é vedado pelos arts. 5º, XX, e 8º, V, da CF. Ademais, a negociação restrita aos filiados fere o art. 8º, III, da CF, no que confere aos sindicatos a defesa dos direitos e interesses da categoria. Sob esse entendimento, a SDC, por maioria, deu provimento ao recurso ordinário do Ministério Público do Trabalho da 8ª Região para declarar a nulidade da cláusula que estabeleceu o auxílio cesta básica. Vencidos, no tópico, os Ministros Maurício Godinho Delgado, relator, e Guilherme Augusto Caputo Bastos. TST-RO-772-57.2016.5.08.0000, SDC, rel. Min. Mauricio Godinho Delgado, 8.4.2019 (TST. Info nº 194).

➘ Multa convencional. Natureza jurídica de cláusula penal. Limitação da multa ao valor da obrigação principal. Art. 412 do Código Civil de 2002. Orientação Jurisprudencial nº 54 da SBDI-I.

A multa convencional por descumprimento de norma coletiva tem a mesma natureza jurídica de cláusula penal, isto é, trata-se de obrigação acessória pela qual as partes acordam indenização no caso de inobservância do ajuste firmado entre elas. Tal entendimento atrai a incidência da diretriz firmada na Orientação Jurisprudencial nº 54 da SBDI-I, a qual preconiza que o valor da multa estipulada, ainda que diária, não poderá ser superior à obrigação principal corrigida, em observância ao art. 412 do Código Civil de 2002, de aplicação subsidiária ao Direito do Trabalho. Sob esse entendimento, a SBDI-I, em composição plena, por unanimidade, conheceu dos embargos, por divergência jurisprudencial, e, no mérito, por maioria, deu-lhes provimento para restabelecer o acórdão do Tribunal Regional na parte em que condenou a empresa ré ao pagamento da multa normativa por descumprimento de cláusulas da convenção coletiva de trabalho a respeito de piso e de reposição salarial, limitando o valor ao montante corrigido da respectiva obrigação principal. Vencidos os Ministros José Roberto Freire Pimenta, Cláudio Mascarenhas Brandão, Luiz Philippe Vieira de Mello Filho e Alberto Luiz Bresciani de Fontan Pereira, que negavam provimento aos embargos para manter a multa prevista na convenção coletiva de trabalho em seu valor total, sob o fundamento de que é indevida a incidência subsidiária do art. 412 do Código Civil de 2002 por ser incompatível com a natureza da multa normativa. TST-E-ARR-12481-66.2014.5.14.0041, SBDI-I, rel. Min. Augusto César Leite de Carvalho, 12.11.2018 (TST. Info nº 187).

13. DA ORGANIZAÇÃO SINDICAL (CLT, ARTS. 511 A 610)

13.1. DA INSTITUIÇÃO SINDICAL (CLT, ARTS. 511 A 569)

➘ Embargos. Enquadramento sindical. Vendedor. Categoria profissional diferenciada. Lei nº 3.207/57.

A categoria dos empregados vendedores é regida por estatuto profissional especial, qual seja, a Lei nº 3.207/57. Logo, trata-se de categoria profissional diferenciada, não podendo incidir as normas coletivas firmadas pelo Sindicato dos Empregados nas Indústrias de Cerveja e Bebidas em Geral, do Vinho e Águas Minerais do Estado de Pernambuco – SINDBEB/PE. Sob esses fundamentos, a SBDI-I, por maioria, conheceu do recurso de embargos, por divergência jurisprudencial, vencidos os Exmos. Ministros Walmir Oliveira da Costa, relator, Luiz Philippe Vieira de Mello Filho, Alberto Luiz Bresciani de Fontan Pereira, João Batista Brito Pereira e Maria Cristina Irigoyen Peduzzi, e, no mérito, ainda por maioria, deu-lhe provimento para excluir da condenação todas as parcelas deferidas na presente ação que sejam decorrentes do enquadramento sindical do reclamante no SINDBEB/PE, vencidos os Exmos. Ministros Márcio Eurico Vitral Amaro e João Batista Brito Pereira. TST-E-RR-686-70.2012.5.06.0101, SBDI-I, red. p/ acórdão Min. Breno Medeiros, 03/12/2020 (TST. Info nº 230).

➘ Contribuição assistencial. Desconto obrigatório. Empregados não filiados ao sindicato. Direito de oposição. Nulidade da cláusula de instrumento coletivo. Art. 545 da CLT. Precedente Normativo 119. OJ 17/SDC.

Nos termos da OJ 17/SDC e do Precedente Normativo 119, não é válida cláusula de instrumento coletivo que prevê desconto obrigatório de contribuição assistencial de empregado não sindicalizado, ainda que a ele seja garantido o direito de oposição. A previsão de oposição ao desconto não tem o condão de convalidar a cláusula coletiva, pois, a teor do art. 545 da CLT, os descontos salariais em favor do sindicato de classe estão condicionados à expressa autorização do empregado. *E-ED-RR-135400-05.2005.5.05.0015, SDI1, Rel. Min. Dora Maria da Costa, 13.10.2016. (Info 147)*

➘ Mandado de segurança. Antecipação de tutela. Reintegração. Dirigente sindical. Registro do sindicato no Ministério do Trabalho e Emprego. Desnecessidade. OJ 142/SDI2. Incidência.

A SDI2, por maioria, fazendo incidir o disposto em sua OJ 142, deu provimento a recurso ordinário para, reformando a decisão recorrida, denegar a segurança que fora inicialmente concedida para tornar sem efeito a antecipação dos efeitos da tutela por meio da qual se ordenou a imediata reintegração do reclamante ao emprego, em razão de sua condição de dirigente sindical. Na hipótese, verificou-se que o deferimento da antecipação de tutela ocorreu nos estritos termos do art. 273 do CPC/73, pois o reclamante juntou aos autos do processo originário documentos comprobatórios da sua dispensa sem justa causa em data posterior à sua eleição para ocupar o cargo de segundo tesoureiro de sindicato recém-criado. Houve, ainda, registro de que, quando da dispensa do autor, os atos constitutivos do sindicato para o qual fora eleito já se encontravam depositados no cartório pertinente, em conformidade com os arts. 8º, VIII, da CF e 543, § 3º, da CLT. *RO-540-39.2013.5.12.0000, SDI2, Rel. Min. Antonio José de Barros Levenhagen, 10.5.2016. (Info 136)*

13.2. DA CONTRIBUIÇÃO SINDICAL (CLT, ARTS. 578 A 610)

Recurso ordinário. Dissídio coletivo de natureza econômica. Sentença normativa. Contribuição destinada ao custeio da negociação coletiva. Exercício do direito de oposição por parte de trabalhador filiado ao sindicato. Incompatibilidade com a natureza associativa dos sindicatos. Cláusula excluída.

Não pode ser matéria de sentença normativa cláusula que estabeleça direito de oposição, por parte de trabalhador filiado, à contribuição destinada ao sindicato. O direito de oposição à contribuição sindical é incompatível com a natureza associativa das entidades sindicais, pois a filiação permite a imposição de deveres previstos em estatuto, entre os quais está a obrigação de colaborar com o custeio da entidade sindical. Ademais, a fixação de possibilidade de recusa de pagamento de contribuição por parte de associado pode causar a inviabilidade das atividades sindicais, em prejuízo consubstancial às relações coletivas de trabalho. Sob esses fundamentos, a SDC, no particular, por maioria, deu provimento ao recurso ordinário do sindicato patronal para excluir da sentença normativa a previsão do direito de oposição dos trabalhadores associados, disposto nos §§ 1º a 4º da Cláusula 18 (Custeio da Negociação Coletiva), vencidos os Ministros Luiz Philippe Vieira de Mello Filho, Maurício Godinho Delgado, Kátia Magalhães Arruda e Dora Maria da Costa. TST-RO-521-19.2018.5.17.0000, SDC, rel. Min. Ives Gandra da Silva Martins Filho, 22/11/2021 (TST. Info nº 248).

➘ Contribuição sindical patronal. Holding pura. Ausência de empregados. Não recolhimento.

O sistema sindical brasileiro é fundado na agremiação de trabalhadores em contraposição simétrica a agremiações de empregadores que se unem em razão da defesa de interesses comuns pertinentes às relações de trabalho. Quando o agente econômico não possui empregados, a possibilidade de receber uma contrapartida da entidade sindical que supostamente o representa fica comprometida, colocando um óbice lógico-jurídico à representação pela entidade de classe. Em outras palavras, o objetivo das contribuições sindicais é viabilizar o funcionamento do sistema sindical brasileiro e este, por sua vez, busca favorecer o diálogo entre a classe patronal e a de trabalhadores com vistas à fixação das condições de trabalho. Assim, no caso de uma holding pura, ou seja, agente societário dedicado à administração de bens e participação em outras sociedades, sem desempenho de atividades econômicas e sem a contratação de empregados, não se pode exigir o recolhimento da contribuição sindical patronal (interpretação sistemática dos arts. 570, 579 e 580 da CLT e 109 e 114 do CTN). *E-RR-2058-44.2011.5.03.0078, SDI1, Red. p/ ac. Min. Luiz Philippe Vieira de Mello Filho, 18.2.2016. (Info 129)*

Direito Processual do Trabalho

José Cairo Jr.

TABELA DE INCIDÊNCIA DE QUESTÕES

Distribuição das questões organizada por ordem didática de assuntos		
Assunto	**Número de Questões**	**Peso**
1. TEORIA GERAL DO PROCESSO DO TRABALHO, JURISDIÇÃO E AÇÃO	19	19,39%
2. PROCESSO E PROCEDIMENTO TRABALHISTA	25	25,51%
3. INICIAL, DEFESA E AUDIÊNCIA	10	10,20%
4. PROVAS, SENTENÇA E COISA JULGADA	13	13,27%
5. RECURSOS E AÇÃO RESCISÓRIA	21	21,43%
6. EXECUÇÃO	6	6,12%
7. DISSÍDIO COLETIVO, AÇÕES COLETIVAS E ESPECIAIS	3	3,06%
8. MANDADO DE SEGURANÇA	1	1,02%
Total	**98**	**100%**

Direito Processual do Trabalho

José Cairo Jr.

✦ QUESTÕES

1. TEORIA GERAL DO PROCESSO DO TRABALHO, JURISDIÇÃO E AÇÃO

1.1. FORMA DE SOLUÇÃO DOS CONFLITOS INDIVIDUAIS TRABALHISTAS E FONTES DO DIREITO PROCESSUAL DO TRABALHO

01. (FCC – Procurador do Estado – PGE – TO/2018) O Direito Processual do Trabalho brasileiro se apropria de determinados métodos de solução de conflitos interindividuais e sociais, como a autodefesa, a autocomposição e a heterocomposição, podendo ser identificados como exemplos práticos destas, respectivamente:

a) greve – transação – jurisdição.

b) renúncia – jurisdição – convenção coletiva de trabalho

c) greve – renúncia – transação extrajudicial.

d) jurisdição – lockout – arbitragem.

e) lockout – greve – transação.

COMENTÁRIOS

✪ **Nota do autor:** Os conflitos surgidos na sociedade podem ser solucionados por três maneiras distintas: autodefesa ou autotutela, autocomposição e heterocomposição. A autodefesa ou autotutela é a forma mais primitiva de solução de conflitos, em que a parte mais forte impõe a outra um sacrifício por esta não consentido. Pela autocomposição, os litigantes em comum acordo e sem emprego da força fazem-se concessões recíprocas mediante ajuste de vontades dando fim à lide. Por fim, a heterocomposição consiste na solução do conflito por um terceiro, cuja decisão tem força obrigatória sobre os litigantes. O terceiro pode ser investido pelas partes (arbitragem) ou pela lei (jurisdição).

Alternativa "a": Correta, pois a greve é uma espécie de autodefesa admitida de forma excepcional pelo ordenamento jurídico pátrio; a transação é uma forma de autocomposição por meio da qual os sujeitos põem fim ao conflito fazendo concessões recíprocas; e a jurisdição é uma espécie de heterocomposição, uma vez que o conflito é dirimido por uma terceira pessoa.

Alternativa "b": Incorreto pois a renúncia decorre da vontade livremente manifestada pelo titular do direito, não sendo hipótese de autodefesa. Já a jurisdição é espécie de heterocomposição e não de autocomposição e a convenção coletiva é um negócio jurídico de caráter normativo.

Alternativa "c": A transação extrajudicial é uma forma de autocomposição por meio da qual os sujeitos põem fim ao conflito fazendo concessões recíprocas.

Alternativa "d": a jurisdição é espécie de heterocomposição e não de autodefesa.

Alternativa "e": A greve é uma espécie de autodefesa.

Alternativa correta: letra "a".

1.2. ORGANIZAÇÃO DA JUSTIÇA DO TRABALHO

02. (FCC – Procurador do Estado – PGE – AP/2018) Conforme previsão constitucional sobre competência e organização da Justiça do Trabalho,

a) o Tribunal Superior do Trabalho é composto de 27 Ministros, escolhidos dentre brasileiros com mais de 35 anos e menos de 70 anos, nomeados pelo Presidente da República após aprovação pela maioria absoluta do Congresso Nacional.

b) em cada Estado e no Distrito Federal haverá ao menos um Tribunal Regional do Trabalho, e a lei instituirá as Varas do Trabalho, abrangendo todas as comarcas, extinguindo-se a atribuição residual de jurisdição trabalhista aos juízes de direito.

c) compete à Justiça do Trabalho processar e julgar as ações relativas às penalidades administrativas impostas aos empregadores pelos órgãos de fiscalização das relações de trabalho.

d) a execução, de ofício, das contribuições previdenciárias decorrentes das sentenças proferidas nos órgãos da Justiça do Trabalho deverá ocorrer na Justiça Federal.

e) compete ao Supremo Tribunal Federal processar e julgar, originariamente, a reclamação para a preservação da competência e garantia da autoridade das decisões do Tribunal Superior do Trabalho.

COMENTÁRIOS

✪ **Nota do autor:** O TST é Órgão integrante do Poder Judiciário brasileiro. Contudo, esse reconhecimento só se deu formalmente com a vigência da Emenda Constitucional nº 92/2016, ao introduzir o inciso II-A ao art. 92 da Constituição Federal.

Alternativa "a": Anteriormente o limite máximo de idade de ingresso para ocupar o cargo de Ministro do STF era de 65 anos, na forma prevista pelo art. 111-A da CF/88 em sua redação anterior: "O Tribunal Superior do Trabalho compor-se-á de vinte e sete Ministros, escolhidos dentre brasileiros com mais de trinta e cinco anos e menos de sessenta e cinco anos, de notável saber jurídico e reputação ilibada, nomeados pelo Presidente da República após aprovação pela maioria absoluta do Senado Federal, sendo:[...]". Atualmente essa limite foi alterado para 70 anos, por meio da Emenda Constitucional nº 122: "Art. 111-A. O Tribunal Superior do Trabalho compõe-se de vinte e sete Ministros, escolhidos dentre brasileiros com mais de trinta e cinco e menos de setenta anos de idade, de notável saber jurídico e reputação ilibada, nomeados pelo Presidente da República após aprovação pela maioria absoluta do Senado Federal, sendo [...]".

Alternativa "b": O preceito contido no art. 112 da CF/88 mantém a competência residual dos juízes de direito: "A lei criará varas da Justiça do Trabalho, podendo, nas comarcas não abrangidas por sua jurisdição, atribuí-la aos juízes de direito, com recurso para o respectivo Tribunal Regional do Trabalho". Além disso, não há norma constitucional determinando que em cada Estado e Distrito Federal tenha um Tribunal Regional do Trabalho.

Alternativa "c": Correto. Essa previsão de competência absoluta está prevista no inciso VII, art. 114 da CF/88.

Alternativa "d": A competência para execução das contribuições previdenciárias decorrentes das decisões proferidas pelos Órgãos da Justiça do Trabalho é desta Justiça Especializada, conforme previsão contida no inciso VIII, art. 114 da CF/88.

Alternativa "e": Nesse caso, a competência é do próprio STF, na forma do comando contido no art. 102, I, "l".

Alternativa correta: letra "c".

03. (Cespe – Procurador do Estado – CE/ 2008) Com base na Constituição Federal vigente, assinale a opção incorreta em relação à composição do Tribunal Superior do Trabalho (TST).

a) O TST deve ser composto, segundo a Constituição Federal, por 27 ministros.

b) Entre os ministros do TST, 21 devem ser oriundos da magistratura de carreira.

c) Os ministros são nomeados pelo presidente da República após aprovada sua escolha pela maioria absoluta do Senado Federal.

d) Os ministros devem ser escolhidos entre brasileiros natos.

e) O TST é integrado por, além de magistrados de carreira, advogados com mais de dez anos de efetiva atividade profissional e membros do Ministério Público do Trabalho com mais de dez anos de efetivo exercício, indicados pelos respectivos órgãos de representação de classe em listas sêxtuplas, depois reduzidas a listas tríplices pelo próprio TST para escolha do nome pelo presidente da República.

COMENTÁRIOS

✪ **Nota do autor:** Deve ser observada a regra de aproximação da fração que resulta na aferição de 1/5 de 27 para cima, uma vez que a Constituição Federal não faz expressa referência à quantidade de cargos de magistrados de carreira. Nesse sentido a decisão do STF: "Um quinto da composição dos TRF será de juízes oriundos da advocacia e do MPF. Esta é uma norma constitucional expressa, que há de prevalecer sobre a norma implícita, que decorre da norma expressa, no sentido de que, se 1/5 é dos advogados e membros do MPF, 4/5 serão dos juízes de carreira. Observada a regra de hermenêutica – a norma expressa prevalece sobre a norma implícita – força é convir que, se o número total da composição for múltiplo de cinco, arredonda-se a fração – superior ou inferior a meio – para cima, obtendo-se, então, o número inteiro seguinte. É que, se assim não for feito, o tribunal não terá na sua composição, 1/5 dos juízes oriundos da advocacia e do MPF, com descumprimento da norma constitucional (CF, art. 94 e art. 107, I)." (MS 22.323, Rel. Min. julgamento em 28-9-1995, Plenário, *DJ* de 19-4-1996.)".

Alternativa "a": uma vez que se encontra de acordo com o preceito contido no art. 111-A, I, da CF/88, em sua redação anterior: "O Tribunal Superior do Trabalho compor-se-á de vinte e sete Ministros, escolhidos dentre brasileiros com mais de trinta e cinco e menos de sessenta e cinco anos, nomeados pelo Presidente da República após aprovação pela maioria absoluta do Senado Federal, sendo: I um quinto dentre advogados com mais de dez anos de efetiva atividade profissional e membros do Ministério Público do Trabalho com mais de dez anos de efetivo exercício, observado o disposto no art. 94; II os demais dentre juízes dos Tribunais Regionais do Trabalho, oriundos da magistratura da carreira, indicados pelo próprio Tribunal Superior". A redação atual do caput do referido dispositivo constitucional é a seguinte: "Art. 111-A. O Tribunal Superior do Trabalho compõe-se de vinte e sete Ministros, escolhidos dentre brasileiros com mais de trinta e cinco e menos de setenta anos de idade, de notável saber jurídico e reputação ilibada, nomeados pelo Presidente da República após aprovação pela maioria absoluta do Senado Federal, sendo [...]". (Emenda Constitucional nº 122).

Alternativa "b": O dispositivo constitucional acima citado destaca, de forma implícita, que 4/5 dos Ministros do TST devem ser oriundos da magistratura de carreira. Alternativa correta, pois a fração de 5,4 obtida pelo quinto da advocacia e do MPT é aproximada para 6, restando 21 vagas para magistrados dos TRT's oriundos da magistratura.

Alternativa "c": em consonância com as determinações contidas no art. 111-A da CF/88.

Alternativa "d": Não seria brasileiro nato, mas apenas brasileiro, conforme redação do citado art. 111-A da CF/88. Assertiva falsa.

Alternativa "e": Trata-se do quinto constitucional que também deve ser observado pelo TST, formado por integrantes do MPT e de advogados, ambos com mais de 10 anos de efetivo exercício ou efetiva atividade profissional, respectivamente. Alternativa verdadeira, também de acordo com o art. 111-A da CF/88.

Alternativa incorreta: letra "d".

04. (Cespe – Procurador do Estado – PB/ 2008) De acordo com a CF, compreendem a justiça do trabalho

a) o STF, o TST, os tribunais regionais do trabalho e os juízes do trabalho.

b) o STF, o Conselho Nacional de Justiça, o TST, os tribunais regionais do trabalho e os juízes do trabalho.

c) o TST, os tribunais regionais do trabalho e os juízes do trabalho.

d) o TST, o Conselho Superior da Justiça do Trabalho, os tribunais regionais do trabalho e os juízes do trabalho.

e) o TST, os tribunais regionais do trabalho, os juízes do trabalho e os juízes de direito investidos de jurisdição trabalhista.

COMENTÁRIOS

✪ **Nota do autor:** A Justiça do Trabalho possui três órgãos conforme art. 111 da CRFB/88, quais sejam: Tribunal Superior do Trabalho (órgão de cúpula), Tribunais Regionais do Trabalho e os juízes do trabalho. Excepcionalmente, a jurisdição trabalhista pode ser exercida por Juízes de Direito, conforme art. 112 da CRFB/88, quando a comarca não for abrangida por jurisdição de nenhuma vara do trabalho, com recurso para o respectivo Tribunal Regional do Trabalho.

Alternativa "a": O STF não integra a estrutura da Justiça do Trabalho. Portanto, essa alternativa é incorreta, uma vez que não reproduz a ideia contida no art. 111 da CF/88: "São órgãos da Justiça do Trabalho: I – o Tribunal Superior do Trabalho; II – os Tribunais Regionais do Trabalho; III – Juízes do Trabalho".

Alternativa "b": o STF e o CNJ não integram a estrutura da Justiça do Trabalho.

Alternativa "c": diante do rol dos órgãos da Justiça do Trabalho estabelecido pelo art. 111 da CF/88.

Alternativa "d": o CSJT não faz parte do rol dos órgãos da Justiça do Trabalho estabelecido pelo art. 111 da CF/88. Na verdade, o CSJT funciona junto ao próprio TST, conforme § 2º, II, do art. 111-A da CF/88: "Funcionarão junto ao Tribunal Superior do Trabalho: II o Conselho Superior da Justiça do Trabalho, cabendo-lhe exercer, na forma da lei, a supervisão administrativa, orçamentária, financeira e patrimonial da Justiça do Trabalho de primeiro e segundo graus, como órgão central do sistema, cujas decisões terão efeito vinculante".

Alternativa "e": segundo a Constituição Federal, os juízes de direito não compõem a estrutura da Justiça do Trabalho.

Alternativa correta: letra "c".

05. (Cespe – Procurador do Estado – PI/ 2008) Considere que, em uma comarca do interior do estado do Piauí, não abrangida pela competência de nenhuma das varas do trabalho, um juiz de direito tenha julgado uma reclamação trabalhista. Nessa situação, se houver interesse em recorrer da decisão, as partes devem interpor recurso ao

a) TJPI.

b) TRT da 22ª Região.

c) TRF da 1ª Região.

d) TRF da 5ª Região.

e) TST.

COMENTÁRIOS

✪ **Nota do autor:** Registre-se que, atualmente, não existe nenhum município sem jurisdição trabalhista no Brasil. Essa situação pode mudar no futuro por meio da legislação infraconstitucional.

Alternativa "a": caberia recurso para o Tribunal Regional do Trabalho, na forma prevista pelo art. 112 da CF/88: "A lei criará varas da Justiça do Trabalho, podendo, nas comarcas não abrangidas por sua jurisdição, atribuí-la aos juízes de direito, com recurso para o respectivo Tribunal Regional do Trabalho".

Alternativa "b": A 22ª Região corresponde ao TRT do Estado do Piauí, criado pela Lei nº 8.221/91 "Art. 1º. É criado o Tribunal Regional do Trabalho da 22ª. Região, que terá sede em Teresina (PI), com jurisdição em todo o território do Estado do Piauí".

Alternativa "c": o citado art. 112 da CF/88 diz, textualmente, que a competência é do TRT e não do TRF.

Alternativa "d": o citado art. 112 da CF/88 diz, textualmente, que a competência é do TRT e não do TRF.

Alternativa "e" o TST só é competente para apreciar recurso ordinário proveniente de decisão proferida pelos TRT's em sede de sua competência originária.

Alternativa correta: letra "b".

1.3. PRINCÍPIOS

06. (FCC – Procurador do Estado – PGE – TO/2018) O princípio da oralidade é próprio do Direito Processual Civil, embora no Processo do Trabalho ele tenha maior destaque. A doutrina NÃO considera subprincípio derivado da oralidade o princípio da

a) identidade física do juiz.

b) concentração dos atos processuais em audiência.

c) *perpetuatio jurisdictionis.*

d) imediatidade do juiz na colheita da prova.

e) irrecorribilidade das decisões interlocutórias.

COMENTÁRIOS

✪ **Nota do autor:** A doutrina considera que do princípio da oralidade derivam os seguintes subprincípios: a) da imediatidade, b) da concentração, c) da identidade física do juiz (inexistente no CPC de 2015): e d) da irrecorribilidade das interlocutórias.

Alternativa "a": Está incluído no rol descrito na nota do autor.

Alternativa "b": Está incluído no rol descrito na nota do autor.

Alternativa "c": O juiz que primeiro conhecer da lide deve conduzir o seu processamento, com a apresentação da tutela jurisdicional, o que caracteriza o princípio da *perpetuatio iurisdictiones* albergado no ordenamento jurídico pátrio pelo art. 43 do CPC. Portanto, esse princípio não tem qualquer relação com o princípio da oralidade.

Alternativa "d": Está incluído no rol descrito na nota do autor.

Alternativa "e": Está incluído no rol descrito na nota do autor.

Alternativa correta: letra "c".

---

07. (Cespe – Procurador do Estado – CE/ 2008) Com relação ao processo do trabalho, assinale a opção correta.

a) Os juízos e tribunais do trabalho terão ampla liberdade na direção do processo e velarão pelo andamento célere das causas, podendo determinar qualquer diligência necessária ao esclarecimento delas.

b) O direito processual comum será aplicado sempre que houver omissão no direito processual trabalhista.

c) A compensação ou retenção pode ser arguida como matéria de defesa até o recurso interponível para o tribunal regional do trabalho (TRT).

d) Se as partes resolverem conciliar-se, o juiz do trabalho deve suspender o processo e aguardar a homologação ou não do acordo pela Comissão de Conciliação Prévia, uma vez que é obrigatória a submissão àquele órgão extrajudicial.

e) O princípio da simplicidade das formas não vigora no processo do trabalho quando as partes estão representadas por advogados, prevalecendo, no caso, o princípio da formalidade absoluta.

COMENTÁRIOS

✪ **Nota do autor:** As regras do processo civil são aplicadas ao processo do trabalho sempre que houver omissão da CLT ou outra norma processual trabalhista específica, e não existir incompatibilidade com os princípios mais acentuados do processo laboral. No processo de execução, em primeiro lugar utilizam-se as regras da lei de execução fiscal e, persistindo a omissão, as regras do processo civil.

Alternativa "a": Opção correta diante da assertiva contida no art. 765 da CLT: "Os Juízos e Tribunais do Trabalho terão ampla liberdade na direção do processo e velarão pelo andamento rápido das causas, podendo determinar qualquer diligência necessária ao esclarecimento delas".

Alternativa "b": O direito processual comum deve ser aplicado em casos de omissão e desde que não seja incompatível com as normas e princípio do direito processual do trabalho, conforme dispõe o art. 769 da CLT: "Nos casos omissos, o direito processual comum será fonte subsidiária do direito processual do trabalho, exceto naquilo em que for incompatível com as normas deste Título". **Incorreta.**

Alternativa "c": O TST, por meio da Súmula n° 468, interpretou o art. 767 da CLT conferindo à expressão "defesa" o sentido de "contestação". Logo, não pode ser arguida a compensação em sede recursal: "Art. 767. A compensação, ou retenção, só poderá ser arguida como matéria de defesa". Súmula nº 468 do TST "COMPENSAÇÃO (mantida) – Res. 121/2003, DJ 19, 20 e 21.11.2003. A compensação só poderá ser arguida com a contestação". **Alternativa incorreta.**

Alternativa "d": O Juiz não é obrigado a homologar qualquer acordo trabalhista ajustado pelas partes, na forma do entendimento do TST constante da Súmula nº 418: "MANDADO DE SEGURANÇA VISANDO À HOMOLOGAÇÃO DE ACORDO (nova redação em decorrência do CPC de 2015) – Res. 217/2017 – DEJT divulgado em 20, 24 e 25.04.2017. A homologação de acordo constitui faculdade do juiz, inexistindo direito líquido e certo tutelável pela via do mandado de segurança".. Além disso, o STF (ADI's 2139 e 2160) conferiu interpretação conforme a Constituição Federal ao art. 625-D da CLT para declarar a faculdade de submissão prévia da demanda trabalhista às Comissões de Conciliação Prévia.

Alternativa "e": O princípio da informalidade aplica-se ao processo laboral independentemente de a parte estar representada por advogado. **Alternativa incorreta,** pois contraria a doutrina e a jurisprudência dominantes: "INÉPCIA DA INICIAL. AFASTAMENTO. Tendo em vista se tratar de matéria do conhecimento deste Regional, mais razoável homenagear os princípios da instrumentalidade das formas, da informalidade e da simplicidade que regem o processo do trabalho, julgando apta ao processamento a peça inicial, mormente porque a reclamada se defendeu a contento e não foi observada a orientação do TST para os casos de retificação da inicial (Súmula 263 do TST). (Processo nº: 883201000216003 MA 00883-2010-002-16-00-3, Relator: LUIZ COSMO DA SILVA JÚNIOR)".

Alternativa correta: letra "a".

1.4. COMPETÊNCIA

---

08. (Fepese – Procurador do Estado – PGE – SC/2018) José ingressou como servidor do Município "X" em 1980, sem concurso público e pelo regime da Consolidação das Leis do Trabalho. No prazo adequado, e após a promulgação da Constituição Federal de 1988, foi aprovado o estatuto dos servidores públicos daquele ente federado, passando ele a ser servidor público estatutário, até sua exoneração.

Observado isso, é correto afirmar:

a) Como há dois períodos baseados em regimes diversos, prevalece aquele ocorrido por último, o que determina a competência da Justiça comum.

b) Como se trata de servidor público municipal, mesmo em relação aos pedidos formulados com base no regime celetista, a competência para julgamento é da justiça comum estadual.

c) A discussão a respeito da competência para conhecer os pedidos, tanto aqueles decorrentes do regime celetista, como aqueles decorrentes do regime estatutário, envolve competência em razão da matéria, a qual é relativa e não pode ser conhecida de ofício pelo juiz.

d) Como o servidor público, no caso, foi admitido sem concurso público, não há qualquer possibilidade de se acolherem pedidos formulados com base no regime estatutário, motivo pelo qual somente poderá pleitear perante a justiça do trabalho.

e) O pedido referente às verbas trabalhistas, formulado com base na Consolidação das Leis do Trabalho, é de competência da Justiça do Trabalho. Os pedidos formulados com base na relação estatutária são de competência da justiça comum estadual.

COMENTÁRIOS

✪ **Nota do autor:** A adoção, pelo Ente Federado, do regime jurídico único estatutário, para reger as relações jurídicas com os seus servidores, implica extinção do vínculo empregatício. Esse fato dá início ao prazo prescricional para o ajuizamento da reclamação trabalhista perante a Justiça do Trabalho, em face de sua competência residual. Essa é a orientação jurisprudencial do TST, contida na OJ nº 138 da SDI-1: "COMPETÊNCIA RESIDUAL. REGIME JURÍDICO ÚNICO. LIMITAÇÃO DA EXECUÇÃO. (nova redação em decorrência da incorporação da Orientação Jurisprudencial nº 249 da SBDI-1, DJ 20.04.2005). Compete à Justiça do Trabalho julgar pedidos de direitos e vantagens previstos na legislação trabalhista referente a período anterior à Lei nº 8.112/90, mesmo que a ação tenha sido ajuizada após a edição da referida lei. A superveniência de regime estatutário em substituição ao celetista, mesmo após a sentença, limita a execução ao período celetista".

Alternativa "a": A competência da Justiça do Trabalho é residual em relação ao período anterior a vigência do Estatuto do Servidor Público.

Alternativa "b": O fato de ser empregado público municipal não altera a questão da competência. Se a relação jurídica estabelecida entre a administração pública e o servidor é de natureza celetista, o juízo competente para dirimir eventual litígio é o trabalhista e não a Justiça Comum.

Alternativa "c": A competência em razão da matéria é absolta e não relativa.

Alternativa "d": Pela teoria da asserção, a competência em razão da matéria é definida pelo pedido formulado pelo autor em sua petição inicial. Assim, em tese, o autor pode pleitear perante a Justiça Comum, desde que, em sua exordial, assuma a condição de ocupante de cargo publico regido por estatuto próprio.

Alternativa "e": Correto, a competência material é definida pela pretensão inserida na petição inicial.

Alternativa correta: letra "e".

---

09. (FCC – Procurador do Estado – PGE – TO/2018) Em relação à organização e competência da Justiça do Trabalho no Brasil, com fulcro na legislação pertinente,

a) é competência das Varas do Trabalho processar e julgar os dissídios resultantes de contratos de empreitadas em que o empreiteiro seja operário ou artífice.

b) compete ao Supremo Tribunal Federal processar e julgar originalmente a reclamação para preservação da competência do Tribunal Superior do Trabalho e garantia da autoridade das decisões desta corte.

c) compete à Justiça do Trabalho processar e julgar as ações oriundas da relação de trabalho, exceto quando se trata de entes de direito público externo.

d) as ações relativas às penalidades administrativas impostas aos empregadores pelos órgãos de fiscalização das relações de trabalho não são da competência da Justiça do Trabalho, mas sim da Justiça Federal, por se tratar de modalidade tributária.

e) sendo o empregado viajante é competente a Vara do Trabalho da localidade onde houve a contratação, salvo se ele estiver imediatamente subordinado à uma filial, caso em que será competente a Vara em cuja jurisdição estiver situada a mesma filial ou o foro do domicílio do empregado.

COMENTÁRIOS

✪ **Nota do autor:** A questão envolve alternativas que tratam da competência material, prevista no art. 114 da Constituição Federal e art. 652 da CLT e outras que dizem respeito à competência territorial, disciplinada pelo art. 651 da CLT.

Alternativa "a": Correta. Essa competência excepcional encontra-se prevista no inciso III, alínea "a", art. 652 da CLT: "Art. 652. Compete às Varas do Trabalho: a) conciliar e julgar: III – os dissídios resultantes de contratos de empreitadas em que o empreiteiro seja operário ou artífice".

Alternativa "b": Incorreta. Nesse caso, a competência é do próprio TST, na forma do comando contido no art. 111-A, §3º, da CF.

Alternativa "c": Incorreta. Trata-se de competência material da Justiça do Trabalho também apreciar ações oriundas da relação de trabalho, inclusive quando se trata de entes de direito público externo, conforme previsão prevista no inciso I, art. 114 da CF/88.

Alternativa "d": A competência da Justiça do Trabalho inclui as ações relativas às penalidades administrativas impostas aos empregadores pelos órgãos de fiscalização das relações de trabalho, **conforme previsão prevista no inciso VII, art. 114 da CF/88.**

Alternativa "e": No caso de demanda envolvendo viajante, não há previsão legal de fixação da competência com base no critério do local da contratação, de acordo com o preceito contido no § 1º, art. 651 da CLT: "Quando for parte de dissídio agente ou viajante comercial, a competência será da Junta da localidade em que a empresa tenha agência ou filial e a esta o empregado esteja subordinado e, na falta, será competente a Junta da localização em que o empregado tenha domicílio ou a localidade mais próxima".

Alternativa correta: letra "a".

---

10. (FMP – Procurador do Estado – PGE – AC/2017) Considerando a competência em razão da matéria da Justiça do Trabalho para processar e julgar, NÃO É CORRETO afirmar que estão abrangidas as ações

a) que envolvam o exercício do direito de greve.
b) de mandados de segurança, habeas corpus e habeas data, quando o ato questionado envolver matéria sujeita à sua jurisdição.
c) envolvendo crimes contra a organização do trabalho.
d) relativas às penalidades administrativas impostas aos empregadores pelos órgãos de fiscalização das relações de trabalho.
e) sobre representação sindical.

COMENTÁRIOS

✪ **Nota do autor:** A competência em razão da matéria da Justiça do Trabalho encontra-se estabelecida no art. 114 da Constituição Federal de 1988.

Alternativa "a": Essa competência foi estabelecida pelo inciso II do art. 114 da CF/88.

Alternativa "b": se encontra de acordo com o mandamento contido no art. 114, IV, da CF/88.

Alternativa "c": a Justiça do Trabalho não detém competência criminal. Nesse sentido a decisão do STF proferido nos autos da ADI nº 3.684: "COMPETÊNCIA CRIMINAL. Justiça do Trabalho. Ações penais. Processo e julgamento. Jurisdição penal genérica. Inexistência. Interpretação conforme dada ao art. 114, incs. I, IV e IX, da CF, acrescidos pela EC nº 45/2004. Ação direta de inconstitucionalidade. Liminar deferida com efeito *ex tunc*. O disposto no art. 114, incs. I, IV e IX, da Constituição da República, acrescidos pela Emenda Constitucional nº 45, não atribui à Justiça do Trabalho competência para processar e julgar ações penais".

Alternativa "d": a CF/88 atribuiu essa competência à Justiça do Trabalho por meio do inciso VII, art. 114 da CF/88.

Alternativa "e": o julgamento de conflitos dessa natureza foi atribuído à Justiça Laboral de acordo com o art. 114, III da CF/88.

Alternativa incorreta: letra "c".

---

11. (FMP – Procurador do Estado – AC/2014) Em relação aos Princípios do Direito Processual do Trabalho e à Jurisdição e Competência, assinale a afirmativa correta.

a) Prevalece o entendimento na doutrina no sentido da impossibilidade de incidência do princípio da proteção, na medida em que este apenas se justifica na relação de Direito Material, tanto que em sede de processo a ausência do reclamante e do reclamado em qualquer audiência tem exatamente as mesmas consequências.
b) A Justiça do Trabalho tem competência para julgar ações que envolvem as relações de emprego e também as relações de trabalho que envolvem contratos emergenciais com os entes de Direito Público.
c) Prevalece na jurisprudência o entendimento de que a Justiça do Trabalho é competente para julgar ação de indenização por danos morais e materiais decorrentes de acidente do trabalho proposta pelos sucessores do empregado falecido.
d) A Justiça do Trabalho é competente para processar e julgar as ações de indenização por danos morais e patrimoniais decorrentes de acidente do trabalho propostas por empregado contra empregador, salvo aquelas que ainda não possuíam sentença de mérito em primeiro grau na promulgação da Emenda Constitucional 45/04.

COMENTÁRIOS

✪ **Nota do autor:** O STF, em diversas decisões monocráticas proferidas em sede de reclamações constitucionais, atribui competência à Justiça Comum para dirimir conflitos envolvendo servidores públicos contratados temporariamente, ainda que inexista regime jurídico único, com fundamento na liminar proferida pelo Min. Jobim, nos autos da ADI nº 3395: "A não inclusão do enunciado acrescido pelo STF em nada altera a proposição jurídica contida na regra. (...) não há que se entender que a Justiça Trabalhista, a partir do texto promulgado, possa analisar questões relativas aos servidores públicos. Essas demandas vinculadas a questões funcionais a eles pertinentes, regidos que são pela lei 8112/90 e pelo direito administrativo, são diversas dos contratos de trabalho regidos pela CLT. (...) em face dos princípios da proporcionalidade e da razoabilidade e ausência de prejuízo, concedo a liminar, com efeito 'ex tunc', dou interpretação conforme ao inc. I do art. 114 da CF, na redação da EC nº 45/04. Suspendo, ad referendum, toda e qualquer interpretação dada ao inc. I do art. 114 da CF, na redação dada pela EC 45/04, que inclua, na competência da justiça do trabalho, a "...apreciação... de causas que... sejam instauradas entre o poder público e seus servidores, a ele vinculados por típica relação de ordem (STF. ADI nº 3.395. Relator Min. Cezar Peluso. DJ 04.02.2005).

Alternativa "a": Há discussão doutrinária sobre a aplicação do princípio protetivo do Direito do Trabalho no âmbito do processo, diante da isonomia que deve ser assegurada aos litigantes. Todavia, há forte corrente que sustenta a aplicação mitigada do princípio da proteção, na medida em que este é instrumento do direito material que é, por sua vez, caracterizado por uma grande assimetria entre as partes. No caso específico da ausência das partes à primeira audiência temos a aplicação mitigada do princípio da proteção. Assim, os efeitos da ausência do reclamante e do reclamado à audiência são diversos, conforme se observa do preceito contido no art. 844 da CLT: "O não-comparecimento do reclamante à audiência importa o arquivamento da reclamação, e o não-comparecimento do reclamado importa revelia, além de confissão quanto à matéria de fato."

Alternativa "b": Segundo o entendimento do STF, a competência nesse caso é da Justiça Ordinária, conforme análise feita na nota do autor.

Alternativa "c": de acordo com a jurisprudência do STF: "CONFLITO DE COMPETÊNCIA. CONSTITUCIONAL. JUÍZO ESTADUAL DE PRIMEIRA INSTÂNCIA E TRIBUNAL SUPERIOR. COMPETÊNCIA ORIGINÁRIA DO SUPREMO TRIBUNAL FEDERAL PARA SOLUÇÃO DO CONFLITO. ART. 102, I, O, DA CB/88. JUSTIÇA COMUM E JUSTIÇA DO TRABALHO. COMPETÊNCIA PARA JULGAMENTO DA AÇÃO DE INDENIZAÇÃO POR DANOS MORAIS E MATERIAIS DECORRENTES DE ACIDENTE DO TRABALHO PROPOSTA PELOS SUCESSORES DO EMPREGADO FALECIDO. COMPETÊNCIA DA JUSTIÇA LABORAL. 1. Compete ao Supremo Tribunal Federal dirimir o conflito de competência entre Juízo Estadual de primeira instância e Tribunal Superior, nos termos do disposto no art. 102, I, o, da Constituição do Brasil. Precedente [CC nº 7.027, Relator o Ministro CELSO DE MELLO, DJ de 1.9.95] 2. A competência para julgar ações de indenização por danos morais e materiais decorrentes de acidente de trabalho, após a edição da EC 45/04, é da Justiça do Trabalho. Precedentes [CC nº 7.204, Relator o Ministro CARLOS BRITTO, DJ de 9.12.05 e AgR-RE nº 509.352, Relator o Ministro MENEZES DIREITO, DJe de 1º.8.08]. 3. O ajuizamento da ação de indenização pelos sucessores não altera a competência da Justiça especializada. A transferência do direito patrimonial em decorrência do óbito do empregado é irrelevante. Precedentes. [ED-RE nº 509.353, Relator o Ministro SEPÚLVEDA PERTENCE, DJ de 17.8.07; ED-RE nº 482.797, Relator o Ministro RICARDO LEWANDOWSKI, DJe de 27.6.08 e ED-RE nº 541.755, Relator o Ministro CÉZAR PELUSO, DJ de 7.3.08]. Conflito negativo de competência conhecido para declarar a competência da Justiça do Trabalho. (CC 7545/SC – CONFLITO DE COMPETÊNCIA – Relator: Min. EROS GRAU – Julgamento: 03/06/2009 – Órgão Julgador: Tribunal Pleno)".

Alternativa "d": contraria a Súmula Vinculante nº 22 do STF, que inclui expressamente as demandas sem sentença no primeiro grau quando da edição da EC nº 45/04: "A Justiça do Trabalho é competente para processar e julgar as ações de indenização por danos morais e patrimoniais decorrentes de acidente de trabalho propostas por empregado contra empregador, inclusive aquelas que ainda não possuíam sentença de mérito em primeiro grau quando da promulgação da Emenda Constitucional nº 45/04."

Alternativa correta: letra "c".

---

12. (PGE-GO – Procurador do Estado – GO/ 2013) De acordo com a legislação processual trabalhista, é CORRETO afirmar que

a) a competência territorial será definida pela localidade em que o empregado, reclamante ou reclamado, foi contratado.

b) em se tratando de empregador que promova realização de atividades fora do lugar do contrato de trabalho, é assegurado ao empregado apresentar reclamação no foro da celebração do contrato ou no da prestação dos respectivos serviços.

c) aos trâmites e incidentes do processo da execução não são aplicáveis os preceitos que regem o processo dos executivos fiscais para cobrança da dívida ativa da Fazenda Pública Federal.

d) a Justiça do Trabalho não tem competência para executar títulos executivos extrajudiciais.

e) o executado terá cinco dias para apresentação de embargos, contados da citação, cabendo igual prazo ao exequente para apresentar impugnação.

COMENTÁRIOS

✪ **Nota do autor:** A competência da Justiça do Trabalho para executar títulos extrajudiciais só foi adquirida com o advento da Lei nº 9.958/2000.

Alternativa "a": Em regra, a competência em razão do lugar é definida, no processo do trabalho, pelo local da prestação de serviços. Portanto, a assertiva **não é verdadeira**, pois contraria o preceito contido no *caput* do art. 651 da CLT: "A competência das Juntas de Conciliação e Julgamento é determinada pela localidade onde o empregado, reclamante ou reclamado, prestar serviços ao empregador, ainda que tenha sido contratado noutro local ou no estrangeiro".

Alternativa "b": correta, pois reproduz o texto contido no § 3º, art. 651 da CLT: Em se tratando de empregador que promova realização de atividades fora do lugar do contrato de trabalho, é assegurado ao empregado apresentar reclamação no foro da celebração do contrato ou no da prestação dos respectivos serviços.

Alternativa "c": A regra é justamente em sentido contrário, conforme se observa da redação do art. 889 da CLT: "Aos trâmites e incidentes do processo da execução são aplicáveis, naquilo em que não contravierem ao presente Título, os preceitos que regem o processo dos executivos fiscais para a cobrança judicial da dívida ativa da Fazenda Pública Federal".

Alternativa "d": A competência da Justiça do Trabalho para executar determinados títulos extrajudiciais encontra-se prevista no art. 876 da CLT: "As decisões passadas em julgado ou das quais não tenha havido recurso com efeito suspensivo; os acordos, quando não cumpridos; os termos de ajuste de conduta firmados perante o Ministério Público do Trabalho e os termos de conciliação firmados perante as Comissões de Conciliação Prévia serão executados pela forma estabelecida neste Capítulo".

Alternativa "e": O início do prazo para apresentação dos embargos à execução efetiva-se a partir da intimação da penhora ou da garantida da execução e não da citação, na forma prevista pelo art. 884 da CLT: "Garantida a execução ou penhorados os bens, terá o executado 5 (cinco) dias para apresentar embargos, cabendo igual prazo ao exequente para impugnação".

Alternativa correta: letra "b".

13. (Cespe – Procurador do Estado – PI/ 2008) As competências da justiça do trabalho não incluem o processamento e o julgamento de

a) ações que envolvam o exercício do direito de greve.

b) ações relativas às penalidades administrativas impostas aos empregadores pelos órgãos de fiscalização das relações de trabalho.

c) crimes contra a organização do trabalho.

d) ações de indenização por dano moral ou patrimonial, decorrentes da relação de trabalho.

e) ações sobre representação sindical.

COMENTÁRIOS

✪ **Nota do autor:** A competência material da Justiça do Trabalho encontra-se delimitada pelo art. 114 da CF/88. Mas esse mesmo dispositivo, em seu inciso IX, permite que o legislador ordinário estenda essa competência.

Alternativa "a": A definição da competência da Justiça do Trabalho, em nível constitucional, encontra-se inserida no art. 114 da CF/88, incluindo as demandas que envolvam o exercício do direito de greve: "Compete à Justiça do Trabalho processar e julgar: II as ações que envolvam exercício do direito de greve".

Alternativa "b": Opção correta, conforme disposto no inciso VII do art. 114 da CF/88: "Compete à Justiça do Trabalho processar e julgar: VII as ações relativas às penalidades administrativas impostas aos empregadores pelos órgãos de fiscalização das relações de trabalho".

Alternativa "c": a competência penal não está incluída no rol do art. 114 da CF/88, não há lei ordinária específica nesse sentido e o Plenário do STF, por unanimidade, no julgamento da Medida Cautelar em ADI nº 3.684-0, afastou a possibilidade de competência da Justiça do Trabalho para processar e julgar ações penais.

Alternativa "d": O art. 114 da CF/88 contempla a competência da Justiça Laboral em relação a essa matéria em seu inciso VI: "Compete à Justiça do Trabalho processar e julgar: VI as ações de indenização por dano moral ou patrimonial, decorrentes da relação de trabalho".

Alternativa "e": Essa competência específica foi atribuída à Justiça do Trabalho por meio do inciso III do art. 114 da CF/88: "Compete à Justiça do Trabalho processar e julgar: III as ações sobre representação sindical, entre sindicatos, entre sindicatos e trabalhadores, e entre sindicatos e empregadores".

Alternativa incorreta: letra "c".

14. (Cespe – Procurador do Estado – PB/ 2008) Acerca da competência da justiça do trabalho, a partir do disposto na CF, na CLT e em decorrência da jurisprudência sumulada e consolidada do STF e do TST, assinale a opção correta.

a) Compete à justiça do trabalho processar e julgar as ações oriundas da relação de trabalho, abrangidas as que envolvam a administração direta e indireta da União, dos estados, do DF e dos municípios e seus empregados.

b) A justiça do trabalho apenas detém competência para processar e julgar os mandados de segurança que envolvam, como autoridade impetrada, juízo ou tribunal do trabalho.

c) Os *habeas corpus* de competência da justiça do trabalho resultam na competência, também, para as ações penais que tenham como objeto crime cometido no âmbito das relações de trabalho ou contra a organização do trabalho.

d) Compete à justiça do trabalho processar e julgar as ações de representação sindical, excetuados os mandados de segurança que envolvam autoridade do Ministério do Trabalho e Emprego e sejam pertinentes a registro sindical, por estar vinculado o ato à competência da justiça federal.

e) As ações civis públicas que envolvam a discussão de nulidade de contratação de servidor público estatutário são de competência da justiça do trabalho quando puder ser estabelecido direito residual ao servidor contratado irregularmente.

COMENTÁRIOS

✪ **Nota do autor:** Ao adotar o regime jurídico único estatutário, a relação existente entre o Ente da administração pública direta, autárquica ou fundacional passar a ter natureza administrativa e a competência para dirimir eventual conflito é da Justiça Comum. Se o regime for o celetista, a competência é da Justiça do Trabalho.

Alternativa "a": conforme previsão contida no inciso I do art. 114 da CF/88: "Compete à Justiça do Trabalho processar e julgar: I as ações oriundas da relação de trabalho, abrangidos os entes de direito público externo e da administração pública direta e indireta da União, dos Estados, do Distrito Federal e dos Municípios".

Alternativa "b": Não há essa limitação no inciso IV do art. 114 da CF/88: "Compete à Justiça do Trabalho processar e julgar: IV os mandados de segurança, *habeas corpus* e habeas data, quando o ato questionado envolver matéria sujeita à sua jurisdição".

Alternativa "c": A EC nº 45/04 não conferiu competência penal para a Justiça do Trabalho. O Plenário do STF, por unanimidade, no julgamento da Medida Cautelar em ADI nº 3.684-0 afastou a possibilidade de competência da Justiça do Trabalho para processar e julgar ações penais.

Alternativa "d": Não é essa interpretação que se chega analisando os incisos I, IV e VII em conjunto do art. 114 da CF/88: "Compete à Justiça do Trabalho processar e julgar: I as ações oriundas da relação de trabalho, abrangidos os entes de direito público externo e da administração pública direta e indireta da União, dos Estados, do Distrito Federal e dos Municípios; IV os mandados de segurança, *habeas corpus* e habeas data, quando o ato questionado envolver matéria sujeita à sua jurisdição; VII as ações relativas às penalidades administrativas impostas aos empregadores pelos órgãos de fiscalização das relações de trabalho".

Alternativa "e": O Pleno do STF referendou liminar concedida pelo Ministro Nelson Jobim no julgamento da Medida Cautelar na ADI 3.395-6/DF, no sentido de que, mesmo após a EC nº 45/2004, a Justiça do Trabalho não tem competência para processar e julgar causas instauradas entre o Poder Público e o servidor que a ele seja vinculado por relação jurídico-administrativa. Portanto, a competência da Justiça do Trabalho restringe-se às lides envolvendo servidor público celetista.

Alternativa correta: letra "a".

15. (FCC – Procurador do Estado – MT/ 2011) Em relação à competência territorial da Justiça do Trabalho, é correto afirmar:

a) A competência é determinada pela localidade onde o empregado prestar serviços ou pela cláusula do foro de eleição.

b) Quando for parte de dissídio agente ou viajante comercial, a competência será da Vara do Trabalho da localidade em que a empresa tenha sede.

c) Quando for parte de dissídio trabalhador avulso, a competência será da Vara do Trabalho da localidade em que a empresa tenha agência ou filial e a esta o empregado esteja subordinado e, na falta, será competente a Junta da localização em que o empregado tenha domicílio ou a localidade mais próxima.

d) A competência das Varas do Trabalho estende-se aos dissídios ocorridos em agência ou filial no estrangeiro, desde que o empregado seja brasileiro e não haja convenção internacional dispondo em contrário.

e) Em se tratando de empregador que promova realização de atividades fora do lugar do contrato de trabalho, é assegurado ao empregado apresentar reclamação no foro da extinção do contrato de trabalho.

COMENTÁRIOS

Alternativa "a": No processo do trabalho, a competência territorial não pode ser fixada pelo foro da eleição. A matéria é objeto do conteúdo do art. 651, *caput*, da CLT: "A competência das Juntas de Conciliação e Julgamento é determinada pela localidade onde o empregado, reclamante ou reclamado, prestar serviços ao empregador, ainda que tenha sido contratado noutro local ou no estrangeiro".

Alternativa "b": Incorreta, pois nesse caso a competência será da Vara do Trabalho da localidade em que a empresa tenha agência ou filial, conforme art. 651, § 1º, da CLT.

Alternativa "c": A Constituição Federal de 1988 igualou os trabalhadores avulsos aos empregados em direito e obrigações. Logo, aplica-se ao avulso a regra contida no art. 651, *caput*, da CLT, ou seja, da definição da competência pelo local da prestação dos serviços. Alternativa incorreta.

Alternativa "d": uma vez que se encontra em conformidade com o preceito contido no art. 651, § 2º, da CLT: "A competência das Juntas de Conciliação e Julgamento, estabelecida neste artigo, estende-se aos dissídios ocorridos em agência ou filial no estrangeiro, desde que o empregado seja brasileiro e não haja convenção internacional dispondo em contrário".

Alternativa "e": Nesse caso, abre-se uma alternativa para o empregado de apresentar a reclamação no foro da celebração do contrato ou no da prestação dos respectivos serviços. A matéria encontra-se disciplinada pelo art. 651, § 3º, da CLT.

Alternativa correta: letra "d".

16. (Cespe – Procurador do Estado – CE/ 2008) A competência da justiça do trabalho, a partir da Emenda Constitucional nº 45/2004, passou a envolver, no plano constitucional,

a) a execução, de ofício, de imposto de renda decorrente das sentenças que proferir.

b) os *habeas corpus*, quando envolvido, como paciente, juiz do trabalho.

c) conflitos de atribuições entre delegacias regionais do trabalho.

d) os mandados de segurança, quando o ato questionado envolver matéria de representação sindical.

e) as ações que abarquem servidores públicos estatutários da administração direta e indireta da União, dos estados, do DF e dos municípios.

COMENTÁRIOS

Alternativa "a": A justiça do trabalho não tem competência para execução do imposto de renda, mas sim as contribuições previdenciárias. Portanto, a alternativa é incorreta, pois a referida competência não consta do rol estabelecido pelo art. 114, VIII, da CF/88: "Compete à Justiça do Trabalho processar e julgar: VIII a execução, de ofício, das contribuições sociais previstas no art. 195, I, a, e II, e seus acréscimos legais, decorrentes das sentenças que proferir".

Alternativa "b": Quando o paciente for o Juiz do Trabalho, a competência para analisar pedido de *habeas corpus* é da Justiça Federal. O art. 114, IV, da CF/88 limita a competência da Justiça do Trabalho quando o ato questionado envolver matéria sujeita à sua jurisdição: "Compete à Justiça do Trabalho processar e julgar: IV os mandados de segurança, *habeas corpus* e habeas data, quando o ato questionado envolver matéria sujeita à sua jurisdição".

Alternativa "c": Essa espécie de competência não está prevista no art. 114 da CF/88. Alternativa incorreta.

Alternativa "d": o mandado de segurança está incluindo na competência da Justiça do Trabalho, na forma do inciso IV art. 114 da CF/88 e a competência em relação às questões sindicais está prevista pelo inciso III desse mesmo dispositivo: "Compete à Justiça do Trabalho processar e julgar: III as ações sobre representação sindical, entre sindicatos, entre sindicatos e trabalhadores, e entre sindicatos e empregadores; IV os mandados de segurança, *habeas* *corpus* e habeas data, quando o ato questionado envolver matéria sujeita à sua jurisdição".

Alternativa "e": O Pleno do STF referendou liminar concedida pelo Ministro Nelson Jobim no julgamento da Medida Cautelar na ADI 3.395-6/DF, no sentido de que, mesmo após a EC nº 45/2004, a Justiça do Trabalho não tem competência para processar e julgar causas instauradas entre o Poder Público e o servidor que a ele seja vinculado por relação jurídico-administrativa. Portanto, a competência da Justiça do Trabalho restringe-se as lides envolvendo servidor público celetista.

Alternativa correta: letra "d".

---

17. (Cespe – Procurador do Estado – PB/ 2008) A justiça do trabalho detém competência para a execução de contribuições previdenciárias em circunstâncias diferenciadas da competência da justiça federal. A esse respeito, julgue os itens seguintes, com base na CF, na CLT, na legislação tributária e previdenciária e na jurisprudência sumulada e consolidada do STF e do TST.

I. A justiça do trabalho detém competência para executar, de ofício, as contribuições previdenciárias decorrentes das sentenças que proferir, inclusive, quanto aos salários pagos sobre o período de vínculo reconhecido judicialmente por sentença ou por homologação de acordo.

II. Quando discutida a questão em sede de reclamação trabalhista, a justiça do trabalho detém competência para apreciar os benefícios previdenciários que seriam devidos ao trabalhador pelo INSS.

III. A execução que envolva a cobrança de contribuição previdenciária decorrente de sentença ou acordo homologado pela justiça do trabalho, por envolver a Fazenda Pública, tramita mediante precatório.

IV. A União deve ser intimada dos acordos homologados e das sentenças proferidas pela justiça do trabalho, podendo interpor recurso relativo aos tributos que lhe forem devidos, decorrentes dos respectivos títulos executivos judiciais.

V. Cabe à Procuradoria-Geral Federal representar judicialmente a União nos processos em curso perante a justiça do trabalho relacionados com a cobrança de contribuições previdenciárias e de imposto de renda retido na fonte em decorrência de condenação imposta por sentença ou resultante de acordo homologado por juiz ou tribunal do trabalho.

Estão certos apenas os itens

a) I, II e IV.

b) I, III e V.

c) I, IV e V.

d) II, III e IV.

e) II, III e V.

COMENTÁRIOS

✪ **Nota do autor:** Com a vigência da Lei nº 13.467/17, o parágrafo único do art. 876 da CLT passou a ter a seguinte redação: "A Justiça do Trabalho executará, de ofício, as contribuições sociais previstas na alínea a do inciso I e no inciso II do caput do art. 195 da Constituição Federal, e seus acréscimos legais, relativas ao objeto da condenação constante das sentenças que proferir e dos acordos que homologar".

Item "I": Item correto, pois reproduz a ideia contida no art. 114, VIII da CF/88 e no art. 876 da CLT (ver nota do autor).

Item "II": A competência para execução das verbas previdenciárias é compartida com mais de um ramo do Poder Judiciário. Por isso, o referido item não é verdadeiro, uma vez que contraria o art. 114, VIII da CF/88 que especifica a limitação da competência da Justiça Obreira: "Compete à Justiça do Trabalho processar e julgar: VIII a execução, de ofício, das contribuições sociais previstas no art. 195, I, *a*, e II, e seus acréscimos legais, decorrentes das sentenças que proferir". **Item incorreto.**

Item "III": Esse procedimento só é utilizado quando o devedor é a Fazenda Pública. No caso da competência da Justiça do Trabalho para cobrar as contribuições previdenciárias de ofício, a Fazenda Pública é classificada como credora, conforme se observa da redação do art. 100 da CF/88: "Os pagamentos devidos pelas Fazendas Públicas Federal, Estaduais, Distrital e Municipais, em virtude de sentença judiciária, far-se-ão exclusivamente na ordem cronológica de apresentação dos precatórios e à conta dos créditos respectivos, proibida a designação de casos ou de pessoas nas dotações orçamentárias e nos créditos adicionais abertos para este fim". **Item incorreto.**

Item "IV": Item correto, pois se encontra de acordo com a redação do art. 832, § 4º, da CLT**:** "A União será intimada das decisões homologatórias de acordos que contenham parcela indenizatória, na forma do art. 20 da Lei nº 11.033, de 21 de dezembro de 2004, facultada a interposição de recursos relativos aos tributos que lhe forem devidos".

Item "V": Essa atribuição encontra-se expressamente prevista pelo art. 16, § 3º, II, da Lei 11.457/2007: "Compete à Procuradoria Geral Federal representar judicialmente e extrajudicialmente: II – A União, nos processos da Justiça do Trabalho relacionados com a cobrança de contribuições previdenciárias, de imposto de renda retido na fonte e de multas impostas aos empregadores pelos órgãos de fiscalização das relações de trabalho, mediante delegação da Procuradoria-Geral da Fazenda Nacional". **Item correto.**

Alternativa correta: letra "c".

---

18. (Cespe – Procurador do Estado – ES/ 2008) Acerca da ampliação da competência da justiça do trabalho promovida pela chamada reforma do Poder Judiciário (Emenda Constitucional nº 45/2004), julgue os itens a seguir.

I. As controvérsias entre os servidores públicos estatutários e as pessoas jurídicas de direito público sobre a aplicação do respectivo estatuto passaram para a competência da justiça do trabalho.

COMENTÁRIOS

✪ **Nota do Autor:** A competência da Justiça do Trabalho encontra-se definida não só pela Constituição, mas por leis ordinárias, por autorização da própria Carta Magna. Além disso, algumas competências específicas foram definidas por interpretação da CF/88 feita pelo STF.

O STF, no julgamento da ADI nº 3395, suspendeu toda e qualquer interpretação imprimida ao inciso I do art. 114 da CF, na redação dada pela EC 45/2004, que inclua, na competência da Justiça do Trabalho, a apreciação de causas que sejam instauradas entre o Poder Público e seus servidores, a ele vinculados por típica relação de caráter jurídico-administrativo e ordem estatutária. **ERRADO**

III. Os processos sobre indenização pelo empregador por dano moral ou patrimonial decorrentes de acidente do trabalho já sentenciados antes do advento da EC mencionada devem ser deslocados para a justiça do trabalho, em razão da nova competência.

COMENTÁRIOS

✪ **Nota do Autor:** A competência da Justiça do Trabalho encontra-se definida não só pela Constituição, mas por leis ordinárias, por autorização da própria Carta Magna. Além disso, algumas competências específicas foram definidas por interpretação da CF/88 feita pelo STF.

A decisão histórica do STF (Conflito de Jurisdição nº 6.959-6-DF), reconhecendo a competência da Justiça do Trabalho, destaca em seus itens 3 e 4 que, por questão de política judiciária, a competência estabelecida pela EC nº 45/04 não alcançaria os processos já sentenciados pela Justiça Comum. Nesse sentido, também é o entendimento constante da Súmula nº 367 do STJ: "Competência Vinculante – Processos já Sentenciados. A competência estabelecida pela EC nº 45/2004 não alcança os processos já sentenciados". **ERRADO**

---

19. (Cespe – Procurador do Estado – PB/ 2008) Um grupo de empregados públicos ajuizou, perante a justiça do trabalho, reclamação trabalhista contra a empresa pública estadual em que atuavam como empregados, com pedido de liminar para antecipação de tutela, alegando que o presidente da empresa teria aplicado ilegalmente pena disciplinar de suspensão contra todos, sob o fundamento de descumprimento de normas regulamentares e desobediência a ordens superiores. O juiz do trabalho deferiu a liminar para suspender a punição aplicada, sob o fundamento de que a lei estadual que instituíra a empresa previa o regime jurídico celetista para seus empregados e também exigia a prévia instauração de inquérito administrativo para a aplicação de pena disciplinar. Segundo o juiz, a inexistência desse inquérito teria causado ofensa ao direito de ampla defesa e contraditório por parte dos empregados punidos, entendendo configurados os requisitos de plausibilidade jurídica e risco pela demora no provimento judicial.

Considerando a situação hipotética acima e com base na CF, na CLT, na legislação específica e na jurisprudência sumulada e consolidada do STF e do TST, assinale a opção correta.

a) A justiça do trabalho não detém competência para a causa porque a via própria para postular a suspensão do ato do administrador da empresa pública estadual seria o mandado de segurança e, não, a reclamação trabalhista, razão pela qual o juiz do trabalho deveria ter declinado da causa para a justiça estadual.
b) A empresa pública pode impetrar mandado de segurança, perante o respectivo Tribunal Regional do Trabalho (TRT), contra o ato do juiz do trabalho que deferiu a liminar antecipando a tutela requerida pelos empregados, visto que não há recurso interponível de imediato contra tal decisão judicial, antes de proferida a sentença que confirme, ou não, a liminar.
c) O juiz do trabalho não detém competência para a causa porque, em se tratando de grupo de empregados públicos, a repercussão coletiva desloca a questão para o TRT respectivo, motivo pelo qual o juiz deveria ter declinado da causa para o TRT.
d) A empresa pública pode ajuizar ação cautelar perante o TRT ao qual esteja vinculado o juiz prolator da decisão atacada, postulando a concessão de efeito suspensivo à liminar antes deferida.
e) A empresa pública deve interpor recurso ordinário ao TRT contra a decisão proferida pelo juiz do trabalho, visto que, em se tratando de antecipação de tutela, os efeitos imediatos devolvem a questão, desde logo, a esse tribunal.

COMENTÁRIOS

✪ **Nota do autor:** Antes da vigência da EC nº 45/04, a Justiça do Trabalho só tinha competência para analisar mandado de segurança contra seus próprios atos. A partir de então, essa medida pode ter como objeto atos da Secretaria Especial do Trabalho (antigo Ministério do Trabalho), vinculada ao Ministério da Economia, no exercício de sua função fiscalizatória de cumprimento da legislação laboral.

Alternativa "a": Quando o Estado contrata servidor sob o regime da CLT, despe-se do *ius imperii*, pelo que não há que se falar em ato de autoridade nessa situação, descabendo o mandado de segurança.

Alternativa "b": Como se trata de decisão interlocutória de natureza irrecorrível imediatamente, o único remédio cabível é o mandado de segurança. Nesse sentido é a orientação do TST feita por intermédio do item II, da Súmula nº 414: "MANDADO DE SEGURANÇA. TUTELA PROVISÓRIA CONCEDIDA ANTES OU NA SENTENÇA (nova redação em decorrência do CPC de 2015) – Res. 217/2017 – DEJT divulgado em 20, 24 e 25.04.2017. II – No caso de a tutela provisória haver sido concedida ou indeferida antes da sentença, cabe mandado de segurança, em face da inexistência de recurso próprio".

Alternativa "c": A competência hierárquica do Tribunal Regional do Trabalho é fixada por meio de lei ordinária expressa e específica, já que a Constituição Federal é silente nesse particular. A regra é que a competência originária seja atribuída ao órgão judicial de primeira instância, salvo determinação legal em sentido contrário. Como a legislação infraconstitucional é omissa em relação à competência referida nessa alternativa e não sendo a hipótese de dissídio coletivo, atribui-se à competência originária à Vara do Trabalho e não ao TRT.

Alternativa "d": a medida cautelar seria cabível para aparelhar o recurso. Como da decisão de antecipação de tutela não cabe recurso, consequentemente o Tribunal não poderia apreciar uma medida cautelar, que sempre tem caráter acessório. A Súmula nº 414 do TST, item II, traz a seguinte redação: "MANDADO DE SEGURANÇA. TUTELA PROVISÓRIA CONCEDIDA ANTES OU NA SENTENÇA (nova redação em decorrência do CPC de 2015) – Res. 217/2017 – DEJT divulgado em 20, 24 e 25.04.2017. I – A tutela provisória concedida na sentença não comporta impugnação pela via do mandado de segurança, por ser impugnável mediante recurso ordinário. É admissível a obtenção de efeito suspensivo ao recurso ordinário mediante requerimento dirigido ao tribunal, ao relator ou ao presidente ou ao vice-presidente do tribunal recorrido, por aplicação subsidiária ao processo do trabalho do artigo 1.029, § 5º, do CPC de 2015".

Alternativa "e": Como foi dito, não cabe recurso de decisão que antecipa tutela antes da sentença. Esse é posicionamento do TST manifestado por meio da Súmula nº 414, item II,: "MANDADO DE SEGURANÇA. TUTELA PROVISÓRIA CONCEDIDA ANTES OU NA SENTENÇA (nova redação em decorrência do CPC de 2015) – Res. 217/2017 – DEJT divulgado em 20, 24 e 25.04.2017. II – No caso de a tutela provisória haver sido concedida ou indeferida antes da sentença, cabe mandado de segurança, em face da inexistência de recurso próprio".

Alternativa correta: letra "b".

2. PROCESSO E PROCEDIMENTO TRABALHISTA

20. (Cespe – Procurador do Estado – ES/ 2008) Ex-empregado, carente de recursos econômicos, pretende ingressar com reclamação trabalhista na justiça do trabalho para exigir de seu ex-empregador o pagamento do adicional de periculosidade. Considerando essa situação, julgue os próximos itens.

I. O empregado em questão deverá, obrigatoriamente, contratar advogado para ingressar com a ação trabalhista, considerando que o *jus postulandi* na justiça do trabalho não mais subsiste, tendo sido validamente revogado pela legislação que regula a atividade da advocacia.

COMENTÁRIOS

✪ **Nota do Autor:** O *ius postulandi,* além de encontrar previsão legal, constitui princípio do processo do trabalho. Contudo, progressivamente, a jurisprudência vem limitando o exercício desse direito. Com a vigência da Súmula nº 425 do TST, por exemplo, a capacidade postulatória das partes ficou limitada à primeira e à segunda instância da Justiça do Trabalho. Assim, prevalece o *ius postulandi* das partes previsto no art. 791 da CLT, mas limitado pela Súmula nº 425 do TST: "*JUS POSTULANDI* NA JUSTIÇA DO TRABALHO. ALCANCE. Res. 165/2010, DEJT divulgado em 30.04.2010 e 03 e 04.05.2010. O *jus postulandi* das partes, estabelecido no art. 791 da CLT, limita-se às Varas do Trabalho e aos Tribunais Regionais do Trabalho, não alcançando a ação rescisória, a ação cautelar, o mandado de segurança e os recursos de competência do Tribunal Superior do Trabalho". **ERRADO**

II. Caso não seja constatada a periculosidade alegada pelo reclamante, e considerando que ele tenha obtido o benefício da justiça gratuita, a atividade do perito designado pelo juiz do trabalho será enquadrada como trabalho voluntário, uma vez que nem o reclamante nem o Estado suportarão o pagamento dos honorários periciais.

COMENTÁRIOS

✪ **Nota do Autor:** não há qualquer previsão legal no sentido de enquadrar o trabalho do perito como voluntário. Aquele que for sucumbente na pretensão objeto da perícia deverá arcar com os honorários respectivos. Note-se que a lei nº 13.467/17 alterou a redação do art. 790-b, *caput* da CLT e introduziu o § 4º, que admite a possibilidade de o beneficiário da justiça gratuita arcar com o pagamento dos honorários periciais definitivos, em determinadas situações: "A responsabilidade pelo pagamento dos honorários periciais é da parte sucumbente na pretensão objeto da perícia, ainda que beneficiária da justiça gratuita. § 4º somente no caso em que o beneficiário da justiça gratuita não tenha obtido em juízo créditos capazes de suportar a despesa referida no caput, ainda que em outro processo, a união responderá pelo encargo". CERTO

2.1. PROCEDIMENTOS (SUMÁRIO, SUMARÍSSIMO, INQUÉRITO E HOMOLOGAÇÃO DE ACORDO EXTRAJUDICIAL)

21. (FMP – Procurador do Estado – PGE – AC/2017) Considerando o regramento previsto na Consolidação das Leis do Trabalho a respeito do procedimento sumaríssimo, é CORRETO afirmar que

a) as exceções de incompetência serão decididas em quarenta e oito horas pelo Juízo da Vara do Trabalho.
b) as testemunhas, até o máximo de três para cada parte, comparecerão à audiência de instrução e julgamento independentemente de intimação.
c) a apreciação da reclamação deverá ocorrer no prazo máximo de trinta dias do seu ajuizamento.
d) a sentença mencionará os elementos de convicção do Juízo, observados o relatório, a fundamentação e o dispositivo.
e) estão excluídas do procedimento as demandas em que é parte a Administração Pública direta, autárquica e fundacional.

COMENTÁRIOS

Alternativa "a": Como se trata de exceção, deverá ser decidido de plano pelo juiz, na forma prevista pelo art. 852-G da CLT: "Serão decididos, de plano, todos os incidentes e exceções que possam interferir no prosseguimento da audiência e do processo. As demais questões serão decididas na sentença".

Alternativa "b": Só podem ser ouvidas duas testemunhas (art. 852-H, § 2º da CLT). Incorreta.

Alternativa "c": O prazo para apreciação é de 15 dias (art. 852-B, III, da CLT). Incorreta.

Alternativa "d": Dispensa-se o relatório (art. 852-I, parte final, da CLT). Incorreta.

Alternativa "e": corresponde ao mandamento contido no parágrafo único, art. 852-A, da CLT: Estão excluídas do procedimento sumaríssimo as demandas em que é parte a Administração Pública direta, autárquica e fundacional". Correta.

Alternativa correta: letra "e".

22. (Cespe – Procurador do Estado – PGE – SE/2017) Empregado de empresa de serviços gerais e conservação que prestava serviços para uma autarquia ajuizou reclamação trabalhista em desfavor desta e de sua empregadora, pleiteando o pagamento de horas extras e dando à causa o valor equivalente a trinta e oito salários mínimos.

Considerando-se a legislação pertinente e o rito processual trabalhista, é correto afirmar que, nessa situação hipotética,

a) a demanda deverá, necessariamente, atender ao procedimento ordinário.
b) cada uma das partes poderá requerer a oitiva de até seis testemunhas.
c) em razão da obrigatoriedade de recurso no caso de a autarquia ser vencida na demanda, o magistrado não poderá tentar a conciliação.
d) a demanda deverá, necessariamente, atender ao procedimento sumaríssimo.
e) caso a petição inicial não apresente os pedidos liquidados, o processo será arquivado, com condenação ao pagamento de custas.

COMENTÁRIOS

✪ **Nota do autor:** Excluem-se, expressamente, do rito sumaríssimo as ações propostas contra as entidades da administração pública direta, autárquica e fundacional da União, Distrito Federal, Estados e Municípios, bem como quando a notificação tenha que se efetivar por edital.

Alternativa "a": a demanda foi proposta contra uma autarquia, que não pode ser sujeito de uma relação processual sujeita ao rito sumaríssimo, na forma prevista pelo parágrafo único, art. 852-A da CLT: "Estão excluídas do procedimento sumaríssimo as demandas em que é parte a Administração Pública direta, autárquica e fundacional".

Alternativa "b": Como se trata de rito sumaríssimo, só se admite duas testemunhas para cada parte, na forma prevista pelo art. 852-H, § 2º, da CLT.

Alternativa "c": A conciliação deve ser proposta pelo Juiz do Trabalho, inclusive nas demandas sujeitas ao rito sumaríssimo, conforme previsão específica contida no art. 852-E da CLT. No rito ordinário, há exceções para a incidência do recurso necessário descritas no § 3º, art. 496 do CPC aplicado subsidiariamente ao processo laboral.

Alternativa "d": Estão excluídas do procedimento sumaríssimo as demandas em que a autarquia é parte (art. 852-A da CLT).

Alternativa "e": Não há necessidade de liquidar os pedidos, mas apenas de indicar o valor respectivo conforme estabelece o art. 852-B, I, da CLT: "Nas reclamações enquadradas no procedimento sumaríssimo: I – o pedido deverá ser certo ou determinado e indicará o valor correspondente".

Alternativa correta: letra "a".

23. (FCC – Procurador do Estado – MT/2016) Conforme normas celetistas e entendimento sumulado do Tribunal Superior do Trabalho, no Inquérito para Apuração de Falta Grave,

a) se tiver havido prévio reconhecimento da estabilidade do empregado, o julgamento do inquérito pela Vara do Trabalho não prejudicará a execução para pagamento dos salários devidos ao empregado, até a data da instauração do referido inquérito.
b) na fase de instrução processual, cada uma das partes poderá indicar no máximo cinco testemunhas, sendo admissível a realização de prova pericial.
c) reconhecida a inexistência de falta grave praticada pelo empregado, fica o empregador obrigado a readmiti-lo no serviço e com pagamento dos salários em dobro a que teria direito no período da suspensão.
d) o dirigente sindical titular somente poderá ser dispensado por falta grave mediante a apuração em inquérito judicial, o que não ocorre com o suplente.
e) para a instauração do inquérito para apuração de falta grave contra empregado estável, o empregador apresentará reclamação por escrito à Vara do Trabalho, dentro de noventa dias, contados da data da suspensão do empregado.

COMENTÁRIOS

✪ **Nota do autor:** O inquérito para apuração de falta grave representa uma ação específica de cognição, de rito especial, cuja decisão possui carga predominantemente constitutiva, quando acolhida a pretensão da parte autora. Destina-se a promover o rompimento do contrato de trabalho do empregado portador de estabilidade, desde que assim a lei o determine expressamente.

Alternativa "a": corresponde ao mandamento contido no art. 855 da CLT: "Se tiver havido prévio reconhecimento da estabilidade do empregado, o julgamento do inquérito pela Junta ou Juízo não prejudicará a execução para pagamento dos salários devidos ao empregado, até a data da instauração do mesmo inquérito".

Alternativa "b": no rito ordinário cada parte pode indicar até três testemunhas, como determina o art. 821:

"Cada uma das partes não poderá indicar mais de 3 (três) testemunhas, salvo quando se tratar de inquérito, caso em que esse número poderá ser elevado a 6 (seis)".

Alternativa "c": o pagamento dos salários do período é devido em forma simples, de acordo com o preceito contido no art. 495 da CLT: "Reconhecida a inexistência de falta grave praticada pelo empregado, fica o empregador obrigado a readmiti-lo no serviço e a pagar-lhe os salários a que teria direito no período da suspensão.

Alternativa "d": A estabilidade do dirigente sindical é estendida ao suplente. Nesse sentido o art. 543, § 3º da CLT: "Fica vedada a dispensa do empregado sindicalizado ou associado, a partir do momento do registro de sua candidatura a cargo de direção ou representação de entidade sindical ou de associação profissional, até 1 (um) ano após o final do seu mandato, caso seja eleito, inclusive como suplente, salvo se cometer falta grave devidamente apurada nos termos desta Consolidação".

Alternativa "e": o prazo de decadência é de trinta dias como deixa claro o art. 853 da CLT: "Para a instauração do inquérito para apuração de falta grave contra empregado garantido com estabilidade, o empregador apresentará reclamação por escrito à Junta ou Juízo de Direito, dentro de 30 (trinta) dias, contados da data da suspensão do empregado".

Alternativa correta: letra "a".

---

24. (Cespe – Procurador do Estado – DF/ 2013) Julgue o item subsequente, relativo ao procedimento sumaríssimo na justiça do trabalho.

I. Não é cabível a citação por edital no procedimento sumaríssimo.

COMENTÁRIOS

✪ **Nota do autor:** Além do endereço certo do reclamado, a petição inicial da demanda sujeita ao rito sumaríssimo deverá apontar o valor de cada pedido.

Para ser submetida ao rito sumaríssimo, dentre outros requisitos, é necessário que o reclamado possua endereço certo. Assertiva correta, uma vez que se encontra em conformidade com o preceito contido no art. 852-B, II, da CLT: "Não se fará citação por edital, incumbindo ao autor a correta indicação do nome e endereço do reclamado". **CERTO**

II. Não é admissível a interposição de recurso de revista em procedimento sumaríssimo quando o fundamento do recurso for a contrariedade a orientação jurisprudencial do TST.

COMENTÁRIOS

✪ **Nota do autor:** Só se admite recurso de revista de acórdão proferido em processo submetido ao rito sumaríssimo quando for contrário a entendimento já sumulado pelo TST ou houver contrariedade a dispositivo constitucional.

Se o acórdão emite entendimento contrário àquele que consta do texto das orientações jurisprudências do TST, ainda assim, não cabe recurso de revista, na forma prevista pelo § 9º, art. 896: "Nas causas sujeitas ao procedimento sumaríssimo, somente será admitido recurso de revista por contrariedade a súmula de jurisprudência uniforme do Tribunal Superior do Trabalho ou a súmula vinculante do Supremo Tribunal Federal e por violação direta da Constituição Federal". **CERTO**

---

25. (FEPESE – Procurador do Estado – SC/ 2010) Em relação ao procedimento sumaríssimo na Justiça do Trabalho, assinale a alternativa correta.

a) A citação por edital deve ser realizada no prazo máximo de 30 (trinta) dias.
b) As testemunhas, até o máximo de duas para cada parte, comparecerão à audiência de instrução e julgamento independentemente de intimação.
c) A Administração Pública direta, autárquica e fundacional são partes legítimas para figurarem como rés, opoentes, intervenientes e litisconsortes.
d) Todas as provas deverão ser requeridas na petição inicial e na contestação, sob pena de preclusão.
e) Os incidentes e as exceções que possam interferir no prosseguimento da audiência e do processo serão decididos em 48 (quarenta e oito) horas.

COMENTÁRIOS

Alternativa "a": não se admite a citação por edital no rito sumaríssimo, conforme art. 852-B, II, da CLT: "Nas reclamações enquadradas no procedimento sumaríssimo: I – o pedido deverá ser certo ou determinado e indicará o valor correspondente; II – não se fará citação por edital, incumbindo ao autor a correta indicação do nome e endereço do reclamado".

Alternativa "b": observa o limite de testemunhas estabelecido pelo art. 852-H, § 2º, da CLT: "Todas as provas serão produzidas na audiência de instrução e julgamento, ainda que não requeridas previamente. § 2º As testemunhas, até o máximo de duas para cada parte, comparecerão à audiência de instrução e julgamento independentemente de intimação".

Alternativa "c": Quando for parte a administração pública (direta, autárquica ou fundacional) a demanda não pode seguir pelo rito sumaríssimo. Alternativa errada, pois em desacordo com o preceito contido no art. 852-A da CLT: "Os dissídios individuais cujo valor não exceda a quarenta vezes o salário mínimo vigente na data do ajuizamento da reclamação ficam submetidos ao procedimento sumaríssimo. Parágrafo único. Estão excluídas do procedimento sumaríssimo as demandas em que é parte a Administração Pública direta, autárquica e fundacional".

Alternativa "d": o requerimento da produção de prova na inicial do procedimento sumaríssimo. Esse permissivo encontra-se inserido no art. 852-H, *caput*, da CLT: "Todas as provas serão produzidas na audiência de instrução e julgamento, ainda que não requeridas previamente.". Alternativa errada.

Alternativa "e": Esses incidentes devem ser decididos na própria audiência, conforme dispõe o art. 852-G da CLT: "Serão decididos, de plano, todos os incidentes e exceções que possam interferir no prosseguimento da audiência e do processo. As demais questões serão decididas na sentença".

Alternativa correta: letra "b".

---

26. (FCC – Procurador do Estado – MT/ 2011) Sobre o procedimento sumaríssimo, é correto afirmar:

a) Estão excluídas as demandas em que é parte a Administração Pública direta e indireta.

b) A sentença mencionará os elementos de convicção do juízo, com resumo dos fatos relevantes ocorridos em audiência, dispensado o relatório e a fundamentação

c) Os dissídios individuais cujo valor não exceda a sessenta vezes o salário mínimo vigente na data do ajuizamento da reclamação ficam submetidos ao procedimento sumaríssimo.

d) As testemunhas, até o máximo de três para cada parte, comparecerão à audiência de instrução e julgamento independentemente de intimação.

e) No julgamento do recurso ordinário, se a sentença for confirmada pelos próprios fundamentos, a certidão de julgamento, registrando tal circunstância, servirá de acórdão.

COMENTÁRIOS

✪ **Nota do autor:** Para responder a esta questão, como a todas as demais relacionadas com o procedimento sumaríssimo (que são muito recorrentes em concurso, aliás), o candidato deve ter conhecimento aprofundado da regulamentação contida nos artigos 852-A a 852-H da CLT, bem como o art. 895, § 1º, IV, da CLT, que cuida do recurso ordinário em procedimento sumaríssimo.

Alternativa "a": estão excluídas desse procedimento as demandas em que são parte a Administração Pública direta, autárquica e fundacional, na forma prevista pelo art. 852-A da CLT: "Os dissídios individuais cujo valor não exceda a quarenta vezes o salário mínimo vigente na data do ajuizamento da reclamação ficam submetidos ao procedimento sumaríssimo. Parágrafo único. Estão excluídas do procedimento sumaríssimo as demandas em que é parte a Administração Pública direta, autárquica e fundacional".

Alternativa "b": Dispensa-se apenas o relatório da sentença. Assim, essa assertiva é falsa, pois em desacordo com o preceito contido no art. 852-I da CLT: "A sentença mencionará os elementos de convicção do juízo, com resumo dos fatos relevantes ocorridos em audiência, dispensado o relatório".

Alternativa "c": O limite é de quarenta e não sessenta salários mínimos. Portanto, a alternativa é incorreta diante da sua afronta ao art. 852-A da CLT: "Os dissídios individuais cujo valor não exceda a quarenta vezes o salário mínimo vigente na data do ajuizamento da reclamação ficam submetidos ao procedimento sumaríssimo.".

Alternativa "d": o limite estabelecido pelo art. 852-H, § 2º, da CLT, é de duas testemunhas para cada parte e não três: "Todas as provas serão produzidas na audiência de instrução e julgamento, ainda que não requeridas previamente. § 2º As testemunhas, até o máximo de duas para cada parte, comparecerão à audiência de instrução e julgamento independentemente de intimação".

Alternativa "e": reproduz os ditames do art. 895, § 1º, IV, da CLT: "Nas reclamações sujeitas ao procedimento sumaríssimo, o recurso ordinário: (...) IV – terá acórdão consistente unicamente na certidão de julgamento, com a indicação suficiente do processo e parte dispositiva, e das razões de decidir do voto prevalente. Se a sentença for confirmada pelos próprios fundamentos, a certidão de julgamento, registrando tal circunstância, servirá de acórdão".

Alternativa correta: letra "e".

---

27. (FEPESE – Procurador do Estado – SC/ 2009) Sobre o Procedimento Sumaríssimo, é incorreto afirmar que:

a) Comporta o pressuposto do controle da aplicabilidade do procedimento, competindo ao juiz verificar, de ofício, a correspondência do valor atribuído à causa com o conteúdo econômico da pretensão.

b) Não estão excluídos do procedimento sumaríssimo os dissídios individuais em que a parte é a Administração Pública Direta, Autárquica e Fundacional.

c) Deve conter a memória de cálculo com a discriminação das somas correspondentes aos créditos pretendidos pelo autor, para aferir a correção do valor correspondente ao pedido.

d) A determinação de aditamento ou emendada petição inicial deverá ocorrer na audiência, ainda que depois de efetivada a citação, mas sempre antes do recebimento da resposta da ré.

e) Se na audiência as partes estiverem presentes são intimadas da sentença na própria audiência; porém, se ausentes ou sendo revel o réu, todos serão intimados por carta com aviso de recebimento.

COMENTÁRIOS

✪ **Nota do autor:** Alguns dispositivos que tratam do rito sumaríssimo podem ser estendidos ao procedimento ordinário, em face da ausência de incompatibilidade. É o que ocorre, por exemplo, o art. 852-D, da CLT, em matéria de prova: "O juiz dirigirá o processo com liberdade para determinar as provas a serem produzidas, considerado o ônus probatório de cada litigante, podendo limitar ou excluir as que considerar excessivas, impertinentes ou protelatórias, bem como para apreciá-las e dar especial valor às regras de experiência comum ou técnica".

Alternativa "a": A escolha do procedimento não está ao alcance das partes. Trata-se de norma de ordem pública e o juiz deve velar pela sua correta aplicação.

Alternativa "b": Nem todos os Entes da Administração Pública Indireta estão excluídos. **Assertiva falsa**, pois está em desacordo com a determinação contida no art. 852-A da CLT: "Os dissídios individuais cujo valor não exceda a quarenta vezes o salário mínimo vigente na data do ajuizamento da reclamação ficam submetidos ao procedimento sumaríssimo. Parágrafo único. Estão excluídas do procedimento sumaríssimo as demandas em que é parte a Administração Pública direta, autárquica e fundacional.".

Alternativa "c": Segundo dispõe o art. 852-B, I, da CLT: "Nas reclamações enquadradas no procedimento sumaríssimo: I – o pedido deverá ser certo ou determinado e indicará o valor correspondente". Nesse caso, a alternativa ajusta-se a esse mandamento legal.

Alternativa "d": Como no processo do trabalho de conhecimento não existe a citação, mas apenas a notificação do réu, entende-se que o aditamento pode ser feito até o momento da audiência, mas antes de oferecida a peça de defesa, não se aplicando subsidiariamente o art. 294 do CPC de 1973. Portanto, a alternativa é considerada **correta**. Atualmente a matéria encontra-se regulada pelo art. 329 do novo CPC, com a seguinte redação: "Art. 329. O autor poderá: I – até a citação, aditar ou alterar o pedido ou a causa de pedir, independentemente de consentimento do réu; II – até o saneamento do processo, aditar ou alterar o pedido e a causa de pedir, com consentimento do réu, assegurado o contraditório mediante a possibilidade de manifestação deste no prazo mínimo de 15 (quinze) dias, facultado o requerimento de prova suplementar".

Alternativa "e": Ao contrário do que ocorre no processo civil, ainda que revel, o réu deve ser intimado da sentença, conforme determinação contida no art. 852 da CLT: "Da decisão serão os litigantes notificados, pessoalmente, ou por seu representante, na própria audiência. No caso de revelia, a notificação far-se-á pela forma estabelecida no § 1º do art. 841".

Alternativa incorreta: letra "b".

---

28. (Cespe – Procurador do Estado – PB/ 2008) Considere-se que o empregado de certa empresa pública tenha ajuizado reclamação trabalhista, sob o rito sumaríssimo, postulando horas extras e reflexos não pagos, e atribuindo ao valor da causa o correspondente a quarenta salários mínimos.

A respeito dessa situação hipotética, assinale a **Opção correta,** com base na CF, na CLT, na legislação específica e na jurisprudência sumulada e consolidada do STF e do TST.

a) O juiz deve indeferir a petição inicial, visto que não cabe reclamação trabalhista sob rito sumaríssimo contra empresa pública, que é parte integrante da administração pública indireta.

b) A demanda não pode ser processada sob o rito sumaríssimo, por ter excedido o valor de alçada, cabendo prosseguir sob o rito comum das reclamações trabalhistas.

c) A prova testemunhal deve limitar-se a três testemunhas por parte, cabendo ao reclamante e à reclamada providenciar o convite às testemunhas para oitiva, visto que o juiz só poderá determinar sua imediata condução coercitiva caso as testemunhas deixem de comparecer, após devidamente convidadas pela parte.

d) No TRT, o relator e o revisor terão prazo máximo de 10 dias para liberar os autos ao julgamento do eventual recurso interposto contra a sentença do juiz do trabalho, que poderá ser apreciado por turma especializada para examinar os recursos ordinários interpostos nas demandas sujeitas ao rito sumaríssimo.

e) O recurso de revista contra o acórdão do TRT apenas poderá ser admitido quando houver violação direta à CF pela decisão recorrida ou esta contrariar súmula do TST.

COMENTÁRIOS

✪ **Nota do autor:** O candidato deve ficar atento aos requisitos para que a demanda seja submetida ao rito sumaríssimo. Dentre esses requisitos, ressalta-se a exclusão dos Entes da Administração Pública direta, autárquica e fundacional, o que não engloba as empresas públicas e as sociedades de economia mista.

Alternativa "a": A exclusão do rito sumaríssimo só diz respeito aos integrantes da administração pública direta, autárquica e fundacional, de acordo com o disposto no art. 852-A da CLT: "Os dissídios individuais cujo valor não exceda a quarenta vezes o salário mínimo vigente na data do ajuizamento da reclamação ficam submetidos ao procedimento sumaríssimo. Parágrafo único. Estão excluídas do procedimento sumaríssimo as demandas em que é parte a Administração Pública direta, autárquica e fundacional".

Alternativa "b": No caso, foi atribuído à causa o valor exato de quarenta salários mínimos. O art. 852-A da CLT diz que não pode exceder quarenta salários mínimos: "Os dissídios individuais cujo valor não exceda a quarenta vezes o salário mínimo vigente na data do ajuizamento da reclamação ficam submetidos ao procedimento sumaríssimo".

Alternativa "c": o limite é de duas testemunhas por parte, na forma prevista pelo art. 852-H, § 2º, da CLT: "As testemunhas, até o máximo de duas para cada parte, comparecerão à audiência de instrução e julgamento independentemente de intimação".

Alternativa "d": Nas demandas sujeitas ao rito sumaríssimo não há designação de juiz revisão. **Opção incorreta**, uma vez que contraria determinação que está contida no art. 895, § 1º, II, da CLT: "Será imediatamente distribuído, uma vez recebido no Tribunal, devendo o relator liberá-lo no prazo máximo de dez dias, e a Secretaria do Tribunal ou Turma colocá-lo imediatamente em pauta para julgamento, sem revisor".

Alternativa "e": reproduz o preceito contido no então vigente § 6º, art. 896, da CLT: "Nas causas sujeitas ao procedimento sumaríssimo, somente será admitido recurso de revista por contrariedade a súmula de jurisprudência uniforme do Tribunal Superior do Trabalho e violação direta da Constituição da República". A Lei nº 13.015/14 transformou o referido § 6º no § 9º do art. 896, com a seguinte redação: "Nas causas sujeitas ao procedimento sumaríssimo, somente será admitido recurso de revista por contrariedade a súmula de jurisprudência uniforme do Tribunal Superior do Trabalho ou a súmula vinculante do Supremo Tribunal Federal e por violação direta da Constituição Federal".

Alternativa correta: letra "e".

29. (Cespe – Procurador do Estado – PE/ 2009) Com referência ao inquérito para apuração de falta grave, assinale a opção correta.

a) Para efeito de impetração de mandado de segurança, constitui direito líquido e certo do empregador a suspensão do empregado, ainda que detentor de estabilidade sindical, até a decisão final do inquérito em que se apure a falta grave a ele imputada.

b) Cada uma das partes não pode indicar mais de três testemunhas.

c) Mesmo se tiver havido prévio reconhecimento da estabilidade do empregado, o julgamento do inquérito pelo juízo prejudica a execução para pagamento dos salários devidos ao empregado, até a data da instauração do inquérito.

d) Qualquer representante sindical somente pode ser dispensado por falta grave mediante a apuração em inquérito judicial.

e) O prazo de decadência do direito do empregador de ajuizar inquérito em face do empregado que incorre em abandono de emprego é contado a partir do momento em que o empregado se afastou de suas atividades.

COMENTÁRIOS

✪ **Nota do autor:** A suspensão do empregado para apuração da falta grave é uma faculdade do empregador. Uma vez exercida, inicia-se o prazo decadencial para ajuizamento do inquérito. Se não há suspensão, consequentemente, não há falar-se em início do aludido prazo decadencial.

Alternativa "a": A suspensão do empregado é uma faculdade do empregador e, portanto, não pode ser classificado como ato antijurídico. Esse é o entendimento do TST manifestado por meio da OJ nº 137 da SDI-2: "MANDADO DE SEGURANÇA. DIRIGENTE SINDICAL. ART. 494 DA CLT. APLICÁVEL (DJ 04.05.2004). Constitui direito líquido e certo do empregador a suspensão do empregado, ainda que detentor de estabilidade sindical, até a decisão final do inquérito em que se apure a falta grave a ele imputada, na forma do art. 494, *"caput"* e parágrafo único, da CLT".

Alternativa "b": No inquérito, cada parte pode indicar até seis testemunhas. **Opção incorreta,** uma vez que contraria o preceito contido no art. 821 da CLT: "Cada uma das partes não poderá indicar mais de 3 (três) testemunhas, salvo quando se tratar de inquérito, caso em que esse número poderá ser elevado a 6 (seis)".

Alternativa "c": contraria as disposições do art. 855 da CLT: "Se tiver havido prévio reconhecimento da estabilidade do empregado, o julgamento do inquérito pela Junta ou Juízo não prejudicará a execução para pagamento dos salários devidos ao empregado, até a data da instauração do mesmo inquérito".

Alternativa "d": O inquérito só é utilizado quando a lei determina expressamente. Quando a lei é omissa, o empregador pode despedir o empregado e este poderá discutir a legalidade do ato na Justiça do Trabalho, como acontece com a gestante e o integrante da CIPA, a título de exemplo.

Alternativa "e": O momento que deve ser observado é aquele no qual o empregado pretendeu retornar ao serviço, conforme entendimento do TST constante Súmula nº 62: "ABANDONO DE EMPREGO (mantida) – Res. 121/2003, DJ 19, 20 e 21.11.2003. O prazo de decadência do direito do empregador de ajuizar inquérito em face do empregado que incorre em abandono de emprego é contado a partir do momento em que o empregado pretendeu seu retorno ao serviço".

Alternativa correta: letra "a".

30. (FCC – Procurador do Estado – AM / 2010) Quanto ao procedimento sumaríssimo na Justiça do Trabalho:

I. Os dissídios individuais cujo valor não exceda a sessenta vezes o salário mínimo vigente na data do ajuizamento da reclamação ficam submetidos ao procedimento sumaríssimo.

II. A apreciação da reclamação deverá ocorrer no prazo máximo de quinze dias do seu ajuizamento, podendo constar de pauta especial, se necessário, de acordo com o movimento judiciário da Vara do Trabalho.

III. Nas reclamações enquadradas no procedimento sumaríssimo o pedido deverá ser certo ou determinado e indicará o valor correspondente.

IV. Estão excluídas do procedimento sumaríssimo as demandas em que é parte a Administração Pública direta e indireta.

Está correto SOMENTE o que se afirma em:

a) I e III.

b) II e III.

c) I, II e III.

d) I, II e IV.

e) II, III e IV.

COMENTÁRIOS

✪ **Nota do autor:** Para responder a essa questão, mais uma vez o candidato deve ter conhecimento das hipóteses de aplicação do procedimento sumaríssimo.

Item "I": Item incorreto, pois o limite é de quarenta salários mínimos, conforme art. 852-A da CLT: "Os dissídios individuais cujo valor não exceda a quarenta vezes o salário mínimo vigente na data do ajuizamento da reclamação ficam submetidos ao procedimento sumaríssimo".

Item "II": Item correto, uma vez que reproduz a ideia contida no art. 852-B, III, da CLT: "Nas reclamações enquadradas no procedimento sumaríssimo: III – a apreciação da reclamação deverá ocorrer no prazo máximo de quinze dias do seu ajuizamento, podendo constar de pauta especial, se necessário, de acordo com o movimento judiciário da Junta de Conciliação e Julgamento".

Item "III": Correto o item diante da coincidência do texto com o preceito contido no art. 852-B, I, da CLT: "Nas reclamações enquadradas no procedimento sumaríssimo: I – o pedido deverá ser certo ou determinado e indicará o valor correspondente;".

Item "IV": Incorreto o item, uma vez que o art. 852-A, parágrafo único, da CLT não excluiu as empresas públicas e as sociedades de economia mista do procedimento sumaríssimo: "Estão excluídas do procedimento sumaríssimo as demandas em que é parte a Administração Pública direta, autárquica e fundacional".

Alternativa correta: letra "b".

2.2. PARTES, REPRESENTAÇÃO, SUBSTITUIÇÃO PROCESSUAL, MINISTÉRIO PÚBLICO E FAZENDA PÚBLICA

31. (Cespe – Procurador do Estado – PGE – PE/2018) Julgue os seguintes itens, acerca dos procedimentos nos dissídios individuais.

I. De acordo com o entendimento do TST, o *jus postulandi* abrange a atuação nas varas do trabalho e nos TRTs, inclusive no que se refere aos mandados de segurança.
II. Ao advogado, ainda que atuando em causa própria, serão devidos honorários sucumbenciais, inclusive nas ações contra a fazenda pública.
III. A exceção de incompetência territorial deverá ser suscitada, por petição, antes da realização da audiência, no prazo de cinco dias a contar da notificação.
IV. Ainda que o advogado esteja presente na audiência, a ausência do reclamado impossibilitará a entrega da contestação e de documentos a ela acostados.

Estão certos apenas os itens

a) I e II.
b) I e III.
c) I e IV.
d) II e III.
e) III e IV.

COMENTÁRIOS

✪ **Nota do autor:** Observe-se que a Reforma Trabalhista não extinguiu o jus postulandi das partes, apesar de ter inserido os honorários de sucumbência como regra no processo do trabalho.

Item "I": O texto da Súmula nº 425 exclui expressamente o mandado de segurança do rol de demandas que podem ser manejadas pela própria parte sem a necessidade de advogado: "Súmula nº 425 do TST: "JUS POSTULANDI NA JUSTIÇA DO TRABALHO. ALCANCE. Res. 165/2010, DEJT divulgado em 30.04.2010 e 03 e 04.05.2010. O jus postulandi das partes, estabelecido no art. 791 da CLT, limita-se às Varas do Trabalho e aos Tribunais Regionais do Trabalho, não alcançando a ação rescisória, a ação cautelar, o mandado de segurança e os recursos de competência do Tribunal Superior do Trabalho".

Item "II": Essa é a previsão contida no art. 791-A, caput e § 1º, da CLT, introduzido pela Lei nº 13.467/17: "Ao advogado, ainda que atue em causa própria, serão devidos honorários de sucumbência, fixados entre o mínimo de 5% (cinco por cento) e o máximo de 15% (quinze por cento) sobre o valor que resultar da liquidação da sentença, do proveito econômico obtido ou, não sendo possível mensurá-lo, sobre o valor atualizado da causa. § 1º Os honorários são devidos também nas ações contra a Fazenda Pública e nas ações em que a parte estiver assistida ou substituída pelo sindicato de sua categoria".

Item "III": Mais uma novidade introduzida pela Lei da Reforma Trabalhista, que alterou a redação do caput do art. 800 da CLT para estabelecer que a exceção de incompetência em razão do lugar deve ser apresentada cinco dias após o recebimento da notificação inicial e não na audiência: "Art. 800. Apresentada exceção de incompetência territorial no prazo de cinco dias a contar da notificação, antes da audiência e em peça que sinalize a existência desta exceção, seguir-se-á o procedimento estabelecido neste artigo".

Item "IV": Esse procedimento foi alterado pela Lei nº 13.467/17, que introduziu o § 5º ao art. 844 da CLT, inclusive contrariando o entendimento do TST constante da Súmula nº 122. Eis a redação do referido dispositivo legal: "Ainda que ausente o reclamado, presente o advogado na audiência, serão aceitos a contestação e os documentos eventualmente apresentados".

Alternativa correta: letra "d".

32. (Cespe – Procurador do Estado – CE/ 2008) Com base na Lei Complementar nº 75, em relação a organização, atribuições e carreira do Ministério Público da União, julgue os itens abaixo.

I. O Ministério Público do Trabalho integra o Ministério Público da União.
II. A carreira do Ministério Público do Trabalho compreende os cargos de procurador do trabalho, como nível inicial, procurador regional do trabalho, subprocurador-geral do trabalho e procurador-geral do Trabalho, como nível final.
III. Compete ao Ministério Público do Trabalho instaurar dissídio coletivo em caso de greve, quando a defesa da ordem jurídica ou o interesse público assim o exigir.
IV. O Ministério Público do Trabalho poderá atuar como árbitro em dissídios da competência da justiça do trabalho, quando assim solicitado pelas partes em litígio.
V. O procurador-geral do trabalho é o chefe do Ministério Público do Trabalho, que é nomeado pelo presidente da República após escolha feita pelo procurador-geral da República entre os indicados em lista tríplice pelo Colégio de Procuradores do Trabalho.

Estão certos apenas os itens

a) I, II e III.
b) I, II e V.

c) I, III e IV.

d) II, IV e V.

e) III, IV e V.

COMENTÁRIOS

Item "I": A estrutura do Ministério Público encontra-se estabelecida pelo art. 24 da Lei Complementar nº 75, que inclui o MPT no Ministério Público da União: "O Ministério Público da União compreende: I – O Ministério Público Federal; II – o Ministério Público do Trabalho; III – o Ministério Público Militar; IV – o Ministério Público do Distrito Federal e Territórios. Parágrafo único. A estrutura básica do Ministério Público da União será organizada por regulamento, nos termos da lei.". **Item correto.**

Item "II": O último nível da carreira do MPT é o cargo de Subprocurador-Geral do Trabalho, na forma instituída pelo art. 86 da Lei Complementar nº 75: "A carreira do Ministério Público do Trabalho será constituída pelos cargos de Subprocurador-Geral do Trabalho, Procurador Regional do Trabalho e Procurador do Trabalho. Parágrafo único. O cargo inicial da carreira é o de Procurador do Trabalho e o do último nível o de Subprocurador-Geral do Trabalho". **Item incorreto.**

Item "III": Dentre o rol de atribuições do MPT está incluída a legitimidade para ajuizar demanda em caso de greve, quando a defesa da ordem jurídica ou o interesse público assim o exigir. Essa determinação encontra-se estabelecida no art. 83, VIII, da Lei Complementar nº 75: "Compete ao Ministério Público do Trabalho o exercício das seguintes atribuições junto aos órgãos da Justiça do Trabalho: VIII – instaurar instância em caso de greve, quando a defesa da ordem jurídica ou o interesse público assim o exigir". **Correto.**

Item "IV": Esta atribuição também está definida pelo art. 83, XI, da Lei Complementar nº 75: "atuar como árbitro, se assim for solicitado pelas partes, nos dissídios de competência da Justiça do Trabalho". **Item correto.**

Item "V": O Procurador-Geral do Trabalho é nomeado pelo Procurador-Geral da República e não pelo Presidente da República. Essa atribuição está inserida no art. 88 da Lei Complementar nº 75: "O Procurador-Geral do Trabalho será nomeado pelo Procurador-Geral da República, dentre integrantes da instituição, com mais de trinta e cinco anos de idade e de cinco anos na carreira, integrante de lista tríplice escolhida mediante voto plurinominal, facultativo e secreto, pelo Colégio de Procuradores para um mandato de dois anos, permitida uma recondução, observado o mesmo processo. Caso não haja número suficiente de candidatos com mais de cinco anos na carreira, poderá concorrer à lista tríplice quem contar mais de dois anos na carreira. Parágrafo único. A exoneração do Procurador-Geral do Trabalho, antes do término do mandato, será proposta ao Procurador-Geral da República pelo Conselho Superior, mediante deliberação obtida com base em voto secreto de dois terços de seus integrantes". **Incorreto.**

Alternativa correta: letra "c".

33. (Cespe – Procurador do Estado – ES/ 2008) Em relação à tutela dos interesses metaindividuais na justiça do trabalho e levando em conta a jurisprudência do STF a respeito do assunto, julgue os itens subsequentes.

I. A substituição processual pelo sindicato é ampla, não se restringindo às hipóteses expressamente previstas na legislação, podendo ocorrer até mesmo na fase de execução de sentença.

COMENTÁRIOS

✪ **Nota do Autor:** Debateu-se muito a questão relativa ao alcance da substituição processual do sindicato. Inclusive, o TST defendia posição restritiva, por meio da Súmula nº 310, que foi cancelada depois do STF consolidar entendimento em sentido contrário.

Esse item está, portanto, em consonância com a jurisprudência do STF: "PROCESSO CIVIL. SINDICATO. ART. 8º, III DA CONSTITUIÇÃO FEDERAL. LEGITIMIDADE. SUBSTITUIÇÃO PROCESSUAL. DEFESA DE DIREITOS E INTERESSES COLETIVOS OU INDIVIDUAIS. RECURSO CONHECIDO E PROVIDO. O artigo 8º, III da Constituição Federal estabelece a legitimidade extraordinária dos sindicatos para defender em juízo os direitos e interesses coletivos ou individuais dos integrantes da categoria que representam. Essa legitimidade extraordinária é ampla, abrangendo a liquidação e a execução dos créditos reconhecidos aos trabalhadores. Por se tratar de típica hipótese de substituição processual, é desnecessária qualquer autorização dos substituídos. Recurso conhecido e provido. (STF – RE 193.503/SP – Pleno – Rel. Min. Carlos Velloso – DJU 1 24.08.2007)". **CERTO**

II. O Ministério Público do Trabalho possui legitimidade para, por meio de ação civil pública, promover a defesa de interesses individuais homogêneos dos trabalhadores.

COMENTÁRIOS

✪ **Nota do Autor:** Debateu-se muito a questão relativa ao alcance da substituição processual do sindicato. Inclusive, o TST defendia posição restritiva, por meio da Súmula nº 310, que foi cancelada depois do STF consolidar entendimento em sentido contrário.

O TST, por meio de sua jurisprudência, reconhece que a legitimidade do MPT não está restrita aos direitos difusos e coletivos, mas se estende aos individuais e homogêneos dos trabalhadores. "I – AGRAVO DE INSTRUMENTO – AÇÃO CIVIL PÚBLICA – LEGITIMIDADE DO MINISTÉRIO PÚBLICO DO TRABALHO – DIREITOS INDIVIDUAIS HOMOGÊNEOS. Restando evidenciada a aparente contrariedade ao art. 83, III, da Lei Complementar nº 75/93, dá-se provimento ao Agravo de Instrumento para determinar o processamento do recurso denegado. II – RECURSO DE REVISTA – AÇÃO CIVIL PÚBLICA – LEGITIMIDADE DO MINISTÉRIO PÚBLICO DO TRABALHO – DIREITOS INDIVIDUAIS HOMOGÊNEOS. A teor do art. 83, III, da Lei Complementar nº 75/93, o Ministério Público do Trabalho detém legitimidade para a defesa judicial de direitos individuais homogêneos, considerados como tais os decorrentes de origem comum, na forma do art. 81, III, da Lei nº 8.078/90. Precedentes do STF e do TST. Recurso de Revista conhecido e provido.(TST – RR – 147600-07.2001.5.03.0026 – Relator: Ministra Maria Cristina Irigoyen Peduzzi – Órgão Judicante: 3ª Turma – DJ em 23/03/2006)". **CERTO**

34. (Cespe – Procurador do Estado – ES/ 2008) Com relação à pessoa jurídica de direito público como parte em processo trabalhista, julgue os itens que se seguem.

I. O não-comparecimento do representante da pessoa jurídica de direito público na audiência em que deveria produzir defesa não importa revelia e confissão quanto à matéria de fato, prevalecendo, na hipótese, a busca da verdade real, por tratar-se de interesse público indisponível.

COMENTÁRIOS

✪ **Nota do Autor:** Os privilégios da Fazenda Pública, no processo do trabalho, estão listados no Decreto-Lei nº 779/69 e não se aplicam às empresas públicas e às sociedades de economia mista.

Não existe previsão legal desse privilégio para a Fazenda Pública. **Item incorreto**, diante do entendimento do TST constante da OJ nº 152 da SDI-1: "REVELIA. PESSOA JURÍDICA DE DIREITO PÚBLICO. APLICÁVEL. (ART. 844 DA CLT) (inserido dispositivo) – DJ 20.04.2005. Pessoa jurídica de direito público sujeita-se à revelia prevista no artigo 844 da CLT". **ERRADO**

II. O prazo para a interposição de embargos de declaração por pessoa jurídica de direito público é em dobro.

COMENTÁRIOS

✪ **Nota do Autor:** Os privilégios da Fazenda Pública, no processo do trabalho, estão listados no Decreto-Lei nº 779/69 e não se aplicam às empresas públicas e às sociedades de economia mista.

Privilégio concedido à Fazenda Pública de prazo em dobro para recorrer, estendendo-se também aos embargos declaratórios. A OJ nº 192 da SDI-1 do TST trata da matéria: "EMBARGOS DECLARATÓRIOS. PRAZO EM DOBRO. PESSOA JURÍDICA DE DIREITO PÚBLICO. DECRETO-LEI Nº 779/69 (inserida em 08.11.2000). É em dobro o prazo para a interposição de embargos declaratórios por Pessoa jurídica de direito público". **CERTO**

III. Os estados e os municípios, por intermédio de seus procuradores, detêm legitimidade para recorrer em nome de entidades autárquicas com personalidade jurídica.

COMENTÁRIOS

✪ **Nota do Autor:** Os privilégios da Fazenda Pública, no processo do trabalho, estão listados no Decreto-Lei nº 779/69 e não se aplicam às empresas públicas e às sociedades de economia mista

O Estado ou o Município e suas respectivas autarquias têm personalidade jurídica distintas. **Item incorreto**, pois contraria o entendimento do TST inserido na OJ nº 318 da SDI-1: I – Os Estados e os Municípios não têm legitimidade para recorrer em nome das autarquias e das fundações públicas. II – Os procuradores estaduais e municipais podem representar as respectivas autarquias e fundações públicas em juízo somente se designados pela lei da respectiva unidade da federação (art. 75, IV, do CPC de 2015) ou se investidos de instrumento de mandato válido." **ERRADO**

IV. A execução, contra a fazenda pública, de quantia enquadrada como de pequeno valor dispensa a expedição de precatório, não sendo ilegal a determinação de sequestro da importância devida pelo ente público na hipótese.

COMENTÁRIOS

✪ **Nota do Autor:** Os privilégios da Fazenda Pública, no processo do trabalho, estão listados no Decreto-Lei nº 779/69 e não se aplicam às empresas públicas e às sociedades de economia mista.

Execução de dívidas consideradas de pequeno valor contra a Fazenda Pública dispensa o procedimento do precatório. Assim, o ato que determina o sequestro em caso de inadimplemento não é considerado ilegal, conforme entendimento constante da OJ nº 1 do Tribunal Pleno do TST: "PRECATÓRIO. CRÉDITO TRABALHISTA. PEQUENO VALOR. EMENDA CONSTITUCIONAL Nº 37/02 (DJ 09.12.2003). Há dispensa da expedição de precatório, na forma do art. 100, § 3º, da CF/1988, quando a execução contra a Fazenda Pública não exceder os valores definidos, provisoriamente, pela Emenda Constitucional nº 37/02, como obrigações de pequeno valor, inexistindo ilegalidade, sob esse prisma, na determinação de sequestro da quantia devida pelo ente público". **certo**

35. (Cespe – Procurador do Estado – PI/ 2008) O art. 191 do CPC estabelece que, existindo litisconsortes com diferentes procuradores, os prazos devem ser contados em dobro para contestar, para recorrer e, de modo geral, para falar nos autos. Sendo assim, a regra contida no referido artigo

a) se aplica ao processo do trabalho, uma vez que a CLT é omissa, sendo, por isso, o CPC aplicado de forma subsidiária.
b) se aplica ao processo do trabalho, uma vez que a CLT também prevê a aplicação do prazo em dobro aos litisconsortes com procuradores distintos.
c) não se aplica ao processo do trabalho, por ser incompatível com o princípio da celeridade, inerente ao processo trabalhista.
d) não se aplica ao processo do trabalho, já que regras específicas de processo civil não podem ser aplicadas a esse tipo de processo.
e) não se aplica ao processo do trabalho, por ser incompatível com norma expressa da CLT.

COMENTÁRIOS

✪ **Nota do autor:** O TST entende que a maior celeridade do processo trabalhista impede a aplicação da regra contida no art. 191 do CPC de 1973 ao processo laboral, que corresponde ao art. 229 do novo CPC.

Alternativa "a": O TST posiciona-se expressamente sobre a matéria por intermédio da OJ nº 310 da SDI-1: "Inaplicável ao processo do trabalho a norma contida no art. 229, caput e §§ 1º e 2º, do CPC de 2015 (art. 191 do CPC de 1973), em razão de incompatibilidade com a celeridade que lhe é inerente".

Alternativa "b": Não existe dispositivo semelhante na CLT. Alternativa incorreta.

Alternativa "c": reproduz o entendimento constante da citada OJ nº 310 da SDI-1 do TST.

Alternativa "d": As regras do processo civil podem ser aplicadas ao processo do trabalho, desde que observem a regra inserida no art. 769 da CLT: "Nos casos omissos, o direito processual comum será fonte subsidiária do direito processual do trabalho, exceto naquilo em que for incompatível com as normas deste Título". Inclusive o novo CPC contém dispositivo semelhante, representado pelo seu art. 15: "Na ausência de normas que regulem processos eleitorais, trabalhistas ou administrativos, as disposições deste Código lhes serão aplicadas supletiva e subsidiariamente".

Alternativa "e": Não seria incompatível com norma expressa na CLT, mas sim em relação ao princípio da celeridade, conforme entendimento do TST exposto na citada OJ nº 310 da SDI-1.

Alternativa correta: letra "c".

---

36. (Cespe – Procurador do Estado – PE/ 2009) Com relação ao MPT, assinale a opção correta.

a) Compete ao MPT recorrer das decisões da justiça do trabalho, desde que nos processos em que figurar como parte, bem como pedir revisão dos enunciados da súmula de jurisprudência do TST.

b) Considerando o princípio da irrenunciabilidade dos direitos, é vedado ao MPT atuar como árbitro nos dissídios de competência da justiça do trabalho.

c) É facultado ao MPT intervir em todos os feitos nos segundo e terceiro graus de jurisdição da justiça do trabalho, quando a parte for pessoa jurídica de direito público, estado estrangeiro ou organismo internacional.

d) O cargo inicial da carreira é o de procurador do trabalho e o do último nível, o de subprocurador-geral do trabalho.

e) Não obstante ser atribuição do procurador-geral do trabalho determinar a instauração de inquérito ou processo administrativo contra servidores dos serviços auxiliares, é certo que tal mister pode ser objeto de delegação aos chefes das procuradorias regionais do trabalho nos estados e no DF.

COMENTÁRIOS

✪ **Nota do autor:** A relação das atribuições do Ministério Público do Trabalho encontra-se concentrada na Lei Complementar nº 75 de 1993.

Alternativa "a": O MPT também pode recorrer das decisões de processo no qual atua como fiscal da lei. Essa previsão está contida no art. 83, VI, Lei Complementar nº 75 de 1993: "Compete ao Ministério Público do Trabalho o exercício das seguintes atribuições junto aos órgãos da Justiça do Trabalho: VI – recorrer das decisões da Justiça do Trabalho, quando entender necessário, tanto nos processos em que for parte, como naqueles em que oficiar como fiscal da lei, bem como pedir revisão dos Enunciados da Súmula de Jurisprudência do Tribunal Superior do Trabalho".

Alternativa "b": Pelo contrário. Ao MPT compete atuar como árbitro quando for solicitado pelas partes. Alternativa incorreta, porque contraria o disposto no art. 83, XI, Lei Complementar nº 75 de 1993: "Compete ao Ministério Público do Trabalho o exercício das seguintes atribuições junto aos órgãos da Justiça do Trabalho: XI – atuar como árbitro, se assim for solicitado pelas partes, nos dissídios de competência da Justiça do Trabalho".

Alternativa "c": Nesse caso não é uma faculdade, mas sim obrigação. **Opção incorreta,** diante da afronta ao art. 83, XIII, Lei Complementar nº 75 de 1993: "XIII – intervir obrigatoriamente em todos os feitos nos segundo e terceiro graus de jurisdição da Justiça do Trabalho, quando a parte for pessoa jurídica de Direito Público, Estado estrangeiro ou organismo internacional".

Alternativa "d": reproduz o mandamento contido no art. 86 da Lei Complementar nº 75 de 1993: "A carreira do Ministério Público do Trabalho será constituída pelos cargos de Subprocurador-Geral do Trabalho, Procurador Regional do Trabalho e Procurador do Trabalho. Parágrafo único. O cargo inicial da carreira é o de Procurador do Trabalho e o do último nível o de Subprocurador-Geral do Trabalho".

Alternativa "e": Essa atribuição específica encontra-se listada no art. 91, IX, da Lei Complementar nº 75 de 1993: "São atribuições do Procurador-Geral do Trabalho: IX – determinar a instauração de inquérito ou processo administrativo contra servidores dos serviços auxiliares". No art. 92, que trata da delegação de atribuições para os Chefes das Procuradorias Regionais do Trabalho, não é citado o mencionado inciso XI. Logo, não pode haver delegação: "Art. 92. As atribuições do Procurador-Geral do Trabalho, previstas no artigo anterior, poderão ser delegadas: II – aos Chefes das Procuradorias Regionais do Trabalho nos Estados e no Distrito Federal, as dos incisos I, XIV, alínea c, XXI e XXIII".

Alternativa correta: letra "d"

2.3. ADVOGADO, PROCURAÇÃO E *IUS POSTULANDI*

---

37. (FCC – Procurador do Estado – RN/2014) Em uma Reclamação Trabalhista na qual o Estado do Rio Grande do Norte fez-se representar por sua procuradora Janaína Areias, declarou o juiz de primeira instância a irregularidade dessa representação, eis que não foram carreados aos autos o ato de nomeação da procuradora, nem qualquer instrumento de mandato, embora as peças tenham sido assinadas pela procuradora com a declaração de seu cargo e indicação do seu número de inscrição na Ordem dos Advogados do Brasil.

Nessas condições, ante o entendimento sumulado pelo Tribunal Superior do Trabalho, o juiz agiu

a) acertadamente, porque a juntada do instrumento de mandato era indispensável.
b) acertadamente, porque a comprovação do ato de nomeação era indispensável.
c) acertadamente, porque tanto a juntada do instrumento de mandato como a comprovação do ato de nomeação eram indispensáveis.
d) equivocadamente, porque, em razão da fé pública, presume-se regular a representação do Estado.
e) equivocadamente, porque embora não tenha sido juntado qualquer documento, a procuradora prestou declaração de exercício do seu cargo.

COMENTÁRIOS

✪ **Nota do autor:** Quando se trata de Procurador, seja da União, Estados, Municípios e Distrito Federal, não há necessidade de juntada aos autos de instrumento de mandato. Contudo, o representante deve mencionar, oralmente ou por escrito, que exerce o cargo de Procurador. É esse é o entendimento do TST explicitado pela Súmula nº 436: I – A União, Estados, Municípios e Distrito Federal, suas autarquias e fundações públicas, quando representadas em juízo, ativa e passivamente, por seus procuradores, estão dispensadas da juntada de instrumento de mandato e de comprovação do ato de nomeação. II – Para os efeitos do item anterior, é essencial que o signatário ao menos declare-se exercente do cargo de procurador, não bastando a indicação do número de inscrição na Ordem dos Advogados do Brasil."

Alternativa "a": contraria o entendimento do TST inserido na Súmula nº 436. Com efeito, no caso de Procurador, dispensa-se a juntada de instrumento de mandato, desde que haja declaração de que ocupa o referido cargo, o que aconteceu na situação hipotética que consta da pergunta.

Alternativa "b": Não é indispensável a comprovação do ato de nomeação. Basta a declaração do representante de que ocupe o cargo de procurador, conforme Súmula nº 436 do TST, transcrita na nota do autor desta questão.

Alternativa "c": A juntada do instrumento de mandato não é indispensável, assim como a comprovação do ato de nomeação. Basta a declaração do representante no sentido de que ocupa o cargo de procurador, conforme Súmula nº 436 do TST, transcrita na nota do autor desta questão.

Alternativa "d": Apesar de o servidor público ter fé pública, é necessário que ele declare ocupar o cargo público de Procurador, conforme exige o item II, da Súmula nº 436 do TST, transcrita na nota do autor desta questão.

Alternativa "e": corresponde ao posicionamento do TST explicitado na Súmula nº 436 do TST, transcrita na nota do autor desta questão.

Alternativa correta: letra "e".

38. (Cespe – Procurador do Estado – AL/ 2008) Um trabalhador pretende interpor, na justiça do trabalho, determinada demanda, que será firmada apenas por ele, sem a participação de advogado. Nessa situação,

a) poderá o autor ingressar com tal demanda, mas não, retirar os autos do cartório.
b) o autor somente poderá ingressar com tal demanda na Comissão de Conciliação Prévia (CCP).
c) poderá o autor ingressar com tal demanda e ter vista dos autos fora do cartório, retirando-os.
d) por ser escrita, a reclamação deverá ser apresentada em três vias.
e) as custas incidentes na demanda deverão ser pagas no ingresso da demanda, exceto se esta estiver sob o pálio da justiça gratuita.

COMENTÁRIOS

Alternativa "a": A carga de autos é prerrogativa exclusiva do advogado, conforme prevê o art. 778 da CLT: "Os autos dos processos da Justiça do Trabalho, não poderão sair dos cartórios ou secretarias, salvo se solicitados por advogados regularmente constituídos por qualquer das partes, ou quando tiverem de ser remetidos aos órgãos competentes, em caso de recurso ou requisição".

Alternativa "b": O *ius postulandi* é garantido à parte e representa a atribuição de capacidade de praticar atos processuais. Portanto, a alternativa é **incorreta,** uma vez que afronta o art. 791, § 2º, da CLT: "Os empregados e os empregadores poderão reclamar pessoalmente perante a Justiça do Trabalho e acompanhar as suas reclamações até o final. § 1º. Nos dissídios individuais os empregados e empregadores poderão fazer-se representar por intermédio do sindicato, advogado, solicitador, ou provisionado, inscrito na Ordem dos Advogados do Brasil. § 2º – Nos dissídios coletivos é facultada aos interessados a assistência por advogado".

Alternativa "c": pela mesma fundamentação da alternativa "a".

Alternativa "d": Não existe determinação nesse sentido na CLT. A quantidade de vias de petição inicial do processo individual do trabalho varia de acordo com a quantidade de pessoas que ocupam o polo passivo da relação processual.

Alternativa "e": O recolhimento das custas deve ser feito após o trânsito em julgado da decisão. No caso de recurso, o recolhimento das custas constitui pressuposto de sua admissibilidade, na forma do art. 789, § 1º, da CLT: "As custas serão pagas pelo vencido, após o trânsito em julgado da decisão. No caso de recurso, as custas serão pagas e comprovado o recolhimento dentro do prazo recursal".

Alternativa correta: letra "a".

2.4. ATOS PROCESSUAIS, DESPESAS, PRAZOS E NULIDADES

39. (Vunesp – Procurador do Estado – PGE – SP/2018) A respeito do pagamento de despesas processuais e de honorários, no processo judicial trabalhista, é correto afirmar:

a) não existe previsão legal para o pagamento de honorários ao advogado que atuar em causa própria.

b) é vedado ao juiz deferir o parcelamento de honorários periciais.

c) a responsabilidade pelo pagamento dos honorários periciais será sempre do empregador, independentemente de sucumbência na pretensão objeto da perícia.

d) na hipótese de procedência parcial, o juízo arbitrará honorários de sucumbência recíproca, vedada a compensação entre os honorários.

e) o benefício da justiça gratuita não pode ser concedido de ofício pela autoridade judicial.

COMENTÁRIOS

✪ **Nota do autor:** Apesar da Lei da Reforma Trabalhista ter instituído, como regra, honorários de sucumbência, manteve a capacidade processual das partes, também conhecido como "jus postulandi".

Alternativa "a": Pelo contrário, a previsão de pagamento de honorários, mesmo em causa própria, está contida no art. 791-A da CLT, introduzido pela Lei nº 13.467/17: "Ao advogado, ainda que atue em causa própria, serão devidos honorários de sucumbência, fixados entre o mínimo de 5% (cinco por cento) e o máximo de 15% (quinze por cento) sobre o valor que resultar da liquidação da sentença, do proveito econômico obtido ou, não sendo possível mensurá-lo, sobre o valor atualizado da causa".

Alternativa "b": O § 2º, art. 790-B da CLT faculta ao juiz parcelar o valor dos honorários de perito: "O juízo poderá deferir parcelamento dos honorários periciais".

Alternativa "c": Nesse caso a responsabilidade é da parte sucumbente, seja a empresa, seja o trabalhador, ne acordo com o preceito contido no art. 790-B da CLT: "A responsabilidade pelo pagamento dos honorários periciais é da parte sucumbente na pretensão objeto da perícia, ainda que beneficiária da justiça gratuita".

Alternativa "d": Correto. Essa previsão está contida no § 3º, art. 791-A da CLT: "Na hipótese de procedência parcial, o juízo arbitrará honorários de sucumbência recíproca, vedada a compensação entre os honorários".

Alternativa "e": A possibilidade de o juiz conceder de ofício os benefícios da justiça gratuita está prevista no § 3º, art. 790 da CLT: "É facultado aos juízes, órgãos julgadores e presidentes dos tribunais do trabalho de qualquer instância conceder, a requerimento ou de ofício, o benefício da justiça gratuita, inclusive quanto a traslados e instrumentos, àqueles que perceberem salário igual ou inferior a 40% (quarenta por cento) do limite máximo dos benefícios do Regime Geral de Previdência Social".

Alternativa correta: letra "d".

40. (PUC – Procurador do Estado – PR/2015) Nos termos da CLT, sobre a nulidade dos atos processuais, é CORRETO afirmar:

a) A nulidade do ato processual poderá ser alegada a qualquer tempo.

b) A nulidade do ato processual poderá ser aduzida em instância recursal, desde que haja manifesto prejuízo às partes litigantes.

c) A nulidade do ato processual poderá ser conhecida *ex officio*.

d) Quando envolver matéria de ordem pública, a nulidade do ato processual poderá ser conhecida *ex officio*.

e) Tem-se a nulidade do ato processual quando resultar dos atos inquinados manifesto prejuízo às partes litigantes e for arguida à primeira vez em que se manifestar em audiência ou nos autos.

COMENTÁRIOS

✪ **Nota do autor:** São quatro os princípios que se aplicam às questões relativas à nulidade processual, o da transcendência, o da convalidação, a do interesse e o da causalidade ou utilidade, que são derivados de um princípio maior que rege o processo civil e o processo trabalhista, qual seja, o princípio da instrumentalidade das formas.

Alternativa "a": Em relação ao momento processual adequado, o requerimento de nulidade deve ser formulado pela parte prejudicada, na primeira oportunidade que tiver de falar em audiência ou nos autos, de acordo com a imposição constante da parte final do art. 795 da Consolidação das Leis do Trabalho: "As nulidades não serão declaradas senão mediante provocação das partes, as quais deverão argui-las à primeira vez em que tiverem de falar em audiência ou nos autos."

Alternativa "b": Essa alternativa é considerada incorreta, pois admite a hipótese de a parte ter conhecimento da irregularidade processual e somente argui-la na fase recursal, contrariando a parte final do art. 795 da CLT: "As nulidades não serão declaradas senão mediante provocação das partes, as quais deverão argui-las à primeira vez em que tiverem de falar em audiência ou nos autos".

Alternativa "c": Pelo princípio da convalidação ou da preclusão, exige-se que a parte prejudicada tenha a iniciativa de provocar o pronunciamento do juiz a respeito da existência de invalidades processuais, sob pena de preclusão. Incorreta a assertiva, pois contraria o preceito contido no art. 795, caput, da CLT: "As nulidades não serão declaradas senão mediante provocação das partes, as quais deverão argui-las à primeira vez em que tiverem de falar em audiência ou nos autos."

Alternativa "d": A regra principal que vigora no processo do trabalho é de que a nulidade só é declarada quando o ato praticado implicar prejuízo para alguma das partes (princípio da transcendência ou do prejuízo), mesmo que exista uma forma prevista na lei, característica que distingue a nulidade dos atos processuais das regras semelhantes que existem no Direito material. Essa regra está contida no art. 794 da CLT: "Nos processos sujeitos à apreciação da Justiça do Trabalho só haverá nulidade quando resultar dos atos inquinados manifesto prejuízo às partes litigantes".

Alternativa "e": descreve a aplicação, no processo do trabalho, do princípio do prejuízo (art. 794 da CLT), também conhecido como princípio da transcendência e o princípio da convalidação (princípio da preclusão), previsto no art. 795 da CLT.

Alternativa correta: letra "e".

---

41. (Fundatec – Procurador do Estado – RS/2015) No que se refere à Justiça do Trabalho, quando o Estado está presente na relação processual, certas peculiaridades são aplicáveis.

Quanto a esse tema, analise as assertivas abaixo:

I. O rito sumaríssimo é aplicável a causas que envolvem pessoas jurídicas de direito público.

II. A União, os Estados, o Distrito Federal, os Municípios, suas autarquias e fundações públicas, quando representados em juízo, ativa e passivamente, por seus procuradores, estão dispensados da juntada de instrumento de mandato e de comprovação do ato de nomeação. Todavia, é essencial que o signatário ao menos se declare exercente do cargo de procurador, não bastando a indicação do número de inscrição na Ordem dos Advogados do Brasil.

III. A União, os Estados, o Distrito Federal, os Municípios e respectivas autarquias e fundações públicas federais, estaduais ou municipais que não explorem atividade econômica são isentos do pagamento de custas.

Quais estão corretas?

a) Apenas I.

b) Apenas III.

c) Apenas I e II.

d) Apenas I e III.

e) Apenas II e III.

COMENTÁRIOS

✪ **Nota do autor: A representação processual da** União em juízo é disciplinada pelo art. 131 da Constituição Federal de 1988 e regulamentada pela LC nº 73/93, que instituiu a Lei Orgânica da Advocacia-Geral da União, mais precisamente em seu art. 1º: "A Advocacia-Geral da União é a instituição que representa a União judicial e extrajudicialmente"; e art. 12: "À Procuradoria-Geral da Fazenda Nacional, órgão administrativamente subordinado ao titular do Ministério da Fazenda, compete especialmente: V – representar a União nas causas de natureza fiscal".

Item "I": Assertiva incorreta, pois o rito sumaríssimo não se aplica aos casos em que as demandas são propostas em face da administração Pública direta, autárquica e fundacional, na forma prevista pelo art. 852-A, p. único, da CLT: "Estão excluídas do procedimento sumaríssimo as demandas em que é parte a Administração Pública direta, autárquica e fundacional."

Item "II": Quando se trata de Procurador, seja da União, Estados, Municípios e Distrito Federal, não há necessidade de juntada aos autos de instrumento de mandato. Contudo, o representante deve mencionar, oralmente ou por escrito, que exerce o cargo de Procurador. É esse é o entendimento do TST explicitado pela Súmula nº 436: I – A União, Estados, Municípios e Distrito Federal, suas autarquias e fundações públicas, quando representadas em juízo, ativa e passivamente, por seus procuradores, estão dispensadas da juntada de instrumento de mandato e de comprovação do ato de nomeação. II – Para os efeitos do item anterior, é essencial que o signatário ao menos declare-se exercente do cargo de procurador, não bastando a indicação do número de inscrição na Ordem dos Advogados do Brasil." Assertiva correta.

Item "III": Essas Entidades citadas são isentas do recolhimento das custas processuais na forma prevista pelo art. 790-A, I, da CLT: "São isentos do pagamento de custas, além dos beneficiários de justiça gratuita: I – a União, os Estados, o Distrito Federal, os Municípios e respectivas autarquias e fundações públicas federais, estaduais ou municipais que não explorem atividade econômica." Assertiva correta.

Alternativa correta: letra "e".

---

42. (FCC – Procurador do Estado – MT/ 2011) É INCORRETO afirmar que

a) os atos processuais serão públicos, salvo quando o contrário determinar o interesse social, e realizar-se-ão nos dias úteis das 6 às 20 horas.

b) as nulidades não serão declaradas senão mediante provocação das partes, as quais deverão ser arguidas somente em razões recursais.

c) nos processos sujeitos à apreciação da Justiça do Trabalho só haverá nulidade quando resultar dos atos inquinados manifesto prejuízo às partes litigantes.

d) a reclamação trabalhista do menor de 18 anos será feita por seus representantes legais e, na falta destes, pela Procuradoria da Justiça do Trabalho, pelo sindicato, pelo Ministério Público estadual ou curador nomeado em juízo.

e) na Justiça do Trabalho, o não comparecimento do reclamante à audiência inicial importa o arquivamento da reclamação, e o não comparecimento do reclamado importa em revelia, além de confissão, quanto à matéria de fato.

COMENTÁRIOS

✪ **Nota do Autor:** São três os princípios que se aplicam às questões relativas à nulidade processual: o da transcendência, o da convalidação e do interesse. Todos são derivados de um princípio maior que rege o processo civil e o processo trabalhista, qual seja, o princípio da instrumentalidade das formas.

Alternativa "a": reproduz o texto contido no art. 770 da CLT: "Os atos processuais serão públicos salvo quando o contrário determinar o interesse social, e realizar-se-ão nos dias úteis das 6 (seis) às 20 (vinte) horas".

Alternativa "b": É justamente o contrário. As nulidades serão declaradas, desde que haja provocação das partes. Alternativa incorreta diante de sua incompatibilidade com o preceito contido art. 795, *caput,* da CLT: "As nulidades não serão declaradas senão mediante provocação das partes, as quais deverão argui-las à primeira vez em que tiverem de falar em audiência ou nos autos".

Alternativa "c": reproduz o texto contido no art. 794 da CLT: "Nos processos sujeitos à apreciação da Justiça do Trabalho só haverá nulidade quando resultar dos atos inquinados manifesto prejuízo às partes litigantes.".

Alternativa "d": O conteúdo do art. 793 da CLT é nesse sentido: "A reclamação trabalhista do menor de 18 anos será feita por seus representantes legais e, na falta destes, pela Procuradoria da Justiça do Trabalho, pelo sindicato, pelo Ministério Público estadual ou curador nomeado em juízo". Alternativa correta.

Alternativa "e": reprodução do preceito contido no art. 844, *caput,* da CLT: "O não-comparecimento do reclamante à audiência importa o arquivamento da reclamação, e o não-comparecimento do reclamado importa revelia, além de confissão quanto à matéria de fato".

Alternativa incorreta: letra "b".

---

43. (Cespe – Procurador do Estado – CE/ 2008) Com relação às nulidades em processo do trabalho, é correto afirmar que a nulidade apenas será declarada se houver

a) provocação da parte e dela resultar prejuízo manifesto àquela que a arguir, desde que não seja possível suprir a falta ou repetir o ato.

b) provocação da parte que não lhe houver dado causa, resultar prejuízo manifesto à parte requerente e não se tratar de questão de ordem pública.

c) provocação da parte que não lhe houver dado causa; resultar prejuízo manifesto à parte requerente; não for possível suprir a falta ou repetir o ato questionado; e houverem sido arguidas na primeira oportunidade que a parte interessada tinha em seguida ao ato ou falta, ressalvada, em qualquer situação, a hipótese de declaração de ofício em caso de nulidade fundada em incompetência do juiz ou tribunal.

d) prejuízo à parte requerente, tratando-se de questão de ordem pública; não for possível suprir a falta ou repetir o ato questionado; houver sido arguida na primeira oportunidade em que a parte interessada tinha para manifestar-se nos autos.

e) contaminação dos atos anteriores ou disso resultar prejuízo à parte que lhe houver dado causa, exceto quando a questão emergir de interesse público, hipótese em que o silêncio da parte não prejudicará que o próprio juiz ou tribunal anule todo o processo onde se verifique a nulidade insanável.

COMENTÁRIOS

✪ **Nota do autor:** Pelo princípio da convalidação, exige-se que a parte prejudicada tenha a iniciativa de provocar o pronunciamento do juiz a respeito da existência de invalidades processuais, sob pena de preclusão. Contudo, essa regra não se aplica quando se trata de nulidade absoluta.

Alternativa "a": a nulidade não poderá ser arguida por quem tenha lhe dado causa, na forma prevista pelo art. 796, "b" da CLT: "A nulidade não será pronunciada: a) quando for possível suprir-se a falta ou repetir-se o ato; b) quando arguida por quem lhe tiver dado causa.".

Alternativa "b": De acordo com o art. 795, § 1º, da CLT, a nulidade em decorrência de incompetência em razão da matéria deve ser declarada de ofício pelo Juiz. Mas nada impede que a parte argua a nulidade com base nessa circunstância: "Art. 795 – As nulidades não serão declaradas senão mediante provocação das partes, as quais deverão argui-las à primeira vez em que tiverem de falar em audiência ou nos autos. § 1º – Deverá, entretanto, ser declarada *ex officio* a nulidade fundada em incompetência de foro. Nesse caso, serão considerados nulos os atos decisórios. Além disso, se for possível suprir a falta ou repetir o ato, a nulidade não será declarada pelo juiz, conforme disposto no art. 796, "a" da CLT: "A nulidade não será pronunciada: a) quando for possível suprir-se a falta ou repetir-se o ato".

Alternativa "c": Contempla todos os requisitos previstos na CLT para declaração da nulidade, conforme se observa dos dispositivos a seguir transcritos: "Art. 794 – Nos processos sujeitos à apreciação da Justiça do Trabalho só haverá nulidade quando resultar dos atos inquinados manifesto prejuízo às partes litigantes. Art. 795 – As nulidades não serão declaradas senão mediante provocação das partes, as quais deverão argui-las à primeira vez em que tiverem de falar em audiência ou nos autos. § 1º – Deverá, entretanto, ser declarada *ex officio* a nulidade fundada em incompetência de foro. Nesse caso, serão considerados nulos os atos decisórios. § 2º – O juiz ou Tribunal que se julgar incompetente determinará, na mesma ocasião, que se faça remessa do processo, com urgência, à autoridade competente, fundamentando sua decisão. Art. 796 – A nulidade não será pronunciada: a) quando for possível suprir-se a falta ou repetir-se o ato; b) quando arguida por quem lhe tiver dado causa. Art. 797 – O juiz ou Tribunal que pronunciar a nulidade declarará os atos a que ela se estende. Art. 798 – A nulidade do ato não prejudicará senão os posteriores que dele dependam ou sejam consequência.".

Alternativa "d": Nessa alternativa faltou fazer referência a hipótese de declaração de ofício da nulidade, nos casos de nulidade fundada em incompetência absoluta conforme art. 795, § 1º, da CLT: "As nulidades não serão declaradas senão mediante provocação das partes, as quais deverão argui-las à primeira vez em que tiverem de falar em audiência ou nos autos. § 1º – Deverá, entretanto, ser declarada *ex officio* a nulidade fundada em incompetência de foro. Nesse caso, serão considerados nulos os atos decisórios".

Alternativa "e": Ainda que a nulidade seja absoluta, é possível, a critério do juiz, repetir o ato ou suprir a falta ou ainda definir quais atos posteriores serão atingidos pela declaração de nulidade. "Art. 796 – A nulidade não será pronunciada: a) quando for possível suprir-se a falta ou repetir-se o ato; b) quando arguida por quem lhe tiver dado causa. Art. 797 – O juiz ou Tribunal que pronunciar a nulidade declarará os atos a que ela se estende. Art. 798 – A nulidade do ato não prejudicará senão os posteriores que dele dependam ou sejam consequência".

Alternativa correta: letra "c".

44. (Cespe – Procurador do Estado – ES/ 2008) Em audiência, o juiz do trabalho indeferiu o pleito de uma parte de produzir prova testemunhal e, no mérito, julgou desfavoravelmente a essa parte. Considerando essa situação e as previsões da Consolidação das Leis do Trabalho pertinentes, julgue o item abaixo.

A nulidade do ato de indeferimento da produção de prova testemunhal deve ser arguida pela primeira vez no recurso ordinário para o tribunal regional do trabalho, porque, antes da sentença, não é possível constatar a existência de prejuízo que justifique a pronúncia da nulidade do referido ato.

COMENTÁRIOS

✪ **Nota do autor:** Trata-se da aplicação do princípio da convalidação ou da preclusão. Contudo, só se aplica nos casos de nulidade relativa, pois no caso de nulidade absoluta o juiz deve declará-la de ofício.

Em tal caso, a parte prejudicada deverá registrar o seu protesto na primeira oportunidade que tiver de falar na audiência ou nos autos. Portanto, a assertiva é falsa, pois contraria o conteúdo do art. 795, *caput*, da CLT: "As nulidades não serão declaradas senão mediante provocação das partes, as quais deverão argui-las à primeira vez em que tiverem de falar em audiência ou nos autos". **ERRADO**

3. INICIAL, DEFESA E AUDIÊNCIA

3.1. PETIÇÃO INICIAL E DEFESA

45. (FEPESE – Procurador do Estado – SC/ 2010) Assinale a alternativa correta, de acordo com a consolidação das leis do trabalho.

a) Das decisões sobre exceções de suspeição e incompetência, caberá recurso de agravo.

b) O juiz, presidente ou vogal, é obrigado a dar-se por suspeito, e pode ser recusado, quando tiver amizade íntima com algum dos procuradores dos litigantes.

c) Apresentada a exceção de incompetência, abrir-se-á vista dos autos ao exceto, por 48 (quarenta e oito) horas improrrogáveis, devendo a decisão ser proferida na primeira audiência ou sessão que se seguir.

d) Nas causas da jurisdição da Justiça do Trabalho, somente podem ser opostas, com suspensão do feito, as exceções de suspeição ou incompetência.

e) Apresentada a exceção de suspeição, o juiz ou Tribunal designará audiência dentro de 24 (vinte e quatro) horas, para instrução e julgamento da exceção.

COMENTÁRIOS

✪ **Nota do autor:** Observe-se que o legislador, quando faz referência à incompetência de foro, está querendo dizer que a incompetência é em razão da matéria, ou seja, utiliza a expressão *"foro"* com o sentido de *"unidade judiciária"*, pois, nesse caso, a competência é absoluta. A competência relativa só pode ser declarada por provocação da parte e em peça autônoma denominada de exceção de incompetência.

Alternativa "a": Incorreta, pois são decisões impugnáveis por meio de "protesto", que pode ser utilizado em preliminar de recurso ordinário. Nesse sentido, o art. 799, § 2º, da CLT: "Das decisões sobre exceções de suspeição e incompetência, salvo, quanto a estas, se terminativas do feito, não caberá recurso, podendo, no entanto, as partes alegá-las novamente no recurso que couber da decisão final".

Alternativa "b": A amizade que cria o impedimento do Juiz é com a parte e não com seus advogados. Alternativa **incorreta**, pois contraria o preceito contido no art. 801 da CLT: "O juiz, presidente ou vogal, é obrigado a dar-se por suspeito, e pode ser recusado, por algum dos seguintes motivos, em relação à pessoa dos litigantes: a) inimizade pessoal; b) amizade íntima; c) parentesco por consanguinidade ou afinidade até o terceiro grau civil; d) interesse particular na causa".

Alternativa "c": Conforme o artigo 800, caput e §2º, da CLT, apresentada exceção de incompetência territorial no prazo de cinco dias a contar da notificação, os autos serão imediatamente conclusos ao juiz, que intimará o reclamante e, se existentes, os litisconsortes, para manifestação no prazo comum de cinco dias. Alternativa incorreta, portanto.

Alternativa "d": reproduz o texto contido no art. 799, *caput*, da CLT: "Nas causas da jurisdição da Justiça do Trabalho, somente podem ser opostas, com suspensão do feito, as exceções de suspeição ou incompetência".

Alternativa "e": O prazo para designar audiência é de 48 horas e não de 24 horas, o que torna a alternativa **incorreta**, na forma prevista pelo citado art. 802 da CLT.

Alternativa correta: letra "d".

46. (FMP – Procurador do Estado – PGE – AC/2017) De acordo com o entendimento sumulado pelo Tribunal Superior do Trabalho, quanto ao instituto da prescrição, é CORRETO afirmar que

a) pode ser pronunciado de ofício pelo órgão julgador.

b) não se conhece, uma vez não arguido na instância ordinária.

c) pode ser arguido em sede de recurso de revista.

d) é matéria exclusiva da defesa trabalhista.

e) é próprio de vir a ser arguido em preliminar na contestação.

COMENTÁRIOS

✪ **Nota do autor:** O entendimento sumulado ao qual alude a pergunta é aquele constante da Súmula nº 153 do TST: PRESCRIÇÃO. Não se conhece de prescrição não arguida na instância ordinária (ex-Prejulgado nº 27)". Tal entendimento decorreu da interpretação do art. 162 do Código Civil de 1916 com a seguinte redação: "A prescrição pode ser alegada, em qualquer instância, pela parte a quem aproveita". No Código Civil de 2002 a regra equivalente é aquela inserida no art. 193: "A prescrição pode ser alegada em qualquer grau de jurisdição, pela parte a quem aproveita".

Alternativa "a": esse entendimento não foi Sumulado pelo TST. Ainda é um tema muito debatido a possibilidade do juiz do trabalho aplicar a prescrição de ofício.

Alternativa "b": corresponde ao entendimento do TST constante da Súmula nº 153 transcrita na nota do autor.

Alternativa "c": Segundo o entendimento do TST, só pode ser arguido na Vara do Trabalho ou no TRT, instâncias ordinárias.

Alternativa "d" e "e": Pode ser arguida em sede de recurso ordinário, segundo a Súmula nº 153 do TST.

Alternativa correta: letra "b".

47. (FCC – Procurador do Estado – PGE – AP/2018) A prescrição ocorre em razão da inércia do titular do direito não exercido e do decurso do tempo. No campo do Direito do Trabalho, nos termos da legislação vigente e entendimento sumulado do Tribunal Superior do Trabalho,

a) no caso de pretensão que envolva pedido de prestações sucessivas decorrente de alteração ou descumprimento do pactuado, a prescrição é parcial e quinquenal, exceto quando o direito à parcela esteja assegurado por lei.

b) ocorre a prescrição intercorrente no processo do trabalho no prazo de cinco anos, cuja fluência se inicia quando o exequente deixa de cumprir determinação judicial no curso da execução.

c) as regras sobre prescrição previstas na Consolidação das Leis do Trabalho se aplicam às ações que tenham por objeto anotações para fins de prova junto à Previdência Social.

d) observado o prazo de dois anos após a extinção contratual para propositura de ação, prescrevem os créditos trabalhistas relativos aos cinco anos anteriores à data da extinção do contrato.

e) respeitado o biênio subsequente à cessação contratual, a prescrição da ação trabalhista concerne às pretensões imediatamente anteriores a cinco anos, contados da data do ajuizamento da reclamação.

COMENTÁRIOS

✪ **Nota do autor:** A regra geral é que o prazo prescricional trabalhista será de cinco anos, até o limite de dois anos após a extinção do contrato de trabalho. Tratando-se de pretensão que envolva pedido de prestações sucessivas decorrente de alteração ou descumprimento do pactuado, a prescrição é total, exceto quando o direito à parcela esteja também assegurado por preceito de lei.

Alternativa "a": A alternativa está incorreta porque em caso de alteração ou descumprimento do pactuado (parcela não prevista em lei) a prescrição é total. Nesse sentido o artigo 11, §2º, da CLT: "Tratando-se de pretensão que envolva pedido de prestações sucessivas decorrente de alteração ou descumprimento do pactuado, a prescrição é total, exceto quando o direito à parcela esteja também assegurado por preceito de lei".

Alternativa "b": A assertiva está incorreta porque ocorre a prescrição intercorrente no processo do trabalho no prazo de dois anos (e não de cinco anos), conforme artigo 11-A da CLT.

Alternativa "c": A pretensão relacionada com a ação judicial para a anotação da CTPS, para fins de prova junto à Previdência Social, é imprescritível (§ 1º do art. 11 da CLT). Incorreta.

Alternativa "d" e "e": O fato que interrompe a prescrição é o ajuizamento da ação. Assim, estarão prescritas as pretensões anteriores a cinco anos da data do ajuizamento da ação.

Alternativa correta: letra "e".

48. (Cespe – Procurador do Estado – DF/ 2013) Julgue o item abaixo, referente à prescrição e à decadência no processo do trabalho.

A prescrição não arguida na instância ordinária não poderá constituir fundamento de recurso para a instância superior.

COMENTÁRIOS

✪ **Nota do autor:** A Súmula nº 153 foi editada antes da modificação do art. 219, § 5º do CPC de 1973 (art. 332, § 1º do novo CPC), que permitiu ao juiz conhecer de ofício da prescrição, ainda que de direitos patrimoniais. Há divergências na doutrina e na jurisprudência sobre a aplicabilidade desse preceito no processo do trabalho. Entende-se que esse procedimento é perfeitamente aplicável ao processo do trabalho, já que se trata de uma norma estritamente processual, âmbito no qual o princípio da proteção é aplicável com severas restrições. Além disso, a regra pode ser aplicada tanto para beneficiar o empregador quanto o empregado.

A assertiva contida no texto coincide com o entendimento do TST, constante da Súmula nº 153, "Não se conhece de prescrição não arguida na instância ordinária". **CERTO**

3.2. AUDIÊNCIA E CONCILIAÇÃO

49. (FCC – Procurador do Estado – PGE – AP/2018) A empresa "R" Móveis foi notificada para comparecer à audiência em reclamação trabalhista movida por seu ex-empregado Thor. Em relação ao preposto que irá representar a reclamada:

a) não precisa ser empregado, por força de dispositivo legal.

b) não precisa ser empregado, quando se tratar de empregador doméstico.

c) não precisa ser empregado, mas nesse caso, as suas declarações não obrigarão o proponente.

d) deve ser empregado ou gerente que tenha conhecimento dos fatos.

e) deve ser empregado quando se tratar de micro ou pequeno empresário.

COMENTÁRIOS

✪ **Nota do autor:** Essa temática foi alterada pela Lei nº 13.467/17, ao deixar bastante explícito que o preposto não precisa ser empregado do reclamado, que era, até então, o entendimento consolidado na Súmula 377 do TST.

Alternativa "a": Essa previsão está contida no § 3º, art. 843 da CLT: "O preposto a que se refere o § 1º deste artigo não precisa ser empregado da parte reclamada.

Alternativa "b": A Lei da Reforma Trabalhista generalizou a exceção que estava prevista na Súmula º 377 do TST, em relação ao empregado doméstico e a micro e pequena empresa. Atualmente, em qualquer situação, o preposto não precisa ser empregado.

Alternativa "c": Em qualquer situação, as declarações do preposto obrigam o proponente, na forma prevista pela parte final do § 1º, art. 843 da CLT: "É facultado ao empregador fazer-se substituir pelo gerente, ou qualquer outro preposto que tenha conhecimento do fato, e cujas declarações obrigarão o proponente". Caso não saiba responder, o desconhecimento do fato será considerado como confissão.

Alternativa "d": Não é preciso ser empregado da reclamada, muito menos gerente, conforme estabelece o § 3º, art. 843 da CLT.

Alternativa "e": Não é preciso que o preposto seja empregado da reclamada, em se tratando de qualquer empregador, conforme estabelece o § 3º, art. 843 da CLT.

Alternativa correta: letra "a".

50. (FMP – Procurador do Estado – PGE – AC/2017) No caso de conciliação em uma audiência trabalhista, em relação ao termo que for lavrado e homologado é CORRETO afirmar que

a) valerá como decisão irrecorrível a todos os interessados.

b) será considerado exemplo de decisão terminativa do feito.

c) extinguirá o processo com resolução do mérito, valendo como decisão recorrível, de mediato, às partes.

d) valerá como decisão irrecorrível, salvo para a Previdência Social quanto às contribuições que lhe forem devidas.

e) extinguirá o processo sem resolução do mérito, salvo para a Previdência Social quanto às contribuições que lhe forem devidas.

COMENTÁRIOS

✪ **Nota do autor**: O juiz não tem por dever de homologar toda e qualquer conciliação. A recusa é admitida desde que devidamente fundamentada, principalmente quando a hipótese for de conluio entre as partes ou no caso de envolver direitos absolutamente indisponíveis.

Alternativa "a": Não produz esse efeito em relação à Previdência Social, na forma prevista pelo parágrafo único, art. 831 da CLT: No caso de conciliação, o termo que for lavrado valerá como decisão irrecorrível, salvo para a Previdência Social quanto às contribuições que lhe forem devidas".

Alternativa "b": Caso homologado, o termo valerá como decisão irrecorrível em relação às partes (art. 831, parágrafo único da CLT).

Alternativa "c": Vale como decisão irrecorrível e não recorrível (art. 831, parágrafo único da CLT).

Alternativa "d": corresponde ao mandamento legal contido no parágrafo único, art. 831 da CLT: No caso de conciliação, o termo que for lavrado valerá como decisão irrecorrível, salvo para a Previdência Social quanto às contribuições que lhe forem devidas".

Alternativa "e": Opera-se a extinção do processo com julgamento do mérito.

Alternativa correta: letra "d".

51. (Cespe – Procurador do Estado – PGE – SE/2017) Com relação às audiências no processo do trabalho, assinale a opção correta.

a) A contestação deverá ser apresentada no prazo de quinze dias a contar da data da audiência de conciliação.

b) As partes formularão perguntas diretamente às testemunhas, em atenção ao disposto no CPC vigente.

c) Após o interrogatório pessoal dos litigantes, a instrução processual poderá prosseguir sem as partes, permanecendo os seus representantes.

d) O termo de conciliação em audiência vale como decisão irrecorrível e oponível erga omnes.

e) As partes, ao comparecerem em audiência, devem estar acompanhadas de seu procurador ou defensor público.

COMENTÁRIOS

✪ **Nota do autor**: A Audiência é ato processual especial efetivado, em regra, na sede do Juízo ou Tribunal em dias úteis previamente fixados, entre 8 e 18 horas, não podendo ultrapassar 5 horas seguidas, salvo quando houver matéria urgente.

Alternativa "a": A contestação deve ser apresentada na audiência, na forma prevista pelo art. 847 da CLT, sendo facultado ao reclamado enviá-la ao PJe até a tentativa conciliatória frustrada, em audiência: "Art. 847. Não havendo acordo, o reclamado terá vinte minutos para aduzir sua defesa, após a leitura da reclamação, quando esta não for dispensada por ambas as partes".

Alternativa "b": Ao contrário do que ocorre no processo civil, as perguntas são formuladas pelo juiz e não diretamente pelas partes ou seus advogados no processo do trabalho, conforme previsão contida no art. 820 da CLT: "As partes e testemunhas serão inquiridas pelo juiz ou presidente, podendo ser reinquiridas, por seu intermédio, a requerimento dos vogais, das partes, seus representantes ou advogados".

Alternativa "c": Essa possibilidade está prevista expressamente pelo § 1º, art. 848 da CLT: "Findo o interrogatório, poderá qualquer dos litigantes retirar-se, prosseguindo a instrução com o seu representante".

Alternativa "d": o efeito da irrecorribilidade do termo homologado não atinge a Previdência Social, na forma prevista pelo parágrafo único, art. 831 da CLT: "No caso de conciliação, o termo que for lavrado valerá como decisão irrecorrível, salvo para a Previdência Social quanto às contribuições que lhe forem devidas".

Alternativa "e": Mesmo com o advento da Lei nº 13.467/17 foi mantido o jus postulandi das partes, de acordo com o preceito contido no art. 791 da CLT: "Os empregados e os empregadores poderão reclamar pessoalmente perante a Justiça do Trabalho e acompanhar as suas reclamações até o final".

Alternativa correta: letra "c".

---

52. (FEPESE – Procurador do Estado – SC/ 2009) No Processo do Trabalho, é incorreto afirmar que:

a) Denomina-se reclamação trabalhista plúrima a situação verificada quando mais de um reclamante postula contra a mesma reclamada direitos individuais decorrentes do contrato de trabalho com a característica de ter a causa de pedir e pedidos semelhantes, sendo facultado ao juiz aceitar ou não este litisconsórcio ativo.

b) O Tribunal Regional do Trabalho (TRT) da 12ª Região tem jurisdição sobre todo território do Estado de Santa Catarina, enquanto que em São Paulo existem dois TRTs para dividirem sobre seu território as suas respectivas jurisdições.

c) A conciliação é um objetivo a ser perseguido por todo o Poder Judiciário brasileiro e, na Justiça do Trabalho, é cabível a qualquer momento.

d) O Ministério Público do Trabalho, em caso de greve em atividade essencial e com possibilidade de lesão do interesse público, é competente para propor o dissídio coletivo perante a Justiça do Trabalho.

e) O juiz do trabalho não é obrigado a aceitar acordo de conciliação, tampouco é uma obrigação dele fundamentar por que o acordo não foi homologado.

COMENTÁRIOS

✪ **Nota do autor**: A conciliação assume papel relevante no processo do trabalho e existem várias regras atinentes ao tema. Se houver acordo em audiência, será lavrado o termo respectivo, assinado pelo juiz e pelos litigantes, consignando-se o prazo e demais condições para seu cumprimento. Deverá ser indicada a natureza jurídica das parcelas constantes do acordo homologado, inclusive o limite de responsabilidade de cada parte pelo recolhimento da contribuição previdenciária, se for o caso, com intimação da União para ter ciência dos termos da conciliação, facultada a interposição de recurso relativo aos tributos que lhe forem devidos.

Alternativa "a": A reclamação trabalhista plúrima encontra-se delineada pelo art. 842 da CLT: "Sendo várias as reclamações e havendo identidade de matéria, poderão ser acumuladas num só processo, se se tratar de empregados da mesma empresa ou estabelecimento". Caso não preencha esses requisitos, o Juiz pode indeferir a formação do litisconsórcio ativo.

Alternativa "b": O Estado de São Paulo possui dois Tribunais do Trabalho, conforme art. 1º, *caput* e § 2º, da Lei 7.520/86: "Art. 1º Fica criada, por esta lei, a 15ª Região da Justiça do Trabalho, abrangendo a área territorial definida no § 2º deste artigo, e, com jurisdição sobre ela, o Tribunal Regional do Trabalho da 15ª Região, com sede em Campinas, no Estado de São Paulo [...] § 2º A 15ª Região da Justiça do Trabalho compreende a área do Estado de São Paulo não abrangida pela jurisdição estabelecida no parágrafo anterior para a 2ª Região".

Alternativa "c": Exatamente. Além de ser um princípio do processo do trabalho, essa regra está contida no art. 764 da CLT: "Os dissídios individuais ou coletivos submetidos à apreciação da Justiça do Trabalho serão sempre sujeitos à conciliação. § 1º – Para os efeitos deste artigo, os juízes e Tribunais do Trabalho empregarão sempre os seus bons ofícios e persuasão no sentido de uma solução conciliatória dos conflitos. § 2º – Não havendo acordo, o juízo conciliatório converter-se-á obrigatoriamente em arbitral, proferindo decisão na forma prescrita neste Título. § 3º – É lícito às partes celebrar acordo que ponha termo ao processo, ainda mesmo depois de encerrado o juízo conciliatório". Alternativa correta.

Alternativa "d": Correta a assertiva por conta do mandamento contido no art. 114, § 3º, da CF/88: "Em caso de greve em atividade essencial, com possibilidade de lesão do interesse público, o Ministério Público do Trabalho poderá ajuizar dissídio coletivo, competindo à Justiça do Trabalho decidir o conflito".

Alternativa "e": A homologação não é obrigatória. Entretanto, como se trata de uma decisão denegatória, deve ser motivada. Alternativa incorreta, pois em desconformidade com o art. 93, IX, da CF/88: "IX todos os julgamentos dos órgãos do Poder Judiciário serão públicos, e fundamentadas todas as decisões, sob pena de nulidade, podendo a lei limitar a presença, em determinados atos, às próprias partes e a seus advogados, ou somente a estes, em casos nos quais a preservação do direito à intimidade do interessado no sigilo não prejudique o interesse público à informação".

Alternativa incorreta: letra "e".

53. (FEPESE – Procurador do Estado – SC/ 2009) Sobre o Processo do Trabalho, assinale a alternativa correta:

a) A confissão pode ser real ou ficta.

b) A confissão sempre implica revelia.

c) A confissão no processo do trabalho é a situação daquele que não oferece resistência, ou seja, ausência de defesa.

d) A confissão revela-se como uma pena pela ausência de depoimento de testemunhas que estavam obrigadas a depor.

e) A revelia é uma pena que não impede a posterior produção de provas pela reclamada.

COMENTÁRIOS

✪ **Nota do autor:** A revelia e a confissão são institutos diversos. A primeira, em regra, induz a segunda, salvo nos casos em que há exclusão expressa na norma processual dessa consequência. Conforme a Súmula nº 74 do TST: "CONFISSÃO. (atualizada em decorrência do CPC de 2015) – Res. 208/2016, DEJT divulgado em 22, 25 e 26.04.2016 I – Aplica-se a confissão à parte que, expressamente intimada com aquela cominação, não comparecer à audiência em prosseguimento, na qual deveria depor. (ex-Súmula nº 74 – RA 69/1978, DJ 26.09.1978) II – A prova pré-constituída nos autos pode ser levada em conta para confronto com a confissão ficta (arts. 442 e 443, do CPC de 2015 – art. 400, I, do CPC de 1973), não implicando cerceamento de defesa o indeferimento de provas posteriores. (ex-OJ nº 184 da SBDI-1 – inserida em 08.11.2000) III – A vedação à produção de prova posterior pela parte confessa somente a ela se aplica, não afetando o exercício, pelo magistrado, do poder/dever de conduzir o processo".

Alternativa "a": Essa classificação é pacífica, tanto na doutrina quanto na jurisprudência. A confissão real é aquela em que a parte admite expressamente os fatos controversos. A confissão ficta é decorrente da ausência de impugnação ao fato alegado pela parte contrária ou também decorrente do desconhecimento dos fatos do processo pela parte, em depoimento pessoal.

Alternativa "b": A consequência seria inversa, em regra. Nesse caso, a revelia implicaria confissão, mas somente quanto à matéria fática. Falsa a assertiva, portanto.

Alternativa "c": Quem não oferece defesa é considerado revel. A confissão pode ser uma consequência ou não.

Alternativa "d": A confissão decorre da ausência de depoimento da parte e não da testemunha.

Alternativa "e": A revelia não é uma pena, mas sim um fato processual. A depender do caso, é possível levar em consideração a prova pré-constituída nos autos, na forma prevista pela Súmula nº 74, II, do TST: " CONFISSÃO. (nova redação do item I e inserido o item III à redação em decorrência do julgamento do processo TST-IUJEEDRR 801385-77.2001.5.02.0017) – Res. 174/2011, DEJT divulgado em 27, 30 e 31.05.2011. II – A prova pré-constituída nos autos pode ser levada em conta para confronto com a confissão ficta (art. 400, I, CPC), não implicando cerceamento de defesa o indeferimento de provas posteriores. (ex-OJ nº 184 da SBDI-1 – inserida em 08.11.2000). (ver nota do autor).

Alternativa correta: letra "a".

54. (FCC – Procurador do Estado – AM / 2010) A respeito do processo trabalhista:

I. Os dissídios individuais ou coletivos submetidos à apreciação da Justiça do Trabalho serão sempre sujeitos à conciliação.

II. A Lei criará varas da Justiça do Trabalho, podendo, nas comarcas não abrangidas por sua jurisdição, atribuí-la aos juízes de direito, com recurso para o respectivo Tribunal Regional do Trabalho.

III. É lícito às partes celebrar acordo que ponha termo ao processo, desde que antes de encerrado o juízo conciliatório.

IV. Os juízes e Tribunais do Trabalho empregarão sempre os seus bons ofícios de persuasão no sentido de uma solução conciliatória dos conflitos.

Está correto SOMENTE o que se afirma em:

a) I e III.

b) II e III.

c) I, II e III.

d) I, II e IV.

e) II, III e IV.

COMENTÁRIOS

✪ **Nota do autor:** Atualmente, todos os municípios brasileiros são atendidos pelas unidades da Justiça do Trabalho.

Item "I": Item correto, uma vez que de acordo com a redação do art. 764 da CLT: "Os dissídios individuais ou coletivos submetidos à apreciação da Justiça do Trabalho serão sempre sujeitos à conciliação".

Item "II": Exatamente. Essa determinação encontra-se inserida no art. 112 da CF/88: "A lei criará varas da Justiça do Trabalho, podendo, nas comarcas não abrangidas por sua jurisdição, atribuí-la aos juízes de direito, com recurso para o respectivo Tribunal Regional do Trabalho".

Item "III": O acordo pode ser feito a qualquer momento e em qualquer fase processual, inclusive depois de encerrado o juízo conciliatório, segundo se depreende do princípio da conciliação e da regra contida no art. 764, § 3º, da CLT: "É lícito às partes celebrar acordo que ponha termo ao processo, ainda mesmo depois de encerrado o juízo conciliatório. Item incorreto".

Item "IV": Item correto, uma vez que reproduz o texto contido no art. 764, § 1º, da CLT: "Os dissídios individuais ou coletivos submetidos à apreciação da Justiça do Trabalho serão sempre sujeitos à conciliação. § 1º – Para os efeitos deste artigo, os juízes e Tribunais do Trabalho empregarão sempre os seus bons ofícios e persuasão no sentido de uma solução conciliatória dos conflitos".

Alternativa correta: letra "d ".

4. PROVAS, SENTENÇA E COISA JULGADA

4.1. PROVAS

55. (FCC – Procurador do Estado – PGE – TO/2018) O Processo Judiciário do Trabalho estipula alguns ritos ou procedimentos próprios com regras diferenciadas para a sua condução. Conforme previsões contidas na Consolidação das Leis do Trabalho, o limite legal do número de testemunhas para cada parte para os dissídios individuais que tramitam pelo rito sumaríssimo, rito ordinário e inquérito para apuração de falta grave, é respectivamente,

a) duas, três e cinco.

b) duas, três e seis.

c) duas, cinco e seis.

d) três, cinco e cinco.

e) três, seis e duas.

COMENTÁRIOS

✪ **Nota do autor:** Para responder essa questão, o candidato deve possuir conhecimento sobre o conteúdo dos seguintes dispositivos contidos na CLT: "Art. 821. Cada uma das partes não poderá indicar mais de três testemunhas, salvo quando se tratar de inquérito, caso em que esse número poderá ser elevado a seis. Art. 852-H § 2º As testemunhas, até o máximo de duas para cada parte, comparecerão à audiência de instrução e julgamento independentemente de intimação". Na sequência apresentada, a sequência correta seria de duas testemunhas para o rito sumaríssimo, três para o rito ordinário e seis para o inquérito.

Alternativa "a": A sequência correta é duas, três e seis.

Alternativa "b": Correto, conforme fundamentação contida na nota do autor.

Alternativa "c": A sequência correta é duas, três e seis.

Alternativa "d": A sequência correta é duas, três e seis.

Alternativa "e": A sequência correta é duas, três e seis.

Alternativa correta: letra "b".

56. (Cespe – Procurador do Estado – PGE – SE/2017) Foi ajuizada uma reclamatória trabalhista pleiteando-se, além das verbas rescisórias, o pagamento de adicional de insalubridade em virtude das condições de trabalho do estabelecimento empregador. Assim, foi determinada pelo juízo a realização de perícia técnica, sendo facultado o acompanhamento da diligência por assistente técnico. No início do trabalho, o perito observou que o local onde eram prestados os serviços pelo reclamante estava desativado, o que tornou inviável a realização da perícia determinada.

Nessa situação hipotética, de acordo com o entendimento do TST,

a) a perícia para avaliar a caracterização e a classificação da insalubridade deverá ser efetuada por qualquer médico ou engenheiro.

b) embora a perícia seja obrigatória para a verificação da insalubridade, no caso de impossibilidade de sua realização por fechamento do local de trabalho, o magistrado poderá utilizar outros meios de prova.

c) apesar de a perícia ser prova facultativa, a demanda prosseguirá com relação aos demais pedidos, e o pleito de adicional de insalubridade será julgado improcedente por falta de condições de sua comprovação.

d) os honorários do assistente técnico deverão ser arcados pela parte sucumbente na perícia.

e) o comparecimento do perito ao local da diligência gerará honorários periciais, os quais deverão ser suportados, na hipótese de o reclamante ser beneficiário da justiça gratuita, pelo estado no qual está sendo processada a reclamatória.

COMENTÁRIOS

✪ **Nota do autor:** No processo do trabalho, a realização de perícia técnica é indispensável, por expressa determinação legal e em regra, nas hipóteses de pedido de adicional de insalubridade e/ou de periculosidade, mesmo que já existam nos autos pareceres técnicos ou documentos elucidativos, conforme previsão contida no art. 195, § 2º da CLT: "Arguida em juízo insalubridade ou periculosidade, seja por empregado, seja por Sindicato em favor de grupo de associado, o juiz designará perito habilitado na forma deste artigo, e, onde não houver, requisitará perícia ao órgão competente do Ministério do Trabalho".

Alternativa "a": A perícia só pode ser feita por médico do trabalho ou engenheiro do trabalho, conforme preconiza o caput do art. 195 da CLT: "A caracterização e a classificação da insalubridade e da periculosidade, segundo as normas do Ministério do Trabalho, far-se-ão através de perícia a cargo de Médico do Trabalho ou Engenheiro do Trabalho, registrados no Ministério do Trabalho".

Alternativa "b": Geralmente, nesses casos, utiliza-se a prova emprestada, dentre outros meios de prova. Nesse sentido, a OJ Nº 278, da SDI-1 do TST: "ADICIONAL DE INSALUBRIDADE. PERÍCIA. LOCAL DE TRABALHO DESATIVADO. DJ 11.08.03. A realização de perícia é obrigatória para a verificação de insalubridade. Quando não for possível sua realização, como em caso de fechamento da empresa, poderá o julgador utilizar-se de outros meios de prova".

Alternativa "c": No caso de pedido de insalubridade e periculosidade a prova pericial é, em regra, obrigatória, na forma prevista pelo § 2º, art. 195 da CLT transcrito na nota do autor.

Alternativa "d": No caso de indicação de assistente técnico, que é uma faculdade, cabe a parte o pagamento dos respectivos honorários, conforme entendimento contido na Súmula nº 341 do TST: HONORÁRIOS DO ASSISTENTE TÉCNICO. (mantida) – Res. 121/2003, DJ 19, 20 e

21.11.2003. A indicação do perito assistente é faculdade da parte, a qual deve responder pelos respectivos honorários, ainda que vencedora no objeto da perícia".

Alternativa "e": O que gera o direito aos honorários periciais definitivos é a elaboração e entrega do laudo. Os honorários provisionais não são cabíveis no processo do trabalho. Já responsabilidade pelo pagamento dos honorários periciais definitivos é da parte sucumbente na pretensão objeto da perícia, ainda que beneficiária da justiça gratuita, desde que tenha obtido em juízo crédito suficiente para suportar a despesa.

Alternativa correta: letra "b".

57. (Cespe – Procurador do Estado – PGE – SE/2017) Na audiência de instrução e julgamento de uma reclamação trabalhista, após a qualificação da única testemunha arrolada pelo reclamante, a qual havia trabalhado com ele na empresa demandada, esta apresentou contradita sob a alegação de que a testemunha também havia ajuizado contra ela reclamatória trabalhista, fato que, segundo a companhia, geraria sua suspeição.

Nessa situação hipotética, a contradita apresentada deverá ser

a) deferida, sob o argumento de que trabalhar na mesma empresa pressupõe amizade íntima, também levando à suspeição.
b) indeferida, pois o fato de a testemunha ter ajuizado a reclamação trabalhista constitui causa de impedimento, e não de suspeição.
c) indeferida, por se tratar da única testemunha do reclamante, de modo que acatar a suspeição consistiria em ofensa ao contraditório e à ampla defesa.
d) deferida, pois o fato de a testemunha ter ajuizado reclamação trabalhista contra a reclamada torna questionável, como meio de prova, o depoimento dela.
e) indeferida, haja vista que o simples fato de litigar contra a mesma reclamada não é razão suficiente para gerar suspeição.

COMENTÁRIOS

✪ **Nota do autor:** O direito de ação é garantido a todo cidadão. O exercício desse direito não pode implicar qualquer restrição para o seu titular. Além disso, não há previsão legal, quer na Consolidação das Leis do Trabalho ou no Código de Processo Civil, que proíba a testemunha que litiga com a empresa de prestar depoimento.

Alternativa "a": Não há previsão legal dessa presunção. Incorreta a alternativa, pois contraria o entendimento do TST constante da Súmula nº 357: "TESTEMUNHA. AÇÃO CONTRA A MESMA RECLAMADA. SUSPEIÇÃO. (mantida) – Res. 121/2003, DJ 19, 20 e 21.11.2003. Não torna suspeita a testemunha o simples fato de estar litigando ou de ter litigado contra o mesmo empregador".

Alternativa "b": Não é causa de suspeição ou de impedimento.

Alternativa "c": se fosse um verdadeiro caso de suspeição não haveria ofensa ao contraditório e à ampla defesa, pois nenhum direito é absoluto.

Alternativa "d": Não há previsão legal nesse sentido.

Alternativa "e": corresponde ao entendimento o do TST constante da Súmula nº 357: "TESTEMUNHA. AÇÃO CONTRA A MESMA RECLAMADA. SUSPEIÇÃO. (mantida) – Res. 121/2003, DJ 19, 20 e 21.11.2003. Não torna suspeita a testemunha o simples fato de estar litigando ou de ter litigado contra o mesmo empregador".

Alternativa correta: letra "e".

58. (Cespe – Procurador do Estado – BA/2014) Em relação ao direito processual do trabalho, julgue os itens a seguir.

I. No processo trabalhista, a contradita consiste na denúncia, pela parte interessada, dos motivos que impedem ou tornam suspeito o depoimento da testemunha, e o momento processual oportuno de a parte oferecer a contradita da testemunha ocorre logo após a qualificação desta, antes de o depoente ser compromissado.

COMENTÁRIOS

✪ **Nota do autor:** A Consolidação das Leis do Trabalho, em seu art. 732, combinado com o art. 731, prevê uma espécie de perempção temporária quando o reclamante dá causa a dois arquivamentos consecutivos, fato que o impossibilita de exercer o direito de ação pelo prazo de seis meses. Frise-se que a penalidade diz respeito a todo e qualquer tipo de ação perante a Justiça do Trabalho, mesmo que seja com outro objeto e contra pessoa distinta da reclamação trabalhista anterior. Inclusive esse é o posicionamento da maioria dos doutrinadores, como Bezerra Leite, Renato Saraiva, Cleber Lúcio Sérgio Pinto Martins, Rodrigues Pinto, Wagner Giglio, dentre outros. Contudo, há entendimento segundo o qual o referido preceito celetista não foi recepcionado pela atual Carta Maior, por ferir o direito público e subjetivo de ação.

Nesse caso, aplicam-se as regras do CPC, pois a CLT é omissa e não contraria os princípios do processo laboral. Assertiva correta, pois corresponde ao mandamento contido no art. 457, *caput* e § 1º, do CPC/2015: "Art. 457. Antes de depor, a testemunha será qualificada, declarará ou confirmará seus dados e informará se tem relações de parentesco com a parte ou interesse no objeto do processo. § 1º É lícito à parte contraditar a testemunha, arguindo-lhe a incapacidade, o impedimento ou a suspeição, bem como, caso a testemunha negue os fatos que lhe são imputados, provar a contradita com documentos ou com testemunhas, até 3 (três), apresentadas no ato e inquiridas em separado." **CERTO**

II. Dada a celeridade, que fundamenta o procedimento sumaríssimo, a CLT não admite o deferimento e a realização de prova técnica pericial.

COMENTÁRIOS

✪ **Nota do autor:** O procedimento sumaríssimo possui regras que pretende torná-lo mais simples e rápido, mas isso não inviabiliza a realização de provas periciais.

O art. 852-H, § 4º, da CLT prevê expressamente essa possibilidade: "§ 4º Somente quando a prova do fato o exigir, ou for legalmente imposta, será deferida prova técnica, incumbindo ao juiz, desde logo, fixar o prazo, o objeto da perícia e nomear perito." **ERRADO**

III. No processo do trabalho, o reclamante que der causa a dois arquivamentos seguidos de reclamação trabalhista em face de seu não comparecimento à audiência fica definitivamente impossibilitado de exercer novamente o direito de reclamar perante a justiça do trabalho, se a nova ação envolver o mesmo reclamante, reclamado e objeto.

COMENTÁRIOS

✪ **Nota do autor:** A Consolidação das Leis do Trabalho, em seu art. 732, combinado com o art. 731, prevê uma espécie de perempção temporária quando o reclamante dá causa a dois arquivamentos consecutivos, fato que o impossibilita de exercer o direito de ação pelo prazo de seis meses. Frise-se que a penalidade diz respeito a todo e qualquer tipo de ação perante a Justiça do Trabalho, mesmo que seja com outro objeto e contra pessoa distinta da reclamação trabalhista anterior. Inclusive esse é o posicionamento da maioria dos doutrinadores, como Bezerra Leite, Renato Saraiva, Cleber Lúcio Sérgio Pinto Martins, Rodrigues Pinto, Wagner Giglio, dentre outros. Contudo, há entendimento segundo o qual o referido preceito celetista não foi recepcionado pela atual Carta Maior, por ferir o direito público e subjetivo de ação.

Não se trata de extinção, mas sim de suspensão temporária do direito de ação, pelo prazo de seis meses, conforme determinação contida nos arts. 731 e 732 da CLT: "Aquele que, tendo apresentado ao distribuidor reclamação verbal, não se apresentar, no prazo estabelecido no parágrafo único do art. 786, à Junta ou Juízo para fazê-lo tomar por termo, incorrerá na pena de perda, pelo prazo de 6 (seis) meses, do direito de reclamar perante a Justiça do Trabalho. Art. 732. Na mesma pena do artigo anterior incorrerá o reclamante que, por 2 (duas) vezes seguidas, der causa ao arquivamento de que trata o art. 844." (ver nota do autor). **ERRADO**

IV. Segundo entendimento do TST, o marco inicial da contagem do prazo prescricional para o ajuizamento de ação condenatória, quando advém a dispensa do empregado no curso de ação declaratória com a mesma causa de pedir remota, é a data da extinção do contrato de trabalho.

COMENTÁRIOS

O marco inicial é o trânsito em julgado da decisão em demanda declaratória, conforme entendimento do TST constante da OJ nº 401 da SDI-1: "O marco inicial da contagem do prazo prescricional para o ajuizamento de ação condenatória, quando advém a dispensa do empregado no curso de ação declaratória que possua a mesma causa de pedir remota, é o trânsito em julgado da decisão proferida na ação declaratória e não a data da extinção do contrato de trabalho." **ERRADO**

V. Consoante entendimento do TST, é válido o substabelecimento de advogado investido de mandato tácito, que se configura com o comparecimento do advogado e da parte em audiência.

COMENTÁRIOS

✪ **Nota do autor:** É possível o registro em ata de audiência dos poderes outorgados ao procurador, desde que a parte esteja presente (art. 791, § 3º, da CLT). O simples registro do nome do advogado em ata de audiência, presente, a parte, configura o mandato tácito (apud acta), possuindo o advogado poderes para o foro em geral, mas não podendo praticar os atos que dependam de poderes específicos.

Com relação ao substabelecimento de mandato tácito, o posicionamento do TST é justamente em sentido contrário ao da assertiva, conforme se vê da redação da OJ nº 200, da SDI-1: "É inválido o substabelecimento de advogado investido de mandato tácito." **ERRADO**

59. (Cespe – Procurador do Estado – PI/ 2008) João moveu reclamação trabalhista contra a empresa Nordeste Ltda., pleiteando o pagamento do adicional de insalubridade. O juiz determinou a realização de perícia técnica, facultando às partes a indicação de assistente técnico. João, então, indicou Marcelo como seu assistente técnico. Após a conclusão da perícia, o juiz julgou procedente a reclamação, condenando empresa Nordeste Ltda. a pagar a João os valores referentes ao adicional de insalubridade.

Diante dessa situação hipotética, assinale a opção correta.

a) Os honorários do assistente técnico indicado por João devem ser pagos pela empresa Nordeste Ltda., já que esta foi vencida no objeto da perícia.
b) Não há que se falar em qualquer tipo de pagamento de honorários de assistente técnico, pois não existe previsão legal para tal pagamento.
c) O pagamento dos honorários do assistente técnico deve ser suportado pelo TRT correspondente.
d) Não existe possibilidade de indicação de assistente técnico a perícias realizadas no processo do trabalho.
e) A indicação de assistente técnico é uma faculdade da parte e, por isso, cabe a João efetuar o pagamento do assistente técnico por ele indicado, independentemente do resultado da perícia.

COMENTÁRIOS

✪ **Nota do autor:** Observar que, em matéria de perícia, deve ser aplicada primeiramente a Lei nº 5.584/70 e somente depois, em caso de omissão, as regras contidas no

CPC, quando não conflitar com os princípios do processo do trabalho.

Alternativa "a": A indicação de assistente técnico é uma faculdade da parte. Sendo assim, o encargo financeiro deve ser assumido pela parte que assim procedeu. **Alternativa incorreta**, pois contraria a Súmula nº 341 do TST: "HONORÁRIOS DO ASSISTENTE TÉCNICO (mantida) – Res. 121/2003, DJ 19, 20 e 21.11.2003. A indicação do perito assistente é faculdade da parte, a qual deve responder pelos respectivos honorários, ainda que vencedora no objeto da perícia".

Alternativa "b": Como se trata de uma faculdade e não de uma obrigação, cabe à parte que indicou o assistente técnico remunerá-lo.

Alternativa "c": caberia ao TRT o pagamento dos honorários do perito em caso de deferimento do benefício da justiça gratuita à parte sucumbente.

Alternativa "d": A Lei nº 5.584/70 tem previsão expressa em sentido contrário. Trata-se do art. 3º, parágrafo único: "Permitir-se-á a cada parte a indicação de um assistente, cujo laudo terá que ser apresentado no mesmo prazo assinado para o perito, sob pena de ser desentranhado dos autos".

Alternativa "e": de acordo com o entendimento constante da citada Súmula nº 341 do TST.

Alternativa correta: letra "e".

---

60. (FCC – Procurador do Estado – RO/ 2011) Sobre as provas no processo do trabalho, como regra, é correto afirmar:

a) O documento em cópia oferecido para prova poderá ser declarado autêntico pelo próprio advogado, sob sua responsabilidade.

b) No procedimento sumaríssimo trabalhista, as testemunhas são arroladas na peça inicial e na contestação, sob pena de preclusão.

c) A prova documental poderá ser ofertada juntamente com as alegações finais do processo.

d) O ônus de provar o término do contrato de trabalho, quando negados a prestação de serviço e o despedimento, é do empregado.

e) A não apresentação injustificada dos controles de frequência pelo empregador gera presunção relativa de veracidade da jornada de trabalho, a qual não pode ser elidida por prova em contrário.

COMENTÁRIOS

✪ **Nota do autor:** Em matéria probatória, o TST dispõe de diversas Súmulas e OJ´s tratando de distribuição do ônus respectivo e estabelecendo presunções. Como não há previsão expressa na norma jurídica processual de tais presunções, elas são classificadas como *hominis*.

Alternativa "a": Essa faculdade encontra-se prevista no art. 830 da CLT: "O documento em cópia oferecido para prova poderá ser declarado autêntico pelo próprio advogado, sob sua responsabilidade pessoal".

Alternativa "b": Não há essa regra expressa na CLT, seja no rito sumaríssimo, seja no ordinário. Segundo o art. 852-H, § 2º, da CLT: "As testemunhas, até o máximo de duas para cada parte, comparecerão à audiência de instrução e julgamento independentemente de intimação".

Alternativa "c": A prova documental, em regra, deve acompanhar a inicial e a defesa. As alegações finais acontecem após o encerramento da instrução processual, conforme se vê do texto do art. 850 da CLT: "Terminada a instrução, poderão as partes aduzir razões finais, em prazo não excedente de 10 (dez) minutos para cada uma. Em seguida, o juiz ou presidente renovará a proposta de conciliação, e não se realizando esta, será proferida a decisão".

Alternativa "d": Na verdade, o ônus é do empregador. Por esse motivo, a **alternativa é incorreta**, uma vez que contraria a Súmula nº 212 do TST: "DESPEDIMENTO. ÔNUS DA PROVA (mantida) – Res. 121/2003, DJ 19, 20 e 21.11.2003. O ônus de provar o término do contrato de trabalho, quando negados a prestação de serviço e o despedimento, é do empregador, pois o princípio da continuidade da relação de emprego constitui presunção favorável ao empregado".

Alternativa "e": Como a presunção, nesse caso, é relativa, pode ser afastada por outra prova em sentido contrário. **Alternativa incorreta** diante da afronta ao entendimento constante da Súmula nº 338 do TST.

Alternativa correta: letra "a".

---

61. (Cespe – Procurador do Estado – ES/ 2008)

II. Os registros de ponto que apresentem horários de entrada e saída uniformes são inválidos como meio de prova, invertendo-se o ônus da prova, relativo às horas extras, que passa a ser do empregador, prevalecendo a jornada da inicial se dele não se desincumbir.

COMENTÁRIOS

Contém a consequência para a apresentação de controle de frequência com horários invariáveis, na forma admitida pela Súmula nº 338, III, da SDI-1: "JORNADA DE TRABALHO. REGISTRO. ÔNUS DA PROVA (incorporadas as Orientações Jurisprudenciais nºs 234 e 306 da SBDI-1) – Res. 129/2005, DJ 20, 22 e 25.04.2005. III – Os cartões de ponto que demonstram horários de entrada e saída uniformes são inválidos como meio de prova, invertendo-se o ônus da prova, relativo às horas extras, que passa a ser do empregador, prevalecendo a jornada da inicial se dele não se desincumbir. (ex-OJ nº 306 da SBDI-1 – DJ 11.08.2003)". **CERTO**

III. O ônus de provar o término do contrato de trabalho, quando negados a prestação de serviço e o despedimento, é do empregador, pois o princípio da continuidade da relação de emprego constitui presunção favorável ao empregado.

COMENTÁRIOS

Reproduz o entendimento constante da Súmula nº 212 do TST: "DESPEDIMENTO. ÔNUS DA PROVA (mantida) – Res. 121/2003, DJ 19, 20 e 21.11.2003. O ônus de provar o término do contrato de trabalho, quando negados a prestação de serviço e o despedimento, é do empregador, pois o princípio da continuidade da relação de emprego constitui presunção favorável ao empregado". **CERTO**

62. (Cespe – Procurador do Estado – AL/ 2008) Durante a instrução processual, o autor requereu realização de prova pericial. O juiz da causa indeferiu o pedido, tudo consoante descrito na ata da audiência. O autor tentou consignar seu protesto quanto ao indeferimento logo após a negativa do julgador. Entretanto, o registro do protesto foi negado pelo julgador. Nessa situação hipotética, segundo prescrição da CLT,

a) o recurso cabível será o agravo de instrumento.

b) as alegações finais serão a oportunidade para o autor manifestar o inconformismo com o indeferimento da prova pretendida.

c) a negativa de registro do inconformismo do autor gerará nulidade nos autos.

d) o tribunal, ao apreciar o caso, poderá deferir a prova, porquanto não consumada a preclusão da mesma.

e) se o pleito do obreiro for julgado procedente, inclusive sob o objeto da perícia, poderá ser arguida nulidade.

COMENTÁRIOS

✪ **Nota do autor:** A audiência é um ato processual complexo e é conduzida pelo juiz. Negado o pedido de registro do protesto feito pelo advogado em audiência, a solução é falar nos autos por petição para que não preclua o direito da parte.

Alternativa "a": No processo do trabalho, o agravo de instrumento tem função exclusiva de destrancar recursos. Nesse caso, a parte terá que arguir a nulidade na primeira vez em que tiver de falar em audiência ou nos autos, que seria na fase de razões finais.

Alternativa "b": O primeiro momento que a parte tem para falar nos autos, depois da instrução, é justamente em razões finais.

Alternativa "c": A nulidade só é declarada quando constatado prejuízo à parte que a arguiu. Nesse caso, em razões finais poderá ser registrado o protesto por cerceamento do direito de realização de prova, possibilitando que o Tribunal reveja a decisão interlocutória, afastando qualquer possibilidade de prejuízo.

Alternativa "d": Caso a discussão seja levada ao Tribunal por meio de preliminar em sede de recurso ordinário e tendo este Órgão judicial reconhecido o direito da parte, declarará a nulidade da sentença e a produção da prova requerida no juízo a quo.

Alternativa "e": nesse caso, como não houve prejuízo para parte que requereu a prova, não há necessidade de declarar a nulidade.

Alternativa correta: letra "b".

4.2. DECISÕES, TUTELA PROVISÓRIA E COISA JULGADA

63. (FMP – Procurador do Estado – PGE – AC/2017) Em uma reclamatória trabalhista, concedida a antecipação dos efeitos da tutela antes da sentença, de acordo com entendimento sumulado pelo Tribunal Superior do Trabalho, CORRETO afirmar que

a) cabe a impetração de mandado de segurança, em face da inexistência de recurso próprio.

b) é própria a interposição de agravo retido, por se tratar de decisão interlocutória.

c) é oportuna a apresentação de protesto antipreclusivo, considerando a inexistência de recurso próprio.

d) é cabível a interposição de recurso ordinário, considerando que a decisão recorrida é terminativa do feito.

e) é incabível a manifestação de inconformidade por qualquer medida processual, já que as decisões interlocutórias são irrecorríveis no processo do trabalho.

COMENTÁRIOS

✪ **Nota do autor:** Em regra, as decisões interlocutórias no processo do trabalho são irrecorríveis de imediato, admitindo-se a apreciação do merecimento das decisões interlocutórias somente em recurso da decisão definitiva. É cabível recurso de decisão interlocutória nas seguintes hipóteses previstas na Súm. 214 do TST: do TRT contrária à Sumula ou Orientação Jurisprudencial do TST; suscetível de impugnação mediante recurso para o mesmo Tribunal; que acolhe exceção de incompetência territorial, com a remessa dos autos para Tribunal regional distinto daquele a que se vincula o juízo excepcionado. A doutrina apresenta mais duas exceções não previstas na súmula 214 do TST: 1) decisão sobre o valor da causa: cabe pedido de revisão dirigido ao presidente do tribunal (art. 2º, §§ 1º e 2º, da Lei nº 5584/74); 2) decisões na fase de execução: cabível agravo de petição, conforme art. 897, "a", CLT. A IN nº 39/2016 também criou uma nova possibilidade de recorribilidade imediata de decisão interlocutória, qual seja, a decisão de julgamento antecipado parcial do mérito contra a qual é cabível recurso ordinário de imediato (art. 5º da IN nº 39/2016 do TST e art. 356 do CPC).

Alternativa "a": Como não a decisão foi proferida antes da sentença, não cabe recurso. Admite-se, assim, o mandado de segurança, na forma do entendimento do inciso II da Súmula nº 414 do TST: "No caso da tutela antecipada (ou liminar) ser concedida antes da sentença, cabe a impetração do mandado de segurança, em face da inexistência de recurso próprio. (ex-OJs nºs 50 e 58 da SBDI-2 – inseridas em 20.09.2000)".

Alternativa "b": Não há previsão legal desse recurso no processo do trabalho.

Alternativa "c": A ausência de protesto pela parte interessada não implica presunção de aceitação da decisão. Nesse caso, a parte pode apresentar sua irresignação quando da interposição do recurso ordinário, em caso de sucumbência.

Alternativa "d": Como a decisão não é terminativa, não cabe recurso ordinário.

Alternativa "e": A irrecorribilidade das decisões interlocutórias no processo do trabalho não é absoluta. A irresignação da parte interessada pode ser apresentada quando da interposição do recurso ordinário.

Alternativa correta: letra "a".

---

64. (Cespe – Procurador do Estado – PGE – SE/2017) Um empregado eleito membro da CIPA foi demitido durante a vigência de seu mandato, razão pela qual, ainda no período de estabilidade legal, ajuizou reclamação trabalhista na qual requereu, em sede liminar, a reintegração ao emprego. O pedido de tutela provisória de reintegração foi deferido pelo juízo em sentença.

Nessa situação hipotética, o meio adequado para a impugnação da tutela provisória concedida é o(a)

a) ação anulatória.

b) ação cautelar.

c) mandado de segurança.

d) recurso ordinário.

e) ação rescisória.

COMENTÁRIOS

✪ **Nota do autor:** No processo do trabalho, as decisões interlocutórias, em regra, são irrecorríveis de imediato e só podem ser atacadas no recurso principal. Diante desse óbice, o único remédio processual capaz de alterar a decisão que antecipa a tutela ou os seus efeitos, no âmbito do processo do trabalho, é o mandado de segurança.

Alternativa "a": Trata-se de decisão de tutela provisória proferida juntamente com a sentença. Nesse caso, não há que se falar em ação anulatória, mas sim em recurso ordinário. Nesse sentido o inciso I, da Súmula nº 414 do TST: "MANDADO DE SEGURANÇA. TUTELA PROVISÓRIA CONCEDIDA ANTES OU NA SENTENÇA (nova redação em decorrência do CPC de 2015) – Res. 217/2017 – DEJT divulgado em 20, 24 e 25.04.2017. I – A tutela provisória concedida na sentença não comporta impugnação pela via do mandado de segurança, por ser impugnável mediante recurso ordinário. É admissível a obtenção de efeito suspensivo ao recurso ordinário mediante requerimento dirigido ao tribunal, ao relator ou ao presidente ou ao vice-presidente do tribunal recorrido, por aplicação subsidiária ao processo do trabalho do artigo 1.029, § 5º, do CPC de 2015".

Alternativa "b": Ação cautelar não se presta para rever decisões judiciais.

Alternativa "c": Caberia mandado de segurança se a decisão fosse proferida antes da sentença.

Alternativa "d": de acordo com o inciso I, da Súmula nº 414 do TST: "MANDADO DE SEGURANÇA. TUTELA PROVISÓRIA CONCEDIDA ANTES OU NA SENTENÇA (nova redação em decorrência do CPC de 2015) – Res. 217/2017 – DEJT divulgado em 20, 24 e 25.04.2017. I – A tutela provisória concedida na sentença não comporta impugnação pela via do mandado de segurança, por ser impugnável mediante recurso ordinário. É admissível a obtenção de efeito suspensivo ao recurso ordinário mediante requerimento dirigido ao tribunal, ao relator ou ao presidente ou ao vice-presidente do tribunal recorrido, por aplicação subsidiária ao processo do trabalho do artigo 1.029, § 5º, do CPC de 2015"

Alternativa "e": Ação rescisória caberia de sentença transitado em julgado.

Alternativa correta: letra "d".

---

65. (Cespe – Procurador do Estado – PI/2014) No que se refere à sentença trabalhista, assinale a opção correta.

a) Da sentença proferida no procedimento sumaríssimo devem constar, sob pena de nulidade, o relatório, a fundamentação e o dispositivo.

b) A parte que, intimada, não comparecer à audiência em prosseguimento para a prolação da sentença perderá o prazo para recurso.

c) Sendo revel o reclamado, dispensa-se a intimação da sentença.

d) Nos dissídios coletivos, cujo julgamento compete aos tribunais do trabalho, as decisões são denominadas sentenças normativas, cujos efeitos se estendem tanto aos associados do sindicato quanto aos não associados, ou seja, a toda a categoria.

e) O termo lavrado nas conciliações vale como decisão irrecorrível, salvo no que se refere a questões que envolvam a previdência social e pessoas jurídicas de direito público.

COMENTÁRIOS

✪ **Nota do autor:** A sentença, no processo do trabalho, deve ser proferida logo após o momento reservado às razões finais e a renovação da tentativa de conciliação, em atenção aos princípios da concentração dos atos, da economia e da celeridade processual.

Alternativa "a": No rito sumaríssimo, é dispensado o relatório da sentença, de acordo com o art. 852-I, *caput*, da CLT: "A sentença mencionará os elementos de convicção do juízo, com resumo dos fatos relevantes ocorridos em audiência, dispensado o relatório."

Alternativa "b": Nesse caso é necessário publicar a sentença para iniciar o prazo recursal, de acordo com o entendimento do TST exposto na Súmula nº 197: "O prazo para recurso da parte que, intimada, não comparecer à audiência em prosseguimento para a prolação da sentença conta-se de sua publicação."

Alternativa "c": Ao contrário do que ocorre no processo civil, ainda que revel, o réu tem o direito de ser intimado da sentença, conforme imposição contida no art. 852 da CLT: "Da decisão serão os litigantes notificados, pessoalmente, ou por seu representante, na própria audiência. No caso de revelia, a notificação far-se-á pela forma estabelecida no § 1º do art. 841.".

Alternativa "d": A sentença normativa proferida em dissídio coletivo consiste em ato jurisdicional que põe fim ao processo e impõe condições de trabalho para todos os integrantes da categoria profissional representada em um dos polos da relação processual coletiva e não apenas para os sindicalizados.

Alternativa "e": A exceção da irrecorribilidade só atinge à previdência social e não às pessoas jurídicas de direito público. **Incorreta** a assertiva, uma vez que vai de encontro ao que determina o art. 831, parágrafo único, da CLT: "No caso de conciliação, o termo que for lavrado valerá como decisão irrecorrível, salvo para a Previdência Social quanto às contribuições que lhe forem devidas."

Alternativa correta: letra "d".

---

66. (FEPESE – Procurador do Estado – SC/ 2010) Acerca da impugnação de decisões que antecipam os efeitos da tutela ou que concedem medidas liminares:

I. A superveniência da sentença, nos autos originários, faz perder o objeto do mandado de segurança que impugnava a concessão da tutela antecipada (ou liminar).

II. A antecipação da tutela concedida na sentença não comporta impugnação pela via do mandado de segurança, por ser impugnável mediante recurso ordinário. A ação cautelar é o meio próprio para se obter efeito suspensivo a recurso.

III. no caso da tutela antecipada (ou liminar) ser concedida antes da sentença, cabe a impetração do mandado de segurança, em face da inexistência de recurso próprio.

Assinale a alternativa que indica todas as afirmativas corretas, de acordo com a Justiça do Trabalho.

a) É correta apenas a afirmativa II.
b) São corretas apenas as afirmativas I e II.
c) São corretas apenas as afirmativas I e III.
d) São corretas apenas as afirmativas II e III.
e) São corretas as afirmativas I, II e III.

COMENTÁRIOS

✪ **Nota do autor:** Todas as alternativas desta questão foram elaboradas com base na Súmula n° 414 do TST, que possui a seguinte redação: "MANDADO DE SEGURANÇA. TUTELA PROVISÓRIA CONCEDIDA ANTES OU NA SENTENÇA (nova redação em decorrência do CPC de 2015) – Res. 217/2017 – DEJT divulgado em 20, 24 e 25.04.2017. I – A tutela provisória concedida na sentença não comporta impugnação pela via do mandado de segurança, por ser impugnável mediante recurso ordinário. É admissível a obtenção de efeito suspensivo ao recurso ordinário mediante requerimento dirigido ao tribunal, ao relator ou ao presidente ou ao vice-presidente do tribunal recorrido, por aplicação subsidiária ao processo do trabalho do artigo 1.029, § 5º, do CPC de 2015. II – No caso de a tutela provisória haver sido concedida ou indeferida antes da sentença, cabe mandado de segurança, em face da inexistência de recurso próprio. III – A superveniência da sentença, nos autos originários, faz perder o objeto do mandado de segurança que impugnava a concessão ou o indeferimento da tutela provisória.

Item "I": Nesse caso, o ato impugnado poderá ser analisado via recurso ordinário, de acordo com o item III, da Súmula nº 414 do TST, em sua redação anterior: "MANDADO DE SEGURANÇA. ANTECIPAÇÃO DE TUTELA (OU LIMINAR) CONCEDIDA ANTES OU NA SENTENÇA (conversão das Orientações Jurisprudenciais nºs 50, 51, 58, 86 e 139 da SBDI-2) – Res. 137/2005, DJ 22, 23 e 24.08.2005. III – A superveniência da sentença, nos autos originários, faz perder o objeto do mandado de segurança que impugnava a concessão da tutela antecipada (ou liminar). (ex-Ojs da SBDI-2 nºs 86 – inserida em 13.03.2002 – e 139 – DJ 04.05.2004)". **Item correto** (ver nota do autor).

Item "II": O posicionamento do TST, exposto no item I, da Súmula n° 414, é nesse sentido: "I – A antecipação da tutela concedida na sentença não comporta impugnação pela via do mandado de segurança, por ser impugnável mediante recurso ordinário. A ação cautelar é o meio próprio para se obter efeito suspensivo a recurso. (ex-OJ nº 51 da SBDI-2 – inserida em 20.09.2000)". **Item correto** (a nota do autor contém a redação atual desta Súmula).

Item "III": Correta a assertiva, pois reproduz o entendimento do TST constante do item II, da Súmula nº 414, em sua antiga redação: "II – No caso da tutela antecipada (ou liminar) ser concedida antes da sentença, cabe a impetração do mandado de segurança, em face da inexistência de recurso próprio. (ex-OJs nºs 50 e 58 da SBDI-2 – inseridas em 20.09.2000) (ver nota do autor).

Alternativa correta: letra "e".

---

67. (Cespe – Procurador do Estado – AL/ 2008) Considerando que, em determinada demanda trabalhista, no encerramento da audiência de instrução, o juiz designou o dia do julgamento da ação e cumpriu a prestação na data prevista, assinale a opção correta.

a) O prazo recursal se iniciará após a publicação da sentença no Diário de Justiça.
b) Considerando que não tenha havido proposta conciliatória após as razões finais, a reabertura da instrução para fazê-lo inibirá eventual nulidade.
c) Caso tenha havido proposta conciliatória antes das razões finais, a reabertura da instrução causará nulidade.
d) O prazo recursal iniciar-se-á no primeiro dia útil após a apresentação das razões finais.
e) A sentença proferida será um título executivo, assim como a convenção coletiva.

COMENTÁRIOS

✪ **Nota do autor:** Segundo a regra da CLT, a sentença deveria ser proferida após o encerramento da instrução e da apresentação das razões finais. Por conta do volume de processos, geralmente o juiz faz os autos conclusos para proferir a sentença. É comum, também, o procedimento segundo o qual o juiz marca um dia para publicação dessa sentença. Outros juízes preferem intimar as partes, sem a necessidade de realização de "audiência de publicação".

Alternativa "a": Somente se a parte não comparecer à audiência. Comparecendo, o prazo inicia-se imediatamente. Incide, no caso, o entendimento constante da Súmula nº 197 do TST: "O prazo para recurso da parte que, intimada, não comparecer à audiência em prosseguimento para a prolação da sentença conta-se de sua publicação". E também a determinação contida no art. 834 da CLT: "Salvo nos casos previstos nesta Consolidação, a publicação das decisões e sua notificação aos litigantes, ou a seus patronos, consideram-se realizadas nas próprias audiências em que forem as mesmas proferidas".

Alternativa "b": Se não há prejuízo, não há que se falar em nulidade. Alternativa correta, uma vez que atende aos requisitos estabelecidos pelo art. 796 da CLT: "A nulidade não será pronunciada: a) quando for possível suprir-se a falta ou repetir-se o ato; b) quando arguida por quem lhe tiver dado causa".

Alternativa "c": A reabertura da instrução não causaria qualquer prejuízo à parte. Alternativa incorreta, uma vez que não atende aos ditames do art. 796 da CLT: "A nulidade não será pronunciada: a) quando for possível suprir-se a falta ou repetir-se o ato; b) quando arguida por quem lhe tiver dado causa".

Alternativa "d": Segundo a citada súmula nº 197 do TST, se a parte, intimada, não comparece a audiência para prolação da sentença, o prazo para recurso inicia-se após a sua publicação. Se há comparecimento, o prazo inicia-se imediatamente.

Alternativa "e": O rol de títulos executivos extrajudiciais encontra-se estabelecido pelo art. 876 da CLT: "As decisões passadas em julgado ou das quais não tenha havido recurso com efeito suspensivo; os acordos, quando não cumpridos; os termos de ajuste de conduta firmados perante o Ministério Público do Trabalho e os termos de conciliação firmados perante as Comissões de Conciliação Prévia serão executada pela forma estabelecida neste Capítulo". A convenção coletiva de trabalho é um ato normativo sem eficácia executiva.

Alternativa correta: letra "b".

5. RECURSOS E AÇÃO RESCISÓRIA

68. (FCC – Procurador do Estado – PGE – TO/2018) Quanto aos recursos no Processo Judiciário do Trabalho, conforme normas previstas na Consolidação das Leis do Trabalho:

a) O agravo de instrumento interposto contra o despacho que não receber agravo de petição suspende a execução da sentença até o seu julgamento.

b) A interposição de recurso para o Supremo Tribunal Federal prejudicará a execução do julgado trabalhista.

c) No Tribunal Superior do Trabalho cabem embargos, no prazo de cinco dias, das decisões das Turmas que divergirem entre si.

d) O agravo de petição só será recebido quando o agravante delimitar, justificadamente, as matérias e os valores impugnados, permitida a execução imediata da parte remanescente até o final, nos próprios autos ou por carta de sentença.

e) Das decisões proferidas pelos Tribunais Regionais do Trabalho em execução de sentença, inclusive em processo incidente de embargos de terceiro, não caberá Recurso de Revista, mesmo na hipótese de ofensa direta e literal de norma da Constituição Federal.

COMENTÁRIOS

✪ **Nota do autor:** Uma característica comum entre todos os recursos trabalhistas, salvo os embargos declaratórios, é a uniformidade do prazo recursal de oito dias.

Alternativa "a": Seguindo a regra geral, os recursos trabalhistas, em regra, não têm efeito suspensivo. Portanto, contrariando a assertiva contida nessa alternativa, a interposição de agravo de instrumento não suspende a execução: Nesse sentido, o § 2º, art. 897: "O agravo de instrumento interposto contra o despacho que não receber agravo de petição não suspende a execução da sentença".

Alternativa "b": Pelo contrário, a interposição de recurso extraordinário para o STF não suspende a execução do julgado, conforme previsão expressa contida no § 2º, art. 893 da CLT: "A interposição de recurso para o STF não prejudicará a execução do julgado".

Alternativa "c": Seguindo a regra geral, o prazo para interposição de embargos no TST é de oito dias, de acordo com o preceito contido no art. 894 da CLT: "No Tribunal Superior do Trabalho cabem embargos, no prazo de 8 (oito) dias [...]".

Alternativa "d": Exatamente. Esse requisito está previsto no § 1º, art. 897 da CLT: "O agravo de petição só será recebido quando o agravante delimitar, justificadamente, as matérias e os valores impugnados, permitida a execução imediata da parte remanescente até o final, nos próprios autos ou por carta de sentença".

Alternativa "e": A parte final da assertiva contraria ao que dispõe o § 2º, art. 896, da CLT, que admite o recurso de revista em execução nos casos de ofensa direta e literal da CF: "Das decisões proferidas pelos Tribunais Regionais do Trabalho ou por suas Turmas, em execução de sentença, inclusive em processo incidente de embargos de terceiro, não caberá Recurso de Revista, salvo na hipótese de ofensa direta e literal de norma da Constituição Federal".

Alternativa correta: letra "d".

69. (Cespe – Procurador do Estado – PGE – SE/2017) Com relação aos recursos no processo do trabalho, julgue os itens a seguir.

I. É cabível recurso ordinário de decisões definitivas das varas ou tribunais, porém não cabe de decisões terminativas ou monocráticas.

II. A CLT determina ser cabível, em dissídios individuais e coletivos, recurso de revista para as turmas do TST.

III. Não caberá agravo de instrumento contra decisões que indefiram a produção de provas.

IV. Na hipótese de decisão proferida em dissídio coletivo que afete empresa de serviço público, têm legitimidade para interpor recurso, além dos interessados, o presidente do tribunal e a Procuradoria da Justiça do Trabalho.

Estão certos apenas os itens

a) I e II.

b) I e III.

c) II e III.

d) III e IV.

e) I, II e IV.

COMENTÁRIOS

✪ **Nota do autor:** No caso da Justiça Laboral, o Tribunal Superior do Trabalho representa o seu órgão de cúpula, que desempenha a função principal de unificar a jurisprudência dos Tribunais Regionais.

Item "I": Incorreto. Cabe recurso ordinário também das decisões terminativas, conforme deixa claro o inciso I, art. 895 da CLT: "Cabe recurso ordinário para a instância superior: I – das decisões definitivas ou terminativas das Varas e Juízos, no prazo de 8 (oito) dias".

Item "II": No caso do dissídio Coletivo, o recurso cabível é o ordinário, pois o TRT é a instância originária dessa espécie de demanda. A previsão nesse sentido está contida no inciso II, art. 895 da CLT: "Cabe recurso ordinário para a instância superior: II – das decisões definitivas ou terminativas dos Tribunais Regionais, em processos de sua competência originária, no prazo de 8 (oito) dias, quer nos dissídios individuais, quer nos dissídios coletivos. **Item incorreto.**

Item "III": Correto, pois se trata de decisão interlocutória, irrecorrível imediatamente. No processo do trabalho o agravo de instrumento tem cabimento em face de despacho denegatório de seguimento de recursos (art. 897, "b", da CLT).

Item "IV": Correto. Essa legitimidade encontra-se prevista no art. 898 da CLT: "Das decisões proferidas em dissídio coletivo que afete empresa de serviço público, ou, em qualquer caso, das proferidas em revisão, poderão recorrer, além dos interessados, o Presidente do Tribunal e a Procuradoria da Justiça do Trabalho".

Alternativa correta: letra "d".

---

70. (FCC – Procurador do Estado – MT/2016) Em execução trabalhista foi penhorado um bem imóvel de propriedade da empresa executada Delta & Gama Produções S/A para garantia do juízo. Houve a interposição de embargos à execução, que foram rejeitados pelo Juiz da execução. Nessa situação, caberá à executada interpor

a) agravo de instrumento no prazo de 15 dias.

b) recurso de revista no prazo de 8 dias.

c) recurso ordinário no prazo de 8 dias.

d) embargos no prazo de 15 dias.

e) agravo de petição no prazo de 8 dias.

COMENTÁRIOS

✪ **Nota do autor:** O recurso ordinário e o agravo de petição correspondem à apelação no processo civil. Entretanto, o primeiro tem lugar na fase de conhecimento enquanto que o segundo é cabível em face das decisões proferidas na fase de execução.

Alternativa "a": Agravo de instrumento só se presta para destrancar recurso no processo do trabalho. A hipótese é de agravo de petição, conforme previsão contida no art. 897, *caput* e alínea "a" da CLT: "Art. 897 – Cabe agravo, no prazo de 8 (oito) dias: a) de petição, das decisões do Juiz ou Presidente, nas execuções".

Alternativa "b": Recurso de revista não cabe na primeira instância. A hipótese é de agravo de petição, conforme previsão contida no art. 897, *caput* e alínea "a" da CLT: "Art. 897 -Cabe agravo, no prazo de 8 (oito) dias: a) de petição, das decisões do Juiz ou Presidente, nas execuções".

Alternativa "c": Recurso ordinário cabe apenas na fase de conhecimento. O correto seria o agravo de petição, na forma prevista pelo art. 897, caput e alínea "a" da CLT.

Alternativa "d": o recurso de embargos é cabível apenas no TST.

Alternativa "e": corresponde ao mandamento contido no art. 897, caput e alínea "a" da CLT: "Art. 897 – Cabe agravo, no prazo de 8 (oito) dias: a) de petição, das decisões do Juiz ou Presidente, nas execuções".

Alternativa correta: letra "e".

---

71. (FMP – Procurador do Estado – AC/2014) Quanto aos recursos no Processo do Trabalho. Assinale a assertiva correta.

a) Não cabe recurso da sentença de liquidação de sentença no processo do trabalho.

b) O recurso ordinário tem cabimento contra decisões definitivas ou terminativas das varas e juízos e também das decisões definitivas ou terminativas dos Tribunais Regionais, em processos de sua competência originária, quer em dissídios individuais ou coletivos, bem como em relação às sentenças homologatórias de acordos, no prazo de oito dias.

c) O agravo de instrumento, no processo do trabalho, utilizado apenas para destrancar recursos, não demanda preparo.

d) O agravo de petição tem cabimento em face de decisões proferidas na execução, em especial as decisões interlocutórias.

COMENTÁRIOS

✪ **Nota do autor:** O processo do trabalho caracteriza-se pelo elevado grau de celeridade em sua tramitação. Vários procedimentos foram adotados para atender a esse comando implícito ou explícito na legislação adjetiva trabalhista, dentre eles a impossibilidade de recurso direto contra as decisões interlocutórias que não sejam terminativas do feito.

Alternativa "a": Exatamente. A impugnação à decisão de liquidação só pode ser feita por meio de embargos à execução/penhora, na forma prevista pelo art. 884, § 3º, da CLT: "Somente nos embargos à penhora poderá o executado impugnar a sentença de liquidação, cabendo ao exequente igual direito e no mesmo prazo."

Alternativa "b": Não cabe recurso de decisão que homologa acordo, salvo em relação ao INSS, conforme dispõe o parágrafo único, art. 831 da CLT: "No caso de conciliação, o termo que for lavrado valerá como decisão irrecorrível, salvo para a Previdência Social quanto às contribuições que lhe forem devidas".

Alternativa "c": O depósito recursal em agravo de instrumento passou a ser exigido após a edição da Lei nº 12.275/10, que incluiu o parágrafo 7º ao art. 899 da CLT, com a seguinte redação: "No ato de interposição do agravo de instrumento, o depósito recursal corresponderá a 50% (cinquenta por cento) do valor do depósito do recurso ao qual se pretende destrancar."

Alternativa "d": As decisões interlocutórias são irrecorríveis imediatamente. Incorreta a assertiva, pois não observou a redação do art. 897 da CLT: "Cabe agravo, no prazo de 8 (oito) dias: a) de petição, das decisões do Juiz ou Presidente, nas execuções".

Alternativa correta: letra "a".

5.1. PRESSUPOSTOS RECURSAIS

72. (Cespe – Procurador do Estado – BA/2014) Acerca de recursos, execução trabalhista e dissídio coletivo, julgue os itens seguintes.

I. Realizada a hasta pública na execução, o bem deverá ser vendido ao interessado que ofertar o maior lance, e o arrematante deverá garantir o lance com sinal correspondente a 10% do valor inicialmente orçado.

COMENTÁRIOS

O lance mínimo a ser observado é de 20%, conforme determina o art. 888, § 2º, da CLT: "O arrematante deverá garantir o lance com o sinal correspondente a 20% (vinte por cento) do seu valor." **ERRADO**

II. A sentença normativa proferida posteriormente à sentença rescindenda é considerada documento novo para fins de rescisão de sentença de mérito transitada em julgado.

COMENTÁRIOS

✪ **Nota do autor:** Para responder à questão, o candidato precisa ter conhecimento do teor da Súmula **nº 402:** "AÇÃO RESCISÓRIA. PROVA NOVA. DISSÍDIO COLETIVO. SENTENÇA NORMATIVA (nova redação em decorrência do CPC de 2015) – Res. 217/2017 – DEJT divulgado em 20, 24 e 25.04.2017 I – Sob a vigência do CPC de 2015 (art. 966, inciso VII), para efeito de ação rescisória, considera-se prova nova a cronologicamente velha, já existente ao tempo do trânsito em julgado da decisão rescindenda, mas ignorada pelo interessado ou de impossível utilização, à época, no processo. II – Não é prova nova apta a viabilizar a desconstituição de julgado: a) sentença normativa proferida ou transitada em julgado posteriormente à sentença rescindenda; b) sentença normativa preexistente à sentença rescindenda, mas não exibida no processo principal, em virtude de negligência da parte, quando podia e deveria louvar-se de documento já existente e não ignorado quando emitida a decisão rescindenda. (ex-OJ nº 20 da SBDI-2 – inserida em 20.09.2000)".

O posicionamento do TST é justamente em sentido contrário, de acordo com a redação da Súmula nº 402, "a": "Documento novo é o cronologicamente velho, já existente ao tempo da decisão rescindenda, mas ignorado pelo interessado ou de impossível utilização, à época, no processo. Não é documento novo apto a viabilizar a desconstituição de julgado: a) sentença normativa proferida ou transitada em julgado posteriormente à sentença rescindenda". **ERRADO**

III. Segundo entendimento consolidado do TST, recurso sem assinatura deve ser considerado inexistente. Será considerado válido o apelo se assinado, ao menos, na petição de apresentação ou nas razões recursais.

COMENTÁRIOS

Corresponde ao texto da OJ nº 120, da SDI-1, do TST: "O recurso sem assinatura será tido por inexistente. Será considerado válido o apelo assinado, ao menos, na petição de apresentação ou nas razões recursais. **CERTO**

IV. É cabível recurso ordinário caso o juiz declare a incompetência absoluta em razão da matéria da justiça do trabalho e determine a remessa dos autos à justiça comum.

COMENTÁRIOS

Trata-se de uma sentença terminativa e não interlocutória. Nesse caso, aplica-se o preceito contido no art. 895, *caput* e I, da CLT: "Cabe recurso ordinário para a instância superior: I – das decisões definitivas ou terminativas das Varas e Juízos, no prazo de 8 (oito) dias". Nesse sentido também está a Súmula 214 do TST. **CERTO**

V. Segundo entendimento do TST, a fazenda pública, quando condenada subsidiariamente pelas obrigações trabalhistas devidas pela empregadora principal, não se beneficia da limitação dos juros, prevista no art. 1.°-F da Lei n° 9.494/1997.

COMENTÁRIOS

Exatamente. Só se beneficia dos juros reduzidos quando a Fazenda Pública é a principal condenada, ou seja, quando foi a empregadora do obreiro. Nesse sentido, a OJ nº 382, da SDI-1 do TST**: "**A Fazenda Pública, quando condenada subsidiariamente pelas obrigações trabalhistas devidas pela empregadora principal, não se beneficia da limitação dos juros, prevista no art. 1º-F da Lei nº 9.494, de 10.09.1997." **certo**

73. (PGE-GO – Procurador do Estado – GO/ 2013) No que se refere aos recursos no Processo do Trabalho, é CORRETO afirmar que

a) a finalidade do agravo de instrumento é destrancar recurso que não tenha sido conhecido, sendo inexigível, portanto, depósito recursal na sua interposição.

b) o juízo de admissibilidade de recurso feito no juízo *a quo* não vincula o juízo *ad quem*, pois se o juízo de primeiro grau entender que não cabe recurso por determinado fundamento, nada impede que o tribunal examine a mesma questão por motivo, inclusive, de hierarquia.

c) não é cabível a interposição de recurso imediato contra decisão interlocutória suscetível de impugnação mediante recurso para o mesmo tribunal.

d) o agravo de petição no processo do trabalho presta-se a atacar qualquer decisão do juiz na execução, inclusive as interlocutórias.

e) não é cabível a interposição de recurso imediato contra decisão interlocutória de Tribunal Regional do Trabalho contrária à Súmula ou Orientação Jurisprudencial do Tribunal Superior do Trabalho.

COMENTÁRIOS

✪ **Nota do autor:** Em regra, o prazo para interposição dos recursos trabalhistas é de oito dias. A exceção fica por conta dos embargos declaratórios, cujo prazo é de cinco dias.

Alternativa "a": O agravo de instrumento tem como requisito de admissibilidade o recolhimento do depósito recursal, na forma prevista pelo § 7º, art. 899 da CLT: "No ato de interposição do agravo de instrumento, o depósito recursal corresponderá a 50% (cinquenta por cento) do valor do depósito do recurso ao qual se pretende destrancar".

Alternativa "b": Nos recursos, há dois momentos para o exercício do juízo de admissibilidade: no juízo *a quo* e no juízo *ad quem*. Não há qualquer vinculação entre ambos. Alternativa correta, pois de acordo com o entendimento do TST exposto na Súmula nº 285: "O fato de o juízo primeiro de admissibilidade do recurso de revista entendê-lo cabível apenas quanto a parte das matérias veiculadas não impede a apreciação integral pela Turma do Tribunal Superior do Trabalho, sendo imprópria a interposição de agravo de instrumento". **Atenção:** a Súmula nº 285 foi cancelada a partir de 15.04.2016.

Alternativa "c": A regra é da irrecorribilidade imediata das decisões interlocutórias. Todavia, há algumas exceções que se encontram elencadas na Súmula nº 214 do TST: "Na Justiça do Trabalho, nos termos do art. 893, § 1º, da CLT, as decisões interlocutórias não ensejam recurso imediato, salvo nas hipóteses de decisão: a) de Tribunal Regional do Trabalho contrária à Súmula ou Orientação Jurisprudencial do Tribunal Superior do Trabalho; b) suscetível de impugnação mediante recurso para o mesmo Tribunal; c) que acolhe exceção de incompetência territorial, com a remessa dos autos para Tribunal Regional distinto daquele a que se vincula o juízo excepcionado, consoante o disposto no art. 799, § 2º, da CLT. Alternativa incorreta".

Alternativa "d": O agravo de petição é o recurso que se usa para impugnar decisões definitivas ou terminativas proferidas em embargos à execução, embargos à penhora, embargos de arrematação, embargos à adjudicação etc., excluindo-se a possibilidade de recorrer-se das decisões interlocutórias no processo de execução. As decisões interlocutórias, nesse caso, só podem ser impugnadas como preliminar do agravo de petição ou por meio de mandado de segurança.

Alternativa "e": contraria o entendimento do TST exposto na Súmula nº 214 do TST: "Na Justiça do Trabalho, nos termos do art. 893, § 1º, da CLT, as decisões interlocutórias não ensejam recurso imediato, salvo nas hipóteses de decisão: a) de Tribunal Regional do Trabalho contrária à Súmula ou Orientação Jurisprudencial do Tribunal Superior do Trabalho; b) suscetível de impugnação mediante recurso para o mesmo Tribunal; c) que acolhe exceção de incompetência territorial, com a remessa dos autos para Tribunal Regional distinto daquele a que se vincula o juízo excepcionado, consoante o disposto no art. 799, § 2º, da CLT.

Alternativa correta: letra "b".

74. (Cespe – Procurador do Estado – DF/ 2013) No que se refere aos recursos no processo do trabalho, julgue os itens seguintes.

I. O recurso adesivo é compatível com o processo do trabalho, mas a matéria nele veiculada terá de estar relacionada com a do recurso interposto pela parte contrária.

COMENTÁRIOS

Não há necessidade de vinculação da matéria veiculada no recurso adesivo com aquela constante do recurso principal. Nesse sentido é o conteúdo da Súmula nº 283 do TST: "O recurso adesivo é compatível com o processo do trabalho e cabe, no prazo de 8 (oito) dias, nas hipóteses de interposição de recurso ordinário, de agravo de petição, de revista e de embargos, sendo desnecessário que a matéria nele veiculada esteja relacionada com a do recurso interposto pela parte contrária". **ERRADO**

75. (Cespe – Procurador do Estado – PB/ 2008) No que se refere a recursos em processo trabalhista, julgue os itens que se seguem.

I. Os incidentes processuais devem ser resolvidos pelo próprio juízo ou tribunal do trabalho, admitindo-se a apreciação do merecimento das decisões interlocutórias, apenas, em recurso contra a decisão definitiva, exceto quando a decisão do TRT for contrária a súmula ou orientação jurisprudencial do TST, quando for a decisão interlocutória suscetível de impugnação mediante recurso para o mesmo tribunal, ou quando for a decisão de acolhimento de exceção de incompetência territorial com declinação da causa para TRT distinto daquele a que se vincula o juízo excepcionado.

II. Contra as decisões definitivas dos juízos do trabalho ou dos tribunais regionais do trabalho, em processos de sua competência originária, pode ser interposto recurso ordinário, respectivamente, para o TRT ao qual esteja vinculado o juízo, em não havendo restrição de alçada, ou para o TST.

III. Cabe recurso de revista para o TST contra as decisões em grau de recurso ordinário proferidas por TRT, havendo afronta direta e literal da decisão recorrida com a CF ou violação literal de dispositivo de lei federal, ou se houver interpretação divergente entre a interpretação recorrida e a que haja sido dada por outro TRT, ou a Seção de Dissídios Individuais do TST em relação a dispositivo de lei federal ou a dispositivo de lei estadual, sentença normativa, acordo ou convenção coletiva de trabalho ou regulamento empresarial de observância em área territorial que exceda a jurisdição do TRT prolator da decisão recorrida. Quando a decisão recorrida, contudo, houver sido proferida em execução de sentença ou processo incidente, o recurso de revista contra o acórdão do TRT apenas caberá para o TST quando houver ofensa direta e literal de norma da CF.

IV. No âmbito do TST, cabem embargos contra as decisões não-unânimes proferidas em homologação de acordo ou julgamento de dissídios coletivos de competência originária do TST ou das que estendam ou revejam sentença normativa proferida pelo próprio TST, assim como embargos contra as decisões das Turmas do TST que hajam divergido entre si ou com decisão da Seção de Dissídios Individuais do TST se a decisão recorrida já não estiver em consonância com a jurisprudência atual traduzida em súmula ou em orientação jurisprudencial do TST ou do STF.

V. Os relatores, nos tribunais do trabalho, podem, por decisão monocrática, denegar seguimento a recurso manifestamente inadmissível, improcedente, prejudicado ou em confronto com súmula ou jurisprudência dominante do respectivo tribunal, de tribunal superior ou do STF, ou dar provimento a recurso quando a decisão recorrida estiver em manifesto confronto com súmula ou jurisprudência dominante do STF ou de tribunal superior. Eventuais embargos de declaração opostos contra a decisão singular do relator serão decididos pelo próprio relator quando apenas pretender-se suprir omissão ou vício técnico que não importe modificação do julgado, ou recebidos como agravo e submetidos ao colegiado antes competente para o exame do recurso trancado ou provido monocraticamente quando houver neles contida pretensão de efeito modificativo.

Assinale a opção correta.

a) Apenas os itens I, II e III estão certos.

b) Apenas os itens I, II e IV estão certos.

c) Apenas os itens I, IV e V estão certos.

d) Apenas os itens II, III, e V estão certos.

e) Todos os itens estão certos.

COMENTÁRIOS

✪ **Nota do autor:** O recurso ordinário não serve apenas para atacar decisões proferidas pelas Varas do Trabalho. Sempre que o TRT analisar uma demanda, no âmbito de sua competência originária, caberá recurso ordinário para o TST. Observe-se a Súmula nº 421 do TST: "EMBARGOS de DECLARAÇÃO. CABIMENTO. DECISÃO MONOCRÁTICA DO RELATOR CALCADA NO art. 932 do CPC de 2015. ART. 557 DO CPC de 1973. (atualizada em decorrência do CPC de 2015) – Res. 208/2016, DEJT divulgado em 22, 25 e 26.04.2016 I – Cabem embargos de declaração da decisão monocrática do relator prevista no art. 932 do CPC de 2015 (art. 557 do CPC de 1973), se a parte pretende tão somente juízo integrativo retificador da decisão e, não, modificação do julgado. II – Se a parte postular a revisão no mérito da decisão monocrática, cumpre ao relator converter os embargos de declaração em agravo, em face dos princípios da fungibilidade e celeridade processual, submetendo-o ao pronunciamento do Colegiado, após a intimação do recorrente para, no prazo de 5 (cinco) dias, complementar as razões recursais, de modo a ajustá-las às exigências do art. 1.021, § 1º, do CPC de 2015".

Item "I": A assertiva contida nesse item corresponde ao entendimento do TST sobre a matéria relativa à irrecorribilidade das decisões interlocutórias e suas exceções. Trata-se da Súmula nº 214: "DECISÃO INTERLOCUTÓRIA. IRRECORRIBILIDADE (nova redação) – Res. 127/2005, DJ 14, 15 e 16.03.2005. Na Justiça do Trabalho, nos termos do art. 893, § 1º, da CLT, as decisões interlocutórias não ensejam recurso imediato, salvo nas hipóteses de decisão: a) de Tribunal Regional do Trabalho contrária à Súmula ou Orientação Jurisprudencial do Tribunal Superior do Trabalho; b) suscetível de impugnação mediante recurso para o mesmo Tribunal; c) que acolhe exceção de incompetência territorial, com a remessa dos autos para Tribunal Regional distinto daquele a que se vincula o juízo excepcionado, consoante o disposto no art. 799, § 2º, da CLT". **Item correto**.

Item "II": Essa assertiva confirma os preceitos contidos no art. 895 da CLT, que diz respeito ao recurso cabível de decisão proferida em sede de competência originária, seja da Vara do Trabalho ou do TRT: "Cabe recurso ordinário para a instância superior: I – das decisões definitivas ou terminativas das Varas e Juízos, no prazo de 8 (oito) dias; e II – das decisões definitivas ou terminativas dos Tribunais Regionais, em processos de sua competência originária, no prazo de 8 (oito) dias, quer nos dissídios individuais, quer nos dissídios coletivos". **Item correto.**

Item "III": Item correto, pois trata das hipóteses de cabimento do recurso de revista, que coincide com as determinações contidas no art. 896 da CLT.

Item "IV": Esse item corresponde às hipóteses de cabimento de embargos no TST, reproduzindo o preceito contido no art. 894 da CLT: "No Tribunal Superior do Trabalho cabem embargos, no prazo de 8 (oito) dias: I – de decisão não unânime de julgamento que: a) conciliar, julgar ou homologar conciliação em dissídios coletivos que excedam a competência territorial dos Tribunais Regionais do Trabalho e estender ou rever as sentenças normativas do Tribunal Superior do Trabalho, nos casos previstos em lei; e II – das decisões das Turmas que divergirem entre si, ou das decisões proferidas pela Seção de Dissídios Individuais, salvo se a decisão recorrida estiver em consonância com súmula ou orientação jurisprudencial do Tribunal Superior do Trabalho ou do Supremo Tribunal Federal". **Item correto.**

Item "V": É pacífico o reconhecimento da aplicabilidade do art. 557 do CPC de 1973 (art. 932, IV do CPC de 2015) ao processo do trabalho: "O relator negará seguimento a recurso manifestamente inadmissível, improcedente, prejudicado ou em confronto com súmula ou com jurisprudência dominante do respectivo tribunal, do Supremo Tribunal Federal, ou de Tribunal Superior. § 1º-A Se a decisão recorrida estiver em manifesto confronto com súmula ou com jurisprudência dominante do Supremo Tribunal Federal, ou de Tribunal Superior, o relator poderá dar provimento ao recurso". Já a Súmula nº 421 do TST, além de aceitar implicitamente a aplicabilidade do mencionado dispositivo do CPC de 1973, trata da competência para analisar os embargos declaratórios de decisões monocráticas: EMBARGOS DE DECLARAÇÃO. CABIMENTO. DECISÃO MONOCRÁTICA DO RELATOR CALCADA NO art. 932 do CPC de 2015. ART. 557 DO CPC de 1973. (atualizada em decorrência do CPC de 2015) – Res. 208/2016, DEJT divulgado em 22, 25 e 26.04.2016. I – Cabem embargos de declaração da decisão monocrática do relator prevista no art. 932 do CPC de 2015 (art. 557 do CPC de 1973), se a parte pretende tão somente juízo integrativo retificador da decisão e, não, modificação do julgado. II – Se a parte postular a revisão no mérito da decisão monocrática, cumpre ao relator converter os embargos de declaração em agravo, em face dos princípios da fungibilidade e celeridade processual, submetendo-o ao pronunciamento do Colegiado, após a intimação do recorrente para, no prazo de 5 (cinco) dias, complementar as razões recursais, de modo a ajustá-las às exigências do art. 1.021, § 1º, do CPC de 2015". **Correto.**

Alternativa correta: letra "e".

---

76. (FCC – Procurador do Estado – SP/ 2009) Da decisão definitiva do Tribunal Regional do Trabalho, em mandado de segurança julgado pelo mérito e originariamente impetrado perante esse órgão colegiado, caberá:

a) recurso ordinário.
b) recurso de revista.
c) agravo de instrumento.
d) agravo regimental.
e) reclamação correicional.

COMENTÁRIOS

✪ **Nota do autor:** Observe-se que há casos em que o mandado de segurança pode ser ajuizado perante a Vara de Trabalho, quando o ato for praticado por autoridade do Ministério do Trabalho.

Alternativa "a": coincidência do seu texto com o conteúdo da Súmula nº 201 do TST: "RECURSO ORDINÁRIO EM MANDADO DE SEGURANÇA (mantida) – Res. 121/2003, DJ 19, 20 e 21.11.2003. Da decisão de Tribunal Regional do Trabalho em mandado de segurança cabe recurso ordinário, no prazo de 8 (oito) dias, para o Tribunal Superior do Trabalho, e igual dilação para o recorrido e interessados apresentarem razões de contrariedade".

Alternativa "b": Não caberia recurso de revista, pois este, em regra, tem cabimento de decisões proferidas pelo TRT em sede de competência recursal.

Alternativa "c": O agravo de instrumento no processo do trabalho só tem a função de desobstruir o seguimento do recurso principal.

Alternativa "d": O agravo regimental cabe, em regra, de decisão monocrática de órgão judicante colegiado.

Alternativa "e": Reclamação correicional cabe de atos judiciais que tumultuam o andamento regular do processo.

Alternativa correta: letra "a".

---

77. (FEPESE – Procurador do Estado – SC/ 2010) Na Justiça do Trabalho, da decisão que denegar a interposição de recurso caberá:

a) agravo de instrumento.
b) agravo de petição.
c) recurso de revista.
d) recurso inominado.
e) mandado de segurança.

COMENTÁRIOS

✪ **Nota do autor:** O provimento do juiz que não dá seguimento ao recurso é classificado como uma decisão, da qual cabe recurso também.

Alternativa "a": No processo do trabalho, o agravo de instrumento tem como objetivo atacar o ato do juiz que nega seguimento ao recurso principal. Alternativa correta, pois em consonância com a determinação contida no art. 897 da CLT: "Cabe agravo, no prazo de 8 (oito) dias: a) de petição, das decisões do Juiz ou Presidente, nas execuções; b) de instrumento, dos despachos que denegarem a interposição de recursos.".

Alternativa "b": O agravo de petição cabe para impugnar as decisões proferidas em fase de execução.

Alternativa "c": Recurso de revista cabe de decisões proferidas pelos Tribunais regionais em sede de competência recursal.

Alternativa "d": Como há previsão legal de recurso próprio (agravo de instrumento), não há falar-se em possibilidade de admitir recurso inominado.

Alternativa "e": Mandado de segurança é cabível de atos judiciais que não podem ser atacados por recurso próprio. Não é o caso.

Alternativa correta: letra "a".

5.2. RECURSOS EM ESPÉCIE

78. (Cespe – Procurador do Estado – PI/ 2008) José moveu reclamação trabalhista contra uma autarquia do estado do Piauí. O juiz do trabalho julgou procedente a reclamação e condenou a autarquia. Joaquim, procurador do estado do Piauí, interpôs, então, recurso ordinário contra a decisão do juiz do trabalho em nome do estado do Piauí.

Acerca dessa situação hipotética, assinale a opção correta.

a) O estado do Piauí possui legitimidade para recorrer, uma vez que a autarquia pertence à administração direta do estado.

b) O estado do Piauí possui legitimidade para recorrer, uma vez que a condenação deverá ser suportada pelos cofres públicos do estado.

c) O estado do Piauí não possui legitimidade para recorrer, uma vez que não existe previsão legal para isso na CLT.

d) O estado do Piauí não possui legitimidade para recorrer em nome da autarquia, pois esta é detentora de personalidade jurídica própria.

e) A demanda jamais poderia ser discutida na justiça do trabalho, já que autarquias não podem ter em seus quadros, em nenhuma hipótese, empregados públicos regidos pela CLT.

COMENTÁRIOS

✪ **Nota do autor:** O Estado Federado e suas respectivas autarquias e fundações possuem personalidade jurídicas distintas. Desse modo, o procurador de um não pode representar o outro e vice-versa. Para responder a esta questão, o candidato precisa ter conhecimento da OJ 318 da SDI-1 do TST: "AUTARQUIA. FUNDAÇÃO PÚBLICA. Legitimidade para recorrer. Representação processual. (incluído o item II e alterada em decorrência do CPC de 2015) – Res. 220/2017, DEJT divulgado em 21, 22 e 25.09.2017. I – Os Estados e os Municípios não têm legitimidade para recorrer em nome das autarquias e das fundações públicas. II – Os procuradores estaduais e municipais podem representar as respectivas autarquias e fundações públicas em juízo somente se designados pela lei da respectiva unidade da federação (art. 75, IV, do CPC de 2015) ou se investidos de instrumento de mandato válido".

Alternativa "a", "b" e "c" : Contrariam o teor da OJ 318 da SDI-1do TST (vide nota do autor), no sentido de que os Estados e os Municípios não têm legitimidade para recorrer em nome das autarquias e das fundações públicas. Os procuradores estaduais e municipais podem representar as respectivas autarquias e fundações públicas em juízo somente se designados pela lei da respectiva unidade da federação (art. 75, IV, do CPC de 2015) ou se investidos de instrumento de mandato válido.

Alternativa "d": O Estado do Piauí e suas autarquias ou fundações públicas possuem personalidades jurídicas distintas, na forma do posicionamento do TST revelado por meio da citada OJ nº 318 da SDI-1.

Alternativa "e": O art. 37, II, da CF/88, admite a coexistência de cargo e emprego público: "A administração pública direta e indireta de qualquer dos Poderes da União, dos Estados, do Distrito Federal e dos Municípios obedecerá aos princípios de legalidade, impessoalidade, moralidade, publicidade e eficiência e, também, ao seguinte: (...) II – a investidura em cargo ou emprego público depende de aprovação prévia em concurso público de provas ou de provas e títulos, de acordo com a natureza e a complexidade do cargo ou emprego, na forma prevista em lei, ressalvadas as nomeações para cargo em comissão declarado em lei de livre nomeação e exoneração". A autarquia pode manter com seus funcionários regime de trabalho regido pela CLT. Nesse caso, a competência para dirimir eventuais litígios é da Justiça do Trabalho.

Alternativa correta: letra "d".

79. (Vunesp – Procurador do Estado – PGE – SP/2018) É correto afirmar a respeito do recurso de revista:

a) nas execuções fiscais, não cabe recurso de revista por violação a lei federal.

b) de acordo com a jurisprudência do Tribunal Superior do Trabalho, é cabível recurso de revista de ente público que não interpôs recurso ordinário voluntário da decisão de primeira instância, independentemente do agravamento, na segunda instância, da condenação imposta.

c) é cabível recurso de revista interposto de acórdão regional prolatado em agravo de instrumento.

d) o juízo de admissibilidade do recurso de revista exercido pela Presidência dos Tribunais Regionais do Trabalho abrange a análise do critério da transcendência das questões nele veiculadas.

e) a admissibilidade do recurso de revista interposto de acórdão proferido em agravo de petição, na liquidação de sentença ou em processo incidente na execução, inclusive os embargos de terceiro, depende de demonstração inequívoca de violência direta à Constituição Federal.

COMENTÁRIOS

✪ **Nota do autor:** O recurso de revista corresponde ao recurso especial da Justiça Comum e não cabe para reanalisar matéria fática.

Alternativa "a": A determinação legal é justamente em sentido contrário, de acordo com o preceito contido no § 10, 896 da CLT: "Cabe recurso de revista por violação à lei federal, por divergência jurisprudencial e por ofensa à Constituição Federal nas execuções fiscais e nas controvérsias da fase de execução que envolvam a Certidão Negativa de Débitos Trabalhistas (CNDT), criada pela Lei no 12.440, de 7 de julho de 2011"

Alternativa "b": A jurisprudência é em sentido contrário. Com efeito, se o ente público não interpõe recurso voluntário e o Tribunal Regional agrava a decisão que lhe foi contrária, cabe recurso de revista (TST. E-ED-RR 463898-76.1998.5.04.5555).

Alternativa "c": Essa temática é tratada pela Súmula nº 218 do TST: "É incabível recurso de revista interposto de acórdão regional prolatado em agravo de instrumento".

Alternativa "d": O exame do requisito transcendência só pode ser feito pelo TST, na forma prevista pelo § 6º, art. 896-A da CLT: "O juízo de admissibilidade do recurso de revista exercido pela Presidência dos Tribunais Regionais do Trabalho limita-se à análise dos pressupostos intrínsecos e extrínsecos do apelo, não abrangendo o critério da transcendência das questões nele veiculadas".

Alternativa "e": Correta a assertiva, uma vez que corresponde ao mandamento contido no § 2º, art. 896 da CLT: "Das decisões proferidas pelos Tribunais Regionais do Trabalho ou por suas Turmas, em execução de sentença, inclusive em processo incidente de embargos de terceiro, não caberá Recurso de Revista, salvo na hipótese de ofensa direta e literal de norma da Constituição Federal".

Alternativa correta: letra "e".

---

80. (Cespe – Procurador do Estado – PGE – PE/2018) Nas causas sujeitas ao rito sumaríssimo, somente será admitido recurso de revista na hipótese de

a) violação à CLT ou contrariedade a súmula de jurisprudência uniforme do TST.
b) divergência estabelecida entre as turmas do TST.
c) violação às normas estabelecidas em convenção coletiva do trabalho da categoria ou contrariedade a súmula de jurisprudência uniforme do TST.
d) divergência estabelecida entre os TRTs.
e) contrariedade a súmula de jurisprudência uniforme do TST ou a súmula vinculante do STF, bem como por violação direta à CF.

COMENTÁRIOS

✪ **Nota do autor:** A resposta desta questão encontra-se inserida no § 9º, art. 896, da CLT, com a seguinte redação: "Nas causas sujeitas ao procedimento sumaríssimo, somente será admitido recurso de revista por contrariedade a súmula de jurisprudência uniforme do Tribunal Superior do Trabalho ou a súmula vinculante do Supremo Tribunal Federal e por violação direta da Constituição Federal".

Alternativa "a": No rito sumaríssimo o recurso de revista não serve para impugnar acórdão que viola, literalmente, dispositivo de lei federal, mas somente o acórdão que viola dispositivo da Constituição Federal.

Alternativa "b": Nesse caso, o recurso cabível seria o de Embargos (art. 894 da CLT).

Alternativa "c": Não está prevista essa hipótese no § 9º, art. 896, da CLT. Ainda que fosse o recurso de revista em rito ordinário, não seria qualquer norma coletiva de trabalho, mas somente naquelas de abrangência territorial que exceda a jurisdição do TRT.

Alternativa "d": Não está prevista essa hipótese no § 9º, art. 896, da CLT.

Alternativa "e": Correta, pois corresponde aos três casos contidos no § 9º, art. 896, da CLT.

Alternativa correta: letra "e".

---

81. (Cespe – Procurador do Estado – PE/ 2009) Assinale a opção correta acerca dos embargos de declaração.

a) Para o TST, a natureza da contradição suprida pelo julgamento de embargos declaratórios pode ocasionar efeito modificativo no julgado.
b) O prequestionamento por embargos de declaração é inafastável, ainda que, na decisão impugnada, haja sido adotada, explicitamente, tese a respeito.
c) Incumbe à parte interessada, mesmo quando a matéria não tenha sido invocada no recurso principal, opor embargos declaratórios, com vistas ao pronunciamento acerca do tema, sob pena de preclusão.
d) Não obstante opostos embargos de declaração, não se considera prequestionada a questão jurídica invocada no recurso principal sobre a qual se omite o tribunal de pronunciar tese.
e) Tendo a decisão monocrática de provimento ou denegação de recurso do relator conteúdo decisório definitivo e conclusivo da lide, comporta ser esclarecida pela via dos embargos de declaração, em decisão declaratória, também monocrática, quando se pretende tão somente suprir omissão e não, modificação do julgado. Em face dos princípios da fungibilidade e celeridade processual, eventuais embargos declaratórios com pedido de efeito modificativo devem ser convertidos em agravo e devem, consequentemente, ser submetidos ao pronunciamento do colegiado.

COMENTÁRIOS

✪ **Nota do autor:** A adoção de tese explícita sobre determinada questão jurídica não constitui requisito essencial da decisão. Entretanto, exige-se esse elemento para interposição de alguns recursos, como o recurso de revista e o de embargos. Em caso de ausência, supre-se a omissão com a interposição de embargos declaratórios.

Alternativa "a": Não seria da contradição, mas sim da omissão. Alternativa incorreta, pois em desconformidade com o texto da Súmula nº 278 do TST: "EMBARGOS DE DECLARAÇÃO. OMISSÃO NO JULGADO (mantida) – Res. 121/2003, DJ 19, 20 e 21.11.2003. A natureza da omissão suprida pelo julgamento de embargos declaratórios pode ocasionar efeito modificativo no julgado".

Alternativa "b": Só se usa os embargos para prequestionar a matéria quando a sentença não revela adoção de tese explícita. Portanto, a assertiva é falsa, pois não corresponde ao entendimento do TST exposto pela Súmula nº 297, I: "PREQUESTIONAMENTO. OPORTUNIDADE. CONFIGURAÇÃO (nova redação) – Res. 121/2003, DJ 19, 20 e 21.11.2003. I. Diz-se prequestionada a matéria ou questão quando na decisão impugnada haja sido adotada, explicitamente, tese a respeito".

Alternativa "c": É necessário que a matéria tenha sido invocada no recurso principal. Alternativa incorreta, conforme se observa do teor do item II, Súmula nº 297, do TST: "PREQUESTIONAMENTO. OPORTUNIDADE. CONFIGURAÇÃO (nova redação) – Res. 121/2003, DJ 19, 20 e 21.11.2003. II. Incumbe à parte interessada, desde que a matéria haja sido invocada no recurso principal, opor embargos declaratórios objetivando o pronunciamento sobre o tema, sob pena de preclusão".

Alternativa "d": Se após a tentativa de prequestionamento feita por intermédio dos embargos declaratórios permanecer a omissão, a matéria, para efeito de recurso, é considerada prequestionada. Alternativa incorreta, pois não representa o entendimento inserido na Súmula nº 297, III, do TST: "PREQUESTIONAMENTO. OPORTUNIDADE. CONFIGURAÇÃO (nova redação) – Res. 121/2003, DJ 19, 20 e 21.11.2003. III. Considera-se prequestionada a questão jurídica invocada no recurso principal sobre a qual se omite o Tribunal de pronunciar tese, não obstante opostos embargos de declaração".

Alternativa "e": O relator pode, monocraticamente, a depender do caso, dar provimento ao recurso ou não. Dessa decisão cabem tanto embargos declaratórios para o próprio juiz ou agravo regimental, este último para reformar a decisão. Portanto, a assertiva é verdadeira, uma vez que representa o posicionamento do TST expressado por meio da Súmula nº 421: " I – Cabem embargos de declaração da decisão monocrática do relator prevista no art. 932 do CPC de 2015 (art. 557 do CPC de 1973), se a parte pretende tão somente juízo integrativo retificador da decisão e, não, modificação do julgado. II – Se a parte postular a revisão no mérito da decisão monocrática, cumpre ao relator converter os embargos de declaração em agravo, em face dos princípios da fungibilidade e celeridade processual, submetendo-o ao pronunciamento do Colegiado, após a intimação do recorrente para, no prazo de 5 (cinco) dias, complementar as razões recursais, de modo a ajustá-las às exigências do art. 1.021, § 1º, do CPC de 2015.

Alternativa correta: letra "e".

5.3. AÇÃO RESCISÓRIA

82. (Cespe – Procurador do Estado – PGE – PE/2018) Assinale a opção correta à luz do entendimento do TST acerca da ação rescisória no processo do trabalho.

a) A discussão sobre o prazo prescricional dos créditos trabalhistas, se total ou parcial, pode ser objeto de ação rescisória.
b) A sentença normativa preexistente à sentença rescindenda poderá ser considerada prova nova, mesmo que não tenha sido exibida no processo originário por negligência da parte.
c) O silêncio da parte vencedora a respeito de fatos contrários a ela não constitui dolo processual capaz de subsidiar ação rescisória.
d) O sindicato não possui legitimidade para figurar como réu na ação rescisória, ainda que tenha atuado como substituto processual na reclamação trabalhista que tiver originado a sentença rescindenda.
e) Não é necessário indicar a norma jurídica supostamente violada, ainda que a ação rescisória seja fundamentada em manifesta violação da norma jurídica.

COMENTÁRIOS

✪ **Nota do autor:** Na verdade, o texto da alternativa "a" está incompleto. O que a banca queria saber e não ficou claro é se seria possível ação rescisória fundada em violação manifesta de norma jurídica, prevista no inciso V, art. 966 do CPC. Considerando essa complementação, não caberia a ação rescisória com esse fundamento, desde que citado o art. 7.º, XXIX, da CF/88, pois os institutos da prescrição total e da prescrição parcial não estão previstos em lei, mas decorre de construção jurisprudencial. A banca considerou a alternativa "a" errada, mas, em tese, seria possível a ação rescisória de decisão que trata da temática apontada anteriormente, desde que se enquadrasse nas demais hipóteses do art. 966 do CPC.

Alternativa "a": Correta, pois de acordo com o entendimento do TST constante da Súmula nº 409" "AÇÃO RESCISÓRIA. PRAZO PRESCRICIONAL. TOTAL OU PARCIAL. VIOLAÇÃO DO ART. 7.º, XXIX, DA CF/88. MATÉRIA INFRACONSTITUCIONAL (conversão da Orientação Jurisprudencial n.º 119 da SBDI-2) – Res. 137/2005, DJ 22, 23 e 24.08.2005 Não procede ação rescisória calcada em violação do art. 7.º, XXIX, da CF/88 quando a questão envolve discussão sobre a espécie de prazo prescricional aplicável aos créditos trabalhistas, se total ou parcial, porque a matéria tem índole infraconstitucional, construída, na Justiça do Trabalho, no plano jurisprudencial".

Alternativa "b": Nesse caso não é considerada como prova nova uma vez que a parte no processo principal deveria ter conhecimento da sentença normativa. Nesse sentido o item II, da Súmula nº 402 do TST: "II – Não é prova nova apta a viabilizar a desconstituição de julgado: a) sentença normativa proferida ou transitada em julgado posteriormente à sentença rescindenda; b) sentença normativa preexistente à sentença rescindenda, mas não exibida no processo principal, em virtude de negligência da parte, quando podia e deveria louvar-se de documento já existente e não ignorado quando emitida a decisão rescindenda".

Alternativa "c": A conduta omissiva da parte não se enquadra na figura do dolo processual. Nesse sentido é o entendimento do TST revelado por meio do item I, Súmula nº 403: "Não caracteriza dolo processual, previsto no art. 485, III, do CPC, o simples fato de a parte vencedora haver silenciado a respeito de fatos contrários a ela, porque o procedimento, por si só, não constitui ardil do qual resulte cerceamento de defesa e, em consequência, desvie o juiz de uma sentença não-condizente com a verdade". Saliente-se que o CPC de 2015 trata do tema em seu art. 966, III.

Alternativa "d": A jurisprudência do TST é justamente em sentido contrário, no sentido de reconhecer a legitimidade do sindicato figurar como réu na ação rescisória, conforme se observa do item II, da Súmula nº 406 daquele Tribunal: "II – O Sindicato, substituto processual e autor da reclamação trabalhista, em cujos autos fora proferida a decisão rescindenda, possui legitimidade para figurar como réu na ação rescisória, sendo descabida a exigência de citação de todos os empregados substituídos, porquanto inexistente litisconsórcio passivo necessário".

Alternativa "e": Aqui, de forma excepcional, não se aplica o princípio segundo o qual cabe ao juiz conhecer do direito (*iura novit curia*). Nesse sentido, a parte final da Súmula nº 408 do TST: "No entanto, fundando-se a ação rescisória no art. 966, inciso V, do CPC de 2015 (art. 485, inciso V, do CPC de 1973), é indispensável expressa indicação, na petição inicial da ação rescisória, da norma jurídica manifestamente violada (dispositivo legal violado sob o CPC de 1973), por se tratar de causa de pedir da rescisória, não se aplicando, no caso, o princípio "iura novit curia".

Alternativa correta: letra "c".

83. (Cespe – Procurador do Estado – PGE – SE/2017) À luz do entendimento do TST, é correto afirmar que, nas ações rescisórias no processo do trabalho,

a) não é considerada pronunciada explicitamente a matéria quando o tribunal simplesmente a confirma ao examinar remessa de ofício.

b) o ajuizamento do processo poderá ser feito diretamente pela parte que tenha interesse, com fundamento no *jus postulandi*.

c) a prova do trânsito em julgado da decisão rescindenda é indispensável ao processamento da ação, sob pena de indeferimento liminar da inicial.

d) são atacados os atos decisórios acobertados pela coisa julgada, de modo que, nelas, a revelia não gera confissão.

e) é incabível a condenação ao pagamento de honorários advocatícios, salvo se patrocinada por sindicato da categoria.

COMENTÁRIOS

✪ **Nota do autor:** A ausência de contestação, apesar de caracterizar a revelia, não produz os seus efeitos ordinários, uma vez que o objeto da ação rescisória é a própria sentença, ato judicial que se transformou em lei entre as partes.

Alternativa "a": Trata-se de um dos casos de cabimento de ação rescisória com base em violação manifesta de norma jurídica, prevista no inciso V, art. 966 do CPC de 2015. Incorreta, uma vez que contraria o entendimento do TST constante da Súmula nº 298, inciso III: Para efeito de ação rescisória, considera-se pronunciada explicitamente a matéria tratada na sentença quando, examinando remessa de ofício, o Tribunal simplesmente a confirma".

Alternativa "b": Como não envolve questão fática, mas sim jurídica, a parte não pode exercer sua capacidade postulatória, sendo necessária a presença do advogado. Nesse sentido a Súmula nº 425 do TST: "JUS POSTULANDI NA JUSTIÇA DO TRABALHO. ALCANCE. O *jus postulandi* das partes, estabelecido no art. 791 da CLT, limita-se às Varas do Trabalho e aos Tribunais Regionais do Trabalho, não alcançando a ação rescisória, a ação cautelar, o mandado de segurança e os recursos de competência do Tribunal Superior do Trabalho".

Alternativa "c": Antes de indeferir, o juiz deve conceder prazo para a parte corrigir a irregularidade, de acordo com o posicionamento do TST revelado por meio da Súmula nº 299, II: "Verificando o relator que a parte interessada não juntou à inicial o documento comprobatório, abrirá prazo de 15 (quinze) dias para que o faça (art. 321 do CPC de 2015), sob pena de indeferimento. (ex-Súmula nº 299 – Res 8/1989, DJ 14, 18 e 19.04.1989)".

Alternativa "d": a revelia não produz seus efeitos em questões estritamente jurídicas, conforme entendimento do TST constante da Súmula nº 398: AÇÃO RESCISÓRIA. AUSÊNCIA DE DEFESA. INAPLICÁVEIS OS EFEITOS DA REVELIA (alterada em decorrência do CPC de 2015) – Res. 219/2017, DEJT divulgado em 28, 29 e 30.06.2017. Na ação rescisória, o que se ataca é a decisão, ato oficial do Estado, acobertado pelo manto da coisa julgada. Assim, e considerando que a coisa julgada envolve questão de ordem pública, a revelia não produz confissão na ação rescisória. (ex-OJ nº 126 da SBDI-2 – DJ 09.12.2003).

Alternativa "e": Como é necessária a presença do advogado para ajuizar a rescisória, cabem honorários advocatícios mesmo antes da vigência da Lei nº 13.467/17. O TST posiciona-se nesse sentido em sua Súmula nº 219, II: "É cabível a condenação ao pagamento de honorários advocatícios em ação rescisória no processo trabalhista".

Alternativa correta: letra "d".

84. (Cespe – Procurador do Estado – PI/2014) Acerca da ação rescisória no processo laboral, assinale a opção correta.

a) Conforme o entendimento do TST, não pode uma questão processual ser objeto de rescisão ainda que consista em pressuposto de validade de uma sentença de mérito.

b) Segundo entendimento do TST, a incompetência absoluta prescinde de prequestionamento para efeito de ação rescisória.

c) Consoante o entendimento do TST, nas decisões contrárias a entes públicos, não é cabível a remessa de ofício em ação rescisória.

d) Segundo entendimento do TST, apenas se admite a legitimidade do MP do Trabalho para propor rescisória, caso este ainda não figure como parte no processo que tenha dado origem à decisão rescindenda, ou não tenha sido ouvido no processo em que lhe fosse obrigatória a intervenção, ou a sentença resulte de colusão das partes para fraudar a lei.

e) Admite-se a propositura da ação rescisória na justiça do trabalho perante os juízos de primeira instância, os tribunais regionais do trabalho e o TST.

COMENTÁRIOS

✪ **Nota do autor:** A ação rescisória tem caráter constitutivo-negativo, pois visa desconstituir um ato processual do juiz (sentença) e, por esse motivo, está submetida ao prazo decadencial para sua propositura. Por via reflexa, a ação rescisória pode ter um conteúdo condenatório, quando substitui uma sentença ou acórdão de improcedência da pretensão do autor.

Alternativa "a": Nesse caso específico, o TST entende que uma questão processual pode ser objeto da ação rescisória, de acordo com o texto da Súmula nº 412: "Sob a égide do CPC de 1973, pode uma questão processual ser objeto de rescisão desde que consista em pressuposto de validade de uma sentença de mérito. "

Alternativa "b": É exatamente esse o posicionamento do TST revelado por meio da OJ nº 124 da SDI-II do TST: "Na hipótese em que a ação rescisória tem como causa de rescindibilidade o inciso II do art. 966 do CPC, a arguição de incompetência absoluta prescinde de prequestionamento."

Alternativa "c": O duplo grau de jurisdição também alcança as ações rescisórias, conforme entendimento do TST inserido no item III, da Súmula nº 303.

Alternativa "d": Conforme a Súmula nº 407 do TST: "A legitimidade "ad causam" do Ministério Público para propor ação rescisória, ainda que não tenha sido parte no processo que deu origem à decisão rescindenda, não está limitada às alíneas "a", "b" e "c" do inciso III do art. 967 do CPC de 2015 (art. 487, III, "a" e "b", do CPC de 1973), uma vez que traduzem hipóteses meramente exemplificativas (ex-OJ nº 83 da SBDI-2 – inserida em 13.03.2002)".

Alternativa "e": Não se admite a ação rescisória na primeira instância. A instância originária é o TRT ou o TST, a depender do caso.

Alternativa correta: letra "b".

---

85. (Cespe – Procurador do Estado – DF/ 2013) A respeito da ação rescisória em ações trabalhistas, julgue os itens seguintes.

I. O Ministério Público do Trabalho tem legitimidade para mover ação rescisória na justiça do trabalho, desde que tenha participado como parte nos processos que originaram a sentença rescindenda.

COMENTÁRIOS

✪ **Nota do autor:** Entende-se que as hipóteses de legitimação do Ministério Público descritas nas alíneas "a", "b" e "c" do inciso III do art. 967 do CPC de 2015 são meramente exemplificativas. Nesse sentido, a Súmula nº 407 do TST: "A legitimidade "ad causam" do Ministério Público para propor ação rescisória, ainda que não tenha sido parte no processo que deu origem à decisão rescindenda, não está limitada às alíneas "a", "b" e "c" do inciso III do art. 967 do CPC de 2015 (art. 487, III, "a" e "b", do CPC de 1973), uma vez que traduzem hipóteses meramente exemplificativas (ex-OJ nº 83 da SBDI-2 – inserida em 13.03.2002)".

Segundo dispõe o 967, III do CPC, o Ministério Público tem legitimidade para propor ação rescisória. Não há qualquer restrição relativa ao fato de o MP ter participado do processo que originou a sentença rescindenda, apesar das restrições contidas nas alíneas "a" e "b" do referido preceito legal. Portanto, esta assertiva é falsa, pois vai de encontro ao posicionamento do TST exposto na Súmula nº 407 do TST. **ERRADO**

II. O *jus postulandi* na justiça do trabalho autoriza a parte a mover ação rescisória para questionar os termos de uma sentença transitada em julgado sem a necessidade de contratação de um advogado.

COMENTÁRIOS

✪ **Nota do autor:** O TST iniciou um movimento de flexibilização do *jus postulandi* no processo laboral. Atualmente, só se admite a capacidade postulatória das partes nas instâncias ordinárias e exclusivamente nas demandas decorrentes da relação de emprego.

O *jus postulandi* na Justiça do Trabalho é uma regra. As exceções encontram-se listadas na Súmula nº 425 do TST: "O jus postulandi das partes, estabelecido no art. 791 da CLT, limita-se às Varas do Trabalho e aos Tribunais Regionais do Trabalho, não alcançando a ação rescisória, a ação cautelar, o mandado de segurança e os recursos de competência do Tribunal Superior do Trabalho". **ERRADO**

III. Uma questão processual que seja pressuposto de validade de uma sentença de mérito não poderá ser objeto de ação rescisória.

COMENTÁRIOS

✪ **Nota do autor:** É bastante restrita a utilização de questões processuais como objeto da ação rescisória, uma vez que essa demanda visa anular sentença de mérito.

O fundamento das ações rescisórias não se encontra adstrito às questões de direito material. Assim, é possível que uma demanda rescisória tenha como objeto uma questão processual, na forma do entendimento constante da Súmula nº 412 do TST: "Sob a égide do CPC de 1973, pode uma questão processual ser objeto de rescisão desde que consista em pressuposto de validade de uma sentença de mérito. ". **ERRADO**

---

86. (PGE-GO – Procurador do Estado – GO/ 2013) Em relação à ação rescisória no processo do trabalho, está CORRETA a seguinte proposição.

a) O litisconsórcio é necessário, independentemente do polo da demanda.

b) A revelia produz os efeitos da confissão.

c) O litisconsórcio é facultativo, independentemente do polo da demanda.

d) Se calcada em violação de lei, admite reexame de fatos e provas do processo que originou a decisão rescindenda.

e) O litisconsórcio é necessário em relação ao polo passivo da demanda, apenas.

COMENTÁRIOS

✪ **Nota do autor:** A temática envolvendo a ação rescisória é que mais se destaca entre os verbetes do TST no âmbito processual.

Alternativa "a": O litisconsórcio só é necessário, na ação rescisória, em relação ao polo passivo da demanda. Alternativa incorreta, pois contraria o entendimento do TST inserido no item I, da Súmula nº 406 do TST: O litisconsórcio, na ação rescisória, é necessário em relação ao polo passivo da demanda, porque supõe uma comunidade de direitos ou de obrigações que não admite solução díspar para os litisconsortes, em face da indivisibilidade do objeto. Já em relação ao polo ativo, o litisconsórcio é facultativo, uma vez que a aglutinação de autores se faz por conveniência, e não pela necessidade decorrente da natureza do litígio, pois não se pode condicionar o exercício do direito individual de um dos litigantes no processo originário à anuência dos demais para retomar a lide.

Alternativa "b": Nem sempre o efeito da revelia é a confissão ficta. No caso da ação rescisória, o seu objeto consiste em uma sentença com a qualidade da coisa julgada, matéria de ordem pública excepcionada pelos efeitos da revelia. Alternativa incorreta, pois contraria a Súmula nº 398 do TST: Na ação rescisória, o que se ataca é a decisão, ato oficial do Estado, acobertado pelo manto da coisa julgada. Assim sendo, e considerando que a coisa julgada envolve questão de ordem pública, a revelia não produz confissão na ação rescisória".

Alternativa "c": O litisconsórcio só é necessário, na ação rescisória, em relação ao polo passivo da demanda. Em relação ao polo ativo o litisconsórcio é facultativo. Alternativa incorreta, pois não corresponde ao entendimento do TST constante no item I, da Súmula nº 406 do TST: O litisconsórcio, na ação rescisória, é necessário em relação ao polo passivo da demanda, porque supõe uma comunidade de direitos ou de obrigações que não admite solução díspar para os litisconsortes, em face da indivisibilidade do objeto. Já em relação ao polo ativo, o litisconsórcio é facultativo, uma vez que a aglutinação de autores se faz por conveniência, e não pela necessidade decorrente da natureza do litígio, pois não se pode condicionar o exercício do direito individual de um dos litigantes no processo originário à anuência dos demais para retomar a lide".

Alternativa "d": Quando o fundamento da ação rescisória consiste na ofensa literal de dispositivo legal, não há que se falar em reexame de fatos e, consequentemente, de provas. Desse modo, a assertiva é falsa, pois contraria o posicionamento do TST adotado por meio da Súmula nº 410: A ação rescisória calcada em violação de lei não admite reexame de fatos e provas do processo que originou a decisão rescindenda".

Alternativa "e": O litisconsórcio só é necessário, na ação rescisória, em relação ao polo passivo da demanda. Em relação ao polo ativo o litisconsórcio é facultativo. Alternativa correta, pois de acordo com o entendimento do TST inserido no item I, da Súmula nº 406 do TST: O litisconsórcio, na ação rescisória, é necessário em relação ao polo passivo da demanda, porque supõe uma comunidade de direitos ou de obrigações que não admite solução díspar para os litisconsortes, em face da indivisibilidade do objeto. Já em relação ao polo ativo, o litisconsórcio é facultativo, uma vez que a aglutinação de autores se faz por conveniência, e não pela necessidade decorrente da natureza do litígio, pois não se pode condicionar o exercício do direito individual de um dos litigantes no processo originário à anuência dos demais para retomar a lide".

Alternativa correta: letra "e".

---

87. (FEPESE – Procurador do Estado – SC/ 2010) Sobre a ação rescisória na Justiça do Trabalho, assinale a alternativa correta.

a) Não cabe ação rescisória na Justiça do Trabalho.

b) Em se tratando de rescisória, o vício apontado deve nascer na decisão rescindenda, não se admitindo a rediscussão do acerto do julgamento da rescisória anterior.

c) O Sindicato, substituto processual e autor da reclamação trabalhista, em cujos autos fora proferida a decisão rescindenda, não possui legitimidade para figurar como réu na ação rescisória, sendo exigida a citação de todos os empregados substituídos, porquanto caracterizado o litisconsórcio passivo necessário.

d) Na ação rescisória calcada unicamente em violação de lei, é admitido o reexame de fatos e provas do processo que originou a decisão rescindenda.

e) Não se admite ação rescisória para se questionar questão processual, mesmo que a matéria consista em pressuposto de validade de uma sentença de mérito.

COMENTÁRIOS

✪ **Nota do autor:** A ação rescisória constitui o meio processual adequado para rescindir sentenças ou acórdãos qualificados pela coisa julgada material e proferidos sem observância de determinados requisitos expressamente previstos em lei, no prazo decadencial de dois anos.

Alternativa "a": existe dispositivo legal admitindo expressamente o cabimento da ação rescisória no processo do trabalho. Trata-se do art. 836 da CLT: "É vedado aos órgãos da Justiça do Trabalho conhecer de questões já decididas, excetuados os casos expressamente previstos neste Título e a ação rescisória, que será admitida na forma do disposto no Capítulo IV do Título IX da Lei nº 5.869, de 11 de janeiro de 1973 – Código de Processo Civil, sujeita ao depósito prévio de 20% (vinte por cento) do valor da causa, salvo prova de miserabilidade jurídica do autor. Parágrafo único. A execução da decisão proferida em ação rescisória far-se-á nos próprios autos da ação que lhe deu origem, e será instruída com o acórdão da rescisória e a respectiva certidão de trânsito em julgado".

Alternativa "b": reproduz fielmente o texto da Súmula nº 400 do TST: "Em se tratando de rescisória de rescisória, o vício apontado deve nascer na decisão rescindenda, não se admitindo a rediscussão do acerto do julgamento da rescisória anterior. Assim, não procede rescisória calcada no inciso V do art. 966 do CPC de 2015 (art. 485, V, do CPC de 1973) para discussão, por má aplicação da mesma norma jurídica, tida por violada na rescisória anterior, bem como para arguição de questões inerentes à ação rescisória primitiva. (ex-OJ nº 95 da SBDI-2 – inserida em 27.09.2002 e alterada DJ 16.04.2004)".

Alternativa "c": O TST tem justamente o entendimento contrário. Nesse caso, o sindicato tem legitimidade, conforme entendimento constante da Súmula nº 406, II, do TST: "O Sindicato, substituto processual e autor da reclamação trabalhista, em cujos autos fora proferida a decisão rescindenda, possui legitimidade para figurar como réu na ação rescisória, sendo descabida a exigência de citação de todos os empregados substituídos, porquanto inexistente litisconsórcio passivo necessário. (ex-OJ nº 110 da SBDI-2 – DJ 29.04.2003)".

Alternativa "d": Caso a rescisória esteja fundamentada no inciso V, do art. 485 do CPC de 1973 (art. 966, V, do novo CPC), não cabe reexame de fato e provas. Alternativa incorreta, pois em desacordo com a Súmula nº 400 do TST: "Em se tratando de rescisória de rescisória, o vício apontado deve nascer na decisão rescindenda, não se admitindo a rediscussão do acerto do julgamento da rescisória anterior. Assim, não procede rescisória calcada no inciso V do art. 966 do CPC de 2015 (art. 485, V, do CPC de 1973) para discussão, por má aplicação da mesma norma jurídica, tida por violada na rescisória anterior, bem como para arguição de questões inerentes à ação rescisória primitiva. (ex-OJ nº 95 da SBDI-2 – inserida em 27.09.2002 e alterada DJ 16.04.2004)".

Alternativa "e": É possível utilizar a ação rescisória para desconstituir sentença com base em questões processuais, desde que estes digam respeito a pressuposto de sua validade. Nesse sentido a Súmula nº 412 do TST: "AÇÃO RESCISÓRIA. REGÊNCIA PELO CPC DE 1973. SENTENÇA DE MÉRITO. QUESTÃO PROCESSUAL (nova redação em decorrência do CPC de 2015) – Res. 217/2017 – DEJT divulgado em 20, 24 e 25.04.2017. Sob a égide do CPC de 1973, pode uma questão processual ser objeto de rescisão desde que consista em pressuposto de validade de uma sentença de mérito. (ex-OJ nº 46 da SBDI-2 – inserida em 20.09.2000)".

Alternativa correta: letra "b".

88. (COPS – Procurador do Estado – PR/ 2011) Em matéria de ação rescisória perante a Justiça do Trabalho, assinale a alternativa falsa:

a) é desnecessária a citação de todos os empregados substituídos em caso de ação rescisória intentada contra sentença proferida em feito promovido por sindicato na condição de substituto processual, que poderá figurar isoladamente no polo passivo;
b) a hipótese prevista no art. 485, inc. VIII, do CPC, não abrange a confissão ficta;
c) a omissão da sentença a respeito dos descontos previdenciários e fiscais não fundamenta a rescisão por julgamento "citra petita";
d) a decisão homologatória de cálculos não pode ser rescindida por ação rescisória, por não se tratar de sentença de mérito;
e) em matéria de ação rescisória na Justiça do Trabalho, a revelia não produz a confissão.

COMENTÁRIOS

✪ **Nota do autor:** A Súmula nº 398 do TST, citada na alternativa "e" passou a ter a seguinte redação em 30.06.2017: "AÇÃO RESCISÓRIA. AUSÊNCIA DE DEFESA. INAPLICÁVEIS OS EFEITOS DA REVELIA (alterada em decorrência do CPC de 2015) – Res. 219/2017, DEJT divulgado em 28, 29 e 30.06.2017 – republicada – DEJT divulgado em 12, 13 e 14.07.2017. Na ação rescisória, o que se ataca é a decisão, ato oficial do Estado, acobertado pelo manto da coisa julgada. Assim, e considerando que a coisa julgada envolve questão de ordem pública, a revelia não produz confissão na ação rescisória. (ex-OJ nº 126 da SBDI-2 – DJ 09.12.2003)".

Alternativa "a": A legitimação extraordinária ativa conferida ao sindicato para propor ação coletiva é transformada em legitimação extraordinária passiva na ação rescisória respectiva, sem necessidade de citar os substituídos como litisconsortes. **Alternativa correta**, conforme entendimento constante da Súmula nº 406, II, do TST: "AÇÃO RESCISÓRIA. LITISCONSÓRCIO. NECESSÁRIO NO Polo PASSIVO E FACULTATIVO NO ATIVO. INEXISTENTE QUANTO AOS SUBSTITUÍDOS PELO SINDICATO (conversão das Orientações Jurisprudenciais nºs 82 e 110 da SBDI-2) – Res. 137/2005, DJ 22, 23 e 24.08.2005. II – O Sindicato, substituto processual e autor da reclamação trabalhista, em cujos autos fora proferida a decisão rescindenda, possui legitimidade para figurar como réu na ação rescisória, sendo descabida a exigência de citação de todos os empregados substituídos, porquanto inexistente litisconsórcio passivo necessário. (ex-OJ nº 110 da SBDI-2 – DJ 29.04.2003)".

Alternativa "b": Apenas a sentença fundada na confissão real pode ser objeto de ação rescisória e não aquela embasada na confissão ficta. Portanto, a **assertiva é verdadeira** de acordo com a Súmula nº 404 do TST: "O art. 485, VIII, do CPC de 1973, ao tratar do fundamento para invalidar a confissão como hipótese de rescindibilidade da decisão judicial, referia-se à confissão real, fruto de erro, dolo ou coação, e não à confissão ficta resultante de revelia".

Alternativa "c": Trata-se de condenação explícita, que deriva de expressa determinação legal. **Alternativa correta**, uma vez que representa o posicionamento do TST contido na Súmula nº 401: "AÇÃO RESCISÓRIA. DESCONTOS LEGAIS. FASE DE EXECUÇÃO. SENTENÇA EXEQÜENDA OMISSA. INEXISTÊNCIA DE OFENSA À COISA JULGADA (conversão da Orientação Jurisprudencial nº 81 da SBDI-2) – Res. 137/2005 – DJ 22, 23 e 24.08.2005. Os descontos previdenciários e fiscais devem ser efetuados pelo juízo executório, ainda que a sentença exequenda tenha sido omissa sobre a questão, dado o caráter de ordem pública ostentado pela norma que os disciplina. A ofensa à coisa julgada somente poderá ser caracterizada na hipótese de o título exequendo, expressamente, afastar a dedução dos valores a título de imposto de renda e de contribuição previdenciária. (ex-OJ nº 81 da SBDI-2 – inserida em 13.03.2002)".

Alternativa "d": abriga entendimento contrário àquele inserido na Súmula nº 399, II, do TST: "AÇÃO RESCISÓRIA. CABIMENTO. SENTENÇA DE MÉRITO. DECISÃO HOMOLOGATÓRIA DE ADJUDICAÇÃO, DE ARREMATAÇÃO E DE CÁLCULOS (conversão das Orientações Jurisprudenciais nºs 44, 45 e 85, primeira parte, da SBDI-2) – Res. 137/2005, DJ 22, 23 e 24.08.2005. II – A decisão homologatória de cálculos apenas comporta rescisão quando enfrentar as questões envolvidas na elaboração da conta de liquidação, quer solvendo a controvérsia das partes quer explicitando, de ofício, os motivos pelos quais acolheu os cálculos oferecidos por uma das partes ou pelo setor de cálculos, e não contestados pela outra. (ex-OJ nº 85 da SBDI-2 – primeira parte – inserida em 13.03.2002 e alterada em 26.11.2002)".

Alternativa "e": Na confissão, consideram-se verdadeiros os fatos narrados na inicial. Mas esse efeito não alcança as questões jurídicas, justamente aquelas de que tratam a ação rescisória. **Correta**, a assertiva, pois o substrato da ação rescisória é uma sentença. Nesse sentido, a Súmula nº 398 do TST.

Alternativa incorreta: letra "d".

6. EXECUÇÃO

89. (Cespe – Procurador do Estado – PGE – PE/2018) No processo do trabalho, a prescrição intercorrente ocorrerá no prazo de

a) um ano.

b) dois anos.

c) três anos.

d) quatro anos.

e) cinco anos.

COMENTÁRIOS

✪ **Nota do autor:** A questão relativa à prescrição intercorrente no processo do trabalho sempre foi bastante controvertida, inclusive no âmbito do STF e do TST que possuíam Súmulas antagônicas (Súmula nº 327 do STF e Súmula nº 114 do TST). A Lei da Reforma Trabalhista pôs fim a esse embate ao estabelecer, expressamente, a incidência dessa espécie de prescrição no processo laboral por meio da introdução do art. 11-A à CLT com a seguinte redação: "Ocorre a prescrição intercorrente no processo do trabalho no prazo de dois anos".

Alternativa "a": O prazo é de dois anos contados a partir do momento em que o exequente deixa de cumprir determinação judicial na execução.

Alternativa "b": Correto, pois corresponde ao preceito contido no art. 11-A da CLT.

Alternativa "c": O prazo é de dois anos e a prescrição intercorrente pode ser declarada de ofício ou mediante provocação.

Alternativa "d": O prazo é de dois anos e não de quatro anos.

Alternativa "e": O prazo estabelecido pelo art. 11-A da CLT é de dois anos.

Alternativa correta: letra "b".

---

90. (Cespe – Procurador do Estado – PGE – SE/2017) Julgue os seguintes itens, acerca da execução no processo do trabalho.

I. A execução de contribuição social devida em decorrência de decisão condenatória de tribunal do trabalho será iniciada de ofício.

II. O incidente de desconsideração da personalidade jurídica será resolvido por decisão interlocutória passível de agravo de petição, independentemente de garantia do juízo.

III. Da decisão sobre os embargos à execução caberá recurso ordinário no prazo de oito dias.

IV. Na execução por carta precatória, os embargos de terceiro serão opostos no juízo deprecante caso a referida carta já tenha sido devolvida.

Estão certos apenas os itens

a) I e II.

b) I e III.

c) II e III.

e) III e IV.

e) I, II e IV.

COMENTÁRIOS

✪ **Nota do autor:** Com a edição da Lei nº 13.467/17 a execução de ofício só passou a ser admitida se a parte estiver no exercício do jus postulandi. Contudo, quanto às contribuições previdenciárias, permanece a obrigação do juiz de iniciar a execução de ofício.

Item "I": corresponde ao mandamento contido no parágrafo único do art. 876 da CLT: A Justiça do Trabalho executará, de ofício, as contribuições sociais previstas na alínea a do inciso I e no inciso II do caput do art. 195 da Constituição Federal, e seus acréscimos legais, relativas ao objeto da condenação constante das sentenças que proferir e dos acordos que homologar".

Item "II": Trata-se de uma decisão interlocutória. De forma excepcional, a CLT admite recurso imediato da decisão, conforme se observa do inciso I, § 1º, do art. 855-A: "Da decisão interlocutória que acolher ou rejeitar o incidente: I – na fase de cognição, não cabe recurso de imediato, na forma do § 1º do art. 893 desta Consolidação; II – na fase de execução, cabe agravo de petição, independentemente de garantia do juízo".

Item "III": Das decisões proferidas na fase de execução cabe agravo de petição e não recurso ordinário, na forma prevista pela alínea "a", art. 897 da CLT: "Cabe agravo, no prazo de 8 (oito) dias: a) de petição, das decisões do Juiz ou Presidente, nas execuções".

Item "IV": Na hipótese de embargos de terceiro em execução por carta, aplica-se a regra contida no art. 676, parágrafo único do CPC e na Súmula nº 419 do TST: "Art. 676. Parágrafo único. Nos casos de ato de constrição realizado por carta, os embargos serão oferecidos no juízo deprecado, salvo se indicado pelo juízo deprecante o bem constrito ou se já devolvida a carta. Súmula nº 419. Na execução por carta precatória, os embargos de terceiro serão oferecidos no juízo deprecado, salvo se indicado pelo juízo deprecante o bem constrito ou se já devolvida a carta (art. 676, parágrafo único, do CPC de 2015)".

Alternativa correta: letra "e".

6.1. LIQUIDAÇÃO E EXECUÇÃO

91. (Vunesp – Procurador do Estado – PGE – SP/2018) Assinale a alternativa correta a respeito da execução perante a Justiça do Trabalho.

a) A inscrição do nome do executado no Banco Nacional de Devedores Trabalhistas (BNDT) poderá ocorrer imediatamente após o trânsito em julgado da decisão condenatória de pagamento de quantia certa.

b) A execução será promovida pelas partes, permitida a execução de ofício pelo juiz ou pelo Presidente do Tribunal apenas nos casos em que as partes não estiverem representadas por advogado.

c) De acordo com a Consolidação das Leis do Trabalho, cabe recurso ordinário da decisão proferida em embargos à execução.

d) Compete à Justiça Federal executar, de ofício, as contribuições sociais previstas na alínea "a" do inciso I e no inciso II do caput do art. 195 da Constituição da República, e seus acréscimos legais, relativas ao objeto da condenação constante das sentenças proferidas pela Justiça do Trabalho e dos acordos por esta homologados.

e) O Tribunal Superior do Trabalho entende que constitui indevido fracionamento do valor da execução (art. 100, § 8º, da Constituição da República) o pagamento individualizado do crédito devido pela Fazenda Pública, no caso de ação coletiva em que sindicato atua como substituto processual na defesa de direitos individuais homogêneos dos trabalhadores substituídos.

COMENTÁRIOS

✪ **Nota do autor:** A liquidação precede o processo de execução trabalhista, salvo quando a sentença é líquida. Nesse caso, a eventual impugnação aos cálculos que acompanham ou encontram-se inseridos na sentença deve ser feita por meio de embargos declaratórios e, caso improvidos, com a interposição de recurso ordinário.

Alternativa "a": Essa temática foi alterada pela Lei da Reforma Trabalhista, que inseriu o art. 883-A da CLT para estabelecer o prazo de 45 cinco dias após a citação do executado para que seu nome seja incluído no BNDT: "Art. 883-A. A decisão judicial transitada em julgado somente poderá ser levada a protesto, gerar inscrição do nome do executado em órgãos de proteção ao crédito ou no Banco Nacional de Devedores Trabalhistas (BNDT), nos termos da lei, depois de transcorrido o prazo de quarenta e cinco dias a contar da citação do executado, se não houver garantia do juízo".

Alternativa "b": Mais uma alteração que foi promovida pela Lei nº 13.467/17, para permitir a execução de ofício pelo juiz apenas nos casos em que a parte estiver no exercício do seu jus postulandi. Nesse sentido, a atual redação do art. 878 da CLT: "A execução será promovida pelas partes, permitida a execução de ofício pelo juiz ou pelo Presidente do Tribunal apenas nos casos em que as partes não estiverem representadas por advogado".

Alternativa "c": No caso, o recurso cabível na execução é o agravo de petição e não o recurso ordinário. A determinação nesse sentido está contida no art. 897, "a" da CLT: "Cabe agravo, no prazo de 8 (oito) dias: a) de petição, das decisões do Juiz ou Presidente, nas execuções".

Alternativa "d": Essa competência é atribuída à Justiça do Trabalho, de acordo com o preceito contido no inciso VIII, art. 114 da Constituição Federal: Art. 114. Compete a Justiça do Trabalho processar e julgar: VIII – a execução, de ofício, das contribuições sociais previstas no art. 195, I, a, e II, e seus acréscimos legais, decorrentes das sentenças que proferir;

Alternativa "e": Nesse caso, aplica-se analogicamente o entendimento do TST constante da OJ nº 9 do Tribunal Pleno que trata da execução nas reclamações plúrimas: "Tratando-se de reclamações trabalhistas plúrimas, a aferição do que vem a ser obrigação de pequeno valor, para efeito de dispensa de formação de precatório e aplicação do disposto no § 3º do art. 100 da CF/88, deve ser realizada considerando-se os créditos de cada reclamante".

Alternativa correta: letra "b".

---

92. (Cespe – Procurador do Estado – PGE – PE/2018) De acordo com o disposto na CLT e com a jurisprudência do TST a respeito da execução trabalhista, a parte executada será citada para pagar a quantia devida ou indicar bens à penhora no prazo de

a) vinte e quatro horas.
b) trinta e seis horas.
c) quarenta e oito horas.
d) sessenta horas.
e) setenta e duas horas.

COMENTÁRIOS

✪ **Nota do autor:** "Trata-se do mandamento contido no art. 880 da CLT: "Requerida a execução, o juiz ou presidente do tribunal mandará expedir mandado de citação do executado, a fim de que cumpra a decisão ou o acordo no prazo, pelo modo e sob as cominações estabelecidas ou, quando se tratar de pagamento em dinheiro, inclusive de contribuições sociais devidas à União, para que o faça em 48 (quarenta e oito) horas ou garanta a execução, sob pena de penhora".

Alternativa "a": No processo do trabalho o prazo é de 48 horas.

Alternativa "b": No processo do trabalho o prazo é de 48 horas.

Alternativa "c": Correto, pois corresponde ao preceito contido no art. 880 da CLT.

Alternativa "d": No processo do trabalho o prazo é de 48 horas.

Alternativa "e": Três dias é o prazo que o executado tem para pagar ou nomear bens à penhora, segundo dispõe o art. 829 do CPC. No processo do trabalho o prazo é de 48 horas.

Alternativa correta: letra "c".

6.2. EXECUÇÃO CONTRA A FAZENDA PÚBLICA

---

93. (FCC – Procurador do Estado – RN/2014) Decisão proferida pela 1ª Vara do Trabalho de Natal julgou e manteve subsistente a penhora de bens de pessoa jurídica sucedida pelo Estado do Rio Grande do Norte, ao considerar que o acordo realizado entre o reclamante exequente e a sucedida foi efetuado quando esta ainda se submetia ao regime de direito privado. De acordo com a orientação jurisprudencial do Tribunal Superior do Trabalho quanto ao tema, a penhora

a) não é válida porque realizada anteriormente à sucessão pelo Estado, razão pela qual a execução deve reorientar-se mediante precatório.

b) é válida, se realizada anteriormente à sucessão pelo Estado, não podendo a execução prosseguir mediante precatório.

c) não é válida porque a decisão que a mantém viola o artigo 100 da Constituição da República.

d) é válida, independentemente do momento de formalização do ato, mas é necessário que o pagamento observe a ordem cronológica de apresentação do precatório.

e) não é válida porque, independentemente do momento de formalização do ato, a sucessão pelo Estado impõe a execução mediante precatório.

COMENTÁRIOS

✪ **Nota do autor:** A penhora foi realizada antes de o Estado suceder a empresa. Nesse caso, a hipótese é de ato jurídico perfeito, preservado por força de mandamento constitucional previsto no art. 5º, XXXVI: "a lei não prejudicará o direito adquirido, o ato jurídico perfeito e a coisa julgada", que pode ser utilizado analogicamente para solucionar conflito dessa natureza.

Alternativa "a": Alternativa incorreta, pois contrária ao entendimento do TST constante da OJ nº 343, SDI, do TST: "É válida a penhora em bens de pessoa jurídica de direito privado, realizada anteriormente à sucessão pela União ou por Estado-membro, não podendo a execução prosseguir mediante precatório. A decisão que a mantém não viola o art. 100 da CF/1988."

Alternativa "b": corresponde ao posicionamento do TST adotado por meio da OJ nº 343, SDI, do TST: "É válida a penhora em bens de pessoa jurídica de direito privado, realizada anteriormente à sucessão pela União ou por Estado-membro, não podendo a execução prosseguir mediante precatório. A decisão que a mantém não viola o art. 100 da CF/1988."

Alternativa "c": À época da penhora o Estado ainda não havia sucedido a empresa. Assim, não há que se falar em incidência da prerrogativa da Fazenda Pública contida no art. 100 da CF/88, uma vez que há de se respeitar o ato jurídico perfeito, ainda que praticado pelo Estado. Incorreta a alternativa diante da contrariedade ao entendimento inserido na OJ nº 343, SDI, do TST.

Alternativa "d": Caso a penhora fosse efetivada após a sucessão da empresa pelo Estado, os bens já seriam de natureza pública, circunstância que impediria a sua constrição judicial de qualquer natureza, inclusive a penhora. Alternativa incorreta.

Alternativa "e": O marco divisor da possibilidade ou não de se efetuar a penhora é a sucessão da empresa pelo Estado. Se antes, trata-se de bem de empresa privada passível de penhora. Após a sucessão, já se trata de bem público e o pagamento do credor só pode ser feito mediante o procedimento do precatório. Alternativa incorreta.

Alternativa correta: letra "b".

94. (FMP – Procurador do Estado – AC/2014) Quanto à execução no Processo do Trabalho, assinale a afirmativa correta.

a) Na liquidação de sentença, apresentados os cálculos, o juiz deve dar vista a outra parte, ou às partes quando apresentado por perito do Juízo, para manifestação (artigo 879, parágrafo 2º, da CLT), sob pena de caracterizar flagrante nulidade.

b) Na hipótese de desconsideração da personalidade jurídica do executado (artigo 50 do CCB) com a inclusão dos sócios no polo passivo, estes podem discutir a execução na qualidade de terceiro, na medida em que não se confunde a figura dos sócios com a da pessoa jurídica.

c) O Presidente do TRT, em sede de precatório, não tem competência funcional para declarar a inexigibilidade do título judicial exequendo, com fundamento no art. 884, § 5º, da CLT, ante a natureza meramente administrativa do procedimento.

d) Na execução trabalhista, há expressa previsão na CLT da possibilidade de adjudicação e de arrematação, não sendo cabível, contudo, a remição.

COMENTÁRIOS

✪ **Nota do autor:** Na sistemática adotada pelo CPC, só há possibilidade de apresentação de embargos à execução, também denominado de embargos do devedor, quando fundada em título executivo extrajudicial ou no caso de execução forçada contra a Fazenda Pública. Os embargos do devedor, em sede de execução fundada em título executivo judicial, foram transformados em impugnação, que pode ser oposta no bojo do processo de conhecimento. No processo do trabalho existe dispositivo específico na CLT prevendo a hipótese de oposição de embargos à execução por título judicial.

Alternativa "a": Conceder vista às partes constituía uma faculdade e não obrigação do Juiz à época. Assertiva **incorreta**, diante da inobservância do preceito contido no art. 879, § 2º, da CLT, em sua redação anterior: "Elaborada a conta e tornada líquida, o Juiz poderá abrir às partes prazo sucessivo de 10 (dez) dias para impugnação fundamentada com a indicação dos itens e valores objeto da discordância, sob pena de preclusão." A atual redação desse dispositivo legal, conferida pela Lei nº 13.467/17, é a seguinte: "Elaborada a conta e tornada líquida, o juízo deverá abrir às partes prazo comum de oito dias para impugnação fundamentada com a indicação dos itens e valores objeto da discordância, sob pena de preclusão".

Alternativa "b": Se o sócio for citado pessoalmente para pagar ou nomear bens à penhora, poderá livrar-se da responsabilidade patrimonial – *beneficium excussionis* – ao indicar bens da sociedade, livres e desembaraçados, tantos quantos bastem para a satisfação do crédito do exequente. Se, ainda assim, o juiz insistir em proceder à penhora dos seus bens, pode defender o seu direito, por meio dos embargos do devedor e não dos embargos de terceiros. A explicação é simples: o proprietário dos bens apreendidos não é considerado como terceiro, pois ele foi citado como se executado fosse. Na verdade, o desejo dele é ser considerado como terceiro, o que só pode ser declarado nesse caso, pela sentença proferida em sede de embargos do devedor. Os embargos de terceiros só seriam cabíveis se a pessoa citada não fosse sócia da sociedade. Com a edição da Lei nº 13.467/17 o incidente de desconsideração da personalidade jurídica passou a ser aplicado expressamente no processo do trabalho, com a introdução do art. 855-A à CLT.

Alternativa "c": Corresponde ao texto da OJ nº 12, do TP/OE: "O Presidente do TRT, em sede de precatório, não tem competência funcional para declarar a inexigibilidade do título judicial exequendo, com fundamento no art. 884, § 5º, da CLT, ante a natureza meramente administrativa do procedimento".

Alternativa "d": A arrematação está prevista expressamente no *caput* do art. 888 da CLT e a adjudicação no § 3º desse dispositivo legal: "Art. 888 – Concluída a avaliação, dentro de dez dias, contados da data da nomeação do avaliador, seguir-se-á a arrematação, que será anunciada por edital afixado na sede do juízo ou tribunal e publicado no jornal local, se houver, com a antecedência de vinte (20) dias. § 3º Não havendo licitante, e não requerendo o exequente a adjudicação dos bens penhorados, poderão os mesmos ser vendidos por leiloeiro nomeado pelo Juiz ou Presidente". Quanto à remição, há referência expressa em relação às custas processuais, no inciso I, do art. 789-A da CLT: "No processo de execução são devidas custas, sempre de responsabilidade do executado e pagas ao final, de conformidade com a seguinte tabela: I – autos de arrematação, de adjudicação e de remição: 5% (cinco por cento) sobre o respectivo valor, até o máximo de R$ 1.915,38 (um mil, novecentos e quinze reais e trinta e oito centavos)". Assertiva **incorreta.**

Alternativa correta: letra "c".

7. DISSÍDIO COLETIVO, AÇÕES COLETIVAS E ESPECIAIS

95. (Cespe – Procurador do Estado – PB/ 2008) Acerca dos dissídios coletivos na justiça do trabalho, assinale a opção correta.

a) Não pode o tribunal do trabalho, ao instante em que declara a abusividade do direito de greve, estabelecer quaisquer vantagens ou garantias a seus partícipes, por assim terem assumido os riscos inerentes ao movimento paredista.

b) O edital de convocação da categoria e a respectiva ata da assembleia geral de trabalhadores constituem peças essenciais à instauração do dissídio coletivo pela entidade sindical representativa da categoria profissional.

c) O edital de convocação para a assembleia geral de trabalhadores deve ser publicado em jornal que circule em cada um dos municípios componentes da base territorial respectiva.

d) A ata da assembleia geral de trabalhadores que legitima a atuação da entidade sindical respectiva em favor de seus interesses deve registrar, obrigatoriamente, a pauta reivindicatória, como expressão da vontade da categoria, sob pena de ser o dissídio coletivo extinto sem resolução de mérito.

e) No caso de dissídio coletivo instaurado, especificamente, contra empresa pública, a legitimação da entidade sindical profissional apenas ocorre quando houver autorização dos respectivos empregados públicos como trabalhadores diretamente envolvidos no conflito.

COMENTÁRIOS

✪ **Nota do autor: A questão foi anulada** pela banca examinadora, uma vez que todas as afirmativas foram consideradas corretas.

Alternativa "a": Essa é uma das consequências da declaração de ilegalidade do movimento paredista. Portanto, a assertiva é verdadeira e em consonância com a OJ nº 10 da SDC do TST: "GREVE ABUSIVA NÃO GERA EFEITOS. Inserida em 27.03.1998. É incompatível com a declaração de abusividade de movimento grevista o estabelecimento de quaisquer vantagens ou garantias a seus partícipes, que assumiram os riscos inerentes à utilização do instrumento de pressão máximo".

Alternativa "b": A respectiva categoria deve ser convocada para decidir sobre o ajuizamento do dissídio coletivo, como manda o art. 859 da CLT: "A representação dos sindicatos para instauração da instância fica subordinada à aprovação de assembleia, da qual participem os associados interessados na solução do dissídio coletivo, em primeira convocação, por maioria de 2/3 (dois terços) dos mesmos, ou, em segunda convocação, por 2/3 (dois terços) dos presentes". Alternativa correta diante do entendimento do TST revelado por meio da OJ nº 29 da SDC: "EDITAL DE CONVOCAÇÃO E ATA DA ASSEMBLEIA GERAL. REQUISITOS ESSENCIAIS PARA INSTAURAÇÃO DE DISSÍDIO COLETIVO. Inserida em 19.08.1998. O edital de convocação da categoria e a respectiva ata da AGT constituem peças essenciais à instauração do processo de dissídio coletivo".

Alternativa "c": Para dar publicidade plena ao ato de convocação, exige-se esse requisito, na forma do posicionamento adotado pelo TST por meio da OJ nº 28 da SDC: "EDITAL DE CONVOCAÇÃO DA AGT. PUBLICAÇÃO. BASE TERRITORIAL. VALIDADE. Inserida em 19.08.1998. O edital de convocação para a AGT deve ser publicado em jornal que circule em cada um dos municípios componentes da base territorial".

Alternativa "d": Alternativa correta, uma vez que o seu texto reproduz o entendimento registrado na OJ nº 08 da SDC do TST: "DISSÍDIO COLETIVO. PAUTA REIVINDICATÓRIA NÃO REGISTRADA EM ATA. CAUSA DE EXTINÇÃO. Inserida em 27.03.1998. A ata da assembleia de trabalhadores que legitima a atuação da entidade sindical respectiva em favor de seus interesses deve registrar, obrigatoriamente, a pauta reivindicatória, produto da vontade expressa da categoria".

Alternativa "e": Esse entendimento aplica-se a todas as empresas, inclusive às empresas públicas, conforme OJ nº 19 da SDC do TST: "DISSÍDIO COLETIVO CONTRA EMPRESA. LEGITIMAÇÃO DA ENTIDADE SINDICAL. AUTORIZAÇÃO DOS TRABALHADORES DIRETAMENTE ENVOLVIDOS NO CONFLITO (inserido dispositivo) – DEJT divulgado em 16, 17 e 18.11.2010. A legitimidade da entidade sindical para a instauração da instância contra determinada empresa está condicionada à prévia autorização dos trabalhadores da suscitada diretamente envolvidos no conflito. Histórico: Redação original – Inserida em 25.05.1998". Item correto.

7.1. DISSÍDIO COLETIVO

96. (Cespe – Procurador do Estado – PI/2014) Acerca dos procedimentos relativos aos dissídios coletivos, assinale a opção correta.

a) Segundo entendimento do TST, a legitimidade da entidade sindical para a instauração do dissídio coletivo contra determinada empresa independe de prévia autorização dos trabalhadores da suscitada diretamente envolvidos no conflito.

b) As decisões proferidas nos autos de dissídios coletivos de natureza econômica e jurídica podem ser revistas até dois anos de sua vigência.

c) A representação para instaurar dissídio coletivo constitui prerrogativa dos sindicatos e, quando não houver sindicato representativo da categoria econômica ou profissional, a representação deve ser instaurada pelas confederações correspondentes.

d) Segundo entendimento consolidado do TST, é absolutamente necessária a correspondência entre as atividades exercidas pelos setores profissional e econômico para a legitimação dos envolvidos no conflito a ser solucionado por dissídio coletivo.

e) Conforme entendimento do TST, não cabe alegação de ausência de interesse de agir em relação à ação individual caso o direito já tenha sido reconhecido por decisão normativa, visto que a decisão coletiva não tem o condão de repercutir no direito individual.

COMENTÁRIOS

✪ **Nota do autor:** Prevaleceu a denominação dissídio coletivo para não ser confundido com as ações tipicamente coletivas, fundadas em direitos metaindividuais, sejam difusos, coletivos ou individuais homogêneos.

Alternativa "a": O entendimento do TST é justamente no sentido contrário, qual seja, pela necessidade de autorização prévia dos trabalhadores, de acordo com a OJ nº 19 da SDC: "A legitimidade da entidade sindical para a instauração da instância contra determinada empresa está condicionada à prévia autorização dos trabalhadores da suscitada diretamente envolvidos no conflito."

Alternativa "b": O prazo para revisão é de um ano, de acordo com o preceito contido no art. 873 da CLT: "Decorrido mais de 1 (um) ano de sua vigência, caberá revisão das decisões que fixarem condições de trabalho, quando se tiverem modificado as circunstâncias que as ditaram, de modo que tais condições se hajam tornado injustas ou inaplicáveis."

Alternativa "c": Na sequência da ausência de sindicato, a representação passar a ser primeiro da federação e só na falta destas é que fica legitimada a confederação, na forma do que dispõe o art. 857, § único, da CLT: "Parágrafo único. Quando não houver sindicato representativo da categoria econômica ou profissional, poderá a representação ser instaurada pelas federações correspondentes e, na falta destas, pelas confederações respectivas, no âmbito de sua representação".

Alternativa "d": Esse é exatamente o entendimento do TST inserido na OJ nº 22 da SDC: "É necessária a correspondência entre as atividades exercidas pelos setores profissional e econômico, a fim de legitimar os envolvidos no conflito a ser solucionado pela via do dissídio coletivo."

Alternativa "e": Na situação processual citada, falta interesse de agir, conforme posicionamento adotado pelo TST por meio da OJ nº 188 da SDI-1: "Falta interesse de agir para a ação individual, singular ou plúrima, quando o direito já foi reconhecido através de decisão normativa, cabendo, no caso, ação de cumprimento."

Alternativa correta: letra "d".

7.2. AÇÕES COLETIVAS

97. (FCC – Procurador do Estado – MT/ 2011) Considerando-se as peculiaridades da Justiça do Trabalho, é correto afirmar:

a) O jus postulandi não se limita às Varas do Trabalho e aos Tribunais Regionais do Trabalho, alcançando a ação rescisória, a ação cautelar, o mandado de segurança e os recursos de competência do Tribunal Superior do Trabalho.

b) No processo de execução trabalhista, havendo lacuna na CLT, aplica-se subsidiariamente os dispositivos do Código de Processo Civil e depois a Lei dos Executivos Fiscais.

c) São títulos executivos extrajudiciais previstos na CLT, o termo de ajuste de conduta firmado perante o Ministério Público do Trabalho, o termo de conciliação firmado perante a Comissão de Conciliação Prévia, cheques e termo de confissão de dívida do empregado que causar dano ao empregador.

d) A ação civil pública pode ser ajuizada por qualquer cidadão brasileiro, desde que prove sua pertinência temática com o objeto da lide.

e) A ação civil pública, entre outros legitimados, pode ser promovida pelo sindicato, federação e confederações de empregadores e trabalhadores.

COMENTÁRIOS

Alternativa "a": Segundo o TST, a capacidade processual das partes não alcança a ação rescisória, a ação cautelar, o mandado de segurança e os recursos de sua competência, segundo a Súmula nº 425: *"JUS POSTULANDI* NA JUSTIÇA DO TRABALHO. ALCANCE. Res. 165/2010, DEJT divulgado em 30.04.2010 e 03 e 04.05.2010. O *jus postulandi* das partes, estabelecido no art. 791 da CLT, limita-se às Varas do Trabalho e aos Tribunais Regionais do Trabalho, não alcançando a ação rescisória, a ação cautelar, o mandado de segurança e os recursos de competência do Tribunal Superior do Trabalho".

Alternativa "b": Seria o inverso. Primeiro aplica-se a Lei de Execução Fiscal, depois o CPC.

Alternativa "c": O cheque e o termo de confissão de dívida do empregado não são considerados título executivo extrajudiciais pela CLT, conforme se observa do texto do art. 876, *caput*, da CLT: "As decisões passadas em julgado ou das quais não tenha havido recurso com efeito suspensivo; os acordos, quando não cumpridos; os termos de ajuste de conduta firmados perante o Ministério Público do Trabalho e os termos de conciliação firmados perante as Comissões de Conciliação Prévia serão executada pela forma estabelecida neste Capítulo".

Alternativa "d": A pessoa física não tem legitimidade para propor ACP. Os legitimados encontram-se relacionados no art. 5º da Lei nº 7.347/85: "Têm legitimidade para propor a ação principal e a ação cautelar: I – o Ministério Público; II – a Defensoria Pública; III – a União, os Estados, o Distrito Federal e os Municípios; IV – a autarquia, empresa pública, fundação ou sociedade de economia mista; V – a associação que, concomitantemente: a) esteja constituída há pelo menos 1 (um) ano nos termos da lei civil; b) inclua, entre suas finalidades institucionais, a proteção ao meio ambiente, ao consumidor, à ordem econômica, à livre concorrência ou ao patrimônio artístico, estético, histórico, turístico e paisagístico".

Alternativa "e": Exatamente, pois são consideradas como associações. **Correta a alternativa**, pois em consonância com a jurisprudência do TST e do STJ: "AÇÃO CIVIL PÚBLICA – LEGITIMIDADE. A defesa dos interesses coletivos em juízo, através da ação civil pública, pode ser feita tanto pelo Ministério Público do Trabalho como pelos sindicatos, de vez que o ordenamento processual assegura a legitimidade concorrente de ambos (CF, art. 129, III, e parágrafo lº; Lei nº 7347/85, art. 5º, I e II). (TST, RR-316.001/1996, D.J. de 28/04/2000, Relator Ministro Ives Gandra Martins Filho)" e "PROCESSUAL CIVIL. AÇÃO CIVIL PÚBLICA. SINDICATO. LEGITIMIDADE ATIVA. ART. 18 DA LEI 7.347/1985. APLICAÇÃO. MÁ-FÉ. SÚMULA 7/STJ.1. A jurisprudência do STJ é pacífica no sentido de que o sindicato é considerado associação civil, para fins de legitimidade ativa para Ação Civil Pública. Por essa razão, aplica-se o disposto no art. 18 da Lei 7.347/1985, que afasta a condenação em honorários sucumbenciais, exceto em caso de comprovada má-fé. (...) (STJ, REsp 1181410/RJ, Rel. Ministro HERMAN BENJAMIN, SEGUNDA TURMA, julgado em 20/04/2010, DJe 19/05/2010)".

Alternativa correta: letra "e".

8. MANDADO DE SEGURANÇA

98. (Cespe – Procurador do Estado – DF/ 2013) No que diz respeito ao mandado de segurança no processo do trabalho, julgue os próximos itens.

I. Se, após pactuarem acordo em processo trabalhista, as partes requererem, em conjunto, homologação judicial do acordo, e isso não for feito pelo juiz, caberá a impetração de mandado de segurança, já que, em tal situação, não há previsão de cabimento de recurso específico.

COMENTÁRIOS

✪ **Nota do autor:** A redação da Súmula nº 418 do TST, na qual se funda esta questão, é a seguinte: "MANDADO DE SEGURANÇA VISANDO À HOMOLOGAÇÃO DE ACORDO (nova redação em decorrência do CPC de 2015) – Res. 217/2017 – DEJT divulgado em 20, 24 e 25.04.2017. A homologação de acordo constitui faculdade do juiz, inexistindo direito líquido e certo tutelável pela via do mandado de segurança".

O juiz não é obrigado a homologar o acordo proposto pelas partes. Logo, se esse ato do juiz consiste em uma faculdade, pois cabe-lhe analisar a forma e o conteúdo do ajuste para adequá-lo à realidade, não há que se falar em direito líquido e certo da parte. Portanto, a assertiva não é verdadeira porque contraria o entendimento do TST inserido na Súmula nº 418 do TST. **ERRADO**

II. Se o juiz do trabalho antecipar a tutela antes de proferir a sentença, será possível a impetração de mandado de segurança.

COMENTÁRIOS

✪ **Nota do autor:** No processo do trabalho, a regra é da irrecorribilidade imediata das decisões interlocutórias. As exceções são destacadas na Súmula nº 214 do TST: "Na Justiça do Trabalho, nos termos do art. 893, § 1º, da CLT, as decisões interlocutórias não ensejam recurso imediato, salvo nas hipóteses de decisão: a) de Tribunal Regional do Trabalho contrária à Súmula ou Orientação Jurisprudencial do Tribunal Superior do Trabalho; b) suscetível de impugnação mediante recurso para o mesmo Tribunal; c) que acolhe exceção de incompetência territorial, com a remessa dos autos para Tribunal Regional distinto daquele a que se vincula o juízo excepcionado, consoante o disposto no art. 799, § 2º, da CLT".

Como a antecipação de tutela é classificada como decisão interlocutória, não há recurso destinado a sua reforma, circunstância que permite a impetração de mandado de segurança diante do caráter irrecorrível do ato judicial. Portanto, a assertiva não é verdadeira, pois contraria o entendimento do TST revelado por meio do item II, da Súmula nº 414: II – No caso da tutela antecipada (ou liminar) ser concedida antes da sentença, cabe a impetração do mandado de segurança, em face da inexistência de recurso próprio" **ERRADO.**

Direito Processual do Trabalho

José Cairo Jr.

✦ DICAS (RESUMO)

1. TEORIA GERAL DO PROCESSO DO TRABALHO, JURISDIÇÃO E AÇÃO

1.1. FORMAS DE SOLUÇÃO DE CONFLITOS INDIVIDUAIS TRABALHISTAS E FONTES DO DIREITO PROCESSUAL DO TRABALHO

Os conflitos surgidos na sociedade podem ser solucionados por três maneiras distintas: autodefesa ou autotutela, autocomposição e heterocomposição. A autodefesa ou autotutela é a forma mais primitiva de solução de conflitos, em que a parte mais forte impõe a outra um sacrifício por esta não consentido. Pela autocomposição, os litigantes em comum acordo e sem emprego da força fazem-se concessões recíprocas mediante ajuste de vontades dando fim à lide. Por fim, a heterocomposição consiste na solução do conflito por um terceiro, cuja decisão tem força obrigatória sobre os litigantes. O terceiro pode ser investido pelas partes (arbitragem) ou pela lei (jurisdição).

- **Arbitragem:** admitida, expressamente, pela CRFB/88 para solução de conflitos coletivos. Quanto aos dissídios individuais trabalhistas, pode ser utilizada quando o empregado for hipersuficiente (remuneração seja superior a 2 vezes o limite máximo da Previdência Social), desde que exista a iniciativa do empregado ou mediante a sua concordância expressa.
- **Comissões de conciliação prévia:** são organismos paritários, formados por representantes de empregados e empregadores, destinados a promover a transação extrajudicial entre esses atores sociais, funcionando como mediadores. Têm as seguintes características:
  a) **Composição e funcionamento:** composta de no mínimo 2 e no máximo 10 membros; a metade de seus membros será indicada pelo empregador e a outra metade eleita pelos empregados, em escrutínio secreto, fiscalizado pelo sindicato da categoria profissional; haverá na Comissão tantos suplentes quantos forem os representantes titulares; o mandato dos seus membros, titulares e suplentes, é de 1 ano, permitida uma recondução;
  b) **Procedimento:** a demanda será formulada por escrito ou reduzida a termo por qualquer dos membros da Comissão, sendo entregue cópia datada e assinada pelo membro aos interessados; não prosperando a conciliação, será fornecida ao empregado e ao empregador declaração da tentativa conciliatória frustrada com a descrição de seu objeto, firmada pelos membros da Comissão; caso exista, na mesma localidade e para a mesma categoria, Comissão de empresa e Comissão sindical, o interessado optará por uma delas para submeter a sua demanda, sendo competente aquela que primeiro conhecer do pedido; aceita a conciliação, será lavrado termo assinado pelo empregado, pelo empregador ou seu preposto e pelos membros da Comissão, fornecendo-se copia as partes, que tem força de título executivo extrajudicial e terá eficácia liberatória geral, exceto quanto as parcelas expressamente ressalvadas.

1.2. AUTONOMIA E FONTES DO DIREITO PROCESSUAL DO TRABALHO

- **Autonomia**: a doutrina não é pacífica quando se trata de determinar a autonomia do Direito Processual do Trabalho ou mesmo do Direito Processual Civil, havendo adeptos tanto da teoria monista, também denominada de unitarista, quanto da teoria dualista.
  a) **Teoria monista:** minoritária e considera que o direito processual é unitário.
  b) **Teoria dualista:** majoritária e entende que o direito processual do trabalho é autônomo, apesar de recorrer subsidiariamente e supletivamente às regras do processo civil.
- **Fontes formais do Direito Processual do Trabalho**: as leis em sentido amplo, os princípios, a jurisprudência, os costumes processuais, as portarias, atos e instruções normativas dos tribunais.
- **Jurisprudência:** é a reunião de decisões que se pronunciam em um determinado sentido é que se denomina de jurisprudência, que pode ser notória, reiterativa ou dominante quando boa parte das decisões que a compõem adota o idêntico entendimento.
- **Precedente judicial:** é uma decisão específica na qual se adota uma tese jurídica (*ratio decidendi*) sobre uma questão de direito e, de certa forma, pode vincular ou direcionar a atividade do julgador em demandas futuras. Em sentido estrito, precedente seria a própria tese jurídica (*ratio decidendi*) na qual se funda uma decisão. Em sentido amplo, o precedente judicial é composto da tese jurídica (*ratio decidendi*) e da situação fática na qual se embasa o litígio.

- **Súmula:** é o resumo da jurisprudência, quando as questões muito debatidas já se encontram, de certa forma, pacificadas. Para cada assunto, o Tribunal cria um texto, denominado de extrato normativo, que representa o seu posicionamento sobre determinada matéria, denominado de enunciado ou ementa de súmula.

- **Hierarquia das fontes:** ao contrário do que ocorre com o Direito individual do trabalho, não há que se falar em aplicação do princípio da regra mais favorável ao empregado no Direito processual do trabalho. Consequentemente, deve ser observada a hierarquia clássica das normas do ordenamento jurídico, em face ao caráter público desse ramo do Direito, cujo ápice é ocupado pelos dispositivos de caráter constitucional.

1.3. ORGANIZAÇÃO DA JUSTIÇA DO TRABALHO

A Justiça do Trabalho possui três órgãos conforme art. 111 da CRFB/88, quais sejam: Tribunal Superior do Trabalho (órgão de cúpula), Tribunais Regionais do Trabalho e os juízes do trabalho. Excepcionalmente, a jurisdição trabalhista pode ser exercida por Juízes de Direito, conforme art. 112 da CRFB/88, quando a comarca não for abrangida por jurisdição de nenhuma vara do trabalho, com recurso para o respectivo Tribunal Regional do Trabalho.

A EC nº 45/2004 trouxe a possibilidade da instalação da Justiça Itinerante (art. 115, § 1º, da CRFB/88), ensejando que o magistrado deixe a sede da Vara e/ou do Tribunal Regional, realizando o atendimento em outros municípios, viabilizando o acesso à Justiça. A referida Emenda Constitucional também criou dois novos órgãos com atribuições não jurisdicionais: a Escola Nacional de Formação e Aperfeiçoamento de Magistrados do Trabalho – ENAMAT e o Conselho Superior da Justiça do Trabalho – CSJT.

1.4. PRINCÍPIOS DO DIREITO PROCESSUAL DO TRABALHO

- **Conciliação:** a qualquer momento e em qualquer grau de jurisdição deve ser incentivada a solução dos conflitos mediada pelo magistrado.

- ***Ius postulandi*:** os empregados e os empregadores possuem capacidade postulatória. Assim, poderão reclamar pessoalmente perante a Justiça do Trabalho e acompanhar as suas reclamações até o final. Segundo o TST, o *ius postulandi* não alcança a ação rescisória, a ação cautelar, o mandado de segurança e os recursos de sua competência.

- **Imediatidade:** o juiz deve aproximar-se das partes e dos meios de provas por elas produzidos, a fim de que consiga extrair, pela sua percepção imediata, a verdade dos fatos alegados e, consequentemente, tornar o julgamento mais justo.

- **Oralidade:** confere-se preferência ao ato processual praticado oralmente, pois acentua-se a cognição entre aqueles que participam do processo. Para dar segurança jurídico-processual, esses atos são registrados, dando ensejo ao princípio da escrituração.

- **Publicidade:** constitui princípio da administração pública em geral. No âmbito do Poder Judiciário e, mais precisamente, da Justiça do Trabalho, os atos processuais são públicos, salvo quando o contrário determinar o interesse social, e serão realizados nos dias úteis das 6 às 20 horas.

- **Concentração:** os atos processuais devem concentrar-se, preferencialmente, em um único momento ou ato-complexo. No processo do trabalho, esse ato é representado pela audiência.

- **Identidade física do juiz:** o juiz, titular ou substituto, que concluir a audiência julgará a lide. Esse instituto não foi mantido pelo novo CPC. Assim, eventual vinculação do juiz à demanda só ocorrerá por conta de regras internas dos Tribunais.

- **Duração razoável do processo ou celeridade:** é mais intenso no processo do trabalho, pois o empregado, na maioria das vezes, tem o salário como fonte principal ou única do seu sustento e de sua família.

- **Jurisdição normativa:** consiste na possibilidade da Justiça do Trabalho criar uma norma genérica e abstrata, por meio de uma sentença normativa proferida nos processos de dissídio coletivo de natureza econômica, que se incorpora, automaticamente, e durante o respectivo prazo de validade, aos contratos de trabalho dos integrantes da categoria econômica e profissional em litígio.

- **Informalidade:** diz respeito à existência de uma carga menor de requisitos de validade de um ato processual ou mesmo da possibilidade de convalidação de um ato defeituoso, desde que não prejudique as partes e que sejam atingidos os objetivos fixados na lei. Esse princípio é muito mais intenso no processo do trabalho do que no processo civil.

- **Cooperação ou colaboração:** o processo é o resultado da atuação do juiz, do autor e do réu, com a participação ativa das partes. Essa atuação conjunta seria no sentido de conferir maior efetividade e celeridade à prestação jurisdicional adequada e pode ser entendido também não como um objetivo, mas sim como um meio de desenvolvimento do processo com o estímulo à ação cooperativa triangular.

1.5. COMPETÊNCIA

Em razão da matéria (absoluta):

A) **Ações envolvendo relação de trabalho:** relação de trabalho é o gênero e consiste na relação em que há prestação de serviços por pessoa física em que não se caracteriza a relação de emprego (espécie). Inclui relações de trabalho autônomo, de trabalho avulso (portuário), de trabalho eventual etc. A Justiça do Trabalho é competente para processar e julgar as ações entre trabalhadores portuários e os operadores portuários ou o Órgão Gestor de Mão de obra – OGMO decorrentes da relação de trabalho.

B) **Ações envolvendo agentes públicos regidos pela CLT.** Inclui os agentes comunitários de saúde e os agentes de combate a endemias (art. 198, § 5º, da CF/88), exceto se existir estatuto próprio no caso dos Estados, do Distrito Federal e dos Municípios (nesse caso a competência será da Justiça Comum). No caso de entes de direito público externo: 1) organismos internacionais: é necessário averiguar se existe imunidade prevista no Tratado de criação desses entes. Se o tratado for omisso, prevalecerá a imunidade absoluta (de jurisdição e de execução), exceto em caso de renúncia da imunidade; 2) Estados estrangeiros: pode praticar ato de império (decorre da soberania, ex. celebração de tratados) ou ato de gestão (Estado age como particular, ex. contratação de serviços de limpeza). No caso dos atos de império há imunidade absoluta (jurisdição e execução). No caso de ato de gestão, há competência da Justiça do Trabalho. Todavia, possuem imunidade de execução, de forma que não podem ser submetidos a atos expropriatórios e executivos. A jurisprudência vem relativizando essa imunidade e decidindo que apenas os bens afetos à missão diplomática seriam impenhoráveis.

C) **Ações envolvendo direito de greve** (ações judiciais prévias, concomitantes ou posteriores à greve). A Justiça do Trabalho é competente para processar e julgar ação possessória ajuizada em decorrência do exercício do direito de greve pelos trabalhadores da iniciativa privada.

D) **Ações sobre representação sindical e sindicatos** (exemplos: cobrança de contribuição sindical, prestação de contas, declaração de representatividade).

E) **Mandados de segurança, habeas corpus e habeas data.** A CF/88 não previu expressamente a competência trabalhista para julgar Mandado de Injunção. Não é da competência material trabalhista apreciar Mandado de segurança contra ato de delegado regional do trabalho, que indeferiu o benefício do Seguro Desemprego porque a relação é de direito administrativo e a competência será da Justiça Federal.

F) **Conflitos de competência envolvendo jurisdição trabalhista.** A competência funcional para apreciar o conflito de competência será: 1) do TRT respectivo → conflito entre Varas do Trabalho de sua jurisdição; 2) do TST → conflito entre Varas de Trabalho de mais de um TRT, TRT e Vara do Trabalho de jurisdição de TRT distinto.

G) **Ações de indenização por dano moral ou patrimonial, decorrentes da relação de trabalho, inclusive as oriundas de acidente de trabalho e doenças a ele equiparadas, ainda que propostas pelos dependentes ou sucessores do trabalhador falecido.** OBSERVAÇÕES: 1) As ações acidentárias (em que se pleiteiam benefícios previdenciários) são da competência da Justiça Comum Estadual; 2) No caso do acidente de trabalho, a competência não alcança processos que já tinham sentença de mérito na Justiça Comum quando do advento da EC 45/2014.

H) **Ações relativas à atividade fiscalizatória do Ministério do Trabalho** (exemplos: ação anulatória de ato administrativo, mandado de segurança contra superintendente do trabalho e outros).

I) **Execução, de ofício, das contribuições sociais calculadas sobre as parcelas deferidas nas sentenças proferidas ou nos acordos homologados:** A competência da Justiça do Trabalho limita-se à execução das contribuições previdenciárias decorrentes dos acordos ou condenações que proferir. Essa execução pode ser promovida, inclusive, **de ofício** (Súmula Vinculante n. 53).

Lides que não são da competência da Justiça do Trabalho: 1) Ação de cobrança de honorários de profissional liberal, inclusive advocatícios; 2) Ações envolvendo relações de consumo; 3) Representação comercial (RE 606003 – Tema 550); 4) Complementação de aposentadoria; 5) autorização para trabalho artístico de menor; 6) causas que envolvam relação jurídica administrativa (estatutária) entre o servidor e o Poder Público, o que inclui hipótese de contratação temporária no serviço público e até mesmo discussão sobre validade desse tipo de contrato; 7) ação em que se discute a reintegração de empregados públicos dispensados em face da concessão de aposentadoria espontânea (RE 655.283 – Tema 606); 8) lides envolvendo candidatos que pleiteiam, em concursos públicos, o emprego público (regime celetista), sobretudo questionando regras do concurso e o direito à nomeação (RE 960429 – Tema 992; 9) Ações de acidente do trabalho em face do INSS; 10) ações penais.

- **Em razão do lugar (relativa):** fixação da competência em razão do lugar pelo critério da localidade onde o empregado, reclamante ou reclamado, prestar serviços ao empregador, ainda que tenha sido contratado noutro local ou no estrangeiro. Devem ser observadas as seguintes exceções:

  Quando for parte no dissídio agente ou viajante comercial, a competência será da localidade em que a empresa tenha agência ou filial e a esta o empregado esteja subordinado e, na falta, será competente a vara do trabalho da localidade em que o empregado tenha domicílio ou a localidade mais próxima;

  Em se tratando de empregador que promova realização de atividades fora do lugar do contrato de trabalho, é assegurado ao empregado apresentar reclamação no foro da celebração do contrato ou no da prestação dos respectivos serviços;

  A competência das Varas do Trabalho em razão do lugar estende-se aos dissídios ocorridos em agência ou filial no estrangeiro, desde que o empregado seja brasileiro e não haja convenção internacional dispondo em contrário.

- **Conflitos de competência:** serão resolvidos:

  Pelos Tribunais regionais, os suscitados entre Varas do Trabalho e entre Juízos de Direito investidos na administração da Justiça do Trabalho, ou entre umas e outros, nas respectivas Regiões;

  Pelo TST, os suscitados entre Tribunais Regionais, ou entre Varas do Trabalho e Juízos de Direito sujeitos à jurisdição de Tribunais Regionais diferentes;

  Pelo STJ, os suscitados entre as autoridades da Justiça do Trabalho e as da Justiça Ordinária.

- **Modificação da competência:** no processo do trabalho as partes não podem modificar a competência em razão do valor e do território, por meio da eleição de foro onde será proposta ação oriunda de direitos e obrigações. Assim, não se aplica o art. 63 do novo CPC, conforme art. 2º, I, da Instrução Normativa nº 39/16 do TST.

2. PROCESSO E PROCEDIMENTO TRABALHISTA

2.1. PROCEDIMENTOS (INQUÉRITO, DE ALÇADA EXCLUSIVA DA VARA, SUMARÍSSIMO E HOMOLOGAÇÃO DE ACORDO EXTRAJUDICIAL)

- **Inquérito:** o inquérito para apuração de falta grave representa uma ação específica de cognição, de rito especial, cuja decisão possui carga predominantemente constitutiva, destinando-se a promover o rompimento do contrato de trabalho do empregado portador de estabilidade, desde que assim a lei o determine expressamente. Características e efeitos:

  O empregador apresentará reclamação por escrito à Vara do Trabalho ou Juízo de Direito, dentro do prazo decadencial de 30 dias, contados da data da suspensão do empregado;

  Se a hipótese for de abandono de emprego, o prazo de decadência é contado a partir do momento em que o empregado pretendeu seu retorno ao serviço;

  Caso tenha havido prévio reconhecimento da estabilidade do empregado, o julgamento do inquérito pelo juízo não prejudicará a execução para pagamento dos salários devidos ao empregado, até a data da instauração do mesmo inquérito;

  Reconhecida a inexistência de falta grave praticada pelo empregado, fica o empregador obrigado a reintegrá-lo no serviço e a pagar-lhe os salários a que teria direito no período da suspensão;

  Se a reintegração for desaconselhável, dado o grau de incompatibilidade resultante do dissídio, o Tribunal do Trabalho poderá converter aquela obrigação em indenização.

- **Procedimento de alçada exclusiva da Vara do Trabalho:** reclamações trabalhistas cujo valor da causa não supere dois salários mínimos são da alçada exclusiva de julgamento da Vara do Trabalho, ou seja, as sentenças não são passíveis de recurso, salvo se versarem sobre matéria constitucional. Dispensa-se, a critério do juiz, o resumo dos depoimentos, devendo constar da ata a conclusão do Tribunal quanto à matéria de fato.

- **Sumaríssimo:** demandas cujo valor da causa não ultrapasse 40 salários mínimos, salvo nas demandas em que é parte a Administração Pública direta, autárquica e fundacional. Tem as seguintes características:

  Pedido: deve ser certo ou determinado e indicará o valor correspondente, sob pena de arquivamento;

  Notificação: não se faz citação/notificação por edital, incumbindo ao autor a correta indicação do nome e endereço do reclamado, sob pena de arquivamento;

  Audiência: a apreciação, instrução e julgamento da reclamação deve ocorrer no prazo máximo de 15 dias do seu ajuizamento em audiência única. Interrompida a audiência, o seu prosseguimento e a solução do processo se dará no prazo máximo de 30 dias, salvo motivo relevante justificado nos autos pelo juiz;

  Testemunhas: até o máximo de duas para cada parte, comparecerão à audiência de instrução e julgamento independentemente de intimação. Só será deferida intimação de testemunha que, comprovadamente convidada, deixar de comparecer. Não comparecendo a testemunha intimada, o juiz pode determinar sua imediata condução coercitiva;

  Perícia: somente quando a prova do fato o exigir, ou for legalmente imposta, será deferida prova técnica, incumbindo ao juiz, desde logo, fixar o prazo, o objeto da perícia e nomear perito. As partes são intimadas a manifestar-se sobre o laudo, no prazo comum de 5 dias;

  Sentença: mencionará os elementos de convicção do juízo, com resumo dos fatos relevantes ocorridos em audiência, dispensado o relatório. O juízo adotará em cada caso a decisão que reputar mais justa e equânime, atendendo aos fins sociais da lei e as exigências do bem comum;

  Recurso ordinário: é imediatamente distribuído, uma vez recebido no Tribunal; não existe a figura do revisor; tem parecer oral do representante do Ministério Público presente à sessão de julgamento; e o acordão consiste unicamente na certidão de julgamento;

  Recurso de revista: somente será admitido por contrariedade a súmula de jurisprudência uniforme do TST, Súmula Vinculante do STF e violação direta da Constituição da República.

- **Processo de jurisdição voluntária para homologação de acordo extrajudicial:** o processo de homologação de acordo extrajudicial terá início por petição conjunta, sendo obrigatória a representação das partes por advogado:

As partes não poderão ser representadas por advogado comum;

Faculta-se ao trabalhador ser assistido pelo advogado do sindicato de sua categoria;

No prazo de quinze dias a contar da distribuição da petição, o juiz analisará o acordo, designará audiência se entender necessário e proferirá sentença;

A petição de homologação de acordo extrajudicial suspende o prazo prescricional da ação quanto aos direitos nela especificados. Voltará a fluir no dia útil seguinte ao do trânsito em julgado da decisão que negar a homologação do acordo.

2.2. PARTES, REPRESENTAÇÃO, INTERVENÇÃO DE TERCEIROS SUBSTITUIÇÃO PROCESSUAL E FAZENDA PÚBLICA

- **Ministério Público do Trabalho:** é composto de uma Procuradoria-Geral, que atua perante o TST, e de 24 Procuradorias Regionais, atuando perante os Tribunais Regionais do Trabalho. Na Justiça do Trabalho, só atua como órgão interveniente (*custos legis*) na fiscalização dos processos da competência originária ou derivada dos Tribunais do Trabalho, observando, também, o quanto disposto no art. 178 do novo CPC, sob pena de nulidade processual.

- **Legitimação do MPT:** tem legitimidade para ajuizar ações trabalhistas em defesa dos direitos difusos e coletivos dos trabalhadores, menores e incapazes e, de forma específica:

Promover as ações que lhe sejam atribuídas pela Constituição Federal e pelas leis trabalhistas;

Promover a ação civil pública no âmbito da Justiça do Trabalho, para defesa de interesses coletivos, quando desrespeitados os direitos sociais constitucionalmente garantidos;

Propor as ações cabíveis para declaração de nulidade de cláusula de contrato, acordo coletivo ou convenção coletiva que viole as liberdades individuais ou coletivas ou os direitos individuais indisponíveis dos trabalhadores;

Recorrer das decisões da Justiça do Trabalho, quando entender necessário, tanto nos processos em que for parte, como naqueles em que oficiar como fiscal da lei, bem como pedir revisão dos Enunciados da Súmula de Jurisprudência do Tribunal Superior do Trabalho;

Propor as ações necessárias à defesa dos direitos e interesses dos menores, incapazes e índios, decorrentes das relações de trabalho;

Instaurar instância em caso de greve, quando a defesa da ordem jurídica ou o interesse público assim o exigir;

Promover mandado de injunção, quando a competência for da Justiça do Trabalho.

- **Fazenda Pública:** a União, os Estados, o Distrito Federal, os Municípios e as autarquias ou fundações de direito público federais, estaduais ou municipais que não explorem atividades econômicas gozam dos seguintes privilégios processuais:

Duplo grau de jurisdição necessário, salvo quando a sentença estiver fundada em súmula de tribunal superior; acórdão proferido pelo Supremo Tribunal Federal ou pelo Superior Tribunal de Justiça em julgamento de recursos repetitivos; entendimento firmado em incidente de resolução de demandas repetitivas ou de assunção de competência; entendimento coincidente com orientação vinculante firmada no âmbito administrativo do próprio ente público, consolidada em manifestação, parecer ou súmula administrativa; ou quando o valor da condenação não ultrapassar (art. 496, § 3º do novo CPC):

- 1.000 salários-mínimos para a União e as respectivas autarquias e fundações de direito público;
- 500 salários-mínimos para os Estados, o Distrito Federal, as respectivas autarquias e fundações de direito público e os Municípios que constituam capitais dos Estados
- 100 (cem) salários-mínimos para todos os demais Municípios e respectivas autarquias e fundações de direito público.

Quádruplo do prazo para realização da audiência (20 dias);

Prazo em dobro para praticar todos os atos processuais (art. 183 do novo CPC);

Dispensa de recolhimento de custas e do depósito para interposição de recurso.

- **Intervenção de terceiros:** verifica-se a intervenção de terceiros quando uma pessoa ingressa em um processo que, originariamente, não é parte, por iniciativa própria ou por provocação do reclamante ou do reclamado.

- ***Amicus curiae*:** é a pessoa ou entidade que ingressa no processo para fornecer subsídios científicos, técnicos ou práticos para auxiliar o juiz ou tribunal a proferir uma decisão. O juiz ou o relator, considerando a relevância da matéria, a especificidade do tema objeto da demanda ou a repercussão social da controvérsia, poderá, por decisão irrecorrível, de ofício ou a requerimento das partes ou de quem pretenda manifestar-se, solicitar ou admitir a participação de pessoa natural ou jurídica, órgão ou entidade especializada, com representatividade adequada, no prazo de quinze dias de sua intimação.

- **O incidente de desconsideração da personalidade jurídica** (inclusive a desconsideração inversa): cabe em todas as fases do processo e será instaurado a pedido da parte ou do Ministério Público, quando lhe couber intervir no processo. (arts. 133 a 137 do

CPC c/c art. 855-A da CLT). A instauração do incidente suspende o processo, sem prejuízo da concessão da tutela de urgência de natureza cautelar.

Da decisão interlocutória que acolher ou rejeitar o incidente:

- na fase de cognição, não cabe recurso de imediato, na forma do art. 893, § 1º da CLT;
- na fase de execução, cabe agravo de petição, independentemente de garantia do juízo;
- cabe agravo interno se proferida pelo Relator, em incidente instaurado originariamente no tribunal.

2.3. DANOS PROCESSUAIS

- **Responsabilidade**: responde por perdas e danos aquele que litigar de má-fé como reclamante, reclamado ou interveniente.
- **Tipificação**:
  - deduzir pretensão ou defesa contra texto expresso de lei ou fato incontroverso;
  - alterar a verdade dos fatos;
  - usar do processo para conseguir objetivo ilegal;
  - opuser resistência injustificada ao andamento do processo;
  - proceder de modo temerário em qualquer incidente ou ato do processo;
  - provocar incidente manifestamente infundado;
  - interpuser recurso com intuito manifestamente protelatório.
- **Multa**: de ofício ou a requerimento, o juízo condenará o litigante de má-fé a pagar multa, que deverá ser superior a 1% (um por cento) e inferior a 10% (dez por cento) do valor corrigido da causa, a indenizar a parte contrária pelos prejuízos que esta sofreu e a arcar com os honorários advocatícios e com todas as despesas que efetuou.

2.4. ADVOGADO, PROCURAÇÃO, DESPESAS PROCESSUAIS E *IUS POSTULANDI*

- ***Advogado e ius postulandi***: empregados e empregadores podem reclamar pessoalmente perante a Justiça do Trabalho e acompanhar as suas reclamações até o final, salvo nos casos de processos em grau de recurso no TST, ação cautelar, rescisória, mandado de segurança e pedido de homologação de acordo judicial.
- **Procuração e substabelecimento**:
  - Para atuar em juízo, o advogado necessita do instrumento de mandato (procuração), que pode ser escrito ou verbal, expresso ou tácito;
  - Os procuradores dos Entes da Administração Pública Direta, autárquica e fundacional estão dispensados da juntada de instrumento de mandato e de comprovação do ato de nomeação. Todavia, é essencial que o signatário ao menos se declare exercente do cargo de procurador, não bastando a indicação do número de inscrição na Ordem dos Advogados do Brasil;
  - Os poderes outorgados também podem ser transferidos para outro advogado por intermédio do substabelecimento.

  Em se tratando de outorgante analfabeto, é necessária a assinatura a rogo da parte e a subscrição por duas testemunhas.

  A procuração outorgada com poderes específicos para ajuizamento de reclamação trabalhista não autoriza a propositura de ação rescisória e mandado de segurança. Constatado, todavia, o defeito de representação processual na fase recursal, cumpre ao relator ou ao tribunal conceder prazo de 5 (cinco) dias para a regularização.

  O advogado poderá renunciar ao mandato a qualquer tempo, provando que comunicou a renúncia ao mandante, a fim de que este nomeie sucessor. Durante os 10 (dez) dias seguintes, o advogado continuará a representar o mandante, desde que necessário para lhe evitar prejuízo. Dispensa-se a comunicação referida no caput quando a procuração tiver sido outorgada a vários advogados e a parte continuar representada por outro, apesar da renúncia.

  A juntada de nova procuração aos autos, sem ressalva de poderes conferidos ao antigo patrono, implica revogação tácita do mandato anterior.

  Mandato tácito: É possível o registro em ata de audiência dos poderes outorgados ao procurador, desde que a parte esteja presente (art. 791, § 3º, da CLT). O simples registro do nome do advogado em ata de audiência, presente, a parte, configura o mandato tácito (apud acta), possuindo o advogado poderes para o foro em geral, mas não podendo praticar os atos que dependam de poderes específicos. É inválido o substabelecimento de advogado investido de mandato tácito (OJ n. 200 da SDI-1 do TST). É inválido o instrumento de mandato firmado em nome de pessoa jurídica que não contenha, pelo menos, o nome do outorgante e do signatário da procuração, pois estes dados constituem elementos que os individualizam (Súm. 456, I, do TST).
- **Honorários advocatícios de sucumbência:** Foram instituídos com a Reforma Trabalhista e, portanto, somente se aplicam aos processos ajuizados após a vigência da Reforma (11.11.2017). São devidos ao advogado, ainda que atue em causa própria, inclusive na reconvenção (artigo 791-A da CLT). Serão fixados entre o mínimo de 5% e o máximo de 15% sobre o valor que resultar da liquidação da sentença, do proveito econômico obtido ou, não sendo possível mensurá-lo, sobre o valor atualizado da causa. São devidos também nas ações contra a Fazenda Pública

e nas ações em que a parte estiver assistida ou substituída pelo sindicato de sua categoria (§ 1º do art. 791-A da CLT). Na hipótese de procedência parcial, o juízo arbitrará honorários de sucumbência recíproca, vedada a compensação entre os honorários.

- **Honorários advocatícios de sucumbência e beneficiários da justiça gratuita:** Diante do julgamento da ADI nº 5.766, foi reputada inconstitucional a seguinte expressão contida no § 4º, art. 791-A da CLT: "desde que não tenha obtido em juízo, ainda que em outro processo, créditos capazes de suportar a despesa'. A nova redação do referido dispositivo passa a ser a seguinte: Art. 791-A. § 4º Vencido o beneficiário da justiça gratuita, as obrigações decorrentes de sua sucumbência ficarão sob condição suspensiva de exigibilidade e somente poderão ser executadas se, nos dois anos subsequentes ao trânsito em julgado da decisão que as certificou, o credor demonstrar que deixou de existir a situação de insuficiência de recursos que justificou a concessão de gratuidade, extinguindo-se, passado esse prazo, tais obrigações do beneficiário.
- **Honorários periciais provisionais**: Não é cabível a cobrança de honorários provisionais na Justiça do Trabalho, conforme o § 3º do art. 790-B da CLT: "O juízo não poderá exigir adiantamento de valores para realização de perícias". É cabível Mandado de Segurança em caso de determinação de antecipação de honorários periciais na Justiça do Trabalho.
- **Honorários periciais definitivos:** A responsabilidade pelo pagamento dos honorários periciais é da parte sucumbente na pretensão objeto da perícia, ainda que beneficiária da justiça gratuita. Somente no caso em que o beneficiário da justiça gratuita não tenha obtido em juízo créditos capazes de suportar os honorários periciais, ainda que em outro processo, a união responderá pelo encargo.
- **Honorários do assistente técnico:** a indicação do perito assistente é faculdade da parte, a qual deve responder pelos respectivos honorários, ainda que vencedora no objeto da perícia.
- **Custas**: nos dissídios individuais e nos dissídios coletivos do trabalho, nas ações e procedimentos de competência da Justiça do Trabalho, bem como nas demandas propostas perante a Justiça Estadual, no exercício da jurisdição trabalhista, as custas relativas ao processo de conhecimento incidirão à base de 2% (dois por cento), observado o mínimo de R$ 10,64 (dez reais e sessenta e quatro centavos) e o máximo de quatro vezes o limite máximo dos benefícios do Regime Geral de Previdência Social.
- **Assistência judiciária**: é devida pelo Estado a todo cidadão que não tiver condições de arcar com o pagamento das despesas processuais, sem prejuízo do seu sustento próprio e da sua família. Na Justiça do Trabalho, de acordo com o que preceitua o art. 14 da Lei nº 5.584/70, a assistência judiciária é prestada pelos sindicatos, aos associados e não associados, ou seja, a todos os integrantes da categoria profissional que representa.
- **Justiça gratuita**: o benefício da justiça gratuita só pode ser concedido no processo do trabalho às pessoas que percebam até 40% do limite máximo dos benefícios do Regime Geral de Previdência Social. Acima desse valor é necessário que a parte requerente comprove a insuficiência de recursos para o pagamento das custas processuais.

2.5. ATOS PROCESSUAIS, PRAZOS E NULIDADES

- **Atos processuais:** são atos, simples ou complexos, praticados pelas pessoas que fazem parte ou intervém no processo e que, em conjunto, formam o próprio processo e os autos respectivos, com o objetivo de solucionar a lide, criando, modificando ou extinguindo direitos processuais. São públicos, salvo quando o contrário determinar o interesse social, realizados nos dias úteis das 6 às 20 horas, salvo a penhora, que pode ser feita em domingo ou dia feriado, mediante autorização expressa do juiz.
- **Início do prazo:** salvo disposições em contrário, os prazos contam-se a partir da data:

  Em que for feita pessoalmente ou recebida a notificação;

  Em que for publicado o edital no jornal oficial ou no que publicar o expediente da Justiça do Trabalho;

  Em que for afixado o edital, na sede da Unidade Jurisdicional.

  Depois de decorridos dez dias sem que o advogado acesse sua conta de intimação no sistema PJe.
- Salvo nos casos previstos na CLT, a publicação das decisões e sua notificação aos litigantes, ou seus patronos, consideram-se realizadas nas próprias audiências em que forem as mesmas proferidas;
- Da decisão serão os litigantes notificados, pessoalmente ou por seu representante, na própria audiência. No caso de revelia, a notificação será feita em registro postal com franquia. Se o reclamado criar embaraços ao seu recebimento, ou não for encontrado, far-se-á a notificação por edital.
- Não se aplica ao processo do trabalho a regra do prazo em dobro para procuradores distintos, (OJ 310 da SDB1 do TST), em razão da incompatibilidade com a celeridade que lhe é inerente.
- **Contagem do prazo:** os prazos serão contados em dias úteis, com exclusão do dia do começo e inclusão do dia do vencimento:

  Intimada ou notificada a parte no sábado, o início do prazo se dará no primeiro dia útil imediato e a contagem, no subsequente;

  Os prazos que se vencerem em sábado, domingo ou dia feriado terminarão no primeiro dia útil seguinte;

Quando a intimação tiver lugar na sexta-feira, ou a publicação com efeito de intimação for feita nesse dia, o prazo judicial será contado da segunda-feira imediata, inclusive, salvo se não houver expediente, caso em que fluirá no dia útil que se seguir;

Quando o ato processual for publicado no diário oficial eletrônico, considera-se como data da publicação o primeiro dia útil seguinte ao da disponibilização da informação. Já os prazos processuais terão início no primeiro dia útil que seguir ao considerado como data da publicação.

- **Prorrogação dos prazos:** podem ser prorrogados, pelo tempo estritamente necessário, nas seguintes hipóteses:

Quando o juízo entender necessário;

Em virtude de força maior, devidamente comprovada.

- **Dilação dos prazos:** ao juízo incumbe dilatar os prazos processuais e alterar a ordem de produção dos meios de prova, adequando-os às necessidades do conflito de modo a conferir maior efetividade à tutela do direito.
- **Prazos para a Fazenda Pública:**
  - As pessoas jurídicas de direito público que não explorem atividade econômica, o Ministério Público e a Defensoria Pública possuem **prazo em dobro** para se manifestar nos autos, isto é, para a prática de qualquer ato processual, como por exemplo, recorrer.

✓ As pessoas jurídicas de direito público da Administração Direta, Autárquica e Fundacional da União, DF, Estados e Municípios possuem **prazo em quádruplo** para **contestar**, ou seja, o prazo entre a data da propositura da ação trabalhista e da audiência inicial ou una deve ser de **20 dias.**

✓ Para os correios também se aplicam os prazos diferenciados acima expostos (prazo em quádruplo para contestar e em dobro para as demais manifestações).

✓ A Recomendação n. 02/2012 da CGJT autoriza que a União possa protocolar sua defesa, no prazo de **20 dias,** dispensando a realização de **audiência inicial,** quando a matéria for unicamente de **direito.**

Principais prazos do processo do trabalho (do menor para o maior)	
Razões finais	10 minutos
Defesa	20 minutos
Prazo máximo que pode durar a audiência, salvo quando houver matéria urgente	5 horas
Pedido de revisão do valor da causa	48 horas
Prazo para designação da audiência para o julgamento da exceção de suspeição	48 horas
Presunção de recebimento da notificação inicial	48 horas
Para o devedor pagar a dívida ou nomear bens à penhora	48 horas
Embargos declaratórios	5 dias
Exceção de incompetência em razão do lugar e respectiva manifestação da parte contrária	5 dias
Embargos à execução, salvo para Fazenda Publica	5 dias
Apresentação dos originais quando for juntada cópia em fax	5 dias
Manifestação das partes sobre o laudo pericial no rito sumaríssimo	5 dias
Prazo mínimo para que seja designada a audiência inicial	5 dias
Impugnação à sentença de liquidação pelas partes e pela União	5 dias
Impugnação dos cálculos de liquidação pelas partes	8 dias
Recursos trabalhistas em geral	8 dias
Manifestação da União sobre os cálculos de liquidação	10 dias
Recurso extraordinário	15 dias
Apreciação da reclamação no rito sumaríssimo	15 dias
Embargos à execução pela Fazenda Publica	30 dias
Penalidade aplicada ao reclamante que der causa a dois arquivamentos seguidos	6 meses

- **Nulidades:** princípios e regras a serem observados:

Princípio da transcendência ou do prejuízo: nos processos sujeitos à apreciação da Justiça do Trabalho, só haverá nulidade quando resultar dos atos inquinados manifesto prejuízo as partes litigantes;

Princípio da convalidação ou da preclusão: a declaração da nulidade depende da provocação das partes, as quais deverão arguii-las à primeira vez em que tiverem de falar em audiência ou nos autos, salvo aquela fundada em incompetência de foro, leia-se, em razão da matéria;

Princípio do interesse: a nulidade não poderá ser declarada quando arguida por quem lhe tiver dado causa;

Princípio da causalidade ou da utilidade: ao ser declarada a nulidade, deverá indicar os atos a que ela se estende, e não prejudicará senão os posteriores que dele dependam ou sejam consequência.

Quando o recurso tempestivo contiver defeito formal que não se repute grave, o Tribunal Superior do Trabalho poderá desconsiderar o vício ou mandar saná-lo, julgando o mérito.

3. INICIAL, DEFESA E AUDIÊNCIA

3.1. INICIAL E DEFESA

- **Petição inicial trabalhista.** Requisitos segundo o art. 840, § 1º da CLT:

  Designação da Vara do Trabalho ou do juiz de Direito, a quem for dirigida;

  Qualificação das partes;

  Uma breve exposição dos fatos;

  Pedido certo, determinado e com indicação de seu valor;

  Data e a assinatura do reclamante ou de seu representante.

- **Citação/notificação:** no processo do trabalho de conhecimento, a citação é denominada de notificação. Características e efeitos:

  Recebida e protocolada a reclamação, o escrivão ou chefe de secretaria, dentro de 48 horas, remeterá a segunda via da petição, ou do termo, ao reclamado, notificando-o, ao mesmo tempo, para comparecer à audiência de julgamento, que será a primeira desimpedida, depois de 5 dias;

  Se o reclamado criar embaraços ao recebimento da notificação, ou não for encontrado, a notificação será feita por edital, inserto no jornal oficial ou no que publicar o expediente forense, ou, na falta, afixado na sede da Junta ou Juízo.

  Oferecida a contestação, ainda que eletronicamente, o reclamante não poderá, sem o consentimento do reclamado, desistir da ação.

  ATENÇÃO: Em 26/8/2021 foi sancionada a Lei nº 14.195/2021, que alterou regras relativas à citação previstas no CPC e que também se aplicam ao processo trabalhista. a redação do artigo 246 do CPC foi alterada para se fixar que a citação deverá ser realizada preferencialmente por meio eletrônico, no prazo de até dois dias úteis, contado da decisão que a determinar.

  Essa citação se dará por meio dos endereços eletrônicos indicados pelo citando no banco de dados do Poder Judiciário, conforme regulamento do CNJ, para qualquer comarca do país.

  Para que essa medida seja implementada, as empresas públicas e privadas, inclusive da Administração Pública Direta e Indireta, são obrigadas a manter cadastro nos sistemas de processo em autos eletrônicos, para efeito de recebimento de citações e intimações.

  As microempresas e as pequenas empresas somente se sujeitam a essa obrigação quando não possuírem endereço eletrônico cadastrado no sistema integrado da Rede Nacional para a Simplificação do Registro e da Legalização de Empresas e Negócios (Redesim). Para tal, deverá haver compartilhamento de cadastro com o órgão do Poder Judiciário, incluído o endereço eletrônico constante do sistema integrado da Redesim, nos termos da legislação aplicável ao sigilo fiscal e ao tratamento de dados pessoais.

  Com relação à citação eletrônica propriamente dita, se o citando não fizer a confirmação da citação, em até 3 dias úteis, contados do recebimento da citação eletrônica, a citação será realizada por outros meios, quais sejam: I – pelo correio; II – por oficial de justiça; III – pelo escrivão ou chefe de secretaria, se o citando comparecer em cartório; IV – por edital.

  Todavia, na primeira oportunidade de falar nos autos, o réu citado nas outras modalidades acima descritas, deverá apresentar justa causa para a ausência de confirmação do recebimento da citação enviada eletronicamente.

  A ausência de justa causa configurará ato atentatório à dignidade da justiça, passível de multa de até 5% (cinco por cento) do valor da causa.

  As citações por correio eletrônico serão acompanhadas das orientações para realização da confirmação de recebimento e de código identificador que permitirá a sua identificação na página eletrônica do órgão judicial citante.

  Também foi acrescido o parágrafo único ao art. 238 do CPC trazendo a previsão de efetivação da citação no prazo de 45 dias a contar da propositura da ação. Trata-se de um prazo impróprio, destinado ao juiz e, portanto, sem previsão de sanção.

  O novo inciso IX, acrescido ao artigo 231 do CPC alterou o "dies a quo" do recebimento da citação eletrônica, prevendo que o dia do começo do prazo será o quinto dia útil seguinte à confirmação, na forma prevista na mensagem de citação, do recebimento da citação realizada por meio eletrônico.

- **Defesa:** não havendo acordo, o reclamado terá 20 minutos para aduzir sua defesa. Entretanto, é possível protocolar a contestação escrita pelo sistema de processo judicial eletrônico até a tentativa conciliatória frustrada, em audiência. Feito isso, o reclamante não poderá aditar ou desistir da pretensão sem a concordância da parte contrária:

  Contestação: é a peça processual por meio da qual o réu, denominado de reclamado no processo do trabalho, pode refutar as pretensões contidas na inicial e no eventual aditamento, utilizando-se de alegações de fato e de direito;

  Exceção de suspeição e incompetência em razão do lugar: nas causas da jurisdição da Justiça do Trabalho, somente podem ser opostas, com suspensão do feito, as exceções de suspeição ou incompetência (em razão do lugar). As demais exceções serão alegadas como matéria de defesa, inclusive a incompetência absoluta. Das decisões sobre exceções de suspeição e incompetência, salvo, quanto a estas, se terminativas do feito, não caberá recurso, podendo, no entanto, as partes alegá-las novamente no recurso que couber da decisão final. Com a vigência da Lei da Reforma Trabalhista, o prazo para apresentação da exceção de incompetência em razão do lugar passa a ser de cinco dias, contados a partir do recebimento da notificação inicial;

Incompetência relativa pelo CPC de 2015: passa a ser arguida como preliminar da contestação (art. 337, II do CPC). Não se aplica ao processo laboral quando se tratar de incompetência territorial, diante do preceito contido no art. 800 da CLT;

Exceção de suspeição: apresentada a exceção de suspeição ou de impedimento, em peça apartada, o juiz ou Tribunal designará audiência, dentro de 48 horas, para instrução e julgamento da exceção. Como a CLT não é omissa, a exceção de suspeição ou de impedimento continua sendo considerada como matéria de defesa, apesar do CPC ter retirada essa matéria desse rol;

Reconvenção: constitui uma ação do réu contra o autor, tendo por base os mesmos fatos ou fundamentos jurídicos constantes da inicial ou quando existir conexão com os fundamentos da defesa. Nesse caso, o réu deduz uma pretensão derivada ou relacionada com os referidos fatos que lhe atribuem a titularidade do direito violado pelo autor, na mesma peça da contestação (art. 343 do CPC), sendo essa regra aplicável ao processo do trabalho.

Prescrição: O prazo prescricional será de cinco anos, até o limite de dois anos após a extinção do contrato de trabalho. Tratando-se de pretensão que envolva pedido de prestações sucessivas decorrente de alteração ou descumprimento do pactuado, a prescrição é total, exceto quando o direito à parcela esteja também assegurado por preceito de lei. A pretensão relacionada com a ação judicial para a anotação da CTPS, para fins de prova junto à Previdência Social, é imprescritível (§ 1º do art. 11 da CLT).

- **Marco inicial:** bienal, conta-se a partir da data da extinção do contrato de trabalho, inclusive levando-se em consideração o tempo do aviso-prévio, indenizado ou trabalhado. No caso de trabalhador avulso portuário, a prescrição bienal será contada a partir da data do seu descredenciamento do Órgão Gestor de Mão de Obra – OGMO. Quinquenal a partir do momento em que o direito se tornar exigível.
- **FGTS:** O entendimento Sumulado do TST era no sentido de que a prescrição só se operava depois de decorridos trinta anos, durante a vigência do contrato de trabalho, mantido prazo de dois anos após a sua extinção. Todavia, o STF determinou que fosse aplicado ao FGTS o mesmo prazo prescricional das demais verbas trabalhistas, ou seja, cinco anos durante o contrato de trabalho e dois anos após a sua extinção (STF-ARE-709212/DF). Por conta disso, em 2015, o TST alterou a redação da Súmula nº 362, que passou a vigorar com o seguinte texto: I – Para os casos em que a ciência da lesão ocorreu a partir da 13.11.2014, é quinquenal a prescrição do direito de reclamar contra o não-recolhimento de contribuição para o FGTS, observado o prazo de dois anos após o término do contrato; II – Para os casos em que o prazo prescricional já estava em curso em 13.11.2014, aplica-se o prazo prescricional que se consumar primeiro: trinta anos, contados do termo inicial, ou cinco anos, a partir de 13.11.2014.
- **Interrupção:** A reclamação trabalhista, ainda que arquivada, interrompe o prazo prescricional relativamente aos pedidos constantes da petição inicial. Além disso, o mero ajuizamento do protesto judicial interrompe o prazo prescricional (OJ nº 392 da SDI-1 TST).
- **Suspensão:** Suspende-se o prazo prescricional a partir da submissão da demanda trabalhista à comissão de conciliação prévia, recomeçando a fluir a partir da tentativa frustrada de conciliação ou do fim do decênio previsto para a realização desse ato. Contudo, a suspensão do contrato de trabalho, em virtude da percepção do auxílio-doença ou da aposentadoria por invalidez, não impede a fluência da prescrição quinquenal, ressalvada a hipótese de absoluta impossibilidade de acesso ao Judiciário.
- **Momento de arguição:** Não se conhece de prescrição não arguida na instância ordinária. Ainda não há consenso jurisprudencial sobre a aplicação da prescrição de ofício no processo do trabalho.
- **Lei n. 14.010/20 (pandemia)**: O artigo 3º da lei estabelece que "os prazos prescricionais consideram-se impedidos ou suspensos, conforme o caso, a partir da entrada em vigor desta lei até 30 de outubro de 2020". Com isso, a lei reconheceu que, em virtude da peculiaridade da situação enfrentada com a pandemia (que levou à quarentena, isolamento social, etc.), não se pode impor ao credor a inércia caracterizadora da prescrição. A Lei n. 14.010/20 delimita a suspensão ou impedimento do prazo prescricional entre 12 de junho e 30 de outubro, muito embora o parágrafo único de seu artigo 1º tenha fixado o dia 20 de março "como termo inicial dos eventos derivados da pandemia do coronavírus (Covid-19). O §1º do artigo 3º estabelece que o impedimento ou a suspensão não se aplicam enquanto perdurarem outras hipóteses específicas de impedimento, suspensão e interrupção dos prazos prescricionais previstas no ordenamento jurídico nacional. Em outras palavras, a previsão da Lei n. 14.010/20 é de suspensão para os prazos que estão transcorrendo normalmente.

3.2. AUDIÊNCIA E CONCILIAÇÃO

- **Audiência:** ato processual especial efetivado, em regra, na sede do Juízo ou Tribunal em dias úteis previamente fixados, entre 8 e 18 horas, não podendo ultrapassar 5 horas seguidas, salvo quando houver matéria urgente:

Deverão estar presentes o reclamante e o reclamado, independentemente do comparecimento de seus representantes, salvo nos casos de reclamatórias plúrimas ou ações de cumprimento, quando os empregados poderão fazer-se representar pelo sindicato de sua categoria;

Se, até quinze minutos após a hora marcada, o juiz ou presidente não houver comparecido, os presentes poderão retirar-se, devendo o ocorrido constar do livro de registro das audiências.

- **Preposto:** é facultado ao empregador fazer-se substituir pelo gerente, ou qualquer outro preposto que tenha conhecimento do fato, e cujas declarações obrigarão o proponente, não sendo necessário ostentar a qualidade de empregado.

- **Arquivamento:** o não comparecimento injustificado do reclamante à primeira audiência ou em outra oportunidade na qual ainda não tenha sido oferecida a defesa, importa em arquivamento da reclamação. Em caso de arquivamento, o reclamante será condenado ao pagamento das custas (trata-se de multa, pela sua natureza), ainda que beneficiário da justiça gratuita, salvo se comprovar, no prazo de quinze dias, que a ausência ocorreu por motivo legalmente justificável. O pagamento é condição para a propositura de nova demanda. Se a demanda já foi contestada, a ausência do autor implica confissão ficta.

- **Perempção temporária:** se o reclamante der ensejo a um duplo arquivamento seguido, fica impossibilitado de ingressar com outra reclamação trabalhista durante o prazo de 6 meses. Na mesma pena incorre em caso de não comparecer em juízo, em cinco dias, para redução a termo da petição inicial verbal.

- **Revelia:** o não comparecimento injustificado do reclamado à audiência importa revelia, além de confissão, quanto à matéria de fato. Ainda que ausente o reclamado, presente o advogado na audiência, serão aceitos a contestação e os documentos eventualmente apresentados.

- **A revelia não produz seus efeitos se:**

  Havendo pluralidade de reclamados, algum deles contestar a ação;

  O litígio versar sobre direitos indisponíveis;

  A petição inicial não estiver acompanhada de instrumento que a lei considere indispensável à prova do ato;

  As alegações de fato formuladas pelo reclamante forem inverossímeis ou estiverem em contradição com prova constante dos autos.

- **Conciliação:**

  Se houver acordo em audiência, será lavrado o termo respectivo, assinado pelo juiz e pelos litigantes, consignando-se o prazo e demais condições para seu cumprimento.

  Deverá ser indicada a natureza jurídica das parcelas constantes do acordo homologado, inclusive o limite de responsabilidade de cada parte pelo recolhimento da contribuição previdenciária, se for o caso, com intimação da União para ter ciência dos termos da conciliação, facultada a interposição de recurso relativo aos tributos que lhe forem devidos.

  No caso de acordo que envolva as verbas de natureza remuneratória não poderá ter como base de cálculo valor inferior ao salário-mínimo ou o piso da categoria, para as competências que integram o vínculo empregatício reconhecido na decisão homologatória ou à diferença entre a remuneração reconhecida como devida na decisão homologatória e a efetivamente paga pelo empregador, cujo valor total referente a cada competência não será inferior ao salário-mínimo ou o piso da categoria.

  No dissídio individual do trabalho a audiência é de conciliação, instrução e julgamento, o que torna inaplicável o art. 334 do CPC (art. 2º, IV, da Instrução Normativa nº 39/16).

- **Valor da causa:** o juiz corrigirá, de ofício e por arbitramento, o valor da causa quando verificar que não corresponde ao conteúdo patrimonial em discussão ou ao proveito econômico perseguido pelo autor, caso em que se procederá ao recolhimento das custas correspondentes.

4. PROVAS, SENTENÇA E COISA JULGADA

4.1. PROVAS

- **Princípios que regem a fase probatória:**

  Necessidade da prova: deve haver prova nos autos sobre os fatos controversos, ainda que o juiz tenha conhecimento pessoal sobre a veracidade do quanto ocorrido e alegado pelas partes;

  Persuasão racional do juiz motivada: implica não reconhecer uma hierarquia entre os diversos meios de provas em direito admitidos. Entretanto, a sentença deve reportar-se, expressamente, ao meio de prova que serviu para formar o convencimento do juiz, guardando uma coerência lógica entre ambos, circunstância essa que difere esse sistema do princípio do livre convencimento do juiz;

  Concentração processual: as provas devem ser produzidas em audiência e, de preferência, em uma única sessão;

  Indivisibilidade da prova: reconhece que a determinada espécie de prova produzida nos autos é una e não admite cisão, de forma que não há como declarar que uma parte dela tem credibilidade e o restante não, para atender aos interesses da parte que a produziu;

  Busca da verdade real mesmo admitindo-se como ideal inatingível, deve ser a meta do processo, norteando toda a atividade do julgador na entrega do provimento jurisdicional.

- **Instrução:** terminada a defesa, segue-se a instrução do processo, podendo o juiz interrogar os litigantes. Findo o interrogatório, poderá qualquer dos litigantes retirar-se, prosseguindo a instrução com o seu representante. Em seguida, são ouvidas as testemunhas, os peritos e os técnicos, se houver.
- **Meios de prova em espécie:**

Documental: em regra, para o reclamante, a oportunidade para juntada de documentos coincide com o da propositura da demanda e, em relação ao reclamado, com a da apresentação da defesa. O documento em cópia oferecido para prova poderá ser declarado autêntico pelo próprio advogado, sob sua responsabilidade pessoal;

Depoimento pessoal: é o ato processual por meio do qual a parte manifesta-se sobre os fatos da causa, que constam da petição inicial ou descritos pela defesa, destinando-se, também, à obtenção da confissão. As partes e testemunhas serão inquiridas pelo juiz ou presidente, podendo ser reinquiridas, por seu intermédio, a requerimento das partes, seus representantes ou advogados;

Perícia: os exames periciais serão realizados por perito único designado pelo juiz, que fixará o prazo para entrega do laudo. Permite-se a cada parte a indicação de um assistente, cujo laudo terá que ser apresentado no mesmo prazo assinado para o perito, sob pena de ser desentranhado dos autos. O juiz ou presidente poderá (é uma faculdade) arguir os peritos ou os técnicos;

Testemunhas: cada uma das partes poderá indicar até três testemunhas, salvo quando se tratar de inquérito, caso em que esse número poderá ser elevado a seis, ou nos processos submetidos ao rito sumaríssimo, reduzindo-se para duas testemunhas.

- **Procedimento e características:**

– as testemunhas comparecerão à audiência independentemente de notificação ou intimação;

– se for servidor público civil ou militar e tiver de depor em hora de serviço, será requisitado ao chefe da repartição para comparecer à audiência marcada;

– as testemunhas que não comparecerem serão intimadas, de ofício ou a requerimento da parte, ficando sujeitas à condução coercitiva, além das penalidades pecuniárias caso, sem motivo justificado, não atendam à intimação;

– antes de prestar o compromisso legal, a testemunha será qualificada, indicando o nome, nacionalidade, profissão, idade, residência e, quando empregada, o tempo de serviço prestado ao empregador, ficando sujeita, em caso de falsidade, as leis penais e ao pagamento de multa;

– as partes e testemunhas serão inquiridas pelo juiz ou presidente, podendo ser reinquiridas, por seu intermédio, a requerimento dos vogais, das partes, seus representantes ou advogados. Assim, não se aplica ao Processo do Trabalho a norma contida no art. 459 do CPC no que permite a inquirição direta das testemunhas pela parte (art. 11 da Instrução Normativa nº 39/16 do TST);

– os depoimentos das testemunhas serão resumidos, por ocasião da audiência, pelo servidor para esse fim designado, devendo a súmula ser assinada pelo juiz e pelos depoentes;

– o juiz providenciará para que o depoimento de uma testemunha não seja ouvido pelas demais que tenham de depor no processo;

– a testemunha que for parente até o terceiro grau civil, amigo íntimo ou inimigo de qualquer das partes não prestará compromisso e seu depoimento valerá como simples informação;

– as testemunhas não poderão sofrer qualquer desconto pelas faltas ao serviço ocasionadas pelo seu comparecimento para depor, quando devidamente arroladas ou convocadas.

- Ônus da prova:

Incumbe ao reclamante, quanto ao fato constitutivo de seu direito;

Incumbe ao reclamado, quanto à existência de fato impeditivo, modificativo ou extintivo do direito do autor;

Não se admite a convenção sobre o ônus da prova;

Distribuição dinâmica do ônus da prova: Nos casos previstos em lei ou diante de peculiaridades da causa relacionadas à impossibilidade ou à excessiva dificuldade de cumprir o encargo nos termos do caput ou à maior facilidade de obtenção da prova do fato contrário, poderá o juiz atribuir o ônus da prova de modo diverso, desde que o faça por decisão fundamentada, caso em que deverá dar à parte a oportunidade de se desincumbir do ônus que lhe foi atribuído.

- **Prova e Lei nº 13.709/18 (Lei Geral de Proteção de Dados –LGPD)**

A utilização de provas nos processos trabalhistas que contenham dados pessoais (sensíveis ou não) sobre o empregado é autorizada pela LGPD, já que se trata do exercício do direito do contraditório e ampla defesa. O tratamento de dados pessoais, consistentes nas informações relacionadas à pessoa natural identificada ou identificável, poderá ocorrer, sem o consentimento do titular, para o exercício regular de direitos em processo judicial, administrativo ou arbitral. Ainda que se trate de dados sensíveis, é possível sua utilização sem o consentimento, quando for indispensável para o exercício regular de direitos, inclusive em contrato e em processo judicial, administrativo e arbitral (Lei nº 13.709/18, art. 11, II, "d"). Se o empregado entender que houve utilização indevida de suas informações pessoais, poderá pleitear que esses dados sejam excluídos do processo ou que sejam mantidos em sigilo.

Em 26/8/2021 foi sancionada a Lei nº 14.195/2021, que ampliou o procedimento de exibição de documentos ou coisas. O artigo 397 do CPC foi alterado para permitir que a exibição se refira a "categoria" de documentos ou coisas (antes era limitado ao documento ou coisa que deveria ser devidamente identificado). Agora, o reclamante, por exemplo, pode ajuizar ação de exibição pleiteando que a parte apresente "todos os documentos" (categoria) relacionados com o contrato de trabalho com a reclamada, não mais se limitando a individuar cada documento a ser apresentado.

- **Razões finais**: terminada a instrução, poderão as partes aduzir razões finais, em prazo não excedente de dez minutos para cada uma. Em seguida, o juiz ou presidente renovará a proposta de conciliação e, não se realizando esta, será proferida a decisão.

4.2. DECISÕES, TUTELA DE URGÊNCIA E COISA JULGADA

- **Decisão interlocutória: (princípio da irrecorribilidade em separado das decisões interlocutórias)** os incidentes do processo são resolvidos pelo próprio juízo ou tribunal, admitindo-se a apreciação do merecimento das decisões interlocutórias somente em recurso da decisão definitiva.

- **Recurso de decisão interlocutória é cabível** nas seguintes hipóteses previstas na Súm. 214 do TST:

  Do TRT contrária à Súmula ou Orientação Jurisprudencial do TST;

  Suscetível de impugnação mediante recurso para o mesmo Tribunal;

  Que acolhe exceção de incompetência territorial, com a remessa dos autos para Tribunal regional distinto daquele a que se vincula o juízo excepcionado.

  A doutrina apresenta mais duas exceções não previstas na súmula 214 do TST: 1) decisão sobre o valor da causa: cabe pedido de revisão dirigido ao presidente do tribunal (art. 2º, §§ 1º e 2º, da Lei nº 5584/74); 2) decisões na fase de execução: cabível agravo de petição, conforme art. 897, "a", CLT.

  A IN nº 39/2016 também criou uma nova possibilidade de recorribilidade imediata de decisão interlocutória, qual seja, a decisão de julgamento antecipado parcial do mérito contra a qual é cabível recurso ordinário de imediato (art. 5º da IN nº 39/2016 do TST e art. 356 do CPC).

- **Tutela provisória no processo do trabalho:**

  A tutela provisória concedida na sentença não comporta impugnação pela via do mandado de segurança, por ser impugnável mediante recurso ordinário. É admissível a obtenção de efeito suspensivo ao recurso ordinário mediante requerimento dirigido ao tribunal, ao relator ou ao presidente ou ao vice-presidente do tribunal recorrido;

  No caso de a tutela provisória haver sido concedida ou indeferida antes da sentença, cabe mandado de segurança, em face da inexistência de recurso próprio;

  A superveniência da sentença, nos autos originários, faz perder o objeto do mandado de segurança que impugnava a concessão ou o indeferimento da tutela provisória.

- **Julgamento liminar do pedido**: cabe ao juiz do trabalho julgar liminarmente improcedente o pedido quando verificar a ocorrência de decadência ou que contrariar:

  enunciado de súmula do Supremo Tribunal Federal ou do Tribunal Superior do Trabalho;

  acórdão proferido pelo Supremo Tribunal Federal ou pelo Tribunal Superior do Trabalho em julgamento de recursos repetitivos;

  entendimento firmado em incidente de resolução de demandas repetitivas ou de assunção de competência;

  enunciado de súmula de Tribunal Regional do Trabalho sobre direito local, convenção coletiva de trabalho, acordo coletivo de trabalho, sentença normativa ou regulamento empresarial de observância obrigatória em área territorial que não exceda à jurisdição do respectivo Tribunal.

- **Julgamento parcial antecipado do mérito**: o juiz decidirá parcialmente o mérito quando um ou mais dos pedidos formulados ou parcela deles mostrar-se incontroverso ou estiver em condições de imediato julgamento. Deve-se observar o seguinte procedimento:

  – a decisão que julgar parcialmente o mérito poderá reconhecer a existência de obrigação líquida ou ilíquida;

  – a parte poderá liquidar ou executar, desde logo, a obrigação reconhecida na decisão que julgar parcialmente o mérito, independentemente de caução, ainda que haja recurso contra essa interposto;

  – na hipótese anterior, se houver trânsito em julgado da decisão, a execução será definitiva;

  – a liquidação e o cumprimento da decisão que julgar parcialmente o mérito poderão ser processados em autos suplementares, a requerimento da parte ou a critério do juiz;

  – a decisão é impugnável por recurso ordinário.

- **Sentença:** da decisão deverão constar:

  Nome das partes (exceto no rito sumaríssimo);

  Resumo do pedido e da defesa (exceto no rito sumaríssimo);

Apreciação das provas;

Fundamentos da decisão;

Conclusão;

Fixação das custas que devam ser pagas pela parte vencida;

Indicação da natureza jurídica das parcelas constantes da condenação, inclusive o limite de responsabilidade de cada parte pelo recolhimento da contribuição previdenciária, se for o caso, com determinação de intimação da União.

- **Fundamentação da decisão:** não se considera fundamentada qualquer decisão judicial, seja ela interlocutória, sentença ou acórdão, que:

se limitar à indicação, à reprodução ou à paráfrase de ato normativo, sem explicar sua relação com a causa ou a questão decidida;

empregar conceitos jurídicos indeterminados, sem explicar o motivo concreto de sua incidência no caso;

invocar motivos que se prestariam a justificar qualquer outra decisão;

não enfrentar todos os argumentos deduzidos no processo capazes de, em tese, infirmar a conclusão adotada pelo julgador;

se limitar a invocar precedente ou enunciado de súmula, sem identificar seus fundamentos determinantes nem demonstrar que o caso sob julgamento se ajusta àqueles fundamentos;

deixar de seguir enunciado de súmula, jurisprudência ou precedente invocado pela parte, sem demonstrar a existência de distinção no caso em julgamento ou a superação do entendimento.

- **Colisão entre normas**: no caso de colisão entre normas, o juiz deve justificar o objeto e os critérios gerais da ponderação efetuada, enunciando as razões que autorizam a interferência na norma afastada e as premissas fáticas que fundamentam a conclusão.
- **Decisão surpresa:** é aquela decisão que aplica fundamento jurídico ou embasar-se em fato não submetido à audiência prévia de uma ou de ambas as partes. Não se considera "decisão surpresa" a que, à luz do ordenamento jurídico nacional e dos princípios que informam o Direito Processual do Trabalho, as partes tinham obrigação de prever, concernente às condições da ação, aos pressupostos de admissibilidade de recurso e aos pressupostos processuais, salvo disposição legal expressa em contrário.
- **Vedação à decisão surpresa:** não se proferirá decisão contra uma das partes sem que ela seja previamente ouvida, salvo nos casos de:

tutela provisória de urgência;

às hipóteses de tutela da evidência;

à decisão em ação monitória.

- **Erros materiais:** existindo na decisão evidentes erros ou enganos de escrita, de datilografia ou de cálculo, poderão os mesmos, antes da execução, ser corrigidos, *ex-officio* ou a requerimento dos interessados ou da Procuradoria da Justiça do Trabalho.

5. RECURSOS E AÇÃO RESCISÓRIA

- **Características dos recursos na Justiça do Trabalho:** são interpostos por simples petição e tem efeito meramente devolutivo, salvo as exceções previstas na CLT, permitida a execução provisória até a penhora.
- **Fungibilidade:** o juiz pode receber determinado recurso, mesmo que tenha sido denominado com outra expressão, desde que estejam presentes os seus requisitos de admissibilidade extrínsecos e intrínsecos e que não constitua um erro grosseiro.

5.1. PRESSUPOSTOS RECURSAIS

- **Tempestividade:** os recursos, no processo do trabalho, devem ser interpostos no prazo genérico de oito dias e até mesmo antes da publicação da sentença ou acórdão. A exceção fica por conta dos embargos declaratórios, que seguem o prazo de cinco dias.
- **Legitimidade:** a legitimidade para recorrer é de quem sucumbiu no processo, o juridicamente interessado e o Ministério Público, nos casos em que a lei prevê.
- **Preparo:** No processo do trabalho, para fins recursais, exige-se que o recorrente recolha as custas e realize o depósito recursal, sob pena de deserção.

Devem ser observadas as seguintes regras:

o depósito recursal será feito em conta vinculada ao juízo e corrigido com os mesmos índices da poupança;

em caso de recolhimento insuficiente das custas processuais ou do depósito recursal, somente haverá deserção do recurso se, concedido o prazo de 5 (cinco) dias o recorrente não complementar e comprovar o valor devido;

o valor do depósito recursal será reduzido pela metade para entidades sem fins lucrativos, empregadores domésticos, microempreendedores individuais, microempresas e empresas de pequeno porte;

são isentos do depósito recursal os beneficiários da justiça gratuita, as entidades filantrópicas e as empresas em recuperação judicial. Em caso de o empregado ser o vencido, não há necessidade do depósito recursal.

o depósito recursal poderá ser substituído por fiança bancária ou seguro garantia judicial.

Conforme o STF, não é necessário o depósito recursal para a admissibilidade de recurso extraordinário.

Não ocorre deserção de recurso da massa falida por falta de pagamento de custas ou de depósito do valor da condenação. Esse privilégio, todavia, não se aplica à empresa em liquidação extrajudicial ou em recuperação judicial.

Quando existe litisconsórcio passivo com condenação solidária dos reclamados, o recurso e o consequente depósito recursal feito por um dos litisconsortes aproveita aos demais (art. 1.005 do CPC). Excepciona-se essa regra quando o litisconsorte for condenado solidária ou subsidiariamente e pretende, com o recurso, a sua exclusão da lide (Súm. nº 128, III, do TST).

5.2. RECURSO ORDINÁRIO

- **Cabimento:** das decisões definitivas proferidas nas Varas do Trabalho e das decisões definitivas dos TRT's, em processos de sua competência originária.
- **Juízo de retratação**: interposto o recurso ordinário em face de sentença que extingue o processo sem a apreciação do mérito, o juiz terá cinco dias para exercer o juízo de retratação.
- **Efeito devolutivo em profundidade**:

  o recurso ordinário devolverá ao tribunal o conhecimento da matéria impugnada;

  serão, porém, objeto de apreciação e julgamento pelo tribunal todas as questões suscitadas e discutidas no processo, ainda que não tenham sido solucionadas, desde que relativas ao capítulo impugnado;

  quando o pedido ou a defesa tiver mais de um fundamento e o juiz acolher apenas um deles, a apelação devolverá ao tribunal o conhecimento dos demais;

  se o processo estiver em condições de imediato julgamento, o tribunal deve decidir desde logo o mérito quando:

  a) reformar sentença fundada no art. 485 do CPC;

  b) decretar a nulidade da sentença por não ser ela congruente com os limites do pedido ou da causa de pedir;

  c) constatar a omissão no exame de um dos pedidos, hipótese em que poderá julgá-lo;

  d) decretar a nulidade de sentença por falta de fundamentação.

  Quando reformar sentença que reconheça a decadência ou a prescrição, o tribunal, se possível, julgará o mérito, examinando as demais questões, sem determinar o retorno do processo ao juízo de primeiro grau;

  O capítulo da sentença que confirma, concede ou revoga a tutela provisória é impugnável no recurso ordinário.

5.3. RECURSO DE REVISTA

- **Recurso de revista. Cabimento:** das decisões proferidas em grau de recurso ordinário, em dissídio individual, pelos Tribunais Regionais do Trabalho:

  Derem ao mesmo dispositivo de lei federal interpretação diversa da que lhe houver dado outro Tribunal Regional do Trabalho, no seu Pleno ou Turma, ou a Seção de Dissídios Individuais do Tribunal Superior do Trabalho, ou contrariarem súmula de jurisprudência uniforme dessa Corte ou súmula vinculante do Supremo Tribunal Federal;

  Derem ao mesmo dispositivo de lei estadual, Convenção Coletiva de Trabalho, Acordo Coletivo, sentença normativa ou regulamento empresarial de observância obrigatória em área territorial que exceda a jurisdição do Tribunal Regional prolator da decisão recorrida, interpretação divergente, na forma do item anterior;

  Proferidas com violação literal de disposição de lei federal ou afronta direta e literal à Constituição Federal.

  Nas causas sujeitas ao procedimento sumaríssimo, somente será admitido recurso de revista por contrariedade à súmula de jurisprudência uniforme do Tribunal Superior do Trabalho ou a súmula vinculante do Supremo Tribunal Federal e por violação direta da Constituição Federal.

  Cabe recurso de revista por violação à lei federal, por divergência jurisprudencial e por ofensa à Constituição Federal nas execuções fiscais e nas controvérsias da fase de execução que envolvam a Certidão Negativa de Débitos Trabalhistas (CNDT), criada pela Lei nº 12.440, de 7 de julho de 2011.

- **Requisitos intrínsecos:**

  Indicar o trecho da decisão recorrida que consubstancia o prequestionamento da controvérsia objeto do recurso de revista;

  Indicar, de forma explícita e fundamentada, contrariedade a dispositivo de lei, súmula ou orientação jurisprudencial do Tribunal Superior do Trabalho que conflite com a decisão regional;

  Expor as razões do pedido de reforma, impugnando todos os fundamentos jurídicos da decisão recorrida, inclusive mediante demonstração analítica de cada dispositivo de lei, da Constituição Federal, de súmula ou orientação jurisprudencial cuja contrariedade aponte.

  Transcrever na peça recursal, no caso de suscitar preliminar de nulidade de julgado por negativa de prestação jurisdicional, o trecho dos embargos declaratórios em que foi pedido o pronunciamento do tribunal sobre questão veiculada no recurso ordinário e o trecho da decisão regional que rejeitou os embargos quanto ao pedido, para cotejo e verificação, de plano, da ocorrência da omissão.

- **Transcendência**: o TST, no recurso de revista, examinará previamente se a causa oferece transcendência com relação aos reflexos gerais de natureza econômica, política, social ou jurídica:

Econômica, o elevado valor da causa;

Política, o desrespeito da instância recorrida à jurisprudência sumulada do Tribunal Superior do Trabalho ou do Supremo Tribunal Federal;

Social, a postulação, por reclamante-recorrente, de direito social constitucionalmente assegurado;

Jurídica, a existência de questão nova em torno da interpretação da legislação trabalhista.

- **Divergência jurisprudencial:**

A divergência apta a ensejar o recurso de revista deve ser atual, não se considerando como tal a ultrapassada por súmula do Tribunal Superior do Trabalho ou do Supremo Tribunal Federal, ou superada por iterativa e notória jurisprudência do Tribunal Superior do Trabalho;

Quando o recurso fundar-se em dissenso de julgados, incumbe ao recorrente o ônus de produzir prova da divergência jurisprudencial, mediante certidão, cópia ou citação do repositório de jurisprudência, oficial ou credenciado, inclusive em mídia eletrônica, em que houver sido publicada a decisão divergente, ou ainda pela reprodução de julgado disponível na internet, com indicação da respectiva fonte, mencionando, em qualquer caso, as circunstâncias que identifiquem ou assemelhem os casos confrontados.

- **Relator**: poderá negar seguimento ao recurso de revista, em decisão monocrática, nas hipóteses de intempestividade, deserção, irregularidade de representação ou de ausência de qualquer outro pressuposto extrínseco ou intrínseco de admissibilidade.
- **Recurso de revista parcial**: admitido o recurso de revista por um fundamento, devolve-se ao TST o conhecimento dos demais fundamentos para a solução apenas do capítulo impugnado.

5.4. RECURSO DE EMBARGOS

- **Cabimento:** Das decisões das Turmas que divergirem entre si ou das decisões proferidas pela Seção de Dissídios Individuais, ou contrárias a súmula ou orientação jurisprudencial do Tribunal Superior do Trabalho ou súmula vinculante do Supremo Tribunal Federal.
- **Divergência jurisprudencial** A divergência apta a ensejar os embargos deve ser atual, não se considerando tal a ultrapassada por súmula do TST ou STF, ou superada por iterativa e notória jurisprudência do Tribunal Superior do Trabalho.
- **Requisitos:** O Ministro Relator denegará seguimento aos embargos:

Se a decisão recorrida estiver em consonância com súmula da jurisprudência do Tribunal Superior do Trabalho ou do Supremo Tribunal Federal, ou com iterativa, notória e atual jurisprudência do Tribunal Superior do Trabalho, cumprindo-lhe indicá-la;

Nas hipóteses de intempestividade, deserção, irregularidade de representação ou de ausência de qualquer outro pressuposto extrínseco de admissibilidade;

Da decisão denegatória dos embargos caberá agravo, no prazo de oito dias.

5.5. EMBARGOS DECLARATÓRIOS

- **Cabimento:** quando houver na sentença ou no acórdão obscuridade, contradição, omissão ou manifesto equívoco no exame dos pressupostos extrínsecos do recurso.
- **Efeito modificativo:** eventual efeito modificativo dos embargos de declaração somente poderá ocorrer em virtude da correção de vício na decisão embargada e desde que ouvida a parte contrária, no prazo de 5 (cinco) dias.
- **Consequências**: os embargos de declaração interrompem o prazo para interposição de outros recursos, independentemente de preparo, por qualquer das partes, salvo quando intempestivos, irregular a representação da parte ou ausente a sua assinatura.
- **Prequestionamento:** consideram-se incluídos no acórdão os elementos que o embargante suscitou, para fins de prequestionamento, ainda que os embargos de declaração sejam inadmitidos ou rejeitados, caso o tribunal superior considere existentes erro, omissão, contradição ou obscuridade. A omissão para fins do prequestionamento ficto dá-se no caso de o Tribunal Regional do Trabalho, mesmo instado mediante embargos de declaração, recusar-se a emitir tese sobre questão jurídica pertinente.

5.6. AGRAVO DE INSTRUMENTO

- **Cabimento**: em face de despachos que denegam a interposição de recursos.
- **Observação:** quando o agravo de instrumento tem a finalidade de destrancar recurso de revista que se insurge contra decisão que contraria a jurisprudência uniforme do Tribunal Superior do Trabalho, consubstanciada nas suas súmulas ou em orientação jurisprudencial, não haverá obrigatoriedade de se efetuar o depósito recursal.
- **Execução:** o agravo de instrumento interposto contra o despacho que não receber agravo de petição não suspende a execução da sentença.

5.7. AGRAVO DE PETIÇÃO

- **Cabimento**: das decisões do juiz nas execuções.
- **Requisitos**: o agravo de petição só será recebido quando o agravante delimitar, justificadamente, as matérias e os valores impugnados, permitida a exe-

cução imediata da parte remanescente até o final, nos próprios autos ou por carta de sentença.

- **Preparo**: não se exige o prévio depósito recursal como requisito de admissibilidade.

5.8. AGRAVO INTERNO

- **Cabimento:** contra decisão proferida pelo relator caberá agravo interno para o respectivo órgão colegiado, observadas, quanto ao processamento, as regras do regimento interno do tribunal:

  Na petição de agravo interno, o recorrente impugnará especificadamente os fundamentos da decisão agravada.

  Agravo será dirigido ao relator, que intimará o agravado para manifestar-se sobre o recurso no prazo de oito dias, ao final do qual, não havendo retratação, o relator o levará a julgamento pelo órgão colegiado, com inclusão em pauta.

  É vedado ao relator limitar-se à reprodução dos fundamentos da decisão agravada para julgar improcedente o agravo interno.

  Quando o agravo interno for declarado manifestamente inadmissível ou improcedente em votação unânime, o órgão colegiado, em decisão fundamentada, condenará o agravante a pagar ao agravado multa fixada entre um e cinco por cento do valor atualizado da causa.

  A interposição de qualquer outro recurso está condicionada ao depósito prévio do valor da multa, à exceção da Fazenda Pública e do beneficiário de gratuidade da justiça, que farão o pagamento ao final.

5.9. UNIFORMIZAÇÃO DA JURISPRUDÊNCIA

- **Definição:** consiste na necessidade, decorrente de política judiciária, de firmar a orientação jurisprudencial predominante em cada tribunal com o objetivo de alcançar a segurança jurídica, principalmente daqueles divididos em Turmas.

- **IUJ**: o CPC de 2015 extinguiu o incidente de uniformização de jurisprudência – IUJ e a Lei nº 13.467/17 revogou os dispositivos da CLT que disciplinavam esse procedimento no âmbito do processo do trabalho. Apesar disso, ainda se aplica o art. 926 do CPC ao processo laboral que impõe a cada Tribunal a obrigação de uniformizar sua jurisprudência, mas não por meio de um incidente.

- **Competência e procedimento para aprovação ou alteração de Súmulas e OJ's:** compete ao Tribunal Pleno estabelecer ou alterar súmulas e outros enunciados de jurisprudência uniforme, pelo voto de pelo menos dois terços de seus membros, caso a mesma matéria já tenha sido decidida de forma idêntica por unanimidade em, no mínimo, dois terços das turmas em pelo menos dez sessões diferentes em cada uma delas, podendo, ainda, por maioria de dois terços de seus membros, restringir os efeitos daquela declaração ou decidir que ela só tenha eficácia a partir de sua publicação no Diário Oficial.

- **Publicidade:** as sessões de julgamento sobre estabelecimento ou alteração de súmulas e outros enunciados de jurisprudência deverão ser públicas, divulgadas com, no mínimo, trinta dias de antecedência, e deverão possibilitar a sustentação oral pelo Procurador-Geral do Trabalho, pelo Conselho Federal da Ordem dos Advogados do Brasil, pelo Advogado-Geral da União e por confederações sindicais ou entidades de classe de âmbito nacional. Esses critérios também devem ser observados pelos Tribunais Regionais.

5.10. INCIDENTE DE RESOLUÇÃO DE DEMANDA REPETITIVA – IRDR

- **IRDR DE recursos de revista no TST:** constatada a existência de diversos recursos de revista tratando da mesma matéria de direito, o julgamento da demanda repetitiva poderá ser transferido para a Sessão de Dissídios individuais ou ao Tribunal Pleno do TST.

  O Presidente da Turma ou da Seção Especializada que afetar processo para julgamento sob o rito dos recursos repetitivos deverá expedir comunicação aos demais Presidentes de Turma ou de Seção Especializada, que poderão afetar outros processos sobre a questão para julgamento conjunto, a fim de conferir ao órgão julgador visão global da questão.

  O Presidente do Tribunal Superior do Trabalho oficiará os Presidentes dos Tribunais Regionais do Trabalho para que suspendam os recursos interpostos em casos idênticos aos afetados como recursos repetitivos, até o pronunciamento definitivo do Tribunal Superior do Trabalho.

  Caberá ao Presidente do Tribunal de origem admitir um ou mais recursos representativos da controvérsia, os quais serão encaminhados ao Tribunal Superior do Trabalho, ficando suspensos os demais recursos de revista até o pronunciamento definitivo do Tribunal Superior do Trabalho.

  O relator no Tribunal Superior do Trabalho poderá determinar a suspensão dos recursos de revista ou de embargos que tenham como objeto controvérsia idêntica à do recurso afetado como repetitivo.

  O recurso repetitivo será distribuído a um dos Ministros membros da Seção Especializada ou do Tribunal Pleno e a um Ministro revisor.

  O relator poderá solicitar, aos Tribunais Regionais do Trabalho, informações a respeito da controvérsia, a serem prestadas no prazo de 15 (quinze) dias.

  O relator poderá admitir manifestação de pessoa, órgão ou entidade com interesse na controvérsia, inclusive como assistente simples.

Recebidas as informações terá vista o Ministério Público pelo prazo de 15 (quinze) dias.

Transcorrido o prazo para o Ministério Público e remetida cópia do relatório aos demais Ministros, o processo será incluído em pauta na Seção Especializada ou no Tribunal Pleno, devendo ser julgado com preferência sobre os demais feitos.

Publicado o acórdão do Tribunal Superior do Trabalho, os recursos de revista sobrestados na origem: I – terão seguimento denegado na hipótese de o acórdão recorrido coincidir com a orientação a respeito da matéria no Tribunal Superior do Trabalho; ou II – serão novamente examinados pelo Tribunal de origem na hipótese de o acórdão recorrido divergir da orientação do Tribunal Superior do Trabalho a respeito da matéria.

Mantida a decisão divergente pelo Tribunal de origem, far-se-á o exame de admissibilidade do recurso de revista.

Caso a questão afetada e julgada sob o rito dos recursos repetitivos também contenha questão constitucional, a decisão proferida pelo Tribunal Pleno não obstará o conhecimento de eventuais recursos extraordinários sobre a questão constitucional.

- **Coisa julgada, *distinguishing* e *overruling***

  Coisa julgada: Ao contrário da qualidade da coisa julgada, que somente vincula as partes, no precedente o resultado do julgamento de recursos repetitivos tem efeito *erga omnes*;

  Distinguishing: A decisão firmada em recurso repetitivo não será aplicada aos casos em que se demonstrar que a situação de fato ou de direito é distinta das presentes no processo julgado sob o rito dos recursos repetitivos;

  Overruling: caberá revisão da decisão firmada em julgamento de recursos repetitivos quando se alterar a situação econômica, social ou jurídica, caso em que será respeitada a segurança jurídica das relações firmadas sob a égide da decisão anterior, podendo o Tribunal Superior do Trabalho modular os efeitos da decisão que a tenha alterado.

5.11. INCIDENTE DE ASSUNÇÃO DE COMPETÊNCIA – IAC

Conceito: é o incidente por meio do qual se altera a competência de julgamento de um recurso ou processo de competência originária da Turma para um Órgão do Tribunal definido pelo seu respectivo regimento interno, com o objetivo de julgar demanda de interesse público, com relevante questão de direito e grande repercussão social, mas sem natureza repetitiva. Ainda utiliza-se do IAC quando ocorrer relevante questão de direito a respeito da qual seja conveniente a prevenção ou a composição de divergência entre câmaras ou turmas do tribunal.

Procedimento:

a) o relator proporá, de ofício ou a requerimento da parte, do Ministério Público ou da Defensoria Pública, que seja o recurso, a remessa necessária ou o processo de competência originária julgado pelo órgão colegiado que o regimento indicar;

b) o órgão colegiado julgará o recurso, a remessa necessária ou o processo de competência originária se reconhecer interesse público na assunção de competência;

c) o acórdão proferido em assunção de competência vinculará todos os juízes e órgãos fracionários, exceto se houver revisão de tese.

5.12. RECLAMAÇÃO

Conceito: é uma medida destinada a preservar a competência ou garantir a autoridade das decisões de qualquer Tribunal, sem que seja necessário percorrer todas as instâncias inferiores.

Cabimento:

a) preservar a competência do tribunal;

b) garantir a autoridade das decisões do tribunal;

c) garantir a observância de enunciado de súmula vinculante e de decisão do Supremo Tribunal Federal em controle concentrado de constitucionalidade;

d) garantir a observância de acórdão proferido em julgamento de incidente de resolução de demandas repetitivas ou de incidente de assunção de competência.

5.13. AÇÃO RESCISÓRIA

- **Ação rescisória:** é vedado aos órgãos da Justiça do Trabalho conhecer de questões já decididas, excetuados o erro material e as hipóteses onde é cabível a ação rescisória, que será admitida na forma do CPC, sujeita ao depósito prévio de 20% do valor da causa, salvo prova de miserabilidade jurídica do autor.

- **Peculiaridades no processo do trabalho:** O acordo celebrado entre as partes e homologado pelo juiz do trabalho tem o mesmo efeito de uma decisão irrecorrível, somente sendo impugnável por ação rescisória. A decisão que homologa os cálculos de liquidação só é passível de ser atacada pela via rescisória quando as partes discutem a conta e o juiz manifesta-se, expressamente, sobre os seus erros e acertos. É incabível ação rescisória para desconstituir sentença proferida nos autos de ação de cumprimento na medida em que a coisa julgada nas sentenças normativas é apenas formal.

- **Prazo:** O prazo decadencial para o ajuizamento da ação rescisória é de dois anos. Por se tratar de prazo decadencial, não se admite suspensão ou interrupção.

- **Competência funcional:**

  Compete ao TRT julgar as ações rescisórias propostas contra as decisões proferidas pelos juízos de primeira instância e contra suas próprias decisões;

  Compete à seção especializada em dissídios coletivos ou seção normativa julgar as ações rescisórias propostas contra suas sentenças normativas;

  Compete à Secado de Dissídios Individuais julgar originariamente as ações rescisórias propostas contra decisões das Turmas do Tribunal Superior do Trabalho e suas próprias, inclusive as anteriores à especialização em seções.

- **Legitimidade para propor a ação rescisória:**

  quem foi parte no processo ou o seu sucessor a título universal ou singular;

  o terceiro juridicamente interessado;

  o Ministério Público, se não foi ouvido no processo em que lhe era obrigatória a intervenção; quando a decisão rescindenda é o efeito de simulação ou de colusão das partes, a fim de fraudar a lei; ou em outros casos em que se imponha sua atuação;

  aquele que não foi ouvido no processo em que lhe era obrigatória a intervenção.

- **Cabimento:** a sentença de mérito, transitada em julgado, pode ser rescindida quando:

  se verificar que foi proferida por força de prevaricação, concussão ou corrupção do juiz;

  for proferida por juiz impedido ou por juízo absolutamente incompetente;

  resultar de dolo ou coação da parte vencedora em detrimento da parte vencida ou, ainda, de simulação ou colusão entre as partes, a fim de fraudar a lei;

  ofender a coisa julgada;

  violar manifestamente norma jurídica;

  for fundada em prova cuja falsidade tenha sido apurada em processo criminal ou venha a ser demonstrada na própria ação rescisória;

  obtiver o autor, posteriormente ao trânsito em julgado, prova nova cuja existência ignorava ou de que não pôde fazer uso, capaz, por si só, de lhe assegurar pronunciamento favorável;

  for fundada em erro de fato verificável do exame dos autos.

- **Cabimento em caso de sentença que não aprecia o mérito**: a sentença sem análise de mérito, transitada em julgado, pode ser rescindida quando impeça:

  nova propositura da demanda; ou

  admissibilidade do recurso correspondente.

  Prova do trânsito em julgado: É indispensável ao processamento da ação rescisória a prova do trânsito em julgado da decisão rescindenda. Verificando o relator que a parte interessada não juntou à inicial o documento comprobatório, abrirá prazo de 15 (quinze) dias para que o faça (art. 321 do CPC), sob pena de indeferimento. Eventual trânsito em julgado posterior ao ajuizamento da ação rescisória não reabilita a ação proposta, na medida em que o ordenamento jurídico não contempla a ação rescisória preventiva.

6. EXECUÇÃO

6.1. LIQUIDAÇÃO E EXECUÇÃO

- **Liquidação**:

  Sendo ilíquida a sentença exequenda, ordenar-se-á, previamente, a sua liquidação, que poderá ser feita por cálculo, por arbitramento ou por artigos;

  Não se poderá modificar ou inovar a sentença liquidanda, nem discutir matéria pertinente à causa principal, devendo abranger, também, o cálculo das contribuições previdenciárias devidas;

  As partes deverão ser previamente intimadas para a apresentação do cálculo de liquidação, inclusive da contribuição previdenciária incidente;

  Elaborada a conta e tornada líquida, o Juiz deverá abrir às partes prazo comum de oito dias para impugnação fundamentada com a indicação dos itens e valores objeto da discordância, sob pena de preclusão;

  A atualização dos créditos decorrentes de condenação judicial será feita pelos índices do IPCA-E acrescido de juros de mora equivalentes à TR, na fase pré-processual e pela taxa Selic a partir do ajuizamento da ação, conforme decisão vinculante do STF nas ADC's 48 e 49.

  Elaborada a conta pela parte ou pelos órgãos auxiliares da Justiça do Trabalho, o juiz procederá à intimação da União para manifestação, no prazo de 10 dias, sob pena de preclusão;

  A atualização do crédito devido à Previdência Social observará os critérios estabelecidos na legislação previdenciária, ou seja, pela taxa referencial SELIC;

  Os valores devidos em decorrência de decisão judicial trabalhista, inclusive os créditos relativos ao FGTS, devem ser corrigidos monetariamente a partir do momento em que cada parcela tornou-se exigível, durante a execução ou extinção do contrato de trabalho, até o momento do efetivo pagamento, não incidindo sobre o débito do trabalhador reclamante.

- **Execução:**

  a execução será promovida pelas partes, permitida a execução de ofício pelo juiz ou pelo Presidente do Tribunal apenas nos casos em que as partes não estiverem representadas por advogado ou no caso de contribuições previdenciárias;

Aos trâmites e incidentes do processo da execução trabalhistas são aplicáveis, naquilo em que não contravierem aos princípios do processo laboral, os preceitos que regem o processo dos executivos fiscais para a cobrança judicial da dívida ativa da Fazenda Pública Federal;

Execução provisória é aquela que se processa com base em um título executivo judicial que ainda não adquiriu a qualidade da coisa julgada;

Execução por carta acontece quando os bens do devedor estiverem localizados em território diverso daquele coberto pela jurisdição da Vara do Trabalho onde a execução trabalhista fora iniciada;

São executadas de ofício as contribuições sociais previstas na alínea a do inciso I e no inciso II do *caput* do art. 195 da Constituição Federal, e seus acréscimos legais, relativas ao objeto da condenação constante das sentenças que proferir e dos acordos que homologar.

- **Títulos executivos judiciais trabalhistas:**

  as decisões passadas em julgado ou das quais não tenha havido recurso com efeito suspensivo;

  os acordos, quando não cumpridos.

- **Títulos executivos extrajudiciais trabalhistas:**

  termo de ajuste de conduta;

  termo de acordo homologado pela CCP;

  sentença arbitral (segundo o art. 515, VII do CPC é considerado como título executivo judicial);

  cheque e a nota promissória emitidos em reconhecimento de dívida inequivocamente de natureza trabalhista;

  certidão de inscrição da dívida ativa da União, desde que derive de penalidades administrativas impostas aos empregadores pelos órgãos de fiscalização das relações de trabalho.

- **Prescrição intercorrente:** a Lei nº 13.467/17 pôs fim à controvérsia sobre a incidência ou não da prescrição intercorrente no processo laboral, com a introdução do art. 11-A à CLT, com a seguinte redação: "Ocorre a prescrição intercorrente no processo do trabalho no prazo de dois anos". O prazo é de dois anos contados a partir do momento em que o exequente deixa de cumprir determinação judicial na execução. A prescrição pode ser requerida ou declarada de ofício em qualquer grau de jurisdição.

- **Citação:** requerida a execução, o juiz ou presidente do tribunal mandará expedir mandado de citação do executado, a fim de que cumpra a decisão ou o acordo no prazo, pelo modo e sob as cominações estabelecidas ou, quando se tratar de pagamento em dinheiro, inclusive de contribuições sociais devidas à União, para que o faça em 48 horas ou garanta a execução, sob pena de penhora.

- **Protesto**: a decisão judicial transitada em julgado somente poderá ser levada a protesto, gerar inscrição do nome do executado em órgãos de proteção ao crédito ou no Banco Nacional de Devedores Trabalhistas (BNDT), nos termos da lei, depois de transcorrido o prazo de quarenta e cinco dias a contar da citação do executado, se não houver garantia do juízo.

- **Recuperação judicial ou falência do empregador:** A decretação da falência ou o deferimento do processamento da recuperação judicial da empresa empregadora implica a suspensão dos processos de execução em curso na Justiça Laboral, bem como dos atos de constrição em face do devedor (art. 6º, II e III, da Lei nº 11.101/05). Essa suspensão não se aplica na fase de conhecimento. A Justiça do Trabalho mantém a sua competência para processar e julgar as ações ajuizadas em face das empresas submetidas a processo de falência ou de recuperação judicial, limitada à fase de conhecimento. Após o trânsito em julgado e a liquidação da sentença trabalhista é feita a habilitação respectiva no juízo universal da falência ou da recuperação judicial, com a inscrição no quadro-geral de credores. Em se tratando de recuperação judicial, a suspensão dos processos de execução não pode ser superior a 180 dias, que pode ser prorrogado por mais 180 dias, em caráter excepcional, desde que o devedor não haja concorrido com a superação do lapso temporal. Ainda é possível a prorrogação pela segunda vez, caso os credores apresentem plano alternativo de recuperação judicial (arts. 6º, § 4º-A, e 56, § 4º da LF). Transcorrido esse prazo, as execuções trabalhistas seguem o seu curso normal na Justiça do Trabalho, ainda que o crédito respectivo tenha sido incluído no quadro-geral de credores.

6.2. EXECUÇÃO CONTRA A FAZENDA PÚBLICA

- **Prerrogativas da Fazenda Pública na execução:**

  Citação pessoal;

  Prazo para apresentação de embargos à execução de trinta dias;

  Execução pelo procedimento do precatório, geral ou especial.

- **Regime geral de precatório:** Os pagamentos devidos pelas Fazendas Públicas Federal, Estaduais, Distrital e Municipais, em virtude de sentença judiciária, far-se-ão exclusivamente na ordem cronológica de apresentação dos precatórios e à conta dos créditos respectivos, proibida a designação de casos ou de pessoas nas dotações orçamentárias e nos créditos adicionais abertos para este fim.

- **Regime especial de pagamento:** O STF declarou a inconstitucionalidade do dispositivo que instituiu esse procedimento. Em 25.03.2015, o STF modulou os efeitos de sua decisão dando sobrevida ao regime especial de pagamento de precatórios, instituído pela EC 62/09, por 5 exercícios financeiros a contar de primeiro de janeiro de 2016. A EC nº 109/21 estendeu esse prazo até 31 de dezembro de 2029.

- **Crédito de natureza alimentícia**: é assegurado o direito de preferência aos credores de obrigação de natureza alimentícia, obedecida, entre eles, a ordem cronológica de apresentação dos respectivos precatórios judiciários.
- **Dívida de pequeno valor**: cada Ente da Federação tem a competência para fixar, por lei, os limites individuais das dívidas de pequeno valor, que não pode ser inferior ao valor do maior benefício pago pela previdência social. Assim, quando a dívida não ultrapassar os mencionados limites, não haverá necessidade de expedição de precatório. Nesse caso, será expedida uma requisição de pequeno valor, no prazo de sessenta dias, para efetuar o pagamento da quantia devida pela Fazenda Pública. Em caso de recusa, expede-se ordem de sequestro.
- **Pagamento preferencial**: os débitos de natureza alimentícia cujos titulares, originários ou por sucessão hereditária, tenham 60 (sessenta) anos de idade, ou sejam portadores de doença grave, ou pessoas com deficiência, assim definidos na forma da lei, serão pagos com preferência sobre todos os demais débitos, até o valor equivalente ao triplo fixado em lei, admitido o fracionamento para essa finalidade, sendo que o restante será pago na ordem cronológica de apresentação do precatório.

6.3. EXPROPRIAÇÃO E EMBARGOS À EXECUÇÃO

- **Penhora:** não pagando o executado, nem garantindo a execução, mediante depósito em dinheiro ou seguro-garantia judicial, seguir-se-á penhora dos bens, tantos quantos bastem ao pagamento da importância da condenação, acrescida de custas e juros de mora, sendo estes, em qualquer caso, devidos a partir da data em que for ajuizada a reclamação inicial.
- **Ordem de preferência:**

  dinheiro, em espécie ou em depósito ou aplicação em instituição financeira;

  títulos da dívida pública da União, dos Estados e do Distrito Federal com cotação em mercado;

  títulos e valores mobiliários com cotação em mercado;

  veículos de via terrestre;

  bens imóveis;

  bens móveis em geral;

  semoventes;

  navios e aeronaves;

  ações e quotas de sociedades simples e empresárias;

  percentual do faturamento de empresa devedora;

  pedras e metais preciosos;

  direitos aquisitivos derivados de promessa de compra e venda e de alienação fiduciária em garantia;

  outros direitos.
- **Impenhorabilidade**:

  os bens inalienáveis e os declarados, por ato voluntário, não sujeitos à execução;

  os móveis, os pertences e as utilidades domésticas que guarnecem a residência do executado, salvo os de elevado valor ou os que ultrapassem as necessidades comuns correspondentes a um médio padrão de vida;

  os vestuários, bem como os pertences de uso pessoal do executado, salvo se de elevado valor;

  os vencimentos, os subsídios, os soldos, os salários, as remunerações, os proventos de aposentadoria, as pensões, os pecúlios e os montepios, bem como as quantias recebidas por liberalidade de terceiro e destinadas ao sustento do devedor e de sua família, os ganhos de trabalhador autônomo e os honorários de profissional liberal, ressalvado o § 2º;

  os livros, as máquinas, as ferramentas, os utensílios, os instrumentos ou outros bens móveis necessários ou úteis ao exercício da profissão do executado;

  o seguro de vida;

  os materiais necessários para obras em andamento, salvo se essas forem penhoradas;

  a pequena propriedade rural, assim definida em lei, desde que trabalhada pela família;

  os recursos públicos recebidos por instituições privadas para aplicação compulsória em educação, saúde ou assistência social;

  a quantia depositada em caderneta de poupança, até o limite de 40 (quarenta) salários-mínimos;

  os recursos públicos do fundo partidário recebidos por partido político, nos termos da lei;

  os créditos oriundos de alienação de unidades imobiliárias, sob regime de incorporação imobiliária, vinculados à execução da obra.
- **Penhora *on-line***: para possibilitar a penhora de dinheiro em depósito ou em aplicação financeira, o juiz, a requerimento do exequente, sem dar ciência prévia do ato ao executado, determinará às instituições financeiras, por meio de sistema eletrônico gerido pela autoridade supervisora do sistema financeiro nacional (SISBAJUD), que torne indisponíveis ativos financeiros existentes em nome do executado, limitando-se a indisponibilidade ao valor indicado na execução.
- **Embargos à execução:** garantida a execução ou penhorados os bens, terá o executado cinco dias para apresentar embargos, cabendo igual prazo ao exequente para impugnação:

A matéria de defesa será restrita às alegações de cumprimento da decisão ou do acordo, quitação ou prescrição da dívida;

Se na defesa tiverem sido arroladas testemunhas, poderá o juiz ou o presidente do Tribunal, caso julgue necessários seus depoimentos, marcar audiência para a produção das provas, a qual deverá realizar-se dentro de cinco dias;

Não tendo sido arroladas testemunhas na defesa, o juiz ou presidente, conclusos os autos, proferirá sua decisão, dentro de cinco dias, julgando subsistente ou insubsistente a penhora;

Se tiverem sido arroladas testemunhas, finda a sua inquirição em audiência, o escrivão ou secretário fará, dentro de 48 horas, conclusos os autos ao juiz ou presidente, que proferirá sua decisão, na forma prevista no artigo anterior;

Proferida a decisão, serão da mesma notificadas as partes interessadas, em registro postal com franquia;

Somente nos embargos à penhora poderá o executado impugnar a sentença de liquidação, cabendo ao exequente igual direito e no mesmo prazo;

Julga-se na mesma sentença os embargos e as impugnações à liquidação apresentadas pelos credores trabalhista e previdenciário.

A exigência da garantia ou penhora não se aplica às entidades filantrópicas e/ou àqueles que compõem ou compuseram a diretoria dessas instituições.

- **Arrematação:**

Será anunciada por edital afixado na sede do juízo ou tribunal e publicado no jornal local, se houver, com a antecedência de 20 dias;

Será feita em dia, hora e lugar anunciados e os bens serão vendidos pelo maior lance, tendo o exequente preferência para a adjudicação;

O arrematante deverá garantir o lance com o sinal correspondente a 20% do seu valor. Se o arrematante ou seu fiador, não pagar dentro de 24 horas, o preço da arrematação, perderá, em benefício da execução, esse sinal, voltando à praça os bens executados;

Não havendo licitante, e não requerendo o exequente a adjudicação dos bens penhorados, poderão os mesmos ser vendidos por leiloeiro nomeado pelo juiz.

7. DISSÍDIO COLETIVO, AÇÕES COLETIVAS E ESPECIAIS

7.1. DISSÍDIO COLETIVO

Pressuposto de admissibilidade de dissídio coletivo:

Nenhum processo de dissídio coletivo de natureza econômica será admitido sem antes se esgotarem as medidas relativas à formalização da convenção ou acordo correspondente;

Necessita de prévia autorização dos trabalhadores da suscitada diretamente envolvidos no conflito;

Deve haver o prévio comum acordo dos interessados para submeter a lide coletiva à Justiça do Trabalho.

- **Legitimidade:**

Ordinária: sindicato e, na sua ausência, da federação ou confederação, desde que tenha sido esgotada a via da negociação coletiva e haja autorização prévia em assembleia dos integrantes da categoria respectiva.

Extraordinária: em caso de greve em atividade essencial, com possibilidade de lesão do interesse público, o Ministério Público do Trabalho poderá ajuizar dissídio coletivo, competindo à Justiça do Trabalho decidir o conflito.

- **Competência funcional:** Tribunal Regional do Trabalho, salvo se a base territorial da entidade suscitante for superior à jurisdição do TRT, transferindo-se a competência, nesse caso, para o TST por meio da Seção de Dissídios Coletivos.

7.2. AÇÕES COLETIVAS

- **Ação civil pública:** tem como objeto a defesa de todas as espécies de direitos ou interesses metaindividuais e a consequente postulação de condenação do ofensor no pagamento de uma indenização e/ou para o cumprimento de obrigação de fazer ou não fazer.
- **A ação civil coletiva:** constitui espécie de ação coletiva em sentido amplo, utilizada apenas para a defesa de direitos individuais e homogêneos, com vistas a obter uma tutela de natureza condenatória para reparação de danos morais e materiais na órbita vários indivíduos pertencentes a determinado grupo.

Competência funcional: o órgão de primeiro grau da Justiça Especializada do Trabalho, qual seja, a Vara do Trabalho, é competente para apreciar e julgar, originariamente, as ações coletivas.

- **Legitimidade ativa:** além do Ministério Público, a Lei da ACP ainda confere legitimidade concorrente, disjuntiva e taxativa às seguintes entidades:

à Defensoria Pública;

à União, os Estados, o Distrito Federal e os Municípios;

à autarquia, empresa pública, fundação ou sociedade de economia mista;

às associações que estejam constituídas há mais de um ano e que incluam entre as suas finalidades a proteção ao meio ambiente, ao consumidor, à ordem econômica, à livre concorrência, ou ao patrimônio artístico, estético, histórico, turístico e paisagístico.

- **Inquérito civil**: é um procedimento investigativo de natureza administrativa promovido pelo Ministério Público que tem como objetivo colher elementos de convicção sobre a existência de danos coletivos ou individuais indisponíveis, sejam eles efetivos ou potenciais.

7.3. AÇÕES ESPECIAIS

- **Mandado de segurança:** utilizado para proteger direito líquido e certo, não amparado por *habeas corpus*, sempre que, ilegalmente ou com abuso do poder, alguém sofrer violação ou houver justo receio de sofrê-la por parte de autoridade, seja de que categoria for ou sejam quais forem as funções que exerça.
- **Ação de cumprimento:** O eventual descumprimento de decisão proferida em dissídio coletivo enseja o ajuizamento de ação própria de conhecimento, denominada ação de cumprimento (art. 872 da CLT), a ser proposta na Vara do Trabalho. A legitimidade ativa é dos sindicatos ou do empregado, através de ação individual. Para o ajuizamento da ação de cumprimento não há necessidade do trânsito em julgado do dissídio coletivo (Súmula 246 do TST), de forma que a ação pode ser proposta a partir do 20º dia subsequente ao julgamento proferido pelo TRT, salvo se concedido efeito suspensivo ao recurso.

✦ SÚMULAS E ORIENTAÇÕES JURISPRUDENCIAIS APLICÁVEIS

1. TEORIA GERAL DO PROCESSO DO TRABALHO, JURISDIÇÃO E AÇÃO

1.1. FORMAS DE SOLUÇÃO DE CONFLITOS TRABALHISTAS

- **OJ nº 391. SDI-1 do TST**. PORTUÁRIOS. SUBMISSÃO PRÉVIA DE DEMANDA A COMISSÃO PARITÁRIA. LEI Nº 8.630, DE 25.02.1993. INEXIGIBILIDADE. (DEJT divulgado em 09, 10 e 11.06.2010). A submissão prévia de demanda a comissão paritária, constituída nos termos do art. 23 da Lei nº 8.630, de 25.02.1993 (Lei dos Portos), não é pressuposto de constituição e desenvolvimento válido e regular do processo, ante a ausência de previsão em lei.

1.2. COMPETÊNCIA

- **Súmula nº 19 do TST.** QUADRO DE CARREIRA (mantida) – Res. 121/2003, DJ 19, 20 e 21.11.2003. A Justiça do Trabalho é competente para apreciar reclamação de empregado que tenha por objeto direito fundado em quadro de carreira.
- **Súmula nº 189 do TST. GREVE.** COMPETÊNCIA DA JUSTIÇA DO TRABALHO. ABUSIVIDADE (nova redação) – Res. 121/2003, DJ 19, 20 e 21.11.2003. A Justiça do Trabalho é competente para declarar a abusividade, ou não, da greve.
- **Súmula nº 300 do TST**. COMPETÊNCIA DA JUSTIÇA DO TRABALHO. CADASTRAMENTO NO PIS (mantida) – Res. 121/2003, DJ 19, 20 e 21.11.2003. Compete à Justiça do Trabalho processar e julgar ações ajuizadas por empregados em face de empregadores relativas ao cadastramento no Programa de Integração Social (PIS).
- **Súmula nº 368 do TST.** DESCONTOS PREVIDENCIÁRIOS. IMPOSTO DE RENDA. COMPETÊNCIA. RESPONSABILIDADE PELO RECOLHIMENTO. FORMA DE CÁLCULO. FATO GERADOR (aglutinada a parte final da Orientação Jurisprudencial nº 363 da SBDI-I à redação do item II e incluídos os itens IV, V e VI em sessão do Tribunal Pleno realizada em 26.06.2017) – Res. 219/2017, republicada em razão de erro material – DEJT divulgado em 12, 13 e 14.07.2017

  I – A Justiça do Trabalho é competente para determinar o recolhimento das contribuições fiscais. A competência da Justiça do Trabalho, quanto à execução das contribuições previdenciárias, limita-se às sentenças condenatórias em pecúnia que proferir e aos valores, objeto de acordo homologado, que integrem o salário de contribuição. (ex-OJ nº 141 da SBDI-1 – inserida em 27.11.1998).

  II – É do empregador a responsabilidade pelo recolhimento das contribuições previdenciárias e fiscais, resultantes de crédito do empregado oriundo de condenação judicial. A culpa do empregador pelo inadimplemento das verbas remuneratórias, contudo, não exime a responsabilidade do empregado pelos pagamentos do imposto de renda devido e da contribuição previdenciária que recaia sobre sua quota-parte. (ex-OJ nº 363 da SBDI-1, parte final)

  III – Os descontos previdenciários relativos à contribuição do empregado, no caso de ações trabalhistas, devem ser calculados mês a mês, de conformidade com o art. 276, § 4º, do Decreto n º 3.048/1999 que regulamentou a Lei nº 8.212/1991, aplicando-se as alíquotas previstas no art. 198, observado o limite máximo do salário de contribuição (ex-OJs nºs 32 e 228 da SBDI-1 – inseridas, respectivamente, em 14.03.1994 e 20.06.2001).

  IV – Considera-se fato gerador das contribuições previdenciárias decorrentes de créditos trabalhistas reconhecidos ou homologados em juízo, para os serviços prestados até 4.3.2009, inclusive, o efetivo pagamento das verbas, configurando-se a mora a partir do dia dois do mês seguinte ao da liquidação (art. 276, "caput", do Decreto nº 3.048/1999). Eficácia não retroativa da alteração legislativa promovida pela Medida Provisória nº 449/2008, posteriormente convertida na Lei nº 11.941/2009, que deu nova redação ao art. 43 da Lei nº 8.212/91.

  V – Para o labor realizado a partir de 5.3.2009, considera-se fato gerador das contribuições previdenciárias decorrentes de créditos trabalhistas reconhecidos ou homologados em juízo a data da efetiva prestação dos serviços. Sobre as contribuições previdenciárias não recolhidas a partir da prestação dos serviços incidem juros de mora e, uma vez apurados os créditos previdenciários, aplica-se multa a partir do exaurimento do prazo de citação para pagamento, se descumprida a obrigação, observado o limite legal de 20% (art. 61, § 2º, da Lei nº 9.430/96).

VI – O imposto de renda decorrente de crédito do empregado recebido acumuladamente deve ser calculado sobre o montante dos rendimentos pagos, mediante a utilização de tabela progressiva resultante da multiplicação da quantidade de meses a que se refiram os rendimentos pelos valores constantes da tabela progressiva mensal correspondente ao mês do recebimento ou crédito, nos termos do art. 12-A da Lei nº 7.713, de 22/12/1988, com a redação conferida pela Lei nº 13.149/2015, observado o procedimento previsto nas Instruções Normativas da Receita Federal do Brasil.

- **Súmula nº 389 do TST.** SEGURO-DESEMPREGO. COMPETÊNCIA DA JUSTIÇA DO TRABALHO. DIREITO À INDENIZAÇÃO POR NÃO LIBERAÇÃO DE GUIAS (conversão das Orientações Jurisprudenciais nºs 210 e 211 da SBDI-1) – Res. 129/2005, DJ 20, 22 e 25.04.2005. I – Inscreve-se na competência material da Justiça do Trabalho a lide entre empregado e empregador tendo por objeto indenização pelo não-fornecimento das guias do seguro-desemprego. (ex-OJ nº 210 da SBDI-1 – inserida em 08.11.2000). II – O não-fornecimento pelo empregador da guia necessária para o recebimento do seguro-desemprego dá origem ao direito à indenização. (ex-OJ nº 211 da SBDI-1 – inserida em 08.11.2000).

- **Súmula nº 392 do TST.** DANO MORAL E MATERIAL. RELAÇÃO DE TRABALHO. COMPETÊNCIA DA JUSTIÇA DO TRABALHO (redação alterada em sessão do Tribunal Pleno realizada em 27.10.2015) – Res. 200/2015, DEJT divulgado em 29.10.2015 e 03 e 04.11.2015. Nos termos do art. 114, inc. VI, da Constituição da República, a Justiça do Trabalho é competente para processar e julgar ações de indenização por dano moral e material, decorrentes da relação de trabalho, inclusive as oriundas de acidente de trabalho e doenças a ele equiparadas, ainda que propostas pelos dependentes ou sucessores do trabalhador falecido.

- **Súmula nº 420 do TST.** COMPETÊNCIA FUNCIONAL. CONFLITO NEGATIVO. TRT E VARA DO TRABALHO DE IDÊNTICA REGIÃO. NÃO CONFIGURAÇÃO (conversão da Orientação Jurisprudencial nº 115 da SBDI-2) – Res. 137/2005, DJ 22, 23 e 24.08.2005. Não se configura conflito de competência entre Tribunal Regional do Trabalho e Vara do Trabalho a ele vinculada. (ex-OJ nº 115 da SBDI-2 – DJ 11.08.2003).

- **Súmula nº 454 do TST.** COMPETÊNCIA DA JUSTIÇA DO TRABALHO. EXECUÇÃO DE OFÍCIO. CONTRIBUIÇÃO SOCIAL REFERENTE AO SEGURO DE ACIDENTE DE TRABALHO (SAT). ARTS. 114, VIII, E 195, I, "A", DA CONSTITUIÇÃO DA REPÚBLICA. (conversão da Orientação Jurisprudencial nº 414 da SBDI-1) Res. 194/2014, DEJT divulgado em 21, 22 e 23.05.2014. Compete à Justiça do Trabalho a execução, de ofício, da contribuição referente ao Seguro de Acidente de Trabalho (SAT), que tem natureza de contribuição para a seguridade social (arts. 114, VIII, e 195, I, "a", da CF), pois se destina ao financiamento de benefícios relativos à incapacidade do empregado decorrente de infortúnio no trabalho (arts. 11 e 22 da Lei nº 8.212/1991).

- **OJ nº 138. SDI-1 do TST.** COMPETÊNCIA RESIDUAL. REGIME JURÍDICO ÚNICO. LIMITAÇÃO DA EXECUÇÃO. (nova redação em decorrência da incorporação da Orientação Jurisprudencial nº 249 da SBDI-1, DJ 20.04.2005). Compete à Justiça do Trabalho julgar pedidos de direitos e vantagens previstos na legislação trabalhista referente a período anterior à Lei nº 8.112/90, mesmo que a ação tenha sido ajuizada após a edição da referida lei. A superveniência de regime estatutário em substituição ao celetista, mesmo após a sentença, limita a execução ao período celetista. (1ª parte – ex-OJ nº 138 da SBDI-1 – inserida em 27.11.98; 2ª parte – ex-OJ nº 249 – inserida em 13.03.02)

2. PROCESSO E PROCEDIMENTO TRABALHISTA

2.1. PROCEDIMENTOS (SUMARÍSSIMO, DE ALÇADA EXCLUSIVA DA VARA, INQUÉRITO E HOMOLOGAÇÃO DE ACORDO EXTRAJUDICIAL)

- **Súmula nº 442 do TST.** PROCEDIMENTO SUMARÍSSIMO. RECURSO DE REVISTA FUNDAMENTADO EM CONTRARIEDADE A ORIENTAÇÃO JURISPRUDENCIAL. INADMISSIBILIDADE. ART. 896, § 6º, DA CLT, ACRESCENTADO PELA LEI Nº 9.957, DE 12.01.2000 (conversão da Orientação Jurisprudencial nº 352 da SBDI-1) – Res. 185/2012, DEJT divulgado em 25, 26 e 27.09.2012. Nas causas sujeitas ao procedimento sumaríssimo, a admissibilidade de recurso de revista está limitada à demonstração de violação direta a dispositivo da Constituição Federal ou contrariedade a Súmula do Tribunal Superior do Trabalho, não se admitindo o recurso por contrariedade a Orientação Jurisprudencial deste Tribunal (Livro II, Título II, Capítulo III, do RITST), ante a ausência de previsão no art. 896, § 6º, da CLT.

- **Súmula nº 458 do TST.** EMBARGOS. PROCEDIMENTO SUMARÍSSIMO. CONHECIMENTO. RECURSO INTERPOSTO APÓS VIGÊNCIA DA LEI Nº 11.496, DE 22.06.2007, QUE CONFERIU NOVA REDAÇÃO AO ART. 894, DA CLT. (conversão da Orientação Jurisprudencial nº 405 da SBDI-1 com nova redação). Res. 194/2014, DEJT divulgado em 21, 22 e 23.05.2014. Em causas sujeitas ao procedimento sumaríssimo, em que pese a limitação imposta no art. 896, § 6º, da CLT à interposição de recurso de revista, admitem-se os embargos interpostos na vigência da Lei nº 11.496, de 22.06.2007, que conferiu nova redação ao art. 894 da CLT, quando demonstrada a divergência jurisprudencial entre Turmas do TST, fundada em interpretações diversas acerca da aplicação de mesmo dispositivo constitucional ou de matéria sumulada.

2.2. PARTES, REPRESENTAÇÃO, SUBSTITUIÇÃO PROCESSUAL E FAZENDA PÚBLICA

- **Súmula nº 82 do TST**. ASSISTÊNCIA (nova redação) – Res. 121/2003, DJ 19, 20 e 21.11.2003. A intervenção assistencial, simples ou adesiva, só é admissível se demonstrado o interesse jurídico e não o meramente econômico.
- **Súmula nº 170 do TST**. SOCIEDADE DE ECONOMIA MISTA. CUSTAS (mantida) – Res. 121/2003, DJ 19, 20 e 21.11.2003. Os privilégios e isenções no foro da Justiça do Trabalho não abrangem as sociedades de economia mista, ainda que gozassem desses benefícios anteriormente ao Decreto-Lei nº 779, de 21.08.1969 (ex-Prejulgado nº 50).
- **Súmula nº 303 do TST.** FAZENDA PÚBLICA. REEXAME NECESSÁRIO (nova redação em decorrência do CPC de 2015) – Res. 211/2016, DEJT divulgado em 24, 25 e 26.08.2016 I – Em dissídio individual, está sujeita ao reexame necessário, mesmo na vigência da Constituição Federal de 1988, decisão contrária à Fazenda Pública, salvo quando a condenação não ultrapassar o valor correspondente a: a) 1.000 (mil) salários mínimos para a União e as respectivas autarquias e fundações de direito público; b) 500 (quinhentos) salários mínimos para os Estados, o Distrito Federal, as respectivas autarquias e fundações de direito público e os Municípios que constituam capitais dos Estados; c) 100 (cem) salários mínimos para todos os demais Municípios e respectivas autarquias e fundações de direito público. II – Também não se sujeita ao duplo grau de jurisdição a decisão fundada em: a) súmula ou orientação jurisprudencial do Tribunal Superior do Trabalho; b) acórdão proferido pelo Supremo Tribunal Federal ou pelo Tribunal Superior do Trabalho em julgamento de recursos repetitivos; c) entendimento firmado em incidente de resolução de demandas repetitivas ou de assunção de competência; d) entendimento coincidente com orientação vinculante firmada no âmbito administrativo do próprio ente público, consolidada em manifestação, parecer ou súmula administrativa. III – Em ação rescisória, a decisão proferida pelo Tribunal Regional do Trabalho está sujeita ao duplo grau de jurisdição obrigatório quando desfavorável ao ente público, exceto nas hipóteses dos incisos anteriores. (ex-OJ nº 71 da SBDI-1 – inserida em 03.06.1996) IV – Em mandado de segurança, somente cabe reexame necessário se, na relação processual, figurar pessoa jurídica de direito público como parte prejudicada pela concessão da ordem. Tal situação não ocorre na hipótese de figurar no feito como impetrante e terceiro interessado pessoa de direito privado, ressalvada a hipótese de matéria administrativa. (ex-OJs nºs 72 e 73 da SBDI-1 – inseridas, respectivamente, em 25.11.1996 e 03.06.1996).
- **Súmula nº 377 do TST**. PREPOSTO. EXIGÊNCIA DA CONDIÇÃO DE EMPREGADO (nova redação) – Res. 146/2008, DJ 28.04.2008, 02 e 05.05.2008. Exceto quanto à reclamação de empregado doméstico, ou contra micro ou pequeno empresário, o preposto deve ser necessariamente empregado do reclamado. Inteligência do art. 843, § 1º, da CLT e do art. 54 da Lei Complementar nº 123, de 14 de dezembro de 2006.
- **Súmula nº 406 do TST.** AÇÃO RESCISÓRIA. LITISCONSÓRCIO. NECESSÁRIO NO Polo PASSIVO E FACULTATIVO NO ATIVO. INEXISTENTE QUANTO AOS SUBSTITUÍDOS PELO SINDICATO (conversão das Orientações Jurisprudenciais nºs 82 e 110 da SBDI-2) – Res. 137/2005, DJ 22, 23 e 24.08.2005. I – O litisconsórcio, na ação rescisória, é necessário em relação ao polo passivo da demanda, porque supõe uma comunidade de direitos ou de obrigações que não admite solução díspar para os litisconsortes, em face da indivisibilidade do objeto. Já em relação ao polo ativo, o litisconsórcio é facultativo, uma vez que a aglutinação de autores se faz por conveniência e não pela necessidade decorrente da natureza do litígio, pois não se pode condicionar o exercício do direito individual de um dos litigantes no processo originário à anuência dos demais para retomar a lide. (ex-OJ nº 82 da SBDI-2 – inserida em 13.03.2002). II – O Sindicato, substituto processual e autor da reclamação trabalhista, em cujos autos fora proferida a decisão rescindenda, possui legitimidade para figurar como réu na ação rescisória, sendo descabida a exigência de citação de todos os empregados substituídos, porquanto inexistente litisconsórcio passivo necessário. (ex-OJ nº 110 da SBDI-2 – DJ 29.04.2003).
- **OJ nº 121. SDI-1 do TST**. SUBSTITUIÇÃO PROCESSUAL. DIFERENÇA DO ADICIONAL DE INSALUBRIDADE. LEGITIMIDADE. (nova redação, DJ 20.04.2005). O sindicato tem legitimidade para atuar na qualidade de substituto processual para pleitear diferença de adicional de insalubridade.
- **OJ nº 188. SDI-1 do TST**. DECISÃO NORMATIVA QUE DEFERE DIREITOS. FALTA DE INTERESSE DE AGIR PARA AÇÃO INDIVIDUAL. Inserida em 08.11.00. Falta interesse de agir para a ação individual, singular ou plúrima, quando o direito já foi reconhecido através de decisão normativa, cabendo, no caso, ação de cumprimento.
- **OJ nº 192. SDI-1 do TST**. EMBARGOS DECLARATÓRIOS. PRAZO EM DOBRO. PESSOA JURÍDICA DE DIREITO PÚBLICO. DECRETO-LEI Nº 779/69 (inserida

em 08.11.2000). É em dobro o prazo para a interposição de embargos declaratórios por Pessoa jurídica de direito público.

- **OJ nº 247. SDI-1 do TST.** SERVIDOR PÚBLICO. CELETISTA CONCURSADO. DESPEDIDA IMOTIVADA. EMPRESA PÚBLICA OU SOCIEDADE DE ECONOMIA MISTA. POSSIBILIDADE (alterada – Res. nº 143/2007) – DJ 13.11.2007. I – A despedida de empregados de empresa pública e de sociedade de economia mista, mesmo admitidos por concurso público, independe de ato motivado para sua validade; II – A validade do ato de despedida do empregado da Empresa Brasileira de Correios e Telégrafos (ECT) está condicionada à motivação, por gozar a empresa do mesmo tratamento destinado à Fazenda Pública em relação à imunidade tributária e à execução por precatório, além das prerrogativas de foro, prazos e custas processuais.

- **OJ nº 310. SDI-1 do TST.** LITISCONSORTES. PROCURADORES DISTINTOS. PRAZO EM DOBRO. ART. 229, CAPUT E §§ 1º E 2º, DO CPC DE 2015. ART. 191 DO CPC DE 1973. INAPLICÁVEL AO PROCESSO DO TRABALHO (atualizada em decorrência do CPC de 2015) – Res. 208/2016, DEJT divulgado em 22, 25 e 26.04.2016. Inaplicável ao processo do trabalho a norma contida no art. 229, caput e §§ 1º e 2º, do CPC de 2015 (art. 191 do CPC de 1973), em razão de incompatibilidade com a celeridade que lhe é inerente.

- **OJ nº 318. SDI-1 do TST.** AUTARQUIA. FUNDAÇÃO PÚBLICA. LEGITIMIDADE PARA RECORRER. REPRESENTAÇÃO PROCESSUAL. (incluído o item II e alterada em decorrência do CPC de 2015) – Res. 220/2017, DEJT divulgado em 21, 22 e 25.09.2017 I – Os Estados e os Municípios não têm legitimidade para recorrer em nome das autarquias e das fundações públicas. II – Os procuradores estaduais e municipais podem representar as respectivas autarquias e fundações públicas em juízo somente se designados pela lei da respectiva unidade da federação (art. 75, IV, do CPC de 2015) ou se investidos de instrumento de mandato válido.

- **OJ nº 359. SDI-1 do TST.** SUBSTITUIÇÃO PROCESSUAL. SINDICATO. LEGITIMIDADE. PRESCRIÇÃO. INTERRUPÇÃO (DJ 14.03.2008). A ação movida por sindicato, na qualidade de substituto processual, interrompe a prescrição, ainda que tenha sido considerado parte ilegítima "ad causam".

- **OJ nº 382. SDI-1 do TST.** JUROS DE MORA. ART. 1º-F DA LEI Nº 9.494, DE 10.09.1997. INAPLICABILIDADE À FAZENDA PÚBLICA QUANDO CONDENADA SUBSIDIARIAMENTE. (DEJT divulgado em 19, 20e 22.04.2010). A Fazenda Pública, quando condenada subsidiariamente pelas obrigações trabalhistas devidas pela empregadora principal, não se beneficia da limitação dos juros, prevista no art. 1º-F da Lei nº 9.494, de 10.09.1997.

- **OJ nº 5. SDC.** FERIADO LOCAL. AUSÊNCIA DE EXPEDIENTE FORENSE. PRAZO RECURSAL. PRORROGAÇÃO. COMPROVAÇÃO. NECESSIDADE. ATO ADMINISTRATIVO DO JUÍZO A QUO. I – Incumbe à parte o ônus de provar, quando da interposição do recurso, a existência de feriado local que autorize a prorrogação do prazo recursal. II – Na hipótese de feriado forense, incumbirá à autoridade que proferir a decisão de admissibilidade certificar o expediente nos autos. III – Na hipótese do inciso II, admite-se a reconsideração da análise da tempestividade do recurso, mediante prova documental superveniente, em Agravo Regimental, Agravo de Instrumento ou Embargos de Declaração.

- **OJ nº 15. SDC do TST.** SINDICATO. LEGITIMIDADE "AD PROCESSUM". IMPRESCINDIBILIDADE DO REGISTRO NO MINISTÉRIO DO TRABALHO. Inserida em 27.03.1998. A comprovação da legitimidade "ad processum" da entidade sindical se faz por seu registro no órgão competente do Ministério do Trabalho, mesmo após a promulgação da Constituição Federal de 1988.

2.3. ADVOGADO, PROCURAÇÃO, DESPESAS PROCESSUAIS JUSTIÇA GRATUITA E *IUS POSTULANDI*

- **Súmula nº 25 do TST.** INVERSÃO DO ÔNUS DA SUCUMBÊNCIA. (alterada a Súmula e incorporadas as Orientações Jurisprudenciais nºs 104 e 186 da SBDI-1) – Res. 197/2015 – DEJT divulgado em 14, 15 e 18.05.2015 I – A parte vencedora na primeira instância, se vencida na segunda, está obrigada, independentemente de intimação, a pagar as custas fixadas na sentença originária, das quais ficara isenta a parte então vencida; II – No caso de inversão do ônus da sucumbência em segundo grau, sem acréscimo ou atualização do valor das custas e se estas já foram devidamente recolhidas, descabe um novo pagamento pela parte vencida, ao recorrer. Deverá ao final, se sucumbente, reembolsar a quantia; (ex-OJ nº 186 da SBDI-I) III – Não caracteriza deserção a hipótese em que, acrescido o valor da condenação, não houve fixação ou cálculo do valor devido a título de custas e tampouco intimação da parte para o preparo do recurso, devendo ser as custas pagas ao final; (ex-OJ nº 104 da SBDI-I) IV – O reembolso das custas à parte vencedora faz-se necessário mesmo na hipótese em que a parte vencida for pessoa isenta do seu pagamento, nos termos do art. 790-A, parágrafo único, da CLT.

- **Súmula nº 36 do TST.** CUSTAS (mantida) – Res. 121/2003, DJ 19, 20 e 21.11.2003. Nas ações plúrimas, as custas incidem sobre o respectivo valor global.

- **Súmula nº 53 do TST.** CUSTAS (mantida) – Res. 121/2003, DJ 19, 20 e 21.11.2003. O prazo para pagamento das custas, no caso de recurso, é contado da intimação do cálculo.

- **Súmula nº 128 do TST.** DEPÓSITO RECURSAL (incorporadas as Orientações Jurisprudenciais nºs 139, 189 e 190 da SBDI-1) – Res. 129/2005, DJ 20, 22 e 25.04.2005. I – É ônus da parte recorrente efetuar o depósito legal, integralmente, em relação a cada novo recurso interposto, sob pena de deserção. Atingido o valor da condenação, nenhum depósito mais é exigido para qualquer recurso. (ex-Súmula nº 128 – alterada pela Res. 121/2003, DJ 21.11.03, que incorporou a OJ nº 139 da SBDI-1 – inserida em 27.11.1998). II – Garantido o juízo, na fase executória, a exigência de depósito para recorrer de qualquer decisão viola os incisos II e LV do art. 5º da CF/1988. Havendo, porém, elevação do valor do débito, exige-se a complementação da garantia do juízo. (ex-OJ nº 189 da SBDI-1 – inserida em 08.11.2000). III – Havendo condenação solidária de duas ou mais empresas, o depósito recursal efetuado por uma delas aproveita as demais, quando a empresa que efetuou o depósito não pleiteia sua exclusão da lide. (ex-OJ nº 190 da SBDI-1 – inserida em 08.11.2000).

- **Súmula nº 161 do TST.** DEPÓSITO. CONDENAÇÃO A PAGAMENTO EM PECÚNIA (mantida) – Res. 121/2003, DJ 19, 20 e 21.11.2003. Se não há condenação a pagamento em pecúnia, descabe o depósito de que tratam os §§ 1º e 2º do art. 899 da CLT (ex-Prejulgado nº 39).
- **Súmula nº 217 do TST**. DEPÓSITO RECURSAL. CREDENCIAMENTO BANCÁRIO. PROVA DISPENSÁVEL (mantida) – Res. 121/2003, DJ 19, 20 e 21.11.2003. O credenciamento dos bancos para o fim de recebimento do depósito recursal é fato notório, independendo da prova.
- **Súmula nº 219 do TST.** HONORÁRIOS ADVOCATÍCIOS. CABIMENTO (alterada a redação do item I e acrescidos os itens IV a VI na sessão do Tribunal Pleno realizada em 15.03.2016) – Res. 204/2016, DEJT divulgado em 17, 18 e 21.03.2016 I – Na Justiça do Trabalho, a condenação ao pagamento de honorários advocatícios não decorre pura e simplesmente da sucumbência, devendo a parte, concomitantemente: a) estar assistida por sindicato da categoria profissional; b) comprovar a percepção de salário inferior ao dobro do salário mínimo ou encontrar-se em situação econômica que não lhe permita demandar sem prejuízo do próprio sustento ou da respectiva família. (art. 14, §1º, da Lei nº 5.584/1970). (ex-OJ nº 305 da SBDI-I). II – É cabível a condenação ao pagamento de honorários advocatícios em ação rescisória no processo trabalhista. III – São devidos os honorários advocatícios nas causas em que o ente sindical figure como substituto processual e nas lides que não derivem da relação de emprego. IV – Na ação rescisória e nas lides que não derivem de relação de emprego, a responsabilidade pelo pagamento dos honorários advocatícios da sucumbência submete-se à disciplina do Código de Processo Civil (arts. 85, 86, 87 e 90). V – Em caso de assistência judiciária sindical, revogado o art. 11 da Lei nº 1060/50 (CPC de 2015, art. 1072, inc. III), os honorários advocatícios assistenciais são devidos entre o mínimo de dez e o máximo de vinte por cento sobre o valor da condenação, do proveito econômico obtido ou, não sendo possível mensurá-lo, sobre o valor atualizado da causa (CPC de 2015, art. 85, § 2º). VI – Nas causas em que a Fazenda Pública for parte, aplicar-se-ão os percentuais específicos de honorários advocatícios contemplados no Código de Processo Civil.
- **Súmula nº 245 do TST**. DEPÓSITO RECURSAL. PRAZO (mantida) – Res. 121/2003, DJ 19, 20 e 21.11.2003. O depósito recursal deve ser feito e comprovado no prazo alusivo ao recurso. A interposição antecipada deste não prejudica a dilação legal.
- **Súmula nº 329 do TST**. HONORÁRIOS ADVOCATÍCIOS. ART. 133 DA CF/1988(mantida) – Res. 121/2003, DJ 19, 20 e 21.11.2003. Mesmo após a promulgação da CF/1988, permanece válido o entendimento consubstanciado na Súmula nº 219 do Tribunal Superior do Trabalho.
- **Súmula nº 341 do TST**. HONORÁRIOS DO ASSISTENTE TÉCNICO (mantida) – Res. 121/2003, DJ 19, 20 e 21.11.2003. A indicação do perito assistente é faculdade da parte, a qual deve responder pelos respectivos honorários, ainda que vencedora no objeto da perícia.
- **Súmula nº 356 do TST.** ALÇADA RECURSAL. VINCULAÇÃO AO SALÁRIO MÍNIMO (mantida) – Res. 121/2003, DJ 19, 20 e 21.11.2003. O art. 2º, § 4º, da Lei nº 5.584, de 26.06.1970, foi recepcionado pela CF/1988, sendo lícita a fixação do valor da alçada com base no salário mínimo.
- **Súmula nº 383 do TST**. RECURSO. MANDATO. IRREGULARIDADE DE REPRESENTAÇÃO. CPC DE 2015, ARTS. 104 E 76, § 2º (nova redação em decorrência do CPC de 2015) – Res. 210/2016, DEJT divulgado em 30.06.2016 e 01 e 04.07.2016. I – É inadmissível recurso firmado por advogado sem procuração juntada aos autos até o momento da sua interposição, salvo mandato tácito. Em caráter excepcional (art. 104 do CPC de 2015), admite-se que o advogado, independentemente de intimação, exiba a procuração no prazo de 5 (cinco) dias após a interposição do recurso, prorrogável por igual período mediante despacho do juiz. Caso não a exiba, considera-se ineficaz o ato praticado e não se conhece do recurso. II – Verificada a irregularidade de representação da parte em fase recursal, em procuração ou substabelecimento já constante dos autos, o relator ou o órgão competente para julgamento do recurso designará prazo de 5 (cinco) dias para que seja sanado o vício. Descumprida a determinação, o relator não conhecerá do recurso, se a providência couber ao recorrente, ou determinará o desentranhamento das contrarrazões, se a providência couber ao recorrido (art. 76, § 2º, do CPC de 2015).
- **Súmula nº 395 do TST**. MANDATO E SUBSTABELECIMENTO. CONDIÇÕES DE VALIDADE (nova redação dos itens I e II e acrescido o item V em decorrência do CPC de 2015) – Res. 211/2016, DEJT divulgado em 24, 25 e 26.08.2016 I – Válido é o instrumento de mandato com prazo determinado que contém cláu-

sula estabelecendo a prevalência dos poderes para atuar até o final da demanda (§ 4º do art. 105 do CPC de 2015). (ex-OJ nº 312 da SBDI-1 – DJ 11.08.2003) II – Se há previsão, no instrumento de mandato, de prazo para sua juntada, o mandato só tem validade se anexado ao processo o respectivo instrumento no aludido prazo. (ex-OJ nº 313 da SBDI-1 – DJ 11.08.2003) III – São válidos os atos praticados pelo substabelecido, ainda que não haja, no mandato, poderes expressos para substabelecer (art. 667, e parágrafos, do Código Civil de 2002). (ex-OJ nº 108 da SBDI-1 – inserida em 01.10.1997) IV – Configura-se a irregularidade de representação se o substabelecimento é anterior à outorga passada ao substabelecente. (ex-OJ nº 330 da SBDI-1 – DJ 09.12.2003) V – Verificada a irregularidade de representação nas hipóteses dos itens II e IV, deve o juiz suspender o processo e designar prazo razoável para que seja sanado o vício, ainda que em instância recursal (art. 76 do CPC de 2015).

- **Súmula nº 425 do TST**. *JUS POSTULANDI* NA JUSTIÇA DO TRABALHO. ALCANCE. Res. 165/2010, DEJT divulgado em 30.04.2010 e 03 e 04.05.2010. O *jus postulandi* das partes, estabelecido no art. 791 da CLT, limita-se às Varas do Trabalho e aos Tribunais Regionais do Trabalho, não alcançando a ação rescisória, a ação cautelar, o mandado de segurança e os recursos de competência do Tribunal Superior do Trabalho.

- **Súmula nº 426 do TST.** DEPÓSITO RECURSAL. UTILIZAÇÃO DA GUIA GFIP. OBRIGATORIEDADE (editada em decorrência do julgamento do processo TST-IUJEEDRR 91700-09.2006.5.18.0006) – Res. 174/2011, DEJT divulgado em 27, 30 e 31.05.2011. Nos dissídios individuais o depósito recursal será efetivado mediante a utilização da Guia de Recolhimento do FGTS e Informações à Previdência Social – GFIP, nos termos dos §§ 4º e 5º do art. 899 da CLT, admitido o depósito judicial, realizado na sede do juízo e à disposição deste, na hipótese de relação de trabalho não submetida ao regime do FGTS.

- **Súmula nº 436 do TST.** REPRESENTAÇÃO PROCESSUAL. PROCURADOR DA UNIÃO, ESTADOS, MUNICÍPIOS E DISTRITO FEDERAL, SUAS AUTARQUIAS E FUNDAÇÕES PÚBLICAS. JUNTADA DE INSTRUMENTO DE MANDATO (conversão da Orientação Jurisprudencial nº 52 da SBDI-I e inserção do item II à redação) – Res. 185/2012, DEJT divulgado em 25, 26 e 27.09.2012. I – A União, Estados, Municípios e Distrito Federal, suas autarquias e fundações públicas, quando representadas em juízo, ativa e passivamente, por seus procuradores, estão dispensadas da juntada de instrumento de mandato e de comprovação do ato de nomeação. II – Para os efeitos do item anterior, é essencial que o signatário ao menos declare-se exercente do cargo de procurador, não bastando a indicação do número de inscrição na Ordem dos Advogados do Brasil.

- **Súmula nº 456 do TST**. REPRESENTAÇÃO. PESSOA JURÍDICA. PROCURAÇÃO. INVALIDADE. IDENTIFICAÇÃO DO OUTORGANTE E DE SEU REPRESENTANTE. (inseridos os itens II e III em decorrência do CPC de 2015) – Res. 211/2016, DEJT divulgado em 24, 25 e 26.08.2016 I – É inválido o instrumento de mandato firmado em nome de pessoa jurídica que não contenha, pelo menos, o nome do outorgante e do signatário da procuração, pois estes dados constituem elementos que os individualizam. II – Verificada a irregularidade de representação da parte na instância originária, o juiz designará prazo de 5 (cinco) dias para que seja sanado o vício. Descumprida a determinação, extinguirá o processo, sem resolução de mérito, se a providência couber ao reclamante, ou considerará revel o reclamado, se a providência lhe couber (art. 76, § 1º, do CPC de 2015). III – Caso a irregularidade de representação da parte seja constatada em fase recursal, o relator designará prazo de 5 (cinco) dias para que seja sanado o vício. Descumprida a determinação, o relator não conhecerá do recurso, se a providência couber ao recorrente, ou determinará o desentranhamento das contrarrazões, se a providência couber ao recorrido (art. 76, § 2º, do CPC de 2015).

- **Súmula nº 457 do TST.** HONORÁRIOS PERICIAIS. BENEFICIÁRIO DA JUSTIÇA GRATUITA. RESPONSABILIDADE DA UNIÃO PELO PAGAMENTO. RESOLUÇÃO Nº 66/2010 DO CSJT. OBSERVÂNCIA. (conversão da Orientação Jurisprudencial nº 387 da SBDI-1 com nova redação). Res. 194/2014, DEJT divulgado em 21, 22 e 23.05.2014. A União é responsável pelo pagamento dos honorários de perito quando a parte sucumbente no objeto da perícia for beneficiária da assistência judiciária gratuita, observado o procedimento disposto nos arts. 1º, 2º e 5º da Resolução nº 66/2010 do Conselho Superior da Justiça do Trabalho – CSJT.

- **Súmula nº 463 do TST.** ASSISTÊNCIA JUDICIÁRIA GRATUITA. COMPROVAÇÃO (conversão da Orientação Jurisprudencial nº 304 da SBDI-1, com alterações decorrentes do CPC de 2015) – Res. 219/2017, DEJT divulgado em 28, 29 e 30.06.2017. I – A partir de 26.06.2017, para a concessão da assistência judiciária gratuita à pessoa natural, basta a declaração de hipossuficiência econômica firmada pela parte ou por seu advogado, desde que munido de procuração com poderes específicos para esse fim (art. 105 do CPC de 2015); II – No caso de pessoa jurídica, não basta a mera declaração: é necessária a demonstração cabal de impossibilidade de a parte arcar com as despesas do processo.

- **OJ nº 7. SDI-1 do TST.** ADVOGADO. ATUAÇÃO FORA DA SEÇÃO DA OAB ONDE O ADVOGADO ESTÁ INSCRITO. AUSÊNCIA DE COMUNICAÇÃO. (LEI Nº 4.215/1963, § 2º, ART. 56). INFRAÇÃO DISCIPLINAR. NÃO IMPORTA NULIDADE. (inserido dispositivo) – DJ 20.04.2005. A despeito da norma então prevista no artigo 56, § 2º, da Lei nº 4.215/63, a falta de comunicação do advogado à OAB para o exercício profissional em seção diversa daquela na qual tem inscrição não importa nulidade dos atos praticados, constituindo apenas infração disciplinar, que cabe àquela instituição analisar.

- **OJ nº 13. SDI-I do TST.** APPA. DECRETO-LEI Nº 779, DE 21.08.1969. DEPÓSITO RECURSAL E CUSTAS. NÃO ISENÇÃO (mantida conforme decidido no julgamento do processo TST-AgR-E-RR 148500-29.2004.5.09.0022 pelo Tribunal Pleno em 22.08.2016) A Administração dos Portos de Paranaguá e Antonina – APPA, vinculada à Administração Pública indireta, não é isenta do recolhimento do depósito recursal e do pagamento das custas processuais por não ser beneficiária dos privilégios previstos no Decreto-Lei n.º 779, de 21.08.1969, ante o fato de explorar atividade econômica com fins lucrativos, o que descaracteriza sua natureza jurídica, igualando-a às empresas privadas.
- **OJ nº 33. SDI-I do TST.** DESERÇÃO. CUSTAS. CARIMBO DO BANCO. VALIDADE (inserida em 25.11.1996). O carimbo do banco recebedor na guia de comprovação do recolhimento das custas supre a ausência de autenticação mecânica.
- **OJ nº 75. SDI-1 do TST.** SUBSTABELECIMENTO SEM O RECONHECIMENTO DE FIRMA DO SUBSTABELECENTE. INVÁLIDO (ANTERIOR À LEI Nº 8.952/1994). Inserida em 01.02.95 (inserido dispositivo, DJ 20.04.2005). Não produz efeitos jurídicos recurso subscrito por advogado com poderes conferidos em substabelecimento em que não consta o reconhecimento de firma do outorgante. Entendimento aplicável antes do advento da Lei nº 8.952/1994.
- **OJ nº 140. SDI-1 do TST.** DEPÓSITO RECURSAL E CUSTAS PROCESSUAIS. RECOLHIMENTO INSUFICIENTE. DESERÇÃO. (nova redação em decorrência do CPC de 2015) – Res. 217/2017 – DEJT divulgado em 20, 24 e 25.04.2017. Em caso de recolhimento insuficiente das custas processuais ou do depósito recursal, somente haverá deserção do recurso se, concedido o prazo de 5 (cinco) dias previsto no § 2º do art. 1.007 do CPC de 2015, o recorrente não complementar e comprovar o valor devido.
- **OJ nº 200. SDI-1 do TST.** MANDATO TÁCITO. SUBSTABELECIMENTO INVÁLIDO. Inserida em 08.11.00 (inserido dispositivo, DJ 20.04.2005). É inválido o substabelecimento de advogado investido de mandato tácito.
- **OJ nº 217. SDI-1 do TST.** AGRAVO DE INSTRUMENTO. TRASLADO. LEI Nº 9.756/1998. GUIAS DE CUSTAS E DE DEPÓSITO RECURSAL. Inserida em 02.04.01. Para a formação do agravo de instrumento, não é necessária a juntada de comprovantes de recolhimento de custas e de depósito recursal relativamente ao recurso ordinário, desde que não seja objeto de controvérsia no recurso de revista a validade daqueles recolhimentos.
- **OJ nº 255. SDI-1 do TST.** MANDATO. CONTRATO SOCIAL. DESNECESSÁRIA A JUNTADA. (atualizada em decorrência do CPC de 2015) – Res. 208/2016, DEJT divulgado em 22, 25 e 26.04.2016. O art. 75, inciso VIII, do CPC de 2015 (art. 12, VI, do CPC de 1973) não determina a exibição dos estatutos da empresa em juízo como condição de validade do instrumento de mandato outorgado ao seu procurador, salvo se houver impugnação da parte contrária.
- **OJ nº 264. SDI-1 do TST.** DEPÓSITO RECURSAL. PIS/PASEP. AUSÊNCIA DE INDICAÇÃO NA GUIA DE DEPÓSITO RECURSAL. VALIDADE. Inserida em 27.09.02. Não é essencial para a validade da comprovação do depósito recursal a indicação do número do PIS/PASEP na guia respectiva.
- **OJ nº 286. SDI-1 do TST.** AGRAVO DE INSTRUMENTO. TRASLADO. MANDATO TÁCITO. ATA DE AUDIÊNCIA. CONFIGURAÇÃO (alterada – Res. 167/2010, DEJT divulgado em 30.04.2010 e 03 e 04.05.2010). I – A juntada da ata de audiência, em que consignada a presença do advogado, desde que não estivesse atuando com mandato expresso, torna dispensável a procuração deste, porque demonstrada a existência de mandato tácito. II – Configurada a existência de mandato tácito fica suprida a irregularidade detectada no mandato expresso.
- **OJ nº 319. SDI-1 do TST.** REPRESENTAÇÃO REGULAR. ESTAGIÁRIO. HABILITAÇÃO POSTERIOR. DJ 11.08.03. Válidos são os atos praticados por estagiário se, entre o substabelecimento e a interposição do recurso, sobreveio a habilitação, do então estagiário, para atuar como advogado.
- **OJ nº 331. SDI-1 do TST.** JUSTIÇA GRATUITA. DECLARAÇÃO DE INSUFICIÊNCIA ECONÔMICA. MANDATO. PODERES ESPECÍFICOS DESNECESSÁRIOS (cancelada) – Res. 210/2016, DEJT divulgado em 30.06.2016 e 01 e 04.07.2016. Desnecessária a outorga de poderes especiais ao patrono da causa para firmar declaração de insuficiência econômica, destinada à concessão dos benefícios da justiça gratuita.
- **OJ nº 348. SDI-1 do TST.** HONORÁRIOS ADVOCATÍCIOS. BASE DE CÁLCULO. VALOR LÍQUIDO. LEI Nº 1.060, DE 05.02.1950 (DJ 25.04.2007). Os honorários advocatícios, arbitrados nos termos do art. 11, § 1º, da Lei nº 1.060, de 05.02.1950, devem incidir sobre o valor líquido da condenação, apurado na fase de liquidação de sentença, sem a dedução dos descontos fiscais e previdenciários.
- **OJ nº 349. SDI-1 do TST.** MANDATO. JUNTADA DE NOVA PROCURAÇÃO. AUSÊNCIA DE RESSALVA. EFEITOS. DJ 25.04.2007. A juntada de nova procuração aos autos, sem ressalva de poderes conferidos ao antigo patrono, implica revogação tácita do mandato anterior.
- **OJ nº 371. SDI-1 do TST.** IRREGULARIDADE DE REPRESENTAÇÃO. SUBSTABELECIMENTO NÃO DATADO. INAPLICABILIDADE DO ART. 654, § 1º, DO CÓDIGO CIVIL. (atualizada em decorrência do CPC de 2015) – Res. 208/2016, DEJT divulgado em 22, 25 e 26.04.2016. Não caracteriza a irregularidade

de representação a ausência da data da outorga de poderes, pois, no mandato judicial, ao contrário do mandato civil, não é condição de validade do negócio jurídico. Assim, a data a ser considerada é aquela em que o instrumento for juntado aos autos, conforme preceitua o art. 409, IV, do CPC de 2015 (art. 370, IV, do CPC de 1973). Inaplicável o art. 654, § 1º, do Código Civil.

- **OJ nº 374. SDI-1 do TST.** AGRAVO DE INSTRUMENTO. REPRESENTAÇÃO PROCESSUAL. REGULARIDADE. PROCURAÇÃO OU SUBSTABELECIMENTO COM CLÁUSULA LIMITATIVA DE PODERES AO ÂMBITO DO TRIBUNAL REGIONAL DO TRABALHO (DEJT divulgado em 19, 20 e 22.04.2010). É regular a representação processual do subscritor do agravo de instrumento ou do recurso de revista que detém mandato com poderes de representação limitados ao âmbito do Tribunal Regional do Trabalho, pois, embora a apreciação desse recurso seja realizada pelo Tribunal Superior do Trabalho, a sua interposição é ato praticado perante o Tribunal Regional do Trabalho, circunstância que legitima a atuação do advogado no feito.

- **OJ nº 421. SDI-1 do TST**. HONORÁRIOS ADVOCATÍCIOS. AÇÃO DE INDENIZAÇÃO POR DANOS MORAIS E MATERIAIS DECORRENTES DE ACIDENTE DE TRABALHO OU DE DOENÇA PROFISSIONAL. AJUIZAMENTO PERANTE A JUSTIÇA COMUM ANTES DA PROMULGAÇÃO DA EMENDA CONSTITUCIONAL Nº 45/2004. POSTERIOR REMESSA DOS AUTOS À JUSTIÇA DO TRABALHO. ART. 85 DO CPC DE 2015. ART. 20 DO CPC DE 1973. INCIDÊNCIA. (atualizada em decorrência do CPC de 2015) – Res. 208/2016, DEJT divulgado em 22, 25 e 26.04.2016. A condenação em honorários advocatícios nos autos de ação de indenização por danos morais e materiais decorrentes de acidente de trabalho ou de doença profissional, remetida à Justiça do Trabalho após ajuizamento na Justiça comum, antes da vigência da Emenda Constitucional nº 45/2004, decorre da mera sucumbência, nos termos do art. 85 do CPC de 2015 (art. 20 do CPC de 1973), não se sujeitando aos requisitos da Lei nº 5.584/1970.

- **OJ nº 27. SDC do TST.** CUSTAS. AUSÊNCIA DE INTIMAÇÃO. DESERÇÃO. CARACTERIZAÇÃO. (inserida em 19.08.1998). A deserção se impõe mesmo não tendo havido intimação, pois incumbe à parte, na defesa do próprio interesse, obter os cálculos necessários para efetivar o preparo.

2.4. ATOS PROCESSUAIS, PRAZOS E NULIDADES

- **Súmula nº 1 do TST.** PRAZO JUDICIAL (mantida) – Res. 121/2003, DJ 19, 20 e 21.11.2003. Quando a intimação tiver lugar na sexta-feira, ou a publicação com efeito de intimação for feita nesse dia, o prazo judicial será contado da segunda-feira imediata, inclusive, salvo se não houver expediente, caso em que fluirá no dia útil que se seguir.

- **Súmula nº 30 do TST**. INTIMAÇÃO DA SENTENÇA (mantida) – Res. 121/2003, DJ 19, 20 e 21.11.2003. Quando não juntada a ata ao processo em 48 horas, contadas da audiência de julgamento (art. 851, § 2º, da CLT), o prazo para recurso será contado da data em que a parte receber a intimação da sentença.

- **Súmula nº 197 do TST.** PRAZO (mantida) – Res. 121/2003, DJ 19, 20 e 21.11.2003. O prazo para recurso da parte que, intimada, não comparecer à audiência em prosseguimento para a prolação da sentença conta-se de sua publicação.

- **Súmula nº 262 do TST**. PRAZO JUDICIAL. NOTIFICAÇÃO OU INTIMAÇÃO EM SÁBADO. RECESSO FORENSE. (redação do item II alterada na sessão do Tribunal Pleno realizada em 19.05.2014) Res. 194/2014, DEJT divulgado em 21, 22 e 23.05.2014. I – Intimada ou notificada a parte no sábado, o início do prazo se dará no primeiro dia útil imediato e a contagem, no subsequente. II – O recesso forense e as férias coletivas dos Ministros do Tribunal Superior do Trabalho suspendem os prazos recursais.

- **Súmula nº 385 do TST**. FERIADO LOCAL OU FORENSE. AUSÊNCIA DE EXPEDIENTE. PRAZO RECURSAL. PRORROGAÇÃO. COMPROVAÇÃO. NECESSIDADE. (alterada em decorrência do CPC de 2015) – Res. 220/2017, DEJT divulgado em 21, 22 e 25.09.2017

  I – Incumbe à parte o ônus de provar, quando da interposição do recurso, a existência de feriado local que autorize a prorrogação do prazo recursal (art. 1.003, § 6º, do CPC de 2015). No caso de o recorrente alegar a existência de feriado local e não o comprovar no momento da interposição do recurso, cumpre ao relator conceder o prazo de 5 (cinco) dias para que seja sanado o vício (art. 932, parágrafo único, do CPC de 2015), sob pena de não conhecimento se da comprovação depender a tempestividade recursal;

  II – Na hipótese de feriado forense, incumbirá à autoridade que proferir a decisão de admissibilidade certificar o expediente nos autos;

  III – Admite-se a reconsideração da análise da tempestividade do recurso, mediante prova documental superveniente, em agravo de instrumento, agravo interno, agravo regimental, ou embargos de declaração, desde que, em momento anterior, não tenha havido a concessão de prazo para a comprovação da ausência de expediente forense.

- **Súmula nº 427 do TST.** INTIMAÇÃO. PLURALIDADE DE ADVOGADOS. PUBLICAÇÃO EM NOME DE ADVOGADO DIVERSO DAQUELE EXPRESSAMENTE INDICADO. NULIDADE (editada em decorrência do julgamento do processo TST-IUJERR 5400-31.2004.5.09.0017) – Res. 174/2011, DEJT divulgado em 27, 30 e 31.05.2011. Havendo pedido expresso de que as intimações e publicações sejam realizadas exclusivamente em nome de determinado advogado, a comunicação em nome de outro profissional constituído nos autos é nula, salvo se constatada a inexistência de prejuízo.

3. FASE POSTULATÓRIA E AUDIÊNCIA

- **Súmula nº 16 do TST**. NOTIFICAÇÃO (nova redação) – Res. 121/2003, DJ 19, 20 e 21.11.2003. Presume-se recebida a notificação 48 (quarenta e oito) horas depois de sua *postagem*. O seu não-recebimento ou a entrega após o decurso desse prazo constitui ônus de prova do destinatário.
- **Súmula nº 69 do TST.** RESCISÃO DO CONTRATO (nova redação) – Res. 121/2003, DJ 19, 20 e 21.11.2003. A partir da Lei nº 10.272, de 05.09.2001, havendo rescisão do contrato de trabalho e sendo revel e confesso quanto à matéria de fato, deve ser o empregador condenado ao pagamento das verbas rescisórias, não quitadas na primeira audiência, com acréscimo de 50% (cinquenta por cento).
- **Súmula nº 74 do TST**. CONFISSÃO. (atualizada em decorrência do CPC de 2015) – Res. 208/2016, DEJT divulgado em 22, 25 e 26.04.2016 I – Aplica-se a confissão à parte que, expressamente intimada com aquela cominação, não comparecer à audiência em prosseguimento, na qual deveria depor. (ex-Súmula nº 74 – RA 69/1978, DJ 26.09.1978) II – A prova pré-constituída nos autos pode ser levada em conta para confronto com a confissão ficta (arts. 442 e 443, do CPC de 2015 – art. 400, I, do CPC de 1973), não implicando cerceamento de defesa o indeferimento de provas posteriores. (ex-OJ nº 184 da SBDI-1 – inserida em 08.11.2000) III – A vedação à produção de prova posterior pela parte confessa somente a ela se aplica, não afetando o exercício, pelo magistrado, do poder/dever de conduzir o processo.
- **Súmula nº 122 do TST.** REVELIA. ATESTADO MÉDICO (incorporada a Orientação Jurisprudencial nº 74 da SBDI-1) – Res. 129/2005, DJ 20, 22 e 25.04.2005. A reclamada, ausente à audiência em que deveria apresentar defesa, é revel, ainda que presente seu advogado munido de procuração, podendo ser ilidida a revelia mediante a apresentação de atestado médico, que deverá declarar, expressamente, a impossibilidade de locomoção do empregador ou do seu preposto no dia da audiência. (primeira parte – ex-OJ nº 74 da SBDI-1 – inserida em 25.11.1996; segunda parte – ex-Súmula nº 122 – alterada pela Res. 121/2003, DJ 21.11.2003).
- **Súmula nº 418 do TST.** MANDADO DE SEGURANÇA VISANDO À HOMOLOGAÇÃO DE ACORDO (nova redação em decorrência do CPC de 2015) – Res. 217/2017 – DEJT divulgado em 20, 24 e 25.04.2017 A homologação de acordo constitui faculdade do juiz, inexistindo direito líquido e certo tutelável pela via do mandado de segurança.
- **OJ nº 152. SDI-1 do TST.** REVELIA. PESSOA JURÍDICA DE DIREITO PÚBLICO. APLICÁVEL. (ART. 844 DA CLT) (inserido dispositivo) – DJ 20.04.2005. Pessoa jurídica de direito público sujeita-se à revelia prevista no artigo 844 da CLT.
- **OJ nº 245. SDI-1 do TST.** REVELIA. ATRASO. AUDIÊNCIA (inserida em 20.06.2001). Inexiste previsão legal tolerando atraso no horário de comparecimento da parte na audiência.

4. PETIÇÃO INICIAL, DEFESAS E AUDIÊNCIA

4.1. PETIÇÃO INICIAL

- **Súmula nº 263 do TST.** PETIÇÃO INICIAL. INDEFERIMENTO. INSTRUÇÃO OBRIGATÓRIA DEFICIENTE (nova redação em decorrência do CPC de 2015) – Res. 208/2016, DEJT divulgado em 22, 25 e 26.04.2016 Salvo nas hipóteses do art. 330 do CPC de 2015 (art. 295 do CPC de 1973), o indeferimento da petição inicial, por encontrar-se desacompanhada de documento indispensável à propositura da ação ou não preencher outro requisito legal, somente é cabível se, após intimada para suprir a irregularidade em 15 (quinze) dias, mediante indicação precisa do que deve ser corrigido ou completado, a parte não o fizer (art. 321 do CPC de 2015).
- **Súmula nº 293 do TST.** ADICIONAL DE INSALUBRIDADE. CAUSA DE PEDIR. AGENTE NOCIVO DIVERSO DO APONTADO NA INICIAL (mantida) – Res. 121/2003, DJ 19, 20 e 21.11.2003. A verificação mediante perícia de prestação de serviços em condições nocivas, considerado agente insalubre diverso do apontado na inicial, não prejudica o pedido de adicional de insalubridade.

4.2. DEFESAS

- **Súmula nº 48 do TST.** COMPENSAÇÃO (mantida) – Res. 121/2003, DJ 19, 20 e 21.11.2003. A compensação só poderá ser arguida com a contestação.
- **Súmula nº 394 do TST.** FATO SUPERVENIENTE. ART. 493 DO CPC DE 2015. ART. 462 DO CPC DE 1973. (atualizada em decorrência do CPC de 2015) – Res. 208/2016, DEJT divulgado em 22, 25 e 26.04.2016. O art. 493 do CPC de 2015 (art. 462 do CPC de 1973), que admite a invocação de fato constitutivo, modificativo ou extintivo do direito, superveniente à propositura da ação, é aplicável de ofício aos processos em curso em qualquer instância trabalhista. Cumpre ao juiz ou tribunal ouvir as partes sobre o fato novo antes de decidir.

4.3. AUDIÊNCIA E ACORDO

- **Súmula nº 9 do TST.** AUSÊNCIA DO RECLAMANTE (mantida) – Res. 121/2003, DJ 19, 20 e 21.11.2003. A ausência do reclamante, quando adiada a instrução após contestada a ação em audiência, não importa arquivamento do processo.
- **Súmula nº 418 do TST.** MANDADO DE SEGURANÇA VISANDO À HOMOLOGAÇÃO DE ACORDO (nova redação em decorrência do CPC de 2015) – Res. 217/2017 – DEJT divulgado em 20, 24 e 25.04.2017 A homologação de acordo constitui faculdade do juiz,

inexistindo direito líquido e certo tutelável pela via do mandado de segurança.

5. PROVAS, SENTENÇA E COISA JULGADA

5.1. PROVAS

- **Súmula nº 8 do TST.** JUNTADA DE DOCUMENTO (mantida) – Res. 121/2003, DJ 19, 20 e 21.11.2003. A juntada de documentos na fase recursal só se justifica quando provado o justo impedimento para sua oportuna apresentação ou se referir a fato posterior à sentença.
- **Súmula nº 12 do TST.** CARTEIRA PROFISSIONAL (mantida) – Res. 121/2003, DJ 19, 20 e 21.11.2003. As anotações apostas pelo empregador na carteira profissional do empregado não geram presunção "juris et de jure", mas apenas "juris tantum".
- **Súmula nº 212 do TST.** DESPEDIMENTO. ÔNUS DA PROVA (mantida) – Res. 121/2003, DJ 19, 20 e 21.11.2003. O ônus de provar o término do contrato de trabalho, quando negados a prestação de serviço e o despedimento, é do empregador, pois o princípio da continuidade da relação de emprego constitui presunção favorável ao empregado.
- **Súmula nº 357 do TST.** TESTEMUNHA. AÇÃO CONTRA A MESMA RECLAMADA. SUSPEIÇÃO (mantida) – Res. 121/2003, DJ 19, 20 e 21.11.2003. Não torna suspeita a testemunha o simples fato de estar litigando ou de ter litigado contra o mesmo empregador.
- **Súmula nº 453 do TST.** ADICIONAL DE PERICULOSIDADE. PAGAMENTO ESPONTÂNEO. CARACTERIZAÇÃO DE FATO INCONTROVERSO. DESNECESSÁRIA A PERÍCIA DE QUE TRATA O ART. 195 DA CLT. (conversão da Orientação Jurisprudencial nº 406 da SBDI-1) Res. 194/2014, DEJT divulgado em 21, 22 e 23.05.2014. O pagamento de adicional de periculosidade efetuado por mera liberalidade da empresa, ainda que de forma proporcional ao tempo de exposição ao risco ou em percentual inferior ao máximo legalmente previsto, dispensa a realização da prova técnica exigida pelo art. 195 da CLT, pois torna incontroversa a existência do trabalho em condições perigosas.
- **Súmula nº 460 do TST.** VALE-TRANSPORTE. ÔNUS DA PROVA – Res. 209/2016, DEJT divulgado em 01, 02 e 03.06.2016. É do empregador o ônus de comprovar que o empregado não satisfaz os requisitos indispensáveis para a concessão do vale-transporte ou não pretenda fazer uso do benefício.
- **Súmula nº 461 do TST.** FGTS. DIFERENÇAS. RECOLHIMENTO. ÔNUS DA PROVA – Res. 209/2016, DEJT divulgado em 01, 02 e 03.06.2016. É do empregador o ônus da prova em relação à regularidade dos depósitos do FGTS, pois o pagamento é fato extintivo do direito do autor (art. 373, II, do CPC de 2015).
- **OJ nº 36. SDI-1 do TST.** INSTRUMENTO NORMATIVO. CÓPIA NÃO AUTENTICADA. DOCUMENTO COMUM ÀS PARTES. VALIDADE (título alterado e inserido dispositivo) – DJ 20.04.2005. O instrumento normativo em cópia não autenticada possui valor probante, desde que não haja impugnação ao seu conteúdo, eis que se trata de documento comum às partes.
- **OJ nº 134. SDI-1 do TST.** AUTENTICAÇÃO. PESSOA JURÍDICA DE DIREITO PÚBLICO. DISPENSADA. MEDIDA PROVISÓRIA Nº 1.360, DE 12.03.1996 (inserida em 27.11.1998). São válidos os documentos apresentados, por pessoa jurídica de direito público, em fotocópia não autenticada, posteriormente à edição da Medida Provisória nº 1.360/96 e suas reedições.
- **OJ nº 233. SDI-1 do TST.** HORAS EXTRAS. COMPROVAÇÃO DE PARTE DO PERÍODO ALEGADO (nova redação) – DJ 20.04.2005. A decisão que defere horas extras com base em prova oral ou documental não ficará limitada ao tempo por ela abrangido, desde que o julgador fique convencido de que o procedimento questionado superou aquele período.

5.2. DECISÕES, ANTECIPAÇÃO DE TUTELA E COISA JULGADA

- **OJ nº 8. TP do TST.** PRECATÓRIO. MATÉRIA ADMINISTRATIVA. REMESSA NECESSÁRIA. NÃO CABIMENTO. DJ 25.04.2007. Em sede de precatório, por se tratar de decisão de natureza administrativa, não se aplica o disposto no art. 1º, V, do Decreto-Lei nº 779, de 21.08.1969, em que se determina a remessa necessária em caso de decisão judicial desfavorável a ente público.

6. RECURSOS E AÇÃO RESCISÓRIA

- **Súmula nº 86 do TST.** DESERÇÃO. MASSA FALIDA. EMPRESA EM LIQUIDAÇÃO EXTRAJUDICIAL (incorporada a Orientação Jurisprudencial nº 31 da SBDI-1) – Res. 129/2005, DJ 20, 22 e 25.04.2005. Não ocorre deserção de recurso da massa falida por falta de pagamento de custas ou de depósito do valor da condenação. Esse privilégio, todavia, não se aplica à empresa em liquidação extrajudicial. (primeira parte – ex-Súmula nº 86 – RA 69/78, DJ 26.09.1978; segunda parte – ex-OJ nº 31 da SBDI-1 – inserida em 14.03.1994).
- **Súmula nº 214 do TST.** DECISÃO INTERLOCUTÓRIA. IRRECORRIBILIDADE (nova redação) – Res. 127/2005, DJ 14, 15 e 16.03.2005. Na Justiça do Trabalho, nos termos do art. 893, § 1º, da CLT, as decisões interlocutórias não ensejam recurso imediato, salvo nas hipóteses de decisão: a) de Tribunal Regional do Trabalho contrária à Súmula ou Orientação Jurisprudencial do Tribunal Superior do Trabalho; b) suscetível de impugnação mediante recurso para o mesmo Tribunal; c) que acolhe exceção de incompetência territorial, com a remessa dos autos para Tribunal Regional distinto daquele a que se vincula o juízo excepcionado, consoante o disposto no art. 799, § 2º, da CLT.

- **Súmula nº 279 do TST.** RECURSO CONTRA SENTENÇA NORMATIVA. EFEITO SUSPENSIVO. CASSAÇÃO (mantida) – Res. 121/2003, DJ 19, 20 e 21.11.2003. A cassação de efeito suspensivo concedido a recurso interposto de sentença normativa retroage à data do despacho que o deferiu.
- **Súmula nº 296 do TST.** RECURSO. DIVERGÊNCIA JURISPRUDENCIAL. ESPECIFICIDADE (incorporada a Orientação Jurisprudencial nº 37 da SBDI-1) – Res. 129/2005, DJ 20, 22 e 25.04.2005. I – A divergência jurisprudencial ensejadora da admissibilidade, do prosseguimento e do conhecimento do recurso há de ser específica, revelando a existência de teses diversas na interpretação de um mesmo dispositivo legal, embora idênticos os fatos que as ensejaram. (ex-Súmula nº 296 – Res. 6/1989, DJ 19.04.1989). II – Não ofende o art. 896 da CLT decisão de Turma que, examinando premissas concretas de especificidade da divergência colacionada no apelo revisional, conclui pelo conhecimento ou desconhecimento do recurso. (ex-OJ nº 37 da SBDI-1 – inserida em 01.02.1995).
- **Súmula nº 422 do TST.** RECURSO. APELO QUE NÃO ATACA OS FUNDAMENTOS DA DECISÃO RECORRIDA. NÃO CONHECIMENTO. ART. 514, II, do CPC (redação alterada, com inserção dos itens I, II e III) – Res. 199/2015, DEJT divulgado em 24, 25 e 26.06.2015. Com errata publicada no DEJT divulgado em 01.07.2015 I – Não se conhece de recurso para o Tribunal Superior do Trabalho se as razões do recorrente não impugnam os fundamentos da decisão recorrida, nos termos em que proferida. II – O entendimento referido no item anterior não se aplica em relação à motivação secundária e impertinente, consubstanciada em despacho de admissibilidade de recurso ou em decisão monocrática. III – Inaplicável a exigência do item I relativamente ao recurso ordinário da competência de Tribunal Regional do Trabalho, exceto em caso de recurso cuja motivação é inteiramente dissociada dos fundamentos da sentença.
- **Súmula nº 435 do TST.** DECISÃO MONOCRÁTICA. RELATOR. ART. 932 DO CPC DE 2015. ART. 557 DO CPC de 1973. APLICAÇÃO SUBSIDIÁRIA AO PROCESSO DO TRABALHO (atualizada em decorrência do CPC de 2015) – Res. 208/2016, DEJT divulgado em 22, 25 e 26.04.2016. Aplica-se subsidiariamente ao processo do trabalho o art. 932 do CPC de 2015 (art. 557 do CPC de 1973).
- **OJ nº 118. SDI-1 do TST.** PREQUESTIONAMENTO. TESE EXPLÍCITA. INTELIGÊNCIA DA SÚMULA Nº 297. Inserida em 20.11.97. Havendo tese explícita sobre a matéria, na decisão recorrida, desnecessário contenha nela referência expressa do dispositivo legal para ter-se como prequestionado este.
- **OJ nº 389. SDI-1 do TST.** MULTA PREVISTA NO ART. 1.021, §§ 4º e 5º, DO CPC 2015. ART. 557, § 2º, DO CPC DE 1973. RECOLHIMENTO. PRESSUPOSTO RECURSAL. BENEFICIÁRIO DA JUSTIÇA GRATUITA E FAZENDA PÚBLICA. PAGAMENTO AO FINAL. (nova redação em decorrência do CPC de 2015) – Res. 209/2016, DEJT divulgado em 01, 02 e 03.06.2016. Constitui ônus da parte recorrente, sob pena de deserção, depositar previamente a multa aplicada com fundamento nos §§ 4º e 5º, do art. 1.021, do CPC de 2015 (§ 2º do art. 557 do CPC de 1973), à exceção da Fazenda Pública e do beneficiário de justiça gratuita, que farão o pagamento ao final.
- **OJ nº 409 da SDI1 do TST.** MULTA POR LITIGÂNCIA DE MÁ-FÉ. RECOLHIMENTO. PRESSUPOSTO RECURSAL. INEXIGIBILIDADE. (nova redação em decorrência do CPC de 2015) – Res. 209/2016, DEJT divulgado em 01, 02 e 03.06.2016. O recolhimento do valor da multa imposta como sanção por litigância de má-fé (art. 81 do CPC de 2015 – art. 18 do CPC de 1973) não é pressuposto objetivo para interposição dos recursos de natureza trabalhista.

6.1. RECURSO ORDINÁRIO

- **Súmula nº 201 do TST.** RECURSO ORDINÁRIO EM MANDADO DE SEGURANÇA (mantida) – Res. 121/2003, DJ 19, 20 e 21.11.2003. Da decisão de Tribunal Regional do Trabalho em mandado de segurança cabe recurso ordinário, no prazo de 8 (oito) dias, para o Tribunal Superior do Trabalho, e igual dilação para o recorrido e interessados apresentarem razões de contrariedade.
- **Súmula nº 393 do TST.** RECURSO ORDINÁRIO. EFEITO DEVOLUTIVO EM PROFUNDIDADE. ART. 515, § 1º, DO CPC (redação alterada pelo Tribunal Pleno na sessão realizada em 16.11.2010) – Res. 169/2010, DEJT divulgado em 19, 22 e 23.11.2010. O efeito devolutivo em profundidade do recurso ordinário, que se extrai do § 1º do art. 515 do CPC, transfere ao Tribunal a apreciação dos fundamentos da inicial ou da defesa, não examinados pela sentença, ainda que não renovados em contrarrazões. Não se aplica, todavia, ao caso de pedido não apreciado na sentença, salvo a hipótese contida no § 3º do art. 515 do CPC.
- **OJ nº 100. SDI-2 do TST.** RECURSO ORDINÁRIO PARA O TST. DECISÃO DE TRT PROFERIDA EM AGRAVO REGIMENTAL CONTRA LIMINAR EM AÇÃO CAUTELAR OU EM MANDADO DE SEGURANÇA. INCABÍVEL (inserida em 27.09.2002). Não cabe recurso ordinário para o TST de decisão proferida pelo Tribunal Regional do Trabalho em agravo regimental interposto contra despacho que concede ou não liminar em ação cautelar ou em mandado de segurança, uma vez que o processo ainda pende de decisão definitiva do Tribunal "a quo".

6.2. RECURSO DE REVISTA E EMBARGOS

- **Súmula nº 23 do TST.** RECURSO (mantida) – Res. 121/2003, DJ 19, 20 e 21.11.2003. Não se conhece de recurso de revista ou de embargos, se a decisão recorrida resolver determinado item do pedido por diversos fundamentos e a jurisprudência transcrita não abranger a todos.

- **Súmula nº 126 do TST.** RECURSO. CABIMENTO (mantida) – Res. 121/2003, DJ 19, 20 e 21.11.2003. Incabível o recurso de revista ou de embargos (arts. 896 e 894, "b", da CLT) para reexame de fatos e provas.
- **Súmula nº 184 do TST.** EMBARGOS DECLARATÓRIOS. OMISSÃO EM RECURSO DE REVISTA. PRECLUSÃO (mantida) – Res. 121/2003, DJ 19, 20 e 21.11.2003. Ocorre preclusão se não forem opostos embargos declaratórios para suprir omissão apontada em recurso de revista ou de embargos.
- **Súmula nº 218 do TST.** RECURSO DE REVISTA. ACÓRDÃO PROFERIDO EM AGRAVO DE INSTRUMENTO (mantida) – Res. 121/2003, DJ 19, 20 e 21.11.2003. É incabível recurso de revista interposto de acórdão regional prolatado em agravo de instrumento.
- **Súmula nº 221 do TST.** RECURSO DE REVISTA. VIOLAÇÃO DE LEI. INDICAÇÃO DE PRECEITO. (cancelado o item II e conferida nova redação na sessão do Tribunal Pleno realizada em 14.09.2012) – Res. 185/2012, DEJT divulgado em 25, 26 e 27.09.2012. A admissibilidade do recurso de revista por violação tem como pressuposto a indicação expressa do dispositivo de lei ou da Constituição tido como violado.
- **Súmula nº 266 do TST.** RECURSO DE REVISTA. ADMISSIBILIDADE. EXECUÇÃO DE SENTENÇA (mantida) – Res. 121/2003, DJ 19, 20 e 21.11.2003. A admissibilidade do recurso de revista interposto de acórdão proferido em agravo de petição, na liquidação de sentença ou em processo incidente na execução, inclusive os embargos de terceiro, depende de demonstração inequívoca de violência direta à Constituição Federal.
- **Súmula nº 278 do TST.** EMBARGOS DE DECLARAÇÃO. OMISSÃO NO JULGADO (mantida) – Res. 121/2003, DJ 19, 20 e 21.11.2003. A natureza da omissão suprida pelo julgamento de embargos declaratórios pode ocasionar efeito modificativo no julgado.
- **Súmula nº 297 do TST.** PREQUESTIONAMENTO. OPORTUNIDADE. CONFIGURAÇÃO (nova redação) – Res. 121/2003, DJ 19, 20 e 21.11.2003. I. Diz-se prequestionada a matéria ou questão quando na decisão impugnada haja sido adotada, explicitamente, tese a respeito. II. Incumbe à parte interessada, desde que a matéria haja sido invocada no recurso principal, opor embargos declaratórios objetivando o pronunciamento sobre o tema, sob pena de preclusão. III. Considera-se prequestionada a questão jurídica invocada no recurso principal sobre a qual se omite o Tribunal de pronunciar tese, não obstante opostos embargos de declaração.
- **Súmula nº 312 do TST.** CONSTITUCIONALIDADE. ALÍNEA "B" DO ART. 896 DA CLT (mantida) – Res. 121/2003, DJ 19, 20 e 21.11.2003. É constitucional a alínea "b" do art. 896 da CLT, com a redação dada pela Lei nº 7.701, de 21.12.1988.
- **Súmula nº 333 do TST.** RECURSOS DE REVISTA. CONHECIMENTO (alterada) – Res. 155/2009, DEJT 26 e 27.02.2009 e 02.03.2009. Não ensejam recurso de revista decisões superadas por iterativa, notória e atual jurisprudência do Tribunal Superior do Trabalho.
- **Súmula nº 337 do TST.** COMPROVAÇÃO DE DIVERGÊNCIA JURISPRUDENCIAL. RECURSOS DE REVISTA E DE EMBARGOS (incluído o item V) – Res. 220/2017, DEJT divulgado em 21, 22 e 25.09.2017 I – Para comprovação da divergência justificadora do recurso, é necessário que o recorrente: a) Junte certidão ou cópia autenticada do acórdão paradigma ou cite a fonte oficial ou o repositório autorizado em que foi publicado; e b) Transcreva, nas razões recursais, as ementas e/ou trechos dos acórdãos trazidos à configuração do dissídio, demonstrando o conflito de teses que justifique o conhecimento do recurso, ainda que os acórdãos já se encontrem nos autos ou venham a ser juntados com o recurso. II – A concessão de registro de publicação como repositório autorizado de jurisprudência do TST torna válidas todas as suas edições anteriores. III – A mera indicação da data de publicação, em fonte oficial, de aresto paradigma é inválida para comprovação de divergência jurisprudencial, nos termos do item I, "a", desta súmula, quando a parte pretende demonstrar o conflito de teses mediante a transcrição de trechos que integram a fundamentação do acórdão divergente, uma vez que só se publicam o dispositivo e a ementa dos acórdãos; IV – É válida para a comprovação da divergência jurisprudencial justificadora do recurso a indicação de aresto extraído de repositório oficial na internet, desde que o recorrente: a) transcreva o trecho divergente; b) aponte o sítio de onde foi extraído; e c) decline o número do processo, o órgão prolator do acórdão e a data da respectiva publicação no Diário Eletrônico da Justiça do Trabalho. V – A existência do código de autenticidade na cópia, em formato PDF, do inteiro teor do aresto paradigma, juntada aos autos, torna-a equivalente ao documento original e também supre a ausência de indicação da fonte oficial de publicação.
- **Súmula nº 353 do TST.** EMBARGOS. AGRAVO. CABIMENTO (atualizada em decorrência do CPC de 2015) – Res. 208/2016, DEJT divulgado em 22, 25 e 26.04.2016 Não cabem embargos para a Seção de Dissídios Individuais de decisão de Turma proferida em agravo, salvo: a) da decisão que não conhece de agravo de instrumento ou de agravo pela ausência de pressupostos extrínsecos; b) da decisão que nega provimento a agravo contra decisão monocrática do Relator, em que se proclamou a ausência de pressupostos extrínsecos de agravo de instrumento; c) para revisão dos pressupostos extrínsecos de

admissibilidade do recurso de revista, cuja ausência haja sido declarada originariamente pela Turma no julgamento do agravo; d) para impugnar o conhecimento de agravo de instrumento; e) para impugnar a imposição de multas previstas nos arts. 1.021, § 4º, do CPC de 2015 ou 1.026, § 2º, do CPC de 2015 (art. 538, parágrafo único, do CPC de 1973, ou art. 557, § 2º, do CPC de 1973). f) contra decisão de Turma proferida em agravo em recurso de revista, nos termos do art. 894, II, da CLT.

- **Súmula nº 419 do TST.** COMPETÊNCIA. EMBARGOS DE TERCEIRO. EXECUÇÃO POR CARTA PRECATÓRIA. JUÍZO DEPRECADO. (alterada em decorrência do CPC de 2015) – Res. 212/2016, DEJT divulgado em 20, 21 e 22.09.2016. Na execução por carta precatória, os embargos de terceiro serão oferecidos no juízo deprecado, salvo se indicado pelo juízo deprecante o bem constrito ou se já devolvida a carta (art. 676, parágrafo único, do CPC de 2015).

- **Súmula nº 421 do TST.** EMBARGOS DECLARATÓRIOS CONTRA DECISÃO MONOCRÁTICA DO RELATOR CALCADA NO ART. 557 DO CPC. CABIMENTO (conversão da Orientação Jurisprudencial nº 74 da SBDI-2) – Res. 137/2005, DJ 22, 23 e 24.08.2005. I – Tendo a decisão monocrática de provimento ou denegação de recurso, prevista no art. 557 do CPC, conteúdo decisório definitivo e conclusivo da lide, comporta ser esclarecida pela via dos embargos de declaração, em decisão aclaratória, também monocrática, quando se pretende tão-somente suprir omissão e não, modificação do julgado. II – Postulando o embargante efeito modificativo, os embargos declaratórios deverão ser submetidos ao pronunciamento do Colegiado, convertidos em agravo, em face dos princípios da fungibilidade e celeridade processual. (ex-OJ nº 74 da SBDI-2 – inserida em 08.11.2000).

- **Súmula nº 433 do TST.** EMBARGOS. ADMISSIBILIDADE. PROCESSO EM FASE DE EXECUÇÃO. ACÓRDÃO DE TURMA PUBLICADO NA VIGÊNCIA DA LEI Nº 11.496, DE 26.06.2007. DIVERGÊNCIA DE INTERPRETAÇÃO DE DISPOSITIVO CONSTITUCIONAL. – Res. 177/2012, DEJT divulgado em 13, 14 e 15.02.2012. A admissibilidade do recurso de embargos contra acórdão de Turma em Recurso de Revista em fase de execução, publicado na vigência da Lei nº 11.496, de 26.06.2007, condiciona-se à demonstração de divergência jurisprudencial entre Turmas ou destas e a Seção Especializada em Dissídios Individuais do Tribunal Superior do Trabalho em relação à interpretação de dispositivo constitucional.

- **Súmula nº 442 do TST.** PROCEDIMENTO SUMARÍSSIMO. RECURSO DE REVISTA FUNDAMENTADO EM CONTRARIEDADE A ORIENTAÇÃO JURISPRUDENCIAL. INADMISSIBILIDADE. ART. 896, § 6º, DA CLT, ACRESCENTADO PELA LEI Nº 9.957, DE 12.01.2000 (conversão da Orientação Jurisprudencial nº 352 da SBDI-1) – Res. 185/2012, DEJT divulgado em 25, 26 e 27.09.2012. Nas causas sujeitas ao procedimento sumaríssimo, a admissibilidade de recurso de revista está limitada à demonstração de violação direta a dispositivo da Constituição Federal ou contrariedade a Súmula do Tribunal Superior do Trabalho, não se admitindo o recurso por contrariedade a Orientação Jurisprudencial deste Tribunal (Livro II, Título II, Capítulo III, do RITST), ante a ausência de previsão no art. 896, § 6º, da CLT.

- **Súmula nº 458 do TST.** EMBARGOS. PROCEDIMENTO SUMARÍSSIMO. CONHECIMENTO. RECURSO INTERPOSTO APÓS VIGÊNCIA DA LEI Nº 11.496, DE 22.06.2007, QUE CONFERIU NOVA REDAÇÃO AO ART. 894, DA CLT. (conversão da Orientação Jurisprudencial nº 405 da SBDI-1 com nova redação). Res. 194/2014, DEJT divulgado em 21, 22 e 23.05.2014. Em causas sujeitas ao procedimento sumaríssimo, em que pese a limitação imposta no art. 896, § 6º, da CLT à interposição de recurso de revista, admitem-se os embargos interpostos na vigência da Lei nº 11.496, de 22.06.2007, que conferiu nova redação ao art. 894 da CLT, quando demonstrada a divergência jurisprudencial entre Turmas do TST, fundada em interpretações diversas acerca da aplicação de mesmo dispositivo constitucional ou de matéria sumulada.

- **Súmula nº 459 do TST.** RECURSO DE REVISTA. NULIDADE POR NEGATIVA DE PRESTAÇÃO JURISDICIONAL (atualizada em decorrência do CPC de 2015) – Res. 219/2017, DEJT divulgado em 28, 29 e 30.06.2017). O conhecimento do recurso de revista, quanto à preliminar de nulidade, por negativa de prestação jurisdicional, supõe indicação de violação do art. 832 da CLT, do art. 489 do CPC de 2015 (art. 458 do CPC de 1973) ou do art. 93, IX, da CF/1988.

- **OJ nº 119. SDI-1 do TST.** PREQUESTIONAMENTO INEXIGÍVEL. VIOLAÇÃO NASCIDA NA PRÓPRIA DECISÃO RECORRIDA. SÚMULA Nº 297 DO TST. INAPLICÁVEL (inserido dispositivo) – DEJT divulgado em 16, 17 e 18.11.2010. É inexigível o prequestionamento quando a violação indicada houver nascido na própria decisão recorrida. Inaplicável a Súmula nº 297 do TST.

- **OJ nº 142. SDI-1 do TST.** EMBARGOS DE DECLARAÇÃO. EFEITO MODIFICATIVO. VISTA PRÉVIA À PARTE CONTRÁRIA (cancelado o item II em decorrência do CPC de 2015) Res. 214/2016, DEJT divulgado em 30.11.2016 e 01 e 02.12.2016. É passível de nulidade decisão que acolhe embargos de declaração com efeito modificativo sem que seja concedida oportunidade de manifestação prévia à parte contrária.

- **OJ Nº 378. SDI-1 DO TST.** Embargos. Interposição contra decisão monocrática. Não cabimento. (atualizada em decorrência do CPC de 2015) – Res. 208/2016, DEJT divulgado em 22, 25 e 26.04.2016. Não encontra amparo no art. 894 da CLT, quer na redação anterior quer na redação posterior à Lei n.º 11.496, de 22.06.2007, recurso de embargos interposto à decisão monocrática exarada nos moldes do art. 932 do CPC de 2015 (art. 557 do CPC de 1973), pois o comando legal restringe seu cabimento à pretensão de reforma de decisão colegiada proferida por Turma do Tribunal Superior do Trabalho.

6.3. OUTROS RECURSOS

- **Súmula nº 283 do TST.** RECURSO ADESIVO. PERTINÊNCIA NO PROCESSO DO TRABALHO. CORRELAÇÃO DE MATÉRIAS (mantida) – Res. 121/2003, DJ 19, 20 e 21.11.2003. O recurso adesivo é compatível com o processo do trabalho e cabe, no prazo de 8 (oito) dias, nas hipóteses de interposição de recurso ordinário, de agravo de petição, de revista e de embargos, sendo desnecessário que a matéria nele veiculada esteja relacionada com a do recurso interposto pela parte contrária.

- **Súmula nº 387 do TST.** RECURSO. FAC-SÍMILE. LEI Nº 9.800/1999 (atualizada em decorrência do CPC de 2015) – Res. 208/2016, DEJT divulgado em 22, 25 e 26.04.2016 I – A Lei nº 9.800, de 26.05.1999, é aplicável somente a recursos interpostos após o início de sua vigência. (ex-OJ nº 194 da SBDI-1 – inserida em 08.11.2000) II – A contagem do quinquídio para apresentação dos originais de recurso interposto por intermédio de fac-símile começa a fluir do dia subsequente ao término do prazo recursal, nos termos do art. 2º da Lei nº 9.800, de 26.05.1999, e não do dia seguinte à interposição do recurso, se esta se deu antes do termo final do prazo. (ex-OJ nº 337 da SBDI-1 – primeira parte – DJ 04.05.2004) III – Não se tratando a juntada dos originais de ato que dependa de notificação, pois a parte, ao interpor o recurso, já tem ciência de seu ônus processual, não se aplica a regra do art. 224 do CPC de 2015 (art. 184 do CPC de 1973) quanto ao "dies a quo", podendo coincidir com sábado, domingo ou feriado. (ex-OJ nº 337 da SBDI-1 – "in fine" – DJ 04.05.2004) IV – A autorização para utilização do fac-símile, constante do art. 1º da Lei n.º 9.800, de 26.05.1999, somente alcança as hipóteses em que o documento é dirigido diretamente ao órgão jurisdicional, não se aplicando à transmissão ocorrida entre particulares.

- **Súmula nº 424 do TST.** RECURSO ADMINISTRATIVO. PRESSUPOSTO DE ADMISSIBILIDADE. DEPÓSITO PRÉVIO DA MULTA ADMINISTRATIVA. NÃO RECEPÇÃO PELA CONSTITUIÇÃO FEDERAL DO § 1º DO ART. 636 DA CLT. Res. 160/2009, DEJT divulgado em 23, 24 e 25.11.2009. O § 1º do art. 636 da CLT, que estabelece a exigência de prova do depósito prévio do valor da multa cominada em razão de autuação administrativa como pressuposto de admissibilidade de recurso administrativo, não foi recepcionado pela Constituição Federal de 1988, ante a sua incompatibilidade com o inciso LV do art. 5º.

- **OJ nº 412. SDI-1 do TST.** AGRAVO INTERNO OU AGRAVO REGIMENTAL. INTERPOSIÇÃO EM FACE DE DECISÃO COLEGIADA. NÃO CABIMENTO. ERRO GROSSEIRO. INAPLICABILIDADE DO PRINCÍPIO DA FUNGIBILIDADE RECURSAL (nova redação em decorrência do CPC de 2015) – Res. 209/2016, DEJT divulgado em 01, 02 e 03.06.2016. É incabível agravo interno (art. 1.021 do CPC de 2015, art. 557, §1º, do CPC de 1973) ou agravo regimental (art. 235 do RITST) contra decisão proferida por Órgão colegiado. Tais recursos destinam-se, exclusivamente, a impugnar decisão monocrática nas hipóteses previstas. Inaplicável, no caso, o princípio da fungibilidade ante a configuração de erro grosseiro.

6.4. AÇÃO RESCISÓRIA

- **Súmula nº 83 do TST.** AÇÃO RESCISÓRIA. MATÉRIA CONTROVERTIDA (incorporada a Orientação Jurisprudencial nº 77 da SBDI-2) – Res. 137/2005, DJ 22, 23 e 24.08.2005. I – Não procede pedido formulado na ação rescisória por violação literal de lei se a decisão rescindenda estiver baseada em texto legal infraconstitucional de interpretação controvertida nos Tribunais. (ex-Súmula nº 83 – alterada pela Res. 121/2003, DJ 21.11.2003). II – O marco divisor quanto a ser, ou não, controvertida, nos Tribunais, a interpretação dos dispositivos legais citados na ação rescisória é a data da inclusão, na Orientação Jurisprudencial do TST, da matéria discutida. (ex-OJ nº 77 da SBDI-2 – inserida em 13.03.2002).

- **Súmula nº 99 do TST.** AÇÃO RESCISÓRIA. DESERÇÃO. PRAZO (incorporada a Orientação Jurisprudencial nº 117 da SBDI-2) – Res. 137/2005, DJ 22, 23 e 24.08.2005. Havendo recurso ordinário em sede de rescisória, o depósito recursal só é exigível quando for julgado procedente o pedido e imposta condenação em pecúnia, devendo este ser efetuado no prazo recursal, no limite e nos termos da legislação vigente, sob pena de deserção. (ex-Súmula nº 99 – alterada pela Res. 110/2002, DJ 15.04.2002 – e ex-OJ nº 117 da SBDI-2 – DJ 11.08.2003).

- **Súmula nº 100 do TST.** AÇÃO RESCISÓRIA. DECADÊNCIA (incorporadas as Orientações Jurisprudenciais nºs 13, 16, 79, 102, 104, 122 e 145 da SBDI-2) – Res. 137/2005, DJ 22, 23 e 24.08.2005. I – O prazo de decadência, na ação rescisória, conta-se do dia imediatamente subsequente ao trânsito em julgado da última decisão proferida na causa, seja de mérito ou não. (ex-Súmula nº 100 – alterada pela Res. 109/2001, DJ 20.04.2001). II – Havendo recurso parcial no processo principal, o trânsito em julgado dá-se em momentos e em tribunais diferentes, contando-se o prazo decadencial para a ação rescisória do trânsito em julgado de cada decisão, salvo se o recurso tratar de preliminar ou prejudicial que possa tornar insubsistente a decisão recorrida, hipótese em que flui a decadência a partir do trânsito em julgado da decisão que julgar o recurso parcial. (ex-Súmula nº 100 – alterada pela Res. 109/2001, DJ 20.04.2001). III – Salvo se houver dúvida razoável, a interposição de recurso intempestivo ou a interposição de recurso incabível não protrai o termo inicial do prazo decadencial. (ex-Súmula nº 100 – alterada pela Res. 109/2001, DJ 20.04.2001). IV – O juízo rescindente não está adstrito à certidão de trânsito em julgado juntada com a ação rescisória, podendo formar sua convicção através de outros elementos dos autos quanto à antecipação ou postergação do "dies a quo" do prazo decadencial. (ex-OJ nº 102 da SBDI-2 – DJ 29.04.2003). V – O acordo homologado judicialmente tem força de decisão irrecorrível, na forma do art. 831 da CLT. Assim sendo, o termo conciliatório transita em julgado na data da sua homologação judicial. (ex-OJ nº 104 da SBDI-2 – DJ 29.04.2003). VI – Na hipótese de colusão das partes, o prazo decadencial da ação rescisória somente começa a fluir para o Ministério Público, que não interveio no processo principal, a partir do momento em que tem ciência da fraude. (ex-OJ nº 122 da SBDI-2 – DJ 11.08.2003). VII – Não ofende o princípio do duplo grau de jurisdição a decisão do TST que, após afastar a decadência em sede de recurso ordinário, aprecia desde logo a lide, se a causa versar questão exclusivamente de direito e estiver em condições de imediato julgamento. (ex-OJ nº 79 da SBDI-2 – inserida em 13.03.2002). VIII – A exceção de incompetência, ainda que oposta no prazo recursal, sem ter sido aviado o recurso próprio, não tem o condão de afastar a consumação da coisa julgada e, assim, postergar o termo inicial do prazo decadencial para a ação rescisória. (ex-OJ nº 16 da SBDI-2 – inserida em 20.09.2000). IX – Prorroga-se até o primeiro dia útil, imediatamente subsequente, o prazo decadencial para ajuizamento de ação rescisória quando expira em férias forenses, feriados, finais de semana ou em dia em que não houver expediente forense. Aplicação do art. 775 da CLT. (ex-OJ nº 13 da SBDI-2 – inserida em 20.09.2000). X – Conta-se o prazo decadencial da ação rescisória, após o decurso do prazo legal previsto para a interposição do recurso extraordinário, apenas quando esgotadas todas as vias recursais ordinárias. (ex-OJ nº 145 da SBDI-2 – DJ 10.11.2004).

- **Súmula nº 158 do TST.** AÇÃO RESCISÓRIA (mantida) – Res. 121/2003, DJ 19, 20 e 21.11.2003. Da decisão de Tribunal Regional do Trabalho, em ação rescisória, é cabível recurso ordinário para o Tribunal Superior do Trabalho, em face da organização judiciária trabalhista (ex-Prejulgado nº 35).

- **Súmula nº 192 do TST.** AÇÃO RESCISÓRIA. COMPETÊNCIA (atualizada em decorrência do CPC de 2015) – Res. 212/2016, DEJT divulgado em 20, 21 e 22.09.2016 I – Se não houver o conhecimento de recurso de revista ou de embargos, a competência para julgar ação que vise a rescindir a decisão de mérito é do Tribunal Regional do Trabalho, ressalvado o disposto no item II. II – Acórdão rescindendo do Tribunal Superior do Trabalho que não conhece de recurso de embargos ou de revista, analisando arguição de violação de dispositivo de lei material ou decidindo em consonância com súmula de direito material ou com iterativa, notória e atual jurisprudência de direito material da Seção de Dissídios Individuais (Súmula nº 333), examina o mérito da causa, cabendo ação rescisória da competência do Tribunal Superior do Trabalho. (ex-Súmula nº 192 – alterada pela Res. 121/2003, DJ 21.11.2003) III – Sob a égide do art. 512 do CPC de 1973, é juridicamente impossível o pedido explícito de desconstituição de sentença quando substituída por acórdão do Tribunal Regional ou superveniente sentença homologatória de acordo que puser fim ao litígio. IV – Na vigência do CPC de 1973, é manifesta a impossibilidade jurídica do pedido de rescisão de julgado proferido em agravo de instrumento que, limitando-se a aferir o eventual desacerto do juízo negativo de admissibilidade do recurso de revista, não substitui o acórdão regional, na forma do art. 512 do CPC. (ex-OJ nº 105 da SBDI-2 – DJ 29.04.2003) V – A decisão proferida pela SBDI, em agravo regimental, calcada na Súmula nº 333, substitui acórdão de Turma do TST, porque emite juízo de mérito, comportando, em tese, o corte rescisório. (ex-OJ nº 133 da SBDI-2 – DJ 04.05.2004).

- **Súmula nº 194 do TST.** AÇÃO RESCISÓRIA. JUSTIÇA DO TRABALHO. DEPÓSITO PRÉVIO (mantida) – Res. 121/2003, DJ 19, 20 e 21.11.2003. As ações rescisórias ajuizadas na Justiça do Trabalho serão admitidas, instruídas e julgadas conforme os arts. 485 "usque" 495 do Código de Processo Civil de 1973, sendo, porém, desnecessário o depósito prévio a que aludem os respectivos arts. 488, II, e 494.

- **Súmula nº 259 do TST**. TERMO DE CONCILIAÇÃO. AÇÃO RESCISÓRIA (mantida) – Res. 121/2003, DJ 19, 20 e 21.11.2003. Só por ação rescisória é impugnável o termo de conciliação previsto no parágrafo único do art. 831 da CLT.

- **Súmula nº 298 do TST.** AÇÃO RESCISÓRIA. VIOLAÇÃO A DISPOSIÇÃO DE LEI. PRONUNCIAMENTO EXPLÍCITO (Redação alterada pelo Tribunal Pleno na sessão realizada em 6.2.2012) – Res. 177/2012, DEJT divulgado em 13, 14 e 15.02.2012. I – A conclusão acerca da ocorrência de violação literal a disposição de lei pressupõe pronunciamento explícito, na sentença rescindenda, sobre a matéria veiculada. II – O pronunciamento explícito exigido em ação rescisória diz respeito à matéria e ao enfoque específico da tese debatida na ação, e não, necessariamente, ao dispositivo legal tido por violado. Basta que o conteúdo da norma reputada violada haja sido abordado na decisão rescindenda para que se considere preenchido o pressuposto. III – Para efeito de ação rescisória, considera-se pronunciada explicitamente a matéria tratada na sentença quando, examinando remessa de ofício, o Tribunal simplesmente a confirma. IV – A sentença meramente homologatória, que silencia sobre os motivos de convencimento do juiz, não se mostra rescindível, por ausência de pronunciamento explícito. V – Não é absoluta a exigência de pronunciamento explícito na ação rescisória, ainda que esta tenha por fundamento violação de dispositivo de lei. Assim, prescindível o pronunciamento explícito quando o vício nasce no próprio julgamento, como se dá com a sentença "extra, citra e ultra petita".

- **Súmula nº 299 do TST.** AÇÃO RESCISÓRIA. DECISÃO RESCINDENDA. TRÂNSITO EM JULGADO. COMPROVAÇÃO. EFEITOS (nova redação do item II em decorrência do CPC de 2015) – Res. 211/2016, DEJT divulgado em 24, 25 e 26.08.2016 I – É indispensável ao processamento da ação rescisória a prova do trânsito em julgado da decisão rescindenda. (ex-Súmula nº 299 – Res. 8/1989, DJ 14, 18 e 19.04.1989) II – Verificando o relator que a parte interessada não juntou à inicial o documento comprobatório, abrirá prazo de 15 (quinze) dias para que o faça (art. 321 do CPC de 2015), sob pena de indeferimento. (ex-Súmula nº 299 – Res 8/1989, DJ 14, 18 e 19.04.1989) III – A comprovação do trânsito em julgado da decisão rescindenda é pressuposto processual indispensável ao tempo do ajuizamento da ação rescisória. Eventual trânsito em julgado posterior ao ajuizamento da ação rescisória não reabilita a ação proposta, na medida em que o ordenamento jurídico não contempla a ação rescisória preventiva. (ex-OJ nº 106 da SBDI-2 – DJ 29.04.2003) IV – O pretenso vício de intimação, posterior à decisão que se pretende rescindir, se efetivamente ocorrido, não permite a formação da coisa julgada material. Assim, a ação rescisória deve ser julgada extinta, sem julgamento do mérito, por carência de ação, por inexistir decisão transitada em julgado a ser rescindida. (ex-OJ nº 96 da SBDI-2 – inserida em 27.09.2002).

- **Súmula nº 365 do TST**. ALÇADA. AÇÃO RESCISÓRIA E MANDADO DE SEGURANÇA (conversão das Orientações Jurisprudenciais nºs 8 e 10 da SBDI-1) – Res. 129/2005, DJ 20, 22 e 25.04.2005. Não se aplica a alçada em ação rescisória e em mandado de segurança. (ex-OJs nºs 8 e 10 da SBDI-1 – inseridas em 01.02.1995).

- **Súmula nº 397 do TST.** AÇÃO RESCISÓRIA. ART. 966, IV, do CPC de 2015. ART. 485, IV, DO CPC de 1973. AÇÃO DE CUMPRIMENTO. OFENSA À COISA JULGADA EMANADA DE SENTENÇA NORMATIVA MODIFICADA EM GRAU DE RECURSO. INVIABILIDADE. CABIMENTO DE MANDADO DE SEGURANÇA. (atualizada em decorrência do CPC de 2015) – Res. 208/2016, DEJT divulgado em 22, 25 e 26.04.2016. Não procede ação rescisória calcada em ofensa à coisa julgada perpetrada por decisão proferida em ação de cumprimento, em face de a sentença normativa, na qual se louvava, ter sido modificada em grau de recurso, porque em dissídio coletivo somente se consubstancia coisa julgada formal. Assim, os meios processuais aptos a atacarem a execução da cláusula reformada são a exceção de pré-executividade e o mandado de segurança, no caso de descumprimento do art. 514 do CPC de 2015 (art. 572 do CPC de 1973). (ex-OJ nº 116 da SBDI-2 – DJ 11.08.2003).

- **Súmula nº 398 do TST**. AÇÃO RESCISÓRIA. AUSÊNCIA DE DEFESA. INAPLICÁVEIS OS EFEITOS DA REVELIA (alterada em decorrência do CPC de 2015) – Res. 219/2017, DEJT divulgado em 28, 29 e 30.06.2017. Na ação rescisória, o que se ataca é a decisão, ato oficial do Estado, acobertado pelo manto da coisa julgada. Assim, e considerando que a coisa julgada envolve questão de ordem pública, a revelia não produz confissão na ação rescisória. (ex-OJ nº 126 da SBDI-2 – DJ 09.12.2003).

- **Súmula nº 399 do TST.** AÇÃO RESCISÓRIA. CABIMENTO. SENTENÇA DE MÉRITO. DECISÃO HOMOLOGATÓRIA DE ADJUDICAÇÃO, DE ARREMATAÇÃO E DE CÁLCULOS (conversão das Orientações Jurisprudenciais nºs 44, 45 e 85, primeira parte, da SBDI-2) – Res. 137/2005, DJ 22, 23 e 24.08.2005. I – É incabível ação rescisória para impugnar decisão homologatória de adjudicação ou arrematação. (ex-OJs nºs 44 e 45 da SBDI-2 – inseridas em 20.09.2000). II – A decisão homologatória de cálculos apenas comporta rescisão quando enfrentar as questões envolvidas na elaboração da conta de liquidação, quer solvendo a controvérsia das partes quer explicitando, de ofício, os motivos pelos quais acolheu os cálculos oferecidos por uma das partes ou pelo setor de cálculos, e não contestados pela outra. (ex-OJ nº 85 da SBDI-2 – primeira parte – inserida em 13.03.2002 e alterada em 26.11.2002).

- **Súmula nº 400 do TST.** AÇÃO RESCISÓRIA DE AÇÃO RESCISÓRIA. VIOLAÇÃO MANIFESTA DE NORMA JURÍDICA. INDICAÇÃO DA MESMA NORMA JURÍDICA APONTADA NA RESCISÓRIA PRIMITIVA (MESMO DISPOSITIVO DE LEI SOB O CPC DE 1973). (nova redação em decorrência do CPC de 2015) – Res. 208/2016, DEJT divulgado em 22, 25 e 26.04.2016. Em se tratando de rescisória de rescisória, o vício apontado deve nascer na decisão rescindenda, não se admitindo a rediscussão do acerto do julgamento da rescisória anterior. Assim, não procede rescisória calcada no inciso V do art. 966 do CPC de 2015 (art. 485, V, do CPC de 1973) para discussão, por má aplicação da mesma norma jurídica, tida por violada na rescisória anterior, bem como para arguição de questões inerentes à ação rescisória primitiva. (ex-OJ nº 95 da SBDI-2 – inserida em 27.09.2002 e alterada DJ 16.04.2004).

- **Súmula nº 401 do TST**. AÇÃO RESCISÓRIA. DESCONTOS LEGAIS. FASE DE EXECUÇÃO. SENTENÇA EXEQÜENDA OMISSA. INEXISTÊNCIA DE OFENSA À COISA JULGADA (conversão da Orientação Jurisprudencial nº 81 da SBDI-2) – Res. 137/2005 – DJ 22, 23 e 24.08.2005. Os descontos previdenciários e fiscais devem ser efetuados pelo juízo executório, ainda que a sentença exequenda tenha sido omissa sobre a questão, dado o caráter de ordem pública ostentado pela norma que os disciplina. A ofensa à coisa julgada somente poderá ser caracterizada na hipótese de o título exequendo, expressamente, afastar a dedução dos valores a título de imposto de renda e de contribuição previdenciária. (ex-OJ nº 81 da SBDI-2 – inserida em 13.03.2002).

- **Súmula nº 402 do TST.** AÇÃO RESCISÓRIA. PROVA NOVA. DISSÍDIO COLETIVO. SENTENÇA NORMATIVA (nova redação em decorrência do CPC de

2015) – Res. 217/2017 – DEJT divulgado em 20, 24 e 25.04.2017I – Sob a vigência do CPC de 2015 (art. 966, inciso VII), para efeito de ação rescisória, considera-se prova nova a cronologicamente velha, já existente ao tempo do trânsito em julgado da decisão rescindenda, mas ignorada pelo interessado ou de impossível utilização, à época, no processo. II – Não é prova nova apta a viabilizar a desconstituição de julgado: a) sentença normativa proferida ou transitada em julgado posteriormente à sentença rescindenda; b) sentença normativa preexistente à sentença rescindenda, mas não exibida no processo principal, em virtude de negligência da parte, quando podia e deveria louvar-se de documento já existente e não ignorado quando emitida a decisão rescindenda. (ex-OJ nº 20 da SBDI-2 – inserida em 20.09.2000).

- **Súmula nº 403 do TST.** AÇÃO RESCISÓRIA. DOLO DA PARTE VENCEDORA EM DETRIMENTO DA VENCIDA. ART. 485, III, DO CPC(conversão das Orientações Jurisprudenciais nºs 111 e 125 da SBDI-2) – Res. 137/2005, DJ 22, 23 e 24.08.2005. I – Não caracteriza dolo processual, previsto no art. 485, III, do CPC, o simples fato de a parte vencedora haver silenciado a respeito de fatos contrários a ela, porque o procedimento, por si só, não constitui ardil do qual resulte cerceamento de defesa e, em consequência, desvie o juiz de uma sentença não-condizente com a verdade. (ex-OJ nº 125 da SBDI-2 – DJ 09.12.2003). II – Se a decisão rescindenda é homologatória de acordo, não há parte vencedora ou vencida, razão pela qual não é possível a sua desconstituição calcada no inciso III do art. 485 do CPC (dolo da parte vencedora em detrimento da vencida), pois constitui fundamento de rescindibilidade que supõe solução jurisdicional para a lide. (ex-OJ nº 111 da SBDI-2 – DJ 29.04.2003).
- **Súmula nº 404 do TST.** AÇÃO RESCISÓRIA. FUNDAMENTO PARA INVALIDAR CONFISSÃO. CONFISSÃO FICTA. INADEQUAÇÃO DO ENQUADRAMENTO NO ART. 485, VIII, DO CPC DE 1973 – Res. 209/2016, DEJT divulgado em 01, 02 e 03.06.2016 O art. 485, VIII, do CPC de 1973, ao tratar do fundamento para invalidar a confissão como hipótese de rescindibilidade da decisão judicial, referia-se à confissão real, fruto de erro, dolo ou coação, e não à confissão ficta resultante de revelia.
- **Súmula nº 405 do TST.** AÇÃO RESCISÓRIA. TUTELA PROVISÓRIA (nova redação em decorrência do CPC de 2015) – Res. 208/2016, DEJT divulgado em 22, 25 e 26.04.2016. Em face do que dispõem a MP 1.984-22/2000 e o art. 969 do CPC de 2015, é cabível o pedido de tutela provisória formulado na petição inicial de ação rescisória ou na fase recursal, visando a suspender a execução da decisão rescindenda.
- **Súmula nº 406 do TST.** AÇÃO RESCISÓRIA. LITISCONSÓRCIO. NECESSÁRIO NO Polo PASSIVO E FACULTATIVO NO ATIVO. INEXISTENTE QUANTO AOS SUBSTITUÍDOS PELO SINDICATO (conversão das Orientações Jurisprudenciais nºs 82 e 110 da SBDI-2) – Res. 137/2005, DJ 22, 23 e 24.08.2005. I – O litisconsórcio, na ação rescisória, é necessário em relação ao polo passivo da demanda, porque supõe uma comunidade de direitos ou de obrigações que não admite solução díspar para os litisconsortes, em face da indivisibilidade do objeto. Já em relação ao polo ativo, o litisconsórcio é facultativo, uma vez que a aglutinação de autores se faz por conveniência e não pela necessidade decorrente da natureza do litígio, pois não se pode condicionar o exercício do direito individual de um dos litigantes no processo originário à anuência dos demais para retomar a lide. (ex-OJ nº 82 da SBDI-2 – inserida em 13.03.2002). II – O Sindicato, substituto processual e autor da reclamação trabalhista, em cujos autos fora proferida a decisão rescindenda, possui legitimidade para figurar como réu na ação rescisória, sendo descabida a exigência de citação de todos os empregados substituídos, porquanto inexistente litisconsórcio passivo necessário. (ex-OJ nº 110 da SBDI-2 – DJ 29.04.2003).
- **Súmula nº 407 do TST.** AÇÃO RESCISÓRIA. MINISTÉRIO PÚBLICO. LEGITIMIDADE "AD CAUSAM" PREVISTA NO ART. 967, III, "A", "B" E "C" DO CPC DE 2015. ART. 487, III, "A" E "B", DO CPC DE 1973. HIPÓTESES MERAMENTE EXEMPLIFICATIVAS (nova redação em decorrência do CPC de 2015) – Res. 208/2016, DEJT divulgado em 22, 25 e 26.04.2016 A legitimidade "ad causam" do Ministério Público para propor ação rescisória, ainda que não tenha sido parte no processo que deu origem à decisão rescindenda, não está limitada às alíneas "a", "b" e "c" do inciso III do art. 967 do CPC de 2015 (art. 487, III, "a" e "b", do CPC de 1973), uma vez que traduzem hipóteses meramente exemplificativas (ex-OJ nº 83 da SBDI-2 – inserida em 13.03.2002).
- **Súmula nº 408 do TST.** AÇÃO RESCISÓRIA. PETIÇÃO INICIAL. CAUSA DE PEDIR. AUSÊNCIA DE CAPITULAÇÃO OU CAPITULAÇÃO ERRÔNEA NO ART. 966 DO CPC DE 2015. ART. 485 DO CPC DE 1973. PRINCÍPIO "IURA NOVIT CURIA" (nova redação em decorrência do CPC de 2015) – Res. 208/2016, DEJT divulgado em 22, 25 e 26.04.2016 Não padece de inépcia a petição inicial de ação rescisória apenas porque omite a subsunção do fundamento de rescindibilidade no art. 966 do CPC de 2015 (art. 485 do CPC de 1973) ou o capitula erroneamente em um de seus incisos. Contanto que não se afaste dos fatos e fundamentos invocados como causa de pedir, ao Tribunal é lícito emprestar-lhes a adequada qualificação jurídica ("iura novit curia"). No entanto, fundando-se a ação rescisória no art. 966, inciso V, do CPC de 2015 (art. 485, inciso V, do CPC de 1973), é indispensável expressa indicação, na petição inicial da ação rescisória, da norma jurídica manifestamente violada (dispositivo legal violado sob o CPC de 1973), por se tratar de causa de pedir da rescisória, não se aplicando, no caso, o princípio "iura novit curia". (ex-Ojs nºs 32 e 33 da SBDI-2 – inseridas em 20.09.2000).

- **Súmula nº 409 do TST.** AÇÃO RESCISÓRIA. PRAZO PRESCRICIONAL. TOTAL OU PARCIAL. VIOLAÇÃO DO ART. 7º, XXIX, DA CF/1988. MATÉRIA INFRACONSTITUCIONAL (conversão da Orientação Jurisprudencial nº 119 da SBDI-2) – Res. 137/2005, DJ 22, 23 e 24.08.2005. Não procede ação rescisória calcada em violação do art. 7º, XXIX, da CF/1988 quando a questão envolve discussão sobre a espécie de prazo prescricional aplicável aos créditos trabalhistas, se total ou parcial, porque a matéria tem índole infraconstitucional, construída, na Justiça do Trabalho, no plano jurisprudencial. (ex-OJ nº 119 da SBDI-2 – DJ 11.08.2003).
- **Súmula nº 410 do TST.** AÇÃO RESCISÓRIA. REEXAME DE FATOS E PROVAS. INVIABILIDADE (conversão da Orientação Jurisprudencial nº 109 da SBDI-2) – Res. 137/2005 DJ 22, 23 e 24.08.2005. A ação rescisória calcada em violação de lei não admite reexame de fatos e provas do processo que originou a decisão rescindenda. (ex-OJ nº 109 da SBDI-2 – DJ 29.04.2003).
- **Súmula nº 411 do TST.** AÇÃO RESCISÓRIA. SENTENÇA DE MÉRITO. DECISÃO DE TRIBUNAL REGIONAL DO TRABALHO EM AGRAVO REGIMENTAL CONFIRMANDO DECISÃO MONOCRÁTICA DO RELATOR QUE, APLICANDO A SÚMULA Nº 83 DO TST, INDEFERIU A PETIÇÃO INICIAL DA AÇÃO RESCISÓRIA. CABIMENTO (conversão da Orientação Jurisprudencial nº 43 da SBDI-2) – Res. 137/2005, DJ 22, 23 e 24.08.2005. Se a decisão recorrida, em agravo regimental, aprecia a matéria na fundamentação, sob o enfoque das Súmulas nºs 83 do TST e 343 do STF, constitui sentença de mérito, ainda que haja resultado no indeferimento da petição inicial e na extinção do processo sem julgamento do mérito. Sujeita-se, assim, à reforma pelo TST, a decisão do Tribunal que, invocando controvérsia na interpretação da lei, indefere a petição inicial de ação rescisória. (ex-OJ nº 43 da SBDI-2 – inserida em 20.09.2000).
- **Súmula nº 412 do TST.** AÇÃO RESCISÓRIA. REGÊNCIA PELO CPC DE 1973. SENTENÇA DE MÉRITO. QUESTÃO PROCESSUAL (nova redação em decorrência do CPC de 2015) – Res. 217/2017 – DEJT divulgado em 20, 24 e 25.04.2017. Sob a égide do CPC de 1973, pode uma questão processual ser objeto de rescisão desde que consista em pressuposto de validade de uma sentença de mérito. (ex-OJ nº 46 da SBDI-2 – inserida em 20.09.2000)
- **Súmula nº 413 do TST.** AÇÃO RESCISÓRIA. SENTENÇA DE MÉRITO. VIOLAÇÃO DO ART. 896, "A", DA CLT (nova redação em decorrência do CPC de 2015) – Res. 209/2016, DEJT divulgado em 01, 02 e 03.06.2016 É incabível ação rescisória, por violação do art. 896, "a", da CLT, contra decisão transitada em julgado sob a égide do CPC de 1973 que não conhece de recurso de revista, com base em divergência jurisprudencial, pois não se cuidava de sentença de mérito (art. 485 do CPC de 1973). (ex-OJ nº 47 da SBDI-2 – inserida em 20.09.2000).
- **OJ nº 2. SDI-2 do TST.** AÇÃO RESCISÓRIA. ADICIONAL DE INSALUBRIDADE. BASE DE CÁLCULO. SALÁRIO MÍNIMO. CABÍVEL (mantida a redação na sessão do Tribunal Pleno realizada em 26.06.2008) – Res. 148/2008, DJ 04 e 07.07.2008 – Republicada DJ 08, 09 e 10.07.2008. Viola o art. 192 da CLT decisão que acolhe pedido de adicional de insalubridade com base na remuneração do empregado.
- **OJ nº 4. SDI-2 do TST.** AÇÃO RESCISÓRIA. BANCO DO BRASIL. ADICIONAL DE CARÁTER PESSOAL. ACP (inserida em 20.09.2000). Procede, por ofensa ao art. 5º, inciso XXXVI, da CF/88, o pedido de rescisão de julgado que acolheu Adicional de Caráter Pessoal em favor de empregado do Banco do Brasil S.A.
- **OJ nº 5. SDI-2 do TST.** AÇÃO RESCISÓRIA. BANCO DO BRASIL. AP E ADI. HORAS EXTRAS. SÚMULA Nº 83 DO TST. APLICÁVEL (inserida em 20.09.2000). Não se acolhe pedido de rescisão de julgado que deferiu a empregado do Banco do Brasil S.A. horas extras após a sexta, não obstante o pagamento dos adicionais AP e ADI, ou AFR quando a decisão rescindenda for anterior à Orientação Jurisprudencial nº 17, da Seção de Dissídios Individuais do TST (07.11.94). Incidência das Súmulas nºs 83 do TST e 343 do STF.
- **OJ nº 6. SDI-2 do TST.** AÇÃO RESCISÓRIA. CIPEIRO SUPLENTE. ESTABILIDADE. ADCT DA CF/88, ART. 10, II, "A". SÚMULA Nº 83 DO TST (nova redação) – DJ 22.08.2005. Rescinde-se o julgado que nega estabilidade a membro suplente de CIPA, representante de empregado, por ofensa ao art. 10, II, "a", do ADCT da CF/88, ainda que se cuide de decisão anterior à Súmula nº 339 do TST.
- **OJ nº 7. SDI-2 do TST.** AÇÃO RESCISÓRIA. COMPETÊNCIA. CRIAÇÃO DE TRIBUNAL REGIONAL DO TRABALHO. NA OMISSÃO DA LEI, É FIXADA PELO ART. 678, INC. I, "C", ITEM 2, DA CLT (nova redação) – DJ 22.08.2005. A Lei nº 7.872/89 que criou o Tribunal Regional do Trabalho da 17ª Região não fixou a sua competência para apreciar as ações rescisórias de decisões oriundas da 1ª Região, o que decorreu do art. 678, I, "c", item 2, da CLT.
- **OJ nº 8. SDI-2 do TST.** AÇÃO RESCISÓRIA. COMPLEMENTAÇÃO DE APOSENTADORIA. BANESPA. SÚMULA Nº 83 DO TST (nova redação) – DJ 22.08.2005. Não se rescinde julgado que acolheu pedido de complementação de aposentadoria integral em favor de empregado do BANESPA, antes da Súmula nº 313 do TST, em virtude da notória controvérsia jurisprudencial então reinante. Incidência da Súmula nº 83 do TST.
- **OJ nº 9. SDI-2 do TST.** AÇÃO RESCISÓRIA. CONAB. AVISO DIREH 2/84. SÚMULA Nº 83 DO TST. APLICÁVEL (inserida em 20.09.2000). Não se rescinde julgado que reconheceu garantia de emprego com base no Aviso DIREH 02/84 da Conab, antes da Súmula nº 355 do TST, em virtude da notória controvérsia jurisprudencial então reinante. Incidência da Súmula nº 83 do TST.

- **OJ nº 10. SDI-2 do TST.** AÇÃO RESCISÓRIA. CONTRATO NULO. ADMINISTRAÇÃO PÚBLICA. EFEITOS. ART. 37, II E § 2º, DA CF/1988. Inserida em 20.09.00. Somente por ofensa ao art. 37, II e § 2º, da CF/1988, procede o pedido de rescisão de julgado para considerar nula a contratação, sem concurso público, de servidor, após a CF/1988.

- **OJ nº 11. SDI-2 do TST.** AÇÃO RESCISÓRIA. CORREÇÃO MONETÁRIA. LEI Nº 7.596/87. UNIVERSIDADES FEDERAIS. IMPLANTAÇÃO TARDIA DO PLANO DE CLASSIFICAÇÃO DE CARGOS. VIOLAÇÃO DE LEI. SÚMULA Nº 83 DO TST. APLICÁVEL. Inserida em 20.09.00. Não se rescinde julgado que acolhe pedido de correção monetária decorrente da implantação tardia do Plano de Classificação de Cargos de Universidade Federal previsto na Lei nº 7.596/87, à época em que era controvertida tal matéria na jurisprudência. Incidência da Súmula nº 83 do TST.

- **OJ nº 12. SDI-2 do TST.** AÇÃO RESCISÓRIA. DECADÊNCIA. CONSUMAÇÃO ANTES OU DEPOIS DA EDIÇÃO DA MEDIDA PROVISÓRIA Nº 1.577/97. AMPLIAÇÃO DO PRAZO – Res. 208/2016, DEJT divulgado em 22, 25 e 26.04.2016 I – A vigência da Medida Provisória nº 1.577/97 e de suas reedições implicou o elastecimento do prazo decadencial para o ajuizamento da ação rescisória a favor dos entes de direito público, autarquias e fundações públicas. Se o biênio decadencial do art. 495 do CPC de 1973 findou após a entrada em vigor da referida medida provisória e até sua suspensão pelo STF em sede liminar de ação direta de inconstitucionalidade (ADIn 1753-2), tem-se como aplicável o prazo decadencial elastecido à rescisória. (ex-OJ nº 17 da SDI-2 – inserida em 20.09.00) II – A regra ampliativa do prazo decadencial para a propositura de ação rescisória em favor de pessoa jurídica de direito público não se aplica se, ao tempo em que sobreveio a Medida Provisória nº 1.577/97, já se exaurira o biênio do art. 495 do CPC. Preservação do direito adquirido da parte à decadência já consumada sob a égide da lei velha. (ex-OJ nº 12 da SDI-2 – inserida em 20.09.00).

- **OJ nº 18. SDI-2 do TST.** AÇÃO RESCISÓRIA. DECADÊNCIA. UNIÃO. LEI COMPLEMENTAR Nº 73/93, ART. 67. LEI Nº 8.682/93, ART. 6º (inserida em 20.09.2000). O art. 67 da Lei Complementar nº 73/93 interrompeu todos os prazos, inclusive o de decadência, em favor da União no período compreendido entre 14.02.93 e 14.08.93.

- **OJ nº 19. SDI-2 do TST.** AÇÃO RESCISÓRIA. DESLIGAMENTO INCENTIVADO. IMPOSTO DE RENDA. ABONO PECUNIÁRIO. VIOLAÇÃO DE LEI. SÚMULA Nº 83 DO TST. APLICÁVEL (inserida em 20.09.2000). Havendo notória controvérsia jurisprudencial acerca da incidência de imposto de renda sobre parcela paga pelo empregador ("abono pecuniário") a título de "desligamento incentivado", improcede pedido de rescisão do julgado. Incidência da Súmula nº 83 do TST.

- **OJ nº 21. SDI-2 do TST.** AÇÃO RESCISÓRIA. DUPLO GRAU DE JURISDIÇÃO. TRÂNSITO EM JULGADO. INOBSERVÂNCIA. DECRETO-LEI Nº 779/69, ART. 1º, V. INCABÍVEL (nova redação) – DJ 22.08.2005. É incabível ação rescisória para a desconstituição de sentença não transitada em julgado porque ainda não submetida ao necessário duplo grau de jurisdição, na forma do Decreto-Lei nº 779/69. Determina-se que se oficie ao Presidente do TRT para que proceda à avocatória do processo principal para o reexame da sentença rescindenda.

- **OJ nº 23. SDI-2 do TST.** AÇÃO RESCISÓRIA. ESTABILIDADE. PERÍODO PRÉ-ELEITORAL. VIOLAÇÃO DE LEI. SÚMULA Nº 83 DO TST. APLICÁVEL (inserida em 20.09.2000). Não procede pedido de rescisão de sentença de mérito que assegura ou nega estabilidade pré-eleitoral, quando a decisão rescindenda for anterior à Orientação Jurisprudencial nº 51, da Seção de Dissídios Individuais do TST (25.11.96). Incidência da Súmula nº 83 do TST.

- **OJ nº 24. SDI-2 do TST.** AÇÃO RESCISÓRIA. ESTABILIDADE PROVISÓRIA. REINTEGRAÇÃO EM PERÍODO POSTERIOR. DIREITO LIMITADO AOS SALÁRIOS E CONSECTÁRIOS DO PERÍODO DA ESTABILIDADE (inserida em 20.09.2000). Rescinde-se o julgado que reconhece estabilidade provisória e determina a reintegração de empregado, quando já exaurido o respectivo período de estabilidade. Em juízo rescisório, restringe-se a condenação quanto aos salários e consectários até o termo final da estabilidade.

- **OJ nº 25. SDI-2 do TST.** AÇÃO RESCISÓRIA. REGÊNCIA PELO CPC DE 1973. EXPRESSÃO "LEI" DO ART. 485, V, DO CPC de 1973. NÃO INCLUSÃO DO ACT, CCT, PORTARIA, REGULAMENTO, SÚMULA E ORIENTAÇÃO JURISPRUDENCIAL DE TRIBUNAL. (atualizada em decorrência do CPC de 2015) Res. 212/2016, DEJT divulgado em 20, 21 e 22.09.2016. Não procede pedido de rescisão fundado no art. 485, V, do CPC de 1973 quando se aponta contrariedade à norma de convenção coletiva de trabalho, acordo coletivo de trabalho, portaria do Poder Executivo, regulamento de empresa e súmula ou orientação jurisprudencial de tribunal. (ex-OJ 25 da SDI-2, inserida em 20.09.2000 e ex-OJ 118 da SDI-2, DJ 11.08.2003).

- **OJ nº 26. SDI-2 do TST.** AÇÃO RESCISÓRIA. GRATIFICAÇÃO DE NÍVEL SUPERIOR. SUFRAMA (inserida em 20.09.2000). A extensão da gratificação instituída pela SUFRAMA aos servidores celetistas exercentes de atividade de nível superior não ofende as disposições contidas nos arts. 37, XIII e 39, § 1º, da CF/88.

- **OJ nº 30. SDI-2 do TST.** AÇÃO RESCISÓRIA. MULTA. ART. 920 DO CÓDIGO CIVIL DE 1916 (ART. 412 DO CÓDIGO CIVIL DE 2002) (nova redação em decorrência da incorporação da Orientação Jurisprudencial nº 31 da SBDI-II) – DJ 22.08.20050. Não se acolhe, por violação do art. 920 do Código Civil de 1916 (art. 412 do Código Civil de 2002), pedido de rescisão de julgado que: a) em processo de conhecimento, impôs condenação ao pagamento de multa, quando a decisão rescindenda for anterior à Orientação Jurisprudencial nº 54 da Subseção I Especializada em

Dissídios Individuais do TST (30.05.94), incidindo o óbice da Súmula nº 83 do TST; (ex-OJ nº 30 da SDI-2 inserida em 20.09.00). b) em execução, rejeita-se limitação da condenação ao pagamento de multa, por inexistência de violação literal. (ex-OJ nº 31 da SDI-2 – inserida em 20.09.00).

- **OJ nº 34. SDI-2 do TST.** AÇÃO RESCISÓRIA. PLANOS ECONÔMICOS – Res. 208/2016, DEJT divulgado em 22, 25 e 26.04.20161. O acolhimento de pedido em ação rescisória de plano econômico, fundada no art. 485, inciso V, do CPC de 1973, pressupõe, necessariamente, expressa invocação na petição inicial de afronta ao art. 5º, inciso XXXVI, da Constituição Federal de 1988. A indicação de ofensa literal a preceito de lei ordinária atrai a incidência do Súmula nº 83 do TST e Súmula nº 343 do STF.

- **OJ nº 35. SDI-2 do TST.** AÇÃO RESCISÓRIA. PLANOS ECONÔMICOS. COISA JULGADA. LIMITAÇÃO À DATA-BASE NA FASE DE EXECUÇÃO (inserida em 20.09.2000). Não ofende a coisa julgada a limitação à data-base da categoria, na fase executória, da condenação ao pagamento de diferenças salariais decorrentes de planos econômicos, quando a decisão exequenda silenciar sobre a limitação, uma vez que a limitação decorre de norma cogente. Apenas quando a sentença exequenda houver expressamente afastado a limitação à data-base é que poderá ocorrer ofensa à coisa julgada.

- **OJ nº 38. SDI-2 do TST.** AÇÃO RESCISÓRIA. PROFESSOR-ADJUNTO. INGRESSO NO CARGO DE PROFESSOR-TITULAR. EXIGÊNCIA DE CONCURSO PÚBLICO (LEI Nº 7.596/87, DECRETO Nº 94.664/87 E ART. 206, V, CF/1988). Inserida em 20.09.00. A assunção do professor-adjunto ao cargo de professor titular de universidade pública, sem prévia aprovação em concurso público, viola o art. 206, inciso V, da Constituição Federal. Procedência do pedido de rescisão do julgado.

- **OJ nº 39. SDI-2 do TST.** AÇÃO RESCISÓRIA. REAJUSTES BIMESTRAIS E QUADRIMESTRAIS. LEI Nº 8.222/91. SÚMULA Nº 83 DO TST. APLICÁVEL. Inserida em 20.09.00. Havendo controvérsia jurisprudencial à época, não se rescinde decisão que aprecia a possibilidade de cumulação das antecipações bimestrais e reajustes quadrimestrais de salário previstos na Lei nº 8.222/91. Incidência da Súmula nº 83 do TST.

- **OJ nº 41. SDI-2 do TST.** AÇÃO RESCISÓRIA. SENTENÇA "CITRA PETITA". CABIMENTO (atualizada em decorrência do CPC de 2015) – Res. 208/2016, DEJT divulgado em 22, 25 e 26.04.2016. Revelando-se a sentença "citra petita", o vício processual vulnera os arts. 141 e 492 do CPC de 2015 (arts. 128 e 460 do CPC de 1973), tornando-a passível de desconstituição, ainda que não interpostos embargos de declaração.

- **OJ nº 70. SDI-2 do TST.** AÇÃO RESCISÓRIA. REGÊNCIA PELO CPC DE 1973. MANIFESTO E INESCUSÁVEL EQUÍVOCO NO DIRECIONAMENTO. INÉPCIA DA INICIAL. EXTINÇÃO DO PROCESSO (atualizada em decorrência do CPC de 2015) – Res. 220/2017, DEJT divulgado em 21, 22 e 25.09.2017. Sob a égide do CPC de 1973, o manifesto equívoco da parte em ajuizar ação rescisória no TST para desconstituir julgado proferido pelo TRT, ou vice-versa, implica a extinção do processo sem julgamento do mérito por inépcia da inicial.

- **OJ nº 71. SDI-2 do TST.** AÇÃO RESCISÓRIA. SALÁRIO PROFISSIONAL. FIXAÇÃO. MÚLTIPLO DE SALÁRIO MÍNIMO. ART. 7º, IV, DA CF/88 (nova redação) – DJ 22.11.2004. A estipulação do salário profissional em múltiplos do salário mínimo não afronta o art. 7º, inciso IV, da Constituição Federal de 1988, só incorrendo em vulneração do referido preceito constitucional a fixação de correção automática do salário pelo reajuste do salário mínimo.

- **OJ nº 76. SDI-2 do TST. OJ nº 76. SDI-2 do TST.** AÇÃO RESCISÓRIA. AÇÃO CAUTELAR PROPOSTA SOB A VIGÊNCIA DO CPC DE 1973. SUSPENSÃO DA EXECUÇÃO. JUNTADA DE DOCUMENTO INDISPENSÁVEL. POSSIBILIDADE DE ÊXITO NA RESCISÃO DO JULGADO (atualizada em decorrência do CPC de 2015) – Res. 220/2017, DEJT divulgado em 21, 22 e 25.09.2017. É indispensável a instrução da ação cautelar proposta sob a vigência do CPC de 1973 com as provas documentais necessárias à aferição da plausibilidade de êxito na rescisão do julgado. Assim sendo, devem vir junto com a inicial da cautelar as cópias da petição inicial da ação rescisória principal, da decisão rescindenda, da certidão do trânsito em julgado da decisão rescindenda e informação do andamento atualizado da execução.

- **OJ nº 78. SDI-2 do TST.** AÇÃO RESCISÓRIA. CUMULAÇÃO SUCESSIVA DE PEDIDOS. RESCISÃO DA SENTENÇA E DO ACÓRDÃO. AÇÃO ÚNICA. ART. 326 DO CPC DE 2015. ART. 289 DO CPC DE 1973 (atualizada em decorrência do CPC de 2015) – Res. 208/2016, DEJT divulgado em 22, 25 e 26.04.2016. É admissível o ajuizamento de uma única ação rescisória contendo mais de um pedido, em ordem sucessiva, de rescisão da sentença e do acórdão. Sendo inviável a tutela jurisdicional de um deles, o julgador está obrigado a apreciar os demais, sob pena de negativa de prestação jurisdicional.

- **OJ nº 80. SDI-2 do TST.** AÇÃO RESCISÓRIA. DECADÊNCIA. "DIES A QUO". RECURSO DESERTO. SÚMULA Nº 100 DO TST (inserida em 13.03.2002). O não-conhecimento do recurso por deserção não antecipa o "dies a quo" do prazo decadencial para o ajuizamento da ação rescisória, atraindo, na contagem do prazo, a aplicação da Súmula nº 100 do TST.

- **OJ nº 84. SDI-2 do TST.** AÇÃO RESCISÓRIA. AUSÊNCIA DA DECISÃO RESCINDENDA E/OU DA CERTIDÃO DE SEU TRÂNSITO EM JULGADO DEVIDAMENTE AUTENTICADAS. CONCESSÃO DE PRAZO PARA COMPLEMENTAÇÃO DA DOCUMENTAÇÃO. (alterada em decorrência do CPC de 2015) – Res. 220/2017,

DEJT divulgado em 21, 22 e 25.09.2017. São peças essenciais para o julgamento da ação rescisória a decisão rescindenda e/ou a certidão do seu trânsito em julgado, devidamente autenticadas, à exceção de cópias reprográficas apresentadas por pessoa jurídica de direito público, a teor do art. 24 da Lei nº 10.522/2002, ou declaradas autênticas pelo advogado na forma do artigo 830 da CLT com a redação dada pela Lei nº 11.925/2009. Em fase recursal, verificada a ausência de qualquer delas, cumpre ao Relator do recurso ordinário conceder o prazo de 5 (cinco) dias ao recorrente para que seja complementada a documentação exigível, nos termos do art. 932, parágrafo único, do CPC de 2015.

- **OJ nº 94. SDI-2 do TST.** AÇÃO RESCISÓRIA. COLUSÃO. FRAUDE À LEI. RECLAMATÓRIA SIMULADA EXTINTA (inserida em 27.09.2002). A decisão ou acordo judicial subjacente à reclamação trabalhista, cuja tramitação deixa nítida a simulação do litígio para fraudar a lei e prejudicar terceiros, enseja ação rescisória, com lastro em colusão. No juízo rescisório, o processo simulado deve ser extinto.
- **OJ nº 97. SDI-2 do TST.** AÇÃO RESCISÓRIA. VIOLAÇÃO DO ART. 5º, II, LIV E LV, DA CONSTITUIÇÃO FEDERAL. PRINCÍPIOS DA LEGALIDADE, DO DEVIDO PROCESSO LEGAL, DO CONTRADITÓRIO E DA AMPLA DEFESA (nova redação) – DJ 22.08.2005. Os princípios da legalidade, do devido processo legal, do contraditório e da ampla defesa não servem de fundamento para a desconstituição de decisão judicial transitada em julgado, quando se apresentam sob a forma de pedido genérico e desfundamentado, acompanhando dispositivos legais que tratam especificamente da matéria debatida, estes sim, passíveis de fundamentarem a análise do pleito rescisório.
- **OJ nº 101. SDI-2 do TST.** AÇÃO RESCISÓRIA. INCISO IV DO ART. 966 DO CPC DE 2015. ART. 485, IV, DO CPC DE 1973. OFENSA A COISA JULGADA. NECESSIDADE DE FIXAÇÃO DE TESE NA DECISÃO RESCINDENDA (atualizada em decorrência do CPC de 2015) – Res. 208/2016, DEJT divulgado em 22, 25 e 26.04.2016 Para viabilizar a desconstituição do julgado pela causa de rescindibilidade do inciso IV, do art. 966 do CPC de 2015 (inciso IV do art. 485 do CPC de 1973), é necessário que a decisão rescindenda tenha enfrentado as questões ventiladas na ação rescisória, sob pena de inviabilizar o cotejo com o título executivo judicial tido por desrespeitado, de modo a se poder concluir pela ofensa à coisa julgada
- **OJ nº 103. SDI-2 do TST.** AÇÃO RESCISÓRIA. CONTRADIÇÃO ENTRE FUNDAMENTAÇÃO E PARTE DISPOSITIVA DO JULGADO. CABIMENTO. ERRO DE FATO (DJ 29.04.2003). É cabível a rescisória para corrigir contradição entre a parte dispositiva do acórdão rescindendo e a sua fundamentação, por erro de fato na retratação do que foi decidido.
- **OJ nº 107. SDI-2 do TST.** AÇÃO RESCISÓRIA. DECISÃO RESCINDENDA DE MÉRITO. SENTENÇA DECLARATÓRIA DE EXTINÇÃO DE EXECUÇÃO. SATISFAÇÃO DA OBRIGAÇÃO (atualizada em decorrência do CPC de 2015) – Res. 208/2016, DEJT divulgado em 22, 25 e 26.04.2016. Embora não haja atividade cognitiva, a decisão que declara extinta a execução, nos termos do art. 924, incisos I a IV c/c art. 925 do CPC de 2015 (art. 794 c/c 795 do CPC de 1973), extingue a relação processual e a obrigacional, sendo passível de corte rescisório.
- **OJ nº 112. SDI-2 do TST.** AÇÃO RESCISÓRIA. VIOLAÇÃO DE LEI. DECISÃO RESCINDENDA POR DUPLO FUNDAMENTO. IMPUGNAÇÃO PARCIAL (DJ 29.04.2003). Para que a violação da lei dê causa à rescisão de decisão de mérito alicerçada em duplo fundamento, é necessário que o Autor da ação rescisória invoque causas de rescindibilidade que, em tese, possam infirmar a motivação dúplice da decisão rescindenda.
- **OJ nº 123. SDI-2 do TST.** AÇÃO RESCISÓRIA. INTERPRETAÇÃO DO SENTIDO E ALCANCE DO TÍTULO EXECUTIVO. INEXISTÊNCIA DE OFENSA À COISA JULGADA (título alterado) – DJ 22.08.2005. O acolhimento da ação rescisória calcada em ofensa à coisa julgada supõe dissonância patente entre as decisões exequenda e rescindenda, o que não se verifica quando se faz necessária a interpretação do título executivo judicial para se concluir pela lesão à coisa julgada.
- **OJ nº 124. SDI-2 do TST.** AÇÃO RESCISÓRIA. ART. 966, INCISO II, DO CPC DE 2015. ART. 485, II, DO CPC DE 1973. ARGUIÇÃO DE INCOMPETÊNCIA ABSOLUTA. PREQUESTIONAMENTO INEXIGÍVEL (atualizada em decorrência do CPC de 2015) – Res. 208/2016, DEJT divulgado em 22, 25 e 26.04.2016. Na hipótese em que a ação rescisória tem como causa de rescindibilidade o inciso II do art. 966 do CPC de 2015 (inciso II do art. 485 do CPC de 1973), a arguição de incompetência absoluta prescinde de prequestionamento.
- **OJ nº 128. SDI-2 do TST.** AÇÃO RESCISÓRIA. CONCURSO PÚBLICO ANULADO POSTERIORMENTE. APLICAÇÃO DA SÚMULA Nº 363 DO TST (DJ 09.12.2003). O certame público posteriormente anulado equivale à contratação realizada sem a observância da exigência contida no art. 37, II, da Constituição Federal de 1988. Assim sendo, aplicam-se à hipótese os efeitos previstos na Súmula nº 363 do TST.
- **OJ nº 129. SDI-2 do TST.** AÇÃO ANULATÓRIA. COMPETÊNCIA ORIGINÁRIA. DJ 04.05.2004. Em se tratando de ação anulatória, a competência originária se dá no mesmo juízo em que praticado o ato supostamente eivado de vício.
- **OJ nº 131. SDI-2 do TST.** AÇÃO RESCISÓRIA. AÇÃO CAUTELAR PARA SUSPENDER EXECUÇÃO DA DECISÃO RESCINDENDA. PENDÊNCIA DE TRÂNSITO EM JULGADO DA AÇÃO RESCISÓRIA PRINCIPAL. EFEITOS (DJ 04.05.2004). A ação cautelar não perde o objeto enquanto ainda estiver pendente o trânsito em jul-

gado da ação rescisória principal, devendo o pedido cautelar ser julgado procedente, mantendo-se os efeitos da liminar eventualmente deferida, no caso de procedência do pedido rescisório ou, por outro lado, improcedente, se o pedido da ação rescisória principal tiver sido julgado improcedente.

- **OJ nº 132. SDI-2 do TST.** AÇÃO RESCISÓRIA. ACORDO HOMOLOGADO. ALCANCE. OFENSA À COISA JULGADA (DJ 04.05.2004). Acordo celebrado – homologado judicialmente – em que o empregado dá plena e ampla quitação, sem qualquer ressalva, alcança não só o objeto da inicial, como também todas as demais parcelas referentes ao extinto contrato de trabalho, violando a coisa julgada, a propositura de nova reclamação trabalhista.

- **OJ nº 134. SDI-2 do TST.** AÇÃO RESCISÓRIA. DECISÃO QUE DECLARA PRECLUSA A OPORTUNIDADE DE IMPUGNAÇÃO DA SENTENÇA DE LIQUIDAÇÃO. PRODUÇÃO DE COISA JULGADA FORMAL. IRRESCINDIBILIDADE. (alterada em decorrência do CPC de 2015) – Res. 220/2017, DEJT divulgado em 21, 22 e 25.09.2017 A decisão proferida em embargos à execução ou em agravo de petição que apenas declara preclusa a oportunidade de impugnação da sentença de liquidação não é rescindível, em virtude de produzir tão-somente coisa julgada formal.

- **OJ nº 135. SDI-2 do TST.** AÇÃO RESCISÓRIA. VIOLAÇÃO DO ART. 37, "CAPUT", DA CF/1988. NECESSIDADE DE PREQUESTIONAMENTO (DJ 04.05.2004). A ação rescisória calcada em violação do artigo 37, "caput", da Constituição Federal, por desrespeito ao princípio da legalidade administrativa exige que ao menos o princípio constitucional tenha sido prequestionado na decisão.

- **OJ nº 136. SDI-2 do TST.** AÇÃO RESCISÓRIA. ERRO DE FATO. CARACTERIZAÇÃO (atualizada em decorrência do CPC de 2015) – Res. 208/2016, DEJT divulgado em 22, 25 e 26.04.2016 A caracterização do erro de fato como causa de rescindibilidade de decisão judicial transitada em julgado supõe a afirmação categórica e indiscutida de um fato, na decisão rescindenda, que não corresponde à realidade dos autos. O fato afirmado pelo julgador, que pode ensejar ação rescisória calcada no inciso VIII do art. 966 do CPC de 2015 (inciso IX do art. 485 do CPC de 1973), é apenas aquele que se coloca como premissa fática indiscutida de um silogismo argumentativo, não aquele que se apresenta ao final desse mesmo silogismo, como conclusão decorrente das premissas que especificaram as provas oferecidas, para se concluir pela existência do fato. Esta última hipótese é afastada pelo § 1º do art. 966 do CPC de 2015 (§ 2º do art. 485 do CPC de 1973), ao exigir que não tenha havido controvérsia sobre o fato e pronunciamento judicial esmiuçando as provas.

- **OJ nº 146. SDI-2 do TST.** AÇÃO RESCISÓRIA. INÍCIO DO PRAZO PARA APRESENTAÇÃO DA CONTESTAÇÃO. ART. 774 DA CLT (atualizada em decorrência do CPC de 2015) – Res. 208/2016, DEJT divulgado em 22, 25 e 26.04.2016 A contestação apresentada em ação rescisória obedece à regra relativa à contagem de prazo constante do art. 774 da CLT, sendo inaplicável o art. 231 do CPC de 2015 (art. 241 do CPC de 1973).

- **OJ nº 150. SDI-2 do TST.** AÇÃO RESCISÓRIA. REGÊNCIA PELO CPC DE 1973. DECISÃO RESCINDENDA QUE EXTINGUE O PROCESSO SEM RESOLUÇÃO DE MÉRITO POR ACOLHIMENTO DE COISA JULGADA. CONTEÚDO MERAMENTE PROCESSUAL. IMPOSSIBILIDADE JURÍDICA DO PEDIDO (atualizada em decorrência do CPC de 2015) Res. 212/2016, DEJT divulgado em 20, 21 e 22.09.2016. Reputa-se juridicamente impossível o pedido de corte rescisório de decisão que, reconhecendo a existência de coisa julgada, nos termos do art. 267, V, do CPC de 1973, extingue o processo sem resolução de mérito, o que, ante o seu conteúdo meramente processual, a torna insuscetível de produzir a coisa julgada material.

- **OJ nº 151. SDI-2 do TST.** AÇÃO RESCISÓRIA E MANDADO DE SEGURANÇA.PROCURAÇÃO. PODERES ESPECÍFICOS PARA AJUIZAMENTO DE RECLAMAÇÃO TRABALHISTA. IRREGULARIDADE DE REPRESENTAÇÃO PROCESSUAL. FASE RECURSAL. VÍCIO PROCESSUAL SANÁVEL. (nova redação em decorrência do CPC de 2015) – Res. 211/2016, DEJT divulgado em 24, 25 e 26.08.2016. A procuração outorgada com poderes específicos para ajuizamento de reclamação trabalhista não autoriza a propositura de ação rescisória e mandado de segurança. Constatado, todavia, o defeito de representação processual na fase recursal, cumpre ao relator ou ao tribunal conceder prazo de 5 (cinco) dias para a regularização, nos termos da Súmula nº 383, item II, do TST.

- **OJ nº 152. SDI-2 do TST.** AÇÃO RESCISÓRIA E MANDADO DE SEGURANÇA. RECURSO DE REVISTA DE ACÓRDÃO REGIONAL QUE JULGA AÇÃO RESCISÓRIA OU MANDADO DE SEGURANÇA. PRINCÍPIO DA FUNGIBILIDADE. INAPLICABILIDADE. ERRO GROSSEIRO NA INTERPOSIÇÃO DO RECURSO. (DEJT divulgado em 03, 04 e 05.12.2008). A interposição de recurso de revista de decisão definitiva de Tribunal Regional do Trabalho em ação rescisória ou em mandado de segurança, com fundamento em violação legal e divergência jurisprudencial e remissão expressa ao art. 896 da CLT, configura erro grosseiro, insuscetível de autorizar o seu recebimento como recurso ordinário, em face do disposto no art. 895, "b", da CLT.

- **OJ nº 154. SDI-2 do TST.** AÇÃO RESCISÓRIA. ACORDO PRÉVIO AO AJUIZAMENTO DA RECLAMAÇÃO. QUITAÇÃO GERAL. LIDE SIMULADA. POSSIBILIDADE DE RESCISÃO DA SENTENÇA HOMOLOGATÓRIA DE ACORDO APENAS SE VERIFICADA A EXISTÊNCIA DE VÍCIO DE CONSENTIMENTO. (DEJT divulgado em 09, 10 e 11.06.2010). A sentença homologatória de acordo prévio ao ajuizamento de reclamação trabalhista, no qual foi conferida quitação geral do extinto contrato, sujeita-se ao corte rescisório tão somente se verificada a existência de fraude ou vício de consentimento.

- **OJ nº 155. SDI-2 do TST.** AÇÃO RESCISÓRIA E MANDADO DE SEGURANÇA. VALOR ATRIBUÍDO À CAUSA NA INICIAL. MAJORAÇÃO DE OFÍCIO. INVIABILIDADE. (cancelada em decorrência do CPC de 2015) – Res. 206/2016, DEJT divulgado em 18, 19 e 20.04.2016. Atribuído o valor da causa na inicial da ação rescisória ou do mandado de segurança e não havendo impugnação, nos termos do art. 261 do CPC, é defeso ao Juízo majorá-lo de ofício, ante a ausência de amparo legal. Inaplicável, na hipótese, a Orientação Jurisprudencial da SBDI-2 nº 147 e o art. 2º, II, da Instrução Normativa nº 31 do TST.

- **OJ nº 157. SDI-2 do TST.** AÇÃO RESCISÓRIA. DECISÕES PROFERIDAS EM FASES DISTINTAS DE UMA MESMA AÇÃO. COISA JULGADA. NÃO CONFIGURAÇÃO. (atualizada em decorrência do CPC de 2015) – Res. 208/2016, DEJT divulgado em 22, 25 e 26.04.2016 A ofensa à coisa julgada de que trata o inciso IV do art. 966 do CPC de 2015 (inciso IV do art. 485 do CPC de 1973) refere-se apenas a relações processuais distintas. A invocação de desrespeito à coisa julgada formada no processo de conhecimento, na correspondente fase de execução, somente é possível com base na violação do art. 5º, XXXVI, da Constituição da República.

- **OJ nº 158. SDI-2 do TST.** AÇÃO RESCISÓRIA. DECLARAÇÃO DE NULIDADE DE DECISÃO HOMOLOGATÓRIA DE ACORDO EM RAZÃO DE COLUSÃO (ART. 485, III, DO CPC). MULTA POR LITIGÂNCIA DE MÁ-FÉ. IMPOSSIBILIDADE. (DEJT divulgado em 12, 13 e 16.04.2012). A declaração de nulidade de decisão homologatória de acordo, em razão da colusão entre as partes (art. 485, III, do CPC), é sanção suficiente em relação ao procedimento adotado, não havendo que ser aplicada a multa por litigância de má-fé.

7. EXECUÇÃO

7.1. LIQUIDAÇÃO E EXECUÇÃO

- **Súmula nº 187 do TST.** CORREÇÃO MONETÁRIA. INCIDÊNCIA (mantida) – Res. 121/2003, DJ 19, 20 e 21.11.2003. A correção monetária não incide sobre o débito do trabalhador reclamante.

- **Súmula nº 200 do TST.** JUROS DE MORA. INCIDÊNCIA (mantida) – Res. 121/2003, DJ 19, 20 e 21.11.2003. Os juros de mora incidem sobre a importância da condenação já corrigida monetariamente.

- **Súmula nº 211 do TST.** JUROS DE MORA E CORREÇÃO MONETÁRIA. INDEPENDÊNCIA DO PEDIDO INICIAL E DO TÍTULO EXECUTIVO JUDICIAL (mantida) – Res. 121/2003, DJ 19, 20 e 21.11.2003. Os juros de mora e a correção monetária incluem-se na liquidação, ainda que omisso o pedido inicial ou a condenação.

- **Súmula nº 304 do TST.** CORREÇÃO MONETÁRIA. EMPRESAS EM LIQUIDAÇÃO. ART. 46 DO ADCT/CF (mantida) – Res. 121/2003, DJ 19, 20 e 21.11.2003 e republicada DJ 25.11.2003. Os débitos trabalhistas das entidades submetidas aos regimes de intervenção ou liquidação extrajudicial estão sujeitos à correção monetária desde o respectivo vencimento até seu efetivo pagamento, sem interrupção ou suspensão, não incidindo, entretanto, sobre tais débitos, juros de mora.

- **Súmula nº 307 do TST.** JUROS. IRRETROATIVIDADE DO DECRETO-LEI Nº 2.322, DE 26.02.1987 (mantida) – Res. 121/2003, DJ 19, 20 e 21.11.2003. A fórmula de cálculo de juros prevista no Decreto-Lei nº 2.322, de 26.02.1987 somente é aplicável a partir de 27.02.1987. Quanto ao período anterior, deve-se observar a legislação então vigente.

- **Súmula nº 311 do TST.** BENEFÍCIO PREVIDENCIÁRIO A DEPENDENTE DE EX-EMPREGADO. CORREÇÃO MONETÁRIA. LEGISLAÇÃO APLICÁVEL (mantida) – Res. 121/2003, DJ 19, 20 e 21.11.2003. O cálculo da correção monetária incidente sobre débitos relativos a benefícios previdenciários devidos a dependentes de ex-empregado pelo empregador, ou por entidade de previdência privada a ele vinculada, será o previsto na Lei nº 6.899, de 08.04.1981.

- **Súmula nº 384 do TST.** MULTA CONVENCIONAL. COBRANÇA (conversão das Orientações Jurisprudenciais nºs 150 e 239 da SBDI-1) – Res. 129/2005, DJ 20, 22 e 25.04.2005. I – O descumprimento de qualquer cláusula constante de instrumentos normativos diversos não submete o empregado a ajuizar várias ações, pleiteando em cada uma o pagamento da multa referente ao descumprimento de obrigações previstas nas cláusulas respectivas. (ex-OJ nº 150 da SBDI-1 – inserida em 27.11.1998). II – É aplicável multa prevista em instrumento normativo (sentença normativa, convenção ou acordo coletivo) em caso de descumprimento de obrigação prevista em lei, mesmo que a norma coletiva seja mera repetição de texto legal. (ex-OJ nº 239 da SBDI-1 – inserida em 20.06.2001).

- **Súmula nº 439 do TST.** DANOS MORAIS. JUROS DE MORA E ATUALIZAÇÃO MONETÁRIA. TERMO INICIAL – Res. 185/2012, DEJT divulgado em 25, 26 e 27.09.2012. Nas condenações por dano moral, a atualização monetária é devida a partir da data da decisão de arbitramento ou de alteração do valor. Os juros incidem desde o ajuizamento da ação, nos termos do art. 883 da CLT.

- **Súmula nº 445 do TST.** INADIMPLEMENTO DE VERBAS TRABALHISTAS. FRUTOS. POSSE DE MÁ-FÉ. ART. 1.216 DO CÓDIGO CIVIL. INAPLICABILIDADE AO DIREITO DO TRABALHO. A indenização por frutos percebidos pela posse de má-fé, prevista no art. 1.216 do Código Civil, por tratar-se de regra afeta a direitos reais, mostra-se incompatível com o Direito do Trabalho, não sendo devida no caso de inadimplemento de verbas trabalhistas.

- **OJ nº 28. SDI-1 do TST.** CORREÇÃO MONETÁRIA SOBRE AS DIFERENÇAS SALARIAIS. UNIVERSIDADES

FEDERAIS. DEVIDA. LEI Nº 7.596/1987. (nova redação, DJ 20.04.2005). Incide correção monetária sobre as diferenças salariais dos servidores das universidades federais, decorrentes da aplicação retroativa dos efeitos financeiros assegurados pela Lei nº 7.596/1987, pois a correção monetária tem como escopo único minimizar a desvalorização da moeda em decorrência da corrosão inflacionária.

- **OJ nº 87. SDI-1 do TST.** ENTIDADE PÚBLICA. EXPLORAÇÃO DE ATIVIDADE EMINENTEMENTE ECONÔMICA. EXECUÇÃO. ART. 883 DA CLT (mantida conforme decidido no julgamento do processo TST-AgR-E-RR-148500-29.2004.5.09.0022 pelo Tribunal Pleno em 22.08.2016). É direta a execução contra a APPA e MINASCAIXA (§ 1º do art. 173, da CF/1988).
- **OJ nº 181. SDI-1 do TST.** COMISSÕES. CORREÇÃO MONETÁRIA. CÁLCULO. Inserida em 08.11.00. O valor das comissões deve ser corrigido monetariamente para em seguida obter-se a média para efeito de cálculo de férias, 13º salário e verbas rescisórias.
- **OJ nº 198. SDI-1 do TST.** HONORÁRIOS PERICIAIS. ATUALIZAÇÃO MONETÁRIA. Inserida em 08.11.00. Diferentemente da correção aplicada aos débitos trabalhistas, que têm caráter alimentar, a atualização monetária dos honorários periciais é fixada pelo art. 1º da Lei nº 6.899/81, aplicável a débitos resultantes de decisões judiciais.
- **OJ nº 226. SDI-1 do TST.** CRÉDITO TRABALHISTA. CÉDULA DE CRÉDITO RURAL. CÉDULA DE CRÉDITO INDUSTRIAL. PENHORABILIDADE. Inserida em 20.06.01 (título alterado, DJ 20.04.2005). Diferentemente da cédula de crédito industrial garantida por alienação fiduciária, na cédula rural pignoratícia ou hipotecária o bem permanece sob o domínio do devedor (executado), não constituindo óbice à penhora na esfera trabalhista. (Decreto-Lei nº 167/67, art. 69; CLT, arts. 10 e 30 e Lei nº 6.830/80).
- **OJ nº 300. SDI-1 do TST.** EXECUÇÃO TRABALHISTA. CORREÇÃO MONETÁRIA. JUROS. LEI Nº 8.177/91, ART. 39, E LEI Nº 10.192/01, ART. 15. (nova redação, DJ 20.04.2005). Não viola norma constitucional (art. 5º, II e XXXVI) a determinação de aplicação da TRD, como fator de correção monetária dos débitos trabalhistas, cumulada com juros de mora, previstos no artigo 39 da Lei nº 8.177/91 e convalidado pelo artigo 15 da Lei nº 10.192/01.
- **OJ nº 302. SDI-1 do TST.** FGTS. ÍNDICE DE CORREÇÃO. DÉBITOS TRABALHISTAS. DJ 11.08.03; Os créditos referentes ao FGTS, decorrentes de condenação judicial, serão corrigidos pelos mesmos índices aplicáveis aos débitos trabalhistas.
- **OJ nº 408. SDI-1 do TST.** DE MORA. EMPRESA EM LIQUIDAÇÃO EXTRAJUDICIAL. SUCESSÃO TRABALHISTA. (DEJT divulgado em 22, 25 e 26.10.2010). É devida a incidência de juros de mora em relação aos débitos trabalhistas de empresa em liquidação extrajudicial sucedida nos moldes dos arts. 10 e 448 da CLT. O sucessor responde pela obrigação do sucedido, não se beneficiando de qualquer privilégio a este destinado.
- **OJ nº 59. SDI-2 do TST.** MANDADO DE SEGURANÇA. PENHORA. CARTA DE FIANÇA BANCÁRIA. SEGURO GARANTIA JUDICIAL (nova redação em decorrência do CPC de 2015) – Res. 209/2016, DEJT divulgado em 01, 02 e 03.06.2016. A carta de fiança bancária e o seguro garantia judicial, desde que em valor não inferior ao do débito em execução, acrescido de trinta por cento, equivalem a dinheiro para efeito da gradação dos bens penhoráveis, estabelecida no art. 835 do CPC de 2015 (art. 655 do CPC de 1973).
- **OJ nº 89. SDI-2 do TST.** "HABEAS CORPUS". DEPOSITÁRIO. TERMO DE DEPÓSITO NÃO ASSINADO PELO PACIENTE. NECESSIDADE DE ACEITAÇÃO DO ENCARGO. IMPOSSIBILIDADE DE PRISÃO CIVIL. Inserida em 27.05.02. A investidura no encargo de depositário depende da aceitação do nomeado que deve assinar termo de compromisso no auto de penhora, sem o que, é inadmissível a restrição de seu direito de liberdade.
- **OJ nº 93. SDI-2 do TST.** PENHORA SOBRE PARTE DA RENDA DE ESTABELECIMENTO COMERCIAL. POSSIBILIDADE. (alterada em decorrência do CPC de 2015) – Res. 220/2017, DEJT divulgado em 21, 22 e 25.09.2017. Nos termos do art. 866 do CPC de 2015, é admissível a penhora sobre a renda mensal ou faturamento de empresa, limitada a percentual, que não comprometa o desenvolvimento regular de suas atividades, desde que não haja outros bens penhoráveis ou, havendo outros bens, eles sejam de difícil alienação ou insuficientes para satisfazer o crédito executado.
- **OJ nº 143. SDI-2 do TST.** "HABEAS CORPUS". PENHORA SOBRE COISA FUTURA E INCERTA. PRISÃO. DEPOSITÁRIO INFIEL (redação alterada na sessão do Tribunal Pleno realizada em 17.11.2008) – Res.151/2008, DEJT divulgado em 20, 21 e 24.11.2008. Não se caracteriza a condição de depositário infiel quando a penhora recair sobre coisa futura e incerta, circunstância que, por si só, inviabiliza a materialização do depósito no momento da constituição do paciente em depositário, autorizando-se a concessão de "habeas corpus" diante da prisão ou ameaça de prisão que sofra.
- **OJ nº 153. SDI-2 do TST.** MANDADO DE SEGURANÇA. EXECUÇÃO. ORDEM DE PENHORA SOBRE VALORES EXISTENTES EM CONTA SALÁRIO. ART. 649, IV, DO CPC DE 1973. ILEGALIDADE. (atualizada em decorrência do CPC de 2015) – Res. 220/2017, DEJT divulgado em 21, 22 e 25.09.2017. Ofende direito líquido e certo decisão que determina o bloqueio de numerário existente em conta salário, para satisfação de crédito trabalhista, ainda que seja limitado a determinado percentual dos valores recebidos ou a valor revertido para fundo de aplicação ou poupança, visto que o art. 649, IV, do CPC de 1973 contém norma imperativa que não admite interpretação ampliativa, sendo a exceção prevista no art. 649, §

2º, do CPC de 1973 espécie e não gênero de crédito de natureza alimentícia, não englobando o crédito trabalhista.

- **OJ nº 7. TP do TST.** JUROS DE MORA. CONDENAÇÃO DA FAZENDA PÚBLICA. (nova redação) – Res. 175/2011, DEJT divulgado em 27, 30 e 31.05.2011. I – Nas condenações impostas à Fazenda Pública, incidem juros de mora segundo os seguintes critérios: a) 1% (um por cento) ao mês, até agosto de 2001, nos termos do § 1º do art. 39 da Lei nº 8.177, de 1.03.1991; b) 0,5% (meio por cento) ao mês, de setembro de 2001 a junho de 2009, conforme determina o art. 1º – F da Lei nº 9.494, de 10.09.1997, introduzido pela Medida Provisória nº 2.180-35, de 24.08.2001; II – A partir de 30 de junho de 2009, atualizam-se os débitos trabalhistas da Fazenda Pública, mediante a incidência dos índices oficiais de remuneração básica e juros aplicados à caderneta de poupança, por força do art. 5º da Lei nº 11.960, de 29.06.2009. III – A adequação do montante da condenação deve observar essa limitação legal, ainda que em sede de precatório.
- **OJ nº 54. Transitória da SDI do TST.** PLANO ECONÔMICO (COLLOR). EXECUÇÃO. CORREÇÃO MONETÁRIA. ÍNDICE DE 84,32%. LEI Nº 7.738/89. APLICÁVEL. (conversão da Orientação Jurisprudencial nº 203 da SBDI-1, DJ 20.04.2005). Aplica-se o índice de 84,32%, relativo ao IPC de março de 1990, para a correção monetária do débito trabalhista, por ocasião da execução, nos termos da Lei nº 7.738/89. (ex-OJ nº 203 da SBDI-1 – inserida em 08.11.00).

7.2. EXECUÇÃO CONTRA A FAZENDA PÚBLICA

- **Súmula nº 303 do TST.** FAZENDA PÚBLICA. REEXAME NECESSÁRIO (nova redação em decorrência do CPC de 2015) – Res. 211/2016, DEJT divulgado em 24, 25 e 26.08.2016 I – Em dissídio individual, está sujeita ao reexame necessário, mesmo na vigência da Constituição Federal de 1988, decisão contrária à Fazenda Pública, salvo quando a condenação não ultrapassar o valor correspondente a: a) 1.000 (mil) salários mínimos para a União e as respectivas autarquias e fundações de direito público; b) 500 (quinhentos) salários mínimos para os Estados, o Distrito Federal, as respectivas autarquias e fundações de direito público e os Municípios que constituam capitais dos Estados; c) 100 (cem) salários mínimos para todos os demais Municípios e respectivas autarquias e fundações de direito público. II – Também não se sujeita ao duplo grau de jurisdição a decisão fundada em: a) súmula ou orientação jurisprudencial do Tribunal Superior do Trabalho; b) acórdão proferido pelo Supremo Tribunal Federal ou pelo Tribunal Superior do Trabalho em julgamento de recursos repetitivos; c) entendimento firmado em incidente de resolução de demandas repetitivas ou de assunção de competência; d) entendimento coincidente com orientação vinculante firmada no âmbito administrativo do próprio ente público, consolidada em manifestação, parecer ou súmula administrativa. III – Em ação rescisória, a decisão proferida pelo Tribunal Regional do Trabalho está sujeita ao duplo grau de jurisdição obrigatório quando desfavorável ao ente público, exceto nas hipóteses dos incisos anteriores. (ex-OJ nº 71 da SBDI-1 – inserida em 03.06.1996) IV – Em mandado de segurança, somente cabe reexame necessário se, na relação processual, figurar pessoa jurídica de direito público como parte prejudicada pela concessão da ordem. Tal situação não ocorre na hipótese de figurar no feito como impetrante e terceiro interessado pessoa de direito privado, ressalvada a hipótese de matéria administrativa. (ex-OJs nºs 72 e 73 da SBDI-1 – inseridas, respectivamente, em 25.11.1996 e 03.06.1996).

7.3. EMBARGOS À EXECUÇÃO E EMBARGOS DE TERCEIRO

- **OJ nº 153. SDI-2 do TST.** MANDADO DE SEGURANÇA. EXECUÇÃO. ORDEM DE PENHORA SOBRE VALORES EXISTENTES EM CONTA SALÁRIO. ART. 649, IV, DO CPC DE 1973. ILEGALIDADE. (atualizada em decorrência do CPC de 2015) – Res. 220/2017, DEJT divulgado em 21, 22 e 25.09.2017. Ofende direito líquido e certo decisão que determina o bloqueio de numerário existente em conta salário, para satisfação de crédito trabalhista, ainda que seja limitado a determinado percentual dos valores recebidos ou a valor revertido para fundo de aplicação ou poupança, visto que o art. 649, IV, do CPC de 1973 contém norma imperativa que não admite interpretação ampliativa, sendo a exceção prevista no art. 649, § 2º, do CPC de 1973 espécie e não gênero de crédito de natureza alimentícia, não englobando o crédito trabalhista.

8. DISSÍDIO COLETIVO, AÇÕES COLETIVAS E ESPECIAIS

8.1. DISSÍDIO COLETIVO

- **Súmula nº 90 do TST.** PODER NORMATIVO DO TST. CONDIÇÕES DE TRABALHO. INCONSTITUCIONALIDADE. DECISÕES CONTRÁRIAS AO STF (mantida) – Res. 121/2003, DJ 19, 20 e 21.11.2003. Ao julgar ou homologar ação coletiva ou acordo nela havido, o Tribunal Superior do Trabalho exerce o poder normativo constitucional, não podendo criar ou homologar condições de trabalho que o Supremo Tribunal Federal julgue iterativamente inconstitucionais.

8.2. AÇÕES COLETIVAS E AÇÃO DE CUMPRIMENTO

- **Súmula nº 246 do TST.** AÇÃO DE CUMPRIMENTO. TRÂNSITO EM JULGADO DA SENTENÇA NORMATIVA (mantida) – Res. 121/2003, DJ 19, 20 e 21.11.2003. É dispensável o trânsito em julgado da sentença normativa para a propositura da ação de cumprimento.

- **Súmula nº 286 do TST.** SINDICATO. SUBSTITUIÇÃO PROCESSUAL. CONVENÇÃO E ACORDO COLETIVOS (mantida) – Res. 121/2003, DJ 19, 20 e 21.11.2003. A legitimidade do sindicato para propor ação de cumprimento estende-se também à observância de acordo ou de convenção coletivos.
- **Súmula nº 350 do TST.** PRESCRIÇÃO. TERMO INICIAL. AÇÃO DE CUMPRIMENTO. SENTENÇA NORMATIVA (mantida) – Res. 121/2003, DJ 19, 20 e 21.11.2003. O prazo de prescrição com relação à ação de cumprimento de decisão normativa flui apenas da data de seu trânsito em julgado.
- **OJ nº 277. SDI-1 do TST.** AÇÃO DE CUMPRIMENTO FUNDADA EM DECISÃO NORMATIVA QUE SOFREU POSTERIOR REFORMA, QUANDO JÁ TRANSITADA EM JULGADO A SENTENÇA CONDENATÓRIA. COISA JULGADA. NÃO-CONFIGURAÇÃO. DJ 11.08.03. A coisa julgada produzida na ação de cumprimento é atípica, pois dependente de condição resolutiva, ou seja, da não-modificação da decisão normativa por eventual recurso. Assim, modificada a sentença normativa pelo TST, com a consequente extinção do processo, sem julgamento do mérito, deve-se extinguir a execução em andamento, uma vez que a norma sobre a qual se apoiava o título exequendo deixou de existir no mundo jurídico.

8.3. AÇÕES ESPECIAIS

- **Súmula nº 33 do TST.** MANDADO DE SEGURANÇA. DECISÃO JUDICIAL TRANSITADA EM JULGADO (mantida) – Res. 121/2003, DJ 19, 20 e 21.11.2003. Não cabe mandado de segurança de decisão judicial transitada em julgado.
- **Súmula nº 414 do TST.** MANDADO DE SEGURANÇA. TUTELA PROVISÓRIA CONCEDIDA ANTES OU NA SENTENÇA (nova redação em decorrência do CPC de 2015) – Res. 217/2017 – DEJT divulgado em 20, 24 e 25.04.2017 I – A tutela provisória concedida na sentença não comporta impugnação pela via do mandado de segurança, por ser impugnável mediante recurso ordinário. É admissível a obtenção de efeito suspensivo ao recurso ordinário mediante requerimento dirigido ao tribunal, ao relator ou ao presidente ou ao vice-presidente do tribunal recorrido, por aplicação subsidiária ao processo do trabalho do artigo 1.029, § 5º, do CPC de 2015. II – No caso de a tutela provisória haver sido concedida ou indeferida antes da sentença, cabe mandado de segurança, em face da inexistência de recurso próprio. III – A superveniência da sentença, nos autos originários, faz perder o objeto do mandado de segurança que impugnava a concessão ou o indeferimento da tutela provisória.
- **Súmula nº 415 do TST.** MANDADO DE SEGURANÇA. PETIÇÃO INICIAL. art. 321 do CPC de 2015. ART. 284 DO CPC de 1973. INAPLICABILIDADE. (atualizada em decorrência do CPC de 2015) – Res. 208/2016, DEJT divulgado em 22, 25 e 26.04.2016 Exigindo o mandado de segurança prova documental pré-constituída, inaplicável o art. 321 do CPC de 2015 (art. 284 do CPC de 1973) quando verificada, na petição inicial do "mandamus", a ausência de documento indispensável ou de sua autenticação. (ex-OJ nº 52 da SBDI-2 – inserida em 20.09.2000).
- **Súmula nº 416 do TST.** MANDADO DE SEGURANÇA. EXECUÇÃO. LEI Nº 8.432/1992. ART. 897, § 1º, DA CLT. CABIMENTO (conversão da Orientação Jurisprudencial nº 55 da SBDI-2) – Res. 137/2005, DJ 22, 23 e 24.08.2005. Devendo o agravo de petição delimitar justificadamente a matéria e os valores objeto de discordância, não fere direito líquido e certo o prosseguimento da execução quanto aos tópicos e valores não especificados no agravo. (ex-OJ nº 55 da SBDI-2 – inserida em 20.09.2000).
- **Súmula nº 417 do TST.** MANDADO DE SEGURANÇA. PENHORA EM DINHEIRO (alterado o item I, atualizado o item II e cancelado o item III, modulando-se os efeitos da presente redação de forma a atingir unicamente as penhoras em dinheiro em execução provisória efetivadas a partir de 18.03.2016, data de vigência do CPC de 2015) – Res. 212/2016, DEJT divulgado em 20, 21 e 22.09.2016 I – Não fere direito líquido e certo do impetrante o ato judicial que determina penhora em dinheiro do executado para garantir crédito exequendo, pois é prioritária e obedece à gradação prevista no art. 835 do CPC de 2015 (art. 655 do CPC de 1973). II – Havendo discordância do credor, em execução definitiva, não tem o executado direito líquido e certo a que os valores penhorados em dinheiro fiquem depositados no próprio banco, ainda que atenda aos requisitos do art. 840, I, do CPC de 2015 (art. 666, I, do CPC de 1973). (ex-OJ nº 61 da SBDI-2 – inserida em 20.09.2000).
- **Súmula nº 418 do TST.** MANDADO DE SEGURANÇA VISANDO À HOMOLOGAÇÃO DE ACORDO (nova redação em decorrência do CPC de 2015) – Res. 217/2017 – DEJT divulgado em 20, 24 e 25.04.2017 A homologação de acordo constitui faculdade do juiz, inexistindo direito líquido e certo tutelável pela via do mandado de segurança.
- **Súmula nº 432 do TST.** CONTRIBUIÇÃO SINDICAL RURAL. AÇÃO DE COBRANÇA. PENALIDADE POR ATRASO NO RECOLHIMENTO. INAPLICABILIDADE DO ART. 600 DA CLT. INCIDÊNCIA DO ART. 2º DA LEI Nº 8.022/1990. – Res. 177/2012, DEJT divulgado em 13, 14 e 15.02.2012. O recolhimento a destempo da contribuição sindical rural não acarreta a aplicação da multa progressiva prevista no art. 600 da CLT, em decorrência da sua revogação tácita pela Lei nº 8.022, de 12 de abril de 1990.
- **OJ nº 53. SDI-2 do TST.** MANDADO DE SEGURANÇA. COOPERATIVA EM LIQUIDAÇÃO EXTRAJUDICIAL. LEI Nº 5.764/71, ART. 76. INAPLICÁVEL. NÃO SUSPENDE A EXECUÇÃO. Inserida em 20.09.00. A liquidação ex-

trajudicial de sociedade cooperativa não suspende a execução dos créditos trabalhistas existentes contra ela.

- **OJ nº 54. SDI-2 do TST.** MANDADO DE SEGURANÇA. EMBARGOS DE TERCEIRO. CUMULAÇÃO. PENHORA. INCABÍVEL (atualizada em decorrência do CPC de 2015) – Res. 208/2016, DEJT divulgado em 22, 25 e 26.04.2016. Ajuizados embargos de terceiro (art. 674 do CPC de 2015 – art. 1.046 do CPC de 1973) para pleitear a desconstituição da penhora, é incabível mandado de segurança com a mesma finalidade.
- **OJ nº 56. SDI-2 do TST.** MANDADO DE SEGURANÇA. PENHORA. CARTA DE FIANÇA BANCÁRIA. SEGURO GARANTIA JUDICIAL (nova redação em decorrência do CPC de 2015) – Res. 209/2016, DEJT divulgado em 01, 02 e 03.06.2016. A carta de fiança bancária e o seguro garantia judicial, desde que em valor não inferior ao do débito em execução, acrescido de trinta por cento, equivalem a dinheiro para efeito da gradação dos bens penhoráveis, estabelecida no art. 835 do CPC de 2015 (art. 655 do CPC de 1973).
- **OJ nº 57. SDI-2 do TST.** MANDADO DE SEGURANÇA. INSS. TEMPO DE SERVIÇO. AVERBAÇÃO E/OU RECONHECIMENTO **(inserida em 20.09.2000).** Conceder-se-á mandado de segurança para impugnar ato que determina ao INSS o reconhecimento e/ou averbação de tempo de serviço.
- **OJ nº 59. SDI-2 do TST.** MANDADO DE SEGURANÇA. PENHORA. CARTA DE FIANÇA BANCÁRIA. SEGURO GARANTIA JUDICIAL (nova redação em decorrência do CPC de 2015) – Res. 209/2016, DEJT divulgado em 01, 02 e 03.06.2016. A carta de fiança bancária e o seguro garantia judicial, desde que em valor não inferior ao do débito em execução, acrescido de trinta por cento, equivalem a dinheiro para efeito da gradação dos bens penhoráveis, estabelecida no art. 835 do CPC de 2015 (art. 655 do CPC de 1973).
- **OJ nº 63. SDI-2 do TST.** MANDADO DE SEGURANÇA. REINTEGRAÇÃO. AÇÃO CAUTELAR (inserida em 20.09.2000). Comporta a impetração de mandado de segurança o deferimento de reintegração no emprego em ação cautelar.
- **OJ nº 64. SDI-2 do TST.** MANDADO DE SEGURANÇA. REINTEGRAÇÃO LIMINARMENTE CONCEDIDA (inserida em 20.09.2000). Não fere direito líquido e certo a concessão de tutela antecipada para reintegração de empregado protegido por estabilidade provisória decorrente de lei ou norma coletiva.
- **OJ nº 65. SDI-2 do TST.** MANDADO DE SEGURANÇA. REINTEGRAÇÃO LIMINARMENTE CONCEDIDA. DIRIGENTE SINDICAL (inserida em 20.09.2000). Ressalvada a hipótese do art. 494 da CLT, não fere direito líquido e certo a determinação liminar de reintegração no emprego de dirigente sindical, em face da previsão do inciso X do art. 659 da CLT.
- **OJ nº 66. SDI-2 do TST.** MANDADO DE SEGURANÇA. SENTENÇA HOMOLOGATÓRIA DE ADJUDICAÇÃO. INCABÍVEL (atualizado o item I e incluído o item II em decorrência do CPC de 2015) Res. 212/2016, DEJT divulgado em 20, 21 e 22.09.2016. I – Sob a égide do CPC de 1973 é incabível o mandado de segurança contra sentença homologatória de adjudicação, uma vez que existe meio próprio para impugnar o ato judicial, consistente nos embargos à adjudicação (CPC de 1973, art. 746). II – Na vigência do CPC de 2015 também não cabe mandado de segurança, pois o ato judicial pode ser impugnado por simples petição, na forma do artigo 877, caput, do CPC de 2015.
- **OJ nº 67. SDI-2 do TST.** MANDADO DE SEGURANÇA. TRANSFERÊNCIA. ART. 659, IX, DA CLT (inserida em 20.09.2000). Não fere direito líquido e certo a concessão de liminar obstativa de transferência de empregado, em face da previsão do inciso IX do art. 659 da CLT.
- **OJ nº 69. SDI-2 do TST.** FUNGIBILIDADE RECURSAL. INDEFERIMENTO LIMINAR DE AÇÃO RESCISÓRIA OU MANDADO DE SEGURANÇA. RECURSO PARA O TST. RECEBIMENTO COMO AGRAVO REGIMENTAL E DEVOLUÇÃO DOS AUTOS AO TRT (inserida em 20.09.2000). Recurso ordinário interposto contra despacho monocrático indeferitório da petição inicial de ação rescisória ou de mandado de segurança pode, pelo princípio de fungibilidade recursal, ser recebido como agravo regimental. Hipótese de não conhecimento do recurso pelo TST e devolução dos autos ao TRT, para que aprecie o apelo como agravo regimental.
- **OJ nº 88. SDI-2 do TST.** MANDADO DE SEGURANÇA. VALOR DA CAUSA. CUSTAS PROCESSUAIS. CABIMENTO (inserida em 13.03.2002). Incabível a impetração de mandado de segurança contra ato judicial que, de ofício, arbitrou novo valor à causa, acarretando a majoração das custas processuais, uma vez que cabia à parte, após recolher as custas, calculadas com base no valor dado à causa na inicial, interpor recurso ordinário e, posteriormente, agravo de instrumento no caso de o recurso ser considerado deserto.
- **OJ nº 91. SDI-2 do TST.** MANDADO DE SEGURANÇA. AUTENTICAÇÃO DE CÓPIAS PELAS SECRETARIAS DOS TRIBUNAIS REGIONAIS DO TRABALHO. REQUERIMENTO INDEFERIDO. ART. 789, § 9º, DA CLT (inserida em 27.05.2002). Não sendo a parte beneficiária da assistência judiciária gratuita, inexiste direito líquido e certo à autenticação, pelas Secretarias dos Tribunais, de peças extraídas do processo principal, para formação do agravo de instrumento.
- **OJ nº 92. SDI-2 do TST.** MANDADO DE SEGURANÇA. EXISTÊNCIA DE RECURSO PRÓPRIO (inserida em 27.05.2002). Não cabe mandado de segurança contra decisão judicial passível de reforma mediante recurso próprio, ainda que com efeito diferido.
- **OJ nº 93. SDI-2 do TST.** PENHORA SOBRE PARTE DA RENDA DE ESTABELECIMENTO COMERCIAL. POS-

SIBILIDADE. (alterada em decorrência do CPC de 2015) – Res. 220/2017, DEJT divulgado em 21, 22 e 25.09.2017. Nos termos do art. 866 do CPC de 2015, é admissível a penhora sobre a renda mensal ou faturamento de empresa, limitada a percentual, que não comprometa o desenvolvimento regular de suas atividades, desde que não haja outros bens penhoráveis ou, havendo outros bens, eles sejam de difícil alienação ou insuficientes para satisfazer o crédito executado.

- **OJ nº 98. SDI-2 do TST**. MANDADO DE SEGURANÇA. CABÍVEL PARA ATACAR EXIGÊNCIA DE DEPÓSITO PRÉVIO DE HONORÁRIOS PERICIAIS (nova redação) – DJ 22.08.2005. É ilegal a exigência de depósito prévio para custeio dos honorários periciais, dada a incompatibilidade com o processo do trabalho, sendo cabível o mandado de segurança visando à realização da perícia, independentemente do depósito.

- **OJ nº 99. SDI-2 do TST**. MANDADO DE SEGURANÇA. ESGOTAMENTO DE TODAS AS VIAS PROCESSUAIS DISPONÍVEIS. TRÂNSITO EM JULGADO FORMAL. DESCABIMENTO (inserida em 27.09.2002). Esgotadas as vias recursais existentes, não cabe mandado de segurança.

- **OJ nº 127. SDI-2 do TST**. MANDADO DE SEGURANÇA. DECADÊNCIA. CONTAGEM. EFETIVO ATO COATOR (DJ 09.12.2003). Na contagem do prazo decadencial para ajuizamento de mandado de segurança, o efetivo ato coator é o primeiro em que se firmou a tese hostilizada e não aquele que a ratificou.

- **OJ nº 130. SDI-2 do TST**. AÇÃO CIVIL PÚBLICA. COMPETÊNCIA. LOCAL DO DANO. LEI 7.347/1985, ART. 2º. CÓDIGO DE DEFESA DO CONSUMIDOR, ARTIGO 93. I – A competência para a Ação Civil Pública fixa-se pela extensão do dano. II – Em caso de dano de abrangência regional, que atinge cidades sujeitas à jurisdição de mais de uma Vara do Trabalho, a competência será de qualquer das varas das localidades atingidas, ainda que vinculadas a Tribunais Regionais do Trabalho distintos. III – Em caso de dano de abrangência suprarregional ou nacional, há competência concorrente para a ação civil pública das varas do trabalho das sedes dos Tribunais Regionais do Trabalho. IV – Estará prevento o juízo a que a primeira ação houver sido distribuída.

- **OJ nº 137. SDI-2 do TST**. MANDADO DE SEGURANÇA. DIRIGENTE SINDICAL. ART. 494 DA CLT. APLICÁVEL (DJ 04.05.2004). Constitui direito líquido e certo do empregador a suspensão do empregado, ainda que detentor de estabilidade sindical, até a decisão final do inquérito em que se apure a falta grave a ele imputada, na forma do art. 494, "caput" e parágrafo único, da CLT.

- **OJ nº 140. SDI-2 do TST**. DEPÓSITO RECURSAL E CUSTAS PROCESSUAIS. RECOLHIMENTO INSUFICIENTE. DESERÇÃO. (nova redação em decorrência do CPC de 2015) – Res. 217/2017 – DEJT divulgado em 20, 24 e 25.04.2017. Em caso de recolhimento insuficiente das custas processuais ou do depósito recursal, somente haverá deserção do recurso se, concedido o prazo de 5 (cinco) dias previsto no § 2º do art. 1.007 do CPC de 2015, o recorrente não complementar e comprovar o valor devido.

- **OJ nº 142. SDI-2 do TST**. MANDADO DE SEGURANÇA. REINTEGRAÇÃO LIMINARMENTE CONCEDIDA (DJ 04.05.2004). Inexiste direito líquido e certo a ser oposto contra ato de Juiz que, antecipando a tutela jurisdicional, determina a reintegração do empregado até a decisão final do processo, quando demonstrada a razoabilidade do direito subjetivo material, como nos casos de anistiado pela Lei nº 8.878/94, aposentado, integrante de comissão de fábrica, dirigente sindical, portador de doença profissional, portador de vírus HIV ou detentor de estabilidade provisória prevista em norma coletiva.

- **OJ nº 148. SDI-2 do TST**. CUSTAS. MANDADO DE SEGURANÇA. RECURSO ORDINÁRIO. EXIGÊNCIA DO PAGAMENTO (conversão da Orientação Jurisprudencial nº 29 da SBDI-1) – Res. 129/2005, DJ 20.04.2005. É responsabilidade da parte, para interpor recurso ordinário em mandado de segurança, a comprovação do recolhimento das custas processuais no prazo recursal, sob pena de deserção. (ex-OJ nº 29 – inserida em 20.09.00).

- **OJ nº 151. SDI-2 do TST**. AÇÃO RESCISÓRIA E MANDADO DE SEGURANÇA. PROCURAÇÃO. PODERES ESPECÍFICOS PARA AJUIZAMENTO DE RECLAMAÇÃO TRABALHISTA. IRREGULARIDADE DE REPRESENTAÇÃO PROCESSUAL. FASE RECURSAL. VÍCIO PROCESSUAL SANÁVEL (nova redação em decorrência do CPC de 2015) A procuração outorgada com poderes específicos para ajuizamento de reclamação trabalhista não autoriza a propositura de ação rescisória e mandado de segurança. Constatado, todavia, o defeito de representação processual na fase recursal, cumpre ao relator ou ao tribunal conceder prazo de 5 (cinco) dias para a regularização, nos termos da Súmula nº 383, item II, do TST.

- **OJ nº 153. SDI-2 do TST**. MANDADO DE SEGURANÇA. EXECUÇÃO. ORDEM DE PENHORA SOBRE VALORES EXISTENTES EM CONTA SALÁRIO. ART. 649, IV, DO CPC DE 1973. ILEGALIDADE. (atualizada em decorrência do CPC de 2015) – Res. 220/2017, DEJT divulgado em 21, 22 e 25.09.2017. Ofende direito líquido e certo decisão que determina o bloqueio de numerário existente em conta salário, para satisfação de crédito trabalhista, ainda que seja limitado a determinado percentual dos valores recebidos ou a valor revertido para fundo de aplicação ou poupança, visto que o art. 649, IV, do CPC de 1973 contém norma imperativa que não admite interpretação ampliativa, sendo a exceção prevista no art. 649, § 2º, do CPC de 1973 espécie e não gênero de crédito de natureza alimentícia, não englobando o crédito trabalhista.

- **OJ nº 155. SDI-2 do TST**. AÇÃO RESCISÓRIA E MANDADO DE SEGURANÇA. VALOR ATRIBUÍDO À

CAUSA NA INICIAL. MAJORAÇÃO DE OFÍCIO. INVIABILIDADE. (cancelada em decorrência do CPC de 2015) – Res; 206/2016, DEJT divulgado em 18, 19 e 20.04.2016. Atribuído o valor da causa na inicial da ação rescisória ou do mandado de segurança e não havendo impugnação, nos termos do art. 261 do CPC, é defeso ao Juízo majorá-lo de ofício, ante a ausência de amparo legal. Inaplicável, na hipótese, a Orientação Jurisprudencial da SBDI-2 nº 147 e o art. 2º, II, da Instrução Normativa nº 31 do TST.

✦ INFORMATIVOS

1. TEORIA GERAL DO PROCESSO DO TRABALHO, JURISDIÇÃO E AÇÃO

1.1. PRINCÍPIOS DO PROCESSO DO TRABALHO

Negativa de prestação jurisdicional. Preliminar acolhida. Retorno dos autos ao Tribunal Regional. Exame dos temas remanescentes do recurso de revista anteriormente interposto, julgados prejudicados. Ratificação das razões recursais. Possibilidade. Princípio da instrumentalidade das formas. Quando acolhida a preliminar de negativa de prestação jurisdicional, com determinação de retorno dos autos ao Regional e prejudicialidade dos temas remanescentes, pode a parte recorrente apenas ratificar as razões recursais anteriores, desde que observado o prazo recursal e não tenha havido alteração da situação jurídica. A mera reiteração das insurgências já expostas no recurso de revista é suficiente para demonstrar o interesse no julgamento do apelo quanto aos temas remanescentes, admitindo-se, portanto, a aplicação do princípio da instrumentalidade das formas, nos termos do art. 277 do CPC de 2015. Ademais, no caso concreto, o excesso de formalismo implicaria violação dos princípios do contraditório e da ampla defesa, consagrados no art. 5º, LV, da CF, além de caracterizar a insuficiente prestação jurisdicional. Sob esses fundamentos, a SBDI-I, por unanimidade, conheceu dos embargos do reclamante, por divergência jurisprudencial, e, no mérito, negou-lhes provimento. TST-E-ED-RR-241900-80.2006.5.04.0341, SBDI-I, rel. Min. José Roberto Freire Pimenta, 6.9.2018 (TST. Info nº 183).

1.2. FORMAS DE SOLUÇÃO DE CONFLITOS TRABALHISTAS

Participação nos lucros e resultados. Arbitragem de ofertas finais. Não apresentação de propostas definitivas pelas partes. Atuação do TRT para solucionar o litígio. Impossibilidade. Extrapolação dos limites do poder normativo fixados pelos interessados. A jurisprudência do TST, alicerçada no art. 4º, II, § 1º, da Lei nº 10.101/2000, permite à Justiça do Trabalho decidir a respeito de participação nos lucros e resultados por meio do sistema da arbitragem de ofertas finais, quando as partes assim pactuarem. Tal sistema, todavia, não comporta a atuação do TRT, ainda que com a finalidade de pacificar o conflito, pois o árbitro deve ater-se a escolher uma das ofertas definitivas apresentadas pelos demandantes. Assim, na hipótese em que a Corte Regional, ante a ausência de propostas das partes, desempenhou o papel de mediador do conflito e arbitrou valor para cada trabalhador a título de participação nos lucros e resultados, verifica-se que houve extrapolamento da expressa delimitação fixada pelos interessados para a atuação do poder normativo. Sob esse entendimento, a SDC, por unanimidade, conheceu do recurso ordinário e, no mérito, deu-lhe provimento para excluir a condenação relativa ao pagamento de participação nos lucros e resultados no valor de R$ 2.000,00 (dois mil reais) para cada trabalhador da Duratex S.A., resguardadas as situações fáticas já estabelecidas. TST-RO-5902-33.2016.5.15.0000, SDC, rel. Min. Kátia Magalhães Arruda, 11.6.2018 (TST. Info nº 180).

1.3. COMPETÊNCIA

Habeas corpus. Ato coator praticado por particular que envolve exercício do direito de greve. Cabimento. Competência da Justiça do Trabalho. Incompetência funcional do TRT. A SBDI-II concluiu que o cabimento do habeas corpus não se restringe aos atos praticados por autoridade ou agentes públicos, podendo também ser impetrado contra ato de particular. Na hipótese, o habeas corpus fora impetrado sob a alegação de constrangimento ao direito de locomoção em decorrência de atos supostamente praticados por sindicato durante o exercício do direito de greve. Consignou-se que o inciso LXVIII do artigo 5º da Constituição Federal, que trata do habeas corpus, diferentemente dos incisos LXIX e LXXII, que dispõem, respectivamente, sobre o mandado de segurança e o habeas data, é silente quanto ao sujeito do ato coator e que a importância do direito à liberdade de ir e vir justifica não apenas a utilização da ação constitucional contra ato de particular, como também a sua legitimação ativa plena e a dispensa da capacidade postulatória. Salientou-se, ainda, que eventual constrangimento ao direito de locomoção, decorrente de ato praticado pelo sindicato, é passível de elisão por meio do habeas corpus, em razão do poder que lhe é legalmente outorgado para deflagrar a paralisação coletiva. Em seguida, a SBDI-II, com fundamento no artigo 114, incisos II e IV, da Constituição Federal, afastou a alegação de incompetência desta Justiça Especializada suscitada pelo sindicato, deixando consignado que é da Justiça do Trabalho a competência para processar e julgar os habeas corpus contra atos vinculados ao exercício do direito de greve. Por fim, definiu-se que a competência funcional para apreciar e julgar habeas corpus impetrado contra ato praticado por particular é da Vara do Trabalho, e não do TRT. Assim, a SBDI-II, por maioria, conheceu do recurso ordinário interposto pelo sindicato e, no mérito, deu-lhe parcial provimento para declarar a incompetência funcional da Seção Especializada em Dissídios Coletivos do Tribunal Regional do Trabalho da 5.ª Região para apreciar e julgar o habeas corpus e, com amparo no art. 113, § 2.º, do CPC de 1973, declarar nulos todos os atos decisórios proferidos no feito, notadamente a liminar deferida, e determinar a baixa dos autos à Presidência do TRT da 5.ª Região, para posterior remessa para uma das Varas do Trabalho de Santo Amaro/BA. Vencidos os Ministros Luiz Philippe Vieira de Mello Filho e Alexandre de Souza Agra Belmonte e a Ministra Maria Helena Mallmann. TST-RO-1023-93.2015.5.05.0000, SBDI-II, rel. Min. Luiz José Dezena da Silva, 28/9/2021 (TST. Info nº 245).

Embargos. Honorários advocatícios. Defensor dativo. Ação de cobrança. Incompetência da Justiça do Trabalho. Relação jurídico-administrativa. Nos termos do artigo 114, I, da Constituição Federal, é incompetente a Justiça do Trabalho para o processamento e o julgamento de lides que envolvam relação jurídica-administrativa. Nesse contexto, tratando-se de ação de cobrança de honorários advocatícios, proposta contra a União, em decorrência dos serviços prestados pelo autor na condição de defensor dativo, é incompetente a Justiça do trabalho para processar e julgar referida ação. Isso porque, nessa situação, o advogado dativo atua como um colaborador do Estado, exercendo, transitoriamente, suas funções sem qualquer vínculo com o Poder Público. Cuida-se do exercício de um encargo público que não decorre de relação de trabalho, mas sim de relação jurídico-administrativa. Sob esses fundamentos e também amparada em jurisprudência do Supremo Tribunal Federal sobre a matéria (RE-607520, Rel. Min. Dias Toffoli, Tribunal Pleno, publicado no DJE em 21/6/2011), a SBDI-I, por unanimidade, reconheceu a incompetência material da Justiça do Trabalho para processar e julgar a presente ação de cobrança. TST-E-RR-209000-38.2009.5.04.0018, SBDI-I, rel. Min. José Roberto Freire Pimenta, 23/9/2021 (TST. Info nº 244).

Pedido de substituição de depósito recursal por seguro garantia judicial. Incompetência da Vice-Presidência do Tribunal Superior do Trabalho. A competência da Vice-Presidência do Tribunal Superior do Trabalho, ao contrário dos demais órgãos que compõem esta Corte, não está assentada na legislação trabalhista, tampouco em legislações infraconstitucionais, por se tratar de delegação da Corte Constitucional para específica realização do juízo precário de admissibilidade do recurso extraordinário (artigo 42 do RITST). Destarte, a Vice-Presidência desta Corte não é competente para verificar a pertinência da troca do depósito recursal, já recolhido, pelo seguro garantia judicial. Com efeito, compete ao juízo de origem examinar o cabimento dessa substituição, uma vez que, para fins de deferimento de pedido de tal natureza, além de outras questões jurídicas afetas ao respectivo pedido, é essencial o exame dos requisitos de validade das apólices de seguro, que tem a sua aceitação condicionada ao cumprimento das disposições do art. 3º do Ato Conjunto TST.CSJT.CGT nº 1/2019, sob pena de a eventual execução resultar frustrada. Sob esses fundamentos, o Órgão Especial decidiu, por maioria, negar provimento ao agravo, vencidos os Ministros Ives Gandra da Silva Martins Filho, Breno Medeiros, Alexandre Luiz Ramos e a Ministra Maria Cristina Irigoyen Peduzzi. TST-Ag-ED-AIRR-489-36.2013.5.06.0019, Órgão Especial, rel. Min. Luiz Philippe Vieira de Mello Filho,7/6/2021 (TST. Info nº 239).

Conflito de competência. Empregado contratado por meio de sítio eletrônico de intermediação de mão de obra. Art. 651 da CLT. Ponderação entre os princípios do acesso à justiça e da ampla defesa. Competência do juízo do domicílio do reclamante. A SBDI-II, em conflito negativo de competência suscitado pelo juízo da Vara do Trabalho do Município de Currais Novos-RN em face do juízo da 7ª Vara do Trabalho de Brasília-DF, decidiu que o processamento e julgamento das lides trabalhistas, nas hipóteses de contratação de trabalhador por meio de sítio eletrônico de intermediação de mão de obra e em que a prestação de serviços se deu em local distinto da sede da empresa e do domicílio do empregado, é de competência do juízo que melhor atenda à ponderação entre os princípios de acesso à justiça e o do contraditório e da ampla defesa. No caso, o reclamante, domiciliado no Estado de Goiás, foi selecionado pela reclamada por meio do sítio eletrônico Indeed, que consiste em uma plataforma de publicação de vagas de empregos e de cadastro e armazenamento de currículos. O empregado realizou os exames admissionais em Taguatinga-DF, assinou o contrato de trabalho em Recife-PE e prestou serviços na cidade de Santa Cruz-RN, tendo ajuizado a reclamação trabalhista em Brasília-DF. Segundo o Min. Evandro Valadão, Relator, o avanço tecnológico e as inovações disruptivas não podem ser desconsiderados na interpretação da legislação trabalhista, seja no campo do direito material do trabalho, seja no do direito processual do trabalho. Consignou-se que, no caso, a interpretação literal do artigo 651 da CLT é insuficiente para o exame da competência territorial para a apreciação da lide, visto que, na hipótese, a fixação da competência do local da prestação de serviços traria dificuldade ao trabalhador quanto à garantia do seu acesso à justiça, diante da distância e do custo econômico para se deslocar do Estado de Goiás até a Vara do Trabalho do Município de Currais Novos-RN. No mesmo sentido, citou-se precedente da SBDI-I do TST, no julgamento do E-RR-11727-90.2015.5.03.0043, de relatoria do Ministro Cláudio Mascarenhas Brandão, publicado no DEJT de 07/12/2018. Assim, a SBDI-II, por unanimidade, admitiu o conflito negativo de competência e, no mérito, declarou competente a 7ª Vara do Trabalho de Brasília-DF, suscitada, para proceder no processamento e julgamento da demanda. TST-CCCiv-232-81.2019.5.21.0019, SBDI-II, rel. Min. Evandro Valadão, 15/12/2020 (TST. Info nº 231).

Conflito negativo de competência. Competência territorial. Modificação do foro requerida pelo reclamante, com aquiescência da reclamada. Ausência de oposição de exceção de incompetência. Inadmissibilidade. É incabível a modificação da competência territorial, ainda que com a aquiescência expressa das partes, ante a não oposição da exceção de incompetência em momento oportuno. Opera-se a preclusão consumativa para o reclamante, com a eleição do foro para o ajuizamento da ação, e a preclusão lógica e temporal para a reclamada, ante o decurso do prazo para oposição de exceção. Trata-se de critério objetivo de perpetuação da jurisdição (art. 43 do CPC), que decorre do postulado do juiz natural (art. 5º, LIII, da CF), visto não se admite a transação processual prevista no art. 190 do CPC no processo do trabalho (art. 2º, II, da IN/TST 39/2015). No caso, o reclamante ajuizou reclamação trabalhista, que foi distribuída à 1ª Vara do Trabalho de Sorocaba, sem oposição de exceção de incompetência pela reclamada. Subsequentemente, o reclamante postulou o deslocamento da competência para o foro de Osasco, sob o argumento de ter também lá laborado, com o que concordou a reclamada. Sobreveio, então, o conflito negativo de competência, fundado na prevenção do Juízo da 1ª Vara do Trabalho de Sorocaba. Sob esses fundamentos, a SBDI-II, por maioria, acolheu o conflito negativo para declarar que a competência para apreciar e julgar a ação é do Juízo da 1º Vara do Trabalho de Sorocaba, suscitado, para onde deverão ser remetidos os autos da ação trabalhista. Vencidos os Ministros Aloysio Corrêa da Veiga, Maria Helena Mallmann, Delaíde Miranda Arantes e Renato de Lacerda Paiva. TST-CC-1000129-26.2020.5.02.0383, SBDI-II, rel. Min. Douglas Alencar Rodrigues, 15/12/2020 (TST. Info nº 231).

Ação rescisória. Contrato de cessão de direitos com cláusula de permanência e penal. Garantia de emprego. Natureza trabalhista. Dispensa antes do período de permanência estipulado no contrato de cessão de direitos. Descumprimento do pactuado. Execução de cláusula penal. Competência da Justiça do Trabalho. A Justiça do Trabalho é competente para apreciar pretensão de pagamento de multa estipulada em cláusula penal decorrente de descumprimento de cláusula de permanência no emprego, ambas previstas em contrato de cessão de direitos de natureza civil. No caso, as partes firmaram um contrato de cessão de direitos por meio do qual a empresa Autora da ação rescisória (reclamada no processo matriz), adquiriu do ora Réu (reclamante), de forma onerosa, todas as quotas da sociedade de que este fazia parte como um dos titulares, tendo sido estipulado o dever de não concorrência, sigilo e outras obrigações por 10 anos, relativamente à pessoa do Réu, cuja violação acarretaria aplicação de penalidades, entre elas a multa penal de R$ 5.000.000,00 (cinco milhões de reais). Além disso, estipulou-se a permanência do autor na equipe de gerentes, consultores e/ou executivos da sociedade adquirida pelo período mínimo de cinco anos. Entretanto, a Autora violou o pactuado ao dispensar o Réu antes do prazo pactuado. O Exmº Ministro Alexandre de Souza Agra Belmonte, Relator, consignou que os contratos civil e trabalhista precisam de interpretação conjunta para estabelecimento do sentido e alcance de cada um, ainda que as cláusulas de um e de outro possam ter sido apostas em contrato diferente daquele a que diriam respeito. Nesse sentido, concluiu-se que, embora o contrato de cessão de direitos tenha natureza civil, tanto a cláusula de permanência como a cláusula penal resultante de seu descumprimento estão atreladas à relação de trabalho que se estabeleceu de forma independente ao contrato de cessão de direitos, o que denota a competência da Justiça do Trabalho. Ante o exposto, a SBDI-II, por unanimidade, admitiu a ação rescisória para, no mérito, julgá-la improcedente, mantendo a competência da Justiça do Trabalho para apreciar o feito, bem como a condenação da ora Autora ao pagamento da multa contratual no valor de R$ 5.000.000,00 (cinco milhões de reais). TST-AR-1000480-72.2019.5.00.0000, SBDI-II, rel. Min. Alexandre de Souza Agra Belmonte, 10/11/2020 (TST. Info nº 229).

Conflito negativo de competência. Ação anulatória de auto de infração proposta pelo suposto devedor. Ajuizamento posterior pela União da respectiva execução fiscal em outro foro. Competência territorial de natureza relativa. Conexão. Possibilidade de reunião de casos conexos. Ajuizada ação anulatória de auto de infração pelo suposto devedor, a posterior propositura de correspondente ação de execução fiscal pela União, em outro foro, não tem o condão de deslocar a competência, visto que esta é fixada no momento do registro ou da distribuição da petição inicial, como preconiza o art. nº 43 do CPC/2015. Ademais, a competência territorial para a execução fiscal (antes no art. 578 do CPC de 1973 e agora no art. 46, §5º, do CPC de 2015) é de natureza relativa, o que implica reconhecer a possibilidade de sua alteração ou prorrogação. Dessa forma, no presente caso, cabia à União o ajuizamento da execução fiscal no mesmo foro em que já tramitava a ação anulatória, devendo, pois, em razão da patente conexão, ser reunidas as referidas ações para julgamento em conjunto, a fim de se evitar a prolação de decisões conflitantes. Sob esses fundamentos, a SBDI-II, por unanimidade, admitiu o conflito de competência negativo e declarou a competência do juízo suscitado para processamento e julgamento da ação anulatória e da execução fiscal, que devem ser reunidas. TST-CC-9953-02-2019.5.00.0000, SBDI-II, rel. Min. Maria Helena Mallmann, 6/10/2020 (TST. Info nº 226).

Ação civil pública. Município. Implementação de políticas públicas para prevenção e erradicação do trabalho infantil. Omissão do administrador público. Competência material da Justiça do Trabalho.

A Justiça do Trabalho é competente para apreciar e julgar ação civil pública objetivando que o município implemente políticas públicas constitucionalmente previstas para prevenir e erradicar o trabalho infantil. Prevaleceu o entendimento de que a competência inscrita no art. 114 da Constituição da República não se limita aos casos de relação de emprego existente, abrangendo, também, o exame de questões relativas ao direito subjetivo das crianças ao não trabalho, tutela ora pretendida pelo Ministério Público do Trabalho. Destacou-se, ainda, que as omissões inconstitucionais do administrador público inserem-se na função típica do Poder Judiciário, que poderá intervir na implantação de políticas públicas direcionadas à concretização de direitos fundamentais. Sob esses fundamentos, a SBDI-I, por unanimidade, conheceu dos embargos por divergência jurisprudencial e, no mérito, por maioria, deu-lhes parcial provimento para afastar a declaração de incompetência da Justiça do Trabalho apenas quanto aos pedidos relativos à elaboração e implementação de políticas públicas pelo Município de Campo Largo para combate e erradicação do trabalho infantil, mantida a declaração de incompetência quanto aos pedidos relativos à elaboração e implementação de políticas públicas para educação e profissionalização de crianças e adolescentes. Vencidos, totalmente, os Ministros Maria Cristina Irigoyen Peduzzi, relatora, Márcio Eurico Vitral Amaro, Walmir Oliveira da Costa, Alexandre Luiz Ramos e João Batista Brito Pereira, que negavam provimento aos embargos, e, parcialmente, o Ministro Lelio Bentes Corrêa, que dava total provimento ao recurso. TST-E-RR-44-64.2013.5.09.0009, SBDI-I, red. p/ acórdão Min. Alberto Luiz Bresciani de Fontan Pereira, 6/8/2020 (TST. Info nº 222).

Petrobras. Empregados anistiados. Art. 471 da CLT. Reinclusão no Plano Petros 1. Competência da Justiça do Trabalho. A Justiça do Trabalho é competente para julgar matéria que envolva os efeitos da readmissão de empregados anistiados, com fundamento nos artigos 471 da CLT e na Lei nº 8.878/94. Na espécie, a controvérsia cinge-se a saber se os reclamantes, afastados do emprego por reforma administrativa, têm direito ou não, por ocasião de sua readmissão pela lei de anistia, às vantagens atribuídas à sua categoria durante seu afastamento, dentre elas a de serem reincluídos no plano de previdência (Petros 1) que era oferecido naquela época pela Petrobras. No caso, não se aplicam os precedentes RE 586453 e RE 583050, de repercussão geral reconhecida, firmados pelo STF, que tratam da competência da Justiça Comum para processar ação ajuizada contra entidade de previdência privada com o objetivo de obter complementação de aposentadoria. Isso porque a questão não se refere à complementação ou reajuste de benefícios instituídos pela entidade de previdência privada, que sequer gura no polo passivo da demanda. Portanto, sendo a causa de pedir trabalhista e não previdenciária, a Justiça do Trabalho é competente para o julgamento do feito, nos termos do art. 114, I, da Constituição Federal. Sob esses fundamentos, a SBDI-1, por unanimidade, conheceu dos embargos, por dissenso jurisprudencial, e, no mérito, por maioria, negou-lhes provimento. Vencido o Min. Alexandre Luiz Ramos, que reconhecia a incompetência da Justiça Trabalhista para julgar a demanda. TST-E-ED-RR-11421-44.2015.5.01.0022, SBDI-1, rel. Min. Luiz Philippe Vieira de Mello Filho, 18/6/2020 (TST. Info nº 221).

Ação rescisória ajuizada sob a égide do CPC de 1973. Incompetência material da Justiça do Trabalho. Relação jurídica existente entre Município e professores públicos municipais. Controvérsia sobre a natureza da relação jurídica. Competência da Justiça Comum. Causa de rescindibilidade configurada. Art. 485, II, do CPC de 1973. A Justiça do Trabalho é incompetente para apreciar controvérsia sobre a natureza da relação jurídica existente entre Município e servidores públicos, ainda que se vislumbrem elementos capazes de inferir que os servidores não estariam submetidos ao regime estatutário. No caso, extrai-se do acórdão rescindendo a existência de controvérsia acerca da natureza da relação jurídica estabelecida entre o Município de Mascote e seus professores municipais. Conforme entendimento pacificado pelo STF, compete à Justiça Comum analisar, preliminarmente, eventual desvirtuamento da relação jurídica invocada pelo ente público. Resta, portanto, caracterizada a hipótese de rescindibilidade prevista no inciso II do art. 485 do CPC de 1973. Sob esse fundamento, a SBDI-II, por unanimidade, conheceu do Recurso Ordinário e, no mérito, deu-lhe provimento para desconstituir o acórdão proferido pelo TRT no julgamento do Recurso Ordinário, e, em juízo rescisório, declarou a incompetência da Justiça do Trabalho para julgar a reclamação trabalhista originária, determinando a remessa dos autos do processo matriz à Justiça Comum. TST-RO-457-47.2015.5.05.0000, SBDI-II, rel. Min. Luiz José Dezena da Silva, julgado em 12/5/2020 (TST. Info nº 218).

Mandado de segurança. Excepcional cabimento. Ato coator que acolheu exceção de incompetência territorial e determinou a remessa dos autos a uma das Varas do local da prestação de serviços. Empresa com atuação na cidade em que proposta a reclamatória. Ausência de óbice ao exercício da ampla defesa e do contraditório. Empregado impossibilitado de se locomover até o local da prestação de serviços. Ordem concedida para manter o foro do domicílio do reclamante. A decisão de acolhimento de exceção de incompetência territorial, com determinação de remessa do feito a Vara do Trabalho integrante da jurisdição do mesmo TRT a que vinculado o Juízo excepcionado, detém natureza jurídica interlocutória e não enseja a interposição de recurso imediato. Todavia, ante a aptidão para gerar danos manifestos, admite-se, de forma excepcional, o ajuizamento de mandado de segurança, afastando-se a incidência da Orientação Jurisprudencial nº 92 da SBDI-II. De outra sorte, na hipótese em que a empresa reclamada atua em local situado na mesma região geográfica da residência do empregado, é possível o ajuizamento da ação no foro do domicílio do reclamante, e não no local da contratação e prestação de serviços, pois não há óbice ao exercício da ampla defesa e do contraditório. No caso concreto, o reclamante prestou serviços na cidade de Valença/BA, mas ajuizou a reclamatória em Salvador/BA, local de seu domicílio. Tal circunstância não causou qualquer prejuízo à reclamada, pois se trata de empresa baiana, sediada em Salvador/BA, com liais em outras cidades do Estado e em outras unidades da federação. Ademais, o empregado, por meio de relatório médico, comprovou sua impossibilidade de deslocamento até o município em que os serviços foram prestados, o que reforça a desnecessidade de retificação do foro eleito, sob pena de ofensa ao art. 5º, XXXV, da CF. Sob esses fundamentos, a SBDI-II, por unanimidade, conheceu do recurso ordinário e, no mérito, deu-lhe provimento para, concedendo a segurança pleiteada, cassar a decisão que acolhera a exceção de incompetência territorial para ordenar a remessa dos autos a uma das Varas do Trabalho de Valença/BA, e determinar o prosseguimento do feito perante o Juízo da 21ª Vara do Trabalho de Salvador/BA, domicílio do reclamante. TST-RO-679-10.2018.5.05.0000, SBDI-II, rel. Min. Douglas Alencar Rodrigues, 24.9.2019 (TST. Info nº 206).

Competência territorial. Domicílio do reclamante. Possibilidade. Desnecessidade de coincidir com o local da prestação de serviços ou com o da contratação ou arregimentação. Empresa de atuação nacional. Aplicação ampliativa do art. 651, caput e § 3º, da CLT. É possível reconhecer a competência territorial do foro do domicílio do reclamante quando a empresa contratante tiver atuação em âmbito nacional, não havendo necessidade de coincidir o domicilio do empregado com o local da prestação de serviço ou com o da contratação ou arregimentação. Trata-se de interpretação ampliativa dos critérios objetivos do art. 651, caput, e § 3º, da CLT, de modo a garantir o acesso amplo à Justiça sem prejuízo do direito de defesa. No caso, restou consignado que a contratação do reclamante pela Petrobras, empresa notoriamente de atuação nacional, se deu em Salvador/BA, com prestação de serviços no Estado da Bahia e em Macaé/RJ, mas a ação foi ajuizada no domicílio do empregado, em Aracaju/SE, onde também se localiza uma das sedes da empresa reclamada. Sob esse entendimento, a SBDI-I, por unanimidade, conheceu dos embargos, por divergência jurisprudencial, e, no mérito, por maioria, negou-lhes provimento. Vencidos os Ministros Márcio Eurico Vitral Amaro, relator, Walmir Oliveira da Costa e Alexandre Luiz Ramos. TST-E-ED-RR-278-87.2015.5.20.0003, SBDI-I, rel. Min. Márcio Eurico Vitral Amaro, red. p/ acórdão Min. Breno Medeiros, 6.6.2019 (TST. Info nº 198).

2. PROCESSO E PROCEDIMENTO TRABALHISTA

2.1. PROCEDIMENTOS (SUMARÍSSIMO, DE ALÇADA EXCLUSIVA DA VARA DO TRABALHO, INQUÉRITO E HOMOLOGAÇÃO DE ACORDO EXTRAJUDICIAL)

Rito sumaríssimo. Decisão de Turma que conheceu do recurso de revista por contrariedade à Orientação Jurisprudencial nº 191 da SBDI-I. Conhecimento dos embargos por contrariedade à Orientação Jurisprudencial nº 352 da SBDI-I posteriormente convertida na Súmula nº 442 do TST. Possibilidade. Não obstante, em causas sujeitas ao procedimento sumaríssimo, o conhecimento de embargos esteja autorizado apenas quando em discussão matéria de cunho constitucional ou na hipótese de contrariedade a súmula do TST (Súmula nº 458 do TST, antiga Orientação Jurisprudencial nº 405 da SBDII), admite-se, excepcionalmente, o conhecimento do apelo por contrariedade a orientação jurisprudencial, desde que tenha havido a conversão do verbete em súmula. No presente caso, a Turma conheceu e deu provimento ao recurso de revista interposto pela reclamada para afastar a sua responsabilidade subsidiária, reconhecendo contrariedade à Orientação Jurisprudencial nº 191 da SBDI-I, a despeito da vedação disposta no art. 896, § 6º, da CLT. Nos embargos, mesmo diante da alegação de contrariedade à Orientação Jurisprudencial nº 352 da SBDI-I, entendeu-se autorizado o conhecimento do apelo tendo em vista a posterior conversão desse verbete na Súmula nº 442 do TST. Assim, a SBDI-I, por unanimidade, conheceu dos embargos interpostos pelo reclamante, por contrariedade à Orientação Jurisprudencial nº 352 da SBDI-I, posteriormente convertida na Súmula nº 442 do TST, e, no mérito, deu-lhe provimento para, afastada a possibilidade de conhecimento do recurso de revista pela Orientação Jurisprudencial nº 191 da SBDI-I, determinar o retorno dos autos à Turma de origem, a m de que aprecie o tema da responsabilidade subsidiária sob o prisma da ofensa aos preceitos constitucionais invocados, bem como da alegada contrariedade à Súmula nº 331 do TST. TST-E-RR-132800-68.2009.5.15.0087, SBDI-I, rel. Min. Luiz Philippe Vieira de Mello Filho, 4.9.2014 (TST. Info nº 88).

2.2. PARTES, REPRESENTAÇÃO, SUBSTITUIÇÃO PROCESSUAL, INTERVENÇÃO DE TERCEIROS, MAGISTRADO, MINISTÉRIO PÚBLICO E FAZENDA PÚBLICA

Recurso ordinário em ação rescisória. Defensoria Pública. Justiça do Trabalho. Substituição processual. Defensoria Pública do Estado do Amazonas. Ilegitimidade ativa ad causam. A Defensoria Pública é composta pela Defensoria Pública da União, Defensoria Pública dos Estados e Defensoria Pública do Distrito Federal e Territórios, cada qual com seu rol específico de atribuições. Nos termos do art. 14 da Lei Complementar n.º 80, a legitimação para atuar na Justiça do Trabalho, como substituto processual, é da Defensoria Pública da União. Há a possibilidade, autorizada pelo § 1º do citado dispositivo legal, de as Defensorias Públicas dos Estados atuarem em nome da Defensoria Pública da União nos órgãos de primeiro e segundo graus de jurisdição, desde que haja convênios específicos para esta finalidade. Dessa forma, conclui-se que a Defensoria Pública do Estado do Amazonas, ora autora, não possui legitimação extraordinária para postular, em nome próprio, direitos pertencentes a trabalhadores atingidos pelos efeitos da decisão rescindenda, seja porque sua atuação neste feito não se deu no âmbito da jurisdição estadual, seja porque não consta dos autos registro de convênio celebrado entre a autora e a Defensoria Pública da União, de modo a autorizá-la a atuar na Justiça do Trabalho. Sob esses fundamentos, a SBDI-II, conheceu dos recursos ordinários do Ministério Público do Trabalho e do Estado do Amazonas e, no mérito, deu-lhes provimento para declarar a autora carecedora da ação, por ilegitimidade ativa, e extinguir o feito, sem julgamento de mérito, na forma do art. 267, VI do CPC de 1973, cassando a liminar concedida pela Corte Regional. TST-RO-371-84.2010.5.11.0000, SBDI-II, rel. Min. Luiz José Dezena da Silva, 10/11/2020 (TST. Info nº 229).

Irregularidade de representação. Recurso interposto eletronicamente. Ausência de procuração outorgada ao advogado subscritor. Concessão de prazo para saneamento do vício. Não cabimento. Súmula nº 383, II, do TST. Não se conhece de recurso interposto com assinatura digital de advogado sem procuração nos autos, revelando-se inexistente o ato praticado por irregularidade de representação. A concessão do prazo de 5 (cinco) dias para a parte recorrente sanar o vício, consoante o item II da Súmula nº 383 do TST, só é cabível quando verificada irregularidade no instrumento de procuração ou substabelecimento que já consta nos autos. No caso, o recurso ordinário interposto pelo impetrante foi subscrito eletronicamente por advogado que não estava habilitado por procuração ou substabelecimento no momento da interposição do apelo. Sob esse entendimento, a SBDI-II, por unanimidade, negou provimento ao agravo de instrumento. TST-AIRO-154-58.2019.5.17.0000, SBDI-II, rel. Min. Maria Helena Mallmann, julgado em 5/5/2020 (TST. Info nº 218).

Ação rescisória. Art. 485, II, do CPC de 1973. Impedimento do relator da decisão rescindenda. Configuração. Parentesco com um dos advogados da parte ré. Voto decisivo para o julgamento da causa. Conforme a jurisprudência pacífica da SBDI-II, considera-se improcedente o corte rescisório fundado no art. 485, II, do CPC de 1973 quando o julgamento no processo matriz se der por unanimidade e o voto do magistrado impedido não for decisivo para o julgamento da causa – a exemplo do caso em que o desembargador se limita a seguir o voto condutor proferido por magistrado de imparcialidade inquestionável -, visto que não há prejuízo à formação da coisa julgada. Todavia, no caso concreto, há um *distinguishing*, pois o voto condutor da decisão rescindenda foi proferido por magistrado impedido por lei de integrar o julgamento (art. 134, V, do CPC de 1973), em virtude de ser o pai de um dos advogados da parte ré, o qual estava regularmente habilitado nos autos originários, tendo comparecido a audiências e assinado peças. Assim, estando evidente o protagonismo assumido pelo relator impedido na elaboração da decisão rescindenda, em flagrante desrespeito ao princípio da imparcialidade, a SBDI-II, por unanimidade, conheceu do recurso ordinário e, no mérito, negou-lhe provimento para manter a decisão do TRT que julgara procedente a ação rescisória calcada no inciso II do art. 485 do CPC de 1973. TST-RO-5300-54.2012.5.16.0000, SBDI-II, rel. Min. Maria Helena Mallmann, 21.5.2019 (TST. Info nº 196).

Mandado de Segurança. Empresa em recuperação judicial. Depósito recursal anterior ao processamento da recuperação judicial. Integração ao Juízo universal da falência. Embora o depósito recursal que à disposição do Juízo trabalhista, ele não integra o patrimônio do reclamante, ainda que realizado antes do processamento da recuperação judicial ou da decretação da falência da empresa, de modo que todos os atos de execução referentes às reclamações trabalhistas movidas contra a recuperanda são de competência do Juízo universal, consoante jurisprudência reiterada do STJ. Sob esse fundamento, a SBDI-II, por maioria, vencidos os Ministros Maria Helena Mallmann, relatora, Emmanoel Pereira e Delaíde Miranda Arantes, deu provimento ao recurso ordinário interposto pela empresa para denegar a segurança pretendida. TSTRO-348-74.2016.5.13.0000, SBDI-II, rel. Min. Maria Helena Mallmann, red. p/ acórdão Min. Renato de Lacerda Paiva, 15.5.2018 (TST. Info nº 178).

INSS. Interposição de recurso ordinário contra sentença de mérito. Fase de conhecimento. Possibilidade. Terceiro prejudicado. Legitimidade e interesse recursal. O INSS possui interesse recursal e legitimidade para interpor recurso ordinário contra decisão de mérito proferida na fase de conhecimento, pretendendo a incidência de contribuições previdenciárias sobre parcelas remuneratórias objeto da condenação. Nos termos do § 3º do art. 832 da CLT, as decisões cognitivas devem indicar a natureza jurídica das parcelas constantes da condenação, inclusive o limite de responsabilidade de cada parte no recolhimento da contribuição previdenciária. A partir da prolação da sentença condenatória, portanto, surgem o interesse e a legitimidade da autarquia federal para recorrer e suscitar todas as questões que entender pertinentes ao conteúdo da decisão cognitiva, em homenagem ao princípio da eventualidade. De outra sorte, ainda que não integre a relação processual, o INSS é terceiro juridicamente prejudicado, na medida em que afetado diretamente pela sentença quanto ao seu direito de cobrar as contribuições previdenciárias. Sob esses fundamentos, a SBDI-I, por unanimidade, conheceu do recurso de embargos, por divergência jurisprudencial, e, no mérito, por maioria, negou-lhe provimento. Vencidos os Ministros Luiz Philippe Vieira de Mello Filho, relator, Renato de Lacerda Paiva, José Roberto Freire Pimenta e Alexandre Agra Belmonte. TST-E-RR-29941-92.2003.5.04.0732, SBDI-I, rel. Min. Luiz Phillipe Vieira de Mello Filho, red. p/ acórdão Min. João Oreste Dalazen, 12.5.2016 (TST. Info nº 136).

2.3. ADVOGADO, PROCURAÇÃO, DESPESAS PROCESSUAIS, HONORÁRIOS ADVOCATÍCIOS, JUSTIÇA GRATUITA, DEVERES DAS PARTES *E JUS POSTULANDI*

Incidente de Recurso Repetitivo nº 3. Honorários advocatícios em reclamações trabalhistas típicas. Requisitos do art. 14 da Lei nº 5.584/70 e das Súmulas nos 219 e 329 do TST. Efeitos de direito intertemporal decorrentes da generalização do regime de sucumbência introduzida pela Lei nº 13.467/2017.O Tribunal Pleno, em sede de incidente de recurso repetitivo, analisando a questão relativa ao direito aos honorários assistenciais em reclamações trabalhistas típicas, envolvendo trabalhadores e empregadores, consideradas as disciplinas das Leis nos 1.060/50 e 5.584/70, do art. 5º, LXXIV, da Constituição Federal, e o teor das Súmulas nos 219 e 329 do TST, decidiu, por unanimidade, aprovar as seguintes teses jurídicas para o Tema Repetitivo nº 3: "1) Nas lides decorrentes da relação de emprego, os honorários advocatícios, com relação às ações ajuizadas no período anterior ao início de vigência da Lei nº 13.467/2017, somente são cabíveis na hipótese prevista no artigo 14 da Lei nº 5.584/70 e na Súmula nº 219, item I, do TST, tendo por destinatário o sindicato assistente, conforme disposto no artigo 16 do referido diploma legal, até então vigente (revogado expressamente pela Lei nº 13.725/2018) e no caso de assistência judiciária prestada pela Defensoria Pública da União ao beneficiário da Justiça gratuita, consoante os artigos 17 da Lei nº 5.584/70 e 14 da Lei Complementar nº 80/94, revelando-se incabível a condenação da parte vencida ao pagamento dessa verba honorária seja pela mera sucumbência, seja a título de indenização por perdas e danos, seja pela simples circunstância de a parte ser beneficiária da justiça gratuita; 2) A ampliação da competência da Justiça do Trabalho pela Emenda Constitucional nº 45/2004 acarretou o pagamento de honorários advocatícios com base unicamente no critério da sucumbência apenas com relação às lides não decorrentes da relação de emprego, conforme sedimentado nos itens III e IV da Súmula nº 219 do TST, por meio, respectivamente, das Resoluções nos 174, de 24 de maio de 2011, e 204, de 15 de março de 2016, e no item 5 da Instrução Normativa nº 27, de 16 de fevereiro de 2005; 3) Às demandas não decorrentes da relação de emprego, mas que já tramitavam na Justiça do Trabalho por força de norma legal expressa, relativas aos trabalhadores avulsos e portuários, *ex vi* dos artigos 643, caput, e 652, alínea "a", inciso V, da CLT, são inaplicáveis o item 5 da Instrução Normativa nº 27/2005 do Tribunal Superior do Trabalho e o item III da Súmula nº 219 desta Corte, porquanto a Constituição Federal, em seu artigo 7º, inciso XXXIV, equipara o avulso ao trabalhador com vínculo empregatício, sendo-lhe aplicável, portanto, o entendimento previsto no item I da Súmula nº 219 desta Corte; 4) Às lides decorrentes da relação de emprego, objeto de ações propostas antes do início da vigência da Lei nº 13.467/2017, não se aplica a Súmula nº 234 do STF, segundo a qual 'são devidos honorários de advogado em ação de acidente de trabalho julgada procedente'; 5) Não houve derrogação tácita do artigo 14 da Lei nº 5.584/1970 em virtude do advento da Lei nº 10.288/2001, que adicionou o § 10 ao artigo 789 da CLT, reportando-se à assistência judiciária gratuita prestada pelos sindicatos, e a superveniente revogação expressa desse dispositivo da CLT pela Lei nº 10.537/2002 sem que esta disciplinasse novamente a matéria, pelo que a assistência judiciária prestada pela entidade sindical no âmbito da Justiça do Trabalho ainda permanece regulamentada pela referida lei especial; 6) São inaplicáveis os artigos 389, 395 e 404 do Código Civil ao Processo do Trabalho para fins de condenação ao pagamento de honorários advocatícios, nas lides decorrentes da relação de emprego, objeto de ações ajuizadas antes do início da vigência da Lei nº 13.467/2017, visto que, no âmbito da Justiça do Trabalho, essa condenação não se resolve pela ótica da responsabilidade civil, mas sim da sua legislação específica, notadamente a Lei nº 5.584/70; 7) A condenação em honorários advocatícios sucumbenciais prevista no artigo 791-A, caput e parágrafos, da CLT será aplicável apenas às ações propostas na Justiça do Trabalho a partir de 11 de novembro de 2017, data do início da vigência da Lei nº 13.467/2017, promulgada em 13 de julho de 2017, conforme já decidiu este Pleno, de forma unânime, por ocasião da aprovação do artigo 6º da Instrução Normativa nº 41/2018; 8) A deliberação neste incidente a respeito da Lei nº 13.467/2017 limita-se estritamente aos efeitos de direito intertemporal decorrentes das alterações introduzidas pela citada lei, que generalizou a aplicação do princípio da sucumbência em tema de honorários advocatícios no âmbito da Justiça do Trabalho, não havendo emissão de tese jurídica sobre o conteúdo em si e as demais peculiaridades da nova disposição legislativa, tampouco acerca da inconstitucionalidade do artigo 791-A, caput e § 4º, da CLT". Entendeu, ainda, não caber a modulação dos efeitos da decisão. Os Exmos. Ministros Augusto César Leite de Carvalho e Cláudio Mascarenhas Brandão ressalvaram seu entendimento pessoal quanto à tese de número 6. TST-IRR-341-06.2013.5.04.0011, Tribunal Pleno, rel. Min. José Roberto Freire Pimenta, 23/8/2021 (TST. Info nº 242).

Ação rescisória. Honorários advocatícios sucumbenciais. Base de cálculo. Valor da condenação. Art. 85, § 2º, do CPC de 2015. A base de cálculo dos honorários advocatícios sucumbenciais na ação rescisória deve observar os parâmetros definidos no art. 85, § 2º, do CPC de 2015. Destarte, na hipótese de ampliação da condenação no processo matriz, decorrente do acolhimento do pedido de corte rescisório, a verba advocatícia deferida na ação rescisória não pode ter como base o valor da causa, cujo emprego é autorizado somente quando não é possível a utilização do valor da condenação ou do proveito econômico obtido com a ação. Sob esses fundamentos, a SBDI-II, por unanimidade, deu parcial provimento ao recurso ordinário do autor, a fim de deferir os honorários advocatícios sucumbenciais no importe de 15% sobre o valor da condenação. TST-RO-202-55.2016.5.05.0000, SBDI-II, rel. Min. Luiz José Dezena da Silva, 11/5/2021 (TST. Info nº 237).

Recurso ordinário em mandado de segurança. Ação de natureza constitucional. Legislação específica. Ausência de disposições acerca da justiça gratuita à pessoa natural. Declaração de hipossuficiência. Matéria disciplinada pela legislação processual civil. O silêncio na legislação específica que trata do mandado de segurança, a respeito de parâmetros para concessão da gratuidade da justiça, impõe a adoção supletiva da legislação processual comum (CPC, art. 1.046, § 2º), não se cogitando, por conseguinte, de aplicação de disposições da legislação processual do trabalho, notadamente da Lei 13.467/2017, ainda mais quando a matéria discutida no writ for administrativa. Assim, o deferimento do benefício da justiça gratuita à pessoa natural, em mandado de segurança, demanda apenas que o interessado declare, sob as penas da lei, a impossibilidade de pagar as custas do processo, sem prejuízo do sustento próprio ou de sua família (art. 99, § 3º, do CPC de 2015). Sob esses fundamentos, o Órgão Especial, por maioria, vencidos os Exmos. Ministros Breno Medeiros, Ives Gandra da Silva Martins Filho e Alexandre Luiz Ramos, deferiu o benefício da justiça gratuita à Impetrante e, por unanimidade, conheceu do recurso ordinário e, no mérito, negou-lhe provimento. TST-RO-1000015-09.2019.5.02.0000, Órgão Especial, rel. Min. Douglas Alencar Rodrigues, 8/2/2021 (TST. Info nº 232).

Ação rescisória. Honorários advocatícios sucumbenciais. Condenação em reclamação trabalhista ajuizada anteriormente à vigência da Lei nº 13.467/2017. Direito adquirido previsto nos arts. 6º da LINDB e 5º, XXXVI, da CF.

Em ação trabalhista ajuizada antes da vigência da Lei nº 13.467/2017, o reclamante foi condenado ao pagamento de honorários advocatícios com base na sucumbência recíproca de que trata o art. 791-A da CLT. O art. 6º da IN nº 41 do TST dispõe que "Na Justiça do Trabalho, a condenação em honorários advocatícios sucumbenciais, prevista no artigo 791-A, e parágrafos, da CLT, será aplicável apenas às ações propostas após 11 de novembro de 2017 (Lei nº 13.467/2017). Nas ações propostas anteriormente, subsistem as diretrizes do artigo 14 da Lei nº 5.584/1970 e das Súmulas nos 219 e 329 do TST". Referida disposição decorre do fato de que, à época do ajuizamento da ação trabalhista, a legislação processual não imputava ao empregado nenhum encargo quanto aos honorários advocatícios, de modo que não pode o julgador, no curso do processo, surpreendê-lo com penalidade trazida na nova lei (art. 10 do CPC/15). Na ação rescisória, o Tribunal Regional afastou a aplicação da IN nº 41/TST por ter sido editada posteriormente à condenação e consignou o entendimento de que a matéria era de interpretação controvertida à época da prolação da decisão rescindenda, julgando improcedente o pedido de corte rescisório com fundamento nas Súmulas nos 83, I, do TST e 343 do STF. Não há falar em interpretação de matéria controvertida, porquanto, muito antes da prolação da decisão rescindenda, o TST adotava o entendimento das Súmulas nos 219 e 329 para a condenação em honorários advocatícios. Ademais, em ação rescisória fundada em regra de direito temporal, com alegação explícita de ofensa ao art. 5º, XXXVI, da CF, não há margem para aplicação das Súmulas nos 83 do TST e 343 do STF. Sob esses fundamentos, a SBDI-II, por unanimidade, conheceu do recurso ordinário e, no mérito, deu-lhe provimento para julgar procedente a ação rescisória, por violação dos arts. 6º da LINDB e 5º, XXXVI, da CF, desconstituir o capítulo da r. sentença referente aos honorários advocatícios e, em juízo rescisório, afastar a condenação do autor ao pagamento de honorários advocatícios sucumbenciais. TST-RO-11432-80.2018.5.03.0000, SBDI-II, rel. Min. Alexandre de Souza Agra Belmonte, 6/10/2020 (TST. Info nº 226).

Honorários de sucumbência fixados em sentença transitada em julgado. Posterior celebração e homologação judicial de acordo. Cláusula que limita o pagamento dos honorários advocatícios à modalidade contratual. Acordo assinado pelo advogado reclamante. Aquiescência aos termos do acordo. Honorários sucumbenciais indevidos. A assinatura do advogado em acordo celebrado e homologado judicialmente entre as partes, no qual se limitou o pagamento dos honorários advocatícios à modalidade contratual, comprova a sua aquiescência quanto à exclusão dos honorários sucumbenciais fixados em sentença transitada em julgado, anterior ao aludido acordo. Com esse entendimento, a SBDI-I, por unanimidade, conheceu do recurso de embargos por divergência jurisprudencial, e, no mérito, por maioria, negou-lhe provimento, vencido o Ministro Augusto César Leite de Carvalho, Relator. TST-E-ED-RR-225340-83.1998.5.07.0010, SBDI-I, rel. Min. Augusto César Leite de Carvalho, red. p/ acórdão Min. Breno Medeiros, 13.2.2020 (TST. Info nº 215).

Ação rescisória. Depósito prévio. Justiça gratuita. Requisitos do art. 790, §§ 3º e 4º, da CLT, com a redação da Lei nº 13.467/2017. Não incidência. Matéria regida pelo art. 99, § 3º, do CPC de 2015, pelo item I da Súmula nº 463 do TST e pelo art. 6º da Instrução Normativa nº 31/2007. O depósito prévio da ação rescisória ajuizada na Justiça do Trabalho corresponde a 20% do valor da causa (art. 836 da CLT), percentual bastante superior ao exigido no art. 968, II, do CPC de 2015. Diante da maior onerosidade, as disposições acerca da gratuidade de justiça previstas no art. 790, §§ 3º e 4º, da CLT, com a redação da Lei nº 13.467/2017, não se aplicam às ações rescisórias processadas na Justiça do Trabalho, sob pena de excluir da apreciação do Poder Judiciário lesão ou ameaça a direito, especialmente nos casos em que a parte autora seja pessoa física ou micro e pequena empresa. De outra sorte, não há disposição específica na Lei nº 13.467/2017 acerca da justiça gratuita pleiteada em ação rescisória, o que atrai a incidência do art. 99, § 3º, do CPC de 2015, da Súmula nº 463, I, do TST e do art. 6º da Instrução Normativa nº 31/2007. Sob esse fundamento, e havendo declaração de hipossuficiência nos autos sem impugnação da parte contrária, a SBDI-II, por unanimidade, conheceu do recurso ordinário e, no mérito, deu-lhe provimento para deferir ao autor os benefícios da justiça gratuita. A Subseção determinou, ainda, o retorno dos autos ao Tribunal de origem para que prossiga no julgamento da rescisória como entender de direito, afastada a exigência do depósito prévio. TST-RO10899-07.2018.5.18.0000, SBDI-II, rel. Min. Maria Helena Mallmann, 19.11.2019 (TST. Info nº 213).

Trabalhador portuário avulso. Honorários Advocatícios devidos pela mera sucumbência. Impossibilidade. Equiparação a trabalhador com vínculo empregatício. Aplicação da Súmula nº 219, I, do TST. O trabalhador portuário avulso, apesar de manter com os tomadores de serviço relação de trabalho e não de emprego, é equiparado ao trabalhador com vínculo empregatício (art. 7º, XXXIV, da CF). Assim, nas lides envolvendo os trabalhadores avulsos não é possível afastar os requisitos exigidos na Súmula nº 219, I, do TST quanto à condenação ao pagamento de honorários advocatícios, sendo indevido, portanto, o pagamento da verba honorária por mera sucumbência, conforme disciplinado no art. 5º da Instrução Normativa nº 27/2005 do TST e na parte final do item III da Súmula nº 219 do TST. Sob esses fundamentos, a SBDI-I, por unanimidade, conheceu do recurso de embargos, por divergência jurisprudencial, e, no mérito, por maioria, deu-lhe provimento para excluir da condenação os honorários advocatícios. Vencido o Ministro José Roberto Freire Pimenta. TST-E-ED-RR-156800-41.2011.5.17.0012, SBDI-I, rel. Min. Alexandre Agra Belmonte, 23.5.2019 (TST. Info nº 196).

2.4. PRAZOS

Embargos. Processo Judicial Eletrônico – PJE. Contagem de prazo processual. Prevalência da publicação no Diário Eletrônico da Justiça do Trabalho – DEJT. Em se tratando de Processo Judicial Eletrônico (PJE), para efeitos de contagem de prazo processual, a intimação operada no Diário Eletrônico da Justiça do Trabalho (DEJT) tem prevalência sobre a intimação pelo sistema PJE, conforme a disciplina do art. 4º, § 2º da Lei nº 11.429/2006. Desse modo, os prazos indicados no PJE não têm o condão de suplantar a disposição legal expressa acerca da prevalência da publicação no diário eletrônico como critério de contagem dos prazos processuais. Na espécie, a decisão foi disponibilizada no DEJT em 31/07/2019, e sendo considerada a publicação em 01/08/2019, o prazo para interposição do recurso de revista findou-se em 12/08/2019. Contudo, o recurso de revista foi protocolado posteriormente, sendo, portanto, intempestivo. Sob esses fundamentos, a SBDI-I, por unanimidade, conheceu dos Embargos, por divergência jurisprudencial e, no mérito, por maioria, deu-lhes provimento para declarar a intempestividade do recurso de revista da Caixa Econômica Federal, não conhecendo do referido recurso. Vencidos os Ministros Alexandre Luiz Ramos, Guilherme Augusto Caputo Bastos e Breno Medeiros. TST-E-ED-RR-1043-12.2017.5.10.0021, SBDI-I, rel. Min. Renato de Lacerda Paiva, 18/11/2021 (TST. Info nº 248).

3. INICIAL, DEFESA, AUDIÊNCIA E CONCILIAÇÃO

3.1. INICIAL E DEFESA JULGAMENTO *ULTRA PETITA*

Recurso Ordinário em Mandado de Segurança. Ato coator que exige uma descrição pormenorizada do valor de cada pedido descrito na inicial. Determinação de emenda à petição. Óbice injustificado do direito de ação. Ato teratológico. Mitigação da OJ nº 92 da SBDI-2 do TST. Segurança concedida. A SBDI-2 vem mitigando a aplicação da Orientação Jurisprudencial nº 92 da SBDI-2 desta Corte nos casos em que há criação de embaraços não previstos em lei capazes de inviabilizar o livre exercício do direito constitucional de ação. Na hipótese, a despeito de o impetrante ter formulado, na petição inicial da reclamação trabalhista, pedidos certos e determinados, indicando, inclusive, valores que se entendiam devidos, o magistrado determinou a emenda da inicial, exigindo uma liquidação pormenorizada das verbas referentes a cada pedido. Tal exigência é medida que, além de extrapolar o comando previsto no art. 840, § 1º, da CLT, impõe restrição indevida de acesso ao Judiciário, visto que, por vezes, seria necessária a contratação de profissional contabilista pelo reclamante – em muitos casos, beneficiário da justiça gratuita – para apresentação de cálculos de maior complexidade. Ademais, não há previsão legal que exija prova contábil pré-constituída para o ajuizamento de reclamação trabalhista. Sob esses fundamentos, a SBDI-II, por unanimidade, conheceu do Recurso Ordinário e, no mérito, por maioria, vencido o Ministro Evandro Pereira Valadão Lopes, deu-lhe provimento para conceder a segurança e, assim, cassar a decisão proferida na reclamação trabalhista por meio da qual se exigiu a liquidação de "cada uma das verbas apontadas nos pedidos, de forma pormenorizada, incluindo os reflexos de cada rubrica". TST-ROT-101623-94.2019.5.01.0000, SBDI-II, rel. Min. Maria Helena Mallmann, 26/10/2021 (TST. Info nº 246).

Limitação da condenação aos valores líquidos constantes da petição inicial. Aplicação do artigo 492 do CPC de 2015. Ao formular pedidos com valores líquidos na petição inicial, sem registrar qualquer ressalva, o autor limita a condenação a esses parâmetros, a teor do disposto no art. 492 do CPC de 2015. Com efeito, nos termos do referido dispositivo legal, "é vedado ao juiz proferir decisão de natureza diversa da pedida, bem como condenar a parte em quantidade superior ou em objeto diverso do que lhe foi demandado". No caso concreto, extrai-se da petição inicial que o reclamante requereu o pagamento de horas *in itinere* no exato valor de R$ 3.803,00, não havendo qualquer menção de se tratar de mera estimativa ou requerimento de apuração em liquidação, como havia sido feito em outros pedidos. Sob esse fundamento, a SBDI-1, por unanimidade, decidiu conhecer do recurso de embargos, por divergência jurisprudencial, e, no mérito, dar-lhe provimento para, no tocante ao pedido de horas *in itinere*, limitar as parcelas condenatórias aos valores indicados na petição inicial. TST-E-ARR-10472-61.2015.5.18.0211, SBDI-I, rel. Min. Walmir Oliveira da Costa, 21/5/2020 (TST. Info nº 219).

Conflito negativo de competência. Reclamação trabalhista ajuizada no foro da prestação de serviços. Exceção de incompetência territorial. Indicação do foro de domicílio do autor e do réu. Anuência do reclamante. Modificação da competência relativa por convenção das partes. Possibilidade. Negócio jurídico processual atípico. O litígio entre as partes a propósito do foro competente para apreciação da causa constitui pressuposto necessário para que o Juízo declinado suscite o conflito de competência. No caso, a reclamação trabalhista foi proposta no foro da prestação dos serviços (Hortolândia/SP) e o reclamante, no bojo da exceção de incompetência territorial oposta pelo reclamado, concordou com a declinação do foro para uma das Varas do domicílio de ambos os litigantes (São Paulo/SP), em uma espécie de negócio jurídico processual superveniente e anômalo que encontra respaldo no art. 190 do CPC de 2015. O Juízo de Hortolândia, então, acolhendo a exceção de competência, determinou o envio dos autos a uma das Varas da capital paulista que, por sua vez, suscitou o conflito de competência. Todavia, havendo ajuste entre as partes, e sendo a competência territorial de natureza relativa e, portanto, prorrogável, não há espaço para a recusa do curso do feito no Juízo para o qual direcionada a causa, nem necessidade de analisar de ofício o acerto ou não da decisão declinatória proferida pelo Juízo suscitante, a quem compete instruir e julgar a reclamação trabalhista. Sob esses fundamentos, a SBDI-II, por unanimidade, admitiu o conflito negativo de competência e, por maioria, declarou competente a 12ª Vara do Trabalho de São Paulo/SP. Vencidos os Ministros Dezena da Silva, relator, Evandro Pereira Valadão e Renato de Lacerda Paiva. TST-CC-7301-46.2018.5.00.0000, SBDI-II, rel. Min. Luiz José Dezena da Silva, red. p/ acórdão Min. Douglas Alencar Rodrigues, 17.12.2019 (TST. Info nº 214).

Procedência do pedido principal nas instâncias ordinárias. Pedido subsidiário nunca apreciado porque prejudicado. Pedido principal julgado improcedente no TST. Necessidade de devolução dos autos à Vara do Trabalho para apreciação do pedido sucessivo. Art. 326 do CPC de 2015. Preclusão. Não ocorrência. A Turma do TST, ao reformar a decisão recorrida para julgar improcedente o pedido principal, deverá, desde logo, determinar o retorno dos autos à Vara do Trabalho de origem para julgar o pedido subsidiário, nunca apreciado porque prejudicado ante a procedência do principal nas instâncias ordinárias. No caso, a reclamante pleiteou diferenças salariais decorrentes de promoções por mérito previstas no PCCS/90 do extinto Banco do Estado da Bahia – Baneb e, caso não concedidas, requereu as diferenças relativas às promoções trienais por antiguidade, visto que a norma interna do banco proibia a cumulação das referidas promoções. A decisão do TRT confirmou a sentença que julgara procedente o pedido de diferenças decorrentes das promoções por merecimento, de modo que o pleito sucessivo ficou prejudicado. No TST, a Turma deu provimento ao recurso de revista do reclamado para julgar improcedente o pedido relativo às promoções por mérito e, instada a se manifestar sobre o pedido subsidiário, entendeu que a questão estava preclusa, visto que não renovada em contrarrazões à revista, nem em contraminuta ao agravo de instrumento. Todavia, nos termos do art. 326 do CPC de 2015, é dever do juiz analisar o pedido subsidiário se não acolher o principal. Ademais, não havia interesse do autor em devolver o pedido subsidiário às instâncias recursais, em razão da procedência do pleito principal, o que também afasta a preclusão. Sob esses fundamentos, a SBDI-I, por maioria, conheceu dos embargos por divergência jurisprudencial e, no mérito, por unanimidade, deu-lhes provimento para determinar o retorno dos autos à Vara do Trabalho de origem para julgar o pedido sucessivo (diferenças salariais decorrentes das promoções trienais por antiguidade) como entender de direito. Vencidos, no conhecimento, os Ministros Breno Medeiros e Alexandre Luiz Ramos. TST-E-EDRR-219-56.2010.5.05.0015, SBDI-I, rel. Min. José Roberto Freire Pimenta, 7.11.2019 (TST. Info nº 211).

Ação rescisória. Falecimento do réu antes do ajuizamento da ação. Desconhecimento pela parte autora. Emenda à petição inicial. Possibilidade. Arts. 139, IX, e 317 do CPC de 2015. Na hipótese em que o autor, no momento do ajuizamento da ação rescisória, desconhecia o falecimento do réu, admite-se a emenda à petição inicial, pois a sanabilidade dos defeitos que possam impedir o exame do mérito é a regra adotada pelo CPC de 2015 (arts. 139, IX, e 317), e o vício em questão pode ser facilmente suprido mediante a retificação do polo passivo. No caso, o TRT de origem, ao verificar que o falecimento do réu ocorreu antes da propositura da ação rescisória, manteve a decisão monocrática que extinguiu o processo, sem resolução de mérito, por ausência de pressuposto de constituição do processo referente à existência da parte. Sob esse entendimento, a SBDI-II, por unanimidade, conheceu do recurso ordinário do autor e, no mérito, por maioria, deu-lhe provimento para determinar o retorno dos autos à Corte de origem para a regularização do polo passivo e posterior retomada do curso legal do processo, como de direito. Vencido o Ministro Emmanoel Pereira, relator. TSTRO-1001448-87.2015.5.02.0000, SBDI-II, rel, Min. Emmanoel Pereira, red. p/ acórdão Min. Douglas Alencar Rodrigues, 15.10.2019 (TST. Info nº 209).

3.2. AUDIÊNCIA E CONCILIAÇÃO

Audiência. Não comparecimento da reclamante. Atestado médico que não registra a impossibilidade de locomoção. Existência de outros elementos que justificam a ausência. Confissão ficta. Afastamento. A SBDI-I, por unanimidade, conheceu dos embargos interpostos pela reclamada, por divergência jurisprudencial, e, no mérito, por maioria, negou-lhes provimento para manter a decisão turmária que afastara a pena de confissão ficta aplicada à reclamante que justificou sua ausência à audiência mediante a apresentação de atestado médico sem expressa menção à impossibilidade de locomoção. Na espécie, prevaleceu o entendimento de que embora o atestado médico não tenha atendido aos requisitos da Súmula nº 122 do TST – aplicável a empregador e a empregado, em razão do princípio da isonomia –, restou justificada a ausência da reclamante, na medida em que o documento noticiou o comparecimento da empregada ao médico na mesma data da audiência e em horário próximo, e registrou o Código Internacional de Doenças – CID e a necessidade de afastamento das atividades laborais por um dia, o que leva a concluir que também não estava apta a comparecer à audiência marcada. Vencidos os Ministros Maria Cristina Irigoyen Peduzzi e Márcio Eurico Vitral Amaro. TST-E-RR-736-21.2012.5.09.0002, SBDI-I, rel. Min. Guilherme Augusto Caputo Bastos, 14.6.2018 (TST. Info nº 180).

4. PROVAS, TUTELA PROVISÓRIA, DECISÕES E COISA JULGADA

4.1. PROVAS

Ente público. Terceirização. Responsabilidade subsidiária. Ônus da prova. Matéria infraconstitucional. Dever ordinário de fiscalização imposto à Administração Pública. No julgamento do RE nº 760.931/DF, com repercussão geral reconhecida, o STF firmou a tese de que "o inadimplemento dos encargos trabalhistas dos empregados do contratado não transfere automaticamente ao Poder Público contratante a responsabilidade pelo seu pagamento, seja em caráter solidário ou subsidiário, nos termos do art. 71, § 1º, da Lei nº 8.666/93". A *ratio decidendi* da referida decisão permite concluir que a responsabilização do ente público apenas está autorizada quando comprovada a ausência sistemática de fiscalização quanto ao cumprimento das obrigações trabalhistas pela prestadora. De outra sorte, a Suprema Corte, ao rejeitar os embargos de declaração interpostos no referido recurso extraordinário, e fixar o alcance da repercussão geral, deixou claro que não adentrou na questão do ônus da prova, de modo que cabe ao TST defini-la, diante de sua natureza eminentemente infraconstitucional. Assim, tendo em vista o dever ordinário de fiscalização da execução do contrato e de outras obrigações impostas à Administração Pública por diversas normas legais, conclui-se que é do poder público o ônus de demonstrar que fiscalizou adequadamente os contratos de prestação de serviços por ele firmados. Sob esses fundamentos, a SBDI-I, por unanimidade, conheceu dos embargos, por divergência jurisprudencial, e, no mérito, por maioria, deu-lhes provimento para restabelecer o acórdão do Tribunal Regional que, reputando insuficientes os documentos juntados aos autos, entendeu que o ente público reclamado não se desincumbiu do ônus que lhe cabia, devendo, portanto, ser responsabilizado subsidiariamente pelos débitos trabalhistas inadimplidos pela prestadora de serviços por ele contratada. Vencidos os Ministros Breno Medeiros, Alexandre Luiz Ramos e Brito Pereira. TST-E-RR-925-07.2016.5.05.0281, SBDI-I, rel. Min. Cláudio Mascarenhas Brandão, 12.12.2019 (Info nº 214).

Pedido de adiamento da audiência para intimação de testemunha. Indeferimento. Determinação judicial prévia de apresentação de rol de testemunhas. Inobservância. Cerceamento do direito de defesa. Não caracterização. Art. 825, da CLT. Não violação. Com o objetivo de imprimir razoável duração ao processo, a praxe nos Tribunais Regionais é no sentido de designar audiências unas e contínuas, em que as partes são previamente notificadas a respeito da necessidade de apresentar o rol de testemunhas antecipadamente ou trazer as não arroladas independentemente de intimação, sob pena de não serem ouvidas. Nesse contexto, o indeferimento do pedido de adiamento da audiência, para que fosse intimada a testemunha não arrolada e que não compareceu espontaneamente, não viola o art. 825 da CLT, nem caracteriza cerceamento do direito de defesa. Reforça tal entendimento o fato de, no caso concreto, além de a parte ter sido previamente informada a respeito das consequências advindas da ausência das testemunhas na data da audiência, não haver justificativa para o não comparecimento, nem prova de que foram realmente convidadas. Sob esses fundamentos, a SBDI-I, por unanimidade, conheceu dos embargos por divergência jurisprudencial e, no mérito, por maioria, negou-lhes provimento. Vencidos os Ministros João Oreste Dalazen, relator, Márcio Eurico Vitral Amaro e Augusto César Leite de Carvalho. TST-E-RR-1810-18.2012.5.15.0108, SBDI-I, rel. Min. João Oreste Dalazen, red. p/ acórdão Min. Hugo Carlos Scheuermann, 12.4.2018 (Informativo TST nº 176).

4.2. TUTELAS PROVISÓRIAS, DECISÕES, SENTENÇAS E COISA JULGADA

Ação rescisória. Depósito prévio. Pessoa jurídica. Ausência de regularização. Extinção do processo, sem resolução do mérito, antes da análise do pedido de concessão de gratuidade de justiça. Impossibilidade. A decisão que, antes de analisar o pedido de benefício de gratuidade de justiça pleiteado por pessoa jurídica, indefere a petição inicial e extingue a ação rescisória, sem resolução de mérito, por falta de regularização do depósito prévio, está em desacordo com o que preceitua o art. 99, § 2º, do CPC de 2015. No caso, diante do descumprimento de determinação que concedia prazo para a regularização do depósito prévio, o julgador extinguiu a ação sem que houvesse manifestação da parte a respeito da ausência dos requisitos para a concessão da justiça gratuita e sem a oportunidade para o exercício do direito de defesa quanto a esse aspecto. Sob esse entendimento, a SBDI-II, por unanimidade, conheceu do recurso ordinário e, no mérito, deu-lhe provimento parcial para afastar a extinção do processo, sem resolução do mérito, e determinar o retorno dos autos ao Tribunal Regional para que prossiga no exame da admissibilidade da ação rescisória, considerando o pedido de concessão dos benefícios da justiça gratuita requerido na petição inicial. TSTRO-315-82.2017.5.19.0000, SBDI-II, rel. Min. Alexandre de Souza Agra Belmonte, 26/5/2020 (TST. Info nº 219).

Representação comercial autônoma. Acordo extrajudicial homologado pela Justiça comum. Posterior ajuizamento de reclamação trabalhista. Pedido de reconhecimento de vínculo de emprego. Coisa julgada. Não configuração. Não faz coisa julgada perante a Justiça do Trabalho o acordo extrajudicial homologado pela Justiça comum em que o reclamante, sua empresa e a empresa ré, em instrumento particular de distrato, concessão e quitação de dívida, deram ampla, geral e irrestrita quitação da relação jurídica decorrente do contrato de representação comercial mantido entre as partes. No caso, não se verifica os requisitos configuradores da coisa julgada, pois os pedidos formulados são distintos. Enquanto a reclamação trabalhista visa o reconhecimento do vínculo de emprego, a sentença homologatória teve por objeto o acordo envolvendo uma relação jurídica comercial. Ademais, compete à Justiça do Trabalho a análise do preenchimento dos requisitos estabelecidos nos arts. 2° e 3° da CLT e a decisão quanto à existência ou não de vínculo de emprego. Sob esses fundamentos, a SBDI-I, em sua composição plena, por unanimidade, conheceu do recurso de embargos, por divergência jurisprudencial, e, no mérito, por maioria, negou-lhe provimento, mantendo, portanto, a decisão recorrida que afastou a coisa julgada e determinou o retorno dos autos ao TRT de origem para o prosseguimento do julgamento. Vencidos os Ministros Maria Cristina Irigoyen Peduzzi, Brito Pereira, Breno Medeiros, Alexandre Luiz Ramos e Walmir Oliveira da Costa. TST-E-ED-RR-115-05.2010.5.04.0561, SBDI-I, rel. Min. Augusto César Leite de Carvalho, 24.10.2019 (TST. Info nº 210).

5. RECURSOS E AÇÃO RESCISÓRIA

5.1. PRESSUPOSTOS RECURSAIS

Exigência de renovação dos arestos paradigmas no agravo de instrumento anteriormente colacionados no recurso de revista. Pressuposto intrínseco de admissibilidade recursal. Não atendimento. Não cabimento de Embargos. Súmula nº 353 do TST. A necessidade (ou não) de renovação de arestos paradigmas no agravo de instrumento, previamente apresentados no recurso de revista, constitui pressuposto intrínseco de admissibilidade recursal, haja vista os preceitos dos princípios da devolutividade e da delimitação recursal. Consequentemente, a inobservância de referido pressuposto, por não se enquadrar em nenhuma das exceções de cabimento de embargos, previstas na Súmula nº 353 do TST, torna incabível o processamento do recurso de embargos. Sob esses fundamentos, a SBDI-I, por unanimidade, conheceu do agravo e, no mérito, negou-lhe provimento. TST-Ag-E-Ag-AIRR-11812-25.2014.5.03.0039, SBDI-I, rel. Min. Augusto César Leite de Carvalho, 18/11/2021 (TST. Info nº 248).

Embargos. Recurso de revista interposto sob a égide do CPC/2015. Depósito recursal. Recolhimento dentro do prazo. Comprovação em momento processual posterior. Vício insanável. Deserção configurada. Lei nº 5.584/70. Súmula nº 245 do TST. Multa por embargos protelatórios. Denegado seguimento aos Embargos quanto ao tema. Ausência de impugnação por meio de agravo. Exclusão da multa pela Seção Uniformizadora. Mero corolário. Configura-se a deserção quando o recorrente, apesar de ter feito o recolhimento das custas e do depósito recursal tempestivamente, deixa de comprová-lo dentro do prazo alusivo ao recurso. Na espécie, o reclamado, ao interpor o recurso de revista, juntou a guia referente ao depósito recursal, sem a respectiva autenticação. A comprovação do preparo, com a juntada da guia devidamente autenticada, ocorreu mais de um mês depois do término do prazo recursal. Nesse contexto, não havendo comprovação do pagamento do depósito recursal no prazo para sua interposição, o recurso mostra-se deserto, nos termos do art. 7º da Lei nº 5.584/70 e da Súmula nº 245 do TST. Com esse entendimento, a SBDI-1 decidiu, por unanimidade, conhecer do recurso de embargos por contrariedade à Súmula nº 245 desta Corte e, no mérito, dar-lhe provimento para, reconhecendo a deserção do recurso de revista do reclamado, restabelecer integralmente o acórdão regional. No tocante à multa por embargos de declaração protelatórios, a despeito de os embargos à SBDI-1 não terem sido admitidos pelo Presidente da Turma quanto a esse tema e de não ter havido impugnação por meio de agravo, prevaleceu o entendimento de que o acolhimento da pretensão recursal principal (reforma da decisão da Turma quanto à deserção) tem como efeito necessário e automático a exclusão da multa imposta no acórdão impugnado, por restar evidente a ausência de intuito protelatório dos embargos de declaração interpostos. Sob esse fundamento, a SBDI-1, por maioria, excluiu a multa por embargos de declaração protelatórios aplicada à autora, vencidos os Ministros Breno Medeiros e Alexandre Luiz Ramos. TST-E-ED-ED-RR-11105-22.2015.5.03.004, SBDI-I, rel. Min. José Roberto Freire Pimenta, 18/6/2020. (TST. Info nº 221).

Intempestividade. Recurso interposto após o prazo legal contado a partir da publicação no DEJT. Posterior intimação via sistema PJE. Impossibilidade de alteração do início do prazo recursal. A intimação mediante o sistema do PJE não invalida, nem substitui a publicação ocorrida no Diário Eletrônico da Justiça do Trabalho (DEJT). Nos termos do art. 4º, § 2º, da Lei nº 11.419/2006, a publicação eletrônica do diário de justiça substitui qualquer outro meio de publicação oficial, para quaisquer efeitos legais, à exceção dos casos que, por lei, exigem intimação ou vista pessoal. Assim, é intempestivo o recurso ordinário interposto em 24/8/2018, pois o acórdão recorrido foi divulgado no DEJT de 2/8/2018, considerado publicado em 3/8/2018, tendo o octídio legal para a interposição do recurso (contado em dias úteis) expirado em 15/8/2018. O fato de a parte ter tido ciência da decisão no sistema do PJE apenas em 20/8/2018 não tem o condão de alterar a data inicial para a contagem do prazo recursal, pois não torna a publicação no DEJT sem efeitos. Sob esses fundamentos, a SBDI-II, por unanimidade, conheceu e negou provimento ao agravo de instrumento, mantendo incólume a decisão do Tribunal Regional que não admitiu o recurso ordinário porque intempestivo. TST-AIRO-6893-43.2015.5.15.0000, SBDI-II, rel. Min. Alexandre Agra Belmonte, 27.8.2019 (TST. Info nº 203).

Juntada de voto vencido. Ausência. Nulidade absoluta do julgado. Configuração. Art. 941, § 3º, do CPC de 2015. O art. 941, § 3º, do CPC de 2015 determina que "o voto vencido necessariamente será declarado e considerado como parte integrante do acórdão para todos os fins legais, inclusive para o de pré-questionamento", de forma que o legislador não deixou nenhuma margem interpretativa apta a relativizar a aplicação do dispositivo. A juntada do referido voto, portanto, é condição imprescindível para a efetivação do art. 93, IX, da CF, pois compõe a própria fundamentação da decisão colegiada e possibilita o conhecimento pelas partes de todas as razões (acatadas e rechaçadas) que resultaram no provimento jurisdicional. Assim, a ausência do voto vencido não pode ser considerada uma mera irregularidade passível de ser sanada pela ampla devolutividade do recurso ordinário, porquanto se trata de providência que, quando não observada, acarreta a nulidade absoluta do julgado. Sob esses fundamentos, a SBDI-II, por maioria, declarou a nulidade dos atos procedimentais a partir da publicação do acórdão do TRT sem o voto vencido, e determinou a devolução dos autos ao Tribunal Regional de origem para que seja sanada a irregularidade apontada, com restituição às partes do prazo para a interposição do recurso ordinário e o regular prosseguimento do feito. Vencidos, em parte, os Ministros Douglas Alencar Rodrigues e Luiz José Dezena da Silva. TST-RO-7956-69.2016.5.15.0000, SBDI-II, rel. Min. Maria Helena Mallmann, 13.8.2019 (TST. Info nº 202).

5.2. RECURSO ORDINÁRIO

Recurso ordinário. Cabimento. Agravo regimental que confirma decisão monocrática em ação rescisória. Determinação de intimação da parte para complementação do depósito prévio sob pena de indeferimento liminar da inicial. Antecipação da extinção do processo, sem resolução de mérito. Recorribilidade imediata. Cabe recurso ordinário contra decisão de TRT que, ao analisar agravo regimental, confirma decisão monocrática em ação rescisória determinando a intimação da autora para complementação do depósito prévio, sob pena de indeferimento da petição inicial. Trata-se de decisão que antecipa a extinção do processo, sem resolução de mérito (art. 485, IV, do CPC de 2015), ostentando, portanto, natureza jurídica de decisão terminativa a autorizar o cabimento de recurso ordinário ao TST, em atenção aos princípios da economia, utilidade e celeridade processuais. Sob esse fundamento, a SBDI-II, por unanimidade, conheceu do recurso ordinário e, no mérito, por maioria, deu-lhes provimento para, afastado o ônus processual imposto à parte relativamente à complementação do depósito prévio, determinar o retorno dos autos ao TRT de origem para que prossiga no exame da ação rescisória, como entender de direito. Vencidos os Ministros Luiz Jose Dezena da Silva, Douglas Alencar Rodrigues, Evandro Valadão e Renato de Lacerda Paiva. TST-RO-7878-41.2017.5.15.0000, SBDI-II, rel. Min. Alexandre Agra Belmonte, 1º.10.2019 (TST. Info nº 207).

Prescrição. Arguição em defesa. Afastamento pelo Juízo de primeiro grau. Improcedência dos pedidos iniciais. Efeito devolutivo em profundidade do recurso da parte sucumbente no pedido principal. Desnecessidade de renovação da prescrição em recurso adesivo ou em contrarrazões. O Tribunal Regional do Trabalho pode conhecer da prejudicial de prescrição arguida em defesa, ainda que não renovada por meio de recurso adesivo ou em contrarrazões ao recurso ordinário, quando julgados improcedentes os pedidos do reclamante. O efeito devolutivo do recurso ordinário é amplo e, consequentemente, admite o conhecimento da matéria impugnada, assim como de todas as questões suscitadas e discutidas no processo, ainda que o Juízo de primeiro grau não as tenha julgado por inteiro. Assim, no caso concreto, mesmo diante da não interposição de recurso adesivo, cabia ao TRT conhecer da prejudicial de prescrição arguida em contrarrazões pela reclamada. Sob esses fundamentos, a SBDI-I, em sua composição plena, por unanimidade, conheceu do recurso de embargos, por divergência jurisprudencial, e, no mérito, por maioria, deu-lhe provimento para reconhecer a possibilidade de exame, pelo Tribunal Regional, da prescrição renovada em contrarrazões ao recurso ordinário, e determinar o retorno dos autos à Turma a m de que prossiga no exame do recurso de revista, como entender de direito. Vencidos os Ministros Renato de Lacerda Paiva, Walmir Oliveira da Costa, José Roberto Freire Pimenta e Hugo Carlos Scheuermann, os quais negavam provimento ao recurso ao entendimento de que, na espécie, permitir que uma prejudicial de mérito seja arguida apenas em sede de contrarrazões ao recurso ordinário significa inviabilizar ao reclamante o exercício do contraditório e da ampla defesa. TST-E-ED-RR-103900-80.2012.5.17.0001, SBDI-I, rel. Min. Cláudio Mascarenhas Brandão, 21.2.2019 (TST. Info nº 192).

5.3. RECURSO DE REVISTA E EMBARGOS

Embargos em Recurso de Revista. Arguição de contrariedade a Súmula Vinculante 10 mediante indicação de afronta a "SV 10". Alegação genérica. Embargos não conhecidos. = A alegação genérica de contrariedade a súmulas não viabiliza o conhecimento do recurso de embargos. Na hipótese, mostra-se inviável o exame da acenada contrariedade à Súmula Vinculante 10 do STF, porquanto, no recurso de embargos, o Reclamado limitou-se a afirmar que a Turma "contrariou o disposto na SV nº 10", sem especificar que o termo se tratava de Súmula Vinculante proveniente do Supremo Tribunal Federal. Nesse sentido, a SBDI-I, por unanimidade, não conheceu dos Embargos. E-RR-1026-96.2013.5.15.0143, SBDI-I, rel. Min. Alexandre Luiz Ramos, 25/11/2021 (TST. Info nº 248).

Embargos. Deserção do Recurso de Revista. Depósito recursal. Seguro garantia judicial com prazo determinado. Possibilidade. Tem prevalecido, no âmbito do TST, entendimento no sentido da possibilidade de substituição do depósito recursal por fiança bancária ou pelo seguro garantia judicial. A liquidez conferida ao seguro garantia judicial e à carta de fiança, com sua conversão automática em dinheiro ao final da execução, constitui verdadeiro aperfeiçoamento não só do processo de execução como do sistema de penhora judicial, na medida em que harmoniza os princípios da máxima eficácia da execução para o credor e da menor onerosidade para o devedor. Há de se ressaltar que não existe previsão legal de que a carta de fiança bancária ou o seguro garantia judicial tenham prazo de validade indeterminado, ou condicionado até a solução final do litígio. Caso seja extinta e não renovada a garantia, a parte arcará com tal incúria, como em qualquer hipótese da sua perda superveniente. Sob esses fundamentos, a SBDI-I, por unanimidade, conheceu dos Embargos, por divergência jurisprudencial, e, no mérito, deu-lhes provimento, para reconhecer a validade do seguro garantia judicial com prazo determinado, afastar a deserção do recurso de revista da ré e determinar o retorno dos autos à Turma de origem, a fim de que proceda à aferição do cumprimento dos demais requisitos previstos no Ato Conjunto TST.CSJT.CGJT nº 1, de 16 de outubro de 2019, com as alterações promovidas pelo Ato Conjunto TST. CSJT.CGJT nº 1, de 29 de maio de 2020, e prossiga no julgamento do feito, como entender de direito. TST-E-AIRR-1154-45.2013.5.04.0007, SBDI-I, rel. Min. Cláudio Mascarenhas Brandão, 28/10/2021 (TST. Info nº 246).

Embargos. Conhecimento por contrariedade à Súmula ou Orientação Jurisprudencial por analogia. Impossibilidade. A Súmula nº 439 do TST estabelece que "Nas condenações por dano moral, a atualização monetária é devida a partir da data da decisão de arbitramento ou de alteração do valor. Os juros incidem desde o ajuizamento da ação, nos termos do art. 883 da CLT". A jurisprudência do TST vem estendendo a diretriz da Súmula nº 439 à fixação dos juros de mora também quanto ao pedido de indenização por danos materiais, tratando-se, portanto, de construção jurisprudencial. Contudo, o verbete, por não tratar do termo inicial para a incidência dos juros de mora em relação às indenizações por danos materiais, inviabiliza o conhecimento do recurso de embargos, por impertinência temática. Nesse sentido, sinale-se que o

TST já firmou entendimento quanto à impossibilidade de conhecimento do recurso de embargos com Súmula ou Orientação Jurisprudencial por analogia. Sob esses fundamentos, a SBDI-I, por unanimidade, negou provimento ao agravo regimental da segunda reclamada. TST-AgR-E-ED-RR-19900-90.2007.5.17.0012, SBDI-I, rel. Min. Breno Medeiros, 7/10/2021 (TST. Info nº 245).

Embargos em recurso de revista. Companhia de Água e Esgotos da Paraíba – CAGEPA. Sociedade de economia mista. Serviço público essencial, em regime não concorrencial e sem distribuição de lucros. Ausência de recolhimento de custas processuais e de depósito recursal referentes ao recurso ordinário. Deserção não configurada. Jurisprudência do STF. Nos termos do art. 173, § 1º, II, e § 2º da CF e da Súmula 170 do TST, as sociedades de economia mista estão sujeitas ao regime jurídico próprio das empresas privadas, inclusive quanto aos direitos e obrigações civis, comerciais, trabalhistas e tributários e não poderão gozar de privilégios fiscais não extensivos às do setor privado, razão pela qual a reclamada não estaria dispensada do pagamento de custas processuais e do recolhimento do depósito recursal. Não obstante, o STF tem estendido algumas prerrogativas da Fazenda Pública a determinadas empresas estatais prestadoras de relevantes serviços públicos, quando não atuam em regime de concorrência e não há comprovação de acúmulo ou distribuição de lucros, tais como a Empresa Brasileira de Correios e Telégrafos – ECT, Infraero e diversas companhias estaduais de saneamento básico (Rcl 33893 MC/PB, relator Min. Roberto Barroso, julgamento em 28/3/2019). Sob esse fundamento, a SBDI-I, por unanimidade, conheceu dos embargos interpostos pelo reclamante, por divergência jurisprudencial, e, no mérito, por maioria, negou-lhes provimento, mantendo a decisão turmária que, no caso específico da CAGEPA, em razão da aplicação das prerrogativas inerentes à Fazenda Pública, entendeu desnecessário o pagamento do depósito recursal e das custas processuais para interposição do recurso ordinário e demais recursos, ante a isenção do preparo. Vencidos os Exmos. Ministros Luiz Philippe Vieira de Mello Filho, Augusto César Leite de Carvalho, José Roberto Freire Pimenta, Hugo Carlos Scheuermann e Cláudio Mascarenhas Brandão. O acórdão será assinado pela Exma. Ministra Presidente Maria Cristina Irigoyen Peduzzi, nos termos do art. 165, parágrafo único, do RITST. TST-E-ED-ARR-1609-56.2016.5.13.0006, SBDI-I, rel. Min. Márcio Eurico Vitral Amaro, 13/5/2021 (TST. Info nº 237).

Intempestividade do recurso de embargos. Interposição contra embargos de declaração não conhecidos. Irregularidade de representação. Inexistência de mandato tácito. Inaplicabilidade do efeito interruptivo. A jurisprudência do TST é firme no sentido de que não configura mandato tácito a realização de sustentação oral por advogado, sem procuração válida. Ademais, nos termos da Orientação Jurisprudencial 200 da SBDI-I do TST, "É inválido o substabelecimento de advogado investido de mandato tácito". Nesse contexto, não é possível afastar a irregularidade de representação constatada em recurso cujo subscritor recebeu substabelecimento de advogado sem poder nos autos. Ressalte-se ainda que, antes mesmo da modificação do art. 897-A, § 3º, da CLT, o entendimento desta Corte já era no sentido de ser inaplicável o efeito interruptivo do prazo recursal, quando da interposição de embargos de declaração sequer conhecidos, por ausência de pressuposto extrínseco de admissibilidade, tal como a regularidade de representação. Ante o exposto, configura-se intempestivo o recurso de embargos interposto em 09/03/2011, quando o acórdão que não conheceu parcialmente do recurso de revista foi publicado em 21/10/2010 e contra o referido acórdão tenham sido opostos embargos de declaração que não ultrapassaram a barreira do conhecimento. Sob esses fundamentos, a SBDI-I, por unanimidade, não conheceu do recurso de embargos. TST-E-ED-RR-16400-08.2008.5.13.0007, SBDI-I, rel. Min. Renato de Lacerda Paiva, 13/5/2021 (TST. Info nº 237).

Embargos. Recurso de Revista. Acidente de trabalho. Morte de piloto em acidente aéreo. Responsabilidade objetiva. Regramento específico. Súmula 296, I, do TST. Inespecificidade dos arestos. Em sede de Recurso de Revista, a 3ª Turma reconheceu a violação do art. 927 do Código Civil em razão de morte de piloto de aeronave em acidente aéreo, dando provimento para reconhecer a responsabilidade objetiva da Reclamada, sob o argumento de que se aplicaria ao caso, mesmo não se tratando de empresa de transporte aéreo, os arts. 256, § 2.º, alínea a, e 257 do Código Brasileiro de Aeronáutica/86, visto que os dispositivos, segundo a compreensão daquele colegiado, alcançariam todos os trabalhadores que atuam na atividade de transporte aéreo, sem qualquer restrição. O recurso de embargos foi manejado sob a perspectiva de divergência jurisprudencial. No acórdão paradigma houve fixação de tese quanto à inaplicabilidade da responsabilidade objetiva, desde que a empresa reclamada não explorasse economicamente o transporte aéreo e, que houvesse recebimento de seguro, assegurado por ela, para eventual indenização de riscos futuros aos tripulantes, nos termos do art. 281, caput, II e parágrafo único. No caso apontado, a Reclamada foi condenada ao pagamento de indenização por danos morais e materiais pelo acidente aéreo que vitimou o empregado, porquanto houve somente pagamento do seguro de vida assegurado pela própria vítima. No caso em análise, a situação fática é diversa e a discussão acerca do pagamento de seguro para garantia de riscos sequer foi ventilada na fundamentação adotada pelo Colegiado, a fim de atribuir identidade fática viabilizadora do confronto de teses, a teor da Súmula 296, I, do TST. Sob esse fundamento, a SBDI-1, por unanimidade, não conheceu dos embargos. TST-E-RR-1532-10.2012.5.10.0802, SBDI-I, rel. Min. Alexandre Luiz Ramos, 11/3/2021 (TST. Info nº 233).

Agravo em embargos em recurso de revista. Não demonstração de transcendência no recurso de revista. Incabível recurso de embargos. Irrecorribilidade apenas da decisão que considerou não restar demonstrada a transcendência. Art. 896-A, §4º, da CLT. Segundo o art. 896-A, § 4.º, da CLT, quando mantido o voto do relator quanto à não transcendência do recurso de revista, será lavrado acórdão com fundamentação sucinta, que constituirá decisão irrecorrível no âmbito do Tribunal. A interpretação estrita da norma conduz à conclusão de que a decisão que a lei considera irrecorrível no âmbito do TST é a do acórdão da Turma que não reconheceu a transcendência do recurso de revista, não a decisão da Presidência da Turma que negou seguimento ao recurso de embargos. Destarte, da decisão denegatória dos embargos, caberia agravo, na forma do art. 894, § 4.º, da CLT, não obstante, no mérito, venha a ser desprovido. Sob esses fundamentos, a SBDI-I, por maioria, conheceu do agravo, vencidos os Ministros Breno Medeiros e João Batista Brito Pereira, e, no mérito, ainda por maioria, vencidos os Ministros Aloysio Corrêa da Veiga e Alexandre Luiz Ramos, negou-lhe provimento. TST-Ag-E--RR-7-94.2017.5.17.0002, SBDI-I, rel. Min. Walmir Oliveira da Costa, 17/12/2020 (TST. Info nº 231).

Embargos. Conhecimento por contrariedade à Súmula nº 126 do TST. Excepcional possibilidade. Exame do mérito do recurso de revista sem considerar particularidade fática insuscetível de afastamento em sede extraordinária. Em regra, não se conhece dos embargos por contrariedade ou má aplicação de súmula ou orientação jurisprudencial de conteúdo processual invocada como óbice ao conhecimento do recurso de revista, com exceção da hipótese em que a decisão embargada contenha armação ou manifestação contrária ao teor do verbete indicado como mal aplicado. No caso, a decisão turmária determinou a apuração das horas extras referentes ao período em que não foram juntados os cartões de ponto com base na jornada alegada na inicial (Súmula nº 338, I, do TST), sem atentar para a particularidade registrada pelo Tribunal Regional de que as condições de trabalho no período em que não foi registrada a jornada permaneceram inalteradas. Assim, restou configurada a hipótese excepcional de cabimento dos embargos por contrariedade à Súmula nº 126 do TST, pois a Turma procedeu ao exame do mérito ignorando peculiaridade fática insuscetível de afastamento em sede extraordinária. Com esses fundamentos, a SBDI-I, por maioria, conheceu do recurso de embargos, por contrariedade à Súmula nº 126 do TST, e, no mérito, aplicando a Orientação Jurisprudencial nº 233 da SBDI-I, deu-lhe provimento para restabelecer o acórdão do TRT, o qual mantivera a sentença que determinou a apuração das horas extraordinárias pela média da totalidade dos controles de jornada apresentados. Vencidos os Ministros José Roberto Freire Pimenta, relator, Alberto Luiz Bresciani de Fontan Pereira e Wlamir Oliveira da Costa. TST--Ag-E-ED-ARR-21130-73.2016.5.04.0802, SBDI-I, rel. Min. José Roberto Freire Pimenta, red. p/ acórdão Min. Breno Medeiros, 30.5.2019 (TST. Info nº 197).

Conhecimento do recurso de revista por contrariedade a precedente normativo do TST. Possibilidade. É possível o conhecimento de recuso de revista por contrariedade a precedente normativo do TST, pois, embora o art. 896, "a", da CLT, com redação dada pela Lei nº 13.015/2014, refira-se a "súmula de jurisprudência uniforme", pode--se armar que jurisprudência uniformizada é gênero, do qual súmulas, orientações jurisprudenciais e precedentes normativos são espécies. Ademais, se a Orientação Jurisprudencial nº 219 da SBDI-I admite invocar orientação jurisprudencial do TST para conhecimento de recurso de revista ou de embargos, independentemente da origem do verbete (SBDI-I, SBDI-II, Tribunal Pleno/Órgão Especial ou SDC), não se justifica inadmitir o recurso por contrariedade a precedente normativo, simplesmente pelo fato de consolidar entendimento jurisprudencial firmado no âmbito dos dissídios coletivos. Assim, a SBDI-I, por unanimidade, conheceu dos embargos da reclamada, por divergência jurisprudencial e, no mérito, por maioria, negou-lhes provimento, mantendo, portanto, a decisão turmária que conhecera do recurso de revista por contrariedade ao Precedente Normativo nº 119 do TST e dera-lhe provimento para condenar a reclamada a restituir ao reclamante os valores descontados a título de contribuição assistencial sem sua expressa autorização. Vencidos os Ministros Ives Gandra Martins Filho e Walmir Oliveira da Costa. TSTE-RR-2294-39.2012.5.02.0029, SBDI-I, rel. Min. Aloysio Corrêa da Veiga, 6.9.2018 (TST. Info nº 183).

5.4. EMBARGOS DECLARATÓRIOS

Quintos Embargos de Declaração. Intuito protelatório. Não conhecimento. Art. 1.026, § 4º, do CPC. Certificação do trânsito em julgado. Não merecem conhecimento quintos embargos de declaração, em que a autora repete a alegação de omissão de julgamento quanto ao pedido de homologação da desistência dos embargos de declaração, visto que não tem relação com o que fora decidido no quinto último acórdão proferido por esta Subseção, por meio do qual não se conheceu dos embargos de declaração por intempestivos. Por se tratar de reiteração de embargos de declaração manifestamente protelatórios, a atrair a incidência da regra prevista no artigo 1.026, § 4º, do CPC, e na esteira das decisões proferidas pelo Supremo Tribunal Federal, a SBDI-I, por unanimidade, decidiu não conhecer dos embargos de declaração, determinando a certificação do trânsito em julgado do acórdão embargado e a imediata baixa dos autos. TST-ED-ED-ED-ED-Ag-ED-Ag-ED-E-ED-Ag--AIRR-274-91.2011.5.05.0008, SBDI-I, rel. Min. Augusto César Leite de Carvalho, 2/12/2021 (TST. Info nº 249).

Embargos de declaração interpostos pelo reclamante. Intuito protelatório. Aplicação da multa prevista no art. 1.026, § 2º, do CPC de 2015. Possibilidade. É admissível a imposição de multa em situações em que se constate que há procrastinação na interposição de embargos de declaração pelo reclamante. Verificado que o empregado se utilizou dos embargos de declaração para ver reapreciadas premissas fáticas já afastadas, em contrário aos seus interesses, resultou demonstrado o manifesto caráter protelatório do curso normal do processo, a atrair a aplicação da multa prevista no art. 1.026, § 2º, do CPC de 2015. Na ocasião, ressaltou-se que não é possível adotar a presunção de que o credor de verba alimentar nunca tem a intenção de procrastinar o feito, devendo--se apurar, no caso concreto, a má utilização dos embargos de declaração. Sob esse fundamento, a SBDI-I, por unanimidade, conheceu do recurso de embargos, por divergência jurisprudencial, e, no mérito, por maioria, negou-lhes provimento. Vencidos os Ministros Augusto César Leite de Carvalho, relator, e Alexandre Agra Belmonte. TST-E-ED-ARR-414800-90.2007.5.09.0892, SBDI-I, rel. Min. Ministro Augusto César Leite de Carvalho, red. p/ acórdão Min. João Oreste Dalazen, 18.5.2017 (TST. Info nº 159).

5.5. OUTROS RECURSOS

Embargos à SBDI-I. Agravo em agravo de instrumento não conhecido. Irrecorribilidade da decisão monocrática proferida em sede de agravo de instrumento que não reconhece a transcendência da causa. Inconstitucionalidade do art. 896-A, § 5º, da CLT. Ausência de fundamentação. Inviabilidade de exame do mérito. Não se conhece dos embargos à SBDI-I quando a parte se limita a alegar a inconstitucionalidade do art. 896-A, § 5º da CLT, sem transcrever arestos para demonstrar dissenso jurisprudencial ou apontar contrariedade a Súmula, Orientação Jurisprudencial do TST ou Súmula vinculante do STF, revelando-se desfundamentado o recurso, uma vez que não observados os requisitos do art. 894, II, da CLT. No caso, a egrégia Turma não conheceu do agravo interposto contra decisão monocrática proferida em sede de agravo de instrumento que não reconheceu a transcendência da matéria, limitando-se a erigir óbice de natureza processual ao conhecimento do apelo, qual seja, a norma inserta no § 5º do artigo 896-A da CLT, que prevê a irrecorribilidade dessa decisão. O embargante, contudo, limitou-se a alegar a inconstitucionalidade da referida norma. Resultou, portanto, inviável o exame de eventual desconformidade da decisão proferida pela Turma com o entendimento sufragado pelo Tribunal Pleno do TST, nos autos da arguição de inconstitucionalidade nº 1000845-52.2016.5.02.0461. Sob esses fundamentos, a SBDI-I, por maioria, não conheceu dos embargos. Vencido o Ministro Alexandre Luiz Ramos, que conhecia dos embargos, por divergência com o precedente vinculante do Tribunal Pleno, no julgamento do ArgInc-Ag-AIRR nº 1000845-52.2016.5.02.0461 e, no mérito, dava-lhe provimento para anular o acórdão embargado, determinando o retorno dos autos à Turma de origem, para, afastando a aplicação do § 5.º do art. 896-A da CLT, apreciar o agravo interno como entender de direito, no que foi acompanhado pela Ministra Maria Cristina Irigoyen Peduzzi. TST-E-Ag-AIRR-10368-46.2017.5.15.0126, SBDI-I, rel. Min. Lelio Bentes Corrêa, 18/11/2021 (TST. Info nº 248).

Agravo em Embargos em Embargos de Declaração em Recurso de Revista. Contrariedade à Súmula 422 do TST. Ausência de indicação do item da súmula. Admissibilidade do recurso de embargos. Impossibilidade. A falta de indicação do item da Súmula 422 do TST entendido como violado inviabiliza a admissibilidade do recurso de embargos. No caso, foi denegado seguimento ao recurso de embargos por contrariedade à Súmula 422, sob a justificativa de que a não impugnação dos argumentos da decisão recorrida resulta em recurso desfundamentado e de que a indicação de contrariedade a súmula de natureza processual não enseja a admissibilidade dos embargos. Ocorre que, a alegação de contrariedade à Súmula 422 do TST, sem a indicação do respectivo item violado, enseja a não admissibilidade do recurso de embargos, o que acarreta a manutenção da decisão denegatória do recurso de embargos, por fundamento diverso. Sob esses fundamentos, a SBDI, por maioria, vencidos os Ministros Renato de Lacerda Paiva, Luiz Philippe Vieira de Mello Filho e José Roberto Freire Pimenta, conheceu do agravo e, no mérito, negou-lhe provimento. TST-Ag-E-ED-RR-543-07.2015.5.08.0009, SBDI-I, rel. Min. Dora Maria da Costa, 11/11/2021 (TST. Info nº 247).

Agravo interno. Pedido de suspensão de liminar e de sentença. Pessoa jurídica de direito privado integrante da Administração Pública Indireta. Ilegitimidade ativa por não resultar configurada atuação na defesa de interesse público primário, mas interesse meramente patrimonial. Com fulcro na jurisprudência deste colendo Tribunal Superior do Trabalho e do egrégio Superior Tribunal de Justiça, no sentido de que a legitimidade ativa de pessoa jurídica de direito privado integrante da Administração Pública Indireta para apresentar pedido de suspensão de liminar e de sentença restringe-se às hipóteses em que atua na defesa de interesse público primário, o Órgão Especial, por unanimidade, manteve a decisão agravada que reconheceu não configurada a legitimidade excepcional da requerente, uma vez que as alegações veiculadas pelo pedido de suspensão não evidenciam a necessidade de tutela da economia e da ordem públicas, mas sim estão relacionadas ao exercício de atividade econômica pela requerente, revelando a defesa de interesse estritamente patrimonial. Nesse contexto, resultou mantida a decisão que julgou extinto o processo sem resolução do mérito, com espeque no art. 485, VI, do CPC de 2015, por ilegitimidade ativa. TST-OE-SLS-1001214-86.2020.5.00.0000, Órgão Especial, rel. Min. Maria Cristina Irigoyen Peduzzi, 9/8/2021 (TST. Info nº 241).

Agravo interno em embargos em recurso de revista. Apresentação do recurso de embargos por meio de fac-símile. Transmissão incompleta. Invalidade. Art. 4º da lei nº 9.800/99. Reenvio por fac-símile no prazo recursal. Preclusão consumativa. A transmissão incompleta da petição dos embargos realizada por intermédio de fac-símile torna inválida a peça recursal, uma vez que impede a imprescindível conferência do seu conteúdo com o teor dos originais do recurso, conforme interpretação que se extrai do artigo 4º da Lei nº 9.800/99. No caso, a preclusão consumativa operou-se com a apresentação de petição incompleta, transmitida via fac-símile. À luz do princípio da unirrecorribilidade, não se pode considerar, para fins de verificação da regularidade da interposição do recurso, uma segunda petição, também transmitida via fac-símile, ainda que dentro do prazo recursal, salientando-se, por oportuno, que os originais do recurso foram apresentados somente após a expiração do prazo. Sob esses fundamentos, a SBDI-1, por maioria, negou provimento ao agravo interno, vencidos os Exmos. Ministros Luiz Philippe Vieira de Mello Filho, Alexandre Luiz Ramos, João Batista Brito Pereira, Lelio Bentes Corrêa e a Exma. Ministra Maria Cristina Irigoyen Peduzzi. TST-AgR-E-RR-20300-30.2013.5.17.0001, SBDI-I, rel. Min. Cláudio Mascarenhas Brandão, 15/4/2021 (TST. Info nº 235).

Agravo de instrumento. Renovação das alegações do recurso de revista. Desnecessidade. Óbice processual impugnado nas razões do agravo de instrumento. Princípio da dialeticidade. Observância. De acordo com o princípio da dialeticidade, é suficiente que o agravo de instrumento procure infirmar o óbice processual que norteou a decisão agravada, a fim de acessar a violação ou a divergência jurisprudencial apontada no recurso de revista, resultando atendida a orientação da Súmula nº 422 do TST. No caso, o Tribunal Regional denegou seguimento ao recurso de revista do reclamante com fundamento no óbice processual da Súmula nº 126 do TST. Interposto agravo de instrumento, a Turma deu provimento ao recurso do reclamante para processar e julgar o seu recurso de revista, uma vez demonstrada a desnecessidade do reexame de fatos e provas, ainda que não renovada a alegação do recurso principal de violação do art. 7º, XIII, da CF. Sob esse entendimento, o Tribunal Pleno, por maioria, negou provimento aos embargos da reclamada, fixando a seguinte tese: o agravo de instrumento que impugna óbice processual eleito no despacho denegatório do recurso de revista não necessita renovar as razões do mérito do recurso, as quais não foram examinadas no despacho agravado. Vencidos os Exmos. Ministros Ives Gandra da Silva Martins Filho, Relator, Emmanoel Pereira, Guilherme Augusto Caputo Bastos, Augusto César Leite de Carvalho, Douglas Alencar Rodrigues, Breno Medeiros, Alexandre Luiz Ramos, Luiz José Dezena da Silva e a Ministra Maria Helena Mallmann, que davam provimento aos embargos, para, reformando a decisão da 3ª Turma, não conhecer do agravo de instrumento obreiro, em face do descumprimento das exigências dos arts. 897, § 5º, da CLT e 1.016, III, do CPC. Ainda, por maioria, o Tribunal Pleno rejeitou a proposta de modulação dos efeitos da decisão, vencidos os Exmos. Ministros Ives Gandra da Silva Martins Filho, Emmanoel Pereira, Guilherme Augusto Caputo Bastos, Douglas Alencar Rodrigues, Breno Medeiros, Alexandre Luiz Ramos e Luiz José Dezena da Silva. TST-E-ED-ED-RR-291-13.2016.5.08.0124, Tribunal Pleno, red. p/ acórdão Min. Luiz Philippe Vieira de Mello Filho, 19/4/2021 (TST. Info nº 235).

Execução. Agravo de petição do exequente. Delimitação de valores prevista no art. 897, § 1º, da CLT. Inexigibilidade. A delimitação dos valores impugnados a que alude o art. 897, § 1º, da CLT é pressuposto de admissibilidade do agravo de petição e visa a execução imediata da parte incontroversa, razão pela qual somente é exigível do executado. O exequente, via de regra, pretende obter um acréscimo ao valor já apurado, de modo que o descumprimento da referida norma não acarreta qualquer prejuízo ao prosseguimento da execução. Sob esse entendimento, a SBDI-I, por unanimidade, conheceu dos embargos, por divergência jurisprudencial, e, no mérito, por maioria, deu-lhes provimento para, afastada a necessidade de delimitação de valores, determinar o retorno dos autos ao TRT para que prossiga no exame do agravo de petição do exequente, como entender de direito. Vencidos os Ministros Cláudio Mascarenhas Brandão, Alexandre Agra Belmonte, Guilherme Augusto Caputo Bastos, Walmir Oliveira da Costa e Ives Gandra Martins Filho. TST-E-RR-143500-80.2004.5.01.0342, SBDII, rel. Min. Hugo Carlos Scheuermann, 8.2.2018 (TST. Info nº 171).

5.6. INCIDENTE DE RESOLUÇÃO DE DEMANDA REPETITIVA – IRDR, INCIDENTE DE ASSUNÇÃO DE COMPETÊNCIA – IAC, SÚMULAS E OJ'S

Reclamação. Tribunal Pleno. Competência funcional. Suposta inobservância de súmula do TST.

O Tribunal Pleno detém competência para estabelecer súmulas e julgar reclamações, nos termos dos incisos VII e XI do art. 75 do RITST, respectivamente, do que resulta sua competência para julgar reclamação que tiver como causa de pedir alegada inobservância de súmula por ele estabelecida, visto ser o órgão colegiado cuja autoridade se pretende garantir, conforme previsto no art. 210, parágrafo 2º, do RITST. Sob esse entendimento, o Tribunal Pleno, por unanimidade, decidiu ser da sua competência o julgamento de reclamação contra acórdão regional que supostamente negara cumprimento à Súmula nº 463, II, do TST, e negou provimento ao agravo interno interposto, mantendo a decisão monocrática que julgara incabível a reclamação. Rcl-1000623-61.2019.5.00.0000, Tribunal Pleno, rel. Min. Márcio Eurico Vitral Amaro, 29/6/2020 (TST. Info nº 221).

Ação rescisória. Art. 966, VII, do CPC de 2015. Acórdão prolatado em julgamento de recurso de revista repetitivo. Publicação posterior à decisão rescindenda. Ausência de demonstração de fato ocorrido na relação jurídica controvertida no processo matriz. Prova nova. Não configuração. Acórdão prolatado em julgamento de incidente de recurso repetitivo não constitui prova apta a deflagrar o corte rescisório calcado no art. 966, VII, do CPC de 2015, pois referido julgado não se destina à demonstração de um fato ocorrido na relação jurídica controvertida no processo matriz, mas apenas explicita entendimento uniforme e vinculante do TST sobre a controvérsia jurídica. Ademais, a prova nova deve ser cronologicamente velha, o que o não ocorreu no caso em apreço, pois o acórdão invocado foi publicado após a decisão rescindenda. Assim, ausente a probabilidade do direito, a SBDI-II, por unanimidade, conheceu do agravo regimental e, no mérito, negou-lhe provimento para manter a decisão monocrática que indeferira o pedido de tutela provisória de urgência formulado nos autos da ação rescisória. TST-AgRAR-1000450-71.2018.5.00.0000, SBDI-II, rel. Min. Delaíde Miranda Arantes, 18.6.2019 (Info nº 199).

Embargos de declaração. Incidente de Recursos de Revista Repetitivos. "Tema nº 0006 – Responsabilidade subsidiária. Dona da obra. Aplicação da OJ 191 da SBDI-I limitada à pessoa física ou micro e pequenas empresas". A SBDI-I, por unanimidade, deu provimento aos embargos de declaração da Associação Brasileira do Agronegócio (Abag) para, ao sanar omissão, mediante a atribuição de efeito modificativo, acrescer ao acórdão originário referente ao Tema Repetitivo nº 0006 – RESPONSABILIDADE SUBSIDIÁRIA. DONA DA OBRA. APLICAÇÃO DA OJ 191 DA SBDI-I LIMITADA À PESSOA FÍSICA OU MICRO E PEQUENAS EMPRESAS, a tese jurídica nº 5, de seguinte teor: V) O entendimento contido na tese jurídica nº 4 aplica-se exclusivamente aos contratos de empreitada celebrados após 11 de maio de 2017, data do presente julgamento. TST-ED-IRR-190-53.2015.5.03.0090, SBDI-I, rel. Min. João Oreste Dalazen, 9.8.2018 (Info nº 181).

5.7. AÇÃO RESCISÓRIA

Ação Rescisória. Art. 966, incisos II e V, do CPC. Pretensão de indenização por danos morais e materiais. Período de vínculo celetista com o ente público. Competência da Justiça do Trabalho. Decisão rescindenda em consonância com o entendimento firmado pelo STF à época. Tema de Repercussão Geral nº 928. Sinalização de mudança de entendimento em reclamações constitucionais. Não cabimento da ação rescisória. Óbice da Súmula nº 343 do STF e da tese fixada no Tema nº 136 de Repercussão Geral. A existência de decisões em reclamações constitucionais que indiquem mudança de entendimento firmado em tema de repercussão geral não autoriza a utilização da ação rescisória para desconstituir decisão proferida em harmonia com o entendimento firmado, à época, pelo Plenário do STF, ante o óbice da Súmula nº 343 do STF e da tese fixada no Tema nº 136 de Repercussão Geral. Com esse entendimento, a SBDI-II, por unanimidade, negou provimento ao recurso ordinário interposto pela Fundação Nacional de Saúde – Funasa, autora da ação rescisória, por meio da qual pretendia a desconstituição de julgado que, com fundamento no Tema nº 928 de Repercussão Geral, declarou a competência da Justiça do Trabalho para processar e julgar reclamação trabalhista com pedido de indenização por danos morais e materiais supostamente causados pelo manuseio do DDT, relativo ao período em que o servidor público possuía vínculo celetista com a Funasa. Salientou-se que, apesar de recentes decisões de Turmas do Supremo Tribunal Federal em reclamações terem declarado a competência da Justiça Federal para julgar as demandas idênticas à do caso em análise, tais julgados não têm o condão de suprimir a tese fixada no Tema nº 928 pelo Pleno do STF. Destacou-se, ainda, que, nos termos do art. 11, inciso II, do Regimento Interno do STF, o reexame de questão de inconstitucionalidade já decidida pelo Plenário, não poderia ser realizado por Turma. TST-ROT-200-94.2020.5.14.0000, SBDI-II, rel. Min. Evandro Pereira Valadão Lopes, 9/11/2021 (TST. Info nº 247).

Ação rescisória. Definição da data do efetivo trânsito em julgado e do termo inicial do prazo para a propositura da ação desconstitutiva. Art. 132, § 3º, do Código Civil e Súmula nº 100, item I, do TST. A data do efetivo trânsito em julgado corresponde ao dia imediatamente subsequente ao último dia do prazo para a interposição do recurso, iniciando-se a contagem do prazo decadencial para ajuizamento da ação rescisória no dia seguinte, nos termos do inciso I da Súmula nº 100/TST, e findando-se no dia de igual número do de início, ou no imediato, se faltar exata correspondência, conforme artigo 132, § 2º, do Código Civil. Com esse entendimento, a SBDI-II, por maioria, conheceu e deu provimento ao recurso ordinário para afastar a decadência de ação rescisória ajuizada em 11/10/2016, por concluir que o trânsito em julgado da sentença rescindenda, que extinguiu a reclamação trabalhista matriz com resolução do mérito, ante o reconhecimento da prescrição, deu-se em 10/10/2014, visto que as partes deixaram transcorrer in albis o octídio legal para a interposição de recurso ordinário, que se encerrou em 09/10/2014. Vencidos os Ministros Emmanoel Pereira, Relator, e Evandro Pereira Valadão Lopes. TST-RO-1293-83.2016.5.05.0000, SBDI-II, red. p/ acórdão Min. Renato de Lacerda Paiva, 10/8/2021 (TST. Info nº 241).

Ação rescisória ajuizada na vigência do CPC de 2015. Sentença rescindenda transitada em julgado sob a égide do CPC de 1973. Pretensão desconstitutiva fundada em prova nova. Decadência. Inaplicabilidade do art. 975, § 2º, do CPC de 2015. Irretroatividade da lei processual. O prazo para ajuizamento da ação rescisória é estabelecido pela data do trânsito em julgado da decisão rescindenda, de modo que não se aplica a regra contida no art. 975, § 2º, do CPC de 2015, acerca da contagem do prazo decadencial em ação rescisória fundada em prova nova, à coisa julgada constituída antes de sua vigência. No caso, destacou-se que a sentença rescindenda, que julgara improcedente o pedido da reclamante de indenização por dano moral e material decorrente de moléstia profissional, transitou em julgado em 2012, não havendo possibilidade de se alterar o início da contagem do prazo decadencial para momento diverso, em razão de a ação rescisória ter sido ajuizada em 2017, muito além do prazo previsto no art. 495 do CPC de 1973. Com efeito, a Subseção já se manifestou no sentido de que a data do trânsito em julgado da sentença rescindenda define o regramento processual a ser aplicado, não podendo ser atribuído efeito retroativo à nova lei processual, em observância ao princípio de direito intertemporal *tempus regit actum*. Sob esse fundamento, a SBDI-II, por unanimidade, conheceu do recurso ordinário da autora e, no mérito, negou-lhe provimento, mantendo o acórdão prolatado pelo Tribunal Regional que pronunciou a decadência e extinguiu o feito com resolução do mérito. TST-ROT-7994-47.2017.5.15.0000, SBDI-II, rel. Min. Alexandre de Souza Agra Belmonte, 18/5/2021 (TST. Info nº 238).

Ação rescisória. Art. 966, incisos III e V, do CPC/15. Legitimidade ativa do Ministério Público do Trabalho. Laudo pericial produzido por profissional investigado pelo Ministério Público Federal na "Operação Hipócritas". Lesão de origem comum a diversos trabalhadores. Interesse transindividual. Incidência da Súmula nº 407 do TST. Exceção nas hipóteses de processo extinto por acordo. O Ministério Público do Trabalho possui legitimidade ativa para propor ação rescisória, com fundamento no art. 966, III e V, do CPC/2015, ainda que não tenha sido parte no processo originário, em face de decisão que julgou improcedente reclamação trabalhista com fundamento em laudo oficial fraudulento produzido por perito judicial investigado pelo Ministério Público Federal na "Operação Hipócritas", exceto nas hipóteses em que a reclamação trabalhista for extinta por acordo. Com esse entendimento, a SDI-2, na mesma sessão, por maioria, concluiu o julgamento dos recursos ordinários em ação rescisória RO-6784-24.2018.5.15.0000 e RO-6789-46.2018.5.15.0000. No tocante ao primeiro processo, em que se reconheceu a legitimidade ativa do MPT, consignou-se que, nos termos da Súmula nº 407 do TST, a legitimidade ad causam do Ministério Público para propor ação rescisória, ainda que não tenha sido parte no processo que deu origem à decisão rescindenda, não está limitada às alíneas "a" e "b" do inciso III do art. 967 do CPC de 2015 e que, na hipótese em que inúmeros trabalhadores foram criminosamente prejudicados com a produção e utilização de laudos periciais viciados, não se pode falar em lesão a direitos puramente individuais e disponíveis, mas, sim, de interesses transindividuais, visto que ligados por circunstância comum que os privou de uma sentença proferida com base no devido processo legal, cuja proteção é conferida expressamente ao MPT, a teor dos artigos 127 da Constituição Federal e 5º, inciso I, 6º, incisos XII e XIV, alínea "a", e 83, inciso III, da Lei Complementar nº 75/1993. Além disso, destacou-se que a legitimidade do MPT decorre também do fato de a fraude perpetrada na produção de laudos periciais oficiais ter atingido a dignidade da Justiça do Trabalho. Assim, a SDI-2 deu provimento ao RO-6784-24.2018.5.15.0000, para, afastando o óbice da ilegitimidade ativa do MPT imposto na origem, determinar o retorno dos autos ao Tribunal Regional, a fim de que prossiga na análise da ação rescisória, como entender de direito, vencidos os Ministros Renato de Lacerda Paiva, Douglas Alencar Rodrigues, Alexandre de Souza Agra Belmonte e Luiz José Dezena da Silva. Diferentemente, ao apreciar o RO-6789-46.2018.5.15.0000, a SDI-2 manteve a decisão de origem em que se declarou a ilegitimidade ativa do MPT para propor ação rescisória em processo no qual também foi produzido laudo viciado por perito judicial investigado pelo Ministério Público Federal na "Operação Hipócritas", mas cuja extinção decorreu de acordo. Para a maioria dos ministros, prevaleceu o entendimento de que, nas hipóteses em que a pretensão desconstitutiva dirige-se contra sentença homologatória de acordo, a decisão fundamenta-se apenas na autonomia da vontade, razão pela qual a conclusão do laudo médico pericial, ainda que viciado, não seria capaz de influenciar a vontade do reclamante, não se configurando, portanto, o ataque à dignidade da Justiça do Trabalho capaz de amparar a legitimidade do MPT. Assim, a SDI-2, também por maioria, negou provimento ao RO-6789-46.2018.5.15.0000, vencidos os Ministros Luiz Philippe Vieira de Mello Filho e Evandro Pereira Valadão Lopes e as Ministras Delaíde Miranda Arantes e Maria Helena Mallmann. TST-RO-6784-24.2018.5.15.0000, rel. Min. Maria Helena Mallmann, e TST-RO-6789-46.2018.5.15.0000, rel. Min. Alexandre de Souza Agra Belmonte, SBDI-II, 20/4/2021. TST-RO-6784-24.2018.5.15.0000, rel. Min. Maria Helena Mallmann, e TST-RO-6789-46.2018.5.15.0000, rel. Min. Alexandre de Souza Agra Belmonte, SBDI-II, 20/4/2021 (TST. Info nº 236).

Ação rescisória. Indeferimento liminar da petição inicial com fundamento na inexistência de violação literal de disposição de lei na decisão rescindenda. Análise do mérito. Impossibilidade. Necessidade de triangularização da relação processual. O indeferimento liminar da petição inicial de ação rescisória, com extinção do processo sem resolução de mérito, enseja a não triangularização da relação processual. Consequentemente, ante a não citação do réu, impede-se qualquer exame de mérito da ação rescisória. Sob esses fundamentos, a SBDI-II, por unanimidade, conheceu do recurso ordinário e, no mérito, deu-lhe provimento, para afastar a extinção do processo sem resolução do mérito nos termos em que proposta no acórdão recorrido, determinando o retorno dos autos ao Tribunal Regional do Trabalho da 15ª Região, a fim de que proceda ao processamento e julgamento da ação rescisória, conforme entender de direito. TST-RO-1544-98.2011.5.15.0000, SBDI-II, rel. Min. Delaíde Alves Miranda Arantes, 16/3/2021 (TST. Info nº 234).

Ação rescisória. Depósito prévio. Procedência parcial da reclamação trabalhista. Valor da causa. Observância do montante pecuniário correspondente à parte da decisão submetida ao corte rescisório. O valor da causa atribuído à ação rescisória em que se pretende rescindir fração específica da coisa julgada deve ser fixado de maneira a corresponder ao exato alcance dos pedidos submetidos ao corte rescisório. Dessa forma, nas situações em que o reclamante sucumbiu em parte no julgamento da reclamação trabalhista, o valor da causa deve observar o montante pecuniário dos direitos inscritos nos capítulos da decisão que se pretende desconstituir, sob pena de se atribuir à parte ônus pecuniário excessivo e desproporcional, decorrente da ampliação indevida da base de cálculo para a realização do depósito prévio. No caso, o Tribunal Regional indeferiu a petição inicial da ação rescisória sob o fundamento de que o depósito prévio exigido para o seu ajuizamento foi insuficiente, uma vez que não correspondeu ao valor total da condenação. Assim, a SBDI-II, por maioria, deu provimento ao recurso ordinário, afastando a extinção do processo sem resolução do mérito, com a consequente devolução dos autos ao tribunal de origem, para retomada regular do trâmite processual, como entender de direito. Vencidas as Ministras Maria Helena Mallmann, relatora, e Delaíde Miranda Arantes. TST-RO-10102-78.2013.5.01.0000, SBDI-II, red. p/ acórdão Min. Douglas Alencar Rodrigues, 13/10/2020 (TST. Info nº 227).

Ação rescisória. Irregularidade no depósito prévio. Saneamento do vício de forma espontânea, logo após o ajuizamento da ação. Extinção do processo, sem resolução do mérito. Impossibilidade. Direito à emenda ou complementação da petição inicial previsto no CPC de

2015. Princípio da primazia da resolução do mérito. A decisão que, antes de conceder prazo para regularização do depósito prévio, indefere a petição inicial e extingue a ação rescisória, sem resolução de mérito, está em desacordo com o princípio da primazia da resolução do mérito e com o que preceitua o art. 321 do CPC, o qual é aplicável à ação rescisória em virtude do parágrafo único do art. 318 do CPC. Na espécie, a despeito de a autora ter regularizado, espontaneamente, o depósito prévio um dia após o ajuizamento da ação rescisória, o julgador extinguiu a ação, sem qualquer concessão de prazo para que o vício fosse sanado. Ocorre que, se a ausência de recolhimento do depósito prévio reclama a concessão de prazo para saneamento do vício, antes de se cogitar do indeferimento da exordial, a sua realização espontânea pela parte, ainda que em data diversa do protocolo da petição inicial, demonstra o pleno atendimento dos pressupostos processuais para a regular tramitação do feito. Sob esse entendimento, a SBDI-II, por unanimidade, conheceu do recurso ordinário e, no mérito, deu-lhe provimento para afastar a extinção do processo, sem resolução do mérito, e determinar o retorno dos autos ao Tribunal Regional para prosseguimento dos trâmites ulteriores, com prolação de nova decisão, como entender de direito. TST-RO-107-24.2016.5.23.0000, SBDI-II, rel. Min. Luiz José Dezena da Silva, 23/6/2020 (TST. Info nº 221).

Ação rescisória. Justiça gratuita. Indeferimento do pedido e extinção do processo sem resolução de mérito após a instrução do feito e do decurso do prazo decadencial. Ausência de prévia ciência da parte e não concessão de prazo para a regulação do preparo. Violação do princípio da proteção da legítima confiança do jurisdicionado. A decisão de extinção da ação rescisória sem resolução do mérito por ausência do depósito prévio, sem anterior ciência da parte a respeito do indeferimento da justiça gratuita e sem a oportunidade para a regularização do pressuposto processual, viola o princípio da proteção da legítima confiança do jurisdicionado. No caso, o autor ajuizou ação rescisória em 21.5.2013, requerendo, na petição inicial, a dispensa do depósito previsto no art. 836 da CLT, ao argumento que o benefício da justiça gratuita havia sido deferido no processo originário. Apenas em 25.2.2014, após toda a tramitação e a instrução do feito, bem como depois de transcorrido o prazo decadencial para eventual propositura de nova rescisória, foi indeferido o requerimento de justiça gratuita e extinto o processo sem resolução do mérito em julgamento colegiado. Todavia, o curso regular do processo, sem pronunciamento inicial acerca dos pressupostos processuais, criou para o autor a expectativa de que o pleito referente à justiça gratuita seria deferido e de que haveria exame da pretensão rescisória. Assim, a posterior detecção de vício sanável exigiria a concessão de prazo para a regularização do preparo e impossibilitaria a extinção do processo sem resolução de mérito. Sob esse entendimento, a SBDI-II, por unanimidade, conheceu do recurso ordinário, e, no mérito, por maioria, deu-lhe provimento para afastar a extinção do processo sem resolução do mérito e determinar o retorno dos autos ao Tribunal Regional para o prosseguimento do feito, com concessão de prazo para a realização do depósito prévio. Vencido o Ministro Alexandre Luiz Ramos. TST-RO-5263-80.2013.5.02.0000, SBDI-II, rel. Min. Douglas Alencar Rodrigues, 17.12.2019 (TST. Info nº 214).

Ação Rescisória. Prazo decadencial. Termo inicial. Ciência da fraude pelo órgão do Ministério Público legitimado para propor a ação. O termo inicial do prazo decadencial para ajuizamento da ação rescisória coincide com a data da ciência da fraude pelo órgão legitimado para a propositura da aludida ação. Assim, não prospera a alegação de que, tendo em conta os princípios da unidade e da indivisibilidade do Ministério Público (art. 127 da CF), o prazo do art. 495 do CPC de 1973 deveria ser contado a partir da data da audiência em ação penal em que, na presença do Ministério Público Federal (MPF), foi mencionada a existência de reclamação trabalhista com reconhecimento de vínculo entre as partes. Embora o MPF e o Ministério Público do Trabalho (MPT) integrem o Ministério Público da União (MPU), possuem atribuições e âmbitos de atuação distintos, de modo que o MPF não tem legitimidade para propor ação rescisória perante a Justiça do Trabalho. Desse modo, tendo em conta que o Ministério Público do Trabalho teve ciência da fraude apenas quando do recebimento do ofício da 1ª Vara Federal Tributária de Porto Alegre/RS, em 16.5.2008, e ajuizou a ação rescisória em 13.5.2010, não há falar em decadência. Sob esse fundamento, a SBDI-II, por unanimidade, conheceu do recurso ordinário e, no mérito, negou-lhe provimento para manter a decisão recorrida que afastou a arguição de decadência. TST-RO-7939-06.2010.5.02.0000, SBDI-II, rel. Min. Douglas Alencar Rodrigues, 26.11.2019 (TST. Info nº 213).

Ação rescisória. Art. 485, VII, do CPC de 1973. Alegação de documento novo. Fato não suscitado, nem apreciado no processo matriz. Impossibilidade do corte rescisório. A hipótese de desconstituição de decisão transitada em julgado prevista no art. 485, VII, do CPC de 1973 pressupõe a obtenção de documento novo referente a fato alegado na ação matriz. No caso, o autor pretende a desconstituição da decisão que indeferiu a indenização substitutiva da estabilidade provisória no emprego e as multas dos arts. 467 e 477 da CLT invocando a existência de documentos novos que comprovariam a sucessão de empregadores e, consequentemente, a possibilidade de o sucessor responder pelos pleitos inicialmente indeferidos. Todavia, a questão da sucessão empresarial não foi suscitada por nenhuma das partes no processo principal, nem foi objeto de apreciação pela decisão rescindenda, o que inviabiliza, portanto, o corte rescisório fundado no inciso VII do art. 485 do CPC de 1973. Sob esses fundamentos, a SBDI-II, por unanimidade, conheceu do recurso ordinário do autor e, no mérito, negou-lhe provimento. TST-RO-5120-28.2015.5.09.0000, SBDI-II, rel. Min. Luiz José Dezena da Silva, 22.10.2019 (TST. Info nº 210).

Ação rescisória. Colusão. Ministério Público do Trabalho. Decadência. Termo inicial. Ciência da fraude. Súmula nº 100, VI, do TST. A SBDI-II, por unanimidade, conheceu do recurso ordinário da empresa ré e, reconhecendo a decadência, deu-lhe provimento para extinguir o feito com julgamento do mérito. No caso, prevaleceu o entendimento de que a data da ciência da fraude pelo Ministério Público do Trabalho, para fins de contagem do prazo decadencial da ação rescisória calcada em colusão (item VI da Súmula nº 100 do TST), não poderia ser 29.11.2013, data da instauração do inquérito, mas sim 2.7.2013, data da emissão do Memorando 008/TMA/2013, pela Procuradoria do Trabalho do Município de Joinville – 12ª Região. Nesse documento, houve o registro de que um dos membros do MPT recebeu uma ligação telefônica de um advogado informando a existência de várias ações trabalhistas simuladas, nas quais seriam celebrados acordos em audiência sem a presença dos trabalhadores. Ressaltou-se, na hipótese, que a simples existência de indícios já seria suficiente para a propositura da ação rescisória, não se admitindo que o dies a quo para a contagem do prazo decadencial seja a data em que o MPT instaurou o inquérito ou concluiu acerca da existência ou não da fraude, já que cabe ao Poder Judiciário decidir a respeito, mediante ampla dilação probatória. Vencidas, quanto à fundamentação, as Ministras Maria Helena Mallmann e Delaíde Miranda Arantes. TST-RO-5564-61.2015.5.09.0000, SBDI-II, rel. Min. Maria Helena Mallmann, red. p/ acórdão Min. Douglas Alencar Rodrigues, 3.9.2019 (TST. Info nº 204).

Ação rescisória. Desconstituição do capítulo atinente às custas processuais no processo matriz. Ilegitimidade passiva da União. Interesse meramente econômico. A União é parte ilegítima para figurar no polo passivo de ação rescisória cujo propósito é desconstituir capítulo atinente às custas processuais do processo matriz do qual não zera parte. O argumento de que haveria legitimidade do ente público em razão de ser o destinatário das custas processuais não prevalece, pois o interesse, no caso, é meramente econômico. Se assim não fosse, a União teria que integrar obrigatoriamente todas as ações rescisórias, ainda que não se discutisse o capítulo referentes às custas, e todas as demais ações, simplesmente pela razão de ser a detentora das custas processuais e de elas serem arbitradas, por força de lei, em praticamente todos os processos. Sob esse entendimento, a SBDI-II, por unanimidade, conheceu do recurso ordinário e, por maioria, de ofício, declarou extinto o processo sem resolução de mérito em relação à União, por ilegitimidade passiva. Vencidos os Ministros Douglas Alencar Rodrigues, Evandro Valadão e Renato de Lacerda Paiva. TST-RO-10196-96.2013.5.02.0000, SBDI-II, rel. Min. Maria Helena Mallmann, 27.8.2019 (TST. Info nº 203).

6. EXECUÇÃO

Descumprimento de liminar. Abusividade da greve Astreintes. Destinação da multa. Valor devido ao exequente. Nos termos do art. 537, § 2º, do CPC de 2015, o valor das astreintes é devido ao exequente, de modo que a sua destinação não pode ser dada de acordo com a discricionariedade do magistrado. Assim, a decisão judicial que determina que a multa aplicada em razão do descumprimento de liminar seja paga a instituições beneficentes, ainda que louvável, contraria o disposto no art. 537, § 2º, do CPC de 2015, pois não atende ao critério objetivo nele dado. Sob esse fundamento, a SDC, por maioria, deu provimento ao recurso ordinário adesivo para determinar que o valor total da multa arbitrada pelo Tribunal Regional, decorrente do descumprimento da liminar que declarou abusiva a greve, seja revertido ao exequente, no caso, o sindicato patronal. Vencidos os Ministros Mauricio Godinho Delgado e Lelio Bentes Corrêa. TST-RO-8-53.2017.5.11.0000, SDC, rel. Min. Ives Gandra da Silva Martins Filho, 9.9.2019 (TST. Info nº 204).

Mandado de segurança. Cabimento. Execução provisória. Redirecionamento da execução contra sócio. Não observância do incidente de desconsideração da personalidade jurídica. Arts. 133 a 137 do CPC de 2015. Aplicação ao Processo do Trabalho. Art. 6º da IN nº 39/2016 do TST e art. 855-A da CLT. O art. 6º da IN nº 39/2016 do TST e o art. 855-A da CLT (incluído pela Lei nº 13.467/2017) estabelecem a aplicação do incidente de desconsideração da personalidade jurídica (arts. 133 a 137 do CPC de 2015) ao Processo do Trabalho. Assim, se na vigência do CPC de 2015 a execução provisória é redirecionada contra a representante legal da pessoa jurídica sem a observância do referido incidente, cabe mandado de segurança para discutir a extensão dos efeitos da obrigação contida no título executivo aos bens particulares da administradora da empresa. Sob esse fundamento, a SBDI-II, por unanimidade, conheceu do recurso ordinário e, no mérito, deu-lhe provimento para, reformando a decisão que indeferira a petição inicial do mandamus, determinar o retorno dos autos à Corte de origem a m de que o mandado de segurança seja processado e julgado. TST-RO-406-27.2017.5.10.0000, SBDI-II, rel. Min. Douglas Alencar Rodrigues, 6.11.2018 (TST. Info nº 186).

6.1. LIQUIDAÇÃO

Embargos interpostos pelo executado. Juros de mora. Ajuizamento de primeira reclamação trabalhista, posteriormente arquivada, que interrompeu a prescrição. Propositura de nova reclamação trabalhista em face da mesma reclamada, com os mesmos pedidos, com condenação. Incidência dos juros moratórios a partir da reclamação inicial. Coisa julgada. Art. 5º, XXXVI, da Constituição da República. A incidência de juros moratórios, decorrentes de condenação na justiça laboral, ocorre a partir do ajuizamento da primeira reclamação trabalhista, ainda que tenha sido arquivada, e não a partir da propositura da segunda reclamação, na qual se proferiu a condenação, contra a mesma reclamada e com o mesmo pedido. Assim, a partir do ajuizamento da reclamação inicial, a parte reclamada já passa a ter ciência, ao menos em tese, de que existe uma pretensão material em seu desfavor e naquele momento já fica constituída em mora. Na espécie, o Tribunal Regional, a despeito de reconhecer a interrupção da prescrição da primeira reclamação, que fora arquivada, ratificou a determinação do juízo executório, relativo à incidência de juros de mora somente a partir do ajuizamento da segunda reclamação trabalhista. Dessarte, não merece reforma o acórdão embargado, que conheceu do recurso de revista, por violação do art. 5º, XXXVI, da Constituição da República, e deu-lhe provimento para fixar a data do ajuizamento da primeira reclamação trabalhista como termo inicial para incidência dos juros de mora. Sob esse entendimento, a SBDI-I, por unanimidade, conheceu do recurso de embargos, por divergência jurisprudencial, e, no mérito, negou-lhe provimento. TST-E-RR-1023-29.2010.5.15.0085, SBDI-I, rel. Min. Lélio Bentes Corrêa, 15/4/2021 (TST. Info nº 235).

ECT. Equiparação à Fazenda Pública. Juros de mora. Art. 1º-F da Lei nº 9.494/97. Orientação Jurisprudencial nº 7 do Tribunal Pleno. Aplicabilidade. Aplicam-se à Empresa de Correios e Telégrafos – ECT os juros de mora previstos no art. 1º-F da Lei nº 9.494/97 e na Orientação Jurisprudencial nº 7 do Tribunal Pleno, pois equiparada à Fazenda Pública. Ademais, o STF, ao apreciar o tema nº 810 da Repercussão Geral (RE-870947/SE), decidiu, de forma vinculante, que, "quanto às condenações oriundas de relação jurídica não tributária, a dação dos juros moratórios segundo o índice de remuneração da caderneta de poupança é constitucional, permanecendo hígido, nesta extensão, o disposto no art. 1º-F da Lei nº 9.494/97 com a redação dada pela Lei nº 11.960/09." Sob esses fundamentos, a SBDI-I, por maioria, conheceu do recurso de embargos, por divergência jurisprudencial e por contrariedade à Orientação Jurisprudencial nº 7 do Tribunal Pleno, e, no mérito, por unanimidade, deu-lhe provimento para determinar a aplicação do art. 1º-F da Lei nº 9.494/1997. Vencido, no conhecimento, o Ministro Brito Pereira, relator. TST-E-RR–2900-58.2009.5.08.0012, SBDI-I, rel. Min. Brito Pereira, 23.11.2017 (TST. Info nº 169).

6.2. EXECUÇÃO CONTRA A FAZENDA PÚBLICA

Precatório. Segundo pedido de revisão de cálculos. Argumentos que poderiam ter sido deduzidos na primeira oportunidade. Preclusão consumativa. Configuração. Orientação Jurisprudencial nº 2, "a", do Tribunal Pleno. Em sede de precatório não se admite a apresentação de um segundo pedido de revisão de cálculos para trazer argumentos que poderiam ter sido deduzidos na primeira oportunidade. A Orientação Jurisprudencial nº 2, "a", do Tribunal Pleno determina que o pedido de revisão de cálculos deve especificar claramente todas as incorreções e discriminar o montante correto, sob pena de preclusão. No caso, a executada (União) opôs dois embargos à execução (em 1993 e em 1998) e dois pedidos de revisão de cálculo (em 2010 e em 2015), e apenas neste último, em 2015, veiculou a tese de que a condenação deveria se limitar ao início do regime jurídico único da Lei nº 8.112/90. Admitir diversos pedidos de revisão de cálculos levaria ao prosseguimento indefinido do processo de precatório, em contrariedade ao princípio da celeridade (art. 5º, LXXVIII, da CF). Assim, sob esses fundamentos, o Órgão Especial, por maioria, negou provimento ao recurso ordinário da União para manter a decisão de indeferimento do pedido de revisão de cálculos, ainda que por fundamentos diversos. Vencido o Ministro Alexandre Luiz Ramos. TST-RO-4000-52.2015.5.16.0000, Órgão Especial, rel. Min. Maria Cristina Irigoyen Peduzzi, 5.8.2019 (TST. Info nº 201).

Ação coletiva. Sindicato. Substituição Processual. Execução contra a Fazenda Pública. Individualização do crédito de cada substituído. Possibilidade. Expedição de Requisição de Pequeno Valor (RPV). No caso de ação coletiva em que o sindicato atua como substituto processual na defesa de direitos individuais homogêneos, o pagamento individualizado do crédito devido pela Fazenda Pública aos substituídos não afronta o art. 100, § 8º, da CF. A titularidade do crédito judicialmente concedido não pertence ao sindicato, mas aos empregados que ele substitui, de modo que é possível considerar o valor deferido a cada um deles, isoladamente, para fins de expedição da Requisição de Pequeno Valor (RPV). Sob esse entendimento, já consolidado no STF e no Tribunal Pleno do TST (TST-ReeNec e RO-118-88.2015.5.05.0000), a SBDI-I, por unanimidade, conheceu dos embargos, por divergência jurisprudencial, e, no mérito, deu-lhe provimento para restabelecer o acórdão do TRT no que tange à expedição de RPV, nos termos do art. 87 do ADCT. TST-E-RR-126900-42.1994.5.04.0021, SBDI-I, rel. Min. Cláudio Mascarenhas Brandão, 17.11.2016 (TST. Info-execução nº 28).

Precatório sujeito ao regime especial. Art. 97 do ADCT. Período de graça. Juros de mora. Incidência. Ao modular os efeitos das decisões proferidas nas ADI 4357 e 4425, que declararam a inconstitucionalidade parcial do regime especial de pagamento de precatórios previsto no art. 97 do ADCT, com redação dada pela EC nº 62/2009, o Supremo Tribunal Federal decidiu pela continuidade do regime especial de pagamento para os precatórios expedidos ou pagos até 25.3.2015. Assim, para o precatório emitido em data anterior ao limite estabelecido, permanece a regra do caput do art. 97 do ADCT, no sentido de que o § 5º, art. 100, da CF é inaplicável ao regime especial de pagamento, o que afasta a incidência da Súmula Vinculante 17 e torna indevida a exclusão dos juros de mora no período de graça. Sob esses fundamentos, o Órgão Especial, por unanimidade, conheceu do recurso ordinário e, no mérito, por maioria, negou-lhe provimento. Vencidos os Ministros Walmir Oliveira da Costa e Guilherme Augusto Caputo Bastos. TST-RO-39000-57.1990.5.17.0002, Órgão Especial, rel. Min. Maria Cristina Irigoyen Peduzzi, 8.8.2016 (TST. Info-execução nº 26).

7. DISSÍDIO COLETIVO, AÇÕES COLETIVAS, MANDADO DE SEGURANÇA E OUTRAS AÇÕES ESPECIAIS

7.1. DISSÍDIO COLETIVO

Dissídio coletivo de natureza jurídica. Pleito de natureza exclusivamente cominatória (suspensão das atividades presenciais durante a pandemia de Covid-19). Inadequação da via eleita. Extinção sem resolução do mérito. Efeito *ex tunc*. Impossibilidade de cobrança de multas e outros consectários. OJ 7 da SDC do TST e art. 241, II, do RITST. Conforme já se posicionou a SDC, a excepcionalidade da pandemia de COVID-19 não justifica a utilização de dissídio coletivo de natureza jurídica para a imposição de obrigações às empresas e empregadores além daquelas já previstas em lei. No caso, o TRT da 3ª Região extinguiu o feito sem resolução do mérito, por inadequação da via eleita, cassando a liminar que determinara a suspensão de atividades presenciais dos professores durante 30 dias em face da pandemia do Covid-19. Em casos tais, em que a extinção do processo, sem resolução do mérito, se dá por ausência insanável de pressuposto processual, como no caso de não subordinação do procedimento à lei, com reconhecimento da inadequação da via eleita, por não se ajustar a pretensão aos moldes do dissídio coletivo de natureza jurídica, tal como previsto no art. art. 241, caput e II, do RITST, na Orientação Jurisprudencial 7 da SDC, o exercício da jurisdição não pode gerar efeitos para as partes. Nesse sentido, reconhecida a inadequação da via eleita, a extinção do processo sem resolução do mérito se dá com efeitos *ex tunc*, não podendo o descumprimento das liminares gerar a aplicação ou cobrança de qualquer multa, nem os empregadores ficarem obrigados pelos ditames liminares quanto à prestação de serviços por parte de seus empregados. Sob esses fundamentos, a SDC, por unanimidade, deu provimento ao recurso ordinário do Sindicato dos Estabelecimentos de Ensino do Noroeste de Minas Gerais para declarar que a cassação da liminar deferida no presente feito se dá *ex tunc*, ou seja, desde a sua concessão. ROT-10443-06.2020.5.03.0000, SDC, rel. Min. Ives Gandra da Silva Martins Filho, 20/9/2021 (TST. Info nº 244).

Dissídio coletivo de greve. Comissão de fábrica. Previsão em regulamento interno da empresa há mais de 20 anos. Redução do número de empregados contratados. Extinção da comissão por ato unilateral da empresa. Invalidade. É ilícita a extinção unilateral pela empresa da comissão de fábrica prevista em regulamento interno desde 1992, sem qualquer vinculação a um número mínimo de empregados e com nítido intuito continuativo, ainda que reduzido o quadro de funcionários para menos de 200 empregados. Embora exista um condicionamento legal para a instituição cogente de comissão de representação dos trabalhadores nas empresas, dado pelo número mínimo de 200 empregados, é evidente que a Constituição da República autoriza às normas legais ordinárias, às normas internacionais ratificadas, à própria negociação coletiva trabalhista e até mesmo aos regulamentos internos empresariais que criem regras jurídicas mais favoráveis do que a fixada nos arts. 11 da Constituição da República e 510-A da CLT. No caso, o direito à existência da comissão incorporou-se às relações jurídicas como condição mais favorável, independentemente do critério quantitativo fixado na lei. E, por se tratar de vantagem de natureza coletiva, prevista em regulamento empresarial, não poderia ser extirpada unilateralmente do patrimônio jurídico dos trabalhadores, sob pena de desrespeito aos princípios da inalterabilidade contratual lesiva, da incorporação da norma mais favorável, bem como da lealdade e transparência nas relações coletivas de trabalho. Sob esses fundamentos, a SDC, por maioria, negou provimento ao recurso ordinário da empresa quanto ao tema, vencidos os Ministros Ives Gandra da Silva Martins Filho, Relator, Emmanoel Pereira e a Ministra Maria Cristina Irigoyen Peduzzi, que votaram no sentido de dar provimento ao recurso ordinário para declarar extinta a comissão de representantes de trabalhadores, enquanto perdurar a situação empresarial de possuir menos de 200 empregados. TST-ROT-1002264-93.2020.5.02.0000, SDC, red. p/ acórdão Min. Mauricio Godinho Delgado, 20/9/2021 (TST. Info nº 244).

Dissídio coletivo de natureza jurídica. Finalidade exclusiva proceder à interpretação de instrumentos de negociação coletiva e enunciados normativos, destinados a regular, de forma particular e específica, os interesses da categoria profissional ou econômica. Inteligência do artigo 241, II, do RITST e da OJ 7 da SDC. Pleito de abstenção de convocação de profissionais em face da pandemia de COVID-19. Inadequação da via eleita. Da leitura do artigo 241, II, do RITST, depreende-se que o dissídio coletivo de natureza jurídica tem por finalidade exclusiva proceder à interpretação de instrumentos de negociação coletiva e enunciados normativos, destinados a regular, de forma particular e específica, os interesses da categoria profissional ou econômica. Nesse sentido, a Orientação Jurisprudencial n.º 7 desta SDC. No caso em exame, a parte não formulou pedido de interpretação de norma autônoma, tampouco heterônoma, específica da categoria por ele representada. A sua pretensão visou tão somente provimento de natureza mandamental, relativo à fixação de uma obrigação de não fazer, qual seja, de não convocação de profissionais indicados ou, sucessivamente, de trabalhadores que se enquadrem como grupo de risco, em face da pandemia da COVID-19. Por essas razões, a SDC, por unanimidade, a despeito de reconhecer a relevância da postulação apresentada, ante a necessidade de serem garantidas aos trabalhadores condições adequadas de trabalho, especialmente no contexto da pandemia, concluiu que é inadequada a via do dissídio coletivo de natureza jurídica para o julgamento da mencionada pretensão deduzida nos presentes autos. TST-ROT-10481-18.2020.5.03.000, SDC, rel. Min. Guilherme Augusto Caputo Bastos, 12/4/2021 (TST. Info nº 235).

Declaração de abusividade. Formalização de acordo perante o MPT. Fim do movimento paredista. Inexistência de ressalva quanto ao interesse na análise de abusividade da greve. Perda do objeto. Ausência de interesse processual. Art. 485, VI, do CPC. A celebração de acordo sem ressalvas, com o m de encerrar movimento paredista, afasta o interesse processual, em dissídio coletivo, de ver declarada a abusividade da greve, configurando a hipótese do art. 485, VI, do CPC/2015. Assim, não havendo, no acordo entabulado, manifestação expressa quanto ao interesse no exame da legalidade da greve, o processo deve ser extinto sem resolução de mérito. Com base nesse entendimento, a SDC, por maioria, ao analisar questão preliminar, decidiu pela extinção do processo, sem resolução de mérito, ante a incompatibilidade da pretensão de declaração de abusividade da greve com a celebração de acordo entre as partes. Vencidos os Ministros Mauricio Godinho Delgado, relator, Lelio Bentes Corrêa, Guilherme Augusto Caputo Bastos e Kátia Magalhães Arruda, os quais entendiam que, por ser o movimento grevista capaz de causar repercussões em relações da empresa empregadora com outras entidades, subsistia o interesse de agir, devendo a matéria ser apreciada pelo Poder Judiciário. TST-RO-240-16.2017.5.20.0000, SDC, rel. Min. Mauricio Godinho Delgado, red. p/ acórdão Min. Aloysio Corrêa da Veiga, 9.3.2020 (TST. Info nº 216).

Acordo homologado em juízo. Acréscimo de benefício à categoria profissional, de ofício, pelo Tribunal. Impossibilidade. Desrespeito à autonomia privada coletiva. O Tribunal, por ocasião da homologação de acordo, não pode, *ex officio*, incluir benefício à categoria profissional que não tenha sido avençado pelas partes, ainda que tenha relevância social. Tal conduta desrespeita a autonomia privada coletiva e macula o princípio da proteção da confiança, enfraquecendo o processo negocial e desequilibrando as relações coletivas. No caso, o TRT, ao homologar setenta e seis cláusulas que foram objeto de acordo firmado nos autos de dissídio coletivo de natureza econômica, também deferiu à categoria profissional, de ofício, a estabilidade provisória de trinta dias a partir da publicação do respectivo acórdão. Sob esse entendimento, a SDC, por maioria, deu provimento ao recurso ordinário para excluir do acórdão recorrido a concessão da estabilidade de trinta dias aos integrantes da categoria profissional. Vencidos os Ministros Maurício Godinho Delgado, relator, Kátia Magalhães Arruda e Lélio Bentes Côrrea. TST-RO-1000674-52.2018,5.02.0000, SDC, rel. Min. Maurício Godinho Delgado, red. p/ acórdão Min. Ives Gandra da Silva Martins Filho, 14.10.2019 (TST. Info nº 208).

7.2. AÇÕES COLETIVAS

Ação civil pública. Município. Implementação de políticas públicas para prevenção e erradicação do trabalho infantil. Omissão do administrador público. Competência material da Justiça do Trabalho. A Justiça do Trabalho é competente para apreciar e julgar ação civil pública objetivando que o município implemente políticas públicas constitucionalmente previstas para prevenir e erradicar o trabalho infantil. Prevaleceu o entendimento de que a competência inscrita no art. 114 da Constituição da República não se limita aos casos de relação de emprego existente, abrangendo, também, o exame de questões relativas ao direito subjetivo das crianças ao não trabalho, tutela ora pretendida pelo Ministério Público do Trabalho. Destacou-se, ainda, que as omissões inconstitucionais do administrador público inserem-se na função típica do Poder Judiciário, que poderá intervir na implantação de políticas públicas direcionadas à concretização de direitos fundamentais. Sob esses fundamentos, a SBDI-I, por unanimidade, conheceu dos embargos por divergência jurisprudencial e, no mérito, por maioria, deu-lhes parcial provimento para afastar a declaração de incompetência da Justiça do Trabalho apenas quanto aos pedidos relativos à elaboração e implementação de políticas públicas pelo Município de Campo Largo para combate e erradicação do trabalho infantil, mantida a declaração de incompetência quanto aos pedidos relativos à elaboração e implementação de políticas públicas para educação e profissionalização de crianças e adolescentes. Vencidos, totalmente, os Ministros Maria Cristina Irigoyen Peduzzi, relatora, Márcio Eurico Vitral Amaro, Walmir Oliveira da Costa, Alexandre Luiz Ramos e João Batista Brito Pereira, que negavam provimento aos embargos, e, parcialmente, o Ministro Lelio Bentes Corrêa, que dava total provimento ao recurso. TST-E-RR-44-64.2013.5.09.0009, SBDI-I, red. p/ acórdão Min. Alberto Luiz Bresciani de Fontan Pereira, 6/8/2020 (TST. Info nº 222).

Ação civil pública. Tutela inibitória. Prevenção de nova ocorrência do ilícito. Obrigação de não fazer. Proibição de fundar, criar, gerenciar ou participar de qualquer outra cooperativa fraudulenta. Possibilidade. No caso, o Ministério Público do Trabalho ajuizou Ação Civil Pública para obter a reparação de lesão aos direitos coletivos de trabalhadores contratados de forma fraudulenta em intermediação de mão de obra. Desde a sentença, mantida pelo TRT e pela 5ª Turma do TST, reconheceu-se a configuração do dano moral coletivo, com a condenação solidária ao pagamento de indenização, além da imposição de que a cooperativa não mais forneça mão de obra a terceiros. Contudo, foi rejeitada a pretensão do MPT de que, por meio de obrigação de não fazer, fossem os réus, pessoas físicas, impedidos de "fundar, criar, participar de, gerenciar, administrar qualquer outra sociedade cooperativa que tenha por objeto o fornecimento e a intermediação de mão-de-obra, e cujas atividades estejam fora da hipótese prevista no artigo 4° da Lei 5.764/71". A SBDI-I, por maioria de votos, reformou o acórdão embargado, por entender que a concessão da tutela inibitória pleiteada tem apenas o escopo de coibir ou prevenir futuras condutas lesivas à ordem jurídica, não implicando afronta aos direitos constitucionais de liberdade de associação e de presunção de inocência, sobretudo, porque a proibição restringe-se à constituição de sociedade cooperativa fraudulenta. Sob esse fundamento, a SBDI-I, por unanimidade, conheceu dos embargos interpostos pelo MPT, por divergência jurisprudencial, e, no mérito, por maioria, deu-lhes provimento para condenar os sócios-réus na obrigação de não mais fundar, criar, gerenciar, administrar ou participar de qualquer outra sociedade cooperativa que tenha por objeto o fornecimento e a intermediação de mão de obra e cujas atividades não estejam previstas nos artigos 4º da Lei nº 5.764/71, sob pena de multa de R$1.000,00 para cada trabalhador prejudicado pela fraude, revertida ao FAT. Vencidos os Ministros Maria Cristina Irigoyen Peduzzi, relatora, Luiz Philippe Vieira de Mello Filho, Marcio Eurico Vitral Amaro, Alexandre Luiz Ramos e João Batista Brito Pereira. TST-Ag-E-RR-163400-88.2009.5.02.0037, SBDI-I, rel. Maria Cristina Irigoyen Peduzzi, red. p/ acórdão Min. Cláudio Mascarenhas Brandão, 12.3.2020 (TST. Info nº 216).

Ação civil pública. Dano imaterial coletivo. Descumprimento da cota de aprendizes. Art. 429 da CLT. Regularização posterior ao ajuizamento da ação pelo MPT. Irrelevância. Lesão à coletividade já caracterizada. Embargos desprovidos. Quantum indenizatório. Divergência jurisprudencial. Não conhecimento. O descumprimento pela empresa do percentual mínimo de contratação de aprendizes, prevista no art. 429 da CLT, mostra-se suficiente à configuração do dano moral coletivo, sendo despiciendo comprovar a repercussão do ato ilícito na consciência coletiva do grupo social. A regularização desse percentual de contratação pela empresa, após o ajuizamento da ação ou do inquérito proposto pelo Ministério Público do Trabalho, não extingue o feito sem julgamento de mérito, tampouco descaracteriza o dano imaterial coletivo decorrente do descumprimento da cota de aprendizes, visto que já caracterizada a lesão à coletividade. Com esse entendimento, a SBDI-I, por unanimidade, conheceu do recurso de embargos apenas quanto à configuração do dano imaterial coletivo decorrente do descumprimento da cota de aprendizes, por divergência jurisprudencial, e, no mérito, por maioria, negou-lhe provimento, vencidos os Exmos. Ministros Maria Cristina Irigoyen Peduzzi, Márcio Eurico Vitral Amaro e Alexandre Luiz Ramos. No tocante ao valor da indenização, com base no entendimento majoritário da Subseção de que é inviável a aferição de especificidade dos arestos paradigmas nas hipóteses em que se discute o valor arbitrado a título de indenização por danos morais, a SBDI-I, por maioria, não conheceu do recurso de embargos e manteve a condenação da reclamada ao pagamento de indenização por dano imaterial coletivo no valor de R$ 300.000,00 (trezentos mil reais). Vencidos os Exmos. Ministros Maria Cristina Irigoyen Peduzzi e Márcio Eurico Vitral Amaro. TST-ERR-822-68.2011.5.23.0056, SBDI-I, rel. Min. Luiz Philippe Vieira de Mello Filho, 12.3.2020 (TST. Info nº 216).

Mandado de segurança. Cabimento. Inaplicabilidade da Orientação Jurisprudencial nº 92 da SBDI-II. Rejeição da exceção de pré-executividade. Ação autônoma de cumprimento de sentença condenatória proferida em ação civil pública. Ausência do título executivo judicial e de prévio debate sobre os cálculos de liquidação. Bloqueio de contas bancárias. Cabe mandado de segurança contra decisão que rejeita exceção de pré-executividade proposta em face de ação executiva autônoma, relativa ao cumprimento de sentença proferida em ação civil pública, iniciada sem a juntada do provimento condenatório expedido no processo principal e sem o cumprimento do disposto no art. 879, § 2º, da CLT, que impõe ao Juízo que preside a execução o dever de permitir que as partes impugnem itens e valores na conta de liquidação. Na espécie, concluiu-se não ser aplicável o entendimento consubstanciado na Orientação Jurisprudencial nº 92 da SBDI-II, pois à luz dos princípios do devido processo legal, do contraditório e da ampla defesa, não é razoável que a parte que nega o descumprimento das obrigações contidas no título executivo judicial e impugna a imposição das sanções nele previstas tenha que primeiro suportar a apreensão de seu patrimônio (bloqueio de contas bancárias) para depois ter a possibilidade de discutir a licitude da execução e o acerto da conta confeccionada pela parte exequente. Sob esse fundamento, a SBDI-II, por unanimidade, conheceu e deu provimento ao recurso ordinário para armar o cabimento do writ e determinar que o TRT de origem prossiga no processamento e julgamento, com notificação da autoridade tida como coatora e do litisconsorte passivo, deferindo a liminar postulada para suspender a execução em curso na ação de cumprimento originária até o trânsito em julgado do mandado de segurança, com a imediata devolução dos valores já apreendidos à impetrante. TST-RO-515-18.2018.5.06.0000, SBDI-II, rel. Min. Douglas Alencar Rodrigues, 5.11.2019 (TST. Info nº 211).

7.3. MANDADO DE SEGURANÇA

Mandado de Segurança. Contrato de concessão rodoviária. Ato coator que concede isenção de pedágio aos veículos particulares de Oficiais de Justiça em cumprimento de ordens judiciais. Ausência de previsão legal ou contratual específica. Prejuízo ao equilíbrio econômico financeiro do contrato de concessão. Segurança concedida. A SBDI-II, por unanimidade, conheceu do recurso ordinário interposto pela impetrante, titular da concessão da BR-040, e deu-lhe provimento para conceder a segurança, a fim de cassar a decisão de Juiz Diretor do Foro da Justiça do Trabalho que determinou a passagem livre dos Oficiais de Justiça Avaliadores na praça de pedágio, sem pagamento de tarifas, quando em cumprimento de ordens judiciais, sob pena de crime de desobediência. Na hipótese, concluiu-se que a decisão que concede isenção de pedágio aos veículos particulares de Oficiais de Justiça em cumprimento de ordens judiciais, sem previsão legal ou contratual específica, viola o disposto no art. 175, caput, da Constituição Federal e no art. 35, caput, da Lei 9.074/1995, ensejando prejuízo ao equilíbrio econômico-financeiro do contrato de concessão. O Ministro Douglas Alencar Rodrigues, Relator, salientou que a aplicação extensiva do disposto no art. 1º, § 2º, do Decreto-Lei nº 791/1969, que dispõe sobre o pedágio em rodovias federais e estabelece isenção aos veículos oficiais e do corpo diplomático, não se coaduna com a interpretação literal que deve nortear a outorga de isenções em matéria tributária, nos termos do art. 11, inciso II, do CTN. Além disso, destacou-se que o disposto no art. 22, §§ 1º e 5º, da Resolução nº 124/2013 do CSJT, já prevê a possibilidade de ressarcimento de despesas decorrentes da utilização de meio próprio de transporte, inclusive os gastos com pedágios e outras tarifas no trajeto interurbano, mediante comprovação dos pagamentos. TST-RO-11184-22.2015.5.03.0000, SBDI-II, rel. Min. Douglas Alencar Rodrigues, 31/8/2021 (TST. Info nº 243).

Recurso ordinário em mandado de segurança. Ato coator do juiz condutor determinando o sobrestamento do feito em razão de decisão do STF em sede de recurso extraordinário relativo ao tema de repercussão geral 1046. Suspensão dos processos que tratem da prevalência da negociação coletiva sobre dispositivos de lei. Decisão interlocutória. Ausência de recurso interponível. Cabimento da ação mandamental. É cabível a impetração de mandado de segurança contra decisão de juiz que determinou o sobrestamento do feito em razão de decisão do STF em sede de recurso extraordinário, relativo ao Tema de Repercussão Geral nº 1046, que trata da prevalência da negociação coletiva sobre os dispositivos de lei, por se tratar de decisão interlocutória e ante a ausência de outro recurso interponível. No caso, o Tribunal Regional de origem extinguiu o processo, sem resolução do mérito, nos termos do art. 485, IV, do CPC, consignando a impropriedade do manejo da ação mandamental para reformar decisão que determina o sobrestamento do feito até que seja pacificada a questão relacionada à prevalência da negociação coletiva sobre dispositivos de lei. O ato coator referido, decisão interlocutória, não é passível de recurso, nem mesmo com efeito diferido, nos moldes do art. 893, § 1º, da CLT, tampouco se insere nas exceções da Súmula 214 do TST. Admite-se, portanto, nesse caso a impetração da ação mandamental. Sob esses fundamentos, a SBDI-II, à unanimidade, conheceu do recurso ordinário, e no mérito, negou-lhe provimento. TST--ROT-1003587-70.2019.5.02.0000, SBDI-II, rel. Min. Alexandre de Souza Agra Belmonte, 8/6/2021 (TST. Info nº 239).

Mandado de segurança. Não cabimento. Depósito recursal. Substituição por seguro garantia judicial. Indeferimento via decisão monocrática. Existência de recurso próprio. Na espécie, cuida-se de mandado de segurança impetrado em face de decisão monocrática que indeferira o pedido de substituição do depósito recursal pelo seguro garantia, ao argumento de que o § 11 do art. 899 da CLT não assegura à impetrante o direito de, a qualquer tempo, pleitear a substituição do depósito recursal, bem como de que o exame da pretensão se insere no âmbito de competência do juízo de execução. Assim, verifica-se que o ato impugnado constitui decisão interlocutória, de inequívoco caráter judicial, por meio da qual foi indeferida pretensão deduzida pela parte em processo em curso no TST. Há de se reconhecer, portanto, que a decisão impugnada possui recurso próprio, no caso, o Agravo Interno. Nesse sentido, destacam-se os artigos 118, IX, e 265 do Regimento Interno do TST, bem como, o art. 1.021 do Código de Processo Civil. Salienta-se, ainda, que apesar da disciplina do art. 893, § 1º, da CLT, a jurisprudência do TST pacificou-se no sentido de admitir o recurso imediato de decisões interlocutórias suscetíveis de impugnação mediante recurso para o próprio Tribunal, no caso do Agravo Interno, a teor do disposto na Súmula nº 214, alínea b, do TST. Logo, no presente caso, evidencia-se ser incabível a impetração do mandado de segurança, porquanto há recurso próprio. Com efeito, é inadmissível a utilização do mandamus como sucedâneo recursal, como orientam a Súmula nº 267 do STF e a Orientação Jurisprudencial nº 92 da SBDI-II do TST. Sob esses fundamentos, o Órgão Especial, por maioria, indeferiu a petição inicial, denegou a segurança pretendida e julgou extinto o feito, sem resolução do mérito, com fundamento nos arts. 6º, § 5º, e 10 da Lei nº 12.016/09 e 485, I, do Código de Processo Civil. Vencidos os Ministros Breno Medeiros, Relator, Alexandre Luiz Ramos, Ives Gandra da Silva Martins Filho, Emmanoel Pereira, Guilherme Augusto Caputo Bastos e a Ministra Maria Cristina Irigoyen Peduzzi. TST--MSCiv-1001295-35.2020.5.00.0000, Órgão Especial, red. p/ acórdão Min. Lelio Bentes Corrêa, 7/6/2021 (TST. Info nº 239).

Recurso ordinário em mandado de segurança. Ato dito coator. Determinação de suspensão do processo até ulterior deliberação do STF na ADPF 323. Ultratividade de normas coletivas. Inexistência de via recursal ordinária apropriada. Cabimento da ação mandamental. Tratando-se o suposto ato coator de determinação de suspensão do processo até ulterior deliberação do STF na ADPF n.º 323, a SBDI-II, por maioria, entendeu pelo cabimento da ação mandamental para impugnar o referido ato, por considerar inexistente via recursal ordinária apropriada. Para tanto, fundamentou no sentido de ser incabível a correição parcial fundada no Regimento Interno do Tribunal Regional de origem ou no Regimento Interno da CGJT. Isso porque ausente abuso ou erro de procedimento, porquanto a decisão impugnada apenas estabeleceu critério de adequação da matéria ao tema do Supremo Tribunal Federal, bem como não se cuida de hipótese de dano irreparável, pois o julgamento do feito pelo STF possibilitará a retomada da regular marcha processual. No mérito, a SBDI-II decidiu pelo desprovimento o recurso ordinário, mantendo-se o acórdão regional que não vislumbrou a ilegalidade na decisão apontada como coatora, mediante a qual se determinou o sobrestamento da reclamação trabalhista até ulterior deliberação do Supremo Tribunal Federal, nos autos da ADPF n.º 323. Vencido o Ministro Evandro Pereira Valadão Lopes, relator. TST-RO-90-07.2018.5.09.0000, SBDI-II, red. p/ acórdão Min. Renato de Lacerda Paiva, 16/3/2021 (TST. Info nº 234).

Mandado de segurança. Sistema de peticionamento eletrônico. Limitação do número de páginas. Inexistência de restrição expressa na legislação referente à transmissão eletrônica de documentos. Impossibilidade. A legislação referente à transmissão eletrônica de documentos, especificamente as Leis nºs 9.800/1999 e 11.419/2006, não atribui limitação ao número de páginas dos documentos enviados eletronicamente, não se admitindo que os Tribunais Regionais, por meio de normas internas, estabeleçam tais restrições. No caso, o mandado de segurança foi impetrado contra decisão que negou processamento ao agravo de instrumento protocolado por meio de sistema eletrônico do TRT da 12ª Região sem observância das regras previstas na Portaria Conjunta GP/CR nº 93/2017, daquele Tribunal, que dispõem sobre a utilização do Sistema de Transmissão de Dados e Imagens (STDI) para envio de petições e de recursos, os quais foram limitados ao número máximo de 70 (setenta) páginas. Por esse fundamento, a SBDI-II, por maioria, deu provimento ao recurso ordinário para conceder a segurança, determinando à Vara do Trabalho que proceda ao regular processamento do agravo de instrumento. Vencidos o Ministro Evandro Pereira Valadão Lopes e a Ministra Maria Helena Mallmann, que negavam provimento ao recurso diante do fato superveniente pertinente ao trânsito em julgado da ação matriz, na forma da Orientação Jurisprudencial nº 99 da SBDI-II, óbice superado pela maioria da Sessão Especializada sob o fundamento de que não é possível retomar o curso da ação trabalhista, até mesmo a formação de coisa julgada, enquanto pendente a controvérsia acerca da regularidade do aludido agravo de instrumento. TST--RO-221-61.2019.5.12.0000, SBDI-II, rel. Min. Renato de Lacerda Paiva, 15/6/2021 (TST. Info nº 239).

Mandado de segurança. Execução. Decisão que determinou a suspensão da execução em cumprimento a provimento cautelar do STF em matéria com repercussão geral (RMNR). Existência de recurso idôneo para ataque da decisão. Orientação Jurisprudencial nº 92 da SBDI-II do TST. Não é cabível o manejo de mandado de segurança para impugnar decisão que suspendeu a execução de título judicial em que deferidas diferenças de remuneração mínima por nível de regime – RMNR, em obediência a provimento cautelar emanado do Supremo Tribunal Federal em questão gravada de repercussão geral. Na presente hipótese, a determinação de suspensão da execução definitiva, exarada no bojo da decisão de extinção, sem resolução do mérito, dos embargos à execução, pode ser impugnada por meio da interposição de agravo de petição, não sendo adequada a utilização da via mandamental. Com efeito, havendo no ordenamento jurídico instrumento processual idôneo para corrigir a suposta ilegalidade cometida pela autoridade apontada como coatora (no caso, agravo de petição), revela-se incabível a impetração do mandamus. Inteligência da Orientação Jurisprudencial nº 92 da SBDI-II. Sob esse fundamento, a SBDI-II, por unanimidade, conheceu do recurso ordinário em mandado de segurança e, no mérito, negou-lhe provimento. TSTRO-21653-61.2019.5.04.0000, SBDI-II, rel. Min. Douglas Alencar Rodrigues, 9/6/2020 (TST. Info nº 220).

Mandado de segurança. Ação civil pública. Indeferimento dos pedidos de mediação e de reconsideração. Ausência de direito líquido e certo. Orientação Jurisprudencial nº 92 da SBDI-II. Não é cabível o manejo de mandado de segurança para impugnar decisões que indeferiram os pedidos de mediação e de reconsideração formulados pelo sindicato impetrante. Na espécie, o MPT ajuizou ação civil pública em face do Sindicato dos Trabalhadores em Alimentação e Afins do Estado do Espírito Santo, requerendo a condenação em obrigação de não fazer, consistente na abstenção de realizar acordos em nome dos trabalhadores, destituição de toda a diretoria e indenização por danos materiais e morais coletivos. O Sindicato apresentou pedido de mediação para solucionar a questão relativa à abstenção de cobranças de honorários advocatícios decorrentes da prestação de assistência judiciária, o qual foi indeferido. Em virtude do indeferimento, postulou reconsideração, que foi rejeitada. Ocorre que a Lei nº 5.584/70 diz que a assistência judiciária prestada pelo sindicato é gratuita. Assim, não há falar em direito líquido e certo, tampouco em cabimento de mandado de segurança. Sob esses fundamentos, a SBDI-II, por unanimidade, conheceu do recurso ordinário e, no mérito, por maioria, vencida a Ministra Delaíde Miranda Arantes, negou-lhe provimento. TST-RO-572-30.2018.5.17.0000, SBDI-II, rel. Min. Delaíde Miranda Arantes, red. p/ acórdão Min. Douglas Alencar Rodrigues, 18.2.2020 (TST. Info nº 215).

Mandado de segurança. Renúncia. Empresa prestadora de serviços. Decisão monocrática. Extinção do processo com resolução de mérito. Impugnação via recurso próprio. Não cabimento. Não cabe mandado de segurança quando o ato apontado como coator for decisão judicial da qual caiba recurso com efeito suspensivo, ou seja, passível de reforma via recurso próprio, consoante art. 5º da Lei nº 12.016/2009 e Orientação Jurisprudencial nº 92 da SBDI-2 do TST. No caso, a decisão monocrática, apontada como ato coator, que extinguiu o processo, com resolução do mérito, com base no art. 487, III, c, do CPC de 2015, em face da homologação da renúncia exclusivamente em relação à empresa prestadora de serviços, não constitui decisão irrecorrível, sendo suscetível de impugnação por meio do agravo. Trata-se de decisão de mérito, atraindo a incidência dos citados artigos 203, §1º, do CPC de 2015 e 265, caput, do Regimento Interno do TST. A nomenclatura utilizada pelo juiz é irrelevante para determinar a natureza jurídica do pronunciamento judicial, importando o seu conteúdo material. A decisão que homologa a renúncia, por tratar-se de litisconsórcio passivo meramente facultativo, e transcorrer o prazo para interposição de agravo, enseja o manejo da via adequada, ação rescisória, prevista no art. 966 do CPC de 2015. Assim, merece ser mantida a denegação do mandado de segurança em virtude do seu não cabimento, nos termos do art. 6º, § 5º, da Lei nº 12.016/2009. Sob esses fundamentos, o Órgão Especial, por unânime, negou provimento ao agravo para manter a denegação do mandado de segurança em virtude do seu não cabimento, nos termos do art. 6º, § 5º, da Lei nº 12.016/2009. TST-Ag-MS-1000121-25.2019.5.00.0000, Órgão Especial, rel. Min. José Roberto Freire Pimenta, 2.9.2019 (TST. Info nº 203).

7.4. OUTRAS AÇÕES ESPECIAIS

Habeas corpus. Não cabimento. Liminar deferida em mandado de segurança interposto pela ex-empregadora. Cláusula de não concorrência. Ausência de restrição ao direito de liberdade de locomoção. Conforme diversos julgados do STF e do STJ, o objeto de tutela do habeas corpus é a defesa do direito físico de ir e vir. Assim, é incabível habeas corpus para discutir interpretação do conteúdo de cláusula contratual para se extrair a garantia de exercício profissional. No caso, concedeu-se liminar no âmbito do Regional para que o trabalhador se abstenha de prestar serviços a empresas concorrentes e, portanto, cumpra o disposto em cláusula de não concorrência prevista em aditivo ao contrato de trabalho. Assim, o trabalhador não está cerceado na sua liberdade de locomoção. Ele se impôs, em razão das suas condições subjetivas, um dever de abstenção, sendo compensado por isso. A discussão está em estrita consonância com o devido processo legal perante as instâncias da Justiça do Trabalho. Portanto, a só delonga no julgamento do agravo interno não representa elemento suficiente para justificar o cabimento do habeas corpus. Sob esses fundamentos, a SBDI-II, por maioria, entendeu incabível o habeas corpus, extinguindo o processo sem resolução de mérito e afastada a liminar deferida Ministra Maria Helena Mallmann. Vencidos os Ministros Maria Helena Mallmann, relatora, Alexandre de Souza Agra Belmonte e Delaíde Miranda Arantes. TST-HCCiv-1000288-08.2020.5.00.0000, SBDI-II, rel. Min. Maria Helena Mallmann, red. p/ acórdão Min. Douglas Alencar Rodrigues, 9/6/2020 (TST. Info nº 220).

Direito do Consumidor

Lucas de Souza Lehfeld

TABELA DE INCIDÊNCIA DE QUESTÕES

Distribuição das questões organizada por ordem didática de assuntos		
Assunto	**Número de Questões**	**Peso**
1. DOS DIREITOS DO CONSUMIDOR, DA QUALIDADE DE PRODUTOS E SERVIÇOS, PREVENÇÃO E DA REPARAÇÃO DOS DANOS, DAS PRÁTICAS COMERCIAIS, DA PROTEÇÃO CONTRATUAL E DA DEFESA DO CONSUMIDOR EM JUÍZO (QUESTÕES MULTIDISCIPLINARES)	7	100%
Total	**7**	**100%**

Direito do Consumidor

Lucas de Souza Lehfeld

✦ QUESTÕES

1. DOS DIREITOS DO CONSUMIDOR, DA QUALIDADE DE PRODUTOS E SERVIÇOS, PREVENÇÃO E DA REPARAÇÃO DOS DANOS, DAS PRÁTICAS COMERCIAIS, DA PROTEÇÃO CONTRATUAL E DA DEFESA DO CONSUMIDOR EM JUÍZO (QUESTÕES MULTIDISCIPLINARES)

01. (PUC – Procurador do Estado – PR/2015) Com o objetivo de implementar um programa de fiscalização dos direitos do consumidor, o diretor do órgão de proteção e defesa do consumidor (PROCON) de certo Estado quer saber como enquadrar algumas relações econômicas dentro do regime jurídico consumerista instituído pela Lei federal n. 8.078/90. Considerando a legislação consumerista vigente e a jurisprudência atual do Superior Tribunal de Justiça (STJ), assinale a afirmativa CORRETA a respeito das relações de consumo.

a) A jurisprudência do STJ tem mitigado a teoria finalista para autorizar a incidência do Código de Defesa do Consumidor nas hipóteses em que a parte (pessoa física ou jurídica), embora não seja tecnicamente a destinatária final do produto ou serviço, se apresenta em situação de vulnerabilidade ou hipossuficiência.

b) A relação entre paciente e hospital público, financiado por receitas tributárias e sem remuneração direta do serviço de saúde prestado pelo hospital, é considerada relação de consumo.

c) A relação jurídica entre a entidade de previdência privada e seus participantes não é considerada relação de consumo, pois a ela se aplica marco normativo específico sobre seguridade social.

d) Basta que instituição financeira figure em um dos polos da relação jurídica como fornecedora de empréstimos financeiros para que essa relação seja caracterizada como relação de consumo.

e) A relação entre concessionária de serviço público e usuário final, para o fornecimento de serviços públicos essenciais, tais como energia elétrica, água e esgoto, não pode ser considerada relação de consumo, pois se trata de uma concessão de serviço público, regida por normas específicas de direito administrativo.

COMENTÁRIOS

✪ **Nota do autor:** exige conhecimento da jurisprudência, bem como das Súmulas do STJ sobre direito do consumidor.

Alternativa "a": conforme jurisprudência dominante na Corte. Neste sentido: AgRg no AREsp n. 601234/DF, Rel. Min. Marco Aurélio Bellizze, j. 12/05/2015, DJe 21/05/2015; AgRg no EREsp n. 1331112/SP, Rel. Min. Herman Benjamin, j. 03/12/2014, DJe 02/02/2015. Ag Rg no REsp n. 1413889/SC, Rel. Min. Sidnei Beneti, j. 27/03/2014, DJe 02/05/2014.

Alternativa "b": o conceito de "serviço" previsto na legislação consumerista exige para a sua configuração, necessariamente, que a atividade seja prestada mediante remuneração (art. 3º, § 2º do CDC). No caso em tela, não se pode falar em prestação de serviço subordinada às regras previstas no Código de Defesa do Consumidor, pois inexistente qualquer forma de remuneração direta referente ao serviço de saúde prestado pelo hospital público, o qual pode ser classificado como uma atividade geral exercida pelo Estado à coletividade em cumprimento de garantia fundamental (art. 196 da CF). Neste sentido: REsp. 493181/SP, Rel. Min. Denise Arruda, j. 15/12/2005, DJU 01/02/2006, p. 431.

Alternativa "c": a teor da Súmula 321 do STJ, "O Código de Defesa do Consumidor é aplicável à relação jurídica entre a entidade de previdência privada e seus participantes." ATENÇÃO: a Segunda Seção, na sessão de 24/02/2016, ao apreciar o Projeto de Súmula 627 e o julgado no REsp 1.536.736/MG, determinou o cancelamento da Súmula 321 do STJ.

Alternativa "d": a caracterização do banco ou instituição financeira como fornecedor está positivada no art. 3º, caput e § 3º, do CDC, que menciona expressamente como serviços as atividades de natureza bancária, financeira e de crédito. No entanto, a simples presença da instituição financeira na relação jurídica não é suficiente para que seja considerada de consumo, pois o entendimento do STJ é de que a aquisição de bens ou a utilização de serviços por pessoa natural ou jurídica com o escopo de implementar ou incrementar a sua atividade negocial, não se reputa como relação de consumo, mas como uma atividade de consumo intermediária, motivo por que resta afastada a incidência do CDC. Neste sentido: AgRg no Ag 834673/PR, Rel. Min. Fernando Gonçalves, j. 17/02/2009, DJe 09/03/2009.

Alternativa "e": a relação entre concessionária de serviço público e usuário final, para o fornecimento de serviços públicos essenciais, é considerada relação de consumo, nos termos do art. 22, do CDC, "Os órgãos públicos, por si ou suas empresas concessionárias, permissionárias ou sob qualquer outra forma de empreendimento, são obrigados a fornecer serviços adequados, eficientes, seguros e, quanto aos essenciais, contínuos.

Parágrafo único. Nos casos de descumprimento, total ou parcial, das obrigações referidas neste artigo, serão as pessoas jurídicas compelidas a cumpri-las e a reparar os danos causados, na forma prevista neste código."

Alternativa correta: letra "a".

---

02. (Cespe – Procurador do Estado – BA/2014) Com base no que dispõe o Código de Defesa do Consumidor, julgue o item seguinte.

As pessoas jurídicas de direito público podem ser consideradas consumidoras, desde que presente a vulnerabilidade na relação jurídica.

COMENTÁRIOS

✪ **Nota do Autor:** exige conhecimento a respeito do conceito de consumidor construído pela jurisprudência pátria com base na vulnerabilidade do sujeito da relação de consumo.

A jurisprudência do STJ é no sentido de que, para se enquadrar no conceito de consumidor, se aplica a Teoria Finalista, de forma mitigada, quando a parte contratante de serviço público é pessoa jurídica de direito público e se demonstra a sua vulnerabilidade no caso concreto. Precedente: REsp 1297857-SP. **CERTO**

---

03. (FCC – Procurador do Estado – SP/2009) Considerando o disposto no Código de Defesa do Consumidor, analise as seguintes assertivas:

I. A inversão do ônus da prova a favor do consumidor poderá ocorrer, no processo civil, quando ficar caracterizada sua hipossuficiência.

II. A publicidade comparativa é uma das modalidades de publicidade proibida, tendo em vista seu potencial de abusividade.

III. A solução dos conflitos de consumo por arbitragem é proibida, pois se caracteriza como prática abusiva.

IV. Um produto poderá ser considerado defeituoso em razão de informações insuficientes sobre sua utilização.

V. O princípio geral é que a nulidade de uma cláusula contratual invalida o contrato como um todo.

Está correto SOMENTE o que se afirma em

a) V.
b) I e IV.
c) III e V.
d) II e III.
e) II, III e V.

COMENTÁRIOS

Assertiva I: correta, nos termos do artigo 6º, VIII, do CDC: "a facilitação da defesa de seus direitos, inclusive com a inversão do ônus da prova, a seu favor, no processo civil, quando, a critério do juiz, for verossímil a alegação ou quando for ele hipossuficiente, segundo as regras ordinárias de experiências".

Assertiva II: incorreta, pois a publicidade comparativa consiste em proporcionar ao consumidor a possibilidade de escolher um produto diferente e mais vantajoso, não sendo proibida.

Assertiva III: incorreta, porque é nula a cláusula que determine a utilização compulsória (forçada) da arbitragem, de acordo com o inciso VII do art. 51 do CDC. Porém, nada impede que haja o compromisso arbitral.

Assertiva IV: correta, nos termos do artigo 8º do CDC: "Os produtos e serviços colocados no mercado de consumo não acarretarão riscos à saúde ou segurança dos consumidores, exceto os considerados normais e previsíveis em decorrência de sua natureza e fruição, obrigando-se os fornecedores, em qualquer hipótese, a dar as informações necessárias e adequadas a seu respeito".

Assertiva V: incorreta, pois o parágrafo 2º do artigo 51 traz a informação que a nulidade de uma cláusula contratual abusiva não invalida o contrato, exceto, quando de sua ausência, apesar dos esforços de integração, decorrer ônus excessivo a qualquer das partes.

Alternativa correta: letra "b", pois estão corretos os itens I e IV.

---

04. (Cespe – Procurador do Estado – PB/ 2008) Acerca do direito do consumidor, assinale a opção correta.

a) A oferta ou a veiculação de mensagem publicitária que ressalte as qualidades ou características de determinado produto ou serviço e defina condições e preços para a sua aquisição tem força vinculante em relação ao fornecedor que a promove ou dela se utiliza.
b) Para caracterização da publicidade enganosa, exige-se que o anunciante tenha conhecimento de que as informações publicitárias são falsas, que são capazes de induzir ao erro e que provocam prejuízo ao consumidor.
c) Quando forem fornecidos produtos potencialmente perigosos ao consumo, ainda que não tenha havido dano, incide cumulativamente a responsabilidade pelo fato do produto e pelo vício ou impropriedade do produto, também por perdas e danos, além das sanções administrativas e penais.
d) Na contratação para fornecimento de produto ocorrida fora do estabelecimento empresarial, o consumidor pode desistir da avença no prazo de sete dias a contar do recebimento do produto.

Nessa hipótese, os valores eventualmente pagos devem ser restituídos, deduzindo-se, apenas, o valor gasto com o transporte da mercadoria.

e) O profissional liberal fornecedor de serviços será pessoalmente responsável pela reparação dos danos causados aos consumidores, por defeitos relativos à prestação de seus serviços, independentemente de apuração da culpa.

COMENTÁRIOS

✪ **Nota do autor:** as questões do Concurso da Procuradoria do Estado são multidisciplinares, razão pela qual exigem do candidato conhecimento sistémico do Código de Defesa do Consumidor, já que versa sobre diversos temas, como: a) dos direitos básicos do consumidor (art. 6º); b) proteção à saúde e segurança (arts. 8º a 11); c) responsabilidade do fornecedor pelo fato e vício do produto e do serviço (arts. 12 a 25); d) oferta e publicidade como institutos utilizados nas hodiernas práticas comerciais (arts. 30 a 38), e) direito de arrependimento (art. 49), tratado pelo CDC na Proteção Contratual (Capítulo VI do Título I do CDC); e f) cláusulas abusivas (art. 51).

Alternativa "a": o artigo 30 do CDC determina que "toda informação ou publicidade, suficientemente precisa, veiculada por qualquer forma ou meio de comunicação com relação a produtos e serviços oferecidos ou apresentados, obriga o fornecedor que a fizer veicular ou dela se utilizar e integra o contrato que vier a ser celebrado".

Alternativa "b": não há necessidade do conhecimento do anunciante sobre a falsidade, indução ao erro ou possibilidade de prejuízo para configurar a propaganda enganosa. Basta induzir o consumidor ao erro a respeito da natureza, características, qualidade, quantidade, propriedades, origem, preço e quaisquer outros dados sobre produtos e serviços.

Alternativa "c": o artigo 9º permite a produção e comercialização de produtos potencialmente nocivos e perigosos, desde que informados ostensivamente sobre tal perigo. Se a informação existe, e não houve dano, não há que se falar em responsabilização do fornecedor.

Alternativa "d": o artigo 49, parágrafo único do CDC não menciona qualquer dedução de valores no exercício do direito de arrependimento, devendo, inclusive, ser atualizados monetariamente.

Alternativa "e": a responsabilização do profissional liberal no fornecimento de serviços está condicionada a verificação de culpa, de acordo com o artigo 14, § 4º do CDC (responsabilidade subjetiva).

Alternativa correta: letra "a".

1.1. DAS CLÁUSULAS ABUSIVAS

05. (Cespe – Procurador do Estado – AL/2008) Assinale a opção correta quanto à disciplina de proteção ao consumidor.

a) Em regra, a nulidade de uma cláusula contratual abusiva anula o contrato, haja vista que quebra a boa-fé exigida nas relações de consumo.

b) É anulável a cláusula que obriga o fornecedor a modificar unilateralmente o conteúdo do contrato, após a sua celebração, haja vista que pode implicar ônus excessivo à parte mais fraca da relação.

c) A cláusula que retira do consumidor a opção do reembolso das quantias já pagas somente não será declarada nula se devidamente justificada e destacada no contrato.

d) Ainda que o CDC tenha como um de seus fins a proteção da parte considerada mais fraca na relação de consumo, restou assegurada alguma margem de autonomia ao consumidor –, desde que demonstrado que possui certo grau de instrução –, como no caso da renúncia ao direito de indenização por benfeitorias, desde que necessárias.

e) O CDC, ao tratar das cláusulas abusivas, optou pelo sistema aberto.

COMENTÁRIOS

✪ **Nota do autor:** fundamental que o candidato tenha conhecimento do rol exemplificativo das cláusulas abusivas (art. 51), nulas de pleno direito conforme preceitua o CDC.

Alternativa "a": o § 2º do artigo 51 estabelece que a nulidade de uma cláusula contratual abusiva não invalida o contrato, exceto, quando de sua ausência, apesar dos esforços de integração, decorrer ônus excessivo a qualquer das partes.

Alternativa "b": é nula a cláusula que autorize o fornecedor a modificar unilateralmente o conteúdo ou a qualidade do contrato, após sua celebração, de acordo com o artigo 51, inciso XIII, do CDC.

Alternativa "c": não há justificativa que retire do consumidor a opção de reembolso da quantia já paga, nos casos previstos no Código de Defesa do Consumidor. De acordo com o art. 51, inciso II, são nulas de pleno direito "as cláusulas que subtraiam ao consumidor a opção de reembolso da quantia já paga".

Alternativa "d": é nula a cláusula que possibilite a renúncia do direito de indenização por benfeitorias necessárias, previsto no artigo 51, inciso XVI, do CDC.

Alternativa "e": o artigo 51 do CDC traz hipóteses que se configuradas na relação de consumo, tornam nulas as cláusulas contratuais. Porém, informa que existem outras situações que também geram o mesmo efeito, em uma clara opção pelo sistema aberto (rol exemplificativo).

Alternativa correta: letra "e".

1.2. INVERSÃO DO ÔNUS DA PROVA, PROTEÇÃO CONTRATUAL E RESPONSABILIDADE POR VÍCIO DO PRODUTO E DO SERVIÇO

06. (UEPA – Procurador do Estado – PA/2012) Analise as proposições a seguir:

I. A despeito da existência de decisões judiciais contrárias, a jurisprudência consolidada do Superior Tribunal de Justiça considera que a inversão do ônus da prova, prevista no art. 6º, VIII do CDC, constitui regra de procedimento, devendo a decisão judicial que a determinar ser proferida preferencialmente na fase de saneamento do processo ou, pelo menos, assegurando-se à parte a quem não incumbia inicialmente o encargo, a reabertura da oportunidade para o exercício do ônus processual.

II. Não havendo o saneamento dos vícios existentes no produto, no prazo legal, o consumidor poderá exigir cumulativamente a substituição do bem por outro novo da mesma espécie e o abatimento proporcional do preço.

III. Nas operações que envolvam a outorga de crédito, o fornecedor deverá informar previa e adequadamente o consumidor sobre o preço do produto ou serviço em moeda corrente nacional, os acréscimos legalmente previstos, o número e periodicidade de prestações e a soma total a pagar, com e sem financiamento.

IV. Na compra de produtos diretamente no estabelecimento comercial do fornecedor, é assegurado ao consumidor o exercício do direito de arrependimento, no prazo de 7 dias a contar da aquisição, mesmo que não exista vício no bem adquirido.

De acordo com as proposições apresentadas, assinale a alternativa CORRETA:

a) todas estão corretas
b) II e III estão corretas
c) apenas a II está correta
d) I e III estão corretas
e) todas estão incorretas

COMENTÁRIOS

✪ **Nota do autor:** exige conhecimento sobre inversão do ônus da prova, proteção contratual e responsabilidade por vício do produto ou do serviço, previstos no CDC, bem como do entendimento pacificado no STJ.

Proposição "I": correta, de acordo com entendimento pacificado no STJ, a inversão do ônus da prova deve ocorrer antes da sentença, na fase de saneamento, possibilitando à outra parte maior amplitude na sua defesa Precedentes: REsp 422.778-SP, REsp 802.832-MG.

Proposição "II": incorreta, conforme o artigo 18, § 1º, incisos I e III do CDC, o consumidor poderá exigir alternativamente e à sua escolha a substituição do bem por outro novo da mesma espécie **ou** o abatimento proporcional do preço.

Proposição "III": correta, de acordo com o artigo 52, incisos I, III, IV e V do CDC, *in verbis*: "Art. 52. No fornecimento de produtos ou serviços que envolva outorga de crédito ou concessão de financiamento ao consumidor, o fornecedor deverá, entre outros requisitos, informá-lo prévia e adequadamente sobre: I – preço do produto ou serviço em moeda corrente nacional; II – montante dos juros de mora e da taxa efetiva anual de juros; III – acréscimos legalmente previstos; IV – número e periodicidade das prestações; V – soma total a pagar, com e sem financiamento".

Proposição "IV": incorreta, de acordo com o artigo 49 do CDC, pois o direito de arrependimento somente é aplicável quando a contratação "ocorrer fora do estabelecimento comercial, especialmente por telefone ou a domicílio."

Alternativa correta: letra "d", porque apenas as proposições I e III estão corretas.

1.3. DA DEFESA DO CONSUMIDOR EM JUÍZO

07. (UEPA – Procurador do Estado – PA/ 2012) Analise as proposições a seguir:

I. A partir do julgamento da ADI 2591, o Supremo Tribunal Federal pacificou o entendimento concernente à aplicação do Código de Defesa do Consumidor aos contratos de natureza bancária.

II. Acerca da aplicação do CDC ao consumidor intermediário, isto é, aquele que adquire o produto ou serviço para utilizá-lo em sua atividade profissional, os precedentes do Superior Tribunal de Justiça oscilam, ora afastando tal possibilidade, ora admitindo a incidência do microssistema de consumo, desde que demonstrada a vulnerabilidade técnica, jurídica ou econômica frente ao fornecedor.

III. Ainda que exista desequilíbrio econômico entre locador e locatário, o Código de Defesa de Consumidor não se aplica às locações de bens imóveis, regidas por legislação própria.

IV. De acordo com a Primeira Seção do Superior Tribunal de Justiça, o CDC não se aplica aos contratos de mútuo habitacional, firmados no âmbito do Sistema Financeiro da Habitação – SFH, com cobertura do Fundo de Compensação de Variações Salariais – FCVS, em razão do regime especifico desse tipo de contratação, com cláusula protetiva do mutuário e do próprio SFH.

De acordo com as proposições apresentadas, assinale a alternativa CORRETA:

a) todas as proposições estão corretas
b) apenas uma das proposições está correta
c) apenas duas proposições estão corretas
d) apenas três proposições estão corretas
e) todas as proposições estão incorretas.

COMENTÁRIOS

✪ **Nota do autor:** exige conhecimento do entendimento pacificado no STJ sobre a aplicabilidade do CDC a contratos bancários, ao consumidor intermediário, aos contratos de locação e aos contratos de mútuo habitacional.

Proposição "I": correta, de acordo com o item 1 da Ação Direta de Inconstitucionalidade nº 2591 do STF, que dispõe: " As instituições financeiras estão, todas elas, alcançadas pela incidência das normas veiculadas pelo Código de Defesa do Consumidor."

Proposição "II": correta, de acordo com entendimento pacificado no STJ, que adotou a teoria finalista para fins de caracterização da pessoa jurídica como consumidora em eventual relação de consumo, devendo por tanto ser destinatária final econômica do bem ou serviço adquirido. Precedentes: REsp 1358231-SP, REsp 1195642-RJ, AgRg no Ag 1316667-RO, REsp 660026-RJ.

Proposição "III": correta, já que não se aplica o CDC aos contratos de locação, por não haver nessa relação os sujeitos que caracterizam a relações de consumo, quais sejam consumidor e fornecedor, além das relações locatícias serem regidas por legislação própria. Precedentes do STJ: AgRg no Ag 1347140-PE, AgRg no AREsp 41062-GO, AgRg no AREsp 272955-RS.

Proposição "IV": correta, de acordo com entendimento pacificado no STJ, que diz que nos contratos de financiamento para aquisição da casa própria regidos pelas regras do SFH, onde o saldo devedor é suportado por fundo público gerido pela CEF, atrai por sua feição pública a incidência das normas do direito administrativo, com exclusão das normas do direito privado. Precedentes: REsp 489.701-SP, AgRg no AREsp 160549-SP, AgRg no REsp 902555-SP.

Alternativa correta: letra "a", porque todas as proposições estão corretas.

✦ DICAS (RESUMO)

1. O CONSUMIDOR NAS RELAÇÕES DE CONSUMO

- **Conceito:** está disposto basicamente no artigo 2º, "caput" e parágrafo único, do CDC, "Consumidor é toda pessoa física ou jurídica que adquire ou utiliza produto ou serviço como destinatário final. Parágrafo único. Equipara-se a consumidor a coletividade de pessoas, ainda que indetermináveis, que haja intervindo nas relações de consumo." Além disso, há o conceito de consumidor por equiparação ou *bystander*, previsto nos artigos 17 e 29 do CDC, respectivamente: "Art. 17. Para os efeitos desta Seção, equiparam-se aos consumidores todas as vítimas do evento" e "art. 29. Para os fins deste Capítulo e do seguinte, equiparam-se aos consumidores todas as pessoas determináveis ou não, expostas às práticas nele previstas."
- **Destinatário final:** pessoa física ou jurídica que utilizará o produto ou serviço para consumo próprio. Assim, se uma pessoa adquire um produto como um intermediário de um ciclo de produção, como por exemplo calças para revendê-las, não será considerado destinatário final, e, consequentemente, consumidor.
- A partir da definição de consumidor, no *caput* do artigo 2º, surgiram duas teorias, a saber: a) **teoria finalista ou subjetiva**: é a mais restritiva. Foi adotada pelo CDC e, ao definir o que seja consumidor, apresenta uma divisão entre destinatário final fático (consumidor é o último da cadeia de consumo), e o destinatário final econômico, onde o consumidor não utiliza o produto ou serviço para o lucro, repasse ou transmissão onerosa. Dentro desta teoria, pertinente ressaltar a criação da **teoria finalista mitigada** (ou finalista aprofundada) pelo STJ, que abrandou o critério subjetivo aplicado, considerando além da destinação do produto ou serviço adquirido, o porte econômico do consumidor, notadamente no que se refere à pessoa jurídica, que em determinadas hipóteses poderá ser equiparada à condição de consumidora em razão de apresentar alguma vulnerabilidade frente ao fornecedor. Por outro lado, a segunda teoria: b) **teoria maximalista ou objetiva**, que amplia o conceito de consumidor. De acordo com esta teoria, o artigo 2º do CDC deve ser interpretado da forma mais extensiva possível, para que as normas do CDC sejam aplicadas a um número cada vez maior de relações de consumo.
- Quanto aos direitos básicos do consumidor, importante a leitura do art. 6º do CDC, ressaltando-se os incisos XI e XII que foram introduzidos pela Lei nº 14.181/2021.

Direito do Consumidor

Lucas de Souza Lehfeld

2. DOS PRINCÍPIOS FUNDAMENTAIS DO CÓDIGO DE DEFESA DO CONSUMIDOR (CDC)

- **Integração do sistema normativo-jurídico de proteção do consumidor:** o CDC é um texto aberto, pois determina que os direitos nele previstos "não excluem outros decorrentes de tratados ou convenções internacionais de que o Brasil seja signatário, da legislação interna ordinária, de regulamentos expedidos pelas autoridades administrativas competentes, bem como dos que derivem dos princípios gerais do direito, analogia, costumes e equidade" (artigo 7º).
- **O princípio da transparência ou da confiança:** em âmbito jurídico, a informação apresenta dupla face: o dever de quem oferece o produto ou serviço de informar, e o direito do consumidor de ser informado, por ser considerado pelo CDC parte vulnerável na relação de consumo. A informação deve ser adequada e clara sobre o produto ou serviço, com especificação correta de quantidade, características, composição, qualidade e preço, bem como sobre os riscos que apresentem (artigo 6º, III e artigo 31). Deve-se, portanto, evitar a propaganda enganosa ou abusiva, conforme artigo 6º, IV, do CDC, ou mesmo fantasiosa ou exagerada do produto ou serviço, mesmo que sem a intenção de prejudicar.
- **Princípio da boa-fé objetiva:** a Política Nacional das Relações de Consumo (artigo 4º, do CDC) tem como um dos princípios a "harmonização dos interesses dos participantes das relações de consumo e compatibilização da proteção do consumidor com a necessidade de desenvolvimento econômico e tecnológico, de modo a viabilizar os princípios nos quais se funda a ordem econômica (artigo 170 da Constituição Federal), sempre com base na boa-fé e equilíbrio nas relações entre consumidores e fornecedores" (artigo 4º, III). O Princípio da boa-fé, portanto, propugna o justo equilíbrio nas relações negociais consumeristas, em uma correta harmonia entre as partes, em todos os momentos relativos à prestação de serviços e ao fornecimento de produtos.

  Importante ressaltar a alteração trazida pela Lei nº 14.181/2021, que acrescentou dois incisos ao artigo 4º, do CDC, que trata dos princípios da defesa do consumidor, a saber: "(...) *IX – fomento de ações direcionadas à educação financeira e ambiental dos consumidores; X – prevenção e tratamento do superendividamento como forma de evitar a exclusão social do consumidor.*"

  Ademais, a referida lei inseriu dois instrumentos novos para se executar a Política Nacional das Relações de Consumo no artigo 5º, do CDC, conforme segue: *"(...) VI – instituição de mecanismos de preven-*

ção e tratamento extrajudicial e judicial do superendividamento e de proteção do consumidor pessoa natural; VII – instituição de núcleos de conciliação e mediação de conflitos oriundos de superendividamento."

- **Diferença entre boa-fé objetiva (princípio consagrado no CDC) e boa-fé subjetiva:**

Boa-fé Subjetiva	Boa-fé Objetiva
Plano psicológico dos agentes na relação jurídica	Plano concreto da atuação humana
Restringe-se à intenção do sujeito na relação negocial	Concretização da vontade dos sujeitos da relação no mundo exterior por meio de suas condutas

- **Momento em que se aplica o princípio da boa-fé objetiva:** Conforme o Enunciado 25 do Conselho da Justiça Federal, aprovado na I Jornada de Direito Civil em 2002, o princípio da boa-fé poderá ser aplicado pelo julgador nas fases pré-contratual e pós-contratual. Ademais, o Enunciado 26 reitera que a boa-fé objetiva é a exigência de um comportamento de lealdade dos sujeitos da relação negocial, em todas as fases do negócio.

- **Diferença entre vulnerabilidade e hipossuficiência do consumidor:**

Vulnerabilidade	Hipossuficiência
Artigo 4º, I, do CDC: atribui ao consumidor, em todas as circunstâncias, a condição de vulnerável na relação de consumo.	Artigo 6º, VIII, do CDC: O princípio da hipossuficiência, diferentemente da vulnerabilidade, refere-se a um conceito fático e não jurídico, baseado em uma disparidade ou mesmo discrepância observada no caso concreto.
A presunção é absoluta, por determinação legal (CDC, artigo 2º).	Todo consumidor é vulnerável, mas nem sempre será hipossuficiente. A hipossuficiência, na maioria dos casos, é de natureza técnica, pelo desconhecimento do consumidor em relação ao produto ou serviço adquirido. Entretanto, também "caracteriza hipossuficiência a situação jurídica que impede o consumidor de obter a prova que se tornaria indispensável para responsabilizar o fornecedor pelo dano verificado (hipossuficiência técnica)" (LISBOA, Roberto Senise. Responsabilidade civil nas relações de consumo. São Paulo: RT, 2001, p. 90).

3. DA QUALIDADE DE PRODUTOS E SERVIÇOS, DA PREVENÇÃO E DA REPARAÇÃO DOS DANOS

3.1. DA QUALIDADE E SEGURANÇA DOS PRODUTOS E SERVIÇOS

- **Conceito de PRODUTO** (artigo 3º, §1º): "Qualquer bem, móvel ou imóvel, material ou imaterial."

- **Conceito de SERVIÇO** (artigo 3º, §2º): "Qualquer atividade fornecida no mercado de consumo, mediante remuneração, inclusive as de natureza bancária, financeira, de crédito e securitária, salvo as decorrentes das relações de caráter trabalhista."

- Os produtos e serviços colocados no mercado de consumo **não devem acarretar riscos** à saúde ou segurança dos consumidores, **exceto os considerados normais e previsíveis em decorrência de sua natureza e fruição**, como exemplo cigarros, materiais de limpeza, utensílios domésticos (v.g., facas, cortadores, liquidificadores etc.); ferramentas (furadeira, martelo, etc.). Nestes casos, os **fornecedores estarão obrigados** a dar as informações necessárias e adequadas a respeito de seu uso, bem como dos cuidados a serem tomados pelo consumidor (artigo 8º).

- **Produto industrial:** Quando se tratar de produto industrial, cabe ao fabricante prestar as informações sobre proteção à saúde e segurança do consumidor por meio de impressos que devem acompanhar o produto (§ 1º do art. 8º, com redação dada pela Lei n. 13.486, de 2017). Ademais, o fornecedor deverá higienizar os equipamentos e utensílios utilizados no fornecimento de produtos ou serviços, ou colocados à disposição do consumidor, e informar, de maneira ostensiva e adequada, quando for o caso, sobre o risco de contaminação (§ 2º).

- **Periculosidade inerente (ou latente), Periculosidade adquirida e Periculosidade Exagerada**

Periculosidade Inerente ou latente	Periculosidade adquirida	Periculosidade exagerada
Os bens de consumo de periculosidade inerente ou latente trazem um risco intrínseco atado a sua própria qualidade ou modo de funcionamento. Embora se mostre capaz de causar acidentes, a periculosidade dos produtos e serviços, nesses casos, diz-se normal e previsível em decorrência de sua natureza ou fruição, ou seja, está em sintonia com as expectativas legítimas dos consumidores.	Os chamados produtos ou serviços de periculosidade adquirida tornam-se perigosos em virtude de um defeito que, por qualquer motivo, apresentam. Cabe ressaltar que a principal característica da periculosidade adquirida é exatamente a sua imprevisibilidade.	Trata-se de uma espécie de periculosidade inerente. No entanto, na exagerada, a informação adequada aos consumidores NÃO produz maior resultado no alívio de seus riscos. Assim, os riscos não compensam os benefícios, e neste sentido, não podem, ao menos não deveriam, ser levados ao mercado.

3.2. DA RESPONSABILIDADE PELO FATO E VÍCIO DO PRODUTO E DO SERVIÇO

- **Diferença entre vício e fato ou defeito do produto ou serviço:**

Vício do produto ou serviço	Fato ou defeito do produto ou serviço
No **vício**, o problema está adstrito aos limites do produto ou serviço, (prejuízos intrínsecos), sem outras repercussões.	No **fato ou defeito** de um produto ou serviço, há repercussões que extrapolam os limites do bem de consumo, como a geração de danos materiais, morais e estéticos (prejuízos extrínsecos).
O **vício** afeta a qualidade, quantidade, disparidade (com as indicações do embalagem/recipiente/rotulagem ou mensagem publicitária) do produto ou serviço, tornando-o impróprio ou inadequado para o fim que se destinava, ou lhe diminuindo o valor.	O **fato** (também denominado de **acidente de consumo**) caracteriza-se por um dano resultante de defeito do produto ou serviço.
Exemplo: televisão que após ser ligada para de funcionar em razão de mau contato da tecla liga/desliga do aparelho.	Exemplo: televisão que após ser ligada para de funcionar, explodindo e causando danos físicos ao consumidor.

- **Conceito de FORNECEDOR** (artigo 3º do CDC): "Toda pessoa física ou jurídica, pública ou privada, nacional ou estrangeira, bem como os entes despersonalizados, que desenvolvem atividade de produção, montagem, criação, construção, transformação, importação, exportação, distribuição ou comercialização de produtos ou prestação de serviços."

- **Responsabilidade do fornecedor do produto ou serviço:** nos termos dos artigos 12 e 14, do CDC, a responsabilidade do fornecedor é **objetiva**, independentemente da existência de culpa ou dolo, sendo suficiente a verificação da existência do dano e do nexo de causalidade com o defeito ou vício do produto ou serviço.

- **EXCEÇÃO: o profissional liberal.** Cabe, no entanto, ressaltar que a própria lei consumerista traz exceção à regra da responsabilidade objetiva, ao determinar que o **profissional liberal** responderá de forma **subjetiva** pelo dano, ou seja, mediante a verificação da culpa lato sensu (dolo, negligência, imprudência e imperícia), nos termos do § 4º do artigo 14.

- **Observação:** no caso da responsabilidade do profissional liberal, deve-se atentar para a natureza da atividade exercida. Se for de meio, aplica-se a responsabilidade subjetiva. Entretanto, se for de resultado, há entendimento doutrinário e jurisprudencial de que responderá de forma objetiva. Exemplo: cirurgia plástica de natureza embelezadora ou estética.

- **Excludentes próprias de responsabilidade civil do fornecedor:**

Produtos	Serviços
O fabricante, o construtor, o produtor ou importador só não será responsabilidade quando provar (artigo 12, §3º): Que não colocou o produto no mercado (inciso I).	O fornecedor só não será responsabilizado quando provar (artigo 14, §3º): Que, tendo prestado o serviço, o defeito inexiste (inciso I).
Que, embora haja colocado o produto no mercado, o defeito inexiste (inciso II).	A culpa exclusiva do consumidor ou de terceiro (Inciso II).
A culpa exclusiva do consumidor ou de terceiro (inciso III).	

- **Solidariedade na responsabilidade civil por vício ou fato do produto ou serviço:** o CDC adota como **regra geral a solidariedade presumida entre os envolvidos no fornecimento dos produtos e na prestação de serviços.** "Tendo mais de um autor a ofensa, todos responderão solidariamente pela reparação dos danos previstos nas normas de consumo" (artigo 7º, Parágrafo Único). A Lei Consumerista rompe com a concepção dual de responsabilidade, contratual e extracontratual. Ou seja, a regra é a solidariedade, no contrato ou fora dele, quando se vislumbrar a relação de consumo (artigos 14, 18, 19 e 20 do CDC).
- **EXCEÇÃO:** quando se tratar de **fato ou defeito do produto**, pelo disposto nos artigos. 12 e 13, ao fabricante (ou quem o substitua) a lei consumerista atribui **responsabilidade imediata** pelo dano e ao comerciante, **responsabilidade subsidiária.**
- **Prazos legais quanto à responsabilidade civil do fornecedor por vício do produto**: **30 dias** para efetuar a substituição das partes viciadas do produto (artigo 18, "caput", e §1º). **Não sendo o vício sanado** no prazo máximo de **30 dias, pode o consumidor exigir, alternativamente e à sua escolha, nos termos do §1º do art. 18 do CDC:**

I – a substituição do produto por outro da mesma espécie, em perfeitas condições de uso; ou
II – a restituição imediata da quantia paga, monetariamente atualizada, sem prejuízo de eventuais perdas e danos; ou
III – o abatimento proporcional do preço

- **Observações:**

a) o **prazo** de 30 dias, por convenção entre as partes (consumidor e fornecedor), **poderá ser reduzido ou ampliado**, não podendo, no entanto, ser inferior a **7 (sete) nem superior a 180 (cento e oitenta) dias (artigo 18, §2º, 1ª parte);**

b) **Nos contratos de adesão**, cujas cláusulas são estabelecidas unilateralmente pelo fornecedor (artigo 54), a que se refere ao prazo deverá ser **convencionada em separado**, por meio de manifestação expressão do consumidor (artigo 18, §2º, 2ª parte);

c) Quando se tratar de **vício de quantidade de produto,** não há que se falar em prazo para sanar o vício pelo fornecedor, podendo o consumidor, neste caso, **exigir imediatamente, alternativamente e à sua escolha** o abatimento proporcional do preço; ou complementação do peso ou medida; ou a substituição do produto por outro da mesma espécie, marca ou modelo, sem os aludidos vícios; ou a restituição imediata da quantia paga, monetariamente atualizada, sem prejuízo de eventuais perdas e danos (artigo 19, I ao IV, do CDC).

3.3. DA DECADÊNCIA E DA PRESCRIÇÃO (PRAZOS E GARANTIAS)

Decadência	Prescrição
Refere-se ao prazo para reclamar perante o fornecedor por **vício** do produto ou serviço, nos termos do artigo 26.	Refere-se ao prazo para ingressar com ação **de reparação de danos** oriundos do **fato** do produto ou serviço, conforme determina o artigo 27 do CDC.
Trata-se de **garantia legal, obrigatória**, imposta por lei, a qual independe de termo expresso, vedada a exoneração do fornecedor (artigo 24).	

- **Prazos decadenciais para reclamar e prescricional para ingressar em juízo**

Direito de reclamar pelo VÍCIO do produto ou serviço – prazo decadencial (artigo 26):	Ação judicial de reparação de dano por FATO do produto ou serviço – prazo prescricional (artigo 27)
30 dias – fornecimento de serviços e de produtos não duráveis (artigo 26, I, do CDC).	5 anos
90 dias – fornecimento de serviços e de produtos duráveis (artigo 26, II, do CDC).	

- **Atenção:** os prazos de 30 (trinta) e 90 (noventa) dias não são, respectivamente, 1 (um) mês e 3 (três) meses. Deve-se levar em conta a quantidade de dias.
- **Cabe observar que o prazo decadencial, pelo § 2º, I e III do art. 26, é obstaculizado pela:**

a) reclamação (que pode ser verbal, por escrito, ou mesmo por telefone) comprovadamente formulada pelo consumidor perante o fornecedor de produtos e serviços até a resposta negativa correspondente, que deve ser transmitida de forma inequívoca;

b) instauração de inquérito civil pelo Ministério Público, até seu encerramento.

- **Qualidade dos vícios:**

Vício aparente ou de fácil constatação	Vício oculto
É aquele que se verifica pelo singelo uso e consumo do produto e do serviço.	É o que aparece somente algum ou muito tempo após o uso e/ou que, por estar inacessível ao consumidor, não pode ser constatado na utilização ordinária.

Os referidos prazos (30 ou 90 dias) começam a contar da entrega efetiva do produto, ou do final da execução do serviço (artigo 26, §1º).	O prazo decadencial inicia-se no momento em que o mesmo ficar evidenciado (artigo 26, §3º).
Exemplo: consumidor que adquire uma televisão que não sintoniza os canais.	Exemplo: na compra de um automóvel, detecta-se depois de seu uso, no tempo, uma irregularidade no motor de fábrica, podendo levá-lo à quebra.

- **Produtos e serviços duráveis e não duráveis**

Produtos e Serviços Duráveis	Produtos e Serviços Não Duráveis
Produto durável é aquele que não se extingue com o seu uso, levando tempo para se desgastar (v.g., automóvel, eletrodoméstico).	Produto não durável é o que acaba com o seu uso. Ele se extingue, ou pelo menos vai se extinguindo (v.g., alimentos, remédios).
O serviço durável é o prestado de forma contínua no tempo, em razão de contrato ou por previsão legal (v.g., plano de saúde, serviços escolares, serviços públicos) ou se trata daquele que após a sua prestação, deixa um resultado, um produto final decorrente do serviço executado (v.g., pintura de uma casa, serviço de buffet).	Serviço não durável, por sua vez, é aquele que, de fato, exercem-se uma vez prestado (v.g., hospedagem, serviço de transporte).

- **Garantia contratual e Garantia estendida**

Garantia contratual	Garantia estendida
Artigo 50 do CDC.	Prática usual no mercado, essa modalidade de garantia contratual somente poderá ser cobrada quando efetivamente contratada, ou seja, não se presume, sob pena de responsabilização civil do fornecedor.
É uma faculdade do fornecedor.	
Uma vez oferecida, está obrigado a cumpri-la.	
Pode ser total ou parcial, desde que previamente prevista de forma expressa no contrato.	
No contrato, formaliza-se em regra no denominado "termo de garantia". (artigo 50, parágrafo único).	

Tem caráter de complementariedade em relação à garantia legal. É inadmissível a substituição da garantia legal (obrigatória, inderrogável) pela contratual. Os prazos, portanto, devem ser somados (garantia legal + garantia contratual).	

3.4. DA DESCONSIDERAÇÃO DA PERSONALIDADE JURÍDICA

- A personalidade jurídica é uma ficção, que permite a separação rígida entre os sócios e a sociedade empresária. No entanto, muitas vezes, há a utilização do manto da pessoa jurídica para o acobertamento de práticas abusivas e ilícitas. Permite-se, então, em casos especiais, a desconsideração da personalidade jurídica, a fim de alcançar a figura dos sócios e seu patrimônio. O magistrado tem o dever de desconsiderar a personalidade jurídica, sempre que esta for um óbice na reparação dos danos provocados ao consumidor.

HIPÓTESES (artigo 28, "caput"):
Quando houver abuso de direito;
Excesso de poder;
Infração da lei;
Fato ou ato ilícito;
Violação dos estatutos ou contrato social;
Falência, estado de insolvência, encerramento ou inatividade da pessoa jurídica provocados por má administração.
Art. 28, § 5º. Sempre que sua personalidade for, de alguma forma, obstáculo ao ressarcimento de prejuízos causados aos consumidores.
NÃO SE CONFUNDE COM A DESCONSIDERAÇÃO PREVISTA NO CC/2002 (teoria maior da desconsideração)! Artigo **50, CC:** "Em caso de **abuso da personalidade jurídica,** caracterizado pelo **desvio de finalidade ou pela confusão patrimonial,** pode o juiz, a requerimento da parte, ou do Ministério Público quando lhe couber intervir no processo, desconsiderá-la para que **os efeitos de certas e determinadas relações de obrigações sejam estendidos aos bens particulares de administradores ou de sócios da pessoa jurídica** beneficiados direta ou indiretamente pelo abuso."

Tipos de sociedade:	Responsabilidade:
Artigo 28, §2º Sociedades integrantes dos grupos societários e sociedades controladas	Responderão **subsidiariamente** pelas obrigações decorrentes do CDC.

HIPÓTESES (artigo 28, "caput"):	
Artigo 28, §3º Sociedades consorciadas	Responderão **solidariamente.**
Artigo 28, §4º Sociedades coligadas	Responderão **por culpa**.

3.5. DOS BANCOS DE DADOS E CADASTRO DE CONSUMIDORES

- Nos termos do art. 43, §4º, do CDC, "Os bancos de dados e cadastros relativos a consumidores, os serviços de proteção ao crédito e congêneres são considerados entidades de caráter público".
- São espécies dos chamados arquivos de consumo, pois ambos visam o armazenamento de dados referentes a terceira pessoa para utilização nas operações consumeristas. Entretanto, "enquanto o cadastro de consumo as informações têm organização imediata, ou seja, motivo de manutenção dos cadastros está restrito à relação comercial do arquivista-fornecedor com o cadastrado-consumidor, [...] bancos de dados de consumo mantém organização mediata, relativamente à destinação a lhe ser dada, almejando sempre eventual utilização futura. Os bancos de dados dispõem do predicado de ocultação das informações, que ficam em suspenso à espera do impulso do terceiro interessado, para cumprir sua função" (EFING, Antônio Carlos. Banco de dados e cadastro de consumidor. São Paulo: Revista dos Tribunais, 2002, p. 31). Assim, o cadastro de consumidores seria na verdade um sistema de coleta de informações de dados objetivos, sejam de consumo ou de juízo de valor, obtidos normalmente do consumidor, tendo interesse comercial subjetivo do arquivista (comerciante), e divulgação interna (Exemplo: carteira de clientes de um advogado). O banco de dados, por sua vez, atende necessidade latente através de divulgação permanente de dados objetivos e individuais do consumidor/arquivado, divulgando-os a domínio público (ou seja, a terceiros interessados) por motivos exclusivamente econômicos. (Exemplo: SPC e SERASA).

4. DAS PRÁTICAS COMERCIAIS

4.1. DA OFERTA E DA PUBLICIDADE

- A oferta, além de sua relação com o princípio da boa-fé objetiva, interage diretamente com o princípio da transparência ou da confiança (artigo 4º, "caput"; artigo 6º, III; artigos. 30 a 38). A disciplina normativa trazida pelo CDC, nesse sentido, busca tutelar o vulnerável negocial exposto ao enorme volume de informações que se encontram no mercado de consumo, muitas vezes com o propósito de seduzir o consumidor.
- **Oferta é gênero**, pois abarca qualquer forma de comunicação ou transmissão da vontade no intuito de seduzir ou atrair o consumidor para aquisição de produtos e serviços (v.g., anúncio ou informação em vitrine, gôndolas de supermercado, periódicos, rádio, televisão, internet, mala-direta, telemarketing etc.). Portanto, inclui a **publicidade**, **espécie**, principal instrumento usado pelo fornecedor para disponibilizar seus bens de consumo.
- **Diferença entre publicidade e propaganda:**

Publicidade	Propaganda
Tem um objetivo comercial;	Tem fim ideológico, religioso, filosófico, político, econômico ou social;
A publicidade, além de paga, identifica seu patrocinador;	Nem sempre a propaganda identifica o seu patrocinador;
Exemplo: anúncio de preço de eletrodoméstico em vitrine de loja.	Exemplo: anúncio do Ministério da Saúde sobre a campanha de vacinação contra a gripe veiculada na televisão.

- **Publicidade enganosa e abusiva (artigo 37, §§1º e 2º)**

Publicidade Enganosa	Publicidade Abusiva
"É enganosa qualquer modalidade de informação ou comunicação de caráter publicitário, inteira ou parcialmente falsa, ou, por qualquer outro modo, mesmo por omissão, capaz de induzir em erro o consumidor a respeito da natureza, características, qualidade, quantidade, propriedade, origem, preço e quaisquer outros dados sobre produtos e serviços" (artigo 37, §1º).	"É abusiva, dentre outras a publicidade discriminatória de qualquer natureza, a que incite à violência, explore o medo ou a superstição, se aproveite da deficiência de julgamento e experiência da criança, desrespeita valores ambientais, ou que seja capaz de induzir o consumidor a se comportar de forma prejudicial ou perigosa à saúde ou segurança" (artigo 37, §2º).

- **A oferta vincula o fornecedor quanto às informações veiculadas sobre o produto ou serviço** – artigo 30 do CDC.
- **Recusa do cumprimento da oferta pelo fornecedor:** o artigo 35 da Lei consumerista determina que, se o fornecedor de produtos ou serviços recusar cumprimento à oferta, apresentação ou publicidade, o consumidor poderá, alternativamente e à sua livre escolha: I – exigir o cumprimento forçado da obrigação, nos termos da oferta, apresentação ou publicidade; II – aceitar outro produto ou prestação de serviço equivalente; e III – rescindir o contrato, com direito à restituição da quantia eventualmente antecipada, monetariamente atualizada, e a perdas e danos.

Conteúdo da oferta (artigo 31)	
Elementos substantivos	**Elementos adjetivos**
Dados mínimos dos produtos e serviços, como informações sobre suas características, qualidades, quantidade, composição, preço, prazos de validade e origem entre outros.	Qualificações relativas aos dados dos produtos e serviços, devendo ser concretadas, claras, precisas, ostensivas e em língua portuguesa, com o objetivo de facilitar a compreensão dos consumidores.
Esse rol de elementos da oferta é meramente exemplificativo e tem por objetivo facilitar ao máximo a compreensão do conteúdo pelo consumidor (brasileiro médio).	

- **Inversão legal do ônus da prova quanto à veracidade da publicidade:** há inversão do ônus da prova em relação à veracidade da informação publicitária, nos termos do artigo 38 do CDC. Cabe, portanto, a quem patrocina a informação ou comunicação publicitária o ônus da prova da sua veracidade e correção.
- De forma majoritária tem se entendido que o ônus da prova previsto no artigo 38 não cabe ao veículo de comunicação ou à agência, mas apenas ao patrocinador da oferta.

4.2. DAS PRÁTICAS ABUSIVAS

Práticas Abusivas vedadas pelo CDC (artigo 39, I a XIV) – rol exemplificativo:
Condicionar o fornecimento de produto ou de serviço ao fornecimento de outro produto ou serviço, bem como, sem justa causa, a limites quantitativos. Trata-se da denominada venda casada.
Recusar atendimento às demandas dos consumidores, na exata medida de suas disponibilidades de estoque, e, ainda, de conformidade com os usos e costumes.
Enviar ou entregar ao consumidor, sem solicitação prévia, qualquer produto, ou fornecer qualquer serviço (os serviços prestados e os produtos remetidos ou entregues ao consumidor, nessa hipótese, equiparam-se às amostras grátis, inexistindo obrigação de pagamento, conforme Parágrafo único do artigo 39).
Prevalecer-se da fraqueza ou ignorância do consumidor, tendo em vista sua idade, saúde, conhecimento ou condição social, para impingir-lhe seus produtos ou serviços.
Exigir do consumidor vantagem manifestamente excessiva.
Executar serviços sem a prévia elaboração de orçamento e autorização expressa do consumidor, ressalvadas as decorrentes de práticas anteriores entre as partes.
Repassar informação depreciativa, referente a ato praticado pelo consumidor no exercício de seus direitos.

Práticas Abusivas vedadas pelo CDC (artigo 39, I a XIV) – rol exemplificativo:
Colocar, no mercado de consumo, qualquer produto ou serviço em desacordo com as normas expedidas pelos órgãos oficiais competentes ou, se normas específicas não existirem, pela Associação Brasileira de Normas Técnicas ou outra entidade credenciada pelo Conselho Nacional de Metrologia, Normalização e Qualidade Industrial (CONMETRO).
Recusar a venda de bens ou a prestação de serviços, diretamente a quem se disponha a adquiri-los mediante pronto pagamento, ressalvados os casos de intermediação regulados em leis especiais.
Elevar sem justa causa o preço de produtos ou serviços.
Deixar de estipular prazo para o cumprimento de sua obrigação ou deixar a fixação de seu termo inicial a seu exclusivo critério.
Aplicar fórmula ou índice de reajuste diverso do legal ou contratualmente estabelecido.
Permitir o ingresso em estabelecimentos comerciais ou de serviços de um número maior de consumidores que o fixado pela autoridade administrativa como máximo. (incluído pela Lei n. 13.425/2017)
Cabe ressaltar que essa prática abusiva também caracteriza o crime previsto no art. 65 do CDC (Executar serviço de alto grau de periculosidade, contrariando determinação de autoridade competente: Pena de detenção de seis meses a dois anos e multa).

A Lei nº 14.181/2021 incluiu uma nova lista de práticas abusivas, específicas para o fornecedor de produto ou serviço que envolva crédito, em seu artigo 54 G, a saber:

Condutas vedadas ao fornecedor de produto ou serviço que envolva crédito (art. 54G):
realizar ou proceder à cobrança ou ao débito em conta de qualquer quantia que houver sido contestada pelo consumidor em compra realizada com cartão de crédito ou similar, enquanto não for adequadamente solucionada a controvérsia, desde que o consumidor haja notificado a administradora do cartão com antecedência de pelo menos 10 (dez) dias contados da data de vencimento da fatura, vedada a manutenção do valor na fatura seguinte e assegurado ao consumidor o direito de deduzir do total da fatura o valor em disputa e efetuar o pagamento da parte não contestada, podendo o emissor lançar como crédito em confiança o valor idêntico ao da transação contestada que tenha sido cobrada, enquanto não encerrada a apuração da contestação
recusar ou não entregar ao consumidor, ao garante e aos outros coobrigados cópia da minuta do contrato principal de consumo ou do contrato de crédito, em papel ou outro suporte duradouro, disponível e acessível, e, após a conclusão, cópia do contrato

impedir ou dificultar, em caso de utilização fraudulenta do cartão de crédito ou similar, que o consumidor peça e obtenha, quando aplicável, a anulação ou o imediato bloqueio do pagamento, ou ainda a restituição dos valores indevidamente recebidos.

- **Repetição de indébito em dobro:** o consumidor inadimplente, quando da cobrança de dívidas, não poderá ser exposto a ridículo, nem mesmo submetido a qualquer tipo de constrangimento ou ameaça (artigo 42 do CDC). Caso seja cobrado de forma indevida, terá direito à **repetição de indébito em dobro**, com acréscimo de juros e correção monetária, salvo na hipótese de engano justificável, quando a repetição será, portanto, simples (parágrafo único do artigo 42)
- Os **bancos de dados e cadastros de consumidores**, como SERASA, SPC etc., são entidades consideradas de caráter público (artigo 43, §4º), razão pela qual devem permitir ao consumidor o acesso às informações e dados ali existentes (artigo 43, "caput"), inclusive para a pessoa com deficiência (art. 43, §6º). "Os cadastros e dados de consumidores devem ser objetivos, claros, verdadeiros e em linguagem de fácil compreensão, não podendo conter informações negativas referentes a período superior a cinco anos" (artigo 43, §1º).
- Consumado o **prazo prescricional de 5 (cinco) anos** relativo à cobrança de débitos do consumidor, **não poderão ser fornecidas**, pelos bancos de dados e cadastros de consumidores, **quaisquer informações sobre esses débitos que possam impedir ou dificultar novo acesso ao crédito** junto aos fornecedores (artigo 43, §5º).
- **Observação importante:** a Lei nº 12.414/2011, originária da Medida Provisória nº 518, de 30 de dezembro de 2010, traz o chamado **cadastro positivo de consumidores**, com o objetivo de facilitar o crédito a favor do consumidor, por exemplo, com a redução dos juros. Pertinente a menção à Lei Complementar nº 166, de 8 de abril de 2019, que alterou a LC 105/2001 e a Lei nº 12.414/11 para dispor sobre os cadastros positivos de crédito e regular a responsabilidade civil dos operadores, definindo as formas de compartilhamento das informações sobre o adimplemento das obrigações financeiras dos cadastrados.

4.2.1. DA OBRIGATORIEDADE DO ORÇAMENTO

Itens Obrigatórios do Orçamento (Artigo 40)
Valor da mão de obra;
O preço dos materiais e dos equipamentos a serem empregados;
As condições de pagamento;
As datas de início e do término do serviço;

Esses dados são o mínimo que deve constar do orçamento. Nada impede que ele seja mais completo, com informações mais detalhadas a respeito do serviço a ser prestado.

- **Prazo de validade do orçamento:** o §1º do artigo 40 do CDC determina que "salvo estipulação em contrário, **o valor orçado terá validade pelo prazo de dez dias**, contado de seu recebimento pelo consumidor".
- O prazo, portanto, será de 10 dias, se outro não for determinado, de forma expressa, pelo fornecedor. É de sua livre decisão, desde que manifeste expressamente no próprio orçamento.
- Quanto à vinculação do fornecedor, dá-se uma vez feito o orçamento, mesmo antes da aceitação pelo consumidor. Como documento, o orçamento já obriga o fornecedor, gerando a possibilidade, inclusive, de exigência judicial pelo consumidor do seu cumprimento, com as consequências de sua negativa, como exemplo a reparação de danos.
- O §2º do artigo 40, por outro lado, disciplina o fechamento do negócio, com a transformação do orçamento em verdadeiro contrato de adesão. Assim, "uma vez aprovado pelo consumidor, o orçamento obriga os contraentes e somente pode ser alterado mediante livre negociação das partes". A alteração posterior à aprovação, portanto, será permitida apenas por meio de nova negociação, com expressa concordância do consumidor.
- **Orçamento e participação de terceiros:** o artigo 40, §3º, do CDC disciplina a participação de terceiros no serviço orçado a ser prestado. É perfeitamente possível o fornecedor se valer, para execução do serviço, de terceiros. Entretanto, o gasto com a terceirização somente poderá ser cobrado do consumidor se constar do orçamento.
- **Observação:** o **prestador de serviço responde de forma solidária** pelos danos causados **pelo terceiro**, conforme estabelece o artigo 7º, Parágrafo único; artigo 34; e artigo 25, §2º, do CDC.

5. DA PROTEÇÃO CONTRATUAL

5.1. DA REVISÃO CONTRATUAL

- A **revisão contratual está expressamente contemplada no** artigo **6º, V, do CDC**, considerando-a direito básico do consumidor. Assim, admite-se a "modificação das cláusulas contratuais que estabeleçam prestações desproporcionais ou sua revisão em razão de fatos supervenientes que as tornem excessivamente onerosas". Intimamente ligado ao equilíbrio negocial que deve ser mantido, a revisão contratual decorre de simples onerosidade excessiva ao consumidor em razão de fato superveniente.

- **Revisão contratual e a imprevisibilidade do fato superveniente:**

Código Civil (artigos 317, 478 a 480)	CDC (artigo 6º, V)
Exige a imprevisibilidade para a revisão contratual por fato superveniente, consagrando, portanto, a **teoria da imprevisão**.	A revisão nos contratos de consumo é facilitada **não demanda o fator imprevisibilidade**, bastando a presença do **desequilíbrio negocial ou a onerosidade excessiva** decorrente **de um fato superveniente**, ou seja, novo, não existente quando da contratação original.

- **Revisão contratual vs. Resolução contratual:** a resolução do contrato é a *ultima ratio*. O Enunciado 22 do Conselho da Justiça Federal, aprovado na I Jornada de Direito Civil, determina que "a função social do contrato, prevista no artigo 421 do Novo Código Civil, constitui cláusula geral, que reforça o princípio da conservação do contrato, assegurando trocas úteis e justas".
- No CDC, o sentido da conservação contratual encontra-se no artigo 51, §2º, o qual determina que "a nulidade de uma cláusula contratual abusiva não invalida o contrato, exceto quando de sua ausência, apesar dos esforços de integração, decorrer ônus excessivo a qualquer das partes".

5.2. O DIREITO DE ARREPENDIMENTO

- "O **consumidor pode desistir do contrato**, no **PRAZO DE 7 DIAS** a contar de sua assinatura ou do ato de recebimento do produto ou serviço**, SEMPRE** que a **CONTRATAÇÃO** de fornecimento de produtos e serviços **OCORRER FORA DO ESTABELECIMENTO COMERCIAL**, especialmente por **telefone ou a domicílio**" (artigo 49 do CDC).
- **Limites da aplicação do direito de arrependimento**: o seu regular exercício pelo consumidor dar-se-á quando a contratação de fornecimento de produtos e serviços ocorrer **fora do estabelecimento comercial, especialmente por telefone ou a domicílio** (conhecida tradicionalmente pela venda porta-a-porta).
- Evidentemente, quando houve a elaboração da norma em destaque, ainda não havia se desenvolvido o comércio eletrônico pela internet ou outros meios de comunicação, devendo o referido dispositivo legal também ser aplicado a tais hipóteses.
- **Contagem do prazo:** o artigo 49 é específico: conta-se **da data da assinatura do contrato ou do ato do recebimento do produto ou serviço.** Exclui-se o dia do início e inclui-se o último dia, por aplicação supletiva do artigo 132 do Código Civil. Em seu §1º, acrescenta: "Se o dia do vencimento cair em feriado, considerar-se-á prorrogado o prazo até o seguinte dia útil".
- **Direito de arrependimento e garantias legal e contratual:** o direito de arrependimento não se confunde com as garantias legal e contratual, por isso o seu prazo é independente daqueles estipulados nas garantias do produto ou serviço.

5.3. DAS CLÁUSULAS ABUSIVAS

- Em conformidade com os princípios da função social do contrato e da boa-fé objetiva, a Lei nº 8.078/90 apresenta, em seu artigo **51, rol exemplificativo ("numerus apertus") de cláusulas abusivas (pelo direito romano, denominadas "cláusulas leoninas")**, consideradas por determinação expressa nulas de pleno direito, quando presentes em contratos de consumo.

Cláusulas Abusivas (artigo 51) – ROL EXEMPLIFICATIVO:
São NULAS DE PLENO DIREITO!
Cláusulas que impossibilitem, exonerem ou atenuem a responsabilidade do fornecedor por vícios de qualquer natureza dos produtos e serviços ou impliquem renúncia ou disposição de direitos. Nas relações de consumo entre o fornecedor e o consumidor pessoa jurídica, a indenização poderá ser limitada, em situações justificáveis;
Cláusulas que subtraiam ao consumidor a opção de reembolso da quantia já paga, nos casos previstos no CDC;
Cláusulas que transfiram responsabilidades a terceiros;
Cláusulas que estabeleçam obrigações consideradas iníquas, abusivas, que coloquem o consumidor em desvantagem exagerada, ou sejam incompatíveis com a boa-fé ou a equidade;
Cláusulas que estabeleçam inversão do ônus da prova em prejuízo do consumidor;
Cláusulas que determinem a utilização compulsória de arbitragem;
Cláusulas que imponham representante para concluir ou realizar outro negócio jurídico pelo consumidor;
Cláusulas que deixem ao fornecedor a opção de concluir ou não o contrato, embora obrigando o consumidor;
Cláusulas que permitam ao fornecedor, direta ou indiretamente, variação do preço de maneira unilateral;
Cláusulas que autorizem o fornecedor a cancelar o contrato unilateralmente, sem que igual direito seja conferido ao consumidor;

Cláusulas que obriguem o consumidor a ressarcir os custos de cobrança de sua obrigação, sem que igual direito lhe seja conferido contra o fornecedor;
Cláusulas que autorizem o fornecedor a modificar unilateralmente o conteúdo ou a qualidade do contrato, após sua celebração;
Cláusulas que infrinjam ou possibilitem a violação de normas ambientais;
Cláusulas que estejam em desacordo com o sistema de proteção ao consumidor;
Cláusulas que possibilitem a renúncia do direito de indenização por benfeitorias necessárias;
Cláusulas que condicionem ou limitem de qualquer forma o acesso aos órgãos do Poder Judiciário;
Cláusulas que estabeleçam prazos de carência em caso de impontualidade das prestações mensais ou impeçam o restabelecimento integral dos direitos do consumidor e de seus meios de pagamento a partir da purgação da mora ou do acordo com os credores.

- A determinação legal do artigo 51 consubstancia-se em uma das mais importantes formas de **mitigação da obrigatoriedade decorrente do instrumento contratual ("**pacta sunt servanda**")**, com a redução do poder das partes em função de um dirigismo contratual (intervencionismo legal).
- **Cláusulas abusivas e reparação do dano:** a presença do abuso de direito contratual leva à ilicitude das referidas cláusulas, razão pela qual, além de serem declaradas nulas de pleno direito, podem gerar o dever de reparar, ou seja, a responsabilização civil do fornecedor ou prestador por dano provocado em razão da abusividade constatada no contrato.
- Pelo fato de as hipóteses descritas no artigo 51 serem consideradas cláusulas nulas de pleno direito (nulidade absoluta), reconhece-se a **imprescritibilidade da ação declaratória correspondente, por incidência do** artigo **169 do Código Civil**.
- Em detrimento da insanabilidade da nulidade absoluta das cláusulas abusivas, o CDC, em seu artigo **51, §2º**, consagra o **princípio da conservação contratual,** "A nulidade de uma cláusula contratual abusiva não invalida o contrato, exceto quando de sua ausência, apesar dos esforços de integração, decorrer ônus excessivo a qualquer das partes".
- "As multas de mora decorrentes do inadimplemento de obrigações no seu termo não poderão ser superiores a dois por cento do valor da prestação" (artigo 52, §1º, do CDC, com redação dada pela Lei nº 9.298/96). Se houver a liquidação antecipada do débito, total ou parcialmente, deverão ser reduzidos proporcionalmente os juros e demais acrescimentos (artigo 52, §2º).

5.4. DOS CONTRATOS DE ADESÃO

- **Conceito de contrato de adesão: de acordo com o** CDC, "contrato de adesão é aquele cujas cláusulas tenham sido aprovadas pela autoridade competente ou estabelecidas unilateralmente pelo fornecedor de produtos ou serviços, sem que o consumidor possa discutir ou modificar substancialmente seu conteúdo" (artigo 54).
- No mercado, há diversidade de exemplos dessa espécie de contrato, como o de saúde de conta-corrente, de financiamento, de empréstimo, de cartão de crédito, de fornecimento de energia elétrica, de serviços telefônicos etc. Em todos esses casos, o consumidor não discute, nem mesmo pode exigir alterações substanciais das cláusulas unilateralmente fixadas.
- **Redação do contrato de adesão:** "Os contratos de adesão escritos serão redigidos em termos claros e com caracteres ostensivos e legíveis, cujo tamanho da fonte não será inferior ao corpo doze, de modo a facilitar sua compreensão pelo consumidor" (artigo 54, §3º, do CDC). A referida norma relaciona-se com:

  Artigo 46. Os contratos que regulam as relações de consumo não obrigarão os consumidores, se não lhes for dada a oportunidade de tomar conhecimento prévio de seu conteúdo, ou se os respectivos instrumentos forem redigidos de modo a dificultar a compreensão de seu sentido e alcance.

  Artigo 30. Toda informação ou publicidade, suficientemente precisa, veiculada por qualquer forma ou meio de comunicação com relação a produtos e serviços oferecidos ou apresentados, obriga o fornecedor que a fizer veicular ou dela se utilizar e integra o contrato que vier a ser celebrado.

- **Atenção:** ainda que uma ou algumas cláusulas sejam inseridas no Instrumento contratual, previamente definido, não haverá a sua descaracterização como contrato de adesão (artigo 54, §1º, do CDC).
- **Cláusula resolutória no contrato de adesão:** será válida a cláusula resolutória no contrato de adesão se não resultar em desvantagem excessiva ao consumidor e se permitir, a critério do consumidor, a escolha entre dar continuidade à relação jurídica contratada, ou dá-la por acabada (artigo 54, §2º, do CDC). O referido dispositivo, em sua parte final, ressalva os direitos do consumidor previstos no §2º do artigo 53, ou seja, a devolução das quantias pagas, descontados eventuais prejuízos e vantagem econômica auferida.

Da prevenção e tratamento do superendividamento

A Lei nº 14.181/2021 inseriu um novo capítulo no Código de Defesa do Consumidor a respeito da prevenção e tratamento do superendividamento, visando a proteção da dignidade humana do endividado no mercado.

Conceito: previsto pelo artigo 54-A, § 1º do CDC:

"entende-se por superendividamento a impossibilidade manifesta de o consumidor pessoa natural, de boa-fé, pagar a totalidade de suas dívidas de consumo, exigíveis e vincendas, sem comprometer seu mínimo existencial, nos termos da regulamentação."

Exceções: artigo 54-A, § 3º, do CDC.

As normas protetivas não se aplicam:
Dívidas contraídas mediante fraude ou má-fé
Dívidas oriundas de contratos celebrados dolosamente ou com o propósito de não realizar o pagamento
Dívidas que decorram da aquisição ou contratação de produtos e serviços de luxo de alto valor

Previsão de informações adicionais que devem ser prestadas no fornecimento de crédito e na venda a prazo, além daquelas previstas pelo artigo 52 do Código de Defesa do Consumidor no artigo 54 B, do CDC, a saber:

> *"No fornecimento de crédito e na venda a prazo, além das informações obrigatórias previstas no art. 52 deste Código e na legislação aplicável à matéria, o fornecedor ou o intermediário deverá informar o consumidor, prévia e adequadamente, no momento da oferta, sobre: I – o custo efetivo total e a descrição dos elementos que o compõem; II – a taxa efetiva mensal de juros, bem como a taxa dos juros de mora e o total de encargos, de qualquer natureza, previstos para o atraso no pagamento; III – o montante das prestações e o prazo de validade da oferta, que deve ser, no mínimo, de 2 (dois) dias; IV – o nome e o endereço, inclusive o eletrônico, do fornecedor; V – o direito do consumidor à liquidação antecipada e não onerosa do débito, nos termos do § 2º do art. 52 deste Código e da regulamentação em vigor. § 1º As informações referidas no art. 52 deste Código e no caput deste artigo devem constar de forma clara e resumida do próprio contrato, da fatura ou de instrumento apartado, de fácil acesso ao consumidor. § 2º Para efeitos deste Código, o custo efetivo total da operação de crédito ao consumidor consistirá em taxa percentual anual e compreenderá todos os valores cobrados do consumidor, sem prejuízo do cálculo padronizado pela autoridade reguladora do sistema financeiro. § 3º Sem prejuízo do disposto no art. 37 deste Código, a oferta de crédito ao consumidor e a oferta de venda a prazo, ou a fatura mensal, conforme o caso, devem indicar, no mínimo, o custo efetivo total, o agente financiador e a soma total a pagar, com e sem financiamento."*

A lei trouxe novas proibições na oferta de crédito ao consumidor, conforme preceitua o artigo 54-C do Código de Defesa do Consumidor, a saber:

II – indicar que a operação de crédito poderá ser concluída sem consulta a serviços de proteção ao crédito ou sem avaliação da situação financeira do consumidor;

III – ocultar ou dificultar a compreensão sobre os ônus e os riscos da contratação do crédito ou da venda a prazo;

IV – assediar ou pressionar o consumidor para contratar o fornecimento de produto, serviço ou crédito, principalmente se se tratar de consumidor idoso, analfabeto, doente ou em estado de vulnerabilidade agravada ou se a contratação envolver prêmio;

V – condicionar o atendimento de pretensões do consumidor ou o início de tratativas à renúncia ou à desistência de demandas judiciais, ao pagamento de honorários advocatícios ou a depósitos judiciais.

– Descumprimento dos deveres – art. 54 D, parágrafo único: *"o descumprimento de qualquer dos deveres previstos no caput deste artigo e nos arts. 52 e 54-C deste Código poderá acarretar judicialmente a redução dos juros, dos encargos ou de qualquer acréscimo ao principal e a dilação do prazo de pagamento previsto no contrato original, conforme a gravidade da conduta do fornecedor e as possibilidades financeiras do consumidor, sem prejuízo de outras sanções e de indenização por perdas e danos, patrimoniais e morais, ao consumidor".*

– efinição de contratos conexos, coligados ou interdependentes – art. 54-F:

> *"São conexos, coligados ou interdependentes, entre outros, o contrato principal de fornecimento de produto ou serviço e os contratos acessórios de crédito que lhe garantam o financiamento quando o fornecedor de crédito:*
>
> *I – recorrer aos serviços do fornecedor de produto ou serviço para a preparação ou a conclusão do contrato de crédito;*
>
> *II – oferecer o crédito no local da atividade empresarial do fornecedor de produto ou serviço financiado ou onde o contrato principal for celebrado.*

5.5. DAS SANÇÕES ADMINISTRATIVAS

As principais sanções administrativas aplicáveis às infrações das normas de defesa do consumidor, sem prejuízo das de natureza civil, penal e daquelas definidas em legislação especial, são (artigo 56, incisos I a XII):
Multa;
Apreensão do produto;
Inutilização do produto;
Cassação do registro do produto junto ao órgão competente;

Proibição de fabricação do produto;
Suspensão de fornecimento de produtos ou serviços;
Suspensão temporária de atividade;
Revogação de concessão ou permissão de uso;
Cassação de licença do estabelecimento ou de atividade;
Interdição, total ou parcial, de estabelecimento, de obra ou de atividade;
Intervenção administrativa;
Imposição de contrapropaganda.
IMPORTANTE: "As sanções previstas neste artigo serão aplicadas pela autoridade administrativa, no âmbito de sua atribuição, podendo ser aplicadas cumulativamente, inclusive por medida cautelar, antecedente ou incidente de procedimento administrativo" (parágrafo único do artigo 56).

- **Pena de Multa:** será graduada de acordo com a gravidade da infração, a vantagem auferida e a condição econômica do fornecedor, e aplicada mediante procedimento administrativo, revertendo os valores cabíveis à União para o fundo de que trata a Lei nº 7.347/1985 (Lei da Ação Civil Pública), ou para os fundos estaduais ou municipais de proteção ao consumidor nos demais casos.
- Nos termos do art. 59 do Código de Defesa do Consumidor, "as penas de cassação de alvará de licença, de interdição e de suspensão temporária da atividade, bem como a de intervenção administrativa serão aplicadas mediante procedimento administrativo, assegurada ampla defesa, quando o fornecedor reincidir na prática das infrações de maior gravidade previstas neste Código e na legislação de consumo".
- A contrapropaganda, na realidade, é uma sanção administrativa quando praticada a publicidade enganosa ou abusiva, sempre às expensas do infrator (art. 60 do CDC). Assim, a publicidade enganosa, ou abusiva é que se trata de prática abusiva, e não a contrapropaganda, que é uma sanção à referida prática. Nos termos do art. 60, §1º, do CDC, "a contrapropaganda será divulgada pelo responsável da mesma forma, frequência e dimensão e, preferencialmente no mesmo veículo, local, espaço e horário, de forma capaz de desfazer o malefício da publicidade enganosa ou abusiva".
- A pena de cassação da concessão será aplicada à concessionária de serviço público quando violar obrigação legal ou contratual, conforme preceitua o art. 59, §1º, do CDC.
- As sanções administrativas aplicadas às infrações das normas de defesa do consumidor pela autoridade administrativa poderão ser cumulativas, inclusive por medida cautelar antecedente ou incidente de procedimento administrativo, nos termos do Parágrafo Único do Art. 56 do CDC.
- O CDC expressamente determina que "pendendo ação judicial na qual se discuta a imposição de penalidade administrativa, não haverá reincidência até o trânsito em julgado da sentença.

6. DA DEFESA DO CONSUMIDOR EM JUÍZO

6.1. INVERSÃO DO ÔNUS DA PROVA

- A **inversão** do ônus da prova pode ser **convencional, legal ou judicial**.

Tipos de Inversão do ônus da prova	
Legal	Decorre de **acordo de vontades** entre as partes, podendo ocorre antes ou durante o processo.
Convencional	Ressalta-se que há limitações a essa inversão, conforme dispõe o artigo 373, §3º do CPC/2015: "A distribuição diversa do ônus da prova também pode ocorrer por convenção das partes, salvo quando: I – recair sobre direito indisponível da parte; II – tornar excessivamente difícil a uma parte o exercício do direito. Essa última limitação é aplicável no caso de inversão do ônus probatório diante da alegação de fato negativo indeterminado, cuja prova é denominada pela doutrina de **"prova diabólica"**. **A inversão convencional, nas relações de consumo**, pode ser observada quando da aplicação do artigo 51, VI, do CDC, em que se **considera nula de pleno direito a cláusula contratual que determine a inversão do ônus da prova em prejuízo do consumidor.**
Legal	Decorre de **previsão expressa em lei**, independentemente do caso concreto, ou mesmo de qualquer decisão judicial determinando tal inversão. **No CDC, há três momentos:** a) artigo **12, §3º:** "O fabricante, o construtor, o produtor ou importador só não será responsabilizado quando provar: I – que não colocou o produto no mercado; II – que, embora haja colocado o produto no mercado, o defeito inexiste; III – a culpa exclusiva do consumidor ou de terceiro"; b) artigo **14, §3º:** "O fornecedor de serviços só não será responsabilizado quando provar: I – que, tendo prestado o serviço, o defeito inexiste; II – a culpa exclusiva do consumidor ou de terceiro"; c) artigo **38:** "O ônus da prova da veracidade e correção da informação ou comunicação publicitária cabe a quem as patrocina".

Tipos de Inversão do ônus da prova	
Judicial	Caberá ao juiz aplicá-la, quando da análise, no caso concreto, do preenchimento dos requisitos legais, como no caso do artigo 6º, VIII, do CDC, regra que prevê essa possibilidade de inversão em favor do consumidor quando verossímeis as suas alegações ou quando ele for hipossuficiente, sendo possível a aplicação da inversão também nas ações coletivas consumeristas.

- **Requisitos para a inversão judicial do "onus probandi":** é direito básico do consumidor a facilitação da defesa de seus direitos, "inclusive com a inversão do ônus da prova, a seu favor, no processo civil, quando, a critério do juiz, for verossímil a alegação ou quando for ele hipossuficiente, segundo as regras ordinárias de experiências" (artigo 6º, VIII, do CDC).
- Assim, a inversão não ocorre de forma automática, mas por decisão judicial, quando se constatar o preenchimento dos requisitos legais, quais sejam: **verossimilhança da alegação ou hipossuficiência do consumidor.**

Inversão judicial do ônus da prova – requisitos legais	
Verossimilhança da alegação	**Hipossuficiência do consumidor**
A verossimilhança é a **aparência da verdade** de uma alegação feita pelo consumidor de um **fato** que **costuma ordinariamente ocorrer** (ou seja, segundo as regras ordinárias de experiências – aquilo que costuma ocorrer em situações semelhantes à alegada na demanda judicial pelo consumidor). Não se exige aqui para a constituição desse fato verossímil qualquer espécie de prova, a qual será somente exigida para o convencimento do juiz para a prolação de sua decisão, e não para permitir a inversão do *onus probandi.*	Pela doutrina majoritária vem considerando que essa **hipossuficiência é técnica**, sendo, portanto, **irrelevante a condição econômica dos consumidores,** já que mesmo aqueles abastados podem ter dificuldades de acesso às informações e meios para produção probatória. Deve o magistrado verificar, no caso concreto, a superioridade técnica do fornecedor, de forma que a ele seja mais fácil ou viável a produção da prova. Por isso não parece razoável a inversão do ônus da prova quando resultar ao fornecedor situação de extrema dificuldade para comprovação dos fatos alegados.

Observação: Em sentido contrário, Humberto Theodoro Jr afirma ser a verossimilhança resultado de um "juízo de probabilidade extraída de material probatório de feitio indiciário, do qual se consegue formar a opinião de ser provavelmente verdadeira a versão do consumidor" (THEODORO JR, Humberto. Direito do consumidor. 2 ed. Rio de Janeiro: Forense, 2001, p. 135).	

- **Momento da inversão judicial do ônus da prova – Importante!** A matéria é controvertida na doutrina e na jurisprudência. Parte da doutrina entende que a inversão judicial é no despacho saneador do processo. Outra entende que ocorre na sentença, por ser regra de julgamento (**ônus objetivo da prova**). No primeiro sentido (despacho saneador): STJ, Segunda Seção, REsp nº 802832/MG, Rel. Min. Paulo de Tarso Sanseverino, j. 13 abr. 2011, Informativo 469. No sentido de a inversão ocorrer no momento do julgamento do processo: STJ, Quarta Turma, AgRg no Ag nº 1028085/SP, Rel. Min. Vasco Della Giustina, Des. Convocado, j. 04 fev. 2010, DJE 16 abr. 2010.

6.2. TUTELA COLETIVA DO CONSUMIDOR

Legitimados para a defesa coletiva dos interesses e direitos dos consumidores (artigo 82, I a IV, do CDC)	Ministério Público;
	União, Estados, Municípios e Distrito Federal;
	Entidades e órgãos da Administração Pública direta ou indireta, ainda que sem personalidade jurídica, especificamente destinados à proteção dos interesses e direitos tutelados pelo CDC;
	Associações legalmente constituídas há pelo menos um ano e que incluam entre seus fins institucionais a defesa dos interesses e direitos protegidos pela Lei consumerista, dispensada a autorização assemblear.

- Cabe ressaltar que o supramencionado requisito da pré-constituição pode ser dispensado pelo juiz, quando houver manifesto interesse social evidenciado pela dimensão ou característica do dano, ou pela relevância do bem jurídico a ser tutelado (artigo 82, §1º).

- **Direitos coletivos lato sensu (artigo 81, parágrafo único, do CDC):** há três espécies de direitos coletivos lato sensu: **interesses ou direitos difusos; interesses ou direitos coletivos stricto sensu e interesses ou direitos individuais homogêneos.**

Direitos coletivos *latu sensu* (artigo 81, parágrafo único, do CDC)	
Interesses ou Direitos Difusos (artigo 81, parágrafo único, I)	"os transindividuais, de natureza indivisível, de que sejam titulares pessoas indeterminadas e ligadas por circunstâncias de fato". Neste caso, a sentença da ação coletiva fará coisa julgada erga omnes (contra todos), exceto se o pedido for julgado improcedente por insuficiência de provas, "hipótese em que qualquer legitimado poderá intentar outra ação, com idêntico fundamento
Interesses ou Direitos Difusos (artigo 81, parágrafo único, I)	valendo-se de nova prova, na hipótese do inciso I do parágrafo único do artigo 81" (artigo 103, I, do CDC). Exemplo de direito difuso: **meio ambiente ecologicamente equilibrado.**
Interesses ou Direitos Coletivos *stricto sensu* (artigo 81, parágrafo único, II)	"os transindividuais, de natureza indivisível de que seja titular grupo, categoria ou classe de pessoas ligadas entre si ou com a parte contrária por uma relação jurídica base" (artigo 81, Parágrafo único, II). Neste caso a sentença fará coisa julgada ultra partes, mas limitadamente ao grupo, categoria ou classe, salvo improcedência por insuficiência de provas (artigo 103, III). Exemplo: **consumidores segurados de plano de saúde.**
Interesses ou Direitos Coletivos individuais homogêneos (artigo 81, parágrafo único, III)	"os decorrentes de origem comum" (artigo 81, Parágrafo único, III). A sentença, neste caso, fará coisa julgada erga omnes, "apenas para beneficiar todas as vítimas e seus sucessores [...]" (artigo 103, III). Exemplo: **direito de indenização das vítimas de acidente aéreo.**

- Em caso de procedência do pedido da ação, a condenação será genérica, fixando a responsabilidade do réu pelos danos causados. A liquidação e a execução de sentença, por seu turno, poderão ser promovidas pela vítima e seus sucessores, assim como pelos legitimados de que trata o art. 82 (art. 97 do CDC).
- Nas ações coletivas, quando se tratar de relação consumerista, não haverá adiantamento de custas, emolumentos, honorários periciais e quaisquer outras despesas, nem condenação da associação autora, salvo comprovada má-fé, em honorários de advogados, custas e despesas (art. 87). Em caso de litigância de má-fé, a associação autora e os diretores responsáveis pela propositura da ação serão solidariamente condenados em honorários advocatícios e ao décuplo das custas, sem prejuízo da responsabilidade por perdas e danos (Parágrafo Único).

DA CONCILIAÇÃO NO SUPERENDIVIDAMENTO

A Lei nº 14.181/2021 acrescentou os artigos 104-A, 104-B e 104-C, que tratam sobre a conciliação em caso de superendividamento.

O artigo 104-A preceitua: *"a requerimento do consumidor superendividado pessoa natural, o juiz poderá instaurar processo de repactuação de dívidas, com vistas à realização de audiência conciliatória, presidida por ele ou por conciliador credenciado no juízo, com a presença de todos os credores de dívidas previstas no art. 54-A deste Código, na qual o consumidor apresentará proposta de plano de pagamento com prazo máximo de 5 (cinco) anos, preservados o mínimo existencial, nos termos da regulamentação, e as garantias e as formas de pagamento originalmente pactuadas".*

Exceções à repactuação de dívidas:
as dívidas, ainda que decorrentes de relações de consumo, oriundas de contratos celebrados dolosamente sem o propósito de realizar pagamento,
as dívidas provenientes de contratos de crédito com garantia real, de financiamentos imobiliários e de crédito rural

pedido do consumidor para instaurar processo de repactuação não importará em declaração de insolvência civil e poderá ser repetido somente após decorrido o prazo de 2 anos, contado da liquidação das obrigações previstas no plano de pagamento homologado, sem prejuízo de eventual repactuação.

– A sentença judicial que homologar o plano terá eficácia de título executivo.

> *Art. 104B: "se não houver êxito na conciliação em relação a quaisquer credores, o juiz, a pedido do consumidor, instaurará processo por superendividamento para revisão e integração dos contratos e repactuação das dívidas remanescentes mediante plano judicial compulsório e procederá à citação de todos os credores cujos créditos não tenham integrado o acordo porventura celebrado".*

– serão considerados documentos e informações prestados em audiência;

- Prazo de 15 dias para juntada de documentos e as razões da negativa de aceder ao plano voluntário ou de renegociar.
- juiz poderá nomear administrador (prazo 30 dias).
- O plano judicial compulsório assegurará aos credores, no mínimo, o valor do principal devido, corrigido monetariamente por índices oficiais de preço, e preverá a liquidação total da dívida, após a quitação do plano de pagamento consensual previsto no art. 104-A deste Código, em, no máximo, 5 (cinco) anos, sendo que a primeira parcela será devida no prazo máximo de 180 (cento e oitenta) dias, contado de sua homologação judicial, e o restante do saldo será devido em parcelas mensais iguais e sucessivas.

Art. 104C – previsão da conciliação administrativa:

"Compete concorrente e facultativamente aos órgãos públicos integrantes do Sistema Nacional de Defesa do Consumidor a fase conciliatória e preventiva do processo de repactuação de dívidas, nos moldes do art. 104-A deste Código, no que couber, com possibilidade de o processo ser regulado por convênios específicos celebrados entre os referidos órgãos e as instituições credoras ou suas associações.

§ 1º Em caso de conciliação administrativa para prevenir o superendividamento do consumidor pessoa natural, os órgãos públicos poderão promover, nas reclamações individuais, audiência global de conciliação com todos os credores e, em todos os casos, facilitar a elaboração de plano de pagamento, preservado o mínimo existencial, nos termos da regulamentação, sob a supervisão desses órgãos, sem prejuízo das demais atividades de reeducação financeira cabíveis. § 2º O acordo firmado perante os órgãos públicos de defesa do consumidor, em caso de superendividamento do consumidor pessoa natural, incluirá a data a partir da qual será providenciada a exclusão do consumidor de bancos de dados e de cadastros de inadimplentes, bem como o condicionamento de seus efeitos à abstenção, pelo consumidor, de condutas que importem no agravamento de sua situação de superendividamento, especialmente a de contrair novas dívidas.

7. DO SISTEMA NACIONAL DE DEFESA DO CONSUMIDOR

- **Integrantes do Sistema Nacional de Defesa do Consumidor (SNDC):** órgãos federais, estaduais, do Distrito Federal, municipais, e entidades privadas de defesa do consumidor (artigo 105 do CDC).
- **Departamento Nacional de Defesa do Consumidor: é organismo de coordenação da política do Sistema Nacional de Defesa do Consumidor.**

Atribuições (artigo 106):
Planejar, elaborar, propor, coordenar e executar a política nacional de proteção ao consumidor;
Receber, analisar, avaliar e encaminhar consultas, denúncias ou sugestões apresentadas por entidades representativas ou pessoas jurídicas de direito público ou privado;
Prestar aos consumidores orientação permanente sobre seus direitos e garantias;
Informar, conscientizar e motivar o consumidor através dos diferentes meios de comunicação;
Solicitar à polícia judiciária a instauração de inquérito policial para a apreciação de delito contra os consumidores, nos termos da legislação vigente;
Representar ao Ministério Público competente para fins de adoção de medidas processuais no âmbito de suas atribuições;
Levar ao conhecimento dos órgãos competentes as infrações de ordem administrativa que violarem os interesses difusos, coletivos, ou individuais dos consumidores;
Solicitar o concurso de órgãos e entidades da União, Estados, do Distrito Federal e Municípios, bem como auxiliar a fiscalização de preços, abastecimento, quantidade e segurança de bens e serviços;
Incentivar, inclusive com recursos financeiros e outros programas especiais, a formação de entidades de defesa do consumidor pela população e pelos órgãos públicos estaduais e municipais;
Desenvolver outras atividades compatíveis com suas finalidades.
IMPORTANTE: "Para a consecução de seus objetivos, o Departamento Nacional de Defesa do Consumidor poderá solicitar o concurso de órgãos e entidades de notória especialização técnico-científica" (parágrafo único do artigo 106).

8. DA CONVENÇÃO COLETIVA DE CONSUMO

- **Conceito:** "As entidades civis de consumidores e as associações de fornecedores ou sindicatos de categoria econômica podem regular, por convenção escrita, relações de consumo que tenham por objeto estabelecer condições relativas ao preço, à qualidade, à quantidade, à garantia e características de produtos e serviços, bem como à reclamação e composição do conflito de consumo." (artigo 107).
- **Obrigatoriedade da convenção:** a partir do registro do instrumento no cartório (§1º do artigo 107). Somente obrigará os filiados às entidades signatárias, sendo que o fornecedor que se desligar da entidade, em data posterior ao registro do instrumento, não se exime de cumpri-la (§§ 2º e 3º do artigo 107).

9. INFRAÇÕES PENAIS NO CDC

- Artigo 61 do CDC: "Constituem crimes contra as relações de consumo previstas neste código, sem prejuízo do disposto no Código Penal e leis especiais, as condutas tipificadas nos artigos seguintes."
- Os crimes de consumo podem ser **impróprios** (acidentalmente e reflexamente de consumo) e **próprios** (aqueles propriamente de direito penal do consumidor). Os crimes de consumo próprios estão previstos, principalmente, no CDC, mas se encontram também em outros diplomas legais, como, por exemplo, no próprio Código Penal (artigo 272 – corrupção, adulteração ou falsificação de substância alimentícia ou medicinal; artigo 278 – crimes de fornecimento de substâncias nocivas à saúde pública; artigo 280 – crime de medicamento em desacordo com receita médica etc.).
- **IMPORTANTE**: É imprescindível a leitura dos tipos penais previstos no CDC, em especial nos arts. 63 a 75. São circunstâncias agravantes dos crimes tipificados no CDC, nos termos do art. 76:

I – Serem cometidos em época de grave crise econômica ou por ocasião de calamidade;
II – ocasionarem grave dano individual ou coletivo;
III – dissimular-se a natureza ilícita do procedimento;
IV – quando cometidos: a) Por servidor público, ou por pessoa cuja condição econômica-social seja manifestamente superior à da vítima; b) em detrimento de operário ou rurícola; de menor de dezoito ou maior de sessenta anos ou de pessoas portadoras de deficiência mental, interditadas ou não;
V – serem praticados em operações que envolvam alimentos, medicamentos ou quaisquer outros produtos ou serviços essenciais.

✦ SÚMULAS APLICÁVEIS

1. DOS PRINCÍPIOS FUNDAMENTAIS DO CÓDIGO DE DEFESA DO CONSUMIDOR (CDC)

◉ STJ

- **Súmula 297 do STJ:** O Código de Defesa do Consumidor é aplicável às instituições financeiras.
- **Cancelamento da Súmula 321 do STJ:** "O Código de Defesa do Consumidor é aplicável à relação jurídica entre a entidade de previdência privada e seus participantes". A Segunda Seção, na sessão de 24/02/2016, ao apreciar o Projeto de Súmula nº 627 e o julgado no REsp 1.536.736/MG, determinou o CANCELAMENTO da Súmula 321 do STJ (DJe 29/02/2016).
- **Cancelamento da Súmula 469 do STJ:** "Aplica-se o Código de Defesa do Consumidor aos contratos de plano de saúde". A Segunda seção, na sessão de 11 de abril de 2018, ao apreciar o Projeto de Súmula n. 937, determinou o CANCELAMENTO da Súmula 469 do STJ. **Vide Súmula 608 do STJ** infra.
- **Súmula 506 do STJ:** A Anatel não é parte legítima nas demandas entre a concessionária e o usuário de telefonia decorrentes de relação contratual.
- **Súmula 563 do STJ:** O Código de Defesa do Consumidor é aplicável às entidades abertas de previdência complementar, não incidindo nos contratos previdenciários celebrados com entidades fechadas.
- **Súmula 601 do STJ:** O Ministério Público tem legitimidade ativa para atuar na defesa de direitos difusos, coletivos e individuais homogêneos dos consumidores, ainda que decorrentes da prestação de serviço público.
- **Súmula 602 do STJ:** O Código de Defesa do Consumidor é aplicável aos empreendimentos habitacionais promovidos pelas sociedades cooperativas.
- **Súmula 608 do STJ:** Aplica-se o Código de Defesa do Consumidor aos contratos de plano de saúde, salvo os administrados por entidades de autogestão.

2. DA QUALIDADE DE PRODUTOS E SERVIÇOS, DA PREVENÇÃO E DA REPARAÇÃO DOS DANOS

2.1. DA RESPONSABILIDADE POR VÍCIO DO PRODUTO E DO SERVIÇO

◉ STJ

- **Súmula 130 do STJ:** A empresa responde, perante o cliente, pela reparação de dano ou furto de veículo ocorridos em seu estacionamento.
- **Súmula 479 do STJ:** As instituições financeiras respondem objetivamente pelos danos gerados por fortuito interno relativo a fraudes e delitos praticados por terceiros no âmbito de operações bancárias.
- **Súmula 595 do STJ:** As instituições de ensino superior respondem objetivamente pelos danos suportados pelo aluno/consumidor pela realização de curso não reconhecido pelo Ministério da Educação, sobre o qual não lhe tenha sido dada prévia e adequada informação.
- **Súmula 638 do STJ:** É abusiva a cláusula contratual que restringe a responsabilidade de instituição financeira pelos danos decorrentes de roubo,

furto ou extravio de bem entregue em garantia no âmbito de contrato de penhor civil.

2.2. DA DECADÊNCIA E DA PRESCRIÇÃO (PRAZOS E GARANTIAS)

◉ STJ

- **Súmula 477 do STJ:** A decadência do artigo 26 do CDC não é aplicável à prestação de contas para obter esclarecimentos sobre cobrança de taxas, tarifas e encargos bancários.
- **Súmula 547 do STJ:** Nas ações em que se pleiteia o ressarcimento dos valores pagos a título de participação financeira do consumidor no custeio de construção de rede elétrica, o prazo prescricional é de vinte anos na vigência do Código Civil de 1916. Na vigência do Código Civil de 2002, o prazo é de cinco anos se houver previsão contratual de ressarcimento e de três anos na ausência de cláusula neste sentido, observada a regra de transição disciplinada em seu art. 2.028.

3. DAS PRÁTICAS COMERCIAIS

3.1. DA PUBLICIDADE

◉ STJ

- **Súmula 403 do STJ:** Independe de prova do prejuízo a indenização pela publicação não autorizada de imagem de pessoa com fins econômicos ou comerciais.

3.2. DAS PRÁTICAS ABUSIVAS

◉ STJ

- **Súmula 294 do STJ:** Não é potestativa a cláusula contratual que prevê a comissão de permanência, calculada pela taxa média de mercado apurada pelo Banco Central do Brasil, limitada à taxa do contrato.
- **Súmula 323 do STJ:** A inscrição do nome do devedor pode ser mantida nos serviços de proteção ao crédito até o prazo máximo de cinco anos, independentemente da prescrição da execução.
- **Súmula 359 do STJ:** Cabe ao órgão mantenedor do Cadastro de Proteção ao Crédito a notificação do devedor antes de proceder à inscrição.
- **Súmula 385 do STJ:** Da anotação irregular em cadastro de proteção ao crédito, não cabe indenização por dano moral, quando preexistente legítima inscrição, ressalvado o direito ao cancelamento.
- **Súmula 412 do STJ:** A ação de repetição de indébito de tarifas de água e esgoto sujeita-se ao prazo prescricional estabelecido no Código Civil.
- **Súmula 473 do STJ:** O mutuário do SFH não pode ser compelido a contratar o seguro habitacional obrigatório com a instituição financeira mutuante ou com a seguradora por ela indicada.
- **Súmula 532 do STJ:** Constitui prática comercial abusiva o envio de cartão de crédito sem prévia e expressa solicitação do consumidor, configurando-se ato ilícito indenizável e sujeito à aplicação de multa administrativa.
- **Súmula 550 do STJ:** A utilização de escore de crédito, método estatístico de avaliação de risco que não constitui banco de dados, dispensa o consentimento do consumidor, que terá o direito de solicitar esclarecimentos sobre as informações pessoais valoradas e as fontes dos dados considerados no respectivo cálculo.
- **Súmula 638 do STJ:** É abusiva a cláusula contratual que restringe a responsabilidade de instituição financeira pelos danos decorrentes de roubo, furto ou extravio de bem entregue em garantia no âmbito de contrato de penhor civil.

3.3. DA COBRANÇA DE DÍVIDAS E DOS BANCOS DE DADOS E CADASTROS DE CONSUMIDORES

◉ STJ

- **Súmula 323 do STJ:** A inscrição do nome do devedor pode ser mantida nos serviços de proteção ao crédito até o prazo máximo de cinco anos, independentemente da prescrição da execução.
- **Súmula 385 do STJ:** Da anotação irregular em cadastro de proteção ao crédito, não cabe indenização por dano moral, quando preexistente legítima inscrição, ressalvado o direito ao cancelamento.
- **Súmula 404 do STJ:** É dispensável o aviso de recebimento (AR) na carta de comunicação ao consumidor sobre a negativação de seu nome em bancos de dados e cadastros.
- **Súmula 479 do STJ:** As instituições financeiras respondem objetivamente pelos danos gerados por fortuito interno relativo a fraudes e delitos praticados por terceiros no âmbito de operações bancárias.
- **Súmula 550 do STJ:** A utilização de escore de crédito, método estatístico de avaliação de risco que não constitui banco de dados, dispensa o consentimento do consumidor, que terá o direito de solicitar esclarecimentos sobre as informações pessoais valoradas e as fontes dos dados considerados no respectivo cálculo.

4. DA PROTEÇÃO CONTRATUAL

- **Súmula 284 do STJ:** A purga da mora, nos contratos de alienação fiduciária, só é permitida quando já pagos pelo menos 40% (quarenta por cento) do valor financiado.

- **Súmula 285 do STJ:** Nos contratos bancários posteriores ao Código de Defesa do Consumidor incide a multa moratória nele prevista.
- **Súmula 322 do STJ:** Para a repetição de indébito, nos contratos de abertura de crédito em conta-corrente, não se exige a prova do erro.
- **Súmula 356 do STJ:** É legítima a cobrança da tarifa básica pelo uso dos serviços de telefonia fixa.
- **Súmula 543 do STJ:** Na hipótese de resolução de contrato de promessa de compra e venda de imóvel submetido ao Código de Defesa do Consumidor, deve ocorrer a imediata restituição das parcelas pagas pelo promitente comprador - integralmente, em caso de culpa exclusiva do promitente vendedor/construtor, ou parcialmente, caso tenha sido o comprador quem deu causa ao desfazimento.
- **Súmula 548 do STJ:** Incumbe ao credor a exclusão do registro da dívida em nome do devedor no cadastro de inadimplentes no prazo de cinco dias úteis, a partir do integral e efetivo pagamento do débito.
- **Súmula 563 do STJ:** O Código de Defesa do Consumidor é aplicável às entidades abertas de previdência complementar, não incidindo nos contratos previdenciários celebrados com entidades fechadas.

4.1. DA REVISÃO CONTRATUAL

◉ STJ

- **Súmula 380 do STJ:** A simples propositura da ação de revisão de contrato não inibe a caracterização da mora do autor.

4.2. DAS CLÁUSULAS ABUSIVAS

◉ STJ

- **Súmula 60 do STJ:** É nula a obrigação cambial assumida por procurador do mutuário vinculado ao mutuante, no exclusivo interesse deste.
- **Súmula 302 do STJ:** É abusiva a cláusula contratual de plano de saúde que limita no tempo a internação hospitalar do segurado.
- **Súmula 356 do STJ:** É legítima a cobrança da tarifa básica pelo uso dos serviços de telefonia fixa.
- **Súmula 381 do STJ:** Nos contratos bancários, é vedado ao julgador conhecer, de ofício, da abusividade das cláusulas.
- **Súmula 407 do STJ:** É legítima a cobrança da tarifa de água, fixada de acordo com as categorias de usuários e as faixas de consumo.

5. DA DEFESA DO CONSUMIDOR EM JUÍZO

◉ STJ

- **Súmula 477 do STJ:** A decadência do artigo 26 do CDC não é aplicável à prestação de contas para obter esclarecimentos sobre cobrança de taxas, tarifas e encargos bancários.
- **Súmula 489 do STJ:** Reconhecida a continência, devem ser reunidas na Justiça Federal as ações civis públicas propostas nesta e na Justiça estadual.
- **Súmula 506 do STJ:** A Anatel não é parte legítima nas demandas entre a concessionária e o usuário de telefonia decorrentes de relação contratual.

◉ STF

- **Súmula Vinculante 27 do STF:** Compete à Justiça estadual julgar causas entre consumidor e concessionária de serviço público de telefonia, quando a ANATEL não seja litisconsorte passiva necessária, assistente, nem opoente.
- **Súmula 643 do STF:** O Ministério Público tem legitimidade para promover ação civil pública cujo fundamento seja a ilegalidade de reajuste de mensalidades escolares.

Direito Econômico

Lucas de Souza Lehfeld

TABELA DE INCIDÊNCIA DE QUESTÕES

Distribuição das questões organizada por ordem didática de assuntos		
Assunto	**Número de Questões**	**Peso**
1. DOS PRINCÍPIOS FUNDAMENTAIS DA ORDEM ECONÔMICA	2	20,00%
2. DA INTERVENÇÃO DO ESTADO NO DOMÍNIO ECONÔMICO (LEGISLAÇÃO ANTITRUSTE)	7	70,00%
3. O SISTEMA BRASILEIRO DE DEFESA DA CONCORRÊNCIA (SBDC)	1	10,00%
Total	**10**	**100%**

Direito Econômico

Lucas de Souza Lehfeld

✦ QUESTÕES

1. DOS PRINCÍPIOS FUNDAMENTAIS DA ORDEM ECONÔMICA

01. (Cespe – Procurador do Estado – PI/2014) Acerca dos valores e princípios constitucionais que regem a atividade econômica no Brasil, assinale a opção correta.

a) O Estado deve intervir na economia para garantir a defesa do consumidor – dadas a sua hipossuficiência e vulnerabilidade – e a do meio ambiente, condicionando a utilização e fruição das riquezas naturais e dos fatores de produção.

b) Os princípios de direito econômico estabelecidos na CF não têm natureza programática, podendo ser classificados como normas de eficácia plena.

c) A proteção à propriedade privada deve ser harmonizada com a função social da propriedade, de modo que a titularidade de um bem não constitua impedimento ao uso do mesmo bem por terceiros.

d) Na CF, é estabelecido um modelo econômico fundado na livre iniciativa, admitindo-se que o Estado intervenha na atividade econômica apenas para a prestação de serviços públicos.

e) Os valores da livre iniciativa e da livre concorrência exigem do Estado uma conduta negativa, com vistas a garantir a liberdade do mercado em se autorregular.

COMENTÁRIOS

✪ **Nota do autor:** exige conhecimento sobre os princípios da ordem econômica.

Alternativa "a": nos termos do artigo 170, incisos V e VI da Constituição Federal, pois a defesa do consumidor e do meio ambiente são princípios que regem a ordem econômica

Alternativa "b": os princípios constitucionais de direito econômico têm natureza programática, na medida em que enunciam diretrizes, programas e fins a serem realizados pelo Estado e pela sociedade.

Alternativa "c": embora esteja correta a primeira parte da assertiva que trata da harmonização, a Constituição garante a propriedade privada (artigo 170, inciso II), o que impede que ela seja utilizada por terceiros sem o consentimento do proprietário.

Alternativa "d": o Estado poderá exercer a exploração direta de atividade econômica quando necessária aos imperativos da segurança nacional ou a relevante interesse coletivo, conforme definidos em lei, ou ainda, nos casos previstos na Constituição, a teor do artigo 173 da Constituição.

Alternativa "e": embora a Constituição, a teor do artigo 170, parágrafo único, assegure a todos o livre exercício de qualquer atividade econômica, independentemente de autorização de órgãos públicos, salvo nos casos previstos em lei, o Estado, como agente normativo e regulador da atividade econômica, exercerá as funções de fiscalização, incentivo e planejamento, nos termos do artigo 174 da Constituição, a fim de garantir, inclusiva a própria livre concorrência (artigo 170, inciso IV). Sua atuação é, portanto, ativa, positiva.

Alternativa correta: letra "a".

02. (FCC – Procurador do Estado – SP/ 2012) Em relação aos *royalties* recebidos pelos Estados em decorrência da exploração do petróleo, é correto afirmar:

a) classificam-se como receitas originárias dos Estados Federados e decorrem da exploração de patrimônio público da União.

b) classificam-se como receitas tributárias derivadas das compensações financeiras devidas aos Estados pela exploração dos recursos minerais de seus territórios.

c) a competência para fiscalizar sua arrecadação junto às concessionárias é exclusiva da Agência Nacional de Petróleo – ANP, que outorga as concessões.

d) caracterizam-se como transferências voluntárias da União, pagas como compensação aos danos causados em seus territórios na extração do petróleo.

e) têm a aplicação dos recursos sujeita à fiscalização do Tribunal de Contas da União, por se tratarem de receitas originariamente federais.

COMENTÁRIOS

✪ **Nota do autor:** exige conhecimento sobre a classificação de receitas públicas.

Alternativa "a": aos *royalties* recebidos pelos Estados em decorrência da exploração do petróleo, classificam-se como receitas originárias dos Estados Federados e decorrem da exploração de patrimônio público da União, de acordo com o disposto no artigo 20, § 1º da CF e com entendimento pacificado no STF. Precedentes: MS 24312/DF, ADI 3273/DF.

Alternativa "b": não deriva da instituição e cobrança de tributos, mas da exploração econômica do petróleo. Além disso, a classificação como receita originária já é tema pacificado no STF. Precedente: MS 24312/DF.

Alternativa "c": o controle e a fiscalização da receita dos royalties competem exclusivamente aos poderes legislativos estaduais e municipais, bem como aos órgãos de fiscalização (Tribunal de Contas) de cada uma das unidades da federação.

Alternativa "d": se classificam como receita originária, de acordo com o disposto no artigo 20, § 1º da CF e com entendimento pacificado no STF. Precedentes: MS 24312/DF, ADI 3273/DF.

Alternativa "e": se trata de receitas originárias dos Estados federados e não de receitas federais, não estado sujeitas à fiscalização do Tribunal de Contas da União.

Alternativa correta: letra "a".

2. DA INTERVENÇÃO DO ESTADO NO DOMÍNIO ECONÔMICO (LEGISLAÇÃO ANTITRUSTE)

03. (Vunesp – Procurador do Estado – PGE – SP/2018) A exploração direta de atividade econômica pelo Estado, nos limites delineados pela Constituição da República,

a) sujeita-se às disposições da legislação antitruste relativas à prevenção e à repressão às infrações contra a ordem econômica, mesmo quando exercida em regime de monopólio legal.

b) atende a imperativos da segurança nacional ou relevante interesse público, ensejando, assim, regime tributário essencialmente diverso do que se aplica aos agentes privados que atuem no mesmo mercado competitivo.

c) sujeita-se apenas ao controle setorial, próprio das agências reguladoras, de forma simétrica ao aplicável aos agentes privados, somente incidindo a legislação antitruste quando atue em regime de monopólio legal ou natural.

d) não autoriza a atuação em regime de competição concorrencial com agentes privados, mas apenas em caráter subsidiário, quando verificadas falhas de mercado, de molde a corrigi-las ou mitigá-las.

e) não se submete ao controle instituído pela legislação antitruste, eis que tal controle é voltado exclusivamente a agentes privados que explorem atividade econômica sujeita à livre iniciativa.

COMENTÁRIOS

✪ **Nota do autor:** exige conhecimento da lei n.º 12.529/11 e da Constituição Federal, notadamente de seu Título VII, Da Ordem Econômica e Financeira.

Alternativa "a": correta. A assertiva está em consonância ao disposto no artigo 31 da Lei n.º 12.529/11, a saber: *"Esta Lei aplica-se às pessoas físicas ou jurídicas de direito público ou privado, bem como a quaisquer associações de entidades ou pessoas, constituídas de fato ou de direito, ainda que temporariamente, com ou sem personalidade jurídica, mesmo que exerçam atividade sob regime de monopólio legal".*

Alternativa "b": incorreta. A assertiva está em desacordo com a previsão do artigo 173, § 2º, da Constituição Federal, a saber: *"Ressalvados os casos previstos nesta Constituição, a exploração direta de atividade econômica pelo Estado só será permitida quando necessária aos imperativos da segurança nacional ou a relevante interesse coletivo, conforme definidos em lei. (...) § 2º As empresas públicas e as sociedades de economia mista não poderão gozar de privilégios fiscais não extensivos às do setor privado".*

Alternativa "c": incorreta. A assertiva está em desacordo com a previsão do artigo 31 da Lei n.º 12.529/11 já transcrito anteriormente.

Alternativa "d": incorreta. A assertiva está em desacordo com o princípio constitucional da livre concorrência previsto pelo artigo 170 da Constituição Federal, a saber: *"A ordem econômica, fundada na valorização do trabalho humano e na livre iniciativa, tem por fim assegurar a todos existência digna, conforme os ditames da justiça social, observados os seguintes princípios: (...) IV – livre concorrência".*

Alternativa "e": incorreta. A assertiva está em desacordo com a previsão do artigo 31 da Lei n.º 12.529/11 já transcrito anteriormente, bem como do artigo 173, § 4º e § 5º, da Constituição Federal, a saber: *"Ressalvados os casos previstos nesta Constituição, a exploração direta de atividade econômica pelo Estado só será permitida quando necessária aos imperativos da segurança nacional ou a relevante interesse coletivo, conforme definidos em lei. (...) §4º A lei reprimirá o abuso do poder econômico que vise à dominação dos mercados, à eliminação da concorrência e ao aumento arbitrário dos lucros. § 5º A lei, sem prejuízo da responsabilidade individual dos dirigentes da pessoa jurídica, estabelecerá a responsabilidade desta, sujeitando-a às punições compatíveis com sua natureza, nos atos praticados contra a ordem econômica e financeira e contra a economia popular".*

Alternativa correta: letra "a".

04. (Vunesp – Procurador do Estado – PGE – SP/2018) Firmado um contrato de parceria público-privada – PPP, na modalidade concessão patrocinada, tendo por objeto a construção e operação de uma linha metroviária, suponha que tenha ocorrido atraso no cumprimento do cronograma de obras estabelecido contratualmente, em face da não imissão na posse de terrenos objeto de desapropriação judicial. Nesse cenário, considere que o parceiro privado venha a pleitear o reequilíbrio econômico-financeiro do contrato, apontando frustração de receitas pela redução do prazo efetivo de operação, além de custos de mobilização.

Considerando as disposições da legislação de regência, o pleito de reequilíbrio seria

a) incabível, eis que, em contratos de PPP, o pleito de reequilíbrio somente é oponível ao poder concedente após iniciada a fase de operação ou a efetiva disponibilização de parcelas fruíveis do objeto.

b) cabível apenas se verificada a ocorrência de evento que caracterize fato do príncipe, único risco passível de alocação ou imputação ao poder concedente em tal modalidade contratual.

c) incabível, eis que, em tal modalidade contratual, a única forma de mitigar os riscos suportados pelo parceiro privado é mediante a modulação da contraprestação, considerando-se como parcela fruível aquela prevista no cronograma físico-financeiro fixado contratualmente, independentemente da efetiva execução.

d) inviável, eis que, em se tratando de uma modalidade contratual, que é espécie do gênero concessão, a exploração do objeto dar-se-á, integralmente, por conta e risco do concessionário, vedada a alocação de riscos econômicos ao parceiro público.

e) cabível, desde que a matriz de riscos do contrato tenha alocado o risco de atraso da disponibilização dos terrenos ao poder concedente, existindo, em tal modalidade contratual, ampla margem legal para estabelecer a divisão dos riscos entre as partes.

COMENTÁRIOS

✪ **Nota do autor**: exige conhecimento da lei n.º 11.079/04 (Lei da Parceria Público Privada).

Alternativa "a": incorreta. Ao contrário do que consta na assertiva, o pleito de reequilíbrio independe do início da fase de operação. Importante não confundir o pleito de reequilíbrio com o pagamento da contraprestação pecuniária, que exige a prestação dos serviços conforme o disposto na Lei n.º 11.079/04, em seu artigo 7º, a saber: *"a contraprestação da Administração Pública será obrigatoriamente precedida da disponibilização do serviço objeto do contrato de parceria público-privada. § 1º É facultado à administração pública, nos termos do contrato, efetuar o pagamento da contraprestação relativa a parcela fruível do serviço objeto do contrato de parceria público-privada. § 2º O aporte de recursos de que trata o § 2º do art. 6º, quando realizado durante a fase dos investimentos a cargo do parceiro privado, deverá guardar proporcionalidade com as etapas efetivamente executadas".*

Alternativa "b": incorreta. A assertiva está incorreta, uma vez que o fato do príncipe não é o único risco passível de alocação ou imputação ao poder concedente em tal modalidade contratual, nos termos do disposto no artigo 5º, a saber: " *As cláusulas dos contratos de parceria público-privada atenderão ao disposto no art. 23 da Lei nº 8.987, de 13 de fevereiro de 1995, no que couber, devendo também prever: (...) III – a repartição de riscos entre as partes, inclusive os referentes a caso fortuito, força maior, fato do príncipe e álea econômica extraordinária".*

Alternativa "c": incorreta. A assertiva está incorreta, uma vez que o pleito de reequilíbrio seria cabível no presente caso dependendo dos termos previstos na repartição dos riscos, além do fato da parcela fruível prescindir a execução, ainda que parcial, do contrato.

Alternativa "d": incorreta. A assertiva está incorreta, nos termos mencionados nos itens anteriores, frisando-se que existe a previsão expressa da repartição dos riscos no artigo 4º da Lei n.º 11.079/04, a saber: *"Na contratação de parceria público-privada serão observadas as seguintes diretrizes: I – eficiência no cumprimento das missões de Estado e no emprego dos recursos da sociedade; II – respeito aos interesses e direitos dos destinatários dos serviços e dos entes privados incumbidos da sua execução; III – indelegabilidade das funções de regulação, jurisdicional, do exercício do poder de polícia e de outras atividades exclusivas do Estado; IV – responsabilidade fiscal na celebração e execução das parcerias; V – transparência dos procedimentos e das decisões; VI – repartição objetiva de riscos entre as partes; VII – sustentabilidade financeira e vantagens socioeconômicas dos projetos de parceria".*

Alternativa "e": correta. A assertiva está correta, uma vez que em consonância ao disposto no artigo 4º da Lei n.º 11.079/04 (mencionado no item anterior), o qual estabelece as diretrizes a serem seguidas nas contratações, dentre elas a repartição dos riscos estre as partes. Assim, o pleito de reequilíbrio seria perfeitamente cabível desde que haja a previsão na matriz de riscos, já que a legislação assim o permite e o que se observa no caso mencionado pelo enunciado da questão é que não houve a responsabilidade do parceiro privado pelo atraso no cumprimento do cronograma estabelecido.

Alternativa correta: letra "e".

---

05. (Vunesp – Procurador do Estado – PGE – SP/2018) No que concerne aos conceitos de Custo Médio Ponderado de Capital (WACC); Taxa Interna de Retorno – TIR; Valor Presente Líquido – VPL, bem assim à sua repercussão na modelagem e equação econômico-financeira dos contratos de concessão, tem-se que

a) a utilização do VPL nulo como parâmetro para recomposição do equilíbrio econômico-financeiro do contrato somente é viável quando tenha sido adotado, como critério de julgamento na licitação, o de menor tarifa, eis que a apresentação de proposta com base no maior ônus ao poder concedente não permite o cálculo do fluxo de caixa descontado.

b) o WACC constitui um importante referencial para aferir a atratividade econômica da concessão, contemplando, além do custo de capital próprio do concessionário, também o custo de capital de terceiros empregado no projeto (financiamentos).

c) o cálculo de reequilíbrio econômico-financeiro com base na TIR da proposta evita distorções, pois reflete variações futuras do custo de oportunidade do capital aplicado no projeto.

d) o cálculo da recomposição do equilíbrio econômico-financeiro com base na metodologia de fluxo de caixa marginal não é cabível quando o desequilíbrio decorra da exigência de novos investimentos, pois toma por base as receitas e despesas indicadas no plano de negócios que instrui a proposta.

e) nas revisões tarifárias periódicas (revisões ordinárias) previstas em diversos contratos de concessão, notadamente no setor elétrico, não é viável a utilização do WACC como parâmetro, pois se trata de um índice estático, que não é afetado por variações do cenário macroeconômico.

COMENTÁRIOS

✪ **Nota do autor:** Exige conhecimento dos conceitos e funções de Custo Médio Ponderado de Capital (WACC), Taxa Interna de Retorno – TIR, Valor Presente Líquido – VPL.

Alternativa "a": incorreta. O VPL é usado para calcular a atratividade de um investimento. Trata-se do valor presente dos fluxos de caixa futuros menos o valor inicial do investimento realizado, no caso, pelo concessionário. De acordo com acórdãos do Tribunal de Contas da União (Acórdãos 034.023/2010-0; 032.786/2011-5; 3.232/2011; 3.233/2011 e 3.234/2011), uma das principais funções dos estudos de viabilidade de concessão de serviços públicos é estimar o VPL do empreendimento, de maneira a se estabelecer o valor mínimo de outorga do processo licitatório. Para o VPL nulo, importa-se verificar a Taxa Interna de Retorno (TIR), pois é a taxa de desconto que permite que o valor presente líquido dos fluxos de caixa descontados de um projeto se iguale à zero. Ou seja, a TIR de um projeto é a taxa de juros para a qual o valor presente das receitas torna-se igual ao valor dos desembolsos. Neste sentido, o VPL nulo como parâmetro para recomposição do equilíbrio econômico-financeiro do contrato não se relacionada com o tipo de licitação nos contratos de concessão (p. ex., menor tarifa), mas sim com o cálculo da TIR.

Alternativa "b": correta. Segundo Assaf Neto (2003), o Custo Médio Ponderado do Capital (*Weighted Average Cost of Capital – WACC)* é um modelo que estima o custo geral do capital, ponderando-se o custo de cada fonte de capital pela sua respectiva proporção na estrutura de capital da empresa (capital próprio ou de terceiros – financiamentos, por exemplo). É a média ponderada do custo marginal pós-impostos do capital de terceiros e do capital próprio, baseada na estrutura de capital empregada pela companhia.

Alternativa "c": incorreta, porque a TIR não reflete custo de oportunidade que decorre do momento econômico que o país passa em determinado espaço de tempo. A Taxa Interna de Retorno só leva em consideração o investimento realizado pelo concessionário, no momento da contratação, o que pode não refletir, a posteriori, o "risco Brasil" ou mesmo o crescimento econômico do país, e consequentemente levar um desequilíbrio econômico-financeiro ao contrato. Cabe ressaltar que para saber se o investimento é viável, a TIR necessita ser maior do que o custo de oportunidade do capital. Pode-se trazer à baila o exemplo da privatização das rodovias federais realizada na década de 90, em que havia uma TIR originalmente definida quando da outorga da concessão no montante de 17% a 24%, sendo que anos depois, em virtude do "boom econômico" e a diminuição do "risco Brasil", não mais refletia o referido cenário, trazendo desequilíbrio contratual em favor do concessionário, sob pena de permitir a este ganhos extraordinários.

Alternativa "d": incorreta, uma vez que a metodologia do fluxo de caixa marginal é exatamente utilizada para reequilíbrio dos contratos de concessão em virtude da necessidade de reinvestimento decorrente de eventos futuros que podem gerar desajustes na equação econômico-financeira inicialmente contratada (procedimento de recomposição extraordinária).

Alternativa "e": incorreta, porque por mais que o WACC seja estatístico, ele incorpora feitos macroeconômicos como a inflação, impostos, "risco Brasil", o que acaba afetando o custo de oportunidade do investidor.

Alternativa correta: letra "b".

---

06. (Cespe – Procurador do Estado – PI/2014) Assinale a opção correta a respeito das disposições constitucionais que regulam a intervenção do Estado no domínio econômico.

a) Nas hipóteses constitucionalmente previstas de exploração de atividade econômica diretamente pelo Estado, essa atividade deverá ser exercida por meio das empresas estatais, ou seja, empresas públicas e sociedades de economia mista.

b) Somente por lei específica poderá ser criada empresa pública ou sociedade de economia mista.

c) Às empresas estatais é permitido o exercício de atividade econômica em sentido estrito, sendo-lhes defeso prestar serviços públicos.

d) A regulação de atividades econômicas pelo Estado é excepcional, admitida apenas quando necessária aos imperativos da segurança nacional ou ao atendimento de relevante interesse coletivo.

e) A definição das hipóteses que configuram imperativos da segurança nacional ou relevante interesse coletivo compete ao presidente da República, por meio de decreto presidencial, ouvido previamente o Conselho da República.

COMENTÁRIOS

✪ **Nota do autor:** exige conhecimento acerca dos requisitos para a atuação direta do Estado no domínio econômico.

Alternativa "a": nos termos do artigo 173, § 1º da Constituição Federal, a atuação do Estado na atividade econômica só será necessária quando aos imperativos da segurança nacional ou a relevante interesse coletivo, conforme definidos em lei e deverá ser exercida por meio das empresas estatais, ou seja, empresas públicas e sociedades de economia mista.

Alternativa "b": o artigo 37, inciso XIX da Constituição dispõe "somente por lei específica poderá ser criada autarquia e autorizada a instituição de empresa pública, de sociedade de economia mista e de fundação, cabendo à lei complementar, neste último caso, definir as áreas de sua atuação".

Alternativa "c": nos termos do artigo 175 da Constituição, as empresas estatais podem prestar diretamente serviços públicos.

Alternativa "d": a exploração direta de atividade econômica pelo Estado, e não a sua regulação, é que possui caráter excepcional, conforme o artigo 173 da Constituição. Além disto, a Estado, como agente normativo e regulador, possui o dever de fiscalizar, incentivar e planejar a atividade econômica, de acordo com o artigo 175 da Constituição.

Alternativa "e": a definição das hipóteses que configuram imperativos da segurança nacional ou relevante interesse coletivo compete à lei (artigo 173, *"caput"* da Constituição).

Alternativa correta: letra" a".

---

07. (Cespe – Procurador do Estado – PI/2014) No que concerne à intervenção do Estado no domínio econômico, assinale a opção correta.

a) É vedada ao Estado a outorga de privilégios a particulares como forma de fomento da atividade econômica.

b) As hipóteses de monopólio estatal estão previstas expressamente na CF, não se admitindo a ampliação dessas hipóteses por legislação infraconstitucional.

c) Vedado pela CF e pela Lei de Defesa da Concorrência, o monopólio natural ocorre quando um setor da economia é dominado por um único agente econômico, em razão da exploração patenteada e exclusiva de determinado fator de produção.

d) O monopólio convencional não pode ser objeto de intervenção do Estado, por não constituir prática abusiva.

e) Ao passo que garante aos estados o monopólio dos serviços locais de gás canalizado, a CF veda a delegação da prestação desses serviços a terceiros por meio de concessão.

COMENTÁRIOS

✪ **Nota do autor:** exige conhecimento doutrinário e normativo a respeito de monopólio e privilégios.

Alternativa "a": o Estado pode conceder privilégios a particulares como forma de fomentar a atividade econômica. Por exemplo, dispõe o artigo 179 da Constituição que: A União, os Estados, o Distrito Federal e os Municípios dispensarão às microempresas e às empresas de pequeno porte, assim definidas em lei, tratamento jurídico diferenciado, visando a incentivá-las pela simplificação de suas obrigações administrativas, tributárias, previdenciárias e creditícias, ou pela eliminação ou redução destas por meio de lei.

Alternativa "b": nos termos do artigo 177 da Constituição, constituem monopólio da União: I – a pesquisa e a lavra das jazidas de petróleo e gás natural e outros hidrocarbonetos fluidos; II – a refinação do petróleo nacional ou estrangeiro; III – a importação e exportação dos produtos e derivados básicos resultantes das atividades previstas nos incisos anteriores; IV – o transporte marítimo do petróleo bruto de origem nacional ou de derivados básicos de petróleo produzidos no País, bem assim o transporte, por meio de conduto, de petróleo bruto, seus derivados e gás natural de qualquer origem; V – a pesquisa, a lavra, o enriquecimento, o reprocessamento, a industrialização e o comércio de minérios e minerais nucleares e seus derivados, com exceção dos radioisótopos cuja produção, comercialização e utilização poderão ser autorizadas sob regime de permissão, conforme as alíneas b e c do inciso XXIII do *caput* do art. 21 desta Constituição Federal.

Alternativa "c": segundo Leonardo Vizeu Figueiredo[1], monopólio natural é aquele decorrente da impossibilidade física da mesma atividade econômica ser realizada por mais de um agente, uma vez que a maximização de resultados e a plena eficiência alocativa de recursos somente são alcançadas quando a exploração se dá em regime de exclusividade. Isso porque determinada atividades envolvem custos de investimento tão altos que não há como se estabelecer competição nas mesmas. Já o monopólio convencional decorre de ajustes entre os agentes econômicos com o desiderato de prejudicar a livre concorrência ou a livre iniciativa, dominar mercado relevante de bens ou serviços, aumentar arbitrariamente os lucros e exercer de forma abusiva posição dominante. A Lei nº 12.529/2011 (Lei Antitruste), em seu artigo 88, § 5º proíbe o monopólio convencional, por considerá-lo prática abusiva, e não o monopólio natural.

Alternativa "d": nos termos da justificativa acima.

Alternativa "e": cabe aos Estados explorar diretamente, ou mediante concessão, os serviços locais de gás canalizado, na forma da lei, a teor do artigo 25, § 2º da Constituição.

Alternativa correta: letra "b".

---

08. (Cespe – Procurador do Estado – PI/2014) No tocante aos instrumentos de regulação, mecanismos de mercado e mecanismos de regulação, assinale a opção correta.

a) É vedada ao Estado a outorga de privilégios a particulares como forma de fomento da atividade econômica.

b) O exercício do poder de polícia administrativa sobre a atividade econômica mediante a expedição de regulamentos próprios é classificado como mecanismo de regulação.

---

1. FIGUEIREDO, Leonardo Vizeu. Lições de Direito Econômico. Rio de Janeiro: Editora Forense, 2010.

c) Exemplo de mecanismo de regulação utilizado pelos agentes econômicos setoriais no passado recente, a cobrança de sobretaxa incidente sobre o aumento no consumo de energia elétrica por consumidores, ocorrida no Brasil no período de racionamento que ficou conhecido como apagão, foi declarada inconstitucional pelo STF.

d) Mecanismos de mercado são todos os atos praticados pelos setores econômicos, de cunho empresarial ou societário, com a finalidade de escapar à aplicação da legislação protetiva dos direitos do consumidor.

e) Mecanismos de mercado são atos que efetivam a autorregulação; instrumentos de regulação são atos que materializam a heterorregulação.

COMENTÁRIOS

✪ **Nota do autor:** exige conhecimento a respeito dos conceitos de autorregulação e heterorregulação do mercado.

Alternativa "a": o Estado pode conceder privilégios a particulares como forma de fomentar a atividade econômica, por exemplo, art. 179 da Constituição.

Alternativa "b": a cobrança de sobretaxa incidente sobre o aumento no consumo de energia elétrica por consumidores, ocorrida no Brasil no período de racionamento que ficou conhecido como apagão, é um exemplo de instrumento de regulação.

Alternativa "c": conforme justificativa da alternativa "d".

Alternativa "d": segundo Leonardo Vizeu Figueiredo[2], mecanismos de mercado são os atos empresariais praticados pelos agentes econômicos na consecução de seus negócios jurídicos. Fazem parte da autorregulação ou regulação privada, isto é, da condução exercida pelo próprio mercado, que, por si e sem a necessidade de interferências externas, demonstra-se capaz de garantir o respeito aos princípios que norteiam a ordem econômica, mormente a livre iniciativa e a liberdade de concorrência.

Já os instrumentos de regulação materializam a heterorregulação ou regulação pública, que é o processo de interferência do Poder Público, sendo decorrente da necessidade que o Estado tem em intervir no mercado para garantir a observância dos princípios que norteiam a Ordem Econômica, uma vez que o mesmo é incapaz de fazê-lo por si, apresentando falhas que necessitam ser corrigidas.

Alternativa "e": conforme justificativa da alternativa "d".

Alternativa correta: letra "d".

2. FIGUEIREDO, Leonardo Vizeu. A evolução da ordem econômica no direito constitucional brasileiro e o papel das agências reguladoras. Disponível em: (http://egov.ufsc.br/portal/sites/default/files/anexos/32590-39803-1-PB.pdf). Acesso em 06 dez. 2014.

09. (Cespe – Procurador do Estado – PI/2014) À luz da Lei nº 11.079/2004, que institui normas gerais para licitação e contratação de parceria público-privada (PPP) no âmbito da administração pública, assinale a opção correta.

a) São requisitos para a contratação de PPPs que o valor do contrato seja superior a R$ 20 milhões e que o prazo de prestação do serviço seja superior a dez anos.

b) O prazo total de vigência do contrato de PPP não pode ultrapassar trinta e cinco anos, incluindo eventual prorrogação.

c) Concessão administrativa é o contrato de prestação de serviços em que a administração pública é a usuária direta ou indireta, deles excetuando-se a execução de obra ou o fornecimento e instalação de bens.

d) Concessão patrocinada é a concessão de serviços públicos ou de obras públicas remunerados exclusivamente por meio de tarifa cobrada do usuário, conforme disciplina a lei que dispõe sobre o regime de concessão e permissão da prestação de serviços públicos.

e) PPPs são contratos de concessão administrativa nos quais cabem ao parceiro privado os riscos do empreendimento, enquanto ao parceiro público compete o pagamento da remuneração.

COMENTÁRIOS

✪ **Nota do autor:** exige conhecimento a respeito das modalidades de parceria público-privada, previstas na Lei nº 11.079/2004.

Alternativa "a": de acordo com o artigo 2º, § 4º da Lei nº 11.079/2004, são requisitos para a contratação de PPPs que o valor do contrato não seja inferior a R$ 20 milhões e que o prazo de prestação do serviço não seja inferior a 5 anos.

Cabe ressaltar que o dispositivo em questão teve sua redação alterada em 2017 pela Lei 13.529 e o valor passou de R$ 20 milhões para R$ 10 milhões.

Alternativa "b": o prazo total de vigência do contrato de PPP não pode ultrapassar trinta e cinco anos, incluindo eventual prorrogação, nos termos do artigo 5º da Lei nº 11.079/2004.

Alternativa "c": segundo o artigo 2º, § 2º da Lei nº 11.079/2004, concessão administrativa é o contrato de prestação de serviços de que a Administração Pública seja a usuária direta ou indireta, ainda que envolva execução de obra ou fornecimento e instalação de bens.

Alternativa "d": segundo o artigo 2º, § 1º da Lei nº 11.079/2004, concessão patrocinada é a concessão de serviços públicos ou de obras públicas de que trata a Lei nº 8.987, de 13 de fevereiro de 1995, quando envolver, adicionalmente à tarifa cobrada dos usuários contraprestação pecuniária do parceiro público ao parceiro privado.

Alternativa "e": conforme o artigo 2º da Lei nº 11.079/2004, parceria público-privada é o contrato administrativo de concessão, na modalidade patrocinada ou administrativa.

Alternativa correta: letra "b".

3. O SISTEMA BRASILEIRO DE DEFESA DA CONCORRÊNCIA (SBDC)

10. (Cespe – Procurador do Estado – PI/2014) À luz da Lei nº 12.529/2011, que estrutura o Sistema Brasileiro de Defesa da Concorrência, assinale a opção correta acerca das infrações à ordem econômica.

a) A caracterização de infração à ordem econômica independe do dolo do agente, mas requer, necessariamente, a comprovação de culpa.

b) As empresas integrantes de grupo econômico de fato ou de direito serão subsidiariamente responsáveis quando pelo menos uma delas praticar infração à ordem econômica.

c) Não estarão sujeitas ao cometimento de infração à ordem econômica empresas que exerçam atividade sob regime de monopólio legal.

d) Atos que tenham por objetivo dominar mercado relevante de bens ou serviços constituem infração à ordem econômica, salvo se a conquista de mercado resultar de processo natural fundado na maior eficiência do agente econômico em relação a seus competidores.

e) A lei em questão tipifica, de forma exaustiva, as condutas que caracterizam infração à ordem econômica.

COMENTÁRIOS

✪ **Nota do autor:** exige conhecimento das infrações da ordem econômica, previstas na Lei nº 12.529/2011.

Alternativa "a": incorreta, de acordo com o artigo 36, "*caput*" da Lei nº 12.529/2011, a caracterização de infração da ordem econômica independe de culpa.

Alternativa "b": conforme o artigo 33 da Lei nº 12.529/2011, as empresas ou entidades integrantes de grupo econômico serão solidariamente responsáveis, e não subsidiariamente.

Alternativa "c": os termos do artigo 31 da Lei nº 12.529/2011, ela aplica-se às pessoas físicas ou jurídicas de direito público ou privado, bem como a quaisquer associações de entidades ou pessoas, constituídas de fato ou de direito, ainda que temporariamente, com ou sem personalidade jurídica, mesmo que exerçam atividade sob regime de monopólio legal.

Alternativa "d": embora constitua infração à ordem econômica dominar mercado relevante de bens e serviço, a conquista, se resultante de processo natural fundado na maior eficiência do agente econômico a seus competidores não será caracterizado como ilícito, nos termos do artigo 36, inciso II e § 1º da Lei nº 12.529/2011.

Alternativa "e": § 3º do artigo 36 da Lei nº 12.529/2011 demonstra que o rol de condutas nela previsto é exemplificativo, pois admite outras condutas que caracterizam infração à ordem econômica.

Alternativa correta: letra "d".

Direito Econômico

Lucas de Souza Lehfeld

✦ DICAS (RESUMO)

1. DOS PRINCÍPIOS FUNDAMENTAIS DO DIREITO ECONÔMICO

- **Princípio da Economicidade:** é oriundo do direito financeiro, com previsão expressa no art. 70, *caput*, da CF. Significa que o Estado deve focar suas políticas públicas de planejamento para a ordem econômica em atividades economicamente viáveis, tanto a curto quanto a longo prazo, garantido, assim, o desenvolvimento econômico sustentável do País.
- **Princípio da Eficiência:** com previsão expressa no art. 37, *caput*, da CF, determina que o Estado, ao estabelecer suas políticas públicas, deve pautar sua conduta com o fim de viabilizar e maximizar a produção de resultados da atividade econômica, conjugando os interesses privados dos agentes econômicos com os interesses da sociedade, permitindo a obtenção de efeitos que melhor atendam aos interesses públicos, garantido, assim, o êxito de sua ordem econômica.
- **Princípio da Generalidade:** a economia é algo dinâmico, passando por constantes transformações, o que se revela incompatível com a lentidão de um processo legislativo. O princípio da generalidade orienta o legislador a editar normas de direito econômico com alto grau de abstração e generalidade, para que elas possam de adequar às constantes mudanças na economia.

2. DOS SUJEITOS INTEGRANTES DA POLÍTICA ECONÔMICA

Estado	não é agente econômico propriamente dito, mas considera-se sujeito de direito econômico em virtude da responsabilidade pela edição das normas que viabilizam a política econômica e de sua prerrogativa de intervir no domínio econômico, nos termos do art. 173 da CF.
Os indivíduos	**Os indivíduos:** em razão da condição de consumidores de bens e serviços, são classificados como agentes econômicos.
As empresas	são unidades produtoras de bens e serviços, além de se enquadrarem como consumidoras, sendo, portanto, agentes econômicos.
A coletividade	representada pelos sujeitos titulares de direitos difusos, coletivos e os individuais homogêneos.

3. DOS FUNDAMENTOS DA ORDEM ECONÔMICA (ART. 170, *CAPUT*, DA CF/88)

- No art. 170 da Constituição Federal estão os fundamentos da ordem econômica, que não se confundem com os princípios. São eles:

Valorização do trabalho humano:	mais trabalho, melhor trabalho e um tratamento isonômico aos trabalhadores na busca pelo piso vital mínimo que garanta uma vida com dignidade.
Livre iniciativa:	direito dos indivíduos se lançarem ao mercado econômico, sem encontrar obstáculos impostos pelo Estado. **Este princípio não é absoluto**, de modo que o interesse coletivo fala mais alto, sendo o papel do Estado impor limites à livre iniciativa.

4. DOS PRINCÍPIOS DA ORDEM ECONÔMICA (ART. 170, INCISOS I A IX, CF)

Soberania nacional:	orienta o Estado a adotar uma posição de soberania interdependente dos demais países, pois o constituinte tem consciência que o Estado, nas relações econômicas, se relaciona com outras nações, sempre pautado pela igualdade e reciprocidade, sem subordinação de um país para o outro.
Propriedade privada:	orienta o Estado a garantir ao indivíduo o direito de uso, gozo e disposição dos bens próprios. **A ideia de propriedade absoluta não cabe em nosso ordenamento jurídico, pois o texto constitucional limita a propriedade.**
Função social da propriedade:	é a exigência de que o proprietário não exerça o seu direito em detrimento de outro, bem como obriga que esse direito seja usufruído atendendo aos interesses da coletividade.
Livre concorrência:	visa garantir aos agentes econômicos uma atuação no mercado pautada na **concorrência justa**, garantindo que possam competir, onde se sobressaia o mais competente, com a melhor estratégia.
Defesa do Consumidor:	o consumidor está em situação de vulnerabilidade em relação ao fornecedor. Reconhecendo esta situação, é imposto ao Estado o dever de buscar o equilíbrio desta situação, criando normas que tutelem os consumidores, diminuindo, assim, a desigualdade de forças.

Defesa do meio ambiente:	impõe ao Estado a tarefa de compatibilizar o desenvolvimento econômico com a preservação do meio ambiente, ou seja, um desenvolvimento sustentável.
Redução das desigualdades regionais e sociais:	adoção de políticas econômicas visando maior igualdade material entre as diferentes regiões do País.
Busca do pleno emprego:	exige do Estado um movimento no sentido de propiciar trabalho a todos quanto estejam em condições de exercer uma atividade produtiva.
Tratamento favorecido para as empresas de pequeno porte:	princípio que orienta o Estado a favorecer a atividade econômica de empresas de pequeno porte, pois abrigam a maior parte da mão de obra do País. **Lei Complementar 123/2006.**
Livre exercício da atividade econômica assegurado a todos	o dispositivo consiste em norma constitucionais de eficácia jurídica contida, sendo possível restrição à livre iniciativa por imposição legal. Ex. alvará de funcionamento de estabelecimento comercial.

5. DA INTERVENÇÃO DO ESTADO NO DOMÍNIO ECONÔMICO

- O Estado pode intervir na ordem econômica de modo **direto (artigos 173 e 175 da CF/88)** ou **indireto (artigo 174 da CF/88)**.
- Em regra, as atividades econômicas em sentido estrito são exercidas pelos particulares, mas o **Estado poderá, excepcionalmente**, atuar diretamente no domínio econômico nos casos de **imperativo de segurança nacional, relevante interesse coletivo e criação de monopólios (art. 173 da CF/88).** Além disto, o Estado também poderá atuar diretamente na prestação de serviços públicos (art. 175 da CF/88), quando não preferir fazê-lo mediante concessão ou permissão.
- Nas hipóteses em que o Estado não intervém diretamente na economia, atua de forma a **regulamentar, fiscalizar e planejar a atividade econômica**, com objetivo de efetivar as políticas econômicas estatais: **"Como agente normativo e regulador da atividade econômica, o Estado exercerá, na forma da lei, as funções de fiscalização, incentivo e planejamento, sendo este determinante para o setor público e indicativo para o setor privado" (art. 174 da CF/88)".** Cumpre destacar a importância na leitura da Lei n.º 13.874, de 20 de setembro de 2019 (Conversão da MP nº 881/2019), que instituiu a Declaração de Direitos de Liberdade Econômica, a qual estabelece normas de proteção à livre iniciativa e ao livre exercício da atividade econômica, visando reduzir a intervenção estatal. A mencionada lei estabelece em seu artigo 2º os seguintes princípios:

  > *Art. 2º São princípios que norteiam o disposto nesta Lei: I – a liberdade como uma garantia no exercício de atividades econômicas; II – a boa-fé do particular perante o poder público; III – a intervenção subsidiária e excepcional do Estado sobre o exercício de atividades econômicas; e IV – o reconhecimento da vulnerabilidade do particular perante o Estado.*

  A referida lei contempla, ainda, em seu artigo 3º, a Declaração de Direitos de Liberdade Econômica, que estabelece, dentre outras medidas, a possibilidade para a pessoa desenvolver uma atividade econômica de baixo risco sem prévia autorização, bem como liberdade para definir preços segundo a oferta e demanda em mercados não regulados, sempre respeitando o disposto no artigo 170 da Constituição Federal.
- Em relação à **atuação indireta** do Estado, destaca-se a defesa da livre concorrência, prevista no parágrafo 4º do art. 173 da CF: **"A lei reprimirá o abuso do poder econômico que vise à dominação dos mercados, à eliminação da concorrência e ao aumento arbitrário dos lucros".** Neste sentido, foi promulgada a Lei nº 12.529/2011 (Lei Antitruste), que criou o Sistema Brasileiro de Defesa da Concorrência – SBDC, bem como regulamentou as infrações contra a ordem econômica.

A INTERVENÇÃO DO ESTADO NO DOMÍNIO ECONÔMICO VISA COMBATER:
Dominação de mercados: implica em atos do agente que visam impedir a manutenção e o ingresso de outros agentes no mercado – o famoso "monopólio".
Eliminação da concorrência: são atos que levam a supressão de participação isonômica dos agentes no mercado. A economia deve ter condições igualitárias.
Abuso de poder econômico visando o aumento arbitrário dos lucros: geraria atos de enriquecimento abusivo do agente, configurando a extração de renda do consumidor.

6. DO SISTEMA BRASILEIRO DE DEFESA DA CONCORRÊNCIA (SBDC)

- O Estado tem o dever de reprimir os abusos, na forma da lei, e para atender este dever que lhe foi imposto pelo constituinte, não só editou uma lei (Lei nº 8.884/94, revogada pela Lei nº 12.529/11), como criou todo um sistema de proteção da concorrência – Sistema Brasileiro de Defesa da Concorrência (SBDC) – que é um conjunto de órgãos e normas que visam à defesa da concorrência.

COMPOSIÇÃO DO SISTEMA BRASILEIRO DE DEFESA DA CONCORRÊNCIA (Art. 3º da Lei nº 12.529/2011)
Secretaria de Acompanhamento Econômico (SAE): de caráter consultivo, vinculada ao Ministério da Fazenda. **Competência:** promover a concorrência em órgãos de governo e perante a sociedade (vide art. 19).
Conselho Administrativo de Direito Econômico (CADE): de caráter judicante (tribunal), vinculado ao Ministério da Justiça. **Natureza jurídica:** *autarquia federal.*

6.1. CADE

ÓRGÃOS QUE COMPÕEM O CADE (Art. 5º, I, II e III da Lei nº 12.529/11)
Tribunal Administrativo de Defesa Econômica
Superintendência Geral
Departamento de Estudos Econômicos

PRINCIPAIS COMPETÊNCIAS DO PLENÁRIO DO TRIBUNAL ADMINISTRATIVO DE DEFESA ECONÔMICA (Art. 9º, I ao XIX)
I – zelar pela observância desta Lei e seu regulamento e do regimento interno;
II – decidir sobre a existência de infração à ordem econômica e aplicar as penalidades previstas em lei;
III – decidir os processos administrativos para imposição de sanções administrativas por infrações à ordem econômica instaurados pela Superintendência-Geral;
IV – ordenar providências que conduzam à cessação de infração à ordem econômica, dentro do prazo que determinar;
V – aprovar os termos do compromisso de cessação de prática e do acordo em controle de concentrações, bem como determinar à Superintendência-Geral que fiscalize seu cumprimento;
VI – apreciar, em grau de recurso, as medidas preventivas adotadas pelo Conselheiro-Relator ou pela Superintendência-Geral;
VII – intimar os interessados de suas decisões;
VIII – requisitar dos órgãos e entidades da administração pública federal e requerer às autoridades dos Estados, Municípios, do Distrito Federal e dos Territórios as medidas necessárias ao cumprimento desta Lei;
IX – contratar a realização de exames, vistorias e estudos, aprovando, em cada caso, os respectivos honorários profissionais e demais despesas de processo, que deverão ser pagas pela empresa, se vier a ser punida nos termos desta Lei;
X – apreciar processos administrativos de atos de concentração econômica, na forma desta Lei, fixando, quando entender conveniente e oportuno, acordos em controle de atos de concentração;
XI – determinar à Superintendência-Geral que adote as medidas administrativas necessárias à execução e fiel cumprimento de suas decisões;
XII – requisitar serviços e pessoal de quaisquer órgãos e entidades do Poder Público Federal;
XIII – requerer à Procuradoria Federal junto ao CADE a adoção de providências administrativas e judiciais;
XIV – instruir o público sobre as formas de infração da ordem econômica;
XV – elaborar e aprovar regimento interno do CADE, dispondo sobre seu funcionamento, forma das deliberações, normas de procedimento e organização de seus serviços internos;
XVI – propor a estrutura do quadro de pessoal do CADE, observado o disposto no inciso II do caput do art. 37 da Constituição Federal;

PRINCIPAIS COMPETÊNCIAS DO PLENÁRIO DO TRIBUNAL ADMINISTRATIVO DE DEFESA ECONÔMICA (Art. 9º, I ao XIX)
XVII – elaborar proposta orçamentária nos termos desta Lei;
XVIII – requisitar informações de quaisquer pessoas, órgãos, autoridades e entidades públicas ou privadas, respeitando e mantendo o sigilo legal quando for o caso, bem como determinar as diligências que se fizerem necessárias ao exercício das suas funções; e
XIX – decidir pelo cumprimento das decisões, compromissos e acordos.

7. LEI ANTITRUSTE (LEI Nº 12.529/2011)

7.1. INFRAÇÕES DA ORDEM ECONÔMICA

RESPONSABILIDADE OBJETIVA
Quem pratica infração de ordem econômica, nos termos do art. 36, responde de forma objetiva, independentemente de culpa e ainda que os resultados não tenham sido alcançados.
CONSTITUEM INFRAÇÃO DA ORDEM ECONÔMICA (Art. 36, I AO IV):
Atos sob qualquer forma manifestados, que tenham por objeto ou possam produzir os seguintes efeitos, ainda que não sejam alcançados: a) limitar, falsear ou de qualquer forma prejudicar a livre concorrência ou a livre iniciativa; b) dominar mercado relevante de bens ou serviços; c) aumentar arbitrariamente os lucros; e d) exercer de forma abusiva posição dominante.
Monopólio natural – não constitui ilícito: o monopólio natural seria a conquista de mercado resultante de processo natural fundado na maior eficiência de agente econômico em relação a seus competidores, nos termos do § 1º do art. 36 da Lei nº 12.529/2011.
Presunção legal de posição dominante: "Presume-se posição dominante sempre que uma empresa ou grupo de empresas for capaz de alterar unilateral ou coordenadamente as condições de mercado ou quando controlar 20% (vinte por cento) ou mais do mercado relevante, podendo este percentual ser alterado pelo CADE para setores específicos da economia." (art. 36, § 2º, da Lei nº 12.529/2011).
IMPORTANTE: há outras medidas que configuram também infração da ordem econômica – recomenda-se a leitura atenta do **§ 3º do art. 36.**

7.2. LENIÊNCIA

CONCEITO
O acordo de leniência é um ajuste entre órgão de defesa da concorrência com a pessoa física ou jurídica envolvida na prática de infração da ordem econômica que confessar o ilícito, bem como apresentar provas bastantes para a condenação de outros envolvidos na infração. Em contraprestação, a legislação atribui ao agente benefícios, como extinção da ação punitiva estatal ou redução da penalidade.

COMPETÊNCIA
O CADE, por intermédio da Superintendência-Geral, poderá celebrar acordo de leniência, com a extinção da ação punitiva da administração pública ou a redução de 1 (um) a 2/3 (dois terços) da penalidade aplicável, nos termos deste artigo, com pessoas físicas e jurídicas que forem autoras de infração à ordem econômica, desde que colaborem efetivamente com as investigações e o processo administrativo e que dessa colaboração resulte, nos termos do art. 86, incisos I e II:
a) Identificação dos demais envolvidos na infração; e
b) A obtenção de informações e documentos que comprovem a infração noticiada ou sob investigação
CELEBRAÇÃO DO ACORDO DE LENIÊNCIA (Art. 86, § 1º):
Somente poderá ser celebrado se preenchidos cumulativamente os seguintes requisitos:
I – a empresa seja a primeira a se qualificar com respeito à infração noticiada ou sob investigação;
II – a empresa cesse completamente seu envolvimento na infração noticiada ou sob investigação a partir da data de propositura do acordo;
III – a Superintendência-Geral não disponha de provas suficientes para assegurar a condenação da empresa ou pessoa física por ocasião da propositura do acordo; e
IV – a empresa confesse sua participação no ilícito e coopere plena e permanentemente com as investigações e o processo administrativo, comparecendo, sob suas expensas, sempre que solicitada, a todos os atos processuais, até seu encerramento.
EXTENSÃO DOS EFEITOS DO ACORDO DE LENIÊNCIA:
Às empresas do mesmo grupo, de fato ou de direito, e aos seus dirigentes, administradores e empregados envolvidos na infração, desde que o firmem em conjunto, respeitadas as condições impostas (Art. 86, § 6º).
As pessoas físicas também poderão celebrar acordos de leniência desde que cumpridos os requisitos II, III e IV acima elencados (art. 86, §2º).
A proposta de acordo de leniência rejeitada não importará em confissão quanto à matéria de fato, nem reconhecimento de ilicitude da conduta analisada (art. 86, § 10).
DESCUMPRIMENTO DO ACORDO DE LENIÊNCIA:
O beneficiário ficará impedido de celebrar novo acordo pelo prazo de 3 (três) anos, contado da data de seu julgamento (art. 86, § 12).
SUSPENSÃO DO CURSO DO PRAZO PRESCRICIONAL E IMPEDIMENTO DO OFERECIMENTO DA DENÚNCIA:
Uma vez celebrado o acordo, suspende o prazo prescricional nos crimes contra a ordem econômica, bem como impede o oferecimento da denúncia com relação ao agente beneficiário da leniência (art. 87)

7.3. DOS ATOS DE CONCENTRAÇÃO ECONÔMICA

CARACTERIZAÇÃO DOS ATOS DE CONCENTRAÇÃO ECONÔMICA (Art. 90 da Lei nº 12.529/2011)
I – quando duas ou mais empresas anteriormente independentes se fundem;
II – uma ou mais empresas adquirem, direta ou indiretamente, por compra ou permuta de ações, quotas, títulos ou valores mobiliários conversíveis em ações, ou ativos, tangíveis ou intangíveis, por via contratual ou por qualquer outro meio ou forma, o controle ou partes de uma ou outras empresas;
III – uma ou mais empresas incorporam outra ou outras empresas; ou
IV – duas ou mais empresas celebram contrato associativo, consórcio ou joint venture.
Parágrafo único. **Não serão considerados atos de concentração,** para os efeitos do disposto no art. 88 desta Lei, **os descritos no inciso IV do caput, quando destinados às licitações promovidas pela administração pública direta e indireta e aos contratos delas decorrentes.**

ATOS DE CONCENTRAÇÃO QUE DEVEM SE SUBMETER À ANÁLISE DO CADE (Art. 88 da Lei nº 12.529/2011)
I – pelo menos um dos grupos envolvidos na operação tenha registrado, no último balanço, faturamento bruto anual ou volume de negócios total no País, no ano anterior à operação, equivalente ou superior a R$ 400.000.000, 00 (quatrocentos milhões de reais); e, **CUMULATIVAMENTE**,
II – pelo menos um outro grupo envolvido na operação tenha registrado, no último balanço, faturamento bruto anual ou volume de negócios total no País, no ano anterior à operação, equivalente ou superior a R$ 30.000.000, 00 (trinta milhões de reais).

8. DAS PARCERIAS PÚBLICO-PRIVADAS (LEI Nº 11.079/2004)

NATUREZA JURÍDICA
É um contrato administrativo de concessão (art. 2º).
MODALIDADES
Concessão patrocinada: é a concessão de serviços públicos ou de obras públicas de que trata a Lei nº 8.987/1995, quando envolver, **adicionalmente à tarifa cobrada dos usuários contraprestação pecuniária do parceiro público ao parceiro privado** (§ 1º).
Concessão administrativa: é o contrato de prestação de serviços de que a **Administração Pública seja a usuária direta ou indireta**, ainda que envolva execução de obra ou fornecimento e instalação de bens (§ 2º).
A CONCESSÃO PATROCINADA NÃO SE CONFUNDE COM A CONCESSÃO COMUM (disciplinada pela Lei nº 8.987/1995), pois esta última não envolve contraprestação pecuniária do parceiro público ao parceiro privado (§ 3º).
É VEDADA A CELEBRAÇÃO DE PPP (§ 4º):
I – cujo valor do contrato seja inferior a R$ 10.000.000,00 (dez milhões de reais); II – cujo período de prestação do serviço seja inferior a 5 (cinco) anos; ou III – que tenha como objeto único o fornecimento de mão-de-obra, o fornecimento e instalação de equipamentos ou a execução de obra pública.

9. BLOCOS ECONÔMICOS

Diversos países têm se integrado em blocos econômicos para fortalecer seus interesses comuns. Os blocos mais conhecidos são a União Europeia e o Mercosul.

9.1. MERCOSUL

O Mercosul iniciou sua estruturação com o Tratado de Assunção, de 26 de março de 1991. Logo após, em 1994, surgiu o Protocolo de Ouro Preto, que modificou parcialmente o Tratado de Assunção, e confere personalidade jurídica internacional ao Mercosul. Em 1º de janeiro de 1995 entrou em vigor a União Aduaneira do Mercosul, com a adoção da Tarifa Externa Comum (TEC).

São membros do Mercosul Argentina, Brasil, Paraguai e Uruguai. São países associados ao Mercosul Bolívia, Chile, Colômbia, Equador e Peru.

O Mercosul é composto pelos seguintes órgãos:

Conselho do Mercado Comum	Órgão superior do Mercosul, responsável pela condução política do processo de integração e pelas decisões que asseguram o cumprimento dos tratados e alcançam o mercado comum.
Grupo Mercado Comum	Órgão executivo do Mercosul.
Comissão de Comércio do Mercosul	Assiste o Grupo Mercado Comum na aplicação dos instrumentos de política comercial comum.
Comissão Parlamentar Conjunta	Representa os parlamentos junto ao Mercosul.

Importante mencionar que não há supranacionalidade no Mercosul e nenhuma medida pode ser imposta nem ter validade automática em nenhum dos países membros.

9.2. UNIÃO EUROPEIA

É uma associação política, comercial e econômica entre 28 países europeus.

O Tratado de Maastricht, que vigorou a partir de 1993, transformou as Comunidades Econômicas Europeias em União Europeia. No momento da unificação, 15 países integravam o bloco.

A União Europeia é composta pelos seguintes órgãos:

Conselho Europeu	Reunião dos chefes de Estado e de governo que ocorre duas vezes por ano.
Comissão Europeia	Com funções múltiplas, é composta por 25 comissários nomeados para mandatos de 5 anos. Tem iniciativa legislativa de atos votados pelo Parlamento e Conselho de Ministros, que gera orçamento, programas e políticas comunitárias.
Parlamento Europeu	Conta com 732 deputados com mandato de 5 anos, com a função de legislar, aprovar o orçamento da União e controlar o Poder Executivo.
Conselho de Ministros	Reunião de ministros de cada país, quando for necessário aprovar a legislação comunitária juntamente com Parlamento Europeu.
Tribunal de Justiça Europeu	Possui duas funções principais: aplicar e interpretar a lei, de modo que os tribunais dos países membros tenham homogeneidade decisória nas matérias de interesse da União Europeia. Tem duas instâncias, com 25 juízes cada, representando cada país membro. Os juízes têm mandato de 6 anos.
Banco Central Europeu e Sistema Europeu de Bancos Centrais	Exerce o controle monetário sobre o euro, nos doze países que o adotaram na Europa, também chamados de zona do euro. Coordenam também as políticas monetárias desses países. Sua regulação se dá através do Tratado da Comunidade Europeia e do Estatuto anexo ao Tratado. O Sistema Europeu de Bancos Centrais é composto pelo Banco Central Europeu e pelos Bancos Centrais Nacionais. O objetivo primário do Sistema é manter a estabilidade dos preços. Dentre suas funções está a definição e implementação da política monetária da Comunidade.

✦ SÚMULAS APLICÁVEIS

1. SÚMULAS DO STF

- **Súmula nº 473**: Administração Pública – Anulação ou Revogação dos Seus Próprios Atos. A administração pode anular seus próprios atos, quando eivados de vícios que os tornam ilegais, porque deles não se originam direitos; ou revogá-los, por motivo de conveniência ou oportunidade, respeitados os direitos adquiridos, e ressalvada, em todos os casos, a apreciação judicial.
- **Súmula nº 517**: As sociedades de economia mista só têm foro na justiça federal, quando a união intervém como assistente ou opoente.
- **Súmula nº 556:** É competente a justiça comum para julgar as causas em que é parte sociedade de economia mista.
- **Súmula nº 596:** As disposições do Decreto 22626/1933 não se aplicam às taxas de juros e aos outros encargos cobrados nas operações realizadas por instituições públicas ou privadas, que integram o Sistema Financeiro Nacional.
- **Súmula nº 638:** A controvérsia sobre a incidência, ou não, de correção monetária em operações de crédito rural é de natureza infraconstitucional, não viabilizando recurso extraordinário.
- **Súmula nº 646:** Ofende o princípio da livre concorrência Lei Municipal que impede a instalação de estabelecimentos comerciais do mesmo ramo em determinada área.

- **Súmula nº 665:** É constitucional a taxa de fiscalização dos mercados de títulos e valores mobiliários, instituída pela Lei 7940/1989.
- **Súmula nº 725:** É constitucional o § 2º do art. 6º da Lei 8024/1990, resultante da conversão da medida provisória 168/1990, que fixou o BTN fiscal como índice de correção monetária aplicável aos depósitos bloqueados pelo Plano Collor I.
- **Súmula Vinculante nº 7:** A norma do § 3º do art. 192 da Constituição, revogada pela Emenda Constitucional 40/2003, que limitava a taxa de juros reais a 12% ao ano, tinha sua aplicabilidade condicionada à edição de lei complementar.
- **Súmula Vinculante nº 49:** Ofende o princípio da livre concorrência lei municipal que impede a instalação de estabelecimentos comerciais do mesmo ramo em determinada área.

2. SÚMULAS DO STJ

- **Súmula 569:** Na importação, é indevida a exigência de nova certidão negativa de débito no desembaraço aduaneiro, se já apresentada a comprovação da quitação de tributos federais quando da concessão do benefício relativo ao regime de *drawback*.
- **Súmula 566:** Nos contratos bancários posteriores ao início da vigência da Resolução-CMN n. 3.518/2007, em 30/4/2008, pode ser cobrada a tarifa de cadastro no início do relacionamento entre o consumidor e a instituição financeira.
- **Súmula 565:** A pactuação das tarifas de abertura de crédito (TAC) e de emissão de carnê (TEC), ou outra denominação para o mesmo fato gerador, é válida apenas nos contratos bancários anteriores ao início da vigência da Resolução-CMN n. 3.518/2007, em 30/4/2008.
- **Súmula 541:** A previsão no contrato bancário de taxa de juros anual superior ao duodécuplo da mensal é suficiente para permitir a cobrança da taxa efetiva anual contratada.
- **Súmula 539:** É permitida a capitalização de juros com periodicidade inferior à anual em contratos celebrados com instituições integrantes do Sistema Financeiro Nacional a partir de 31/3/2000 (MP n. 1.963-17/2000, reeditada como MP n. 2.170-36/2001), desde que expressamente pactuada.
- **Súmula 530:** Nos contratos bancários, na impossibilidade de comprovar a taxa de juros efetivamente contratada – por ausência de pactuação ou pela falta de juntada do instrumento aos autos –, aplica-se a taxa média de mercado, divulgada pelo Bacen, praticada nas operações da mesma espécie, salvo se a taxa cobrada for mais vantajosa para o devedor.
- **Súmula 472:** A cobrança de comissão de permanência – cujo valor não pode ultrapassar a soma dos encargos remunera**.**
- **Súmula 382:** A estipulação de juros remuneratórios superiores a 12% ao ano, por si só, não indica abusividade.
- **Súmula 381:** Nos contratos bancários, é vedado ao julgador conhecer, de ofício, da abusividade das cláusulas.
- **Súmula 379:** Nos contratos bancários não regidos por legislação específica, os juros moratórios poderão ser convencionados até o limite de 1% ao mês.
- **Súmula 328:** Na execução contra instituição financeira, é penhorável o numerário disponível, excluídas as reservas bancárias mantidas no Banco Central.
- **Súmula 297:** O Código de Defesa do Consumidor é aplicável às instituições financeiras.
- **Súmula 298:** O alongamento de dívida originada de crédito rural não constitui faculdade da instituição financeira, mas, direito do devedor nos termos da lei.
- **Súmula 296:** Os juros remuneratórios, não cumuláveis com a comissão de permanência, são devidos no período de inadimplência, à taxa média de mercado estipulada pelo Banco Central do Brasil, limitada ao percentual contratado.
- **Súmula 295:** A Taxa Referencial (TR) é indexador válido para contratos posteriores à Lei n. 8.177/91, desde que pactuada.
- **Súmula 294:** Não é potestativa a cláusula contratual que prevê a comissão de permanência, calculada pela taxa média de mercado apurada pelo Banco Central do Brasil, limitada à taxa do contrato.
- **Súmula 288:** A Taxa de Juros de Longo Prazo (TJLP) pode ser utilizada como indexador de correção monetária nos contratos bancários.
- **Súmula 287:** A Taxa Básica Financeira (TBF) não pode ser utilizada como indexador de correção monetária nos contratos bancários.
- **Súmula 286:** A renegociação de contrato bancário ou a confissão da dívida não impede a possibilidade de discussão sobre eventuais ilegalidades dos contratos anteriores.
- **Súmula 283:** As empresas administradoras de cartão de crédito são instituições financeiras e, por isso, os juros remuneratórios por elas cobrados não sofrem as limitações da Lei de Usura.
- **Súmula 271:** A correção monetária dos depósitos judiciais independe de ação específica contra o banco depositário.
- Súmula 179: o estabelecimento de crédito que recebe dinheiro, em depósito judicial, responde pelo pagamento da corre correção monetária relativa aos valores recolhidos.
- **Súmula 176:** É nula a cláusula contratual que sujeita o devedor a taxa de juros divulgada pela ANBID/CETIP.

- **Súmula 79:** Os bancos comerciais não estão sujeitos a registro nos Conselhos Regionais de Economia.
- **Súmula 30:** A comissão de permanência e a correção monetária são inacumuláveis.
- **Súmula 23:** O banco central do brasil é parte legítima nas ações fundadas na resolução 1154, de 1986.
- **Súmula 19:** A fixação do horário bancário, para atendimento ao público, é da competência da União.

ANOTAÇÕES

EDITORA
JusPODIVM
www.editorajuspodivm.com.br

Pré-impressão, impressão e acabamento

GRÁFICA
SANTUÁRIO

grafica@editorasantuario.com.br
www.graficasantuario.com.br
Aparecida-SP

JUS2680